Großkommentare der Praxis

Strafgesetzbuch
Leipziger Kommentar

Großkommentar

13., neu bearbeitete Auflage

herausgegeben von
Gabriele Cirener, Henning Radtke, Ruth Rissing-van Saan,
Thomas Rönnau, Wilhelm Schluckebier

Dritter Band
§§ 32 bis 37

Bearbeiter:
Vor §§ 32 ff: Thomas Rönnau
§ 32: Thomas Rönnau/Kristian Hohn
§§ 33–35: Frank Zieschang
§§ 36 f: Andreas Grube
Sachregister: Christian Klie

DE GRUYTER

ISBN 978-3-11-030028-4
e-ISBN (E-Book) 978-3-11-030047-5
e-ISBN (E-PUB) 978-3-11-038919-7

Library of Congress Control Number: 2018965043

Bibliografische Information der Deutschen Nationalbibliothek
Die Deutsche Nationalbibliothek verzeichnet diese Publikation in der Deutschen
Nationalbibliografie; detaillierte bibliografische Daten sind im Internet
über http://dnb.dnb.de abrufbar.

© 2019 Walter de Gruyter GmbH, Berlin/Boston
Satz/Datenkonvertierung: jürgen ullrich typosatz, Nördlingen
Druck und Bindung: CPI books GmbH, Leck

www.degruyter.com

Verzeichnis der Bearbeiter der 13. Auflage

Gerhard Altvater, Bundesanwalt beim Bundesgerichtshof (Abteilungsleiter) a.D., Karlsruhe
Dr. **Christoph Barthe**, Staatsanwalt beim Bundesgerichtshof, Karlsruhe
Dr. **Alexander Baur**, Juniorprofessor an der Universität Hamburg
Dr. **Christian Brand**, Universität Konstanz
Dr. **Dominik Brodowski**, LL.M., Juniorprofessor an der Universität des Saarlandes
Dr. **Christoph Burchard**, LL.M., Universitätsprofessor an der Goethe-Universität Frankfurt am Main
Dr. **Jens Bülte**, Universitätsprofessor an der Universität Mannheim
Gabriele Cirener, Richterin am Bundesgerichtshof, Karlsruhe
Dr. **Christoph Coen**, Oberstaatsanwalt beim Bundesgerichtshof, Karlsruhe
Dr. **Gerhard Dannecker**, Universitätsprofessor an der Ruprecht-Karls-Universität Heidelberg
Dr. **Tobias Engelstätter**, Oberstaatsanwalt am Bundesgerichtshof, Karlsruhe
Dr. **Robert Esser**, Universitätsprofessor an der Universität Passau
Dr. **Ferdinand Gillmeister**, Rechtsanwalt, Freiburg
Dr. **Ingke Goeckenjan**, Universitätsprofessorin an der Ruhr-Universität Bochum
Dr. **Luís Greco**, LL.M., Universitätsprofessor an der Humboldt-Universität zu Berlin
Anette Greger, Oberstaatsanwältin beim Bundesgerichtshof, Karlsruhe
Dr. **Andreas Grube**, Richter am Bundesgerichtshof, Karlsruhe
Dr. **Anette Grünewald**, Universitätsprofessorin an der Friedrich-Schiller-Universität Jena
Dr. **Georg-Friedrich Güntge**, Oberstaatsanwalt bei der Generalstaatsanwaltschaft in Schleswig, Honorarprofessor an der Christian-Albrechts-Universität zu Kiel
Dr. **Michael Heghmanns**, Universitätsprofessor an der Westfälischen Wilhelms-Universität Münster
Dr. Dr. **Eric Hilgendorf**, Universitätsprofessor an der Julius-Maximilians-Universität Würzburg
Dr. **Tatjana Hörnle**, Universitätsprofessorin an der Humboldt-Universität zu Berlin
Dr. **Kristian Hohn**, Privatdozent an der Bucerius Law School Hamburg
Dr. **Jutta Hubrach**, Richterin am Oberlandesgericht Düsseldorf
Dr. **Florian Jeßberger**, Universitätsprofessor an der Universität Hamburg
Dr. **Johannes Koranyi**, Richter am Landgericht Bonn
Dr. **Peter König**, Richter am Bundesgerichtshof a.D., Karlsruhe, Honorarprofessor an der Ludwig-Maximilians-Universität München
Juliane Krause, Leitende Oberstaatsanwältin bei der Generalstaatsanwaltschaft in Bamberg
Dr. **Matthias Krauß**, Bundesanwalt beim Bundesgerichtshof, Karlsruhe
Dr. **Christoph Krehl**, Richter am Bundesgerichtshof, Karlsruhe, Honorarprofessor an der Goethe-Universität Frankfurt am Main
Dr. **Matthias Krüger**, Universitätsprofessor an der Universität München
Dr. Dr. h.c. **Michael Kubiciel**, Universitätsprofessor an der Universität Augsburg
Dr. **Hans Kudlich**, Universitätsprofessor an der Friedrich-Alexander-Universität Erlangen-Nürnberg
Dr. **Michael Lindemann**, Universitätsprofessor an der Universität Bielefeld
Dr. **Alexander Linke**, Richter am Landgericht Köln
Kai Lohse, Bundesanwalt beim Bundesgerichtshof, Karlsruhe
Dr. **Manfred Möhrenschlager**, Ministerialrat a.D., Bonn
Dr. **Andreas Mosbacher**, Richter am Bundesgerichtshof, Karlsruhe
Dr. **Svenja Münzner**, Lehrbeauftragte an der Justus-Liebig-Universität Gießen
Dr. **Uwe Murmann**, Universitätsprofessor an der Georg-August-Universität Göttingen
Dr. **Nina Nestler**, Universitätsprofessorin an der Universität Bayreuth
Dr. **Jens Peglau**, Richter am Oberlandesgericht, Hamm
Dr. **Andreas Popp**, Universitätsprofessor an der Universität Konstanz
Dr. **Henning Radtke**, Richter des Bundesverfassungsgerichts, Karlsruhe, Honorarprofessor an der Gottfried Wilhelm Leibniz Universität Hannover
Dr. **Ruth Rissing-van Saan**, Vorsitzende Richterin am Bundesgerichtshof a.D., Karlsruhe, Honorarprofessorin an der Ruhr-Universität Bochum
Dr. **Thomas Rönnau**, Universitätsprofessor an der Bucerius Law School Hamburg
Dr. **Henning Rosenau**, Universitätsprofessor an der Martin-Luther-Universität Halle-Wittenberg
Dr. h.c. **Wilhelm Schluckebier**, Richter des Bundesverfassungsgerichts a.D., Karlsruhe

Bearbeiterverzeichnis

Dr. Dr. h.c. **Wilhelm Schmidt**, Bundesanwalt beim Bundesgerichtshof a.D., Karlsruhe
Dr. **Ursula Schneider**, Richterin am Bundesgerichtshof, Karlsruhe
Dr. Dres. h.c. **Friedrich-Christian Schroeder**, em. Universitätsprofessor an der Universität Regensburg
Dr. Dr. h.c. mult. **Bernd Schünemann**, em. Universitätsprofessor an der Ludwig-Maximilians-Universität München
Dr. **Jan C. Schuhr**, Universitätsprofessor an der Universität Heidelberg
Dr. **Christoph Sowada**, Universitätsprofessor an der Universität Greifswald
Dr. **Mark Steinsiek**, Referat für Wettbewerbs- und Energiekartellrecht, Landeskartellbehörde, Niedersächsisches Ministerium für Wirtschaft, Arbeit, Verkehr und Digitalisierung, Hannover
Dr. **Brian Valerius**, Universitätsprofessor an der Universität Bayreuth
Dr. **Torsten Verrel**, Universitätsprofessor an der Universität Bonn
Dr. Dr. **Thomas Vormbaum**, Universitätsprofessor an der Fern-Universität Hagen
Dr. **Tonio Walter**, Universitätsprofessor an der Universität Regensburg
Dr. **Thomas Weigend**, em. Universitätsprofessor an der Universität zu Köln
Jochen Weingarten, Oberstaatsanwalt beim Bundesgerichtshof, Karlsruhe
Lienhard Weiß, Oberstaatsanwalt beim Bundesgerichtshof, Karlsruhe
Dr. **Gerhard Werle**, Universitätsprofessor an der Humboldt-Universität zu Berlin
Stefan Wiedner, Richter am Oberlandesgericht Koblenz
Dr. **Gereon Wolters**, Universitätsprofessor an der Ruhr-Universität Bochum
Dr. **Frank Zieschang**, Universitätsprofessor an der Julius-Maximilians-Universität Würzburg

Vorwort

Nachdem die 12. Auflage des Leipziger Kommentars unmittelbar vor ihrem Abschluss steht, geht der Großkommentar in die nächste Runde, wobei der vorliegende Band 3 (§§ 32–37 StGB) den Auftakt der 13. Auflage bildet. Der Start der Neuauflage ist dringend geboten, um die Kommentierung auf den aktuellen Stand von Gesetzgebung, Rechtsprechung und Wissenschaft zu bringen. Dass Kommentare dieses Formats, auch wenn sie nicht in kurzen Abständen erscheinen, weiterhin eine Berechtigung haben, zeigt nicht zuletzt die in Praxis und Wissenschaft anhaltende rege Auseinandersetzung mit den im Kommentar vertretenen Thesen sowie ein Blick in die Fußnoten vieler Judikate und literarischer Fachbeiträge.

Der vorliegende 3. Band umfasst den 4. und 5. Titel des Allgemeinen Teils des Strafgesetzbuchs und somit die dogmatisch wesentlichen und zugleich praxisrelevanten Teile Notwehr und Notstand. Gerade in der Unrechts- und Schuldlehre hat sich viel getan – zwar nicht in Form von Gesetzesänderungen im StGB, aber doch in der dogmatischen Auseinandersetzung um die sachgerechte Lösung zum Teil auch neuer Phänomene. So waren erstmals die Knabenbeschneidung und die Prozeduralisierung (als möglicher Unrechtsausschließungsgrund) ebenso zu behandeln wie die Konsequenzen verschiedener arzt- und betreuungsrechtlicher Entwicklungen in der strafrechtlichen Einwilligungsdogmatik (Stichwörter: Patientenrechtegesetz, Sterbehilfe, hypothetische Einwilligung). Selbst das teilweise autonome Fahren hat in der vollständig neuen Kommentierung des § 35 StGB seine Spuren hinterlassen.

Mehrere namhafte Autoren der 12. Auflage wirken nicht mehr mit. Im 3. Band der 13. Auflage ist Joachim Häger, der leider im Jahre 2008 verstorben ist, nicht mehr dabei. Ihm gilt für seine frühere Mitarbeit, die auch in der nun vorliegenden Bearbeitung noch fortwirkt, der aufrichtige Dank des Verlags und der Herausgeber. An seine Stelle ist Andreas Grube getreten.

Unbeschadet des bandübergreifenden Ziels des Leipziger Kommentars, den gegenwärtigen Stand der rechtlichen Probleme des Strafrechts erschöpfend darzustellen, gilt für den vorliegenden 3. Band wie für den Gesamtkommentar, dass jede Autorin und jeder Autor die wissenschaftliche Verantwortung für die von ihr bzw. ihm bearbeiteten Erläuterungen trägt. Angesichts der zunehmenden Flut von Veröffentlichungen, Gesetzesinitiativen und Reformvorhaben ist es allerdings kaum noch möglich, in allen Bereichen und für alle Verästelungen den Grundsatz der vollständigen Dokumentation des Materials uneingeschränkt zu erfüllen. Es steht daher in der individuellen Verantwortung der Autorin oder des Autors, ob sie/er eine Auswahl vornimmt und nach welchen Kriterien diese getroffen wird. Der Tendenz nach werden insbesondere bei Kommentaren und Lehrbüchern nicht sämtliche, sondern nur die prägenden und/oder repräsentativen Werke und Äußerungen angeführt. Eine gewisse Vollständigkeit strebt nur das Literaturverzeichnis an.

Der hiermit vorgelegte Band hat durchweg den Bearbeitungsstand von September 2018. Teilweise konnte auch noch später erschienene Rechtsprechung und Literatur berücksichtigt werden.

Hamburg, im April 2019   Thomas Rönnau

Inhaltsübersicht

Bearbeiterverzeichnis —— **V**
Vorwort —— **VII**
Abkürzungsverzeichnis —— **XI**
Verzeichnis der abgekürzt zitierten Literatur —— **XXXV**

Strafgesetzbuch

ALLGEMEINER TEIL

ZWEITER ABSCHNITT
Die Tat

VIERTER TITEL
Notwehr und Notstand
    Vorbemerkungen zu den §§ 32ff —— **1**
    § 32 Notwehr —— **423**
    § 33 Überschreitung der Notwehr —— **658**
    § 34 Rechtfertigender Notstand —— **678**
    § 35 Entschuldigender Notstand —— **754**

FÜNFTER TITEL
Straflosigkeit parlamentarischer Äußerungen und Berichte
    Vorbemerkungen zu den §§ 36 und 37 —— **812**
    § 36 Parlamentarische Äußerungen —— **815**
    § 37 Parlamentarische Berichte —— **839**

Sachregister —— **851**

Abkürzungsverzeichnis

AA	Auswärtiges Amt
aA	anderer Ansicht
aaO	am angegebenen Ort
AbfG	Gesetz über die Vermeidung und Entsorgung von Abfällen (Abfallgesetz)
AbfVerbrG	Gesetz über die Überwachung und Kontrolle der grenzüberschreitenden Verbringung von Abfällen (Abfallverbringungsgesetz)
Abg.	Abgeordneter
AbgO	Reichsabgabenordnung
abgedr.	abgedruckt
Abk.	Abkommen
abl.	ablehnend
ABl.	Amtsblatt
AblEU	Amtsblatt der Europäischen Union (ab 2003); Ausgabe C: Mitteilungen und Bekanntmachungen; Ausgabe L: Rechtsvorschriften
AblKR	Amtsblatt des Kontrollrats
Abs.	Absatz
Abschn.	Abschnitt
abw.	abweichend
AbwAG	Abwasserabgabengesetz
AcP	Archiv für civilistische Praxis (zit. nach Band u. Seite)
AdVermiG	Gesetz über die Vermittlung der Annahme als Kind und über das Verbot der Vermittlung von Ersatzmüttern (Adoptionsvermittlungsgesetz)
AE	Alternativ-Entwurf eines StGB, 1966 ff
a.E.	am Ende
AEUV	Vertrag über die Arbeitsweise der Europäischen Union
ÄndG	Änderungsgesetz
ÄndVO	Änderungsverordnung
a.F.	alte Fassung
AFG	Arbeitsförderungsgesetz
AfP	Archiv für Presserecht
AG	Amtsgericht; in Verbindung mit einem Gesetz: Ausführungsgesetz
AGBG/AGB-Gesetz	Gesetz zur Regelung des Rechts der Allgemeinen Geschäftsbedingungen
AHK	Alliierte Hohe Kommission
AIDP	Association Internationale de Droit Pénal
AktG	Gesetz über Aktiengesellschaften und Kommanditgesellschaften auf Aktien (Aktiengesetz)
AktO	Anweisung für die Verwaltung des Schriftguts bei den Geschäftsstellen der Gerichte und der Staatsanwaltschaften (Aktenordnung)
allg.	allgemein
allg. M.	allgemeine Meinung
Alt.	Alternative
aM	anderer Meinung
A&M	Arzneimittel und Recht (Zeitschrift für Arzneimittel und Arzneimittelpolitik)
AMG	Arzneimittelgesetz
amtl. Begr.	amtliche Begründung
and.	anders
Angekl.	Angeklagte(r)
Anh.	Anhang
AnhRügG	Gesetz über die Rechtsbehelfe bei Verletzung des Anspruchs auf rechtliches Gehör (Anhörungsrügengesetz)
Anl.	Anlage
Anm.	Anmerkung

Abkürzungsverzeichnis

Annalen	Annalen des Reichsgerichts
AnwBl.	Anwaltsblatt
ao	außerordentlich
AO 1977	Abgabenordnung
AöR	Archiv des öffentlichen Rechts
AOStrÄndG	Gesetz zur Änderung strafrechtlicher Vorschriften der Reichsabgabenordnung und anderer Gesetze
AP	Arbeitsrechtliche Praxis (Nachschlagewerk des Bundesarbeitsgerichts)
AR	Arztrecht
ArchKrim.	Archiv für Kriminologie
ArchPF	Archiv für das Post- und Fernmeldewesen
ArchPR	Archiv für Presserecht
ArchPT	Archiv für Post und Telekommunikation
ARSP	Archiv für Rechts- und Sozialphilosophie
Art.	Artikel
AT	Allgemeiner Teil des Strafgesetzbuches
AtG/AtomG	Gesetz über die friedliche Verwendung der Kernenergie und den Schutz gegen ihre Gefahren (Atomgesetz)
AÜG	Arbeitnehmerüberlassungsgesetz
Auff.	Auffassung
aufgehob.	aufgehoben
Aufl.	Auflage
Aufs.	Aufsatz
AuR	Arbeit und Recht
ausdrückl.	ausdrücklich
ausführl.	ausführlich
AusfVO	Ausführungsverordnung
ausl.	ausländisch
AuslG	Ausländergesetz
AusnVO	Ausnahmeverordnung
ausschl.	ausschließlich
AV	Allgemeine Verfügung
AVG	Angestelltenversicherungsgesetz
AWG	Außenwirtschaftsgesetz
AWG/StÄG	Gesetz zur Änderung des Außenwirtschaftsgesetzes, des Strafgesetzbuches und anderer Gesetze
Az.	Aktenzeichen
b.	bei
BA	Blutalkohol, Wissenschaftliche Zeitschrift für die medizinische und die juristische Praxis
BAG	Bundesarbeitsgericht
BAGE	Entscheidungen des Bundesarbeitsgerichts (zit. nach Band u. Seite)
BAK	Blutalkoholkonzentration
BÄK	Bundesärztekammer
BÄO	Bundesärzteordnung
BAnz.	Bundesanzeiger
BauFordSiG	Bauforderungssicherungsgesetz
BauGB	Baugesetzbuch
BauR	Zeitschrift für das gesamte öffentliche und private Baurecht
Bay.	Bayern, bayerisch
BayBS	Bereinigte Sammlung des Bayerischen Landesrechts (1802–1956)
BayJagdG	Bayerisches Jagdgesetz
BayLSG	Bayerisches Landessozialgericht
BayObLG	Bayerisches Oberstes Landesgericht

BayObLGSt	Sammlung von Entscheidungen des Bayerischen Obersten Landesgerichts in Strafsachen
BayPAG	Bayerisches Polizeiaufgabengesetz
BayVBl.	Bayerische Verwaltungsblätter
BayVerf.	Verfassung des Freistaates Bayern
BayVerfGHE	s. BayVGHE
BayVerwBl.	Bayerische Verwaltungsblätter
BayVGH	Bayerischer Verwaltungsgerichtshof
BayVGHE	Sammlung von Entscheidungen des Bayerischen Verwaltungsgerichtshofs mit Entscheidungen des Bayerischen Verfassungsgerichtshofs, des Bayerischen Dienststrafhofs und des Bayerischen Gerichtshofs für Kompetenzkonflikte
BayZ	Zeitschrift für Rechtspflege in Bayern (1905–1934)
BB	Betriebs-Berater
BBG	Bundesbeamtengesetz
Bbg	Brandenburg
BBodSchG	Gesetz zum Schutz vor schädlichen Bodenveränderungen und zur Sanierung von Altlasten (Bundes-Bodenschutzgesetz)
Bd., Bde	Band, Bände
BDH	Bundesdisziplinarhof
BDO	Bundesdisziplinarordnung
BDSG	Bundesdatenschutzgesetz
Bearb.	Bearbeitung
BeckRS	Beck-Rechtsprechung
begl.	beglaubigt
BegleitG zum TKG	Begleitgesetz zum Telekommunikationsgesetz
Begr., begr.	Begründung, begründet
Bek.	Bekanntmachung
Bekl., bekl.	Beklagter, beklagt
Bem.	Bemerkung
ber.	berichtigt
bes.	besonders, besondere(r, s)
Beschl.	Beschluss
Beschw.	Beschwerde
Bespr.	Besprechung
Best.	Bestimmung
BestechungsVO	Bestechungsverordnung
bestr.	bestritten
betr.	betreffend
BeurkG	Beurkundungsgesetz
BewH	Bewährungshilfe
BezG	Bezirksgericht
BFH	Bundesfinanzhof
BFHE	Entscheidungen des Bundesfinanzhofs (zit. nach Band u. Seite)
BfJG	Gesetz über die Errichtung des Bundesamtes für Justiz = Art. 1 des Gesetzes zur Errichtung und zur Regelung der Aufgaben des Bundesamtes für Justiz
BG	Bundesgericht (Schweiz)
BGB	Bürgerliches Gesetzbuch
BGBl. I, II, III	Bundesgesetzblatt Teil I, II und III
BGE	Entscheidungen des Schweizerischen Bundesgerichts (Amtliche Sammlung)
BGH	Bundesgerichtshof
BGHGrS	Bundesgerichtshof, Großer Senat
BGHR	BGH-Rechtsprechung
BGHSt	Entscheidungen des Bundesgerichtshofes in Strafsachen
BGHZ	Entscheidungen des Bundesgerichtshofes in Zivilsachen

Abkürzungsverzeichnis

BG Pr.	Die Praxis des Bundesgerichts (Entscheidungen des schweizerischen Bundesgerichts)
BilMoG	Gesetz zur Modernisierung des Bilanzrechts
BImSchG	Bundes-Immissionsschutzgesetz
BImSchVO	Bundes-Immissionsschutzverordnung
BinnSchiffG/BinSchG	Gesetz betr. die privatrechtlichen Verhältnisse der Binnenschifffahrt (Binnenschiffahrtsgesetz)
BiRiLiG	Bilanzrichtlinien-Gesetz
BJagdG	Bundesjagdgesetz
BJM	Basler Juristische Mitteilungen
BK	Basler Kommentar zum Strafgesetzbuch; auch: Bonner Kommentar zum Grundgesetz
BKA	Bundeskriminalamt
BKAG/BKrimAG	Gesetz über die Einrichtung eines Bundeskriminalpolizeiamtes (Bundeskriminalamtes)
Bln.	Berlin
Bln.GVBl.Sb.	Sammlung des bereinigten Berliner Landesrechts, Sonderband I (1806–1945) und II (1945–1967)
BlStSozArbR	Blätter für Steuern, Sozialversicherung und Arbeitsrecht
Blutalkohol	Blutalkohol, Wissenschaftliche Zeitschrift für die medizinische und juristische Praxis
BMI	Bundesminister(ium) des Inneren
BMJ	Bundesminister(ium) der Justiz
BNatSchG	Gesetz über Naturschutz und Landschaftspflege (Bundesnaturschutzgesetz)
BNotÄndG	Drittes Gesetz zur Änderung der Bundesnotarordnung und anderer Gesetze
BNotO	Bundesnotarordnung
BPolG	Bundespolizeigesetz
BR	Bundesrat
BRAGO	Bundesgebührenordnung für Rechtsanwälte
BRAK	Bundesrechtsanwaltskammer
BranntwMG/ BranntwMonG	Branntweinmonopolgesetz
BRAO	Bundesrechtsanwaltsordnung
BRAOÄndG	Gesetz zur Änderung der Bundesrechtsanwaltsordnung, der Patentrechtsanwaltsordnung und anderer Gesetze
BRD	Bundesrepublik Deutschland
BR-Drs./BRDrucks.	Bundesrats-Drucksache
BReg.	Bundesregierung
Brem.	Bremen
BremPolG	Bremisches Polizeigesetz
BRProt.	Protokolle des Bundesrates
BRRG	Beamtenrechtsrahmengesetz
BRStenBer.	Verhandlungen des Bundesrates, Stenographische Berichte (zit. nach Sitzung u. Seite)
BS	Sammlung des bereinigten Landesrechts
BSeuchG	Bundes-Seuchengesetz
BSG	Bundessozialgericht
BSGE	Entscheidungen des Bundessozialgerichts (zit. nach Band u. Seite)
BSHG	Bundessozialhilfegesetz
Bsp.	Beispiel
BStBl.	Bundessteuerblatt
BT	Besonderer Teil des StGB; auch: Bundestag
BT-Drs./BTDrucks.	Bundestags-Drucksache
BtMG	Gesetz über den Verkehr mit Betäubungsmitteln (Betäubungsmittelgesetz)

BTProt.	s. BTVerh.
BTRAussch.	Rechtsausschuss des Deutschen Bundestags
BTStenBer.	Verhandlungen des deutschen Bundestages, Stenographische Berichte (zit. nach Wahlperiode u. Seite)
BTVerh.	Verhandlungen des Deutschen Bundestages
Buchst.	Buchstabe
BVerfG	Bundesverfassungsgericht
BVerfGE	Entscheidungen des Bundesverfassungsgerichts
BVerfGG	Gesetz über das Bundesverfassungsgericht
BVerwG	Bundesverwaltungsgericht
BVerwGE	Entscheidungen des Bundesverwaltungsgerichts
BVV	Beitragsverfahrensverordnung
BVwVfG	(Bundes-)Verwaltungsverfahrensgesetz
BW	Baden-Württemberg
bzgl.	bezüglich
BZR	Bundeszentralregister
BZRG	Gesetz über das Bundeszentralregister und das Erziehungsregister (Bundeszentralregistergesetz)
bzw.	beziehungsweise
ca.	circa
CCZ	Corporate Compliance Zeitschrift
ChemG	Gesetz zum Schutz vor gefährlichen Stoffen (Chemikaliengesetz)
CR	Computer und Recht
CWÜAG	AusführungsG zum Chemiewaffenübereinkommen (CWÜ-AG)
DA	Deutschland Archiv
DÄBl.	Deutsches Ärzteblatt
dagg.	dagegen
DAR	Deutsches Autorecht
DAV	Deutscher Anwaltsverein
DB	Der Betrieb
DDevR	Deutsche Devisen-Rundschau (1951–1959)
DDR	Deutsche Demokratische Republik
DDT-G	Gesetz über den Verkehr mit DDT
DepotG	Gesetz über die Verwahrung und Anschaffung von Wertpapieren (Depotgesetz)
ders./dies.	derselbe/dieselbe
dgl.	dergleichen
DGVZ	Deutsche Gerichtsvollzieher-Zeitung
d.h.	das heißt
dies.	dieselbe(n)
Diff., diff.	Differenzierung, differenzierend
Diss.	Dissertation
DJ	Deutsche Justiz, Rechtspflege und Rechtspolitik
DJT	Deutscher Juristentag
DJZ	Deutsche Juristenzeitung (1896–1936)
DMW	Deutsche Medizinische Wochenschrift
DNA-AnalysG	Gesetz zur Novellierung der forensischen DNA-Analyse
DNutzG	Gesetz zur effektiven Nutzung von Dateien im Bereich der Staatsanwaltschaften
DÖV	Die Öffentliche Verwaltung
DOGE	Entscheidungen des Deutschen Obergerichts für das Vereinigte Wirtschaftsgebiet
DR	Deutsches Recht, Wochenausgabe (vereinigt mit Juristische Wochenschrift) (1931–1945)
DRechtsw.	Deutsche Rechtswissenschaft (1936–1943)

Abkürzungsverzeichnis

DRiB	Deutscher Richterbund
DRiG	Deutsches Richtergesetz
DRiZ	Deutsche Richterzeitung
DRM	Deutsches Recht, Monatsausgabe (vereinigt mit Deutsche Rechtspflege)
DRpfl.	Deutsche Rechtspflege (1936–1939)
Drs./Drucks.	Drucksache
DRsp.	Deutsche Rechtsprechung, hrsg. von Feuerhake (Loseblattsammlung)
DRZ	Deutsche Rechts-Zeitschrift (1946–1950)
DSB	Datenschutzberater
DStR	Deutsches Strafrecht (1934–1944); jetzt: Deutsches Steuerrecht
DStrR	Deutsches Steuerrecht
DStrZ	Deutsche Strafrechts-Zeitung (1914–1922)
DStZ A	Deutsche Steuerzeitung, bis Jg. 67 (1979): Ausgabe A
dt.	deutsch
DtZ	Deutsch-Deutsche Rechts-Zeitschrift
DuD	Datenschutz und Datensicherheit
DuR	Demokratie und Recht
DV	Datenverarbeitung
DVBl.	Deutsches Verwaltungsblatt
DVJJ	Deutsche Vereinigung für Jugendgerichte und Jugendgerichtshilfen e.V.
DVO	Durchführungsverordnung
DVollzO	Dienst- und Vollzugsordnung
DVP	Deutsche Verwaltungspraxis
DVR	Datenverarbeitung im Recht (bis 1985, danach vereinigt mit IuR)
DWW	Deutsche Wohnungswirtschaft
DZWIR	Deutsche Zeitschrift für Wirtschafts- und Insolvenzrecht
E	Entwurf; auch: Entscheidung
E 1927	Entwurf eines Allgemeinen Deutschen Strafgesetzbuches nebst Begründung (Reichstagsvorlage) 1927
E 62	Entwurf eines Strafgesetzbuches mit Begründung 1962
EAO	Entwurf einer Abgabenordnung
ec	electronic cash
ebd.	ebenda
EBM	Einheitlicher Bewertungsmaßstab
ebso.	ebenso
ed(s)	editor(s)
EDV	Elektronische Datenverarbeitung
EEGOWiG	Entwurf eines Einführungsgesetzes zum Gesetz über Ordnungswidrigkeiten
EEGStGB	Entwurf eines Einführungsgesetzes zum Strafgesetzbuch (EGStGB)
EFG	Entscheidungen der Finanzgerichte
EG	Einführungsgesetz bzw. Europäische Gemeinschaft(en) bzw. Erinnerungsgabe
EGBGB	Einführungsgesetz zum Bürgerlichen Gesetzbuch
EG-FinanzschutzG/ EGFinSchG	Gesetz zum Übereinkommen v. 26.8.1995 über den Schutz der finanziellen Interessen der Europäischen Gemeinschaften
EGGVG	Einführungsgesetz zum Gerichtsverfassungsgesetz
EGH/EhrenGHE	Ehrengerichtliche Entscheidungen der Ehrengerichtshöfe der Rechtsanwaltschaft des Bundesgebiets und des Landes Berlin
EGInsO	Einführungsgesetz zur Insolvenzordnung
EGInsOÄndG	Gesetz zur Änderung des Einführungsgesetzes zur Insolvenzordnung und anderer Gesetze
EGKS	Europäische Gemeinschaft für Kohle und Stahl
EGMR	Europäischer Gerichtshof für Menschenrechte
EGOWiG	Einführungsgesetz zum Gesetz über Ordnungswidrigkeiten
EGStGB	Einführungsgesetz zum Strafgesetzbuch

EGStPO	Einführungsgesetz zur Strafprozeßordnung
EGV	Vertrag zur Gründung der Europäischen Gemeinschaft
EheG	Ehegesetz
ehem.	ehemalig
Einf.	Einführung
eingeh.	eingehend
einschl.	einschließlich
einschr.	einschränkend
Einl.	Einleitung
EJF	Entscheidungen aus dem Jugend- und Familienrecht (1951–1969)
EKMR	Europäische Kommission für Menschenrechte
EmmingerVO	Verordnung über Gerichtsverfassung und Strafrechtspflege
EMRK	Europäische Menschenrechtskonvention
entgg.	entgegen
Entsch.	Entscheidung
entspr.	entsprechend
Entw.	Entwurf
Erg.	Ergebnis bzw. Ergänzung
ErgBd.	Ergänzungsband
ErgThG	Ergotherapeutengesetz
Erl.	Erläuterung
Erw.	Erwiderung
ESchG	Embryonenschutzgesetz
EssGespr.	Essener Gespräche zum Thema Staat und Kirche
EStG	Einkommensteuergesetz
etc.	et cetera
Ethik Med.	Ethik in der Medizin
ETS	European Treaty Series
EU	Europäische Union
EU-ABl	Amtsblatt der Europäischen Union
EUBestG	Gesetz zum Protokoll v. 27.9.1996 zum Übereinkommen über den Schutz der finanziellen Interessen der Europäischen Gemeinschaften (EU-Bestechungsgesetz)
EuCLR	European Criminal Law Review
eucrim	The European Criminal Law Associations' Forum
EuGH	Gerichtshof der Europäischen Gemeinschaft
EuGHE	Entscheidungen des Gerichtshofs der Europäischen Gemeinschaften – Amtliche Sammlung
EuGRZ	Europäische Grundrechte-Zeitschrift
EuHbG	Gesetz zur Umsetzung des Rahmenbeschlusses über den Europäischen Haftbefehl und die Übergabeverfahren zwischen den Mitgliedstaaten der Europäischen Union (Europäisches Haftbefehlsgesetz – EuHbG)
EuR	Europarecht
EurGHMR	Europäischer Gerichtshof für Menschenrechte
EurKomMR	Europäische Kommission für Menschenrechte
europ.	europäisch
EuropolG	Europol-Gesetz
EUV	Vertrag über die Europäische Union
EuZW	Europäische Zeitschrift für Wirtschaftsrecht
EV	Vertrag zwischen der Bundesrepublik Deutschland und der Deutschen Demokratischen Republik über die Herstellung der Einheit Deutschlands – Einigungsvertrag
EV I bzw. II	Anlage I bzw. II zum EV
evtl.	eventuell
EWG	Europäische Wirtschaftsgemeinschaft

Abkürzungsverzeichnis

EWGV	Vertrag zur Gründung der Europäischen Wirtschaftsgemeinschaft
EWIR	Entscheidungen zum Wirtschaftsrecht
EWiV	Europäische wirtschaftliche Interessenvereinigung
EWR	Schriftenreihe zum europäischen Weinrecht; auch: Europäischer Wirtschafts-Raum
EzSt	Entscheidungssammlung zum Straf- u. Ordnungswidrigkeitenrecht, hrsg. von Lemke
f, ff	folgende, fortfolgende
FA	Fachanwalt für Arbeitsrecht
FAG	Gesetz über Fernmeldeanlagen
FamRZ	Ehe und Familie im privaten und öffentlichen Recht. Zeitschrift für das gesamte Familienrecht
FAO	Fachanwaltsordnung
FAZ	Frankfurter Allgemeine Zeitung
FD-StrafR	Fachdienst Strafrecht
Festschr.	Festschrift
FG	Finanzgericht; auch: Festgabe
FGG	Gesetz über die Angelegenheiten der freiwilligen Gerichtsbarkeit
FGO	Finanzgerichtsordnung
fin.	finanziell
FinDAG	Finanzdienstleistungsaufsichtsgesetz
FinVerwG/FVG	Gesetz über die Finanzverwaltung
FlaggRG/FlRG	Gesetz über das Flaggenrecht der Seeschiffe und die Flaggenführung der Binnenschiffe (Flaggenrechtsgesetz)
FLF	Finanzierung, Leasing, Factoring
FlRV	Flaggenrechtsverordnung
FMStG	Finanzmarktstabilisierungsgesetz
Fn.	Fußnote
Forens Psychiatr Psychol Kriminol	Forensische Psychiatrie, Psychologie, Kriminologie
Fortschr Neurol Psychiat	Fortschritte der Neurologie. Psychiatrie
fragl.	fraglich
FS	Festschrift
G bzw. Ges.	Gesetz
G 10	Gesetz zur Beschränkung des Brief-, Post- und Fernmeldegeheimnisses (Gesetz zu Artikel 10 Grundgesetz)
GA	Goltdammer's Archiv für Strafrecht, zit. nach Jahr u. Seite (bis 1933: Archiv für Strafrecht und Strafprozeß, zit. nach Band u. Seite)
GAA	Geldausgabeautomat
GBA	Generalbundesanwalt
GBG	Gesetz über die Beförderung gefährlicher Güter
GBl.	Gesetzblatt
GbR	Gesellschaft bürgerlichen Rechts
geänd.	geändert
GebFra	Geburtshilfe und Frauenheilkunde
GedS	Gedächtnisschrift
gem.	gemäß
Gemeinsame-Dateien-Gesetz	Gesetz zur Errichtung gemeinsamer Dateien von Polizeibehörden und Nachrichtendiensten des Bundes und der Länder
GenG	Gesetz betreffend die Erwerbs- und Wirtschaftsgenossenschaften
GenStA	Generalstaatsanwalt
GerS	Der Gerichtssaal

GeschlKG/GeschlkrG	Gesetz zur Bekämpfung der Geschlechtskrankheiten
GeschO	Geschäftsordnung
gesetzl.	gesetzlich
GesO	Gesamtvollstreckungsordnung
GesR	Gesundheitsrecht (Zeitschrift für Arztrecht, Krankenrecht, Apotheken- und Arzneimittelrecht)
GesRZ	Der Gesellschafter
GewArch	Gewerbearchiv, Zeitschrift für Gewerbe- und Wirtschaftsverwaltungsrecht
GewO	Gewerbeordnung
GewVerbrG	Gesetz gegen gefährliche Gewohnheitsverbrecher und über Maßregeln der Sicherung und Besserung
gg.	gegen
GG	Grundgesetz für die Bundesrepublik Deutschland
ggf.	gegebenenfalls
GjS/GjSM	Gesetz über die Verbreitung jugendgefährdender Schriften und Medieninhalte
GKG	Gerichtskostengesetz
GKÖD	Gesamtkommentar Öffentliches Dienstrecht
gl.	gleich
GmbHG	Gesetz betreffend die Gesellschaften mit beschränkter Haftung
GmbHR/GmbH-Rdsch	GmbH-Rundschau (vorher: Rundschau für GmbH)
GMBl.	Gemeinsames Ministerialblatt
GnO	Gnadenordnung (Landesrecht)
GOÄ	Gebührenordnung für Ärzte
GoB	Grundsätze ordnungsmäßiger Buchführung
GoBi	Grundsätze ordnungsmäßiger Bilanzierung
grdl.	grundlegend
grds.	grundsätzlich
GrS	Großer Senat
GrSSt	Großer Senat in Strafsachen
GRUR	Gewerblicher Rechtsschutz und Urheberrecht
GS	Der Gerichtssaal (zit. nach Band u. Seite); auch: Gedächtnisschrift
GSNW	Sammlung des bereinigten Landesrechts Nordrhein-Westfalen (1945–1956)
GSSchlH	Sammlung des schleswig-holsteinischen Landesrechts, 2 Bde (1963)
GÜG	Gesetz zur Überwachung des Verkehrs mit Grundstoffen, die für die unerlaubte Herstellung von Betäubungsmitteln mißbraucht werden können
GV	Gemeinsame Verfügung (mehrerer Ministerien) (auch: Grundlagenvertrag)
GVBl.	Gesetz- und Verordnungsblatt
GVBl. I–III	Sammlung des bereinigten Hessischen Landesrechts
GVG	Gerichtsverfassungsgesetz
GWB	Gesetz gegen Wettbewerbsbeschränkungen
GwG	Gesetz über das Aufspüren von Gewinnen aus schweren Straftaten (Geldwäschegesetz)
h.A.	herrschende Ansicht
HaagLKO/HLKO	Haager Abkommen betr. die Gesetze und Gebräuche des Landkriegs
HAG	Heimarbeitsgesetz
Halbs./Hbs.	Halbsatz
Hamb.	Hamburg
HambJVBl	Hamburgisches Justizverwaltungsblatt
HambSOG	Hamburger Sicherheits- und Ordnungsgesetz
HannRpfl	Hannoversche Rechtspflege
Hans.	Hanseatisch
HansGZ bzw. HGZ	Hanseatische Gerichtszeitung (1889–1927)

Abkürzungsverzeichnis

HansJVBl	Hanseatisches Justizverwaltungsblatt (bis 1946/47)
HansOLGSt	Entscheidungen des Hanseatischen Oberlandesgerichts in Strafsachen (1879–1932/33)
HansRGZ	Hanseatische Rechts- und Gerichtszeitschrift (1928–43), vorher:
HansRZ	Hanseatische Rechtszeitschrift für Handel, Schiffahrt und Versicherung, Kolonial- und Auslandsbeziehungen sowie für Hansestädtisches Recht (1918–1927)
Hdb.	Handbuch
HdbStR	Isensee/Kirchhof (Hrsg.), Handbuch des Staatsrechts der Bundesrepublik Deutschland
HeilPrG	Gesetz über die berufsmäßige Ausübung der Heilkunde ohne Bestallung (Heilpraktikergesetz)
Hess.	Hessen
HessSOG	Hessisches Sicherheits- und Ordnungsgesetz
HESt	Höchstrichterliche Entscheidungen, Sammlung von Entscheidungen der Oberlandesgerichte und der Obersten Gerichte in Strafsachen (1948–49)
HFR	Höchstrichterliche Finanzrechtsprechung
HGB	Handelsgesetzbuch
hins.	hinsichtlich
Hinw.	Hinweis
h.L.	herrschende Lehre
h.M.	herrschende Meinung
HöchstRR	Höchstrichterliche Rechtsprechung auf dem Gebiete des Strafrechts, Beilage zur Zeitschrift für die gesamte Strafrechtswissenschaft (1 zu Bd. 46, 2 zu Bd. 47, 3 zu Bd. 48)
HRR	Höchstrichterliche Rechtsprechung (1928–1942), bis 1927: Die Rechtsprechung, Beilage zur Zeitschrift Juristische Rundschau
HRRS	Höchstrichterliche Rechtsprechung im Strafrecht
Hrsg. bzw. hrsg.	Herausgeber bzw. herausgegeben
h. Rspr.	herrschende Rechtsprechung
HWiStR	Krekeler/Tiedemann/Ulsenheimer/Weinmann (Hrsg.) Handwörterbuch des Wirtschafts- und Steuerstrafrechts
i. Allg.	im Allgemeinen
i. allg. S.	im allgemeinen Sinne
i.d.F.	in der Fassung
i.d.R.	in der Regel
i.d.S.	in diesem Sinne
i.E./i. Erg.	im Ergebnis
i.e.S.	im engeren Sinne
IGH	Internationaler Gerichtshof
i. gl. S.	im gleichen Sinne
i. Grds.	im Grundsatz
IHK	Industrie- und Handelskammer
i.H.v.	in Höhe von
ILC	International Law Commission
ILM	International Legal Materials
IM	Innenminister(ium)
IMT	International Military Tribunal (Nürnberg)
inl.	inländisch
insb./insbes.	insbesondere
insges.	insgesamt
InsO	Insolvenzordnung
IntBestG	Gesetz zur Bekämpfung internationaler Bestechung
inzw.	inzwischen

IPBPR	Internationaler Pakt über bürgerliche und politische Rechte
i.R.d.	im Rahmen der/des
i.R.v.	im Rahmen von
IStGH-Statut	Internationaler Strafgerichtshof – Statut
IStR	Internationales Strafrecht
i.S.	im Sinne
i.S.d.	im Sinne der/des
i.S.e.	im Sinne einer(s)
IStGH	(ständiger) Internationaler Strafgerichtshof (Den Haag)
i.S.v.	im Sinne von
i. techn. S.	im technischen Sinne
ITRB	IT-Rechtsberater
i.U.	im Unterschied
i. Üb.	im Übrigen
IuKDG	Gesetz zur Regelung der Rahmenbedingungen für Informations- und Kommunikationsdienste (Informations- und Kommunikationsdienstegesetz)
IuR	Informatik und Recht
iuris	Rechtsportal der iuris-GmbH
iurisPR	iuris-Praxis-Report (Anmerkungen)
i.V.m.	in Verbindung mit
i.W.	im Wesentlichen
i.w.S.	im weiteren Sinne
i.Z.m.	im Zusammenhang mit
JA	Juristische Arbeitsblätter für Ausbildung und Examen
JahrbÖR	Jahrbuch des öffentlichen Rechts der Gegenwart
JahrbPostw.	Jahrbuch des Postwesens (1937–1941/42)
JA-R	Juristische Arbeitsblätter – Rechtsprechung
JAVollzO	Jugendarrestvollzugsordnung
JBeitrO	Justizbeitreibungsordnung
JBl.	Justizblatt; auch: Juristische Blätter (Österreich)
JBlRhPf.	Justizblatt Rheinland-Pfalz
JBl Saar	Justizblatt des Saarlandes
JbVerkR	Jahrbuch Verkehrsrecht
jew.	jeweils
JFGErg.	Entscheidungen des Kammergerichts und des Oberlandesgerichts München in Kosten-, Straf-, Miet- und Pachtschutzsachen (= Jahrbuch für Entscheidungen in Angelegenheiten der freiwilligen Gerichtsbarkeit und des Grundbuchrechts. ErgBd.)
JGG	Jugendgerichtsgesetz
JK	Jura-Kartei
JKomG	Gesetz über die Verwendung elektronischer Kommunikationsformen in der Justiz (Justizkommunikationsgesetz)
JM	Justizminister(ium)
JMBlNRW/JMBlNW	Justizministerialblatt für das Land Nordrhein-Westfalen
JÖSchG	Gesetz zum Schutze der Jugend in der Öffentlichkeit
JOR	Jahrbuch für Ostrecht
JöR	Jahrbuch des öffentlichen Rechts der Gegenwart
JR	Juristische Rundschau
JRE	Jahrbuch für Recht und Ethik
JSt	Journal für Strafrecht
JStGH	Internationaler Strafgerichtshof für das ehemalige Jugoslawien
JStGH-Statut	Internationaler Strafgerichtshof für das ehemalige Jugoslawien – Statut
1. JuMoG	Erstes Gesetz zur Modernisierung der Justiz (1. Justizmodernisierungsgesetz)

Abkürzungsverzeichnis

2. JuMoG	Zweites Gesetz zur Modernisierung der Justiz (2. Justizmodernisierungsgesetz)
JurA	Juristische Analysen
Jura	Juristische Ausbildung
JurBl./JBl.	Juristische Blätter
JurJahrb.	Juristen-Jahrbuch
JurPC	Internet-Zeitschrift für Rechtsinformatik und Informationsrecht
JuS	Juristische Schulung, Zeitschrift für Studium und Ausbildung
Justiz	Die Justiz, Amtsblatt des Justizministeriums von Baden-Württemberg
JuV	Justiz und Verwaltung
JVA	Justizvollzugsanstalt
JVBl.	Justizverwaltungsblatt
JVKostO	Gesetz über Kosten im Bereich der Justizverwaltung
JVollz.	Jugendstrafvollzugsordnung; s. auch JAVollzO
JW	Juristische Wochenschrift
JWG	Jugendwohlfahrtsgesetz
JZ	Juristenzeitung
JZ-GD	Juristenzeitung – Gesetzgebungsdienst
Kap.	Kapitel
KastG/KastrG	Gesetz über die freiwillige Kastration
KE	Kommissionsentwurf
KFG	Gesetz über den Verkehr mit Kraftfahrzeugen
Kfz.	Kraftfahrzeug
KG	Kammergericht bzw. Kommanditgesellschaft
KGJ	Jahrbuch für Entscheidungen des Kammergerichts in Sachen der freiwilligen Gerichtsbarkeit, in Kosten-, Stempel- und Strafsachen (1881–1922)
KindRG	Gesetz zur Reform des Kindschaftsrechts
KJ	Kritische Justiz
KKZ	Kommunal-Kassen-Zeitschrift
KO	Konkursordnung
KOM	(EU-)Kommission
KorBekG/KorrBekG/KorrBG	Gesetz zur Bekämpfung der Korruption
K&R	Kommunikation und Recht
KRABl.	s. ABlKR
KreditwesenG/KWG	Gesetz über das Kreditwesen
KRG	Kontrollratsgesetz
KriegswaffKG/KWKG	Gesetz über die Kontrolle von Kriegswaffen
KrimAbh.	Kriminalistische Abhandlungen, hrsg. von Exner
KrimGwFr	Kriminologische Gegenwartsfragen (zit. nach Band u. Seite)
Kriminalistik	Kriminalistik, Zeitschrift für die gesamte kriminalistische Wissenschaft und Praxis
KrimJournal	Kriminologisches Journal
KriPoZ	Kriminalpolitische Zeitschrift
krit.	kritisch
KritJ/Krit. Justiz	Kritische Justiz
KritV/KritVj	Kritische Vierteljahresschrift für Gesetzgebung und Rechtsprechung
KrW-/AbfG	Gesetz zur Förderung der Kreislaufwirtschaft und Sicherung der umweltverträglichen Beseitigung von Abfällen (Kreislaufwirtschafts- und Abfallgesetz)
KTS	Konkurs-, Treuhand- und Schiedsgerichtswesen (jetzt: Zeitschrift für Insolvenzrecht)
KunstUrhG/KUrhG	Kunsturhebergesetz
KuT	Konkurs-, Treuhand- und Schiedsgerichtswesen

KuV/k+v/K+V	Kraftfahrt und Verkehrsrecht, Zeitschrift der Akademie für Verkehrswissenschaft, Hamburg
KWG	s. KreditwesenG
LegPer.	Legislaturperiode
Lfg.	Lieferung
LFGB	Lebens- und Futtermittelgesetzbuch
LG	Landgericht
lit.	littera (Buchstabe)
Lit.	Literatur
LKRZ	Zeitschrift für Landes- und Kommunalrecht Hessen/Rheinland-Pfalz/Saarland
LM	Nachschlagewerk des Bundesgerichtshofs, hrsg. v. Lindenmaier/Möhring u.a. (zit. nach Paragraph und Nummer)
LMBG	Gesetz über den Verkehr mit Lebensmitteln, Tabakerzeugnissen, kosmetischen Mitteln und sonstigen Bedarfsgegenständen (Lebensmittel- und Bedarfsgegenständegesetz)
LPG	Landespressegesetz
LPK	Lehr- und Praxiskommentar
LRA	Landratsamt
LRE	Sammlung lebensmittelrechtlicher Entscheidungen
LS	Leitsatz
lt.	laut
LT	Landtag
Ltd.	Limited (Private company limited by shares)
LuftSiG	Gesetz zur Neuregelung von Luftsicherheitsaufgaben (Luftsicherheitsgesetz)
LuftVG	Luftverkehrgesetz
LuftVO/LuftVVO	Verordnung über den Luftverkehr
LuftVZO	Luftverkehrs-Zulassungs-Ordnung
LVerf.	Landesverfassung
LVwG SH	Landesverwaltungsgesetz Schleswig-Holstein
LZ	Leipziger Zeitschrift für Deutsches Recht (1907–1933)
m.	mit
m. Anm.	mit Anmerkung
Mat.	Materialien zur Strafrechtsreform (1954). Band I: Gutachten der Strafrechtslehrer. Band II: Rechtsvergleichende Arbeiten
m.a.W.	mit anderen Worten
m. Bespr.	mit Besprechung
MdB	Mitglied des Bundestages
MdL	Mitglied des Landtages
MDR	Monatsschrift für Deutsches Recht
MDStV	Staatsvertrag über Mediendienste
MedR	Medizinrecht
MedSach	Der Medizinische Sachverständige
MEPolG	Musterentwurf eines einheitlichen Polizeigesetzes
MfS	Ministerium für Staatssicherheit
mit Nachw.	mit Nachweisen
MiStra	Anordnung über Mitteilungen in Strafsachen
missverst.	missverständlich
Mitt.	Mitteilung
MittIKV	Mitteilungen der Internationalen Kriminalistischen Vereinigung (1889–1914; 1926–1933)
MK	Münchener Kommentar zum Strafgesetzbuch
m. krit. Anm.	mit kritischer Anmerkung (von)

Abkürzungsverzeichnis

MMR	MultiMedia und Recht
MMW	Münchner Medizinische Wochenschrift
MoMiG	Gesetz zur Modernisierung des GmbH-Rechts und zur Bekämpfung von Missbräuchen
MRG	Militärregierungsgesetz
MschrKrim./MonKrim.	Monatsschrift für Kriminologie und Strafrechtsreform
MschrKrimBiol/ MonKrimBiol.	Monatsschrift für Kriminalbiologie und Strafrechtsreform
MschrKrimPsych/ MonKrimPsych.	Monatsschrift für Kriminalpsychologie und Strafrechtsreform (1904/05–1936)
MStGO	Militärstrafgerichtsordnung
m.w.N.	mit weiteren Nachweisen
m. zust./abl. Anm.	mit zustimmender/ablehnender Anmerkung
Nachtr.	Nachtrag
Nachw.	Nachweis
NATO-Truppenstatut/ NTS	Abkommen zwischen den Parteien des Nordatlantikvertrags v. 19.6.1951 über die Rechtsstellung ihrer Truppen (NATO-Truppenstatut)
Nds.	Niedersachsen
NdsRpfl./Nds.Rpfl	Niedersächsische Rechtspflege
NdsSOG	Niedersächsisches Sicherheits- und Ordnungsgesetz
NEhelG	Gesetz über die Rechtsstellung der nichtehelichen Kinder
n.F.	neue Fassung
Niederschr./ Niederschriften	Niederschriften über die Sitzungen der Großen Strafrechtskommission
Nieders.GVBl. (Sb. I, II)	Niedersächsisches Gesetz- und Verordnungsblatt, Sonderband I und II, Sammlung des bereinigten niedersächsischen Rechts
NJ	Neue Justiz
NJOZ	Neue Juristische Online-Zeitschrift
NJW	Neue Juristische Wochenschrift
NJW-CoR	Computerreport der Neuen Juristischen Wochenschrift
NJW-RR	NJW-Rechtsprechungs-Report Zivilrecht
NK	Nomos Kommentar zum Strafgesetzbuch
NKrimP	Neue Kriminalpolitik
NPA	Neues Polizei-Archiv
Nr.(n)	Nummer(n)
NRW	Nordrhein-Westfalen
NStE	Neue Entscheidungssammlung für Strafrecht, hrsg. von Rebmann, Dahs und Miebach
NStZ	Neue Zeitschrift für Strafrecht
NStZ-RR	NStZ-Rechtsprechungs-Report Strafrecht
NuR	Natur und Recht
NVwZ	Neue Zeitschrift für Verwaltungsrecht
NWB	Neue Wirtschaftsbriefe für Steuer- und Wirtschaftsrecht
NWVBl	Nordrhein-Westfälische Verwaltungsblätter
NZA	Neue Zeitschrift für Arbeits- und Sozialrecht
NZA-RR	NZA-Rechtsprechungsreport Arbeitsrecht
NZBau	Neue Zeitschrift für Baurecht und Vergaberecht
NZG	Neue Zeitschrift für Gesellschaftsrecht
NZI	Neue Zeitschrift für das Recht der Insolvenz und Sanierung
NZM	Neue Zeitschrift für Miet- und Wohnungsrecht
NZS	Neue Zeitschrift für Sozialrecht
NZV	Neue Zeitschrift für Verkehrsrecht
NZWehrr/NZWehrR	Neue Zeitschrift für Wehrrecht
NZWiSt	Neue Zeitschrift für Wirtschafts-, Steuer- und Unternehmensstrafrecht

o.	oben
o.ä.	oder ähnlich
ob. dict.	obiter dictum
OBGer	Obergericht (Schweizer Kantone)
öffentl.	öffentlich
OECD	Organisation for Economic Cooperation and Development
ÖJZ/ÖstJZ	Österreichische Juristenzeitung
Öst OGH	Österreichischer Oberster Gerichtshof; ohne Zusatz: Entscheidung des Öst OGH in Strafsachen (zit. nach Band und Seite)
o.g.	oben genannt
OG	Oberstes Gericht der DDR
OGDDR	Entscheidungen des Obersten Gerichts der DDR
OGH	Oberster Gerichtshof (Österreich)
OGHBrZ	Oberster Gerichtshof für die Britische Zone
OGHSt	Entscheidungen des Obersten Gerichtshofes für die Britische Zone in Strafsachen (1949/50)
OHG	Offene Handelsgesellschaft
OLG	Oberlandesgericht
OLGSt	Entscheidungen der Oberlandesgerichte zum Straf- u. Strafverfahrensrecht (zit. nach Paragraph u. Seite, n.F. nach Paragraph u. Nummer)
OR	Obligationenrecht (Schweiz)
o.R.	ohne Rechnung
OrgK	Organisierte Kriminalität
OrgKG	Gesetz zur Bekämpfung des illegalen Rauschgifthandels und anderer Erscheinungsformen der Organisierten Kriminalität
OrgKVerbG	Gesetz zur Verbesserung der Bekämpfung der Organisierten Kriminalität
OVG	Oberverwaltungsgericht
OWiG	Gesetz über Ordnungswidrigkeiten
PartG	Gesetz über die politischen Parteien (Parteiengesetz)
PartGG	Partnerschaftsgesellschaftsgesetz
PatG	Patentgesetz
PAuswG	Gesetz über Personalausweise
PersV	Die Personalverwaltung
PflanzenSchG/PflSchG	Gesetz zum Schutz der Kulturpflanzen (Pflanzenschutzgesetz)
PharmR	PharmaRecht
PHI	Produkthaftpflicht International
PIF	Protection des Intérêts Financiers (EU)
PIN	Personal Identification Number
PlProt.	Plenarprotokoll
PolG	Polizeigesetz
polit.	politisch
Polizei	Die Polizei (seit 1955: Die Polizei – Polizeipraxis)
PolV/PolVO	Polizeiverordnung
PostG	Gesetz über das Postwesen (Postgesetz)
PostO	Postordnung
Pr.	Preußen
PrG	Pressegesetz
PrGS	Preußische Gesetzessammlung (1810–1945)
ProdSG	Produktsicherheitsgesetz
Prot.	Protokolle über die Sitzungen des Sonderausschusses für die Strafrechtsreform
Prot. BT-RA	Protokolle des Rechtsausschusses des Deutschen Bundestages (zit. nach Nummern)
Pr. OT	Preußisches Obertribunal
PrOVG	Preußisches Oberverwaltungsgericht

Abkürzungsverzeichnis

PrPVG	Preußisches Polizeiverwaltungsgesetz
PrZeugnVerwG	Gesetz über das Zeugnisverweigerungsrecht der Mitarbeiter von Presse und Rundfunk
PStG	Personenstandsgesetz
PStR	Praxis Steuerstrafrecht
psych.	psychisch
PsychThG	Gesetz über die Berufe des psychologischen Psychotherapeuten und des Kinder- und Jugendlichenpsychotherapeuten (PsychotherapeutenG)
PTV	Polizei, Technik, Verkehr
PVT	Polizei, Verkehr und Technik
qualif.	qualifizierend
R	Rechtsprechung des Reichsgerichts in Strafsachen (zit. nach Band u. Seite)
RabgO/RAO	Reichsabgabenordnung
RAussch.	Rechtsausschuss
RBerG	Gesetz zur Verhütung von Mißbrauch auf dem Gebiet der Rechtsberatung
RdA	Recht der Arbeit
RdErl.	Runderlass
RdJB	Recht der Jugend und des Bildungswesens
RdK	Das Recht des Kraftfahrers, Unabhängige Monatsschrift des Kraftverkehrsrechts (1926–43, 1949–55)
Rdn.	Randnummer
Rdschr./RdSchr.	Rundschreiben
RDStH	Entscheidungen des Reichsdienststrafhofs (1939–41)
RDStO	Reichsdienststrafordnung
RDV	Recht der Datenverarbeitung
Recht	Das Recht, begründet von Soergel (1897–1944)
RechtsM	Rechtsmedizin
rechtspol.	rechtspolitisch
RechtsTh	Rechtstheorie
rechtsvergl.	rechtsvergleichend
RefE	Referentenentwurf
Reg.	Regierung
RegBl.	Regierungsblatt
rel.	relativ
RfStV	Rundfunkstaatsvertrag
RG	Reichsgericht
RGBl., RGBl. I, II	Reichsgesetzblatt, von 1922–1945 Teil I und Teil II
RGRspr.	Rechtsprechung des Reichsgerichts in Strafsachen (1879–1888)
RGSt	Entscheidungen des Reichsgerichts in Strafsachen
RGZ	Entscheidungen des Reichsgerichts in Zivilsachen
RHG	Rechnungshofgesetz
RHilfeG/RHG	Gesetz über die innerdeutsche Rechts- und Amtshilfe in Strafsachen
RhPf.	Rheinland-Pfalz
RiAA	Grundsätze des anwaltlichen Standesrechts – Richtlinien gem. § 177 Abs. 2 Satz 2 BRAO
RIDP	Revue internationale de droit pénal
RiJGG	Richtlinien der Landesjustizverwaltungen zum Jugendgerichtsgesetz
RiOWiG	Gemeinsame Anordnung über die Zuständigkeit der Staatsanwaltschaft zur Verfolgung von Ordnungswidrigkeiten und über die Zusammenarbeit mit den Verwaltungsbehörden
RiStBV	Richtlinien für das Strafverfahren und das Bußgeldverfahren

RiVASt	Richtlinien für den Rechtshilfeverkehr mit dem Ausland in strafrechtlichen Angelegenheiten
RIW	Recht der Internationalen Wirtschaft
RJagdG	Reichsjagdgesetz
RKG/RKnappschG	Reichsknappschaftsgesetz
RKGE	Entscheidungen des Reichskriegsgerichts
RMBl.	Reichsministerialblatt, Zentralblatt für das Deutsche Reich (1923–45)
RMG/RMilGE	Entscheidungen des Reichsmilitärgerichts (zit. nach Band u. Seite)
RöntgVO/RöV	Röntgenverordnung
ROW	Recht in Ost und West. Zeitschrift für Rechtsvergleichung und interzonale Rechtsprobleme
R & P	Recht und Psychiatrie
Rpfleger	Der Deutsche Rechtspfleger
RpflG	Rechtspflegergesetz
RPostG	Reichspostgesetz
Rspr.	Rechtsprechung
RStGB	Reichsstrafgesetzbuch
RStGH	Internationaler Strafgerichtshof für Ruanda
RStGH-Statut	Internationaler Strafgerichtshof für Ruanda – Statut
RT	Reichstag
RTDrucks.	Drucksachen des Reichstages
RTVerh.	Verhandlungen des Reichstages
RuP	Recht und Politik. Vierteljahreshefte für Rechts- und Verwaltungspolitik
RVG	Rechtsanwaltsvergütungsgesetz
RVO	Reichsversicherungsordnung
s.	siehe
S.	Seite oder Satz
s.a.	siehe auch
SA	Sonderausschuss für die Strafrechtsreform
SaarPolG	Saarländisches Polizeigesetz
SaarRZ	Saarländische Rechts- und Steuerzeitschrift
SaBremR	Sammlung des bremischen Rechts (1964)
SächsArch.	Sächsisches Archiv für Rechtspflege, seit 1924 (bis 1941/42). Archiv für Rechtspflege in Sachsen, Thüringen und Anhalt
SächsOLG	Annalen des Sächsischen Oberlandesgerichts zu Dresden (1880–1920)
SächsPolG	Sächsisches Polizeigesetz
Sarl	Societé à responsabilité limitée
SchAZtg	Schiedsamts-Zeitung
ScheckG/SchG	Scheckgesetz
SchiedsmZ	Schiedsmannszeitung (1926–1945), seit 1950 Der Schiedsmann
SchKG	Gesetz zur Vermeidung und Bewältigung von Schwangerschaftskonflikten (Schwangerschaftskonfliktgesetz)
SchlH	Schleswig-Holstein
SchlHA	Schleswig-Holsteinische Anzeigen
Schriften der MGH	Schriften der Monumenta Germanicae historica
SchwangUG	(DDR-)Gesetz über die Unterbrechung der Schwangerschaft
SchwarzArbG	Schwarzarbeitsbekämpfungsgesetz
schweiz.	schweizerisch
SchwJZ	Schweizerische Juristen-Zeitung
SchwZStr.	Schweizer Zeitschrift für Strafrecht
SeeArbG	Seearbeitsgesetz
SeemannsG	Seemannsgesetz
SeeRÜbk./SRÜ	Seerechtsübereinkommen der Vereinten Nationen; Vertragsgesetz
Sen.	Senat

Abkürzungsverzeichnis

SeuffBl.	Seufferts Blätter für Rechtsanwendung (1836–1913)
SexualdelikteBekG	Gesetz zur Bekämpfung von Sexualdelikten und anderen gefährlichen Straftaten – Sexualdeliktebekämpfungsgesetz –
SFHÄndG	Schwangeren- und Familienhilfeänderungsgesetz
SFHG	Gesetz zum Schutz des vorgeburtlichen/werdenden Lebens, zur Förderung einer kinderfreundlicheren Gesellschaft, für Hilfen im Schwangerschaftskonflikt und zur Regelung des Schwangerschaftsabbruchs (Schwangeren- und Familienhilfegesetz)
SG/SoldatG	Gesetz über die Rechtsstellung der Soldaten
SGB I, III, IV, V, VIII, X, XII:	Sozialgesetzbuch, Allgemeiner Teil
	III: Sozialgesetzbuch, Arbeitsförderung
	IV: Sozialgesetzbuch, Gemeinsame Vorschriften für die Sozialversicherung
	V: Sozialgesetzbuch, Gesetzliche Krankenversicherung
	VIII: Sozialgesetzbuch, Kinder- und Jugendhilfe
	X: Sozialgesetzbuch, Verwaltungsverfahren, Zusammenarbeit der Leistungsträger und ihre Beziehung zu Dritten
	XI: Soziale Pflegeversicherung
SGb.	Sozialgerichtsbarkeit
SGG	Sozialgerichtsgesetz
SGV.NW	Sammlung des bereinigten Gesetz- und Verordnungsblatts für das Land Nordrhein-Westfalen (Loseblattsammlung)
SichVG	Gesetz zur Rechtsvereinheitlichung der Sicherungsverwahrung
SJZ	Süddeutsche Juristen-Zeitung (1946–50), dann Juristenzeitung
SK	Systematischer Kommentar zum Strafgesetzbuch
Slg.	Sammlung der Rechtsprechung des EuGH
s.o.	siehe oben
sog.	sogenannt(e)
Sonderausschuss	Sonderausschuss des Bundestages für die Strafrechtsreform, Niederschriften zitiert nach Wahlperiode und Sitzung
SortenSchG	Gesetz über den Schutz von Pflanzensorten (Sortenschutzgesetz)
SozVers	Die Sozialversicherung
spez.	speziell
SprengG/SprengstoffG	Gesetz über explosionsgefährliche Stoffe (Sprengstoffgesetz)
SpuRT	Zeitschrift für Sport und Recht
SSt	Entscheidungen des österreichischen Obersten Gerichtshofes in Strafsachen und Disziplinarangelegenheiten
StA	Staatsanwalt(schaft)
StaatsGH	Staatsgerichtshof
StaatsschStrafsG	Gesetz zur allgemeinen Einführung eines zweiten Rechtszuges in Staatsschutz-Strafsachen
StÄG	s. StRÄndG
StAZ	Das Standesamt. Zeitschrift für Standesamtswesen, Personenstandsrecht, Ehe- u. Kindschaftsrecht, Staatsangehörigkeitsrecht
StB	Der Steuerberater
StenB/StenBer	Stenographischer Bericht
StGB	Strafgesetzbuch
StPO	Strafprozeßordnung
str.	streitig, strittig
StrAbh.	Strafrechtliche Abhandlungen
StRÄndG	Strafrechtsänderungsgesetz (1. vom 30.8.1951) 18. ~ Gesetz zur Bekämpfung der Umweltkriminalität 27. ~ – Kinderpornographie

	28. ~ – Abgeordnetenbestechung
	31. ~ – Zweites Gesetz zur Bekämpfung der Umweltkriminalität
	37. ~ – §§ 180b, 181 StGB
	40. ~ – Gesetz zur Strafbarkeit beharrlicher Nachstellungen
	41. ~ – Bekämpfung der Computerkriminalität
	42. – Anhebung der Höchstgrenze des Tagessatzes bei Geldstrafen
StraffreiheitsG/StrFG	Gesetz über Straffreiheit
StraFo	Strafverteidigerforum
strafr.	strafrechtlich
StrafrAbh.	Strafrechtliche Abhandlungen, hrsg. von Bennecke, dann von Beling, v. Lilienthal und Schoetensack
StraßVerkSichG/	1. Gesetz zur Sicherung des Straßenverkehrs (Straßenverkehrssicherungsgesetz – StraßenVSichG)
StrEG	Gesetz über die Entschädigung für Strafverfolgungsmaßnahmen
StREG	Gesetz über ergänzende Maßnahmen zum 5. StrRG (Strafrechtsreformergänzungsgesetz)
StrlSchuV/StrlSchVO	Strahlenschutzverordnung
StRR	Strafrechtsreport
StrRG	Gesetz zur Reform des Strafrechts (1. ~, 2. ~, ... 6. ~)
st. Rspr.	ständige Rechtsprechung
StS	Strafsenat
StuR	Staat und Recht
StV/StrVert.	Strafverteidiger
StVE	Straßenverkehrsentscheidungen, hrsg. von Cramer, Berz, Gontard, Loseblattsammlung (zit. nach Paragraph u. Nummer)
StVG	Straßenverkehrsgesetz
StVGÄndG	Gesetz zur Änderung des Straßenverkehrsgesetzes und anderer Gesetze
StVj/StVJ	Steuerliche Vierteljahresschrift
StVK	Strafvollstreckungskammer
StVO	Straßenverkehrsordnung
StVollstrO	Strafvollstreckungsordnung
StVollzÄndG	Gesetz zur Änderung des Strafvollzugsgesetzes
StVollzG	Gesetz über den Vollzug der Freiheitsstrafe und der freiheitsentziehenden Maßregeln der Besserung und Sicherung – Strafvollzugsgesetz
StVollzK	Blätter für Strafvollzugskunde (Beilage zur Zeitschrift „Der Vollzugsdienst")
1. StVRG	Erstes Gesetz zur Reform des Strafverfahrensrechts
1. StVRErgG	Erstes Gesetz zur Ergänzung des 1. StVRG
StVZO	Straßenverkehrs-Zulassungs-Ordnung
s.u.	siehe unten
SubvG	Subventionsgesetz
SV	Sachverhalt
TDG	Gesetz über die Nutzung von Telediensten
TerrorBekG	Gesetz zur Bekämpfung des internationalen Terrorismus (Terrorismusbekämpfungsgesetz)
TerrorBekErgG	Gesetz zur Ergänzung des Terrorismusbekämpfungsgesetzes (Terrorismusbekämpfungsergänzungsgesetz)
ThürPAG	Thüringisches Polizeiaufgabengesetz
TierschG/TierschutzG	Tierschutzgesetz
Tit.	Titel
TKG	Telekommunikationsgesetz
TPG	Gesetz über die Spende, Entnahme und Übertragung von Organen – Transplantationsgesetz
TV	Truppenvertrag
Tz.	Textziffer, -zahl

Abkürzungsverzeichnis

u.	unten (auch: und)
u.a.	unter anderem (auch: andere)
u.ä.	und ähnliche
u.a.m.	und anderes mehr
UdG	Urkundsbeamter der Geschäftsstelle
Üb.	Überblick; Übersicht
Übereink./Übk.	Übereinkommen
ÜbergangsAO	Übergangsanordnung
ü. M.	überwiegende Meinung
UFITA	Archiv für Urheber-, Film-, Funk- und Theaterrecht
UG	Unternehmergesellschaft
U-Haft	Untersuchungshaft
UMAG	Gesetz zur Unternehmensintegrität und Modernisierung des Anfechtungsrechts
umstr.	umstritten
UmwRG	Umweltrahmengesetz der DDR
UNO	United Nations Organization (Vereinte Nationen)
UNTS	United Nations Treaty Series
unv.	unveröffentlicht
UPR	Umwelt- und Planungsrecht
UrhG	Gesetz über Urheberrecht und verwandte Schutzrechte (Urheberrechtsgesetz)
UStG	Umsatzsteuergesetz
usw.	und so weiter
UTR	Umwelt- und Technikrecht, Schriftenreihe des Instituts für Umwelt- und Technikrecht der Universität Trier, hrsg. von Rüdiger Breuer u.a.
u.U.	unter Umständen
UVNVAG	Ausführungsgesetz v. 23.7.1998 (BGBl. I S.1882) zu dem Vertrag v. 24.9.1996 über das umfassende Verbot von Nuklearversuchen – Zustimmungsgesetz
UWG	Gesetz gegen den unlauteren Wettbewerb
UZwG	Gesetz über den unmittelbaren Zwang bei Ausübung öffentlicher Gewalt durch Vollzugsbeamte des Bundes
UZwGBw	Gesetz über die Anwendung unmittelbaren Zwanges und die Ausübung besonderer Befugnisse durch Soldaten der Bundeswehr und zivile Wachpersonen
v.	von, vom
VAE	Verkehrsrechtliche Abhandlungen und Entscheidungen
VAG	Versicherungsaufsichtsgesetz
v.A.w.	von Amts wegen
VBlBW	Verwaltungsblätter für Baden-Württemberg
VD	Verkehrsdienst
VDA bzw. VDB	Vergleichende Darstellung des deutschen und ausländischen Strafrechts, Allgemeiner bzw. Besonderer Teil
VE	Vorentwurf
VerbrBekG	Gesetz zur Änderung des Strafgesetzbuches, der Strafprozeßordnung und anderer Gesetze (Verbrechensbekämpfungsgesetz)
VerbringungsverbG	Gesetz zur Überwachung strafrechtlicher und anderer Verbringungsverbote
VereinfVO	Vereinfachungsverordnung
	1. ~, VO über Maßnahmen auf dem Gebiet der Gerichtsverfassung und Rechtspflege
	2. ~, VO zur weiteren Vereinfachung der Strafrechtspflege
	3. ~, Dritte VO zur Vereinfachung der Strafrechtspflege
	4. ~, Vierte VO zur Vereinfachung der Strafrechtspflege
VereinhG	Gesetz zur Wiederherstellung der Rechtseinheit auf dem Gebiete der Gerichtsverfassung, der bürgerlichen Rechtspflege, des Strafverfahrens und des Kostenrechts

VereinsG	Gesetz zur Regelung des öffentlichen Vereinsrechts (Vereinsgesetz)
VerfGH	Verfassungsgerichtshof
VerglO	Vergleichsordnung
Verh.	Verhandlungen des Deutschen Bundestages (BT), des Deutschen Juristentages (DJT) usw.
VerjährG	Gesetz über das Ruhen der Verjährung bei SED-Unrechtstaten
	2. VerjährG, Gesetz zur Verlängerung strafrechtlicher Verjährungsfristen vom 27.9.1993
	3. VerjährG, Gesetz zur weiteren Verlängerung strafrechtlicher Verjährungsfristen vom 22.12.1997
VerkMitt/VerkMitt./VM	Verkehrsrechtliche Mitteilungen
VerkProspektG	Wertpapiere-Verkaufsprospektgesetz
vermitt.	vermittelnd
VerpflG	Gesetz über die förmliche Verpflichtung nichtbeamteter Personen (Verpflichtungsgesetz) i.d.F. v. Art. 42 EGStGB
VerschG	Verschollenheitsgesetz
VersG	Gesetz über Versammlungen und Aufzüge (Versammlungsgesetz)
VersR	Versicherungsrecht, Juristische Rundschau für die Individualversicherung
VerwArch.	Verwaltungsarchiv
VG	Verwaltungsgericht
VGH	Verwaltungsgerichtshof
vgl.	vergleiche
Vhdlgen	s. Verh.
VJZ	Zeitschrift für Vermögens- und Immobilienrecht
VN	Vereinte Nationen
VN-Satzung	Satzung der Vereinten Nationen
VO	Verordnung
VOBl.	Verordnungsblatt
VOR	Zeitschrift für Verkehrs- und Ordnungswidrigkeitenrecht
Voraufl.	Vorauflage
Vorbem.	Vorbemerkung
VorE	Vorentwurf
vorgen.	vorgenannt
VRS	Verkehrsrechts-Sammlung, Entscheidungen aus allen Gebieten des Verkehrsrechts
VStGB	Völkerstrafgesetzbuch
VVDStRL	Veröffentlichungen der Vereinigung deutscher Staatsrechtslehrer (zit. nach Heft u. Seite)
VVG	Gesetz über den Versicherungsvertrag
VwBlBW	Verwaltungsblätter Baden-Württemberg
VwGO	Verwaltungsgerichtsordnung
VwVfG	Verwaltungsverfahrensgesetz
VwVG	Verwaltungsvollstreckungsgesetz
VwZG	Verwaltungszustellungsgesetz
WaffG/WaffenG	Waffengesetz
Warn./WarnRspr	Sammlung zivilrechtlicher Entscheidungen des RG, hrsg. von Warneyer (zit. nach Jahr und Nummer)
WBl	Wirtschaftsrechtliche Blätter (Österreich)
WDO	Wehrdisziplinarordnung
WehrpflG	Wehrpflichtgesetz
WeimVerf./WV	Verfassung des Deutschen Reichs (sog. „Weimarer Verfassung")
WeinG	Weingesetz
weitergeh.	weitergehend

WHG	Gesetz zur Ordnung des Wasserhaushalts (Wasserhaushaltsgesetz)
WiB	Wirtschaftsrechtliche Beratung
1. WiKG	1. Gesetz zur Bekämpfung der Wirtschaftskriminalität
2. WiKG	2. Gesetz zur Bekämpfung der Wirtschaftskriminalität
WissR	Wissenschaftsrecht
WiStG	Gesetz zur weiteren Vereinfachung des Wirtschaftsstrafrechts (Wirtschaftsstrafgesetz 1954)
wistra	Zeitschrift für Wirtschaft, Steuer, Strafrecht; dann: Zeitschrift für Wirtschafts- und Steuerstrafrecht
WiVerw	Wirtschaft und Verwaltung
WK	Wiener Kommentar zum Strafgesetzbuch
WM	Wertpapier-Mitteilungen
w.N.b.	weitere Nachweise bei
WoÜbG	Gesetz zur Umsetzung des Urteils des Bundesverfassungsgerichts vom 3. März 2004 (akustische Wohnraumüberwachung) v. 24.6.2005
WuM	Wohnungswirtschaft und Mietrecht
WPg	Die Wirtschaftsprüfung
WpHG	Gesetz über Wertpapierhandel
WRP	Wettbewerb in Recht und Praxis
WStG	Wehrstrafgesetz
WZG	Warenzeichengesetz
z.	zur, zum
(Z)	Entscheidung in Zivilsachen
ZAG	Zahlungsdiensteaufsichtsgesetz
ZahlVGJG	Gesetz über den Zahlungsverkehr mit Gerichten und Justizbehörden
ZAkDR	Zeitschrift der Akademie für Deutsches Recht (1934–1944)
ZaöRV	Zeitschrift für ausländisches öffentliches Recht und Völkerrecht
z.B.	zum Beispiel
ZBB	Zeitschrift für Bankrecht und Bankwirtschaft
ZbernJV/ZBJV	Zeitschrift des Bernischen Juristenvereins
ZBl. f. Verk. Med.	Zentralblatt für Verkehrsmedizin, Verkehrspsychologie, Luft- und Raumfahrtmedizin
ZDG	Gesetz über den Zivildienst der Kriegsdienstverweigerer (Zivildienstgesetz)
ZfB	Zeitschrift für Binnenschifffahrt und Wasserstraßen
ZfBR	Zeitschrift für deutsches und internationales Baurecht
Z. f. d. ges. Sachverst.wesen	Zeitschrift für das gesamte Sachverständigenwesen
ZFIS	Zeitschrift für innere Sicherheit
ZfJ	Zentralblatt für Jugendrecht
ZfL	Zeitschrift für Lebensrecht
ZfRV	Zeitschrift für Rechtsvergleichung, Internationales Privatrecht und Europarecht
ZfS/ZfSch	Zeitschrift für Schadensrecht
ZfStrVo	Zeitschrift für Strafvollzug und Straffälligenhilfe
ZfW	Zeitschrift für Wasserrecht
ZfWG	Zeitschrift für Wett- und Glücksspielrecht
ZfZ	Zeitschrift für Zölle und Verbrauchsteuern
ZG	Zeitschrift für Gesetzgebung
ZGR	Zeitschrift für Unternehmens- und Gesellschaftsrecht
ZHR	Zeitschrift für das gesamte Handelsrecht und Wirtschaftsrecht, begr. v. Goldschmidt
Zif./Ziff.	Ziffer(n)
ZInsO	Zeitschrift für das gesamte Insolvenzrecht

ZIP	Zeitschrift für Wirtschaftsrecht
ZIS	Zeitschrift für Internationale Strafrechtsdogmatik
zit.	zitiert
ZJS	Zeitschrift für das Juristische Studium
ZMR	Zeitschrift für Miet- und Raumrecht
ZNER	Zeitschrift für Neues Energierecht
ZollG	Zollgesetz
ZParl	Zeitschrift für Parlamentsfragen
ZPO	Zivilprozessordnung
ZRP	Zeitschrift für Rechtspolitik
ZSchwR	Zeitschrift für Schweizerisches Recht
ZStW	Zeitschrift für die gesamte Strafrechtswissenschaft
z.T.	zum Teil
ZUM	Zeitschrift für Urheber- und Medienrecht/Film und Recht
zusf.	zusammenfassend
zust.	zustimmend
ZustErgG	Gesetz zur Ergänzung von Zuständigkeiten auf den Gebieten des Bürgerlichen Rechts, des Handelsrechts und des Strafrechts (Zuständigkeitsergänzungsgesetz)
ZustG	Zustimmungsgesetz
ZustVO	Verordnung über die Zuständigkeit der Strafgerichte, die Sondergerichte und sonstige strafverfahrensrechtliche Vorschriften
zutr.	zutreffend
z.V.b.	zur Veröffentlichung bestimmt
ZVG	Gesetz über die Zwangsversteigerung und die Zwangsverwaltung (Zwangsversteigerungsgesetz)
ZVS	Zeitschrift für Verkehrssicherheit
zw.	zweifelhaft (auch: zweifelnd)
ZWehrR	Zeitschrift für Wehrrecht (1936/37–1944)
ZWH	Zeitschrift für Wirtschaftsstrafrecht und Haftung im Unternehmen
z.Z.	zur Zeit
ZZP	Zeitschrift für Zivilprozess

Schrifttum und abgekürzt zitierte Literatur

Das Schrifttum zum Kernstrafrecht sowie sämtliche strafrechtlich relevanten Festschriften und vergleichbare Werke finden sich unter 1. Es folgt in alphabetischer Reihenfolge das Schrifttum zum Nebenstrafrecht und zu nichtstrafrechtlichen Gebieten: 2. Betäubungsmittelstrafrecht, 3. Bürgerliches Recht einschließlich Versicherungsrecht, 4. DDR-Strafrecht, 5. Europäisches Recht, 6. Handelsrecht einschließlich Bilanz- und Gesellschaftsrecht, 7. Jugendstrafrecht, 8. Kriminologie, 9. Ordnungswidrigkeitenrecht, 10. Presserecht, 11. Rechtshilfe, 12. Rechtsmedizin und Medizinstrafrecht, 13. Strafprozess- und Strafvollzugsrecht, 14. Straßenverkehrsrecht, 15. Verfassungsrecht und Verwaltungsrecht, 16. Wettbewerbs- und Kartellrecht, 17. Wirtschafts- und Steuerstrafrecht, 18. Zivilprozess- und Insolvenzrecht, 19. Sonstiges (einschließlich Arbeits- und Sozialrecht, Völkerrecht und Waffenrecht).

1. Strafrecht (StGB) und Festschriften

Zitier-Abk.	Werk
AK	Kommentar zum Strafgesetzbuch – Reihe Alternativkommentare, hrsg. v. Wassermann, Bd. 1 (1990), Bd. 3 (1986)
Ambos	Internationales Strafrecht, 5. Aufl. (2018)
AnwK	AnwaltKommentar StGB, hrsg. v. Leipold/Tsambikakis/Zöller, 2. Aufl. (2015)
Appel	Verfassung und Strafe (1998)
Arzt/Weber/Heinrich/Hilgendorf BT	Strafrecht, Besonderer Teil, Lehrbuch, 3. Aufl. (2015)
v. Bar	Gesetz und Schuld im Strafrecht, 1. Bd. (1906), 2. Bd. (1907), 3. Bd. (1909)
Baumann	Strafrecht, Allgemeiner Teil, 7. Aufl. (1975)
Baumann/Weber/Mitsch/Eisele	Strafrecht, Allgemeiner Teil, Lehrbuch, 12. Aufl. (2016)
BeckOK	Beck'scher Online-Kommentar StGB, hrsg. v. von Heintschel-Heinegg, 38. Edition (2018)
Beling	Die Lehre vom Verbrechen (1906)
Beulke-Symposion	Strafverteidigung – Grundlagen und Stolpersteine, Symposion für Werner Beulke, hrsg. v. Engländer/Fahl/Satzger/Swoboda (2012)
Binding, Grundriß	Grundriß des Deutschen Strafrechts, Allgemeiner Teil, 8. Aufl. (1913)
Binding, Handbuch	Handbuch des Strafrechts (1885)
Binding, Lehrbuch I, II	Lehrbuch des gemeinen Deutschen Strafrechts, Besonderer Teil, 2. Aufl. Bd. 1 (1902), Bd. 2 (1904/05)
Binding, Normen	Die Normen und ihre Übertretung, 2. Aufl., 4 Bände (1890–1919)
BK	Basler Kommentar Strafrecht I und II, hrsg. von Niggli/Wiprächtiger, 4. Aufl. (2019) (s. aber auch 15. Verfassungsrecht)
Blei I, II	Strafrecht I, Allgemeiner Teil, 18. Aufl. (1983); Strafrecht II, Besonderer Teil, 12. Aufl. (1983)
Bochumer Erläuterungen	Bochumer Erläuterungen zum 6. Strafrechtsreformgesetz, hrsg. v. Schlüchter (1998)
Bockelmann BT 1, 2, 3	Strafrecht, Besonderer Teil, Bd. 1: Vermögensdelikte, 2. Aufl. (1982); Bd. 2: Delikte gegen die Person (1977); Bd. 3: Ausgewählte Delikte gegen Rechtsgüter der Allgemeinheit (1980)
Bockelmann/Volk	Strafrecht, Allgemeiner Teil, 4. Aufl. (1987)
Bringewat	Grundbegriffe des Strafrechts, 3. Aufl. (2018)
Bruns, Strafzumessungsrecht	Strafzumessungsrecht: Gesamtdarstellung, 2. Aufl. (1974)
Bruns/Güntge	Das Recht der Strafzumessung, 3. Aufl. (2018)
Bruns, Reflexionen	Neues Strafzumessungsrecht? „Reflexionen" über eine geforderte Umgestaltung (1988)
Burgstaller	Das Fahrlässigkeitsdelikt im Strafrecht (1974)

Coimbra-Symposium	s. Schünemann/de Figueiredo Dias
Dahs	Handbuch des Strafverteidigers, 8. Aufl. (2015)
Dalcke/Fuhrmann/Schäfer	Strafrecht und Strafverfahren, 37. Aufl. (1961)
Dölling/Duttge/König/Rössner	s. HK-GS
Ebert	Aktuelle Probleme der Strafrechtspflege: Beiträge anläßlich eines Symposiums zum 60. Geburtstag von E. W. Hanack, hrsg. v. Ebert (1991)
Ebert AT	Strafrecht, Allgemeiner Teil, 4. Aufl. (2001)
Einführung 6. StrRG	Einführung in das 6. Strafrechtsreformgesetz (1998) (bearb. v. Dencker u.a.)
Eisele BT 1, BT 2	Strafrecht – Besonderer Teil I: Straftaten gegen die Person und die Allgemeinheit, 4. Aufl. (2017); Strafrecht – Besonderer Teil II: Eigentumsdelikte, Vermögensdelikte und Urkundendelikte, 4. Aufl. (2017)
Eisele/Heinrich	Strafrecht Allgemeiner Teil, 1. Aufl. (2017)
Erbs/Kohlhaas	Strafrechtliche Nebengesetze, Loseblattausgabe, 220. Aufl. (2018)
Erinnerungsgabe Grünhut	Erinnerungsgabe für Max Grünhut (1965)
Eser et al., Rechtfertigung und Entschuldigung I–IV	Rechtfertigung und Entschuldigung: rechtsvergleichende Perspektiven. Beiträge aus dem Max-Planck-Institut für ausländisches und internationales Strafrecht, Bd. 1, hrsg. v. Eser/Fletcher (1987); Bd. 2, hrsg. v. Eser/Fletcher (1988); Bd. 3: Deutsch-Italienisch-Portugiesisch-Spanisches Strafrechtskolloquium 1990 in Freiburg, hrsg. v. Eser/Perron (1991); Bd. 4: Ostasiatisch-Deutsches Strafrechtskolloquium 1993 in Tokio, hrsg. v. Eser/Nishihara (1995)
Festgabe BGH 25	25 Jahre Bundesgerichtshof
Festgabe BGH 50	50 Jahre Bundesgerichtshof, Festgabe aus der Wissenschaft, Band IV: Straf- und Strafprozeßrecht (2000)
Festgabe Frank	Festgabe für Reinhard von Frank zum 70. Geburtstag, 2 Bde. (1930)
Festgabe Graßhoff	Der verfasste Rechtsstaat, Festgabe für Karin Graßhoff (1998)
Festgabe Kern	Festgabe für Eduard Kern zum 70. Geburtstag (1957)
Festgabe Paulus	Festgabe für Rainer Paulus zum 70. Geburtstag (2009)
Festgabe Peters	Wahrheit und Gerechtigkeit im Strafverfahren: Festgabe für Karl Peters aus Anlaß seines 80. Geburtstages (1984)
Festgabe RG I–VI	Die Reichsgerichtspraxis im deutschen Rechtsleben: Festgabe der juristischen Fakultäten zum 50-jährigen Bestehen des Reichsgerichts (1929)
Festgabe Schultz	Lebendiges Strafrecht: Festgabe zum 65. Geburtstag von Hans Schultz (1977)
Festgabe Schweizer JT	Festgabe zum Schweizerischen Juristentag (1963)
Festschrift Achenbach	Festschrift für Hans Achenbach zum 70. Geburtstag (2011)
Festschrift Amelung	Grundlagen des Straf- und Strafverfahrensrechts: Festschrift für Knut Amelung zum 70. Geburtstag (2009)
Festschrift Androulakis	Festschrift für Nikolaos Androulakis zum 70. Geburtstag (2003)
Festschrift Augsburg	Recht in Europa: Festgabe zum 30-jährigen Bestehen der Juristischen Fakultät Augsburg (2003)
Festschrift Baumann	Festschrift für Jürgen Baumann zum 70. Geburtstag (1992)
Festschrift Bemmann	Festschrift für Günter Bemmann zum 70. Geburtstag (1997)
Festschrift Beulke	Ein menschengerechtes Strafrecht als Lebensaufgabe – Festschrift für Werner Beulke zum 70. Geburtstag (2015)
Festschrift BGH 50	Festschrift aus Anlaß des fünfzigjährigen Bestehens von Bundesgerichtshof, Bundesanwaltschaft und Rechtsanwaltschaft beim Bundesgerichtshof (2000)
Festschrift Blau	Festschrift für Günter Blau zum 70. Geburtstag (1985)
Festschrift Bockelmann	Festschrift für Paul Bockelmann zum 70. Geburtstag (1979)
Festschrift Böhm	Festschrift für Alexander Böhm zum 70. Geburtstag (1999)
Festschrift Böttcher	Recht gestalten – dem Recht dienen: Festschrift für Reinhard Böttcher zum. 70 Geburtstag (2007)

Festschrift Boujong	Verantwortung und Gestaltung: Festschrift für Karlheinz Boujong zum 65. Geburtstag (1996)
Festschrift Brauneck	Ehrengabe für Anne-Eva Brauneck (1999)
Festschrift Bruns	Festschrift für Hans-Jürgen Bruns zum 70. Geburtstag (1978)
Festschrift Burgstaller	Festschrift für Manfred Burgstaller zum 65. Geburtstag (2004)
Festschrift v. Caemmerer	Festschrift für Ernst von Caemmerer zum 70. Geburtstag (1978)
Festschrift Celle I	Göttinger Festschrift für das Oberlandesgericht Celle: zum 250-jährigen Bestehen des Oberlandesgerichts Celle (1961)
Festschrift Celle II	Festschrift zum 275-jährigen Bestehen des Oberlandesgerichts Celle (1986)
Festschrift Dahs	Festschrift für Hans Dahs zum 70. Geburtstag (2005)
Festschrift Dencker	Festschrift für Friedrich Dencker zum 70. Geburtstag (2012)
Festschrift Diestelkamp	Geschichte der Zentraljustiz in Mitteleuropa: Festschrift für Bernhard Diestelkamp zum 65. Geburtstag (1994)
Festschrift DJT	Hundert Jahre deutsches Rechtsleben: Festschrift zum hundertjährigen Bestehen des Deutschen Juristentages 1860–1960, 2 Bde. (1960)
Festschrift Dreher	Festschrift für Eduard Dreher zum 70. Geburtstag (1977)
Festschrift Dünnebier	Festschrift für Hans Dünnebier zum 75. Geburtstag (1982)
Festschrift Eisenberg	Festschrift für Ulrich Eisenberg zum 70. Geburtstag (2009)
Festschrift Engisch	Festschrift für Karl Engisch zum 70. Geburtstag (1969)
Festschrift Ermacora	Fortschritt im Bewußtsein der Grund- und Menschenrechte: Festschrift für Felix Ermacora zum 65. Geburtstag (1988)
Festschrift Eser	Menschengerechtes Strafrecht: Festschrift für Albin Eser zum 70. Geburtstag (2005)
Festschrift Europa-Institut	Europäische Integration und Globalisierung, Festschrift zum 60-jährigen Bestehen des Europa-Instituts (2011)
Festschrift Fezer	Festschrift für Gerhard Fezer zum 70. Geburtstag (2008)
Festschrift Fiedler	Verfassung – Völkerrecht – Kulturgüterschutz, Festschrift für Wilfried Fiedler zum 70. Geburtstag (2011)
Festschrift Fischer	Festschrift für Thomas Fischer (2018)
Festschrift Friebertshäuser	Festgabe für den Strafverteidiger Dr. Heino Friebertshäuser (1997)
Festschrift Frisch	Grundlagen und Dogmatik des gesamten Strafrechtssystems – Festschrift für Wolfgang Frisch zum 70. Geburtstag (2013)
Festschrift Fuchs	Festschrift für Helmut Fuchs zum 65. Geburtstag (2014)
Festschrift GA	140 Jahre Goltdammer's Archiv für Strafrecht: eine Würdigung zum 70. Geburtstag von Paul-Günter Pötz (1993)
Festschrift Gallas	Festschrift für Wilhelm Gallas zum 70. Geburtstag (1973)
Festschrift von Gamm	Festschrift für Otto-Friedrich Frhr. von Gamm (1990)
Festschrift Gauweiler	Recht und Politik: Festschrift für Peter Gauweiler zum 60. Geburtstag (2009)
Festschrift Geerds	Kriminalistik und Strafrecht: Festschrift für Friedrich Geerds zum 70. Geburtstag (1995)
Festschrift Geilen	Bochumer Beiträge zu aktuellen Strafrechtsthemen: Festschrift für Gerd Geilen zum 70. Geburtstag (2003)
Festschrift Geiß	Festschrift für Karlmann Geiß zum 65. Geburtstag (2000)
Festschrift Geppert	Festschrift für Klaus Geppert zum 70. Geburtstag (2011)
Festschrift Germann	Rechtsfindung – Beiträge zur juristischen Methodenlehre: Festschrift für Oscar Adolf Germann zum 80. Geburtstag (1969)
Festschrift Gleispach	Gegenwartsfragen der Strafrechtswissenschaft: Festschrift zum 60. Geburtstag von Graf W. Gleispach (1936) (Nachdruck 1995)
Festschrift Göppinger	Kriminalität. Persönlichkeit, Lebensgeschichte und Verhalten: Festschrift für Hans Göppinger zum 70. Geburtstag (1990)
Festschrift Gössel	Festschrift für Karl Heinz Gössel zum 70. Geburtstag (2002)
Festschrift Grünwald	Festschrift für Gerald Grünwald zum 70. Geburtstag (1999)
Festschrift Grützner	Aktuelle Probleme des internationalen Strafrechts – Beiträge zur Gestaltung des internationalen und supranationalen Strafrechts: Heinrich Grützner zum 65. Geburtstag (1970)

Schrifttum und abgekürzt zitierte Literatur

Festschrift Hamm	Festschrift für Rainer Hamm zum 65. Geburtstag (2008)
Festschrift Hanack	Festschrift für Ernst-Walter Hanack zum 70. Geburtstag (1999)
Festschrift Hanauer	Parlamentarismus und Föderalismus: Festschrift für Rudolf Hanauer aus Anlass seines 70. Geburtstages (1978)
Festschrift Hassemer	Festschrift für Winfried Hassemer zum 70. Geburtstag (2010)
Festschrift Heidelberg	Richterliche Rechtsfortbildung: Festschrift der Juristischen Fakultät zur 600-Jahr-Feier der Universität Heidelberg (1986)
Festschrift Heinitz	Festschrift für Ernst Heinitz zum 70. Geburtstag (1972)
Festschrift Heintschel-Heinegg	Festschrift für Bernd von Heintschel-Heinegg zum 70. Geburtstag (2015)
Festschrift Heinz	Festschrift für Wolfgang Heinz zum 70. Geburtstag (2012)
Festschrift Henkel	Grundfragen der gesamten Strafrechtswissenschaft: Festschrift für Heinrich Henkel zum 70. Geburtstag (1974)
Festschrift v. Hentig	Kriminologische Wegzeichen: Festschrift für Hans v. Hentig zum 80. Geburtstag (1967)
Festschrift Herzberg	Strafrecht zwischen System und Telos: Festschrift für Rolf Dietrich Herzberg zum 70. Geburtstag (2008)
Festschrift Herzog	Staatsrecht und Politik: Festschrift für Roman Herzog zum 75. Geburtstag (2009)
Festschrift Heusinger	Ehrengabe für Bruno Heusinger (1968)
Festschrift Hilger	Datenübermittlungen und Vorermittlungen: Festgabe für Hans Hilger (2003)
Festschrift Hirsch	Festschrift für Hans Joachim Hirsch zum 70. Geburtstag (1999)
Festschrift Honig	Festschrift für Richard M. Honig zum 80. Geburtstag (1970)
Festschrift Hruschka	Philosophia Practica Universalis: Festschrift für Joachim Hruschka zum 70. Geburtstag (2006)
Festschrift Hubmann	Beiträge zum Schutz der Persönlichkeit und ihrer schöpferischen Leistung: Festschrift für Heinrich Hubmann zum 70. Geburtstag (1985)
Festschrift Hübner	Festschrift für Heinz Hübner zum 70. Geburtstag (1984)
Festschrift Jakobs	Festschrift für Günther Jakobs zum 70. Geburtstag (2007)
Festschrift Jauch	Wie würden Sie entscheiden? Festschrift für Gerd Jauch zum 65. Geburtstag (1990)
Festschrift Jescheck	Festschrift für Hans-Heinrich Jescheck zum 70. Geburtstag, 2 Bde. (1985)
Festschrift Jung	Festschrift für Heike Jung zum 65. Geburtstag (2007)
Festschrift JurGes. Berlin	Festschrift zum 125-jährigen Bestehen der Juristischen Gesellschaft zu Berlin (1984)
Festschrift Kaiser	Internationale Perspektiven in Kriminologie und Strafrecht: Festschrift für Günther Kaiser zum 70. Geburtstag, 2 Bde. (1998)
Festschrift Kargl	Festschrift für Walter Kargl zum 70. Geburtstag (2015)
Festschrift Arthur Kaufmann (1989)	Jenseits des Funktionalismus: Arthur Kaufmann zum 65. Geburtstag (1989)
Festschrift Arthur Kaufmann (1993)	Strafgerechtigkeit: Festschrift für Arthur Kaufmann zum 70. Geburtstag (1993)
Festschrift Kern	Tübinger Festschrift für Eduard Kern (1968)
Festschrift Kerner	Kriminologie – Kriminalpolitik – Strafrecht: Festschrift für Hans-Jürgen Kerner zum 70. Geburtstag (2013)
Festschrift Kirchberg	Festschrift für Christian Kirchberg zum 70. Geburtstag (2017)
Festschrift Kleinknecht	Strafverfahren im Rechtsstaat: Festschrift für Theodor Kleinknecht zum 75. Geburtstag (1985)
Festschrift Klug	Festschrift für Ulrich Klug zum 70. Geburtstag, 2 Bde. (1983)
Festschrift Koch	Strafverteidigung und Strafprozeß: Festgabe für Ludwig Koch (1989)
Festschrift Kohlmann	Festschrift für Günter Kohlmann zum 70. Geburtstag (2003)
Festschrift Kohlrausch	Probleme der Strafrechtserneuerung: Festschrift für Eduard Kohlrausch zum 70. Geburtstage dargebracht (1944; Nachdruck 1978)

Schrifttum und abgekürzt zitierte Literatur

Festschrift Köln	Festschrift der Rechtswissenschaftlichen Fakultät zur 600-Jahr-Feier der Universität zu Köln (1988)
Festschrift Krause	Recht und Kriminalität: Festschrift für Friedrich-Wilhelm Krause zum 70. Geburtstag (1990)
Festschrift Krey	Festschrift für Volker Krey zum 70. Geburtstag (2010)
Festschrift Küper	Festschrift für Wilfried Küper zum 70. Geburtstag (2007)
Festschrift Kühne	Festschrift für Hans-Heiner Kühne zum 70. Geburtstag (2013)
Festschrift Lackner	Festschrift für Karl Lackner zum 70. Geburtstag (1987)
Festschrift Lampe	Jus humanum: Grundlagen des Rechts und Strafrechts: Festschrift für Ernst-Joachim Lampe zum 70. Geburtstag (2003)
Festschrift Lange	Festschrift für Richard Lange zum 70. Geburtstag (1976)
Festschrift Laufs	Humaniora: Medizin – Recht – Geschichte: Festschrift für Adolf Laufs zum 70. Geburtstag (2006)
Festschrift Leferenz	Kriminologie – Psychiatrie – Strafrecht: Festschrift für Heinz Leferenz zum 70. Geburtstag (1983)
Festschrift Lenckner	Festschrift für Theodor Lenckner zum 70. Geburtstag (1998)
Festschrift Lüderssen	Festschrift für Klaus Lüderssen zum 70. Geburtstag (2002)
Festschrift Maihofer	Rechtsstaat und Menschenwürde: Festschrift für Werner Maihofer zum 70. Geburtstag (1988)
Festschrift Maiwald	Gerechte Strafe und legitimes Strafrecht: Festschrift für Manfred Maiwald zum 75. Geburtstag (2010)
Festschrift Mangakis	Strafrecht – Freiheit – Rechtsstaat: Festschrift für Georgios Mangakis (1999)
Festschrift Maurach	Festschrift für Reinhart Maurach zum 70. Geburtstag (1972)
Festschrift H. Mayer	Beiträge zur gesamten Strafrechtswissenschaft: Festschrift für Hellmuth Mayer zum 70. Geburtstag (1966)
Festschrift Mehle	Festschrift für Volkmar Mehle zum 65. Geburtstag (2009)
Festschrift Meyer-Goßner	Strafverfahrensrecht in Theorie und Praxis: Festschrift für Lutz Meyer-Goßner zum 65. Geburtstag (2001)
Festschrift Mezger	Festschrift für Edmund Mezger zum 70. Geburtstag (1954)
Festschrift Middendorff	Festschrift für Wolf Middendorff zum 70. Geburtstag (1986)
Festschrift Miyazawa	Festschrift für Koichi Miyazawa: dem Wegbereiter des japanisch-deutschen Strafrechtsdiskurses (1995)
Festschrift E. Müller (2003)	Opuscula Honoraria: Egon Müller zum 65. Geburtstag (2003)
Festschrift E. Müller (2008)	Festschrift für Egon Müller zum 70. Geburtstag (2008)
Festschrift Müller-Dietz (1998)	Das Recht und die schönen Künste: Heinz Müller-Dietz zum 65. Geburtstag (1998)
Festschrift Müller-Dietz (2001)	Grundlagen staatlichen Strafens: Festschrift für Heinz-Müller-Dietz zum 70. Geburtstag (2001)
Festschrift Nehm	Strafrecht und Justizgewährung: Festschrift für Kay Nehm zum 65. Geburtstag (2006)
Festschrift Neumann	Rechtsstaatliches Strafrecht: Festschrift für Ulfrid Neumann zum 70. Geburtstag (2017)
Festschrift Nishihara	Festschrift für Haruo Nishihara zum 70. Geburtstag (1998)
Festschrift Nobbe	Entwicklungslinien im Bank- und Kapitalmarktrecht: Festschrift für Gerd Nobbe zum 65. Geburtstag (2009)
Festschrift Odersky	Festschrift für Walter Odersky zum 65. Geburtstag (1996)
Festschrift Oehler	Festschrift für Dietrich Oehler zum 70. Geburtstag (1985)
Festschrift Otto	Festschrift für Harro Otto zum 70. Geburtstag (2007)
Festschrift Paarhammer	In mandatis meditari: Festschrift für Hans Paarhammer zum 65. Geburtstag (2012)
Festschrift Paeffgen	Strafe und Prozess im freiheitlichen Rechtsstaat: Festschrift für Hans-Ullrich Paeffgen zum 70. Geburtstag (2015)
Festschrift Pallin	Strafrecht, Strafprozeßrecht und Kriminologie: Festschrift für Franz Pallin zum 80. Geburtstag (1989)

Schrifttum und abgekürzt zitierte Literatur

Festschrift Partsch	Des Menschen Recht zwischen Freiheit und Verantwortung: Festschrift für Karl Josef Partsch zum 75. Geburtstag (1989)
Festschrift Peters	Einheit und Vielfalt des Strafrechts: Festschrift für Karl Peters zum 70. Geburtstag (1974)
Festschrift Ch. Pfeiffer	Kriminologie ist Gesellschaftswissenschaft: Festschrift für Christian Pfeiffer zum 70. Geburtstag (2014)
Festschrift Pfeiffer	Strafrecht, Unternehmensrecht, Anwaltsrecht: Festschrift für Gerd Pfeiffer zum Abschied aus dem Amt als Präsident des Bundesgerichtshofes (1988)
Festschrift Pfenninger	Strafprozeß und Rechtsstaat: Festschrift zum 70. Geburtstag von H. F. Pfenninger (1956)
Festschrift Platzgummer	Festschrift für Winfried Platzgummer zum 65. Geburtstag (1995)
Festschrift Pötz	s. Festschrift GA
Festschrift Puppe	Strafrechtswissenschaft als Analyse und Konstruktion: Festschrift für Ingeborg Puppe zum 70. Geburtstag (2011)
Festschrift Rasch	Die Sprache des Verbrechens – Wege zu einer klinischen Kriminologie: Festschrift für Wilfried Rasch (1993)
Festschrift Rebmann	Festschrift für Kurt Rebmann zum 65. Geburtstag (1989)
Festschrift Reichsgericht	Die Reichsgerichtspraxis im deutschen Rechtsleben, Festgabe der juristischen Fakultäten zum 50-jährigen Bestehen des Reichsgerichts, Bd. 5, Strafrecht und Strafprozeß (1929)
Festschrift Reichsjustizamt	Vom Reichsjustizamt zum Bundesministerium der Justiz, Festschrift zum 100-jährigen Gründungstag des Reichsjustizamtes am 1.1.1877 (1977)
Festschrift Rengier	Festschrift für Rudolf Rengier zum 70. Geburtstag (2018)
Festschrift Richterakademie	Justiz und Recht: Festschrift aus Anlaß des 10-jährigen Bestehens der Deutschen Richterakademie in Trier (1983)
Festschrift Rieß	Festschrift für Peter Rieß zum 70. Geburtstag (2002)
Festschrift Richter	Verstehen und Widerstehen: Festschrift für Christian Richter II zum 65. Geburtstag (2006)
Festschrift Rissing-van Saan	Festschrift für Ruth Rissing-van Saan zum 65. Geburtstag (2011)
Festschrift Rittler	Festschrift für Theodor Rittler zu seinem 80. Geburtstag (1957)
Festschrift Rogall	Systematik in Strafrechtswissenschaft und Gesetzgebung: Festschrift für Klaus Rogall zum 70. Geburtstag am 10. August 2018 (Schriften zum Strafrecht) (2018)
Festschrift Rolinski	Festschrift für Klaus Rolinski zum 70. Geburtstag (2002)
Festschrift Rosenfeld	Festschrift für Ernst Heinrich Rosenfeld zu seinem 80. Geburtstag (1949)
Festschrift Rössner	Über allem: Menschlichkeit – Festschrift für Dieter Rössner zum 70. Geburtstag (2015)
Festschrift Roxin (2001)	Festschrift für Claus Roxin zum 70. Geburtstag (2001)
Festschrift Roxin (2011)	Strafrecht als Scientia Universalis: Festschrift für Claus Roxin zum 80. Geburtstag (2011)
Festschrift Imme Roxin	Festschrift für Imme Roxin zum 75. Geburtstag (2012)
Festschrift Rudolphi	Festschrift für Hans-Joachim Rudolphi zum 70. Geburtstag (2004)
Festschrift Salger	Straf- und Strafverfahrensrecht, Recht und Verkehr, Recht und Medizin: Festschrift für Hannskarl Salger zum Abschied aus dem Amt als Vizepräsident des Bundesgerichtshofes (1995)
Festschrift Samson	Recht – Wirtschaft – Strafe: Festschrift für Erich Samson zum 70. Geburtstag (2010)
Festschrift Sarstedt	Festschrift für Werner Sarstedt zum 70. Geburtstag (1981)
Festschrift Sauer	Festschrift für Wilhelm Sauer zu seinem 70. Geburtstag (1949)
Festschrift G. Schäfer	NJW-Sonderheft für Gerhard Schäfer zum 65. Geburtstag (2002)
Festschrift K. Schäfer	Festschrift für Karl Schäfer zum 80. Geburtstag (1980)
Festschrift Schaffstein	Festschrift für Friedrich Schaffstein zum 70. Geburtstag (1975)
Festschrift Schewe	Medizinrecht – Psychopathologie – Rechtsmedizin: diesseits und jenseits der Grenzen von Recht und Medizin: Festschrift für Günter Schewe zum 60. Geburtstag (1991)

Festschrift W. Schiller	Festschrift für Wolf Schiller zum 65. Geburtstag (2014)
Festschrift Schleswig-Holstein	Strafverfolgung und Strafverzicht: Festschrift zum 125-jährigen Bestehen der Staatsanwaltschaft Schleswig-Holstein (1992)
Festschrift Schlothauer	Festschrift für Reinhold Schlothauer zum 70. Geburtstag (2018)
Festschrift Schlüchter	Freiheit und Verantwortung in schwieriger Zeit: kritische Studien aus vorwiegend straf(prozeß)rechtlicher Sicht zum 60. Geburtstag von Ellen Schlüchter (1998)
Festschrift N. Schmid	Wirtschaft und Strafrecht: Festschrift für Niklaus Schmid zum 65. Geburtstag (2001)
Festschrift R. Schmid	Recht, Justiz, Kritik: Festschrift für Richard Schmid zum 85. Geburtstag (1985)
Festschrift Eb. Schmidt	Festschrift für Eberhard Schmidt zum 70. Geburtstag (1961)
Festschrift Schmidt-Leichner	Festschrift für Erich Schmidt-Leichner zum 65. Geburtstag (1977)
Festschrift Schmitt	Festschrift für Rudolf Schmitt zum 70. Geburtstag (1992)
Festschrift Schneider	Kriminologie an der Schwelle zum 21. Jahrhundert: Festschrift für Hans Joachim Schneider zum 70. Geburtstag (1998)
Festschrift Schöch	Verbrechen-Strafe-Resozialisierung: Festschrift für Heinz Schöch zum 70. Geburtstag (2010)
Festschrift Schreiber	Strafrecht, Biorecht, Rechtsphilosophie: Festschrift für Hans-Ludwig Schreiber zum 70. Geburtstag (2003)
Festschrift Schroeder	Festschrift für Friedrich-Christian Schroeder zum 70. Geburtstag (2006)
Festschrift Schüler-Springorum	Festschrift für Horst Schüler-Springorum zum 65. Geburtstag (1993)
Festschrift Schünemann	Streitbare Strafrechtswissenschaft: Festschrift für Bernd Schünemann zum 70. Geburtstag (2014)
Festschrift Schwind	Kriminalpolitik und ihre wissenschaftlichen Grundlagen: Festschrift für Hans-Dieter Schwind zum 70. Geburtstag (2006)
Festschrift Schwinge	Persönlichkeit in der Demokratie: Festschrift für Erich Schwinge zum 70. Geburtstag (1973)
Festschrift Seebode	Festschrift für Manfred Seebode zum 70. Geburtstag (2008)
Festschrift Sendler	Bürger-Richter-Staat: Festschrift für Horst Sendler zum Abschied aus seinem Amt (1991)
Festschrift Spendel	Festschrift für Günter Spendel zum 70. Geburtstag (1992)
Festschrift Spinellis	Die Strafrechtswissenschaft im 21. Jahrhundert: Festschrift für Dionysios Spinellis, 2 Bde. (2001)
Festschrift Steinhilper	Kriminologie und Medizinrecht: Festschrift für Gernot Steinhilper zum 70. Geburtstag (2013)
Festschrift Stock	Studien zur Strafrechtswissenschaft: Festschrift für Ulrich Stock zum 70. Geburtstag (1966)
Festschrift Stöckel	Strafrechtspraxis und Reform: Festschrift für Heinz Stöckel zum 70. Geburtstag (2010)
Festschrift Stree/Wessels	Beiträge zur Rechtswissenschaft: Festschrift für Walter Stree und Johannes Wessels zum 70. Geburtstag (1993)
Festschrift Stutte	Jugendpsychiatrie und Recht: Festschrift für Hermann Stutte zum 70. Geburtstag (1979)
Festschrift Tiedemann	Strafrecht und Wirtschaftsstrafrecht: Dogmatik, Rechtsvergleich, Rechtstatsachen: Festschrift für Klaus Tiedemann zum 70. Geburtstag (2008)
Festschrift Trechsel	Strafrecht, Strafprozessrecht und Menschenrechte: Festschrift für Stefan Trechsel zum 65. Geburtstag (2002)
Festschrift Triffterer	Festschrift für Otto Triffterer zum 65. Geburtstag (1996)
Festschrift Tröndle	Festschrift für Herbert Tröndle zum 70. Geburtstag (1989)
Festschrift Tübingen	Tradition und Fortschritt im Recht: Festschrift gewidmet der Tübinger Juristenfakultät zu ihrem 500-jährigen Bestehen 1977 von ihren gegenwärtigen Mitgliedern (1977)

Festschrift Venzlaff	Forensische Psychiatrie – Entwicklungen und Perspektiven: Festschrift für Ulrich Venzlaff zum 85. Geburtstag (2006)
Festschrift Volk	In dubio pro libertate: Festschrift für Klaus Volk zum 65. Geburtstag (2009)
Festschrift Vormbaum	Strafrecht und Juristische Zeitgeschichte – Symposium anlässlich des 70. Geburtstages von Thomas Vormbaum (2014)
Festschrift Waseda	Recht in Ost und West: Festschrift zum 30-jährigen Jubiläum des Instituts für Rechtsvergleichung der Waseda-Universität (1988)
Festschrift Wassermann	Festschrift für Rudolf Wassermann zum 60. Geburtstag (1985)
Festschrift v. Weber	Festschrift für Hellmuth von Weber zum 70. Geburtstag (1963)
Festschrift Weber	Festschrift für Ulrich Weber zum 70. Geburtstag (2004)
Festschrift Welzel	Festschrift für Hans Welzel zum 70. Geburtstag (1974)
Festschrift Widmaier	Strafverteidigung, Revision und die gesamten Strafrechtswissenschaften: Festschrift für Gunter Widmaier zum 70. Geburtstag (2008)
Festschrift Wolf	Mensch und Recht: Festschrift für Erik Wolf zum 70. Geburtstag (1972)
Festschrift Wolff	Festschrift für E. A. Wolff zum 70. Geburtstag (1998)
Festschrift Wolter	Gesamte Strafrechtswissenschaft in internationaler Dimension: Festschrift für Jürgen Wolter zum 70. Geburtstag (2013)
Festschrift Würtenberger	Kultur, Kriminalität, Strafrecht: Festschrift für Thomas Würtenberger zum 70. Geburtstag (1977)
Festschrift Würtenberger II	Verfassungsstaatlichkeit im Wandel, Festschrift für Thomas Würtenberger zum 70. Geburtstag (2013)
Festschrift Würzburger Juristenfakultät	Raum und Recht: Festschrift 600 Jahre Würzburger Juristenfakultät (2002)
Festschrift Zeidler	Festschrift für Wolfgang Zeidler (1987)
Festschrift Zoll	Rechtsstaat und Strafrecht: Festschrift für Andrzej Zoll zum 70. Geburtstag (2012)
Festschrift Zweibrücken	175 Jahre Pfälzisches Oberlandesgericht: 1815 Appellationshof, Oberlandesgericht 1990 (1990)
Fischer	Strafgesetzbuch und Nebengesetze, Kurzkommentar, 65. Aufl. (2018)
Forster/Joachim	Alkohol und Schuldfähigkeit (1997)
Frank	Das Strafgesetzbuch für das Deutsche Reich nebst dem Einführungsgesetz, 18. Aufl. (1931)
Freiburg-Symposium	s. Tiedemann
Freund AT	Strafrecht, Allgemeiner Teil, 2. Aufl. (2009)
Frisch, Vorsatz und Risiko	Vorsatz und Risiko: Grundfragen des tatbestandsmäßigen Verhaltens und des Vorsatzes (1983)
Frisch, Tatbestandsmäßiges Verhalten	Tatbestandsmäßiges Verhalten und Zurechnung des Erfolgs (1988)
Frister	Strafrecht, Allgemeiner Teil, 8. Aufl. (2018)
Fuchs/Zerbes	Strafrecht Allgemeiner Teil I: Grundlagen und Lehre von der Straftat, 10. Aufl. (2018)
Gallas, Beiträge	Beiträge zur Verbrechenslehre (1968)
Gedächtnisschrift Delitala	Gedächtnisschrift für (Studi in memoria di) Giacomo Delitala, 3 Bde. (1984)
Gedächtnisschrift Armin Kaufmann	Gedächtnisschrift für Armin Kaufmann (1989)
Gedächtnisschrift H. Kaufmann	Gedächtnisschrift für Hilde Kaufmann (1986)
Gedächtnisschrift Keller	Gedächtnisschrift für Rolf Keller (2003)
Gedächtnisschrift Meurer	Gedächtnisschrift für Dieter Meurer (2002)
Gedächtnisschrift K. Meyer	Gedächtnisschrift für Karlheinz Meyer (1990)
Gedächtnisschrift Noll	Gedächtnisschrift für Peter Noll (1984)
Gedächtnisschrift H. Peters	Gedächtnisschrift für Hans Peters (1967)
Gedächtnisschrift Radbruch	Gedächtnisschrift für Gustav Radbruch (1968)
Gedächtnisschrift Schlüchter	Gedächtnisschrift für Ellen Schlüchter (2002)

Gedächtnisschrift Schröder	Gedächtnisschrift für Horst Schröder (1978)
Gedächtnisschrift Seebode	Im Zweifel für die Freiheit: Gedächtnisschrift für Manfred Seebode (2015)
Gedächtnisschrift Tjong	Gedächtnisschrift für Zong Uk Tjong (1985)
Gedächtnisschrift Vogler	Gedächtnisschrift für Theo Vogler (2004)
Gedächtnisschrift Weßlau	Gedächtnisschrift für Edda Weßlau (2016)
Gedächtnisschrift Zipf	Gedächtnisschrift für Heinz Zipf (1999)
Gimbernat et al.	Internationale Dogmatik der objektiven Zurechnung und der Unterlassungsdelikte: Spanisch-Deutsches Symposium zu Ehren von Claus Roxin, hrsg. v. Gimbernat et al. (1995)
Gössel I, II	Strafrecht, Besonderer Teil, Bd. 1: Delikte gegen immaterielle Rechtsgüter des Individuums, 2. Aufl. (1999); Bd. 2: Straftaten gegen materielle Rechtsgüter des Individuums (1996)
Gössel/Dölling	Strafrecht, Besonderer Teil, Bd. 1: Straftaten gegen Persönlichkeits- und Gemeinschaftswerte, 2. Aufl. (2004)
Gropp AT	Strafrecht, Allgemeiner Teil, 4. Aufl. (2015)
Gropp Sonderbeteiligungen	Deliktstypen mit Sonderbeteiligung (1992)
Grundfragen	Grundfragen des modernen Strafrechtssystems, hrsg. v. Schünemann (1984)
Haft AT, BT II	Strafrecht, Allgemeiner Teil, 9. Aufl. (2004); Besonderer Teil II, 8. Aufl. (2005)
Haft/Hilgendorf BT I	Strafrecht, Besonderer Teil I, 9. Aufl. (2009)
Hanack-Symposium	s. Ebert
Hefendehl	Empirische Erkenntnisse, dogmatische Fundamente und kriminalpolitischer Impetus. Symposium für Bernd Schünemann zum 60. Geburtstag, hrsg. v. Hefendehl (2005)
Hefendehl Kollektive Rechtsgüter	Kollektive Rechtsgüter im Strafrecht (2002)
Heghmanns BT	Strafrecht für alle Semester, Besonderer Teil (2009)
Heinrich	Strafrecht AT, 5. Aufl. (2016)
vHH	Strafgesetzbuch, Kommentar, hrsg. v. von Heintschel-Heinegg, 3. Aufl. (2018)
v. Heintschel-Heinegg	s. vHH
v. Hippel I, II	Deutsches Strafrecht, Bd. 1 (1925), Bd. 2 (1930)
HK-GS	Dölling/Duttge/König/Rössner, Gesamtes Strafrecht, Handkommentar, 4. Aufl. (2017)
Hohmann/Sander	Strafrecht Besonderer Teil. BT I: Vermögensdelikte, 3. Aufl. (2011); BT II: Delikte gegen die Person und gegen die Allgemeinheit, 2. Aufl. (2011)
Hruschka	Strafrecht nach logisch-analytischer Methode, 2. Aufl. (1988)
Jäger AT	Examens-Repetitorium Strafrecht Allgemeiner Teil, 8. Aufl. (2017)
Jäger BT	Examens-Repetitorium Strafrecht Besonderer Teil, 7. Aufl. (2017)
Jakobs AT	Strafrecht, Allgemeiner Teil, 2. Aufl. (1993)
Jescheck, Beiträge I, II	Strafrecht im Dienste der Gemeinschaft: ausgewählte Beiträge zur Strafrechtsreform, zur Strafrechtsvergleichung, zum internationalen Strafrecht, 1953–1979 (1980) (I); Beiträge zum Strafrecht 1980–1998 (1998) (II), jew. hrsg. v. Vogler
Jescheck/Weigend	Lehrbuch des Strafrechts, Allgemeiner Teil, 5. Aufl. (1996)
Joecks/Jäger	Strafgesetzbuch, Studienkommentar, 12. Aufl. 2018
Kaspar	Strafrecht – Allgemeiner Teil: Einführung, 2. Aufl. (2017)
Kienapfel/Höpfel/Kert	Strafrecht, Allgemeiner Teil, 15. Aufl. (2016)
Kienapfel, Urkunden	Urkunden und andere Gewährschaftsträger im Strafrecht (1967)
Kindhäuser AT, BT I, II	Strafrecht, Allgemeiner Teil, 8. Aufl. (2017); Besonderer Teil I: Straftaten gegen Persönlichkeitsrechte, Staat und Gesellschaft, 8. Aufl. (2017); Besonderer Teil II: Straftaten gegen Vermögensrechte, 9. Aufl. (2016)
Kindhäuser LPK	Strafgesetzbuch, Lehr- und Praxiskommentar, 7. Aufl. (2017)
Kindhäuser, Gefährdung	Gefährdung als Straftat (1989)
Kindhäuser/Neumann/Paeffgen	s. NK

Schrifttum und abgekürzt zitierte Literatur

Klesczewski AT, BT I/II/III	Strafrecht, Allgemeiner Teil, 3. Aufl. (2017); Besonderer Teil I: Straftaten gegen die Person (2010); Besonderer Teil II: Vermögensdelikte (2011); Besonderer Teil III: Straftaten gegen Kollektivrechtsgüter (2012)
Klesczewski BT	Strafrecht Besonderer Teil – Lehrbuch zum Strafrecht der Bundesrepublik Deutschland (2016)
Köhler AT	Deutsches Strafrecht, Allgemeiner Teil (1997)
Kohlrausch/Lange	Strafgesetzbuch mit Erläuterungen und Nebengesetzen, 43. Aufl. (1961)
Krey/Esser	Deutsches Strafrecht, Allgemeiner Teil, 6. Aufl. (2016)
Krey/Hellmann/Heinrich BT 1, 2	Strafrecht, Besonderer Teil, Bd. 1: Besonderer Teil ohne Vermögensdelikte, 16. Aufl. (2015); Bd. 2: Vermögensdelikte, 17. Aufl. (2015)
Kühl AT	Strafrecht, Allgemeiner Teil, 8. Aufl. (2017)
Küper/Zopfs BT	Strafrecht, Besonderer Teil, 10. Aufl. (2018)
Küpper/Börner BT	Strafrecht, Besonderer Teil, Bd. 1: Delikte gegen Rechtsgüter der Person und Gemeinschaft, 4. Aufl. (2017)
Lackner/Kühl/*Bearbeiter*	Strafgesetzbuch mit Erläuterungen, 29. Aufl. (2018)
Leipold/Tsambikakis/Zöller	s. AnwK
v. Liszt, Aufsätze	Strafrechtliche Aufsätze und Vorträge, 2 Bde. (1925)
v. Liszt/Schmidt AT, BT	Lehrbuch des deutschen Strafrechts, Allgemeiner Teil, 26. Aufl. (1932); Besonderer Teil, 25. Aufl. (1925)
LK	Strafgesetzbuch, Leipziger Kommentar, 12. Aufl. hrsg. v. Laufhütte/Rissing-van Saan/Tiedemann (2006 ff); 13. Aufl. hrsg. v. Cirener/Radtke/Rissing-van Saan/Rönnau/Schluckebier (2019 ff)
Lutz	Strafrecht AT, 13. Aufl. (2018)
Madrid-Symposium	s. Schünemann/Suárez
Manoledakis/Prittwitz	Strafrechtsprobleme an der Jahrtausendwende: Deutsch-Griechisches Symposium in Rostock 1999, hrsg. v. Manoledakis/Prittwitz (2000)
Matheus	Strafrecht BT 2, 10. Aufl. (2018)
Matt/Renzikowski	Strafgesetzbuch, Kommentar (2013)
Maurach AT, BT	Strafrecht, Allgemeiner Teil, 4. Aufl. (1971); Besonderer Teil, 5. Aufl. (1969) mit Nachträgen von 1970/71
Maurach/Zipf	Strafrecht, Allgemeiner Teil, Teilbd. 1: Grundlehren des Strafrechts und Aufbau der Straftat, 8. Aufl. (1992)
Maurach/Gössel/Zipf	Strafrecht, Allgemeiner Teil, Teilbd. 2: Erscheinungsformen des Verbrechens und Rechtsfolgen der Tat, 8. Aufl. (2014)
Maurach/Schroeder/Maiwald I, II	Strafrecht, Besonderer Teil, Teilbd. 1: Straftaten gegen Persönlichkeits- und Vermögenswerte, 10. Aufl. (2009); Teilbd. 2: Straftaten gegen Gemeinschaftswerte, 10. Aufl. (2013)
H. Mayer AT	Strafrecht, Allgemeiner Teil (1953)
H. Mayer, Strafrecht	Das Strafrecht des deutschen Volkes (1936)
H. Mayer, Studienbuch	Strafrecht, Allgemeiner Teil, Studienbuch (1967)
Mezger, Strafrecht	Strafrecht, Lehrbuch, 3. Aufl. (1949) (ergänzt durch: Moderne Wege der Strafrechtsdogmatik [1950])
Mitsch BT 1, 2	Strafrecht, Besonderer Teil 2: Vermögensdelikte, 3. Aufl. (2015)
MK	Münchener Kommentar zum Strafgesetzbuch, hrsg. von Joecks/Miebach, 3. Aufl. (2016 ff)
Murmann	Grundkurs Strafrecht – Allgemeiner Teil, Tötungsdelikte, Körperverletzungsdelikte, 4. Aufl. (2017)
Naucke	Strafrecht, Eine Einführung, 11. Aufl. (2008)
Niederschriften I–XIV	Niederschriften über die Sitzungen der Großen Strafrechtskommission, 14 Bde. (1956–1960)
Niethammer	Lehrbuch des Besonderen Teils des Strafrechts (1950)
Niggli/Queloz	Strafjustiz und Rechtsstaat: Symposium zum 60. Geburtstag von Franz Riklin und José Hurtado Pozo, hrsg. v. Niggli/Queloz (2003)

NK	Nomos-Kommentar zum Strafgesetzbuch, hrsg. von Kindhäuser/Neumann/Paeffgen, 5. Aufl. (2017)
Oehler	Internationales Strafrecht, 2. Aufl. (1983)
v. Olshausen	Kommentar zum Strafgesetzbuch für das Deutsche Reich, 12. Aufl. (§§ 1–246) bearb. von Freiesleben u.a. (1942ff); sonst 11. Aufl. bearb. von Lorenz u.a. (1927)
Otto	Grundkurs Strafrecht: Die einzelnen Delikte, 7. Aufl. (2004)
Otto AT	Grundkurs Strafrecht: Allgemeine Strafrechtslehre, 7. Aufl. (2005)
Pfeiffer/Maul/Schulte	Strafgesetzbuch, Kommentar an Hand der Rechtsprechung des Bundesgerichtshofes (1969)
Preisendanz	Strafgesetzbuch, Lehrkommentar, 30. Aufl. (1978)
Puppe	Strafrecht Allgemeiner Teil: im Spiegel der Rechtsprechung, 3. Aufl. (2016)
Rengier AT, BT 1, 2	Strafrecht, Allgemeiner Teil, 10. Aufl. (2018); Besonderer Teil, Bd. 1: Vermögensdelikte, 20. Aufl. (2018); Bd. 2: Delikte gegen die Person und die Allgemeinheit, 19. Aufl. (2018)
Riklin-Hurtado-Symposium	s. Niggli/Queloz
Rostock-Symposium	s. Manoledakis/Prittwitz
Roxin AT I, II	Strafrecht, Allgemeiner Teil, Bd. 1: Grundlagen – Der Aufbau der Verbrechenslehre, 4. Aufl. (2006); Strafrecht, Allgemeiner Teil, Bd. 2: Besondere Erscheinungsformen der Straftat (2003)
Roxin TuT	Täterschaft und Tatherrschaft, 9. Aufl. (2015)
Roxin/Stree/Zipf/Jung	Einführung in das neue Strafrecht, 2. Aufl. (1975)
Roxin-Symposium	s. Gimbernat
Sack	Umweltschutz-Strafrecht, Erläuterung der Straf- und Bußgeldvorschriften, Loseblattausgabe, 5. Aufl. (43. EL, 2018)
Safferling	Internationales Strafrecht (2011)
Satzger/Schluckebier/Widmaier	s. SSW
Sauer AT, BT	Allgemeine Strafrechtslehre, 3. Aufl. (1955); System des Strafrechts, Besonderer Teil (1954)
Schäfer/v. Dohnanyi	Die Strafgesetzgebung der Jahre 1931 bis 1935 (1936) (Nachtrag zur 18. Aufl. von Frank: das Strafgesetzbuch für das Deutsche Reich [1931])
Schmidt AT, BT I, II	Strafrecht, Allgemeiner Teil, 20. Aufl. (2018); Strafrecht, Besonderer Teil I und II, jeweils 20. Aufl. (2018)
Schmidt-Salzer	Produkthaftung, Bd. 1: Strafrecht, 2. Aufl. (1988)
Schmidhäuser	Einführung in das Strafrecht, 2. Aufl. (1984)
Schmidhäuser AT, BT, StuB	Strafrecht, Allgemeiner Teil, 2. Aufl. (1975); Besonderer Teil, 2. Aufl. (1983); Studienbuch: Allgemeiner Teil, 2. Aufl. (1984)
Schöch	Wiedergutmachung und Strafrecht: Symposium aus Anlaß des 80. Geburtstages von Friedrich Schaffstein, hrsg. v. Schöch (1987)
Sch/Schröder	Strafgesetzbuch, Kommentar, 30. Aufl. (2019)
Schramm	Internationales Strafrecht, 2. Aufl. (2018)
Schroth BT	Strafrecht, Besonderer Teil, 5. Aufl. (2010)
Schünemann	Leipziger Praxiskommentar Untreue – § 266 StGB (2017)
Schünemann/de Figueiredo Dias	Bausteine des Europäischen Strafrechts: Coimbra-Symposium für Claus Roxin, hrsg. v. Schünemann/de Figueiredo Dias (1995)
Schünemann/Suárez	Bausteine des europäischen Wirtschaftsstrafrechts: Madrid-Symposium für Klaus Tiedemann, hrsg. v. Schünemann/Suárez (1995)
Sieber	Verantwortlichkeit im Internet (1999)
Sieber/Cornils	Nationales Strafrecht in rechtsvergleichender Darstellung, hrsg. von Sieber/Cornils (2008 ff)
SK	Systematischer Kommentar zum Strafgesetzbuch, 9. Aufl. (2017)

Schrifttum und abgekürzt zitierte Literatur

sLSK	Systematischer Leitsatzkommentar zum Sanktionenrecht, hrsg. v. Horn, Loseblattausgabe (1983 ff)
Sonnen	Strafrecht Besonderer Teil (2005)
SSW	Strafgesetzbuch, Kommentar, hrsg. v. Satzger/Schluckebier/Widmaier, 3. Aufl. (2017)
Stratenwerth/Kuhlen AT	Strafrecht, Allgemeiner Teil – Die Straftat, 6. Aufl. (2011)
Tendenzen der Kriminalpolitik	Neuere Tendenzen der Kriminalpolitik, Beiträge zu einem deutsch-skandinavischen Strafrechtskolloquium, hrsg. v. Cornils/Eser (1987)
Tiedemann	Wirtschaftsstrafrecht in der Europäischen Union, Rechtsdogmatik – Rechtsvergleich – Rechtspolitik (Freiburg-Syposium), hrsg. v. Tiedemann (2002)
Tiedemann, Anfängerübung	Die Anfängerübung im Strafrecht, 4. Aufl. (1999)
Tiedemann, Tatbestandsfunktionen	Tatbestandsfunktionen im Nebenstrafrecht (1969)
Tiedemann-Symposium	s. Schünemann/Suárez
Walter	Der Kern des Strafrechts (2006)
v. Weber	Grundriß des deutschen Strafrechts, 2. Aufl. (1948)
Welzel, Strafrecht	Das Deutsche Strafrecht, 11. Aufl. (1969)
Welzel, Strafrechtssystem	Das neue Bild des Strafrechtssystems, 4. Aufl. (1961)
Wessels/Beulke/Satzger	Strafrecht, Allgemeiner Teil, 48. Aufl. (2018)
Wessels/Hettinger/Engländer	Strafrecht, Besonderer Teil 1: Straftaten gegen Persönlichkeits- und Gemeinschaftswerte, 42. Aufl. (2018)
Wessels/Hillenkamp/Schuhr	Strafrecht, Besonderer Teil 2: Straftaten gegen Vermögenswerte, 41. Aufl. (2018)
WK	Wiener Kommentar zum Strafgesetzbuch – StGB; hrsg. v. Höpfel/Ratz, Loseblatt, 2. Aufl. (1999 ff)
Wohlers Deliktstypen	Deliktstypen des Präventionsrechts – Zur Dogmatik „moderner" Gefährdungsdelikte (2000)
Wolters	Das Unternehmensdelikt (2001)
Zieschang AT	Strafrecht, Allgemeiner Teil, 5. Aufl. (2017)
Zieschang, Gefährdungsdelikte	Die Gefährdungsdelikte (1998)

2. Betäubungsmittelstrafrecht

Franke/Wienroeder	Betäubungsmittelgesetz, Kommentar, 3. Aufl. (2007)
Joachimski/Haumer	Betäubungsmittelgesetz (mit ergänzenden Bestimmungen), Kommentar, 7. Aufl. (2002)
Körner/Patzak/Volkmer	Betäubungsmittelgesetz, Kurzkommentar, 9. Aufl. (2019)
Webel	Betäubungsmittelstrafrecht (2003)
Weber	Betäubungsmittelgesetz, Kommentar, 5. Aufl. (2017)

3. Bürgerliches Recht einschließlich Versicherungsrecht

Bamberger/Roth/Hau/Poseck	Kommentar zum Bürgerlichen Gesetzbuch: BGB Kommentar zum Bürgerlichen Gesetzbuch: BGB, 4. Aufl. (2019)
BeckOK BGB	Beck'scher Online-Kommentar BGB, hrsg. v. Bamberger/Roth/Hau/Poseck, 44. Aufl. (2018)
Bruck/Möller	Großkommentar zum Versicherungsvertragsgesetz, 9. Aufl. (2008 ff)
Erman	Handkommentar zum Bürgerlichen Gesetzbuch, 15. Aufl. (2017)
Jauernig	Bürgerliches Gesetzbuch: BGB, 17. Aufl. (2018)
Larenz/Wolf	s. Wolf/Neuner
MK-BGB	Münchener Kommentar zum Bürgerlichen Gesetzbuch, 6. Aufl. (ab 2011), hrsg. v. Säcker/Rixecker/Oetker; 7. Aufl. (ab 2015), hrsg.

	v. Säcker/Rixecker/Oetker/Limperg; 8. Aufl. (ab 2018), hrsg. v. Säcker/Rixecker/Oetker/Limperg
MK-VVG	Münchener Kommentar zum Versicherungsvertragsgesetz, hrsg. v. Langheid/Wandt, 2. Aufl. (2016)
OGK	beck-online.Großkommentar, hrsg. v. Gsell/Krüger/Lorenz/Reymann
Palandt	Bürgerliches Gesetzbuch mit Einführungsgesetz (Auszug), Gesetz zur Regelung des Rechts der Allgemeinen Geschäftsbedingungen, Verbraucherkreditgesetz, Gesetz über den Widerruf von Haustürgeschäften und ähnlichen Geschäften, Kurzkommentar, 78. Aufl. (2019)
Prütting/Wegen/Weinreich	BGB Kommentar, 13. Aufl. (2018)
RGRK	Das Bürgerliche Gesetzbuch, Kommentar, mit besonderer Berücksichtigung der Rechtsprechung des Reichsgerichts und des Bundesgerichtshofes (Reichsgerichtsrätekommentar), hrsg. v. Mitgliedern des Bundesgerichtshofes, 12. Aufl. (1975–1999)
HK-BGB	Schulze/Dörner/Ebert/Hoeren/Kemper/Saenger/Scheuch/Schreiber/Schulte-Nölke/Staudinger/Wiese, Bürgerliches Gesetzbuch, Handkommentar, 10. Aufl. (2019)
Soergel	Bürgerliches Gesetzbuch mit Einführungsgesetz und Nebengesetzen, 13. Aufl. (1999 ff)
Staudinger	J. von Staudingers Kommentar zum Bürgerlichen Gesetzbuch mit Einführungsgesetz und Nebengesetzen, 13. Aufl. Bearbeitungen (1993 ff)
Wolf/Neuner	Allgemeiner Teil des Bürgerlichen Rechts, 11. Aufl. (2016)

4. DDR-Strafrecht

StGB-Komm.-DDR	Strafrecht der Deutschen Demokratischen Republik, Kommentar, 5. Aufl. (1987)
StGB-Lehrb.-DDR AT, BT	Strafrecht der DDR, Lehrbuch: Allgemeiner Teil, 2. Aufl. (1976); Besonderer Teil (1981)
StGB-Lehrb.-DDR 1988	Strafrecht der DDR, Lehrbuch, Allgemeiner Teil (1988)
StPO-Komm.-DDR	Strafprozeßrecht der Deutschen Demokratischen Republik, Kommentar, 3. Aufl. (1989)
StPO-Lehrb.-DDR	Strafverfahrensrecht, Lehrbuch, 3. Aufl. (1987)

5. Europäisches Recht

Bleckmann	Europarecht, 6. Aufl. (1997)
Geiger/Khan/Kotzur	s. GKK
GKK	EUV/AEUV, Kommentar, hrsg. v. Geiger/Khan/Kotzur, 6. Aufl. (2017)
GKN	Das Recht der Europäischen Union, Kommentar, Loseblattausgabe, hrsg. v. Grabitz/Hilf/Nettesheim, 64. EL (2016)
Grabitz/Hilf/Nettesheim	s. GKN
Hailbronner/Klein/Magiera/Müller-Graff	s. HKMM
HKMM	Handkommentar zum Vertrag über die Europäische Union (EUV/EGV), hrsg. v. Hailbronner/Klein/Magiera/Müller-Graff, Loseblattausgabe (1991–1998)
HdEuropR	Handbuch des Europäischen Rechts, Loseblattausgabe, hrsg. v. Bieber/Ehlermann/Haag (1982 ff)
Hecker	Europäisches Strafrecht, 5. Aufl. (2015)
Hobe	Europarecht, 9. Aufl. (2017)
IM EG	Wettbewerbsrecht: Band 1. EU, 2 Teilbände., hrsg. v. Immenga/Mestmäcker, 5. Aufl. (2012); Nachtrag zu Teilband 1 (2014)
Immenga/Mestmäcker EG	s. IM EG

Schrifttum und abgekürzt zitierte Literatur

Satzger	Internationales und Europäisches Strafrecht, 8. Aufl. (2018)
Schwarze/Becker/Hatje/Schoo	EU-Kommentar, hrsg. v. Schwarze/Becker/Hatje/Schoo, 4. Aufl. (2019)
Schweitzer/Hummer	Europarecht, 6. Aufl. (2008)
Sieber/Satzger/v.Heintschel-Heinegg	s. SSvHH
SSvHH	Europäisches Strafrecht, hrsg. v. Sieber/Satzger/v.Heintschel-Heinegg, 2. Aufl. (2014)
Streinz	Europarecht, 10. Aufl. (2016)

6. Handelsrecht einschließlich Bilanz- und Gesellschaftsrecht

Baumbach/Hopt	Handelsgesetzbuch: HGB mit GmbH & Co., Handelsklauseln, Bank- und Börsenrecht, Transportrecht, 38. Aufl. (2018)
Ebenroth/Boujong/Joost/Strohn	Handelsgesetzbuch, 3. Aufl. (2014/15)
Hachenburg	GmbHG, Kommentar, 8. Aufl. (1993 bis 1997)
Heymann	HGB, Kommentar, 3. Aufl. (2019 ff)
GK-AktG	Großkommentar zum Aktiengesetz, 4. Aufl. hrsg. v. Hopt/Wiedemann (1992 ff); 5. Aufl. hrsg. v. Hirte/Mülbert/Roth (2015 ff)
Hüffer/Koch	Aktiengesetz: AktG, Kommentar, 13. Aufl. (2018)
MK HGB	Münchener Kommentar zum Handelsgesetzbuch, hrsg. v. K. Schmidt, 3. Aufl. (2010 ff); 4. Aufl. (2016 ff)
Schmidt/Lutter	AktG Kommentar in 2 Bänden, 3. Aufl. (2015)
Scholz	Kommentar zum GmbH-Gesetz in 3 Bänden, 11. Aufl. (2012 ff)
Staub	Großkommentar zum HGB, 5. Aufl. (2008 ff)
Ulmer/Habersack/Löbbe	s. UHL
UHL	GmbHG Großkommentar in 2 Bänden, hrsg. v. Ulmer/Habersack/Löbbe, 2. Aufl. (2016)

7. Jugendstrafrecht

AK JGG	Kommentar zum Jugendgerichtsgesetz – Reihe Alternativkommentare, hrsg. v. Wassermann (1987)
Brunner	Jugendgerichtsgesetz, Kommentar, 9. Aufl. (1991)
Brunner/Dölling	Jugendgerichtsgesetz, Kommentar, 13. Aufl. (2017)
Böhm/Feuerhelm	Einführung in das Jugendstrafrecht, 4. Aufl. (2004)
Diemer/Schatz/Sonnen	Jugendgerichtsgesetz mit Jugendstrafvollzugsgesetzen, Kommentar, 7. Aufl. (2015)
Eisenberg JGG	Jugendgerichtsgesetz, Kommentar, 20. Aufl. (2018)
Laubenthal/Baier/Nestler	Jugendstrafrecht, 3. Aufl. (2015)
Ostendorf JGG	Jugendgerichtsgesetz, Kommentar, 10. Aufl. (2016)
Schaffstein/Beulke/Swoboda	Jugendstrafrecht, 15. Aufl. (2015)
Streng	Jugendstrafrecht, 4. Aufl. (2016)
Walter/Neubacher	Jugendkriminalität: eine systematische Darstellung, 4. Aufl. (2011)

8. Kriminologie

Albrecht	Kriminologie, 4. Aufl. (2010)
Dittmann/Jehle	Kriminologie zwischen Grundlagenwissenschaften und Praxis, hrsg. v. Dittmann/Jehle (2003)
Eisenberg/Kölbel, Kriminologie	Kriminologie, 7. Aufl. (2017)
Göppinger	Kriminologie, 4. Aufl. (1980)
Göppinger/Bock	Kriminologie, hrsg. v. Göppinger/Bock/Kröber et.al., 6. Aufl. (2008)

HwbKrim	Handwörterbuch der Kriminologie, hrsg. v. Sieverts/Schneider, Bd. 1–3, Ergänzungsband (4. Bd.), Nachtrags- und Registerband (5. Bd.), 2. Aufl. (1966–1998)
IntHdbKrim	Internationales Handbuch der Kriminologie, hrsg. v. H.-J. Schneider, Bd. 1 (2007); Bd. 2 (2009)
Kaiser/Schöch/Kinzig	Kriminologie, Jugendstrafrecht und Strafvollzug, hrsg. v. Schöch/Kinzig, 8. Aufl. (2015)
Kaiser, Einführung	Kriminologie: eine Einführung in die Grundlagen, 10. Aufl. (1997)
Meier	Kriminologie, 5. Aufl. (2016)
Mezger, Kriminologie	Kriminologie, Studienbuch (1951)
Schneider	Kriminologie, Lehrbuch, 3. Aufl. (1992)
Schneider, Kriminologie	Kriminologie, Ein internationales Handbuch, Band 1: Grundlagen (2014)
Schwind	Kriminologie und Kriminalpolitik, 23. Aufl. (2016)

9. Ordnungswidrigkeitenrecht

Bohnert/Krenberger/Krumm	OWiG Ordnungswidrigkeitengesetz, Kommentar, 5. Aufl. (2018)
Bohnert/Bülte	Ordnungswidrigkeitenrecht, 5. Aufl. (2016)
Göhler	Gesetz über Ordnungswidrigkeiten, Kurzkommentar, 17. Aufl. (2017)
HK-OWiG	Heidelberger Kommentar zum Ordnungswidrigkeitengesetz, hrsg. v. Lemke u.a., 2. Aufl. (2005)
KK-OWiG	Karlsruher Kommentar zum Gesetz über Ordnungswidrigkeiten, hrsg. v. Mitsch, 5. Aufl. (2018)
Mitsch, OWiG	Recht der Ordnungswidrigkeiten, 2. Aufl. (2005)
Rebmann/Roth/Herrmann	Gesetz über Ordnungswidrigkeiten, Kommentar, Loseblattausgabe, 25. EL (2017)

10. Presserecht

Groß	Presserecht, 3. Aufl. (1999)
Löffler	Presserecht, Kommentar, 6. Aufl. (2015)
Löffler HdB	s. Ricker/Weberling
Ricker/Weberling	Handbuch des Presserechts, begr. v. Löffler, hrsg. v. Ricker/Weberling, 6. Aufl. (2012)
Soehring	Presserecht, 5. Aufl. (2013)

11. Rechtshilfe

Grützner/Pötz/Kreß	Internationaler Rechtshilfeverkehr in Strafsachen, Loseblattausgabe, 45. EL (2018)
Hackner/Lagodny/Schomburg/Wolf	Internationale Rechtshilfe in Strafsachen (2003)
Schomburg/Lagodny/Gleß/Hackner	Internationale Rechtshilfe in Strafsachen, 6. Aufl. (2019)
Vogler/Wilkitzki	Gesetz über die Internationale Rechtshilfe in Strafsachen (IRG), Kommentar, Loseblattausgabe (1992 ff) als Sonderausgabe aus Grützner/Pötz, Internationaler Rechtshilfeverkehr in Strafsachen, 2. Aufl. (1980 ff)

12. Rechtsmedizin und Medizinstrafrecht

Foerster/Dreßing	Psychiatrische Begutachtung, hrsg. v. Venzlaff/Foerster/Dreßing/Habermeyer, 6. Aufl. (2015)
Forster	Praxis der Rechtsmedizin (1986)
Forster/Ropohl	Rechtsmedizin, 5. Aufl. (1989)

Schrifttum und abgekürzt zitierte Literatur

Frister/Lindemann/Peters	Arztstrafrecht (2011)
Höfling TPG	TPG – Transplantationsgesetz, Kommentar, hrsg. v. Höfling, 2. Aufl. (2013)
HfPsych I, II	Handbuch der forensischen Psychiatrie, hrsg. v. Göppinger/Witter, Bd. 1: Teil A (Die rechtlichen Grundlagen) und B (Die psychiatrischen Grundlagen); Bd. 2: Teil C (Die forensischen Aufgaben der Psychiatrie) und D (Der Sachverständige, Gutachten und Verfahren) (jew. 1972)
HfPsych 1, 2, 3, 4, 5	Handbuch der forensischen Psychiatrie, hrsg. v. Kröber/Dölling/Leygraf/Sass, Bd. 1: Strafrechtliche Grundlagen der Forensischen Psychiatrie (2007); Bd. 2: Psychopathologische Grundlagen und Praxis der forensischen Psychiatrie im Strafrecht (2011); Bd. 3: Psychiatrische Kriminalprognose und Kriminaltherapie (2006); Bd. 4: Kriminologie und forensische Psychiatrie (2009); Bd. 5: Forensische Psychiatrie im Privatrecht und Öffentlichen Recht (2009)
Laufs	Fortpflanzungsmedizin und Arztrecht (1992)
Laufs/Katzenmeier/Lipp	Arztrecht, hrsg. v. Katzenmeier/Lipp, 7. Aufl. (2015)
Laufs/Kern/Rehborn	Handbuch des Arztrechts, hrsg. v. Laufs/Kern/Rehborn, 5. Aufl. (2019)
Rieger	Lexikon des Arztrechts, Loseblattsammlung (2004)
Roxin/Schroth	Handbuch des Medizinstrafrechts, 4. Aufl. (2010)
Schroth/König/Gutmann/Oduncu	Transplantationsgesetz: TPG, Kommentar (2005)
Spickhoff	Medizinrecht, hrsg. v. Spickhoff, 3. Aufl. (2018)
Ulsenheimer	Arztstrafrecht in der Praxis, 5. Aufl. (2015)
Wenzel	Medizinrecht, 4. Aufl. (2018)

13. Strafprozess- und Strafvollzugsrecht

AK-StPO	Kommentar zur Strafprozeßordnung – Reihe Alternativkommentare, hrsg. v. Wassermann, Bd. 1 (1988), Bd. 2 Teilbd. 1 (1992), Bd. 2 Teilbd. 2 (1993), Bd. 3 (1996)
AK-StVollzG	Kommentar zum Strafvollzugsgesetz – Reihe Alternativkommentare, hrsg. v. Wassermann, 3. Aufl. (1990)
Arloth/Krä	Strafvollzugsgesetze, Kommentar, 4. Aufl. (2017)
BeckOK-StPO	Beck'scher Online-Kommentar StPO, hrsg. v. Graf, 30. Edition (2018)
Beulke/Swoboda	Strafprozessrecht, 14. Aufl. (2018); vormals Beulke
Bringewat	Strafvollstreckungsrecht: Kommentar zu den §§ 449–463d StPO (1993)
Calliess/Müller-Dietz	s. Laubenthal/Nestler/Neubacher/Verrel
Eisenberg	Beweisrecht der StPO, Spezialkommentar, 10. Aufl. (2017)
Hamm	Die Revision in Strafsachen, 7. Aufl. (2010)
HK-StPO	Heidelberger Kommentar zur Strafprozessordnung, hrsg. v. Gercke u.a., 6. Aufl. (2019)
Isak/Wagner	s. Röttle/Wagner
Joecks-StPO	Studienkommentar StPO, 4. Aufl. (2015)
Kamann	Handbuch für die Strafvollstreckung und den Strafvollzug, 2. Aufl. (2008)
Kammeier/Pollähne	Maßregelvollzugsrecht, Kommentar, 4. Aufl. (2018)
Kissel/Mayer	Gerichtsverfassungsgesetz, 9. Aufl. (2018)
KK	Karlsruher Kommentar, Strafprozessordnung - GVG, EGGVG, EMRK, hrsg. v. Hannich, 8. Aufl. (2019)
Kleinknecht/Meyer-Goßner	s. Meyer-Goßner/Schmitt
KMR	Kleinknecht/Müller/Reitberger (Begr.), Kommentar zur Strafprozeßordnung, Loseblattausgabe, 8. Aufl. (1990ff), ab 14. Lfg. hrsg. von v. Heintschel-Heinegg/Stöckel
Kramer	Grundbegriffe des Strafverfahrensrechts: Ermittlung und Verfahren, 8. Aufl. (2014)

Kühne	Strafprozessrecht (ehem. Strafprozeßlehre) 9. Aufl. (2015)
Laubenthal/Nestler/ Neubacher/Verrel	s. LNNV
LNNV	Strafvollzugsgesetz, Kurzkommentar, hrsg. v. Laubenthal/Nestler/Neubacher/Verrel begr. und bis zur 11. Aufl. fortgeführt von Callies/Müller-Dietz, 12. Aufl. (2015)
LR	Löwe-Rosenberg, Die Strafprozeßordnung und das Gerichtsverfassungsgesetz mit Nebengesetzen, Großkommentar, 26. Aufl. (2006 ff), 27. Aufl. (2016 ff)
Marschner/Volckart/Lesting	Freiheitsentziehung und Unterbringung, 5. Aufl. (2010) (vormals Saage/Göppinger)
Meyer-Goßner/Schmitt	Strafprozessordnung mit GVG und Nebengesetzen, Kurzkommentar, 62. Aufl. (2019) (vormals Kleinknecht/Meyer-Goßner)
MK-StPO	Münchener Kommentar zur Strafprozessordnung, hrsg. v. Knauer/Kudlich/Schneider, 1. Aufl. (2014 ff)
Müller	Beiträge zum Strafprozessrecht (2003)
Peters	Strafprozeß, Ein Lehrbuch, 4. Aufl. (1985)
Pfeiffer	Strafprozeßordnung und Gerichtsverfassungsgesetz, 6. Aufl. (2008)
Pohlmann/Jabel/Wolf	Strafvollstreckungsordnung, Kommentar, 9. Aufl. (2015)
Putzke/Scheinfeld	Strafprozessrecht, 7. Aufl. (2017)
Röttle/Wagner	Strafvollstreckung, 8. Aufl. (2009) (vormals Wetterich/Hamann bzw. Isak/Wagner)
Roxin/Schünemann	Strafverfahrensrecht, 29. Aufl. (2017)
Roxin/Arzt/Tiedemann	Strafrecht und Strafprozessrecht, 6. Aufl. (2014)
Saage/Göppinger	s. Marschner/Volckart/Lesting
Sarstedt/Hamm	s. Hamm
Satzger/Schluckebier/ Widmaier	s. SSW-StPO
Schäfer, Strafverfahren	Die Praxis des Strafverfahrens, 7. Aufl. (2018)
Schäfer/Sander/ van Gemmeren	Die Praxis der Strafzumessung, 6. Aufl. (2017)
Schätzler	Handbuch des Gnadenrechts, 2. Aufl. (1992)
Eb. Schmidt, Lehrkommentar I–III	Strafprozeßordnung, Lehrkommentar, Bd. 1: Die rechtstheoretischen und die rechtspolitischen Grundlagen des Strafverfahrensrechts, 2. Aufl. (1964); Bd. 2: Erläuterungen zur Strafprozeßordnung und zum Einführungsgesetz zur Strafprozeßordnung (1957) (mit Nachtragsband 1 [1967] und 2 [1970]); Bd. 3: Erläuterungen zum Gerichtsverfassungsgesetz und zum Einführungsgesetz zum Gerichtsverfassungsgesetz (1960)
Schwind/Böhm/Jehle/ Laubenthal	Strafvollzugsgesetz, Kommentar, 7. Aufl. (2018)
SK-StPO	Systematischer Kommentar zur Strafprozessordnung mit GVG und EMRK, hrsg. v. Wolter, Loseblattausgabe (1986 ff, 5. Aufl. 2016 ff)
SSW-StPO	Strafprozessordnung, Kommentar, hrsg. v. Satzger/Schluckebier/Widmaier, 3. Aufl. (2017)
Ulrich	Der gerichtliche Sachverständige, 13. Aufl. (2019), ehem. Jessnitzer/Ulrich
Volckart/Grünebaum	Maßregelvollzug, 8. Aufl. (2015)
Volk/Engländer	Grundkurs StPO, 9. Aufl. (2018)
Walter, Strafvollzug	Strafvollzug, 2. Aufl. (1999)

14. Straßenverkehrsrecht

Bär/Hauser/Lehmpuhl	Unfallflucht, Kommentar, Loseblattausgabe (1978 ff)
Beck/Berr	OWi – Sachen im Straßenverkehrsrecht, 7. Aufl. (2017)

Schrifttum und abgekürzt zitierte Literatur

Burmann/Heß u.a.	Straßenverkehrsrecht, Kommentar, 25. Aufl. (2018), hrsg. v. Burmann/Heß/Hühnermann/Jahnke (vormals Jagow/Burmann/Heß)
Cramer	Straßenverkehrsrecht, Bd. 1: StVO, StGB, 2. Aufl. (1977)
Full/Möhl/Rüth	Straßenverkehrsrecht: Kommentar (1980) mit Nachtrag (1980/81)
Hentschel/König/Dauer	s. HKD
Hentschel	Trunkenheit, Fahrerlaubnisentziehung, Fahrverbot im Straf- und Ordnungswidrigkeitenrecht, 10. Aufl. (2006)
Hentschel/Born	Trunkenheit im Straßenverkehr, 7. Aufl. (1996)
Himmelreich/Hentschel	Fahrverbot, Führerscheinentzug; Bd. 1: Straf- und Ordnungswidrigkeitenrecht, 8. Aufl. (1995)
Himmelreich/Staub/Krumm/Nissen	Verkehrsunfallflucht: Verteidigerstrategien im Rahmen des § 142 StGB, 7. Aufl. (2019), vormals Himmelreich/Bücken/Krumm
HKD	Straßenverkehrsrecht, hrsg. v. Hentschel/König/Dauer, 45. Aufl. (2019) (vormals Jagusch/Hentschel)
HK-StVR	Heidelberger Kommentar zum Straßenverkehrsrecht, hrsg. v. Griesbaum u.a. (1993)
Hentschel/König/Dauer	s. HKD
Janker	Straßenverkehrsdelikte: Ansatzpunkte für die Verteidigung (2002)
Jagow/Burmann/Heß	s. JBH
Jagusch/Hentschel	s. HKD
Janiszewski	Verkehrsstrafrecht, 5. Aufl. (2004)
Janiszewski/Jagow/Burmann	s. JBH
JBH	Straßenverkehrsrecht, Kommentar, hrsg. v. Jagow/Burmann/Heß 20. Aufl. (2008) (vormals Janiszewski/Jagow/Burmann)
Müller I–III	Straßenverkehrsrecht, Großkommentar, 22. Aufl., Bd. 1 (1969) mit Nachtrag 1969, Bd. 2 (1969), Bd. 3 (1973)
Rüth/Berr/Berz	Straßenverkehrsrecht, Kommentar, 2. Aufl. (1988)

15. Verfassungsrecht und Verwaltungsrecht

AK-GG	Alternativkommentar Grundgesetz, hrsg. v. Wassermann, 3. Aufl. (2001)
Antoni et al.	Grundgesetz für die Bundesrepublik Deutschland, hrsg. v. Hömig/Wolff (2018)
Battis	Bundesbeamtengesetz, Kommentar, 5. Aufl. (2017)
BK	Kommentar zum Bonner Grundgesetz (Bonner Kommentar), Loseblattausgabe, hrsg. v. Kahl/Waldhoff/Walter, 192. EL (2018)
Clemens/Scheuring/Steingen/Wiese	s. TVöD
Dreier I–III	Grundgesetz, Kommentar, 3. Aufl., (Bd. 1: 2013; Bd. 2: 2015; Bd. 3: 2017)
Friauf	Kommentar zur Gewerbeordnung – GewO, Gewerberechtlicher Teil, Loseblattausgabe, hrsg. v. Friauf (2001 ff)
Fuhr/Stahlhacke	s. Friauf
HdStR I–XIII	Handbuch des Staatsrechts der Bundesrepublik Deutschland, hrsg. v. Isensee/Kirchhof, 3. Aufl (Bd. 1: 2003; Bd. 2: 2004; Bd. 3: 2005; Bd. 4: 2006; Bd. 5: 2007; Bd. 6: 2009; Bd. 7: 2009; Bd. 8: 2010; Bd. 9: 2011; Bd. 10: 2012, Bd. 11: 2013, Bd. 12: 2014, Bd. 13: 2015)
Hesse	Grundzüge des Verfassungsrechts der Bundesrepublik Deutschland (1999)
Jarass/Pieroth	Grundgesetz für die Bundesrepublik Deutschland: Kommentar, 15. Aufl. (2018)
Kopp/Ramsauer	Verwaltungsverfahrensgesetz, 19. Aufl. (2018)
Landmann/Rohmer I, II	Gewerbeordnung und ergänzende Vorschriften, Kommentar, Loseblattausgabe, Bd. 1: Gewerbeordnung; Bd. 2: Ergänzende Vorschriften (jew. 1998 ff)
v. Mangoldt/Klein/Starck	Kommentar zum Grundgesetz, Bd. 1 (Art. 1–19), Bd. 2 (Art. 20–82), Bd. 3 (Art. 83–146), 7. Aufl. (2018); früherer Titel: Das Bonner Grundgesetz

Maunz/Dürig	Grundgesetz, Kommentar, Loseblattausgabe, 83. EL (2018) (bearb. v. Badura u.a.), 81. Aufl. (2017)
Maunz/Schmidt-Bleibtreu/ Klein/Bethge	s. MSBKB
Merten/Papier	Handbuch der Grundrechte in Deutschland und Europa, Band V: Grundrechte in Deutschland – Einzelgrundrechte II (2013)
MSBKB	Bundesverfassungsgerichtsgesetz, Kommentar, Loseblatt, hrsg. v. Maunz/ Schmidt-Bleibtreu/Klein/Bethge, 54. EL (2018)
Klein/Ulsamer	nunmehr: Maunz/Schmidt-Bleibtreu/Klein/Bethge
v. Münch/Kunig	Grundgesetz, Kommentar, Gesamtwerk in 2 Bänden, 6. Aufl. (2012)
Plog/Wiedow	Kommentar zum Bundesbeamtengesetz, mit Beamtenversorgungsgesetz. 293. Erg.-Lfg. (2009)
Sachs	Grundgesetz-Kommentar, 8. Aufl. (2018)
Schoch	Besonderes Verwaltungsrecht, 15. Aufl. (2013)
Schmidt-Bleibtreu/ Hofmann/Henneke	Kommentar zum Grundgesetz, 14. Aufl. (2018)
Stern I–V	Das Staatsrecht der Bundesrepublik Deutschland, Bd. 1, 2. Aufl. (1984); Bd. 2 (1980); Bd. 3/1 (1988); Bd. 3/2 (1994); Bd. 4 (1997); Bd. 4/2 (2006); Bd. 5 (2000)
TVöD	Kommentar zum Tarifvertrag öffentlicher Dienst (TVöD), hrsg. v. Clemens/ Scheuring/Steingen/Wiese, Loseblatt, 102. EL (2018)
Wolff/Bachof/Stober/Kluth	Verwaltungsrecht, Band 1, 13. Aufl. (2017)

16. Wettbewerbs- und Kartellrecht

Baumbach/Hefermehl	s. Köhler/Bornkamm
Dreher/Kulka	Wettbewerbs- und Kartellrecht: Eine systematische Darstellung des deutschen und europäischen Rechts, 10. Aufl. (2018), bis zur 9. Aufl. Rittner/Dreher/Kulka
Emmerich/Lange	Kartellrecht, Studienbuch, 14. Aufl. (2018)
Emmerich, Wettbewerbsrecht	Unlauterer Wettbewerb, 10. Aufl. (2016)
FK Kartellrecht [GWB]	Frankfurter Kommentar zum Kartellrecht, mit Kommentierung des GWB, des EG-Kartellrechts und einer Darstellung ausländischer Kartellrechtsordnungen, Loseblattausgabe, hrsg. v. Glassen u.a. (2001 ff) bis zur 44. Lfg. unter dem Titel: Frankfurter Kommentar zum Gesetz gegen Wettbewerbsbeschränkungen
Fezer/Büscher/Obergfell	Lauterkeitsrecht (Kommentar zum UWG) 2 Bände, 3. Aufl. (2016)
Immenga/Mestmäcker GWB	Wettbewerbsrecht, Kommentar, hrsg. v. Immenga/Mestmäcker, 5. Aufl. (2012–2016)
Köhler/Bornkamm/ Feddersen	Gesetz gegen den unlauteren Wettbewerb UWG – mit PAngV, UKlaG, DL-InfoV, 37. Aufl. (2019)
Köhler/Piper	s. Ohly/Sosnitza
Ohly/Sosnitza	UWG – Gesetz gegen den unlauteren Wettbewerb, Kommentar, 7. Aufl. (2016)
Rittner/Dreher	Europäisches und deutsches Wirtschaftsrecht, 3. Aufl. (2008)
Rittner/Dreher/Kulka	s. Dreher/Kulka

17. Wirtschafts- und Steuerstrafrecht

Achenbach/Ransiek/ Rönnau	s. ARR
ARR	Handbuch Wirtschaftsstrafrecht, hrsg. v. Achenbach/Ransiek/Rönnau, 5. Aufl. (2019)

Schrifttum und abgekürzt zitierte Literatur

Belke/Oehmichen	Wirtschaftskriminalität – aktuelle Fragen des Wirtschaftsstrafrechts in Theorie und Praxis (1983)
Bender/Möller/Retemeyer	Steuerstrafrecht - Mit Schwerpunkt Zoll- und Verbrauchsteuerstrafrecht, Loseblattausgabe (Stand 2018)
Bittmann	Insolvenzstrafrecht, hrsg. von Bittmann, 2. Aufl. (2017)
Brüssow/Petri	Arbeitsstrafrecht, 2. Aufl. (2016)
Dannecker/Knierim	Insolvenzstrafrecht, 3. Aufl. (2018)
Eidam	Unternehmen und Strafe, 5. Aufl. (2018)
Esser et al.	Wirtschaftsstrafrecht, Kommentar mit Steuerstrafrecht und Verfahrensrecht, hrsg. v. Esser/Rübenstahl/Saliger/Tsambikakis (2017)
Franzen/Gast/Joecks	s. JJR
Geilen, Aktienstrafrecht	Erläuterungen zu §§ 399–405 AktG von Gerd Geilen, Erläuterungen zu § 408 AktG von Wolfgang Zöllner (1984) (Sonderausgabe aus der 1. Aufl. des Kölner Kommentars zum Aktiengesetz)
GJW	Wirtschafts- und Steuerstrafrecht, hrsg. v. Graf/Jäger/Wittig, 2. Aufl. (2017)
Graf/Jäger/Wittig	s. GJW
Greeve/Leipold	Handbuch des Baustrafrechts (2004)
Hellmann	Wirtschaftsstrafrecht, 5. Aufl. (2018)
Hübschmann/Hepp/Spitaler	s. HHS
HHS	Abgabenordnung, Finanzgerichtsordnung, Kommentar, Loseblattausgabe, (bearb. v. Söhn et al.) 248. EL (2018)
HWiStR	Handwörterbuch des Wirtschafts- und Steuerstrafrechts, Loseblattausgabe (1985–1990), hrsg. v. Krekeler/Tiedemann u.a.
Ignor/Rixen	Handbuch Arbeitsstrafrecht, 3. Aufl. (2016)
Joecks	Steuerstrafrecht, 3. Aufl. (2003)
JJR	Steuerstrafrecht: mit Zoll- und Verbrauchsteuerstrafrecht; Kommentar zu §§ 369–412 AO; § 32 ZollVG, hrsg. v. Joecks/Jäger/Randt, 9. Aufl. (2019)
Kempf/Lüderssen/Volk	Die Handlungsfreiheit des Unternehmers, hrsg. v. Kempf/Lüderssen/Volk (2009)
Klein	AO - Abgabenordnung, Kommentar, 14. Aufl. (2018)
Kohlmann	Steuerstrafrecht, Kommentar zu den §§ 369–412 AO 1977, Loseblattausgabe, 7. Aufl. (1997 ff), 60. EL (2018)
Kohlmann/Reinhart	Die strafrechtliche Verantwortlichkeit des GmbH-Geschäftsführers, 2. Aufl. (2019)
Krekeler/Tiedemann/ Ulsenheimer/ Weinmann	Handwörterbuch des Wirtschafts- und Steuerstrafrechts, hrsg. von Krekeler/Tiedemann/Ulsenheimer/Weinmann (1985–1990)
Kudlich/Oğlakcıoğlu	Wirtschaftsstrafrecht, 2. Aufl. (2014)
Kühn/von Wedelstädt	s. KvW
KvW	Abgabenordnung und Finanzgerichtsordnung, hrsg. v. von Wedelstädt, 22. Aufl. (2018)
Leitner et al.	Wirtschafts- und Steuerstrafrecht, hrsg. v. Leitner/Rosenau (2017)
MG	Wirtschaftsstrafrecht, hrsg. von Müller-Gugenberger, 6. Aufl. (2015)
Müller-Gugenberger	s. MG
Otto, Aktienstrafrecht	Erläuterungen zu den §§ 399–410 AktG (1997) (Sonderausgabe aus der 4. Aufl. des Großkommentars zum Aktiengesetz)
Park	Kapitalmarktstrafrecht, Handkommentar, 4. Aufl. (2017)
Ransiek	Unternehmensstrafrecht (1996)
Rolletschke	Steuerstrafrecht, 5. Aufl. (2019)
C. Schröder	Handbuch Kapitalmarktstrafrecht, 3. Aufl. (2015)
Tiedemann, GmbH-Strafrecht	GmbH-Strafrecht (§§ 82–85 GmbHG und ergänzende Vorschriften), 5. Aufl. (2010) (Sonderausgabe aus der 10. Aufl. des Kommentars zum GmbHG von Scholz, Bd. III 2010)
Tiedemann, Wirtschaftsstrafrecht	Wirtschaftsstrafrecht, 5. Aufl. (2017)

Tiedemann, Wirtschafts- strafrecht EU	Wirtschaftsstrafrecht in der Europäischen Union. Rechtsdogmatik – Rechtsvergleich – Rechtspolitik (Freiburg-Symposium), hrsg. v. Tiedemann (2002)
Tipke/Kruse	Abgabenordnung, Finanzgerichtsordnung. Kommentar zur AO und FGO (ohne Steuerstrafrecht), Loseblatt, 153. EL (2018)
Tipke/Lang	Steuerrecht, 23. Aufl. (2018)
Wabnitz/Janovsky/Schmitt	Handbuch des Wirtschafts- und Steuerstrafrechts, 5. Aufl. (2019)
Weyand/Diversy	Insolvenzdelikte, 10. Aufl. (2016)
Wittig	Wirtschaftsstrafrecht, 4. Aufl. (2017)
Ziouvas	Das neue Kapitalmarktstrafrecht (2006)

18. Zivilprozessrecht und Insolvenzrecht

Baumbach/Lauterbach/ Albers/Hartmann	s. BLAH
BLAH	Zivilprozessordnung, 77. Aufl. (2019)
FK-InsO	Frankfurter Kommentar zur Insolvenzordnung, hrsg. v. Wimmer, 9. Aufl. (2018)
HK-InsO	Heidelberger Kommentar zur Insolvenzordnung, hrsg. v. Kayser/Thole, 9. Aufl. (2018)
Jaeger	Insolvenzordnung, Großkommentar, hrsg. v. Henckel/Gerhardt (2004 ff)
KPB	InsO – Kommentar zur Insolvenzordnung, Loseblatt, hrsg. v. Kübler/ Prütting/Bork (Stand Mai 2018)
Kübler/Prütting/Bork	s. KPB
Leonhard/Smid/Zeuner	s. Rattunde/Smid/Zeuner
MK-InsO	Münchener Kommentar zur Insolvenzordnung, 3. Aufl. (ab 2013)
MK-ZPO	Münchener Kommentar zur ZPO, 5. Aufl. (ab 2016)
Musielak/Voit	ZPO - Zivilprozessordnung, Kommentar, 15. Aufl. (2018)
Rattunde/Smid/Zeuner	Insolvenzordnung (InsO), hrsg. v. Rattunde/Smid/Zeuner, 4. Aufl. (2018), vormals Leonhard/Smid/Zeuner
Rosenberg/Schwab/ Gottwald	Zivilprozessrecht, 18. Aufl. (2018)
Stein/Jonas	Kommentar zur Zivilprozeßordnung, 23. Aufl. (2014 ff)
Thomas/Putzo	ZPO - Zivilprozessordnung, 40. Aufl. (2019)
Zöller	Zivilprozessordnung, Kommentar, 32. Aufl. (2018)

19. Sonstiges (einschließlich Arbeits- und Sozialrecht, Völkerrecht und Waffenrecht)

Bieneck	Handbuch des Außenwirtschaftsrechts mit Kriegswaffenkontrollgesetz, hrsg. v. Bieneck, 2. Aufl. (2005)
Brownlie	Principles of Public International Law, 8. Aufl. (2012)
Corpus Juris	The implementation of the Corpus Juris in the Member States/La mise en œuvre du Corpus Juris dans les Etats Membres, hrsg. v. Delmas-Marty/Vervaele (2000); Deutsche Version der Entwurfsfassung von 1997: Delmas-Marty (Hrsg.), Corpus Juris der strafrechtlichen Regelungen zum Schutz der finanziellen Interessen der Europäischen Union, Deutsche Übersetzung von Kleinke und Tully, Einführung von Sieber (1998)
Dahm/Delbrück/Wolfrum	Völkerrecht, 2. Aufl., Band I/1 (1989), Band I/2 (2002), Band I/3 (2002)
Eichenhofer/v. Koppenfels-Spies/Wenner	SGB I, 2. Aufl. (2018); SGB V, 3. Aufl. (2018)
Eichenhofer/Wenner	SGB X, 2. Aufl. (2017)
ErfK	Erfurter Kommentar zum Arbeitsrecht, 19. Aufl. (2019)
Fuchs/Preis	Sozialversicherungsrecht, 2. Aufl. (2009)
Gerold/Schmidt	Rechtsanwaltsvergütungsgesetz, 23. Aufl. (2017)

Schrifttum und abgekürzt zitierte Literatur

Götz/Tolzmann	Bundeszentralregistergesetz, Kommentar, 5. Aufl. (2015)
Günther/Taupitz/Kaiser	Embryonenschutzgesetz, Juristischer Kommentar mit medizinisch-naturwissenschaftlichen Grundlagen, 2. Aufl. (2014), vormals Kaiser/Günther/Taupitz und Keller/Günther/Kaiser
Hanau/Adomeit	Arbeitsrecht, 14. Aufl. (2007)
Hauck/Noftz	Sozialgesetzbuch – Gesamtkommentar, hrsg. v. Hauck/Noftz, Loseblattwerk (Stand 2018)
Herdegen	Völkerrecht, 17. Aufl. (2018)
Hoeren/Sieber/Holznagel	s. Multimedia-Recht
HwbRW I–VIII	Handwörterbuch der Rechtswissenschaft, hrsg. v. Stier-Somlo u.a., Bd. 1 (1926), Bd. 2 (1927), Bd. 3 (1928), Bd. 4 (1927), Bd. 5 (1928), Bd. 6 (1929), Bd. 7 (1931), Bd. 8 (1937) (unter dem Titel: Die Rechtsentwicklung der Jahre 1933 bis 1935/36)
Ipsen	Völkerrecht, 7. Aufl. (2018)
Kaiser/Günther/Taupitz	s. Günther/Taupitz/Kaiser
KassKomm	Kasseler Kommentar Sozialversicherungsgesetz, Loseblatt, 100. EL (2018)
Keller/Günther/Kaiser	s. Günther/Taupitz/Kaiser
Kröger/Gimmy	Handbuch zum Internetrecht (2012)
Lingens/Korte	Wehrstrafgesetz: WStG, Kommentar, 5. Aufl. (2012), vormals Schölz/Lingens
Lüder/Vormbaum	Materialien zum Völkerstrafgesetzbuch: Dokumentation des Gesetzgebungsverfahrens (2002)
Multimedia-Recht	Handbuch Multimedia-Recht, Loseblattausgabe, hrsg. v. Hoeren/Sieber/Holznagel, 46. EL (2018)
Rebmann/Uhlig	Bundeszentralregister, Gewerbezentralregister, Verkehrszentralregister und ergänzende Bestimmungen, Kommentar (1985)
Schölz/Lingens	s. Lingens/Korte
Seidl-Hohenveldern	Lexikon des Rechts – Völkerrecht, 3. Aufl (2001)
Seidl-Hohenveldern/Stein	s. Stein/von Buttlar/Kotzur
Shaw	International Law, 8. Aufl. (2017)
Stein/von Buttlar/Kotzur	Völkerrecht, 14. Aufl. (2017), vormals Seidl-Hohenveldern/Stein
Steindorf	Waffenrecht, Kurzkommentar, 10. Aufl. (2015)
Strupp/Schlochauer	Wörterbuch des Völkerrechts, 2. Aufl., Band 1 (1960), Band 2 (1961), Band 3 (1962)
Thüsing	AÜG - Arbeitnehmerüberlassungsgesetz, Kommentar, hrsg. v. Thüsing, 4. Aufl. (2018)
Tolzmann	Bundeszentralregistergesetz, 5. Aufl. (2015)
Ulsamer LdR	Lexikon des Rechts: Strafrecht, Strafverfahrensrecht, hrsg. v. Ulsamer, 2. Aufl. (1996)
Verdross/Simma	Universelles Völkerrecht, 3. Aufl. (2010)
Vitzthum/Proelß	Völkerrecht, 7. Aufl. (2016)
Waltermann	Sozialrecht, 13. Aufl. (2018)
Wannagat	Sozialgesetzbuch I/IV/X, hrsg. v. Eichenhofer/Wenner (2012)
Werle/Jeßberger	Völkerstrafrecht, 4. Aufl. (2016)

Strafgesetzbuch

vom 15. Mai 1871 (RGBl. 1871, 127);
neugefasst durch Bek. v. 13.11.1998 (BGBl. I 3322);
zuletzt geändert durch Gesetz v. 22.3.2019 (BGBl. I 350)

ALLGEMEINER TEIL

ZWEITER ABSCHNITT
Die Tat

VIERTER TITEL
Notwehr und Notstand

Vorbemerkungen zu den §§ 32 ff

Übersicht

A. Inhalt und Bedeutung des Titels —— 1
   I. Inhalt —— 1
   II. Bedeutung —— 2
B. Rechtfertigung —— 5
   I. Systematische Einordnung —— 5
      1. Grundsätzliches —— 5
         a) Funktionseinheit von Tatbestand und Rechtswidrigkeit —— 5
         b) Rechtfertigung und Gesamtrechtsordnung —— 20
         c) Rechtfertigung und Unterscheidung von formeller und materieller Rechtswidrigkeit —— 29
         d) Rechtfertigung, rechtsfreier Raum und Frage schlichten Unrechtsausschlusses —— 32
      2. Einzelfragen der Abgrenzung fehlender Rechtswidrigkeit und schon fehlender Tatbestandsmäßigkeit —— 35
         a) Rechtswidrigkeitsregeln —— 35
         b) Besonderheiten des § 113 Abs. 3 StGB —— 43
         c) Sozialadäquanz —— 48
         d) Erlaubtes Risiko —— 53
   II. Allgemeine Fragen der Rechtfertigungsgründe —— 59
      1. Quellen und Geltung —— 59
         a) Quellen —— 59
         b) Bedeutung des Art. 103 Abs. 2 GG für die Rechtfertigungsgründe —— 62
         c) Sonstige Gültigkeitsfragen —— 71
         d) Zeitpunkt des Vorliegens —— 76
         e) Konkurrenz von Rechtfertigungsgründen —— 78
      2. System der Rechtfertigungsgründe —— 79
      3. Generelle Erfordernisse der Rechtfertigungsgründe —— 81
         a) Art des tatbestandsmäßigen Verhaltens —— 81
         b) Subjektive Rechtfertigungselemente —— 82
         c) Der Erlaubnistatumstandsirrtum —— 95
         d) Einschränkung von Rechtfertigungsgründen durch (rechtswidriges) Vorverhalten —— 97
      4. Wirkung der Rechtfertigungsgründe —— 105
   III. Die einzelnen Rechtfertigungsgründe —— 112
      1. Notwehr —— 112
      2. Rechtfertigender Notstand —— 113
      3. Rechtfertigende Pflichtenkollision —— 115
         a) Grundsätzliches —— 115
         b) Die Erfordernisse im Einzelnen —— 120

- 4. Widerstandsrecht, Staatsnotstand, Staatsnotwehr —— 128
  - a) Allgemeines —— 128
  - b) Voraussetzungen des Art. 20 Abs. 4 GG im Einzelnen —— 130
- 5. Rechtfertigung durch Grundrechte —— 138
- 6. Ziviler Ungehorsam —— 140
  - a) Ziviler Ungehorsam und strafrechtliches Unrecht —— 140
  - b) Schuld und Verantwortungsausschluss —— 144
  - c) Strafzumessungslösung —— 145
- 7. Einwilligung des Verletzten —— 146
  - a) Allgemeine Fragen —— 146
  - b) Voraussetzungen der Einwilligung —— 157
  - c) Subjektives Erfordernis, Irrtum —— 211
  - d) Notwendige Teilnahme —— 213
- 8. Mutmaßliche Einwilligung —— 214
  - a) Grundsätzliches —— 214
  - b) Die rechtfertigende Kraft —— 217
  - c) Anwendungsbereich —— 218
  - d) Die Voraussetzungen der mutmaßlichen Einwilligung im Einzelnen —— 220
  - e) Prozessuales —— 229a
- 9. Hypothetische Einwilligung —— 230
  - a) Dogmatische Grundlagen und Meinungsstand —— 230
  - b) Kritik an der hypothetischen Einwilligung —— 231
  - c) Mögliche Lösungswege —— 231g
  - d) Hypothetische Einwilligung auch im Untreuekontext? —— 232
- 10. Amtsrechte sowie verwandte außerordentliche Zwangsrechte —— 233
  - a) Allgemeine Voraussetzungen —— 233
  - b) Besondere Eingriffsrechte —— 244
  - c) Gerechtfertigtes Handeln „pro magistratu" —— 264
- 11. Behördliche Genehmigung —— 273
  - a) Dogmatische Einordnung der behördlichen Genehmigung —— 273
  - b) Fehlerhafte Genehmigung —— 278
  - c) Die Aufhebung der Genehmigung —— 287
  - d) Genehmigung mit Nebenbestimmungen —— 288
  - e) Reichweite der behördlichen Genehmigung bei Verletzung von Individualrechtsgütern —— 289
  - f) Rechtswirkung bloßer Genehmigungsfähigkeit —— 290
  - g) Andere behördliche Gestaltungen (insbesondere Duldung) —— 292
- 12. Dienstliche Anordnung und militärischer Befehl —— 295
  - a) Grundsätzliches —— 295
  - b) Voraussetzungen der Rechtmäßigkeit der dienstlichen Weisung —— 296
  - c) Militärmission im Ausland —— 301
- 13. Rechtfertigung im Völkerstrafrecht —— 302
- 14. Wahrnehmung berechtigter Interessen —— 304
- 15. Rechtfertigung aufgrund besonderen beruflichen Vertrauensverhältnisses —— 305
- 16. Elterliches Erziehungs- und Züchtigungsrecht —— 306
- 17. § 241a BGB als strafrechtlicher Rechtfertigungsgrund —— 307
- 18. Rechtfertigung der Knabenbeschneidung —— 308
- 19. Unrechtsausschluss durch Prozeduralisierung —— 319
- C. Schuldausschluss (Entschuldigung) —— 320
  - I. Grundsätzliches —— 320
    - 1. Schuld als Deliktsmerkmal —— 320
      - a) Klassischer Schuldbegriff —— 320

    b) Schuld und Prävention —— 322
    c) Normativer Schuldbegriff —— 326
    d) Schuld und personales Unrecht —— 327
  2. Schuld und Tatverantwortung —— 328
  3. Elemente des Schuldbegriffs —— 329
    a) Unrechtseinsicht —— 329
    b) Schuldfähigkeit —— 330
II. Gründe fehlender Schuld —— 331
  1. Fehlen der Möglichkeit der Unrechtseinsicht (Frage des intellektuellen Schuldelements) —— 331
    a) § 20, 1. Var. —— 331
    b) Möglichkeit der Unrechtseinsicht bei Vorsatzdelikten —— 332
    c) Möglichkeit der Unrechtseinsicht bei Fahrlässigkeitsdelikten —— 333
  2. Fehlen der Möglichkeit, sich der Unrechtseinsicht gemäß zu verhalten (Frage des voluntativen Schuldelements – Unzumutbarkeit insbesondere) —— 334
III. Fälle fehlenden voluntativen Schuldelements (Entschuldigungsgründe insbesondere) —— 342
  1. § 20, 2. Var. —— 342
  2. Entschuldigender Notstand —— 343
  3. Überschreitung der Notwehr (Notwehrexzess) —— 344
  4. Unzumutbarkeit beim Unterlassungsdelikt —— 346
  5. Unzumutbarkeit beim Fahrlässigkeitsdelikt —— 348
  6. Unzumutbarkeit bei Einzelvorschriften des Besonderen Teils —— 350
  7. Übergesetzlicher entschuldigender Notstand —— 354
    a) Grundsätzliches —— 354
    b) Voraussetzungen des Entschuldigungsgrundes im Einzelnen —— 366
IV. Sonderproblem Gewissenstäter —— 374
  1. Grundsätzliches —— 374
  2. Unrechtsausschluss —— 383
  3. Gewissenstat und Schuld —— 386
  4. Strafzumessung —— 391
D. Strafausschließungsgründe —— 394
I. Grundsätzliches —— 394
II. Positiv- und Negativbeispiele —— 395
III. Irrtum über Strafausschließungsgründe —— 398
IV. In dubio pro reo —— 399
E. Verfahrensvoraussetzungen —— 400
F. Recht der ehemaligen DDR —— 402

A. Inhalt und Bedeutung des Titels

I. Inhalt

Der **Inhalt** des 4. Titels besteht in Regelungen einiger wichtiger Rechtfertigungs- und Entschuldigungsgründe, die sämtlich auf einer Notlagensituation beruhen: Notwehr (§ 32), rechtfertigender Notstand (§ 34), entschuldigender Notstand (§ 35) und Notwehrüberschreitung (§ 33). Das Gesetz gibt – im Unterschied zur früheren, lediglich auf das Entfallen der Strafbarkeit hinweisenden Gesetzesfassung – die jeweilige Rechtswirkung präzise an, indem es ausdrücklich sagt, dass das Handeln „nicht rechtswidrig" (§§ 32, 34) oder „ohne Schuld" (§ 35) ist. Lediglich in § 33 verzichtet es auf die ausdrückliche nähere Einordnung und begnügt sich mit der Formulierung, dass der Täter „nicht bestraft" wird.

II. Bedeutung

Die **Bedeutung** des Titels liegt über die in ihm aufgeführten Einzelregelungen hinausgehend in Folgendem: Das Gesetz bringt durch ihn zum Ausdruck, dass sich die für die Straftat wesentlichen Gesichtspunkte nicht in den Merkmalen der einzelnen Strafbestimmungen des Besonderen Teils und den in den §§ 13–21 aufgeführten allgemeinen Tatbestands- und Schuldfragen erschöpfen. Insbesondere wird durch § 32 und § 34 verdeutlicht, dass es auch auf die Rechtswidrigkeitsfrage ankommt, da das Vorliegen des Unrechts sich noch nicht allein aus der Verwirklichung der Tatbestandsmerkmale ergibt, sondern außerdem von der Verneinung des Eingreifens von Rechtfertigungsgründen abhängt. Darüber hinaus wird durch den Titel klargestellt, dass die Schulderfordernisse nicht nur aus den in den §§ 17–21 geregelten Gesichtspunkten bestehen.

3   Dass im 2. Abschnitt (Die Tat) zwischen diesem Titel und dem 1. Titel (Grundlagen der Strafbarkeit) getrennt wird und sich die äußere Reihenfolge der gesetzlichen Vorschriften nicht streng an den Deliktsaufbau hält, hängt damit zusammen, dass das Gesetz, da es nicht die Funktion eines Lehrbuchs hat, systematische Festlegungen vermeiden und so den Weg für die wissenschaftliche Entwicklung der Dogmatik freihalten will (vgl. Niederschriften 4 219 *[Dreher]*, 222 *[Welzel]*, 517 *[Vorschläge der Sachbearbeiter]*). Eine getrennte Regelung bot sich zudem deshalb an, weil es sich bei den Rechtfertigungs- und Entschuldigungsgründen um negative Rechtssätze handelt, auf deren Nichteingreifen es für das Vorliegen der Straftat ankommt. Außer den Kategorien der Rechtfertigungs- und Entschuldigungsgründe würden hierzu übrigens auch noch die bloßen Strafausschließungs- und Strafaufhebungsgründe gehören, die das Gesetz aber mit dem Blick auf die engeren Sachzusammenhänge erst an einzelnen anderen Stellen erwähnt. Da ihnen mit den Erstgenannten gemeinsam ist, dass besondere Umstände ausnahmsweise der Strafbarkeit entgegenstehen und sie daher insoweit „jenseits von Unrecht und Schuld die Fortsetzung zu den Rechtfertigungs- und Entschuldigungsgründen" (*Sch/Schröder/Lenckner*[21] Rdn. 3) bilden, sind sie in der folgenden systematischen Darstellung mit zu berücksichtigen.

4   Indem der Titel nur einzelne Rechtfertigungs- und Entschuldigungsgründe erwähnt, erhebt er, wie schon der frühere 4. Abschnitt, *keinen Anspruch auf Vollständigkeit*. So kann ein tatbestandsmäßiges Verhalten durch einen Rechtfertigungsgrund, der im Besonderen Teil des StGB (z.B. § 193) oder – wie nicht selten – in einem anderen Gesetz, gerade auch außerstrafrechtlicher Art (z.B. § 127 StPO, § 229 BGB), geregelt ist, gerechtfertigt sein. Es ist dabei auch möglich, dass es sich um einen näher vertypten Unterfall der §§ 32 ff handelt (z.B. in Bezug auf § 34 der § 193 [teilw.] sowie im BGB § 228 und § 904). Ebenfalls finden sich Entschuldigungsgründe und die – überhaupt nicht im 4. Titel, sondern erst im Rahmen besonderer Sachzusammenhänge geregelten – bloßen Strafausschließungs- oder Strafaufhebungsgründe an anderen Stellen des StGB (z.B. § 139 Abs. 3 S. 1, § 258 Abs. 5 u. 6, § 36, § 24, § 306e) oder auch in anderweitigen gesetzlichen Regelungen (z.B. Art. 46 Abs. 1 GG, § 28 Abs. 2 WStG). Darüber hinaus bleibt das Gesetz, indem es sich auf die derzeit für eine gesetzliche Ausformulierung wissenschaftlich hinreichend ausgereiften Gründe beschränkt, der Geltung nicht positivierter Rechtfertigungs- und Entschuldigungsfälle gegenüber offen. Deshalb wird in der Begr. des E 1962 etwa hinsichtlich der rechtfertigenden Pflichtenkollision und der allgemeinen rechtfertigenden Einwilligung gesagt, diese Fragen könnten Lehre und Rspr. überlassen bleiben (E 1962 Begr. § 39, S. 159; § 152, S. 286). Auch die positiv-rechtliche Regelung des entschuldigenden Notstands in § 35 ist nicht abschließend und steht der weiteren Anerkennung eines übergesetzlichen entschuldigenden Notstands nicht entgegen (näher Rdn. 354). Der fragmentarische Charakter des Titels schließt allerdings nicht aus, dass dort Teilbereiche eine abschließende Vertypung gefunden haben (z.B. die Grunderfordernisse der Notwehr, die Differenzierung zwischen rechtfertigendem und entschuldigendem Notstand, die subjektiven Merkmale der Notwehr und des Notstands). Näher zu den im 4. Titel nicht aufgeführten, aber anderweitig geregelten oder sonst anerkannten Fällen unten Rdn. 115 ff.

B. Rechtfertigung

I. Systematische Einordnung

1. Grundsätzliches

Schrifttum

Altpeter Strafwürdigkeit und Straftatsystem, Diss. Tübingen 1989 (1990)*; *Amelung* Zur Kritik des kriminalpolitischen Strafrechtssystems von Roxin, JZ **1982** 617; *ders.* Zur Kritik des kriminalpolitischen Strafrechtssystems von Roxin, in Schünemann (Hrsg.) Grundfragen des modernen Strafrechtssystems (1984) S. 85; *Appel* Verfassung und Strafe, Diss. Freiburg i.Br. 1996 (1998); *Archangelskij* Das Problem des Lebensnotstandes am Beispiel des Abschusses eines von Terroristen entführten Flugzeuges, Diss. Berlin 2005; *Asada* Strafwürdigkeit als strafrechtliche Systemkategorie, ZStW **97** (1985) 465; *Bacigalupo* Unrechtsminderung und Tatverantwortung, Gedächtnisschrift Arm. Kaufmann (1989) 459; *Beling* Die Lehre vom Verbrechen (1906); *Beulke* Züchtigungsrecht – Erziehungsrecht – strafrechtliche Konsequenzen der Neufassung des § 1631 II BGB, Festschrift Hanack (1999) 539; *Bindokat* Mehrerlei Unrecht? JZ **1958** 553; *Brauneck* Unrecht als Betätigung antisozialer Gesinnung, Festschrift H. Mayer (1966) 235; *Bumke* Relative Rechtswidrigkeit, Habil. Berlin 2004; *Christensen/Fischer-Lescano* Die Einheit der Rechtsordnung. Zur Funktionsweise der holistischen Semantik, ZRPh **2007** 8; *Comes* Der rechtsfreie Raum, Diss. Köln 1975 (1976); *Cortes Rosa* Die Funktion der Abgrenzung von Unrecht und Schuld im Strafrechtssystem, in Schünemann/de Figueiredo Dias (Hrsg.) Bausteine des europäischen Strafrechts, Coimbra-Symposium für Claus Roxin (1995) 183; *Dieckmann* Plädoyer für die eingeschränkte Schuldtheorie beim Irrtum über Rechtfertigungsgründe, Jura **1994** 178; *Dingeldey* Pflichtenkollision und rechtsfreier Raum, Jura **1979** 478; *Graf zu Dohna* Die Rechtswidrigkeit als allgemeingültiges Merkmal im Tatbestande strafbarer Handlungen (1905); *Donini* Rechtswidrigkeit und Rechtfertigung heute, Festschrift Hassemer (2010) 681; *Duttge* Zum „rechtsfreien Raum" nach Lothar Philipps, in Schünemann u.a. (Hrsg.) Gerechtigkeitswissenschaften – Kolloquium aus Anlass des 70. Geburtstages von Lothar Philipps (2005) 369; *Eisele* Die Regelbeispielsmethode im Strafrecht. Zugleich ein Beitrag zur Lehre vom Tatbestand, Habil. Tübingen 2003 (2004); *Engisch* Untersuchungen über Vorsatz und Fahrlässigkeit im Strafrecht, Habil. Gießen 1930; *ders.* Die Einheit der Rechtsordnung (1935); *ders.* Der rechtsfreie Raum, ZStaatsW **108** (1952) 385; *ders.* Irrtum und Verbotsirrtum bei Rechtfertigungsgründen, ZStW **70** (1958) 566; *ders.* Der Unrechtstatbestand im Strafrecht, Festschrift DJT (1960) Bd. I, 401; *Eser* Schwangerschaftsabbruch: Auf dem verfassungsgerichtlichen Prüfstand (1994); *ders.* Verwaltungsregeln und Behandlungsnormen. Bedenkliches zur Rolle des Normadressaten im Strafrecht, Festschrift Lenckner (1998) 25; *ders.* Rechtfertigung und Entschuldigung im japanischen Recht aus deutscher Perspektive, Festschrift Nishihara (1998) 41; *Fehsenmeier* Das Denkmodell des strafrechtsfreien Raumes unter besonderer Berücksichtigung des Notstandes, Diss. Saarbrücken 1970; *Felix* Einheit der Rechtsordnung, Habil. Passau 1998; *H.A. Fischer* Die Rechtswidrigkeit. Mit besonderer Berücksichtigung des Privatrechts (1911); *Frisch* Vorsatz und Risiko (1983); *ders.* Geglückte und folgenlose Strafrechtsdogmatik (*Kommentar*), in Eser/Hassemer/Burkhardt (Hrsg.) Die deutsche Strafrechtswissenschaft vor der Jahrtausendwende. Rückbesinnung und Ausblick (2000) 159; *ders.* Strafwürdigkeit, Strafbedürftigkeit und Straftatsystem, GA **2017** 364; *Gallas* Zum gegenwärtigen Stand der Lehre vom Verbrechen, ZStW **67** (1955) 1; *ders.* Gründe und Grenzen der Strafbarkeit, in Gallas (Hrsg.) Beiträge zur Verbrechenslehre (1968) 1; *ders.* Zur Struktur des strafrechtlichen Unrechtsbegriffs, Festschrift Bockelmann (1979) 155; *Geerds* Der vorsatzausschließende Irrtum, Jura **1990** 421; *Geiger* Der Schwangerschaftsabbruch, Festschrift Tröndle (1989) 647; *Gimbernat Ordeig* Der Notstand: Ein Rechtswidrigkeitsproblem, Festschrift Welzel (1974) 485; *Gössel* Buchbesprechung: Günther, Strafrechtswidrigkeit und Strafunrechtsausschluß (1983), GA **1984** 520; *ders.* Buchbesprechung: Festschrift Spendel (1992), GA **1993** 276; *ders.* Buchbesprechung: Tonio Walter, Der Kern des Strafrechts (2006), GA **2007** 602; *Greco* Wider die jüngere Relativierung der Unterscheidung von Unrecht und Schuld, GA **2009** 636; *Gropp* Die Einwilligung in den ärztlichen Heileingriff – ein Rechtfertigungsgrund, GA **2015** 5; *Grosse-Wilde* Handlungsgründe und Rechtfertigungsgründe, ZIS **2011** 83; *Günther* Strafrechtswidrigkeit und Strafunrechtsausschluß, Habil. Tübingen 1981 (1983); *ders.* Strafrecht und Humangenetik, ZStW **102**

---

* Sind in den Schrifttumsverzeichnissen zu den Vorbemerkungen zu § 32 sowie zu § 32 bei Dissertationen und Habilitationsschriften zwei Jahreszahlen angegeben, so bezeichnet die zweite, in Klammern stehende Zahl das Jahr des Erscheinens als Verlagspublikation.

(1990) 269; *ders.* Die Lehre vom strafwürdigen Unrecht als Beispiel einer Japanisierung des westlichen Strafrechts? in Coing u.a. (Hrsg.) Die Japanisierung des westlichen Rechts (1990) 421; *ders.* Klassifikation der Rechtfertigungsgründe im Strafrecht, Festschrift Spendel (1992) 189; *ders.* Die Auswirkungen familienrechtlicher Verbote auf das Strafrecht, Festschrift H. Lange (1992) 877; *ders.* Warum Art. 103 Abs. 2 GG für Erlaubnissätze nicht gelten kann, Festschrift Grünwald (1999) 213; *Hardwig* Unrecht und Ungerechtigkeit, Festschrift Dreher (1977) 27; *Harms* Apriorität des Rechts und materielle Rechtswidrigkeit, Diss. Hamburg 1933; *Hassemer* Buchbesprechung: Günther, Strafrechtswidrigkeit und Strafunrechtsausschluß (1983), NJW **1984** 351; *Hefendehl* Objektive Zurechnung bei Rechtfertigungsgründen, Festschrift Frisch (2013) 465; *Heghmanns* Grundzüge einer Dogmatik der Straftatbestände zum Schutz von Verwaltungsrecht oder Verwaltungshandeln, Habil. Hannover 2000; *Heimberger* Zur Lehre vom Ausschluß der Rechtswidrigkeit (1907); *ders.* Rechtmäßiges und rechtswidriges Handeln, VDA **4** (1908) 1; *Heinitz* Das Problem der materiellen Rechtswidrigkeit, Diss. Hamburg 1926; *ders.* Zur Entwicklung der Lehre von der materiellen Rechtswidrigkeit, Festschrift Eb. Schmidt (1961) 266; *Hellmann* Die Anwendbarkeit der zivilrechtlichen Rechtfertigungsgründe im Strafrecht, Diss. Osnabrück 1986 (1987); *Herzberg* Handeln in Unkenntnis einer Rechtfertigungslage, JA **1986** 190; *ders.* Erlaubnistatbestandsirrtum und Deliktsaufbau (Teil 1), JA **1989** 243; (Teil 2) JA **1989** 294; *Heuchemer* Der Erlaubnistatbestandsirrtum, Diss. Regensburg 2003 (2005); *Hirsch* Die Lehre von den negativen Tatbestandsmerkmalen, Diss. Bonn 1957 (1960); *ders.* Strafrecht und rechtsfreier Raum, Festschrift Bockelmann (1979) 89; *ders.* Der Streit um Handlungs- und Unrechtslehre, insbesondere im Spiegel der Zeitschrift für die gesamte Strafrechtswissenschaft, ZStW **93** (1981) 831 u. **94** (1982) 239; *ders.* Die Diskussion über den Unrechtsbegriff in der deutschen Strafrechtswissenschaft und das Strafrechtssystem Delitalas, Festschrift G. Delitala, Bd. III (1984) 1931; *ders.* Rechtfertigungsgründe und Analogieverbot, Gedächtnisschrift Tjong (1985) 50; *ders.* Die Entwicklung der Strafrechtsdogmatik nach Welzel, Festschrift Universität zu Köln (1988) 399; *ders.* Die Stellung von Rechtfertigung und Entschuldigung im Verbrechenssystem, in Eser/Perron (Hrsg.) Rechtfertigung und Entschuldigung (1991) Bd. 3 S. 27; *ders.* Einordnung und Rechtswirkung des Erlaubnissachverhaltsirrtums, Festschrift Schroeder (2006) 223; *Hold v. Ferneck* Die Rechtswidrigkeit Bd. I (1903), II (1905); *H.-R. Horn* Untersuchungen zur Struktur der Rechtswidrigkeit (1962); *Hoyer* Strafrechtsdogmatik nach Arm. Kaufmann, Habil. Kiel 1992 (1997); *ders.* Im Strafrecht nichts Neues? – Zur strafrechtlichen Bedeutung der Neufassung des § 1631 II BGB, FamRZ **2001** 521; *ders.* Der Verhältnismäßigkeitsgrundsatz als Strukturelement der Rechtfertigungsgründe, ARSP-Beiheft **104** (2005) 99; *Hruschka* Der Gegenstand des Rechtswidrigkeitsurteils nach heutigem Strafrecht, GA **1980** 1; *ders.* Rechtfertigungs- und Entschuldigungsgründe: Das Brett des Karneades bei Gentz und Kant, GA **1991** 1; *ders.* Wieso ist eigentlich die „eingeschränkte Schuldtheorie" „eingeschränkt"? – Abschied vom Meinungsstreit, Festschrift Roxin (2001) 441; *Jäger* Zurechnung und Rechtfertigung als Kategorialprinzipien im Strafrecht (2006); *Jahn* Das Strafrecht des Staatsnotstandes, Habil. Frankfurt/M. 2003 (2004); *Jakobs* Der strafrechtliche Handlungsbegriff (1992); *ders.* Gleichgültigkeit als dolos indirectus ZStW **114** (2002) 584; *ders.* Buchbesprechung: Sinn, Straffreistellung aufgrund von Drittverhalten. Zurechnung und Freistellung durch Macht (2007), ZStW **119** (2007) 1002; *Armin Kaufmann* Lebendiges und Totes in Bindings Normentheorie, Diss. Bonn 1954; *ders.* Tatbestandseinschränkung und Rechtfertigung, JZ **1955** 37; *ders.* Zum Stande der Lehre vom personalen Unrecht, Festschrift Welzel (1974) 393; *ders.* Rechtspflichtbegründung und Tatbestandseinschränkung, Festschrift Klug Bd. II (1985) 277; *Arthur Kaufmann* Das Unrechtsbewusstsein in der Schuldlehre des Strafrechts, Diss Heidelberg 1949; *ders.* Zur Lehre von den negativen Tatbestandsmerkmalen, JZ **1954** 653; *ders.* Tatbestand, Rechtfertigungsgründe und Irrtum, JZ **1956** 353, 393; *ders.* Die Irrtumsregelung im Strafgesetz-Entwurf 1962, ZStW **76** (1964) 543; *ders.* Rechtsfreier Raum und eigenverantwortliche Entscheidung, Festschrift Maurach (1972) 327; *ders.* Einige Anmerkungen zu Irrtümern über den Irrtum, Festschrift Lackner (1987) 185; *ders.* Zum Problem von Wertungswidersprüchen zwischen Recht und Moral, Festschrift P. Schneider (1990) 158; *ders.* Strafloser Schwangerschaftsabbruch: rechtswidrig, rechtmäßig oder was? JZ **1992** 981; *ders.* Grundprobleme der Rechtsphilosophie (1994); *ders.* Rechtsphilosophie, 2. Aufl. (1997); *Kern* Grade der Rechtswidrigkeit, ZStW **64** (1952) 255; *Kim* Verhaltensdelikte versus Rechtsgutsverletzungen – Zur aktuellen Diskussion um einen materiellen Verbrechensbegriff, ZStW **124** (2012) 591; *Kindhäuser* Gefährdung als Straftat, Habil. Freiburg i.Br. 1987 (1989); *Kirchhof* Unterschiedliche Rechtswidrigkeiten in einer einheitlichen Rechtsordnung (1978); *Kohlrausch* Irrtum und Schuldbegriff im Strafrecht (1903); *Koriath* Grundlagen strafrechtlicher Zurechnung, Habil. Göttingen 1993 (1994); *ders.* Über rechtsfreie Räume in der Strafrechtsdogmatik, JRE **2003** 317; *Kratzsch* Verhaltenssteuerung und Organisation im Strafrecht, Habil. Köln 1985; *Kraushaar* Die Rechtswidrigkeit in teleologischer Sicht, GA **1965** 1; *Krey* Rechtsprobleme des strafprozessualen Einsatzes verdeckter Ermittler (1993); *Krümpelmann* Die Bagatelldelikte, Diss. Freiburg i.Br. 1964 (1966); *ders.* Stufen der Schuld beim Verbotsirrtum, GA **1968** 129; *Kuhlen*

Die Unterscheidung von vorsatzausschließendem und nichtvorsatzausschließendem Irrtum, Habil. Frankfurt/M. 1985 (1987); *ders.* Buchbesprechung: Tonio Walter, Der Kern des Strafrechts. Die allgemeine Lehre vom Verbrechen und die Lehre vom Irrtum (2006), ZStW **120** (2008) 140; *Küper* Der entschuldigende Notstand – ein Rechtfertigungsgrund? JZ **1983** 88; *ders.* Grundsatzfragen der „Differenzierung" zwischen Rechtfertigung und Entschuldigung, JuS **1987** 81; *Künschner* Wirtschaftlicher Behandlungsverzicht und Patientenauswahl, Diss. Freiburg i.Br. 1990 (1992); *Lagodny* Strafrecht vor den Schranken der Grundrechte, Habil. Freiburg i.Br. 1995 (1996); *Lampe* Das personale Unrecht, Habil. Mainz 1965/66 (1967); *Lang-Hinrichsen* Tatbestandslehre und Verbotsirrtum, JR **1952** 302; *ders.* Die irrtümliche Annahme eines Rechtfertigungsgrundes in der Rechtsprechung des Bundesgerichtshofs, JZ **1953** 362; *Langer* Gesetzesanwendung und Straftataufbau, Gedächtnisschrift Meurer (2002) 23; *Lenckner* Der rechtfertigende Notstand, Habil. Tübingen 1964 (1965); *Lesch* Der Verbrechensbegriff, Habil. Bonn 1997/98 (1999); *ders.* Unrecht und Schuld im Strafrecht, JA **2002** 602; *v.d. Linde* Rechtfertigung und Entschuldigung im Strafrecht? Diss. Hamburg 1988; *Lindner* Zur Kategorie des rechtswertungsfreien Raumes aus rechtsphilosophischer Sicht, ZRph **2004** 87; *ders.* Grundrechtsfragen aktiver Sterbehilfe, JZ **2006** 373; *Loos* Zur Bedeutung des Unrechtsbegriffs im Strafrecht, Festschrift Maiwald (2010) 469; *Maihofer* Der Unrechtsvorwurf, Festschrift Rittler (1957) 141; *Mañalich* Erlaubnisnormen und Duldungspflichten, RphZ **2015** 288; *M.E. Mayer* Rechtsnormen und Kulturnormen (1903); *R. Merkel* Gründe für den Ausschluss der Strafbarkeit im Völkerstrafrecht, ZStW **114** (2002) 437; *Mezger* Wandlungen in der strafrechtlichen Tatbestandslehre, NJW **1953** 2; *Michaelowa* Der Begriff der strafrechtswidrigen Handlung (1968); *Minas-v. Savigny* Negative Tatbestandsmerkmale, Diss. Saarbrücken 1971 (1972); *Mir Puig* Das Strafrechtssystem im heutigen Europa, in Schünemann/de Figueiredo Dias (Hrsg.) Bausteine des europäischen Strafrechts, Coimbra-Symposium für Claus Roxin (1995) S. 35; *Mitsch* Rechtfertigung und Opferverhalten, Habil. Tübingen 1991 (2004); *Moritz* Die wichtigsten Neuregelungen im Kindschaftsrecht, JA **1998** 704; *Munzberg* Verhalten und Erfolg als Grundlagen der Rechtswidrigkeit und Haftung, Habil. Frankfurt a.M. 1965 (1966); *Munoz Conde* Die Putativnotwehr. Ein Grenzfall zwischen Rechtfertigung und Entschuldigung, in Schünemann/de Figueiredo Dias (Hrsg.) Bausteine des europäischen Strafrechts, Coimbra-Symposium für Claus Roxin (1995) S. 213; *Murmann* Zur Einwilligungslösung bei einverständlicher Fremdgefährdung, Festschrift Puppe (2011) 767; *Nagler* Der heutige Stand der Rechtswidrigkeit, Festschrift Binding Bd. II (1911) 273; *ders.* Der Begriff der Rechtswidrigkeit, Festgabe Frank, Bd. I (1930) 339; *ders.* Die Problematik der Begehung durch Unterlassung, GerS **111** (1938) 1; *Naka* Die Appellfunktion des Tatbestandsvorsatzes, JZ **1961** 210; *Neumann* Buchbesprechung: Koriath Grundlagen strafrechtlicher Zurechnung, ZStW **109** (1997) 593; *ders.* Welzels Konzeption sozialer Adäquanz – normtheoretisch betrachtet, Festschrift Rengier (2018) 49; *Noll* Übergesetzliche Rechtfertigungsgründe (1955); *ders.* Tatbestand und Rechtswidrigkeit: Die Wertabwägung als Prinzip der Rechtfertigung, ZStW **77** (1965) 1; *Nowakowski* Zur Lehre von der Rechtswidrigkeit, ZStW **63** (1951) 287; *Oehler* Das objektive Zweckmoment in der rechtswidrigen Handlung (1959); *Otto* Pflichtenkollision und Rechtswidrigkeit, Diss. Hamburg 1965 (mit Nachtrag 1978); *ders.* Strafwürdigkeit und Strafbedürftigkeit als eigenständige Deliktskategorien? Gedächtnisschrift Schröder (1978) 53; *ders.* Der Verbotsirrtum, Jura **1990** 645; *ders.* Die Lehre vom Tatbestand und der Deliktsaufbau, Jura **1995** 468; *Paeffgen* Der Verrat in irriger Annahme eines illegalen Geheimnisses, Diss. Mainz 1978; *ders.* Anmerkungen zum Erlaubtatbestandsirrtum, Gedächtnisschrift Arm. Kaufmann (1989) 399; *Pawlik* Der rechtfertigende Notstand (2002); *ders.* „Der wichtigste dogmatische Fortschritt der letzten Menschenalter"? Festschrift Otto (2007) 133; *ders.* Das Unrecht des Bürgers (2012); *ders.* Der Kampf ums Dasein. Innovation in der allgemeinen Verbrechenslehre, evolutionstheoretisch betrachtet, Festschrift Paeffgen (2015) 13; *Perron* Rechtfertigung und Entschuldigung im deutschen und spanischen Recht, Diss. Freiburg i.Br. 1986 (1988); *ders.* Die Stellung von Rechtfertigung und Entschuldigung im System der Strafbarkeitsvoraussetzungen, in Eser/Nishihara (Hrsg.) Rechtfertigung und Entschuldigung Bd. 4 (1995) S. 67; *ders.* Hat die deutsche Straftatsystematik eine europäische Zukunft? Festschrift Lenckner (1998) 227; *Philipps* Sinn und Struktur der Normlogik, ARSP **52** (1966) 195; *Priester* Rechtsfreier Raum und strafloser Schwangerschaftsabbruch, Festschrift Arth. Kaufmann (1993) 499; *Puppe* Zur Struktur der Rechtfertigung, Festschrift Stree/Wessels (1993) 183; *dies.* Der Aufbau des Verbrechens, Festschrift Otto (2007) 389; *Radbruch* Zur Systematik der Verbrechenslehre, Festgabe Frank Bd. I (1930) 158; *Reichert-Hammer* Die Grenzen des elterlichen Züchtigungsrechts, JZ **1988** 617; *Renzikowski* Notstand und Notwehr, Diss. Tübingen 1993 (1994); *Rinck* Der zweistufige Deliktsaufbau, Diss. München 1999 (2000); *Rödig* Zur Problematik des Verbrechensaufbaus, Festschrift R. Lange (1976) 39; *Röttger* Unrechtsbegründung und Unrechtsausschluß, Diss. Hamburg 1991; *Roxin* Die Irrtumsregelung des Entwurfs 1960 und die strenge Schuldtheorie, MSchrKrim **44** (1961) 211; *ders.* Zur Kritik der finalen Handlungslehre, ZStW **74** (1962) 515; *ders.* Die Behandlung des Irrtums im Entwurf 1962, ZStW **76** (1964) 582; *ders.* Buchbesprechung: Platzgummer, Die

Bewußtseinsform des Vorsatzes, ZStW **78** (1966) 248; *ders.* Offene Tatbestände und Rechtspflichtmerkmale, Diss. Hamburg 1956 (1959; 2. Aufl. 1970); *ders.* Die notstandsähnliche Lage – ein Strafunrechtsausschließungsgrund? Festschrift Oehler (1985) 181; *ders.* Der durch Menschen ausgelöste Defensivnotstand, Festschrift Jescheck (1985) 457; *ders.* Rechtfertigungs- und Entschuldigungsgründe in Abgrenzung von sonstigen Strafausschließungsgründen, in Eser/Fletcher (Hrsg.) Rechtfertigung und Entschuldigung Bd. 1 (1987) S. 230; *ders.* Rechtfertigungs- und Entschuldigungsgründe in Abgrenzung von sonstigen Strafausschließungsgründen, JuS **1988** 425; *ders.* Die strafrechtliche Beurteilung der elterlichen Züchtigung, JuS **2004** 177; *ders.* Buchbesprechung: Sinn, Straffreistellung aufgrund von Drittverhalten. Zurechnung und Freistellung durch Macht (2007), JZ **2007** 835; *ders.* Zur neueren Entwicklung der Strafrechtsdogmatik in Deutschland, GA **2011** 678; *Rudolphi* Rechtfertigungsgründe im Strafrecht, Gedächtnisschrift Arm. Kaufmann (1989) 371; *Rühl* Grundfragen der Verwaltungsakzessorietät, JuS **1990** 521; *Saliger* Legitimation durch Verfahren im Medizinrecht, in Bernat/Kröll (Hrsg.) Recht und Ethik der Arzneimittelforschung (2003) S. 124; *Samson* Konflikte zwischen öffentlichem und strafrechtlichem Umweltschutz, JZ **1988** 800; *Sánchez* Abschied von einem einheitlichen Unrechtsbegriff innerhalb des Strafrechtssystems? GA **2013** 611; *ders.* Objektive Zurechnung und Rechtfertigungsgründe. Versuch einer Differenzierung, Festschrift Schünemann (2014) 533; *Sauer* Tatbestand, Unrecht, Irrtum und Beweis, ZStW **69** (1957) 1; *Sax* „Tatbestand" und Rechtsgutsverletzung, JZ **1976** 9, 80, 429; *Schaffstein* Putative Rechtfertigungsgründe und finale Handlungslehre, MDR **1951** 196; *ders.* Soziale Adäquanz und Tatbestandslehre, ZStW **72** (1960) 369; *ders.* Tatbestandsirrtum und Verbotsirrtum, Festschrift OLG Celle (1961) 175; *ders.* Handlungsunwert, Erfolgsunwert und Rechtfertigung bei den Fahrlässigkeitsdelikten, Festschrift Welzel (1974) 557; *Schall* Zur Reichweite der verwaltungsbehördlichen Erlaubnis im Umweltstrafrecht, Festschrift Roxin (2001) 927; *Schild* Die strafrechtsdogmatischen Konsequenzen des rechtsfreien Raumes, JA **1978** 449; *ders.* Die „Merkmale" der Straftat und ihres Begriffs (1979); *Schlehofer* Vorsatz und Tatabweichung, Habil. Bochum 1993/94 (1996); *Ch. Schmid* Das Verhältnis von Tatbestand und Rechtswidrigkeit aus rechtstheoretischer Sicht, Diss. Regensburg 2000/2001 (2002); *Schmidhäuser* Der Unrechtstatbestand, Festschrift Engisch (1969) 433; *ders.* Zum Begriff der Rechtfertigung im Strafrecht, Festschrift Lackner (1987) 77; *Schmitz* Verwaltungshandeln und Strafrecht, Diss. Kiel 1991 (1992); *Schmoller* Das „tatbestandsmäßige Verhalten" im Strafrecht, Festschrift Frisch (2013) 239; *H. Schneider* Kann die Einübung in Normanerkennung die Strafrechtsdogmatik leiten? Habil. Mainz 2003 (2004); *Schröder* Die Irrtumsrechtsprechung des BGH, ZStW **65** (1953) 178; *Schroth* Die Annahme und das „Für-Möglich-Halten" von Umständen, die einen anerkannten Rechtfertigungsgrund begründen, Festschrift Arth. Kaufmann (1993) 595; *ders.* Vorsatz und Irrtum (1998); *Schünemann* Einführung in das strafrechtliche Systemdenken, in Schünemann (Hrsg.) Grundfragen des modernen Strafrechtssystems (1984) S. 1; *ders.* Die deutschsprachige Strafrechtswissenschaft nach der Strafrechtsreform im Spiegel des Leipziger Kommentars und des Wiener Kommentars, GA **1985** 341; *ders.* Die Entwicklung der Schuldlehre in der BRD, in Hirsch/Weigend (Hrsg.) Strafrecht und Kriminalpolitik in Japan (1989) S. 147; *ders.* Strafrechtssystem und Kriminalpolitik, Festschrift für R. Schmitt (1992) 117; *ders.* Die Funktion der Abgrenzung von Unrecht und Schuld, in Schünemann/de Figueiredo Dias (Hrsg.) Bausteine des europäischen Strafrechts, Coimbra-Symposium für Claus Roxin (1995) S. 149; *ders.* Strafrechtsdogmatik als Wissenschaft, Festschrift Roxin (2001) 1; *ders.* Rechtsfreier Raum und eigenverantwortliche Entscheidung, in Hassemer u.a. (Hrsg.) Verantwortetes Recht (2005) 145; *ders.* Strafrechtssystematisches Manifest, GA **2006** 378; *ders.* Ein Bild des Strafrechtssystems? ZStW **126** (2014) 1; *ders./Greco* Der Erlaubnistatbestandsirrtum und das Strafrechtssystem, oder: Das Peter-Prinzip in der Strafrechtsdogmatik? GA **2006**, 777; *Schwarzer* Die Rechtswidrigkeit im Tatbestand, Diss. Kiel 2012 (2013); *Schweikert* Die Wandlungen der Tatbestandslehre seit Beling, Diss. Freiburg i.Br. 1957; *Seebald* Relative Rechtswidrigkeit und partiell straffreier Raum als Denkmodell zu §218 StGB, GA **1974** 336; *Seebode* Polizeiliche Notwehr und Einheit der Rechtsordnung, Festschrift Klug, Bd. II (1983) 359; *Sinn* Straffreistellung aufgrund von Drittverhalten. Zurechnung und Freistellung durch Macht, Habil. Gießen 2006 (2007); *ders.* Die Unterscheidung von Unrecht und Schuld und ihre Bedeutung für die Lehre von der Straftat, Festschrift Uni Gießen (2007) 321; *Sodan* Das Prinzip der Widerspruchsfreiheit der Rechtsordnung, JZ **1999** 864; *Späth* Rechtfertigungsgründe im Wirtschaftsstrafrecht, Diss. Bucerius Law School Hamburg 2014 (2016); *Spickhoff* Die Einheit des Rechtswidrigkeitsurteils im Zusammenspiel von Internationalem Privat- und Strafrecht, Festschrift Deutsch (2009) 907; *ders.* Einwilligungsfähigkeit und Geschäftsfähigkeit von Minderjährigen im Kontext medizinischer Behandlungen, FamRZ **2018** 412; *Stam* Die Auslegung zivilrechtlicher Rechtfertigungsgründe im Strafrecht am Beispiel von Besitzwehr und -kehr nach § 859 BGB, JR **2017** 557; *Sternberg-Lieben* Die objektiven Schranken der Einwilligung im Strafrecht, Habil. Tübingen 1995 (1997); *ders.* Gesetzliche Anerkennung der Patientenverfügung: offene Fragen im Strafrecht, insbesondere bei Verstoß gegen die prozeduralen Vorschriften der

§§ 1901a ff BGB, Festschrift Roxin (2011) 537; *ders.* Einwilligungsschranken und Rechtsgutsvertauschung am Beispiel des Fremddopings im Sport, ZIS **2011** 583; *Stock* Über Staatsnotwehr und Staatsnotstand, GerS **101** (1932) 148; *Stooß* Die Strafrechtswidrigkeit, ZStW **24** (1904) 319; *Stratenwerth* Handlungs- und Erfolgsunwert im Strafrecht, SchwZStr. **79** (1963) 233; *Streng* Der Erlaubnistatbestandsirrtum und die Teilnahmefrage, Festschrift Paeffgen (2015) 231; *Stübinger* Buchbesprechung: Jakobs, Der strafrechtliche Handlungsbegriff, KJ **27** (1994) 119; *ders.* „Not macht erfinderisch" – Zur Unterscheidungsvielfalt in der Notstandsdogmatik – am Beispiel der Diskussion über den Abschuss einer sog. „Terrormaschine", ZStW **123** (2011) 403; *Sturm* Die hypothetische Einwilligung im Strafrecht, Diss. Bucerius Law School Hamburg 2015 (2016); *Tateishi* Der typische Tatbestandsbegriff in Japan, Festschrift Maiwald (2010) 799; *Tiedemann* Tatbestandsfunktionen im Nebenstrafrecht, Habil. Tübingen 1968 (1969); *Vogel* Norm und Pflicht bei den unechten Unterlassungsdelikten, Diss. Freiburg i.Br. 1992 (1993); *ders.* Strafgesetzgebung und Strafrechtswissenschaft, Festschrift Roxin (2001) 105; *ders.* Europäische Kriminalpolitik – europäische Strafrechtsdogmatik, GA **2002** 517; *Volk* Entkriminalisierung durch Strafwürdigkeitskriterien jenseits des Deliktsaufbaus, ZStW **97** (1985) 871; *T. Walter* Der Kern des Strafrechts, Habil. Freiburg i.Br. 2003/2004 (2006); *Weber* Buchbesprechung: Günther, Strafrechtswidrigkeit und Strafunrechtsausschluß (1983), JZ **1984** 276; *v. Weber* Der Irrtum über einen Rechtfertigungsgrund, JZ **1951** 260; *ders.* Negative Tatbestandsmerkmale, Festschrift Mezger (1954) 183; *Welzel* Studien zum System des Strafrechts, ZStW **58** (1939) 491; *ders.* Zur Abgrenzung des Tatbestandsirrtums vom Verbotsirrtum, MDR **1952** 584; *ders.* Die deutsche strafrechtliche Dogmatik der letzten 100 Jahre und die finale Handlungslehre, JuS **1966** 421; *Wolter* Objektive und personale Zurechnung von Verhalten, Gefahr und Verletzung in einem funktionalen Straftatssystem, Habil. Bonn 1979 (1981); *ders.* Strafwürdigkeit und Strafbedürftigkeit in einem neuen Strafrechtssystem, Festschrift 140 Jahre Goltdammer's Archiv für Strafrecht (1993) 269; *Zaufal* Was kann ein strafrechtlicher Tatbestand leisten? Diss. Wien 2017 (2018); *Zielinski* Handlungs- und Erfolgsunwert im Unrechtsbegriff, Diss. Bonn 1972 (1973).

Weitere Schrifttumsnachweise zur Rechtswidrigkeit s. bei *T. Walter* LK[12] Vor § 13 vor Rdn. 1; außerdem s. die Nachweise unten vor Rdn. 35 und vor Rdn. 59. Rechtsvergleichend: *Eser/Fletcher* Rechtfertigung und Entschuldigung Bd. 1 (1987), Bd. 2 (1988); *Eser/Perron* Bd. 3 (1991); *Eser/Nishihara* Bd. 4 (1995). Zur Ausgestaltung des Allgemeinen Teils eines europäischen Strafrechts s. *Tiedemann* Der Allgemeine Teil des Strafrechts im Lichte der europäischen Rechtsvergleichung, Festschrift Lenckner (1998) 411; *Dannecker* Der Allgemeine Teil eines europäischen Strafrechts als Herausforderung für die Strafrechtswissenschaft. Zur Ausgestaltung der Rechtfertigungs- und Entschuldigungsgründe, Festschrift Hirsch (1999) 141; *Weigend* Zur Frage eines „internationalen" Allgemeinen Teils, Festschrift Roxin (2001) 1375. Zum Völkerstrafrecht s. *Ambos* Der Allgemeine Teil des Völkerstrafrechts. Ansätze einer Dogmatisierung, Habil. München 2001 (2. Aufl. 2004) passim.

a) Funktionseinheit von Tatbestand und Rechtswidrigkeit. Das Verhältnis von Tatbestand[1] und Rechtswidrigkeit ist bisher nicht abschließend geklärt. Um die Bedeutung der zu dieser Frage geführten Auseinandersetzung richtig einschätzen zu können, sollen zunächst die Aspekte, über deren Behandlung in diesem Kontext weitgehend Einigkeit besteht, kurz skizziert werden.

aa) Nach Ablösung der (objektiven) Rechtswidrigkeit aus der Schuld[2] und der Aufspaltung des Unrechts in eine objektive und subjektive Tatbestandsmäßigkeit i.e.S. im ersten Drittel des vorigen Jahrhunderts (*Paeffgen/Zabel* NK Rdn. 6 m.w.N.)[3] ist jedenfalls die formale Gliederung des Delikts durch die Elemente **Tatbestand, Rechtswidrigkeit** und **Schuld** nahezu allseitig anerkannt.[4] Dieses gestufte dreiteilige Straftatsystem mit

---

1 Näher zu den unterschiedlichen Tatbestandsbegriffen und ihren Funktionen *T. Walter* LK[12] Vor § 13 Rdn. 40 ff; *Roxin* AT I § 10 Rdn. 1 ff; knapper *Paeffgen/Zabel* NK Rdn. 7.
2 Gefordert schon von *R. von Ihering* in seiner Schrift „Das Schuldmoment im Römischen Privatrecht" (1867); Beginn der Rezeption im Strafrecht durch *v. Liszt* Lehrbuch[2] (1884) § 31; dann *Nagler* FS Frank I, 339 ff.
3 Näher zur Dogmengeschichte der Abschichtung *Hruschka* GA **1991** 1 ff.
4 Nach *Welzel* (JuS **1966** 421) ist die Zerlegung des Verbrechens in die drei Elemente der Tatbestandsmäßigkeit, der Rechtswidrigkeit und der Schuld „der wichtigste dogmatische Fortschritt der letzten zwei bis drei Menschenalter." Die geschichtliche Entwicklung der neueren Verbrechenslehre schildern übersicht-

jeweils aufeinander aufbauenden Beurteilungsgegenständen wird in der Praxis bei der Prüfung strafrechtlicher Fälle geradezu selbstverständlich zu Grunde gelegt.[5] Es ist in der Rechtsprechung akzeptiert (z.B. RGSt **61** 242, 247; **66** 397, 398; BGHSt **1** 131, 132; [GrS] **2** 194; **9** 370, 375f; **11** 241; aus jüngerer Zeit etwa BGHSt **49** 34 u. 166);[6] auch der Gesetzgeber hat die tragenden Begriffe des Verbrechenssystems in den Allgemeinen Teil des StGB mit dem 2. Strafrechtsreformgesetz 1975 übernommen (*Roxin* AT I § 7 Rdn. 13; *ders.* GA **2011** 678f, 693; *Paeffgen/Zabel* NK Rdn. 6; *Krey/Esser* § 10 Rdn. 255).

7 Große Einigkeit gibt es weiter darüber, dass der Straftatbestand nicht als eine **wertungsfreie Kategorie** i.S.v. *Beling* anzusehen ist, der (als Objekt) erst auf der nachfolgenden Prüfungsstufe der Rechtswidrigkeit vom Recht einer Bewertung unterzogen wird (*Beling* Die Lehre vom Verbrechen [1906] S. 145ff; zust. *Heinitz* Materielle Rechtswidrigkeit S. 19ff).[7] Gegen diese vom Positivismus und Naturalismus geprägte Tatbestandsauffassung spricht schon die Existenz der zahlreichen normativen Tatbestandsmerkmale, die gerade nicht wertfrei sind (klarstellend dazu *Pawlik* Unrecht des Bürgers S. 199 m. Fn. 286). Zudem ist kaum zu bestreiten, dass der – das vom Gesetzgeber als besonders sozialschädlich eingestufte Verhalten erfassende – Gesetzestatbestand als Teil des Unrechtstatbestandes das Unrechtsurteil notwendig mitkonstituiert und insoweit unrechtsbezogen ist (*Otto* Jura **1995** 468, 473f; *Sternberg-Lieben* Objektive Schranken S. 66f).[8]

8 Weitgehend außer Streit steht auch, dass **Unrecht** und **Schuld** als materielle Wertungskategorien die beiden Grundpfeiler der Verbrechenslehre bilden (*Jescheck/Weigend* § 39 I; *Roxin* AT I § 7 Rdn. 7f, 25; *Sch/Schröder/Eisele* Vor § 13 Rdn. 16, 20, 45).[9] Strafe setzt Unrecht und Schuld (die sich wiederum auf das Unrecht bezieht) voraus. Unrecht ist ein der strafrechtlichen Sollensordnung widersprechendes Geschehen (die vom Recht wegen ihrer Sozialschädlichkeit missbilligte Tat); im Schuldbereich geht es um die Frage, ob dem Täter

---

lich *Jescheck/Weigend* § 22, *Roxin* AT I § 7 Rdn. 12ff und *Freund* MK Vor § 13 Rdn. 5ff; s. auch *Koriath* Zurechnung S. 254ff.

5 Vgl. *Otto* Jura **1995** 468 unter Hinweis auf *Rödig* FS R. Lange, 39, 40; auch *Langer* GedS Meurer, 23ff. Näher zur Logik des Deliktsaufbaus *Puppe* FS Otto, 389ff.

6 Z.T. wird der Verbrechensbegriff noch um weitere Glieder ergänzt. So gehen *T. Walter* LK[12] Vor § 13 Rdn. 2f und *Jescheck/Weigend* § 21 III wegen des Handlungserfordernisses von einem „viergliedrigen" Verbrechensbegriff aus; *Roxin* AT I § 7 Rdn. 4ff fügt als fünftes Element noch die „sonstigen Strafbarkeitsvoraussetzungen" (objektive Strafbarkeitsbedingungen und das Fehlen von Strafausschließungsgründen) an. Ausführlich zu Strafwürdigkeitskriterien jenseits des Deliktsaufbaus *Volk* ZStW **97** (1985) 871ff; aus jüngerer Zeit instruktiv *Frisch* GA **2017** 364ff m.w.N.

7 Ausführlich zur Geschichte der Tatbestandslehre *Schweikert* Die Wandlungen der Tatbestandslehre seit Beling (1957); ferner die Darstellung bei *Welzel* Strafrecht § 10 III und *Eisele* Regelbeispielmethode S. 107ff.

8 Weiter *Jescheck* LK[11] Vor § 13 Rdn. 46; *Hirsch* LK[11] Rdn. 6. Diese Einschätzung teilen auch viele Autoren, die der Lehre vom Gesamt-Unrechtstatbestand anhängen oder ihr zumindest nahe stehen, etwa *Schünemann* GA **1985** 341, 347; *Kuhlen* Unterscheidung S. 316 („sehr schwaches Werturteil"). Die geschichtliche Entwicklung von Ansichten vom wertfreien hin zum unwerthaltigen Tatbestand skizziert *Roxin* AT I § 10 Rdn. 10ff. Wenn *Sax* (JZ **1976** 9, 10 und passim) den gesetzlichen Tatbestand als „wertungsneutrales Gebilde" einstuft, führt dies nicht zur Ansicht *Belings* zurück, da auch er für die Verwirklichung des (den gesetzlichen Tatbestand übergreifenden) Unrechtstatbestandes eine strafwürdige Rechtsgutsverletzung fordert; zur Kritik dieses Ansatzes s. *Otto* GedS Schröder, 53, 61ff; *Günther* Strafrechtswidrigkeit S. 241, 271ff; *Sch/Schröder/Lenckner/Eisele*[27] Vor § 13 Rdn. 43/44; *Roxin* AT I § 10 Rdn. 29.

9 Weiter – statt vieler – Baumann/Weber/*Mitsch*/Eisele § 14 Rdn. 15; *Frisch* in Eser/Hassemer/Burkhardt S. 159, 163ff; *Kindhäuser* AT § 6 Rdn. 1; *Küper* JZ **1983** 88, 95: Die (Trennung von Rechtswidrigkeit und Schuld reflektierende) Differenzierungstheorie beim Notstand gehört „zu den großen Leistungen der Strafrechtsdogmatik"; *Schmoller* FS Frisch, 239, 254f; *R. Merkel* ZStW **114** (2002), 437, 439; *Schünemann* in Coimbra-Symposium S. 149, 155ff (mit weiteren Hinweisen auf z.T. abweichende ausländische Rechtsordnungen; zum Fehlen dieser Systemkategorien in der europäischen Strafrechtsdogmatik auch *Vogel* GA **2002** 517, 531); *ders.* FS Roxin (2001), 105, 109f; *ders.* ZStW **126** (2014) 1, 4f (m. Fn. 20), 26; *Späth* Rechtfertigungsgründe S. 46; *Stratenwerth/Kuhlen* AT § 14 Rdn. 15; *Welzel* Strafrecht § 19 I; *Wessels/Beulke/Satzger* Rdn. 620; *Wolter* Funktionales Straftatsystem S. 143 m. Fn. 318.

die rechtswidrige Tat persönlich vorzuwerfen ist, konkreter: um das individuelle Erkennen des Gesollten sowie die normgemäße Antriebssteuerung (*Kindhäuser* AT § 5 Rdn. 9). Die Unterscheidung von Unrecht und Schuld ist in den Sprachformen aller entwickelten Gesellschaften (nicht erst der modernen Industriegesellschaften) fundamental angelegt (so *Schünemann* FS Roxin [2001] 1, 9; *ders.* in Coimbra-Symposium S. 149, 156 ff; *Kuhlen* ZStW **120** [2008] 140, 149; s. auch *Greco* GA **2009** 636, 638 m.w.N.). Die Gegenthese, nach der es kein schuldloses Unrecht gibt, hat sich letztlich – zu Recht – nicht durchsetzen können.[10]

Dagegen ist die Frage, ob die Kategorien „Tatbestandsmäßigkeit" und „Rechtswidrigkeit" getrennte Wertungsstufen darstellen (so der von der h.M. vertretene **dreistufige Verbrechensaufbau**) oder zu einer einheitlichen Wertungsstufe zusammengefasst werden (so der **zweistufige Verbrechensaufbau**), weniger bedeutsam, da die Rechtsprechung und die überwiegende Ansicht in der Wissenschaft aus der Antwort auf die Abstufungsfrage keine wesentlichen sachlichen Folgerungen ziehen (so *Perron* Rechtfertigung und Entschuldigung S. 85, 88; *Mir Puig* in Coimbra-Symposium S. 35, 43).[11] Der eigentliche Grund für diesen mit hohem dogmatischen Aufwand geführten Theorienstreit liegt in der Irrtumslehre (*Kindhäuser* AT § 6 Rdn. 12; *Stratenwerth/Kuhlen* AT § 7 Rdn. 14; *Samson* SK⁵ Rdn. 12), genauer: in der Behandlung des Irrtums über rechtfertigende Tatumstände (z.B. im Falle der Putativnotwehr).[12] Da die h.M. anders als die Vertreter der stren-

9

---

10 Zur Dogmengeschichte der Trennung von Unrecht und Schuld *Sinn* Straffreistellung S. 244 ff; ausführliche Nachw. zur Debatte auch bei *Stübinger* ZStW **123** (2011) 403, 405 m. Fn. 3. In jüngerer Zeit waren es vor allem *Jakobs* und seine Schüler, die unter dem Einfluss der Philosophie Hegels aus ihrem kommunikativen Verständnis von Straftat und Strafe die Unmöglichkeit eines schuldlosen Unrechts ableiteten. Kernargument: Die Desavouierung der Normgeltung als alleinige Voraussetzung des Verbrechens fordere einen schuldhaft handelnden Täter. Denn ein Geisteskranker etwa könne mit seiner Tat die Normgeltung nicht missachten, da diese Folge bloßer „Natur" sei; vgl. zunächst noch zurückhaltend *Jakobs* Handlungsbegriff S. 33 f, 36 f, 41 ff, 44 („Handlung als sich-schuldhaft-zuständig-Machen für einen Normgeltungsschaden"; **krit.** hierzu *Stübinger* KJ **27** [1994] 119 ff; auch *H. Schneider* Einübung in Normanerkennung S. 107 f); später radikaler *ders.* ZStW **107** (1995) 843, 844 ff, 864 (w. Belege zu *Jakobs* bei *Greco* GA **2009** 636 m. Fn. 6); ferner *Lesch* Verbrechensbegriff S. 205 ff; *ders.* JA **2002** 602, 608 ff („Strafunrecht ist die strafrechtliche Schuld selbst" und „Schuld ist Strafunrecht") sowie *Pawlik* FS Otto, 133, 147 („Unter der Herrschaft eines Verbrechensbegriffs, der den Widerspruch des Täters zum Allgemeinwillen ... in den Vordergrund stellt, ist für ein schuldunabhängiges Unrecht als allgemeine Verbrechenskategorie kein Raum."); *ders.* Unrecht des Bürgers S. 257 ff; *ders.* FS Paeffgen, 13, 16 f. Ähnlich *Freund* MK Vor § 13 Rdn. 14, 24 ff, 127 ff, 243 ff und *ders.* AT § 4 Rdn. 1 ff, wonach nur bei schuldhaftem Handeln ein hinreichend gewichtiges Fehlverhalten und somit das für eine Bestrafung erforderliche personale Verhaltensunrecht vorliegen soll. Weitere Unrecht und Schuld einebnenden „monistische" Deliktsinterpretationen präsentieren *T. Walter* Kern des Strafrechts S. 80 ff, 196 ff; *ders.* LK¹² Vor § 13 Rdn. 27 – „postfinalistisches Verbrechensmodell" (sehr **krit.** dazu *Kuhlen* ZStW **120** [2008] 140 ff); auch *Gössel* GA **2007** 602, 604 f) und *Sinn* Straffreistellung S. 244 ff, 374; *ders.* FS Uni Gießen, 321, 325 ff mit seiner machttheoretischen Neudeutung der Verbrechenslehre (**krit.** rezensiert von *Roxin* JZ **2007** 835 ff; *Jakobs* ZStW **119** [2007] 1002 ff); zudem *v.d. Linde* Rechtfertigung und Entschuldigung im Strafrecht? Diss Hamburg 1988 (zusammenfassend S. 288 ff); auch *Koriath* Zurechnung S. 258 ff (**krit.** *Neumann* ZStW **109** [1997] 593, 595 ff); *Hoyer* Strafrechtsdogmatik S. 88 ff, 120 f; *Schild* „Merkmale" der Straftat S. 43 ff, 70, 129. – Umfassende und treffende **Kritik** an diesen und sonstigen (auch internationalen) Versuchen einer Nivellierung der Unterscheidung von Unrecht und Schuld durch *Greco* GA **2009** 636 ff m.w.N.; zudem *Roxin* GA **2011** 678, 688 ff; *Loos* FS Maiwald, 469, 472 ff. Zum Streit mit Blick auf die Maßregeln der Besserung und Sicherung *Sánchez* GA **2013** 611 ff.

11 Auch *Hirsch* in Eser/Perron S. 27, 31: „sekundäre Bedeutung"; *Kindhäuser* AT § 6 Rdn. 12: Streit um Deliktsaufbau wirkt sich praktisch kaum aus; *Herzberg* JA **1986** 190, 201; *Wessels/Beulke/Satzger* Rdn. 194: Kontroverse nicht zu hoch bewerten, solange Einigkeit in den grundlegenden Sachfragen besteht.

12 In der Literatur vertreten allerdings nicht wenige Autoren die Ansicht, dass sich aus der Entscheidung für einen zwei- oder dreistufigen Verbrechensaufbau keine Konsequenzen für die Irrtumslehre ergeben, s. *Hoyer* Normentheorie S. 150; *Jescheck* LK¹¹ Vor § 13 Rdn. 48; *Maurach/Zipf* § 24 Rdn. 4; *Roxin* AT I § 10 Rdn. 26; *Sch/Schröder/Eisele* Vor § 13 Rdn. 19; *Schroth* FS Arth. Kaufmann, 595 ff; *Wolter* Funktionales Straftatsystem S. 146 m. Fn. 339. **Anders** *Rinck* Zweistufiger Deliktsaufbau S. 471 ff u. passim; *Schünemann* GA **1985** 341, 350 f.

gen Schuldtheorie beim Vorliegen eines Erlaubnistatumstandsirrtums die Strafbarkeit wegen eines Vorsatzdeliktes ausschließt (*Sch/Schröder/Sternberg-Lieben/Schuster* § 16 Rdn. 16 ff m.w.N.), hat die Streitfrage ihre praktische Bedeutung allerdings weitgehend verloren (*Lackner/Kühl/Kühl* Vor § 13 Rdn. 17; *Sch/Schröder/Eisele* Vor § 13 Rdn. 19; *Perron* Rechtfertigung und Entschuldigung S. 88). Im Vordergrund muss daher die Lösung von Sachproblemen in Einzelfragen stehen.

10 **bb)** Die im Strafrecht wohl noch überwiegende Meinung geht – mit mancherlei Unterschieden im Detail – von einem **dreistufigen Verbrechensaufbau** aus (Nachw. bei *Sch/Schröder/Eisele* Vor § 13 Rdn. 15). Sie sieht in der Abstufung von Tatbestand und Rechtswidrigkeit nicht nur ein technisches Prüfungsprogramm, sondern weist den einzelnen Deliktsstufen eine strukturell und inhaltlich selbständige Bedeutung zu. Eine breite Strömung innerhalb dieser **Lehre vom Leitbildtatbestand** entwickelt ihre Begründung maßgeblich vor dem Hintergrund des normentheoretischen Gegensatzes von Verbot (Gebot) einerseits und Erlaubnissatz andererseits.[13] Danach enthält der Straftatbestand (in Form der Zusammenfassung derjenigen Merkmale, die den typischen Unrechtsgehalt des verbotenen Verhaltens beschreiben) die abstrakte Verbotsmaterie, den „Unrechtstypus". Durch die Verwirklichung dieses Unrechtstatbestandes (oder auch Tatbestandes i.e.S.) wird die Rechtswidrigkeit des Verhaltens indiziert; im Hinblick auf den Unrechtsvorwurf lässt die Tatbestandsmäßigkeit also nur ein „vorläufiges" oder „auflösend bedingtes" Urteil zu (s. nur *Jescheck/Weigend* § 25 I 1; *Maurach/Zipf* § 24 Rdn. 7; *Paeffgen/Zabel* NK Rdn. 14).[14] Auf der Ebene der Rechtswidrigkeit treten den Verbots- bzw. Gebotsnormen dann in bestimmten Fällen Erlaubnissätze (Rechtfertigungsgründe) – seien sie dem StGB oder sonst der Rechtsordnung zu entnehmen – als eigene Wertungskategorien selbständig gegenüber, die das tatbestandsmäßige Verhalten ausnahmsweise gestatten, das Unrechtsindiz also entkräften. Sie verhindern, dass die einzelne abstrakte Norm zur konkreten Rechtspflicht wird. Beim Fehlen von Rechtfertigungsgründen – also dem gedachten Regelfall – ist das Täterverhalten rechtswidrig; es steht im Widerspruch zur Rechtsordnung im Ganzen und ist auch konkret pflichtwidrig. Tatbestandsmäßiges (und damit normwidriges) Verhalten bildet nach diesem Erklärungsansatz den Kern des Unrechts; es fällt schwerwiegend aus der normalen Ordnung heraus und bleibt selbst beim Eingreifen von Erlaubnissätzen sozial auffällig (*Welzel* Strafrecht § 14 I 1; *Jakobs* 6/58).[15]

---

13 Vgl. *Hirsch* Negative Tatbestandsmerkmale S. 276 f, 309 f; *ders.* LK[11] Rdn. 6; *Jescheck* LK[11] Vor § 13 Rdn. 42 ff; *ders./Weigend* § 25 I, § 31 I; *Arm. Kaufmann* Normentheorie S. 138 ff, 248 ff; *Maurach/Zipf* § 24 Rdn. 1 ff; *Paeffgen/Zabel* NK Rdn. 8; *Welzel* Strafrecht § 10, § 14 I 1 u. 2; auch *Heghmanns* Grundzüge S. 138 f – zur Neubestimmung der Leistungsfähigkeit des Tatbestandes vor philosophischem Hintergrund *Zaufal* Strafrechtlicher Tatbestand S. 23 u. passim.
14 Missverständlich daher *Kühl* AT § 6 Rdn. 9: Der Täter hat Unrecht verwirklicht, weil er in eine fremde Rechtssphäre eingegriffen hat.
15 Für einen dreistufigen Verbrechensaufbau RGSt **61** 242, 247; **66** 397, 398; BGHSt **1** 131, 132; **2** 194, 195; **9** 370, 375 f; **11** 241; aus jüngerer Zeit BGHSt **49** 34 u. 166; aus der Literatur etwa Baumann/Weber/Mitsch/ Eisele § 14 Rdn. 26; *Dreher* FS Heinitz, 207, 217 ff; *Duttge* HK-GS § 16 Rdn. 14; *Eser/Burkhardt* Strafrecht I Fall 3 A Rdn. 109; *Fischer* Vor § 13 Rdn. 46; *Frister* 7/9; *Gallas* ZStW **67** (1955) 1, 3, 18 f, 27; *ders.* in Gallas S. 1, 32 ff, 41 ff; *Gropp* AT § 5 Rdn. 16 ff; *ders.* GA **2015** 5, 10 ff; *Hirsch* Negative Tatbestandsmerkmale S. 276 f, 309 f; *ders.* LK[11] Rdn. 6, 8 f; *ders.* in Eser/Perron S. 27, 32 f; *ders.* ZStW **94** (1982) 239, 257 ff; *Hoyer* SK Rdn. 22 ff (mit einem „etatistischen Erklärungsansatz"); *Jakobs* 6/54 ff; *Jescheck* LK[11] Vor § 13 Rdn. 42 ff; *ders./Weigend* § 25 III 2, § 31 I; *Arm. Kaufmann* Normentheorie S. 138 ff, 248 ff; *ders.* JZ **1955** 37, 38; *ders.* FS Welzel, 393, 396 ff; *Krey/Esser* Rdn. 255 ff; *Lackner/Kühl/Kühl* Vor § 13 Rdn. 17; *Maurach/Zipf* § 24 Rdn. 2; *Matt/Renzikowski/Renzikowski* Vor § 13 Rdn. 35; *Munoz Conde* in Coimbra-Symposium S. 213, 218; *Murmann* GK § 25 Rdn. 15; *Paeffgen* Verrat S. 78 ff; *ders./Zabel* NK Rdn. 8, 17 ff, 26; *ders.* GedS Arm. Kaufmann, 399, 403 f; SSW/*Rosenau* Rdn. 4; *Welzel* Strafrecht § 10 III, 14 I 1; *Wessels/Beulke/Satzger* Rdn. 183 f; eine Über-

cc) Abw. findet sich eine im Schrifttum stark vertretene Ansicht, die unter Wer- **11** tungsgesichtspunkten nur zwei Deliktskategorien kennt: Unrecht und Schuld.[16] Dieser Ansatz wird überwiegend unter Rückgriff auf die **Lehre von den negativen Tatbestandsmerkmalen** begründet (so Arth. *Kaufmann* JZ **1954** 653 ff; *ders.* JZ **1956** 353 ff, 393 ff; *ders.* FS Lackner, 185, 187; *Samson* SK[5] Rdn. 9 ff),[17] die der Rspr. des BGH zum vorsatzausschließenden Irrtum über einen rechtfertigenden Sachverhalt[18] eine theoretische Grundlage geliefert hat.[19] Danach erfordert volles Unrecht neben dem Vorliegen der unrechtsbegründenden (positiven) Tatbestandsmerkmale das Fehlen der Voraussetzungen der Rechtfertigungsgründe als „negative Tatbestandsmerkmale". Durch die Einbeziehung der Rechtfertigungsfrage in den Tatbestand fallen hier Tatbestandsmäßigkeit und Rechtswidrigkeit in einem Gesamt-Unrechtstatbestand zusammen: sog. **zweistufiger Verbrechensaufbau** (Verbrechen als unrechtstatbestandsmäßiges und schuldhaftes Verhalten). Der Tatbestand ist hier – anders als nach h.M. – nicht nur „ratio cognoscendi", sondern „ratio essendi" der Rechtswidrigkeit, d.h. er beschreibt die Grenzen von Recht und Unrecht im konkreten Fall abschließend, indem er neben den (deliktstypischen) unrechtsbegründenden auch die unrechtsausschließenden Merkmale erfasst (*Roxin* Offene Tatbestände S. 175). Diese Theorie geht davon aus, dass jede Verbots- oder Gebotsnorm schon das Nichteingreifen von Rechtfertigungsgründen zur inhaltlichen Voraussetzung habe, ein gerechtfertigtes Verhalten also noch gar nicht die Merkmale eines normwidrigen Handelns oder Unterlassens erfülle und damit i.S. eines Gesamt-

---

sicht zu den vielfältigen Erklärungen des dreistufigen Verbrechensaufbaus im Schrifttum findet sich bei *Schmidhäuser* AT 9/6 ff.
16 Anders als *Tröndle/Fischer*[52] Vor § 13 Rdn. 27 früher meinten („Lehre kann als überholt angesehen werden"; abschwächend jetzt *Fischer* Vor § 13 Rdn. 46: „umstrittene Lehre"), findet diese früher sogar herrschende Meinung (vgl. Nachw. in Fn. 19) auch in der jüngeren Strafrechtslehre erhebliche Resonanz.
17 *Freund* MK Vor § 13 Rdn. 216, 301 ff; *ders.* AT § 7 Rdn. 107 m. Fn. 97; *Fuchs/Zerbes* AT 15. Kap. Rdn. 5; *Geerds* Jura **1990** 421, 430; *Günther* SK[6] Rdn. 25 f, 40; *Koriath* Zurechnung S. 322 ff; *Minas v. Savigny* Negative Tatbestandsmerkmale S. 92 ff; *Roxin* MSchrKrim **44** (1961) 211, 215 f; *ders.* ZStW **76** (1964) 515, 536 f; *ders.* Offene Tatbestände S. 113 ff, 132 ff, 173 ff (anders nunmehr in AT I § 10 Rdn. 13–26, § 14 Rdn. 70); *Schaffstein* MDR **1951** 196 ff; *ders.* ZStW **72** (1960) 369, 386 ff; *ders.* FS OLG Celle, 175 ff, 182 ff; *Schlehofer* MK Rdn. 37 ff; *ders.* Vorsatz und Tatabweichung S. 74; *Schroth* FS Arth. Kaufmann, 595, 598 ff (mit Modifikationen); *ders.* Vorsatz und Irrtum (1998) S. 115; *Schünemann* in Grundfragen S. 1, 56 ff; *ders.* GA **1985** 341, 347 ff; *ders.* FS R. Schmitt, 117, 126; *ders.* in Coimbra-Symposium S. 149, 163, 175 ff; *ders.* GA **2006** 378, 381; *ders./Greco* GA **2006** 777, 788 ff; *Ch. Schmid* Tatbestand und Rechtswidrigkeit S. 95: „Es gibt keinen sachlichen Grund für eine unterschiedliche Behandlung der Rechtfertigungsgründe gegenüber den Tatbestandsmerkmalen"; auch *Tateishi* FS Maiwald, 799, 805 f; ähnlich *Hruschka* Strafrecht S. 195 ff; *ders.* FS Roxin (2001), 441, 451 ff; *Kindhäuser* Gefährdung S. 111 f; *ders.* LPK Rdn. 39. Nahestehend *Otto* Jura **1990** 645, 647 (**anders** jetzt *ders.* AT § 5 Rdn. 17 ff; *ders.* Jura **1995** 468, 473); *Puppe* FS Stree/Wessels, 183, 188; *dies.* FS Otto, 389, 393; *dies.* NK Vor § 13 Rdn. 12 ff; *Rinck* Zweistufiger Deliktsaufbau S. 309 ff (mit z.T. eigener Konzeption); sympath. *Hefendehl* FS Frisch, 465, 473 f. Weniger weitgehend *Rothenfußer* (Kausalität S. 90 ff), der nur in Fällen der Verwirklichung reiner Erfolgsdelikte, in denen der Eingriffsadressat den Eingriff entschädigungslos hinzunehmen hat (insbes. bei § 228 BGB und §§ 227 BGB, 32 StGB), einen Tatbestandsausschluss annehmen will (**krit.** dazu *Paeffgen/Zabel* NK Rdn. 6 m. Fn. 23). – Von einem Tatbestandsaufbau mit nur zwei Wertungsstufen gehen trotz Kritik an der Lehre von den negativen Tatbestandsmerkmalen aus etwa *Schmidhäuser* AT 9/5; *ders.* JuS **1987** 373, 375 u. *Rinck* Zweistufiger Deliktsaufbau passim; w. Nachw. bei *Pawlik* Unrecht des Bürgers S. 204 m. Fn. 329 u. unten in Fn. 19; zur Dogmengeschichte der LnT *Hirsch* Negative Tatbestandsmerkmale S. 13 ff.
18 BGHSt **3** 105; 195; 271; **14** 52; **22** 223.
19 Aus dem älteren Schrifttum *Baumgarten* Der Aufbau der Verbrechenslehre (1913) S. 210 ff; *Engisch* Vorsatz und Fahrlässigkeit S. 10 f; *ders.* ZStW **70** (1958) 566, 583 ff; *ders.* FS DJT I, 401, 406 ff; *Frank* Vor § 51 Bem. III, § 59 Bem. III 2; Arth. *Kaufmann* Unrechtsbewußtsein S. 66 f, 170 f, 178 ff; *ders.* ZStW **76** (1964) 563 ff; *Lange* JZ **1953** 9 ff; *Lang-Hinrichsen* JR **1952** 302, 306, 356 ff; *ders.* JZ **1953** 362, 363; *Mezger* LK[8] Einl. Bem. III, § 59 Anm. II 11; *ders.* NJW **1953** 2, 6; *A. Merkel* Lehrbuch (1889) S. 82; *Radbruch* FS Frank I, 158, 164 ff; *Schröder* MDR **1953** 70; *ders.* ZStW **65** (1953) 178, 207; *v. Weber* JZ **1951** 260, 261; *ders.* FS Mezger, 183, 189.

Unrechtstatbestandes nicht tatbestandsmäßig sei. Die Rechtfertigungsgründe erscheinen nach dieser Gesamtnormlösung als bloße Einschränkung der Ver- bzw. Gebotsnorm. Statt „Du sollst nicht vorsätzlich töten!" muss das dem § 212 zugrundeliegende Verbot hier wie folgt formuliert werden: „Du sollst nicht vorsätzlich töten, es sei denn, es liegen die Voraussetzungen der Notwehr, ein Kriegsgeschehen etc. vor!" Die Unterscheidung von Tatbestandsmerkmalen und Rechtfertigungsgründen beruht danach nicht auf einem sachlichen Prinzip, sondern ist nur aus gesetzestechnisch-stilistischen Erfordernissen zu erklären, weshalb Rechtfertigungsgründe jederzeit als Tatbestandsmerkmale geregelt werden können und umgekehrt (*Otto* Jura **1995** 468, 469; *Schroth* FS Arth. Kaufmann, 595, 598). Für die Bewertung eines Verhaltens ist es also gleichgültig, ob es nicht tatbestandsmäßig oder aber gerechtfertigt ist; in beiden Fällen stellt es kein Unrecht dar, ist es nicht verboten, sondern erlaubt (*Samson* SK^5 Rdn. 9).[20]

12 Bei einer kritischen Würdigung der Auseinandersetzung um einen zwei- oder dreistufigen Verbrechensaufbau haben diejenigen, die die strafrechtliche Bewertung des Verhaltens anhand von nur **zwei Wertungskategorien (Unrecht/Schuld)** vornehmen, die besseren Argumente auf ihrer Seite. Insoweit ist der Lehre von den negativen Tatbestandsmerkmalen zuzustimmen.[21] Dass der zweistufige Verbrechensaufbau konstruktiv durchführbar und normentheoretisch möglich ist, ist fast allgemein anerkannt (s. nur *Vogel* Norm und Pflicht S. 37: „normlogisch lässt sich der Streit nicht entscheiden").[22] Aber auch ansonsten vermag die Gegenthese, nach der tatbestandsmäßiges (rechtsgutschädigendes oder -gefährdendes) Verhalten als „sozial auffällig" zwingend auf einer ersten selbständigen Wertungsstufe gekennzeichnet werden muss, nicht zu überzeugen. Sie stützt sich ganz maßgeblich auf außerrechtliche Wertsetzungen, die ins Strafrecht übertragen werden, ohne den Schutzmechanismus des Rechts gebührend zu beachten (näher *Otto* Jura **1995** 468, 470 ff). Denn das Strafrecht kennt – anders als *Welzel, Arm. Kaufmann, Hirsch* u.a. suggerieren – keinen absoluten Schutz von Rechtsgütern. Vielmehr entstehen nach allgemeiner Rechtsauffassung für den Normadressaten befolgbare Rechtspflichten nur dann, wenn sein Verhalten nicht durch einen Rechtfertigungsgrund gedeckt ist (ebenso *Otto* AT § 5 Rdn. 27; *Rinck* Zweistufiger Deliktsaufbau S. 50 ff). Eine mit der Tatbestandsmäßigkeit einhergehende „Normwidrigkeit" (*Hirsch* LK^{11} Rdn. 6; *Welzel* Strafrecht § 10 I, § 14 I; *Heghmanns* Grundzüge S. 138 f; krit. etwa *Otto* AT § 5 Rdn. 27) ändert in der Sache nichts daran, dass sich erst aus dem Zusammenspiel von strafbewehrten Ver- und Geboten mit den Erlaubnissätzen Inhalt und Grenzen strafrechtlicher Verhaltensnormen ergeben; die für das Recht allein maßgebliche Bewertung des Verhaltens als „rechtswidrig" oder „rechtmäßig" fordert eine Gesamtschau der einschlägigen Sollensregelungen (*Sch/Schröder/Eisele* Vor § 13 Rdn. 16).[23] So ist denn auch bei Kritikern eines zweistufigen Verbrechenssystems anerkannt, dass bei der *Unrechtsbestimmung* positive

---

[20] Als LnT-Anhänger ausdrücklich anderer Ansicht *Günther* Strafrechtswidrigkeit S. 120 ff; *ders.* SK^6 Rdn. 26: Zwischen nicht tatbestandsmäßigem und erlaubtem Verhalten bestehe eine Wertungsdifferenz!

[21] Zur Herausforderung, die die Lehre von der objektiven Zurechnung für die Unterscheidung zwischen Tatbestandsmäßigkeit und Rechtswidrigkeit darstellt, *Pawlik* (Unrecht des Bürgers S. 212 ff), der sich für die Überwindung der Trennung ausspricht, letztlich aber Anhänger eines monistischen Strafrechtssystems ist (S. 257 ff; dazu Rdn. 24 ff).

[22] Weiterhin *Stratenwerth/Kuhlen* AT § 7 Rdn. 13; *Roxin* AT I § 14 Rdn. 16; *Hoyer* SK Rdn. 16; *Kaspar* AT § 5 Rdn. 85; auch *Paeffgen* Verrat S. 84 f; *ders./Zabel* NK Rdn. 17; *Renzikowski* Notstand S. 158: Trennung keinesfalls logisch zwingend; *Streng* FS Paeffgen, 231, 236: abstrakt rechtsthematisch besteht „Gleichrangigkeit von Tatbestands- und Rechtfertigungsebene".

[23] Ferner – statt vieler – *Perron* Rechtfertigung und Entschuldigung S. 85; *Rödig* FS R. Lange, 39, 53 m. Fn. 35; *Rudolphi* GedS Arm. Kaufmann, 371, 377; *Schlehofer* MK Rdn. 41; *Schroth* FS Arth. Kaufmann, 595, 597; *Sternberg-Lieben* Objektive Schranken S. 69; *Stratenwerth/Kuhlen* AT § 7 Rdn. 18.

Umstände (= Verwirklichung von Tatbestandsmerkmalen) und negative Umstände (= Fehlen von Rechtfertigungsgründen) zusammenwirken müssen (etwa Baumann/Weber/Mitsch/*Eisele* § 14 Rdn. 20; *Lackner/Kühl/Kühl* Vor § 13 Rdn. 17; *Jakobs* 6/57). Die Feststellung der Tatbestandsmäßigkeit enthält immer nur ein „unvollständiges" („vorläufiges" oder „auflösend bedingtes") Rechtswidrigkeits- bzw. Unwerturteil[24] und damit in Bezug auf die Unrechtsbewertung ein rechtlich belangloses Zwischenergebnis.[25] Eine vermeintliche „Indizfunktion des Tatbestandes"[26] oder das vielfach angeführte Regel-Ausnahme-Verhältnis, das statistisch bei bestimmten Delikten (etwa bei Freiheitsberaubungen und Körperverletzungen) ohnehin nicht zutrifft,[27] führt zu keinen anderen Ergebnissen.

Dass zwischen der Tötung einer Mücke (erlaubt, weil – zumeist[28] – nicht verboten) **13** und der Tötung eines Menschen in Notwehr (erlaubt, weil das Verbot durch die vorgängige Erlaubnisnorm verdrängt wird) ein (Wert-)Unterschied besteht (berühmtes Beispiel nach *Welzel* ZStW **67** [1955] 196, 210 f, das von *Kohlrausch* Irrtum S. 64 stammt), lässt sich nicht leugnen (vgl. nur *Samson* SK⁵ Rdn. 14; *Krey/Esser* Rdn. 269; *Donini* FS Hassemer, 681, 694; *Vogel* Norm und Pflicht S. 37 in Fn. 61 m.w.N.). Nur folgt aus der sozialen Verschiedenartigkeit beider Akte unter *(straf-)rechtlichen* Gesichtspunkten nichts (*Frister* 14/33).[29] In beiden Fällen wird das Verhalten vom Recht nicht missbilligt (*Roxin* Offene Tatbestände S. 180 f; *Sternberg-Lieben* Objektive Schranken S. 69 m. Fn. 71).[30] Der bis heute mit hoher Suggestivwirkung in der Diskussion vorgetragene *Welzel*sche Vergleich[31]

---

24 Über Lagergrenzen hinaus weitgehend anerkannte Aussage, vgl. nur *Freund* MK Vor § 13 Rdn. 214; *Otto* Jura **1995** 468, 469 f; *Paeffgen/Zabel* NK Rdn. 14; *Sch/Schröder/Eisele* Vor § 13 Rdn. 16; *Stratenwerth/Kuhlen* AT § 7 Rdn. 9; *Wessels/Beulke/Satzger* Rdn. 187; *Murmann* FS Puppe, 767, 776 m. Fn. 46. Anders aber z.B. *Gropp* AT § 5 Rdn. 26 ff; *Kühl* AT § 6 Rdn. 9; kontrastierend dazu wiederum *Rinck* Zweistufiger Deliktsaufbau S. 88: Verletzung eines Rechtsguts für sich genommen wertneutral.
25 Dabei ist zu beachten, dass der Vorbehalt fehlender Rechtfertigung dem Unrechtsurteil materiell nichts hinzufügt, so u.a. *Schmidhäuser* FS Engisch, 433, 454; *Jakobs* 6/59 m.w.N.; *Eser/Burkhardt* Strafrecht I Fall 3 A Rdn. 110, Fall 9 A Rdn. 28; *Paeffgen/Zabel* NK Rdn. 15; *Paeffgen* GedS Arm. Kaufmann, 399, 408; *Puppe* NK Vor § 13 Rdn. 9; auch *Donini* FS Hassemer 681, 684 („Rechtswidrigkeit ist in der Tatbestandsmäßigkeit enthalten").
26 Dafür etwa Baumann/Weber/Mitsch/*Eisele* § 14 Rdn. 9; *Fischer* Vor § 13 Rdn. 46; *Krey/Esser* Rdn. 261; *Lackner/Kühl/Kühl* Vor § 13 Rdn. 17; *Maurach/Zipf* § 24 Rdn. 7 ff; *Paeffgen/Zabel* NK Rdn. 15 (halten Aussage über logisches Verhältnis von Tatbestandsmäßigkeit und Rechtswidrigkeit auch für statistisch richtig); *Welzel* Strafrecht § 10 III. Zutreffend **kritisch** gegenüber der Indiz-Formel, die als missverständlich und inhaltsleer eingestuft wird, **dagegen** *Gropp* AT § 5 Rdn. 22 f; *Puppe* NK Vor § 13 Rdn. 9; *Renzikowski* Notstand S. 157 m.w.N. in Fn. 152.
27 Mit Recht **krit.** daher gegenüber dieser Formulierung z.B. *Schlehofer* MK Rdn. 39; *Otto* Jura **1995** 468 f; *Rinck* Zweistufiger Deliktsaufbau S. 130 ff.
28 Anderes gilt mit *Dieckmann* Jura **1994** 178, 183 etwa, wenn die Mücke im Eigentum eines Biologen stand, der sie zu Forschungszwecken verwendet; auch *Schünemann/Greco* GA **2006** 777, 789.
29 Die Gegner betonen stattdessen die „Appellfunktion" des Tatbestand(e)s(vorsatzes), der den Täter zu sorgfältiger Prüfung der den Eingriff rechtfertigenden Umstände anhalte, so etwa *Jescheck/Weigend* § 31 I 2; *Paeffgen* GedS Arm. Kaufmann, 399, 407 f; *Welzel* Strafrecht § 22 III 1 f; näher *Naka* JZ **1961** 210. Aber der Impuls (zur Abstandnahme von der Tat), den die Kenntnis vom Vorliegen der Tatbestandsvoraussetzungen vermittelt, wird durch die irrige Annahme einer rechtfertigenden Situation lahmgelegt (*Engisch* ZStW **70** [1958] 566, 590 f; *Stein* SK § 16 Rdn. 13; *Schaffstein* FS OLG Celle, 175, 183 f); weitere **Kritik** an diesem Argument bei *Rinck* Zweistufiger Deliktsaufbau S. 84 ff und T. *Walter* Kern des Strafrechts S. 88, 336 f.
30 *Wolter* Funktionales Straftatsystem S. 143 f; *Renzikowski* Notstand S. 156 m. Fn. 133; aus dem Lager der LnT-Anhänger etwa *Engisch* ZStW **70** (1958) 566, 596 f; *Schünemann* GA **1985** 341, 349; *Ch. Schmid* Tatbestand und Rechtswidrigkeit S. 84.
31 Vgl. – statt vieler – Baumann/Weber/Mitsch/*Eisele* § 14 Rdn. 26; *Gropp* AT § 5 Rdn. 20; *Hirsch* LK¹¹ Rdn. 8; *ders.* FS Schroeder, 223, 233; *Paeffgen/Zabel* NK Rdn. 17. Dass *Welzel* – geschickt – mit sozialpsychologischen Wertungen arbeitet, stellen **kritisch** fest etwa *Koriath* Zurechnung S. 327 f: Beispiel hat „ungeheure Suggestivkraft", „eindringliche Rhetorik", aber Argumentationsstil außerordentlich „unfair"; *Schünemann* in Coimbra-Symposium S. 149, 168; *Rinck* Zweistufiger Deliktsaufbau S. 439 f: „gefühlsmäßige Untertöne"; *Jäger* Zurechnung S. 4: „allenfalls alltagstheoretische Plausibilität"; *Rödig* FS R. Lange, 39, 53

verschleiert denn auch eher den nüchternen Blick dafür, dass bei einer Tötung in Notwehr von Anfang an ein ambivalentes Verhalten vorliegt: Die Tötungshandlung stellt sich zugleich als zulässiges Verteidigungsverhalten dar. Indem *Welzel* die beiden Eigenschaften der einen Handlung auf gesonderten Wertungsstufen behandelt, spaltet er die soziale Sinn-/Wertungseinheit „Tötung in Notwehr" künstlich auf (*Roxin* Offene Tatbestände S. 181: „juristisches Kunstprodukt"). Auch verblasst die soziale Auffälligkeit als maßgeblicher Wertungsaspekt tatbestandsmäßigen Verhaltens sofort, wenn man den Einzugsbereich der Kapitaldelikte verlässt. Schon das Haareschneiden durch einen Frisör erscheint nicht als sozial auffälliges Verhalten, ist aber nach h.M. eine tatbestandsmäßige Körperverletzung, die nur im Falle einer Einwilligung gerechtfertigt ist. Die Beispiele ließen sich im Bereich des Wirtschafts- und Nebenstrafrechts, in dem häufig Angriffe auf diffuse (Zwischen-)Rechtsgüter wie den Wettbewerb (z.B. § 298) oder die Funktionsfähigkeit von Wirtschaftszweigen (etwa der Kredit- und Versicherungswirtschaft oder des Kapitalmarkts) unter Strafe gestellt werden, leicht vermehren. Zudem gibt es auch umgekehrt tatbestandsloses Verhalten, das sozial auffällig ist; so beseitigt z.B. der fällige und einredefreie Speziesanspruch auf die Sache nach h.M. zwar die Tatbestandsmäßigkeit des Diebstahls, nicht jedoch die soziale Auffälligkeit der Wegnahme einer fremden Sache (*Samson* SK[5] Rdn. 25; ferner *Ch. Schmid* Tatbestand und Rechtswidrigkeit S. 86 f; *Jäger* Zurechnung S. 17).[32]

14 Unübersehbar sind auch die Schwierigkeiten der h.M., bei bestimmten Deliktsgruppen die unrechtsbestimmenden Umstände so auf Tatbestand und Rechtswidrigkeit zu verteilen, dass dabei der rechtlich relevante Wertunterschied der beiden Deliktsstufen verwirklicht wird (ausführlich dazu *Samson* SK[5] Rdn. 17 ff; *Perron* Rechtfertigung und Entschuldigung S. 84; *T. Walter* Kern des Strafrechts S. 92 ff: „Wesensgleichheit von Rechtfertigung und negativem Tatbestandsmerkmal"). Hinzuweisen ist hier nicht nur auf die bestehenden Unsicherheiten, die Einwilligung (etwa bei §§ 223, 303) oder das erlaubte Risiko als Tatbestandsausschluss- oder Rechtfertigungsgrund einzustufen. In den Blick geraten hier auch die gesamttatbewertenden Merkmale (z.B. die Verwerflichkeit in den §§ 240 Abs. 2, 253 Abs. 2 und die Tötung eines Wirbeltieres „ohne vernünftigen Grund" in § 17 TierSchG; dazu näher Rdn. 35 ff) oder die Aufnahme negativer Rechtswidrigkeitsmerkmale in den Tatbestand (etwa „unbefugt" bei § 324).[33] Vielfach hängt es zudem allein von der zufälligen stilistischen Fassung des Gesetzes ab, ob ein Umstand als unrechtsbegründend schon dem Tatbestand oder in seiner Umkehrung als unrechtsausschließend erst der Rechtswidrigkeit zugeordnet wird (*Roxin* AT I § 10 Rdn. 16 ff; *T. Walter* Kern des Strafrechts S. 92 f).[34] Viel spricht daher dafür, Tatbestand und Rechtswidrigkeit als normative Bewertungs-/Funktionseinheit aufzufassen.[35]

---

m. Fn. 35: „ein Gleichnis ..., das seine Suggestivwirkung selten verfehlt"; *Pawlik* Unrecht des Bürgers S. 210.

32 Weiterhin *T. Walter* Kern des Strafrechts S. 88; *Pawlik* Unrecht des Bürgers S. 210 f; dagegen *Paeffgen/Zabel* NK Rdn. 17a m. Fn. 107 a.E.

33 Näher *Sternberg-Lieben* Objektive Schranken S. 68 m. Fn. 66 u. 67.

34 Inhaltsgleich lässt sich etwa das Merkmal „fremd" in den Eigentumsdelikten positiv formulieren als „einem anderen gehörend" oder negativ als „weder dem Täter gehörend noch herrenlos", s. *Samson* SK[5] Rdn. 18; *Hoyer* ARSP-Beiheft **104** (2005) 99, 101. Vgl. auch BGHSt **39** 1, 28: „Nicht immer spiegelt das Verhältnis von Tatbestand und Rechtfertigungsgrund einen Sachverhalt, bei dem die Rechtsgutverletzung auch in den gerechtfertigten Fällen ein soziales Unwerturteil erlaubt; die Entscheidung des Gesetzgebers, den Tatbestand einzuschränken oder aber bei uneingeschränktem Tatbestand einen Rechtfertigungsgrund vorzusehen, ist unter Umständen nur technischer Natur".

35 I.d.S. etwa auch *Freund* MK Vor § 13 Rdn. 216; *T. Walter* Kern des Strafrechts S. 87 ff; *ders.* LK[12] Vor § 13 Rdn. 158. Zu weiteren Argumenten s. *Sternberg-Lieben* Objektive Schranken S. 66 ff. Die von Anhängern der strengen und der rechtsfolgenverweisenden Schuldtheorie der h.M. immer wieder vorgehaltenen Strafbar-

Die Annahme, dass der Tatbestand neben der Rechtswidrigkeit unter Unrechtsge- **15** sichtspunkten keine eigene rechtliche *Wertungsstufe* bildet, führt jedoch nicht zwangsläufig zu einem Plädoyer für die Lehre von den negativen Tatbestandsmerkmalen. Vielmehr gibt es strukturelle und pragmatische Gründe, die es rechtfertigen, Tatbestand und Rechtswidrigkeit getrennt zu behandeln.[36]

Für eine gewisse systematische Selbständigkeit des Straftatbestandes gegenüber der **16** Rechtswidrigkeit spricht zunächst seine edukative Funktion. Der Gesetzgeber fasst vor dem Hintergrund bestimmter deliktischer „Leitbilder" wie Diebstahl, Betrug, Urkundenfälschung etc. in den Tatbeständen die Umstände zusammen, die den Strafwürdigkeitsgehalt einer Deliktsart prägen (Formung von „Unrechts- bzw. Deliktstypen").[37] Durch diese plakative Errichtung abstrakter, an jedermann adressierter Verbotstafeln sollen die Rechtsgenossen dazu angehalten werden, das im Tatbestand ausgewiesene sozialschädliche Verhalten zu unterlassen (Steuerungsfunktion der Straftatbestände).[38] Eine vergleichbar generalpräventive Funktion kommt Rechtfertigungsgründen nicht zu.[39] Erlaubnissätze wie Notwehr, Notstand, mutmaßliche Einwilligung etc. gestatten vielmehr im Einzelfall den Eingriff in das tatbestandlich geschützte Rechtsgut, wenn das Recht das gegenläufige, vom Rechtfertigungsgrund berücksichtigte Interesse (beim Notstand etwa das Interesse des die Gefahr Abwendenden an seiner Körperintegrität oder seinem Eigentum) höher gewichtet als das beeinträchtigte Gut. Die Auflösung der

---

keitslücken in Fällen, in denen über die Anstiftung eines im Erlaubnistatumstandsirrtum handelnden Vordermannes durch einen nicht irrenden Hintermann zu urteilen ist, werden weitgehend durch die Annahme einer mittelbaren Täterschaft geschlossen. Allein bei Sonderdelikten wie § 203 ist der Rückgriff auf diese Rechtsfigur nicht möglich, weil hier – wie vom Gesetzgeber gewollt – das Geheimnis nur gegen Angriffe durch den Garanten geschützt werden soll, vgl. – statt vieler – *Schünemann* in Coimbra-Symposium S. 149, 176; *ders./Greco* GA **2006** 777, 790.

36 Es gibt mittlerweile in der Literatur eine starke Tendenz dahingehend, Tatbestand und Rechtswidrigkeit in einer Wertungsstufe zu verschmelzen (ohne gleichzeitig die LnT zu vertreten) und den Unterschied beider Kategorien auf eine Funktionsdifferenz zu reduzieren; wegbereitend für diese gemäßigte Position war *Lenckner* (vgl. zuletzt *Sch/Schröder/Lenckner*[27] Vor § 13 Rdn. 17 ff; übernommen von *Sch/Schröder/Eisele* Vor § 13 Rdn. 16 ff; weiter *Herzberg* JA **1986** 190, 192, 201; *Renzikowski* Notstand S. 150 ff (Frage der Zweckmäßigkeit); *Sternberg-Lieben* Objektive Schranken S. 66 ff; *Wolter* Funktionales Straftatsystem S. 143 ff, 148 (dreistufiger Deliktsaufbau mit nur zwei Wertungskategorien); *Otto* AT § 5 Rdn. 17, 23 f; *ders.* Jura **1995** 468, 474 f; *Puppe* NK Vor § 13 Rdn. 16; *Kindhäuser* AT § 6 Rdn. 12, § 29 Rdn. 26; *Kaspar* AT § 5 Rdn. 84 f; die Unterschiede stark relativierend auch *Stratenwerth/Kuhlen* AT § 7 Rdn. 13 f; *Perron* Rechtfertigung und Entschuldigung S. 88; ferner *Arzt* Die Strafrechtsklausur 7. Aufl. 2006 S. 179 f, 183; *Dieckmann* Jura **1994** 178, 185.

37 Vgl. nur *Roxin* AT I § 10 Rdn. 20; *Baumann/Weber/Mitsch/Eisele* § 14 Rdn. 21 f; *Herzberg* JA **1986** 190, 192; *Stratenwerth/Kuhlen* AT § 7 Rdn. 9; *Sternberg-Lieben* Objektive Schranken S. 325; *Tiedemann* Tatbestandsfunktionen S. 37, 80; grundlegend *Gallas* ZStW **67** (1955) 1, 16; **ablehnend** gegenüber dem „Verbotstafel"-Argument *Pawlik* Unrecht des Bürgers S. 197 ff, 205 ff.

38 Die Tatsache, dass bei verschiedenen Straftatbeständen eine Abschichtung von Tatbestand und Rechtswidrigkeit/Unrecht kaum möglich ist, weil schon die Beschreibung des Deliktstypus ohne Einbeziehung des (Gesamt)Unrechts nicht gelingt – etwa im Falle des Missbrauchs von Notrufen (§ 145), deren bestimmungsgemäßer Gebrauch keinen Missbrauch darstellt, oder bei den tatbestandsergänzenden Verwerflichkeitsklauseln in den §§ 240 Abs. 2, 253 Abs. 2 –, relativiert im Einzelfall den Charakter des Tatbestandes als „Leitbildtatbestand", hebt ihn aber nicht auf; näher dazu *Roxin* AT I § 10 Rdn. 24; *Sch/Schröder/Eisele* Vor § 13 Rdn. 17; *Herzberg* JA **1986** 190, 194 f; *ders.* JA **1989** 243, 245 f.

39 Anders *Rinck* Zweistufiger Deliktsaufbau S. 462 f, für den alle Normen, die den Gesamt-Unrechtstatbestand konstituieren, eine generalpräventive Funktion besitzen; **krit.** auch *T. Walter* Kern des Strafrechts S. 90 f. Die Kenntnis über Rechtfertigungsgründe ist für den Bürger sicher hilfreich. Dennoch wirken beide Normtypen unterschiedlich, bezwecken allein Strafnormen generalpräventiv den Schutz von Rechtsgütern; eine gar mit Strafe sanktionierte Nichtausübung von Eingriffsbefugnissen wäre jenseits der Unterlassungsdelikte unzulässig. Dass dem Gesetzgeber an der Verteidigung der Rechtsordnung durch Private gelegen ist (wie *Rinck* meint), ist zu bestreiten.

Kollisionslage erfolgt auf einer Metaebene unter Rückgriff auf das Erforderlichkeitsprinzip;[40] danach ist etwa bei der Notwehr die Verteidigungshandlung nur dann zulässig, wenn sie erforderlich ist, sich also als geeignet und zugleich als das mildeste unter den geeigneten Mitteln darstellt. Hier zeigt sich eine strukturelle Besonderheit der Rechtfertigungsgründe, die auf Tatbestandsebene keine Entsprechung findet und – wie *Roxin* und andere zutreffend betonen – auch im Bereich der Rechtsfolgen praktische Auswirkungen hat. Denn eine gerechtfertigte Handlung löst prinzipiell auf Seiten des Betroffenen eine allgemeine Duldungspflicht aus,[41] während tatbestandsloses Verhalten nicht unbedingt erlaubt, sondern im „rechtsfreien Raum" (vor dem Straftatbestand) angesiedelt oder nach zivil- oder öffentlichrechtlichen Maßstäben sogar rechtswidrig – und damit notwehrfähig – sein kann (*Roxin* AT I § 10 Rdn. 21).

17   Gegen eine Austauschbarkeit von positiven und negativen Tatbestandsmerkmalen ist weiter anzuführen, dass Rechtfertigungsgründe zumeist deliktstypenübergreifend Anwendung finden, während die Einschränkung des „positiven" Tatbestandes allein den Einzugsbereich der einzelnen Verbotsnormen betrifft.[42] Das spricht für einen eigenen Gehalt der Erlaubnissätze, die „zu den abstrakten, zunächst nur an den typischen Unrechtssachverhalten orientierten Verbotsnormen hinzutreten" (*Sch/Schröder/Eisele* Vor § 13 Rdn. 18; auch *Roxin* AT I § 10 Rdn. 20). Die Differenzierung zwischen Tatbestand und Rechtswidrigkeit unterstreicht den „dialogischen Charakter der Rechtfertigung" (*Renzikowski* Notstand S. 157) und ermöglicht die Herausarbeitung systembildender Strukturen für die negativen, die Strafbarkeit ausschließenden Gründe (*Perron* in Eser/Nishihara S. 67, 71). Anhänger der Lehre von den negativen Tatbestandsmerkmalen müssten zudem das in Art. 103 Abs. 2 GG verankerte Gesetzlichkeitsprinzip nicht nur auf die Tatbestandsmerkmale (für die es nahezu unbestritten in seiner striktesten Form gilt),

---

40 Zur Erforderlichkeit als generellem Strukturprinzip der Rechtfertigungsgründe *Arm. Kaufmann* JZ **1955** 37, 40; *ders.* Normentheorie S. 254; *Rudolphi* GedS Armin Kaufmann, 371, 389 ff; *Roxin* AT I § 14 Rdn. 41; *Mitsch* Rechtfertigung S. 189 m.w.N.; *Schünemann/Greco* GA **2006** 777, 784; *Sternberg-Lieben* FS Roxin (2011) 537, 549. *Hoyer* ARSP-Beiheft **104** (2005) 99, 110 betont, dass „Verbote und Rechtfertigungsgründe zwei selbständige normative Entitäten bilden (müssen), weil sie nur als selbständige Entitäten gegeneinander abgewogen werden können ..."; *ders.* SK Rdn. 17 ff mit dem Hinweis, dass die §§ 32, 34 „jeweils sogar zwei selbständige, in sich abgeschlossene und vollständige Tatbestände" enthalten, nämlich eine Erlaubnisnorm und eine Kollisionsnorm, die bei Erfüllung der Notwehr-/Notstandsvoraussetzungen die Vorrangigkeit der Kollisionsnorm gegenüber der Verhaltensnorm auf einer Metaebene anordnet. Der Kollisionslösung fällt es nach *Vogel* Norm und Pflicht S. 38 auch leichter, durch entsprechende Formulierung der (ungeschriebenen) Metanorm die Problematik der sog. sozialethischen Grenzen der Rechtfertigung zu lösen, während die Gesamtnormlösung den Wortlaut des Erlaubnissatzes einschränken müsste. *Pawlik* (Unrecht des Bürgers S. 209 u. vor) hält die Strukturanalyse *Arm. Kaufmanns* für zu unspezifisch.
41 Pars pro toto *Sch/Schröder/Eisele* Vor § 13 Rdn. 18; *Roxin* AT I § 10 Rdn. 21; *Wessels/Beulke/Satzger* Rdn. 191; *Wolter* Funktionales Straftatsystem S. 145 f; zum tatbestandlich-gerechtfertigten Verhalten als Anknüpfung für einen polizeilichen Gefahrerforschungseingriff *Paeffgen/Zabel* NK Rdn. 179. Die Folge der Duldungspflicht besteht darin, dass für den Betroffenen die Möglichkeit entfällt, sich seinerseits straflos gegen den Eingriff in seine Rechtsgüter zur Wehr zu setzen, während ihm andere Eingriffsvermeidungsstrategien weiterhin zur Verfügung stehen. Diese Beobachtung spricht aber – anders als *Ch. Schmid* Tatbestand und Rechtswidrigkeit S. 89 meint – nicht gegen die Annahme einer Duldungspflicht, mit der nur auf die Beschränkung von Handlungsvarianten hingewiesen werden soll. Eine differenzierende Betrachtung der duldungspflichterzeugenden Taten entwickelt *Rinck* Zweistufiger Deliktsaufbau S. 456 ff.
42 Die Gründe für den Tatbestandsausschluss liegen nicht (wie bei den Rechtfertigungsgründen) notwendigerweise in der Anerkennung vorrangiger Werte, sondern u.U. auch in der mangelnden Zweckmäßigkeit oder der Unzulässigkeit der Bestrafung, da „die Tatbestände neben der Rechtswidrigkeitsbegründung auch Strafgrenz- und Strafzweckwertungen enthalten" (*Perron* Rechtfertigung und Entschuldigung S. 85; *Sch/Schröder/Eisele* Vor § 13 Rdn. 18; vgl. auch *Amelung* JZ **1982** 617, 620 m. Fn. 38). Zudem genügt es für einen Tatbestandsausschluss, wenn nur ein Tatbestandsmerkmal fehlt, während die Rechtfertigungswirkung das Vorliegen sämtlicher Rechtfertigungsmerkmale erfordert, so *Wolter* Funktionales Straftatsystem S. 144.

sondern auch auf die (negativen Tatbestands-)Merkmale des Rechtfertigungsgrundes anwenden. Das lässt sich aber (wie unter Rdn. 62ff näher ausgeführt) nicht durchhalten. Stattdessen sind für die – zum Teil nur gewohnheitsrechtlich anerkannten – Erlaubnissätze Abstriche von den Anforderungen des nullum-crimen-Grundsatzes zuzulassen. Das dreistufige Prüfungsschema hat sich schließlich auch didaktisch bewährt (*Herzberg* JA **1986** 190, 192; *Kindhäuser* AT § 6 Rdn. 12; *Sanchéz* FS Schünemann, 533, 545); es kommt dem Bedürfnis des Rechtsanwenders nach abschichtbarer Prüfung komplexer Sachverhalte entgegen und dient damit der „Reduktion von Komplexität".

Immer wieder in der Kritik standen die Vertreter eines zweistufigen Verbrechensaufbaus schließlich wegen ihrer Behandlung des (Gesamt-)Unrechtsvorsatzes (ausführlich dazu *Rinck* Zweistufiger Deliktsaufbau S. 311, 352ff). Auf den Einwand (insbesondere aus dem Lager der strengen Schuldtheorie), die – aus § 16 Abs. 1 Satz 1 abzuleitende – Forderung nach einer aktuellen Vorstellung aller unrechtsrelevanten Umstände würde zu untragbaren Strafbarkeitslücken führen, da praktisch kein Täter das Fehlen aller möglichen rechtfertigenden Umstände reflektiere,[43] sind im Wesentlichen zwei Lösungsansätze entwickelt worden: Teilweise lässt man für eine Kenntnis vom Fehlen rechtfertigender Umstände ein Mitbewusstsein am Rande genügen (*Roxin* Offene Tatbestände S. 125; *ders.* ZStW **78** [1966] 248, 259; *Rudolphi* SK[7] § 16 Rdn. 12)[44] oder wechselt beim Tatbewusstsein in Bezug auf Unrechtsbegründung und Unrechtsausschluss die Vorzeichen („Umkehrungsthese"), so dass der Vorsatz neben der Kenntnis der positiven Tatumstände nicht die Vorstellung vom Fehlen der negativen Tatumstände, sondern das Fehlen der Vorstellung vom Vorliegen negativer Tatumstände voraussetzt (*v. Weber* FS Mezger, 183, 185ff; *Arth. Kaufmann* JZ **1954** 653; *Wolter* Funktionales Straftatsystem S. 146; auch *Roxin* AT I § 14 Rdn. 70). Während gegen die These vom sachgedanklichen Mitbewusstsein hinsichtlich des Fehlens der Rechtfertigungsvoraussetzungen zutreffend eingewandt wird, dass der Durchschnittstäter in der Rechtfertigungs-(Sonder-)Situation regelmäßig überhaupt nicht (auch nicht am Rande) an das Fehlen rechtfertigender Umstände denkt (*Krümpelmann* GA **1968** 129, 132),[45] kann der zweite Lösungsansatz („Umkehrungsthese") jedenfalls nicht unter Hinweis auf den Gesetzeswortlaut in § 16 Abs. 1 Satz 1 abgelehnt werden. Denn dort ist nur der Vorsatz bezüglich solcher Um-

---

43 Vgl. *Arm. Kaufmann* JZ **1955** 37, 38; *Hirsch* Negative Tatbestandsmerkmale S. 271f („psychologische Unmöglichkeit"); *Welzel* MDR **1952** 584, 585 m. Fn. 5; *Jakobs* 6/57 („psychologisch monströs"); *Paeffgen/Zabel* NK Rdn. 17a („aufschlussreiche Bizarrerie"); *Jescheck/Weigend* § 41 IV 1a; ausführliche **Kritik** an diesem Argument von *Rinck* Zweistufiger Deliktsaufbau S. 355ff und *T. Walter* Kern des Strafrechts S. 88ff m.w.N.
44 Grundlegend zur von der h.M. im Kontext des Tatvorsatzes anerkannten Rechtsfigur des Mitbewusstseins *Platzgummer* Die Bewußtseinsform des Vorsatzes, Habil. Innsbruck 1964 S. 81ff; zust. *Schünemann* GA **1985** 341, 350 m.w.N.
45 Weiter *Paeffgen* GedS Arm. Kaufmann, 399, 403 (in der Psyche ohne reales Substrat); *Samson* Strafrecht I S. 125. Auch die Verteidigung des Ansatzes durch *Rinck* Zweistufiger Deliktsaufbau S. 366ff – Mitbewusstsein liegt auch dann vor, wenn jemand vom zukünftigen Geschehen eine konkrete Vorstellung hat, die bestimmte Momente (hier: eine Rechtfertigungssituation, *T.R.*) gerade nicht beinhaltet – kann nicht über den hier vorgenommenen Kunstgriff einer *Fiktion* hinwegtäuschen. Indem Verf. (aaO S. 381ff) im Weiteren den in § 17 angelegten Verantwortungsgrundsatz (mit der Möglichkeit der Anknüpfung an das Tätervorverhalten) auf § 16 überträgt, um ein für den Rechtsblinden durch *dolus ignorantia iuris causa* begründetes doloses Handeln zu begründen, bricht er mit der herkömmlichen Vorsatzdogmatik und dem Gesetz; selbst *Jakobs*, der eine ähnliche Vernormativierung des Vorsatzbegriffes vorschlägt (8/56), hielt diese Problemlösung de lege lata wegen Eindeutigkeit des Wortlauts von § 16 Abs. 1 Satz 1 zunächst für ausgeschlossen. Mittlerweile sieht *Jakobs* darin kein Hindernis mehr, „wenn § 16 StGB auf den Fall beschränkt bleibt, indem er zu § 17 StGB passt, scil. den Fall der Unkenntnis aus *Gleichgültigkeit*" (ZStW **114** [2002] 584, 597ff); mit seiner modifizierten strengen Schuldtheorie noch darüber hinausgehend *Heuchemer* Erlaubnistatbestandsirrtum S. 292ff; scharf **dagegen** *Schünemann/Greco* GA **2006** 777, 780ff.

stände geregelt, die für das Unrecht positiv vorliegen müssen (*Ch. Schmid* Tatbestand und Rechtfertigung S. 100; *Samson* Strafrecht I S. 125).[46] Es erscheint nur konsequent, bei einer Unrechtsbestimmung, die objektiv neben der Tatbestandserfüllung das Fehlen rechtfertigender Umstände voraussetzt, auch subjektiv neben der Kenntnis der Tatumstände das Fehlen der (irrigen) Annahme von Rechtfertigungsgründen zu fordern (*Roxin* AT I § 14 Rdn. 70).[47]

19   Im Ergebnis sind Tatbestand und Rechtswidrigkeit nach hier vertretener Ansicht wegen der skizzierten Besonderheiten formal getrennt, bilden aber eine Wertungsstufe, so dass letztlich von einem formell dreistufigen Deliktsaufbau mit zwei Wertkategorien (Unrecht/Schuld) auszugehen ist.

20   **b) Rechtfertigung und Gesamtrechtsordnung.** Die Frage, ob die Rechtswidrigkeit oder Rechtmäßigkeit eines Verhaltens einheitlich für alle Teilrechtsordnungen bestimmt werden muss, oder ob insoweit rechtsgebietsspezifisch unterschiedliche Rechtswidrigkeitsurteile möglich sind, ist bis heute nicht abschließend geklärt.[48] Speziell für das Strafrecht lassen sich in dieser unter dem Topos **„Einheit der Rechtsordnung"**[49] kontrovers geführten Diskussion jedoch zunächst einige Bereiche abschichten, über deren Behandlung überwiegend Konsens besteht.

21   Die (Straf-)Rechtswissenschaft ist sich einmal einig darüber, dass der im Zivilrecht oder Öffentlichen Recht als rechtmäßig (oder gar geboten) eingestufte Eingriff in ein straftatbestandlich geschütztes Rechtsgut auch im strafrechtlichen Sinne gerechtfertigt ist und keine Sanktionen auslöst.[50] Es wäre höchst widersprüchlich, wenn ein und dasselbe Verhalten von einer Teilrechtsordnung als rechtmäßig – das Opferinteresse damit als rechtlich nicht schutzwürdig – bewertet und gleichzeitig bestraft würde. Die Nichtberücksichtigung einschlägiger Erlaubnissätze verletzte den Grundsatz der Verhältnismä-

---

46   So schon *Arth. Kaufmann* JZ **1956** 353, 357 (zu § 59 a.F.) m.w.N.; auch *Frisch* Vorsatz und Risiko S. 151 m. Fn. 114 u. S. 251 m. Fn. 135.

47   Weiter *Schroth* FS Arth. Kaufmann, 595, 600; *Stein* SK § 16 Rdn. 12 – jeweils ohne der LnT zu folgen. Ferner *Schünemann* GA **1985** 341, 350; auch *ders./Greco* GA **2006** 777, 790; *Samson* Strafrecht I S. 125; *Kindhäuser* LPK Rdn. 41; krit. dagegen *Paeffgen/Zabel* NK Rdn. 17a; *Paeffgen* Verrat S. 78 ff; *ders.* GedS Arm. Kaufmann, 399, 402 f.

48   Immer noch grundlegend *Engisch* Die Einheit der Rechtsordnung (1935); zur Rezeptionsgeschichte dieser Arbeit eingehend *Baldus* Die Einheit der Rechtsordnung, Diss. Frankfurt/M. 1995 S. 178 ff; monographisch mit umfassenden Nachweisen weiterhin *P. Kirchhof* Unterschiedliche Rechtswidrigkeiten in einer einheitlichen Rechtsordnung (1978); *Günther* Strafrechtswidrigkeit und Strafunrechtsausschluß (1983); *Felix* Einheit der Rechtsordnung (1998); *Bumke* Relative Rechtswidrigkeit (2004) (der zutr. darauf hinweist, dass es sich beim Grundsatz von der Einheit des Rechtswidrigkeitsurteils entgegen der traditionellen Betrachtungsweise weder um ein rechtstheoretisches noch um ein verfassungsrechtliches Gebot, sondern um ein einfachrechtliches Phänomen handelt, aaO S. 69 ff, 89 ff, 249 ff). Zu beachten ist, dass der Grundsatz nur ein Ziel, nicht aber die Art und Weise seiner Erreichung vorgibt; insoweit bleibt er gehaltlos, s. *Sturm* Hypothetische Einwilligung S. 184; zuvor *Vogel* Norm und Pflicht S. 38 f. Speziell zur (von ihm zumeist abgelehnten) Anwendbarkeit zivilrechtlicher Rechtfertigungsgründe im Strafrecht *Hellmann* Die Anwendbarkeit der zivilrechtlichen Rechtfertigungsgründe im Strafrecht (1987).

49   Besser: „Widerspruchsfreiheit der Rechtsordnung"; instruktiv zur Herleitung und Begründung des Prinzips widerspruchsfreier Rechtseinheit *Sodan* JZ **1999** 864 ff; in diesem Zusammenhang zur Funktionsweise der holistischen Semantik *Christensen/Fischer-Lescano* ZRPh **2007** 8 ff.

50   Pars pro toto *Günther* Strafrechtswidrigkeit S. 197; *Krey/Esser* Rdn. 449; *Pawlik* Notstand S. 240 f; *Roxin* AT I § 14 Rdn. 32; *Rühl* JuS **1990** 521, 524; *Sch/Schröder/Lenckner/Sternberg-Lieben* Rdn. 27; *Sternberg-Lieben* ZIS **2011** 583, 593; *Seebode* FS Klug II, 359, 367; *Schlehofer* MK Rdn. 10; *Stam* JR **2017** 557, 558; *Matt/Renzikowski/Engländer* Rdn. 2; *Murmann* GK § 15 Rdn. 4; *ders.* FS Puppe, 767, 777 m. Fn. 51; *Donini* FS Hassemer, 681, 709; so bereits *Stock* GerS **101** (1932) 148, 150; aA *Hoyer* SK Rdn. 8, 12. Zur noch ungeklärten Frage des Einsatzes ausländischer (infolge von Regelungen des deutschen IPR anwendbaren) Rechtfertigungsgründe *Spickhoff* FS Deutsch, 907, 920 ff.

ßigkeit staatlichen Handelns (hier in der Ausprägung der Erforderlichkeit: Strafrecht als **„ultima ratio"**) ebenso wie das Prinzip der Rechtssicherheit (ausführlich *Felix* Einheit der Rechtsordnung S. 298 ff, 307 ff, 317 f). Insofern ist es zutreffend, unter Hinweis auf die „Einheit der Rechtsordnung" die Rechtfertigungsgründe dem Gesamtbereich der Rechtsordnung zu entnehmen (vgl. RGSt **61** 242, 247; BGHSt **11** 241, 244 f). Auch ist unbestritten, dass die im Zivil- oder Öffentlichen Recht ausgewiesene Rechtswidrigkeit einer Handlung allein keine hinreichende Bedingung straftatbestandlicher Verhaltenskriminalisierung darstellt; nicht alles, was verboten ist, ist strafwürdiges Unrecht (statt vieler *Sch/Schröder/Lenckner/Sternberg-Lieben* Rdn. 9; *Perron* FS Lenckner, 227, 233 f);[51] vielmehr stellt der Gesetzgeber aus der Fülle rechtswidriger Verhaltensweisen nur diejenigen Verhaltensnormverstöße, die er für besonders sozialschädlich hält, unter Strafe. In dieser Abweichung zwischen Strafrecht und anderen Teilrechtsgebieten zeigt sich lediglich der **fragmentarische Charakter des Strafrechts** (näher *Felix* Einheit der Rechtsordnung S. 297; *Günther* ZStW **102** [1990] 269, 279). Die Gefahr kollidierender Rechtswidrigkeitsurteile besteht hier nicht.

Problematisch und heftig umstritten ist dagegen, ob ein strafrechtlich erlaubtes **22** Verhalten, das gleichzeitig von einer zivil- oder öffentlich-rechtlichen Verbotsnorm erfasst wird, auch im außerstrafrechtlichen Rechtsgebiet rechtmäßig sein muss, m.a.W.: Gibt es eine **spezifische Strafrechtswidrigkeit**, deren Verneinung im Einzelfall die Möglichkeit eröffnet, dasselbe Verhalten z.B. als zivil- oder polizeirechtswidrig zu qualifizieren?

Eine überlieferte, bis heute stark vertretene Meinung lehnt die Kategorie einer be- **23** sonderen, auf den Binnenbereich des Strafrechts beschränkten Strafrechtswidrigkeit zumeist ohne weitere Problematisierung ab.[52] Das Recht bilde eine in sich geschlossene Einheit, in der gespaltene Rechtswidrigkeitsurteile nicht zu akzeptieren seien. Dieselbe Handlung oder eine Handlung derselben Art könne nicht zugleich verboten und erlaubt sein. Materielle Unterschiede in der Unrechtsbestimmung zwischen den Teilrechtsordnungen schlügen sich auf Tatbestandsebene und bei den Rechtsfolgen (Strafe, Schadensersatz etc.) wider, während die (formale) Rechtswidrigkeit des Verhaltens einheitlich anhand der gesamten Rechtsordnung festzustellen sei (H.A. *Fischer* Rechtswidrigkeit S. 115; *Engisch* Einheit der Rechtsordnung S. 57 f; *Hirsch* LK[11] Rdn. 10).

Dagegen hält eine insbesondere in der Literatur stark vertretene Ansicht unter- **24** schiedliche Rechtswidrigkeitsurteile in einer einheitlichen Rechtsordnung nicht nur für möglich, sondern angesichts der Besonderheiten des jeweils rechtsgebietsspezifischen Unrechts sogar für geboten, will man nicht Ungleiches gleich behandeln, sondern sachgerecht differenzieren (näher *P. Kirchhof* Unterschiedliche Rechtswidrigkeiten S. 5 ff;

---

51 Weiter *Eser* FS Nishihara, 41, 53; *Schmitz* Verwaltungshandeln S. 38 f; *Sternberg-Lieben* Objektive Schranken S. 183 m. Fn. 68.
52 Grundsätzlich ablehnend etwa *Appel* Verfassung und Strafe S. 455 ff; *Bacigalupo* GedS Arm. Kaufmann, 459, 468 ff; *Cortes Rosa* in Coimbra-Symposium S. 183, 205 ff; *Eser* FS Lenckner, 25, 45; *ders./Burkhardt* Strafrecht I Fall 9 A Rdn. 43; *Hassemer* NJW **1984** 351, 352; *Hirsch* LK[11] Rdn. 10; *ders.* GedS Tjong, 50, 60; *ders.* FS Uni Köln, 399, 411 ff; *ders.* in Eser/Perron S. 27, 35 f; *Jescheck/Weigend* § 31 III 1 m. Fn. 18; *Arth. Kaufmann* JZ **1992** 981 f; *Kern* ZStW **64** (1952) 255, 262; *Lackner/Kühl/Kühl* Rdn. 4; *Rudolphi* GedS Arm. Kaufmann, 371, 376 (der aber die Teilbarkeit des Rechtswidrigkeitsurteils anerkennt und die Gleichbewertung eines Verhaltens für alle Rechtsgebiete nur unter dem gleichen Aspekt fordert); *Samson* SK[5] Rdn. 37 (anders *ders.* JZ **1988** 800, 802); *Sch/Schröder/Lenckner/Sternberg-Lieben* Rdn. 9; *Weber* JZ **1984** 276 ff; *Welzel* Strafrecht § 10 II 3; *Wolter* FS GA, 269, 297 ff; auch *Geiger* FS Tröndle, 647, 651. Die Rechtsprechung beruft sich in der Sache seit langem auf den Grundsatz der Einheit der Rechtsordnung, vgl. RGSt **34** 249, 250 f; **59** 404, 406; **61** 242, 247; BGHSt **11** 241, 244; **48** 307, 310; auch **55** 191 Rdn. 25 – „Putz" (wenngleich die Reichweite der rechtfertigenden Einwilligung als „strafrechtsspezifische Frage" ausgewiesen wird; **dagegen** *Spickhoff* FamRZ **2018** 412, 424 f); OLG Celle ZfW **1987** 126, 128.

Günther SK[6] Rdn. 31; *Sternberg-Lieben* Objektive Schranken S. 180 f).[53] Diese These ist am gründlichsten von **H.L. Günther** in seiner Habilitationsschrift „Strafrechtswidrigkeit und Strafunrechtsausschluß (1983)" und einer Reihe von Folgebeiträgen[54] ausgearbeitet worden.[55] *Günther* tritt für eine Abkopplung des Straftatmerkmals „(Straf-)Rechtswidrigkeit" vom Merkmal der Rechtswidrigkeit i.S.d. Allgemeinen Rechtslehre ein. Das Strafrecht und damit der strafrechtliche Rechtswidrigkeitsbegriff ziehe – anders als der allgemeine Rechtswidrigkeitsbegriff – keine Grenze zwischen erlaubtem und pflichtwidrigem Verhalten. Vielmehr würden aus dem großen Bereich der Gesamtrechtsordnung unter strafrechtsspezifischen Aspekten nur diejenigen rechtswidrigen Verhaltensweisen herausgefiltert, die mit der schwersten Sanktion, der Strafe, geahndet werden sollen. Der Verhältnismäßigkeitsgrundsatz fordere für einen derart schweren Eingriff in die Freiheitsrechte der Bürger qualifiziertes Unrecht. Diese Abschichtung leisteten zunächst (positiv) die Straftatbestände, die unter dem Aspekt der Strafwürdigkeit und der Strafbedürftigkeit Strafunrecht vertypten. Die gleiche Aufgabe komme aber (negativ) den Strafunrechtsausschlussgründen zu, die ebenfalls sicherstellen müssten, dass nur solches Verhalten dem strafbarkeitsrelevanten Bereich zugeordnet werde, das die strafrechtsspezifische Form der Verhaltensmissbilligung verdiene. Diese spezifisch strafrechtliche Sanktion würde verfehlt, wenn die strafrechtlich relevante Rechtswidrigkeit mit dem allgemeinen Rechtswidrigkeitsurteil der Gesamtrechtsordnung gleichgesetzt würde. Letzteres bilde nur eine notwendige, aber keine hinreichende Bedingung dafür, dass Unrecht mit Relevanz für das jeweilige Rechtsgebiet vorliege (*Günther* SK[6] Rdn. 31). *Günther* kennt hier neben den allgemeinen „unechten" Strafunrechtsausschließungsgründen (Rechtfertigungsgründe wie §§ 32, 34 und hoheitliche Eingriffsrechte), die ein straftatbestandsmäßiges Verhalten für die gesamte Rechtsordnung als rechtmäßig ausweisen, auch „genuin strafrechtliche echte Strafunrechtsausschließungsgründe". Sie regeln, unter welchen Voraussetzungen das Strafrecht auf seine strafrechtsspezifisch gesteigerte Missbilligung der Tat ausnahmsweise verzichte. Beispiele seien u.a. §§ 193, 218a, 240 Abs. 2, 253 Abs. 2, Einwilligung, mutmaßliche Einwilligung, verschiedene Formen der notstandsähnlichen Lage[56] und Züchtigungsrecht (*Günther* Strafrechtswidrigkeit S. 395; *ders.* SK[6] Rdn. 41).[57] Auf eine prägnante Formel gebracht: „Der Rechtfertigungs-

---

53 Vgl. Baumann/Weber/*Mitsch*/Eisele § 14 Rdn. 27 ff; *Derksen* Handeln auf eigene Gefahr, Diss. Bonn 1992 S. 13 f; *Heghmanns* Grundzüge S. 110 ff; *Jakobs* 11/5 f; *Kindhäuser* AT § 15 Rdn. 10; *Kratzsch* Verhaltenssteuerung S. 324 f; *Maurach/Zipf* § 25 Rdn. 12; *Matt/Renzikowski/Engländer* Rdn. 3; *Paeffgen/Zabel* NK Rdn. 41 f; *Pawlik* Notstand S. 210 f; *Roxin* AT I § 14 Rdn. 33 f; *ders.* FS Oehler, 181, 195; *Schall* FS Roxin (2001), 927, 937 ff; *Schlehofer* MK Rdn. 2 ff; *ders.* Vorsatz und Tatabweichung, S. 73 ff; *Stratenwerth/Kuhlen* AT § 7 Rdn. 21; *Fischer* Rdn. 2. *Hoyer* SK Rdn. 14 betont die grundsätzliche Unabhängigkeit des Strafrechts von den zivilrechtlichen Rechtfertigungsgründen, die aber eine partielle Akzessorität nicht ausschließt. *Kirchhof* (Unterschiedliche Rechtswidrigkeiten S. 30 ff, 38) sieht im Topos der Einheit der Rechtsordnung vornehmlich einen zunächst an den Gesetzgeber, aber auch an den Rechtsanwender adressierten „*Vereinheitlichungsauftrag,* der Wertungsunterschiede in einzelnen Rechtssätzen nicht vermeiden kann, jedoch einen planmäßigen systematischen Rechtsfindungsprozeß fordert, der mit einer einheitlichen Lösung abschließt" (kursiv im Original); zust. *Günther* Strafrechtswidrigkeit S. 95 f; *Hellmann* Zivilrechtliche Rechtfertigungsgründe S. 104 f; *Sternberg-Lieben* Objektive Schranken S. 180 ff; auch *Jahn* Staatsnotstand S. 390, 393 m. diesbezüglich weiterführenden Nachw. zur verfassungsgerichtlichen Rechtsprechung.
54 U.a.: *Günther* in Eser/Fletcher I S. 363 ff; *ders.* FS H. Lange, 877 ff; *ders.* FS Spendel, 189 ff; *ders.* in Coing u.a. S. 421 ff.
55 Zusammenfassung wichtiger Ergebnisse und Thesen bei *Günther* Strafrechtswidrigkeit S. 394 ff.
56 Hierunter fasst *Günther* Strafrechtswidrigkeit S. 395 die Pflichtenkollision, den Nötigungsnotstand, die Präventivnotwehr, die unter Missachtung ihrer sozial-ethischen Einschränkungen geübte Notwehr und die Tötung todgeweihten Lebens im defensiven Lebensnotstand.
57 *Roxin* FS Oehler, 181, 182 f weist treffend darauf hin, dass sich bei den Rechtsfolgen der echten Strafunrechtsausschließungsgründe herkömmliche Rechtfertigungs- und Entschuldigungsgründe mischen.

grund legalisiert, der Strafunrechtsausschließungsgrund entkriminalisiert die straftatbestandsmäßige Handlung" (*Günther* SK⁶ Rdn. 41; *ders.* FS Grünwald, 213, 220).

Den Ausgangsüberlegungen *Günthers* stimmen viele Autoren – nicht nur in der 25 Strafrechtswissenschaft – zu.[58] Sie sind in der Tat bestechend (einfach) und weisen eine hohe Überzeugungskraft auf. So will es gerade bei Annahme einer einheitlichen – Tatbestand und Rechtswidrigkeit übergreifenden – Wertungsstufe des Unrechts (näher dazu Rdn. 12ff) nicht recht einleuchten, warum die besonderen Anforderungen, die der Gesetzgeber an das im Straftatbestand vertypte (strafwürdige) Unrecht stellt, nicht auch die Deliktsstufe der Rechtswidrigkeit beeinflussen sollen. Hier müsste es danach für einen Strafunrechtsausschluss[59] bereits ausreichen, wenn beim Vorliegen bestimmter Gründe die Tat nur unter die Strafwürdigkeitsschwelle sinkt, mag sie auch in anderen Rechtsgebieten noch als rechtswidrig bewertet werden. Dieser Befund einer ansonsten drohenden Asymmetrie innerhalb der Unrechtskategorie lässt die Annahme einer **Strafrechtswidrigkeit** sachlich durchaus berechtigt erscheinen (vgl. *Perron* FS Lenckner, 227, 234; *Paeffgen/Zabel* NK Rdn. 41). Auch ist es bei den auf bestimmte Tatbestände bezogenen „echten" Strafunrechtsausschließungsgründen (z.B. §§ 193, 240 Abs. 2, 253 Abs. 2) jedenfalls plausibel, sie an den strikten Anforderungen des in Art. 103 Abs. 2 GG verankerten Gesetzlichkeitsprinzips zu messen, während für die echten Rechtfertigungsgründe nur Art. 20 Abs. 3 GG gelten soll (*Günther* Strafrechtswidrigkeit S. 231ff; *Paeffgen/Zabel* NK Rdn. 43).

Gleichwohl bereitet der Vorschlag, im Strafrecht zwei Klassen von Rechtfertigungs- 26 gründen anzuerkennen,[60] von denen die echten Erlaubnissätze wie Notwehr und Notstand „Durchschlagskraft" für die Gesamtrechtsordnung besitzen, während die echten Strafunrechtsausschließungsgründe (etwa das Züchtigungsrecht und verschiedene Formen der notstandsähnlichen Lage) nur im Binnenbereich des Strafrechts gelten sollen, in den praktischen Konsequenzen große Schwierigkeiten.[61] Mit vielen Stimmen in der

---

Während diese in der Irrtums- und Teilnahmelehre mehr den Rechtfertigungsgründen gleichen, ähneln sie im Notwehrrecht eher den Entschuldigungsgründen.

58 Deutlich im Strafrecht etwa Baumann/Weber/*Mitsch*/Eisele § 14 Rdn. 30; *Brauer* Die strafrechtliche Behandlung genehmigungsfähigen, aber nicht genehmigten Verhaltens, Diss. Trier 1988 S. 115ff; *Jahn* Staatsnotstand S. 393f; *Schünemann* in Hirsch/Weigend S. 147, 162 m. Fn. 51; *ders.* in Coimbra-Symposium S. 149, 175; ferner *Amelung* in Grundfragen S. 85, 92ff; *ders.* JZ **1982** 617, 619f; *Arm. Kaufmann* FS Klug II, 277, 291; *Krey* Verdeckter Ermittler S. 307 (**krit.** *ders.* AT 1³ § 11 Rdn. 405 m. Fn. 12); *Kuhlen* Umweltstrafrecht in Deutschland und Österreich (1994) S. 173; *Küper* JZ **1983** 88, 95; *Otto* AT § 8 Rdn. 13f; *Paeffgen/Zabel* NK Rdn. 41ff; *Perron* FS Lenckner, 227, 234; *Renzikowski* Nostand S. 130f; *Roxin* AT I § 14 Rdn. 33ff; *ders.* FS Oehler, 181, 195; *Schild* AK Vor § 13 Rdn. 116ff (122); *Schünemann* GA **1985** 341, 352f; *ders.* FS R. Schmitt, 117, 127; *Sternberg-Lieben* Objektive Schranken S. 179, 185: „theoretisch hochbefriedigende Konzeption"; *ders.* ZIS **2011** 583, 592ff; den Grundgedanken betreffend auch *Rudolphi* GedS Arm. Kaufmann, 371, 372f. Zu den Befürwortern aus anderen Rechtsgebieten s. nur *Felix* Einheit der Rechtsordnung S. 296ff sowie die Nachw. bei *Günther* SK⁶ Rdn. 35 u. *ders.* in Eser/Fletcher I S. 363, 380 m. Fn. 41; zu vergleichbaren Überlegungen in der japanischen Strafrechtswissenschaft *Günther* in Coing u.a. S. 421, 425 m.w.N.
59 Terminologische Bedenken am Begriff „Strafunrechtsausschließungsgrund" äußern *Rudolphi* GedS Arm. Kaufmann, 371, 373 (besser: „strafbefreiende Unrechtsminderungsgründe"); *Lagodny* Strafrecht vor den Schranken S. 46 (besser: „Strafwürdigkeitsausschluss"); ferner *Weber* JZ **1984** 276, 277; *Sternberg-Lieben* Objektive Schranken S. 177; *Schünemann* GA **1985** 341, 352.
60 So ausdrücklich *Günther* FS Spendel, 189ff; s. auch Baumann/Weber/*Mitsch*/Eisele § 14 Rdn. 29; *Matt/Renzikowski*/Engländer Rdn. 3.
61 Es ist auffällig, dass die Zustimmung zu *Günthers* Konzeption fast nur die Grundaussage und ihre Herleitung betrifft, während die Identifikation und Ausformung der einzelnen echten Strafunrechtsausschließungsgründe erhebliche Kritik erfährt, vgl. nur *Roxin* FS Oehler, 181ff (zur notstandsähnlichen Lage); *ders.* FS Jescheck, 457, 468; *ders.* JuS **1988** 425, 430f (zum Züchtigungsrecht des Lehrers); *ders.* JuS **2004** 177, 178f (zum elterlichen Züchtigungsrecht); *Paeffgen/Zabel* NK Rdn. 42f; *Schünemann* in Coimbra-

Literatur ist schon zu bestreiten, dass die von *Günther* bisher benannten echten Strafunrechtsausschließungsgründe – die er einer dritten, zwischen Rechtfertigung und Entschuldigung angesiedelten Kategorie zuweist – überhaupt benötigt werden, um in den einschlägigen Fallkonstellationen eine Straffreistellung sachgerecht zu begründen.[62] So schließt die Einwilligung nach hier und in der Lehre stark vertretener Ansicht bereits den Tatbestand aus, während die in den §§ 240 Abs. 2, 253 Abs. 2 geregelten Verwerflichkeitsklauseln als Tatbestandsergänzungen fungieren (näher dazu Rdn. 154 ff und 40). Verschiedene der von *Günther* den echten Strafunrechtsausschließungsgründen zugewiesenen Fälle der notstandsähnlichen Lage entpuppen sich als Fälle der Entschuldigung, die auf Schuldebene befriedigend gelöst werden können (so richtig *Roxin* FS Oehler, 181 ff; *Rudolphi* GedS Arm. Kaufmann, 371, 375; *Hirsch* LK[11] Rdn. 10). Auch in den verbleibenden Fallkonstellationen (§§ 193, 218a,[63] mutmaßliche Einwilligung und weitere Konstellationen der notstandsähnlichen Lage) vermochte *Günther* nicht den Nachweis zu führen, dass seine Lösung der hergebrachten Lehre überlegen ist. Misslich ist hier zunächst, dass beim Vorliegen eines echten Strafunrechtsausschlussgrundes allein das strafwürdige Unrecht entfällt, die Tat aber nach allgemeinen Maßstäben rechtswidrig und damit notwehr- bzw. nothilfefähig bleibt. Das führt nicht nur in Konstellationen der notstandsähnlichen Lage (etwa der Pflichtenkollision),[64] des Schwangerschaftsabbruchs (§ 218a)[65] und der mutmaßlichen Einwilligung zu wenig sachgerechten Ergebnissen.[66] Auch wer sich in Wahrnehmung berechtigter Interessen beleidigend äußert oder etwa als Elternteil sein Kind züchtigt, ist u.U. zulässigen Notwehr(hilfe)aktionen seines Gegenübers oder Dritten ausgesetzt. Das kann zur Eskalation von Gewalt und damit zu gravierenden Störungen des Rechtsfriedens führen.[67] Am Beispiel des – 2000 neu geregelten –

Symposium S. 149, 181 (zu Konstellationen der notstandsähnlichen Lage). Anders aber sein Schüler *Reichert-Hammer* Politische Fernziele und Unrecht, Diss. Tübingen 1991 S. 235 ff; *ders.* JZ **1988** 617 ff.
62 In diesem Sinne (nach Durchmusterung der Fallgruppen) *Rudolphi* GedS Arm. Kaufmann, 371, 374 ff; *Hirsch* FS Uni Köln, 399, 411 ff; *Jakobs* 11/4 m. Fn. 10a; *Sch/Schröder/Lenckner/Sternberg-Lieben* Rdn. 9; weiter *Cortes Rosa* in Coimbra-Symposium S. 183, 205 ff: „keine Daseinsberechtigung" (am Beispiel der rechtfertigenden Pflichtenkollision und der mutmaßlichen Einwilligung); ablehnend jedenfalls hinsichtlich der notstandsähnlichen Lage und des Züchtigungsrechts auch *Roxin* AT I § 16 Rdn. 128, § 17 Rdn. 41. Selbst Befürworter der (Grund-)Konzeption *Günthers* sehen für Strafunrechtsausschließungsgründe in der Praxis keinen nennenswerten Anwendungsbereich, so *Schünemann* FS R. Schmitt, 117, 127; *Perron* FS Lenckner, 227, 234; auch *Sternberg-Lieben* Objektive Schranken S. 187 m. Fn. 84.
63 In der 2. Schwangerschaftsabbruch-Entscheidung hat sich das BVerfG (E **88** 203, 273) dafür ausgesprochen, dass ein strafgesetzlicher Rechtfertigungsgrund jedenfalls im Bereich des Schutzes elementarer Rechtsgüter Wirkung für die gesamte Rechtsordnung hat.
64 So darf nach *Günther* Strafrechtswidrigkeit S. 331 ff bei einer Kollision gleichwertiger Handlungspflichten (der Vater kann nur eines seiner beiden Kinder vor dem Brandtod retten) eine dritte Person zugunsten des anderen Kindes Nothilfe üben. Es ist verfehlt, hier keine vollständig gerechtfertigte Tat des Vaters anzunehmen; denn diesem war es objektiv unmöglich, beide Kinder zu retten. Auch birgt *Günthers* Lösung die Gefahr, dass durch die Behinderung des Vaters letztlich kein Kind gerettet wird; richtig *Roxin* FS Oehler, 181, 185 ff; *ders.* AT I § 16 Rdn. 128; dort auch weitere Kritik an der Behandlung der notstandsähnlichen Lage durch *Günther*; zust. *Rudolphi* GedS Arm. Kaufmann, 371, 375; auch *Hirsch* LK[11] Rdn. 10.
65 In Fällen des indizierten Schwangerschaftsabbruchs nähert sich *Günther* Strafrechtswidrigkeit S. 384 f allerdings wieder der h.M. an und verneint ein Nothilferecht.
66 Selbst die besonders heikle Frage, ob Amtsträgerhandeln (auch) auf die – im Vergleich mit den hoheitlichen Eingriffsbefugnissen weiteren – allgemeinen Notrechte (insbes. §§ 32, 34) gestützt werden kann, lässt sich ohne Rückgriff auf die Lehre *Günthers* beantworten; dazu ausführlicher *Rönnau/Hohn* LK § 32 Rdn. 219 f.
67 Näher *Roxin* FS Oehler, 181, 185 ff; *ders.* in Eser/Fletcher I S. 229, 254 f (zum Züchtigungsrecht des Lehrers); zust. *Rudolphi* GedS Arm. Kaufmann, 371, 375; *Hoyer* FamRZ **2001** 521, 524 („strafrechtlich tolerierte Schlägerei"); *Beulke* FS Hanack, 539, 544. Auf das Notwehr(hilfe)problem weisen auch *Paeffgen/Zabel* NK Rdn. 42 f u. *Wolter* FS GA, 269, 299 hin.

elterlichen Züchtigungsrechts lässt sich zudem gut eine Kernkritik an der Lehre vom Strafunrechtsausschluss aufzeigen. Es wird zu Recht die Beliebigkeit moniert, mit der sich echte Strafunrechtsausschließungsgründe an den im Tatbestand ausgewiesenen gesetzgeberischen Wertungen vorbei *praeter legem* vom Richter entwickeln lassen.[68] *Günthers* These, dass das (über Gebühr beanspruchte) elterliche Züchtigungsrecht zwar das Strafunrecht ausschließe, die Züchtigung familienrechtlich aber verboten bleibe,[69] harmoniert zwar mit § 1631 Abs. 2 BGB[70] und vermeidet – wie vom Gesetzgeber ausweislich der Motive erwünscht – eine „Kriminalisierung der Familie". Dennoch findet sich für diesen nach kriminalpolitischen Zweckmäßigkeitserwägungen vorgenommenen Strafunrechtsausschluss kein Anhaltspunkt im Gesetzestext. Fehlt es aber an gesetzlichen bzw. gewohnheitsrechtlich/dogmatisch abgesicherten Rechtfertigungs- oder sonstigen Strafbefreiungsgründen, kann es bei nach § 223 tatbestandsmäßigem Verhalten „nicht Aufgabe des Richters sein, zusätzliche außergesetzliche Strafunrechtsausschließungsgründe zu schaffen" (*Roxin* AT I § 17 Rdn. 41; *ders.* JuS **2004** 177, 178; zust. *Hoyer* FamRZ **2001** 521, 523).[71] Wenn *Günther* auf die Besorgnis mangelnder Bestimmtheit der Strafunrechtsausschließungsgründe mit dem Hinweis pariert, der Rechtsanwender bleibe „an den naheliegenden Wortsinn, an die Grundentscheidungen des historischen Gesetzgebers, an in der Gesamtrechtsordnung objektivierte gesetzliche Wertungen gebunden" (SK[6] Rdn. 43), kann das die Bedenken nicht wirklich zerstreuen. Denn sein am vorstehenden Beispiel des elterlichen Züchtigungsrechts demonstriertes methodisches Vorgehen[72] verdeutlicht gut die Gefahr eines Überspielens des Gesetzeswortlauts, wenn auf Unrechtsebene gleichsam eine zweite Rechtswidrigkeits-/Strafwürdigkeitsprüfung eingeführt wird.[73] Dass hier die Befürchtung eines – unter dem Gesichtspunkt der Gewaltenteilung – problematischen Zuwachses an Richtermacht[74] sowie einer Verwischung der für die Strafrechtsdogmatik zentralen Grenzlinie zwischen Rechtswidrigkeit und Schuld aufkommt,[75] verwundert nicht. *Jakobs* (11/4 m. Fn. 10a) weist zudem mit Recht darauf hin, dass weder das Vorliegen von Bagatellunrecht die Tatbestandsverwirklichung noch der Grenzfall eines Rechtfertigungsgrundes die Rechtfertigung hindert.[76] Letztlich muss

---

68 *Günther* (Strafrechtswidrigkeit) bildet als neue Strafunrechtsausschließungsgründe die „notstandsähnliche Lage" (S. 326 ff), das elterliche Erziehungsprivileg (S. 352 ff) und das Erziehungsprivileg des Lehrers (S. 355 ff).
69 *Günther* FS H. Lange, 877, 895 f; auch *Reichert-Hammer* JZ **1988** 617; *Moritz* JA **1998** 704, 709.
70 § 1631 Abs. 2 BGB: „Kinder haben ein Recht auf gewaltfreie Erziehung. Körperliche Bestrafungen, seelische Verletzungen und andere entwürdigende Maßnahmen sind unzulässig."
71 Auch *Lagodny* Strafrecht vor den Schranken S. 477: Es muss gefragt werden, „ob der Gesetzgeber die von den ‚Härtefall'-Abwägungen erfaßten Sachverhalte bewußt regeln wollte oder nicht. Allein über die Rechtfertigungsgründe kann diese Frage naturgemäß *nicht* beantwortet werden" (kursiv im Original).
72 Formulierung *Günthers* in FS H. Lange, 877, 895 f: „... kommt als dogmatisches Vehikel zur Vermeidung einer Kriminalisierung ein entsprechender Strafunrechtsausschließungsgrund in Betracht, den entweder der Gesetzgeber oder praeter legem Judikatur und Strafrechtswissenschaft bilden können."
73 Nachdrücklich **gegen** diese Strafwürdigkeitslösung *Weber* JZ **1984** 276, 277; *Wolter* FS GA, 269, 296 ff; *Lagodny* Strafrecht vor den Schranken S. 476 f.
74 Vgl. dazu *Weber* JZ **1984** 276, 277; *Rudolphi* GedS Arm. Kaufmann, 371, 376; *Hirsch* LK[11] Rdn. 10.
75 So etwa *Hirsch* LK[11] Rdn. 10; *ders.* FS Uni Köln, 399, 414; *Bacigalupo* GedS Arm. Kaufmann, 459, 468 f; *Gössel* GA **1993** 276, 277; *Lackner/Kühl/Kühl* Rdn. 4; *Jakobs* 11/4 m. Fn. 10a; *Eser/Burkhardt* Strafrecht I Fall 9 A Rdn. 43; auch *Hassemer* NJW **1984** 351, 352.
76 Ebenso *Sch/Schröder/Lenckner/Sternberg-Lieben* Rdn. 9 u. *Rudolphi* GedS Arm. Kaufmann, 371, 377 – beide mit dem Hinweis darauf, dass auch geringfügiges Unrecht strafrechtlich relevantes Unrecht bleibe, wie schon die §§ 153, 153a StPO zeigen. Dass in Grenzsituationen einer Rechtfertigung die prozessuale Erledigung einer materiell-rechtlichen Lösung vorzuziehen ist (so *Sch/Schröder/Lenckner/Sternberg-Lieben* Rdn. 9; auch *Hassemer* NJW **1984** 351, 352), bestreitet *Günther* SK[6] Rdn. 43; *ders.* FS H. Lange, 877, 899.

auch *Günther* für die Rechtsanwendung im konkreten Fall bei jedem seiner Strafunrechtsausschließungsgründe dahingehend Farbe bekennen, welche Folgen aus seiner Einstufung für die Teilnahme-, Irrtums- und Notwehrlehre zu ziehen sind, ob also etwa das Täterverhalten „rechtswidrig" und damit teilnahme- und notwehrfähig ist oder nicht.[77] Wägt man den Vorteil der Lehre vom Strafunrechtsausschließungsgrund – müheloses Erklären divergierender Aussagen zur Rechtswidrigkeit von Verhaltensweisen, die unter verschiedenen Wertungsaspekten beurteilt werden (so zutr. *Otto* AT § 8 Rdn. 13) – mit den skizzierten Nachteilen ab, spricht bis zur befriedigenden Klärung der aufgeworfenen Fragen mehr gegen die Konzeption von *Günther*. Es wird hier daher der h.M. gefolgt, die auf den Binnenbereich des Strafrechts beschränkte Rechtfertigungsgründe ablehnt.

27 Ungenau ist es, wenn die Begriffe **Rechtswidrigkeit und Unrecht** gleichbedeutend verwendet werden (so etwa von *Mezger* LK[8] Einl. Bem. III 1, Vor § 51 Bem. 9). Während die Rechtswidrigkeit lediglich den Widerspruch zur (Gesamt-)Rechtsordnung angibt (ein Verhalten ist rechtswidrig oder nicht rechtswidrig), bedeutet das Unrecht etwas Substantielles, nämlich das als rechtswidrig gewertete Verhalten selbst. Es gibt deshalb zwar keine verschiedenen Grade der Rechtswidrigkeit (eine Tat kann nicht mehr oder weniger rechtswidrig sein),[78] wohl aber – je nach dem Wert des verletzten (oder gefährdeten) Rechtsguts wie auch der Intensität des Angriffs – Unrecht von größerem oder geringerem Gewicht (*Welzel* Strafrecht § 10 II 3; *ders.* Strafrechtssystem S. 18f; *Engisch* FS DJT I, 401, 402; *Jescheck/Weigend* § 24 I 1).[79] Eine Sachbeschädigung ist so rechtswidrig wie ein Mord, aber das Unrecht eines Mordes wiegt ersichtlich unendlich viel schwerer als das unberechtigte Zerstören eines Tisches. Im Hintergrund dieser Unterscheidung steht die Bestimmungs- und Bewertungsfunktion der Norm (vgl. dazu *T. Walter* LK[12] Vor § 13 Rdn. 17 m.w.N.). Ist ein tatbestandsmäßiges Verhalten als rechtswidrig einzustufen, ist es dem Ver- oder Gebot nicht gelungen, den Normadressaten zu rechtskonformem Verhalten zu bestimmen. Beim Unrecht wirkt sich die Bewertungsfunktion der Norm aus, da der Gesetzgeber die einzelnen Deliktstatbestände im Unrechtsgehalt abgestuft hat. Außerdem ist der Unterschied zwischen **Verhaltens-** und **Erfolgsunrecht** zu beachten. Bei ersterem geht es um die einem Verbot oder Gebot zuwiderlaufende Handlung bzw. Unterlassung, bei letzterem um einen der Rechtsordnung widersprechenden objektiven Zustand. Das strafrechtlich relevante Unrecht knüpft funktionsgemäß stets an das Ver-

---

77 Wird der Rechtsanwender aber auch hier wieder auf die Bipolarität von „rechtswidrig" oder „rechtmäßig" und damit auf den formellen Rechtswidrigkeitsbegriff zurückgeworfen, fragt man sich, ob sich der „Ausflug" in die materielle Rechtswidrigkeit (konkret: die Abstufung strafwürdigen von sonstigen Unrecht) wirklich gelohnt hat, wenn unter Rückgriff auf die herkömmliche Dogmatik ebenfalls sachgerechte oder gar befriedigendere Ergebnisse erzielt werden. *Appel* Verfassung und Strafe S. 455ff weist die Lehre *Günthers* aus normentheoretischen Gründen zurück, da es vor dem Hintergrund einer Trennung von Verhaltens- und Sanktionsnormen nur einen einheitlichen Rechtswidrigkeitsbegriff geben könne. Auch *Gössel* GA **1984** 520, 522 bezweifelt, dass *Günther* seine Differenzierung zwischen echten und unechten Strafausschließungsgründen normentheoretisch zum Ausdruck bringen könne.
78 Missverständlich daher *Kern* ZStW **64** (1952) 255ff, der von „Graden der Rechtswidrigkeit" spricht, in der Sache aber abstufbares Unrecht meint. *Neumann* (FS Rengier, 49, 51) spiegelt die Situation zutreffend auf Erlaubnissatzebene: „Es gibt (...) keine Grade rechtlicher Erlaubnis: erlaubt ist erlaubt".
79 So auch *Bockelmann/Volk* § 12 A IV; *Cortes Rosa* in Coimbra-Symposium S. 183; *Günther* SK[6] Rdn. 16ff unter Hinweis auf die Existenz einer speziellen „Strafrechtswidrigkeit"; *Hirsch* LK[11] Rdn. 11; *Arm. Kaufmann* Normentheorie S. 147f; *Arth. Kaufmann* ZStW **76** (1964) 543, 553; *ders.* FS Lackner, 185, 187f; *Krümpelmann* Bagatelldelikte S. 27ff; *Lackner/Kühl/Kühl* Vor § 13 Rdn. 18; *Lenckner* Notstand S. 32ff; *Puppe* NK Vor § 13 Rdn. 16; *Roxin* AT I § 14 Rdn. 3; *Samson* SK[5] Rdn. 2; *Sch/Schröder/Eisele* Vor § 13 Rdn. 51; *Späth* Rechtfertigungsgründe S. 48. *Koriath* JRE **2003** 317, 332f hält – zu Unrecht – aus logischen Gründen die Graduierung von Unrecht für ausgeschlossen.

haltensunrecht an. Daneben tritt nach herrschender personaler Unrechtslehre[80] beim vollendeten (Erfolgs-)Delikt als vollwertiges Unrechtselement das Erfolgsunrecht,[81] das beim Vorsatzdelikt maßgeblich durch die Höhe des durch die rechtswidrige Handlung begründeten Unrechts bestimmt wird und beim Fahrlässigkeitsdelikt die Strafbarkeit in der Regel erst auslöst, weil eine folgenlose sorgfaltswidrige Handlung das erforderliche Unrechtsquantum nicht aufweist (vgl. *Sch/Schröder/Eisele* Vor § 13 Rdn. 58). Möglich ist aber auch Verhaltensunrecht ohne gleichzeitiges Erfolgsunrecht (z.B. beim Versuch) und – strafrechtlich irrelevant – reines Erfolgsunrecht. Die Rechtfertigungsfrage bezieht sich auf das Verhaltensunrecht. Deshalb ist es möglich, dass eine Üble Nachrede (§ 186) gemäß § 193 gerechtfertigt ist, durch diese aber, wie sich später klärt, objektiv die Unwahrheit gesagt wird und daher – zivilrechtlich für die quasinegatorische Unterlassungsklage bedeutsam – ein ehrverletzender Zustand entstanden ist (*Münzberg* Verhalten und Erfolg S. 377, 394, 417; *Hirsch* FS Dreher, 211, 231).

Praktische Bedeutung hat die Frage der **Einheit der Rechtsordnung** vor allem für 28 die Notwehr (Rechtswidrigkeit des Angriffs) und die Teilnahmelehre (Rechtswidrigkeit der Haupttat), aber auch für die Irrtumslehre: Beachtlich ist nur der Irrtum über das Unrecht der mit Strafe bedrohten Tat, nicht aber der Irrtum über die Strafbarkeit.

c) Rechtfertigung und Unterscheidung von formeller und materieller Rechts- 29 **widrigkeit.** Im Schrifttum wird teilweise zwischen formeller Rechtswidrigkeit – als dem Verstoß gegen das positivrechtlich Gesollte – und materieller Rechtswidrigkeit unterschieden, wobei letztere der ersteren übergeordnet und deshalb ein Verhalten trotz formeller Rechtswidrigkeit gerechtfertigt sein soll, weil es an der materiellen Rechtswidrigkeit fehle (bahnbrechend zur Differenzierung *v. Liszt* StrafR 12./13. Aufl. (1903) S. 140f; zur Dogmengeschichte eingehend *Heinitz* Materielle Rechtswidrigkeit S. 4ff; *ders.* FS Eb. Schmidt, 266, 285ff).[82] Die materielle Rechtswidrigkeit wird inhaltlich bestimmt als „der Unwertgehalt einer Handlung mit Rücksicht auf die Beeinträchtigung des durch die betreffende Norm geschützten Rechtsgutes", die „Gesellschaftsschädlichkeit" eines Verhaltens, der „Verstoß gegen die herrschenden Kulturanschauungen" oder die „Sozialethik" usw. (vgl. z.B. *Jescheck* LK[11] Vor § 13 Rdn. 42 [knapper *T. Walter* LK[12] Vor § 13 Rdn. 144]; *ders./Weigend* § 24 I 2; *Heinitz* Materielle Rechtswidrigkeit S. 118; *Maurach/Zipf* § 24 Rdn. 20).[83] Als Gesichtspunkte einer aus dem Gedanken der materiellen Rechtswidrigkeit abgeleiteten überpositiven Rechtfertigung finden sich u.a.: das Prinzip „angemessenes Mittel zum richtigen Zweck" (*v. Liszt/Schmidt* AT § 32 B II), der Grundsatz „des mangelnden und des überwiegenden Interesses" (*Mezger* Strafrecht § 27), der „Mehr-Nutzen-als-Schaden"-Grundsatz (*Sauer* AT § 13 I 3f) und die Möglichkeit, Rechtfertigung auch dann anzunehmen, wenn das Gesetz keinen anwendbaren Rechtfertigungsgrund enthält, wenn aber die Zwecke, die der Gesetzgeber mit der Aufstellung der Strafvorschrift errei-

---

80 Umfangreiche Nachw. bei *Sch/Schröder/Eisele* Vor § 13 Rdn. 52/53.
81 Dagegen versucht eine monistisch-subjektive Unrechtslehre, den Erfolg aus dem Unrecht zu eliminieren; grundlegend *Zielinski* Handlungs- und Erfolgsunwert im Unrechtsbegriff, Diss. Bonn 1973; weitere Nachw. bei *Sch/Schröder/Eisele* Vor § 13 Rdn. 59. Kritische Auseinandersetzung dazu bei *Roxin* AT I § 10 Rdn. 96 ff m.w.N.; eine ablehnende Gesamtwürdigung dieser Lehre liefert *Mylonopoulos* Über das Verhältnis von Handlungs- und Erfolgsunwert im Strafrecht, Diss. Saarbrücken 1981.
82 Ebenfalls *Graf Dohna* Rechtswidrigkeit S. 38ff; aus der jüngeren Literatur *Roxin* AT I § 14 Rdn. 4ff; *Jescheck/Weigend* § 24 I 2, 3; *Maurach/Zipf* § 24 Rdn. 20f; zur Diskussion um einen materiellen Verbrechensbegriff *Kim* ZStW **124** (2012) 591ff.
83 *Nagler* GerS **111** (1938) 41, 80; *Mezger* LK[8] Vor § 51 Bem. 9f. Siehe aber auch *Nagler* FS Frank I, 339, 343ff.

30 Gegenüber dem Begriffspaar erheben sich **Bedenken**; es kann zudem als überflüssig und überholt gelten (krit. insbesondere *Hafter* AT § 18 I; *Kern* ZStW **64** [1952] 255, 262; *Sch/Schröder/Eisele* Vor § 13 Rdn. 50).[84] Die im Mittelpunkt stehende Frage, nach welchen Maßstäben die Rechtsprechung den Katalog der gesetzlichen Rechtfertigungsgründe ergänzen kann, ist entschärft, seit der übergesetzliche rechtfertigende Notstand zum Gewohnheitsrecht erstarkte, zusätzlich, seit er in § 34 gesetzlich geregelt worden ist (*Hirsch* LK[11] Rdn. 13; *Wolter* Funktionales Straftatsystem S. 149 m. Fn. 350). Was das Ausfüllen von Lücken des Rechtfertigungskatalogs angeht, unterliegt das Strafrecht den allgemeinen Regeln der juristischen Hermeneutik. Der Strafrichter ist dort, wo er, weil es sich um Strafeinschränkung handelt, zur Lückenausfüllung berufen ist, methodisch nicht freier gestellt als ein Richter in anderen Rechtsgebieten. Soweit Rechtfertigungsgründe über die gesetzlich geregelten Fälle hinaus bejaht werden sollen, muss das deshalb durch zulässige Analogie oder sonstige vom geltenden Recht ausgehende, anerkannte hermeneutische Verfahrensweisen gedeckt sein (*Hirsch* LK[11] Rdn. 13; anders *Roxin* AT I § 14 Rdn. 10 u. 12) – was auf Grund von Rechtsanalogie beim übergesetzlichen rechtfertigenden Notstand der Fall war. Zur Gefahr, sich auf dem Wege über die materielle Rechtswidrigkeit aus der Bindung an das geltende Recht zu lösen, s. auch *Jescheck/Weigend* § 24 I 3b und *Wolter* Funktionales Straftatsystem S. 149 m. Fn. 350. Im Übrigen zu diesen Fragen noch Rdn. 59, 79 f.

31 Soweit der Unterscheidung von formeller und materieller Rechtswidrigkeit vornehmlich **außerhalb der Rechtfertigungsproblematik** Bedeutung zugemessen wird (vgl. insbesondere *Jescheck* LK[11] Vor § 13 Rdn. 42; *ders./Weigend* § 24 I 3b), erscheint sie ebenfalls ungenau und überflüssig. Denn teils handelt es sich um Fragen, die in die schon der formellen Rechtswidrigkeit vorgelagerte Rubrik der (restriktiven) teleologischen Auslegung der Tatbestände gehören (*Hirsch* LK[11] Rdn. 14; *Wolter* Funktionales Straftatsystem S. 149 m. Fn. 350); teils geht es, nämlich bei der Abstufung der Schwere des Rechtsverstoßes, um den Unterschied von Rechtswidrigkeit und (graduierbarem) Unrecht (*Sch/Schröder/Eisele* Vor § 13 Rdn. 50; *Hirsch* LK[11] Rdn. 14).[85]

32 **d) Rechtfertigung, rechtsfreier Raum und Frage schlichten Unrechtsausschlusses.** Tatbestandsmäßiges Verhalten ist nach herrschender Auffassung entweder rechtswidrig oder gerechtfertigt (*Hirsch* LK[11] Rdn. 16; *Maurach/Zipf* § 24 Rdn. 18 f; *Roxin* AT I § 14 Rdn. 29 f).[86] Eine Reihe von Autoren bejaht als dritte Möglichkeit, dass eine Tatbestandsverwirklichung lediglich „unverboten" und deshalb aus diesem Grunde als nicht rechtswidrig einzustufen sei. Man beruft sich dabei zumeist ausdrücklich auf die **Lehre vom rechtsfreien Raum** (*Binding* Handbuch Bd. I S. 765 f; *Arth. Kaufmann* FS Maurach, 327 ff; *ders.* JZ **1992** 981, 984 u. FS P. Schneider, 158, 176, klarer: „rechts*wertungs*freier

---

[84] Weiterhin *Bockelman/Volk* § 15 A III; *Schmidhäuser* FS Lackner, 77, 79; *Fischer* Vor § 13 Rdn. 43; *Wolter* Funktionales Straftatsystem S. 149 m. Fn. 350.
[85] Auch *Jescheck* LK[11] Vor § 13 Rdn. 42 m. Fn. 36: in der Sache nichts anderes als die Unterscheidung zwischen ‚Rechtswidrigkeit' und ‚Unrecht'; dazu Rdn. 27.
[86] Weiter *Archangelskiy* Lebensnotstand S. 17 ff; *Baumann/Weber/Mitsch/*Eisele § 14 Rdn. 11; *Duttge* in Schünemann u.a. S. 369, 372 ff; *ders.* HK-GS Rdn. 2; *Eser* Schwangerschaftsabbruch S. 95 ff; *Gropp* AT § 5 Rdn. 46; *Hirsch* FS Bockelmann, 89, 97 ff; *Jescheck/Weigend* § 31 VI 2; *Künschner* Wirtschaftlicher Behandlungsverzicht S. 323 ff; *Lenckner* Notstand S. 15 ff; *Renzikowski* Notstand S. 172 f; *Rinck* Zweistufiger Deliktsaufbau S. 176; *Sch/Schröder/Lenckner/Sternberg-Lieben* Rdn. 8 m.w.N.; *Schünemann* in Coimbra-Symposium S. 149, 168; *ders.* in Hassemer u.a. S. 145, 149 ff.

Raum"[87] [kursiv im Orginal]);[88] im Ergebnis stimmen damit auch die Anhänger der „*Neutralitätslehre*" überein (*Beling* Lehre vom Verbrechen, S. 168; *Blei* I § 63 II; *Otto* Pflichtenkollision S. 108, 122 ff).[89] Zur Begründung wird angeführt, dass es Konfliktlagen gebe, in denen eine Bewertung des Verhaltens als rechtswidrig oder gerechtfertigt von Rechts wegen nicht getroffen werden könne und eine Einordnung als „nur entschuldigt" nicht sachgemäß (*Arth. Kaufmann* JZ **1992** 981, 983: „im höchsten Maße ungerecht") wäre.[90] Als Beispiele dienen jene „rechtlich wie auch menschlich problematischen" Lebenssachverhalte, in denen „gleichwertige oder rational nicht bewertbare Güter bzw. Pflichten miteinander kollidieren"; zu den Konflikten, in denen zumeist eine Abwägung „Leben gegen Leben" vorzunehmen ist, zählen neben den Notstandsindikationen beim Schwangerschaftsabbruch (die in den Beiträgen *Arth. Kaufmanns* ganz im Vordergrund stehen, vgl. nur FS Maurach, 327, 338 ff; JZ **1992** 981 ff; FS P. Schneider, 158, 172 ff), vor allem Fälle, welche die h.M. dem entschuldigenden Notstand (etwa die Situation der sog. Gefahrengemeinschaft) oder der Pflichtenkollision zuordnet (s. die einschlägigen Fallgruppen bei *Schünemann* in Hassemer u.a. S. 145, 150 ff). Mangels rational einsichtiger, allgemein verbindlicher Entscheidungskriterien ziehe die Rechtsordnung in solchen tragischen Fällen ihre Normen zurück und verzichte auf eine Wertung. Es fehle insofern sowohl an einem Verbot als auch an einer Erlaubnis; vielmehr bleibe ein rechtsfreier Raum, in dem es der freien sittlichen, allein vor dem eigenen Gewissen zu verantwortenden Entscheidung des einzelnen überlassen sei, was er zu tun habe (vgl. *Arth. Kaufmann* FS Maurach, 327, 336 ff). In späteren Abhandlungen verwirft *Kaufmann* die Formulierung vom „Zurückziehen der Normen" und spricht statt vom „rechtsfreien" vom „rechtswertungsfreien" Raum, verteidigt aber entschieden die Kategorie des „Unverbotenen" (JZ **1992** 981, 983 ff; Grundprobleme der Rechtsphilosophie S. 204 f; Rechtsphilosophie S. 226 ff).[91]

Diese deliktsrechtliche Version der Lehre vom rechtsfreien Raum kann nicht überzeugen. Der Gedanke des rechtsfreien Raumes ist entwickelt worden mit dem Blick auf Lebensbereiche, die das Recht von vornherein, weil einer rechtlichen Regelung nicht zugänglich oder bedürftig, als „*tatbestandsfreien*" oder „*rechtssatzfreien*" Raum ungeregelt lässt (vgl. *Bergbohm*, Jurisprudenz und Rechtsphilosophie, Bd. I [1892] S. 375 ff, 33

---

87 Zum rechtswertungsfreien Raum aus rechtsphilosophischer Sicht *Lindner* ZRph **2004** 87 ff m.w.N. in Fn. 9.
88 Ferner *Arth. Kaufmann* JuS **1978** 361, 366; *ders*. Grundprobleme der Rechtsphilosophie S. 191, 204 f; *ders*. Rechtsphilosophie S. 226 ff m.w.N.; *Comes* Rechtsfreier Raum S. 94 ff; *Dingeldey* Jura **1979** 478, 482; *Fehsenmeier* Strafrechtsfreier Raum S. 151 ff; *Koriath* JRE **2003** 317, 325 ff (in echten Kollisionsfällen); *Lindner* JZ **2006** 373, 382 (für bestimmte Ausnahmetatbestände der aktiven Sterbehilfe); *Philipps* ARSP **52** (1966) 195, 204 ff; *Priester* FS Arth. Kaufmann, 499 ff (für „unrechtsfreien Raum" in bestimmten Fällen); *Schild* JA **1978** 449 ff, 570 ff, 631; im älteren Schrifttum ebenso *Nagler* FS Frank I, 339, 341; *H. Mayer* AT S. 191. Zur gesellschaftlichen Funktion des rechtsfreien Raumes *Hee-Won Kang* Gesetzesflut und rechtsfreier Raum, Diss. Freiburg i.Br. 1990 S. 174 ff.
89 Weiter *Otto* AT § 8 Rdn. 199 ff; *ders.* Jura **2005** 470, 472. So im älteren Schrifttum auch *Beling* Grundriß, 11. Aufl. (1930) S. 14 f; *Baumgarten* Notstand S. 30; *Mezger* LK[8] Vor § 51 Bem. 101 (S. 353); *Kern* ZStW **64** (1952) 255, 257.
90 Wenn *Koriath* (JRE **2003** 317, 332) in der Annahme eines rechtswidrigen (und damit missbilligenswerten), aber – wegen der besonderen Motivationslage – entschuldigten (und damit nicht strafbedürftigen) Verhaltens eine widersprüchliche Argumentation der h.M. sieht, ist das vor dem Hintergrund der allgemein akzeptierten Funktion der Kategorien Rechtswidrigkeit und Schuld nicht nachvollziehbar.
91 Jenseits des Themas liegen Phänomene wie das immer noch von den USA in Guantanamo unterhaltene Gefangenenlager, wo die Welt einen „Machtmissbrauch durch Bildung (faktisch, *T.R.*) rechtsfreier Räume" (*Schünemann* in Hassemer u.a. S. 145, 150) beobachten kann. Vgl. auch *Engisch* ZStaatsW **108** (1952) 385, 424: „Tatsächliches Versagen der Rechtsmacht im Einzelfalle schafft noch keinen rechtsfreien Raum."

386; *Larenz* Methodenlehre 6. Aufl. [1991] S. 371). Als Beispiele werden genannt: Liebe, Freundschaft, Erholung, Vergnügen sowie Religion und Kunst *(Engisch* ZStaatsW **108** [1952] 385, 389, 409 f). Insoweit hat diese Lehre in ihrer klassischen Form in einer liberalen Rechtsordnung durchaus ihre Berechtigung.[92] Eine Ausdehnung auf deliktsrechtliche Konfliktfälle ist aber nicht möglich. Die Annahme, dass sich die Rechtsordnung hier jeder Bewertung enthalte, ist schon deshalb verfehlt, weil tatbestandsmäßiges Verhalten gegen ein Rechtsgut gerichtet ist. Bereits die Feststellung der Tatbestandsmäßigkeit eines Verhaltens – also der vom Gesetzgeber für strafwürdig befundene Angriff auf ein von ihm für schützenswert gehaltenes Gut – impliziert seine rechtliche Relevanz und fordert eine Entscheidung darüber heraus, ob die Tat rechtswidrig oder rechtmäßig ist (vgl. nur *Hirsch* LK[11] Rdn. 17; *Roxin* AT I § 14 Rdn. 29; Baumann/Weber/*Mitsch*/Eisele § 14 Rdn. 11).[93] Infolgedessen lässt sich nicht davon sprechen, dass hier eine Rücknahme oder ein Verzicht der rechtlichen Wertung zugunsten des rechtsfreien Raumes erfolge. Indem vielmehr die Rechtfertigung an das Vorliegen einer Rechtsgutsgefährdung oder -verletzung, d.h. eine dem generellen Normbefehl unterfallende Handlung geknüpft ist, bleibt sie dem rechtlichen Regelungsbereich verhaftet. Gerade weil in den fraglichen Fällen ein rechtlich grundsätzlich negativ beurteiltes Verhalten nicht als rechtswidrig eingestuft wird, muss eine rechtliche Bewertung der betreffenden Konfliktlage tatsächlich stattgefunden haben, damit die Ausnahme und der Übergang von der normalerweise sich ergebenden Rechtswidrigkeit zu deren Fehlen erklärt werden kann. Es geht also dort, wo die Rechtswidrigkeit eines tatbestandsmäßigen Verhaltens verneint wird, um nichts anderes als „weitere Akte einer rechtlichen Regelung" *(Lenckner* Notstand S. 20; zust. *Hirsch* LK[11] Rdn. 17; *Paeffgen/Zabel* NK Rdn. 55). Liegt aber ein tatbestandsmäßiges Verhalten vor, kann sich die Rechtsordnung nicht einfach zurückziehen, sondern muss die Auflösung des Konflikts regeln. So ist etwa beim indizierten Schwangerschaftsabbruch rechtlich zu entscheiden, innerhalb welcher Grenzen Eingriffe in das Rechtsgut gestattet sein sollen.[94] Sonst würde eine für Schwangere und Ärzte untragbare „Rechtslage" entstehen, die dem Bestreben des Gesetzgebers, den Schwangerschaftsabbruch in den in § 218a anerkannten Indikationsfällen zu ermöglichen, widerspräche *(Hirsch* LK[11] Rdn. 17).[95] Andererseits läuft in den Fällen, in denen die h.M. einen nur entschuldigenden Notstand bejaht, die unter Berufung auf einen rechts(wertungs)freien Raum erfolgende Verneinung der Rechtswidrigkeit bzw. Annahme der „Unverbo-

---

[92] Grundlegend zur Frage, ob es im Bereich zwischenmenschlicher Beziehungen eine „Freiheit von der Rechtsordnung" gibt, *Engisch* ZStaatsW **108** (1952) 385 ff. *Hirsch* (FS Bockelmann, 89, 92 ff) und *Roxin* (AT I § 14 Rdn. 27) legen zutreffend dar, dass die theoretischen und logischen Einwände, mit denen die Denkmöglichkeit eines rechtsfreien Raumes von vornherein bestritten wird, nicht durchgreifen; auch *Schünemann* in Hassemer u.a. S. 145, 150; dazu schon Arth. *Kaufmann* FS Maurach, 327, 332 ff. Anders *Renzikowski* Notstand S. 172 f: „Darin liegt eine Verwechslung von ‚rechtsfrei' mit ‚staatsfrei'." Gegen einen „rechtsfreien Raum vor dem Unrechtstatbestand" *Wolter* FS GA, 269, 282 unter Hinweis auf die Menschenwürdegarantie und den Kern der Autonomie des Menschen, die einen solchen „rechtsfreien Raum" grundsätzlich verbieten.

[93] Weiter *Duttge* in Hassemer u.a. S. 369, 381; *Eser/Burkhardt* Strafrecht I Fall 9 A Rdn. 42; *Günther* SK[6] Rdn. 56; *Schünemann* in Hassemer u.a. S. 145, 150; *ders.* in Coimbra-Symposium S. 149, 168; auch *Wolter* Funktionales Straftatsystem S. 149 m. Fn. 349.

[94] Siehe BVerfGE **39** 37, 44 – „1. Fristenregelungsurteil": „Der Staat darf sich seiner Verantwortung auch nicht durch Anerkennung eines ‚rechtsfreien Raumes' entziehen, in dem er sich der Wertung enthält und diese der eigenverantwortlichen Entscheidung des Einzelnen überlässt."; ferner BVerfGE **88** 203, 273 ff – „2. Fristenregelungsurteil"; krit. dazu *Merkel* NK Vor § 218 Rdn. 13 ff m.w.N. Zur prozeduralen Legalisierung des Schwangerschaftsabbruchs näher *Saliger* in Bernat/Kröll S. 124, 138 ff.

[95] Auch *Eser* Schwangerschaftsabbruch S. 95: der Gesetzgeber muss – wenn möglich – eine Wertentscheidung treffen.

tenheit" darauf hinaus, dass man den Betroffenen hier hinsichtlich seiner bedrohten Rechtsgüter (vor allem Leben und Leib) rechtlich schutzlos stellen und ihm damit das Notwehrrecht abschneiden würde. Der Hinweis von *Arth. Kaufmann* auf den mündigen, in Konfliktsituationen eigenverantwortlich entscheidenden Bürger und sein Appell an die Toleranz[96] lösen jedenfalls das Notwehrproblem nicht.[97] Die Bemühungen, dem Gesetzgeber und der Rspr. mit Hilfe der Lehre vom rechtsfreien Raum ein Alibi zu liefern, sich bei schwierigen und umstrittenen Kollisionsproblemen aus der Verantwortung herauszuhalten, übersehen daher auch die der Rechtsordnung aufgegebene Schutzfunktion (*Hirsch* FS Bockelmann, 89, 106 ff, 115; ferner *Gropp* AT § 5 Rdn. 46). Ein rechtsfreier Raum „hinter" dem Tatbestand ist daher nicht anzuerkennen (*Roxin* AT I § 14 Rdn. 30; *Rinck* Zweistufiger Deliktsaufbau S. 176; *Eser* Schwangerschaftsabbruch S. 98 f).

Die Anhänger der Lehre vom rechtsfreien Raum bzw. der „Neutralitätstheorie" übersehen außerdem, dass es **keinen Unterschied zwischen Rechtfertigung und bloßem Unrechtsausschluss** gibt. Sie sind der Meinung, dass die Begriffe „Rechtfertigung" und „Erlaubnis" nur in dem Sinne zu verstehen seien, dass die Rechtsordnung eine *positive* Bewertung des Handelns vornehme, während sie sich beim „einfachen" Unrechtsausschluss neutral verhalte (*Beling* Lehre vom Verbrechen S. 168; *Mezger* LK[8] Vor § 51 Bem. 10 1 [S. 353]; *Kern* ZStW **64** [1952] 255, 257; *Arth. Kaufmann* FS Maurach, 327, 335, 336, 341 f). Durch diese Differenzierung werden jedoch die Begriffe „Rechtfertigung" und „Erlaubnis" inhaltlich überfrachtet.[98] Es geht bei ihnen nur darum, dass eine rechtsgutsverletzende (tatbestandsmäßige) Handlung wegen des Vorliegens eines von der Rechtsordnung respektierten Ausnahmegrundes als *nicht* rechtswidrig eingestuft, eben dem Makel des ihr sonst anhaftenden Unrechts entzogen wird (*Lenckner* Notstand S. 22 f; *Gimbernat Ordeig* FS Welzel, 485, 495 f; *Hirsch* FS Bockelmann, 89, 100; *Roxin* AT I § 14 Rdn. 29 f). Deshalb bedeutet beispielsweise die Rechtfertigung (Erlaubnis) einer in erforderlicher Notwehr begangenen Tötung nicht, dass der Notwehrtäter einen rechtlich erwünschten Erfolg oder eine positiv zu wertende Handlung vorgenommen habe. Da das Recht „nicht mehr sein will als eine Ordnung sozialer Beziehungen, genügt für die rechtliche Bewertung die Feststellung, daß das fragliche Verhalten dieser Ordnung nicht zuwiderläuft" (*Lenckner* Notstand S. 22 f; *Hirsch* LK[11] Rdn. 18, 64, 73; *Roxin* AT I § 14 Rdn. 1, 30). Für eine Unterscheidung von Rechtfertigungs- und „einfachen" Unrechtsausschließungsgründen bestehen also weder qualitative noch quantitative Gesichtspunkte; Rechtfertigung und Unrechtsausschluß bezeichnen ein und dasselbe.[99]

---

96 Vgl. *Arth. Kaufmann* JZ **1992** 981, 983 ff; *ders.* Grundprobleme der Rechtsphilosophie S. 191, 205; *ders.* Rechtsphilosophie S. 232 ff.
97 Das „rechtliche Chaos", das *Hirsch* (FS Bockelmann, 89, 103) befürchtet und das nach *Roxin* (AT I § 14 Rdn. 30; zuvor schon in JuS **1988** 425, 429 f) z.B. im Falle eines Schwangerschaftsabbruchs zwischen Abtreibungsgegnern und -befürwortern zu einer „offenen Feldschlacht" mit erheblichen Verletzungen führen könne, ohne dass dies rechtliche Folgen nach sich zöge, ist von *Kaufmann* nicht geordnet worden. Stattdessen verweist er auf Missverständnisse seiner Lehre und darauf, dass „der Vorwurf, die Lehre vom rechtsfreien Raum führe zu einem rechtlosen Naturzustand, absurd ist" (Rechtsphilosophie S. 227).
98 Auch *Günther* Strafrechtswidrigkeit S. 263 f; *ders.* SK[6] Rdn. 56 als Verfechter der Existenz von Strafunrechtsausschließungsgründen lehnt diese Lehre ab, u.a. deshalb, weil der schlichte Unrechtsausschließungsgrund seine Wirkungen nicht auf das Strafrecht beschränkt, sondern rechtsgebietsübergreifend für die gesamte Rechtsordnung gelten soll.
99 Im einzelnen zur **Kritik** der deliktsrechtlichen Version der Lehre vom rechtsfreien Raum und der Differenzierung von Rechtfertigung und bloßem Unrechtsausschluß *Duttge* in Hassemer u.a. S. 369, 376 ff; *Hirsch* FS Bockelmann, 89 ff; *Lenckner* Notstand S. 18 ff; *Jakobs* 13/3; *Roxin* AT I § 14 Rdn. 26 ff; *ders.* in Eser/Fletcher I S. 230, 247 ff; *Schünemann* in Hassemer u.a. S. 145, 149 ff; auch *Maurach/Zipf* § 24 Rdn. 19.

2. Einzelfragen der Abgrenzung fehlender Rechtswidrigkeit und schon fehlender Tatbestandsmäßigkeit

Schrifttum

Albrecht Die „hypothetische Einwilligung" im Strafrecht, Diss. Bayreuth 2009 (2010); *Altermann* Sozialadäquanz und Strafrecht – eine Bestandaufnahme, Festschrift Eisenberg (2009) 233; *Altpeter* Strafwürdigkeit und Straftatsystem, Diss. Tübingen 1989 (1990); *Amelung* Über Freiheit und Freiwilligkeit auf der Opferseite der Strafnorm, GA **1999** 182; *Barton* Sozial übliche Geschäftstätigkeit und Geldwäsche (§ 261 StGB), StV **1993** 156; *Baumann* Die Rechtswidrigkeit der fahrlässigen Handlung (Bemerkungen zur Sozialadäquanz und zur Plenarentscheidung des BGH v. 4.3.57), MDR **1957** 646; *Beckemper* Strafbare Beihilfe durch alltägliche Geschäftsvorgänge, Jura **2001** 163; *A. Bergmann* Das Unrecht der Nötigung (§ 240 StGB), Diss. Marburg 1982 (1983); *M. Bergmann* Die Milderung der Strafe nach § 49 Abs. 2 StGB, Diss. Mannheim 1987 (1988); *Bernert* Zur Lehre von der „sozialen Adäquanz" und den „sozialadäquaten Handlungen", Diss. Marburg 1966; *Bertuleit* Sitzdemonstrationen zwischen prozedural geschützter Versammlungsfreiheit und verwaltungsakzessorischer Nötigung, Diss. Gießen 1993 (1994); *Binavince* Die vier Momente der Fahrlässigkeitsdelikte (1969); *Binding* Die Normen und ihre Übertretung, Bd. IV: Die Fahrlässigkeit (1919); *Boll* Strafrechtliche Probleme bei Kompetenzüberschreitungen nichtärztlicher medizinischer Hilfspersonen in Notsituationen, Diss. Heidelberg 1999/2000 (2001); *Bosch* Organisationsverschulden in Unternehmen, Habil. Augsburg 2002; *ders.* Der Widerstand gegen Vollstreckungsbeamte (§ 113 StGB) – Grundfälle und Reformansätze, Jura **2011** 268; *Bottke* Wege der Strafrechtsdogmatik, JA **1980** 93; *ders.* Sinn oder Unsinn kriminalrechtlicher AIDS-Prävention? Zugleich Versuch eines vorläufigen Resümees, in Szwarc (Hrsg.) AIDS und Strafrecht (1996), S. 277; *Bulla* Soziale Selbstverantwortung der Sozialpartner als Rechtsprinzip, Festschrift Nipperdey Bd. II (1965) 79; *Cancio Meliá* Finale Handlungslehre und objektive Zurechnung – Dogmengeschichtliche Betrachtungen zur Lehre von der Sozialadäquanz, GA **1995** 179; *Cramer* Zum Vorteilsbegriff bei den Bestechungsdelikten, Festschrift Roxin (2001) 945; *Derksen* Handeln auf eigene Gefahr, Diss. Bonn 1991 (1992); *Deutsch* Finalität, Sozialadäquanz und Schuldtheorie als zivilrechtliche Strukturbegriffe, Festschrift Welzel (1974) 227; *Dickert* Der Standort der Brauchtumspflege in der Strafrechtsordnung – Dargestellt am Beispiel des Maibaumdiebstahls, JuS **1994** 631; *Dietlein* Angelfischerei zwischen Tierquälerei und sozialer Adäquanz – Anmerkungen zu OLG Celle, NStZ 1993, 291, NStZ **1994** 21; *Dölling* Die Behandlung der Körperverletzung im Sport im System der strafrechtlichen Sozialkontrolle, ZStW **96** (1984) 36; *ders.* Soziale Adäquanz und soziale Systeme, Festschrift Otto (2007) 219; *Donatsch* Sorgfaltsbemessung und Erfolg beim Fahrlässigkeitsdelikt, Habil. Zürich 1987; *Dreher* Das 3. Strafrechtsreformgesetz und seine Probleme, NJW **1970** 1153; *ders.* Der Irrtum über Rechtfertigungsgründe, Festschrift Heinitz (1972) 208; *ders.* Nochmals: Der Begriff der Rechtmäßigkeit einer Vollstreckungshandlung i.S.d. § 113 Abs. 3 StGB, NJW **1973** 309; *ders.* Die Sphinx des § 113 Abs. 3, 4 StGB, Gedächtnisschrift Schröder (1978) 359; *ders.* Nochmals zur Sphinx des § 113 StGB, JR **1984** 401; *Duttge* Ein neuer Begriff der strafrechtlichen Fahrlässigkeit – Erwiderung auf Rolf D. Herzberg GA 2001, 568 ff, GA **2003** 451; *ders.* Wider die Palmströmsche Logik: Die Fahrlässigkeit im Lichte des Bestimmtheitsgebots, JZ **2014** 261; *Ebert/Kühl* Das Unrecht der vorsätzlichen Straftat, Jura **1981** 225; *Engisch* Untersuchungen über Vorsatz und Fahrlässigkeit im Strafrecht, Habil. Gießen 1930; *ders.* Die normativen Tatbestandsmerkmale im Strafrecht, Festschrift Mezger (1954) 127; *ders.* Der Unrechtstatbestand im Strafrecht, Festschrift DJT Bd. I (1960) 401; *Eser* „Sozialadäquanz": eine überflüssige oder unverzichtbare Rechtsfigur? Festschrift Roxin (2001) 199; *Esser/Keuter* Strafrechtliche Risiken am Bau, NStZ **2011** 314; *F. Exner* Das Wesen der Fahrlässigkeit (1910); *T. Exner* Sozialadäquanz im Strafrecht: zur Knabenbeschneidung, Diss. Jena 2010 (2011); *Fahl* Ist § 113 StGB i.V.m. § 114 StGB (noch) eine Privilegierung? ZStW **124** (2012) 311; *Franck* Die Visite im Mehrbettzimmer – Zur sozialadäquaten Einschränkung der ärztlichen Schweigepflicht, NStZ **2015**, 322; *Friedhoff* Die straflose Vorteilsannahme, Diss. Gießen 2011 (2012); *Frisch* Vorsatz und Risiko (1983); *ders.* Tatbestandsmäßiges Verhalten und Zurechnung des Erfolgs (1988); *ders.* Faszinierendes, Berechtigtes und Problematisches der Lehre von der objektiven Zurechnung des Erfolgs, Festschrift Roxin (2001) 213; *ders.* Objektive Zurechnung des Erfolgs, JuS **2011** 116; *Gänßle* Das behördliche Zulassen strafbaren Verhaltens, eine rechtfertigende Einwilligung? Diss. Dresden 2003; *Gallas* Zum gegenwärtigen Stand der Lehre vom Verbrechen, ZStW **67** (1955) 1; *Galperin* Sozialadäquanz und Arbeitskampfordnung, Festschrift Nipperdey Bd. II (1965) 197; *Geppert* Rechtfertigende Einwilligung des verletzten Mitfahrers bei Fahrlässigkeitsstraftaten im Straßenverkehr? ZStW **83** (1971) 947; *ders.* Die Nötigung (§ 240 StGB), Jura **2006** 31; *Gössel* Alte und neue Wege der Fahrlässigkeitslehre, Festschrift Bengl (1984) 23; *Gropp* Rettet die Höflichkeit! Festschrift Wolter (2013) 575; *Graf zu Dohna* Zum neuesten Stande der Schuldlehre, ZStW **32** (1911) 323; *Gracia Martin* Zur Struktur von „sozialadäquaten Handlungen" und ihre sachlogische Eingliederung in den Verbrechensaufbau, Festschrift Tiedemann (2008) 205; *Hellmuth Günther* Der Begriff der Rechtmäßigkeit einer Vollstreckungshandlung i.S.d. § 113 Abs. 3 StGB, NJW **1973** 309; *H.L. Günther* Verwerflichkeit von Nötigungen trotz Rechtfertigungsnähe? Festschrift Baumann (1992) 213; *Harneit* Überschuldung und erlaubtes Risiko, Diss. Kiel 1983 (1984); *Hassemer* Professionelle Adäquanz, wistra **1995** 41, 81; *Hansen* Die tatbestandliche Erfassung von Nötigungsunrecht, Diss. Hamburg 1969 (1972); *Herdegen* Der Verbotsirrtum in der Rechtsprechung des Bundesgerichtshofs, Festschrift BGH 25 (1975) 195; *Herzberg* Vorsatz und erlaubtes Risiko – insbesondere bei der Verfolgung Unschuldiger (§ 344 StGB), JR **1986** 6; *ders.* Die Strafandrohung als Waffe im Kampf gegen Aids? NJW **1987** 1461; *ders.* Bedingter Vorsatz und objektive Zurechnung beim Geschlechtsverkehr des AIDS-Infizierten, JuS **1987** 777; *ders.* AIDS: Herausforderung und Prüfstein des Strafrechts, JZ **1989** 470; *ders.* Die strafrechtliche Haftung für die Infizierung oder Gefährdung durch HIV, in Szwarc (Hrsg.) AIDS und Strafrecht (1996) S. 61; *ders.* Gedanken zum strafrechtlichen Handlungsbegriff und zur „vortatbestandlichen" Deliktsverneinung, GA **1996** 1; *ders.* Ein neuer Begriff der strafrechtlichen Fahrlässigkeit, GA **2001** 568; *Hirsch* Die Lehre von den negativen Tatbestandsmerkmalen, Diss. Bonn 1957 (1960); *ders.* Soziale Adäquanz und Unrechtslehre, ZStW **74** (1962) 78; *ders.* Zur Reform der Reform des Widerstandsparagraphen (§ 113 StGB), Festschrift Klug Bd. II (1983) 235; *ders.* Zur Lehre von der objektiven Zurechnung, Festschrift Lenckner (1998) 119; *Hörnle* 70. DJT Hannover (2014) – Thesen der Gutachter, S. 22; *Hombrecher* Geldwäsche (§ 261) durch Strafverteidiger, Diss. Kiel 2001; *Hoyer* Erlaubtes Risiko und technologische Entwicklung, ZStW **121** (2009) 860; *Hueck/Nipperdey* Arbeitsrecht II/2 7.Aufl. (1970); *Jähnke* Grundlagen der strafrechtlichen Haftung für fahrlässiges Verhalten, Gedächtnisschrift Schlüchter (2002) 99; *Jakobs* Studien zum fahrlässigen Erfolgsdelikt (1972); *ders.* Nötigung durch Gewalt, Gedächtnisschrift H. Kaufmann (1986) 791; *ders.* Bemerkungen zur objektiven Zurechnung, Festschrift Hirsch (1999) 45; *Kargl* Über die Bekämpfung des Anscheins der Kriminalität bei der Vorteilsannahme (§ 331 StGB) ZStW **114** (2002) 763; *Armin Kaufmann* Lebendiges und Totes in Bindings Normentheorie, Diss. Bonn 1954; *ders.* Tatbestandseinschränkung und Rechtfertigung, JZ **1955** 37; *ders.* Das fahrlässige Delikt, ZfRV **1964** 41; *ders.* Zum Stande der Lehre vom personalen Unrecht, Festschrift Welzel (1974) 393; *ders.* Rechtspflichtbegründung und Tatbestandseinschränkung, Festschrift Klug Bd. II (1983) 277; *Kienapfel* Körperliche Züchtigung und soziale Adäquanz im Strafrecht, Diss. Freiburg i.Br. 1960; *ders.* Das erlaubte Risiko im Strafrecht (1966); *Kindhäuser* Erlaubtes Risiko und Sorgfaltswidrigkeit – Zur Struktur strafrechtlicher Fahrlässigkeitshaftung, GA **1994** 197; *ders.* Zum sog. „unerlaubten" Risiko, Festschrift Maiwald (2010) 397; *ders.* Zur Notwehr gegen rechtswidrige Vollstreckungsmaßnahmen, HRRS **2016**, 439; *Klug* Sozialkongruenz und Sozialadäquanz im Strafrechtssystem, Festschrift Eb. Schmidt (1961) 249; *Ch. Knauer* AIDS und HIV – Immer noch eine Herausforderung für die Strafrechtsdogmatik, GA **1998** 428; *F. Knauer* Der Schutz der Psyche im Strafrecht, Habil. Berlin 2012 (2013); *ders.* Zur Wiederkehr der Sozialadäquanz im Strafrecht – Renaissance einer überholten Rechtsfigur oder dogmatische Kategorie der Zukunft? ZStW **126** (2014) 844; *Krause* Die objektiven Bedingungen der Strafbarkeit, Jura **1980** 449; *D.M. Krause* Ordnungsgemäßes Wirtschaften und Erlaubtes Risiko, Diss. Rostock 1994 (1995); *Krauß* Erfolgsunwert und Handlungsunwert im Unrecht, ZStW **76** (1964) 19; *Krümpelmann* Stufen der Schuld beim Verbotsirrtum, GA **1968** 129; *Kudlich* Die Unterstützung fremder Straftaten durch berufsbedingtes Verhalten, Habil. Würzburg 2004; *ders.* Die Verletzung gesetzlicher Sondernormen und ihre Bedeutung für die Bestimmung der Sorgfaltspflichtverletzung, Festschrift Otto (2007) 373; *Kunert* Die normativen Merkmale der strafrechtlichen Tatbestände, Diss. Bonn 1958; *Küper* Verwerflichkeit und Rechtfertigung bei der Nötigung, JZ **2013** 449; *Küpper* Strafvereitelung und „sozialadäquate" Handlungen, GA **1987** 385; *Lang-Hinrichsen* Tatbestandslehre und Verbotsirrtum, JR **1952** 302; *Leipold* Strafbarkeitsrisiken bei Hospitality-Maßnahmen im Sport – Ein Problem oder Sozialadäquanz? Festschrift I. Roxin (2012) 279; *Lenckner* Die Rechtfertigungsgründe und das Erfordernis pflichtgemäßer Prüfung, Festschrift H. Mayer (1966) 165; *ders.* Wertausfüllungsbedürftige Begriffe im Strafrecht und der Satz „nullum crimen sine lege", JuS **1968** 249; *ders.* Technische Normen und Fahrlässigkeit, Festschrift Engisch (1969) 490; *Lenz* Die Diensthandlung und ihre Rechtmäßigkeit in § 113 StGB, Diss. Bonn 1987; *Lesch* Der Verbrechensbegriff, Habil. Bonn 1997/98 (1999); *Lotz* Die einverständliche beidseitig bewusst fahrlässige Fremdschädigung, Diss. Konstanz 2016 (2017); *Magnus* Stärkung des Schutzes von Vollstreckungsbeamten und Rettungskräften – zur Reform der §§ 113 ff StGB, GA **2017** 530; *Maiwald* Zur Leistungsfähigkeit des Begriffs „erlaubtes Risiko", Festschrift Jescheck Bd. II (1985) 405; *J. Martin* Strafbarkeit grenzüberschreitender Umweltbeeinträchtigungen, Diss. Freiburg 1989; *L.G. Martin* Zur Struktur von „sozialadäquaten Handlungen" und ihre sachlogische Eingliederung im Verbrechensaufbau, Festschrift Tiedemann (2008) 205; *H.-W. Mayer* Forum: Die ungeschützte geschlechtliche Betätigung des Aidsinfizierten unter dem Aspekt der Tötungsdelikte – ein Tabu? JuS **1990** 784; *v.d. Meden* Objektive Zurechnung und mittelbare Täterschaft, JuS **2015** 22; *Mitsch* Das erlaubte Risiko im Strafrecht, JuS **2018** 1161; *Mörder* Die soziale Adäquanz im Strafrecht, Diss. Saarbrücken 1960; *Murmann* Zur Berücksichtigung besonderer Kenntnisse, Fähigkeiten und Absichten bei der Verhaltensnormkonkretisierung, Festschrift Herzberg (2008) 123; *Naucke* Straftatsystem und Widerstand gegen Vollstreckungsbeamte (§ 113 Abs. 3 u. 4 StGB), Festschrift Dreher (1977) 459; *Neumann* Zur Systemrelativität strafrechtsrelevanter sozialer Deutungsmuster – am Beispiel der Strafbarkeit von Streiks und Blockadeaktionen, ZStW **109** (1997) 1; *ders.* Welzels Konzeption sozialer Adäquanz – normtheoretisch betrachtet, Festschrift Rengier (2018) 49; *Niemeyer* Bedeutung des § 136 Abs. 3 und 4 StGB bei Pfändung von Sachen, JZ **1976** 314; *Nipperdey* Tatbestandsaufbau und Systematik der deliktischen Grundtatbestände, NJW **1967** 1985; *Oehler* Die erlaubte Gefahrsetzung und die Fahrlässigkeit, Festschrift Eb. Schmidt (1961) 232; *Ostendorf* Das Geringfügigkeitsprinzip als strafrechtliche Auslegungsregel, GA **1982** 333; *Otto* Strafbare Nötigung durch Sitzblockaden in der höchstrichterlichen Rechtsprechung und die Thesen der Gewaltkommission zu § 240 StGB, NStZ **1992** 568; *ders.* „Vorgeleistete Strafvereitelung" durch berufstypische oder alltägliche Verhaltensweisen als Beihilfe, Festschrift Lenckner (1998) 193; *ders.* Soziale Adäquanz als Auslegungsprinzip, Festschrift Amelung (2009) 225; *Paeffgen* Allgemeines Persönlichkeitsrecht der Polizei und § 113 StGB, JZ **1979** 516; *Peters* Sozialadäquanz und Legalitätsprinzip, Festschrift Welzel (1974) 415; *Preuß* Untersuchungen zum erlaubten Risiko im Strafrecht, Diss. Freiburg 1974; *Prittwitz* Die Ansteckungsgefahr bei AIDS – Ein Beitrag zur objektiven und subjektiven Zurechnung von Risiken, JA **1988** 427; *ders.* Das „AIDS-Urteil" des Bundesgerichtshofs, StV **1989** 123; *ders.* Strafrecht und Risiko, Habil. Frankfurt a.M. 1991/92 (1993); *Rackow* Neutrale Handlungen als Problem des Strafrechts, Diss Frankfurt a.M. 2007; *Puschke/Rienhoff* Zum strafrechtlichen Schutz von Polizeibeamtinnen und -beamten, JZ **2017** 924; *Ramm* Sozialadäquanztheorie und freiheitlicher sozialer Rechtsstaat, AuR **1966** 161; *Rehberg* Zur Lehre vom „erlaubten Risiko", Diss. Zürich 1962; *Reinhart* Das Bundesverfassungsgericht wechselt die Pferde: Der strafrechtliche Rechtmäßigkeitsbegriff, StV **1995** 101; *ders.* Abschied vom strafrechtlichen Rechtmäßigkeitsbegriff, NJW **1997** 911; *Rengier* AIDS und Strafrecht, Jura **1989** 225; *Richardi/Annuß* Arbeitsrecht (Fälle und Lösungen nach höchstrichterlichen Entscheidungen), 7. Aufl. (2000); *Roeder* Die Einhaltung des sozialadäquaten Risikos (1969); *Rönnau* Grundwissen – Strafrecht: Sozialadäquanz, JuS **2011** 311; *ders.* Strafrecht und Selbstregulierung – Chance oder Risiko, in Begegnungen im Recht (hrsg. von den Professorinnen und Professoren der Bucerius Law School), 2011 S. 237; *Röttger* Unrechtsbegründung und Unrechtsausschluß, Diss. Hamburg 1991 (1993); *Rose* Die strafrechtliche Relevanz von Risikogeschäften, wistra **2005** 281; *Roxin* Verwerflichkeit und Sittenwidrigkeit als unrechtsbegründende Merkmale im Strafrecht, JuS **1964** 373; *ders.* Offene Tatbestände und Rechtspflichtmerkmale, Diss. Hamburg 1956 (1959; 2. Aufl. 1970); *ders.* Literaturbericht, ZStW **82** (1970) 675; *ders.* Kriminalpolitik und Strafrechtssystem, 2.Aufl. (1973); *ders.* Bemerkungen zur sozialen Adäquanz im Strafrecht, Festschrift Klug, Bd. II (1983) 303; *ders.* Vorzüge und Defizite des Finalismus. Eine Bilanz, Festschrift Androulakis (2003) 573; *ders.* Das strafrechtliche Unrecht im Spannungsfeld von Rechtsgüterschutz und individueller Freiheit, ZStW **116** (2004) 929; *ders.* Bestechung und Bestechlichkeit im geschäftlichen Verkehr, Festschrift Rössner (2015) 892; *Rudolphi* Die pflichtgemäße Prüfung als Erfordernis der Rechtfertigung, Gedächtnisschrift Schröder (1978) 73; *ders.* Rechtfertigungsgründe im Strafrecht, Gedächtnisschrift Arm. Kaufmann (1989) 371; *Rüthers* Die Spannungen zwischen individualrechtlichen und kollektivrechtlichen Wertmaßstäben im Arbeitskampfrecht, AuR **1967** 129; *Sax* Zur rechtlichen Problematik der Sterbehilfe durch vorzeitigen Abbruch einer Intensivbehandlung, JZ **1975** 137; *ders.* „Tatbestand" und Rechtsgutsverletzung (I), JZ **1976** 9, (II) JZ **1976** 429; *Schaffstein* Soziale Adäquanz und Tatbestandslehre, ZStW **72** (1960) 369; *ders.* Tatbestandsirrtum und Verbotsirrtum, Festschrift Celle Bd. I (1961) 175; *Schall* Zur Reichweite der verwaltungsbehördlichen Erlaubnis im Umweltstrafrecht, Festschrift Roxin (2001) 927; *Schild* Das strafrechtliche Problem der Sportverletzung (vorwiegend im Fußballkampfspiel), Jura **1982** 464, 520; *ders.* Sportadäquanz, Festschrift Paeffgen (2015) 153; *Schlehofer* Risikovorsatz und zeitliche Reichweite der Zurechnung beim ungeschützten Geschlechtsverkehr des HIV-Infizierten, NJW **1989** 2017; *Schmidhäuser* Fahrlässige Straftat ohne Sorgfaltspflichtverletzung, Festschrift Schaffstein (1975) 129; *Schölz* Zur Verbindlichkeit des Befehls und zum Irrtum über die Verbindlichkeit (§ 22 WStG), Festschrift Dreher (1977) 479; *Schumann* Objektive Zurechnung auf der Grundlage der personalen Unrechtslehre? Festschrift Küper (2007) 453; *Schünemann* Moderne Tendenzen in der Dogmatik der Fahrlässigkeits- und Gefährdungsdelikte, JA **1975** 575; *Schürer-Mohr* Erlaubte Risiken – Grundfragen des „erlaubten Risikos" im Bereich der Fahrlässigkeits-

dogmatik, Diss. Hamburg 1997 (1998); *Seebode* Die Rechtmäßigkeit der Diensthandlung in § 113 Abs. 3 und 4 StGB, Diss. Göttingen 1987 (1988); *Sinn* Die Nötigung im System des heutigen Strafrechts, Diss. Gießen 1999/2000 (2000); *Sommer* Die Bedeutung der Sozialadäquanz bei der rechtlichen Bewertung technischer Risiken, Diss. Münster 1986; *Thiele* Verbotensein und Strafbarkeit, JR **1979** 397; *Thomas* Soziale Adäquenz und Bestechungsdelikte, Festschrft Jung (2007) 973; *Tröndle* Sitzblockade und ihre Fernziele, Festschrift Rebmann (1989) 480; *Hilde Vianden-Grüter (Hilde Kaufmann)* Der Irrtum über die Voraussetzungen, die für § 240 II StGB beachtlich sind, GA **1954** 359; *Valerius* Zur Sozialadäquanz im Strafrecht, JA **2014** 561; *Vasilikou* Zuwendungen im geschäftlichen Verkehr, Diss. München 2015 (2016); *v. Bar* Die Lehre vom Kausalzusammenhang im Recht, besonders im Strafrecht, Leipzig 1871; *T. Walter* Der Kern des Strafrechts, Habil. Freiburg i. Br. 2003/2004 (2006); *Waßmer* Untreue bei Risikogeschäften, Diss. Heidelberg 1996 (1997); *v. Weber* Negative Tatbestandsmerkmale, Festschrift Mezger (1954) 183; *Weigend* Grenzen strafbarer Beihilfe, Festschrift Nishihara (1998) 197; *Welzel* Studien zum System des Strafrechts, ZStW **58** (1939) 491; *ders.* Der Irrtum über die Rechtmäßigkeit der Amtsausübung, JZ **1952** 19; *ders.* Der Irrtum über die Zuständigkeit einer Behörde, JZ **1952** 133; *ders.* Der Irrtum über die Amtspflicht, JZ **1952** 208; *ders.* Die Regelung von Vorsatz und Irrtum im Strafrecht als legislatorisches Problem, ZStW **67** (1952) 196; *ders.* Fahrlässigkeit und Verkehrsdelikte (1961); *Wimmer* Ambivalenz der verkehrsrichtigen Gefahrhandlung, ZStW **75** (1963) 420; *Wolff-Reske* Berufsbedingtes Verhalten als Problem mittelbarer Erfolgsverursachung, Diss. Berlin 1995; *Wolski* Soziale Adäquanz, Diss. Berlin 1989 (1990); *Wolter* Objektive und personale Zurechnung von Verhalten, Gefahr und Verletzung in einem funktionalen Straftatsystem, Habil. Bonn 1979 (1981); *ders.* Verfassungsrecht im Strafprozeß- und Strafrechtssystem – Zugleich ein Beitrag zur Verfassungsmäßigkeit der Norm und zum rechtsfreien Raum „vor dem Tatbestand", NStZ **1993** 1; *ders.* Verfassungsrechtliche Strafrechts-, Unrechts- und Strafausschlußgründe im Strafrechtssystem von Claus Roxin, GA **1996** 207; *Würtenberger* Vom Rechtsstaatsgedanken in der Lehre der strafrechtlichen Rechtswidrigkeit, Festschrift Rittler (1957) 125; *Zaczyk* § 193 StGB als Rechtfertigungsgrund, Festschrift Hirsch (1999) 819; *Zipf* Rechtskonformes und sozialadäquates Verhalten im Strafrecht, ZStW **82** (1970) 633; *ders.* Einwilligung und Risikoübernahme im Strafrecht (1970); *Zöllner/Loritz/Hergenröder* Arbeitsrecht, 7. Aufl. (2015); *Zöller/Steffens* Grundprobleme des Widerstands gegen Vollstreckungsbeamte, JA **2010** 161.
Siehe außerdem das Schrifttum Vor Rdn. 5.

a) Sog. Rechtswidrigkeitsregeln (früher auch: Rechtspflichtmerkmale) finden sich **35** mit dem Erfordernis der Verwerflichkeit in § 240 Abs. 2[100] und § 253 Abs. 2, aber auch in § 17 Nr. 1 TierSchG, der die Strafbarkeit der Tötung eines Wirbeltieres davon abhängig macht, dass sie „ohne vernünftigen Grund" erfolgt. Damit sind Delikte angesprochen, bei denen es dem Gesetzgeber nicht gelungen ist, das verbotene Verhalten durch die Formulierung von Tatumständen präzise zu bestimmen. Die straftatsystematische Einordnung dieser Rechtswidrigkeitsregeln und damit auch ihre Verortung im Verbrechensaufbau ist umstritten.

Die Rechtsprechung weist im – nur scheinbaren[101] – Anschluss an die von *Welzel* be- **36** gründete **Lehre von den sog. offenen Tatbeständen** (JZ **1952** 19 f; 133 ff; 208 f) jedenfalls das Merkmal der Verwerflichkeit i.S.v. § 240 der Stufe der Rechtswidrigkeit zu (RGSt **77** 350, 351 f [noch zur Vorgängerbestimmung: Widerspruch zum gesunden Volksempfinden]; BGHSt [GrS] **2** 194, 195 f; **5** 245, 246).[102] Nach dieser Auffassung ist die Beschreibung

---

[100] Wer die Regelung des § 240 Abs. 2 auf die §§ 105, 106 und 108 entsprechend anwendet (so *Lackner/Kühl/Kühl* § 105 Rdn. 5; *Sch/Schröder/Eser* § 105 Rdn. 10; **aA** BGHSt **32** 165, 176; *Bauer/Gmel* LK[12] § 105 Rdn. 17 m.w.N.), muss die Diskussion um die straftatsystematische Einordnung der Verwerflichkeit auch im Zusammenhang mit diesen Delikten führen.
[101] Siehe dazu *Roxin* Offene Tatbestände S. 18 f: Die Unterschiede zeigen sich in der Behandlung des Irrtums über die Verwerflichkeit, vgl. Rdn. 41 f.
[102] Weiter BGHSt **17** 328, 331; **18** 389, 391 f; **19** 263, 268; **23** 46, 54 f; **31** 195, 200; **34** 71, 77; **35** 270, 275 f, 279; unklar BGHSt **44** 251, 253 f; BayObLG NJW **1963** 824; OLG Braunschweig NJW **1976** 60, 62; zust. *A. Bergmann* Unrecht S. 171 ff; *Otto* NStZ **1992** 568, 571; *Lackner/Kühl/Heger* § 240 Rdn. 25; *Tröndle* FS Rebmann, 480, 482. Dass die Verwerflichkeit eine tatbestandsergänzende Funktion hat (so BVerfGE **73** 238,

der tatbestandlichen Merkmale in § 240 Abs. 1 und § 253 Abs. 1 ohne Berücksichtigung des in den jeweiligen Absätzen 2 enthaltenen Erfordernisses der Verwerflichkeit vollständig, obwohl sich die Vertreter dieser Lehre einig darin sind, dass weder die Merkmale in § 240 Abs. 1 noch die in § 253 Abs. 1 stets genügen, um (strafwürdiges) Unrecht zu beschreiben. Nichts anderes ist gemeint, wenn davon gesprochen wird, dass die Verwirklichung des Tatbestands der Nötigung und der Erpressung das Unrecht der Tat nicht „indizierten" und die Tatbestände daher von offener Natur seien (vgl. zur Erläuterung näher *Sch/Schröder/Eisele* Vor § 13 Rdn. 66). Im Gegensatz zu den sog. geschlossenen Tatbeständen, bei denen unter dem Prüfungspunkt „Rechtswidrigkeit" allein die Frage beantwortet wird, ob das Unrecht der Tat ausnahmsweise wegen Vorliegens einer Erlaubnis ausgeschlossen ist, bedürfe es bei den offenen Tatbeständen auf dieser Stufe noch einer positiven Feststellung (hier durch Bejahung der Verwerflichkeit als Rechtswidrigkeitsmerkmal) der Rechtswidrigkeit.

37 Diese Lehre von den offenen Tatbeständen wird in der Lehre heute ganz überwiegend abgelehnt – wobei die Gegenvorschläge teilweise stark voneinander abweichen. Tatsächlich weist das dogmatische Fundament dieser Ansicht einen grundlegenden Mangel auf: Die Annahme eines das Unrecht nicht positiv und abschließend beschreibenden offenen Tatbestands lässt sich mit dem auch von der Rechtsprechung akzeptierten dreistufigen Verbrechensaufbau nicht vereinbaren (so zutreffend *Roxin* Offene Tatbestände S. 131 f; *ders.* AT I § 10 Rdn. 44; *Sch/Schröder/Eisele* Vor § 13 Rdn. 66). In einem Straftatsystem, das auf der Annahme beruht, bereits der Tatbestandsverwirklichung komme eine eigenständige Rechtswertung zu, ist kein Platz für einen offenen Tatbestand, dem eine solche Wertung gerade nicht entnommen werden kann.

38 Völlig bruchlos lassen sich die **speziellen Rechtswidrigkeitsregeln** in das Straftatsystem nur auf der Basis der – hier letztlich nicht für richtig gehaltenen – Lehre von den negativen Tatbeständen oder der von den Strafunrechtsausschlussgründen (dazu oben Rdn. 11 u. Rdn. 24) integrieren. Für den, der von einem echten Gesamt-Unrechtstatbestand als Folge eines zweistufigen Verbrechensaufbaus ausgeht, der mit Unrecht und Schuld also nur zwei Wertungsstufen kennt (s. näher Rdn. 11 m. Fn. 17 u. 19), stellt sich das Problem der Zuordnung der Rechtswidrigkeitsregel zu Tatbestand oder Rechtswidrigkeit von vornherein naturgemäß nicht. Wer hingegen in einer speziellen Rechtswidrigkeitsregel einen echten Strafunrechtsausschlussgrund (genauer: Tatbestandseinschränkungsgrund) sieht (*Günther* FS Baumann, 213, 217 f; *ders.* SK⁶ Vor § 32 Rdn. 52; *Schlehofer* MK Rdn. 18, 21), vermag diese auch mit einem dreistufigen Verbrechensaufbau zu versöhnen. Danach nimmt z.B. das Fehlen der Verwerflichkeit der Nötigung nicht das gesamte Unrecht, sondern lediglich das erhöhte Strafunrecht; dabei bleibt die Tat rechtswidrig, so dass die Rechtswidrigkeitsstufe eine Funktion und daher ihren Sinn behält: Dort entscheidet das Vorliegen einer Erlaubnis (Rechtfertigungsgrund oder unechter Strafunrechtsausschließungsgrund) darüber, ob die Tat rechtswidrig ist. Durch die Unterscheidung zwischen allgemeiner Rechtswidrigkeit und spezieller (das qualifizierte Strafunrecht anzeigender) Strafrechtswidrigkeit ist es möglich, über die Verwerflichkeit der Tat zu urteilen, ohne zuvor die Frage zu stellen, ob das Täterverhalten von einem Erlaubnissatz gedeckt ist.

39 Im Rahmen der klassischen Verbrechenslehre, die drei selbständige Wertungsstufen kennt und deren Vertreter gleichzeitig Rechtswidrigkeit und Unrecht über alle Teilbereiche der Rechtsordnung hinweg einheitlich bestimmen, ergibt sich demgegenüber die

---

253; BVerfG NJW **1991** 971, 972; **1993** 1519; **2002** 1031, 1033; BGHSt **35** 270, 275 ff), sagt noch nichts über die Zuordnung zu Tatbestand oder Rechtswidrigkeit aus.

Schwierigkeit, dass weder die Einordnung der Rechtswidrigkeitsregel als Tatbestandsmerkmal noch die Einordnung als Element der Rechtswidrigkeit vollständig überzeugen kann. Wer etwa auf dem Standpunkt steht, die Verwerflichkeit sei ein Tatbestandsmerkmal (so *Bertuleit* Sitzdemonstrationen S. 202; *Lenckner* JuS **1968** 249, 254),[103] muss sich entgegenhalten lassen, dass damit die Rechtswidrigkeitsebene überflüssig wird, da sich endgültig über die Verwerflichkeit nicht gut ohne Berücksichtigung etwaiger Rechtfertigungsgründe urteilen lässt (*Hirsch* Negative Tatbestandsmerkmale S. 289 ff; *Roxin* AT I § 10 Rdn. 45; *Sinn* Nötigung S. 334 ff).[104] Dieser Kritik meinen die Vertreter der sog. *materiellen Abstufungstheorie* wirksam begegnen zu können (*Hirsch* Negative Tatbestandsmerkmale S. 291 ff; *ders.* ZStW **74** [1962] 78, 118 ff; *ders.* LK[11] Rdn. 21).[105] Ihre Lösung kann jedoch nicht befriedigen. Danach soll auf einer ersten Stufe die *generelle* Verwerflichkeit der Tat ohne Berücksichtigung von Erlaubnissätzen beurteilt, auf einer zweiten Stufe die *konkrete* Verwerflichkeit unter Einbeziehung der sich aus Rechtfertigungsgründen ergebenden Wertungen geprüft werden: Sozialkonforme, nicht erst ausnahmsweise zulässige Zwangsanwendungen werden damit bereits aus dem Tatbestand eliminiert. Führe die Prüfung dagegen zur Bejahung der generellen Verwerflichkeit, womit der „unrechtsindizierende" Tatbestand erfüllt sei, schließe sich im Rahmen der Rechtswidrigkeitsregel als zweite Stufe die Frage an, ob ein Rechtfertigungsgrund eingreife. Sei das zu verneinen, so liege auch konkrete Verwerflichkeit und damit die Rechtswidrigkeit der Tat vor. Eine derartige Aufspaltung des Verwerflichkeitsurteils ist auf dem Boden einer Auffassung, die nicht zwischen schlichtem und spezifisch strafrechtlichem Unrecht unterscheidet, jedoch ausgeschlossen. Im Übrigen setzt die zweistufige Prüfung einen doppelten Verwerflichkeitsbegriff voraus, für den das Gesetz nichts hergibt (so zutreffend *Roxin* AT I § 10 Rdn. 45 m. Fn. 91). Will man spezielle Rechtswidrigkeitsmerkmale wie die Verwerflichkeit hingegen als Rechtfertigungsregel verstehen, steht man zum einen vor dem Problem, dass der Tatbestand nun kein Unrecht mehr beschreibt: Wer wollte behaupten, dass der Gläubiger Nötigungsunrecht, das nach der drei Wertungsstufen umfassenden Verbrechenslehre lediglich unter dem Vorbehalt seines ausnahmsweisen Entfallens auf Rechtfertigungsebene steht, schon dadurch verwirklicht, dass er seinem säumigen Schuldner androht, er werde die Forderung gerichtlich durchsetzen? Zum anderen spricht auch die dogmatische Struktur der Verwerflichkeit gegen ihre Zugehörigkeit zur Ebene der Rechtfertigung: Sie lässt Ausprägungen des alle Rechtfertigungsgründe kennzeichnenden sog. Minimierungsprinzips[106] vermissen, d.h. die Beschränkung des Eingriffs auf das zur Zielverwirklichung unumgängliche (erforderliche) Maß (*Gropp/Sinn* MK[2] § 240 Rdn. 118; *Sinn* Nötigung S. 343 ff).

Da spezielle Rechtswidrigkeitsregeln durch Berücksichtigung der Relation zwischen **40** Tatziel und Tatmittel in erster Linie eine Gesamtbewertung der Tat beinhalten, ist der mittlerweile h.L. in ihrer Auffassung zuzustimmen, die die Rechtswidrigkeitsregeln als **gesamttatbewertende Merkmale** klassifiziert (*Roxin* Offene Tatbestände S. 154 f; *ders.*

---

[103] *Sch/Schröder/Eser/Eisele* § 240 Rdn. 16 sowie alle Autoren, die von einem gesamttatbewertenden Merkmal ausgehen, s. die Nachw. in Rdn. 40 m. Fn. 107.

[104] Das Dilemma lässt sich nicht dadurch auflösen, dass man den Schutzbereich der Nötigung von vornherein auf Beeinträchtigungen der *rechtlich* geschützten Freiheit beschränkt (so *Amelung* GA **1999** 182, 192; *Jakobs* GedS H. Kaufmann, 791, 797; *Neumann* ZStW **109** [1997], 1, 8), da sich auch auf Basis dieser Auffassung die Frage nach dem Prüfungsort von Rechtfertigungsgründen stellt.

[105] Zust. *Jescheck* LK[11] Vor § 13 Rdn. 47; *Maurach/Zipf* § 24 Rdn. 8 f; ähnlich *Jakobs* 6/62; w. Nachw. bei *Küper* JZ **2013** 449, 455 m. Fn. 68.

[106] Siehe dazu *Arm. Kaufmann* Normentheorie S. 254 f; *ders.* FS Welzel, 393, 401; *ders.* JZ **1955** 37, 40; *Rudolphi* GedS Arm. Kaufmann, 371, 389; *Günther* SK[6] Rdn. 75.

ZStW **82** [1970] 675, 682f; *Sch/Schröder/Eisele* Vor § 13 Rdn. 66).[107] Danach gehören die Grundlagen der Bewertung einer Nötigung/Erpressung als verwerflich bzw. der Tötung eines Wirbeltieres als ohne vernünftigen Grund geschehen zum Tatbestand des jeweiligen Delikts, während das Bewertungsurteil selbst mit der Frage nach der Rechtswidrigkeit der Tat identisch ist. Für diese Einordnung spricht auch, dass etwa das Merkmal der Verwerflichkeit bei der Erpressung exakt dieselbe Funktion übernimmt wie das der Täuschung beim Betrug (*Roxin* AT I § 10 Rdn. 46), ohne dass ernsthaft erwogen würde, die Umstände der Täuschung in den Bereich der Rechtswidrigkeit des § 263 zu verweisen: Hier wird die noch sozialadäquate Ausnutzung von Wissensvorsprüngen zur Erlangung wirtschaftlicher Vorteile abgegrenzt von einer gesellschaftlich nicht mehr akzeptierten Übervorteilung.

41 Für den Irrtum des Täters bedeutet die Einordnung der Rechtswidrigkeitsmerkmale als gesamttatbewertend Folgendes: Irrt der Täter über die tatsächlichen oder rechtlichen[108] Voraussetzungen der Bewertung seiner Drohung/seines Gewalteinsatzes als verwerflich bzw. der Tötung als unvernünftig, befindet er sich in einem Tatumstandsirrtum, der gem. § 16 den Vorsatz ausschließt, im umgekehrten Fall (Irrtum zuungunsten des Täters) jedoch eine Versuchsstrafbarkeit begründet, soweit diese vom Gesetz vorgesehen ist. Keine vorsätzliche Nötigung begeht danach z.B. der Erbe, der dem Chefredakteur einer Zeitung wegen nur vermeintlich unrichtiger Darstellungen über den Erblasser mit einer Strafanzeige droht, um den Abdruck einer Gegendarstellung zu erzwingen. Fehlvorstellungen über das Verwerflichkeits- bzw. Unvernünftigkeitsurteil selbst haben als Verbotsirrtümer auf den Schuldspruch gem. § 17 überhaupt nur dann Einfluss, wenn der Täter sie nicht hat vermeiden können und er gleichzeitig zu seinen Gunsten irrt. Wer also ohne Nachzudenken oder um Rat nachzusuchen einen Hund in der Meinung erschlägt, die Tötung sei vernünftig, weil das Tier nicht folgt, macht sich gem. § 17 Nr. 1 TierSchG strafbar. Ein Irrtum des Täters über die Bewertung der Tat als verwerflich/unvernünftig zu seinen Ungunsten führt hingegen zur Straflosigkeit (sog. Wahndelikt). Wegen versuchter Nötigung macht sich demnach nicht strafbar, wer in der Annahme, sein Verhalten sei wegen der Störung des Nachbarfriedens verwerflich, seinem Nachbarn mit einer Klage auf Unterlassung der Besitzstörung droht, wenn dieser nicht das auf dem Grundstück des Täters geparkte Fahrzeug entferne.

42 Unterschiede ergeben sich zu den anderen hier referierten Einordnungsansätzen kaum (*Sinn* MK § 240 Rdn. 110). Insbesondere die Rechtsprechung gelangt auf der Basis der von ihr für richtig gehaltenen Lehre vom offenen Tatbestand – insoweit in Abweichung von *Welzel* (s. dazu schon *Roxin* Offene Tatbestände S. 18 f) – zu denselben Ergebnissen wie die hier bevorzugte Lehre (BGHSt [GrS] **2** 194, 197 ff; BGH NJW **1954** 480; BayObLG NJW **1961** 2074, 2075).[109] Ergebniswirksam ist die Einordnung der Rechtswid-

---

[107] Ebenso *Geppert* Jura **2006** 31, 39; *Hansen* Nötigungsunrecht S. 100f; *Herdegen* FS BGH 25, 195, 200; *Jescheck/Weigend* § 25 II 2; *Krümpelmann* GA **1968** 129, 138; *Schaffstein* ZStW **72** (1960) 369, 395f; *Lackner/Kühl/Heger* § 240 Rdn. 25; *Samson* SK⁵ Rdn. 36; *Toepel* NK § 240 Rdn. 139; *Küper* JZ **2013** 449, 451f (der den Ansatz auf Basis seines „Integrationsmodells" präzisiert); teilw. zust. *Sinn* MK § 240 Rdn. 120; *Wessels/Hettinger/Engländer* Rdn. 473; die „Figur der gesamttatbewertenden Merkmale" **abl.** *T. Walter* Kern des Strafrechts S. 106, 393; *ders.* LK¹² Vor § 13 Rdn. 56f, ohne darzulegen, was an deren Stelle treten soll.
[108] Es kommt nicht darauf an, ob sich der Irrtum auf den tatsächlichen oder rechtlichen Sachverhalt bezieht; entscheidend ist allein die Unterscheidung zwischen Bewertungsvoraussetzungen (zu denen auch ein Rechtfertigungsgrund gehören kann) und der Bewertung selbst, vgl. *Roxin* AT I § 10 Rdn. 50.
[109] Weiter BayObLG GA **1962** 80, 82; OLG Frankfurt DAR **1967** 222, 223; OLG Hamburg NJW **1968** 662, 663; **1972** 1290; OLG Braunschweig NJW **1976** 60, 62; OLG Karlsruhe NJW **1973** 378, 380; OLG Koblenz JR **1976** 69 m. krit. Anm. *Roxin*.

rigkeitsmerkmale überhaupt nur für den, der die – hier abgelehnte (vgl. Rdn. 96) – strenge Schuldtheorie für richtig hält. Danach führte die Einordnung eines speziellen Rechtswidrigkeitsmerkmals bei der Rechtswidrigkeit zu einem Verbotsirrtum, während derselbe Irrtum bei Zuordnung des Merkmals zum Tatbestand als Tatbestandsirrtum den Vorsatz ausschlösse. Das eigentliche Kernproblem der Rechtswidrigkeitsmerkmale liegt jedoch nicht in der richtigen straftatsystematischen Zuordnung, sondern in ihrer Vereinbarkeit mit dem Bestimmtheitsgebot aus Art. 103 Abs. 2 GG (*Sch/Schröder/Eisele* Vor § 13 Rdn. 66) – eine Frage, die allerdings im Zusammenhang mit dem jeweiligen Tatbestand gestellt werden muss und auf deren Erörterung hier daher verzichtet wird.

b) Ein sog. Rechtspflichtmerkmal soll mit der **Rechtswidrigkeit der Diensthand-** 43 **lung** nach einer Ansicht in der Literatur auch in **§ 113 Abs. 3** (ebenso in § 136 Abs. 3) enthalten sein.[110] Angesichts der sehr speziellen, Tatbestands- und Verbotsirrtum gleichermaßen erfassenden[111] Irrtumsregelung des § 113 Abs. 4 entzieht sich das Merkmal der Rechtswidrigkeit hier in noch stärkerem Maße als die Verwerflichkeit in den §§ 240 Abs. 2, 253 Abs. 2 bzw. die Unvernünftigkeit in § 17 Nr. 1 TierSchG einer klaren dogmatischen Einordnung. Eine wirklich stringente Lösung ist bislang nicht gefunden worden,[112] zumal eindeutige Hinweise des Gesetzgebers, der sich der Eigenartigkeit der in Abs. 4 enthaltenen Regeln durchaus bewusst war (vgl. dazu Prot. IV 305 ff), fehlen. Einen verallgemeinerungsfähigen Schluss auf die Existenz spezieller Rechtswidrigkeits- oder Tatbestandsmerkmale erlauben die in § 113 Abs. 3, 4 enthaltenen Vorschriften gerade wegen ihres sperrigen und straftatsystematisch kaum fassbaren Regelungsgehalts nicht (*Hirsch* LK[11] Rdn. 25), zumal sich diese besondere Art der Normgestaltung daneben nur noch in § 136 findet.

Auswirkungen hat die Diskussion um die richtige Einordnung der Rechtswidrigkeit 44 der Diensthandlung nur im Hinblick auf den Unrechts- und den Schuld*umfang*;[113] auf den Schuld*spruch* hat er keinen Einfluss. Die Rspr. vertrat – noch zu § 113 a.F. – und vertritt weiterhin die Auffassung, es handele sich um eine unrechts- und folglich auch schuldgelöste sog. **objektive Bedingung der Strafbarkeit** (RGSt **55** 161, 166; BGHSt **4** 161, 162 f m. krit. Anm. *Niese* JZ **1955** 327);[114] eine Ansicht, die – mit Modifikationen –

---

110 *Welzel* Strafrecht § 14 I 2c; *ders.* JZ **1952** 133, 135; *ders.* JZ **1953** 119 ff; *Arm. Kaufmann* Normentheorie S. 101, 257, 285 f; *ders.* FS Klug II, 277 ff. § 113 ist in den letzten Jahren durch das 44. StÄG vom 1.11.2011 (BGBl. I S. 2130) und das 52. StÄG vom 23.5.2017 (BGBl. I S. 1226) zwecks eines verbesserten strafrechtlichen Schutzes von Vollstreckungsorganen (und Rettungskräften) umgestaltet worden und dabei auf viel Kritik gestoßen (vgl. nur *Magnus* GA **2017** 530 ff, *Puschke/Rienhoff* JZ **2017** 924 ff u. *Bosch* Jura **2011** 268 ff). Das in der dogmatischen Einordnung überaus problematische Rechtmäßigkeitskriterium in § 113 Abs. 3 und 4 wurde dabei nicht verändert.
111 Vgl. *Sch/Schröder/Eser* § 113 Rdn. 20a.
112 So auch *Maurach/Schroeder/Maiwald* II § 70 Rdn. 37, nach denen alle Interpretationsansätze „Modifizierungen" einräumen bzw. dem Gesetzgeber „Fehler" vorwerfen müssen; **krit.** ebenfalls *Lackner/Kühl/Heger* § 113 Rdn. 18.
113 *Paeffgen* NK § 113 Rdn. 63 m. Fn. 394; die Streitfrage offenlassend (mit Blick auf die geringe praktische Bedeutung) *Fischer* Rdn. 10; krit. diesbezüglich *Sch/Schröder/Eser* § 113 Rdn. 19; skeptisch in praktischer Hinsicht *Bosch* MK § 113 Rdn. 26; *ders.* Jura **2011** 268, 273; *Dallmayer* BeckOK § 113 Rdn. 15; eine praktische Bedeutung verneinen vollständig *Wolters* SK § 113 Rdn. 22; *Barton* AnwK § 113 Rn. 34; *Wessels/Hettinger/Engländer* Rdn. 705 m. Fn. 39 (wonach der Streit theoretisch auch Auswirkungen auf die Strafzumessung haben müsste, die Strafzumessungsdogmatik jedoch weit davon entfernt sei, eine solche Wirkungsdifferenz sachlich überprüfbar abbilden zu können); s. auch *Matt/Renzikowski/Dietmeier* § 113 Rdn. 9; SSW/*Fahl* § 113 Rdn. 10; *Rengier* BT 2 § 53 Rdn. 15; *Zöller/Steffens* JA **2010** 161, 164.
114 Weiter RGSt **70** 300, 301; BGHSt **21** 334, 364 ff; BayObLGSt **1964** 34; KG NJW **1972** 780, 781; OLG Köln GA **1966** 344, 345; VRS **37** (1969) 33, 34. OLG Celle StraFo **2012** 419, 420.

auch für die heute geltende Fassung (Irrtumsregelung in Abs. 4) noch geäußert wird.[115] Der mit dieser Einordnung verbundene scheinbare Vorteil – der Täter wird infolge der Unrechtsgelöstheit durch die in Abs. 4 enthaltene Irrtumsregelung vermeintlich besser gestellt[116] – ist allerdings für einen (zu) hohen Preis erkauft: Der Ausschluss der Rechtswidrigkeit aus dem Kreis der das Unrecht konstituierenden Merkmale belässt danach mit der Anweisung, die Behinderung hoheitlicher Vollstreckungsmaßnahmen – rechtswidrige wie rechtmäßige – zu unterlassen, ein „Rumpfverbot", dessen Unrechtsgehalt in einem Rechtsstaat nur schwerlich auszumachen ist (*Dreher* GedS Schröder, 359, 369f; *Paeffgen* NK § 113 Rdn. 65; *Bosch* MK § 113 Rdn. 27). Eine solche Verhaltensvorschrift ließe sich überhaupt nur damit erklären, dass statt staatlicher Vollstreckungstätigkeit durch § 113 die in Abs. 4 Satz 2 angedeutete „Vorrangigkeit prozessualer Rechtsbehelfe" geschützt wird. Dieser Legitimationsansatz kollidiert jedoch seinerseits mit der allgemein anerkannten Möglichkeit, rechtswidrige Amtshandlungen mit den Mitteln der Notwehr abzuwehren.[117]

45 Folgt man dieser Kritik und ordnet die Rechtswidrigkeit der Diensthandlung als Merkmal ein, das das Unrecht des Widerstandleistens mitbestimmt, verbleibt – soweit man nicht mit der Lehre von den negativen Tatbestandsmerkmalen für einen echten Gesamtunrechtstatbestand eintritt – die Frage nach der Zuordnung zu Tatbestand oder Rechtswidrigkeit. Unter den Autoren, die sich für eine Einordnung auf der Ebene der Rechtswidrigkeit aussprechen, misst insbesondere *Hirsch* (FS Klug II, 235, 243 ff; *ders.* LK[11] Rdn. 24)[118] dem Merkmal eine deklaratorische Bedeutung zu, das es lediglich auf die Möglichkeit der Rechtfertigung des Widerstandleistenden aus einem anerkannten Rechtfertigungsgrund (insbesondere Notwehr) verweise. Gegen diesen Vorschlag spricht aber Folgendes: Wer Widerstand gegen eine *rechtswidrige* Amtshandlung leistet, begeht nach der Meinung *Hirschs* auf der Basis eines dreistufigen Straftatmodells Unrecht, das nur dann ausnahmsweise ausgeschlossen ist, wenn ein Rechtfertigungsgrund eingreift. Auch in Kombination mit dem hier favorisierten unechten zweistufigen Verbrechensaufbau (ohne der Lehre von den negativen Tatbestandsmerkmalen zu folgen, vgl. Rdn. 12 ff) repräsentierte der Widerstand gegen *rechtswidriges* hoheitliches Verhalten immerhin noch vertyptes Unrecht. Die Vorstellung, der Widerstand gegen eine das Recht missachtende Diensthandlung könne in Abwesenheit der Voraussetzungen eines Rechtfertigungsgrundes Unrecht darstellen, ist in einer Gemeinschaft, in der Gesetzesvorrang und Gesetzesvorbehalt gelten, jedoch kaum erträglich. Darüber hinaus lässt sich die Einschätzung des Merkmals der Rechtswidrigkeit als bloßer Hinweis auf die Möglichkeit zur Rechtfertigung aus einem anderen Grund auch kaum mit dem Gesetzestext vereinbaren:

---

115 Für eine durch § 113 Abs. 4 modifizierte objektive Bedingung der Strafbarkeit sprechen sich aus KG NJW **1972** 780, 781; *Bockelmann* BT 3 S. 147; *Krause* Jura **1980** 449, 450; *Reinhart* NJW **1997** 911, 913; *Wessels/Hettinger/Engländer* Rdn. 704; *Kindhäuser* HRRS **2016** 439, 441ff (anders BT 1 § 36 Rdn. 44: insgesamt Vorsatz-Fahrlässigkeits-Kombination). Nach SSW/*Fahl* § 113 Rn. 10; *ders.* ZStW **124** (2012) 311, 313 m. Fn. 15 ist diese Ansicht immer noch **h.M.**
116 So beispielsweise *Kindhäuser* HRRS **2016** 439, 441. Dass die Irrtumsregelung des § 113 Abs. 4 für den Täter nicht ausschließlich vorteilhafter ist als die allgemeine Regelung des Verbotsirrtums (§ 17), erläutert *Bosch* Jura **2011** 268, 274.
117 Siehe dazu BGHSt **4** 161, 163; BGH NStZ **2015** 547 Rdn. 34 (rechtswidriger Angriff i.S.v. § 32 jedenfalls bei willkürlichem und nichtigem Verwaltungshandeln); OLG Celle NdsRpfl. **1966** 252; OLG Stuttgart NJW **1971** 629; KG GA **1975** 213, 215; *Sch/Schröder/Eser* § 113 Rdn. 19; **aA** *Thiele* JR **1979** 397, 398. *Bosch* (Jura **2011** 268, 274) weist zusätzlich auf einen dogmatischen Widerspruch hin: Der Täter, der über eine objektive Strafbarkeitsbedingung – die als unrechtsneutral zu qualifizieren ist – irrt, kann nicht einem Verbotsirrtum i.S.d. § 113 Abs. 4 unterliegen.
118 Ihm zustimmend *Lenz* Diensthandlung S. 174; ähnlich schon *Welzel* JZ **1952** 19 f; zust. mit Abweichungen im Detail *M. Bergmann* Milderung S. 124, 126 f; *Thiele* JR **1979** 397, 397 f.

Nach § 113 Abs. 3 entfällt die Strafbarkeit schon dann, wenn die Diensthandlung nicht rechtmäßig ist. Nach der hier abgelehnten Ansicht müsste der Widerstandleistende jedoch zusätzlich die Grenzen der Erforderlichkeit einhalten und zudem mit Gefahrabwendungs-/Verteidigungswillen handeln; Anforderungen, die die Vorschrift des § 113 Abs. 3 an das Verhalten des Täters nicht stellt (*Dreher* JR **1984** 401, 404f; *Bosch* MK § 113 Rdn. 30; *Sch/Schröder/Eser* § 113 Rdn. 19). Viele Autoren sehen in der Rechtswidrigkeit der Diensthandlung demgegenüber einen **Rechtfertigungsgrund eigener Art**, der nur für den Widerstand gegen Diensthandlungen gilt (OLG Bremen NJW **1977** 158, 160; *Rosenau* LK¹² § 113 Rdn. 32; *Dreher* NJW **1970** 1153, 1158; *ders.* GedS Schröder, 359, 370 u. 376ff; *ders.* FS Heinitz, 207, 221).[119] Eine derartige Einordnung begegnet zwar dem gegen die Rechtfertigungslösung von *Hirsch* erhobenen Einwand der Unvereinbarkeit mit der Gesetzeslage. Jedoch ist dieser Vorschlag nicht mit allgemeinen Grundsätzen der Rechtfertigungsdogmatik in Einklang zu bringen.[120] Danach stellt das im Merkmal der Erforderlichkeit verkörperte sog. Minimierungsprinzip – die Begrenzung eines Eingriffs auf das zur Interessenwahrung Unumgängliche – ein unverzichtbares Element jedes Rechtfertigungsgrundes dar (vgl. die Nachw. in Fn. 106). Auch bedeutete die Anerkennung der Rechtswidrigkeit der Diensthandlung als Rechtfertigungsgrund einen Bruch mit der heute fast allgemein anerkannten Notwendigkeit eines subjektiven Rechtfertigungselements (s. dazu *Bosch* Jura **2011** 268, 273 und Rdn. 82ff). Zudem lässt sich die Gleichbehandlung von Rechts- und Tatsachenirrtum in Abs. 4 auf dem Boden der Rechtfertigungslösung nicht erklären (*Sch/Schröder/Eser* § 113 Rdn. 19 m.w.N.).

Die **Einordnung der Rechtswidrigkeit der Diensthandlung in den Tatbestand** 46 des § 113[121] kann jedoch ebenfalls nicht restlos befriedigen, bedeutet doch die Irrtumsregelung des Abs. 4 in diesem Fall, dass ein vorsatzloses Tatbestandsmerkmal entsteht, wenn dort in Satz 2 angeordnet wird, dass Straflosigkeit nur eintritt, wenn der Täter seinen Irrtum über die Rechtswidrigkeit der Diensthandlung nicht vermeiden konnte (und ihm überdies nicht zuzumuten war, sich mit Rechtsbehelfen zu wehren) (*Dreher* GedS Schröder, 359, 374; *Bosch* MK § 113 Rdn. 28; *Paeffgen* NK § 113 Rdn. 66 m.w.N.). Dies steht in einem klaren Widerspruch zu der Regelung des § 16. Auch die Anweisung des § 113 Abs. 3 Satz 2, wonach der Irrtum des Täters über die Rechtswidrigkeit zu seinen Ungunsten keine Strafbarkeit nach sich zieht, passt nicht so recht zur Einordnung als Merkmal eines Vorsatztatbestands:[122] Da der Irrtum über einen Tatumstand zuungunsten des Täters in der Regel zur Versuchsstrafbarkeit führt, der Versuch des § 113 jedoch nicht strafbar ist, wäre die Regelung in Abs. 3 Satz 2 unter diesem Vorzeichen überflüssig.[123] Teilweise wird versucht, die Kollision mit der Vorschrift des § 16 dadurch zu vermeiden, dass

---

[119] Weiter *Bosch* MK § 113 Rdn. 30; *Günther* NJW **1973** 309, 310f; *M. Heinrich* HK-GS § 113 Rdn. 14; *Herdegen* FS BGH 25, 195, 202ff; *Paeffgen* NK § 113 Rdn. 70; *ders.* JZ **1979** 516, 521; *Schölz* FS Dreher, 479, 483; *Seebode* Rechtmäßigkeit S. 109; *Fischer* § 113 Rdn. 10; ähnlich *Niemeyer* JZ **1976** 314, 315; *Reinhart* StV **1995** 101, 103; in diese Richtung auch *Lackner/Kühl/Heger* § 113 Rdn. 18, nach dem jedoch keine der systematischen Erklärungen „ohne innere Spannung mit den allgemeinen Regeln vereinbar" ist. „Die Rechtfertigungslösungen bringen seiner Ansicht nach die Friktion (noch) auf den kleinsten Nenner (...) und (kommen) überdies den Vorstellungen des historischen Gesetzgebers am nächsten"; nach *Matt/Renzikowski/Dietmeier* § 113 Rn. 9 handelt es sich hier um die „mittlerweile (wohl) überwiegende Auffassung".
[120] Krit. auch *Naucke* FS Dreher, 459, 471.
[121] So *T. Walter* Der Kern des Strafrechts S. 434; *Sch/Schröder/Eser* § 113 Rdn. 20; *Naucke* FS Dreher, 459, 471f. Zu § 113 a.F. *Binding* Lehrbuch II S. 778ff sowie die in Fn. 110 Genannten (als sog. Rechtspflichtmerkmal, das das tatbestandliche Unrecht mitkonstituiert, aber außerhalb des Vorsatzbezuges steht).
[122] So auch *Rosenau* LK¹² § 113 Rdn. 30; *Dreher* GedS Schröder, 359, 373; *Bosch* Jura **2011** 268, 273.
[123] Der Gesetzgeber wollte mit dieser Vorschrift „doktinäre[n] Missverständnisse[n]" vorbeugen, vgl. Prot. V 2890; s. auch *Dreher* JR **1984** 401, 403.

die Rechtswidrigkeit als ein Tatbestandsmerkmal gedeutet wird, das aus kriminalpolitischen Gründen dem Vorsatzerfordernis entzogen sei (*Naucke* FS Dreher, 459, 471 f; *Rudolphi* SK⁶ § 136 Rdn. 30; *Zielinski* AK § 113 Rdn. 18). In eine ähnliche Richtung geht ein Vorschlag von *Sax* (JZ **1976** 9, 15 f; *ders*. JZ **1976** 429, 430 f), der – in einem ganz überwiegend abgelehnten Modell – in der Rechtswidrigkeit eine objektive Strafwürdigkeitsvoraussetzung sieht, die das tatbestandliche Unrecht mitkonstituiere, für die jedoch modifizierte Verbotsirrtumsregeln gälten.[124] Diese modifizierten Tatbestandslösungen führen jedoch zu einer „Marginalisierung" (*Paeffgen* NK § 113 Rdn. 67 f) der für das Unrecht so zentralen Norm des § 16.[125] Die wenigsten dogmatischen Spannungen weist die Deutung des § 113 als eine **Vorsatz-Fahrlässigkeits-Kombination** auf (für diese Lösung plädiert *Sch/Schröder/Eser* § 113 Rdn. 20; auch *Kindhäuser* BT 1 § 36 Rdn. 44; [anders aber *ders*. in HRRS **2015** 439, 440 ff: objektive Strafbarkeitsbedingung]).[126] Sie passt einerseits gut zur Ausgestaltung der Irrtumsregeln in Abs. 4, die im Kern eine dem § 17 entsprechende Anweisung enthält. Andererseits stellt diese Interpretationsvariante sicher, dass die Rechtswidrigkeit der Diensthandlung rechtsgutbestimmende Funktion erhält, ohne dass es zu einem Bruch mit § 16 kommt. Es bleibt jedoch der berechtigte Vorwurf, dass der bloße Fahrlässigkeitsbezug der wesentlichen Bedeutung des Merkmals der Rechtswidrigkeit für das Handlungsunrecht des Widerstandleistens nicht gerecht wird.[127] Ein Verweis auf § 18 kann diese Bedenken nicht zerstreuen,[128] da dem unechten Unternehmensdelikt des § 113 gerade die erfolgsqualifizierte Delikte kennzeichnende Erfolgsbezogenheit fehlt.[129]

47 In einigen Strafbestimmungen finden sich gesetzliche Hervorhebungen des allgemeinen Deliktsmerkmals Rechtswidrigkeit, z.B. in § 303 Abs. 1. Hier sah der Gesetzgeber Anlass, ausdrücklich auf die Möglichkeit des Eingreifens von Rechtfertigungsgründen hinzuweisen. Die Terminologie ist dabei nicht einheitlich. Neben dem Begriff „rechtswidrig" ist gleichbedeutend von „widerrechtlich" (§ 123) und „unbefugt" (z.B. § 203) die Rede. Bei „unbefugt" handelt es sich allerdings nicht immer um einen bloßen Hinweis auf das allgemeine Verbrechensmerkmal der Rechtswidrigkeit; der Begriff erscheint auch in speziellerer Sinngebung und ist dann Tatbestandsmerkmal (z.B. heißt „unbefugt" in § 107a „ohne Wahlberechtigung" und in § 303 Abs. 2 „ohne Einverständnis", vgl. *Sch/Schröder/Stree/Hecker* § 303 Rdn. 17). Als Faustformel zur Bestimmung des jeweiligen Gehalts des Merkmals „unbefugt" wird verbreitet die sog. Abzugsmethode verwendet: Danach ist ein bloßer Hinweis auf die allgemeine Rechtswidrigkeit gemeint, wenn der verbleibende Normtext nach Abzug des Merkmals „unbefugt" noch ausreichend strafwürdiges Unrecht enthält. Ein Tatbestandsmerkmal wird hingegen beschrieben, wenn nach Streichung kein strafwürdiges Unrecht mehr vorhanden ist (in diesem Sinne *Roxin* AT I § 10 Rdn. 30). Mehr als eine Faustformel kann diese Gedankenoperation wegen der Verwendung des schillernden Begriffs der Strafwürdigkeit nicht sein. Sonderprobleme ergeben sich bezüglich der Verwendung des Begriffs „rechtswidrig" in den §§ 242 und 263 (dazu *Sch/Schröder/Eisele* Vor § 13 Rdn. 65).

---

124 Ähnlich *Bottke* JA **1980** 93, 98; *Schmidhäuser* BT § 22 Rdn. 31; *Wolter* Funktionales Straftatsystem S. 162 ff u. 351 ff.
125 Krit. auch *Bosch* MK § 113 Rdn. 28.
126 Im Ergebnis ähnlich *Baumann* ZRP **1969** 85, 89; *Tiedemann* Prot. IV 204, 208. Weitergehend *Jakobs* 6/65, der in § 113 Abs. 4 Satz 2 ein eigenständiges Verbot abstrakter Vollstreckungsgefährdung sieht.
127 Zutreffend *Paeffgen* NK § 113 Rdn. 68.
128 So aber *Sch/Schröder/Eser* § 113 Rdn. 20, der aber zugibt, dass dadurch „nicht alle Ungereimtheiten ausgeräumt" sind.
129 *Bosch* MK § 113 Rdn. 29.

c) Nach der auf *Welzel* zurückgehenden Lehre von der **Sozialadäquanz** fallen Handlungen, die zwar vom Wortlaut einer Strafbestimmung umfasst sind, sich aber völlig im Rahmen der normalen, geschichtlich gewordenen sozialen Ordnung des Lebens bewegen, aus dem Bereich des Unrechts heraus (*Welzel* ZStW **58** [1939] 491, 516 ff, 527; Strafrecht § 10 IV).[130] Als Fälle der Sozialadäquanz werden beispielsweise angeführt: Übliche Neujahrsgeschenke an den Postboten,[131] Einladungen zu einem Geschäftsessen,[132] Verletzungen, die bei ordnungsgemäßer Teilnahme am modernen Straßen-, Schienen- oder Flugverkehr eintreten, Ausschenken von Alkohol an Kraftfahrer (vgl. *Welzel* Strafrecht § 10 IV).[133] In jüngerer Zeit ist die Lehre insbesondere unter dem Schlagwort „Beihilfe durch berufstypisches bzw. neutrales Verhalten" diskutiert worden.[134] Streitig ist unter ihren Anhängern, auf welcher Deliktsstufe der Sozialadäquanz Bedeutung zukommen soll. Überwiegend geht man von einer Unrechtseinschränkung auf Tatbestandsebene aus.[135] Dagegen tritt *Schmidhäuser* AT 9/27 für eine Einordnung erst als Rechtfertigungs-

48

---

130 Ferner Baumann/Weber/*Mitsch*/Eisele § 6 Rdn. 34 ff; *Eser* FS Roxin (2001), 199 ff; *Fischer* Rdn. 12; *Freund* MK Vor § 13 Rdn. 159 f; *Arm. Kaufmann* ZfRV **1964** 41, 50; *Klug* FS Eb. Schmidt, 249, 255 ff (mit abw. Terminologie); *Krauß* ZStW **76** (1964) 19, 45 ff; *Maurach/Zipf* § 17 Rdn. 14; *Peters* FS Welzel, 415, 419 ff; *Schaffstein* ZStW **72** (1960) 369 ff; *Schmidhäuser* AT 9/26 ff; *Stratenwerth/Kuhlen* AT § 8 Rdn. 30 f; *T. Walter* LK[12] Rdn. 91; *Zipf* ZStW **82** (1970) 633, 647 ff; teilweise auch *Jescheck/Weigend* § 25 IV 1, 2 („in letzter Linie heranzuziehen"). Näher zur Dogmengeschichte der Lehre von der Sozialadäquanz *Cancio Meliá* GA **1995** 179 ff, *Wolski* Soziale Adäquanz S. 10 ff, *F. Knauer* ZStW **126** (2014) 844, 846 ff u. *Paeffgen/Zabel* NK Rdn. 28 ff; zusf. *Rönnau* JuS **2011** 311 ff.
131 Dazu ausführlich *Eser* FS Roxin (2001), 199 ff; Arzt/Weber/*Heinrich*/Hilgendorf BT § 49 Rdn. 30; *Kindhäuser* AT § 11 Rdn. 10 f; *Lackner/Kühl/Heger* § 331 Rdn. 14 m.w.N.; generell im Kontext der Bestechungsdelikte *Thomas* FS Jung, 973, 982 ff u. *Leipold* FS I. Roxin, 279, 290 ff.
132 Vgl. nur *Dannecker* NK § 299 Rdn. 58 ff m.w.N.
133 Nachw. weiterer Beispiele bei *Hirsch* ZStW **74** (1962) 78, 87 ff, *F. Knauer* ZStW **126** (2014) 844, 847 ff u. Sch/Schröder/*Eisele* Vor § 13 Rdn. 69. Zu Körperverletzungen im Sport und „Sozialadäquanz" *Dölling* ZStW **96** (1984) 36, 55 ff, *ders.* FS Otto, 219, 223 f sowie *Schild* Jura **1982** 464, 520, 528 u. zuletzt ausführlich (u. verteidigend) zum Tatbestandsausschlussgrund der Sportadäquanz *ders.* FS Paeffgen, 153 ff (in Auseinandersetzung auch mit den Kritikern des Ansatzes); zu brauchtumsbedingten Verhaltensweisen (konkret: „Maibaumdiebstahl") und Sozialadäquanz *Dickert* JuS **1994** 631, 636 f; zur sozialadäquaten Einschränkung der ärztlichen Schweigepflicht (bei Visiten im Krankenhaus) *Franck* NStZ **2015** 322 ff; zu „sozialadäquaten" Freiheitsberaubungen (etwa bei Weiterfahrt trotz Aussteigewunsches des Passagiers) *Valerius* JA **2014** 561, 564; instruktiv hierzu *Mitsch* NZV **2013** 417, 420 f (der Rechtfertigung des Bahnpersonals durch Vertrag annimmt).
134 Dazu etwa BGH wistra **2018** 342, 343 m.w.N.; *Joecks* MK § 27 Rdn. 54 ff, *Kudlich* Unterstützung S. 77 ff u. *Krey/Esser* Rdn. 1082 ff; alle m.w.N. *Hassemer* wistra **1995** 41, 46 und 81 ff entwickelt unter Rückgriff auf die Lehre von der Sozialadäquanz sein Konzept der „professionellen Adäquanz", nach dem durch die berufsspezifischen Regeln geleitetes „professionell angemessenes" Verhalten grundsätzlich auch strafrechtsgemäß ist; **kritisch** dazu etwa *Beckemper* Jura **2001** 163, 165 f; *Paeffgen/Zabel* NK Rdn. 39; *Weigend* FS Nishihara, 197, 200 ff: Die Tatsache, dass Verhalten äußerlich im Rahmen des Berufsüblichen verbleibt, kann es nicht zu einem sozialadäquaten oder sonst tatbestandslosen machen; auch *Otto* FS Lenckner, 193, 202 f. Die Anwendung der Lehre von der Sozialadäquanz auf den Beihilfetatbestand generell ablehnend *Wolff-Reske* Berufsbedingtes Verhalten S. 63 ff; *Rackow* Neutrale Handlungen S. 200 ff und passim (der selbst für eine Rechtfertigungslösung plädiert [S. 535 ff, 572]); ebenso bzgl. der Verwirklichung des Geldwäschetatbestands bei Annahme eines Strafverteidigerhonorars OLG Hamburg NJW **2000** 673, 675 mit zahlreichen Nachw.; auch BGHSt **47** 68, 71; weiterhin *Hombrecher* Geldwäsche durch Strafverteidiger? S. 105 ff.
135 *Welzel* Strafrecht § 10 IV (in 4. bis 8. Aufl. des Lehrbuchs aber zeitweilig für gewohnheitsrechtlichen Rechtfertigungsgrund; krit. dazu *Hirsch* ZStW **74** [1962] 78, 80 ff, 132); weiterhin Baumann/Weber/*Mitsch*/Eisele § 6 Rdn. 36; *Dölling* ZStW **96** (1984) 36, 57; *ders.* FS Otto, 219; *Ebert/Kühl* Jura **1981** 225, 226; *Fischer* Rdn. 12; *Gänßle* Behördliches Zulassen S. 62; *Gracia Martin* FS Tiedemann, 205, 210 ff; *T. Walter* LK[12] Vor § 13 Rdn. 91; *Jescheck/Weigend* § 25 IV 1; *Lackner/Kühl/Kühl* Rdn. 29; *Otto* AT § 6 Rdn. 71; *ders.* FS Amelung, 225, 228 ff; *Roxin* FS Klug II, 303, 310; *ders.* AT I § 10 Rdn. 36; Sch/Schröder/*Eisele* Vor § 13 Rdn. 70 u. Sch/Schröder/Lenckner/Sternberg-Lieben Rdn. 107a; *Sommer* Bewertung technischer Risiken S. 68 ff; *Stratenwerth/Kuhlen* AT § 8 Rdn. 30; *Valerius* JA **2014** 561, 562; *Zipf* ZStW **82** (1970) 633, 644 ff; der

grund ein.¹³⁶ Offengelassen wird dies von *Schaffstein* ZStW **72** (1960) 369, 393 (da für einen auch negative Merkmale umfassenden „Gesamttatbestand" unerheblich), BGHSt **23** 226, 228 und OLG Düsseldorf NJW **1991** 1625. Wenn man zur Unrechtseinschränkung jedoch überhaupt auf den Begriff der Sozialadäquanz abstellt, so betrifft er auf der Grundlage der herrschenden, zwischen Tatbestands- und Rechtfertigungsebene abstufenden Verbrechenslehre (Rdn. 10 ff) bereits die Tatbestandsmäßigkeit, da völlig normale Handlungsweisen aus dem Tatbestand ausgeschlossen werden. Dabei erwächst aus dem Zusammenspiel von sozialen und strafrechtlichen Normen ein Problem, dessen sich der Rechtsanwender bewusst sein muss: „Sozialadäquates" Handeln meint bei unbefangener Begriffsannäherung ein den Wertvorstellungen und Maßstäben der menschlichen Gesellschaft bzw. Gemeinschaft entsprechendes Verhalten. Bei wörtlicher Interpretation wird nur allein auf die Sozialethik (als außerrechtliche Ordnungsvorstellungen) zurückgegriffen. Ein derart *empirisch-faktisches Verständnis* wird der wirklichen Tragweite der Sozialadäquanz nicht gerecht, zeigt aber deutlich das Grundproblem und die Gefahr des Ansatzes auf: eine mögliche Übertragung von beobachtbarer Üblichkeit bestimmter menschlicher Verhaltensweisen auf deren normative Akzeptanz! Verhindert werden kann eine derartige (naturalistische) Fehldeutung des Begriffs – und damit eine unberechtigte Entlastungswirkung von in der Bevölkerung weit verbreiteten (sozial akzeptierten) Missständen – nur dadurch, dass für die Sozialadäquanz nicht schon die bloße Üblichkeit (*faktische Komponente*) genügt, sondern immer auch deren *rechtliche Billigung* zu überprüfen ist (*Rönnau* JuS **2011** 311 f; zust. *Valerius* JA **2014** 561, 566).¹³⁷

49 Die Lehre von der Sozialadäquanz hat sich in der **strafrechtlichen Judikatur nicht prinzipiell durchgesetzt.** Zurückgegriffen wird auf sie in BGHSt **23** 226, 228; **29** 73, 79 f; **31** 383; das hängt jedoch mit der speziellen Konstruktion des § 86 Abs. 3 („Sozialadäquanzklausel") zusammen.¹³⁸ Außerdem wird der Begriff im Rahmen der Ingerenzfrage

---

Sache nach auch *Sax* JZ **1975** 137, 143 f; OLG München NStZ **1985** 549, 550. Schon auf „vortatbestandlicher" Ebene – als „Strafrechtsausschließungsgründe" – will *Wolter* NStZ **1993** 1, 8 f u. *ders.* GA **1996** 207, 208 ff Sozialadäquanz und erlaubtes Risiko behandeln: Eine strafrechtliche Verhaltensnorm sei von vornherein nicht betroffen; dagegen *Herzberg* GA **1996** 1 ff; unentschieden *Paeffgen/Zabel* NK Rdn. 36: Korrektiv auf der Stufe der „normativen Zurechnung" oder „Vorfilter" der eigentlichen Tatbestandsprüfung; vermittelnder Ansatz (Tatbestands- oder Rechtswidrigkeitsebene bei *Altermann* FS Eisenberg, 233, 235. Nach *Altpeter* Strafwürdigkeit S. 278 zeigt sich das Regulativ der Sozialadäquanz als „echte Verkörperung von Strafwürdigkeitserwägungen"; *Fiedler* Einverständliche Fremdgefährdung S. 82: ein „Kurzschriftsymbol" (also ein Hilfsmittel für die Bezeichnung bestimmter Fallkonstellationen).

136 Vgl. auch OLG Celle NStZ **1993** 291, 292: „Rechtfertigungsgrund der Sozialadäquanz" (dagegen *Dietlein* NStZ **1994** 21, 22). Weiterhin *Engisch* Vorsatz und Fahrlässigkeit S. 286 f (für Tatbestandsausschluss aber *ders.* FS DJT I, 401, 417 f); *H. Mayer* Lehrbuch (1953) S. 186 f. Differenzierend *Klug* FS Eb. Schmidt, 249, 260 ff: „Sozialkongruenz" und damit Tatbestandsausschluss bei sozial *gebotenen* Handlungen, „Sozialadäquanz" und nur Rechtfertigung bei lediglich *erlaubten* Handlungen; weiterhin *Gropp* AT § 5 Rdn. 421 ff: bei Fehlen eines rechtlich relevanten Risikos und im Bagatellbereich Tatbestandsausschluss, anderenfalls Rechtfertigungsgrund; differenzierend auch *Mörder* Soziale Adäquanz S. 123 ff. Für Einordnung als Schuldausschließungsgrund *Roeder* Sozialadäquates Risiko S. 65 ff, 94 (**abl.** *Otto* FS Amelung, 225, 231 m.w.N.).

137 Anschauliche Problemformulierung durch das OLG Hamm NJW **1973** 716, 718 f (in einer Entscheidung zu den Bestechungsdelikten): „Derartige Praktiken jedoch allein schon wegen ihrer tatsächlichen Übung als sozial adäquat zu betrachten hieße, faktische Observanz mit normativer Adäquanz verwechseln." Deshalb muss nach Ansicht des Gerichts „zum tatsächlichen Verhalten die soziale Angemessenheit und Anerkennung hinzukommen, um als ‚sozialadäquat' betrachtet werden zu können. Weiter zum normativen Filter nur *Eser* FS Roxin (2001), 199, 211; *Neumann* FS Rengier, 49, 56; *Rackow* Neutrale Handlungen, S. 205 ff; *Roxin* FS Rössner, 892, 906; *F. Knauer* ZStW **126** (2014) 844, 859; *Dölling* FS Otto, 219, 225 f.

138 Näher *Paeffgen* NK § 86 Rdn. 38; auch *Dölling* FS Otto, 219, 220 f; beide m.w.N. und Letzterer unter Hinweis auf weitere gesetzlich geregelte Fälle sozialer Adäquanz; dazu auch *Altermann* FS Eisenberg, 233, 237 ff.

bei den unechten Unterlassungsdelikten erwähnt (BGHSt **19** 152, 154; **26** 35, 38). Dabei geht es allerdings um den speziellen Gesichtspunkt der Bestimmung des relevanten gefährdenden Vorverhaltens; die grundsätzliche Problematik eines Tatbestandskorrektivs „Sozialadäquanz" bleibt hiervon unberührt. Beiläufig benutzt wird der Begriff ferner in BGHSt **31** 264, 279; StV **2002** 604, 605; NStZ **2005** 334, 335 (bzgl. §§ 331, 332) und BGHSt **37** 226, 231 (bzgl. § 258 Abs. 2). Allgemein bejaht wird die Lehre dagegen vom OLG München NStZ **1985** 549 (zu §§ 164, 344)[139] und OLG Düsseldorf NJW **1991** 1625 (zu einer Ordnungswidrigkeit nach dem NRWImschG) – jedoch ohne Erwähnung der Gegenmeinung und der Problematik. Offengelassen und für die betreffenden Tatbestandsrestriktionen als entbehrlich angesehen ist sie in OLG Hamm NJW **1980** 2537 (zu § 136) und OLG Düsseldorf NJW **1987** 2453 (zu § 344 Abs. 1). Im **Schrifttum** stößt die Theorie, insbesondere sofern sie pauschal einen „Tatbestandsausschließungs-" oder Rechtfertigungsgrund annimmt, **zunehmend auf Kritik**.[140]

Auch in der **Rspr. der Zivilgerichte** findet der Begriff der Sozialadäquanz nur vereinzelt Erwähnung (so in OLG München NJW **1966** 2406, 2407, während BGHZ [GrS] **24** 21, 26 sich nicht auf ihn stützt); zur zivilrechtlichen Diskussion näher *Deutsch* FS Welzel, 227, 237 ff mit Nachweisen. Zu beachten ist zudem, dass im Zivilrecht der Begriff vielfach nur bei der Behandlung des „erlaubten Risikos" (dazu Rdn. 53 ff) Erwähnung findet (s. etwa *Grundmann* MK-BGB § 276 Rn. 79; *Lorenz* BeckOK-BGB § 276 Rdn. 31; *Bamberger/ Roth/Unberath* § 276 Rdn. 31). Ausnahmen bestätigen aber auch hier die Regel, z.B. im Mietrecht, wo die Gerichte gelegentlich auf die Sozialadäquanz einer Störung abstellen.[141] In der **arbeitsrechtlichen** Judikatur und Lehre dagegen war die Sozialadäquanz zeitweilig zum dogmatischen Zentralbegriff des Arbeitskampfrechts geworden (vgl. BAGE [GrS] **1** 291, 300, 306 f [Rechtmäßigkeit des Arbeitskampfes]; **14** 174 [Haftung für wilden Streik]; **14** 202 [Gewerkschaft und wilder Streik]; [GrS] **20** 175 [Differenzierungsklausel]; *Hueck/Nipperdey* Arbeitsrecht II/2 7.Aufl. [1970] § 49 B I).[142] Inzwischen hat sich jedoch die Auffassung durchgesetzt, dass dieser Begriff wegen seiner Unschärfe nicht als Rechtmäßigkeitskriterium des Arbeitskampfes geeignet ist;[143] auch stellt die

---

139 *Krit. Herzberg* JR **1986** 6, 7.
140 So bei Baumann/Weber/*Mitsch*[11] § 16 Rdn. 35 („vage und unbestimmt"); *Herzberg* JR **1986** 6, 7; *Hirsch* ZStW **74** (1962) 78, 133 ff (Begriff „dogmatisch überflüssig"); *Kienapfel* Erlaubtes Risiko S. 10; *Küpper* GA **1987** 385, 388 („mangelnde Konturen"); *Roxin* FS Klug II, 303, 310, 313 (keine selbständige Bedeutung); *ders*. AT I § 10 Rdn. 42; *ders*. FS Rössner, 892, 906; *Sch/Schröder/Lenckner/Sternberg-Lieben* Rdn. 107 a und Vor § 13 Rdn. 70 (*Eisele*); *Valerius* JA **2014** 561, 566; *Barton* StV **1993** 156, 158 f; *Otto* AT § 7 Rdn. 71; *ders*. FS Lenckner, 193, 201; *ders*. FS Amelung, 225, 228; *Vasilikou* Zuwendungen S. 182 f; *Weigend* FS Nishihara, 197, 200 („Terminus formuliert das Problem und nicht dessen Lösung"); *Wolff-Reske* Berufsbedingtes Verhalten S. 65 f; *Wolski* Soziale Adäquanz passim; **dagegen** aber *Eser* FS Roxin (2001), 199, 208 ff; für ein „einheitliches Prinzip eines Strafbarkeitsausschlusses auf der Grundlage der Sozialadäquanz" auch *Altermann* FS Eisenberg, 233, 243 (ohne selbst zu konturieren). Nach *F. Knauer* (ZStW **126** [2014] 844, 864 u. vor) hatte das Kriterium immer auch die „Funktion eines ‚Zwischenlagers' der Strafrechtsdogmatik, um Probleme in Lebensbereichen zu verarbeiten, deren Verrechtlichung noch in den Anfängen steckte", so dass mit ihm bei neu in den Blick des Strafrechts tretenden Bereichen auch zukünftig gearbeitet werden muss. Man fragt sich nur, warum in diesen Situationen die dogmatische Aufarbeitung nicht *sofort* unter Rückgriff auf anerkannte Mechanismen wie die restriktive Tatbestandsauslegung oder die Lehre von der subjektiven Zurechnung erfolgen sollte.
141 Im Zusammenhang mit Kinderlärm etwa BGH NJW-RR **2017** 1290, 1291; LG Berlin NJW-RR **2011** 17, 18 f; ferner LG München NJW-RR **2005** 598; AG Frankfurt/M. BeckRS **2009** 14019; LG Potsdam BeckRS **2016** 127019 (zur Nutzung von Raumspray); im Schadensersatzrecht etwa AG Köln BeckRS **2011** 03128 (zum Werfen von Schokoladenriegeln beim Rosenmontagszug).
142 Vgl. ferner *Nipperdey* NJW **1967** 1985, 1992 f; *Bulla* FS Nipperdey II, 79, 93 ff; *Galperin* FS Nipperdey II, 197 ff.
143 S. *Otto* in Münchener Handbuch zum Arbeitsrecht, Bd. 3, 2. Aufl. (2000) § 285 Rdn. 118 m.w.N. Ausdrücklich ablehnend *Bernert* Lehre von der „sozialen Adäquanz" S. 91 f; *Ramm* AuR **1966** 161 ff; *Richar*-

Aussperrungsentscheidung BAGE [GrS] **23** 292 ganz auf den Verhältnismäßigkeitsgrundsatz ab.[144] Die Verwaltungsgerichte schichten mitunter ebenfalls unter Rückgriff auf die Sozialadäquanz die noch hinnehmbaren Verhaltensweisen vom Unerträglichen ab.[145]

51 Bei der **Kritik an der Lehre von der Sozialadäquanz** geht es nicht darum, die Tatbestandsmäßigkeit oder sogar Strafbarkeit der von dieser Lehre gemeinten Fälle zu behaupten. Vielmehr bestehen Bedenken, sich zur Begründung unmittelbar auf einen Maßstab zu stützen, der in so hohem Maße unbestimmt ist (*Hirsch* LK[11] Rdn. 29; vgl. auch *Otto* FS Lenckner, 193, 201; *ders.* FS Amelung, 225, 227 u. *Rackow* Neutrale Handlungen S. 204 ff m.w.N.).[146] Angesichts der Unsicherheit (oder auch Verunsicherung) darüber, was sich im Rahmen der sozialen Ordnung hält (vgl. auch die parallelen Schwierigkeiten bei § 228 und besonders bei § 240 Abs. 2), würde die Verwendung eines so schillernden Gesichtspunktes bedeuten, dass der untere Bereich der Strafbarkeit weithin ins Schwimmen geriete.[147] Die Gefahren liegen auf der Hand: Nicht nur, dass Staatsanwaltschaften auf diese Weise die Voraussetzungen (gerade auch die formellen) der §§ 153 f StPO unterlaufen könnten;[148] mehr noch würde damit manche Strafverfolgungsbehörde der Versuchung ausgesetzt werden, unter Berufung auf die Möglichkeit des Vorliegens „sozialer Adäquanz" am Gesetzgeber vorbei ihre eigene „Strafrechtsreform" zu betreiben oder sogar, insbesondere in Zeiten innenpolitischer Spannungen, den für die Behörde mit der Anklageerhebung verbundenen Ungelegenheiten aus dem Wege zu gehen (*Hirsch* LK[11] Rdn. 29).[149] Der Gesichtspunkt der Sozialadäquanz birgt im Übrigen die Gefahr, den kriminalpolitischen Spielraum der Legislative zu untergraben, wenn Ziel einer Gesetzesänderung gerade die Erfassung von bisher als sozial adäquat angesehenen oder zumindest äußerlich „neutralen" Verhaltensweisen ist.[150]

52 **Festzuhalten bleibt**: Ebensowenig, wie man die einzelnen Rechtfertigungsgründe durch eine Generalklausel der materiellen Rechtswidrigkeit ersetzen könnte (Rdn. 30), dürfen die präzisen Gesichtspunkte der restriktiven Tatbestandsauslegung einschließlich der systematischen Aspekte durch eine so vage Generalklausel wie die der Sozialadäquanz aufgeweicht werden. Obwohl nicht ganz zu leugnen ist, dass der Begriff der

---

di/Annuß Arbeitsrechtliche Fälle 7. Aufl. (2000) S. 163; *Rüthers* AuR **1967** 129 ff; *Zöllner/Loritz/Hergenröder* Arbeitsrecht 7. Aufl. (2015) § 44 Rdn. 34 f m.w.N.
144 Zur (abgelehnten) Sozialadäquanz bei privatem exzessiven „Surfen" im Internet während der Arbeitszeit BAG NJW **2006** 540, 542.
145 Vgl. VGH Mannheim NVwZ **2016** 1658, 1660 (Geräusche durch Einwurf in den Altglassammelbehälter); hierzu auch VGH Aachen BeckRS **2012** 45451; VGH NVwZ-RR **2017** 566, 568 (Brunnengeräusch); früher schon BVerfGE **68** 62, 68 f (Glockenläuten).
146 Zudem *Gropp* FS Wolter, 575, 583; *Lotz* Fremdschädigung S. 213, 281. Nach *Friedhoff* Straflose Vorteilsannahme Rdn. 215 verstößt die mit Blick auf § 331 Abs. 1 von der Rspr. und Lit. gepflegte Restriktionspraxis gegen Art. 103 Abs. 2 GG.
147 Auch *Küpper* GA **1987** 385, 388 f: „Bereich des „Normalen" überaus unbestimmt und sozialen sowie zeitgeschichtlichen Veränderungen unterworfen" u. *Gänßle* Behördliches Zulassen S. 62. Zudem variiert, was als noch „sozialadäquat" zu beurteilen ist, je nach sozialem Kontext, in dem der Täter handelt, vgl. *Weigend* FS Nishihara, 197, 201 u. *Hassemer* wistra **1995** 81.
148 Bedenklich daher *Peters* FS Welzel, 415, 425 ff, der davon ausgeht, dass in Fällen von „Sozialadäquanz" die Strafverfolgungsbehörden richtigerweise schon untätig bleiben.
149 Zust. *Hombrecher* Geldwäsche durch Strafverteidiger? S. 106.
150 In diesem Sinne auch *Barton* StV **1993** 156, 158 zur (damaligen) Neufassung des § 261: Gesetzgeber habe Tätigkeiten erfassen wollen, die „an der Nahtstelle von illegaler und legaler Wirtschaft" liegen und sich gleichzeitig vielfach als sozial übliche Verhaltensweisen darstellen; zust. *Valerius* JA **2014** 561, 562; vgl. zudem *Wolff-Reske* Berufsbedingtes Verhalten S. 65, *Hombrecher* Geldwäsche durch Strafverteidiger? S. 107 u. *Rackow* Neutrale Handlungen S. 203 m.w.N. Auf der anderen Seite gewährleistet der Gedanke der Sozialadäquanz natürlich eine gewisse Offenheit des Strafrechts gegenüber einem gesellschaftlichen Wertewandel, vgl. *Gänßle* Behördliches Zulassen S. 65 u. *Roxin* Kriminalpolitik und Strafrechtssystem S. 23 ff.

Sozialadäquanz „zu jenen verführerischen Vokabeln (gehört), die bei der Auslegung nur das enthüllen, was vorher an wünschenswertem Ergebnis in sie hineingelegt worden ist",[151] kann der Gedanke der sozialen Adäquanz aber als Maßstab für eine restriktive Auslegung bzw. – bei Unterschreitung des möglichen Wortsinns – teleologische Reduktion[152] des Tatbestands dienen (grundlegend *Hirsch* Negative Tatbestandsmerkmale S. 285 ff; *ders.* ZStW **74** [1962] 78, 81, 132).[153] Das Schlagwort „Sozialadäquanz" allein ersetzt dabei allerdings keine exakte wissenschaftliche Begründung und Differenzierung (vgl. *Hirsch* ZStW **74** [1962] 78, 93; *Neumann* FS Rengier, 49, 58: „Die Formel von der sozialen Adäquanz ist [...] ein inhaltsleerer Topos. Was sozialadäquat ist, richtet sich nach den Wertungen und Prinzipien des Rechts – und nicht umgekehrt."). *Roxin* (FS Klug II, 303, 310 ff; *ders.* FS Androulakis, 573, 580 ff; *ders.* AT I § 10 Rdn. 37 ff) unterscheidet plausibel zwei Fallgruppen,[154] denen sich die als „sozialadäquat" in Betracht kommenden Handlungen zuordnen lassen: Teilweise fehlt es an der Begründung eines rechtlich relevanten Risikos (dann geht es weniger um Probleme des einzelnen Tatbestandes, sondern vielmehr um allgemeine Kategorien objektiver Zurechnung;[155] dazu näher unten Rdn. 53 ff und *Roxin* ZStW **116** [2004] 929, 934 ff). Die zweite Gruppe betrifft schon nicht deliktstypische und sozial allgemein tolerierte Handlungen.[156] Sie sind schlicht ungeeignet, das vom Tatbestand geschützte Rechtsgut zu beeinträchtigen.[157] Durch eine am geschützten Rechtsgut orientierte (teleologische) Auslegung bzw. Reduktion ergibt sich in solchen Fällen, dass der Tatbestand die entsprechenden Verhaltensweisen gar nicht erfassen will.[158] Dass als materielle Kriterien der

---

151   *Wiethölter* Der Rechtfertigungsgrund des verkehrsrichtigen Verhaltens (1960) S. 57. Bedenken angesichts der Garantiefunktion des Tatbestands erhebt *Würtenberger* FS Rittler, 125, 129; s. dazu aber die treffende Kritik bei *Zipf* ZStW **82** (1970) 633, 636 m. Fn. 4: Sozialadäquanz gerade als Ausgleich für die vom Bestimmtheitsgrundsatz geforderte Strenge der Tatbestandsumschreibung.
152   So generell *Jescheck/Weigend* § 25 IV; *Gänßle* Behördliches Zulassen S. 67 f; dahingehend auch schon *Zipf* ZStW **82** (1970) 633, 647 ff („zwar unter die Tatbestandsmerkmale subsumierbares, aber durch positive Verhaltensnormen gedecktes Verhalten"). Nach *Roxin* AT I § 10 Rdn. 41 m. Fn. 82 kann je nach Tatbestand Auslegung oder teleologische Reduktion in Betracht kommen; vgl. auch *ders.* FS Klug II, 303, 312 m. Fn. 47.
153   So auch Baumann/Weber/*Mitsch*/Eisele § 6 Rdn. 36; *Jescheck/Weigend* § 25 IV 2; *Kargl* ZStW **114** (2002) 763, 781; *Lackner/Kühl*/Kühl Rdn. 29; *Otto* AT § 7 Rdn. 71; *Sch/Schröder/Eisele* Vor § 13 Rdn. 70; kritisch zu dieser Methode aber *Sommer* Bewertung technischer Risiken S. 71 f u. *Wolski* Soziale Adäquanz S. 102.
154   Teilweise lassen sich Fälle, die *Welzel* unter Rückgriff auf die Rechtsfigur der „Sozialadäquanz" gelöst hat, auch noch anders behandeln (etwa unter Hinweis auf das Fehlen von Tatherrschaft), vgl. *Cancio Meliá* GA **1995** 179, 181.
155   *Eser* FS Roxin (2001), 199, 207 f; auch *Valerius* JA **2014** 561, 562 m.w.N.
156   *Roxin* AT I § 10 Rdn. 40 m. Fn. 79 beruft sich dabei auf das „Geringfügigkeitsprinzip" als allgemeine Auslegungsmaxime; gegen die Zuordnung des Geringfügigkeitsprinzips zum Gedanken der Sozialadäquanz aber *Ostendorf* GA **1982** 333, 344 f (die Lehre von der Sozialadäquanz begrenze das Handlungsunrecht, das Geringfügigkeitsprinzip den tatbestandlichen Erfolg); vgl. auch die Unterscheidung bei *Lackner/Kühl*/Kühl Rdn. 29. OLG Hamm NJW **1980** 2537 lässt dahingestellt, ob das Geringfügigkeitsprinzip vom Gedanken der Sozialadäquanz getragen wird.
157   So lässt etwa das Weihnachtsgeschenk an den Fahrer der kommunalen Müllabfuhr keinen Zweifel an der Sachlichkeit der Dienstausübung aufkommen und gefährdet also nicht das dahingehende öffentliche Vertrauen, *Kindhäuser* BT I § 76 Rdn. 33; vgl. auch schon *Hirsch* ZStW **74** (1962) 78, 126. Weitere Beispiele bei *Roxin* AT I § 10 Rdn. 40. Zweifelnd aber *Cramer* FS Roxin (2001), 945 f.
158   *Roxin* FS Klug II, 303, 312 f; *Wolff-Reske* Berufsbedingtes Verhalten S. 64; *Schild* Jura **1982** 464, 520, 528; vgl. auch *Jescheck* LK[11] Vor § 13 Rdn. 49 und *Valerius* JA **2014** 561, 562. Für *Otto* (FS Amelung, 225, 230 ff, 245) stellt sich die soziale Adäquanz „als ein Auslegungsprinzip dar, das es ermöglicht, auf Tatbestandsebene die objektive Zurechnung zu begrenzen und zu präzisieren" (mit Veranschaulichung auf den S. 232 ff anhand von 13 Fallgruppen).

einschränkenden Interpretation wiederum recht konturenlose Gesichtspunkte der Üblichkeit oder Verkehrssitte und damit letztlich der sozialen Adäquanz heranzuziehen sind (so die Kritik *Esers* FS Roxin [2001], 199, 208), ist zwar nicht ganz von der Hand zu weisen. Im ursprünglichen Sinne *Welzels* (nämlich als allgemeines Tatbestandskorrektiv) dürfte die „Lehre von der Sozialadäquanz" gleichwohl als überholt gelten.[159] Die Probleme, deren Lösung sie ermöglichen sollte, können heute den vorgenannten anderen Begründungszusammenhängen zugeordnet werden.[160]

53 **d)** In welchem Verhältnis die Unrechtseinschränkung unter dem Gesichtspunkt „sozialadäquaten" Handelns zur Rechtsfigur des **erlaubten Risikos** steht, ist nicht abschließend geklärt (zust. *F. Knauer* ZStW **126** [2014] 844, 856f). Eine Verwandtschaft der beiden Bereiche (so für viele *Fischer* Rdn. 13 m.w.N.) wurde dabei nie in Frage gestellt; vielfach wird im erlaubten Risiko sogar nur ein Anwendungsfall der Lehre von der Sozialadäquanz gesehen[161] oder schlicht eine Identität der Fragestellung behauptet[162] (s. aber *Maiwald* FS Jescheck, 405, 408f: verschiedene gedankliche Ebenen). Bestimmte in der Gesellschaft übliche Verhaltensweisen sind mit der Entstehung von Risiken verbunden, deren Schaffung oder Realisierung grundsätzlich strafrechtlich erheblich ist.[163] Mit der Figur des erlaubten Risikos soll im Ausgang die für notwendig erachtete Befreiung von dieser strafrechtlichen Relevanz erreicht werden (*Gänßle* Behördliches Zulassen S. 70). Aufgrund der gesellschaftlichen Akzeptanz des im Rahmen des „erlaubten Risikos" liegenden Verhaltens kann man es durchaus als „sozialadäquat" bezeichnen.[164] Um einer klaren Begrifflichkeit willen sollte der Begriff der „Sozialadäquanz" gleichwohl Verhaltensweisen vorbehalten bleiben, durch die ein Rechtsgut schon gar nicht gefährdet wird (zu diesen oben Rdn. 48). Für Fälle absehbar rechts-

---

159 *Rönnau* JuS **2011** 311, 313. Für eine „Wiederbelebung" in jüngerer wohl aber Zeit *Eser* FS Roxin (2001), 199, 210f: Wenn mit der „teleologischen Reduktion" lediglich ein methodologisches Instrument in die Hand gegeben wird, dessen Einsatz- und Beurteilungskriterien solche der gesellschaftlichen Üblichkeit und Angemessenheit sind, fragt es sich, ob man dem Bedürfnis nach tatbestandlicher Ausgrenzung nicht gleich mit dem Konzept der Sozialadäquanz Rechnung tragen sollte; *Gracia Martín* FS Tiedemann, 205, 209, 212 („eigenständige dogmatische Kategoie"). Nach *Valerius* JA **2014** 561, 566 „beinhaltet die Einordnung eines Verhaltens als ‚sozialadäquat' nicht mehr, aber auch nicht weniger als den dringlichen Hinweis, die einzelnen Strafbarkeitsvoraussetzungen besonders sorgfältig zu prüfen."
160 Kritisch auch bzgl. der „Surrogate" der Lehre von der Sozialadäquanz aber *Wolski* Soziale Adäquanz S. 131ff, 200ff, die insbes. in den §§ 153, 153a StPO *prozessuale* Lösungsalternativen sucht: Die behauptete Notwendigkeit von materiellen Tatbestandskorrekturen sei vielfach nicht dargetan und die Anwendung des „angeblich präziseren dogmatischen Instrumentariums" umgehe – ebenso wie die Lehre von der Sozialadäquanz – grundlegende Legitimationserfordernisse.
161 So *Welzel* Strafrecht § 10 IV, § 18 I 1a; *Maurach/Zipf* § 28 Rdn. 23; vgl. weiter *Engisch* FS DJT I, 401, 418f; *Klug* FS Eb. Schmidt, 249, 264; *Schaffstein* ZStW **72** (1960) 369, 385; *Sommer* Bewertung technischer Risiken S. 76ff; *Sch/Schröder/Sternberg-Lieben/Schuster* § 15 Rdn. 146f; teilweise auch *Hirsch* ZStW **74** (1962) 78, 94f.
162 *Derksen* Handeln auf eigene Gefahr S. 101; *Donatsch* Sorgfaltsbemessung S. 158ff; *Harneit* Erlaubtes Risiko S. 82 m. Fn. 21; vgl. auch BGHSt **36** 1, 16; *Freund* MK Vor § 13 Rdn. 159f; *Köhler* AT S. 185; *Jakobs* 7/4b („Institute überschneiden sich") u. *Kienapfel* Erlaubtes Risiko S. 9f („Überschneidung nach Zwecksetzung und Tendenz"); *F. Knauer* Schutz der Psyche S. 173 („klare Grenzziehung […] nicht möglich"); **aA** *Exner* Sozialadäquanz S. 82 („Die Adäquanz ist *sozialer* Art, während das Risiko *erlaubt* ist", Hervorhebung bei *Exner*).
163 Näher zum erlaubten Risiko und technologischer Entwicklung *Hoyer* ZStW **121** (2009) 860ff.
164 Vgl. auch *Maiwald* FS Jescheck, 405, 408f: Soziale Adäquanz bringt Sachgründe für das Erlaubtsein bestimmter Handlungen zum Ausdruck; ebenso *Prittwitz* Strafrecht und Risiko S. 291ff u. *Wolff-Reske* Berufsbedingtes Verhalten S. 68f.

gutsgefährdenden, allerdings sozial akzeptierten Verhaltens hat sich dagegen der Begriff des „erlaubten Risikos" weitgehend durchgesetzt. Dieser ist dabei für sich genommen konturenlos, weil inhaltsleer („Formalbegriff"); er deutet nur an, dass es Fälle gibt, in denen eine Risikoschaffung nicht „unerlaubt" bzw. verboten ist.[165] Damit ist aber weder etwas über die Kriterien des Erlaubtseins ausgesagt, noch darüber, welche Folgen die Einhaltung des erlaubten Risikos für die Erfüllung des Straftatbestandes haben soll.

Entsprechend umstritten ist die **dogmatische Einordnung** der Rechtsfigur. Teilweise wird das erlaubte Risiko – als allgemeiner Rechtfertigungsgrund[166] oder als „Strukturprinzip verschiedener Rechtfertigungsgründe"[167] – auf Rechtfertigungsebene behandelt, überwiegend aber schon als Problem des Tatbestandes.[168] Es ist jedenfalls heute ganz überwiegend anerkannt, dass die Einhaltung des erlaubten Risikos **unrechtsausschließend** wirkt.[169] Trotz aller Unklarheiten über die Terminologie, die Grenzziehung und den Standort im Deliktsaufbau ist die **Funktion** des „erlaubten Risikos" weitgehend anerkannt: Mit Hilfe dieser Rechtsfigur werden staatliche, auf Rechtsgüterschutz zielende Sicherungsinteressen gegenüber den individuellen Freiheitsinteressen ausbalanciert (besonders deutlich *Roxin* ZStW **116** [2004] 929, 930).[170] Überwiegt bei einer **gesamtge-** 54

---

165 *Maiwald* FS Jescheck, 405, 424; vgl. auch *Kienapfel* Erlaubtes Risiko S. 9 („leere Attrappe"); *Rackow* Neutrale Handlungen S. 64 ff; *Mitsch* JuS **2018** 1161, 1165.
166 *Gössel* FS Bengl, 23, 38; *Maurach/Gössel/Zipf* § 44 Rdn. 1 ff; *Maurach/Zipf* § 28 Rdn. 25; *Oehler* FS Eb. Schmidt, 232, 243 f; *Otto* AT § 8 Rdn. 11, 161; *Röttger* Unrechtsbegründung S. 280 ff; *Schmidhäuser* AT 9/31 f; *ders.* FS Schaffstein, 129, 138 f; ebenso BGHZ [GrS] **24** 21, 26; OLG Karlsruhe NJW **1986** 1358, 1360; KG Berlin Beschl. v. 3.2.1997, Az: (3) 1 Ss 261/96 (118/96); auch *Paeffgen/Zabel* NK Rdn. 25 („Notreserve für bisher noch nicht aufgetretene Konstellationen"); offengelassen in BGHSt **36** 1, 16.
167 *Jescheck/Weigend* § 36 I 1, § 56 III 1; *Maiwald* FS Jescheck, 405, 410 ff, 424; *Rudolphi* GedS Schröder, 73, 92: Alle Rechtfertigungsgründe mit Ausnahme der Einwilligung lassen sich auf das Prinzip des erlaubten Risikos zurückführen; *Sch/Schröder/Lenckner/Sternberg-Lieben* Rdn. 107b; auch *Boll* Kompetenzüberschreitungen S. 131 f; einschränkend *Roxin* AT I § 18 Rdn. 1 f: grundsätzlich Tatbestandsfrage, ausnahmsweise aber auch Gesichtspunkt bei einzelnen Rechtfertigungsgründen.
168 *Duttge* MK § 15 Rdn. 135 f; *Engisch* FS DJT I, 401, 418 f; *Freund* MK Vor § 13 Rdn. 155 ff (fehlender spezifischer Verhaltensnormverstoß); *Frisch* Vorsatz und Risiko S. 141 f m. Fn. 82; *ders.* Tatbestandsmäßiges Verhalten S. 2 f; auch *ders.* JuS **2011** 116, 117 f; *Herzberg* JZ **1989** 470, 475; *Jakobs* 7/39 ff; *Arm. Kaufmann* ZfRV **1964** 41, 50; *Kühl* AT § 4 Rdn. 48; *Mitsch* JuS **2018** 1161, 1166 f; *Lenckner* FS Engisch, 490, 499 m. Fn. 26; *Prittwitz* JA **1988** 427, 436; *Roxin* AT I § 11 Rdn. 65 f; *Sch/Schröder/Sternberg-Lieben/Schuster* § 15 Rdn. 145; *Sch/Schröder/Lenckner/Sternberg-Lieben* Rdn. 94; *Stratenwerth/Kuhlen* AT § 8 Rdn. 27; *Wessels/Beulke/Satzger* Rdn. 267 f; *Welzel* Strafrecht § 18 I 1a; *Zipf* Einwilligung S. 79 ff; für den Bereich der Fahrlässigkeit auch *Kindhäuser* GA **1994** 197 f und 216 f; *ders.* AT § 33 Rdn. 26 ff und *Schürer-Mohr* Erlaubte Risiken S. 161 ff. **Abw.** (schon „Strafrechtsausschließungsgrund") *Wolter* NStZ **1993** 1, 8 f und *ders.* GA **1996** 207, 208 ff (näher oben Fn. 135). Differenzierend *Hirsch* LK[11] Rdn. 32 f; *Sch/Schröder/Lenckner/Sternberg-Lieben* Rdn. 107b; *Paeffgen/Zabel* NK Rdn. 24: Schon nicht tatbestandsmäßiges, weil „unverbotenes" bzw. „sozialadäquates" Risiko im Gegensatz zu tatbestandsmäßigem, aber „erlaubtem" bzw. „gerechtfertigtem" Risiko.
169 Vgl. auch OLG Köln NJW **1956** 1848; *Puppe* NK Vor § 13 Rdn. 153; *Samson* SK[5] Rdn. 53 und *ders.* SK[5] Anh zu § 16 Rdn. 18; *Krause* Ordnungsgemäßes Wirtschaften S. 203; *Hoyer* ZStW **121** (2009) 860, 874 f; *Späth* Rechtfertigungsgründe S. 44 f; *Bosch* Organisationsverschulden S. 474 ff; *Albrecht* Hypothetische Einwilligung S. 279 („fehlendes Handlungsunrecht") m.w.N. Als Problem der Schuld behandeln das erlaubte Risiko etwa noch *Kienapfel* Erlaubtes Risiko S. 21 und *Roeder* Sozialadäquates Risiko S. 65 ff, 94 (dagegen schon *Graf zu Dohna* ZStW **32** [1911] 323, 327 m. Fn. 10 und *Exner* Fahrlässigkeit S. 202). Erst die sog. „Tatverantwortung" verneinen wollen *Maurach* AT[4] § 43 II B 2 und *Rehberg* Erlaubtes Risiko S. 179, 185, 236 f; siehe zu beiden Ansätzen die treffende Kritik bei *Blei* I § 82 I und *Jakobs* Fahrlässiges Erfolgsdelikt S. 49 ff. Zur Frage der richtigen Einordnung auch *Wimmer* ZStW **75** (1963) 420 ff.
170 Weiter *Jakobs* 7/35; *Samson* SK[5] Anh. zu § 16 Rdn. 19; *Albrecht* Hypothetische Einwilligung S. 273; *Mitsch* JuS **2018** 1161, 1164; *Murmann* FS Herzberg, 123, 129 f; auch *Kindhäuser* FS Maiwald, 397, 403 f; ähnlich *Schünemann* JA **1975** 575 ff.

sellschaftlichen Globalabwägung das Interesse an der Aufrechterhaltung der allgemeinen Handlungsfreiheit, ist das Risiko erlaubt; beim Vorrang der Sicherungsinteressen liegt ein unerlaubtes Risiko vor. Viele Erscheinungen (bzw. Errungenschaften) moderner Lebensweise bringen unvermeidbar – statistisch oft keineswegs unerhebliche – Gefahren für Rechtsgüter mit sich.[171] Um der Erzielung eines wirklichen oder auch nur vermeintlichen Nutzens willen werden die Gefahren, die etwa vom Straßen-, Luft-, Schiffs- oder Bahnverkehr, von der industriellen Produktion oder von der Kommunikationstechnologie ausgehen, von den Mitgliedern einer Gesellschaft in einem gewissen, durch die Festlegung des erlaubten Risikos auszutarierenden Umfang hingenommen. Denn der Preis, der etwa für ein Verbot des Autofahrens – und damit für einen möglichst effektiven Schutz von Leben, Gesundheit und Sachwerten – in Form der Einschränkung der Fortbewegungsfreiheit und Lebensqualität zu zahlen wäre, erscheint vielen als zu hoch.[172] Die Abwägung[173] beeinflussen dabei neben dem sozialen Wert bzw. Nutzen des risikobehafteten Verhaltens auch prognostische Gesichtspunkte wie die Wahrscheinlichkeit von Rechtsgutsverletzungen, das drohende Schadensausmaß[174] und nicht selten auch die Kosten für die Gefahrabschirmung.[175] Eine (bedenkliche!) Rolle (i.S. einer zu starken Gewichtung des Freiheitsinteresses) dürfte in diesem Zusammenhang auch die Anonymität der zu erwartenden Opfer spielen.[176] Solchermaßen gesellschaftlich akzeptiertes riskantes Verhalten kann dann, selbst wenn es im Einzelfall zur Verletzung oder Gefährdung von Rechtsgütern führt, keine strafrechtlichen Sanktionen nach sich ziehen.

55 Das „erlaubte" Risiko wird durch die Fixierung **unerlaubter** Verhaltensweisen begrenzt, wobei die **Grenze primär vom Gesetzgeber zu ziehen** ist.[177] Soweit keine generellen Verbote statuiert werden, wird das „Erlaubte" in besonders schadensträchtigen

---

[171] Das Phänomen ist dabei keinesfalls auf die moderne Gesellschaft beschränkt; vielmehr kann nahezu *jedes* menschliche Handeln im gesellschaftlichen Kontakt Gefahren für Rechtsgüter anderer mit sich bringen (so schon *Binding* Normen Bd. IV S. 433 f; zust. *Donatsch* Sorgfaltsbemessung S. 158; auch *Lesch* Verbrechensbegriff S. 228 f. *Hoyer* ZStW **121** [2009] 860, 863 benennt *Ludwig von Bar* [1871] als ersten Rechtswissenschaftler, der das Phänomen diskutierte). Die strikte Durchsetzung des Grundsatzes, vorhersehbare Gefährdungen anderer zu unterlassen, käme daher „einem allgemeinen Handlungsverbot nahe" (*Samson* SK[5] Anh zu § 16 Rdn. 19; vgl. auch *Schürer-Mohr* Erlaubte Risiken S. 89 und *Krause* Ordnungsgemäßes Wirtschaften S. 192 f).

[172] Vgl. etwa *Duttge* MK § 15 Rdn. 135 f m.w.N.; *Freund* MK Vor § 13 Rdn. 155; *Frister* 10/6 f, 8 (für den Spezialfall der Programmierung bei autonomem Fahren); *Harneit* Erlaubtes Risiko S. 81 f; *Jakobs* 7/35; *Roxin* AT I § 11 Rdn. 66; *Sch/Schröder/Sternberg-Lieben/Schuster* § 15 Rdn. 144 f; für die Fahrlässigkeitsdelikte (bei denen das „erlaubte Risiko" in der Frage nach der Sorgfaltswidrigkeit aufgeht) auch *Dölling* ZStW **96** (1984) 36, 42; *Schmidhäuser* FS Schaffstein, 129, 138 u. ausführlich *Schürer-Mohr* Erlaubte Risiken S. 89 ff.

[173] Dass die Gründe, die zu einer positiven Bewertung eines gefährlichen Verhaltens führen, Produkt reflektierender Abwägung sind, bezweifelt allerdings *Derksen* Handeln auf eigene Gefahr S. 102 f im Anschluss an *Jakobs* 7/36, der neben dem erlaubten Risiko per Abwägung ein erlaubtes Risiko per „historischer Legitimation" sieht; so auch *Lesch* Verbrechensbegriff S. 229 f (der kritisch hinterfragt, dass z.B. der Straßenverkehr „als solcher und per se" im Interesse des Gemeinwohls steht). Die Tatsache etwa, dass in den USA der Besitz von Handfeuerwaffen grundsätzlich keiner Einschränkung unterliegt, obwohl nicht Wenige durch ihren Einsatz zu Tode kommen, vermag diese Einschätzung zu unterstützen. Zumindest ist sie ein Beleg dafür, dass die Abwägungsentscheidung je nach gesellschaftlichen Vorstellungen und Traditionen unterschiedlich ausfallen kann.

[174] *Martin* Strafbarkeit grenzüberschreitender Umweltbeeinträchtigungen S. 109.

[175] Zu den für die Interessenabwägung maßgeblichen Topoi *Vogel* LK[12] § 15 Rdn. 220; weiterhin *Schünemann* JA **1975** 575 f.

[176] Vgl. auch *Jakobs* 7/38.

[177] *Mitsch* JuS **2018** 1161, 1164 f m.w.N. *Paeffgen/Zabel* NK Rdn. 29 weisen mit Recht darauf hin, dass in einem liberalen Rechtsstaat eine freiheitsverbürgende Vermutung dafür besteht, dass alles, was nicht verboten ist, rechtlich gestattet ist.

Bereichen durch Aufstellung von Sorgfaltsregeln (Sicherheitsvorschriften, Verkehrs- oder sonstigen Kunstregeln) konturiert.[178] Das kann nur kontextspezifisch und nicht allgemein gelingen (die erforderliche Sorgfalt „an sich" lässt sich nicht definieren),[179] zudem nicht durch den Gesetzgeber allein, sondern in vielen Bereichen nur durch den Verordnungsgeber (z.B. die StVO) oder andere (auch private) Normsetzungsinstanzen mit dem dafür erforderlichen Spezialwissen (etwa Berufsverbände, die sog. „Verkehrsnormen" erlassen; vgl. die Aufzählung bei *Duttge* MK § 15 Rdn. 137 u. *Vogel* LK[12] § 15 Rdn. 220). Eine umfassende Darstellung entsprechender Regelungen findet sich bei *Schürer-Mohr* Erlaubte Risiken S. 180 ff.[180] Was „erlaubt" ist, richtet sich zum Teil auch nach ungeschriebenen Regeln (etwa der ärztlichen Kunst oder kaufmännischen Vorsicht).[181] Immer ist allerdings zu berücksichtigen, dass die Einhaltung der Vorschriften nur **Indizwirkung** für das Vorliegen eines erlaubten Risikos hat.[182] Bei den untergesetzlichen Verordnungen und Standardsetzungen privater Interessenverbände hat das seinen Grund schon darin, dass sie (unmittelbarer) demokratischer Legitimation entbehren; nur der parlamentarische Gesetzgeber kann die prinzipielle Abwägungsentscheidung zugunsten des „sozial Unentbehrlichen" treffen und damit andere Werte (potentiell) „aufopfern" (*Schürer-Mohr* Erlaubte Risiken S. 201 ff).[183] Die Beachtung von Sorgfaltsnormen kann zudem im Einzelfall dennoch das Maß des noch hinzunehmenden Risikos überschreiten (*Samson* SK[5] Anh. zu § 16 Rdn. 20 mit Rspr.-Nachw.),[184] weil sich in abs-

---

178 Vgl. auch die Differenzierung bei *Krause* Ordnungsgemäßes Wirtschaften S. 197 m. Fn. 49 f nach dem „Ob" (generelle Unzulässigkeit?) und dem „Wie" (Bedingungen für die Vornahme?) der Handlung.
179 *Derksen* Handeln auf eigene Gefahr S. 103; vgl. auch *Martin* Strafbarkeit grenzüberschreitender Umweltbeeinträchtigungen S. 108 f.
180 Ob auch bereits *staatlichen Empfehlungen* eine Legitimationswirkung zukommt, ist zweifelhaft und wurde insbes. im Rahmen der AIDS-Problematik kontrovers diskutiert. Breiten Konsens gibt es darüber, dass *kein* Fall erlaubten Risikos vorliegt, wenn ein HIV-Infizierter ohne Schutzmittel und ohne den Partner über die Infektion zu informieren Sexualverkehr ausübt (BGHSt **36** 1, 16; *Herzberg* JuS **1987** 777, 778; *Prittwitz* StV **1989** 123, 127; *Schlehofer* NJW **1989** 2017, 2021). Ob das ebenso bei „geschütztem" und damit der gesundheitspolitischen Empfehlung entsprechendem Geschlechtsverkehr gilt, ist aber zweifelhaft (bejahend *Bottke* in Szwarc S. 277, 294 ff [der allerdings wegen des „Kommunikationsgehalts des Kondomgebrauchs" trotzdem in den meisten Fällen Straflosigkeit annimmt]; *H.-W. Mayer* JuS **1990** 784, 786; *Rengier* Jura **1989** 225, 231; *Fischer* Rdn. 13a; *Jäger* AT Rdn. 54; **anders** [i.S. eines Verantwortungsausschlusses] jedoch *Ch. Knauer* GA **1998** 428, 441 f m.w.N.; *Kühl* AT § 4 Rdn. 90 m.w.N.; *Prittwitz* JA **1988** 427, 437; *ders.* StV **1989** 123, 127; *Herzberg* NJW **1987** 1461, 1462 f; einschränkend allerdings *ders.* in Szwarc S. 61, 82 f). Ausführlich zum Problem *Schürer-Mohr* Erlaubte Risiken S. 198 ff. Zur Frage, ob die Realisierung eines tatbestandsmäßigen Erfolges sich bei *behördlicher Zustimmung* im Rahmen des erlaubten Risikos halten kann, (ablehnend) *Gänßle* Behördliches Zulassen S. 68 ff, insbes. 73; vgl. dazu auch *Schall* FS Roxin (2001), 927, 942 f: Gebrauchmachen einer verwaltungsbehördlichen Erlaubnis zur Nutzung von Umweltgütern kein erlaubtes Risiko, wenn der Täter erkennt oder pflichtwidrig verkennt, dass dies zu Gesundheitsbeeinträchtigungen führen wird.
181 Da im Bereich psychischer Beeinträchtigungen rechtliche Sorgfaltsregeln ganz überwiegend fehlen, entwickelt *F. Knauer* Schutz der Psyche S. 175 ff für die Grenzziehung einen Indizienkatalog.
182 *Duttge* MK § 15 Rdn. 139 f; *Schürer-Mohr* Erlaubte Risiken S. 201 f; *Bosch* Organisationsverschulden S. 413 m.w.N.
183 Vgl. auch *Roxin* AT I § 24 Rdn. 19 m.w.N.: Abgrenzung des erlaubten Risikos könne von interessengebundenen privaten Institutionen nicht mit derselben Autorität und Objektivität vorgenommen werden wie vom Gesetzgeber. Nachw. zur Diskussion der *Legitimationsfrage* (als Kernproblem allein privat geschaffenen und administrativ bzw. gerichtlich anerkannten Rechts) bei *Rönnau* in Begegnungen im Recht S. 240 f; auch *Hoyer* ZStW **121** (2009) 800, 870.
184 Vgl. das Beispiel von *Donatsch* Sorgfaltsbemessung S. 166; so auch BGHSt **37** 184, 189; OLG Bamberg NStZ-RR **2008** 10 f; BayObLGSt **59** 13; *Duttge* MK § 15 Rdn. 136 u. *Roxin* AT I § 24 Rdn. 19; einschränkend allerdings *ders.* AT I § 24 Rdn. 16 bzgl. der Einhaltung von gesetzlichen Verkehrsregeln: Sorgfaltswidrigkeit nur in der Ausnahmesituation, dass die Einhaltung der Verkehrsregel in der konkreten Lage ganz offensichtlich zu einem Unfall führen musste.

trakt-generellen Sicherheitsvorschriften nur die für den Normalfall vorgenommene Abwägung von Sicherungs- und Freiheitsinteressen ausdrückt.[185]

56 Dagegen wird man in *keinem* Fall annehmen können, dass derjenige, der die (formell-gesetzliche) Sorgfaltsnorm verletzt, sich noch im Rahmen des „Erlaubten" bewegt (so aber *Duttge* GA **2003** 451, 455, 458 m.w.N.; *ders.* JZ **2014** 261, 267 f).[186] Die Sorgfaltsnorm kann das erlaubte Risiko zwar nicht abschließend definieren, begrenzt es aber jedenfalls im Hinblick auf das *unerlaubte*.[187] Resultiert aus einer sorgfaltsnormwidrigen Handlung ein Verletzungserfolg, dessen Vermeidung die Sorgfaltsnorm gerade bezweckt, kann der Täter vielleicht anführen, der Erfolgseintritt sei im Einzelfall unwahrscheinlich gewesen.[188] Im Bereich des „erlaubten Risikos" hat er dennoch nicht gehandelt.[189] Wenn *Duttge* (MK § 15 Rdn. 138) das Ausweichen auf die linke (Gegen-)Fahrspur (entgegen § 2 Abs. 1, 2 StVO) zur Vermeidung eines Unfalls als ein Verhalten bezeichnet, das noch vom erlaubten Risiko gedeckt ist, hat er damit Unrecht: Im Hinblick auf die in Folge dieses Verhaltens realisierte Rechtsgutverletzung (etwa den Zusammenstoß mit dem auf der linken Fahrspur entgegenkommenden Wagen) war das eingegangene Risiko nämlich gerade nicht erlaubt; die Vermeidung solcher Unfälle ist Zweck des Rechtsfahrgebots[190] (der Ausweichende kann freilich aus anderen Gründen straflos sein, dazu u. Rdn. 58). Während also die Übertretung der Sorgfaltsnorm das eingegangene Risiko zum unerlaubten macht, ist die Beachtung der Sorgfaltsnorm noch nicht identisch mit der Einhaltung des „erlaubten Risikos";[191] sie hat im Strafprozess nur – aber immerhin – **indizielle Bedeutung**.[192] Dass damit die letztverbind-

---

185 Vgl. *Schünemann* JA **1975** 575, 577 (die abstrakt-generelle Regelung stehe als solche stets unter dem Vorbehalt des Regelfalls) u. *Duttge* GA **2003** 451, 460 (eine „flächendeckende" Erfassung der gesamten Lebenswirklichkeit sei gar nicht denkbar).
186 Weiterhin *Hardtung* MK § 222 Rdn. 18 f, *Samson* SK[5] Anh. zu § 16 Rdn. 20 u. *Schürer-Mohr* Erlaubte Risiken S. 179 f; alle m.w.N; *Vogel* LK[12] § 15 Rdn. 222 f (auch zur Rspr.); *Sch/Schröder/Sternberg-Lieben/Schuster* § 15 Rdn. 183; *Schumann* FS Küper, 543, 547; *Murmann* FS Herzberg, 123, 130 ff; *Roxin* AT I § 24 Rdn. 16; weniger entschieden allerdings *ders.* aaO Rdn. 17: Übertretung von Rechtsnormen, die die Verhinderung des eingetretenen Erfolges bezwecken, schafft „in aller Regel" eine hinreichende Gefahr; ähnlich *Esser/Keuter* NStZ **2011** 314, 318 (Regelverstoß [nur] „starkes Indiz" für die Fahrlässigkeit; dagegen *Kudlich* FS Otto, 373, 381 ff).
187 Ebenso *Puppe* NK Vor § 13 Rdn. 156, *Paeffgen/Zabel* NK Rdn. 29 m. Fn. 144 u. wohl auch *Jähnke* GedS Schlüchter, 99, 106.
188 Im Rahmen der Fahrlässigkeitsdelikte verneint die Rechtsprechung in solchen Fällen dementsprechend auch nicht die Sorgfaltspflichtverletzung, sondern die „Vorhersehbarkeit"; vgl. BGHSt **4** 182, 185, 187; BGH StV **2001** 108; OLG Karlsruhe NStZ-RR **2000** 141.
189 *Herzberg* GA **2001** 568, 569 f, 574. *Puppe* NK[3] Vor § 13 Rdn. 156 (zust. *Paeffgen/Zabel* NK Rdn. 29 m. Fn. 144; auch *Esser/Keuter* NStZ **2011** 314, 318 u. OLG Karlsruhe NStZ-RR **2000** 141) macht eine Ausnahme bei „ganz exzeptionellen Kausalverläufen". Leider führt sie kein Beispiel an, so dass nicht klar wird, ob es ihr um Fälle des fehlenden „Schutzzwecks der Norm" geht oder sie eine generelle Einschränkung befürwortet.
190 Daran ändert sich nichts dadurch, dass auch das Weiterfahren auf der rechten Spur unter Umständen sorgfaltswidrig gewesen wäre, weil es das Gebot situationsbezogenen Reagierens nach § 1 StVO verletzt hätte (vgl. *Maiwald* FS Jescheck, 405, 421) – der Betroffene kann dann schlicht nicht hinsichtlich aller gefährdeten Rechtsgüter sorgfältig handeln.
191 Vgl. auch *Lesch* Verbrechensbegriff S. 249 f: Rekurs auf die gesamten Umstände der konkreten Handlungssituation; auch *Hardtung* MK § 222 Rdn. 20; *Maiwald* FS Jescheck, 405, 421 m. Fn. 44.
192 *Vogel* LK[12] § 15 Rdn. 221; *Duttge* MK § 15 Rdn. 139 mit umfangreichen Nachw. zur Rechtsprechung (der aaO Rdn. 140 deshalb auch anzweifelt, dass es ein „eigenständiges" erlaubtes Risiko überhaupt gibt); *Samson* SK[5] Anh zu § 16 Rdn. 20; *Schünemann* JA **1975** 575, 577; vorsichtiger *ders.* FS Lackner, 367, 388 f: Technische Regeln „bestenfalls Indiz"; *Schürer-Mohr* Erlaubte Risiken S. 201 ff; anders aber offenbar *Krause* Ordnungsgemäßes Wirtschaften S. 198: „Verbindliche Bewertung von Risiken"; dahingehend auch *Schroth* NStZ **1996** 547, 548 f bzgl. der Konkretisierung des erlaubten Risikos im Rahmen des § 326 durch technische Verhaltensvorschriften (LAGA-Merkblätter). Schon eine indizielle Bedeutung leugnend *Bina-*

liche Entscheidung in der Hand des Richters liegt, wird zwar im Hinblick auf den Grundsatz der Gewaltenteilung zum Teil als problematisch angesehen.[193] Es lässt sich aber schlichtweg nicht vermeiden, da eine abschließende formell-gesetzliche Festsetzung der jeweils erforderlichen Sorgfalt angesichts der unendlichen Vielzahl denkbarer Lebenssachverhalte unmöglich ist.[194] Wo eine (umfassende) Kodifizierung fehlt, können Gesichtspunkte der Üblichkeit und gesellschaftlichen Akzeptanz zur Konkretisierung des Sorgfaltsmaßstabs herangezogen werden. In der strafrechtlichen Literatur werden insofern umfangreiche Versuche unternommen, das „Erlaubte" bereichsspezifisch einzugrenzen.[195]

Nicht selten wird dem „erlaubten Risiko" Bedeutung nur im Rahmen der **Fahrlässigkeitsdelikte** und dort bei der **Feststellung der Sorgfaltswidrigkeit** zuerkannt.[196] *Puppe* (NK Vor § 13 Rdn. 154) führt diese Affinität zur Fahrlässigkeitsdogmatik darauf zurück, dass der Täter, der einen Verletzungserfolg will, zu seiner Herbeiführung zumeist eine unerlaubte Methode wählen wird. Das „erlaubte Risiko" ist aber ebenso im Bereich der **Vorsatzdelikte** ein wichtiges Instrument zur Unrechtseinschränkung[197] und hat dort durchaus auch praktische Relevanz, denn der sich erlaubt riskant Verhaltende wird häufig zumindest mit dem Eintritt eines Verletzungserfolges rechnen. Darüber hinaus kann man ihm aber, solange er sich im Rahmen des Erlaubten bewegt, selbst dann keinen strafrechtlichen Vorwurf machen, wenn ihm die Rechtsgutsverletzung sogar erwünscht ist (er also beispielsweise – unter Einhaltung aller Verkehrsregeln – in der Hoffnung spazieren fährt, jemand werde ihm aus Unachtsamkeit vor das Auto laufen und an den Unfallfolgen sterben, was dann tatsächlich geschieht).[198] Wenn man freilich der Meinung ist, bei einer derart „generellen" Vorstellung von der Möglichkeit eines tatbestandsmäßigen Erfolges könne von Vorsatz keine Rede sein (so *Hirsch* LK[11] Rdn. 32),[199]

57

---

vince Die vier Momente der Fahrlässigkeitsdelikte S. 76 ff (bei der Bestimmung der Sorgfaltswidrigkeit sei es „völlig irrelevant, ob eine Verhaltensregel besteht, eine solche verletzt wird oder nicht").
193 *Schürer-Mohr* Erlaubte Risiken S. 202 f.
194 Vgl. nur *Puppe* NK Vor § 13 Rdn. 155; auch *Samson* SK[5] Anh. zu § 16 Rdn. 20; *Bosch* Organisationsverschulden S. 473 m. Fn. 1512 (zumindest im Bereich fahrlässigen Handelns).
195 Beispiele hierfür gibt es insbes. im Bereich „gesetzlicher Ausprägungen" des erlaubten Risikos. Für das Tatbestandsmerkmal „in einer den Anforderungen ordnungsgemäßer Wirtschaft widersprechenden Weise" im Tatbestand des § 283 z.B. ausführlich *Krause* Ordnungsgemäßes Wirtschaften S. 318 ff; mit anderem Ansatz (Ansiedlung des erlaubten Risikos im Krisenmerkmal Überschuldung) *Harneit* Erlaubtes Risiko S. 79 ff; zur Bestimmung der Pflichtwidrigkeit im Untreuetatbestand bei Risikogeschäften ausführlich etwa *Rose* wistra **2005** 281 ff u. *Waßmer* Untreue bei Risikogeschäften S. 27 ff.
196 So *Donatsch* Sorgfaltsbemessung S. 165; *Kindhäuser* AT § 33 Rdn. 29; vgl. auch *Krause* Ordnungsgemäßes Wirtschaften S. 188 f m. Fn. 2 u. S. 190 sowie *Jähnke* GedS Schlüchter, 99, 101. Richtig ist, dass das erlaubte Risiko beim Fahrlässigkeitsdelikt in der Frage nach der Sorgfaltswidrigkeit aufgeht; dazu *Binavince* Die vier Momente der Fahrlässigkeitsdelikte S. 69 ff; auch *Schürer-Mohr* Erlaubte Risiken S. 173 u. *Schall* FS Roxin (2001), 927, 943.
197 Vgl. *Freund* MK Vor § 13 Rdn. 157; *Jakobs* 7/40; *Lesch* Verbrechensbegriff S. 236 f; *Maiwald* FS Jescheck, 405, 422 f; *Preuß* Erlaubtes Risiko S. 214 f; *Prittwitz* JA **1988** 427, 436; *Puppe* NK Vor § 13 Rdn. 154; *Roxin* AT I § 11 Rdn. 66; *ders.* ZStW **116** (2004) 929, 930 ff; *Sch/Schröder/Eisele* Vor § 13 Rdn. 93; vgl. auch *Schürer-Mohr* Erlaubte Risiken S. 28; einschränkend *Rackow* Neutrale Handlungen S. 70 f.
198 Vgl. auch BGH NJW **1999** 3132, 3133: Nach § 315 b Abs. 1 macht sich nicht strafbar, wer sich in jeder Hinsicht verkehrsgerecht verhält und dies mit der Hoffnung verbindet, dass ihm ein Unfall Gelegenheit zu einer vorteilhaften Schadensabrechnung bietet. Anders soll es sich allerdings verhalten, wenn der Täter einen Unfall absichtlich herbeiführt (und seine verwerfliche Absicht in ein unfallverursachendes Verhalten umsetzt; dazu *Puppe* 7/4 f). Auch *Murmann* FS Herzberg, 123, 134 will die (Un-)Erlaubtheit eines Risikos von der Verfolgung eines rechtlich anerkannten Zwecks durch den Täter abhängig machen. Zu Recht dagegen *Frisch* FS Roxin (2001), 213, 224, *ders.* JuS **2011** 116, 117 f, *v.d. Meden* JuS **2015** 22, 23 u. *Puppe* NK Vor § 13 Rdn. 154 m. Fn. 203.
199 Vgl. auch *Kindhäuser* GA **1994** 197, 221 f: Vorsatz schließt erlaubtes Risiko und erlaubtes Risiko schließt Vorsatz aus, weil Vorsatz Vermeidbarkeit eines gefährlichen Verhaltens im entscheidungsrelevan-

ist die Bedeutung des erlaubten Risikos tatsächlich auf den Bereich der Fahrlässigkeit beschränkt. Überwiegend ist aber heute anerkannt, dass die Überschreitung des erlaubten Risikos ein **allgemeines**, für Vorsatz- und Fahrlässigkeitsdelikte gleichermaßen bedeutsames **Zurechnungskriterium** darstellt;[200] es ist zentraler Topos der Lehre von der objektiven Zurechnung.

58 Das erlaubte Risiko wirkt damit auf Unrechtsebene bereits **tatbestandsbegrenzend** und tritt nicht erst als Rechtfertigungsgrund auf. Neuerdings wird dabei betont, dass das Verhalten im Rahmen des erlaubten Risikos **keinen Verhaltensnormverstoß** darstelle (*Freund* MK Vor § 13 Rdn. 155 ff).[201] Der Unterschied zur Rechtfertigungssituation liegt darin, dass das riskante Verhalten *generell* sozial akzeptiert ist, es also nicht auf die konkreten Interessen im Einzelfall ankommt – die Autofahrt ist auch erlaubt, wenn sie aus bloßer Langeweile unternommen wird.[202] Dass auch das erlaubte Risiko nur unter Rekurs auf die *konkrete Handlungssituation* bestimmt werden kann,[203] ändert daran nichts. Entscheidend ist, dass die „globale" *Interessenabwägung* (mit im Einzelfall auch „ungerechten" Ergebnissen)[204] in Fällen der Einhaltung des erlaubten Risikos schon vorweggenommen worden ist. Als „sozial auffällig" mögen zwar auch Sachverhalte gekennzeichnet werden können, in denen jemand innerhalb der Grenzen des erlaubten Risikos handelt, so dass sich „wertungsmäßig" schwerlich eine Differenz zur Rechtfertigungssituation wird nachweisen lassen.[205] Angesichts der herausgestellten Unterschiede zur Rechtfertigungssituation ist es aber zweckmäßig und zutreffend, schon die Tatbestandsmäßigkeit erlaubt riskanter Handlungen zu verneinen. Wo das erlaubte Risiko über-

---

ten Zeitpunkt voraussetzt und erlaubtes Risiko den Haftungsausschluss bei nicht zu vertretender Vermeideunfähigkeit meint. Wenn der Täter Möglichkeiten oder Wahrscheinlichkeiten von Rechtsgutsverletzungen infolge seiner eingeschränkten Vermeideunfähigkeit bedenke oder sie ihm sogar erwünscht seien, habe das mit vorsatzrelevanter Konkretisierung des Risikos nichts zu tun (kritisch zu dieser Konzeption *Schürer-Mohr* Erlaubte Risiken S. 169 ff); anders (Vorsatz annehmend) etwa *Preuß* Erlaubtes Risiko S. 209 f; *Maiwald* FS Jescheck, 405, 422 f m. Fn. 46.

200 Nachdrücklich *Roxin* AT I § 11 Rdn. 65 ff; *ders.* ZStW **116** (2004) 929, 944: „Das Strafrecht schützt im Rahmen der Reichweite seiner Tatbestände die Rechtsgüter vor unerlaubten Risiken"; weiterhin statt vieler *Puppe* NK Vor § 13 Rdn. 154; *Kindhäuser* GA **1994** 197, 215; *ders.* FS Maiwald, 397; *M. Heinrich* HK-GS Vor § 13 Rdn. 103; *Murmann* GK § 23 Rdn. 36; krit. (auch gegenüber der Lehre von der objektiven Zurechnung) *Matt/Renzikowski/Renzikowski* Vor § 13 Rdn. 99 ff (der die Lösung in der Rückbesinnung auf den Schutzgegenstand der Verhaltensnorm (situativ oder generell) sieht). *Hirsch* LK[11] Rdn. 32; *ders.* FS Lenckner, 119, 135 betont stattdessen die mangelnde „objektive Beherrschbarkeit des Kausalgeschehens"; **krit.** dazu *Roxin* ZStW **116** (2004) 929, 936 m.w.N.: Steuerungsdefizit sei nicht Folge fehlender Finalität, sondern Folge der objektiv zu geringen Gefährlichkeit des Täterhandelns, die schon die Zurechnung des Erfolges zum objektiven Tatbestand ausschließe. *Jakobs* FS Hirsch, 45, 51 f sieht im Ansatz *Hirschs* nur einen „Zugang von der anderen Seite".

201 Auch *Puppe* NK Vor § 13 Rdn. 153 f; *Lesch* Verbrechensbegriff S. 236 ff; *Schlehofer* MK Rdn. 89. Dagegen wenden sich aber dezidiert *Kindhäuser* GA **1994** 197 ff und *Krause* Ordnungsgemäßes Wirtschaften S. 200 ff: Das Verbot, Rechtsgüter zu verletzen, das sich aus dem Tatbestand der Strafgesetze ergebe, gelte im Grundsatz uneingeschränkt (keine „Zersplitterung" der Verhaltensnorm). Ein Normverstoß als Gegenstand strafrechtlicher Zurechnung liege daher nur bei einer Rechtsgutsverletzung vor; die Frage sei nur, ob dem Täter der Verstoß in der Weise zugerechnet werden könne, dass er dafür strafrechtlich haftet. Kriterien dieser Zurechnung seien Vorsatz und Fahrlässigkeit, wobei Fahrlässigkeit im Ausgangspunkt „Vermeideunfähigkeit" sei und das erlaubte Risiko bzw. die Sorgfaltsnormgemäßheit eine Ausnahme von der Pflicht, stets zur Vermeidung schädigender Erfolge fähig sein zu müssen.

202 *Roxin* AT I § 11 Rdn. 66, *Kindhäuser* GA **1994** 197, 217 f u. *Frister* 10/7.

203 So der Einwand von *Lesch* Verbrechensbegriff S. 248 ff gegen die Trennung einer „konkreten" Rechtswidrigkeits- von einer „abstrakten" Tatbestandsstufe.

204 *Kindhäuser* AT § 33 Rdn. 28 betont, dass das erlaubte Risiko – anders als ein Rechtfertigungsgrund – die *Erfolgsherbeiführung* nicht gestattet, so dass sie von Rechts wegen nicht geduldet zu werden braucht und Maßnahmen gegen den erlaubt riskant Handelnden gerechtfertigt sein können.

205 *Lesch* Verbrechensbegriff S. 265 ff; vgl. auch schon *Samson* SK[5] Rdn. 25 ff.

schritten wird, wie beispielsweise im „Ausweichfall" *Duttges* (s. Rdn. 56),[206] kommt freilich nur eine Rechtfertigung in Betracht: Verletzung von körperlicher Integrität und Eigentum des Fahrers des auf der linken Spur entgegenkommenden Wagens können für den Ausweichenden unter Notstandsgesichtspunkten gerechtfertigt sein.[207] Auch *Hirsch* ZStW **74** (1962) 78, 99f und *ders.* LK[11] Rdn. 33 will entsprechende Fälle („riskante Rettungshandlungen") auf Rechtfertigungsebene lösen.[208] Gleichwohl hält er es gerade für angebracht, dabei von „erlaubtem" Risiko zu sprechen; die hier unter diesem Begriff behandelten Fallgestaltungen bezeichnet er nämlich als solche schon „unverbotenen" Risikos.[209] Das ist insofern unzutreffend, als die Risikosetzung im Hinblick auf das verletzte Rechtsgut in den Rechtfertigungsfällen eben nicht erlaubt ist,[210] die riskante Handlung vielmehr nur mit Blick auf das zu rettende Rechtsgut in der konkreten Situation nicht zu missbilligen ist. Mag es aussagenlogisch auch zwischen „erlaubt" und „verboten" keinen Unterschied geben, sieht es vom verfassungsrechtlichen wie vom methodologischen und sprachlichen Zugriff anders aus.[211] Einige Rechtfertigungsgründe (etwa §§ 127 StPO, 193) beruhen auf der Idee des erlaubten Risikos.[212] Daraus lässt sich aber nicht schließen, dass es beim erlaubten Risiko grundsätzlich um eine Rechtfertigungsfrage geht. Im hier verstandenen Sinne handelt, wer das erlaubte Risiko einhält, nicht tatbestandsmäßig; für darüber hinaus notwendige Korrekturen stehen die anerkannten Rechtfertigungsgründe zur Verfügung. Mit *Hirsch* (LK[11] Rdn. 32 u. bereits *ders.* ZStW **74** [1962] 78, 100) könnte man den Begriff des erlaubten Risikos als *systematisch* entbehrlich bezeichnen, weil die in diesem Zusammenhang aufgeworfenen Fragen dogmatisch auf andere Weise lösbar sind.[213] Er ist aber insoweit von Nutzen, als er bestimmte Konstellationen zutreffend beschreibt, eine Abgrenzung von anderen ermöglicht und damit einer präziseren Lösung von Einzelfällen dienen kann.[214]

---

206 Einen Parallelfall schildert *Hirsch* ZStW **74** (1962) 78, 99f: Zur Vermeidung einer folgenschweren Explosion bläst ein chemisches Werk giftige Gase ab; dabei stellen die Verantwortlichen in Rechnung, dass Einzelne durch Einatmen des Gifts vorübergehende Gesundheitsschäden erleiden; so geschieht es.
207 Voraussetzung dafür ist selbstverständlich, dass der Zusammenprall mit dem auf der rechten Fahrspur fahrendem Kfz nicht auf andere Weise hätte verhindert werden können und darüber hinaus das „wesentliche Überwiegen" des durch die Ausweichhandlung geretteten Interesses. Letzteres ist etwa anzunehmen, wenn der Zusammenprall auf der rechten Fahrspur vorausehbar einen weit höheren Schaden verursacht hätte oder aber eine Kollision mit einem entgegenkommenden Fahrzeug auf der linken Fahrspur unwahrscheinlich war. Bei gleichwertigen Interessen kommt nur eine rechtfertigende Pflichtenkollision in Betracht, und dies auch nur, wenn man entgegen der h.M. hierfür die Kollision einer Handlungspflicht (hier: auszuweichen) mit einer Unterlassungspflicht (hier: nicht auf die linke Spur zu wechseln, wenn möglicherweise ein Fahrzeug entgegenkommt) genügen lässt; so etwa *Otto* AT § 8 Rdn. 205ff; *Paeffgen/Zabel* NK Rdn. 171ff; *Fischer* Rdn. 11d (referierend); dazu näher Rdn. 115ff.
208 Ebenso *Paeffgen/Zabel* NK Rdn. 24 m.w.N.
209 So auch *Paeffgen/Zabel* NK Rdn. 24, 29.
210 Vgl. zudem *Maurach/Gössel/Zipf* § 44 Rdn. 4f (die bei solchen „sorgfaltswidrigen und damit verbotenen" [!] Handlungen einen „besonderen Erlaubnisgrund tatbestandsmäßiger Rechtsgutsbeeinträchtigungen" annehmen).
211 Instruktiv dazu *Paeffgen/Zabel* Rdn. 29 m.w.N.
212 *Paeffgen/Zabel* NK Rdn. 25; *Schlehofer* MK Rdn. 78; bzgl. § 193 auch *Gallas* Niederschriften Bd. 9 S. 71; *Jescheck/Weigend* § 36 II 1; *Lenckner* FS H. Mayer, 165, 179f; *Preuß* Erlaubtes Risiko S. 220 ff; *Rudolphi* SK[7] § 193 Rdn. 1; ebenso auch für die §§ 32 und 34 und die Amtsrechte *ders.* GedS Schröder, 73, 80ff; *Schmidhäuser* AT 9/55; *Fischer* § 193 Rdn. 1; *Welzel* Strafrecht § 42 III 2; *Zaczyk* FS Hirsch, 819, 827ff.
213 So auch *Bockelmann/Volk* § 15 D; *Preuß* Erlaubtes Risiko S. 226f; *Jescheck/Weigend* § 36 I 1 (kein selbständiger Rechtfertigungsgrund).
214 Vgl. *Preuß* Erlaubtes Risiko S. 226f; zu weitgehend („weder systematischen noch erkenntnistheoretischen noch irgendeinen praktischen Wert") daher *Kienapfel* Erlaubtes Risiko S. 28f. *Roxin* ZStW **116** (2004) 929, 931 bezeichnet die Verwirklichung eines unerlaubten Risikos sogar als „zentrale Kategorie strafrechtlichen Unrechts".

II. Allgemeine Fragen der Rechtfertigungsgründe

Schrifttum

Alexy Mauerschützen: Zum Verhältnis von Recht, Moral und Strafbarkeit (1993); *ders.* Der Beschluss des BVerfG zu den Tötungen an der innerdeutschen Grenze vom 24.Oktober 1996 (1997); *Ambos* Nuremberg revisited – Das Bundesverfassungsgericht, das Völkerstrafrecht und das Rückwirkungsverbot, StV **1997** 39; *Amelung* Zur Kritik des kriminalpolitischen Strafrechtssystems von Roxin, JZ **1982** 617; *ders.* Strafbarkeit von „Mauerschützen" – BGH NJW 1993 S. 141, JuS **1993** 637; *ders.* Die strafrechtliche Bewältigung des DDR-Unrechts durch die deutsche Justiz, GA **1996** 51; *Arndt* Umwelt und Recht, NJW **1964** 486, 1310; *Arnold* Bundesverfassungsgericht contra Einigungsvertrag. Der „Mauerschützen"-Beschluß des BVerfG auf dem strafrechtlichen Prüfstand, NJ **1997** 115; *Baumann* Rechtmäßigkeit von Mordgeboten? NJW **1964** 1398; *Blumenwitz* Zur strafrechtlichen Verantwortung ehemaliger Mitglieder des SED-Politbüros für die Todesschüsse an der Mauer, Festschrift Kriele (1997) 713; *Beulke* Züchtigungsrecht – Erziehungsrecht – strafrechtliche Konsequenzen der Neufassung des § 1631 II BGB, Festschrift Hanack (1999) 539; *ders.* Neufassung des § 1631 Abs. 2 BGB und Strafbarkeit gemäß § 223 StGB, Festschrift Schreiber (2003) 29; *Bockelmann* Notwehr gegen verschuldete Angriffe, Festschrift Honig (1970) 19; *Böse* Die Glaubens- und Gewissensfreiheit im Rahmen der Strafgesetze (insbesondere § 34 StGB), ZStW **113** (2001) 40; *Breuer* Empfehlen sich Änderungen des strafrechtlichen Umweltschutzes insbesondere in Verbindung mit dem Verwaltungsrecht? NJW **1988** 2072; *Buchner* Die Rechtswidrigkeit der Taten von „Mauerschützen" im Lichte von Art. 103 II GG unter besonderer Berücksichtigung des Völkerrechts, Diss. Würzburg 1995 (1996); *Bumke* Relative Rechtswidrigkeit, Habil. Berlin 2004; *Classen* Artikel 103 Abs. 2 GG – ein Grundrecht unter Vorbehalt? GA **1998** 215; *Dannecker* Die Schüsse an der innerdeutschen Grenze in der höchstrichterlichen Rechtsprechung, Jura **1994** 585; *ders.* Nullum crimen, nulla poena sine lege und seine Geltung im Allgemeinen Teil des Strafrechts, Festschrift Otto (2007) 25; *Dannecker/Stoffers* Rechtsstaatliche Grenzen für die strafrechtliche Aufarbeitung der Todesschüsse an der innerdeutschen Grenze, JZ **1996** 490; *Dencker* Vergangenheitsbewältigung durch Strafrecht? KritV **1990** 299; *Graf zu Dohna* Die Rechtswidrigkeit als allgemeingültiges Merkmal im Tatbestande strafbarer Handlungen (1905); *H. Dreier* Gustav Radbruch und die Mauerschützen, JZ **1997** 421; *R. Dreier* Juristische Vergangenheitsbewältigung (1995); *Ebert* Strafrechtliche Bewältigung des SED-Unrechts zwischen Politik, Strafrecht und Verfassungsrecht, Festschrift Hanack (1999) 501; *Engels* Der partielle Ausschluß der Notwehr bei tätlichen Auseinandersetzungen zwischen Ehegatten, GA **1982** 109; *Engisch* Die Einheit der Rechtsordnung (1935); *ders.* Die normativen Tatbestandsmerkmale im Strafrecht, Festschrift Mezger (1954) 127; *Engländer* Grund und Grenzen der Nothilfe, Habil. Mainz 2008; *ders.* Die Anwendbarkeit von § 34 StGB auf intrapersonale Interessenkollisionen, GA **2010** 15; *Ensenbach* Probleme der Verwaltungsakzessorietät im Umweltstrafrecht, Diss. Gießen 1988 (1989); *Erb* Die Schutzfunktion von Art. 103 Abs. 2 GG bei Rechtfertigungsgründen, ZStW **108** (1996) 266; *ders.* Notwehr als Menschenrecht, NStZ **2005** 593; *Eser* Schuld und Entschuldbarkeit von Mauerschützen und ihren Befehlsgebern? Festschrift Odersky (1996) 337; *Felix* Einheit der Rechtsordnung, Habil. Passau 1997 (1998); *Fincke* Das Verhältnis des Allgemeinen zum Besonderen Teil des Strafrechts, Habil. München 1974 (1975); *Frisch* Grund- und Grenzprobleme des sog. subjektiven Rechtfertigungselements, Festschrift Lackner (1987) 113; *ders.* Unrecht und Strafbarkeit der Mauerschützen, Festschrift Grünwald (1999) 133; *ders.* Grundrecht der Gewissensfreiheit und Gewissensdruck im Strafrecht, GA **2006** 273; *ders.* Notstandsregeln als Ausdruck von Rechtsprinzipien, Festschrift Puppe (2011) 425; *Frister* Die Notwehr im System der Notrechte, GA **1988** 291; *Frommel* Die Mauerschützenprozesse, Festschrift Arth. Kaufmann (1993) 81; *Gallas* Zur Struktur des strafrechtlichen Unrechtsbegriffs, Festschrift Bockelmann (1979) 155; *Gribbohm* Strafrechtsklausur: Die eifrigen Verfolger, JuS **1966** 155; *Gropengießer* Das Konkurrenzverhältnis von Notwehr (§ 32 StGB) und rechtfertigendem Notstand (§ 34 StGB), Jura **2000** 262; *Gropp* Naturrecht oder Rückwirkungsverbot? – Zur Strafbarkeit der Berliner „Mauerschützen", Festschrift Trifferer (1996) 103; *Grünwald* Ist der Schußwaffengebrauch an der Zonengrenze strafbar? JZ **1966** 633; *ders.* Die Entwicklung der Rechtsprechung zum Gesetzlichkeitsprinzip, Festschrift Arth. Kaufmann (1993) 433; *Gülpen* Der Begriff der guten Sitten in § 228 StGB, Diss. Köln 2008 (2009); *H.L. Günther* Strafrechtswidrigkeit und Strafunrechtsausschluß, Habil. Trier 1981 (1983); *ders.* Klassifikation der Rechtfertigungsgründe im Strafrecht, Festschrift Spendel (1992) 189; *ders.* Warum Art. 103 Abs. 2 GG für Erlaubnissätze nicht gelten kann, Festschrift Grünwald (1999) 213; *Haffke* Der „gute" Positivismus im Lichte des Völkerstrafrechts, Festschrift Lüderssen (2002) 395; *Hassemer* Staatsverstärkte Kriminalität als Gegenstand der Rechtsprechung. Grundlagen der „Mauerschützen"-

Entscheidungen des Bundesgerichtshofs und des Bundesverfassungsgerichts, Festgabe 50 Jahre BGH, Festgabe aus der Wissenschaft, Bd. IV: Straf- und Strafprozeßrecht (2000) 439; *Hausühl* Gerechtigkeit als Strafgrund, Diss. Köln 2006; *Hellmann* Die Anwendbarkeit der zivilrechtlichen Rechtfertigungsgründe im Strafrecht, Diss. Osnabrück 1986 (1987); *Herrmann* Menschenrechtsfeindliche und menschenrechtsfreundliche Auslegung des Grenzgesetzes der DDR, NStZ **1993** 118; *Herzberg* Handeln in Unkenntnis einer Rechtfertigungslage, JA **1986** 190; *ders.* Subjektive Rechtfertigungselemente? JA **1986** 541; *Hillenkamp* Vorsatztat und Opferverhalten, Habil. Göttingen 1980 (1981); *Himmelreich* Notwehr und unbewußte Fahrlässigkeit, Diss. Köln 1969 (1971); *Hirsch* Die Lehre von den negativen Tatbestandsmerkmalen, Diss. Bonn 1960; *ders.* Rechtfertigungsgründe und Analogieverbot, Gedächtnisschrift Tjong (1984) 50; *ders.* Rechtsstaatliches Strafrecht und staatlich gesteuertes Unrecht (1996); *ders.* Rechtfertigungsfragen und Judikatur des Bundesgerichtshofs, Festgabe 50 Jahre BGH, Festgabe aus der Wissenschaft, Bd. IV: Straf- und Strafprozeßrecht (2000) 199; *Höpfl* Zu Sinn und Reichweite des sog. Analogieverbots, JurBl. **1975** 505, 575; *Hruschka* Extrasystematische Rechtfertigungsgründe, Festschrift Dreher (1977) 189; *Hundt* Die Wirkungsweise der öffentlich-rechtlichen Genehmigung im Strafrecht, Diss. Berlin 1994; *Hüwels* Fehlerhafter Gesetzesvollzug und strafrechtliche Zurechnung, Diss. Regensburg 1983/84 (1986); *Isensee* Deutschlands aktuelle Verfassungslage, VVDStRL **49** (1990) 39; *Jähnke* Zur Frage der Geltung des „nullum-crimen-Satzes" im Allgemeinen Teil des Strafgesetzbuches, Festgabe 50 Jahre BGH, Festgabe aus der Wissenschaft, Bd. IV: Straf- und Strafprozeßrecht (2000) 393; *Jakobs* Vergangenheitsbewältigung durch Strafrecht? in Battis u.a. (Hrsg.), Vergangenheitsbewältigung durch Recht (1992) 37; *ders.* Untaten des Staates – Unrecht im Staat, GA **1994** 1; *Jung* Das Züchtigungsrecht des Lehrers, Habil. Saarbrücken 1976 (1977); *Jungclaussen* Die subjektiven Rechtfertigungselemente beim Fahrlässigkeitsdelikt, Diss. Göttingen 1985 (1987); *Armin Kaufmann* Lebendiges und Totes in Bindings Normentheorie, Diss. Bonn 1954; *ders.* Zum Stande der Lehre vom personalen Unrecht, Festschrift Welzel (1974) 393; *Arthur Kaufmann* Die Radbruchsche Formel vom gesetzlichen Unrecht und vom übergesetzlichen Recht in der Diskussion um das im Namen der DDR begangene Unrecht, NJW **1995** 81; *Kern* Grade der Rechtswidrigkeit, ZStW **64** (1952) 255; *Kirsch* Zur Geltung des Gesetzlichkeitsprinzips im Allgemeinen Teil des Strafgesetzbuchs, Diss. Saarbrücken 2014; *Kölbel* Das Rechtsmissbrauchs-Argument im Strafrecht, GA **2005** 36; *Kratzsch* § 53 und der Grundsatz nullum crimen sine lege, GA **1971** 65; *Krause* Zur Einschränkung der Notwehrbefugnis, GA **1979** 329; *Krey* Studien zum Gesetzesvorbehalt im Strafrecht, Habil. Trier 1977; *ders.* Zur Einschränkung des Notwehrrechts bei der Verteidigung von Sachgütern, JZ **1979** 702; *Küpper/Wilms* Die Verfolgung von Straftaten des SED-Regimes, ZRP **1992** 91; *Kuhlen* Zum Verhältnis von Bestimmtheitsgrundsatz und Analogieverbot, Festschrift Otto (2007) 89; *Lagodny* Strafrecht vor den Schranken der Grundrechte, Habil. Tübingen 1995 (1996); *Lampe* Systemunrecht und Unrechtssysteme ZStW **106** (1994) 683; *Lange* Gesetzgebungsfragen bei den Rechtfertigungsgründen, Festschrift v. Weber (1963) 162; *Laufhütte* Strafrechtliche Probleme nach der Wiedervereinigung der beiden deutschen Staaten und ihre Bewältigung durch die Strafsenate des Bundesgerichtshofs (ohne die Entscheidungen zur DDR-Spionage), Festgabe 50 Jahre BGH, Festgabe aus der Wissenschaft, Bd. IV: Straf- und Strafprozeßrecht (2000) 409; *Lenckner* Notwehr bei provoziertem oder verschuldetem Angriff, GA **1961** 299; *ders.* Der rechtfertigende Notstand, Habil. Tübingen 1963 (1965); *ders.* Die Rechtfertigungsgründe und das Erfordernis pflichtgemäßer Prüfung, Festschrift H. Mayer (1966) 165; *ders.* Wertausfüllungsbedürftige Begriffe im Strafrecht und der Satz nullum crimen sine lege, JuS **1968** 249; *ders.* „Gebotensein" und „Erforderlichkeit" der Notwehr, GA **1968** 1; *ders.* Der Grundsatz der Güterabwägung als Grundlage der Rechtfertigung, GA **1985** 295; *Lewald* Das Dritte Reich – Rechtsstaat oder Unrechtsstaat? NJW **1964** 1658; *Loos* Zum Inhalt der subjektiven Rechtfertigungselemente, Festschrift Oehler (1985) 227; *Lüderssen* Der Staat geht unter – das Unrecht bleibt? Regierungskriminalität in der ehemaligen DDR (1992); *ders.* Kontinuität und Grenzen des Gesetzlichkeitsprinzips bei grundsätzlichem Wandel der politischen Verhältnisse, ZStW **104** (1992) 735; *Luther* Zum Gesetzlichkeitsprinzip im Strafrecht, Festschrift Bemmann (1997) 202; *Maiwald* Die Amtsdelikte JuS **1977** 353; *Marxen/Werle* Die strafrechtliche Aufarbeitung von DDR-Unrecht (1999); *Miehe* Rechtfertigung und Verbotsirrtum, Festschrift Gitter (1995) 647; *Mitsch* Rechtfertigung und Opferverhalten, Habil. Tübingen 1991 (2004); *ders.* Die provozierte Provokation, JuS **2017** 19; *Moreso* Gesetzlichkeitsprinzip und Rechtfertigungsgründe, in Kudlich/Montiel/Schuhr (Hrsg.), Gesetzlichkeit und Strafrecht, 1. Aufl. (2012) 145; *Morgenstern* Abstoßend, gefährlich, sozialschädlich? Zur Unbestimmtheit der Sittenwidrigkeitsklausel des § 228 StGB, JZ **2017** 1146; *Müller-Dietz* Abschied vom Bestimmtheitsgrundsatz im Strafrecht? Festschrift Lenckner (1998) 179; *Neumann* Rechtspositivismus, Rechtsrealismus und Rechtsmoralismus in der Diskussion um die rechtliche Bewältigung politischer Systemwechsel, Festschrift Lüderssen (2002) 109; *Niedermair* Körperverletzung mit Einwilligung und die guten Sitten, Diss. München 1998 (1999); *Niese* Finalität, Vorsatz und Fahrlässigkeit (1951); *Noll* Übergesetzliche Rechtfertigungsgründe im besonderen die Einwilligung des Verletzen (1955); *ders.* Übergesetzliche Milderungsgründe aus vermindertem Unrecht, ZStW **68** (1956) 181; *ders.* Die Rechtfertigungsgründe im Gesetz und in der Rechtsprechung, SchwZStR. **80** (1964) 160; *ders.* Tatbestand und Rechtswidrigkeit: Die Wertabwägung als Prinzip der Rechtfertigung, ZStW **77** (1965) 1; *Nusser* Notwehr zur Verteidigung von Sachwerten, Diss. Passau 2011 (2012); *Ott* Die Staatspraxis an der DDR-Grenze und das Völkerrecht, NJ **1993** 337; *Paeffgen* Der Verrat in irriger Annahme eines illegalen Geheimnisses (§ 97b StGB) und die allgemeine Irrtumslehre, Diss. Mainz 1978 (1979); *Papier/Möller* Die rechtsstaatliche Bewältigung von Regime-Unrecht nach 1945 und nach 1989, NJW **1999** 3289; *Pawlik* Das positive Recht und seine Grenzen, Rechtsphilosophische Hefte II (1993) 95; *ders.* Strafrecht und Staatsunrecht, GA **1994** 472; *Perschke* Die Verwaltungsakzessorietät des Umweltstrafrechts nach dem 2. UKG, wistra **1996** 161; *Peters* „Wertungsrahmen" und „Konflikttypen" bei der „Konkurrenz" zwischen § 34 StGB und den besonderen Rechtfertigungsgründen, GA **1981** 445; *Pieroth* Der Rechtsstaat und die Aufarbeitung der vorrechtsstaatlichen Vergangenheit, VVDStRL **51** (1992) 91; *Polakiewicz* Verfassungs- und völkerrechtliche Aspekte der strafrechtlichen Ahndung des Schusswaffeneinsatzes an der innerdeutschen Grenze, EuGRZ **1992** 177; *Prittwitz* Zum Verteidigungswillen bei der Notwehr, GA **1980** 381; *ders.* Der Verteidigungswille als subjektives Merkmal der Notwehr, Jura **1984** 74; *Radbruch* Gesetzliches Unrecht und übergesetzliches Recht, SJZ **1946** 105; *Ransiek* Gesetz und Lebenswirklichkeit, Diss. Bielefeld 1988 (1989); *Rath* Einheit, Festschrift Küper (2007) 455; *Rau* Deutsche Vergangenheitsbewältigung vor dem EGMR – Hat der Rechtsstaat gesiegt? NJW **2001** 3008; *Redeker* Bewältigung der Vergangenheit als Aufgabe der Justiz, NJW **1964** 1097; *Rengier* Die öffentlich-rechtliche Genehmigung im Strafrecht, ZStW **101** (1989) 874; *Renzikowski* Notstand und Notwehr, Diss. Tübingen 1993 (1994); *ders.* Rechtfertigung und Entschuldigung im Strafrecht der ehemaligen DDR, ZStW **106** (1994) 93; *Rinck* Der zweistufige Deliktsaufbau, Diss. München 1999 (2000); *Ritter* Grenzen der Strafgesetzgebung, SchwZStr. **62** (1946) 253; *Rittstieg* Strafrechtliche Verantwortlichkeit von Grenzsoldaten der DDR, DuR **1991** 404; *Roesen* Rechtsfragen der Einsatzgruppen-Prozesse, NJW **1964** 133; *Rogall* Gegenwartsprobleme des Umweltstrafrechts, Festschrift der Rechtswissenschaftlichen Fakultät zur 600-Jahr-Feier der Universität zu Köln (1988) 505; *ders.* Die Bewältigung von Systemkriminalität, Festgabe 50 Jahre BGH, Festgabe aus der Wissenschaft, Bd. IV: Straf- und Strafprozeßrecht (2000) 383; *Roggemann* Die strafrechtliche Aufarbeitung der DDR-Vergangenheit am Beispiel der „Mauerschützen"- und der Rechtsbeugungsverfahren, NJ **1997** 226; *Rönnau* Willensmängel bei der Einwilligung im Strafrecht, Habil. Kiel 1999 (2001); *ders.* Das Verhältnis der besonders schweren Brandstiftung gem. § 306b II Nr. 2 StGB zum (versuchten) Betrug – BGHSt 45, 211, JuS **2001** 328; *ders.* Grundwissen-Strafrecht: „Sozial-ethische Einschränkungen der Notwehr, JuS **2012** 404; *Rosenau* Tödliche Schüsse im staatlichen Auftrag, Diss. Göttingen 1995 (1996; 2. Aufl. 1998); *Röttger* Unrechtsbegründung und Unrechtsausschluß, Diss. Hamburg 1992 (1993); *Roxin* Die provozierte Notwehrlage, ZStW **75** (1963) 541; *ders.* Offene Tatbestände und Rechtspflichtmerkmale, Diss. Hamburg 1956 (1959; 2. Auflage 1970); *ders.* Kriminalpolitik und Strafrechtssystem, 2. Aufl. (1973); *ders.* Die „sozialethischen Einschränkungen" des Notwehrrechts, ZStW **93** (1981) 68; *ders.* 60 Jahre Grundgesetz aus der Sicht des Strafrechts, JahrbÖR **59** (2011) 1; *ders.* Notwehr und Rechtsbewährung, Festschrift Kühl (2014) 391; *Rudolphi* Inhalt und Funktion des Handlungsunwerts im Rahmen der personalen Unrechtslehre, Festschrift Maurach (1972) 51; *ders.* Die pflichtgemäße Prüfung als Erfordernis der Rechtfertigung, Gedächtnisschrift Schröder (1978) 73; *ders.* Rechtfertigungsgründe im Strafrecht, Gedächtnisschrift Arm. Kaufmann (1989) 371; *Rummler* Die Gewalttaten an der deutsch-deutschen Grenze vor Gericht, Diss. Berlin 1999 (2000); *Saliger* Radbruchsche Formel und Rechtsstaat, Diss. Frankfurt a.M. 1995; *Samson* Die strafrechtliche Behandlung von DDR-Alttaten nach der Einigung Deutschlands, NJW **1991** 335; *ders.* Geteiltes Strafrecht im vereinten Deutschland, NJ **1991** 143; *Satzger* Gesetzlichkeitsprinzip und Rechtfertigung, Jura **2016** 154; *Sauer* Grundlagen des Strafrechts nebst Umriß einer Rechts- und Sozialphilosophie (1921); *ders.* Grundlagen des Strafrechts nebst Umriß einer Rechts- und Sozialphilosophie (1921); *Sax* Das strafrechtliche „Analogieverbot", Habil. Köln 1952 (1953); *Schaffstein* Putative Rechtfertigungsgründe und finale Handlungslehre, MDR **1951** 196; *ders.* Handlungsunwert, Erfolgsunwert und Rechtfertigung bei den Fahrlässigkeitsdelikten, Festschrift Welzel (1974) 557; *Scheffler* Der Erlaubnistatbestandsirrtum und seine Umkehrung, das Fehlen subjektiver Rechtfertigungselemente, Jura **1993** 617; *von Scherenberg* Die sozialethischen Einschränkungen der Notwehr, Diss. Saarbrücken 2009; *Ch. Schmid* Das Verhältnis von Tatbestand und Rechtswidrigkeit aus rechtstheoretischer Sicht, Diss. Regensburg 2000/2001 (2002); *Eb. Schmidt* Das Reichsgericht und der „übergesetzliche Notstand", ZStW **49** (1928) 350; *R. Schmitt* Subjektive Rechtfertigungselemente bei Fahrlässigkeitsdelikten, JuS **1963** 64; *Schreiber* Die strafrechtliche Aufarbeitung von staatlich gesteuertem Unrecht, ZStW **107** (1995) 157; *Schroeder* Notstandslage bei Dauergefahr – BGH NJW **1979** 2053, JuS **1980** 336; *ders.* Zur Strafbarkeit von Tötungen in staatlichem Auftrag, JZ **1992** 990; *Schröder* Die Not als Rechtfertigungs- und Entschuldigungsgrund im deutschen und schweizerischen Strafrecht, SchwZStr. **76** (1960) 1; *Schulz* Der nulla-poena-Grundsatz – ein Fundament des Rechtsstaates? ARSP-Beiheft **65** (1996) 173; *Schünemann* Die deutschsprachige Strafrechtswissenschaft nach der Strafrechtsreform im Spiegel des Leipziger Kommentars und des Wiener Kommentars, GA **1985** 341; *ders.* Die Funktion der Abgrenzung von Unrecht und Schuld, in Schünemann/de Fiqueiredo Dias (Hrsg.) Bausteine des europäischen Strafrechts, Coimbra-Symposium für Claus Roxin (1995) 149; *ders.* Aufarbeitung von Unrecht aus totalitärer Zeit, ARSP-Beiheft **65** (1996) 97; *ders.* Dogmatische Sackgassen bei der Strafverfolgung der vom SED-Regime zu verantwortenden Untaten, Festschrift Grünwald (1999) 657; *ders.* Das strafrechtliche Rückwirkungsverbot als Prüfstein des Rechtsbegriffs, Festschrift Kühl (2014) 457; *Schuster* Das Verhältnis von Strafnormen und Bezugsnormen aus anderen Rechtsgebieten, Habil. Mainz 2011 (2012); *Seelmann* Das Verhältnis von § 34 zu anderen Rechtfertigungsgründen (1978); *Sieverts* Beiträge zur Lehre von den subjektiven Unrechtselementen im Strafrecht, Habil. Hamburg 1934; *Späth* Rechtfertigungsgründe im Wirtschaftsstrafrecht, Diss. Bucerius Law School Hamburg 2014 (2016); *Spendel* Gegen den Verteidigungswillen als Notwehrerfordernis, Festschrift Bockelmann (1979) 245; *ders.* Notwehr und Verteidigungswille, objektiver Zweck und subjektive Absicht, Festschrift Oehler (1985) 197; *Stam* Die Auslegung zivilrechtlicher Rechtfertigungsgründe im Strafrecht von Besitzwehr und -kehr nach § 859 BGB, JR **2017** 557; *Starck* Die Todesschüsse an der innerdeutschen Grenze, JZ **2001** 1102; *R. Steinbach* Zur Problematik der Lehre von den subjektiven Rechtfertigungselementen bei den vorsätzlichen Erfolgsdelikten, Diss. Trier 1986 (1987); *Sternberg-Lieben* Die objektiven Schranken der Einwilligung im Strafrecht, Habil. Tübingen 1995 (1997); *ders.* § 228 StGB: eine nicht nur überflüssige Regelung, Gedächtnisschrift Keller (2003) 289; *Stöckel* Gesetzesumgehung und Umgehungsgesetze im Strafrecht (1966); *Stratenwerth* Prinzipien der Rechtfertigung, ZStW **68** (1956) 41; *Suppert* Studien zur Notwehr und „notwehrähnlichen Lage", Diss. Bonn 1970/1971 (1973); *Süß* Vom Umgang mit dem Bestimmtheitsgebot, in Institut für Kriminalwissenschaften (Hrsg.) Vom unmöglichen Zustand des Strafrechts, **50** (1995) 207; *Tachezy* Mutmaßliche Einwilligung und Notkompetenz in der präklinischen Notfallmedizin, Diss. Göttingen 2007 (2009); *Thiel* Die Konkurrenz von Rechtfertigungsgründen, Diss. Göttingen 1999; *Trechsel* Die Bedeutung der Europäischen Menschenrechtskonvention im Strafrecht, ZStW **101** (1989) 819; *van Rienen* Die „sozialethischen" Einschränkungen des Notwehrrechts, Diss. Bonn 2008 (2009); *Wagner* Die Akzessorietät des Wirtschaftsstrafrechts, Diss. Gießen 2015 (2016); *Waider* Die Bedeutung der Lehre von den subjektiven Rechtfertigungselementen für Methodologie und Systematik des Strafrechts, Habil. Köln 1969 (1970); *Warda* Die Konkurrenz von Rechtfertigungsgründen, Festschrift Maurach (1972) 143; *T. Walter* Der Kern des Strafrechts, Habil. Freiburg i. Br. 2004 (2006); *Wassermann* Zur Anwendung der sogenannten Radbruch'schen Formel auf Unrechtsurteile der DDR-Justiz, NJW **1992** 878; *v. Weber* Der Irrtum über einen Rechtfertigungsgrund, JZ **1951** 260; *ders.* Negative Tatbestandsmerkmale, Festschrift Mezger (1954) 183; *H.-D. Weber* Der zivilrechtliche Vertrag als Rechtfertigungsgrund im Strafrecht, Diss. Trier 1985 (1986); *Welzel* Gesetzmäßige Judentötungen? NJW **1964** 521; *Werle* Der Holocaust als Gegenstand der bundesdeutschen Strafjustiz, NJW **1992** 2529; *ders.* Rückwirkungsverbot und Staatskriminalität, NJW **2001** 3001; *Widmaier* Die Teilbarkeit der Unrechtsbewertung – OLG Celle, NJW 1969 1775, JuS **1970** 611; *Willnow* Die Rechtsprechung des 5. (Berliner) Strafsenats des Bundesgerichtshofs zur strafrechtlichen Bewältigung der mit der deutschen Wiedervereinigung verbundenen Probleme, JR **1997** 221; *Winkelbauer* Zur Verwaltungsakzessorietät des Umweltstrafrechts, Diss. Tübingen 1984 (1985); *Würtenberger* Vom Rechtsstaatsgedanken in der Lehre der strafrechtlichen Rechtswidrigkeit, Festschrift Rittler (1957) 125; *Zielinski* Das strikte Rückwirkungsverbot gilt absolut im Rechtssinne auch dann, wenn es nur relativ gilt, Festschrift Grünwald (1999) 811.

Siehe außerdem das Schrifttum vor Rdn. 5 und 35.

1. Quellen und Geltung

a) Quellen. Die Rechtfertigungsgründe sind dem **Gesamtbereich der Rechtsordnung** zu entnehmen (z.B. RGSt 59 404, 406; **61** 242, 247; **63** 215, 218; BGHSt **11** 241, 244; OLG Köln StV **1986** 537, 538; allg. Auffassung).[215] Denn ein Verhalten kann strafrechtlich

59

---

[215] Weiter Baumann/Weber/*Mitsch*/Eisele § 14 Rdn. 34; *Engisch* Einheit der Rechtsordnung S. 55 ff; *Felix* Einheit der Rechtsordnung S. 58 f; *Paeffgen*/Zabel NK Rdn. 2, 48, 56; *Jescheck/Weigend* § 31 III 1; *Rudolphi* GedS Arm. Kaufmann, 371; *Satzger* Jura **2016** 154, 157; *Stam* JR **2017** 557, 558; *Schlehofer* MK Rdn. 115 ff mit zahlreichen Beispielen.

nicht rechtswidrig sein, wenn es im Zivil- oder Öffentlichen Recht als erlaubt angesehen wird:[216] Prinzip der Einheit (besser: Widerspruchsfreiheit) der Rechtsordnung[217] (hierzu ausführlich *Felix* Einheit der Rechtsordnung S. 296 ff; *Rogall* FS Universität Köln, 505, 521; vgl. weiter Rdn. 20 ff).[218] Beispielsweise schließt die Erteilung einer behördlichen Genehmigung zum religiös motivierten Schächten gem. § 4a Abs. 2 Nr. 2 TierSchG die Strafbarkeit gemäß § 17 Nr. 1 TierSchG aus (*Böse* ZStW **113** [2001] 40, 45; ferner *Perschke* wistra **1996** 161, 165; jew. m.w.N.).[219] In Betracht kommen zunächst alle *gesetzlich geregelten* Rechtfertigungsgründe. Neben denen des StGB (z.B. §§ 32, 34, 193) sind ebenfalls die in anderen Gesetzen enthaltenen Rechtfertigungsgründe strafrechtlich erheblich, z.B. §§ 81a Abs. 1 Satz 2, 127 StPO, §§ 227, 228, 229, 859, 904 BGB, § 808 Abs. 1 ZPO; zu § 241a BGB als Rechtfertigungsnorm vgl. Rdn. 307.[220] Auch aus dem Landesrecht können sich Rechtfertigungsgründe für Tatbestände des Bundesrechts ergeben, soweit die Materie, welcher der fragliche Erlaubnissatz angehört, in die Gesetzgebungskompetenz der Länder fällt (RGSt **47** 270, 276 f; BGHSt **11** 241, 244; *Sch/Schröder/Lenckner/Sternberg-Lieben* Rdn. 27; *Felix* Einheit der Rechtsordnung S. 312 f). *Beispiel*: Einsatz von Schusswaffen im Landespolizeidienst (Rdn. 247). Ferner kann sich eine Rechtfertigung durch Völkerrechtsnormen ergeben, insbesondere im Rahmen kriegerischer Auseinandersetzungen (Rdn. 302 f). Da kein numerus clausus der Rechtfertigungsgründe besteht (BGHZ [GrS] **24** 21, 25; *Maiwald* JuS **1977** 353, 363; *Paeffgen/Zabel* NK Rdn. 2, 56) – Ergänzung aus jüngerer Zeit: § 1631 d BGB zum Zwecke der Knabenbeschneidung – und nur Erweiterungen gesetzlich geregelter oder bestehender Rechtfertigungsgründe mit Art. 103 Abs. 2 GG in Einklang stehen müssen (Rdn. 62), können sich über die positivrechtlich ausdrücklich geregelten Fälle hinaus weitere Rechtfertigungsgründe bilden, etwa durch *Gewohnheits-* und *Richterrecht* (BVerfGE **95** 96, 132). *Beispiele*: die nach h.M. rechtfertigend wirkende Einwilligung (Rdn. 147), die mutmaßliche Einwilligung, das frühere schulische Züchtigungsrecht (BGHSt **11** 241, 244; BayObLGSt **78** 182)[221] oder die gewohnheitsrechtliche Erlaubnis zur Einleitung nicht ölhaltiger Schiffsabwässer (vgl. zu § 324 BayObLG JR **1983** 120); zur rechtfertigenden Wirkung zivilrechtlicher Verträge *Sch/Schröder/Lenckner/Sternberg-Lieben* Rdn. 53 u. *Mitsch* NZV **2013** 417, 420 ff; beide m.w.N.

60 Eine besondere Bedeutung für die Beurteilung der Rechtswidrigkeit einer Tat kommt den *Grundrechten* zu. Ein Verhalten, das sich innerhalb der durch die Rechtsordnung gezogenen Schranken eines Grundrechts hält, kann strafrechtlich nicht rechtswidrig sein

---

216 Deshalb hieß es ausdrücklich in § 20 E 1925: „Eine strafbare Handlung liegt nicht vor, wenn die Rechtswidrigkeit der Tat durch das öffentliche oder bürgerliche Recht ausgeschlossen ist"; damit ist nicht gesagt, dass umgekehrt ein Verhalten, das im Zivil- oder im Öffentlichen Recht als rechtswidrig angesehen wird, strafrechtlich ebenfalls als rechtswidrig beurteilt werden muss; hierzu *Felix* Einheit der Rechtsordnung S. 296 ff, 314; *Hellmann* Zivilrechtliche Rechtfertigungsgründe S. 110.
217 Mit dem Begriff der „Widerspruchsfreiheit" wird verdeutlicht, dass es um die Gewährleistung einer konsistenten Ordnung geht; zugleich wird damit das systematische Grundverständnis rechtsdogmatischer Betrachtungsweisen betont. Eingehend zum Ganzen *Bumke* Relative Rechtswidrigkeit S. 37 ff; *Felix* Einheit der Rechtsordnung S. 142 ff; auch *Sodan* JZ **1999** 864 ff.
218 *Anders Hellmann* Zivilrechtliche Rechtfertigungsgründe S. 90 ff (keine Bindung des Strafrechts an zivilrechtlich anerkannte Rechtfertigungsgründe); ebenso *Jähnke* FG BGH IV, 393, 397 f; *Paeffgen/Zabel* NK Rdn. 41 ff; *Hoyer* SK Rdn. 8, 12.
219 Eingehend zur „Einheit der Rechtsordnung" als Argumentationstopos bei der Diskussion um die „Verwaltungsakzessorietät" des (Umwelt-)Strafrechts *Felix* Einheit der Rechtsordnung S. 16 ff m.w.N.
220 *Anders Hellmann* Zivilrechtliche Rechtfertigungsgründe passim, der die Anwendbarkeit zivilrechtlicher Rechtfertigungsgründe im Strafrecht grundsätzlich verneint.
221 Hierzu näher *Jung* Züchtigungsrecht S. 11 ff; *Hirsch* FG BGH IV, 199, 212 ff; zum elterlichen Züchtigungsrecht *Beulke* FS Hanack, 539 ff; *ders.* FS Schreiber, 29 ff; jew. m.w.N. und Rdn. 306.

(*Günther* FS Spendel, 189, 193 f; *Frisch* GA **2006** 273, 274 ff [zu Art. 4 GG]).²²² Die Ausstrahlungswirkung der Grundrechte ist nicht nur bei der Auslegung der einfachgesetzlichen Erlaubnissätze zu berücksichtigen; vielmehr kommt eine Rechtfertigung auch unmittelbar durch Grundrechte in Betracht (**anders** *Böse* ZStW 113 [2001] 40, 61 ff; näher hierzu Rdn. 138 f). Dieselben Grundsätze gelten für die *Grundfreiheiten der EMRK*; zu deren begrenzender Wirkung bei Rechtfertigungsgründen *Rönnau/Hohn* LK § 32 Rdn. 235 ff. *Lagodny* (Strafrecht vor den Schranken S. 264 ff) hat weiterhin zu Recht darauf hingewiesen, dass auch die Einräumung (und Ausgestaltung) von Rechtfertigungsgründen (insbes. der Notrechte) nicht im Belieben des Gesetzgebers steht, sondern durch Grundrechte der Betroffenen begrenzt wird (zust. *Gropp* AT § 5 Rdn. 27).

Des Weiteren werden *überpositive Prinzipien* als Quelle genannt, so etwa das „an **61** den obersten Wertvorstellungen der Gemeinschaft ausgerichtete überpositive Recht (Naturrecht)" (*Jescheck/Weigend* § 31 III 2), die „ethischen Grundlagen des Rechts" (*Mezger* LK⁸ Vor § 51 Bem. 9e bb) oder schlicht „allgemeine Erwägungen" (*Sch/Schröder/Schröder*¹⁷ Vor § 51 Rdn. 10). Das Hauptbeispiel bildete dabei der übergesetzliche rechtfertigende Notstand, wie er von RGSt 61 242 entwickelt wurde. Aber abgesehen davon, dass diese Problematik an Bedeutung verloren hat, seitdem der rechtfertigende Notstand in § 16 OWiG und § 34 allgemein gesetzlich geregelt worden ist, bestehen ernste Bedenken gegen die unmittelbare Anknüpfung an vorrechtliche Wertmaßstäbe. Auch für die Rechtswidrigkeit gelten die **allgemeinen Regeln der juristischen Hermeneutik**, soll nicht die Rechtsetzungskompetenz des Gesetzgebers unterlaufen werden (*Hirsch* LK¹¹ Rdn. 34; näher Rdn. 30).²²³ Lücken im Katalog der gesetzlichen Rechtfertigungsgründe sind deshalb aus Zusammenhang und Zweck der geltenden Rechtssätze, vor allem im Wege der Gesetzes- und Rechtsanalogie, zu schließen (vgl. RGSt 61 242, 247; *Renzikowski* Notstand S. 161 m. Fn. 2).

b) Bedeutung des Art. 103 Abs. 2 GG für die Rechtfertigungsgründe

aa) Allgemeines. Das Gesetzlichkeitsprinzip verbietet zunächst die analoge An- **62** wendung eines Rechtssatzes oder eines aus mehreren Vorschriften abzuleitenden Rechtsgedankens zu Lasten des Täters (nullum crimen, nulla poena sine lege *stricta*) sowie die Strafbegründung oder Strafschärfung durch Gewohnheitsrecht (nullum crimen, nulla poena sine lege *scripta*); darüber hinaus soll es gewährleisten, dass der Beurteilung einer Tat nur das zur Tatzeit geltende Recht zugrunde gelegt wird (nullum crimen, nulla poena sine lege *praevia*) und dass die Strafbarkeit des Verhaltens für den Täter aus diesem Rechtssatz erkennbar war (nullum crimen, nulla poena sine lege *certa*).²²⁴ Die **Geltung des Gesetzlichkeitsprinzips auf Rechtfertigungsebene** ist nicht abschließend geklärt. Die herrschende Meinung geht zu Recht davon aus, dass das in Art. 103 Abs. 2 GG (sowie Art. 7 Abs. 1 EMRK und § 1 StGB) verankerte Gesetzlichkeits-

---

222 Soweit *Günther* FS Spendel, 189, 199 f auch bei (geringfügigen) Überschreitungen des grundrechtlich Zulässigen für einen „Strafunrechtsausschließungsgrund" plädiert, kann dem nicht gefolgt werden; näher zur Rechtfertigung durch Grundrechte unter Rdn. 138 f; zu den grundlegenden Bedenken gegen die Konzeption *Günthers* s. Rdn. 26.
223 Anders *Roxin* AT I § 14 Rdn. 12 ff, der unter Berücksichtigung des Prinzips der materiellen Rechtswidrigkeit eine Erweiterung und Relativierung geschriebener Normen zulässt, solange eine Überschreitung des formellen, verfassungsrechtlich gedeckten Rechts nicht stattfindet; kritisch auch *Paeffgen/Zabel* NK Rdn. 58.
224 Ausführlich zu den Ausprägungen des Art. 103 Abs. 2 GG *Hassemer/Kargl* NK § 1 Rdn. 13 ff; *Roxin* AT I § 5 Rdn. 1 ff.

prinzip auf den gesamten kodifizierten AT[225] und damit jedenfalls auf die *strafgesetzlich geregelten* Rechtfertigungsgründe Anwendung findet (BVerfGE **95** 96, 132f; BGHSt [GrS] **40** 167; **41** 101, 105, 111; **42** 158, 161; 235, 241; *Sternberg-Lieben* Objektive Schranken S. 316ff).[226] Dessen Garantien gelten auf der Rechtfertigungsebene allerdings nicht immer uneingeschränkt. Vielmehr ergeben sich gegenüber dem Tatbestandsbereich, bedingt durch die Natur der Rechtfertigungsgründe als Ausnahmesätze, zum Teil Abweichungen (etwa im Hinblick auf die Bestimmtheitsanforderungen), insbesondere Umkehrungen (was z.B. die Wirkung teleologischer Reduktionen betrifft).

63 **Grundsätzlich abw.** hiervon wird die Geltung des Art. 103 Abs. 2 GG für Rechtfertigungsgründe verbreitet abgelehnt bzw. beschränkt. Einer älteren Auffassung folgend, die auf dem IV. Intern. Strafrechtskongress 1937 zum Beschluss erhoben worden war (Actes du Congres, 1939, S. 442), findet sich (heute allerdings seltener) die Ansicht, dass die Bestimmungen des AT überhaupt nicht den Beschränkungen des Art. 103 Abs. 2 GG unterlägen (so *Tröndle* LK[10] § 1 Rdn. 38 [**anders** *Gribbohm* LK[11] § 1 Rdn. 73 und *Dannecker* LK[12] § 1 Rdn. 84ff]; *Schroeder* JZ **1992** 990, 991).[227] Dies überzeugt schon deshalb nicht, weil auch die im AT geregelten Rechtssätze unmittelbar den Umfang der Strafbarkeit mitbestimmen. Für sie können daher die oben genannten Garantien des Gesetzlichkeitsprinzips nicht von vornherein ausgeschlossen werden. Andere stellen deshalb zwar nicht grundsätzlich in Abrede, dass Art. 103 Abs. 2 GG auch für den AT – insbesondere für die Rechtsfiguren Mittäterschaft, Teilnahme und Versuch – gilt, sie wollen aber die Rechtfertigung (so vor allem *Krey* Studien S. 234ff; *ders.* JZ **1979** 702, 711f; *ders.* AT 1[3] Rdn. 101ff; ebenso jetzt *ders./Esser*[6] § 3 Rdn. 94 m. Fn. 107, § 13 Rdn. 453)[228] und teilweise auch die Entschuldigung (i.e.S., z.B. §§ 33, 35)[229] hiervon ausnehmen.[230] Da Art. 103 Abs. 2

---

225 *Anders Kirsch* Gesetzlichkeitsprinzip S. 104ff: Da die Regeln des Allgemeinen Teils notwendigerweise offen und weniger konkret formuliert seien, könne das Gesetzlichkeitsprinzip hier nur eingeschränkt gelten. Das überzeugt nicht. Genau entgegengesetzt ist am Bestimmtheitsgebot nicht zuletzt aus Gründen der Rechtssicherheit auch in diesem Bereich grundsätzlich festzuhalten. Dass die Normen unterschiedliche Bestimmtheitsgrade aufweisen, ist hinzunehmen und unschädlich, sofern ihr Regelungsgehalt hinreichend erkennbar ist (ebenso *Schmitz* MK § 1 Rdn. 13).
226 Weiter *Engels* GA **1982** 109, 120f; *Jäger* SK § 1 Rdn. 51, 55; *Hirsch* GedS Tjong, 50, 61; *Jescheck/Weigend* § III 3; *Jung* Züchtigungsrecht S. 59ff; *Kratzsch* GA **1971** 65, 72; *Maurach/Zipf* § 10 Rdn. 21; *Morgenstern* JZ **2017** 1146, 1153; *Paeffgen/Zabel* NK Rdn. 58 m.w.N.; *Rinck* Zweistufiger Deliktsaufbau S. 454; *Rengier* ZStW **101** (1989) 874, 888f; *Rogall* KK-OWiG § 3 Rdn. 24; SSW/*Rosenau* Rdn. 10; *Ch. Schmid* Tatbestand und Rechtswidrigkeit S. 101f; *Schmidhäuser* StuB 3/31; *Sch/Schröder/Eser/Hecker* § 1 Rdn. 13; *Stam* JR **2017** 557, 558f; *Sternberg-Lieben* ZIS **2011** 583, 588; *Stratenwerth/Kuhlen* AT § 3 Rdn. 8; *T. Walter* Kern des Strafrechts S. 91. Nach dem Minderheitsvotum zu BVerfGE **105** 135, 172f soll Art. 103 Abs. 2 GG in erster Linie auf den BT anwendbar sein.
227 Ebenso *Hardwig* ZStW **78** (1966) 1, 8f; *Jagusch* LK[8] § 2 Anm. I 1b, bb; *Jakobs* 4/33ff, 43f; *Maurach* AT[10] § 10 II B 3b; *Sax* Analogieverbot S. 152; *Suppert* Studien S. 299.
228 Ferner *Amelung* JZ **1982** 617, 620; *Baumann/Weber/Mitsch*[11] § 16 Rdn. 32, 48 (**anders** jetzt Baumann/Weber/*Mitsch*/Eisele § 14 Rdn. 37); *Günther* SK[6] Rdn. 81; *ders.* FS Grünwald, 213, 219ff (der – wie etwa auch *Krey, Rudolphi* und *Amelung* – nur den für alle Rechtsgebiete gültigen eingeschränkten Gesetzesvorbehalt des Art. 20 Abs. 3 GG anwenden will); *Hauck* AnwK Rdn. 11; *Höpfel* JurBl. **1979** 575, 585; *Roxin* AT I § 5 Rdn. 42 (für das Analogieverbot); *ders.* ZStW **93** (1989) 68, 78ff; *Rudolphi* GedS Arm. Kaufmann, 371 m. Fn. 3; *Sch/Schröder/Lenckner*[28] Rdn. 25 (**anders** *Sch/Schröder/Lenckner/Sternberg-Lieben* Rdn. 25); *Lenckner* GA **1968** 1, 9; *ders.* JuS **1968** 249, 252; *Stöckel* Gesetzesumgehung S. 105; als „begründbar" bezeichnet *Schünemann* in Coimbra-Symposium S. 149, 163 eine solche Differenzierung; auch *Moreso* in Kudlich/Montiel/Schuhr, S. 145, 157ff, der den Bestimmtheitsgrundsatz für Rechtfertigungsgründe einschränken will, so *Gülpen* Gute Sitten S. 226.
229 So ausdrücklich *Stöckel* Gesetzesumgehung S. 105; *Hauck* AnwK Rdn. 11. Für einen Ausschluss des Gesetzlichkeitsprinzips bei Vorschriften über die Schuldfähigkeit *Jähnke* FG BGH IV, 393, 403ff; **dagegen** *Jäger* SK § 1 Rdn. 55 m.w.N.
230 Um dem Problem einer gespaltenen Anwendung des Gesetzlichkeitsprinzips (nur für strafgesetzlich geregelte Rechtfertigungsgründe, nicht aber für sonstige Erlaubnissätze) zu entgehen, will *Engländer*

GG jedoch gerade das Vertrauen des Einzelnen in die Vorhersehbarkeit strafrechtlicher Sanktionen schützen soll (hierzu BVerfGE **71** 108, 114; **73** 206, 234 ff; **95** 96, 131; **124** 300, 338; **126** 170, 194 f; BVerfG NJW **2016** 3648, 3649; BGHSt **23** 167, 171; BGH NJW **2016** 3459; NJW **2018** 480, 484; *Erb* ZStW **108** [1996] 266, 275 f),[231] können auch auf der Rechtfertigungsebene weder Analogieschlüsse noch Rechtsfortbildungen zu Lasten des Täters als zulässig angesehen werden. Es kann auch keinen Unterschied machen, ob ein Rechtfertigungsgrund im Allgemeinen oder im Besonderen Teil des StGB geregelt ist: Zwar § 193 und § 228, nicht aber § 32 und § 34 den Anforderungen des Art. 103 Abs. 2 GG zu unterwerfen, liefe auf die Orientierung an einer nur gesetzestechnischen Frage und damit auf eine formale, sachlich nicht zu stützende Unterscheidung hinaus (*Hirsch* LK[11] Rdn. 37; *Engels* GA **1982** 109, 119; *Fincke* Verhältnis S. 13 ff).[232] Für den Täter und die strafgesetzliche Rechtssicherheit macht es im Ergebnis keinen Unterschied, ob über die mögliche Wortbedeutung hinaus ein Straftatbestand ausgedehnt oder die Schuldfähigkeit, ein persönlicher Strafausschließungsgrund oder eben ein Rechtfertigungs- oder Entschuldigungsgrund eingeschränkt wird (*Hirsch* LK[11] Rdn. 38; dort auch zu weiteren Bedenken sowie gegen eine Differenzierung innerhalb des Schuldbereichs). Die Anwendung des Gesetzlichkeitsprinzips auf die strafgesetzlich geregelten Rechtfertigungsgründe kann allerdings im Einzelfall dazu führen, dass ein Verhalten im Strafrecht als rechtmäßig anzusehen ist (weil die Möglichkeit einer strafschärfenden Analogie [durch einschränkende Auslegung des Rechtfertigungsgrundes] verfassungsrechtlich wegfällt), während das Zivil- oder Öffentliche Recht den Eingriff nach einer methodengerechten Einschränkung des Rechtfertigungsgrundes als rechtswidrig einstuft. Gleichwohl führt dies nicht zu einer Verletzung des **Prinzips der Einheit** (i.S.v. **Widerspruchsfreiheit) der Rechtsordnung**[233] (so aber *Günther* FS Grünwald, 213, 215 ff; *Krey* AT 1³ Rdn. 103; auch *Krey/Esser*[6] § 3 Rdn. 94; *Roxin* AT I § 5 Rdn. 42).[234] Beruht das unterschiedliche Rechtswidrigkeitsurteil allein darauf, dass im Bereich des Strafrechts die strengen Garantiefunktionen des Art. 103 Abs. 2 GG Anwendung finden, folgt daraus gerade kein Widerspruch innerhalb der Rechtsordnung; vielmehr kommen nur rechtsgebietsspezifische Gründe zum Tragen (ebenso *Jung* Züchtigungsrecht S. 65; auch *Stam* JR **2017** 557, 559 f). Der Anwendung des Art. 103 Abs. 2 GG auf Rechtfertigungsebene kann weiterhin nicht entgegengehalten werden, die Erlaubnissätze erforderten ihrer Natur nach einzelfallbezogene Angemessenheitsüberlegungen (so aber *Roxin* Kriminalpolitik S. 24 ff; *ders.* ZStW **93** [1981] 68, 79 f); denn sowohl § 32 durch das Erfordernis der Gebotenheit (Absatz 1)[235] als auch § 34 durch die Interessenabwägung lassen einen aus-

---

(Nothilfe S. 300 ff; *Matt/Renzikowski/ders.* Rdn. 11) die Anwendung des Art. 103 Abs. 2 GG auf die strafrechtlichen Rechtsfolgen beschränken.

231 *Rinck* Zweistufiger Deliktsaufbau S. 452 ff, 465: „Garantietatbestand" ist deckungsgleich mit dem Gesamtunrechtstatbestand. Abw. *Grünwald* FS Arth. Kaufmann, 433, 435 m.w.N.

232 Weiter *Frister* 4/35; *Hassemer/Kargl* NK § 1 Rdn. 67a, 72b; *Jung* Züchtigungsrecht S. 59 f; *Schwarzer* Rechtswidrigkeit S. 62; *Maurach/Zipf* § 10 Rdn. 21; Baumann/Weber/*Mitsch*/Eisele § 14 Rdn. 37; *Satzger* Jura **2016** 154, 156.

233 Eines Rückgriffs auf das von *Günther* Strafrechtswidrigkeit S. 89 ff entwickelte Modell einer Unterscheidung zwischen allgemeinen Rechtfertigungsgründen und speziellen Strafunrechtsausschließungsgründen bedarf es hierbei nicht; zutreffend *Hirsch* GedS Tjong, 50, 59 ff. Entgegen *Erb* ZStW **108** (1996) 266, 272 ist dabei das Verhalten *strafrechtlich* nicht als rechtswidrig, sondern als gerechtfertigt anzusehen; hierzu *Hirsch* GedS Tjong, 50, 61.

234 Weiter *Amelung* JZ **1982** 617, 620; *Lenckner* JuS **1968** 249, 252; *Winkelbauer* Verwaltungsakzessorietät S. 33; wie hier *Paeffgen/Zabel* NK Rdn. 66; *Hirsch* GedS Tjong, 50, 60 f; *ders.* LK[11] Rdn. 37; *Satzger* Jura **2016** 154, 161; zu den Wirkungen einer verwaltungsrechtlichen Erlaubnis im Strafrecht *Hüwels* Fehlerhafter Gesetzesvollzug S. 43 f; zurückhaltender *Jäger* SK § 1 Rdn. 25a („als verfassungsrechtlich geboten wohl hinzunehmen").

235 Abw. *Erb* ZStW **108** (1996) 266, 294 ff; *ders.* NStZ **2005** 593, 596 u. 600, der im Hinblick auf das Kriterium der Gebotenheit einen Verstoß gegen das Bestimmtheitsgebot annimmt.

reichenden Entwicklungsspielraum (*Hirsch* GedS Tjong, 50, 62; *Jähnke* FG BGH IV, 393, 406).²³⁶ Dasselbe gilt für die zivilrechtlichen Rechtfertigungsgründe (§§ 227, 228, 904 BGB).

64 Das Gesetzlichkeitsprinzip findet daher zunächst auf **strafgesetzlich geregelte**²³⁷ Erlaubnissätze Anwendung (BVerfGE **95** 96, 132f; BGHSt **41** 101, 105, 111; *Erb* ZStW **108** [1996] 266, 296f; *Hirsch* LK¹¹ Rdn. 35).²³⁸ Nach BGHSt **39** 1, 27f sind sie zumindest nicht generell von dem Schutzbereich dieser Vorschrift ausgeschlossen. Darüber hinaus gilt Art. 103 Abs. 2 GG aber auch für **außerstrafgesetzlich geregelte** Rechtfertigungsgründe (*Schmitz* MK § 1 Rdn. 15, 30, 68; *Paeffgen/Zabel* NK Rdn. 58ff, 67; *Jung* Züchtigungsrecht S. 63ff).²³⁹ Dagegen wird im Schrifttum verbreitet insbesondere das Analogieverbot in diesem Bereich für unanwendbar gehalten (*Sch/Schröder/Eser* § 1 Rdn. 14a [**anders** jetzt *Sch/Schröder/Eser/Hecker* § 1 Rdn. 13]; *Hirsch* LK¹¹ Rdn. 39, 41; *ders.* GedS Tjong, 59, 63ff).²⁴⁰ Der dem Gesetzlichkeitsprinzip zugrunde liegende Schutzzweck (Rdn. 62) greift aber auch bei außerstrafgesetzlichen Erlaubnissätzen ein (so zutreffend *Erb* ZStW **108** [1996] 266, 274ff; *Schmitz* MK § 1 Rdn. 13). Dass sich das StGB insoweit durch das von ihm geforderte Deliktsmerkmal „Rechtswidrigkeit" auf eine *Blankettlösung* beschränkt, steht dem nicht entgegen (so aber *Hirsch* LK¹¹ Rdn. 39; *ders.* GedS Tjong, 50, 65). Denn ebenso wie auf eine außerstrafgesetzliche Ausfüllungs(tatbestands-)norm (hierzu BVerfGE **14** 245, 251f;²⁴¹ BGHSt **6** 40; **20** 177, 181 [zum Rückwirkungsverbot]; **28** 73; BGH JZ **1982** 301; NJW **2017** 966, 967f – „Ahndungslücke")²⁴² findet Art. 103 Abs. 2 GG auch auf außerhalb des StGB normierte Rechtfertigungsgründe Anwendung.²⁴³ Eine Beschränkung des Gesetzlichkeitsprinzips auf strafgesetzlich geregelte Erlaubnissätze würde ferner zu willkürlichen Ergebnissen führen.²⁴⁴

65 Keine Anwendung findet das Gesetzlichkeitsprinzip auf **gewohnheitsrechtlich** entwickelte Erlaubnissätze, weil das Gewohnheitsrecht nicht Teil der vom Gesetzgeber

---

236 Ferner könnte dieser Einwand allenfalls zu einer Einschränkung insbesondere des Bestimmtheitsgebotes führen; zutreffend *Erb* ZStW **108** (1996) 266, 273.
237 Unklar ist dabei, ob sich der Terminus „strafgesetzlich" nur auf solche Rechtfertigungsgründe bezieht, die im StGB geregelt sind (so *Jähnke* FG BGH IV, 393, 406; *Hirsch* LK¹¹ Rdn. 39), oder ob damit auch Erlaubnissätze aus den Nachbargebieten erfasst sein sollen (so *Paeffgen/Zabel* NK Rdn. 58).
238 Weiter *Jescheck/Weigend* § 31 III 3; *Sch/Schröder/Eser/Hecker* § 1 Rdn. 13, § 2 Rdn. 4; *Sch/Schröder/Lenckner/Sternberg-Lieben* Rdn. 25; *Ransiek* Lebenswirklichkeit S. 100ff, 112f; *Schmitz* MK § 1 Rdn. 13; *Stratenwerth/Kuhlen* AT § 3 Rdn. 8; *Würtenberger* FS Rittler, 125, 133; w. Nachw. bei *Rinck* Zweistufiger Deliktsaufbau S. 450 m. Fn. 397.
239 SSW/*Rosenau* Rdn. 11; *Sch/Schröder/Lenckner/Sternberg-Lieben* Rdn. 25 (**anders** noch Voraufl.); *Satzger* Jura **2016** 154, 162; *Stam* JR **2017** 557, 559f. So auch – allerdings ohne nähere Diskussion – *Erb* ZStW **108** (1996) 266, 272, 273ff, 279, der allgemein von „gesetzlich formulierten" Rechtfertigungsgründen spricht.
240 Weiter *Hundt* Wirkungsweise S. 64; *Kratzsch* GA **1971** 65, 72; *Jähnke* FG BGH IV, 393, 406; *Jescheck/Weigend* § 31 III 3; *Maurach/Zipf* § 10 Rdn. 21; *Jäger* SK § 1 Rdn. 55; *Schmidhäuser* StuB 3/31; andeutungsweise *Engels* GA **1982** 109, 120f; für eine Unterscheidung zwischen Strafunrechtsausschließungsgründen (Anwendbarkeit) und allgemeinen Rechtfertigungsgründen (Unanwendbarkeit) *Amelung* JZ **1982** 617, 620; *Günther* FS Grünwald, 213, 220.
241 Weiter BVerfGE **41** 314; **48** 48, 55; **51** 60, 74; **75** 329, 343; **78** 374; **126** 170, 196 **143** 38, 57f; BVerfG NJW **1992**, 35; GRUR **2001** 266.
242 Zur Diskussion über den sog. „faktischen Geschäftsführer" bei den §§ 82ff GmbHG vgl. *Scholz/Tiedemann/Rönnau* GmbHG 11. Aufl. 2015, § 84 Rdn. 17ff m.w.N.
243 Analogien können hier somit allenfalls dann zulässig sein, wenn bei einem Blankettstraftatbestand das Verweisungsgesetz selbst Gesetzesumgehungen erfasst; hierzu *Hirsch* GedS Tjong, 50, 64f; *Jakobs* 4/42a; *Sch/Schröder/Eser*²⁷ § 1 Rdn. 33; kritisch *Schmitz* MK § 1 Rdn. 69 („nicht zweifelsfrei, [...] aber im Ergebnis zu Recht").
244 Insoweit zutreffend die Kritik, nicht jedoch die hieraus gezogene Konsequenz (Unanwendbarkeit des Art. 103 Abs. 2 GG) bei *Günther* FS Grünwald, 213, 217; *Roxin* AT I § 5 Rdn. 42 m. Fn. 71; s. ferner *Jakobs* 4/44 m. Fn. 75, der aus diesem Grund auch wortlautüberschreitende Anwendungen zulassen möchte.

garantierten Strafrechtsordnung ist (hierzu *Erb* ZStW **108** [1996] 266, 279; *Hassemer/ Kargl* NK § 1 Rdn. 67a; *Jäger* SK § 1 Rdn. 55 m.w.N.; **anders** *Jung* Züchtigungsrecht S. 63 ff). Differenziert zu beurteilen ist dagegen die Behandlung **richterrechtlicher** Rechtfertigungsgründe.[245] Das Analogieverbot kann hier von vornherein nicht gelten, weil die Möglichkeit bestehen muss, eine Rechtsfortbildung abzuändern oder aufzuheben, wenn diese nunmehr für unrichtig gehalten wird. Dagegen kann das Rückwirkungsverbot zur Anwendung kommen (*Paeffgen/Zabel* NK Rdn. 58), namentlich dann, wenn die Gerichte gesetzlich normierte Rechtfertigungsgründe ausgelegt haben oder sonst gesetzesvertretend tätig geworden sind (näher Rdn. 70). BVerfGE **95** 96, 132 f hat die Frage der Anwendbarkeit des Gesetzlichkeitsprinzips auf ungeschriebene Erlaubnisnormen ausdrücklich offengelassen.

bb) Das Gesetzlichkeitsprinzip in seinen Einzelausprägungen

(1) Das **Analogieverbot** verbietet auch bei Rechtfertigungsgründen lediglich eine **66** wortlautüberschreitende Einengung[246] zu Lasten des Täters (*Paeffgen/Zabel* NK Rdn. 58). Möglich sind daher teleologische Einschränkungen (Reduktionen),[247] die sich im Rahmen des Wortlauts halten, wie etwa die sog. sozial-ethischen Einschränkungen des Notwehrrechts in Auslegung des Normmerkmals „geboten" (ebenso BGHSt **26** 143; *Sch/Schröder/Eser/Hecker* § 1 Rdn. 13 m.w.N.; *Schünemann* GA **1985** 341, 369 f)[248] – wenngleich verfassungsrechtliche Bedenken bleiben, die bis zu einem etwaigen Eingreifen des Gesetzgebers zum zurückhaltenden Einsatz der Notwehreinschränkungen führen sollten.[249] Ein Verstoß gegen das Analogieverbot liegt dagegen vor, wenn der Strafrichter einen positivierten Rechtfertigungsgrund entgegen dem Wortlaut einschränkt, also eine Korrektur des Gesetzestextes zum Nachteil des Täters vornimmt (zu *strafgesetzlich* geregelten Erlaubnissätzen *Engisch* FS Mezger, 127, 131; *Paeffgen/Zabel* NK Rdn. 66).[250] Beispielsweise wäre es unzulässig, als zusätzliche Erfordernisse für § 32 allgemein eine Güterabwägung (so richtig *Erb* ZStW **108** [1996] 266, 288; *Paeffgen/Zabel* NK Rdn. 58, 66;

---

245 Bedeutungslos wird die Unterscheidung von Gewohnheits- und Richterrecht allerdings, wenn für die Anerkennung einer Rechtsregel auch deren Billigung gerade durch die Rechtsprechung verlangt wird.
246 Zur Abgrenzung zwischen zulässiger Auslegung und unzulässiger Analogie BVerfG **73** 206, 235; **92** 1, 12; **126** 170, 197; BVerfG wistra **2018** 336, 338; Baumann/Weber/Mitsch/*Eisele* § 7 Rdn. 18 ff; *Grünwald* FS Arth. Kaufmann, 433, 440 ff; *Hassemer/Kargl* NK § 1 Rdn. 75 ff; *Jähnke* FG BGH IV, 393, 400; *Müller-Dietz* FS Lenckner, 179, 189; *Roxin* AT I § 5 Rdn. 26 ff. **Anders** *Krey* Studien S. 173 ff, 204 ff, 247 f, der neben der Wortlautgrenze auch den gesetzgeberischen Regelungszweck als materielle Auslegungsgrenze ansieht; gegen eine Bindung an den Wortlaut auch *Jakobs* 4/35 ff; *Schmidhäuser* AT 5/42; *Stratenwerth/Kuhlen* AT § 3 Rdn. 33 f; zum Ganzen *Roxin* AT I § 5 Rdn. 36 ff m.w.N. auch zur (nicht einheitlichen) Rechtsprechung.
247 Näher zu teleologischen Reduktionen *Larenz/Canaris* Methodenlehre der Rechtswissenschaft 3. Aufl. (1995) S. 210 ff; *Rönnau* JuS **2001** 328, 330 ff m.w.N.
248 Weiterhin – statt vieler – *Dannecker* FS Otto, 25, 35; *ders.* LK[12] § 1 Rdn. 177; *Wessels/Beulke/Satzger* Rdn. 408; *Murmann* GK § 25 Rdn. 95; SSW/*Rosenau* § 32 Rdn. 31; *Roxin* FS Kühl, 391, 401 f; *Jäger* SK § 1 Rdn. 55 m.w.N.; monographisch zum Problem *van Rienen* Die „sozialethische" Einschränkungen des Notwehrrechts, Diss. Bonn 2008 (2009); **abw.** *Engels* GA **1982** 109 ff; *Engisch* FS Mezger, 127, 131; *Frister* GA **1988** 291, 315 (aber auch *ders.* 16/25 ff); *Kratzsch* GA **1971** 65, 72; *Paeffgen/Zabel* NK Rdn. 63; Baumann/Weber/*Mitsch*/Eisele § 15 Rdn. 50; *ders.* JuS **2017** 19, 22; *Schmitz* MK § 1 Rdn. 16; beide m.w.N. Allerdings gilt hier auch für den Rechtsanwender das (freilich abgeschwächte) Bestimmtheitsgebot insoweit, als er daran gehindert ist, generalklauselartige Einschränkungen zu formulieren (vgl. Rdn. 69); hierzu BVerfG NJW **1995** 1141, 1142 f; *Erb* ZStW **108** (1996) 266, 294 m. Fn. 118.
249 *Rönnau* JuS **2012** 404, 405; näher *ders./Hohn* LK § 32 Rdn. 228.
250 Ferner *Bockelmann/Volk* § 4 C I 3; *Dannecker* FS Otto, 25, 35 f; *Engels* GA **1982** 109 ff; *Jescheck/Weigend* § 31 III 3; *Kratzsch* GA **1971**, 65, 71 f; *Krause* GA **1979** 329, 330; *Maurach/Zipf* § 10 Rdn. 20; *Mitsch* Rechtfertigung S. 146; *Satzger* Jura **2016** 154, 160 f; *Schmidhäuser* StuB 3/21; *T. Walter* Kern des Strafrechts S. 91 f; ebenso bereits *H. Mayer* AT § 30 IV 4b u. näher *Würtenberger* FS Rittler, 125, 133.

Jung Züchtigungsrecht S. 59) und für § 34 die pflichtmäßige Prüfung der Sachlage zu verlangen. Vor diesem Hintergrund hat das OLG Hamm – im Ergebnis zu Recht – etwa die Praxis des Tötens von männlichen Eintagsküken zur Vermeidung von wirtschaftlichen Nachteilen nicht als Verstoß gegen die Strafvorschrift des § 17 Nr. 1 TierSchG eingestuft, da als vernünftiger Grund (offenlassend, ob dieses Merkmal als Rechtfertigungsgrund oder gesamttatbewertendes Merkmal zu qualifizieren ist) für die Tötung eines Wirbeltieres auch ökonomische Ziele in Betracht kämen und eine sich allein an geänderten ethischen Einstellungen orientierende Bestrafung gegen das in Art. 103 Abs. 2 GG und § 1 StGB verankerte Bestimmtheitsgebot verstoßen würde.[251] Soweit in der Literatur zum Teil auch über den Wortlaut hinausgehende teleologische Reduktionen von Rechtfertigungsgründen für zulässig erachtet werden (so *Sch/Schröder/Lenckner*[28] Rdn. 25 m.w.N. [**anders** jetzt *Sch/Schröder/Lenckner/Sternberg-Lieben* Rdn. 25]),[252] kann dem nicht gefolgt werden, weil anderenfalls die Vorhersehbarkeit und Berechenbarkeit strafrechtlicher Sanktionen in Frage gestellt würde (hierzu *Erb* ZStW **108** [1996] 266, 275 f). Auch besteht aufgrund der Entwicklungsoffenheit der Rechtfertigungsgründe (Rdn. 59) schon kein praktischer Anlass für diese verfassungsrechtlich bedenkliche Forderung (*Hirsch* LK[11] Rdn. 37; *Niedermayr* Einwilligung S. 31).[253]

67   Die vorgenannten Schranken des Gesetzlichkeitsprinzips gelten selbst dann, wenn die Berufung des Täters auf den Erlaubnissatz treuwidrig oder rechtsmissbräuchlich ist (*Schmitz* MK § 1 Rdn. 59), dieser etwa eine rechtswidrige behördliche Genehmigung durch unvollständige oder falsche Angaben erlangt hat.[254] Der **Rechtsmissbrauchsgedanke** rechtfertigt keine Beschränkungen von Rechtfertigungsgründen (so aber *Sch/Schröder/Lenckner*[28] Rdn. 25 [**anders** *Sch/Schröder/Lenckner/Sternberg-Lieben* Rdn. 25]; *Hundt* Wirkungsweise S. 59 ff m.w.N.). Selbst wenn der Gedanke des Rechtsmissbrauchs der gesamten Rechtsordnung „immanent" (im Sinne eines Rechtsprinzips) oder als „naturrechtliches Gemeingut" anzusehen sein sollte (so *Sch/Schröder/Lenckner/Sternberg-Lieben* Rdn. 25; *Paeffgen* ZStW **97** [1985] 513, 523 f; *Hundt* Wirkungsweise S. 60 m.w.N.),[255] würde ihm der für eine Einschränkung des Art. 103 Abs. 2 GG erforderliche Verfassungsrang fehlen.[256] Auch die sozial-ethischen Einschränkungen des Notwehrrechts beruhen nach h.L. nicht auf dem Rechtsmissbrauchsgedanken, sondern sind Folge der eingeschränkten Wirkung des Rechtsbewährungsprinzips (hierzu *Erb* ZStW **108** [1996] 266, 289; *Jakobs* 12/49 ff; *Sch/Schröder/Lenckner/Sternberg-Lieben* Rdn. 25)[257] oder der Mani-

---

251   OLG Hamm NStZ **2016** 488 f; zust. *Jäger* SK § 1 Rdn. 55.
252   Diejenigen, die Art. 103 Abs. 2 GG auf Rechtfertigungsebene bzw. auf den gesamten Bereich des AT nicht für anwendbar erachten, sehen eine Auslegungsgrenze ohnehin allein in dem Gesetzeszweck, vgl. *Jakobs* 4/37; *Roxin* AT I § 5 Rdn. 42.
253   **Anders** *Krey* Studien S. 233 ff; *Lenckner* GA **1968** 1, 9; *Roxin* Kriminalpolitik S. 31 f; *ders.* ZStW **93** (1981) 68, 80; *ders.* AT I § 5 Rdn. 42; zu ihnen **kritisch** *Engels* GA **1982** 109, 123 ff.
254   Zu Recht wird daher der Verstoß gegen das Analogieverbot als Argument gegen eine eingeschränkte Verwaltungsakzessorietät auch auf der Rechtfertigungsebene angeführt; statt vieler *Rengier* ZStW **101** (1989) 874, 889 f; **abw.** – die rechtfertigende Wirkung behördlicher Genehmigungen als „außerstrafgesetzlich" und daher ohne weiteres nicht von der Garantiefunktion des Gesetzlichkeitsprinzips umfasst ansehend – *Breuer* NJW **1988** 2072, 2080; *Ensenbach* Verwaltungsakzessorietät S. 159; *Sch/Schröder/Lenckner*[28] Rdn. 63 (**anders** *Sch/Schröder/Lenckner/Sternberg-Lieben* Rdn. 63b). Näher zum Rechtsmissbrauchs-Argument im Strafrecht *Kölbel* GA **2005** 36 ff.
255   Zur Anwendung des Rechtsmissbrauchsgedankens auf der Ebene des einfachen Rechts *Schlehofer* MK Rdn. 66 ff m.w.N.
256   *Paeffgen* ZStW **97** (1985) 513, 524; jetzt auch *Sch/Schröder/Lenckner/Sternberg-Lieben* Rdn. 25; *Dannecker* FS Otto, 25, 36; nicht diskutiert wird ein möglicher Verstoß gegen Art. 103 Abs. 2 GG etwa von *Perschke* wistra **1996** 161, 165 f.
257   *Roxin* FS Kühl, 391, 400 ff; **abw.** *Hundt* Wirkungsweise S. 60 f.

pulation des Regel-Ausnahme-Verhältnisses[258] mit der Konsequenz, dass etwa dem Provokateur allein Defensivnotstandsbefugnisse verbleiben (näher *Rönnau/Hohn* LK § 32 Rdn. 252). Zutreffend hat es der BGH NJW **2005** 2095, 2098 daher (unter Hinweis auf das Bestimmtheitsgebot des Art. 103 Abs. 2 GG) abgelehnt, die Tatbestandswirkung einer ausländerrechtlichen Einreise- oder Aufenthaltsgenehmigung (keine „unerlaubte Einreise" i.S. der §§ 92 Abs. 1 Nr. 1 u. 6, 92a Abs. 1 AuslG, §§ 95 Abs. 1 Nr. 2 u. 3, 96 Abs. 1 AufenthG) deshalb einzuschränken, weil die Genehmigungen infolge falscher Angaben der Einreisenden erteilt wurden. Entsprechendes hat auch auf der Rechtfertigungsebene zu gelten, denn auch dann, wenn der Täter einen Erlaubnissatz rechtsmissbräuchlich für sich in Anspruch nimmt, geht es um die Frage, ob Strafunrecht vorliegt oder nicht.

Der nullum-crimen-Grundsatz steht dagegen *Erweiterungen* der Rechtfertigungsgründe – insbesondere durch Analogien – nicht entgegen, da es sich hierbei in Bezug auf die Strafbarkeit um eine Einschränkung handelt (*Erb* ZStW **108** [1996] 266, 271; *Paeffgen/Zabel* NK Rdn. 59f; *Hirsch* LK[11] Rdn. 36).[259] *Beispiel*: analoge Anwendung des § 193 auf § 18 FAG (AG Groß-Gerau StV **1983** 247). Zwar bewirkt eine solche Erweiterung zwangsläufig eine Ausdehnung der Duldungspflicht des durch die Täterhandlung Betroffenen und erweitert damit – insbesondere in Notwehrfällen – faktisch dessen Strafbarkeitsbereich. Ausschlaggebend ist jedoch, dass sich diese Strafbarkeitserweiterung lediglich *mittelbar* über das Merkmal „Rechtswidrigkeit des Angriffs" der Notwehrvorschrift durch Rezeption einer in anderem Zusammenhang getroffenen rechtlichen Wertung ergibt. Art. 103 Abs. 2 GG will aber nach Sinn und Zweck solche nur indirekten Strafbarkeitserweiterungen nicht erfassen (so auch *Hirsch* LK[11] Rdn. 36; *Schmitz* MK § 1 Rdn. 30; *Suppert* Studien S. 297).[260] Auch hier gelten jedoch die allgemeinen Regeln, insbesondere kommen Analogieschlüsse dort nicht in Betracht, wo ein anderer Wille des Gesetzgebers erkennbar entgegensteht (BGHSt **14** 213, 217; **15** 198, 199 [gegen Gesetzesanalogie zu Vorschriften der tätigen Reue]).[261] Auch können Eingriffsrechte nicht schrankenlos ausgedehnt werden (Rdn. 71). 68

(2) Bei Erlaubnissätzen kann das **Bestimmtheitsgebot** naturgemäß nur eingeschränkt zur Anwendung kommen (*Hirsch* LK[11] Rdn. 40; *ders.* FG BGH IV, 199, 232).[262] Denn jeder Rechtfertigung liegt letztlich eine einzelfallbezogene, situationsbedingte Angemessenheitsprüfung zugrunde, auch wenn die ausformulierten Erlaubnissätze dies 69

---

258 Leitgedanke der Notwehreinschränkung in (Absichts-)Provokationsfällen ist danach folgender: Das scharfe Notwehrrecht wird für den Ausnahmefall gewährt, in dem die regulären Schutzmechanismen des Rechts (Rechtsgüterschutz durch präventive Gefahrenabwehr und repressive Strafsanktionen) versagen, der Angegriffene – häufig auf sich allein gestellt – also die Verteidigung selbst zu organisieren hat. Erzeugt nun der Bürger durch eine vorangegangene Provokation absichtlich eine Notwehrlage, manipuliert er dieses Regel-Ausnahme-Verhältnis aus eigensüchtigen Motiven, um unter dem „Deckmantel" des Notwehrrechts dem Provozierten Schäden an seinen Rechtsgütern zuzufügen.
259 Weiter *Ransiek* Lebenswirklichkeit S. 101; *Jäger* SK § 1 Rdn. 53f; *Sch/Schröder/Eser/Hecker* § 1 Rdn. 12; *Ch. Schmid* Tatbestand und Rechtswidrigkeit S. 101f.
260 Weiter *Hassemer/Kargl* NK § 1 Rdn. 67a; *Paeffgen/Zabel* NK Rdn. 60, 65; *Jäger* SK § 1 Rdn. 43, 54; *Sch/Schröder/Eser/Hecker* § 1 Rdn. 12, 31; *Kuhlen* FS Otto, 89, 97; *Satzger* Jura **2016** 154, 158f; ferner *Erb* ZStW **108** (1996) 266, 271 – allerdings ohne Begründung; **abw.** – auch Ausdehnungen von Erlaubnissätzen einbeziehend – *Evers* ZRP **1970** 147, 148; *Gribbohm* JuS **1966** 155, 159 m. Fn. 15 (für § 127 Abs. 1 StPO); *Hillenkamp* Vorsatztat S. 165; *Krey* Studien S. 234 ff; jedenfalls für das Kernstrafrecht auch *Jähnke* FG BGH IV, 393, 398, 405 ff, die aber weitreichende Ausnahmen (rechtfertigende Pflichtenkollision, gewohnheitsrechtlich anerkannte Rechtfertigungsgründe) zulässt.
261 Zweifelnd dagegen *Paeffgen/Zabel* NK Rdn. 58.
262 Weiter *Jung* Züchtigungsrecht S. 61f; *Paeffgen/Zabel* NK Rdn. 58, 68; *Sch/Schröder/Lenckner/Sternberg-Lieben* Rdn. 25.

nicht explizit vorsehen (hierzu *Erb* ZStW **108** [1996] 266, 286 ff m.w.N.).²⁶³ Allein die Subsumtion unter den Straftatbestand hat ohne Berücksichtigung einzelfallbezogener Besonderheiten, insbesondere unter Ausblendung berechtigter Gegeninteressen, zu erfolgen (*Erb* ZStW **108** [1996] 266, 287). Eine strenge Garantiefunktion können daher ausschließlich die Straftatbestände haben. Technisch ist es zudem gar nicht möglich, alle denkbaren Ausnahmesituationen exakt zu vertypen, so dass hier ohne generalklauselartige Begriffe (z.B. beim rechtfertigenden Notstand) nicht auszukommen ist und darüber hinaus sogar – weil Ausdehnung zugunsten des Täters – auf ungeschriebene Rechtssätze zurückgegriffen werden darf. Jedoch schließt Art. 103 Abs. 2 GG es aus, dass an die Stelle ausformulierter oder ausformulierbarer, wenn auch wesensmäßig weitgefasster Rechtfertigungsgründe lediglich eine Generalklausel²⁶⁴ gesetzt wird (*Erb* ZStW **108** [1996] 266, 290; *Hirsch* LK¹¹ Rdn. 40; *ders.* FG BGH IV, 199, 232).²⁶⁵ Welche Schwierigkeiten leitbildlose Merkmale innerhalb von Rechtfertigungsgründen bereiten können, wird besonders deutlich bei der in § 228 normierten objektiven Einwilligungsschranke (näher hierzu *Hirsch* LK¹¹ § 228 Rdn. 2; *Rönnau* Willensmängel S. 161 ff; jew. m.w.N.).²⁶⁶ Der Rückgriff auf pauschale Rechtfertigungsformeln verstößt auch dann gegen das Bestimmtheitsgebot, wenn die Erlaubnissätze anderen Rechtsgebieten entnommen werden. Denn bei einem Blankettverweis gilt das Bestimmtheitsgebot sowohl für die Blankettnorm als auch für die blankettausfüllende Vorschrift;²⁶⁷ problematisch ist die Verweisung auf untergesetzliche Normen (Rechtsverordnungen), Verwaltungsakte oder Unionsrecht (näher zum Ganzen *Schuster* Strafnormen S. 258 ff; *Wagner* Akzessorietät des Wirtschaftsstrafrechts Rdn. 483 ff; weiterhin *Schmitz* MK § 1 Rdn. 49 ff; *Ransiek* NK Vor § 324 Rdn. 17 ff).

70 (3) Aus dem **Rückwirkungsverbot** folgt bei den Rechtfertigungsgründen, dass ein im Zeitpunkt der Tat geltender gesetzlicher Rechtfertigungsgrund nicht rückwirkend aufgehoben oder eingeschränkt werden kann (*Lackner/Kühl/Kühl* § 1 Rdn. 4; *Paeffgen/Zabel* NK Rdn. 69; *Sch/Schröder/Lenckner/Sternberg-Lieben* Rdn. 26; *Ch. Schmid* Tatbestand und Rechtswidrigkeit S. 102 f). Der Schutzzweck des Art. 103 Abs. 2 GG (Rdn. 62) kommt hier voll zum Tragen, weil bei einer rückwirkenden Beseitigung der unrechtsausschließenden Wirkung eines Erlaubnissatzes die Vorhersehbarkeit strafrechtlicher Sanktionen nicht gewährleistet wäre. Keine Anwendung findet das Rückwirkungsverbot

---

263 Damit soll nicht zum Ausdruck gebracht werden, dass sämtliche Rechtfertigungsgründe einem allgemeinen Abwägungsvorbehalt unterliegen (hierzu *Erb* ZStW **108** [1996] 266, 286 ff, 288 f); gegen eine Einschränkung des Bestimmtheitsgebots aus Gründen der materiellen Gerechtigkeit insbesondere *Sternberg-Lieben* GedS Keller, 289, 292 f m.w.N.
264 *Jescheck/Weigend* § 24 I 3b weisen zutreffend darauf hin, dass reine Generalklauseln wie: rechtmäßig ist eine Handlung, wenn sie „rechtes Mittel zum rechten Zweck" ist (*Graf zu Dohna* Rechtswidrigkeit S. 48), oder: rechtswidrig ist ein Verhalten, „das nach seiner Tendenz dem Staat und seinen Gliedern mehr schadet als nützt" (*Sauer* Grundlagen S. 391), die Rechtssicherheit gefährden und niemals zur Lösung des Einzelfalles verwendet werden sollten.
265 *Erb* ZStW **108** (1996) 266, 294 ff sieht in dem Merkmal der Gebotenheit in § 32 Abs. 2 einen Verstoß gegen das Bestimmtheitsgebot. Dies überzeugt aber schon deshalb nicht, weil nicht erkennbar ist, welchen Gewinn eine gesetzliche Normierung der „sozialethischen Einschränkungen" des Notwehrrechts im Vergleich zu den von der Rechtsprechung bereits entwickelten Fallgruppen brächte.
266 Ferner *Sternberg-Lieben* Objektive Schranken S. 136 ff; *ders.* GedS Keller, 289, 296 ff; *Paeffgen/Zabel* NK § 228 Rdn. 44 ff; *Niedermair* Einwilligung S. 29 ff, 47 ff (auch zur Geltung des Bestimmtheitsgebots).
267 Da die Garantien des Gesetzlichkeitsprinzip auf der Rechtfertigungsebene grundsätzlich zur Anwendung kommen (Rdn. 62), gelten keine anderen Maßstäbe als auf der Tatbestandsebene; zur Bedeutung des Bestimmtheitsgebots bei der Tatbestandswirkung materiell rechtswidriger Einreise- oder Aufenthaltsgenehmigungen BGH NJW **2005** 2095, 2098.

demgegenüber bei der Aufhebung oder Einschränkung lediglich *gewohnheitsrechtlich* anerkannter Erlaubnissätze (Rdn. 65; *Erb* ZStW **108** [1996] 266, 279; **abw**. *Sch/Schröder/Lenckner/Sternberg-Lieben* Rdn. 26; offenlassend BVerfGE **95** 96, 132). Ferner sind rückwirkende Beschränkungen *richterrechtlich* entwickelter oder erweiterter Erlaubnissätze grundsätzlich möglich.[268] Etwas anderes gilt jedoch dann, wenn die Gerichte unbestimmte Merkmale von gesetzlich geregelten Erlaubnissätzen konkretisiert haben oder sonst (etwa durch die Schaffung richterrechtlicher Rechtfertigungsgründe) gesetzesvertretend tätig geworden sind. Dies ist dann der Fall, wenn der Gesetzgeber bewusst der Rechtsprechung Raum für eine Rechtsfortbildung gelassen hat, wie insbesondere im Bereich des AT (*Paeffgen/Zabel* NK Rdn. 63 m.w.N.);[269] **abw.** wird das Rückwirkungsverbot selbst bei gesetzesvertretendem Richterrecht für unanwendbar gehalten (*Hirsch* FG BGH IV, 199, 230; *Roxin* AT I § 5 Rdn. 54 a.E.). Auf der Tatbestandsebene entspricht dies der h.M. (BVerfG NStZ **1990** 537 [zur Herabsetzung der Promillegrenzwerte bei Straßenverkehrsdelikten]).[270] Für die hier vertretene Differenzierung streitet Art. 7 Abs. 1 EMRK, der auch die *Auslegung* geschriebenen Rechts durch die Gerichte erfasst (EGMR NJW **2001** 3035, 3037, 3040). Dagegen kommt dem Täter, der irrig auf die (Fort-)Geltung von Gewohnheits- oder (nichtgesetzesvertretendem) Richterrecht vertraut, allenfalls die Vergünstigung des § 17 (unvermeidbarer Verbotsirrtum) zugute (BVerfGE **18** 224, 240; BGH bei Dallinger MDR **1970** 196; *Roxin* AT I § 5 Rdn. 61). Zur Rückwirkungsproblematik bei der strafrechtlichen Beurteilung staatlichen Unrechts (insbes. der NS-Verbrechen und der sog. Mauerschützen-Fälle) s. Rdn. 72ff.

c) Sonstige Gültigkeitsfragen

aa) Verstoß gegen positives Recht. Ein Rechtfertigungsgrund ist unwirksam, 71 wenn er gegen höherrangiges positives Recht verstößt (lex superior). Für landesrechtliche Rechtfertigungsgründe folgt dies bei einem Widerspruch zu bundesrechtlichen Rechtfertigungsgründen ausdrücklich aus Art. 31 GG. Wo dagegen die in Rede stehende Materie in den Kompetenzbereich des Landesgesetzgebers fällt, bleibt es bei der Gültigkeit der lex inferior. Hier stellt sich lediglich die Frage nach der Auflösung einer solchen Normkollision; zum Problem der Geltung des § 32 neben den landesrechtlichen Vorschriften über den Schusswaffengebrauch *Rönnau/Hohn* LK § 32 Rdn. 216ff; *Sch/Schröder/Perron* § 32 Rdn. 42b, 42c; *Felix* Einheit der Rechtsordnung S. 57ff; jew. m.w.N. Im Übrigen kann sich die *Ungültigkeit* eines Rechtfertigungsgrundes aus dem Widerspruch zu anderen Normen des GG ergeben. Ein Rechtfertigungsgrund ist dann verfassungswidrig, wenn der Staat dem Täter zu weit gehende Eingriffsbefugnisse einräumt und hierdurch die Grundrechte des Angegriffenen verletzt. Die *Abwehrfunktion* der

---

[268] Ebenso für die Einschränkung von Richterrecht auf der Tatbestandsebene BVerfGE **11** 234, 238; **18** 224, 240f; BVerfG NJW **1990** 3140; NJ **2000** 139, 140; BGH bei Dallinger MDR **1970** 196; BGH BeckRS **2010** 11339; BayObLG NJW **1990** 2833; KG NJW **1967** 1766; OLG Frankfurt/M. NJW **1969** 1634; OLG Karlsruhe NJW **1967** 2167; s. zum Ganzen *Schmitz* MK § 1 Rdn. 37 m.w.N. Da es sowohl auf der Tatbestandsebene als auch auf der Rechtfertigungsebene um die Bestimmung strafrechtlichen Unrechts geht, lassen sich diese Grundsätze auch auf Erlaubnissätze übertragen. Das BVerfG deutet mittlerweile an, dass auch Rspr.-Änderungen künftig in gewisser Form an Art. 103 Abs. 2 GG gemessen werden können: „Sie (die besondere Mitwirkungspflicht der Rechtsprechung, T.R.) kann sich auch in über die allgemeinen Grundsätze des Vertrauensschutzes (...) hinausgehenden Anforderungen an die Ausgestaltung von Rechtsprechungsänderungen niederschlagen" (BVerfGE **126** 170, 199).
[269] Zur Rechtsprechungsänderung bei Tatbestandsmerkmalen ebenso *Hassemer/Kargl* NK § 1 Rdn. 50ff; *Schmitz* MK § 1 Rdn. 37; differenzierend danach, ob die Abweichung von einer Bedeutung sei, die ein Eingreifen des Gesetzgebers hätte erwarten lassen, Baumann/Weber/Mitsch/*Eisele* § 7 Rdn. 45.
[270] Weiter *Erb* ZStW **108** (1996) 266, 280 m. Fn. 65; *Jakobs* 4/80f; *Roxin* AT I § 5 Rdn. 61; jew. m.w.N.

Grundrechte kommt allerdings nur dann zur Geltung, wenn dem Staat Eingriffsbefugnisse in Rechtspositionen des Bürgers eingeräumt werden; denn nur in diesem Verhältnis gelten die Grundrechte unmittelbar. *Beispiel:* Dienstrechte der Beamten, Soldaten und Behörden (§ 758 ZPO, §§ 102 ff, 127 Abs. 2 StPO, §§ 14 ff, 38 BGSG a.F., §§ 4 ff UZwGBw, §§ 8 ff UZwG, §§ 99, 100 StVollzG).[271] Schwieriger zu beurteilen ist die Wirkungsweise der Grundrechte, wenn Eingriffsrechte zwischen Privaten in Rede stehen (§§ 32, 34, 193, § 127 Abs. 1 StPO). Da die Grundrechte hier keine unmittelbare Anwendung finden, kommt die Grundrechtswidrigkeit eines Rechtfertigungsgrundes erst dann in Betracht, wenn der Staat seine Pflicht zum Schutz der Grundrechtsposition eines Einzelnen dadurch verletzt, dass er zu weit gehende Eingriffsrechte normiert.[272] *Beispiel:* Rechtfertigung eines nicht indizierten Schwangerschaftsabbruchs unter der Voraussetzung einer vorherigen Beratung der Schwangeren gem. den §§ 218a Abs. 1, 219 Abs. 3 Satz 2 i.d.F. des 15. Strafrechtsänderungsgesetzes (StÄG) vom 18.6.1974 (BVerfGE **88** 203, 251 ff). Darüber hinaus können sich *Beschränkungen* durch Grundrechte auch zwischen Privaten ergeben, sofern sich diese im Rahmen einer nach dem Wortlaut möglichen Auslegung halten (zur Wortlautgrenze Rdn. 66). *Beispiel:* Einschränkung des Notwehrrechts bei Eingriffen in hochrangige Rechtsgüter des Angreifers (Leib, Leben) zur Bewahrung von (geringfügigen) Sachwerten. Die Möglichkeit einer solchen mittelbaren Drittwirkung von Grundrechten ist seit BVerfGE **7** 198 anerkannt. Dagegen richten sich die Grundfreiheiten der EMRK zum Zwecke der Begrenzung staatlicher Machtausübung ausschließlich an Hoheitsträger, so dass insbesondere das Tötungsverbot (Art. 2 EMRK) keinen Einfluss auf den Umfang des Notwehrrechts hat; hierzu *Rönnau/Hohn* LK § 32 Rdn. 237; *Paeffgen/Zabel* NK Rdn. 70 f; *Trechsel* ZStW **101** (1989) 819, 820 ff; jew. m.w.N.[273]

72 **bb) Verstoß gegen überpositive Rechtsgrundsätze, insbes. bei der Bewältigung staatlichen Unrechts (NS-Verbrechen und Mauerschützen-Fälle).** Die Ungültigkeit eines Rechtfertigungsgrundes aufgrund **überpositiver Rechtsgrundsätze** kommt de lege lata für im *Geltungsbereich des GG* begangene Taten nicht in Betracht, da die Verfassung und damit das positive Recht umfassende rechtliche Sicherungen enthalten; zum Rechtsmissbrauchsgedanken als „naturrechtlichem Gemeingut" s. Rdn. 67. Anders liegt es bei der Beurteilung von Straftaten, die *vor Inkrafttreten des GG* oder *außerhalb seines im Tatzeitpunkt bestehenden Geltungsbereichs* begangen sind. Damit wird nicht behauptet, dass die Sicherungen des GG, insbesondere die des Gesetzlichkeitsprinzips, hier keine Anwendung finden; jedoch ist der Rückgriff auf überpositive Rechtsgrundsätze deshalb statthaft, weil in diesem Fall die demokratisch-rechtsstaatliche Legitimität nicht ohne weiteres schon durch das positive Recht gewährleistet ist (hierzu *Werle* NJW **2001** 3001, 3003; auch *Paeffgen/Zabel* NK Rdn. 71). Überpositive Rechtsgedanken können daher zur Ungültigkeit eines positivierten Rechtfertigungsgrundes führen, wenn die Form eines Gesetzes oder einer Verordnung zu Unrechtszwecken missbraucht wird, wie es insbesondere in der NS-Zeit, aber auch in der früheren DDR[274] unter dem SED-Regime

---

271 § 14 Abs. 3 LuftSiG ist vom BVerfG (Urt. v. 15.2.2006 – 1 BvR 357/05, BVerfGE **115** 118) für verfassungswidrig erklärt worden.
272 Insoweit ist problematisch, ob als Maßstab das Willkürverbot oder das Verhältnismäßigkeitsprinzip (Untermaßverbot) zur Anwendung kommt.
273 Eine Einschränkung des Notwehrrechts auch von Privaten durch Art. 2 EMRK annehmend etwa *Sch/Schröder/Perron* § 32 Rdn. 62; wohl auch *v. Scherenberg* Die sozialethische Einschränkung der Notwehr, Diss. Augsburg 2005/2006 (2008) S. 113 ff, 119; diff. *Nusser* Notwehr S. 112 ff.
274 Siehe zur Geltungsproblematik in Bezug auf Fälle aus der ehemaligen DDR auch die umfangreichen Schrifttumsangaben bei *Lüderssen* ZStW **104** (1992) 735 ff sowie den Überblick zum Meinungsstand bei *Lackner/Kühl/Kühl* § 2 Rdn. 16 f. Zu Fällen aus der NS-Zeit näher *Maurach* AT[4] § 25 IV 2.

geschehen ist:[275] Kommt in einer Regelung ein „offensichtlich grober Verstoß gegen Grundgedanken der Gerechtigkeit und Menschlichkeit" zum Ausdruck, der so schwer wiegt, dass er die der Völkergemeinschaft „gemeinsamen, auf Wert und Würde des Menschen bezogenen Rechtsüberzeugungen verletzt", so bleibt sie wegen Verstoßes gegen höherrangiges Recht als Rechtfertigungsgrund unbeachtlich (BGHSt **39** 1, 15f [1. Mauerschützen-Entscheidung]).[276] Es geht um Regelungen, die dem überpositiven „Kernbereich des Rechts" widersprechen (BGHSt **2** 234, 237; KG NJW **1956** 1570; LG Berlin JZ **1992** 691, 692), „die Gerechtigkeit nicht einmal anstreben" (BGHSt **3** 357, 363). Der Widerspruch zur Gerechtigkeit muss so unerträglich sein, dass das positive Gesetz (oder die sonstige staatliche Regelung) als unrichtiges Recht der Gerechtigkeit zu weichen hat, sog. **Radbruchsche Formel** (BGHSt **39** 1, 16; 168, 183f; **40** 218, 232; 241, 244ff; **41** 101, 105).[277] Auch das Schrifttum erachtet mit dieser Begründung verbreitet eine strafrechtliche Ahndung für zulässig (*Hassemer* FG BGH IV, 439, 463; *Hirsch* LK[11] Rdn. 42; *Saliger* Radbruchsche Formel S. 36ff).[278] Die internationalen Menschenrechtspakte bieten hierbei Anhaltspunkte dafür, wann der Staat nach der „Überzeugung der weltweiten Rechtsgemeinschaft" Menschenrechte verletzt und damit seine Gesetze als unrichtiges Recht der Gerechtigkeit zu weichen haben (BGHSt **39** 1, 14ff; 168, 183; **40** 241, 244ff).[279] Neben der Allgemeinen Erklärung über Menschenrechte von 1948 ist hierbei der Internationale Pakt über bürgerliche und politische Rechte vom 19.12.1966 von besonderer Bedeutung (EGMR NJW **2001** 3035, 3040), auch wenn er im Falle des DDR-Unrechts entgegen Art. 51 der DDR-Verfassung niemals in nationales DDR-Recht umgesetzt worden ist (BGHSt **39** 1, 16; **41** 101, 109f; *Ebert* FS Hanack, 501, 522 m. Fn. 45).[280] Er ist für die Bundesrepublik Deutschland und die damalige DDR am 23.3.1976 in Kraft getreten (BGBl. II 1068; GBl.

---

275 Gem. Art. 315 Abs. 1 EGStGB, § 2 StGB ist zur Beurteilung der Taten auf das Strafrecht der DDR abzustellen, sofern nicht das Recht der Bundesrepublik Deutschland milder ist (lex mitius).
276 Weiter BGHSt **2** 173, 177; 234, 237ff; 357, 362f (Verschleppung von Juden); auch BGHSt **39** 168, 183f (2. Mauerschützen-Entscheidung); KG NJW **1991** 2653, 2654 (Fall Honecker); *Sch/Schröder/Lenckner/Sternberg-Lieben* Rdn. 26; auch *Roxin* JahrbÖR **59** (2011) 1, 25f.
277 Grundlegend *Radbruch* SJZ **1946** 105, 107; bestätigt durch BVerfGE **95** 96, 134ff (Art. 103 Abs. 2 GG); BVerfG EuGRZ **1997** 413, 416 (Art. 103 Abs. 2 GG); EGMR NJW **2001** 3035, 3038 (Art. 7 Abs. 1 EMRK) m. krit. Bspr. *Rau* NJW **2001** 3008ff; **abl.** *Schünemann* FS Kühl, 457, 465ff (der selbst einen kulturbezogenen – auf die Kernelemente „Öffentliche Regelkommunikation" und „Kulturadäquanz" gestützten – Rechtsbegriff vertritt).
278 Weiter *Alexy* Mauerschützen. S. 22f, 29f; *Buchner* Rechtswidrigkeit S. 225; *R. Dreier* Vergangenheitsbewältigung S. 11f; *Eser* FS Odersky, 337, 338f; *Frommel* FS Arth. Kaufmann, 81, 87f; *Günther* FS Grünwald, 213, 219f; *Laufhütte* FG BGH IV, 409, 420ff; *Neumann* NK § 17 Rdn. 99ff; *Papier/Möller* NJW **1999** 3289, 3291f; **abw.** insbesondere *Amelung* JuS **1993** 637, 640; *Dannecker/Stoffers* JZ **1996** 490ff; *H. Dreier* JZ **1997** 421, 429; *Grünwald* FS Arth. Kaufmann, 433, 445ff; *Jakobs* GA **1994** 1, 11ff; *Arth. Kaufmann* NJW **1995** 81, 84f; *Pawlik* GA **1994** 472, 478ff; *ders.* Rechtsphilosophische Hefte II (1993) S. 95, 102ff; *Rittstieg* DuR **1991** 404, 413f; *Zielinski* FS Grünwald, 811, 821f; einschränkend *Schünemann* FS Kühl, 457, 471 (Taten des SED-Regimes waren durch Strafgerichte der BRD nur verfolgbar, wenn sie „entweder das geschriebene Grenzregime auf Grund von Geheimbefehlen missachteten oder in der Schaffung des buchstäblich tödlichen Grenzregimes durch den obersten Machtzirkel der DDR selbst bestanden und eine strafrechtliche Verantwortlichkeit hierfür ausdrücklich gesetzlich angeordnet worden wäre"); zweifelnd *Lampe* ZStW **106** (1994) 683, 712f; weitere Schrifttumsnachw. bei *Paeffgen/Zabel* NK Rdn. 71 m. Fn. 400 u. 401; eine Übersicht zu den Argumenten findet sich bei *Ebert* FS Hanack, 501, 524.
279 Hierzu auch *Buchner* Rechtswidrigkeit S. 192ff; *Herrmann* NStZ **1993** 118; *Hirsch* Rechtsstaatliches Strafrecht S. 16ff; kritisch *Frisch* FS Grünwald, 133, 139ff; *Miehe* FS Gitter, 647, 657ff.
280 Weiter *H. Dreier* JZ **1997** 421, 425; **abw.** einen Verstoß gegen den IPBPR jedenfalls mangels Transformation in nationales Recht ablehnend *Dannecker* Jura **1994** 585, 591. Nach *Rittstieg* DuR **1991** 404, 413f soll zwar ein Verstoß gegen den IPBPR vorliegen, jedoch soll dies nicht zu einem „offensichtlichen" Verstoß gegen international allgemein anerkannte Rechtsgrundsätze führen; ebenso *Polakiewicz* EuGRZ **1992** 177, 181ff.

DDR II 108).²⁸¹ Bei Anlegung dieser Maßstäbe ist der in § 27 Abs. 2 DDR-GrenzG vom 25.3. 1982 (GBl. DDR I 197) fixierte Rechtfertigungsgrund, wie er sich in der damaligen Staatspraxis darstellte (hierzu *Rosenau* Tödliche Schüsse S. 72 ff), bei der Rechtsanwendung nicht zu beachten (BGHSt **39** 1, 15 ff; 168 ff; **40** 218, 231 f; **41** 101, 106 ff; BGH NStZ **1997** 491, 492; *Roxin* AT I § 5 Rdn. 54; *Schreiber* ZStW **107** [1995] 157, 166 f, 170)²⁸² und vermag daher die Straftatbestandsmäßigkeit der Tötungshandlungen gem. §§ 112, 113 DDR-StGB nicht auszuschließen (BVerfGE **95** 96, 136 f; BGHSt **41** 101, 112 f; *Günther* FS Grünwald, 213, 220).²⁸³

73 Durch die Anwendung der Radbruchschen Formel wird das **Gesetzlichkeitsprinzip** weder in Form des Analogie- noch des Rückwirkungsverbotes verletzt. Dieses kommt zwar auch auf der Rechtfertigungsebene zur Anwendung (Rdn. 62 ff). Die in der DDR praktizierte Auslegung und Anwendung der Gesetze und Verordnungen bieten jedoch keine ausreichende Vertrauensgrundlage, die eine Anwendung des Art. 103 Abs. 2 GG rechtfertigen könnte (BVerfGE **95** 96, 130 ff; BVerfG EuGRZ **1997** 413, 416; *Rittstieg* DuR **1991** 404, 412).²⁸⁴ Das Rückwirkungsverbot ist schon deshalb nicht verletzt, weil der Rechtfertigungsgrund bereits zur Tatzeit unwirksam war (zutreffend *Ebert* FS Hanack, 501, 526; *Hirsch* FG BGH IV, 199, 230 f; *Papier/Möller* NJW **1999** 3289, 3290 ff [auch zu den NS-Verbrechen]).²⁸⁵ Ein Verstoß gegen Art. 7 Abs. 1 EMRK liegt ebenfalls nicht vor (EGMR NJW **2001** 3035, 3040). Dass ein Rechtfertigungsgrund gegen den ordre public der Bundesrepublik Deutschland verstoßen hat, genügt dagegen für sich allein nicht, ihm bei der Aburteilung einer unter dem früheren Recht der DDR begangenen Tat die Berücksichtigung zu versagen (BGHSt **39** 1, 15 gegen *Küpper/Wilms* ZRP **1992** 91, 93).

74 Die Verurteilung der „Mauerschützen" lässt sich im Übrigen ohne einen Rückgriff auf überpositive Rechtsgrundsätze darauf stützen, dass die den strafgerichtlichen Verurteilungen (Rdn. 72) zugrunde liegenden Taten bereits nach dem zur Tatzeit *geltenden* Recht der DDR²⁸⁶ rechtswidrig gewesen sind.²⁸⁷ Dies ergibt sich aus einer wortlautgetreuen und von der DDR selbst nach außen bekräftigten Auslegung des § 27 DDR-GrenzG (EGMR NJW **2001** 3035, 3038; *R. Dreier* Vergangenheitsbewältigung S. 26 ff, 31; *Hirsch*

---

281 Zur Rechtslage vor dessen Inkrafttreten BGHSt **40** 241, 245 ff; **41** 101, 105; BGH NStZ **1993** 129; 486; **1994** 533; *Gropp* FS Triffterer, 103 ff (auch zur Rechtslage vor Inkrafttreten des DDR-GrenzG).
282 Zur Schuld der „Mauerschützen" BGHSt **39** 1, 32 ff; 168, 188 ff; **40** 241, 250 f; bestätigt durch BVerfGE **95** 96, 140 ff; näher *Dannecker* Jura **1994** 585, 593 f; *Ebert* FS Hanack, 501, 530 ff; *Neumann* NK § 17 Rdn. 101 f; jew. m.w.N.
283 Abw. wollen manche selbst bei Unwirksamkeit des § 27 DDR-GrenzG eine Strafbarkeit verneinen und gehen von einem normativen „Vakuum" aus; hierfür *Dannecker/Stoffers* JZ **1996** 490, 493 f; *H. Dreier* JZ **1997** 421, 428 ff; *Frisch* FS Grünwald, 133, 147 ff; *Jakobs* GA **1994** 1, 11 f; *Arth. Kaufmann* NJW **1995** 81, 84 f; *Schreiber* ZStW **107** (1995) 157, 165 f.
284 Ferner *Werle* NJW **2001** 3001, 3003, 3006 (auch zu den NS-Verbrechen); *Saliger* Radbruchsche Formel S. 37; wohl auch *Haußühl* Gerechtigkeit als Strafgrund. Die Radbruchsche Formel in den Mauerschützenurteilen, Diss. Köln 2006 S. 161. Abw. *Classen* GA **1998** 215, 224; *Dannecker* Jura **1994** 585, 592 f; *Dencker* KritV **1990** 299, 304 ff; *Ebert* FS Hanack, 501, 526 ff; *Jakobs* GA **1994** 1, 10 ff; *Lüderssen* Regierungskriminalität S. 68 f; *Luther* FS Bemmann, 202, 225 f; *Pieroth* VVDStRL **51** (1992) 91, 102 ff; *Polakiewicz* EuGRZ **1992** 177, 187 f; *Zielinski* FS Grünwald, 811, 812 ff; kritisch *Erb* ZStW **108** (1996) 266, 283; *Lüscher* Mauerschützen-Urteile des BGH, BVerfG und EGMR revisited (2017) S. 222, 248 ff, 267 f.
285 Abw. *Ambos* StV **1997** 39, 41; *Arnold* NJ **1997** 115, 120; *Grünwald* FS Arth. Kaufmann, 433, 445 ff; *Schünemann* FS Kühl, 457, 469 ff; *Schmitz* MK § 1 Rdn. 35 m.w.N.
286 Eingehend zur damaligen Rechtslage *Rosenau* Tödliche Schüsse S. 42 ff, 57 ff, 98 ff; *Renzikowski* ZStW **106** (1994) 93 ff.
287 Von einem Verstoß des nationalen Rechts gegen die Verfassung der DDR, insbesondere deren Art. 19 und 30, geht EGMR NJW **2001** 3035, 3039 aus; **abl.** *Ebert* FS Hanack, 501, 520 f m.w.N.

Rechtsstaatliches Strafrecht S. 11f, 29).²⁸⁸ Darüber hinaus muss das zur Tatzeit geltende Recht der DDR aufgrund der damals bestehenden völkerrechtlichen Verpflichtungen der DDR menschenrechtsfreundlich so ausgelegt werden, dass die erfolgten Tötungen nicht als gerechtfertigt angesehen werden können (hierzu BGHSt **39** 168, 183f; **40** 241, 244; **41** 101, 104ff; 111ff; LG Berlin NStZ **1992** 492, 494);²⁸⁹ in BGHSt **39** 1, 10ff, 23ff wird eine „menschenrechtsfreundliche" Interpretation des § 27 DDR-GrenzG für nicht zwingend, aber doch möglich gehalten. Dass die Rechtfertigungsnormen – vom Staat veranlasst und auch tatsächlich gewollt – völlig abweichend von ihrem Wortlaut praktiziert wurden (hierzu *Erb* ZStW **108** [1996] 266, 281; *Jakobs* GA **1994** 1, 5ff), ist dagegen unerheblich.²⁹⁰ Geheime Befehle, Erlasse und Ermächtigungsschreiben, die in Unrechtsregimen praktisch noch bedeutsamer sind als in Gesetzes- oder Verordnungsform gekleidete (ungültige) Rechtfertigungsgründe, sind schon deshalb (formell) unwirksam, weil es an der für einen Rechtssatz erforderlichen Verkündung fehlt (zu geheimen Führerbefehlen: OHGSt **1** 324 m. Anm. *Eb. Schmidt* SJZ **1949** 559, 563 u. Anm. *Welzel* MDR **1949** 373, 375; OLG Frankfurt/M. SJZ **1947** 621, 623f m. Anm. *Radbruch*).²⁹¹ – Zur Verjährung der Taten der Mauerschützen s. *Marxen/Werle* DDR-Unrecht S. 23. Danach liefe die *absolute Verjährungsfrist* für einfachen Totschlag gem. Art. § 315a Abs. 5 EGStGB, § 78c Abs. 3 Satz 2 i.V.m. § 78 Abs. 3 Nr. 2 StGB am 2.10.2030 ab. Die am 3.10.1990 zu laufen beginnende relative Verjährungsfrist von 20 Jahren für Totschlag (Art. 315a Abs. 5 Satz 1 EGStGB, § 78 Abs. 3 Nr. 2 StGB) endete am 2.10.2010. Nach DDR-Recht als Mord einzustufende Verbrechen verjähren nicht (Art. 315a Abs. 3 EGStGB).

Aber auch eine abstrakt gültige Rechtsnorm kann in concreto solche Maßnahmen **75** der Exekutive nicht rechtfertigen, die als Willkürakte einen *Missbrauch der gesetzlich eingeräumten Befugnisse* enthalten (OLG Braunschweig NdsRpfl. **1948** 48, 50). Das gleiche gilt für den Bereich der Rspr. (BGHSt **3** 110; **4** 66). Schon zur Zeit des 1. Weltkrieges hatte das RG entschieden, dass eine Schutzhaft, die nicht nach pflichtgemäßem Ermessen, sondern willkürlich angeordnet wurde, eine rechtswidrige Freiheitsentziehung darstellt (RGSt **92** 240; **101** 322). Heute folgt die partielle, weil lediglich die Anwendung im Einzelfall betreffende Nichtgeltung eines Rechtfertigungsgrundes aus dem Willkürverbot des Art. 3 GG.

d) Da die Rechtswidrigkeit stets als Eigenschaft einer tatbestandsmäßigen Handlung **76** auftritt, kann für die Rechtswidrigkeitsbewertung allein die **Tatzeit** i.S. der Zeit der Ausführungshandlung (vom ersten Versuchsakt bis zur abschließenden Tätigkeit) entscheidend sein (z.B. RGSt **25** 375, 383; **60** 37; **61** 393). Bei den relativ selbständigen Akten einer rechtlichen Einheit (z.B. des Dauerdelikts) ist jeder Einzelakt für sich zu bewerten.²⁹² Da

---

288 Weiterhin *Blumenwitz* FS Kriele, 713, 727; *Lüderssen* Regierungskriminalität S. 34f; *Starck* JZ **2001** 1102, 1104ff. **Abw.** *Ebert* FS Hanack, 501, 520 m. Fn. 40, der meint, dies gelte nicht für die, die auf unterer Ebene die Gesetze ausführten; in diese Richtung auch *Miehe* FS Gitter, 647, 650f, der schon nach dem Wortlaut des DDR-Rechts Straflosigkeit annimmt; ebenso *Schmitz* MK § 1 Rdn. 35.
289 Ferner *R. Dreier* Vergangenheitsbewältigung S. 31; *Eser* FS Odersky, 337, 338f.
290 **Abw.** gehen bei Zugrundelegung des tatsächlich praktizierten DDR-Rechts von einer **Straflosigkeit der „Mauerschützen"** aus *Ebert* FS Hanack, 501, 519f; *Jakobs* in Battis u.a. S. 37, 51ff; *ders.* GA **1994** 1, 3ff; *Rau* NJW **2001** 3008, 3009ff; *Werle* NJW **2001** 3001, 3004f, 3007; **dagegen** vor allem EGMR NJW **2001** 3035, 3039; *Lüderssen* ZStW **104** (1992) 735, 742ff; *Schreiber* ZStW **107** (1995) 157, 167ff.
291 Außerdem *Arndt* NJW **1964** 486 u. 1310; *Baumann* NJW **1964** 1398; *Henkys/Scharf/Baumann/Goldschmidt* Die nationalsozialistischen Gewaltverbrechen (1964); *Lewald* NJW **1964** 1658; *Radbruch* SJZ **1946** 105; *Redeker* NJW **1964** 1097; *Sch/Schröder/Lenckner/Sternberg-Lieben* Rdn. 26; *Welzel* NJW **1964** 521; **teilweise anders** *Rittler* SchwZStr. **62** (1946) 253, 271; *Roesen* NJW **1964** 133 u. 1111; *Werle* NJW **1992** 2529. Weitere Nachw. zum Ganzen bei *Paeffgen/Zabel* NK Rdn. 74 m. Fn. 414.
292 *Mezger* LK⁸ Vor § 51 Bem. 9d; *Paeffgen/Zabel* NK Rdn. 75.

die Tatzeit (im Gegensatz zu der Zeit des eintretenden Erfolgs) maßgebend ist, kann es *keine bedingte* Rechtswidrigkeit dergestalt geben, dass sich durch nachträgliche Ereignisse eine nicht widerrechtliche Handlung zur widerrechtlichen oder eine zur Tatzeit widerrechtliche Handlung zur nicht widerrechtlichen wandelt. Der zur Tatzeit bestehende Rechtscharakter der Tat kann sich also nachträglich nicht umgestalten. Mithin gibt es im Unterschied zu der gem. § 184 BGB für Rechtsgeschäfte geltenden Regelung auch *keine Genehmigung* des Delikts mit der Wirkung, dass seine Rechtswidrigkeit ex tunc entfiele (RGSt **25** 375, 383).[293] Zu dem schon die Tatbestandsmäßigkeit betreffenden Problem, ob das Rechtsgut eines Zustandsdelikts im Zeitpunkt der Einwirkung auf das Tatobjekt bereits vorhanden sein muss oder ob genügt, es von vornherein gemindert entstehen zu lassen, s. *Lilie* LK[11] Vor § 223 Rdn. 7 (knapper *Grünewald* LK[12] § 223 Rdn. 18).

77 Wird nachträglich durch den Gesetzgeber der Umfang der Rechtfertigung erweitert, greift zwar **§ 2 Abs. 3** ein. Jedoch hebt er nicht die zur Tatzeit bestehende Rechtswidrigkeit auf (wichtig für die Notwehrrechte anderer), sondern besagt nur, dass in Bezug auf die Bestrafung des Täters so zu entscheiden ist, als habe der Rechtfertigungsgrund schon gegolten (ebenso *Paeffgen/Zabel* NK Rdn. 75).

78 **e) Konkurrenz von Rechtfertigungsgründen.** Treffen bei *einer* tatbestandsmäßigen Handlung mehrere Rechtfertigungsgründe zusammen, finden sie in der Regel nebeneinander Anwendung, da sie grundsätzlich voneinander unabhängig sind. Ausnahmsweise kann jedoch ein Rechtfertigungsgrund andere Rechtfertigungsgründe verdrängen, wenn er für einen Teilbereich die Voraussetzungen spezieller regelt (grundlegend *Warda* FS Maurach, 143 ff; näher *Thiel* Konkurrenz S. 109 ff, 147 ff[294] und *Seelmann* Rechtfertigungsgründe passim).[295] Gegenüber § 34 sind z.B. § 218a Abs. 2 und 3, § 193 (bezüglich der in ihm enthaltenen Notstandsfälle) und die §§ 228, 904 BGB[296] spezieller (näher *Zieschang* LK § 34 Rdn. 13 ff; auch *Paeffgen/Zabel* NK Rdn. 76) und gegenüber § 228 BGB der § 26 BJagdG; auf intrapersonale Interessenkollisionen (etwa Abwehr einer Lebensgefahr durch eine für den Gefährdeten gleichfalls lebensgefährliche Rettungsmaßnahme) ist nach richtiger Ansicht die mutmaßliche Einwilligung, nicht § 34 anzuwenden (so *Engländer* GA **2010** 15 ff, 25 und *Tachezy* Mutmaßliche Einwilligung S. 99 ff; beide mit einer Skizze zum Meinungsstreit). Die Spezialität kann ihren Grund sowohl darin haben, dass die Voraussetzungen der Rechtfertigung gegenüber der allgemeinen Regelung enger definiert werden (so beschränkt etwa § 26 BJagdG die Rechtfertigungsfolge gegenüber § 228 BGB auf bestimmte Tathandlungen)[297] als auch darin, dass die speziellere Norm eine über die Rechtfertigungswirkung hinausgehende Rechtsfolge (vgl. bei

---

293 Zu Einzelfragen *Mezger* LK[8] Vor § 51 Bem. 9d.
294 *Thiel* unterscheidet zwischen „Kumulation" und „Kollision" von Rechtfertigungsgründen: Wenn alle konkurrierenden Rechtfertigungsgründe vollständig erfüllt sind, sollen sie grundsätzlich nebeneinander anwendbar sein. Liegen nicht sämtliche Merkmale eines Rechtfertigungsgrundes vor, obgleich der Sachverhalt in seinen Regelungsbereich fällt, während eine andere Rechtfertigungsnorm ihren Voraussetzungen nach gegeben ist, spricht *Thiel* von „Kollision". In einem solchen Fall soll bei „funktionaler Spezialität" (zum Begriff auch *Warda* FS Maurach, 143, 166 f) der nicht erfüllten Rechtfertigungsnorm auch der Rückgriff auf die andere (deren Voraussetzungen vorliegen) gesperrt sein; vgl. dazu schon *Warda* FS Maurach, 143, 145 ff, *Schroeder* JuS **1980** 336, 338 f und *Peters* GA **1981** 445, 447 f.
295 Weiter Baumann/Weber/*Mitsch*/Eisele § 14 Rdn. 60 f; *Hörr* Passive Sterbehilfe S. 229 ff; Jescheck/Weigend § 31 VI 2 m. Fn. 43; *Gropengießer* Jura **2000**, 262, 263; *Roxin* AT I § 14 Rdn. 45 ff; Wessels/Beulke/Satzger Rdn. 440; Matt/Renzikowski/*Engländer* Rdn. 12; SSW/*Rosenau* Rdn. 9.
296 Insofern aA *Hellmann* Zivilrechtliche Rechtfertigungsgründe S. 157 ff (strafrechtlicher Vorrang des § 34).
297 Vgl. dazu *Warda* FS Maurach, 143, 164 f und *Roxin* AT I § 14 Rdn. 46.

§ 904 BGB die Gewährung von Schadensersatz) anordnet oder ausschließt.[298] Ist dagegen ein derartiges Verhältnis nicht gegeben, so können mehrere Rechtfertigungsgründe gleichrangig nebeneinander stehen, wobei jeder schon für sich allein die Rechtfertigungswirkung erzeugt. Wie die Notwehr zum rechtfertigenden Notstand steht, ist umstritten. Erklärt man sie im Fahrwasser der h.M. mit einer – vom Gesetzgeber zugunsten der Rechtsordnung vorweggenommenen – Interessenabwägung,[299] liegt es nahe, sie als Spezialfall des allgemeinen Interessenabwägungsprinzips des § 34 anzusehen.[300] Nach der hier vertretenen Auffassung beruht die Notwehr als „außerordentliches" Verteidigungsrecht für die Situation eines rechtswidrigen Angriffs aber zumindest auch auf anderen Prinzipien als die Notstandsrechte.[301] Sie stellt daher nicht lediglich einen Spezialfall des rechtfertigenden Notstands dar.[302] Liegen die Voraussetzungen der Notwehr bei einem menschlichen Angriff im Einzelfall nicht vor, z.B. mangels Rechtswidrigkeit oder Gegenwärtigkeit des Angriffs, kommt daher noch eine Rechtfertigung unter Notstandsgesichtspunkten in Betracht (BGH NJW **1989** 2479, 2481; *Erb* MK § 34 Rdn. 28; *Neumann* NK § 34 Rdn. 13; *Roxin* AT I § 14 Rdn. 51). Zur Frage, wie sich § 32 und die Besitzwehrvorschrift des § 859 Abs. 1 BGB zueinander verhalten, s. *Thiel* Konkurrenz S. 257 ff. Zu weiteren Konkurrenzverhältnissen *Thiel* Konkurrenz S. 232 ff (§ 34 und § 127 StPO), S. 244 ff (§ 34 und behördliche Genehmigung);[303] zum Verhältnis von § 34 und berechtigter Geschäftsführung ohne Auftrag etwa *Kühl* AT § 9 Rdn. 48 f m.w.N. Noch nicht abschließend geklärt ist das Verhältnis öffentlich-rechtlicher Eingriffsbefugnisse zu den strafrechtlichen Rechtfertigungsgründen. Problematisch sind namentlich Fallgestaltungen, in denen das fragliche Verhalten etwa durch § 32 gerechtfertigt ist, sich nach öffentlich-rechtlichen Kriterien aber als rechtswidrig darstellt; ausführlich dazu *Felix* Einheit der Rechtsordnung S. 58 ff; auch *Roxin* AT I § 14 Rdn. 31 ff u. *Rönnau/Hohn* LK § 32 Rdn. 216 ff.

2. System der Rechtfertigungsgründe. In der Wissenschaft hat man immer wieder **79** versucht, ein System der Rechtfertigungsgründe zu entwickeln. Dabei geht es darum, durch Herausarbeitung allgemeiner Prinzipien nicht nur die bestehenden Rechtfertigungsgründe zu systematisieren, sondern auch den Weg zum Erkennen und Formulieren neuer Rechtfertigungsgründe aufzuzeigen. Die **„monistischen" Theorien** wollen alle Rechtfertigungsgründe einem einzigen Prinzip unterordnen.[304] So sind nach der „Zwecktheorie" solche Eingriffe nicht rechtswidrig, die sich als angemessenes Mittel zur Errei-

---

[298] *Roxin* AT I § 14 Rdn. 45, 47; *Warda* FS Maurach, 143, 162 ff.
[299] Statt vieler *Schlehofer* MK Rdn. 59.
[300] Anders *Hirsch* LK[11] Rdn. 46: Notwehr kein Spezialfall des Notstands, weil es bei ihr nicht um eine auf den Einzelfall bezogene Interessenabwägung gehe; wie hier aber *Renzikowski* Notstand S. 27 m.w.N. *Roxin* AT I § 14 Rdn. 48 bezeichnet denn auch § 34 als lex generalis für § 32 (was aber weder beim Vorliegen noch bei einem Ausschluss des § 32 zur Unanwendbarkeit des § 34 führen soll, aaO Rdn. 51).
[301] Vgl. dazu näher *Rönnau/Hohn* LK § 32 Rdn. 62 ff, insbes. Rdn. 70.
[302] Im Ergebnis wie hier *Neumann* NK § 34 Rdn. 13, *Zieschang* LK § 34 Rdn. 28, *Erb* MK § 34 Rdn. 26, *Matt/Renzikowski/Engländer* § 34 Rdn. 7, SSW/*Rosenau* § 34 Rdn. 42, *Jakobs* 11/17 u. *Renzikowski* Notstand S. 16, 81 f, 275 ff, 321 f, der die Notwehr als einer gegenüber den Notstandsrechten höheren Normschicht zugehörig ansieht. **AA** *Seelmann* Rechtfertigungsgründe S. 46 ff (§ 34 als gegenüber allen Rechtfertigungsgründen außer der Einwilligung logisch generelles Gesetz) u. *Fischer* § 34 Rdn. 33; diff. *Paeffgen/Zabel* NK Rdn. 77; *Sch/Schröder/Perron* § 34 Rdn. 6; *Gropengießer* Jura **2000** 262, 264: § 34 sperrt bei Vorliegen der Notwehrvoraussetzungen; beim Fehlen der Notwehrvoraussetzungen trotz menschlichen Angriffs ist § 34 jedoch anwendbar.
[303] Dazu auch *Kühl* AT § 9 Rdn. 134 ff m.w.N.
[304] Vgl. im Überblick Baumann/Weber/*Mitsch*/Eisele § 14 Rdn. 39 f; *Hoyer* SK Rdn. 27 f; beide m.w.N.

chung eines berechtigten Zweckes darstellen (*v. Liszt/Schmidt* AT § 32 II, § 35 III).[305] Auch das „Mehr-Nutzen-als-Schaden"-Prinzip *(Sauer* AT § 13 I 3f), das Prinzip der Beachtung des in der konkreten Situation vorrangigen Gutsanspruchs (*Schmidhäuser* AT 9/13; *ders.* StuB 6/1, 5, 16 ff; *Röttger* Unrechtsbegründung S. 277 ff) oder des „im konkreten Fall überwiegenden Interesses, Rechtsguts oder Werts"[306] sowie schlicht das Prinzip der „Wertabwägung" *(Noll* ZStW **77** [1965] 1, 9)[307] gehen von einem einzigen Leitgedanken aus. *Roxin* AT I § 14 Rdn. 41 nennt als umfassendes Prinzip der Rechtfertigungsgründe die „sozial richtige Regulierung kollidierender Interessen", arbeitet aber im Weiteren verschiedene soziale Ordnungsprinzipien heraus, um den Rechtfertigungsgründen Konturen zu verschaffen. Baumann/Weber/*Mitsch*/Eisele § 14 Rdn. 40 halten im Bereich der Rechtfertigungsgründe das Prinzip des „überwiegenden Gegeninteresses" (begrenzt durch das Prinzip der kumulativen Interessenbefriedigung bzw. das Erforderlichkeitsprinzip) für „vorherrschend". Dem stehen die **„pluralistischen" Theorien** gegenüber, die von verschiedenen Grundgedanken der Rechtfertigung ausgehen. So wird neben das „Prinzip des mangelnden Interesses" das „Prinzip des überwiegenden Interesses" (*Mezger* Strafrecht § 27; *Lenckner* Notstand S. 133 ff; *Sch/Schröder/Lenckner/Sternberg-Lieben* Rdn. 7)[308] oder neben das „Prinzip des mangelnden Unrechts" (Einwilligung und Einwilligungssurrogate) das „Prinzip des überwiegenden Rechts" (alle übrigen Rechtfertigungsgründe, s. *Blei* I § 36 I) gestellt – eine Einteilung, die zeigt, dass man leichter zu einem einheitlichen Prinzip der Rechtfertigungsgründe gelangen kann, wenn man die Einwilligung aus ihrem Kreis herausnimmt.[309] *Jakobs* 11/3 und *Kindhäuser* AT § 15 Rdn. 4 gehen von *drei* Prinzipien aus, denen sich die Rechtfertigungsgründe zuordnen lassen (Prinzip der Verantwortung durch das Eingriffsopfer, Prinzip der Wahrnehmung des Opferinteresses, Prinzip der Mindestsolidarität). *Jescheck/Weigend* § 31 II 3 sprechen von „verschiedenen Kombinationen von Rechtfertigungsfaktoren", auf denen die Rechtfertigungsgründe beruhen.[310]

80   Die von den monistischen, aber auch die von den pluralistischen Theorien aufgestellten Prinzipien sind zu allgemein und formal, um aus ihnen konkrete Ergebnisse ableiten zu können. Die Einteilungsversuche haben sich daher bisher als wenig fruchtbar erwiesen.[311] Man ist über „sehr formale Abstraktionen oder lockere Aneinanderreihungen" nicht hinausgekommen *(Roxin* Kriminalpolitik S. 26). Überdies hat durch die Schaffung von § 16 OWiG und § 34 das Interesse, mit Hilfe der Aufstellung allgemeiner Rechtfertigungsprinzipien Quellen neuer Rechtfertigungsgründe zu erschließen, stark an Bedeutung verloren. Auch ist dogmatisch unerheblich, wie man den Katalog der Rechtfertigungsfälle gruppiert und an welcher Stelle man einen Rechtfertigungsgrund in ihn einordnet. Die h.L. verzichtet deshalb darauf, eine allgemeingültige Systematisierung

---

305   Auch *Graf zu Dohna* Rechtswidrigkeit S. 48, 54; *Eb. Schmidt* ZStW **49** (1928) 350, 370 ff.
306   *Freund* AT § 3 Rdn. 4; *Otto* AT § 8 Rdn. 5; *Paeffgen/Zabel* NK Rdn. 46; *Rudolphi* GedS Arm. Kaufmann, 371, 393, 396; *Schlehofer* MK Rdn. 58 ff; *Seelmann* Rechtfertigungsgründe S. 32.
307   Ebenfalls *Noll* ZStW **68** (1956) 181, 183; *ders.* SchwZStr. **80** (1964) 160 ff.
308   Weiter *Frister* 13/1; *Gropp* AT § 5 Rdn. 33; *Hauck* AnwK Rdn. 7 (der noch ergänzt um „Rechtfertigung trotz Erhaltung eines nur gleichwertigen Interesses [z.B. Pflichtenkollisionen]").
309   *Maurach/Zipf* § 25 Rdn. 8; *Paeffgen/Zabel* NK Rdn. 46; vgl. auch *Roxin* AT I § 14 Rdn. 40 u. SSW/*Rosenau* Rdn. 8.
310   Ausführlicher zu den Systematisierungsversuchen *Paeffgen/Zabel* NK Rdn. 44 ff; *Günther* SK[5] Rdn. 71 ff; *Lenckner* GA **1985** 295 ff; *Schröder* SchwZStr. **76** (1960) 1, 8; *Stratenwerth* ZStW **68** (1956) 41 ff; auch *Hoyer* SK Rdn. 27 f. Näher zum Ganzen *Roxin* AT I § 14 Rdn. 38 ff.
311   Ebenso *Roxin* AT I § 14 Rdn. 38; *Tachezy* Mutmaßliche Einwilligung S. 97; *Mitsch* Rechtfertigung S. 29: „Entwürfe haben mehr oder weniger kriterienlosen Leerformelcharakter"; *Lackner/Kühl/Kühl* Rdn. 3 („praktisch ohne Bedeutung"); *Hoyer* SK Rdn. 29 (weite und vage „Weltformel"); sehr **krit.** auch *Rath* FS Küper, 455, 461 ff; vertiefend *Frisch* FS Puppe, 425 ff.

der Rechtfertigungsgründe zu versuchen.[312] Der Verzicht auf die fragliche Systembildung schließt nicht aus, dass sich in der Rechtfertigungslehre einzelne allgemeine Erfordernisse herausarbeiten lassen, wie etwa die subjektiven Rechtfertigungselemente und – bei den meisten Rechtfertigungsgründen – der Gesichtspunkt der konkreten Erforderlichkeit.[313]

3. Generelle Erfordernisse der Rechtfertigungsgründe

Schrifttum

Alwart Der Begriff des Motivbündels im Strafrecht, GA **1983** 433; *Arzt* Falschaussage mit bedingtem Vorsatz, Festschrift Jescheck (1985) 391; *Bauer* Die Abgrenzung des dolus eventualis – ein Problem der Versuchsdogmatik, wistra **1991** 168; *Baumann* Rechtsmissbrauch bei Notwehr, MDR **1962** 349; *Beling* Die Lehre vom Verbrechen (1906); *Bertel* Notwehr gegen verschuldete Angriffe, ZStW **84** (1972) 1; *Berz* An der Grenze von Notwehr und Notwehrprovokation – BGH NJW 1983, 2267, JuS **1984** 340; *Bitzilekis* Die neue Tendenz zur Einschränkung des Notwehrrechts, Diss. Köln 1984; *Bockelmann* Notwehr gegen verschuldete Angriffe, Festschrift Honig (1970) 31; *Braun* Subjektive Rechtfertigungselemente im Zivilrecht? NJW **1998** 941; *Burgstaller* Das Fahrlässigkeitsdelikt im Strafrecht (1974); *Constadinidis* Die „actio illicita in causa", Diss. Würzburg 1982; *Dencker* Der verschuldete rechtfertigende Notstand – BayObLG NJW 1978, 2046, JuS **1979** 779; *Dölling* Fahrlässige Tötung bei Selbstgefährdung des Opfers, GA **1984** 71; *Eidam* Rücknahme von Notwehrbefugnissen unter dem Deckmantel eines sozialethisch zu missbilligenden Vorverhaltens? – Zur Dialektik einer Entwicklung, HRRS **2016** 380; *Eisele* Bespr. von BGH, Beschl. v. 21.3. 2001 – 1 StR 48/01, JA **2001** 922; *Engländer* Anm. zu BGH Urt. v. 2.11.2011 – 2 StR 375/11, NStZ **2012** 274; *ders.* Anm. zu BGH Urt. v. 25.4.2013 – 4 StR 551/12, HRRS **2013** 389; *ders.* Kann die Mitgliedschaft in einem Rockerclub eine Notwehreinschränkung begründen? Festschrift Wolter (2013) 319; *Erb* Aus der Rechtsprechung des BGH zur Notwehr seit 1999, NStZ **2004** 369; *ders.* Anm. zu BGH Urt. v. 2.11.2011 – 2 StR 375/11, JR **2012** 207; *ders.* FS Paeffgen; *Fahl* Examensklausur/Fortgeschrittenenhausarbeit Strafrecht, Jura **2003** 60; *Freund* Richtiges Entscheiden – am Beispiel der Verhaltensbewertung aus der Perspektive des Betroffenen, insbesondere im Strafrecht, GA **1991** 387; *ders.* Actio illicita in causa. Ein Übel oder eine Möglichkeit, das Übel an der Wurzel zu packen? GA **2006** 267; *Frisch* Vorsatz und Risiko (1983); *ders.* Grund- und Grenzprobleme der sog. subjektiven Rechtfertigungselements, Festschrift Lackner (1987) 113; *Frister* Erlaubnistatbestandszweifel, Festschrift Rudolphi (2004) 45; *Gallas* Zur Struktur des strafrechtlichen Unrechtsbegriffs, Festschrift Bockelmann (1979) 155; *Geilen* Notwehr und Notwehrexzeß (3.Teil), Jura **1981** 308; *Geppert* Die subjektiven Rechtfertigungselemente, Jura **1995** 103; *Graul* Notwehr oder Putativnotwehr – wo ist der Unterschied? JuS **1995** 1049; *dies.* Der „umgekehrte Erlaubnistatbestandsirrtum", JuS **2000** L 41; *Gropengießer* Das Konkurrenzverhältnis von Notwehr (§ 32 StGB) und rechtfertigendem Notstand (§ 34 StGB), Jura **2000** 262; *Grünewald* Notwehreinschränkung – insbesondere bei provoziertem Angriff, ZStW **122** (2010) 51; *Günther* Strafrechtswidrigkeit und Strafunrechtsausschluß, Habil. Tübingen 1983; *ders.* Mordunrechtsmindernde Rechtfertigungselemente – Ein Beitrag zur Konkretisierung unverhältnismäßiger Grenzfälle des § 211 StGB, JR **1985** 268; *ders.* Grade des Unrechts und Strafzumessung, Festschrift Göppinger (1990) 453; *Hecker* Anm. zu BGH Urt. v. 2.11.2011 – 2 StR 375/11, JuS **2012** 263; *Hassemer* Die provozierte Provokation oder über die Zukunft des Notwehrrechts, Festschrift Bockelmann (1979) 225; *ders.* Ungewollte, über das erforderliche Maß hinausgehende Auswirkungen einer Notwehrhandlung – BGHSt 27, 313, JuS **1980** 412; *Herzberg* Handeln in Unkenntnis einer Rechtfertigungslage, JA **1986** 190; *ders.* Subjektive Recht-

---

[312] Vgl. nur *Bockelmann/Volk* § 15 II; *Eser* Schwangerschaftsabbruch: Auf dem verfassungsgerichtlichen Prüfstand (1994) S. 108; *Jescheck/Weigend* § 31 II 3; *Kühl* AT § 6 Rdn. 10; *Mitsch* Rechtfertigung S. 28; *Maurach/Zipf* § 25 Rdn. 6 ff; SSW/*Rosenau* Rdn. 8; *Stratenwerth/Kuhlen* AT § 9 Rdn. 2; *Welzel* Strafrecht § 14 I 3. Auch *Roxin* AT I § 14 Rdn. 38 äußert jetzt Zweifel, ob eine Systematisierung abschließend gelingen kann (anders noch in Kriminalpolitik S. 26). Angabe materialer Prinzipien der Rechtfertigung bei *Murmann* GK § 15 Rdn. 6 ff; *Duttge* HK-GS Rdn. 8 unterscheidet 5 Ordnungsprinzipien – Daneben wird etwa im Bereich der Sterbehilfe und beim Schwangerschaftsabbruch eine *prozedurale Rechtfertigung* diskutiert (dazu Rdn. 319 ff).
[313] Dazu *Arm. Kaufmann* Normentheorie S. 254.

fertigungselemente, JA **1986** 541; *ders.* Erlaubnistatbestandsirrtum und Deliktsaufbau (Teil 1), JA **1989** 243; *ders.* Unrechtsausschluß und Erlaubnistatbestandsirrtum bei versuchter und bei vollendeter Tatbestandserfüllung, Festschrift Stree/Wessels (1993) 203; *Heuchemer* Der Erlaubnistatbestandsirrtum, Diss. Regensburg 2005; *ders.* Die Behandlung des Erlaubnistatbestandsirrtum in der Klausur, JuS **2012** 795; *Hillenkamp* Vorsatztat und Opferverhalten, Habil. Göttingen 1981; *Himmelreich* Notwehr und unbewusste Fahrlässigkeit, Diss. Köln 1971; *Hirsch* Strafrecht und rechtsfreier Raum, Festschrift Bockelmann (1979) 89; *ders.* Der Streit um Handlungs- und Unrechtslehre, insbesondere im Spiegel der Zeitschrift für die gesamte Strafrechtswissenschaft (Teil II), ZStW **94** (1982) 239; *ders.* Rechtfertigungsfragen und Judikatur des Bundesgerichtshofs, 50 Jahre Bundesgerichtshof, Festgabe aus der Wissenschaft Bd. IV: Straf- und Strafprozeßrecht (2000) 199; *ders.* Einordnung und Rechtswirkung des Erlaubnissachverhaltsirrtums, Festschrift Schroeder (2006) 223; *Hruschka* Anm. zu BayObLG Beschl. v. 26.5.1978 – 3 Ob OWi 38/78, JR **1979** 125; *ders.* Der Gegenstand des Rechtswidrigkeitsurteils nach heutigem Strafrecht, GA **1980** 1; *Jakobs* Anm. zu LG Düsseldorf Urt. v. 22.7.2004 – XIV 5/03, NStZ **2005** 276; *ders.* Bemerkungen zur subjektiven Tatseite der Untreue, Festschrift Dahs (2005) 49; *ders.* Der sogenannte Erlaubnistatbestandsirrtum, Festschrift Paeffgen (2015) 223; *Jäger* Anm. zu BGH Urt. v. 2.11.2011 – 2 StR 375/11, JA **2012** 227; *ders.* Das dualistische Notwehrverständnis und seine Folgen für das Recht auf Verteidigung, GA **2016** 258; *Jungclaussen* Die subjektiven Rechtfertigungselemente beim Fahrlässigkeitsdelikt, Diss. Göttingen 1987; *Kargl* Inhalt und Begründung der Festnahmebefugnis nach § 127 I StPO, NStZ **2000** 8; *Armin Kaufmann* Zum Stande der Lehre vom personalen Unrecht, Festschrift Welzel (1974) 393; *Arthur Kaufmann* Die Irrtumsregelung im Strafgesetz-Entwurf 1962, ZStW **76** (1964) 543; *Kern* Grade der Rechtswidrigkeit, ZStW **64** (1952) 255; *Krack* Zum Inhalt der subjektiven Rechtfertigungselemente – insbesondere zum Irrtum über die Zielrichtung des Angriffs, in: Koriath u.a. (Hrsg.) Grundfragen des Strafrechts, Rechtsphilosophie und die Reform der Juristenausbildung (2010) 145; *Kratzsch* Grenzen der Strafbarkeit im Notwehrrecht, Diss. Köln 1968; *Kretschmer* Notwehr bei Fahrlässigkeitsdelikten, Jura **2002** 114; *ders.* Notwehr im Showdown, Jura **2012** 189; *Krümpelmann* Stufen der Schuld beim Verbotsirrtum; GA **1968** 129; *ders.* Die strafrechtliche Behandlung des Irrtums, Beiheft ZStW **90** (1978) 6; *Kühl* Die „Notwehrprovokation", Jura **1991** 57; *ders.* Angriff und Verteidigung bei der Notwehr, Jura **1993** 57, 233; *ders.* Beschränkung des Notwehrrechts wegen Provokation durch sozialethisch zu beanstandendes Vorverhalten, StV **1997** 298; *ders.* Zur rechtsphilosophischen Begründung des rechtfertigenden Notstands, Festschrift Lenckner (1998) 143; *Kuhlen* Kongruenz zwischen Erfüllung des objektiven und des subjektiven Tatbestandes bei Rechtfertigungsgründen, Festschrift Beulke (2015) 153; *ders.* Eine Anmerkung zur Lehre vom Doppelirrtum, Festschrift (2015) 247; *Küper* Der „verschuldete" rechtfertigende Notstand (1983); *Kuhlen* Kongruenz zwischen Erfüllung des objektiven und des subjektiven Tatbestandes bei Rechtfertigungsgründen, Festschrift Beulke (2015) 153; *ders.* Eine Anmerkung zur Lehre vom Doppelirrtum, Festschrift Paeffgen (2015) 247; *Lampe* Unvollkommen zweiaktige Rechtfertigungsgründe, GA **1978** 7; *Lenckner* Notwehr bei provoziertem und verschuldetem Angriff, GA **1961** 299; *ders.* Der rechtfertigende Notstand, Habil. Tübingen 1965; *ders.* Die Rechtfertigungsgründe und das Erfordernis pflichtgemäßer Prüfung, Festschrift H. Mayer (1966) 165; *ders.* „Gebotensein" und „Erforderlichkeit" der Notwehr, GA **1968** 1; *Lindemann/Reichling* Die Behandlung der so genannten Abwehrprovokation nach den Grundsätzen der actio illicita in causa, JuS **2009** 496; *Loos* Zum Inhalt der subjektiven Rechtfertigungselemente, Festschrift Oehler (1985) 227; *Ludes/Pannenborg* Der Erlebnistatbestandsirrtum im Fahrlässigkeitsdelikt, jura **2013** 24; *Luzón* „Actio illicita in causa" und Zurechnung zum Vorverhalten bei Provokation von Rechtfertigungsgründen, JRE **1994** 353; *Mandla* Anm. zu BGH Urt. v. 2.11.2011 – 2 StR 375/11, StV **2012** 334; *Marxen* Die sozialethischen Grenzen der Notwehr (1979); *Matt* Eigenverantwortlichkeit und subjektives Recht im Notwehrrecht, NStZ **1993** 271; *M.K. Meyer* Opfer des Angriffs strafbar durch Verteidigung? Zu den subjektiven Voraussetzungen der Verteidigung bei der Notwehr, GA **2003** 807; *Mitsch* Straflose Provokation strafbarer Taten: eine Studie zu Grund und Grenzen der Straffreiheit des agent provocateur, Diss. Würzburg 1985 (1986); *ders.* Rechtfertigung und Opferverhalten, Habil. Tübingen 1991 (2004); *ders.* Rechtfertigung einer Ohrfeige (BayObLG NJW **1991** 2031) JuS **1992** 289; *ders.* Fahrlässigkeit und Straftatsystem, JuS **2001** 105; *Momsen/Rackow* Der Erlaubnistatbestandsirrtum in der Fallbearbeitung (Teil 1), JA **2006** 550; *Munoz Conde* Die Putativnotwehr. Ein Grenzfall zwischen Rechtfertigung und Entschuldigung, in Schünemann/de Figueiredo Dias (Hrsg.) Bausteine des europäischen Strafrechts, Coimbra-Symposium für Claus Roxin (1995) S. 213; *Müther* Möglichkeitsvorstellungen im Bereich der Notrechte des Strafgesetzbuches (§§ 32, 34 StGB), Diss. Münster 1998; *Neuheuser* Die Duldungspflicht gegenüber rechtswidrigem hoheitlichen Handeln, Diss. Bonn 1996; *Niese* Finalität, Vorsatz und Fahrlässigkeit (1951); *Nippert/Tinkl* Erlaubnistatbestandsirrtum? Auswirkungen der ex-ante- bzw. ex-post-Beurteilung der Rechtfertigungslage von § 32 und

§ 34 StGB, JuS **2002** 964; *Noll* Übergesetzliche Milderungsgründe aus vermindertem Unrecht, ZStW **68** (1956) 181; *ders.* Tatbestand und Rechtswidrigkeit: Die Wertabwägung als Prinzip der Rechtfertigung, ZStW **77** (1965) 1; *Nowakowski* Zur subjektiven Tatseite der Rechtfertigungsgründe, ÖJZ **1977** 573; *Oğlakcıoğlu* Ein Leitfaden für die Notwehrprovokation, HRRS **2009** 106; *Oehler* Das objektive Zweckmoment in der rechtswidrigen Handlung (1959); *Otto* Rechtsverteidigung und Rechtsmissbrauch im Strafrecht, Festschrift Würtenberger (1977) 129; *ders.* Der Verbotsirrtum, Jura **1990** 645; *ders.* Anm. zu BGH Beschl. v. 21.3.2001 – 1 StR 48/01, NStZ **2001** 594; *ders.* Grundlagen der strafrechtlichen Haftung für fahrlässiges Verhalten, Gedächtnisschrift Schlüchter (2002) 77; *ders.* Vorverschulden und Rechtsmissbrauch, Festschrift Frisch (2013) 589; *Paeffgen* Der Verrat in irriger Annahme eines illegalen Geheimnisses (§ 97b StGB) und die allgemeine Irrtumslehre, Diss. Mainz 1979; *ders.* Fotografieren von Demonstranten durch die Polizei und Rechtfertigungsirrtum, JZ **1978** 738; *ders.* Anmerkungen zum Erlaubnistatbestandsirrtum, Gedächtnisschrift Arm. Kaufmann (1989) 399; *ders.* Zur Unbilligkeit des vorgeblich „Billigen": oder: Höllen-Engel und das Gott-sei-bei-uns-Dogma; (noch einmal) einige Gedanken zum Erlaubnistatbestandsirrtum, Festschrift Frisch (2013) 403; *Plaschke* Ein Nagetier schreibt Rechtsgeschichte – Der Doppelirrtum im Strafrecht, Jura **2001** 235; *Popp* Patientenverfügung, mutmaßliche Einwilligung und prozedurale Rechtfertigung, ZStW **118** (2006) 639; *Prittwitz* Zum Verteidigungswillen bei der Notwehr, GA **1980** 381; *ders.* Der Verteidigungswille als subjektives Merkmal der Notwehr, Jura **1984** 74; *Puppe* Der halbherzige Rücktritt, NStZ **1984** 488; *dies.* Zur Struktur der Rechtfertigung, Festschrift Stree/Wessels (1993) 183; *dies.* Die strafrechtliche Verantwortlichkeit des Arztes bei mangelnder Aufklärung über eine Behandlungsalternative – Zugleich Besprechung von BGH, Urteile vom 3.3.1994 und 29.6.1995, GA **2003** 764; *Quentin* Fahrlässigkeit im Strafrecht, JuS **1994** L 57; *Rath* Das subjektive Rechtfertigungselement, Habil. Heidelberg 2002; *Reip* Täterhandeln bei ungewisser Rechtfertigungslage, Diss Tübingen 1996; *Renzikowski* Notstand und Notwehr, Diss. Tübingen 1994; *van Rienen* Die „sozialethischen" Einschränkungen des Notwehrrechts, Diss. Zürich/St. Gallen 2009; *Rinck* Der zweistufige Deliktsaufbau, Diss. München 2000; *Rohrer* Über die Nichtexistenz subjektiver Rechtfertigungselemente, JA **1986** 363; *Rönnau* Dogmatisch-konstruktive Lösungsmodelle zur actio libera in causa, JA **1997** 707; *ders.* Grundwissen – Strafrecht: „Sozialethische" Einschränkungen der Notwehr, JuS **2012** 404; *ders./Becker* Vorsatzvermeidung durch Unternehmensleiter bei betriebsbezogenen Straftaten, NStZ **2016** 569; *Röttger* Unrechtsbegründung und Unrechtsausschluß, Diss. Hamburg 1993; *Roxin* Die provozierte Notwehrlage, ZStW **75** (1963) 541; *ders.* Die „sozialethischen Einschränkungen" des Notwehrrechts, ZStW **93** (1981) 68; *ders.* Rechtfertigungs- und Entschuldigungsgründe in Abgrenzung von sonstigen Strafausschließungsgründen, in Eser/Fletcher (Hrsg.) Rechtfertigung und Entschuldigung (1987) Bd. 1 S. 230; *Rudolphi* Inhalt und Funktion des Handlungsunwertes im Rahmen der personalen Unrechtslehre, Festschrift Maurach (1972) 51; *ders.* Die pflichtgemäße Prüfung als Erfordernis der Rechtfertigung, Gedächtnisschrift Schröder (1978), 73; *ders.* Rechtfertigungsgründe im Strafrecht, Gedächtnisschrift Arm. Kaufmann (1989) 371; *Runte* Die Veränderung von Rechtfertigungsgründen durch Rechtsprechung und Lehre, Diss. Frankfurt/M. 1991; *Rückert* Effektive Selbstverteidigung und Notwehrrecht, Diss. Erlangen-Nürnberg 2017; *Safferling* Vorsatz und Schuld, Habil. Erlangen-Nürnberg 2006 (2008); *Satzger* Dreimal „in causa" – actio libera in causa, omissio libera in causa und actio illicita in causa, Jura **2006** 513; *ders.* Anm. zu BGH Urt. v. 2.11.2011 – 2 StR 375/11, JK 6/12 StGB § 32/37; *Schaffstein* Der Irrtum bei der Wahrnehmung berechtigter Interessen, NJW **1951** 691; *Scheffler* Der Erlaubnistatbestandsirrtum und seine Umkehrung, das Fehlen subjektiver Rechtfertigungselemente, Jura **1993** 617; *R. Schmitt* Subjektive Rechtfertigungselemente bei Fahrlässigkeitsdelikten? JuS **1963** 64; *H. Schneider* Buchbesprechung: Heuchemer, Der Erlaubnistatbestandsirrtum (2005), GA **2006** 243; *Schroeder* Anm. zum LG München I Urt. v. 10.11.1987 – Ks 121 Js 4866/86, JZ **1988** 567; *Chr. Schröder* Angriff, Scheinangriff und Erforderlichkeit der Abwehr vermeintlich gefährlicher Angriffe, JuS **2000** 235; *H. Schröder* Anm. zu BGH Urt. v. 1.8.1961 – 1 StR 197/61, JR **1962** 187; *Schroth* Die Annahme und das „Für-Möglich-Halten" von Umständen, die einen anerkannten Rechtfertigungsgrund begründen, Festschrift Arth. Kaufmann (1993) 595; *Schüler* Der Zweifel über das Vorliegen einer Rechtfertigungslage, Diss. Gießen 2004; *Schumann* Zum Notwehrrecht und seinen Schranken – OLG Hamm, NJW 1977, 590, JuS **1979** 559; *Schünemann* Strafrecht: Liebhaber und Teilhaber, JuS **1979** 275; *ders.* Die deutschsprachige Strafrechtswissenschaft nach der Strafrechtsreform im Spiegel des Leipziger Kommentars und des Wiener Kommentars, GA **1985** 341; *ders./Greco* Der Erlaubnistatbestandsirrtum und das Strafrechtssystem, oder: Das Peter-Prinzip in der Strafrechtsdogmatik? GA **2006** 777; *Seelmann* Notwehrrecht, JR **2002** 249; *Seier* Der praktische Fall – Strafrecht: Die unnötige Rettungsfahrt, JuS **1986** 217; *Späth* Rechtfertigungsgründe im Wirtschaftsstrafrecht, Diss. Bucerius Law School Hamburg 2014 (2016); *Spendel* Der Gegensatz rechtlicher und sittlicher Wertung am Beispiel der

Notwehr, DRiZ **1978** 327; *ders*. Gegen den „Verteidigungswillen" als Notwehrerfordernis, Festschrift Bockelmann (1979) 245; *ders*. Notwehr und „Verteidigungswille", objektiver Zweck und subjektive Absicht, Festschrift Oehler (1985) 197; *Steinbach* Zur Problematik der Lehre von den subjektiven Rechtfertigungselementen bei den vorsätzlichen Erfolgsdelikten, Diss. Trier 1987; *I. Sternberg-Lieben* Voraussetzungen der Notwehr, JA **1996** 299; *Streng* Das subjektive Rechtfertigungselement und sein Stellenwert – Grundlagen, Anforderungen und Irrtumskonstellationen, Festschrift Otto (2007) 469; *ders*. Wie weit reicht das Koinzidenzprinzip? Festschrift Beulke (2015) 313; *ders*. Der Erlaubnistatbestandsirrtum und die Teilnahmefrage – Elemente einer Akzessorietätslösung, Festschrift Paeffgen (2015) 231; *Stuckenberg* Provozierte Notwehrlage und Actio illicita in causa: Der Meinungsstand im Schrifttum, JA **2001** 894; *ders*. Provozierte Notwehrlage und Actio illicita in causa: Die Entwicklung der Rechtsprechung bis BGH NJW 2001, 1075, JA **2002** 172; *Sutschet* Die Erfolgszurechnung im Falle mittelbarer Rechtsgutverletzung Diss. Trier 2008 (2010); *Triffterer* Zur subjektiven Seite der Tatbestandsausschließungs- und Rechtfertigungsgründe, Festschrift Oehler (1985) 209; *van Rienen* Anm. zu BGH Urt. v. 2.11.2011 – 2 StR 375/11, ZIS **2012** 377; *Voigt/Hoffmann-Holland* Notwehrprovokation und actio illicita in causa in Fällen der Putativnotwehr, NStZ **2012** 362; *Warda* Vorsatz und Schuld bei ungewisser Tätervorstellung über das Vorliegen strafbarkeitsausschließender, insbesondere rechtfertigender Tatumstände, Festschrift R. Lange (1976) 119; *Waider* Die Bedeutung der Lehre von den subjektiven Rechtfertigungselementen für Methodologie und Systematik des Strafrechts, Habil. Köln 1970; *Welzel* Der übergesetzliche Notstand und die Irrtumsproblematik, JZ **1955** 142; *Widmaier* Die Teilbarkeit der Unrechtsbewertung – OLG Celle, NJW 1969, 1775, JuS **1970** 611; *Wolter* Objektive und personale Zurechnung von Verhalten, Gefahr und Verletzung in einem funktionalen Straftatsystem, Habil. Bonn 1981; *Zaczyk* Das Mordmerkmal der Heimtücke und die Notwehr gegen eine Erpressung, JuS **2004** 750; *Zielinski* Handlungs- und Erfolgsunwert im Unrechtsbegriff, Diss. Bonn 1973.

81 **a) Art des tatbestandsmäßigen Verhaltens.** Die Rechtfertigungsfrage hat zur Voraussetzung, dass der Täter überhaupt einen Tatbestand verwirklicht hat. Es kann sich dabei um einen **Vorsatz- oder auch Fahrlässigkeitstatbestand** handeln, wobei im zweiten Fall genau zu prüfen ist, ob tatbestandlich überhaupt ein Verstoß gegen die im Verkehr erforderliche Sorgfalt vorliegt (zur Bedeutung der Lehren von der „Sozialadäquanz" und vom „erlaubten Risiko" siehe Rdn. 48 ff und 53 ff). Rechtsprechung und Schrifttum erkennen die Möglichkeit der Rechtfertigung auch fahrlässiger Handlungen an.[314] War z.B. die mit dem Risiko des Eintritts ungewollter Folgen behaftete konkrete Verteidigungshandlung erforderlich, so ist damit auch der Eintritt der Folgen durch Notwehr gerechtfertigt (näher *Rönnau/Hohn* LK § 32 Rdn. 191 ff). Es zeigt sich gerade auch bei diesem Punkt, dass Vorsatz und objektive Fahrlässigkeit (Sorgfaltswidrigkeit) schon Tatbestandselemente sind. Anderenfalls würde sich die Frage, ob auch eine fahrlässige Handlung gerechtfertigt sein kann, im Rahmen der Rechtfertigungsprüfung gar nicht stellen. Eine exakte Entscheidung über die Rechtfertigung (und dabei speziell über das zumeist notwendige Merkmal der Erforderlichkeit) ist auch nicht möglich, ohne dass zuvor geklärt worden ist, ob es um die Rechtfertigung einer vorsätzlichen oder einer (objektiv) fahrlässigen Tatbestandshandlung geht. Andererseits läuft eine Auffassung, die weitergehend die Rechtfertigungsfrage schon im Rahmen des Tatbestandes bei der Sorgfaltswidrigkeit stellt,[315] darauf hinaus, dass die Wertdifferenz zwischen einer erfolgsverursachenden Handlung, die sich noch im Rahmen der im Verkehr erforderlichen Sorgfalt hält, und einer, die gegen Sorg-

---

[314] BGHSt **25** 229; BGH bei Dallinger MDR **1958** 12; OLG Karlsruhe NJW **1986** 1358, 1359; OLG Hamm NJW **1962** 1169; *Duttge* MK § 15 Rdn. 197 ff; *Jescheck/Weigend* § 56 I 1; *Kühl* AT § 17 Rdn. 77 ff; *Maurach/Gössel/Zipf* § 44 I D; *Paeffgen/Zabel* NK Rdn. 78; *Roxin* AT I § 24 Rdn. 99; *Samson* SK[5] Anh. zu § 16 Rdn. 31; *Schaffstein* FS Welzel, 557, 562; *Sch/Schröder/Lenckner/Sternberg-Lieben* Rdn. 92 ff; *Späth* Rechtfertigungsgründe S. 36; *Fischer* § 15 Rdn. 15; *Welzel* Strafrecht § 18 II. In der Rspr. früher anders OLG Frankfurt/M. NJW **1950** 119; wohl auch RGSt **56** 285.

[315] So *Otto* NStZ **2001** 594 f; *ders*. GedS Schlüchter, 77, 95 f; *Arzt* ZStW **91** (1979) 857, 869 ff. **Anders** die h.M., statt vieler *Duttge* MK § 15 Rdn. 197; *Sch/Schröder/Lenckner/Sternberg-Lieben* Rdn. 94; *Mitsch* JuS **2001** 105, 110; *Stratenwerth/Kuhlen* AT § 8 Rdn. 27.

faltsanforderungen verstößt und nur ausnahmsweise gerechtfertigt ist, eingeebnet wird;³¹⁶ die spezifischen Rechtfertigungsvoraussetzungen werden hier leicht vernachlässigt.

b) Subjektive Rechtfertigungselemente

aa) Erfordernis eines subjektiven Rechtfertigungselements. Heute ist fast allgemein anerkannt, dass die Rechtfertigungsgründe neben dem Vorliegen der objektiven Rechtfertigungsmerkmale auch ein **subjektives Rechtfertigungselement** voraussetzen;³¹⁷ der Täter muss die objektiven Merkmale des jeweiligen Rechtfertigungsgrundes also im Sinne eines „Rechtfertigungsvorsatzes" kennen.³¹⁸ Den **gesetzlichen Erlaubnisnormen** lässt sich das Erfordernis eines subjektiven Rechtfertigungselements allerdings nicht eindeutig entnehmen.³¹⁹ Zwar sprechen die Formulierungen einiger Erlaubnissätze (etwa „um die Gefahr ... abzuwenden" in § 34) für ein solches Merkmal;³²⁰ man kann die „um-zu"-Konstruktionen aber auch im Sinne einer nur objektiven Zweckhaftigkeit verstehen.³²¹ Die Notwendigkeit eines „Rechtfertigungsvorsatzes" folgt aber zwingend aus der **personalen Unrechtslehre**,³²² für die der Handlungsunwert (primärer) Bestandteil des Unrechts ist:³²³ Hat der Täter keine Vorstellung vom Vorliegen der Rechtfertigungs-

82

---

316 Ähnlich *Mitsch* JuS **2001** 105, 110.
317 Vgl. nur RGSt **54** 196, 199; **62** 137; BGHSt **2** 111, 114 (Vorstellung von den rechtfertigenden Umständen als Erfordernis der Rechtfertigung aus übergesetzlichem Notstand); BGHSt **35** 276, 279; terminologisch widersprüchlich OLG Naumburg NStZ **2013** 718, 719 (zu § 34); **3** 194, 198; **25** 229, 232; **35** 270, 279; BGH bei Holtz MDR **1978** 279; GA **1980** 67; NJW **1983** 2267; NStZ **1983** 117; **2000** 365, 366 **2003** 599, 600; **2005** 332, 334; **2007** 325; **2014** 147, 149; **2016** 333; NJW **2013** 2133, 2134 f (Erfordernis eines „Verteidigungswillens" bei der Notwehr); BGHSt **5** 245, 247 (Verteidigungswille bei der Nothilfe); RGSt **67** 324, 327; OLG Hamm NJW **1956** 1690 (zum Züchtigungsrecht); RGSt **61** 400; **66** 1; RG JW **1936** 1909; BGHSt **18** 182, 186 (zur Wahrnehmung berechtigter Interessen; w. Nachw. bei *Zaczyk* NK § 193 Rdn. 46); RGSt **71** 49 (zur vorläufigen Festnahme gem. § 127 StPO); BGHSt **56** 11, 22 (zur Kriegsrepressalie); aus der Lit. etwa Baumann/Weber/*Mitsch*/Eisele § 14 Rdn. 46; *Günther* SK⁶ Rdn. 87; *Hirsch* LK¹¹ Rdn. 50 m.w. Rspr.-Nachw.; *Jescheck/Weigend* § 31 IV 1; *Köhler* AT S. 321 ff; *Krack* in Koriath u.a. S. 145, 146; *Lackner/Kühl/Kühl* Rdn. 6; *Maurach/Zipf* § 25 Rdn. 24; *Prittwitz* GA **1980** 381, 383 f; *Rönnau* JuS **2009** 594 ff (dort auch knapp zur Historie); *Rudolphi* GedS Arm. Kaufmann, 371, 380; *Sch/Schröder/Lenckner/Sternberg-Lieben* Rdn. 13; *Scheffler* Jura **1993** 617. Gegen das Erfordernis subjektiver Rechtfertigungselemente im **Zivilrecht** statt vieler *Braun* NJW **1998** 941; *Jauernig/Mansel* § 227 Rdn. 6.
318 Kritisch zur gebräuchlichen Terminologie und Sichtweise *Frisch* FS Lackner, 113, 144 f, 148: Das Wissen um die Rechtfertigungslage sei kein rechtfertigendes subjektives Element, sondern ein „negatives Merkmal subjektiven Unrechts", dessen Fehlen schon für die *Begründung* von (subjektivem) Unrecht Voraussetzung sei.
319 Ebenso Baumann/Weber/*Mitsch*/Eisele § 15 Rdn. 46; *Frisch* FS Lackner, 113, 116 f; *Kühl* AT § 7 Rdn. 125; *Loos* FS Oehler, 227, 235 f; *M.K. Meyer* GA **2003** 807, 814; *Rinck* Zweistufiger Deliktsaufbau S. 209 ff, 252; *Roxin* AT I § 14 Rdn. 100; *Sch/Schröder/Lenckner/Sternberg-Lieben* Rdn. 14; *Schüler* Rechtfertigungslage S. 26; *Spendel* FS Bockelmann, 245, 250 (zu den Notwehrvorschriften); *Streng* FS Otto, 469 m.w.N.; *Waider* Subjektive Rechtfertigungselemente S. 91 f, 116 f.
320 So *Hirsch* LK¹¹ Rdn. 51, *Paeffgen/Zabel* NK Rdn. 88 u. *Triffterer* FS Oehler, 209, 222 (bzgl. der Notwehr nach § 3 öStGB: gesetzliche Grundlage für die subjektive Seite könne schon dem Wort „Verteidigung" entnommen werden).
321 Ebenso *Frisch* FS Lackner, 113, 117; *Jakobs* 11/20 m. Fn. 30; *Loos* FS Oehler, 227, 236; *Oehler* Zweckmoment S. 165 ff; weiterhin *Spendel* FS Bockelmann, 245, 249 f; *ders.* FS Oehler, 197, 207; *Waider* Subjektive Rechtfertigungselemente S. 117 (zu der ähnlichen Formulierung in § 228 BGB); **kritisch** dazu *Paeffgen/Zabel* NK Rdn. 88.
322 Zu dieser grundlegend *Welzel* (zuletzt in der 11. Aufl. seines Lehrbuchs) Strafrecht § 11 II 1; s. auch *Roxin* AT I § 10 Rdn. 88 ff u. *Sch/Schröder/Eisele* Vor § 13 Rdn. 52 ff m. zahlr. Nachw.
323 **Kritisch** dazu *Frisch* FS Lackner, 113, 126 f: Rechtsfolgen können nicht auf Unrechtskonzepte gegründet werden, sondern müssen gesetzlich vorgesehen sein. Dagegen *Paeffgen/Zabel* NK Rdn. 90: Auch die gesetzgeberische Entscheidung für die Strafbarkeit des untauglichen Versuchs – das Hauptargument *Frischs* für das Erfordernis subjektiver Rechtfertigungselemente – sei methodisch konsistent erklärbar nur

voraussetzungen, steht sein Verhalten zwar objektiv im Einklang mit der Rechtsordnung, so dass der Erfolgsunwert „kompensiert" wird; er lehnt sich aber gegen die Bestimmungsnorm auf und verwirklicht damit Handlungsunrecht.[324] Allein auf der Grundlage eines rein objektiven Unrechtsverständnisses, nach dem die innere Haltung des Handelnden zur Tat nur die Schuld betrifft, kann man ein subjektives Rechtfertigungselement für entbehrlich halten und das Vorliegen der objektiven Merkmale eines Rechtfertigungsgrundes für eine Rechtfertigung ausreichen lassen (so zuletzt nur noch *Spendel* LK[11] § 32 Rdn. 138 ff; *ders.* FS Bockelmann, 245, 250 ff; *Runte* Rechtfertigungsgründe S. 307 f).[325] Schon die mit dieser Auffassung verbundene Begünstigung des Täters in Fällen, in denen „zufällig" die objektiven Rechtfertigungsvoraussetzungen vorliegen – etwa im vielzitierten Beispiel *Spendels*, in dem die hinter der Tür lauernde Ehefrau statt ihres spät heimkehrenden Ehemannes den Einbrecher mit dem Nudelholz niederschlägt –, leuchtet nicht ein (*Paeffgen/Zabel* NK Rdn. 88). Entscheidend ist aber, dass einen rechtsfeindlichen Willen betätigt, wer in Unkenntnis der Rechtfertigungslage handelt. Zu einer von der Rechtsordnung missbilligten Rechtsgutsverletzung oder -gefährdung kann diese Betätigung zwar nie führen, da der Verletzungserfolg durch einen Erlaubnissatz gedeckt ist. Das Verhalten entspricht aber strukturell dem *untauglichen* Versuch. Die Entscheidung des Gesetzgebers in den §§ 22, 23 Abs. 3, diesen unter Strafe zu stellen, wird daher häufig als Stütze für die „subjektivistische" Ansicht angeführt. *Frisch* (FS Lackner, 113, 127 ff) sieht darin den „wahren normativen Grund der Notwendigkeit eines sog. subjektiven Rechtfertigungselements".[326] Dem ist zuzustimmen, wenn man wie hier eine direkte Anwendung der Versuchsregeln bei fehlendem subjektiven Rechtfertigungselement befürwortet (dazu näher Rdn. 90): Die Strafbarkeit eines Verhaltens, das keine Rechtsgüter gefährdet, ist zwar keine Selbstverständlichkeit, für den (untauglichen) Versuch ist sie allerdings durch den Gesetzgeber festgelegt.

---

auf der Basis einer personalen Unrechtslehre. S. aber *Triffterer* FS Oehler, 209, 222: Auch aus der Sicht der personalen Unrechtslehre mit ihrer Zweiteilung in Erfolgs- und Handlungsunwert könne der Gesetzgeber theoretisch eine Rechtfertigung davon abhängig machen, dass nur einer von beiden aufgewogen wird.

324 Vgl. nur *Geppert* Jura **1995** 103, 104; *Günther* SK[6] Rdn. 87 (m. Nachw. zu den normativen Fundierungen dieses „Saldierungsmodells"); *Jescheck/Weigend* § 31 IV 1; *Kretschmer* Jura **2002** 114, 116 f; *Kühl* AT § 6 Rdn. 12; *Maurach/Zipf* § 25 Rdn. 12; *Merkel* NK § 218a Rdn. 137; *Müther* Notrechte S. 13; *Paeffgen/Zabel* NK Rdn. 90; *Rönnau* JuS **2009** 594, 595; *Roxin* AT I § 14 Rdn. 96; *Rudolphi* FS Maurach, 51, 58; *ders.* GedS Arm. Kaufmann, 371, 380; *Samson* SK[5] Rdn. 41 f; *Schlehofer* MK Rdn. 95; *Sch/Schröder/Lenckner/Sternberg-Lieben* Rdn. 13; *Schüler* Rechtfertigungslage S. 27; *Stratenwerth/Kuhlen* AT § 9 Rdn. 147. Dass diese Feststellung Ergebnis eines „Rechenexempels" ist, hinterfragt **kritisch** *Puppe* FS Stree/Wessels, 183 ff; s. auch *Frisch* FS Lackner, 113, 125 f: Die Betätigung des Entschlusses in Kenntnis der Rechtfertigungslage stelle schon keinen (zu „kompensierenden") Intentionsunwert dar, weil sie nur dem entspreche, was die Rechtsordnung – auf der Basis von objektiven Kompensationsüberlegungen – als rechtens ausweise; hierzu wiederum **kritisch** *Paeffgen/Zabel* NK Rdn. 90. Das „Kompensationsmodell" insgesamt ablehnend *Röttger* Unrechtsbegründung S. 150 ff und passim.

325 Auch *Spendel* DRiZ **1978** 327, 331 ff; *ders.* FS Oehler, 197, 203 ff; weiterhin *Oehler* Zweckmoment S. 165 ff; *Rohrer* JA **1986** 363, 368 f (überraschend angesichts der Feststellung des Autors aaO S. 366, es gebe ausschließlich Handlungs- und kein Erfolgsunrecht); treffend gegen diesen *Rinck* Zweistufiger Deliktsaufbau S. 213 f u. *Herzberg* JA **1986** 541 ff. Weitere Nachweise zu dieser in der Literatur früher verbreiteten Auffassung bei *Spendel* LK[11] § 32 Rdn. 138 m. Fn. 275; *ders.* FS Bockelmann, 245, 246 ff u. *Hirsch* LK[11] Rdn. 51 m. Fn. 4. **Kritik** an der objektiven Unrechtslehre bei *Herzberg* JA **1986** 190, 200 f; *Prittwitz* Jura **1984** 74 f u. *Rinck* Zweistufiger Deliktsaufbau S. 207 ff (insbes. an den von *Spendel* zur Stützung seiner objektiven Rechtfertigungslehre verwendeten Beispielen, aaO S. 214 ff). *Rath* Rechtfertigungselement S. 652 ff fordert zwar für die Rechtfertigung ein subjektives Element, nimmt aber bei dessen Nichtvorliegen „Unrechtsausschluss in Gestalt des bloßen Wegfalls der objektiven Unrechtsvoraussetzungen" an; die (analoge) Anwendung der Versuchsvorschriften lehnt der Autor ab.

326 Ebenso *Geppert* Jura **1995** 103, 104; *Rinck* Zweistufiger Deliktsaufbau S. 208 f, 222; *Roxin* AT I § 14 Rdn. 96; *Rudolphi* GedS Arm. Kaufmann, 371, 380.

bb) Inhalt des subjektiven Rechtfertigungselements bei der Vorsatztat. Welche **83**
Qualität das subjektive Rechtfertigungselement aufweisen muss bzw. welche „Vorsatzform" für eine (vollständige) Rechtfertigung zu verlangen ist, wird höchst unterschiedlich beurteilt. Verbreitet werden die Anforderungen, die an den Tatbestandsvorsatz gestellt werden, auf den Rechtfertigungsvorsatz übertragen.[327] Auf der kognitiven Seite[328] halten daher viele eine **Möglichkeitsvorstellung** bezüglich des Vorliegens der Rechtfertigungsvoraussetzungen – also gewissermaßen Eventualvorsatz – für ausreichend, zumindest dann, wenn der Täter dabei im „Vertrauen" auf deren Vorliegen handelt.[329] Häufig wird daneben ein voluntatives Element in Gestalt einer „Absicht" im Sinne des Handelns zum Zweck der Rechtfertigung gefordert (dazu näher u. Rdn. 88 f).

Die Übertragung der Voraussetzungen des Tatbestandsvorsatzes auf den „Rechtfertigungsvorsatz" begegnet aber Bedenken, weil letzterer eine ganz andere Funktion hat:[330] Während der Begriff des Tatbestandsvorsatzes die Voraussetzungen angibt, bei deren Vorliegen der Täter eine hinreichende Vorstellung davon hat, fremde Rechtsgüter zu beeinträchtigen (und damit Unrecht zu begehen), definiert der „Rechtfertigungsvorsatz" die Bedingungen, unter denen er einen Eingriff in fremde Rechtsgüter ausnahmsweise vornehmen *darf* – in der Sache geht es hier um eine *Risikozuweisung*. Damit ist auch der Ausgangspunkt der in jüngerer Zeit entbrannten Diskussion über die Anforderungen an das kognitive Element des Rechtfertigungsvorsatzes benannt. Zunehmend wird zu Recht vertreten, dass die bloße Möglichkeitsvorstellung nicht genügt, sondern der Täter **positive Kenntnis bzw. sicheres Wissen** vom Vorliegen der Rechtfertigungsvoraussetzungen haben muss, eine Unsicherheit in der Tätervorstellung die Rechtferti- **84**

---

327 Vgl. etwa *Sch/Schröder/Sternberg-Lieben/Schuster* § 16 Rdn. 22, die ausführen, es erscheine „wenig überzeugend, [...] an den „Rechtfertigungsvorsatz" strengere Anforderungen als an den tatumstandsbezogenen zu stellen."; ebenso *Günther* SK[6] Rdn. 90. Deutlich auch Baumann/Weber/*Mitsch*/Eisele § 14 Rdn. 47: Bewusstseinserfordernis in Bezug auf die rechtfertigenden Tatsachen „entspricht der Wissenskomponente des (mindestens bedingten) Tatvorsatzes"; vor dem Hintergrund eines von den Anhängern der LnT gebildeten Gesamtunrechtstatbestandes nachdrücklich *Rinck* Zweistufiger Deliktsaufbau S. 256 ff.
328 Zur Notwendigkeit einer kognitiven Komponente beim subjektiven Rechtfertigungselement *Rath* Rechtfertigungselement S. 584; s. auch *Paeffgen/Zabel* NK Rdn. 92: „weitgehend unstr.". *Hirsch* LK[11] Rdn. 55 sieht dagegen in der Wissenskomponente nur eine „unselbständige Voraussetzung des Zweckmoments"; die Forderung einer Kenntnis stellt für ihn eine über den Wortsinn hinausgehende, sachlich zu weitgehende Einschränkung der Rechtfertigung dar. S. aber oben Rdn. 82: Der Wortlaut ist insofern nicht eindeutig und vor dem Hintergrund der personalen Unrechtslehre entsprechend auszulegen.
329 Das bloße Für-möglich-Halten lassen genügen Baumann/Weber/*Mitsch*/Eisele § 14 Rdn. 47, *Safferling* Vorsatz und Schuld S. 202 f, *Schlehofer* MK Rdn. 95, *Zieschang* LK § 34 Rdn. 86 u. BGH VRS **40** (1971) 104, 107 (bei Verteidigungsabsicht des Täters); erwägend OLG Düsseldorf StraFo **2006** 464 f; unter Einschränkungen (wenn eine Rechtfertigungslage aus ex-ante-Perspektive hinreichend wahrscheinlich und unverzügliches Handeln geboten ist und die sich gegenüberstehenden Interessen gleichwertig sind) auch *Frisch* Vorsatz und Risiko S. 428 f, 433, 437 ff. Ein (zusätzliches) **„Vertrauen"** des Täters auf das Vorliegen der Rechtfertigungsvoraussetzungen fordern Matt/Renzikowski/*Engländer* Rdn. 6; *Erb* NK Rdn. 241; *Kühl* AT § 7 Rdn. 132; *ders.* Jura **1993** 233, 234; *Merkel* NK § 218a Rdn. 138; *Rinck* Zweistufiger Deliktsaufbau S. 257 ff; SSW/*Rosenau* Rdn. 13; *Roxin* AT I § 14 Rdn. 90; *Samson* SK[5] Rdn. 46a; *Sch/Schröder/Sternberg-Lieben/Schuster* § 16 Rdn. 22; *Sch/Schröder/Lenckner/Sternberg-Lieben* Rdn. 14; *Stoffers* JA **1994** 35, 40; *Stratenwerth/Kuhlen* AT § 9 Rdn. 151; ausführlich *Schroth* FS Arth. Kaufmann, 595, 607 f. Auch *Günther* SK[6] Rdn. 90: Bedingter Rechtfertigungsvorsatz reiche aus, wenn Täter eine (objektiv gegebene) Rechtfertigungslage für möglich hält und im Vertrauen darauf handelt; **abweichend** *ders.* SK[6] § 32 Rdn. 134 f: beim Fehlen eines „Verteidigungswillens", verstanden als zielgerichtetes Wollen", ist sicheres Wissen erforderlich.
330 **Krit.** bezüglich einer solchen Übertragung auch *Müther* Notrechte S. 51 ff u. *Schüler* Rechtfertigungslage S. 97 ff. Weiterhin *Joecks* MK § 16 Rdn. 137; *Gropp* AT § 5 Rdn. 61: „Tatbestandsmäßigkeit und [...] Rechtfertigung sind als Bezugspunkte für die subjektive Seite nicht strukturell gleich."; auch *Frister* 14/18.

gung also ausschließt:³³¹ Auf der Basis einer bloßen Möglichkeitsvorstellung von den jeweiligen Voraussetzungen eines Erlaubnissatzes (bei der allerdings – wie bei ex ante zu beurteilenden Merkmalen – durchaus schon *objektiv* bloße Wahrscheinlichkeiten [z.B. dringender Tatverdacht bei § 127 Abs. 1 StPO] ausreichen können) darf grundsätzlich nicht in fremde Rechtsgüter eingegriffen werden. Wer nur damit rechnet, dass sein Verhalten die Merkmale eines Rechtfertigungsgrundes erfüllt, stellt sich gleichzeitig ernsthaft vor, dass dessen Voraussetzungen nicht gegeben sind und hat damit Eventualvorsatz auch in Bezug auf eine rechtswidrige Handlung.³³² Er verwirklicht damit das Handlungsunrecht eines mit dolus eventualis begangenen (untauglichen) Versuchs.³³³ Eine bloße Möglichkeitsvorstellung genügt den Anforderungen des subjektiven Rechtfertigungselements auch dann nicht, wenn der Täter auf das Vorliegen der Rechtfertigungsvoraussetzungen **vertraut** oder eine **Absicht** im Sinne des Handelns zur Verfolgung des Rechtfertigungszweckes hat.³³⁴ Allein in Form des „dolus directus zweiten Grades" berechtigt der Rechtfertigungsvorsatz zu einem Eingriff in fremde Rechtsgüter.³³⁵ Der **Täter** trägt damit bei Zweifeln über das Vorliegen der Rechtfertigungsvoraussetzungen das **Fehlentscheidungsrisiko**: Hält er es etwa nur für möglich, rechtswidrig angegriffen zu werden, darf er sich nicht verteidigen. Der Grund für diese Verteilung des Irrtumsrisikos liegt darin, dass die dem Erlaubnissatz zugrunde liegende objektive Risikozuweisung nicht auf subjektiver Ebene überspielt werden darf. Wo eine Erlaubnis nur greift, wenn die Rechtfertigungslage wirklich („ex post") vorliegt, kann Handlungsunrecht nur kompensiert werden durch eine entsprechend sichere Vorstellung.³³⁶

85   Dass der Täter positive Kenntnis vom Vorliegen der Rechtfertigungsvoraussetzungen haben muss, heißt allerdings nicht, dass Unsicherheiten in der Situationseinschätzung

---

331   Wie hier positive Kenntnis fordernd BGH JZ **1978** 762 f; *Jakobs* 11/29; *Rudolphi* SK⁷ § 16 Rdn. 13a; *Schüler* Rechtfertigungslage S. 129, 139; *Warda* FS Lange, 119, 126 ff; *Zielinski* Handlungs- und Erfolgsunwert S. 289 f; dahingehend auch BGH NJW **1951** 412 f u. KG NJW **1958** 921, 923; zudem *Erb* JuS **2010** 108, 113 (zu § 34: sicheres Wissen oder berechtigtes Vertrauen). *Paeffgen/Zabel* NK Rdn. 100 ff halten einen „Rechtfertigungseventualvorsatz" ebenfalls nicht für ausreichend (etwas anders noch *Paeffgen* JZ **1978** 738, 744 f: Täter müsse das Vorliegen der Rechtfertigungsvoraussetzungen nur für wahrscheinlicher halten) und dolus directus 1. Grades für nicht immer notwendig (wenn auch meistens ausreichend). Ein Handeln „im (umgangssprachlich) ‚sicheren Wissen'" um der Verfolgung des (normativ, nicht individuell) höherrangigen Interesses willen „*ist* (ihrer Ansicht nach) ein Rechtfertigungs-‚Vorsatz' zureichenden Grades" (kursiv im Original), der hinreichende Rechtfertigungstendenz aufweist.
332   *Warda* FS Lange, 119 f; *Späth* Rechtfertigungsgründe S. 36; einschränkend *Schroth* FS Arth. Kaufmann, 595, 607 (Möglichkeit der psychischen Verarbeitung des Risikowissens dahingehend, dass Täter auf das Gegebensein einer Rechtfertigungslage vertraut und das Gegenteil dann nicht mehr für möglich hält); zust. *Roxin* AT I § 14 Rdn. 90 (grundsätzlich dolus eventualis, bei Vertrauen auf das Vorliegen der Rechtfertigungslage aber Erlaubnistatbestandsirrtum).
333   Nach ganz h.M. genügt Eventualvorsatz auch beim lediglich versuchten Delikt; **anders** – und dem Gesetzeswortlaut widersprechend – nur *Puppe* NStZ **1984** 488, 491; *Bauer* wistra **1991** 168, 169 f; für den untauglichen Versuch auch *Schmidhäuser* StuB 11/19; *Kölz-Ott* Eventualvorsatz und Versuch, Diss. Zürich 1974, S. 146 f.
334   So aber *Günther* SK⁶ § 32 Rdn. 134 f u. wohl auch *Paeffgen/Zabel* NK Rdn. 100; unter Hinweis auf eine drohende Überforderung des Handelnden und den Wortlaut der Rechtfertigungsvorschriften ferner *Hirsch* LK¹¹ Rdn. 55. Weiterhin BGH VRS **40** (1971) 104, 107 f: Der Täter, der mit seinem Auto auf drei ihm den Weg versperrende Personen zufuhr, hatte es *auch für möglich* gehalten, dass er verprügelt werden sollte. Wegen seiner Verteidigungsabsicht nimmt das Gericht Putativnotwehr an.
335   **Abw.** *Reip* Rechtfertigungslage S. 106, 133, 149, der schon den Eventualvorsatz bzgl. der Rechtfertigungslage für ausreichend hält: In diesem stecke ein Handlungswert, der bei der Gesamtbeurteilung des Täterverhaltens zu berücksichtigen sei.
336   Näher *Rönnau/Hohn* LK § 32 Rdn. 264 f. Dass es darum geht, wem das Fehlentscheidungsrisiko aufzubürden ist, betont auch *Müther* Notrechte S. 61 ff.

durch den Täter das subjektive Rechtfertigungselement stets entfallen lassen. Der Gesetzgeber hat vielmehr den Grundsatz, dass der Täter das Fehlentscheidungsrisiko trägt, bei einzelnen Rechtfertigungsgründen und -merkmalen zu Lasten des Trägers des Eingriffsrechtguts modifiziert. Es geht dabei um Rechtfertigungsmerkmale, bei denen schon auf objektiver Ebene **Prognoseelemente** entscheidend sind (dazu *Frisch* FS Lackner, 113, 134; *ders.* Vorsatz und Risiko S. 449 ff; ausführlich auch *Schüler* Rechtfertigungslage S. 51 ff).[337] So liegt beispielsweise eine Gefahr für Rechtsgüter im Sinne des § 34 schon dann vor, wenn nach den konkreten Umständen der Eintritt eines Schadens nahe liegt (ex-ante-Urteil),[338] jemand also beispielsweise bei Unwetter ein Segelboot kentern sieht und in der Vorstellung, die Gekenterten seien *möglicherweise* keine guten Schwimmer, einen Bootsschuppen aufbricht, um ihnen mit dem darin liegenden Motorboot zu Hilfe zu eilen.[339] Trotz der Unsicherheiten in der Lagebeurteilung hat der Täter hier *positive Kenntnis* vom Vorliegen einer „Gefahr"; er ist nach § 34 gerechtfertigt, selbst wenn die Gekenterten hervorragende Schwimmer sind. Der Hinweis auf einen „Erlaubnistatbestandsirrtum" ist hier unnötig, um den zu Hilfe Eilenden straflos zu stellen,[340] weil sich objektive Rechtfertigungslage und subjektive Vorstellung des Täters decken.[341] Voraussetzung für die „sichere Kenntnis" der Notstandsvoraussetzungen ist nur, dass der Täter von dem jeweils im Rahmen des § 34 zu fordernden, insbesondere vom Wert der kollidierenden Rechtsgüter abhängigen Gefahrengrad ausgeht.[342] Gleiches gilt etwa für das Festnahmerecht gem. § 127 Abs. 1 StPO, wenn man statt einer wirklich vorliegenden Straftat einen (dringenden) Tatverdacht genügen lässt[343] und der Täter sich entsprechende Umstände vorstellt. Bei der Notwehr gilt dasselbe für das aus ex-ante-Sicht zu bestimmende Merkmal der Erforderlichkeit der Verteidigung (dazu näher *Rönnau/Hohn* LK § 32 Rdn. 264). Es ist allerdings zu beachten, dass auch bei den (objektiv) ex-ante zu bestimmenden Merkmalen die unsichere Tätervorstellung unter Umständen lediglich Eventualvorsatz in Bezug auf die Rechtfertigungsvoraussetzungen begründet, der für die Annahme eines subjektiven Rechtfertigungselements nicht ausreicht. Die ungewisse Tätervorstellung spiegelt den objektiven Rechtfertigungstatbestand genau dann nicht wider – der Täter hat also keine „positive Kenntnis" –, wenn die von ihm angenommene Wahrscheinlichkeit dem jeweils objektiv zu fordernden Grad nicht entspricht.[344] Es ist

---

[337] *Roxin* AT I § 14 Rdn. 88 f; *Gropp* AT § 5 Rdn. 61; anhand eines Beispielsfalls erörtert die Problematik *Seier* JuS **1986** 217.
[338] Statt vieler *Lackner/Kühl/Kühl* § 34 Rdn. 2; *Matt/Renzikowski/Gaede* § 16 Rdn. 36; *Joecks* MK § 16 Rdn. 139; *Merkel* NK § 218a Rdn. 139: „Gefahrbestimmungen ex ante sind Prognosen unter Unsicherheit"; einschränkend *Sch/Schröder/Perron* § 34 Rdn. 12 ff m. Nachw. auch zur Gegenauffassung. Zum Irrtum über die Erforderlichkeit des Waffeneinsatzes in einem Notwehrfall BGH NStZ **2001** 530.
[339] Beispiel von *Warda* FS Lange, 119, 126; aufgegriffen von *Roxin* AT I § 14 Rdn. 92; dazu auch *T. Walter* Kern des Strafrechts S. 345.
[340] Davon ausgehend aber *Warda* FS Lange, 119, 126 f; ebenso *Nestler* Jura **2018** 135, 142.
[341] Vgl. auch *Roxin* AT I § 14 Rdn. 88 u. *Jakobs* 11/29.
[342] *Schüler* Rechtfertigungslage S. 76 ff, der auf S. 63 ff mit Recht darauf hinweist, dass nicht nur die unsichere Prognose, sondern auch eine unsichere Diagnose das Vorliegen einer „Gefahr" nicht ausschließt; hierzu m. Nachw. auch zur Gegenauffassung weiterhin *Seier* JuS **1986** 217, 218 ff.
[343] So statt vieler BGH(Z) NJW **1981** 745; *Pfeiffer* § 127 Rdn. 2; *Krauß* BeckOK-StPO § 127 Rdn. 3; zum Streitstand etwa *Meyer-Goßner/Schmitt* § 127 Rdn. 4 u. *Paeffgen* SK-StPO § 127 Rdn. 7 ff; beide m. zahlr. Nachw.
[344] Vgl. zu diesem Problemkreis auch *Frisch* FS Lackner, 113, 134 u. *ders.* Vorsatz und Risiko S. 449 ff: Für den subjektiven Bereich sei zu fordern, dass der Täter jeweils die – durchaus unterschiedlichen – Möglichkeiten (oder auch praktischen Gewissheiten) kennt, über die die Handlungsbefugnisse definiert sind. So ist z.B. beim rechtfertigenden Notstand die Gefahr keine statische Größe: § 34 nennt den Grad der drohenden Gefahren als Abwägungsgesichtspunkt, so dass die Anforderungen an die Schadensprognose insbesondere vom Wert der in Konflikt stehenden Rechtsgüter abhängen. Entsprechend variieren auch die

also „Eventualvorsatz" bezüglich der für das objektive Rechtfertigungsmerkmal jeweils hinreichenden Wahrscheinlichkeit denkbar: Der Täter kann z.B., sofern man das im Rahmen des § 127 Abs. 1 StPO verlangt, die Umstände nicht sicher dahingehend zu deuten wissen, ob ein (dringender) Tatverdacht besteht oder – um das vorgenannte Beispiel aufzugreifen – nicht sicher sein, ob er sich nur einbildet, im Nebel das Kentern eines Segelbootes beobachtet zu haben. Er zweifelt dann nicht erst daran, ob ein Schaden tatsächlich eintreten werde (was die sichere Kenntnis der Gefahr u.U. nicht ausschließt), sondern bereits an der „objektiven Basis" für den Schadenseintritt.[345]

86 Bei den Rechtfertigungsmerkmalen, für die nach herrschender Meinung eine ex-post-Sicht maßgeblich ist,[346] genügt ein subjektives „Wahrscheinlichkeitsurteil" den Anforderungen des objektiven Rechtfertigungstatbestandes nie (s. oben Rdn. 84). Das gilt z.B. für die Frage, ob ein gegenwärtiger rechtswidriger Angriff im Sinne des § 32 vorliegt: Auf eine Prognose kommt es hier nicht an (dazu näher *Rönnau/Hohn* LK § 32 Rdn. 98). Hier ist auch der Ansicht jener Autoren zu widersprechen, die im Sinne einer „gerechten Risikoverteilung" mit Blick auf den Wert der betroffenen Rechtsgüter für **jedes einzelne Rechtfertigungsmerkmal gesondert** bestimmen wollen, welche konkreten Anforderungen an die Vorstellung des Täters zu stellen sind (so etwa *Frister* FS Rudolphi, 45, 49:[347] Ob Handeln in der Vorstellung einer ungewissen Rechtfertigungslage vorsätzliches Unrecht begründet, lasse sich nur durch eine Abwägung der sich gegenüberstehenden Fehlentscheidungsrisiken beurteilen; *ders.* 14/20; auch *Stein* SK § 16 Rdn. 16).[348] Diese Abwägungslösungen machen dabei Gerechtigkeitserwägungen für sich geltend,[349] denn der Täter, der sich des möglichen Vorliegens einer Rechtfertigungssitua-

---

Anforderungen an das kognitive subjektive Rechtfertigungselement; vgl. *Reip* Rechtfertigungslage S. 41, 56 m.w.N.; *Jakobs* 11/29, 13/30.
345   *Reip* Rechtfertigungslage S. 56 f; vgl. auch *Schüler* Rechtfertigungslage S. 78. Mit der Frage nach den Anforderungen an das intellektuelle Moment haben sich also selbst diejenigen auseinander zu setzen, die stets eine (subjektive) ex-ante-Sicht für maßgeblich erachten; vgl. *Zielinski* Handlungsunwert S. 289 f. Davon gehen auch *Frister* FS Rudolphi, 45, 50 u. *Müther* Notrechte S. 25 ff aus.
346   **Anders** *Arm. Kaufmann* FS Welzel, 393, 400 ff u. zust. *Rudolphi* GedS Arm. Kaufmann, 371, 382 ff m.w.N.; auch *Frisch* Vorsatz und Risiko S. 424 ff: Bestimmung aller Rechtfertigungsmerkmale aus objektiver ex-ante-Sicht. Für eine subjektive ex-ante-Sicht (auf der Basis eines allein auf den Handlungsunwert abstellenden Unrechtskonzepts) *Zielinski* Handlungsunwert S. 266 f. Dagegen hält *Samson* SK[5] § 34 Rdn. 19 ff etwa auch für den Begriff der Gefahr in § 34 die *ex-post*-Sicht für maßgeblich.
347   Ähnlich *Müther* Notrechte, S. 61 ff, 129, *Rath* Rechtfertigungselement S. 586 f u. *Reip* Rechtfertigungslage S. 138; dahingehend auch *Schlehofer* MK Rdn. 96 u. *Schroth* FS Arth. Kaufmann, 595, 608 ff: Ausschluss der Vorsatzverantwortlichkeit, wenn die Eingriffshandlungen aus der Sicht des Täters erforderlich waren und die Proportionalität der Interessen gewahrt wurde (was wohl schon bei Gleichwertigkeit des [vermeintlich] geschützten Interesses der Fall sein soll).
348   Der Autor entwickelt dafür aaO S. 52 ff eine allgemeine Regel, nach der das „tatbestandliche Interesse" vom „rechtfertigenden Interesse" zu subtrahieren und sodann zu fragen sei, ob die Handlung zum Schutz der sich ergebenden „Interessendifferenz" nach dem für den jeweiligen Rechtfertigungsgrund geltenden Abwägungsmaßstab noch immer gerechtfertigt wäre. Der Beurteilungsmaßstab soll dabei auch danach variieren, für wie wahrscheinlich der Täter das Vorliegen der Rechtfertigungsvoraussetzungen hält. Die Regel soll dabei allerdings bei Notwehr und Defensivnotstand nur für die Merkmale gelten, die die Rechtfertigungs*lage* betreffen. Bezüglich der Rechtfertigungs*handlung* (Geeignetheit und mildestes sicheres Mittel) sei – bei unzweifelhafter Notwehr- oder Defensivnotstandslage – das Fehlentscheidungsrisiko allein dem Träger des Eingriffsrechtsguts aufzubürden, was üblicherweise dadurch geschehe, dass für das objektive Vorliegen dieser Merkmale eine ex-ante-Sicht für maßgeblich erachtet werde (*Frister* FS Rudolphi, 45, 59). Zu der dieser Aussage zugrunde liegenden fehlerhaften Annahme, dass es bei einer ex-ante-Beurteilung keine unsichere Tätervorstellung geben kann, s. oben Rdn. 85.
349   *Reip* Rechtfertigungslage S. 117 f, 138 versucht sich zudem in einer theoretischen Begründung: Das Strafrecht fordere ein Verhalten, bei dem das Produkt aus möglichem Nutzen und Wahrscheinlichkeit seines Eintritts am höchsten ist. Es sei daher möglich, dass der Wert des Handelns in der Vorstellung von

tion bewusst ist, wird sich häufig in Zugzwang sehen, weil er um seine eigenen oder fremde Rechtsgüter fürchtet. Während der Täter, der auf Tatbestandsebene irrt und einen untauglichen Versuch begeht, sich „aus freien Stücken" für die (vermeintliche) Rechtsgutsverletzung entscheide, handele derjenige, der vom möglichen oder sogar höchstwahrscheinlichen Vorliegen der Voraussetzungen eines Rechtfertigungsgrundes ausgeht, mit dem Ziel der Rettung von Rechtsgütern.[350] Die Autoren, die für Abwägungslösungen eintreten, bemängeln die strengere Behandlung des zweifelnden Täters in dieser Konfliktsituation: Warum solle derjenige, der sich der Möglichkeit eines Fehlurteils seinerseits bewusst ist bzw. grundsätzlich Skrupel bezüglich des Eingriffs in fremde Rechtsgüter hat, wegen versuchten (bei tatsächlichem Vorliegen der Rechtfertigungsvoraussetzungen) bzw. vollendeten (bei Fehlbeurteilung der Lage) vorsätzlichen Delikts bestraft werden, während der sorglos Handelnde, der von der Richtigkeit seiner Annahme ausgeht, straflos bleibe bzw. nur bei Vermeidbarkeit seines Irrtums wegen fahrlässigen Delikts bestraft werde?[351] So plausibel diese Überlegung auf den ersten Blick ist: Die gesetzliche Risikozuweisung in den verschiedenen Erlaubnissätzen spricht gegen sie. Daher lassen sich die Abwägungslösungen auch nicht mit dem Gedanken des „erlaubten Risikos" erklären:[352] Man umginge damit die gesetzgeberische Wertung, dass nur bei bestimmten Rechtfertigungsmerkmalen (s. oben Rdn. 85) der Träger des Eingriffsrechtsguts einen Teil des Fehlentscheidungsrisikos trägt.

Es bleibt dabei: Das Handlungsunrecht kann nur entfallen,[353] wenn der Täter fest davon ausgeht, dass die Rechtfertigungsvoraussetzungen gegeben sind. Auch ein „Vertrauen" auf das Vorliegen der Rechtfertigungsvoraussetzungen kann nicht zum Unrechtsausschluss führen, wenn es nicht dahingehend verdichtet ist, dass der Täter das Nicht-Vorliegen ausschließt und also nicht mehr für möglich hält. Hält er es für möglich, nimmt er gleichzeitig in Kauf, dass seine tatbestandsmäßige Handlung in objektiv rechtlich zu missbilligender Weise Rechtsgüter verletzt. Wenn der Täter die Situation prüfen oder ihr ausweichen kann, darf er auf die bloße Möglichkeitsvorstellung hin nicht handeln;[354] tut er es gleichwohl, wird man mit *Warda* (FS Lange, 119, 132ff)[355] nur eine übergesetzliche Entschuldigung in Betracht ziehen können, wenn bei Würdigung aller Umstände des Einzelfalls die Vorwerfbarkeit ausgeschlossen oder erheblich vermindert erscheint.[356] Für die Beurteilung kann dabei etwa von Bedeutung sein, für wie wahr- **87**

---

einer möglicherweise bestehenden Rechtfertigungslage den Handlungsunwert der Tatbestandsverwirklichung neutralisiere.
350 Vgl. *Arzt* FS Jescheck, 391, 396f u. *Schüler* Rechtfertigungslage S. 112ff.
351 *Frisch* Vorsatz und Risiko S. 426; *Schüler* Rechtfertigungslage S. 159f.
352 So aber *Schlehofer* MK Rdn. 96. Gegen die Rechtfertigung eines Handelns zur Abwehr einer als möglich vorgestellten Rechtfertigungslage unter dem Gesichtspunkt des erlaubten Risikos auch *Warda* FS Lange, 119, 132.
353 *Paeffgen/Zabel* NK Rdn. 101 deuten an, dass eine Möglichkeitsvorstellung gleichwohl zu einer Unrechts*minderung* führen kann; ebenso *Reip* Rechtfertigungslage S. 140 (der daraus allerdings folgert, das verbleibende Unrecht rechtfertige u.U. die [Vorsatz-]Strafe nicht).
354 *Roxin* AT I § 14 Rdn. 91; *Warda* FS Lange, 119, 143; *Späth* Rechtfertigungsgründe S. 36.
355 Ebenso *Rudolphi* SK[7] Vor § 19 Rdn. 9a; *Seier* JuS **1986** 217, 222, *Baldus* LK[9] § 53 Rdn. 51 u. *Sch/Schröder*[17] § 53 Rdn. 15bff stellen hierfür auf den Gesichtspunkt der Unzumutbarkeit normgemäßen Verhaltens ab; dazu ablehnend *Warda* FS Lange, 119, 134f.
356 *Schüler* Rechtfertigungslage S. 150ff hält eine generelle Lösung auf Schuldebene allerdings für unvereinbar mit den Verhaltensnormen der Unterlassungsdelikte: In Nothilfefällen verbleibe dem Täter ansonsten keine Chance, sich rechtmäßig zu verhalten, weil ein Eingreifen wegen Fehlens des subjektiven Rechtfertigungselements rechtswidrig sei, er sich durch Nichteingreifen aber nach § 323c oder ggf. einem unechten Unterlassungsdelikt strafbar mache. Siehe gegen diese Argumentation aber unten Rdn. 88 m. Fn. 369 a.E.: Kein Unterlassungsvorwurf wegen (rechtlicher) Unmöglichkeit des Einschreitens.

scheinlich der Täter das Vorliegen der Rechtfertigungsvoraussetzungen hielt, ob ein sofortiges Handeln geboten war und unter Umständen auch, ob der Täter bei Einhaltung der gebotenen Sorgfalt die Lage korrekt hätte beurteilen können.[357] In Fällen einer **zweifelhaften Notwehrlage** wird zudem sehr häufig auch objektiv eine „Gefahr" im Sinne des § 34 vorliegen, so dass ein Handeln gerechtfertigt ist, wenn sich der Täter auf eine verhältnismäßige Gefahrenabwehr beschränkt[358] – und ansonsten unter Umständen eine Entschuldigung nach § 35 in Betracht kommen.[359]

88 Älter als der Streit um die Anforderungen an das kognitive Element der subjektiven Rechtfertigung ist die das voluntative Element betreffende Frage, ob der Täter **zum Zweck der Rechtfertigung** – also mit einer bestimmten Absicht, bei der Notwehr etwa mit Verteidigungswillen – gehandelt haben muss. Die **Rechtsprechung** hat ein solches Motiv oder Zweckmoment stets verlangt;[360] ebenso ein Teil des Schrifttums.[361] Dabei soll es allerdings genügen, dass die Rechtfertigung **neben anderen Zwecken** verfolgt wird:[362] Solange sie nicht durch die anderen Zwecke völlig in den Hintergrund gedrängt wird,[363] muss sie nicht alleiniges Motiv des Täters sein. Insbesondere in der neueren Literatur wird der Forderung einer Rechtfertigungsabsicht mit Recht widersprochen.[364] Wer

---

357 Ausführlich zu den Kriterien *Warda* FS Lange, 119, 140 ff; auch *Rudolphi* SK⁷ Vor § 19 Rdn. 9a. Genauere Anhaltspunkte können hier auch die von den Vertretern der „Abwägungslösungen" (oben Rdn. 86 m. Fn. 347) befürworteten Maßstäbe liefern.
358 *Jakobs* 11/29; *Reip* Rechtfertigungslage S. 69; *Roxin* AT I § 14 Rdn. 92; *Sch/Schröder/Sternberg-Lieben/Schuster* § 16 Rdn. 22; eingehend *Schüler* Rechtfertigungslage S. 159 ff; wohl auch *Otto* AT § 18 Rdn. 55 f.
359 *Roxin* AT I § 14 Rdn. 93; *Jakobs* 11/29; *Schüler* Rechtfertigungslage S. 141 ff, 172; *Streng* FS Otto, 469, 471 m.w.N.; **abw.** *T. Walter* Kern des Strafrechts S. 344 f.
360 RGSt **54** 196, 199; **56** 259, 268; BGHSt **2** 111, 114; **3** 194, 198; **5** 245, 247; **56** 11, 22; BGH bei Dallinger MDR **1969** 15, 16; bei Dallinger MDR **1972** 16; aus neuerer Zeit BGH GA **1980** 67, 68; NStZ **1983** 117; NJW **1990** 2263; NStZ **1996** 29, 30; **2000** 365, 366; **2005** 332, 334; **2007** 325, 326; NStZ-RR **2012** 84, 86; **2013** 369, 370 m.w.N.; HRRS **2017** Nr. 450 Rdn. 31; BayObLG JZ **1991** 936, 937; StV **1999** 147. OLG Stuttgart NJW **1992** 850, 851 lässt dahingestellt, ob schon die Kenntnis der Notwehrlage ausreicht, ohne dass es auf die Motive des Täters ankommt; OLG Naumburg NStZ **2013** 718, 719 (mit widersprüchlicher Terminologie).
361 Baumann/Weber/*Mitsch*¹¹ § 17 Rdn. 31 f; (**anders** jetzt Baumann/Weber/*Mitsch*/Eisele § 14 Rdn. 47: grundsätzlich nicht erforderlich); *Geilen* Jura **1981** 308, 310; *Geppert* Jura **1995** 103, 104 f; *Gössel* FS Triffterer, 93, 99; *Hirsch* LK¹¹ Rdn. 50, 51, 53; *Jescheck/Weigend* § 31 IV 1; *Krey/Esser* Rdn. 461 ff; *Maurach/Zipf* § 26 Rdn. 27 (für die Notwehr); *Schmidhäuser* StuB 6/21 ff; *I. Sternberg-Lieben* JA **1996** 299, 308; *Fischer* § 32 Rdn. 25 (referierend); *Wessels/Beulke/Satzger* Rdn. 415 f. *Paeffgen/Zabel* NK Rdn. 100 m. Fn. 506 fordern eine „Rechtfertigungstendenz" (die im Vorsatzbereich dem dolus directus entspricht). *T. Walter* (Kern des Strafrechts S. 99) sieht darin bei fehlender Wortlautanknüpfung eine „verfassungswidrige (Gegen-)Analogie".
362 BGHSt **3** 194; **5** 245, 247; BGH GA **1980** 67; NStZ **1983** 117; **1996** 29, 30; **2000** 365, 366; NStZ-RR **2013** 369, 370 m.w.N.; OLG Stuttgart NJW **1992** 850, 851; OLG Koblenz StV **2011** 622, 623.
363 So angenommen in BGH NStZ **2005** 332, 334 u. **2007** 325, 326; BGH NStZ-RR **2013** 369, 370: „nicht fernliegend".
364 Ein voluntatives Element generell ablehnend *Matt/Renzikowski/Engländer* Rdn. 7; *ders.* HRRS **2013** 389, 391; *Freund* AT § 3 Rdn. 20; *Frister* 14/24 f; eingehend *Frisch* Vorsatz und Risiko S. 455 ff; *ders.* FS Lackner, 113, 135 ff; *Gallas* FS Bockelmann, 155, 176 ff m. Fn. 56; *Hruschka* GA **1980** 1, 15; *Kindhäuser* AT § 15 Rdn. 9; *Merkel* NK § 218a Rdn. 137; *Murmann* GK § 25 Rdn. 105; *Puppe* FS Stree/Wessels, 183, 196; *Rinck* Zweistufiger Deliktsaufbau S. 251 ff, 270 f; *Rönnau* JuS **2009** 594, 596; *Roxin* AT I § 14 Rdn. 97; *Rudolphi* FS Maurach, 51, 57 f; *ders.* GedS Arm. Kaufmann, 371, 380; *Schlehofer* MK Rdn. 101; *Sch/Schröder/Lenckner/Sternberg-Lieben* Rdn. 14; *Schüler* Rechtfertigungslage S. 30 f; *Schünemann* GA **1985** 372 f; *Stratenwerth/Kuhlen* AT § 9 Rdn. 150 f; *Zielinski* Handlungsunwert S. 233 ff (der allerdings Ausnahmen für möglich hält); für die Notrechte *Loos* FS Oehler, 227, 235; ihm zustimmend *Krack* in Koriath u.a. S. 145, 147 ff; für die Notwehr (Verteidigungsabsicht) *Erb* MK § 32 Rdn. 241; *Kühl* AT § 7 Rdn. 128 ff; *ders.* Jura **1993** 233, 234; *M.-K. Meyer* GA **2003** 806, 821 f; *Otto* AT § 8 Rdn. 52 f; *Prittwitz* GA **1980** 381, 386, 389; *Roxin* ZStW **75** (1963) 541, 563.

in Kenntnis der Rechtfertigungsvoraussetzungen und damit vorsätzlich einen rechtmäßigen Zustand herbeiführt, würde anderenfalls allein wegen seiner „falschen" inneren Einstellung bestraft (*Roxin* AT I § 14 Rdn. 99).[365] In Notwehr- und Notstandssituationen ist zudem nur mit Mühe ein Fall vorstellbar, in dem es dem in Kenntnis der Umstände handelnden Täter nicht zumindest auch um seine Verteidigung bzw. Rettung geht. Darüber hinaus wird sich das „gänzliche Zurücktreten" eines solchen Verteidigungs- bzw. Rettungswillens kaum jemals nachweisen lassen.[366] Anstelle eines „Um-zu-Motivs" im Sinne einer Rechtfertigungsabsicht wird im Schrifttum vereinzelt ein – ebenfalls voluntativ verstandenes – rückschauendes **„Weil-Motiv"** gefordert. Der Täter müsse nur *aufgrund* des Vorliegens der Rechtfertigungsvoraussetzungen handeln (*Alwart* GA **1983** 433, 447 ff);[367] auf sein Ziel – etwa, dem Angreifer Schaden zuzufügen – soll es dagegen ebenso wenig ankommen wie auf Vorstellungen über die Verteidigungshandlung.[368] Ein voluntatives subjektives Rechtfertigungselement ist indes auch in dieser Form abzulehnen. Solange in Kenntnis der Sachlage ein von der Rechtsordnung akzeptierter Zustand herbeigeführt wird, kann das Verhalten unabhängig von der inneren Einstellung des Täters nicht zur Rechtswidrigkeit und Strafbarkeit führen.[369] Zwar ist der Gegenmeinung zuzugeben, dass die Formulierung in § 34 „um die Gefahr ... abzuwenden" (anders als die um-zu-Konstruktion in § 32, die nur eine Eigenschaft der objektiven Verteidigungshandlung umschreibt)[370] auf eine Rettungsabsicht abzustellen scheint (vgl. auch BGHSt **35** 270,

---

[365] Ebenso *Kühl* Jura **1993** 233, 234; *Merkel* NK § 218a Rdn. 137: „Motive rechtmäßiger Handlungen gehen die Moral, nicht aber das Strafrecht etwas an"; *Prittwitz* GA **1980** 381, 386. Gegen den Vorwurf des „Gesinnungsstrafrechts" aber *Geilen* Jura **1981** 308, 310 u. *Steinbach* Subjektive Rechtfertigungselemente S. 176 ff.

[366] *Roxin* AT I § 14 Rdn. 99.

[367] Ähnlich *Röttger* Unrechtsbegründung S. 208 ff; im Ansatz schon *Geilen* Jura **1981** 308, 310 f; auch *Steinbach* Subjektive Rechtfertigungselemente S. 200, 225 ff, 238 f („reaktive" im Gegensatz zur „intentionalen" Innentendenz). Die Vertreter dieser These stützen sich unter anderem darauf, dass man anderenfalls den Täter bestrafen müsse, der sich verteidigt, obwohl er den endgültigen Erfolg dieses Unternehmens für ausgeschlossen hält (*Alwart* GA **1983** 433, 450 f; *Steinbach* Subjektive Rechtfertigungselemente S. 196 ff): Wer den Erfolg seiner Handlung unter keinen Umständen für möglich hält, kann ihn nicht beabsichtigen.

[368] **Kritisch** zu dieser Auffassung *Roxin* AT I § 14 Rdn. 102: Forensisch nicht rekonstruierbare Differenzierung. Außerdem werde dem Täter unterstellt, dass er sich beim Fehlen eines Weil-Motivs unabhängig vom Vorliegen einer Rechtfertigungslage gegen den Angreifer gewandt hätte. Eine solche bloße Vermutung kann fehlendes Handlungsunrecht aber nicht ersetzen; vgl. auch *Schüler* Rechtfertigungslage S. 31 f u. *Rinck* Zweistufiger Deliktsaufbau S. 266 ff: führt durch die Beschränkung auf das Weil-Motiv zu einer unzulässigen Privilegierung des Täters.

[369] *Loos* FS Oehler, 227, 235; Sch/Schröder/Lenckner/Sternberg-Lieben Rdn. 14. *Loos* aaO S. 231 f hat überdies zutreffend darauf hingewiesen, dass die Auffassung der Rechtsprechung in Fällen der Notstands- und Not(wehr)hilfe in Konflikt mit § 323c geraten kann: Das unter Umständen nach dieser Norm gebotene Handeln wäre danach nämlich strafbar, wenn eine rettungsfremde Motivation den Anstoß dazu gegeben hat. Der Täter würde sich also durch Handeln und Unterlassen gleichermaßen strafbar machen (ebenso zur „Zwickmühlenkonstellation" *Roxin* AT I § 14 Rdn. 99, *Frister* 14/24 u. *Krack* in Koriath u.a. S. 145, 148; Varianten durchspielend *T. Walter* Kern des Strafrechts S. 342 ff). Auch *Reip* Rechtfertigungslage S. 63 f zieht § 323c in der Argumentation gegen das Erfordernis sicheren Wissens um die Rechtfertigungslage heran: Schon wenn der Täter das Vorliegen der Rechtfertigungsvoraussetzungen für möglich halte, habe er auch Eventualvorsatz bzgl. des Unterlassungsdelikts. Der Folgerung, dass er sich daher durch sein Nichteinschreiten gemäß § 323 c strafbar mache, ist aber zu widersprechen: Voraussetzung für den Vorwurf des „Unterlassens" ist, dass dem Täter ein Handeln möglich ist. Daran fehlt es hier aus rechtlichen Gründen („Geboten ist nur, was erlaubt ist"), weil er Vorsatz bezüglich der nicht gerechtfertigten tatbestandsmäßigen Handlung hat.

[370] So *Roxin* AT I § 14 Rdn. 100 m.w.N. Auf den Wortlaut auch der § 904 BGB und § 32 stützen sich allerdings *Hirsch* LK[11] Rdn. 51, SSW/*Rosenau* Rdn. 14 u. *Paeffgen/Zabel* NK Rdn. 88. *Alwart* GA **1983** 433, 452 führt für seine Auffassung an, dass das Wort „Verteidigung" (vgl. § 32 Abs. 2) eine *Reaktion* beschreibe.

279). Die vorstehenden Überlegungen zwingen in diesem Fall jedoch zu einer – täterbegünstigenden – *teleologischen Reduktion* der Vorschrift.[371]

89 Eine Absicht auf der Ebene der Rechtfertigung ist ausschließlich bei den **„unvollkommen zweiaktigen Rechtfertigungsgründen"** (*Lampe* GA **1978** 7 ff)[372] zu verlangen, die in ihrer Struktur den Delikten mit „überschießender Innentendenz" entsprechen und deren bekanntestes Beispiel § 127 Abs. 1 StPO ist.[373] Kennzeichen dieser Erlaubnissätze ist, dass der legitimierende Zweck nicht schon durch die deliktstatbestandliche Handlung selbst (bei § 127 Abs. 1 StPO also die Freiheitsberaubung in Gestalt der Festnahme), sondern erst durch weitere Handlungen (bei § 127 Abs. 1 StPO etwa die Überführung in den behördlichen Gewahrsam, die eine Strafverfolgung möglich macht) erreichbar ist. Das führt dazu, dass der Täter – gleichsam zur Kompensation des mangelnden selbständigen Erfolgswertes seiner Tat – den fraglichen Zweck verfolgen, also mit einer entsprechenden Absicht handeln muss (*Lampe* GA **1978** 7 ff).[374] Um nach § 127 Abs. 1 StPO gerechtfertigt zu sein, muss der Festnehmende also etwa handeln, um den Festgenommenen der Strafverfolgung zuzuführen. Wenn der Täter in zweiaktigen Rechtfertigungskonstellationen die Vornahme der zweiten, den Rechtfertigungserfolg herbeiführenden Handlung nicht beabsichtigt, ist er (anders als sonst bei fehlender Kenntnis der Rechtfer-

---

371 *Loos* FS Oehler, 227, 236; *Roxin* AT I § 14 Rdn. 100; vgl. auch *Frisch* FS Lackner, 113, 117 ff. Dasselbe gilt für §§ 228 f BGB. Unrichtig daher *Schünemann* GA **1985** 341, 372, der (allein) wegen des Wortlauts bei § 34 und § 229 BGB eine Absicht verlangt.
372 Zu diesen schon *Sch/Schröder/Lenckner*[18] (1975) Rdn. 16.
373 Weitere Beispiele solcher Rechtfertigungsgründe sind die §§ 102, 103 StPO; *Lampe* GA **1978** 7, 10 f führt weiterhin § 53 UrhG an. Ähnliche Probleme („zweiaktige Rechtfertigungskonstellationen") können auch bei anderen Rechtfertigungsgründen (z.B. bei § 34) auftreten: Z.B. wenn der Arzt trotz Fahruntauglichkeit infolge Alkoholkonsums zu einem in Lebensgefahr befindlichen Patienten fährt, um diesen am Zielort zu behandeln; vgl. dazu Baumann/Weber/*Mitsch*/Eisele § 14 Rdn. 48. Auch hier gilt das Absichtserfordernis. Nach *Herzberg* (JA **1986** 190, 198 m. Fn. 28) ist es bei allen Erlaubnisnormen denkbar, dass sich der Erlaubnissinn erst durch weitere, der Verletzung nachfolgende Akte erfüllt; ebenso *Rinck* Zweistufiger Deliktsaufbau S. 292.
374 Eine Absicht fordern ferner Baumann/Weber/*Mitsch*/Eisele § 14 Rdn. 49 f: ein subjektiver Erlaubnistatbestand setzt – als „überschießende Innentendenz" – den Willen zur Herbeiführung des Erfolges voraus; *B. Heinrich* Rdn. 504; ausführlich *Loos* FS Oehler, 227, 237 ff (einschließlich einer Diskussion der „Rücktrittsproblematik", die sich ergibt, wenn der Täter nach Vornahme des ersten Aktes seine Absicht fallen lässt und den zweiten Akt dann nicht mehr vornimmt); *Krack* in Koriath u.a. S. 145, 149; *Roxin* AT I § 14 Rdn. 103; *Sch/Schröder/Lenckner/Sternberg-Lieben* Rdn. 16 m.w.N.; *Schüler* Rechtfertigungslage S. 32 m. Fn. 70; *Schünemann* GA **1985** 341, 372; *Stratenwerth/Kuhlen* AT § 9 Rdn. 152; *T. Walter* Kern des Strafrechts S. 99 f; *Wolter* Funktionales Straftatsystem S. 157 ff; für zweiaktige Rechtfertigungskonstellationen im Rahmen der mutmaßlichen Einwilligung auch *Mitsch* Rechtfertigung S. 476 ff (Seiner Ansicht nach soll die Rettungsabsicht aber schon zum objektiven Erlaubnissatz gehören, S. 480). Ein Absichtserfordernis **ablehnend** dagegen *Frisch* FS Lackner, 113, 145 ff; *Streng* FS Otto, 469, 472; *Kaspar* AT Rdn. 406; Herzberg JA **1986** 190, 199 f (Täter müsse den kompensierenden Erfolg nur für möglich halten); ähnlich *Jakobs* 11/21; *Schlehofer* MK Rdn. 102; *Rath* Subjektives Rechtfertigungselement S. 229 ff (Ansatz aber präzisierungsbedürftig); modifizierend *Prittwitz* GA **1980** 381, 386 ff: Absicht sei nicht nur bei zweiaktigen Rechtfertigungskonstellationen zu fordern, sondern in allen Fällen, in denen das höherwertige Interesse, dessen Wahrung der Rechtfertigungsgrund dient, nicht gewahrt wird und der Grund dafür darin liegt, dass der Handelnde andere Zwecke verfolgt hat. Andererseits beschränkt der Autor dieses Absichtserfordernis auf Fälle, in denen das angegriffene Rechtsgut objektiv nicht von der Handlung des Täters „profitiert" hat. Weiterhin *Rinck* Zweistufiger Deliktsaufbau S. 291 ff: Absicht sei bei zweiaktigen Rechtfertigungskonstellationen keine Voraussetzung. Bei Vornahme des geforderten zweiten Aktes trete stets rückwirkend Rechtfertigung ein, bei Unterlassen des zweiten Aktes trotz realer Möglichkeit zur Vornahme Rechtswidrigkeit. Bei Unmöglichkeit der Realisierung des zweiten Aktes sei der Täter unter dem Gesichtspunkt des erlaubten Risikos rückwirkend als gerechtfertigt anzusehen; zutr. **kritisch** dazu *Sch/Schröder/Lenckner/Sternberg-Lieben* Rdn. 16.

tigungsvoraussetzungen, s. dazu Rdn. 90) wegen vollendeten Delikts zu bestrafen,[375] weil auch der objektive Erfolgsunwert der tatbestandsmäßigen Handlung durch die Vornahme des ersten Aktes allein nicht aufgewogen wird.

cc) Handeln in Unkenntnis der Rechtfertigungslage. Fehlt das subjektive Rechtfertigungselement, hat der Täter also keine Kenntnis vom Vorliegen der rechtfertigenden Umstände (sog. „umgekehrter Erlaubnistatumstandsirrtum"), macht er sich nach zutreffender Meinung wegen **versuchter Tat** strafbar,[376] wenn der Versuch des entsprechenden Delikts mit Strafe bedroht ist; ansonsten bleibt er straflos:[377] Denn sind die rechtfertigenden Umstände objektiv gegeben, fehlt es an dem ein vollendetes Delikt mitkonstituierenden Erfolgsunwert (dazu schon oben Rdn. 82). Die Verfechter der früher überwiegend vertretenen **Gegenansicht** nehmen gleichwohl ein **vollendetes Delikt** an;[378] Vertreter der objektiven Unrechtslehre gelangen sogar zur Straflosigkeit.[379] Wer – wie *Hirsch* LK[11] Rdn. 61 – zur Begründung der Vollendungslösung anführt, man verlasse den Boden der Realität, wenn man trotz eingetretenen tatbestandsmäßigen Erfolges nur wegen versuchten Delikts bestrafe,[380] dürfte allerdings auch beim Fehlen anderer *Tatbestand*serfordernisse als des Erfolges (etwa der objektiven Zurechnung) nicht für eine Versuchsstrafbarkeit eintreten (näher *Rönnau/Hohn* LK § 32 Rdn. 268). Hier wird ein naturalistischer

90

---

375 Wie hier Baumann/Weber/*Mitsch*/Eisele § 14 Rdn. 49; *Jungclaussen* Rechtfertigungselemente S. 124 f; *Lampe* GA **1978** 7, 9 f; *Mitsch* Rechtfertigung S. 480 m. Fn. 82; *Roxin* AT I § 14 Rdn. 106; *Sch/Schröder/Lenckner/Sternberg-Lieben* Rdn. 16; *Schünemann* GA **1985** 341, 374; *Wolter* Funktionales Straftatsystem S. 158.
376 Statt vieler – nicht tragend – BGHSt **38** 144, 155 f (zu § 218a a.F.); KG GA **1975** 213, 215; OLG Naumburg NStZ **2013** 718, 719; OLG Celle BeckRS **2013** 07170; offenlassend BGH NStZ **2016** 333; *Engländer* HRRS **2013** 389, 391 f; *Fischer* § 34 Rdn. 28; *Kuhlen* FS Beulke, 153, 155; *Frisch* FS Lackner, 113, 138 f; *Frister* 14/28; *Rinck* Zweistufiger Deliktsaufbau S. 246; *Roxin* AT I § 14 Rdn. 104; *Streng* FS Otto, 469, 473 f; *Sch/Schröder/Lenckner/Sternberg-Lieben* Rdn. 15 m.w.N. Selbst eine Versuchsstrafbarkeit **abl.** *Gropp* (FS Kühl, 247, 252 ff; *ders.* AT § 5 Rdn. 47 ff; auch *Rath* Subjektives Rechtfertigunselement S. 263 ff), der meint, Versuchsunrecht setze neben personalem Unwert auch einen (im Vergleich zur vollendeten Straftat verminderten) Sachverhaltsunwert voraus, woran es hier fehle. Denn das Verhalten des in Unkenntnis der Rechtfertigungslage handelnden Täters entspreche – anders als beim untauglichen Versuch (§ 23 Abs. 3) – nach außen der Rechtsordnung, sei „nicht ‚destruktiv', sondern ‚konstruktiv', nicht ‚rechtswidrig', sondern ‚rechtmäßig', nicht nur rechtsneutral, sondern rechtswahrend, ‚rechtstreu'". Allerdings manifestiert auch hier der Täter (wie beim untauglichen Versuch) einen bösen Willen in der Außenwelt, was nach deutschem Recht (auf Basis der zugrundeliegenden Normentheorie) grds. für eine Versuchsstrafbarkeit ausreicht. Das Handeln in Unkenntnis einer Rechtfertigungslage als „konstruktiv" einzustufen, ist schon kühn. Der Täter hat hier – was die (Nicht-)Verwirklichung der Tat betrifft – ebenso Glück wie beim Schuss auf die Leiche (klassischer Fall des strafbaren untauglichen Versuchs); **krit.** zum Ansatz auch *Paeffgen/Zabel* NK Rdn. 89a u. *Frister* 14/28 m. Fn. 43.
377 So etwa im Beispiel 3 bei *Roxin* AT I § 14 Rdn. 94 zu § 167. **Anders** *Jakobs* 11/23, der im Bereich der Unkenntnis der Rechtfertigungsvoraussetzungen die teilweise Straflosigkeit nach § 23 Abs. 1 ablehnt.
378 RGSt **60** 261, 262; **62** 138; BGHSt **2** 111, 114 f; unklar BGHSt **58** 268 Rdn. 107; *Alwart* GA **1983** 433, 454 f; *Foth* JR **1965** 366, 368 f; *Gallas* FS Bockelmann, 155, 168, 173 f, 177 (**anders** bei der Einwilligung); *Gössel* FS Triffterer, 93, 99; *B. Heinrich* Rdn. 392 m.w.N.; *Hirsch* LK[11] Rdn. 59 (der allerdings wegen der „aus dem Vorliegen der objektiven Rechtfertigungsmerkmale folgenden Unrechtsminderung" eine Strafmilderung nach § 49 Abs. 1 vorsieht); *ders.* Negative Tatbestandsmerkmale S. 254 f; *ders.* FG BGH IV, 199, 235; *Köhler* AT S. 323; *Krey* AT I[3] Rdn. 421, 423 (**anders** jetzt *Krey/Esser* Rdn. 466 ff); *Paeffgen/Zabel* NK Rdn. 128; *Paeffgen* GedS Arm. Kaufmann, 399, 422 ff; *Schmidhäuser* AT 9/17; *ders.* StuB 6/24; *R. Schmitt* JuS **1963** 64, 65; *Welzel* Strafrecht § 14 I 3b; *Zaczyk* NK § 22 Rdn. 57; *Zielinski* Handlungsunrecht S. 261 ff (konsequent auf Grundlage der allein Handlungsunrecht anerkennenden Unrechtskonzeption des Autors); *Zieschang* LK § 34 Rdn. 84; *ders.* AT Rdn. 232. Eingehende Kritik der Vollendungslösung bei *Frisch* FS Lackner, 113, 138 ff, *Herzberg* JA **1986** 190, 193 f u. *Rinck* Zweistufiger Deliktsaufbau S. 224 ff.
379 *Spendel* LK[11] § 32 Rdn. 138 sowie die in Rdn. 82 m. Fn. 325 aufgeführten Autoren.
380 Siehe weiter *Spendel* LK[11] § 32 Rdn. 141: „Vergewaltigung der Tatsachen".

Erfolgsbegriff verwendet, der der Aufgabe des Strafrechts, Unrecht zu vermeiden, nicht gerecht wird (richtig *Rinck* Zweistufiger Deliktsaufbau S. 224 f).[381] Allein vordergründig plausibel ist auch die These, eine Rechtfertigung könne nur dann eintreten, wenn der *gesamte* Rechtfertigungstatbestand erfüllt ist. Fehle nur ein Element, entfalle die unrechtsausschließende Wirkung vollständig; übrig bleibe die vollendete Tat (*Paeffgen/Zabel* NK Rdn. 128).[382] An dieser Aussage ist zutreffend, dass das Verhalten wegen des verbleibenden Handlungsunrechts trotz Vorliegens der objektiven Rechtfertigungsvoraussetzungen als rechtswidrig einzustufen ist[383] (nur der vom Täter herbeigeführte Zustand ist rechtmäßig und darf nicht verhindert werden, so dass gegen ihn keine Notwehr gegeben ist).[384] Die Vertreter der Versuchslösung sehen den Täter aber auch gar nicht als gerechtfertigt an;[385] sie zeigen lediglich auf, dass aufgrund mangelnden Erfolgsunwerts der verbleibende Unwert nur dem des versuchten Delikts entspricht[386] (s. hierzu auch *Rönnau/Hohn* LK § 32 Rdn. 268). Teilweise wird betont, dass in der in Rede stehenden Konstellation der Erfolg nicht objektiv zurechenbar ist: Es fehle an der Realisierung einer vom Täter geschaffenen missbilligten Gefahr, da nach ihrer objektiven Gefahrendimension die Handlung nicht zu beanstanden sei (*Frisch* FS Lackner, 113, 142; *Puppe* FS Stree/Wessels, 183, 195; *Rudolphi* GedS Arm. Kaufmann, 371, 379). Damit steht gleichzeitig fest, dass es sich um eine **unmittelbare**,[387] nicht lediglich analoge **Anwendung der Versuchsvorschriften** handelt.[388] Für den Versuch im Sinne der §§ 22 f ist allein kennzeichnend, dass es trotz des nach außen getretenen Handlungsunwerts (*zumindest* unmittelbares Ansetzen) am Erfolgsunwert fehlt – eine Beschreibung, die auf den „umgekehrten

---

381 **Kritisch** auch *Frisch* FS Lackner, 113, 139 ff: „Naturalistische Überschätzung vorrechtlicher Phänomene" u. *Herzberg* JA **1986** 190, 193: Das Strafrecht frage, ob *eine Straftat* vollendet oder nur versucht worden ist.
382 Auch *Gallas* FS Bockelmann, 155, 168, 173 f; *Hirsch* LK[11] Rdn. 59. *Herzberg* JA **1986** 190, 192 entlarvt den „subtilen, folgenschweren Fehler" dieser Begründungslinie: Ebenso wie die Tatbestandserfüllung bildet auch die Rechtswidrigkeit ein *positives* Deliktserfordernis, so dass es nicht um die Verneinung von Rechten, sondern um die Bejahung von Unrecht geht. Daher gilt auch auf beiden Ebenen, dass schon *ein* Mangel das Unrecht eines vollendeten Vorsatzdelikts entfallen lässt.
383 *Roxin* AT I § 14 Rdn. 96; *Stratenwerth/Kuhlen* AT § 9 Rdn. 153; *Krey/Esser* Rdn. 466; *Lackner/Kühl/Kühl* § 22 Rdn. 16; ähnlich *Schlehofer* MK Rdn. 103.
384 *Günther* SK[6] Rdn. 92; *Kühl* Jura **1993** 233, 235; *Roxin* AT I § 14 Rdn. 96; *Schroeder* JZ **1991** 682, 683; s. auch *Rönnau/Hohn* LK § 32 Rdn. 270.
385 Dies vertritt nur *Spendel* LK[11] § 32 Rdn. 138 auf der Basis seiner objektiven Unrechtsauffassung: Für Rechtfertigung und Straflosigkeit genüge das Vorliegen der objektiven Notwehrvoraussetzungen.
386 Deutlich *Frisch* FS Lackner, 113, 138: Einstufung als vollendete Tat mit den entsprechenden Rechtsfolgen scheitert daran, dass diese eine Kombination objektiver und subjektiver Unrechtsteile voraussetzt, an der es hier fehlt; nur die dem Unrechtstypus „allein Handlungsunwert" zugeordnete Rechtsfolge kann zum Zuge kommen. Übereinstimmend *Graul* JuS **2000** L 41, L 42 f; *Nowakowski* ÖJZ **1977** 573, 578; *Roxin* AT I § 14 Rdn. 104; *Rudolphi* FS Maurach, 51, 53; *Samson* SK[5] Rdn. 42.
387 So auch BGHSt **38** 144, 155 f (zu § 218a a.F.); KG GA **1975** 213, 215; *Freund* AT § 3 Rdn. 18; *Frisch* FS Lackner, 113, 138 f; *Geilen* Jura **1981** 308, 309; *Graul* JuS **2000** L 41, L 43; *Herzberg* JA **1986** 190, 192 f; *Hruschka* GA **1980** 1, 16 f; *Joecks/Jäger* Rdn. 11 ff; *Lenckner* FS H. Mayer, 165, 175; *Nowakowski* ÖJZ **1977** 573, 578; *Prittwitz* Jura **1984** 74, 76 f; *Puppe* GA **2003** 764, 770 f; *Roxin* AT I § 14 Rdn. 104; *Rudolphi* FS Maurach, 51, 58; *Safferling* Vorsatz und Schuld S. 209; *Samson* SK[5] Rdn. 42; *Schlehofer* MK Rdn. 104; *Sch/Schröder/Eser/Bosch* § 22 Rdn. 8; *Schünemann* GA **1985** 341, 373 f; *Streng* FS Otto, 469, 473 ff; *ders.* FS Paeffgen, 231, 243.
388 Für eine analoge Anwendung der §§ 22 f aber *Fischer* § 32 Rn. 27; *Günther* SK[6] Rdn. 91; *Geppert* Jura **1995** 103, 105; *Hillenkamp* LK[12] § 22 Rdn. 199 f; *Hoyer* SK Anh. zu § 16 Rdn. 91; *Jakobs* 11/23 f; *Jescheck/Weigend* § 31 IV 2; *Kindhäuser* AT § 29 Rdn. 9; *Kretschmer* Jura **2002** 114, 117 m. Fn. 33; *Kühl* AT § 6 Rdn. 16; *Lackner/Kühl/Kühl* § 22 Rdn. 16; *Maurach/Zipf* § 25 Rdn. 34; *Plaschke* Jura **2001** 235, 238; *I. Sternberg-Lieben* JA **1996** 299, 308; *Stratenwerth/Kuhlen* AT § 9 Rdn. 147 ff; *Wessels/Beulke/Satzger* Rdn. 417; unentschieden (jedenfalls entsprechende Anwendung) Baumann/Weber/Mitsch/Eisele § 14 Rdn. 55; *Sch/Schröder/Lenckner/Sternberg-Lieben* Rdn. 15.

Erlaubnistatumstandsirrtum" exakt zutrifft.[389] Eine Analogie zu den Versuchsvorschriften ist überdies weder vom grundsätzlichen Standpunkt der Versuchs- noch der Vollendungslösung zulässig, denn sie verstieße gegen Art. 103 Abs. 2 GG:[390] Für jeden, der annimmt, die Konstellation sei nicht ausdrücklich geregelt, wäre sie täterbelastend, weil angesichts des Bestimmtheitsgrundsatzes sonst nur Straflosigkeit in Betracht kommt.[391]

dd) Das Problem der Inkongruenz. Insbesondere im Kontext der Notwehr wird in neuerer Zeit das Problem der **Inkongruenz von objektiven Rechtfertigungsvoraussetzungen und Rechtfertigungsvorsatz** diskutiert.[392] Es geht dabei um Situationen, in denen objektiv rechtfertigende Umstände vorliegen und der Täter sich auch sämtliche Voraussetzungen eines anerkannten Rechtfertigungsgrundes vorstellt – allerdings entspricht seine Vorstellung nicht exakt der objektiven Situation (s. dazu für die Notwehr ausführlich *Rönnau/Hohn* LK § 32 Rdn. 271 ff m. zahlr. Nachw.). Es gilt hier Folgendes: Ein „Rechtfertigungsmotivirrtum" ist unbeachtlich, weil das Motiv des Täters für die Bewertung der Rechtfertigungssituation grundsätzlich irrelevant ist.[393] Irrt der Täter etwa darüber, wessen Rechtsgüter er in einer Notstandssituation durch die tatbestandsmäßige Handlung rettet (nämlich die seines ärgsten Feindes anstelle seiner eigenen), oder hat er eine falsche Vorstellung davon, wen er unter den Voraussetzungen des § 127 Abs. 1 StPO vorläufig festnimmt, um ihn der Strafverfolgung zuzuführen (nämlich einen guten Freund anstelle eines Unbekannten), ist er gleichwohl gerechtfertigt. In diesen Fällen geht es nicht um ein Kongruenzproblem im engeren Sinne; objektiver und subjektiver Rechtfertigungstatbestand decken sich vielmehr in hinreichendem Maße: Der „error in persona vel obiecto" ist auf Rechtfertigungsebene – wie auf der Stufe des Tatbestandes – unerheblich. Deutlich komplexer in der Beurteilung ist die Abweichung der Tätervorstellung von den Tatsachen, wenn der Täter etwa meint, durch Notwehr gerechtfertigt zu sein, weil er angegriffen wird, während tatsächlich kein Angriff, sondern nur eine gegenwärtige Gefahr und damit eine Notstandslage gegeben ist. Es trifft dann ein Erlaubnistatumstandsirrtum bezüglich der *Notwehr*lage mit einer objektiven *Notstands*lage zusammen.[394] Eine sich trotz Irrtums im Rahmen der Verhältnismäßigkeit im Sinne des § 34 haltende Abwehrhandlung bleibt hier straflos: Wegen des fehlenden Erfolgsunrechts kommt aus den oben Rdn. 90 genannten Gründen keine Vollendungsstrafbarkeit in Betracht. An einem Handlungsunwert fehlt es aufgrund des Erlaubnistatumstandsirr-

---

389 Vgl. auch *Nowakowski* ÖJZ **1977** 573, 578. Nach *Rinck* Zweistufiger Deliktsaufbau S. 246 ff (selbst Anhänger eines zweistufigen Deliktsaufbaus) lässt sich auf der Basis des dreistufigen Deliktsaufbaus konsequent nur die Vollendungslösung vertreten.
390 *Paeffgen/Zabel* NK Rdn. 126 (Vertreter der Vollendungslösung) werfen den Vertretern der Versuchslösung „jedenfalls in Relation zu den eigenen Prämissen" einen Verstoß gegen Art. 103 Abs. 2 GG vor; ebenso *Hirsch* LK[11] Rdn. 52. Dagegen nimmt *Nowakowski* ÖJZ **1977** 583, 578 (selbst Anhänger der Versuchslösung) eine täterbelastende Analogie nur vom Standpunkt der Vollendungslösung an.
391 Anders – aber nicht überzeugend – *Brauer* Die strafrechtliche Behandlung genehmigungsfähigen, aber nicht genehmigten Verhaltens, Diss. Trier 1988, S. 134 f.
392 Vgl. dazu das Urteil des LG München I NJW **1988** 1860, in dem eine Kongruenz gefordert wird – und die Besprechungen von *Beulke* Jura **1988** 641, *Schroeder* JZ **1988** 567 u. *Puppe* JZ **1989** 728. „Kongruenz des objektiven und des subjektiven Notwehrtatbestandes" fordert dagegen *Mitsch* JA **1989** 79 86; *ders.* NStZ **1989** 26 f. Die Fragestellung liegt auch dem Sachverhalt zugrunde, über das LG Stade und im Beschlusswege dann das OLG Celle BeckRS **2013** 07170 (mit instruktiver Problemaufarbeitung durch *Kuhlen* FS Beulke, 153 ff) zu entscheiden hatte.
393 Siehe schon oben Rdn. 88: Auf ein Handeln zum Zweck der Rechtfertigung kommt es nicht an.
394 Ausführlich zur Situation der „gekreuzten Rechtfertigungsgründe" (und mit gleichem Ergebnis wie hier) *Kuhlen* FS Beulke, 153 ff; mit abweichender Begründung ergebnisgleich *Krack* in Koriath u.a. S. 145, 150 ff.

tums, sofern der Täter die Notwehrlage nicht fahrlässig angenommen hat (dazu näher unten Rdn. 95 f). Ist ihm ein Fahrlässigkeitsvorwurf zu machen, bleibt er im Ergebnis aufgrund des Vorliegens der objektiven Notstandsvoraussetzungen ebenfalls straflos (dazu sogleich).

92 ee) Subjektives Rechtfertigungselement beim Fahrlässigkeitsdelikt? Beim **fahrlässigen Delikt** kommt es auf die Vorstellung des Täters von rechtfertigenden Umständen nicht an, wenn objektiv die Voraussetzungen eines Rechtfertigungsgrundes gegeben sind (*Jakobs* 11/30 ff; *Kühl* AT § 17 Rdn. 80; *Puppe* FS Stree/Wessels, 183, 187).[395] Den „fahrlässigen Versuch" kennt das StGB nicht,[396] so dass unsorgfältiges Handeln für sich allein in aller Regel nicht strafbar ist. Nimmt man wie hier an, dass die §§ 22 f auf Konstellationen des umgekehrten Erlaubnistatumstandsirrtums unmittelbar anwendbar sind (oben Rdn. 90), ist die Diskussion um ein subjektives Rechtfertigungselement beim Fahrlässigkeitsdelikt unergiebig.[397] Die Frage nach einem konkreten Rechtfertigungsvorsatz beim fahrlässigen Erfolgsdelikt lässt sich – zumindest bei unbewusster Fahrlässigkeit – ohnehin nicht sinnvoll stellen:[398] Wer sich der Möglichkeit des Erfolgseintritts nicht bewusst ist, kann sich auch nicht vorstellen, dass der Eintritt desselben von einem Rechtfertigungsgrund gedeckt sei.[399] Sofern in Literatur und Rechtsprechung ein subjektives Rechtfertigungselement beim Fahrlässigkeitsdelikt verlangt wird, beschränkt man sich bei den Anforderungen daher (bezogen auf die Notwehr) zumeist auf einen „generellen Verteidigungswillen" (BGHSt **25** 229, 232)[400] oder die Kenntnis der rechtfertigenden Situ-

---

395 Weiterhin *Dölling* GA **1984** 71, 92 m. Fn. 167; *Frisch* FS Lackner, 113, 130 f; *Geilen* Jura **1981** 308, 309 f; *Hardtung* MK § 222 Rdn. 58; *Himmelreich* Notwehr S. 100 ff; *Hruschka* GA **1980** 1, 17 f; *Kindhäuser* AT § 33 Rdn. 60 ff; *Kretschmer* Jura **2002** 114, 117; *Rath* Rechtfertigungselement S. 325 ff, 631 f; *Rinck* Zweistufiger Deliktsaufbau S. 281 ff; *Samson* SK[5] Anh. zu § 16 Rdn. 32; *Schaffstein* FS Welzel, 557, 573 f; *Stratenwerth/Kuhlen* AT § 15 Rdn. 40 ff; *Streng* FS Otto, 469, 485; *Schmitt* JuS **1963** 64, 68; *Quentin* JuS **1994** L 57, L 59; *Sch/Schröder/Perron* § 32 Rdn. 64; unter Einschränkungen auch *Sch/Schröder/Lenckner/Sternberg-Lieben* Rdn. 99 f; beschränkt auf die fahrlässigen Erfolgsdelikte *Jescheck/Weigend* § 56 I 3; mit **abw.** Begründung *Otto* NStZ **2001** 594, 595: Bei objektivem Vorliegen der Rechtfertigungsvoraussetzungen fehle es bereits an der Sorgfaltswidrigkeit (s. zur Kritik dieser Auffassung oben Rdn. 81); **aA** (subjektives Rechtfertigungselement erforderlich) die Rechtsprechung, s. BGHSt **27** 313, 314; weitere Nachw. in Fn. 400; in der Literatur (mit z.T. Abstrichen bei den Anforderungen) so auch *Alwart* GA **1983** 433, 455; *Burgstaller* Das Fahrlässigkeitsdelikt S. 180; *Eser* Strafrecht II[3] 20 ff; *Fahl* Jura **2003** 60, 64 f; *Geppert* Jura **1995** 103, 107; ders. ZStW **83** (1971) 947, 979; *Hassemer* JuS **1980** 412, 414; *Hirsch* LK[11] Rdn. 58; *Jungclaussen* Rechtfertigungselemente S. 175; *Maurach/Gössel/Zipf* § 44 Rdn. 17 f; *Paeffgen/Zabel* NK Rdn. 144; *Schmidhäuser* StuB 6/24; für das Zivilrecht BGH NJW **1985** 490, 491; offen gelassen von BGHSt **25** 229, 232.
396 Baumann/Weber/*Mitsch*/Eisele § 14 Rdn. 59; *Kindhäuser* AT § 33 Rdn. 62; *Streng* FS Otto, 469, 486; auch *Safferling* Vorsatz und Schuld S. 203 f (der nur objektives Fahrlässigkeitsunrecht kennt). *Samson* SK[5] Anh. zu § 16 Rdn. 32 formuliert daher, eine Bestrafung käme nur dort in Betracht, wo „ausnahmsweise einmal die folgenlose Fahrlässigkeit („fahrlässiger Versuch") unter Strafe gestellt sein sollte"; zudem *Puppe* FS Stree/Wessels, 183, 187.
397 Im Ergebnis daher ebenfalls für Straflosigkeit: Baumann/Weber/*Mitsch*/Eisele § 14 Rdn. 59; *Burgstaller* Das Fahrlässigkeitsdelikt S. 180 f; *Duttge* MK § 15 Rdn. 202 f; *Eisele* JA **2001** 922, 925; *Graul* JuS **2000** L 41, L 43; *Hoyer* SK Anh. zu § 16 Rdn. 91 f; *Mitsch* JuS **2001** 105, 110 f; *Roxin* AT I § 24 Rdn. 103; *Seelmann* JR **2002** 249; *Vogel* LK[12] § 15 Rdn. 310; *Kühl* AT § 17 Rdn. 80 m. zahlr. Nachw. in Fn. 187.
398 In OLG Frankfurt/M. NJW **1950** 119, 120 (m. abl. Anm. *Cüppers*) hat das Gericht einen solchen dennoch gefordert und – durchaus konsequent – gefolgert, eine Rechtfertigung fahrlässiger Taten komme nicht in Betracht. **Kritisch** dazu auch *Niese* Finalität, Vorsatz und Fahrlässigkeit (1951) S. 47 f m. Fn. 72 u. *Schmitt* JuS **1963** 64, 66.
399 *Stratenwerth/Kuhlen* AT § 15 Rdn. 39; vgl. auch OLG Dresden JW **1929** 2760.
400 Weiter OLG Hamm NJW **1962** 1169 f; OLG Karlsruhe NJW **1986** 1358, 1360 (bei Fehlen des Verteidigungswillens soll danach allerdings eine Rechtfertigung unter dem Gesichtspunkt des erlaubten Risikos in Betracht kommen); wohl auch BGH bei Dallinger MDR **1958** 12 f; *Hirsch* LK[11] Rdn. 58; *Niese* Finalität, Vorsatz und Fahrlässigkeit (1951) S. 47; für die fahrlässigen Tätigkeitsdelikte (z.B. § 316) weiterhin *Je-*

ation und der Erforderlichkeit des Abwehrverhaltens (*Duttge* MK § 15 Rdn. 203; *Hassemer* JuS **1980** 412, 414; *Roxin* AT I § 24 Rdn. 102).[401] Zur Begründung wird angeführt, dass der Täter auch beim fahrlässigen Delikt in Form der Unsorgfältigkeit Handlungsunrecht verwirkliche, das durch den Handlungswert der Tätervorstellung ausgeglichen werden müsse.[402] Der in der Sorgfaltspflichtverletzung liegende Handlungsunwert muss aber deshalb *nicht* aufgewogen werden, weil er für das Unrecht hier ebenso wenig genügt wie in den Fällen, in denen sorgfaltswidriges Verhalten überhaupt folgenlos bleibt.[403] Praktisch hat die Gegenauffassung zur Folge, dass eine Rechtfertigung fahrlässigen Verhaltens nur in Situationen in Betracht kommt, in denen dem Täter die Rechtfertigungs*situation* bewusst ist und seine vorsätzlich vorgenommene Verteidigungs- oder Rettungshandlung unvorhergesehene Folgen hat, die er durch Umsicht hätte vermeiden können.[404] Die Tatbestandsverwirklichung soll dann gerechtfertigt sein, wenn sie sich in den Grenzen des Erforderlichen bewegt, der ungewollte Erfolg also auch vorsätzlich hätte herbeigeführt werden dürfen.[405] Ist dem Täter die Rechtfertigungslage dagegen überhaupt nicht bewusst, so dass er etwa einen Angriff nur zufällig abwehrt (beim unvorsichtigen Hantieren mit einer Waffe löst sich ein Schuss, der den sich von hinten heranschleichenden Angreifer verletzt) – eine Konstellation, die höchst selten vorkommen dürfte –, soll eine Rechtfertigung der fahrlässigen Tat von vornherein ausscheiden (*Roxin* AT I § 24 Rdn. 103). Am Ergebnis – **Straflosigkeit** – ändert das jedoch nichts, denn es fehlt hier angesichts der objektiv erlaubten Tatbestandsverwirklichung am Erfolgsunwert, der für die Strafbarkeit aus einem Fahrlässigkeitsdelikt unabdingbar ist.[406] Die von

---

scheck/*Weigend* § 56 I 3 u. wohl auch OLG Hamm VRS **20** (1961) 232 ff; referierend *Stratenwerth*/*Kuhlen* AT § 15 Rdn. 39. Dazu ablehnend *Rinck* Zweistufiger Deliktsaufbau S. 285 ff: Auch bei „schlichten Tätigkeitsdelikten" entfalle beim Vorliegen der objektiven Rechtfertigungsvoraussetzungen der (Gefährdungs-)-Erfolgsunwert und der Vorwurf bloßen fahrlässigen Handlungsunrechts sei hier wie auch sonst nicht mit Strafe belegt. Diese Aussage ist insofern zweifelhaft, als – jedenfalls nach herkömmlicher Terminologie – für die Strafbarkeit aus den schlichten Tätigkeitsdelikten ein materieller Erfolg(sunwert) gerade keine Voraussetzung ist.

401 Weiterhin *Fahl* Jura **2003** 60, 64 f; *Maurach*/*Gössel*/*Zipf* § 44 Rdn. 17 f; *Wessels*/*Beulke*/*Satzger* Rdn. 1142; für die Fallgruppe einer dort sog. bloßen Handlungsbefugnis (kein Eingriffsrecht) auch *Sch*/*Schröder*/*Lenckner*/*Sternberg-Lieben* Rdn. 100. *Baumann*/*Weber*/*Mitsch*/*Eisele* § 14 Rdn. 57 f fordern bei unbewusster fahrlässigkeit mindestens Erkennbarkeit, bei bewusster Fahrlässigkeit wenigstens Für-möglich-Halten der rechtfertigenden Umstände. *Burgstaller* Das Fahrlässigkeitsdelikt S. 180 lässt offen, ob Kenntnis oder nur Erkennbarkeit zu fordern ist. Kenntnis und Rechtfertigungswillen verlangen *Geppert* Jura **1995** 103, 107; *ders.* ZStW **83** (1971) 978 f u. *Jungclaussen* Rechtfertigungselemente S. 175.
402 *Geppert* Jura **1995** 103, 107; vgl. auch *Jungclaussen* Rechtfertigungselemente S. 162 ff.
403 *Kretschmer* Jura **2002** 114, 117.
404 Beispiele aus der Rechtsprechung: Unachtsam abgegebener Warnschuss, der versehentlich den Angreifer bzw. den sich einer Kontrolle Entziehenden trifft (RG JW **1925** 962; BGHSt **25** 229; OLG Hamm NJW **1962** 1169; OLG Frankfurt/M. NJW **1950** 119), die versehentliche Tötung bzw. schwere Verletzung des Angreifers durch Verwenden eines Messers als Drohmittel (BGH bei Dallinger MDR **1958** 12 f) bzw. das Lösen einer Kugel bei Verwenden einer Schusswaffe als Drohmittel (BGH NStZ **2001** 591) bzw. als Schlagwerkzeug (BGHSt **27** 313).
405 BGHSt **25** 229, 231 f; BGH NStZ **2001** 591, 592; OLG Hamm NJW **1962** 1169; *Roxin* AT I § 24 Rdn. 101 ff; *Jakobs* 11/31. Bei Überschreiten der Erforderlichkeitsgrenze soll es darauf ankommen, ob die ungewollte Folge „aus der Gefahrenträchtigkeit des Verteidigungsmittels" erwächst bzw. „zu den typischen Risiken der berechtigt gewählten Verteidigungsart gehört" (BGHSt **27** 313, 314 bzw. BayObLG NStZ **1988** 408 f; beide Gerichte verneinen allerdings unter diesen Umständen schon den Vorwurf der Fahrlässigkeit). *Sch*/*Schröder*/*Lenckner*/*Sternberg-Lieben* Rdn. 100 f stellen für diese Fallgruppe zur Begründung auf den Gesichtspunkt des erlaubten Risikos ab; vgl. auch *Roxin* AT I § 24 Rdn. 100. Näher zum Ganzen *Rönnau*/*Hohn* LK § 32 Rdn. 193 f.
406 Darauf weisen ausdrücklich hin *Duttge* MK § 15 Rdn. 203, *Matt*/*Renzikowski*/*Engländer* Rdn. 9 u. *Roxin* AT I § 24 Rdn. 103. **Anders** – Strafbarkeit – sehen das nur die Vertreter der Vollendungslösung, vgl. *Hirsch* LK[11] Rdn. 59 (der allerdings annimmt, die von ihm befürwortete Strafmilderung nach § 49 Abs. 1

Roxin AT I § 24 Rdn. 103 angenommene Rechtswidrigkeit der (straflosen) Tat[407] hat im Übrigen auch keinen Einfluss auf die Notwehrberechtigung des Angreifers: Weil der herbeigeführte *Zustand* rechtmäßig ist, darf er nicht abgewehrt werden (s. schon oben Rdn. 90). Der Streit ist daher rein akademischer Natur.[408]

93 **ff) Keine gewissenhafte Prüfung der Rechtfertigungsvoraussetzungen.** Die **Rechtsprechung** fordert bis heute bei einigen Rechtfertigungsgründen für die Rechtfertigung eine **gewissenhafte Prüfung** des Vorliegens der rechtfertigenden Umstände. Insbesondere beim rechtfertigenden Notstand soll die pflichtgemäße Prüfung der Notstandsvoraussetzungen subjektives Erfordernis[409] der Rechtfertigung sein (so schon RGSt **61** 242, 255; **62** 137, 138 und **64** 101, 104 zum übergesetzlichen rechtfertigenden Notstand).[410] Hintergrund dieser Forderung sind befürchtete Strafbarkeitslücken: Da die irrige Annahme von Rechtfertigungsvoraussetzungen nach Überzeugung von Rechtsprechung und überwiegendem Schrifttum wenigstens im Ergebnis nach § 16 den Vorsatz ausschließt (dazu näher unten Rdn. 95f), könnte der Täter ansonsten bei noch so leichtfertigem Glauben an einen rechtfertigenden Sachverhalt für seinen tatbestandsmäßigen Rechtsguteingriff nicht bestraft werden, wenn die fahrlässige Tat nicht mit Strafe bedroht ist.[411] Liegen die Voraussetzungen für eine Rechtfertigung tatsächlich nicht vor, geht der Täter in Folge dieser Auffassung nur dann straflos aus, wenn sein Irrtum unvermeidbar war (die gewissenhafte Prüfung also zu keiner anderen Einschätzung der Lage geführt hätte). Das entspricht der Rechtsfolge des § 17 und damit der „strengen Schuldtheorie" zur Behandlung des Erlaubnistatumstandsirrtums,[412] der die Rechtsprechung an sich gerade nicht folgen will. Im **Schrifttum** wird die „pflichtgemäße Prüfung" als Rechtfertigungsvoraussetzung ganz überwiegend **abgelehnt**.[413] Zum Teil wird sie nur

---

könne in diesen Fällen zu Straflosigkeit führen) u. *Schmidhäuser* StuB 6/24 (der sogar mit der seiner Ansicht nach hier „verfehlten Straflosigkeit" allgemein gegen die Versuchslösung argumentiert).
407 *Anders* ausdrücklich *Kretschmer* Jura **2002** 114, 117 u. *Quentin* JuS **1994** L 57, L 59: Bei Vorliegen der objektiven Rechtfertigungsvoraussetzungen sei die Fahrlässigkeitstat *rechtmäßig*; ähnlich schon *Frisch* FS Lackner, 113, 130 f; ebenso *Rath* Rechtfertigungselement S. 631 f: „Die *Tat* ist nicht rechtswidrig, ohne dass der *Täter* gerechtfertigt wäre" (Hervorhebungen vom Verf.).
408 Ebenso *Kretschmer* Jura **2002** 114, 117; *Kindhäuser* AT § 33 Rdn. 62; Sch/Schröder/Lenckner/Sternberg-Lieben Rdn. 99; SSW/*Rosenau* Rdn. 15; vgl. auch *Rinck* Zweistufiger Deliktsaufbau S. 284 u. *Kühl* AT § 17 Rdn. 79 f.
409 Ausdrücklich BGHSt **2** 112, 114: Die Tat lasse sich unter Rückgriff auf den übergesetzlichen Notstand nur rechtfertigen, wenn der Täter vorher gewissenhaft geprüft habe, ob dessen Voraussetzungen vorliegen; der übergesetzliche Notstand enthalte also „ein subjektives Rechtfertigungselement ebenso wie [die] Notwehr, [die] nur für eine vom Verteidigungswillen getragene Willensbetätigung gilt." Vgl. auch *Lenckner* FS H. Mayer, 165: Intention des Täters und pflichtgemäße Prüfung als zwei voneinander unabhängige subjektive Rechtfertigungselemente. **Dagegen** *Zielinski* Handlungsunwert S. 272: „als subjektives Rechtfertigungselement mißverstanden". Nach *Paeffgen/Zabel* NK Rdn. 136 hat „die Unterlassung der pflichtgemäßen Prüfung eine subjektive *und* objektive Dimension".
410 Weiter BGHSt **1** 329, 330; **2** 112, 114; **3** 7, 11; **14** 1, 2; BGH JZ **1977** 139; zu § 34 KG StV **2003** 167. Zu weiteren Rechtfertigungsgründen BGHSt **3** 105, 106 (Züchtigungsrecht); RGSt **5** 121, 124; BGHSt **14** 48, 51 (§ 193); RGSt **38** 373, 375; **61** 297, 299; **72** 305, 311; BGHSt **4** 161, 164 (Amtsrechte); **38** 144, 155 (§ 218a).
411 Eine Umgehung ihrer eigenen Irrtumsdogmatik wirft der Rechtsprechung daher etwa *Puppe* FS Stree/Wessels, 183, 193 vor; vgl. weiter *Jakobs* 11/25. So auch *Welzel* JZ **1955** 142, 143, der daraus (aaO S. 146) allerdings (umgekehrt) den Schluss zieht, die Behandlung des Erlaubnistatumstandsirrtums nach § 16 sei verfehlt.
412 *Puppe* FS Stree/Wessels, 183, 193; *Roxin* AT I § 14 Rdn. 83.
413 *Fischer* § 34 Rdn. 29; *Günther* SK[6] § 34 Rdn. 53; *Hirsch* LK[11] Rdn. 54; *ders.* LK[11] § 34 Rdn. 48, 77; *ders.* FG BGH IV, 199, 211; *Jakobs* 11/25; *Krey/Esser* Rdn. 619; *Kühl* AT § 8 Rdn. 186; *Küper* Der „verschuldete" rechtfertigende Notstand S. 115 ff; *Merkel* NK § 218a Rdn. 141; *Neumann* NK § 34 Rdn. 110; *Otto* AT § 8 Rdn. 181; *Puppe* NK § 16 Rdn. 132; *dies.* GA **2003** 764, 771; *Matt/Renzikowski/Engländer* Rdn. 26; *Zieschang* LK § 34 Rdn. 85 u. *Rath* Rechtfertigungselement S. 185 ff; beide m. umfangreichen Nachw.; *Roxin* AT I § 14

bei bestimmten Rechtfertigungsgründen anerkannt: *Lenckner* (*Sch/Schröder/Lenckner/ Sternberg-Lieben* Rdn. 17 ff; näher *ders.* FS H. Mayer, 165, 172 ff)[414] unterscheidet zwischen Rechtfertigungsgründen, die auf einem Eingriffsrecht beruhen, und solchen, die lediglich eine auf dem Gedanken des erlaubten Risikos beruhende Handlungsbefugnis vermitteln. Nur bei letzteren (etwa § 127 Abs. 1 StPO und der mutmaßlichen Einwilligung) soll das Fehlen einer gewissenhaften Prüfung zur Versagung der Rechtfertigung führen, und dies auch nur dann, wenn die Vorstellung des Täters, der rechtfertigende Sachverhalt läge vor, unrichtig ist.[415] In diesen Fällen, in denen sich das Risiko einer unnötigen Rechtsgutsverletzung verwirklicht, könne allein die pflichtgemäße Prüfung den tatsächlich nicht gegebenen Rechtfertigungssachverhalt ersetzen.[416]

Die Forderung nach einer pflichtgemäßen Prüfung kann – auch in Form der differenzierenden Ansicht – nicht überzeugen. Für den Fall, dass **tatsächlich ein Rechtfertigungssachverhalt vorliegt** und der Täter davon auch ausgeht,[417] eine Überprüfung der Rechtfertigungsvoraussetzungen aber fehlt oder unsorgfältig geprüft wird, folgt das schon aus der mangelnden Strafbarkeit des „fahrlässigen Versuchs": Der Sorgfaltsmangel kann allenfalls einen Fahrlässigkeitsvorwurf begründen, so dass es sowohl am Erfolgs- als auch am vorsätzlichen Handlungsunrecht fehlt.[418] Überdies ist eine Prüfungspflicht in den gesetzlichen Rechtfertigungstatbeständen nicht normiert,[419] so dass ihre Implementierung im Hinblick auf Art. 103 Abs. 2 GG bedenklich ist.[420] Schließlich käme eine Prüfungspflicht hier auch dem Rechtsgut nicht zugute; das Ergebnis, dass dieses

94

Rdn. 84 ff; *Rudolphi* GedS Schröder, 73, 85; *ders.* GedS Arm. Kaufmann, 371, 380; *Sch/Schröder/Perron* § 34 Rdn. 49; *Schünemann* GA **1985** 341, 372; *Steinbach* Rechtfertigungselemente S. 254 ff; *T. Walter* Kern des Strafrechts S. 100 ff: „Logik-Fehler" und „Etikettenschwindel"; *Zielinski* Handlungs- und Erfolgsunwert S. 271 ff. **Anders** (für den Notstand) *Baumann/Weber/Mitsch/Eisele* § 15 Rdn. 109 (allerdings nicht als subjektives Merkmal, sondern als „objektiver Begleitumstand des Tatvollzugs"); *Blei* I § 44 V; *Gössel* FS Trifferer, 93, 99; *Schaffstein* NJW **1951** 691, 693; auch für § 32 *Schlehofer* MK Rdn. 97. Für die Irrtumssituation (also bei tatsächlichem Fehlen der Rechtfertigungsvoraussetzungen) fordern auch *Paeffgen* Verrat S. 150 ff; *ders./Zabel* NK Rdn. 136 f u. *Heuchemer* Erlaubnistatbestandsirrtum S. 217 eine pflichtgemäße Prüfung.
414   Ebenso *Jescheck/Weigend* § 31 IV 3, § 41 IV 3; für die mutmaßliche Einwilligung auch *Roxin* FS Welzel, 447, 453 f (**anders** aber jetzt *ders.* AT I § 14 Rdn. 84 f); gegen das Prüfungserfordernis bei der mutmaßlichen Einwilligung ferner *Rieger* Die mutmaßliche Einwilligung in den Behandlungsabbruch, Diss. München 1998 S. 96 ff.
415   Anderenfalls bestehe nämlich auch bei den an sich bloßen Handlungsbefugnissen ein Eingriffsrecht.
416   **Kritisch** zur Konzeption *Lenckners Rath* Rechtfertigungselement S. 189 ff: Schon die Existenz schlichter Handlungsbefugnisse sei fraglich; zudem sei nicht ersichtlich, warum nicht bei strikten Eingriffsbefugnissen umso mehr eine pflichtgemäße Prüfung zu fordern sei; schließlich dürfe die bloß irrtümliche Annahme der Rechtfertigungsvoraussetzungen niemals rechtfertigende Wirkung entfalten. **Ablehnend** auch *Rudolphi* GedS Schröder, 73, 76 ff, 86 ff: Bei *allen* Rechtfertigungsgründen sei die objektive Wahrscheinlichkeit der Wahrung höherwertiger Interessen entscheidend und nicht die Tatsache, dass der Täter selbst diese Wahrscheinlichkeit festgestellt habe.
417   Die Rechtsprechung hat auf das Erfordernis der sorgfältigen Prüfung nur in Irrtumssituationen zurückgegriffen (darauf hat schon *Welzel* JZ **1955** 142, 143 hingewiesen). Es fehlt aber nicht an Feststellungen dahingehend, dass die Prüfung auch sonst Voraussetzung der Rechtfertigung sein soll, vgl. etwa RGSt **62** 137, 138: Rechtfertigung trete selbst dann nicht ein, „wenn nachträglich festgestellt wird, daß die sonstigen Voraussetzungen gegeben waren" u. BGH JZ **1977** 139: Der eine Abtreibung ohne gewissenhafte Prüfung vornehmende Arzt könne sich „von vornherein" nicht auf § 218a berufen.
418   *Kühl* AT § 9 Rdn. 186; *Merkel* NK § 218a Rdn. 141; *Rath* Rechtfertigungselement S. 187; *Roxin* AT I § 14 Rdn. 84; *Steinbach* Rechtfertigungselemente S. 257 ff; vgl. auch *Jakobs* 11/25 und *Zielinski* Handlungs- und Erfolgsunwert S. 275.
419   Zu § 34 so auch *Kühl* AT § 9 Rdn. 186; *Lackner/Kühl/Kühl* § 34 Rdn. 13; *Neumann* NK § 34 Rdn. 110; *Sch/Schröder/Perron* § 34 Rdn. 49; **aA** *Baumann/Weber/Mitsch/Eisele* § 15 Rdn. 109 und *Blei* I § 44 V: Die Formulierung „wenn bei Abwägung der widerstreitenden Interessen ..." sei deutungsfähig.
420   *Hirsch* LK[11] Rdn. 37; *ders.* FG BGH IV, 199, 212; auch *Zieschang* LK § 34 Rdn. 85.

in der konkreten Situation nicht schützenswert ist, würde auch eine „gewissenhafte Prüfung" hervorbringen.[421] Sofern die Rechtsprechung die Prüfungspflicht in Fällen der **irrtümlichen Annahme von Rechtfertigungsvoraussetzungen** zur Vermeidung der Folgen ihrer eigenen, auf der eingeschränkten Schuldtheorie beruhenden Irrtumsrechtsprechung heranzieht, ist dies gleichermaßen abzulehnen: Die nur fahrlässige Erfolgsherbeiführung wird hier im Ergebnis als vorsätzliches Delikt bestraft.[422] Die Frage, ob dem Täter bei sorgfältiger Beurteilung der Lage das Fehlen von Rechtfertigungsvoraussetzungen bewusst geworden wäre, ist von Bedeutung nur bei der Entscheidung, ob der Täter sich wegen eines fahrlässigen Delikts strafbar gemacht hat.[423] Nichts anderes, d.h. keine Prüfungspflicht, gilt für die Rechtfertigungsgründe, die auf dem Gedanken des „erlaubten Risikos" beruhen und für die in der Literatur teilweise eine Ausnahme gemacht wird (dazu Rdn. 93 m. Fn. 416; weiter *Roxin* AT I § 14 Rdn. 85 und *Hirsch* LK[11] Rdn. 54).

95 **c) Der Erlaubnistatumstandsirrtum.** Das isolierte Vorliegen des subjektiven Rechtfertigungselements, also die irrige Vorstellung vom Vorhandensein tatsächlich rechtfertigender Umstände, wird als **Erlaubnistatumstandsirrtum** (ungenau: Erlaubnistat*be*standsirrtum)[424] bezeichnet.[425] Die Konstellation ist zu unterscheiden von jener, in der der Täter sein Handeln durch einen (so) nicht existierenden Rechtfertigungsgrund gedeckt glaubt; ein solcher „Erlaubnisirrtum" fällt in den Regelungsbereich des § 17. Das gilt selbstverständlich auch für den (in problematischer Weise) sog. „Doppelirrtum":[426] Wenn der Täter sich die nach der geltenden Rechtsordnung tatsächlich nicht rechtfertigenden Umstände sogar nur vorstellt, kann er nicht besser stehen. Der Erlaubnistatumstandsirrtum ist hingegen gesetzlich nicht geregelt;[427] über seine Behandlung besteht

---

421 *Samson* SK[5] Rdn. 46 m.w.N.
422 *Roxin* AT I § 14 Rdn. 84. Daher ist auch *Paeffgen* Verrat S. 150 ff; *ders./Zabel* NK Rdn. 136 f u. *Heuchemer* Erlaubnistatbestandsirrtum S. 217 zu widersprechen, sofern sie (lediglich) in der Irrtumssituation eine pflichtgemäße Prüfung fordern. Freilich verbleiben bei der hier bevorzugten Lösung – Prüfungspflicht in keiner Situation – die oben genannten „Strafbarkeitslücken". Vgl. dazu aber richtig *Puppe* FS Stree/Wessels, 183, 194 f: „Wenn das Unrecht, das dem Täter vorzuwerfen ist, seiner Qualität nach Fahrlässigkeitsunrecht ist, so ist es eine Strafbarkeitslücke, wenn er nicht bestraft werden kann, soweit Fahrlässigkeit nicht strafbar ist." Dass es mehr als (allenfalls) Fahrlässigkeitsunrecht ist (wie *Paeffgen/Zabel* NK Rdn. 136 m. Fn. 624 behaupten), will nicht einleuchten. Die Tatsache, dass *Paeffgen/Zabel* (NK Rdn. 137) bei objektiver Rechtfertigung die Verletzung der Prüfungspflicht „marginalisieren" wollen, weil das „kriminalpolitisch sinnvoll" sei, zeigt, dass ihre Argumentation in einem Kernelement nicht überzeugen kann (s. auch *Puppe* NK § 16 Rdn. 132).
423 Für die Vertreter der strengen Schuldtheorie, die § 17 auf den Erlaubnistatumstandsirrtum anwenden, ist dieselbe Frage für die Entscheidung über die Vermeidbarkeit des Irrtums relevant. Bei Fehlen einer (sorgfältigen) Prüfung gelangen sie – wie die Rechtsprechung über den dargestellten „Umweg" – zur Vorsatzstrafbarkeit. Wenn *Paeffgen* (Verrat S. 150 ff u. *ders./Zabel* NK Rdn. 136 f) als Vertreter der strengen Schuldtheorie der gewissenhaften Prüfung darüber hinaus auch als „Unrechts-Element" Bedeutung zumisst, ist das zumindest überflüssig, erklärt sich aber wohl aus der Grundannahme des Autors, Rechtfertigungsverhalten sei stets riskantes Verhalten (vgl. *ders./Zabel* NK Rdn. 81 ff, 114, 136).
424 Siehe zur „richtigen" Bezeichnung *Kühl* AT § 13 Rdn. 67.
425 *Sch/Schröder/Lenckner/Sternberg-Lieben* Rdn. 21: „In der Sache nichts anderes als das isolierte Vorliegen subjektiver Rechtfertigungselemente".
426 BGH GA **1975** 305 f; NStZ **1987** 322; **1988** 269, 270; *Wessels/Beulke/Satzger* Rdn. 767; *Puppe* NK § 16 Rdn. 39 f; *Sch/Schröder/Perron* § 32 Rdn. 65; näher zur dogmatischen Behandlung des in verschiedenen Variationen auftretenden „wirklichen Doppelirrtums" *Kuhlen* FS Paeffgen, 247 ff (sowie ab S. 252 zum im Haupttext erwähnten „Pseudo-Doppelirrtum", der in Wahrheit gar keiner ist).
427 AA *Paeffgen/Zabel* NK Rdn. 118; *Paeffgen* GedS Arm. Kaufmann, 399, 409 f u. *ders.* FS Frisch, 403, 405 ff: Erlaubnistatbestandsirrtum als Sonderfall des Verbotsirrtums durch § 17 geregelt; ähnlich *Gössel* FS Trifferer, 93, 98; auch *Heuchemer* Erlaubnistatbestandsirrtum S. 201 f. Vgl. dagegen *Puppe* NK § 16 Rdn. 127.

Streit.⁴²⁸ Es gibt mittlerweile zu Recht eine große Übereinstimmung dahingehend, dass der über die rechtfertigenden Umstände Irrende nicht aus dem Vorsatzdelikt zu bestrafen ist.⁴²⁹ Begründungen dafür liefern heute die verschiedenen **„eingeschränkten Schuldtheorien".**⁴³⁰ Nach der Lehre von den negativen Tatbestandsmerkmalen (die einen aus dem Tatbestand i.e.S. und der Rechtswidrigkeitsstufe zusammengesetzten Gesamt-Unrechtstatbestand bildet) ist der Irrtum über den Rechtfertigungssachverhalt schlicht ein Tatumstandsirrtum und § 16 direkt anwendbar.⁴³¹ Für die Anhänger eines dreistufigen Deliktsaufbaus kommt nur eine **analoge Anwendung des § 16** in Betracht.⁴³² Abweichend wollen einige § 16 nur „den Rechtsfolgen nach" anwenden, lehnen also (wegen fehlender „Vorsatzschuld") die Vorsatzstrafe – trotz Vorsatzunrechts – ab.⁴³³

Die **strenge Schuldtheorie**, nach der beim Erlaubnistatumstandsirrtum § 17 anwendbar sein soll,⁴³⁴ überzeugt nicht. Wer in irriger Vorstellung vom Vorliegen der tat- **96**

---

428 Ausführlich zum Theorienstreit in neuerer Zeit *Heuchemer* Erlaubnistatbestandsirrtum S. 149 ff; *Rinck* Zweistufiger Deliktsaufbau S. 75 ff; vgl. auch *Roxin* AT I § 14 Rdn. 54 ff und *Paeffgen/Zabel* NK Rdn. 103 ff.
429 Statt vieler *Kuhlen* Die Unterscheidung zwischen vorsatzausschließendem und nicht vorsatzausschließendem Irrtum, Habil. Frankfurt am Main 1987, S. 298 ff; *Schlüchter* Irrtum über normative Tatbestandsmerkmale im Strafrecht, Habil. Tübingen 1983, S. 171 f.
430 Die sog. Vorsatztheorie, nach der das Unrechtsbewusstsein Element des Vorsatzes ist und auch der Verbotsirrtum mithin den Vorsatz ausschließt, kommt zwar ebenfalls zu diesem Ergebnis. Sie ist aber mit dem geltenden Recht (§ 17!) schwerlich vereinbar und wird nur noch von Wenigen vertreten; vgl. aber *Schmidhäuser* AT 10/64; *ders.* StuB 7/68 ff u. *Langer* GA **1976** 193, 213 f. Für eine „modifizierte Vorsatztheorie" setzt sich u.a. *Otto* AT § 15 Rdn. 5 ff; *ders.* Jura **1990** 645, 647 ein.
431 Vgl. *Arth. Kaufmann* JZ **1954** 653, 654; *ders.* ZStW **76** (1964) 543, 564 ff; *Samson* Strafrecht I S. 117 ff; *Schroth* FS Arth. Kaufmann, 595, 597 f; *Schünemann* GA **1985** 341, 373; in jüngerer Zeit auch *Rinck* Zweistufiger Deliktsaufbau S. 199 f.
432 Aus der Rspr., die gerade in älteren Judikaten die Frage einer direkten oder analogen Anwendung von § 16 häufig nicht erörtern, etwa BGHSt **3** 105, 106; 194, 196; 357, 364; **17** 87, 90 f; **31** 264, 286 f; **32** 242, 247 f; **35** 246, 250; **45** 219, 224 f; 378, 384; **49** 34, 44; BGH JZ **1959** 493, 495; GA **1969** 23, 24; bei Holtz MDR **1980** 453; NJW **1968** 1885; **1989** 3027 f; NStZ **1983** 500, **1987** 172; **1996** 34, 35; **2001** 530; **2012** 205, 206; **2014** 30 f; NStZ-RR **2002** 73; **2007** 340, 341; **2011** 238 f; BeckRS **2015** 13281 (in BGHSt **60** 253 nicht abgedruckt); BeckRS **2017** 102724 Rdn. 11; aus der Lit. Baumann/Weber/Mitsch/Eisele § 14 Rdn. 77 ff; *Frister* 14/30; *Kühl* AT § 13 Rdn. 73; *Murmann* GK § 25 Rdn. 18; *Puppe* NK § 16 Rdn. 137 f; *dies.* FS Stree/Wessels, 183, 191; *Roxin* AT I § 14 Rdn. 64 ff; *Stein* SK § 16 Rdn. 13 (bezgl. unmittelbarer oder analoger Anwendung differenzierend); *Sch/Schröder/Sternberg-Lieben/Schuster* § 16 Rdn. 18; *Stratenwerth/Kuhlen* AT § 9 Rdn. 162 ff; *Streng* FS Paeffgen, 231, 237 (der im Schwerpunkt Teilnahmefragen behandelt); *Vogel* LK¹² § 16 Rdn. 116.
433 So jetzt auch – ohne nähere Begründung und in Abkehr von der bisherigen Rspr. (*Mandla* StV **2012** 334, 336 f) – BGH NStZ **2012** 272, 274 – „Hells Angels" m. Anm. von *Engländer*; weitere Bespr. von *Erb* JR **2012** 207; *Hecker* JuS **2012** 263; *Jäger* JA **2012** 227; *Satzger* JK 6/12 StGB § 32/37; *van Rienen* ZIS **2012** 377; zudem OLG Hamm NJW **1987** 1034, 1035; *Blei* I § 59 II 3; *Fischer* § 16 Rdn. 22d; *Gallas* FS Bockelmann, 155, 170 ff; *Jescheck/Weigend* § 41 IV 1d; *Krümpelmann* GA **1968** 129, 142 ff; *Maurach/Zipf* § 37 Rdn. 19 ff, 43; *Rengier* AT § 30 Rdn. 20; *Wessels/Beulke/Satzger* Rdn. 755 f; im Ergebnis auch *Safferling* Vorsatz und Schuld S. 207 f. Eine „unselbständige Schuldtheorie" vertritt *Jakobs* 11/58: Danach soll wegen Vorsatzdelikts verurteilt, die Strafrahmen jedoch auf den des Fahrlässigkeitsdelikts reduziert werden. In der FS Paeffgen, 221, 229 schlägt *Jakobs* nun vor, Rechtfertigungsfahrlässigkeit als Fall des Mangels an Verwaltungskompetenz nach § 16 Abs. 1 (und als Irrtum im Einklang mit der Regelung des § 16 Abs. 2), Rechtfertigungsgleichgültigkeit dagegen nach § 17 zu behandeln. Zur Ansicht *Krümpelmanns* (Beiheft ZStW **90** [1978] 6, 40 ff) und den einzelnen Spielarten der eingeschränkten Schuldtheorie s. *Rinck* Zweistufiger Deliktsaufbau S. 133 ff, 149 ff.
434 So etwa *Gössel* FS Triffterer, 93, 98 f; *Hirsch* LK¹¹ Rdn. 8; *ders.* ZStW **94** (1982) 239, 257 ff (für eine „vermittelnde Schuldtheorie" dann aber *ders.* FS Schroeder, 223, 231 ff); *Paeffgen/Zabel* NK Rdn. 108 ff; *Paeffgen* Verrat S. 91 ff; *ders.* GedS Arm. Kaufmann, 399 ff; *ders.* FS Frisch, 403 ff (jeweils mit ausführlicher Begründung); *Schroeder* LK¹¹ § 16 Rdn. 52 (**abl.** jetzt *Vogel* LK¹² § 16 Rdn. 116); *Klesczewski* AT Rdn. 432 ff; modifizierend *Heuchemer* Erlaubnistatbestandsirrtum S. 201 ff, 345 ff u. passim (**krit.** zu dessen eigenem

sächlichen Voraussetzungen eines anerkannten Rechtfertigungsgrundes einen Tatbestand verwirklicht, agiert in Übereinstimmung mit den Wertungen der Rechtsordnung;[435] er handelt, anders als der einem Verbotsirrtum unterliegende Täter, (inhaltlich) „an sich rechtstreu" (BGHSt **3** 105, 107; ebenso – für viele – *Streng* FS Paeffgen, 231).[436] Lässt man mit der ganz h.M. in Bezug auf das Unrecht eine *saldierende Betrachtung* zu,[437] gilt Folgendes: Dem verwirklichten Erfolgsunwert, der in der tatbestandsmäßigen und rechtswidrigen Erfolgsherbeiführung liegt, korrespondiert kein entsprechender Handlungsunwert. Der Wille des Täters ist (ebenso wie beim Tatumstandsirrtum) nicht auf die Verwirklichung eines den Gegenstand rechtlicher Missbilligung darstellenden Sachverhalts gerichtet,[438] dem Täter fehlt vielmehr der **„Unrechtsvorsatz";** man kann ihm – bei vermeidbarem Irrtum – nur Fahrlässigkeit vorwerfen.[439] Bei Vorliegen des subjektiven Rechtfertigungselements und gleichzeitigem Fehlen eines tatsächlich rechtfertigenden Sachverhalts ist **§ 16** daher **entsprechend anzuwenden**. Wenn *Paeffgen/Zabel* NK Rdn. 115; *Paeffgen* FS Frisch, 403, 409 den materiellen Haupteinwand der eingeschränkten Schuldtheorie (konkret: die Unbilligkeit der von der strengen Schuldtheorie erzielten Ergebnisse!) nunmehr gegen die h.M. selbst richten – im *Beispiel:* „Wieso es unbillig sein soll, den Arzt, der frivol leichtfertig die Patienten verwechselt oder das falsche Bein amputiert, wegen vorsätzlicher Körperverletzung haften zu lassen, ... harrt noch der Aufklärung"[440] –, kann diese Kritik letztlich nicht durchdringen. Denn das Problem liegt tiefer; es steckt schon in der gesetzlichen Behandlung des Tatumstandsirrtums (§ 16) als *Sachverhaltsirrtum*, mit dem der Erlaubnistatumstandsirrtum strukturell vergleichbar ist. Allein der Rechtsirrtum führt nach geltender Rechtslage aber zu einer verschärften Strafhaftung. Das wird von *Jakobs* 8/5a f in Bezug auf § 16 schon lange kritisiert[441] und ist gerade in der Behandlung des „Mannesmann"-Falles (BGH NJW **2006** 522) praktisch geworden; dazu *Jakobs* FS Dahs, 49, 62f; *ders.* NStZ **2005** 276, 278. Über eine sachgemäße Umsetzung der Kritik müsste nun verhandelt werden. Die Vorzugswürdigkeit der strengen Schuldtheorie de lege lata ergibt sich daraus nicht.

97 **d) Einschränkung von Rechtfertigungsgründen durch (rechtswidriges) Vorverhalten.** Kann eine Handlung, die der Rechtfertigungslage vorausgeht, den Inhalt eines Erlaubnissatzes für den Verteidiger einschränken? Die Antwort ist kompliziert, ihre

---

Ansatz *H. Schneider* GA **2006** 243, 245 u. *Schünemann/Greco* GA **2006** 777, 780 ff) und zuletzt nachdrücklich *Erb* FS Paeffgen, 205 ff, 218: „dogmatisch allein überzeugende strenge Schuldtheorie".
435 *Kühl* AT § 13 Rdn. 71 f; *Roxin* AT I § 14 Rdn. 64; *Puppe* NK § 16 Rdn. 137.
436 Durch den Hinweis auf die „Rechtstreue an sich" wird nur zum Ausdruck gebracht, dass dem handelnden Täter weder der Vorwurf der bewussten Auflehnung gegen das Recht noch der der Rechtsblindheit gemacht werden kann; eine mögliche Strafbarkeit wegen (grober) Fahrlässigkeit wird damit nicht ausgeschlossen; zutreffend *Rinck* Zweistufiger Deliktsaufbau S. 408 gegen die Argumentation von *Hirsch* Negative Tatbestandsmerkmale S. 236.
437 Nachdrücklich **anders** *Paeffgen/Zabel* NK Rdn. 111: Die Vorstellung rechtfertigender Tatsachen „ist nur notwendiger Bestandteil eines hinreichenden Gesamtgefüges: dem Vorliegen von objektiven und darauf bezogenen/aufruhenden subjektiven Erlaubnistatbestandsmerkmalen."
438 *Sch/Schröder/Eisele* Vor § 13 Rdn. 19; *Frister* 14/30.
439 *Roxin* AT I § 14 Rdn. 64; *Puppe* NK § 16 Rdn. 138; *Duttge* HK-GS § 16 Rdn. 15; *Matt/Renzikowski/Gaede* § 16 Rdn. 35; *Sch/Schröder/Lenckner/Sternberg-Lieben* Rdn. 21 m.w.N. Deutlich auch *Stratenwerth/Kuhlen* AT § 9 Rdn. 166: „Ebenso wie die objektiven Elemente der Rechtfertigung den Erfolgsunwert ausschließen oder aufwiegen, so die subjektiven Elemente der Rechtfertigung den Handlungsunwert (des Vorsatzdeliktes)."
440 Diesbezüglich zust. *Heuchemer* JuS **2012** 795, 797 f („wenig überzeugende Privilegierung unverzeihlicher Irrtümer"); näher *ders.* Erlaubnistatbestandsirrtum S. 174 ff.
441 Dazu die Nachw. und Kritik bei *Rönnau/Becker* NStZ **2016** 569, 570.

Begründung umstritten. Die einschlägigen Urteile und Beiträge thematisieren überwiegend die Notwehr,[442] teilweise auch den Notstand;[443] selten werden andere Rechtfertigungsgründe in den Blick genommen.[444] Leitlinien für das Generalthema „Vorverhalten und Rechtfertigung" zu formulieren, fällt schwer,[445] da sich die einzelnen Erlaubnissätze konstruktiv und dogmatisch stark unterscheiden. Weitgehend anerkannt ist aber, dass alle Rechtfertigungsgründe durch ein zu beanstandendes Vorverhalten begrenzt werden können.[446]

Das **Grundproblem** liegt darin, dass es dem Rechtsgefühl widerspricht, wenn eine Person, die sich selbst (vorwerfbar) in eine Rechtfertigungslage manövriert hat, wie jeder Unbeteiligte einen Erlaubnissatz in Anspruch nehmen kann. Besonders deutlich wird das, wenn ein Provokateur gar beabsichtigt, „unter dem Deckmantel"[447] der Rechtfertigung fremde Rechtsgüter zu verletzen. Solche Fälle sind zwar bislang – wohl auch wegen der Beweisschwierigkeiten – theoretisch geblieben, bilden aber gleichwohl als Extrembeispiel oft den Ausgangspunkt der dogmatischen Diskussion. 98

Streit herrscht über die notwendige **Qualität des Vorverhaltens**, das eine Rechtfertigung einschränkt. Weitgehend Konsens gibt es noch darüber, dass es nicht ausreicht, die Rechtfertigungslage durch **sozialadäquates Verhalten** in vorhersehbarer Weise zu verursachen (BGHSt 27 336, 338).[448] Ansonsten wäre die allgemeine Handlungsfreiheit zu stark eingeschränkt.[449] Dieser Einwand verbietet auch, an ein **sozialethisch zu missbilligendes Vorverhalten** anzuknüpfen, wie es sich insbesondere in der Rechtsprechung immer wieder findet.[450] Zwar mag es im Einzelfall dem Rechtsgefühl entsprechen, durch die Begrenzung der erlaubten Verteidigung zum Beispiel einen (sorglosen) Rüpel für eine Notlage mitverantwortlich zu machen („selbst schuld"). Indes gibt es nur vage Kriterien, um die soziale Missbilligung eines Verhaltens zu bestimmen; ohnehin ist eine Vermischung von Recht und Moral abzulehnen.[451] Zudem erinnert die Unbestimmtheit des Kri- 99

---

442   Zahlreiche Nachw. bei *Rönnau/Hohn* LK § 32 Rdn. 245 ff.
443   Dazu insbes. *Küper* Der „verschuldete" rechtfertigende Notstand (1983).
444   Zur behördlichen Genehmigung *Sch/Schröder/Lenckner/Sternberg-Lieben* Rdn. 23; zum Festnahmerecht nach § 127 StPO, der rechtfertigenden Pflichtenkollision s. § 218a Abs. 2 s. Baumann/Weber/*Mitsch*/Eisele § 14 Rdn. 64; ebenfalls zu § 218a Abs. 2 *Sch/Schröder/Perron* § 34 Rdn. 42.
445   Baumann/Weber/*Mitsch*/Eisele § 14 Rdn. 65; *Maurach/Zipf* § 25 Rdn. 22.
446   Für die h.M. *Sch/Schröder/Lenckner/Sternberg-Lieben* Rdn. 23; *Paeffgen/Zabel* NK Rdn. 145; Baumann/Weber/*Mitsch*/Eisele § 16 Rdn. 72; *Grünewald* ZStW **122** (2010) 51, 52; *Streng* FS Beulke, 313, 314; **aA** etwa *Bockelmann* FS Honig, 31; *Hassemer* FS Bockelmann, 225, 243; vgl. auch die Nachweise bei *Stuckenberg* JA **2001** 894, 903 m. Fn. 171; mit einer ausführlichen Kritik an den Argumenten gegen eine Einschränkung der Notwehr *Grünewald* ZStW **122** (2010) 51, 61 ff; zum Begriff und den Konstellationen des „Vorverschuldens" (auf Tatbestands-, Rechtswidrigkeits- und Schuldebene) *Sutschet* Erfolgszurechnung S. 27 ff.
447   BGH NStZ **2006** 332; so bereits BGH NStZ **1983** 452; *Fischer* § 32 Rdn 42; *Maurach/Zipf* § 26 Rdn. 22; *Matt* NStZ **1993** 271; *Schumann* JuS **1979** 559, 564; *Otto* FS Frisch, 589, 601.
448   Weiter BGH NStZ **2011** 83, 83; Baumann/Weber/*Mitsch*/Eisele § 14 Rdn. 65; *Fischer* § 32 Rdn. 43; *Kindhäuser* NK § 32 Rdn. 127; *Eidam* HRRS **2016** 380, 383; *Lackner/Kühl/Kühl* § 32 Rdn. 14; *Roxin* AT I § 15 Rdn. 71; *Kühl* Jura **1991** 57, 61.
449   *Eidam* HRRS **2016** 380, 382; *Rönnau* JuS **2012** 404, 407; *Kühl* Jura **1991** 57, 62; *Constadinidis* Die „Actio illicita in causa" S. 83.
450   In jüngerer Zeit BGH JA **2017** 629; zuvor insbesondere BGHSt **42** 97, 101 mit zust. Bespr. *Kühl* StV **1997** 298; ebenso *Lackner/Kühl/Kühl* § 32 Rdn. 14 m.w.N.; *Fischer* § 32 Rdn. 44; *Roxin* ZStW **75** (1963) 541, 570 ff; *Schünemann* JuS **1979** 275, 279; *Constadinidis* Die „actio illicita in causa" S. 87; **kritisch** zur unklaren Lage in der Rechtsprechung etwa *Eidam* HRRS **2016** 380, 381 ff; *Oğlakcıoğlu* HRRS **2009** 106, 108 ff; *Sch/Schröder/Perron* § 32 Rdn. 59 m.w.N.; *Roxin* AT I § 15 Rdn. 72.
451   So *Hassemer* FS Bockelmann, 225, 230 f; *Eidam* HRRS **2016** 380, 383; *Grünewald* ZStW **122** (2010) 51, 79 ff; *Otto* FS Frisch, 589, 602 m.w.N. Die Verquickung rechtlicher und sozialer Maßstäbe bei der Einschränkung des Notwehrrechts veranschaulicht die Zugreise-Entscheidung des BGH (BGHSt **42** 97, 101):

teriums an das Merkmal der Sittenwidrigkeit bei § 228.⁴⁵² Deshalb sollte allein **rechtswidriges Verhalten** eine mögliche Rechtfertigung einschränken.⁴⁵³ Zusätzlich ist dafür aber zu fordern, dass zwischen dem Vorverhalten und der dann eingetretenen Rechtfertigungslage ein enger zeitlicher und räumlicher Zusammenhang besteht und der Angriff eine vorhersehbare und adäquate Folge der Provokation ist (**Provokationszusammenhang**).⁴⁵⁴

100 Wird eine Person durch das Verhalten einer anderen in eine Notlage gebracht, muss sie ihre Rechtsgüter grundsätzlich uneingeschränkt verteidigen dürfen;⁴⁵⁵ eine Ausnahme gilt aber dann, wenn ihr das für die Konfliktlage ursächliche Tun zuzurechnen ist.⁴⁵⁶ Ein eigenes (vorwerfbares) Vorverhalten einer Person, die in eine Rechtfertigungslage gerät, muss ein Helfer bei dessen Unterstützung berücksichtigen.⁴⁵⁷

101 Lehnt man eine Einschränkung des Rechtfertigungsgrundes (und damit eine Strafbarkeit) nicht grundsätzlich ab,⁴⁵⁸ bieten sich für die dogmatische Behandlung der Fälle prinzipiell zwei Lösungsmodelle an: Entweder wird die Möglichkeit der Rechtfertigung im Zeitpunkt der Tathandlung je nach Vorverhalten eingeschränkt oder aber der Rechtfertigungsgrund bleibt unangetastet und der Strafbarkeitsvorwurf wird schon an das Vorverhalten angeknüpft (sog. **actio illicita in causa**).

102 Für die häufig diskutierten Fälle der Notwehr und des Notstands ist der erste Lösungsweg herrschend. Das Maß der Einschränkung wird verbreitet von der Qualität des Vorverhaltens abhängig gemacht. Eine absichtliche Provokation der Situation soll die Rechtfertigung grundsätzlich ausschließen. Der Verteidiger ist auf die Ausübung reiner Schutzwehr beschränkt; nur im Notfall seien Gegenangriffe erlaubt (BGH NStZ-RR **2011** 305).⁴⁵⁹ Unterhalb der Absichtsschwelle, also bei sonst vorsätzlicher oder nur fahrlässiger Verursachung, wird das Notwehrrecht nach der „**Dreistufentheorie**" reduziert.⁴⁶⁰

103 Die Begründungen für eine derartige Einschränkung variieren stark (ausf. *Grünewald* ZStW **122** [2010] 51, 67ff). Häufig wird der **Gedanke des Rechtsmissbrauchs** bemüht (BGH NStZ **2001** 143).⁴⁶¹ Dabei handelt es sich indes eher um eine Problembeschreibung als

---

Das Öffnen eines Zugfensters zum Hinausekeln eines Mitfahrers sei eine Missachtung, die einer schweren Beleidigung gleichkomme.
452 Dazu nur *Roxin* AT I § 15 Rdn. 73; *Kühl* Jura **1991** 57, 62; *Eidam* HRRS **2016** 380, 381 ff.
453 Für die h.M. in der Literatur *Sch/Schröder/Perron* § 32 Rdn. 59; *Roxin* AT I § 15 Rdn. 73; *Eidam* HRRS **2016** 380, 383; *Grünewald* ZStW **122** (2010) 51, 67 ff; jew. m.w.N.
454 BGHSt **27** 336, 338; **42** 97, 101; **48** 207, 209; *Fischer* § 32 Rdn. 44; *Zaczyk* JuS **2004** 754; *Engländer* FS Wolter, 319, 324; *Rückert* Effektive Selbstverteidigung und Notwehrrecht S. 483f; *Grünewald* ZStW **122** (2010) 51, 83f; beide m.w.N; *Voigt/Hoffmann-Holland* NStZ **2012** 362, 364f. Zu Recht gegen eine Einschränkung der Putativnotwehr wegen Provokation (Mitgliedschaft in einem Rockerclub) im „Hells Angels-Fall" (BGH NStZ **2012** 272) *Engländer* FS Wolter, 319, 323ff.
455 Nachw. bei *Otto* FS Frisch, 589, 601f.
456 Ausführlich – auch zu den Kriterien der Zurechnung – *Roxin* AT I § 16 Rdn. 62f; *Küper* Der „verschuldete" rechtfertigende Notstand S. 151ff; diese Frage warf etwa der Fäkalien-Fall des BayObLG NJW **1978** 2046 für den Notstand auf.
457 *Sch/Schröder/Perron* § 32 Rdn. 61a.
458 So aber *Paeffgen/Zabel* NK Rdn. 147f; *Hruschka* JR **1979** 125ff (zu § 34); vgl. auch die zahlreichen Nachweise bei *Stuckenberg* JA **2001** 894, 903 m. Fn. 171; eine Bestrafung wegen des Vorverhaltens selbst bleibt freilich unberührt, falls dieses einen Straftatbestand erfüllt (z.B. eine Beleidigung).
459 Weiter *Kindhäuser* NK § 32 Rdn. 122; *Fischer* § 32 Rdn. 42; jew. m.w.N.
460 *Fischer* § 32 Rdn. 44f; *Paeffgen/Zabel* NK Rdn. 146; vgl. aus der Rechtsprechung z.B. BGHSt **24** 356, 358f; **26** 143, 145f; ausführlich dazu *Stuckenberg* JA **2002** 172, 174; *Rönnau/Hohn* LK § 32 Rdn. 256; *Otto* FS Frisch, 589, 606f, 612 (Wertung der Dreistufentheorie sachgerecht [obwohl er selbst auf § 34 abstellt]).
461 BGH NJW **1983** 2267; **1962** 308, 309; zuvor eingehend BayObLGSt **1954** 65; BGH LM Nr. 3 zu § 53 StGB; weiter *Roxin* AT I § 15 Rdn. 65; *Stuckenberg* JA **2001** 894, 897.

um eine dogmatische Erklärung.[462] Zudem ist es wegen der Unbestimmtheit des Missbrauchseinwands problematisch, das im Zivilrecht wurzelnde Prinzip einfach in das Strafrecht zu übertragen.[463] Verbreitet wird argumentiert, dem Täter fehle der erforderliche Rettungswille, wenn er in Wahrheit fremde Rechtsgüter verletzen wolle.[464] Daran, dass er in der konkreten Situation auch seine Rechtsgüter bewahren will, kann aber kein Zweifel bestehen.[465] Jede andere Annahme liefe auf eine normative Korrektur („Fiktion") hinaus, die mit den tatsächlichen Gegebenheiten nicht in Einklang steht.[466] Ferner versagt der Ansatz, wenn der Handelnde die Rechtfertigungslage zwar nicht absichtlich, aber sonst vorwerfbar provoziert. Andere wollen aus dem Ingerenzgedanken eine Rücksichtnahmepflicht ableiten.[467] Die Figur aus der Unterlassungsdogmatik beschäftigt sich indes mit strukturell anderen Sachverhalten.[468] Überzeugender wird schließlich auf die Ratio des jeweiligen Rechtfertigungsgrunds verwiesen, die in diesen Fällen nicht oder nur eingeschränkt greifen soll.[469] Aufgrund des – jedenfalls für kodifizierte Rechtfertigungsgründe ebenfalls geltenden – Bestimmtheitsgebots (dazu Rdn. 64) ist eine solche Einschränkung aber nur dort möglich, wo wertungsoffene Normmerkmale (wie etwa die Gebotenheit bei § 32 oder die Interessenabwägung bei § 34) bestehen, es sich also weniger um eine Reduktion im eigentlichen Sinne als vielmehr um eine teleologische Auslegung des jeweiligen Rechtsbegriffs handelt.[470] Die Anknüpfung an solche Merkmale entspricht zumindest für den Bereich der Notwehr auch dem ausdrücklichen Willen des Gesetzgebers[471] und lässt sich systematisch auf andere Rechtfertigungsgründe übertragen. Verfassungsrechtlich weniger problematisch scheint eine Einschränkung der gewohnheitsrechtlich anerkannten Rechtfertigungsgründe (etwa der Pflichtenkollision),

---

462 Das zeigt eine Formulierung, die bei § 32 StGB gebräuchlich ist: Der absichtlich Provozierende handele rechtsmissbräuchlich, da er „in Wirklichkeit angreifen will"; so etwa BGH NStZ **2001** 143; *Fischer* § 32 Rdn. 44; das ist in der Tat das Problem, nicht aber eine Lösung.

463 Eingehend *Kratzsch* Grenzen der Strafbarkeit S. 39 ff u. *Otto* FS Würtenberger, 129, 132 ff; *ders.* FS Frisch, 589, 603 ff, 607 ff (der im Rahmen einer Konkretisierung jetzt den legitimen Kern des „Schändlichkeitsprinzips" herausschält).

464 BGH NStZ-RR **2011** 305; *Fischer* § 32 Rdn. 42; *Paeffgen/Zabel* NK Rdn. 145b: Schädigungswille des Provokateurs dominant; *Kratzsch* Grenzen der Strafbarkeit S. 39.

465 *Paeffgen/Zabel* NK Rdn. 145b (das Motiv könne „selbst bei einem Profi-Killer noch mitschwingen"); *Stuckenberg* JA **2001** 894, 897; *Rückert* Effektive Selbstverteidigung und Notwehrrecht S. 479 f.

466 *Paeffgen/Zabel* NK Rdn. 145b.

467 Grundlegend *Marxen* Die sozialethischen Grenzen der Notwehr S. 58 ff; nunmehr auch *Jäger* GA **2016** 258, 263; den Ingerenzgedanken aufgreifend etwa auch *Zieschang* LK § 34 Rdn. 124; zuvor *Hirsch* LK[11] § 34 Rdn. 70; sympathisierend *Rückert* Effektive Selbstverteidigung und Notwehrrecht S. 483 ff; **kritisch** *Grünewald* ZStW **122** (2010) 51, 73 ff.

468 *Roxin* AT I § 15 Rdn. 78; *Matt* NStZ **1993** 271, 273; *Renzikowski* Notstand S. 56.

469 So soll bei § 32 sowohl der Gedanke der Rechtsbewährung zurücktreten als auch das Selbstschutzinteresse gemindert sein, s. *Kindhäuser* NK § 32 Rdn. 122, der die Ratio der Notwehr aufgreift, um den Vorwurf des Rechtsmissbrauchs zu begründen; *Kühl* AT § 7 Rdn. 240; *Roxin* AT I § 15 Rdn. 65; *Stuckenberg* JA **2001** 894, 898 ff. Beim Notstand sieht man den Anspruch auf Solidarität eingeschränkt, vgl. *Erb* MK § 34 Rdn. 141 f; *Kühl* AT § 8 Rdn. 142; *Küper* Der „verschuldete" rechtfertigende Notstand S. 32; jew. m.w.N. **Kritisch** zu dieser Begründung *Grünewald* ZStW **122** (2010) 51, 72 f. Sie will die Einschränkung der Notwehr in Provokationsfällen in Anknüpfung an die „Verantwortungsanteile der am Notwehrgeschehen Beteiligten"' entwickeln (51, 77 ff); **Kritik** an diesem Ansatz übt *Rückert* Effektive Selbstverteidigung und Notwehrrecht S. 482 f.

470 Dahingehend auch *Roxin* ZStW **93** (1981) 68, 78 f. Einige Autoren sehen im Bereich der Notwehr keine Spannungen mit Art. 103 Abs. 2 GG, etwa *Lackner/Kühl/Kühl* § 32 Rdn. 16; **kritisch** dagegen Baumann/Weber/*Mitsch*/Eisele § 14 Rdn. 65; Gegenstimmen lehnen die Einschränkung von Erlaubnissätzen ab, dazu *Paeffgen/Zabel* Rdn. 147 m.w.N.

471 BT-Drucks. V/4095 S. 14 zur Gebotenheit; dazu *Roxin* ZStW **93** (1981) 68, 79; *Matt* NStZ **1993** 271, 272; *Stuckenberg* JA **2001** 894, 895 f.

104 da nur eine gewohnheitsrechtliche Privilegierung ausgeformt wird. Als Verstoß gegen Art. 103 Abs. 2 GG muss es allerdings gelten, wenn ein geschriebener Rechtfertigungsgrund entgegen dem Wortsinn eingeschränkt wird.

Der nur von einem Teil der Literatur vertretene Alternativansatz der **actio illicita in causa** (a.i.i.c.)[472] gewinnt an Bedeutung, wenn die Eingriffshandlung des Täters trotz des Vorverhaltens gerechtfertigt ist, sei es, weil eine Einschränkung zum Zeitpunkt der Tat abgelehnt wird oder aber trotz der Einschränkung ein Eingriffsrecht bestehen bleibt.[473] Nach diesem Grundansatz soll zwar der Täter bei Begehung der Tat gerechtfertigt sein, die strafrechtliche Verantwortlichkeit aber – wie bei der auf Schuldebene bekannten Rechtsfigur der actio libera in causa – direkt an das Vorverhalten anknüpfen. Unterschiede zur erstgenannten Lösung ergeben sich bei nur fahrlässiger Herbeiführung der Rechtfertigungslage, da nicht wegen der vorsätzlichen Tat, sondern nur wegen deren fahrlässiger Herbeiführung bestraft werden kann.[474] Begründet wird diese Lösung u.a. mit dem Gedanken der mittelbaren Täterschaft: Der Täter fungiere als sein eigenes gerechtfertigtes Werkzeug.[475] Das dagegen von der h.M. vorgetragene Argument, die Tat könne nicht zugleich in ihrer Ausführung rechtmäßig, in ihrer Verursachung aber rechtswidrig sein,[476] ist nicht zwingend; denn das ist beim – auch von der h.M. anerkannten – Einsatz eines gerechtfertigt handelnden Werkzeugs ebenso.[477] Gleiches gilt für die Kritik, dass in jedem Vorverhalten zugleich ein – nicht rücktrittsfähiger – Versuch zu sehen wäre.[478] Das unmittelbare Ansetzen ist auch bei der mittelbaren Täterschaft problematisch und daher kein spezifischer Einwand gegenüber der a.i.i.c.[479] Dennoch ist es mit Blick auf das Bestimmtheitsgebot bedenklich, wenn die einzelnen Straftatbestände

---

[472] In unterschiedlichem Umfang wird die a.i.i.c. vertreten zum Beispiel von *Sch/Schröder/Perron* § 32 Rdn. 61 m.w.N; *Sch/Schröder/Lenckner/Sternberg-Lieben* Rdn. 23; *Kühl* AT § 8 Rdn. 144; *Freund* GA **2006** 267 ff; unkritisch Baumann/Weber/*Mitsch*/Eisele § 14 Rdn. 66; **ablehnend** etwa *Paeffgen*/*Zabel* Rdn. 147 und *Oğlakcıoğlu* HRRS **2009** 106; jew. m.w.N. Für neuen Diskussionsstoff sorgte die Entscheidung BGH NStZ **2001** 143, die zwar a.i.i.c. erneut ausdrücklich ablehnt, dann aber doch aus einem Fahrlässigkeitsdelikt wegen der Verursachung der Notwehrlage bestraft; ausführlich dazu *Rönnau/Hohn* LK § 32 Rdn. 257.
[473] Beispielsweise *Sch/Schröder/Perron* § 34 Rdn. 42 zu § 218a Abs. 2, wenn es um das Leben der Schwangeren geht, u. *Dencker* JuS **1979** 779, 781 zum Fäkalien-Fall (BayObLG NJW **1978** 2046): Trotz der Berücksichtigung des Vorverhaltens im Rahmen des § 34 soll die Abwägung wegen der Bedeutung des Erhaltungsguts zu Gunsten des Täters ausfallen; ebenso kann bei der Anwendung der Drei-Stufen-Theorie ein Notwehrrecht verbleiben, wenn ein Ausweichen nicht möglich ist, so etwa BGH NStZ **2001** 143.
[474] *Stuckenberg* JA **2001** 894, 901; *Dencker* JuS **1979** 779, 782; *Schröder* JR **1962** 187, 188; Letzterer bemerkt, dies sei eine dem jeweiligen Vorverhalten angemessene Differenzierung.
[475] *Baumann* MDR **1962** 349, 350; *Küper* Der „verschuldete" rechtfertigende Notstand S. 43 ff (gegen *Roxin* ZStW **75** [1963] 541, 549 f). Dies entspricht auch der mehrheitlichen Begründung zur Anerkennung der actio libera in causa auf Basis des Tatbestandsmodells, vgl. die Nachweise bei *Kühl* AT § 11 Rdn. 12 m. Fn. 19 u. *Rönnau* JA **1997** 707 m. Fn. 8.
[476] Etwa *Roxin* AT I, § 15 Rdn. 68; zust. *Otto* FS Frisch, 589, 605; weiter *Kühl* AT § 7 Rdn. 243; *Stuckenberg* JA **2001** 894, 902; *Hirsch* FG BGH IV, 199, 204 (sog. Unvereinbarkeitsthese).
[477] *Freund* GA **2006** 267, 268 ff unter Hinweis auf eine verhaltensrelative Folgenbewertung; *Küper* Der „verschuldete" rechtfertigende Notstand S. 46; auch *Satzger* Jura **2006** 513, 519 f.
[478] *Roxin* ZStW **75** (1963) 541, 553 ff; *Mitsch* Straflose Provokation S. 120; *Stuckenberg* JA **2001** 894, 901 f.
[479] Zum Streit bei der mittelbaren Täterschaft (s. *Kühl* AT § 20 Rdn 90 ff m.w.N.), der sich auch bei der a.l.i.c. wiederfindet, vgl. *Fischer* § 22 Rdn. 30. Es ließe sich in Parallele dazu also durchaus vertreten, der Versuch beginne erst mit dem Eintritt der den freien Willensentschluss ausschließenden Rechtfertigungssituation oder gar beim unmittelbaren Ansetzen zum Rechtsguteingriff; Letzteres erwägt *Lenckner* GA **1961** 299, 305; wohl weiter *Sch/Schröder/Lenckner/Sternberg-Lieben* Rdn. 23 (Beginn des Vorverhaltens); gegen die Vergleichbarkeit *Küper* Der „verschuldete" rechtfertigende Notstand S. 72 ff.

durch die Vorverlagerung ausgedehnt werden und dadurch ihre Konturen verlieren.[480] Eine Anknüpfung an das Vorverhalten ist jedenfalls dann ausgeschlossen, wenn der Täter ein verhaltensgebundenes oder eigenhändiges Delikt begeht, da sich schwerlich sagen lässt, in dem Vorverhalten läge bereits die im Tatbestand umschriebene Handlung.[481] Gleiches gilt für Fälle, in denen die Rechtfertigungssituation erst durch den freien Entschluss einer anderen Person entsteht (bei der Notwehrprovokation etwa die Entscheidung zu einem rechtswidrigen Angriff), weil es insoweit an der Zurechenbarkeit fehlt.[482] Die a.i.i.c. hätte somit allenfalls einen sehr eingeschränkten Anwendungsbereich. Ferner ist zu bedenken, dass sich über eine teleologische Auslegung des jeweiligen Rechtfertigungsgrundes nachvollziehbare Ergebnisse erzielen lassen. Deshalb bedarf es einer solchen verfassungsrechtlich zweifelhaften Lösung nicht. Wo eine einschränkende Auslegung der Erlaubnissätze unmöglich ist oder der Provokateur dennoch gerechtfertigt handelt, muss er in Ermangelung einer gesetzlichen Regelung straffrei bleiben.

4. Wirkung der Rechtfertigungsgründe. Sind die Merkmale eines Rechtfertigungsgrundes erfüllt, entfällt die Rechtswidrigkeit der Tat; wertungsmäßig liegt nach dem hier vertretenen unechten zweistufigen Verbrechensaufbau kein Unrecht vor. Die gerechtfertigte Tat darf sich auch nicht mittelbar – etwa im Rahmen der Strafzumessung bei weiteren verwirklichten Delikten – zu Lasten des Täters auswirken (BGH NStZ **2002** 313; *Erb* MK § 32 Rdn. 1; *ders.* NStZ **2004** 369f). Die Rechtfertigungsgründe haben alle die gleiche Wirkung: Rechtmäßigkeit des Verhaltens i.S. eines Handelns in Einklang mit der Rechtsordnung (BSG NJW **1999** 2301; *Jescheck/Weigend* § 31 VI 2).[483] Ein darüber hinausgehendes Werturteil – etwa im Sinne einer Billigung der Tat – geht mit dem Wegfall der Rechtswidrigkeit nicht einher (*Sch/Schröder/Lenckner/Sternberg-Lieben* Rdn. 10; *Roxin* AT I § 14 Rdn. 1, 30; *Freund* AT § 3 Rdn. 23). Vielmehr bedeutet Erlaubtsein nur, dass die Rechtsordnung in solchen Fällen einen Ausnahmegrund respektiert und deshalb eine ausnahmsweise Gestattung einräumt (näher *Hirsch* FS Bockelmann, 89, 100; *Roxin* in Eser/Fletcher I S. 229, 256).[484] Selbst wenn mit dieser ein Gebot (z.B. bei Dienstpflicht zur Festnahme) einhergeht, handelt es sich um eine nur ausnahmsweise notwendige Eingriffsbefugnis in ein grundsätzlich geschütztes Rechtsgut. Ferner lassen sich den strafrechtlichen Rechtfertigungsgründen nach einer stark vertretenen Ansicht keine Aussagen über die Rechtswidrigkeitsbeurteilung in anderen Teilrechtsordnungen entnehmen;

---

[480] *Paeffgen/Zabel* NK Rdn. 147a; *Kindhäuser* NK § 32 Rdn. 130; *Bitzilekis* Einschränkung des Notwehrrechts S. 154f; *Mitsch* Straflose Provokation S. 119 (es fehle die Appellfunktion des Tatbestands); zu den in diesem Zusammenhang relevanten Grundfragen der Tatbestandsstruktur *Küper* Der „verschuldete" Notstand S. 60f. Einen eigenen Gefährdungstatbestand zu schaffen regen daher an *Paeffgen/Zabel* NK Rdn 147a, *Renzikowski* Notstand S. 114 u. *Hruschka* JR **1979** 125, 128.
[481] *Paeffgen/Zabel* NK Rdn. 147a m.w. Argumenten; *Roxin* AT I § 16 Rdn. 64; *Mitsch* Straflose Provokation S. 118; *Küper* Der „verschuldete" Notstand S. 52 und 155. Dies geben auch die Befürworter der a.i.i.c. zu, etwa *Sch/Schröder/Lenckner/Sternberg-Lieben* Rdn. 23; *Kühl* AT § 8 Rdn. 144; *Dencker* JuS **1979** 779, 783; ausführlich *Luzón* JRE **1994** 353, 367ff.
[482] Dies ist eines der Hauptargumente gegen die a.i.i.c. bei der Notwehrprovokation, wo die Rechtfertigungslage erst durch den freien Angriffsentschluss des Provozierten entsteht, vgl. *Rönnau/Hohn* LK § 32 Rdn. 251 und 257 m.w.N.; ferner *Satzger* Jura **2006** 513, 520.
[483] **Anders** eine im Anschluss an *H.L. Günther* Strafrechtswidrigkeit passim gebildete Ansicht, die differenziert zwischen herkömmlichen Rechtfertigungsgründen und sog. echten Strafunrechtsausschließungsgründen, deren Wirkung auf den Binnenbereich des Strafrechts beschränkt ist; näher dazu Rdn. 24.
[484] So stellt sich etwa die durch Notwehr gedeckte Tötung eines Menschen nur als das kleinere Übel von mehreren, durch die Strafrechtsordnung zu verhindernder Rechtsgutsverletzungen, nicht aber unbedingt als erwünschte Handlung dar.

anders allerdings die – auch hier noch vertretene – h.M. (hierzu *Paeffgen/Zabel* NK Rdn. 41; *Fischer* Rdn. 2; näher Rdn. 20 ff).

106 Eine Unterscheidung zwischen Rechtfertigungsgründen im engeren Sinne, die ein Verhalten rechtmäßig machen, und bloßen Unrechtsausschließungsgründen mit nur neutralisierender Wirkung, bei denen also das Recht im Konflikt widerstreitender Interessen keine positive oder negative Bewertung ausspricht (vgl. aus dem älteren Schrifttum insbes. *Beling* Lehre vom Verbrechen S. 168; *Binding* Handbuch Bd. I S. 765; *Kern* ZStW **64** [1952] 255 ff m. Nachw.),[485] ist abzulehnen (*Hirsch* FS Bockelmann, 89, 100, 103 ff; *Jescheck/Weigend* § 31 VI 2; *Roxin* AT I § 14 Rdn. 29 f; näher hierzu Rdn. 34 m. Nachw.); ferner gibt es keinen „rechtsfreien Raum", vgl. ausführlicher Rdn. 33. Zwar ist es unmöglich, alle Konfliktfälle, in denen normgemäßes Verhalten des Täters nicht erwartet wird, durch die Zubilligung von echten Notrechten zu bewältigen. Jedoch ist die notwendige Differenzierung nicht innerhalb der Rechtswidrigkeit vorzunehmen. Es handelt sich vielmehr um die Aufspaltung zwischen Fällen rechtmäßigen und nur entschuldigten Verhaltens; ggf. ist für die Berücksichtigung eines fehlenden Strafbedürfnisses erst auf prozessualer Ebene oder bei der Strafzumessung Raum (vgl. *Sch/Schröder/Lenckner/Sternberg-Lieben* Rdn. 9; zur Diskussion um den sog. Gewissenstäter Rdn. 374 ff). Im Rahmen des rechtlichen Sollens muss eine klare Entscheidung Für oder Gegen ein Verhalten ergehen. Auch sollte man bei dem jetzigen Diskussionsstand nicht zwischen allgemeinen Rechtfertigungsgründen und nur strafrechtlichen Unrechtsausschließungsgründen unterscheiden (*Sch/Schröder/Lenckner/Sternberg-Lieben* Rdn. 9; *Lackner/Kühl/Kühl* Rdn. 4; jew. m.w.N.; näher Rdn. 26) und daraus auf unterschiedliche Rechtswirkungen schließen. Das gilt auch für § 193; er rechtfertigt die Beleidigungshandlung für die gesamte Rechtsordnung. Davon zu unterscheiden ist die Möglichkeit, dass durch eine gemäß § 193 gerechtfertigte und im Zeitpunkt der Begehung deshalb nicht durch Selbstverteidigung abwehrbare Handlung eine Beeinträchtigung eintreten kann, die als Zustand dem materiellen Recht widerspricht und gegen die daher die quasinegatorische Unterlassungsklage zur Verfügung steht (vgl. *Hirsch* LK[11] Rdn. 11, 64 m. Nachw.).

107 Als rechtliche Konsequenz der Rechtmäßigkeit ergibt sich daraus, dass Notwehr gegenüber gerechtfertigten Handlungen nicht möglich ist, da dem Angriff die Rechtswidrigkeit fehlt (RGSt **54** 196, 198 f; **66** 288, 289; BGHSt **39** 374, 376; BGH NJW **1998** 1000).[486] Eine weitere Folge der Rechtfertigung besteht in der Unmöglichkeit strafbarer Teilnahme an der gerechtfertigten Tat; hierzu bedarf es einer (vorsätzlich begangenen) rechtswidrigen Haupttat. Es kann aber die Begehung des jeweiligen Delikts durch den Hintermann in mittelbarer Täterschaft – durch Beherrschung des rechtmäßig handelnden Vordermannes – in Betracht kommen. Die Rechtfertigung schließt zudem die Anwendung von Maßregeln der Besserung und Sicherung aus (vgl. §§ 63 ff). Die sog. **Eingriffsrechte** unter den Rechtfertigungsgründen, so insbesondere die Notwehr und der rechtfertigende Notstand, begründen nach überwiegender Ansicht eine **Duldungspflicht** des Betroffenen (BGH NStZ **1994** 184, 185; **2003** 599 [zu § 32]; BGH NJW **1989** 2479, 2481 m. krit. Bespr. *Küpper* JuS **1990** 184 u. *Eue* JZ **1990** 765 [zu § 34]).[487] In den Fällen der Einwilli-

---

[485] Ferner *Otto* AT § 8 Rdn. 199–202.
[486] Weiter BayObLG JR **1991** 248; OLG Düsseldorf NJW **1997** 3383, 3384; **1991** 2716, 2717; OLG Hamm NJW **1977** 590, 591; *Sch/Schröder/Lenckner/Sternberg-Lieben* Rn. 10; *Roxin* AT I § 14 Rdn. 107. **Abw**. *Günther* Strafrechtswidrigkeit S. 380 ff für die sog. echten Strafunrechtsausschließungsgründe; hiergegen unter Rdn. 26.
[487] Weiter *Roxin* AT I § 14 Rdn. 108; *Graul* JuS 1995 1049, 1052; *Gallas* FS Bockelmann, 155, 167 f; *Kühl* FS Lenckner, 143, 149 f; *ders.* AT § 7 Rdn. 2; *Wessels/Beulke/Satzger* Rdn. 400; *Erb* MK § 32 Rdn. 1; *Kindhäuser* LPK Rdn. 4; grundlegend zur Unterscheidung zwischen Eingriffsrechten und Handlungsbefugnissen

gung – sofern man ihr rechtfertigende Wirkung zuspricht – lässt sich zwar wegen der Möglichkeit des Widerrufs der Zustimmung regelmäßig nicht von einer „Duldungspflicht" sprechen; jedoch ist der Einwilligungsempfänger während des Bestands der Einwilligung zum Eingriff berechtigt, und ein Dritter darf keine Nothilfe leisten.

Bloße **Handlungsbefugnisse** soll ein Rechtfertigungsgrund dagegen verleihen, der **108** im Gegensatz zu den in Rdn. 107 beschriebenen Eingriffsrechten keinen tatsächlich drohenden Rechtsguteingriff verlangt, sondern die Rechtfertigung bereits an den aus ex-ante-Sicht feststellbaren Eindruck einer Gefahrenlage knüpft. Die rechtfertigende Wirkung basiert hier auf der Überlegung, dass der Gesetzgeber das Risiko, dass in Wirklichkeit keine Gefahrenlage gegeben ist, angesichts der Hochwertigkeit des mit dem Eingriff verfolgten Zwecks als ein erlaubtes ansieht (*Sch/Schröder/Lenckner/Sternberg-Lieben* Rdn. 11f m.w.N.; *Roxin* AT I § 14 Rdn. 110, 112).[488] Eine Handlungsbefugnis gewähren danach etwa die §§ 193 StGB, 127 Abs. 1 StPO, § 229 BGB und die mutmaßliche Einwilligung. Liegt die vom Täter ohne Sorgfaltsverstoß angenommene Gefahrenlage nicht vor, muss der Gegner den Eingriff trotz Rechtfertigung des Täters nicht hinnehmen, darf sich vielmehr im Rahmen von Notstandsbefugnissen wehren;[489] scharfe Notwehr ist ihm hingegen versagt.[490]

Teilweise wird ganz allgemein bestritten, dass Rechtfertigungsgründe die Qualität **109** eines Eingriffsrechts haben und Auskunft über Duldungspflichten des „Kontrahenten" geben könnten (so etwa *Frisch* Vorsatz und Risiko S. 424f; *Freund* GA **1991** 387, 409; *ders.* AT § 3 Rdn. 27ff, 30).[491] Eine Duldungspflicht bedürfe vielmehr einer eigenständigen Begründung im Verhältnis zu dem Betroffenen (*Freund* AT § 3 Rdn. 27ff, 30). Danach stellen sämtliche Rechtfertigungsgründe – einschließlich der Notwehr und des Notstands – lediglich Handlungsbefugnisse dar und eine Gefahrenlage liegt stets schon dann vor, wenn der die Befugnis in Anspruch Nehmende von einer Gefahr ausgehen durfte, es gilt also eine ex-ante-Beurteilung (*Frisch* Vorsatz und Risiko S. 424f; *Freund* GA **1991** 387, 407; *Momsen/Rackow* JA **2006** 550, 554f). Eine praktische Relevanz besitzt dieser Streit allerdings nicht: Immer dann, wenn die Vertreter der Minderheitenansicht einen Rechtfertigungsgrund annehmen, liegt nach der hier bevorzugten h.M. ein sog. unvermeidbarer Erlaubnistatumstandsirrtum vor, der der Tat – in der Wirkung der von der Gegenmeinung angenommenen Handlungsbefugnis vergleichbar – das Handlungsunrecht nimmt (vgl. dazu *Sch/Schröder/Lenckner/Sternberg-Lieben* Rdn. 10b; *Nippert/Tinkl* JuS **2002** 964, 969; *Kühl* Jura **1993** 57; jew. m.w.N.).[492]

Der Rechtfertigungsgrund steht der Rechtswidrigkeit nur hinsichtlich derjenigen **110** Tatbestandserfüllung entgegen, auf die er sich bezieht (*Hirsch* LK[11] Rdn. 66; *Paeffgen/Zabel* NK Rdn. 77: „mehrdimensionale Unrechtsbezüge" der Tat). Das Rechtswidrigkeitsurteil ist also „tatbestandsbezogen" und „teilbar" (*Baumann/Weber/Mitsch/Eisele* § 14

Sch/Schröder/Lenckner/Sternberg-Lieben Rdn. 10ff; anders zu § 34 *Köhler* AT S. 282ff, 285 („begrenztes Notrecht").
488 Ebenso *Graul* JuS **1995** 1049, 1052; *Popp* ZStW **118** (2006) 639, 671f; diff. *Jakobs* 11/19; krit zur Unterscheidung von Eingriffsrechten und Handlungsbefugnissen hingegen *Günther* Strafrechtswidrigkeit S. 269f; *ders.* SK[6] Rdn. 57; *Jungclausen* Rechtfertigungselemente S. 125ff; *Paeffgen/Zabel* NK Rdn. 83; *Röttger* Unrechtsbegründung S. 54 m. Fn. 107.
489 AA *Paeffgen/Zabel* NK Rdn. 83.
490 Vgl. *Graul* JuS **1995** 1049, 1052.
491 Weiter *Arm. Kaufmann* FS Welzel, 393, 400ff; *Rudolphi* GedS Armin Kaufmann, 371, 381ff; *ders.* GedS Schröder, 73, 81f; *Zielinski* Handlungs- und Erfolgsunwert S. 245ff; *Herzberg* JA **1989** 243, 247ff; *ders.* FS Stree/Wessels, 203, 211ff; *Mitsch* JuS **1992** 289, 291; *Munoz Conde* in Coimbra-Symposium S. 213, 219.
492 Näher zum Problem der Duldungspflicht bei der Putativnotwehr *Graul* JuS **1995** 1049ff; *Chr. Schröder* JuS **2000** 235ff; jew. m.w.N.; zur Frage der Duldungspflicht bei rechtswidrigem hoheitlichen Handeln eingehend *Neuheuser* Duldungspflicht passim.

Rdn. 14 m.w.N.; *Dencker* JuS **1979** 779f; *Widmaier* JuS **1970** 611, 612f).[493] So rechtfertigt die Notwehr nur die Verletzung des Angreifers, **nicht die Verletzung unbeteiligter Dritter**[494] (insoweit könnte nur ggf. rechtfertigender oder entschuldigender Notstand in Betracht kommen). Auch kann sich eine **Beschränkung** der Anwendung **durch die Verschiedenartigkeit der betroffenen Rechtsgüter** ergeben; so bezieht sich § 228 nur auf die §§ 223ff, nicht dagegen auf § 315c (BGHSt 23 261, 262ff; OLG Hamm MDR **1971** 67). Eine Ausnahme wollen OLG Celle NJW **1969** 1775 und *Jescheck/Weigend* § 31 VI 3 bei der Notwehr annehmen, wenn durch die gerechtfertigte Handlung zugleich Vorschriften verletzt werden, die überwiegend dem Schutz der öffentlichen Ordnung i.w.S. dienen, z.B. §§ 316, 315b Abs. 1 Nr. 2. Dabei werden jedoch rechtfertigender Notstand und Notwehr miteinander vermengt, wofür auch wegen des gleichen Ergebnisses kein Grund ersichtlich ist (*Hirsch* LK[11] Rdn. 66; *Widmaier* JuS **1970** 611, 614).

111 Bei nur **teilweisem Vorliegen der Voraussetzungen** eines Rechtfertigungsgrundes tritt zwar keine Rechtfertigung ein, doch kann dieser Umstand für die Strafzumessung eine Rolle spielen (BGH NJW **1998** 1000, 1001; BayObLG NStZ **1989** 25, 27; OLG Stuttgart NStZ **1991** 333).[495] So kann z.B. bei der nicht schon durch § 33 entschuldigten Überschreitung der Notwehrgrenzen (zum sog. extensiven Notwehrexzess BGH NStZ **2002** 141f)[496] die Tatsache, dass der Täter immerhin aus einer Notwehrsituation heraus gehandelt hat, strafmildernd berücksichtigt werden.[497] Scheidet dagegen eine Rechtfertigung gem. § 32 aus, weil der Angriff noch nicht gegenwärtig war, kann eine Rechtfertigung gem. § 34 in Betracht kommen (näher hierzu *Gropengießer* Jura **2000** 262, 266; auch Baumann/Weber/*Mitsch*/Eisele § 14 Rdn. 51; zur Konkurrenz von Rechtfertigungsgründen weiter Rdn. 78).

III. Die einzelnen Rechtfertigungsgründe

Namentlich folgende Rechtfertigungsgründe kommen in Betracht:

112 1. Die **Notwehr** ist in § 32 strafgesetzlich, außerdem inhaltlich übereinstimmend in § 15 OWiG und § 227 BGB geregelt. Nach der überwiegend vertretenen (allerdings kritikwürdigen) dualistischen Notwehrlehre verteidigt der Angegriffene neben seinen bedrohten Individualrechtsgütern zugleich die Rechtsordnung („Das Recht braucht dem Unrecht nicht zu weichen", vgl. RGSt **21** 168, 170; **55** 82, 85). Im Einzelnen siehe zur Notwehr unten die Kommentierung von *Rönnau/Hohn* LK zu § 32. Der in § 859 Abs. 1 BGB enthaltene Rechtfertigungsgrund der *Besitzwehr* lässt den § 32 unberührt, so dass sich die Rechtmäßigkeit bei Vorliegen der Voraussetzungen beider Bestimmungen auf zwei nebeneinander stehende Rechtfertigungsgründe, bei Erfülltsein nur der Merkmale des § 32 (der § 859 Abs. 1 BGB umfasst nicht die Nothilfe) allein auf die Notwehrvorschrift, bei Vorliegen nur der des § 859 Abs. 1 BGB (die Besitzwehr reicht weiter als die Notwehr)[498] allein auf die Besitzwehrvorschrift stützt.

---

[493] Weiter *Otto* AT § 8 Rdn. 14; *Rinck* Zweistufiger Deliktsaufbau S. 186; *Rudolphi* GedS Arm. Kaufmann, 371, 376 m.w.N.
[494] Vgl. BGHSt **39** 374, 380; *Jescheck/Weigend* § 31 VI 3; Baumann/Weber/*Mitsch*/Eisele § 14 Rdn. 14.
[495] Ferner *Günther* SK[6] Rdn. 18; *ders.* JR **1985** 268, 270; *ders.* FS Göppinger, 453, 461f; *Hirsch* LK[11] Rdn. 67; *Paeffgen/Zabel* NK Rdn. 138 m.w.N.; Sch/Schröder/Lenckner/Sternberg-Lieben Rdn. 22; Baumann/Weber/*Mitsch*/Eisele § 14 Rdn. 50; grundlegend *Hillenkamp* Vorsatztat S. 240ff.
[496] Dagegen für eine Anwendung des § 33 in diesen Fällen *Erb* MK § 33 Rdn. 14 m.w.N. zum Streitstand.
[497] *Lenckner* Notstand S. 35ff; *Noll* ZStW **68** (1956) 181ff; *ders.* ZStW **77** (1965) 1, 17ff; auch schon *Kern* ZStW **64** (1952) 255, 266ff.
[498] Vgl. *Kregel* RGRK § 859 Anm. 2; *Soergel/Siebert/Mühl* § 859 Rdn. 1; *Erb* MK § 32 Rdn. 92 m.w.N.

2. Der **Rechtfertigende Notstand** ist seit dem 2. StrRG 1969 (mit Wirkung 1975) allgemein in § 34 StGB geregelt. Eine gleichlautende Vorschrift findet sich in § 16 OWiG für das Ordnungswidrigkeitenrecht. Dem rechtfertigenden Notstand liegt der Gedanke zugrunde, dass bei einer für ein Rechtsgut bestehenden gegenwärtigen Gefahr die ein anderes Rechtsgut beeinträchtigende erforderliche Rettungshandlung zulässig und damit vom Betroffenen zu dulden ist, wenn das Interesse an der Zulassung der Notstandshandlung das Interesse an der Respektierung des durch sie beeinträchtigten Rechtsguts deutlich überwiegt. Im Vordergrund stehen dabei Fälle des sog. *aggressiven Notstands*, d.h. Sachverhalte, bei denen sich die Notstandstat gegen Rechtsgüter eines an der Gefahrschaffung unbeteiligten Dritten richtet. Daneben sind auch die Fälle des sog. *defensiven Notstands* erfasst, also Situationen, in denen die Notstandstat auf das Gut zielt, von dem die Gefahr ausgeht. Der rechtfertigende Notstand (§ 34) besteht nur im sog. Gutsnotstand, d.h. des als Mittel zur Rettung eines bedrohten Rechtsguts begangenen tatbestandsmäßigen Verhaltens, während die Fälle der rechtfertigenden Pflichtenkollision, nämlich der Kollision von zwei Handlungsgeboten, einen selbständigen Rechtfertigungsgrund bilden (dazu Rdn. 115 ff). Außerdem sind *rechtfertigender Notstand* und nur *entschuldigender Notstand* (§ 35) zu unterscheiden. Während bei § 34 ein wesentliches Überwiegen des erhaltenen Interesses gegeben sein muss, weil es sich um einen vom Betroffenen zu duldenden Eingriff handelt, kommt es hierauf beim entschuldigenden Notstand nicht an. Andererseits lässt § 35 eine Gefahr für jedes Rechtsgut nicht genügen, sondern verlangt, dass es sich um eine Gefahr für Leben, Leib oder Bewegungsfreiheit des Notstandstäters oder einer ihm nahestehenden Person handelt. Zu unterscheiden ist vom rechtfertigenden Notstand auch das *Widerstandsrecht* gemäß Art. 20 Abs. 4 GG (s. Rdn. 128 ff). Zu Einzelheiten des rechtfertigenden Notstands s. unten *Zieschang* LK bei § 34. 113

Spezialfälle des rechtfertigenden Notstands finden sich *im StGB* in § 218a für den gerechtfertigten[499] Schwangerschaftsabbruch (hierzu *Zieschang* LK § 34 Rdn. 84 f) und – innerhalb einer Generalklausel für die Wahrnehmung berechtigter Interessen bei §§ 185, 186 – in § 193 (darüber auch Rdn. 304). Als Spezialregelungen *außerhalb des StGB* sind hervorzuheben § 228 BGB (Sachwehr, Verteidigungsnotstand [gegenüber Sachen]), § 904 BGB (Angriffsnotstand [gegenüber Eigentum]) und §§ 588 ff HGB (Große Haverei). Zu weiteren Spezialfällen siehe unten bei *Zieschang* LK § 34 Rdn. 87 f. 114

3. Rechtfertigende Pflichtenkollision

Schrifttum

Androulakis Studien zur Problematik der unechten Unterlassungsdelikte, Diss. München 1961 (1963); *Beulke* „Pflichtenkollisionen" bei § 323c StGB? Festschrift Küper (2008) 1; *Comes* Der rechtsfreie Raum, Diss. Köln 1975 (1976); *Cortes Rosa* Die Funktion der Abgrenzung von Unrecht und Schuld im Strafrechtssystem, in Schünemann/de Figueiredo Dias (Hrsg.) Bausteine des europäischen Strafrechts, Coimbra-Symposium für Claus Roxin (1995) S. 183; *Cuerda Riezu* Unterlassungstaten und Rechtfertigungsgründe. Insbesondere: Die Pflichtenkollision, in Schünemann/de Figueiredo Dias (Hrsg.) Bausteine des europäischen Strafrechts, Coimbra-Symposium für Claus Roxin (1995) S. 107; *Dingeldey* Pflichtenkollision und rechtsfreier Raum, Jura **1979** 478; *Duttge* Zum „rechtsfreien Raum" nach Lothar Philipps, in Schünemann u.a. (Hrsg.) Gerechtigkeitswissenschaft – Kolloquium aus Anlass des 70.Geburtstages von Lothar Philipps (2005) 369; *End* Existentielle Handlungen im Strafrecht. Die Pflichtenkollision im Lichte der Philosophie von Karl Jaspers, Diss. München 1958 (1959); *Erb* Der rechtfertigende Notstand, JuS **2010** 17; *Etzel* Notstand

---
499 Zum Umfang der Rechtfertigung BVerfGE **88** 203.

und Pflichtenkollision im amerikanischen Strafrecht, Diss. Freiburg i.Br. 1991 (1993); *Evers* Existenzphilosophie und rechtliche Pflichtenkollision, JR **1960** 369; *Frellesen* Die Zumutbarkeit der Hilfeleistung, Diss. Frankfurt a.M. 1979 (1980); *Freund* Erfolgsdelikt und Unterlassen, Habil. Mannheim 1990 (1992); *Gallas* Pflichtenkollision als Schuldausschließungsgrund, Festschrift Mezger (1954) 311; *Gropp* Die „Pflichtenkollision": weder eine Kollision von Pflichten noch Pflichten in Kollision, Festschrift Hirsch (1999) 207; *Hirsch* Strafrecht und rechtsfreier Raum, Festschrift Bockelmann (1979) 89; *Hruschka* Extrasystematische Rechtfertigungsgründe, Festschrift Dreher (1977) 189; *ders.* Pflichtenkollisionen und Pflichtenkonkurrenzen, Festschrift Larenz (1983) 257; *ders.* Strafrecht nach logisch-analytischer Methode, 2. Aufl. (1988); *Jäger* Zurechnung und Rechtfertigung als Kategorialprinzipien im Strafrecht (2006); *Jakobs* Kommentar: Rechtfertigung und Entschuldigung bei Befreiung aus besonderen Notlagen (Notwehr, Notstand, Pflichtenkollision), in Eser/Nishihara (Hrsg.) Rechtfertigung und Entschuldigung Bd. 4 (1995) S. 143; *Jansen* Pflichtenkollision im Strafrecht, Diss. Köln 1930; *Joerden* Dyadische Fallsysteme im Strafrecht, Diss. Erlangen-Nürnberg 1985 (1986); *ders.* Der Widerstreit zweier Gründe der Verbindlichkeit. Konsequenzen einer These Kants für die „Pflichtenkollision", JRE **5** (1997) 43; *ders.* Erlaubniskollisionen, insbesondere im Strafrecht, Festschrift Otto (2007) 331; *Armin Kaufmann* Die Dogmatik der Unterlassungsdelikte, Habil. Bonn 1959; *Arthur Kaufmann* Rechtsfreier Raum und eigenverantwortliche Entscheidung, Festschrift Maurach (1972) 327; *Kim* Rechtfertigung und Entschuldigung bei Befreiung aus besonderen Notlagen (Notwehr, Notstand und Pflichtenkollision), in Eser/Nishihara (Hrsg.) Rechtfertigung und Entschuldigung Bd. 4 (1995) S. 113; *Kindhäuser* Zur Rechtfertigung von Pflicht- und Obliegenheitsverletzungen im Strafrecht, JRE **2** (1994) 339; *Kühn* Pflichtenkollision im Strafrecht (1908); *Künschner* Wirtschaftlicher Behandlungsverzicht und Patientenauswahl, Diss. Freiburg i.Br. 1990 (1992); *Küper* Noch einmal: Rechtfertigender Notstand, Pflichtenkollision und übergesetzliche Entschuldigung, JuS **1971** 474; *ders.* Grund- und Grenzfragen der rechtfertigenden Pflichtenkollision im Strafrecht (1979); *ders.* Grundfragen der Differenzierung zwischen Rechtfertigung und Entschuldigung, JuS **1987** 81; *ders.* Probleme der „defizitären" rechtfertigenden Pflichtenkollision, JuS **2016** 1070; *ders.* Die Kollision von Garantenpflichten und die Rechtfertigung pflichtwidrigen Unterlassens, Festschrift Neumann (2017) 931; *ders.* Kollidierende Pflichtenmehrheit oder singuläre Pflichteinheit? – Zur Rekonstruktion und Rehabilitierung der rechtfertigenden Pflichtenkollision, Festschrift Rengier (2018) 67; *Lampe* Zum Verhältnis von Handlungsrecht und Handlungspflicht im Strafrecht, Festschrift Lenckner (1998) 159; *Lenckner* Der rechtfertigende Notstand, Habil. Tübingen 1964 (1965); *ders.* Ärztliche Hilfeleistungspflicht und Pflichtenkollision, Med. Klinik **64** (1969) 1000; *Mangakis* Die Pflichtenkollision als Grenzsituation des Strafrechts, ZStW **84** (1972) 447; *R. Merkel* § 14 Abs. 3 Luftsicherheitsgesetz: Wann und warum darf der Staat töten? JZ **2007** 373; *Mitsch* Rechtfertigung und Opferverhalten, Habil. Tübingen 1991; *ders.* „Nantucket Sleighride" – Der Tod des Matrosen Owen Coffin, Festschrift Weber (2004) 49; *ders.* Mehrfachtötung als Mord, ZStW **128** (2016) 629; *Neumann* Die Moral des Rechts. Deontologische und konsequentialistische Argumentationen in Moral und Recht, JRE **2** (1994) 81; *ders.* Der Rechtfertigungsgrund der Kollision von Rettungsinteressen, Festschrift Roxin (2001) 421; *ders.* Zur Struktur des strafrechtlichen Instituts der „Pflichtenkollision", Festschrift Yamanaka (2017) 171; *Otto* Pflichtenkollision und Rechtswidrigkeitsurteil, Diss. Hamburg 1964 (1965), mit Nachtrag (1978); *ders.* Die strafrechtliche Beurteilung der Kollision rechtlich gleichrangiger Interessen, Jura **2005** 470; *Perron* Rechtfertigung und Entschuldigung bei Befreiung aus besonderen Notlagen (Notwehr, Notstand, Pflichtenkollision) im deutschen Strafrecht, in Eser/Perron (Hrsg.) Rechtfertigung und Entschuldigung Bd. 3 (1991) S. 79; *Radtke* Anm. zu BGH Beschluss vom 28.5.2002 – 5 StR 16/02, NStZ **2003** 154; *Renzikowski* Notstand und Notwehr, Diss. Tübingen 1993 (1994); *Rönnau* Die Strafbarkeit des Arbeitgebers gemäß § 266a I StGB in der Krise des Unternehmens, wistra **1997** 13; *ders.* Die Strafbarkeit des Vorenthaltens von Arbeitnehmersozialversicherungsbeiträgen in der Krise des Unternehmens, NJW **2004** 976; *ders.* Grundwissen – Strafrecht: Rechtfertigende Pflichtenkollision, JuS **2013** 113; *Roxin* Die notstandsähnliche Lage – ein Strafunrechtsausschließungsgrund? Festschrift Oehler (1985) 181; *Satzger* Die rechtfertigende Pflichtenkollision, Jura **2010** 753; *Scheel* Die übergesetzlichen Unrechts-, Schuld- und Strafausschließungsgründe, Diss. Frankfurt a.M. 1957; *Scheid* Grund- und Grenzfragen der Pflichtenkollision beim strafrechtlichen Unterlassungsdelikt, Diss. Freiburg i.Br. 1999 (2000); *Schlehofer* Vorsatz und Tatabweichung, Habil. Bochum 1993/94 (1996); *Siedhoff* Keine Rechtspflicht des Skiläufers zum Notsturz? VersR **1996** 34; *Schünemann* Rechtsfreier Raum und eigenverantwortliche Entscheidung, in Neumann u.a. (Hrsg.) Verantwortetes Recht. Die Rechtsphilosophie Arth. Kaufmanns, ARSP-Beiheft **100** (2005) 145; *Velten* Aporien beim Lebensschutz, Festschrift Rogall (2018) 373; *v. Weber* Die Pflichtenkollision im Strafrecht, Festschrift Kiesselbach (1947) 233; *Weigend* Notstandsrecht für selbstfahrende Autos? ZIS **2017** 599; *Werkmeister/Mirza-Khanian* Internationale Pflichtenkollisionen –

widersprüchliche Rechtsordnungen und damit einhergehende Haftungsrisiken, CCZ **2016** 98; *T. Zimmermann* Rettungstötungen, Diss. Bonn 2008 (2009).

a) Grundsätzliches. Treffen zwei (oder mehrere) rechtliche Handlungspflichten in einer konkreten Situation so zusammen, dass nur entweder die eine oder die andere erfüllbar ist (sog. *Pflichtenkollision*),[500] hat der Normadressat bei Verschiedenwertigkeit der Handlungsgebote das höherwertige, bei Gleichwertigkeit eines von beiden zu erfüllen.[501] Die Nichtbefolgung des anderen ist dann nicht *rechtswidrig*. In der Sache werden allerdings auch bei der Pflichtenkollision die hinter den widerstreitenden Pflichten stehenden *Interessen* abgewogen. Die Bedeutung der Pflicht ergibt sich dabei grundsätzlich aus dem Gewicht des durch sie geschützten Interesses (*Neumann* NK § 34 Rdn. 125; *Otto* Jura **2005** 470, 471; *Paeffgen/Zabel* NK Rdn. 170).[502] Bei **Verschiedenwertigkeit** der Handlungspflichten/Rettungsinteressen (z.B. wenn für einen Garanten, dessen Fürsorge fremdes Leben und Eigentum anvertraut sind, bei einem Brand nur die Möglichkeit besteht, die Lebensrettung auf Kosten der ihm ebenfalls gebotenen Eigentumsrettung vorzunehmen) entspricht dies allgemeiner Auffassung; vielfach spricht man aufgrund der anerkannten jahrzehntelangen Judikatur bereits von Gewohnheitsrecht (s. nur *Hirsch* LK[11] Rdn. 75; *Krey/Esser* Rdn. 630; *Maurach/Zipf* § 27 Rdn. 55).[503]

Auch bei **Gleichwertigkeit** der nur alternativ erfüllbaren Handlungsgebote (z.B. der Zeuge eines Bootsunglücks kann von zwei Ertrinkenden nur einen retten) *rechtfertigt* die

115

116

---

500 *Köhler* AT S. 294 u. *Joerden* JRE **5** (1997) 43, 48 sprechen unter Rückgriff auf *Kant* von einer „Kollision von Pflichtgründen". Begrifflich ist der Terminus „Pflichtenkollision" jedenfalls vor dem Hintergrund der im Strafrecht immer noch herrschenden Normentheorie *Arm. Kaufmanns* (Lebendiges und Totes in Bindings Normentheorie, Diss. Bonn 1954 S. 250 u. passim) zumindest ungenau. Denn eine „Pflicht" entsteht danach nur, wenn gerade kein Rechtfertigungsgrund eingreift. *Neumann* (NK § 34 Rdn. 125) hält die Terminologie für „irreführend", da es „auch bei der sog. Pflichtenkollision grds. um eine Abwägung kollidierender Interessen" gehe. *Küper* (FS Neumann, 931, 932) korrigiert die „unscharfe Terminologie" zu Recht folgendermaßen: „Der eigentliche Rechtfertigungsgrund des Unterlassens besteht (…) darin, dass unter den *Bedingungen* der Pflichtenkollisionen die *Erfüllung* der – mit der nichtbefolgten konkurrierenden – Pflicht die Rechtswidrigkeit der tatbestandlichen Unterlassung ausschließt, sofern die dafür erforderlichen Voraussetzungen vorliegen" (*im Original*). – Zur Auflösung von strafrechtlichen „Erlaubniskollisionen" (anhand von Beispielen) *Joerden* FS Otto, 331 ff.
501 Ob es eine Kollision mehrerer *Unterlassungspflichten* geben kann, ist umstritten; vgl. einerseits (verneinend) *Jakobs* 15/15a; *Gropp* FS Hirsch, 207, 217 ff: logisch unmöglich; *Paeffgen/Zabel* NK Rdn. 170a; *Hauck* AnwK Rdn. 22; *Matt/Renzikowski/Engländer* Rdn. 29; *Satzger* Jura **2010** 753, 754 f; *T. Zimmermann* Rettungstötungen S. 200 ff, 209; andererseits (bejahend) *Hruschka* FS Larenz, 257, 261 f; *Lackner/Kühl/Kühl* § 34 Rdn. 15; *Neumann* FS Roxin (2001), 421, 430; *Kindhäuser* LPK § 34 Rdn. 55; *Stratenwerth/Kuhlen* AT § 9 Rdn. 126; *Sch/Schröder/Lenckner/Sternberg-Lieben* Rdn. 71/72, 76, die – wie andere auch – diesen Pflichtenwiderstreit ebenso behandeln wollen wie die Kollision zweier Handlungspflichten. Begriffliche Auseinandersetzungen über „echte (unlösbare)" und „unechte (lösbare)", „scheinbare" und „wirkliche" Pflichtenkollisionen führen letztlich nicht weiter; sie sind – so *Roxin* AT I § 16 Rdn. 125; zust. *Neumann* FS Roxin (2001), 421, 422 – „terminologische Spielereien". Denn „mit der Konkretisierung des ‚wirklichen Sollens' am Ende des gedanklichen Konfliktauflösungsprozesses" ist die „Kollision", der „Konflikt", aufgehoben und verschwunden (*Küper* Pflichtenkollision S. 36 f mit Diskussionsüberblick; auch *Schlehofer* MK Rdn. 237).
502 *Neumann* FS Roxin (2001), 421, 422 ff; *ders.* JRE **2** (1994) 81, 94; *Küper* JuS **2016** 1070, 1071 ff; *Schlehofer* MK Rdn. 237; auch *Roxin* AT I § 16 Rdn. 122). *Gropp* FS Hirsch, 207, 217 sieht den Grund der Rechtfertigung in einer *gleichrangigen Pflichtenmehrheit*.
503 RGSt **20** 190, 192; **36** 78, 81; **38** 62; **56** 168; **60** 295, 296; **61** 242, 254; **64** 91; **74** 350, 353; BGHSt **1** 366; **2** 242; BGHZ **24** 72; BGH(Z) NJW **1968** 2288; BayObLG DAR **1958** 106; OLG Stuttgart MDR **1956** 245; DAR **1958** 106; OLG München MDR **1956** 565 m. Anm. *Mittelbach*; OLG Frankfurt NStZ **2001** 149, 150 m. insoweit zust. Anm. *Wolfslast*; NJW **2000** 875. Vgl. aus der Lit. nur *Jakobs* 15/6 f; *Jescheck/Weigend* § 33 V 1; *Maurach/Zipf* § 27 Rdn. 49; *Neumann* NK § 34 Rdn. 124; *Paeffgen/Zabel* NK Rdn. 173; *Sch/Schröder/Lenckner/Sternberg-Lieben* Rdn. 73; *Fischer* Rdn. 11.

Befolgung des einen die Nichtbefolgung des anderen (BGHSt **47** 318, 322; **48** 307, 311 [am Beispiel des § 266a Abs. 1];[504] *Neumann* NK § 34 Rdn. 124, 132a; *Sch/Schröder/Lenckner/ Sternberg-Lieben* Rdn. 73; *Roxin* AT I § 16 Rdn. 118 ff; **h.L.**).[505] **Abw.** lehnen andere eine Rechtfertigung ab, nehmen aber aufgrund „rechtsfreien Raumes" ein Fehlen der Rechtswidrigkeit an (*Arth. Kaufmann* FS Maurach, 327, 337; *Schild* JA **1978** 631, 635);[506] nur für Schuldausschluss dagegen *Jescheck/Weigend* § 33 V 2).[507] In jüngerer Zeit mehren sich die Stimmen, die das Problem bereits dem Tatbestand zuordnen.[508] Da im Falle allein alternativer Rettungsmöglichkeit strafrechtlich überhaupt nur *eine* Pflicht entstehe, entfalle bei Pflichtenbefolgung bereits der Tatbestand.

117 Gegen *bloße Entschuldigung* in Fällen, in denen gleichwertige Handlungsgebote/-interessen aufeinander treffen, spricht, dass der Täter hier eine (oder mehrere) der beiden gebotenen Handlungen unterlassen muss, um überhaupt eine von ihnen vornehmen zu können. Wenn der Normadressat in der betreffenden Situation objektiv aber nur eine Pflicht erfüllen kann, gilt hinsichtlich der anderen Pflicht(en) der Grundsatz, dass niemand zu Unmöglichem verpflichtet ist („ultra posse nemo obligatur"). Da die staatliche Rechtsordnung auch nicht in der Lage ist zu sagen, wie er sich richtig hätte verhalten *sollen*, scheidet eine rechtliche Missbilligung des Verhaltens ex post aus. Vom Bürger kann hier nur die Erfüllung einer Rettungspflicht verlangt werden (vgl. *Kindhäuser* AT § 18 Rdn. 3; *Neumann* FS Roxin [2001], 421, 431; *Roxin* AT I § 16 Rdn. 119).[509] Bei einer Ent-

---

[504] Im Weiteren entwickelt der BGH aaO (bestätigt in wistra **2006** 17, 18 f) dann im Kontext des § 266a Abs. 1 allerdings seine sog. *Vorrangrechtsprechung*, wonach beim Zusammentreffen von strafrechtlich und (nur) zivilrechtlich geschützten Handlungspflichten das strafrechtlich gesicherte Interesse höherwertig sein soll, so dass die Erfüllung eines zivilrechtlichen Anspruchs die Verletzung einer Strafnorm nicht rechtfertigen kann; zur Kritik s. nur *Rönnau* wistra **1997** 13, 14 ff; *ders.* NJW **2004** 976, 978; *Radtke* NStZ **2003** 154, 155 ff.

[505] Weiterhin Baumann/Weber/*Mitsch*/Eisele § 21 Rdn. 98; *Binding* Handbuch S. 162; *Cortes Rosa* in Coimbra-Symposium S. 183, 205; *Erb* MK § 34 Rdn. 41; *ders.* JuS **2010**, 17, 20; *Gropp* FS Hirsch, 207, 215 ff; *ders.* AT § 5 Rdn. 327; *Hirsch* LK[11] Rdn. 172; *ders.* FS Bockelmann, 89, 112; *Hruschka* FS Dreher, 189, 210; *ders.* Strafrecht S. 61 u. 309 m. Fn. 65; *Joerden* Dyadische Fallsysteme S. 85; *Arm. Kaufmann* Unterlassungsdelikte S. 137; *Kim* in Eser/Nishihara S. 113, 134 ff (für das koreanische Recht); *Krey/Esser* Rdn. 631; *Kühl* AT § 18 Rdn. 137; *Künschner* Wirtschaftlicher Behandlungsverzicht S. 325; *Küper* JuS **1971** 474, 475; *ders.* JuS **1987** 81, 88 f; *ders.* Pflichtenkollision S. 118; *ders.* JuS **2016** 1070, 1072 f; *ders.* FS Rengier, 67, 71 (mit präziserer Rekonstruktion der „Rechtfertigungslösung" ab S. 72); *Lackner/Kühl/Kühl* § 34 Rdn. 15; *Lenckner* GA **1985** 295, 304; *Mangakis* ZStW **84** (1972) 447 ff; *Maurach/Zipf* § 27 Rdn. 55; *Renzikowski* Notstand S. 218; *Mitsch* Rechtfertigung S. 293; *Roxin* FS Oehler, 181, 186; *Rudolphi* SK[7] Vor § 13 Rdn. 29; (**anders** *Stein* SK Vor § 13 Rdn. 45: § 34 analog; wieder anders *Hoyer* SK Rdn. 43: Tatbestandsausschluss); *Samson* SK[6] § 34 Rdn. 59; *Schlehofer* Vorsatz S. 72; *Schmidhäuser* AT 16/78; *Schünemann* in Neumann u.a. S. 145, 150 f; *Stratenwerth/Kuhlen* AT § 9 Rdn. 125; *Welzel* Strafrecht § 28 A II; *Wessels/Beulke/Satzger* Rdn. 1212.

[506] Auch *Blei* I § 63 II u. § 88 I 4 c; *Comes* Rechtsfreier Raum S. 94 f; *Dingeldey* Jura **1979** 478, 485; *Arth. Kaufmann* JuS **1978** 361, 366. Trotz Ablehnung des rechtsfreien Raumes i.E. ähnlich *Otto* AT § 8 Rdn. 203: „Nicht rechtswidrig – allerdings auch nicht gerechtfertigt"; vgl. *ders.* Jura **2005** 470, 472 u. *ders.* Pflichtenkollision S. 122 ff. Für die Annahme eines Strafunrechtsausschließungsgrundes *Günther* Strafrechtswidrigkeit und Strafunrechtsausschluß, Habil. Trier 1983 S. 331.

[507] Ebenso *Androulakis* Unterlassungsdelikte S. 127 f; *Gallas* FS Mezger, 311, 332; *Haft* AT S. 108; *Momsen/Savić* BeckOK § 34 Rdn. 24; *Paeffgen/Zabel* Rdn. 174; *Fischer* Rdn. 11a, 15.

[508] *Freund* Unterlassen S. 281 ff; *ders.* AT § 6 Rdn. 95 ff; *Jäger* Zurechnung S. 30 (Fall ausgeschlossener Zurechnung); *Joerden* JRE **5** (1997) 43, 49 (angedeutet bereits in Dyadische Fallsysteme S. 85 ff); *Scheid* Pflichtenkollision S. 99, 150 ff; auch *Hoyer* Strafrechtsdogmatik nach Arm. Kaufmann, Habil. Kiel 1997 S. 144 f; *ders.* SK Rdn. 43 f (Tatbestandsausschluss „infolge eines ungeschriebenen negativen Tatbestandsmerkmals"); Sympathie für diese Lösung äußern *Sch/Schröder/Lenckner/Sternberg-Lieben* Rdn. 73: „verbrechenssystematisch folgerichtiger".

[509] *Neumann* NK § 34 Rdn. 133; *ders.* FS Yamanaka, 171, 172 spricht zutreffend davon, die Entschuldigungsthese laufe auf eine „für den Bürger unausweichliche Normenfalle hinaus".

schuldigungslösung ist weiter zu beachten (und von ihren Anhängern gerade beabsichtigt),[510] dass zugunsten desjenigen, dessen Rettung wegen der Alternativität der Rettungsmöglichkeiten unterbleibt, ein Notwehrrecht (bei Dritten ein Nothilferecht) bestünde. Das aber hieße in der Konsequenz, dass gar keine Rettungshandlung zulässigerweise vorgenommen werden könnte; denn in dieser läge in Bezug auf den anderen ein rechtswidriges Verhalten, wogegen wiederum Notwehr oder Nothilfe möglich wäre. Die Pflichten würden sich also gegenseitig aufheben und letztlich würde das „Recht des Stärkeren" obsiegen (vgl. auch *Otto* Jura **2005** 470, 472; *Krey/Esser* Rdn. 633; *Rönnau* JuS **2013** 113f). Zudem ist es vom Ergebnis her wenig befriedigend, dass nach der Entschuldigungslösung derjenige, der unter größtmöglichem Einsatz einen von mehreren Gefährdeten rettet, ebenso rechtswidrig handelt wie der, der nichts tut (so richtig *Roxin* AT I § 16 Rdn. 120; *Satzger* Jura **2010** 753, 754; ebenso *Neumann* FS Roxin [2001], 421, 431; *Küper* FS Neumann, 931, 938 ff; beide m.w. Argumenten). Aber auch der Gedanke, dass zwar die Rechtswidrigkeit entfalle, dies jedoch nicht mit der Rechtfertigung der unterlassenen Handlung gleichbedeutend sei (so etwa *Otto* Jura **2005** 470, 472 m.w.N.), bietet keine Lösung. Im Bereich des Sollens müssen klare Verhaltensbefehle vorliegen. Es wäre ein Missverständnis zu meinen, Rechtfertigung drücke das Erwünschtsein eines Zustands aus; sie bezeichnet vielmehr nur die äußersten Grenzen des nicht rechtspflichtwidrigen Verhaltens (ebenso *Roxin* AT I § 14 Rdn. 1; *Lenckner* Notstand S. 22; *Cortes Rosa* in Coimbra-Symposium S. 183, 207). Anhänger eines *Tatbestandsausschlussmodells*, die unter Hinweis auf den Grundsatz „ultra posse nemo obligatur" schon auf der Ebene der Erfassung des Handlungsspielraums (d.h. vor der Formulierung der Rechtspflicht) berücksichtigen wollen, „was der Pflichtadressat überhaupt *kann*" (*Joerden* JRE **5** [1997] 43, 49), vernachlässigen, dass der Normadressat das durch die Pflicht jeweils geschützte Interesse auch tatsächlich schützen könnte; ihm ist es nur unmöglich, gleichzeitig beide Pflichten zu erfüllen (vgl. *Jakobs* in Eser/Nishihara S. 143, 169f; *Renzikowski* Notstand S. 216).[511] Die Entscheidung darüber, welches durch Strafnormen geschützte Interesse in Kollisionslagen, in denen eine kumulative Interessensbefriedigung ausgeschlossen ist, den Vorrang genießt, stellt ein Rechtfertigungsproblem dar; sie sollte nicht auf einer (unstrukturierten) vortatbestandlichen Ebene getroffen werden.

Die rechtfertigende Pflichtenkollision zeigt zwar als Kollisionsfall eine gewisse Verwandtschaft mit dem rechtfertigenden Notstand, ist aber ein **selbständiger übergesetzlicher Rechtfertigungsgrund** (Baumann/Weber/*Mitsch*/Eisele § 21 Rdn. 95; *Küper* Pflichtenkollision S. 118; *Roxin* AT I § 16 Rdn. 122).[512] Dagegen ging die Rspr. vor Inkrafttreten von § 34 davon aus, dass die rechtfertigende Pflichtenkollision mit dem rechtfertigenden Notstand (Gutsnotstand) durch den „Grundsatz der Güter- und Pflichtenabwägung" im übergesetzlichen Notstand verbunden sei (vgl. RGSt **61** 242, 254; BGHSt **2** 242; damalige st. Rspr.; ebenso zum früheren Rechtszustand *Mangakis* ZStW **84** (1972) 447,

118

---

510 *Paeffgen/Zabel* NK Rdn. 174 u. *Fischer* Rdn. 11a betonen, dass dem von einer Handlungspflicht Geschützten das Notwehrrecht – bei Dritten das Nothilferecht – gegen eine ihn benachteiligende Ausübung des Wahlrechts nicht versagt werden dürfe.
511 *Kindhäuser* AT § 18 Rdn. 3; Baumann/Weber/*Mitsch*/Eisele § 21 Rdn. 97; weitere Einwände gegen die „Tatbestandslösung" bei *Küper* FS Neumann, 931, 940f; *ders.* FS Rengier, 67, 74 ff; krit. auch *Künschner* Wirtschaftlicher Behandlungsverzicht S. 319f.
512 *Gropp* FS Hirsch, 207, 211; *Hruschka* FS Dreher, 189, 192; Arm. *Kaufmann* Unterlassungsdelikte S. 135f; *Kindhäuser* LPK § 34 Rdn. 58f; *Küper* JuS **1971** 474, 475; *Lenckner* MedKlin **64** (1969) 1000f; *Perron* in Eser/Perron S. 79, 97; *Samson* SK⁶ § 34 Rdn. 59; *Schmidhäuser* AT 18/83; Sch/Schröder/Lenckner/Sternberg-Lieben Rdn. 71/72; *Welzel* Strafrecht § 28 A II; Wessels/Beulke/Satzger Rdn. 1211; *Satzger* Jura **2010** 753, 754; für einen Teilbereich ebenso Lackner/Kühl/Kühl § 34 Rdn. 15; Maurach/Zipf § 27 Rdn. 52f.

456).⁵¹³ Diese Verquickung ist positivrechtlich durch § 34 überholt, da diese Vorschrift die rechtfertigende Pflichtenkollision nicht in den Begriff des rechtfertigenden Notstands einbezieht (vgl. dazu auch E 1962 Begr. S. 159).⁵¹⁴

119 Der sachliche Unterschied der beiden Rechtfertigungsgründe besteht in Folgendem: Während § 34 für eine Rechtfertigung aus Notstand voraussetzt, dass bei Abwägung der widerstreitenden Interessen das geschützte Interesse das beeinträchtigte *wesentlich* überwiegt, kann nach den Regeln der Pflichtenkollision eine Pflicht-/Interessenverletzung schon dann gerechtfertigt sein, wenn sie dem Schutz des geringfügig oder gar nicht überwiegenden Interesses dient. Bei gleichwertigen Rechtspflichten hat der Täter eine **Wahlmöglichkeit**, welchen der beiden Rechtsbefehle er befolgen will (**h.M.**, vgl. nur *Küper* Pflichtenkollision S. 19 ff, 118 f; *Kühl* AT § 18 Rdn. 137; *Roxin* AT I § 16 Rdn. 118, 121 ff). Der maßgebliche Grund für die unterschiedliche dogmatische Behandlung besteht darin, dass der Täter beim rechtfertigenden Notstand aktiv in das Rechtsgut eines unbeteiligten Dritten eingreift; dagegen unterlässt er bei der rechtfertigenden Pflichtenkollision nur die Rettung eines gefährdeten Interesses. Passive Solidarität kann von demjenigen, der sein Rechtsgut nach der Normaussage des § 34 zur Rettung zur Verfügung stellen muss („Duldungspflicht"), aber allein dann verlangt werden, wenn das in Not geratene Erhaltungsinteresse das Eingriffsinteresse wesentlich überwiegt. Ein anderer (weniger strenger) Maßstab muss gelten in Fällen, in denen zwei gleichwertige Rechtsgüter („Erhaltungsinteressen") in Gefahr sind und der Täter nur eines von beiden retten kann – will man dem Retter nicht zumuten, Unrecht zu begehen und damit sein Rettungsmotiv lahm legen (instruktiv *Neumann* NK § 34 Rdn. 125; *ders.* JRE **2** [1994] 81, 92 f). Auch der Umstand, dass für den Täter im Falle einer „Gebotskollision" – anders als beim rechtfertigenden Notstand – *Handlungszwang* besteht (vgl. *Jescheck/Weigend* § 33 V 1; *Maurach/Zipf* § 27 Rdn. 54; *Neumann* FS Roxin [2001], 421, 424), er sich also zwischen den kollidierenden Handlungspflichten zu entscheiden hat, spricht für gelockerte Anforderungen („Wahlrecht") an die Rechtmäßigkeit der Rettungshandlung.

b) Die Erfordernisse im Einzelnen

120 **aa) Es muss eine Kollision von mindestens zwei rechtlichen Handlungsgeboten vorliegen.** Eine *Kollision* ist gegeben, wenn der Rechtsunterworfene zwei Normbefehlen gegenübersteht, von denen er einen verletzen muss, um den anderen erfüllen zu können. Die kollidierenden Rechtsbefehle müssen *Handlungsgebote* sein, wobei es ebenso um schlichte Handlungsgebote (z.B. nach § 323c) wie um solche aus Garantenstellung gehen kann.⁵¹⁵ Die rechtfertigende Pflichtenkollision wird dementsprechend nur bei der Alternative zwischen zwei (oder mehreren) Unterlassungen relevant;⁵¹⁶ demgegenüber

---

513 Auch weiterhin betrachten die rechtfertigende Pflichtenkollision als einen Unterfall des rechtfertigenden Notstands *Jescheck/Weigend* § 33 V 1 u. *Köhler* AT S. 294; *Stratenwerth/Kuhlen* AT § 9 Rdn. 122 gehen ebenfalls von einer übereinstimmenden Grundstruktur aus (auch Rdn. 101, 127). Nach *Jakobs* in Eser/Nishihara S. 143, 169 handelt es sich nicht um ein eigenständiges Rechtfertigungsinstitut, sondern um eine „spezifische formale Regel".
514 Die „unüberwindlichen Hindernisse", die damals angeblich eine Regelung (auch) der Pflichtenkollision verhinderten, bestanden wohl vor allem in der begrifflichen Erfassung der unterschiedlichen Sachverhalte, vgl. *Roxin* AT I § 16 Rdn. 115.
515 *Rönnau* JuS **2013** 113, 114; zust. Baumann/Weber/*Mitsch*/Eisele § 21 Rdn. 95.
516 Mit guten Gründen wird von einigen eine Rechtfertigung des Unterlassens auch in der Konstellation einer „defizitären" Kollision allgemeiner Hilfspflichten angenommen. Im *Beispielsfall* (nach *Neumann*): Anstatt nach einem Bootsunglück einem lebensgefährlich Verletzten, der sich ans Ufer retten konnte, Erste Hilfe zu leisten, stürzt sich der als Rettungssanitäter ausgebildete Passant (obwohl ein schlechter Schwimmer) in die reißenden Fluten und rettet so den anderen Verletzten vor dem sonst sicheren Tod

fällt die Kollision eines Handlungs*gebots* mit einem Handlungs*verbot* (*Beispiel*: Ein Garant rettet den seiner Obhut Unterstellten durch eine Handlung, die ein Rechtsgut eines Dritten verletzt) von vornherein nicht in den Bereich der rechtfertigenden Pflichtenkollision (*Arm. Kaufmann* Unterlassungsdelikte S. 135 ff; *Küper* Pflichtenkollision S. 33 f; *Roxin* AT I § 16 Rdn. 117 f; **h.L.**).[517] In solchen Fällen kommt ausschließlich – bei Vorliegen aller seiner Voraussetzungen – rechtfertigender Notstand in Betracht. Ist jemand verpflichtet, ein fremdes Rechtsgut zu retten, ist er dabei hinsichtlich der zur Rettung vorgenommenen Eingriffe in Rechtsgüter Dritter nicht anders zu beurteilen als jeder sonstige Notstandstäter.[518] Danach gilt im Kollisionsfall: „Geboten ist nur, was erlaubt ist", nicht das Prinzip: „Was geboten ist, ist auch erlaubt" (ausführlich *Neumann* FS Roxin [2001], 421, 424 ff; *Gropp* FS Hirsch, 207, 212 ff; auch *Rudolphi* SK⁷ Vor § 13 Rdn. 29a u. *Rönnau* NJW **2004** 976, 978). Die h.M. geht also zutreffend von einem grundsätzlichen Vorrang der Pflicht zur Nichtverletzung fremder Rechtsgüter (Unterlassungspflicht) aus.[519] Eine Rettungs-/Handlungspflicht kann sich danach nur unter den Voraussetzungen des § 34 gegenüber einer Unterlassungspflicht durchsetzen mit der Folge, dass schon bei Gleichwertigkeit der geschützten Interessen der aktive Eingriff zu unterbleiben hat.[520] Die *Rspr.* hat nicht immer beachtet, dass es bei der rechtfertigenden Pflichtenkollision um einen Widerstreit von Handlungsgeboten gehen muss. Vielmehr betrafen die von ihr entschiedenen Fälle zum größten Teil Sachverhalte, in denen ein Begehungsdelikt, also ein Verstoß gegen ein Verbot, zum Zwecke einer Gebotsbefolgung begangen worden war (s. etwa BGHSt **1** 366; BGH [Z] NJW **1968** 2288; RGSt **20** 190; **38** 62, 64; **59** 404) – und die Auflösung der Konfliktlage sich nach den Regeln des rechtfertigenden Notstandes zu richten hat. Gerade die praktisch bedeutsamen Fälle, in denen die ärztli-

---

durch Ertrinken. Hier kollidieren keine (Rettungs-)*Pflichten*, da der Passant mangels Zumutbarkeit der Rettung des Ertrinkenden rechtlich nur zur Versorgung des Verletzten am Ufer verpflichtet ist (§ 323c). Angesichts der Kollision von im Hintergrund stehenden (Rettungs-)*Interessen* ist der Konflikt bei Gleichwertigkeit der Interessen dennoch nach den Regeln der „Pflichtenkollision" aufzulösen; bei wesentlichem oder eindeutigem Überwiegen der geschützten Interessen greift § 34 (dazu *Neumann* NK § 34 Rdn. 127; *ders.* FS Yamanaka, 171, 182 ff und – mit ausführlicher Begründung – *Küper* JuS **2016** 1070 ff).
517 So auch *Baumann/Weber/Mitsch/Eisele* § 21 Rdn. 96; *Blei* I § 88 I 4; *Jakobs* 15/8; *Küper* JuS **1971** 474, 475 f; *ders.* JuS **1987** 81, 90; *Lenckner* Notstand S. 5; *ders.* MedKlin **64** (1969) 1000 f; *Maurach/Zipf* § 27 Rdn. 52 ff; *Neumann* NK § 34 Rdn. 126; *Rudolphi* SK⁷ Vor § 13 Rdn. 29a; *Satzger* Jura **2010** 753, 755; *Sch/Schröder/Lenckner/Sternberg-Lieben* Rdn. 71/72; *Weber* Jura **1984** 376, 372; *Welzel* Strafrecht § 14 IV.
518 Dagegen schließen *Jescheck/Weigend* § 33 V 1, *Otto* AT § 8 Rdn. 205 ff, *Cuerda Riezu* in Coimbra-Symposium S. 107, 113 sowie *Paeffgen/Zabel* NK Rdn. 171 ff beim Zusammentreffen von Handlungs- und Unterlassungspflicht die Anwendung von Regeln über die rechtfertigende Pflichtenkollision nicht prinzipiell aus.
519 In der Sache auch BGHSt **48** 307, 309 ff bei der Kollision einer aus § 266a Abs. 1 abzuleitenden Handlungspflicht mit einer Unterlassungspflicht gem. § 64 Abs. 2 GmbHG a.F. („Verbot der Masseschmälerung"). Verfehlt ist dann aber die Annahme des Senats, nach Ablauf der Insolvenzantragsfrist gem. § 64 Abs. 1 GmbHG a.F. (heute: § 15a Abs. 1 InsO) gebühre der strafrechtlich geschützten Handlungspflicht gem. § 266a Abs. 1 wieder der Vorrang; ausführliche Kritik bei *Rönnau* NJW **2004** 976, 978 ff. Dazu auch *Neumann* NK § 34 Rdn. 129a m.w.N.
520 Zur Begründung wird vor allem vorgetragen, dass die Duldungspflicht, die den Inhaber des Eingriffsrechtsguts treffe, nicht durch Sonderpflichten des Retters erweitert werden könne, vgl. nur *Neumann* FS Roxin (2001), 421, 425; *Gropp* AT § 5 Rdn. 301 f, 305. Zur bisher kaum behandelten Frage der Rechtfertigung der Unterlassung bei einer Kollision der Handlungspflicht mit einer Unterlassungspflicht instruktiv *Neumann* (FS Yamanaka, 171, 180 ff), der in dieser „dogmatischen Grauzone" bei der Rechtfertigung eines *aktiven Eingriffs* in die Interessen des Notstandsopfers § 34 unmittelbar anwenden will, während bei der Rechtfertigung der *Unterlassung* § 34 nicht auf diese Unterlassung, sondern hypothetisch auf die Vornahme der prima facie gebotenen Rettungshandlung zur Anwendung kommen soll mit der Folge, dass bei Bejahung der Notstandsvoraussetzungen der Täter definitiv zur Rettung des bedrohten Interesses verpflichtet, anderenfalls diese ihm untersagt ist.

che Schweigepflicht (vgl. § 203) gebrochen wird oder hätte durchbrochen werden dürfen, um andere Personen vor Schäden an Gesundheit oder Leben zu bewahren,[521] haben mit rechtfertigender Pflichtenkollision nichts zu tun. Sie sind vielmehr nach den Interessenabwägungsmaßstäben des rechtfertigenden Notstands zu entscheiden. Dass man diese Fälle teilweise der rechtfertigenden Pflichtenkollision zugeordnet hat, dürfte damit zusammenhängen, dass hier Schweigepflicht und Offenbarungspflicht gegenübergestellt wurden (vgl. *Blei* I § 88 I 3). Schweigepflicht heißt aber nicht, dass etwas getan werden soll, sondern umgekehrt, dass es verboten ist, zu offenbaren (ebenso *Hirsch* LK[11] Rdn. 76; *Neumann* FS Roxin [2001], 421, 427 f). Um die Frage des rechtfertigenden Notstands, nicht aber der rechtfertigenden Pflichtenkollision ging es auch in den Fällen OLG Stuttgart MDR **1956** 245 u. BayObLG DAR **1958** 106, in denen ein Unfallbeteiligter den Unfallort verlassen hatte (Begehungsdelikt), weil eine wichtige geschäftliche Angelegenheit zu erledigen war.[522]

121   Es müssen **rechtliche** Handlungsgebote aufeinandertreffen. Die Kollision mit einer *nur sittlichen oder religiösen* Handlungspflicht genügt nicht (BGH [Z] NJW **1968** 2288, 2290; *Maurach/Zipf* § 27 Rdn. 55; *Sch/Schröder/Lenckner/Sternberg-Lieben* Rdn. 71/72).[523] Dass ein Arzt das Berufsgeheimnis verletzt, um einer sittlichen Pflicht folgend andere Hausbewohner vor der ansteckenden Krankheit der Patientin zu warnen, scheidet jedoch nicht erst aus diesem Grunde, sondern bereits aufgrund der in Rdn. 120 genannten Erwägungen aus dem Bereich der rechtfertigenden Pflichtenkollision aus (entgegen RGSt **38** 62, 64 u. *Blei* I § 88 I 1). Auch vermag eine *zivilrechtliche Herausgabepflicht* die Ermöglichung einer strafbaren Handlung nicht zu rechtfertigen (vgl. den Fall RGSt **56** 169). Hier fehlt es schon an einem Pflichtenwiderstreit, da in solchen Fällen wegen § 134 BGB gar keine Herausgabepflicht besteht.[524] Darüber hinaus ginge es bei der Herausgabe um eine Beihilfehandlung, so dass hier auch gar nicht die Befolgung eines Handlungsgebots, sondern die Verletzung eines Verbots in Widerstreit stehen würde.

122   **bb) Kollidieren verschiedenwertige Handlungsgebote**, so ist das Nichtbefolgen des minderen gerechtfertigt, wenn der Täter nur dadurch das höhere erfüllen kann (vgl. die Rspr.-Nachw. oben Rdn. 115). Dementsprechend ist das Nichtbefolgen des höherwertigen Gebots rechtswidrig, wenn der Täter stattdessen das geringerwertige erfüllt. Dass er aber immerhin eine Handlungspflicht erfüllt hat, kann sich in der Strafzumessung zu seinen Gunsten auswirken. Für die *Gewichtung* der widerstreitenden Handlungspflichten

---

521   Vgl. RGSt **38** 62, 64 (Gefahr der Ansteckung von Hausbewohnern); OLG Frankfurt (Z) NStZ **2001** 149 u. NJW **2000** 875 (Nichtaufklärung über Aids-Erkrankung des Ehepartners); OLG München MDR **1956** 565 m. Anm. *Mittelbach* und zuletzt BGH (Z) NJW **1968** 2288 (Mitteilung von einer die Fahrtauglichkeit ausschließenden Krankheit an die Behörde, um die Erteilung des Führerscheins zu verhindern). Zur Problematik in AIDS-Fällen näher *Zieschang* LK § 34 Rdn. 104 m.w.N.
522   Näher zur Konfliktauflösung in Fällen, in denen Fremdinteressen mit Eigeninteressen kollidieren, *Neumann* FS Roxin (2001), 421, 434 f; auch *Jakobs* 15/8 ff u. *Rudolphi* SK[7] Vor § 13 Rdn. 29b. Zur Pflicht eines Skifahrers, eine drohende Kollision mit einem anderen durch einen sog. Notsturz zu vermeiden, s. *Siedhof* VersR **1996** 34, 35 f.
523   Auch *Neumann* NK § 34 Rdn. 128 (maßgeblich ist, „ob der sittlichen bzw. religiösen Pflicht ein abwägungsfähiges Interesse korrespondiert"). AA AG Balingen NJW **1982** 1006, welches im Fall einer religiös gebotenen Schächtung die dadurch verwirklichte Ordnungswidrigkeit aufgrund des Rechts zur freien Religionsausübung nach Art. 4 GG für gerechtfertigt hielt. Unzutreffend ging das AG Balingen von einer rechtfertigenden Pflichtenkollision aus, statt eine Kollision von Handlungs- und Unterlassungspflicht anzunehmen; zu Recht krit. *Böse* ZStW **113** (2001) 40, 46 m. Fn. 34.
524   RGSt **56** 169; *Blei* I § 88 I 2; *Sch/Schröder/Lenckner/Sternberg-Lieben* Rdn. 71/72; *Hirsch* LK[11] Rdn. 77; *Hruschka* FS Dreher, 189, 192 f.

ist nicht nur der abstrakte Rang der durch sie geschützten Rechtsgüter maßgebend, sondern ebenso wie beim rechtfertigenden Notstand sind alle sonstigen Umstände (Interessen), die für die Schutzwürdigkeit in der konkreten Situation bedeutsam sein können, einzubeziehen.[525] Insbesondere sind Grad und Nähe der Gefahr zu berücksichtigen. So hat der Verursacher eines Verkehrsunfalls, der sowohl dem Verletzten helfen als auch die Unfallstelle absichern muss, zuerst dasjenige zu tun, was die akutere und größere Gefahr beseitigt (OLG Stuttgart DAR **1958** 222; *Sch/Schröder/Lenckner/Sternberg-Lieben* Rdn. 74). Die schuldhafte Herbeiführung der Notlage durch einen der Gefährdeten ist bei der Bewertung der Pflichten nicht negativ in Ansatz zu bringen (statt vieler *Lenckner* MedKlin **64** [1969] 1000, 1003; *Sch/Schröder/Lenckner/Sternberg-Lieben* Rdn. 74; *Satzger* Jura **2010** 753, 756). Soweit die Gegenmeinung (etwa *Roxin* AT I § 16 Rdn. 123; *Schlehofer* MK Rdn. 174)[526] hier auf die Berücksichtigung dieses Aspekts im Rahmen der Interessenabwägung bei § 34 hinweist, kann das nicht überzeugen. Beim rechtfertigenden Notstand ist das „Vorverschulden" des Gefährdeten deshalb ein Abwägungsfaktor, weil es den Umfang der Solidaritätspflichten desjenigen beeinflusst, in dessen Rechtsgut zur Gefahrenabwehr eingegriffen wird. Dagegen geht es in Fällen der rechtfertigenden Pflichtenkollision „nicht um Solidaritätspflichten zwischen den Inhabern der konkurrierenden Rettungsinteressen, sondern um die freiwillig oder pflichtgemäß geübte Solidarität des Retters mit dem zu Rettenden" (*Neumann* NK § 34 Rdn. 131; *Paeffgen/Zabel* NK Rdn. 177a).[527] Eine Vorzugsregel dahingehend, dass bei gleicher Gefährdungslage immer das „unschuldige Opfer" gerettet werden muss, speist sich zumeist allein aus dem Rechtsgefühl (s. etwa die Ausführungen von *Roxin* AT I § 16 Rdn. 123).

Wenig geklärt ist bisher die – gerade für den Bereich der Intensivmedizin bedeutsame – Frage, inwieweit bei gleich schutzwürdigen Interessen bereits eingeleitete Rettungsmaßnahmen den dadurch Begünstigten privilegieren, mit der Folge, dass der Abbruch der Rettungsbemühungen zwecks Erhaltung eines gleichwertigen Gutes (etwa Abschalten der Herz-Lungen-Maschine, um ein anderes Patientenleben zu retten) nicht unter dem Gesichtspunkt der Pflichtenkollision gerechtfertigt werden kann (vgl. dazu *Neumann* NK § 34 Rdn. 130; *Künschner* Wirtschaftlicher Behandlungsverzicht S. 344 ff).[528] Sind zwei Leben (etwa das eines 70jährigen und das eines Knaben) in akuter Gefahr, ist unter Beachtung des Grundsatzes der „Gleichwertigkeit" und damit der „Unabwägbarkeit des menschlichen Lebens" der Abbruch der Rettungsmaßnahmen beim 70jährigen rechtswidrig. Das Recht steht hier – auch und gerade zur Sicherung des Rechtsfriedens – auf dem Standpunkt, dass „wer (die Rettungschance) hat, der hat".[529] Sachlich setzt sich daher die Position des durch die bisherigen Rettungsbemühungen Begünstigten durch; der Täter hat also im Beispiel – anders als bei der rechtfertigenden Pflichtenkollision – 123

---

525 *Jescheck/Weigend* § 33 V 1a; *Kindhäuser* LPK § 34 Rdn. 61; *Küper* Pflichtenkollision S. 33; *Lenckner* Notstand S. 107; *Maurach/Zipf* § 27 Rdn. 22, 53; *Sch/Schröder/Lenckner/Sternberg-Lieben* Rdn. 74; *Stratenwerth/Kuhlen* AT § 9 Rdn. 122, 124; *Wessels/Beulke/Satzger* Rdn. 1212.
526 Weiterhin *Blei* § 88 I 4a; *Joerden* JRE **5** (1997) 43, 51 f; *Matt/Renzikovski/Engländer* Rdn. 31; *Duttge* HK-GS § 34 Rdn. 31; *Mitsch* Rechtfertigung S. 215, 294; auf den S. 217 ff begründet *Mitsch* aaO allerdings überzeugend, warum das fehlerhafte Vorverhalten des *Täters* keine Rolle bei der Ermittlung der vorzugswürdigen Handlungspflicht spielt; für eine Berücksichtigung dagegen – ohne Begründung – BGH ZIP **2005** 1678, 1680; auch *Kindhäuser* JRE **2** (1994) 339, 348: Ausschluss der Rechtfertigungswirkung wegen vorausgehender Obliegenheitsverletzung.
527 Weiterhin *Haft* AT S. 107; *Künschner* Wirtschaftlicher Behandlungsverzicht S. 330; *Sch/Schröder/Lenckner/Sternberg-Lieben* Rdn. 74.
528 *Mitsch* Rechtfertigung S. 213 f; *Sch/Schröder/Lenckner/Sternberg-Lieben* Rdn. 74.
529 Es entspricht verbreiteter Ansicht, dass derjenige ein spezielles Recht für sein Handeln benötigt, der den Status quo verändern will, s. nur *Schünemann* in Neumann u.a. S. 145, 153 u. *Duttge* in Schünemann u.a. S. 369, 383 m.w.N.

nicht die Wahl, wen er rettet (**aA** *Lenckner* MedKlin **64** [1969] 1000, 1005). Vielmehr setzt sich der den § 34 beherrschende Gedanke des Abwägungsverbots bei Leben durch. Die Rechtslage ändert sich aber dann, wenn wegen absoluter Aussichtslosigkeit der Maßnahmen bereits die Rettungspflicht entfällt; die Grenzziehung kann hier im Einzelfall (z.B. wenn nur der Sterbeprozess verlängert wird) sehr schwierig werden (vgl. *Neumann* NK § 34 Rdn. 130; auch *Sch/Schröder/Lenckner/Sternberg-Lieben* Rdn. 74 u. *Satzger* Jura **2010** 753, 756). Wegen des Grundsatzes der Unabwägbarkeit bzw. Nicht-Addierbarkeit menschlichen Lebens sind bei der Pflichtenbewertung weiterhin Nützlichkeitsaspekte wie die Zahl der zu rettenden Menschen und auch deren Eigenschaften (Alter, sozialer Status etc.) ohne Bedeutung (*Neumann* NK § 34 Rdn. 132; *Gropp* FS Hirsch, 207, 213; *Lenckner* MedKlin **64** [1969] 1000, 1003).[530] Schließlich spielen auch die Rettungsmotive (seien sie missbilligenswert oder von hoher moralischer Qualität) keine Rolle (zutreffend *Roxin* AT I § 16 Rdn. 121). Dass bei der Bestimmung des Werts der kollidierenden Gebote ebenso wie beim rechtfertigenden Notstand konkrete Interessengesichtspunkte zu berücksichtigen sind, heißt jedoch nicht, dass auch der Abwägungsmaßstab der gleiche ist. Da es sich bei der rechtfertigenden Pflichtenkollision anders als beim rechtfertigenden Notstand von vornherein um die Situation des Handlungszwangs handelt, braucht das Übergewicht des befolgten Gebots kein wesentliches zu sein, zumal bei rechtfertigender Pflichtenkollision nach h.L. (Rdn. 115 ff, 120) ein Übergewicht überhaupt entbehrlich ist. Es geht bei der Abwägung des Werts der widerstreitenden Gebote lediglich darum, ob der Täter etwa das *leichtere* anstatt des wenigstens gleichwertigen befolgt hat.

124 Kollidieren **gleichwertige Handlungsgebote** miteinander, so hat der Gebotsadressat die *Wahl*, welches von beiden er erfüllen will. Er muss diese Wahl treffen, soll wenigstens eines der beiden Gebote erfüllt werden. Sie bewirkt, dass hinsichtlich der Nichtbefolgung des vernachlässigten Gebots *Rechtfertigung* eintritt, d.h. die Nichtbefolgung dieses Gebots ist nicht konkret pflichtwidrig (so die **h.L.**; Nachw. und Näheres zum Streitstand oben Rdn. 116 f).

125 Ein **Spezialproblem** entsteht, wenn Pflichten unterschiedlicher Intensität miteinander konkurrieren, insbesondere eine **Garantenpflicht** (§ 13) mit einer allgemeinen **Hilfeleistungspflicht** gem. § 323c zusammentrifft (etwa der Vater nach einem Unglück nur seinen Sohn oder ein fremdes Kind retten kann). Nach überwiegender Ansicht beansprucht hier das Garantengebot grundsätzlich Vorrang, wenn nicht das durch die allgemeine Handlungspflicht abgesicherte Interesse wesentlich überwiegt (vgl. *Jakobs* 15/7; *Joerden* Dyadische Fallsysteme S. 88 f; *Neumann* FS Roxin [2001], 421, 436 f; *ders.* NK § 34 Rdn. 129).[531] Die Minderheitsmeinung stellt dagegen allein auf das Gewicht der im Widerstreit stehenden Interessen ab (*Blei* I § 88 I 4a; *Kühl* AT § 18 Rdn. 137; *Rudolphi* SK[7] Vor § 13 Rdn. 29: bei Gleichwertigkeit der zu rettenden Güter auch Gleichwertigkeit der Pflichten)[532] und eröffnet dem Täter damit eine Wahlmöglichkeit. Überzeugend ist die Ansicht, nach der beim Gleichgewicht der zu schützenden Interessen die besondere Pflichtenstellung den Ausschlag gibt, ansonsten das höherwertige Gut zu schützen ist.

---

[530] Anders – ohne Begründung – Baumann/Weber/*Mitsch*/Eisele § 21 Rdn. 99: Quantität der miteinander kollidierenden Menschenleben berücksichtigungsfähig; *ders.* FS Weber, 49, 64; auch *R. Merkel* JZ **2007** 373, 380 (wiederum **anders** *ders*. ZStW **128** [2016] 629, 673: quantitative Aspekte sind auszublenden).

[531] Weiter Baumann/Weber/*Mitsch*/Eisele § 21 Rdn. 99; *Frellesen* Hilfeleistung S. 188 ff; *Kindhäuser* LPK § 34 Rdn. 61; *Murmann* GK § 25 Rdn. 67; *Rönnau* JuS **2013** 113, 114; *Roxin* AT I § 16 Rdn. 123; *Satzger* Jura **2010** 753, 756; *Sch/Schröder/Lenckner/Sternberg-Lieben* Rdn. 75; *Stratenwerth/Kuhlen* AT § 9 Rdn. 124; *Fischer* Rdn. 11b.

[532] Ebenso *Freund* Unterlassen S. 281 f m. Fn. 37; *ders.* AT § 3 Rdn. 71; § 6 Rdn. 98; *Frister* 22/62; *Joecks/Jäger* § 13 Rdn. 77; *Schmidhäuser* StuB 12/64; *Stein* SK Vor 13 Rdn. 47.

Denn das Interesse des Begünstigten einer Garantenpflicht ist ausweislich der Strafdrohung beim Garantendelikt (vgl. § 13) rechtlich besser abgesichert als die aus der Mindestsolidarität unter Rechtsgenossen abgeleitete allgemeine Handlungspflicht (*Jakobs* 15/7; *Joerden* Dyadische Fallsysteme S. 88 f; *Neumann* NK § 34 Rdn. 129).[533] Dabei ist zu berücksichtigen, dass schon nach dem Wortlaut des § 323c die allgemeine Hilfeleistungspflicht nur entsteht, wenn sie zumutbar, d.h. „ohne Verletzung anderer wichtiger Pflichten" möglich ist. Rechtliche Einstandspflichten i.S.v. § 13 schränken die Hilfspflicht ein, wenn der Garantenschützling ebenso schwerwiegend oder sogar schwerer gefährdet ist; in diesem Fall liegt schon gar keine Pflichtenkollision vor (*Schlehofer* MK Rdn. 238 f; *Sch/Schröder/Lenckner/Sternberg-Lieben* Rdn. 75; *ders.* MedKlin **64** [1969] 1000, 1007).[534] Der Vater muss also seinem Sohn und nicht dem fremden Kind helfen, will er gerechtfertigt handeln. Bei Nichterfüllung der Garantenpflicht ist die Entlastung von Strafbarkeit nur noch durch übergesetzlichen entschuldigenden Notstand möglich.

cc) Wird **keine der kollidierenden Handlungspflichten erfüllt**, handelt der Täter **126** nur hinsichtlich derjenigen pflichtwidrig und damit rechtswidrig, die er hätte erfüllen sollen. Ist ihm ein Wahlrecht eingeräumt, hat er nur das geringere Unrecht zu verantworten, da der Täter bei Pflichterfüllung dieses hätte auf jeden Fall vermeiden können (*Jakobs* 15/7a; *Paeffgen/Zabel* NK Rdn. 177; *Kindhäuser* LPK § 34 Rdn. 62).[535] Die Einschränkung der Rettungskapazität begrenzt in diesen Fällen das Unrecht. Wenn *Hirsch* LK[11] Rdn. 81 erst der *Vornahme einer Handlung* und nicht schon dem Bestehen einer Pflichtenkollisionslage rechtfertigende Wirkung zumisst (mit der Folge einer Haftung wegen *aller* nicht erfüllten Pflichten; ebenso *Haft* AT S. 108), vermag das nicht zu überzeugen. Denn der Täter kann durch Rechtspflichten nicht zu stärkeren Rettungsbemühungen angehalten werden, als er tatsächlich zu leisten imstande ist. Darüber hinausgehende Forderungen dienen vielleicht der Pflichtenermahnung, nicht aber dem Rechtsgüterschutz und sind daher abzulehnen.[536]

dd) Als **subjektives Rechtfertigungselement** ist erforderlich, aber auch ausrei- **127** chend, dass der Täter in Kenntnis der Kollisionslage (einschließlich der Aspekte, von denen die Pflichtenbewertung abhängt) handelt (*Baumann/Weber/Misch/Eisele* § 21 Rdn. 102; *Sch/Schröder/Lenckner/Sternberg-Lieben* Rdn. 77; auch *Stratenwerth/Kuhlen* AT § 9 Rdn. 127 f).[537] Unerheblich ist, dass der Unterlassende daneben, etwa bei der Auswahl

---

533 Dabei gibt aus genanntem Grund die Pflichtenbindung (mit *Neumann* aaO) auch dann den Ausschlag, wenn das Interesse des durch die Garantenpflicht Begünstigten nicht wesentlich überwiegt. **Anders** noch *Hirsch* LK[11] Rdn. 80, der eine differenzierende Lösung entwickelt und in Fällen der Lebensrettung für eine Wahlmöglichkeit eintritt.
534 Weiter *Beulke* FS Küper, 1, 3 ff; *Krey/Esser* Rdn. 632; *Kindhäuser* LPK § 34 Rdn. 56; *Küper* FS Rengier, 67, 68 m. Fn. 7; auch *Roxin* AT I § 16 Rdn. 123; *Stratenwerth/Kuhlen* AT § 9 Rdn. 124; *Wessels/Beulke/Satzger* Rdn. 1212; **aA** *Stein* SK Vor § 13 Rdn. 47. Instruktiv zu (kumulationsabhängigen) Pflichtbegrenzungsgründen wie Unmöglichkeit und Unzumutbarkeit im Tatbestand *Mitsch* Rechtfertigung S. 207 ff.
535 Weiter Baumann/Weber/*Mitsch*/Eisele § 21 Rdn. 98,101; *ders.* Rechtfertigung. S. 293; *Kühl* AT § 18 Rdn. 137; SSW/*Rosenau* Rdn. 60; auch *Joerden* Dyadische Fallsysteme S. 85 f, der bezüglich des nachrangigen Gebots keine Rechtswidrigkeit annimmt; unentschlossen Sch/Schröder/Lenckner/Sternberg-Lieben Rdn. 73.
536 Tatsächlich schränkt auch *Hirsch* aaO (in Anlehnung an *Mezger* LK[8] § 50 Anm. 10) die Strafe „sachensprechend" auf „den Umfang des tatsächlich realisierbaren Handelns" ein (sofern der Täter nicht die Befolgung aber Pflichten für möglich hielt); **krit.** zu seinem Ansatz auch *Renzikowski* Notstand S. 219 m. Fn. 247.
537 **Anders** noch *Hirsch* LK[11] Rdn. 82: Unterlassen, um die Vornahme der Rettungshandlung zu ermöglichen; zust. *Paeffgen/Zabel* NK Rdn. 178.

im Falle gleichrangiger Handlungsgebote, von anstößigen Beweggründen geleitet wird (*Küper* Pflichtenkollision S. 29; *Paeffgen/Zabel* NK Rdn. 178; *Roxin* AT I § 16 Rdn. 121; *Baumann/Weber/Misch/Eisele* § 21 Rdn. 102). Ist der Täter irrtümlich der Meinung, beide Gebote erfüllen zu können, will er aber nur das höherwertige oder eines von beiden gleichwertigen befolgen, so bewirkt die Realisierung dieses Willens keine Rechtfertigung der Nichtbefolgung des anderen Gebots (vielmehr untauglicher Unterlassungsversuch; ebenso *Paeffgen/Zabel* NK Rdn. 178). Im Gegensatz zur früheren Lehre, die Güter- und Pflichtenkollision im übergesetzlichen rechtfertigenden Notstand miteinander verband und dabei für diesen die pflichtmäßige Prüfung der Sachlage als zusätzliches Rechtfertigungserfordernis aufstellte (Rdn. 93), ist die rechtfertigende Pflichtenkollision ebensowenig wie der Gutsnotstand des § 34 von einer solchen Prüfungspflicht abhängig (wie hier *Küper* aaO; *Stratenwerth/Kuhlen* AT § 9 Rdn. 127 f; anders *Paeffgen/Zabel* NK Rdn. 178).

4. Widerstandsrecht, Staatsnotstand, Staatsnotwehr

Schrifttum

v. Arnim Über Widerstand, DVBl **2012** 879; *Arndt* Ursprünge und Entstehungsgeschichte des Widerstandsrechts (Art. 20 Abs. 4 GG), RuP **1993** 154; *Bergmann* Zur strafrechtlichen Beurteilung von Straßenblockaden als Nötigung (§ 240 StGB) unter Berücksichtigung der jüngsten Rechtsprechung, Jura **1985** 457; *Bertram* Berufung auf das Widerstandsrecht im unbeteiligten Staat, GA **1967** 1; *ders*. Das Widerstandsrecht des Grundgesetzes (1970); *T. Blank* Die strafrechtliche Bedeutung des Art. 20 IV GG (Widerstandsrecht), Diss. Köln 1982; *Böckenförde* Die Kodifizierung des Widerstandsrechts im Grundgesetz, JZ **1970** 168; *Boldt* Staatsnotwehr und Staatsnotstand, ZStW **56** (1937) 183; *Doehring* Das Widerstandsrecht des Grundgesetzes und das überpositive Recht, Der Staat **1969** 429; *Frankenberg* Ziviler Ungehorsam und Rechtsstaatliche Demokratie, JZ **1984** 266; *Gusy* Über die strafrechtliche Bedeutung des politischen Widerstandes, in G. Bemmann u.a. (Hrsg.) Der strafrechtliche Schutz des Staates (1987) S. 45; *Herzog* Das positivierte Widerstandsrecht, Festschrift Merkl (1970) 99; *Heyland* Das Widerstandsrecht des Volkes (1950); *Hilgendorf* Tragische Fälle. Extremsituationen und strafrechtlicher Notstand, in Blaschke/Förster/Lumpp/Schmidt (Hrsg.) Sicherheit statt Freiheit? (2005) S. 107; *Hirsch* Einordnung und Rechtswirkung des Erlaubnissachverhaltsirrtums, Festschrift Schroeder (2006) 223; *Isensee* Das legalisierte Widerstandsrecht (1969); *Jahn* Das Strafrecht des Staatsnotstandes, Habil. Frankfurt/M. 2003 (2004); *Jakobs* Buchbesprechung: Jahn, Das Strafrecht des Staatsnotstandes (2004), ZStW **117** (2005) 418; *Johst* Begrenzung des Rechtsgehorsams, Diss. Halle-Wittenberg 2012 (2016); *Karpen* Ziviler Ungehorsam im demokratischen Rechtsstaat, JZ **1984** 249; *ders*. Ziviler Ungehorsam im demokratischen Rechtsstaat, Jura **1986** 417; *Arthur Kaufmann* Zum Problem von Wertungswidersprüchen zwischen Recht und Moral, Festschrift P. Schneider (1990) 158; *Kempen* Widerstandsrecht, in Sterzel (Hrsg.) Kritik der Notstandsgesetze (1968) S. 65; *Klein* Der Gesetzgeber und das Widerstandsrecht, DÖV **1968** 865; *Kröger* Widerstandsrecht und demokratische Verfassung (1971); *Ladiges* Erlaubte Tötungen, JuS **2011** 879; *Lenckner* Strafrecht und Ziviler Ungehorsam, JuS **1988** 349; *Oetker* Hilfeleistung in Staatsnotwehr und Staatsnotstand, GerS **97** (1928) 411; *Pawlik* § 14 Abs. 3 des Luftsicherheitsgesetzes – Ein Tabubruch? JZ **2004** 1045; *v. Peter* Bemerkungen zum Widerstandsrecht des Art. 20 IV GG, DÖV **1968** 719; *Prittwitz* Sitzblockaden – Ziviler Ungehorsam und strafbare Nötigung? JA **1987** 17; *Radtke* Überlegungen zum Verhältnis von „zivilem Ungehorsam" zur „Gewissenstat", GA **2000** 19; *Reichel* Widerstandsrecht und politischer Streik in der neuen Verfassung und im neuen Strafrecht, DB **1968** 1312; *Ritter* Der Volksgenosse als Helfer in Volksnot, GerS **115** (1941) 239; *Roxin* Strafrechtliche Bewertungen zum zivilen Ungehorsam, Festschrift Schüler-Springorum (1993) 441; *Schmahl* Rechtsstaat und Widerstandsrecht, JahrböR **55** (2007) 99; *Scheidle* Das Widerstandsrecht, Diss. München 1969; *H. Schneider* Widerstand im Rechtsstaat (1969); *P. Schneider* Widerstandsrecht und Rechtsstaat, AöR **89** (1964) 1; *Schönfeld* Zur Frage des Widerstandsrechts (1955); *Scholler* Widerstand und Verfassung, Der Staat **1969** 19; *Schroeder* Probleme der Dekontaminierung des deutschen Strafrechts nach 1945, Festschrift Kühl (2014) 101; *Schubert* Staatsnothilfe, Diss. Heidelberg 1933; *Stock* Über Staatsnotwehr und Staatsnotstand, GerS **101** (1932) 148; *Weinkauff* Über das Widerstandsrecht (1956); *Wenzel* Widerstand und Recht, Gewissen und Unrecht, DRiZ **1995**

7; *Wertenbruch* Zur Rechtfertigung des Widerstandes, Festschrift v. Hippel (1965) 318; *v. Winterfeld* Grundlagen und Grenzen des Widerstandsrechts, NJW **1956** 1418.
Zahlreiche weitere Literaturnachweise bei *Jahn* Staatsnotstand (2004).

a) Allgemeines. Im Zusammenhang mit der Notstandsgesetzgebung des Jahres 1968 **128** wurde in Art. 20 Abs. 4 GG das sog. politische Widerstandsrecht positiviert.[538] Im Hinblick auf die in Art. 20 Abs. 1–3 GG definierte freiheitliche demokratische Grundordnung bestimmt die Vorschrift: *Gegen jeden, der es unternimmt, diese Ordnung zu beseitigen, haben alle Deutschen das Recht zum Widerstand, wenn andere Abhilfe nicht möglich ist.*[539] Verschiedene Landesverfassungen enthalten schon länger Regelungen des Widerstandsrechts; vgl. Art. 36 Abs. 3 Berl. Verf. (bis zum 23.11.1995 in Art. 23 Abs. 3 geregelt), Art. 19 Brem. Verf., Art. 147 Abs. 1 Hess. Verf.; siehe seit 1992 auch Art. 21 Abs. 5 LSA Verf.; Art. 114 SaVerf.; näher *Johst* Begrenzung des Rechtsgehorsams S. 50 ff. Deren Reichweite bemisst sich gemäß Art. 31 GG nach dem Bundesrecht. Die Rspr. hatte bereits seit den zwanziger Jahren die Möglichkeit einer Rechtfertigung durch Staatsnotstand grundsätzlich anerkannt (RGSt **56** 259, 267; **62** 35, 46 f; **63** 215, 220; **64** 101, 104; BGH NJW **1966** 310, 312 f; BVerfGE **5** 85, 376 ff – „KPD-Urteil"; dazu *Jahn* Staatsnotstand S. 476 ff). Dabei wurden die Gesichtspunkte der Nothilfe (sog. Staatsnothilfe) und des Notstands miteinander verflochten. Durch die Einführung des Art. 20 Abs. 4 GG ist der zulässige Bereich des von Deutschen zugunsten der verfassungsmäßigen Ordnung der Bundesrepublik vorgenommenen politischen Widerstands erschöpfend positiviert,[540] so dass insoweit für den bisherigen übergesetzlichen Rechtfertigungsgrund des Staatsnotstands (einschl. Staatsnothilfe) kein Anwendungsgebiet mehr besteht (*Hirsch* LK[11] Rdn. 83; *Paeffgen/Zabel* NK Rdn. 179; aber auch *Herzog* NK[2] § 32 Rdn. 23 m.w.N.).[541] *Unberücksichtigt geblieben* sind lediglich die Fälle, in denen ein Ausländer eine Handlung i.S. des Art. 20 Abs. 4 GG vornimmt, und diejenigen, in denen ein Deutscher oder ein in der Bundesrepublik befindlicher Ausländer eine Widerstandshandlung in Bezug auf einen fremden Staat begeht. Hier wird die Heranziehung überpositiver Rechtsgrundsätze für möglich erklärt.[542] Seit der Kodifikation des rechtfertigenden Notstands in § 34 sind diese Fälle nun in diesem gesetzlichen Rahmen zu entscheiden (wie hier *Maurach/Zipf* § 27 Rdn. 42; *Jakobs* AT 15/1; *Paeffgen/Zabel* NK Rdn. 179).[543] Dabei sind besonders der Erforderlichkeitsgesichtspunkt und der Grundsatz zu beachten, dass sich Widerstandshandlungen niemals gegen Unbe-

---

538 Zum Streit darüber, ob eine Positivierung des Widerstandsrechts rechtslogisch möglich und politisch opportun ist, näher *T. Blank* Widerstandsrecht S. 163 ff; weiter *Maunz/Dürig/Herzog*[18] GG Art. 20 IX Rdn. 1 ff; auch *Johst* Begrenzung des Rechtsgehorsams S. 213 ff; jew. m.w.N.
539 Näher zur Gesetzgebungsgeschichte *Böckenförde* JZ **1970** 168 ff; *Arndt* RuP **1993** 154 ff; *Wenzel* DRiZ **1995** 7 ff; *Johst* Rechtsgehorsam S. 213 ff; *Schmahl* JahrböR **55** (2007) 99, 104 ff; *T. Blank* Widerstandsrecht S. 15 f m.w.N. Instruktiv zur Geschichte und den unterschiedlichen Aspekten des Widerstandsrechts auch der Sammelband von *Arth. Kaufmann* (Hrsg.) Widerstandsrecht (1972); weiterhin *Stern* Staatsrecht II (1980) § 57 I; grundlegend *Isensee* Widerstandsrecht.
540 Zur dogmatischen Einordnung als Rechtfertigungsgrund näher *T. Blank* Widerstandsrecht S. 35 ff.
541 Für eine erheblich weiterreichende Exklusivität der Regelung in Art. 20 Abs. 4 GG plädiert mit guten Gründen *Jahn* Staatsnotstand S. 496 ff (insbes. S. 502 ff): „Nothilfe zu Gunsten des Staates ist … auf strafrechtlicher Grundlage im demokratischen Rechtsstaat des Grundgesetzes nicht mehr denkbar". *Jahn* hält ein Neben-Widerstandsrecht in Gestalt der Staatsnothilfe (zur Begrifflichkeit aaO S. 113 ff) wegen dessen „rechtsauflösender Tendenz" für gefährlich (S. 502) und tritt daher im staats- und strafrechtlichen Schrifttum stark vertretenen Meinungen entgegen, die Art. 20 Abs. 4 GG als weitgehend deklaratorische Teilregelung der Staatsnot(stands)hilfe interpretieren (Nachw. S. 500 f); **krit.** wegen der Lückenhaftigkeit der Lösung *Jakobs* ZStW **117** (2005) 418, 423 f.
542 *Welzel* Strafrecht § 14 II 7 (bzgl. der i.S. des Art. 20 Abs. 4 GG handelnden Ausländer); *T. Blank* Widerstandsrecht S. 80 f; BGH NJW **1966** 310 (bei Widerstandshandlung in Bezug auf fremden Staat).
543 Weiter *Kühl* AT § 9 Rdn. 95; *Roxin* AT I § 16 Rdn. 130.

teiligte richten dürfen (vgl. schon BGH NJW **1966** 310, 313 sowie Rdn. 134). Außerdem muss auch hier berücksichtigt werden, dass Staatsnotstand und -nothilfe sich nur auf die Rettung oder Wiederherstellung einer staatlichen Ordnung beziehen können, also kein auf Veränderung abzielendes Revolutionsrecht gewähren.[544]

129 Schon von vornherein fallen aus dem Bereich von Widerstandsrecht, Staatsnotstand und Staatsnothilfe alle Handlungen heraus, die nicht den Schutz der Grundwerte der staatlichen Ordnung, sondern lediglich den Schutz fiskalischer Interessen betreffen (*Hirsch* LK[11] Rdn. 84; *Kühl* AT § 9 Rdn. 97; *Jahn* Staatsnotstand S. 506). Hier geht es allein um das Vorliegen der gewöhnlichen Notwehr- oder Notstandsvoraussetzungen, wobei dem Merkmal der Erforderlichkeit bzw. der Nicht-anders-Abwendbarkeit besondere Aufmerksamkeit zu widmen ist. Gleiches gilt bereits nach allgemeinen Grundsätzen für Handlungen, die sich gegen Unternehmen schwächerer als der in Art. 20 Abs. 4 GG geforderten Intensität richten (ebenso *Jakobs* AT 15/2).

b) Voraussetzungen des Art. 20 Abs. 4 GG im Einzelnen

130 **aa)** Nach dem Wortlaut des Art. 20 Abs. 4 GG muss der Träger des Widerstandsrechts **Deutscher** i.S. des Art. 116 GG sein[545] und seinen (und sei es noch so kurzen) Aufenthalt im Geltungsbereich des Grundgesetzes haben.[546] Ob vor dem Hintergrund der Rechtsprechung des BVerfG zur Anwendung von Deutschengrundrechten auf sonstige Unionsbürger (BVerfGE **129** 78, 94 ff) eine solche Erweiterung des persönlichen Schutzbereiches auch für das Widerstandsrecht des Art. 20 Abs. 4 GG vorzunehmen ist, erscheint zweifelhaft.[547] Dieses hat zwar als grundrechtsgleiches Recht vollumfänglichen Grundrechtscharakter (*Robbers* BK Art. 20 Abs. 4 GG Rdn. 3473; *Maunz/Dürig/Grzeszick* GG Art. 20 IX Rdn. 13). Es hebt sich jedoch von den meisten anderen Grundrechten durch seinen Charakter als **Teilhaberecht** am demokratischen Prozess ab (*Robbers* BK Art. 20 Abs. 4 Rdn. 3473),[548] weshalb ein besonders enger Bezug des Widerstandsrechts zum Staatsvolk i.S. des Art. 20 Abs. 2 GG besteht (*Sachs/Sachs* GG Art. 20 Rdn. 170; *v. Mangoldt/Klein/Starck/Sommermann* GG Art. 20 Abs. 4 Rdn. 331; vgl. auch *Friauf/Höfling* GG Art. 20 [8. Teil] Rdn. 15), zu dem nur die deutschen Staatsbürger zählen (BVerfGE **83** 37, 50 f). Amtsträgern (wie z.B. Polizisten und Soldaten der Bundeswehr) kann das Widerstandsrecht nicht zugestanden werden, da ansonsten die zusammen mit Art. 20 Abs. 4 GG geschaffenen differenzierten Regelungen über die Kompetenzen im Falle des inneren und äußeren Notstands weitgehend ihren Sinn verlören (*v. Mangoldt/Klein/Starck/Sommermann* GG Art. 20 Abs. 4 Rdn. 342).[549] Für diejenigen, die nicht von Art. 20 Abs. 4 GG erfasst sind, kommt (ebenso wie für Deutsche, die Widerstand gegen

---

544 Vgl. *T. Blank* Widerstandsrecht S. 130 f; *Stern* Staatsrecht II § 57 III 2c: Art. 20 Abs. 4 GG ist Ordnungs-, nicht Umgestaltungsfaktor; *Robbers* BK Art. 20 Abs. 4 GG Rdn. 3560; *Arth. Kaufmann* FS P. Schneider, 158, 164.
545 *Maunz/Dürig/Grzeszick* GG Art. 20 IX Rdn. 14; *Sachs* in Sachs GG Art. 20 Rdn. 170.
546 *Isensee* Widerstandsrecht S. 51 f; *Maunz/Dürig/Herzog*[18] GG Art. 20 IX Rdn. 52; *Paeffgen/Zabel* NK Rdn. 182 (**dagegen** *Robbers* BK Art. 20 Abs. 4 GG Rdn. 3545). Teilweise wird noch weitergehend gefordert, dass die Widerstandsberechtigten im Staatsverband der Bundesrepublik Deutschland leben, insbesondere das Wahlrecht besitzen müssen (so *Stern* Staatsrecht II § 57 III 5b).
547 **Dagegen** *Robbers* BK Art. 20 Abs. 4 GG Rdn. 3547.
548 Siehe auch schon *Stern* Staatsrecht II § 57 III 3a, der das Widerstandsrecht nicht dem status negativus, sondern dem status activus zuordnet; zust. *Höfling* in HGR V § 121 Rdn. 13.
549 Weiter *Stern* Staatsrecht II § 57 III 5c; *Jahn* Staatsnotstand S. 463 ff; *Pawlik* JZ **2004** 1045, 1053; jew. m.w.N.; auch *Hilgendorf* in Blaschke u.a. S. 107, 128. Für die Einbeziehung aber – ohne Begründung – *Jakobs* AT 15/1; *Kühl* AT § 9 Rdn. 95; ferner *H. Schneider* Widerstand S. 16; w. Nachw. für die Gegenmeinung bei *Jahn* Staatsnotstand S. 464 m. Fn. 845.

einen Umsturzversuch in einem ausländischen Staat leisten) die Rechtfertigung wegen Notstands gem. § 34 in Betracht (oben Rdn. 128). Erst bei einem vollständigen Zusammenbruch der Staatsorganisation wächst den bisherigen Amtswaltern das Widerstandsrecht wieder zu (*Maunz/Dürig/Grzeszick* GG Art. 20 IX Rdn. 15; *v. Mangoldt/Klein/Starck/ Sommermann* GG Art. 20 Abs. 4 Rdn. 342). Das Widerstandsrecht kann vom Einzelnen, aber auch von einer Summe von Individuen kollektiv (dann mit größerer Erfolgsaussicht) wahrgenommen werden (*Stern* Staatsrecht II § 57 III 5a; *v. Münch/Kunig/Schnapp* GG Art. 20 Rdn. 59).[550]

bb) Das Gut, zu dessen Schutz Widerstand geleistet werden darf, ist die in Art. 20 Abs. 1–3 GG definierte **freiheitliche demokratische Grundordnung**.[551] Damit sind insbesondere die Verfassungsgrundsätze der Demokratie, des Sozialstaates, einer bundesstaatlichen Gliederung, der Volkssouveränität und der Mitwirkung des Volkes an der politischen Willensbildung in Wahlen und Abstimmungen, der Gewaltenteilung und des Rechtsstaates und auch der Bindung der Staatsgewalt an Grundrechte gemeint (BTDrucks. V/2873 S. 9; auch *Stern* Staatsrecht II § 57 III 4; *v. Mangoldt/Klein/Starck/ Sommermann* GG Art. 20 Abs. 4 Rdn. 347). Das Widerstandsrecht setzt also einen rechtswidrigen Angriff auf den eng umrissenen Kreis der höchsten Güter der Rechtsordnung der Bundesrepublik voraus, wobei es gleichgültig ist, ob der Angriff allen tragenden Verfassungssätzen oder lediglich einem von ihnen gilt, sofern nur dessen Beseitigung beabsichtigt ist (BTDrucks. V/2783 S. 9; *Maunz/Dürig/Grzeszick* GG Art. 20 IX Rdn. 20; *Isensee* Widerstandsrecht S. 21).[552] Durch einzelne (Verfassungs-)Rechtsverstöße (dazu *Maunz/ Dürig/Grzeszick* GG Art. 20 IX Rdn. 20; *Kühl* AT § 9 Rdn. 98) oder gar eine bloße Störung der öffentlichen Ordnung kann es nicht ausgelöst werden (vgl. bereits BGHSt **5** 245, 247 für die Staatsnothilfe);[553] weiter *Sachs/Sachs* GG Art. 20 Rdn. 171; *v. Münch/Kunig/ Schnapp* GG Art. 20 Rdn. 58).[554] Einer Rechtsnorm aus Gewissensgründen (zumeist) unter öffentlichem Protest die Gefolgschaft zu verweigern, stellt schon wegen der Inkaufnahme der Rechtsfolgen eine Bestätigung der positiven Rechtsordnung im Ganzen dar; als politischer Appell zu ihrer punktuellen Verbesserung kann solcher Widerstand moralisch legitim, nicht aber i.S.d. Art. 20 Abs. 4 GG verfassungsrechtlich legal sein (*Dreier II/ Wittreck* GG Art. 20 IV [Widerstandsrecht] Rdn. 25). Die hinter dem zivilen Ungehorsam[555] als „kleinem Widerstandsrecht" (*Karpen* JZ **1984** 249, 251) stehende Motivation kann nur einzelfallbezogen im Rahmen der Strafzumessung bedeutsam werden (näher Rdn. 145).[556] Selbst wenn demokratisch legitimierte Entscheidungen im Einzelfall subjek-

131

---

550 *v. Mangoldt/Klein/Starck/Sommermann* GG Art. 20 Abs. 4 Rdn. 344; *Höming/Antoni* GG Art. 20 Rdn. 16; *Kühl* AT § 9 Rdn. 95.
551 BTDrucks. V/2873 S. 9; *Robbers* BK Art. 20 Abs. 4 GG Rdn. 3483; *Jescheck/Weigend* § 35 IV 4; *Roxin* AT I § 16 Rdn. 130; *Sch/Schröder/Lenckner/Sternberg-Lieben* Rdn. 65; *Welzel* Strafrecht § 14 II 7.
552 Vielfach wird für eine verfassungsmäßige Ausübung des Widerstandsrechts gefordert, dass der Angriff auf den nach Art. 79 Abs. 3 GG änderungsfesten Kern der Prinzipien zielt, vgl. nur *Stern* Staatsrecht II § 57 III 4; *v. Mangoldt/Klein/Starck/Sommermann* GG Art. 20 Abs. 4 Rdn. 349; *Hesse* Grundzüge des Verfassungsrechts 20. Aufl. (1995) Rdn. 758; *Jarass/Pieroth* GG Art. 20 Rdn. 172; *v. Münch/Kunig/Schnapp* GG Art. 20 Rdn. 59 m.w.N. Eingehend zum Begriff der verfassungsmäßigen Ordnung *Robbers* BK Art. 20 Abs. 4 GG Rdn. 3480ff.
553 Dazu auch BGH NJW **1975** 1161, 1162; BGH VRS **40** (1971) 104, 107; OLG Düsseldorf NJW **1961** 1783; OLG Stuttgart NJW **1966** 745, 746f; OLG Frankfurt/M. NStZ-RR **1996** 136.
554 *Sch/Schröder/Lenckner/Sternberg-Lieben* Rdn. 65; *Jahn* Staatsnotstand S. 461; jew. m.w.N.
555 Einen Überblick über diese und andere Formen des „Widerstands" außerhalb von Art. 20 Abs. 4 GG bietet *v. Arnim* DVBl **2012** 879ff.
556 Vgl. BVerfGE **73** 206, 250ff; s. auch BayObLG JZ **1986** 404, 406 u. AG Lüneburg NdsRpfl **2004** 49, 51f; zum „Castor-Transport" LG Dortmund NStZ-RR **1998** 139, 141; weiterhin zur Problematik *Bergmann*

tive Rechte verletzen, kann man sich nicht auf das Widerstandsrecht berufen (*Stern* Staatsrecht II § 57 III 4c). Die in BVerfGE **5** 85, 377 schon vor Einführung des Art. 20 Abs. 4 GG ausgesprochene weitere Einschränkung, dass sich das Widerstandsrecht durch eine rein bewahrende Zielrichtung auszeichnet, d.h. nur ein Notrecht zur Aufrechterhaltung und Wiederherstellung der Rechtsordnung gibt, behält ihre Bedeutung auch nach der Positivierung.[557]

132   **cc)** Das Widerstandsrecht richtet sich **gegen jeden, der es unternimmt, diese Ordnung zu beseitigen**. Es ist also gleichgültig, ob die Bestrebungen unter Missbrauch oder Anmaßung staatlicher Machtbefugnisse („Staatsstreich von oben") oder durch revolutionäre Kräfte aus dem nichtstaatlichen Bereich („Staatsstreich von unten") erfolgen (BTDrucks. V/2873 S. 9).[558] **Unternehmen** setzt voraus, dass bereits der Grad des Versuchs einer Beseitigung der Ordnung erreicht ist (vgl. die Definition des Unternehmensbegriffs in § 11 Abs. 1 Nr. 6).[559] Bloße Ankündigungen eines Umsturzversuchs oder die Äußerung von Meinungen, die den geschützten Grundsätzen zuwiderlaufen (vgl. OLG Köln [Z] NJW **1970** 1322), scheiden damit aus. Das Widerstandsrecht wird auch noch nicht durch Vorbereitungshandlungen ausgelöst (*v. Mangoldt/Klein/Starck/Sommermann* GG Art. 20 Abs. 4 Rdn. 350),[560] sondern erfordert den Versuch einer klaren und ernsthaften Gefährdung der verfassungsmäßigen Ordnung (*Isensee* Widerstandsrecht S. 21f; *Dreier II/Wittreck* GG Art. 20 IV [Widerstandsrecht] Rdn. 18 m.w.N.).[561] Dabei lässt sich nicht übersehen, dass eine zuverlässige Abgrenzung von Vorbereitungs- und Versuchshandlungen im Hinblick auf den recht konturenlosen Art. 20 Abs. 4 GG erhebliche Schwierigkeiten bereitet (*Maunz/Dürig/Herzog*[18] GG Art. 20 IX Rdn. 26).[562] Das Widerstandsrecht erlischt mit Beendigung des Unternehmens, d.h. mit erfolgreicher – endgültiger – Beseitigung der Verfassungsordnung (*Isensee* Widerstandsrecht S. 26; *v. Peter* DöV **1968** 719, 720; *Kühl* AT § 9 Rdn. 101).[563]

Jura **1985** 457, 464; *Frankenberg* JZ **1984** 266ff; *Jakobs* AT 15/5a,b; *Karpen* JZ **1984** 249ff; *ders.* Jura **1986** 417ff; *Lenckner* JuS **1988** 349ff; *Paeffgen/Zabel* NK Rdn. 180; *Prittwitz* JA **1987** 17ff; *Roxin* AT I § 16 Rdn. 55, § 22 Rdn. 130ff (für Verantwortungsausschluss); *Matt/Renzikowski/Engländer* Rdn. 46; *Fischer* Rdn. 10a m.w.N.; zur Abgrenzung von der Gewissenstat *Radtke* GA **2000** 19ff. Zur Frage der Überzeugungstäterschaft näher Rdn. 374ff.
557   *Schmidt-Bleibtreu/Hofmann/Henneke/Hofmann* GG Art. 20 Rdn. 97; *Schmahl* JahrbÖR **55** (2007) 99, 116; *Jahn* Staatsnotstand S. 460 m. vielen Nachw. in Fn. 833.
558   *Maunz/Dürig/Grzeszick* GG Art. 20 IX Rdn. 17; *Schmidt-Bleibtreu/Hofmann/Henneke/Hofmann* GG Art. 20 Rdn. 97; *v. Münch/Kunig/Schnapp* GG Art. 20 Rdn. 59; *Huster/Rux* BeckOK Art. 20 GG Rdn. 229; **h.M.**; im strafrechtlichen Schrifttum, vgl. *Jescheck/Weigend* § 35 IV 4; *Roxin* AT I § 16 Rdn. 129; *Sch/Schröder/Lenckner/Sternberg-Lieben* Rdn. 65. **Anders** etwa *Jahn* Staatsnotstand S. 462ff m.w.N., der im Widerstandsrecht „das notwendige Gegenstück zu den Staatsnotstandsvorschriften sieht" und Art. 20 Abs. 4 GG auf das Unternehmen eines „Staatsstreiches von oben" beschränkt.
559   **Krit.** bezüglich der Anknüpfung an die strafrechtliche Dogmatik *Robbers* BK Art. 20 Abs. 4 GG Rdn. 3513.
560   *Frankenberg* AK-GG Art. 20 Abs. 4 Rdn. 11; *Jescheck/Weigend* § 35 IV 4; *Paeffgen/Zabel* NK Rdn. 181.
561   *Stern* Staatsrecht II § 57 III 6a; *Paeffgen/Zabel* NK Rdn. 181.
562   Deshalb plädiert *Jakobs* AT 15/2 dafür, analog der notwehrähnlichen Lage ein Widerstandsrecht mit proportionalem Eingriffsrecht anzunehmen; **dagegen** *Roxin* AT I § 16 Rdn. 131.
563   **Krit.** *Stern* Staatsrecht II § 57 III 6b, der zutreffend darauf hinweist, dass die Abgrenzung zwischen Widerstand und Revolution außerordentlich schwierig ist. Entscheidend ist für ihn, ob eine neue verfassungsmäßige Ordnung sich in einer Weise durchgesetzt hat, dass ihr die Legitimität ihres Zustandekommens nicht abgesprochen werden kann. Gewichtige Legitimationszweifel berechtigen zum Zweifel; ähnlich *Höfling* HGR V § 121 Rdn. 24. Noch weitergehend *Robbers* BK Art. 20 Abs. 4 GG Rdn. 3511, 3521, der annimmt, dass Art. 20 Abs. 4 GG gerade zeige, dass das Grundgesetz auch dann weiterhin gelte, „wenn Staatsorgane und Mehrheiten dies auch verneinen mögen."

Eine stark vertretene Meinung fordert in Anlehnung an BVerfGE 5 85, 377 (noch zum **133** übergesetzlichen Widerstandsrecht), die Angriffshandlung müsse **"offenkundig"** auf die Beseitigung der freiheitlichen demokratischen Grundordnung abzielen (*Isensee* Widerstandsrecht S. 23f; *Hesse* Grundzüge Rdn. 758; *Maunz/Dürig/Herzog*[18] GG Art. 20 IX Rdn. 27).[564] Zur Begründung dieser im Gesetzestext nicht enthaltenen Einschränkung wird auf die Schwierigkeiten hingewiesen, das Vorliegen der Voraussetzungen des Widerstandsrechts im konkreten Fall objektiv zu bestimmen (*Maunz/Dürig/Herzog*[18] GG Art. 20 IX Rdn. 26f; *Jescheck/Weigend* § 35 IV 4 m.w.N.); auch will man durch die Aufnahme dieses ungeschriebenen Tatbestandsmerkmals in die Rechtsvoraussetzungsseite der Norm die Schwelle für die Inanspruchnahme des Widerstandsrechts erhöhen, um den Eigenmächtigkeiten selbsternannter „Vaterlandsrechtler" vorzubeugen (so *Paeffgen/Zabel* NK Rdn. 181). Allerdings lassen sich weder der Wortlaut noch die Entstehungsgeschichte für diese Ansicht fruchtbar machen (*Dreier II/Gröschner*[2] GG Art. 20 IV [Widerstandsrecht] Rdn. 12). Es ist auch in der Sache nicht überzeugend, gerade im Fall eines wegen seiner Heimlichkeit besonders gefährlichen Umsturzversuchs das Widerstandsrecht zu versagen (*Roxin* AT I § 16 Rdn. 130). Zudem entwertet diese Zusatzvoraussetzung „das Widerstandsrecht gegen den Staatsstreich von oben, der vor seinem Vollzug kaum je offenkundig sein dürfte" (*Jakobs* AT 15/2; *Roxin* AT I § 16 Rdn. 130; *Kühl* AT § 9 Rdn. 102).[565] Schließlich ist auch das Ergebnis der hier bevorzugten Ansicht (**anders** noch *Hirsch* LK[11] Rdn. 88) akzeptabel, da „das Risiko der Fehleinschätzung ohnehin von denjenigen zu tragen ist, die Widerstand leisten" (*Frankenberg* AK-GG Art. 20 Abs. 4 Rdn. 11).[566]

Art. 20 Abs. 4 GG beschreibt das gerechtfertigte Verhalten ohne nähere Konkretisie- **134** rung schlicht mit **Widerstand**. Damit ist sicher aktives Widerstandsverhalten durch die Anwendung von Gewalt gegen Personen und Sachen, aber auch passiver Widerstand in Form der Nichtbefolgung von Handlungspflichten (etwa Generalstreik) erfasst (näher *Stern* Staatsrecht II § 57 III 9; *Robbers* BK Art. 20 Abs. 4 GG Rdn. 3565ff). Die Widerstandshandlung muss unter Beachtung allgemeiner Rechtfertigungsgrundsätze erforderlich, d.h. geeignet und unter den geeigneten Mitteln das den Angreifer schonendste sein (*Jakobs* AT 15/4; *Kühl* AT § 9 Rdn. 103; *Schroeder* FS Kühl, 101, 111f).[567] Liegen sämtliche Voraussetzungen des Absatz 4 vor, können alle Widerstandshandlungen bis einschließlich der erforderlichen Tötung von aktiven Verfassungsfeinden gerechtfertigt sein.[568]

---

564 Weiter *Schmahl* JahrbÖR **55** (2007) 99, 111; *Stern* Staatsrecht II § 57 III 8b; *v. Mangoldt/Klein/Starck/Sommermann* GG Art. 20 Abs. 4 Rdn. 349; *Jescheck/Weigend* § 35 IV 4; vgl. auch VerfGH Berlin Beschl. v. 29.4.1993, Az. 8/93: „offensichtliches Unrecht".
565 Zur Spannung zwischen der Forderung nach einem „offenkundigen" Beseitigungsunternehmen und dem Ausreichenlassen bereits eines Versuchs *Isensee* Widerstandsrecht S. 23f; *v. Münch/Kunig/Schnapp* GG Art. 20 Rdn. 60.
566 *Paeffgen/Zabel* NK Rdn. 181 plädieren für eine mittlere Position, indem sie den Offenkundigkeits-Maßstab auf Basis der Tätersicht beurteilen und sie ex-post daran messen wollen, ob der „normative ‚Jedermann'" bei einem Kenntnis-Niveau wie der Angriff gleichfalls für offenkundig hätte halten dürfen.
567 Nach im verfassungsrechtlichen Schrifttum stark verbreiteter Ansicht muss die Widerstandshandlung darüber hinaus auch verhältnismäßig i.e.S. sein, vgl. nur *Stern* Staatsrecht II § 57 III 8 d; *v. Mangoldt/Klein/Starck/Sommermann* GG Art. 20 Abs. 4 Rdn. 352; *Dreier II/Gröschner*[2] GG Art. 20 Abs. 4 (Widerstandsrecht) Rdn. 15; *Hauck* AnwK Rdn. 31; auch *Arth. Kaufmann* FS P. Schneider, 158, 164. Das erscheint zutreffend, wenn man mit *Gröschner* aaO berücksichtigt, dass Art. 20 Abs. 4 GG dem Aktivbürger ein Verteidigungsrecht einräumt, das im Regelfall der Exekutive zusteht. **Dagegen** *Dreier II/Wittreck* GG Art. 20 Abs. 4 (Widerstandsrecht) Rdn. 23; *Sachs/Sachs* GG Art. 20 Rdn. 173. Zweifelnd auch *Kühl* AT § 9 Rdn. 103, „da es ja um die Verhinderung einer Beseitigung der Verfassungsordnung geht".
568 *Ladiges* JuS **2011** 879, 882; *Stern* Staatsrecht II § 57 III 9 m.w.N. auch zur Gegenmeinung; weiter *Welzel* Strafrecht § 14 II 7.

Eine Rechtfertigung der finalen Verletzung von Rechtsgütern Unbeteiligter wird durch den Wortlaut des Art. 20 Abs. 4 GG ausgeschlossen. Allerdings sind Eingriffe in Rechtsgüter unbeteiligter Personen gerechtfertigt, wenn sie **unvermeidbare Nebenfolge** der Ausübung erforderlichen Widerstands sind – bis hin zur Tötung. Anderenfalls würde das Widerstandsrecht gem. Art. 20 Abs. 4 GG vollständig leer laufen, da in den Wirren einer Umsturzsituation niemals ausgeschlossen werden kann, dass durch Widerstandshandlungen unbeteiligte Dritte Schäden erleiden.[569]

135   **dd)** Ein Widerstandsrecht kommt erst in Betracht, „**wenn andere Abhilfe nicht möglich ist**". Dieser Subsidiaritätsvorbehalt macht das Widerstandsrecht zu einem Recht für extreme Ausnahmesituationen (*Sch/Schröder/Lenckner/Sternberg-Lieben* Rdn. 65; *Kühl* AT § 9 Rdn. 105).[570] An dieses Erfordernis sind äußerst strenge Anforderungen zu stellen (vgl. schon BGH NJW **1953** 1639). Die Tat muss **ultima ratio** sein (*Schwarz* HdStR XII § 282 Rdn. 22).[571] Mit dem BVerfG im KPD-Urteil müssen „alle von der Rechtsordnung zur Verfügung gestellten Rechtsbehelfe ... so wenig Aussicht auf wirksame Abhilfe bieten, daß die Ausübung des Widerstandes das letzte verbleibende Mittel zur Erhaltung und Wiederherstellung des Rechts ist" (BVerfGE **5** 85, 377). Dabei kann das Widerstandsrecht nicht als allgemeiner Rechtfertigungsgrund zur Gewaltausübung bei erfolgloser Beschreitung des Rechtsweges in Anspruch genommen werden: Die geltende Rechtsordnung ist insoweit zwingend abschließend.[572] Eine Berufung auf das Widerstandsrecht kann erst erfolgen, wenn selbst die Notstandsbefugnisse des Staates den Schutz des Kernbestandes der Verfassung nicht mehr aufrechtzuerhalten in der Lage sind (*Jescheck/Weigend* § 35 IV 4). Der Angriff auf die Verfassungsordnung muss also schon soweit vorangeschritten sein, dass die noch vorhandenen staatlichen Abhilfeinstanzen (Gerichte, Polizei) nicht mehr mit Aussicht auf erfolgreiche Abwendung eingeschaltet werden können. Das Risiko, sich durch eine voreilige oder verspätete Widerstandshandlung strafbar zu machen, ist hier für den Verteidiger der Verfassungsordnung nicht unerheblich (vgl. *Roxin* AT I § 16 Rdn. 131).[573]

136   **ee) Subjektiv** muss die Widerstandshandlung nach h.M. darauf gerichtet sein, die freiheitliche demokratische Grundordnung zu verteidigen oder wiederherzustellen (*Robbers* BK Art. 20 Abs. 4 GG Rdn. 3558).[574] Verwiesen wird auf das subjektive Rechtfertigungselement, wie es in Form des Verteidigungswillens bei der Notwehr und dem Ret-

---

569 Vgl. *Jakobs* AT 15/4: „einziger eigener Regelungsgehalt von Art. 20 Abs. 4 GG"; *Kühl* AT § 9 Rdn. 103; *Ladiges* JuS **2011** 879, 882; ferner *Isensee* Widerstandsrecht S. 77, 91; *Pawlik* JZ **2004** 1045, 1053; *Paeffgen/Zabel* NK Rdn. 182 m.w.N. **Anders** *Sachs/Sachs* GG Art. 20 Rdn. 175: „Freigabe aller (!) Rechte Unbeteiligter ... widerspricht Behutsamkeit, mit der das GG die Grundrechtsbindung der Staatsgewalt zum Zweck der Verteidigung der Verfassungsordnung und des Bestandes des Staates generell und selbst im Verteidigungsfall lockert."; ebenso *Höfling* HGR V § 121 Rdn. 30; zudem BGH NJW **1966** 310, 313; **krit.** auch *Maunz/Dürig/Grzeszick* GG Art. 20 IX Rdn. 27; *Schwarz* HdStR XII § 282 Rdn. 27.
570 Eingehend zur Subsidiarität *Isensee* Widerstandsrecht S. 32 ff; *Robbers* BK Art. 20 Abs. 4 GG Rdn. 3531 ff.
571 *Maunz/Dürig/Grzeszick* Art. 20 IX Rdn. 23; *Arth. Kaufmann* FS P. Schneider, 158, 164; *Paeffgen/Zabel* NK Rdn. 181 m.w.N.; OLG Köln NJW **1970** 1322, 1324.
572 Vgl. VerfGH Berlin, Beschl. v. 29.4.1993, Az. 8/93 zum damaligen Art. 23 Abs. 3 Verf BE; auch BGH NJW **1953** 1639 zu Art. 147 Hess. Verf.
573 *Kühl* AT § 9 Rdn. 106 spricht hier anschaulich von einer „Zwickmühle", in die sich der Widerstandleistende begibt.
574 *Schmidt-Bleibtreu/Hofmann/Henneke/Hofmann* GG Art. 20 Rdn. 99; auch bereits BVerfGE **5** 85, 379. Weiter *Frankenberg* AK-GG Art. 20 Abs. 4 Rdn. 11; *T. Blank* Widerstandsrecht S. 127 ff; *Sachs/Sachs* GG Art. 20 Rdn. 173; *Kühl* AT § 9 Rdn. 104; *Jescheck/Weigend* § 35 IV 4.

tungswillen beim Notstand von einer verbreiteten Ansicht gefordert wird. Viel spricht allerdings aus den im Rahmen der allgemeinen Rechtfertigungsdogmatik entwickelten Gründen auch hier dafür, keine Rechtfertigungsabsicht zu verlangen, sondern eine Kenntnis der objektiven Rechtfertigungsvoraussetzungen ausreichen zu lassen (näher Rdn. 88).

ff) Die objektiven Voraussetzungen des als ultima ratio konzipierten Widerstands- 137 rechts werden in der Realität kaum jemals vorliegen. Möglich erscheint jedoch die Berufung auf ein putatives Widerstandsrecht. Für den **Irrtum** über den Rechtfertigungsgrund „Widerstandsrecht" gelten die allgemeinen Regeln, d.h.: Irrt sich der Täter über die rechtlichen Grenzen des Widerstandsrechts, ist ein Verbotsirrtum gem. § 17 gegeben. Liegt dagegen eine Fehlvorstellung über einen Sachverhalt vor, der zum Widerstand berechtigen würde, entfällt nach der hier – und herrschend – vertretenen eingeschränkten Schuldtheorie der Vorsatz (ebenso *Roxin* AT I § 16 Rdn. 132; *Jescheck/Weigend* § 35 IV 4; *Sch/Schröder/Lenckner/Sternberg-Lieben* Rdn. 65).[575] Die von Anhängern der strengen Schuldtheorie durch diese Freistellung von Vorsatzstrafbarkeit – beim Fehlen eines Fahrlässigkeitstatbestandes auch von Fahrlässigkeitsstrafbarkeit – befürchteten unerträglichen Strafbarkeitslücken, die nur vermieden werden könnten, wenn auch bei verschuldetem, putativem Widerstandsrecht die Möglichkeit der Bestrafung aus dem Vorsatzdelikt gegeben sei (*Welzel* Strafrecht § 14 II 7; *Hirsch* LK[11] Rdn. 91 [der in FS Schroeder, 223, 231 ff aber für eine „vermittelnde Schuldtheorie" eintritt]; auch *T. Blank* Widerstandsrecht S. 134 ff), bestehen entweder nicht oder sind sachlich gerechtfertigt. Zunächst ist davon auszugehen, dass sich angesichts der strengen Voraussetzungen des Art. 20 Abs. 4 GG Irrtümer in der Praxis zumeist als Fehlvorstellungen über die rechtlichen Grenzen des Widerstandsrechts und damit als Verbotsirrtümer darstellen, die (bei Vermeidbarkeit) eine Strafbarkeit aus dem Vorsatzdelikt auslösen (vgl. die Fälle OLG Köln [Z] NJW **1970** 1322; BGH NJW **1966** 310). Sollte im Einzelfall tatsächlich einmal ein echter Erlaubnistatumstandsirrtum auftreten, besteht kein Anlass, den Widerstandleistenden als vorsätzlichen Kriminellen zu bestrafen (*Roxin* AT I § 16 Rdn. 132; *Sch/Schröder/Lenckner/Sternberg-Lieben* Rdn. 65; *Fischer* Rdn. 10).[576] Die teilweise geforderte „strenge Prüfungspflicht" des Handelnden im Hinblick auf das Vorliegen der Rechtfertigungsmerkmale (*Paeffgen/Zabel* NK Rdn. 184)[577] ist hier aus den bekannten Gründen (dazu Rdn. 94) ebenso wenig wie bei den vergleichbaren §§ 32, 34 Voraussetzung der Widerstandsrechtfertigung (*Kühl* AT § 9 Rdn. 104).

5. Rechtfertigung durch Grundrechte

Schrifttum

Appel Verfassung und Strafe, Diss. Freiburg i.B. 1996 (1998); *Beisel* Die Kunstfreiheitsgarantie des Grundgesetzes und ihre strafrechtlichen Grenzen, Diss. Tübingen 1996 (1997); *Böse* Die Glaubens- und Gewissensfreiheit im Rahmen der Strafgesetze, ZStW **113** (2001) 40; *Busse* Der Kosovo-Krieg vor deutschen Gerichten, NStZ **2000** 631; *Czerner* Leichenteilasservate zwischen Forschungsfreiheit und Störung der

---

575 Weiter *Kühl* AT § 9 Rdn. 104; *Fischer* Rdn. 10; SSW/*Rosenau* Rdn. 30.
576 Ferner SSW/*Rosenau* Rdn. 30; *Jakobs* AT 15/5; *Jescheck/Weigend* § 35 IV 4; *Kühl* AT § 9 Rdn. 104.
577 Auch *Welzel* Strafrecht § 14 II 7 u. *Hirsch* LK[11] Rdn. 91, die der Vergewisserung aber erst auf Schuldebene (im Rahmen der Vermeidbarkeit des Verbotsirrtums) Bedeutung zumessen. Beide Autoren kritisieren aaO zutreffend den Vorschlag von *Dreher*, die Subsidiaritätsklausel des Art. 20 Abs. 4 GG als objektive Bedingung der Rechtfertigung zu verstehen; w. Nachw. dazu bei *Jahn* Staatsnotstand S. 504 m. Fn. 134.

Totenruhe, ZStW **115** (2003) 91; *Dreier* Widerstand und ziviler Ungehorsam im Rechtsstaat, in Glotz (Hrsg.) Ziviler Ungehorsam (1983) S. 54; *ders.* Rechtsgehorsam und Widerstandsrecht, Festschrift Wassermann (1985) 299; *Eser* Wahrnehmung berechtigter Interessen als allgemeiner Rechtfertigungsgrund, Habil. Tübingen 1968 (1969); *Eilsberger* Rechtstechnische Aspekte der verfassungskonformen Strafrechtsanwendung, JuS **1970** 321; *K.A. Fischer* Die strafrechtliche Beurteilung von Werken der Kunst, Diss. München 1994 (1995); *Gucht* Steht das Schächten nach islamischem Ritus unter dem Schutz des Art. 4 Abs. 2 GG? JR **1974** 15; *H.L. Günther* Klassifikation der Rechtfertigungsgründe im Strafrecht, Festschrift Spendel (1992) 189; *Hirsch* Strafrecht und Überzeugungstäter (1996); *Hoffmann-Riem* Kontrolldichte und Kontrollfolgen beim nationalen und europäischen Schutz von Freiheitsrechten in mehrpoligen Rechtsverhältnissen, EuGRZ **2006** 492; *Jansen* Forschung an Einwilligungsfähigen, Diss. Bonn 2014 (2015); *Kaspar* Verhältnismäßigkeit und Grundrechtsschutz im Präventionsstrafrecht, Habil. München 2011 (2014); *Kissel* Aufrufe zum Ungehorsam und § 111 StGB, Diss. Frankfurt/M. (1996); *Kudlich* Grundrechtsorientierte Auslegung im Strafrecht, JZ **2003** 127; *Kühl* Sitzblockaden vor dem Bundesverfassungsgericht, StV **1987** 122; *Küper* Das „Wesentliche" am „wesentlich überwiegenden Interesse", GA **1983** 289; *Kuhlen* Die verfassungskonforme Auslegung von Strafgesetzen (2006); Langer Verfassungsvorgaben für Rechtfertigungsgründe, JR **1993** 1; *Lenckner* Die Wahrnehmung berechtigter Interessen, ein „übergesetzlicher" Rechtfertigungsgrund? Gedächtnisschrift Noll (1984) 243; *Merz* Strafrechtlicher Ehrenschutz und Meinungsfreiheit, Diss. Heidelberg 1997 (1998); *Otto* Die Strafrechtliche Beurteilung der Kollision rechtlich gleichrangiger Interessen, Jura **2005** 470; *Radtke* Überlegungen zum Verhältnis von „zivilem Ungehorsam" zur „Gewissenstat", GA **2000** 19; *Reichert-Hammer* Politische Fernziele und Unrecht, Diss. Tübingen 1990 (1991); *Roth-Stielow* „Allgemeiner Grundrechts- Notstand" als aktueller Rechtfertigungs- und Entschuldigungsgrund, RuP **1991** 215; *Roxin* Die Gewissenstat als Strafbefreiungsgrund, Festschrift Maihofer (1988) 389; *ders.* Strafrechtliche Bemerkungen zum zivilen Ungehorsam, Festschrift Schüler-Springorum (1993) 441; *H.C. Schmidt* Grundrechte als verfassungsunmittelbare Strafbefreiungsgründe, Diss. Hannover 2007 (2008); *ders.* Grundrechte als verfassungsunmittelbare Strafbefreiungsgründe, ZStW **121** (2009) 645; *Schmidt-Preuß* Kollidierende Privatinteressen im Verwaltungsrecht, 2. Aufl. (2006); *Schüler-Springorum* Strafrechtliche Aspekte zivilen Ungehorsams, in Glotz (Hrsg.). Ziviler Ungehorsam im Rechtsstaat (1983) S. 76; *Tiedemann* Verfassungsrecht und Strafrecht (1991); *Valerius* Kultur und Strafrecht Habil. Würzburg 2011; *Wolter* Verfassungsrecht im Strafprozeß- und Strafrechtssystem, NStZ **1993** 1; *ders.* Verfassungsrechtliche Strafrechts-, Unrechts- und Strafausschlussgründe im Strafrechtssystem von Claus Roxin, GA **1996** 207.

138 Rechtfertigungsgründe können der gesamten Rechtsordnung und damit prinzipiell auch der dem Strafrecht gegenüber vorrangigen Verfassung entnommen werden.[578] Allgemeiner Konsens besteht darüber, dass Grundrechte bei der verfassungskonformen Auslegung[579] anerkannter Rechtfertigungsgründe zu berücksichtigen sind und damit mittelbaren Einfluss auf die Rechtfertigung erlangen *(Kühl* AT § 9 Rdn. 112). Inwieweit aber eine Rechtfertigung *unmittelbar aus Grundrechten* abgeleitet werden kann, ist – jenseits der Einordnung des Widerstandsrechts gem. Art. 20 Abs. 4 GG als Rechtfertigungsgrund (näher Rdn. 128 ff) – immer noch weitgehend ungeklärt.[580] Zu dieser Frage findet sich ein breites Spektrum unterschiedlicher Auffassungen, das von vorsichtiger Anerkennung einer Rechtfertigung tatbestandlichen Verhaltens durch Grundrechte bis zur völligen Ablehnung einer solchen Möglichkeit reicht (ausführlicher Überblick bei *Kissel* Ungehorsam S. 181 ff). Sicher ist zunächst, dass die Einordnung eines Verhaltens als Grundrechtsausübung allein nicht zu seiner Rechtmäßigkeit führt.[581] Eine solche Sichtweise würde die ausdrücklichen und immanenten Schranken der Grundrechte ausblenden, die den Bereich geschützten (und damit gerechtfertigten) Verhaltens eingrenzen. Aber auch die Gegenposition, wonach die Strafgesetze die Grundrechte ausnahmslos so einschränken, dass tatbestandsmäßiges Verhalten nicht gerechtfertigt sein könne, vermag nicht zu überzeugen. Denn erstens bleibt stets zu prüfen, ob das Strafgesetz die – möglicherweise qualifizierten – Anforderungen erfüllt, die das konkrete Grundrecht an

---

[578] *Sch/Schröder/Lenckner/Sternberg-Lieben* Rdn. 27 m.w.N.
[579] *H.C. Schmidt* Strafbefreiungsgründe S. 65 ff.
[580] *Kühl* AT § 9 Rdn. 112; *Sch/Schröder/Lenckner/Sternberg-Lieben* Rdn. 65a; *SSW/Rosenau* Rdn. 29.
[581] *Kaspar* Verhältnismäßigkeit S. 558; *Kühl* AT § 9 Rdn. 113.

eine Einschränkung stellt (einfacher oder qualifizierter Gesetzesvorbehalt oder Einschränkbarkeit nur aufgrund kollidierenden Verfassungsrechts). Zum Zweiten muss auch das das Grundrecht einschränkende Strafgesetz nach der sog. Wechselwirkungslehre des BVerfG seinerseits wieder im Lichte des eingeschränkten Grundrechts ausgelegt werden, um der wertsetzenden Wirkung des jeweiligen Grundrechts Rechnung zu tragen.[582] Denkbar – und im Einzugsbereich der Artt. 4, 5 Abs. 1 und 3, 8 und 9 Abs. 3 GG durchaus praktisch[583] – sind damit Fälle, in denen tatbestandsmäßiges Verhalten gerechtfertigt ist, „weil eine Wertabwägung nach Maßgabe der grundgesetzlichen Wertordnung und unter Berücksichtigung der Einheit dieses grundlegenden Wertsystems das Übergewicht des vom Täter gewahrten Interesses ergibt" *(Kühl* AT § 9 Rdn. 113 unter Rückgriff auf BVerfGE **30** 173 – „Mephisto").[584]

Dagegen lehnt ein gewichtiger Teil der Literatur eine unmittelbare Rechtfertigungswirkung von Grundrechten ab. Seine Vertreter gehen davon aus, dass Grundrechte auf der Stufe der Rechtswidrigkeit nur *mittelbar,* d.h. über die verfassungskonforme Konkretisierung des einfachen Rechts (etwa bei den sog. sozialethischen Einschränkungen der Notwehrbefugnisse oder der Güter- und Interessenabwägung im Rahmen des rechtfertigenden Notstands) oder über vom Gesetzgeber fixierte gesetzliche „Einfallstore" wie den §§ 193, 240 Abs. 2 Berücksichtigung finden können (etwa *Sch/Schröder/Eser/Hecker* Vor § 1 Rdn. 32; *Tiedemann* Verfassungsrecht S. 36f; *Joecks* MK Einl. Rdn. 17).[585] Die Rechtsprechung bietet ein wenig einheitliches Bild. Während das BVerfG die strafrechtsdogmatische Umsetzung des Einflusses der Grundrechte auf das materielle Strafrecht zumeist den Fachgerichten und der Strafrechtswissenschaft überlässt,[586] finden sich in den Entscheidungen der Strafgerichte Stellungnahmen, die sich sowohl für eine unmittelbare Rechtfertigung durch Grundrechte (vgl. BGHSt **19** 311, 315 [zu § 93]; **20** 342, 362ff – „Fall Pätsch" [zu § 100c a.F.]; **44** 34, 41f – „Castortransport" [zu §§ 240, 22]; OLG Jena NJW **2006** 1892f [zu Art. 4 Abs. 1 GG]; offen gelassen von OLG Hamm BeckRS **2015** 05465 [zu Art. 4 Abs. 1 GG])[587] als auch dagegen aussprechen (LG Dortmund NStZ-RR **1998** 139, 141; OLG Celle NStZ **2011** 720, 722 [beide zu § 111]; LG Mainz NJW **2000** 2220, 2221 [zu §§ 111, 242]; OLG Düsseldorf NJW **2006** 630, 631 [zu § 60 LuftVG, § 19 LuftSiG]; s. auch BGH NStZ-RR **1998** 408 [zu § 90a]). Begründet wird die ablehnende Haltung zunächst unter Hinweis auf die für einen Rechtfertigungsgrund zu große *Unbestimmtheit* (Voraus-

139

---

582 Stg. Rspr. des BVerfG seit BVerfGE **7** 198, 208 – „Lüth"; aus jüngerer Zeit BVerfG NJW **2011** 3020, 3023; ins Strafrecht übertragen etwa von *Sch/Schröder/Eser/Hecker* Vor § 1 Rdn. 35; *Radtke* GA **2000** 19, 27; *Kühl* AT § 9 Rdn. 112; *Lackner/Kühl/Kühl* Rdn. 28.
583 Nachw. zur Diskussion eines möglichen Unrechtsausschlusses wegen Verfassungsvorrangs in diesem Bereich bei *Kissel* Ungehorsam S. 189f.
584 Weiterhin *Roxin* AT I § 18 Rdn. 51ff (Art. 5 Abs. 3 GG); *Radtke* GA **2000** 19, 27f (beide zu Art. 5 Abs. 3 GG); *Valerius* Kultur S. 169; *H.C. Schmidt* Strafbefreiungsgründe S. 76ff; *Appel* Verfassung S. 163, 165f; SSW/*Rosenau* Rdn. 29.
585 Vereinzelt finden sich in der Literatur auch Ansätze, eine grundrechtliche Rechtfertigung mittels Analogien zu § 193 (*Eser* Wahrnehmung berechtigter Interessen S. 40ff) oder zu § 34 (*Schüler-Springorum* Ziviler Ungehorsam S. 76ff) herzustellen; zu weiteren Begründungsversuchen s. die Ausführungen von *Kissel* Ungehorsam S. 183ff und *H.C. Schmidt* Strafbefreiungsgründe S. 45ff. Einen besonderen Höhepunkt erreichte die Thematik in den 80er Jahren des letzten Jahrhunderts in der Debatte um die Akte zivilen Ungehorsams; zuvor waren schon in der politisch brisanten Zeit der Studentenunruhen Ende der 60er Jahre des letzten Jahrhunderts Formalia grundrechtlicher Rechtfertigung entwickelt worden (*Kissel* aaO).
586 Vgl. etwa BVerfGE **32** 98, 109 (zu Art. 4 GG); **73** 206, 249f (zu Art. 8 GG). *Kissel* Ungehorsam S. 181 m. Fn. 681 interpretiert diese BVerfG-Entscheidungen i. S. der konkludenten Annahme einer Rechtfertigung unmittelbar durch Grundrechte.
587 Das AG Balingen NJW **1982** 1006f berücksichtigt hinsichtlich des Schächtens Art. 4 GG im Rahmen einer (fälschlich angenommenen) rechtfertigenden Pflichtenkollision; das AG Tiergarten NStZ **2000** 144f schränkt § 111 unter Hinweis auf Art. 5 Abs. 1 GG verfassungskonform ein.

setzungen, Rechtsfolgen) der Grundrechte (so z.B. *Tiedemann* Verfassungsrecht S. 36 m.w.N.; *Böse* ZStW 113 [2001] 40, 42). Dieser Einwand wiegt allerdings nicht sehr schwer, zweifelt doch bei den gesetzlich nicht einmal fixierten (Tatbestandsausschluss- bzw.) Rechtfertigungsgründen wie der Einwilligung oder der mutmaßlichen Einwilligung keiner an deren unrechtsausschließender Kraft. Zudem haben die Grundrechte im Laufe jahrzehntelanger Verfassungsrechtsprechung durchaus Konturen erhalten.[588] Weiterhin wird gerügt, dass bei einem unmittelbaren Zugriff auf das Verfassungsrecht die Gerichte ihre Kompetenz im Verhältnis zum BVerfG und zum Gesetzgeber überschreiten würden (etwa *Böse* ZStW 113 [2001] 40, 42f; *Sch/Schröder/Eser/Hecker* Vor § 1 Rdn. 30; *Jansen* Forschung an Einwilligungsunfähigen S. 310). Auch diese Kritik überzeugt nicht.[589] Zwar ist nach Art. 100 Abs. 1 GG ein Fachgericht, das ein Bundesgesetz, auf dessen Gültigkeit es bei der Entscheidung ankommt, für verfassungswidrig hält, zur Vorlage an das BVerfG verpflichtet. Bei der Feststellung der unmittelbaren Rechtfertigungswirkung von Grundrechten geht es aber gerade nicht um die Verfassungswidrigkeit des Straftatbestandes, sondern um die einzelfallbezogene Rechtfertigung eines straftatbestandsmäßigen Verhaltens – die Verfassungsgemäßheit des einschlägigen Straftatbestandes steht dabei nicht in Frage. Gegenüber dem Einwand einer möglichen Kompetenzüberschreitung im Verhältnis zum Gesetzgeber ist daran zu erinnern, dass der (Straf-)Rechtsanwender berechtigt und verpflichtet ist, die Bedeutung und Tragweite der Grundrechte bei seiner Entscheidung auch und gerade dann zu beachten, wenn keine ausdrücklich geregelten Rechtfertigungsgründe zur Verfügung stehen, um der werterhaltenden Wirkung des jeweiligen Grundrechts gerecht zu werden (vgl. *Kissel* Ungehorsam S. 214 ff).[590] Die Kritik der h.M. ist allerdings insoweit berechtigt, als sich die Grundrechte vorrangig „durch das Medium der das jeweilige Rechtsgebiet unmittelbar beherrschenden (verfassungsmäßigen) Vorschriften entfalten" (BVerfGE 42 143, 148 m.w.N.) und ein Durchgriff auf die Grundrechte dann nicht erfolgen darf, wenn ein solcher dem gesetzgeberischen Willen offenkundig widerspräche.[591] Daraus folgt, dass es schon unter dem Gesichtspunkt des Gesetzesvorbehalts, der einen Anwendungsvorrang des einfachen speziellen Gesetzes begründet, geboten ist, die Rechtsanwendung dann auf die verfassungskonforme Normauslegung zu beschränken, wenn auf Tatbestands- oder Rechtswidrigkeitsebene Normen existieren, die eine entsprechende mittelbare Berücksichtigung der Grundrechte ermöglichen.[592] Daher kann vom *Vorrang* eines mittelbaren, d.h. über die Tatbestände und Rechtfertigungsgründe des einfachen Rechts vermittelten Grundrechtseinflusses gesprochen werden. Fehlt es aber an einer solchen Möglichkeit, ist es im Hinblick auf den Rang der Grundrechte als unmittelbar geltendes, auch die (Straf-)Gerichte bindendes Recht (Art. 1 Abs. 3 GG) und auf die Wechselwirkung zwischen den Strafgesetzen sowie den betroffenen Grundrechten angebracht, **ausnahmsweise die unmittelbare Berufung auf die Grundrechte zuzulassen** (so *Kissel* Ungehorsam S. 196 ff, 208, 214, 222). Voraussetzung dafür ist, dass das (tatbestandsmäßige)

---

588 Weiterhin zur Entkräftung des Unbestimmtheitseinwands *Kissel* Ungehorsam S. 222f; *Kaspar* Verhältnismäßigkeit S. 552ff.
589 Ausführlich dazu *H.C. Schmidt* Strafbefreiungsgründe S. 91ff und *Kaspar* Verhältnismäßigkeit S. 554f.
590 Zum Vorwurf, dass mit der unmittelbaren Rechtfertigung durch Grundrechte eine unzulässige Teilnichtigkeitserklärung einhergehe, *H.C. Schmidt* Strafbefreiungsgründe S. 79ff.
591 Dann bleibt bei Verletzung eines Grundrechts nur die Verwerfung der Norm als verfassungswidrig (ggf. nach Vorlage gem. Art. 100 GG) nicht aber eine Korrektur durch die Judikative. Insbesondere sind vom Gesetzgeber vorgesehene Ausnahmen in der Regel abschließend.
592 *Kissel* Ungehorsam S. 210; ebenso *Merz* Strafrechtlicher Ehrenschutz S. 56 ff; *Böse* ZStW 113 (2001) 40, 42f; allgemein auch *Schmidt-Preuß* Kollidierende Privatinteressen S. 37 ff m.w.N.

Verhalten in den Schutzbereich eines Grundrechts fällt und die Abwägung zwischen dem Grundrecht einerseits und dem durch den verletzten Straftatbestand geschützten (Verfassungs-)Gut andererseits zu einem Vorrang des ersteren führt (vgl. dazu auch *Radtke* GA **2000** 19, 33; *Roxin* AT I § 18 Rdn. 52; zust. *SSW/Rosenau* Rdn. 29). Mit der geforderten Abwägung ist zugleich sichergestellt, dass die unmittelbare Heranziehung der Grundrechte als Rechtfertigungsgründe mit dem die Rechtfertigungsgründe nach verbreiteter Meinung tragenden Prinzip des „wesentlich überwiegenden Interesses" (so die h.M., vgl. nur *Otto* Jura **2005** 470, 471 m.w.N.) harmoniert. Dem Rückgriff auf das Kriterium des „wesentlichen Überwiegens" aus § 34 S. 1 wird von Teilen der Lehre vorgeworfen, mit einem fehlerhaften, zulasten des Täters verschärften Maßstab zu arbeiten.[593] Denn das Verfassungsrecht verlange lediglich ein einfaches Überwiegen der geschützten grundrechtlichen Interessen. Dem ist zwar insoweit zuzustimmen, als das Verfassungsrecht kein wesentliches Überwiegen fordert. Die daraus gezogene Konsequenz, beim Rückgriff auf Grundrechte als Rechtfertigungsgründe mit einem anderen Maßstab als dem des § 34 S. 1 zu operieren, ist hingegen zweifelhaft. Liegt nämlich eine Notstandslage im Sinne von § 34 vor, so ist ein unmittelbarer Rückgriff auf die Grundrechte als eigenständige Rechtfertigungsgründe schon wegen des Grundsatzes der Gewaltenteilung unstreitig nicht möglich (siehe oben). Wenig einleuchtend erscheint dann aber, dass ein Täter, der das „Pech" hat, dass sein Handeln unter § 34 subsumiert werden kann, strenger behandelt werden soll als der, bei dem das nicht der Fall ist und dem daher unter unmittelbarer Berufung auf die Grundrechte als Rechtfertigungsgründe der mildere Maßstab des „nur" einfachen Überwiegens offensteht. Pointiert formuliert: Warum der Priester, der ein fremdes Kfz benutzt (§ 248b Abs. 1), weil dies die einzige Möglichkeit ist, rechtzeitig zu einem für ihn nach seinen religiösen Vorstellungen zwingend zu besuchenden Gottesdienst zu kommen[594] (Rechtfertigung durch Art. 4 GG erscheint jedenfalls nicht von vornherein ausgeschlossen, wenngleich sie im Ergebnis abzulehnen ist, siehe Rdn. 374 ff), einem milderen Maßstab unterliegen soll, als der, der eine lebensgefährliche Ansteckung erleidet und mit dem fremden Kfz ins Krankenhaus fährt (Rechtfertigung nach § 34; im Hintergrund steht hier zweifelsfrei aber auch Art. 2 Abs. 1 GG), ist schlicht nicht einzusehen. Das Beispiel zeigt im Übrigen auch, dass die von *Kaspar* vorgenommene Differenzierung,[595] wonach § 34 in solchen Fällen zum Tragen komme, in denen die Gefahr für das (Grund-)Recht aus der Sphäre anderer Bürger oder der Natur stammt, während bei der Rechtfertigung unter Rückgriff auf Grundrechte bei der Kollision einer Strafnorm mit dem Grundrecht lediglich das Verhältnis des Staats zum Bürger relevant werde, verfehlt ist. Denn auch bei der Rechtfertigung nach § 34 kollidiert letztlich die in Frage stehende Strafnorm mit Grundrechten und stellt sich als Eingriff dar, da sie die für deren Rettung notwendige Handlung zunächst pönalisiert. Tatsächlich handelt es sich sowohl bei der Rechtfertigung unter Rückgriff auf die Grundrechte als auch bei der Rechtfertigung nach § 34 um mehrpolige Grundrechtsverhältnisse, bei denen eine Auflösung in der Herstellung der praktischen Konkordanz unter Beachtung der verfassungsrechtlichen Schrankenregelungen zwischen den kollidierenden Rechtsgütern zu suchen ist, dabei geht die Bevorzugung des einen Interesses zwingend zulasten des anderen.[596] Dies ist nur dann anders, wenn die in Frage stehende Strafnorm allein

---

593 *H.C. Schmidt* Strafbefreiungsgründe S. 54 ff; *Kaspar* Verhältnismäßigkeit S. 543 f.
594 Beispiel nach *Roxin* AT § 22 Rdn. 199.
595 *Kaspar* Verhältnismäßigkeit S. 543 f.
596 *Schmidt-Preuß* Kollidierende Privatinteressen S. 9, 51 ff, 70 f; *Hoffmann-Riem* EuGRZ **2006** 492 f: „Freiheitsrechte sind aber auch ein Auftrag an den Gesetzgeber, eine Ordnung zu schaffen, die die Freiheitsausübung der verschiedenen Mitglieder der Gesellschaft ermöglicht, und zwar auch im Verhältnis

staatliche Interessen schützt und daher ein rein bipolares Verhältnis besteht.[597] Dies gilt ebenfalls für den Fall des § 34 gleichermaßen wie für den Fall der Rechtfertigung durch Grundrechte. Frei von Wertungswidersprüche kann daher lediglich die Annahme sein, dass die Maßstäbe sich gleichen. Die Lösung der – scheinbaren – Diskrepanz zwischen den Maßstäben ist dementsprechend in der richtigen Auslegung des Kriteriums der „Wesentlichkeit" zu suchen. Bei einer Interpretation im Lichte des Verfassungsrechts ist dieses im Sinne eines *qualitativen* Kriteriums zu verstehen, das heißt als eindeutiges und zweifelsfreies Überwiegen.[598] Dieser Maßstab passt damit auch für den Rückgriff auf Grundrechte als eigenständige Rechtfertigungsgründe und entfaltet in diesem Zusammenhang sogar eine besondere Relevanz, da er gegen die mangelnde Bestimmtheit der Grundrechte und mithin gegen einen der Hauptkritikpunkte an der unmittelbar rechtfertigenden Wirkung in Stellung gebracht werden kann. Im Übrigen fügt sich die so verstandene Wesentlichkeit des Überwiegens in die allgemeine Dogmatik der Rechtfertigungsgründe, da das Risiko der Unklarheit der Sachlage zulasten des Eingreifenden geht.

6. Ziviler Ungehorsam

Schrifttum

v. Arnim Über Widerstand, DVBl **2012** 879; *Bayer* Das Grundrecht der Religions- und Gewissensfreiheit, Diss. Konstanz 1997; *Blumenstein* Ziviler Ungehorsam als Jungbrunnen der Demokratie? Betrifft Justiz **113** (2013) 34; *Dreher* Zwanzig Thesen zum Thema ziviler Ungehorsam und Sitzblockaden, MDR **1988** 19; *Dreier* Widerstandsrecht im Rechtsstaat? Bemerkungen zum zivilen Ungehorsam, Festschrift Scupin (1983) 573; *ders.* Widerstand und ziviler Ungehorsam im Rechtsstaat, in Glotz (Hrsg.) Ziviler Ungehorsam (1983) S. 54; *ders.* Rechtsgehorsam und Widerstandsrecht, Festschrift Wassermann (1985) 299; *ders.* Der Rechtsstaat im Spannungsverhältnis zwischen Gesetz und Recht, JZ **1985** 353; *Eser* Wahrnehmung berechtigter Interessen als Rechtfertigungsgrund, Habil. Tübingen 1968 (1969); *Faller* Gewissensfreiheit und ziviler Ungehorsam, Festschrift H. Kirchner (1985) 67; *Fetscher* Zum Verhältnis von Mehrheitsprinzip und Demokratie, Festschrift Wassermann (1985) 317; *Fisahn* Verfasstes Widerstandsrecht und Substanzverlust der Demokratie, juridikum **2012** 302; *Frankenberg* Ziviler Ungehorsam und rechtsstaatliche Demokratie, JZ **1984** 266; *H.L. Günther* Verwerflichkeit von Nötigungen trotz Rechtfertigungsnähe? Festschrift Baumann (1992) 213; *Habermas* Ziviler Ungehorsam – Testfall für den demokratischen Rechtsstaat. Wider den autoritären Legalismus in der Bundesrepublik, in Glotz (Hrsg.) Ziviler Ungehorsam (1983) S. 29; *Hassemer* Ziviler Ungehorsam – ein Rechtfertigungsgrund? Festschrift Wassermann (1985) 325; *Hirsch* Strafrecht und Überzeugungstäter (1996); *Hofmann* „Kirchenasyl" und „ziviler Ungehorsam", Festschrift Hacker (1998) 363; *Isensee* Die Friedenspflicht der Bürger und das Gewaltmonopol des modernen Staates, Festschrift Eichenberger (1984) 23; *Jahn* Aufrufe zum Ungehorsam. Verfahren wegen des Kosovo-Kriegs vor den Moabiter Strafgerichten, KJ **2000** 489; *Karpen* „Ziviler Ungehorsam" im demokratischen Rechtsstaat, JZ **1984** 249; *Arthur Kaufmann* Zum Problem von Wertungswidersprüchen zwischen Recht und Moral, Festschrift P. Schneider (1990) 158; *Kissel* Aufrufe zum Ungehorsam und § 111 StGB, Diss. Frankfurt/M. 1996; *H.H. Klein* Ziviler Ungehorsam im demokratischen Rechtsstaat? Festgabe zum 10jährigen Jubiläum der Gesellschaft für Rechtspolitik (1984) 177; *ders.* Legitimität gegen Legalität, Festschrift Carstens (1984) 645; *Kröger* Die vernachlässigte Friedenspflicht des Bürgers, JuS **1984** 172; *Kröpil* Ziviler Ungehorsam und strafrechtliches Unrecht, JR **2011** 283; *Kunz/Mona* Rechtsphilosophie, Rechttheorie, Rechtssoziologie (2015); *Laker* Ziviler Ungehorsam, Diss. Göttingen 1985 (1986); *Lenckner* Strafrecht und ziviler Ungehorsam – OLG Stuttgart NStZ **1987** 121, JuS

---
zueinander"; vgl. weiter Rdn. 308 ff zur Beschneidung männlicher Neugeborener, wo ein derartiges multipolares Grundrechtsverhältnis aufgelöst wird.
597 Daraus ergibt sich auch der richtige Kern der Differenzierung von *Kaspar*, dass – sobald auf beiden Seiten der Abwägung private (Grund-)Rechte stehen wie typischerweise bei § 34 – eine rechtfertigende Wirkung nur noch schwerlich in Betracht kommt.
598 *Roxin* AT I § 16 Rdn. 89 f; *Küper* GA **1983** 289 ff; *Sch/Schröder/Perron* § 34 Rdn. 45 m.w.N.

1988 349; *Neubauer* Das Recht des Staates auf zivilen Ungehorsam: Mit Menschenrechten begründete Rechtsbrüche in der internationalen Politik, Diss. Bremen 2015 (2016); *v.d. Pfordten* Rechtsethik, Habil. Göttingen 1998 (2001); *Preuß* Politische Verantwortung und Bürgerloyalität (1984); *Prittwitz* Sitzblockaden – ziviler Ungehorsam und strafbare Nötigung? JA **1987** 17; *Radtke* Überlegungen zum Verhältnis von „zivilem Ungehorsam" zur „Gewissenstat", GA **2000** 19; *Rawls* A Theory of Justice (1990); *Reichert-Hammer* Politische Fernziele und Unrecht, Diss. Tübingen 1990 (1991); *Robbers* Kirchliches Asylrecht? AöR **113** (1988) 30; *Reiter-Zatloukal* Widerstandsrecht oder ziviler Ungehorsam? juridikum **2012** 292; *Roth-Stielow* „Allgemeiner Grundrechts-Notstand" als aktueller Rechtfertigungs- oder Entschuldigungsgrund? RuP **1991** 215; *Roxin* Die Gewissenstat als Strafbefreiungsgrund, Festschrift Maihofer (1988) 389; *ders*. Strafrechtliche Bemerkungen zum zivilen Ungehorsam, Festschrift Schüler-Springorum (1993) 441; *ders*. 60 Jahre Grundgesetz aus der Sicht des Strafrechts, JahrbÖR **59** (2011) 1; *Scholz* Rechtsfrieden im Rechtsstaat, NJW **1983** 705; *Schmahl* Rechtsstaat und Widerstandsrecht, JahrbÖR **55** (2007) 99; *Schüler-Springorum* Strafrechtliche Aspekte zivilen Ungehorsams, in Glotz (Hrsg.) Ziviler Ungehorsam (1983) S. 76; *Schünemann* Die Funktion des Schuldprinzips im Präventionsstrafrecht, in Schünemann (Hrsg.) Grundfragen des modernen Strafrechtssystems (1984) S. 153; *Sommermann* Widerstandsrecht und demokratische Selbstbestimmung, Der Staat **54** (2015) 577; *Starck* Frieden als Staatsziel, Festschrift Carstens (1984) 867; *Wassermann* Rechtsstaat ohne Rechtsbewußtsein? (1988); *Wolter* Verfassungsrechtliche Strafrechts-, Unrechts- und Strafausschließungsgründe im Strafrechtssystem von Claus Roxin, GA **1996** 207.

a) Ziviler Ungehorsam und strafrechtliches Unrecht. Den Begriff des zivilen Ungehorsams umschreibt BVerfGE **73** 206, 250 als ein „Widerstehen des Bürgers gegenüber einzelnen wichtigen staatlichen Entscheidungen ..., um einer für verhängnisvoll und ethisch illegitim gehaltenen Entscheidung durch demonstrativen, zeichenhaften Protest bis zu aufsehenerregenden Regelverletzungen zu begegnen" (ebenso *Kühl* AT § 9 Rdn. 109; *Sch/Schröder/Perron* § 34 Rdn. 41a). Etwas schärfer wird im Schrifttum verbreitet von einer öffentlichen, gewaltlosen, gewissensbestimmten, aber *bewusst gesetzeswidrigen* Handlung gesprochen, die eine Änderung der Gesetze oder der Regierungspolitik herbeiführen soll *(Dreier* Ziviler Ungehorsam S. 54, 66; *Frankenberg* JZ **1984** 268, 269; *Schüler-Springorum* Ziviler Ungehorsam S. 76, 79).[599] Ziviler Ungehorsam setzt daher einen (nicht notwendigerweise strafrechtlichen) Rechtsregelverstoß voraus (*Kissel* Aufrufe zum Ungehorsam S. 195; *Laker* Ziviler Ungehorsam S. 162 ff; *Radtke* GA **2000** 19).[600] Die herrschende Meinung lehnt eine Rechtfertigung ab und tritt für eine Strafzumessungslösung ein (BVerfGE **73** 206, 252; BVerfG NJW **1993** 2432; LG Dortmund NStZ-RR **1998** 139, 141; LG Heilbronn BeckRS **2017** 132799; *Hassemer* FS Wassermann, 325, 336 ff).[601] Nur vereinzelt wird entweder gem. § 34 (so *Schüler-Springorum* Ziviler Ungehorsam S. 76, 88 ff), gem. § 193 (so *Eser* Wahrnehmung berechtigter Interessen S. 47, 50, 68) oder un-

140

---

[599] Weiter *Hassemer* FS Wassermann, 325, 327 f; *Karpen* JZ **1984** 249, 250; *Radtke* GA **2000** 19; *Roxin* FS Schüler-Springorum, 441; ähnlich *Jakobs* 15/5a; *Sommermann* Der Staat **54** (2015) 577, 583; zu den unterschiedlichen Definitionsversuchen eingehend *Laker* Ziviler Ungehorsam S. 138 ff; grundlegend (für die Begriffsdefinition) *Rawls* A Theory of Justice S. 319 ff. Eine Diskussion der Rawls'schen Definition findet sich bei *Neubauer* Ziviler Ungehorsam S. 65 ff, ein Überblick zur Ideengeschichte bei *Reiter-Zatloukal* juridikum **2012** 292 ff; *Neubauer* Ziviler Ungehorsam S. 54 ff; *Kunz/Mona* Rechtsphilosophie S. 226 ff.
[600] Unterschieden wird danach, ob sich der Protest gegen eine andere als die übertretene Rechtsnorm (sog. *indirekter* ziviler Ungehorsam) oder gegen die für falsch gehaltene Vorschrift selbst richtet (sog. *direkter* ziviler Ungehorsam); vgl. *Frankenberg* JZ **1984** 266, 268 f; *Hassemer* FS Wassermann, 325, 334 f; *Laker* Ziviler Ungehorsam S. 165.
[601] Ebenso *Hirsch* Überzeugungstäter S. 31 ff; *Isensee* FS Eichenberger, 23 ff; *Jakobs* 15/5b; *Karpen* JZ **1984** 249, 256 ff; *Arth. Kaufmann* FS P. Schneider, 158, 170 f; *H.H. Klein* FS Carstens, 645, 649 ff; *Kühl* AT § 9 Rdn. 111; *Krey/Heinrich* BT 1 Rdn. 382 m. Fn. 123; *Lenckner* JuS **1988** 349, 355; *Maurach/Zipf* § 35 Rdn. 8; *Sch/Schröder/Perron* § 34 Rdn. 41a; *Lackner/Kühl/Kühl* Rdn. 27; *Sinn* MK § 240 Rdn. 142; *Fischer* Rdn. 10a; *Rengier* KK-OWiG Vor 15 Rdn. 34; *Radtke* GA **2000** 19, 29 ff; *Scholz* NJW **1983** 705 ff; *Starck* FS Carstens, 867, 885 ff; in Bezug auf Hausbesetzungen *Lilie* LK[12] § 123 Rdn 19.

mittelbar durch Rückgriff auf die Grundrechte (so *Dreier* Ziviler Ungehorsam S. 54, 64ff; *ders.* FS Wassermann, 299, 308; *ders.* FS Scupin, 573, 592ff)[602] ein Rechtswidrigkeitsausschluss für möglich gehalten, wenn sich der Täter gegen „schwerwiegendes Unrecht"[603] wendet und der Protest „verhältnismäßig" ist;[604] die Rechtsprechung der Untergerichte hat hier teilweise die Verwerflichkeit gem. § 240 Abs. 2 verneint (AG Stuttgart DuR **1983** 455, 459f; AG Münster NJW **1985** 213; **abw.** OLG Stuttgart NJW **1984** 1909).[605] *Roxin* plädiert in bestimmten Fällen[606] des zivilen Ungehorsams für einen übergesetzlichen Verantwortungsausschluss (FS Schüler-Springorum, 441, 452ff, 456).[607]

141 Das strafrechtliche Problem einer Rechtfertigung entsteht allerdings nur dort, wo das Verhalten der Protestierenden überhaupt den Tatbestand einer Strafnorm verletzt (*Kühl* AT § 9 Rdn. 109). Daran kann es z.B. fehlen bei Sitz- bzw. Schienenblockaden,[608] Besetzungen abbruchreifer Häuser[609] oder bei einem öffentlichen Gutheißen von Straftaten;[610] hier zwingt zum einen das in Art. 103 Abs. 2 GG verankerte Bestimmtheitsgebot zu einer restriktiven Normauslegung (BVerfGE **92** 1, 14ff). Zum anderen sind die Straftatbestände stets grundrechtskonform auszulegen und anzuwenden (*Kissel* Aufrufe zum Ungehorsam S. 196; *Radtke* GA **2000** 19, 26ff; näher hierzu Rdn. 383). Auch muss die übertretene Norm selbst verfassungsrechtlichen Anforderungen entsprechen (BVerfGE **65** 1 [zum Volkszählungsgesetz 1983]).

142 Wo tatbestandsmäßiges Verhalten der Protestierenden vorliegt, ist für eine Rechtfertigung kein Raum. Weder können sie sich auf das Widerstandsrecht des Art. 20 Abs. 4 GG berufen, das eine Lage voraussetzen würde, in der die grundgesetzliche Ordnung im Ganzen bedroht ist,[611] noch stellt ihr Verhalten eine Grundrechtsausübung innerhalb der durch die verfassungsmäßige Ordnung gezogenen Schranken dar (zutreffend *Radtke* GA **2000** 19, 29; *Roxin* FS Schüler-Springorum, 441, 448).[612] Unabhängig davon, dass die Grundrechte die Durchsetzung der eigenen Überzeugungen zu Lasten anderer nicht gewährleisten (BVerfGE **73** 206, 249f; BGHSt **23** 46, 56f; zum Gewissens-

---

602 Weiter *Kissel* Aufrufe zum Ungehorsam S. 191ff; *Laker* Ziviler Ungehorsam S. 237ff, 283ff; *v.d. Pfordten* Rechtsethik S. 526ff; *Reichert-Hammer* Politische Fernziele S. 122ff; *Roth-Stielow* RuP **1991** 215, 220ff; *v. Arnim* DVBl **2012** 879, 884; *Fisahn* juridikum **2012** 302, 305f.
603 Kritisch hiergegen *Kissel* Aufrufe zum Ungehorsam S. 187 m. Fn. 710.
604 Ausführliche und kritische Auseinandersetzung mit *Dreiers* Rechtfertigungskonzeption bei *Radtke* GA **2000** 19, 28ff.
605 Hierzu auch *Günther* FS Baumann, 213, 219ff.
606 *Roxin* AT I § 22 Rdn. 133 formuliert sechs Voraussetzungen: Existentielle Fragen betroffen; Handeln aus Sorge um das Gemeinwohl; Bezug zum Adressaten; Bekenntnis zur parlamentarischen Demokratie; Meidung von Gewalttätigkeiten; nur geringfügige zeitlich begrenzte Beeinträchtigungen.
607 Weiter *Roxin* AT I § 16 Rdn. 50, § 22 Rdn. 130f; *ders.* JahrbÖR **59** (2011) 1, 21; ebenso *Schünemann* in Grundfragen, S. 153, 160ff; *Wolter* GA **1996** 207, 211ff.
608 BVerfGE **92** 1, 11ff; BVerfGK **18**, 365, 372ff; BGHSt **23** 46; **41** 182; OVG Münster NVwZ-RR **2012** 38, 40f (zu § 21 VersG). Zu § 316b Abs. 1 Nr. 1 bei bloßem Betreten der Gleise OLG Celle NStZ **2005** 217 (Strafbarkeit verneinend); AG Lüneburg NdsRpfl **2004** 49 (bejahend); bei einem Unterhöhlen des Gleisbettes bejahend OLG Celle, Urt. v. 12.8.2003, Az. 22 Ss 86/03.
609 AG Stuttgart StV **1982** 75; AG Münster StV **1982** 425; AG Bückeburg NStZ **1982** 70 (zu § 123). **Abw.** OLG Düsseldorf NJW **1982** 2680; OLG Hamm NJW **1982** 1824; 2676; OLG Köln NJW **1982** 2674; hierzu *Laker* Ziviler Ungehorsam S. 222ff m.w.N.
610 BGHSt **32** 310; OLG Karlsruhe NStZ **1993** 390; OLG Naumburg NStZ **1995** 445 (zu § 111); OVG Münster NVwZ-RR **2012** 38, 39f (zu § 111). Zu den öffentlichen Aufrufen während des Kosovo-Krieges *Jahn* KJ **2000** 489ff; zur öffentlichen Aufforderung zu Schienendemontagen LG Dortmund NStZ-RR **1998** 139, 141. Eingehend zum Ganzen *Kissel* Aufrufe zum Ungehorsam *passim*.
611 *Paeffgen/Zabel* NK Rdn. 180; *SSW/Rosenau* Rdn. 30; *Sch/Schröder/Lenckner/Sternberg-Lieben* Rdn. 65; *Kühl* AT § 9 Rdn. 109; *Schwarz* HdStR XII § 282 Rdn. 5; *Dreier-II/Wittreck* Art. 20 IV Rdn. 25.
612 Zust. *Kröpil* JR **2011** 283, 285; **abw.** *Reichert-Hammer* Politische Fernziele S. 148f (bei nur geringfügigen Beeinträchtigungen).

täter Rdn. 374 ff), folgt dies schon daraus, dass sich der Protest gegen eine *verfassungsgemäß* zustande gekommene Mehrheitsentscheidung – einen *fundamentalen Gemeinschaftswert* – richtet[613] und diese gestützt auf vorgeblich verallgemeinerungsfähige, aber offenkundig noch nicht mehrheitlich getragene Prinzipien und Wertvorstellungen in Frage stellt.[614] Anstatt für die eigene Meinung auf legale Weise um eine Mehrheit zu werben,[615] setzt der, der zivilen Ungehorsam leistet, die Überlegenheit der eigenen Ansicht voraus und leitet daraus das Recht ab, diese auch mit illegalen Mitteln durchsetzen zu dürfen. Eine Rechtfertigung bedeutete, ein solches Recht tatsächlich zuzugestehen und damit der Ansicht einer Minderheit ein höheres Gewicht zuzubilligen als der im Rahmen des demokratischen Willensbildungsprozesses entstandenen Entscheidung der Mehrheit.[616] Dies verstieße nicht nur gegen Art. 3 Abs. 3 GG, der die Bevorzugung einer aktiv geltend gemachten politischen Anschauung ausdrücklich verbietet (*Starck* FS Carstens, 867, 887), sondern stellte durch den Verzicht auf die Durchsetzung der Mehrheitsregel[617] auch eine Selbstaufgabe von Demokratie und Rechtsfrieden durch die Rechtsordnung dar (zutreffend *Hirsch* Überzeugungstäter S. 30 f; *H.H. Klein* Ziviler Ungehorsam S. 177, 185).[618] Akte zivilen Ungehorsams liegen daher zwingend außerhalb des Gewährleistungsbereichs der Grundrechte. Dass die den Taten zugrunde liegenden Motive grundrechtlichen Schutz genießen, insbesondere durch die Artt. 5, 8 GG (so zutreffend *Dreier* Ziviler Ungehorsam S. 54, 64),[619] führt somit nicht zur Rechtfertigung, sondern kann erst bei der Strafzumessung Berücksichtigung finden (Rdn. 391 ff [zum Gewissenstäter]). Selbst wenn man die Grenzen des grundrechtlichen Gewährleistungsbereichs weiter ziehen wollte (hierfür *Bayer* Gewissensfreiheit S. 234 ff, 304 ff; *Dreier* Ziviler Ungehorsam S. 54, 64; *Schüler-Springorum* Ziviler Ungehorsam S. 76, 88 ff), würde es bei Protesten jedenfalls an der Erforderlichkeit (als Ausprägung des Verhältnismäßig-

---

613 Abw. *Radtke* GA **2000** 19, 22, 37 (Protest richtet sich gegen Umstände, die ihrerseits mit den gemeinsamen Wertvorstellungen der Gesellschaft nicht in Einklang stehen). Andererseits geht es zu weit, jedem Protestierer das Ziel einer „Systemveränderung" zu unterstellen; so aber *Hirsch* Überzeugungstäter S. 34.
614 Darauf, dass ein verallgemeinerungsfähiges Prinzip nicht dasselbe ist wie ein bereits verallgemeinertes Prinzip, weisen *Hassemer* FS Wassermann, 325, 343 und *Radtke* GA **2000** 19, 25 zu Recht hin.
615 Da die Rechtsordnung verschiedene legale Möglichkeiten zur Kontrolle und Infragestellung von Mehrheitsentscheidungen bereithält, ist der Rückgriff auf zivilen Ungehorsam auch keinesfalls zwingend oder auch nur erforderlich; nicht überzeugend daher *Bayer* Gewissensfreiheit S. 248; *Dreier* Ziviler Ungehorsam S. 54, 72 f; *Fetscher* FS Wassermann, 317, 320 f; *Frankenberg* JZ **1984** 266, 273; *Kissel* Aufrufe zum Ungehorsam S. 192 f; *Laker* Ziviler Ungehorsam S. 281; *Blumenstein* Betrifft Justiz **113** (2013) 34, 36 unter Darstellung der Konzeption *Arendts*. Bei irreversiblen Entscheidungen mag eine Kontrolle der Entscheidung oder das Werben um eine Mehrheit zu spät kommen. Allerdings ist auch hier die Herbeiführung einer Mehrheitsentscheidung der einzig gangbare Weg. Anderenfalls könnten solche Entscheidungen gar nicht mehr getroffen werden und die Minderheit erhielte das Recht, von der Mehrheit die gegebenenfalls ebenso irreversible Nichtentscheidung zu verlangen.
616 *Schmahl* JahrbÖR **55** (2007) 99, 119 f. *Hassemer* FS Wassermann, 325, 338 betont zutreffend, dass damit das Angriffsziel des zivilen Ungehorsams nicht die konkrete Norm ist, gegen die protestiert wird, sondern das Normsetzungsverfahren; weiter auch *Roxin* JahrbÖR **59** (2011) 1, 21.
617 Manche Autoren werben offen dafür, bestimmte Entscheidungen der Mehrheitsregel zu entziehen: *Habermas* Ziviler Ungehorsam S. 48 ff; *Frankenberg* JZ **1984** 266, 273; **dagegen** *Hassemer* FS Wassermann, 325, 340 f.
618 Weiter *Dreher* MDR **1988** 19; *Kröger* JuS **1984** 172, 175; *Kühl* AT § 9 Rdn. 110; *Preuß* Politische Verantwortung S. 125; *Prittwitz* JA **1987** 17, 24; *Radtke* GA **2000** 19, 26; *Roxin* FS Schüler-Springorum, 441, 444, 446, 448, 451; *Sommermann* Der Staat **54** (2015) 577, 584; *Schmahl* JahrbÖR **55** (2007) 99, 119; *Erb* MK § 34 Rdn. 191; auf den Selbstwiderspruch des Täters hinweisend, der sich von der Mehrheitsregel löst und zugleich eine Rechtfertigung innerhalb einer Rechtsordnung für sich reklamiert, deren grundlegendes Verfahrensprinzip bei der Rechtssetzung die Mehrheitsregel ist, *Hassemer* FS Wassermann, 325, 340 f.
619 Weiter *Radtke* GA **2000** 19, 28; *Roxin* FS Schüler-Springorum, 441, 446 f, 454. Eingehend *Laker* Ziviler Ungehorsam S. 239 ff m.w.N.

keitsprinzips) fehlen; denn der Täter wird sich in aller Regel auch mit legalen Mitteln gegen die für unrichtig gehaltene Rechtsnorm oder Regierungspolitik zur Wehr setzen können (BVerfG NJW **1993** 2432; *Radtke* GA **2000** 19, 29; *Roxin* AT I § 16 Rdn. 50; *ders.* FS Schüler-Springorum, 441, 446).[620] Aus demselben Grund greift auch § 193 nicht;[621] für § 34 fehlt es an einer *nicht anders abwendbaren* Gefahr.[622] Zuletzt sei darauf hingewiesen, dass eine Rechtfertigung von Akten zivilen Ungehorsams zu Recht immer wieder als widersinnig kritisiert wurde. Besteht das Ziel dieser Handlungen nämlich in einer besonders drastischen Einwirkung auf die öffentliche Meinungsbildung durch den symbolischen Rechtsbruch und dem In-Kauf-nehmen der damit verbundenen (strafrechtlichen) Konsequenzen, kann der Täter aus dem zivilen Ungehorsam als per definitionem und bewusst rechtswidrigen Verhaltens kein widerspruchsfreies Argument für eine Rechtfertigung gewinnen (BVerfGE **73**, 206, 250 ff; *Kühl* AT § 9 Rdn 111; *Sch/Schröder/Perron* § 34 Rdn. 41a).[623]

143 Auch wenn der Täter *gewissensgeleitet* handelt, gilt im Grundsatz nichts hiervon Abweichendes. Eine unter dem Schutz des Art. 4 GG stehende **Gewissensentscheidung** liegt nicht vor (BVerfGE **48** 127, 174; **abw.** *Bayer* Gewissensfreiheit S. 234 ff), weil der Täter durch gleichwertige, aber straflose Handlungen seinem Gewissen gemäß hätte handeln können (etwa statt gem. § 216 strafbarer Giftgabe die Bereitstellung von Gift als Hilfe zur straflosen Selbsttötung, vgl. *Jakobs* 20/22 m. Fn. 33a; *Kühl* AT § 12 Rdn. 119).[624] Für eine Rechtfertigung ist hier allenfalls dann Raum, wenn es dem Täter gar nicht darum geht, sich mit seiner Tat gegen eine Mehrheitsentscheidung zu stellen[625] oder das Protestziel hinter anderen, dominierenden Motiven zurücktritt. So kann es Tätern, die mit Abschiebung bedrohten Asylbewerbern Asyl in einer Kirche gewähren (sog. *Kirchenasyl*),[626] zwar auch darum gehen, gegen die als unrichtig empfundene Asyl- und Ausländerpolitik zu protestieren. Dies ändert aber nichts daran, dass die Tat u.U. von der Gewissensfreiheit (Art. 4 GG) gedeckt ist (ebenso *Bayer* Gewissensfreiheit S. 249 ff; *Görisch* Kirchenasyl S. 253).[627] Steht der Gewissenskonflikt im Vordergrund, handelt der Aufnehmende als sog. *Gewissenstäter* (Rdn. 374 ff).

---

620 Auch *Dreier* Ziviler Ungehorsam S. 54, 67 ff; *ders.* FS Scupin, 573, 594 ff betont, dass das Protestziel nicht ohne den Verstoß gegen das Strafgesetz erreichbar sein darf.
621 Zumal die Wahrnehmung berechtigter Interessen nach h.M. ohnehin kein allgemeiner Rechtfertigungsgrund ist und § 193 auf Akte zivilen Ungehorsam daher in der Regel keine Anwendung findet, *Sch/Schröder/Lenckner/Sternberg-Lieben* Rdn. 79/80 m.w.N.
622 Zust. *Kröpil* JR **2011** 283, 285. Zu weiteren Einwänden gegen die Anwendbarkeit von § 34 in diesen Fällen *Kühl* AT § 9 Rdn. 110 m.w.N.; *Erb* MK § 34 Rdn 191; einschränkend dagegen *Laker* Ziviler Ungehorsam S. 229 ff (Notstandslage möglich).
623 Auch *Rawls* A Theory of Justice S. 322 geht von einer nur moralischen, nicht jedoch von einer rechtlichen Rechtfertigung aus: „The law is broken, but fidelity to law is expressed by the public and nonviolent nature of the act, by the willingness to accept the legal consequences of one's conduct." Er weist in diesem Zusammenhang jedoch auch auf den weiten Ermessensspielraum der Strafverfolgungsbehörden hin, von einer Verfolgung abzusehen.
624 *Sch/Schröder/Lenckner/Sternberg-Lieben* Rdn. 119; lediglich im Rahmen der Abwägung berücksichtigt dies *Roxin* FS Maihofer, 389, 397 f; s. aber auch *dens.* AT I § 22 Rdn. 111 (fehlende Gewissensnot).
625 So lag der Fall BGHSt **20** 342 ff (Weiterleitung von Informationen über verfassungswidrige Praktiken des Bundesamtes für Verfassungsschutz an die Presse); hierzu *Roxin* FS Schüler-Springorum, 441, 448 f.
626 Zur Begriffsbestimmung *Bayer* Gewissensfreiheit S. 249 m.w.N., der das sog. Kirchenasyl schon nicht als einen Fall des zivilen Ungehorsams ansieht.
627 Weiter *Laker* Ziviler Ungehorsam S. 253 ff; *Radtke* GA **2000** 19, 36 ff; **abw.** *Hofmann* FS Hacker, 363, 382 ff; *H.H. Klein* Ziviler Ungehorsam S. 177, 195; *Robbers* AöR **113** (1988) 30, 46.

b) Schuld und Verantwortungsausschluss. Beim zivilen Ungehorsam handelt der 144
Täter schuldhaft, weil er sich über den ihn bindenden Rechtsbefehl hinwegsetzt, obwohl
er sich rechtmäßig hätte verhalten können. Ein (vermeidbarer) Verbotsirrtum kommt nur
dann in Betracht, wenn er die verletzte Norm für verfassungswidrig hält, was allenfalls
beim sog. direkten zivilen Ungehorsam eine Rolle spielen wird. Auch ein *Verantwortungsausschluss* scheidet aus.[628] Soweit *Roxin* in bestimmten Fällen des zivilen Ungehorsams eine präventive Bestrafungsnotwendigkeit ablehnt (FS Schüler-Springorum, 441,
452 ff), ist dem entgegenzuhalten, dass sich außerhalb der der Grundrechtsausübung
durch die Rechtsordnung gezogenen Grenzen sowohl aus dem Zweck der Verhinderung
künftiger Taten als auch der Stabilisierung des Normbewusstseins der Gemeinschaft ein
hinreichendes Strafbedürfnis ergibt (zutreffend *Tenckhoff* FS Rauscher, 437, 453).[629] Ein
Strafverzicht kann gerade beim zivilen Ungehorsam einen Nachahmereffekt zur Folge
haben. Es kann hier daher nur noch um die Angemessenheit und Verhältnismäßigkeit
der *Rechtsfolgen* gehen (zutreffend *Hirsch* Überzeugungstäter S. 25).

c) Strafzumessungslösung. Die dem zivilen Ungehorsam zugrunde liegenden Motive tragen zwar keine Rechtfertigung des Täters; sie sind aber im Rahmen der Strafzumessung von Bedeutung, wenn sie in den Schutzbereich eines Grundrechts fallen (*Radtke* GA **2000** 19, 32; *Sch/Schröder/Perron* § 34 Rdn. 41a). Im Einzelfall kann das Gericht 145
dabei bis an die untere Grenze des Strafrahmens gehen *(Hirsch* Überzeugungstäter S. 34).
Anders als für den Gewissens- und den Überzeugungstäter (Rdn. 392) kommt beim zivilen Ungehorsam keine Strafrahmenverschiebung in Betracht. Auch ein Absehen von
Strafe gem. § 60 ist hier nicht möglich (*Hirsch* Überzeugungstäter S. 32). Denn der Täter
handelt hier weder aus einem inneren Konflikt zwischen dem Recht und dem Gewissen, noch aus sonstiger Pflichtüberzeugung heraus. Häufig wird sich der Täter beim zivilen Ungehorsam nicht einmal für *berechtigt* halten, die übertretene Strafnorm zu
verletzen. Vielmehr geht es den Protestierenden in der Regel gerade darum, durch ihr
Verhalten Aufmerksamkeit zu erregen *(Faller* FS H. Kirchner, 67, 68; *Hirsch* Überzeugungstäter S. 29 f, 32), sei es auch um den Preis der Verwirklichung eines Straftatbestandes.[630] In den Fällen lediglich vorübergehender oder geringfügiger Rechtsgutbeeinträchtigungen kommt eine Verfahrenseinstellung gem. §§ 153 ff StPO in Betracht
(*Radtke* GA **2000** 19, 31 f).[631] Bei den strafrechtlichen Sanktionen kann hier von der
Möglichkeit einer Verwarnung mit Strafvorbehalt Gebrauch gemacht werden (AG Bremen StV **1985** 19). Ferner ist die Grundrechtsrelevanz des Verhaltens bei der Entscheidung über die Aussetzung einer Freiheitsstrafe zur Bewährung, beim Widerruf der
Strafaussetzung sowie bei der Aussetzung der Vollstreckung einer Freiheitsstrafe zu berücksichtigen (Rdn. 393).

---

[628] Wegen der drohenden Vermischung von Strafzumessungserwägungen mit Strafbarkeitsvoraussetzungen ablehnend *Hirsch* Überzeugungstäter S. 32; *Radtke* GA **2000** 19, 31 f (auch unter Hinweis auf das Bestimmtheitsgebot).
[629] In diesem Sinne auch noch *Roxin* FS Maihofer, 389, 410 für den Gewissenstäter (Bestrafung aus präventiven Gründen unerlässlich).
[630] Dem Täter wird es dabei regelmäßig nicht auf die Strafbarkeit seines Verhaltens ankommen; diese wird allenfalls eine billigend in Kauf genommene Nebenfolge bzw. Begleiterscheinung sein; zutreffend *Kissel Aufrufe* zum Ungehorsam S. 191 ff; *Roxin* FS Schüler-Springorum, 441, 442; **abw.** *Hirsch* Überzeugungstäter S. 31, 32; auf die Notwendigkeit eines persönlichen Risikos (drohende Strafbarkeit) als moralische Grundlage des regelverletzenden Protests hinweisend *Habermas* Ziviler Ungehorsam S. 29, 42 f.
[631] Weiter SSW/*Rosenau* Rdn. 30; *ders.* LK¹² § 111 Rdn. 15; *Lilie* LK¹² § 123 Rdn. 19.

7. Einwilligung des Verletzten

Schrifttum

Alberts Sterbehilfe, Vormundschaftsgericht und Verfassung, NJW **1999** 835; *Albrecht* Die „hypothetische Einwilligung" im Strafrecht, Diss Bayreuth 2009 (2010); *Amelung* Rechtsgüterschutz und Schutz der Gesellschaft, Diss. Göttingen 1971 (1972); *ders.* Die Einwilligung in die Beeinträchtigung eines Grundrechtsgutes (1981); *ders.* Die Zulässigkeit der Einwilligung bei den Amtsdelikten, Festschrift Dünnebier (1982) 487; *ders.* Das Problem der Freiwilligkeit bei der Einwilligung eingesperrter Personen, ZStW **95** (1983) 1; *ders.* Die Einwilligung des Unfreien, ZStW **95** (1983) 1; *ders.* Probleme der Einwilligung in strafprozessuale Grundrechtsbeeinträchtigungen, StV **1985** 257; *ders.* Über die Einwilligungsfähigkeit, ZStW **104** (1992) 525 und 821; *ders.* Vetorechte beschränkt Einwilligungsfähiger in Grenzbereichen medizinischer Intervention (1995); *ders.* Probleme der Einwilligungsfähigkeit, Recht und Psychiatrie **1995** 20; *ders.* Zur Verantwortlichkeit Drogenabhängiger für Selbstschädigungen durch den Gebrauch von Suchtstoffen, NJW **1996** 2393; *ders.* Willensmängel bei der Einwilligung als Tatzurechnungsproblem, ZStW **109** (1997) 490; *ders.* Irrtum und Täuschung als Grundlage von Willensmängeln bei der Einwilligung des Verletzten (1998); *ders.* Überprüfung der Einwilligungsfähigkeit von Jugendlichen, NStZ **1999** 458; *ders.* Über Freiheit und Freiwilligkeit auf der Opferseite der Strafnorm, GA **1999** 182; *ders.* Einwilligungsfähigkeit und Rationalität, JR **1999** 45; *ders.* Buchbesprechung: Rönnau, Willensmängel bei der Einwilligung im Strafrecht (2001), ZStW **115** (2003) 710; *ders.* Grundsätzliches zur Freiwilligkeit der Einwilligung des Verletzten, NStZ **2006** 317; *ders./Eymann* Die Einwilligung des Verletzten im Strafrecht, JuS **2001** 937; *ders./Pauli* Einwilligung und Verfügungsbefugnis bei staatlichen Beeinträchtigungen des Fernmeldegeheimnisses, MDR **1980** 801; *ders./Lorenz* Mensch und Person als Schutzobjekt strafrechtlicher Normen, insbesondere bei der Körperverletzung, Festschrift Otto (2007) 527; *Antoine* Aktive Sterbehilfe in der Grundrechtsordnung, Diss. Berlin 2002 (2004); *Arzt* Willensmängel bei der Einwilligung (1970); *ders.* Heileingriffe aufgrund einer Blanko-Einwilligung bezüglich der Person des Arztes, Festschrift Baumann (1999) 201; *ders.* Zur Abgrenzung der Einwilligung in eine Fremdgefährdung von der Selbstgefährdung, JZ **2005** 103; *ders.* Einwilligungsdoktrin und Teilnahmelehre, Festschrift Geppert (2011) 1; *W. Bauer* Die strafrechtliche Beurteilung des ärztlichen Heileingriffs, Diss. Regensburg 2008; *Beckert* Einwilligung und Einverständnis, JA **2013** 507; *Belling* Das Selbstbestimmungsrecht Minderjähriger bei medizinischen Eingriffen (1994); *Bender* Der Entwurf eines Transfusionsgesetzes unter Einwilligungsgesichtspunkten – ein Zwischenruf, ZRP **1997** 353; *ders.* Zeugen Jehovas und Bluttransfusion, MedR **1999** 260; *ders.* Zur Arzthaftung bei Vornahme von Bluttransfusionen trotz ausdrücklicher Ablehnung in einer Patientenverfügung, MedR **2003** 179; *Bergmann* Einwilligung und Einverständnis im Strafrecht, JuS **1989** L 65; *Berkl* Der Sportunfall im Lichte des Strafrechts, Diss. Gießen 2006 (2007); *Bernsmann* Der Umgang mit irreversibel bewußtlosen Personen und das Strafrecht, ZRP **1996** 87; *Berster* Anm. zu BGH Urt. v. 22.11.2016 – 1 StR 354/16, NJW **2017** 420; *Berz* Die Bedeutung der Sittenwidrigkeit für die rechtfertigende Einwilligung, GA **1969** 145; *Beulke* Opferautonomie im Strafrecht, Festschrift Otto (2007) 207; *ders./Mayer* Strafrecht – Die Mutprobe, JuS **1987** 125; *Bichlmeier* Die Wirksamkeit der Einwilligung in einen medizinisch nicht indizierten Eingriff, JZ **1980** 53; *Bickelhaupt* Einwilligung in die Trunkenheitsfahrt, NJW **1967** 713; *Bittmann/Richter* Zum Geschädigten bei der GmbH- und der KG-Untreue, wistra **2005** 51; *Bizer* Einsichtsfähigkeit und Einwilligung, DuD **1999** 346; *Bloy* Freiheitsberaubung ohne Verletzung fremder Autonomie? Überlegungen zur Reichweite des Tatbestandes des § 239 Abs. 1 StGB, ZStW **96** (1984) 703; *Bockelmann* Operativer Eingriff und Einwilligung des Verletzten, JZ **1962** 525; *ders.* Das Strafrecht des Arztes (1968); *ders.* Der ärztliche Heileingriff in Beiträgen zur Zeitschrift für die gesamte Strafrechtswissenschaft im ersten Jahrhundert ihres Bestehens, ZStW **93** (1981) 105; *Boehmer* Zum Problem der „Teilmündigkeit" Minderjähriger – Bemerkungen zu dem Urt. des 4. ZS des BGH v. 5.12.1958, MDR **1959** 705; *Boemke* Die Ermittlung des in der Patientenverfügung niedergelegten Patientenwillens, NJW **2017** 1706; *Börner* Ein Vorschlag zum Brandstrafrecht, 2006; *Böse* Zur Rechtfertigung von Zwangsbehandlungen einwilligungsunfähiger Erwachsener, Festschrift Roxin (2011) 523; *Bohnert* Die Willensbarriere als Tatbestandsmerkmal des Hausfriedensbruchs, GA **1983** 1; *Boll* Strafrechtliche Probleme bei Kompetenzüberschreitungen nicht ärztlicher medizinischer Hilfspersonen in Notsituationen, Diss. Heidelberg 2001; *Bott/Volz* Die Anwendung und Interpretation des mysteriösen § 228 StGB, JA **2009** 421; *Bottke* Suizid und Strafrecht, Habil. München 1982; *ders.* Das Recht auf Suizid und Suizidverhütung, GA **1982** 346; *Brammsen* Einverständnis und Einwilligung. Der materielle Weg, Festschrift Yamanaka (2017) 3; *Brand* Untreue und Bankrott in der KG und GmbH & Co. KG, Diss. Konstanz 2009 (2010); *ders./Lotz* Die strafrechtliche Bedeutung des „Pozzing", JR **2011** 513; *ders.* Anm. zu BGH Urt. v. 10.7.2013 – 1 StR 532/12, NJW **2013** 3594; *Brandts/Schlehofer* Die täuschungsbedingte Selbsttötung im Lichte der Einwilligungslehre, JZ **1987** 442; *Braun-Hülsmann* Die Einwilligung als Zurechnungsfrage unter Parallelisierung zur Betrugsdogmatik mit besonderer Berücksichtigung der Auswirkung auf den ärztlichen Heileingriff, Diss. Trier 2011 (2012); *Breithaupt* Die guten Sitten, JZ **1964** 283; *Brückner* Das medizinische Selbstbestimmungsrecht Minderjähriger, Diss. Jena 2014; *Brühl* Die Straflosigkeit von Körperverletzungen in der „dritten Halbzeit": Ein Präjudiz für die (bundes-)polizeiliche Gefahrenabwehr? DÖV **2011** 234; *Brüning* Anm. zu BGH Urt. v. 20.11.2008 – 4 StR 328/08, ZJS **2009** 194; *dies.* Anm. zu BGH Urt. v. 22.11.2016 – 1 StR 354/16, ZJS **2017** 727; *Bühring* Die rechtliche Bedeutung der Einwilligung des Verletzten, Diss. Göttingen 1920; *Burchardi* Patientenverfügung und Vorsorgevollmacht bei Krankenhausaufnahme? Festschrift Schreiber (2003) 615; *Cancio Meliá* Opferverhalten und objektive Zurechnung, ZStW **111** (1999) 357; *ders.* Autonomie und Einwilligung bei ärztlicher Heilbehandlung, Festschrift Roxin (2011) 507; *Ceffinato/Kalb* Strafrechtlicher Minderjährigenschutz, JA **2014** 887; *Class* Generalklauseln im Strafrecht, Festschrift Eb. Schmidt (1961) 122; *Coeppicus* Behandlungsabbruch, mutmaßlicher Wille und Betreuungsrecht, NJW **1998** 3381; *Coester* Von anonymer Verwaltung zu persönlicher Betreuung, Jura **1991** 1; *Coester-Waltjen* Reichweite und Grenzen der Patientenautonomie von Jungen und Alten – Ein Vergleich, MedR **2012** 533; *Corsten* Einwilligung in die Untreue sowie in die Bestechlichkeit und Bestechung, Diss. Bonn 2010 (2011); *Cortes Rosa* Die Funktion der Abgrenzung von Unrecht und Schuld im Strafrechtssystem, in Schünemann/de Figueiredo Dias (Hrsg.) Bausteine des europäischen Strafrechts, Coimbra-Symposium für Claus Roxin (1995) 183; *Creifelds* Wird bei einem Verstoß gegen die guten Sitten die Einwilligung im Strafrecht irrelevant? Diss. Köln 1929; *Dach* Zur Einwilligung bei Fahrlässigkeitsdelikten, Diss. Mannheim 1979; *Damm* Vulnerabilität als Rechtskonzept? MedR **2013** 201; *ders.* Einwilligungs- und Entscheidungsfähigkeit in der Entwicklung von Medizin und Medizinrecht, MedR **2015** 775; *Derksen* Handeln auf eigene Gefahr, Diss. Bonn 1991 (1992); *Deutsch* Sicherheit bei Blut und Blutprodukten – Das Transfusionsgesetz von 1998, NJW **1998** 3377; *ders.* Verfassungszivilrecht bei der Sterbehilfe, NJW **2003** 1567; *Diederichsen* Aspekte des Selbstbestimmungsrechts Minderjähriger bei medizinischer Behandlung, Festschrift G. Hirsch (2008) 355; *Disput* Die (mutmaßliche) Zustimmung des Rechtsgutsträgers und deren Auswirkungen auf die Erfüllung des strafrechtlichen Tatbestandes, Diss. Frankfurt/M. 2009; *Dölling* Fahrlässige Tötung bei Selbstgefährdung des Opfers, GA **1984** 71; *ders.* Die Behandlung der Körperverletzung im Sport im System der strafrechtlichen Sozialkontrolle, ZStW **96** (1984) 36; *ders.* Einwilligung und überwiegende Interessen, Festschrift Gössel (2002) 209; *ders.* Zur Strafbarkeit wegen fahrlässiger Tötung bei einverständlicher Fremdgefährdung, Festschrift Geppert (2011) 53; *Donatsch* Gedanken zum strafrechtlichen Schutz des Sportlers, ZStrR **107** (1990) 400; *Dreher* Objektive Erfolgszurechnung bei Rechtfertigungsgründen, Diss. Mannheim 2003; *Duttge* Abschied des Strafrechts von den „guten Sitten"? Gedächtnisschrift Schlüchter (2002) 775; *ders.* Der BGH auf rechtsphilosophischen Abwegen – Einwilligung in Körperverletzung und „gute Sitten", NJW **2005** 260; *ders.* Zum Unrechtsgehalt des kontraindizierten ärztlichen „Heileingriffs", MedR **2005** 706; *ders.* Strafrechtliche Rätsel – Zur Bedeutung der Rechtsgutslehre für Einwilligung und Gesetzeskonkurrenz, Jura **2006** 15; *ders.* Erfolgszurechnung und Opferverhalten – Zum Anwendungsbereich der einverständlichen Fremdgefährdung, Festschrift Otto (2007) 227; *ders.* Anm. zu BGH Urt. v. 20.11.2008 – 4 StR 328/08, NStZ **2009** 690; *ders.* Anm. zu BGH Beschl. v. 17.9.2014 – XII ZB 202/13, JZ **2015** 43; *Edlbauer* Die hypothetische Einwilligung als arztstrafrechtliches Haftungskorrektiv, Diss. Passau 2009; *Eisele* Freiverantwortliches Opferverhalten und Selbstgefährdung, JuS **2012** 577; *ders.* Strafrecht AT: Unterlassen nach eigenverantwortlicher Selbstgefährdung des Opfers, JuS **2016** 276; *Eisenbart* Die Stellvertretung in Gesundheitsangelegenheiten, MedR **1997** 305; *dies.* Patienten-Testament und Stellvertretung in Gesundheitsangelegenheiten, Diss. Göttingen 1997 (2. Aufl. 2000); *Elzer* Allgemeine und besondere klinische Prüfungen an Einwilligungsunfähigen, Diss. Hamburg 1998; *ders.* Die Grundrechte Einwilligungsunfähiger in klinischen Prüfungen – ein Beitrag zum EMRÜ-Biomedizin, MedR **1998** 122; *Engisch* Ärztlicher Eingriff zu Heilzwecken und Einwilligung, ZStW **58** (1939) 1; *ders.* Die Strafwürdigkeit der Unfruchtbarmachung mit Einwilligung, Festschrift H. Mayer (1966) 399; *ders.* Konflikte, Aporien und Paradoxien bei der rechtlichen Beurteilung der ärztlichen Sterbehilfe, Festschrift Dreher (1977) 309; *Engländer* Selbsttötung in „mittelbarer Täterschaft", Jura **2004** 234; *Ensthaler* Einwilligung und Rechtsgutspreisgabe beim fahrlässigen Delikt, Diss. Göttingen 1983; *Eschweiler* Beteiligung an fremder Selbstgefährdung, Diss. Bonn 1990; *H. Erb* Parteiverrat, Diss. München 2004 (2005); *Eser* Zur strafrechtlichen Verantwortlichkeit des Sportlers, insbesondere des Fußballspielers, JZ **1978** 368; *ders.* Medizin und Strafrecht: Eine schutzgutorientierte Problemübersicht, ZStW **97** (1985) 1; *Esser/Beckert* „Masern-Party", JA **2012** 590; *Exner* Minderjährige im StGB, Jura **2013** 103; *Fahl* Macht sich das Kabinenpersonal nach §§ 239,

240 StGB strafbar, wenn es Passagiere vor dem Abflug am Verlassen des Flugzeuges hindert? JR **2009** 100; *Fateh-Moghadam* Die Einwilligung in die Lebendorganspende, Diss München 2007 (2008); *R.P. Fiedler* Zur Strafbarkeit der einverständlichen Fremdgefährdung, Diss. Berlin 1989; *Firnhaber* Rechtsgeschäft und Einwilligung bei Vermögensdelikten, Diss. Bonn 1956 (1957); *Fisch* Strafbarkeitsausschluß durch berechtigte Geschäftsführung ohne Auftrag, Diss. Potsdam 2000; *Fischer* Der Einfluss der Europäischen Richtlinie 2001 zur Klinischen Prüfung von Arzneimitteln auf Versuche an Kindern und anderen einwilligungsunfähigen Personen, Festschrift Schreiber (2003) 685; *Föbius* Die Insuffizienz des strafrechtlichen Schutzes von Geschäfts- und Betriebsgeheimnissen nach § 17 UWG, Diss. Hamburg 2010 (2011); *Freund* Die Einwilligung des Verletzten, Diss. Breslau 1921; *P. Frisch* Das Fahrlässigkeitsdelikt und das Verhalten des Verletzten, Diss. Bonn 1970 (1973); *W. Frisch* Riskanter Geschlechtsverkehr eines HIV-Infizierten als Straftat? – BGHSt 36 1, JuS **1990** 362; *ders.* Selbstgefährdung im Strafrecht, NStZ **1992** 1 und 62; *ders.* Die Einwilligung im deutschen Strafrecht, in Eser/Nishihara (Hrsg.), Rechtfertigung und Entschuldigung Bd. 4 (1995) S. 321; *ders.* Leben und Selbstbestimmungsrecht im Strafrecht, in D. Leipold (Hrsg.) Selbstbestimmung in der modernen Gesellschaft aus deutscher und japanischer Sicht (1997) S. 103; *ders.* Zum Unrecht der sittenwidrigen Körperverletzung (§ 228 StGB), Festschrift Hirsch (1999) 485; *Frister* Zur Beendigung lebenserhaltender Maßnahmen: OLG Frankfurt/Main 20 W 224/98 v. 15.7.1998, JR **1999** 73; *Fuchs* Trunkenheit am Steuer und Einwilligung des Fahrgastes, DAR **1956** 149; *Gaebhard* Tötung und Körperverletzung mit Einwilligung des Verletzten, Diss. Würzburg 1927 (1926); *Gaede* Limitiert akzessorisches Medizinstrafrecht statt hypothetischer Einwilligung (2014); *ders.* Mit der Sittenwidrigkeit gegen Hooligangewalt – das Ende der „Dritten Halbzeit"? ZIS **2014** 489; *Gänßle* Das behördliche Zulassen strafbaren Verhaltens, eine rechtfertigende Einwilligung? Diss. Dresden 2003; *Garbe* Wille und Hypothese – Zur Rechtsfigur der hypothetischen Einwilligung im Zivil- und Strafrecht, Diss. Berlin 2011; *Geerds* Einwilligung und Einverständnis des Verletzten, Diss. Kiel 1953; *ders.* Einwilligung und Einverständnis des Verletzten im Strafrecht, GA **1954** 262; *ders.* Einwilligung und Einverständnis des Verletzten im Strafgesetzentwurf, ZStW 72 (1960) 42; *Geilen* Einwilligung und ärztliche Aufklärungspflicht, Habil. Bonn 1963; *Geppert* Rechtfertigende „Einwilligung" des verletzten Mitfahrers bei Fahrlässigkeitstaten im Straßenverkehr? Zur dogmatischen Struktur der Einwilligung, ZStW 83 (1971) 947; *ders.* Zu examensrelevanten Fragen im Rahmen alkoholbedingter Straßenverkehrsgefährdung (§ 315c Abs. 1 Nr. 1a StGB) durch Gefährdung von Mitfahrern, Jura **1996** 47; *ders.* Zur Unterbrechung des strafrechtlichen Zurechnungszusammenhangs bei Eigenschädigung/-gefährdung des Opfers oder Fehlverhalten Dritter, Jura **2001** 490; *Gerland* Die Selbstverletzung und die Verletzung des Einwilligenden, VDA 2 (1908) 487; *Gimbernat Ordeig* Strafrechtliche Gleichbehandlung der Mitwirkung an einer Selbstgefährdung und der einverständlichen Fremdgefährdung? Festschrift Wolter (2013) 389; *Göbel* Die Einwilligung im Strafrecht als Ausprägung des Selbstbestimmungsrechts, Diss. Bonn 1991 (1992); *Golbs* Das Vetorecht eines einwilligungsunfähigen Patienten, Diss. Dresden 2005 (2006); *Gössel* Das Rechtsgut als ungeschriebenes strafbarkeitseinschränkendes Tatbestandsmerkmal. Zugleich ein Versuch über das Verhältnis von Rechtsgut, Tatbestand und Norm, Festschrift Oehler (1985) 97; *ders.* Buchbesprechung: Heinrich, Rechtsgutszugriff und Entscheidungstragerschaft (2002), GA **2004** 722; *Götz* Die rechtlichen Grenzen der Patientenautonomie bei psychischen Erkrankungen (2013); *Gropengießer* Die Rechtswidrigkeit bei der Sachbeschädigung (§ 303 StGB), JR **1998** 89; *Gropp* Indisponibilität statt Sittenwidrigkeit, ZJS **2012** 602; *ders.* Die Einwilligung in den ärztlichen Heileingriff – ein Rechtfertigungsgrund, GA **2015** 5; *Grotz* Die Grenzen der staatlichen Strafgewalt exemplifiziert am neuen Anti-Doping-Tatbestand, ZJS **2008** 243; *Grünewald* Das vorsätzliche Tötungsdelikt, Habil. Hamburg 2009 (2010); *dies.* Selbstgefährdung und einverständliche Fremdgefährdung, GA **2012** 364; *Grunst* Untreue zum Nachteil von Gesamthandsgesellschaften – Auswirkungen der BGH-Entscheidung zur Rechtsfähigkeit der GbR auf den strafrechtlichen Vermögensschutz, BB **2001** 1537; *Gülpen* Der Begriff der guten Sitten in § 228 StGB, Diss. Köln 2007 (2009); *Gutmann* Freiwilligkeit als Rechtsbegriff, Diss. München 2000 (2001); *H.L. Günther* Strafrechtswidrigkeit und Strafunrechtsausschluss, Habil. Trier 1981 (1983); *ders.* Klassifikation der Rechtfertigungsgründe im Strafrecht, Festschrift Spendel (1992) 189; *Günzel* Das Recht auf Selbsttötung, seine Schranken und die strafrechtlichen Konsequenzen, Diss. Augsburg 1999 (2000); *Hähle* Die strafrechtliche Relevanz von Sportverletzungen, Diss. Bielefeld 2007 (2008); *Haefliger* Über die Einwilligung des Verletzten im Strafrecht, SchwZStr 67 (1951) 92; *Hammer* „Auto-Surfen" – Selbstgefährdung oder Fremdgefährdung? – OLG Düsseldorf, NStZ-RR 1997, 325, JuS **1998** 785; *Hansen* Die Einwilligung des Verletzten bei Fahrlässigkeitsdelikten, im besonderen das bewußte Eingehen eines Risikos durch den Geschädigten, Diss. Bonn 1963; *Harder* Voluntas aegroti suprema lex – Bemerkungen zum sogenannten „Patiententestament", Arztrecht **1991** 11; *Hardtung* Die guten Sitten am Bundesgerichtshof, Jura **2005** 401; *ders.* Anm. zu BGH Urt. v. 20.2.2013 – 1 StR 585/12, NStZ

2014 267; *Hartmann* Die Einwilligung des Verletzten vom corpus iuris civilis bis zum Reichsstrafgesetzbuch, Z Privat- und Öffentl. Recht **27** (1900) 697; *T. Hartmann* Patientenverfügung und psychiatrische Verfügung – Verbindlichkeit für den Arzt? NStZ **2000** 113; *Hartwig* Die Körperverletzung des Einwilligenden nach dem Strafgesetzbuch, GerS **82** (1914) 301 und **83** (1915) 27; *Hauck* Rechtfertigende Einwilligung und Tötungsverbot, GA **2012** 202; *Hein* Zur Einwilligung des verletzten Mitfahrers in eine alkoholbedingte fahrlässige Körperverletzung, Blutalkohol **1965/66** 435; *Heinitz* Das Problem der materiellen Rechtswidrigkeit, Diss. Hamburg 1926; *M. Heinrich* Rechtsgutszugriff und Entscheidungsträgerschaft, Habil. München 2002; *Helgerth* Aids – Einwilligung in infektiösen Geschlechtsverkehr, NStZ **1988** 261; *Hellmann* Einverständliche Fremdgefährdung und objektive Zurechnung, Festschrift Roxin (2001) 271; *Hennig* Tattoos, Piercings, Schönheitsoperationen. Zur rechtlichen Problematik nicht indizierter Eingriffe bei Minderjährigen, Diss. Halle-Wittenberg **2012**; *Herbertz* Anm. zu BGH Beschl. v. 5.8.2015 – 1 StR 328/15, JR **2016** 548; *Herzberg* Beteiligung an einer Selbsttötung oder tödlichen Selbstgefährdung als Tötungsdelikt (Teil 4), JA **1985** 336; *ders.* Handeln in Unkenntnis einer Rechtfertigungslage, JA **1986** 190; *ders.* Straffreie Beteiligung am Suizid und gerechtfertigte Tötung auf Verlangen, JZ **1988** 182; *ders.* Entlastung des Täters durch freiverantwortliche Selbstgefährdung des Opfers? Festschrift Puppe (2011) 479; *Herzog* Der Boxer – ein Schläger? Ein Versuch über Strafrechtswissenschaft als Kulturwissenschaft, GA **2006** 678; *ders./Nestler-Tremel* Aids und Strafrecht – Schreckensverbreitung oder Normstabilisierung? StV **1987** 360; *Hessler* Das Ende des Selbstbestimmungsrechts? MedR **2003** 13; *Heyers* Passive Sterbehilfe bei entscheidungsunfähigen Patienten und das Betreuungsrecht, Diss. Göttingen 2001; *Hinterhofer* Die Einwilligung im Strafrecht, Diss. Salzburg 1994 (1998); *Hillenkamp* Zur Strafbarkeit des Arztes bei verweigerter Bluttransfusion, Festschrift Küper (2007) 123; *Hinderer/Brutscher* „Der Tod war schneller", JA **2011** 907; *Hirsch* Soziale Adäquanz und Unrechtslehre, ZStW **74** (1962) 78; *ders.* Hauptprobleme einer Reform der Delikte gegen die körperliche Unversehrtheit, ZStW **83** (1971) 140; *ders.* Einwilligung und Selbstbestimmung, Festschrift Welzel (1974) 775; *ders.* Zur Rechtsnatur der falschen Verdächtigung, Gedächtnisschrift Schröder (1978) 307; *ders.* Zur Frage eines Straftatbestands der eigenmächtigen Heilbehandlung, Gedächtnisschrift Zipf (1999) 353; *ders.* Diskussionsbericht Thema III: Einwilligung des Verletzten, in Eser/Perron Rechtfertigung und Entschuldigung Bd. 3 (1991) S. 399; *ders.* Rechtfertigungsfragen und Judikatur des Bundesgerichtshofs, Festgabe 50 Jahre BGH, Festgabe aus der Wissenschaft, Bd. IV: Straf- und Strafprozeßrecht (2000) 199; *ders.* Zur Sittenwidrigkeit einverständlich vorgenommener sadomasochistischer Praktiken, JR **2004** 475; *ders.* Zu strafrechtlichen Fragen des Sportrechts, Festschrift Szwarc (2009) 559; *ders.* Einwilligung in sittenwidrige Körperverletzung, Festschrift Amelung (2009) 181; *von Hirsch/Neumann* „Indirekter" Paternalismus im Strafrecht – am Beispiel der Tötung auf Verlangen (§ 216 StGB), in von Hirsch/Neumann/Sielmann (Hrsg.) Paternalismus im Strafrecht (2010) 5; *Höfling* (Hrsg.) Kommentar zum Transplantationsgesetz (2003); *ders.* Gesetz zur Sicherung der Autonomie und Integrität von Patienten am Lebensende (Patientenautonomie- und Integritätsschutzgesetz), MedR **2006** 25; *ders./Demel* Zur Forschung an Nichteinwilligungsfähigen, MedR **1999** 540; *ders.* Das neue Patientenverfügungsgesetz, NJW **2009** 2849; *Hörr* Passive Sterbehilfe und betreuungsgerichtliche Kontrolle, Diss. Augsburg 2011; *Hoffmann* Untreue und Unternehmensinteresse, Diss. Hannover 2009 (2010); *Holer* Die Einwilligung des Verletzten, Diss. Zürich 1906; *Holzhauer* Von Verfassungs wegen: Straffreiheit für passive Sterbehilfe, ZRP **2004** 41; *Honig* Die Einwilligung des Verletzten (1919); *Horn* Der medizinisch nicht indizierte, aber vom Patienten verlangte ärztliche Eingriff – strafbar? JuS **1979** 29; *ders.* Strafbarkeit der Zwangssterilisation, ZRP **1983** 265; *ders.* Die Drohung mit einem erlaubten Übel – Nötigung? NStZ **1983** 497; *ders./Hoyer* Rechtsprechungsübersicht zum 27 Abschnitt des StGB – „Gemeingefährliche Straftaten", JZ **1987** 965; *Hornung* Die psychiatrische Patientenverfügung im Betreuungsrecht, Diss. Mannheim 2017; *Hoyer* Strafrechtsdogmatik nach Armin Kaufmann, Habil. Kiel 1992 (1997); *ders.* Der Verhältnismäßigkeitsgrundsatz als Strukturelement der Rechtfertigungsgründe, ARSP-Beiheft **104** (2005) 99; *Hufen* Verfassungsrechtliche Grenzen des Richterrechts, ZRP **2003** 248; *Hundt* Die Wirkungsweise der öffentlich-rechtlichen Genehmigung im Strafrecht, Diss. Berlin 1994; *Ingelfinger* Grundlagen und Grenzbereiche des Tötungsverbots, Habil. Heidelberg 2002 (2004); *Jäger* Die Delikte gegen Leben und körperliche Unversehrtheit nach dem 6. Strafrechtsreformgesetz – Ein Leitfaden für Studium und Praxis, JuS **2000** 31; *ders.* Zurechnung und Rechtfertigung als Kategorialprinzipien im Strafrecht (2006); *ders.* Die Patientenverfügung als Rechtsinstitut zwischen Autonomie und Fürsorge, Festschrift Küper (2007) 209; *ders.* Rote Karte für die „Dritte Halbzeit", JA **2013** 634; *ders.* Die Lehre von der einverständlichen Fremdgefährdung als Grenzproblem zwischen Täter- und Opferverantwortung, Festschrift Schünemann (2014) 421; *ders.* Anm. zu BGH Urt. v. 24.11.2016 – 4 StR 289/16, NStZ **2017** 222; *Järkel* Die wegen Sittenwidrigkeit rechtswidrige Körperverletzung, Diss. Tübingen 2010; *Jahn* Einwilligung in Körperverletzung, JuS

2013 945; *Jakobs* Nötigung durch Drohung als Freiheitsdelikt, Festschrift Peters (1974) 69; *ders.* Zum Unrecht der Selbsttötung und der Tötung auf Verlangen – Zugleich zum Verhältnis von Rechtlichkeit und Sittlichkeit, Festschrift Arthur Kaufmann II (1993) 459; *ders.* Einwilligung in sittenwidrige Körperverletzungen, Festschrift Schroeder (2006) 507; *ders.* Buchbesprechung: Murmann, Die Selbstverantwortung des Opfers im Strafrecht (2005), ZIS **2006** 589; *ders.* System der strafrechtlichen Zurechnung (2012); *Janker* Heimliche HIV-Antikörpertests – strafbare Körperverletzung, NJW **1987** 2897; *ders.* Strafrechtliche Aspekte heimlicher AIDS-Tests, Diss. Gießen 1988; *Jansen* Forschung an Einwilligungsunfähigen, Diss. Bonn 2014 (2015); *Jetzer* Einverständliche Fremdgefährdung im Strafrecht, Diss. Luzern 2015; *Joerden* Einwilligung und ihre Wirksamkeit bei doppeltem Zweckbezug, Rechtstheorie **22** (1991) 165; *Joost* Schönheitsoperationen – die Einwilligung in medizinisch nicht indizierte „wunscherfüllende" Eingriffe, in: Roxin/Schroth, Medizinstrafrecht, 4. Aufl. (2010) 383; *Jung* Die französische Rechtslage auf dem Gebiet der Transplantationsmedizin, MedR **1996** 355; *Jungbecker* Die formularmäßige Operationsaufklärung und -einwilligung, MedR **1990** 173; *Kamp* Die Europäische Bioethikkonvention, Diss. Bayreuth 2000; *Kargl* Sachbeschädigung und Strafgesetzlichkeit, JZ **1997** 283; *ders.* Freiheitsberaubung nach dem 6. Gesetz zur Reform des Strafrechts, JZ **1999** 72; *ders.* Probleme der Strafbegründung bei Einwilligung des Geschädigten am Beispiel der Dopings, JZ **2002** 389; *Katko/Babaei-Beigi* Accountability statt Einwilligung? MMR **2014** 360; *Katzenmeier* Arzthaftung, Habil. Tübingen 2001 (2002); *ders.* Der Behandlungsvertrag – Neuer Vertragstypus im BGB, NJW **2013** 817; *Armin Kaufmann* Zum Stand der Lehre vom personalen Unrecht, Festschrift Welzel (1974) 447; *ders.* Rechtspflichtbegründungen und Tatbestandseinschränkung, Festschrift Klug, Bd. II (1983) 277; *F. Kellner* Die Einwilligung in die Lebensgefährdung, Diss. Regensburg 1974; *Kern* Die Bedeutung des Betreuungsgesetzes für das Arztrecht, MedR **1991** 66; *ders.* Fremdbestimmung bei der Einwilligung in ärztliche Eingriffe, NJW **1994** 753; *ders.* Einwilligung in die Heilbehandlung von Kindern durch minderjährige Eltern, MedR **2005** 628; *ders./Hiersche* Zur Sterilisation geistig Behinderter, MedR **1995** 463; *Keßler* Die Einwilligung des Verletzten in ihrer strafrechtlichen Bedeutung (1884); *ders.* Kritische Bemerkungen zu Bindings Lehre von der Einwilligung des Verletzten, GerS **38** (1886) 561; *Kiehl* Die „Einwilligung" eines Minderjährigen nach geltendem Strafrechte, GA **54** (1907) 357; *Kientzy* Der Mangel am Straftatbestand infolge Einwilligung des Rechtsgutsträgers, Diss. Tübingen 1970; *Kindhäuser* Zur Legitimität der abstrakten Gefährdungsdelikte im Wirtschaftsstrafrecht, in Schünemann/González (Hrsg.) Bausteine des europäischen Wirtschaftsstrafrechts. Madrid-Symposium für Klaus Tiedemann (1994) S. 125; *ders.* Handlungs- und normtheoretische Grundfragen der Mittäterschaft, Festschrift Hollerbach (2001) 627; *ders.* Zur Unterscheidung von Einverständnis und Einwilligung, Festschrift Rudolphi (2004) 135; *ders.* Zum sog. „unerlaubten" Risiko, Festschrift Maiwald (2010) 397; *ders.* Normtheoretische Überlegungen zur Einwilligung im Strafrecht, GA **2010** 490; *Kioupis* Notwehr und Einwilligung, Diss. Saarbrücken 1991 (1992); *Klee* Selbstverletzung und Verletzung eines Einwilligenden, GA **48** (1901) 177, 337; **49** (1903) 246; **50** (1903) 364; *Klug* Sozialkongruenz und Sozialadäquanz im Strafrechtssystem, Festschrift Eb. Schmidt (1961) 249; *Fl. Knauer* Die Unwirksamkeit der Einwilligung in die Körperverletzung wegen Sittenwidrigkeit in der neueren höchstrichterlichen Rechtsprechung – Zugleich eine Besprechung der Hooliganentscheidung des BGH-Urt. vom 22. Januar 2015 – 3 StR 233/14, HRRS **2015** 435; *Knauf* Mutmaßliche Einwilligung und Stellvertretung bei ärztlichen Eingriffen bei Einwilligungsunfähigen, Diss. Düsseldorf 2005; *Knieper* Vormundschaftsgerichtliche Genehmigung des Abbruchs lebenserhaltender Maßnahmen, NJW **1998** 2720; *Koch* Rechtfertigung und Entschuldigung bei medizinischer Tätigkeit, in Eser/Nishihara (Hrsg.) Rechtfertigung und Entschuldigung Bd. 4 (1995) S. 213; *Kohlhaas* Strafrechtlich wirksame Einwilligung bei Fahrlässigkeitstaten? DAR **1960** 348; *ders.* Die rechtfertigende Einwilligung bei Körperverletzungstatbeständen, NJW **1963** 2348; *Kohlmann* Untreue zum Nachteil des Vermögens einer GmbH trotz Zustimmung sämtlicher Gesellschafter? Festschrift Werner (1984) 387; *ders.* „Vor-GmbH" und Strafrecht, Festschrift Geerds (1995) 675; *W. Kothe* Die rechtfertigende Einwilligung, AcP **185** (1985) 105; *Kreße* Aufklärung und Einwilligung beim Vertrag über die ärztliche Behandlung einwilligungsunfähiger Patienten, MedR **2015** 91; *B. Kretschmer* Anm. zu BGH Beschl. v. 5.8.2015 – 1 StR 328/15, medstra **2016** 167; *J. Kretschmer* Die Rechtfertigungsgründe als Topos der Zurechnung, NStZ **2012** 177; *Kröger* Die Rechtfertigung des ärztlichen Heileingriffs sowie die juristische Bewertung sonstiger ärztlicher Behandlungsmaßnahmen, Diss. Göttingen 2004; *Kruse* Die scheinbare Rechtsgutsverletzung bei den auf Enteignung gerichteten Eigentumsdelikten (Diebstahl, Unterschlagung, Raub), Diss. Hamburg 1985 (1986); *Kubiciel* Tötung auf Verlangen, Ad Legendum **5/2011** 361; *Kubink* Einwilligung, erlaubtes Risiko und soziale Adäquanz bei Sportverletzungen, JA **2003** 257; *Kudlich* An den Grenzen des Strafrechts, JA **2007** 90; *ders.* Der Tod war noch schneller – strafrechtliche Verantwortung bei „privaten Autorennen", JA **2009** 389; *ders.* Wer hat aus meinem Becherchen getrunken? JA **2017** 229; *Kühl*

Verbindungen von (Straf-)Recht und Moral, Gedächtnisschrift Meurer (2002) 545; *ders.* Buchbesprechung: D. Sternberg-Lieben, Die objektiven Schranken der Einwilligung im Strafrecht (1997), ZStW **115** (2003) 385; *ders.* Die sittenwidrige Körperverletzung, Festschrift Schroeder (2006) 521; *ders.* Der Abschied des Strafrechts von den guten Sitten, Festschrift Jakobs (2007) 293; *ders.* Anm. zu BGH Urt. v. 20.11.2018 – 4 StR 328/08, NJW **2009** 1158; *ders.* Beteiligung an Selbsttötung und verlangte Fremdtötung, Jura **2010** 81; *Kühne* Die strafrechtliche Relevanz eines auf Fehlvorstellungen gegründeten Rechtsgutsverzichts, JZ **1979** 240; *ders.* Forum – Die sog „Celler Aktion" und das deutsche Strafrecht, JuS **1987** 188; *Küper* „Autonomie", Irrtum und Zwang bei mittelbarer Täterschaft und Einwilligung, JZ **1986** 219; *ders.* Täuschung über Personalien und erschlichener Verzicht auf Anwesenheit bei der Unfallflucht (§ 142 Abs. 1 Nr. 1 StGB) – ein Beitrag zum „Besonderen Teil" der Einwilligungslehre, JZ **1990** 510; *Künschner* Wirtschaftlicher Behandlungsverzicht und Patientenauswahl, Diss. Freiburg i.Br. 1990 (1992); *Küpper* Der Täter als „Werkzeug" des Opfers? – BGH, NJW 2003, 2326 und OLG Nürnberg, NJW 2003, 454, JuS **2004** 757; *Kuhlmann* Einwilligung in die Heilbehandlung alter Menschen, Diss. Freiburg i.Br. 1994 (1996); *Kunst* Ärztliche Heilbehandlung und Einwilligung des Verletzten, ÖRiZ **1975** 33; *Kußmann* Einwilligung und Einverständnis bei Täuschung, Irrtum und Zwang, Diss. Bonn 1988; *Kutzer* Der Vormundschaftsrichter als „Schicksalsbeamter"? ZRP **2003** 213; *ders.* Vorausverfügter Verzicht auf lebenserhaltene Maßnahmen und das Verbot der Tötung auf Verlangen, Festschrift Rissing-van Saan (2011) 337; *ders.* Strafrechtliche Rechtsprechung des BGH zur Beteiligung an einem freiverantwortlichen Suizid, ZRP **2012** 135; *Labsch* Die Strafbarkeit des GmbH-Geschäftsführers im Konkurs der GmbH, wistra **1985** 1; *Lange/Wagner* Fremdtötung oder eigenverantwortliche Selbstschädigung? NStZ **2011** 67; *Langrock* Zur Einwilligung in die Verkehrsgefährdung – BGH MDR 1970, 689, MDR **1970** 982; *Lasson* Eigenverantwortliche Selbstgefährdung und einverständliche Fremdgefährdung, ZJS **2009** 359; *Laufs* Das Menschenrechtsübereinkommen zur Biomedizin und das deutsche Recht, NJW **1997** 776; *ders.* Zivilrichter über Leben und Tod? NJW **1998** 3399; *Lee* Einwilligung und Sittenwidrigkeit aus koreanischer Sicht, Festschrift Eser (2005) 535; *Lenckner* Die Einwilligung Minderjähriger und deren gesetzlicher Vertreter, ZStW **72** (1960) 446; *ders.* Wertausfüllungsbedürftige Begriffe im Strafrecht und der Satz „nullum crime sine lege", JuS **1968** 249, 304; *ders.* Einwilligung in Schwangerschaftsabbruch und Sterilisation, in Eser/Hirsch (Hrsg.) Sterilisation und Schwangerschaftsabbruch (1980) S. 173; *Lesch* Die strafrechtliche Einwilligung beim HIV-Antikörpertest an Minderjährigen, NJW **1989** 2309; *ders.* Zur Einwilligung bei der Untreue, Festschrift Jürgen Wessing (2015) 223; *Leupold* Die Tathandlung der reinen Erfolgsdelikte und das Tatbestandsmodell der „actio libera in causa" im Lichte verfassungsrechtlicher Schranken, Diss. Passau 2005; *Link* Schwangerschaftsabbruch bei Minderjährigen: Eine vergleichende Untersuchung des deutschen und englischen Rechts, Diss. München 2002 (2004); *Lipp* Sterbehilfe und Patientenverfügung, FamRZ **2004** 317; *Lotz* Die Die einverständliche, beidseitig bewusst fahrlässige Fremdschädigung, Diss. Konstanz 2016 (2017); *Luzon Peña* Alteritätsprinzip oder Identitätsprinzip versus Selbstverantwortungsprinzip. Teilnahme an Selbstgefährdung, einverständliche Fremdgefährdung und Gleichstellung: das Kriterium der Risikokontrolle, GA **2011** 295; *Magnus* Sterbehilfe und Demenz, NStZ **2013** 1; *dies.* Patientenautonomie im Strafrecht, Habil. Hamburg 2015; *Maiwald* Der Zueignungsbegriff im System der Eigentumsdelikte, Habil. Heidelberg 1970; *ders.* Die Einwilligung des Verletzten im deutschen Strafrecht, in Eser/Perron (Hrsg.) Rechtfertigung und Entschuldigung Bd. 3 (1991) S. 165; *Mannheimer* Die Einwilligung in eine Körperverletzung, Diss. Heidelberg 1911; *Markus* Die Einwilligungsfähigkeit im amerikanischen Recht, Diss. Trier 1994 (1995); *M. Marx* Zur Definition des Begriffs „Rechtsgut", Diss. Saarbrücken 1971 (1972); *Matthes-Wegfraß* Der Konflikt zwischen Eigenverantwortung und Mitverantwortung im Strafrecht, Diss. Jena 2013; *May* Die Anwendbarkeit des § 226a StGB bei einverständlichen sadistischen und masochistischen Körperverletzungen, Diss. Kiel 1996; *Mayer-Maly* Was leisten die guten Sitten? AcP **194** (1994) 105; *von der Meden* Zur Verfassungswidrigkeit der Auslegung des Sittenwidrigkeitsbegriffs i.S.d. § 228 StGB, HRRS **2013** 158; *Menrath* Die Einwilligung in ein Risiko, Diss. Düsseldorf 2012 (2013); *Merkel* Früheuthanasie, Habil. Frankfurt/M. 2001; *ders.* Nichttherapeutische Studien an Einwilligungsunfähigen: Rechtsethisch legitim oder verboten? in Bernat/Kröll (Hrsg.) Recht und Ethik der Arzneimittelforschung (2003) S. 171; *ders.* Neuartige Eingriffe ins Gehirn. Verbesserung der mentalen condicio humana und strafrechtliche Grenzen, ZStW **121** (2009) 919; *G. Meyer* Die Unfähigkeit des erwachsenen Patienten zur Einwilligung in den ärztlichen Eingriff, Diss. Kiel 1993 (1994); *M.-K. Meyer* Ausschluß der Autonomie durch Irrtum, Habil. Hamburg 1982 (1984); *dies.* Buchbesprechung: Rönnau, Willensmängel bei der Einwilligung im Strafrecht (2001), GA **2003** 714; *Mezger* Die subjektiven Unrechtselemente, GerS **89** (1924) 207; *Mitsch* Rechtfertigung und Opferverhalten, Habil. Tübingen 1991 (2004); *ders.* Die „hypothetische Einwilligung" im Arztstrafrecht, JZ **2005** 279; *ders.* Die mutmaßliche Einwilligung, ZJS **2012** 38; *ders.* Verspätungen im

Zugverkehr und Freiheitsberaubung (§ 239 StGB) NZV **2013** 417; *ders.* Anm. zu BGH Urt. v. 22.1.2015 – 3 StR 233/14, NJW **2015** 1545; *ders.* Kinder und Strafrecht, Jura **2017** 792; *Morgenstern* Abstoßend, gefährlich, sozialschädlich? Zur Unbestimmtheit der Sittenwidrigkeitsklausel des § 228 StGB, JZ **2017** 1146; *Mosbacher* Strafrecht und Selbstschädigung, Diss. Potsdam 1999 (2001); *ders.* Anm. zu BGH Urt. v. 11.12.2003 – 3 StR 120/03, JR **2004** 390; *Müller* Verbindlichkeit und Grenzen der Patientenverfügung – Zur Rechtslage de lege lata et de lege ferenda, ZEV **2008** 583; *F. Müller* § 216 StGB als Verbot abstrakter Gefährdung, Diss. Leipzig 2007 (2010); *Müssig* Mord und Totschlag, Habil. Bonn 2002 (2005); *Murmann* Die Selbstverantwortung des Opfers im Strafrecht, Habil. Freiburg i.Br. 2004 (2005); *ders.* Zur Einwilligungslösung bei der einverständlichen Fremdgefährdung, Festschrift Puppe (2011) 767; *ders.* Paternalismus und defizitäre Opferentscheidungen, Festschrift Yamanaka (2017) 289; *Nebendahl* Selbstbestimmungsrecht und rechtfertigende Einwilligung des Minderjährigen bei medizinischen Eingriffen, MedR **2009** 197; *Neumann* Der strafrechtliche Nötigungsnotstand – Rechtfertigungs- oder Entschuldigungsgrund? JA **1988** 329; *ders.* Autonomie durch Heteronomie? medstra **2017** 141; *A. Neumann* Kom. zu BGH Urt. v. 22.1.2015 – 3 StR 233/14, NJ **2015** 352; *Neyen* Die Einwilligungsfähigkeit im Strafrecht, Diss. Trier 1991; *Nickel* Zur vormundschaftsgerichtlichen Genehmigung des Abbruchs lebenserhaltender Maßnahmen bei einer Betreuten, MedR **1998** 520; *Niedermair* Körperverletzung mit Einwilligung und die Guten Sitten, Diss. München 1998 (1999); *Nitschmann* Chirurgie für die Seele? ZStW **119** (2007) 547; *Noll* Übergesetzliche Rechtfertigungsgründe, im besonderen die Einwilligung des Verletzten (1955); *ders.* Tatbestand und Rechtswidrigkeit: Die Wertabwägung als Prinzip der Rechtfertigung, ZStW **77** (1965) 1; *ders.* Begriff und Funktion der guten Sitten im Strafrecht, Festschrift OLG Zweibrücken (1969) 206; *Odenwald* Die Einwilligungsfähigkeit im Strafrecht unter besonderer Hervorhebung ärztlichen Handelns, Diss. Heidelberg 2003 (2004); *Oduncu* Ärztliche Sterbehilfe im Spannungsfeld von Medizin, Ethik und Recht, Teil 1: Medizinische und rechtliche Aspekte, MedR **2005** 437; *Oğlakcıoğlu* Tod auf Rezept – Überlegungen zur Tatbestandszurechnung bei ärztlich ermöglichtem Konsum von Betäubungsmitteln, HRRS **2013** 344; *Ohly* „Volenti non fit iniuria" – Die Einwilligung im Privatrecht, Habil. München 2001 (2002); *ders.* Einwilligung und „Einheit der Rechtsordnung", Festschrift Jakobs (2007) 451; *Ortmann* Über die Verletzung, insbesondere Tödtung eines Einwilligenden, GA **25** (1877) 104; *Ostendorf* Grundzüge des konkreten Gefährdungsdelikts, JuS **1982** 426; *Oswald* Die strafrechtlichen Beschränkungen der klinischen Prüfung von Arzneimitteln und ihr Verhältnis zu § 228 StGB, Diss. München 2013 (2014); *Otto* Grenzen der Fahrlässigkeitshaftung im Strafrecht, JuS **1974** 702; *ders.* Die aktuelle Entscheidung: Selbstgefährdung und Fremdverantwortung – BGH NJW **1984** 1469, Jura **1984** 536; *ders.* Eigenverantwortliche Selbstschädigung und -gefährdung sowie einverständliche Fremdschädigung und -gefährdung, Festschrift Tröndle (1989) 157; *ders.* Einverständnis, Einwilligung und eigenverantwortliche Selbstgefährdung, Festschrift Geerds (1995) 603; *ders.* Zur Unterscheidung zwischen eigenverantwortlicher Selbstgefährdung und Fremdgefährdung, JZ **1997** 522; *ders.* Zur Einwilligung in eine gefährliche Körperverletzung, JR **1999** 124; *ders.* Die strafrechtliche Problematik der Sterbehilfe, Jura **1999** 434; *ders.* Einwilligung, mutmaßliche, gemutmaßte und hypothetische Einwilligung, Jura **2004** 679; *ders.* Patientenautonomie und Strafrecht bei der Sterbebegleitung, NJW **2006** 2217; *ders./Albrecht* Die Bedeutung der hypothetischen Einwilligung für den ärztlichen Heileingriff, Jura **2010** 264; *Paul* Zusammengesetztes Delikt und Einwilligung, Diss. Marburg 1997 (1998); *Pawlik* Das Unrecht des Bürgers (2012); *ders.* Selbstbestimmtes Sterben: Für eine teleologische Reduktion des § 216 StGB, Festschrift Kargl (2015) 407; *Pechan* Die Strafbarkeit wegen Körperverletzung im Sport, Diss. Tübingen 2011; *Pestalozza* Risiken und Nebenwirkungen: Die Klinische Prüfung von Arzneimitteln am Menschen nach der 12. AMG-Novelle, NJW **2004** 3374; *Pfersdorff* Die Einwilligung des Verletzten als Strafausschließungsgrund, Diss. Straßburg 1897; *Popp* Die Sittenwidrigkeit der Tat im Sinne von § 226a StGB, Diss. Erlangen-Nürnberg 1994; *ders.* Patientenverfügung, mutmaßliche Einwilligung und prozedurale Rechtfertigung, ZStW **118** (2006) 693; *Preuß* Untersuchungen zum erlaubten Risiko im Strafrecht, Diss. Freiburg i.Br. 1974; *Puppe* Die Selbstgefährdung des Verletzten beim Fahrlässigkeitsdelikt, ZIS **2007** 247; *dies.* Mitverantwortung des Fahrlässigkeitstäters bei Selbstgefährdung des Verletzten, GA **2009** 486; *dies.* Anm. zu BGH, Beschl. v. 11.1.2011 – 5 StR 491/10, JZ **2011** 911; *Putzke* Körperverletzungen mit Zustimmung des Geschädigten nach den §§ 223 ff StGB – unter besonderer Berücksichtigung ärztlicher Heileingriffe, RpflStud **2012** 65; *Quillmann* Die Bedeutung der Einwilligung in riskantes Handeln bei der Fahrlässigkeitstat, Diss. Tübingen 1978; *Radtke* Objektive Zurechnung von Erfolgen im Strafrecht bei Mitwirkung des Verletzten und Dritter an der Herbeiführung des Erfolges, Festschrift Puppe (2011) 831; *ders.* Untreue zu Lasten von Personenhandelsgesellschaften, NStZ **2016** 639; *Reichmann/Ufer* Die psychotherapeutische Behandlung von Kindern und Jugendlichen als Angelegenheit des „täglichen Lebens" im Sinne des § 1687 BGB? JR **2009** 485; *Reinhardt* Einige Bemerkungen zum Dohrn-Urteil, JR **1964** 368; *Reinhart* Der Boxer – Kein Schläger! SpuRt **2009** 56; *ders.* Fan-Schlägereien gehören nicht zum Sport, SpuRt **2014** 56; *ders.* 8. Teil: Sport und Strafrecht, 3. Kap. Körperverletzungen und Sachbeschädigungen, in Fritzweiler/Phister u.a. (Hrsg.) Praxishandbuch Sportrecht, 3. Aufl. 2014; *Rengier* Anm. zu OLG Celle Urt. vom 25.4.2012 – 31 Ss 7/12, StV **2013** 30; *Renner* Die Einwilligung als Tatbestandsmangel und als Rechtfertigungsgrund, Diss. München 1962 (1963); *Renzikowski* Restriktiver Täterbegriff und fahrlässige Beteiligung, Habil. Tübingen 1997; *ders.* Eigenverantwortliche Selbstgefährdung, einverständliche Fremdgefährdung und ihre Grenzen, HRRS **2009** 347; *Resch* Die Einwilligung des Geschädigten, Habil. Linz 1997; *Reus* Die neue gesetzliche Regelung der Patientenverfügung und die Strafbarkeit des Arztes, JZ **2010** 80; *Riedelmeier* Ärztlicher Heileingriff und allgemeine Strafrechtsdogmatik, Diss. Düsseldorf 2004; *Rieger* Die mutmaßliche Einwilligung in den Behandlungsabbruch, Diss. München 1998; *Rigopoulou* Grenzen des Paternalismus im Strafrecht, Diss. München 2011 (2013); *Rinck* Der zweistufige Deliktsaufbau, Diss. München 2000; *Roedenbeck* „Volenti non fit iniuria", GerS **37** (1885) 124; *Rönnau* Willensmängel bei der Einwilligung im Strafrecht, Habil. Kiel 1999 (2001); *ders.* Die Einwilligung als Instrument der Freiheitsbetätigung, Jura **2002** 595; *ders.* Voraussetzungen und Grenzen der Einwilligung im Strafrecht, Jura **2002** 665; *ders.* Einschränkung der Strafbarkeit des Arztes wegen hypothetischer Einwilligung des Patienten in den Eingriff, JZ **2004** 801; *ders.* „Der Lösegeldbote" – Täter oder Opfergehilfe bei der Erpressung? JuS **2005** 481; *ders.* Grundwissen – Strafrecht: Einwilligung und Einverständnis, JuS **2007** 18; *ders.* Untreue zu Lasten juristischer Personen und Einwilligungskompetenz der Gesellschafter, Festschrift Amelung (2009) 247; *ders.* Zur Lehre vom bedingten Einverständnis, Festschrift Roxin (2011) 487; *ders.* Grundwissen – Strafrecht: Einverständliche Fremdgefährdung, JuS **2019** 119; *Rössner* Fahrlässiges Verhalten im Sport als Prüfstein der Fahrlässigkeitsdogmatik, Festschrift Hirsch (1999) 313; *Roth* Die Verbindlichkeit der Patientenverfügung und der Schutz des Selbstbestimmungsrechts, JZ **2004** 494; *Roth-Stielow* Die „guten Sitten" als aktuelles Auslegungsproblem, JR **1965** 210; *Rouka* Das Selbstbestimmungsrecht des Minderjährigen bei ärztlichen Eingriffen, Diss. Frankfurt/M. 1994 (1995); *Roxin* Verwerflichkeit und Sittenwidrigkeit als unrechtsbegründende Merkmale im Strafrecht, JuS **1964** 373; *ders.* Zum Schutzzweck der Norm bei fahrlässigen Delikten, Festschrift Gallas (1973) 241; *ders.* Die durch Täuschung herbeigeführte Einwilligung im Strafrecht, Gedächtnisschrift Noll (1984) 275; *ders.* Anm. zu BGH Urt. v. 9.11.1984 – 2 StR 257/84, NStZ **1985** 320; *ders.* Über die Einwilligung im Strafrecht, Coimbra 1987; *ders.* Zur einverständlichen Fremdgefährdung, JZ **2009** 399; *ders.* Bespr. zu BGH Urt. v. 20.11.2008 – 4 StR 328/08, JZ **2009** 399; *ders.* Einwilligung, Persönlichkeitsautonomie und tatbestandliches Rechtsgut, Festschrift Amelung (2009) 269; *ders.* Strafrecht und Doping, Festschrift Samson (2010) 445; *ders.* Der Streit um die einverständliche Fremdgefährdung, GA **2012** 655; *ders.* Buchbesprechung: Murmann, Die Selbstverantwortung des Opfers im Strafrecht (2005) GA **2012** 655; *ders.* Anm. zu BGH Beschl. v. 5.8.2015 – 1 StR 328/15, StV **2016** 428; *ders.* Die einverständliche Fremdgefährdung – eine Diskussion ohne Ende? GA **2018** 250; *ders.* Zur strafrechtlichen Beurteilung der Sterbehilfe, in *ders./Schroth* Medizinstrafrecht 4. Aufl. (2010) 75; *Rudolphi* Literaturbericht. Strafrecht – Allgemeiner Teil, ZStW **86** (1974) 68; *Rüping* Körperverletzung, Einwilligung und Heileingriff, Jura **1970** 90; *Rutz* Kampfsport und Strafrecht, Diss. Tübingen 2010; *Sack* Das Anstandsgefühl aller billig und gerecht Denkenden und die Moral als Bestimmungsfaktoren der guten Sitten, NJW **1985** 761; *Saliger* Sterbehilfe nach Verfahren. Betreuungs- und strafrechtliche Überlegungen im Anschluß an BGHSt **40** 257, KritV **1998** 118; *ders.* Sterbehilfe mit staatlicher Genehmigung – OLG Frankfurt am Main, NJW 1998 2747, JuS **1999** 16; *ders.* Legitimation durch Verfahren im Medizinrecht, in Bernat/Kröll (Hrsg.) Recht und Ethik der Arzneimittelforschung (2003) S. 124; *ders.* Sterbehilfe und Betreuungsrecht, MedR **2004** 237; *ders.* Schutz der GmbH-internen Willensbildung durch Untreuestrafrecht? Festschrift Roxin (2011) 1053; *Satzger* Die sog. „Retterfälle" als Problem der objektiven Zurechnung, Jura **2014** 695; *ders.* Einwilligung bei Schlägerei, Jura (JK) **2015** 1138; *ders.* Gesetzlichkeitsprinzip und Rechtfertigungsgründe, Jura **2016**, 154; *Sauer* Tatbestand und Rechtswidrigkeit, Heilbehandlung und Einwilligung, GerS **113** (1939) 79; *Sax* Bemerkungen zum Eigentum als strafrechtliches Schutzgut, Festschrift Laufke (1971) 321; *ders.* „Tatbestand" und Rechtsgutsverletzung, JZ **1976** 9; *Schäfer* Die Strafbarkeit der Untreue zum Nachteil einer KG, NJW **1983** 2850; *Schaffstein* Soziale Adäquanz und Tatbestandslehre, ZStW **72** (1960) 369; *ders.* Handlungsunwert, Erfolgsunwert und Rechtfertigung bei den Fahrlässigkeitsdelikten, Festschrift Welzel (1974) 557; *Schiemann* Anm. zu BGH Beschl. v. 5.8.2015 – 1 StR 328/15, NJW **2016** 178; *Schild* Das strafrechtliche Problem der Sportverletzung (vorwiegend im Fußballkampfspiel), Jura **1982** 520 (2. Teil); Jura **1982** 585 (3. Teil); Sportstrafrecht (2002); *ders.* Sportadäquanz, Festschrift Paeffgen (2015) 153; *Schlehofer* Einwilligung und Einverständnis, Diss. Bochum 1984 (1985); *Schlosky* Die Einwilligung des Verletzten in die Begehung einer Straftat, DStR **1943** 19; *Schlund* Der Aufgabenkreis der Fürsorge/lebensbeendende Maßnahmen, JR **2000** 65; *Schmidhäuser* Handeln mit Einwilligung des Betroffenen: eine scheinbare Rechtsgutsverletzung, Festschrift Geerds (1995) 593; *Eb. Schmidt* Schlägermensur und Strafrecht, JZ **1954** 369; *K. Schmidt* Untreuestrafbarkeit bei der GmbH & Co. KG: kompliziert oder einfach? JZ **2014** 878; *Schmidt-Recla* Kontraindikation und Kindeswohl. Die „zulässige" Knochenmarkspende durch Kinder, GesR **2009** 566; *R. Schmitt* Strafrechtlicher Schutz des Opfers vor sich selbst? Gleichzeitig ein Beitrag zur Reform des Opiumgesetzes, Festschrift Maurach (1972) 113; *ders.* § 226a ist überflüssig, Gedächtnisschrift Schröder (1978) 263; *Schmoller* Fremdes Fehlverhalten im Kausalverlauf. Zugleich ein Beitrag zur fahrlässigen Beteiligung, Festschrift Trifferer (1996) 223; *Schöch* Beendigung lebenserhaltender Maßnahmen, NStZ **1995** 153; *ders.* Offene Fragen zur Begrenzung lebensverlängernder Maßnahmen, Festschrift Hirsch (1999) 693; *ders./Verrel* Alternativ-Entwurf Sterbebegleitung (AE-StB), GA **2005** 553; *ders.* Die Aufklärungspflicht des Arztes und ihre Grenzen, in Roxin/Schroth (Hrsg.) Handbuch des Medizinstrafrechts, 4. Aufl. (2010) S. 51; *Schöllhammer* Die Rechtsverbindlichkeit des Patiententestaments, Diss. Mainz 1992; *Schramm* Untreue und Konsens, Diss. Tübingen 2004 (2005); *Chr. Schreiber* Rechtssicherheit durch Kodifizierung der Patientenverfügung, NJ **2006** 204; *Schrey* Der Gegenstand der Einwilligung des Verletzten, Diss. Marburg 1928; *Schroeder* Beihilfe zum Selbstmord und Tötung auf Verlangen, ZStW **106** (1994) 565; *ders.* Sport und Strafrecht, in Schroeder/Kauffmann (Hrsg.) Sport und Recht (1972) S. 21; *Schroth* Sterbehilfe als strafrechtliches Problem. Selbstbestimmung und Schutzwürdigkeit des tödlich Kranken, GA **2006** 549; *ders.* Die Einwilligung in eine nicht-indizierte Körperbeeinträchtigung zur Selbstverwirklichung – insbesondere die Einwilligung in Lebendspende, Schönheitsoperation und Piercing, Festschrift Volk (2009) 719; *ders.* Die rechtswirksame Einwilligung in die Lebendspende, Festschrift Hassemer (2010) 787; *ders./König/Gutmann/Oduncu* Transplantationsgesetz, Kommentar 2005; *Schuknecht* Einwilligung und Rechtswidrigkeit bei Verkehrsdelikten, DAR **1966** 17; *B. Schünemann* Moderne Tendenzen in der Dogmatik der Fahrlässigkeits- und Gefährdungsdelikte, JA **1975** 715; *ders.* Riskanter Geschlechtsverkehr eines HIV-Infizierten als Tötung, Körperverletzung oder Vergiftung? JR **1989** 89; *ders.* Aids und Strafrecht, in Szwarc (Hrsg.) Aids und Strafrecht (1996) S. 9; *ders.* Die Kritik am strafrechtlichen Paternalismus – Eine Sisyphus-Arbeit, in v. Hirsch/Neumann/Seelmann (Hrsg.), Paternalismus im Strafrecht (2010) S. 221; *H. Schünemann* Einwilligung und Aufklärung von psychisch Kranken, VersR **1981** 306; *Schütte* Die Schweigepflichtentbindung in Versicherungsanträgen, NJW **1979** 592; *Schwartz* Die hypothetische Einwilligung im Strafrecht, Diss. Trier 2008 (2009); *Schwarzer* Die Rechtswidrigkeit im Tatbestand, Diss. Kiel 2012 (2013); *Schwill* Aufklärungsverzicht und Patientenautonomie, Diss. Augsburg 2006 (2007); *Seelmann* Drittnützige Forschung an Einwilligungsunfähigen, Festschrift Trechsel (2002) 569; *ders.* Paternalismus und Solidarität bei der Forschung am Menschen, Festschrift Schreiber (2003) 853; *Seier* Umfang und Grenzen der Nothilfe im Strafrecht, NJW **1987** 2476; *Sitzmann* Zur Strafbarkeit sado-masochistischer Körperverletzungen, GA **1991** 71; *Soyka* Untreue zum Nachteil von Personengesellschaften, Diss. Hamburg 2008; *Spickhoff* Die Patientenautonomie am Lebensende – Ende der Patientenautonomie? NJW **2000** 2297; *ders.* Nach der Reform ist vor der Reform: Zur Neuregelung der Zwangsbehandlung im Zivilrecht, FamRZ **2017** 1633; *ders.* Einwilligungsfähigkeit und Geschäftsfähigkeit von Minderjährigen im Kontext medizinischer Behandlungen, FamRZ **2018** 412; *Späth* Rechtfertigungsgründe im Wirtschaftsstrafrecht, Diss. Bucerius Law School Hamburg 2014 (2016); *Spoenle* Hooligan-Trendsport „Mannschaftskickboxen" – bloß bizarr oder doch strafbar? NStZ **2011** 552; *Spranger* Fremdnützige Forschung an Einwilligungsunfähigen, Bioethik und klinische Arzneimittelprüfung, MedR **2001** 238; *Steenbreker* Selbstbestimmung und Demenz – medizinethische Grenzen der Patientenverfügung? MedR **2012** 725; *Stefanopoulou* Einwilligung in die Lebensgefährdung: Rechtfertigung der fahrlässigen Tötung? ZStW **124** (2012) 689; *dies.* Verantwortlichkeit und Schuldzumessung in Mitwirkungsfällen, Diss. Berlin 2017 (2018); *Stegmüller* Die Sittenwidrigkeit der Körperverletzung trotz Einwilligung des Verletzten, Diss. Heidelberg 2008 (2009); *Sternberg-Lieben* Strafbarkeit des Arztes bei Verstoß gegen ein Patienten-Testament, NJW **1985** 2734; *ders.* Die objektiven Schranken der Einwilligung im Strafrecht, Habil. Tübingen 1995 (1997); *ders.* Selbstbestimmtes Sterben: Patientenverfügung und gewillkürte Stellvertretung, Festschrift Lenckner (1998) 349; *ders.* § 228 StGB: eine nicht nur überflüssige Regelung, Gedächtnisschrift Keller (2003) 289; *ders.* Strafbare Körperverletzung bei einverständlichem Verabreichen illegaler Betäubungsmittel – BGH NJW 2004 1054, JuS **2004** 954; *ders.* Begrenzung lebensverlängernder Maßnahmen aus strafrechtlicher Sicht – juristischer statt gerichtlicher Paternalismus? Festschrift Eser (2005) 1185; *ders.* Die Strafbarkeit eines nicht indizierten medizinischen Eingriffs, Festschrift Amelung (2009) 325; *ders.* Strafbarkeit nach §§ 222, 229 StGB durch Rauschgiftüberlassung an frei-verantwortlichen Konsumenten, Festschrift Puppe (2011) 1283; *ders.* Gesetzliche Anerkennung der Patientenverfügung: offene Fragen im Strafrecht, insbesondere bei Verstoß gegen die prozeduralen Vorschriften der §§ 1901a ff BGB, Festschrift Roxin

(2011) 537; *ders.* Einwilligungsschranken und Rechtsgutsvertauschung am Beispiel des Fremddopings im Sport, ZIS **2011** 583; *ders.* Anm. zu BGH Beschl. v. 20.2.2013 – 1 StR 585/12, JZ **2013** 953; *ders./Reichmann* Die gesetzliche Regelung der Patientenverfügung und das medizinische Selbstbestimmungsrecht Minderjähriger, NJW **2012** 257; *I. Sternberg-Lieben* Der praktische Fall – Strafrecht – Alkohol im Blut, JuS **1998** 428; *Stief* Die Einwilligungsfähigkeit im Strafrecht, Diss. Erlangen-Nürnberg 2012; *Stoll* Das Handeln auf eigene Gefahr, Habil. Hamburg 1959 (1961); *ders.* Handeln des Verletzten auf eigene Gefahr. Zur Entwicklung der neueren Rechtsprechung, Festgabe 50 Jahre BGH, Festgabe aus der Wissenschaft, Bd. I: Bürgerliches Recht (2000) 223; *Stree* Sadomasochistische Praktiken mit tödlichem Ausgang, NStZ **2005** 40; *Sturm* Die hypothetische Einwilligung im Strafrecht, Diss. Bucerius Law School Hamburg 2016; *Stratenwerth* Prinzipien der Rechtfertigung, ZStW **68** (1956) 41; *Suhr* Der medizinisch nicht indizierte Eingriff zur kognitiven Leistungssteigerung aus rechtlicher Sicht, Diss. Göttingen 2013 (2016); *Tachau* Strafbarkeit des Insolvenzverwalters wegen Eigentumsdelikten? wistra **2005** 449; *Taczezy* Mutmaßliche Einwilligung und Notfallkompetenz in der präklinischen Notfallmedizin, Diss. Göttingen 2007 (2009); *Tag* Der Körperverletzungstatbestand im Spannungsfeld zwischen Patientenautonomie und Lex artis, Habil. Heidelberg 2000; *Taupitz* Empfehlen sich zivilrechtliche Regelungen zur Absicherung der Patientenautonomie am Ende des Lebens? Gutachten A 63. DJT Leipzig (2000); *ders.* Forschung mit Kindern, JZ **2003** 109; *ders.* Medizinische Forschung an jungen und alten Patienten, MedR **2012** 583; *Tenthoff* Die Strafbarkeit der Tötung auf Verlangen im Lichte des Autonomieprinzips, Diss. Bochum 2007 (2008); *Theile* Das Strafrecht und die „Dritte Halbzeit": Zur paternalistischen Deutung von § 228 StGB, Festschrift Beulke (2015) 557; *Thiel* Das abgenötigte Einverständnis beim Gewahrsamsbruch, Jura **1989** 454; *B. Thiele* Die Einwilligung des Sexualpartners bei Unzucht mit Abhängigen, § 174 StGB, Diss. Hamburg 1971; *Timpe* Übungsfall: Das Autorennen, ZJS **2009** 170; *ders.* Eigenverantwortliche Selbstgefährdung und einverständliche Fremdgefährdung, JR **2014**, 52; *Toepel* Zur Funktion des Einverständnisses bei der Wegnahme im Sinne der §§ 242, 249 StGB, Festschrift Rudolphi (2004) 581; *Traeger* Die Einwilligung des Verletzten und andere Unrechtsausschließungsgründe im zukünftigen Strafgesetz, GerS **94** (1927) 112; *Trockel* Die Einwilligung Minderjähriger in den ärztlichen Heileingriff, NJW **1972** 1493; *Trück* Mutmaßliche Einwilligung und passive Sterbehilfe durch den Arzt, Diss. Tübingen 1999 (2000); *Tung-Ming Tsai* Einwilligung im Strafrecht, in Eser/Nishihara (Hrsg.) Rechtfertigung und Entschuldigung Bd. 4 (1995) S. 301; *Ugowski* Rechtsfragen der Lebendspende von Organen, Diss. Münster 1998; *Uhlenbruck* Vorab-Einwilligung und Stellvertretung bei der Einwilligung in einen Heileingriff, MedR **1992** 134; *ders.* Die Altersvorsorge-Vollmacht als Alternative zum Patiententestament und zur Betreuungsverfügung, NJW **1996** 1583; *ders.* Bedenkliche Aushöhlung der Patientenrechte durch die Gerichte, NJW **2003** 1710; *Ukena* Aufklärung und Einwilligung beim Heileingriff an Untergebrachten, MedR **1992** 202; *Ullmann* Zur Frage über die Bedeutung der Einwilligung im Strafrecht, GerS **37** (1885) 529; *Ulsenheimer* Der Arzt im Konflikt zwischen Heilauftrag und Selbstbestimmungsrecht des Patienten – in dubio pro vita? Festschrift Eser (2005) 1225; *Velten* Nicht nur ein Loch in der Mauer – rechtliche Überlegungen zum Sprengstoffanschlag des Verfassungsschutzes in Celle, StV **1987** 544; *dies.* Aporien beim Lebensschutz, Festschrift Rogall (2018) 373; *Verrel* Selbstbestimmungsrecht contra Lebensschutz, JZ **1996** 224; *ders.* Zivilrechtliche Vorsorge ist besser als strafrechtliche Kontrolle, MedR **1999** 547; *ders.* Richter über Leben und Tod? JR **1999** 5; *ders.* Mehr Fragen als Antworten? NStZ **2003** 449; *ders.* In dubio pro vita, Festschrift Jakobs (2007) 715; *ders.* Anm. zu BGH Urt. v. 25.6.2010 – 2 StR 454/90, NStZ **2010** 671; *Vicente Remesal* Die Einwilligung in ihrer strafrechtlichen Bedeutung, Festschrift Roxin (2001) 379; *Vitens* Der zivilrechtliche Anspruch und die scheinbare Rechtsgutsverletzung im Strafrecht, Diss. Kiel 1999 (2000); *Voll* Die Einwilligung im Arztrecht, Diss. Heidelberg 1995 (1996); *Vollmann* Aufklärung und Einwilligung in der Psychiatrie (2000); *Wachenhausen* Medizinische Versuche und klinische Prüfung an Einwilligungsunfähigen, Diss. Göttingen 1998 (2001); *Chr. Wagner* Die Schönheitsoperation im Strafrecht, Diss. München 2014 (2015); *M. Wagner* Die Straflosigkeit von Körperverletzungen in der „Dritten Halbzeit": Ein Präjudiz für die (bundes-)polizeiliche Gefahrenabwehr? DÖV **2011** 234; *T. Walter* Sterbehilfe: Teleologische Reduktion des § 216 StGB statt Einwilligung! Oder: Vom Nutzen der Dogmatik, ZIS **2011** 76; *ders.* Die Lehre von der „einverständlichen Fremdgefährdung" und ihre Schwächen – eine Verteidigung der Rechtsprechung, NStZ **2013** 673; *S. Walther* Eigenverantwortlichkeit und strafrechtliche Zurechnung, Diss. Freiburg i.Br. 1990 (1991); *dies.* Wo beginnt die Strafbarkeit desjenigen, der irrtümlich eine „irrtümliche" Selbstgefährdung ermöglicht? HRRS **2009** 560; *Waßmer* Untreue bei Risikogeschäften, Diss. Heidelberg 1997; *Weber* Zur strafrechtsgestaltenden Kraft des Zivilrechts, Festschrift Baur (1981) 133; *ders.* Einwände gegen die Lehre von der Beteiligung an eigenverantwortlicher Selbstgefährdung im Betäubungsmittelstrafrecht, Festschrift Spendel (1992) 371; *ders.* Objektive Grenzen der strafbefreienden Einwilligung in Lebens- und

Gesundheitsgefährdungen, Festschrift Baumann (1992) 43; *ders.* Buchbesprechung: Amelung, Irrtum und Täuschung als Grundlage von Willensmängeln bei der Einwilligung des Verletzten (1998), GA **2000** 77; *H.-D. Weber* Der zivilrechtliche Vertrag als Rechtfertigungsgrund im Strafrecht, Diss. Trier 1985 (1986); *Weigend* Über die Begründung der Straflosigkeit bei Einwilligung des Betroffenen, ZStW **98** (1986) 44; *Weißer* Zur Zurechnung von Verletzungserfolgen beim Konsum illegaler Betäubungsmittel, Festschrift Wolter (2013) 541; *Wellkamp* Organuntreue zum Nachteil von GmbH-Konzernen und Aktiengesellschaften, NStZ **2001** 113; *Welzel* Studien zum System des Strafrechts, ZStW **58** (1939) 491; *K. Wimmer* Die Bedeutung des zustimmenden Willens und anderer positiver Stellungnahmen des Berechtigten sowie die Wirkung seiner Täuschung bei ausgewählten strafrechtlichen Deliktsdefinitionen, Diss. Heidelberg 1979; *Woesner* Generalklausel und Garantiefunktion der Strafgesetze, NJW **1963** 275; *Woitkewitsch* Strafrechtlicher Schutz des Täters vor sich selbst, Diss. Hamburg 2003 (2004); *Wolfslast* Organtransplantationen. Gegenwärtige Rechtslage und Gesetzentwürfe, DÄBl. **1995** B 28; *Zabel* Zur Sittenwidrigkeit einvernehmlicher Körperverletzungen, JR **2015** 619; *Zaczyk* Strafrechtliches Unrecht und die Selbstverantwortung des Verletzten (1993); *Zahn* Der Einwilligungsunfähige in der Medizin, Diss. Potsdam 2012; *Zerbes* Noch keine 14 – und schon tätowiert! Grenzen der zulässigen Einwilligung zu ästhetischen Eingriffen an Kindern, Festschrift Fuchs (2014) 685; *Zieschang* Strafbarkeit des Geschäftsführers einer GmbH wegen Untreue trotz Zustimmung sämtlicher Gesellschafter? Festschrift Kohlmann (2003) 351; *Zipf* Einwilligung und Risikoübernahme im Strafrecht (1970); *ders.* Zur Einwilligung im neuen Strafrecht, insbesondere beim Zusammentreffen mehrerer Rechtsgüter in einem Straftatbestand, ÖRiZ **1976** 192; *ders.* Die Bedeutung und Behandlung der Einwilligung im Strafrecht, ÖstJZ **1977** 379; *Zitelmann* Ausschluß der Widerrechtlichkeit, AcP **99** (1906) 1; *Zöller/Lorenz* Bespr. von BGH Beschl. v. 20.2.2013 – 1 StR 585/12, ZJS **2013** 429.

Siehe außerdem das Schrifttum zu *Grünewald* LK[12] § 228 Vor Rdn. 1.

a) Allgemeine Fragen

146   **aa) Prinzip und Grundgedanke der Einwilligung.** Im Rechtsinstitut der Einwilligung drückt sich die Befugnis des Berechtigten aus, seine Rechtsgüter zu selbstgewählten Zwecken preiszugeben.[630] Der Eingreifende erhält durch die wirksame Einwilligung die Erlaubnis, fremde Güter in einer Weise zu beeinträchtigen, die ihm sonst bei Kriminalstrafe verboten ist. Über dieses Prinzip besteht Einigkeit. Als Unrechtsausschließungsgrund kommt die Einwilligung bei einer Reihe von Delikten (insbesondere §§ 142, 203, 223 ff, 303, 306) in Betracht.

146a   Obwohl das StGB ausdrücklich in den §§ 216, 228 nur punktuelle Regelungen zu den objektiven Schranken der Einwilligung enthält, ist anerkannt, dass die Einwilligung des Berechtigten auch bei anderen gegen den einzelnen gerichteten Straftaten das Unrecht der Tat ausschließen kann. Die Erheblichkeit der Einwilligung wird seit Jahrhunderten bejaht (näher zur Dogmengeschichte *Honig* Einwilligung S. 32 ff; *Ohly* Einwilligung S. 25 ff; *ders.* FS Jakobs, 451 ff; s. auch *Murmann* Selbstverantwortung S. 7 ff) und mittlerweile so einmütig vertreten, dass sich ohne Weiteres von Gewohnheitsrecht sprechen lässt.[631] Der dabei zugrunde gelegte Satz „volenti non fit iniuria" (Dig. 47, 10, 1, 5)[632] ist nicht wörtlich zu verstehen, sondern war immer Grenzen unterworfen (*Mezger* Strafrecht § 28 III). Darüber hin-

---

[630] Nach *Murmann* Selbstverantwortung S. 311 kann die Sanktionenordnung „nur den Umstand reflektieren, daß die Person nach der Primärordnung zu bestimmten Verfügungen berechtigt ist"; auch *Rinck* Zweistufiger Deliktsaufbau S. 34.

[631] *Satzger* Jura **2016** 154, 157; *Stratenwerth/Kuhlen* AT § 9 Rdn. 3; Baumann/Weber/Mitsch/Eisele § 15 Rdn. 117; *Kühl* AT § 9 Rdn. 20; *Eschelbach* BeckOK § 228 Rdn. 3. Seit Geltung des *Gesetzes zur Verbesserung der Rechte von Patientinnen und Patienten* vom 20.2.2013 (BGBl. I 277; in Kraft seit dem 26.2.2013) ist die Einwilligung in medizinische Maßnahmen als Eingriffsvoraussetzung auch in § 630d BGB gesetzlich kodifiziert.

[632] Genau lautet der von *Ulpian* überlieferte altrömische Satz: „nulla iniuria est, quae in volentem fiat". Nach *Ohly* Einwilligung S. 25 gab es diese Maxime als allgemeinen Rechtsgrundsatz im Römischen Recht allerdings gar nicht.

aus gibt es heute einen breiten Konsens darüber, dass sich in der Einwilligung die Freiheit des Gutsinhabers ausdrückt, selbstbestimmt mit eigenen Gütern umzugehen.[633] Die Einwilligungsfreiheit – nach h.M. ein Ausschnitt der allgemeinen Handlungsfreiheit (Art. 2 Abs. 1 i.V.m. Art. 1 Abs. 1 GG)[634] – ermöglicht es dem Rechtsgutinhaber, im Rahmen der ihm durch Gesetz und Dogmatik gesteckten Grenzen anderen Personen zu gestatten, straflos in seine Rechtsgüter einzugreifen. Einem an den Zweck des Rechtsgüterschutzes gebundenen Strafrechtsschutz fehlt in diesem Rahmen die Legitimation zum Strafen, wenn der Gutsinhaber diesen selbst preisgibt. Mit einer verbreiteten Metapher lässt sich der Eingreifende als „verlängerter Arm des Einwilligenden" beschreiben, der dessen Aktionsradius und damit seine Freiheit erweitert.[635] *Geilen* (Einwilligung und ärztliche Aufklärungspflicht S. 90) hat im Zusammenhang mit dem Arztstrafrecht die Einwilligung daher treffend als ein „Instrument der Interessenverfolgung" charakterisiert.[636]

bb) Einwilligung und Einverständnis. Die traditionelle Auffassung unterscheidet 147 seit der Dissertation von *Geerds* Einwilligung (1953) S. 88ff bei der Opferzustimmung recht schneidig zwischen der schon **tatbestandsausschließenden Einwilligung („Einverständnis")** und der **rechtfertigenden Einwilligung**. Danach soll der zustimmende Wille den Tatbestand ausschließen, wenn ein einzelnes Tatbestandsmerkmal ausdrücklich (§ 248b: „gegen den Willen des Berechtigten") oder durch Auslegung erschließbar ein Handeln gegen oder ohne den Willen des Betroffenen voraussetzt, z.B. bei den Nötigungsdelikten, dem Hausfriedensbruch und der Verletzung der persönlichen Geheimsphäre, aber etwa auch beim Diebstahl, wo der Gewahrsamsbruch und damit das Tatbestandsmerkmal Wegnahme entfällt, wenn der Gewahrsamsinhaber mit der Entziehung

---

[633] Statt vieler *Roxin* AT I § 13 Rdn. 12ff; *Göbel* Einwilligung S. 21ff. Ausführlich *Murmann* Selbstverantwortung S. 198ff und passim; nach seinem rechtsphilosophischen Grundansatz ist das „Selbstbestimmungsrecht nicht Ausübung der Dispositionsbefugnis, die vom Recht eingeräumt wird, sondern die Selbstbestimmung ... ist im Recht bereits angelegt" (S. 201); *ders.* GK § 25 Rdn. 116: „Die Einwilligung ist Ausdruck der Eigenverantwortlichkeit des Opfers, das damit sein konkretes Rechtsverhältnis zum Täter in der Weise umgestaltet, dass grundsätzlich verbotenes Verhalten erlaubt wird"; auch *ders.* FS Puppe, 767, 776ff (zust. *Grünewald* Tötungsdelikt S. 302 m.w.N.; **krit.** Rez. der Arbeit von *Murmann* durch *Jakobs* ZIS **2006** 589f; **abl.** auch *Roxin* GA **2012** 655, 662); ebenso *Ohly* FS Jakobs, 451, 454.
[634] So etwa *Amelung* Einwilligung S. 29; *ders.* Willensmängel S. 41; *ders./Eymann* JuS **2001** 937, 939; *Bottke* Suizid S. 42ff; *ders.* GA **1982** 346, 350ff; *Braun-Hülsmann* Einwilligung S. 55, 86f; *Disput* Zustimmung S. 104; *Frisch* in Leipold S. 103, 104; *Geppert* ZStW **83** (1971) 947, 953; *Göbel* Einwilligung S. 22; *Gropp* ZJS **2012** 602; *Jescheck/Weigend* § 34 II 3; *Kühl* AT § 9 Rdn. 20, 23; *Murmann* GK § 25 Rdn. 116; *ders.* FS Puppe, 767, 779 m. Fn. 56; *Roxin* AT I § 13 Rdn. 14; *Chr. Wagner* Schönheitsoperation S. 159; weitere Nachw. bei *Rönnau* Willensmängel S. 10. *Mitsch* Rechtfertigung S. 431 f sieht die Freiheit „in der Möglichkeit, durch die Duldung (des Tätereingriffs, Verf.) ein Gegeninteresse zu befriedigen"; **abw.** *Sternberg-Lieben* Objektive Schranken S. 19ff, der die Einwilligungsfreiheit jeweils in dem Grundrecht verortet, das das betroffene Rechtsgut schützt; ebenso *Paeffgen/Zabel* NK § 228 Rdn. 3f; *Eschelbach* BeckOK § 228 Rdn. 1; für das Selbstbestimmungsrecht des Patienten (Art. 2 Abs. 2 GG) auch *Voll* Einwilligung S. 48ff; *Lesch* NJW **1989** 2309, 2310; *Tag* Patientenautonomie S. 285; weiter BVerfGE **52** 131, 171ff (Minderheitsvotum); BVerfG NJW **1999** 3399, 3401; ausführlich zur verfassungsrechtlichen Verankerung der Opferselbstverfügungsfreiheit *Murmann* Selbstverantwortung S. 152ff, 226ff, *Fateh-Moghadam* Einwilligung S. 74ff (mit Blick auf die unterschiedlichen Funktionen der Einwilligung, also der Abwehr-, Entfaltungs- und Garantiefunktion; zust. *Chr. Wagner* Schönheitsoperation S. 158ff u. *Oswald* Klinische Prüfung S. 300f) und *Chr. Wagner* aaO S. 83ff.
[635] Nachw. bei *Rönnau* Willensmängel S. 245; weiter *Mitsch* Rechtfertigung S. 86, 99; *Kindhäuser* LPK Vor § 13 Rdn. 162; *Schroth* FS Volk, 719, 720 f, 734; *Murmann* FS Puppe, 767, 785; auch *Jakobs* Strafrechtliche Zurechnung S. 44 („Eine Einwilligung führt zur *Selbst*verwaltung durch fremde Hand"), *Müssig* Mord S. 351, 356 und *Pawlik* Unrecht S. 220ff m.w.N.
[636] Nachdrücklich i.d.S. *Amelung* ZStW **104** (1992) 525, 549; *ders.* ZStW **109** (1997) 490, 515; *ders./Eymann* JuS **2001** 937, 939; *Baumann/Weber/Mitsch/Eisele* § 15 Rdn. 124; *Rönnau* Willensmängel S. 245ff; *Rigopoulou* Grenzen des Paternalismus S. 262 m.w.N.; **krit.** *Murmann* Selbstverantwortung S. 371ff.

einverstanden ist. Demgegenüber soll die Einwilligung erst die Rechtswidrigkeit ausschließen. Wer also auf Bitten des Grundstückseigentümers dessen Baum fällt, erfüllt zwar objektiv und subjektiv den Tatbestand der Sachbeschädigung, handelt aber gerechtfertigt. Für diese Unterscheidung (sog. „Zweiteilungslehre") die wohl noch **h.M.**: BGHSt **8** 273, 276; **23** 1, 3; **26** 70; **46** 306, 309; **49** 34, 40; 166, 169; BayObLG JZ **1979** 146; *Hirsch* LK[11] Rdn. 96: „Differenzierungslösung"[637] oder auch „dualistischer Ansatz" (*Brammsen* FS Yamanaka, 3, 4).

148 **Abw.** wird eine seit 1970 stark im Vordringen befindliche Auffassung (nach *Hirsch* LK[11] Rdn. 97 sog. „Einheitslösung"; *Brammsen* FS Yamanaka, 3, 4 spricht von „monistischem Ansatz") vertreten, die jeder wirksamen Einwilligung bereits tatbestandsausschließende Wirkung zuschreibt (*Roxin* AT I § 13 Rdn. 12 ff; *ders.* FS Amelung, 269 ff; *Schmidhäuser* StuB 5/106 ff; *Maurach/Zipf* § 17 Rdn. 30 ff und 39 ff).[638] Hintergrund dieser Ansicht ist ein personales Rechtsgutsverständnis, das die Bedeutung des Individualrechtsguts für die Freiheitsbetätigung des Gutsinhabers betont. **Auswirkungen** hat die Kontroverse über den Standort der Einwilligung im Verbrechensaufbau insbesondere auf den Vorsatzinhalt, die Irrtums- und Versuchslehre sowie die Formulierung der Rechtfertigungsvoraussetzungen.

149 **cc) Zum Wirkgrund der Einwilligung.** Die Auseinandersetzung über den „inneren" Grund der unrechtsausschließenden Kraft der Einwilligung wird maßgeblich geprägt durch ein unterschiedliches Verständnis vom Inhalt der Individualrechtsgüter.[639] In der Diskussion lassen sich drei Grundmodelle unterscheiden:[640]

---

637 Siehe weiter Baumann/Weber/*Mitsch*/Eisele § 15 Rdn. 122; *Beckert* JA **2013** 507, 508; *Beulke* FS Otto, 207, 214; *Dölling* FS Gössel, 209, 216; *Fischer* Rdn. 36; *Geerds* GA **1954** 262 ff; *ders.* ZStW **72** (1960) 42, 43; *Heinrich* AT Rdn. 440, 453; *Jescheck/Weigend* § 34 I 3; *Kubink* JA **2003** 257, 261 f; *Kühl* AT § 9 Rdn. 22, 25; *Matt/Renzikowski/Engländer* Rdn. 15; *Murmann* Selbstverantwortung S. 369 ff; *ders.* GK § 25 Rdn. 118 ff; *Eschelbach* Beck OK § 228 Rdn. 1; *Sch/Schröder/Lenckner/Sternberg-Lieben* Rdn. 29 f m.w.N., 33 f; *Schramm* Untreue S. 48 ff; SSW/*Rosenau* Rdn. 32 ff; *Wessels/Beulke/Satzger* Rdn. 552; zur koreanischen Sicht *Lee* FS Eser, 535. Noch stärker differenzierend *Jakobs* 7/104 ff, 111 ff, 14/1 (zust. *Lesch* FS Wessing, 223 f), *Kohlmann* FS Werner, 387, 401 f und *Brammsen* FS Yamanaka, 3, 12 ff, 19 ff; eine vermittelnde Position vertreten *Mitsch* Rechtfertigung S. 163, *Stratenwerth/Kuhlen* AT § 9 Rdn. 9 f, *Paeffgen/Zabel* NK Rdn. 46, 156 sowie § 228 Rdn. 7 f u. *Gropp* GA **2015** 5, 10 (nach denen etwa die Einwilligung bei § 303 tatbestandsausschließend wirken soll). *Günther* SK[6] Rdn. 51; *ders.* Strafrechtswidrigkeit S. 347 behandelt die Einwilligung als einen auf den Bereich des Strafrechts begrenzten (echten) Strafrechtsunrechtsausschließungsgrund; zum Meinungsstand im Privatrecht *Ohly* Einwilligung S. 127 ff.
638 Ebenso *Baur* Ärztlicher Heileingriff S. 189 ff; *Braun-Hülsmann* Einwilligung S. 313 und vorher; *H. Erb* Parteiverrat S. 205 ff; *Eschweiler* Selbstgefährdung S. 22 ff; *Föbius* Geschäfts- und Betriebsgeheimnisse S. 95; *Fateh-Moghadam* Einwilligung S. 87 ff (zu § 223); *Heinrich* Rechtsgutszugriff S. 38 ff; *Wolters* SK § 228 Rdn. 2; *Hoyer* ARSP-Beiheft **104** (2005) 99, 113 (**anders** noch *ders.* Strafrechtsdogmatik S. 146); *ders.* SK Rdn. 30 ff; *Hundt* Genehmigung S. 93 ff; *Ingelfinger* Grundlagen S. 203 ff; *Jäger* AT Rdn. 135; *ders.* Zurechnung S. 22 f (Zurechnungsfrage); *Armin Kaufmann* FS Klug, Bd. 2, 277, 282; *Kientzy* Einwilligung S. 65 ff, 82 f; *Kindhäuser* LPK Vor § 13 Rdn. 162; *ders.* GA **2010** 490 ff; *ders.* FS Hollerbach, 627, 645 f; *ders.* FS Rudolphi, 135, 136 ff; *Koch* in Eser/Nishihara S. 213, 224 (jedenfalls bei Körperverletzungen); *Kühne* JZ **1979** 241, 242; auch *Rath* Subjektives Rechtfertigungselement S. 569 ff; *Rinck* Zweistufiger Deliktsaufbau S. 27 ff, 131, 436 ff; *Rönnau* Willensmängel S. 16 f m.w.N.; *ders.* Jura **2002** 595, 598 und 665, 666; *ders.* JuS **2007** 18, 19; *Rudolphi* GedS Arm. Kaufmann, 371, 374 f, 393; *ders.* ZStW **86** (1974) 68, 87 f; *Samson* SK[5] Rdn. 56 ff; *Schlehofer* Einwilligung S. 4 ff; *ders.* MK Rdn. 142 ff; *Schroth* FS Volk, 719, 721 f; *ders./König/Gutmann/Oduncu* TPG § 19 Rdn. 51 ff; *Schwarzer* Rechtswidrigkeit S. 188; *Seelmann* FS Schreiber, 853 m. Fn. 2; *Chr. Wagner* Schönheitsoperation S. 162 ff; *Weigend* ZStW **98** (1986) 44, 61; *Woitkewitsch* Strafrechtlicher Schutz S. 131 ff; *Zipf* Einwilligung S. 28 ff, 59; für das Privatrecht auch *Ohly* Einwilligung S. 139 f, 197 ff.
639 Zust. *Amelung* ZStW **115** (2003) 710, 714; in der Sache auch *Ingelfinger* Grundlagen S. 203 ff; *Chr. Wagner* Schönheitsoperation S. 160.
640 Die im Folgenden verwendete Terminologie ist u.a. aufgegriffen worden von *Gaede* Limitiert akzessorisches Medizinstrafrecht S. 53; *Fateh-Moghadam* Einwilligung S. 91 ff; *Edlbauer* Hypothetische Einwilli-

Das Kollisionsmodell. Vor dem Hintergrund des von drei Wertungsstufen (Tatbe- **150** stand, Rechtswidrigkeit, Schuld) geprägten Deliktsaufbaus sieht die traditionelle Auffassung in der Einwilligung einen Rechtfertigungsgrund, der nur ausnahmsweise tatbestandsmäßiges Verhalten erlaubt.[641] Dem liegt ein eher *statisches Rechtsgutsverständnis* zugrunde, nach dem auf der Ebene des Straftatbestandes Rechtsgüter – präziser: Rechtsgutsobjekte – wie der menschliche Körper und Sachen in ihrer Unversehrtheit geschützt werden, nicht aber die Autonomie im Umgang mit diesen Gütern. Die Freiheit, über diese Güter in gewissen Grenzen disponieren zu können, wird vielmehr erst auf der Ebene der Rechtswidrigkeit relevant. Als Folge dieser Trennung ergibt sich eine *Kollisionslage*: Der tatbestandlich geschützte Wert (körperliche Integrität, Eigentum etc.) tritt in einen Gegensatz zur Dispositionsfreiheit, die auf Rechtfertigungsebene geschützt wird. Normtheoretisch betrachtet kollidiert hier die dem jeweiligen Tatbestand zugrunde liegende Verbots- bzw. Gebotsnorm mit dem Erlaubnissatz. Die Einwilligung löst dann in den ihr gesetzten Grenzen die Kollision auf, indem die Verhaltensnorm hinter den Erlaubnissatz zurücktritt (*Kollisionsmodell*). Die rechtfertigende Wirkung der Einwilligung wird von den Anhängern des Kollisionsmodells wiederum sehr unterschiedlich begründet.[642]

Das ältere Schrifttum erblickte den Wirkgrund der Einwilligung in einer Interessen- **151** preisgabe[643] bzw. – im Anschluss an *Mezger* GerS **89** (1924) 207, 270 ff – im mangelnden Interesse des Rechtsgutsträgers.[644] Demgegenüber wird heute die rechtfertigende Wirkung der Einwilligung ganz überwiegend auf den Gedanken eines durch das Selbstbestimmungsrecht legitimierten „Verzicht auf Rechtsschutz" (BGHSt **4** 88, 90; **17** 359, 360; OLG Hamburg NJW **1969** 336, 337)[645] oder – in der Weiterentwicklung durch *Hirsch* (LK[11] Rdn. 105; *ders.* FS Szwarc, 559, 568; *ders.* FS Amelung, 181, 190; ebenso *Amelung/Eymann* JuS **2001** 937, 939) – im „Verzicht auf den konkreten Schutz durch die Norm" gestützt.[646] Daneben tritt die zunächst von *Noll* Übergesetzliche Rechtfertigungsgründe S. 74 ff; vertiefend *ders.* ZStW **77** (1965) 1, 14 ff entwickelte These einer Güterabwägung.[647] Nach diesem Erklärungsansatz werden das geschützte Rechtsgut bzw. das Gemeinschaftsinteresse an der Erhaltung des Rechtsguts einerseits mit dem in einer freiheitlichen Rechts- und

---

gung S. 123 ff; *Hauck* GA **2012** 202, 216 m. Fn. 94; *Rigopoulou* Grenzen des Paternalismus S. 261 ff; *Späth* Rechtfertigungsgründe S. 180; *Schwartz* Hypothetische Einwilligung S. 82 ff; *Garbe* Wille und Hypothese S. 193 ff; *Tachezy* Mutmaßliche Einwilligung S. 30 ff; *Chr. Wagner* Schönheitsoperation S. 161 ff; s. auch *Albrecht* Hypothetische Einwilligung S. 114 ff.
641   Vgl. nur BGH NStZ **2000** 87, 88; BGHSt **43** 306, 308 m.w.N.; *Hirsch* LK[11] Rdn. 92, 104 ff; *ders.* FG BGH IV, 199, 214 f; *ders.* FS Amelung, 181, 200 ff; *Sch/Schröder/Lenckner/Sternberg-Lieben* Rdn. 29; *Jescheck/ Weigend* § 34 I 3; *Garbe* Wille und Hypothese S. 196 ff; *Tachezy* Mutmaßliche Einwilligung S. 31 f; *Menrath* Einwilligung S. 49 ff.
642   Die Begründungsansätze im Überblick bei *Hirsch* LK[11] Rdn. 104.
643   Siehe *v. Hippel* II § 19 II 2; *Honig* Einwilligung S. 116 ff; *v. Liszt/Schmidt* AT § 35 IV m.w.N.
644   *Heinitz* Materielle Rechtswidrigkeit S. 42, 118; *Geerds* Einwilligung S. 45; *ders.* GA **1954** 262, 263; *ders.* ZStW **72** (1960) 42, 43; auch *Gropp* AT § 5 Rdn. 74.
645   Weiter KG JR **1954** 428; BayObLG NJW **1961** 2072, 2073; **1999** 372; im Zivilrecht BGH NJW-RR **1995** 857, 858; aus der strafrechtlichen Literatur *Albrecht* Hypothetische Einwilligung. S. 26 ff; *Brammsen* FS Yamanaka, 3, 17 ff: „gutsspezifischer Rechtsschutzverzicht"; *Disput* Zustimmung S. 77; *Haft* AT S. 73; *Hassemer* JuS **1989** 145; *Hillenkamp* Vorsatztat S. 240; *Krey/Esser* Rdn. 662; *Lackner/Kühl/Kühl* Rdn. 10; *ders.* AT § 9 Rdn. 23; *Mestwerdt* Doping-Sittenwidrigkeit und staatliches Sanktionsbedürfnis? Diss. Göttingen 1997 S. 89; *Sch/Schröder/Lenckner/Sternberg-Lieben* Rdn. 33; *Fischer* Rdn. 3b; *Wessels/Beulke/Satzger* Rdn. 564; *Welzel* Strafrecht § 14 VII 2a.
646   Dagegen hat die im Privatrecht wurzelnde Rechtsgeschäftstheorie von *Zitelmann* AcP **99** (1906) 1, 56, nie eine größere Anhängerschaft gefunden; näher – auch zur Kritik – *Ohly* Einwilligung S. 42 ff.
647   Ebenso *Jescheck/Weigend* § 34 II 3; *Geppert* ZStW **83** (1971) 947, 952 ff; *Dölling* GA **1984** 71, 83 f, 91; *Otto* AT § 8 Rdn. 127; *ders.* FS Geerds, 603, 609; *Stefanopoulou* ZStW **124** (2012) 689, 703 ff; weitere Nachw. bei *Rönnau* Willensmängel S. 16 (m. Fn. 19).

Gesellschaftsordnung ebenfalls als sozialer Wert einzustufenden Selbstbestimmungsrecht des Individuums andererseits abgewogen. Bis an die Grenze der in den §§ 216, 228 geregelten Situationen erfolgt die Auflösung der Kollision danach stets zugunsten der Handlungsfreiheit des Rechtsgutsinhabers. Schließlich lässt sich nach der (vermittelnden) Position von *Mitsch* (Rechtfertigung S. 159 ff, 426 f, 639; Baumann/Weber/*Mitsch*/Eisele § 15 Rdn. 124; im Ansatz zust. *Sternberg-Lieben* Objektive Schranken S. 65 f; *Paeffgen/Zabel* NK Rdn. 46 u. *Jansen* Forschung an Einwilligungsunfähigen S. 265 ff) die Einwilligung jedenfalls dann auf das für Rechtfertigungsgründe charakteristische Prinzip des überwiegenden Gegeninteresses zurückführen, wenn der Rechtsgutsinhaber sein Gut nur deshalb aufopfert, weil er keine andere Möglichkeit hat, ein für ihn wertvolleres Interesse zu befriedigen („interne" Interessenkollision bei der Möglichkeit nur alternativer Interessenbefriedigung).[648]

152 Das Kollisionsmodell in seinen unterschiedlichen Spielarten leidet in seinem Grundansatz darunter, dass es das vom Straftatbestand geschützte Individualrechtsgut nicht zutreffend beschreibt.[649] Rechtsgüter wie Leben, körperliche Integrität oder Eigentum werden nicht „um ihrer selbst Willen" oder wegen ihres Wertes für die Gemeinschaft geschützt.[650] Der Wert liegt vielmehr darin, dem Rechtsgutsinhaber als *Mittel für die Entfaltung von Handlungsfreiheit* zur Verfügung zu stehen. Das wird ausweislich des § 903 BGB („Befugnisse des Eigentümers") besonders deutlich beim Rechtsgut Eigentum, gilt aber auch für höchstpersönliche Rechtsgüter wie Leben oder körperliche Integrität. Es fällt schwer, das Werthafte dieser Rechtsgüter ohne Beziehung zum personalen Zentrum des Rechtsgutsträgers, seinem Bewusstsein bzw. Willen, zu erfassen. Dieses Erklärungsmodell führt aber nicht nur zu einer künstlichen Aufspaltung disponibler Güter in ein Gegenstands- und ein Freiheitsinteresse (so *Arzt* Willensmängel S. 45). Es trägt auch die Gefahr einer staatlichen Bevormundung in sich. Wer Individualrechtsgüter allein oder jedenfalls primär wegen ihres Eigenwertes oder im Interesse der Sozialgemeinschaft schützt, senkt die Anforderungen an die Gründe, dem Einzelnen die Zustimmung zur Verletzung eigener Rechtsgüter zu verbieten, also Einwilligungssperren zu schaffen.[651] Zudem wäre zu begründen, warum der Gesetzgeber durchgehend reine Selbstverletzungen durch Tatbestandsmerkmale wie „fremde" Sachen (§ 303) oder „andere" Personen (§ 223) für tatbestandslos erklärt hat, obwohl auch hier wegen des bei allen Substanzeinwirkungen eintretenden Sozialschadens nach der Grundprämisse ein sozialschädliches Verhalten vorliegt (näher *Rönnau* Willensmängel S. 39 f; auch *Hardtung* MK § 228 Rdn. 21).

153 Daneben vermögen auch die einzelnen, zum Wesen der rechtfertigenden Einwilligung entwickelten Begründungsansätze nicht zu überzeugen. Die These vom Interes-

---

648 *Mitsch* Rechtfertigung S. 409 ff, 607 ff; *ders.* in Baumann/Weber/*Mitsch*/Eisele § 15 Rdn. 147 sieht im Rechtfertigungsgrund der Einwilligung eine spezielle Erscheinungsform der mutmaßlichen Einwilligung.
649 Zur Kritik am Kollisionsmodell ausführlich *Rönnau* Willensmängel S. 37 ff m.w.N.; auch *Roxin* FS Amelung, 269, 273 ff; *Rinck* Zweistufiger Deliktsaufbau S. 28 ff; *Fateh-Moghadam* Einwilligung S. 97 ff; *Albrecht* Hypothetische Einwilligung S. 114 ff (der in einer speziellen Ausprägung aber dem Kollisionsmodell anhängt, S. 129 ff); *Schwartz* Hypothetische Einwilligung S. 85 f; *Edlbauer* Hypothetische Einwilligung S. 83 ff.
650 So aber die etatistische Rechtsgutsauffassung; dazu (**krit.**) nur *Woitkewitsch* Strafrechtlicher Schutz S. 115 ff m.w.N.
651 Das Kollisionsmodell tendiert damit zu einem Kollektivismus, der das Individuum nicht als autonome Einzelpersönlichkeit, sondern nur als Teil der Gemeinschaft interpretiert, s. *Rönnau* Willensmängel S. 34 f m.w.N.; zust. *Rigopoulou* Grenzen des Paternalismus S. 120 f; *Woitkewitsch* Strafrechtlicher Schutz S. 125 f; weiterhin *Sternberg-Lieben* Objektive Schranken S. 83 m. Fn. 16; *Mosbacher* Selbstschädigung S. 114.

senwegfall lässt offen, warum bei einer Einwilligung des Berechtigten das Strafrecht seine Verbotsnormen zurückzieht und kann zudem die in §§ 216, 228 enthaltenen Einwilligungsschranken nicht erklären.[652] Gegen die Rechtsschutzverzichtstheorie spricht vor allem, dass sie nicht angibt, warum und in welchen Grenzen der einzelne auf den durch die Normaufstellung im Interesse der Gemeinschaft erzeugten Rechtsschutz soll (privat) verzichten können.[653] *Hirsch* (LK[11] Rdn. 105, 98; *ders.* in Eser/Perron S. 399 f) sieht – vor dem Hintergrund des Normenkollisionsmodells von *Arm. Kaufmann* Lebendiges und Totes in Bindings Normentheorie (1954) S. 138 ff, 254 f – in der Einwilligung einen Rechtfertigungsgrund, weil auch hier das für die Auflösung von Konfliktsituationen durch Rechtfertigungsgründe maßgebliche Strukturprinzip der Erforderlichkeit Anwendung finde: Der Gutsinhaber verhindere durch den Ausspruch einer Einwilligung, dass aus der zum Schutz von Rechtsgütern aufgestellten Rechtsnorm eine konkrete Rechtspflicht entstehe, wobei die Erforderlichkeit vom Rechtsgutsinhaber durch die Erteilung einer Einwilligung selbst bejaht werden könne.[654] *Hirsch* beraubt hier das zur (möglichst gutsschonenden) Auflösung externer Interessenkollisionen entwickelte Erforderlichkeitsprinzip seines materiellen Inhalts; denn es ist nahezu unbestritten, dass bei Beachtung der Einwilligungsschranken gem. §§ 216, 228 das Entscheidungsverhalten des Berechtigten keiner Erforderlichkeitsprüfung unterzogen wird, dieser also auch unvernünftige Einwilligungsentscheidungen treffen darf. Die Güterabwägungslehre leidet insbesondere darunter, dass sie im Bemühen, auch die Einwilligung auf das für Rechtfertigungsgründe charakteristische Strukturprinzip der Güter- bzw. Interessenabwägung zurückzuführen, den wesentlichen Gesichtspunkt verfehlt: Der Unrechtsausschluss durch Einwilligung beruht nicht auf einer abstrakten gesetzgeberischen Interessenabwägung von tatbestandlich geschütztem Rechtsgut und zweckgelöster Dispositionsfreiheit, sondern ergibt sich daraus, dass der Berechtigte durch die Einwilligung gerade von den im geschützten Gut gespeicherten Handlungsmöglichkeiten Gebrauch macht. Bei Beachtung der Einwilligungsschranken ist dann im Einzelfall nichts mehr abzuwägen.[655] Verlangt man mit der modifizierten Abwägungslehre von *Jakobs* (14/3 ff, 9; *ders.* FS Schroeder, 507, 509; zust. *Göbel* Einwilligung S. 70) in Fällen der rechtfertigenden Einwilligung[656] neben der Opferzustimmung für die Auslösung der Rechtfertigungswirkung noch einen

---

652 Näher zur Kritik *Roxin* AT I § 13 Rdn. 22; *Ingelfinger* Grundlagen S. 199; *Mitsch* Rechtfertigung S. 423 ff; *Rönnau* Willensmängel S. 154 f.
653 Ebenso *Jakobs* 14/2; *Ingelfinger* Grundlagen S. 198; *Kindhäuser* FS Rudolphi, 135, 139; **krit.** auch *Roxin* FS Amelung, 269, 277 („Einwilligungsfälle [lassen sich] sinnvollerweise nicht als Verzicht verstehen, sondern [...] dienen ausschließlich einer Verbesserung seiner Eigentums- oder Körperbeschaffenheit"); deutlicher *ders.* GA **2012** 655, 662 („Die Verhaltensnorm wird vom Gesetzgeber aufgestellt, richtet sich an alle und steht nicht zur Disposition des Rechtsgutsinhabers, der sein Rechtsgut aufgeben, nicht aber die Verhaltensnorm außer Kraft setzen kann"); weiterhin *Murmann* FS Puppe, 767, 778 m. Fn. 52 („Formulierung impliziert eine Privatisierung der Rechtsverletzung, während es in Wahrheit um den Ausschluss einer Rechtsverletzung geht". Voraussetzung wäre aber auch dafür, dass der Einzelne Einfluss auf die Normbildung hat); *Ohly* FS Jakobs, 451, 544; *Frisch* in Frisch S. 33, 35 f (läuft auf „psychologische Fiktion" hinaus); ebenso SSW/*Rosenau* Rdn. 31.
654 **Anders** noch *Hirsch* ZStW **74** (1962) 78, 104 m. Fn. 101. Dort spricht er davon, dass „es unlösbare Schwierigkeiten bereitet, die rechtfertigende Einwilligung in das System der Rechtfertigungsgründe einzuordnen", da es für die Rechtserheblichkeit der Einwilligung weder auf eine Interessenabwägung noch auf das Merkmal der Erforderlichkeit ankomme; näher zur Kritik *Rönnau* Willensmängel S. 147; zust. *Roxin* FS Amelung, S. 269, 272.
655 Ausführliche Kritik bei *Rönnau* Willensmängel S. 149 ff; *Ingelfinger* Grundlagen S. 200 f; *Mitsch* Rechtfertigung S. 430 ff; weiter *Lenckner* GA **1985** 295, 302 f; *Weigend* ZStW **98** (1986) 44, 46 f; *Roxin* AT I § 13 Rdn. 21; *Rigopoulou* Grenzen des Paternalismus S. 268 f.
656 D.h. nach *Jakobs* bei konsentierten Gutsverletzungen nicht nur beiläufiger Art.

sachlich vernünftigen Grund,[657] wird die Dispositionsfreiheit des einzelnen im Umgang mit eigenen höchstpersönlichen Gütern unter Rückgriff auf einen äußerst unsicheren Beurteilungsmaßstab drastisch reduziert; damit droht die Gefahr einer unangemessenen moralischen Bevormundung des einzelnen.[658] Keine befriedigende Antwort gibt schließlich auch der Erklärungsansatz von *Mitsch*, der den materiellen Grund für die rechtfertigende Wirkung der Einwilligung in der Auflösung eines internen Interessenkonflikts sieht. Warum das Strafrecht die nach (eigenem Präferenzsystem des Rechtsgutsinhabers erfolgende) Abwägung von Vor- und Nachteilen einer Gutspreisgabe zurücktretenden Interessen tatbestandsmäßig schützen muss, will nicht einleuchten. Die im Rahmen der Entscheidungsfindung personenintern auftretende Interessenkollision ist für das Recht zunächst ohne Belang; rechtliche Regeln, die in dieser „Konfliktsituation" zu beachten wären, existieren nicht, soweit keine unlauteren Einflüsse (von außen) vorhanden sind.

154 **Das Integrationsmodell.** Eine starke Literaturauffassung behandelt jede Einwilligung als Tatbestandsausschließungsgrund[659] mit der Konsequenz, dass der konsentierte Umgang mit fremden Gegenständen als eine völlig normale (sozialadäquate) Freiheitsbetätigung des Gutsinhabers erscheint.[660] Die Vertreter dieses individualistischen Ansatzes betonen den funktionalen Charakter der Individualrechtsgüter, die die Befriedigung des menschlichen Grundbedürfnisses nach persönlicher Entfaltung ermöglichen und dem Einzelnen dafür eine Freiheitssphäre zur eigenverantwortlichen Lebensgestaltung sichern sollen.[661] Die Verfügungsfreiheit/der Wille wird hier in das Individualrechtsgut integriert und mit dem Gegenstand, auf den sie/er sich bezieht, zu einer Einheit verknüpft (*Integrationsmodell*).[662] Willigt der Berechtigte in die Verletzung des geschützten Gegenstandes ein, fehlt es für eine Straftat bereits – wie beim Einverständnis – an einer tauglichen „Angriffsfläche". Materiell liegt der Grund für den Tatbestandsausschluss beim Vorliegen einer Zustimmung also darin, dass der Gutsinhaber unter Einschaltung eines anderen gerade von der ihm durch das Strafrecht garantierten Möglichkeit, seine Güter zur personalen Entfaltung einzusetzen, Gebrauch macht. Dogmatisch-konstruktiv wird die Einwilligung zumeist als **negativ gefasstes Tatbestandsmerkmal** behan-

---

657 Auf die (Un-)Vernünftigkeit der Einwilligungsentscheidung bei Zustimmung zu sehr gefährlichen oder besonders folgenschweren Körpereingriffen stellt auch *Frisch* FS Hirsch, 485, 487 ff bei seiner Auslegung des § 228 ab. Allerdings deutet er diese Regelung – im Gegensatz zu herkömmlichen Interpretationsansätzen – nicht als objektive Einwilligungsschranke, sondern als subjektive, die Regeln zur Behandlung der Einwilligungsunfähigkeit und der Willensmängel ergänzende Grenze; **krit.** dazu *Rönnau* Willensmängel S. 167 ff m.w.N. Vgl. auch Rdn. 190 m. Fn. 902.
658 *Samson* SK⁵ Rdn. 62; näher zur Kritik *Rönnau* Willensmängel S. 152 f; *Ingelfinger* Grundlagen S. 200 f.
659 Statt vieler: *Roxin* AT I § 13 Rdn. 12 ff; *ders.* FS Amelung, 269 ff; *Rinck* Zweistufiger Deliktsaufbau S. 27 f; *Fateh-Moghadam* Einwilligung S. 90; *Samson* SK⁵ Rdn. 56 ff; *Schmidhäuser* FS Geerds, 593, 594 und Rdn. 148 m. Fn. 638; *Chr. Wagner* Schönheitsoperation S. 162 ff. Eine spezifisch arztstrafrechtliche Grundlegung des Integrationsmodells der Einwilligung liefert *Tag* Patientenautonomie S. 68.
660 Siehe *Roxin* FS Amelung, 269, 272, 278.
661 Vgl. nur *Kindhäuser* in Madrid-Symposium S. 125, 130 und *Hefendehl* Kollektive Rechtsgüter im Strafrecht, Habil. München 2002 S. 80; näher zum Hintergrund eines personalen Rechtsgutsverständnisses *Rönnau* Willensmängel S. 49 ff; *Woitkewitsch* Strafrechtlicher Schutz S. 118 ff; auch *Albrecht* Hypothetische Einwilligung S. 110 ff; **krit.** zu diesem Rechtsgutsmodell *Amelung* ZStW **115** (2003) 710, 715 f: „überzüchteter Personalismus".
662 Damit ergibt sich als Schutzgegenstand der Individualdelikte – mit Ausnahme des § 240 StGB – ein spezieller (sektoraler) Freiheitsausschnitt, konkret die Dispositionsfreiheit in Bezug auf bestimmte, den jeweiligen Straftatbeständen zu entnehmende materielle oder ideelle Gegenstände. *Schmidhäuser* StuB 5/107 spricht hier in seiner Terminologie treffend von *objektsbezogener Autonomie*, die er von einer rein *verhaltensbezogenen Autonomie*, wie sie sich im Rechtsgut der Nötigung (§ 240) ausprägt, abgrenzt.

delt,⁶⁶³ so dass den Tatbestand eines ein Individualrechtsgut schützenden Delikts nur erfüllt, wer „ohne wirksame Einwilligung des Berechtigten" in fremde Rechtsgüter eingreift.⁶⁶⁴

Der Verdienst der Anhänger des Integrationsmodells besteht vor allem darin, die Person und ihr Grundbedürfnis nach personaler Entfaltung in den Mittelpunkt ihrer Rechtsgutsbetrachtung gestellt und damit die Freiheit des Rechtsgutsinhabers im Umgang mit seinen Gütern als besonders werthaft hervorgehoben zu haben.⁶⁶⁵ Allerdings ist das aus einer Verknüpfung von individueller Verfügungsfreiheit und Verfügungsgegenstand geformte Individualrechtsgut erheblich störungsanfälliger gegenüber Angriffen verglichen mit einem Schutzobjekt, dessen Wert in einer ungeschmälerten Existenz des Gegenstandes gesehen wird.⁶⁶⁶ Bei konsequenter Umsetzung dieses Rechtsgutsmodells wären etwa auch aufgedrängte Bestandserhaltungen oder -verbesserungen als sanktionswürdige Verhaltensweisen einzustufen (*Hirsch* LK¹¹ Rdn. 105). Eine Strafbarkeit wird dann de lege lata nur durch den Wortlaut der Straftatbestände – z.B. bei § 303: „fremde Sache beschädigt oder zerstört ..." – verhindert. Wer wie etwa *Maiwald* Zueignungsbegriff S. 89 ff, 106 im Willen des Gutsinhabers den Kernbestandteil des Individualrechtsguts erblickt, hat zudem das Problem, dass sich kein Rechtsgutsinhaber „auch nur annähernd all' seiner Interessen in jedem Augenblick bewusst ist" (*Keßler* Einwilligung S. 51).⁶⁶⁷ Würde der durch Strafrecht installierte Rechtsgüterschutz an die Existenz eines

155

---

663 So etwa *Samson* SK⁵ Rdn. 18; *Göbel* Einwilligung S. 71; *Riedelmeier* Heileingriff S. 65; *Roxin* FS Amelung, 269, 274 f; auch *Mosbacher* Selbstschädigung S. 116; *Derksen* Handeln auf eigene Gefahr S. 91; *Edlbauer* Hypothetische Einwilligung S. 147 ff; *Hoyer* ARSP-Beiheft **104** (2005) 99, 113; *Gropp* GA **2015** 5, 14 (jedenfalls „nicht unerlaubt"); weitere Nachw. bei *Rönnau* Willensmängel S. 131 m. Fn. 449. **Anders** *Gössel* FS Oehler, 97, 104 ff; *ders.* GA **2004** 722, 724 f, der durch eine Einwilligung das ungeschriebene Tatbestandsmerkmal einer Rechtsgutsbeeinträchtigung entfallen lässt. Wiederum **anders** *Kindhäuser* FS Rudolphi, 135, 144 und passim, der den Tatbestandsausschluss in allen Einwilligungsfällen auf das Prinzip stützt, „dass das Verhalten des Helfers im Organisationskreis des Berechtigten aufgeht und normativ in dessen alleinige Risikozuständigkeit fällt" – sodass sich „die Einwilligung (als) ein Sonderfall des Ausschlusss der objektiven Tatbestandszurechnung" entpuppt (LPK Vor § 13 Rdn. 162). Mittlerweile sieht *Kindhäuser* (FS Maiwald, 397, 414; *ders.* GA **2010** 490, 502 ff) in der Einwilligung einen „Normaufhebungsgrund" mit der Wirkung „tatbestandlichen Unrechtsausschlusses eigener Art" (so in AT § 12 Rdn. 5; i.d.S. auch *Jäger* Zurechnung S. 221; *Rigopoulou* Grenzen des Paternalismus S. 269 ff; ausführlich zum Zurechnungsausschluss mangels Gefahrschaffung bei wirksamer Einwilligung *Braun-Hülsmann* Einwilligung S. 133 ff, 313). Danach wird die Geltung der (Verhaltens-)Norm unter die Bedingung gestellt, dass die hinter der Norm stehende generalisierte Güterbewertung den Präferenzen des konkret betroffenen Gutsinhabers nicht widerspricht. Mit der Einwilligung entfalle der Grund, die abstrakte Norm im konkreten Fall befolgen zu müssen; das Handeln soll aber trotz Einwilligung tatbestandsmäßig bleiben. Warum allerdings im Einwilligungsfall (und damit bei Bedingungseintritt!) zwar die (Verhaltens-)Norm und das Verbot nicht gelten sollen, gleichzeitig aber der Tatbestand weiterhin verwirklicht wird, bleibt unklar. Denn Norm- bzw. Verbotsgeltung und Norm- bzw. Verbotsinhalt stehen in einer Wechselbeziehung zueinander; im Ergebnis ebenso *Rigopoulou* aaO S. 270 m.w.N.; **krit.** auch *Pawlik* Unrecht S. 220 m. Fn. 428.

664 Als „freiheitswidrige Handlung" und damit als Rechtsverletzung kann auch nach *Kargl* JZ **2002** 389, 395 f ein Verhalten nur dann bewertet werden, wenn die „Gütereinbuße ohne oder gegen den Willen des Berechtigten erfolgt"; aus der Differenzierung zwischen (tatbestandsmäßiger) Objektsverletzung und Rechtsverletzung schließt er aber auf den Rechtfertigungscharakter der Einwilligung.

665 Das stellt auch *Murmann* Selbstverantwortung S. 371 als deutlichen Fortschritt heraus. Er vermisst beim personalen Rechtsgutskonzept aber die „interpersonale Begründung von Rechtsgütern, ... wenn einseitig das Freiheitspotential bestimmter Elemente äußerer Wirklichkeit für das Opfer in den Blick genommen wird".

666 Ausführlich zur Kritik *Rönnau* Willensmängel S. 59 ff; auch *Albrecht* Hypothetische Einwilligung S. 121 ff; *Edlbauer* Hypothetische Einwilligung S. 129 ff. Nachdrücklich gegen eine „Subjektivierung des Tatbestandes" in § 303 und § 239 *Kargl* JZ **1997** 283 ff u. JZ **1999** 72 ff.

667 *M.K. Meyer* GA **2003** 714, 715 sieht darin eine verfehlte Reduktion der Rechtsgutsverletzung auf die Willenswidrigkeit, die nicht generell dem Integrationsmodell angelastet werden dürfe.

aktuellen Willens geknüpft, entstünden große Strafbarkeitslücken, während sich ein Ausweichen auf einen „generellen", „latenten", „vermuteten" oder auch „potentiellen" Willen deutlich als bloße *(Willens-)Fiktion* entlarvt.[668] Schließlich sind auch die Begründungsschwierigkeiten des Integrationsmodells bei einer faktischen oder rechtlichen Unmöglichkeit der Freiheitsausübung unübersehbar. Wenn etwa *Roxin* AT I § 13 Rdn. 16 die Strafbarkeit eines Angriffs auf den Körper eines einwilligungsunfähigen Kleinkindes oder Geisteskranken gem. § 223 damit begründet, hier werde anstelle der Autonomie des Kindes die seiner Eltern geschützt, überzeugt das nicht. Es wirkt nicht nur konstruiert, sondern führt auch zu Schutzlücken, wenn es etwa wegen der Tötung der Eltern keine Sorgeberechtigten gibt.[669] Der Erklärungsansatz stößt spätestens dort an seine Grenzen, wo unvertretbare Entscheidungen existenzieller Art (etwa Organspende oder Sterilisation) wegen irreparabler Eingriffe am Umsorgten grundsätzlich zum Ausschluss einer Stellvertretung im Willen führen (*Rönnau* Willensmängel S. 73).

156 **Das Basismodell.** Der Vorzug des hier favorisierten Basismodells[670] besteht demgegenüber darin, weder den bloßen statischen Bestand eines Gutes (das sachliche Substrat) noch die Dispositionsfreiheit bei der Rechtsgutsbeschreibung zu verabsolutieren. Vielmehr werden Individualrechtsgüter wie Leben, körperliche Integrität, Eigentum etc. geschützt, weil sie dem konkreten Gutsinhaber als Basis für seine personale Entfaltung dienen. Der Wert des Gegenstandes liegt in den Möglichkeiten seines Einsatzes zur selbstbestimmten Entfaltung durch den Rechtsgutinhaber, der neben der Selbstverletzung auch in Form der Rechtsgutspreisgabe qua Einwilligung stattfinden kann. Nach dem Basismodell setzt die strafrechtlich relevante Beeinträchtigung eines Rechtsgutes ein Zweifaches voraus: Zu der tatbestandsmäßigen Einwirkung auf ein Rechtsgutsobjekt als notwendige Bedingung muss als hinreichende Bedingung der Entzug von (im Rechtsgut gespeicherten) Handlungsoptionen hinzutreten. Wer mit Einwilligung des Berechtigten ein Rechtsgutsobjekt verletzt, begeht danach eine bloße „Tatobjektsverletzung ohne Wertverlust" mit der Konsequenz, dass bereits die Verwirklichung des Tatbestands entfällt.[671]

156a Indem das Basismodell die Verfügungsfreiheit (bzw. den Willen) nicht zum konstitutiven Bestandteil des Individualrechtsguts macht, begegnet es einer Reihe von Einwänden, die dem Integrationsmodell entgegengehalten werden (können).[672] So ist es überflüssig, zur Vermeidung von Schutzlücken letztlich auf eine „Fiktion des Wil-

---

668 Nachw. zu den Zitaten bei *Rönnau* Willensmängel S. 68 f.
669 Zutreffend *Amelung* Einwilligung S. 26 f m. Fn. 31; *ders./Eymann* JuS **2001** 937, 938; *Amelung/Lorenz* FS Otto, 527, 532 (mit Replik *Roxin* FS Amelung, 269, 279 ff); zust. *Ingelfinger* Grundlagen S. 210 f; auch *Odenwald* Einwilligungsfreiheit S. 7.
670 Zustimmend *Edlbauer* Hypothetische Einwilligung S. 138 ff; auch *Schwartz* Hypothetische Einwilligung S. 92 f (der aber für die besondere Fallkonstellation der hypothetischen Einwilligung Schwierigkeiten sieht); **krit.** dagegen *Albrecht* Hypothetische Einwilligung S. 127 ff (der im Fahrwasser des Kollisionsmodells *Otto*'scher Prägung nur Erklärungsschwierigkeiten meines Modells an den „Grenzen menschlichen Lebens" aufgreift, die ich bereits selbst formuliert habe, die an der Überzeugungskraft des Grundkonzepts ansonsten aber nichts ändern – und die mit einem partiellen Rückzug auf die Rechtsträgerschaft [s. dazu jetzt auch *Roxin* FS Amelung, 269, 281 f] überwindbar sind).
671 Zum Ganzen *Rönnau* Willensmängel S. 85 ff, 453; dem Basismodell nahestehend *Ingelfinger* Grundlagen S. 211; *Riedelmeier* Heileingriff S. 131 ff; **krit.** gegenüber dem Basismodell wie überhaupt gegenüber personalen Rechtsgutskonzepten *Murmann* Selbstverantwortung S. 369 ff, der – ausgehend von einem rechtsphilosophisch hergeleiteten Rechtsbegriff – die Wirkung der Einwilligung nicht in einem Wegfall der Rechtsgutsverletzung oder des Verzichts auf Rechtsschutz, sondern in einer „Umgestaltung des Rechtsverhältnisses" sieht (S. 312 f, 450 und passim); *ders.* GK § 25 Rdn. 116.
672 **Anders** als *Roxin* AT I § 13 Rdn. 17 f meint, macht es daher aus nachfolgenden Gründen einen erheblichen Unterschied, ob die Dispositionsfreiheit direkt oder nur mittelbar über den Angriff auf das Rechtsgut(objekt) als Basis der Freiheitsbetätigung geschützt wird.

lens" zurückzugreifen. Auch kann man ihm nicht vorwerfen, die Gefahr einer aus der Schutzgutgestaltung resultierenden uferlosen Strafbarkeit nur dadurch eindämmen zu können, dass de lege lata die Strafbarkeit auf Tatbestandsebene erheblich eingeschränkt wird (vgl. schon *Brandts/Schlehofer* JZ **1987** 442, 447). Denn geschützt wird nach diesem Rechtsgutsmodell unmittelbar nur die Basis vor tatbestandsmäßigen Angriffen, nicht aber die Dispositionsfreiheit. Selbst in Konstellationen, in denen die Dispositionsfreiheit normativ oder faktisch eingeschränkt ist, liefert das Basismodell eine tragfähige Begründung. So ändert eine durch das Strafgesetz[673] oder die Strafrechtsdogmatik[674] eingegrenzte Dispositionsfreiheit nichts daran, dass im verbleibenden Bereich der Wert des Gutes aus den in ihm gespeicherten Handlungschancen resultiert. Gleiches gilt für faktische Beschränkungen der Freiheitsbetätigung auf Zeit oder Dauer. Der Strafrechtsschutz von Rechtsgütern sinnlos Betrunkener, Schlafender und zeitweilig bewusstloser, gelähmter oder geisteskranker Menschen rechtfertigt sich nach hier vertretener Ansicht durch die Möglichkeit, nach Ablauf der ohne bzw. mit getrübtem Bewusstsein verbrachten Phase weiterhin ihre Güter willkürlich einsetzen zu können.[675]

Zur Rechtfertigung des Strafrechtsschutzes ist an den Grenzen des menschlichen **156b** Lebens (etwa bei schwerstgeschädigten Neugeborenen oder bei im Wachkoma Liegenden) – da der Gedanke des Schutzes von Handlungschancen hier wenig überzeugt – ausnahmsweise auf eher formale Begründungsaspekte zurückzugreifen. So gilt aus schutztechnischer Sicht der Grundsatz, dass das Strafrecht die von ihm geschützten Rechtsgüter der Bürger so lange sichert, wie diese nicht qua wirksamer Einwilligung der Beeinträchtigung durch andere Personen preisgegeben werden („ohne den Willen des Berechtigten").[676] Zudem muss das Strafrecht mit dem ihm eigenen Mittel der Androhung von Strafe bei Normverstößen deutlich machen, dass die Rechtsgüter auch und gerade dieser Menschen in ihrer schwersten Lebensphase für Dritte tabu sind, also aus general-

---

673 Z.B. durch die §§ 216, 228, aber auch durch Denkmal- oder Umweltschutzgesetze, die die in Art. 14 Abs. 2 GG vorgesehene Sozialbindung des Eigentums konkretisieren, vgl. dazu *Rönnau* Willensmängel S. 98 f.
674 Etwa die Einschränkung des formalen Eigentumsschutzes durch Wertgesichtspunkte bei den Eigentumsdelikten, dazu *Samson* SK[5] Vor § 242 Rdn. 10 ff, 91 ff.
675 *Rönnau* Willensmängel S. 101. Wenn *Fateh-Moghadam* (Einwilligung S. 94 f; sympath. *Menrath* Einwilligung S. 50 m. Fn. 180) dem Basismodell vorwirft, es verfehle „die Notwendigkeit des Schutzes der Abwehrdimension der körperlichen Dispositionsfreiheit durch die §§ 223 ff StGB" und dafür allein auf den eigenmächtigen Heileingriff abstellt, ist das wenig überzeugend. Denn über die dogmatisch zutreffende Behandlung der Sonderproblematik des ärztlichen Heileingriffs wird seit sehr langer Zeit intensiv gestritten – und bis heute von vielen die Schaffung eines Spezialtatbestandes gefordert, der gerade den Angriff auf die Patientenautonomie unter Strafe stellt, um das Rechtsgut des § 223 nicht zu verfälschen (vgl. nur *Lilie* LK[11] Vor § 223 Rdn. 6 m.w.N.). Das Basismodell könnte schon jetzt – allerdings unter Verkehrung des sozialen Sinns der ärztlichen Tätigkeit – auch ohne Einführung eines neuen Straftatbestandes Schutz bieten (*Rönnau* Willensmängel S. 106); angemessener wäre aber die Pönalisierung der eigenmächtigen Heilbehandlung (wie in Österreich schon seit 1975 in § 110 öStGB). *Zudem:* Ob *Fateh-Moghadam* (aaO) als Anhänger des Integrationsmodells *Roxins* sich mit seiner Kritik wirklich im Schulterschluss mit diesem befindet, ist keineswegs ausgemacht. Denn – so *Roxin* (AT I § 13 Rdn. 26; *ders.* FS Amelung, 269, 285) – ob bei einem Heileingriff ohne Zustimmung des Patienten der Tatbestand des § 223 gegeben ist, ist eine Frage, die außerhalb der Einwilligungslehre liegt" – wenngleich *Roxins* Einwilligungslehre eine Strafbarkeit ermöglichen würde.
676 Mittlerweile zieht sich auch *Roxin* (FS Amelung, 269, 281 f) in Reaktion auf Kritik (von *Amelung* und *Rönnau*) jedenfalls in Grenzbereichen argumentativ auf ein eher formales Schutzkonzept zurück, wenn er formuliert: „Die bisherige Diskussion leidet (...) an einer Blickverengung, indem sie die Persönlichkeitsautonomie ausschließlich unter dem Gesichtspunkt der Dispositionsfreiheit betrachtet (...). Die Tatbestände aber sollen gerade gegen Eingriffe schützen, die ohne oder ohne wirksame Einwilligung erfolgen. Die Verfügungsfähigkeit hat nur die Bedeutung, dass sie, wenn von ihr in autonomer Gestaltung Gebrauch gemacht wird, den tatbestandlichen Schutz ausschließt."

präventiven Gründen in diesen Extremsituationen allein die Institutionen Leben, körperliche Integrität, Eigentum usw. geschützt werden; näher und zu weiteren Argumenten *Rönnau* Willensmängel S. 109 ff.[677]

157 b) Voraussetzungen der Einwilligung. Die gesetzliche Grundlage, auf der die Einwilligungsdogmatik ruht, ist schmal. Das Gesetz enthält keinerlei positive Aussagen über Grund und Voraussetzungen der Einwilligung, sondern regelt in den §§ 216, 228 allein deren objektive Grenzen. Daneben finden sich einige Tatbestände im Besonderen Teil des StGB, die ausdrücklich (z.B. § 248b) oder nach Auslegung der jeweiligen Tathandlung (etwa §§ 123, 240, 242) ein Handeln gegen oder ohne den Willen des Berechtigten voraussetzen. Verallgemeinerungsfähige Aussagen über inhaltliche Grundfragen der Einwilligung lassen sich diesen Tatbeständen nicht entnehmen. Die Einwilligungsdogmatik musste also von Rechtsprechung und Literatur selbständig entwickelt werden und ist nach wie vor mit zahlreichen Unsicherheiten behaftet.

157a Es besteht heute weitgehend Konsens darüber, dass die Einzelvoraussetzungen der Einwilligung tatbestandsbezogen definiert werden müssen (wie hier *Jescheck/Weigend* § 34 I 2a; *Roxin* AT I § 13 Rdn. 32, 80; *Sch/Schröder/Lenckner/Sternberg-Lieben* Rdn. 32).[678] Damit können auch diejenigen, die der Einwilligung durchweg eine tatbestandsausschließende Wirkung zuschreiben, etwa Irrtum und Täuschung hinsichtlich der Zustimmung zur Wegnahme beim Diebstahl anders behandeln als bei der Einwilligung in eine Körperverletzung. Demgegenüber hat die Ansicht stark an Bedeutung verloren, die aus der strikten Differenzierung zwischen Einverständnis und Einwilligung schematisch unterschiedliche Wirksamkeitsvoraussetzungen ableitet, die teils aus dem Gegensatz zwischen der mehr „faktischen" Natur des Einverständnisses im Verhältnis zum „rechtlichen" Charakter der Einwilligung, teils aus der abweichenden deliktssystematischen Einordnung beider Zustimmungsformen resultieren sollen.[679] Auf folgende Besonderheiten der Voraussetzungen eines Einverständnisses, wie sie sich nach h.M. vor dem Hintergrund der Funktion des jeweiligen Tatbestands und dem Wesen des dort geschützten Rechtsguts ergeben, sei vor der Behandlung der allgemeinen Einwilligungsregeln hingewiesen:[680]

---

677 Nach *Ingelfinger* Grundlagen S. 52 f ist menschliches Leben als „Grundlage zur Verwirklichung von Würde" zu schützen. „Ein weites, am Menschenbild der Verfassung orientiertes Verständnis von Personalität muss dem Umstand Rechnung tragen, dass sich Würde nicht nur realisiert, solange Handlungsmöglichkeiten bestehen, sondern solange der Mensch von seinen Mitmenschen als eigenständig Lebender erfahren werden kann."
678 Weiter *Arzt* Willensmängel S. 24 ff; *Corsten* Einwilligung S. 32; *Edlbauer* Hypothetische Einwilligung S. 109 ff; *Eschelbach* BeckOK § 228 Rdn. 9; *Frister* 15/3; *Jakobs* 7/105 ff; *Kientzy* Mangel am Straftatbestand S. 65 ff; *Kindhäuser* LPK Vor § 13 Rdn. 202; *Kühl* AT § 9 Rdn. 42 ff; *Lackner/Kühl/Kühl* Rdn. 11; *Murmann* Selbstverantwortung S. 473; *Chr. Wagner* Schönheitsoperation S. 160; auch *Otto* FS Geerds, 603; *Odenwald* Einwilligungsfreiheit S. 279 ff; *Riedelmeier* Heileingriff S. 121 f; *Rinck* Zweistufiger Deliktsaufbau S. 50; *Samson* SK[5] Rdn. 60, 64; *Schlehofer* MK Rdn. 148 f; *Schramm* Untreue S. 177, 209; *Sternberg-Lieben* Objektive Schranken S. 66 m. Fn. 54; *Stratenwerth/Kuhlen* AT § 9 Rdn. 11 f; *Zipf* Einwilligung S. 15 ff.
679 *Geerds* GA **1954** 262, 265; *Geppert* ZStW **83** (1971) 947, 959 m. Fn. 57; *Welzel* Strafrecht § 14 VII 1a; heute noch *Bockelmann/Volk* § 15 C I 1 bbb; *Heinrich* AT Rdn. 440; *Krey/Esser* Rdn. 658 ff; *Wessels/Beulke/Satzger* Rdn. 555 (mit Ausnahmen). So soll mit Rücksicht auf seine rein tatsächliche Natur das Einverständnis auch bei Willensmängeln beachtlich sein, während die Sittenwidrigkeit beim Einverständnis von vornherein ohne Bedeutung ist (aaO Rdn. 561); vermittelnd auch *Disput* Zustimmung S. 141 ff; näher zum Ausschluss einer analogen Anwendbarkeit des § 228 beim Einverständnis *Sternberg-Lieben* Objektive Schranken S. 200 ff.
680 *Kindhäuser* LPK Vor § 13 Rdn. 193 ff unterscheidet zwischen drei Gruppen einverständnisrelevanter Tatbestandsmerkmale mit jeweils unterschiedlichen Geltungsvoraussetzungen.

aa) Besonderheiten beim Einverständnis. Die **tatbestandliche Verschiedenheit** 158
zeigt sich einmal daran, dass der Druck, mit Hilfe dessen der Täter noch ein wirksames
Einverständnis des Betroffenen erzwingen kann, in den einzelnen Tatbeständen unterschiedlich bemessen ist. Während bei § 249 die Grenze relevanter Freiwilligkeit erst bei
Gewalt gegen eine Person oder bei Drohung mit gegenwärtiger Gefahr für Leib oder Leben überschritten wird, schließt bei § 123 auch schon geringerer Zwang ein einverständliches Betreten aus.[681] Ebenfalls ist das Maß der für ein wirksames Einverständnis erforderlichen Einsichtsfähigkeit bei den einzelnen Tatbeständen verschieden: Für die
Freiheitsdelikte kommt es stets nur auf die natürliche Willensfähigkeit an, weshalb Kinder oder Geisteskranke (BGHSt **23** 1, 3) nicht genötigt werden können, wenn sie mit dem
Verhalten des Täters einverstanden sind. Gleiches gilt für die an ein faktisches Herrschaftsverhältnis anknüpfenden Tatbestände, so dass etwa einem Kind mit dessen Einverständnis eine in seinem Alleingewahrsam befindliche Sache nicht „weggenommen"
werden kann (§ 242). In anderen Fällen wird das wirksame Einverständnis an eine natürliche Einsichts- und Urteilsfähigkeit oder – bei rechtsgeschäftlich bedeutsamen Positionen – gar an eine Geschäftsfähigkeit geknüpft. So soll in Situationen des § 185, in denen
bei einer Zustimmung schon der beleidigende Charakter der Äußerung entfällt, das Einverständnis nur dann tatbestandsausschließend wirken, wenn der Adressat das an und
für sich Ehrenrührige der Äußerung und den sozialen Wert der persönlichen Ehre verstanden hat (h.M., etwa *Roxin* AT I § 13 Rdn. 82; *Hilgendorf* LK § 185 Rdn. 39 m.w.N.; nach
der Rspr. beseitigt die Einwilligung zumeist nur die Rechtswidrigkeit, BGHSt [GrS] **11** 67,
72; **23** 1, 3f; **anders** aber BGHSt **36** 83, 87). Bei § 142 wird zumindest verlangt, dass der
Minderjährige eine genügende Vorstellung von der Bedeutung seines Verzichts hat (verneint durch OLG Hamm VRS **23** [1962] 102, 104;[682] bejaht durch BayObLG ZfS **1991** 320 [15-jähriger Jugendlicher]),[683] und ein Teil des Schrifttums fordert weitergehend Geschäftsfähigkeit.[684] Notwendig ist letztere für das Einverständnis beim Missbrauchstatbestand
des § 266, weil hier die Überschreitung rechtsgeschäftlicher Befugnisse Tatbestandsmerkmal ist (*Sch/Schröder/Lenckner/Sternberg-Lieben* Rdn. 32a; *Roxin* AT I § 13 Rdn. 83
m.w.N.).

Entsprechend differenziert die h.M. (nicht immer überzeugend, dazu Rdn. 157a) 159
auch bei den **weiteren Erfordernissen des Einverständnisses**. Während danach in der
Regel eine (ausdrückliche oder konkludente) Einverständniskundgabe nicht notwendig
ist, sondern schon das bloße innere Einverstandensein mit der Handlung des Täters genügt (BayObLG NJW **1979** 729; OLG Düsseldorf NJW **1988** 83),[685] soll sie bei solchen Tatbeständen erforderlich sein, die eine rechtsgeschäftlich bedeutsame Position schützen
(so bei den §§ 142 und 266). Auch dem Umstand, dass ein Einverständnis auf Täuschung
oder Irrtum beruht, wird lediglich dort Bedeutung zugemessen, wo es um den Schutz des
rechtsgeschäftlichen Bereichs geht. So behandelt man einen durch Täuschung bewirkten Verzicht auf Feststellungen am Unfallort als unwirksam (BayObLG NJW **1984** 1365;
OLG Stuttgart NJW **1982** 2266; *Bernsmann* NZV **1989** 49, 53ff; *Horn/Hoyer* JZ **1987** 965,

---

681 Weitere Differenzierung zu § 123 bei *Sch/Schröder/Sternberg-Lieben* § 123 Rdn. 22.
682 OLG Karlsruhe GA **1970** 311, 312 (9-jähriges Kind); OLG Düsseldorf VM **1977** 16 (8-jähriges Kind) und
VRS **80** (1991) 275 (16-jähriger Junge).
683 Weitere Rspr. bei *Geppert* LK[12] § 142 Rdn. 83 und näher *Bernsmann* NZV **1989** 49, 53.
684 *Jakobs* 7/106; *Sch/Schröder/Cramer/Sternberg-Lieben*[26] (2001) § 142 Rdn. 71 m.w.N.
685 Einheitlich für ein Kundgabeerfordernis jedoch *Roxin* AT I § 13 Rdn. 47 f, der hier generell die Kriterien der nach der h.M. erst rechtfertigenden Einwilligung anwenden will und deshalb Kundgabe der Zustimmung verlangt; ebenso *Kindhäuser* BT II/1 § 2 Rdn. 49; dagegen einheitlich für die Willensrichtungstheorie (dazu Rdn. 161f) eine vordringende Literaturansicht, vgl. nur *Schmidhäuser* StuB 5/126; *Samson* SK[5]
Rdn. 66; *Göbel* Einwilligung S. 136; *Rönnau* Jura **2002** 665, 666.

972 ff).[686] Ist sich demgegenüber der Hausrechts- oder der Gewahrsamsinhaber der Öffnung des Zugangs zu den Räumlichkeiten bzw. der Aufhebung seines Gewahrsams bewusst, dann scheidet wegen Einverständnisses ein Eindringen bzw. ein Gewahrsamsbruch aus, gleichgültig, ob das Einverstandensein täuschungs- oder irrtumsbedingt ist (vgl. *Sch/Schröder/Sternberg-Lieben* § 123 Rdn. 22 [m. Nachw. zum dortigen Streitstand]; *Sch/Schröder/Eser/Bosch* § 242 Rdn. 36). Nach diesen Grundsätzen wird auch die Zustimmung zum Betreten von Wohnungen durch verdeckt ermittelnde Polizeibeamte beurteilt, die nicht verdeckte Ermittler i.S.v. § 110a StPO sind, vgl. BGH NStZ **1997** 488; StV **1997** 233 m. Anm. *Wollweber* StV **1997** 507; *Fischer* § 123 Rdn. 24; näher *Sch/Schröder/Sternberg-Lieben* § 123 Rdn. 22. Ebenfalls liegt bei § 234 ein beachtliches Einverständnis vor, solange nicht der Grad der List erreicht ist.

160 Kennt der Täter das Einverständnis nicht, so handelt er vorsätzlich (z.B. bezüglich der Wegnahme, wenn er nichts vom Einverständnis in den Gewahrsamsbruch weiß); es liegt daher untauglicher Versuch vor (BGHSt **4** 199; **16** 271, 278).[687] Hält er umgekehrt ein Einverständnis irrtümlich für gegeben, so bewirkt das Unkenntnis hinsichtlich eines Tatumstands, weshalb der Vorsatz entfällt (OLG Hamm VRS **23** [1962] 102, 104). Das Einverständnis muss **bei Begehung der Tat** vorliegen; eine nachträgliche Genehmigung genügt ebensowenig wie bei der rechtfertigenden Einwilligung.

bb) Einzelheiten zu den Einwilligungsvoraussetzungen

161 **(1) Einwilligungssachverhalt.** Die Frage, welcher tatsächliche Vorgang als Einwilligung rechtliche Bedeutung erlangt, wird bisher nicht einheitlich beantwortet. Nach der heute überwiegend vertretenen **eingeschränkten Willenserklärungstheorie** (auch als vermittelnde Theorie oder Willenskundgabetheorie bezeichnet) muss der zustimmende Wille erklärt, d.h. nach außen kundgetan worden sein, ohne dass es sich aber um eine rechtsgeschäftliche Willenserklärung i.S.d. BGB, die empfangsbedürftig wäre und Geschäftsfähigkeit voraussetzte, zu handeln braucht.[688] Zur Entbehrlichkeit der bürgerlich-rechtlichen Geschäftsfähigkeit siehe BGHSt **4** 88; **12** 379, 383.[689] Dagegen wird von einem Teil des Schrifttums zusätzlich Geschäftsfähigkeit verlangt, sofern es sich um die Einwilligung in die Verletzung von Vermögensrechten handelt.[690] Gegen diese Ansicht über-

---

686 Weitere Nachw. bei *Sch/Schröder/Sternberg-Lieben* § 142 Rdn. 30c und SSW/*Ernemann* § 142 Rdn. 33 m. Nachw. auch zur Gegenansicht; einschränkend bei Täuschung über Personalien *Küper* JZ **1990** 510, 517 ff.
687 Auch BayObLG JR **1979** 296, 297 m. Anm. *Paeffgen;* OLG Köln NJW **1961** 2360; OLG Celle JR **1987** 253, 254 m. Anm. *Hillenkamp;* OLG Düsseldorf NJW **1988** 83 und NStZ **1992** 237 m. **krit**. Anm. *Janssen* und zust. Anm. *Hefendehl* NStZ **1992** 544.
688 Vgl. zum Erklärungserfordernis: BGH NJW **1956** 1106; BayObLG NJW **1968** 665; OLG Schleswig SchlHA **1959** 154; OLG Celle NJW **1964** 736; VRS **33** (1967) 433; MDR **1969** 69; OLG Oldenburg NJW **1966** 2132; OLG Frankfurt/M. NStZ-RR **2005** 237. Ebenso im Schrifttum etwa *Amelung/Eymann* JuS **2001** 937, 941; *Braun-Hülsmann* Einwilligung S. 189; *Corsten* Einwilligung S. 38; *Eschelbach* BeckOK § 228 Rdn. 16; *Fischer* Rdn. 3c; *Hirsch* LK[11] Rdn. 109; *Jescheck/Weigend* § 34 IV 2; *Kindhäuser* AT § 12 Rdn. 17; *Kühl* AT § 9 Rdn. 31; *Maurach/Zipf* § 17 Rdn. 62; *Popp* ZStW **118** (2006) 639, 653 f; *Roxin* AT I § 13 Rdn. 71 ff; *Sch/Schröder/Lenckner/Sternberg-Lieben* Rdn. 43; *Schramm* Untreue S. 179 (bei § 266); *Schroth* FS Volk, 719, 723; *Stief* Einwilligungsfähigkeit S. 17; *Chr. Wagner* Schönheitsoperation S. 166 f; *Welzel* Strafrecht § 14 VII 2b; *Wessels/Beulke/Satzger* Rdn. 579; für die h.M. im Zivilrecht *Ohly* Einwilligung S. 337 ff m.w.N. Nach Baumann/Weber/*Mitsch*/Eisele § 15 Rdn. 133 muss die Einwilligungserklärung an den Täter gerichtet sein, damit er von ihr Kenntnis nehmen kann.
689 Außerdem *Jescheck/Weigend* § 34 IV 1 m. Fn. 44; *Maurach/Zipf* § 17 Rdn. 62; *Schmidhäuser* StuB 5/127; *Bockelmann/Volk* § 15 I 2b.
690 So *Samson* SK[5] Rdn. 75; *Sch/Schröder/Lenckner*[27] Rdn. 39 f (**anders** jetzt *Sch/Schröder/Lenckner/Sternberg-Lieben* Rdn. 39 f).

zeugend *Jescheck/Weigend* § 34 IV 1 m. Fn. 44 mit dem Argument, dass sich die Wirksamkeit von Verträgen nach anderen Regeln bestimmt als die Rechtswidrigkeit der Verletzung fremden Vermögens. Schließlich gewinnt eine Literaturansicht wieder an Bedeutung, die es für eine Einwilligung ausreichen lässt, dass der Einwilligende dem Eingriff innerlich zustimmt, sog. **Willensrichtungstheorie** (KG JR **1954** 428; *Schmidhäuser* StuB 5/126; *Samson* SK[5] Rdn. 66; *Jakobs* 7/115 – allerdings zweifelnd).[691] Ohne Anhängerschaft ist heute die sog. Rechtsgeschäfts- oder auch strenge Willenserklärungstheorie, die dem Handelnden erst dann ein widerrufliches Eingriffsrecht zubilligte, wenn die Einwilligung erklärt und dem Täter zugegangen war (so vornehmlich *Zitelmann* AcP **99** [1906] 1, 51 ff).[692]

Für das Erfordernis einer Willensäußerung soll vor allem die Rechtssicherheit sprechen, da ein nicht hervorgetretener Gedanke „nicht Ausdruck des Willens und mangels Feststellbarkeit nicht zur Anküpfung von Rechtsfolgen geeignet" sei (*Roxin* AT I § 13 Rdn. 73; *Sch/Schröder/Lenckner/Sternberg-Lieben* Rdn. 43; *Amelung/Eymann* JuS **2001** 937, 941).[693] Ein im forum internum verbleibender Gedanke sei keine rechtlich relevante Willensbetätigung (*Roxin* AT I § 13 Rdn. 73). Gegen die Willenskundgabetheorie spricht schon, dass sie den materiellen Grundgedanken der Einwilligung als Instrument der Freiheitsbetätigung des Gutsinhabers vernachlässigt (*Göbel* Einwilligung S. 135 f; auch *Matt/Renzikowski/Engländer* Rdn. 20).[694] Bemerkenswert ist zudem, dass das Vorliegen einer Einwilligung als Rechtsfrage von einer bloßen Beweisfrage abhängen soll (*Göbel* Einwilligung S. 136; *Knauf* Mutmaßliche Einwilligung S. 22 f, 54; *Mitsch* Rechtfertigung S. 623 m. Fn. 34).[695] Letzteres hindert die Vertreter der Willenskundgabetheorie jedoch nicht daran, beim Einverständnis die bloß innere Zustimmung ausreichen zu lassen (zutreffend *Schlehofer* MK Rdn. 173).[696] Schließlich machen sie die Existenz einer Einwilligung von reinen Zufälligkeiten im Ausdrucksverhalten einer Person abhängig.[697]

162

Nach h.A. kann die Erklärung **ausdrücklich oder konkludent** erfolgen (vgl die obengenannte Rspr.; *Roxin* AT I § 13 Rdn. 74; *Sch/Schröder/Lenckner/Sternberg-Lieben* Rdn. 43); **anders** – aber nicht verallgemeinerungsfähig – etwa § 8 Abs. 1 Nr. 8a)-c) VStGB oder § 40 Abs. 1 S. 3 Nr. 3 a), c) AMG mit dem Erfordernis einer „ausdrücklichen" Einwilligung. Konkludent erteilt werden kann auch die vom gesetzlichen oder gewillkürten Vertreter abgegebene Erklärung (näher zur Vertretungsbefugnis Rdn. 178 ff). Zu den praktisch häu-

163

---

691 Weiter *Dach* Einwilligung S. 97 f; *Frisch* in Eser/Nishihara S. 321, 332 f; *Frister* 15/7; *Göbel* Einwilligung S. 136; *Fuchs/Zerbes* AT 16. Kap. Rdn. 10; *Hinterhofer* Einwilligung S. 82 ff; *Joecks/Jäger* Rdn. 26; *Matt/Renzikowski/Engländer* Rdn. 20; *Putzke* RpflStud **2012** 65, 70; *Schlehofer* Einwilligung S. 79 f; *ders*. MK Rdn. 173; *Stratenwerth/Kuhlen* AT § 9 Rdn. 29; *Riedelmeier* Heileingriff S. 103 ff; *Rinck* Zweistufiger Deliktsaufbau S. 38; *Rönnau* Jura **2002** 665, 666; *Zieschang* AT S. 76; zu Vertretern aus dem Zivilrecht *Ohly* Einwilligung S. 327 f; zum älteren Schrifttum s. *Hirsch* LK[11] Rdn. 110.
692 Vgl. ferner BGH NJW **1956** 1106; *Kohte* AcP **185** (1985) 105, 152 ff; *Ohly* Einwilligung S. 201 ff; *ders*. FS Jakobs, 451, 461 ff; zur Kritik nur *Noll* Übergesetzliche Rechtfertigungsgründe S. 68 ff m.w.N.
693 Ausführlich zur Funktion der Einwilligungserklärung *Mitsch* Rechtfertigung S. 621 ff.
694 Dass es dem Gutsinhaber zur besseren Steuerung des Eingriffs anzuraten ist, dem Eingreifenden möglichst die Konditionen für den gewünschten Eingriff vorzugeben (dazu näher *Mitsch* Rechtfertigung S. 624 ff; zust. *Stief* Einwilligungsfähigkeit S. 17), ändert an der Maßgeblichkeit allein des Willens des Gutsinhabers für die Gutspreisgabe nichts.
695 Hier liegt auch der Vorwurf einer verkappten Verdachtsstrafe nahe: Es erfolgt trotz Einwilligung eine Bestrafung wegen vollendeten Delikts als Reaktion auf den Verdacht, eine Einwilligung habe nicht vorgelegen. *Roxin* AT I § 13 Rdn. 73 fordert dagegen für ein rechtserhebliches Kriterium wenigstens seine prinzipielle Beweisbarkeit, woran es bei bloß innerlich gebliebener Zustimmung gerade fehle.
696 Einheitlich für das Kundgabeerfordernis daher *Roxin* AT I § 13 Rdn. 76; *Kindhäuser* LPK Vor § 13 Rdn. 212.
697 Siehe die Beispiele von *Samson* SK[5] Rdn. 71; *Göbel* Einwilligung S. 136. Ausführliche Verteidigung der Willensrichtungstheorie gegen Kritik durch *Rinck* Zweistufiger Deliktsaufbau S. 39 m. Fn. 41.

figsten Fällen konkludenter Einwilligung, nämlich der in Sportverletzungen, der des verletzten Mitfahrers im Straßenverkehr und der in den ärztlichen Heileingriff auf der Grundlage der Rspr., nach der jeder ärztliche Heileingriff eine tatbestandsmäßige Körperverletzung sein soll, im Einzelnen *Hirsch* LK[11] § 228 Rdn. 12ff. Konkludente Einwilligung ist mehr als bloßes Dulden, Geschehenlassen oder tatsächliches Nichthindern; es erfordert das Deutlichwerden des inneren Einverstandenseins mit der Tat (*Sch/Schröder/ Lenckner/Sternberg-Lieben* Rdn. 43, 45; *Stratenwerth/Kuhlen* AT § 9 Rdn. 27; *Amelung* Einwilligung S. 97ff).[698] Der Grad des Herbeiwünschens ist jedoch nicht erforderlich. Ein vor der Tat ausgesprochener Verzicht auf das Strafantragsrecht kann als Einwilligung in das Antragsdelikt zu deuten sein.[699] Aus den zivilrechtlichen Haftungsbeschränkungen, auch wenn sie dem Verletzten bekannt waren, folgt noch keine (rechtfertigende) Einwilligung, da sie nur die Rechtsfolge des Schadensersatzes betreffen, während die Einwilligung weitergehend die Zulässigkeit der Rechtsgutsbeeinträchtigung zum Inhalt hat. Im Übrigen sollen für die Auslegung von Einwilligungserklärungen allgemein die in der Rechtsgeschäftslehre anerkannten Grundsätze gelten.[700] Die teilweise befürwortete Anwendbarkeit des AGB-Gesetzes (aufgegangen in den §§ 305ff BGB) auf vorformulierte Einwilligungserklärungen[701] ist jedoch nicht nur wegen deren nichtrechtsgeschäftlichen Charakters abzulehnen (*Schütte* NJW **1979** 592f), sondern auch wegen der unterschiedlichen Zweckrichtung.[702] Das Deliktsrecht hat hier eigene Maßstäbe anzulegen. Wegen der Pflicht zur mündlichen Aufklärung können Formularerklärungen allein zudem keine wirksame Einwilligung in ärztliche Behandlungsmaßnahmen begründen (zust. *Chr. Wagner* Schönheitsoperation S. 230). Nunmehr verlangt § 630e Abs. 2 Nr. 1 BGB eine auch für das Strafrecht beachtliche mündliche Aufklärung, der der Arzt noch nicht genügt, wenn er dem Patienten ein Aufklärungsformular mit der Bitte um Unterschrift aushändigt (BGH[Z] NJW-RR **2017** 533, 534; *Magnus* Patientenautonomie S. 172; beide m.w.N.). Sieht das Gesetz für die Einwilligungserklärung eine **besondere Form** (insbesondere Schriftform) vor, so ist diese Erklärung deliktsrechtlich in Bezug auf den Eingriff, in den eingewilligt worden ist, auch bei Nichteinhaltung der Form beachtlich, sofern das Formerfordernis ausschließlich Beweisinteressen dient (*Sch/Schröder/Lenckner/Sternberg-Lieben* Rdn. 43; auch *Garbe* Wille und Hypothese S. 202; näher *Schramm* Untreue S. 181ff; vgl. für das TFG etwa *Deutsch* NJW **1998** 3377, 3380; zudem *Tag* MK § 6 TFG Rdn. 2). Denn es kommt deliktsrechtlich allein darauf an, ob der Eingriff vom Willen des Betroffenen gedeckt ist. Ein solches allein auf Dokumentation zielendes Formerfordernis findet sich z.B. in § 40 Abs. 1 Satz 3 Nr. 3 b), c) AMG, weshalb bei schreibunfähigen Personen in Ausnahmefällen neben der eigentlich geforderten schriftlichen Zu-

---

[698] *Welzel* Strafrecht § 14 VII 2a; *Ohly* Einwilligung S. 328 m.w.N.; zudem *Heinrich* Rdn. 459. *Schlehofer* MK Rdn. 178 nimmt auch bei Gleichgültigkeit in Bezug auf die Rechtsgutsgefährdung ein Einverständnis an.
[699] *Sch/Schröder/Sternberg-Lieben/Bosch* § 77 Rdn. 31/32: „idR als Einwilligung in die Tat aufzufassen".
[700] So *Jakobs* 7/110, 115; 14/8; *Otto* Jura **2004** 679, 681; *Roxin* AT I § 13 Rdn. 111; *Ohly* Einwilligung S. 340ff; ebenso *Schlehofer* MK Rdn. 179 unter Hinweis darauf, dass es anderenfalls zu Wertungswidersprüchen zwischen Zivil- und Strafrecht kommen würde; *Uhlenbruck* MedR **1992** 134, 136. Vgl. aber auch *Amelung* Willensmängel S. 46ff, nach dessen Willensmängelkonzeption zunächst von einer Unwirksamkeit der Einwilligung auszugehen ist, wenn sich in ihr nicht die Wertentscheidung des Einwilligenden widerspiegelt.
[701] Für das Zivilrecht siehe BGHZ **141** 124 und 137, 149; BGH GRUR **2000** 818f – jew. zur Telefonwerbung; BGHZ **177** 253, BGH GRUR **2013** 531 Rdn. 16ff und GRUR **2017** 748 Rdn. 20ff – jew. zu Werbemaßnahmen (per E-Mail, SMS, Telefonanruf); *Kothe* AcP **185** (1985) 105, 128ff; *Ohly* Einwilligung S. 436ff; alle m.w.N.; für das Strafrecht ziehen *Sch/Schröder/Lenckner/Sternberg-Lieben* Rdn. 43 eine analoge Anwendung in Betracht.
[702] *Jungbecker* MedR **1990** 173, 174f.

stimmung auch eine mündliche Einwilligung in Anwesenheit von mindestens einem (bei der Aufklärung einbezogenen) Zeugen ausreicht (Satz 4). Anders kann es bei Schriftformerfordernissen liegen, die den Schutz vor übereilten Zustimmungen und dem damit verknüpften Risiko von einwilligungsrelevanten Irrtümern bezwecken (ausführlicher *Sch/*(*Schröder/Lenckner/Sternberg-Lieben* Rdn. 43). Im Übrigen handelt es sich um eine parallele Erscheinung zu dem Beratungssystem beim Schwangerschaftsabbruch (§§ 218b ff), dessen Nichtbeachtung ebenfalls ohne Einfluss auf die materiellrechtliche Seite (§§ 218, 218a) ist.[703]

(2) Gegenstand der Einwilligung. Über den Inhalt des zustimmenden Willens gibt es bei **vorsätzlich** begangenen Erfolgsdelikten weitgehend Konsens: Die Einwilligung muss sich auf die **Eingriffshandlung** und den tatbestandsmäßigen (Verletzungs- oder Gefährdungs-)**Erfolg** erstrecken (*Sch/Schröder/Lenckner/Sternberg-Lieben* Rdn. 34).[704] Abweichend bezieht eine verbreitete Meinung die Zustimmung entweder allein auf den Erfolg (etwa *Zipf* Einwilligung S. 22 [relativierend *Maurach/Zipf* § 17 Rdn. 53 ff, 56])[705] oder ausschließlich auf die Handlung (so *Paeffgen/Zabel* NK § 228 Rdn. 12 m.w.N.; *Wolters* SK § 228 Rdn. 4 ff; *Eschelbach* BeckOK § 228 Rdn. 2 [**anders** in Rdn. 17]).[706] Sieht man wie hier den materiellen Grundgedanken der Einwilligung in einer Freiheitsgestaltung unter bewusster (partieller) Aufopferung des Rechtsgutes, ist die Betonung der erfolgsbezogenen Komponente der Einwilligung unumgänglich. Der Einwilligende muss also den Erfolgseintritt zumindest für möglich halten und billigend in Kauf nehmen, damit die Einwilligung als Betätigung der Autonomie des Einzelnen erscheint (*Otto* BT § 15 Rdn. 16; *Rönnau* Willensmängel S. 194; *Ostendorf* JuS **1982** 426, 432).[707] Vertraut er dagegen auf das Ausbleiben des Erfolgs, willigt er nicht in eine bedingt vorsätzliche Tatbegehung ein, so dass sich der in Kenntnis der Umstände Eingreifende wegen versuchten (wenn der Erfolg nicht eintritt) oder vollendeten Delikts strafbar macht (*Sch/Schröder/Lenckner/Sternberg-Lieben* Rdn. 34; *Hirsch* LK[11] Rdn. 107). Gleiches gilt bei Kampfsportarten i.e.S.,[708] die

---

703 Dazu nur *Merkel* NK § 218b Rdn. 1: Schutz von Verfahrensregeln.
704 Weiter *Albrecht* Hypothetische Einwilligung S. 529 f; Baumann/Weber/*Mitsch*/Eisele § 15 Rdn. 133; Jescheck/*Weigend* § 34 IV 3; *Kindhäuser* LPK Vor § 13 Rdn. 166; *Krey*/Esser § 17 Rdn. 670; *Lackner*/Kühl/Kühl § 228 Rdn. 2; *Matt*/Renzikowski/Engländer Rdn. 19; *Otto* BT § 15 Rdn. 16; ders. FS Geerds, 603, 621; *Ostendorf* JuS **1982** 426, 432; *Roxin* AT I § 13 Rdn. 78; ders. GA **2012** 655, 661; ders. GA **2018** 250, 259; *Lasson* ZJS **2009** 359, 366; *Lotz* Fremdschädigung S. 215 m.w.N.; dabei stärker die Handlungsseite betonend *Hirsch* LK[11] Rdn. 106; auch *Fischer* § 228 Rdn. 5; die Erfolgsseite hervorhebend *Sternberg-Lieben* Objektive Schranken S. 214; *Rönnau* Willensmängel S. 194. Für einen Für einen Kombinationsansatz – Einwilligung entweder in den Verletzungserfolg oder die gefährliche Handlung – *Furchs/Zerbes* AT 16. Kap. Rdn. 14.
705 Ebenso *Samson* SK[5] Rdn. 71; *Geppert* ZStW **83** (1971) 947, 974; *Göbel* Einwilligung S. 25 f; *Kindhäuser* AT § 12 Rdn. 7; *Eb. Schmidt* JZ **1954** 369, 372; ausführlicher zum Streit um den Einwilligungsgegenstand *Zipf* Einwilligung S. 20 ff; *Schrey* Einwilligung S. 26 ff; *Ensthaler* Einwilligung S. 47 ff.
706 *Frister* 15/12; Stratenwerth/*Kuhlen* AT § 9 Rdn. 27; *Dölling* ZStW **96** (1984) 36, 64; *Murmann* Selbstverantwortung S. 450 f; *Hansen* Einwilligung S. 107 ff.
707 Hier kehrt die geläufige Formel zur Abgrenzung des dolus eventualis von der bewussten Fahrlässigkeit mangels eines besseren (konturenschärferen) Maßstabs als Mindestvoraussetzung an die subjektive Seite der Einwilligung wieder, s. *Sternberg-Lieben* Objektive Schranken S. 214 ff; weiter zu den Versuchen, die in der Vorsatzdiskussion vertretenen Ansätze auf die /Risiko)Einwilligung zu übertragen, *Menrath* Einwilligung S. 150 ff. Dass bei „Datenverarbeitungseinwilligungen" der Unrechtsausschluss unter Rückgriff auf die Einwilligung angesichts der Datenflut und der unvorhersehbaren Verwendungsarten („Big Data") an seine Grenzen kommt und die Zustimmung zu einem „formalisierten Ritual" verkommt, sei hier nur erwähnt; näher Katko/*Babaei-Beigi* MMR **2014** 360, 362 f.
708 Zur Grenzziehung bei gewöhnlichen Sportarten (wie Fußball als Kontaktsportart bzw. Leichtathletik oder Schwimmen als Parallelsportarten) s. *Hirsch* FS Szwarc, 559, 563 ff, der die Grenze zum tatbestandsmäßigen Fahrlässigkeitsunrecht erst dort überschritten sieht, wo sich nicht mehr von sportarttypischen Begleiterscheinungen sprechen lässt. Eine Abschichtung unter Rückgriff auf die rechtfertigende Einwilli-

auf (erhebliche) Körperverletzungen gerade abzielen (insbes. Boxen) und deren Regeln daher vorsätzliche Körperverletzungen zum Inhalt haben. Wer an einem Boxkampf teilnimmt, bei dem die tatbestandsmäßige Verletzung seiner Rechtsgüter ernsthaft zu erwarten ist, willigt (konkludent) in die Verletzungen ein, die bei regelkonformem Verhalten des Gegners üblich sind, auch wenn er sich bemüht, eigene Körperschäden zu vermeiden (*Rössner* FS Hirsch, 313, 317; *Hirsch* FS Szwarc, 559, 568f; *Sch/Schröder/Lenckner/Sternberg-Lieben* Rdn. 103; *Sch/Schröder/Stree/Sternberg-Lieben* § 228 Rdn. 27; *Fischer* § 228 Rdn. 22).[709] Die Einwilligungsgrenze markiert hier § 228, so dass sich bei schwerer Missachtung der anerkannten Sport- oder Kampfregeln (etwa Beißen eines Boxers oder vorsätzlicher Tritt in das Gesicht des am Boden liegenden Torwarts) eine Strafbarkeit gem. den §§ 223 ff ergibt (vgl. BGHSt **4** 88, 92; BayObLGSt **1960** 266, 269; NJW **1961** 2072, 2073; OLG Braunschweig NdsRpfl **1960** 233, 234; OLG Karlsruhe NJW **1982** 394f; OLG Hamm JR **1998** 465, 466; OLG Stuttgart (Z) NJW-RR **2007** 1251f m.w.N.; auch OLG Innsbruck SpuRt **214** 249, 251; ausführlich zur strafrechtlichen Behandlung vorsätzlich begangener Sportverletzungen *Hähle* Sportverletzungen S. 200ff; zu tätlichen Auseinandersetzungen rivalisierender Gruppen BGHSt **58** 140, 146ff, **60** 166 und OLG München NStZ **2014** 706, 708; näher *Hirsch* LK[11] § 228 Rdn. 12 und *Paeffgen/Zabel* NK § 228 Rdn. 109 (nach denen es hier schon an einer Einwilligung fehlt).[710]

165 Heftig umstritten ist dagegen die Frage, inwieweit die Regeln der Einwilligungsdogmatik auch auf **Fahrlässigkeitstaten** übertragen werden können. Die einschlägigen Fallgestaltungen sind typischerweise dadurch gekennzeichnet, dass sich der Rechtsgutsinhaber bewusst in eine Lage begibt, in der seinen Rechtsgütern ernsthaft tatbestandsmäßige Verletzungen drohen, er aber darauf vertraut, dass der Verletzungserfolg ausbleibt (statt vieler *Roxin* GA **2012** 635f; *Sch/Schröder/Lenckner/Sternberg-Lieben* Rdn 102; *Hellmann* FS Roxin [2001], 271; *Zaczyk* Strafrechtliches Unrecht S. 49); die psychische Beziehung des Rechtsgutsinhabers zum drohenden Rechtsgutsverlust entspricht also der inneren Einstellung bei der „bewussten" Fahrlässigkeit (*Fiedler* Einverständliche Fremdgefährdung S. 6). Besonders praktisch ist hier – neben dem Sportbetrieb – die Teilnahme an einer

---

gung unternehmen *Paeffgen/Zabel* NK § 228 Rdn. 109. Ausführlich zum Ganzen *Reinhart* in PHB-Sportrecht, 8. Teil Rdn. 63ff (der – wenig überzeugend [s. nur *Schild* FS Paeffgen, 153, 172f m.w.N.] – die Lösung über die gegenüber der Einwilligung subsidiäre mutmaßliche Einwilligung mangels Interesses sucht, Rdn. 82f).

[709] Auch *Dölling* ZStW **96** (1984) 36, 64; *Reinhart* SpuRt **2014** 56f; *Sch/Schröder/Lenckner/Sternberg-Lieben* Rdn. 103; *Schroeder* in Schroeder/Kauffmann S. 21, 29; *Weber* FS Baumann, 43, 45; *Kubink* JA **2003** 257, 260f; *Samson* SK[5] Rdn. 71; **abl.** *Eb. Schmidt* JZ **1954** 369, 372, da auch der Boxer nicht verletzt werden „will"; aus unterschiedlichen Gründen die Straflosigkeit des Boxens ablehnend *F. Herzog* GA **2006** 678ff; zutreffend dagegen *Reinhart* SpuRt **2009** 56ff. *Jakobs* 7/109 unterscheidet hier zwischen „finaler" und „unfinaler" Einwilligung; bei Ersterer sind die betreffenden Verhaltensfolgen beabsichtigt, bei Letzterer zumindest ein sozialer Kontakt. Dagegen auf Sozialadäquanz abstellend *Welzel* Strafrecht S. 37; *ders.* ZStW **58** (1939) 491, 518ff; *Jescheck/Weigend* § 25 IV 1; *Klug* FS Eb. Schmidt, 249, 264; *Schaffstein* ZStW **72** (1960) 369, 379; dazu **krit.** *Hirsch* LK[11] Rdn. 93 – monographisch zum Ganzen *Berkl* Der Sportunfall im Lichte des Strafrechts, Diss. Gießen 2006 (2007), die die Lösung in der Anwendung der Lehre von der objektiven Zurechnung sieht (S. 206 u. passim), *Rutz*, Kampfsport und Strafrecht, (elektronische) Diss. Tübingen 2010 und *Pechan*, Die Strafbarkeit wegen Körperverletzung im Sport, (elektronische) Diss. Tübingen 2011 S. 142ff.

[710] Auch *Putzke* RpflStud **2012** 65, 67 m.w.N. *Spoenle* (NStZ **2011** 552, 555f) sieht die aus der Beteiligung an abgesprochenen „Drittortschlägereien" (durch Hooligans) resultierenden „normalen" Verletzungsfolgen von einer Einwilligung gedeckt, die auch nicht sittenwidrig ist, wenn „der geforderten Chancengleichheit und angemessenen Sicherheitsvorkehrungen mittels durchsetzbarer Regeln und durchsetzungsfähiger Schiedsrichter zur Geltung verholfen werden kann." Warnung vor unterschiedsloser Strafbarkeit jeder vorsätzlichen oder grob fahrlässigen Regelwidrigkeit mit Verletzungsfolgen für den sportlichen Gegner durch *Reinhart* SpuRt **2014** 56, 57 f (um jungen Sportarten und deren sportlichem Regelwerk Entwicklungsmöglichkeiten zu geben).

Fahrt eines erkennbar fahruntüchtigen Kraftfahrers (vgl. nur BGHSt **6** 232, 234; BGH MDR **1959** 856; OLG Hamm DAR **1972** 77; DAR **1992** 348, 349).[711] Die in Rechtsprechung und Lehre herrschende Meinung löst diese unter dem Stichwort **„einverständliche Fremdgefährdung"** (in Abgrenzung zur konsentierten Fremdverletzung) diskutierten Fälle in problematischer Weise auf Rechtswidrigkeitsebene unter Rückgriff auf die **Einwilligungsregeln**,[712] die aber den Besonderheiten des Fahrlässigkeitsdelikts angepasst werden – sog. „Einwilligungslösung"[713] (vgl. nur BGHSt **40** 341, 347; auch BGHSt **49** 34, 39 und 166, 175 [dort allerdings zu vorsätzlichen Körperverletzungen]; **53**, 55, 63 – illegales „Autorennen"[714]; zust. OLG Celle StV **2013** 27, 29f m.w.N.).[715] Die wichtigste Abweichung besteht darin, dass der (konkludent erklärte) zustimmende Wille – anders als herrschend bei den Vorsatzdelikten vertreten – nicht auf die Handlung *und* den Erfolg, sondern allein auf die Gefährdungshandlung bezogen wird – sog. **Risiko-Einwilligung** (vgl. nur BGHSt **49** 166, 175 [**anders** aber OLG Zweibrücken BeckRS **2014** 18231 Rdn. 22]; *Kühl* AT § 17 Rdn. 83; jew. m.w.N.; *Hirsch* LK[11] Rdn. 95, 107; *Schlehofer* MK Rdn. 178). Mit dieser Beschränkung des Einwilligungsgegenstandes[716] wird bezweckt, das Handlungsunrecht der Tat in Fällen zu beseitigen, in denen die Sorgfaltsnorm, auf deren Einhaltung der Einwilligende verzichtet hat, allein seinem Schutz dient (grundlegend *Schaffstein* FS Welzel, 557, 563ff). Da Beeinträchtigungen von tatbestandlich geschützten Gütern ohne

---

711 Weitere Nachw. bei *Hirsch* LK[11] § 228 Rdn. 13; *Sch/Schröder/Stree/Sternberg-Lieben* § 228 Rdn. 25ff.
712 Rechtfertigung ablehnend OLG Koblenz BA **2002** 483; **anders** auch die Rechtsprechung in Zivilsachen, die seit 1961 mit BGHZ **34** 355, 358ff nicht mehr auf die Einwilligungsgrundsätze zurückgreift, sondern stattdessen § 254 BGB als Konkretisierung des gegen Treu und Glauben verstoßenden Verbots des venire contra factum proprium anwendet. Die jüngere Rechtsprechung zum „Handeln auf eigene Gefahr" referieren *Stoll* FG BGH I, 223ff, *Lorenz* BeckOK-BGB § 254 Rdn. 26, *Looschelders* BeckOGK-BGB § 254 Rdn. 133ff (nach Fallgruppen sortiert) sowie *Wagner* MK-BGB § 823 Rdn. 79ff (der – wie ausnahmsweise auch einmal BGHZ **195** 30 Rdn. 12f – das „Handeln auf eigene Gefahr" nicht erst über § 254 BGB, sondern durch Absenkung des deliktsrechtlich geforderten Sorgfaltsniveaus berücksichtigt).
713 *Roxin* moniert allerdings zu Recht, dass die von ihm (auch begrifflich) 1973 erschaffene Rechtsfigur der „einverständlichen Fremdgefährdung" strikt von der Einwilligung zu trennen ist, während die betroffenen Dogmatikfelder in Rspr. und Lehre gerne miteinander vermischt werden (JZ **2009** 399, 402f m.w.N.).
714 Zust. *Kühl* NJW **2009** 1158; *Renzikowski* HRRS **2009** 347, 353; *Satzger* JK 7/09 StGB § 222/8; *Jäger* FS Schünemann, 431; *Rengier* StV **2013** 30, 32ff m.w.N.; Skepsis bei *Kudlich* JA **2009** 389, 391; zweifelnd *Brüning* ZJS **2009** 194, 197; **abl.** *Roxin* JZ **2009** 399, 400; *Lasson* ZJS **2009** 359, 366; Falldiskussion auch bei *Duttge* MK § 15 Rdn. 198: BGH erkennt rechtfertigende Einwilligung bei einverständlicher Fremdgefährdung grds. an; ebenso *Grünewald* GA **2012** 364, 371; zu den Schranken der Risikoeinwilligung *Arzt* FS Geppert, 1, 12ff; *Murmann* GK § 25 Rdn. 193a.
715 OLG Düsseldorf NStZ-RR **1997** 325, 327; OLG Zweibrücken JR **1994** 518; zur Rspr.-Entwicklung *Lotz* Fremdschädigung S. 72–153; w. Nachw. zur Rechtsprechung und Literatur bei *Sch/Schröder/Lenckner/Sternberg-Lieben* Rdn. 102; *Vogel* LK[12] Rdn. 237ff; *Kindhäuser* LPK Vor § 13 Rdn. 215ff; auch *Heinrich* Rdn. 473; Baumann/Weber/Mitsch/*Eisele* § 12 Rdn. 4; *Kindhäuser* AT § 12 Rdn. 71 (der aber die Reichweite der §§ 216, 228 restriktiv bestimmen will); *Fiedler* Einverständliche Fremdgefährdung S. 15 m. Fn. 1–22; für eine modifizierte Einwilligungslösung auch *Jetzter* Einverständliche Fremdgefährdung Rdn. 315f (zu Widersprüchen seines Ansatzes *Roxin* AT **2018** 250 256f); weiterhin *Menrath* Einwilligung S. 120ff. Die Problematik ist im Schnittpunkt zahlreicher strafrechtsdogmatischer Kontroversen angesiedelt und weist bis heute in der Behandlung ein erhebliches Maß an Uneinheitlichkeit auf; s. zu den unterschiedlichen Lösungsansätzen die instruktiven Übersichten von *Fiedler* aaO S. 14ff; *S. Walther* Eigenverantwortlichkeit S. 7ff, 20ff; *Lotz* aaO S. 202ff (eigener Ansatz S. 257ff); *Menrath* aaO S. 53ff; *Cancio Meliá* ZStW **111** (1999) 357, 361ff; *Murmann* Selbstverantwortung S. 403ff, 415ff, der selbst – auf der Basis seines rechtsphilosophisch fundierten Ansatzes – in der Fremdgefährdung die Schaffung einer (tatbestandlich relevanten) rechtlich missbilligten Gefahr sieht; erst „eine Umgestaltung des konkreten Rechtsverhältnisses durch die selbstbestimmte Entscheidung des Opfers" (in Form der Einwilligung) kann die Rechtswidrigkeit des Täterverhaltens ausschließen (aaO S. 538).
716 Obwohl der Rechtsgutsinhaber tatsächlich nur mit dem risikoreichen Verhalten einverstanden ist, wird sein Wille *normativ* auch auf den eingetretenen Erfolg erstreckt, dazu sogleich.

Handlungsunrecht strafrechtlich irrelevant sind,[717] kommt nach dieser These eine Bestrafung des Einwilligungsempfängers wegen des von ihm (mit-)verursachten Rechtsgutsschadens nicht in Betracht (*Amelung/Eymann* JuS **2001** 937, 945; *Ostendorf* JuS **1982** 426, 432 m.w.N.). Weitere Modifizierungen gegenüber der herkömmlichen Einwilligungsdogmatik werden hinsichtlich der objektiven Einwilligungsschranken gem. §§ 216, 228 diskutiert.[718]

166 Besonders umstritten ist hier, inwieweit eine wirksame Einwilligung in **Lebensgefährdungen**, die letztlich zum Tod des Einwilligenden führen, möglich ist. Nach stark vertretener Meinung gilt das durch § 216 erweiterte Tötungsverbot nur für Vorsatztaten (*Lotz* Fremdschädigung S. 223 m.w.N.). Da sorgfaltswidrige Handlungen den vom Leben ausgehenden Achtungsanspruch in weniger gewichtiger Weise berühren, müsse bei fahrlässigen Tötungen trotz gleichem Rechtsgutsschaden eine Rechtfertigung in weiterem Umfang möglich sein (so OLG Zweibrücken JR **1994** 518, 519 mit Anm. *Dölling*; BGHSt **49** 166, 175; **53** 55, 63 m.w.N.; *Sch/Schröder/Lenckner/Sternberg-Lieben* Rdn. 104 m.w.N.);[719] **anders** – zumeist unter Hinweis auf § 216 – dagegen BGHSt **4** 88, 93; **7** 112, 114f, wonach aber „unter besonderen Voraussetzungen" die Pflichtwidrigkeit eines Verhaltens entfallen kann;[720] weiter BGH VRS **17** (1959) 277, 279; BayObLG NJW **1957** 1245, 1246.[721] Differenzierende Ansätze (im Überblick *Heghmanns* BA **2002** 484, 485f) stellen etwa auf die Schwere des tatsächlich eingetretenen Erfolgs ab[722] oder darauf, ob die Ge-

---

[717] So etwa *Murmann* Selbstverantwortung S. 431 m.w.N.; *Dölling* FS Geppert, 53, 58f; *Stefanopoulou* ZStW **124** (2012) 689, 695; *Renzikowski* HRRS **2009** 347, 353; *Brüning* ZJS **2009** 194, 197; *Grünewald* GA **2012** 364, 372f m.w.N.

[718] Da grundsätzlich die gleichen Wirksamkeitsvoraussetzungen wie bei der Einwilligung in vorsätzlich begangene Taten gelten (sollen), muss der Einwilligende als Inhaber des gefährdeten Rechtsguts, einwilligungsfähig etc. sein (näher *Sch/Schröder/Lenckner/Sternberg-Lieben* Rdn. 105 m.w.N.). Zu beanstanden ist schon hier, dass die Anhänger der Einwilligungslösung die Wirksamkeit der Zustimmung von ganz unterschiedlichen Voraussetzungen abhängig machen, s. *Roxin* GA **2012** 655, 662. So verlangt – pars pro toto – *Stratenwerth* (FS Puppe, 1017, 1023) außer der Entscheidungsfreiheit des Einwilligenden nur noch „seine Kenntnis der Tragweite des in Frage stehenden Vorgangs"; auch *Beulke* (FS Otto, 207, 215f), der explizit die Anwendbarkeit der §§ 216, 218 ausschließt.

[719] *Boll* Strafrechtliche Probleme S. 78 (mit ausführlicher Problembehandlung auf den S. 80ff); weiter *Duttge* FS Otto, 227, 231; *Hirsch* LK[11] Rdn. 95; *ders.* FS Welzel, 775, 797 m. Fn. 69; *Kientzy* Einwilligung S. 97 ff; *Samson* SK[5] Anh. § 16 Rdn. 33; *Schaffstein* FS Welzel, 557, 567 ff; *Schroeder* LK[11] § 16 Rdn. 180; *Stratenwerth/Kuhlen* AT § 15 Rdn. 35f; *Weber* FS Baumann, 43, 48; näher zu den Anpassungsversuchen *Fiedler* Einverständliche Fremdgefährdung S. 21 ff; *S. Walther* Eigenverantwortlichkeit S. 229ff; *Otto* FS Tröndle, 157, 169f; monographisch *Kellner* Die Einwilligung in die Lebensgefährdung, Diss. Regensburg 1974.

[720] Abl. gegenüber dieser (Pflichtwidrigkeits-)Lösung, die schon das Reichsgericht im berühmten Memel-Fall (RGSt **57** 172, 173f; auch JW **1925** 2250, 2252) vertreten hatte und die auch in der Literatur (etwa *Dach* Einwilligung S. 53ff, 108; *ders.* NStZ **1985** 24, 25; *P. Frisch* Fahrlässigkeitsdelikt S. 118ff; *Geppert* ZStW **83** [1971] 947, 996f [später Lösung über dogmatische Zurechnung, vgl. *ders.* Jura **2001** 490, 493f u. 559, 565 m.w.N.]; *Krey/Esser* § 17 Rdn. 675; *Maurach/Gössel/Zipf* § 43 Rdn. 64, 66; *Preuß* Untersuchungen S. 136ff, 144ff, 160f; *Puppe* NK Vor § 13 Rdn. 21; *dies.* ZIS **2007** 247, 250ff; ihr zust. *Stratenwerth* FS Puppe, 1017, 1024; *Wolters* SK § 228 Rdn. 21; tendenziell ebenso *Ostendorf* JuS **1982** 426, 431f; auch *Kühl* AT § 17 Rdn. 83; weiterhin *Renzikowski* HRRS **2009** 347, 353; *L.K.S. Neumann* Jura **2017** 160, 164f; *Grünewald* GA **2012** 364, 372f m.w.N.; nach *Murmann* FS Puppe, 767, 775 kann Verbot durch zust. Beifahrer aufgehoben werden) Anhänger gefunden hat, etwa *Roxin* AT I § 11 Rdn. 123; *ders.* JZ **2009** 399, 400; *ders.* GA **2012** 655, 662; *Beulke* FS Otto, 207, 213; *Dölling* FS Geppert, 53, 55; *Duttge* FS Otto, 227, 234ff; *Hellmann* FS Roxin (2001), 271, 273f; *ders.* FS Otto, 271, 274; *Hirsch* LK[11] Rdn. 94; *Sch/Schröder/Lenckner/Sternberg-Lieben* Rdn. 106; *Fiedler* Einverständliche Fremdgefährdung S. 87f; *Lotz* Fremdschädigung S. 207ff; *Hammer* JuS **1998** 785, 787; *Boll* Strafrechtliche Probleme S. 80; dort (S. 66ff) auch zur Absenkung von Sorgfaltsmaßstäben in Notsituationen bei konsentierten Eingriffen durch nicht ärztliche medizinische Hilfspersonen.

[721] *Bickelhaupt* NJW **1967** 713; *Jescheck/Weigend* § 56 II 3; *Zipf* Einwilligung S. 70ff.

[722] So BGH VRS **17** [1959] 277, 279; OLG Hamm MDR **1971** 67; DAR **1972** 77, 78. Überzeugende Kritik daran von *Schaffstein* FS Welzel, 557, 573 (Handlung kann nicht nachträglich je nach bewirktem Erfolg

fährdung i.S.v. § 226a a.F. (heute § 228) sittenwidrig ist (z.B. BGHSt **49** 166, 175; **53** 55, 62f; OLG Düsseldorf NStZ-RR **1997** 325, 327 mit Bespr. *Hammer* JuS **1998** 785; OLG Karlsruhe NJW **1967** 2321; *T. Walter* LK[12] Vor § 13 Rdn. 129).[723] Im Unterschied zur Einwilligung beim Vorsatzdelikt wird hier bei der Bestimmung der Sittenwidrigkeit nicht auf die Schwere des Erfolgs, sondern auf die Dimension der Gefahr abgestellt (vgl. nur *Sch/Schröder/Lenckner*[27] Rdn. 104; ausführlich dazu *S. Walther* Eigenverantwortlichkeit S. 236 ff). In der Interpretation der jüngeren Rechtsprechung folgt daraus, dass Einwilligungen in lebensgefährliche Maßnahmen („konkrete Todesgefahr") unwirksam sind, wenn sie nicht (ausnahmsweise) aus vernünftigem Grund erfolgen (BGHSt **49** 166, 171, 175; **53** 55, 62f; OLG Zweibrücken BeckRS **2014** 18231 Rdn. 25ff).[724] Problematisch ist der Vorschlag von *Dölling* (GA **1984** 71, 90ff; *ders.* JR **1994** 520, 521),[725] wonach der Einwilligung in die lebensgefährliche Handlung nur dann rechtfertigende Wirkung zukommt, wenn der Wert der durch die Einwilligung betätigten Opferautonomie und der Wert der mit der Tat verfolgten Zwecke den in der Lebensgefährdung liegenden Unwert überwiegen („qualifizierte Einwilligung"). Warum es aber auf Anlass und Zweck des riskanten Unternehmens ankommen soll, ist nicht ersichtlich. Dieser Wirksamkeitsmaßstab führt nicht nur zu einer übermäßigen Bevormundung des Einwilligenden, sondern auch zu einer äußerst unsicheren Abgrenzung, die zwangsläufig auf „willkürliches Billigkeitsrecht" hinausläuft (*Schaffstein* FS Welzel, 557, 569 f).[726]

Von den Fällen einverständlicher Fremdgefährdung sind die Konstellationen **straf- 167 loser Beteiligung an fremder Selbstgefährdung** (als eigenständige Fallgruppe) abzugrenzen.[727] Es ist heute in Rechtsprechung und Lehre als Folge des Grundsatzes der Selbstverantwortung des sich selbst eigenverantwortlich gefährdenden Tatopfers weit-

---

rechtswidrig werden), *Rengier* BT II § 20 Rdn. 30 u. *Sch/Schröder/Lenckner/Sternberg-Lieben* Rdn. 104a m.w.N.

723 Weiter *Bickelhaupt* NJW **1967** 713; *Geppert* ZStW **83** (1971) 947, 987; *Hartung* JR **1955** 348, 349; *Hirsch* LK[11] Rdn. 95; *Ostendorf* JuS **1982** 426, 432; *Schaffstein* FS Welzel, 557, 570; **kritisch** *Dölling* GA **1984** 71, 89 f; *ders.* JR **1994** 520, 521; *Sch/Schröder/Lenckner/Sternberg-Lieben* Rdn. 104a u. *Eisele* JuS **2012** 577, 584; beide m.w.N.

724 Der Rspr. zust. etwa *T. Walter* NStZ **2013** 673, 679 f; *Jäger* AT Rdn. 145b; *ders.* FS Schünemann, 421, 427 ff; *Rengier* BT II § 20 Rdn. 28 ff; *ders.* StV **2013** 30, 32 f; *Stefanopoulou* Mitwirkungsfälle S. 109 ff; *Hinderer/Brutscher* JA **2011** 907, 911; auch *Menrath* Einwilligung S. 195 ff, 206 (bzgl. § 228), nicht aber bzgl. § 216 (S. 163 ff); für analoge Anwendung des § 228 *Hardtung* MK § 228 Rdn. 8 f. Gegen eine Übertragung der Einwilligungssperren auf das Fahrlässigkeitsdelikt *Vogel* LK[12] § 15 Rdn. 241; *Radtke* FS Puppe, 831, 840 ff; *Grünewald* GA **2012** 364, 376; *Lotz* Fremdschädigung S. 223 ff; zusf. *L.K.S. Neumann* Jura **2017** 160, 165; alle m.w.N.; s. auch *Duttge* NStZ **2009** 690, 691; *Renzikowski* HRRS **2009** 347, 354; *Kühl* NJW **2009** 1158 f; *ders.* AT § 17 Rdn. 87 m.w.N.

725 Ebenso *Boll* Strafrechtliche Probleme S. 88 ff; *Dölling* FS Gössel, 209, 213 ff; *ders.* FS Geppert, 53, 60; zust. *Helgerth* NStZ **1988** 261, 263; ähnlich *Göbel* Einwilligung S. 45; **abl.** *Stefanopoulou* ZStW **124** (2012) 689, 707. Vgl. auch *Jakobs* 14/12: Rechtfertigung, wenn ein vernünftiger Grund besteht, die Tat trotz des Risikos zu vollziehen.

726 *Hirsch* LK[11] Rdn. 95 m. Fn. 157; *Roxin* AT I § 11 Rdn. 135. Kritisch auch *Derksen* Handeln auf eigene Gefahr S. 94; *Frisch* in Leipold S. 103, 125; *Niedermair* Einwilligung S. 128; *Samson* SK[5] Anh. zu § 16 Rdn. 33; *Zaczyk* Strafrechtliches Unrecht S. 26 m. Fn. 109, S. 58 m. Fn. 195; näher zum Ganzen *S. Walther* Eigenverantwortlichkeit S. 231 ff.

727 Zu den Begründungsansätzen im Überblick *Lasson* ZJS **2009** 359 ff. Zum grundlegenden Unterschied zwischen einverständlicher Fremdgefährdung und Selbstgefährdung s. *Engisch* FS H. Mayer, 399, 412 f; *ders.* FS Dreher, 309, 317 f; *Hirsch* FS Welzel, 775, 780; *Roxin* FS Gallas, 241, 250; *Rönnau* JuS **2019** 119 ff; zudem *Honig* Einwilligung S. 94 ff; *Menrath* Einwilligung S. 40 ff, 79 ff; zur Abgrenzung von Gefährdung und Schädigung näher *Murmann* Selbstverantwortung S. 475 ff; auch *Menrath* aaO S. 60 ff. In jüngerer Zeit nachdrücklich zur Berechtigung der Differenzierung (auch in Auseinandersetzung mit Kritikern) *Roxin* GA **2012** 655, 657 f; *ders.* GA **2018** 250, 258 f; *T. Walter* NStZ **2013** 673, 675 f; aus der Rspr. nur BGHSt **53** 55, 60 m.w.N. Zum Sinn der Unterscheidung vor dem Hintergrund der Täterbegriffe (extensiv/restriktiv) mit Nachw. auch zu den Kritikern *Renzikowski* HRRS **2009** 347 ff.

gehend anerkannt, dass gewollte und verwirklichte Selbstgefährdungen keine Strafbarkeit aus einem Körperverletzungs- oder Tötungsdelikt begründen, wenn sich das mit der Gefährdung vom Opfer bewusst eingegangene Risiko realisiert. Wer nur eine solche Selbstgefährdung vorsätzlich oder fahrlässig veranlasst, ermöglicht oder fördert, bleibt straflos (stg. Rspr. seit BGHSt **32** 262, 263 ff; aus jüngerer Zeit BGH NJW **2003** 2326, 2327; BGHSt **49** 34, 39; **53** 288, 290; **59** 150, 167 f; **61** 21, 25; NStZ **2011** 341, 342; **2017** 219, 221; StV **2014** 601, 602; OLG Stuttgart StV **2012** 23, 24).[728] Diese primär anhand von Sachverhalten der Selbsteinnahme von Betäubungsmitteln[729] entwickelte Rechtsprechung erfährt dann eine Ausnahme, wenn der sich beteiligende Dritte kraft überlegenen Fach-/Sachwissens des Risikos besser erfasst als der sich selbst Gefährdende oder Verletzende (stg. Rspr. seit BGHSt **32** 262, 265),[730] dies vorgibt (SchiffObGer Karlsruhe NZV **1996** 325) oder bei Fahrlässigkeitsdelikten besser erkennen kann als der sich selbst Gefährdende (*Krüger* LK[12] § 222 Rdn. 15 und *Lackner/Kühl/Kühl* Vor § 211 Rdn. 12 m.w.N.).[731] In die Schlagzeilen gekommen sind in jüngerer Zeit Fälle, in denen sich das (spätere) Opfer zunächst selbst gefährdet, dann die Handlungsherrschaft verliert und der Verletzungserfolg schließlich nur noch vom Garanten abgewendet werden kann. Der BGH sieht hier den Überwachergaranten (kraft Sachherrschaft, vgl. BGHSt **61** 21, 24 ff – „GBL" [= NJW **2016** 176 mit **abl.** Anm. *Schiemann*, *Roxin* StV **2016** 428, *Kretschmer* medstra **2016** 167 ff, *Herbertz* JR **2016** 548 ff u. *Eisele* JuS **2016** 276, 278]; **61** 318, 323 – „GBL" = NJW **2017** 418 mit **abl.** Anm. *Berster*; s. auch *Brüning* ZJS **2017** 727 ff sowie *Kudlich* JA **2017** 229 ff) und auch den Beschützergarant (BGH NStZ **2017** 219, 221 f mit **krit.** Anm. *Jäger*) in der Strafbarkeit, wenn er nicht alles tatsächlich Mögliche und Zumutbare unternimmt, um die Rechtsgutsverletzung abzuwenden.[732] Darüber hinaus hat der BGH die Eigenverantwortlichkeit ausgeschlossen, wenn der sich Gefährdende oder Verletzende infolge einer Intoxikation bzw. Intoxikationspsychose zu einer hinreichenden

---

[728] Zur Literatur vgl. *Lackner/Kühl/Kühl* Vor § 211 Rdn. 12; *Sch/Schröder/Lenckner/Sternberg-Lieben* Rdn. 52a, 107 m.w.N.

[729] BGHSt **32** 262; **33** 66; BGH NJW **2000** 2286; BGHSt **46** 279, 283; **49** 34, 39; **53** 288; **59** 150 (Substitutionsarzt); **61** 21; NStZ **2011** 341 (Psycholyse durch Arzt), Stechapfeltee (BGH NStZ **1985** 25) oder Alkohol (BGH NStZ **1986** 266; **1987** 406).

[730] Weitere Nachw. bei BGH NJW **2003** 2326, 2327; BGHSt **59** 150, 168; StV **2011** 535, 536; **2014** 601, 602; BayObLG NJW **2003** 371, 372; aus der Literatur vgl. nur *Lackner/Kühl/Kühl* Vor § 211 Rdn. 12 m.w.N.; *Roxin* AT I § 11 Rdn. 113; **krit.** zur Formel *Puppe* NK Vor § 13 Rdn. 197 f; *Kindhäuser* LPK Vor § 13 Rdn. 126; *Cancio Meliá* ZStW **111** (1999) 357, 377 f m.w.N.

[731] *Baumann/Weber/Mitsch/Eisele* § 10 Rdn. 124 f u. *Kindhäuser* AT § 11 Rdn. 30; beide m.w.N. Eine Ausnahme wird auch in Fällen gemacht, in denen denjenigen, der zu der bewussten Selbstgefährdung oder -schädigung eines anderen beiträgt, die rechtliche Verpflichtung trifft, den anderen vor bewussten Selbstgefährdungen zu bewahren (etwa durch Beachtung von Unfallverhütungsvorschriften), s. dazu OLG Naumburg NStZ-RR **1996** 229; OLG Rostock Urt. v. 10.9.2004, Az. 1 Ss 80/04. – Zu den Sorgfaltspflichten bei Überlassung von Drogen („Reines Heroin statt Kokain") BGHSt **53** 288. Hier der Verurteilung wegen fahrlässiger Tötung zust. *Weißer* FS Wolter, 541, 548 ff; i. Erg. auch *Lange/Wagner* NStZ **2011** 67, 68; *S. Walther* HRRS **2009** 560, 562; ausführlicher zur Verantwortungsabschichtung zwischen verschreibendem (Substitutions-)Arzt und drogensüchtigem Patienten *Oğlakcıoğlu* HRRS **2013** 344, 346 ff.

[732] Diese Rechtsprechung stößt zu Recht auf Kritik. Opfer, die sich bewusst in konkrete Gefahr begeben, können auch dann nicht aus der Verantwortung entlassen werden, wenn sich das (erkannt im Rahmen des Möglichen liegende) Risiko tatsächlich verwirklicht. Eine dennoch installierte Garantenhaftung liefe auf eine unzulässige Begründung von Garantenpflichten nach dem Prinzip des „versari in re illicita" hinaus (*Roxin* NStZ **1985** 320, 321; zust. *Schiemann* NJW **2016** 178; **abl.** auch *Frister* 22/35). Die BGH-Lösung würde zudem – konsequent zuende gedacht – der Straflosigkeit auch dann entgegenstehen, wenn einer der bisher (mit der Rechtsfolge des Unrechtsausschlusses) akzeptierten Fälle der eigenverantwortlichen Selbstgefährdung bzw. der einverständlichen Fremdgefährdung vorliegt (richtig *Eisele* JuS **2016** 276, 278; auch *Herbertz* JR **2016** 548, 551). Voraussetzung ist natürlich immer, dass das konkrete Risiko wirklich *eigenverantwortlich* eingegangen wird (betont auch von *Jäger* NStZ **2017** 222 f).

Risikobeurteilung und -abwägung nicht mehr in der Lage ist (BGHSt **59** 150, 168 m.w.N.).⁷³³ Die mitunter schwierige Abgrenzung der Selbst- von der Fremdgefährdung erfolgt zumeist nach denselben (formalen) naturalistischen Kriterien, nach denen Selbst- und Fremdverletzungen unterschieden werden (vgl. nur BGH NJW **2003** 2326, 2327; StV **2014** 601, 603; beide m.w.N. und die Angaben bei *Otto* JZ **1997** 522 sowie *Murmann* Selbstverantwortung S. 415).⁷³⁴ Entscheidend ist danach, wer das Tatgeschehen beherrscht, konkret: wer die unmittelbar (lebens-)gefährdende Handlung vornimmt, die ohne weitere Zwischenakte zur Rechtsgutsverletzung führt (vgl. BGH NJW **2003** 2326, 2327; BGHSt **49** 34, 39; **53** 55, 61; StV **2014** 601, 602; *Lackner/Kühl/Kühl* Vor § 211 Rdn. 12; Abgrenzungskriterium danach: „Trennungslinie zwischen Täterschaft und Teilnahme"). Stand der letzte Akt unter der Alleinherrschaft des Opfers, handelt es sich um Selbstgefährdung,⁷³⁵ ansonsten um Fremdgefährdung.⁷³⁶ Beherrschen Täter und Opfer gemeinsam („quasi-mittäterschaftlich") die Tat bzw. das Risiko, liegt nach einer stark vertretenen Ansicht gleichwohl eine Selbstgefährdung vor (vgl. BayObLG NJW **1990** 131 m. Anm. *Dölling* JR **1990** 474 und Bespr. *Hugger* JuS **1990** 972),⁷³⁷ während der BGH hier im Grundsatz von einverstänlicher Fremdgefährdung/-verletzung ausgeht (BGH NJW **2003** 2326, 2327; BGHSt **49** 34, 39f u. 166, 169; **53** 55, 60f; auch OLG Düsseldorf NStZ-RR **1997** 325; OLG Zweibrücken BeckRS **2014** 18231 Rdn. 20);⁷³⁸ ggf. ist in wertender Betrachtung (BGHSt **59** 150, 168: „normativ zu bestimmende Handlungsherrschaft") zu entscheiden, ob der Teilnehmer beim Vollzug des Gesamtplans als Werkzeug einer sich selbst gefährdenden (bzw. tötenden) Person handelt oder über Gefährdungsherrschaft verfügt (BGH

---

733 Nach BGH (StV **2014** 601, 603 m.w.N.) gibt es keinen allgemeinen Erfahrungssatz, dass Betäubungsmittelkonsumenten zu eigenverantwortlicher Entscheidung nicht fähig sind. Vielmehr bedarf es der Feststellung konkreter, die Eigenverantwortlichkeit einschränkender Umstände wie etwa einer akuten Intoxikation, u.U. auch eines entzugsbedingten akuten Suchtdrucks (verbunden mit der Angst vor körperlichen Entzugserscheinungen) oder konsumbedingter schwerer Persönlichkeitsveränderungen (zust. *Satzger* Jura **2014** 695, 700).
734 Der Maßstab für die Eigenverantwortlichkeit der Selbstgefährdung/-verletzung ist umstritten. Während die überwiegende Meinung die Kriterien zur Feststellung einer wirksamen Einwilligung i.V.m. § 216 heranzieht (vgl. BGHSt **32** 262, 265; **36** 1, 17ff; BGH NStZ **1985** 25; **1986** 266, 267; Literaturnachweise bei *Lackner/Kühl/Kühl* Vor § 211 Rdn. 13a; *Sch/Schröder/Lenckner/Sternberg-Lieben* Rdn. 52a; *Dölling* GA **1984** 76, 78ff) und damit höhere Anforderungen an die Bejahung der Eigenverantwortlichkeit (und wegen Beachtung der Einwilligungssperren (§§ 216, 228) auch an die Gültigkeit der Einwilligung) stellt, greift die Gegenauffassung auf die Kriterien der rechtlichen Verantwortlichkeit im Falle der Beeinträchtigung fremder Rechtsgüter und die hierfür geltenden Exkulpationsregeln (§§ 20, 35, § 3 JGG) zurück (vgl. *Dölling* GA **1984** 71, 76; *Roxin* FS Dreher, 331, 343; *ders.* NStZ **1984** 411f; *Hirsch* JR **1979** 429, 432; *Schneider* MK Vor § 211 Rdn. 54ff m.w.N.; diff. *Renzikowksi* Restriktiver Täterbegriff S. 94ff; offengelassen von OLG München JZ **1988** 201, 202).
735 Um Selbstgefährdung soll es sich auch dann handeln, wenn sich das Opfer bewusst in eine von einem Dritten pflichtwidrig geschaffene Gefahrenlage hineinbegibt. *Beispiele:* Besuch eines von einem Dritten fahrlässig infizierten Pockenkranken in Kenntnis der Infektion (BGHSt **17** 359) oder Teilnahme an einer tödlich verlaufenden Motorradwettfahrt (BGHSt **7** 112), die von der Rspr. fälschlich z.T. auch unter Einwilligungsgesichtspunkten behandelt wurden, vgl. *Sch/Schröder/Lenckner/Sternberg-Lieben* Rdn. 107 m.w.N.; weiter *Dölling* FS Geppert, 53, 56.
736 Für *Schünemann* JR **1989** 89, 90; *ders.* in Szwarc S. 9, 13 stellt das zeitliche Nacheinander von Täter- und Opferverhalten das maßgebliche Abgrenzungskriterium dar. Handelt der Verletzte nach dem Täter, liegt eine Selbstgefährdung, bei umgekehrter Reihenfolge eine Fremdgefährdung vor.
737 Weiter *Sch/Schröder/Lenckner/Sternberg-Lieben* Rdn. 107, *T. Walter* LK¹² Vor § 13 Rdn. 132, *Neumann* NK Vor § 211 Rdn. 53ff, *Jetzer* Einverständliche Fremdgefährdung S. 141ff, 311 u. *S. Walther* Eigenverantwortlichkeit S. 134ff; jew. m.w.N.; zahlr. Belege auch bei *Menrath* Einwilligung S. 93 m. Fn. 215.
738 Weiter *Küpper* JuS **2004** 757, 760; **dagegen** *Engländer* Jura **2004** 234, 236. Vgl. auch *Arzt/Weber/Heinrich/Hilgendorf* BT § 3 Rdn. 40, der nach der inneren Einstellung des Suizidenten abgrenzt; *Rissing-van Saan* LK¹² Rdn. 39, die auf das Gewicht des Tatbeitrags abstellt; *Herzberg* JuS **1988** 771, 775: maßgeblich, wer den Erfolg eigenhändig herbeiführt.

NJW **2003** 2326, 2327; OLG Nürnberg JZ **2003** 745, 746 m. **krit.** Anm. *Engländer*). Die gelegentlich (gerade im Kontext des § 216) am Kriterium der Herrschaft über den unmittelbar „lebensbeendenden Akt" geübte Kritik der mangelnden Trennschärfe bzw. der Angemessenheit des Kriteriums (insbesondere bei Anwendung in Grenzfällen einer symmetrischen oder jedenfalls gleichgewichtigen Beherrschung des unmittelbar todbringenden Geschehens) wird von der h.M. zwar registriert, angesichts fehlender überzeugender Alternativen aber für nicht durchschlagend (und zudem durch Fruchtbarmachung des Prinzips der Eigenverantwortlichkeit für überwindbar) gehalten; instruktiv dazu *Neumann/Saliger* NK § 216 Rdn. 5, *Neumann* NK Vor § 211 Rdn. 51 ff m.w.N. Mit *Roxin* ist (in Reaktion insbesondere auf Kritik von *Puppe*[739]) die Abgrenzung formell allerdings insoweit zu präzisieren, als es bei der Unterscheidung nicht auf „Täterschaft" (im klassischen Sinne der Beteiligungslehre) ankommt,[740] sondern darauf, „von wem die Gefährdung ausgeht, die unmittelbar in den Erfolg einmündet" (wenngleich auch dieser Ansatz letztlich Herrschaftsüberlegungen verhaftet bleibt). Der sich selbst die tödliche Heroinspritze Injizierende ist also „Opfer" aus vorsätzlicher Selbstgefährdung, die die Mitwirkung Außenstehender straflos stellt, während derjenige, der sich der Gefährdung nur in Kenntnis der von einem anderen ausgehenden Gefahr ausgesetzt hat, nach den eigenen Regeln der einverständlichen Fremdgefährdung zu behandeln ist (*Roxin* GA **2012** 655, 659 f; *ders*. GA **2018** 250, 257 f mit Beispielen für „Verquickungen"; zust. *Lotz* Fremdschädigung S. 252; *M. Heinrich* HK-GS Vor § 13 Rdn. 141). Sofern der BGH bei der Abgrenzung nach der „Gefährdungsherrschaft" fragt und dabei dem unmittelbar zum Erfolgseintritt führenden Geschehen „besondere Bedeutung zumisst", navigiert er mit ähnlichem Kriterium (BGHSt **53** 55, 61). Ein materielles – auf die Verantwortungszuweisung abstellendes – Abgrenzungskriterium verwendet dagegen *Otto* (FS Tröndle, 157, 169 ff; vgl. schon *ders*. JuS **1974** 710):[741] Selbstgefährdung bei einem frei verantwortlichen Sichbegeben in eine Gefahrensituation in voller Kenntnis von Risiko und Tragweite seines Tuns, hingegen Fremdgefährdung bei einem besseren Sachwissen des Beteiligten in dieser Hinsicht. In der Praxis hat in jüngerer Zeit insbesondere die Einordnung des einverständlich vollzogenen ungeschützten Geschlechtsverkehrs mit einem HIV-Infizierten Schwierigkeiten bereitet. Während der Sexualkontakt mit Aidsrisiko von vielen als Mitwirkung an fremder (strafloser) Selbstgefährdung eingestuft wird, wenn die beteiligten Personen mit gleichem Gefahrwissen handeln (BayObLG NJW **1990** 131 m. Anm. *Dölling* JR **1990** 474; LG Kempten NJW **1989** 2068, 2069),[742] gehen andere nur von tatbestandsmäßiger Fremdgefährdung aus, da die Ansteckungsgefahr vom bereits Infizierten ausgehe und der Partner sich dieser lediglich aussetze (*Roxin* AT I § 11 Rdn. 133; *ders*. JZ **2009** 399, 401; *ders*. GA **2012** 655, 660; *ders*. GA **2018** 250, 252; *W. Frisch* JuS **1990** 362, 369; *ders*. NStZ **1992** 62, 66 f).[743] Diese Abgrenzungsprobleme führen vermehrt zu Forderungen, die „bei-

---

739 *Puppe* AT § 6 Rdn. 6; *dies*. NK Vor § 13 Rdn. 179 ff; *dies*. GA **2009** 486, 492 f; *dies*. ZIS **2007** 247, 249 f.
740 *Gründe*: Der beim Fahrlässigkeitsdelikt allein anzutreffende Einheitstäterbegriff kennt keine Unterscheidung zwischen Täterschaft und Teilnahme; auch ist die Tatherrschaft (= vorsätzliche Beherrschung der Tathandlung) bei fahrlässigen Selbst- oder Fremdgefährdungen vorn vornherein nicht gegeben; näher dazu *Puppe* in vorstehender Fn.
741 Ferner *Otto* AT § 6 Rdn. 61 ff; im Anschluss daran BayObLG JZ **1997** 521, 522 mit Anm. *Otto*.
742 *Herzog/Nestler-Tremel* StV **1987** 360, 368; *Jäger* FS Schünemann, 421, 422 f; *Zaczyk* Strafrechtliches Unrecht S. 58; *T. Walter* LK[12] Vor § 13 Rdn. 133; *Lackner/Kühl/Kühl* Vor § 211 Rdn. 12a m.w.N.; offen gelassen in BGHSt **36** 1, 17; Überblick bei *Fischer* § 222 Rdn. 30.
743 *Helgerth* NStZ **1988** 261, 262; *Schünemann* JR **1989** 89, 90; *ders*. in Szwarc S. 9, 11 ff; *Ebert* AT S. 50 f; *Murmann* Selbstverantwortung S. 411, 427 ff – Zum „Pozzing" (= bewusster Geschlechtsverkehr mit dem HIV-Infizierten in der Absicht, sich zu infizieren!) näher *Brand/Lotz* JR **2011** 513 ff. Vgl. auch die unterschiedliche Einordnung im Fall des „Auto-Surfens": für eine einverständliche Fremdgefährdung OLG Düsseldorf NStZ-RR **1997** 325 mit zust. Bespr. *Saal* NZV **1998** 49, 53; ebenso *Rengier* BT II § 20 Rdn. 18, 29; *Trüg*

den Fallgruppen zumindest im Ergebnis parallel zu behandeln" (s. nur *Wessels/Beulke/ Satzger* Rdn. 284). Damit ist aber ganz grundsätzlich die Frage aufgeworfen, ob man überhaupt zwischen Selbst- und Fremdgefährdung differenzieren sollte.[744] *Lenckner* (in *Sch/Schröder/Lenckner*[27] [Thesen übernommen von *Eisele*] Vor § 13 Rdn. 101/101a, der die Einwilligungslösung vertritt) stellte in diesem Zusammenhang schon vor längerer Zeit zutreffend fest, dass diese Unterscheidung unter dem materiellen Gesichtspunkt des Verantwortungsprinzips keinen Sinn mache. *Schünemann* (JA **1975** 715, 722 f; vgl. auch *Kellner* Selbstgefährdung S. 56; *Dach* NStZ **1985** 24, 25; *Beulke/Mayer* JuS **1987** 125, 127; *Hähle* Sportverletzungen S. 146 ff) will die einverständliche Fremdgefährdung wie die Selbstgefährdung behandeln und gibt damit letztlich die Unterscheidung auf. *Roxin* (AT I § 11 Rdn. 123 f; *ders.* GA **2012** 655, 657 f) plädiert – bei grundsätzlichem Festhalten an der Differenzierung wegen der unterschiedlichen Gefahrbeherrschungspotentiale – unter bestimmten Voraussetzungen (dazu später) für eine normative Gleichstellung der Konstellationen. Auch nach *Frisch* in Leipold S. 103, 123 stellt die rechtstechnische Konstruktion der Begründung der Straflosigkeit eher ein sekundäres Problem dar. Maßgeblich sei vielmehr, „daß sich Lebensgefährdungen dieser Art im Rahmen des Selbstbestimmungsrechts des Opfers bewegen".[745] Man drängt also aus verschiedenen Richtungen auf eine Harmonisierung jedenfalls der Ergebnisse, wenn nicht sogar der anzuwendenden Regeln.[746]

Die (Risiko-)Einwilligungslösung leidet nicht nur unter den in Rdn. 167 bereits behandelten Abgrenzungsschwierigkeiten zur straflosen Beteiligung an fremder Selbstgefährdung, sondern auch und vor allem an einer „methodenunehrlichen Fiktion", in dem sie aus einer Einwilligung in das Risiko auf eine – tatsächlich nicht vorhandene – Einwilligung in den aufgrund der Gefährdung eintretenden Erfolg schließt.[747] Damit wird

168

JA **2002** 214, 219 f; *Sch/Schröder/Lenckner/Sternberg-Lieben* Rdn. 107; dagegen für Selbstgefährdung *Hammer* JuS **1998** 785, 788 und *Hellmann* FS Roxin (2001), 271, 284. Zur Diskussion am Beispiel des „Wetttrinkens" mit tödlicher Folge LG Berlin ZJJ **2011** 78, 79; Baumann/Weber/Mitsch/*Eisele* § 10 Rdn. 127; *ders.* JuS **2012** 577, 583; *Krawczyk/Neugebauer* JA **2011** 264 ff.

744 Zu pro- und contra-Argumenten einer dogmatischen Trennung *Fiedler* Einverständliche Fremdgefährdung S. 154 ff. – Einen neuen Versuch der dogmatischen Aufarbeitung der Problematik unternimmt *Stefanopoulou* (Mitwirkungsfälle S. 14 f, 125 ff), die nach Ablehnung sämtlicher bisher vorgeschlagener Ansätze davon ausgeht, dass es nur „Mitwirkungsfälle" (also Situationen, bei denen das Opfer durch die Interaktion mit dem Täter bei seiner Gefährdung mitwirkt) gibt, eine weitere Unterscheidung damit sinnlos ist und die eine Kompromisslösung im Bereich der Strafzumessung (insbes. im Bereich des § 49) sucht. Trotz aller Schwierigkeiten des richtigen Umgangs mit der einverständlichen Fremdgefährdung erscheint es aber schwerlich akzeptabel, in klaren Fällen der Risikogestaltung durch das Opfer (etwa im „Memel-Fall") das Täterverhalten als unrechtmäßig und schuldhaft einzustufen. Daran ändern auch neuere Erkenntnisse der Sozialpsychologie (die *Stefanopoulon* leiten) nichts.

745 Ansatz ausgebaut durch *Murmann* Selbstverantwortung S. 307 ff u. passim.

746 Vgl. auch *Otto* FS Tröndle, 157, 169 ff; *ders.* JZ **1997** 522, 523, der wegen der Zufälligkeiten in den Ergebnissen bei Heranziehung des Tatherrschaftsgedankens ein einheitliches materielles Kriterium einführt. Teile der Literatur (etwa *Cancio Melià*, *Stratenwerth* oder *Timpe*) treten hier – mit dem Ziel eines Freispruchs – für eine uneingeschränkte Gleichstellung der einverständlichen Fremdgefährdung mit der eigenverantwortlichen Selbstgefährdung ein, während die Anhänger einer „Bestrafungstheorie" (dazu zählen *Gimbernat* FS Wolter, 389, 400 f und *Hauck* GA **2012** 202, 218 f) gleichsam in entgegengesetzter Marschroute in allen Fällen einer einverständlichen Fremdgefährdung zur Strafbarkeit des Außenstehenden kommen und sich dabei im Wesentlichen auf die für vorsätzliche Schädigungen fixierten §§ 216, 228 stützen, die sie – nicht überzeugend – ohne Anpassungen auf fahrlässige Gefährdungen übertragen; zum Ganzen (mit allen Nachw. und beachtlicher Kritik) *Roxin* GA **2018** 250, 251 ff (der dort S. 254 ff) auch seine differenzierende Zurechnungslehre verteidigt); ebenso *Lotz* Fremdschädigung S. 246 ff.

747 Grundlegend *Stoll* Handeln auf eigene Gefahr S. 94 m.w.N. aus der zivilrechtlichen Literatur; ähnliche Vorwürfe erheben BGHZ **34** 355, 361; *Looschelders* BeckOGK-BGB § 254 Rdn. 134; *Zipf* Einwilligung S. 75: „fiktive Generaleinwilligung"; *Hillenkamp* Vorsatztat und Opferverhalten, Habil. Göttingen 1981 S. 95; *Müssig* Mord S. 359 (m.w.N.): Zuständigkeitsbegründung in Form einer „Psychofiktion"; *Roxin* GA

zugleich der materielle Grundgedanke der Einwilligung verfehlt. Sieht man in der Einwilligung einen Akt der Freiheitsbetätigung durch bewusste Rechtsgutspreisgabe, kann bei Zustimmung allein zum riskanten Verhalten schwerlich von einem Rechtsgutsverzicht gesprochen werden.[748] Vielmehr vertraut der Rechtsgutsinhaber (wenn häufig auch leichtsinnig) darauf, dass seine Rechtsgüter in der gefährlichen Situation keinen Schaden erleiden. Wer diesen psychologischen Befund ausblendet, fingiert eine Einwilligung, die tatsächlich nicht vorliegt.[749] Dem Opfer wird hier (kontrafaktisch) die Rechtsgutseinbuße normativ zugerechnet. Im Hintergrund dieser Lösung steht der Gedanke, dass ein Rechtsgutsinhaber, der den aus einer riskanten Handlung fließenden Nutzen (etwa die nächtliche Heimfahrt mit einem angetrunkenen Autofahrer nach einem Diskobesuch) will, auch die daraus u.U. resultierenden Kosten (in Form von Körperverletzungen oder Tod) zu tragen hat.[750] Ein Opferverhalten nach der Devise: „Wasch' mir den Pelz, aber mach' mich nicht nass" wird als selbstwidersprüchliches Verhalten bewertet mit der Konsequenz, dass dem Einwilligenden die Folgen der konsentierten Handlung zugeschrieben werden (i.d.S. etwa *Kühl* ZStW **115** [2003] 385, 391; *Beulke* FS Otto, 207, 215; tendenziell auch *Stegmüller* Sittenwidrigkeit S. 162 u. *Renzikowski* HRRS **2009** 347, 353). Ein solches Ergebnis mag dem Rechtsgefühl entsprechen; mit der tatsächlichen Willensbeschaffenheit beim Opfer, auf die sonst bei der Einwilligungsdogmatik (auch und gerade bei der Willensmängellehre) abgestellt wird, hat diese Annahme allerdings nichts zu tun (so *Zaczyk* Strafrechtliches Unrecht S. 51; *Sternberg-Lieben* Objektive Schranken S. 221; *Fiedler* Einverständliche Fremdgefährdung S. 74). Vielmehr wird – praktischen Bedürfnissen nachgebend[751] – „unterschiedliches Opferverhalten unter Verkennung der (jeweils) arteigenen Struktur von Einwilligung und Risiko-Einwilligung gleich behan-

---

2012 655, 663: völlig divergierende Beurteilungen „unter dem Deckmantel der Einwilligung – also einer vorgeblich psychischen Reaktion"; *Weber* FS Baumann, 43, 45; *Albrecht* Hypothetische Einwilligung S. 530 m. Fn. 138; *Fiedler* Einverständliche Fremdgefährdung S. 72 m.w.N.; *Zaczyk* Strafrechtliches Unrecht S. 51 f; *P. Frisch* Fahrlässigkeitsdelikt S. 23; *Göbel* Einwilligung S. 26; *S. Walther* Eigenverantwortlichkeit S. 38; *Niedermair* Einwilligung S. 121 ff; *Lotz* Fremdschädigung S. 216 ff; *Hammer* JuS **1998** 785, 786 f; *Geppert* ZStW **83** (1971) 947, 975 f; *Stefanopoulou* ZStW **124** (2012) 689, 696 f; *dies.* Mitwirkungsfälle S. 92, 103 ff; *Duttge* FS Otto, 227, 232 f. *Sternberg-Lieben* Objektive Schranken S. 218 ff weist zur Unterstützung des Einwandes, dass es sich bei der Gleichsetzung von Risikokenntnis und Einwilligung in den Gutsverlust um eine Fiktion und nicht um das legitime Erschließen subjektiver Befindlichkeit des Opfers an Hand seines äußeren Verhaltens handelt, auf die sozialpsychologischen Erkenntnisse der Risiko-, insbesondere der Attributionsfehlerforschung hin; auch *Sch/Schröder/Lenckner/ders.* Rdn. 102 (**anders** noch *Lenckner* in 27. Aufl.).
748 Zu den Gründen für die (notwendige) Erfolgsbezogenheit der Einwilligung s. nur *Roxin* GA **2012** 655, 661 u. *Sch/Schröder/Lenckner/Sternberg-Lieben* Rdn. 103; beide m.w.N. Dagegen vermag die von der h.M. vorgetragene These, das Wesen der Einwilligung bestehe in einem Rechtsschutz- oder Normschutzverzicht (ausführlich und **krit.** dazu Rdn. 152 f) und eröffne daher die Möglichkeit, die Einwilligung nur auf die gefährliche Handlung zu beziehen, nicht zu überzeugen (so auch *Weigend* ZStW **98** [1986] 44, 70 m. Fn. 91). Zudem ist zweifelhaft, ob der sich Gefährdende wirklich pauschal in sämtliche mit dem riskanten Unternehmen verbundenen Handlungen einwilligt (so aber *Paeffgen*/Zabel NK § 228 Rdn. 9b).
749 Näher zum psychologischen Befund *Eb. Schmidt* JZ **1954** 369, 372 f; *Fiedler* Einverständliche Fremdgefährdung S. 68 ff; *Sternberg-Lieben* Objektive Schranken S. 219 ff m.w.N.
750 Deutlich i.S. einer Einwilligungsfiktion nach dem Motto: „Wer A sagt, muss auch B sagen" etwa *Jescheck/Weigend* § 56 II 3 u. *Frister* 15/12 f; zudem *Hirsch* LK[11] Rdn. 107; weitere Nachw. bei *Sternberg-Lieben* Objektive Schranken S. 221.
751 Deutlich bei *Mezger* GerS **89** (1924) 207, 279, der meint, die „Erfolgstheorie" laufe, weil sie die rechtfertigende Wirkung bei Fahrlässigkeitstaten nicht erklären könne, einem praktischen Bedürfnis zuwider; auch *Lackner/Kühl/Kühl* § 228 Rdn. 2a: Anwendung der Einwilligungsregeln ermöglicht die Entscheidung zahlreicher Fallgruppen fahrlässiger Verletzung; weiter *Sch/Schröder/Stree*[27] § 228 Rdn. 4; zudem *Boll* Strafrechtliche Probleme S. 77 ff: Täter könne bei Tatausführung nicht wissen, ob sein Verhalten rechtmäßig oder rechtswidrig ist; das halte Helfer in der Not von Rettungsaktionen ab; **krit.** zur Argumentation *Geppert* ZStW **83** (1971) 947, 971.

delt" (*Fiedler* Einverständliche Fremdgefährdung S. 70; *Göbel* Einwilligung S. 28).[752] Der fehlende Rückbezug des zustimmenden Willens auf den Erfolg (und die vorgelagerte erfolgsbezogene Handlung), der für das Vorliegen einer unrechtsausschließenden Einwilligung konstitutiv ist, schließt es demnach aus, die Einwilligungsdogmatik (und damit auch die „Einwilligungslösung") auf die Fahrlässigkeitsdelikte anzuwenden.[753] Es muss also eine Konzeption jenseits der Einwilligung gefunden werden.

Sachgerecht erscheint es, mit einer stark vertretenen Literaturansicht in Fällen der sog. einverständlichen Fremdgefährdung bereits die **Zurechnung** des tatbestandsmäßigen Erfolgs auszuschließen (grundlegend *Roxin* FS Gallas, 241, 249 ff; *ders.* AT I § 11 Rdn. 121 ff; die Voraussetzungen präzisierend *ders.* GA **2012** 625, 663 ff; *ders.* GA **2018** 250, 254 ff).[754] Die Begründungen für den Unrechtsausschluss auf Tatbestandsebene („Tatbestandslösung") sind recht facettenreich und haben bisher noch nicht zu wirklich gesicherten Erkenntnissen geführt. Als Kernelement der Argumentation für die Haftungsfreistellung des Täters, der die vom Opfer bewusst in eine gefährliche Lage verbrachten Rechtsgüter verletzt, lässt sich aber deutlich das **Prinzip der Selbst-/Eigenverantwortung**[755] – als Kehrseite des Autonomieprinzips – ausmachen. Nach der Grundregel des allgemeinen Verantwortungsprinzips ist jemand, der voll selbstbestimmt handelt, in der Regel allein für die Folgen des eingegangenen Risikos verantwortlich.[756] Die rechtliche Abschichtung

169

---

752 Weiter *Sternberg-Lieben* Objektive Schranken S. 219; *Rönnau* Willensmängel S. 194; auch *Ensthaler* Einwilligung S. 45. Deutlich abschwächend *Menrath* Einwilligung S. 125 f: „Einwilligung in eine Verletzung und Einwilligung in das Risiko (sind) zwei Formen autonomen Umgangs mit Rechtsgütern als ‚gespeicherte Freiheit'"; zutreffend dagegen *Stefanopoulou* Mitwirkungsfälle S. 93: „Verstümmelung des Selbstbestimmungsbegriffs".

753 Zu weiterer Kritik an der Einwilligungslösung s. *Fiedler* Einverständliche Fremdgefährdung S. 59 ff; *Schild* Jura **1982** 520, 521 ff; *Dölling* ZStW **96** (1984) 36, 42 ff und *Donatsch* ZStrR **107** (1990) 400, 421 ff (beide zu Körperverletzungen im Sportbereich); *Sternberg-Lieben* Objektive Schranken S. 216 ff; ausführlich *Lotz* Fremdschädigung S. 223 ff. Eine tiefer angelegte Verteidigung der Einwilligungslösung dagegen bei *Menrath* Einwilligung S. 120 ff.

754 Weiter *Otto* FS Gallas, 157, 170 ff; *ders.* AT § 6 Rdn. 61 ff m.w.N. zum eigenen Schrifttum; *Fiedler* Einverständliche Fremdgefährdung S. 175 ff; *Geppert* Jura **1996** 47, 49 f; *ders.* Jura **2001** 490, 493 f; *Göbel* Einwilligung S. 26 ff; *Hellmann* FS Roxin (2001), 271 ff; *Schmoller* FS Triffterer, 223, 252; *S. Walther* Eigenverantwortlichkeit S. 227 ff; *Schünemann* JA **1975** 715, 722 f; *ders.* JR **1989** 89, 90 f; *I. Sternberg-Lieben* JuS **1998** 428, 430; *Zaczyk* Strafrechtliches Unrecht S. 56 ff; auch *Cancio Meliá* ZStW **111** (1999) 357, 372 ff; *Sternberg-Lieben* Objektive Schranken S. 223 ff; *Sch/Schröder/Lenckner/Sternberg-Lieben* Rdn. 106; i. Erg. auch *Beulke* FS Otto, 207, 217; *Wessels/Beulke/Satzger* Rdn. 274. Wenn *Leupold* (Erfolgsdelikte S. 123) für einen Zurechnungsausschluss eine „überwiegende Verantwortung des Opfers" fordert (die er nur bei ausgeschlossener oder verminderter Schuldfähigkeit des Gefährdenden annimmt), verlangt er zu viel. Denn strafbarkeitsausschließende Gestaltungs-/Organisationsmacht beginnt schon bei gleichrangiger Opfer(mit)verantwortung.

755 Statt vieler *Hellmann* FS Roxin (2001), 271, 282 ff; *Cancio Meliá* ZStW **111** (1999) 357, 372 ff; *Radtke* FS Puppe, 831, 837 f; *Fiedler* Einverständliche Fremdgefährdung S. 116 f m.w.N.

756 Zum Gehalt eines Selbstverantwortungsprinzips als leitendes Rechtsprinzip s. nur *Schumann* Strafrechtliches Handlungsunrecht und das Prinzip der Selbstverantwortung der Anderen, Habil. Tübingen 1984 S. 19 ff; *S. Walther* Eigenverantwortlichkeit S. 79 ff; *Fiedler* Einverständliche Fremdgefährdung S. 118 ff; ausführlich *Murmann* Selbstverantwortung, der den „Selbstverantwortungsgrundsatz" aus vorrechtlichen axiologischen Prämissen (auf der Grundlage von *Kants* Freiheitsbegriff) ableitet und im Kern allen anderen Meinungen vorwirft, bei ihren Lösungen nur das Strafrecht im Blick zu haben, während die Frage nach der „Rechtlichkeit bzw. Unrechtlichkeit des (selbstverfügenden) Opferverhaltens nach der Primärordnung" ausgeblendet werde (aaO S. 307 ff u. passim); weiterhin *Matthes-Wegfraß* Eigenverantwortung S. 77 ff, 268 ff (mit Überlegungen zu einem vorrechtlichen Verantwortungsprinzip, das als teleologisches Auslegungskriterium fungiert. Aber auch *Herzberg* FS Puppe, 497, 507 f: Aus dem „liberalistischen Eigenverantwortlichkeitsprinzip" wird häufig „nur herausgeholt, was man vorher hineingesteckt hat." Es müsse endlich bestimmt werden, „wie weit das Prinzip reicht und wann trotz Eigenverantwortlichkeit des Opfers der Beteiligte Tötungsunrecht begeht"; weiter zur „Eigenverantwortlichkeit als Blankettbegriff" *Menrath* Einwilligung S. 117 ff.

der Verantwortungssphären von Täter und Opfer erfolgt in der Literatur anhand unterschiedlicher Kriterien, die aber z.T. große Gemeinsamkeiten aufweisen. So erfasst z.B. nach der von *Roxin* vertretenen „bedingten Gleichstellungsthese" der Schutzzweck des Tatbestandes die einverständliche Fremdgefährdung dann nicht, wenn diese „unter allen relevanten Aspekten einer Selbstgefährdung gleichsteht". Dazu muss der Gefährdete – wie schon bei der Selbstgefährdung – mit ausreichendem Risikowissen handeln (also das Risiko in demselben Maße übersehen wie der Gefährdende), mit der schadensverursachenden Risikohandlung einverstanden sein und für das gemeinsame Tun dieselbe Verantwortung tragen wie der Gefährdende. Zur Erläuterung seines Ansatzes hat *Roxin* das letzte Kriterium – die ersten beiden Voraussetzungen sind auch bei den radikalen Gleichstellungstheoretikern und den Anhängern der Einwilligungslösung weitgehend akzeptiert – in Form von zwei Fallgruppen weiter konkretisiert. Zur Verantwortungsübernahme durch den Gefährdeten (mit der Folge eines Zurechnungsausschlusses) soll danach *einmal* führen, wenn die Gefährdungslage durch seine die Bedenken des Gefährders überwindende Initiative entstanden ist (etwa Drängen eines infolge Alkoholgenusses Fahruntüchtigen auf Mitnahme im Auto, obwohl dieser ihn gewarnt hatte), oder *zweitens* bei Feststellung einer gleichrangigen gemeinsamen Gestaltung (Konzeption und Verwirklichung der Gefährdungslage durch die Beteiligten, wie sie etwa im Falle des „Autosurfens" vorliegt). Im Fahrwasser der *Roxin'schen* Lösung bemühen sich weitere Autoren um partielle Präzisierungen. So plädiert auch *Luzón Peña* in Konstellationen einverständlicher Fremdgefährdung unter bestimmten Bedingungen für einen Tatbestandsausschluss, nur erhebt er zum Leitkriterium nicht das Ausmaß der Verantwortung für das Geschehen, sondern „die objektive Kontrolle über das Risiko durch das Opfer" – mit in der Fallanwendung teilw. unterschiedlichen Ergebnissen (GA **2011** 295, 307 ff).[757] *Lotz* (Fremdschädigung S. 312) will die einverständliche Fremdgefährdung neben der eigenverantwortlichen Selbstgefährdung als weitere Form der Wahrnehmung von Selbstbestimmung und Handlungsfreiheit grds. straflos lassen. Dabei stellt er an die Selbstbestimmung erhöhte Anforderungen, „wenn eine Rechtsnorm, die den Schutz des Einwilligenden mitbezweckt, die gefährliche Handlung konkret verbietet oder es sich um eine konkrete Lebensgefahr handelt." In solchen Fällen bedürfe es „aufgrund der erhöhten Wahrscheinlichkeit unfreier Entscheidungen sowie des herabgesenkten Achtungsanspruchs auf Seiten des Gefährdenden eines Bestimmens durch ein ernstliches und ausdrückliches Verlangen im Sinne des § 216 StGB". Das eingesetzte Kriterium des „Verlangens" entspricht dann weitgehend den von *Roxin* geforderten Voraussetzungen für eine gleichrangige tatbestandsausschließende Verantwortlichkeit des Gefährdeten und kommt in der Anwendung zu ähnlichen Ergebnissen (aaO S. 312 ff; grundlegend *Roxin* FS Gallas, 241, 252; *ders.* NStZ **1984** 411, 412; *ders.* AT I § 11 Rdn. 123 f; *ders.* JZ **2009** 399, 400 ff; *ders.* GA **2012** 655, 663 ff; *ders.* GA **2018** 250, 254 ff).[758] Für *Otto*, der – anders als

---

[757] In seiner Kritik auf diesen Modifikationsversuch moniert *Roxin* vor allem die häufig bestehenden Unsicherheiten hinsichtlich der Kontrollmöglichkeit sowie das vollständige Ausblenden der Vorgeschichte des Krisenszenarios, also der Frage, wer mit welchem Einfluss das Gefahrenprojekt maßgeblich gestaltet hat.

[758] Zust. *M. Heinrich* HK-GS VW § 13 Rdn. 143 ff; *Lasson* ZJS **2009** 359, 366; ebenso *Hammer* JuS **1998** 785, 788; *Burgstaller* Das Fahrlässigkeitsdelikt im Strafrecht (1974) S. 170; ähnlich *Schünemann* JA **1975** 715, 723; *P. Frisch* Fahrlässigkeitsdelikt S. 156 f; *Schmoller* FS Trifferer, 223, 252; auch *Kretschmer* NStZ **2012** 177, 180; weitere Nachw. bei *Menrath* Einwilligung S. 109 m. Fn. 8. Die *Roxin'sche* Formel wird in der Rechtsprechung häufiger aufgegriffen, etwa vom OLG Koblenz BA **2002** 483, 484; OLG Zweibrücken JR **1994** 518, 519 f. Ein Hinweis auf die Thesen findet sich auch in BGHSt **53** 55, 61 f (wenngleich das Gericht die Frage einer möglichen Gleichstellung offenlässt).

Roxin – die Differenzierung zwischen einverständlicher Fremdgefährdung und Selbstgefährdung nach der äußeren Geschehensgestaltung als strafrechtlich bedeutungslos einstuft, ist der Zurechnungszusammenhang unterbrochen, wenn „der Verletzte sich frei verantwortlich und in voller Kenntnis des Risikos und der Tragweite seiner Entscheidung in die Gefahrensituation begibt" (vgl. *Otto* Jura **1984** 536, 538ff; *ders.* AT § 6 Rdn. 61ff).[759] Nach *Zaczyk* Strafrechtliches Unrecht S. 56ff handelt es sich um eine bewusste Selbstgefährdung, „wenn der Verletzte den schließlich eingetretenen Erfolg als mögliches Resultat eigenen Verhaltens voraussieht, sich aber gleichwohl der Gefahr aussetzt oder sich ihr nicht entzieht". Dagegen kann „fahrlässiges Unrecht eines anderen in diesen Fällen nur begründet sein, wenn sich aufweisen läßt, daß die eingetretene Verletzung darauf beruht, daß der Außenstehende das Rechtsgut dem Zufall preisgegeben hat, nicht das Opfer".[760] *Cancio Meliá* ZStW **111** (1999) 357, 373 ff will den aus einem gemeinsamen Unternehmen entstandenen Schaden dem Verantwortungsbereich des Opfers zurechnen, wenn die Tätigkeit im Rahmen des von Opfer und Täter gemeinsam Organisierten bleibt, das Verhalten des Opfers nicht durch den Täter instrumentalisiert worden ist, weil jenes der Verantwortlichkeit oder der Kenntnisse entbehrt, die zu seiner Definition als „selbstverantwortlich" notwendig sind, und der Täter gegenüber den Gütern des Opfers keine besondere Schutzpflicht inne hat. Der Selbstverantwortungsgrundsatz verbiete eine Unterscheidung von Selbstgefährdung und einverständlicher Fremdgefährdung.[761] Schließlich liegt nach *S. Walther* in Situationen einverständlicher Fremdgefährdung „an sich täterschaftliches Verhalten für die Begründung strafrechtlicher Erfolgszuständigkeit vor"; allerdings führe die positive Handlungsverantwortlichkeit des Rechtsgutsinhabers quasi zur „Neutralisierung" des Sorgfaltsverstoßes des Gefahrschaffenden – und damit zum Tatbestandsausschluss (*S. Walther* Eigenverantwortlichkeit S. 140f, 248, die die Täterschaftslehre als Konzept „normativer Zuständigkeit" begreift). Der – im Einzelnen trotz großer Anstrengungen noch weiter zu präzisierenden – **Zurechnungslösung** dürfte strafrechtsdogmatisch die Zukunft gehören. Sie benennt mit der Selbstverantwortung das maßgebliche Zuschreibungsprinzip, vermeidet die skizzierten methodischen Probleme der Einwilligungslösung und ist darüber hinaus nicht gezwungen, die Einwilligungsregeln zu modifizieren.[762] Die einfach anzuwendende „Superformel" gibt es hier – wie überhaupt im Bereich der durch starke Kasuistik geprägten Lehre von der objektiven Zurechnung – bisher nicht. Den Vorzug in dieser Auseinandersetzung verdient daher der

---

759 Ferner *Otto* FS Tröndle, 157, 170 ff; sich ihm anschließend BayObLG JZ **1997** 521 mit Anm. *Otto*. Näher zur Bedeutung des von *Otto* betonten „Prinzips der Steuerbarkeit" für eine angemessene Verteilung der strafrechtlichen Verantwortlichkeiten bei Mitwirkung des Opfers *Duttge* FS Otto, 227 ff.
760 Im Rahmen eines zweistufigen Prüfungsverfahrens verneint *Zaczyk* aaO eine Selbstgefährdung, „wenn das Opfer in rechtlich fester Form darauf vertrauen konnte, daß der andere den zur Verletzung führenden Verlauf durch pflichtgemäßes Verhalten beherrscht".
761 Ähnlich *Radtke* FS Puppe, 831, 841f (maßgeblich allein die eigenverantwortliche Entscheidung des Rechtsgutsinhabers). *Timpe* als weiterer Vertreter einer radikalen (auf Strafbarkeitsausschluss zielenden) Gleichstellungstheorie ist der Ansicht, die einverständliche Fremdgefährdung sei „nur ein besonders bezeichneter Anwendungsfall der eigenverantwortlichen Selbstgefährdung", bei dem es „unabhängig von der Arbeitsteilung im konkreten Fall (…) um Selbstverwaltung durch fremde Hand" gehe (JR **2014** 52, 61f; zuvor schon *ders.* ZJS **2009** 170, 173ff). Vgl. auch *Müssig* Mord S. 362ff, der auf eine quantifizierende Differenzierung von Zuständigkeiten zwischen „Täter" und „Opfer" abstellt. Die Abgrenzungskriterien sollen dabei weitgehend parallel zu denen einer normativ fundierten Täterschaftsdifferenzierung verlaufen. Eine strafrechtliche Verantwortung für fremdes selbstgefährdendes Verhalten setzt nach *Derksen* Handeln auf eigene Gefahr S. 169 ff, 196 ff, 250 die „Zuständigkeit für den Grund der Selbstgefährdung wie für das selbstgefährdende Verhalten selbst" voraus.
762 Wenngleich sich nach *Roxin* (GA **2018** 250, 259) die im Rahmen des Zurechnungsansatzes entwickelten Kriterien auch in die Einwilligungslösung integrieren ließen.

Ansatz mit den geringsten Schwächen. *Roxins* Lösung weist hier mit dem Versuch, neben der Risikokenntnis auch die Dimension der Verantwortung von Täter und Opfer für das Risikogeschehen angemessen in seinem Vorschlag abzubilden, sicher eine hohe Plausibilität auf.[763] Häufig werden beide Grundansätze – richtig angewandt – ohnehin zu gleichen Ergebnissen führen, da die freiwillige Risikoübernahme in ihrer Struktur dem Einwilligungsansatz ähnelt (*Dölling* ZStW **96** [1984] 36, 60; auch *Hirsch* LK[11] Rdn. 107 m. Fn. 185; *Eisele* JuS **2012** 577, 584; zudem *Roxin* GA **2018** 250, 259)[764]. In Sonderbereichen wie etwa dem **Sport** werden Strafbarkeitseinschränkungen auf Tatbestandsebene zunehmend auf andere (ergänzende) Gesichtspunkte wie das erlaubte Risiko (*Eser* JZ **1978** 368, 372f; *Cancio Meliá* ZStW **111** [1999] 357, 385), die Sozialadäquanz (*Zipf* Einwilligung S. 77)[765] oder die Begrenzung der Sorgfaltspflicht unter Berücksichtigung des erlaubten Risikos (vgl. *Rössner* FS Hirsch, 313, 319ff; zust. *Hirsch* LK[11] § 228 Rdn. 12; *ders.* FS Swarc, 559, 567)[766] gestützt.[767] Als allgemeines Instrumentarium für die dogmatisch angemessene Verarbeitung von „deliktsmitverschuldendem Opferverhalten" (*Fiedler* Einverständliche Fremdgefährdung S. 115) taugen diese haftungseinschränkenden Rechtsfiguren jedoch nicht, da die Abgrenzung der Verantwortungsbereiche von (pflichtwidrig handelndem) Täter und Opfer nicht – wie bei Sozialadäquanz und erlaubtem Risiko – unter Hinweis auf ein abstraktes Gesellschaftsurteil über die Dimension der Handlungsfreiheit der Bürger vorgenommen werden kann, sondern einer individuelleren Betrachtung bedarf (dazu nur *Reinhart* in PHB-Sportrecht, 8. Teil Rdn. 70 u. *Menrath* Einwilligung S. 70 m.w.N.).[768]

170 Im Anwendungsbereich der Einwilligung wird sich die Opferzustimmung regelmäßig auf ein **bestimmtes Tun oder Unterlassen** des Täters beziehen. Das Unrecht ist dann nur ausgeschlossen, wenn sich der Täter nach Art und Maß im Rahmen der Einwil-

---

[763] In GA **2018** 250, 251ff weist *Roxin* auch zutreffend die Thesen der von ihm sog. „Gleichstellungstheorie" bzw. der „Bestrafungstheorie" zurück, die in den einschlägigen Konstellationen ohne ausreichende Beachtung der Strukturunterschiede von eigenverantwortlicher Selbstgefährdung und einverständlicher Fremdgefährdung sowie ohne angemessene Differenzierungskriterien entweder pauschal zur Straflosigkeit oder Strafbarkeit kommen (zu weiteren Differenzierungen neben seinem eigenen Lösungsvorschlag aaO S. 260ff).
[764] *Frister* (15/15) spricht daher mit einer gewissen Berechtigung davon, man solle den Streit über die dogmatische Einordnung auch „nicht überbewerten". Der Komplexität der Sache nicht gerecht werden *Paeffgen/Zabel* NK § 228 Rdn. 9a, die den Meinungsstreit für „fruchtlos" halten.
[765] Ferner *Dölling* ZStW **96** (1984) 37, 55ff; *ders.* FS Gössel, 209, 215; *Gropp* AT § 5 Rdn. 424ff.
[766] Weiter *Fischer* § 228 Rdn. 22; *Kubink* JA **2003** 257, 259; *Putzke* RpflStud **2012** 65, 67.
[767] Näher zum Streitstand *Reinhart* in PHB-Sportrecht, 8. Teil Rdn. 64ff; auch *Jetzer* Einverständliche Fremdgefährdung Rdn. 205ff. Der Annahme von *Schild* Jura **1982** 585ff, der Sportbetrieb finde in einem „rechtsfreien Raum" statt, widerspricht schon die Tatsache, dass für diesen Bereich ausführliche Regelwerke der Verbände existieren; auch ist grundsätzlich von einer Geltung der allgemeinen Strafgesetze für alle Formen der Sportbetätigung auszugehen, vgl. *Dölling* ZStW **96** (1984) 36, 53 f m.w. Kritik. *Schild* hat nach kritischer Aufnahme seines Ansatzes in der Literatur 2002 klargestellt, dass er für einen Ausschluss der §§ 223ff plädiere, „wenn die den Schaden herbeiführende Handlung noch als Ausübung der entsprechenden Sportart aufgefasst werden könne (also ‚sportadäquat' [...] sei" (Sportstrafrecht, S. 114ff). In der FS Paeffgen, 153ff verteidigt er die auf Basis eines „rechtlichen Sportbegriffs" interpretierte „Sportadäquanz" als spezifischen „Strafbarkeitsfreiraum".
[768] Demgegenüber sind nach Rspr. und h.L. die leicht fahrlässig unter Regelverstoß herbeigeführten Körperverletzungen durch eine Einwilligung abgedeckt, während eine Rechtfertigung bei grob fahrlässigem und vorsätzlichen regelwidrigen Verhalten ausgeschlossen sei, s. BGHSt **4** 88, 92; BayObLGSt **1960** 266, 269; **1961** 180; OLG Karlsruhe NJW **1982** 394; auch OLG Hamm JR **1998** 465; *Sch/Schröder/Stree/Sternberg-Lieben* § 228 Rdn. 27 m.w.N.; *Paeffgen/Zabel* NK § 228 Rdn. 109; *Schroeder* in Schroeder/Kauffmann S. 21, 28ff; dazu die Kritik von *Fischer* § 228 Rdn. 22; *Rössner* FS Hirsch, 313, 316f; s. auch Rdn. 163.

ligung hält, also nicht beim Exzess (BGHSt **4** 88, 92; RGSt **77** 350, 356).[769] Soweit sich die Einwilligung auf eine Handlung bezieht, die mehrere Straftatbestände verwirklicht, ist der Unrechtsausschluss für jedes einzelne Delikt gesondert zu untersuchen (vgl. BGHSt **6** 232; BayObLGSt **1962** 108 und insbesondere OLG Frankfurt/M. DAR **1965** 217). Die Reichweite der Einwilligung liegt im Belieben des Einwilligenden, weshalb er die Einwilligung durch Bedingungen oder Befristungen modifizieren sowie dem Täter verschiedene Handlungen wahlweise erlauben kann (vgl. *Maurach/Zipf* § 17 Rdn. 56; *Schmidhäuser* StuB 5/130).[770] Die Einwilligung kann auch als Blanko-Einwilligung bestimmte Modalitäten wie etwa die Person des Handelnden offenlassen (dazu *Arzt* FS Baumann, 201 ff). Zu Maßstäben der Einwilligung in das Unterlassen von Nothilfe siehe *Seier* NJW **1987** 2476, 2480 ff.

(3) Zeitpunkt, Bindungswirkung und Widerruflichkeit der Einwilligung. Die Einwilligung muss für einen vollständigen Unrechtsausschluss **vor** oder spätestens **bei Beginn der Tat** vorliegen,[771] nachträgliche Genehmigung genügt nicht (BGHSt **7** 294, 295; **17** 359f; BGH NJW **2006** 522, 526).[772] Die nachträgliche Genehmigung kann lediglich unter Umständen als Verzicht auf die Ausübung des Strafantragsrechts gesehen werden (*Maurach/Zipf* § 17 Rdn. 57; *Tag* Patientenautonomie S. 307f; siehe auch OLG Oldenburg NJW **1966** 2132). Wird die Einwilligung erst nach Versuchsbeginn erteilt, kann sie nur noch die Vollendungsstrafe abwenden (RG JW **1934** 2335).[773] Begibt sich jemand freiwillig in die durch eine fahrlässige Handlung hervorgerufene Risikosphäre (vgl. den Fall BGHSt **17** 359), so geht es dabei nicht um eine Einwilligung in das fahrlässige Verhalten, da dieses bereits abgeschlossen vorliegt. Die entscheidende Frage ist hier vielmehr, in welchen Fällen noch von einer sorgfaltswidrigen Handlung des Täters in Bezug auf die Verletzung von Personen gesprochen werden kann, die sich später bewusst dem hervorgerufenen Risiko aussetzen. 171

Die Frage der **Bindungswirkung** antizipiert erklärter Einwilligungen wird erst mit dem Aufkommen sog. **Patientenverfügungen** (auch „Patiententestament", „Patientenbrief" oder „living will" genannt)[774] intensiver diskutiert.[775] Ansonsten gehen zumindest die Anhänger der Willenskundgabetheorie (dazu Rdn. 161) davon aus, dass Einwilligun- 172

---

769 OLG Düsseldorf NStZ-RR **1997** 325, 327; OLG Köln NJW **1966** 1468; BayObLG HRR **1929** Nr. 671.
770 Näher zur Einwilligung unter Bedingungen *Rönnau* Willensmängel S. 418 ff; *ders.* FS Roxin (2011), 487 ff (insb. zu den „Warenautomatenfällen"); *Sternberg-Lieben* Objektive Schranken S. 535 ff; *Schlehofer* MK Rdn. 184; *Schroth/König/Gutmann/Oduncu* TPG § 19 Rdn. 111 ff.
771 Instruktiv zu den Problemen, die sich aus der von der h.M. akzeptierten Asynchronität von Einwilligungserklärung und Tat ergeben, *Mitsch* Rechtfertigung S. 595 ff. Für die hier vertretene Willensrichtungstheorie stellt sich das Gegenwärtigkeitsproblem naturgemäß nicht.
772 OLG Frankfurt/M. DAR **1965** 217; OLG Oldenburg NJW **1966** 2132; OLG Köln (Z) MDR **1992** 447; so auch bereits RGSt **25** 375, 383; **61** 393, 394; **74** 91; w. Nachw. bei *Mitsch* Rechtfertigung S. 469 m. Fn. 9 und *Sch/Schroeder/Lenckner/Sternberg-Lieben* Rdn. 44. *Schramm* Untreue S. 189, 201 ff stuft die nachträglich erteilte Genehmigung in bestimmten Fällen als sachlichen Strafaufhebungsgrund ein; nach *Kern* ZStW **64** (1952) 255, 285 kann sie den Unrechtsgehalt einer Rechtsgüterverletzung verringern.
773 So auch *Roxin* AT I § 13 Rdn. 79; *Sch/Schröder/Lenckner/Sternberg-Lieben* Rdn. 44. *Samson* SK[5] Rdn. 67 bemerkt zutreffend, dass Versuch nur dann vorliegt, wenn der Täter das Ausbleiben der Einwilligung wenigstens für möglich gehalten hatte.
774 Weitere Bezeichnungen bei *Uhlenbruck* MedR **1992** 134; kritisch zum Begriff des „Patiententestaments" *Harder* Arztrecht **1991** 11 ff; *Verrel* MedR **1999** 547; *Neumann* NK Vor § 211 Rdn. 112 („ungenau"); *Taupitz* Gutachten 63. DJT A 106 („unzweckmäßig"); *T. Hartmann* NStZ **2000** 113 m.w.N.; ablehnend gegenüber dem Begriff „Patientenverfügung" *Spickhoff/Spickhoff* § 1901a BGB Rdn. 3f.
775 Siehe aber *Mitsch* Rechtfertigung S. 595 ff, der ausführlich die Frage der Wirkungsdauer und Gegenwärtigkeit der Einwilligung behandelt.

gen grundsätzlich bis zum Widerruf gültig sind. Bei der Patientenverfügung handelt es sich – in genereller Diktion – um eine schriftliche Willenserklärung,[776] durch die der (noch) entscheidungsfähige Patient seine Ärzte anweist, wie er in einer bestimmten Krankheitssituation, in der er entscheidungsunfähig ist, behandelt werden will. Dabei stehen in der Praxis solche Wünsche im Vordergrund, die eine Begrenzung der medizinischen Behandlung zum Gegenstand haben, insbesondere das Absehen von lebensverlängernden Maßnahmen in der Sterbephase oder bei irreversiblem, dauerndem Bewusstseinsverlust (Schutz vor „Übertherapie").[777] Außerordentlich umstritten und unklar war, inwieweit Patientenverfügungen überhaupt rechtswirksam sind und den Erklärungsempfänger (Arzt/Betreuer/Bevollmächtigten) an den darin bekundeten Willen binden.[778] Das hierzu vertretene Meinungsspektrum[779] reichte von der vollen Rechtsverbindlichkeit bzw. Unbeachtlichkeit einer solchen Verfügung über die Annahme einer höchstens relativen Bindungswirkung bis zu der in der strafrechtlichen Rechtsprechung und Literatur früher herrschenden These,[780] nach der die Patientenverfügung nur die Bedeutung eines Anhaltspunktes für die Ermittlung des mutmaßlichen Willens des entscheidungsunfähigen Patienten hat. Den damaligen Kritikern einer Bindungswirkung war zwar zuzugeben, dass die antizipiert erklärte Patientenverfügung regelmäßig nur eine statische (auf typische Behandlungssituationen bezogene) Antwort in dem dynamischen Prozess von Krankheit und Therapie gibt (*Sternberg-Lieben* FS Lenckner, 349, 363);[781] eine Herabstufung dieses (zumeist nach gründlicher Überlegung gebildeten) Patientenwillens auf ein bloßes – überwindbares – Indiz (wurde und) wird aber dem hohen Rang des verfassungsrechtlich verankerten Selbstbestimmungsrechts für existenzielle Entscheidungen am Ende des Le-

---

[776] Über ihren rechtsgeschäftlichen Charakter wurde gestritten, vgl. dazu (ablehnend) *Holzhauer* ZRP **2004** 41, 42 m.w.N. Zutreffend ist es wohl, von einer geschäftsähnlichen Handlung mit höchstpersönlichem Einschlag (vergleichbar der Einwilligung) auszugehen; s. *Paeffgen/Zabel* NK Rdn. 161 m. Fn. 839 und 164 mit w. Nachw. in Fn. 854; *Boemke* NJW **2017** 1706, 1707 f; *Götz* Patientenautonomie S. 189 f; BTDrucks. 16/8442 S. 8; ähnlich *Hornung* Psychiatrische Patientenverfügung S. 81 f (keine Willenserklärung, sondern antizipierte Form der Einwilligung) näher zur Thematik *Ohly* Volenti S. 178 ff; *Katzenmeier* Arzthaftung S. 324 ff. Zu den Schwierigkeiten der Auslegung vermeintlich eindeutiger Patientenverfügungen *Duttge* JZ **2015** 43, 45.
[777] Vgl. *Taupitz* Gutachten 63. DJT A 105 f; *Oduncu* MedR **2005** 437; *Schneider* MK Vor § 211 Rdn. 138; *Neumann* NK² Vor § 211 Rdn. 108; *Sternberg-Lieben* NJW **1985** 2734; *Verrel* MedR **1999** 547; *Reus* JZ **2010** 80; *Müller* ZEV **2008** 583; zum Begriff „Übertherapie" *Eisenbart* Patienten-Testament S. 20. Ausführlich zum Inhalt von Patientenverfügungen *Rickmann* Zur Wirksamkeit des Patiententestaments im Bereich des Strafrechts, Diss. Frankfurt/M. 1987 S. 18 ff, Anhang I–VI; *Saueracker* Die Bedeutung des Patiententestaments in der BRD aus ethischer, medizinischer und juristischer Sicht, Diss. Frankfurt/M. 1990 S. 25 ff, 171 ff.
[778] Instruktiv zur Thematik, auch zur Vorgeschichte der rechtlichen Etablierung von Patientenverfügungen in den §§ 1901a ff BGB *Schneider* MK Vor § 211 Rdn. 138 ff; weiterhin *Neumann* NK Vor § 211 Rdn. 112 ff und *Sch/Schröder/Eser/Sternberg-Lieben* Vor § 211 Rdn. 286 ff; alle m.w.N.
[779] Ausführlich zum Streitstand *Schöllhammer* Die Rechtsverbindlichkeit des Patiententestaments, Diss. Mainz 1992 S. 26 ff; *Eisenbart* Patienten-Testament S. 47 ff; *Heyers* Passive Sterbehilfe S. 105 ff; auch *Taupitz* Gutachten 63. DJT A 108 ff; im Überblick *Schneider* MK Vor § 211 Rdn. 140 ff; *Neumann* NK Vor § 211 Rdn. 113; *T. Hartmann* NStZ **2000** 113, 114; *Roth* JZ **2004** 494 ff; jew. m.w.N.
[780] Vgl. BGHSt **40** 257, 263 und aus der Literatur nur *Hirsch* FS Lackner, 597, 604; *Lackner/Kühl*²⁵ Vor § 211 Rdn. 8; *Odenwald* Einwilligungsfreiheit S. 235; *Otto* BT § 6 Rdn. 30: „besonders bedeutsame Indizien".
[781] Die Annahme einer rechtsverbindlichen Patientenverfügung bereitete vielen insbesondere deshalb Probleme, weil der Patient häufig ohne Aufklärung verfügt und es der Einwilligung womöglich an der erforderlichen Konkretheit fehlt; *pars pro toto Spickhoff* NJW **2000** 2297, 2302; *Uhlenbruck* MedR **1992** 134, 136 ff; *Verrel* MedR **1999** 547, 548 f; *Kuhlmann* Einwilligung S. 201; weitere Bedenken im Überblick *Schneider* MK Vor § 211 Rdn. 140; jew. m.w.N.; ausführlich – und kritisch – zu den gegen die Verbindlichkeit von Patientenverfügungen angeführten Argumenten *Sternberg-Lieben* NJW **1985** 2734, 2735 ff; *ders.* FS Eser, 1185, 1192 ff.

bens nicht gerecht (zutreffend *Neumann* NK³ Vor § 211 Rdn. 110).⁷⁸² Insbesondere wenn Patienten solche Verfügungen in Kenntnis einer lebensbedrohenden Erkrankung nach ausreichender und zutreffender Aufklärung treffen und der Wirksamkeit der Verfügung keine durchgreifenden, auf gravierenden tatsächlichen Anhaltspunkten gestützte Zweifel entgegenstehen,⁷⁸³ sprach schon vor der Gesetzesreform 2009 viel für die Verbindlichkeit der Patientenverfügung.⁷⁸⁴

Nach einer lebhaften, durch Entscheidungen des BGH (Z **154** 205) und des OLG München ([Z] MedR **2003** 174)⁷⁸⁵ noch einmal intensivierten Debatte⁷⁸⁶ und einem facettenreichen Gesetzgebungsverfahren, in dem erneut grundsätzlich über die Bindungskraft und die Umsetzung von Patientenverfügungen gestritten wurde,⁷⁸⁷ hat sich der Gesetzgeber mit dem „*Dritte(n) Gesetz zur Änderung des Betreuungsrechts*" vom 29.7.2009 (sog. Patientenverfügungsgesetz)⁷⁸⁸ dann überzeugend für die **Rechtsverbindlichkeit der Patientenverfügung** entschieden. Die Anforderungen und Wirkungen einer Patientenverfügung sind in den **§§ 1901a ff BGB**⁷⁸⁹ kodifiziert.⁷⁹⁰ Diese der verfahrensrechtlichen Absicherung der Ermittlung des Patientenwillens dienenden Vorschriften⁷⁹¹ entfalten auch im Strafrecht Wirkungen (BGHSt **55** 191 Rdn. 25 – „Putz": Notwendige Beachtung „unter dem Gesichtspunkt der Einheitlichkeit der Rechtsordnung" [wenngleich nach dem Senat der Grenzverlauf und die Reichweite der rechtfertigenden Einwilligung eine „rein strafrecht- 172a

---

782 Verschiedene Kommissionsentwürfe und die Begründung zum § 1901a BGB des RefE eines 3. Betr.-ÄndG v. 29.1.2005 (näher dazu *Knittel* NJW-Sonderheft BayObLG **2005** 54 ff) betonten übereinstimmend, dass bei eindeutigen und situationsbezogenen Patientenverfügungen nur dann von fehlender Einwilligungsfähigkeit im Zeitpunkt der Abfassung oder von einer zwischenzeitlichen Willensänderung ausgegangen werden darf, wenn dafür konkrete Anhaltspunkte vorliegen; nachdrücklich in diesem Sinne *Schöch/Verrel* GA **2005** 553, 565 mit entsprechenden Nachw.
783 Dazu wird man auch die Entwicklung von neuen Medikamenten oder Therapien zählen müssen, die die Entscheidungsgrundlage des Patienten maßgeblich verändern. Nach *Sch/Schröder/Eser/Sternberg-Lieben* Vor § 211 Rdn. 28 f sollte ein „Wegfall der Geschäftsgrundlage der Vorausverfügung" nur sehr zurückhaltend erwogen und als begründungsbedürftige Ausnahme behandelt werden.
784 *Tröndle/Fischer*⁵³ Vor § 211 Rdn. 27; für prinzipielle Rechtsverbindlichkeit *Antoine* Aktive Sterbehilfe S. 315 ff; *Schroth* GA **2006** 549, 552 ff; s. auch *Sternberg-Lieben* NJW **1985** 2734; *Schöch* FS Hirsch, 693, 707; *Saliger* KritV **1998** 118, 137 f; *T. Hartmann* NStZ **2000** 113, 116 (soweit Patientenverfügung nicht älter als ein halbes Jahr ist); *Taupitz* Gutachten 63. DJT A 105 ff; *Ohly* Einwilligung S. 248 f (unter Beachtung strenger Wirksamkeitsvoraussetzungen wie Geschäftsfähigkeit und Schriftform); *Schneider* MK¹ Vor § 211 Rdn. 125; *Ingelfinger* Grundlagen S. 316; *Otto* NJW **2006** 2217, 2219; w. Nachw. bei *Sternberg-Lieben* FS Eser, 1185, 1191 m. Fn. 31; klare gesetzliche Regelungen fordernd *Chr. Schreiber* NJ **2006** 204, 205 f; ebenso die damals vorherrschende Ansicht im medizin- und zivilrechtlichen Schrifttum in Übereinstimmung mit den früheren Richtlinien der Bundesärztekammer (DÄBl. **2004** A 1299) und den Beschlüssen des 63. DJT 2000 (Beschlüsse A II Nr. 3); Nachw. bei *Neumann* NK² Vor § 211 Rdn. 109. Zudem *Verrel* Gutachten 66. DJT C 47 ff und die auf diesem DJT gefassten Beschlüsse.
785 Zu beiden Entscheidungen s. Vorauft. Rdn. 172 m.w.N.
786 Dazu nur *Popp* ZStW **118** (2006) 693, 640 m.w.N.
787 Überblicke bei *Magnus* Patientenautonomie S. 182 ff; *Roxin/Schroth/Roxin* S. 75, 100 ff; *Albrecht/Albrecht* Patientenverfügung S. 15 ff; *Verrel* Patientenverfügung S. 15 ff; *Kutzer* FS Rissing-van Saan, 337, 344 ff; *Höfling* NJW **2009** 2849; *Olzen* JR **2009**, 354, 365; *Spickhoff* FamRZ **2009** 1949 f.
788 BGBl. I 2286; in Kraft getreten am 1.9.2009.
789 Details dazu in den einschlägigen Kommentierungen von *Palandt/Götz* und *Spickhoff/Spickhoff* sowie *Schneider* MK Vor § 211 Rdn. 138 ff, *Neumann* NK Vor § 211 Rdn. 112 ff und *Sch/Schröder/Eser/Sternberg-Lieben* Vor § 211 Rdn. 28b ff; jew. m.w.N.
790 Näher zu den Neuregelungen *Höfling* NJW **2009** 2849 ff, *Spickhoff* NJW **2010** 172 ff und die Nachw. bei *Lackner/Kühl/Kühl* Vor § 216 Rdn. 8. Zu weiterhin offenen Fragen (trotz Vorliegens einer wirksamen Patientenverfügung) *Sternberg-Lieben* FS Roxin (2011), 537, 539 ff; *Sch/Schröder/Eser/ders*. Vor § 211 Rdn. 28 f m.w.N. Zur antizipierten Einwilligung in eine Forschungsmaßnahme („Forschungsverfügung") *Jansen* Forschung an Einwilligungsunfähigen S. 291 ff.
791 Zur Prozeduralisierung als Rechtsfigur s. die gesonderten Rdn. 319 ff.

spezifische Frage" ist; **krit.** *Spickhoff* FamRZ **2018** 412, 424 f]; BGH NJW **2011** 161, 162 f; zust. *Fischer* Vor § 211 Rdn. 49; *Lackner/Kühl/Kühl* Vor § 211 Rdn. 8 a.E.). Bei der Patientenverfügung handelt es sich nach der Legaldefinition in § 1901a Abs. 1 Satz 1 BGB um die schriftliche Erklärung eines bei Abfassung einwilligungsfähigen Volljährigen,[792] in der dieser für den Fall seiner Einwilligungsunfähigkeit Festellungen über zeitlich noch nicht unmittelbar bevorstehende bestimmte ärztliche Maßnahmen getroffen hat (auch BGHZ **202**, 226 Rdn. 14). Der Widerruf der Patientenverfügung ist formlos (und jederzeit) möglich (§ 1901a Abs. 1 Satz 3 BGB). In ihrer Reichweite ist die Patientenverfügung weder sachlich noch zeitlich beschränkt. Sie gilt „unabhängig von Art und Stadium einer Erkrankung" (§ 1901a Abs. 3 BGB); ein vorausverfügter Behandlungsverzicht kann also weit vor Eintritt des Patienten in die eigentliche Sterbephase Wirksamkeit entfalten.[793] Das Gesetz kennt kei-ne Pflicht zur Inanspruchnahme kompetenter Beratung vor Abfassung der Verfügung[794] und sieht auch keine „Verfallsfrist" oder Obliegenheit zur Aktualisierung vor.[795] Die Prüfung seitens des Betreuers beschränkt sich darauf festzustellen, ob die getroffenen Festlegungen „auf die aktuelle Lebens- und Behandlungssituation zutreffen" (§ 1901a Abs. 1 Satz 1 BGB).[796] Ist das der Fall, hat der Betreuer (nur) dem Willen des Betreuten Ausdruck und Geltung zu verschaffen (§ 1901a Abs. 1 Satz 2 BGB). Eine Einwilligung des Betreuers in den Abbruch lebenserhaltender ärztlicher Maßnahmen bedarf es nicht, da der Betroffene *selbst* diese Entscheidung in einer alle Beteiligten bindenden Weise vorab getroffen hat.[797] Dabei dürfen die Anforderungen an die Bestimmtheit der Patientenverfügung nicht überspannt werden. Vorausgesetzt werden kann nur, dass der Betroffene umschreibend festlegt, was er in einer bestimmten Lebens- und Behandlungssituation will und was nicht.[798] Nicht vorhergesehene lebensgeschichtliche Veränderungen und auch seinerzeit unvorstellbare medizinische Entwicklungen können vor dem Hintergrund der Situationsbezogenheit der Willensäußerung Zweifel an der Aktualität der Patientenverfügung und damit an deren Verbindlichkeit aufkommen lassen.[799] Um hier aber nicht paternalistischen Vernünftigkeitserwägungen unangemessen Raum zu geben, bedarf es konkreter Anhaltspunkte dafür, dass der Patient an seiner „alten" Verfügung nicht mehr festgehalten werden will.[800] Auf Basis des Gesetz gewordenen

---

792 Die Erstreckung von (ansonsten wirksamen) Patientenverfügungen auf einsichtsfähige *Minderjährige* fordert *Neumann* NK Vor § 211 Rdn. 116b; *ders.* medstra **2017** 141, 145f; auch *Sternberg-Lieben/Reichmann* NJW **2012** 257, 262; (nur) als Behandlungswünsche behandelt von *Lackner/Kühl/Kühl* Vor § 211 Rdn. 8; *Fischer* Vor § 211 Rdn. 51 m.w.N.; **abl.** *Coester-Waltjen* MedR **2012** 553, 557, 560.
793 Vgl. BTDrucks. 16/8442 S. 16; BGHSt **55** 191 Rdn. 14ff; BGHZ **202** 226 Rdn. 22; *Schneider* MK Vor § 211 Rdn. 145. Zur Diskussion über den Geltungsumfang der Patientenverfügung vor der Reform *Jäger* FS Küper, 209, 212ff (der selbst für eine vermittelnde Lösung eintritt).
794 *Fischer* Vor § 211 Rdn. 50; *Lackner/Kühl/Kühl* Vor § 211 Rdn. 8; **krit.** *Höfling* NJW **2009** 2849, 2852. Auf die einem Dritten erscheinende „Unvernünftigkeit" des vorausverfügten Patientenwillens kommt es nicht an; dazu BGHZ **154** 205, 217: „Patientenverfügung bindet (...) als Ausdruck des fortwirkenden Selbstbestimmungsrechts, aber auch der Selbstverantwortung des Betroffenen den Betreuer"; sie darf deshalb „nicht durch einen ‚Rückgriff auf den mutmaßlichen Willen' des Betroffenen ‚korrigiert' werden"; zudem *Schneider* MK Vor § 211 Rdn. 139 m.w.N.
795 *Schneider* MK Vor § 211 Rdn. 143 f m.w.N.
796 Erhellend zur „Situationsbezogenheit" als Kernvoraussetzung der Verbindlichkeit einer Patientenverfügung *Schneider* MK Vor § 211 Rdn. 146 m.w.N.
797 Vgl. BTDrucks. 16/8442 S. 14; BGHZ **154** 205, 217; **202** 226 Rdn. 14; **211** 67 Rdn. 36; *Fischer* Vor § 211 Rdn. 53a; *Schneider* MK Vor § 211 Rdn. 150 m.w.N.
798 BGHZ **202** 226 Rdn. 29; **211** 67 Rdn. 46ff; *Schneider* MK Vor § 211 Rdn. 144 m.w.N. Tendenziell anders die (weiter gerichtliche) Rechtspraxis.
799 S. BGHZ **211** 67 Rdn. 46ff; *Magnus* Patientenautonomie S. 187 f, 223 f.
800 Vgl. BTDrucks. 16/8442 S. 15; *Sch/Schröder/Eser/Sternberg-Lieben* Vor § 211 Rdn. 28 f; *Schneider* MK Vor § 211 Rdn. 144 m.w.N. Ob sämtliche in einer Patientenverfügung hinreichend konkret dargelegten An-

"Konfliktmodells"[801] ist eine Genehmigung des Betreuungsgerichts nicht erforderlich, "wenn zwischen Betreuer und behandelndem Arzt Einvernehmen darüber besteht, dass die Erteilung, die Nichterteilung oder der Widerruf der Einwilligung dem Willen des Betreuten entspricht" (§ 1904 Abs. 4 BGB; vgl. auch BGHSt **55** 191 Rdn. 17, 24).[802] Liegt keine Patientenverfügung vor oder treffen die Festlegungen einer Patientenverfügung nicht auf die aktuelle Lebens- und Behandlungssituation zu, hat der Betreuer (oder Bevollmächtigte, § 1901a Abs. 5 BGB) die Behandlungswünsche oder den mutmaßlichen Willen des Betreuten festzustellen und auf dieser Grundlage zu entscheiden (§ 1901a Abs. 2 BGB).[803] Dabei ist zunächst – ganz im Sinne des XII. BGH-Zivilsenats – ein möglicher (auch negativer) geäußerter Behandlungswunsch des Patienten zu prüfen, bevor auf dessen mutmaßlichen Willen abgestellt wird.[804]

Die Einwilligung darf zwischenzeitlich **nicht widerrufen** worden sein; ein Widerruf (actus contrarius) ist grundsätzlich bis zur Vollendung der Tat jederzeit möglich, ohne dass es dafür einer besonderen Begründung oder gar einer Anfechtung gem. den §§ 119 ff BGB bedarf (RGSt **25** 375, 382; BGH [Z] VersR **1954** 98; BGH [Z] NJW **1980** 1903; BGH NJW **2005** 2385, 2386; s. auch § 630d Abs. 3 BGB).[805] Voraussetzung eines wirksamen Widerrufs ist die Widerrufsfähigkeit, die die gleiche Struktur aufweist wie die Einwilligungsfähigkeit (*Amelung/Eymann* JuS **2001** 937, 945).[806] Zum Schutz der Autonomie des (erwachsenen) Entscheidungsträgers sind bei der Bestimmung der Entscheidungsfähigkeit strenge Maßstäbe anzulegen. Entgegen der h.M. ist ein Widerruf z.B. nicht schon dann unbeachtlich, wenn sich der Patient unter Angstgefühlen oder "unsachlichen Empfindungen" plötzlich gegen eine Weiterbehandlung sträubt (so aber BGH[Z] VersR **1954** 98; BGH[Z] NJW **1980** 1903 f; s. auch BGH(Z) MedR **2010** 787; OLG Hamm (Z) MedR **2012** 44 f (ausdrückliche und eindeutige Distanzierung vom ursprünglich vereinbarten Entbin-

173

---

ordnungen Bindungskraft entfalten oder aber Festlegungen hinsichtlich bestimmter Erkrankungen und einzelner ärztlicher Maßnahmen (die Diskussion kreist hier insbesondere um Patientenverfügungen bei Demenzerkrankung und den Behandlungsverzicht auf Maßnahmen der Basisversorgung) ausnahmsweise unverbindlich bleiben müssen, erörtern instruktiv *Schneider* aaO Rdn. 147 ff u. *Steenbreker* MedR **2012** 725 ff (Patientenverfügung bleibt auch bei schwerer Demenz beachtlich); beide m.w.N.
801   Dazu BGHZ **154** 205, 227 f; **163** 195, 198 f; **202** 226 Rdn. 18; **211** 67 Rdn. 38; *Schneider* MK Vor § 211 Rdn. 154; *Neumann* NK Vor § 211 Rdn. 114, 135 m.w.N.
802   Eine Regelung des "Gesprächs zur Feststellung des Patientenwillens" unter Beteiligung des Arztes, naher Angehöriger und sonstiger Vertrauenspersonen des Betreuten findet sich in § 1901b BGB.
803   Vgl. BTDrucks. 16/8442 S. 15 f (unter Rückgriff auf Kriterien, die die strafrechtliche Rechtsprechung [BGHSt **35** 246, 249; **40**, 257] zur Ermittlung des mutmaßlichen Willens aufgestellt hat); weiter *Schneider* MK Vor § 211 Rdn. 157 f; *Neumann* NK Vor § 211 Rdn. 116a ff; jew. m.w.N.
804   BGHZ **202** 226 Rdn. 25 ff; *Neumann* NK Vor § 211 Rdn. 116a; *Schneider* MK Vor § 211 Rdn. 157.
805   Baumann/Weber/*Mitsch*/Eisele § 15 Rdn. 136; *Heinrich* Rdn. 460; Jescheck/Weigend § 34 IV 4; *Kühl* AT § 9 Rdn. 32; *Sch/Schröder/Lenckner/Sternberg-Lieben* Rdn. 44; jew. m.w.N; zur Behandlung im Zivilrecht *Ohly* Einwilligung S. 346 ff; im Kontext der Patientenverfügung *Spickhoff/Spickhoff* § 1901a BGB Rdn. 20 m.w. Belegen.
806   *Odenwald* Einwilligungsfähigkeit S. 117 f; *Stief* Einwilligungsfähigkeit S. 196; *Chr. Wagner* Schönheitsoperation S. 168; *Höfling/Demel* MedR **1999** 540, 543. Mit Blick auf Patientenverfügungen, die gem. § 1901a Abs. 1 Satz 3 BGB jederzeit formlos widerrufen werden können, *Magnus* Patientenautonomie S. 190 ff m.w.N., die sich – unter Hervorhebung der besonders praxisrelevanten Gruppe der Wachkomapatienten und Demenzkranken – gegen die h.M. ausspricht und im Interesse der Patientenautonomie für den Widerruf auch den natürlichen Willen genügen lässt; *dies.* NStZ **2013** 1, 5. Gegen die Entwertung von Patientenverfügungen Demenzkranker aber überzeugend *Schneider* MK Vor § 211 Rdn. 148 und *Sch/Schröder/Eser/Sternberg-Lieben* Vor § 211 Rdn. 28 f, die beide für den Widerruf bzw. die Nichtübereinstimmung der Patientenverfügung mit der aktuellen Lebens- und Behandlungssituation ein aussagekräftiges, eindeutiges Verhalten des Patienten fordern; aus der älteren Literatur nur *Spickhoff* NJW **2000** 2297, 2302; auch *Heyers* Passive Sterbehilfe S. 144 ff; allgemein zum Widerruf einwilligungs(un)fähiger Patienten *Golbs* Vetorecht S. 94 ff.

dungskonzept notwendig); *Kallfelz* JW **1936** 3114 ff; *Hirsch* LK[11] § 228 Rdn. 33; *Magnus* Patientenautonomie S. 173 m.w.N.). Vielmehr darf der Arzt mit seinem Eingriff gegen den aktuellen Willen nur fortfahren, wenn der Patient ersichtlich nicht mehr eigenverantwortlich entscheiden kann (*Paeffgen/Zabel* NK § 228 Rdn. 89; *Amelung/Eymann* JuS **2001** 937, 947; **teilw. abw.** *Sternberg-Lieben* Objektive Schranken S. 262 ff); für Notsituationen bietet § 34 eine ausreichende Eingriffsgrundlage (*Hirsch* LK[11] § 228 Rdn. 33 m.w.N.). Auch der Widerruf erfordert nach h.M. eine zumindest konkludente Willenskundgabe nach außen (*Roxin* AT I § 13 Rdn. 79; *Hirsch* LK[11] Rdn. 113; *Amelung/Eymann* JuS **2001** 937, 945), während für die hier vertretene Willensrichtungstheorie die Aufgabe des zustimmenden Willens genügt (ebenso *Samson* SK[5] Rdn. 68; *Göbel* Einwilligung S. 137).[807] Wird die Einwilligung erst während der Tat widerrufen, so ist bei Weiterhandeln von diesem Zeitpunkt an die Rechtswidrigkeit gegeben. Widerruft z.B. der freiwillig in einer Entziehungsanstalt untergebrachte Süchtige seine Einwilligung in die stationäre Behandlung, dann ist das weitere Festhalten in der Anstalt rechtswidrige Freiheitsberaubung.

174 In der Literatur werden Fallgruppen diskutiert, in denen der Widerruf einer Einwilligung nicht möglich oder unwirksam sein soll. Widerrufe beispielsweise ein Passagier während des Fluges über dem Meer seine Einwilligung in die Freiheitsentziehung und verlange sofortige Landung, sei „die Handlung schon soweit fortgeschritten, dass die Rückgängigmachung praktisch ausscheidet" (*Hirsch* LK[11] Rdn. 113). Vom Grundsatz freier Widerruflichkeit der Einwilligung wird darüber hinaus auch dann eine Ausnahme gemacht, wenn die Einwilligung zugleich als „rechtswirksame Erklärung nach allgemeinen Grundsätzen des Bürgerlichen Rechts binde" (*Jakobs* 7/115 i.V.m. 110; *Hinterhofer* Einwilligung S. 109 ff; *Hirsch* LK[11] Rdn. 113; *Weber* GA **2000** 77 f). Danach kann etwa der Verpächter eines Grundstückes die Gestattung zur Rodung bestimmter Bäume nicht einseitig zurücknehmen, wenn er sie dem Pächter im Vertrag rechtswirksam eingeräumt hat. Trotz Widerrufs der Einwilligung soll beim Fällen der Bäume also keine Sachbeschädigung vorliegen. Das von dieser Ansicht erzielte Ergebnis ist sachlich angemessen, lässt sich jedoch nicht auf die Prinzipien der Einwilligung stützen. Denn der Eingriff soll hier durch eine Einwilligung gedeckt sein, obwohl der Dispositionsbefugte im Eingriffszeitpunkt mit der Gutsverletzung gerade nicht einverstanden ist.[808] Stattdessen lässt sich im Falle der unterbliebenen Rückgängigmachung der Eingriffshandlung ein Haftungsausschluss des Eingreifenden vielfach schon unter Hinweis auf die Grundsätze der Unterlassungsdogmatik begründen, weil ihm entweder die gebotene Handlung (etwa die sofortige Landung) gar nicht möglich war oder es an der Garantenstellung fehlt (näher *Göbel* Einwilligung S. 140 ff). Wird die Einwilligung (wie im „Pachtfall") vor Beginn der Eingriffshandlung widerrufen, lässt sich ein Unrechtsausschluss nach verbreiteter – und zutreffender – Ansicht unmittelbar aus **zivilrechtlichem Vertrag als eigenständigem Rechtfertigungsgrund** herleiten (grundlegend *H.-D. Weber* Zivilrechtlicher Vertrag S. 77 ff; *Sch/Schröder/Lenckner/Sternberg-Lieben* Rdn. 44, 53; *Mitsch* NZV **2013** 417, 420 ff).[809] Voraussetzung dafür ist, dass das betroffene Rechtsgut überhaupt Gegenstand

---

807 *Sternberg-Lieben* Objektive Schranken S. 261; *Hinterhofer* Einwilligung S. 111 f.
808 Die Annahme eines gerechtfertigten Eingriffs trotz entgegenstehenden Willens des Rechtsgutsinhabers widerspräche dem staatlichen Gewaltmonopol und wäre damit verfassungsrechtlich unhaltbar, so *H.-D. Weber* Zivilrechtlicher Vertrag S. 69 f.
809 Weiter *Amelung/Eymann* JuS **2001** 937, 945 f; Baumann/Weber/Mitsch/Eisele § 15 Rdn. 136 m. Fn. 568; *Göbel* Einwilligung S. 142 ff; *Corsten* Einwilligung S. 50 f; *Popp* ZStW **118** (2006) 639, 653 m. Fn. 46; *Rönnau* Jura **2002** 665, 666; *Samson* SK[5] Rdn. 70; *Vitens* Scheinbare Rechtsgutsverletzung S. 65 f; anders *Fahl* JR **2009** 100, 102 ff, der Sympathie für die Lösung entwickelt, die Widerruflichkeit der Einwilligung zu beschränken (letztlich aber unentschieden bleibt).

einer rechtsgeschäftlichen Bindung sein kann – i.d.R. nur Vermögensgüter und Güter mit geringem Persönlichkeitsbezug –, das staatliche Gewaltmonopol unberührt bleibt und der Vertrag nach Bürgerlichem Recht auch ansonsten wirksam ist (näher *Sch/Schröder/Lenckner/Sternberg-Lieben* Rdn. 53). Auch eine wirksame Einwilligung kann i.S. einer Klarstellung „widerrufen" werden. Nach der Tat kommt dem Widerruf einer Einwilligung keine Wirkung zu. Zu speziellen Fragen des Widerrufs beim ärztlichen Heileingriff *Hirsch* LK[11] § 228 Rdn. 33;[810] eingehend zum Widerruf einer Patientenverfügung *Sch/Schröder/Lenckner/Sternberg-Lieben* Vor § 211 Rdn. 28 f m.w.N.; s. auch BGHZ **211** 67 Rdn. 29 ff.

Kaum behandelt ist die Frage, ob neben dem Widerruf auch ein **mutmaßlicher Widerruf** die Einwilligung beseitigen kann. Angesprochen sind Fälle, in denen die antizipiert erteilte – und später nicht widerrufene – Einwilligung im Tatzeitpunkt angesichts einer zwischenzeitlich veränderten Interessen- bzw. Motivationslage ihre Basis verloren hat und nicht mehr dem wahren Willen des Rechtsgutsinhabers entspricht, die Einwilligung also „widerrufsreif" gewesen ist. Nach Baumann/Weber/*Mitsch*/Eisele § 15 Rdn. 137; ausführlich *Mitsch* Rechtfertigung S. 491 ff, 617 ff;[811] auch *ders.* ZJS **2012** 38, 42 f muss der zum Eingriff Bereite bei längerem Zeitablauf sorgfältig prüfen, ob die ursprünglich gebilligte Tat unter den gegenwärtigen Umständen noch mit dem Willen des Rechtsgutsinhabers übereinstimmt. Bestehe keine Dringlichkeit, habe sich der Täter durch Nachfrage beim Rechtsgutsinhaber zu vergewissern, ob dieser an seiner Einwilligung festhalte. Im Übrigen müsse der Täter Umstände, die für einen mutmaßlichen Widerruf sprechen, respektieren und auch ohne ausdrücklichen Widerruf von der Tat Abstand nehmen (*Mitsch* JZ **2005** 279, 282).[812]

175

Die Anerkennung des mutmaßlichen Widerrufs als allgemeinem Rechtsinstitut bezweckt, den nach einer veränderten Interessen- bzw. Motivationslage für den Einwilligenden sinnlosen Gutseinsatz zu vermeiden und dient damit ersichtlich dem Opferschutz.[813] Gleichzeitig werden hier aber in nicht unproblematischer Weise Risiken auf den Einwilligungsempfänger verlagert. Denn die Beachtung der in der Einwilligung ausgedrückten Vorgaben reicht nach dieser Meinung nicht aus, um straflos in fremde Güter einzugreifen.[814] Der Täter hat vielmehr den Sachverhalt darüber hinaus sorgfältig auf mögliche Widerrufsmotive hin zu untersuchen. Übersieht er dabei widerrufsindizielle Tatsachen, droht ihm Fahrlässigkeitsstrafbarkeit. Diese (Neu-)Bewertung der einschlägi-

175a

---

810 Zur Bindungswirkung ausgefüllter Organspendeausweise bei Entnahme von toten Organspendern sowie zur Widerruflichkeit von Organentnahmeentscheidungen s. *Engels* in Höfling TPG § 2 Rdn. 37 f; zur Widerruflichkeit vgl. auch Spickhoff/*Scholz/Middel* § 2 TPG Rdn. 3.
811 Auch *Hirsch* LK[11] Rdn. 113 u. Sch/Schröder/*Lenckner*[28] Rdn. 44 (**zweifelnd** jetzt *Sternberg-Lieben*[29]) bejahen (knapp) die Möglichkeit einer einwilligungsvernichtenden Wirkung des mutmaßlichen Widerrufs; weiter *Sternberg-Lieben* FS Lenckner, 349, 366 m. Fn. 83. Nach *Mitsch* Rechtfertigung S. 442 könnte darin eine krasse Unterschätzung der wahren dogmatischen Brisanz dieser Rechtsfigur liegen.
812 Ähnlich wird hinsichtlich der Rechtsverbindlichkeit von Patientenverfügungen argumentiert, s. nur *Spickhoff* NJW **2000** 2297, 2302; vgl. auch Spickhoff/*ders.* § 1901a BGB Rdn. 12 („Wegfall der Erklärungsgrundlage"); näher *Rieger* Mutmaßliche Einwilligung S. 90 ff; bzgl. der entsprechenden Aufgabe des Betreuers zu überprüfen, ob die Patientenverfügung noch dem Willen des Patienten entspricht, BT-Drucks 16/8442 S. 14; vgl. auch *Schwab* MK-BGB § 1901a Rdn. 14; **anders** *Sternberg-Lieben* FS Eser, 1185, 1192 m. Fn. 36: Mutmaßungen über eine Willensänderung genügen nicht; so auch BGHZ **154** 205, 216 ff.
813 Deutlich in diesem Sinne *Mitsch* Rechtfertigung S. 101 ff, 627 ff; Baumann/Weber/*ders.*/Eisele § 15 Rdn. 137; vgl. auch *Seelmann* FS Trechsel, 569, 571 m.w.N.: „bereits wichtige Indizien, die auf einen Sinneswandel schließen lassen, wird man berücksichtigen müssen". Für die Zulassung eines mutmaßlichen Widerrufs auch *Hörr* Passive Sterbehilfe S. 206 f.
814 *Mitsch* Rechtfertigung S. 441 differenziert in diesem Zusammenhang zwischen einer internen Anpassungsleistung des Rechtsgutsinhabers und einer externen Anpassung des Täters, der nach herkömmlicher Dogmatik nur für die Anpassung seines Verhaltens an die Einwilligungserklärung zuständig ist.

gen Fallkonstellationen ist deshalb nicht zweifelsfrei, weil hier leicht aus dem Blick gerät, dass es sich bei der Einwilligung um ein Instrument der Interessenwahrnehmung des Gutsinhabers handelt, für dessen „Kosten" (in Form der Gutsbeeinträchtigung) grundsätzlich er selbst verantwortlich ist. D.h., vor einer Überwälzung der Risiken auf den Einwilligungsempfänger (die dessen Einsatzbereitschaft sicher nicht fördert) ist der Einwilligende aufgefordert, auf die fortdauernde Übereinstimmung von erklärtem Willen (zur Gutspreisgabe) und eigener Interessenlage zu achten und bei Abweichungen daraus die Konsequenzen (zumeist Widerruf) zu ziehen. Zu beachten sind bei grundsätzlicher Akzeptanz des mutmaßlichen Widerrufs auch die Auswirkungen auf die Willensmängellehre. Wer etwa mit der h.M. im Schrifttum nur bei rechtsgutsbezogenen Irrtümern die Unwirksamkeit der Einwilligung postuliert und dadurch den Opferschutz einschränkt, erzeugt Friktionen, wenn in Fällen des mutmaßlichen Widerrufs schon die hinreichende Wahrscheinlichkeit eines Motivationswechsels – und damit ein möglicherweise anderer „wahrer Wille" im Tatzeitpunkt – die Abstandnahme von der Tat gebietet mit der Folge, dass der Opferschutz erheblich erweitert wird.[815]

(4) Objektive Wirksamkeitsvoraussetzungen

176 **(a) Einwilligung durch den Rechtsgutsinhaber.** Ein mit Einwilligung erfolgter Rechtsgutseingriff ist nur dann straflos, wenn der **Rechtsgutsinhaber** (bzw. sein Vertreter) eingewilligt hat. Bei Tatbeständen, die ein Rechtsgut der Allgemeinheit schützen (sog. Universalrechtsgüter), scheidet deshalb Einwilligung aus, mag auch die Straftat (z.B. § 304) in ihren Auswirkungen zugleich den einzelnen betreffen (BGHSt **6** 232, 234; **23** 261, 264; **53** 55, 63 Rdn. 29 [zu § 315c; str.]; **49** 34, 43).[816] Gleiches galt früher nach h.M. auch für Amtsdelikte, die einen Eingriff in ein Individualrechtsgut erfassen (z.B. § 340), soweit hier nicht öffentlich-rechtlich für die Einwilligung – regelmäßig zusammen mit weiteren Voraussetzungen – etwas anderes bestimmt war (vgl. BGHSt **12** 62, 70; BGH NJW **1983** 462; BGH bei Holtz MDR **1981** 631; BGH NStZ **1993** 591; *Hirsch* LK[11] Rdn. 114 m.w.N.) oder das Allgemeininteresse am Unterbleiben von Amtsträgereingriffen in das jeweilige Individualrechtsgut gegenüber der Dispositionsfreiheit des individuell Betroffenen nicht ins Gewicht fällt. Für die Körperverletzung im Amt lässt sich diese Ansicht nach der Neufassung durch das 6. StrRG 1998 nicht mehr vertreten, da § 340 Abs. 3 auch auf § 228 verweist und damit die Einwilligungsmöglichkeit grundsätzlich anerkennt (*Rengier* BT II § 62 Rdn. 5; *Wolters* SK § 340 Rdn. 17; *Lackner/Kühl/Heger* § 340 Rdn. 4 m.w.N.).[817] An das Vorliegen einer Einwilligung in diesen Fällen sind jedoch strenge Anforderungen zu stellen; bloße Duldung etwa aufgrund einer polizeirechtlichen Verfügung genügt nicht (*Lackner/Kühl/Heger* § 340 Rdn. 4); zur „eingriffsmildernden" Wirkung der Einwilligung in Fällen, in denen die Opferzustimmung in Verbindung mit weiteren Voraussetzungen eine öffentlich-rechtliche Eingriffsbefugnis begründet (etwa wenn der Sexualdelinquent gem. §§ 2 Abs. 1 Ziff. 1, 3 KastrG in seine Kastration einwil-

---

[815] Gesehen von *Mitsch* Rechtfertigung S. 103 m. Fn. 211. Da nach seiner Willensmängellehre auch bloße „Motivirrtümer" die Rechtfertigungswirkung der Einwilligung ausschließen, trifft ihn selbst der Einwand nicht.

[816] Ebenso *Jescheck/Weigend* § 34 III 5; *Kühl* AT § 9 Rdn. 27; *Jakobs* 14/7; *Maurach/Zipf* § 17 Rdn. 42 ff; *Roxin* AT I § 13 Rdn. 33; *Sch/Schröder/Lenckner/Sternberg-Lieben* Rdn. 36; *Welzel* Strafrecht § 14 VII 2a; näher *Paul* Zusammengesetztes Delikt und Einwilligung, Diss. Marburg 1997.

[817] Zum früheren Recht schon *Amelung* FS Dünnebier, 487, 510 ff; *ders.* Einwilligung S. 72 ff. **Anders** *Lilie* LK[11] § 340 Rdn. 15 u. *Küpper/Börner* BT[1] § 2 Rdn. 42, die sich wegen des Amtsdeliktscharakters gegen eine allgemeine Relevanz der Einwilligung bei § 340 aussprechen; weiter *Jäger* JuS **2000** 31, 38: Verweis (auch) auf § 228 dürfte redaktionelles Versehen sein; **krit.** weiterhin *Duttge* Jura **2006** 15, 19 ff.

ligt), näher *Amelung* Einwilligung S. 105 ff; *ders.* NStZ **2006** 317, 319 f; *Roxin* AT I § 13 Rdn. 30 f; auch *Dölling* FS Gössel, 209 f. Bei Rechtsgütern, die den Einzelnen zwar direkt betreffen, aber daneben auch Schutzinteressen der Allgemeinheit enthalten, ist im Hinblick auf die einzelne Schutznorm zu prüfen, ob und inwieweit eine Einwilligung möglich ist. Werden Individual- und Universalrechtsgut alternativ geschützt, ist eine Einwilligung generell wirkungslos, während es bei kumulativem Schutz von den Besonderheiten des Tatbestandes abhängt, ob im Einwilligungsfall das Unrecht entfällt (*Sch/Schröder/Lenckner* Rdn. 36 m.w.N.; *Sternberg-Lieben* Objektive Schranken S. 93 ff; *Paul* Einwilligung passim).[818] Geht es dagegen um den Schutz der Interessen allein des Einzelnen (sog. Individualrechtsgüter),[819] so besteht eine uneingeschränkte Einwilligungsmöglichkeit. Diese scheidet jedoch bei Delikten aus, die – trotz seiner Mitwirkung – dem Schutz des Opfers gerade auch bei „einverständlichem Handeln" dienen, wie etwa bei den §§ 174–176b, 180, 180a; 253, 291 (*Jescheck/Weigend* § 34 III 5; *Roxin* AT I § 13 Rdn. 36). Die Dispositionsbefugnis ist für jede einzelne Rechtsnorm gesondert zu ermitteln.

Das bedeutet im Einzelnen: 177

Bei **Angriffen auf den Bestand staatlicher Organe** scheidet eine Einwilligung aus (*Maurach/Zipf* § 17 Rdn. 43). Nur eine scheinbare Ausnahme bildet die Möglichkeit der Zustimmung von Dienststellen des Verfassungsschutzes zu Handlungen, die tatbestandsmäßig Gefährdungsdelikte des politischen Strafrechts darstellen; denn hier handelt es sich nicht um eine Einwilligung des Betroffenen, sondern um ein in engen Grenzen bestehendes behördliches Genehmigungsrecht (*Jescheck/Weigend* § 34 III 5; *Roxin* AT I § 13 Rdn. 33; siehe auch unten Rdn. 273). Ebenso ist bei **Geld- und Wertzeichenfälschung** eine Einwilligung nicht möglich (*Maurach/Zipf* § 17 Rdn. 43). Auch die **Eidesdelikte** scheiden aus (*Jescheck/Weigend* § 34 III 5; *Schmidhäuser* StuB 5/118; *Sch/Schröder/Lenckner/Sternberg-Lieben* Rdn. 36). Der Parteimeineid wird nicht dadurch erlaubt, dass er in einem Konventionalprozess mit Zustimmung des Gegners geleistet wird, und der Richter, der sein Urteil auf einen als solchen erkannten Meineid aufbauen würde, wäre nicht nur wegen Meineidsbeihilfe durch Unterlassen, sondern auch wegen Rechtsbeugung strafbar (*Maurach/Zipf* § 17 Rdn. 43). Die Strafvorschrift gegen **falsche Verdächtigung** schützt nach h.M. alternativ die Rechtspflege und den einzelnen, so dass – jedenfalls bei einer Verdächtigung gegenüber inländischen Behörden – eine Einwilligung nicht in Betracht kommt (BGHSt **5** 66, 68; **9** 240; BGH JR **1965** 306, 307; OLG Düsseldorf NJW **1962** 1263; OLG Stuttgart DAR **2015** 708, 709; NStZ **2016** 155, 156 f).[820] Ausgeschlossen ist eine Einwilligung in die **Personenstandsfälschung** und in die **Doppelehe** (*Sch/Schröder/Lenckner/Sternberg-Lieben* Rdn. 36; *Roxin* AT I § 13 Rdn. 33). Eine Einwilligung in **Straftaten gegen die sexuelle Selbstbestimmung** ist nicht möglich, sofern mit ihr nicht bereits die Tatbestandsmäßigkeit entfällt (BGHSt **7** 312; *Jescheck/Weigend* § 34

---

818   *Matt/Renzikowski/Engländer* Rdn. 16. Der BGH formuliert dazu in seiner Entscheidung zum „Kannibalen"-Fall (BGHSt **50** 80, 90) in rechtsgrundsätzlicher Art: „Sind mehrere Rechtsgüter, die einen einwilligungsfähig, die anderen nicht, durch eine Strafnorm geschützt, so könnte ein Einverständnis allenfalls dann die Tatbestandsmäßigkeit bzw. eine Einwilligung dann die Rechtswidrigkeit entfallen lassen, wenn das nicht einwilligungsfähige Rechtsgut so unbedeutend erscheint, dass es außer Betracht bleiben dürfte."; so auch bereits BGHSt **5** 66, 68.
819   Im Hintergrund der weitgehend anerkannten Einteilung in Individual- und Universalrechtsgüter steht die schwierig zu beantwortende Frage, wem das Rechtsgut eigentlich „gehört"; instruktiv dazu *Weigend* ZStW **98** (1986) 44, 51 ff.
820   *Sch/Schröder/Lenckner/Bosch* § 164 Rdn. 1 f m.w. Rspr.-Nachw. **Abw.** die Rechtspflege- und die Individualgutstheorie, die allein in der innerstaatlichen Rechtspflege (so etwa RGSt **23** 371, 377; **29** 54; **59** 34, 35; **60** 317; *Rogall* SK § 164 Rdn. 1) oder dem Interesse des einzelnen an der Verschonung vor unberechtigter Verfolgung (so *Hirsch* LK[11] Rdn. 115; *ders.* GedS Schröder, 307 ff) das Schutzobjekt sieht; für kumulativen Schutz der Rechtsgüter *Frank* StGB[18] (1931) § 164 Anm. 1.

III 5).[821] Bei der Beleidigung kann die Einwilligung nach überwiegender Ansicht nicht nur tatbestandsausschließend (wenn das Einverständnis dem Handeln schon den ehrenrührigen Erklärungswert nimmt), sondern auch erst rechtfertigend sein (*Lackner/Kühl/Kühl* § 185 Rdn. 12; *Rogall* SK § 185 Rdn. 21; *Sch/Schröder/Lenckner/Eisele* § 185 Rdn. 15).[822] Fälle der „Preisgabe der Geschlechtsehre" fallen in aller Regel schon aus anderen Gründen nicht unter den Tatbestand der Beleidigung (näher dazu *Hilgendorf* LK[12] § 185 Rdn. 28 ff m.w.N.). Wie sich aus § 216 zwingend ergibt, lässt die Einwilligung in eine **vorsätzliche Tötung** die Rechtswidrigkeit unberührt (BGHSt **4** 88, 93; **6** 147, 153; **7** 112; **32** 367, 372; **46** 279, 286; BGH NStZ **2003** 537, 538 m.w.N.; NJW **2010** 2963, 2967 Rdn. 33 f; NStZ **2016** 469, 470; NStZ-RR **2018** 172, 174 [§ 216 StGB als Einwilligungssperre]).[823] Die Einwilligung der Schwangeren vermag für sich allein einen **Schwangerschaftsabbruch** nicht zu rechtfertigen (siehe § 218a). Eine rechtfertigende Einwilligung in eine **lebensgefährdende Handlung** (strafrechtlich bedeutsam für § 222 und § 224) ist nach h.M. nicht schlechthin ausgeschlossen (näher oben Rdn. 166). Ist sie zu bejahen, soll die gefährliche Handlung gerechtfertigt sein, auch wenn sie zu einem Erfolgseintritt führt (so *Jakobs* 14/12). Der Unrechtsausschluss einer **Körperverletzung** ist unter den Voraussetzungen des § 228 möglich (dazu Rdn. 189f und *Grünewald* LK[12] zu § 228); eine Einwilligung in **Betäubungsmittelstraftaten** (§§ 29 ff BtMG) soll wegen eines Angriffs auf das indisponible Rechtsgut der „Volksgesundheit" unbeachtlich sein (vgl. nur BGHSt **49** 34, 43 m.w.N.). Bei **erpresserischem Menschenraub und Geiselnahme** betrifft ein Einverstandensein mit dem Freiheitsentzug (etwa einer nur zum Schein entführten oder der Gewalt des Täters befindlichen Person) bereits die tatbestandlichen Voraussetzungen (*Fischer* § 239a Rdn. 4d; *Paul* Einwilligung S. 96f).[824] In Fällen des **Diebstahls** und der **Unterschlagung** hat die rechtfertigende Einwilligung nach h.M. Bedeutung für die Zulässigkeit der (beabsichtigten) Zueignung. Jedoch ist zu beachten, dass sich die Frage der Rechtfertigung gar nicht mehr stellt, wenn durch die Zustimmung bereits das Merkmal der Fremdheit oder – beim Diebstahl – das der Wegnahme (wenn nämlich Eigentümer und Gewahrsamsinhaber identisch sind) entfällt (siehe *Vogel* LK[12] § 242 Rdn. 175). Da nach zutreffender Ansicht der Begünstigungstatbestand neben der Rechtspflege kumulativ auch das durch die Vortat verletzte Rechtsgut schützt (*Lackner/Kühl/Kühl* § 257 Rdn. 1 m.w.N.), entfällt bei einer Einwilligung zumindest ein Teil des Begünstigungsunrechts (und damit die Strafbarkeit), wenn das Vortatrechtsgut einwilligungsfähig ist (vgl. *Mitsch* BT 2 S. 766 m.w.N.; s. auch BGHSt **23** 360, 361; *Sch/Schröder/Stree/Hecker* § 257 Rdn. 1; **aA** *Altenhain* NK § 257 Rdn. 6). Ohne Einfluss auf das Unrecht bleibt die Einwilligung bei der **Urkundenfälschung**, da hier die Sicherheit und Zuverlässigkeit des Rechtsverkehrs geschütztes Rechtsgut ist und nur die Möglichkeit besteht, dass in Fällen des Einverständnisses in ein Zeichnen mit fremdem Namen die tatbestandlich erforderliche Identitätstäuschung, also die Unechtheit der Urkunde, nicht gegeben ist (*Zieschang* LK[12] § 267 Rdn. 242; *Sch/Schröder/Heine/Schuster* § 267 Rdn. 81 m.w.N.). Gerechtfertigt

---

821 Zur Zustimmung des Schutzbefohlenen in sexuellen Mißbrauch, § 174 im besonderen, siehe *B. Thiele* Einwilligung passim.
822 Nachw. zur uneinheitlichen Rspr. bei *Hilgendorf* LK[12] § 185 Rdn. 38.
823 BGH VRS **17** (1959) 277; OLG München NJW **1987** 2940, 2941; allg. Auffassung. So schon RGSt **2** 442; RG JW **1925** 2250 Nr. 2; s. weiter BayObLGSt **1957** 75; OLG Karlsruhe NJW **1967** 2321; *Sch/Schröder/Lenckner/Sternberg-Lieben* Rdn. 37; allg. Auffassung. Zur Reformdiskussion, insbesondere Tendenzen, die Strafbarkeit der Tötung auf Verlangen abzuschaffen und damit die Einwilligung de lege ferenda als beachtlich einzustufen, s. die zahl. Nachw. bei *Sch/Schröder/Eser/Sternberg-Lieben* § 216 Rdn. 1b. Der AE-Leben ließ § 216 unverändert (GA **2008** 193, 202).
824 *Amelung/Eymann* JuS **2001** 937, 939; **anders** aber *Jescheck/Weigend* § 34 III 5; offengelassen in BGHSt **26** 70, 72; *Sternberg-Lieben* Objektive Schranken S. 95 f.

(bzw. tatbestandslos) handelt, wer mit Einwilligung des Eigentümers eine **Sachbeschädigung** begeht, es sei denn, dass im konkreten Fall bereits die Fremdheit der Sache zu verneinen ist. Da beim Tatbestand der **Beschädigung öffentlicher Sachen** das öffentliche Interesse unabhängig von der Eigentumslage geschützt wird, kann der etwaige private Eigentümer nicht wirksam einwilligen (RGSt 43 240, 242f; RG Rspr. 10 595).[825] Das gilt auch für **Tierquälerei** hinsichtlich von Verstößen gegen das TierschG (OLG Hamm NStZ **1985** 275).[826] Ebenso verhält es sich bei den gemeingefährlichen Delikten. So kann in eine **Brandstiftung** mangels Rechtsgutsinhaberschaft nicht wirksam eingewilligt werden; ausgenommen davon sind aber das Eigentumsdelikt des § 306 (vgl. BGH NJW **2003** 1824; *Lackner/Kühl/Heger* § 306 Rdn. 1)[827] sowie § 306a Abs. 2, sofern die konkret gefährdete Person zustimmt (*Lackner/Kühl/Heger* § 306a Rdn. 7; *Fischer* § 306a Rdn. 12; jew. m.w.N.).[828] Da der Tatbestand der **Gefährdung des Straßenverkehrs** gleichberechtigt neben dem Rechtsgut der Verkehrssicherheit auch Leib und Leben anderer Menschen schützt, fehlt es beim Vorliegen einer Einwilligung an einem für die Tatbestandsverwirklichung ausreichenden Unrecht (OLG Hamburg NJW **1969** 336; *Sch/Schröder/Sternberg-Lieben/Hecker* § 315c Rdn. 41).[829] Entsprechendes gilt bei der Einwilligung der Eigentümer gefährdeter Sachen (*Sch/Schröder/Sternberg-Lieben/Hecker* § 315c Rdn. 41). Weigert sich der Verunglückte, Hilfe anzunehmen, so geht es dabei nicht um eine Frage der Einwilligung in die **unterlassene Hilfeleistung** (§ 323c), sondern um ein Tatbestandsproblem dieses Unterlassungsdelikts. **Bestechlichkeit** wird nicht dadurch straflos, dass der Amtsvorgesetzte ihr zustimmt, vielmehr macht sich dieser selbst strafbar (*Blei* I § 37 I 2; *Maurach/Zipf* § 17 Rdn. 43; zum Delikt der Vorteilsannahme beachte § 331 Abs. 3). Die Einwilligung in eine **Körperverletzung im Amt** wird mittlerweile als grundsätzlich beachtlich angesehen, da sich durch die Neufassung des Tatbestandes das Schutzgut der Vorschrift verschoben hat (h.M.; siehe dazu und zur Gegenmeinung Rdn. 176 m. Nachw.). Die Einwilligung des Geschlechtspartners schließt die Rechtswidrigkeit der Zuwiderhandlung gegen **§ 6 GeschlKrG** (außer Kraft getreten am 1. Januar 2001; durch nicht inhaltsgleiches Infektionsschutzgesetz [IfSG v. 20.7.2000, BGBl. I S. 1045] ersetzt) nicht aus, da es um den Schutz der Allgemeinheit geht (BTDrucks. I/3232 S. 12; *Erbs/Kohlhaas[5]/Pelchen* § 6 Geschl.KrG Anm. 2bbb).[830] Bei der Frage der Einwilligung in ein **Unterlassen** ist besonders zu beachten, ob das Untätigbleiben sich nicht lediglich als eine Beihilfe durch Unterlassen zu einer (freien) willentlichen Selbstverletzungshandlung darstellt und deshalb schon gar nicht tatbestandsmäßig ist. Unbeachtlich ist schließlich die Einwilligung in einen Verstoß gegen die Sanktionsnormen des Arbeitszeitgesetzes (*Erbs/Kohlhaas/Ambos* § 22 ArbZG Rdn. 2; Baeck/Deutsch/*Baeck/Deutsch* 3. Aufl. 2014 § 22 Rdn. 6; vgl. zur AZO OLG Hamburg BB **1956** 818 [Arbeitszeitüberschreitung auf

---

825   Über die Möglichkeit der Zustimmung der zuständigen Behörde zur Beschädigung einer öffentlichen Sache s. *Kühne* JuS **1987** 188, 189. Zu restriktiv hingegen *Velten* StV **1987** 544, 546f.
826   Weder die Einwilligung noch die behördliche Duldung rechtfertigt tierschutzwidriges Verhalten, da das Wohl des einzelnen Tieres – außer in den Fällen der Genehmigungspflicht – nicht zur Disposition der Verwaltungsbehörde steht (OLG Celle NuR **1994** 514).
827   *Fischer* § 306 Rdn. 20; zu § 308 1. Var. a.F. RGSt **11** 345, 348; **12** 138; BGH wistra **1986** 172, 173; MDR **1989** 493; OLG Celle NdsRpfl. **1952** 57; zweifelnd Arzt/Weber/Heinrich/*Hilgendorf* BT § 37 Rdn. 16; *Wessels/Hettinger/Engländer* Rdn. 1042; **abl.** *Börner* Brandstrafrecht S. 9f.
828   **Anders** *Duttge* Jura **2006** 15, 18 wegen der „gemeingefährlichen Dimension aller Brandstiftungsdelikte". Zur Einwilligungsfähigkeit von § 307 Nr. 2 a.F. *Paul* Einwilligung S. 97.
829   Ferner *Roxin* AT I § 13 Rdn. 35; *Eisele* JA **2007** 168, 172; Baumann/Weber/*Mitsch*/Eisele § 15 Rdn. 127; *Heghmanns* BA **2002** 484, 486; alle m.w.N.; **anders** BGHSt **6** 232; **23** 261; **53** 55, 63 Rdn. 29; BGH NZV **1992** 370; **1995** 80f; NStZ **2004** 204, 205; OLG Koblenz BA **2002** 483; *König* LK[11] § 315c Rdn. 161 m.w.N.; diff. *Tröndle/Fischer*[54] § 315c Rdn. 17.
830   Vgl. schon für den früheren Rechtszustand OLG Rostock GA **71** 70.

Wunsch der Belegschaft]; OLG Karlsruhe AP Nr. 6 zu § 25 AZO; OLG Jena BeckRS **2010** 23535 im Zusammenhang mit §§ 3 ff. ArbZG); ebenfalls die in eine Ordnungswidrigkeit nach **§§ 1 i.V.m. 49 Abs. 1 Nr. 1 StVO** (OLG Frankfurt/M. DAR **1965** 217; *Jescheck/ Weigend* § 34 III 5; *Schuknecht* DAR **1966** 17; **abw.** jedoch OLG Celle MDR **1966** 73).

178 **(b)** Die **Dispositionsbefugnis** steht grundsätzlich dem Rechtsgutsträger zu.[831] Mit Eröffnung des Insolvenzverfahrens geht das Verwaltungs- und Verfügungsrecht über das zur Insolvenzmasse gehörende Vermögen vollständig auf den Insolvenzverwalter über (§ 80 InsO), so dass der Eigentümer nicht mehr wirksam in eine Zueignung oder Sachbeschädigung durch Dritte einwilligen kann (BGH NJW **1992** 250 f).[832] Werden durch eine Handlung **mehrere Rechtsgutsträger** beeinträchtigt, so lässt die Einwilligung des einen die Rechtswidrigkeit (bzw. die Tatbestandsmäßigkeit) des Verhaltens gegenüber den anderen unberührt, z.B. bei einer Kollektivbeleidigung oder einer Verletzung der ärztlichen Schweigepflicht bei gemeinsamer Behandlung von Ehegatten. Denn eine Verfügung über fremde Rechte ist unserem Recht grundsätzlich fremd (näher *Sternberg-Lieben* Objektive Schranken S. 87 ff). Bei Mitberechtigung, z.B. Mit- oder Gesamthandseigentum, müssen alle Berechtigten eingewilligt haben (vgl. nur *Schramm* Untreue S. 81, 88; *Rönnau* Jura **2002** 605, 667; *Amelung/Eymann* JuS **2001** 937, 940). Bei juristischen Personen als Rechtsgutsträgern ist für die Erteilung der Einwilligung das Organ zuständig, zu dessen Geschäftsführungsbefugnissen die Disposition über das Rechtsgut gehört (BGH NJW **2003** 1824; Baumann/Weber/*Mitsch*/Eisele § 15 Rdn. 131; *Lackner/Kühl/Kühl* Rdn. 17). Von besonderer praktischer Bedeutung ist die Frage der Dispositionsbefugnis im Bereich der **GmbH-Untreue**. Umstritten ist hier, inwieweit die Zustimmung der Gesellschafter zu vermögensnachteiligen Dispositionen des Geschäftsführers die Pflichtwidrigkeit seines Verhaltens i.S.v. § 266 beseitigen kann. Die heute im Schrifttum herrschende eingeschränkte Gesellschaftertheorie – der sich weitgehend auch die jüngere Rechtsprechung angeschlossen hat – bejaht bei **Einverständnis aller Gesellschafter**[833] nur dann die Pflichtwidrigkeit einer Schädigung der GmbH, wenn entweder die zwingenden Vor-

---

[831] Rechtsgutsinhaberschaft ist eine notwendige, aber noch keine hinreichende Bedingung der Dispositionsbefugnis, näher *Sternberg-Lieben* Objektive Schranken S. 83 ff.

[832] Aufgrund der Verlagerung der Verfügungsbefugnis auf den Insolvenzverwalter hält *Tachau* wistra **2005** 449 ff nunmehr diesen für einwilligungsberechtigt, so dass er keine Eigentumsdelikte bzgl. der zur Insolvenzmasse gehörenden Sachen begehen könne. Die Auswirkungen einer Sequesterbestellung auf die nach § 266 Abs. 1 taugliche Täterstellung des GmbH-Geschäftsführers behandelt BGH NJW **1993** 1278.

[833] Breiten Konsens gibt es noch darüber, dass ein Einverständnis wirksam ist, wenn entweder ein ordnungsgemäß gefasster Beschluss der Gesellschaftermehrheit (vorbehaltlich abweichender Regelungen im Gesellschaftsvertrag) vorliegt oder außerhalb der Gesellschafterversammlung alle Gesellschafter zustimmen (vgl. BGHSt **50** 331, 342; OLG Jena wistra **2011** 315, 317; *Sch/Schröder/Perron* § 266 Rdn. 21; *Hoffmann* Untreue S. 194 f u. Esser/Rübenstahl/*Saliger*/Tsambikakis § 266 Rdn. 59; alle m.w.N.). Ob das Einverständnis auch dann wirksam ist, wenn es von der materiell erforderlichen Gesellschaftermehrheit ohne förmlichen Beschluss gebildet wird, ist umstritten. Der 2. BGH-Strafsenat hat sich im Fall „Trienekens" hier nicht festgelegt und die Gültigkeit der von der Gesellschaftermehrheit getroffenen Entscheidung mit dem Argument verneint, das die Minderheitsgesellschafter inhaltlich mit der Frage der Billigung der Pflichtwidrigkeit nicht befasst waren (BGHSt **55** 266, 279 ff m. Anm. *Hoffmann* GmbHR **2010** 1146). Das lässt sich hören wenn man bedenkt, dass (1) im Vermögen der GmbH die Vermögensinteressen *aller* beteiligten Gesellschafter (als deren „wirtschaftliche Eigentümer") gebündelt sind, so dass diese bei allseitiger Zustimmung mittelbar von der im Rechtsgut gespeicherten Dispositionsfreiheit Gebrauch machen und (2) nur der *förmliche* Mehrheitsbeschluss den Verzicht auf einen allgemeinen Konsens der Anteilseigner kompensiert (**dagegen** die Anhänger der „materiellen Einverständnistheorie", die hier ein bloßes Partizipationsinteresse verletzt sehen und daher bei Schutzgewährung durch § 266 eine Rechtsgutsvertauschung postulieren; zu den Nachw. s. Esser/Rübenstahl/*Saliger*/Tsambikakis § 266 Rdn. 59 u. *ders*. FS Roxin [2011] 1053, 1062 ff).

schriften des GmbH-Rechts (insbes. über die Stammkapitalerhaltung gem. den §§ 30f GmbHG) missachtet werden oder die wirtschaftliche Existenz der Gesellschaft in anderer Weise gefährdet wird (*Schünemann* LK¹² § 266 Rdn. 249 ff; *Kindhäuser* NK § 266 Rdn. 71; *Zieschang* FS Kohlmann, 351 ff; jew. m.w.N.).⁸³⁴ Darüber hinaus gilt die sich aus § 46 GmbHG ergebende Dispositionsfreiheit und Finanzhoheit der Gesellschafter *(Kohlmann* FS Werner, 387, 397). Diese Grundsätze sollen für die Einpersonen-GmbH (vgl. nur BGHSt **34** 387 ff) und den qualifiziert faktischen GmbH-Konzern (BGH NJW **1997** 66, 69; *Lackner/Kühl/Heger* § 266 Rdn. 20a; eingehend *Waßmer* Untreue S. 96 ff) entsprechend gelten.⁸³⁵ Ausgehend von der vom BGH in Strafsachen in ständiger Rechtsprechung vertretenen Ansicht, dass bei Personengesellschaften etwa in Form der GbR, OHG oder KG nur die einzelnen Gesellschafter Opfer der Untreue sein können (Hintergrund: gesellschaftsrechtliche Lehre vom individualistischen Gesamthandsvermögen),⁸³⁶ werden Schädigungsakte der geschäftsführenden Gesellschafter, denen alle Mitgesellschafter zugestimmt haben, als tatbestandslos eingestuft.⁸³⁷ Diese Rechtsprechung gerät zunehmend – und zu Recht – unter Druck,⁸³⁸ kann sie doch insbesondere nicht erklären, warum aus der mangelnden Rechtspersönlichkeit der Personengesellschaften zwangsläufig folgen soll, dass diese auch als durch § 266 geschützte Trägerinnen eines eigenständigen

---

834 Grundlegend für die jüngere Rechtsprechung BGHSt **35** 333, 335 ff; vgl. weiter BGH NJW **1993** 1278; NStZ **1995** 185, 186; NJW **1997** 66, 68 f; **2000** 154 f; **2003** 2996, 2998; **2012** 2366, 2369; BGHSt **49** 147, 158 – „Bremer Vulkan" (zum Schutz der abhängigen GmbH gegen existenzgefährdende Eingriffe des Alleingesellschafters); **54** 52, 58 und die ältere Rspr. (Nachw. bei *Fischer* § 266 Rdn. 94); aus der zivilgerichtlichen Rspr. nur BGHZ **142** 92, 95. Für eine erheblich weitergehende Einwilligungsbefugnis der Gesellschafter plädieren viele, etwa *Sch/Schröder/Perron* § 266 Rdn. 21b f; *Rönnau* FS Amelung, 247, 249 f, 259 ff; *Labsch* wistra **1985** 1, 7 f; *Schramm* Untreue S. 122 f, 129 ff; *A/R/R/Seier* V 2 Rdn. 332 f; *Fischer* § 266 Rdn. 99; *Esser/Rübenstahl/Saliger*/Tsambikakis § 266 Rdn. 108 (alle m.w.N.), die gegenüber der h.M. zu Recht insbesondere den Vorwurf einer unzulässigen Umwandlung des § 266 zu einem Gläubigerschutztatbestand (Stichwort: „Rechtsgutsvertauschung") erheben; dazu von *Sternberg-Lieben* FS Puppe, 1283, 1294 m. Fn. 65.
835 Zur Untreue bei der AG trotz Zustimmung aller Aktionäre siehe *Wellkamp* NStZ **2001** 113, 116 ff und die Nachw. bei *Lackner/Kühl*/Heger § 266 Rdn. 20b sowie *Sch/Schröder/Perron* § 266 Rdn. 21c. Angesichts unterschiedlicher Strukturen von GmbH und AG kommt Aktionären nach meiner Ansicht keine Einwilligungskompetenz zu; dazu *Rönnau* FS Amelung, 247, 253 ff; zust. *Fischer* § 266 Rdn. 102 m.w.N.
836 Seit einem wegweisenden Beschluss des 2. Strafsenats des BGH vom 2.10.1981 (2 StR 544/81 – unveröffentlicht) hält die Rspr. (vgl. BGH wistra **1984** 71 und 226; **1987** 100, 101 und 216, 217; **1989** 264; **1991** 183; **1992** 24, 25; **2012** 233 f; NJW **1992** 250, 251; **2000** 154; **2011** 3733, 3735; **2013** 3590, 3593 – „Hochseeschlepper"; **abweichend** [KG als Geschädigte] aber LG Bonn NJW **1981** 469; möglicherweise auch BGH wistra **2004** 25 f) unter weitgehender Zustimmung der Lehre (statt vieler *Kohlmann* in Hachenburg GmbHG-Kommentar 8. Aufl. [1997] Vor § 82 Rdn. 298 ff; *Lackner/Kühl/Heger* § 266 Rdn. 3; *Schramm* Untreue S. 84 f; *Corsten* Einwilligung S. 256 ff) unbeirrt von modernen Entscheidungen in der gesellschaftsrechtlichen Dogmatik und Gesetzgebung zur Verselbständigung des Gesellschaftsvermögens an ihrer Meinung fest. Berechtigte Verwunderung bzw. Kritik bei *A/R/R/Seier* V 2 Rdn. 361 ff; *Grunst* BB **2001** 1537 ff; *Bittmann/Richter* wistra **2005** 51 ff.
837 BGHSt **3** 23, 25; BGH wistra **1989** 266; **1992** 24; NJW-RR **1986** 371; StV **2003** 559, 561; wistra **2012** 233, 234; NJW **2013** 3590, 3593; vgl. auch BGH NJW **2011** 3733, 3735; wistra **2017** 437, 439. Gleiches wird für vermögensschädigendes Geschäftsführerverhalten gegenüber einer GmbH nach Gründung, aber vor Eintragung ins Handelsregister (sog. Vor-GmbH), angenommen, da hier das Vermögen noch nicht der Gesellschaft zuzuordnen sei, sondern im Sonder- oder Gesamthandsvermögen der Gründer stehe (vgl. BGH wistra **2000** 178 ff; **1992** 24 ff; weiter *Kohlmann* FS Geerds, 675 ff; *Hirsch* LK¹¹ Rdn. 116; **aA** *Schäfer* NJW **1983** 2850 f; **anders** auch *Hentschke* Untreueschutz der Vor-GmbH vor einverständlichen Schädigungen, Diss. Potsdam 2002, S. 222 ff, der § 30 GmbHG analog anwenden will. Für eine weitgehende Verselbständigung des Vermögens einer Vor-GmbH aber die zivilrechtliche Rechtsprechung und Literatur, vgl. nur BGH NZG **2003** 1167 [zur Insolvenzfähigkeit]; *K. Schmidt* in Scholz GmbHG 12. Aufl. (2018) § 11 Rdn. 34 ff).
838 Zuletzt etwa *Radtke* NStZ **2016** 639 ff; *K. Schmidt* JZ **2014** 878 ff; *Brand* NJW **2013** 3594 f; *ders*. Untreue S. 213 f. *Soyka* Personengesellschaften S. 257, 267 kritisiert die geläufige Begründung der Rspr. als gesellschaftsrechtswidrig, schließt sich unter konkurrenzrechtlichen Erwägungen jedoch im Ergebnis der Rspr. an.

Gesellschaftsvermögens ausfallen.[839] Für ihre mögliche Rolle als Geschädigte einer Untreue spricht schon ihre in weiten Bereichen anerkannte Rechtsfähigkeit (vgl. §§ 124 Abs. 1, 161 Abs. 2 HGB), die sich nur schwer mit dem Gesamthandprinzip vereinbaren lässt.[840] Auch bei einem solchen modifizierten Grundansatz wäre für die wirksame Verfügung über das Gesellschaftsvermögen zwar weiterhin die Zustimmung der Gesellschafter (wie auch bei den Kapitalgesellschaften) maßgeblich. Es müsste allerdings die Folgefrage geklärt werden, ob das Einverständnis auch hier – wie nach h.M. bei der GmbH-Untreue – zu beschränken ist.[841]

179   Neben der Einwilligung durch den Rechtsgutinhaber kommt eine **Einwilligungsbefugnis Dritter** in Betracht. Bei der Stellvertretung im Willen wird zwischen gesetzlicher und gewillkürter Stellvertretung unterschieden. Das **Gesetz** sieht aus Gründen der Fürsorge eine Fremdbestimmung durch andere Personen vor, wenn der Gutsinhaber wegen fehlender Einsichts- und Urteilsfähigkeit[842] nicht in der Lage ist, selbst eine verantwortliche Entscheidung zu treffen (BGHSt **12** 379, 382; BGH [Z] NJW **1966** 1855; [Z] NJW **2006** 1277, 1280).[843] Bei Minderjährigen sind die gesetzlichen Vertreter regelmäßig die Eltern als Inhaber der die Vertretung umfassenden elterlichen Sorge (§§ 1626, 1629 BGB; zur „Verteilung" der elterlichen Sorge auf die verheirateten oder unverheirateten Eltern s. *Sch/Schröder/Lenckner/Sternberg-Lieben* Rdn. 41a), ggf. auch ein zu bestellender Vormund (§§ 1773, 1793 BGB). Im Normalfall obliegt die Personensorge beiden Elternteilen gemeinsam (§§ 1627, 1629 BGB); von der ausdrücklichen Einwilligung durch beide anwesenden Elternteile werden aber in weitem Umfang Ausnahmen zugelassen. So kann für Eil- und Notmaßnahmen und – etwa aufgrund einer elterlichen Aufgabenverteilung – für Geschäfte des Alltags und Besorgungen minderer Bedeutung die Entscheidungsbefugnis allein einem Elternteil zustehen (*Kern* NJW **1994** 753, 756; in unaufschiebbaren Maßnahmen vgl. jetzt § 630d Abs. 1 Satz 4 BGB). Hinsichtlich der Behandlung leichterer Erkrankungen und Verletzungen darf sich der Arzt daher auf die Ermächtigung des erschienenen Elternteils verlassen, während bei schwierigen und weitreichenden Entscheidungen beide Sorgeberechtigten zustimmen müssen (BGHZ **105** 45, 47 ff; *Schmidt-Recla* GesR **2009** 566, 569; zum Ganzen *Deutsch/Spickhoff* Medizinrecht Rdn. 1132). Bei Erwachsenen, die aufgrund einer psychischen Krankheit oder einer körperlichen, geistigen oder seelischen Behinderung einwilligungsunfähig sind, bestellt das **Betreuungsgericht** auf Antrag oder von Amts wegen für den fraglichen Aufgabenbereich einen Betreuer als gesetzlichen Vertreter (§§ 1896, 1902 BGB; zum Einwilligungsvorbehalt des Betreuers in bestimmten Entscheidungssituationen siehe § 1903 BGB);[844]

---

839 *Brand* NJW **2013** 3594, 3595; *ders.* Untreue S. 42; in diese Richtung *K. Schmidt* JZ **2014** 878, 881 f; *Radtke* NStZ **2016** 639, 643; *Soyka* Personengesellschaften S. 96 ff.
840 *Brand* Untreue S. 213 („unüberbrückbare Gegensätze" zwischen Rechtsfähigkeit und Gesamthandsprinzip); *ders.* NJW **2013** 3594, 3595; vgl. auch *Soyka* Personengesellschaften S. 257. Zu bedenken ist ferner, dass die Anerkennung der Personengesellschft als Untreugeschädigte die Schadensfeststellung enorm erleichtern würde; so auch der BGH im „Hochseeschlepper-Urteil" (BGH NJW **2013** 3590, 3594). *K. Schmidt* bescheinigt dem BGH in diesem Zusammenhang sogar, dass die von ihm angewendete „Kapitalkontenmethode (…) mit Sicherheit unrichtig" sei (JZ **2014** 878, 880).
841 So *Radtke* NStZ **2016** 639, 645; *Brand* Untreue S. 295 ff, 329 f. **Anders** *Soyka* Personengesellschaften S. 186 ff, 192, der auf Basis dieser Prämisse eine untreuerelevante Einschränkung der Dispositionsbefugnis der Gesellschafter ablehnt.
842 *Amelung* ZStW **104** (1992) 525, 540 ff fügt dem zutreffend noch die fehlende Bestimmungs-/Steuerungsfähigkeit hinzu; ebenso BayObLG NJW **1999** 372; *Sch/Schröder/Lenckner/Sternberg-Lieben* Rdn. 40; *Paeffgen/Zabel* NK § 228 Rdn. 65.
843 Ebenso *Roxin* AT I § 13 Rdn. 63; *Sch/Schröder/Lenckner/Sternberg-Lieben* Rdn. 41; *Jescheck/Weigend* § 34 IV 4; *Schlehofer* MK Rdn. 118.
844 Zur strafrechtlichen Bedeutung des § 1903 BGB *Kuhlmann* Einwilligung S. 191 f.

den Sonderfall, in dem – wie bei minderjährigen Eltern – Personensorgerecht und gesetzliche Vertretung auseinanderfallen, regelt § 1673 BGB. Der (Personen-)Sorgeberechtigte muss sich bei der treuhänderischen Wahrnehmung fremder Rechte im Rahmen des Sorgerechts halten.[845] Aus den §§ 1627 und 1901 Abs. 2 Satz 1 BGB folgt, dass der Vertreter die Einwilligungsbefugnis – anders als der Rechtsgutsinhaber selbst – nicht willkürlich, sondern nur zum Wohle und im Interesse (unmittelbaren Nutzen) des Vertretenen ausüben darf; dabei sind dessen Wünsche und Vorstellungen gebührend zu berücksichtigen (§§ 1626 Abs. 2, 1900 Abs. 2 Satz 2, 1901 Abs. 2 Satz 2 BGB).[846] Dem Willen des Betreuten kommt im Vergleich mit dem des Minderjährigen insoweit ein größeres Gewicht zu, weil er mitbestimmen kann, wer Betreuer werden soll (§ 1897 Abs. 4 BGB).

Für **Eingriffe in höchstpersönliche Rechtsgüter** ergibt sich daraus nach herkömmlicher Dogmatik die Konsequenz, dass eine Stellvertretung bei der Einwilligung grundsätzlich nicht zulässig ist (statt vieler *Spickhoff* FamRZ **2018** 412, 419; **anders** *Jansen* Forschung an Einwilligungsunfähigen S. 275 ff); als Ausnahme bedarf die Fremdbestimmung danach immer der besonderen rechtlichen Begründung. Im praktisch höchst bedeutsamen Bereich des ärztlichen (Heil-)Eingriffs knüpft man die Legitimation einer Stellvertretung daran, dass die erforderliche Maßnahme dem Interesse und Wohl der einwilligungsunfähigen Person dienen muss, und setzt dieses mit der medizinischen Indikation gleich. Demgegenüber sollen neutrale oder medizinisch schädliche Eingriffe der Fremdbestimmung entzogen sein (näher *Kern* NJW **1994** 753 ff m.w.N.; weiter *Kuhlmann* Einwilligung S. 196).[847] So hält die herrschende Literaturauffassung die stellvertretend (durch den Betreuer oder Sorgeberechtigten) erteilte Zustimmung zu einem Körpereingriff bei Einsichtsunfähigen zum Zwecke der **Organentnahme** (vom lebenden Spender) für unzulässig, da der Organexplantation die Heiltendenz für den Spender fehle und der Eingriff auch ansonsten therapeutisch nicht notwendig sei (vgl. nur *Voll* Einwilligung S. 238 f; *Esser* in Höfling TPG § 8 Rdn. 22; jew. m.w.N.; *Lackner/Kühl/Kühl* § 228 Rdn. 23; auch LG München JR **2000** 54).[848]

Eine wichtige Ausnahme stellt die Knochenmarkspende dar, die mit Einführung des § 8a TPG eine konkrete Regelung erfuhr.[849] Danach ist eine Knochenmarkspende von

---

845 Die Einwilligung in die Heilbehandlung von Kindern durch minderjährige Eltern behandelt *Kern* MedR **2005** 628 ff.
846 Zutreffend *Sternberg-Lieben* Objektive Schranken S. 255: Das Personensorgerecht der Eltern mitsamt seiner Zuständigkeit für Einwilligungen sei „kein Freiheitsrecht zur autonom-beliebigen Ausübung", sondern ein „fiduziarisches Recht im Dienste des Kindes"; zust. *Merkel* in Bernat/Kröll S. 171, 183 m. Fn. 24 m.w.N.; s. auch *Zerbes* FS Fuchs, 685, 695: elterliche Stellvertretung „kein Akt der Selbst-, sondern ein Akt der *Fremdbestimmung*". Zum Missbrauch des Sorgerechts, wenn Eltern ihr Kind auf eine sog. „Masern-Party" schicken, *Esser/Beckert* JA **2012** 590, 593 (die statt auf Einwilligung auf einen eigenständigen Rechtfertigungsgrund des Erziehungs- und Sorgerechts der Eltern [§ 1626 BGB] abstellen).
847 Nach *Suhr* (Kognitive Leistungssteigerung S. 189 ff, 195) können Eltern auch in medizinisch nicht indizierte Behandlungen einwilligen, solange keine Kindeswohlgefährdung vorliegt. Beim kognitiven Enhancement handele es sich um einen Grenzfall (S. 197).
848 Weiter *Paeffgen/Zabel* NK § 228 Rdn. 93; *Odenwald* Einwilligungsfreiheit S. 257, 260; *Schroth/König/Gutmann/Oduncu* TPG § 19 Rdn. 62; ebenso für Organspenden vor Geltung des Transplantationsgesetzes vom 5.11.1997 (BGBl. I S. 2631) *Roxin* AT I § 13 Rdn. 93; *Hirsch* LK[11] Rdn. 117. § 8 Abs. 1 Nr. 1a) TPG fordert für die Organentnahme bei lebenden Organspendern, dass die spendende Person volljährig und einwilligungsfähig sein muss.
849 Vgl. Gesetz über Qualität und Sicherheit von menschlichen Geweben und Zellen (Gewebegesetz) vom 20.7.2007 (BGBl. I 1574). Hintergrund und Skepsis gegenüber der Norm behandelt *Zahn* Einwilligungsunfähigkeit S. 105 f m.w.N.; scharfe Kritik an der „zulässigen" Knochenmarkspende durch Kinder bei *Schmidt-Recla* GesR **2009** 566, 570 ff: „verunglückte Vorschrift des § 8a TPG" ist eine „skandalöse Feigenblattlösung". Zur weiteren Ausnahme bei einer Entnahme von Organen oder Geweben zur Rückübertragung auf den (auch minderjährigen) Rechtsgutsträger s. § 8c Abs. 2 TPG und *Coester-Waltjen* MedR **2012** 553, 556 (dort auch zur postmortalen Spende Minderjähriger).

Minderjährigen bei Einwilligung des gesetzlichen Vertreters unter bestimmten Voraussetzungen erlaubt (näher *Schmidt-Recla* in Höfling TPG § 8a Rdn. 17 ff). E contrario folgt daraus, dass jegliche andere Lebendorganspende Minderjähriger nicht zulässig ist. Bei volljährigen, nicht einsichtsfähigen Personen, auf die sich der § 8a TPG nicht bezieht,[850] ist sie stets ausgeschlossen (*Augsberg* in Höfling TPG § 8 Rdn. 26 f).[851] Vor Erlass des § 8a TPG wurde zuweilen die Ansicht vertreten, dass sich der Stellvertretungsausschluss auf die Transplantation nicht regenerierbarer Organe und Gewebe beschränkt. Damit wollte man insbesondere die aus Empfängersicht medizinisch indizierte lebensrettende Knochenmarkspende unter minderjährigen Geschwistern ermöglichen.[852] Mit der Reform, die genau diesen Fall erfasst, ennfällt sowohl das praktische Bedürfnis als auch die dogmatische Grundlage für diese Ansicht (*Augsberg* in Höfling TPG § 8 Rdn. 26; *Schmidt-Recla* in Höfling TPG § 8a Rdn. 26 ff). In den Fällen des § 8a TPG ist nun die Einwilligung durch den gesetzlichen Vertreter möglich; ansonsten bleibt es bei der Rechtslage, wonach medizinisch neutrale oder schädliche Eingriffe bei Minderjährigen unzulässig sind.

182 In **Sterilisationen** von Minderjährigen und Mündeln kann gemäß §§ 1631c, 1800 BGB überhaupt nicht eingewilligt werden;[853] bei betreuten erwachsenen Personen bedürfen besonders riskante ärztliche Maßnahmen, Sterilisation sowie Kastration neben der Einwilligung des Sorgeberechtigten – aus Gründen der präventiven Kontrolle sowie des Rechtfertigungsdrucks für die Beteiligten[854] – zusätzlich der Genehmigung durch das Betreuungsgericht (§§ 1904, 1905 BGB, § 6 KastrG; dazu *Zahn* Einwilligungsunfähige S. 106 ff). Eine Sterilisation gem. § 1905 Abs. 1 Nr. 1 BGB darf dem Willen des Betreuten nicht widersprechen und nach Kastrationsgesetz hat er ein Vetorecht gegen die Einwilligung des Betreuers (vgl. § 3 Abs. 3 Nr. 1 KastrG; zu den Unterschieden *Amelung* Vetorecht S. 12 ff, 20 ff). Die Einwilligung des Betreuers in eine ärztliche Zwangsmaßnahme und deren Genehmigungsbedürftigkeit durch das Betreuungsgericht ist mit Wirkung vom 22.7.2017 in den Absätzen 1 und 2 des § 1906a BGB geregelt.[855]

183 Außerordentlich umstritten war bislang in diesem Zusammenhang, ob die Entscheidung eines Betreuers zum Abbruch einer lebenserhaltenden Behandlung bzw. zur Be-

---

850 Im Regierungsentwurf waren diese vom Anwendungsbereich des § 8a TPG noch umfasst (BTDrucks. 16/3146 S. 29).
851 Zur Entscheidungsbefugnis der Eltern über eine mögliche Organentnahme bei ihrem minderjährigen verstorbenen Kind (das keine Erklärung zur Organspende abgegeben hat, § 4 i.V.m. § 2 Abs. 2 TPG), s. *Weber* in Höfling TPG § 4 Rdn. 38; die Entscheidungsbefugnis der vormals Schwangeren bezüglich der Organentnahme bei toten Embryonen und Föten ist nunmehr explizit in § 4a TPG geregelt.
852 *Deutsch* Arztrecht und Arzneimittelrecht (1991) S. 259; *Ugowski* Lebendspende von Organen S. 81 ff; *Wolfslast* DÄBl. **1995** B 28, 30; *Rixen* in Höfling TPG § 1 Rdn. 49 f. Näher zur damaligen Diskussion Voraufl. Rdn. 180 f.
853 Ausführlicher zur Sterilisation geistig Behinderter *Kern/Hiersche* MedR **1995** 463 ff.
854 Dazu *Taupitz* Gutachten 63. DJT A 82 ff.
855 *Gesetz zur Änderung der materiellen Zulässigkeitsvoraussetzungen von ärztlichen Zwangsmaßnahmen und zur Stärkung des Selbstbestimmungsrechts von Betreuten* vom 17.7.2017 (BGBl. I 2426). Ähnliches wurde bereits durch das *Gesetz zur Regelung der betreuungsrechtlichen Einwilligung in eine ärztliche Zwangsmaßnahme* vom 18.2.2013 (BGBl. I 266) als § 1906 Abs. 3, 3a BGB (nunmehr a.F.) implementiert. Diese Neuregelung wurde jedoch im Rahmen eines konkreten Normenkontrollverfahrens am 26.7.2016 durch das BVerfG (BVerfG NJW **2017** 53) für verfassungswidrig erklärt, da diese Vorschrift die Zwangsbehandlung von (zwar stationär behandelten, nicht aber geschlossen untergebrachten) immobilen Betreuten nicht erfasste und damit diesen nicht der nach Art. 2 Abs. 2 Satz 1 GG gebotene Schutz zuteil wird (BVerfG NJW **2017** 53, 58 Rdn. 98). Es erfolgte die Verschiebung der Regelung in § 1906a BGB, wobei die ursprüngliche Kopplung von freiheitsentziehender Unterbringung und ärztlicher Zwangsmaßnahme in § 1906 Abs. 3 BGB a.F. aufgelöst wurde (ausführlicher *Spickhoff* FamRZ **2017** 1633 ff; zur Gesetzeshistorie etwa *Müller-Engels* BeckOK-BGB § 1906a Rdn. 3 ff).

handlungsverweigerung im Rahmen der passiven Sterbehilfe (dazu *Sch/Schröder/Eser*[26] Vor § 211 Rdn. 27 ff) – unter Einbeziehung der Vor-Sterbephase – **analog § 1904 BGB a.F.** vom Vormundschaftsgericht genehmigt werden muss. Der 1. Strafsenat des BGH hatte diese Frage zu Recht bejaht (BGHSt **40** 257, 264 – „Kempterner-Fall").[856] Argumentiert wurde vor allem damit, dass die gerichtliche Überprüfung der Betreuerentscheidung nicht nur bei der Einwilligung in eine riskante Heilbehandlung (wie sie § 1904 BGB a.F. vorsieht), sondern auch beim Behandlungsabbruch einen wichtigen Beitrag zur Wahrung der Patientenautonomie – zudem auch zur rechtlichen Absicherung des Verhaltens der Mitwirkenden – leisten würde.[857] Dieser Streitstand ist durch Neufassung des § 1904 BGB 2009 obsolet geworden.[858] Nunmehr regelt § 1904 Abs. 2 BGB n.F. (auch) den Fall der passiven Sterbehilfe (*Brilla* BeckOGK § 1904 BGB Rdn. 10). Nach dieser Vorschrift bedarf die Nichteinwilligung oder der Widerruf der Einwilligung des Betreuers in u.a. eine Heilbehandlung oder einen ärztlichen Eingriff der Genehmigung des Betreuungsgerichts, wenn die begründete Gefahr besteht, dass der Betreute auf Grund des Abbruches der ärztlichen Maßnahme stirbt; Absatz 3 enthält eine Pflicht zur Genehmigung nach den Absätzen 1 und 2, wenn die Einwilligung, die Nichteinwilligung oder der Widerruf der Einwilligung dem Willen des Betreuten entspricht. Davon macht § 1904 Abs. 4 BGB eine Ausnahme, wenn zwischen Betreuer und behandelndem Arzt Einvernehmen darüber besteht, dass die (Nicht-) Zustimmung oder der Widerruf dem nach § 1901a BGB festgestellten Willen des Betreuten entspricht.

Bei der klinischen Prüfung von Arzneimitteln[859] bzw. Medizinprodukten oder der Anwendung radioaktiver Stoffe oder ionisierender Strahlung am Menschen in der medizinischen Forschung gelten für volljährige Personen, die einsichts- bzw. geschäftsunfähig oder in der Geschäftsfähigkeit beschränkt sind, die in § 41 Abs. 3 AMG, § 21 Nr. 2 **184**

---

[856] Lt. BGH kann der nach dem zu ermittelnden Willen des Patienten gebotene Behandlungsabbruch im Normalfall weder von dessen Angehörigen noch allein vom Arzt abschließend beurteilt und verbindlich verfügt werden. Dazu sei vielmehr die Zustimmung eines – ggf. erst noch zu bestellenden – Betreuers mit dem Aufgabenkreis der medizinischen Behandlung einzuholen; zust. OLG Frankfurt/M. NJW **1998** 2747 m. Bespr. *Knieper* NJW **1998** 2720 f; NJW **2002** 689; OLG Karlsruhe NJW **2002** 685; LG Duisburg NJW **1999** 2744; einschränkend OLG Düsseldorf FGPrax **2001** 155; offen gelassen von OLG Brandenburg NJW **2000** 2363; **ablehnend** gegenüber einer analogen Anwendung des § 1904 BGB a.F. auf Behandlungsverweigerungen LG München I NJW **1999** 1788; LG Augsburg NJW **2000** 2363; auch BGH [Z] NJW **2003** 1588, 1591 f, wonach sich die Entscheidungszuständigkeit des VormG *stattdessen* „aus einem unabweisbaren Bedürfnis des Betreuungsrechts" ergeben soll; dazu **kritisch** *Hufen* ZRP **2003** 248 f; *Deutsch* NJW **2003** 1567; *Saliger* MedR **2004** 237, 244.
[857] Ausführlich zur Argumentation *Taupitz* Gutachten 63. DJT A 90 ff; weiter *Saliger* KritV **1998** 118 ff; *ders*. JuS **1999** 16, 18 ff; *ders*. in Bernat/Kröll S. 124, 157 ff (dort auch zur Konkurrenz zwischen zivil- und strafrechtlicher Rechtfertigung); *Verrel* MedR **1999** 547, 550; *ders*. JR **1999** 5, 7 f; *Schöch* NStZ **1995** 153, 156; *Frister* JR **1999** 73 f; *Ingelfinger* Grundlagen S. 320 ff; *Neumann* NK Vor § 211 Rdn. 133 ff; *Coeppicus* NJW **1998** 3381, 3383; *Otto* Jura **1999** 434, 439 f; *Tag* Patientenautonomie S. 328 ff; *Schneider* MK[1] Vor § 211 Rdn. 127 ff, der auch den Verstoß gegen das betreuungsrechtliche Procedere und dessen Rechtsfolge behandelt. AA *Alberts* NJW **1999** 835 f; *Laufs* NJW **1998** 3399, 3400; *Nickel* MedR **1998** 520 f; *Schlund* JR **2000** 65, 66; auch *Paeffgen* NK[2] Rdn. 165 und *Bernsmann* ZRP **1996** 87, 91: Fehlen einer unbewussten Regelungslücke. Prämisse einer analogen Anwendung des § 1904 BGB **(a.F.) war**, dass Behandlungsverweigerung bzw. -abbruch überhaupt zum Aufgabenbereich des Betreuers gehören; näher – auch zu den Gegenstimmen – *Taupitz* Gutachten 63. DJT A 88 ff; *Saliger* MedR **2004** 237, 239. **Kritisch** zur Erstreckung des vormundschaftlichen Genehmigungsvorbehalts auf das von einem Patientenvertreter erteilte Behandlungsveto analog § 1904 Abs. 2 BGB a.F. *Sternberg-Lieben* FS Lenckner, 349, 370 f; dafür (erst recht) *Spickhoff* NJW **2000** 2297, 2303.
[858] Neugefasst durch „Drittes Gesetz zur Änderung des Betreuungsrechts" vom 29.7.2009 (BGBl. I 2286); in Kraft getreten am 1.9.2009.
[859] Zu den Änderungen des Arzneimittelgesetzes nach der 12. AMG-Novelle s. *Pestalozza* NJW **2004** 3374 ff. Neufassung des AMG mit Geltung vom 1.12.2005 (BGBl. I 3394).

MPG, § 88 Abs. 4 StrlSchVO, für Minderjährige die in §§ 40 Abs. 4, 41 Abs. 2 AMG, § 20 Abs. 4 MPG, § 88 Abs. 4 StrlSchVO aufgestellten besonderen Erfordernisse. In Fällen der tatsächlichen Einsichtsfähigkeit des Betroffenen ist zum Teil eine Doppeleinwilligung (sog. CO-Konsens), nämlich von Betroffenem und gesetzlichem Vertreter oder Betreuer, vorgesehen (§ 40 Abs. 4 Nr. 3 Satz 4 AMG, § 20 Abs. 4 Nr. 4 Satz 3 MPG [bei Minderjährigen]; § 88 Abs. 4 StrlSchVO, § 21 Nr. 2 Satz 3 MPG [bei Geschäftsunfähigen oder beschränkt Geschäftsfähigen]).[860] Ausschließlich fremdnützige Forschung an Einwilligungsunfähigen ist nach stark vertretener Ansicht unzulässig, eine stellvertretend erklärte Einwilligung in rein wissenschaftliche Versuche daher unbeachtlich.[861] Die Ablehnung wird vornehmlich damit begründet, dass eine derart weitreichende Inpflichtnahme des Einzelnen für die Gemeinschaft die in Art. 1 Abs. 1 GG verankerte Menschenwürde verletzte (vgl. nur *Höfling/Demel* MedR **1999** 540, 544).[862] Dagegen wird vorgebracht, dass es „ohne Forschung an Einwilligungsunfähigen für andere kranke Menschen keine Hoffnung auf Besserung gebe", also unbestreitbar „ein Bedarf nach nicht-therapeutischer Forschung" bestehe (*Elzer* MedR **1998** 122, 124);[863] vermittelnd (bei minimalen Risiken und Belastungen für den Betroffenen zulässig) *Wachenhausen* Medizinische Versuche und klinische Prüfung an Einwilligungsunfähigen, Diss. Göttingen 1998 S. 269 u. passim; ebenso *Taupitz* MedR **2012** 583, 586; bei Ungefährlichkeit auch *Deutsch/Spickhoff* Medizinrecht Rdn. 1335; zu den Vorgaben der europäischen Bioethik-Konvention näher *Kamp* Die Europäische Bioethik-Konvention, Diss. Bayreuth 2000.[864] Andererseits werden therapeutische Versuche an einwilligungsunfähigen Kranken, die dazu geeignet oder bestimmt sind, die Gesundheit des Patienten unmittelbar zu fördern, mit Einwilligung des Stellvertreters (bei Beachtung der sonstigen Eingriffsvoraussetzungen) nach vorherrschender Meinung als unbedenklich eingestuft (*Deutsch/Spickhoff* Medizinrecht Rdn. 1338).

185 Überschreitet oder missbraucht der gesetzliche Vertreter die ihm eingeräumte Einwilligungsbefugnis, handelt er ohne oder aufgrund unwirksamer Einwilligung (vgl. BGH NJW **2003** 1824 bei evidentem Missbrauch der Vertretungsmacht eines Geschäftsführers).[865] Verweigern die personensorgeberechtigten Eltern oder Vormünder z.B. missbräuchlich

---

860 Dagegen entfällt die Voraussetzung einer kumulierten Einwilligung im Falle von Arzneimittelprüfungen bei volljährigen Einsichtsunfähigen nach § 41 Abs. 3 Nr. 2 Satz 2 AMG, wo der Hinweis auf § 40 Abs. 4 Nr. 3 Satz 4 AMG (Doppeleinwilligung) fehlt.
861 Vgl. *Fischer* FS Schreiber, 685, 686 ff m.w.N. Ausführlich – und im Ergebnis abweichend – zur Thematik *Jansen* Forschung an Einwilligungsunfähigen S. 132 ff, 175 f: Auch fremdnützige Forschung kann dem Wohl des Betroffenen entsprechen, wenn bestimmte Schutzkriterien (insbes. eine positive Kosten-Nutzen-Abwägung) eingehalten werden (S. 146). Zur Zulässigkeit einer fremdnützigen klinischen Forschung an Kleinkindern und den dabei auftretenden moralischen Problemen näher *Merkel* in Bernat/Kröll S. 171, 175 ff, der nichttherapeutische klinische Studien an Einwilligungsunfähigen grds. für rechtsethisch legitim und erlaubt hält.
862 *Spranger* MedR **2001** 238, 242 f m.w.N. in Fn. 52; *Seelmann* FS Trechsel, 569, 578 ff; *ders.* FS Schreiber, 853, 863 ff; auch schon *Schmidt-Elsaeßer* Medizinische Forschung an Kindern und Geisteskranken, Diss. Kiel 1987 S. 228 ff u. passim. Näher zur Fundamentalkritik *Taupitz* Biomedizinische Forschung zwischen Freiheit und Verantwortung (2002) S. 109 ff; *ders.* JZ **2003** 109, 114 ff; *ders.* MedR **2012** 583, 585.
863 Auch *Amelung* Vetorechte S. 30: ausreichend, wenn Proband dem Experiment in der Erkenntnis zustimmt, dass dieses „seinen Werten" entspricht; weitere Nachw. bei *Höfling/Demel* MedR **1999** 540, 541 in Fn. 14; ausführliche Diskussion bei *Jansen* Forschung an Einwilligungsunfähigen S. 97 ff, 341 ff.
864 Auch *Deutsch/Spickhoff* Medizinrecht Rdn. 1199 ff unter Einbeziehung der EU-Richtlinie 2001/20/EG vom 4.4.2001 (ABl. EG 2001 Nr. L 121 S. 34); *Fischer* FS Schreiber, 685, 690 ff; weitere Angaben zum (uferlosen) Schrifttum bei *Lackner/Kühl/Kühl* § 228 Rdn. 22.
865 Weiter *Lenckner* ZStW **72** (1960) 446, 461 f; *Samson* SK⁵ Rdn. 76; *Sch/Schröder/Lenckner/Sternberg-Lieben* Rdn. 41c; *Matt/Renzikowski/Engländer* Rdn. 17. *Kuhlmann* Einwilligung S. 209 ff behandelt näher die Frage, ob Gleiches auch für eine nach § 1901 Abs. 2 Satz 1 BGB pflichtwidrig erteilte Einwilligung des Betreuers gilt.

die Zustimmung zu einer erforderlichen Operation, hat das Familiengericht die erforderlichen Maßnahmen schriftlich – zumeist in Form der Ersetzung der Erklärungen – zu treffen (§§ 1666, 1837 Abs. 4 BGB).[866] Auch kann – soweit erforderlich – den Stellvertretern das Entscheidungsrecht entzogen und vom Familiengericht ein (Ergänzungs-)Pfleger bestellt werden (§§ 1666, 1909 Abs. 1 BGB; zu den Voraussetzungen näher OLG Celle MDR **1994** 487; Baumann/Weber/*Mitsch*/Eisele § 15 Rdn. 131; *Jescheck/Weigend* § 34 IV 4 m. Fn. 51). In Eilfällen kommt nach h.M. eine Rechtfertigung des ärztlichen Eingriffs durch Notstand (§ 34) in Betracht (*Roxin* AT I § 13 Rdn. 92; *Sch/Schröder/Lenckner/Sternberg-Lieben* Rdn. 41e i.V.m. § 34 Rdn. 8 [*Perron*]);[867] angemessener – da der Gefahr einer Bevormundung des Eingriffsopfers vorbeugend – scheint es dagegen, die interne Interessenkollision nach den Regeln der mutmaßlichen Einwilligung aufzulösen (*Samson* SK[6] § 34 Rdn. 12ff; *Sch/Schröder/Lenckner/Sternberg-Lieben* Rdn. 41e; Baumann/Weber/*Mitsch*/Eisele § 15 Rdn. 77f);[868] zu ermitteln ist hier der hypothetische Wille des Betroffenen.[869]

Gewillkürte Stellvertretung ist bei der Disposition über Vermögenswerte seit langem allgemein anerkannt (RGSt **11** 345, 348; BGH NJW **2003** 1824; *Sch/Schröder/Lenckner/Sternberg-Lieben* Rdn. 43).[870] Demgegenüber soll nach einer verbreiteten Meinung eine von der Willkür des Gutsinhabers abhängige Einwilligungsbefugnis Dritter bei Eingriffen in höchstpersönliche Rechtsgüter der Person generell ausgeschlossen sein (so vor allem das ältere Schrifttum, u.a. *Honig* Einwilligung S. 159; *Mezger* GerS **89** [1924] 207, 280; *Traeger* GerS **94** [1927] 112, 152) oder ihr nur im weiteren Bereich des Persönlichkeitsschutzes (etwa bei § 123 oder § 202) Bedeutung zugemessen werden (etwa *Hirsch* LK[11] Rdn. 117; *Roxin* AT I § 13 Rdn. 94f).[871] Zunehmend lässt man aber auch bei Eingriffen, die den Persönlichkeitskern (insbesondere die Körpersphäre) betreffen, Einwilligungen durch autorisierte Personen zu (vgl. *Amelung/Eymann* JuS **2001** 937, 940; *Kühl* AT § 9 Rdn. 30a; *Matt/Renzikowski/Engländer* Rdn. 17). Hintergrund dieser Entwicklung sind vor allem rasante Fortschritte in der Medizin(technik), die es ermöglicht, menschliches Leben nicht (mehr) entscheidungsfähiger Patienten weit über einen Zeitraum hinaus zu

186

---

[866] Auch *Paeffgen/Zabel* NK § 228 Rdn. 17, 71; *Fischer* § 228 Rdn. 6. So hat das OLG Celle NJW **1995** 792 die von den Eltern (Zeugen Jehovas) verweigerte Einwilligung wegen besonderer Eilbedürftigkeit sogar ohne deren Anhörung ersetzt, nachdem bei einem vorzeitig geborenen Kind eine Bluttransfusion ärztlich indiziert war; ebenso OLG Naumburg VersR **2014** 507, 508 m.w.N. (Verweigerung der Fortsetzung einer Chemotherapie durch die Eltern); näher *Ulsenheimer/Biermann* Rdn. 396; *Deutsch/Spickhoff* Medizinrecht Rdn. 1134; allgemein zu Bluttransfusionen bei Zeugen Jehovas *Bender* MedR **1999** 260ff; zudem *Ulsenheimer* FS Eser, 1225ff u. *Ulsenheimer/Biermann* Rdn. 385ff sowie *Hillenkamp* FS Küper, 123ff.
[867] Weiter *Zieschang* LK § 34 Rdn. 111f; *Ingelfinger* Grundlagen S. 323; *Jescheck/Weigend* § 34 IV 4 m. Fn. 51; *Paeffgen/Zabel* NK § 228 Rdn. 17; *Hillenkamp* FS Küper, 123, 142 (aber auch 144); *Kindhäuser* LPK Vor § 13 Rdn. 176; *Rieger* Mutmaßliche Einwilligung S. 77; *Ulsenheimer* in Hiersche u.a. (Hrsg.) Grenzen ärztlicher Behandlungspflicht bei schwerstgeschädigten Neugeborenen (1987) S. 111, 116; auch RGSt **74** 350, 353 u. AG Nordenham MedR **2008** 225f.
[868] Weiter *Rudolphi* Fälle zum Strafrecht AT 5. Aufl. (2000) S. 68. *Deutsch/Spickhoff* Medizinrecht Rdn. 1136 stützen die ärztlichen Maßnahmen auf die Grundregel des § 242 BGB, wonach missbräuchliche Rechtsausübung unbeachtlich ist.
[869] Soweit ein Wille des Kindes (etwa bei Neugeborenen) noch nicht existiert und die Einwilligung der Eltern einen Missbrauch des Sorgerechts enthält, stellt *Müller* (in Roxin/Schroth S. 31, 43) auf den mutmaßlichen Willen der Vormundschaftsgerichts ab.
[870] *Roxin* AT I § 13 Rdn. 94; Baumann/Weber/*Mitsch*/Eisele § 15 Rdn. 131. Jede Form der Stellvertretung dagegen ablehnend *Geerds* Einwilligung S. 69 m.w.N. in Fn. 3.
[871] Weiter Baumann/Weber/*Mitsch*/Eisele § 15 Rdn. 131; *Maurach/Zipf* § 17 Rdn. 60a; *Kindhäuser* LPK Vor § 13 Rdn. 175f; *Hinterhofer* Einwilligung S. 75f; aus dem Zivilrecht für den Vollmachtsausschluss in höchstpersönlichen Angelegenheiten (auch bei Heilbehandlungen) früher z.B *Schwab* MK-BGB[3] § 1896 Rdn. 30 (**anders** ab der 4. Aufl. [2002]).

verlängern, in dem diese noch fähig waren, ein bewusstes Leben nach ihren Vorstellungen zu führen. In dieser außergewöhnlichen Lage (aber auch bei bloß temporärer Bewusstlosigkeit) sollen **Stellvertreter in Gesundheitsangelegenheiten**[872] dafür sorgen, dass die Wünsche des Patienten (einschließlich der Ablehnung künstlicher lebensverlängernder Maßnahmen) auch dann noch Maßstab für die Art und Weise seiner medizinischen Betreuung sind, wenn der entscheidungsunfähige Patient sie nicht mehr höchstpersönlich äußern kann. Nachdem dieser – gegenüber der eher statischen Patientenverfügung (dazu Rdn. 172) – flexible Weg zur Absicherung der Patientenautonomie anfänglich recht umstritten war (knapp zu den Argumenten *Höfling/Demel* MedR **1999** 540, 542), hat der Gesetzgeber des 2. BtRÄndG[873] die Bevollmächtigung in Gesundheitsangelegenheiten („Vorsorgevollmacht") 1998 in § 1904 Abs. 2 BGB als vorrangige Alternative zur Betreuung (§ 1896 Abs. 2 BGB) ausdrücklich anerkannt.[874] Danach bedarf nicht nur der Betreuer, sondern auch der (schriftlich) Bevollmächtigte für Einwilligungen in riskante ärztliche Maßnahmen beim Betreuten einer betreuungsgerichtlichen Genehmigung.[875] Die Regelung ist durch das 3. BtRÄndG (in etwas veränderter Formulierung) 2009 nur in § 1904 Abs. 5 BGB verschoben worden.[876] Eine Genehmigung nach § 1904 Abs. 1 und 2 BGB ist allerdings nicht erforderlich, wenn zwischen Betreuer und behandelndem Arzt Einvernehmen darüber besteht, dass die Erteilung, Nichterteilung oder der Widerruf der Einwilligung dem nach § 1901a BGB festgestelltem Willen des Betreuten entspricht (§ 1904 Abs. 4 BGB). Der Anerkennung eines Patientenvertreters ist nachdrücklich zuzustimmen, gibt es doch keinen Grund, Fremdbestimmung in Form der Bestellung eines Betreuers in Gesundheitsangelegenheiten zuzulassen, dagegen eine durch den Rechtsgutsinhaber selbstbestimmt erteilte Vorsorgevollmacht unter Hinweis auf den höchstpersönlichen Charakter der Einwilligung in Heileingriffe abzulehnen. Einschränkungen sind allerdings dann vorzunehmen, wenn der Betroffene dem Patientenvertreter keine konkreteren Vorgaben gemacht hat und die u.U. existentielle Entscheidung über eine Weiterbehandlung daher nicht als Ausdruck fortwirkender Selbstbestimmung des Patienten erscheint, sondern vielmehr allein von der Willkür des Vertreters abhängt.

---

[872] Ausführlich dazu aus strafrechtlicher Sicht *Sternberg-Lieben* FS Lenckner, 349, 363 ff; weiter *Trück* Mutmaßliche Einwilligung S. 114 ff (aber: keine Entscheidungsdelegation bei Behandlungsabbruch mit tödlicher Folge); aus zivilrechtlicher Sicht *Eisenbart* Patienten-Testament S. 208 ff; *dies.* MedR **1997** 305 ff; *Uhlenbruck* NJW **1996** 1583 ff; *Ohly* Einwilligung S. 456 ff. Zur Frage, ob der Vollmachtgeber im Zeitpunkt der Bevollmächtigung einwilligungs- und geschäftsfähig sein muss, *Odenwald* Einwilligungsfreiheit S. 232 ff. Die Vorsorge- oder Gesundheitsvollmacht wird häufig im Rahmen einer sog. „Patientenverfügung" eingeräumt.
[873] Betreuungsrechtsänderungsgesetz v. 25.6.1998, BGBl. I 1580.
[874] *Burchardi* FS Schreiber, 615, 619; ausführlicher zur Vorsorgevollmacht *Heyers* Passive Sterbehilfe S. 151 ff. Die Akzeptanz von Patientenvertretern zeichnete sich schon Anfang der 90er Jahre ab, vgl. LG Göttingen VersR **1990** 1401; ferner LG Stuttgart Justiz **1994** 62 und *Amelung/Eymann* JuS **2001** 937, 940 m.w.N.
[875] Kritisch zum Genehmigungserfordernis *T.Hartmann* NStZ **2000** 113, 117 m. Fn. 47, die die Vorsorgevollmacht dadurch für Betreuungsverfügung abgewertet sieht; ebenso *Burchardi* FS Schreiber, 615, 624 f; *Eisenbart* Patienten-Testament S. 223 ff m.w.N.
[876] *Drittes Gesetz zur Änderung des Betreuungsrechts* v. 29.7.2009 (BGBl. I 2286); in Kraft getreten am 1.9.2009. Nach der früheren Fassung des § 1904 BGB war die Genehmigung des Betreuungsgerichts erforderlich nur zur Einwilligung des Betreuers in eine besonders gefährliche medizinische Maßnahme, nicht dagegen zu deren für den Betreuten lebensgefährliche Vorenthaltung. Das führte zu dem widersprüchlichen Ergebnis, dass das Betreuungsgericht eine vom Betreuer beabsichtigte, für den Betreuten aber lebensgefährliche Operation zwar verhindern, nicht aber umgekehrt sicherstellen konnte, dass der Betreuer einen zur Abwendung des Todes notwendigen ärztlichen Eingriff durchführen lässt. Dieser Widerspruch ist durch das 3. BtRÄndG durch Einfügung des neuen Absatz 2 behoben worden, vgl. *Palandt/Götz* § 1904 Rdn. 2; siehe zum neuen Absatz 2 auch Rdn. 183; näher zur Entstehungsgeschichte *Schwab* MK-BGB § 1904 Rdn. 1.

Hier gelten wiederum die allgemeinen Regeln (vgl. *Sternberg-Lieben* FS Lenckner, 349, 367 f; *Rieger* Mutmaßliche Einwilligung S. 138; auch *Spickhoff* NJW **2000** 2297, 2303);[877] näher zur Bevollmächtigung in Bezug auf die geschlossene Unterbringung (vgl. § 1906 Abs. 5 BGB; sog. psychiatrische Verfügung) s. *T. Hartmann* NStZ **2000** 113, 117 ff; **krit.** zu diesem Instrument *Deutsch/Spickhoff* Medizinrecht Rdn. 1182, 1214. – Dagegen ist die **Stellvertretung in der Erklärung** (durch Boten) bei allen disponiblen Rechtsgütern unproblematisch möglich.

(c) Objektive Schranken verkürzen die Verfügungsoptionen des Einwilligenden 187 aus Gründen, die von der Person des Einwilligenden losgelöst sind.[878] Verfassungsrechtlich gestützt wird die Einschränkung der Dispositionsfreiheit ganz überwiegend auf die in Art. 2 Abs. 1 GG enthaltene Schrankentrias, nach der die dort verankerte allgemeine Handlungsfreiheit nur bis zur Grenze der Rechte anderer, der verfassungsmäßigen Ordnung und des Sittengesetzes garantiert ist.[879] Einschlägig sind hier beispielsweise zahlreiche Normen in Spezialgesetzen, die vor dem Hintergrund der in Art. 14 Abs. 2 GG verankerten Sozialbindung des Eigentums dem Eigentümer durch Denkmalschutzgesetze, Gesetze zur Erhaltung des Wohnungsbestandes, Umweltschutzgesetze etc. vielfältige Handlungschancen zum Teil entschädigungslos abschneiden (*Amelung/Eymann* JuS **2001** 937, 940). Dabei handelt es sich um Belastungen der Bürger, die diese als Mitglieder der Gemeinschaft bis zu einer jeweils im Einzelnen auszutarierenden Grenze im allgemeinen Interesse hinzunehmen haben.

Erheblich problematischer und in ihrer Legitimation heftig umstritten sind die in 188 § 216 und § 228 verankerten Einwilligungsgrenzen. § 216 ordnet für das Individualrechtsgut Leben an, dass selbst die zu einem ernstlichen und ausdrücklichen Verlangen gesteigerte Einwilligung die gewünschte Tötung durch einen anderen nicht straflos macht, sondern nur zu einer Strafmilderung führt. Schutzgut dieser Strafnorm ist offensichtlich nicht mehr das Leben als Mittel (Basis) personaler Entfaltung; geschützt wird vielmehr das vom Gutsinhaber abgespaltene Leben in seinem puren Bestand, ggf. auch gegen dessen Willen (vgl. auch *Sternberg-Lieben* Objektive Schranken S. 107 f).[880] Es verwundert daher nicht, dass die Meinungen über die Legitimation dieser als **absolute Einwilligungssperre** wirkenden Strafvorschrift weit auseinandergehen.[881] Naturgemäß haben dabei Ansichten, die die soziale Bindung des Einzelnen beto-

---

877 *Seelmann* FS Schreiber, 853, 861. *Amelung/Eymann* JuS **2001** 937, 940 wollen die gewillkürte Stellvertretung zumindest dort zulassen, wo wegen Bewusstlosigkeit des Vollmachtgebers keine Entscheidungskonflikte entstehen können.
878 Ausführlich dazu *Sternberg-Lieben* Objektive Schranken, passim, der dort (S. 289 ff) auch die vom Richter aufgestellten Einwilligungsgrenzen behandelt; zu den privatrechtlichen Schranken der Dispositionsbefugnis *Ohly* Einwilligung S. 408 ff.
879 Vgl. nur *Roxin* AT I § 13 Rdn. 38, *Duttge* GedS Schlüchter, 775, 776 und *Amelung* Einwilligung S. 56 ff; aber auch *Göbel* Einwilligung S. 22 ff, 47 ff m.w.N. Zum Teil entnimmt man die Schranken auch dem die Einwilligungsfreiheit gewährleistenden speziellen Grundrecht (z.B. Artt. 2 Abs. 2, 14 GG) und vermeidet dadurch die Beachtung der schwer handbaren Schranke des Sittengesetzes aus Art. 2 Abs. 1 GG; dazu *Paeffgen/Zabel* NK § 228 Rdn. 3 f; *Sternberg-Lieben* Objektive Schranken S. 17 f; *Amelung/Eymann* JuS **2001** 937, 940.
880 BGH NJW **2003** 2326, 2327 weist zutreffend darauf hin, dass wegen § 216 unter bestimmten Umständen „das Lebensrecht zur schwer erträglichen Lebenspflicht werden kann". Daher werden schon nach geltendem Recht mit beachtlichen Argumenten eng begrenzte Ausnahmen für Fälle diskutiert, in denen die Möglichkeit der Palliativtherapie und der ärztlichen Kunst nicht ausreichen, um einen entwürdigenden Todeskampf zu verhindern, so *Sternberg-Lieben* FS Eser, 1185, 1188 m. Fn. 15c; auch *Frisch* in Leipold S. 103, 119 f; jew. m.w.N.
881 Guter Überblick bei *Schroeder* ZStW **106** (1994) 565 ff; *Roxin/Schroth/Roxin* S. 75, 111 ff; *Sternberg-Lieben* Objektive Schranken S. 103 ff; *Müssig* Mord S. 352 ff; *Mosbacher* Selbstschädigung S. 147 ff; *Müller*

nen und Individualrechtsgüter – wenn auch aus unterschiedlichen Gründen – zunächst unabhängig vom Willen des Gutsinhabers schützen, weniger Probleme als individualistisch-freiheitlich gestimmte Ansätze. Aber auch über alle Lagergrenzen hinweg findet heute die Begründung (wohl) die meisten Anhänger, die § 216 die Funktion zuschreibt, das absolute Tötungstabu aus generalpräventiven Gründen aufrechtzuerhalten (s. nur *Hirsch* FS Welzel, 775, 779; *Jakobs* 14/5; *Sch/Schröder/Eser/Sternberg-Lieben* § 216 Rdn. 1, 13 m.w.N.).[882] Es lässt sich allerdings kaum übersehen, dass mit diesem auf sozialpsychologische Erwägungen abstellenden Versuch, die Einschränkung der Dispositionsfreiheit zu rechtfertigen, jedenfalls die Anhänger eines personalen Rechtsgutskonzepts dem § 216 unter der Hand ein anderes weiteres Rechtsgut implantieren.[883] Hier erfolgt Bestandsschutz gegen den Willen des Gutsinhabers im überindividuellen Interesse (in diesem Sinne BGHSt **4** 88, 93; BayObLG NJW **1957** 1245, 1246: Schutz nicht zuletzt im Allgemeininteresse). Viele sehen die ratio des § 216 auch im Schutz vor übereilten Entscheidungen des Sterbewilligen (vgl. statt vieler *Roxin* AT I § 13 Rdn. 44; *Roxin/ Schroth/Roxin* S. 75, 117f; *ders.* GA **2013** 313, 318f; *Velten* FS Rogall, 373, 399; *Oswald* Klinische Prüfung S. 303 m.w.N.) und/oder in der Vermeidung defizitärer Entscheidungen.[884] Hier könnte wohl durch ein angemessenes Verfahren, das den Versuch unternimmt, defektfreie Entscheidungen herauszufiltern, geholfen werden. Mögliche Folge: Interpretation des § 216 nur als *abstraktes Gefährdungsdelikt* (dazu *Murmann* FS Yamanaka, 289, 302ff; eingehend *F. Müller* § 216 StGB als Verbot abstrakter Gefährdung S. 102ff; beide m.w.N.). Aber auch diejenigen, die das Leben als Eigen- oder Sozialwert schützen, müssten erklären, warum die (versuchte) Selbsttötung sowie die Teilnahme daran straflos ist.

189 Die größten Anwendungsprobleme bereitet jedoch § 228, wonach die Einwilligung in Körperverletzungen unbeachtlich ist, wenn die Tat trotz der Einwilligung gegen die guten Sitten verstößt. Von einigen Autoren wird die Sittenwidrigkeit der Tat zu einem allgemeinen Einschränkungsgesichtspunkt für die Gültigkeit der Einwilligung auch bei anderen Tatbeständen erhoben (z.B. *Geerds* GA **1954** 262, 268; *Baumann/Weber* § 21 II 4c; *Maurach* AT[4] S. 345f; vgl. auch BGHSt **6** 251).[885] Dem kann jedoch mit der ganz überwiegenden Meinung nicht gefolgt werden (*Maurach/Zipf* § 17 Rdn. 65; Baumann/Weber/

---

§ 216 StGB als Verbot abstrakter Gefährdung S. 29ff; auch *Murmann* Selbstverantwortung S. 493ff, *Menrath* Einwilligung S. 167ff, *Lotz* Fremdschädigung S. 231ff u. Kubiciel Ad Legendum **5/2011** 361, 362ff.

882 Weiter *Wenkel* HK-GS § 216 Rdn. 2; *Dölling* FS Geppert, 53, 59; *T. Walter* LK[12] Vor § 13 Rdn. 124; *ders.* ZIS **2011** 76, 81f (allerdings mit einer teleologischen Reduktion des § 216 bei Beachtung der §§ 1901aff BGB; für eine Einschränkung aus Schutzzweckgründen bei Vorliegen eines wohlbegründeten Tötungsverlangens auch *Pawlik* FS Kargl, 407, 417); *Kühl* AT § 17 Rdn. 87; näher *Hauck* GA **2012** 202, 206ff (der sich trotz Zweifel mit dem Begründungsansatz letztlich doch abfindet); weiterhin BGHSt **53** 55, 63 (unter Hinweis auf ein „soziales" bzw. Allgemeininteresse am Erhalt des Rechtsgutes Leben) u. **60** 166, 179f; ebenso *Duttge* GedS Schlüchter, 775, 801; **abl.** *Murmann* FS Puppe, 767, 783; *Lotz* Fremdschädigung S. 232ff m.w.N.

883 Konsequent dabei *Göbel* Einwilligung S. 39ff, der durch § 216 den *sozialen Frieden* als Rechtsgut der Allgemeinheit geschützt sieht; zu den dadurch geschaffenen Schwierigkeiten *Rönnau* Willensmängel S. 165. Weiter *Jakobs* FS Schroeder, 507, 517: „eine Tötung mit Einwilligung läßt sich als Delikt gegen die konkrete Person nicht darstellen"; vielmehr „*Delikt gegen die objektive Verständigkeit.*"

884 Tendenziell ebenso BTDrucks. 18/5373 S. 10 (zum Entwurf eines Gesetzes zur Strafbarkeit der geschäftsmäßigen Förderung der Selbsttötung); weiter *Murmann* FS Puppe, 767, 784; *ders.* FS Yamanaka, 289, 300ff (m.w.N.); *ders.* GK § 22 Rdn. 53; auch *Kühl* Jura **2010** 81, 84 (aber Hauptgrund: „Missbrauchsgefahr"); *Lotz* Fremdschädigung S. 233 m.w.N.

885 *H. Mayer* AT S. 167; *Welzel* Strafrecht § 14 VII 2c; auch *Jakobs* 14/4 f, 9 (der noch weitergehend auf einen „vernünftigen Handlungsanlaß" abstellt); für die Einbeziehung des § 239 (*Schmidhäuser* StuB 5/120) oder §§ 185ff, 239 (*Göbel* Einwilligung S. 63f); eine Ausdehnung auf menschenunwürdige Ehrverletzungen befürwortete auch *Sch/Schröder/Lenckner*[28] Rdn. 37 (**anders** jetzt *Sch/Schröder/Lenckner/Sternberg-Lieben* Rdn. 37).

Mitsch/Eisele § 15 Rdn. 145).⁸⁸⁶ Für eine nicht analogiefähige Sonderregelung spricht schon die Entstehungsgeschichte des § 226a (a.F.), da der Grund für dessen Einführung (Absteckung der Grenzen freiwilliger Sterilisation und Kastration) sich allein auf die Körperverletzungsdelikte bezog (*Schlehofer* Einwilligung S. 80f m.w.N.). Die Ausdehnung der Sittenwidrigkeitsklausel würde vor allem bei den Eigentumsdelikten zu kuriosen Ergebnissen führen und wäre durch Dereliktion leicht zu unterlaufen (*Samson* SK⁵ Rdn. 78; näher zur Argumentation *Hirsch* LK¹¹ Rdn. 125). Zutreffend weisen *Jescheck/Weigend* § 34 III 4 auch darauf hin, dass der Unrechtsausschluss durch Einwilligung bei einer allgemeinen Anwendbarkeit des Korrektivs der guten Sitten in einer schwer vertretbaren Weise relativiert und der Rechtsgutsträger einer unerträglichen staatlichen Bevormundung unterworfen würde.

Die als **relative Einwilligungssperre** ausgestaltete Strafnorm des § 228 ist nicht nur **190** ähnlichen Angriffen auf ihre Existenzberechtigung ausgesetzt, wie sie auch gegen § 216 geführt werden (zu den Argumenten detailliert *Sternberg-Lieben* Objektive Schranken S. 121 ff; weiterhin *Menrath* Einwilligung S. 175 ff; *Lotz* Fremdschädigung S. 231 ff). Durch den direkten Zugriff auf die „guten Sitten" (und damit die Sozialethik) wird darüber hinaus die Strafbarkeit des Eingreifenden an die Auslegung eines Begriffes geknüpft, der in höchstem Maße unbestimmt ist. Bis heute sind zahlreiche Versuche unternommen worden, im Wege einer Objektivierung bzw. Normativierung den – in einer wertepluralistischen Gesellschaft außerordentlich schillernden – Begriff der „guten Sitten" so zu konkretisieren, dass er dem Eingreifenden in einer dem Bestimmtheitsgebot des Art. 103 Abs. 2 GG entsprechenden Weise als Verhaltensorientierung dienen kann und die Norm damit vor dem Verdikt der verfassungswidrigen Unbestimmtheit zu bewahren (dazu *Paeffgen/Zabel* NK § 228 Rdn. 33 ff und *Niedermair* Einwilligung S. 92 ff). Die Unsicherheiten beginnen schon mit der Angabe des richtigen Bezugspunkts der Sittenwidrigkeit. Nach h.A. muss die *Tat* gegen die guten Sitten verstoßen, während es gleichgültig sein soll, ob die *Einwilligung* sittenwidrig ist (BGHSt **4** 88, 91; **49** 34, 41f; 166, 170; **53**, 55, 60 ff [für Fahrlässigkeitstaten]; **58** 140, 143ff; **60** 166, 175; BGHR § 228 Einwilligung 1; BGH NStZ **2000** 87, 88).⁸⁸⁷ Kaum überwindbare Probleme bereitet im Weiteren die inhaltliche Präzisierung der Sittenwidrigkeitsklausel. Eine auf das Reichsgericht zurückgehende Rechtsprechung sowie ein Teil der Literatur stellt zur Beurteilung der Sittenwidrigkeit allein oder vorrangig auf den mit der Tat verfolgten Zweck sowie die der Tat zugrundeliegenden Ziele und Beweggründe der Beteiligten ab, insbesondere dann, wenn es sich um „unlautere", d.h. sittlich-moralisch verwerfliche Zwecke handelt (RGSt **74** 91, 94; RG JW **1938** 30; DR **1943** 234; BGHSt **4** 24, 31).⁸⁸⁸ Dagegen wird vor allem vorgebracht, dass

---

886 *Berz* GA **1969** 145, 149; *Hardtung* MK § 228 Rdn. 6 ff; *Jescheck/Weigend* § 34 III 4; *Kientzy* Einwilligung S. 96 f; *Kühl* AT § 9 Rdn. 30; *Lackner/Kühl/Kühl* Rdn. 18; *Matt/Renzikowski/Engländer* Rdn. 17; *Noll* ZStW **77** (1965) 1, 21; *Otto* Jura **2004** 679, 681; *Roxin* AT I § 13 Rdn. 70; *Schlehofer* Einwilligung S. 80; SSW/*Rosenau* Rdn. 36; *Stratenwerth/Kuhlen* AT § 9 Rdn. 21; *Fischer* § 228 Rdn. 3.

887 Näher dazu *Hirsch* LK¹¹ § 228 Rdn. 7; auch *Menrath* Einwilligung S. 177 m. Fn. 104; beide m.w.N.; **kritisch** aber *Paeffgen/Zabel* NK § 228 Rdn. 34 f, 43: Berücksichtigung der Zwecke mit Wortlaut vereinbar und sinnvoll; **aA** RG JW **1928** 2229, 2232 (vor Einführung des § 226a a.F.); *Amelung* Einwilligung S. 56 ff; *Geerds* GA **1954** 262, 268; aus jüngerer Zeit *Frisch* FS Hirsch, 485 ff (insbes. S. 504 ff).

888 Vgl. auch BayObLGSt **1977** 105, 106 f; OLG Düsseldorf NStZ-RR **1997** 325, 327; LG Mönchengladbach NStZ-RR **1997** 169, 170; BayObLG NJW **1999** 372, 373; LG Göttingen Urt. v. 26.6.2008 – 1 KLs 11/08 – Juris Rdn. 74 ff (betr. Einwilligung in „Spanking"-Handlungen); im Ergebnis zust. *Amelung* NStZ **1999** 458; *Otto* JR **1999** 124; *Sch/Schröder/Stree*²⁷ § 228 Rdn. 8 (**anders** *Sch/Schröder/Stree/Sternberg-Lieben* § 228 Rdn. 8); *Lackner/Kühl/Kühl* § 228 Rdn. 10; *Murmann* FS Puppe, 767, 787 f; *Berz* GA **1969** 145 ff; *Hauck* GA **2012** 202, 217 (Sittlichkeitsurteil ist „Ausfluss eines Zweckverbots"); einschränkend *Horn/Wolters* SK⁷ § 228 Rdn. 9: nur der Zweck der Vorbereitung, Vornahme, Verdeckung oder Vortäuschung einer Straftat macht die Körperverletzung sittenwidrig; ähnlich früher *Roxin* AT I³ § 13 Rdn. 37 (**anders** jetzt in AT I⁴ § 13 Rdn. 39 ff).

dieser Beurteilungsmaßstab häufig zu unklaren Abgrenzungen führe, sich zu sehr vom Rechtsgüterschutz entferne und in die Beurteilung Aspekte einbeziehe, die nur die Sittenwidrigkeit der Einwilligung selbst beträfen (vgl. *Fischer* § 228 Rdn. 9; *Hardtung* MK § 228 Rdn. 25).[889] Die neuere Rechtsprechung und eine starke Ansicht in der Literatur orientiert sich bei der Feststellung der Sittenwidrigkeit an der Schwere des einverständlich durchgeführten Körpereingriffs (meist unter Bezug auf § 226 Abs. 1)[890] und zieht den Zweck nur subsidiär und täterbegünstigend heran, um insbesondere bei medizinischer Behandlung (bis hin zur Lebendorganspende, s. nur *Schroth* FS Hassemer, 787, 798; ausführlich *Fateh-Moghadam* Einwilligung S. 108 ff u. passim) oder im Kampfsport offensichtlich unbillige Ergebnisse zu vermeiden. Abgestellt wird bei dieser „Rechtsguts(gefährlichkeits-)lösung" (auch „Schweretheorie" genannt) vorrangig auf Art und Gewicht des aus **Ex-ante-Sicht drohenden Körperverletzungserfolgs** sowie dem damit einhergehenden **Gefahrengrad für Leib und Leben** des Opfers. Nach mittlerweile gefestigter Rspr. ist eine Körperverletzung jedenfalls dann sittenwidrig i.S.v. § 228, wenn bei vorausschauender objektiver Betrachtung der Einwilligende durch den entsprechenden Handlungsakt in **konkrete Todesgefahr** gebracht wird (BGHSt **49** 34, 44 – „Heroininjektion";[891] **49** 166, 171 ff – „sadomasochistische Praktiken";[892] **53** 55, 62 f – „Autorennen";[893] BGH BeckRS **2012** 15221 Rdn. 8; *Hirsch* LK[11] § 228 Rdn. 9 u. *ders.* FG BGH IV, 199, 219; *Fischer* § 228 Rdn. 9 a ff; *Wessels/Beulke/Satzger* Rdn. 575 ff; alle m.w.N.).[894] 2013 modifizier-

---

Duttge GedS Schlüchter, 775, 784 ff sieht eine unverzichtbare äußerste Grenze konsentierter Körperverletzungen in der Menschenwürdegarantie (konkretisierend S. 797 ff); *ders.* NJW **2005** 260, 261; **krit.** dazu *Sternberg-Lieben* JZ **2013** 953, 954 und *Lotz* Fremdschädigung S. 286 f.

889 Weiter *Hirsch* LK11 § 228 Rdn. 9 und *ders.* FG BGH IV, 199, 218; *Otto* FS Tröndle, 157, 168.

890 OLG München NStZ **2014** 706, 708; *Hirsch* FS Amelung, 181, 198; *Putzke* RpflStud **2012** 65, 69; *Jäger* JA **2013** 634, 636; *Theile* FS Beulke, 557, 563 f. Nach *Klimpel* (Bevormundung oder Freiheitsschutz? Diss. Berlin 2003 S. 142 f) erfolgt Orientierung an § 226 als Ausdruck eines „autonomieorientierten Paternalismus". Für Ausrichtung am Normenzweck des § 216 BGHSt **49** 166, 173 f; **58** 140, 144; **60** 166, 179 f; *Murmann* FS Yamanaka, 289, 308.

891 Sofern der Senat meint, den Sittenverstoß – gleichsam empirisch – unter Rückgriff auf die „allgemein gültigen moralischen Maßstäbe" feststellen zu können, ist ihm zu widersprechen (vgl. jetzt auch derselbe Senat in BGHSt **60** 166, 178 f; BGH NStZ-RR **2018** 314, 315). Abzustellen ist vielmehr auf *normative Maßstäbe* (*Fischer* § 228 Rdn. 11; ebenso *Hirsch* FS Amelung, 181, 197 f; *Niedermair* Einwilligung S. 66 ff, 80; *Duttge* NJW **2005** 260, 261; *Roxin* AT I § 13 Rdn. 38; auch *Menrath* Einwilligung S. 191; *Sternberg-Lieben* JZ **2013** 953, 954 ff; **abw.** *Eschelbach* BeckOK § 228 Rdn. 23; *Nitschmann* ZStW **119** [2007] 547, 586 ff [aber auch 591: ordre-public-Charakter]; SSW/*Momsen* § 228 Rdn. 9), deren Kriterien wegen des Parlamentsvorbehalts jedenfalls in den Grundlinien durch den Gesetzgeber vorgegeben sein sollten (vgl. *Sch/Schröder/Stree/ Sternberg-Lieben* § 228 Rdn. 9 m.w.N.).

892 Zust. *Hirsch* JR **2004** 475 ff; *Stree* NStZ **2005** 40 f; *Arzt* JZ **2005** 103 f; *Hardtung* Jura **2005** 401, 407 f; **krit.** dagegen *Jakobs* FS Schroeder, 507, 514 f u. *Duttge* NJW **2005** 260, 261 ff: „erschreckende Begründungsdefizite" sowie *Sternberg-Lieben* JuS **2004** 954 ff; zust. hinsichtlich der Bestimmung der Sittenwidrigkeit *Moosbacher* JR **2004** 390, 391; *Otto* JK 11/04 StGB § 228 n.F./3; *Wessels/Beulke/Satzger* Rdn. 575 f.

893 Dazu Besprechungen von *Brüning* ZJS **2009** 194; *Duttge* NStZ **2009** 690; *Puppe* GA **2009** 486; *Renzikowski* HRRS **2009** 347, 353 ff; *Roxin* JZ **2009** 399.

894 Zudem *Arzt* Willensmängel S. 36 ff; *Bott/Volz* JA **2009** 421, 423 f; *Frister* 15/29; *Otto* FS Tröndle, 157, 168; *ders.* FS Geerds, 603, 618 ff; *Roxin* AT I § 13 Rdn. 41 ff (**anders** noch in 3. Aufl.); *Schroth* FS Hassemer, 787, 802 ff; *Stratenwerth/Kuhlen* AT § 9 Rdn. 20; *Fischer* § 228 Rdn. 9; *Weigend* ZStW **98** (1986) 44, 64 f; *Murmann* GK § 22 Rdn. 52; ferner *Kühl* FS Schroeder, 521, 534; tendenziell auch *Frisch* FS Hirsch, 485, 499 und 500 m. Fn. 63; *Dölling* FS Gössel, 209, 211 f: schwerwiegende Körperverletzung ohne gewichtigen Grund; *Kubink* JA **2003** 257, 264; *Samson* SK[5] Rdn. 79; *Hardtung* Jura **2005** 401, 404 ff; *Mosbacher* Selbstschädigung S. 187 f (mit Gesetzesvorschlag!). – Kognitives Enhancement erfüllt nicht die Voraussetzungen der Sittenwidrigkeitsklausel, so schon *Merkel* ZStW **121** (2009) 919, 946 ff; näher *Suhr* Kognitive Leistungssteigerung S. 171 ff u. *Magnus* Patientenautonomie S. 346 ff; alle m.w.N. Ob die *medizinische Indikation* (chirurgischer Eingriff) als objektive Schranke der Einwilligung anzuerkennen ist, diskutiert (und verneint) unter Rückgriff auf Abwägungsmodelle und § 228 *Chr. Wagner* Schönheitsoperation S. 190 ff; zur fehlenden

te dann der 1. BGH-Strafsenat die Standardformel zur Bestimmung der Sittenwidrigkeit im Kontext von tätlichen Auseinandersetzungen zwischen rivalisierenden Gruppen. Das Gericht hielt zwar grds. am „Rechtsgutsansatz" fest, erweiterte jedoch in problematischer Weise dessen Ausgangspunkt. Maßgeblich für die Sittenwidrigkeit soll nunmehr nicht allein die (aus der gesetzlichen Wertung des § 216 abzuleitende und) mit der Körperverletzungshandlung verbundene konkrete Leibes- oder Lebensgefahr sein; zu berücksichtigen sei vielmehr auch die mit derartigen Tätigkeiten verknüpfte **Eskalationsgefahr**. Zur Einbeziehung dieses Kriteriums sieht sich der Senat deshalb berechtigt, weil der Gesetzgeber in § 231 schon die bloße Beteiligung an einer Schlägerei als strafwürdig qualifiziert und allein die Strafbarkeit an den Eintritt der schweren Folge (als objektive Bedingung der Strafbarkeit) geknüpft habe (BGHSt **58** 140, 144 ff – „Gruppenschlägerei"; ebenso OLG München NStZ **2014** 706, 708 f).[895] Für die Annahme einer Körperverletzung trotz Einwilligung soll es dabei maßgeblich darauf ankommen, ob es – wie bei der Ausübung gefährlicher Sportarten – Absprachen, Vorkehrungen oder Regeln gibt, die zwecks Vermeidung einer Eskalation den Gefährlichkeitsgrad des Körperverletzungsgeschehens beschränken und ob deren Einhaltung gewährleistet ist (BGHSt **58** 140, 146 ff). In Konkretisierung der modifizierten Grundformel soll nach BGHSt **60** 166, 182 f – „Hooliganschlägerei"[896] bei Verwirklichung des § 231 „das Sittenwidrigkeitsurteil unabhängig davon begründet (werden), ob der sich aus § 231 ergebenden gesteigerten Gefahr für Leib oder Leben durch Vorkehrungen, mit denen eine Eskalation der Auseinandersetzung verhindert werden soll, entgegen gewirkt werden könnte." Dieser erweiterte Einwilligungsschrankenansatz ist in der Literatur zu Recht auf Widerstand gestoßen, der sich auf eine unzulässige, da im Gesetz nicht angelegte Auslegung des § 228[897] ebenso stützt wie auf das Argument der Rechtsgutsvertauschung[898] oder – aus anderer Perspektive – die überaus problematische Ausweitung des Konzepts „der Rechts(guts)gefährlichkeit zur Allgemeingefährlichkeit" moniert, dem es an eingriffsbegrenzender Wirkung weitgehend fehlt.[899] Zum Teil wird zur Grenzziehung eine Güterabwägung (i.S.v. § 34) vorgeschlagen, um die Rechtfertigung eines schweren, mit Zustimmung erfolgten Eingriffs in die körperliche Integrität begründen zu können (vgl. *Göbel* Einwilligung S. 56; *Otto* FS Tröndle, 157, 168; *Arzt* Willensmängel S. 39; auch *Schlehofer* MK Rdn. 159). Schließlich wird § 228 von einigen Autoren mit beachtlichen Argumenten für **verfassungswidrig**[900]

Sittenwidrigkeit bei einverständlichem Tätowieren von Mitgefangenen AG Rosenheim NStZ **2009** 215; best. durch LG Traunstein BeckRS **2011** 13074.

895 Zust. Bespr. von *Jäger* JA **2013** 634 u. *Jahn* JuS **2013** 945; krit. dagegen *Gaede* ZIS **2014** 489; *Hardtung* NStZ **2014** 267; *Bosch* JK 8/13 StGB § 228; *von der Meden* HRRS **2013** 158; *Sternberg-Lieben* JZ **2013** 953; *Zöller/Lorenz* ZJS **2013** 429; *Theile* FS Beulke 557, 564 ff; *Fischer* 228 Rdn. 10c f. Zur gefahrenabwehrrechtlichen Betrachtung der verabredeten Massenschlägereien *M. Wagner* DÖV **2011** 234 ff.
896 Dazu Bespr. *Satzger* Jura (JK) **2015** 1138 u. Anm. *Zabel* JR **2015** 619 sowie *Mitsch* NJW **2015** 1545.
897 *Mitsch* NJW **2015** 1545.
898 *Gesetzessystematisch* wird hier die Strafbarkeit des Körperverletzungsverhaltens aus dem Auffangtatbestand des § 231 abgeleitet und auf diese Weise unzulässig – da die Grenzen der Sittenwidrigkeit verwischend – das Rechtsgut ausgetauscht; i.d.S. *Gaede* ZIS **2014** 489, 499; *Zabel* JR **2015** 619, 623; *Sternberg-Lieben* JZ **2013** 953, 955.
899 Instruktiv zum Ganzen *Zabel* JR **2015** 619, 621 ff, der zutreffend auf die „Eigendynamik" der Rechts(guts)gefährlichkeitslösung hinweist, mit der der BGH in seinen Ergebnissen kaum noch kontrollierbar sei. **Krit.** auch *Morgenstern* JZ **2017** 1146, 1151; *A. Neumann* NJ **2015** 352; *Wessels/Hettinger/Engländer* Rdn. 356 m. Fn. 157; von einem „Argumentationspatt" spricht dagegen *Fl. Knauer* HRRS **2015** 435, 440 f..
900 Vgl. *Sternberg-Lieben* Objektive Schranken S. 136 ff; *ders.* GedS Meurer, 289 ff; *ders.* JuS **2004** 954, 955 f; *ders.* FS Amelung, 325, 332 ff; *ders.* JZ **2013** 953, 954; *Sch/Schröder/Stree/ders.* § 228 Rdn. 2 ff; *Paeffgen/Zabel* NK § 228 Rdn. 44 ff (55) m.w.N.; *Köhler* AT S. 247; auch *Rönnau* Willensmängel S. 165 ff, *Gropp* ZJS **2012** 602, 603 („Tage einer auf einen Verstoß gegen die guten Sitten gegründete Strafbarkeit sind ge-

oder zumindest für **verfassungsrechtlich höchst bedenklich**[901] gehalten. Die Problematik entschärft sich allerdings dadurch erheblich, dass in den bisher praktischen Anwendungsfeldern des § 228 zahlreiche Spezialgesetze wie das Kastrations- und Transplantationsgesetz abschließende Regelungen treffen, so dass § 228 in strafbegründender Hinsicht weitgehend funktionslos ist (vgl. *Niedermair* Einwilligung S. 257 u. passim; zust. *Lotz* Fremdschädigung S. 234; *Nitschmann* ZStW **119** [2007] 547, 582 [für den Bereich der freiwilligen Sterilisation] und mit gutem Blick über die gesetzlich geregelten Fallgruppen ab S. 571; *auch Morgenstern* JZ **2017** 1146, 1155 u. *Roxin* AT I § 13 Rdn. 67 i.V.m. Rdn. 45: für § 228 bleibt nur ein schmaler Anwendungsbereich; *Stratenwerth/Kuhlen* AT § 9 Rdn. 20; **anders** *Duttge* GedS Schlüchter, 775, 801; *ders.* NJW **2005** 260, 261 [demzufolge § 228 dem Schutz der indisponiblen Menschenwürde auch gegen den Willen der Betroffenen dient] u. *Jakobs* FS Schroeder, 507, 510 m. Fn. 11). Zur praktischen Bedeutung anhand von Fallgruppen *Hirsch* LK[11] Rdn. 12 ff u. *Roxin* AT I § 13 Rdn. 46 ff; dort auch Hinweise zur strafrechtlichen Bewertung des Dopings; näher dazu *ders.* FS Samson, 445 ff; *Sternberg-Lieben* ZIS **2011** 583 ff sowie die Beiträge von *R. Merkel*, *John*, *Orth* und *Kassner* in: Hoven/Kubiciel (Hrsg.) Korruption im Sport (2018); zur Gefahr der Überkriminalisierung am Beispiel des Dopings s. nur *Kudlich* JA **2007** 90 ff u. *Grotz* ZJS **2008** 243 ff.[902]

191   **(5) Subjektive Wirksamkeitsvoraussetzungen.** Um als Ausdruck praktizierter Selbstbestimmung vor dem Recht Bestand zu haben, darf die Einwilligung nicht an Fehlern leiden, die in der Person des Einwilligenden begründet sind, also seine „innere" Freiheit einschränken, Güter nach selbst gewählten Zwecken preiszugeben. **Subjektive Schranken** werden einmal unter dem Gesichtspunkt der **Einwilligungsunfähigkeit** diskutiert. Hier verhindern konstitutionelle Defekte des Einwilligenden (wie etwa Minderjährigkeit, Geisteskrankheit oder Drogenrausch) einen selbstbestimmten Gutseinsatz. Den gleichen Effekt können **Willensmängel** (Irrtum oder Zwang) erzeugen, die der Einwilligung anhaften. Die Ausarbeitung dieser Schranken ist weitgehend Rechtsprechung und Literatur überantwortet und bis heute nur in Teilbereichen hinreichend geklärt.

---

zählt"), *T. Walter* NStZ **2013** 673, 679, *Mitsch* NJW **2015** 1545 f u. *von der Meden* HRRS **2013** 158, 160 ff (jedenfalls in der Auslegung durch BGHSt **58** 140, 142 ff); *Morgenstern* JZ **2017** 1146, 1153 ff, 1156: „§ 228 StGB sollte gestrichen werden". Zuvor schon *Class* FS Eb. Schmidt, 122, 129; *R. Schmitt* FS Maurach, 118 ff; *ders.* GedS Schröder, 129; *Woesner* NJW **1963** 275.

901   Aus jüngerer Zeit etwa *Kühl* GedS Meurer, 545, 554 f; *Amelung/Eymann* JuS **2001** 937, 940 f; *Amelung* NStZ **1999** 458, 460; auch *Kargl* JZ **2002** 389, 399: Streichung des § 228; ausführlich zur Diskussion *Fateh-Moghadam* Lebendorganspende S. 109 ff.

902   Auch *Frisch* FS Hirsch, 485, 490 ff, 504 f meint, dass § 228 eigentlich überflüssig sei, da es bei der Abgrenzungsfrage um „Autonomiedefizite" des Einwilligenden gehe und diese bereits im Rahmen der Willensmängeldogmatik zu berücksichtigen seien. Ein Verstoß gegen die guten Sitten liege daher vor, wenn sich die Einwilligung nicht mehr als „Ausdruck der Entscheidung einer vernünftigen Person" begreifen lasse; ähnlich *Jakobs* 14/4 f; *Köhler* AT S. 256 f (zutreffend dagegen *Hirsch* FG BGH IV, 199, 220 f [letztlich „Gouvernantenkonzept"]; *Sternberg-Lieben* FS Amelung, 325, 336 ff; ferner *Rönnau* Willensmängel S. 167 ff u. *Nitschmann* ZStW **119** [2007] 547, 570). Eine modifizierte Form dieses vom Gemeinschaftsbezug losgelösten, sachlich eine subjektive Einwilligungsschranke kreierenden Ansatzes stellt nicht auf ein existierendes Entscheidungsdefizit ab, sondern lässt die *naheliegende Möglichkeit* eines solchen als Grund für den Wegfall des Unrechtsausschlusses durch Einwilligung ausreichen, vgl. *Murmann* Selbstverantwortung S. 503; *ders.* FS Puppe, 767, 781 ff; *ders.* FS Yamanaka, 289, 307 ff (unter Rückgriff auf seine Überlegungen zu § 216 [S. 300 ff]); *Schroth* FS Volk, 719, 728; *ders.* FS Hassemer, 787, 798 ff; *Fateh-Moghadam* Einwilligung S. 134 f; *Oswald* Klinische Prüfung S. 304 ff; *Chr. Wagner* Schönheitsoperation S. 207 ff, 302; mit Bezug auf § 216 auch *Grünewald* Tötungsdelikt S. 299 ff; *dies.* LK[12] § 228 Rdn. 6 f; weiterhin *Lotz* Fremdschädigung S. 233, 239.

(a) Einwilligungs(un)fähigkeit. Der durch Einwilligung legitimierte Gutseinsatz ist **192** selten „kostenlos"; regelmäßig führt er vielmehr zur partiellen oder vollständigen Aufopferung des Gutes. Die zugrundeliegende Einwilligungsentscheidung erfordert daher vom Einwilligenden soviel an („natürlicher") Einsichts- und Urteilsfähigkeit, dass er Bedeutung und Tragweite der Rechtsguteinbuße („Kosten") sowie die Vorteile des Gutseinsatzes („Nutzen") abschätzen kann (vgl. *Paeffgen/Zabel* NK § 228 Rdn. 14 m.w.N.). Personen, die aufgrund ihrer psychischen Verfassung nicht in der Lage sind, vernünftige Entscheidungen zu treffen, will das Recht vor einer unbedachten – und möglicherweise sinnlosen – Gutspreisgabe bewahren. Zu diesem Zweck ordnet es die *Unwirksamkeit* der Einwilligung an mit der Folge, dass die Zustimmung einer einwilligungsunfähigen Person keine strafbefreiende Wirkung entfaltet. Gerechtfertigt wird dieser Schutz des Einwilligenden vor sich selbst unter Rückgriff auf das Sozialstaatsprinzip und grundrechtliche Schutzpflichten.[903] Damit ist gleichzeitig das Spannungsfeld markiert, in dem das Urteil „einwilligungs(un)fähig" zu treffen ist: Setzt der strafrechtliche Schutz zu früh ein, entzieht man der Person personale Entfaltungsmöglichkeiten und bevormundet sie, während eine sehr weitgesteckte subjektive Schranke dem Einzelnen Schutz vorenthält (zust. *Jansen* Forschung an Einwilligungsunfähigen S. 37; *Stief* Einwilligungsunfähigkeit S. 81). Diese konfligierenden Interessen sind in jedem Einzelfall neu abzuwägen. Die Frage, welches Maß an Einsichtsfähigkeit für die Wirksamkeit der Einwilligung erforderlich ist, lässt sich nicht einheitlich und schon gar nicht unter Hinweis auf die überlieferten Kategorien Einverständnis (ausreichend: natürliche Einsichtsfähigkeit) und Einwilligung (erforderlich: normativ bestimmte Urteilsfähigkeit) beantworten. Maßgebend für die Anforderungen an die Einsichtsfähigkeit ist vielmehr in den überkommenen Einverständnisfällen die Auslegung des konkreten Tatbestandsmerkmals, während sich dort, wo die Einwilligung als Tatbestandsausschließungsgrund neben die übrigen Tatbestandsmerkmale tritt (nach h.M.: rechtfertigt), eher generalisierbare Aussagen machen lassen (*Roxin* AT I § 13 Rdn. 80 m. zahlreichen Beispielen in den Rdn. 81 ff). Angesichts weitgehender gesetzgeberischer Abstinenz sind die Kriterien, anhand derer die Einwilligungs(un)fähigkeit festzustellen ist, von der Strafrechtsdogmatik selbständig festzulegen.[904]

Nach Rechtsprechung und herrschender Lehre ist einwilligungsfähig, wer nach seiner geistigen und sittlichen Reife imstande ist, Bedeutung und Tragweite des konsentierten Eingriffs zu erkennen und sachgerecht zu beurteilen (BGHSt **4** 88, 90; **5** 362; **8** 357; **12** 379, 382; **23** 1; BGH GA **1956** 317; **1963** 50; BayObLG NJW **1999** 372; OLG Nauenburg (Z) GesR **2015** 99, 100; AG Schlüchtern NJW **1998** 832; LG Göttingen BeckRS **2008** 17081; **193**

---

903 Die besondere Schwächesituation der Personen gebiete es, ihre Einwilligungsfreiheit hinter die Fürsorge für fundamentale Rechtsgüter zurückzusetzen und stattdessen einen gesetzlichen Vertreter entscheiden zu lassen; i.d.S. *Amelung/Eymann* JuS **2001** 937, 940; *Amelung* ZStW **104** (1992) 821, 827 ff; *Markus* Einwilligungsfähigkeit S. 31; auch *Merkel* NK § 218a Rdn. 24; *Coester-Waltjen* MedR **2012** 553; ausführlich dazu *Sternberg-Lieben* Objektive Schranken S. 33 ff. Vielfach wird in diesem Zusammenhang auch von „weichem" Paternalismus gesprochen, der – eng gefasst – zur Autonomieabsicherung legitim ist, vgl. *Rigopoulou* Grenzen des Paternalismus S. 32 ff, *Oswald* Klinische Prüfung S. 133 ff, 143 f, *Murmann* FS Yamanaka, 289, 295 ff, *Schünemann* in v. Hirsch/Neumann S. 221, 233, *Sternberg-Lieben* FS Puppe, 1283, 1285 f und *Fateh-Moghadam* Lebendorganspende S. 26 ff; alle m.w.N.
904 Rechtsvergleichend siehe *Markus* Einwilligungsfähigkeit S. 49 ff; *Odenwald* Einwilligungsfähigkeit S. 299 ff (beide zum amerikanischen Recht); *Belling/Eberl/Michlik* Das Selbstbestimmungsrecht Minderjähriger bei medizinischen Eingriffen (1984). Die Frage der Einwilligungsfähigkeit ist auch im durch das Patientenrechtegesetz (BGBl. 2013 I 277) geschaffenen § 630d BGB nicht geregelt worden, „obwohl bezüglich Reichweite und Grenzen der Patientenautonomie noch Fragen offen sind", s. *Katzenmeier* NJW **2013** 817, 820; *Damm* MedR **2013** 201, 206; *Coester-Waltjen* MedR **2013** 553; alle m.w.N.

allg. Auffassung).⁹⁰⁵ Neben der kognitiven Einsichtsfähigkeit ist aber nach zutreffender Ansicht auch das voluntative Vermögen zu verlangen, sich nach der gewonnenen Einsicht bestimmen zu können, *Amelung* ZStW **104** (1992) 525, 540 ff; *ders.* NStZ **1999** 458, 459; BayObLG NJW **1999** 372; ebenso OLG Frankfurt/M. NJW **1991** 763; *Golbs* Vetorecht S. 75; *Sch/Schröder/Lenckner/Sternberg-Lieben* Rdn. 40; *Paeffgen/Zabel* NK § 228 Rdn. 65 und verschiedene Spezialregelungen, z.B. § 40 Abs. 1 Satz 3 Nr. 3a AMG; § 20 Abs. 2 Nr. 1 MPG; § 87 Abs. 1 Satz 3 StrlSchVO; § 3 Abs. 3 KastrG;⁹⁰⁶ Einzelfragen beim Heileingriff behandelt *Ulsenheimer/Biermann* Rdn. 414 ff. BGH NStZ **2000** 87, 88 verlangt, dass die Einwilligung in vollem Verständnis der Sachlage erteilt worden ist; der Einwilligende muss eine zutreffende Vorstellung vom voraussichtlichen Verlauf und den zu erwartenden Folgen des Angriffs haben. Geschäftsfähigkeit im zivilrechtlichen Sinne ist nicht Voraussetzung (BGHSt **4** 88; **12** 379, 383; BayObLG NJW **1999** 372; BGHZ **29** 33, 36; BGH [Z] NJW **1972** 335, 337; BGHZ **105** 45, 47 ff).⁹⁰⁷ Gleiches gilt für die Schuldfähigkeit gem. § 20 (vgl. etwa BGHSt **19** 135, 137; *Amelung/Eymann* JuS **2001** 937, 941),⁹⁰⁸ wenngleich die dort aufgeführten Defekte regelmäßig auch die Einwilligungsfähigkeit beseitigen (vgl. BGHSt **58** 140, 151: keine verständige Einwilligungsentscheidung bei BAK von 3‰; weiter *Köhler* AT S. 250; *Roxin* AT I § 13 Rdn. 86, 89).⁹⁰⁹ Einige in der Literatur fordern für rechtswirksame Einwilligungen in Eigen-

---

905 So bereits RGSt **29** 398; **41** 392; **45** 344; **60** 34; **71** 349; **72** 399; **74** 224; **75** 179; **77** 17, 20; RG JW **1938** 1879; RG DR **1939** 233; **1941** 147; RG DStR **1938** 390. Ausführlich – und kritisch – *Amelung* ZStW **104** (1992) 525 ff und 821 ff; ebenso *Odenwald* Einwilligungsfähigkeit S. 36 ff, 39 ff m. umfangreichen Nachw.
906 Weiter *Böse* FS Roxin (2011), 523, 524; *Kern* MedR **1991** 66, 68 ff; *Merkel* NK § 218a Rdn. 21, 28; *Taupitz* Gutachten 63. DJT A 58; *Spickhoff/Spickhoff* § 630d BGB Rdn. 4; *Stief* Einwilligungsfähigkeit S. 37 ff; *Odenwald* Einwilligungsfähigkeit S. 52 f; *Jansen* Forschung an Einwilligungsunfähigen S. 42 ff.
907 Vgl. für die h.M. weiter *Amelung* ZStW **104** (1992) 525, 526 ff; *Corsten* Einwilligung S. 35 f; *Jansen* Forschung an Einwilligungsunfähigen S. 39 f; *Jescheck/Weigend* § 34 IV 4; *Neyen* Einwilligungsfähigkeit S. 7 ff; *Odenwald* Einwilligungsfähigkeit S. 30 f; *Roxin* AT I § 13 Rdn. 84, 89; Baumann/Weber/Mitsch/Eisele § 15 Rdn. 132; *Paeffgen/Zabel* NK § 228 Rdn. 14; *Eschelbach* BeckOK § 228 Rdn. 13; *Lesch* NJW **1989** 2309, 2310; *Sternberg-Lieben/Reichmann* NJW **2012** 257, 259; *Wessels/Beulke/Satzger* Rdn. 567. Näher zur „Abkopplung" der Einwilligungsfähigkeit von der Geschäftsfähigkeit (im Zivilrecht) *Damm* MedR **2015** 775, 776 f m.w.N.
908 Die Schuldfähigkeit betrifft nicht die Fähigkeit, mit eigenen Gütern vernünftig umzugehen, sondern die Fähigkeit, Normen zu befolgen, die fremde Güter schützen; ausführlich *Amelung* ZStW **104** (1992) 525 ff; *Neyen* Einwilligungsunfähigkeit S. 16 ff; weiter *Paeffgen/Zabel* NK § 228 Rdn. 15; *Sch/Schröder/Lenckner/Sternberg-Lieben* Rdn. 40; *Jansen* Forschung an Einwilligungsunfähigen S. 41; *Odenwald* Einwilligungsfähigkeit S. 33 ff. Diese Kritik trifft auch die von *Göbel* Einwilligung S. 78 ff als Vergleichsmaßstab favorisierte Deliktsfähigkeit.
909 *Amelung* hat sich verdienstvoll um eine Präzision der unbestritten vagen Formel der Rechtsprechung zur Bestimmung der Einwilligungs(un)fähigkeit bemüht, die von der Funktion dieses Begriffs ausgeht. Als einwilligungsunfähig wird danach eingestuft, wer nicht in der Lage ist, vernünftig mit seinen Gütern umzugehen. Unvernünftiges Handeln soll aber nur dann die Möglichkeit zur wirksamen Einwilligung ausschließen, wenn es auf psychischen Defiziten beruht, die im Weiteren in Anlehnung an die biologische und psychologische Komponente des § 20 konkretisiert werden, s. ZStW **104** (1992) 525, 544 ff; Recht und Psychiatrie **1995** 20, 23 ff; NJW **1996** 2395 ff; JR **1999** 46 f; *ders./Eymann* JuS **2001** 937, 942; zust. *Sternberg-Lieben* GedS Keller, 289, 309; *Golbs* Vetorecht S. 83 f; ähnlich *Paeffgen/Zabel* NK § 228 Rdn. 16; *Murmann* Selbstverantwortung S. 268, 433 ff; *Chr. Wagner* Schönheitsoperation S. 238 u. vor; *Stief* Einwilligungsfähigkeit S. 192 f u. vor (Entwicklung eines den Schuldfähigkeitsvorschriften strukturell vergleichbares zweistufiges Modell); dreistufiges Prüfprogramm von *Morgenstern* JZ **2017** 1146, 1154 f; **krit.** *Springorum* Das Selbstbestimmungsrecht des geistig Behinderten in der medizinischen Behandlung, Diss. Potsdam 2000 S. 39 ff; *Vollmann* Aufklärung und Einwilligung in der Psychiatrie, Habil. Berlin 1998 S. 50 ff; *Voll* Einwilligung S. 65; *Odenwald* Einwilligungsfähigkeit S. 60 ff, der auf den S. 45 ff eine eigene Definition der Einwilligungsfähigkeit präsentiert (als Gesetzesvorschlag auf S. 311). Zentral für die Überzeugungskraft dieses konkretisierenden Ansatzes ist, dass vom – u.U. durch Mediziner festzustellenden – Defekt auf die Einwilligungsunfähigkeit und nicht allein von der Irrationalität der Entscheidung auf den Defekt geschlossen wird. Wer über die Entscheidungsgrundlagen ausreichend aufgeklärt wurde, kann und darf – rechtswirksam – auch unvernünftige Entscheidungen treffen (richtig *Roxin* AT I § 13 Rdn. 87 f). Die objektive

tums- und Vermögensverletzungen (z.B. §§ 242, 246, 266, 303) die – an eine feste Altersgrenze gekoppelte – volle Geschäftsfähigkeit des Einwilligenden analog §§ 104 ff BGB (*Sch/Schröder/Lenckner*[27] Rdn. 39 f; **anders** jetzt *Sch/Schröder/Lenckner/Sternberg-Lieben* Rdn. 39); *Samson* SK[5] Rdn. 74 f; *Jakobs* 7/114; *Chr. Wagner* Schönheitsoperation S. 232 m. Fn. 315; auch *Schlehofer* MK Rdn. 175) oder sonst die Einwilligung durch den gesetzlichen Vertreter.[910] Es sei – unter Beachtung des Postulats der „Einheit der Rechtsordnung" – nicht sinnvoll, dem Geschäftsunfähigen im Zivilrecht die wirksame Übertragung von Vermögensstücken zu verwehren, ihm aber gleichzeitig im Strafrecht die Möglichkeit zu beachtlicher Einwilligung in die Zerstörung oder Entziehung von Vermögensstücken zu eröffnen. Diese Argumentation übersieht die unterschiedliche Funktion beider Rechtsgebiete. Während es dem Strafrecht – als „ultima ratio der Sozialpolitik" – obliegt, besonders sozialschädliche Verhaltensweisen zu bekämpfen,[911] geht es im Zivilrecht primär um Interessenausgleich und Verkehrsschutz. Wird also der Eingreifende im Strafrecht von der Haftung freigestellt, weil die Einwilligung einen Angriff auf das Selbstbestimmungsrecht ausschließt und damit kein Strafunrecht vorliegt, kann daraus für die Wirksamkeit der Verfügung im Zivilrecht nichts hergeleitet werden.[912]

Die Beurteilung der Einwilligungs(un)fähigkeit wird von den Umständen des Einzelfalles abhängig gemacht und ist nicht durch die Über- bzw. Unterschreitung bestimmter Altersgrenzen präjudiziert; sie kann je nach Eingriff variieren (**Relativität der Einwilligungsfähigkeit**; dazu nur *Pawlik* FS Kargl, 407, 414; *Böse* FS Roxin [2011] 523, 525 m.w.N.). Dennoch ist die Einsichtsfähigkeit **Erwachsener,** denen mit Eintritt der Volljährigkeit allgemein die Fähigkeit zur Selbstbestimmung zuerkannt wird, nur in Zweifel zu ziehen, wenn es dafür konkrete Anhaltspunkte gibt.[913] Es stellt sich also allenfalls (negativ) die Frage, ob einzelnen Zustimmungsakten im Hinblick auf den Zustand des Menschen gleichwohl die rechtliche Anerkennung zu versagen ist (vgl. *Taupitz* Gutachten 63. DJT A 52, 62 [auch bzgl. unter Betreuung stehender Volljähriger]).[914] So kann die Einsichtsfähigkeit z.B. nach Alkoholgenuss (vgl. BGHSt **4** 88, 90; **58** 140, 151; auch BGH NStZ **2000** 87, 88; OLG Hamm NStZ-RR **2011** 186) oder der Einnahme von Betäubungsmitteln ausgeschlossen sein;[915] aber auch fehlende Sprachkenntnisse können (wegen

194

Unvernunft kann aber Anlass für eine genauere Überprüfung der Einwilligungsfähigkeit sein (für viele m.w.N. *Chr. Wagner* Schönheitsoperation S. 235).
910 Weiter *Haft* AT S. 78; *Lenckner* ZStW **72** (1960) 446, 456; *Kohlrausch/Lange* Vor § 51 Bem. II 3 b; *Traeger* GerS **94** (1927) 112, 148 f; ausführlich zur Anwendbarkeit der §§ 104 ff BGB *Stief* Einwilligungsfähigkeit S. 52 ff; für das Zivilrecht *Kothe* AcP **185** (1985) 105, 118 ff. Zum zivilrechtlichen Meinungsstand siehe die Nachw. bei *Palandt/Ellenberger* Überblick vor § 104 Rdn. 8.
911 Vgl. nur *Jäger* SK Vor § 1 Rdn. 1, 14.
912 Zur Argumentation siehe *Stratenwerth/Kuhlen* AT § 9 Rdn. 25; *Amelung* ZStW **104** (1992) 525, 528 f; *Baumann/Weber/Mitsch/Eisele* § 15 Rdn. 132; *Sch/Schröder/Lenckner/Sternberg-Lieben* Rdn. 39.
913 *Ulsenheimer/Biermann* Rdn. 414; *Coester-Waltjen* MedR **2012** 533; auch BTDrucks. 17/10488 S. 23 (Kontext: Patientenrechtegesetz v. 20.2.2013, BGBl. I 277) sowie OLG Koblenz (Z) MedR **2015** 422: „Die Einwilligungsfähigkeit ist beim erwachsenen Menschen die Regel"; weiter *Jansen* Forschung an Einwilligungsunfähigen S. 42 ff. *Kuhlmann* Einwilligung S. 36 ff will die Vermutung der Einwilligungsfähigkeit von Volljährigen bei alltäglichen Heilbehandlungen auf Minderjährige oder Personen mit psychischen Störungen erstrecken; zutreffend dagegen *Odenwald* Einwilligungsfähigkeit S. 123 f. Beide Autoren behandeln auch ausführlich die Frage der Einwilligungsfähigkeit im Alter, siehe *Odenwald* aaO S. 207 ff; *Kuhlmann* aaO S. 70 ff.
914 Weiter *Taupitz* MedR **2012** 583, 584; *Kreße* MedR **2015** 91, 92 f (m. Ausführungen zur zivilrechtlichen Darlegungs- und Beweislast); *Neyen* Einwilligungsunfähigkeit S. 45 f; *Odenwald* Einwilligungsfähigkeit S. 119 ff, 161; *Tag* Patientenautonomie S. 311; *Kuhlmann* Einwilligung S. 33; *Chr. Wagner* Schönheitsoperation S. 233; auch *Merkel* NK § 218a Rdn. 24.
915 Zur Einwilligungsfähigkeit Drogenabhängiger BGH NStZ **2004** 204, 205; BayObLG NJW **1995** 797; OLG Frankfurt/M. NStZ **1991** 235, 236; vgl. auch AG Landau StV **1989** 536, 537. Ausführlich zum Problem

unzureichender Aufklärung) eine Rolle spielen (OLG Düsseldorf NJW **1990** 771; OLG München VersR **1993** 1488; OLG Frankfurt/M. VersR **1994** 986, 987); weitere Beispiele bei *Hirsch* LK[11] § 228 Rdn. 16.[916] Dagegen ist die Einwilligungsentscheidung eines Erwachsenen etwa in einen ärztlichen Eingriff nicht deshalb unwirksam, weil sie jeder Vernunft widerspricht, sofern der Einwilligende ausreichend über die tatsächlichen Entscheidungsgrundlagen informiert wurde (*Amelung* ZStW **104** [1992] 525, 553; *Roxin* AT I § 13 Rdn. 86 ff m.w.N.; **anders** BGH NJW **1978** 1206).[917]

195   Bei **Minderjährigen** ist die Einwilligungsfähigkeit dagegen positiv zu bestimmen; sie wird in Relation zu ihrem individuellen Reifegrad festgestellt, wobei die Frage der Urteilsfähigkeit nicht generell, sondern in Bezug auf den konkreten Eingriff zu beurteilen ist. Dabei sind die Anforderungen an die Einwilligungsfähigkeit strenger, je schwerwiegender der geplante Eingriff ist bzw. je schwieriger seine Folgen abzuschätzen sind (BGHSt **12** 379, 382 f: Blinddarmentfernung als Präventivmaßnahme; BayObLG NJW **1999** 372: Zusammenschlagenlassen als Voraussetzung für die Aufnahme in eine Jugendgang;[918] *Sch/Schröder/Lenckner/Sternberg-Lieben* Rdn. 40);[919] auch bei medizinisch nicht indizierten Eingriffen (etwa Schönheitsoperationen) sind hohe Anforderungen an die Einsichtsfähigkeit zu stellen (*Roxin* AT I § 13 Rdn. 85; *Neyen* Einwilligungsunfähigkeit S. 59; *Odenwald* Einwilligungsfähigkeit S. 268 f).[920] Dagegen ist von einer ausreichenden Selbstbestimmungskompetenz umso eher auszugehen, je näher der Minderjährige

---

Amelung NJW **1996** 2393 ff; s. weiter BGH [Z] NJW **1998** 1784: Einwilligung auf dem Weg in den OP-Saal nach Beruhigungsspritze und OLG Naumburg (Z) GesR **2015** 99, 100 f (m.w.N.): „Unter der Geburt (...) ist die werdende Mutter stets nicht mehr aufklärungs- und einwilligungsfähig".

916   Ausführlich zu psychiatrischen Symptomen, die die Einwilligungsfähigkeit im Einzelfall in Frage stellen können, *Odenwald* Einwilligungsfähigkeit S. 162 ff; zum Einfluss von physischen Schmerzen und Angst *ders.* aaO S. 225 ff. Nach OLG Koblenz (Z) MedR **2015** 422 gibt es keinen Erfahrungssatz dahingehend, dass starke Schmerzen die Einwilligungsfähigkeit immer einschränken oder gar aufheben; **krit.** zu den dort postulierten Beweislastaussagen *Genske* MedR **2016** 173 ff; *Neumann* (medstra **2017** 141, 145) sieht die Autonomie durch Leidenszustände nicht beeinträchtigt.

917   In der bekannten Zahnextraktionsentscheidung bestätigt der BGH die Verurteilung eines Zahnarztes wegen Körperverletzung, der einer voll aufgeklärten – aber beratungsresistenten – Frau auf deren Wunsch ohne hinreichende medizinische Indikation alle Zähne des Oberkiefers zog. Die Literatur hat dieses Judikat unter Hinweis darauf, dass Bevormundungen unter Rückgriff auf eine Vernunfthoheit des Rechtsanwenders inakzeptabel seien, zu Recht ganz überwiegend abgelehnt; ausführlich dazu *G. Meyer* Einwilligung passim und *Roxin* AT I § 13 Rdn. 87 f; jew. m.w.N. **Anders** aber *Chr. Wagner* Schönheitsoperation S. 302 (im Ergebnis ist die BGH-Ansicht richtig) mit ausführlichem Eingehen auf die rechtliche Bewertung kontraindizierter Behandlungen (ab S. 295 ff). *Duttge* (MedR **2005** 706, 709) plädierte mit Blick auf solche Fälle für die Schaffung eines Tatbestandes des „Patientenverrats", durch den (als Rechtsgut) das „Vertrauen in die Integrität der Ärzteschaft und in die Sicherung einer professionellen Gesundheitsversorgung" vor „grober Pflichtwidrigkeit" (das sind nach seiner Ansicht Fälle einer „*offensichtlichen* Kontraindikation, einer „fehlenden bzw. *erheblichen* defizitären Aufklärung" sowie „grobe Behandlungsfehler") geschützt werden soll. Das Bestreben, Patientenwillkür (wenngleich in einem Grenzbereich) durch sehr interpretationsbedürftige (und damit schwer zu konturierende) Maßstäbe einzuschränken, ist hier offensichtlich – und tendiert zur Vernunfthoheit.

918   Der Entscheidung des BayObLG lässt sich beispielhaft entnehmen, wie in der forensischen Praxis bei Zweifeln hinsichtlich der Einwilligungsfähigkeit auf die Feststellung der Sittenwidrigkeit als weiterer – ebenso vager – Wirksamkeitsvoraussetzung ausgewichen wird, vgl. die **krit.** Anmerkung von *Amelung* NStZ **1999** 458; auch *Sternberg-Lieben* GedS Keller, 289, 301 f; *ders.* JuS **2004** 954, 955.

919   *Diederichsen* FS G. Hirsch, 355, 358. Auch *Odenwald* Einwilligungsfähigkeit S. 103 f, der weitere – z.T. problematische – Prüfungsparameter behandelt (S. 100–108); in Betracht kommende Wertungsgesichtspunkte diskutiert auch *Nebendahl* MedR **2009** 197, 199 ff; **kritisch** *Kuhlmann* Einwilligung S. 35: maßgeblich vornehmlich die „Verständlichkeit des Geschehens". Zu den Schwierigkeiten der Grenzziehung auch *Paeffgen/Zabel* NK § 228 Rdn. 16.

920   Weiter *Hennig* Tattoos S. 70 ff und *Chr. Wagner* Schönheitsoperation S. 243 ff: Gründe der h.M. sind „nachvollziehbar und tragfähig" (im Erg. aber einwilligungsfreundlicher).

der Volljährigkeit kommt und je geringfügiger sich der Eingriff darstellt (*Sch/Schröder/ Lenckner/Sternberg-Lieben* Rdn. 40; *Haft* AT S. 78: Faustregel; *Chr. Wagner* Schönheitsoperation S. 242).[921] Von der Bindung an starre Alters(unter)grenzen für die Annahme wirksamer Einwilligungen in ärztliche Eingriffe – mögen sie bei 14, 16 oder gar 18 Jahren angesetzt sein – sieht man heute angesichts neuerer Erkenntnisse in der entwicklungspsychologischen Forschung weitgehend ab (Nachweise bei *Taupitz* Gutachten 63. DJT A 60; auch *Nebendahl* MedR **2009** 197, 202 [„dynamische Entwicklung der Urteilsfähigkeit"], *Genske* MedR **2016** 173, 176 und *Spickhoff* FamRZ **2018** 412, 421 [„eine Art gleitendes System"]). Es hat sich erwiesen, dass der Reifeprozess vom Kind zum Jugendlichen und weiter zum Erwachsenen zunehmend früher einsetzt, so dass von einer ausreichenden Einsichtsfähigkeit im konkreten Einzelfall durchaus auch schon vor Vollendung des 14. Lebensjahres ausgegangen werden kann (näher *Tag* Patientenautonomie S. 309 f; *Neyen* Einwilligungsunfähigkeit S. 56 ff).[922] Als Referenzmaß zur Ermittlung der Einsichtsfähigkeit wird aber dennoch von vielen der durchschnittliche Reifegrad von 14jährigen genannt (*Deutsch/Spickhoff* Medizinrecht Rdn. 992 m.w.N.).[923] Soweit danach dem Rechtsgutsinhaber die Einsichtsfähigkeit fehlt, kommt es auf seinen Willen nicht an; vielmehr geht im Regelfall die Einwilligungsbefugnis auf den gesetzlichen Vertreter oder Sorgeberechtigten über (Rdn. 179; für medizinische Maßnahmen s. jetzt § 630d Abs. 1 Satz 2 BGB; zur notwendigen Aufklärung § 630e Abs. 5 BGB).[924] Ist der Minderjährige dagegen selbst einwilligungsfähig, zählt – soweit das Gesetz nichts anderes bestimmt – allein seine Zustimmung; ein etwaiger entgegenstehender Wille des Personensorgeberechtigten ist hier ohne Bedeutung (vgl. auch *Sch/Schröder/Lenckner/ Sternberg-Lieben* Rdn. 42; *Jescheck/Weigend* § 34 IV 4 m. Fn. 51).[925] Ebenso ist zu ent-

---

921 Aufgrund der gebotenen individuellen Aufklärung ist es dem Arzt eher als im sonstigen rechtsgeschäftlichen Verkehr möglich, sich einen Eindruck von der Einwilligungsfähigkeit zu verschaffen, *Taupitz* Gutachten 63. DJT A 61; *Belling* FuR **1990** 68, 75.
922 OLG Frankfurt/M. (Z) NJW **2007** 3580, 3581 (Einwilligungsfähigkeit bei einem Zwölfjährigen möglich, dagegen nicht bei einem Neunjährigen [LG Frankenthal MedR **2005** 243]); *Chr. Wagner* Schönheitsoperation S. 247. **Anders** aber OLG Hamm NJW **1998** 3424, 3425: grundsätzlich keine rechtswirksamen Einwilligungen von Minderjährigen zu Heilbehandlungen und Schwangerschaftsabbrüchen; zust. *Nebendahl* MedR **2009** 197, 204 f. Zutreffend gegen eine pauschale Verneinung der Einwilligungsfähigkeit von Minderjährigen, die einen Schwangerschaftsabbruch wünschen, aber *Merkel* NK § 218a Rdn. 29 m.w.N.; ebenso AG Schlüchtern NJW **1998** 832 und LG München NJW **1980** 646; **aA** AG Celle NJW **1987** 2307, 2308; näher *Link* Schwangerschafsabbruch S. 130 ff; zur Einnahme von Kontrazeptiva durch Minderjährige *Ulsenheimer/Biermann* Rdn. 421 ff; *Odenwald* Einwilligungsfähigkeit S. 247 ff (betreffend ärztliche Maßnahmen zur Ermöglichung oder Erleichterung menschlicher Fortpflanzung ebendort S. 270 ff); feste Altersgrenzen ablehnend auch *Amelung* ZStW **104** (1992) 821, 830 f; dafür aber *Roxin* AT I § 13 Rdn. 85; aus Rechtssicherheitsgründen für ein Drei-Stufen-Modell *Hennig* Tattoos S. 65 f.
923 Zudem *Mitsch* Jura **2017** 792, 802 f: bei Kindern fehlt Einwilligungsreife häufig. Ausführlich zum Streit über Altersgrenzen in ihrer Aussagekraft für die Einwilligungsfähigkeit *Odenwald* Einwilligungsfähigkeit S. 124 ff, der selbst für ein abgestuftes Modell mit einer absoluten Altersuntergrenze von 14 Jahren eintritt.
924 Äußerst kontrovers diskutiert wurde in diesem Zusammenhang die Frage, ob die religiös motivierte Beschneidung eines einwilligungsunfähigen Knabens (Zirkumzision), die ganz herrschend als tatbestandsmäßige Körperverletzung (§ 223) eingestuft wird, durch die Einwilligung der vertretungs- und sorgeberechtigten Eltern gerechtfertigt werden kann (dazu ausführlich Rdn. 308 ff).
925 Weiterhin für Alleinzuständigkeit des einsichts- und urteilsfähigen Minderjährigen *Eberbach* MedR **1986** 14, 15 ff; *Exner* Jura **2013** 103, 105 f; *Golbs* Vetorecht § 87 ff; *Stief* Einwilligungsfähigkeit S. 199 ff; *Roxin* AT I § 13 Rdn. 92; *Zerbes* FS Fuchs, 685, 691; *Zipf* Einwilligung S. 42 f; *Hennig* Tattoos S. 66 ff; *Diederichsen* FS G. Hirsch, 355, 359 ff (zum Rangverhältnis zwischen Selbstbestimmungsrecht der Minderjährigen und Personensorgerecht der Eltern): *Sternberg-Lieben/Reichmann* NJW **2012** 257, 259 („Sorgerecht der Eltern erlischt insofern"); *Reichmann/Ufer* JR **2009** 485, 486; *Spickhoff* FamRZ **2018** 412, 422 f (mit Überblick zum Diskussionsstand); *Chr. Wagner* Schönheitsoperation S. 249 ff, 330; weiter *Coester-Waltjen* MedR **2012** 553, 559 (mit einem 4-Stufen-Modell); auch *Jakobs* 7/114 (mit Ausnahme des vermögensrechtlichen Bereichs);

scheiden, wenn der einsichtsfähige Jugendliche z.B. aufgrund eines Unfalls vorübergehend sein Bewusstsein verliert; hier hat sich der Arzt an dem mutmaßlichen Willen des Patienten zu orientieren und nicht am Willen des gesetzlichen Vertreters (vgl. jetzt auch § 630d Abs. 1 Satz 4 BGB). Ob in Fällen, in denen der Minderjährige trotz voller Erkenntnis von Bedeutung und Tragweite eines Eingriffs aus sachfremden Erwägungen eine offensichtliche Fehlentscheidung trifft, das zum bloßen Aufsichtsrecht abgesunkene Personensorgerecht der Eltern wieder zum Entscheidungsrecht erstarkt, wird unterschiedlich beurteilt (dafür *Sch/Schröder/Lenckner/Sternberg-Lieben* Rdn. 42; auch *Hirsch* LK[11] Rdn. 118; **dagegen** *Jakobs* 7/114 m. Fn. 176; *Göbel* Einwilligung S. 82f; *Schmidhäuser* AT S. 278 m. Fn. 32). Praktisch erscheinen solche Kompetenzenkonflikte z.B. bei Entscheidungen des Jugendlichen für Tätowierungen, Piercing oder kosmetische Operationen. Einem Bedürfnis der Eltern nach Schutz des einsichtsunwilligen Betroffenen vor sich selbst wird man aber selbst bei gravierenden Eingriffen und unter Berücksichtigung des Art. 6 Abs. 2 GG schwerlich nachgeben können. Denn die Eingriffsschwere ist bereits bei der logisch vorgelagerten Frage der Einwilligungsfähigkeit zu berücksichtigen (zust. *Chr. Wagner* Schönheitsoperation S. 246). Wurde diese aber trotz der Behandlungsschwere bejaht, muss dem Minderjährigen auch das Alleinentscheidungsrecht eingeräumt werden (ebenso *Odenwald* Einwilligungsfähigkeit S. 157 [auf den S. 296 f näher zu Piercing und Tätowierungen]; für Ausgleich im Wege der praktischen Konkordanz *Ceffinato/Kalb* JA **2014** 887, 892; zu Schönheitsoperationen weiter *Magnus* Patientenautonomie S. 322, 336 ff).[926, 927] Das – vom Autonomieprinzip getragene – Einwilligungsrecht des einsichtsfähigen Rechtsgutsinhabers darf nicht durch eine Vernunfthoheit Dritter (außerhalb der in § 228 verankerten Sittenwidrigkeitsgrenze) eingeschränkt werden (deutlich – im Kontext der Zwangsbehandlung – BVerfGE **128** 282, 308 und **142** 313 Rdn. 74, das sogar ein „Recht auf Krankheit" anerkennt; *Spickhoff* FamRZ **2018** 412, 419 auch *Fischer* § 228 Rdn. 5). Allerdings können gänzlich unverständliche Entscheidungen des Minderjährigen Anlass sein, kritisch die Einwilligungsfähigkeit zu überprüfen (ebenso *Nebendahl* MedR **2009** 197, 204; auch *Spickhoff* FamRZ **2018** 412, 419;

---

speziell zum Aids-Test *Lesch* NJW **1989** 2309, 2310 u. *Exner* Jura **2013** 103, 105; auch *Odenwald* Einwilligungsfähigkeit S. 250 ff; zum Problem bei Gefangenen näher *Dargel* NStZ **1989** 207, 208. Für das Zivilrecht BGH NJW **2007** 217, 218 (Vetorecht minderjähriger Patienten gegen die Einwilligung durch die gesetzlichen Vertreter, wenn sie über ausreichende Urteilsfähigkeit verfügen); OLG Karlsruhe FamRZ **1983** 742, 743; OLG Düsseldorf FamRZ **1984** 1221, 1222; einschränkend BayObLG FamRZ **1987** 89; LG München I NJW **1980** 646; weiter *Taupitz* Gutachten 63. DJT A 54 f m.w.N. auch zu anderen Ansichten u. *Spickhoff/Spickhoff* § 630d BGB Rdn. 8. Erheblich enger *Köhler* AT S. 252 f, der bei Eingriffen in die Körperintegrität des selbstbestimmungsfähigen Minderjährigen sowohl dessen Einwilligung als auch grundsätzlich die Zustimmung des Personensorgeberechtigten fordert; für eine Vetokompetenz des gesetzlichen Vertreters bei gravierenden Körpereingriffen *Paeffgen/Zabel* NK § 228 Rdn. 16; für Mitentscheidungsrecht des gesetzlichen Vertreters *Ohly* Einwilligung S. 321 ff; nur eine Mitentscheidungsbefugnis des Minderjährigen neben der Einwilligungsbefugnis des gesetzlichen Vertreters für sachgerecht haltend *Nebendahl* MedR **2009** 197 ff; **krit.** gegenüber dem Erfordernis eines generellen Co-Konsenses oder Vetorechts *Taupitz* Gutachten 63. DJT A 66 f, der selbst „allenfalls" für einen restriktiven Einwilligungsvorbehalt eintritt.

926 Monographisch *Lorz* Schönheitsoperationen; *Chr. Wagner* Schönheitsoperation, passim (mit Diskussion unterbreiteter Vorschläge zur nicht indizierten Schönheitsoperation de lege ferenda ab S. 305); *Hennig* Tattoos; für gesetzliche Regelung der Thematik und Vorschlag in Form eines alters- und (dort auf den S. 112 ff) invasivitätsabhängigen Stufenmodells (S. 179 ff); auch *Roxin/Schroth/Joost* S. 383 ff und *Zahn* Einwilligungsunfähige S. 78, 114 f: „Die Vornahme von Schönheitsoperationen an Einwilligungsunfähigen ohne das Bestehen einer medizinischen Indikation ist grds. als unzulässig anzusehen".

927 Für eine denkbar restriktive Annahme der Einwilligungsfähigkeit vor Erreichen der Volljährigkeitsgrenze in diesen Fällen aber *Spickhoff* FamRZ **2018** 412, 424. Ausführlicher zu Co-Konsens, Vetorecht und Einwilligungsvorbehalt des gesetzlichen Vertreters bei Einwilligungsentscheidungen Einwilligungsfähiger *Taupitz* Gutachten 63. DJT A 63 ff; auch *Odenwald* Einwilligungsfähigkeit S. 152 ff und *Coester-Waltjen* MedR **2012** 555, 559.

Chr. Wagner Schönheitsoperation S. 246); zur spezialgesetzlichen Behandlung der Einwilligung geistig Gebrechlicher und Behinderter (insbesondere in den Unterbringungsgesetzen der Länder) vgl. *Amelung* ZStW **104** (1992) 525, 530 f; auch *Paeffgen/Zabel* NK § 228 Rdn. 15.

Die Einwilligung – wie der Widerruf – muss „ernstlich" (OLG Stuttgart NJW **1968** 1200) erteilt werden. Eine Scherz- oder Scheinerklärung genügt nicht, während Leichtsinn die Ernstlichkeit nicht ausschließt (*Haft* AT S. 78; *Sch/Schröder/Lenckner/Sternberg-Lieben* Rdn. 49). **196**

In verschiedenen – nicht analogiefähigen – Spezialgesetzen wird die Einwilligungsfähigkeit an bestimmte starre Altersgrenzen geknüpft, um bei besonders folgenreichen oder riskanten Eingriffen Schutz des Betroffenen, aber auch Rechtssicherheit für den Eingreifenden zu schaffen (im Überblick *Jansen* Forschung an Einwilligungsunfähigen S. 37 ff). So ist gem. § 2 Abs. 1 Nr. 3 KastrG eine Zustimmung zur Kastration erst mit Vollendung des 25. Lebensjahres wirksam. In eine Sterilisation, Organtransplantation (z.B. Leberspende) oder klinische Prüfung eines Arzneimittels bzw. Medizinproduktes kann nur einwilligen, wer volljährig (§§ 1631c Satz 2,[928] 1800 BGB) und einwilligungsfähig (§ 8 Abs. 1 Nr. 1a TPG) oder volljährig und darüber hinaus in der Lage ist, „Wesen, Bedeutung und Tragweite der klinischen Prüfung zu erkennen und seinen Willen hiernach auszurichten" (§ 40 Abs. 1 Satz 3 Nr. 3a AMG, § 20 Abs. 2 Nr. 1 MPG). Für die Anwendung radioaktiver Stoffe oder ionisierender Strahlen am Menschen in der medizinischen Forschung (§ 87 StrlSchVO) ist für die Einwilligung des Probanden neben der Einsichts- und Steuerungsfähigkeit hinsichtlich des Risikos der Anwendung radioaktiver Stoffe auch die Geschäftsfähigkeit erforderlich (§ 87 Abs. 1 Satz 3 StrlSchVO).[929] Aus der spezialgesetzlichen Versagung der Einwilligungsfähigkeit ergibt sich für den Betroffenen eine gravierende Freiheitsbeschränkung, zumeist mit der Folge, dass er den vom gesetzlichen Vertreter erlaubten Eingriff an eigenen Rechtsgütern erdulden muss (*Amelung/Eymann* JuS **2001** 937, 942 f). Um diesen Duldungszwang abzumildern, schreiben einige Spezialgesetze vor, dass der zugelassene Eingriff nicht gegen den Willen des einwilligungsunfähigen Rechtsgutsinhabers durchgeführt werden darf (etwa § 1905 Abs. 1 Nr. 1 BGB [Sterilisation Betreuter]; § 3 Abs. 3 Nr. 1 KastrG; zu weiteren Rechtsquellen betr. die medizinische Forschung am Einwilligungsunfähigen vgl. die Angaben bei *Deutsch/Spickhoff* Medizinrecht Rdn. 1198 ff); ausführlich zu den Spezialregelungen und den Vetorechten *Amelung* ZStW **104** (1992) 525, 529 ff; *ders.* Vetorechte (1995) passim; *Golbs* Vetorechte S. 116 ff; instruktiv zur (fremdnützigen) Forschung an Einwilligungsunfähigen *Jansen* Forschung an Einwilligungsunfähigen S. 53 ff. **197**

(b) Fehlen beachtlicher Willensmängel

(aa) Die Grundpositionen. Als Unrechtsausschlussgrund ist die Einwilligung nach allgemeiner Meinung nur dann beachtlich, wenn sie frei von wesentlichen Willensmängeln erteilt wurde. Welche Irrtümer und welcher Zwang in diesem Sinne wesentlich sind, ist im Weiteren äußerst umstritten (Überblick über die Diskussion bei *Rönnau* Willensmängel S. 273 ff; auch *Murmann* Selbstverantwortung S. 448 ff). Die traditionelle („opferfreundliche") Lehre, die in jüngerer Zeit wieder an Anhängern gewinnt, misst nahezu **198**

---

[928] Die Rechtsprechung hat die Einwilligungsfähigkeit Volljähriger mit mittelgradiger oder auch nur leichter Intelligenzminderung hinsichtlich einer Sterilisation mehrfach verneint, vgl. BayObLG FGPrax **1997** 65 f; OLG Hamm NJW **1983** 2095; LG Berlin FamRZ **1971** 668; OGH ÖJZ **1978** 297.
[929] Teilweise akzeptiert das Gesetz auch Einwilligungen von unter 18-Jährigen bei Eingriffen in Kernfreiheiten, vgl. §§ 2 Abs. 2 Satz 3 TPG, 81a i.V.m. 81c Abs. 3 Satz 2 StPO.

jedem Willensmangel unwirksamkeitsbegründende Bedeutung zu.[930] Die Rechtsprechung hat sich mit Ausnahme des speziellen Bereichs des ärztlichen Heileingriffs bisher nur in wenigen Fällen mit Problemen der Willensmängel bei der Einwilligung beschäftigt. In den vorhandenen Judikaten machte sie die Qualifizierung der Einwilligung als wirksam oder unwirksam von den Umständen des Einzelfalles abhängig, ohne dabei allgemeingültige – und damit Orientierung schaffende – Grundsätze aufzustellen (RGSt **41** 392, 396; BGHSt **4** 113, 118 f; **16** 309, 310 ff; BGH NJW **1964** 1177, 1178).[931] In der Literatur wird heute im Anschluss an *Arzt* überwiegend eine („täterfreundliche") These vertreten. Danach beseitigen Irrtum und Zwang nur dann die Wirksamkeit der Einwilligung, wenn sie *rechtsgutsbezogen* sind, sich also auf den – statisch gedachten – Bestand des preisgegebenen Rechtsguts beziehen (*Arzt* Willensmängel S. 19 ff; *Rudolphi* ZStW **86** [1974] 68, 82 ff; *Schmidhäuser* StuB 5/129).[932] In diese Kategorie fallen Irrtümer – seien sie täuschungsbedingt oder eigenverursacht – vornehmlich in Fällen, in denen der Einwilligende sich über Art, Umfang und Gefährlichkeit der Rechtsgutsverletzung und damit über die von ihm zu tragenden „Kosten" irrt. Dagegen sollen Fehlvorstellungen über den das Motiv der Zustimmung erzeugenden Sachverhalt (etwa über die für den Gutseinsatz im Austausch erwarteten finanziellen Vorteile) die Gültigkeit der Einwilligung nicht berühren, obwohl es auch hier an einem selbstbestimmten Umgang mit dem Rechtsgut fehlt. Zwang i.S.v. § 240 ist nach *Arzt* immer rechtsgutsbezogen und damit beachtlich, weil der wirkliche Wille des Bedrohten der Verletzung entgegenstehe. Teilweise wird diese Ansicht als zu restriktiv – da „opferunfreundlich" – empfunden und um Fallgruppen erweitert, bei denen der Täuschung zwar der Rechtsgutsbezug fehlt, die Einwilligung aber nicht mehr Ausdruck der Autonomie des Berechtigten sei. *Roxin* (GedS Noll, 275, 285 ff und AT I § 13 Rdn. 97 ff)[933] nennt hier Täuschungen im Rahmen der Verfolgung altruistischer Zwecke und bezüglich notstandsähnlicher Lagen. Andere machen die Unwirksamkeit schließlich davon abhängig, wer den Willensmangel zu verantworten hat (*Hirsch* LK[11] Rdn. 119 ff; insbes. Rdn. 122; s. auch *Roxin* AT I § 13 Rdn. 111).[934] Die Differen-

---

930 Zur älteren Literatur vgl. die Nachw. bei *Kußmann* Einwilligung S. 4 ff, 205 ff, 253 ff; aus jüngerer Zeit *Amelung* Willensmängel S. 36 ff; *ders.* NStZ **1999** 458; *ders./Eymann* JuS **2001** 937, 943 f; Baumann/Weber/*Mitsch*/Eisele § 15 Rdn. 138 ff; *ders.* Rechtfertigung S. 507 ff; *Frister* 15/17 ff; *M. Heinrich* Rechtsgutszugriff S. 45 ff, 67, 334; *B. Heinrich* Rdn. 569 (jedenfalls für Täuschungsfälle); *Kindhäuser* LPK Vor § 13 Rdn. 184; *Köhler* AT S. 254 m. Fn. 57; *Stratenwerth/Kuhlen* AT § 9 Rdn. 27; *Fischer* Rdn. 3b; grundsätzlich auch *Otto* FS Geerds, 603, 614 ff; *Krey/Esser* Rdn. 659; *Paeffgen/Zabel* NK § 228 Rdn. 30 ff; zum Meinungsstand im Privatrecht *Ohly* Einwilligung S. 357 ff, der als Anhänger der Rechtsgeschäftstheorie Willensmängel bei der Einwilligung im Grundsatz nach den §§ 119 ff BGB behandelt; *ders.* FS Jakobs, 451, 464 ff.
931 Zudem OLG Frankfurt/M. (Z) VersR **1997** 572, 573; OLG Stuttgart NJW **1962** 62, 63; **1982** 2266, 2267; weitere Nachw. bei *Rönnau* Willensmängel S. 264 ff.
932 *M.K. Meyer* Autonomie S. 166 ff, 182; *Gaede* Limitiert akzessorisches Medizinstrafrecht S. 51 ff; *Murmann* GK § 25 Rdn. 129; *Schlehofer* Einwilligung S. 82 f; *ders.* MK Rdn. 175 f; *Tag* Patientenautonomie S. 368 ff; *Wessels/Beulke/Satzger* Rdn. 572; *Bichlmeier* JZ **1980** 53, 55; *Brands/Schlehofer* JZ **1987** 442, 446 f; SSW/*Rosenau* Rdn. 40; *Eschelbach* BeckOK § 228 Rdn. 14; *Küper* JZ **1990** 510, 514; *Kußmann* Einwilligung S. 38 ff; *Haft* AT S. 74; *Horn/Hoyer* JZ **1987** 965, 973; *Merkel* NK § 218a Rdn. 32 f; im Grundsatz ebenfalls *Sch/Schröder/Lenckner/Sternberg-Lieben* Rdn. 46 f m.w.N.
933 Nahestehend *Jescheck/Weigend* § 34 IV 5; *Lackner/Kühl/Kühl* § 228 Rdn. 8; *Otto* Jura **2004** 679, 680; *ders./Albrecht* Jura **2010** 264, 270; *Kröger* Rechtfertigung S. 168; weiter *Rinck* Zweistufiger Deliktsaufbau S. 47 ff; *Schroth/König/Gutmann/Oduncu* TPG § 19 Rdn. 97 ff (allerdings unklar, nach welchen Kriterien Fallgruppenbildung erfolgt); *Gropp* AT § 5 Rdn. 87; mittlerweile auch *Arzt* FS Baumann, 201, 206 m. Fn. 12 u. *ders.* FS Geppert, 1, 6.
934 *Otto* AT § 8 Rdn. 114; *Rönnau* Willensmängel S. 410 ff; ähnlich die Zuständigkeitslösung von *Jakobs* 7/118, 14/8, 29/87, 90, *Göbel* Einwilligung S. 97 ff und *Müssig* Mord S. 350 m. Fn. 379, die den Täter für die Erzeugung oder Ausnutzung bestimmter Willensdefekte nach den Regeln der mittelbaren Täterschaft haf-

zen in der rechtlichen Behandlung der Willensmängel beruhen vornehmlich auf zwei Gesichtspunkten: Einmal postulieren die zahlreichen Anhänger der *Arzt*'schen Lehre, dass nur durch die skizzierte Beschränkung des Autonomieschutzes eine Rechtsgutsvertauschung verhindert werden kann. Wer über den Umweg der Willensmängeldogmatik den Schutzbereich von Tatbeständen wie § 223 oder § 239 um die „Tauschfreiheit" erweitere, verändere entgegen der gesetzgeberischen Intention die Schutzrichtung der Straftatbestände, erzeuge Friktionen mit dem Betrugstatbestand und mache durch die Schaffung eines „Generaltatbestandes" letztlich die mühsame Trennung zwischen den einzelnen Rechtsgütern im Besonderen Teil des StGB sowie die Begrenzung der Strafbarkeit auf die jeweils vertypten Angriffswege überflüssig.[935] Zweitens gewichtet man die „Autonomie" und – als Kehrseite – die „Eigenverantwortung" des Einwilligenden in ihrer Bedeutung für die Formulierung des Wirksamkeitsmaßstabs unterschiedlich. Konkret wird darüber gestritten, welches Autonomiedefizit zu akzeptieren ist, um die Einwilligungsentscheidung noch als „frei" einzustufen oder – aus anderer Perspektive – wie viel an Eigenverantwortung dem Einwilligenden für seine Entscheidung auferlegt werden kann; in der Sache geht es also um eine angemessene Risikoverteilung zwischen Einwilligendem und Eingreifendem, oder – in den Worten *Murmanns* – um die „normative Beurteilung des Entscheidungsdefizits" (FS Yamanaka, 289, 298).

199 Willensmängel führen nach vorzugswürdiger Ansicht nur – aber auch immer – dann zur Unwirksamkeit bzw. zum Fehlen der Einwilligung, wenn sie dem Täter objektiv zuzurechnen sind (ausführlich *Rönnau* Willensmängel S. 263, 410 ff; zust. *Sturm* Hypothetische Einwilligung S. 21 m. Fn. 72, 229 f; im Ausgangspunkt auch *Hirsch* LK[11] Rdn. 119 ff). Dagegen ist die auf den Rechtsgutsbezug des Willensdefekts abstellende herrschende Lehrmeinung abzulehnen.[936] So ist schon zu bestreiten, dass ein rechtsgutsbezogener Irrtum überhaupt zu einer mangelbehafteten – und daher unwirksamen – Einwilligung führt; tatsächlich fehlt es bereits an einer Einwilligung (zutreffend *Roxin* GedS Noll, 275,

---

ten lässt; ausführliche **Kritik** an diesem Ansatz bei *Rönnau* Willensmängel S. 367 ff; *Mitsch* Rechtfertigung S. 499 ff; siehe auch *M. Heinrich* Rechtsgutszugriff S. 98 u. *Braun-Hülsmann* Einwilligung S. 250 f.

935 Nachdrücklich in diesem Sinne neben *Arzt* Willensmängel S. 17 ff insbes. *Küper* JZ **1986** 219, 226; ders. JZ **1990** 510, 514; *Sternberg-Lieben* Objektive Schranken S. 532 ff; ders. GA **1990** 289, 293; ähnlich *M.-K. Meyer* Autonomie S. 174 ff; *Bloy* ZStW **96** (1984) 703, 716; *Schlehofer* Einwilligung S. 77.

936 Kurios daher die Kritik von *Braun-Hülsmann* (Einwilligung S. 261 ff), die meine dogmatische (kritische!) Analyse fremder Gedanken – konkret der von *Arzt* entwickelten Kategorien (der rechtsguts- bzw. nicht-rechtsgutsbezogenen Willensmängel) – gleichsetzt mit der Akzeptanz dieser Grundannahmen. Auch im Übrigen sind ihre Einwände verwirrend; sie gehen teilw. an meinen Aussagen vorbei (etwa auf S. 263: bei eigenerzeugten nicht-rechtsgutsbezogenen Irrtümern des Einwilligenden ändert m.E. die Kenntnis des Eingreifenden – anders als die Verf. meint – nichts an der Wirksamkeit der Einwilligung) oder führen nicht weiter: Für mich fehlt es an einer Einwilligung zum konkreten Eingriff, wenn der Rechtsgutsinhaber über Art, Umfang und Gefährlichkeit des Eingriffs irrt mit der Folge, dass dieser rechtswidrig ist. Warum muss hier (mit welchen dogmatischen Konsequenzen?) erklärt werden, „was mit dem tatsächlich geäußerten Willen des Rechtsgutsinhabers ... geschieht?" (S. 266). In der eigenen Lösung (ab S. 279) versucht sie die Übertragung der objektiven Zurechnungslehre auf die Willensmängeldogmatik ohne zu merken, dass bei der Konturierung des Zentralbegriffs der „unerlaubten Gefahrschaffung" sämtliche Probleme der herkömmlichen Diskussion wiederkehren, die mit der Abschichtung der Risikoverteilung zwischen einwilligendem Rechtsgutsinhaber und eingreifendem Täter verbunden sind. Zumindest beim eigenerzeugten rechtsguts- oder nicht-rechtsgutsbezogenen Irrtum in der Person des Einwilligenden können auch ihre Ergebnisse nicht überzeugen. Wieso derjenige, der auf Bitten des Gutsinhabers – allerdings in Kenntnis von dessen selbst zu verantwortendem Irrtum – etwa dessen Gebäude abreißt, in Betätigung eines „rechtsfeindlichen Willens" (!") eine „Gefahr für das Rechtsgut des Einwilligenden schafft", bleibt mir unerfindlich. Darzulegen wäre, woher sie die Pflicht zur Aufklärung oder jedenfalls zur Abstandnahme vom Gutseingriff nimmt. Dass auch der mit wirksamer Einwilligung in das Gut Eingreifende für dieses eine Gefahr schafft, ist nicht zu bestreiten. Die Frage ist nur, ob es unerlaubt geschieht.

283; *Jakobs* 7/117); *ders.* FS Schroeder, 507 m. Fn. 2).[937] Wem absprachewidrig statt der linken Niere die rechte entnommen wird, hat dem konkreten Eingriff gerade nicht zugestimmt. Gravierender ist jedoch der Mangel, der sich aus der Prämisse ergibt, Strafrecht betreibe im Grundsatz statischen Bestandsschutz. Hier wird vollkommen ausgeblendet, dass wir Individualrechtsgüter primär im Tausch erleben (näher zum Folgenden *Amelung* Willensmängel S. 20 ff, 56 ff, 77 ff; *Rönnau* Willensmängel S. 282 ff; *ders.* Jura **2002** 665, 671).[938] Aus diesem Tauschwert beziehen diese Güter einen Großteil ihres Wertes überhaupt. So wägt etwa der schwerkranke Patient die durch die Operation erfolgende Körperintegritätsverletzung gegen die tödlichen Folgen ab, die bei Unterlassen des Eingriffs eintreten, und entscheidet sich in seiner Not zumeist für den Heileingriff. *Arzt* ignoriert durch seinen Lösungsansatz den Zweck, zu dem die Güter (partiell) geopfert werden, und schreibt dem Einwilligenden damit Entscheidungen als autonom getroffen zu, die sich für diesen häufig als völlig sinnlos darstellen. Wer einer Blutspende zustimmt, weil er nach Ankündigung als Gegenleistung 50 Euro erwartet, ist gerade nicht bedingungslos zur Rechtsgutspreisgabe entschlossen, sondern an Bestandserhaltung interessiert, sollte sich der Zweck nicht realisieren lassen (*Amelung* Willensmängel S. 23 f). Stuft man den Einwilligungsdefekt dennoch als unbeachtlich ein, verfehlt man die Lebenswirklichkeit und schafft für den Gutsinhaber zudem eine Schutzlücke, die kriminalpolitisch schwerlich zu rechtfertigen ist. Der Einwand einer unerwünschten bzw. unzulässigen Ausweitung des tatbestandlichen Schutzbereiches übersieht, dass ein sachangemessener Autonomieschutz u.U. die Bestrafung aus mehreren Tatbeständen nahe legt. Wird jemand im *Blut-„Spende"*-Fall durch Vorspiegelung der Zahlungsbereitschaft zur Gestattung einer Blutentnahme gebracht, resultiert das begangene Unrecht nicht nur aus der Beeinträchtigung von Vermögensinteressen (§ 263), sondern ebenso aus dem – tateinheitlich begangenen – Angriff auf die körperbezogene Selbstbestimmungsfreiheit (§ 223).[939] Der Sache nach aufgegeben hat *Arzt* die These von der ausschließlichen Beachtlichkeit rechtsgutsbezogener Willensmängel in Fällen, in denen die Einwilligung auf einer Drohung i.S.v. § 240 Abs. 1 beruht und deshalb generell unwirksam sein soll. Denn wer unter Zwang ein Rechtsgut preisgibt, bezweckt damit die Befreiung von Zwang, tauscht also „Gut gegen Freiheit" (zur Kritik siehe *Amelung* Willensmängel S. 22; *Rönnau* Willensmängel S. 291; *Rigopoulou* Paternalismus S. 274 m. Fn. 472). Die vermittelnde Ansicht von *Roxin* erkennt zwar, dass nur ein erweiterter, den Gutseinsatz einbeziehender Autonomieschutz interessengerechte Ergebnisse hervorbringt und kommt damit dem Rechtsgefühl sehr entgegen; sie lässt aber das entscheidungsleitende Kriterium für den Zuschnitt der Fallgruppen, bei denen Willensmängel ebenfalls zur Unwirksamkeit führen sollen, nicht klar erkennen (vgl. *Paeffgen/Zabel* NK § 228 Rdn. 29; *Rigopoulou* Paternalismus S. 276); *Roxins* Hinweis auf das Erfordernis einer normativen Durchformung

---

[937] *Samson* SK⁵ Rdn. 72; *Merkel* NK § 218a Rdn. 40; *Müssig* Mord S. 350 m. Fn. 379; weitere Nachw. bei *Rönnau* Willensmängel S. 196 m. Fn. 78.
[938] Ebenso *Mitsch* Rechtfertigung S. 507 ff; *Paeffgen/Zabel* NK § 228 Rdn. 27; auch *M. Heinrich* Rechtsgutszugriff S. 45 ff; *Rigopoulou* Paternalismus S. 273 ff; *Braun-Hülsmann* Einwilligung S. 215.
[939] Ausführlich *Rönnau* Willensmängel S. 292 ff; ebenso *Hirsch* LK¹¹ Rdn. 119; *Amelung* Willensmängel S. 24, 82 (**aA** dann in JuS **2001** 937, 944); *Mitsch* Rechtfertigung S. 520; allem zust. auch *Braun-Hülsmann* Einwilligung S. 213 ff. Die Suggestivfrage *Roxins* (AT I § 13 Rdn. 100), ob der Autonomieschutz denn im Blutspende-Fall (oder in dem von ihm gebildeten Beispiel des Perückenmachers) wirklich eine Bestrafung wegen Körperverletzung erfordere, zielt in der Sache auf die ultima-ratio-Funktion des Strafrechts. Soll der Körperverletzungstatbestand aber auch den Gutseinsatz schützen, spricht viel für eine Strafbarkeit auch aus diesem Tatbestand. Die von *Roxin* erwartete Verneinung der Frage wird zudem häufig erst dann akzeptabel, wenn der Betrugstatbestand ein ausreichendes strafrechtliches Risiko schafft. Was aber, wenn § 263 nicht zur Verfügung steht?

des Autonomiebegriffs (AT I § 13 Rdn. 99 m. Fn. 158) hilft hier nicht wirklich weiter. Zudem lässt sich der bewusst offen gehaltene Kriterienkatalog aus dem Grundgedanken der Einwilligung (als „Instrument der Freiheitsbetätigung") weder begründen noch begrenzen (ähnlich *Hirsch* LK[11] Rdn. 119; weitere Kritik bei *Rönnau* Willensmängel S. 310 ff).[940] Es spricht daher viel dafür, im Ausgangspunkt mit der ehemals h.M. den Kreis beachtlicher Willensmängel erheblich weiter zu ziehen.

Explizit gegen eine Differenzierung zwischen rechtsgutsbezogenen und nicht-rechtsgutsbezogenen Irrtümern haben sich in jüngerer Zeit auch *Amelung* und *Mitsch* ausgesprochen.[941] *Amelung* Willensmängel S. 36 ff; *ders./Eymann* JuS **2001** 937, 943 f versucht in einer zweistufigen Prüfungskonzeption die Schwächen der bisherigen Willensmängelkonzeption zu überwinden und die Interessen von Einwilligendem und Eingreifendem zu einem befriedigendem Ausgleich zu bringen. Während er in einem ersten Prüfungsschritt zur Feststellung der (Un-)Wirksamkeit der Einwilligung allein danach fragt, ob der Einwilligende in Übereinstimmung mit seinem Wertsystem – und damit autonom – entschieden hat, geht es auf der zweiten Stufe darum, nach einer umfassenden Interessenabwägung den Willensmangel einer der am Rechtsguteingriff beteiligten Personen zuzurechnen und auf diese Weise die entscheidende Weiche für die Strafbarkeit des Verhaltens zu stellen. *Mitsch* (in Baumann/Weber/Mitsch/Eisele § 15 Rdn. 140; *ders.* Rechtfertigung S. 508 ff) wiederum schreibt jedem für die Einwilligung kausalen (Motiv-)Irrtum unwirksamkeitsbegründende Wirkung zu, weil die Einwilligung ihre Aufgabe, interne Interessenkonflikte optimal aufzulösen, bei einer auf Irrtum beruhenden Fehlbewertung der bevorzugten Konfliktlösungsalternative nicht mehr erfüllen könne.

Amelungs Vorschlag, die Frage, wem die Rechtsgutsbeeinträchtigung objektiv und subjektiv zuzurechnen ist, erneut zu stellen, nachdem der Rechtsgutseingriff schon als rechtswidrig bewertet wurde, ist nicht akzeptabel.[942] Er bricht mit dem bisher anerkannten Grundsatz, dass durch die Feststellung, dem Täter stehe kein Rechtfertigungsgrund – hier mit der h.M. die Einwilligung – zur Seite, zugleich ein abschließendes Urteil über die Rechtswidrigkeit des Verhaltens mit Auswirkungen insbesondere auf die Notwehr- und Teilnahmelehre gefällt wird.[943] In beiden Lösungsansätzen wird zudem bei der Formulierung des Wirksamkeitsmaßstabs zweierlei übersehen (zum Folgenden ausführlich *Rönnau* Willensmängel S. 205 ff, 237 ff, 453 ff; s. auch *Murmann* Selbstverantwortung S. 441 ff): Erstens entscheiden Menschen im Vergleich mit einem Allwissenden oder Allmächtigen immer auf einer unzureichenden bzw. unrichtigen Entscheidungsgrundlage oder unter Zwang. Will das Recht wegen dieses Befundes nicht grundsätzlich von unfreien Entscheidungen ausgehen, muss es die dem Menschen Kraft seiner Natur mitgegebe-

---

940 Weiter *Rigopoulou* Paternalismus S. 275 f; auch *Braun-Hülsmann* Einwilligung S. 238 ff.
941 Vgl. weiter *M. Heinrich* Rechtsgutszugriff S. 44 ff, 329 ff, der in seinem Ansatz eine Harmonisierung von Einwilligungs- und Täterschaftsdogmatik anstrebt.
942 Ausführlich und kritisch zum *Amelung*'schen Ansatz *Rönnau* Willensmängel S. 333 ff; knapper *ders.* Jura **2002** 665, 671 f (zust. *Roxin* AT I § 13 Rdn. 109); *Murmann* Selbstverantwortung S. 455 ff; *Schroth/König/Gutmann/Oduncu* TPG § 19 Rdn. 88 ff; *Schroth* FS Volk, 719, 735; *Rigopoulou* Paternalismus S. 277 f; siehe auch *Weber* GA **2000** 78; *Riedelmeier* Heileingriff S. 135 ff; *Braun-Hülsmann* Einwilligung S. 229 ff.
943 *Amelung* ZStW **115** (2003) 710, 717 rechtfertigt seinen Ansatz in jüngerer Zeit damit, dass er wegen des interaktiven Geschehens in Einwilligungsfällen (auf das die herkömmliche Strafrechtslehre nicht angemessen reagieren kann) die Grenzen der Tradition überschreiten musste, und stuft vorstehende Kritik als allenfalls „ästhetisches Problem" ein. Es erscheint mir ohne den Entwurf einer grundlegend neuen Unrechtslehre jedoch mehr als gewagt, Rechtswidrigkeitsurteile an Opferverhalten zu knüpfen. Der Hinweis auf andere Rechtsgebiete (etwa die Gefährdungshaftung im Zivilrecht), in denen ein Erfolgsunrecht ohne Handlungsunrecht existiert, vermag seinen Grundsatz m.E. nicht zu tragen.

ne Begrenztheit (und damit die bei ihm im Vergleich mit einer idealen Maßstabsfigur allein bestehende relative [Selbstbestimmungs-]Freiheit) in sein System integrieren. Diese Erkenntnis ist insbesondere bei der Behandlung eigenerzeugter Irrtümer sowie bei den Willensmängeln in Dreieckskonstellationen zu berücksichtigen. Zweitens hat ein als Wirksamkeitsmaßstab formulierter Autonomiebegriff zu verarbeiten, dass die Kehrseite der dem einzelnen grundrechtlich garantierten Selbstbestimmung in seiner Selbstverantwortung besteht. Der Entscheidende trägt also für die Vorbereitung und Folgen seines Entschlusses grundsätzlich selbst die Verantwortung. Wer etwa als deutscher Tierarzt der Tötung seiner schwer erkrankten Lieblingsstute zustimmt, ohne von einem wirksamen, in den USA entwickelten Medikament zu wissen, trifft seine Entscheidung unter suboptimalen Bedingungen; für dieses Wissensdefizit ist aber keine andere Person verantwortlich zu machen, so dass es in die Risikosphäre des Einwilligenden fällt, der schließlich durch die Einwilligung von seiner Dispositionsfreiheit Gebrauch macht. Würde man mit *Amelung* und *Mitsch* gegenteilig entscheiden und von einem eher idealen Autonomiebegriff ausgehen, würde dieser seine Maßstabsfunktion weitgehend einbüßen.[944] Autonom und damit wirksam sind daher im Grundsatz die Einwilligungsentscheidungen, die nicht von einer anderen Person unlauter beeinflusst sind.

202 An dieser Aussage ändert sich nach hier vertretener Ansicht auch dann nichts, wenn der Eingreifende Kenntnis vom Willensdefekt beim Einwilligenden hat. Dieses Sonderwissen macht ihn, wie *Jakobs* (7/120, 21/78a m.w.N.; ihm folgend *Göbel* Einwilligung S. 97 ff; auch *Kindhäuser* FS Rudolphi, 135, 147) zutreffend formuliert hat, nicht zuständig für den Defekt. Die Mehrzahl der Autoren, die beim Vorliegen eines eigenerzeugten Irrtums von der Wirksamkeit der Einwilligung ausgehen, verweigern dem Eingreifenden bei Kenntnis des Irrtums dagegen die Berufung auf die strafbarkeitsausschließende Wirkung der Einwilligung unter Hinweis auf die Rechtsmissbräuchlichkeit des Verhaltens (vgl. *Hirsch* LK[11] Rdn. 122; *Kühne* JZ **1979** 241, 243 ff; *Arzt* Willensmängel S. 48 ff).[945] Aktiviert wird hier in der Sache die Mindestsolidarität unter Rechtsgenossen, die es dem Eingreifenden verbiete, bewusst eine Erklärung auszunutzen, von der er wisse, dass der Erklärende sie in dieser Weise ohne Irrtum nicht abgegeben hätte. Gegen diese Ansicht spricht nicht nur, dass hier die Wirksamkeit der Einwilligung – und damit der objektive Einwilligungstatbestand – von der Kenntnis des Täters abhängig sein soll (ähnlich *Kindhäuser* AT § 12 Rdn. 31). Heruntergespielt wird auch die Tatsache, dass der Einwilligende bei eigenerzeugten Irrtümern selbst die Verantwortung für die Einwilligung als Freiheitsbetätigungsinstrument trägt, der Eingreifende also in keiner Weise zur Entstehung des Defekts beigetragen hat, sondern nur den Willen des Gutsinhabers ausführt.[946]

203 **(bb) Die einzelnen Willensdefekte.** Aus diesen Grundüberlegungen ergibt sich hinsichtlich der Behandlung der einzelnen Willensmängel Folgendes:

---

944 Von *Amelung* wird diese Einbuße in Kauf genommen, da sich für ihn die Strafbarkeit erst nach Beantwortung der Zurechnungsfrage entscheidet. Richtig *Murmann* FS Yamanaka, 289, 296 ff: „Defizite (bei Einwilligungsentscheidungen) sind ubiquitär (...). Insbesondere dort, wo die Willensbildung des Entscheidenden sich ohne Einflussnahme des Außenstehenden, vor allem ohne Zwang oder Täuschung, vollzieht, liegt es nahe, dass das Defizit den Entscheidenden selbst belasten muss".
945 Weiter *Roxin* AT I § 13 Rdn. 111; *Otto* FS Geerds, 603, 618; *Zipf* Einwilligung S. 46, 49.
946 Anders als im Bereich der Notwehrprovokation oder der actio libera in causa kann der Rückgriff auf das Rechtsmissbrauchsprinzip hier gerade nicht auf das verwerfliche *Vorverhalten* des Täters gestützt werden; näher dazu *Rönnau* Willensmängel S. 248 ff m.w.N.; gegen die Rechtsmissbrauchslösung auch *Mitsch* Rechtfertigung S. 497 ff.

Für die Beurteilung der Haftungssituation des Eingreifenden beim Vorliegen **eigenerzeugter Irrtümer** ist es zunächst von wesentlicher Bedeutung, ob dieser in einem Sonderverhältnis zu den Rechtsgütern des Einwilligenden steht. Der nicht-täuschungsbedingte einfache Irrtum führt im Grundsatz zumindest dann zum Fehlen (bei rechtsgutsbezogenem Irrtum) bzw. zur Unwirksamkeit (bei nicht-rechtsgutsbezogenem Irrtum) der Einwilligung, wenn der **Garant** eine Aufklärungspflicht verletzt (allg. Ansicht, vgl. nur *Kühl* AT § 9 Rdn. 40 u. *Chr. Wagner* Schönheitsoperation S. 293 ff sowie *Grünewald* Tötungsdelikt S. 305). Praktisch ist hier vor allem die Verpflichtung zur „Selbstbestimmungsaufklärung" durch den Arzt vor dem Heileingriff, die „dem Patienten jedenfalls Art, Bedeutung und Tragweite des Eingriffs in seinen Grundzügen erkennbar machen soll, um ihm eine Abwägung der Für und Wider den Eingriff sprechenden Aspekte zu ermöglichen" (BVerfGE **52** 131, 167; BGHZ **29** 51; BGH NJW **1956** 1106, 107; **1995** 2410, 2411; auch BGH NJW **2011** 1088, 1089 m.w.N. – „Zitronensaftfall". Zu Inhalt und Form der ärztlichen Aufklärungspflicht jetzt § 630e BGB i.d.F. des seit dem 26.2.2013 geltendem PatientenrechteG vom 20.2.2013, BGBl. I 277).[947] Unterlässt der Arzt die gebotene Aufklärung vorsätzlich oder fahrlässig, ist er für den beim Patienten dadurch entstehenden Irrtum verantwortlich und haftet im Regelfall aus dem entsprechenden Vorsatz- oder Fahrlässigkeitsdelikt. Er kann sich damit anders als der Nichtgarant zunächst einmal nicht darauf verlassen, dass die Einwilligung(serklärung) des Gutsinhabers dessen wirklichem Willen entspricht. Die Übernahme der Behandlung verpflichtet ihn vielmehr dazu, erkannte bzw. erkennbare einwilligungsrelevante Irrtümer – einschließlich der Fehlvorstellungen über den für die Motivbildung relevanten Sachverhalt – nach Möglichkeit zu beseitigen.[948] Eine unangemessene Belastung des Eingreifenden wird hier durch die Regeln der objektiven[949] und subjektiven[950] Zurechnung verhindert.

Ist der Eingreifende nicht aufgrund einer Garantenstellung zur Aufklärung des eigenerzeugten Irrtums verpflichtet, nimmt die überwiegende Lehre Unwirksamkeit der **204**

---

947 Je nach sachlichem Bezug wird zwischen vier Arten der Aufklärung unterschieden, nämlich der therapeutischen, der wirtschaftlichen, der Diagnose- und der Risikoaufklärung; näher dazu *Ulsenheimer/Biermann* Kap. 1 Teil 1 VI Rdn. 341 ff; *Spickhoff/Knauer/Brose* § 223 Rdn. 27 ff; auch *Fischer* § 228 Rdn. 13 ff. Die zivilrechtlichen Aufklärungserfordernisse bilden zwar den Ausgangspunkt für strafrechtliche Überlegungen, dürfen aber nicht unbesehen zur Festlegung der strafrechtlichen Verantwortlichkeit herangezogen werden, vgl. *Sch/Schröder/Eser* § 223 Rdn. 40b; *Roxin/Schroth/Schöch* S. 51, 54 f; *Wessels/Beulke/Satzger* Rdn. 571; zu notwendigen Restriktionen s. nur *Paeffgen/Zabel* NK § 228 Rdn. 77 u. *Gaede* Limitiert akzessorisches Medizinstrafrecht S. 48 ff; beide m.w.N. Viele favorisieren dagegen die streng akzessorische Übernahme der medizinrechtlichen Aufklärungspflichten, etwa *Murmann* GK § 25 Rdn. 131; *Hauck* AnwK Rdn. 19; *Knauer/Brose* aaO § 223 Rdn. 94. – Auch beim Einwilligungsunfähigen ist ärztliche Aufklärung über die beabsichtigte Maßnahme nicht von vornherein entbehrlich, vgl. § 630e Abs. 5 BGB. Diese durch das Patientenrechtegesetz neu eingefügte Regelung berücksichtigt die jüngste Rspr. des BVerfG (E **128** 282 = NJW **2011** 2113 Rdn. 59), wonach einwilligungsunfähige Patienten (im Fall: Zwangsbehandlung eines im Maßregelvollzug Untergebrachten) stärker in das Behandlungsgeschehen einzubinden sind, indem auch ihnen die wesentlichen Umstände der bevorstehenden Maßnahme entsprechend ihren Verständnismöglichkeiten erläutert werden; ausgebaut in BVerfG NJW **2017** 53, 57 Rdn. 83 ff (betr. Zwangsbehandlung einer [nur] stationär behandelten [und nicht geschlossen untergebrachten] einsichtsunfähigen Patientin).
948 *Geilen* Einwilligung S. 29 ff spricht insoweit von einer Selbstbestimmungs*fürsorge*, die mit der Autonomie in ein Spannungsverhältnis gerät. Ist der Arzt hingegen seinen Aufklärungspflichten nachgekommen, darf er den vom einwilligungsfähigen Patienten gewünschten Eingriff (in den Grenzen der Einwilligungsbefugnis) auch dann durchführen, wenn er aus der Sicht eines Dritten als unvernünftig erscheint. Ausführlich zum Verzicht auf Aufklärung *Schwill* Aufklärungsverzicht passim.
949 Möglicher Haftungsausschluss wegen fehlender Kausalität des Aufklärungsmangels für das Autonomiedefizit oder unter dem Gesichtspunkt rechtmäßigen Alternativverhaltens; näher *Rönnau* Willensmängel S. 428 f.
950 Vornehmlich durch die Irrtumsregelung des § 16 StGB.

Einwilligung an, und zwar eine Auffassung bei Inhalts- und Erklärungsirrtümern (*Stratenwerth/Kuhlen* AT § 9 Rdn. 26; *Baumann/Weber/Mitsch/Eisele* § 15 Rdn. 140 ff; *Rengier* AT § 23 Rdn. 36)[951] und eine andere bei rechtsgutsbezogenen Irrtümern (*Sch/Schröder/Lenckner/Sternberg-Lieben* Rdn. 46; *Schmidhäuser* StuB 5/129; *Samson* SK[5] Rdn. 77; siehe auch RGSt **41** 392, 396).[952] **Abw.** bleibt nach einem Teil der Lehre bei einem einfachen Irrtum des Einwilligenden die Einwilligung wirksam, soweit er nicht dem Verantwortungsbereich des Täters zuzuordnen ist (*Hirsch* LK[11] Rdn. 122;[953] bei Erklärungsirrtümern auch schon *Arzt* Willensmängel S. 48 ff; *Zipf* Einwilligung S. 61 f). Die Grenze der Wirksamkeit sehen diese Autoren zumeist dort erreicht, wo der Eingreifende Kenntnis vom Irrtum hat (*Roxin* AT I § 13 Rdn. 106; *Otto* FS Geerds, 603, 618); dabei werden z.T. die von § 119 BGB erfassten Motivirrtümer ausgegrenzt (*Hirsch* LK[11] Rdn. 122; im Grundsatz auch *Kühne* JZ **1979** 241, 243 ff). Nach hier vertretener Ansicht fehlt es bei rechtsgutsbezogenen Irrtümern schon an einer Einwilligung. Wer etwa verkennt, dass der gestattete Gutseingriff mit einer Metall- statt mit einer Holzkugel durchgeführt wird, hat der tatsächlich eingetretenen Gutsverletzung jedenfalls in dieser Dimension nicht zugestimmt (Beispiel nach *Schmidhäuser* StuB 5/129). Eine Vorsatzstrafbarkeit des Werfers, der den Irrtum nicht kennt, scheitert hier an der vertrauensschützenden Norm des § 16. Hinsichtlich einer Haftung aus dem Fahrlässigkeitsdelikt ist zu berücksichtigen, dass der Eingreifende, der vom Gutsinhaber gebeten wird, ihn beim Gutseinsatz zu unterstützen, sich im Regelfall darauf verlassen dürfen muss, dass der Entschluss zur Gutspreisgabe seinem aktuellen Willen entspricht (vgl. *Jakobs* 7/110; *Schlehofer* Einwilligung S. 58; *Amelung* Willensmängel S. 39, 43, 48). Beruht die Einwilligung auf einem eigenerzeugten nicht-rechtsgutsbezogenen (Motiv-)Irrtum, ist sie als wirksam einzustufen (so auch *Matt/Renzikowski/Engländer* Rdn. 21; *Eschelbach* BeckOK § 228 Rdn. 14). Eine angemessene Risikoverteilung zwischen Einwilligendem und Eingreifendem schließt es nach den vorstehenden Grundüberlegungen (s. Rdn. 199 ff) aus, den Eingreifenden – selbst wenn er Kenntnis vom Willensdefekt hat[954] – für die Gutsverletzung zur Verantwortung zu ziehen. Nach den gleichen Regeln sind auch die – im Anschluss an die bekannte Famuli-Entscheidung des BGH (St **16** 309)[955] – gesondert diskutierten Irrtümer über die Begleitumstände eines Eingriffs (insbesondere die Person oder die Qualifikation des Eingreifenden) zu behandeln. Zur Strafhaftung können hier nur eigenerzeugte rechtsgutsbezogene Irrtümer (*Beispiel*: Eine Minderqualifikation erhöht das Risiko des Misserfolgs des Eingriffs) im Rahmen der allgemeinen Zurechnungsregeln führen.

205   Mit einer Strafbarkeit muss allerdings rechnen, wer die vom Gutsinhaber aufgestellten rechtsgutsbezogenen oder nicht-rechtsgutsbezogenen **Bedingungen** missachtet

---

951 Weiter *Mitsch* Rechtfertigung S. 507 ff; *Amelung* Willensmängel S. 46 ff (auf zweiter Prüfungsstufe unter Zurechnungsaspekten aber wieder einschränkend); *Hauck* AnwK Rdn. 116; *Garbe* Wille und Hypothese S. 207 f („jeder Irrtum [führt] grundsätzlich zur Unwirksamkeit der Einwilligung"). M. *Heinrich* Rechtsgutszugriff S. 340 sieht bei der Ausnutzung des einfachen Irrtums die Schwelle zur (strafbaren) Entscheidungsträgerschaft bei einem die „Aufopferungsschwellenüberschreitung des Irrenden initiierenden Verhalten" erreicht.
952 Zudem *M.-K. Meyer* Autonomie S. 168 ff, 177; *Krey/Esser* § 17 Rdn. 661; *Wessels/Beulke/Satzger* Rdn. 572.
953 Auch *Kühne* JZ **1979** 241, 243 ff; *Otto* Jura **2004** 679, 681; *Roxin* AT I § 13 Rdn. 106 f; *Murmann* GK § 25 Rdn. 130. *Schroth/König/Gutmann/Oduncu* TPG § 19 Rdn. 91.
954 **Krit.** gegenüber dem Ergebnis *Amelung* ZStW **115** (2003) 710, 719, der dabei aber die von mir betonte Eigenverantwortung des Rechtsgutsinhabers außer Acht lässt. Aufklärung oder Eingriffsverzicht aus Billigkeitsgründen fordert nun *Frister* 15/20.
955 Der BGH stufte hier die Einwilligung in geringfügige Körpereingriffe als wirksam ein, obwohl die Patienten die den Eingriff vornehmenden Medizinstudenten (Famuli) irrtümlich für approbierte Ärzte hielten.

(ausführlicher dazu *Rönnau* Willensmängel S. 418 ff). Beschränkt also der Patient die Einwilligung ausdrücklich oder erkennbar auf die Behandlung durch einen bestimmten Arzt, ist damit nicht jedem gleich Qualifizierten ein „Freibrief" für einen straflosen Gutseingriff ausgestellt. Vielmehr ist eine gutsbezogene Autonomieverletzung festzustellen, die nach dem entsprechenden Straftatbestand zu ahnden ist (ebenso BGH[Z] NJW **2010** 2580, 2581 [anders beim totalen Krankenhausaufnahmevertrag]; *Sch/Schröder/Eser* § 223 Rdn. 39, 44a m.w.N.; *Joecks* [Hardtung] MK § 223 Rdn. 87; *Riedelmeier* Heileingriff S. 144); **anders** *Amelung/Lorenz* FS Otto, 527, 532 („Versehrung des Körpers ist gerechtfertigt").

Die **Täuschung** als besondere Entstehungsursache des irrtumsbedingten Autonomiedefizits führt nach zutreffender Ansicht immer – also sowohl bei rechtsgutsbezogenen als auch bei nicht-rechtsgutsbezogenen Irrtümern – zum Fehlen bzw. zur Unwirksamkeit der Einwilligung und damit zur Haftung im Eingriffsfall (BGHSt **32** 267, 269 f;[956] BGH NStZ **2004** 442; NStZ-RR **2004** 16, 17; OLG Stuttgart NJW **1982** 2266, 2267; *Hirsch* LK[11] Rdn. 119; *Rönnau* Willensmängel S. 430 ff; *ders.* Jura **2002** 665, 674);[957] **abw.** soll nach einer verbreiteten Lehrmeinung ein täuschungsbedingter Irrtum die Wirksamkeit der Einwilligung nur ausschließen, wenn er rechtsgutsbezogen ist (ausführlich dazu unter Rdn. 198 ff). Es ist vor dem Hintergrund einer durch den jeweiligen Straftatbestand mitgeschützten Tauschfreiheit aber nicht ersichtlich, warum jemand ein Rechtsgut (sobjekt) straflos soll beeinträchtigen dürfen, der vorher die Einwilligung zu seinen Gunsten manipuliert hat. Aufgrund der Täuschung über Tatsachen bewertet der Gutsinhaber hier seine einwilligungsrelevanten Interessen falsch und erzielt damit ein Abwägungsergebnis, zu dem er ohne die unlautere Einflussnahme nicht gekommen wäre. Die Gutspreisgabe stellt sich in diesem Fall zumeist als „Fehlinvestition" dar. Ausnahmen von der Strafbarkeit sind nur denkbar, wenn die Haftung aus Gründen der objektiven Zurechnung (etwa mangelnder Kausalität der Täuschung für den Irrtum) entfällt. 206

Die h.M. orientiert sich bei der Bestimmung des **Zwangs**, der zur Unwirksamkeit der Einwilligung führt, an § 240 – einschließlich dessen Abs. 2 (OLG Hamm NJW **1987** 1034, 1035; *Sch/Schröder/Lenckner/Sternberg-Lieben* Rdn. 48; *Roxin* AT I § 13 Rdn. 113 f).[958] Eine Einwilligung, zu der das Opfer durch Gewalt oder Drohung genötigt worden ist, schließt 207

---

956 Wo der allgemeine Gedanke auf den Fall einer schon tatbestandsausschließenden Einwilligung angewandt wird.
957 *Amelung* Willensmängel S. 72 ff; *ders./Eymann* JuS **2001** 937, 943 f; *Albrecht* Hypothetische Einwilligung S. 528 f; *Bauer* Ärztlicher Heileingriff S. 159; *Baumann/Weber/Mitsch/Eisele* § 15 Rdn. 140; *Fischer* § 228 Rdn. 7; *Frister* 15/19; *M. Heinrich* Rechtsgutszugriff S. 330 ff; *Kindhäuser* LPK Vor § 13 Rdn. 184; *Matt/Renzikowski/Engländer* Rdn. 21; *Mitsch* Rechtfertigung S. 533 ff; *Rengier* AT § 23 Rdn. 32; *Schroth* FS Hassemer, 787, 792 ff; *ders.* FS Volk, 719, 736 f (einwilligungsschädliche Wissensdefizite können sich auch aus geschützten (= auf Basis der Wertungen des Gesetzgebers verallgemeinerungsfähigen) Erwartungen des Rechtsgutsinhabers ergeben; *Tenthoff* Tötung auf Verlangen S. 108 ff; im. Grds. zust. *Grünewald* Tötungsdelikt S. 304 f; diff. *Schramm* Untreue S. 316 ff (zu § 266); näher zur sog. „heilsamen Täuschung", die dazu dient (meist unter Verabreichung eines Placebos), einen Heilungserfolg herbeizuführen oder wenigstens zu fördern, *Kuhlmann* Einwilligung S. 115 f. Enger aber die h.M. im Hinblick auf die Beurteilung der Mangelfreiheit des Suizidwillens (i.S.v. § 216), vgl. nur BGH NStZ **2011** 340, 341; OLG Hamburg NStZ **2016** 530, 532 f (bei arglistiger Täuschung schließt „nur ein wesentlicher, für die Entscheidung zur Verletzung des Rechtsguts entscheidender rechtsgutsbezogener Motivirrtum die Freiverantwortlichkeit" aus).
958 *Kindhäuser* LPK Vor § 13 Rdn. 180; *Kühl* AT § 9 Rdn. 36; *Otto* FS Geerds, 603, 615; *Schroth/König/Gutmann/Oduncu* TPG § 19 Rdn. 118 ff; *Schroth* FS Volk, 719, 729 f; *ders.* FS Hassemer, 787, 795; auch *Murmann* Selbstverantwortung S. 453 f; *ders.* GK § 25 Rdn. 128; *Hirsch* LK[11] Rdn. 120 m.w.N. Als Unwirksamkeitsmaßstab nicht zu überzeugen vermag dagegen der Rückgriff auf § 35 (so *Joecks/Jäger* Rdn. 34; erwogen von *Rudolphi* ZStW **86** [1974] 68, 85; so schon RGSt **70** 107, 108 f) oder § 34 (*M.-K. Meyer* Autonomie S. 161), da die Schwelle zum Autonomieverlust zu hoch angesetzt wird; näher zur Kritik *Rönnau* Willensmängel S. 437 f m.w.N.; *Rigopoulou* Paternalismus S. 283 f.

das Unrecht der Tat daher nicht aus. Ein vom Nötigungstatbestand erfasster sozialer Zwang ist nach hier vertretener Ansicht jedoch nur beachtlich, wenn er auch unerlaubt – und damit rechtswidrig – zugefügt wird (ausführlich dazu *Rönnau* Willensmängel S. 436 ff; *Amelung* GA **1999** 182, 191 ff; *ders.* NStZ **1999** 458, 459; *ders.* NStZ **2006** 317, 319 f; *Frister* 15/22).[959] Damit erfüllt der Täter, der erlaubt (etwa in Form einer Strafanzeige, § 158 StPO) mit einem empfindlichen Übel droht, nicht die Voraussetzungen des § 240, so dass die auf diese Weise herbeigeführte Einwilligung wirksam ist (*Rönnau* Jura **2002** 665, 674; aA *Frister* 15/23; *Schroth* FS Volk, 719, 730 f; *ders.* FS Hassemer, 787, 796; *Rigopoulou* Paternalismus S. 282 f). Irreführend ist es angesichts der Allgegenwärtigkeit von – auch erlaubt zugefügtem – Zwang (etwa in einer freiheitsentziehenden Anstalt)[960] daher, wenn die Unwirksamkeit der Einwilligung stattdessen mit der Intensität des in § 240 Abs. 1 beschriebenen Zwangs begründet wird (näher *Amelung/Eymann* JuS **2001** 937, 944; auch *Mitsch* Rechtfertigung S. 556 ff).

208 **Objektive Zwangslagen** („Sachzwänge"), die nicht vom Täter durch Gewalt oder Drohung herbeigeführt worden sind, lassen die Wirksamkeit der Einwilligung grundsätzlich unberührt. In solchen Situationen geht es für den Einwilligenden gerade darum, dass er sich durch die Erteilung der Einwilligung einen Ausweg aus seiner schicksalhaften Zwangslage eröffnet (z.B. Zustimmung zu einer Operation, um dadurch naturbedingten Zwang [Krankheit] zu überwinden).[961] Wird die Zwangslage vom Täter rechtlich unangemessen ausgenutzt (z.B. bei einem Missverhältnis der Gegenleistung), spricht einiges dafür, die in der Schwächesituation vom Gutsinhaber erteilte Einwilligung als wirksam einzustufen. Denn nach der Gesetzeslage ist der strafrechtliche Schutz vor Ausnutzung bzw. Ausbeutung auf einige spezifische Situationen begrenzt (vgl. insbesondere den Wuchertatbestand [§ 291] sowie einige Tatbestände aus dem Bereich der Sexualdelikte, etwa §§ 174a Abs. 2, 177 Abs. 5 Ziff. 3, 182 Abs. 1 Ziff. 1) und daher eher die Ausnahme. Der Gesetzgeber wollte ersichtlich nur dort Tauschverbote errichten, wo er die Ausnutzung der Zwangssituation als besonders „unanständig" einstuft. Angesichts der bedenklichen Effekte von Tauschverboten für die Freiheit des Gutsinhabers ist diese restriktive Tendenz nur zu begrüßen. Dieser gesetzgeberische Leitgedanke sollte nicht dadurch unterlaufen werden, dass der Schutz vor Ausnutzung über den Umweg der Willensmängeldogmatik ausgeweitet wird (*Rönnau* Willensmängel S. 451; im grundsätzlichen Zusammenhang zum Problem *Amelung* GA **1999** 182, 200 ff). Ob an der Wirksamkeit der Einwilligung auch dann festzuhalten ist, wenn der Täter die Zwangslage mit dem Ziel der Einwilligungserlangung geschaffen hat, wird ebenfalls kaum diskutiert. Das Rechtsgefühl sträubt sich zunächst, denjenigen aus der Strafbarkeit wegen Sachbeschädigung zu entlassen, der auf dringendes Bitten seines Nebenbuhlers N die Kellertür aufbricht, nachdem er diesen zuvor in seinem eigenen Hauskeller eingeschlossen und den Schlüssel weggeworfen hat. Dennoch fragt sich, ob in Parallele zur Behandlung der Absichts-

---

[959] Den Grundansatz entwickelte *Jakobs* FS Peters, 69 ff; ergänzend *Horn* NStZ **1983** 497 ff u. *Gutmann* Freiwilligkeit S. 286 f. S. auch *Grünewald* Tötungsdelikt S. 303 f u. Baumann/Weber/*Mitsch*/Eisele § 15 Rdn. 139; *ders.* Rechtfertigung S. 582 ff (zust. *Rinck* Zweistufiger Deliktsaufbau S. 43 f u. *Schramm* Untreue S. 213) mit guten Argumenten dafür, auch bei rechtswidriger Androhung eines Übels unterhalb der Schwelle der objektiven „Empfindlichkeitsschwelle" die Rechtfertigung auszuschließen.

[960] Dementsprechend macht auch ein besonderer Status der Unfreiheit (Gefangener, Untergebrachter) die Einwilligung nicht ohne Weiteres unfreiwillig, vgl. Sch/Schröder/Lenckner/Sternberg-Lieben Rdn. 48 m.w.N.

[961] Vgl. *Amelung* ZStW **104** (1992) 821 f; *ders.* NStZ **2006** 317, 318 f; jew. m.w.N.; auch *Frister* 15/22; Sch/Schröder/Lenckner/Sternberg-Lieben Rdn. 48; *Schroth* FS Volk, 719, 724; *Rigopoulou* Paternalismus S. 280 f; *Tenthoff* Tötung auf Verlangen S. 112 f; *Chr. Wagner* Schönheitsoperation S. 291; zur Allgegenwärtigkeit von (entscheidungsbeeinflussendem) Zwang näher *Rönnau* Willensmängel S. 228 ff.

provokation bei den Notrechten die Einwilligung als ungültig qualifiziert werden sollte (so *Hirsch* LK[11] Rdn. 121), da sich bei Befolgung des Sachbeschädigungsverbots die Freiheitsentziehung des N verlängern würde. Im Interesse des Gefangenen angemessener erscheint es hier, das schadensbeseitigende Handeln des Schadensverursachers durch eine Einwilligung zu legitimieren und die Strafbarkeit stattdessen an das unlautere Vorverhalten zu knüpfen (näher zur Problematik *Mitsch* Rechtfertigung S. 565 ff);[962] ohne Probleme lässt sich allerdings auch das nicht begründen (s. Rdn. 104).

Kaum erörtert wird in der Literatur bisher die Frage, wie willensmangelbehaftete Einwilligungen zu behandeln sind, die im Rahmen von **Dreiecksbeziehungen** erteilt wurden.[963] Gegenstand der Betrachtung sind hier Fälle, in denen ein Ersttäter den Gutsinhaber durch Täuschung oder Zwang unlauter beeinflusst, während eine andere Person (Zweittäter) mit oder ohne Wissen vom Willensdefekt den Eingriff durchführt. Berücksichtigt man, dass der Gutsinhaber bei seiner Einwilligung durch die natürliche oder soziale Umwelt (dazu gehört auch der Ersttäter) immer *vorbelastet* ist, kann die Quelle des Willensmangels im Verhältnis zwischen Einwilligendem und Eingreifendem nicht unbeachtet bleiben. Die von einigen Autoren hier ohne oder mit recht knapper Begründung vorgetragene These, dass die auf Irrtum oder Zwang beruhende Einwilligung, die einem Dritten (Zweittäter) gegenüber erteilt wird, unwirksam ist (vgl. *Gropp* AT § 5 Rdn. 92; *Amelung* Willensmängel S. 87; *Roxin* AT I § 13 Rdn. 116; *Geerds* Einwilligung S. 180),[964] ist abzulehnen. Sie vernachlässigt insbesondere in Zwangssituationen die legitimen Interessen des Einwilligenden. Entfernt etwa der von T aufgesuchte Arzt ihre Oberarmtätowierung, um T vor einer Tracht Prügel ihres Vaters zu bewahren, wäre es schwer verständlich, die Einwilligung der T hier als unwirksam einzustufen und den Arzt auf ein Notstandshilferecht oder die mutmaßliche Einwilligung zu verweisen. Denn der Helfer ist der Einwilligenden weder an Kenntnis noch an Urteilsvermögen überlegen.[965] Gerade in Fällen, in denen der Bedrohte mit Hilfe des eingeweihten Eingreifenden versucht, die Zwangslage abzubauen, nutzt er die ihm verbleibende „Freiheit in der (Rest-)Freiheit" in seinem Sinne.[966] Der Grundgedanke einer „Vorbelastung" des Einwilligenden legt es in Dreiecksbeziehungen nahe, die Wirksamkeit der Einwilligung *relativ* zur eingreifenden Person zu bestimmen (im Ergebnis ebenso OLG Schleswig NJW **1987** 710, 711; *Mitsch* Rechtfertigung S. 577; *Herzberg* JZ **1988** 182, 183; *ders.* JA **1985** 336, 341).[967] Daraus ergibt sich in Nöti-

209

---

962 Zur Frage der Wirksamkeit einer Einwilligung in eine Nachoperation, nachdem dem Arzt bei der ersten Operation ein Kunstfehler unterlaufen war, *Rönnau* JZ **2004** 801, 803 f.
963 Etwas näher zu dieser Frage nur *Jakobs* 7/120, 21/90; *Göbel* Einwilligung S. 130 f; *Kußmann* Einwilligung S. 182 ff, 316 ff, 321 ff; *Zipf* Einwilligung S. 45 f; *Amelung* Willensmängel S. 87 ff; ohne Stellungnahme *Sch/Schröder/Lenckner/Sternberg-Lieben* Rdn. 48a; ausführlich *Rönnau* Willensmängel S. 253 ff und passim.
964 *H. Erb* Parteiverrat S. 218; **aA** – also wirksame Einwilligung jedenfalls bei Unkenntnis des Eingreifenden vom Defekt – aber *Arzt* Willensmängel S. 32; *Kühne* JZ **1979** 241, 245; *Hirsch* LK[11] Rdn. 119; *Jakobs* 7/120; *Göbel* Einwilligung S. 130 f.
965 So schon *Jakobs* 7/120.
966 Unter Hinweis auf eine optimale Interessenbefriedigung kommt zum selben Ergebnis *Mitsch* Rechtfertigung S. 573 ff. Verfehlt ist es daher, mit einer Minderheitenansicht (*Arzt* Willensmängel S. 32; *Kühne* JZ **1979** 241, 245) die Wirksamkeit der Einwilligung von der Kenntnis des Eingreifenden abhängig zu machen, da häufig erst die Information des Helfers über die Notlage diesen zur Mitarbeit bewegt; so auch *Mitsch* Rechtfertigung S. 576 m. Fn. 40; *Kußmann* Einwilligung S. 320. Zur Anwendung dieses Gedankens auf die Beihilfestrafbarkeit von Helfern, die mit Zustimmung des Erpressungsopfers das Lösegeld überbringen (§§ 253, 27), näher *Rönnau* JuS **2005** 481 ff; auch *Mitsch* Rechtfertigung S. 574 ff; jew. m.w.N.; zust. *Kühl* AT § 9 Rdn. 36; *Matt/Renzikowski/Engländer* Rdn. 21.
967 *Arzt*/*Weber*/*Heinrich*/*Hilgendorf* BT § 3 Rdn. 30; weiter *Frister* 15/24; *Seier* NJW **1987** 2476, 2481; *Neumann* JA **1988** 329, 332 m. Fn. 32; *Grünewald* Tötungsdelikt S. 306 ff. **Kritisch** gegenüber einer nur relativ wirksamen Einwilligung dagegen *Schlehofer* MK Rdn. 181 ff.

gungsfällen dann Folgendes: Verschlechtert der Eingreifende (und die Zwangslage Beherrschende) die Entscheidungssituation des Einwilligenden in rechtlich relevanter Weise, ist die ihm erteilte Einwilligung als unwirksam zu qualifizieren. Trifft die eingriffsbereite Person dagegen auf einen Gutsinhaber, der sich mit ihrer Hilfe aus seiner von einem anderen Menschen erzeugten Zwangslage befreien will, ist die Einwilligung als rechtswirksamer Gestattungsakt einzustufen, sofern der Helfer keine zumutbare Möglichkeit hat, den auf dem Einwilligenden lastenden Zwang anders als durch den Eingriff abzuwenden. In der letztgenannten Variante ist jedoch im Verhältnis zum Nötigenden (im Fall der Vater) die Einwilligung unwirksam, so dass eine Strafbarkeit wegen Körperverletzung, begangen in mittelbarer Täterschaft durch Einsatz der Tochter und des Arztes als Werkzeuge des Vaters, in Betracht kommt.[968] Ähnlich ist in Fällen einer vom Ersttäter ausgehenden Täuschung zu argumentieren.[969] In Dreiecksbeziehungen kann also der nicht täuschende oder nicht drohende Dritte seinen Eingriff auf eine wirksame Einwilligung stützen, wenn er nicht als Sonderverpflichteter (§§ 13, 323c) zum Abbau des Willensdefekts aufgefordert war.

210   Die auf Willensmängeln beruhende **Unwirksamkeit** einer Einwilligung tritt ein, **ohne** dass es einer **Anfechtung** nach bürgerlich-rechtlichen Grundsätzen bedarf (OLG Stuttgart NJW **1962** 62; *Jescheck/Weigend* § 34 IV 5; *Sch/Schröder/Lenckner/Sternberg-Lieben* Rdn. 45).[970]

c) Subjektives Erfordernis, Irrtum

211   **Subjektiv** muss der Täter für einen vollen Unrechtsausschluss in **Kenntnis** der wirksamen Einwilligung handeln. Nach h.M. erscheint dieses Erfordernis als subjektives Rechtfertigungselement (*Baumann/Weber/Mitsch/Eisele* § 15 Rdn. 146; *Kühl* AT § 9 Rdn. 41; *Otto* AT § 8 Rdn. 117; *ders.* FS Geerds, 603, 620);[971] z.T. wird – in der Sache weniger überzeugend – darüber hinaus gefordert, dass der Täter die Tat auch „auf Grund" der Einwilligung begeht (*Bockelmann/Volk* § 15 C I 2c; *Eser/Burkhardt* Strafrecht I Fall 13 A Rdn. 28; *Hirsch* LK[11] Rdn. 57, 126).[972] Nach den Anhängern des Integrations- bzw. Basismodells (dazu näher Rdn. 154 ff) entfällt in Situationen, in denen der Täter die wirksame Rechtsgutspreisgabe kennt, bereits der Deliktstatbestand, so dass weder Handlungs- noch Erfolgsunrecht begründet wird. Weiß der Täter nichts von der tatsächlich vorliegenden Einwilligung, fehlt es danach am objektiven Tatbestand; da er jedoch mit vollem

---

[968] Vgl. *Mitsch* Rechtfertigung S. 506 i.V.m. 500; *Frister* 15/24; *Neumann* JA **1988** 329, 332 m. Fn. 32. Die Auffassung von *Kußmann* Einwilligung S. 203 f, der nur den Eingreifenden als Werkzeug qualifiziert, ist abzulehnen; dazu *Rönnau* Willensmängel S. 406 ff.
[969] Näher *Rönnau* Willensmängel S. 260 f. Zweifel an der Strafbarkeit unter Rückgriff auf die Grundsätze der mittelbaren Täterschaft entstehen aber, wenn der Täuschende allein den Einwilligenden kraft überlegenen Wissens beherrscht, während der Dritte Kenntnis vom Willensdefekt hat; gegen eine Strafhaftung bei fehlender Gutgläubigkeit des Vordermannes gem. § 25 Abs. 1 2. Var. *Mitsch* Rechtfertigung S. 505 f.
[970] Zum Zivilrecht vgl. *Kothe* AcP **185** (1985) 105, 139 ff. Gegen eine direkte oder analoge Heranziehung der §§ 119 ff BGB spricht vor allem, dass die Einwilligung anders als die zivilrechtliche Willenserklärung nicht auf die Erzeugung von Rechtsbindung abzielt, sondern als Akt der Freiheitsbetätigung jederzeit – auch bei mangelfreier Willensbildung – widerrufen werden kann; ausführlich zur Rechtsnatur der Einwilligung *Amelung* Willensmängel S. 13 ff; siehe auch *Rönnau* Willensmängel S. 176 ff; *Paeffgen/Zabel* NK § 228 Rdn. 24 f; **anders** *Ohly* Einwilligung S. 178 ff (zur Rechtsnatur der Einwilligung), S. 201 ff, der die Einwilligung als Rechtsgeschäft qualifiziert; *ders.* FS Jakobs, 451 ff.
[971] Ferner *Murmann* GK § 25 Rdn. 135; *Paeffgen/Zabel* NK Rdn. 113; *Sch/Schröder/Lenckner/Sternberg-Lieben* Rdn. 51; *Stratenwerth/Kuhlen* AT § 9 Rdn. 30, 148 ff; *Matt/Renzikowski/Engländer* Rdn. 22; SSW/*Rosenau* Rdn. 42.
[972] Weiterhin *Jescheck/Weigend* § 34 V; *Wessels/Beulke/Satzger* Rdn. 580; *Rengier* AT § 23 Rdn. 38. Auf ein subjektives Rechtfertigungselement verzichten etwa KG JR **1954** 428; *v. Liszt-Schmidt* AT[26] (1932) S. 218.

Tatbestandsvorsatz handelt, liegt ein untauglicher Versuch vor, der gem. den §§ 22, 23 strafbar ist (*Maurach/Zipf* § 17 Rdn. 63; *Roxin* AT I § 13 Rdn. 118; *Samson* SK⁵ Rdn. 80; zum Einverständnis so auch BGHSt **4** 199). Im umgekehrten Fall, in dem sich der Täter irrig vorstellt, es liege eine Einwilligung vor, ist nach hier vertretener Ansicht ein Tatumstandsirrtum anzunehmen, der gem. § 16 den Vorsatz ausschließt und allenfalls noch Raum für eine Fahrlässigkeitsstrafbarkeit lässt (*Maurach/Zipf* § 17 Rdn. 64; *Roxin* AT I § 13 Rdn. 118). Die h.M., die in der Einwilligung einen Rechtfertigungsgrund sieht und bei einem Erlaubnistatumstandsirrtum § 16 entsprechend anwendet, kommt zum gleichen Ergebnis (statt vieler *Kühl* AT § 9 Rdn. 41; *Sch/Schröder/Lenckner/Sternberg-Lieben* Rdn. 51).

Dagegen liegt nur ein Verbotsirrtum (§ 17) vor, wenn der Täter die Sittenwidrigkeit **212** der in Aussicht genommenen Tat unrichtig beurteilt (BGHSt **49** 166, 176 m.w. Literaturnachw.; OLG Düsseldorf NStZ-RR **1997** 325, 327; OLG Hamm JMBlNW **1964** 128, 129) oder wenn er eine unwirksame Einwilligungserklärung für wirksam hält (BGHSt **4** 113, 119; **16** 309, 313; BGH NJW **1978** 1206; BGHSt **49** 166, 176 [zust. *Stree* NStZ **2005** 40, 41]).

d) Notwendige Teilnahme und damit ein tatbestandsloses Verhalten liegt vor, **213** wenn jemand in eine Verletzung einwilligt, die zwar sein Rechtsgut betrifft, er aber nicht wirksam über das Schutzgut verfügen kann (vgl. auch *T. Walter* LK¹² Vor § 13 Rdn. 124; *Hardtung* MK § 228 Rdn. 58); z.B. willigt jemand in eine Körperverletzung ein, die wegen der Sittenwidrigkeit der Tat rechtswidrig bleibt, oder äußert das ernstliche Verlangen der Tötung. Zur notwendigen Teilnahme vgl. *Schünemann* LK²³ Vor § 26 Rdn. 30; *Sch/Schröder/Cramer/Heine* Vor § 25 Rdn. 42; jew. m.w.N.

8. Mutmaßliche Einwilligung

Schrifttum

Ahrens Geschäftsführung ohne Auftrag als Strafausschließungsgrund, Diss. Göttingen 1909; *Altenburg* Anm. zu BGH Urt. v. 11.12.2014 – 3 StR 265/14, NJW **2015** 1618; *Arndt* Die mutmaßliche Einwilligung als Rechtfertigungsgrund, Diss. Kiel 1929; *ders.* Die mutmaßliche Einwilligung, DJ **1937** 583; *Batsch* Aufwendungsersatzanspruch und Schadensersatzpflicht des Geschäftsführers im Falle berechtigter und unberechtigter Geschäftsführung ohne Auftrag, AcP **171** (1971) 218; *Bernsmann* Der Umgang mit irreversibel bewusstlosen Personen und das Strafrecht, ZRP **1996** 87; *Böcker* Die „hypothetische Einwilligung" im Zivil- und Strafrecht, JZ **2005** 925; *Boll* Strafrechtliche Probleme bei Kompetenzüberschreitungen nichtärztlicher Hilfspersonen in Notsituationen, Diss. Heidelberg 2001; *Bollweg* „Geldwechsel", Jura **1985** 605; *Brand/Seeland* Die langen (strafrechtlichen) Schatten des Rheinland-pfälzischen CDU-Landtagswahlkampfs 2006 – zugleich Anmerkung zu BGH Urt. v. 11.12.2014 – 3 StR 265/14, ZWH **2015** 258; *Corsten* Einwilligung in die Untreue sowie in die Bestechlichkeit und Bestechung, Diss. Bonn 2010 (2011); *Cortes Rosa* Die Funktion der Abgrenzung von Unrecht und Schuld im Strafrechtssystem, in Schünemann/de Figueiredo Dias (Hrsg.) Bausteine des europäischen Strafrechts, Coimbra-Symposium für Claus Roxin (1995) S. 183; *de la Mata* Zur Diskussion um den funktionalen Eigentums- und Vermögensbegriff, in Schünemann (Hrsg.) Bausteine des europäischen Wirtschaftsstrafrechts, Madrid-Symposium für Klaus Tiedemann (1994) S. 227; *de Vicente Remesal* Die mutmaßliche Einwilligung und ihre besondere Bedeutung im Rahmen einer Optionserweiterung, GA **2017** 689; *Deutsch* Das Persönlichkeitsrecht des Patienten, AcP **192** (1992) 161; *Disput* Die (mutmaßliche) Zustimmung des Rechtsgutträgers und deren Auswirkungen auf die Erfüllung des strafrechtlichen Tatbestandes, Diss. Frankfurt/M. 2009; *Dlugosz/Joerden* Zur mutmaßlichen Einwilligung bei medizinischen Eingriffen, Festschrift Swarc (2009) 467; *Dreher* Objektive Erfolgszurechnung bei Rechtfertigungsgründen, Diss. Mannheim 2003; *Duttge* Die „hypothetische Einwirkung" als Strafausschlußgrund: wegweisende Innovation oder Irrweg? Festschrift Schroeder (2006) 179; *Ebel* Die Zueignung von Geldzeichen, JZ **1983** 175; *Eichler* Handeln im Interesse des Verletzten als Rechtfertigungsgrund, Diss. Heidelberg 1931; *Engländer* Die Anwendbarkeit von § 34 StGB auf intrapersonale Interessenkollisionen, GA **2010** 15;

Erb Das Verhältnis zwischen mutmaßlicher Einwilligung und rechtfertigendem Notstand, Festschrift Schünemann (2014) 337; *Eser* Zur strafrechtlichen Verantwortlichkeit des Sportlers, JZ **1979** 368; *Fisch* Strafbarkeitsausschluß durch berechtigte Geschäftsführung ohne Auftrag, Diss. Potsdam 2000; *G. Fischer* Die mutmaßliche Einwilligung bei ärztlichen Eingriffen, Festschrift Deutsch (1999) 545; *Francuski* Prozeduralisierung im Wirtschaftsstrafrecht, Diss. Bucerius Law School Hamburg 2014; *v. Freier* Recht und Pflicht in der medizinischen Humanforschung, Habil. Hamburg 2007 (2009); *Freund* Actio illicita in causa. Ein Übel oder eine Möglichkeit, das Übel an der Wurzel zu packen? GA **2006** 267; *ders./Weiss* Zur Zulässigkeit der Verwendung menschlichen Körpermaterials für Forschungs- und andere Zwecke, MedR **2004** 315; *Fuchs* Anm. zu BGH Urt. v. 25.3.1988 – 2 StR 93/88, StV **1988** 524; *Geppert* Anm. zu BGH Urt. v. 25.3.1988 – 2 StR 93/88, JZ **1988** 1024; *Giesen* Anm. zu BGH Urt. v. 25.3.1988 – 2 StR 93/88, JZ **1988** 1030; *Gropp* Hypothetische Einwilligung im Strafrecht? Festschrift Schroeder (2006) 197; *Gribbohm* Die rechtswidrige Zueignung vertretbarer Sachen, NJW **1968** 240; *Günther* Strafrechtswidrigkeit und Strafunrechtsausschluß, Habil. Trier 1981 (1983); *Gursky* Der Tatbestand der Geschäftsführung ohne Auftrag, AcP **185** (1985) 13; *J. Häcker* Wille und Interesse bei der mutmaßlichen Einwilligung, Diss. Tübingen 1973; *Haft/Eisele* Auswirkungen des § 241a BGB auf das Strafrecht, Gedächtnisschrift Meurer (2002) 245; *Hantschel* Untreuevorsatz. Eine Untersuchung zu Begriff und Beweis des Vorsatzes bei § 266 StGB, Diss. Berlin 2009 (2010); *Heidner* Die Bedeutung der mutmaßlichen Einwilligung als Rechtfertigungsgrund, insbesondere im Rahmen des ärztlichen Heileingriffs, Diss. Göttingen 1987 (1988); *Hellmann* Die Anwendbarkeit der zivilrechtlichen Rechtfertigungsgründe im Strafrecht, Diss. Osnabrück 1986 (1987); *ders.* Risikogeschäfte und Untreuestrafbarkeit, ZIS **2007** 433; *Hilgendorf* Die Autonomie von Notfallpatienten: Überblick und Forschungsdesiderata, Festschrift Kühl (2014) 509; *v. Hippel* Die Bedeutung der Geschäftsführung ohne Auftrag im Strafrecht, Festgabe RG, Bd. V (1929) 1; *Hirsch* Rechtfertigungsfragen und Judikatur des Bundesgerichtshofs, Festgabe 50 Jahre BGH, Festgabe aus der Wissenschaft, Bd. IV: Straf- und Strafprozeßrecht (2000) 199; *Höfling* Forum: „Sterbehilfe" zwischen Selbstbestimmung und Integritätsschutz, JuS **2000** 111; *Hoyer* Anm. zu BGH Beschl. v. 25.3.1988 – 2 StR 93/88, StV **1989** 245; *ders.* Anm. zu BGH Urt. v. 4.10.1999 – 5 StR 712/98, JR **2000** 473; *Hruschka* Extrasystematische Rechtfertigungsgründe, Festschrift Dreher (1977) 189; *Hufen* Verfassungsrechtliche Grenzen des Richterrechts, ZRP **2003** 248; *Ingelfinger* Grundlagen und Grenzbereiche des Tötungsverbots, Habil. Heidelberg 2002 (2004); *Jäger* Zurechnung und Rechtfertigung als Kategorialprinzipien im Strafrecht (2006); *Jansen* Forschung an Einwilligungsunfähigen, Diss. Bonn 2014 (2015); *Kahlo* Sterbehilfe und Menschenwürde, Festschrift Frisch (2013) 711; *Kindhäuser* Gegenstand und Kriterien der Zueignung beim Diebstahl, Festschrift Geerds (1995) 655; *Knapp* Der Rechtfertigungsgrund der berechtigten Geschäftsführung ohne Auftrag, JuS **1992** 984; *Knauf* Mutmaßliche Einwilligung und Stellvertretung bei ärztlichen Eingriffen am Einwilligungsunfähigen, Diss. Düsseldorf 2005; *Köhler* Medizinische Forschung in der Behandlung des Notfallpatienten, NJW **2002** 853; *Küper* Der „verschuldete" rechtfertigende Notstand (1983); *Kuhlen* Ausschluß der objektiven Zurechnung bei Mängeln der wirklichen und der mutmaßlichen Einwilligung, Festschrift Müller-Dietz (2001) 431; *ders.* Objektive Zurechnung bei Rechtfertigungsgründen, Festschrift Roxin (2001) 331; *ders.* Ausschluss der objektiven Erfolgszurechnung bei hypothetischer Einwilligung des Betroffenen, JR **2004** 227; *ders.* Hypothetische Einwilligung und „Erfolgsrechtfertigung", JZ **2005** 713; *Kuhlmann* Einwilligung in die Heilbehandlung alter Menschen, Diss. Freiburg i.Br. 1994 (1996); *Lenckner* Die Rechtfertigungsgründe und das Erfordernis pflichtgemäßer Prüfung, Festschrift H. Mayer (1966) 165; *Lilie* Hilfe zum Sterben, Festschrift Steffen (1995) 273; *Linoh* Die mutmaßliche Einwilligung im Medizinrecht, medstra **2017** 216; *Ludwig/Lange* Mutmaßliche Einwilligung und willensbezogene Delikte – Gibt es ein mutmaßliches Einverständnis? JuS **2000** 446; *Maiwald* Der Begriff der Zueignung im Diebstahls- und Unterschlagungstatbestand, JA **1971** 579; *Magnus* Patientenautonomie im Strafrecht, Habil. Hamburg 2014 (2015); *Manuel Luzón* Vernünftige Annahme (objektiv unvermeidbarer Irrtum) und mutmaßliche Einwilligung: erlaubtes Risiko oder Straftatbestandsausschließungsgrund, GA **2006** 317; *Marlie* Zum mutmaßlichen Einverständnis, JA **2007** 112; *Marwedel* Der Pflichtwidrigkeitsvorsatz bei § 266 StGB – Jagd nach einem weißen Schimmel, ZStW **123** (2011) 548; *Merkel* Tödlicher Behandlungsabbruch und mutmaßliche Einwilligung bei Patienten im apallischen Syndrom, ZStW **107** (1995) 545; *ders.* Früheuthanasie, Habil. Frankfurt a.M. 1997; *ders.* Nichttherapeutische klinische Studien an Einwilligungsunfähigen: Rechtsethisch legitim oder verboten? in Bernat/Kröll (Hrsg.) Recht und Ethik der Arzneimittelforschung (2003) S. 171; *Mezger* Die subjektiven Unrechtselemente, GerS **89** (1924) 207; *Mitsch* Rechtfertigung und Opferverhalten, Habil. Tübingen 1991 (2004); *ders.* Rechtfertigung einer Ohrfeige – BayObLG NJW 1991 2031, JuS **1992** 289; *ders.* Die „hypothetische Einwilligung" im Arztstrafrecht, JZ **2005** 279; *ders.* Die mutmaßliche Einwilligung, ZJS **2012** 38; *Müller* Operationserweiterung, in

Roxin/Schroth (Hrsg.) Medizinstrafrecht 2.Aufl. (2001) S. 31; *Müller-Dietz* Mutmaßliche Einwilligung und Operationsverweigerung, JuS **1989** 280; *Murrmann* Untreue (§ 266 StGB) und Risikogeschäfte, Jura **2010** 561; *Nüßgens* Zur hypothetischen Einwilligung des Patienten, Festschrift Nirk (1992) 745; *Odenwald* Die Einwilligungsfähigkeit im Strafrecht unter besonderer Hervorhebung ärztlichen Handelns, Diss. Heidelberg 2003 (2004); *Ohly* „Volenti non fit iniuria". Die Einwilligung im Privatrecht, Habil. München 2001 (2002); *Otto* Die strafrechtliche Problematik der Sterbehilfe, Jura **1999** 434; *ders.* Einwilligung, mutmaßliche, gemutmaßte und hypothetische Einwilligung, Jura **2004** 679; *ders.* Patientenautonomie und Strafrecht bei der Sterbebegleitung, NJW **2006** 2217; *ders./Albrecht* Die Bedeutung der hypothetischen Einwilligung für den ärztlichen Heileingriff, Jura **2010** 264; *Paeffgen* Gefahr-Definition, Gefahr-Verringerung und Einwilligung im medizinischen Bereich, Festschrift Rudolphi (2004) 187; *Popp* Patientenverfügung, mutmaßliche Einwilligung und prozedurale Rechtfertigung, ZStW **118** (2006) 639; *Puppe* Die strafrechtliche Verantwortlichkeit für Irrtümer bei der Ausübung der Notwehr und für deren Folgen – Zugleich Bespr. des Urteils des LG München v. 10.11.1987 – Ks 121 Js 4866/86, JZ **1989** 728; *dies.* Die strafrechtliche Verantwortlichkeit des Arztes bei mangelnder Aufklärung über eine Behandlungsalternative, GA **2003** 764; *dies.* Anm. zu BGH Urt. v. 20.1.2004 – 1 StR 319/03, JR **2004** 469; *dies.* Die hypothetische Einwilligung und das Selbstbestimmungsrecht des Patienten, ZIS **2016** 366; *Riedelmeier* Ärztlicher Heileingriff und allgemeine Strafrechtsdogmatik, Diss. Düsseldorf 2004; *Rieger* Die mutmaßliche Einwilligung in den Behandlungsabbruch, Diss. München 1997 (1998); *Rönnau* Willensmängel bei der Einwilligung im Strafrecht, Habil. Kiel 1999 (2001); *ders.* Anm. zu BGH v. 15.10.2003 – 1 StR 300/03, JZ **2004** 801; *ders./Meier* Grundwissen – Strafrecht: Mutmaßliche Einwilligung, JuS **2018** 851; *Roxin* Geld als Objekt von Eigentums- und Vermögensdelikten, Festschrift H. Mayer (1966) 467; *ders.* Über die mutmaßliche Einwilligung, Festschrift Welzel (1974) 447; *ders.* Zur strafrechtlichen Beurteilung der Sterbehilfe, in Roxin/Schroth Medizinstrafrecht 4. Aufl. (2010) S. 75; *Rudolphi* Die pflichtgemäße Prüfung als Erfordernis der Rechtfertigung, Gedächtnisschrift Schröder (1978) 73; *Saliger* Sterbehilfe nach Verfahren. Betreuungs- und strafrechtliche Überlegungen im Anschluss an BGHSt **40** 257, KritV **1998** 118; *Sax* Bemerkungen zum Eigentum als strafrechtliches Schutzgut, Festschrift Laufke (1971) 321; *ders.* Tatbestand und Rechtsgutsverletzung (II), JZ **1976** 429; *Schöch* Beendigung lebenserhaltender Maßnahmen, NStZ **1995** 153; *ders.* Offene Fragen zur Begrenzung lebensverlängernder Maßnahmen, Festschrift Hirsch (1999) 693; *Schramm* Untreue und Konsens, Diss. Tübingen 2004 (2005); *Schroth* Die berechtigte Geschäftsführung ohne Auftrag als Rechtfertigungsgrund im Strafrecht, JuS **1992** 476; *ders.* Die strafrechtliche Verantwortlichkeit des Arztes bei Behandlungsfehlern, in Roxin/Schroth (Hrsg.) Medizinstrafrecht 4.Aufl. (2010) S. 125; *Sowada* Die hypothetische Einwilligung im Strafrecht, NStZ **2012**, 1; *Späth* Rechtfertigungsgründe im Wirtschaftsstrafrecht, Diss. Bucerius Law School Hamburg 2014 (2016); *Sternberg-Lieben* Strafbarkeit des Arztes bei Verstoß gegen ein Patienten-Testament, NJW **1985** 2734; *ders.* Objektive Schranken der Einwilligung im Strafrecht, Habil. Tübingen 1997; *ders.* Selbstbestimmtes Sterben: Patientenverfügung und gewillkürte Stellvertretung, Festschrift Lenckner (1998) 349; *ders.* Begrenzung lebensverlängernder Maßnahmen aus strafrechtlicher Sicht – juristischer statt ärztlicher Paternalismus? Festschrift Eser (2005) 1185; *ders.* Gesetzliche Anerkennung der Patientenverfügung: offene Fragen im Strafrecht, insbesondere bei Verstoß gegen die prozeduralen Vorschriften der §§ 1901a ff BGB, Festschrift Roxin (2011) 537; *Sturm* Die hypothetische Einwilligung im Strafrecht, Diss. Bucerius Law School Hamburg 2016; *Tachezy* Mutmaßliche Einwilligung und Notkompetenz in der präklinischen Notfallmedizin, Diss. Göttingen 2007 (2009); *Taupitz* Die mutmaßliche Einwilligung bei ärztlicher Heilbehandlung – insbesondere vor dem Hintergrund der höchstrichterlichen Rechtsprechung des Bundesgerichtshofs, Festgabe 50 Jahre BGH, Festgabe aus der Wissenschaft, Bd. I: Bürgerliches Recht (2000) 497; *Thiel* Die Konkurrenz von Rechtfertigungsgründen, Diss. Göttingen 1999 (2000); *Tiedemann* Die mutmaßliche Einwilligung, insbesondere bei Unterschlagung amtlicher Gelder, JuS **1970** 108; *Trück* Mutmaßliche Einwilligung und passive Sterbehilfe durch den Arzt, Diss. Tübingen 1999 (2000); *Tsagkaraki* Die Bildung der sog. „schwarzen Kassen" als strafbare Unterue gemäß § 266 StGB, Diss. München 2012 (2013); *Ulsenheimer* Verletzung der ärztlichen Aufklärungspflicht, Anm. zu BGH Urt. v. 29.6.1995 – 4 StR 760/94, NStZ **1996** 132; *ders.* Arztstrafrecht in der Praxis, 5. Aufl. (2015); *G. Unger* Die Zueignung von Geld und der allgemeine Unrechtsausschließungsgrund des „nicht schutzwürdigen Interesses", Diss. Tübingen 1973; *Verrel* Selbstbestimmung contra Lebensschutz, JZ **1996** 224; *Vogel* Die versuchte passive Sterbehilfe, MDR **1995** 337; *Wasserburg* Anm. zu BGH Urt. v. 4.10.1999 – 5 StR 712/98, StV **2004** 373; *Waßmer* Untreue bei Risikogeschäften, Diss. Heidelberg 1996 (1997); *Weber* Zur strafrechtsgestaltenden Kraft des Zivilrechts, Festschrift F. Baur (1981) 133; *Weitzel* Anm. zu BGH Urt. v. 14.7.1988 – V ZR 308/86, JZ **1988** 1022; *Wollschläger* Die Geschäftsführung ohne Auftrag, Habil. Göttingen 1976; *Yoshida* Zur materiellen Legitimation der mutmaß-

lichen Einwilligung, Festschrift Roxin (2001) 401; *Zabel* Die Einwilligung als Bezugspunkt wechselseitiger Risikoverantwortung, GA **2015** 219; *Zielinski* Handlungs- und Erfolgsunwert im Unrechtsbegriff, Diss. Bonn 1972 (1973); *Zipf* Einwilligung und Risikoübernahme im Strafrecht (1970); *Zitelmann* Ausschluß der Widerrechtlichkeit, AcP **99** (1906) 1.
S. außerdem das Schrifttum Vor Rdn. 146.

214 **a) Grundsätzliches.** Kann in Fällen einer rechtlich zulässigen, aber tatsächlich fehlenden oder unwirksamen (richtig *Linoh* medstra **2017** 216, 217) Einwilligung eine Entscheidung des Einwilligungsberechtigten nicht eingeholt oder abgewartet werden, ist Rechtfertigung aufgrund des gewohnheitsrechtlich anerkannten Rechtfertigungsgrundes der mutmaßlichen Einwilligung möglich (BVerfG NJW **2002** 2164, 2165; BGHSt **16** 309, 312; **35** 246, 249; **40** 257, 263; **45** 219, 221).[973] Die mutmaßliche Einwilligung bildet einen *eigenständigen* Rechtfertigungsgrund, nicht lediglich einen Unterfall des rechtfertigenden Notstands (BVerfG NJW **2002** 2164, 2165; BGHSt **35** 246, 249; **45** 219, 221; *Roxin* AT I § 18 Rdn. 6).[974] Sie wurzelt im Selbstbestimmungsrecht des Rechtsgutsinhabers und erweitert unter bestimmten Bedingungen die tatsächliche und rechtliche Reichweite der Einwilligung.[975] Es geht bei ihr darum, dass gemäß dem im Zeitpunkt der Handlung zu

---

[973] Weiter RGSt **25** 375, 382; **61** 242, 256; *Jescheck/Weigend* § 34 VII 1; *Roxin* AT I § 18 Rdn. 1 ff; *Jansen* Forschung an Einwilligungsunfähigen S. 295; *Sch/Schröder/Lenckner/Sternberg-Lieben* Rdn. 54; *Fischer* Rdn. 4 m.w.N.; im Überblick *Rönnau* JuS **2018** 851 ff; **h.M.** In der Rspr. auch OLG Düsseldof NZV **1991** 77; BayObLG JZ **1983** 268; OLG Frankfurt/M. MDR **1970** 694, 695; BGHZ **29** 46, 52 u. 176, 185; BGH(Z) NJW **1966** 1855; RGZ **68** 431; **151** 349, 354; **163** 129, 138; zu jüngeren Judikaten im Kontext der Sterbehilfe vgl. Rdn. 225 f. **Anders** allein *Schmidhäuser* StuB 6/86 ff, 92 (stattdessen für Rechtfertigung aufgrund „dringlichen Interesses des Verletzten"). Zum polnischen Recht *Dlugosz/Joerden* FS Szwarc, 467 ff. Mittlerweile ist die mutmaßliche Einwilligung für den Bereich medizinischer Maßnahmen kodifiziert in § 630d Abs. 1 Satz 4 BGB (eingeführt durch das Patientenrechtegesetz vom 20.2.2013 [BGBl. I 277] m. W. zum 26.2.2013).
[974] Ebenso Baumann/Weber/*Mitsch*/Eisele § 15 Rdn. 147; *Disput* Zustimmung S. 89 ff; *Erb* FS Schünemann, 337, 338 ff; *Fischer* Rdn. 4; *Geppert* JZ **1988** 1024, 1025; *Hörr* Passive Sterbehilfe S. 204; *Hruschka* FS Dreher, 189, 205; *Kindhäuser* LPK Rdn. 51; *Kühl* AT § 9 Rdn. 46; *Linoh* medstra **2017** 216, 218 f; *Matt/Renzikowski/Engländer* Rdn. 23; *Merkel* Früheuthanasie S. 322 ff; *Müller-Dietz* JuS **1989** 280, 281; *Neumann* NK § 34 Rdn. 19; *Paeffgen/Zabel* NK Rdn. 158; *Puppe* ZIS **2016** 366, 368; *Samson* SK[5] Rdn. 83; *Sch/Schröder/Lenckner/Sternberg-Lieben* Rdn. 54; *Schramm* Untreue S. 239; *Sternberg-Lieben* Objektive Schranken S. 206 f; *Tachezy* Mutmaßliche Einwilligung S. 42 f; *Thiel* Konkurrenz S. 96; *Wessels/Beulke/Satzger* Rdn. 582; *Yoshida* FS Roxin, 401, 404; **anders** – da Anhänger der „Notstandstheorie" bzw. eines objektiven Ansatzes – etwa *Bockelmann*[3] § 15C II, *Welzel* Strafrecht § 14 V und *Zipf* Einwilligung S. 53; einschränkend *Günther* Strafrechtswidrigkeit S. 351 f: nur Strafunrechtsausschließungsgrund; ebenso *Schlehofer* MK Rdn. 190 ff; *Maurach/Zipf* § 28 Rdn. 4 ff (dazu *J. Häcker* Wille und Interesse S. 275 f). *Otto* AT § 8 Rdn. 129 ff; *ders.* Jura **1999** 434, 435 f; *ders.* Jura **2004** 679, 681 f; *ders.* NJW **2006** 2217, 2219 f; *ders/Albrecht* Jura 2010 264, 269 differenziert zwischen gemutmaßter Einwilligung (Rechtfertigungsmaßstab: Wille des Betroffenen) und mutmaßlicher Einwilligung, die nach Notstandsregeln zu behandeln sei. Worin allerdings die „Gefahr" der gemeinsamen Abhandlung unter dem Begriff der mutmaßlichen Einwilligung liegen soll (so in Jura **1999** 435 und Jura **2004** 682), ist unerfindlich, da gerade die h.M. bestreit ist, sich am hypothetischen Willen des *Berechtigten* und nicht an allgemeinen Vernunftsüberlegungen zu orientieren; **krit.** auch *Disput* Zustimmung S. 94 ff. Für Tatbestandsausschluss *Hoyer* SK Rdn. 34 f; dagegen *Paeffgen/Zabel* Rdn. 157 m. Fn. 816.
[975] S. nur *Murmann* GK § 25 Rdn. 143; *Hörr* Passive Sterbehilfe S. 210 f; *Paeffgen/Zabel* NK Rdn. 157 m.w.N. *Merkel* (in Bernat/Kröll S. 171, 183 f; *ders.* ZStW **107** [1995] 545, 563 f) hält zumindest bei fremdnütziger Forschung an Kleinkindern, die niemals einwilligungsfähig waren, den Rekurs auf eine mutmaßliche Einwilligung für bloße Fiktion; zu fragen sei vielmehr nach guten Gründen für den Eingriff; zust. *v. Freier* Humanforschung S. 32 f. *Linoh* (medstra **2017** 216, 220 ff) stuft im (engen) Anwendungsbereich der mutmaßlichen Einwilligung die Entscheidungen der Akteure (Ärzte usw.) als „reinen Akt der Fremdbestimmung" ein und schlägt wegen der „Illusion der Selbstbestimmung" einen Begriffswechsel auf „interessengerechte Entscheidung" vor. Mir scheint das überzogen, da hier bei der Bindung des Wahrscheinlichkeitsurteils (Wie hätte der Rechtsgutsinhaber wohl entschieden?) leicht die Notwendigkeit

erwartenden Willen des nicht mehr rechtzeitig befragbaren Einwilligungsberechtigten gehandelt wird. Anders als beim rechtfertigenden Notstand kommt es für sie nicht auf eine objektive Interessen- und Güterabwägung an; entscheidend ist vielmehr der hypothetische *Wille* des Betroffenen (näher zum Legitimationsgrund der mutmaßlichen Einwilligung [gerade auch in Abgrenzung zu § 34] *Erb* FS Schünemann, 337, 339 ff). Lediglich bei der Ermittlung dieses hypothetischen Willens kann die Interessenabwägung ein Hilfsmittel sein (BGHSt **35** 246, 249f; **40** 257, 263; **45** 219, 221; *Roxin* FS Welzel, 447 ff; *ders.* AT I § 18 Rdn. 5).[976] Der rechtfertigende Notstand betrifft Fälle, in denen ein Eingriff ohne Rücksicht auf den entgegenstehenden Willen des Betroffenen zulässig ist oder das bloße Einverstandensein für sich allein nicht genügt, weshalb seine strengen Eingriffsvoraussetzungen in Fällen mutmaßlicher Einwilligung nicht passen. Die Einordnung in den Notstandsbereich liefe darauf hinaus, dass es auf den mutmaßlichen Willen gar nicht ankäme, sondern die Interessenabwägung den Ausschlag geben würde. Die Abwesenheit oder Entscheidungsunfähigkeit des Einwilligungsberechtigten im Handlungszeitpunkt kann aber nicht dazu berechtigen, dem Willen des augenblicklich nicht befragbaren Rechtsgutsträgers entgegenzuhandeln (RGSt **25** 375, 382; *Roxin* FS Welzel, 447, 451f). Auch versagt der rechtfertigende Notstand, wo es nicht um die Rettung eines Rechtsguts, sondern um die mutmaßliche Preisgabe einer Sache zugunsten des Täters oder eines Dritten geht (*Jescheck/Weigend* § 34 VII 1b).

Engere Berührungspunkte hat die rechtfertigende mutmaßliche Einwilligung mit der berechtigten **Geschäftsführung ohne Auftrag** gemäß den §§ 677ff BGB,[977] der bei Eingriffen in Rechtsgüter des Geschäftsherrn nach ganz überwiegender Meinung im Zivilrecht ebenfalls rechtfertigende Wirkung zukommt (RGZ **149** 205, 206; **151** 349, 354f; BGH LM Nr. 2 zu § 683 BGB; *Schäfer* MK-BGB § 677 Rdn. 90; jew. m.w.N.).[978] Beide Rechtsinstitute bemühen sich in der Sache „um einen Ausgleich zwischen der für das Zusammenleben einer Gemeinschaft förderlichen Begünstigung freiwilliger und uneigennütziger Hilfe seitens des Geschäftsführers einerseits und dem Schutz des Geschäftsherrn vor ungebetener Einmischung in dessen Angelegenheiten andererseits" (*Fisch* Geschäftsführung ohne Auftrag S. 149 m. Nachw. aus dem Zivilrecht; für das Strafrecht *Samson* SK[5] Rdn. 83).[979] Sie sind in ihrem Einzugsbereich aber nicht völlig identisch. Die berechtigte Geschäftsführung ohne Auftrag hat im Regelfall strengere Voraussetzungen. Da es bei ihr vornehmlich um den Aufwendungsersatzanspruch geht, wird in § 683 BGB nicht allein auf den mutmaßlichen Willen, sondern kumulativ auf Interesse und Willen abgestellt.[980] Außerdem ist das Inte- **215**

---

der – sofern möglich – unbedingten Orientierung am Gutsinhaberwillen verlorengeht und letztlich Notstandserwägungen zum Tragen kommen (könnten).

976 *Taupitz* FG BGH I, 497, 507 ff geht für die mutmaßliche Einwilligung bei ärztlicher Heilbehandlung von einer zweistufigen Prüfung aus: Objektive Interessenabwägung (1. Schritt) unter subjektivem Korrekturvorbehalt (2. Schritt). Daraus ergibt sich die der Patientenautonomie abträgliche Folge: „Äußerungslast" des Rechtsgutsinhabers!

977 Zur Verankerung der mutmaßlichen Einwilligung in der berechtigten Geschäftsführung ohne Auftrag s. nur *Deutsch* AcP **192** (1992) 161, 168.

978 Weiter *Erman/Dornis* Vor § 677 Rdn. 30; *Steffen* RGRK Vor § 677 Rdn. 82; *Larenz* Schuldrecht II/1 13. Aufl. (1986) § 57 I b; **abw.** *Wollschläger* Geschäftsführung S. 271 ff; *Seiler* MK-BGB[4] Vor § 677 Rdn. 17; auch *Batsch* AcP **171** (1971) 218, 223 ff; *Thole* BeckOGK-BGB § 677 Rdn. 64.

979 Vor der umfassenden Anerkennung der mutmaßlichen Einwilligung als Rechtsfigur akzeptierten auch viele für das Strafrecht die berechtigte Geschäftsführung ohne Auftrag als Rechtfertigungsgrund; für eine unmittelbare Anwendung der §§ 677 ff BGB etwa *Zitelmann* AcP **99** (1906) 1, 104 f; *Rob v. Hippel* FS RG V, 1 ff; für Analogie *Welzel* Strafrecht § 14 V; weitere Nachw. zum älteren Schrifttum bei *Fisch* Geschäftsführung ohne Auftrag S. 122 f.

980 Hierzu *Schäfer* MK-BGB § 677 Rdn. 114 f; für das Strafrecht auch *Baumann/Weber* AT[9] § 21 II 5b; *Jakobs* 15/16 (m. Fn. 18), 15/17; **dagegen** *Roxin* AT I § 18 Rdn. 7 f.

resse an der Übernahme der Geschäftsführung anhand der objektiven Interessenlage des Geschäftsherrn zum Zeitpunkt der Übernahme zu beurteilen.[981] Ausnahmsweise reicht der Anwendungsbereich der berechtigten Geschäftsführung ohne Auftrag über die mutmaßliche Einwilligung hinaus, insbesondere in Fällen des § 679 BGB (i.V.m. §§ 677, 683 Satz 2 BGB); – zur fehlenden praktischen Bedeutung dieser Vorschrift *Fisch* Geschäftsführung ohne Auftrag S. 115 m.w.N.[982] Dieser zu Recht als „Fremdkörper" im Recht der Geschäftsführung ohne Auftrag etikettierte Sondertatbestand (so *Gursky* AcP **185** [1985] 13, 24; *Ohly* Einwilligung S. 223f; *Knauf* Mutmaßliche Einwilligung S. 96)[983] rechtfertigt eine Geschäftsführung auch gegen den Willen des Geschäftsherrn, „wenn ohne die Geschäftsführung eine Pflicht des Geschäftsherrn, deren Erfüllung im öffentlichen Interesse liegt, oder eine gesetzliche Unterhaltspflicht des Geschäftsherrn nicht rechtzeitig erfüllt werden würde". Im Strafrecht wird § 679 BGB, darüber hinaus aber den §§ 677 ff BGB insgesamt als Rechtfertigungsgrund ganz überwiegend jede Bedeutung abgesprochen, da die Kollisionslage vorrangig unter Rückgriff auf die mutmaßliche Einwilligung oder § 34 aufzulösen sei; zudem hätten diese Vorschriften gegenüber den Rechtfertigungsgründen des Strafrechts eine andere Funktion: Die Geschäftsführung ohne Auftrag regele nur den internen Schadens- und Aufwendungsausgleich, nicht aber die Voraussetzungen des Eingriffs in fremde Rechtsgüter (vgl. *Hirsch* LK[11] Rdn. 130; *Jescheck/Weigend* § 34 VII 2).[984] Das letzte Argument kann schon deshalb nicht überzeugen, weil es ausgeschlossen erscheint, dass der Gesetzgeber einem Geschäftsführer für eine strafbare Tat Ansprüche auf Aufwendungsersatz zugesteht (zutreffend *Schroth* JuS **1992** 476, 477; *Rieger* Mutmaßliche Einwilligung S. 69; auch *Hellmann* Zivilrechtliche Rechtfertigungsgründe S. 176). Der h.M. ist darüber hinaus allerdings zuzugeben, dass sich viele Fälle der berechtigten Geschäftsführung ohne Auftrag problemlos und sachgerecht mit Hilfe der (mutmaßlichen) Einwilligung oder des rechtfertigenden Notstandes lösen lassen. Das gilt selbst für Konstellationen, die zivilrechtlich dem § 679 BGB zuzuordnen wären. Drohen etwa von beweglichen oder unbeweglichen Sachen des Geschäftsherrn gegenwärtige Gefahren für Rechtsgüter des Geschäftsführers oder Dritten, darf der Geschäftsführer zur Gefahrenabwehr diese beeinträchtigen, ohne dass es auf den Willen des Eigentümers oder sonst Berechtigten ankäme (*Hellmann* Zivilrechtliche Rechtfertigungsgründe S. 179; *Fisch* Geschäftsführung ohne Auftrag S. 112). An ihre Grenzen stößt die Möglichkeit der Rechtfertigung unter Hinweis auf die anerkannten strafrechtlichen Rechtfertigungsgründe jedoch im viel zitierten Beispiel des Bankangestellten, der gegen den Willen des sich auf einer Weltreise befindenden Kunden aus dessen Konto seine gesetzlichen Unterhaltspflichten erfüllt. Wer hier einen Unrechtsausschluss durch be-

---

981 Vgl. im Anschluß an den Wortlaut des § 683 BGB *Erman/Dornis* § 683 Rdn. 3 ff; *Staudinger/Bergmann* Vor § 683 Rdn. 34 m.w.N.
982 Ebenso *Lackner/Kühl/Kühl* Rdn. 9; *Hellmann* Zivilrechtliche Rechtfertigungsgründe S. 177. Zu weiteren Konstellationen auftragsloser Geschäftsführung, die durch die anerkannten strafrechtlichen Rechtfertigungsgründe nicht erfasst werden, s. *Fisch* Geschäftsführung ohne Auftrag S. 75 ff. Das Bedürfnis nach Rechtfertigung durch die §§ 677 ff BGB hängt dabei naturgemäß von den Anforderungen ab, die an die mutmaßliche Einwilligung gestellt werden.
983 S. auch *Bergmann* Die GoA als Subordinationsverhältnis, Habil. Saarbrücken 2009 (2010) S. 418; *Brennecke* Ärztliche Geschäftsführung ohne Auftrag, Diss. Köln 2008/2009 (2010) S. 157.
984 Weiter *Mitsch* JuS **1992** 289, 290 (offengelassen in Baumann/Weber/*Mitsch*/Eisele § 15 Rdn. 147; auch *ders*. ZJS **2012** 38, 39 [dort allerdings die Beachtung des Grundsatzes der Einheit der Rechtsordnung anmahnend]); zudem *Paeffgen/Zabel* NK Rdn. 157; *Sch/Schröder/Lenckner/Sternberg-Lieben* Rdn. 55; *Tachezy* Mutmaßliche Einwilligung S. 71; *Fischer* Rdn. 4; *Disput* Zustimmung S. 92 f, 174 ff; im Ergebnis ebenso *Hellmann* Zivilrechtliche Rechtfertigungsgründe S. 172 ff; **krit.** auch *Sternberg-Lieben* Objektive Schranken S. 209 m. Fn. 47; *Knapp* JuS **1992** 984.

rechtigte Geschäftsführung ohne Auftrag gem. den §§ 677, 683 Satz 2, 679 BGB ablehnt,[985] bricht mit dem nahezu allgemein anerkannten Grundsatz, dass strafrechtlich nicht verboten sein kann, was zivil- (oder öffentlich-)rechtlich erlaubt ist (vgl. *Roxin* AT I § 14 Rdn. 32; *Günther* SK[7] Rdn. 60; jew. m.w.N.; einschränkend *Hellmann* Zivilrechtliche Rechtfertigungsgründe S. 100). Die ultima-ratio-Funktion des Strafrechts sowie das Postulat der Widerspruchsfreiheit der Gesamtrechtsordnung fordern die Anerkennung der zivilrechtlichen Erlaubnissätze im Strafrecht (*Haft/Eisele* GedS Meurer, 245, 255f; *Roxin* AT I § 18 Rdn. 9 [**anders** noch *ders.* FS Welzel, 447, 452]; *Schroth* JuS **1992** 476, 479 f).[986] Ein anderes Ergebnis (Strafbarkeit des Geschäftsführers) ließe sich hier allenfalls erzielen, wenn man entgegen der herrschenden Zivilrechtsdogmatik der berechtigten Geschäftsführung ohne Auftrag die Rechtfertigungswirkung abspricht.[987] – Zur strafrechtlichen Bedeutung der *Genehmigung* einer auftragslosen Geschäftsführung (§ 684 Satz 2 BGB) s. ausführlich *Fisch* Geschäftsführung ohne Auftrag S. 227 ff; auch *Knauf* Mutmaßliche Einwilligung S. 99.

Bei der mutmaßlichen Einwilligung geht es – anders als bei der tatsächlich erteilten Einwilligung – **stets nur um Rechtfertigung,** da das Entfallen bestimmter Tatbestandsmerkmale nur bei tatsächlichem Einverständnis in Betracht kommt (*Jescheck/Weigend* § 34 VII 1b; *Roxin* FS Welzel, 447, 449 m. Fn. 12; *Krey/Hellmann/Heinrich* BT 2 Rdn. 60; *Mitsch* BT 2 S. 47 ff). Wer also zur Abwendung drohender Schäden aus einem Wasserrohrbruch die fremde Wohnung des abwesenden Nachbarn betritt, ist hinsichtlich des Hausfriedensbruchs (§ 123) unter dem Gesichtspunkt der mutmaßlichen Einwilligung gerechtfertigt.[988] Dagegen wollen *Ludwig/Lange* JuS **2000** 446, 447 ff (zust. *Fischer* Rdn. 4a; auch *Heinrich* Rdn. 478a)[989] Fälle dieser Struktur losgelöst von der allgemeinen Einwilligungslehre bereits durch wortlautgetreue Auslegung der tatbestandsmäßigen Handlung und damit auf Tatbestandsebene lösen.[990] Bei Delikten wie §§ 123, 242, 248b, deren Tatbestand nach der gesetzlichen Umschreibung einen entgegenste- 216

---

985 *Jescheck/Weigend* § 34 VII 2, *Jakobs* 15/18 und *Hellmann* Zivilrechtliche Rechtfertigungsgründe S. 181 wollen hier wegen § 266 oder § 246 strafen; nach *Schramm* Untreue S. 238 f ist in diesem Fall mangels Schaden schon der Untreuetatbestand nicht gegeben.
986 Weiterhin für einen eigenständigen Rechtfertigungsgrund aus berechtigter Geschäftsführung ohne Auftrag *Weber* FS Baur, 133, 139 f; *Günther* Strafrechtswidrigkeit S. 364f; *ders.* SK[7] Rdn. 60; *Schlehofer* MK Rdn. 120; *Schramm* Untreue S. 327 f: § 679 BGB hat gewisse Relevanz für § 266; *Stratenwerth/Kuhlen* AT § 9 Rdn. 42, *Corsten* Einwilligung S. 54 f; *Rieger* Mutmaßliche Einwilligung S. 70 m. Fn. 351 und SSW/*Rosenau* Rdn. 44 – alle drei jedenfalls für § 679 BGB; auch *Lackner/Kühl/Kühl* Rdn. 9, *Joecks/Jäger* Rdn. 37 und *Boll* Strafrechtliche Probleme S. 104 f; ausführlich und differenzierend zur strafrechtlichen Relevanz *Fisch* Geschäftsführung ohne Auftrag passim.
987 So etwa *Seiler* MK-BGB[4] Vor § 677 Rdn. 17; *Staudinger/Bergmann* Vor § 677 Rdn. 99, 245; *Wollschläger* Geschäftsführung S. 271 ff. Nach *Hellmann* Zivilrechtliche Rechtfertigungsgründe S. 180 f, 193 f spricht die besondere Funktion des § 679 BGB im Zivilrecht gegen dessen Anerkennung als Rechtfertigungsgrund. Zur Anwendung des § 679 BGB im Kontext des ärztlichen Eingriffs s. *Knauf* Mutmaßliche Einwilligung S. 96 f.
988 Zumindest im Bereich der Vermögensdelikte für Tatbestandsausschluss aber *de la Mata* in Madrid-Symposium S. 227, 232; differenzierend *Schramm* Untreue S. 234 f (zu § 266); auch *Manuel Luzón* GA **2006** 317 ff und de *Vicente Remesal* GA **2017** 689, 693 f.
989 Weiterhin *Odenwald* Einwilligungsfähigkeit S. 228 m. Fn. 1196.
990 In Anpassung an die in der (noch) herrschenden Einwilligungslehre gängige Dogmatik differenziert *Disput* Zustimmung S. 96 ff, 149 ff zwischen tatbestandsschließendem mutmaßlichen Einverständnis und rechtfertigender mutmaßlicher Einwilligung unter Hinweis darauf, dass der für die Entlastung des Eingreifenden in beiden Situationen maßgebliche Wille des Rechtsgutsinhabers sich nur unterschiedlich auswirke (eben auf Tatbestands- oder Rechtswidrigkeitsebene). Sie überspielt dabei allerdings die Strukturunterschiede zwischen der tatsächlichen und der mutmaßlichen Einwilligung, die sich bei der mutmaßlichen Einwilligung insbesondere in der im Zusammenwirken von Tatbestand und Rechtfertigung aufzulösenden Konfliktlage zeigen. Letztlich ist die Problematik aber für eine Ansicht, die – wie hier – der Lehre von den negativen Tatbestandsmerkmalen nahesteht (dazu Rdn. 12 ff), von untergeordneter Bedeutung.

henden Willen des Berechtigten voraussetze (sog. Willensbezogenen oder auch Willensbruchdelikte), komme es schon für die Tatbestandsmäßigkeit des Verhaltens darauf an, ob ein (ausdrücklich oder konkludent) erklärter oder mutmaßlich entgegenstehender Wille bestehe. Nur wenn dies festgestellt werde, könne aus dem grundsätzlich erlaubten Verhalten ein straftatbestandsmäßiges werden. Verwaltungsrechtlich lasse sich dies mit einer „Erlaubnis mit Verbotsvorbehalt" – in Abgrenzung zum „repressiven Verbot mit Befreiungsvorbehalt" – vergleichen (*Ludwig/Lange* JuS **2000** 446, 450). Dieser Lösungsansatz übersieht zumindest zweierlei: *Zunächst* kann schon die zur Begründung herangezogene Parallele zu Rechtsfiguren des Verwaltungsrechts nicht überzeugen. Anders als die Verfasser meinen, ist das Betreten der durch § 123 geschützten Räume nicht schon „vom Grundsatz her gestattet, stellt also eine (erlaubte) Betätigung dar", die erst dann den Charakter eines pönalisierten „Eindringens" erhält, wenn ein entgegenstehender Wille des Berechtigten geäußert wurde oder zu mutmaßen ist. Vielmehr ist jeglicher Aufenthalt in diesen Räumen, der „ohne den Willen" des Berechtigten erfolgt, verboten. Der Gesetzgeber hat durch § 123 dem Hausrechtsinhaber einen für die personale Entfaltung besonders wichtigen Schutzbereich abgeschirmt (vgl. auch Art. 13 GG), über dessen Betreten er selbst bestimmen können soll. Wer wie *Ludwig/Lange* den Aufbau des Strafrechtsschutzes an den erklärten oder zumindest gemutmaßten Willen des Berechtigten knüpft, bricht mit einer bewährten Gesetzgebungstechnik, wonach der Gesetzgeber zunächst abstrakt-generell und damit unabhängig vom – häufig fehlenden – Individualwillen wertvolle Rechtsgüter durch Straftatbestände schützt und der Rechtsgutsinhaber durch eine Einwilligung nur im Einzelfall von der Beachtung des Verbots dispensieren kann.[991] Muss sich stattdessen der Individualrechtsgutsinhaber durch Bildung eines entgegenstehenden Willens im Ausgangspunkt selbst um den Strafrechtsschutz kümmern, wird unter Inkaufnahme erheblicher Schutzlücken die Entlastungsfunktion des Strafrechts in ihr Gegenteil verkehrt; zudem werden die betroffenen Individualrechtsgüter ein Stück weit sozialisiert. Diese Ansicht führt weiterhin zwangsläufig dazu, dass der entgegenstehende Wille zur Vermeidung von Schutzlücken durch Fiktionen ersetzt wird.[992] Nicht ohne Grund werden (Tatbestands-)Merkmale wie „eindringen" (§ 123) oder Gewahrsamsbruch (§ 242) definiert als „Handeln gegen oder ohne den Willen des Berechtigten".[993] *Zweitens* blendet dieser Erklärungsansatz völlig die Grundsituation aus, die die ganz h.M. dazu führt, auch bei willensbezogenen Delikten das Täterhandeln auf den Rechtfertigungsgrund der mutmaßlichen Einwilligung zu stützen: der mögliche Widerstreit von gemutmaßtem und tatsächlich entgegenstehendem Willen.[994]

217 **b)** Die **rechtfertigende Kraft** der mutmaßlichen Einwilligung beruht darauf, dass hier dem hypothetischen *Willen* des an der rechtzeitigen Entscheidung gehinderten Einwilligungsberechtigten gemäß gehandelt wird (*Hirsch* LK[11] Rdn. 132; ebenso BGHSt **35** 246, 249; **45** 219, 221; BayObLG JZ **1983** 268; GenStA Nürnberg NStZ **2008** 344, 345).[995] Die

---

991 Vgl. dazu *Rönnau* Willensmängel S. 63 f.
992 Deutlich bei *Ludwig/Lange* JuS **2000** 446, 449 m. Fn. 39: „Auch bei § 248b StGB lässt sich – wie beim Hausrecht nach § 123 StGB – auf die Typizität des Willens des Berechtigten abstellen".
993 Näher *Rönnau* Willensmängel S. 65 ff.
994 Wie hier *Paeffgen/Zabel* NK Rdn. 159 m. Fn. 828; *Mitsch* ZJS **2012** 38 m. Fn. 7; *Rengier* AT § 23 Rdn. 48; ausführlicher *Marlie* JA **2007** 112, 115 ff und *Disput* Zustimmung S. 64 ff; **krit.** auch *Schramm* Untreue S. 234 m. Fn. 48; ein *mutmaßliches Einverständnis* ebenfalls ablehnend *Jescheck/Weigend* § 34 VII 1b; *Krey/Esser* Rdn. 677; *Wessels/Beulke/Satzger* Rdn. 560; *Jäger* AT Rdn. 135 m.w.N.
995 Weiter *G. Fischer* FS Deutsch, 545, 548 ff; *Hörr* Passive Sterbehilfe S. 210; *Knauf* Mutmaßliche Einwilligung S. 66; *Roxin/Schroth/Schroth* S. 21, 40; *Murmann* GK § 25 Rdn. 143; *Wessels/Beulke/Satzger* Rdn. 571; *Stratenwerth/Kuhlen* AT § 9 Rdn. 35; *Hilgendorf* FS Kühl, 509, 514; **anders** *Taupitz* FG BGH I, 497, 507 ff, der

durch mutmaßliche Einwilligung aufzulösende Kollisionslage kann sich hier einmal daraus ergeben, dass – wie sich später herausstellt – der wirkliche Wille des Rechtsgutsträgers verfehlt wurde. Gleiches gilt, wenn der Eingriff letztlich dem Willen des Berechtigten entspricht. Denn für die Rechtfertigung kommt es nicht auf diesen Umstand, sondern auf die sachgemäße Erforschung des mutmaßlichen Willens im Eingriffszeitpunkt (ex ante) an, in dem eine tatsächliche Rechtsgutspreisgabe nicht vorgelegen hat (*Mitsch* ZJS 2012 38, 42).[996] Demgegenüber wird im Schrifttum teilweise die Auffassung vertreten, dass die Grundlage in der Kombination mehrerer Gesichtspunkte zu sehen sei: nämlich in der von Interesse und Willen des Betroffenen (*Welzel* Strafrecht § 14 V; *Baumann/Weber* AT[9] § 21 II 5b; *Jakobs* 15/16 m. Fn. 18) oder in der von Interesse, Willen und erlaubtem Risiko (*Jescheck/Weigend* § 34 VII 2; *Lenckner* FS H. Mayer, 165, 181).[997] Für die Kombination von Interesse und Willen scheint der beide Gesichtspunkte nebeneinander anführende Wortlaut des § 683 BGB zu sprechen. Jedoch erklären sich die mit der Aufnahme des Interessengesichtspunkts dort folgenden strengeren Voraussetzungen aus dem andersartigen Regelungsziel der Vorschrift (vgl. Rdn. 215). Von mutmaßlicher Einwilligung kann dagegen nur die Rede sein, wenn der hypothetische Wille des Berechtigten das ausschlaggebende Kriterium bildet (vgl. insoweit auch *Roxin* AT I § 18 Rdn. 5; *Sch/Schröder/Lenckner/Sternberg-Lieben* Rdn. 56 ff; *Kühl* AT § 9 Rdn. 47). Das Interesse (etwa eines verständigen Patienten) stellt lediglich einen wichtigen Gesichtspunkt bei der Ermittlung dieses hypothetischen Willens dar (zust. BGHSt **35** 246, 249; **40** 257, 263; **45** 219, 221 m.w.N.). Würde dagegen das Interesse zu einer selbständigen Voraussetzung neben dem wahren Willen erhoben, bestünde die Gefahr seiner Überspielung. Mit der hier liegenden Ausblendung der Autonomie des Einzelnen würde der Boden der Einwilligungslehre[998] verlassen und der Unterschied zwischen diesem am Willen orientierten Bereich und dem an der Interessenabwägung ausgerichteten Notstand verwischt. Es ist auch kaum zu übersehen, dass Autoren, die Interesse und Willen nebeneinander stellen und von einer wechselseitigen Beziehung dieser Kriterien sprechen, die sich daraus ergebenden Konsequenzen nicht ziehen. So heißt es bei *Jescheck/Weigend* § 34 VII 2 im

---

eine Zweistufigkeit der mutmaßlichen Einwilligung vertritt: Objektive Interessenabwägung unter subjektivem Korrekturvorbehalt; ausführlicher zur materiellen Legitimation der mutmaßlichen Einwilligung *Yoshida* FS Roxin (2011), 401 ff (der im Grundansatz der hier vertretenen These zustimmt) sowie *Rieger* Mutmaßliche Einwilligung S. 67 ff.

996 *Roxin* (FS Welzel, 447, 449) hatte – zunächst noch etwas missverständlich – von einer „sachgemäßen Prognose" (also in die Zukunft gerichtete Einschätzung) gesprochen, obwohl es bei der mutmaßlichen Einwilligung darum geht, den „wahren Willen" im Handlungszeitpunkt zu ergründen. Gefordert ist letztlich ein „Wahrscheinlichkeitsurteil" über den wahren Willen des Rechtsgutsinhabers im Tatzeitpunkt (so richtig *Eschelbach* BeckOK § 228 Rdn. 28; *Linoh* medstra **2017** 216, 219; *Wessels/Beulke/Satzger* Rdn. 584 m.w.N.).

997 *Sch/Schröder/Lenckner/Sternberg-Lieben* Rdn. 54, 58; *Roxin* FS Welzel, 447, 452. In der Literatur wird die Rechtfertigung der mutmaßlichen Einwilligung zunehmend auch dem Gedanken des erlaubten Risikos gestützt; besonders deutlich bei *Roxin* AT I § 18 Rdn. 1f; *Paeffgen/Zabel* NK Rdn. 161; *Krey/Esser* Rdn. 677a; Baumann/Weber/*Mitsch*/Eisele § 15 Rdn. 149 f; *Rieger* Mutmaßliche Einwilligung S. 74 ff; *Sternberg-Lieben* Objektive Schranken S. 206 ff; *ders.* FS Lenckner, 349, 353; *ders.* FS Roxin (2011), 537, 551 m. Fn. 83; *Lackner/Kühl/Kühl* Rdn. 20; *Gropp* AT § 5 Rdn. 372; auch *Schlehofer* MK Rdn. 192. Ausführlich zur Diskussion über die für die Ermittlung des mutmaßlichen Patientenwillens maßgeblichen Kriterien *Tachezy* Mutmaßliche Einwilligung S. 45 ff (die selbst für die Erforschung des mutmaßlichen Patientenwillens in Notsituationen dessen objektives Interesse unter subjektivem Korrekturvorbehalt heranzieht).

998 Nach h.M. handelt es sich bei der mutmaßlichen Einwilligung um einen Ersatz für eine tatsächlich fehlende Einwilligung („Einwilligungssurrogat"); vgl. nur *Sch/Schröder/Lenckner/Sternberg-Lieben* Rdn. 54; *Matt/Renzikowski/Engländer* Rdn. 23; SSW/*Rosenau* Rdn. 46; Baumann/Weber/*Mitsch*/Eisele § 15 Rdn. 148; *ders.* ZJS **2012** 38, 41; *Krey/Esser* Rdn. 677; *Sowada* NStZ 2012, 1, 4; *Späth* Rechtfertigungsgründe S. 185; *Linoh* medstra **2017** 216, 219.

Gegensatz zu dem von ihnen eingenommenen Ausgangspunkt, dass auch der „unvernünftige Wille" des Einwilligungsberechtigten respektiert werden müsse, da es um die Vertretung eines anderen in seiner Entscheidungsfreiheit gehe. Aus den genannten Gründen scheidet erst recht der Gedanke aus, im Interesse den alleinigen Gesichtspunkt zu sehen. Hiermit würde die mutmaßliche Einwilligung den Bezug zum Einwilligungsbereich völlig verlieren und zu einem Fall erlaubter „Bevormundung durch unerbetene Nothelfer" (*H. Mayer* AT § 24 III 3) werden. Verbreitet wird als Grund für die Rechtfertigungswirkung neben dem mutmaßlichen Willen das „erlaubte Risiko" angeführt (etwa *Jescheck/Weigend, Lenckner, Roxin, Mitsch,* alle aaO). Daran ist richtig, dass der Risikogedanke untrennbar mit dem Verständnis des mutmaßlichen Willens als Wahrscheinlichkeitsurteil – als „normatives Konstrukt"[999] aufgrund indizieller Tatsachen – verbunden ist (*Rieger* Mutmaßliche Einwilligung S. 75 m. Fn. 385; auch *Maurach/Zipf* § 28 Rdn. 13). Jeder Täter, der sich bei seiner Tatbegehung an einem nicht artikulierten (häufig nicht einmal psychisch existenten) mutmaßlichen Willen oder am Willen eines Einwilligungsunfähigen (ohne Vertreter) orientiert, geht das Risiko ein, dass die Tat dem Willen des Rechtsgutsinhabers letztlich nicht entspricht, er die Situation also falsch eingeschätzt hat (*Roxin* FS Welzel, 447, 453; Baumann/Weber/*Mitsch*/Eisele § 15 Rdn. 149f). Das mag man als erlaubt riskantes Handeln qualifizieren, wenngleich zu beachten ist, dass das „Risiko ... hier nicht einen künftigen Schadenseintritt, sondern die künftige Offenbarung eines bereits im Augenblick des Handelns entgegenstehenden Willens des Berechtigten" betrifft (*Schmidhäuser* AT 9/50). Zu anderen Ergebnissen führt der Rückgriff auf das Prinzip des erlaubten Risikos neben dem hypothetischen Willen jedoch nur dann, wenn aus dieser Begründung zugleich das Erfordernis einer pflichtgemäßen Prüfung der Sachlage durch den Täter abgeleitet wird (so etwa *Jescheck/Weigend* § 34 VII 2; *Sch/Schröder/Lenckner/Sternberg-Lieben* Rdn. 58; früher auch *Roxin* FS Welzel, 447, 453 ff).[1000] Dem ist jedoch zu widersprechen: Entspricht das Handeln dem mutmaßlichen Willen des Betroffenen, so hängt die Rechtfertigung nicht von einer zusätzlichen Prüfung durch den Täter ab (ebenso *Roxin* AT I § 18 Rdn. 29 f; *Rudolphi* GedS Schröder, 73, 86 ff; näher Rdn. 229). Fehlt dagegen die Übereinstimmung mit der – vom Standpunkt ex ante objektiv zu bestimmenden – Wahrscheinlichkeit des Willens, dann vermag auch eine pflichtmäßige Prüfung das Täterverhalten nicht zu rechtfertigen.

218   **c) Anwendungsbereich.** Zwei Fallgruppen, bei denen eine mutmaßliche Einwilligung in Betracht kommt, sind zu unterscheiden: Einmal kann es sich um der internen Disposition unterliegende *Güter- und Interessenkollisionen im Lebensbereich des Betroffenen* handeln, die durch einen in dessen Sinne stattfindenden Eingriff von außen gelöst werden müssen, weil sich seine Entscheidung nicht rechtzeitig herbeiführen lässt (*Handeln im Interesse des Betroffenen*). Einschlägig sind hier Fälle, in denen jemand in das Haus des verreisten Nachbarn eindringt, um ein schadhaftes Wasserrohr abzudichten oder am bewusstlosen Unfallopfer eine lebensrettende Operation vornimmt. Zum anderen kann es dem mutmaßlichen Willen des Betroffenen entsprechen, eigene Interessen *zugunsten des Täters oder eines Dritten preiszugeben* (*Rechtfertigung aus mangelndem Interesse*), beispielsweise wenn der Täter eigenmächtig das Fahrrad seines guten Freundes benutzt, um noch rechtzeitig zum Bahnhof zu gelangen (vgl. OLG Düsseldorf NZV

---

999   So *Roxin* AT I § 18 Rdn. 4.
1000   Ausführlich zum Problem *Yoshida* FS Roxin (2001), 401, 410 ff, der das Merkmal des erlaubten Risikos und das Element der pflichtgemäßen Prüfung für unnötig hält, „weil beide inhaltsleer und nur funktionell im Bereich des Irrtums gebraucht werden".

1991 77; BayObLG JZ **1983** 268; OLG Koblenz VRS **57** [1979] 13; *Jescheck/Weigend* § 34 VII 1b; *Roxin* AT I § 18 Rdn. 17).[1001]

Von den Fällen der mutmaßlichen Einwilligung sind die der **konkludent erteilten** **219** **Zustimmung zu unterscheiden,** z.B. wenn es üblich ist, dass die Stammkunden eines Zeitungskiosks bei kurzfristiger Abwesenheit des Inhabers nicht auf dessen Rückkehr warten, sondern sich unter Hinterlassen des Geldbetrags selbst die gewünschte Zeitung nehmen (*Roxin* FS Welzel, 447, 463; auch *Kindhäuser* AT § 19 Rdn. 12).

d) Die Voraussetzungen der mutmaßlichen Einwilligung im Einzelnen

aa) Da die mutmaßliche Einwilligung an die Stelle einer tatsächlich erteilten Einwil- **220** ligung tritt („Einwilligungssurrogat"), müssen mit Ausnahme der hier fehlenden tatbefürwortenden Stellungnahme des Rechtsgutsinhabers alle sonstigen Voraussetzungen der Einwilligung vorliegen, d.h. es müssen die gleichen Kriterien erfüllt sein, die auch zur Wirksamkeit einer tatsächlich erteilten Einwilligung erforderlich wären *Sch/Schröder/Lenckner/Sternberg-Lieben* Rdn. 54; *Linoh* medstra **2017** 216, 219; näher *Mitsch* ZJS **2012** 38, 39 ff). So kommt mutmaßliche Einwilligung nur bei Taten gegen Individualrechtsgüter in Betracht (vgl. aber § 216). Auch bildet, falls das bei Berücksichtigung der übrigen Voraussetzungen überhaupt praktisch werden kann, der Gesichtspunkt der Sittenwidrigkeit der Tat im Anwendungsbereich des § 228 ein Rechtfertigungskorrektiv. Weiterhin muss der Rechtsgutsinhaber, dessen mutmaßlicher Wille die Tat rechtfertigen soll, einsichts- und steuerungsfähig sein, um die Bedeutung des Eingriffs richtig würdigen und nach dieser Einsicht handeln zu können; beim Fehlen dieser Fähigkeit ist auf den tatsächlichen oder mutmaßlichen Willen des gesetzlichen Vertreters oder eines bestellten Betreuers (§ 1904 BGB) abzustellen (etwa auf den mutmaßlichen Willen der Eltern, die gemeinsam mit ihrem achtjährigen Jungen schwer verunglückt sind und wegen Bewusstlosigkeit in dessen dringende Operation nicht einwilligen können).[1002] Schließlich orientiert man sich bei der Einwilligungspräsumtion am „wahren", durch Willensmängel unbeeinflussten Willen des Berechtigten. Maßgeblich ist also der Wille, der ohne Irrtum oder Zwang mutmaßlich gebildet worden wäre (*Roxin* FS Welzel, 447, 473).[1003] Zu den Voraussetzungen der (rechtfertigenden) Einwilligung im Einzelnen oben Rdn. 157 ff.

bb) Weitere Voraussetzung ist das Zusammentreffen eines Entscheidungszwangs **221** mit der Unmöglichkeit, dass der an sich dazu Berufene rechtzeitig die Einwilligung erteilt. Es handelt sich um Situationen, in denen nicht abgewartet werden kann, wie der Einwilligungsberechtigte selbst verfügen würde, weil es für die Entscheidung andern-

---

1001 *Kindhäuser* LPK Rdn. 51; *Samson* SK[5] Rdn. 85; *Sch/Schröder/Lenckner/Sternberg-Lieben* Rdn. 55; *Wessels/Beulke/Satzger* Rdn. 582; nunmehr auch *Maurach/Zipf* § 28 Rdn. 8 f (**anders** noch *Zipf* Einwilligung S. 55: Sozialadäquanz); *Kühl* AT § 9 Rdn. 46; *Murmann* GK § 25 Rdn. 146; **einschränkend** *Jakobs* 15/17 f; **abl.** *Schmidhäuser* AT 9/50; näher zur mutmaßlichen Einwilligung in medizinische Versuche *G. Fischer* FS Deutsch, 545, 556 ff.
1002 Vgl. nur *Baumann/Weber/Mitsch/Eisele* § 15 Rdn. 153, *Engländer* GA **2010** 15, 24 und *Sch/Schröder/Lenckner/Sternberg-Lieben* Rdn. 54; *Hörr* Passive Sterbehilfe S. 215 (dort auf den S. 144 ff auch ausführlich zur stellvertretenden Einwilligung durch den Betreuer); weiter *Schramm* Untreue S. 241 (am Bsp. der Untreue). **AA** *Kuhlmann* Einwilligung S. 125: hypothetischer Wille des Patienten. Näher zur Einwilligungsfähigkeit bei mutmaßlicher Heileinwilligung *Odenwald* Einwilligungsfähigkeit S. 228 ff. **Anders** auch *Neumann* NK § 34 Rdn. 15 und *Roxin* AT I § 13 Rdn. 92, die in diesem Fall § 34 anwenden wollen.
1003 Ausführlich zum Einfluss der herrschenden Willensmängellehre auf die Dogmatik der mutmaßlichen Einwilligung und eventueller Rückwirkungen *Mitsch* Rechtfertigung S. 460 ff; *ders.* ZJS **2012** 38, 42; *Baumann/Weber/Mitsch/Eisele* § 15 Rdn. 156 f, der dort auch Widersprüche aufzeigt.

falls zu spät wäre, die Untätigkeit also den Interessen des Rechtsgutinhabers mehr schaden als nützen würde (OLG Frankfurt/M. MDR 1970 694f; *Fischer* Rdn. 4; *Jescheck/ Weigend* § 34 VII 1; *Mitsch* ZJS 2012 38, 41).[1004] In der Praxis wird das besonders wichtig im Bereich des ärztlichen Heileingriffs (Fallgestaltungen bei *Ulsenheimer* Arztstrafrecht Rdn. 555 und *Magnus* Patientenautonomie S. 154; *Wessels/Beulke/Satzger* Rdn. 585ff). Unrichtig ist es allerdings, wenn der BGH (St **35** 246) eine Sterilisation, die Ärzte bei einer Patientin in deren Interesse, aber ohne ihre Einwilligung im Anschluss an eine Kaiserschnitt-Entbindung vorgenommen hatten, auf mutmaßliche Einwilligung stützt. Denn vor dem Eintritt der von den Ärzten angenommenen Lebensgefahr durch eine weitere Geburt (die später tatsächlich stattgefunden hat!) war ausreichend Zeit, die Patientin nach ihrer Meinung zum schwerwiegenden Eingriff der Sterilisation (zu dem es Alternativen [etwa kontrazeptische Maßnahmen] gibt) zu befragen. Der BGH hat hier einseitig den Akzent auf das Patientenwohl gelegt und dabei dessen Selbstbestimmungsrecht zu stark vernachlässigt.[1005] Auf dem richtigen Weg dagegen BGHSt **45** 219, 222f (zust. BGH NStZ **2012** 205, 206, OLG [Z] Koblenz NJW **2006** 2928f und *dass.* GesR **2015** 99, 101 in einer Geburtssituation, in der die Mutter nicht mehr wirksam über das Legen einer PDA entscheiden konnte), der die Grenzen für eine mutmaßliche Einwilligung bei Operationserweiterungen deutlich enger zieht. Notwendig sei regelmäßig, dass „ohne einen – sofort oder später – erfolgenden Eingriff eine erhebliche Gefahr für Leben oder Gesundheit besteht". Erwogen wird darüber hinaus, ob eine mutmaßliche Einwilligung auch bei geringer Lebensgefahr in Betracht komme, wenn ein später durchgeführter Eingriff erhebliche zusätzliche Gesundheitsbeeinträchtigungen mit sich brächte.[1006] In jedem Fall kommt nach Auffassung des Senats eine Rechtfertigung durch mutmaßliche Einwilligung jedoch nur unter dem Vorbehalt in Betracht, dass keine Anhaltspunkte für einen davon abweichenden hypothetischen individuellen Willen des Patienten erkennbar seien. Aber selbst beim Vorliegen einer erheblichen Gefahr ist die Operation aufzuschieben, wenn sie noch nach einer Befragung des Patienten vorgenommen werden kann (vgl. *Roxin* AT I § 18 Rdn. 12; *Frister* 15/33).[1007] In Situationen, in denen es „um Leben oder Tod" geht, braucht der Arzt nach BGHSt **12** 379, 382 „mit der Einwilligung (allerdings) nicht viel Umstände zu machen" (*de Vicente Remesal* GA **2017** 689, 696). Hier scheidet die Rechtfertigung unter Rückgriff auf eine mutmaßliche Einwilligung aus, wenn der Betroffene zuvor seinen entgegenstehenden Willen klar geäußert hat *Roxin/Schroth/Schroth* S. 31, 38; ebenso *Tachezy* Mutmaßliche Einwilligung S. 47).

1004 Baumann/Weber/*Mitsch*/Eisele § 15 Rdn. 148; *Gropp* AT § 5 Rdn. 380; *Maurach/Zipf* § 28 Rdn. 12; *Paeffgen/Zabel* NK Rdn. 159; *Murmann* GK § 25 Rdn. 145; *Roxin* FS Welzel, 447, 461; *Stratenwerth/Kuhlen* AT § 9 Rdn. 40; zur Zwangsrettung eines Suizidenten unter Rückgriff auf die mutmaßliche Einwilligung *Erb* FS Schünemann, 337, 346; speziell zur Suizidverhinderung auch *Günzel* Das Recht auf Selbsttötung, seine Schranken und die strafrechtlichen Konsequenzen, Diss. Augsburg 1999 S. 125f.
1005 **Ablehnend** daher *Geppert* JZ **1988** 1024, 1028; *Hoyer* StV **1989** 245f; *Müller-Dietz* JuS **1989** 280, 283; *Paeffgen/Zabel* NK Rdn. 162; *Roxin* AT I § 18 Rdn. 12; reserviert *Fuchs* StV **1988** 524, 526; *Lackner/Kühl/Kühl* Rdn. 21; *Maurach/Zipf* § 28 Rdn. 12; auch *Hirsch* FG BGH IV, 199, 221; vert. aber *Eschelbach* BeckOK § 228 Rdn. 28; aus medizinischer und zivilrechtlicher Sicht *Weitzel* und *Giesen* (JZ **1988** 1022ff und 1030ff). Entgegen der Meinung des Senats lag daher im zu entscheidenden Fall kein Irrtum über die tatsächlichen Voraussetzungen der mutmaßlichen Einwilligung, sondern ein nach § 17 zu behandelnder Irrtum über die rechtlichen Grenzen dieses Rechtfertigungsgrundes vor.
1006 So auch *Ulsenheimer* Arztstrafrecht Rdn. 558; weiterhin *Magnus* Patientenautonomie S. 156.
1007 Dem Urteil zumindest im Ergebnis zustimmend *Hoyer* JR **2000** 473ff; *Köhler* NJW **2002** 853, 854f; *Wasserburg* StV **2004** 373ff; *Geppert* JK 9 zu § 226 n.F.; *Ulsenheimer* Arztstrafrecht Rdn. 405; eher **krit.** *Linoh* medstra **2017** 216, 219: „Subsidiarität der mutmaßlichen Einwilligung darf nicht mit bloßen Zweckmäßigkeitserwägungen untergraben werden"; näher zu Fällen der Operationserweiterung *G. Fischer* FS Deutsch, 545, 551ff; *Frister/Lindemann/Peters* Arztstrafrecht (2011) Kap. 1 Rdn. 67ff m.w.N.; zur Haftung für ein Vorverschulden durch Entstehenlassen der Kollisionssituation *Freund* GA **2006** 267, 270f.

222 Ist die (tatsächliche) Möglichkeit, eine Einwilligung rechtzeitig einzuholen, zu bejahen, schließt das Rechtfertigung durch mutmaßliche Einwilligung stets aus (BGHSt **16** 309, 312; LSG Celle NJW **1980** 1352; *Roxin* AT I § 18 Rdn. 10 ff; *Samson* SK[5] Rdn. 83).[1008] Als Gegenmeinung wird vertreten, dass auch in Fällen, in denen die Einwilligung zwar tatsächlich eingeholt werden könnte, aber ohne weiteres davon auszugehen ist, dass der Betroffene (etwa naher Angehöriger oder guter Bekannter) auf eine Befragung keinen Wert legt, ebenfalls stets mutmaßliche Einwilligung eingreifen müsse (OLG Hamburg NJW **1960** 1482; OLG Köln NJW **2002** 2334; *Sch/Schröder/Lenckner/Sternberg-Lieben* Rdn. 54).[1009] Es handelt sich dabei aber im wesentlichen um ein Scheinproblem. Hat sich nämlich das Desinteresse an einer Befragung nach außen offenbart, etwa durch ein entsprechendes Vorverhalten, kann hier bereits eine konkludente tatsächliche Einwilligung in Betracht kommen (*Hirsch* LK[11] Rdn. 136; *Roxin* AT I § 18 Rdn. 13). In anderen Fällen ist an eine Rechtfertigung aufgrund mangelnden Interesses zu denken, so z.B., wenn wegen Geringfügigkeit der Rechtsgutsbeeinträchtigung und enger persönlicher Verbundenheit der Beteiligten die Befragung unter den jeweiligen Umständen entbehrlich erscheint (und – etwa zur Nachtzeit – eine unverhältnismäßige Belästigung sein würde; vgl. OLG Koblenz VRS **57** [1979] 13 und den Sachverhalt in OLG Hamburg NJW **1960** 1482; *Kühl* AT § 9 Rdn. 46). Wo jedoch weder die eine noch die andere Fallgruppe einschlägig ist, verbleibt für eine Rechtfertigung durch mutmaßliche Einwilligung kein Raum, denn diese ist gegenüber der möglichen tatsächlichen Einwilligung **subsidiär**[1010] und dient nur dazu, fremde Entscheidungsbefugnisse *hilfsweise* auszuüben; andernfalls öffnet man die Tür zum Übergehen fremder Selbstbestimmung.

223 **cc)** Es muss ein **Handeln im Sinne des Einwilligungsberechtigten** vorliegen. Für eine Rechtfertigung aufgrund mutmaßlicher Einwilligung hat der Eingreifende den individuellen Willen des Berechtigten in Bezug auf den konkreten Eingriff zu erforschen. Die – aus indiziellen Tatsachen abzuleitende – Mutmaßung hat sich dabei auf den Zeitpunkt der Tat zu beziehen; die Hoffnung auf spätere Zustimmung ist unerheblich.[1011] Als aussagekräftige Indizien kommen hier vor allem frühere Erklärungen (auch Patientenverfügungen, sofern sie nicht bereits rechtsverbindlich sind [vgl. § 1901a Abs. 1 Satz 2 BGB]), Äußerungen und Stellungnahmen, aber auch sonstige Verhaltensweisen, die in einem sachlichen Zusammenhang mit der zu beurteilenden Tat stehen, in Betracht (vgl. BGHSt

---

1008 *Zabel* GA **2015** 219, 225; *Kühl* AT § 9 Rdn. 46 m.w.N. Wenn *Hirsch* LK[11] Rdn. 136 hier auch die *Zumutbarkeit* und *Freund/Weiss* MedR **2004** 315, 317 die *Unangemessenheit* (in Evidenzfällen) für die Beteiligten, den Einwilligungsberechtigten rechtzeitig zu befragen, berücksichtigen wollen, ist ihnen darin nicht zu folgen. Zu groß ist die Gefahr, durch Zumutbarkeitserwägungen das Selbstbestimmungsrecht des Rechtsgutsinhabers zu überspielen.
1009 *Krey/Esser* Rdn. 678; *Jescheck/Weigend* § 34 VII 1; *Tiedemann* JuS **1970** 108, 109; offengelassen in OLG Koblenz VRS **57** (1979) 13.
1010 Zum *Subsidiaritätsprinzip* als Rechtfertigungsvoraussetzung bei der mutmaßlichen Einwilligung s. nur *Hoyer* JR **2000** 473, 474; *Zabel* GA **2015** 219, 215; *Roxin* AT I § 18 Rdn. 10; *Sch/Schröder/Lenckner/Sternberg-Lieben* Rdn. 54; *Sturm* Hypothetische Einwilligung S. 170; SSW/*Rosenau* Rdn. 46; *Kühl* AT § 9 Rdn. 46; *Ulsenheimer* Arztstrafrecht Rdn. 555; Baumann/Weber/*Mitsch*/Eisele § 15 Rdn. 151 m.w.N. sowie *Linoh* medstra **2017** 216, 218 (mit dem zutreffenden Hinweis, dass es sich nicht um eine absolute, sondern nur um eine relative Unüberwindbarkeit der Hürden für die Einholung der tatsächlichen Einwilligung handeln muss). Speziell zu medizinischen Notfällen *Tachezy* Mutmaßliche Einwilligung und Notkompetenz in der präklinischen Notfallmedizin (2009).
1011 Statt vieler *Sch/Schröder/Lenckner/Sternberg-Lieben* Rdn. 59; *Frister* 15/32; näher zur Tatsynchronität des mutmaßlichen wahren Willens *Mitsch* Rechtfertigung S. 491 f; Baumann/Weber/*Mitsch*/Eisele § 15 Rdn. 155.

45 219, 221; BGHZ **202** 226 Rdn. 26; *Hilgendorf* FS Kühl, 509, 514).[1012] Entscheidend ist dann, ob nach objektivem Urteil bei Vornahme der Handlung die Einwilligung zu erwarten gewesen wäre. Ergibt sich nach diesem vom Standpunkt eines verständigen Dritten in der Lage des Täters (also ex ante) zu treffenden Urteil Mutmaßlichkeit der Einwilligung, so ist die Tat auch dann gerechtfertigt, wenn sich hinterher herausstellt, dass der Berechtigte nicht eingewilligt hätte (*Sternberg-Lieben* FS Roxin [2011], 537, 551; *Knauf* Mutmaßliche Einwilligung S. 73f; *Kindhäuser* LPK Rdn. 61 m.w.N.).[1013] Dies ergibt sich aus dem Wesen der Mutmaßung und der Notwendigkeit, die Zulässigkeit des Täterverhaltens an ihr zu orientieren. Häufig werden keine individuellen Anhaltspunkte darüber vorliegen, wie der Betroffene entschieden haben würde, wenn man ihn vor der Tat hätte befragen können. Dann ist bei den im Vordergrund stehenden Fällen der internen Interessenkollision darauf abzustellen, dass der Wille des Betroffenen dem entsprochen hätte, was gemeinhin als normal und vernünftig gilt; der Interessenlage (seinem „wahren Wohl") kommt dabei entscheidende Bedeutung zu (BGHSt **35** 246, 250; **40** 257, 263; **45** 219, 221; auch BGHZ **154** 205, 218f; *Roxin* AT I § 18 Rdn. 5; *ders.* FS Welzel, 447, 451; *Popp* ZStW **118** (2006) 639, 670; Baumann/Weber/*Mitsch*/Eisele § 15 Rdn. 154 m.w.N.). Bei der Fallgruppe der Interessenpreisgabe (Fälle „mangelnden Interesses") kommt es dagegen stärker auf die erkennbare persönliche Bereitschaft des Rechtsgutsträgers zu derartiger Interessenaufgabe an (*Jescheck/Weigend* § 34 VII 1b). Für die Annahme einer Zustimmung des Rechtsgutsinhabers müssen bei eigennützigem Handeln schon konkrete Indizien sprechen (z.B. verreister Hauseigentümer hat seinem Nachbarn, der das Haus beaufsichtigt, schon früher das Fallobstsammeln gestattet); ansonsten ist die Rechtssphäre anderer als Tabuzone zu behandeln (vgl. *Roxin* AT I § 18 Rdn. 17, 27f; zust. *Späth* Rechtfertigungsgründe S. 185). Zur Unterscheidung beider Fallgruppen oben Rdn. 218. Steht der bekannte oder aus den Umständen erkennbare Wille des Betroffenen, mag er auch noch so unvernünftig sein, dem Eingriff entgegen, scheidet eine Rechtfertigung unter dem Gesichtspunkt der mutmaßlichen Einwilligung stets aus; denn es handelt sich bei dieser nicht um einen Fall erlaubter Bevormundung, sondern um die Vertretung eines anderen in seiner Entscheidungsfreiheit (vgl. BGHSt **35** 246, 249f; **40** 257, 261ff; **45** 219, 221ff; *Jescheck/Weigend* § 34 VII 2).[1014] Ein erkennbar entgegenstehender Wille des Berechtigten lässt eine Rechtfertigung des Eingriffs durch mutmaßliche Einwilligung auch dann entfallen, wenn der Täter den Zweck verfolgt, eine Pflicht des Betroffenen, deren Erfüllung im öffentlichen Interesse liegt, oder eine gesetzliche Unterhaltspflicht des Betroffenen zu erfüllen; eine Rechtfertigung kann in solchen Fällen, sofern der Tatbestand eines Vermögensdelikts erfüllt ist, jedoch unter den Voraussetzungen des rechtfertigenden Notstandes oder unter Anwendung von § 679 BGB eintreten; siehe hierzu Rdn. 215.

224 Hinsichtlich **höchstpersönlicher** (unvertretbarer) **Entscheidungen** ist bei der Annahme einer mutmaßlichen Einwilligung größte Zurückhaltung geboten, da mangels generalisierbarer Maßstäbe das Risiko, den individuellen Willen des Berechtigten zu

---

1012 Weiterhin statt vieler Baumann/Weber/*Mitsch*/Eisele § 15 Rdn. 154; *Kindhäuser* AT § 19 Rdn. 9; *Matt/Renzikowski/Engländer* Rdn. 24f. Ausführlicher dazu *Mitsch* Rechtfertigung S. 451ff; auch *Rieger* Mutmaßliche Einwilligung S. 94ff und *Disput* Zustimmung S. 161ff.
1013 Ein Sonderwissen des Täters ist, wie auch sonst bei ex-ante-Urteilen, einzubeziehen. Inwieweit dagegen das Sonderwissen einer unbeteiligten Person, die den Täter vergeblich aufzuklären versucht, Bedeutung hat, hängt davon ab, ob diese Bemühungen das Urteil eines verständigen Dritten verändert hätte.
1014 *Roxin* FS Welzel, 447, 450f; *Paeffgen/Zabel* Rdn. 158; *Sch/Schröder/Lenckner/Sternberg-Lieben* Rdn. 57; *Matt/Renzikowski/Engländer* Rdn. 24; *Köhler* AT S. 259; *Mitsch* ZJS **2012** 38, 42; *Kühl* AT § 9 Rdn. 47 m.w.N.

verfehlen und damit in dessen persönlichen Bereich mit dem Eingriff mehr Schaden als Nutzen zu stiften, groß ist (vgl. auch *Roxin* AT I § 18 Rdn. 21; *G. Fischer* FS Deutsch, 545, 554; ohne Einschränkungen [zu § 203] *Schünemann* LK[12] § 203 Rdn. 130). Einen vom hypothetischen Willen des Rechtsgutsträgers abgedeckten Eingriff in seine Rechtssphäre wird man hier nur konstatieren können, wenn eindeutige Indizien dafür vorliegen, dass die konkrete Tat tatsächlich gewollt ist (**anders** *Hirsch* LK[11] Rdn. 138: mutmaßliche Einwilligung in diesem Bereich mit [Ausnahme der ärztlichen Heilbehandlung] ausgeschlossen). So reicht es zur Vermeidung einer Strafbarkeit gem. § 202 nicht aus, wenn Kommilitone A, der zusammen mit B im Studentenwohnheim wohnt, während dessen Abwesenheit gelegentlich seine Briefe öffnen durfte. Bei stärkeren Indizien für einen zustimmenden Willen (etwa eine fortwährende Gestattung der Brieföffnung) wird häufig schon die Schwelle zur konkludenten Einwilligung überschritten sein. Gleiches gilt, wenn sich im Rahmen einer persönlichen Beziehung der Beteiligten oder im Geschäftsverkehr eine Gepflogenheit dahingehend entwickelt hat, dass Tonbandaufzeichnungen von Geschäftsgesprächen statt stenografischer Protokolle gemacht werden (vgl. *Roxin* AT I § 18 Rdn. 13; auch *Hirsch* LK[11] Rdn. 138 m.w.N.; *Frister* 15/33: bereits nicht tatbestandsmäßig). Schließlich ist es wegen des höchstpersönlichen Charakters des Erziehungsverhältnisses auch nicht erlaubt, fremde Kinder bei schweren Verfehlungen in Abwesenheit der Eltern zu züchtigen (zum deutlich eingeschränkten Züchtigungsrecht schon bei eigenen Kindern s. Rdn. 306); in besonderen Betreuungsverhältnissen mag im Einzelfall etwa anderes gelten (dazu *Roxin* AT I [3. Aufl. 1997] § 18 Rdn. 23). Eine Ausnahme ist allerdings bei (auch schwerwiegenden) Körpereingriffen im Rahmen von ärztlichen Heilbehandlungen (etwa Operation des bewusstlosen Unfallopfers) zu machen (*Hirsch* LK[11] § 228 Rdn. 35; *Sch/Schröder/Eser* § 223 Rdn. 38e). Hier tritt der möglicherweise abweichende individuelle Wille des Berechtigten zu Gunsten des regelmäßig vorhandenen Interesses an Rettung bei der Beurteilung in den Hintergrund.[1015]

Der BGH greift auf die Grundsätze der mutmaßlichen Einwilligung auch in Fällen **225** der **Sterbehilfe** bzw. (in seiner neuen Terminologie) des **Behandlungsabbruchs**[1016] zurück. Wegweisend dafür war das viel beachtete „Kemptener Urteil" des 1. Strafsenats vom 13.9.1994, in dem das Gericht über einen Abbruch der medizinischen Behandlung bei einem entscheidungsunfähigen Patienten zu entscheiden hatte (BGHSt **40** 257). Anders als im Falle der passiven Sterbehilfe im engeren Sinne („Hilfe beim Sterben"), bei der nach Einsetzen des Sterbevorganges der Tod des entscheidungsunfähig gewordenen Patienten unmittelbar bevorsteht und dem Arzt der Verzicht auf lebensverlängernde Maßnahmen wie Beatmung, Bluttransfusionen oder künstliche Ernährung ohne Weiteres gestattet ist,[1017] hatte hier aber der Sterbeprozess der unheilbar erkrankten, entscheidungsunfähigen (Wachkoma-)Patienten noch nicht eingesetzt (passive Sterbehilfe im weiteren Sinne oder auch „Hilfe zum Sterben"). Der BGH hält in dieser Situation einen Behandlungsabbruch nur ausnahmsweise und allenfalls dann für statthaft, wenn er im (für den Tatzeitpunkt zu rekonstruierenden) **mutmaßlichen Willen** des Kranken liege (BGHSt **40** 257, 260 ff; vgl. auch BGH NStZ **2001** 324, 326). Denn das Selbstbestimmungs-

---

1015 Zum Normalfall „klassischer" Notfallmedizin, in dem der (ansonsten überschätzten) Redeweise „in dubio pro vita" besondere Bedeutung zukommt, s. *Schneider* MK Vor § 211 Rdn. 137 m.w.N.; speziell zur mutmaßlichen Einwilligung und Notkompetenz in der präklinischen Notfallmedizin *Tachezy* in ihrer gleichnamigen Dissertation Göttingen 2007 (2009). Näher zur mutmaßlichen Einwilligung in fremdnützige Forschung *v. Freier* Humanforschung S. 36 ff.
1016 BGHSt **55** 191 Rdn. 31; näher *Fischer* Vor § 211 Rdn. 33 ff.
1017 Vgl. BGHSt **40** 257, 259 f. Zur Erläuterung dieses nicht weiter begründeten Diktums *Schneider* MK Vor § 211 Rdn. 126.

recht des Patienten sei auch in solchen Fällen zu achten. An das Vorliegen des mutmaßlichen Willens sind dabei nach BGH jedoch „strenge Anforderungen" zu stellen, um der Gefahr zu begegnen, dass Arzt, Angehörige oder Betreuer unabhängig vom Willen des entscheidungsunfähigen Kranken nach eigenen Maßstäben und Vorstellungen des von ihnen als sinnlos, lebensunwert oder unnütz angesehenen Daseins das Leben des Patienten beenden (BGHSt **40** 257, 260 f). Vor allem komme es hierbei auf frühere mündliche oder schriftliche (z.B. in Patientenverfügungen niedergelegte [insoweit übereinstimmend BGHZ **154** 205) Äußerungen des Patienten, seine religiöse Überzeugung, seine sonstigen persönlichen Wertvorstellungen, aber auch seine altersbedingte Lebenserwartung oder das Erleiden von Schmerzen an (BGHSt **40** 257, 263). Objektive Kriterien wie die Beurteilung einer Maßnahme als „vernünftig" oder „normal" sowie den Interessen eines verständigen Patienten üblicherweise entsprechend haben keine eigenständige Bedeutung, bieten aber Anhaltspunkte für die Ermittlung des individuellen hypothetischen Willens (BGHSt **35** 245, 249; **40** 257, 263; **45** 219, 221). Fehlt es an derartigen Hinweisen, so kann und muss nach Ansicht des BGH auf Kriterien zurückgegriffen werden, die allgemeinen Wertvorstellungen (dazu *Tröndle/Fischer*[53] Vor § 211 Rdn. 21 m.w.N.; auch *Verrel* FS Jakobs, 715, 729; **krit.** *Jähnke* LK[11] Vor § 211 Rdn. 20b) entsprechen. Dabei sei jedoch Zurückhaltung geboten; im Zweifel habe der Schutz menschlichen Lebens Vorrang vor persönlichen Überlegungen des Arztes, des Angehörigen oder einer anderen beteiligten Person („in dubio pro vita"). Je weniger im Einzelfall aber die Wiederherstellung eines nach allgemeinen Vorstellungen menschenwürdigen Lebens zu erwarten sei und je kürzer der Tod bevorstehe, um so eher erscheine ein Behandlungsabbruch vertretbar (BGHSt **40** 257, 263). Prozedural will der BGH die Umsetzung der Grundsätze folgendermaßen absichern: Bei allen aufschiebbaren Maßnahmen erteilt für den einwilligungsunfähig gewordenen Patienten der zu bestellende Betreuer die Einwilligung. Dessen Zustimmung zu dem beabsichtigten Behandlungsabbruch bedarf der Genehmigung des Vormundschaftsgerichts (BGHSt **40** 257, 264: § 1904 BGB analog; BGHZ **154** 205f leitet die Entscheidungszuständigkeit des Vormundschaftsgerichts aus einem „unabweisbaren Bedürfnis des Betreuungsrechts" ab; **krit.** dazu *Lackner/Kühl*[25] Vor § 211 Rdn. 8 m.w.N.). Das Schrifttum hat der Entscheidung im Wesentlichen zugestimmt (vgl. nur *Schöch* NStZ **1995** 153 ff; *ders.* FS Hirsch, 693, 702; *Sternberg-Lieben* FS Lenckner, 349, 360; *ders.* FS Eser, 1185, 1190f),[1018] wenngleich sie zwischen strikten Abbruchgegnern und denjenigen, die im Zweifel für einen Abbruch der Weiterbehandlung eintreten, äußerst kontrovers diskutiert wurde.[1019]

[1018] *G. Fischer* FS Deutsch, 545, 554 ff; *Saliger* KritV **1998** 118 ff. Eingehend *Rieger* Mutmaßliche Einwilligung in den Behandlungsabbruch, Diss. München 1997; *Trück* Mutmaßliche Einwilligung und passive Sterbehilfe durch den Arzt, Diss. Tübingen 1999; *Ingelfinger* Grundlagen S. 292 ff; w. Nachw. bei *Tröndle/Fischer*[53] Vor § 211 Rdn. 21 und *Lackner/Kühl*[25] Vor § 211 Rdn. 8.
[1019] *Merkel* (ZStW **107** [1995] 545, 559 ff) rügt hier zu Recht, dass der BGH die strafrechtsdogmatisch vorrangige Frage nach der mutmaßlichen Einwilligung in die *Weiterbehandlung* nicht erörtert. Damit entgehe ihm das Dilemma, vor dem der Arzt stehe, der einerseits bei Strafandrohung des § 212 die lebenserhaltende Behandlung fortsetzen, andererseits aber ohne (mutmaßliche) Einwilligung die Weiterbehandlung des Patienten abbrechen müsse (vgl. § 223); ebenso *Schneider* MK Vor § 211 Rdn. 134 m.w.N. Darüber hinaus zeigt *Merkel* einen prinzipiellen Mangel der BGH-Entscheidung in Fällen auf, in denen über den Behandlungsabbruch bei Menschen entschieden werden muss, die niemals einwilligungsfähig waren: Hier sei der Rückgriff auf die mutmaßliche Einwilligung stets ausgeschlossen, weil er voraussetzt, dass eine an sich einwilligungsfähige Person in einer besonderen Situation keine Erklärung abgeben kann (ZStW **107** [1995] 545, 564f; ausführlich *ders.* Früheuthanasie S. 325 ff; insoweit auch *Lilie* FS Steffen, 273, 282 f; *Ingelfinger* Grundlagen S. 293 f; *Taupitz* FG BGH I, 497, 510); zu weiterer Kritik s. die Nachw. bei *Schneider* MK Vor § 211 Rdn. 131 ff.

225a   Mittlerweile hat sich das Rechtsumfeld insofern geändert, als mit Wirkung zum 1.9.2009 das sog. **Patientenverfügungsgesetz**[1020] geschaffen wurde und der **BGH** die Behandlung der Sterbehilfe begrifflich und dogmatisch auf neue Füße gestellt hat.[1021] In beiden Feldern wurde die **Patientenautonomie** als zentraler Faktor der gesamten Sterbehilfediskussion herausgestrichen.[1022] Niedergeschlagen hat sich das insbesondere in der Möglichkeit der Abfassung einer für den (behandelnden) Arzt und den Betreuer verbindlichen Patientenverfügung (vgl. § 1901a Abs. 1 BGB). Die Neuregelungen des Patientenverfügungsgesetzes entfalten auch für das Strafrecht Wirkung (BGHSt **55** 191 Rdn. 25; BGH NJW **2011** 161, 162). Im hier interessierenden Kontext ergibt sich aus der Neugestaltung des Sterbehilferechts Folgendes: Liegt weder eine aktuelle noch eine in Form der Patientenverfügung vorsorglich getroffene Entscheidung vor oder entspricht das vom Kranken als „Patiententestament" aufgesetzte Schriftstück (zum Beispiel mangels ausreichenden Situationsbezugs) nicht den Wirksamkeitsvoraussetzungen nach § 1901a Abs. 1 Satz 1 BGB, kommt es für die Entscheidung des Patientenvertreters über einen möglichen Behandlungsverzicht (richtiger: die Fortführung lebenserhaltender Maßnahmen) auf den mutmaßlichen Willen des Kranken an (statt vieler *Schneider* MK Vor § 211 Rdn. 157). Die inhaltlichen Vorgaben für diese Entscheidungsfindung ergeben sich aus § 1901a Abs. 2 BGB (die die wesentlichen Kriterien aus BGHSt **40** 257, 263 aufnehmen; s. auch BTDrucks. 16/8442 S. 15). Maßgeblich sind danach vornehmlich früher geäußerte **Behandlungswünsche**. Erst wenn sich ein auf die aktuelle Lebens- und Behandlungssituation bezogener Wunsch des Betroffenen nicht feststellen lässt, ist (hilfsweise) gem. § 1901a Abs. 2 Satz 1 BGB auf dessen **mutmaßlichen Willen** abzustellen (BGHZ **202** 226 Rdn. 25ff m.w.N.; *Schneider* MK Vor § 211 Rdn. 157). Er ist anhand konkreter Anhaltspunkte zu ermitteln, insbesondere anhand früherer mündlicher oder schriftlicher Äußerungen (die jedoch keinen Bezug zur aktuellen Lebens- und Behandlungssituation aufweisen), ethischer oder religiöser Überzeugungen und sonstigen persönlichen Wertvorstellungen des Betroffenen (§ 1901a Abs. 2 Satz 2 und 3 BGB). Dabei ist darauf zu achten, dass nicht die Werte und Vorstellungen des Betreuers zum Entscheidungsmaßstab gemacht werden (BGHZ **202** 226 Rdn. 37). Eine weitere Möglichkeit zur Ermittlung der für die Entscheidung des Betreuers oder Bevollmächtigten (vgl. § 1901a Abs. 5 BGB) relevanten Aspekte kann die in § 1901b Abs. 2 BGB vorgesehene Anhörung naher Angehöriger und sonstiger Vertrauenspersonen bieten. Aufschlussreich mag im Einzelfall auch die Befragung des nach § 1901b Abs. 1 Satz 2 BGB in die Willenserforschung einzubindenden behandelnden Arztes sein.[1023]

226   Im Bereich der Vermögensdelikte (i.e.S.) kommt der mutmaßlichen Einwilligung bei der **Untreue** eine gewisse Bedeutung zu. Voraussetzung für ihre Anwendung ist, dass der Bevollmächtigte usw. pflichtwidrig handelt. Das ist nicht der Fall, wenn die im Innenverhältnis zwischen Treugeber und Treunehmer geschlossene Treupflichtvereinba-

---

1020 Drittes Gesetz zur Änderung des Betreuungsrechts v. 29.7.2009, BGBl. I 2286; dazu auch Rdn. 172a.
1021 BGHSt **55** 191 Rdn. 21ff – „Putz"; fortgeführt in BGH NJW **2011** 161.
1022 Vgl. nur BTDrucks. 16/8442 S. 2f, 7ff; BGHZ **202** 226 Rdn. 27, 37; **211** 67 Rdn. 42; BGHSt **55** 191 Rdn. 23ff.
1023 Näher zum gesetzlich nicht geregelten Fall einer unergiebigen Willenserforschung und zur damit aufgerufenen Frage, ob in dieser Situation prinzipiell „in dubio pro vita" zu entscheiden ist, *Neumann* NK Vor § 211 Rdn. 122ff und *Schneider* MK Vor § 211 Rdn. 158. Nach überzeugender Auffassung beider kann das Prinzip – jenseits der Sachverhalte einer „klassischen" Notfallmedizin (*Grundtypus*: Einsatzkräfte wissen im Anschluss an einen Unfall in aller Regel nicht, inwieweit der ihnen unbekannte Patient mit der Einleitung lebensrettender Maßnahmen einverstanden ist) – keine Geltung beanspruchen, wenn sich „nichts Fassbares für die Weiterbehandlung in die Waagschale legen" lässt; aA BTDrucks. 16/8442 S. 16; BGHZ **211** 67 Rdn. 37: Vorrang des Lebensschutzes.

rung das zu beurteilende Verhalten noch abdeckt. Unklare Handlungsaufträge sind auszulegen. Häufig liegt auch eine zumindest konkludent erteilte Einwilligung vor, die im Missbrauchstatbestand bereits den Missbrauch und im Treubruchstatbestand die Pflichtverletzung – und damit den Tatbestand – ausschließt (vgl. BGH NJW **2000** 154, 155; BGHSt **50** 331, 342; **54** 148, 158; **55** 266 Rdn. 33; BGH NJW **2012** 630, 632; *Lackner/ Kühl/Heger* § 266 Rdn. 20; w. Nachw. bei Esser/Rübenstahl/*Saliger*/Tsambikakis § 266 Rdn. 57). Lässt sich der Pflichtkreis ohne Rückgriff auf Mutmaßungen nicht konkretisieren,[1024] kommt bei einem Verstoß des Treunehmers gegen vorhandene allgemeine Anweisungen oder Richtlinien des Inhabers der Vermögensinteressen nur noch eine mutmaßliche Einwilligung als Rechtfertigungsgrund in Betracht.[1025] Durch mutmaßliche Einwilligung gerechtfertigte Untreue wird hier vor allem diskutiert bei Vornahme riskanter (Spekulations-)Geschäfte, die zwar jenseits der normalen kaufmännischen Risiken der Unternehmensführung, Vermögensverwaltung oder vorgegebener Risikopolitik liegen, den Umständen nach aber erheblichen Gewinn versprechen und daher mutmaßlich vom Treugeber, der nicht mehr rechtzeitig gefragt werden kann, gebilligt würden (näher *Waßmer* Untreue S. 36 ff, 162 f). Denkbar erscheinen auch Fälle aus dem Bereich des Kapitalmarkts, wo die gebotene Ausführung einer Wertpapierorder regelmäßig an strenge zeitliche Grenzen gebunden ist (*Späth* Rechtfertigungsgründe S. 218). Dabei darf ein erkennbar entgegenstehender Wille (etwa das Verbot des Handelns mit Optionsscheinen oder Kauf bzw. Verkauf zu einem bestimmten Termin) nicht unter Rückgriff auf die Annahme eines zustimmenden Willens überspielt werden (**aA** *Ajasse* Untreue im Bankenbereich bei der Kreditvergabe, Diss. Tübingen 1990 S. 112). – Ob der Treupflichtige in Situationen, in denen er Geld seines Auftraggebers für sich verwendet, jedoch willens und fähig ist, das Entnommene alsbald zu ersetzen, sich auf mutmaßliche Einwilligung berufen kann, ist streitig (s. *Sch/Schröder/Perron* § 266 Rdn. 48 i.V.m. 42 m.w.N.; *Schramm* Untreue S. 236; *Späth* Rechtfertigungsgründe S. 220 f: allenfalls in absoluten Ausnahmefällen bei mangelndem Interesse auf Seiten des Treugebers); nach herrschender Ansicht fehlt es hier schon an einem Vermögensnachteil (BGHSt **15** 342, 344; weitere Nachw. auch zur Rechtsprechung bei *Sch/Schröder/Perron* aaO).

227   Rechtfertigung durch mutmaßliche Einwilligung kommt nach einer stark vertretenen Literaturansicht auch bei den **Zueignungsdelikten** in Betracht. Diskutiert werden in diesem Zusammenhang Fälle, in denen jemand eigenmächtig fremde Geldmünzen oder

---

1024   Dass sich die Bedeutung einer mutmaßlichen Einwilligung bei der Untreue nach Auslegung der Treuabrede und dem Vorliegen etwaiger konkludenten Einwilligungen drastisch reduziert, betonen zu Recht *Waßmer* Untreue S. 36 ff, *Schramm* Untreue S. 227 ff und *Späth* Rechtfertigungsgründe S. 216 ff.
1025   Die Meinungspole in dieser Frage haben sich (allerdings ohne [tiefere] Argumentation in den Stellungnahmen) verschoben. Weiterhin für die rechtfertigend wirkende mutmaßliche Einwilligung bei der Untreue *Jescheck/Weigend* § 36 II 3; *Waßmer* Untreue S. 36 ff, 162 f; GJW/*ders.* § 266 Rdn. 251 f; *Rönnau* JuS **2018** 851, 855; *Späth* Rechtfertigungsgründe S. 215 ff (unter engen Voraussetzungen); *Sch/Schröder/Perron* § 266 Rdn. 48; *Kindhäuser* NK § 266 Rdn. 124; *Hoyer* SK § 266 Rdn. 43; *Wessels/Hillenkamp/Schuhr* Rdn. 786; *Francuski* Proceduralisierung S. 275. Deutlich (jedenfalls zahlenmäßig) verstärkt hat sich die Literaturmeinung, die – zumeist unter Hinweis auf das *hypothetische Einverständnis* – für einen Tatbestandsausschluss plädiert, vgl. nur *Bittmann/Bittmann* § 36 Rdn. 22; *Brand/Seeland* ZWH **2015** 258, 263; *Dierlamm* MK § 266 Rdn. 145; *Esser* AnwK § 266 Rdn. 116 ff; *Fischer* § 266 Rdn. 90; *Arzt/Weber/Heinrich*/Hilgendorf BT § 22 Rdn. 71; *Hellmann* ZIS **2007** 433, 437; *Matt/Renzikowski/Matt* § 266 Rdn. 92; *Mitsch* BT 2 S. 379; *Murmann* Jura **2010** 561, 564; Esser/Rübenstahl/*Saliger*/Tsambikakis § 266 Rdn. 57; *Schünemann* LPK-Untreue Rdn. 252; ARR/*Seier* Teil 5 Kap. 2 Rdn. 91; *Tsagkaraki* Schwarze Kassen S. 108; wohl auch *Marwedel* ZStW **123** (2011) 548, 556 f; diff. *Schramm* Untreue S. 227 ff, 287 f; *Momsen/Grützner/ders.* Kap. 5 Teil B Rdn. 82, 151 und *Hantschel* Untreuevorsatz S. 306 f. – Nach BGHSt **60** 94 Rdn. 31 – „Konzept Wahlsieg 2006" m. Anm. *Altenburg* kann eine „mutmaßliche Einwilligung" jedenfalls dann keine „tatbestandsausschließende Wirkung" entfalten, wenn die Zustimmung gegen „eindeutige gesetzliche und verfassungsrechtliche Vorgaben" verstößt.

-scheine wegnimmt und gegen eine entsprechende Geldsumme in Form anderer Stücke eintauscht oder fremdes Geld an sich nimmt, das er sogleich zurückgeben kann und will. Wegen mutmaßlicher Einwilligung aus offensichtlich fehlendem Interesse kann hier die Rechtswidrigkeit der (beabsichtigten) Zueignung entfallen (*Vogel* LK^{12} § 242 Rdn. 176; *Kindhäuser* LPK § 242 Rdn. 127; *ders.* FS Geerds, 655, 666; *Mitsch* BT 2 S. 47 ff);[1026] dabei muss auch hier entsprechend den allgemeinen Voraussetzungen der Wille des Eigentümers nicht einholbar sein (vgl. *Schmitz* MK § 242 Rdn. 14 i.V.m. 168 m.w.N.; aA *Sch/Schröder/Eser/Bosch* § 242 Rdn. 36; *Haft* AT S. 81). Die Gegenmeinung verneint in diesen Konstellationen schon die Zueignung. Zwar werde hier regelmäßig das Eigentum an den konkreten Geldstücken auf Dauer entzogen. Da es bei Geld jedoch nicht auf die konkrete Sache, sondern nur auf die Wertsumme[1027] ankomme, erleide der Eigentümer wirtschaftlich keinen Nachteil. Strafrechtlich stünden diese Fälle daher der (nicht pönalisierten) Gebrauchsanmaßung näher als den Zueignungsdelikten (vgl. OLG Celle NJW **1974** 1833; *Roxin* FS H. Mayer, 467, 471 f; *ders.* FS Welzel, 447, 462; *ders.* AT I § 18 Rdn. 14).[1028] Im Hintergrund dieser These steht ersichtlich das (kriminalpolitische) Bestreben, den Schutzbereich der Zueignungsdelikte teleologisch von vornherein auf die Fälle materieller Interessenverletzung des Betroffenen zu reduzieren (näher dazu *Roxin* FS H. Mayer, 467 ff; *Sax* JZ **1976** 429 ff; *ders.* FS Laufke, 321 ff; *Ebel* JZ **1983** 175 ff).[1029] Diesem Versuch einer generellen Materialisierung des von den §§ 242 ff errichteten Eigentumsschutzes und einer damit einhergehenden Schutzbereichseinschränkung ist zwar zuzugeben, dass mit dem Eigentum regelmäßig auch wirtschaftliche Interessen verknüpft sind. Eine Verkürzung des Schutzes auf diesen Aspekt würde aber ausblenden, dass die Eigentumsdelikte – anders als die schadensorientierten Vermögensdelikte (i.e.S.) – gerade nicht nur das Vermögen, sondern darüber hinaus die grundsätzlich umfassende Verfügungsmacht des Eigentümers schützen wollen (*Sch/Schröder/Eser/Bosch* § 242 Rdn. 6; *Kindhäuser* NK § 242 Rdn. 11; *Schmitz* MK § 242 Rdn. 10). So ist anzuerkennen, dass auch beim eigenmächtigen Geldwechseln Situationen denkbar sind, in denen der Eigentümer des strafrechtlichen Schutzes bedarf. Hier ist nicht nur der Sammler zu nennen, dessen Eigentums-(Affektions)Interesse sich auf ganz bestimmte Stücke (Briefmarken, Münzen) bezieht. Zu bedenken sind auch die eigentumsrechtlichen Folgen des Einwechselns von Geldstücken (ausführlich *Bollweg* Jura **1985** 607, 608 f). Wer eigenmächtig Geld wechselt, verschafft dem Eigentümer des weggenommenen Geldes nicht ohne Weiteres neues Eigentum an den eingetauschten Geldstücken/-scheinen. Fehlt es – wie häufig – am Vorliegen der Voraussetzungen eines Eigentumsübergangs gem. § 929 oder §§ 947, 948 BGB, sind die eingewechselten Vermögensstücke ihrerseits nicht gegen Diebstahl oder Unterschlagung durch den Einwechselnden geschützt[1030] (*Schmitz* MK § 242 Rdn. 146; *Krey/Hellmann/Heinrich* BT 2 § 1 Rdn. 59). Die von der Gegenmeinung favori-

---

1026 *Gössel* BT 2 § 6 Rdn. 38; *Wittig* BeckOK § 242 Rdn. 40; *Hoyer* SK § 242 Rdn. 99; *Maurach/Schroeder/Maiwald* I § 33 II Rdn. 52; *Samson* SK^4 § 242 Rdn. 104; *Schmitz* MK § 242 Rdn. 127; *Fischer* § 242 Rdn. 51; *Wessels/Hillenkamp/Schuhr* Rdn. 202; auch nach OLG Köln NJW **1968** 2348 soll es in diesen Konstellationen erst um Fragen rechtfertigender mutmaßlicher Einwilligung gehen.
1027 Geldschuld ist nach der im Zivilrecht herrschenden Meinung keine Sachschuld, sondern eine Wertsummenschuld, s. statt vieler *Larenz* Schuldrecht I 14. Aufl. (1987) § 12 III.
1028 Weiter *Hirsch* LK^{11} Rdn. 139; *Vogel* LK^{12} § 242 Rdn. 176; *Lampe* in Müller-Dietz (Hrsg.) Strafrechtsdogmatik und Kriminalpolitik (1971) S. 59, 75; *Wittig* BeckOK § 242 Rdn. 41; *Küper/Zopfs* BT Rdn. 872; *Jescheck/Weigend* § 34 VII 2 m. Fn. 77; *Tiedemann* JuS **1970** 108, 111.
1029 *De la Mata* in Madrid-Symposium S. 227, 240 ff; *Bollweg* Jura **1985** 607, 608 ff; *Gribbohm* NJW **1968** 240, 241; *Maiwald* JA **1971** 579, 582. Zu den „überbordenden" monografischen Ansätzen, die Straflosigkeit des Täters zu begründen, *Maurach/Schroeder/Maiwald* I § 32 II Rdn. 52.
1030 Möglich erscheint allenfalls eine Strafbarkeit wegen Pfandkehr (§ 289).

sierte Wertsummentheorie (dazu *Schmitz* MK § 242 Rdn. 14 m.w.N.) hat zudem den gravierenden Nachteil, dass sie den Gläubigern mehr Befugnisse einräumt, als ihnen das Gesetz im Falle einer Zwangsvollstreckung zugesteht. Während gem. § 811 ZPO dem Schuldner bei der Vollstreckung von Geldforderungen in bewegliche Sachen das Existenzminimum verbleiben muss („Schuldnerschutz vor Kahlpfändung"), kann die allein auf das Bestehen des Zahlungsanspruchs blickende Wertsummentheorie diesen Aspekt nicht berücksichtigen.[1031] Wegen dieser Schwierigkeiten ist es vorzugswürdig, die Fälle mit Hilfe des Rechtfertigungsgrundes der mutmaßlichen Einwilligung zu lösen, da so den schutzwürdigen Interessen des Eigentümers im Einzelfall am besten Rechnung getragen werden kann (statt vieler *Schmitz* MK § 242 Rdn. 168; *Kudlich* SSW § 242 Rdn. 50; *Mitsch* BT 2 S. 49). Den Rückgriff auf die mutmaßliche Einwilligung lässt die Rechtsprechung allerdings beim Griff in öffentliche Kassen in dem Bestreben, eine absolut korrekte Amtsführung zu gewährleisten, nicht zu (vgl. zur „Amtsunterschlagung" gem. § 350 a.F. BGHSt **9** 348, 349f; **24** 115, 124; OLG Köln NJW **1968** 2348).[1032]

228 Dem Vorschlag *Tiedemanns* (JuS **1970** 108ff; zust. *Schramm* Untreue S. 235f und *Krey/Esser* Rdn. 678; m.w.N.), bei nur geringfügigen oder vorübergehenden Beeinträchtigungen allgemein eine Ausnahme von den Voraussetzungen der mutmaßlichen Einwilligung zu machen, da in solchen Fällen wegen mangelnden Interesses des Betroffenen keine dementsprechende Notwendigkeit bestehe, ist entgegenzuhalten, dass trotz „mangelnden Interesses" die Entscheidungsbefugnis beim Rechtsgutsträger liegt, so dass der Eingriff zumindest seinem mutmaßlichen individuellen Willen entsprechen muss. Es ist nicht einzusehen, warum man heimlich und ohne Befragen etwas tun darf, was gegen den erklärten Willen des Berechtigten unzulässig gewesen wäre (*Roxin* FS Welzel, 447, 461; **krit.** auch *de la Mata* in Madrid-Symposium S. 227, 237ff). Deshalb ist es auch nicht möglich, derartige Fälle über einen eigens konstruierten pauschalen Rechtfertigungsgrund des „nicht schutzwürdigen Interesses" zu lösen.[1033] Wo der erklärte oder zu erwartende Wille des Berechtigten strafrechtlich außer Verhältnis zur objektiven Interessenwertung liegt, handelt es sich um eine Frage der Einstellung wegen Geringfügigkeit (§ 153 StPO), also um ein nur strafprozessuales Problem.

229 **dd) Als subjektives Rechtfertigungselement** ist ein Handeln in Kenntnis der Umstände erforderlich, die einen Eingriff aufgrund mutmaßlicher Einwilligung gestatten (*Haft* AT S. 82; *Köhler* AT S. 321f; *Roxin* AT I § 14 Rdn. 86).[1034] Dazu gehört neben dem Wissen um die Dringlichkeit des Eingriffs und der Unmöglichkeit, rechtzeitig eine Einwilligung des Berechtigten einzuholen, auch die Kenntnis der Tatsachen, die einen Rückschluss auf die mutmaßliche Billigung der Tat durch den Rechtsgutinhaber zulassen (*Baumann/Weber/Mitsch/Eisele* § 15 Rdn. 124). Allgemein zu der von der ganz h.M. bejahten Notwendigkeit subjektiver Rechtfertigungselemente und zu deren Inhalt oben Rdn. 82ff (m. Nachw. und Stellungnahmen zum Streitstand). Liegen diese Voraussetzungen vor, so greift Rechtfertigung Platz, *ohne* dass es dazu auf eine *gewissenhafte Prüfung* aller Umstände durch den Täter ankommt. Denn diese ist kein subjektives Rechtfertigungselement der mutmaßlichen Einwilligung (so aber OLG Düsseldorf NZV **1991** 77; *Jescheck/Weigend* § 34 VII 3; *Sch/Schröder/Lenckner/Sternberg-Lieben* Rdn. 58; *Lenckner*

[1031] Vgl. *Samson* WuV BT 2 (2001) S. 431 (unveröffentlichtes Typoskript).
[1032] RGSt **3** 10, 12; **5** 304, 506; **64** 414; RG JW **1924** 1531; JW **1932** 950.
[1033] So aber *G. Unger* Unrechtsausschließungsgrund S. 59ff.
[1034] Sowie zur Geschäftsführung ohne Auftrag BGH (Z) LM § 677 BGB Nr. 2; LM § 683 BGB Nr. 3; **gegen** ein subjektives Rechtfertigungselement jedoch *Baumann/Weber* AT[9] § 21 II 5c.

FS H. Mayer, 165, 179 ff),[1035] sondern betrifft nur die Vermeidbarkeitsfrage im Irrtumsfall (wie hier z.B. *Geppert* JZ **1988** 1024, 1026; *Jakobs* 11/24 ff; *Roxin* AT I § 18 Rdn. 29 f, § 14 Rdn. 84 ff; **anders** noch in FS Welzel, 447, 453 f).[1036] Die beim rechtfertigenden Notstand geführte wissenschaftliche Diskussion hat gezeigt, dass die pflichtgemäße Prüfung der Sachlage als Rechtfertigungserfordernis sachwidrig ist, wenn das objektive Vorliegen der betreffenden Sachlage – also hier das mutmaßliche Einverstandensein – schon selbst Voraussetzung der Rechtfertigung ist. Wer in Kenntnis der objektiven Voraussetzungen eines Rechtfertigungsgrundes handelt, verwirklicht weder Handlungs- noch Erfolgsunrecht. Die unterlassene Prüfung enthält nur einen Sorgfaltsmangel, der sachlich einen (straflosen) „fahrlässigen Versuch" darstellt (*Roxin* AT I § 14 Rdn. 84; zust. *De Vicente Remesal* GA **2017** 689, 698). Befürchtungen dahingehend, nach herrschender Irrtumsdogmatik (eingeschränkte Schuldtheorie) würde bereits jede leichtfertige Annahme eines mutmaßlichen Willens durch den Täter als ein (Handlungsunrecht ausschließender) Erlaubnistatumstandsirrtum zu bewerten sein, sind übertrieben (näher dazu *Roxin* AT I § 18 Rdn. 30; *Rieger* Mutmaßliche Einwilligung S. 97 f). So liegt nur ein Verbots- und kein Erlaubnistatumstandsirrtum vor, wenn Ärzte ohne Befragen der von ihnen operierten Patientin meinen, diese werde mit einer medizinisch indizierten Sterilisierung einverstanden sein. Denn sie haben sich im Eingriffszeitpunkt nicht auf der Basis aussagekräftiger Indizien vorgestellt, die Frau hätte der Operation zugestimmt (verfehlt daher BGHSt **35** 246, 250).[1037] Schließlich ist auch nicht einsichtig, dass bei der mutmaßlichen Einwilligung subjektiv strengere Anforderungen gelten sollen als nach § 34 beim rechtfertigenden Notstand.

e) Prozessuales. Lässt sich nicht sicher feststellen, ob eine Einwilligung erteilt worden ist oder nicht, so ergibt sich der Freispruch aus dem Zweifelsgrundsatz; für die Bejahung einer rechtfertigenden mutmaßlichen Einwilligung bleibt dagegen in der Regel kein Raum. Denn auch wenn sich erweist, dass die Handlung jedenfalls dem mutmaßlichen Willen des Einwilligungsberechtigten entsprach, ist doch zu beachten, dass außerdem die übrigen Voraussetzungen des Rechtfertigungsgrundes vorliegen müssen, d.h. auch die nicht rechtzeitige Einholbarkeit der Einwilligung, ferner die Kenntnis der übrigen Rechtfertigungsvoraussetzungen. Auch lässt sich eine mutmaßliche Einwilligung dann nicht bejahen, wenn Gegenstand des unbehebbaren Zweifels ist, ob die Einwilligung nicht sogar verweigert worden war.

229a

1035 *Gropp* AT § 5 Rdn. 372; *Heinrich* Rdn. 477a; *Maurach/Zipf* § 28 Rdn. 15 ff; *Mitsch* ZJS **2012** 38, 43; *Krey/Esser* Rdn. 677a; *Wessels/Beulke/Satzger* Rdn. 577; *Schramm* Untreue S. 243; *de Vicente Remesal* GA **2017** 689, 696 f; *Hörr* Passive Sterbehilfe S. 220; *Paeffgen/Zabel* NK Rdn. 161 m.w.N. zum Streitstand. **anders** Baumann/Weber/*Mitsch*/Eisele § 15 Rdn. 158: „Prüfungsobliegenheit". Folgenlos soll die Verletzung der Prüfungspflicht nach *Sch/Schröder/Lenckner/Sternberg-Lieben* Rdn. 58 m.w.N. (zust. *Kühl* AT § 9 Rdn. 47) aber dann sein, wenn der Täter tatsächlich den Willen des Berechtigten trifft, weil hier dessen „Interesse und Wille gewahrt" seien. Warum in diesen Fällen aber nicht zumindest Versuchsstrafbarkeit droht, bleibt unerfindlich; zur Kritik *Jakobs* 11/25; *Rieger* Mutmaßliche Einwilligung S. 96 f; *Roxin* AT I § 14 Rdn. 84.
1036 *Rudolphi* GedS Schröder, 73, 86 ff; *Kindhäuser* AT § 19 Rdn. 7; *Rengier* AT § 23 Rdn. 61; *Matt/Renzikowski/Engländer* Rdn. 26; *SSW/Rosenau* Rdn. 49; *Küper* Notstand S. 116 ff; *Schmidhäuser* AT 9/52; *Welzel* Strafrecht § 14 IV, V; *Rieger* Mutmaßliche Einwilligung S. 96 f; *Tachezy* Mutmaßliche Einwilligung S. 66 f; *Knauf* Mutmaßliche Einwilligung S. 76 ff und im Einzelnen *Zielinski* Handlungs- und Erfolgsunwert im Unrechtsbegriff, Diss. Bonn 1973 S. 271 ff.
1037 Im konkreten Fall hielt der BGH jedoch eine Strafbarkeit wegen fahrlässiger Körperverletzung für möglich, wenn es zuvor fahrlässig unterlassen wurde, eine ausdrückliche Entscheidung der Betroffenen zu bekommen, s. schon BGHSt **11** 111, 115; näher zur Strafbarkeit wegen pflichtwidrigen Vorverhaltens *Schlehofer* MK Rdn. 195 i.V.m. Rdn. 15 ff; *Taupitz* FG BGH I, 497, 514 ff. Nach *Sch/Schröder/Lenckner/Sternberg-Lieben* Rdn. 59 kommt eine strafrechtliche Haftung unter dem Gesichtspunkt einer fahrlässigen actio illicita in causa in Betracht; auch *Magnus* Patientenautonomie S. 157; dagegen *Hoyer* StV **1989** 245, 246.

9. Hypothetische Einwilligung

Schrifttum

Albrecht Die „hypothetische Einwilligung" im Strafrecht, Diss. Bayreuth 2009 (2010); *Amelung* Irrtum und Täuschung als Grundlage von Willensmängeln bei der Einwilligung des Verletzten (1998); *Anders* Untreue zum Nachteil der GmbH, Habil. Hamburg 2011 (2012); *Beckemper* Anm. zu BGH Urt. v. 20.2.2013 – 1 StR 320/12, NZWiSt **2013** 232; *Bernsmann* Untreue und Korruption – der BGH auf Abwegen, GA **2009**, 296; *Beulke* Die hypothetische Einwilligung im Arztstrafrecht – eine Zwischenbilanz, medstra **2015** 67; *Böcker* Die „hypothetische Einwilligung" im Zivil- und Strafrecht, JZ **2005** 925; *Böse* Unrechtsausschluss durch hypothetische Disposition über das geschützte Rechtsgut? Zum Verhältnis von formellen und materiellen Voraussetzungen der Rechtfertigung, ZIS **2016** 495; *Bosch* Grenzen einer hypothetischen Einwilligung bei ärztlichem Eingriff, JA **2008** 70; *Conrad/Koranyi* „Die hypothetische Einwilligung" im Zivil- und Strafrecht vor dem Hintergrund des neues § 630h II 2 BGB, JuS **2013** 979; *M. Dreher* Objektive Erfolgszurechnung bei Rechtfertigungsgründen, Diss. Mannheim 2003; *Duttge* Die „hypothetische Einwilligung" als Strafausschließungsgrund: wegweisende Innovation oder Irrweg? Festschrift Schroeder (2006) 179; *Edlbauer* Die hypothetische Einwilligung als arztstrafrechtliches Haftungskorrektiv, Diss. Passau 2009; *ders./Irrgang* Die Wirkung der Zustimmung und ihrer Surrogate im Untreuetatbestand, JA **2010** 786; *Eisele* Hypothetische Einwilligung bei ärztlichen Aufklärungsfehlern, JA **2005** 252; *ders.* Rechtfertigung kraft hypothetischer Einwilligung – Übernahme einer zivilrechtlichen Rechtsfigur in das Strafrecht? Festschrift Strätz (2009) 163; *Frisch* Einwilligung und mutmaßliche Einwilligung in ärztliche Heileingriffe in Frisch (Hrsg.). Gegenwartsfragen des Medizinstrafrechts (2006) S. 33; *Gaede* Limitiert akzessorisches Medizinstrafrecht statt hypothetischer Einwilligung (2014); *Garbe* Wille und Hypothese – Zur Rechtsfigur der hypothetischen Einwilligung im Zivil- und Strafrecht, Diss. Berlin 2010 (2011); *Geppert* Hypothetische Einwilligung als Rechtfertigungsgrund? JK 12/04 StGB § 223/3; *Gropp* Hypothetische Einwilligung im Strafrecht? Festschrift Schroeder (2006) 187; *Haas* Zur Bedeutung hypothetischer Geschehensverläufe für den Ausschluss des Tatunrechts, GA **2015** 147; *Hefendehl* Objektive Zurechnung bei Rechtfertigungsgründen? Festschrift Frisch (2013) 465; *Hengstenberg* Die hypothetische Einwilligung im Strafrecht, Diss. Heidelberg 2012 (2013); *Hohn* Grundwissen – Strafrecht: Handlungs- und Erfolgsunrecht, JuS **2008** 494; *Jansen* Die hypothetische Einwilligung im Strafrecht – Notwendiges Korrektiv oder systemwidriges Institut? ZJS **2011** 482; *Jäger* Zurechnung und Rechtfertigung als Kategorialprinzipien im Strafrecht (2006); *ders.* Die hypothetische Einwilligung – ein Fall der rückwirkenden juristischen Heilung in der Medizin, Festschrift H. Jung (2007) 345; *ders.* Gut gemeint, aber schlecht gemacht, JA **2012** 70; *ders.* Die hypothetische Einwilligung auf dem Prüfstand, JA **2016** 472; *Jordan* Anm. zu BGH Urt. v. 29.6.1995 – 4 StR 760/94, JR **1997** 32; *Katzenmeier* Der Behandlungsvertrag – Neuer Vertragstypus im BGB, NJW **2013**, 817; *Kraatz* Aus der Rechtsprechung zum Arztstrafrecht 2014/2015. Die Grundsätze der Einwilligung in den ärztlichen Eingriff – 1. Teil, NStZ-RR **2016** 234; *Krüger* Zur hypothetischen Einwilligung – Grund, Grenzen und Perspektiven einer verkannten Zurechnungsfigur, Festschrift Beulke (2015) 137; *ders.* Hypothesen zur hypothetischen Einwilligung im Medizinstrafrecht, medstra **2017** 12; *Kuhlen* Ausschluss der objektiven Zurechnung bei Mängeln der wirklichen und der mutmaßlichen Einwilligung, Festschrift Müller-Dietz (2001) 431; *ders.* Objektive Zurechnung bei Rechtfertigungsgründen, Festschrift Roxin (2001) 331; *ders.* Ausschluss der objektiven Erfolgszurechnung bei hypothetischer Einwilligung des Betroffenen, JR **2004** 224; *ders.* Hypothetische Einwilligung und „Erfolgsrechtfertigung", JZ **2005** 713; *ders.* Buchsprechung: Gaede limitiert akzessorisches Medizinstrafrecht statt hypothetischer Einwilligung (2014), GA **2013** 709; *Lindemann* Voraussetzungen und Grenzen eines legitimen Wirtschaftsstrafrechts, Habil. Düsseldorf 2011/2012 (2012); *G. Merkel* Prinzipielles und Prozessuales zur hypothetischen Einwilligung in ärztliche Heileingriffe, JZ **2013** 975; *Mitsch* Die „hypothetische Einwilligung" im Arztstrafrecht, JZ **2005** 279; *ders.* Die hypothetische behördliche Genehmigung im Strafrecht, Festschrift Achenbach (2011) 299; *ders.* Die mutmaßliche Einwilligung, ZJS **2012**, 38; *ders.* Buchbesprechung: Garbe Wille und Hypothese – zur Rechtsfigur der hypothetischen Einwilligung im Zivil- und Strafrecht (2011), GA **2013** 602; *Neelmeier* Die einwilligungsbezogene Patientenaufklärung, NJW **2013** 2230; *Otto* Einwilligung, mutmaßliche, gemutmaßte und hypothetische Einwilligung, Jura **2004** 679; *ders./Albrecht* Die Bedeutung der hypothetischen Einwilligung für den ärztlichen Heileingriff, Jura **2010** 264; *Paeffgen* Gefahr-Definition, Gefahr-Verringerung und Einwilligung im medizinischen Bereich, Festschrift Rudolphi (2004) 187; *Paul/Schubert* Referendarexamensklausur – Strafrecht: Medizinstrafrecht und AT – Gefahr im Spital, JuS **2013** 1007; *Preis/Schneider* Das Patientenrechtegesetz – eine gelungene Kodifikation? NZS **2013** 281; *Puppe* Die strafrechtliche Verantwortlichkeit für Irrtümer bei der Ausübung der Notwehr und für deren Folgen, JZ **1989** 728; *dies*. Die strafrechtliche Verantwortlichkeit des Arztes bei mangelnder Aufklärung über eine Behandlungsalternative – Zugleich Besprechung von BGH, Urteile vom 3.3.1994 und 19.6.1995, GA **2003** 764; *dies*. Anm. zu BGH Urt. vom 20.1.2004 – 1 StR 319/03, JR **2004** 469; *dies*. Die hypothetische Einwilligung und das Selbstbestimmungsrecht des Patienten, ZIS **2016** 366; *Renzikowski* Hypothetische Einwilligung, Festschrift G. Fischer (2010) 365; *Rigizahn* Anm. zu BGH Urt. v. 29.6.1995 – IV StR 760/94, JR **1996**, 72; *Rönnau* Anm. zu BGH Beschl. v. 15.10.2003 – 1 StR 300/03, JZ **2004** 801; *ders*. Errichtung schwarzer (Schmiergeld-)Kassen in der Privatwirtschaft – eine strafbare Untreue? Festschrift Tiedemann (2008) 713; *ders*. Die Zukunft des Untreuetatbestandes, StV **2011**, 753; *ders*. Grundwissen – Strafrecht: Hypothetische Einwilligung, JuS **2014** 882; *Riedelmeier* Ärztlicher Heileingriff und allgemeine Strafrechtsdogmatik, Diss. Düsseldorf 2004; *Röttger* Unrechtsbegründung und Unrechtsausschluß nach den finalistischen Straftatlehren und nach einer materiellen Konzeption, Diss. Hamburg 1993; *Rosenau* Die hypothetische Einwilligung im Strafrecht, Festschrift Maiwald (2010) 683; *Roxin* Hypothetische Einwilligung im Medizinstrafrecht? medstra **2017** 129; *Saliger* Alternativen zur hypothetischen Einwilligung im Strafrecht, Festschrift Beulke (2015) 257; *Schlehofer* „Pflichtwidrigkeit" und „Pflichtwidrigkeitszusammenhang" als Rechtswidrigkeitsvoraussetzung? Festschrift Puppe (2011) 953; *Schneider* Der Behandlungsvertrag, JuS **2013** 104; *Schöch* Hypothetische Einwilligung bei ärztlichen Dopingmaßnahmen? GA **2016**, 294; *Schwartz* Die hypothetische Einwilligung im Strafrecht, Diss. Trier 2008 (2009); *Sickor* Die Übertragung der hypothetischen Einwilligung auf das Strafrecht, JA **2008** 11; *ders*. Logische Unstimmigkeiten in der höchstrichterlichen Prüfungsformel zur hypothetischen Einwilligung, JR **2008** 179; *Sowada* Die hypothetische Einwilligung im Strafrecht, NStZ **2012** 1; *Sternberg-Lieben* Anm. zu BGH Urt. v. 5.7.2007 – 4 StR 549/06, StV **2008** 190; *ders*. Gesetzliche Anerkennung der Patientenverfügung: offene Fragen im Strafrecht, insbesondere bei Verstoß gegen die prozeduralen Vorschriften der §§ 1901a ff BGB, Festschrift Roxin (2011) 537; *ders*. Strafrechtliche Behandlung ärztlicher Aufklärungsfehler: Reduktion der Aufklärungslast anstelle hypothetischer Einwilligung, Festschrift Beulke (2015) 299; *Sturm* Die hypothetische Einwilligung im Strafrecht, Diss. Bucerius Law School Hamburg 2015 (2016); *Swoboda* Die hypothetische Einwilligung – Prototyp einer neuen Zurechnungslehre im Bereich der Rechtfertigung? ZIS **2013** 18; *Tag* Richterliche Rechtsfortbildungen im Allgemeinen Teil am Beispiel der hypothetischen Einwilligung, ZStW **127** (2015) 523; *Taupitz* Die untaugliche Einwilligung bei ärztlicher Heilbehandlung – insbesondere vor dem Hintergrund der höchstrichterlichen Rechtsprechung des Bundesgerichtshofs, 50 Jahre Bundesgerichtshof. Festgabe aus der Wissenschaft Band I (2000) 497; *Ulsenheimer* Anm. zu BGH Urt. v. 29.6.1995 – 4 StR 760/94, NStZ **1996** 132; *Valerius* Die hypothetische Einwilligung in den ärztlichen Heileingriff, HRRS **2014** 22; *Walischewski* Untreue und Restriktionsgebot – Schutzzweck, Pflichtwidrigkeit und hypothetisches Einverständnis, Festschrift Feigen (2014) 293; *Weber* Zu den Grenzen des strafrechtlichen Denkens in Rechtmäßigkeitsalternativen, Festschrift Puppe (2011) 1059; *Wiesner* Die hypothetische Einwilligung im Medizinstrafrecht, Diss. Augsburg 2010; *Zabel* Die Einwilligung als Bezugspunkt wechselseitiger Risikoverantwortung. Haftungsbegrenzungen und Opferschutz in der aktuellen Rechtfertigungsdogmatik, GA **2015** 219; *Zimmermann/Linder* Die Unterlassungskausalität im Fall Jalloh: Ein Schritt zur Anerkennung der hypothetischen Genehmigung? ZStW **128** (2016) 713.

Siehe weiter das Schrifttum Vor Rdn. 146.

a) Dogmatische Grundlagen und Meinungsstand. Die mutmaßliche Einwilligung **230** ist trotz mancher Ähnlichkeit terminologisch und sachlich nicht mit der **hypothetischen Einwilligung** gleichzusetzen. Von hypothetischer Einwilligung wird vor allem in der zivilrechtlichen Arzthaftungsrechtsprechung in Fällen gesprochen, in denen die Einwilligung eines Patienten zum Heileingriff wegen Aufklärungsmangels unwirksam ist, der Patient dem Eingriff aber bei ausreichender Aufklärung ebenfalls (nunmehr: wirksam) zugestimmt hätte (s. nur BGH NJW **1980** 1333, 1334; BGHZ **90** 103, 111 = NJW **1984** 1397 mit zust. Anm. *Deutsch*; NJW **1984** 1807, 1809).[1038] Der **BGH in Strafsachen** hat diese

---

[1038] Weiter BGH JR **1989** 286, 288; NJW **1991** 2342, 2343; **1994** 2414, 2415; **1998** 2734 f; MedR **2005** 599; aus jüngerer Zeit etwa BGHZ **166** 336, 344; **172** 1, 14 und 254, 262; BGH NJW **2015** 74, 76 f; zur Genese der Rechtsfigur in der zivilrechtlichen Rspr. s. *Beulke* medstra **2015** 67; *Hengstenberg* Hypothetische Einwilli-

Rechtsprechung in seine Spruchpraxis übernommen, und zwar zunächst nur im Bereich der fahrlässigen Körperverletzung (BGHR StGB § 223 Abs. 1 Heileingriff 2 – „Beinfehlstellung"; BGH NStZ **1996** 34, 35 – „Surgibone-Dübel" mit Anm. *Rigizahn* JR **1996** 72 ff),[1039] seit 2003 aber auch zur Einschränkung der Strafbarkeit bei den Vorsatzdelikten (BGH NStZ-RR **2004** 16 f;[1040] NStZ **2004** 442).[1041] Die Strafrechtsprechung bietet dabei verschiedene Konstruktionen an, ohne diese aber näher zu begründen. Bei *Fahrlässigkeitsdelikten* sucht sie die Lösung auf Tatbestandsebene. So soll es nach älterer Rechtsprechung in Situationen, in denen der Patient auch bei hinreichender Aufklärung der medizinischen Behandlung zugestimmt hätte, an der *Kausalität* oder – im Unterlassungsfall – an der „Quasi"-Kausalität zwischen dem Aufklärungsmangel (also der unvollständigen bzw. falschen Information des Patienten oder der Unterlassung der gebotenen Aufklärung) und der Einwilligung[1042] bzw. dem tatbestandsmäßigen Erfolg[1043] fehlen.[1044] In einem später entschiedenen Fall der fahrlässigen Tötung wurde der Tatbestandsausschluss dann aber auf den *Wegfall des Pflichtwidrigkeitszusammenhangs*, also des *normativen* Konnexes zwischen Aufklärungsverstoß und Tod des Geschädigten, gestützt.[1045] Bei *vorsätzlich* begangener Körperverletzung will der Bundesgerichtshof dagegen die *Rechtswidrigkeit* des Verhaltens entfallen lassen,[1046] ohne näher auszuführen, ob die hypothetische Einwilligung überhaupt die Grundvoraussetzungen eines Rechtfertigungsgrundes erfüllt. Eingrenzend soll sich die hypothetische Einwilligung jedenfalls ohne weitergehende Aufklärung nur auf *lege artis* durchgeführte Heileingriffe

---

gung S. 7 ff; *Wiesner* Hypothetische Einwilligung S. 21 ff; *Albrecht* Hypothetische Einwilligung S. 78 ff; *Garbe* Wille und Hypothese S. 68 ff; *Edlbauer* Hypothetische Einwilligung S. 241 ff. Diese Rechtsprechung hat der Gesetzgeber jetzt in § 630h Abs. 2 Satz 2 BGB grundsätzlich bestätigt, vgl. BTDrucks. 17/10488 S. 9, 27, 29; *Zabel* GA **2015** 219, 223; *Haas* GA **2015** 147, 148. Dort vorgenommene leichte Abweichungen führen zu keiner neuen Praxis, vgl. BTDrucks. 17/10488 S. 43; ebenso *Gaede* Limitiert akzessorisches Medizinstrafrecht S. 7 m.w.N. in Fn. 26.

1039 Weitere Besprechung von *Ulsenheimer* NStZ **1996** 132 f; s. auch *Jordan* JR **1997** 32 f. Dagegen waren BGH Urt. v. 28.10.1960 – 4 StR 375/60 und BGH JZ **1964** 231, 232 – wie *Schwartz* Hypothetische Einwilligung S. 9 und *Gaede* Limitiert akzessorisches Medizinstrafrecht S. 8 m. Fn. 31 richtig bemerken – nur Vorläufer.

1040 Mit Bespr. von *Geppert* JK 12/04 StGB § 223/3; *Kuhlen* JR **2004** 227; *Rönnau* JZ **2004** 801; später etwa *Eisele* JA **2005** 252 und *Mitsch* JZ **2005** 279.

1041 Neuere Rspr. bei *Sturm* Hypothetische Einwilligung S. 40 m. Fn. 161. Zum Import der hypothetischen Einwilligung durch die Strafgerichte *Hengstenberg* Hypothetische Einwilligung S. 75 f; eine Skizze der höchstrichterlichen Rspr. liefern auch *Gaede* Limitiert akzessorisches Medizinrecht S. 8 ff und *Sturm* Hypothetische Einwilligung S. 37 f; zu den Leitentscheidungen *Roxin* medstra **2017** 129 f.

1042 Vgl. BGH NStZ **1996** 34, 35; s. auch BGH NStZ-RR **2004** 16, 17 – „Bandscheibe": „Kausalität des Aufklärungsmangels" und NStZ **2012**, 205, 206 – „Magenspiegelung" mit **krit.** Bespr. *Jäger* JA **2012** 70 – beide zum Vorsatzdelikt.

1043 BGHR StGB § 223 Abs. 1 Heileingriff 2.

1044 Ausführlich zu den „Kausalitätslösungen" in Rechtsprechung und Lehre *Albrecht* Hypothetische Einwilligung S. 169 ff, 205 ff. Zur Frage, an welchem Verhalten die strafrechtliche Bewertung richtigerweise anzusetzen hat, s. *Sturm* Hypothetische Einwilligung S. 69 ff. Die Konsequenzen der Auswechselung des Zurechnungsobjekts („Einwilligung" oder „tatbestandlicher Erfolg") schildern *Hengstenberg* Hypothetische Einwilligung S. 259 ff und *Sturm* aaO S. 136 ff.

1045 BGH NJW **2013**, 1688, 1689 Rdn. 30 – „Neulandmethoden" m. Anm. *Valerius* HRRS **2014** 22; s. auch OGH JBl **1992** 391 und 520, 521.

1046 Mit dieser Formulierung BGH NStZ-RR **2004** 16, 17; NStZ **2004**, 442 – „Bohrerspitze"; NStZ-RR **2007** 340, 341 – „Fettabsaugung" m. abl. Bespr. *Bosch* JA **2008** 70; NStZ **2012** 205, 206. Viele im Schrifttum leiten daraus ab, die Rechtsprechung behandele die hypothetische Einwilligung als „eigenständigen Rechtfertigungsgrund", vgl. nur m.w.N. *Albrecht* Hypothetische Einwilligung S. 252 ff, *Jäger* SK Vor § 1 Rdn. 127, *Valerius* HRRS **2014** 22, 24, *Böse* ZIS **2016** 495, *Haas* GA **2015** 147, 148 f, *Conrad/Koranyi* JuS **2013** 979, 982 und *Sturm* Hypothetische Einwilligung S. 40 ff, 163 (der diesbezüglich aber skeptisch bleibt).

beziehen,[1047] auch wenn diese eine alternative, hochexperimentelle Behandlungsmethode darstellen.[1048]

In der **Literatur** hat die Rechtsfigur eine Reihe von Befürwortern.[1049] Sie setzen dogmatisch zumeist beim *(Unrechts-)Zurechnungsausschluss* an.[1050] Ihrer Ansicht nach geht es darum, die für die Haftungseinschränkung auf Tatbestandsebene geläufigen Regeln der *Lehre von der objektiven Zurechnung* nunmehr auf der Rechtswidrigkeitsebene anzuwenden. Konkret soll die normative (Erfolgs-)Zurechnung unter Rückgriff auf die *Grundsätze des rechtmäßigen Alternativverhaltens* ausgeschlossen werden. Trotz konstruktiver Unterschiede rechtfertigen auch die **Rechtsprechung** sowie viele Protagonisten im Schrifttum die Nichtzurechnung des tatbestandsmäßigen Erfolgs in der Sache damit, dass es ohne Pflichtwidrigkeitszusammenhang am *Erfolgsunwert* fehlt.[1051] Zwar wird der Erfolgsunwert der Tatbestandsverwirklichung nach herkömmlichem Verständnis allein durch das Vorliegen der objektiven Voraussetzungen eines Rechtfertigungsgrundes aufgehoben.[1052] Ausnahmsweise soll nun bei der hypothetischen Einwilligung aber der – tatsächlich an Aufklärungsmängeln leidenden – Einwilligung (als Rechtfertigungsgrund) dann unrechtskompensierende Kraft zukommen, wenn sie auch bei gebotener Aufklärung erteilt worden wäre. Der eingetretene tatbestandsmäßige Erfolg – etwa die Verletzung der Körperintegrität oder der Verlust des Lebens – könne hier *wertungsmäßig* nicht als haftungsrelevanter *Unrechtserfolg* qualifiziert werden, da der Rechtsgutsinhaber den Eingriff in jedem Fall gestattet hätte, das Rechtsgut also

230a

1047 In diesem Sinne BGH NStZ-RR **2007** 340, 341; StV **2008** 464, 465 – „Turboentzug" m. zust. Anm. *Rönnau*; zu weiteren Versuchen der Rechtsprechung, die Reichweite der hypothetischen Einwilligung einzudämmen, s. *Saliger* FS Beulke, 257, 264; *Gaede* Limitiert akzessorisches Medizinstrafrecht S. 11 ff; auch *Albrecht* Hypothetische Einwilligung S. 95 f; *Beulke* medstra **2015**, 67, 70 f.
1048 BGH NJW **2013** 1688; *Krey/Esser* Rdn. 682c.
1049 Aus der (abnehmenden) Schar der Anhänger s. nur *Kuhlen* FS Roxin (2001), 331; *ders.* FS Müller-Dietz, 431; *ders.* JR **2004** 227; *Stratenwerth/ders.* AT § 9 Rdn. 28; *Lackner/Kühl/Kühl* § 228 Rdn. 17a; *ders.* AT § 9 Rdn. 47a; *Amelung* Irrtum und Täuschung als Grundlage von Willensmängeln bei der Einwilligung des Verletzten S. 55 f, 69 f, 77; *Frisch* in Frisch S. 33, 49 ff; *Rosenau* FS Maiwald, 683; SSW/*ders.* Rdn. 53; *Roxin* AT I § 13 Rdn. 120 ff (unter Berücksichtigung der Risikoerhöhungslehre; **anders** nun *ders.* medstra **2017** 129 ff); auch *Rönnau* JZ **2004** 801 f; *ders.* LK[12] Rdn. 230 f (**abl.** aber jetzt *ders.* JuS **2014** 882, 885); *Murmann* GK § 25 Rdn. 132; *Krüger* FS Beulke, 137, 141 ff und *ders.* medstra **2017** 12, 15 ff (mit einem nicht überzeugenden Vorverschuldenserklärungsansatz); *Taupitz* FG BGH I, 497, 498 f; *Chr. Wagner* Schönheitsoperation S. 176; mit anderer Konstruktion („Teil-Rechtfertigung", die nur Versuchsunrecht übriglässt) auch *Mitsch* JZ **2005** 279, 283 ff (**krit.** Erwiderung von *Kuhlen* JZ **2005** 713 ff und *Rönnau* LK[12] Rdn. 231); weitere Nachw. bei *Albrecht* Hypothetische Einwilligung S. 91 ff und *Sturm* Hypothetische Einwilligung S. 47 m. Fn. 196. Nachdrückliches Plädoyer für die hypothetische Einwilligung (als eigenständigem Rechtfertigungsgrund) zuletzt von *Beulke* medstra **2015** 67, 72 ff.
1050 Zu den Differenzen bei der dogmatischen Erfassung näher *Sturm* Hypothetische Einwilligung S. 48 ff.
1051 S. *Kuhlen* FS Müller-Dietz, 431, 442; *ders.* JR **2004** 224, 229; zust. *Geppert* JK 12/2004 StGB § 233/3; *Rönnau* JZ **2004** 801, 802; *ders.* LK[12] Rdn. 230 m.w.N.; *Hengstenberg* Hypothetische Einwilligung S. 378 f. Ausführliche Darstellung der Konstruktionen bei *Albrecht* Hypothetische Einwilligung S. 226 ff, *Hengstenberg* Hypothetische Einwilligung S. 228 f. und *Sturm* Hypothetische Einwilligung S. 119 ff (zur generellen Möglichkeit objektiver Erfolgszurechnung auf Rechtswidrigkeitsebene), S. 136 ff (zur Frage fehlenden Pflichtwidrigkeitszusammenhangs bei hypothetischer Einwilligung).
1052 Im Hintergrund dieser Dogmatik steht dabei ein breit akzeptiertes (Unrechts-)Kompensationsmodell (näher *Röttger* Unrechtsbegründung und Unrechtsausschluß S. 15 ff; auch *Hohn* JuS **2008** 494, 495; weitere Nachw. bei Rönnau LK[12] Rdn. 82 m. Fn. 302). Danach kompensiert – in groben Strichen skizziert – das Vorliegen der objektiven Rechtfertigungsvoraussetzungen das auf Tatbestandsebene vorläufig festgestellte Erfolgsunrecht. Ebenso neutralisiert das subjektive Rechtfertigungselement (wie etwa der Verteidigungsvorsatz) das tatbestandliche Handlungsunrecht, das sich primär im Vorsatz bzw. der Sorgfaltswidrigkeit ausdrückt.

ohnehin verloren sei;[1053] in Betracht komme allenfalls eine Bestrafung wegen *Versuchs*, den nur das Vorsatz-, nicht aber das Fahrlässigkeitsdelikt kennt. In Zweifelsfällen – d.h. bei Unsicherheiten über das Zustimmungsverhalten des Patienten – müsse *in dubio pro reo* freigesprochen werden.[1054]

230b   Die **Unterschiede zwischen hypothetischer und mutmaßlicher Einwilligung** bestehen in Folgendem:[1055] Während Letztere Eingriffe in notstandsähnlichen Situationen rechtfertigt und – schon auf der Rechtsvoraussetzungsseite – erfordert, dass eine reale (und wirksame) Einwilligung nicht eingeholt werden konnte ([material verstandener][1056] Subsidiaritätsgrundsatz), kommt ein Zurechnungsausschluss unter Hinweis auf eine hypothetische Einwilligung in Betracht, wenn die Einholung einer (wirksamen) Einwilligung (durch hinreichende Aufklärung) durchaus möglich war, jedoch unterblieb (*Kuhlen* FS Müller-Dietz, 431, 443; *ders.* JR **2004** 227; *Taupitz* FG BGH I, 497, 498). Dabei schließt das ex post zu beurteilende Vorliegen einer hypothetischen Einwilligung nur das objektive Unrecht eines vollendeten Delikts aus, während die wirkliche oder mutmaßliche Einwilligung die Gesamttat rechtfertigt, sofern – aus ex ante-Sicht – deren Voraussetzungen gegeben sind.[1057]

231   **b) Kritik an der hypothetischen Einwilligung.** Die in der Rechtsprechung und von Teilen der Literatur insbesondere zur Eindämmung ausufernder Aufklärungspflichten und damit als Mittel der Entkriminalisierung eingesetzte hypothetische Einwilligung[1058] gerät in den letzten Jahren zunehmend stärker in die Kritik; große Teile des Schrifttums lehnen sie ganz ab.[1059] In der jüngeren Rechtsprechung ist allerdings – wie angedeutet – ein vorsichtigerer Umgang mit dem Instrument zu beobachten. Die Entlastung soll an strengere Voraussetzungen geknüpft werden – und etwa im Fall der aktiven Täuschung (wohl) ganz entfallen.[1060] Aus der Fülle der von den Gegnern vorgetragenen Argumente können im Weiteren nur die wichtigsten angeführt werden:

231a   Schon früh hat *Ingeborg Puppe* den grundsätzlichen methodischen Einwand erhoben, dass die Frage, wie sich ein Patient bei ordnungsgemäßer Aufklärung entschieden

---

1053   Beispielhaft *Kühl* AT § 9 Rdn. 47a: „korrekte Aufklärung (hätte) ohnehin ,nichts gebracht'"; weiterhin *Beulke* medstra **2015** 67, 74 f.
1054   Nachw. dazu bei *Rönnau* LK¹² Rdn. 230.
1055   Die Anforderungen von mutmaßlicher und hypothetischer Einwilligung im Vergleich behandeln *Kuhlen* JZ **2005** 713 ff; *Eisele* FS Strätz, 163, 169 f; auch *Albrecht* Hypothetische Einwilligung S. 342 ff; *Schwartz* Hypothetische Einwilligung S. 131 ff; *Hengstenberg* Hypothetische Einwilligung S. 192 ff; *Mitsch* ZJS **2012** 38, 43.
1056   In Abgrenzung zu der Konkurrenzlösung von *Mitsch* (Bezeichnung nach *Kuhlen* JZ **2005** 713 ff), wonach beim Vorliegen der Voraussetzungen der Rechtsvorschriften die mutmaßliche und auch die hypothetische Einwilligung gegenüber der wirklichen Zustimmung des Betroffenen subsidiär sind.
1057   Näher – auch zu weiteren Unterschieden – *Kuhlen* FS Müller-Dietz 431, 443; *Mitsch* JZ **2005** 279, 281; *Roxin* AT I § 13 Rdn. 132.
1058   Zum Einsatzzweck der Rechtsfigur näher *Albrecht* Hypothetische Einwilligung S. 507 ff und *Hengstenberg* Hypothetische Einwilligung S. 12 ff, 325; beide m.w.N.; weiterhin *Beulke* medstra **2015** 67, 71 f; *Roxin* medstra **2017** 129, 134; *Rosenau* FS Maiwald, 683, 695 ff; SSW/*ders*. Rdn. 53; *Saliger* FS Beulke, 257, 262 f („enormes Strafbarkeitseinschränkungspotential").
1059   S. nur *Paeffgen/Zabel* NK Rdn. 168a, *Sternberg-Lieben*, FS Beulke, 299, 301 ff, *Böse* ZIS **2016** 495 ff und *Puppe* ZIS **2016** 366 ff (alle m. zahlr. w. Nachw.) und die gründlichen Monographien von *Albrecht* Hypothetische Einwilligung, *Gaede* Limitiert akzessorisches Medizinstrafrecht und zuletzt *Sturm* Hypothetische Einwilligung.
1060   S. BGH NJW **2013** 1688, 1689 (mit diesbezüglich allerdings nicht ganz klarer Aussage, so *Valerius* HRRS **2014** 22, 23 f, *Haas* GA **2015** 147, 149, *Krüger* FS Beulke, 137, 147 f und *Sturm* Hypothetische Einwilligung S. 44 f).

hätte, mangels Kenntnis entsprechender (Natur-)Gesetze im Bereich psychischer Kausalität *prinzipiell* nicht beantwortbar und somit „unsinnig" sei.[1061] Daraus folge, dass auch der allein auf Tatsachenzweifel anwendbare *in dubio pro reo*-Grundsatz nicht zum Zuge kommen könne.[1062] Überdies führe die (häufige) Anwendung des Zweifelssatzes dazu, dass ein angemessener Strafrechtsschutz für den Patienten nicht mehr gewährleistet sei.[1063] Mag diese Fundamentalkritik auch überzogen sein, da sich das Strafrecht zum Nachweis psychischer Kausalitäten auch ansonsten (etwa im Bereich der Anstiftung, der psychischen Beihilfe oder des Irrtums beim Betrug) mit Erfahrungswissen sowie Wahrscheinlichkeiten begnügt[1064] und der Zweifelsgrundsatz im Rahmen der richterlichen Beweiswürdigung nur bei vernünftigen Zweifeln anwendbar ist,[1065] lenken *Puppes* Bedenken doch zu Recht den Blick auf kaum überwindbare praktische Schwierigkeiten bei der Ermittlung des *fiktiven* Patientenwillens.

Befragt man den Patienten (als Zeugen) nach der Tat, wird er die Folgen des Eingriffs – also vor allem die Tatsache einer Gesundheitsverbesserung oder -verschlechterung – bei der Formulierung seiner Antwort kaum ausblenden können, obwohl sie bei der rechtlichen Fragestellung nach seinem Entscheidungsverhalten *vor* der Tat keine Rolle spielen dürfen.[1066] Da auf den höchstpersönlichen mutmaßlichen Patientenwillen und nicht auf eine vernünftige Entscheidung abzustellen ist, sind Plausibilitätskontrollen kaum möglich.[1067] Das Missbrauchspotential, insbes. die Möglichkeit, vom Arzt für eine strafbarkeitsausschließende Aussage Geld zu verlangen und diesen so zu erpressen, ist hier unübersehbar.[1068] Die Beweisschwierigkeiten verstärken sich noch, wenn der Patient infolge des Eingriffs verstirbt. In (problematischer) Anwendung der Maxime *in dubio pro reo* ist bei tatsachengestützten Zweifeln häufig schon dann freizusprechen, wenn die Zustimmungsverweigerung nicht sicher festgestellt werden kann. Damit entlas-

231b

1061 *Puppe* GA **2003** 764, 767 ff m.w.N; *dies.* JR **1994** 515 f; *dies.* ZIS **2016** 366, 367 f; *dies.* § 11 Rdn. 18 ff; zust. *Paeffgen* FS Rudolphi, 187, 208 m. Fn. 89; *ders./Zabel* NK Rdn. 168a m. Fn. 903; *Renzikowski* FS G. Fischer, 365, 367; *Otto* Jura **2004** 679, 683; *Hefendehl* FS Frisch, 465, 471 m.w.N.; im Ergebnis auch *G. Merkel* JZ **2013** 975, 978.
1062 So *Puppe* GA **2003** 764; *dies.* ZIS **2016** 366, 369. Nach *Paeffgen* FS Rudolphi, 187, 208 handelt es sich bei der Frage, wie sich jemand auf Basis eines anderen Kenntnisstandes hätte entscheiden können, „um eine bloße Mutmaßung (...) und nicht um eine ‚Tatsache'", hinsichtlich derer allein der Zweifelsgrundsatz eingesetzt werden dürfe; *ders./Zabel* NK Rdn. 168a, 168c; zust. *Albrecht* Hypothetische Einwilligung S. 448, *Haas* GA **2015** 147, 151 und *Roxin* medstra **2017** 129, 134.
1063 *Puppe* GA **2003** 764, 769; *dies.* JR **2004** 470, 471; *dies.* § 11 Rdn. 20; ebenso *Roxin* medstra **2017** 129, 131; *Riedelmeier* Ärztlicher Heileingriff S. 79 ff; *Duttge* FS Schroeder,179, 188 ff; *Otto* Jura **2004** 679, 683; differenzierend *Merkel* NK § 218a Rdn. 39 ff.
1064 Dazu *Wiesner* Hypothetische Einwilligung S. 130 ff, *Rönnau* JZ **2004** 801, 802, *Sturm* Hypothetische Einwilligung S. 157 und *Sowada* NStZ **2012** 1, 6 m.w.N.; auch *Tag* ZStW **127** (2015) 523, 540 f, *Gaede* Limitiert akzessorisches Medizinstrafrecht S. 38, *Weber* FS Puppe, 1059, 1064 und *Schlehofer* FS Puppe, 953, 969. Kritisch zur „Sinnlosigkeitsthese" *Puppes* weiterhin *Hengsteberg* Hypothetische Einwilligung S. 293 ff und *G. Merkel* JZ **2013** 975, 976 f.
1065 Vgl. *Kuhlen* FS Müller-Dietz, 431, 435 f; *Dreher* Objektive Erfolgszurechnung S. 83 f; *Rönnau* LK[12] Rdn. 231; *Hengstenberg* Hypothetische Einwilligung S. 361; *Beulke* medstra **2015** 67, 74.
1066 Zur unterschiedlichen Aussagesituation des Patienten vor und nach dem Eingriff etwa *Sternberg-Lieben* StV **2008** 190, 192; *ders.* FS Beulke, 299, 303; *Sowada* NStZ **2012** 1, 6; *Saliger* FS Beulke, 257, 260 f (nicht unproblematisches „ex-post-Rückschlussverfahren").
1067 Vgl. nur *Albrecht* Hypothetische Einwilligung S. 369 f, 435 ff; **anders** *Hengstenberg* Hypothetische Einwilligung S. 370 f m.w.N.
1068 Zum möglichen Freikaufverhalten der beschuldigten Ärzte oder gar einer Erpressung durch den Verletzten s. nur *Böcker* JZ **2005** 925, 930; *Gropp* FS Schroeder, 197, 200; *Jäger* FS Jung, 345, 356; *Saliger* FS Beulke, 257, 263, 267; *Rönnau* JuS **2014** 882, 884; ausführlicher zu den Manipulationsgefahren *Albrecht* Hypothetische Einwilligung S. 430 ff.

tet das Strafrecht den Arzt weitaus stärker als das Zivilrecht.[1069] Denn dieses bettet die Rechtsfigur in ein sorgsam austariertes mehrstufiges Geflecht von Darlegungs- und Beweislastregeln ein. Es fordert vom Arzt den kaum zu erbringenden Beweis für eine hypothetische Einwilligung, nachdem der Patient (bloß) plausibel dargelegt hat, dass er sich bei ordnungsgemäßer Aufklärung in einem *echten Entscheidungskonflikt* befunden hätte (ohne dass der Patient weitergehende Ausführungen zu seinem Alternativverhalten machen muss).[1070] Fällt auch noch die *Versuchsstrafbarkeit* aus, weil der Arzt unwiderlegbar vorträgt, er sei für den Fall ordnungsgemäßer Aufklärung von einer Patientenzustimmung ausgegangen,[1071] entsteht eine bedenkliche Schutzlücke.[1072] Die Risikoerhöhungslehre *Roxins*[1073] könnte hier bei der Eingrenzung der Auswirkungen des Zweifelssatzes zwar etwas Abhilfe schaffen. Denn für eine Strafbarkeit des nicht aufklärenden Arztes reicht es danach schon aus, wenn auch nur die konkrete Möglichkeit besteht, dass der Patient bei sachgerechter Aufklärung dem Eingriff nicht zugestimmt hätte.[1074] Ihr kann aber aus grundsätzlichen, von den Vertretern der herrschenden Vermeidbarkeitstheorie formulierten Erwägungen[1075] nicht gefolgt werden. Der Schwebezustand, der eintritt, weil das Urteil über die Rechtmäßigkeit oder Rechtswidrigkeit der ärztlichen Heilbehandlung erst weit nach der Tat fällt,[1076] rückt die Rechtsfigur zudem in eine deutliche Nähe der *Genehmigung*,[1077] die nach ganz h.M. allenfalls bei der Strafzumessung berücksichtigt

---

1069 Ebenso *Paeffgen/Zabel* NK Rdn. 168a; *Duttge* FS Schroeder, 179, 183f; *Weber*, FS Puppe, 1059, 1063; weiterhin *Saliger* FS Beulke, 257, 263 f („selbstbestimmungsfeindlich"); *Sowada* NStZ **2012** 1, 7 m.w.N.
1070   S. nur BGHZ **172** 1, 15 f u. 254, 262. Weiterhin *Puppe* GA **2003** 764, 772 ff; *dies*. ZIS **2016** 366, 368; *Paeffgen/Zabel* NK Rdn. 168a (m. Nachw. zur einschlägigen Zivilrechtsprechung); *Sowada* NStZ **2012** 1, 7; *Haas* GA **2015** 147; *Saliger* FS Beulke, 257, 262; Argumentation aufgegriffen vom AG Moers BeckRS **2015** 18722 m. zust. Bespr. von *Jäger* JA **2016** 472ff und **abl**. Bespr. von *Kraatz* NStZ-RR **2016** 233, 238. Näher zur Verteilung der Darlegungs- und Beweislast *Wiesner* Hypothetische Einwilligung S. 29 ff; *Edlbauer* Hypothetische Einwilligung S. 251ff; *Sturm* Hypothetische Einwilligung S. 180 f.
1071   *Puppe* JR **2004** 469, 471 (dagegen *Kuhlen* JR **2004** 227, 230); *Albrecht* Hypothetische Einwilligung S. 477; *Jäger* Zurechnung S. 26; *Hefendehl* FS Frisch, 465, 472; auch *Rönnau* LK[12] Rdn. 231 m.w.N. Nach *Böse* (ZIS **2016** 495, 497) ist der postulierte Versuchsstrafbarkeit ohnehin ausgeschlossen, wenn man für das unmittelbare Ansetzen auf den Beginn der Operation abstellt. *Hintergrund*: Die hypothetische Einwilligung ist ebenso wie die tatsächlich erteilte Einwilligung auf den Körperverletzungserfolg und die diese herbeiführende Handlung (Vollzug des Eingriffs) zu beziehen, so dass bei ordnungsgemäßer Aufklärung auch die Körperverletzungshandlung gerechtfertigt wäre und der Pflichtwidrigkeitszusammenhang zwischen dem Aufklärungsmangel und der (hypothetisch gerechtfertigten) Handlung entfiele.
1072   S. nur *Sowada* NStZ **2012** 1, 8; zust. *Roxin* medstra **2017** 129, 134; *Saliger* FS Beulke, 257, 265; auch *Puppe* ZIS **2016** 366, 369; **anders** *Beulke* medstra **2015** 67, 76.
1073   Ausführlich zur Risikoerhöhungstheorie als (bejahende) Antwort auf die Frage, ob ein Erfolg zuzurechnen ist, wenn er durch ein rechtmäßiges Alternativverhalten nicht mit Sicherheit, sondern nur wahrscheinlich oder möglicherweise verhindert worden wäre, *Roxin* AT I § 11 Rdn. 88 ff.
1074   *Roxin* AT I § 13 Rdn. 120, 123 ff (**anders** jetzt *ders*. medstra **2017** 129, 132); zust. *Schöch* GA **2016** 294, 299; sympath. auch *Wiesner* Hypothetische Einwilligung S. 172; zu den Problemen der Risikoerhöhungslehre bei der hypothetischen Einwilligung *Albrecht* Hypothetische Einwilligung S. 461 ff; *Edlbauer* Hypothetische Einwilligung S. 411ff; auch *Riedelmeier* Ärztlicher Heileingriff S. 82.
1075   Zur Argumentation der Anhänger der Vermeidbarkeitsthese s. *Hillenkamp/Cornelius* 32 Probleme aus dem Strafrecht AT 15. Aufl. 2017 (31. Problem) S. 259ff.
1076   Soweit die Strafbarkeit von der nachträglich ermittelten hypothetischen Einwilligung des Patienten abhängt (dieser also quasi die Strafbarkeit des Arztes in der Hand hat), kritisiert *Jäger* (FS Jung, 345, 355 f) das als einen ins Gewand des materiellen Rechts gekleideten Strafantrag; zust. *Saliger* FS Beulke, 257, 267.
1077   Dazu ausführlich *Albrecht* Hypothetische Einwilligung S. 356 ff, 440 ff; weiterhin *Roxin* medstra **2017** 129, 130 f; *Weber* FS Puppe, 1059, 1064 f; *Saliger* FS Beulke 257, 365; *Sowada* NStZ **2012** 1, 6 m.w.N. Zur Kritik am Vergleich mit der Genehmigung *Schwartz* Hypothetische Einwilligung S. 239 f; *Schlehofer* FS Puppe, 953, 967; *Haas* GA **2015** 147, 150 m.w.N.

werden kann, wegen ihrer Rückwirkung aber Unrecht und Schuld der Tat nicht berührt.[1078]

Die hypothetische Einwilligung kommt – anders als in Andeutungen der Rechtsprechung bei vorsätzlicher Tatbegehung suggeriert wird[1079] – auch als *selbständiger Rechtfertigungsgrund* nicht in Betracht.[1080] Die Konsequenz wäre eine Rechtfertigung der Tat als Ganzes. Doch selbst die Befürworter der Rechtsfigur nehmen letztlich nur einen *Erfolgsunrechtsausschluss* an, die Rechtswidrigkeit der Handlung bleibt also bestehen,[1081] so dass gegen einen auf Basis einer hypothetischen Einwilligung eingreifenden Arzt Nothilfe geübt werden kann.[1082] Die hypothetische Einwilligung lässt sich eben nicht in die etablierte Rechtfertigungsdogmatik integrieren. Denn der Grund, der das auf Tatbestandsebene begründete (vorläufige) Unwerturteil in Rechtfertigungssituationen revidiert, liegt bei der hypothetischen Einwilligung gerade nicht vor: Weder war der ärztliche Heileingriff in Abwägung kollidierender Interessen erforderlich (zur Erinnerung: das Erforderlichkeitsprinzip gilt als zentrales Kennzeichen der Rechtfertigungsgründe), noch stellt sich die hypothetische Einwilligung als Akt der Selbstbestimmung des Patienten bzw. der mutmaßlichen Einwilligung (als Surrogat der Einwilligung) dar.[1083] Vielmehr wird dem Freiheitsbetätigungsinstrument der Einwilligung eine hypothetische Rekonstruktion des Willens an die Seite gestellt, die – da normative Fremdzuschreibung – mit der Freiheitsausübung durch den Gutsinhaber nur noch wenig zu tun hat. Der Vorwurf, sie untergrabe die Subsidiarität der mutmaßlichen Einwilligung und höhle letztlich das Selbstbestimmungsrecht des Patienten aus, erscheint daher berechtigt.[1084] Der Arzt kann danach seine Aufklärungspflichten bewusst missachten oder im Vorfeld der Einwilligungserteilung den Patienten sogar täuschen und dennoch unter Hinweis auf eine hypothetische Einwilligung darauf hoffen, straflos zu bleiben.[1085] Teilweise wird schon davon gesprochen, die hypothetische Einwilligung ebne den Weg zum „roll back paternalistischer Fremddefinition des Patientenwohls"[1086] – und damit in eine Zeit, in der sich der Arzt noch berufsrechtlich legitimiert sah, in den Körper des Patienten einzugreifen.[1087]

231c

1078 *Eisele* FS Strätz, 163, 171 m.w.N. Zur hypothetischen Einwilligung als Strafmilderungsgrund *Böcker* JZ **2005** 925, 932; *Schwartz* Hypothetische Einwilligung S. 245; *Albrecht* Hypothetische Einwilligung S. 491 ff; weitere Lösungsmodelle jenseits von Unrecht und Schuld behandelt (kritisch) *Hengsterberg* Hypothetische Einwilligung S. 334 ff.
1079 Nachweise in Rdn. 230.
1080 Zu dieser Deutung der Rechtsprechung nur *Böse* ZIS **2016** 495 und *Haas* GA **2015** 147, 148 f; beide m.w.N. Dezidiert für einen neuen Rechtfertigungsgrund *Beulke* medstra **2015** 67, 73 ff.
1081 Für viele *Kuhlen* FS Müller-Dietz, 431, 442, *ders.* JR **2004** 227, 229.
1082 S. nur *Weber* FS Puppe, 1059, 1063.
1083 Ausführlich gegen die Einstufung der hypothetischen Einwilligung als Rechtfertigungsgrund mit Blick auf das Zivil- und Strafrecht *Sturm* Hypothetische Einwilligung, S. 167 ff; zudem – alle m.w.N. – *Gaede* Limitiert akzessorisches Medizinstrafrecht S. 16 ff; *Hengsterberg* Hypothetische Einwilligung S. 210 ff; *Saliger* FS Beulke, 257, 266: Hypothetische Einwilligung gewährt „kein (vollwertiges) besseres Recht zur Vornahme der tatbestandsmäßigen Handlung"; auch *Mitsch* FS Achenbach, 299, 308; *Schlehofer* FS Puppe, 953, 966 f. Zu den Unklarheiten bei der Ausgestaltung des subjektiven Rechtfertigungselements *Haas* GA **2015** 147, 151 und *Jansen* ZJS **2011** 482, 486 m.w.N.
1084 Pars pro toto *Paeffgen/Zabel* NK Rdn. 168c; *Eisele* JA **2005** 252, 253; *Sternberg-Lieben* StV **2008** 190, 192; *Sowada* NStZ **2012** 1, 7 (m. Fn. 84); *Böse* ZIS **2016** 495 f; *Roxin* medstra **2017** 129, 131. Unverständlich vor diesem Hintergrund *Rosenau* (FS Maiwald 683, 697; SSW/*ders.* Rdn. 53), der behauptet, die mutmaßliche Einwilligung sei „weitaus selbstbestimmungsfeindlicher" als die hypothetische Einwilligung.
1085 *Saliger* FS Beulke, 257, 265: „hypothetische Einwilligung (fördert) *unaufrichtiges Verhalten* im Verhältnis von Arzt und Patient".
1086 So *Gaede* Limitiert akzessorisches Medizinstrafrecht S. 40; s. auch *Sternberg-Lieben* FS Beulke, 299, 304; *Tag* ZStW **127** (2015) 523, 538.
1087 Explizit gegen ein besonderes Berufsrecht von Medizinalpersonen zur Vornahme (dringend) gebotener Eingriffe *Frisch* in Frisch S. 33, 35; weiter *Neumann* NK Vor § 211 Rdn. 116 m.w.N.

231d Verbreitet ist auch die Kritik, auf den aus der objektiven Zurechnungslehre entlehnten Gedanken des fehlenden Pflichtwidrigkeitszusammenhangs bzw. des rechtmäßigen Alternativverhaltens[1088] könne der Zurechnungsausschluss bei der hypothetischen Einwilligung gar nicht gestützt werden, weil er sich nicht ohne dogmatische Brüche von der Tatbestandsebene des Fahrlässigkeitsdelikts in den Bereich der Rechtfertigungsgründe übertragen lasse.[1089] In der Diskussion wird hier gerne auf den berühmten *Radfahrerfall* (BGHSt **11** 1) zurückgegriffen. Der Pflichtwidrigkeitszusammenhang zwischen der sorgfaltswidrigen Handlung (Unterschreitung des gebotenen Seitenabstands durch den LKW-Fahrer) und dem Tod (des betrunkenen Radfahrers) soll in diesem Fall nach der vorherrschenden Unvermeidbarkeitstheorie entfallen, wenn der Erfolg auch bei korrekter Fahrweise des LKW-Fahrers mit an Sicherheit grenzender Wahrscheinlichkeit eingetreten wäre.[1090] Der *strukturelle Unterschied* zwischen dieser Konstellation und dem Sachverhalt bei der hypothetischen Einwilligung liegt nach Ansicht der Kritiker aber darin, dass es dem Täter im entscheidungsrelevanten Zeitpunkt vor dem Erfolgseintritt im Radfahrerfall faktisch unmöglich ist, den tatbestandlichen Erfolg zu vermeiden, egal wie er sich verhalte. Anders sei die Situation beim Arzt, der den Erfolg tatsächlich immer vermeiden kann (durch Unterlassen des Eingriffs oder dessen Vornahme nur nach ordnungsgemäßer Aufklärung) und dies normativ von ihm auch verlangt wird. Dagegen stelle die ärztliche Heilbehandlung ohne wirksame Einwilligung eine rechtspflichtwidrige Rechtsgutbeeinträchtigung dar.[1091] Nicht von der Hand zu weisen ist es ihrer Ansicht nach auch, dass es bei der hypothetischen Einwilligung nicht ausreicht, nur die gebotene Aufklärung nachzuholen. Um den Erfolgsunwert zu kompensieren, müsse zusätzlich noch eine irrtumsfreie Einwilligung des Patienten unterstellt werden. Damit werde hier für den Unrechtsausschluss erheblich mehr verlangt als im Radfahrerfall.[1092] Überdies soll gegen die Gleichbehandlung der Fälle sprechen, dass die Beziehung zwischen den tatsächlichen Voraussetzungen eines Rechtfertigungsgrunds und dem

---

1088 Die Übertragung des Realisierungszusammenhangs (von der Tatbestandsebene) auf die Rechtswidrigkeitsebene diskutierte zuerst *Puppe* (JZ **1989** 728, 729) anhand eines Notwehrfalles (Schusswaffengebrauch ohne Warnschuss; später – mit Blick auf die hypothetische Einwilligung – aber scharfe Abkehr von diesem Gedanken); nachdrücklicher Vollzug der These dann durch *Kuhlen* in der FS Roxin (2001), 331, 332 (m. dortiger Fn. 6) und weiteren Arbeiten; zust. zunächst *Roxin* Strafrecht AT I § 13 Rdn. 120; erste Monographie zum Thema von *Dreher* Objektive Erfolgszurechnung.
1089 So *Duttge* FS Schroeder, 179, 185 ff (Einwand logischer Fehlerhaftigkeit); ebenso *Albrecht* Hypothetische Einwilligung S. 281 ff, 295 („logisch unmöglich"); weiterhin *Eisele* FS Strätz, 163, 174 f; *Gaede* Limitiert akzessorisches Medizinstrafrecht S. 25 ff.
1090 Zum fehlenden Pflichtwidrigkeits- bzw. Rechtswidrigkeitszusammenhang bei rechtmäßigem Alternativverhalten im Kontext der objektiven Zurechnungslehre (beim Fahrlässigkeitsdelikt) s. *T. Walter* LK[12] Vor § 13 Rdn. 99 ff und *Sch/Schröder/Sternberg-Lieben/Schuster* § 15 Rdn. 173 ff. Den Radfahrerfall für die Diskussion über die hypothetische Einwilligung fruchtbar machend – statt vieler – *Dreher* Objektive Erfolgszurechnung S. 8 und passim; *Albrecht* Hypothetische Einwilligung S. 177 f, 260, 281 ff; *Hengstenberg* Hypothetische Einwilligung S. 149 ff; *Schwartz* Hypothetische Einwilligung S. 187; *Garbe* Wille und Hypothese S. 77, 245 f; *Edlbauer* Hypothetische Einwilligung S. 408; *Eisele* FS Strätz, 163, 178; *Zabel* GA **2015** 219, 228.
1091 Näher *Albrecht* Hypothetische Einwilligung S. 281 ff m.w.N.; weiterhin *Jäger* SK Vor § 1 Rdn. 127; *Gaede* Limitiert akzessorisches Medizinstrafrecht S. 24 ff; auch *Schlehofer* FS Puppe, 953, 969 f.
1092 Dazu schon *Jäger* FS Jung, 345, 353; weiter – statt vieler – *Schwartz* Hypothetische Einwilligung S. 185 f: „unzulässige doppelte Fiktion"; *Sch/Schröder/Eser* § 223 Rdn. 40 h; *Jansen* ZJS **2011** 482, 487 f; *Sowada* NStZ **2012** 1, 10; *Sternberg-Lieben* FS Roxin (2011), 537, 547 f; *Gaede* Limitiert akzessorisches Medizinstrafrecht S. 22; *Saliger* FS Beulke, 257, 266 (Verstoß gegen das „Reinheitsgebot der Hypothesenbildung"); *Zimmermann/Linder* ZStW **128** (2016) 713, 725; *Roxin* medstra **2017** 129, 132. Gegen den Vorwurf einer zu weitgehenden Hypothesenbildung mit beachtlichen Argumenten *Sturm* Hypothetische Einwilligung S. 142 ff; s. auch *Rosenau* FS Maiwald, 683, 692 ff.

Taterfolg *nicht kausaler*, sondern nur *wertender Natur* ist.[1093] Die Anhänger der hypothetischen Einwilligung – zu denen ich mich früher selber zählte – nehmen nach Auffassung der Kritiker bei der Privilegierung durch die hypothetische Einwilligung letztlich einen *komplexen Wertungsakt* vor, der eine gewisse Plausibilität aufweise – mehr aber auch nicht!

Der Ansatz, die hypothetische Einwilligung als einen Fall fehlender Erfolgszurechnung einzustufen, stellt sicherlich den dogmatisch anspruchsvollsten Deutungs- und Rechtfertigungsversuch der Rechtsfigur dar. In einer tiefergehenden jüngeren Untersuchung hat nun **Sturm** (auf Basis eines jedenfalls in der Sache zweistufigen Verbrechensaufbaus) mit beachtlichen Argumenten dargelegt, dass die Anerkennung der hypothetischen Einwilligung als Fall des Zurechnungsausschlusses auf Rechtswidrigkeitsebene *nicht* an der Unmöglichkeit der dogmatischen Konstruktion scheitert.[1094] So kann er in der Forderung eines Realisierungszusammenhangs auch auf der Rechtswidrigkeitsebene zunächst keinen *logischen Fehler* sehen und akzeptiert auch den Vorwurf eines *Wertungsfehlers* nicht, der auftrete, wenn auf Rechtswidrigkeitsebene nach dem Pflichtwidrigkeitszusammenhang gefragt werde.[1095] Dem geläufigen Einwand einer zu weitgehenden Beachtung von Alternativszenarien (hier: Hinzudenken einer willensmangelfreien Patientenzustimmung) begegnet er mit dem Hinweis auf abweichende Rechtsprechung bei anderen Fallgestaltungen (etwa im „Ziegenhaar"-Fall) und der aus seiner Sicht richtigen These, beim jeweiligen Verhaltensnormverstoß anzusetzen.[1096]   **231e**

Letztlich hat aber auch nach *Sturm* die hypothetische Einwilligung nicht die Kraft, den Pflichtwidrigkeitszusammenhang auszuschließen. Der inhaltliche Grund dafür liegt seiner Meinung nach in einem bestimmten **Autonomieverständnis**.[1097] So sei von den Befürwortern der hypothetischen Einwilligung die Unterbrechung des Pflichtwidrigkeitszusammenhangs im Wesentlichen darauf gestützt worden, dass bei ordnungsgemäßer Aufklärung der Patient ebenfalls zugestimmt hätte, so dass seine *individuelle Interessendefinition* letztlich gewahrt sei. Im Hintergrund stehe die Annahme, der Patient verfüge im Kontext gesundheitsbezogener Interessen über eine entwickelte und stabile (Werte-)Präferenzordnung, die ihn nach Versorgung mit zutreffenden Informationen in dem durch die Behandlungssituation aufgeworfenen Entscheidungskonflikt (immer) zu einer bestimmten Entscheidung führe. Diese ergebnisbezogene (da einen vorhandenen inneren Willen nur „aufzufindende" bzw. zu „entdeckende") Betrachtungsweise verkenne aber das Prozesshafte der Gewinnung einer Entscheidung. Denn zum einen können sich subjektive Präferenzen gerade unter dem Eindruck neuer Informationen verändern (was die Anhänger eines Zurechnungsausschlusses aber grundsätzlich noch in ihrem „Entdeckungsverfahren" als rekonstruierbar verarbeiten könnten). Viel wichtiger ist nach *Sturm* allerdings, dass die Gegner den Aspekt der selbstverantworteten *Entscheidung* (als Ergebnis des Entscheidungsprozesses) in ihr Autonomiekonzept nicht ausreichend einbeziehen. Es fehle an der „Autonomieaktualisierung (...), wenn die Behandlung ohne ausreichende Aufklärung vorgenommen wird"; diese Möglichkeit der   **231f**

[1093] So bereits *Puppe* GA **2003** 764, 770; weiterhin *Paeffgen* FS Rudolphi, 187, 208 m. Fn. 89; *Sternberg-Lieben* StV **2008** 190, 191; *ders.* FS Beulke, 299, 301 f; *Albrecht* Hypothetische Einwilligung, S. 294 f; *Garbe* Wille und Hypothese S. 235, 240; *Sowada* NStZ **2012** 1, 9 m.w.N. Die Kritik abschwächend *Hengstenberg* Hypothetische Einwilligung S. 323 f. und *Schwartz* Hypothetische Einwilligung S. 73 f: *Kuhlen* ging es nie um Kausalität, sondern immer nur um Zurechnung.
[1094] *Sturm* Hypothetische Einwilligung S. 146 ff, 277; *Kuhlens* Grundkonzept verteidigt auch *Hengstenberg* Hypothetische Einwilligung S. 258 ff.
[1095] *Sturm* Hypothetische Einwilligung S. 127 ff.
[1096] *Sturm* Hypothetische Einwilligung S. 142 ff.
[1097] Zum Folgenden *Sturm* Hypothetische Einwilligung S. 153 ff, 277.

konkreten Entscheidung sei auch unwiederbringlich verloren. Der – im Strafverfahren stattfindende – „Nachvollzug, dessen, was (bei Aufklärung, *TR*) entschieden worden wäre, ohne dass es aktuell etwas zu entscheiden gäbe", „ist von ganz anderer Qualität". Damit trifft *Sturm* einen wunden Punkt der bisherigen Diskussion, den zwar auch andere schon gespürt, aber noch nicht so gründlich und überzeugend herausgearbeitet haben.[1098] In der Folge kann – mit *Sturm* – die hypothetische Einwilligung als Zurechnungsausschluss nicht anerkannt werden, sofern dem Patienten gegenüber die Selbstbestimmungsaufklärung geboten ist.[1099] Damit ist die Rechtsfigur der hypothetischen Einwilligung im Ergebnis abzulehnen. Sie weist zu viele konstruktive und legitimatorische Schwachstellen auf.

231g **c) Mögliche Lösungswege.** Die Lösung für ihr kriminalpolitisch berechtigtes Anliegen, die Strafbarkeitsrisiken für den Arzt zu begrenzen, muss also dort gesucht werden, wo sie ihren Ursprung haben – bei den ausufernden Aufklärungspflichten! Vielversprechende Ansätze der jüngeren Zeit gehen daher dahin, die Akzessorietät des Strafrechts gegenüber der Zivilrechtsdogmatik zu lockern und die Anforderungen an die strafrechtlichen Aufklärungspflichten zu senken.[1100] So wird vorgeschlagen, letztlich nur *schwerwiegenden Verstößen* gegen die (zivilrechtliche) Aufklärungspflicht strafrechtliche Bedeutung zukommen zu lassen[1101] oder eine ärztliche Aufklärung nur insoweit zu verlangen, wie sie für eine *eigenverantwortliche Entscheidung* erforderlich ist.[1102] Im Fahrwasser letztgenannter Prämisse greifen mehrere Autoren bei der Selektion der bedeutsamen Informationspflichten auf die *Willensmängellehre bei der Einwilligung* zurück.[1103] Differenziert wird dann etwa zwischen eingriffsbezogenen Aufklärungspflichten sowie Fällen der aktiven Täuschung einerseits, bei denen Verstöße zur Unwirksamkeit der Einwilligung führen, und nicht eingriffsbezogenen Aufklärungspflichten andererseits, die bei Missachtung den Bestand der Einwilligung nicht berühren.[1104] Wer als Patient

---

1098 Vgl. *Sowada* NStZ **2012** 1, 7; *Conrad/Koranyi* JuS **2013** 979, 983; *Saliger* FS Beulke, 257, 265.
1099 Nur noch hingewiesen sei darauf, dass die Anhänger von Rechtsgutsmodellen, die bei den Körperverletzungsdelikten ausschließlich oder jedenfalls primär die Patientenautonomie (und nicht die Körperintegrität) geschützt sehen, der hypothetischen Einwilligung ohnehin ihre Entlastungswirkung absprechen müssen, da die Dispositionsfreiheit durch das Täterverhalten tatsächlich verletzt wird und nicht mehr ungeschehen gemacht werden kann. Die Nachweise zum Autonomie-Einwand finden sich bei *Sturm* Hypothetische Einwilligung S. 53, der auf den Seiten 189 ff im Zusammenhang mit der hypothetischen Einwilligung selbst über das Rechtsgut der Körperverletzungsdelikte reflektiert.
1100 Angedeutet schon bei *Puppe* JR **2004** 470, 472 m. Fn. 21; weiterhin *Duttge* FS Schroeder, 179, 195, *Sternberg-Lieben* StV **2008** 190, 193 und *Edlbauer* Hypothetische Einwilligung S. 472 ff; zusätzliche Nachw. bei *Sch/Schröder/Eser* § 223 Rdn. 40h; zudem aus jüngerer Zeit *Sternberg-Lieben* FS Beulke, 299, 306 ff; *Otto/Albrecht* Jura **2010** 264, 270 f; *Sowada* NStZ **2012** 1, 10; *G. Merkel* JZ **2013** 975, 977 ff; *Gaede* Limitiert akzessorisches Medizinstrafrecht S. 46 ff; *Grünewald* LK[12] § 223 Rdn. 85, 87; *Valerius* HRRS **2014** 22 f; *Wessels/Beulke/Satzger* Rdn. 600; *Tag* ZStW **127** (2015) 523, 543 ff; *Beulke* medstra **2015** 67, 71 f; *Saliger* FS Beulke, 257, 269 f; *Zabel* GA **2015** 219, 235; *Puppe* ZIS **2016** 366, 369; *Roxin* medstra **2017** 131, 134 ff. Zur Diskussion auch *Hengstenberg* Hypothetische Einwilligung S. 342 ff.
1101 So *Edlbauer* Hypothetische Einwilligung S. 473 ff.
1102 Näher *G. Merkel* JZ **2013** 975, 977 ff; auch *Saliger* FS Beulke, 257, 269.
1103 Vgl. *Otto/Albrecht* Jura **2010** 264, 270 f; *Albrecht* Hypothetische Einwilligung S. 528 ff; *Gaede* Limitiert akzessorisches Medizinstrafrecht S. 46 ff; auch *Saliger* FS Beulke, 257, 270; *Zabel* GA **2015** 219, 231 ff. Überblick zu den diskutierten Restriktionsansätzen bei *Sternberg-Lieben* FS Beulke, 299, 309 und *Roxin* medstra **2017** 129, 134.
1104 So *Gaede* (Limitiert akzessorisches Medizinstrafrecht S. 46 ff (allgemein), 63 ff (Fallgruppen des Eingriffbezuges). *Sternberg-Lieben* (FS Beulke, 299, 309 ff) setzt vergleichbar an. Für ihn stellt der hinreichende Rechtsgutsbezug des Willensmangels aber nur einen ersten Strafbarkeitsfilter dar, der durch das Erfordernis eines besonders gravierenden Aufklärungsmangels zu ergänzen ist. Hinter diesen und vergleichbaren Ansätzen (etwa der eingriffs- und risikobezogenen Deutung des Konflikts durch *Zabel* GA **2015**

wegen eines Irrtums Art, Umfang oder Gefährlichkeit des Eingriffs nicht erkennt, könne nicht selbstbestimmt sein Rechtsgut preisgeben und verdiene Schutz. Ein Arzt, der dieses Defizit erkennt oder hätte erkennen können und ohne Aufklärung dennoch in den Körper eingreift, mache sich strafbar. Gleiches gelte natürlich für Fälle der aktiven Täuschung, in denen sich eine Fremdbestimmung des Täuschenden manifestiert. Dagegen werden nach dieser These Mängel bei der „Befundaufklärung" (Diagnose und daraus folgende medizinische Indikation) sowie hinsichtlich von Behandlungsalternativen als „nicht eingriffsbezogen" und damit als „einwilligungsunschädlich" eingestuft.[1105] Über die Konturierung des Eingriffs- bzw. Rechtsgutsbezugs und damit über die Dimension der Einwilligung als Rechtfertigungsgrund lässt sich sicher streiten.[1106] Dass ein Arzt, der sich die Einwilligung zu einer Operation durch Täuschung erschleicht, nicht unter Hinweis auf eine hypothetische Einwilligung aus der Strafbarkeit entlassen wird, sollte jedoch schnell wieder zum *common sense* werden.[1107] *Roxin* hat jüngst (in einem die zivil- und strafrechtlichen Lösungen zusammenführenden Vorschlag) den Entscheidungskonflikt des Patienten zum maßgeblichen Abgrenzungskriterium erklärt. Danach gilt: Hätte der Patient bei sachgerechter Aufklärung vor einem Entscheidungskonflikt gestanden, macht sich der Arzt strafbar, ohne Entscheidungskonflikt nicht.[1108]

Mag das **Zivilrecht** mit dem Inkrafttreten des Patientenrechtegesetzes 2013[1109] die hypothetische Einwilligung in § 630h Abs. 2 Satz 2 BGB nunmehr auch gesetzlich anerkennen, folgt daraus nicht automatisch ein Verstoß gegen die *Einheit der Rechtsordnung* und den Ultima-ratio-Grundsatz, sollte das Strafrecht in diesen Fällen trotzdem Strafbarkeit vorsehen.[1110] Denn man muss genau hinsehen: Die Vorschrift enthält allein eine zi- **231h**

219, 234 und passim) steht der Versuch, bloße Verletzungen des Selbstbestimmungsrechts des Patienten, die über das zivilrechtliche Schadensersatzrecht ausgeglichen werden können, vom Strafrecht freizuhalten.

1105   Wiederum *Gaede* Limitiert akzessorisches Medizinstrafrecht S. 65 f; ähnlich *Sternberg-Lieben* FS Beulke, 299, 310; für deutliche Reduktion „einwilligungsschädlicher" Aufklärungsdefizite z.B. auch *Otto/Albrecht* Jura **2010** 264, 270 (notwendig nur „Grundaufklärung [...], die Art und Schwere des Eingriffs" erkennbar machen) und *Wiesner* Hypothetische Einwilligung S. 144 f (strafrechtlich relevant nur Verstöße gegen die „Grundaufklärung").

1106   Vgl. nur die Rezension von *Gaedes* Arbeit durch *Kuhlen* GA **2015** 709 ff (Kernkriterium für Differenzierung „leuchtet inhaltlich nicht ein", Korrektur in Fällen nicht eingriffsbezogener Aufklärungsmängel über Berücksichtigung der aktiven Täuschung „bleibt halbherzig"). Die Ablehnung der hypothetischen Einwilligung als strafrechtlichen Haftungsfilter belastet ohne Zweifel mit der Aufgabe, eine praktikable Differenzierung zwischen beachtlichen und unbeachtlichen Aufklärungspflichtverletzungen zu entwickeln (zu den Schwierigkeiten der Kritiker s. nur *Roxin* medstra **2017** 129, 135). Mir scheint die an dieser Stelle aufzuwendende dogmatische Energie aber besser investiert als den Grundansatz der hypothetischen Einwilligung weiterzuverfolgen, der im Kern aus den skizzierten Gründen sehr brüchig ist.

1107   Die Täuschung als Unwirksamkeitsgrund der Einwilligung akzeptieren im vorliegendem Kontext etwa *Otto/Albrecht* Jura **2010** 264, 270; *Albrecht* Hypothetische Einwilligung S. 528 f; *Gaede* Limitiert akzessorisches Medizinstrafrecht S. 56 f, 66; *Saliger* FS Beulke, 257, 270; *G. Merkel* JZ **2013** 975, 979; *Roxin* medstra **2017** 129, 137 (sofern durch die Täuschung ein Behandlungsfehler verdeckt werden soll, der einen weiteren Eingriff notwendig macht); im Kernbereich auch *Sternberg-Lieben* FS Beulke, 299, 310; weiter *Sikor* JA **2008** 11, 16; aA noch *Rönnau* JZ **2004** 801, 804.

1108   *Roxin* medstra **2017** 129, 135 ff (mit Verdeutlichung anhand von Beispielen). Festgestellt werden muss nach dieser Lösung nur, „ob es unter Berücksichtigung der persönlichen Präferenzen des Patienten Gründe für und gegen eine Ablehnung der Operation gegeben hätte", nicht, „wie der Patient sich bei einer sachgerechten Aufklärung entschieden hätte" – womit ein Entscheidungskonflikt objektiver Feststellung sehr viel leichter zugänglich ist (136).

1109   Gesetz zur Verbesserung der Rechte von Patientinnen und Patienten vom 20.2.2013 (BGBl. I 277); in Kraft getreten am 26.2.2013. Ausführlich hierzu etwa *Katzenmeier* NJW **2013** 817; *Preis/Schneider* NZS **2013** 281; *Schneider* JuS **2013** 104; auch *Neelmeier* NJW **2013** 2230 und *Conrad/Koranyi* JuS **2013** 979.

1110   Auf dieser Linie argumentierend aber *Beulke* medstra **2015** 67, 73; zudem *Paul/Schubert* JuS **2013** 1007, 1010 f; abgeschwächt *Hengstenberg* Hypothetische Einwilligung S. 426 f; vor Inkrafttreten des Patien-

vilrechtliche Beweislastregel, die das Strafrecht zu nichts zwingt.[1111] Zu denken ist dabei immer auch an die unterschiedliche Schutzrichtung der Rechtsgebiete: Während es im Zivilrecht häufig nur um Schadensausgleich geht, bezweckt das Strafrecht Rechtsgüterschutz durch Aufstellung von Verhaltensnormen, die im Falle des Verstoßes nicht selten schon eine *Versuchsstrafbarkeit* auslösen.[1112] Nicht näher treten sollte man einem Lösungsansatz, der die eigenmächtige Heilbehandlung nur dann von den Tatbeständen der Körperverletzungsdelikte erfasst sehen will, wenn sie im Einzelfall *verwerflich* war.[1113] Der Schutz der körperlichen Integrität, den der Gesetzgeber in diesem Deliktsbereich eindeutig ohne Verwerflichkeitsklausel konzipiert hat, würde unterlaufen und noch stärker in die Hände des Rechtsanwenders gegeben. Denn Heileingriffe wären dann allein zu messen an einer *Generalklausel*, die selbst völlig unbestimmt ist. Welche Anwendungsprobleme daraus erwachsen, lässt sich gut beim Nötigungs- und Erpressungstatbestand studieren, die beide eine Verwerflichkeitsklausel aufweisen.[1114]

232 **d) Hypothetische Einwilligung auch im Untreuekontext?** Kaum tiefer behandelt wird bisher die Frage, ob die – wie gezeigt – in der Justizpraxis als Strafunrechtsausschließungsgrund grundsätzlich anerkannte hypothetische Einwilligung jenseits des (eng verstandenen) Arztstrafrechts aus Gründen der Gleichbehandlung auch auf sonstige Anwendungsfelder (andere Rechtfertigungsgründe bzw. Straftatbestände) zu erstrecken ist.[1115] Dieser Problematik soll nachfolgend nur kurz und exemplarisch für einen möglichen Einsatz der Rechtsfigur im **Untreuekontext** nachgegangen werden. Denn hier müsste – besonders brisant! – mangels Versuchsstrafbarkeit beim Vorliegen ihrer Voraussetzungen regelmäßig freigesprochen werden. Von Seiten der Rechtsprechung hat bisher allein das OLG Hamm (nicht tragend) in einem Fall der Organisation einer

---

tenrechtegesetzes etwa *Böcker* JZ **2005** 925, 931 i.V.m. 928; *Rosenau* FS Maiwald, 683, 698; SSW/*ders.* Rdn. 53; *Wiesner* Hypothetische Einwilligung S. 171, 178; vgl. auch *Eisele* FS Strätz, 163, 180.

1111 Für viele *Jäger* SK Vor § 1 Rdn. 127.

1112 Ausführlich und instruktiv zur „Unergiebigkeit des Topos *Einheit der Rechtsordnung* für die hypothetische Einwilligung" *Sturm* Hypothetische Einwilligung S. 186 ff m. zahlr. Nachw.; weiterhin *Sternberg-Lieben* FS Beulke, 299, 304 f, *Haas* GA **2015** 147, 157 f, *Puppe* ZIS **2016** 366, 371, *Roxin* medstra **2017** 129, 133, *Gaede* Limitiert akzessorisches Medizinstrafrecht S. 32 und *Sch/Schröder/Eser* § 223 Rdn. 40h m.w.N.

1113 Für die (richterrechtliche) Einführung einer speziellen Verwerflichkeitsklausel (in Anlehnung an die §§ 240 Abs. 2, 253 Abs. 2, 237 Abs. 1 Satz 2) *Swoboda* ZIS **2013** 18, 30 ff.

1114 Aus der breiten Front der ablehnenden Stimmen s. nur *Saliger* FS Beulke, 257, 269; *Beulke* medstra **2015** 67, 72; *Gaede* Limitiert akzessorisches Medizinstrafrecht S. 58 ff; *Sch/Schröder/Eser* § 223 Rdn. 40h.

1115 Zu einem möglichen Einsatz der Rechtsfigur außerhalb des Arztstrafrechts äußern sich *positiv Kuhlen* FS Müller-Dietz, 431, 433 ff (Notwehr), 447 ff (mutmaßliche Einwilligung); *Dreher* Objektive Erfolgszurechnung S. 129 ff (Genehmigung); *Garbe* Wille und Hypothese S. 337 ff, 360f (verschiedene Delikte); *Hengstenberg* Hypothetische Einwilligung S. 406 ff, 425 (Anwendung aber auf tatsächlich erteilte, aufgrund fahrlässiger Aufklärungsmängel unwirksame Einwilligungen begrenzend); *Merkel* NK § 218a Rdn. 38 ff; auch *Rosenau* FS Maiwald, 683, 698 (Übertragung allerdings ohne Auswirkungen); für die Untreue ARR/*Seier* 5. Teil 2. Kap. Rdn. 211; *Walischewski* FS Feigen, 293, 315; *Rönnau* StV **2011** 753, 755 f; *ders.* FS Tiedemann, 713, 719 f; **anders** jetzt aber *ders.* JuS **2014**, 882, 885; angedeutet bei *Bernsmann* GA **2009** 296, 305; sympath. *Momsen/Grützner/Schramm* Kap. 5 B Rdn. 81, 151; die hypothetische Einwilligung insgesamt ablehnend, bei Akzeptanz im Arzt(straf)recht die Ausdehnung auf die Untreue aber für konsequent haltend *Edlbauer/Irrgang* JA **2010** 786, 788 ff; **gegen** die Ausdehnung u.a. *Edlbauer* Hypothetische Einwilligung S. 447 ff, 461 (zu verschiedenen Delikten); *Gaede* Limitiert akzessorisches Medizinstrafrecht S. 70 ff (zu § 266); *Saliger* FS Beulke, 257, 267 f (zu § 266); *Schwartz* Hypothetische Einwilligung S. 165 ff; *Sturm* Hypothetische Einwilligung S. 207 ff, 279 f (jedenfalls mit Blick auf § 266 und die hypothetische behördliche Genehmigung); *Wiesner* Hypothetische Einwilligung S. 136 f, 171; skeptisch auch *Krüger* FS Beulke, 137, 148 ff; *Tag* ZStW **127** (2015) 523, 547 f.

„Lustreise" durch den Geschäftsführer einer städtischen Wohnungsbau-GmbH ausgesprochen, das ein *in dubio pro reo* anzuerkennendes hypothetisches Einverständnis durch die Stadt als Anteilseignerin die Untreuestrafbarkeit grds. ausschließen könne (OLG Hamm NStZ-RR **2012** 374, 375 m. Anm. *Tsambikakis* ZWH **2012** 458). Die noch recht überschaubare Literatur zum Thema ist gespalten, lehnt eine Übertragung der Dogmatik und damit eine Gleichbehandlung mit den arztstrafrechtlichen Fällen aber weitgehend ab. Dazu wird zumeist die allgemeine Kritik an der hypothetischen Einwilligung wiederholt,[1116] insbesondere eine nicht hinnehmbare Schwächung des Rechtsgüterschutzes betont.[1117] Es lassen sich aber auch *untreuespezifische Gründe* gegen die Übernahme der Rechtsfigur in den Bereich des § 266 Abs. 1 anführen, von denen hier nur zwei vorgestellt werden sollen: Da wäre zunächst der – bereits beschriebene – besondere dogmatische Mikrokosmos, in dem die Rechtsfigur der hypothetischen Einwilligung im Arzt(straf)recht zur „Neutralisierung" überbordender Aufklärungspflichten entwickelt wurde. Ähnliches lässt sich für den Bereich der Untreue nicht feststellen.[1118] Zwar stehen der Arzt und auch der treuepflichtige Untreuetäter in einer Garantenposition zum jeweils geschützten Rechtsgut; bei der Untreue legt regelmäßig aber der Treugeber – etwa bei den verbreiteten Risikogeschäften – die Risikopolitik fest und bestimmt auf diese Weise die Grenzen der Strafbarkeit. Dass auch der Untreuetatbestand restriktiv auszulegen ist, liegt an der relativ offenen und damit unbestimmten Gesetzesformulierung, hat also andere Gründe als das Zurückschneiden der Aufklärungspflichten beim Arzt. Fast noch wichtiger sind die strukturellen Unterschiede bei der *Erfolgsbeschreibung*. Um die Selbstbestimmungsfreiheit des Patienten vor einer eigenmächtigen Heilbehandlung des Arztes zu schützen, wird jeder Schnitt, Stich usw. des Arztes – selbst wenn er kunstgerecht ausgeführt wird und letztlich Gutes bewirkt – als tatbestandsmäßiger Körperverletzungserfolg eingestuft, der der Einwilligung bedarf. Dagegen tritt der Erfolg bei § 266 Abs. 1 als Nachteil/Schaden auf, der eine nicht durch entsprechenden Vermögensrückfluss kompensierte Vermögensminderung voraussetzt. Damit sind viele Fälle, in denen nach einer pflichtwidrigen Handlung ein positiver Vermögenssaldo entsteht, schon mangels Schadens nicht tatbestandsmäßig.[1119]

10. Amtsrechte sowie verwandte außerordentliche Zwangsrechte

Schrifttum

Amelung Die Rechtfertigung von Polizeivollzugsbeamten, JuS **1986** 329; *ders.* Strafrechtlicher Grundrechtsschutz gegen die Polizei, ZRP **1991** 143; *Appel* Verfassung und Strafe, Diss. Freiburg i.Br. 1996/97 (1998); *Backes/Ransiek* Widerstand gegen Vollstreckungsbeamte, JuS **1989** 624; *Beling* Grenzlinien zwischen Recht

---

[1116] Dazu nur *Edlbauer/Irrgang* JA **2010** 786, 789 f; *Anders* Untreue zum Nachteil der GmbH, Habil. Hamburg 2011 (2012) S. 115 f; *Lindemann* Voraussetzungen und Grenzen eines legitimen Wirtschaftsstrafrechts, Habil. Düsseldorf 2012 S. 127.
[1117] SSW/*Saliger* § 266 Rdn. 45.
[1118] In diesem Sinne auch *Beckemper* NZWiSt **2013** 232, 235; *Eisele* FS Strätz, 163, 179; *Rosenau* FS Maiwald, 683, 698; SSW/*Saliger* § 266 Rdn. 45; *ders.* FS Beulke, 257, 268; *Sturm* Hypothetische Einwilligung S. 233 f; *Wiesner* Hypothetische Einwilligung S. 136 f; *Wittig* Wirtschaftsstrafrecht § 20 Rdn. 60a.
[1119] Dem Grundgedanken zust. *Sturm* Hypothetische Einwilligung S. 236 f, der zudem – wie im arztstrafrechtlichen Kontext – betont, dass es ohne die wirksame Zustimmung zur vermögensschädigenden Pflichtverletzung an einer Autonomieaktualisierung fehlt"; s. auch *Gaede* Limitiert akzessorisches Medizinstrafrecht S. 70: Es mangelt an einer autonomen Freigabe der eingetretenen Schädigung seitens des befugten Vermögensinhabers."

und Unrecht in der Ausübung der Strafrechtspflege (1913); *Bender* Die Rechtmäßigkeit der Amtsausübung i.S. des § 113 StGB, Diss. Freiburg i.Br. 1953; *Benfer* Zum Begriff „Rechtmäßigkeit der Diensthandlung" in § 113 III StGB, NStZ **1985** 255; *Bernsmann* Zum Handeln von Hoheitsträgern aus der Sicht des „entschuldigenden Notstandes" (§ 35 StGB), Festschrift Blau (1985) 23; *Böttger* Befugnisse der Bundeswehr nach dem UZwGBw bei Veranstaltungen im öffentlichen Raum, NZWehrr **2003** 177; *Bosch* Der Widerstand gegen Vollstreckungsbeamte (§ 113 StGB) – Grundfälle und Reformansätze, Jura **2011** 268; *Bottke* Anm. zu BayObLG Beschl. v. 29.1.1988 – RReg. 3 St 247/87, JR **1989** 25; *Burhoff* Die Teilabschaffung des Richtervorbehalts in § 81a Abs. 2 StPO; § 46 Abs. 4 OWiG, StRR **2017** 4; *Claus* Neue Gesetze in letzter Minute: Die künftigen Regelungen zum Fahrverbot und zur Anordnungskompetenz bei der Entnahme von Blutproben, NZV **2017** 449; *Dahl* Die Durchsuchung zur Eigensicherung im Feldjägerdienst, NZWehrr **1999** 106; *Engländer* Praxiskommentar zu BGHSt 60, 253, NStZ **2015** 577; *Erb* Notwehr gegen rechtswidriges Verhalten von Amtsträgern, Festschrift Gössel (2002) 217; *ders.* Anm. zu BGH Urt. v. 9.6.2016 – 1 StR 606/14, JR **2016** 29; *Fechner* Grenzen polizeilicher Notwehr, Diss. Hamburg 1991; *Fickenscher* Anm. zu BGH Urt. v. 9.6.2016 – 1 StR 606/14, NJW **2015** 3113; *Fuhrmann* Der höhere Befehl als Rechtfertigungsgrund im Völkerrecht (1963); *Gehm* Widerstand gegen Vollstreckungsbeamte, Kriminalistik **2003** 379; *Geppert* Zum strafrechtlichen „Rechtmäßigkeits-Begriff" (§ 113 StGB) und zur strafprozessualen Gegenüberstellung, Jura **1989** 274; *Göhler* Buchbesprechung: Mitsch (1995), Recht der Ordnungswidrigkeiten, GA **1996** 180; *Gössel* Über die Rechtmäßigkeit befugnisloser strafprozessualer rechtsgutsbeeinträchtigender Maßnahmen, JuS **1979** 162; *Günther* Nochmals: Der Begriff der Rechtmäßigkeit einer Vollstreckungshandlung i.S.d. § 113 Abs. 3 StGB, NJW **1973** 309; *Heinen* Gedanken zur Novellierung des UZwGBw, NZWehrr **2002** 177; *ders.* Einsatz von Diensthunden in der Bundeswehr, NZWehrr **2003** 194; *ders.* Der Schutz verbündeter Streitkräfte in Deutschland durch das UZwGBw, NZWehrr **2004** 187; *B. Heinrich* Der Amtsträgerbegriff im Strafrecht. Auslegungsrichtlinien unter besonderer Berücksichtigung des Rechtsguts der Amtsdelikte, Habil. Tübingen 1999 (2001); *Herzberg* Unrechtsausschluß und Erlaubnistatbestandsirrtum bei versuchter und bei vollendeter Tatbestandserfüllung, Festschrift Stree/Wessels (1993) 203; *Hruschka* Anm. zu OLG Stuttgart Urt. v. 4.12.1968 – 1 Ss 666/68, NJW **1969** 1310; *Kindhäuser* Zur Notwehr gegen rechtswidrige Vollstreckungsmaßnahmen – Anm. zu BGH Urt. v. 9.6.2015 – 1 StR 606/14, HRRS **2015** 439; *Kleinfeller* Amtsrechte, Amts- und Dienstpflichten, VDA **1** (1908) 269; *Klinkhardt* Die Selbsthilferechte des Amtsträgers, VerwArch **55** (1964) 264; *Küper* Die Bedeutung des § 105 Abs. 2 StPO für die Rechtmäßigkeit der Diensthandlung (§ 113 Abs. 3 StGB), JZ **1980** 633; *Laschewski* Anm. zu BVerfG Beschl. v. 12.2.2007 – 2 BvR 273/06, NZV **2007** 581; *Lenz* Die Diensthandlung und ihre Rechtmäßigkeit, Diss. Bonn 1987; *W. Meyer* Der Begriff der Rechtmäßigkeit einer Vollstreckungshandlung i.S.d. § 113 Abs. 3 StGB, NJW **1972** 1845; *ders.* Nochmals: Der Begriff der Rechtmäßigkeit einer Vollstreckungshandlung i.S.d. § 113 Abs. 3 StGB, NJW **1973** 1074; *Neuheuser* Die Duldungspflicht gegenüber rechtswidrigem hoheitlichen Handeln im Strafrecht, Diss. Bonn 1996; *Ostendorf* Die strafrechtliche Rechtmäßigkeit rechtswidrigen hoheitlichen Handelns, JZ **1981** 165; *Niehaus/Achelpöhler* Strafbarkeit des Widerstands gegen Vollstreckungsbeamte trotz Rechtswidrigkeit der Vollstreckungshandlung – Anm. zu BVerfGK 11, 102, StV **2008** 71; *Paeffgen* Fotografieren von Demonstranten durch die Polizei und Rechtfertigungsirrtum, JZ **1978** 738; *ders.* Allgemeines Persönlichkeitsrecht der Polizei und § 113 StGB, JZ **1979** 516; *Pestalozza* Die Rechtmäßigkeit der Amtsausübung im Sinne des § 113 StGB, DStR **1939** 34; *Pothast* Probleme bei der Rechtfertigung staatlicher Strafe, JA **1993** 104; *Rehbinder* Die Rechtmäßigkeit der Amtsausbildung im § 113 StGB, GA **1963** 33; *Reil* Die „wesentlichen Förmlichkeiten" beim Rechtmäßigkeitsbegriff des § 113 III StGB, JA **1998** 143; *Reindl/Roth* Die Anwendung unmittelbaren Zwanges in der Bundeswehr (1974); *Reinhart* Das Bundesverfassungsgericht wechselt die Pferde: Der strafrechtliche Rechtmäßigkeitsbegriff, StV **1995** 101; *ders.* Abschied vom strafrechtlichen Rechtmäßigkeitsbegriff, NJW **1997** 911; *Roellecke* Der kommunikative Gegendemonstrant, NJW **1995** 3101; *Rönnau/Hohn* Notwehr gegen Hoheitsträger, StV **2016** 313; *Rogall* Das Notwehrrecht des Polizeibeamten – BayObLGSt 1991, 141, JuS **1992** 551; *Rostek* Anm. zu KG Urt. v. 15.12.1971 – (1) Ss 180/71 (68/71), NJW **1972** 1335; *ders.* Der unkritische Befehlsempfänger, NJW **1975** 862; *Roxin* Der strafrechtliche Rechtmäßigkeitsbegriff beim Handeln von Amtsträgern – eine überholte Konstruktion, Festschrift Pfeiffer (1988) 45; *Rückert* Gewaltsame Verteidigung gegen rechtswidrige staatliche Vollstreckungsmaßnahmen, JA **2017** 33; *Schellhammer* Blutentnahme durch Medizinalassistenten, NJW **1972** 319; *Schünemann* Rundum betrachtet, JA **1972** 703; *ders.* Die deutschsprachige Strafrechtswissenschaft nach der Strafrechtsreform im Spiegel des Leipziger Kommentars und des Wiener Kommentars, GA **1985** 341; *Schwabe* Fürmöglichhalten und irrige Annahme von Tatbestandsmerkmalen bei Eingriffsrechten, Gedächtnisschrift Martens (1987) 419; *Seebode* Die Rechtmäßigkeit der Diensthandlung in § 113 Abs. 3 und 4 StGB, Diss. Göttingen 1987 (1988); *Stam* Die partielle Abschaffung des Richtervorbehalts bei Blutprobenentnahmen nach § 81a II 2 StPO – Abschied von einem prozessualen Stolperstein, NZV **2018** 155; *Stratenwerth* Verantwortung und Gehorsam, Habil. Tübingen 1958; *Thiele* Zum Rechtmäßigkeitsbegriff bei § 113 Abs. 3 StGB, JR **1975** 353; *ders.* Verbotensein und Strafbarkeit des Widerstandes gegen Vollstreckungsbeamte, JR **1979** 397; *Triffterer* Ein rechtfertigender (Erlaubnistatbestands-)Irrtum? – Irrtumsmöglichkeiten beim polizeilichen Einsatz und deren dogmatische Einordnung, Festschrift Mallmann (1978) 373; *Vitt* Gedanken zum Begriff der „Rechtmäßigkeit der Diensthandlung" bei § 113 StGB, ZStW **106** (1994) 581; *Wagner* Die Rechtmäßigkeit der Amtsausübung – OLG Karlsruhe, NJW 1974, 2142, JuS **1975** 224; *Wania* Grundfragen der Irrtumsregelung in § 113 Abs. 3 S. 2, Abs. 4 StGB: Struktur, Entstehungsgeschichte und Rechtsnatur einer „dogmatischen Anomalie", Diss. Gießen 2017; *Weber* Grundgesetz und formeller Rechtmäßigkeitsbegriff – BVerfGE 92, 191, JuS **1997** 1080.

a) Allgemeine Voraussetzungen. Das Handeln der vom Staat Beauftragten kann Straftatbestände wie etwa die §§ 123, 223, 239, 240 erfüllen (Baumann/Weber/*Mitsch*/Eisele § 15 Rdn. 167; *Roxin* AT I § 17 Rdn. 1). Als Eingreifende kommen Amtsträger[1120] (§ 11 Abs. 1 Nr. 2) oder die in § 114 Abs. 1 Genannten sowie ausnahmsweise hinzugezogene Private (z.B. § 115 Abs. 2, § 758 Abs. 2 ZPO) in Betracht. Zu fragen ist dann, ob dieses straftatbestandsmäßige staatliche Handeln gerechtfertigt ist. Dabei ist zu berücksichtigen, dass die Ausübung hoheitlicher Gewalt per se keinen Rechtfertigungsgrund darstellt (*Paeffgen*/*Zabel* NK Rdn. 187; *Sch*/*Schröder*/*Lenckner*/*Sternberg-Lieben* Rdn. 83); vielmehr ist eine gesetzliche Grundlage notwendig (Art. 20 Abs. 3 GG). Erfüllt der staatliche Eingriff deren gesetzliche Voraussetzungen, handelt der Hoheitsträger nicht rechtswidrig (Baumann/Weber/*Mitsch*/Eisele § 15 Rdn. 167; *Kühl* AT § 9 Rdn. 117; *Jescheck*/*Weigend* § 35 I 1; *Roxin* AT I § 17 Rdn. 1), wobei außer vorsätzlichem auch fahrlässiges Handeln in Betracht kommen kann (RGSt **72** 305, 310; BGHSt **26** 99).[1121] Indessen kann bei freiwilligen Helfern, die „an Stelle der Staatsgewalt" (*Maurach*/*Zipf* § 29 Rdn. 2 m.w.N.) handeln, das Unrecht allenfalls aufgrund allgemeiner Rechtfertigungsgründe ausgeschlossen werden (*Jescheck*/*Weigend* § 35 I 1; *Maurach*/*Zipf* § 29 Rdn. 3; *Paeffgen*/*Zabel* NK Rdn. 187). 233

Die Rechtmäßigkeit belastenden Staatshandelns hängt also grundsätzlich davon ab, ob die gesetzlichen Voraussetzungen der Eingriffsnorm vorliegen, die sich aus dem jeweils einschlägigen Spezialgesetz ergeben (*Jescheck*/*Weigend* § 35 I 2; *Maurach*/*Zipf* § 29 Rdn. 5 m.w.N.; *Roxin* AT I § 17 Rdn. 2; unten Rdn. 244 ff). Hingegen entsteht ein **originär strafrechtliches Problem**, wenn der Amtsträger in der Eingriffssituation *irrtümlich* annimmt, dass die spezialgesetzlichen Eingriffsvoraussetzungen vorliegen. So verhielt es sich jüngst in einem Fall, in dem ein Polizeibeamter angegriffen wurde, als er eine vermeintlich rechtmäßige Abschiebungsanordnung durchzuführen versuchte. Tatsächlich war dem Abzuschiebenden jedoch in der Zwischenzeit eine die Vollziehung der Ausweisung aussetzende Duldung erteilt worden, worüber der Beamte seitens der Ausländerbehörde nicht benachrichtigt worden war.[1122] In Fällen wie diesem ist fraglich, ob und – wenn ja – inwieweit der Irrtum die Rechtmäßigkeit des Eingriffs beeinflusst; davon hängt wiederum ab, ob dem Betroffenen ein Notwehrrecht zur Seite steht (*Roxin* AT I § 17 Rdn. 2). Zum Problem werden **verschiedene Auffassungen** vertreten: 234

[1120] Detailliert zum Begriff des „Amtsträgers" *B. Heinrich* Amtsträgerbegriff passim.
[1121] Weiterhin BayVerfGH DÖV **1968** 283; LG Bielefeld MDR **1970** 74. Unzutreffend OLG Frankfurt/M. NJW **1950** 119 m. Anm. *Cüppers*.
[1122] Vgl. dazu BGHSt **60** 253 ff m. zust. Anm. *Erb* JR **2016** 29 sowie *Fickenscher* NJW **2015** 3113; **krit.** dagegen *Engländer* NStZ **2015** 577; *Rönnau*/*Hohn* StV **2016** 313; *Rückert* JA **2017** 33.

235 Nach dem von der Rechtsprechung[1123] sowie einem Teil des Schrifttums[1124] vertretenen und auch vom BVerfG jedenfalls im Grundsatz nicht beanstandeten[1125] besonderen **strafrechtlichen Rechtmäßigkeitsbegriff** kann ein Amtsträger *(straf-)*rechtmäßig handeln, obwohl die Voraussetzungen der Eingriffsnorm tatsächlich nicht gegeben sind; entscheidend sei nicht die „materielle Richtigkeit", sondern die „formelle Rechtmäßigkeit" der Eingriffshandlung (*Fischer* § 113 Rdn. 11). Deshalb sei nur das Vorliegen bestimmter **formeller Voraussetzungen** erforderlich: Der Amtsträger müsse *zuständig* sein und die Eingriffshandlung zu seinen Dienstobliegenheiten gehören.[1126] Ferner komme es auf die Einhaltung der *wesentlichen Formvorschriften* an, die dem Schutz des Betroffenen dienten.[1127] Zudem sei der *Grundsatz der Verhältnismäßigkeit* zu beachten,[1128] d.h. stets sei diejenige Handlungsoption zu wählen, die den Betroffenen in seinen Rechten am wenigsten beeinträchtigt und die nicht in offenbarem Missverhältnis zu deren Folgen steht.[1129] **Subjektiv** müsse der Amtsträger *zum Zwecke der Amtsausübung* handeln (so jedenfalls *Hirsch* LK[11] Rdn. 145). Im Unterschied zu den Eingriffsbefugnissen Privater soll die Rechtfertigung hoheitlichen Handelns regelmäßig nicht voraussetzen, dass die Sachlage, an die die Eingriffsbefugnis anknüpft, objektiv gegeben ist; vielmehr soll in-

---

1123 RGSt **38** 373, 375; **61** 297, 299; **72** 305, 311 m.w.N.; BGHSt **4** 161, 164; **21** 334, 335; **24** 125, 132; weniger eindeutig nun BGHSt **60** 253, 258 f. Der 1. Strafsenat bekennt sich zwar ausdrücklich zum strafrechtlichen Rechtmäßigkeitsbegriff, bedient sich in der Sache jedoch auch Elementen der Wirksamkeitstheorie (dazu *Rönnau/Hohn* StV **2016** 113, 115; ebenso *Engländer* NStZ **2015** 577, 578 sowie *Rückert* JA **2017** 33, 35 m. Fn. 24); weiterhin BayObLGSt **1954** 59, 61; KG NJW **1975** 887, 888; OLG Bremen NJW **1977** 158, 159; OLG Celle NJW **1979** 57, 58; *dass.* StraFo **2012** 419, 420 m.w.N.; BayObLG JZ **1980** 109; JR **1981** 28; **1989** 24; OLG Hamm NStZ **1996** 281; KG StV **2001** 260; OLG Dresden NJW **2001** 3643 f; vgl. auch BVerfGE **92** 191, 199 ff und zuletzt BVerfG NVwZ **2007** 1180.
1124 Etwa *Fischer* § 113 Rdn. 11; *Geppert* Jura **1989** 274, 276; *Hirsch* LK[11] Rdn. 147 ff; *Jescheck/Weigend* § 35 I 2; *Klesczewski* BT § 20 Rdn. 29; *Lackner/Kühl/Heger* § 113 Rdn. 7 ff; *Maurach/Zipf* § 26 Rdn. 19; *Matt/Renzikowski/Dietmeier* § 113 Rdn. 11; *Rosenau* LK[12] § 113 Rdn. 40; *Sch/Schröder/Eser* § 113 Rdn. 21 ff; *SSW/Fahl* § 113 Rdn. 10; weiterhin *B. Heinrich* Amtsträgerbegriff S. 202; *Fechner* Grenzen polizeilicher Notwehr S. 124 ff; *Lenz* Diensthandlung S. 20 ff; *Neuheuser* Duldungspflicht S. 196 ff; *Seebode* Diensthandlung S. 195 ff; *Vitt* ZStW **106** (1994) 581, 592 ff; *Wania* Grundfragen S. 40 f; *Wessels/Hettinger*[40] Rdn. 635 ff; zurückhaltender nun *Wessels/Hettinger/Engländer* Rdn. 703 ff; jew. m.w.N.
1125 BVerfG **11** 102 (m. Anm. *Niehaus/Achelpöhler* StV **2008** 71): Jedoch müsse der Schutzgehalt der betroffenen Grundrechte berücksichtigt werden; dazu auch *Rönnau/Hohn* StV **2016** 313, 316.
1126 RGSt **40** 212, 215; **66** 339, 340; **71** 122, 123; *Jescheck/Weigend* § 35 I 2. Näher zur **sachlichen** Zuständigkeit: OLG Düsseldorf NJW **1991** 580; *Bosch* MK § 113 Rdn. 39; *Rosenau* LK[12] § 113 Rdn. 43; beide m.w.N. Detaillierter zur **örtlichen** Zuständigkeit: RGSt **37** 32, 36; **38** 218, 219 f; **66** 339, 340; BGHSt **4** 110 ff m. Anm. *Kern* JZ **1953** 702; BayObLG NJW **1954** 362 f; OLG Hamm NJW **1954** 206; OLG Koblenz MDR **1987** 957 f; *Bosch* MK § 113 Rdn. 40; *Rosenau* LK[12] § 113 Rdn. 44; beide m.w.N. Bei Landesbeamten endet die Zuständigkeit nach BGHSt **4** 110, 112 an der Landesgrenze; Ausnahmen könnten aus § 167 GVG oder Landesvereinbarungen (OLG Hamm NJW **1954** 206; *Fischer* § 113 Rdn. 16 m.w.N.) folgen. An die Einteilung der Amtsbezirke sei die örtliche Zuständigkeit nicht notwendig gebunden (BGHSt **4** 110, 112). Zur Zuständigkeit der Bahnpolizei s. BGHSt **21** 334, 361; BayObLG NJW **1954** 362 f; OLG Hamm NJW **1973** 2117; OLG Celle VRS **27** (1964) 440 f; OLG Oldenburg NJW **1973** 291; OLG Schleswig MDR **1983**, 249 f.
1127 BGHSt **4** 161, 164; **21** 334, 361; BayObLG JZ **1980** 109 f; KG GA **1975** 213; NJW **1975** 887, 888; StV **2001** 260; AG Schwandorf NStZ **1987** 280, 281; dazu weiterhin *Vitt* ZStW **106** (1994) 581, 602; *Reil* JA **1998** 143 ff; *Reinhart* StV **1995** 101 ff; jew. m.w.N. So z.B. die Schriftlichkeit des Haftbefehls (§ 114 Abs. 1 StPO) oder die Zuziehung von Vollstreckungszeugen nach § 759 ZPO (RGSt **24** 389, 390; BGHSt **5** 93; OLG Hamm NStZ **1996** 281). Zu weiteren Einzelfällen s. *Bosch* MK § 113 Rdn. 41 f u. *Rosenau* LK[12] § 113 Rdn. 45 ff; beide m.w.N.; auch *Fischer* § 113 Rdn. 17; *Lackner/Kühl/Heger* § 113 Rdn. 9; *Paeffgen* NK § 113 Rdn. 53 f; *Sch/Schröder/Eser* § 113 Rdn. 26.
1128 BVerfGE **19** 342, 347 ff; BGHSt **35** 379, 386; BayObLG NStZ **1988** 518, 519; OLG Bremen NJW **1964** 735 f; ferner *Fischer* Rdn. 6; *Jescheck/Weigend* § 35 I 2; *Kühl* AT § 9 Rdn. 118; *Sch/Schröder/Lenckner/Sternberg-Lieben* Rdn. 86; jew. m.w.N.
1129 OLG Bremen NJW **1964** 735. Dazu eingehend unten im Kontext des hoheitlichen Schusswaffengebrauches (Rdn. 249 f).

soweit eine pflichtgemäße Prüfung durch den Amtsträger genügen (BGHSt **4** 161, 164f; **21** 334, 335, 363; **60** 253, 258; VRS **38** [1966] 115).[1130] Bei Befehls- oder Auftragsverhältnissen wird es für einen rechtmäßigen Eingriff als ausreichend angesehen, wenn der Amtsträger eine für ihn verbindliche Weisung im Vertrauen auf deren Rechtmäßigkeit befolgt hat (BGHSt **4** 161, 164; KG NJW **1972** 781; auch *Jescheck/Weigend* § 35 II; **krit.** *Barton* AnwK § 113 Rdn. 40). Demzufolge kann straftatbestandsmäßiges Staatshandeln rechtmäßig sein, obwohl sich der Amtsträger hinsichtlich des Vorliegens der *tatsächlichen*[1131] Voraussetzungen der Eingriffsbefugnis geirrt hat – mit der Konsequenz, dass den betroffenen Bürgern in diesem Fall das Notwehrrecht genommen wird[1132] (vgl. Rdn. 237).

Die **Konsequenzen** dieses – die Rechtfertigungsmöglichkeiten erweiternden – strafrechtlichen Rechtmäßigkeitsbegriffes bestehen in Folgendem: Ein hoheitlicher straftatbestandsmäßiger Eingriff in die Rechtsgüter des betroffenen Bürgers ist schon dann rechtmäßig, wenn der Hoheitsträger unter (objektiver)[1133] Wahrung der wesentlichen Förmlichkeiten den Eingriffssachverhalt nur pflichtgemäß geprüft hat; unschädlich ist es dagegen, wenn *ex post* (u.U. erst vom zuständigen Fachgericht) die materielle Rechtswidrigkeit der Diensthandlung festgestellt wird. Teilweise wird vertreten, dass im Fall eines Irrtums des Amtsträgers über das Vorliegen der Voraussetzungen der Befugnisnorm erst *grobes Verschulden* zur Rechtswidrigkeit des Eingriffes führt (s. Rdn. 235 m. Fn. 1130). Andere erstrecken dieses Irrtumsprivileg auch auf *Rechts*irrtümer (vgl. Rdn. 235 m. Fn. 1131), so dass sich im Ergebnis ein äußerst weiter Bereich „rechtmäßigen" straftatbestandsmäßigen Staatshandelns ergibt. **Begründet** wird dies damit, „daß der Staat das große Vorrecht hat, sich irren zu dürfen" (so schon *Jellinek* Verwaltungsrecht 3. Aufl. [1931] S. 373; zust. *Jescheck/Weigend* § 35 I 3). Der Hoheitsträger schreite auch im Interesse der Allgemeinheit ein und werde hierbei nicht selten mit unübersichtlichen Sachlagen konfrontiert, in der er häufig in großer Eile entscheiden müsse (*Erb* MK § 32 Rdn. 72). Deshalb bestehe das Bedürfnis, dessen Initiative zur entschlossenen Dienstverrichtung zu schützen; denn würde man ihm das Risiko der materiellen Unrichtigkeit seines Einschreitens auferlegen, stünde zu befürchten, dass – wegen u.U. zulässi-

236

1130 Weiterhin RGSt **30** 348, 350; **38** 373, 375; **61** 297, 299; **72** 305, 311 m.w.N.; BayObLGSt **1954** 59; BayObLG JR **1981** 29; OLG Hamm VRS **26** (1964) 435; OLG Koblenz MDR **1987** 957, 958; **1964** 156. Ferner aus dem Schrifttum *Fischer* § 113 Rdn. 18; *Jescheck/Weigend* § 35 I 3; *Küper* JZ **1980** 633, 636; *Lackner/Kühl/Heger* § 113 Rdn. 10; *Lenz* Die Diensthandlung und ihre Rechtmäßigkeit S. 32ff; *Maurach/Zipf* § 29 Rdn. 6; *Sch/Schröder/Eser* § 113 Rdn. 27; *Rosenau* LK[12] § 113 Rdn. 50; *Seebode* Die Rechtmäßigkeit der Diensthandlung S. 121ff; *Vitt* ZStW **106** (1994) 581, 591f; *Wessels/Hettinger/Engländer* Rdn. 710; jew. m.w.N. Hingegen BGHSt **24** 125, 132: **„ohne Verschulden".** **Abw.** BayObLGSt **1988** 7, 8 = JR **1989** 24, 26; OLG Celle NJW **1971** 154; OLG Hamm GA **1973** 244, 245; jew. m.w.N.; *Neuheuser* Duldungspflicht S. 148ff, 196ff; *Rosenau* LK[12]§ 113 Rdn. 51 (m.w.N.): **ohne grobes Verschulden.** Zum Ganzen *Erb* MK § 32 Rdn. 75.
1131 Ein Irrtum über ihre *rechtlichen* Grenzen führt nach überwiegender Auffassung zur Rechtswidrigkeit des Eingriffes, vgl. RGSt **30** 348, 350; BGHSt **24** 125ff; BayObLGSt **1954** 59; OLG Zweibrücken NStZ **2002** 256, 258; aus der Literatur *Fischer* § 113 Rdn. 13; *Lackner/Kühl/Heger* § 113 Rdn. 13; *Maurach/Zipf* § 29 Rdn. 6; *Rosenau* LK[12] § 113 Rdn. 52; *Wolters* SK § 113 Rdn. 11a; jew. m.w.N. AA *von Bubnoff* LK[11] § 113 Rdn. 34 m.w.N.; *Stratenwerth* Verantwortung und Gehorsam S. 190. Differenzierend *Sch/Schröder/Eser* § 113 Rdn. 29 m. Bsp. und w.N., wonach – der Unterscheidung von Tatumstands- und Verbotsirrtum entsprechend – Rechtmäßigkeit anzunehmen sei, wenn der Irrtum eine *vorgelagerte Rechtsfrage* betreffe.
1132 Ist die Amtsausübung schon deshalb *rechtmäßig*, weil die Eingriffsvoraussetzungen tatsächlich vorliegen, hat der Bürger ebenfalls kein Notwehrrecht (RGSt **41** 214, 215; OLG Braunschweig MDR **1951** 629; jew. m.w.N.; KG JR **1980** 513f; *Kindhäuser* NK § 32 Rdn. 68 m.w.N.).
1133 Fehlende Zuständigkeit des Amtsträgers, Missachtung wesentlicher Formvorschriften sowie andere gewichtige Mängel (etwa willkürliche Ausübung der Hoheitsgewalt) machen die Vollstreckungshandlung unrechtmäßig, s. für die h.M. *Wessels/Hettinger/Engländer* Rdn. 705; *Hirsch* LK[11] Rdn. 146; *Paeffgen* NK § 113 Rdn. 35.

ger Notwehr – durchgreifendes Staatshandeln vereitelt werden könnte (BGHSt **4** 161, 163 f; **21** 334, 365 f; **60** 253, 260; *Erb* aaO; *ders*. FS Gössel, 217, 221).

237   Dieser strafrechtliche Rechtmäßigkeitsbegriff ist im Ergebnis **abzulehnen**: Ihn prägt eine auf den Schutz staatlicher Aufgabenerfüllung fixierte Perspektive, deren Konsequenz ein *rechtsstaatlich bedenkliches Irrtumsprivileg der Staatsgewalt* ist.[1134] Die ihn tragende Anschauung wurzelt in einer tradierten Überzeugung von der Notwendigkeit einer privilegierten Vollzugstätigkeit des Obrigkeitsstaates (**krit.** auch *Wolters* SK § 113 Rdn. 11a m.w.N.; *Roxin* AT I § 17 Rdn. 11; ebenso schon *Schünemann* JA **1972** 703, 708: „zackiges Durchgreifen").[1135] Zu wenig beachtet wird hier, dass die schwerwiegenden Folgen, die ein unzulässiger Eingriff der Staatsgewalt im Einzelfall verursachen kann, nur in den allerseltensten Fällen ungeschehen zu machen bzw. allenfalls zu kompensieren sind (*Roxin* FS Pfeiffer, 45, 50, 52; *ders*. AT I § 17 Rdn. 11). Außerdem führt ein solches staatliches Irrtumsprivileg zwangsläufig zu einer nicht normierten *„Versubjektivierung des Notwehrrechtes"* (*Schünemann* JA **1972** 703, 708),[1136] woraus wiederum eine übermäßige Einschränkung der Bürgerrechte folgen würde: Wäre ein staatlicher Eingriff rechtmäßig, obgleich der eingreifende Hoheitsträger das Vorliegen der objektiven Eingriffsvoraussetzungen bloß irrtümlich annimmt, hätte der betroffene Bürger (mangels drohenden Handlungsunrechts) dennoch kein Notwehrrecht – im Ergebnis müsste er den Eingriff also hinnehmen. Schließlich werden dadurch zwei prinzipiell unterschiedliche strafrechtliche Kategorien miteinander vermengt; denn es wäre möglich, durch fehlendes oder „nicht ausreichendes" Ver*schuld*en des Beamten ein rechtswidriges in ein strafrechtlich rechtmäßiges Verhalten zu verwandeln (*Roxin* FS Pfeiffer, 45, 48; *ders*. AT I § 17 Rdn. 9).[1137]

238   Gleichwohl soll nicht verkannt werden, dass sich auch pflichtgetreue und engagierte Amtsträger **irren** (können) und in diesem Fall eines angemessenen Schutzes bedürfen. Diesen bietet jedoch schon das geltende Recht: So hält z.B. das Polizeirecht zahlreiche *Gefahren*tatbestände bereit, die den Amtsträger dazu ermächtigen, auch in komplexen Situationen aufgrund einer individuell und *ex ante* getroffenen Prognoseentscheidung einzuschreiten und eilbedürftige Maßnahmen vorzunehmen (s. *Roxin* AT I § 17 Rdn. 12). Ferner existieren diverse *Verdachts*tatbestände (z.B. §§ 112, 127 StPO) oder aber das Institut der *vorläufigen Vollstreckbarkeit* (§§ 708 ff ZPO), wonach ein Eingriff zunächst hingenommen werden muss, selbst wenn sich später herausstellt, dass er unberechtigt war (dazu *Wolters* SK § 113 Rdn. 11a, 10; *Rönnau/Hohn* LK § 32 Rdn. 118 f m. Fn. 19; *Sch/Schröder/Lenckner/Sternberg-Lieben* Rdn. 86; jew. m.w.N.).[1138] Überdies helfen dem Amtsträger, der trotz Einsatzes der gebotenen Sorgfalt einem unvermeidbaren Erlaubnistatumstandsirrtum erliegt, schon die allgemeinen strafrechtlichen Regeln: Zum einen muss er mangels (Rechtfertigungs-)Vorsatzes und Fahrlässigkeit keine Strafbarkeit und

---

1134   So auch *Barton* AnwK § 113 Rdn. 42.
1135   Weiter *Paeffgen* NK § 113 Rdn. 37: „Die Entwicklung des strafrechtlichen Rechtmäßigkeitsbegriffs beruht auf einer Auflehnung der Gerichte gegen eine ungeliebt liberale Gesetzgebung." **Dagegen** für den Schutz der „unabdingbaren Entschlusskraft der Staatsdiener" etwa *Erb* MK § 32 Rdn. 74 unter Hinweis auf BGHSt **4** 161, 163 f.
1136   Ähnlich auch *Paeffgen* NK § 113 Rdn. 40; *Arzt/Weber/Heinrich/Hilgendorf* BT § 45 Rdn. 36.
1137   Kritisch weiterhin *Amelung* JuS **1986** 329, 335 f; *Arzt/Weber/Heinrich/Hilgendorf* BT § 45 Rdn. 37 ff; *Backes/Ransiek* JuS **1989** 624, 626 ff; *Bottke* JR **1989** 25 f; *Herzberg* FS Stree/Wessels, 203, 205 ff; *Jakobs* 16/2 m.w.N.; *Kindhäuser* HRRS **2015** 439, 441; *Otto* BT § 91 Rdn. 15 m.w.N.; *Reinhart* StV **1995** 101 ff; *ders*. NJW **1997** 911 f; *Schünemann* JA **1972** 703, 707 ff; *ders*. GA **1985** 341, 366 f; *Thiele* JR **1975** 353 ff; *ders*. JR **1979** 397 ff; *Wagner* JuS **1975** 224 ff; *Weber* JuS **1997** 1080 ff; *Zielinski* AK § 113 Rdn. 22 ff m.w.N.; s. auch *Ostendorf* JZ **1981** 165, 168 ff.
1138   Ähnlich auch *Rückert* JA **2017** 33, 35 f.

zum anderen keine Notwehr des betroffenen Bürgers fürchten, weil sich in dieser objektiv sorgfältigen Eingriffshandlung kein Handlungsunwert ausdrückt – sie mithin nicht rechtswidrig ist. Dem Betroffenen verbleibt schließlich die allein angemessene Ausübung des Notstandsrechtes gemäß § 34 (zu dieser Lösung *Roxin* FS Pfeiffer, 45, 49 f, 51; *ders.* AT I § 17 Rdn. 13 f; *Sch/Schröder/Lenckner/Sternberg-Lieben* Rdn. 86; jew. m.w.N.).[1139]

Im Gegensatz zum strafrechtlichen Rechtmäßigkeitsbegriff nimmt die vor allem **239** früher vertretene **materiell-rechtliche Theorie** den Hoheitsträger sehr weitgehend in die Verantwortung: Es komme ausschließlich auf die *materielle* (öffentlich-rechtliche) *Rechtslage* an (schon *v. Liszt/Schmidt* BT S. 791; anschl. *Sauer* BT S. 466 f; ähnl. *Frank* § 113 Anm. IV; *Rostek* NJW **1972** 1335 f; *ders.* NJW **1975** 862 ff). Entscheidend sei das objektive Vorliegen der einschlägigen Eingriffsvoraussetzungen; denn der Einzelne solle nur solche belastenden Akte dulden müssen, die vom geltenden Recht gedeckt sind.[1140] **Hiergegen** wird – insbesondere weil der Amtsträger oftmals in unübersichtlichen Sachlagen einschreiten müsse – vorgebracht, dass dieser Rechtmäßigkeitsmaßstab „*praktisch nicht durchführbar*" sei (*Hirsch* LK[11] Rdn. 147a; **krit.** auch *Klesczewski* BT § 20 Rdn. 23).

Gleichwohl zielt auch das **BVerfG** (E **87** 399, 408 ff; **92** 191, 199 ff)[1141] in diese Rich- **240** tung: Es unterscheidet im Hinblick auf das **Recht der Ordnungswidrigkeiten** zwischen einer *Situations-* und einer *Sanktionsebene* (vgl. *Paeffgen* NK § 113 Rdn. 45; *Rönnau/Hohn* LK § 32 Rdn. 120). Zwar dürfe der Amtsträger im Hinblick auf die Voraussetzungen der Befugnisnorm in der *akuten Eingriffssituation* irren. Demgegenüber sei für die Frage der Ahnd- und Strafbarkeit des Bürgers, der sich dem Eingriff widersetzt hat, wiederum entscheidend, ob die Voraussetzungen *objektiv* vorgelegen haben; schließlich beurteile das Gericht diese Frage im Nachhinein und ohne Handlungsdruck. Dieser Ansatz hat zu Recht deutliche Kritik erfahren[1142] und ist ebenfalls **abzulehnen**: Hier wird übersehen, dass die Notwehr (§ 32) – über ihre rechtfertigende Wirkung hinaus – den Angreifer zur Duldung der Verteidigungshandlung verpflichtet; dann muss aber aus Gründen der Rechtssicherheit schon im Zeitpunkt des unmittelbaren Ansetzens zur Verteidigung klar sein, ob eine Duldungspflicht besteht oder nicht (*Rönnau/Hohn* LK § 32 Rdn. 120).

Die verwaltungsrechtliche **Wirksamkeitstheorie** wendet sich ebenfalls gegen den **241** strafrechtlichen Rechtmäßigkeitsbegriff, der im Ergebnis zu einem rechtsstaatlich bedenklichen Irrtumsprivileg der Staatsgewalt führt (s. Rdn. 235 ff). Vielmehr entspreche „*Rechtmäßigkeit*" der verwaltungsrechtlichen „*Wirksamkeit*" des Vollstreckungsaktes; bereits sie löse eine Duldungspflicht des betroffenen Bürgers aus (grundlegend *von Pestalozza* DStR **1939** 34; s. ferner *Bender* Rechtmäßigkeit der Amtsausübung S. 54 f; *Krey/Heinrich* BT 1[14] Rdn. 511; **aA** aber nun *Krey/Hellmann/Heinrich* BT 1 Rdn. 673).[1143] **Teilweise** wird für die Konstellation der Vollstreckung von Verwaltungsakten gefordert, dass diese zudem *vollziehbar* (§ 80 VwGO) sind (*Erb* FS Gössel, 217, 227 f; *ders.* MK § 32 Rdn. 77 f; *Krey/Heinrich* BT 1[14] Rdn. 507a, 512, 518a; dazu weiter *Rönnau/Hohn* § 32

1139 Vgl. zudem *Rönnau/Hohn* LK § 32 Rdn. 118 m.w.N.
1140 Dazu *Heinrich* HK-GS § 113 Rdn. 23 f; *Krey/Hellmann/Heinrich* BT 1 Rdn. 673; *Roxin* AT I § 17 Rdn. 11 m.w.N.; auch schon *Amelung* JuS **1986** 329, 335; *Benfer* NStZ **1985** 255 f; *Schünemann* JA **1972** 703, 707 f; *Schellhammer* NJW **1972** 319 f; *Wagner* JuS **1975** 224, 226 f.
1141 Zust. *Reinhart* StV **1995** 101, 105 ff; *ders.* NJW **1997** 911, 913 f; *Appel* Verfassung S. 83 ff, 90 f.
1142 Siehe *Bosch* MK § 113 Rdn. 37; *Paeffgen* NK § 113 Rdn. 46 f; weiterhin *Göhler* GA **1996** 180, 181; *Roellecke* NJW **1995** 3101.
1143 Außerdem *W. Meyer* NJW **1972** 1845, 1846 f; *ders.* NJW **1973** 1074 f; *Wagner* JuS **1975** 224, 226 ff. In diese Richtung – mit Einschränkungen – auch BGHSt **60** 253, 260 trotz des ausdrücklichen Bekenntnisses zum strafrechtlichen Rechtmäßigkeitsbegriff; **krit.** dazu *Engländer* NStZ **2015** 577, 578; *Rönnau/Hohn* StV **2016** 313, 315 f.

Rdn. 122). Auch dieser Ansatz vermag im Ergebnis nicht zu überzeugen, denn er belastet den Betroffenen noch schwerer als der strafrechtliche Ansatz: Er zieht den Kreis rechtswidrigen Staatshandelns noch enger, weil die Wirksamkeit eines Verwaltungsaktes nur bei dessen Nichtigkeit (§ 44 VwVfG) entfällt, d.h. ein schwerer und offensichtlicher Rechtsverstoß vorliegt. Dadurch wird die Duldungspflicht des betroffenen Bürgers aber überdehnt (so schon *Hirsch* LK[11] Rdn. 147b; ausführliche Kritik auch bei *Rönnau/Hohn* LK § 32 Rdn. 123 m.w.N.).[1144]

242 Die Forderung nach dem Vorliegen der Vollziehbarkeit im Falle der Vollstreckung von Verwaltungsakten (s. Rdn. 241) führt zu dem vorzugswürdigen **vollstreckungsrechtlichen Rechtmäßigkeitsbegriff** (näher *Rönnau/Hohn* LK § 32 Rdn. 124).[1145] Ihm liegen folgende Überlegungen zu Grunde: Hoheitsakte bedürfen zu ihrer Durchsetzung neben der Wirksamkeit der *Bestands- bzw. Rechtskraft*; so muss z.B. die Widerspruchsfrist gemäß §§ 69, 70 Abs. 1 Satz 1, 80 Abs. 1 Satz 1 VwGO i.d.R. verstrichen sein, bevor ein Hoheitsträger einen belastenden Verwaltungsakt vollziehen darf. Die Anfechtung suspendiert die Wirkungen des Hoheitsaktes und sperrt damit grundsätzlich dessen Vollstreckbarkeit. Allerdings entfällt in zahlreichen praktisch wichtigen Fällen die Suspensivwirkung des Widerspruches bzw. der Anfechtungsklage: Beispielsweise ist ein Verwaltungsakt in Gestalt einer polizeilichen Maßnahme *sofort vollziehbar* (§ 80 Abs. 1 Satz 1, Abs. 2 Satz 1 Nr. 2 VwGO). Hier ist **zwischen der *Grundverfügung* und dem *Vollzugsakt* zu differenzieren** (dazu *Bosch* MK § 113 Rdn. 34 m.w.N.). Dies gebietet schon das verfassungsrechtliche Gebot der Gesetzmäßigkeit der Verwaltung gemäß Art. 20 Abs. 3 GG; denn die Durchsetzung eines ohnehin schon belastenden Hoheitsaktes kann – wenn sie zwangsweise erfolgt – einen darüber hinausgehenden Eingriff darstellen (*Thiele* JR **1975** 353, 355; *ders.* JR **1979** 397, 400). Deshalb muss es bei der Vollstreckung eines Hoheitsaktes entscheidend auf die **materiell-rechtliche Rechtmäßigkeit des *Vollzugsaktes*** ankommen (*Bosch* MK § 113 Rdn. 34; *Ostendorf* JZ **1981** 165, 172f; *Schünemann* JA **1972** 703, 707f; *Thiele* JR **1975** 353, 356f und JR **1979** 397, 400).[1146] Das führt in den besonders prekären Fällen des Sofortvollzuges (§ 6 Abs. 2 VwVG) und der unmittelbaren Ausführung[1147] zu einer Annäherung an den materiell-rechtlichen Rechtmäßigkeitsbegriff (vgl. Rdn. 239), weil der Hoheitsträger innerhalb seiner *gesetzlichen Befugnisse* handeln muss (*Rönnau/Hohn* LK § 32 Rdn. 125f m.w.N.).

243 Die häufig geäußerte **Kritik**, der vollstreckungsrechtliche Ansatz könne gerade die praktisch besonders wichtigen Fälle nicht zufriedenstellend lösen, in denen der Amtsträger Eilmaßnahmen z.B. zur Gefahrenabwehr treffen muss (so *Hirsch* LK[11] Rdn. 147b; weiter *Erb* FS Gössel, 217, 229f; *Vitt* ZStW **106** [1994] 581, 588f), **überzeugt im Ergebnis nicht**. In solchen oftmals polizeirechtlich oder strafverfahrensrechtlich geprägten Konstellationen, in denen Maßnahmen zur Gefahrenabwehr oder gegen Verdächtige (z.B. §§ 112, 127 StPO) getroffen werden, sind die Eingriffe durch die einschlägigen Gefahren- und Verdachtstatbestände gedeckt und daher regelmäßig nicht zu beanstanden; eine

---

1144 Ferner *Paeffgen* NK § 113 Rdn. 39; *Rönnau/Hohn* StV **2016** 313, 315; auch bereits *Hruschka* NJW **1969** 1310f und *Günther* NJW **1973** 309ff; **krit.** ebenfalls *Kleszewski* BT § 20 Rdn. 25; *Wania* Grundfragen S. 37f.
1145 S. nur *Jakobs* 16/3ff; *Paeffgen* NK § 113 Rdn. 41; *Zielinski* AK § 113 Rdn. 24; weiterhin *Amelung* JuS **1986** 329, 330; *ders.* ZRP **1991** 143; *Benfer* NStZ **1985** 255f; *Bosch* Jura **2011** 268, 273; *Ostendorf* JZ **1981** 165ff; *Rönnau/Hohn* StV **2016** 313, 317; *Schünemann* JA **1972** 703, 710, 775; *Thiele* JR **1975** 353ff; *ders.* JR **1979** 397ff; jew. m.w.N.
1146 Weiter *Amelung* JuS **1986** 329, 336f; *Bottke* JR **1989** 25f; *Backes/Ransiek* JuS **1989** 624, 627ff; *Otto* BT § 91 Rdn. 15 m.w.N.; *Roxin* FS Pfeiffer, 45, 49ff; *ders.* AT I § 17 Rdn. 11ff; *Schünemann* GA **1985** 341, 366f; *Zielinski* AK § 113 Rdn. 22ff. In dieser Richtung bereits Ansätze bei *Binding* BT II S. 766ff und *Rehbinder* GA **1963** 33, 37ff.
1147 Dazu *Paeffgen* NK § 113 Rdn. 55 m.w.N.

spätere bessere Erkenntnis bleibt ohne Einfluss auf die Rechtmäßigkeit des Eingriffes (s. schon Rdn. 238).[1148] Dies gilt sogar für die Konstellation, in der der Hoheitsträger bei Vornahme einer Vollstreckungshandlung trotz sorgfältiger Prüfung der objektiv erkennbaren Umstände des Einzelfalles irrig vom Vorliegen der tatsächlichen Eingriffsvoraussetzungen ausgeht, d.h. einem unvermeidbaren Erlaubnistatumstandsirrtum unterliegt (dazu *Beulke/Swoboda* § 12 Rdn. 235; *Wessels/Beulke/Satzger* Rdn. 615 m.w.N. – jew. bzgl. § 127 Abs. 1 Satz 1 StPO). Hier weist die Vollstreckungshandlung keinerlei Handlungsunwert auf (vgl. *Roxin* AT I § 17 Rdn. 25 [bzgl. § 127 Abs. 1 Satz 1 StPO]). Eine Beeinträchtigung der Dienstverrichtung dürfte deshalb allenfalls in solchen Fällen verbleiben, in denen der Hoheitsträger das Vorliegen der Voraussetzungen sorgfaltspflichtwidrig annimmt. Allerdings ist in derartigen Fällen nicht einzusehen, warum dem beschwerten Bürger das – ohnehin eingeschränkte – Notwehrrecht versagt werden sollte (dazu *Rönnau/Hohn* LK § 32 Rdn. 125 f m.w.N.).

b) Besondere Eingriffsrechte. Für das Handeln der vom Staat Beauftragten existiert eine unübersehbar große Anzahl staatlicher Befugnisnormen. Die **wichtigsten staatlichen Eingriffsrechte** sind in den *Verfahrensordnungen* und *Polizeigesetzen* normiert: 244

aa) Auf Grundlage der **StPO** kann in die *Freiheit* (Zwangsmaßnahmen gegen nicht erschienene Zeugen, Beschuldigte oder Angeklagte, §§ 51, 134, 230 Abs. 2; Unterbringung in einem psychiatrischen Krankenhaus zur Beobachtung, § 81; Verhaftung, §§ 112 ff; einstweilige Unterbringung, § 126a; vorläufige Festnahme, § 127 Abs. 2; Vollzug des rechtskräftigen Urteils, §§ 449 ff), die *körperliche Unversehrtheit* (u.a. körperliche Untersuchungen, Entnahmen von Blutproben,[1149] molekulargenetische Untersuchungen, DNA-Identitätsfeststellungen,[1150] §§ 81a ff), das *Eigentum* und *Vermögen* (Beschlagnahme zu Beweiszwecken und zur Sicherung der Einziehung, §§ 94 ff, 111b ff), die *Unverletzlichkeit der Wohnung* (Hausdurchsuchung, Einsatz Verdeckter Ermittler, §§ 102 ff, 110c), das *Briefgeheimnis* (Postbeschlagnahme, § 99) oder das *Fernmeldegeheimnis* (Überwachung der Telekommunikation, §§ 100a ff) und neuerdings auch in das Grundrecht auf Gewährleistung der Vertraulichkeit und Integrität informationstechnischer Systeme[1151] (Online-Durchsuchung, § 100b) eingegriffen werden.[1152] Weiterhin ist der Gerichtsvollzieher nach 245

1148 Ferner *Paeffgen* NK § 113 Rdn. 42 m.w.N. auch zur polizeirechtlichen Dogmatik; *Sch/Schröder/Eser* § 113 Rdn. 30 m.w.N.; *Wolters* SK § 113 Rdn. 10; *Zielinski* AK § 113 Rdn. 23; weiter *Bosch* Jura **2011** 268, 273 f; *Triffterer* FS Mallmann, 373, 390.
1149 Mit dem *Gesetz zur effektiveren und praxistauglicheren Ausgestaltung des Strafverfahrens* v. 17.8.2017 (BGBl. I 3202) wurde eine gleichrangige Anordnungskompetenz von Staatsanwaltschaft und ihren Ermittlungspersonen neben der richterlichen Anordnung für die Entnahme von Blutproben im Zusammenhang mit Straßenverkehrsdelikten eingeführt, s. dazu SSW-StPO/*Bosch* § 81a Rdn. 19; *Burhoff* StRR **2017** 4; *Claus* NZV **2017** 449, 451 ff; *Stam* NZV **2018** 155. Die Empfehlung der eingesetzten Expertenkommission sah nur die Erstreckung auf eine staatsanwaltschaftliche Kompetenz vor, vgl. BMJV Bericht der Expertenkommission zur effektiveren und praxistauglicheren Ausgestaltung des allgemeinen Strafverfahrens und des jugendgerichtlichen Verfahrens (2015) S. 60 ff. Zur Überprüfbarkeit der staatsanwaltschaftlichen Eilkompetenz durch den Richter BVerfGK **10** 270 ff = NJW **2007** 1345 ff m. Anm. *Laschewski* NZV **2007** 581, 582 f.
1150 Eingehender zur DNA-Identitätsfeststellung bei der Identifizierung eines Täters (auf Grundlage des § 81a Abs. 1 StPO a.F.) BGHSt **37** 157 ff m.w.N.
1151 BVerfGE **141** 220, 303 f.
1152 Vgl. auch Baumann/Weber/Mitsch/*Eisele* § 15 Rdn. 170 und *Kühl* AT § 9 Rdn. 117; jew. m.w.N.; *Maurach/Gössel/Zipf* § 29 Rdn. 4; *Roxin* AT I § 17 Rdn. 1; *Kindhäuser* AT § 15 Rdn. 13; *Krey/Esser* § 13 Rdn. 449.

den Vorschriften der **ZPO** befugt, den Schuldner bezüglich seiner *Freiheit*, seines *Eigentums* und der *Unverletzlichkeit seiner Wohnung* einzuschränken (§§ 758, 803, 808, 814, 883). Ferner kann die Verhaftung zur Erzwingung der Abgabe einer Vermögensauskunft durch den Gerichtsvollzieher (§ 802g) erfolgen; Schuldner können zudem unter Einsatz von Zwangsgeld oder -haft zur Vornahme einer nicht vertretbaren Handlung angehalten werden (§ 888). Auch die Verurteilung zu Unterlassungen ist mit Ordnungsgeld und -haft durchsetzbar (§ 890). Die **InsO** ermöglicht *Freiheits-* und *Eigentumsbeschränkungen* des Schuldners (etwa §§ 80ff, 150, 159, 165f, 172) sowie die *Verletzung des Briefgeheimnisses* (§ 99). Schließlich lässt das **ZVG** *Eigentumsbeschränkungen* durch Besitzergreifung des Grundstücks des Schuldners zu (§ 150).

246   **bb)** Überwiegend ergeben sich rechtfertigende Amtsbefugnisse aus dem **Verwaltungsrecht**. So kann beispielsweise die Anwendung unmittelbaren Zwanges durch das *Gesetz über den unmittelbaren Zwang bei Ausübung öffentlicher Gewalt durch Vollzugsbeamte des Bundes (UZwG)* vom 10.3.1961 (BGBl. I 165)[1153] und Vorschriften der Polizeiaufgabengesetze der Länder gerechtfertigt sein.[1154] Weiterhin kommt das *Gesetz über die Anwendung unmittelbaren Zwanges und die Ausübung besonderer Befugnisse durch Soldaten der Bundeswehr und zivile Wachpersonen (UZwGBw)* vom 12.8.1965 (BGBl. I 796)[1155] als Rechtsgrundlage in Betracht.[1156] Die Rechtfertigung bei Disziplinarstrafen gegen Beamte folgt aus den Beamtengesetzen und Disziplinarordnungen (weitere Beispiele bei *Roxin* AT I § 17 Rdn. 1; s. auch *Paeffgen/Zabel* NK Rdn. 188; *Sch/Schröder/Lenckner/Sternberg-Lieben* Rdn. 84).

cc) Das hoheitliche Waffengebrauchsrecht

Schrifttum

Alberts Der praktische Fall – Der gezielte Todesschuß, VR **1981** 101; *Archangelskij* Das Problem des Lebensnotstandes am Beispiel des Abschusses eines von Terroristen entführten Flugzeuges, Diss. Berlin 2005; *Baldus* Streitkräfteeinsatz zur Gefahrenabwehr im Luftraum, NVwZ **2004** 1278; *K. Baumann* Das Grundrecht auf Leben unter Quantifizierungsvorbehalt? DÖV **2004** 853; *Beisel* Straf- und verfassungsrechtliche Problematiken des finalen Rettungsschusses, JA **1998** 721; *Blei* Probleme des polizeilichen Waffengebrauchs, JZ **1955** 625; *Bockelmann* Notrechtsbefugnisse der Polizei, Festschrift Dreher (1977) 235; *Bohnert* Strafrecht – Eine politische Flugzeugentführung, JuS **1983** 942; *Bott* In dubio pro Straffreiheit? Untersuchungen zum Lebensnotstand, Diss. Passau 2010 (2011); *Buchert* Zum polizeilichen Schußwaffengebrauch (1975); *Burkinczak* Der praktische Fall – Das Luftsicherheitsgesetz, VR **2004** 379; *Conen* Rechtsgrundlagen und Probleme des Schusswaffengebrauches bei Geiselnahmen, Die Polizei **1973** 65; *Coninx* Das Solidaritätsprinzip im Lebensnotstand, Diss. Bern 2011 (2012); *Doehring* Befehlsdurchsetzung und Waffengebrauch (1968); *Dreier* Grenzen des Tötungsverbotes – Teil 1, JZ **2007** 261; *Fechner* Grenzen polizeilicher Notwehr, Diss. Hamburg 1991; *Fehn/Brauns* Bundeswehr und innere Sicherheit (2003); *Funk/Werkentin* Der Todesschuß der Polizei, KJ **1976** 121; *Gerhards* Rettungsschuß – Todesschuß, DRiZ **1989** 432; *Giemulla* Zum

---

1153 Zuletzt geändert durch Art. 4 WSV-Zuständigkeitsanpassungsgesetz v. 24. Mai 2016, BGBl. I 1217.
1154 Ausführlicher zum besonderen hoheitlichen Waffengebrauchsrecht unten Rdn. 247 ff.
1155 Zuletzt geändert durch Art. 12 des *Gesetz(es) zur Neuregelung der Telekommunikationsüberwachung und anderer verdeckter Ermittlungsmaßnahmen sowie zur Umsetzung der Richtlinie 2006/24/EG* vom 21. Dezember 2007, BGBl. I 3198.
1156 Näher *Reindl/Roth* Die Anwendung des unmittelbaren Zwanges in der Bundeswehr, passim; hier zu verschiedenen Teilaspekten *Böttger* NZWehr **2003** 177 ff (Befugnisse bei Veranstaltungen im öffentlichen Raum); *Dahl* NZWehr **1999** 106 ff (Recht der Feldjäger zur Durchsuchung zu Zwecken der Eigensicherung); *Heinen* NZWehr **2004** 187 ff (Schutz verbündeter Streitkräfte); *ders.* NZWehr **2003** 194 ff (Einsatz von Diensthunden); *ders.* NZWehr **2002** 177 ff (Vorschläge zur Novellierung des UZwGBw)); jew. m.w.N.

Abschuss von Zivilluftfahrtzeugen als Maßnahme der Terrorbekämpfung, ZLW **2005** 32; *Gobrecht* Probleme des Schusswaffengebrauchs, Die Polizei **1971** 12; *Gramm* Bundeswehr als Luftpolizei – Aufgabenzuwachs ohne Verfassungsänderung? NZWehrr **2003** 89; *Greiner* Nochmals: Probleme des Schusswaffengebrauchs, Die Polizei **1971** 104; *Gropp* Der Radartechniker-Fall – ein durch Menschen ausgelöster Defensivnotstand? GA **2006** 284; *Grünwald* Ist der Schußwaffengebrauch an der Zonengrenze strafbar? JZ **1966** 633; *Hartleb* Der neue § 14 III LuftSiG und das Grundrecht auf Leben, NJW **2005** 1397; *Herzberg* Zum Verpflichtungsgehalt des Art. 1 Abs. 1 GG, Festschrift Schnapp (2008) 103; *Hilgendorf* Tragische Fälle. Extremsituationen und strafrechtlicher Notstand, in Blaschke/Förster/Lumpp/Schmidt (Hrsg.) Sicherheit statt Freiheit? (2005) S. 107; *B. Hirsch* Schutz des Luftverkehrs durch ein Luftsicherheitsgesetz? ZRP **2004** 273; *H.J. Hirsch* Defensiver Notstand gegenüber ohnehin Verlorenen, Festschrift Küper (2007) 149; *Hochhut* Militärische Bundesintervention bei inländischem Terrorakt, NZWehrr **2002** 154; *Höfling/Augsberg* Luftsicherheit, Grundrechtsregime und Ausnahmezustand, JZ **2005** 1080; *Hug* Schußwaffengebrauch bei der Polizei, Kriminalistik **1995** 367; *Ingelfinger* Polizeilicher Schußwaffengebrauch bei Festnahme, JR **2000** 299; *Isensee* Leben gegen Leben, Festschrift Jakobs (2007) 205; *Jäger* Die Abwägbarkeit im Spannungsfeld von Strafrechtsdogmatik und Rechtsphilosophie, ZStW 115 (2003) 765; *ders.* Folter und Flugzeugabschluss – Rechtsstaatliche Tabubrüche oder rechtsguterhaltende Notwendigkeit? JA **2008** 678; *Jahn* Das Strafrecht des Staatsnotstandes, Habil. Frankfurt a.M. 2003 (2004); *ders.* Gute Folter – schlechte Folter? KritV **2004** 24; *Jerouschek* Nach dem 11. September 2001: Strafrechtliche Überlegungen zum Abschuss eines von Terroristen entführten Flugzeuges, Festschrift Schreiber (2003) 185; *Kaiser* Die Grenzen der Sicherheit – Zum Entwurf eines Luftsicherheitsgesetzes, TranspR **2004** 353; *Kersten* Die Tötung von Unbeteiligten – Zum verfassungsrechtlichen Grundkonflikt des § 14 III LuftSiG, NVwZ **2005** 661; *Klaes/Schöne* Die hoheitliche Befugnis zur Tötung eines Angreifers, DÖV **1996** 992; *Kleiber* Suizidentschluß als Mordmotiv – Ein Flugzeug als Tatwaffe, Archiv für Kriminologie 179 (1987) 154; *Klinkhardt* Der administrative Waffengebrauch in der Bundeswehr, JZ **1969** 700; *Klose* Notrecht des Staates aus staatlicher Rechtsnot, ZStW 89 (1977) 61; *Koch* Tötung Unschuldiger als straflose Rettungshandlung? JA **2005** 745; *Köhler* Die objektive Zurechnung der Gefahr als Voraussetzung der Eingriffsbefugnis im Defensivnotstand, Festschrift Schroeder (2006) 257; *Krey/Meyer* Zum Verhalten der Staatsanwaltschaft und Polizei bei Delikten mit Geiselnahmen, ZRP **1973** 1; *Krings/Burkiczak* Sicherer Himmel per Gesetz? NWVBl. **2004** 249; *Krolzig* Die Verantwortung für den Todesschuß, Kriminalistik **1988** 559; *Krüger* Polizeilicher Schußwaffengebrauch (1977); *ders.* Die bewusste Tötung bei polizeilichem Schußwaffengebrauch, NJW **1973** 1; *Küper* Grund- und Grenzfragen der rechtfertigenden Pflichtenkollision im Strafrecht (1979); *Kutscha/Weßlau* Grundgesetz und Handlungsalternative der Polizei bei Geiselnahmen, ZRP **1990** 169; *Ladiges* Die notstandsbedingte Tötung von Unbeteiligten im Fall des § 14 Abs. 3 LuftSiG – ein Plädoyer für die Rechtfertigungslösung, ZIS **2008** 129; *ders.* Erlaubte Tötungen, JuS **2011** 879; *R. Lange* Der „gezielte Todesschuss", JZ **1976** 546; *W. Lange* Probleme des polizeilichen Waffengebrauchsrechtes, MDR **1974** 357; *ders.* Der neue Musterentwurf eines einheitlichen Polizeigesetzes – Fragwürdiges Schusswaffengebrauchsrecht, MDR **1977** 10; *Lindner* Notrechtsvorbehalte und polizeiliche Praxis, Die Polizei **1972** 276; *Linke* Verfassungswidrige Wahrnehmung luftpolizeilicher Aufgaben durch die Bundeswehr, DÖV **2003** 890; *Lisken* Polizeibefugnis zum Töten? DRiZ **1989** 401; *ders.* Über Aufgaben und Befugnisse der Polizei im Staat des Grundgesetzes, ZRP **1990** 15; *Lüderssen* Kriegsrecht in Deutschland? StV **2005** 106; *Lutze* Abwehr terroristischer Angriffe als Verteidigungsaufgabe der Bundeswehr, NZWehrr **2003** 101; *Maurer* Der polizeiliche Schusswaffengebrauch, Kriminalistik **2003** 455; *Merkel* Ausschluss der Strafbarkeit im Völkerstrafrecht, ZStW 114 (2002) 437; *ders.* § 14 Abs. 3 Luftsicherheitsgesetz: Wann und warum darf der Staat töten? JZ **2007** 373; *Merten* Zum Streit um den Todesschuß, Festschrift Doehring (1989) 579; *Meyer* Wirksamer Schutz des Luftverkehrs durch ein Luftsicherheitsgesetz, ZRP **2004** 203; *Mitsch* „Luftsicherheitsgesetz" – die Antwort des Rechts auf den „11. September 2001", JR **2005** 274; *ders.* Abschusserlaubnis nach § 14 III LuftSiG, ZRP **2005** 243; *ders.* Die Legalisierung staatlich angeordneter Tötung von Terror-Geiseln, Leviathan **2005** 281; *Ostberg* Terroristische Flugzeugangriffe auf Kernkraftwerke – Überlegungen zu § 7 Abs. 2 Nr. 5, § 17 Abs. 1 Satz 3 und § 18 Abs. 3 Atomgesetz, RdE **2004** 125; *Otto* Die strafrechtliche Beurteilung der Kollision rechtlich gleichrangiger Pflichten, Jura **2005** 470; *Paeffgen* Polizeilicher Schußwaffengebrauch und Strafrecht, Festschrift Beulke (2015) 213; *Palm* Der wehrlose Staat? Der Einsatz der Streitkräfte im Innern nach der Entscheidung des Bundesverfassungsgerichts zum Luftsicherheitsgesetz, AöR **2007** 95; *Pawlik* § 14 Abs. 3 des Luftsicherheitsgesetzes – ein Tabubruch? JZ **2004** 1045; *Pieroth/Hartmann* Der Abschuss eines Zivilflugzeugs auf Anordnung des Bundesministers der Verteidigung, Jura **2005** 729; *Pünder* Hamburgs neues Polizeirecht – Änderungen des Gesetzes zum Schutz der öffentlichen Sicherheit und Ordnung, NordÖR **2005** 292; *Riegel* Bemerkungen zum Musterentwurf eines einheitlichen Polizeigesetzes des Bundes und der Länder, BayVBl. **1977** 682; *Rönnau* Grundwissen Strafrecht: Übergesetzlicher entschuldigender Notstand (analog § 35 StGB), JuS **2017** 113; *Rogall* Ist der Abschuss gekaperter Flugzeuge widerrechtlich? NStZ **2008** 1; *Rotthaus* Zur Frage des Schusswaffengebrauches gegenüber Strafgefangenen, MDR **1970** 4; *Roxin* Der Abschuss gekaperter Flugzeuge zur Rettung von Menschenleben, ZIS **2011** 552; *ders.* 60 Jahre Grundgesetz aus der Sicht des Strafrechts, JahrbÖR **59** (2011) 1; *Rupprecht* Polizeilicher Todesschuss und Wertordnung des Grundgesetzes, Festschrift Geiger (1989) 781; *ders.* Die tödliche Abwehr des Angriffs auf menschliches Leben, JZ **1973** 263; *Sattler* Terrorabwehr durch die Streitkräfte nicht ohne Grundgesetzänderung, NVwZ **2004** 1286; *Saurer* Die Ausweitung sicherheitsrechtlicher Regelungsansprüche im Kontext der Terrorismusbekämpfung, NVwZ **2005** 275; *Eb. Schmidt* Befehlsdurchsetzung und Waffengebrauch, NZWehrR **1968** 161; *J. Schmidt* Nochmals: Die bewusste Tötung bei polizeilichem Schußwaffengebrauch, NJW **1973** 449; *Schnupp* Zur Anwendung unmittelbaren Zwanges durch Polizeivollzugsbeamte, Die Polizei **1971** 261; *Schrimm* Schusswaffengebrauch durch Polizeibeamte, Kriminalistik **1996** 203; *Schumacher* Zur Problematik des gezielten polizeilichen Todesschusses in Extremsituationen, Die Polizei **1973** 257; *Schwabe* Die Notrechtsvorbehalte des Polizeirechts (1979); *M. Seebode* Polizeiliche Notwehr und Einheit der Rechtsordnung, Festschrift Klug Bd. II (1983) 359; *ders.* Gezielt tödlicher Schuss de lege lata et ferenda, StV **1991** 80; *Sinn* Tötung Unschuldiger auf Grund § 14 III Luftsicherheitsgesetz – rechtmäßig? NStZ **2004** 585; *Sittard/Ulbrich* Fortgeschrittenenklausur – Öffentliches Recht: Das Luftsicherheitsgesetz, JuS **2005** 432; *Steindorf* Verbote und behördliche Gestattungen im deutschen Waffenstrafrecht, Festschrift Salger (1995) 167; *Streng* Gerechtfertigte Aufopferung Unbeteiligter? Festschrift Stöckel (2010) 135; *Stübinger* Notwehr-Folter und Notstands-Tötung? (2015); *Stümper* Rettungsschuß – Todesschuß, DRiZ **1989** 432; *Sundermann* Polizeiliche Befugnisse bei Geiselnahme, NJW **1988** 3192; *Tettinger* Der Luftsicherheitseinsatz der Bundeswehr, ZLW **2004** 334; *Thewes* Rechtliche und praktische Grundsatzfragen des polizeilichen Schusswaffeneinsatzes gegen Personen mit der Absicht oder dem Risiko der Tötung, Diss. Saarbrücken 1988; *Trifferer* Der tödliche Fehlschuß der Polizei, MDR **1976** 355; *ders.* Ein rechtfertigender (Erlaubnistatbestands-)Irrtum – Irrtumsmöglichkeiten beim polizeilichen Einsatz, Festschrift Mallmann (1978) 373; *Vollmer* Nochmals – Finaler Rettungsschuß, Kriminalistik **1989** 14; *Wacke* Das Bundesgesetz über unmittelbaren Zwang, JZ **1962** 137; *Weichert* Der sogenannte „finale Rettungsschuss", VBlBW **1991** 249; *Weihmann* Schußwaffengebrauch durch Polizeibeamte, Kriminalistik **1995** 667; *Wensky* Zur Problematik des Geiselschutzes durch Schusswaffengebrauch, Die Polizei **1971** 293; *Westenberger* Der Einsatz des finalen Rettungsschusses in Hamburg, DÖV **2003** 627; *Wilkesmann* Terroristische Angriffe auf die Sicherheit des Luftverkehrs, NVwZ **2002** 1316; *von Winterfeld* Der Todesschuss der Polizei, NJW **1972** 1881; *Witzstrock* Der polizeiliche Todesschuß, Diss. Bremen 2001; *Till Zimmermann* Rettungstötungen, Diss. Bonn 2008 (2009).

247 Vollzugsbeamte, mit militärischen Wach- oder Sicherheitsaufgaben betraute Soldaten[1157] und einige andere Hoheitsträger haben unter bestimmten Voraussetzungen, die in bundes- und landesrechtlichen Vorschriften geregelt sind, ein besonderes Waffengebrauchsrecht. Einschlägige **Rechtsgrundlagen** sind zunächst für *Vollzugsbeamte des Bundes* die §§ 9 ff UZwG[1158] (dazu die *Allgemeine Verwaltungsvorschrift des Bundesministers des Innern zum Gesetz über den unmittelbaren Zwang bei Ausübung öffentlicher Gewalt durch Vollzugsbeamte des Bundes* v. 18.1.1974 [GMBl. **1974** 55] i.d.F. v. 19.12.1975 [GMBl. **1976** 27]); für *Soldaten* und *zivile Wachpersonen* der Bundeswehr die §§ 15 ff UZwGBw; für *Justizvollzugsbeamte* die §§ 99 f, 178 StVollzG; für *Polizeivollzugsbeamte der Länder* siehe die jeweiligen landesrechtlichen Bestimmungen: §§ 53, 54 PolG B-W;[1159] Art. 66 ff BayPAG; §§ 8 ff UZwG Bln; §§ 66 ff BbgPolG; §§ 46 f BremPolG; §§ 24 ff HmbSOG; §§ 60 ff HSOG; §§ 108 ff SOG M-V; §§ 76 ff NdsSOG; §§ 63 ff PolG NRW; §§ 63 ff POG Rh-Pf;

[1157] Vgl. zu den Befugnissen von Soldaten bei Wahrnehmung der verfassungsrechtlichen Aufgaben der Bundeswehr *Ladiges* JuS **2011** 879, 883.
[1158] Vgl. auch Brandenburgisches OLG NJW-RR **1996** 924 ff zu der Frage, wann ein Schusswaffengebrauch gegen Sachen zugleich Gefahren für Personen (Insassen) in sich birgt und demzufolge wie ein Schusswaffengebrauch gegen *Personen* zu beurteilen ist.
[1159] S. BGH NJW **1999** 2533 ff zu den Voraussetzungen des Schusswaffengebrauches gegen Personen.

§§ 56 f SaarlPolG; §§ 33 f SächsPolG;[1160] §§ 65 ff SOG LSA; §§ 256 ff LVwG S-H; §§ 64 ff ThürPAG.[1161] Vgl. für *Forst- und Jagdschutzberechtigte* sowie *Fischereibeamte* und *-aufseher* das Gesetz v. 26.2.1935 (RGBl. I 313) mit DurchführungsVO vom 7.3.1935 (RGBl. I 377), dazu RGSt **72** 305 ff; in einzelnen Ländern (Nordrhein-Westfalen und Hessen) ist dieses Gesetz jedoch aufgehoben. Bestätigte *Jagdaufseher* haben innerhalb ihres Dienstbezirkes unter den Voraussetzungen des § 25 Abs. 2 BJagdG die Rechte und Pflichten der Polizeibeamten.

Waffengebrauch **gegen Personen**. Beim Gebrauch von Schusswaffen gegen Personen kommt den Maximen der **Erforderlichkeit** und **Verhältnismäßigkeit**, die als rechtsstaatliche Fundamentalprinzipien (BVerfGE **19** 342, 348 ff [bzgl. des Haftrechtes]; **90** 145, 173; **139** 245, 265 Rdn. 58; *Jescheck/Weigend* § 35 I 2 m.w.N.: „Fundamentalnormen des Rechtsstaats"; *Maunz/Dürig/Grzeszick* GG 82. Lfg. (2018) Art. 20 Rdn. 107; *Sachs/ Sachs* GG 8. Aufl. (2018) Art. 20 Rdn. 145 m.w.N.) ausdrücklich im Gesetz verankert sind (§§ 4 UZwG, 12 UZwGBw, 2 ME PolG),[1162] besondere Bedeutung zu.[1163] Der Einsatz von Schusswaffen ist *erforderlich*, wenn andere – mildere – Maßnahmen des unmittelbaren Zwanges erfolglos geblieben oder offensichtlich nicht erfolgversprechend sind (§§ 12 Abs. 1 Satz 1 UZwG, 16 Abs. 1 Satz 1 UZwGBw, 41 Abs. 1 Satz 1 ME PolG).[1164] Ihr Gebrauch muss also das *letzte verbleibende Mittel* darstellen, wobei der bezweckte Erfolg auch nicht durch Waffenwirkung gegen Sachen erreicht werden können darf (§§ 12 Abs. 1 Satz 2 UZwG, 16 Abs. 1 Satz 2 UZwGBw, 41 Abs. 1 Satz 2 ME PolG).[1165] Die Feststellung der Erforderlichkeit im Einzelfall obliegt dem Amtsträger, der den Einsatz seiner Schusswaffe *zuvor angedroht* haben muss, wobei die Abgabe eines Warnschusses als solche gilt (§§ 13 Abs. 1 Satz 1 und 2 UZwG, 17 Abs. 1 Satz 1 und 2 UZwGBw, 39 Abs. 1 Satz 1 und 3 ME PolG).[1166]

Zwischen den mit dem Schusswaffeneinsatz verbundenen *Risiken* und dem *beabsichtigten Erfolg* muss ein **angemessenes Verhältnis** bestehen (§§ 4 Abs. 2 UZwG, 12 Abs. 2 Satz 1 UZwGBw, 2 Abs. 2 ME PolG).[1167] Dabei bleibt die Zulässigkeit des Gebrauches von Schusswaffen **gegen Personen** auf einen Katalog abschließend aufgezählter Fälle beschränkt (§§ 10 Abs. 1 UZwG, 15 Abs. 1 UZwGBw, § 42 ME PolG). Gleichwohl kann ein Schusswaffengebrauch selbst bei Vorliegen einer dieser Sachlagen im Einzelfall unverhältnismäßig sein (§§ 4 UZwG, 12 UZwGBw, 2 ME PolG).[1168] Darüber hinaus erfährt der

---

1160 Vgl. OLG Dresden NJ **2003** 376 f zu den Voraussetzungen eines Schusswaffengebrauches gegen Sachen.
1161 S. weiterhin VG München KKZ **1998** 39 ff zur Rechtmäßigkeit einer Dienstanordnung für Vollstreckungsbeamte über das Mitführen von Waffen.
1162 *Musterentwurf eines einheitlichen Polizeigesetzes des Bundes und der Länder* (Stand: 25.11.1977) i.d.F. des Vorentwurfes zur Änderung des ME PolG (Stand: 12.3.1986), abgedruckt u.a. bei *Schenke* Polizei- und Ordnungsrecht 10. Aufl. (2018) Anh. S. 405 ff.
1163 *Sch/Schröder/Lenckner/Sternberg-Lieben* Rdn. 85.
1164 *Jescheck/Weigend* § 35 I 2: „Grundsatz des schonendsten Eingriffs".
1165 Vgl. zum Vorrang des Schusswaffengebrauchs gegen Sachen z.B. *Bäuerle* BeckOK-POR Hessen (11. Edition, Stand: 10.4.2018) § 60 HSOG Rdn. 15 ff.
1166 Vgl. RGSt **65** 392, 395; **72** 305, 310; BGHSt **35** 379, 384; *Fechner* Grenzen polizeilicher Notwehr S. 13 ff m.w.N. Zur Rechtswidrigkeit der sofortigen Abgabe eines gefährdenden („qualifizierenden") Warnschusses BGH(Z) VersR **1964** 536; zur Rechtmäßigkeit des Verzichts auf einen Warnschuss in einer Notwehrlage hingegen BGH NStZ **2005** 31; OLG Frankfurt/M. NStZ-RR **2013** 107, 108; auch LG Bonn BeckRS **2011** 19826; **krit.** dazu *Paeffgen* FS Beulke, 213 ff.
1167 Dazu BVerfGE **19** 342; BGH MDR **1989** 373; BSG NJW **1961** 2038; OLG Bremen NJW **1964** 735; *Dölling* JR **1990** 170; *Waechter* StV **1990** 23; *Sch/Schröder/Lenckner/Sternberg-Lieben* Rdn. 85.
1168 Nach BGHSt **39** 1, 22 m.w.N. soll der Einsatz von Schusswaffen gegen Menschen wegen dessen „unkontrollierbarer Gefährlichkeit" auch im Rahmen des Grenzdienstes (§ 11 UZwG) auf den Schutz gefährdeter Menschen beschränkt werden. Beispiele für eine spezifische, einzelfallorientierte Abwägung bei

Einsatz von Schusswaffen **gegen eine Menschenmenge** eine starke Beschränkung durch das Prinzip der Verhältnismäßigkeit: Für einen verhältnismäßigen Schusswaffeneinsatz müssen von der Menschenmenge Gewalttaten ausgehen bzw. aus ihr heraus begangen werden oder unmittelbar bevorstehen und Eingriffe gegen einzelne Personen nicht zielführend oder offenbar erfolglos sein (§§ 10 Abs. 2 UZwG, 15 Abs. 2 UZwGBw). Bei einer derartigen Sachlage ist auch die wahrscheinliche Gefährdung erkennbar Unbeteiligter gedeckt, falls sie sich beim Einschreiten gegen die Menschenmenge nicht vermeiden lässt (§§ 12 Abs. 2 Satz 2 UZwG, 16 Abs. 2 Satz 2 UZwGBw).[1169] Unzulässig ist schließlich der Einsatz von Schusswaffen gegen Personen, die sich dem äußeren Eindruck nach noch im **Kindesalter** befinden (§§ 12 Abs. 3 UZwG, 16 Abs. 3 UZwGBw).[1170]

250 **Ziel des Schusswaffengebrauches** darf – dies ist wiederum eine gesetzliche Ausprägung des Grundsatzes der Verhältnismäßigkeit – nur die Herbeiführung der *Angriffs- oder Fluchtunfähigkeit* des Betroffenen sein (§§ 12 Abs. 2 Satz 1 UZwG, 16 Abs. 2 Satz 1 UZwGBw, 41 Abs. 2 Satz 1 ME PolG).[1171] Hierbei stellt die vieldiskutierte Fallkonstellation des sog. *„gezielten Todesschusses"* (weitere – merkwürdig „unklare"[1172] – Bezeichnung: „finaler Rettungsschuss")[1173] eine Besonderheit dar: Bedrohungsszenarien können sich derart zuspitzen, dass die Herbeiführung der Angriffsunfähigkeit des Täters zur Abwehr einer gegenwärtigen Lebensgefahr oder Gefahr einer schwerwiegenden Verletzung der körperlichen Unversehrtheit nur noch mittels eines Schusses erreicht werden kann, durch welchen der Täter mit an Sicherheit grenzender Wahrscheinlichkeit zu Tode kommen wird. In vielen Landesgesetzen wird dieser Fall ausdrücklich geregelt: § 54 Abs. 2 PolG B-W, Art. 66 Abs. 2 Satz 2 BayPAG, § 66 Abs. 2 Satz 2 BbgPolG, § 46 Abs. 2 Satz 2 BremPolG, § 25 Abs. 2 Satz 1 HmbSOG,[1174] § 60 Abs. 2 Satz 2 HSOG, § 76 Abs. 2 Satz 2 NdsSOG, § 63 Abs. 2 Satz 2 PolG NRW, § 63 Abs. 2 Satz 2 POG Rh-Pf, § 57 Abs. 1 Satz 2 SaarlPolG, § 34 Abs. 2 SächsPolG, § 65 Abs. 2 Satz 2 SOG LSA, § 64 Abs. 2 Satz 2 ThürPAG; vgl. auch § 41 Abs. 2 Satz 2 ME PolG. Indes findet sich in den §§ 12 Abs. 2 Satz 1 UZwG und 16 Abs. 2 Satz 2 UZwGBw, die den Schusswaffengebrauch betreffen, sowie einigen wenigen Landesgesetzen in den entsprechenden Vorschriften **keine Regelung**: § 9 Abs. 2 Satz 1 UZwG Bln, § 109 Abs. 1 SOG M-V und § 258 Abs. 1 LVwG S-H. Im Kontext des hoheitlichen Schusswaffengebrauches wird seit langem höchst streitig diskutiert, ob sich Hoheitsträger auf Notwehr berufen können, wenn sie zum Zweck der Gefahrenabwehr einschreiten (dazu ausführlich *Jahn* Staatsnotstand S. 327 ff m.w.N.; *Sch/Schröder/Perron* § 32 Rdn. 42b f; *Rönnau/Hohn* LK § 32 Rdn. 216 ff). Misslich ist insoweit, dass die landesgesetzlichen Vorschriften betreffend die Gefahrenabwehr strengere Anforderungen an die Rechtmäßigkeit solchen Einschreitens normieren als § 32. Dennoch

---

Blei JZ **1955** 625, 631, der etwa das Schießen auf einen entfliehenden Bankrotteur, der nur mehr eine kurze Reststrafe hätte verbüßen müssen, für unzulässig hält.
1169 § 43 Abs. 1 ME PolG entfaltet eine noch restriktivere Wirkung: Der Einsatz von Schusswaffen gegen Personen in einer Menschenmenge ist hiernach im Fall einer *hoch* wahrscheinlichen Gefährdung unbeteiligter Personen nur zulässig, falls der Schusswaffeneinsatz das „einzige Mittel" zur Abwehr einer „gegenwärtigen Lebensgefahr" darstellt (§ 43 Abs. 1 Satz 2 ME PolG).
1170 § 41 Abs. 3 Satz 1 ME PolG stellt darauf ab, ob die betreffende(n) Person(en) ihrem Äußeren nach „noch nicht 14 Jahre" alt ist/sind. Allerdings soll der Schusswaffengebrauch auch gegen solche Personen zulässig sein, wenn er das „einzige Mittel" zur Abwehr einer „gegenwärtigen Gefahr für Leib oder Leben" darstellt (§ 41 Abs. 3 Satz 2 ME PolG), vgl. hierzu *Fechner* Grenzen polizeilicher Notwehr S. 17 f m.w.N.
1171 Vgl. auch *Ladiges* JuS **2011** 879, 883.
1172 So *Fischer* Rdn. 6.
1173 Statt vieler *Paeffgen/Zabel* NK Rdn. 189.
1174 Dazu *Pünder* NordÖR **2005** 292, 296 f m.w.N.

sehen – mit Ausnahme des UZwGBw und des SaarlPolG – alle Gesetze zur Gefahrenabwehr sog. **"Notrechtsvorbehalte"** vor, wonach das Recht zum Gebrauch von Schusswaffen aufgrund anderer Vorschriften (z.B. § 32) bzw. zumindest die zivil- und strafrechtlichen Wirkungen der Vorschriften über die Notwehr und den Notstand unberührt bleiben (vgl. *Rönnau/Hohn* LK § 32 Rdn. 217 m. Nachw. d. landesgesetzlichen Vorschriften in Fn. 753f).

Stellt der Schusswaffengebrauch im Einzelfall *ex ante* betrachtet eine verhältnismäßige Zwangsausübung dar, sind **ungewollte** – wenn auch fahrlässige – **schwerere Rechtsgutsbeeinträchtigungen** ebenfalls gerechtfertigt. So kann z.B. sogar die Tötung eines fliehenden Häftlings gerechtfertigt sein, wenn sie nicht auf Vorsatz, sondern lediglich auf Fahrlässigkeit beruht (RGSt **72** 305, 310; BayVerfGH DÖV **1968** 283; LG Bielefeld MDR **1970** 74 [dazu *Rotthaus* MDR **1970** 4]).[1175] 251

dd) Waffengebrauch gegen entführte Flugzeuge. Unter dem Eindruck der terroristischen Anschläge vom 11.9.2001 in den USA und der Entführung eines Motorseglers durch einen geistig verwirrten Täter am 5.1.2003 in Frankfurt a.M. hat der Gesetzgeber – als Kern des (Artikel-)*Gesetzes zur Neuregelung von Luftsicherheitsaufgaben* vom 11.1. 2005 (BGBl. I 78, 87) – das Luftsicherheitsgesetz (LuftSiG) geschaffen, um den Luftfahrtverkehr gegen „Flugzeugentführungen, Sabotageakte und sonstige gefährliche Eingriffe"[1176] zu schützen; das Gesetz trat am 15.1.2005 in Kraft. Nach der **zentralen Befugnisnorm** des **§ 14 Abs. 3 LuftSiG** sollte die Bundeswehr in Fällen, in denen ein Flugzeug z.B. im Rahmen eines terroristischen Angriffes gegen das Leben von Menschen eingesetzt wird, zu Abwehrzwecken Waffengewalt anwenden können, d.h. es im äußersten Fall abschießen dürfen[1177] („finaler Rettungsabschuss").[1178] § 14 Abs. 1, 3 und 4 LuftSiG hatten folgenden Wortlaut: 252

> „(1) Zur Verhinderung des Eintritts eines besonders schweren Unglücksfalles dürfen die Streitkräfte im Luftraum Luftfahrzeuge abdrängen, zur Landung zwingen, den Einsatz von Waffengewalt androhen oder Warnschüsse abgeben.
> (...)
> (3) Die unmittelbare Einwirkung mit Waffengewalt ist nur zulässig, wenn nach den Umständen davon auszugehen ist, dass das Luftfahrzeug gegen das Leben von Menschen eingesetzt werden soll, und sie das einzige Mittel zur Abwehr dieser gegenwärtigen Gefahr ist.
> (4) Die Maßnahme nach Absatz 3 kann nur der Bundesminister der Verteidigung oder im Vertretungsfall das zu seiner Vertretung berechtigte Mitglied der Bundesregierung anordnen. Im Übrigen kann der Bundesminister der Verteidigung den Inspekteur der Luftwaffe generell ermächtigen, Maßnahmen nach Absatz 1 anzuordnen."

§ 14 LuftSiG enthielt eine Eingriffsermächtigung von außerordentlicher Weite; insbesondere Absatz 3 des Gesetzes war von Anfang an in hohem Maße umstritten („juristi- 252a

---

1175 *Schmidhäuser* AT 9/45; *Welzel* Strafrecht § 14 VI 3; vgl. auch Art. 2 Abs. 2b EMRK; unzutreffend OLG Frankfurt/M. NJW **1950** 119.
1176 So die Begründung des Gesetzesentwurfs der Bundesregierung (BTDrucks. 15/2361 S. 1); dazu *Hartleb* NJW **2005** 1397; *Kersten* NVwZ **2005** 661; *Saurer* NVwZ **2005** 275 f.
1177 *Höfling/Augsberg* JZ **2005** 1080; *Merkel* JZ **2007** 373; *Paeffgen/Zabel* NK Rdn. 155; *Roxin* ZIS **2011** 552.
1178 *K. Baumann* DÖV **2004** 853.

sche" bzw. „verfassungsrechtliche Sprengkraft", s. *Mitsch* JR **2005** 274, 275 und *Hartleb* NJW **2005** 1397; *Merkel* JZ **2007** 373 spricht von einem „beispiellosen Tabubruch"). Neben Zweifeln, ob ein Einsatz der Bundeswehr im Rahmen der Amtshilfe (so nach § 13 LuftSiG) mit dem Grundgesetz vereinbar ist (zu dieser Problematik zahlr. Nachw. bei *Pawlik* JZ **2004** 1045 m. Fn. 2, 3),[1179] stand im Zentrum der Kritik die Frage, ob sich § 14 Abs. 3 LuftSiG mit dem verfassungsrechtlich verbürgten Recht auf Leben (Art. 2 Abs. 2 Satz 1 GG) sowie den Grundprinzipien der Notstandsdogmatik verträgt. Konnte – so lässt sich zugespitzt formulieren – diese Regelung des LuftSiG wirklich die Tötung unschuldiger Passagiere (in polizeilicher Terminologie: „Nichtstörer") eines von Terroristen entführten Flugzeuges, das in ein bewohntes Hochhaus gesteuert werden soll, hinreichend legitimieren? (dazu *Pawlik* JZ **2004** 1045 ff; *Sinn* NStZ **2004** 585 ff; *Mitsch* JR **2005** 274, 275 ff)[1180] Das **BVerfG** hat mit Urteil vom 15.2.2006 (BVerfGE **115** 118) diese Frage verneint und § 14 Abs. 3 LuftSiG wegen Verstoßes gegen das Recht auf Leben nach Art. 2 Abs. 2 Satz 1 GG i.V.m. der Menschenwürdegarantie des Art. 1 Abs. 1 GG für verfassungswidrig und nichtig erklärt, soweit vom Abschuss tatunbeteiligte Menschen an Bord des Luftfahrzeugs betroffen werden. Damit hat das Gericht zutreffend den gesetzgeberischen Versuch, die Tötung unschuldiger Menschen durch staatliches Handeln *zu rechtfertigen*, abgewehrt. Denn ohne Zweifel konnte § 14 Abs. 3 LuftSiG nur als Rechtfertigungsgrund gedeutet werden,[1181] wollte man nicht dem Verteidigungsminister zumuten, „eine rechtswidrige Massentötung anzuordnen" bzw. der „Besatzung der mit der Vornahme des Abschusses betrauten Maschine (zumuten), eine solche zu begehen" (*Pawlik* JZ **2004** 1045, 1051). Ein solcher Befehl zu rechtswidrigem Handeln wäre mit rechtsstaatlichen Grundsätzen jedoch nicht vereinbar (*Sinn* NStZ **2004** 585, 590: Staatliches Handeln müsse rechtmäßiges Handeln sein; anderenfalls drohe ein nicht zu überbrückender Selbstwiderspruch).[1182]

253 Zur Vermeidung der Konsequenzen, wie sie sich nach vorherrschender Notstandsdogmatik einstellen würden – allenfalls übergesetzlicher entschuldigender Notstand[1183] (mit der misslichen Folge, dass die Ausführungsorgane Angreifer i.S.d. § 32 wären, gegen die Notwehr[hilfe] geübt werden könnte; vgl. *Pawlik* JZ **2004** 585, 592)[1184] –, gab es in der

---

1179 S. außerdem *Baldus* NVwZ **2004** 1278 ff; *Sattler* NVwZ **2004** 1286 ff; *Starck* JZ **2006** 417; *Meyer* ZRP **2004** 203, 205 f (**krit**. zur Aufgabenrückübertragung von einem Bundesland auf den Bund gem. § 16 Abs. 3 LuftSiG); *K. Baumann* DÖV **2004** 853 f m.w.N. zum öffentlich-rechtlichen Schrifttum; dazu auch *Palm* AöR **2007** 95, 103 ff.
1180 Eine (kritische) verfassungsrechtliche Beurteilung liefern *Höfling/Augsberg* JZ **2005** 1080 ff, *Pieroth/Hartmann* Jura **2005** 729 ff u. *K. Baumann* DÖV **2004** 853, 855 ff; vgl. auch *Meyer* ZRP **2004** 203, 206 f u. *B. Hirsch* ZRP **2004** 273 f. *Mitsch* (ZRP **2005** 243; *ders.* Leviathan **2005** 279 ff) sieht den todbringenden Abschuss der Maschine schon vom Wortlaut der Norm nicht gedeckt.
1181 Ebenso *Bott* Lebensnotstand S. 213 f; *Herzberg* FS Schnapp, 103, 119.
1182 Vgl. auch *Dreier* JZ **2007** 261, 266, *Gropp* GA **2006** 284, 286, *Otto* Jura **2005** 470, 478 u. *Roxin* AT I § 22 Rdn. 152; *ders.* JahrbÖR **59** (2011) 1, 18 f.
1183 Vgl. allgemein *Archangelskij* Lebensnotstand S. 80 ff, 136, *Sch/Schröder/Lenckner/Perron* § 34 Rdn. 24, *Jescheck/Weigend* § 47 I 3 u. *Paeffgen/Zabel* NK Rdn. 155; jew. m.w.N. Weiterhin *Kersten* NVwZ **2005** 661, 663; *Rönnau* JuS **2017** 113, 115; **anders** – im *Flugzeugabschuss*-Fall – *Bott* Lebensnotstand S. 272 f; *Jerouschek* FS Schreiber, 185, 195 f: keine Entschuldigung. *Rogall* NStZ **2008** 1, 4 nimmt hier bereits einen Defensivnotstand als Rechtfertigungsgrund an; ebenso *Köhler* FS Schroeder, 257, 267 ff; **dagegen** *Fischer* § 34 Rdn. 18; *Jäger* JA **2008** 678, 682.
1184 Ferner *Erb* MK § 34 Rdn. 126; *Sinn* NStZ **2004** 585, 592; *Mitsch* JR **2005** 274, 278; *Zimmermann* Rettungstötungen S. 316 ff; jew. m. weiterer Kritik. *Jäger* ZStW **115** (2003) 765, 789 schließt eine Nothilfe zugunsten der Flugzeugpassagiere wegen des Eingreifens einer sozialethischen Notwehreinschränkung (basierend auf der Annahme eines übergesetzlichen verantwortungsausschließenden Notstandes für die Ausführungsorgane) aus.

Literatur unterschiedliche Versuche, den Abschuss des entführten Passagierflugzeugs im Extremfall zu rechtfertigen.[1185] So qualifizierte *Sinn* (NStZ **2004** 585, 592f) § 14 Abs. 3 LuftSiG als gesetzlich normierte „*Sonderregelung im Notstandsbereich*", die das Überwiegen eines Interesses (im Wege einer Vorzugsentscheidung des Gesetzgebers) in einer Notlage ausdrücklich fixiere. Zwar seien die Passagiere und die Menschen am Boden gleichermaßen schutz*würdig*, Letzteren komme jedoch eine größere Schutz*fähigkeit* zu. Andere rechtfertigten den Abschuss des Passagierflugzeuges unter Hinweis auf das Vor-liegen einer *Gefahrengemeinschaft mit einseitig verteilten Rettungschancen*; eine Rücksichtnahme auf das Interesse der rettungslos verlorenen Passagiere an Verschonung stelle eine „Überstrapazierung der Solidarität der anderen dar" (*Neumann* NK § 34 Rdn. 77; *Erb* MK § 34 Rdn. 126; ähnlich *R. Merkel* ZStW **114** [2002] 437, 452f);[1186] **krit.** zur Argumentation *Höfling/Augsberg* JZ **2005** 1080, 1085 m.w.N.; s. auch Rdn. 354 ff. *Pawlik* JZ **2004** 1045 ff entwickelte vor dem Hintergrund des Art. 20 Abs. 4 GG eine *Dogmatik der Grenzsituation*, die Ausdruck einer gesteigerten Aufopferungspflicht des Bürgers (bis hin zur Lebenspreisgabe) in Krisen des Gemeinwesens ist.[1187] Der Abschuss sei danach unter engen Voraussetzungen möglich, die § 14 Abs. 3 LuftSiG aber nicht erfülle.[1188]

Das BVerfG hat diese Ansätze – jedenfalls soweit es Tatunbeteiligte an Bord der **254** Maschine betrifft – mit guten Gründen zurückgewiesen. Die zuvor heftig geführte Diskussion hat gleichzeitig deutlich gemacht, dass der Gesetzgeber mit § 14 Abs. 3 LuftSiG einen Regelungsversuch auf rechtsethisch höchst brisantem Gebiet unternommen hat. Hier wurde der bisher einhellig akzeptierte Grundsatz der *Unabwägbarkeit menschlichen Lebens* gelockert, indem die Regelung es im Extremfall für zulässig erklärte, „Leben zu vernichten, um Leben zu retten" (*Pawlik* JZ **2004** 1045, 1055; auch *Jahn* Staatsnotstand S. 217; *ders.* KritV **2004** 24, 30: Grundsatz wird „geschmeidig" gemacht).[1189] Bedenkt man, dass gerade die folgenschwere Entscheidung zum Flugzeugabschuss auf höchst

---

1185 *Fehn/Brauns* Innere Sicherheit S. 71 lehnen dagegen unter Hinweis auf Art. 2 Abs. 2 GG eine Bestimmung, wie sie in § 14 Abs. 3 LuftSiG geschaffen wurde, völlig ab.
1186 Vgl. weiter *Baldus* NVwZ **2004** 1278, 1285 m. Fn. 70; *Burkiczak* VR **2004** 379, 385; *Hochhuth* NZWehrr **2002** 154, 165 f m. Fn. 44; auch *Gropp* GA **2006** 284, 288; *Hirsch* FS Küper, 149, 161; *Isensee* FS Jakobs, 205, 230 f. **Anders** noch *Merkel* in Die Zeit 29/2004 v. 8.7.2004 S. 33: Beim Flugzeugabschuss nach LuftSiG gehe es um eine „Exklusion Unschuldiger aus dem Recht"; **krit.** dazu *Pawlik* JZ **2004** 1045, 1051 f und *Hilgendorf* in Blaschke u.a. S. 107, 128 f; auch *Höfling/Augsberg* JZ **2005** 1080, 1087 f.
1187 Die von *Pawlik* vorangestellte Untersuchung der *Dogmatik der Normallage* (UZwGBw; ME PolG sowie rechtfertigender und entschuldigender Notstand) hatte keine annehmbare Lösung erbracht. *Otto* Jura **2005** 470, 478 f hält das Retterverhalten – wie bei der Kollision gleichrangiger Handlungspflichten – für „schlicht nicht rechtswidrig".
1188 Nach *Pawlik* JZ **2004** 1045, 1054 f muss eine Abschussbefugnisnorm drei Voraussetzungen erfüllen: *Erstens* ist ihr Anwendungsbereich auf existenzielle Bedrohungen der Rechtsgemeinschaft zu beschränken; *zweitens* muss im Abschussfall bei Abwägung der existenziellen Bedrohung des Gemeinwesens mit der Lebenspreisgabe der ohnehin Todgeweihten eine „eindeutig positive Kosten-Nutzen-Bilanz" vorliegen; *drittens* ist eine Aufopferungsentschädigung zu Gunsten der unschuldigen Opfer (bzw. ihrer Hinterbliebenen) zu normieren; **krit.** zur Berufung auf das Widerstandsrecht *Hilgendorf* in Blaschke u.a. S. 107, 128, der mit guten Gründen dafür plädiert, die extremen Notstandssituationen ungeregelt zu lassen (aaO S. 107, 130 ff).
1189 *Merkel* in Die Zeit v. 8.7.2004 S. 33 rügt einen bedenklichen dogmatischen „Tabubruch"; gegen ein „Denken vom Ausnahmezustand her"; *ders.* JZ **2007** 373; *Höfling/Augsberg* JZ **2005** 1080, 1086 ff. Zu weiteren Argumenten gegen eine *Rechtfertigungslösung* beim Lebensnotstand s. Rdn. 362. Moralphilosophische Überlegungen zur Begründung eines Grundsatzes, der in Extremsituationen die Tötung einer vergleichsweise geringen Anzahl Unschuldiger zur Rettung vieler erlaubt, bei *Fritze* Die Tötung Unschuldiger (2004) S. 29 ff.

unsicherer Tatsachengrundlage in Bezug auf vorhandene (sonstige) Rettungschancen und den weiteren Unglücksverlauf getroffen werden müsste,[1190] und zieht die mögliche rechtliche und politische *Dammbruchwirkung* einer solchen Vorschrift mit ins Kalkül,[1191] kann man *H. Prantl* nur zustimmen: „Das Luftsicherheitsgesetz war der objektiv untaugliche Versuch, das Unregelbare zu regeln: Wann darf der Staat hundert Menschen töten, um so vielleicht tausend Menschen zu retten?"[1192] Das BVerfG hat darauf eine deutliche Antwort gegeben: nie. In seinem Urteil bezog es sich jedoch nur auf die verfassungsrechtliche Bewertung einer gesetzlichen Ermächtigung; die strafrechtliche Beurteilung wurde hingegen ausdrücklich offen gelassen (BVerfGE **115** 118, 157; vgl. dazu näher Rdn. 358 ff).

ee) Folter

Schrifttum

Adam Gefahrabwendungsfolter und Menschenwürde im Lichte des Unabwägbarkeitsdogmas des Art. 1 Abs. 1 GG, Diss. Marburg 2007 (2008); *Alber/Widmaier* Die EU-Charta der Grundrechte und ihre Auswirkungen auf die Rechtsprechung, EuGRZ **2000** 497; *Ambos* Rettungsfolter und (Völker-)Strafrecht, Festschrift Loos (2009) 5; *ders.* Cesare Beccaria und die Folter – Kritische Anmerkungen aus heutiger Sicht, ZStW **122** (2010) 504; *Amelung* „Rettungsfolter" und Menschenwürde, JR **2012** 18; *Bank* Die internationale Bekämpfung von Folter und unmenschlicher Behandlung auf den Ebenen der Vereinten Nationen und des Europarates, Diss. Freiburg i.Br. 1996; *Bernsmann* „Entschuldigung" durch Notstand, Habil. Bochum 1987 (1989); *Beutler* Strafbarkeit der Folter zu Vernehmungszwecken, Diss. Passau 2006; *Brugger* Examensklausur im öffentlichen Recht, VBlBW **1995** 414, 446; *ders.* Darf der Staat ausnahmsweise foltern? Der Staat **35** (1996) 67; *ders.* Vom unbedingten Verbot der Folter zum bedingten Recht auf Folter? JZ **2000** 165; *Calliess* Die grundrechtliche Schutzpflicht im mehrpoligen Verfassungsrechtsverhältnis, JZ **2006** 321; *Düx/Schroeder* Pro & Contra, ZRP **2003** 180; *Ebel* Notwehrrecht der Polizei bei Vernehmungen (Befragungen) zum Zwecke der Gefahrenabwehr? Kriminalistik **1995** 825; *Ekardt* Folterverbot, Menschenwürde und absoluter Lebensschutz, NJ **2006** 64; *Engländer* Grund und Grenzen der Nothilfe, Habil. Mainz 2008; *Erb* Nothilfe durch Folter, Jura **2005** 24; *ders.* Notwehr als Menschenrecht, NStZ **2005** 593; *ders.* Folterverbot und Notwehrrecht, in Nitschke (Hrsg.) „Rettungsfolter im modernen Rechtsstaat? Eine Verortung" (2005) S. 149; *ders.* Notwehr bei präsenter Staatlicher Hilfe, Festschrift Nehm (2006) 181; *ders.* Zur strafrechtlichen Behandlung von „Folter" in der Notwehrlage, Festschrift Seebode (2008) 99; *Eser* Zwangsdrohung zur Rettung aus konkreter Lebensgefahr. Gegenkritische Rückfragen zur sogenannten „Rettungsfolter", Festschrift Hassemer (2010) 713; *Fahl* Angewandte Rechtsphilosophie – Darf der Staat foltern? JR **2004** 182; *ders.* Neue „sozialethische Einschränkung" der Notwehr: „Folter", Jura **2007** 743; *ders.* Notwehr und Tabu, JR **2011** 338; *Follmar-Otto/Cremer* Das neue Zusatzprotokoll zum UN-Übereinkommen gegen Folter, KJ **2004** 154; *Gebauer* Zur Grundlage des absoluten Folterverbots, NVwZ **2004** 1405; *Glaeser* Folter als Mittel staatlicher Schutzpflicht? Festschrift Isensee (2007) 507; *Gössel* Enthält das deutsche Recht ausnahmslos geltende, „absolute" Folterverbote? Festschrift Otto (2007) 41; *Götz* Das Urteil gegen Daschner im Lichte der Werteordnung des Grundgesetzes, NJW **2005** 953; *Grabenwarter* Androhung von Folter und faires Strafverfahren – Das (vorläufig) letzte Wort aus Straßburg, NJW **2010** 3128; *Greco* Die Regeln hinter der Ausnahme. Gedanken zur Folter in sog. ticking time bomb-Konstellationen, GA **2007** 628; *Greve* Rechtfertigung privater „Folter" zwischen Nothilfe und Menschenwürde, ZIS **2014** 236; *Gromes* Präventivfolter –

[1190] So auch BVerfGE **115** 118, 154 ff; *Neumann* NK § 34 Rdn. 77e; *Streng* FS Stöckel, 135, 154; näher *Roxin* ZIS **2011** 552, 561; *Sinn* NStZ **2004** 585, 591; auch *B. Hirsch* ZRP **2004** 273; *K. Baumann* DÖV **2004** 853, 859 f; *Lüderssen* StV **2005** 106; *Höfling/Augsberg* JZ **2005** 1080, 1083.
[1191] Instruktiv zum Ganzen *Pawlik* JZ **2004** 1045, 1055; auch *Höfling/Augsberg* JZ **2005** 1080, 1088; *Pieroth/Hartmann* Jura **2005** 729 ff; *Rönnau* JuS **2017** 113, 115; **krit.** zur Dammbruchwirkung *Coninx* Solidaritätsprinzip S. 169 ff.
[1192] SZ v. 16. Februar 2006 S. 4 – „An den Grenzen des Rechts".

ein rechtsgebietsübergreifendes Problem, Diss. Würzburg 2007; *Guckelberger* Zulässigkeit von Polizeifolter, VBlBW **2004** 121; *Hamm* Schluss der Debatte über Ausnahmen vom Folterverbot! NJW **2003** 946; *Hassemer* Unverfügbares im Strafprozeß, Festschrift Maihofer (1988) 183; *Haurand/Vahle* Rechtliche Aspekte der Gefahrenabwehr in Entführungsfällen, NVwZ **2003** 513; *Hecker* Relativierung des Folterverbots in der BRD? KJ **2003** 210; *Helbing* Zum „Fall Daschner", Kriminalistik **2005** 25; *Herzberg* Folter und Menschenwürde, JZ **2005** 321; *ders.* Abwägungsfeste Rechte und Verbote? Überlegungen zu den Rechtsbegriffen „Folter" und „Würde des Menschen", Festschrift Kargl (2015) 181; *Herzog/Roggan* Zu einer Reform der Strafbarkeit wegen Aussageerpressung – § 343 StGB, GA **2008** 142; *Hilgendorf* Folter im Rechtsstaat? JZ **2004** 331; *Husmann/Schmittmann* Kann Folter erlaubt sein? VR **2004** 109; *Isfen* Foltern, um Leben zu retten – gerechtfertigt? in Esser (Hrsg.) Die Bedeutung der EMRK für die nationale Rechtsordnung (2005) S. 21; *Jäger* Das Verbot der Folter als Ausdruck der Würde des Staates, Festschrift Herzberg (2008) 539; *ders.* Folter und Flugzeugabschuss – rechtsstaatliche Tabubrüche oder rechtsguterhaltende Notwendigkeiten? JA **2008** 678; *Jahn* Das Strafrecht des Staatsnotstandes, Habil. Frankfurt/M. 2003 (2004); *ders.* Gute Folter – schlechte Folter? KritV **2004** 24; *Jerouschek* Gefahrenabwendungsfolter – Rechtsstaatliches Tabu oder polizeirechtlich legitimierter Zwangseinsatz? JuS **2005** 296; *ders./Kölbel* Folter von Staats wegen? JZ **2003** 613; *Jeßberger* Übungsklausur StR, Jura **2003** 711; *Kargl* Aussageerpressung und Rettungsfolter. Zugleich ein Beitrag zu den Grenzen des Menschenwürdeschutzes im Strafrecht, Festschrift Puppe (2011) 1163; *Kinzig* Not kennt kein Gebot? ZStW **115** (2003) 791; *Kramer* Wunsch nach Folter, KJ **2000** 624; *Kretschmer* Folter in Deutschland – Rückkehr einer Ungeheuerlichkeit? RuP **2003** 102; *Lüderssen* Verdeckte Ermittlungen im Strafprozeß, Festgabe 50 Jahre BGH, Festgabe aus der Wissenschaft, Bd. IV: Straf- und Strafprozeßrecht (2000) 883; *ders.* Die Folter bleibt tabu – Kein Paradigmenwechsel ist geboten, Festschrift Rudolphi (2004) 691; *Marx* Folter – eine zulässige polizeiliche Präventionsmaßnahme? KJ **2004** 278; *Merkel* Folter und Notwehr, Festschrift Jakobs (2007) 375; *Merten* Folterverbot und Grundrechtsdogmatik – Zugleich ein Beitrag zur aktuellen Diskussion um die Menschenwürde, JR **2003** 404; *Miehe* Nochmals – Die Debatte über die Ausnahmen vom Folterverbot, NJW **2003** 1219; *Mitsch* Verhinderung lebensrettender Folter, Festschrift Roxin (2011) 639; *Möhlenbeck* Das absolute Folterverbot, Diss. Dresden 2007 (2008); *Navajas* Darf der Staat foltern? Festschrift Roxin (2011) 627; *Neuhaus* Die Aussageerpressung zur Rettung des Entführten: strafbar! GA **2004** 521; *Norouzi* Folter in Nothilfe – geboten?! JA **2005** 306; *Otto* Diskurs über Gerechtigkeit, Menschenwürde und Menschenrechte, JZ **2005** 473; *Peltzer* Das Kind Jakob und die Menschenwürde, ZRP **2013** 23; *Perron* Folter in Notwehr? Festschrift Weber (2004) 143; *A. Peters* Einführung in die Europäische Menschenrechtskonvention (2003); *Prittwitz* Strafwürdigkeit und Strafbarkeit von Folter und Folterandrohung im Rechtsstaat, Festschrift Herzberg (2008) 515; *Quoirin* Eine Selbstverständlichkeit – Das Folterverbot, DRiZ **2003** 114; *Reemtsma* Folter im Rechtsstaat? (2005); *Rogall* Bemerkungen zur Aussageerpressung, Festschrift Rudolphi (2004) 511; *Roxin* Kann staatliche Folter in Ausnahmefällen zulässig oder wenigstens straflos sein? Festschrift Eser (2005) 461; *ders.* Rettungsfolter? Festschrift Nehm (2006) 205; *ders.* 60 Jahre Grundgesetz aus der Sicht des Strafrechts, JahrbÖR **59** (2011) 1; *Saliger* Absolutes im Strafprozeß? Über das Folterverbot, seine Verletzung und die Folgen seiner Verletzung, ZStW **116** (2004) 35; *Schaefer* Freibrief, NJW **2003** 947; *ders.* Grenzen erlaubter polizeilicher Ermittlungstätigkeit, StV **2004** 212; *v. Schenck* Pönalisierung der Folter in Deutschland – de lege lata et ferenda, Diss. Frankfurt/M. 2009 (2011); *Schild* Folter (Androhung) als Straftat, in Gehl (Hrsg.) Folter – zulässiges Instrument im Strafrecht? (2005) S. 59; *Schilling* Internationaler Menschenrechtsschutz (2004); *Schmitt Glaeser* Folter als Mittel staatlicher Schutzpflicht? Festschrift Isensee (2007) 507; *Seebode* Strafrechtliche Bemerkungen zum Folterverbot, in Goerlich (Hrsg.) Staatliche Folter – Heiligt der Zweck die Mittel? (2007) S. 51; *Spinellis* Darf Folter als Nothilfe in extremen Fällen angewandt werden? Festschrift Seebode (2008) 387; *Stübinger* Zur Diskussion um die Folter, in Institut für Kriminalwissenschaften und Rechtsphilosophie Frankfurt/M. (Hrsg.) Jenseits des rechtsstaatlichen Strafrechts (2007) S. 277; *ders.* Notwehr-Folter und Notstands-Tötung? (2015); *v. Schenck* Pönalisierung der Folter in Deutschland – de lege lata et ferenda, Diss. Frankfurt/M. 2009 (2011); *Wagenländer* Zur strafrechtlichen Beurteilung der Rettungsfolter, Diss. Hamburg 2005 (2006); *Weigend* Anm. zu LG Frankfurt/M. Beschl. v. 9.4.2003 – 5/22 Ks 3490 Js 230118/02, StV **2003** 436; *ders.* Folterverbot im Strafverfahren, StV **2011** 325; *Welsch* Die Wiederkehr der Folter als das letzte Verteidigungsmittel des Rechtsstaats, BayVBl **2003** 481; *Wittreck* Menschenwürde und Folterverbot, DÖV **2003** 873; *ders.* Achtungs- gegen Schutzpflicht? Zur Diskussion um Menschenwürde und Folterverbot in Blaschke/Förster/Lumpp/Schmidt (Hrsg.), Sicherheit statt Freiheit? (2005) S. 161; *Ziegler* Das Folterverbot in der polizeilichen Praxis, KritV **2004** 50.

255 Der Entführungsfall Jakob v. Metzler[1193] hat eine Diskussion[1194] über die Frage ausgelöst, ob und – wenn ja – unter welchen Voraussetzungen die **Androhung bzw. Durchführung staatlicher**[1195] **„Rettungsfolter"**[1196] *gerechtfertigt* sein kann (*Saliger* ZStW **116** [2004] 35, 37: „Tabubruch"). Dass der ausführende Amtsträger tatbestandsmäßig handelt, ist unzweifelhaft: im Fall der Androhung nach § 240 Abs. 1 (ggf. auch § 240 Abs. 4 Satz 2 Nr. 3)[1197] und bei Durchführung nach § 340 Abs. 1, 3 i.V.m. §§ 223 ff. Existiert – wie im Frankfurter Fall – außerdem eine Anweisung des Vorgesetzten, verwirklicht dieser den Tatbestand des § 357 Abs. 1 i.V.m. der Strafnorm, deren Tatbestand der Ausführende erfüllt (dazu *Jahn* Staatsnotstand S. 513 f, der außerdem auf § 174a hinweist; vgl. weiterhin *Erb* Jura **2005** 24; *Jerouschek/Kölbel* JZ **2003** 613, 619; *Roxin* AT I § 15 Rdn. 104). Als einschlägige Strafnorm wird ferner § 343 Abs. 1 Nr. 1 1. Var. („Strafverfahren") genannt. Problematisch ist dies, wenn die Zufügung erheblicher Schmerzen maßgeblich zur polizeilichen Gefahrenabwehr angedroht bzw. angewendet wird (für eine Anwendung der Strafnorm auch in diesen Fällen *Roxin* FS Eser, 461, 462; *ders.* AT I § 15 Rdn 104; ferner *Jahn* Staatsnotstand S. 513 m. Fn. 16; *ders.* KritV **2004** 24, 38 ff).[1198] Ob eine Rechtfertigung dieser sog. Rettungsfolter möglich sein soll, wird kontrovers diskutiert. Das Meinungsspektrum dazu ist äußerst facettenreich und letztlich kaum mehr überschaubar.[1199] Teilweise werden in der Literatur – mit unterschiedlichen Begründungsansätzen – Versuche unternommen, in einem solchen Ausnahmefall das grundsätzlich besonders hoch gehaltene und sowohl national als auch international normierte absolute Folterverbot zu relativieren und die Menschenwürde des Entführers zugunsten einer möglichen Rettung

---

1193 Der Frankfurter Polizei-Vizepräsident Wolfgang Daschner hatte die Androhung von Folter gegenüber dem damals Tatverdächtigen und nunmehr Verurteilten verfügt und dies in den Akten dokumentiert, um ihn zur Preisgabe des Aufenthaltsortes des Jakob v. Metzler zu zwingen. Daschner glaubte (irrig), das Kind sei noch am Leben (zu diesem Fall BVerfG EuGRZ **2004** 807 f; LG Frankfurt/M. StV **2003** 325 ff und 327 f m. Anm. *Weigend* StV **2003** 436 ff).
1194 Vgl. *Jahn* Staatsnotstand S. 212 u. passim; *Fischer* § 32 Rdn. 13 ff; ferner *Düx/Schroeder* ZRP **2003** 180; *Erb* Jura **2005** 24 ff; *Fahl* JR **2004** 182 ff; *Götz* NJW **2005** 953; *Hamm* NJW **2003** 946 f; *Hecker* KJ **2003** 210 ff; *Hilgendorf* JZ **2004** 331 f; *Jahn* KritV **2004** 24, 38 ff; *Jerouschek* JuS **2005** 297 ff; *ders./Kölbel* JZ **2003** 613 ff; *Jeßberger* Jura **2003** 711 ff; *Kretschmer* RuP **2003** 102 f; *Lüderssen* FS Rudolphi, 691 ff; *Merten* JR **2003** 404 ff; *Neuhaus* GA **2004** 521 ff; *Perron* FS Weber, 143 f; *Rogall* FS Rudolphi, 511 ff; *Roxin* FS Eser, 461 ff; *ders.* FS Nehm, 205: „erbitterter Streit"; *Schaefer* NJW **2003** 947; *Welsch* BayVBl **2003** 481, 482 ff; *Wittreck* DÖV **2003** 873 ff; jew. m.w.N.
1195 Vgl. zur „Folter" durch Private näher *Greve* ZIS **2014** 236 ff.
1196 Nur diese Form der Folter wird ernsthaft diskutiert. Einigkeit besteht dagegen hinsichtlich der Unzulässigkeit von Folter, deren alleiniges Ziel die Erpressung eines Geständnisses vom Täter ist (vgl. nur *Eser* FS Hassemer, 713, 714: Folterverbot als „menschenrechtliches Bollwerk, an dem jede Strafverfolgung eine Grenze finden muss"; zur absoluten Illegitimität aller übrigen Arten von Folter auch *Merkel* FS Jakobs, 375, 382). Konkret werden verschiedene Bezeichnungen für die Folter zu präventiven Zwecken verwendet: „Rettungs-", „Präventiv-" sowie „Gefahrenabwendungsfolter" (*Jahn* Staatsnotstand S. 210 m.w.N.); auch „Notwehrfolter" (*Merkel* FS Jakobs 375, 389).**Krit.** speziell zum Begriff der sog. „Rettungsfolter" *Kindhäuser* NK § 32 Rdn. 86: der Begriff sei ein „Euphemismus, den der Verfassungsgeber als das Recht verdrehende Legitimation der Folter vor Augen hatte"); in diese Richtung auch *Prittwitz* FS Herzberg, 515, 517 f, der betont, dass es sich bei der Rettungsfolter trotz ihres durchaus ehrenwerten und nachvollziehbaren Motivs dennoch um Folter handele. Ebenfalls kritisch, jedoch bezüglich der „Folter"-Komponente, *Eser* FS Hassemer, 713, 721. Zum Begriff und zur Geschichte der Folter ausführlich *Hilgendorf* JZ **2004** 331 ff; *Jahn* aaO S. 520 ff; jew. m.w.N.
1197 Speziell dazu im Fall Jakob v. Metzler *Ziegler* KritV **2004** 50, 65 m.w.N.
1198 Weiterhin *Kargl* FS Puppe, 1163, 1169; *Kinzig* ZStW **115** (2003) 791, 793 ff; *Neuhaus* GA **2004** 521, 522 ff; *Saliger* ZStW **116** (2004) 35, 62; **dagegen** *Erb* Jura **2005** 24; *ders.* FS Nehm, 181, 186 m. Fn. 18; *Haurand/Vahle* NVwZ **2003** 513, 519; *Rogall* FS Rudolphi, 511, 538 f; *Wagenländer* Rettungsfolter S. 113; alle m.w.N. Zurückhaltender *Lüderssen* FS Rudolphi, 691, 710: Die Frage nach dem Schwerpunkt der Motivation für die Androhung bzw. Anwendung staatlicher Folter sei „Tatfrage".
1199 So auch *Eser* FS Hassemer, 713, 714.

des Entführungsopfers einzuschränken. Überwiegend wird eine Rechtfertigung jedoch unter Verweis auf die Ausnahmslosigkeit des Verbots und seine grundlegende Bedeutung für den Rechtsstaat abgelehnt. Auch die Justiz tat sich im Fall Metzler mit einer eindeutigen Verurteilung schwer.[1200] So bejahte das LG Frankfurt/M. zwar eine Strafbarkeit Daschners wegen Verleitung eines Untergebenen zu einer Nötigung im Amt (§§ 240, 357), sprach aber lediglich eine Verwarnung mit Strafvorbehalt gem. § 59 Abs. 1 aus.[1201] Trotz der im Einzelnen sehr divergierenden Lösungsansätze lassen sich in der Literatur im Wesentlichen doch zwei Lager ausmachen: Einerseits die Autoren, die die Anwendung von Folter – ganz gleich, zu welchem Zweck – für ein absolutes Tabu halten und dann jene, die – mit Abstufungen – eine Rettungsfolter oder jedenfalls deren Androhung zulassen wollen. Dabei formulieren die Diskutanten häufig recht drastisch[1202] und verwenden nicht selten extreme Beispiele,[1203] um ihren eigenen Standpunkt als den plausibleren und einzig vertretbaren zu untermauern. Ein unbefangener Blick auf die rechtliche Bewertung fällt daher schwer. Dies ist nicht zuletzt dem Umstand geschuldet, dass der **Begriff der Folter** ein schillernder ist, der häufig zunächst mit Schreckensszenarien in Verbindung gebracht wird, national allerdings nicht normiert ist. Eine ausdrückliche Definition findet sich allein in Art. 1 Abs. 1 des VN-Abkommens; an dieses ist Deutschland auch gebunden.[1204] Danach bezeichnet Folter „jede Handlung, durch die einer Person vorsätzlich große körperliche oder seelische Schmerzen oder Leiden zugefügt werden, (…) wenn diese Schmerzen oder Leiden von (…) einer in amtlicher Eigenschaft handelnden Person, auf deren Veranlassung oder mit deren ausdrücklichem oder stillschweigendem Einverständnis verursacht werden". Der EGMR fordert in ständiger Rechtsprechung unter Zugrundelegung dieser Definition ein Mindestmaß an Schwere, das von Umständen des Einzelfalles wie der Dauer der Behandlung, ihren physischen und psychischen Wirkungen, ggf. Geschlecht, Alter und Gesundheitszustand des Opfers sowie dem Ziel, das Opfer zu erniedrigen oder herabzusetzen, abhängt.[1205] Dennoch bieten auch diese Leitlinien Spielräume,[1206] anhand derer teils versucht wird, Maßnahmen der sog. Rettungsfolter entweder vom Folterbegriff auszunehmen[1207] oder aber auch gesetzlich zulässige Handlungen darunter zu subsumieren, um die Absolutheit des Verbots in Frage zu stellen.[1208]

1200 Ebenso *Jäger* FS Herzberg, 539; *Kargl* FS Puppe, 1163, 1166; *Kühl* AT § 7 Rdn. 156a; *Roxin* FS Nehm, 205; *Schmitt Glaeser* FS Isensee, 507, 510.
1201 Vgl. LG Frankfurt/M. NJW **2005** 692, 693; **kritisch** dazu EGMR NJW **2010** 3145, 3147: „offensichtlich unverhältnismäßige Strafe für die Verletzung eines der wesentlichen Grundrechte der Konvention"; zuvor bereits EGMR NJW **2007** 2461.
1202 So schon *Roxin* FS Nehm, 205, 206, der in diesem Zusammenhang das BVerfG zitiert, wonach die Anwendung von Folter „grundlegende Voraussetzungen der individuellen und sozialen Existenz des Menschen" zerstöre; zu weiteren Beispielen auch *Merkel* FS Jakobs, 375, 376.
1203 Dazu für die Befürworter einer Rettungsfolter etwa *Fahl* JR **2011** 338, 342: „…eine atomare Kettenreaktion, eine globale Virusepidemie, ein Meteoriteneinschlag wie der, der die Herrschaft der Saurier beendet hat, wären hinzunehmen." *Herzog/Roggan* GA **2008** 142, 145 erheben dagegen den Vorwurf, dass durch derartige Szenarien (etwa am Beispiel terroristischer Anschläge) Folterungen in gewissen Situationen „salonfähig" gemacht werden sollen.
1204 BGBl. 1990 II 246.
1205 Vgl. nur EGMR NJW **2006** 3117, 3119; NVwZ **2008** 1330, 1332; NJW **2015** 3423, 3424; NVwZ-RR **2016** 735, 738. Im Fall Gäfgen wertete der Gerichtshof die Behandlung des Entführers zwar als unmenschlich im Sinne des Art. 3 EMRK, sprach ihr jedoch das nötige Niveau an Grausamkeit ab, um sie als Folter zu bezeichnen (EGMR NJW **2010** 3145, 3146; dazu auch *Gaede* MK-StPO Art. 3 EMRK Rdn. 22).
1206 Ebenso *Stübinger* Notwehr-Folter S. 55.
1207 In diese Richtung *Eser* FS Hassemer, 713, 716 ff; s. dazu Rdn. 261.
1208 So *Herzberg* FS Kargl, 181, 183 ff: Der Wortlaut des VN-Abkommens erfasse grundsätzlich auch Maßnahmen wie den gezielten Todesschuss (184 f), den Einsatz von Tränengas (185 f) und Freiheitsentzie-

256 Staatliche Folter – auch mit dem Ziel, den Entführer zur Offenbarung des Aufenthaltsortes des Entführungsopfers zu zwingen – kann zunächst nicht unter Hinweis auf **strafrechtliche Notrechte (§§ 32, 34)** gerechtfertigt werden; eine Anwendung dieser Vorschriften zu Gunsten von Hoheitsträgern ist bereits aus grundsätzlichen Erwägungen *abzulehnen* (str.; dazu *Rönnau/Hohn* LK § 32 Rdn. 224 m.w.N.).[1209] Darüber hinaus fehlt es ohnehin an den Voraussetzungen der Notwehr – im Fall Jakob v. Metzler in Form staatlicher Nothilfe (§ 32 Abs. 2) – und des Notstandes (§ 34):

257 Bei der Prüfung der Voraussetzungen der Notwehr in Form staatlicher[1210] **Nothilfe** mag eine Begründung der Annahme einer *Nothilfelage* vielleicht noch gelingen: Zunächst liegt ein *„rechtswidriger Angriff"* (§ 32 Abs. 2) vor, wenn der Täter etwa eine Person entführt, in eine lebensbedrohliche Lage bringt und anschließend die Preisgabe des Aufenthaltsortes des Entführungsopfers verweigert. In diesem Fall müsste weiterhin entweder auf die Freiheitsberaubung des Entführungsopfers (*Erb* Jura **2005** 24 m.w.N.; *Lüderssen* FS Rudolphi, 691, 698; *Perron* FS Weber, 143, 147 f m.w.N.)[1211] oder auf das Unterlassen der Preisgabe seines Aufenthaltsortes (*Roxin* FS Eser, 461, 464 m.w.N.; *ders.* FS Nehm, 205, 213 f; vgl. auch *Ebel* Kriminalistik **1995** 825, 826; *Miehe* NJW **2003** 1219, 1220)[1212] abgestellt werden, um zu begründen, dass der rechtswidrige Angriff auch *„gegenwärtig"* (§ 32 Abs. 2) ist. Letzteres wird teilweise bezweifelt (*Jahn* Staatsnotstand S. 249; *Kretschmer* RuP **2003** 102, 111 f; *Schild* in Gehl S. 59, 74). Im Entführungsfall Jakob v. Metzler lehnte das LG Frankfurt/M. NJW **2005** 692, 693[1213] die Annahme einer Nothilfelage mit der Begründung ab, dass das Entführungsopfer bereits tot war, als dem damals Tatverdächtigen und nunmehr Verurteilten die Zufügung erheblicher Schmerzen angedroht wurde.[1214]

---

hungen (187), die jedoch unter gewissen Voraussetzungen gesetzlich zulässig sind. Daraus folgert *Herzberg*, dass es auch Formen gerechtfertigter Folter gebe (188 ff). Dieses Begriffsverständnis widerspricht jedoch der Rechtsprechung des EGMR, nach dessen Auslegung eine Behandlung i.S.d. Art. 3 EMRK z.B. nur dann erniedrigend ist (unter Rückschluss aus EGMR NJW **2010** 3145, 3146 lassen sich diese Anforderungen auch an die Folter i.S.d. Artikels stellen, die begrifflich ein Mehr zur erniedrigenden Behandlung darstellt), wenn das zugefügte Leid oder die Herabwürdigung über das hinausgeht, was unvermeidbar mit einer bestimmten Form gerechtfertigter Behandlung verbunden ist (EGMR NVwZ **2008** 1330, 1332; NJW **2015** 3423, 3424). Er benennt dabei ausdrücklich Maßnahmen des Freiheitsentzuges (EGMR NJW **2015** 3423, 3424). Auch der Zusatz in Art. 1 Abs. 1 des VN-Abkommens exkludiert Schmerzen oder Leiden, die sich lediglich aus gesetzlich zulässigen Sanktionen ergeben, dazu gehören oder damit verbunden sind, vom Folterbegriff. Auf Basis seiner Prämisse der Möglichkeit einer gerechtfertigten Folter leitet *Herzberg* sodann (191) die Zulässigkeit der Rettungsfolter her, weil diese nach § 32 gerechtfertigt sei. Dieser Schluss geht fehl, denn die Frage einer Rechtfertigung der Rettungsfolter durch Notwehr gilt es gerade zu klären. *Herzberg* begründet also letztlich die Möglichkeit einer Rechtfertigung mit sich selbst und unterliegt damit einem Zirkelschluss.

[1209] Zu dieser Frage im vorliegenden Kontext *Hecker* KJ **2003** 210, 215 f; *Herzberg* JZ **2005** 321 f; *Hilgendorf* JZ **2004** 331, 338 f; *Kinzig* ZStW **115** (2003) 791, 809; *Neuhaus* GA **2004** 521, 525 f; *Paeffgen/Zabel* NK Rdn. 151, 153; *Seebode* in Goerlich S. 51, 67; *Wagenländer* Rettungsfolter S. 83 ff; *Ziegler* KritV **2004** 50, 60 f; jew. m.w.N.

[1210] Zum Sonderproblem *privater* Nothilfe *Erb* Jura **2005** 24, 26, der dies als Problem der Frage thematisiert, ob in diesem Fall die Notwehrhandlung erforderlich ist (und sie im Ergebnis bejaht); aA *Kinzig* ZStW **115** (2003) 791, 807 m.w.N.

[1211] Weiterhin *Fahl* Jura **2007** 743, 744; *Gromes* Präventionsfolter S. 161; *Hilgendorf* JZ **2004** 331, 339; *Jerouschek* JuS **2005** 296, 301; *Jeßberger* Jura **2003** 711, 713; *Norouzi* JA **2005** 306, 308; jew. m.w.N.; *Seebode* in Goerlich S. 51, 70; *Stübinger* Notwehr-Folter S. 190; wohl auch *Engländer* Grund und Grenzen der Nothilfe S. 334.

[1212] Ferner *Kretschmer* RuP **2003** 102, 111 f; *Wagenländer* Rettungsfolter S. 116; nicht eindeutig Stellung beziehend *Merkel* FS Jakobs, 375, 388 f, der jedoch die Gegenwärtigkeit des Angriffs klar bejaht.

[1213] Sehr **krit.** zu diesem Urteil *Götz* NJW **2005** 953, 957; auch *Herzberg* JZ **2005** 321 ff.

[1214] Zu diesem Aspekt *Götz* NJW **2005** 953, 954; *Jerouschek* JuS **2005** 296, 301; *Neuhaus* GA **2004** 521, 526 f. Zur Problematik der Nothilfelage in sonstigen Fällen ausführlich *Stübinger* Notwehr-Folter S. 182 ff.

Weiterhin müsste die Androhung bzw. Anwendung[1215] staatlicher Folter im konkre- **258**
ten Einzelfall eine objektiv erforderliche und normativ gebotene **Nothilfehandlung** darstellen. Ob sie *erforderlich* (§ 32 Abs. 2) ist – d.h. dem Amtsträger kein milderes, gleichermaßen geeignetes Mittel zur Verfügung steht –, hängt von den Umständen des konkreten Einzelfalles ab.[1216] Dennoch ist schon grundsätzlich ernsthaft fraglich, ob Folter tatsächlich ein geeignetes Mittel zur Erforschung der Wahrheit darstellt – zeigt die historische Erfahrung doch, dass dadurch vor allem die Leidensfähigkeit des Inquisitus erprobt wird (ebenso *Jerouschek/Kölbel* JZ **2003** 613, 617f; *Saliger* ZStW **116** [2004] 35, 46; jew. m.w.N.; auch *Ekardt* NJ **2006** 64, 66). Dagegen wird zu Unrecht eingewendet, dass der Inquirent die Folter während der Inquisitionsprozesse angewendet habe, um *„wunsch*gemäße" – nicht *„wahrheits*gemäße" – Auskünfte zu erzwingen; zwar könne dies auch heute nicht gänzlich ausgeschlossen werden, jedoch eröffne die (Androhung der) Zufügung massiver Schmerzen „ex ante gute Chancen", rettende Auskünfte zu erlangen – und dies reiche aus (*Erb* Jura **2005** 24, 25; *ders.* in Nitschke S. 149, 155; zust. *Engländer* Grund und Grenzen der Nothilfe, S. 335; *Wagenländer* Rettungsfolter S. 118ff).[1217] Im Fall Jakob v. Metzler verneinte das LG Frankfurt/M. NJW **2005** 692, 693 (dazu **krit.** *Götz* NJW **2005** 953, 954) die Erforderlichkeit mit der Begründung, dass ein sog. „Stufenplan" zur Verfügung gestanden habe, der eine Konfrontation des Tatverdächtigen mit Familienangehörigen des Opfers vorgesehen und diese Maßnahme als nicht von vornherein aussichtslos bewertet habe (äußerst **krit.** dazu *Ambos* FS Loos, 5, 10; *Jerouschek* JuS **2005** 296, 301; *Otto* JZ **2005** 473, 481; auch *Erb* in Nitschke S. 149, 157f: Ablehnung der Erforderlichkeit unhaltbar, da Verteidiger keine nennenswerten Verzögerungen oder Risiken [durch Mittelauswahl] in Kauf nehmen muss).[1218]

In jedem Fall ist die **Gebotenheit** (§ 32 Abs. 1) **abzulehnen: Folter ist *verboten*** **259**
(*Kindhäuser* NK § 32 Rdn. 86; *Roxin* FS Eser, 461, 465; *ders.* AT I § 15 Rdn. 106 u. 113 m. Fn. 245; *Saliger* ZStW **116** [2004] 35, 48).[1219] Der Schutz vor Folter stellt ein elementares Menschenrecht dar und betrifft einen „Grundwert der demokratischen Gesellschaft" (EGMR NJW **2001** 56, 59, Tz. 95 – „Selmouni/Frankreich"; NJW **2001** 2694, 2695 Tz. 90 –

1215 Teilweise wird bei der rechtlichen Bewertung zwischen Androhung und Anwendung differenziert, vgl. *Herzberg* JZ **2005** 321, 325f; *Merkel* FS Jakobs, 375, 401f; *Prittwitz* FS Herzberg, 515, 516 m. Fn. 17. **Gegen** eine Differenzierung *v. Schenck* Pönalisierung der Folter S. 62f.
1216 Dazu *Hilgendorf* JZ **2004** 331, 339; *Norouzi* JA **2005** 306, 308.
1217 Vgl. ferner *Fahl* JR **2004** 182, 186; *ders.* Jura **2007** 743, 744; *Gromes* Präventionsfolter S. 166; *Herzberg* JZ **2005** 321, 327; *Wittreck* DÖV **2003** 873, 881. *Perron* FS Weber, 143, 148 f bejaht die Erforderlichkeit vorsichtig: „Es sind (...) durchaus Fallkonstellationen vorstellbar"; auch *Beutler* Vernehmungszwecke S. 213; *Isfen* in Esser S. 21, 29; dagegen *Kindhäuser* NK § 32 Rdn. 86f.
1218 *Roxin* FS Nehm, 205, 214 f m.w.N. weist außerdem darauf hin, dass im Fall Jakob v. Metzler eine „eindringliche Belehrung Gaefgens darüber, dass er durch eine Ermöglichung der Rettung des Kindes seine Lage wesentlich verbessern würde" ein milderes Mittel dargestellt hätte.
1219 Ferner *Ambos* FS Loos, 5, 13; *Jeßberger* Jura **2003** 711, 713f; *Kargl* FS Puppe, 1163, 1174; *Kinzig* ZStW **115** (2003) 791, 811; *Lüderssen* FS Rudolphi, 691, 698; *Merten* JR **2003** 404, 408; *Möhlenbeck* Absolutes Folterverbot S. 129; *Norouzi* JA **2005** 306, 310; *Perron* FS Weber, 143, 150; *Prittwitz* FS Herzberg, 515, 522; *Roxin* FS Nehm, 205, 211; *Sch/Schröder/Lenckner/Perron* § 32 Rdn. 62a; *Zieschang* LK § 34 Rdn. 39, 157; im Ergebnis wohl auch *Hilgendorf* JZ **2004** 331, 339; jew. m.w.N. Zuvor schon *Bernsmann* Entschuldigung S. 93f; *Ebel* Kriminalistik **1995** 825, 826f; vgl. auch LG Frankfurt/M. NJW **2005** 692, 693, das allerdings – leider – zum Folterverbot nicht grundsätzlich Stellung nimmt. **AA** *Erb* MK § 32 Rdn. 196ff; *ders.* Jura **2005** 24, 26ff; *ders.* in Nitschke S. 149, 158ff; *Herzberg* JZ **2005** 321, 328: „Das Folterverbot gilt absolut, aber trotzdem waren die Beamten im Recht"; radikaler nun *ders.* FS Kargl, 181, 189ff, wo er die Prämisse der Absolutheit des Folterverbots anzweifelt; *Seebode* in Goerlich S. 51, 63ff: Dem absoluten Folterverbot werde durch die grundsätzliche Pönalisierung derartiger Verhaltensweisen hinreichend Rechnung getragen. Eine strafrechtliche Rechtfertigung schließe nicht das verwirklichte Unrecht, sondern allein die Rechtswidrigkeit aus; *Wagenländer* Rettungsfolter S. 122ff; *Otto* AT § 8 Rdn. 59; jew. m.w.N.

„Kudla/Polen"; NJW **2002** 2851, 2852 Tz. 49 – „Pretty/Vereinigtes Königreich"; NVwZ **2008** 1330, 1331 Tz. 127 – „Saadi/Italien"; NJW **2015** 3423, 3424 Tz. 113 – „Slyadnev/ Russland"; jew. m.w.N.; ähnlich auch EGMR NJW **2010** 3145, 3146 Tz. 107 – „Gäfgen/ Deutschland": „absolutes und unveräußerliches Recht").[1220] Auf *nationaler* Ebene gilt das **Misshandlungsverbot** gemäß Art. 104 Abs. 1 Satz 2 GG, das als Konkretisierung der in Art. 1 Abs. 1, Art. 2 Abs. 2 Satz 2 GG niedergelegten Grundsätze aufzufassen ist (vgl. dazu *Kindhäuser* NK § 32 Rdn. 87; *Jahn* Staatsnotstand S. 513 m.w.N.; *Jerouschek/Kölbel* JZ **2003** 613, 617 f).[1221] Ähnliches gilt auf *internationaler* Ebene: Dort existiert ein abwägungsfestes Folterverbot, welches insbesondere in den Artt. 3 EMRK,[1222] 7 IPBPR[1223] (zu letzterem und zu Art. 2 Abs. 2 UN-Folterschutzkonvention *Kindhäuser* NK § 32 Rdn. 87) und Art. 4 GrCh[1224] verbürgt ist (vgl. zu den internationalen Rechtsquellen *Jahn* Staatsnotstand S. 510 f; *ders.* KritV **2004** 24, 32; jew. m.w.N.).[1225] Zudem gehört das Folterverbot zu den Grundlagen des Völkerstrafrechts (Art. 7 Abs. 2 lit. e Römisches Statut[1226] und §§ 7 Abs. 1 Nr. 5, 8 Abs. 1 Nr. 3 VStGB[1227] (dazu *Jahn* Staatsnotstand S. 512 f; *ders.* KritV **2004** 24, 33; jew. m.w. Belegen). Daneben verpflichtet Art. 4 Abs. 1 FoK[1228] die Vertragsstaaten, Folterhandlungen jeder Form strafrechtlich entgegen zu wirken (dazu *Jahn* aaO). Zur *materiell-strafrechtlichen* Relevanz des Folterverbots s. oben Rdn. 258. In *strafverfahrensrechtlicher* Hinsicht schützt den Bürger die Vorschrift des § 136a Abs. 1 StPO, die aus dem Prinzip des Schutzes der Menschenwürde folgt, vor Misshandlungen (BGHSt **44** 308, 317; LG Frankfurt/M. StV **2003** 327; OLG Frankfurt/M. NJW **2013** 75, 79; *Jahn* Staatsnotstand

---

[1220] Vgl. auch BVerwGE **67** 184, 193: „grundlegendes Menschenrecht"; w. Rspr.-Nachw. bei *Gaede* MK-StPO Art. 3 EMRK Rdn. 1; *Sch/Schröder/Perron* § 32 Rdn. 62a.

[1221] Weiterhin *Merten* JR **2003** 404, 405 f; *Neuhaus* GA **2004** 521, 527 f; *Roxin* AT I § 15 Rdn. 107; auch BVerfG NJW **2005** 656, 657: die Anwendung von Folter „macht die Vernehmungsperson zum bloßen Objekt der Verbrechensbekämpfung unter Verletzung ihres verfassungsrechtlich geschützten sozialen Wert- und Achtungsanspruchs und zerstört grundlegende Voraussetzungen der individuellen und sozialen Existenz des Menschen".

[1222] Zur EMRK und deren Geltung als einfaches Bundesgesetz *Rönnau/Hohn* LK § 32 Rdn. 235; *Sch/Schröder/Perron* § 32 Rdn. 62a. Sie verbietet Folter selbst im Fall des „öffentlichen Notstandes" (Art. 15 Abs. 2 EMRK). Es entspricht daher der ganz h.M. im Völkerrecht, dass das Folterverbot jedenfalls in der EMRK einer Relativierung durch Abwägung nicht zugänglich ist, vgl. – statt vieler – *Frowein/Peukert* EMRK 3. Aufl. (2009) Art. 3 Rdn. 1; *Gaede* MK-StPO Art. 3 EMRK Rdn. 1 f; so ausdrücklich auch EGMR **2010** 3145, 3146.

[1223] Gesetz zu dem Internationalen Pakt vom 19. Dezember 1966 über bürgerliche und politische Rechte v. 15.11.1973 (BGBl. II, 1533, 1534 ff). Danach ist Folter – wie auch gem. Art. 15 Abs. 2 EMRK (vgl. Fn. 1222) – selbst im Fall eines „öffentlichen Notstandes" verboten (Art. 4 Abs. 2 IPBPR).

[1224] Vgl. zur Entstehungsgeschichte der Grundrechtecharta statt vieler *Alber/Widmaier* EuGRZ **2000** 497 f m.w.N. Das Folterverbot hat innerhalb der Europäischen Union die „gleiche Bedeutung und Tragweite" wie nach der EMRK (Art. 52 Abs. 3 GrCh).

[1225] Weiterhin *Schilling* Internationaler Menschenrechtsschutz (2004) § 9; auch *Fahl* JR **2004** 182, 183 f; *Merten* JR **2003** 404, 405 m.w.N.; *Neuhaus* GA **2004** 521, 532. Außerdem *Jahn* Staatsnotstand S. 519 m.w.N. zu Art. 147 IV. Genfer Konvention, wonach Folter als „schwere Verletzung" des humanitären Kriegsvölkerrechtes gilt; *ders.* aaO zu Art. 3 S. 2 der Erklärung der UN-Vollversammlung über den Schutz jedes Menschen vor Folter und anderer grausamer, unmenschlicher oder erniedrigender Behandlung oder Strafe vom 9. Dezember 1975. Nach *Herzberg* JZ **2005** 321, 326 sind dem Folterverbot enge Grenzen gezogen. Sie seien im Fall Metzler nicht überschritten, da „kleine Schmerzen keine ‚große Schmerzen' seien, und erst mit solchen lässt die Konvention die Folter beginnen". **Anders** nun wohl *Herzberg* FS Kargl, 181, 185 ff, wo er auch den Einsatz von Tränengas und Freiheitsentziehungen als Folter begreift; es ist also davon auszugehen, dass er auch im Fall Metzler von „Folter" sprechen würde – die aber gerechtfertigt sein soll.

[1226] Näher zum Römischen Statut *Ambos* Internationales Strafrecht (5. Aufl. 2018) § 5 Rdn. 2 ff.

[1227] Zum VStGB vgl. Rdn. 302 ff.

[1228] Übereinkommen gegen Folter und andere grausame, unmenschliche oder erniedrigende Behandlung oder Strafe vom 10.12.1984 (BGBl. 1990 II 246, 247 ff).

S. 514 m.w.N.).^1229 § 136a Abs. 1 StPO gilt über § 163a Abs. 3 Satz 2 und Abs. 4 Satz 2 StPO auch für die repressive Tätigkeit der Polizei. Zwar können in Fällen wie z.B. Jakob v. Metzler u.U. auch die *Polizeigesetze* einschlägig sein (*Jahn* Staatsnotstand S. 515; *Saliger* ZStW **116** [2004] 35, 42 ff; jew. m.w.N.); allerdings verweisen^1230 einige dieser Gesetze für die Standardmaßnahme „Befragung" ihrerseits wiederum ausdrücklich auf § 136a StPO.^1231 Im Ergebnis ergibt sich aus der vorstehenden Gesamtschau der Befund eines **umfassenden Misshandlungsverbots**.^1232 Vor diesem Hintergrund werden neuere Bestrebungen zur Rechtfertigung staatlicher Folter mitunter auch als „fern liegend" bezeichnet (*Fischer* § 32 Rdn. 15b m.w.N.).

Dieser zutreffend rigide Standpunkt ist nicht ohne Kritik geblieben. So wird bezweifelt, dass das Folterverbot tatsächlich jede Rechtfertigung ausschließe.^1233 Denn auch andere Verbote seien absolut formuliert (z.B. das Tötungsverbot), lassen jedoch im Ausnahmefall eine Rechtfertigung zu. Dagegen spricht allerdings die eindeutige Formulierung des Art. 15 Abs. 2 EMRK. Dieser schließt die Möglichkeit eines Abweichens vom Folterverbot selbst im Falle eines Krieges oder öffentlichen Notstandes ausnahmslos aus (ebenso Art. 2 Abs. 2 FoK, wonach außergewöhnliche Umstände gleich welcher Art nicht als Rechtfertigung für Folter geltend gemacht werden dürfen).^1234 Darüber hinaus wird vorgebracht, dass in der Konstellation, in der ein Hoheitsträger Folter androht oder anwendet, im Kern ein Konflikt zwischen *Bürgern* vorliege, in dem das Misshandlungsverbot nicht gleichermaßen absolut gelte (so *Erb* Jura **2005** 24, 26 f).^1235 Auch diese Argumentation überzeugt nicht: Der Staat handelt stets durch ihn repräsentierende Personen.^1236 Gerade die Androhung bzw. Anwendung von Folter wird dabei – dies hat zuletzt der Fall Jakob v. Metzler gezeigt^1237 – durch ein Über- bzw. Unterordnungsverhältnis geprägt. Sie stellt den Archetyp belastenden *Staats*handelns dar, in dessen Rahmen die Staatsgewalt hoheitliche Macht gegenüber dem Misshandelten ausübt (ähnlich *Norouzi* JA **2005** 306, 309 m.w.N.).^1238 Die kritisierte Ansicht sieht in dem Hoheitsträ-

260

1229 **Anders** *Herzberg* JZ **2005** 321, 326 ff: Der Verbotstatbestand gem. § 136a StPO ist der Abwägung im Rechtfertigungsfall zugänglich.
1230 Zu diesem Mechanismus *Merten* JR **2003** 404, 406 f.
1231 So § 22 Abs. 4 Satz 1 BPolG, § 35 Abs. 2 PolG B-W, § 18 VI ASOG, § 13 Abs. 4 Satz 2 BremPolG, § 12 Abs. 4 HSOG, § 28 Abs. 2 Satz 2 SOG M-V, § 12 Abs. 4 Satz 2 NdsSOG, § 11 Abs. 1 Satz 3 SaarlPolG, vgl. auch §§ 11 Abs. 4, 33 Abs. 2 ME PolG. In den übrigen Bundesländern ergibt sich diese Rechtsfolge wegen Art. 1 Abs. 3 GG direkt aus Art. 1 Abs. 1 Satz 1 GG (*Jahn* Staatsnotstand S. 515 m. Fn. 22).
1232 *Jahn* Staatsnotstand S. 520 bezeichnet das Folterverbot als „Paradefall für lückenlosen Menschenrechtsschutz"; ähnlich *Kindhäuser* NK § 32 Rdn. 86: „eindeutige geltende Rechtslage". Zur Frage der Konsequenzen eines Verstoßes hiergegen *Lüderssen* FS Rudolphi, 691, 707 ff.
1233 *Erb* Jura **2005** 24, 28; *Eser* FS Hassemer, 713, 721; *Herzberg* FS Kargl, 181, 188, 190.
1234 Ebenso *Merkel* FS Jakobs, 375, 384 f (der jedoch erhebliche Bedenken in Bezug auf die geltende Rechtslage äußert und die vom Gesetzgeber gewählte Lösung als nicht „besonders erfreulich" bezeichnet, [400 f]); *Roxin* FS Nehm, 205, 207; **aA** freilich *Herzberg* FS Kargl, 181, 190 f: Man dürfe diese Aussagen nicht wörtlich nehmen, sondern müsse gesetzlich zulässige – mithin auch durch § 32 gerechtfertigte – Maßnahmen davon ausnehmen.
1235 In diese Richtung zudem *Otto* AT § 8 Rdn. 59. Nach *Herzberg* JZ **2005** 321 ff waren die Beamten im Fall Metzler ebenfalls gerechtfertigt.
1236 *Prittwitz* FS Herzberg, 515, 522; *Stübinger* in Institut für Kriminalwissenschaften Frankfurt/M. S. 277, 311.
1237 So auch *Roxin* FS Nehm, 205, 210: Daschner machte hier bewusst Gebrauch von seinem Weisungsrecht und handelte in seiner Eigenschaft als hoher Beamter.
1238 Weiterhin *Jäger* FS Herzberg, 539, 546; *Kargl* FS Puppe, 1163, 1174, der darauf hinweist, dass der Folternde seine Amtsträgereigenschaft nicht dadurch verliere, dass er seine Amtspflichten verletzt; *Stübinger* Notwehr-Folter S. 264; ähnlich auch *Möhlenbeck* Absolutes Folterverbot S. 133 f. Grundsätzlich gegen die Möglichkeit des Amtsträgers, aus seiner Rolle als staatliches Organ herauszutreten, *Engländer* Grund und Grenzen der Nothilfe, S. 212.

ger, der Folter androht oder anwendet, eine Privatperson und läuft deshalb Gefahr, die Wertungen von Art. 1 Abs. 3 GG, § 136a StPO auszuhöhlen (*Ebel* Kriminalistik **1995** 825, 827).

261 Weiterhin wird gefordert, dieses Misshandlungsverbot in Extremfällen (sog. *„ticking (time) bomb"-Konstellationen*),[1239] in denen die Androhung bzw. Anwendung staatlicher Folter gegen eine Person das Leben vieler Menschen retten könnte, durch eine **teleologische Reduktion des Art. 104 Abs. 1 Satz 2 GG** einzuschränken (*Brugger* VBlBW **1995** 414ff; *ders.* Der Staat **35** [1996] 67ff; *ders.* JZ **2000** 165, 168ff; ebenso *Wagenländer* Rettungsfolter S. 164).[1240] Es existiere ein „Wertungswiderspruch": Einerseits sei es unter bestimmten Voraussetzungen zulässig, den Geiselnehmer, der seiner Geisel eine Pistole an die Schläfe hält, durch einen gezielten Todesschuss (vgl. Rdn. 250) zu töten; andererseits dürfen ihm – einmal angenommen, er hat an ihr eine tickende Bombe befestigt – keine Misshandlungen angedroht bzw. gegen ihn kein körperlicher Zwang angewendet werden (*Brugger* JZ **2000** 165, 168). Weiterhin bezwecke Art. 104 Abs. 1 Satz 2 GG u.a., festgehaltene, hilflose Personen vor belastendem Staatshandeln zu schützen; nun seien aber Konstellationen denkbar, in denen der Festgehaltene keineswegs hilflos ist und hinsichtlich des drohenden Schadenseintrittes „die Fäden in der Hand" hält (*Brugger* JZ **2000** 165, 169). Auch diene die Androhung bzw. Anwendung staatlicher Folter lediglich dazu, den Betroffenen „in den ihm zustehenden Rechtsraum zurückzudrängen, den er eigenmächtig und in Verletzung individueller Rechte anderer überschritten hat"; schließlich enthalte Art. 1 Abs. 1 GG eine „unbedingte Schutzverpflichtung der Staatsorgane" (*Brugger* JZ **2000** 165, 169, 170f).[1241] Deshalb sei die Androhung bzw. Anwendung staatlicher Folter zulässig, wenn *acht Voraussetzungen* erfüllt sind: „Es liegt eine (1) klare, (2) unmittelbare, (3) erhebliche Gefahr für (4) das Leben und die körperliche Integrität einer unschuldigen Person vor. (5) Die Gefahr ist durch einen identifizierbaren Störer verursacht. (6) Der Störer ist die einzige Person, die die Gefahr beseitigen kann, indem er sich in die Grenzen des Rechts zurückbewegt, also das Versteck der Bombe verrät. (7) Dazu ist er auch verpflichtet. (8) Die Anwendung körperlichen Zwangs ist das einzig erfolgversprechende Mittel zur Informationserlangung" (*Brugger* JZ **2000** 165, 167).[1242]

[1239] Vgl. zu diesem Begriff *Supreme Court of Israel* als High Court of Justice, Urt. v. 6.9.1999, H.C. 5100/94, 12. (abrufbar u.a. unter: http://versa.cardozo.yu.edu/sites/default/files/upload/opinions/Public%20Committee%20Against%20Torture%20in%20Israel%20v.%20Government%20of%20Israel%281%29_0.pdf); auf diese Entscheidung Bezug nehmend *Brugger* JZ **2000** 165, 168 m. Fn. 13; vgl. dazu *Jahn* KritV **2004** 24, 28; *ders.* Staatsnotstand S. 77, der auch den Begriff „tragic choice-Situation" verwendet (S. 209).

[1240] Solche Überlegungen „anregend" *Miehe* NJW **2003** 1219, 1220; vgl. ferner *Wittreck* DÖV **2003** 873ff. *Herzberg* JZ **2005** 321, 326 verweist auf verfassungsimmanente Schranken.

[1241] Nachdrücklich in diesem Sinne *Wagenländer* Rettungsfolter S. 155ff, der die Schutzpflichtdimension des Art. 1 Abs. 1 GG als Schranke des Achtungsanspruchs der Menschenwürde betont (ohne sich allerdings näher mit der Schutzpflichtdogmatik des BVerfG und der breiten literarischen Diskussion zum Thema [s. nur die Nachw. bei *Calliess* JZ **2006** 321ff] auseinander zu setzen), im Rahmen eines vom Staat herbeizuführenden angemessenen Ausgleichs (zwischen Täter- und Opferwürde) die Menschenwürde trotz „Unantastbarkeit" relativiert (S. 159ff) und im Ergebnis beim Vorliegen entsprechender Extremsituationen von einer Folterpflicht des Beamten ausgeht (S. 170), auf deren Befolgung das Opfer ein einklagbares Recht (!) hat (S. 182); in diese Richtung zudem *Erb* MK § 32 Rdn. 198. Auch *Herzberg* JZ **2005** 321, 327 hält notfalls die „warnende Zufügung leichter körperlicher oder seelischer Schmerzen" für eine Pflicht, soweit sie zur Lebensrettung erforderlich sind. – Eine Folterpflicht ist aber aus den skizzierten grundsätzlichen Erwägungen abzulehnen. Sie erhöht zudem das Risiko eines Tabu- und Dammbruchs, könnten sich doch nunmehr die handelnden Beamten aufgefordert sehen, zur Vermeidung von disziplinar- oder gar strafrechtlichen Folgen besonders forsch vorzugehen; ähnlich *Fahl* Jura **2007** 743, 748. Zu weiteren praktischen Problemen der Zulassung von Foltermethoden s. *Sch/Schröder/Perron* § 32 Rdn. 62a.

[1242] *Götz* NJW **2005** 953, 956 reichen *vier* Voraussetzungen.

Auch dieser Ansatz kann nicht überzeugen, denn schon seine Grundannahme ist falsch. Die Misshandlung ist gegenüber dem gezielten Todesschuss kein „Weniger", sondern vielmehr ein „*aliud*": Letzterer soll den Betroffenen als Störer ausschalten, d.h. ihm ein Unterlassen aufzwingen; dagegen soll die Misshandlung ein aktives Tun des Misshandelten produzieren (*Jahn* Staatsnotstand S. 529; ähnlich LG Frankfurt/M. NJW **2005** 692, 695),[1243] und zwar indem sein Schmerzempfinden auf erniedrigende Art und Weise funktionalisiert wird (ähnlich *Ebel* Kriminalistik **1995** 825, 827; *Kargl* FS Puppe, 1163, 1175 f: Der Misshandelte wird hier über die bloße Neutralisierung beim Rettungsschuss hinaus instrumentalisiert, indem Körper und Psyche zum „willenlosen Objekt einer Erzwingungshandlung" gemacht werden).[1244, 1245] Dieses Aliudverhältnis spiegelt sich auch in den verschiedenen Regelungen der EMRK zur Todesstrafe (Art. 2 Abs. 1 Satz 2) und zur Folter (Art. 3) wider;[1246] überdies erscheint es angesichts des klaren Wortlautes nicht vertretbar anzunehmen, Art. 104 Abs. 1 Satz 2 GG gehe von einer *hilflosen* festgehaltenen Person aus (*Jahn* Staatsnotstand S. 529f m.w.N.). Gegen die Überlegung, Ausnahmen vom grundsätzlich vorgeschriebenen absoluten Folterverbot unter Verweis auf die Besonderheiten und Dramatik des einzelnen Falles zuzulassen, spricht außerdem ganz grundsätzlich, dass Folter in der Vergangenheit regelmäßig unter Verweis auf eine außergewöhnliche Extremsituation angewandt wurde. Gerade vor diesem Hintergrund entwickelte sich aber das absolute Folterverbot.[1247] Es ließe sich allerdings fragen, ob man bei der Formulierung der absoluten Folterverbote überhaupt nur an Extremsituationen in Form von Kriegen oder anderen öffentlichen Notständen, nicht aber an spezielle Rettungsfälle gedacht hat.[1248] Der Wortlaut von Art. 15 Abs. 2 EMRK und Art. 2 Abs. 2 FoK kann dabei in beide Richtungen interpretiert werden. Er lässt jedenfalls eine Einbeziehung von Rettungskonstellationen zu. Aber auch dann, wenn die Verfasser der Regelungen vorrangig andere Arten von Folter vor Augen hatten, enthalten die weit gefassten Vorschriften eine grundsätzliche Entscheidung gegen die Folter als adäquates Mittel, sodass der damit letztlich verfolgte Zweck unter keinen Umständen zu einer Rechtfertigung führen kann.[1249]

Die Frage der Handhabung des absoluten Folterverbots in Extremfällen wie demjenigen Jakob v. Metzlers hat zu wichtigen neuen Entwicklungen in fundamentalen Fragen der Verfassungsdogmatik geführt. So vertrat *Herdegen* in seiner viel beachteten Kommentierung in Maunz/Dürig GG 44. Lfg. (2005) Art. 1 Rdn. 45ff die Ansicht, dass eine „*Abschichtung von Würdekern und weiterem Schutzbereich*" vorzunehmen sei und „ab- **262**

[1243] Ferner *Haurand/Vahle* NVwZ **2003** 513, 518f; *Hecker* KJ **2003** 210, 215 m. Fn. 25; *Welsch* BayVBl. **2003** 481, 485; *Wittreck* DÖV **2003** 873, 878f.
[1244] Darüber hinaus verweist *Kargl* darauf, dass ein Rettungsschuss den bestehenden rechtswidrigen Zustand mit an Sicherheit grenzender Wahrscheinlichkeit beseitige, während bei der Androhung bzw. Anwendung von Folter der Erfolg dieser Maßnahme noch nicht abschätzbar sei.
[1245] Weiterhin *Jäger* FS Herzberg, 539, 544f; **dagegen** *Herzberg* FS Kargl, 181, 184 f: das Erschießen einer Person macht sie ebenso zum Objekt; ähnlich kritisch, aber mit anderem Ansatz *Eser* FS Hassemer, 713, 725, der mit Blick auf die vom Betroffenen selbst empfundene Schwere des Eingriffs anmerkt, dass dieser sich, vor die Wahl gestellt, wohl eher für die Folter als für den Tod entscheiden würde.
[1246] Ebenso *Kargl* FS Puppe, 1163, 1176.
[1247] Dazu *Prittwitz* FS Herzberg, 515, 518; ähnlich *Stübinger* in Institut für Kriminalwissenschaft Frankfurt/M. S. 277, 300, der darauf hinweist, dass zudem häufig ein edler Zweck die Folter rechtfertigen sollte.
[1248] Dies klingt an bei *Erb* FS Seebode, 99, 117f; *Eser* FS Hassemer, 713, 714.
[1249] Dies im Fall Gäfgen in Bezug auf Art. 3 EMRK noch einmal ausdrücklich betonend EGMR NJW **2010** 3145, 3146 (m. Anm. *Weigend* StV **2011** 325): der „philosophische Kerngedanke" lasse keinen Rechtfertigungsgrund zu; zust. *Navajas* FS Roxin (2011), 627, 636ff; ähnlich auch bereits *Merkel* FS Jakobs, 375, 384; *Roxin* FS Nehm, 205, 209.

wägungsoffene Randzonen des Schutzbereichs" geschaffen werden sollten (**anders** die **h.M.**, vgl. BVerfGE **30** 1, 39; *Dreier/Dreier* Art. 1 I GG Rdn. 134, 136; *Jarass/Pieroth* Art. 2 GG Rdn. 120, Art. 104 Rdn. 8 f).[1250] Mit der h.M. ist **dieser Weg abzulehnen**. Unser Grundgesetz erklärt expressis verbis, dass der Grundwert der Menschenwürde *„unantastbar"* ist (Art. 1 Abs. 1 Satz 1 GG). Eine quantitative Betrachtung – wie sie teilweise in Lösungen anklingt, die zum Fall eines von Terroristen entführten Passagierflugzeuges, das in ein Hochhaus oder ähnlich empfindliches Objekt gesteuert werden soll, vertreten wird (s. Rdn. 252 ff) – *widerspricht dem Wesen der Menschenwürde* (*Jahn* Staatsnotstand S. 545; *Roxin* JahrbÖR **59** (2011) 1, 17 f: „Menschenwürde muss unverfügbar bleiben").[1251] Im Fall Jakob v. Metzler sollte dessen Leben gerettet werden, indem die Menschenwürde des damals Tatverdächtigen und später Verurteilten verletzt wurde. Insoweit gilt, dass die Unantastbarkeit der Menschenwürde allen Grundrechten vorangeht und – anders als das Lebensrecht (Art. 2 Abs. 2 Satz 3 GG) – *keinem Schrankenvorbehalt* unterliegt (*Saliger* ZStW **116** [2004] 35, 46). Mittlerweile hat *Herdegen* seine Ausführungen insoweit konkretisiert, als er sich zwar weiterhin für eine grundsätzliche Abwägungsoffenheit der Randzonen der Würdegarantie ausspricht,[1252] dabei jedoch die Folter dem Kernbereich zuordnet und diesbezüglich jede Relativierung explizit auch für präventive Zwecke der Lebensrettung ausschließt. Das Folterverbot gelte vielmehr kategorisch.[1253] Häufiger wird in der Diskussion um die Absolutheit des Folterverbots in verfassungsrechtlicher Sicht darauf hingewiesen, dass der zu achtenden Menschenwürde des Entführers diejenige des Entführungsopfers gegenüberstehe. Dieses werde durch Preisgabe seines Lebens als bloßes Mittel zum Zweck der Erpressung von Lösegeld (wie im Fall Jakob v. Metzler) ebenso zum Objekt degradiert und daher in seiner Menschenwürde beeinträchtigt. Dadurch entstehe ein Dilemma, in dem sich die Achtungspflicht des Staates hinsichtlich der Würde des Entführers und seine Schutzpflicht in Bezug auf die Würde des Opfers[1254] gegenüberstehen und dieser Konflikt nicht durch Verweis auf einen abstrakten Vorrang der Achtungs- vor der Schutzpflicht aufzulösen sei.[1255] Auch wird postuliert, der Entführer habe durch seinen Angriff auf die Würde des Entführten den Anspruch auf Achtung seiner eigenen Menschenwürde verwirkt;[1256] jedenfalls aber müsse sie hinter der des Ent-

---

1250 Weiterhin *Podlech* AK GG 3. Aufl. (2001) Art. 1 Abs. 1 Rdn. 45; *Schmitt Glaeser* FS Isensee, 507, 513 f; *Zippelius* BK 57. Lfg. (Dez. 1989, Stand des Gesamtwerks: 190. Lfg. April 2018) Art. 1 Rdn. 58, 65; ferner *Hassemer* FS Maihofer, 183, 202 m.w.N.; *Lüderssen* FG BGH IV, 883, 892; für die Möglichkeit einer Abwägung im Rahmen der „Rettungsfolter" dagegen *Erb* MK § 32 Rdn. 198; *v. Mangoldt/Klein/Starck* 7. Aufl. (2018) Art. 1 GG Rdn. 79; *Merkel* FS Jakobs, 375, 397.
1251 Skeptisch dagegen *Fahl* JR **2011** 338, 342, der zwar die Grundsatzentscheidung des BVerfG gegen eine quantitative Betrachtung akzeptiert, jedoch anzweifelt, ob dies zukünftig bis zur letzten Konsequenz aufrechterhalten werden kann.
1252 *Maunz/Dürig/Herdegen* GG 82. Lfg. (2018) Art. 1 Rdn. 49.
1253 *Maunz/Dürig/Herdegen* GG Art. 1 Rdn. 51, 95.
1254 **AA** *Erb* MK § 32 Rdn. 197, der in Bezug auf das Entführungsopfer ebenfalls eine Achtungspflicht des Staates annimmt, da ihm die Würdeverletzung durch den Entführer zuzurechnen sei; durch den Normbefehl mache sich der Staat zum Förderer des Unrechts; *ders.* Jura **2005** 24, 27 f; *ders.* FS Seebode, 99, 106 f; zust. *Merkel* FS Jakobs, 375, 394 ff; **krit.** dazu *Stübinger* in Institut für Kriminalwissenschaft Frankfurt/M. S. 277, 304 ff.
1255 *Adam* Gefahrabwendungsfolter S. 110; *Dreier/Dreier* Art. 1 I GG Rdn. 133; *Schmitt Glaeser* FS Isensee, 507, 515; *Mitsch* FS Roxin (2011), 639, 651; *v. Mangoldt/Klein/Starck* Art. 1 Abs. 1 GG Rdn. 79; *Wittreck* in Blaschke u.a. S. 161, 176 ff; s. auch *Ambos* FS Loos, 5, 11 f; *ders.* ZStW **122** (2010) 504, 519: in einer Rettungskonstellation werde der Entführer wohl kaum zum Objekt degradiert, sondern vielmehr in seiner mitmenschlichen Verantwortlichkeit ernst genommen; ebenso bereits *Eser* FS Hassemer, 713, 720; *Gromes* Präventionsfolter S. 173 f.
1256 Radikal insofern *Amelung* JR **2012** 18, 20.

führungsopfers zurückstehen.[1257] Dem ist jedoch zu widersprechen. Die Schutzpflicht des Staates endet dort, wo er gezwungen wäre, sie mittels Folter und damit durch Verletzung der Würde eines anderen Menschen zu verwirklichen.[1258] „Denn seine sittliche Überlegenheit gegenüber dem Verbrecher besteht gerade darin, dass er sich nicht derselben Methoden bedient wie dieser" (*Roxin* FS Eser, 461, 466; zust. *Kargl* FS Puppe, 1163, 1177). Die unbedingte Achtung der Menschenwürde eines jeden stellt vielmehr die normative Basis unseres Rechtsstaates dar.[1259] Überdies wäre die Androhung bzw. Anwendung staatlicher Folter einer „rechtsstaatlich korrekte(n)" (*Kramer* KJ **2000** 624) Durchführung unzugänglich (vgl. ferner *Jahn* Staatsnotstand S. 538: „Prozeduralisierung"). Staatliche Misshandlung kann nicht praxisgerecht abgestuft bzw. in einem Verfahren institutionalisiert werden (*Jerouschek/Kölbel* JZ **2003** 613, 618)[1260] – „Folter trägt kein Maß in sich" (*Saliger* ZStW **116** [2004] 35, 48).

Die Androhung bzw. Anwendung staatlicher Folter kann auch nicht aufgrund **Not- 263 standes (§ 34)** gerechtfertigt sein. Eine Rechtfertigung auf diesem Weg scheitert vor dem Hintergrund der vorstehenden Ausführungen (Rdn. 257 ff) jedenfalls daran, dass kein *angemessenes Mittel (§ 34 Satz 2)* zur Gefahrabwendung gewählt wird (LG Frankfurt/M. NJW **2005** 692, 693, das im Fall Jakob v. Metzler allerdings schon die Erforderlichkeit der Notstandshandlung verneinte; *Saliger* ZStW **116** [2004] 35, 49 m.w.N).[1261]

c) Gerechtfertigtes Handeln „pro magistratu"

Schrifttum

Achenbach Vorläufige Festnahme, Identifizierung und Kontrollstelle im Strafprozeß, JA **1981** 660; *Albrecht* Das Festnahmerecht Jedermanns nach § 127 Abs. 1 StPO, Diss. Kiel 1970; *Artkämper* Zu den bei einer Hausbesetzung aufgeworfenen zivilrechtlichen, strafrechtlichen und öffentlich-rechtlichen Fragen, NJ **1996** 591; *Arzt* Notwehr, Selbsthilfe, Bürgerwehr. Zum Vorrang der Verteidigung der Rechtsordnung durch den Staat, Festschrift Schaffstein (1975) 77; *ders.* Zum privaten Festnahmerecht, Festschrift Kleinknecht (1985) 1; *Benfer* Die „Jedermann-Bestimmung" des § 127 I StPO, MDR **1993** 828; *Bongartz* Selbsthilfe

---

1257 *Erb* MK § 32 Rdn. 198; *Peltzer* ZRP **2013** 23, 24 f; für einen regelmäßigen Vorrang des Schutzes des Opfers gegenüber der Achtung der Würde des Angreifers auch *v. Mangoldt/Klein/Starck* Art. 1 Abs. 1 GG Rdn. 79, der jedoch die privaten Notwehrrechte aufgrund des staatlichen Gewaltmonopols außer Kraft gesetzt sieht und daher eine Rechtfertigung über § 32 ablehnt.
1258 *Kargl* FS Puppe, 1163, 1177; *Roxin* FS Nehm, 205, 208; *Schmitt Glaeser* FS Isensee, 507, 517; *Stübinger* in Institut für Kriminalwissenschaft Frankfurt/M. S. 277, 304; in diese Richtung auch BVerfGE **115** 118, 160 im Kontext des Abschusses von Flugzeugen zur Rettung von Menschenleben: Die Wahl zur Erfüllung der staatlichen Schutzpflicht könne immer nur auf solche Mittel fallen, deren Einsatz mit der Verfassung in Einklang steht. **AA** *Erb* MK § 32 Rdn. 198; *ders.* Jura **2005** 24, 27; *ders.* FS Seebode, 99, 105 ff; *Gössel* FS Otto, 41, 60; *Wagenländer* Rettungsfolter S. 167 ff; *Wittreck* DÖV **2003** 873, 879 ff; *ders.* in Blaschke u.a. S. 161, 182 f; jew. m.w.N. Zu diesem Aspekt eingehend auch *Jahn* Staatsnotstand S. 549 m.w.N.
1259 *Reemtsma* Folter im Rechtsstaat? S. 88; *Stübinger* in Institut für Kriminalwissenschaft Frankfurt/M. S. 277, 279; *ders.* Notwehr-Folter S. 265 f.
1260 Weiterhin *Adam* Gefahrabwendungsfolter S. 123 f; das Problem einer Institutionalisierung als möglicherweise erforderliche Konsequenz beschreiben auch *Roxin* FS Nehm, 205, 216 und *Fischer* § 32 Rdn. 15a mit plastischen Beispielen. Teilweise wird aus der Rechtfertigung der Folter als Konsequenz eine Folter*pflicht* hergeleitet, vgl. *Fischer* § 32 Rdn. 15a sowie *Kühl* AT § 7 Rdn. 156a, jedoch mit entgegengesetzten Schlussfolgerungen hinsichtlich deren Zulässigkeit (**abl.** *Fischer*, bejahend *Kühl*); aA *Gössel* FS Otto, 41, 61.
1261 Vgl. weiterhin *Ambos* FS Loos, 5, 14, der eine Lösung auf Schuldebene vorschlägt; *Beutler* Vernehmungszwecke S. 220; *Isfen* in Esser S. 21, 32 f; *Jeßberger* Jura **2003** 711, 714; *Neumann* NK § 34 Rdn. 118d, der der Menschenwürde darüber hinaus bereits absoluten Vorrang i.S.d. § 34 Satz 1 vor konkurrierenden Interessen einräumt; **krit.** *Miehe* NJW **2003** 1219, 1220; **aA** *Jerouschek/Kölbel* JZ **2003** 613, 620. Zur schwierigen Folgefrage der möglichen Strafbarkeit eines Dritten, der den zur Folter Entschlossenen aktiv an deren Durchführung hindert, s. *Mitsch* FS Roxin (2011), 639 ff.

nach § 229 BGB trotz diplomatischer Immunität? MDR **1995** 780; *Borchert* Die vorläufige Festnahme nach § 127 StPO, JA **1982** 338; *Braun* Subjektive Rechtfertigungselemente im Zivilrecht? NJW **1998**, 941; *Bülte* § 127 Abs. 1 Satz 1 StPO als Eingriffsbefugnis für den Bürger und als Rechtfertigungsgrund, ZStW **121** (2009) 377; *Christensen* Taschenkontrolle im Supermarkt und Hausverbot – BGHZ 124, 39, JuS **1996** 873; *Danwitz* Private Wachleute – die neuen Hüter von Sicherheit und Ordnung im öffentlichen Raum, KritV **2002** 347; *Duchstein* Die Selbsthilfe, JuS **2015** 105; *Duttge* Der Streit um die Gänsebrust: Selbsthilfe im Strafrecht, Jura **1993** 416; *Esser/Fincke* Festnahme von Piratereiverdächtigen auf Hoher See, ZIS **2009** 771; *Fincke* Darf sich eine Privatperson bei der Festnahme nach § 127 StPO irren? GA **1971** 41; *ders.* Das Risiko des privaten Festnehmers – OLG Hamm NJW 1972 1826, JuS **1973** 87; *Geppert* Vorläufige Festnahme, Verhaftung, Vorführung und andere Festnahmearten, Jura **1991** 269; *Grabow* Anm. zu BGH Urt. v. 5.4.2011 – 3 StR 66/11, NStZ **2012** 145; *Günther* Tat, nicht Tatverdacht! – Bemerkungen zum Tatbegriff des § 127 Abs. 1 Satz 2 StPO, Festschrift Kühl (2014) 885; *Haurand/Vahle* Eigenmächtige Durchsetzung von Rechten, DVP **2002** 223; *Heinen* Die Inanspruchnahme von Jedermannrechten durch Soldaten im Wach- und Feldjägerdienst, NZWehrr **1995** 138; *Heinrich* Notwehr bei Vorhaltungen im Straßenverkehr – BayObLG, NJW 1993, 211, JuS **1994** 17; *Hellmann* Die Anwendbarkeit der zivilrechtlichen Rechtfertigungsgründe im Strafrecht, Diss. Osnabrück 1986 (1987); *ders.* Zur Besitzkehr nach § 859 Abs. 2 BGB als strafrechtlichem Rechtfertigungsgrund, NStZ **1987** 455; *Hirsch* Rechtfertigungsfragen und Judikatur des Bundesgerichtshofs, Festgabe 50 Jahre BGH, Festgabe aus der Wissenschaft, Bd. IV: Straf- und Strafprozeßrecht (2000) 199; *Horst* Die Beitreibung von Mietforderungen, MDR **2003** 1035; *Jahn* Das Strafrecht des Staatsnotstands, Habil. Frankfurt/M. 2003 (2004); *ders.* Auslegung des Merkmals der „Tat" iSd § 127 StPO – Zugleich Anm. zu OLG Celle Urt. v. 26.11.2014 – 32 Ss 176/14, JuS **2015** 565; *Joerden* Der Streit um die Gänsebrust – Selbsthilfe im Strafrecht – BayObLG, NStZ 1991, 133, JuS **1992** 23; *Karamuntzos* Die vorläufige Festnahme bei Flagrantdelikten, Diss. Freiburg i.Br. 1954; *Kargl* Inhalt und Begründung der Festnahmebefugnis nach § 127 I StPO, NStZ **2000** 8; *Kramer* „Jedermann" nach § 127 Abs. 1 StPO – Staatsanwälte und Polizeibeamte? MDR **1993** 111; *Krauß* Der Streit um die Gänsebrust – Selbsthilfe im Strafrecht, JuS **1992** 624; *Krüger* Grund und Grenzen der Festnahmebefugnis des Betreibers einer SB-Tankstelle gegenüber zahlungsunwilligen und/oder -unfähigen Kunden, NZV **2003** 218; *Kudlich* „Ich hab' gedacht, ich dürfte das", Anm. zu OLG Hamm Urt. v. 8.5.2015 – 9 U 103/14, JA **2016** 150; *Lagodny* Notwehr gegen Unterlassen – Zugleich ein Beitrag zur Subsidiarität der Notwehr gegenüber gerichtlichem (Eil-)Rechtsschutz, GA **1991** 300; *ders.* Übungshausarbeit im Strafrecht: Das Fahrrad war sein Schicksal, Jura **1992** 659; *Laubenthal* Zu den Grenzen des Selbsthilferechts, JR **1991** 519; *Löwisch/Rieble* Besitzwehr zur Durchsetzung eines Hausverbots, NJW **1995** 2596; *Marxen* Zum Begriff der frischen Tat in § 127 Abs. 1 StPO, Festschrift Stree/Wessels (1993) 705; *Meincke* Betreffen oder Verfolgen auf frischer Tat als Voraussetzung der vorläufigen Festnahme nach § 127 Abs. 1 StPO, Diss. Hamburg 1963; *Meyer-Mews* Das Festnahmerecht – Ein Überblick, JA **2006** 206; *Mitsch* Tödlich Schüsse auf flüchtende Diebe, JA **1989** 79; *ders.* Festnahme mit Todesfolge – BGH, NJW 2000, 1348, JuS **2000** 848; *ders.* Strafrechtsbezüge von Fahrkartenkontrollen in öffentlichen Verkehrsmitteln, NZV **2014** 545; *ders.* Vorläufige Festnahme und Notwehr, JA **2016** 161; *Molketin* Der Mängel rügende, zahlungsunwillige Gast und das Selbsthilferecht des Wirts, GewArch **1991** 414; *Naucke* Das Strafprozeßänderungsgesetz und die vorläufige Verhaftung (§ 127 StPO), NJW **1968** 1225; *Paal/Guggenberger* Falschparken, Parkkrallen und private Rechtsdurchsetzung, NJW **2011** 1036; *Paeffgen* Obergerichtliche Rechtsprechung in Haftsachen – Teil 2, NStZ **1992** 530; *ders.* Gefahr, Anscheinsgefahr und Gefahrverdacht im Polizeirecht, GA **2014** 638; *Pelz* Notwehr- und Notstandsrechte und der Vorrang obrigkeitlicher Hilfe, NStZ **1995** 305; *Rogall* Das Notwehrrecht des Polizeibeamten – BayObLGSt 1991, 141, JuS **1992** 551; *Satzger* Das Jedermann-Festnahmerecht nach § 127 I StPO als Rechtfertigungsgrund, Jura **2009** 107; *Schauer/Wittig* Rechtfertigung des Fahrausweisprüfers nach § 127 I 1 StPO oder § 229 BGB? JuS **2004** 107; *Scheffler* Selbsthilfe des einen oder Notwehr des anderen, Jura **1992** 352; *Schlüchter* Kein Recht zur Beweisvernichtung nach einem potentiellen Selbstbedienungsladendiebstahl, JR **1987** 309; *Schmidhäuser* Die Begründung der Notwehr, GA **1991** 97; *K. Schreiber* Die Rechtfertigungsgründe des BGB, Jura **1997** 29; *Schroeder* Anm. zu BayObLG Beschl. v. 18.10.1990 – RReg. 5 St 92/90, JZ **1991** 682; *Chr. Schröder* Das Festnahmerecht Privater und die Teilrechtfertigung unerlaubter Festnahmehandlungen (§ 127 Abs. 1 S. 1 StPO), Jura **1999** 10; *W.B. Schünemann* Selbsthilfe im Rechtssystem, Habil. Tübingen 1984 (1985); *Seefried* Die Zulässigkeit von Torkontrollen, AiB **1999** 428; *Sickor* Das Festnahmerecht nach § 127 I 1 StPO im System der Rechtfertigungsgründe, JuS **2012** 1074; *Stam* die Auslegung zivilrechtlicher Rechtfertigungsgründe im Strafrecht am Beispiel von Besitzwehr und -kehr nach § 859 BGB, JR **2017** 557; *I. Sternberg-Lieben* Allgemeines zur Notwehr, JA **1996** 129; *D. Sternberg-Lieben/I. Sternberg-Lieben* Der praktische Fall – Strafrecht: „Lola rennt" ... immer noch, JuS **2002** 576; *Thiel* Die Konkurrenz von Rechtfertigungsgründen, Diss. Göttingen 1999 (2000); *Trüg/Wentzell* Grenzen der Rechtfertigung und Erlaubnistatbestandsirrtum, Jura **2001** 30; *Vahle* Selbsthilferechte, VR **1989** 76; *Wagner* Das allgemeine Festnahmerecht gem. § 127 Abs. 1 S. 1 StPO als Rechtfertigungsgrund, ZJS **2011** 465; *Westerburg* Die Polizeigewalt des Luftfahrzeugkommandanten (1961); *Wiedenbrüg* Nochmals: Das Risiko des privaten Festnehmers – OLG Hamm, NJW 1972, 1826, JuS **1973** 418; *Zopfs* Der „Widerstand gegen Vollstreckungsbeamte" als privilegierte Form der „Nötigung" oder der „Körperverletzung", GA **2000** 527.

Eingriffsbefugnisse der Staatsgewalt können bei gesetzlicher Delegation auch von Privatpersonen wahrgenommen werden und deren Einschreiten rechtfertigen: **264**

aa) Die Befugnis zur **vorläufigen Festnahme** eines „auf frischer Tat betroffenen" (dazu OLG Hamm NStZ **1998** 370) oder „verfolgten" Straftäters steht *„jedermann"*[1262] zu, wenn der Straftäter fluchtverdächtig[1263] ist oder seine Identität nicht sofort festgestellt werden kann, vgl. § 127 Abs. 1 StPO.[1264] Sinn und Zweck dieses Festnahmerechtes ist die Ermöglichung einer strafgerichtlichen Verfolgung gegen einen Straftatverdächtigen, wozu der Staat dem Bürger eine öffentliche Funktion überträgt (RGSt **17** 127, 128; BayObLGSt **1986** 52, 54 = JR **1987** 344, 345; *Schultheis* KK § 127 Rdn. 6 m.w.N.).[1265] „Tat" ist jede rechtswidrige und schuldhafte Tat; ausnahmsweise ist die Schuldfähigkeit entbehrlich, wenn eine Unterbringung in Betracht kommt (*Schultheis* KK § 127 Rdn. 7; *Hilger* LR § 127 Rdn. 8; *Paeffgen* SK-StPO § 127 Rdn. 6; *Sickor* JuS **2012** 1074, 1075 f; jew. m.w.N.). Im Falle von *Ordnungswidrigkeiten* ist die vorläufige Festnahme ausgeschlossen, § 46 Abs. 3 Satz 1 OWiG (dazu *Schultheis* KK § 127 Rdn. 50; *Lampe* KK-OWiG § 46 Rdn. 19 f m.w.N.). Festnahmen, deren Sinn und Zweck sich in der *Verhütung künftiger Straftaten* erschöpfen, sind von § 127 StPO nicht mehr umfasst (BGH VRS **40** [1968] 104; *Schultheis* KK § 127 Rdn. 6; *SSW-StPO/Herrmann* § 127 Rdn. 22). **265**

Sehr umstritten ist die Frage, wann das Merkmal „Tat" (§ 127 Abs. 1 Satz 1 StPO) erfüllt ist.[1266] Nach der – materiell-strafrechtlichen – sog. *„Tatlösung"*[1267] ist erforderlich, dass der Festgenommene die vermutete **Straftat** – ex post betrachtet – **tatsächlich begangen hat** (OLG Hamm NJW **1972** 1826; NJW **1977** 590, 591 m.w.N.; KG VRS **45** [1973] 35, 37; *Hirsch* LK[11] Rdn. 156; *ders.* FG BGH IV, 199, 224).[1268] Die „Tatlösung" schützt den (un- **266**

[1262] Hierzu *Benfer* MDR **1993** 828 f; *Bülte* ZStW **121** (2009) 377, 379 ff; *Hilger* LR § 127 Rdn. 26 f; *Kramer* MDR **1993** 111 ff; *SSW-StPO/Herrmann* § 127 Rdn. 11 f; weiterhin *Heinen* NZWehr **1995** 138 ff zur Inanspruchnahme sog. „Jedermann-Rechte" durch Wachsoldaten und Feldjäger.
[1263] Zu den Voraussetzungen des Fluchtverdachtes *Meyer-Goßner/Schmitt* § 127 Rdn. 10 m.w.N.; BGH StV **1991** 498 zu den Anforderungen an den Fluchtverdacht im Fall eines bekannten Täters.
[1264] *Albrecht* Das Festnahmerecht, passim; *Krüger* NZV **2003** 218 ff zum Festnahmerecht des Betreibers einer SB-Tankstelle; *Schauer/Wittig* JuS **2004** 107 ff zum Festnahmerecht des Fahrausweisprüfers.
[1265] *Jescheck/Weigend* § 35 IV 2; *Roxin/Schünemann* Strafverfahrensrecht § 31 Rdn. 4; *Mitsch* JA **2016** 161, 164; *Günther* FS Kühl, 885, 886 („Ermöglichung der Durchsetzung des staatlichen Straf- oder Maßregelanspruchs"). Nach BayObLGSt **2002** 105 f = wistra **2002** 480 kann eine vorläufige Festnahme gemäß § 127 Abs. 1 Satz 1 StPO auch zur Anwesenheitssicherung zulässig sein; zust. *Lackner/Kühl/Kühl* Rdn. 23.
[1266] Ausführlich dazu *Bülte* ZStW **121** (2009) 377, 386 ff.
[1267] So *Arzt* FS Kleinknecht, 1, 2; *Lackner/Kühl/Kühl* Rdn. 23; *John* JuS **2015** 565 („materiellrechtliche Lösung").
[1268] Weiterhin schon RGSt **12** 194, 195; **19** 101, 103; außerdem Baumann/Weber/*Mitsch*/Eisele § 15 Rdn. 174; *ders.* JA **2016** 161, 163 (ausdehnend auf wirklich begangene Straftaten, bezgl. derer noch keine verdachtsbegründenden Umstände vorliegen); *Beulke/Swoboda* § 12 Rdn. 235; *Günther* FS Kühl, 885, 887 ff; *Jahn* Staatsnotstand S. 494 f; *ders.* JuS **2015** 565, 566; *Jescheck/Weigend* § 35 IV 2; *Krey/Esser* Rdn. 646 f; *Kühl* AT § 9 Rdn. 86; *Lackner/Kühl/Kühl* Rdn. 23; *Maurach/Zipf* § 29 Rdn. 13; *Matt/Renzikowski/Engländer* Rdn. 38; *Meyer-Goßner/Schmitt* § 127 Rdn. 4; *Meyer-Mews* JA **2006** 206; *Otto* Jura **2003** 685; *ders.* AT § 8 Rdn. 155; *Satzger* Jura **2009** 107, 110; *Schlüchter* JR **1987** 309 ff; Sch/Schröder/Lenckner/Sternberg-Lieben Rdn. 81/82; *Schmidhäuser* AT 6/100; *Eb. Schmidt* Nachtrag I § 127 StPO Rdn. 8; *Fischer* Rdn. 7a; *Wiedenbrüg* JuS **1973** 418 ff; jew. m.w.N.

schuldig) Festgenommenen bzw. dessen Freiheitsrechte und will ihm sein Notwehrrecht gegen den Zugriff einer Privatperson belassen, deren Festnahme auf einem Irrtum beruht (vgl. dazu *Hirsch* LK[11] Rdn. 156; *Jescheck/Weigend* § 35 IV 2; *Fischer* Rdn. 7; jew. m.w.N.).[1269] Sie stellt u.a. auf den Wortlaut des § 127 Abs. 1 Satz 1 StPO (im Vergleich mit dem Wortlaut der §§ 127 Abs. 2 i.V.m. 112 Abs. 1 Satz 1, 112a StPO) ab (z.B. *Jahn* Staatsnotstand S. 494; *Matt/Renzikowski/Engländer* Rdn. 38). Für diese „Tatlösung" soll schließlich sprechen, dass dem insoweit unkundigen und unerfahrenen Bürger eine *Verdachtsprüfung* gänzlich fremd sei – und selbst wenn er wollte, könnte er sie nur unzureichend durchführen (ähnlich *Hirsch* LK[11] Rdn. 156).

267   Nach der – prozessualen – sog. „*Verdachtslösung*"[1270] ist ausreichend, dass – ex ante betrachtet – ein **Tatverdacht** vorliegt, an den jedoch unterschiedliche Anforderungen gestellt werden: Teilweise wird vertreten, dass die *erkennbaren äußeren Umstände* eine „rechtswidrige Tat" (BayObLG JR **1987** 344; OLG Hamm NStZ **1998** 370)[1271] oder einen „dringenden Tatverdacht" nahelegen müssen (BGH[Z] NJW **1981** 745; AG Grevenbroich NJW **2002** 1060, 1061; *Hilger* LR § 127 Rdn. 9; *Kühne* § 26 Rdn. 450; *Schultheis* KK § 127 Rdn. 9; jew. m.w.N.).[1272] Andere fordern einen dringenden Tatverdacht bzw. dass der Festnehmende ohne Fahrlässigkeit die Täterschaft des Festgenommenen annimmt (*Roxin* AT I § 17 Rdn. 24; vgl. auch *Paeffgen* SK-StPO § 127 Rdn. 10; *ders.* GA **2014** 638, 653; **aA** *Roxin/Schünemann* Strafverfahrensrecht § 31 Rdn. 4). Ferner wird vertreten, der Festnehmende müsse vom Vorliegen einer Straftat „*überzeugt*" sein (*Fincke* GA **1971** 41, 50; *ders.* JuS **1973** 87, 90). Schließlich wird darauf abgestellt, ob der Festgenommene einen Tatverdacht „*zurechenbar erregt*" hat (*Jakobs* 16/16; *Lesch* Strafprozessrecht 2.Aufl. [2001] 4.Kap. Rdn. 46).[1273] Die Verdachtslösung will den (couragiert eingreifenden) Festnehmenden schützen und deshalb verhindern, dass ihm das Irrtumsrisiko auferlegt wird; denn er soll und will als Delegierter doch gerade dem öffentlichen Interesse einer effektiven Strafverfolgung dienen.[1274]

268   **Zuzustimmen** ist der prozessualen Verdachtslösung soweit sie verlangt, dass ein dringender Tatverdacht vorliegt bzw. der Festnehmende ohne Fahrlässigkeit die Täterschaft des Festgenommenen annimmt. Strafprozessuale Eingriffsentscheidungen wurzeln stets in Befugnisnormen, die an einen *Verdacht* anknüpfen (s. Rdn. 243), weil zum Zeitpunkt des Eingriffes hinsichtlich der Täterschaft keine absolute Gewissheit bestehen kann;[1275] es wäre bedenklich, die Frage der Rechtmäßigkeit einer Festnahme solange offen zu halten, bis der Festgenommene rechtskräftig verurteilt wird (*Roxin* AT I § 17 Rdn. 24). Ferner erscheint es hinnehmbar, dem von einer Festnahme betroffenen und dringend tatverdächtigen Bürger das Notwehrrecht zu versagen; denn ihm wird in der Regel nur ein kurzfristiger Freiheitsentzug drohen, während dessen ihm selbst am meisten an der Aufklärung seiner Unschuld durch kooperatives Verhalten liegen wird (*Roxin*

1269   Weiterhin *Meyer-Goßner/Schmitt* § 127 Rdn. 4 m.w.N.
1270   So *Arzt* FS Kleinknecht, 1, 2, 5; *Lackner/Kühl/Kühl* Rdn. 23; *Satzger* Jura **2009** 107, 109; *John* JuS **2015** 565 m. Fn. 5.
1271   Weiterhin OLG Zweibrücken NJW **1981** 2016; OLG Koblenz BeckRS **2009** 09269; wohl auch OLG Hamm BeckRS **2015** 10734 Rdn. 16 m. Anm. *Kudlich* JA **2016** 150; *Bülte* ZStW **121** (2009) 377, 400 f (fordert einschränkend „einen über vernünftigen Zweifel erhabenen Tatverdacht"); *Kargl* NStZ **2000** 8, 10 ff; *SSW-StPO/Herrmann* § 127 Rdn. 19; *Wagner* ZJS **2011** 465, 471; jew. m.w.N.
1272   Ausdrücklich offengelassen von BGHSt **45** 378, 380; s. auch BGH GA **1974** 177; OLG Celle StV **2016** 295, 296 m. Anm. *Jahn* JuS **2015** 565 ff, der hier allerdings eine Tendenz zur materiellen Tatlösung erkennt; jew. m.w.N.
1273   **Krit.** zu beiden Ansichten *Marxen* FS Stree/Wessels, 705 ff, der eine eingeschränkte Verdachtslösung favorisiert.
1274   So auch *Hilger* LR § 127 Rdn. 11.
1275   Ähnlich *Paeffgen* GA **2014** 638, 652.

AT I § 17 Rdn. 25). Ohnehin besitzt der Festgenommene unter gewissen Voraussetzungen auch nach anderer Ansicht kein Notwehrrecht: Wenn der Festnehmende objektiv sorgfältig handelt und dennoch einem unvermeidbaren Erlaubnistatumstandsirrtum erliegt (dazu u.a. *Beulke* § 12 Rdn. 235; *Wessels/Beulke/Satzger* Rdn. 615), fehlt der straftatbestandsmäßigen Festnahme (§§ 239, 240, ggf. §§ 223, 229) ihr Handlungsunwert und somit ihre Rechtswidrigkeit. Dann besäße der Festgenommene aufgrund des unvermeidbaren Irrtums des Festnehmenden kein Eingriffsrecht, bliebe vielmehr auf § 34 beschränkt; wollte man dem Festgenommenen gleichwohl ein Notwehrrecht zubilligen, wäre dieses wegen des sorgfältigen Handelns des Festnehmenden jedenfalls eingeschränkt (*Roxin* aaO; auch Rdn. 243).

§ 127 Abs. 1. Satz 1 StPO rechtfertigt eine Festnahme nur, soweit dadurch die **(Fortbewegungs-)Freiheit** des Festgenommenen verletzt wird (§§ 239, 240), etwa durch Festhalten, zwangsweise Verbringung zur Polizeiwache und ggf. auch Fesselung (dazu eingehender *Schultheis* KK § 127 Rdn. 26 f; *Sch/Schröder/Lenckner/Sternberg-Lieben* Rdn. 81/82; *Paeffgen/Zabel* NK Rdn. 186; jew. m.w.N.); **körperliche Misshandlungen** (§§ 223 ff) sind nur gerechtfertigt, wenn sie der Natur der Sache nach mit Festnahmen zwangsläufig einhergehen, z.B. hartes Zupacken (*Paeffgen/Zabel* NK Rdn. 186 m.w.N.; auch *Bülte* ZStW **121** [2009] 377, 404; *Matt/Renzikowski/Engländer* Rdn. 40; **aA** *Arzt* FS Kleinknecht, 1, 11), oder wenn sie nur die ungewollte Folge eines Verhaltens sind, das seinerseits aufgrund § 127 Abs. 1 Satz 1 StPO gerechtfertigt ist (OLG Stuttgart NJW **1984** 1694); indessen scheiden schwerer wiegende körperliche Beeinträchtigungen oder sogar die **Gefährdung des Lebens** aus (zum Ganzen RGSt **34** 443, 446; **65** 392; **71** 49, 52; **72** 305; BGHSt **45** 378 ff; BGH NStZ-RR **2007** 303).[1276] Das Recht zur vorläufigen Festnahme gibt deshalb keine Befugnis, auf eine fliehende Person zu schießen (RGSt **71** 49; KG VRS **19** [1960] 114; *Meyer-Goßner/Schmitt* § 127 Rdn. 15 m.w.N.; *Roxin* AT I § 17 Rdn. 28).[1277] Nach **aA** sollen Schüsse auf den flüchtigen Straftäter in Ausnahmefällen, d.h. etwa bei besonders schweren Rechtsgutsverletzungen (BGH bei *Holtz* MDR **1979** 985, 986; BGH bei *Pfeiffer* NStZ **1981** 93, 94; *Schultheis* KK § 127 Rdn. 28 m.w.N.), noch vom Festnahmerecht umfasst sein (dazu *Lackner/Kühl/Kühl* Rdn. 23; *Meyer-Goßner/Schmitt* § 127 Rdn. 15; *Paeffgen* SK-StPO § 127 Rdn. 21; jew. m.w.N.). Diese Ansicht ist sehr fragwürdig, denn sie reißt rechtsstaatliche Grenzen, die das Reichsgericht jahrzehntelang eingehalten hat, kurzerhand ein. Sie unterläuft die bei Privatpersonen beachtlichen Voraussetzungen von § 32 und – bei Dauergefahr – von § 34. Deshalb ist eine Befugnis, anlässlich einer vorläufigen Festnahme auf den Flüchtigen schießen zu dürfen, abzulehnen.[1278] Dies gilt auch für das Schießen mit einer Gaspistole (KG VRS **19** [1960] 114). Indes sind sowohl die Drohung mit Schießen (RGSt **12** 194; **65** 392, 396; *SSW-StPO/Herrmann* § 127 Rdn. 35) als auch das Abgeben von Warnschüssen (*Paeffgen* SK-StPO § 127 Rdn. 21; *Hilger* LR § 127 Rdn. 29; jew. m.w.N.) durch § 127 Abs. 1 Satz 1 StPO gerechtfertigt (*Meyer-Goßner/Schmitt* § 127 Rdn. 15; *Sch/Schröder/Lenckner/Sternberg-Lieben* Rdn. 81/82; jew. m.w.N.). Soweit mit der Festnahme verbundene zusätzliche Beeinträchtigungen aufgrund § 127 Abs. 1 Satz 1 StPO

269

[1276] Ferner BayObLGSt **15** 151, 154; **26** 21; **33** 39; KG VRS **19** [1960] 114; *Fischer* Rdn. 7; *Hauck* AnwK Rdn. 28; *Meyer-Goßner/Schmitt* § 127 Rdn. 13 f m.w.N.; außerdem *Mitsch* JuS **2000** 848, 850 f; ders. JA **2016** 161, 164 f (zum „intensiven Festnahmeexzess"); *Roxin* AT I § 17 Rdn. 28; *Satzger* Jura **2009** 107, 113; dies gilt auch für eine erhebliche Geschwindigkeitsüberschreitung (ThürOLG VRS **94** [1998] 459 ff).
[1277] Weiterhin *Hilger* LR § 127 Rdn. 29 m.w.N.; *SSW-StPO/Herrmann* § 127 Rdn. 35; *Wagner* ZJS **2011** 465, 476.
[1278] RGSt **71** 49; **72** 305, 306; BGH NJW **1981** 745; KG VRS **19** [1960] 114; weiterhin *Bülte* ZStW **121** (2009) 377, 408 ff; *Meyer-Goßner/Schmitt* § 127 Rdn. 15; *Paeffgen* SK-StPO § 127 Rdn. 21 m.w.N.; außerdem *Arzt* FS Kleinknecht, 1, 12; *Gössel* Strafverfahrensrecht § 6 A II b; *Peters* § 47 B I 1; *Roxin* AT I § 17 Rdn. 28; *Satzger* Jura **2009** 107, 113.

gerechtfertigt sind, müssen sie zu dem mit der Festnahme verfolgten Zweck im angemessenen Verhältnis stehen (RGSt **65** 392, 394; *SSW-StPO/Herrmann* § 127 Rdn. 34 f). Leistet der Festzunehmende aktiven Widerstand, darf der Festnehmende Notwehr üben (BGHSt **45** 378 m. Anm. *Kargl/Hirsch* NStZ **2000** 603, 604 ff; OLG *Hamm* NJW **1972** 1826 f).[1279] Anstelle der Festnahme ist als leichteres Mittel z.B. die Wegnahme von Sachen (etwa des Zündschlüssels, OLG Saarbrücken NJW **1959** 1190, 1191; *Bülte* ZStW **121** [2009] 377, 405), von Beweisstücken (RGSt **8** 288; RGZ **64** 385; KG DJZ **1928** 741) oder des Personalausweises (*Matt/Renzikowski/Engländer* Rdn. 40; *Schultheis* KK § 127 Rdn. 29) umfasst (dazu *Paeffgen/Zabel* NK Rdn. 186; *Sch/Schröder/Lenckner/Sternberg-Lieben* Rdn. 81/82; jew. m.w.N.).[1280]

270 **bb) Selbsthilfe** ist die Durchsetzung oder Sicherung eines Anspruches durch private Gewalt.[1281] Sie ist in einem rechtsstaatlich geprägten Gemeinwesen prinzipiell unzulässig;[1282] der Rechtsstaat verweist den Gläubiger vielmehr auf die Anrufung der Justiz *Palandt/Ellenberger* § 229 Rdn. 1; *Jescheck/Weigend* § 35 IV 1; *Staudinger/Repgen* § 229 Rdn. 1, 3). Von diesem Grundsatz wird unter engen Voraussetzungen eine Ausnahme gemacht, „wenn obrigkeitliche Hilfe nicht rechtzeitig zu erlangen ist und ohne sofortiges Eingreifen die Gefahr besteht, dass die Verwirklichung des Anspruches vereitelt oder wesentlich erschwert werde" (§ 229 BGB).[1283, 1284] Namentlich Maßnahmen des einstweiligen Rechtsschutzes gehen der Selbsthilfe also vor. **Gesetzlich zulässige Mittel** der Selbsthilfe sind: Wegnahme, Zerstörung oder Beschädigung einer Sache, Festnahme eines fluchtverdächtigen Verpflichteten und die Beseitigung des Widerstandes gegen eine Handlung, welche der Verpflichtete zu dulden hat (dazu *Grothe* MK-BGB § 229

1279 Weiterhin *Fischer* Rdn. 7a; *Meyer-Goßner/Schmitt* § 127 Rdn. 17 m.w.N.; *Sch/Schröder/Lenckner/Sternberg-Lieben* Rdn. 81/82; *Arzt* FS Kleinknecht, 1, 10; *Sickor* JuS **2012** 1074, 1078; *Trüg/Wentzell* Jura **2001** 30 ff.
1280 **Krit.** dazu *Paeffgen* SK-StPO § 127 Rdn. 21, der in diesen Maßnahmen ein normatives Aliud sieht; differenzierend *Wagner* ZJS **2011** 465, 473 f.
1281 Zum Erfordernis eines bestehenden (Zahlungs-)Anspruchs ausdrücklich BGH NStZ **2008** 626.
1282 *Grothe* MK-BGB § 229 Rdn. 1; *Palandt/Ellenberger* § 229 Rdn. 1, 3; *Staudinger/Repgen* § 229 Rdn. 1, 3; *SSW/Rosenau* Rdn. 22; weiterhin *Duchstein* JuS **2015** 105; ausführlich *Werner* Staatliches Gewaltmonopol und Selbsthilfe im Rechtsstaat (1999) S. 7 ff; vgl. speziell zur Bedeutung der Selbsthilfe für das Strafrecht *Joerden* JuS **1992** 23, 26 ff; *Pelz* NStZ **1995** 305, 306 f; jew. m.w.N. Umfassend zur Selbsthilfe *W.B. Schünemann* Selbsthilfe (1985); auch *Hellmann* Rechtfertigungsgründe S. 117 ff.
1283 Die These von der Unanwendbarkeit des § 229 BGB im Strafrecht aufgrund der „Überlagerungswirkung" der Notwehr nach § 32 (*Hellmann* Rechtfertigungsgründe S. 115 ff, insbes. 133) hat sich nicht durchgesetzt. Vgl. zum Verhältnis der beiden Normen auch *Arzt* FS Schaffstein, 77, 81 f; *Kühl* AT § 9 Rdn. 3; *Lagodny* Jura **1992** 659, 661 m. Fn. 37 (jew. m.w.N.) und ausführlich *Thiel* Konkurrenz S. 154 ff.
1284 Zur Zulässigkeit von Selbsthilfe bei Beseitigung des Überhanges von auf dem Nachbargrundstück stehenden Bäumen: OLG Hamm Urt. v. 3.6.1983 – 1 Ss 74/83; gegen Lärmbelästigung durch Rockkonzert: OLG Karlsruhe NJW **1992** 1329; zur Durchsetzung von durch AGB geregelter Taschenkontrolle in Geschäften: BGHZ **124** 39 ff; **133** 184 ff; OLG Frankfurt/M. NJW-RR **1993** 788 f; LG Frankfurt/M. Kriminalistik **1995** 507; zur Durchsetzung eines Hausverbots: OLG Frankfurt/M. NJW **1994** 946; zur Beseitigung hinüberwachsender Baumwurzeln durch den Nachbarn: OLG Köln ZMR **1993** 567 f; bei rechtswidrig erfolgten Filmaufnahmen: LG Hamburg ZUM **1996** 430 f; durch Überkleben fremder Werbeplakate: OLG Stuttgart NJW-RR **1996** 1515 f; gegenüber Hausbesetzern: Brandenburgisches OLG NVwZ **1998** 771; durch Räumung von Wohnraum: OLG Köln NJW **1996** 472 f; OLGR Celle **2000** 211 f; zum Selbsthilferecht des Taxifahrers bei Streit um den Fahrpreis: OLG Düsseldorf NJW **1991** 2716 m. Anm. *Scheffler* Jura **1992** 352 (dazu auch *Paeffgen* NStZ **1992** 530, 532) und AG Grevenbroich NJW **2002** 1060 m. Anm. *Martin* JuS **2002** 620. Zur Rechtfertigung des Fahrausweisprüfers nach § 229 BGB *Schauer/Wittig* JuS **2004** 107, 119 ff; des Betreibers oder Personals einer SB-Tankstelle *Krüger* NVZ **2003** 218, 219 f; zum Selbsthilferecht bei Wegnahme einer Sache zur Identifizierung eines fluchtverdächtigen Schuldners BGH NStZ **2012** 144 m. i.E. zust. Anm. *Grabow*; **krit.** zu eigenmächtigen Identifizierungsmaßnahmen jedoch *Mitsch* NZV **2014** 545, 547.

Rdn. 6 ff m.w.N.; *Palandt/Ellenberger* § 229 Rdn. 6 ff).[1285] Hierbei gelten die Grenzen des § 230 BGB; gem. § 231 BGB besteht eine (verschuldensunabhängige) **Schadensersatzpflicht** im Irrtumsfall.[1286] Befürchtete Schwierigkeiten im Hinblick auf die prozessuale Durchsetzung eines Anspruches (z.B. Beweisschwierigkeiten) begründen noch kein Selbsthilferecht (BGHSt **17** 328; *Kühl* AT § 9 Rdn. 4);[1287] auch drohende Zahlungsunfähigkeit rechtfertigt die Selbsthilfe nicht (*Grothe* MK-BGB § 229 Rdn. 5; *Palandt/Ellenberger* § 229 Rdn. 5). Zulässig ist die Selbsthilfe jedoch zur Verhinderung einer drohenden Vernichtung von Beweismitteln (*Jakobs* 16/21; *Kühl* AT § 9 Rdn. 4). Beauftragt der Anspruchsberechtigte einen **Dritten** mit der Ausübung, ist auch dieser gerechtfertigt (*Schmidhäuser* StuB 6/99; *Welzel* § 14 VI 1; *Joerden* JuS **1992** 23, 25).[1288] Als praktischer Hauptfall des Selbsthilferechts wird zumeist die Begegnung mit dem die gestohlene Sache bei sich führenden Dieb auf der Straße angeführt.[1289] Der Eigentümer darf in einem solchen Fall die Durchsetzung seines Herausgabeanspruchs bis zum Eintreffen der Polizei durch Festhalten des Diebes, Wegnahme der Sache und ggf. Beseitigung geleisteten Widerstandes sichern (*Roxin* AT I § 17 Rdn. 29; *Kühl* AT § 9 Rdn. 7). Viel diskutiert worden ist der „Gänsebrust-Fall" (BayObLG NJW **1991** 934). Vornehmlich ging es dabei um die Frage, ob die Kellnerin den zahlungsunwilligen Gast zwecks Feststellung der Personalien festhalten durfte oder ob es dafür nach § 230 Abs. 3 BGB i.V.m. §§ 916, 918 ZPO eines Arrestgrundes bedurft hätte.[1290] In Bezug auf mit der Festnahme verbundene weitergehende Beeinträchtigungen gelten die zum Festnahmerecht gemachten Ausführungen (s.o. Rdn. 269). Ein Schuldner, der sich ins Ausland abzusetzen droht, darf somit zwar festgenommen, sein Leben dabei jedoch nicht gefährdet werden (RGSt **69** 308, 312; *Jescheck/Weigend* § 35 IV 1; *Kühl* AT § 9 Rdn. 5 m.w.N.). Im Fall der **Beseitigung von Widerstand** gegen eine Handlung, welche der Verpflichtete zu dulden hat, bestimmen sich die Grenzen der Selbsthilfe anhand der §§ 892, 758 Abs. 3, 759 ZPO.[1291]

Prinzipiell darf die Selbsthilfe nicht weiter reichen, als zur Abwendung der Gefahr **271** der Anspruchsvereitelung **erforderlich** (§ 230 Abs. 1 BGB).[1292] Dabei ist speziell im Fall der Wegnahme von Sachen zu beachten, dass sie nur zur Sicherstellung erfolgen darf (§ 230 Abs. 2 BGB; vgl. auch BGHSt **17** 87 und 328; *Kühl* AT § 9 Rdn. 5 m.w.N.).[1293] Des-

---

1285 Ferner *Staudinger/Repgen* § 229 Rdn. 25 ff; *Sch/Schröder/Lenckner/Sternberg-Lieben* Rdn. 66; *Schreiber* Jura **1997** 29, 34 f; jew. m.w.N.; s. auch *Grabow* NStZ **2012** 145, 146.
1286 Vgl. auch *Schreiber* Jura **1997** 29, 35 f m.w.N.; zur Schadensersatzpflicht gemäß § 231 BGB bei Selbsthilfeexzess: KreisG Havelberg WuM **1992** 587.
1287 Weiterhin *Paal/Guggenberger* NJW **2011** 1036, 1037.
1288 Noch weitergehend *Staudinger/Repgen* § 229 Rdn. 15: Selbsthilfe auch durch Personen, die „im Lager" des Selbsthilfeberechtigten stehen.
1289 Vgl. nur *Duchstein* JuS **2015** 105.
1290 Für das Erfordernis eines Arrestgrundes Baumann/Weber/*Mitsch*/Eisele AT § 15 Rdn. 184; *Laubenthal* JR **1991** 519, 520; *Duttge* Jura **1993** 416, 419 f; *Soergel/Fahse* § 229 Rdn. 20; für das Bestehen eines Selbsthilferechts dagegen *Jescheck/Weigend* § 35 IV 1; *Kühl* AT § 9 Rdn. 8; *Roxin* AT I § 17 Rdn. 30; *Otto* AT § 8 Rdn. 136; *Scheffler* Jura **1992** 352, 356 (beide mit Hinweis auf die vertragliche Nebenpflicht, eine gerichtliche Klärung durch Mitteilung der Personalien zu ermöglichen); *Sch/Schröder/Lenckner/Sternberg-Lieben* Rdn. 66; *Schreiber* Jura **1997** 29, 35; *D. Sternberg-Lieben/I. Sternberg-Lieben* JuS **2002** 576, 578 f; *Schauer/Wittig* JuS **2004** 107, 110 f; *Staudinger/Repgen* § 229 Rdn. 35; auch schon OLG Hamburg MDR **1969** 759 (in einem Taxifahrer-Fall). Zum Gänsebrust-Fall auch *Joerden* JuS **1992** 23.
1291 Weiter *Bongartz* MDR **1995** 780 zur Frage der Anwendbarkeit des § 229 BGB im Fall diplomatischer Immunität.
1292 Vgl. dazu *Schreiber* Jura **1997** 29, 35 m.w.N.; auch *Duchstein* JuS **2015** 105, 108; *Paal/Guggenberger* NJW **2011** 1036, 1037.
1293 Für die Zulässigkeit einer Befriedigungsselbsthilfe in Ausnahmefällen allerdings *Schreiber* Jura **1997** 29, 35 m. Fn. 114 und *Staudinger/Repgen* § 230 Rdn. 1; vgl. auch *Lagodny* GA **1991** 300, 317; allgemein kritisch zum „Verbot der Befriedigungsselbsthilfe" *W.B. Schünemann* Selbsthilfe S. 96 ff.

halb darf sich der Gläubiger selbst bei Vorliegen auch der übrigen Voraussetzungen der Selbsthilfe einen geschuldeten Geldbetrag nicht ohne weiteres zueignen (dazu BGHSt **17** 87; *Roxin* AT I § 17 Rdn. 30). Schließlich ist im Rahmen von § 229 BGB in besonderem Maße dem **Gebot der Verhältnismäßigkeit** des Eingriffes Rechnung zu tragen (RGSt **69** 308, 312; *Jescheck/Weigend* § 35 IV 1; *Maurach/Zipf* § 29 Rdn. 14).[1294] Ob subjektiv ein Handeln zum Zwecke der Selbsthilfe notwendig ist, ist umstritten.[1295] Es spricht mehr dafür, neben der Kenntnis der Selbsthilfelage keinen solchen Willen zu fordern (s. allgemein zu den subjektiven Rechtfertigungsvoraussetzungen Rdn. 82 ff). Der Wortlaut des § 229 BGB spricht nicht gegen diese Ansicht; mit dem „Zweck" kann auch der *objektive* Zweck der Handlung gemeint sein.[1296] Setzt sich der Schuldner gegen einen zulässigen Selbsthilfeeingriff zur Wehr, so liegt darin ein rechtswidriger Angriff, gegen den sich der Selbsthilfeberechtigte mittels Notwehr verteidigen darf.[1297] Hinsichtlich des Irrtums über das Bestehen eines Selbsthilferechtes (vgl. hierzu BGHSt **17** 87) gelten die allgemeinen Grundsätze (daneben: zivilrechtliche Schadensersatzpflicht, vgl. § 231 BGB). **Besonders geregelte Fälle** der Selbsthilfe[1298] sind: §§ 859, 860 BGB[1299] (Selbsthilfe des *Besitzers* und *Besitzdieners* bei verbotener Eigenmacht; für den *Teilbesitzer* und den *Rechtsbesitzer* i.V.m. § 865 bzw. § 1029 BGB); § 562b,[1300] § 581 Abs. 2 und §§ 704 Satz 2 i.V.m. 562b BGB (Selbsthilfe des *Vermieters, Verpächters* und *Gastwirts*), § 910 BGB (Selbsthilfe im *Nachbarrecht*) und § 962 BGB (Selbsthilfe des *Eigentümers eines Bienenschwarmes*). Im Gegensatz zu § 229 BGB verlangen diese speziellen Selbsthilferechte keine Unmöglichkeit obrigkeitlicher Hilfe (*Roxin* AT I § 17 Rdn. 31). Näher zum **Jagdrecht** *Maurach/Schroeder/Maiwald* I § 38 Rdn. 21 m.w.N.

272   **cc)** Weitere delegierte Amtsrechte sind die Bordgewalt des **Schiffskapitäns** (§ 106 SeemG) und des **Luftfahrzeugkommandanten** (Art. 5–10 des Abkommens von Tokio über strafbare und andere Handlungen, die sich an Bord von Luftfahrzeugen ereignen).[1301]

1294 Weiter *Stratenwerth/Kuhlen* AT § 9 Rdn. 135 m.w.N.; *W.B. Schünemann* Selbsthilfe S. 95 f. **AA** *Grothe* MK-BGB § 229 Rdn. 8; *Schreiber* Jura **1997** 29, 35; *Schauer/Wittig* JuS **2004** 107, 110; in der Tendenz auch *Hellmann* Rechtfertigungsgründe S. 127 ff.
1295 Einen Selbsthilfewillen fordern OLG Karlsruhe GRUR-RR **2008** 350, 351; *Grabow* NStZ **2012** 145, 146; *Kühl* AT § 9 Rdn. 6; *Otto* AT § 8 Rdn. 136; wohl auch *Duchstein* JuS **2015** 105, 108; für das Zivilrecht *Palandt/Ellenberger* § 229 Rdn. 6; *Soergel/Fahse* § 229 Rdn. 14; *W.B. Schünemann* Selbsthilfe S. 31 ff; noch darüber hinausgehend Baumann/Weber/*Mitsch*/Eisele § 15 Rdn. 186 (Wille, anschließend unverzüglich Arrest zu beantragen); gegen das Erfordernis eines Selbsthilfewillens (auch) für das Zivilrecht *Grothe* MK-BGB § 229 Rdn. 6; *Braun* NJW **1998** 941, 942, 944; allgemein gegen das Erfordernis eines Rechtfertigungs*willens* statt vieler *Roxin* AT I § 14 Rdn. 94 ff m.w.N.: Kenntnis der Rechtfertigungslage ausreichend.
1296 So auch *Braun* NJW **1998** 941 und *Staudinger/Repgen* § 229 Rdn. 41.
1297 OLG Hamburg MDR **1969** 759.
1298 Siehe hierzu *Grothe* MK-BGB § 229 Rdn. 1; *Palandt/Ellenberger* § 229 Rdn. 1, § 1029 Rdn. 1; *Paeffgen/Zabel* NK Rdn. 206a; *Staudinger/Repgen* § 229 Rdn. 8; weiterhin *Hellmann* Rechtfertigungsgründe S. 133 ff; Sch/Schröder/Lenckner/Sternberg-Lieben Rdn. 66 m.w.N.
1299 Zu § 859 Abs. 2 BGB OLG Schleswig NStZ **1987** 75 mit krit. Anm. *Hellmann* NStZ **1987** 455. Ausführlich zur Besitzwehr und -kehr *Stam* JR **2017** 557, 560 ff (mit Kritik am [zu] weiten Anwendungsbereich des § 859 BGB und Gesetzesvorschlag zur Begrenzung).
1300 Vgl. hierzu OLG Celle ZMR **1994** 163 ff m. zahlr. Nachw.
1301 Vom 14.9.1963 (BGBl. II 1969 121).

11. Behördliche Genehmigung

Schrifttum

Albrecht/Heine/Meinberg Umweltschutz durch Strafrecht, ZStW **96** (1984) 943; *Alleweldt* Zur Strafbarkeit der geduldeten Gewässerverunreinigung, NuR **1992** 312; *Altenhain* Die Duldung des ungenehmigten Betreibens einer kerntechnischen Anlage, Festschrift Weber (2004) 441; *Arnhold* Die Strafbewehrung rechtswidriger Verwaltungsakte, Diss. Bielefeld 1978; *Backes* Umweltstrafrecht, JZ **1973** 337; *Bergmann* Zur Strafbewehrung verwaltungsrechtlicher Pflichten im Umweltstrafrecht, dargestellt an § 325 StGB, Diss. Gießen 1993; *Berndt/Theile* Unternehmensstrafrecht und Unternehmensverteidigung (2016); *Bickel* Die Strafbarkeit der unbefugten Gewässerverunreinigung nach § 38 WHG, ZfW **1979** 139; *Bloy* Die Straftaten gegen die Umwelt im System des Rechtsgüterschutzes, ZStW **100** (1988) 485; *ders.* Umweltstrafrecht: Geschichte – Dogmatik – Zukunftsperspektiven, JuS **1997** 577; *Böse* Unrechtsausschluss durch hypothetische Dispositionen über das geschützte Rechtsgut? ZIS **2016** 495; *Brandts* Strafrecht – BT: Probleme aus dem Umweltstrafrecht, JA **1985** 306; *Brauer* Die strafrechtliche Behandlung genehmigungsfähigen, aber nicht genehmigten Verhaltens, Diss. Trier 1988; *Breuer* Empfehlen sich Änderungen des strafrechtlichen Umweltschutzes insbesondere in Verbindung mit dem Verwaltungsrecht? NJW **1988** 2072; *ders.* Probleme der Zusammenarbeit zwischen Verwaltung und Strafverfolgung auf dem Gebiet des Umweltschutzes, AöR **115** (1990) 448; *ders.* Verwaltungsrechtlicher und strafrechtlicher Umweltschutz – Vom Ersten zum Zweiten Umweltkriminalitätsgesetz, JZ **1994** 1077; *Bumke* Relative Rechtswidrigkeit, Habil. Berlin 2004; *Dahs/Pape* Die behördliche Duldung als Rechtfertigungsgrund im Gewässerstrafrecht, NStZ **1988** 393; *Dahs/Redeker* Empfehlen sich Änderungen im strafrechtlichen Umweltschutz, insbesondere in Verbindung mit dem Verwaltungsrecht? DVBl. **1988** 803; *Dölling* Umweltstrafrecht und Verwaltungsrecht, JZ **1985** 461; *Dolde* Zur Verwaltungsakzessorietät von § 327 StGB, NJW **1988** 2329; *M. Dreher* Objektive Erfolgszurechnung bei Rechtfertigungsgründen, Diss. Mannheim 2003; *H. Dreier* Informales Verwaltungshandeln, Staatswissenschaften und Staatspraxis **4** (1993) 647; *Eisele* Die verwaltungsrechtliche Genehmigungsfiktion im Straf- und Ordnungswidrigkeitenrecht, NJW **2014** 1417; *Englisch* Zum begünstigenden Verwaltungshandeln auf der Rechtfertigungsebene im Umweltstrafrecht (§§ 324, 326 Abs. 1 StGB), Diss. Bonn 1993; *Ensenbach* Probleme der Verwaltungsakzessorietät im Umweltstrafrecht, Diss. Gießen 1988 (1989); *Erdt* Das verwaltungsakzessorische Merkmal der Unbefugtheit in § 324 und seine Stellung im Deliktsaufbau, Diss. Heidelberg 1996 (1997); *Faure/Oudijk* Die strafgerichtliche Überprüfung von Verwaltungsakten im Umweltrecht, JZ **1994** 86; *Fenner* Der Rechtsmissbrauch im Umweltstrafrecht im System des Strafrechts und des öffentlichen Rechts, Diss. Kiel 1999 (2000); *Felix* Einheit der Rechtsordnung, Habil. Passau 1997 (1998); *Fluck* Die Duldung des unerlaubten Betreibens genehmigungsbedürftiger Anlagen, NuR **1990** 197; *Fortun* Die behördliche Genehmigung im strafrechtlichen Deliktsaufbau, Diss. Tübingen 1994/1995 (1998); *Franzheim* Die Bewältigung der Verwaltungsrechtsakzessorietät in der Praxis, JR **1988** 319; *ders.* Buchbesprechung: Schmitz, Verwaltungshandeln und Strafrecht (1992), GA **1993** 339; *ders./Pfohl* Umweltstrafrecht: Eine Darstellung für die Praxis (2001); *Frisch* Verwaltungsakzessorietät und Tatbestandsverständnis im Umweltstrafrecht (1993); *Gänßle* Das behördliche Zulassen strafbaren Verhaltens, eine rechtfertigende Einwilligung? Diss. Dresden 2003; *Gentzcke* Informales Verwaltungshandeln und Umweltstrafrecht, Diss. Freiburg i.Br. 1990; *Geulen* Grundlegende Neuregelung des Umweltstrafrechts, ZRP **1988** 323; *Goldmann* Die behördliche Genehmigung als Rechtfertigungsgrund, Diss. Freiburg i.Br. 1967; *Gromitsaris* Die Unterscheidung zwischen präventivem Verbot mit Erlaubnisvorbehalt und repressivem Verbot mit Befreiungsvorbehalt, DÖV **1997** 401; *Haaf* Die Fernwirkungen gerichtlicher und behördlicher Entscheidungen, Diss. Freiburg i.Br. 1981/82 (1984); *Hallwaß* Die behördliche Duldung als Unrechtsausschließungsgrund im Umweltstrafrecht, Diss. Kiel 1987; *Hansmann* Verwaltungshandeln und Strafverfolgung – konkurrierende Instrumente des Umweltrechts? NVwZ **1989** 913; *Hardtung* Erlaubte Vorteilsannahme, Diss. Bochum 1993 (1994); *Hassemer/Meinberg* Umweltschutz durch Strafrecht? NKrimPol **1989** 46; *Heghmanns* Grundzüge einer Dogmatik der Straftatbestände zum Schutz von Verwaltungsrecht oder Verwaltungshandeln, Habil. Hannover 1998 (2000); *Heider* Die Bedeutung der behördlichen Duldung im Umweltstrafrecht, Diss. Tübingen 1994 (1995); *Heine* Verwaltungsakzessorietät des Umweltstrafrechts, NJW **1990** 2425; *ders.* Geltung und Anwendung des Strafrechts in den neuen Bundesländern am Beispiel der Umweltdelikte, DtZ **1991** 423; *Heine/Meinberg* Empfehlen sich Änderungen im strafrechtlichen Umweltschutz, insbesondere in Verbindung mit dem Verwaltungsrecht? Gutachten D 57. DJT Mainz (1988); *Henneke* Informelles Verwaltungshandeln im Wirtschaftsverwaltungs- und Umweltrecht – Zwischenbilanz zur Erfassung eines seit zehn

Jahren benannten Phänomens, NuR **1991** 267; *Herrmann* Die Rolle des Strafrechts beim Umweltschutz in der Bundesrepublik Deutschland, ZStW **91** (1979) 281; *Hermes/Wieland* Die staatliche Duldung rechtswidrigen Verhaltens (1988); *Horn* Strafbares Fehlverhalten von Genehmigungs- und Aufsichtsbehörden? NJW **1981** 1; *ders.* Umweltschutz-Strafrecht: eine After-Disziplin? UPR **1983** 362; *ders.* Bindung des Strafrechts an Entscheidungen der Atombehörde? NJW **1988** 2335; *Hoyer* Strafrechtsdogmatik nach Armin Kaufmann, Habil. Kiel 1992 (1997); *ders.* Erlaubtes Risiko und technologische Entwicklung, ZStW **121** (2009) 860; *Hübenett* Rechtswidrige behördliche Genehmigung als Rechtfertigungsgrund – ein gelöstes strafrechtliches Problem? Diss. Bonn 1986; *Hüting* Die Wirkung der behördlichen Duldung im Umweltstrafrecht, Diss. Bonn 1995 (1996); *Hüwels* Fehlerhafter Gesetzesvollzug und strafrechtliche Zurechnung, Diss. Regensburg 1983/84 (1986); *Hundt* Die Wirkungsweise der öffentlich-rechtlichen Genehmigung im Strafrecht, Diss. Berlin 1994; *Hyung-Sik Won* Behördliche Genehmigung als Tatbestandsausschließungs- oder Rechtfertigungsgrund im Umweltstrafrecht, Diss. Würzburg 1994; *Ipsen* Verwaltungsrecht als Vorgabe für Zivl- und Strafrecht, VVDStRL **50** (1991) 310; *Jäger* Zurechnung und Rechtfertigung als Kategorialprinzipien im Strafrecht (2006); *Jae-Moo Shim* Verwaltungshandeln und Rechtfertigungsprobleme im Umweltstrafrecht, Diss. Tübingen 1994; *Jaeschke* Informale Gestaltungen und §§ 327, 325 StGB, Diss. Gießen 2004; *Jünemann* Rechtsmissbrauch im Umweltstrafrecht, Diss. Gießen 1997 (1998); *Kautz* Absprachen im Verwaltungsrecht, Diss. Bayreuth 2001 (2002); *Keller* Anm. zu OLG Frankfurt Urt. v. 22.5.1987 – 1 Ss 401/86, JR **1988** 168; *Kindhäuser* Rechtstheoretische Grundfragen des Umweltstrafrechts, Festschrift Helmrich (1994) 967; *Kloepfer/Heger* Umweltstrafrecht 3.Aufl. (2014); *Kölbel* Das Rechtsmissbrauchs-Argument im Strafrecht, GA **2005** 36; *Krell* Umweltstrafrecht (2017); *Kühl* Probleme der Verwaltungsakzessorietät des Strafrechts, insbesondere im Umweltstrafrecht, Festschrift Lackner (1987) 815; *Kuhlen* Zum Umweltstrafrecht in der Bundesrepublik Deutschland, WiVerw **1991** 181 (1. Teil), WiVerw **1992** 215 (2. Teil); *ders.* Umweltstrafrecht in Deutschland und Österreich (1994); *Lenckner* Behördliche Genehmigung und der Gedanke des Rechtsmißbrauchs im Strafrecht, Festschrift Pfeiffer (1988) 27; *Lorenz* Die Folgepflicht gegenüber rechtswidrigen Verwaltungsakten und die Strafbarkeit des Ungehorsams, DVBl. **1971** 165; *Mackenthun/Jaeschke* Der sorglose private Umgang mit Asbest und dessen strafrechtliche Sanktion, ZUR **2003** 408; *Malitz* Zur behördlichen Duldung im Strafrecht, Diss. Köln 1994 (1995); *Maurer/Waldhoff* Allgemeines Verwaltungsrecht 19. Aufl. (2017); *J. Martin* Strafbarkeit grenzüberschreitender Umweltbeeinträchtigungen, Diss. Freiburg i.Br. 1989; *Marx* Die behördliche Genehmigung im Strafrecht, Diss. Trier 1992 (1993); *Mitsch* Rechtfertigung und Opferverhalten, Habil. Tübingen 1991 (2004); *ders.* Die hypothetische behördliche Genehmigung im Strafrecht, Festschrift Achenbach (2011) 299; *Möhrenschlager* Neuere Entwicklungen im Umweltstrafrecht des Strafgesetzbuchs, NuR **1983** 209; *ders.* Revision des Umweltstrafrechts – Das Zweite Gesetz zur Bekämpfung der Umweltkriminalität, NStZ **1994** 513; *Mumberg* Der Gedanke des Rechtsmissbrauchs im Umweltstrafrecht, Diss. Göttingen 1989; *Mußgnug* Verwaltungsrecht als Vorgabe für Zivl- und Strafrecht, VVDStRL **50** (1991) 329; *Niering* Der strafrechtliche Schutz der Gewässer, Diss. Köln 1991 (1993); *Nisipeanu* Die Duldung im (AG-)Wasserrecht, ZfW **1990** 365; *Odenthal* Strafbewehrter Verwaltungsakt und verwaltungsrechtliches Eilverfahren, NStZ **1991** 418; *Odersky* Zur strafrechtlichen Verantwortlichkeit für Gewässerverunreinigungen, Festschrift Tröndle (1989) 291; *Ossenbühl/Huschens* Umweltstrafrecht, Strukturen und Reformen, UPR **1991** 161; *Ostendorf* Die strafrechtliche Rechtmäßigkeit rechtswidrigen hoheitlichen Handelns, JZ **1981** 165; *Otto* Grundsätzliche Problemstellungen des Umweltstrafrechts, Jura **1991** 308; *ders.* Das neue Umweltstrafrecht, Jura **1995** 134; *Paeffgen* Verwaltungsakt-Akzessorietät im Umweltstrafrecht, Festschrift Stree/Wessels (1993) 587; *Paetzold* Die Neuregelung rechtsmissbräuchlich erlangter Genehmigungen durch § 330d Nr. 5 StGB, NStZ **1996** 170; *Papier* Zur Disharmonie zwischen verwaltungs- und strafrechtlichen Bewertungsmaßstäben, NuR **1986** 1; *Perschke* Die Verwaltungsakzessorietät des Umweltstrafrechts nach dem 2. UKG, wistra **1996** 161; *Rademacher* Die Strafbarkeit wegen Verunreinigung eines Gewässers (§ 324 StGB), Diss. Bayreuth 1988 (1989); *Randelzhofer/Wilke* Die Duldung als Form flexiblen Verwaltungshandelns (1981); *Rengier* Die öffentlich-rechtliche Genehmigung im Strafrecht, ZStW **101** (1989) 874; *ders.* Buchbesprechung: Heghmanns, Grundzüge einer Dogmatik der Straftatbestände zum Schutz von Verwaltungsrecht oder Verwaltungshandeln (2000), ZStW **114** (2002) 201; *Rogall* Gegenwartsprobleme des Umweltstrafrechts, Festschrift 600-Jahr-Feier der Universität zu Köln (1988) 505; *ders.* Die Strafbarkeit von Amtsträgern im Umweltbereich, Forschungsbericht 8/91; *ders.* Grundprobleme des Abfallstrafrechts, NStZ **1992** 360, 561; *ders.* Die Verwaltungsakzessorietät des Umweltstrafrechts – Alte Streitfragen, neues Recht, GA **1995** 299; *ders.* Die Duldung im Umweltstrafrecht, NJW **1995** 922; *ders.* Umweltschutz durch Strafrecht – eine Bilanz, in Dolde (Hrsg.) Umweltrecht im Wandel (2001) S. 795; *Rudolphi* Schutzgut und Rechtfertigungselemente der Gewässerverunreinigung im Sinne des § 324 StGB, ZfW **1982** 197; *ders.* Probleme der strafrechtlichen Verantwortlichkeit von Amtsträgern für Gewässerverunreinigungen, Festschrift Dünnebier (1982) 561; *ders.* Primat des Strafrechts im Umweltschutz? NStZ **1984** 193, 248; *ders.* Strafrechtliche Verantwortlichkeit der Bediensteten von Betrieben für Gewässerverunreinigungen und ihre Begrenzung durch den Einleitungsbescheid, Festschrift Lackner (1987) 863; *Rühl* Grundfragen der Verwaltungsakzessorietät, JuS **1999** 521; *Sach* Genehmigung als Schutzschild, Diss. Freiburg i.Br. 1993 (1994); *Samson* Konflikte zwischen öffentlichem und strafrechtlichem Umweltschutz, JZ **1988** 800; *Schall* Umweltschutz durch Strafrecht: Anspruch und Wirklichkeit, NJW **1990** 1263; *ders.* Möglichkeiten und Grenzen eines verbesserten Umweltschutzes durch das Strafrecht, wistra **1992** 1; *ders.* Systematische Übersicht der Rechtsprechung zum Umweltstrafrecht, NStZ **1992** 209, 265; *ders.* Zur Reichweite der verwaltungsbehördlichen Erlaubnis im Umweltstrafrecht, Festschrift Roxin (2001) 927; *ders.* Die Verwaltungsakzessorietät im Lichte des § 330d Nr. 5 StGB, Festschrift Otto (2007) 743; *Scheele* Zur Bindung des Strafrichters an fehlerhafte behördliche Genehmigungen im Umweltstrafrecht, Diss. Köln 1992 (1993); *Schmitz* Verwaltungshandeln und Strafrecht, Diss. Kiel 1991 (1992); *Schreiber* Das Regelungsmodell der Genehmigung im integrierten Umweltschutz, Diss. Regensburg 1998 (2000); *A. Schröder* Die personelle Reichweite öffentlich-rechtlicher Genehmigungen und ihre Folgen für das Umweltstrafrecht, Diss. Kiel 1998 (2000); *M. Schröder* Verwaltungsrecht als Vorgabe für Zivil- und Strafrecht, VVDStRL **50** (1991) 196; *Schünemann* Die Strafbarkeit von Amtsträgern im Gewässerstrafrecht, wistra **1986** 235; *ders.* Zur Dogmatik und Kriminalpolitik des Umweltstrafrechts, Festschrift Triffterer (1996) 437; *Schwarz* Zum richtigen Verständnis der Verwaltungsakzessorietät des Umweltstrafrechts, GA **1993** 318; *Steindorf* Verbote und behördliche Gestattungen im deutschen Waffenstrafrecht, Festschrift Salger (1995) 167; *Sternberg-Lieben* Die objektiven Schranken der Einwilligung im Strafrecht, Habil. Tübingen 1995 (1997); *Sturm* Die hypothetische Einwilligung im Strafrecht, Diss. Bucerius Law School Hamburg 2016; *Tiedemann/Kindhäuser* Umweltstrafrecht – Bewährung oder Reform? NStZ **1988** 337; *Tiessen* Die „genehmigungsfähige" Gewässerverunreinigung, Diss. Kiel 1987; *Tomerius* Informelle Projektabsprachen im Umweltrecht, Diss. Trier 1995; *Wasmuth/Koch* Rechtfertigende Wirkung der behördlichen Duldung im Umweltstrafrecht, NJW **1990** 2434; *Weber* Strafrechtliche Verantwortlichkeit von Bürgermeistern und leitenden Verwaltungsbeamten im Umweltrecht (1988); *ders.* Zur Reichweite sektoraler gesetzlicher „Mißbrauchsklauseln", insbesondere des § 330d Nr. 5 StGB, Festschrift Hirsch (1999) 795; *Wegener* Verwaltungsakzessorietät im Umweltstrafrecht, NStZ **1998** 608; *Wernicke* Das neue Wasserstrafrecht, NJW **1977** 1662; *Weyreuther* Über „Baubedingungen", DVBl. **1969** 232; *ders.* Modifizierende Auflagen, DVBl. **1984** 365; *Wimmer* Strafbarkeit des Handelns aufgrund einer erschlichenen Genehmigung, JZ **1993** 67; *Winkelbauer* Zur Verwaltungsakzessorietät des Umweltstrafrechts, Diss. Tübingen 1984 (1985); *ders.* Die strafrechtliche Verantwortung von Amtsträgern im Umweltstrafrecht, NStZ **1986** 149; *ders.* Die behördliche Genehmigung im Strafrecht, NStZ **1988** 201; *ders.* Die Verwaltungsabhängigkeit des Umweltstrafrechts, DÖV **1988** 723; *ders.* Atomrechtliches Genehmigungsverfahren und Strafrecht, JuS **1988** 691; *Wohlers* Verwaltungsrechtsakzessorietät und Rechtsmissbrauchsklauseln – am Beispiel des § 330d Nr. 5 StGB, JZ **2001** 850; *Wüterich* Wirkungen des Suspensiveffekts auf die Strafbewehrung und andere Folgen des Verwaltungsakts, Diss. Bonn 1985; *ders.* Die Bedeutung von Verwaltungsakten für die Strafbarkeit wegen Umweltvergehen (§§ 324 ff StGB), NStZ **1987** 106; *ders.* Zur Duldung im Umweltstrafrecht, UPR **1988** 248; *Zimmermann/Linder* Die Unterlassungskausalität im Fall Jalloh: Ein Schritt zur Anerkennung der hypothetischen Genehmigung? ZStW **128** (2016) 713.

a) Dogmatische Einordnung der behördlichen Genehmigung. Die behördliche 273 Genehmigung ist Ausdruck einer besonderen Kompetenz der Verwaltung, ein Rechtsgut zu bewirtschaften. Bei der Einwilligung folgt die unrechtsausschließende Wirkung dagegen aus der Rechtsgutsinhaberschaft (*Hirsch* LK[11] Rdn. 160; *Heghmanns* Grundzüge S. 183 f; *Sternberg-Lieben* Objektive Schranken S. 268 ff).[1302] Umstritten ist, auf welcher

---

[1302] Ebenso *Erdt* Unbefugtheit S. 94 ff; *Fortun* Genehmigung S. 95 ff; *Jäger* Zurechnung S. 28; *Marx* Genehmigung S. 153 ff; *Schmitz* Verwaltungshandeln S. 26 f. Nicht überzeugend daher die Annahme von *Fischer* Rdn. 5 und *Bickel* ZfW **1979** 139, 146 f (ähnlich *Hüting* Duldung S. 118 ff im Kontext der Duldung), sie entspräche der Einwilligung im privaten Bereich; w. Nachw. zur Annahme einer Strukturähnlichkeit von

Ebene des strafrechtlichen Deliktsaufbaus die behördliche Genehmigung anzusiedeln ist.[1303]

274 **aa) Differenzierende Lösung.** Nach überwiegender und zutreffender Ansicht (BGH NJW **1994** 61, 62; *Paeffgen/Zabel* NK Rdn. 201; *Sch/Schröder/Lenckner/Sternberg-Lieben* Rdn. 61; SSW/*Rosenau* Rdn. 24)[1304] hat die Genehmigung in Abhängigkeit von ihrer jeweiligen Funktion im Rahmen des Delikts bereits tatbestandsausschließende oder erst rechtfertigende Wirkung:[1305] Dient die Genehmigung der Kontrolle sozial normalen, adäquaten – wenn auch möglicherweise riskanten[1306] – Verhaltens, schließt sie den Tatbestand aus. Das verwaltungsrechtliche Verbot, das der Straftatbestand flankiert, ist hier als *präventives Verbot mit Erlaubnisvorbehalt*, die Genehmigung als Kontrollerlaubnis zu verstehen (*Rengier* ZStW **101** [1989] 874, 878; *Sch/Schröder/Lenckner/Sternberg-Lieben* Rdn. 61; *Goldmann* Genehmigung S. 93 f).[1307] Erlaubt die Genehmigung dagegen ein sozial unerwünschtes und deshalb an sich verbotenes Verhalten, so wirkt sie erst rechtfertigend, da das dem bestehenden Verbot (*repressives Verbot mit Befreiungsvorbehalt*) widersprechende Verhalten lediglich aufgrund einer Abwägung der kollidierenden Interessen ausnahmsweise gestattet wird (Ausnahmebewilligung).[1308] Im Gegensatz zum präventiven Verbot mit Erlaubnisvorbehalt, bei dem sich der Unwertgehalt des Tatbestands (zumindest auch) aus dem Handeln ohne Genehmigung ergibt,[1309] liegt beim repressiven Verbot mit Befreiungsvorbehalt bereits unabhängig von der Genehmigungsfrage ein unrechtsindizierendes und damit tatbestandsmäßiges Verhalten vor, so dass die Genehmigung erst als ausnahmsweise eingreifender Rechtfertigungsgrund Bedeutung erlangt.[1310] Welche der beiden Konstellationen jeweils gegeben ist, kann im Einzelfall schwierig zu beurteilen sein und ist bei zahlreichen Tatbeständen umstritten (etwa bei Straftatbeständen, die ein „unbefugtes" Verhalten wie in §§ 324, 326 voraussetzen, vgl. nur *Sch/Schröder/Heine/Hecker* Vor § 324 Rdn. 14 m.w.N.). Gegenüber der herrschend vertretenen Differenzierungslösung wird der Einwand erhoben, sie werde der materiellen Bedeutung der Genehmigung nicht gerecht (*Marx* Genehmigung S. 63; *Schee-*

Einwilligung und Genehmigung bei *Mitsch* Rechtfertigung S. 420 m. Fn. 42. Zu den verfassungsrechtlichen Vorgaben der Konstruktion einer „behördlichen Einwilligung" *Gänßle* Behördliches Zulassen S. 115 ff.
1303 Zu den praktischen Auswirkungen der Differenzierung siehe die grundsätzlichen Bemerkungen zur Abstufung von Tatbestands- und Rechtfertigungsfragen (Rdn. 5 ff). Wenn man den Gesichtspunkt des Rechtsmissbrauchs zur Einschränkung der Verwaltungsaktakzessorietät heranzieht, erlangt die Unterscheidung insoweit nicht zusätzliche Bedeutung.
1304 Ebenso SSW/*Saliger* Vor § 324 Rdn. 25; *Kloepfer/Heger* Umweltstrafrecht Rdn. 79 ff; *Berndt/Theile* Unternehmensstrafrecht, S. 111; *Altenhain* FS Weber, 441, 442 ff; Baumann/Weber/Mitsch/Eisele § 15 Rdn. 160; *Brauer* Genehmigungsfähiges Verhalten S. 46 ff; *Hoyer* Strafrechtsdogmatik nach Arm. Kaufmann, Habil. Kiel 1997 S. 147 f; *Roxin* AT I § 17 Rdn. 59 ff; *Tiedemann/Kindhäuser* NStZ **1988** 337, 342 f; *Fischer* Rdn. 6; so auch *Kühl* AT § 9 Rdn. 124; grundlegend *Goldmann* Genehmigung S. 93 ff, 128 ff.
1305 Unklar ist, welche Kriterien für die Differenzierung gelten; zu den Ansätzen *Heghmanns* Grundzüge S. 179 ff.
1306 Aber noch nicht mit für ein abstraktes Gefährdungsdelikt ausreichendem Risikoverhalten *Goldmann* Genehmigung S. 96.
1307 Für das Verwaltungsrecht ausführlich *Maurer/Waldhoff* Allgemeines Verwaltungsrecht § 9 Rdn. 52 ff; *Beispiele*: §§ 324a, 325, 325a, 328 StGB, § 21 StVG, § 18 AWG.
1308 Hier erreicht die Rechtsgutsgefährdung die Intensität eines abstrakten Gefährdungsdelikts, vgl. *Goldmann* Genehmigung S. 128. *Beispiele*: §§ 324, 326 Abs. 1.
1309 *Rengier* ZStW **101** (1989) 874, 878 f. Zum Verhältnis von Strafrecht und Verwaltungsrecht statt vieler *Tiedemann* Wirtschaftsstrafrecht Rdn. 207 ff.
1310 *Winkelbauer* Verwaltungsakzessorietät S. 20 ff; teilweise abweichende Differenzierungskriterien finden sich bei *Marx* Genehmigung S. 171 ff: Unterscheidung nach dem jeweils geschützten Rechtsgut; *Frisch* Verwaltungsakzessorietät S. 42 ff: Tatbestandsausschluss nur bei Fällen allgemein zugestandener Handlungsfreiheit; *Fortun* Genehmigung S. 31 ff: strafrechtsspezifische Differenzierung.

le Bindung des Strafrichters S. 107ff; *Wimmer* JZ **1993** 67, 68). Der von *Marx* (Genehmigung S. 75ff) als Alternative zur „schematischen Zweiteilung" vorgeschlagenen Konzeption ist jedoch entgegenzuhalten, dass sie mit der Unterscheidung von Fällen „fehlender Gefahr" und solchen wegen „überwiegenden Handlungsinteresses hinnehmbaren Gefahrenpotentials" ebenfalls von einer Zweiteilung ausgeht und daher nur terminologisch eine Änderung bedeutet (*Hirsch* LK[11] Rdn. 161).

bb) Generelle Tatbestands- oder Rechtfertigungslösung. Für Anhänger der sog. 275 „Lehre von den negativen Tatbestandsmerkmalen", die für einen zweistufigen Verbrechensaufbau eintritt, dessen erste Wertungsstufe (Unrechtstatbestand) sich aus den Tatbestandsmerkmalen der betreffenden Delikte sowie dem Fehlen von Rechtfertigungsgründen als negativen Tatbestandmerkmalen zusammensetzt, handelt es sich bei der deliktssystematischen Zuordnung der behördlichen Genehmigung um eine zweitrangige Frage; denn in jedem Fall schließe der Verwaltungsakt den (Unrechts-)Tatbestand aus (etwa *Samson* SK[5] Rdn. 90; *Schlehofer* MK Rdn. 222). *Hundt* (Genehmigung S. 85ff, insbes. 105) sieht in der Genehmigung eine Form der Einwilligung – erteilt von der zuständigen Behörde in (Willens-)Vertretung des ansonsten handlungsunfähigen Rechtsgutsträgers „Allgemeinheit" (im Kontext der behördlichen Duldung ebenso *Hüting* Duldung S. 126f) –, die mit einer in der Literatur zur Einwilligungsdogmatik stark vertretenen Meinung (Nachw. bei *Rönnau* Willensmängel bei der Einwilligung im Strafrecht, Habil. Kiel 2001 S. 16 m. Fn. 21) im Falle der Wirksamkeit bzw. Rechtmäßigkeit generell bereits zum Tatbestandsausschluss führt.[1311] Während sich die genannten Begründungsansätze als Konsequenz ihrer jeweils zugrundegelegten Unrechts- bzw. Einwilligungslehre erweisen, basiert die Tatbestandslösung von *Heghmanns* (Grundzüge S. 172f u. passim) auf dem von ihm entwickelten Rechtsgutsmodell: Er erhebt die „Funktionsfähigkeit der behördlichen Zugangskontrolle" zum (Zwischen-)Rechtsgut, das dem jeweils tatbestandlich geschützten Gut (Wasser, Boden, Luft usw.) vorgelagert sei. Legitim sei dieser Strafrechtsschutz seiner Ansicht nach dort, wo bei einer Missachtung der Zugangskontrolle erhebliche Gefahren für anerkannte (Hintergrund-)Rechtsgüter drohen. Behördlich genehmigtes Verhalten kann danach nicht mehr normwidrig sein und erfüllt deshalb bereits nicht den Tatbestand. Es entspricht indes nicht der präventiven (verhaltensanleitenden) Funktion des Strafrechts, allen genehmigungsabhängigen Straftatbeständen die „Funktionsfähigkeit der Zugangskontrolle" als einheitliches Rechtsgut zuzuordnen. Mit *Rengier* (ZStW **114** [2002] 201, 203) ist deshalb der Konstruktion eines solchen Einheitsrechtsguts zu entgegnen, dass es schwerlich dem gesetzgeberischen Willen entspricht, wenn die hinter vielen genehmigungsabhängigen Tatbeständen steckenden Ziele (Umweltschutz, Gesundheit, Frieden usw.) so in den Hintergrund gedrängt werden, dass sie letztlich ihren prägenden Charakter einbüßen.

Rudolphi (ZfW **1982** 197, 201; NStZ **1984** 193, 196) qualifiziert behördliche Genehmi- 276 gungen dagegen generell als Rechtfertigungsgründe – gestützt auf das allgemeine Rechtfertigungsprinzip des überwiegenden Interesses –, wobei die Besonderheit gegenüber der Notstandsrechtfertigung nach § 34 in der Kompetenz der zuständigen Behörde zur Beurteilung der Interessenabwägung bestehe.[1312] Da die Genehmigung wie die Not-

---

1311 Zutreffende Kritik an der von *Hundt* und *Hüting* angenommenen Parallelität von Genehmigung und Einwilligung bei *Heghmanns* Grundzüge S. 184.
1312 Die Begründung von *Rudolphi* aaO betrifft – insoweit in Übereinstimmung mit der herrschenden Meinung (Nachw. bei *Heghmanns* Grundzüge S. 177) – unmittelbar nur die Rechtfertigungswirkung der Genehmigung bei § 324; sie ist jedoch verallgemeinerungsfähig, da *Rudolphi* (NStZ **1984** 248, 253) auch bei

standsregelung den Schutz des tatbestandlich geschützten Rechtsguts gegenüber vorrangigen Interessen zurücktreten lasse, wirke auch sie nur rechtfertigend. Diese Schlussfolgerung ist indes nicht zwingend. *Heghmanns* (Grundzüge S. 181 f) weist zutreffend darauf hin, dass gesetzgeberische Abwägungsentscheidungen nicht nur auf Rechtfertigungs-, sondern auch auf Tatbestandsebene vorzufinden sind. Dies ist etwa dann der Fall, wenn fragmentarisch nur bestimmte Rechtsgutsangriffe unter Strafe gestellt werden und damit bereits auf Tatbestandsebene eine Grenzziehung zwischen ausreichendem Schutz des Rechtsguts und der allgemeinen Handlungsfreiheit des potentiellen Rechtsgutsverletzers stattfindet. Nach der ökologischen Sichtweise *Martins* (Umweltbeeinträchtigungen S. 184 ff) soll der Genehmigung im Umweltstrafrecht (als ihrem heutigen Hauptanwendungsbereich) ausschließlich rechtfertigende Wirkung zukommen. Dafür mögen zwar de lege ferenda gewichtige Argumente sprechen;[1313] jedoch harmoniert eine solche Deutung erkennbar nicht mit dem Wortlaut der geltenden Strafbestimmungen.[1314]

277   **cc) Objektive Straflosigkeitsbedingung.** Schließlich wird vertreten, dass die behördliche Genehmigung lediglich eine objektive Straflosigkeitsbedingung sei (*Horn* UPR **1983** 362, 365 f).[1315] Hierzu wird insbesondere angeführt, dass der Genehmigung das der Struktur der Rechtfertigungsgründe wesenseigene Merkmal der Erforderlichkeit fehle; außerdem dürfe dem Verwaltungsrecht nicht die Bestimmung des strafrechtlichen Unrechts überlassen werden. Demgegenüber ist jedoch darauf hinzuweisen, dass die Behörde im Rahmen der Ermessensprüfung durchaus die Erforderlichkeit des genehmigten Verhaltens zu prüfen verpflichtet ist. Auch ist die in dem Erfordernis einer Genehmigung liegende Verknüpfung des strafrelevanten Unrechts mit verwaltungsrechtlichen Vorgaben grundsätzlich verfassungsrechtlich nicht zu beanstanden (BVerfGE **75** 329).[1316]

278   **b) Fehlerhafte Genehmigung.** Ist die behördlich erteilte Genehmigung fehlerhaft,[1317] stellt sich die Frage, ob und ggf. in welchem Umfang ihr dennoch im Bereich des Strafrechts Bedeutung zukommt.

279   **aa) Unwirksame Genehmigung.** Nach fast einhelliger Ansicht (BGHSt **23** 86, 91; BGHSt **50** 105, 115; SSW/*Saliger* Vor § 324 Rdn. 28; *Sch/Schröder/Lenckner/Sternberg-Lieben* Rdn. 62)[1318] entfaltet eine wegen Nichtigkeit (§§ 43 Abs. 3, 44 VwVfG) oder fehlender Bekanntgabe (§ 43 Abs. 1 VwVfG)[1319] verwaltungsrechtlich unwirksame Genehmigung

---

§ 325 Abs. 1, Abs. 4 a.F. die Genehmigung entgegen der h.M., die eine Tatbestandslösung vertritt, als Rechtfertigungsgrund einstuft.
1313 *Schall* NJW **1990** 1263, 1268.
1314 So schon *Hirsch* LK[11] Rdn. 161. Besonders angesichts der §§ 327, 328 Abs. 1 wird deutlich, dass der Gesetzgeber das Rechtsgut nur in seiner verwaltungsbehördlich kontrollierten Form schützen will; ebenso *Marx* Genehmigung S. 25.
1315 Weiter *Erdt* Unbefugtheit S. 127 ff (Genehmigung als „objektive Strafbarkeitsbedingung").
1316 Zur Kritik an dem Modell der objektiven Straflosigkeitsbedingung weiter *Heghmanns* Grundzüge S. 189 f, der auf den S. 179 ff weitere Ansichten zur deliktssystematischen Einordnung behandelt.
1317 Grundlegend zur Fehlerhaftigkeit von Verwaltungsakten *Maurer/Waldhoff* Allgemeines Verwaltungsrecht § 10 Rdn. 260 ff; eine spezifisch strafrechtliche Fallgruppenbildung bei *Hüwels* Fehlerhafter Gesetzesvollzug S. 31 ff.
1318 Weiter *Schlehofer* MK Rdn. 223; *Kloepfer/Heger* Umweltstrafrecht Rdn. 101; *Ensenbach* Verwaltungsakzessorietät S. 141; *Fortun* Verwaltungsakzessorietät S. 67; *Heghmanns* Grundzüge S. 216 ff; *Kühl* AT § 9 Rdn. 128 m.w.N.; *Tiedemann/Kindhäuser* NStZ **1988** 337, 343; *Rogall* GA **1995** 299, 309 f; einschränkend *Rademacher* Verunreinigung eines Gewässers S. 160 f.
1319 Zur Begründung der strafrechtlichen Unbeachtlichkeit erlassener, aber nicht bekannt gegebener Verwaltungsakte *Heghmanns* Grundzüge S. 218 f, 304 f.

keine strafrechtlichen Wirkungen. Soweit die Nichtigkeit aus dem Vorliegen schwerer *materieller* Fehler (§ 44 Abs. 2 Nr. 4 bis 6 VwVfG) resultiert, steht der verwaltungsrechtlichen Unwirksamkeitsanordnung keine anders lautende strafrechtliche Wertung entgegen.[1320] Zweifel an der herrschenden Meinung könnten daher allenfalls bei Nichtigkeit aufgrund (schwerwiegender) *formeller* Mängel (§ 44 Abs. 2 Nr. 1 bis 3 VwVfG) begründet sein. Die hierauf bezogene Kritik einzelner Autoren – etwa der Einwand von *Paeffgen* (FS Stree/Wessels, 587, 592),[1321] es sei nicht einzusehen, warum eine Genehmigung keine strafbarkeitsausschließende Wirkung haben soll, „nur weil sie nicht mit Behörden-Stempeln versehen" wurde – vermag jedoch nicht zu überzeugen. Zutreffend weist *Heghmanns* (Grundzüge S. 218) darauf hin, dass auch bei der Nichtigkeit aufgrund formeller Rechtsverstöße angesichts der Qualität der Fehler der Genehmigung kein sachliches Bedürfnis besteht, entgegen der Wertung des formellen Verwaltungsrechts die materielle Rechtslage einer näheren Überprüfung zu unterziehen. Dem Beispiel von *Paeffgen* ist zu entgegnen, dass gerade die genannten Fälle keine schwerwiegenden Fehler mit Nichtigkeitsfolge darstellen (so auch *Felix* Einheit der Rechtsordnung S. 35 m. Fn. 142). Erst wenn der Betroffene weder aus dem Umschlag, noch dem Poststempel, der Zustellungsurkunde, dem Kopf oder Rubrum des Schriftstücks, der Unterschrift oder durch zumutbare Auslegung die Herkunft des Verwaltungsaktes ermitteln kann, greift § 44 Abs. 2 Nr. 1 VwVfG ein (*Maurer/Waldhoff* Allgemeines Verwaltungsrecht § 10 Rdn. 86 ff). Der Gesetzgeber hat in diesen Fällen im Interesse der Rechtssicherheit dem formalen Fehler höheres Gewicht beigemessen als der eventuellen materiellen Richtigkeit (*Heghmanns* Grundzüge S. 218).

bb) Rechtswidrige Genehmigung. Problematisch ist vor allem, wie sich eine rechtswidrige, aber gleichwohl verwaltungsrechtlich wirksame Genehmigung auf die Strafbarkeit auswirkt. Dabei ist mit der h.M., die die differenzierende Lösung vertritt (s. Rdn. 274), zwischen tatbestandsausschließenden und rechtfertigenden Genehmigungen zu unterscheiden.[1322] 280

(1) Auswirkung der Rechtswidrigkeit auf tatbestandsauschließende Genehmigungen. Eine rechtswidrige Genehmigung wirkt grundsätzlich tatbestandsausschließend. Ausnahmen bestehen lediglich im Anwendungsbereich der bereichsspezifisch normierten Rechtsmissbrauchsklauseln, die jedoch nicht verallgemeinerungsfähig sind (s. **BGHSt 50** 105, 115; *Sch/Schröder/Heine/Hecker* Vor § 324 Rdn. 17 m.w.N.). **Abw.** versucht *Schmitz* (Verwaltungshandeln S. 62 ff; zust. *Perschke* wistra **1996** 161, 165), Einschränkungen der tatbestandsausschließenden Wirkung vor allem mit dem Wortlaut der §§ 327 ff zu begründen: Sofern die entsprechenden Delikte auf eine „erforderliche Genehmigung" abstellen, sei in das Erforderlichkeitskriterium die Rechtmäßigkeit der Genehmigung hineinzulesen. Diese Argumentation überdehnt jedoch die Grenzen 281

[1320] Eine vereinzelt vertretene Ansicht, die eine originär strafrechtliche Nichtigkeitsprüfung fordert (*Schünemann* wistra **1986** 235, 239; *Lorenz* DVBl **1971** 165, 170), ist angesichts des Fehlens eigenständiger strafrechtlicher Nichtigkeitsgründe abzulehnen (*Sch/Schröder/Heine/Hecker* Vor § 324 Rdn. 16b). Die von *Rengier* (ZStW **101** [1989] 847, 897 ff) für eine Nichtigkeitsprüfung anhand eigener strafrechtlicher Kriterien vorgeschlagenen Fallgruppen sind mittlerweile für den wichtigsten Anwendungsbereich behördlicher Genehmigungen, das Umweltstrafrecht, durch die Missbrauchsklausel des § 330d Nr. 5 erfasst.
[1321] Weiterhin *Frisch* Verwaltungsakzessorietät S. 104 ff, 112 f m. Fn. 325 (für bestimmte Fallkonstellationen); *Kuhlen* WiVerw **1992** 215, 225 ff; *ders.* Umweltstrafrecht S. 111, 145 ff; *Ransiek* NK § 324 Rdn. 24.
[1322] Legt man einen zweistufigen Prüfungsaufbau zugrunde, ist diese Differenzierung naturgemäß unerheblich (vgl. nur *Samson* SK^5 Rdn. 90), so dass sich die Argumentation auf Rechtfertigungs- und Tatbestandsebene nicht voneinander unterscheidet (*Schmitz* Verwaltungshandeln S. 67).

des Wortsinns (*Fortun* Genehmigung S. 77 ff; *Heider* Duldung S. 113; *Roxin* AT I § 17 Rdn. 63).[1323] Mit dem Wortsinn als äußerster Grenze der Auslegung ist es nicht zu vereinbaren, eine verwaltungsrechtlich wirksame – wenn auch rechtswidrige – Genehmigung nicht als die „erforderliche" im Sinne der entsprechenden Tatbestände anzusehen. Dies wäre eine nach Art. 103 Abs. 2 GG verbotene teleologische Reduktion des Garantietatbestandes zulasten des Täters (*Winkelbauer* Verwaltungsakzessorietät S. 67; *Lenckner* FS Pfeiffer, 27, 33 ff; *Paeffgen* FS Stree/Wessels, 587, 610; *Kühl* AT § 9 Rdn. 130 m.w.N.). Im Übrigen hat der Gesetzgeber mit den Rechtsmissbrauchsklauseln zumindest für deren Anwendungsbereich klargestellt, dass auch rechtswidrige Genehmigungen grundsätzlich tatbestandsausschließend wirken – und damit die Verwaltungsaktakzessorietät implizit anerkannt. Die Regelungen in § 330d Nr. 5,[1324] § 18 Abs. 9 AWG, § 16 Abs. 4 CWÜ-AG[1325] wären schließlich überflüssig, wenn eine rechtsmissbräuchlich erlangte Genehmigung schon nach allgemeinen Grundsätzen strafrechtlich unbeachtlich wäre (BGHSt **50** 105, 115 zum AuslG). Der Gedanke des Rechtsmissbrauchs darf allerdings – jedenfalls auf Tatbestandsebene – nicht auf weitere Vorschriften übertragen werden (*Sch/Schröder/Heine/Hecker* Vor § 324 Rdn. 17a; *Jünemann* Rechtsmissbrauch S. 156; *Rogall* GA **1995** 299, 308 f). Denn nur auf diesem Wege lässt sich der von *Breuer* (JZ **1994** 1078, 1090) befürchtete „Eingriff ins Mark der Verwaltungsakzessorietät" gering halten. Schließlich wird durch die restriktive Handhabung dem Willen des Gesetzgebers Rechnung getragen, der mit den Rechtsmissbrauchsklauseln eine abschließende Regelung treffen wollte (BTDrucks. 12/7300 S. 25). Eine allgemeine Beachtlichkeit außerhalb der in ihren Anwendungsbereichen beschränkten Missbrauchsklauseln setzte vielmehr eine umfassende gesetzgeberische Harmonisierung (*Rogall* in Dolde S. 795, 828; *Weber* FS Hirsch, 796, 798 ff und 804 ff) etwa durch die bereits häufiger geforderte Einfügung in den Allgemeinen Teil des StGB voraus (*Wimmer* JZ **1993** 67, 73; *Möhrenschlager* NStZ **1994** 513, 515; *Fortun* Genehmigung S. 157).[1326]

282 **(2) Auswirkung der Rechtswidrigkeit auf rechtfertigende Genehmigungen.** Vor Einführung der Rechtsmissbrauchsklauseln (u.a. in § 330d Nr. 5) war äußerst umstritten, ob verwaltungsrechtlich rechtswidrige Genehmigungen strafrechtlich rechtfertigend wirken (können).[1327] Für tatbestandsausschließende Genehmigungen ist die Problematik mittlerweile geklärt. Bei diesen verstieße eine Begrenzung der strafbarkeitsausschließenden Wirkung durch allgemeine Rechtsmissbrauchserwägungen – wie in Rdn. 281 gezeigt – gegen Art. 103 Abs. 2 GG. Freilich ist das Gesetzlichkeitsprinzip gewahrt, wenn der Gesetzgeber selbst entsprechende Ausnahmen normiert.[1328] Der Regelungsgehalt der Rechtsmissbrauchsklauseln wird häufig auf rechtfertigende Genehmigungen übertragen (*Rogall* in Dolde S. 795, 824 ff; *Paetzold* NStZ **1996** 170, 171; Baumann/Weber/Mitsch/Eisele § 15 Rdn. 166).[1329] Dieser Transfer hat teilweise jedoch Widerspruch unter Hinweis auf den Wortlaut der Vorschriften hervorgerufen. Indem die Rechtsmissbrauchsklauseln

---

1323 *Schall* NJW **1990** 1263, 1268; **krit.** auch *Frisch* Verwaltungsakzessorietät S. 115 m. Fn. 333.
1324 Zur Verfassungsmäßigkeit und Angemessenheit dieser Norm *Rogall* in Dolde S. 795, 825 ff; *Felix* Einheit der Rechtsordnung S. 320 ff, 356 ff: in vollem Umfang mit Verfassung vereinbar; auch *Heghmanns* Grundzüge S. 209 ff; jew. m.w.N.
1325 *Ausführungsgesetz zum Chemiewaffenübereinkommen*, BGBl. I 1994 1954 ff.
1326 Weiterhin *Heghmanns* Grundzüge S. 215; *Sch/Schröder/Heine/Hecker* Vor § 324 Rdn. 17a m.w.N.
1327 Instruktiv zur Verwaltungsrechtsakzessorietät und § 330d Nr. 5 *Schall* FS Otto, 743 ff.
1328 Dies ist mit den Rechtsmissbrauchsklauseln in den §§ 330d Nr. 5, 18 Abs. 9 AWG und 16 Abs. 4 CWÜAG geschehen.
1329 Weiterhin *Möhrenschlager* NStZ **1994** 513, 515; *Fenner* Rechtsmissbrauch S. 28; zu den einzelnen Begründungsversuchen *Roxin* AT I § 17 Rdn. 64.

lediglich ein „Handeln ohne Genehmigung" definieren, träfen sie nur über tatbestandsausschließende Genehmigungen eine Aussage. Der Streit um die rechtfertigende Wirkung rechtswidriger Genehmigungen werde damit nicht entschieden (*Lackner/Kühl/ Heger* § 324 Rdn. 10a; *Perschke* wistra **1996** 161, 166; vgl. auch *Wohlers* JZ **2001** 850, 856). Dem wird entgegengehalten, der Gesetzgeber habe gerade auch den Bereich rechtfertigend wirkender Genehmigungen regeln wollen (*Wegener* NStZ **1998** 608, 609f; zust. *Rogall* in Dolde S. 795, 828 m. Fn. 222). Dieser Einwand vermag jedoch nicht darüber hinwegzutäuschen, dass der Gesetzgeber sie nicht eindeutig geregelt hat, womit die (alte) Streitfrage der rechtfertigenden Wirkung rechtswidriger Verwaltungsakte weiter ungelöst bleibt. Hierzu werden im Wesentlichen **vier Lösungsvorschläge** vertreten: Nach der Lehre von der extremen Verwaltungsaktakzessorietät ist das Strafrecht ausnahmslos an die Entscheidungen des Verwaltungsrechts gebunden (Rdn. 283); der materielle Ansatz nimmt einen Durchgriff auf das materielle Verwaltungsrecht vor (Rdn. 284); die als h.M. anzusehende Lehre von der eingeschränkten Verwaltungsaktakzessorietät durchbricht die Akzessorietät zum Verwaltungsrecht nur bei missbräuchlicher Erlangung der Genehmigung (Rdn. 285). Nach der Auffassung von der strengen Verwaltungsaktakzessorietät sind schließlich verwaltungsrechtliche Maßstäbe im Zeitpunkt des Täterhandelns maßgeblich, die aber eine Strafbarkeit aufgrund allgemeiner strafrechtlicher Beteiligungsformen nicht ausschließen (Rdn. 286).

Indem die **auf extreme Verwaltungsaktakzessorietät** abstellende Ansicht (so OLG Braunschweig NJW **1951** 613, 614; *Dahs/Redeker* DVBl. **1988** 803, 810) das Strafrecht ausnahmslos an die Entscheidungen des Verwaltungsrechts bindet, setzt sie sich dem Einwand aus, dass in den Fällen einer nachträglichen Genehmigung oder ihrer ex-tunc-Rücknahme die Behörde über die Strafbarkeit entscheidet (*Horn* NJW **1981** 1, 3; *Rengier* ZStW **101** [1989] 874, 891; *Brauer* Genehmigungsfähiges Verhalten S. 69; *Scheele* Bindung des Strafrichters S. 38 f). **283**

Gegen die Gleichsetzung von verwaltungsrechtlicher Wirksamkeit und strafrechtlicher Rechtmäßigkeit, wie sie aus einer solchen extremen Akzessorietät folgt, wendet sich die **Lehre vom materiellrechtlichen Durchgriff** (*Goldmann* Genehmigung S. 246; *Geulen* ZRP **1988** 323, 325; *Perschke* wistra **1996** 161, 164 f m.w.N.),[1330] die darin eine Gefahr für den Rechtsgüterschutz (als Aufgabe des Strafrechts) sieht und daher die strafrechtliche Wirksamkeit der Genehmigung allein nach materiellem Verwaltungsrecht bestimmen will. Eine solche Auffassung setzt sich jedoch erkennbar in Widerspruch zu anerkannten Grundsätzen des Verwaltungsrechts, indem sie unter Vernachlässigung der Normen des VwVfG Verwaltungskompetenzen sachwidrig auf die Strafverfolgungsbehörden verlagert (*Hirsch* LK[11] Rdn. 163; *Horn* NJW **1988** 2335, 2338; *Rengier* ZStW **101** [1989] 874, 892).[1331] Darüber hinaus ist zu beachten, dass der Genehmigungszweck unterlaufen würde, wenn der Bürger trotz erfolgter Genehmigung, auf deren Rechtmäßigkeit er sich im Hinblick auf die rechtsstaatlichen Prinzipien der Normenklarheit, der Rechts- **284**

[1330] Weiterhin Baumann/Weber/*Mitsch*/Eisele § 15 Rdn. 166; *Faure/Oudijk* JZ **1994** 86, 91 (mit rechtsvergleichendem Überblick); *Hübenett* Genehmigung S. 150 ff; *Jae-Moo Shim* Verwaltungshandeln S. 82; *Kühl* FS Lackner, 815, 843 ff; *Roxin* AT I § 17 Rdn. 63; *Schall* NJW **1990** 1263, 1267 f; *ders.* wistra **1992** 1, 5; *Schmitz* Verwaltungshandeln S. 34 f, 45, 49 ff; *Schwarz* GA **1993** 318 ff, 323 f. Ähnlich *Winkelbauer* Verwaltungsakzessorietät S. 73; *Frisch* Verwaltungsakzessorietät S. 52. *Schünemann* (FS Triffterer, 437, 444 ff) spricht sich für eine (materielle) Verwaltungsrechtsakzessorietät und gegen eine (formelle) Verwaltungsaktakzessorietät aus (**abw.** noch *ders.* wistra **1986** 235, 239 ff); offengelassen in BGHSt **39** 381. Modifizierend *Marx* (Genehmigung S. 87 f), der die tatbestandsausschließende Genehmigung nicht in die Durchgriffsfälle einbezieht.
[1331] Ebenso *Breuer* AöR **115** (1990) 448, 457 f; *Kuhlen* WiVerw **1992** 215, 236 f; *Scheele* Bindung des Strafrichters S. 95 ff; vgl. auch BVerwGE **55** 118, 120 f.

sicherheit und des Vertrauensschutzes grundsätzlich verlassen darf, eigene Prüfungen zur Vermeidung der Strafbarkeit vornehmen müsste (*Heine/Meinberg* Gutachten 57. DJT D 48; *Ipsen* VVDStRL **50** [1991] 311f [Redebeitrag]; *Niering* Schutz der Gewässer S. 74).[1332]

285 Die von der h.M. vertretene **eingeschränkte Verwaltungsaktakzessorietät** erkennt die verwaltungsrechtliche Bestandskraft der Genehmigung als Basis des Rechtswidrigkeitsausschlusses an und durchbricht die Verwaltungsaktakzessorietät nur in den Fällen einer **rechtsmissbräuchlich** erlangten Genehmigung, sog. Rechtsmissbrauchslösung (vgl. *Lenckner* FS Pfeiffer, 2ff; *Fischer* Vor § 324 Rdn. 7).[1333] Die Verwaltungsaktakzessorietät müsse zumindest dann eingeschränkt werden, wenn die Inanspruchnahme der Gestattung rechtsmissbräuchlich sei (BGHSt **39** 381, 387 m. Anm. *Horn* JZ **1994** 636 und *Rudolphi* NStZ **1994** 433; OLG Frankfurt/M. JR **1988** 168, 170 m. Anm. *Keller*; LG Hanau NJW **1988** 571, 576).[1334] Hinsichtlich des Rechtsmissbrauchs wird zusätzlich zwischen Rechtsmissbrauch im engeren und im weiteren Sinne differenziert:[1335] Ein Rechtsmissbrauch i.e.S. soll vorliegen, wenn die Rechtsausübung als solche rechtsmissbräuchlich sei, ein Rechtsmissbrauch i.w.S., wenn lediglich ein mit der Rechtsausübung in engem tatsächlichen oder rechtlichen Zusammenhang stehendes früheres Verhalten zu missbilligen sei. Teilweise werden die Fälle des Rechtsmissbrauchs darauf beschränkt, dass der Antragsteller den zuständigen Sachbearbeiter getäuscht oder bedroht hat. Ob neben Täuschung und Zwang auch Bestechung und kollusives Zusammenwirken zwischen Täter und Behörde als Rechtsmissbrauch i.w.S. zu qualifizieren sind,[1336] ist innerhalb dieser Ansicht umstritten.[1337] Diskutiert wird außerdem im Schrifttum die (nach rechtsmissbräuchlichem Verhalten erfolgende) Rücknahme der rechtswidrigen Genehmigung als objektive Bedingung der Strafbarkeit; (vgl. *Lenckner* FS Pfeiffer, 27, 39 ff; zust. *Bloy* ZStW **100** [1988] 485, 504 m. Fn. 78; w. Nachw. bei *Paeffgen/Zabel* NK Rdn. 204). Der nach der Lehre von der eingeschränkten Verwaltungsaktakzessorietät erfolgende Rückgriff auf den Rechtsmissbrauchsgedanken wird vor allem mit der Parallele zum Notwehrrecht[1338] und dem Charakter des Rechtsmissbrauchsgedankens als angeblich naturrechtlichem Prinzip der Rechtsordnungen begründet.[1339] Aufgrund des unbestimmten Anwendungsbereichs der Rechtsmissbrauchslösung besteht jedoch die Gefahr, dass zur Entscheidung letztlich auf *allgemeine Billigkeitserwägungen* zurückgegriffen wird, weil die Voraussetzungen und Grenzen strafbaren Verhaltens im Einzelfall von zufällig nachweisbaren

---

1332 Weiterhin *Scheele* Bindung des Strafrichters S. 43; *Sch/Schröder/Heine/Hecker* Vor § 324 Rdn. 16c. **Abw.** *Marx* (Genehmigung S. 174 ff), der die bloße Durchführung des Genehmigungsverfahrens als ausreichend erachtet.
1333 Ebenso *Bloy* ZStW **100** (1988) 485, 504; *Dölling* JZ **1985** 461, 469; *Horn* NJW **1981** 1, 3; *Niering* Schutz der Gewässer S. 75; *Sach* Genehmigung S. 254 ff; *Sch/Schröder/Heine/Hecker* Vor § 324 Rdn. 16a, 17; allgemein zum Rechtsmissbrauchs-Argument im Strafrecht *Kölbel* GA **2005** 36 ff; speziell zur Anwendbarkeit des Rechtsmissbrauchs-Arguments im Umweltstrafrecht *Mumberg* Rechtsmissbrauch S. 39 ff; weiterhin *Scheele* Bindung des Strafrichters S. 124 ff.
1334 Ferner *Otto* Jura **1991** 308, 313; *Rudolphi* NStZ **1984** 193, 197.
1335 *Lenckner* FS Pfeiffer, 27, 35 f; *Heine* DtZ **1991** 423, 426.
1336 Z.T. wird auch die Berufung auf offensichtlich veraltete (StA Mannheim NJW **1976** 585, 586) oder durch Kollusion erlangte (BGHSt **39** 381, 387) Genehmigungen für rechtsmissbräuchlich gehalten. Das LG Hanau (NJW **1988** 571, 576) sah es schon als Rechtsmissbrauch an, wenn der Adressat lediglich (positive) Kenntnis der Rechtswidrigkeit der Genehmigung hatte. Vgl. auch *Jünemann* Rechtsmissbrauch S. 168 (Kenntnis und Ausnutzen der rechtswidrigen Genehmigung genüge); zutr. **Kritik** bei *Paeffgen/Zabel* NK Rdn. 204 m.w.N.
1337 Verneinend *Lenckner* FS Pfeiffer, 27, 37 ff; bejahend *Rudolphi* NStZ **1984** 193, 197; *Bloy* ZStW **100** (1988) 485, 504; *Dölling* JZ **1985** 461, 469; *Dolde* NJW **1988** 2329, 2334; *Otto* Jura **1991** 308, 313; *Paeffgen* FS Stree/Wessels, 587, 603 f.
1338 *Horn* NJW **1981** 1, 3; *Niering* Schutz der Gewässer S. 75.
1339 *Otto* Jura **1991** 308, 313; ders. Jura **1995** 134, 139 m.w.N.

Umständen abhängig sind (so ausdrücklich BGHSt **50** 105, 115; weiterhin *Rogall* FS Universität zu Köln, 505, 526 f m.w.N.). Diese Gefahr vermag die von einigen Autoren befürwortete Differenzierung hinsichtlich der Arten des Rechtsmissbrauchs kaum zu verhindern. Auch die Parallele zur missbräuchlichen Ausnutzung der Notwehrlage überzeugt nicht, da der behördlichen Genehmigung im Gegensatz zur Notwehr eine Tatbestands- und Feststellungswirkung zukommt, die über den Kreis der Verfahrensbeteiligten hinausreicht (BGHSt **50** 105 ff; so schon *Hirsch* LK[11] Rdn. 164).[1340] Schließlich liegt in einem solchen Ansatz ebenfalls ein Eingriff in die Entscheidungs- und Beurteilungskompetenz der Verwaltung,[1341] der sich zudem in Widerspruch zu den verwaltungsrechtlichen Regeln über die Rücknahme rechtswidriger Verwaltungsakte setzt[1342] und die Schaffung eines eigenständigen strafrechtlichen Nichtigkeitsbegriffs bedeutet, wie es ihn gerade im Hinblick auf die „Einheit (besser: Widerspruchsfreiheit) der Rechtsordnung"[1343] zu vermeiden gilt. Zwar ist der *Gesetzgeber* befugt, Straftatbestände bei einem sachlichen Bedürfnis so auszugestalten, dass ein Verhalten trotz verwaltungsrechtlich wirksamer Genehmigung strafbar ist, wie er dies explizit bei der Einfügung der Rechtsmissbrauchsklauseln (etwa in § 330d Nr. 5) getan hat. Eine verallgemeinerungsfähige Ausgestaltung des Rechtsmissbrauchsgedankens lässt sich den geltenden Strafbestimmungen des StGB indes nicht entnehmen. Da das Korrektiv des Rechtsmissbrauchs gesetzlich nur sektoral und abschließend positiviert ist, verstieße seine Anwendung in allen sonstigen Fällen der tatbestandsausschließenden Genehmigung – wie in Rdn. 281 dargelegt – gegen Art. 103 Abs. 2 GG: Weil die Tatbestände hier ausdrücklich ein „Handeln ohne Genehmigung" voraussetzen, wäre es ein Verstoß gegen das Verbot teleologischer Reduktion zulasten des Täters, wenn mit Rechtsmissbrauchserwägungen eine verwaltungsrechtlich wirksame Genehmigung als nicht vorhanden bewertet würde.[1344] Bei der rechtfertigenden Genehmigung dann weiterhin auf den Rechtsmissbrauchsgedanken zurückzugreifen, würde zu einer widersprüchlichen strafrechtlichen Behandlung dieser Genehmigungsfälle führen. Zur Sanktionierung des Erschleichens einer Genehmigung oder deren Ausnutzung bedarf es vielmehr einer ausdrücklichen Strafbestimmung (wie etwa § 92 Abs. 2 Nr. 2 AuslG bzw. § 95 Abs. 2 Nr. 2 AufenthG).[1345] De lege lata ist außerhalb der Reichweite der gesetzlich geregelten Missbrauchsklauseln aus den genannten Gründen die Rechtsmissbrauchslösung nicht haltbar (vgl. auch BGHSt **50** 105, 115). Unberührt davon bleibt der *Rückgriff auf anerkannte strafrechtliche Rechtsfiguren* (vgl. BVerfGE **75** 329, 346 und die folgende Rdn. 286).

Mit der geltenden Rechtslage vereinbar ist vielmehr nur die Lehre von der **strengen** **286** **Verwaltungsaktakzessorietät**, die die strafrechtliche Wirkung des Verwaltungsaktes ausschließlich nach verwaltungsrechtlichen Maßstäben, bezogen auf den Zeitpunkt des Täterhandelns, bestimmt (so schon *Hirsch* LK[11] Rdn. 165; *Heghmanns* Grundzüge S. 219 u.

[1340] Weiterhin *Rengier* ZStW **101** (1989) 874, 895 f; *Dolde* NJW **1988** 2329, 2333; *Wimmer* JZ **1993** 67, 69.
[1341] *Rogall* NStZ **1992** 561, 565; *Scheele* Bindung des Strafrichters S. 87 f; *Schmitz* Verwaltungshandeln S. 35.
[1342] *Rogall* Umweltschutzbericht 8/91 S. 180; *M. Schröder* VVDStRL **50** (1991) 196, 225.
[1343] Ausführlich zu diesem Topos *Felix* Einheit der Rechtsordnung passim u. Rdn. 20 ff; zur Einheit und Relativität des Rechtswidrigkeitsurteils vgl. auch *Hardtung* Erlaubte Vorteilsannahme S. 79 ff und *Bumke* Relative Rechtswidrigkeit S. 89 ff.
[1344] Dazu Baumann/Weber/Mitsch/Eisele § 15 Rdn. 165; *Dolde* NJW **1988** 2329, 2331; *Paeffgen/Zabel* NK Rdn. 204 m.w.N.; *Roxin* AT I § 17 Rdn. 63; *Schall* NJW **1990** 1263, 1267; *Winkelbauer* NStZ **1988** 202; *Wimmer* JZ **1993** 67, 69.
[1345] Vgl. weiterhin § 29 Abs. 1 Nr. 9 BtMG oder die bei *Rengier* (ZStW **101** [1989] 874, 887) aufgeführten Ordnungswidrigkeiten.

passim m.w.N.).[1346] Gemäß den ausdrücklichen verwaltungsrechtlichen Vorgaben in § 48 Abs. 3 Satz 2, Abs. 2 Satz 3 Nr. 1 VwVfG wirkt demnach auch eine rechtsmissbräuchlich erlangte, gleichwohl wirksame Genehmigung rechtfertigend. Das in Fällen von Täuschung, Drohung, Bestechung und Kollusion bestehende Sanktionsbedürfnis lässt sich mit Hilfe der **strafrechtlichen Beteiligungsvorschriften** erfassen und eingrenzen (so vor allem *Jakobs* 16/29a).[1347] Die Anknüpfung bildet dabei das *vor* der Genehmigungserteilung liegende Verhalten. Dieses kann bei Vornahme von Täuschung und Drohung mittelbare Täterschaft des Genehmigungsempfängers (der sich zugleich zum rechtmäßig handelnden Werkzeug macht) begründen. In Fällen der Bestechung ist eine Anstiftung des Genehmigungsempfängers zum täterschaftlichen Verhalten des Amtsträgers möglich. Bei Kollusion geht es schließlich um Mittäterschaft (so in diesem Fall auch BGHSt **39** 381). In der Situation einer durch falsche Angaben erschlichenen Genehmigung kann zudem eine Begrenzung der Reichweite der Genehmigung in Betracht kommen,[1348] auch bereits eine Ordnungswidrigkeit vorliegen.[1349] Eine Ausnahme von der strengen Verwaltungsaktakzessorietät (zu Gunsten des Handelnden) liegt indes in Fällen eines materiell rechtswidrigen belastenden Verwaltungsakts nahe (Untersagung, Anordnung, Auflage), da ein Verstoß keine Umweltschutzinteressen berührt, sondern lediglich Verwaltungsungehorsam demonstriert (in diesem Sinne auch SSW/*Saliger* Vor § 324 Rdn. 30 f m.w.N.; *Ransiek* NK Vor § 324 Rdn. 46; *Schmitz* MK Vor § 324 Rdn. 86 ff).

287   c) Die **Aufhebung der Genehmigung** ist als Rücknahme eines rechtswidrigen Verwaltungsaktes nach § 48 VwVfG oder als Widerruf eines rechtmäßigen Verwaltungsaktes nach § 49 VwVfG möglich. Einigkeit besteht darüber, dass eine solche Aufhebung strafrechtlich nur ex-nunc wirken kann (*Sch/Schröder/Lenckner/Sternberg-Lieben* Rdn. 62a; *Schlehofer* MK Rdn. 227). Verwaltungsrechtlich räumt § 48 Abs. 1 VwVfG der Behörde ein Wahlrecht zwischen der Rücknahme mit ex-nunc- und ex-tunc-Wirkung ein. Beim Bestehen eines schützenswerten Interesses des Adressaten wird grundsätzlich eine ex-nunc-Wirkung anzunehmen sein. Im Anwendungsbereich des § 48 Abs. 2 Satz 3 VwVfG soll nach § 48 Abs. 2 Satz 4 VwVfG allerdings die Rücknahme regelmäßig ex tunc erfolgen. Die Ausnahmeregelung betrifft die Fälle der Täuschung, Drohung oder Bestechung, der Falschangaben sowie der Kenntnis bzw. grob fahrlässigen Unkenntnis der Rechtswidrigkeit der Genehmigung. Auch die verwaltungsrechtlich ex tunc wirkende Rücknahme hat indes keine strafrechtlichen Konsequenzen für die Vergangenheit (vgl. *Heghmanns* Grundzüge S. 229; *Marx* Genehmigung S. 48 f). Erreicht der Bürger später im Verwaltungsprozess eine Aufhebung des an ihn adressierten (rechtswidrigen) Verbots, lässt das die Strafbarkeit ebenfalls nicht rückwirkend entfallen (*Rogall* NStZ **1992** 561, 565); diskutabel erscheint aber die Annahme eines Strafaufhebungsgrundes (zum Gan-

---

1346 Ebenso *Schlehofer* MK Rdn. 224; *Ipsen* VVDStRL **50** (1991) 310 f (Redebeitrag); *Kuhlen* WiVerw **1992** 215, 246 ff; *Mußgnug* VVDStRL **50** (1991) 329 f (Redebeitrag); *Ossenbühl/Huschens* UPR **1991** 161, 167; *Ransiek* NK Vor § 324 Rdn. 48; *Rengier* ZStW **101** (1989) 874, 888 ff, 896 ff; *Rogall* NStZ **1992** 561, 565 f; *ders.* NJW **1995** 922, 924; *Scheele* Bindung des Strafrichters S. 161 ff; *M. Schröder* VVDStRL **50** (1991)196, 225; *Steindorf* FS Salger, 167, 181 ff; *Wimmer* JZ **1993** 67, 70.
1347 So auch *Schlehofer* MK Rdn. 225; dagegen greifen *Rengier* ZStW **101** (1989) 874, 898 und *Rogall* Umweltschutzbericht 8/91 S. 181; *ders.* FS Universität zu Köln, 505, 527 immer auf § 240 (bei Drohung) und §§ 331 ff (bei Korruption) zurück.
1348 *Heghmanns* Grundzüge S. 215 f und *Sch/Schröder/Heine/Hecker* Vor § 324 Rdn. 17b; jew. m.w.N. Die Begrenzung kann sich zum einen aus entsprechenden behördlichen Zusatzklauseln, zum anderen aus dem Inhalt des Verwaltungsaktes selbst ergeben, vgl. OLG Braunschweig ZfW **1991** 52, 62; OLG Düsseldorf NStZ **1987** 565, 566; LG Düsseldorf NStZ **1988** 231, 232; dazu auch *Schlehofer* MK Rdn. 226.
1349 Etwa gem. § 19 Abs. 2 AWG.

zen *Sch/Schröder/Heine/Hecker* Vor § 324 Rdn. 21f m.w.N.). Problematischer ist dagegen die Behandlung der Fälle, in denen der Genehmigungsinhaber in der Phase zwischen dem Wirksamwerden der Aufhebung und ihrer Bestandskraft weiterhin von der Genehmigung Gebrauch macht. Stellt man hier – wie bei der Genehmigungserteilung – auf den Zeitpunkt des Wirksamwerdens der Aufhebung ab,[1350] wäre das Verhalten des Genehmigungsinhabers schon mit der Bekanntgabe der Rücknahme strafbar und zwar auch dann, wenn nach Einlegung von Rechtsbehelfen festgestellt werden müsste, dass der Adressat von der Genehmigung hätte Gebrauch machen können, weil die Aufhebung tatsächlich keinen Bestand hat. Da es durchaus einleuchtend erscheint, bei der Aufhebung einer Begünstigung strafrechtliche Wirkungen später eintreten zu lassen als bei ihrer Gewährung, ist in derartigen Fallkonstellationen der Zeitpunkt der Vollziehbarkeit als maßgeblich anzusehen.[1351] Setzt der frühere Genehmigungsinhaber trotz Aufhebung der Genehmigung sein zuvor genehmigtes Verhalten fort, so kann dieses zumindest dann nicht strafbar sein, wenn er vorher gegen die Aufhebungsverfügung der Behörde einen Rechtsbehelf eingelegt hat.[1352] Denn der verwaltungsrechtliche Rechtsbehelf hat grundsätzlich Suspensivwirkung (§ 80 Abs. 1 VwGO), so dass die Aufhebungsverfügung gehemmt[1353] und damit die strafrechtliche Verfolgung des bisherigen Genehmigungsinhabers gesperrt wird.

d) Genehmigung mit Nebenbestimmungen. Die Genehmigung kann als Verwaltungsakt mit Nebenbestimmungen gemäß § 36 VwVfG versehen werden. Ist sie an eine (aufschiebende) Bedingung oder Befristung geknüpft, macht sich der Genehmigungsinhaber bei ihrer Nichtbeachtung strafbar, da es sich in diesen Fällen um Bestandteile der Genehmigung selbst handelt (*Sch/Schröder/Lenckner/Sternberg-Lieben* Rdn. 62b; *Schlehofer* MK Rdn. 223; *Heghmanns* Grundzüge S. 226f). Anders verhält es sich hingegen im Falle einer der Genehmigung hinzugefügten (echten) Auflage:[1354] Da die Behörde mit der Auflage zum Ausdruck bringt, dass sie die Wirksamkeit der Genehmigung nicht von der Erfüllung der Auflage abhängig machen will, muss auch ein Verstoß gegen die Auflage ohne strafrechtliche Konsequenzen sein (BGH NJW **1984** 65; BayObLG JZ **1982** 300 [zu § 21 StVG]; BayObLG NJW **1987** 2757 [zu § 327 Abs. 2]).[1355] Die Pflichten aus der Auflage

288

1350 So OLG Stuttgart JR **1978** 294.
1351 *Heghmanns* (Grundzüge S. 230) weist zutreffend darauf hin, dass der Vergleich mit der Genehmigungserteilung schon deshalb problematisch ist, weil dort die Kategorie der Vollziehbarkeit – von Genehmigungen mit Drittwirkung abgesehen – gar keine Rolle spielt.
1352 Umfassend *Schmitz* Verwaltungshandeln S. 124ff; *Odenthal* NStZ **1991** 418, 419; *Scheele* Bindung des Strafrichters S. 164f.
1353 Ob dabei Wirksamkeit oder Vollziehbarkeit der Verfügung gehemmt werden, ist verwaltungsrechtlich zwar umstritten (dazu *Gersdorf* BeckOK-VwGO 47. Ed. [7/2018] § 80 Rdn. 24ff), für das Strafrecht jedoch ohne Bedeutung, da auch die Vollziehbarkeitshemmung umfassend zugunsten desjenigen auszulegen ist, der den Rechtsbehelf eingelegt hat (*Odenthal* NStZ **1991** 418, 419).
1354 Abzugrenzen sind die echten Auflagen als Nebenbestimmungen von den sog. modifizierenden Auflagen (*Weyreuther* DVBl. **1969** 232ff u. 295ff; *ders.* DVBl. **1984** 365ff), die hinsichtlich ihrer Existenz und ihrer dogmatischen Bedeutung mittlerweile im Verwaltungsrecht sehr umstritten sind (zum Meinungsstand *Maurer/Waldhoff* Allgemeines Verwaltungsrecht § 12 Rdn. 16f). Modifizierende Auflagen verändern nach Ansicht der Rechtsprechung den Inhalt der Genehmigung selbst (BVerwGE **36** 145, 153f). Die jüngere Rspr. des BVerwG distanziert sich zunehmend von dieser Rechtsfigur, dazu *Maurer/Waldhoff* Allgemeines Verwaltungsrecht § 12 Rdn. 16f. Strafrechtlich bedeutet der Verstoß gegen eine modifizierende Auflage die Vornahme einer anderen als der genehmigten und somit einer ungenehmigten Handlung (*Heghmanns* Grundzüge S. 225).
1355 Ferner *Sch/Schröder/Lenckner/Sternberg-Lieben* Rdn. 62b; *Schlehofer* MK Rdn. 223; *Rudolphi* FS Lackner, 863, 883f.

genießen als solche keinen Strafrechtsschutz,[1356] es sei denn, der Verstoß selbst wird durch Rechtsvorschrift explizit straf- oder bußgeldsanktioniert.[1357] Wenn abweichend davon im Hinblick auf die rechtfertigende Genehmigung die Auffassung vertreten wird, dass sich der Genehmigungsinhaber bei (rechtsgutsrelevanten)[1358] Auflagenverstößen nicht im Rahmen der Genehmigung halte und daher nicht gerechtfertigt sei,[1359] so wird diese Auffassung dem Charakter der Auflage als dem im Verhältnis zur Bedingung milderen Mittel nicht gerecht (*Hirsch* LK[11] Rdn. 167).[1360]

289 **e) Reichweite der behördlichen Genehmigung bei Verletzung von Individualrechtsgütern.** Regelmäßig wird eine Genehmigung unter Abwägung der bei der Durchführung der genehmigten Tätigkeit entstehenden Gefahren auch für Individualrechtsgüter (sog. Restrisiken) erteilt. Verwirklicht sich trotz sorgfältigen Verhaltens eine solchermaßen einkalkulierte und vom Schutzzweck umfasste Gefahr in einem Gefährdungs- oder Verletzungserfolg, so ist daher auch dieser gerechtfertigt (*Hirsch* LK[11] Rdn. 168).[1361] Die Rechtfertigungswirkung folgt dabei aus der Genehmigung selbst.[1362] Dagegen kann sich bei einer infolge vorsätzlichen oder sorgfaltswidrigen Handelns erfolgten Individualgutsverletzung keine Rechtfertigung ergeben (*Ransiek* NK § 324 Rdn. 30; *Lackner/Kühl/ Heger* § 324 Rdn. 13; *Hirsch* LK[11] Rdn. 168; *Winkelbauer* NStZ **1988** 201, 204f; *Heine* NJW **1990** 2425, 2432).[1363] Aufgrund der strafrechtlichen Wirksamkeit rechtswidriger Rechtmigungen entfalten auch diese unter der genannten Voraussetzung rechtfertigende Wirkung (StA Landau NStZ **1984** 553, 554; *Brandts* JA **1985** 306, 307; ähnlich *Horn* NJW **1981** 1, 3 m. Fn. 22). Da trotz einer behördlichen Genehmigung bei drohender Gefahr für ein Individualrechtsgut ein ordnungsbehördliches Einschreiten zulässig ist (BVerwGE **55** 118, 123f) entsteht insoweit kein Widerspruch zum Verwaltungsrecht. Die Gegenauffassung, welche die Genehmigung analog § 44 Abs. 2 Nr. 5 VwVfG als nichtig erachtet,[1364] verkennt, dass die Nichtigkeit der Genehmigung Voraussetzung und nicht etwa Folge der Strafbarkeit ist. Im Ergebnis bleibt aber auch nach dieser Ansicht der Genehmigungsinhaber straflos, wenn er sich im Glauben an ihre Rechtmäßigkeit im Rahmen der Genehmigung hält.

1356 *Heghmanns* Grundzüge S. 228.
1357 Zu den Anforderungen an eine solche Sanktionsnorm BVerfGE **78** 374 (zu § 15 Abs. 2 lit. a FAG).
1358 D.h. etwa bei § 324, dass die Auflage unmittelbar dem Gewässerschutz dient, vgl. *Steindorf* LK[11] § 324 Rdn. 83 f m.w.N.; ähnlich *Fischer* § 324 Rdn. 7a f.
1359 OLG Frankfurt/M. JR **1988** 168, 169 m. Anm. *Keller*; für wasserrechtliche Genehmigungen *Wernicke* NJW **1977** 1662, 1664.
1360 Im Übrigen sind Auflagen verwaltungsrechtlich durchsetzbar. Deshalb gibt es kein kriminalpolitisches Bedürfnis, bloße Auflagenverstöße strafrechtlich zu sanktionieren (*Heghmanns* Grundzüge S. 229).
1361 Weiterhin *Roxin* AT I § 17 Rdn. 68 und *Sch/Schröder/Lenckner/Sternberg-Lieben* Rdn. 63d (beide machen eine Ausnahme bei [rechtsmissbräuchlicher] Berufung auf eine als rechtsfehlerhaft erkannte erteilte Genehmigung). Nach der stark vertretenen Gegenmeinung ist die verwaltungsrechtliche Befugnis grundsätzlich in ihrer Wirkung auf die Beeinträchtigung von Umweltgütern beschränkt, vgl. *Tiedemann/Kindhäuser* NStZ **1988** 337, 344; *Rogall* NStZ **1992** 360, 366; diff. *Winkelbauer* NStZ **1988** 201, 204; *Heine* NJW **1990** 2425, 2432; *Schall* FS Roxin (2001), 927, 929 ff mit ausführlichem Meinungsüberblick. Tatbestandsmäßige Verletzungen von Individualrechtsgütern können nach Ansicht von *Kühl* (AT § 9 Rdn. 136 m. Fn. 239 m.w.N.) nur in besonderen Notlagen gem. § 34 gerechtfertigt werden.
1362 **Anders** *Scheele* Bindung des Strafrichters S. 157 (aus erlaubtem Risiko); ebenso *Paeffgen/Zabel* NK Rdn. 202; zu weiteren Autoren, die für eine Legalisierung durch erlaubtes Risiko eintreten, s. *Schall* FS Roxin (2001), 927, 932.
1363 S. auch *Roxin* AT I § 17 Rdn. 68. Hinsichtlich der vorsätzlichen Tat folgt dies bereits aus der Nichtigkeit der Genehmigung gemäß § 44 Abs. 2 Nr. 5 VwVfG; kritisch dazu *Schall* FS Roxin (2001), 927, 934.
1364 *Otto* Jura **1991** 308, 313; *Winkelbauer* NStZ **1988** 201, 205 f.

f) Rechtswirkung bloßer Genehmigungsfähigkeit. Das Vorliegen der materiellen 290 verwaltungsrechtlichen Voraussetzungen für die Erteilung einer Genehmigung, also die bloße Genehmigungsfähigkeit, hat nach richtiger Ansicht bei der Beurteilung der Strafbarkeit unberücksichtigt zu bleiben (BGHSt **37** 21, 29; OLG Frankfurt/M. JR **1987** 508; OLG Köln wistra **1991** 74, 75).[1365] Bezüglich der Tatbestände, die präventive Verbote mit Erlaubnisvorbehalt enthalten, ergibt sich dies daraus, dass das Genehmigungserfordernis hier gerade dem Schutze staatlicher Kontrolle zu dienen bestimmt ist und daher der tatbestandliche Unwert (zumindest auch) aus einem Handeln ohne Genehmigung folgt (OLG Köln wistra **1991** 74, 75; *Möhrenschlager* NuR **1983** 209, 215).[1366]

Abw. wird teilweise in Fällen, in denen die Behörde aufgrund eines verwaltungs- 291 rechtlich bestehenden Genehmigungsanspruchs zur Genehmigungserteilung verpflichtet wäre, für Tatbestandslosigkeit,[1367] Rechtfertigung[1368] oder – wegen fehlenden Sanktionsbedürfnisses – für eine Strafaufhebung[1369] plädiert. Eine solche Wertung ist allenfalls bei Tatbeständen zu erwägen, denen eine verwaltungsrechtliche Regelung korrespondiert, welche die Rückwirkung der nachträglich erteilten Genehmigung auf den Zeitpunkt der Vornahme der Handlung zum Gegenstand hat (*Winkelbauer* NStZ **1988** 201, 203). Verallgemeinerungsfähig ist sie jedoch nicht. Bezüglich der Straftatbestände, die ein repressives Verbot mit Befreiungsvorbehalt enthalten, folgt die Richtigkeit der h.M. daraus, dass es weder Sache des Bürgers noch des Strafgerichts sein kann, über das Vorliegen der Genehmigungsfähigkeit eines Sachverhalts zu befinden (*Dölling* JZ **1985** 461, 463f; *Rogall*

1365 Auch BVerwG DVBl. **1979** 67; LG München II NuR **1986** 259 f (für WHG). Ebenso *Krell* Umweltstrafrecht Rdn. 59; *Kloepfer/Heger* Umweltstrafrecht Rdn. 103; SSW/*Rosenau* Rdn. 25; *Allewelt* NuR **1992** 312, 313 f; *Bergmann* Strafbewehrung S. 52 ff; *Breuer* NJW **1988** 2072, 2079; *Dölling* JZ **1985** 461, 462 f, 468; *Englisch* Verwaltungshandeln S. 124 ff; *Ensenbach* Verwaltungsakzessorietät S. 119 ff; *Hundt* Genehmigung S. 119 f; *Jae-Moo Shim* Verwaltungshandeln S. 71; *Malitz* Duldung S. 92, 100; *Paeffgen/Zabel* NK Rdn. 202; *Rogall* NStZ **1992** 561, 565 f; näher zum Streitstand *Heghmanns* Grundzüge S. 234 ff, *Brauer* Genehmigungsfähiges Verhalten S. 32 ff und *A. Schröder* Genehmigungen S. 161 ff. Einengend *Rengier* (ZStW **101** [1989] 874, 903 f), der nur dort eine Berücksichtigung zulassen will, wo die Behörde die materiellrechtliche Prüfung bereits mit positivem Resultat durchgeführt hat oder durch rechtskräftiges Urteil zur Genehmigungserteilung verpflichtet ist.
1366 *Rogall* NStZ **1992** 561, 565 f; *Sch/Schröder/Lenckner/Sternberg-Lieben* Rdn. 62 m.w.N. Krit. zu dieser „Ungehorsamskonzeption" etwa *Brauer* Genehmigungsfähiges Verhalten S. 58 ff, der bei präventiven Verboten mit Erlaubnisvorbehalt im Falle der Genehmigungsfähigkeit (wegen materiell rechtmäßiger Grundrechtsausübung) grundsätzlich für einen Tatbestandsausschluss eintritt (aaO S. 104); anders dagegen bei repressiven Verboten mit Erlaubnisvorbehalten. Hier soll nach *Brauer* bei fehlender rechtfertigender Genehmigung die Genehmigungsfähigkeit das Erfolgsunrecht beseitigen und somit Versuchsstrafbarkeit vorliegen (aaO S. 109 ff, insbes. S. 128 ff); **krit.** dazu *Heghmanns* Grundzüge S. 235 und *Kuhlen* Umweltstrafrecht S. 149 f. Weitergehend *Heghmanns* (Grundzüge S. 172 f), der die Kontrollfunktion der Verwaltung zum Einheitsrechtsgut aller genehmigungsabhängigen Straftatbestände erhebt; zur Kritik an diesem Einheitsrechtsgut vgl. Rdn. 275.
1367 *Bloy* JuS **1997** 577, 586 m. Fn. 105; *ders.* ZStW **100** (1988) 485, 505. weiterhin *Ransiek* NK § 324 Rdn. 28: Schutzgut nicht berührt.
1368 *Papier* NuR **1986** 1, 6; *Heider* Duldung S. 189 f; *Rudolphi* (NStZ **1984** 193, 197 f; *ders.* ZfW **1982** 197, 209) und *Perschke* (wistra **1996** 161, 167) plädieren dann für die Rechtmäßigkeit eines genehmigungspflichtigen Verhaltens, wenn dem Täter (nach Antragstellung, so *Perschke* aaO) die Erlaubnis zu Unrecht verweigert wurde. Weiterhin *Samson* JZ **1988** 800, 804 f: fehlende Strafrechtswidrigkeit jedenfalls für den Fall, dass Behörde informiert ist; wohl auch *Frisch* Verwaltungsakzessorietät S. 54 f.
1369 *Otto* Jura **1991** 308, 312; *ders.* Jura **1995** 134, 141; *Winkelbauer* NStZ **1988** 201, 203; diff. *Sch/Schröder/Lenckner/Sternberg-Lieben* Rdn. 62c; *Sch/Schröder/Cramer/Heine* Vor § 324 Rdn. 19 und *Schlehofer* MK Rdn. 229 ff m.w.N. (wenn ein Urteil feststellt, dass Behörde zur Genehmigungserteilung verpflichtet war); *Roxin* AT I § 17 Rdn. 66; *Tiessen* Gewässerverunreinigung S. 126 ff, 163; de lege ferenda für sachlichen Strafausschließungsgrund *Rogall* in Dolde S. 795, 829. *Dölling* JZ **1985** 461, 463 will das Vorliegen der materiellen Genehmigungsvoraussetzungen bei der Strafzumessung strafmildernd berücksichtigen.

NStZ **1992** 561, 566). Selbst wenn es sich um einen gebundenen Verwaltungsakt oder um eine Ermessensreduzierung auf Null handelt, besitzt zwar der Handelnde einen Anspruch auf Erteilung der Genehmigung, aber kein Recht zur Selbsthilfe (*Rengier* ZStW **101** [1989] 874, 883, 903; *Paeffgen/Zabel* NK Rdn. 202 m.w.N.); denn die Ermächtigungsgrundlage zur Genehmigungserteilung würde sonst als Handlungs- und Eingriffserlaubnis für den Bürger missdeutet (*Kuhlen* WiVerw **1992** 215, 257). Dem Bürger steht es jederzeit offen, eine Vorabentscheidung im verwaltungsgerichtlichen Eilverfahren herbeizuführen (*Rogall* NStZ **1992** 561, 566) oder (in bestimmten Fällen wie bei § 54 Abs. 6 Satz 2 KrWG) nach § 42a VwVfG eine verwaltungsrechtliche Genehmigungsfiktion herbeizuführen (siehe dazu *Eisele* NJW **2014** 1417 ff; *Krell* Umweltstrafrecht Rdn. 62).

291a Im Kontext der Genehmigungsfähigkeit wird in jüngerer Zeit über die Möglichkeit einer **hypothetischen behördlichen Genehmigung** diskutiert. *M. Dreher* hat vorgeschlagen, die objektive Zurechnung des Erfolges in Fällen fehlender Genehmigung abzulehnen, wenn bei entsprechender Antragstellung die zuständige Behörde eine Erlaubnis erteilt hätte (Objektive Erfolgszurechnung, S. 134; zu Anwendungsfällen *Mitsch* FS Achenbach, 299, 311 f). Das Transplantat aus der höchst streitig geführten Debatte um die hypothetische Einwilligung im Medizinstrafrecht wird indes zu Recht abgelehnt (ausführlich *Mitsch* FS Achenbach, 299, 311 ff; auch *Böse* ZIS **2016** 495, 501 ff; *Zimmermann/Linder* ZStW **128** [2016] 713, 722 ff; *Schlehofer* MK Rdn. 236; *Sch/Schröder/Lenckner/ Sternberg-Lieben* Rdn. 62c; sympathisierend mit dem Einsatz der Rechtsfigur im Genehmigungskontext aber *Sturm* Die hypothetische Einwilligung S. 239 ff, insbes. S. 272). Die hypothetische behördliche Genehmigung hat ähnliche Schwächen wie die hypothetische Einwilligung (zur Kritik an der hypothetischen Einwilligung näher Rdn. 230 ff m.w.N). Sie droht die Entscheidungskompetenz der Behörde durch eine fiktive Betrachtung auszuhöhlen; zudem fehlt dem fraglichen Verhalten das „Gütesiegel des korrekten Verfahrens" (*Mitsch* FS Achenbach, 299, 311 ff m.w. Gegenargumenten; **abl.** auch *Böse* ZIS **2016** 495, 501 ff; *Sch/Schröder/Lenckner/Sternberg-Lieben* Rdn. 62c; zudem *Schlehofer* MK Rdn. 236).

292 **g) Andere behördliche Gestattungen (insbesondere Duldung).** Neben der behördlichen Genehmigung können auch andere behördliche Gestattungen die Strafbarkeit ausschließen. Eine genehmigungsgleiche Wirkung kommt unbestritten der Zusicherung (§ 38 VwVfG) und dem öffentlich-rechtlichen Vertrag (§§ 54 ff VwVfG) zu.[1370] Ungleich schwieriger gestaltet sich die Bewertung der Wirkung der **behördlichen Duldung**, da deren Konturen bereits verwaltungsrechtlich unbestimmt sind;[1371] ihre strafrechtsdogmatische Behandlung wird bis heute kontrovers diskutiert (*Ransiek* NK § 324 Rdn. 31 ff; knapper Überblick bei *Rogall* NJW **1995** 922 ff). Allgemein wird unter einer „Duldung" das Nichteinschreiten einer Behörde gegen ein rechtswidriges Verhalten oder einen rechtswidrigen Zustand verstanden (vgl. *Ransiek* NK § 324 Rdn. 32 m.w.N.; ähnlich *Rogall* NJW **1995** 922, 923).[1372] Weiter wird im Anschluss an die Untersuchungen von *Randelzhofer/Wilke* bei der rechtlichen Behandlung verbreitet zwischen der aktiven und der

---

[1370] Dazu LG Hanau NJW **1988** 571, 573; *Dolde* NJW **1988** 2329, 2330 ff. Zur Bedeutung fehlender Schriftform (§ 57 VwVfG) bei informellen Vereinbarungen mit der Behörde *Ransiek* NK § 324 Rdn. 35.
[1371] Ausführlich zu Begriff und Erscheinungsformen der Duldung *Heider* Duldung S. 23 ff; *Hüting* Duldung S. 16 ff, 39 ff; *Hermes/Wieland* Duldung S. 6 ff; vgl. auch den kritischen Überblick zur uneinheitlichen Begriffsverwendung bei *Heghmanns* Grundzüge S. 243 f und *Rogall* NJW **1995** 922, 923, der zwischen „Aufklärungs-, Opportunitäts- und rechtlich gebotener Duldung" unterscheidet.
[1372] Nicht unter den Begriff Duldung fällt die durch die Unkenntnis des erheblichen Sachverhalts bedingte bloße Inaktivität der Behörde, vgl. *Englisch* Verwaltungshandeln S. 141 m.w.N.

passiven Duldung unterschieden.[1373] Während bei der aktiven Duldung die zuständige Behörde die bewusste Entscheidung trifft, (vorerst) nicht gegen ein rechtswidriges Verhalten oder einen rechtswidrigen Zustand einzuschreiten, bleibt sie bei der passiven Duldung schlicht untätig (vgl. *Steindorf* LK[11] § 324 Rdn. 88, 62; *Ransiek* NK § 324 Rdn. 31 m.w.N.).[1374] Nach herrschender Ansicht hat die *passive Duldung* grundsätzlich keinerlei Rechtswirkung zugunsten des Bürgers (BGHSt **37** 21, 28; OLG Braunschweig ZfW **1991** 52, 62 [„selbst langjährige Duldung kann eine Umweltstraftat nicht ‚legalisieren'"]; OLG Stuttgart NJW **1977** 1408 [m. zust. Anm. *Sack* JR **1978** 295]).[1375] Ausnahmsweise kann aber auch ein passives Behördenverhalten wegen der aus den §§ 10, 37 Abs. 2 VwVfG herzuleitenden Formfreiheit als Verwaltungsakt und als solcher dann möglicherweise als Genehmigung in Betracht kommen. Insofern muss man der weit verbreiteten schematisierenden Anknüpfung strafrechtlicher Konsequenzen an die Unterscheidung zwischen der passiven und der aktiven Duldung kritisch gegenüberstehen (so auch *Heghmanns* Grundzüge S. 243). Die Frage nach der Rechtswirkung einer Duldung stellt sich dennoch hauptsächlich in den Fällen der *aktiven Duldung*, wenn die Behörde sich entschließt, eine Rechtsposition trotz Vorliegens der Voraussetzungen nicht durchzusetzen.[1376] Dieser Entschluss muss sich in einer entsprechenden „Duldungsentscheidung" manifestiert haben.[1377] Praktische Bedeutung besitzt eine solche Duldung vor allem im Bereich des informalen Verwaltungshandelns.[1378] Unabhängig davon, welche Wirkung der aktiven Duldung in diesem Bereich beizumessen ist, wird man mit *Heghmanns* (Grundzüge S. 272) feststellen müssen, dass die Kontroverse um die strafrechtliche Relevanz der Duldung sich weitgehend als eine Scheindiskussion erweist, da sich viele „Duldungsfälle" bei näherer Betrachtung als wirksame Verwaltungsakte herausstellen. Dementsprechend wird der Gehalt des als „Duldung" umschriebenen behördlichen Verhaltens im Einzelfall stets zu untersuchen sein: Ist die „Duldung" in Wahrheit eine konkludente Genehmigung (dazu OLG Celle NdsRpfl **1986** 217, 218 m.w.N.)[1379] oder Zusicherung (vgl. VGH Mannheim NuR **1991** 234, 235), folgt sie den gleichen Regeln wie die Genehmigung (*Paeffgen/Zabel* NK Rdn. 205 m.w.N. und Hinweisen darauf, wie sich ein etwaiger Mangel der Schriftform auswirkt).[1380] Problematisch in der Behandlung sind letztlich nur Fälle informaler Gestattung, die nicht Verwaltungsakte mit Genehmigungscharakter sind. Entscheidet sich die Behörde im Rahmen des geltenden Rechts und in dem soeben beschriebenen Umfang zur Duldung eines ungenehmigten Zustands, so gebietet es die

---

[1373] *Randelzhofer/Wilke* Duldung S. 54 ff; *Bloy* JuS **1997** 577, 586 f; vgl. aber auch die bei *Rengier* ZStW **101** (1989) 874, 905 ff für die Duldung genannten Voraussetzungen.
[1374] Terminologisch teilweise abweichend, sachlich jedoch weitgehend inhaltsgleich *Rudolphi* ZfW **1982** 197, 209; *ders.* FS Dünnebier, 561, 570; *ders.* NStZ **1984** 193, 198; *Schünemann* wistra **1986** 235, 241 (konkludent erlaubende und schlicht hinzunehmende Duldung); *Gentzke* Informales Verwaltungshandeln S. 22 ff; *Heider* Duldung S. 167 ff (gebotene, erlaubte und der Behörde verwehrte Duldung).
[1375] Aber auch OLG Karlsruhe Justiz **1979** 390, 391; LG Bonn NStZ **1988** 224; *Paeffgen/Zabel* NK Rdn. 205; *Sch/Schröder/Heine/Hecker* Vor § 324 Rdn. 20 m.w.N.
[1376] *Dolde* NJW **1988** 2329, 2330; *Randelzhofer/Wilke* Duldung S. 56; *Wüterich* UPR **1988** 248, 250.
[1377] *Rengier* ZStW **101** (1989) 874, 906 f; *Heine* NJW **1990** 2425, 2434; *Ossenbühl/Huschens* UPR **1991** 161, 167; *M. Schröder* VVDStRL **50** (1991) 196, 227; *Winkelbauer* JuS **1988** 691, 696.
[1378] In der Praxis hat sich diese Handlungsform allen Einwänden zum Trotz etabliert; vgl. zu Empirie und Begriff informaler Absprachen zwischen Verwaltung und Privaten instruktiv *Kautz* Absprachen im Verwaltungsrecht, Diss. Bayreuth i.Br. 2002 S. 31 ff; weiterhin (aus verfassungsrechtlicher Sicht) *Tomerius* Informelle Projektabsprachen im Umweltrecht, Diss. Trier 1995; *H. Dreier* Informales Verwaltungshandeln, Staatswissenschaften und Staatspraxis **4** (1993) 647 ff.
[1379] Vgl. *Kuhlen* Umweltstrafrecht S. 169 ff; *Rudolphi* NStZ **1984** 193, 198; *Odersky* FS Tröndle, 291, 300 ff; *Winkelbauer* NStZ **1986** 149, 150.
[1380] Näher *Ransiek* NK § 324 Rdn. 33 f; *Rogall* NJW **1995** 922, 923; aA *Sch/Schröder/Heine/Hecker* Vor § 324 Rdn. 20 m.w.N.

Einheit (Widerspruchsfreiheit) der Rechtsordnung zumindest dann, wenn der Gesetzgeber den Erlass einer Untersagungsverfügung in das Ermessen der Behörde gestellt hat, den geduldeten Zustand nicht anders als den genehmigten zu behandeln (OLG Celle ZfW **1987** 126, 127 f; OLG Karlsruhe DVBl **1980** 607; OLG Stuttgart ZfW **1977** 118, 121 ff; JR **1978** 294 m. **krit.** Anm. *Sack*).[1381] Richtigerweise wird daher von der h.M. die legalisierende Wirkung der aktiven Duldung bejaht, wobei man sich auf verschiedene Rechtsprinzipien stützen kann.[1382]

293   **Abw.** spricht ein Teil des Schrifttums, z.T. auch die Rspr. (OLG Karlsruhe ZfW **1996** 406, 409; weiterhin BayObLG NuR **2000** 407, 409) der aktiven Duldung unter Hinweis auf die abschließende Regelung der Genehmigungstatbestände,[1383] das verwaltungsrechtliche Formalisierungsgebot[1384] oder das strafrechtliche Bestimmtheitsgebot[1385] generell die legalisierende Wirkung ab.[1386] Dadurch unterläuft sie jedoch nicht nur den der Verwaltung eröffneten Handlungsspielraum,[1387] sondern sie verschließt auch die Augen vor der Bedeutung der informellen Praktiken der Verwaltung (*Hirsch* LK[11] Rdn. 171). Oft wird es der Behörde zudem wegen erforderlicher weiterer Aufklärung oder infolge von Verhältnismäßigkeitserwägungen, die einem Eingriff entgegenstehen, gar nicht möglich sein, das gestattungspflichtige Verhalten sofort zu unterbinden.[1388] Dem berechtigten Einwand der verminderten Kontrollmöglichkeit[1389] und der Gefahr einer Umgehung der Gesetzesbindung der Verwaltung[1390] ist jedoch in der Weise zu begegnen, dass die Duldung nur für einen begrenzten Zeitraum, nämlich den zur Herbeiführung eines rechtmäßigen Zustands durch Erteilung einer Genehmigung erforderlichen, für zulässig zu erachten ist.[1391] Auch wird man das Verwaltungsvollstreckungsverfahren aus dem An-

---

1381   Weiter LG München II NuR **1986** 259, 260; GStA beim OLG Hamm NuR **1986** 223; LG Bonn NStZ **1988** 224 f. Nach BVerwG NVwZ **2001** 567, 570 muss eine behördliche Duldung formeller Illegalität i.S.v. § 19 Abs. 3 AtG drei (dort näher beschriebene) Voraussetzungen erfüllen (**abl.** dazu *Jaeschke* Informale Gestattungen S. 121 ff). Aus der Literatur *Altenhain* FS Weber, 441, 446 ff (zur atomrechtlichen Duldung im Rahmen von § 327 Abs. 1); *Fluck* NuR **1990** 197, 198; vgl. die weiteren Nachweise bei *Heghmanns* Grundzüge S. 244 m. Fn. 451; *Hirsch* LK[11] Rdn. 170; *Malitz* Duldung S. 149 (jedoch bei restriktiver Handhabung informellen Verwaltungshandelns); vgl. auch *Marx* Genehmigung S. 92 f, 186 f; *Papier* NuR **1986** 1, 6; *Ransiek* NK § 324 Rdn. 36 m.w.N.; *Rogall* Umweltschutzbericht 8/91 S. 163; *M. Schröder* VVDStRL **50** (1991) 196, 227; *Wasmuth/Koch* NJW **1990** 2434, 2438; *Winkelbauer* JuS **1988** 691, 696; ebenf. *Paeffgen/Zabel* NK Rdn. 205.
1382   *Dolde* NJW **1988** 2329, 2330; *Nisipeanu* ZfW **1990** 365, 373; *Perschke* wistra **1996** 161, 167 f; *Randelzhofer/Wilke* Duldung S. 56 ff; *Rengier* ZStW **101** (1989) 874, 906; *Rogall* Umweltschutzbericht 8/91 S. 163; *Samson* JZ **1988** 800, 804 f; *Schmitz* Verwaltungshandeln S. 90 ff; *Wüterich* UPR **1988** 248 (verwaltungsrechtliches Opportunitätsprinzip); OLG Stuttgart JR **1978** 294; *Fluck* NuR **1990** 197, 203; *Wasmuth/Koch* NJW **1990** 2434, 2438 (Vertrauensschutzprinzip); BVerwG DVBl. **1979** 67, 69; OVG Berlin NVwZ **1985** 756, 757; *Papier* NuR **1986** 1, 6 (Verhältnismäßigkeitsprinzip); *Altenhain* FS Weber, 441, 451 m.w.N.; *Schmitz* Verwaltungshandeln S. 113 f (Prinzip des überwiegenden Interesses); *Gentzcke* Informales Verwaltungshandeln S. 195 ff (Analogie zu anerkannten Rechtfertigungsgründen).
1383   *Sch/Schröder/Cramer*[23] (1988) Vor § 324 Rdn. 63a; **anders** jetzt *Sch/Schröder/Heine/Hecker* Vor § 324 Rdn. 20.
1384   *Heine* in Meinberg/Möhrenschlager/Link Umweltstrafrecht (1989) S. 113.
1385   *Hermes/Wieland* Duldung S. 104.
1386   *Alleweldt* NuR **1992** 312, 315 ff; *Geulen* ZRP **1988** 323, 324 f; *Hallwaß* Duldung S. 49 f; *Herrmann* ZStW **91** (1979) 281, 300; *Niering* Schutz der Gewässer S. 76; *Otto* Jura **1991** 308, 313; wohl auch *Odersky* FS Tröndle, 291 f; weitere Nachweise bei *Heghmanns* Grundzüge S. 244 m. Fn. 450.
1387   *Gentzcke* Informales Verwaltungshandeln S. 168 f; *Marx* Genehmigung S. 93; *Nisipeanu* ZfW **1990** 365, 378; *Schmitz* Verwaltungshandeln S. 97 f; *Wüterich* UPR **1988** 248, 251.
1388   Vgl. *Gentzcke* Informales Verwaltungshandeln S. 13 ff; *Randelzhofer/Wilke* Duldung S. 61 ff; *Schmitz* Verwaltungshandeln S. 84 ff; z.T. **abw.** *Hermes/Wieland* Duldung S. 5 ff, 17 f.
1389   *Ossenbühl/Huschens* UPR **1991** 161, 167.
1390   Vgl. OVG Münster NWVBL **1992** 205, 207.
1391   *Rengier* ZStW **101** (1989) 874, 906; *Gentzcke* Informales Verwaltungshandeln S. 81 f; *Heine* NJW **1990** 2425, 2434; *Ossenbühl/Huschens* UPR **1991** 161, 167.

wendungsbereich herausnehmen müssen,[1392] denn hier hat die Behörde bereits eine Verfügung erlassen und sich so für den Vorrang des durch den Straftatbestand geschützten Rechtsguts entschieden. In subjektiver Hinsicht ist im Übrigen ein Handeln des Täters in Kenntnis der „Duldungsentscheidung" zu verlangen.[1393]

Anders verhält es sich jedoch bei Vorliegen einer **rechtswidrigen Duldung**. Durch diese wird die materielle Kontrollfunktion des Genehmigungsverfahrens verletzt, so dass man dem Dulden hier auch nach der h.M. grundsätzlich die legalisierende Wirkung absprechen hat.[1394] Dafür lässt sich zudem anführen, dass der rechtswidrigen Duldung keine Bestandskraft zukommt und sie deshalb dem rechtswidrigen Verwaltungsakt nicht vergleichbar ist. Strafrechtlich gänzlich unbeachtlich ist die rechtswidrige Duldung aber nicht, denn sie kann beim Täter einen (möglicherweise unvermeidbaren) Verbotsirrtum erzeugen (z.B. bei Erhebung einer Abwasserabgabe in Kenntnis der Tatsache, dass eine wasserrechtliche Genehmigung zur Einleitung von Abwässern fehlt, so AG Lübeck StV **1989** 348 f).[1395]

294

12. Dienstliche Anordnung und militärischer Befehl

Schrifttum

Ambos Die strafbefreiende Wirkung des „Handelns auf Befehl" aus deutscher und völkerstrafrechtlicher Sicht, JR **1998** 221; *Amelung* Die Rechtfertigung von Polizeivollzugsbeamten, JuS **1986** 329; *ders.* Strafbarkeit von „Mauerschützen", JuS **1993** 637; *v. Ammon* Der bindende rechtswidrige Befehl, Diss. München 1926; *H. Arndt* Die strafrechtliche Wirkung des militärischen Befehls, GA **1957** 46; *ders.* Die strafrechtliche Bedeutung des militärischen Befehls, NZWehrr **1960** 145; *Battenberg* Das auf Befehl begangene Verbrechen, Diss. Tübingen 1916; *Baumann* Rechtmäßigkeit von Mordgeboten? NJW **1964** 1398; *Bernsmann* Zum Handeln von Hoheitsträgern aus der Sicht des „entschuldigenden Notstandes" (§ 35 StGB), Festschrift Blau (1985) 23; *Bringewat* Der rechtswidrige Befehl, NZWehrr **1971** 126; *Bülte* Vorgesetztenverantwortlichkeit im Strafrecht, Habil. Heidelberg 2014 (2015); *v. Calker* Die strafrechtliche Verantwortlichkeit für auf Befehl begangene Handlungen, Habil. Halle-Wittenberg 1891; *Dau* Anm. zu BGH Urt. v. 14.1.2009 – 1 StR 158/08, NStZ **2009** 292; *Dolaptschieff* Sind rechtswidrige bindende Befehle möglich? ZStW **58** (1939) 238; *Dreher* Das Wehrstrafgesetz, JZ **1957** 393; *Dreist* Der Bundestag zwischen „Vorratsbeschluss" und Rückholrecht: Plädoyer für ein wirkungsvolles Parlamentsbeteiligungsgesetz, KritV **2004** 79; *Erb* Notwehr gegen rechtswidriges Verhalten von Amtsträgern, Festschrift Gössel (2002) 217; *Eser* Schuld und Entschuldbarkeit von Mauerschützen und ihren Befehlsgebern? Festschrift Odersky (1996) 337; *M. Fischer/Ladiges* Evakuierungseinsätze der Bundeswehr künftig ohne Parlamentsvorbehalt, NVwZ **2016** 32; *Frisch* Notstandsregeln als Ausdruck von Rechtsprinzipien, Festschrift Puppe (2011) 425; *Frister/Korte/Kreß* Die Strafrechtliche Rechtfertigung militärischer Gewalt in Auslandseinsätzen auf der Grundlage eines Mandats der Vereinten Nationen, JZ **2010** 10; *Glawe* Anm. zu BVerfG Urt. v. 23.9.2015 – 2 BvE 6/11, NVwZ **2015** 1602; *Grünwald* Ist

---

1392 *Franzheim* GA **1993** 339, 340.
1393 *Hirsch* LK[11] Rdn. 171; *Gentzcke* Informales Verwaltungshandeln S. 206, 210 f, 217 ff; *Rogall* Umweltschutzbericht 8/91 S. 163; **anders** *Dahs/Pape* NStZ **1988** 393, 395; *Winkelbauer* JuS **1988** 691, 696.
1394 *Gentzcke* Informales Verwaltungshandeln S. 170, 215 f; *Heine* DtZ **1991** 423, 425; *Perschke* wistra **1996** 161, 168; *Rengier* ZStW **101** (1989) 874, 906; *Schmitz* Verwaltungshandeln S. 116 f mit umfassender Meinungsdarstellung; *Sch/Schröder/Heine/Hecker* Vor § 324 Rdn. 20 m.w.N.; *Steindorf* LK[11] Vor § 324 Rdn. 46; *Winkelbauer* JuS **1988** 691, 696; **aA** *Rogall* NJW **1995** 922, 924: rechtswidrige Duldung fällt in den „allgemeinen strafrechtlichen Zuständigkeitsbereich" der Behörde; der Adressat mache sich daher in keinem Fall strafbar; weiterhin *Ransiek* NK § 324 Rdn. 38: unwirksame Duldung nur bei schwerwiegendem materiell- oder verfahrensrechtlichen Fehlern, die zur Nichtigkeit führen.
1395 Allein die Untätigkeit der Überwachungsbehörden kann jedenfalls nach OLG Braunschweig ZfW **1991** 52, 63 noch nicht zur Unvermeidbarkeit des Irrtums führen. Die Rspr. zu den Irrtumsfällen zusammenfassend *Schall* NStZ **1992** 265; w. Nachw. bei *Rogall* NJW **1995** 922, 923 m. Fn. 16.

der Schußwaffengebrauch an der Zonengrenze strafbar? JZ **1966** 633; *Hermsdörfer* Zum Parlamentsbeteiligungsgesetz – Regelungsbedarf und Inhalt, DVP **2004** 441; *Hoyer* Die strafrechtliche Verantwortlichkeit innerhalb von Weisungsverhältnissen (1998); *Huth* Der sogenannte gefährliche Befehl im geltenden Wehrrecht, NZWehr **1988** 252; *Jescheck* Verantwortung und Gehorsam im Bereich der Polizei, Polizeibl. Baden-Württ. **1964** 97; *ders.* Befehl und Gehorsam in der Bundeswehr, in Bundeswehr und Recht (1965) S. 63; *Korte* Das Handeln auf Befehl als Strafausschließungsgrund, Diss. Düsseldorf 2003; *Küper* Grundsatzfragen der „Differenzierung" zwischen Rechtfertigung und Entschuldigung, JuS **1987** 81; *Lehleiter* Der rechtswidrige verbindliche Befehl, Diss. München 1994 (1995); *Lenckner* Der „rechtswidrige verbindliche Befehl" im Strafrecht – nur noch ein Relikt? Festschrift Stree/Wessels (1993) 223; *Lingens* Die Überschreitung der Befehlsbefugnis und ihre Auswirkung auf die Vorgesetzteneigenschaft, NZWehr **1978** 55; *ders./Marignoni* Vorgesetzter und Untergebener (1979); *H. Mayer* Der bindende Befehl im Strafrecht, Festgabe Frank Bd. I (1930) 598; *M.E. Mayer* Der rechtswidrige Befehl des Vorgesetzten, Festschrift Laband (1908) 119; *Mellmann* Der rechtswidrige verbindliche militärische Befehl nach dem Soldatengesetz i.d.F. vom 22.4.69, Diss. Hamburg 1972; *F. Meyer* Ausschluss strafrechtlicher Verantwortung bei Handeln auf Weisung, GA **2012** 556; *Neuheuser* Die Duldungspflicht gegenüber rechtswidrigem hoheitlichen Handeln im Strafrecht, Diss. Bonn 1996; *Oehler* Handeln auf Befehl, JuS **1963** 301; *Ostendorf* Die strafrechtliche Rechtmäßigkeit rechtswidrigen hoheitlichen Handelns, JZ **1981** 165; *Paeffgen* Polizeilicher Schusswaffengebrauch im Strafrecht, Festschrift Beulke (2015) 201; *Peterson* Der sogenannte gefährliche Befehl im geltenden Wehrrecht, NZWehr **1989** 239; *Pofalla* Die Bundeswehr im Ausland, ZRP **2004** 221; *Reinhart* Abschied vom strafrechtlichen Rechtmäßigkeitsbegriff, NJW **1997** 911; *Rostek* Der rechtlich unverbindliche Befehl (1971); *ders.* Der unkritische Befehlsempfänger, NJW **1975** 862; *Roxin* Straftaten im Rahmen organisatorischer Machtapparate, GA **1963** 193; *ders.* Der strafrechtliche Rechtswidrigkeitsbegriff beim Handeln von Amtsträgern – eine überholte Konstruktion, Festschrift Pfeiffer (1988) 45; *Schirmer* Befehl und Gehorsam (1965); *Schnorr* Handeln auf Befehl, JuS **1963** 293; *Schölz* Zur Verbindlichkeit des Befehls und zum Irrtum über die Verbindlichkeit (§ 22 WStG), Festschrift Dreher (1977) 479; *ders./Lingens* Wehrstrafgesetz 4. Aufl. (2000); *J. Schreiber* Unverbindliche Befehle – Versuch einer Systematik, NZWehr **1965** 1; *ders.* Der teilweise unverbindliche Befehl, NZWehr **1971** 134; *Schumann* Strafrechtliches Handlungsunrecht und das Prinzip der Selbstverantwortung der Anderen, Habil. Tübingen 1984 (1986); *Schwabe* Fürmöglichhalten und irrige Annahme von Tatbestandsmerkmalen bei Eingriffsrechten, Gedächtnisschrift Martens (1987) 419; *Schwaiger* Der Anwendungsbereich des § 5 WStG, NZWehr **1961** 64; *Schwartz* Handeln aufgrund eines militärischen Befehls und einer beamtenrechtlichen Weisung, Diss Konstanz 2006 (2007); *Schwenck* Wehrstrafrecht (1973); *ders.* Die Gegenvorstellung im System von Befehl und Gehorsam – ein Beitrag zur strafrechtlichen Verantwortlichkeit des Untergebenen, Festschrift Dreher (1977) 495; *Schwinge* Befehl und Gehorsam, ZAkDR **1938** 147; *Sinn* Straffreistellung aufgrund von Drittverhalten, Habil. Gießen 2007; *ders.* Recht im Irrtum? – Zur strafrechtlichen Rechtfertigung militärischer Gewalt bei Auslandseinsätzen deutscher Soldaten, Festschrift Roxin (2011) 673; *Sohm* Rechtsfragen der Nothilfe bei friedensunterstützenden Einsätzen der Bundeswehr, NZWehr **1996** 89; *Stratenwerth* Verantwortung und Gehorsam. Zur strafrechtlichen Wertung hoheitlich gebotenen Handelns, Habil. Bonn 1958; *Talmon* Die Geltung deutscher Rechtsvorschriften bei Auslandseinsätzen der Bundeswehr mit Zustimmung des Aufenthaltsstaates, NZWehr **1997** 221; *Vitt* Gedanken zum Begriff der „Rechtmäßigkeit der Diensthandlung" bei § 113 StGB, ZStW **106** (1994) 581; *ders.* Rechtsprobleme des sogenannten „gefährlichen Befehls", NZWehr **1994** 45; *Wacke* Das Bundesgesetz über den unmittelbaren Zwang, JZ **1962** 137; *v. Weber* Die strafrechtliche Verantwortlichkeit für Handeln auf Befehl, MDR **1948** 34; *Wegener* Befehle Vorgesetzter, eine Übertretung im Sinne des § 1 Abs. 3 StGB zu begehen, NZWehr **1959** 132; *Weigend* Bemerkungen zur Vorgesetztenverantwortlichkeit im Völkerstrafrecht, ZStW **116** (2004) 999; *Wentzek* Zur Geltung des deutschen Strafrechts im Auslandseinsatz, NZWehr **1997** 25; *Wiefelspütz* Die Fraktions-Entwürfe eines Parlamentsbeteiligungsgesetzes, NZWehr **2004** 133.

295   **a) Grundsätzliches.** In einem Verwaltungsapparat sind Weisungsbefugnis des Vorgesetzten und Gehorsamspflicht des Untergebenen grundlegende Voraussetzungen für eine effektive Aufgabenerledigung und daher auch gesetzlich bestimmt; vgl. dazu allgemein für Bundes- und Landesbeamte die §§ 62 Satz 2 BBG, 35 Satz 2 BeamtStG. Für **Soldaten** der Bundeswehr, mit der **Vollstreckung** betraute Amtsträger des Bundes sowie für Bedienstete im **Justizvollzugsdienst** gelten mit § 11 Abs. 1 Satz 1 SoldG, § 7

Abs. 1 Satz 1 UZwG und § 97 Abs. 1 StVollzG teilweise abweichende Regeln. Im Unterschied zur Rechtfertigung staatlichen Eingriffshandelns aufgrund eigenen Amtsrechts (vgl. Rdn. 245 ff) geht es bei der aufgrund dienstlicher Weisung[1396] bestehenden Rechtfertigung nicht um eine originäre, sondern um eine von dem Hoheitsrecht des befehlenden bzw. anweisenden Vorgesetzten abgeleitete Befugnis. Einigkeit besteht darüber, dass eine **rechtmäßige dienstliche Anordnung oder ein rechtmäßiger militärischer Befehl** die anderenfalls rechtswidrige und durch Straf- oder Ordnungswidrigkeitenrecht sanktionierte Ausführung durch Eingriff in Rechtsgüter des Bürgers **rechtfertigen**.[1397]

b) Voraussetzungen der Rechtmäßigkeit der dienstlichen Weisung

aa) Entsprechend der jeweiligen Ermächtigungsgrundlage müssen der Vorgesetzte und der Untergebene **auf formeller Ebene** sachlich und örtlich zuständig sein und die vorgeschriebenen Verfahrens- und Formvorschriften einhalten. 296

bb) Weist der Vorgesetzte den Amtsträger zu strafbarem Verhalten an, ist die Weisung für den Untergebenen unverbindlich und darf zudem von ihm nicht ausgeführt werden; dies gilt für alle Beamte des Bundes und der Länder gleichermaßen (§§ 63 Abs. 2 Satz 4 BBG, 36 Abs. 2 Satz 4 BeamtStG, 97 Abs. 2 Satz 1 StVollzG, 7 Abs. 2 Satz 1 UZwG, 11 Abs. 2 Satz 1 SoldG). Befolgt der Untergebene die Weisung dennoch, ist die Ausführungshandlung rechtswidrig. Schuldhaft handelt der Soldat, Vollstreckungs- sowie Justizvollzugsbeamte in diesen Fällen jedoch nur, wenn er erkennt oder es nach den ihm bekannten Umständen offensichtlich ist, dass durch die Befolgung der Weisung eine Straftat begangen würde (§ 5 Abs. 1 WStG, § 11 Abs. 2 SoldG, § 7 Abs. 2 UZwG, § 97 Abs. 2 StVollzG).[1398] Sonstige Beamte sind nach den §§ 63 Abs. 2 Satz 4 BBG, 36 Abs. 2 Satz 4 BeamtStG bei fehlender individueller Erkennbarkeit strafbaren oder als Ordnungswidrigkeit ahndbaren Verhaltens von der eigenen Verantwortung befreit; für sie sind im Gegensatz zu der zuerst genannten Gruppe von Amtsträgern auch solche Weisungen unverbindlich, die lediglich die Ausführung ordnungswidrigen Verhaltens zum Gegenstand haben. Für Soldaten, Vollstreckungsbeamte des Bundes und Justizvollzugsbeamte ist die Anordnung eines gegen das Ordnungswidrigkeitenrecht verstoßenden Befehls hingegen verbindlich (*Kühl* AT § 9 Rdn. 118a).[1399] Ist die Schuld eines untergebenen Soldaten mit Rücksicht auf die besondere Lage, in der er sich bei der Ausführung des Befehls befand, gering, besteht nach § 5 Abs. 2 WStG die Möglichkeit der Strafmilderung; handelt es sich um Vergehen, kann auch von Strafe abgesehen werden (zur Frage, ob daneben § 17 anwendbar ist, s. BGHSt **39** 168, 190 ff; BGH NStZ **2009** 289, 291 m. Anm. *Dau* sowie *Erbs*/ 297

[1396] Das Gesetz nennt die dienstliche Weisung im zivilen Bereich „Anordnung" (z.B. §§ 62 Satz 2 BBG, 7 UZwG,), bei der Bundeswehr „Befehl" (§§ 11 SoldG, 2 Nr. 2 WStG); der Unterschied ist rein sprachlicher Natur.
[1397] *Hirsch* LK[11] Rdn. 173; *Jescheck/Weigend* § 35 II 4; *Maurach/Gössel/Zipf* § 29 Rdn. 7; *Sch/Schröder/Lenckner/Sternberg-Lieben* Rdn. 87; *Fischer* Rdn. 8. Zur rechtshistorischen Entwicklung der Weisungsgebundenheit eines Beamten s. *Schwartz* Handeln aufgrund militärischen Befehls S. 198 ff.
[1398] Instruktiv bezgl. Soldaten hierzu *Bülte* Vorgesetztenverantwortlichkeit S. 274 ff. Zu den Voraussetzungen der Offensichtlichkeit des Strafrechtsverstoßes in den Fällen der Todesschützen an der ehemaligen innerdeutschen Grenze vgl. BGHSt **39** 1, 33 f; **39** 168, 189 f; **40** 241, 250 f; BVerfG NJW **1997** 929, 932 f. Ob die Rechtswidrigkeit der Schießbefehle für die untergebenen Soldaten „jenseits aller Zweifel" (so insbesondere BGHSt **39** 1, 33 f) zu erkennen war, vermag angesichts der Verwaltungs- und Rechtsprechungspraxis in der DDR kaum zu überzeugen; vgl. *Amelung* JuS **1993** 637, 642; *Eser* FS Odersky, 337, 340 ff; jew. m.w.N.
[1399] Weiter *Lehleiter* Der rechtswidrige verbindliche Befehl S. 97; *Sch/Schröder/Lenckner/Sternberg-Lieben* Rdn. 89; **aA** *Spendel* LK[11] § 32 Rdn. 90 ff.

Kohlhaas/Dau WStG § 5 Rdn. 5). Eine Weisung, die **gegen die Menschenwürde** verstößt oder **nicht zu dienstlichen Zwecken** erteilt wurde, ist ebenfalls unverbindlich (§§ 63 Abs. 2 Satz 4 BBG, 36 Abs. 2 Satz 4 BeamtStG, 97 Abs. 1 StVollzG, 7 Abs. 1 Satz 2 UZwG, 11 Abs. 1 Satz 3 SoldG).[1400]

298 Umstritten ist, wie sich die Verbindlichkeit[1401] der Anordnung im Innenverhältnis zwischen Untergebenem und Vorgesetztem für die Ausführungshandlung auswirkt und die damit eng verknüpft Frage, ob dem betroffenen Bürger ein Notwehrrecht zusteht. Die **h.M.** schließt von der Innenverbindlichkeit des rechtswidrigen Befehls auf die **Rechtfertigung** des Handelns im Außenverhältnis (*Jescheck/Weigend* § 35 II 3; *Kühl* AT § 9 Rdn. 118d; *Roxin* AT I § 17 Rdn. 19).[1402] Demgegenüber begrenzt die **Gegenauffassung** die rechtfertigende Wirkung der Verbindlichkeit nur auf das zwischen dem Untergebenen und dem Vorgesetzten bestehende Innenverhältnis. Eine Rechtfertigung im Außenverhältnis kommt daher bei Fehlen der Eingriffsvoraussetzungen nicht in Betracht; der Untergebene sei lediglich entschuldigt.[1403] Vereinzelt wird im Gegensatz zu den vorstehend skizzierten Hauptströmungen der Konflikt zwischen Rechtmäßigkeit und effektiver Verwaltung bereits im Innenverhältnis zu Lasten des Vorgesetzten dadurch aufgelöst, dass die Verbindlichkeit unter Hinweis auf die Bindung aller staatlichen Gewalt an Gesetz und Recht schon immer dann entfällt, wenn das angewiesene Verhalten rechtswidrig ist (*Spendel* LK¹¹ Rdn. 90, 101ff m.w.N.). Allerdings ist dieser Weg mit dem Wortlaut und der Systematik der einschlägigen Normen nicht vereinbar und daher abzulehnen (*Jescheck/Weigend* § 35 II 3 m. Fn. 16; *Roxin* AT I § 17 Rdn. 17). Auch der hier verworfene strafrechtliche Rechtmäßigkeitsbegriff (vgl. Rdn. 235ff) kann der Ausführung einer rechtswidrigen verbindlichen Weisung nicht zur Rechtfertigung verhelfen; die materielle Rechtswidrigkeit des angewiesenen Verhaltens lässt eine Rechtfertigung nicht zu (zust. *Paeffgen/Zabel* NK Rdn. 193; im Ergebnis auch *F. Meyer* GA **2012** 556, 563; **aA** *Hirsch* LK¹¹ Rdn. 177). Für den Untergebenen bedeutet dies, dass der von dem Eingriff Betroffene zur Notwehrleistung berechtigt ist; dabei ist allerdings zu bedenken, dass dem Betroffenen in aller Regel nicht das volle Notwehrrecht zusteht, wenn der die Weisung ausführende Untergebene – was angesichts der unklaren Rechtslage häufig der Fall sein wird – über die Rechtswidrigkeit seines Verhaltens irrt, so dass die Notwehrbefugnisse des Bürgers unter dem Gesichtspunkt fehlender Gebotenheit scharfer Verteidigung beschränkt sind (*Roxin* FS Pfeiffer, 45, 51; *Sch/Schröder/Perron* § 32 Rdn. 24, 52).

299 cc) Noch nicht abschließend geklärt ist der Fall der sogenannten **gefährlichen Weisung**. Darunter wird eine Anweisung verstanden, die zwar lediglich ein zivilrechtswidriges (bei Soldaten und Vollzugsbeamten des Bundes: ordnungswidriges) Verhalten an-

---

1400 Vgl. zur Erteilung eines Befehls zu dienstlichen Zwecken BVerwG NZWehrr **2002** 76; zum Befehl unter Missachtung der Menschenwürde BVerwG NVwZ-RR **2002** 514.
1401 Für eine Konkretisierung des Verbindlichkeitsbegriffs s. *F. Meyer* GA **2012** 556, 571f.
1402 Weiterhin *Ambos* JR **1998** 221, 222; *Bringewat* NZWehrr **1971** 126, 133; *Hirsch* LK¹¹ Rdn. 176; *Jakobs* 16/13f; *Lehleiter* Der rechtswidrige verbindliche Befehl S. 188; *Lenckner* FS Stree/Wessels, 223, 224f; *Neuheuser* Duldungspflicht S. 174; *Rengier* KK-OWiG Vor §§ 15, 16 Rdn. 29ff; *Schlehofer* MK Rdn. 127; *Schmidhäuser* StuB 6/101; *Sch/Schröder/Lenckner/Sternberg-Lieben* Rdn. 89; *H. Schumann* Strafrechtliches Handlungsunrecht und das Prinzip der Selbstverantwortung der Anderen, Habil. Tübingen 1986 S. 39f; *Schwenck* Wehrstrafrecht S. 92; *Stratenwerth/Kuhlen* § 9 Rdn. 134; *Vitt* ZStW **106** (1994) 581, 597ff; *Schwartz* Handeln aufgrund militärischen Befehls S. 75ff; **abl.** *F. Meyer* GA **2012** 556, 561ff.
1403 *Amelung* JuS **1986** 329, 337; *Baumann/Weber/Mitsch/Eisele* § 18 Rdn. 71ff; *Küper* JuS **1987** 81, 92; *Maurach/Zipf* § 29 Rdn. 9; *Paeffgen/Zabel* NK Rdn. 192; *Oehler* JuS **1963** 301; *Spendel* LK¹¹ § 32 Rdn. 90, 100f; *Fischer* Rdn. 8, 16; *v. Weber* MDR **1948** 34, 37; *Welzel* Strafrecht § 15 II 2c; für eine Differenzierung aufgrund einer Interessenabwägung je nach Einzelfall *Stratenwerth* Verantwortung S. 167 und ihm folgend *Hoyer* Strafrechtliche Verantwortlichkeit S. 17.

ordnet, das jedoch die konkrete Gefahr für ein Rechtsgut beinhaltet, deren Realisierung die Weisungsausführung zu einem Fahrlässigkeitsdelikt machen würde. Darauf, ob sich später die Gefahr tatsächlich in einem Rechtsgutsschaden verwirklicht, kommt es nach einhelliger Auffassung nicht an (*Jakobs* 16/14; *Roxin* AT I § 17 Rdn. 21; *Sch/Schröder/Lenckner/Sternberg-Lieben* Rdn. 90). Teilweise wird bei einer gefährlichen Weisung eine Parallele zur Anordnung strafbaren Verhaltens gezogen und diese bereits für unverbindlich erklärt (*Jakobs* 16/14; *Roxin* differenziert zwischen der abstrakten und der konkreten Gefährlichkeit AT I § 17 Rdn. 21; offengelassen in BGHSt **19** 231, 232). Andere Autoren bejahen die Verbindlichkeit bis zur Grenze des groben Sorgfaltsverstoßes jedenfalls in solchen Fällen, in denen das Gesetz die Verbindlichkeit auch von ordnungswidrigen Verhalten auftragenden Weisungen anordnet (§§ 11 Abs. 2 SoldG, 97 Abs. 2 StVollzG, 7 Abs. 2 UZwG). Sie begründen ihre Auffassung damit, dass die Begehung von Ordnungswidrigkeiten regelmäßig konkrete Gefahren mit sich bringe (*Sch/Schröder/Lenckner/Sternberg-Lieben* Rdn. 90). Als weitere Problemlösung wird vorgeschlagen, anhand einer ex ante erfolgenden Wahrscheinlichkeitsbetrachtung zu ermitteln, ob die Realisierung der Gefahr näher liege als das Ausbleiben des Unrechtserfolgs.[1404] Nach den obigen Ausführungen zur Trennung von Innenverbindlichkeit und Rechtmäßigkeit der Weisung muss jedoch Folgendes gelten: Die gefährliche Weisung ist nur dann unverbindlich, wenn bereits die bloße Verursachung der Gefahr eigenständig strafbares Verhalten darstellt (beispielsweise nach § 315c).[1405] Sie bleibt trotz konkreter Gefährlichkeit verbindlich, solange weder Vorsatz- noch Fahrlässigkeitsdelikt gegeben sind; bei Beamten genügt schon die Erfüllung eines Ordnungswidrigkeitentatbestands. Im Außenverhältnis bleibt die Handlung in jedem Falle rechtswidrig; der Ausführende ist lediglich entschuldigt.

dd) Hegt der Untergebene Zweifel an der Rechtmäßigkeit der Weisung, muss er seine Bedenken äußern (§§ 63 Abs. 2 Satz 1 BBG, 36 Abs. 2 Satz 1 BeamtStG, 97 Abs. 3 Satz 1 StVollzG, 7 Abs. 3 UZwG). Auch Soldaten können sich trotz der im Militärwesen besonders ausgeprägten Gehorsamspflicht gegen einen vermeintlich rechtswidrigen Befehl mit Rechtsbehelfen wehren;[1406] der früheren Zeiten häufig attestierte sog. „blinde Gehorsam" ist damit ausgeschlossen (zum blinden Gehorsam OGHSt **1** 310; KG HESt **1** 85; OLG Frankfurt/M. SJZ **1947** 621). Sieht der Untergebene eine unverbindliche Weisung irrtümlich als verbindlich an, kommt für die Ausführungshandlung eine Entschuldigung in Betracht: Ein Beamter ist dann von der eigenen Verantwortung befreit, wenn die Strafbarkeit oder Ordnungswidrigkeit für ihn nicht erkennbar gewesen ist (§§ 63 Abs. 2 Satz 4 BBG, 36 Abs. 2 Satz 4 BeamtStG). Soldaten und Vollzugsbeamte trifft eine Schuld nur, wenn sie erkennen oder es nach den ihnen bekannten Umständen offensichtlich ist, dass sie eine Straftat verwirklichen (§§ 11 Abs. 2 Satz 2 SoldG, 97 Abs. 2 Satz 2 StVollzG, 7 Abs. 2 Satz 2 UZwG). Der Grund für diese schwer nachvollziehbare Differenzierung in der Irrtumsbehandlung zwischen speziellen Amtsträgern und sonstigen Beamten bleibt dunkel. Allerdings ist zu bedenken, dass bei irriger Annahme des Untergebenen, die tatsächlichen Voraussetzungen der Eingriffsnorm seien gegeben, den allgemeinen Irrtumsregeln entsprechend ein Erlaubnistatumstandsirrtum (dazu Rdn. 95) in Bezug auf die vermeintlich einschlägige Eingriffsnorm in Betracht kommt, der nach der hier für vorzugswürdig ge-

300

[1404] *Lehleiter* Der rechtswidrige verbindliche Befehl S. 146 f; ausführlich zum Prognosemaßstab *Peterson* NZWehrr **1989** 239, 240 ff; *Schwartz* Handeln aufgrund militärischen Befehls S. 106 ff.
[1405] *Rengier* KK-OWiG Vor §§ 15, 16 Rdn. 32; *Paeffgen/Zabel* NK Rdn. 200.
[1406] Vgl. §§ 11 Abs. 1 Satz 3 SoldG, 22 Abs. 3 WStG. Nach BGHSt **19** 231, 233 hat „der Soldat unter bestimmten Voraussetzungen die Pflicht, gegen einen Befehl Gegenvorstellungen zu erheben".

haltenen Meinung bereits das Unrecht betrifft (s. Rdn. 96). Rechtswidrig bleibt die Tat nur dann, wenn der Untergebene den Irrtum hätte vermeiden können.

301 **c) Militärmission im Ausland.** Die Anfang der 90er Jahre des letzten Jahrhunderts einsetzende Beteiligung deutscher Streitkräfte an friedensunterstützenden Militärmissionen[1407] entfachte eine Diskussion darüber, wie sich Einsatzort und Art der Mission auf die Strafbarkeit der an dem Einsatz beteiligten deutschen Soldaten auswirken. Gemäß § 1a WStG ist auch der sich aufgrund dienstlichen Auftrags im Ausland befindliche Soldat dem deutschen Strafrecht unterworfen. Wendet man mit der h.M. das Notwehrrecht auch auf das Verhalten von Hoheitsträgern an (s. näher – und ablehnend – dazu *Rönnau/Hohn* § 32 Rdn. 216 ff), ist dem im Auslandslandseinsatz befindlichen Soldaten die Ausübung von Nothilfe gemäß § 32 grundsätzlich gestattet. Allerdings wirkt sich die den Friedensmissionen zugrundeliegende Verpflichtung zur Neutralitätswahrung dahingehend aus, dass die Soldaten nur auf ausdrückliche Ermächtigung hin – in der Regel auf Befehl eines Vorgesetzten – Nothilfe zugunsten solcher Rechtsgüter leisten dürfen, die nicht den Friedenstruppen zugeordnet sind.[1408] Diese besondere Konstellation ist erst in Ansätzen diskutiert und wirft ein ganzes Bündel verschiedener Fragestellungen auf, insbesondere solche nach der Rechtfertigung von Grundrechtseingriffen, die hier nicht näher problematisiert werden können.[1409]

13. Rechtfertigung im Völkerstrafrecht

Schrifttum

Ahlbrecht Geschichte der völkerrechtlichen Strafgerichtsbarkeit im 20. Jahrhundert, Diss. Fernuniv. Hagen 1999; *Aldoney Ramírez* Die innerstaatliche Umsetzung des Römischen Statuts für einen Internationalen Strafgerichtshof und andere Grundsatzfragen des Völkerstrafrechts, ZStW **116** (2004) 819; *Ambos* Zum Stand der Bemühungen um einen ständigen internationalen Strafgerichtshof und ein Internationales Strafgesetzbuch, ZRP **1996** 263; *ders*. Immer mehr Fragen im internationalen Strafrecht, NStZ **2001** 628; *ders*. „Verbrechenselemente" sowie Verfahrens- und Beweisregeln des Internationalen Strafgerichtshofs, NJW **2001** 405; *ders*. Der Allgemeine Teil des Völkerstrafrechts, Habil. München 2001 (2002, 2. Aufl. 2004); *ders*. Afghanistan-Einsatz der Bundeswehr und Völker(straf)recht, NJW **2010** 1725; *ders*. Internationales Strafrecht 5. Auf. (2018); *ders./Alkatout* Der Gerechtigkeit einen Dienst erwiesen? JZ **2011** 758; *ders./Steiner* Vom Sinn des Strafens auf innerstaatlicher und supranationaler Ebene, JuS **2001** 9; *Basak* Luftangriffe und Strafrechtsdogmatik – zum systematischen Verhältnis von VStGB und StGB – eine Gegenrede, HRRS **2010** 513; *Becker* Rechtsprobleme des Einsatzes von Drohnen zur Tötung von Menschen, DÖV **2013** 493; *Boor* Der Drohnenkrieg in Afghanistan und Pakistan, HuV **2011** 97; *Däubler-Gmelin* Die Stärke des Rechts im Zeitalter der Globalisierung – Beginn der Arbeit des Internationalen Strafgerichtshofs, Festschrift Eser (2005) 717; *Dreier* Grenzen des Tötungsverbots – Teil I, JZ **2007** 261; *Ebert* Völkerstrafrecht und Gesetzlichkeits-

---

[1407] Zu der mit den Auslandseinsätzen der Bundeswehr verbundenen verfassungsrechtlichen Problematik sowie zu dem am 3. Dezember 2004 vom Bundestag beschlossenen und nunmehr die Truppenentsendung regelnden Parlamentsbeteiligungsgesetz (BGBl. 2005 I Nr. 17 v. 23.3.2005) vgl. BVerfG NJW **1994** 2207; **2002** 1559; *Dreist* KritV **2004** 79; *Hermsdörfer* DVP **2004** 441; *Pofalla* ZRP **2004** 221; *Wiefelspütz* NZWehrr **2004** 133; jeweils m.w.N. Zur Reichweite des Parlamentsvorbehalts für einen Streitkräfteeinsatz bei Gefahr im Verzug s. BVerfG NVwZ **2015** 1593 m. Anm. *Glawe* NVwZ **2015** 1602 und die Besprechung durch *M. Fischer/Ladiges* NVwZ **2016** 32.
[1408] Diese Einschränkung des Nothilferechts findet sich auch auf der sog. Taschenkarten, die den Soldaten im Vorfeld der Friedensmission ausgehändigt werden und (teilweise generalklauselhaft) die militärischen Aufgaben und die gebotenen Verhaltensweisen bestimmen.
[1409] S. näher *Sohm* NZWehrr **1996** 89; *Talmon* NZWehrr **1997** 221; *Wentzek* NZWehrr **1997** 25. *Frister/Korte/Kreß* JZ **2010** 10, 12 f plädieren für eine völkerrechtliche Rechtfertigung (dazu auch Rdn. 302c); *Erbs/Kohlhaas/Dau* WStG § 5 Rdn. 5a; jeweils m.w.N.

prinzip, Festschrift Müller-Dietz (2001) 171; *Engelhart* Der Weg zum Völkerstrafgesetzbuch – Eine kurze Geschichte des Völkerstrafrechts, Jura **2004** 734; *Eser* „Defences" in Strafverfahren wegen Kriegsverbrechen, Festschrift Triffterer (1996) 755; *ders.* Das Rom-Statut des Internationalen Strafgerichtshofs als Herausforderung für die nationale Strafrechtspflege, Festschrift Burgstaller (2004) 355; *ders.* Rechtmäßige Tötung im Krieg: Zur Fragwürdigkeit eines Tabus, Festschrift Schöch (2010) 461; *ders.* Tötung im Krieg: Rückfragen an das Staats- und Völkerrecht, Festschrift Wahl (2011) 665; *Fastenrath* Der Internationale Strafgerichtshof, JuS **1999** 632; *Ferrante/Sancinetti* Argentinien, in Eser (Hrsg.) Strafrecht in Reaktion auf Systemunrecht (2002); *Finkelstein* Targeted Killing As Preemptive Action, in Finkelstein/Ohlin/Altman (Hrsg.) Targeted Killings – Law and Morality in an Asymmetrical World (2012) 156; *Frister/Korte/Kreß* Die strafrechtliche Rechtfertigung militärischer Gewalt in Auslandseinsätzen auf der Grundlage eines Mandats der Vereinten Nationen, JZ **2010** 10; *Gribbohm* Selbst mit einer Repressalquote von zehn zu eins? (2008); *Hankel* Das Tötungsverbot im Krieg (2011); *Hecker* Europäisches Strafrecht: Doppelbestrafungsverbot, JuS **2012** 261; *Hermsdörfer* Zum Statut des Internationalen Strafgerichtshofs – ein Meilenstein im Völkerstrafrecht, NZWehrr **1998** 193; *ders.* Der zukünftige Internationale Strafgerichtshof – eine neue Epoche des Völkerstrafrechts, JR **2001** 6; *Hertel* Soldaten als Mörder? – Das Verhältnis von VStGB und StGB anhand des Kundus-Bombardements, HRRS **2010** 339; *Hilgendorf* Nationales und transnationales Strafrecht? Europäisches Strafrecht, Völkerstrafrecht und Weltrechtsgrundsatz im Zeitalter der Globalisierung, Festschrift 600 Jahre Würzburger Juristenfakultät (2002) 333; *Höfer* Gezielte Tötungen, Diss. Bonn 2012 (2013); *Höpfel* Der Beitrag des Internationalen Strafgerichtshofs zur Strafrechtsentwicklung, Festschrift Eser (2005) 765; *Hoyer* Internationaler Strafgerichtshof und nationalstaatliche Souveränität, GA **2004** 321; *Ipsen* Völkerrecht 7. Aufl. (2018); *ders.* Menschenwürde und Waffeneinsatz mit Kollateralwirkung auf Zivilpersonen, NZWehrr **2008** 156; *Jahn* Das Strafrecht des Staatsnotstandes, Habil. Frankfurt a.M. 2003 (2004); *Jescheck* Neuere Entwicklungen im nationalen, europäischen und internationalen Strafrecht: Perspektiven für eine Kriminalpolitik im 21. Jahrhundert, Festschrift Eser (2005) 991; *Kadelbach* Zur Verfolgung von Völkermord gegenüber ausländischen Tätern durch deutsche Gerichte, JZ **2001** 981; *Kaiafa-Gbandi* Die allgemeinen Grundsätze des Strafrechts im Statut des Internationalen Strafgerichtshofs: Auf dem Weg zu einem rechtsstaatlichen Strafrecht der Nationen? Festschrift Schreiber (2003) 199; *Kessler* Die Umsetzung des Rom-Status in das deutsche Recht, Festschrift Fleck (2004) 315; *Kinkel* Der Internationale Strafgerichtshof – ein Meilenstein in der Entwicklung des Völkerrechts, NJW **1998** 2650; *Kirchner/Wagner* Das zukünftige VStGB – Ein Meilenstein in der Durchsetzung des humanitären Völkerrechts, Jura **2002** 283; *Kreicker* Auf dem Weg zu einem neuen Völkerstrafgesetzbuch, ZRP **2002** 371; *ders.* Die völkerstrafrechtliche Unverjährbarkeit und die Regelung im Völkerstrafgesetzbuch, NJ **2002** 281; *Kreß* Zur Methode der Rechtsfindung im Allgemeinen Teil des Völkerstrafrechts, ZStW **111** (1999) 597; *ders.* Völkerstrafrecht in Deutschland, NStZ **2000** 617; *ders.* Völkerstrafrecht und Weltrechtspflegeprinzip im Blickfeld des Internationalen Gerichtshofs, ZStW **114** (2002) 818; *ders.* Der Internationale Gerichtshof im Spannungsfeld von Völkerrecht und Immunitätsschutz, GA **2003** 25; *ders.* Strafrecht und Angriffskrieg im Lichte des „Falles Irak", ZStW **115** (2003) 294; *ders.* Versailles – Nürnberg – Den Haag: Deutschland und das Völkerstrafrecht, JZ **2006** 981; *Kutscha* Das Grundrecht auf Leben unter Gesetzesvorbehalt – ein verdrängtes Problem, NVwZ **2004** 801; *Kühne* Staatliche Tötungen ohne Gerichtsverfahren (*targeted killings*) – Ein Problemaufriss, Festschrift Kühl (2014) 801; *Ladiges* Erlaubte Tötungen, JuS **2011** 879; *Lagodny* Legitimation und Bedeutung des Ständigen Internationalen Strafgerichtshofes, ZStW **113** (2001) 800; *Leitner* Verteidigung vor Internationalen Gerichtshöfen – aktuelle Entwicklungen, StraFo **2003** 228; *Maierhöfer* Weltrechtsprinzip und Immunität – das Völkerstrafrecht vor den Haager Richtern, EuGRZ **2003** 545; *Meißner* Die Zusammenarbeit Deutschlands mit dem Internationalen Strafgerichtshof, Humanitäres Völkerrecht – Informationsschriften **2002** (Heft 1) 35; *Merkel* Gründe für den Ausschluss der Strafbarkeit im Völkerstrafrecht, ZStW **114** (2002) 437; *ders.* § 14 Abs. 3 Luftsicherheitsgesetz: Wann und warum darf der Staat töten? JZ **2007** 373; *ders.* Die „kollaterale" Tötung von Zivilisten im Krieg, JZ **2012** 1137; *Müssig/Meyer* Zur strafrechtlichen Verantwortlichkeit von Bundeswehrsoldaten in bewaffneten Konflikten Festschrift Puppe (2011), 1501; *Nill-Theobald* „Defences" bei Kriegsverbrechen am Beispiel Deutschlands und der USA, Diss. Freiburg i.Br. 1997 (1998); *dies.* Anmerkungen über die Schaffung eines Ständigen Internationalen Strafgerichtshofs, ZStW **108** (1996) 229; *Ostendorf* Die Strafbarkeit der Teilnahme an einem Angriffskrieg, Festschrift Samson (2010) 129; *Pawlik* § 14 Abs. 3 des Luftsicherheitsgesetzes – Ein Tabubruch? JZ **2004** 1045; *Petry* Die strafrechtliche Rechtfertigung von Soldaten bei Auslandseinsätzen, Diss. Osnabrück 2017; *Richter* Tödliche Gewalt und strafrechtliche Verantwortung, HRRS **2012** 28; *Roggemann* Auf dem Wege zum ständigen Internationalen Strafgerichtshof, ZRP **1996** 388; *dies.* Die Straffreistellungsdiskussion im Bereich des materiellen Völkerstrafrechts, ZStW **109** (1997) 950; *Rosbaud* Anm. zu BGH Urt. v. 25.10.2010 – 1 StR 57/10, StV **2013** 291; *Safferling/Kirsch* Die Strafbarkeit von Bundeswehrangehörigen bei Auslandseinsätzen: Afghanistan ist kein rechtsfreier Raum, JA **2010** 81; *Satzger* Das neue Völkerstrafgesetzbuch – Eine kritische Würdigung, NStZ **2002** 125; *ders.* Die Internationalisierung des Strafrechts als Herausforderung für den strafrechtlichen Bestimmtheitsgrundsatz, JuS **2004** 943; *Schmidt* Das humanitäre Völkerrecht in modernen asymmetrischen Konflikten, Diss. Jena 2011 (2012); *Schmitz-Elvenich* Targeted Killing – Die völkerrechtliche Zulässigkeit der gezielten Tötung von Terroristen im Ausland, Diss. Köln 2007 (2008); *Schwenck* Die kriegerische Handlung und die Grenzen ihrer strafrechtlichen Rechtfertigung, Festschrift Lange (1976) 97; *Sinn* Recht im Irrtum? Zur strafrechtlichen Rechtfertigung militärischer Gewalt bei Auslandseinsätzen deutscher Soldaten, Festschrift Roxin (2011) 673; *Stahn* Zwischen Weltfrieden und materieller Gerechtigkeit – Die Gerichtsbarkeit des Ständigen Internationalen Strafgerichtshofs (IntStGH), EuGRZ **1998** 577; *Steiger/Bäumler* Die strafrechtliche Verantwortlichkeit deutscher Soldaten bei Auslandseinsätzen, AVR **48** (2010) 189; *Strüwer* Zum Zusammenspiel von humanitärem Völkerrecht und den Menschenrechten am Beispiel des Targeted Killing (2009); *Triffterer* Hans-Heinrich Jeschecks Einfluss auf die Entwicklung des Völkerstrafrechts und auf dessen Durchsetzung, ZStW **116** (2004) 959; *ders.* Der lange Weg zu einer internationalen Strafgerichtsbarkeit, ZStW **114** (2002) 321; *Tym* Zwischen „Krieg" und „Frieden": Rechtsmaßstäbe für operatives Handeln der Bundeswehr im Ausland, DÖV **2010** 621; *Vogel* Individuelle Verantwortlichkeit im Völkerstrafrecht, ZStW **114** (2002) 403; *Weiß* Völkerrecht zwischen Weltprinzip und Immunität, JZ **2002** 696; *Werle* Völkerstrafrecht und geltendes deutsches Strafrecht, JZ **2000** 755; *ders.* Konturen eines deutschen Völkerstrafrechts, JZ **2001** 885; *ders./Jeßberger* Das Völkerstrafgesetzbuch, JZ **2002** 725; *Wirth/Harder* Die Anpassung des deutschen Rechts an das Römische Statut des Internationalen Strafgerichtshofs aus Sicht deutscher Nichtregierungsorganisationen, ZRP **2000** 144; *Wolff* Gewaltmaßnahmen der Vereinten Nationen und die Grenzen der strafrechtlichen Rechtfertigung der beteiligten deutschen Soldaten, NZWehr **1996** 9; *Wolfrum* Internationale Verbrechen vor internationalen und nationalen Gerichten: Die Verfolgungskompetenzen des Internationalen Strafgerichtshofs – ein Fortschritt oder ein Rückschritt in der Entwicklung? Festschrift Eser (2005) 977; *Zagst* Drohnenangriffe, BLJ **2013** 13; *A. Zimmermann* Auf dem Weg zu einem deutschen Völkerstrafgesetzbuch – Entstehung, völkerrechtlicher Rahmen und wesentliche Inhalte, ZRP **2002** 97; *ders.* Bestrafung völkerrechtlicher Verbrechen durch deutsche Gerichte nach In-Kraft-Treten des Völkerstrafgesetzbuchs, NJW **2002** 3068; *ders./Geiß* Die Tötung unbeteiligter Zivilisten: Menschenwürdig im Frieden – menschenwürdig im Krieg? Der Staat **46** (2007) 377; *T. Zimmermann* Gilt das StGB auch im Krieg? Zum Verhältnis der §§ 8–12 V StGB zum Besonderen Teil des StGB, GA **2010** 507.

302 Eine (nach h.M.) **rechtfertigende Wirkung** des Völkerrechts für militärische Gewalt wird in verschiedenen strafrechtlich relevanten Szenarien erörtert.[1410] Klassische Beispiele sind Auslandseinsätze der Bundeswehr, in denen Soldaten Angreifer und am Kampfgeschehen unbeteiligte Zivilisten verletzen oder töten.[1411] Um derartige Fälle rechtlich bewerten zu können, müssen verschiedene Normen beachtet werden: Das **StGB** ist nach § 1a WStG anwendbar.[1412] In einem **(internationalen) bewaffneten**

1410 *Ambos* Der Allgemeine Teil des Völkerstrafrechts S. 370 ff, 825 ff; *Paeffgen/Zabel* NK Rdn. 206; *Schlehofer* MK Rdn. 130 ff; *Schwenck* FS Lange, 97 ff; *Sch/Schröder/Lenckner/Sternberg-Lieben* Rdn. 91 ff; *Lackner/Kühl/Kühl* Rdn. 34.
1411 BGHSt **56** 11, 22 ff (Tötung von Unbeteiligten im Zweiten Weltkrieg als Rache für einen Partisanenangriff); StA Zweibrücken NZWehr **2009** 169 ff (Bundeswehrsoldaten schießen in Erwartung eines Anschlags auf fünf Zivilisten, die – trotz mehrerer Warnschüsse – mit einem Auto auf eine Straßensperre zufahren); dazu *Sinn* FS Roxin (2011), 673 f; *T. Zimmermann* GA **2010** 507, 508; zur sog. Kunduz-Affäre etwa *Safferling/Kirsch* JA **2010** 81; *Basak* HRRS **2010** 513; *Ambos* NJW **2010** 1725; *Höfer* Gezielte Tötungen S. 198 ff; zur Tötung von Osama bin Laden durch U.S. Spezialkräfte *Ambos/Alkatout* JZ **2011** 758 ff; *Höfer* Gezielte Tötungen S. 260 ff; monographisch *Petry* Die strafrechtliche Rechtfertigung von Soldaten bei Auslandseinsätzen, passim.
1412 In den meisten Fällen greift schon § 7 Abs. 2 Nr. 1; zum Strafanwendungsrecht *Sinn* FS Roxin (2011), 673, 674 ff; *Steiger/Bäumler* AVR **48** (2010), 189, 206; *Safferling/Kirsch* JA **2010** 81, 82; *Müssig/Meyer* FS Puppe, 1501 f; *T. Zimmermann* GA **2010** 507 ff, der aber die *materiell-rechtliche* Anwendbarkeit des StGB unter Verweis auf eine Überlagerung durch das VStGB bestreitet; dazu sogleich im Haupttext.

Konflikt[1413] greift zudem das **Kriegsvölkerrecht**, das insbesondere in der Haager Landkriegsordnung,[1414] den vier Genfer Konventionen[1415] und deren zwei Zusatzprotokollen[1416] wurzelt.[1417] Es fußt auf dem Grundgedanken, dass es in bewaffneten Konflikten unvermeidbar ist, gegnerische Kombattanten zu schädigen. Das Regelwerk soll dabei unnötiges Leid verhindern und die Zivilbevölkerung schützen.[1418] Das **Völkerstrafgesetzbuch** (VStGB) bestraft (nur) schwere Verstöße gegen die humanitären Mindestvorgaben des *ius in bello*. Die §§ 8-10 VStGB erfassen Angriffe auf besondere Ziele, die §§ 11 f VStGB den Einsatz bestimmter Kampfmethoden und -mittel.[1419] Zu bedenken ist schließlich, dass Handlungen von Bundeswehrsoldaten staatliche Eingriffe in **Grund- und Menschenrechte** darstellen (*Eser* FS Wahl, 665, 671 f m.w.N.).

Die strafrechtliche Einordnung gezielter staatlicher Tötungen durch militärische Gewalt provoziert schwierige verfassungsrechtliche Fragen.[1420] Obwohl das BVerfG sein Nichtigkeitsurteil zu § 14 Abs. 3 LuftSiG ausdrücklich auf nicht-kriegerische Einsätze der Streitkräfte beschränkt hat (BVerfGE 115 118, 157),[1421] entfachte es die Diskussion darüber,[1422] ob und unter welchen Voraussetzungen es die Menschenwürde- (Art. 1 GG) sowie die Lebensgarantie (Art. 2 Abs. 2 GG) erlauben, dass Soldaten in Konfliktlagen vorsätzlich töten (exemplarisch *Ipsen* NZWehrr **2008** 156). Während für letale Angriffe auf Kampfbeteiligte verschiedene Begründungsansätze verhandelt werden,[1423] wird in Bezug auf zivile Opfer konstatiert, dass eine befriedigende Erklärung unmöglich oder jedenfalls bisher nicht gelungen sei.[1424] Trotz der offenen (verfassungsrechtlichen) Legitimationsfragen herrscht aber Einigkeit darüber, dass völkerrechtsgemäße Kampfhandlungen – auch Tötungen – nicht bestraft werden sollen.[1425] Im Hintergrund steht dabei die Über-

302a

1413 Dieser Schlüsselbegriff entscheidet darüber, ob und welche Regeln des humanitären Völkerrechts anwendbar sind; ausf. dazu *Ambos* MK Vor § 8 Rdn. 21 ff; *Müssig/Meyer* FS Puppe, 1501, 1511 ff; *Steiger/Bäumler* AVR **48** (2010), 189, 192 ff; *Ladiges* JuS **2011** 879, 883; *Sch/Schröder/Lenckner/Sternberg-Lieben* Rdn. 91b; speziell zu Krisen, die (noch) nicht als bewaffneter Konflikt zu qualifizieren sind, *Petry* Die strafrechtliche Rechtfertigung von Soldaten bei Auslandseinsätzen S. 1 ff m.w.N.; zur Einordnung als internationalen und nicht-internationalen Konflikt *Ambos* MK Vor § 8 Rdn. 23 ff; *Sch/Schröder/Lenckner/Sternberg-Lieben* Rdn. 91b.
1414 Vom 18.10.1907 (RGBl. 1910 107 ff, 375 ff).
1415 Vom 12.8.1949 (BGBl. II 1954 781 f).
1416 Vom 8.6.1977 (BGBl. II 1990 1551 ff, 1637 ff; 1991 II 968 ff).
1417 *Schlehofer* MK Rdn. 131. Das Regelwerk firmiert zum Beispiel auch als *ius in bello*, humanitäres Völkerrecht, Konfliktvölkerrecht oder (völkerrechtliche) Ausnahmeordnung.
1418 *T. Zimmermann* GA **2010** 507, 509 m.w.N.; *A. Zimmermann/Geiß* Der Staat **46** (2007) 377, 380 ff; *Merkel* JZ **2012** 1137; *Zagst* BLJ **2013** 13, 16.
1419 Vertiefend *Ambos* MK Vor § 8 Rdn. 17 ff; *Steiger/Bäumler* AVR **48** (2010) 189, 196 ff; *Kreß* JZ **2006** 981 ff.
1420 Instruktiv *Eser* FS Wahl, 665, 671 ff; *Fischer* Rdn. 6a; *Merkel* JZ **2012** 1137, 1139. Bei der Suche nach einem Legitimationsansatz ist zwischen vier Opfergruppen zu unterscheiden: gegnerische Kombattanten und Zivilisten sowie Todesopfer unter der eigenen Streitmacht und Bevölkerung.
1421 Krit. zu der Differenzierung *A. Zimmermann/Geiß* Der Staat **46** (2007) 377, 386 ff; ebenso *Hankel* Das Tötungsverbot im Krieg S. 109.
1422 BVerfGE **115**, 118 m. Bespr. *Ipsen* NZWehrr **2008** 156; dazu Rdn. 252 ff m.w.N.
1423 Mit einer Tour d´Horizon *Eser* FS Wahl, 665, 672 ff m.w.N.
1424 *Fischer* Rdn. 6a; *Merkel* JZ **2012** 1137, 1139; *Eser* FS Wahl, 665, 675 ff; mit einem Rechtfertigungsansatz für den Fall einer existenziellen Bedrohung des Gemeinwesens *Pawlik* JZ **2004** 1045, 1052 ff.
1425 *Sch/Schröder/Lenckner/Sternberg-Lieben* Rdn. 91b; *Müssig/Meyer* FS Puppe, 1501, 1502; *T. Zimmermann* GA **2010** 507, 511; *Ladiges* JuS **2011** 879, 883; zweifelnd *Wessels/Beulke/Satzger* Rdn. 427. Das soll auch bei völkerrechtlich bedenklicher Konfliktentstehung gelten, *Sch/Schröder/Lenckner/Sternberg-Lieben* Rdn. 91b m.w.N. Dagegen will *Ostendorf* FS Samson, 129, 136 ff, im Falle eines Angriffskrieges allenfalls eine Entschuldigung in Betracht ziehen.

zeugung, dass die klassischen Rechtfertigungsgründe nicht ausreichen,[1426] um Schädigungshandlungen in Krisensituationen angemessen zu bewerten.[1427] Allerdings wird darüber, wie der Einwand völkerrechtskonformer Kriegsführung materiell zu begründen und formal-dogmatisch einzuordnen ist, heftig gestritten (*Eser* FS Schöch, 461, 463 ff).[1428]

302b   Die h.M. beruft sich auf das Völkerrecht, um die Strafbarkeit in Fällen letaler, aber völkerrechtskonformer militärischer Gewalt einzuschränken. Zwar enthält es keine ausdrückliche „Lizenz zum Töten";[1429] eine solche wird aber mit Hilfe von Gegenschlüssen konstruiert:[1430] Da das *ius in bello* Feindseligkeiten gegenüber Kombattanten erlaube und nur bestimmte Formen der Tötung missbillige, müsse ihre Liquidation völkerrechtlich grundsätzlich zulässig sein.[1431] Ähnlich wird im Kontext ziviler Opfer argumentiert. Grundsätzlich verbiete es das Kriegsvölkerrecht, am Kampf unbeteiligte Zivilpersonen direkt anzugreifen.[1432] Es lasse ihre vorsätzliche Tötung jedoch ausnahmsweise zu, wenn sich ein Angriff gegen militärische Ziele richte und keine unverhältnismäßigen Begleitschäden drohen würden (sog. **Kollateralschäden**).[1433]

302c   Entlang der skizzierten Wertungen begrenzt die h.M. die Strafbarkeit nach dem StGB. Während nun aber das VStGB akzessorisch zum Kriegsrecht konzipiert ist,[1434] die Tatbestände also bei völkerrechtsgemäßem Vorgehen nicht einschlägig sind, fehlt eine solche Verknüpfung zwischen Völkerrecht und StGB. Daher stellt sich die Frage, wie der Einwand völkerrechtskonformer Kriegsführung strafrechtsdogmatisch zu verorten ist. Einige Autoren plädieren für eine **Sperrwirkung des VStGB gegenüber dem StGB** (ausf. *T. Zimmermann* GA **2010** 507 ff).[1435] Unter Hinweis auf den eindeutigen Willen des historischen Gesetzgebers[1436] vertritt die h.M. dagegen eine **Konkurrenzlösung**:[1437] Die Tatbestände des StGB träten zwar regelmäßig im Wege der Gesetzeskonkurrenz hinter die Normen des VStGB zurück, sie blieben aber parallel anwendbar.[1438] Die Straflosigkeit völkerrechtskonformer (und damit nach dem VStGB nicht strafbarer) militärischer Ge-

---

1426   Zur Grundsatzdiskussion, ob die allgemeinen Rechtfertigungsgründe auch für Soldaten gelten, *Sch/Schröder/Lenckner/Perron* § 32 Rdn. 42a m.w.N.; zu den klassischen Erlaubnissätzen und militärischer Gewalt *Sinn* FS Roxin (2011), 673, 676 ff.
1427   *Sch/Schröder/Lenckner/Sternberg-Lieben* Rdn. 91; *Frister/Korte/Kreß* JZ **2010** 10, 11 f; *Eser* FS Wahl, 665, 667 ff m.w.N.; *Müssig/Meyer* FS Puppe, 1501, 1507; relativierend *Sinn* FS Roxin (2011), 673, 684.
1428   Weiterführend *ders*. FS Wahl, 665 ff; *Dreier* JZ **2007** 261, 262; *Kutscha* NVwZ **2004** 801, 803.
1429   Statt vieler *Wessels/Beulke/Satzger* Rdn. 427; *Schwenck* FS Lange, 97.
1430   Exemplarisch *Schlehofer* MK Rdn. 132 f; kritisch *Eser* FS Schöch, 461, 463 ff; *ders.* FS Wahl, 665, 679 ff.
1431   *Schlehofer* MK Rdn. 132 f; *T. Zimmermann* GA **2010** 507, 511 m.w.N.; *A. Zimmermann/Geiß* Der Staat **46** (2007) 377, 380 ff; *Steiger/Bäumler* AVR **48** (2010) 189, 209 ff; wider die Argumentation mit einem Gegenschluss *Eser* FS Schöch, 461, 469 ff.
1432   Zum Verlust dieses Schutzes durch Kampfbeteiligung BGHSt **23** 106; *Sch/Schröder/Lenckner/Sternberg-Lieben* Rdn. 91b; *Dörmann* MK § 11 VStGB Rdn. 38 ff.
1433   *Schlehofer* MK Rdn. 132; *Sch/Schröder/Lenckner/Sternberg-Lieben* Rdn. 91b; *Ladiges* JuS **2011** 879, 883; *Müssig/Meyer* FS Puppe, 1501, 1524; *Safferling/Kirsch* JA **2010** 81, 84; *Tym* DÖV **2010** 621, 624; zur grund- und menschenrechtlichen Sicht *A. Zimmermann/Geiß* Der Staat **46** (2007) 377, 380 ff; zu den Grundlagen „kollateraler" Tötung *Merkel* JZ **2012** 1137 ff; gegen eine Rechtfertigung *Fischer* Rdn. 6a.
1434   *Ambos* MK Vor § 8 Rdn. 3 f.
1435   Ebenso *Hertel* HRRS **2010** 339, 342 f; *Richter* HRRS **2012** 28, 35; so schon *Schwenck* FS Lange, 97, 118; wohl auch *Tym* DÖV **2010** 621, 626.
1436   Vgl. BTDrucks. 14/8524 S. 13.
1437   In Auswahl GBA NStZ **2010** 581, 582; *Ambos* MK Vor § 8 Rdn. 45 f; *Steiger/Bäumler* AVR **48** (2010) 189, 206 f m.w.N.; *Sch/Schröder/Lenckner/Sternberg-Lieben* Rdn. 91b; *Safferling/Kirsch* JA **2010** 81, 85; *Ambos* MK Vor §§ 8 Rdn. 45; *Ladiges* JuS **2011** 879, 883; *Basak* HRRS **2010** 513, 516 f; zur Kritik daran siehe *T. Zimmermann* GA **2010** 507, 512 ff; *Richter* HRRS **2012** 28, 35.
1438   Zu dem Fall, dass nur ein Verstoß gegen das humanitäre Völkerrecht, nicht aber gegen das VStGB vorliegt, *Müssig/Meyer* FS Puppe, 1501, 1505 f.

walt bedarf bei diesem Verständnis einer anderen Begründung. Nach einer viel zitierten,[1439] aber heute kaum noch vertretenen Ansicht seien völkerrechtsgemäße Schädigungshandlungen sozialadäquat und deshalb nicht tatbestandsmäßig.[1440] Nach deutlich überwiegender Ansicht folgt ihre Straflosigkeit indes aus einem (ungeschriebenen) **völkerrechtsakzessorischen Rechtfertigungsgrund**, der die vom *ius in bello* nicht verbotene Gewaltanwendung erlaubt.[1441]

Vor diesem Hintergrund hängt die Strafbarkeit verschiedener militärischer Kampfpraktiken davon ab, ob sie völkerrechtskonform sind: Beim **Targeted Killing** etwa handelt es sich um das gezielte Töten ohne ein vorheriges Gerichtsverfahren.[1442] Die völkerrechtliche Zulässigkeit ist hoch umstritten.[1443] Problematisch ist auch, ob das Völkerrecht – wie beim Targeted Killing häufig praktiziert – erlaubt, **Drohnen** zur Tötung einzusetzen.[1444] Wegen der gestiegenen praktischen Bedeutung von **asymmetrischen Konfliktlagen** (insbesondere Aktivitäten von terroristischen Vereinigungen)[1445] gewinnt die Frage, wie militärische Gewalt in diesen Szenarien zu bewerten ist, zunehmend an Bedeutung.[1446] In jüngerer Zeit wurde vor allem darüber diskutiert, ob ein UN-Mandat eine Ausnahme vom Tötungstabu rechtfertigen kann.[1447]

302d

Völkerrechtswidrige militärischer Gewalt kann nach h.M. in engen Grenzen durch das **Völkergewohnheitsrecht** gerechtfertigt sein. Diskutiert wurde etwa, ob die Tötung von „Sühnegefangenen" erlaubt ist, wenn sie zum Beispiel dazu dient, Sicherheit und Ordnung in einem besetzten Gebiet zu gewährleisten (**Repressalie**).[1448] Der BGH musste entscheiden, ob es während des Zweiten Weltkriegs völkergewohnheitsrechtlich erlaubt war, Unbeteiligte als Reaktion auf einen Partisanenangriff zu töten.[1449] Das heutige Völkerrecht verbietet Kriegsrepressalien weitgehend. Ohnehin seien sie nur zulässig, wenn sie von der obersten Staatsführung angeordnet wurde, verhältnismäßig ist und die Men-

303

1439 Siehe nur *T. Zimmermann* GA **2010** 507, 510; *Schwenck* FS Lange, 97; *Frister/Korte/Kreß* JZ **2010** 10, 12; *Wolff* NZWehr **1996** 9, 12 f.
1440 In jüngerer Zeit mit der These sympathisierend *Müssig/Meyer* FS Puppe, 1501, 1502 u. 1510; als mögliche Lösung erwähnend *Safferling/Kirsch* JA **2010** 81, 85; kritisch *Schwenck* FS Lange, 97; *Eser* FS Schöch, 461, 474 f; *T. Zimmermann* GA **2010** 507, 510 f.
1441 Pars pro toto *GBA* NStZ **2013** 644, 646; *Steiger/Bäumler* AVR **48** (2010) 189, 211; *Ladiges* JuS **2011** 879, 883; *Safferling/Kirsch* JA **2010** 81, 85; *Frister/Korte/Kreß* JZ **2010** 10, 12 f; *Ambos* NJW **2010** 1725, 1727; *Wolff* NZWehr **1996** 9, 14 ff.
1442 *GBA* NStZ **2013** 644, 646.
1443 Für die Strafbarkeit dieser Praktik *Kühne* FS Kühl, 801 ff; differenzierend *Schmitz-Elvenich* Targeted Killing S. 257 ff: zum Zwecke der Bestrafung oder Prävention völkerrechtswidrig, zur Abwehr einer konkreten Gefahr, die von der Zielperson ausgeht, im Einklang mit dem *ius in bello*. Dazu auch *Strüwer* Zum Zusammenspiel von humanitärem Völkerrecht und den Menschenrechten am Beispiel des Targeted Killings S. 184 f; zur Frage aus der englischsprachigen Literatur *Finkelstein* Targeted Killings S. 156 ff m.w.N.
1444 Bejahend *GBA* NStZ **2013** 644, 646; einschränkend *Zagst* BLJ **2013** 13, 14 ff m.w.N.; ebenso *Becker* DÖV **2013** 493 ff; mit Verweis auf die „Playstation-Mentalität" grundsätzlich ablehnend *Boor* HuV **2011** 97, 99; siehe auch *Finkelstein* Targeted Killings S. 156, 172 ff.
1445 Dazu etwa *Sch/Schröder/Lenckner/Sternberg-Lieben* Rdn. 91c m.w.N.; *A. Zimmermann/Geiß* Der Staat **46** (2007) 377; *Kühne* FS Kühl, 801, 803 ff.
1446 Monographisch *Schmidt* Das humanitäre Völkerrecht in modernen asymmetrischen Konflikten S. 1 ff m.w.N.
1447 Für eine Rechtfertigung durch ein UN-Mandat *Frister/Korte/Kreß* JZ **2010** 10; zust. *Schlehofer* MK Rdn. 134; einen Tatbestandsausschluss präferierend *Müssig/Meyer* FS Puppe, 1501, 1510; **krit.** *Sinn* FS Roxin (2011), 673, 685 ff; **abl.** *Steiger/Bäumler* AVR **48** (2010) 189, 217 ff u. *Ladiges* JuS **2011** 879, 884 m.w.N.
1448 Vgl. *Gribbohm* Selbst mit einer Repressalquote von zehn zu eins? S. 25 ff; *Sch/Schröder/Lenckner/Sternberg-Lieben* Rdn. 91e.
1449 Ablehnend BGHSt **56** 11, 22 ff m. krit. Anm. *Hecker* JuS **2012** 261 sowie *Rosbaud* StV **2013** 291, die sich aber jeweils auf das in der Entscheidung ebenfalls relevante Doppelbestrafungsverbot konzentrieren.

schenrechte wahrt.¹⁴⁵⁰ Keine Rechtfertigung für einen eigenen Verstoß gegen das *ius in bello* folgt nach heute allgemeiner Meinung allein aus der Tatsache, dass die andere Konfliktpartei das Völkerrecht verletzt hat (sog. **tu-quoque-Argument**).¹⁴⁵¹

14. Wahrnehmung berechtigter Interessen

Schrifttum

Bloy Die dogmatische Bedeutung der Strafausschließungs- und Strafaufhebungsgründe, Diss. Hamburg 1974/75 (1976); *Duttge/Hörnle/Renzikowski* Das Gesetz zur Änderung der Vorschriften über die Straftaten gegen die sexuelle Selbstbestimmung, NJW **2004** 1065; *Erdsiek* Wahrnehmung berechtigter Interessen ein Rechtfertigungsgrund? JZ **1969** 311; *Eser* Wahrnehmung berechtigter Interessen als allgemeiner Rechtfertigungsgrund, Habil. Tübingen 1968 (1969); *Geppert* Wahrnehmung berechtigter Interessen (§ 193 StGB), Jura **1985** 25; *Hirsch* Ehre und Beleidigung, Habil. Bonn 1967; *ders.* Grundfragen von Ehre und Beleidigung, Festschrift E.A. Wolff (1998) 125; *Jahn* Zur Frage der Strafbarkeit wegen Beleidigungsdelikten und deren Rechtfertigung nach § 193 StGB durch unwahre Tatsachenbehauptungen in einer Anklageschrift, Festschrift Schiller (2014) 339; *Karpf* Die Begrenzung des strafrechtlichen Schutzes der Ehre: durch die Meinungsfreiheit (Art. 5 I GG), die Kunstfreiheit (Art. 5 II GG) und die Wahrnehmung berechtigter Interessen (§ 193), Diss. Tübingen 2003 (2004); *Kielwein* Unterlassung und Teilnahme, GA **1955** 225; *Lenckner* Die Wahrnehmung berechtigter Interessen, ein „übergesetzlicher" Rechtfertigungsgrund? Gedächtnisschrift Noll (1984) 243; *Merz* Strafrechtlicher Ehrenschutz und Meinungsfreiheit, Diss. Heidelberg 1998; *Riklin* Zum Rechtfertigungsgrund der Wahrung (Wahrnehmung) berechtigter Interessen, FS Trechsel (2002) 537; *Roeder* Der systematische Standort der „Wahrnehmung berechtigter Interessen" im Spiegel der Strafrechtsreform, Festschrift Heinitz (1972) 229; *Westendorf* Die Pflicht zur Verhinderung geplanter Straftaten durch Anzeige, Diss. Göttingen 1998 (1999); *Zaczyk* § 193 StGB als Rechtfertigungsgrund, Festschrift Hirsch (1999) 819.

304   Bei Beleidigungen kommt § 193 als spezieller Rechtfertigungsgrund in Betracht.¹⁴⁵² Wegen seiner spezifischen beleidigungsrechtlichen Funktion, die auch in der Einordnung in den 14. Abschnitt des Gesetzes zum Ausdruck kommt, lässt sich der Rechtfertigungsgrund nicht auf andere Straftatbestände ausdehnen.¹⁴⁵³ Auf der Grundlage der herrschenden weiten Auslegung des Tatbestands der üblen Nachrede geht der Anwendungsbereich des Rechtfertigungsgrundes erheblich über den des rechtfertigenden Notstands hinaus. Die Vorschrift dient vielfach dazu, um auf der Rechtfertigungsebene einen Ausgleich für den zu weit gezogenen Tatbestandsumfang zu schaf-

---

1450 Zu den allgemeinen Voraussetzungen für die Rechtfertigung einer Repressalie BGHSt **56** 11, 22 ff; in diesem Kontext siehe auch die *Engel*-Entscheidung in BGHSt **49** 189, 193 ff m. **krit**. Anm. *Gribbohm* NStZ **2005** 38; **krit**. weiterhin *Paeffgen/Zabel* NK Rdn. 206; *Schlehofer* MK Rdn. 138; *Sch/Schröder/Lenckner/Sternberg-Lieben* Rdn. 91e – jeweils m.w.N.; monographisch zur Figur der Repressalie *Gribbohm* Selbst mit einer Repressalquote von zehn zu eins? S. 1 ff.
1451 Statt vieler *Ambos* Der Allgemeine Teil des Völkerstrafrechts S. 374 f m.w.N.; *Eser* FS Triffterer, 755, 771; *Schlehofer* MK Rdn. 139; *Sch/Schröder/Lenckner/Sternberg-Lieben* Rdn. 91e.
1452 Für eine Einordnung als Rechtfertigungsgrund BGHSt **12** 287, 293; **18** 182, 184; OLG Düsseldorf NStZ **2006** 243, 244; *Eser* Wahrnehmung berechtigter Interessen S. 18; *Lackner/Kühl/Kühl* § 193 Rdn. 1; *ders.* AT § 9 Rdn. 50; *Roxin* AT I § 18 Rdn. 35; *Sch/Schröder/Lenckner/Sternberg-Lieben* Rdn. 79 f, aber auch Rdn. 11 f; für einen Schuldausschließungsgrund *Erdsiek* JZ **1969** 311; *Roeder* FS Heinitz, 229, 237 ff m.w.N.; ausführlich zum Streitstand *Geppert* Jura **1985** 25 f. Näher zur Rechtsnatur *Hilgendorf* LK¹² § 193 Rdn. 1 ff.
1453 RGSt **50** 55; OLG Stuttgart NStZ **1987** 121, 122; OLG Düsseldorf NStZ **2006** 243, 244; LG Dortmund NStZ-RR **1998** 139, 141; AG Berlin-Tiergarten NStZ-RR **2000** 108, 109; w. Rspr.-Nachw. bei *Zaczyk* NK § 193 Rdn. 12; *Hirsch* LK¹¹ Rdn. 179; *Lenckner* GedS Noll, 243 f; *Roxin* AT I § 18 Rdn. 39; Baumann/Weber/*Mitsch*/Eisele § 14 Rdn. 33; *Sch/Schröder/Lenckner/Sternberg-Lieben* Rdn. 79 f; dafür jedoch *Eser* Wahrnehmung berechtigter Interessen S. 46 ff; ebenso *Meurer* und *Geppert* in Szwarc (Hrsg.) Aids und Strafrecht (1996) S. 144 ff und 245; auch *Paeffgen/Zabel* NK Rdn. 169 m.w.N.

fen (vgl. *Hirsch* Ehre und Beleidigung S. 200ff; *ders.* FS E.A. Wolff, 125, 150). Weil die Justizpraxis in § 193 eine besondere Ausprägung des in Art. 5 GG normierten Grundrechts der freien Meinungsäußerung sieht (BVerfGE **42** 143, 152; **12** 113, 125f; BVerfG NJW **1999** 2262, 2265; **2000** 3196; BGHSt **12** 287, 293f; w. Nachw. bei *Lackner/Kühl/ Kühl* § 193 Rdn. 1), lösen sich allerdings deren Einzelkriterien in einem umfassenden Abwägungsprozess auf mit der Folge, dass die Norm juristisch kraftlos wird (näher *Zaczyk* FS Hirsch, 819, 820ff; *ders.* NK § 193 Rdn. 6, der den Versuch einer Rehabilitierung des § 193 als Rechtfertigungsgrund unternimmt).[1454] – Nach h.M. enthält § 37 **(Indemnität)** für wahrheitsgetreue Berichte über öffentliche Sitzungen der in § 36 bezeichneten Körperschaften oder ihrer Ausschüsse einen besonderen Rechtfertigungsgrund.[1455]

15. Rechtfertigung aufgrund besonderen beruflichen Vertrauensverhältnisses. 305
Hinsichtlich des Tatbestands der Nichtanzeige geplanter Straftaten (§ 138) bestimmt das Gesetz, dass Geistliche (§ 139 Abs. 2) sowie unter den Voraussetzungen des § 139 Abs. 3 Satz 1 Rechtsanwälte, Verteidiger, Ärzte, Psychotherapeuten (§ 139 Abs. 3 Satz 2) und deren Berufshelfer (§ 139 Abs. 3 Satz 3) nicht verpflichtet sind anzuzeigen, was ihnen in ihrer beruflichen Eigenschaft anvertraut worden ist.[1456] Die h.M. sieht in der Freistellung von der Anzeigepflicht („nicht verpflichtet") gemäß Abs. 2, Abs. 3 Satz 2 und Abs. 3 Satz 3 zu Recht einen Rechtfertigungsgrund.[1457] Der Wortlaut der Norm lässt wegen des Fehlens einer Anzeigepflicht allerdings auch die Einstufung als Tatbestandsausschließungsgrund zu,[1458] während nach anderer Auffassung ausschließlich die Schuldebene betroffen ist.[1459] Daneben wird das Angehörigenprivileg aus § 139 Abs. 3 Satz 1 überwiegend als Strafaufhebungsgrund qualifiziert.[1460]

16. Elterliches Erziehungs- und Züchtigungsrecht

Schrifttum

Beulke Züchtigungsrecht – Erziehungsrecht – strafrechtliche Konsequenzen der Neufassung des § 1631 Abs. 2 BGB, Festschrift Hanack (1999) 539; *ders.* Neufassung des § 1631 Abs. 2 BGB und Strafbarkeit

---

[1454] Ausführlich zum Problem s. *Merz* Strafrechtlicher Ehrenschutz und Meinungsfreiheit, Diss. Heidelberg 1998 S. 59ff, die dort (S. 79ff) die These vertritt: Auslegung (des § 193) statt Abwägung.
[1455] So OLG Braunschweig NJW **1953** 516f; *Jakobs* 16/30; *Neumann* NK § 37 Rdn. 2; *Roxin* AT I § 23 Rdn. 14; für einen sachlich wirkenden Strafausschließungsgrund *Jescheck/Weigend* § 19 II 3; *Lackner/Kühl/Kühl* § 37 Rdn. 1; *Sch/Schröder/Perron* § 37 Rdn. 1; für einen persönlichen Strafausschließungsgrund mit sachbezogenem Hintergrund *Gropp* AT § 7 Rdn. 23.
[1456] Zur Ausweitung des personalen Anwendungsbereichs durch das am 1.4.2004 in Kraft getretene Gesetz zur Änderung der Vorschriften über die Straftaten gegen die sexuelle Selbstbestimmung und zur Änderung anderer Vorschriften vom 27.12.2003 (BGBl. I 3007) vgl. *Duttge/Hörnle/Renzikowski* NJW **2004** 1065, 1068; *Lackner/Kühl/Kühl* § 139 Rdn. 2.
[1457] *Hanack* LK[12] § 139 Rdn. 13, 31; *Jescheck/Weigend* § 52 II 2; *Lackner/Kühl/Kühl* § 139 Rdn. 2; *Rudolphi/ Stein* SK § 139 Rdn. 3ff, 10; *Fischer* § 139 Rdn. 4, 7; im Fall des § 139 Abs. 2 für Rechtfertigung auch *Maurach/Schroeder/Maiwald* II § 98 Rdn. 25.
[1458] So *Bloy* Die dogmatische Bedeutung der Strafausschließungs- und Strafaufhebungsgründe, Diss. Hamburg 1976 S. 135; *Kielwein* GA **1955** 225, 231; *Ostendorf* NK § 139 Rdn. 15f; *Sch/Schröder/Sternberg-Lieben* § 139 Rdn. 2.
[1459] Einen Schuldausschluss wegen Unzumutbarkeit annehmend *Westendorf* Die Pflicht zur Verhinderung geplanter Straftaten durch Anzeige, Diss. Göttingen 1999 S. 244, 247.
[1460] *Maurach/Schroeder/Maiwald* II § 98 Rdn. 26; *Fischer* Rdn. 5; *Lackner/Kühl/Kühl* Rdn. 3; nach abweichender Ansicht spricht eine Parallele zu den §§ 33, 35 für einen Entschuldigungsgrund *Rudolphi/Stein* SK § 139 Rdn. 10; *Hanack* LK[12] § 139 Rdn. 23.

gemäß § 223 StGB, Festschrift Schreiber (2003) 29; *Bussmann* Verbot familialer Gewalt gegen Kinder, Habil. Bielefeld 1997 (2000); *Fengler* Die strafrechtliche Auswirkungen der Neufassung des § 1631 II BGB durch das „Gesetz zur Änderung der Gewalt in der Erziehung", Diss. Göttingen 2012 (2013); *Günther* Die Auswirkungen familienrechtlicher Verbote auf das Strafrecht, Festschrift Lange (1992) 877; *Heghmanns* Buchbesprechung: Maurach/Schroeder/Maiwald Strafrecht. Besonderer Teil I (2003), GA **2004** 189; *Heinrich* Elterliche Züchtigung und Strafrecht, ZIS **2011** 431; *Hennes* Das elterliche Züchtigungsrecht – Ein derogierter Rechtfertigungsgrund? Diss. Heidelberg 2009 (2010); *Hoyer* Im Strafrecht nichts Neues? – Zur strafrechtlichen Bedeutung der Neufassung des § 1631 II BGB, FamRZ **2001** 521; *Hörnle* Buchbesprechung: Schramm, Ehe und Familie im Strafrecht: eine strafrechtsdogmatische Untersuchung (2010), JZ **2013** 1095; *Jäger* Vom Umgang des Strafrechts mit dem zivilrechtlich verankerten Züchtigungsverbot, Festschrift Spellenberg (2010) 687; *Kargl* Das Strafunrecht der elterlichen Züchtigung (§ 223 StGB), NJ **2003** 57; *Kudlich* Buchbesprechung: Schramm, Ehe und Familie im Strafrecht: eine strafrechtsdogmatische Untersuchung (2010), ZStW **125** (2013) 368; *Moritz* Die wichtigsten Neuerungen im Kindschaftsrecht, JA **1998** 704; *Murmann* Buchbesprechung: Schramm, Ehe und Familie im Strafrecht: eine strafrechtsdogmatische Untersuchung (2010), GA **2012** 756; *Noak* Zur „Abschaffung" des elterlichen Züchtigungsrechts aus strafrechtlicher Sicht, JR **2002** 402; *Ossenbühl* Das elterliche Erziehungsrecht im Sinne des Grundgesetzes (1981); *Otto* Rechtfertigung einer Körperverletzung durch das elterliche Züchtigungsrecht, Jura **2001** 670; *Reichert-Hammer* Zu den Grenzen der elterlichen Züchtigungsbefugnis, JZ **1988** 617; *Riemer* Körperliche Züchtigung nunmehr verboten, ZfJ **2003** 328; *ders.* Auswirkung des Gewaltverbots in der Erziehung nach § 1631 II BGB auf das Strafrecht, FPR **2006** 387; *Roellecke* Keine Hiebe – und die Liebe? Zur Gewalt als Erziehungsmittel, NJW **1999** 337; *Roxin* Die strafrechtliche Beurteilung der elterlichen Züchtigung, JuS **2004** 177; *Scheffler* Der Staatsanwalt im Kinderzimmer? – Zu den Einschränkungen des elterlichen Erziehungsrechts aus der Sicht eines Strafrechtlers, JRE **2002** 279; *H. Schmidt* Grundrechte als verfassungsunmittelbare Strafbefreiungsgründe, Diss. Hannover 2007 (2008); *Schramm* Ehe und Familie im Strafrecht: eine strafrechtsdogmatische Untersuchung, Habil. Tübingen 2009/2010 (2011).

306 Eine tiefgreifende Entwicklung sowohl gesellschaftlicher als auch rechtlicher Art gab es in den letzten Jahrzehnten in der Diskussion über den Bestand und den Umfang eines rechtfertigenden **elterlichen Erziehungs- und Züchtigungsrechts**.[1461] Als Schrittmacher erwies sich dabei § 1631 BGB und seine umfassenden Reformen.[1462] Die letzte inhaltliche Änderung erhielt § 1631 Abs. 2 BGB durch das *Gesetz zur Ächtung der Gewalt in der Erziehung und zur Änderung des Kindesunterhaltsrechts* vom 2.11.2000 (BGBl. I 1479) mit Wirkung zum 8.11.2000. Während nach vorherigem Gesetzeswortlaut entwürdigende Erziehungsmaßnahmen, insbesondere körperliche und seelische Misshandlungen, verboten waren, haben Kinder nunmehr ein „Recht auf gewaltfreie Erziehung" (§ 1631 Abs. 2 Satz 1 BGB). Neben diesem Programmsatz werden „körperliche Bestrafungen, seelische Verletzungen und andere entwürdigende Maßnahmen" (§ 1631 Abs. 2 Satz 2 BGB) für unzulässig erklärt. Ob damit das ehemals gewohnheitsrechtlich anerkannte Züchtigungsrecht[1463] der Eltern endgültig derogiert ist und welche „strafrechtliche Botschaft" § 1631 Abs. 2 BGB neben seiner Appellfunktion zukommt, wird unterschiedlich interpretiert (statt vieler *Lackner/Kühl/Kühl* § 223 Rdn. 11 und *Fischer* § 223 Rdn. 40; jew. m.w.N.; weiterhin BTDrucks. 13/11368 XXI). Zwar spricht sich der Gesetzgeber in der Entwurfsbegründung gegen eine Ausweitung der Strafbarkeit aus; allerdings enthielt nach seinem Verständnis

---

[1461] Vgl. dazu die ausführliche kriminologische und kommunikationstheoretische Untersuchung von *Bussmann* Verbot familialer Gewalt gegen Kinder, passim.
[1462] Bis zur Streichung durch das *Gleichberechtigungsgesetz* mit Wirkung zum 1.7.1958 lautete § 1631 Abs. 2 BGB a.F. wie folgt: „Der Vater kann kraft des Erziehungsrechts angemessene Zuchtmittel gegen das Kind anwenden". Zu der darauf aufbauenden Rechtfertigung vgl. BGH NJW **1953** 1440. Eine historische Einordnung findet sich bei *Schramm* Ehe und Familie im Strafrecht S. 177; *Beulke* FS Schreiber, 29, 30 ff.
[1463] Zum überkommenen Recht – nach h.M.: Züchtigungsrecht als Rechtfertigungsgrund – s. *Hirsch* LK[10] § 223 Rdn. 21 ff; *Paeffgen/Böse* NK § 223 Rdn. 28.

bereits § 1631 Abs. 2 BGB a.F. kein Recht auf (körperliche) Züchtigung.[1464] Im Schrifttum herrscht Einigkeit darüber, dass schwere körperliche Züchtigungen strafwürdig sind;[1465] ob auch der häufig zitierte „Klaps auf den Po" oder die „maßvolle Ohrfeige" mithilfe des Strafrechts geahndet werden soll, wird indessen unterschiedlich bewertet.[1466] Dahinter steht das sozialpolitische Dilemma, wonach eine gewaltfreie Erziehung mit Nachdruck anzustreben ist, aber das Strafrecht als adäquates Instrument zur Lösung „familiärer Kleinkriege" zweifelhaft erscheint.[1467] Um einerseits die eindeutige Aussage des § 1631 Abs. 2 BGB zu berücksichtigen und andererseits – auch mit Blick auf Art. 6 Abs. 2 Satz 1 GG[1468] – nur in Grenzbereichen auf Erziehungsmaßnahmen mit dem Strafrecht als ultima ratio zu reagieren, werden verschiedene Ansätze verfolgt:[1469] Eine Verlagerung von der Rechtfertigungs- auf die Tatbestandsebene vertritt eine insbesondere von *Beulke* vertretene Auffassung. Im Mittelpunkt steht dabei, dass eine „maßvolle Ohrfeige" keine „entwürdigende Maßnahme" i.S.d. § 1631 Abs. 2 Satz 2 BGB darstelle[1470] und mithin keine „Misshandlung" i.S.d. § 223 Abs. 1 sei.[1471] *Günther* möchte inopportune Ergebnisse mithilfe eines Strafunrechtsausschließungsgrundes verhindern.[1472] Teilweise wird weiterhin an der Idee eines gewohnheitsrechtlich anerkannten Rechtfertigungsgrundes[1473] festgehalten oder im Rahmen der Rechtswidrigkeit eine Lösung über § 34[1474] und sogar unmittel-

---

1464 Vgl. BTDrucks. 14/1247 S. 6: „Eltern, die den Tatbestand der Körperverletzung [...] erfüllen [...], können sich dafür bereits heute nicht mehr auf ein elterliches Züchtigungsrecht berufen [...]."; deswegen ein Züchtigungsrecht **abl.** *Fischer* § 223 Rdn. 40; gegen eine Ausweitung der Strafbarkeit als gesetzgeberischen Willen aber *Heinrich* ZIS **2011** 431, 436.
1465 Umso nachdenklicher machen die von *Bussmann* erhobenen Daten, wonach 30,6 % aller Jugendlichen eine „Tracht Prügel" erfahren haben, vgl. *Bussmann* Verbot familiärer Gewalt gegen Kinder S. 437.
1466 Einige Handlungen dürften bereits nach allgemeinem Verständnis den Tatbestand nicht erfüllen (etwa ein Festhalten am Arm); allerdings wird der verfolgte „erzieherische" Zweck regelmäßig eine nicht unerhebliche Beeinträchtigung des körperlichen Wohlbefindens voraussetzen.
1467 Bedenken gegen eine materiell-rechtliche Überkriminalisierung bei *Beulke* FS Hanack, 451 f; *ders.* FS Schreiber, 36 f; *Hoyer* FamRZ **2001** 522; *Roxin* JuS **2004** 177 f; *Heinrich* ZIS **2011** 431, 434.
1468 Zu verfassungsrechtlichen Einwänden gegen § 1631 Abs. 2 BGB s. *Noak* JR **2002** 402 ff; *Roellecke* NJW **1999** 337 f; Mangoldt/Klein/Starck/*Robbers* Art. 6 Abs. 2 GG Rdn. 154. Die verfassungsrechtlichen Grundlagen des elterlichen Erziehungsrechts behandelt *Ossenbühl* Das elterliche Erziehungsrecht S. 38 ff.
1469 Überblick über den Meinungsstand bei *Roxin* JuS **2004** 177, 178 ff; *ders.* AT I § 17 Rdn. 37 ff.
1470 *Beulke* FS Hanack, 539, 546. Ausgangspunkt war der Wortlaut des § 1631 Abs. 2 BGB a.F.: „Entwürdigende Erziehungsmaßnahmen, insbesondere körperliche und seelische Mißhandlungen, sind unzulässig". Die Tatbestandslösung wird auch nach der Reform des § 1631 Abs. 2 BGB weiter vertreten, s. insbes. *Beulke* FS Schreiber, 29, 40; Wessels/Beulke/*Satzger* Rdn. 608; i.E. ebenso *Kindhäuser* AT § 20 Rdn. 19.
1471 **Krit.** *Roxin* AT § 17 Rdn. 39: „Gegen eine solche Deutung sprechen aber der Wortlaut des Gesetzes und der deutlich erkennbare Wille des Gesetzgebers"; auch *Heinrich* ZIS **2011** 431, 435: „Zirkelschluss".
1472 Für die Annahme eines echten Strafunrechtsausschließungsgrundes aufgrund des elterlichen Erziehungsprivilegs (allerdings noch zum § 1631 Abs. 2 BGB a.F.) *Günther* FS H. Lange, 877, 899; zust. *Reichert-Hammer* JZ **1988** 617, 618; *Heghmanns* GA **2004** 189, 190; Matt/Renzikowski/*Engländer* Rdn. 36; ähnlich *Moritz* JA **1998** 704, 709; für einen persönlichen Strafaufhebungsgrund Sch/Schröder/Eser/*Sternberg-Lieben* § 223 Rdn. 23; **krit.** *Kargl* NJ **2003** 57, 62 f; *Roxin* JuS **2004** 177, 178 mit Bedenken hinsichtlich der Bestimmtheit der Strafe; ebenso *Heinrich* ZIS **2011** 431, 438.
1473 Lackner/Kühl/*Kühl* § 223 Rdn. 11; Krey/Hellmann/*Heinrich* BT 1 Rdn. 344. Ein Großteil des Schrifttums lehnt den Fortbestand eines eigenen Rechtfertigungsgrundes ab, s. *Wolters* SK § 223 Rdn. 13 ff; *Grünewald* LK[12] § 223 Rdn. 50 ff; *Otto* AT § 8 Rdn. 150 m.w.N.; *Fischer* § 223 Rdn. 37a ff; *Roxin* AT I § 17 Rdn. 32, 48; *ders.* JuS **2004** 177, 179; i.E. mit Abstufungen auch *Schramm* Ehe und Familie im Strafrecht S. 204, 215. Auf Basis einer anderen Differenzierung *Hoyer* FamRZ **2001** 521, 524, der unter Bezugnahme auf § 1631 Abs. 1 BGB zwischen erlaubter Pflege, Beaufsichtigung und Aufenthaltsbestimmung einerseits sowie unzulässigen Erziehungsmaßnahmen andererseits unterscheidet; **dagegen** *Roxin* JuS **2004** 177, 178 f; *ders.* AT I § 17 Rdn. 43 m.w.N.
1474 *Heinrich* ZIS **2011** 431, 441.

bar unter Rückgriff auf Art. 6 Abs. 2 Satz 1 GG[1475] angestrebt. Andere wollen die Frage auf prozessualer Ebene angehen, insbesondere über die Einstellung des Verfahrens nach den §§ 153 ff. StPO.[1476] Im Ergebnis konterkarieren all diese Ansätze den klaren Regelungszweck des § 1631 Abs. 2 BGB. Abgesehen von den ohnehin nicht tatbestandlichen Bagatellfällen sperrt § 1631 Abs. 2 BGB Versuche, das Unrecht von körperlichen Züchtigungen gegenüber Kindern zu beseitigen. Einen Schutz gegenüber unverhältnismäßiger Strafverfolgung bietet schon jetzt die Ausgestaltung als eingeschränktes Antragsdelikt (§ 230 Abs. 1 Satz 1). Zwar besteht bei Kindesmisshandlungen nach Nr. 235 Abs. 2 RiStBV grundsätzlich ein öffentliches Interesse an einer Strafverfolgung;[1477] dieses kann allerdings nach Nr. 235 Abs. 3 RiStBV entfallen, sofern sozialpädagogische, familientherapeutische oder andere unterstützende Maßnahmen eingeleitet werden. Dagegen kann bei strafrechtlich relevanten Verhaltensweisen ohne körperlichen Bezug (praxisrelevant sind vornehmlich die §§ 185, 239, 240, 303) das elterliche Erziehungsrecht rechtfertigend wirken. Unzulässig sind solche Handlungen jedoch dann, wenn sie eine seelische Verletzung oder eine andere entwürdigende Maßnahme darstellen.[1478] Unumstritten haben **Lehrer und Ausbilder** heute keinerlei Züchtigungsbefugnis mehr.[1479]

17. § 241a BGB als strafrechtlicher Rechtfertigungsgrund

Schrifttum

Altmeppen Unbestellte Leistungen: Die Kampfansage eines „Verbraucherschutzes" an die Grundlagen der Privatautonomie, Festschrift von Westphalen (2010) 1; *Berger* Der Ausschluss gesetzlicher Rückgewähransprüche bei der Erbringung unbestellter Leistungen nach § 241a BGB, JuS **2001** 649; *Casper* Die Zusendung unbestellter Waren nach § 241a BGB, ZIP **2000** 1602; *Dornheim* Sanktionen und ihre Rechtsfolgen im BGB unter besonderer Berücksichtigung des § 241a BGB, Diss. Bayreuth 2003 (2005); *Felix* Einheit der Rechtsordnung – Zur verfassungsrechtlichen Relevanz einer juristischen Argumentationsfigur, Habil. Passau 1997 (1998); *Geist* Die Rechtslage bei Zusendung unbestellter Waren, Diss. Konstanz 2002; *Haft/Eisele* Auswirkungen des § 241a BGB auf das Strafrecht, Gedächtnisschrift Meurer (2002) 245; *Heinze* Die Vereinbarkeit der §§ 241a, 661a BGB mit dem Ausgleichsprinzip und anderen Wertungsmodellen des Bürgerlichen Gesetzbuches, Diss. Frankfurt/M. (2006); *Jäckel/Tonikidis* Der Anspruchsausschluss im Fall einer unbestellten Leistung – Ist § 241 a I BGB richtlinienkonform? JuS **2014** 1064; *Jäger* Zurechnung und Rechtfertigung als Kategorialprinzipien im Strafrecht (2006); *Köhler* Zur richtlinienkonformen Auslegung des neugefassten § 241a BGB, Festschrift Gottwald (2014) 363; *ders.* Unbestellte Leistungen – Die richtlinien-

---

[1475] *H. Schmidt* Grundrechte als verfassungsunmittelbare Strafbefreiungsgründe S. 217.
[1476] *Roxin* AT § 17 Rdn. 46, der die Lösung jedoch selbst für nicht ganz befriedigend hält und *de lege ferenda* einen persönlichen Strafausschließungsgrund in Erwägung zieht; für eine prozessuale Lösung *Hennes* Das elterliche Züchtigungsrecht S. 238 ff; Maurach/*Schroeder*/Maiwald BT 1 § 8 Rdn. 19.
[1477] Antragsberechtigt (Gesamtvertretung) für Minderjährige sind bei bestehender Ehe nach den §§ 1626, 1626a Abs. 1 Nr. 2 BGB die Eltern. Ist ein Elternteil an der Tat beteiligt, ist er nach dem Rechtsgedanken des § 181 BGB an der Antragstellung verhindert (vgl. BGHSt **6** 155, 157) und der andere Elternteil übt das Antragsrecht aus s. *Schmid* LK[12] § 77 Rdn. 48; *Kargl* NK § 77 Rdn. 42; dagegen auch für den Ausschluss des Tatunbeteiligten *Sch/Schröder/Sternberg-Lieben/Bosch* § 77 Rdn. 22. Weigert sich der tatunbeteiligte Elternteil, Strafantrag zu stellen, könnte – nach altem Recht – das Vormundschaftsgericht tätig werden, vgl. BGHSt **6** 155, 158; *Schmid* LK[12] § 77 Rdn. 48.
[1478] So auch *Otto* Jura **2001** 670, 671; *Kühl* AT § 9 Rdn. 77a; *Beulke* FS Hanack, 539, 552; *Hennes* Das elterliche Züchtigungsrecht S. 277 ff. *Wessels/Beulke/Satzger* Rdn. 598 sprechen sich auch bei diesen Delikten teilweise für eine Tatbestandslösung aus.
[1479] BGH NStZ **1993** 591; *Paeffgen/Böse* NK § 233 Rdn. 31; *Fischer* § 223 Rdn. 42; *Sch/Schröder/Eser/Sternberg-Lieben* § 223 Rdn. 24; *Wolters* SK § 223 Rdn. 11; *Kühl* AT § 9 Rdn. 80 ff; *Roxin* AT § 17 Rdn. 52 ff. Die meisten Schulgesetze verbieten inzwischen die körperliche Züchtigung ausdrücklich (z.B. § 90 Abs. 3 Satz 5 Bad-Württ SchulG).

konforme Auslegung am Beispiel des neugefassten § 241a BGB, JuS **2014** 865; *Kohlheim* Ein neuer wirtschaftlicher Fremdheitsbegriff im Strafrecht, Diss. Heidelberg 2007; *Lamberz* § 241a BGB – Der Weg zur Straflosigkeit für den Empfänger unbestellt zugesendeter Leistungen, JA **2008** 425; *Link* Ungelöste Probleme bei Zusendung unbestellter Sachen – Auswirkungen in Dreipersonenverhältnissen, NJW **2003** 2811; *S. Lorenz* § 241a BGB und das Bereicherungsrecht – zum Begriff der Bestellung im Schuldrecht, Festschrift W. Lorenz (2001) 193; *Matzky* § 241a BGB – ein neuer Rechtfertigungsgrund im Strafrecht? NStZ **2002** 458; *Müller-Helle* Die Zusendung unbestellter Waren – Europäische Privatrechtsangleichung durch die Fernabsatzrichtlinie, Diss. Bonn 2004 (2005); *Naumann* Unbestellte Leistungen, Diss. Köln 2009 (2010); *Otto* Konsequenzen aus § 241a BGB für das Strafrecht, Jura **2004** 389; *ders.* Rechtsgüterschutz und Fremdheitsbegriff der §§ 242, 246 StGB, Festschrift Beulke (2015) 507; *Reichling* § 241a BGB und die Strafbarkeit aus Eigentumsdelikten, JuS **2009** 111; *Riehm* Das Gesetz über Fernabsatzverträge und andere Fragen des Verbraucherrechts, Jura **2000** 505; *Satzger* Der Tatbestand der Sachbeschädigung (§ 303 StGB) nach der Reform durch das Graffiti-Bekämpfungsgesetz, Jura **2006** 428; *ders.* Gesetzlichkeitsprinzip und Rechtfertigungsgründe, Jura **2016** 154; *J. Schmidt* „Inertia selling" de lege lata und de lege ferenda – die Reform im europäischen und deutschen Recht, GPR **2014** 73; *K. Schmidt* Die Zusendung unbestellter Waren: Kodifikation eines Faktums, Diss. Saarbrücken 2005 (2006); *Schwarz* § 241a BGB als Störfall für die Zivilrechtsdogmatik, NJW **2001** 1449; *Sosnitza* Wettbewerbsrechtliche Sanktionen im BGB: Die Reichweite des neuen § 241a BGB, BB **2000** 2317; *Tauchau* Ist das Strafrecht strenger als das Zivilrecht? Diss. Potsdam 2005; *ders.* Strafbarkeit des Insolvenzverwalters wegen Eigentumsdelikten? wistra **2005** 449.

Die heutige Fassung des § 241a BGB („Unbestellte Leistungen") wurde zur Umsetzung von Art. 27 der Verbraucherrechterichtlinie[1480] mit Wirkung vom 13.6.2014 geschaffen[1481] und löste die seit dem 30.6.2000 geltende Fassung ab, die durch das *Gesetz über Fernabsatzverträge*[1482] eingeführt wurde. Der erste Absatz ordnet an, dass die Lieferung von unbestellten Waren oder die unbestellte Erbringung sonstiger Leistungen an einen Verbraucher durch einen Unternehmer keine Ansprüche gegen den Verbraucher begründet. Gesetzliche Ansprüche sollen aber nach Absatz 2 ausnahmsweise dann bestehen, wenn die Leistung nicht für den Verbraucher bestimmt war oder in der irrigen Vorstellung einer Bestellung erfolgte und der Verbraucher dies erkannt hat oder bei Anwendung der verkehrserforderlichen Sorgfalt hätte erkennen können. Der dritte Absatz erklärt die Vorschrift zugunsten des Verbrauchers für zwingend und enthält ein Umgehungsverbot. Im strafrechtlichen Kontext kann die Norm vornehmlich im Bereich der Eigentumsdelikte relevant werden.[1483] Zu fragen ist hier, ob sich der Verbraucher durch das Benutzen der unbestellten Sache wegen Unterschlagung oder bei Beschädigung oder Zerstörung derselben wegen Sachbeschädigung strafbar macht.[1484] Dazu müsste sie für ihn *fremd* sein, also weder in seinem Alleineigentum stehen noch herrenlos sein, was sich nach ganz h.M. in strenger Anlehnung an die zivilrechtliche Eigen-

307

[1480] Richtlinie 2011/83/EU des Europäischen Parlaments und des Rates vom 25.10.2011 über die Rechte der Verbraucher (VerbrRRL), ABlEU 2011 L 304/64.
[1481] Durch das *Gesetz zur Umsetzung der Verbraucherrechterichtlinie und zur Änderung des Gesetzes zur Regelung der Wohnungsvermittlung* vom 20.9.2013, BGBl. I 3642.
[1482] Genauer: *Gesetz über Fernabsatzverträge und andere Fragen des Verbraucherrechts sowie zur Umstellung von Vorschriften auf Euro* v. 27.8.2000, BGBl. I 897. Dieses diente der Umsetzung von Art. 9 der nunmehr aufgehobenen Fernabsatzrichtlinie der EG (EG-Richtlinie 97/7 v. 20.5.1997, ABlEG 1997 L 144/19). Art. 9 lautete: „(...) die Mitgliedstaaten (treffen) die erforderlichen Maßnahmen, um den Verbraucher von jedweder Gegenleistung für den Fall zu befreien, dass unbestellte Waren geliefert oder unbestellte Dienstleistungen erbracht wurden, wobei das Ausbleiben einer Reaktion nicht als Zustimmung gilt."
[1483] Die Bedeutung im Strafrecht ist indes praktisch ausschließlich theoretischer Natur. Selbst im Zivilrecht finden sich nur wenige Entscheidungen zu § 241a BGB, die überwiegend noch zur alten Rechtslage ergingen, vgl. *Fritzsche* BeckOGK-BGB § 241a Rdn. 14.
[1484] Übersicht zu dieser Frage bei *Krey/Esser* Rdn. 686.

tumslage beurteilt.[1485] Dementsprechend erübrigt sich mangels tauglichem Tatobjekt die Diskussion um die Strafbarkeit, wenn man mit einer – im Ergebnis überzeugenden – Minderheitenauffassung im Zivilrecht einen durch § 241a Abs. 1 BGB **gesetzlich angeordneten Eigentumsübergang auf den Verbraucher** annimmt.[1486] Indes verneint die herrschende Meinung vor allem mit Blick auf die Gesetzesbegründung den Eigentumswechsel und billigt § 241a Abs. 1 BGB lediglich die Wirkung zu, Ansprüche gegen den Verbraucher auszuschließen, bleibt jedoch bei der Frage gespalten, wie weit dieser Anspruchsausschluss reicht.

307a Insbesondere unter Berufung auf den vollharmonisierenden Charakter der VerbrR-RL, die den Ausschluss von gesetzlichen Ansprüchen nicht (ausdrücklich) anordnet, wollen Teile der Lehre dem Verbraucher lediglich eine Einwendung gegen vertragliche Ansprüche geben. Gesetzliche Herausgabe- und sogar Schadens- und Nutzungsansprüche gegen den Verbraucher stünden dagegen weiter offen.[1487] Dies überzeugt jedoch noch weniger als die auch schon zur alten Rechtslage vertretene Auffassung, wonach der Anspruchsausschluss zumindest den Herausgabeanspruch des Unternehmers nicht erfasse. Denn der Wortlaut von Absatz 1 schließt ohne Ausnahme alle Ansprüche des Unternehmers aus, die durch die Lieferung der unbestellten Waren entstehen könnten.[1488] Mag man dem noch entgegenhalten, dass die gesetzlichen Ansprüche gar nicht „durch" die Lieferung entstehen, ergibt sich aus der Systematik, wonach gemäß § 241a Abs. 2 BGB ausnahmsweise gesetzliche Ansprüche des Unternehmers bestehen können, das zwingende Auslegungsergebnis, dass im Normalfall sämtliche Ansprüche ausgeschlossen sind. Dies ist auch teleologisch stimmig, soll die Regelung doch einerseits den wettbewerbswidrig handelnden Unternehmer sanktionieren und andererseits den Verbraucher vor jeder Form von Belastung – auch der durch ein Herausgabeverlangen – schützen.[1489] Der Verbraucher soll die Sache wie eine geschenkte[1490] behandeln dürfen. Daran hat auch der vollharmonisierende Charakter der neuen Richtlinie, die lediglich vom Ausschluss von „Gegenleistungen" spricht, nichts geändert, da auch die Richtlinie einer entsprechenden (teleologischen) Auslegung offensteht[1491] und im Übrigen zweifelhaft ist, ob ihr Regelungsbereich die gesetzlichen Ansprüche überhaupt erfasst.[1492] Im Verhältnis des Unternehmers zu Dritten, die die Sache vom Verbraucher erhalten haben, besteht ebenfalls ein umfassender Anspruchsausschluss, da die Sanktionierung des Unternehmers unabhängig davon eintreten muss, wer die Sache besitzt, der Dritte sein Besitzrecht über das des Verbrauchers[1493] ableiten kann und auch nicht recht einleuchten mag, warum der Verbraucher die Sache auf jede Weise, nicht aber mittelbar durch einen Dritten

---

1485 Vgl. nur *Sch/Schröder/Eser/Bosch* § 242 Rdn. 12; aA *Otto* Jura **2004** 389 et passim; *Kohlheim* Fremdheitsbegriff S. 97.
1486 *Riehm* Jura **2000** 505, 512; *Finkenauer* MK-BGB § 241a Rdn. 36; *Prütting/Wegen/Weinreich/Schmidt-Kessel/Kramme* § 241a Rdn. 3; *Müller-Helle* Zusendung unbestellter Waren S. 218 ff.
1487 *Köhler* JuS **2014** 866, 869; *ders.* FS Gottwald, 383, 388.
1488 Dazu nur *Otto* FS Beulke, 507, 512 m.w.N.; *Schlehofer* MK Rdn. 121.
1489 Vgl. zu den verschiedenen Ansichten und Argumenten *Fritzsche* BeckOGK-BGB § 241a Rdn. 82 ff m.w.N.
1490 BTDrucks. 14/2658 S. 46.
1491 *Jäckel/Tonikidis* JuS **2014** 1064 f; ausführlich *Staudinger/Olzen* § 241a Rdn. 35 ff.
1492 *J. Schmidt* GPR **2014** 73, 78; *Prütting/Wegen/Weinreich/Schmidt-Kessel/Kramme* § 241a Rdn. 2.
1493 *Sosnitza* BB **2000** 2317, 2323; *Haft/Eisele* GedS Meurer, 245, 261; *S. Lorenz* FS Lorenz, 193, 211; *Dornheim* Sanktionen S. 185 ff; *Tachau* Problematik des § 241a BGB S. 120 f; *Palandt/Grüneberg* § 241a Rdn. 7; mit dem Argument der Einzelsukzession im Ergebnis gleich *Otto* Jura **2004** 389; *Sutschet* BeckOK-BGB § 241a Rdn. 9; aA *Staudinger/Olzen* § 241a Rdn. 34, 59; *Berger* JuS **2001** 649, 653; *Link* NJW **2003** 2812; *Schwarz* NJW **2001** 1449, 1452; *Jauernig/Mansel* § 241a Rdn. 5; *Erman/Saenger* § 241a Rdn. 26, 33.

nutzen können darf.[1494] Nimmt man demnach zwar keinen Eigentumsübergang, aber einen umfassenden Anspruchsausschluss an, wäre die Ware für den Verbraucher zwar fremd, eine Strafbarkeit käme dennoch keinesfalls in Betracht, wenn man die Widerspruchsfreiheit der Rechtsordnung[1495] (dazu Rdn. 20 ff) sowie die subsidiäre Stellung des Strafrechts erhalten möchte: Eine Strafbarkeit bei einer zivilrechtlich gestatteten Beschädigung, Zerstörung oder Verwendung anzunehmen, ist nach diesen Prinzipien schlicht undenkbar.[1496]

Daher schlägt die **herrschende Meinung** vor, **§ 241a BGB als neuen strafrechtlichen Rechtfertigungsgrund** zu behandeln.[1497] Dagegen spricht jedoch zweierlei: Zunächst weisen anders als etwa in den §§ 32, 34 weder Wortlaut noch die Gesetzesbegründung auf die rechtfertigende Wirkung von § 241a BGB hin. Untermauert wird die herrschende Ansicht im Prinzip lediglich mit dem gewünschten Ergebnis – der Straflosigkeit des Verbrauchers –, das sich jedoch auch auf anderem Wege erreichen lässt und daher kein Argument für gerade die rechtfertigende Wirkung sein kann.[1498] Vor allem aber wird dogmatisch an der falschen Stelle angesetzt. Das zeigt sich besonders deutlich, wenn man die Konstellation betrachtet, in der der Verbraucher die Sache nicht selbst zerstört, sondern von einem Dritten unter Offenlegung des Sachverhalts zerstören lässt. Der Dritte wäre strafbar, weil § 241a Abs. 1 BGB nicht im Verhältnis zwischen ihm und dem Unternehmer gilt, und das, obwohl er in Übereinstimmung mit dem Willen des Verbrauchers etwas tut, was der Verbraucher selbst ohne weiteres tun dürfte. Dies erscheint widersprüchlich. Geht man mit dem hier vertretenen Basismodell (vgl. Rdn. 156 ff) davon aus, dass für eine strafrechtlich relevante Beeinträchtigung eines Rechtsguts neben die notwendige Bedingung eines tatbestandsmäßigen Einwirkens auf ein Rechtsgutsobjekt als hinreichende Bedingung der Entzug von im Rechtsgut gespeicherten Handlungsoptionen treten muss, so kann die Handlung des Dritten in der Beziehung zum Unternehmer gar nicht strafrechtlich relevant sein, da sie seine – schon zuvor nicht mehr bestehenden Handlungsoptionen – nicht reduziert. Vielmehr wird deutlich, dass der faktische Rechtsgutsinhaber, dem sämtliche aus der Sache fließenden Möglichkeiten zivilrechtlich zugeordnet werden, der Verbraucher ist, der durch Einwilligung die (einzig sinnvolle) Straflosigkeit des zerstörenden Dritten herbeiführen kann.

Unter der Prämisse, dass der Verbraucher nicht (formaler) Eigentümer der Sache wird, lässt sich dieses Ergebnis erreichen, indem man das geschützte Rechtsgut (in

---

1494 Daneben führt die andere Ansicht zu dem Problem, dass ein Dritter, der die Sache leiht oder mietet, sich zwei Herausgabeansprüchen ausgesetzt sehen würde, nämlich dem des Verbrauchers als Vermieter und des Unternehmers als Eigentümers, so *Schwarz* NJW **2001** 1449, 1454 (der das jedoch hinnimmt). *Erman/Saenger* § 241a Rdn. 32 sieht im Vindikationsanspruch das stärkere Recht – Diebstahl der Sache beim Empfänger bleibt natürlich strafbar, vgl. *Schmitz* MK § 242 Rdn. 19 u. *Kindhäuser* LPK Rdn. 77; beide m.w.N.
1495 Ausführlich dazu *Tachau* Problematik des § 241a BGB S. 152 ff; allgemein *Felix* Einheit der Rechtsordnung, Habil. Passau 1998.
1496 Im Ergebnis ist die Straflosigkeit des Verbrauchers unstrittig; **anders** nur *Schwarz* NJW **2001** 1449, 1453 f; *Link* NJW **2003** 2811, 2812 m. Fn. 14.
1497 *Paeffgen/Zabel* NK Rdn. 206a; *Schlehofer* MK Rdn. 122 f; *Sch/Schröder/Lenckner/Sternberg-Lieben* Rdn. 66a; *Hoyer* SK § 303 Rdn. 19; *Fischer* § 246 Rdn. 3; *Kindhäuser* LPK Rdn. 76; *Dornheim* Sanktionen S. 222 ff; *Geist* Rechtslage S. 168 ff; *Haft/Eisele* GedS Meurer, 245, 262; *Matzky* NStZ **2002** 458, 462 f; *Roxin* AT I § 14 Rdn. 32 m. Fn. 38; *Satzger* Jura **2006** 428, 433; *ders.* Jura **2016** 154, 162; *Wessels/Beulke/Satzger* Rdn. 425; *Naumann* Unbestellte Leistungen S. 145 ff; *K. Schmidt* Zusendung unbestellter Waren S. 159 ff; ebenso noch die Vorauflage. Für Tatbestandsausschluss dagegen *Jäger* Zurechnung S. 29 („Fall der gesetzlich normierten frei verantwortlichen Selbstgefährdung des Zusenders im Hinblick auf das eigene Vermögen").
1498 *Otto* Jura **2004** 389, 390: „methodisch [...] schlicht willkürlich"; *ders.* FS Beulke, 507, 514; zust. *Schmitz* MK § 242 Rdn. 19.

§§ 242, 246, 303 jedenfalls das Eigentum) im Rahmen des Fremdheitsbegriffs dahingehend präzisiert, dass es dann nicht auf die zivilrechtliche Eigentumslage ankommt, sondern auf eine faktische Betrachtung, wenn der zivilrechtliche Eigentümer weder materielle noch immaterielle Interessen an der Sache hat, diese aber (rechtlich) einem Dritten zugewiesen sind.[1499] Alternativ wird auch vorgeschlagen, dass § 241a BGB eine Verlagerung der Verfügungs- und damit auch Einwilligungsbefugnis auf den Verbraucher bewirke.[1500] § 241a BGB wäre dann aber kein Rechtfertigungsgrund, sondern gäbe dem Verbraucher die Möglichkeit, durch Einwilligung die Tatbestandsmäßigkeit entfallen zu lassen. Letztlich wünschenswert wäre es aber, die im Strafrecht ausgelösten Friktionen in der zivilrechtlichen Diskussion als starkes systematisches Argument für die Annahme eines durch § 241a Abs. 1 BGB ausgelösten gesetzlichen Eigentumsübergangs[1501] zu berücksichtigen und so den vollkommenen Gleichlauf zwischen Zivil- und Strafrecht wiederherzustellen. Dies scheint schon wegen der dogmatischen Klarheit und der bruchlosen Integration dieses Verständnisses von § 241a BGB sowohl ins Zivil-[1502] als auch Strafrecht vorzugswürdig. Zwar ging der Gesetzgeber in der Gesetzesbegründung ausdrücklich von einem dauerhaften Auseinanderfallen von Eigentum und Besitz aus, also gerade nicht von einem Eigentumsübergang, was er mit verfassungsrechtlichen Bedenken begründete. Da es jedoch mit Blick auf die verfassungsrechtliche Eigentumsgarantie keinen Unterschied machen kann, ob das Eigentum formal übergeht oder ob dem formalen Eigentümer eine leere, mit keinerlei Rechten ausgestatte Hülle verbleibt, greifen diese Einwände nicht durch, sodass die Gesetzesbegründung an dieser Stelle nicht überbewertet werden sollte.[1503]

18. Rechtfertigung der Knabenbeschneidung

Schrifttum

Alwart Die Beschneidung, eine nur scheinbare Rechtsgutsverletzung. Kritik einer exemplarischen Debatte, Gedächtnisschrift Walter (2014) 671; *Antonio* Der Gesetzentwurf der Bundesregierung über den Umfang der Personensorge bei einer Beschneidung des männlichen Kindes, Jura **2013** 425; *Beulke/Dießner* „(...) ein kleiner Schnitt für einen Menschen, aber ein großes Thema für die Menschheit" – Warum das Urteil des LG Köln zur religiös motivierten Beschneidung von Knaben nicht überzeugt, ZIS **2012** 338; *Czerner* Staatlich legalisierte Kindeswohlgefährdung durch Zulassung ritueller Beschneidung zugunsten elterlicher Glaubensfreiheit? ZKJ **2012** 374; *Dettmeyer/Parzeller/Laux/Friedl/Zedler/Bratzke* Medizinische und rechtliche Aspekte der Genitalverstümmelung bzw. Beschneidung, Archiv für Kriminologie 227 (2011) 85; *Ehrmann* Nachhaltige Schwächung der Kinderrechte, DRiZ **2012** 331; *T. Exner* Sozialadäquanz im Strafrecht. Zur Knabenbeschneidung, Diss. Jena 2010 (2011); *ders.* Minderjährige im StGB, Jura **2013** 103; *Fahl* Wird das Beschneidungsverbot kommen? Zur „Sozialadäquanz" von Beschneidungen, Festschrift Beulke (2015) 81; *Fateh-Moghadam* Religiöse Rechtfertigung? Die Beschneidung von Knaben zwischen Strafrecht,

---

1499 *Lamberz* JA **2008** 425, 428 spricht von einem faktischen Eigentümer. Diese Ansicht ebnet auch nicht wie die von *Otto* Jura **2004** 389 passim und *Kohlheim* Fremdheitsbegriff S. 97 vorgeschlagene wirtschaftliche Bestimmung der Fremdheit den Unterschied zwischen Vermögens- und Eigentumsdelikten ein und vermeidet darüber hinaus die unvermeidbare Unschärfe eines wirtschaftlichen Fremdheitsbegriffs.
1500 *Tachau* Problematik des § 241a BGB S. 187ff, insb. 198f; *ders.* wistra **2005** 449ff (zur Verlagerung der Verfügungsbefugnis auf den Insolvenzverwalter gem. § 80 Abs. 1 InsO); *Reichling* JuS **2009** 111, 113f.
1501 *Riehm* Jura **2000** 505, 512 insbesondere mit einem Vergleich zu Art. 16 Abs. 2 WG und Art. 21 ScheckG, bei denen die h.M., obgleich lediglich ein Anspruchsausschluss angeordnet wird, einen Eigentumsübergang annimmt; *Finkenauer* MK-BGB § 241a Rdn. 36; *Prütting/Wegen/Weinreich/Schmidt-Kessel/Kramme* § 241a Rdn. 3; *Müller-Helle* Zusendung unbestellter Waren S. 218ff.
1502 Damit würde insbesondere auch ein *dominium sine re* vermieden.
1503 So auch *Finkenauer* MK-BGB § 241a Rdn. 36.

Religionsfreiheit und elterlichem Sorgerecht, RW **2010** 115; *Germann* Die Verfassungsmäßigkeit des Gesetzes über den Umfang der Personensorge bei einer Beschneidung des männlichen Kindes vom 20.12.2012, MedR **2013** 412; *Giger* Zirkumzision ein gesellschaftliches und strafrechtliches Tabu, forumpoenale **2012** 95; *Goerlich/Zabel* Erwiderung – Säkularer Staat und religiöses Recht, JZ **2012** 1058; *Großmann* § 1631d Abs. 2 BGB – Gelungener Ausgleich zwischen Grundrechten und Staatsräson? HRRS **2013** 515; *Hassemer* Zwar & Aber – Zwischenruf zum Beschneidungsrecht, ZRP **2012** 179; *Hermes* Das Grundrecht auf Schutz von Leben und Gesundheit: Schutzpflicht und Schutzanspruch aus Art. 2 Abs. 2 Satz 1 GG, Diss. Heidelberg 1987; *Herzberg* Rechtliche Probleme der rituellen Beschneidung, JZ **2009** 332; *ders.* Religionsfreiheit und Kindeswohl. Wann ist die Körperverletzung durch Zirkumzision gerechtfertigt? ZIS **2010** 471; *ders.* Die Beschneidung gesetzlich gestattet? ZIS **2012** 486; *ders.* Ethische und rechtliche Aspekte der Genitalbeschneidung, in Franz (Hrsg.). Die Beschneidung von Jungen (2014) 267; *ders.* Ist die Beschneidungserlaubnis (§ 1631d BGB) mit dem Grundgesetz vereinbar? JZ **2016** 350; *Höfling* Die Entscheidung über die Beschneidung männlicher Kinder als Element des verfassungsrechtlichen Elternrechts, GesR **2013** 463; *Hörnle/Huster* Wie weit reicht das Erziehungsrecht der Eltern? Am Beispiel der Beschneidung von Jungen, JZ **2013** 328; *Hoffmann-Riem* Kontrolldichte und Kontrollfolgen beim nationalen und europäischen Schutz von Freiheitsrechten in mehrpoligen Rechtsverhältnissen, EuGRZ **2006** 492; *Isensee* Grundrechtliche Konsequenz wider geheiligte Tradition, JZ **2013** 317; *Jahn* Zur Strafbarkeit einer medizinisch nicht indizierten Beschneidung auf Grund religiös motivierten Wunsches der Eltern, JuS **2012** 850; *Jerouschek* Beschneidung und das deutsche Recht – Historische, medizinische, psychologische und juristische Aspekte, NStZ **2008** 313; *ders.* Beschneidung – Heileingriff, religiöses Gebot oder strafbare Körperverletzung? Festschrift Dencker (2012) 171; *ders.* Beschneidung – Trauma im Kulturkonflikt. Anmerkungen zu einer unsprießlichen Debatte, Festschrift Rössner (2015) 804; *Klinkhammer* Beschneidung männlicher Kleinkinder und gesetzliche Vertretung durch die Eltern, FamRZ **2012** 1913; *Köhler* Integrität des Kindes und religiöses Gemeinschaftsethos – Zum Rechtsstreit um die „Beschneidung" –, Festschrift Kühl (2014) 295; *Kuntze* Rechtsfragen zur religiösen Knabenbeschneidung – Zugleich ein Beitrag zu den durch das Grundgesetz gesetzten Grenzen religiös motivierten Verhaltens, ZevKR **58** (2013) 47; *Lahti* Die Knabenbeschneidung als Problem der multikulturellen Gesellschaft, Festschrift Frisch (2013) 771; *Mandla* Gesetz über den Umfang der Personensorge bei einer Beschneidung des männlichen Kindes, FPR **2013** 244; *Manok* Die medizinisch nicht indizierte Beschneidung des männlichen Kindes, Diss. Leipzig 2014 (2015); *Pabel* Die religiöse Beschneidung von Jungen im Lichte der Grundrechte in Österreich, in Rees/Roca/Schanda (Hrsg.) Neuere Entwicklungen im Religionsrecht europäischer Staaten (2013) 467; *Pekárek* Ein evidenzbasierter Blick auf die Beschneidungsdebatte, ZIS **2013** 514; *Peschel-Gutzeit* Erlaubte Körperverletzung?, Festschrift Brudermüller (2014) 517; *dies.* Die neue Regelung zur Beschneidung des männlichen Kindes, NJW **2013** 3617; *Prittwitz* Beschneidung männlicher Kinder als Strafrechtsproblem, Festschrift Kühne (2013) 121; *Putzke* Die strafrechtliche Relevanz der Beschneidung von Knaben. Zugleich ein Beitrag über die Grenzen der Einwilligung in Fällen der Personensorge, Festschrift Herzberg (2008) 669; *ders.* Rechtliche Grenzen der Zirkumzision bei Minderjährigen – Zur Frage der Strafbarkeit des Operateurs nach § 223 des Strafgesetzbuches, MedR **2008** 268; *ders.* Juristische Positionen zur religiösen Beschneidung, NJW **2008** 1568; *ders.* Recht und Ritual – ein großes Urteil einer kleinen Strafkammer, MedR **2012** 621; *ders.* Das Beschneidungsgesetz (§ 1631d BGB) – Fauler Kompromiss und fatales Signal, Monatsschrift Kinderheilkunde **2013** 950; *ders.* Die Beschneidungsdebatte aus Sicht eines Protagonisten, in Franz (Hrsg.) Die Beschneidung von Jungen (2014) 319; *Rohe* Islamisierung des deutschen Rechts? JZ **2007** 801; *Rixen* Das Gesetz über den Umfang der Personensorge bei einer Beschneidung des männlichen Kindes, NJW **2013** 257; *Rox* Anm. zu LG Köln Urt. v. 7.5.2012 – 151 Ns 169/11, JZ **2012** 806; *Saliger* Recht gegen Religion? Die deutsche Beschneidungsdebatte zwischen abstraktem Knabenschutz und konkretem Religionsrespekt, BLJ **2012** 90; *Scheinfeld* Erläuterungen zum neuen § 1631d BGB – Beschneidung des männlichen Kindes, HRRS **2013** 268; *ders.* Die Knabenbeschneidung im Lichte des Grundgesetzes, in Franz (Hrsg.) Die Beschneidung von Jungen (2014) 358; *Schneider* Die männliche Beschneidung (Zirkumzision) Minderjähriger als verfassungs- und sozialrechtliches Problem, Diss. Frankfurt 2007 (2008); *Schramm* Ehe und Familie im Strafrecht: eine strafrechtsdogmatische Untersuchung, Habil. Tübingen 2009/2010 (2011); *ders.* Die Strafbarkeit der weiblichen Genitalverstümmelung – Zur Genese des neuen § 226a StGB, Festschrift Kühl (2014) 603; *Schumann* Beschneidung nach § 1631d BGB als Kindeswohlgefährdung? Festschrift Brudermüller (2014) 729; *Schwarz* Verfassungsrechtliche Aspekte der religiösen Beschneidung, JZ **2008** 1125; *Sonnekus* Beschneidung und Unmündigkeit, JR **2015** 1; *Spickhoff* Grund, Voraussetzungen und Grenzen des Sorgerechts bei Beschneidung männlicher Kinder, FamRZ **2013** 337; *Stehr/Putzke/Dietz* Zirkumzision bei nicht einwilligungsfähigen Jungen: Strafrechtliche Konsequenzen auch bei religiöser Begründung, DÄBl.

2008, 34; *Steiner* Die religiös motivierte Knabenbeschneidung im Lichte des Strafrechts – Zugleich ein Beitrag zu Möglichkeiten und Grenzen elterlicher Einwilligung, Diss. München 2014; *Stumpf* Zur verfassungsrechtlichen Zulässigkeit ritueller Beschneidungen – Zugleich ein Beitrag zu den Vor- und Nachteilen einer gesetzlichen Regelung, DVBl **2013** 141; *Tilly* Das Judentum, 6. Aufl. 2015; *Valerius* Kultur und Strafrecht, Habil. Würzburg 2009 (2011); *ders.* Die Berücksichtigung kultureller Wertvorstellungen im Strafrecht, JA **2010** 481; *T. Walter* Der Gesetzesentwurf zur Beschneidung – Kritik und strafrechtliche Alternative, JZ **2012** 1110; *Widmann* Ein Gerichtsurteil und seine mediale Inszenierung, in Heil/Kramer (Hrsg.) Das Zeichen des Bundes in der Kritik (2012), 219; *Wolf/Scheinfeld* Zur Beschneidung kindlicher Genitalien, JRE **24** (2016) 67; *Wiater* Rechtspluralismus und Grundrechtsschutz, NVwZ **2012** 1379; *Wohlers/Godenzi* Die Knabenbeschneidung – ein Problem des Strafrechts? (2014); *Yalçin* Ein Plädoyer für die elterliche Sorge, Betrifft Justiz **2012** 380; *Zähle* Religionsfreiheit und fremdschädigende Praktiken, AöR **134** (2009) 434.

308 Das Ritual der **Knabenbeschneidung** (auch Zirkumzision genannt) ist weltweit verbreitet. In Deutschland praktizieren es in erster Linie Eltern jüdischen Glaubens und Muslime, die es meist als religiöse Pflicht empfinden, ihre Söhne beschneiden zu lassen.[1504] Die Genitalverstümmelung[1505] bei männlichen Personen ist nach ganz herrschender Meinung – ebenso wie die Genitalverstümmelung bei weiblichen Personen (§ 226a) – eine tatbestandliche Körperverletzung.[1506] Deshalb stellt sich die Frage, ob die vorherige Zustimmung der Eltern **rechtfertigende Wirkung**[1507] entfaltet, wenn einwilligungsunfähige männliche Kleinkinder beschnitten werden. Das Rechtsproblem wurde lange Zeit kaum diskutiert.[1508] Im Jahr 2012 urteilte dann das **LG Köln**, dass die rituelle Beschneidung eines Knaben ohne medizinische Indikation eine strafbare Körperverletzung ist. Die Einwilligung der Eltern rechtfertige den operativen Eingriff nicht, denn die irreparable körperliche Veränderung ohne medizinischen Grund schade dem Kindeswohl. Das Erziehungsrecht (Art. 6 Abs. 2 GG) werde durch das Recht des Kindes auf körperliche Unversehrtheit (Art. 2 Abs. 2 Satz 1 GG) und Selbstbestimmung (Art. 2 Abs. 1 GG) begrenzt (NJW **2012** 2128 f).[1509] Das Urteil löste eine hitzige Debatte über die strafrechtliche Be-

---

1504 *Eschelbach* BeckOK § 223 Rdn. 9; *Fischer* § 223 Rdn. 44; zur Historie *Jerouschek* NStZ **2008** 313 ff; zu unterschiedlichen Arten der Beschneidung *T. Walter* JZ **2012** 1110, 1112. Einen kurzen Überblick zum Ritual der Beschneidung im Judentum bietet *Tilly* Das Judentum S. 158 ff; zur Diskussion der Thematik in Finnland *Lahti* FS Frisch, 771 ff.
1505 Der Begriff „Genitalverstümmelung" wird häufig exklusiv als Bezeichnung für Eingriffe in das weibliche Genital verwendet (vgl. dazu den neuen Verbrechenstatbestand in § 226a; näher zur Strafbarkeit der weiblichen Genitalverstümmelung *Schramm* FS Kühl, 603 ff). Bei männlichen Kindern wird der neutralere Begriff der „Beschneidung" benutzt (etwa in BTDrucks. 17/11295 S. 13 f). Diese rhetorische Ungleichbehandlung, die nur an das Geschlecht und nicht an die Art der Beschneidung anknüpft, ist nicht überzeugend (*T. Walter* JZ **2012** 1110, 1113; zust. *Herzberg* in Franz, 267, 271; die „harsche Kritik" **ablehnend** *Fahl* FS Beulke, 81, 88). **Kritisch** gegenüber dem Begriff der „Verstümmelung" im Kontext der Beschneidung *Pekárek* ZIS **2013** 514, 527.
1506 LG Köln NJW **2012** 2128; *Eschelbach* BeckOK § 223 Rdn. 9.3; *Fischer* § 223 Rdn. 44; *Putzke* FS Herzberg, 669, 673 ff; *Rox* JZ **2012** 805, 807; *Manok* Beschneidung S. 53; *Yalçin* Betrifft Justiz **2012** 380, 381. Bei einer Beschneidung eingesetzte Skalpelle oder Messer sind als gefährliche Werkzeuge (§ 224 Abs. 1 Nr. 2 Var. 2 StGB) zu qualifizieren; dazu *Putzke* FS Herzberg, 669, 681, *Scheinfeld* HRRS **2013** 268, 274 u. *Jerouschek* FS Dencker, 171, 177; **dagegen** aber LG Köln NJW **2012** 2128; *Manok* Beschneidung S. 54 f.
1507 Zu der auch von mir vertretenen Gegenansicht, die der wirksamen Einwilligung bereits tatbestandsausschließende Wirkung zuschreibt, s. Rdn. 148, 154 ff m.w.N. An der hier zu diskutierenden Problematik ändert sich dadurch nichts.
1508 So *Fischer* § 223 Rdn. 44; *Jerouschek* FS Dencker, 171, 172. Vor allem *Putzke*, angeregt und später unterstützt durch *Herzberg*, hat hier mit seinen Beiträgen (FS Herzberg, 669 ff; *ders.* MedR **2008** 268; *ders.* NJW **2008** 1568) eine breite wissenschaftliche Debatte angestoßen; vgl. auch *Jerouschek* NStZ **2008** 313; *Herzberg* JZ **2009** 332; *ders.* ZIS **2010** 471; *Kuntze* ZevKR **58** (2013) 47.
1509 Dazu die Anm. von *Bartsch* StV **2012** 604, *Muckel* JA **2012** 636, *Kreß* MedR **2012** 682, *Krüper* ZJS **2012** 547, *Rox* JZ **2012** 806 u. Bespr. von *Putzke* MedR **2012** 621, *Jahn* JuS **2012** 850 sowie *Saliger* BLJ **2012**

wertung der religiös motivierten, medizinisch nicht erforderlichen Beschneidung von einwilligungsunfähigen Knaben aus.[1510] Zudem hat es den Gesetzgeber veranlasst, mit § 1631d BGB einen speziellen zivilrechtlichen Rechtfertigungsgrund für die „Beschneidung des männlichen Kindes" zu schaffen.[1511]

Im Vorfeld der gesetzgeberischen Tätigkeit haben sich unterschiedliche Positionen dazu entwickelt, wie die religiös motivierte Beschneidung eines unmündigen Jungen strafrechtlich zu bewerten ist. Bereits über die Tatbestandsmäßigkeit der kultischen Handlung herrscht Streit. *T. Exner* meint, die rituelle Zirkumzision sei sozialadäquat und deshalb tatbestandslos (Sozialadäquanz S. 111 ff, 168 ff; *ders.* Jura **2013** 103, 106).[1512] Allerdings fehlt eine plausible Begründung dafür, warum ein irreversibler körperlicher Eingriff im Genitalbereich sozial üblich sein soll.[1513] Andere begründen die Tatbestandslosigkeit der religiös motivierten Beschneidung über Art. 4 Abs. 1 und 2 GG.[1514] Ihre Argumentation fußt indes auf der nicht haltbaren Annahme, dass eine Form der Religionsausübung nicht als Körperverletzung qualifiziert werden könne.[1515] Da die Tatbestandslösungen zu Recht wenig Zuspruch erfahren haben, kreist die Diskussion vor allem um die Frage, ob die religiöse motivierte Einwilligung der Eltern eine medizinisch unnötige Beschneidung des Kindes rechtfertigen kann (ausf. u. **abl.** *Putzke* FS Herzberg, 669 ff).[1516] Darüber hinaus hat *Jahn* einen aus Art. 4 Abs. 1 und 2 GG abgeleiteten Entschuldigungsgrund als denkbare Lösung aufgezeigt (JuS **2012** 850, 852). **309**

Den Streit um die (straf-)rechtliche Behandlung der Knabenbeschneidung prägen Argumente, die an Grundrechte der Beteiligten anknüpfen (*Hassemer* ZRP **2012** 179, 180). Der Grund dafür ist, dass der staatliche Umgang mit dem Ritual sich sowohl gegenüber dem Kind (Schutzpflicht vor unverhältnismäßigen Eingriffen in Grundrechte durch Private) als auch gegenüber den Eltern (Abwehrrecht vor staatlichen Eingriffen in Freiheitsrechte) an der Verfassung messen lassen muss (mehrpoliges Grundrechtsverhältnis).[1517,1518] Die folgende Skizze der grundrechtlichen Dimension der Thematik bezieht **310**

---

90. Frühere Gerichtsentscheidungen zum Thema „Beschneidung" finden sich bei *Antonio* Jura **2013** 425, 426.
1510 S. nur *Eschelbach* BeckOK § 223 Rdn. 9; *Fischer* § 223 Rdn. 44 ff; *Widmann* Das Zeichen des Bundes in der Kritik S. 219 ff; *T. Walter* JZ **2012** 1110. Einwilligungsfähige Personen können selbst wirksam in eine Beschneidung einwilligen.
1511 Die Vorschrift wurde mit Wirkung zum 28.12.2012 durch das *Gesetz über den Umfang der Personensorge bei der Beschneidung des männlichen Kindes* vom 20.12.2012 eingeführt (BGBl. I 2749).
1512 Ohne nähere Begründung zuvor bereits *Rohe* JZ **2007** 801, 805. Sympathisierend in jüngerer Zeit *Fahl* FS Beulke, 81, 88 ff; *Kuntze* ZevKR **58** (2013) 47, 59.
1513 LG Köln NJW **2012** 2128; *Eschelbach* BeckOK § 223 Rdn. 9.1; *Fischer* § 223 Rdn. 11; *Putzke* MedR **2008** 268; *ders.* FS Herzberg, 669 ff; *Jerouschek* NStZ **2008** 313 ff; *ders.* FS Dencker, 171, 181; *Herzberg* JZ **2009** 332; *Manok* Beschneidung S. 58 ff; *Rox* JZ **2012** 805, 807; *Wohlers/Godenzi* Knabenbeschneidung S. 16 ff.
1514 *Schwarz* JZ **2008** 1125, 1127; *Goerlich/Zabel* JZ **2012** 1058, 1059; *Alwart* GedS Walter, 671, 674.
1515 Einwand von *Eschelbach* BeckOK § 223 Rdn. 9.1; *Isensee* JZ **2013** 317, 322.
1516 Ebenso **ablehnend** z.B. *Jerouschek* NStZ **2008** 313, 319; *Herzberg* JZ **2009** 332, 337. Für eine rechtfertigende Wirkung, wenn (!) der Eingriff nach den Regeln der ärztlichen Kunst erfolgt, dagegen *Fateh-Moghadam* RW **2010** 115, 139; *Zähle* AöR **134** (2009) 434, 451; *Valerius* Kultur und Strafrecht S. 158; *ders.* JA **2010** 481, 485; *Schramm* Ehe und Familie im Strafrecht S. 229; *Saliger* BLJ **2012** 90, 91.
1517 Der Staat ist bei der Behandlung des Beschneidungsrituals gegenüber mehreren Privaten grundrechtlich gebunden und muss in der Sache einen Konflikt zwischen ihren verfassungsrechtlich geschützten Interessen entscheiden. Ein Mehr an Schutz für die eine Seite bedeutet dabei automatisch weniger an Freiheitsrechten für die Gegenseite (statt vieler *Hoffmann-Riem* EuGRZ **2006** 492). Allgemein zu Grundrechten und strafrechtlicher Rechtfertigung s. Rdn. 138 ff.
1518 Eine verfassungsrechtliche Legitimation der Einschränkung der betroffenen Grundrechte des Kindes durch die Abwehrrechte des Beschneiders (abzuleiten aus Art. 12 Abs. 1 GG, Art. 4 Abs. 1 und 2 GG oder Art. 2 Abs. 1 GG; zu Recht **abl.** *Isensee* JZ **2013** 317; diesem zust. *Kerscher* BeckOGK § 1631d BGB Rdn. 12)

sich auf eine religiös motivierte Beschneidung nach den *Regeln der ärztlichen Kunst.* Denn auch Stellungnahmen, die das Ritual als verfassungskonform bewerten, fordern, dass der Eingriff jedenfalls *lege artis* erfolgen muss.[1519]

311 Die **Kritiker** der Beschneidung meinen, der Ritus sei mit mehreren Grundrechten des Kindes nicht zu vereinbaren. Das Ritual kollidiere zum einen mit der Menschenwürde (Art. 1 Abs. 1 GG), weil ein kleiner Junge zum Objekt einer für die Erwachsenen organisierten rituellen Veranstaltung gemacht werde.[1520] Diese Argumentation greift aber zu kurz. Denn wenn die Beschneidung nach den Regeln der ärztlichen Kunst durchgeführt wird, demütigt die Prozedur den Betroffenen nicht. Zudem ist zu bedenken, dass die Eltern ihr Kind durch die Zeremonie nicht herabwürdigen wollen, sondern das Ziel verfolgen, ihn in ihr religiös-kulturelles Umfeld zu integrieren.[1521] Darüber hinaus wird kritisch vorgetragen, die Amputation der Vorhaut verletze das Recht des Kindes zur (späteren) sexuellen Selbstbestimmung (Art. 2 Abs. 1 i.V.m. Art. 1 Abs. 1 GG). Die Abtrennung eines besonders sensiblen und erogenen Teils des Penis berühre die für andere unverfügbare Intimsphäre.[1522] Allerdings sind sexuelle Nachteile durch den Verlust der Vorhaut nicht überzeugend belegt (instruktiv *Pekárek* ZIS **2013** 514, 520 f). Absolute Verfassungsgarantien verbieten das Ritual daher nicht. Es liegt indes auf der Hand, dass das Abschneiden der Vorhaut in die körperliche Unversehrtheit des Kindes eingreift (Art. 2 Abs. 2 GG)[1523] und dieses mit einem religiösen Identifikationsmerkmal versieht, das es ihm erschweren kann, sich später für eine andere Religion zu entscheiden (Art. 4 Abs. 1 und 2 GG).[1524] Die zentrale Frage ist deshalb, ob es für die Grundrechtseingriffe eine tragfähige verfassungsrechtliche Rechtfertigung gibt (*Hassemer* ZRP **2012** 179, 180).[1525]

312 Um zu begründen, dass die Beschneidung kein übermäßiger Eingriff in die Grundrechte des Kindes ist, der eine staatliche Schutzpflicht auslöst,[1526] gibt es unterschiedliche **verfassungsrechtliche Rechtfertigungsansätze**. Am Beginn der Debatte standen dabei vor allem Art. 4 Abs. 1 und 2 GG im Mittelpunkt. Zum einen sei zu bedenken, dass die Beschneidung des Kindes für das religiöse Selbstverständnis der Eltern zentral sein kann.[1527] Zum anderen wird die elterliche Entscheidung über die Beschneidung als treuhänderisch wahrgenommene Religionsausübung des Kindes interpretiert.[1528] Indes ist die

---

oder die Kollektivrechte der Glaubensgemeinschaften (**dagegen** *Isensee* JZ **2013** 317, 323 f u. *Rox* JZ **2012** 1061, 1062 f) überzeugt nicht.

1519 *Fateh-Moghadam* RW **2010** 115, 139; *Zähle* AöR **134** (2009) 434, 451; *Valerius* Kultur und Strafrecht S. 158; *ders.* JA **2010** 481, 485; *Schramm* Ehe und Familie im Strafrecht S. 229; *Saliger* BLJ **2012** 90, 91; *Hörnle/Huster* JZ **2013** 328, 339; *Wohlers/Godenzi* Knabenbeschneidung S. 65.

1520 So *Eschelbach* BeckOK § 223 Rdn. 9.9; *Czerner* ZKJ **2012** 374, 381; *Herzberg* JZ **2016** 350, 354; *Sonnekus* JR **2015** 1, 3. Im Ergebnis auch *Jerouschek*, der zur Begründung auf die lebenslange Zuordnung zu einer Religionsgemeinschaft abhebt (NStZ **2008** 313, 319); zurückhaltender *ders.* FS Rössner, 804, 806.

1521 Zum Vorstehenden *Manok* Beschneidung S. 171 f; *Beulke/Dießner* ZIS **2012** 338, 344; vgl. auch *Hörnle/Huster* JZ **2013** 328, 334; **dagegen** *Herzberg* JZ **2016** 350, 354.

1522 *Eschelbach* BeckOK § 223 Rdn. 9.6; *Herzberg* JZ **2016** 350, 354; *Scheinfeld* HRRS **2013** 268, 269; *Sonnekus* JR **2015** 1, 3.

1523 Etwa *Köhler* FS Kühl, 295, 298; *Scheinfeld* HRRS **2013** 268, 269; *Fischer* § 223 Rd. 48a.

1524 *Eschelbach* BeckOK § 223 Rdn. 9.9; *Czerner* ZKJ **2012** 374, 381; *Manok* Beschneidung S. 167; *Scheinfeld* HRRS **2013** 268, 269; *Herzberg* ZIS **2012** 486, 505; *Köhler* FS Kühl, 295, 298; weitergehend *Jerouschek* NStZ **2008** 313, 319: „tangiert als Stigmatisierung auch die Menschenwürde des Kindes".

1525 Weiter *Herzberg* in Franz S. 267, 283; *Scheinfeld* in Franz S. 358, 362 ff.

1526 Instruktiv zu Grund und Grenzen einer staatlichen Schutzpflicht aus Art. 2 Abs. 2 Satz 1 GG *Hermes* Das Grundrecht auf Schutz von Leben und Gesundheit S. 240 ff.

1527 *Schwarz* JZ **2008** 1125, 1127; *Goerlich/Zabel* JZ **2012** 1058, 1059 f; *Pabel* Neuere Entwicklungen im Religionsrecht europäischer Staaten S. 467, 473 f.

1528 *Beulke/Dießner* ZIS **2012** 338, 344 f: Wenn nach einem religiösen Gebot die Zirkumzision „anstehe", sei es die Aufgabe der Eltern, im „mutmaßlichen Interesse" für ihren religionsunmündigen Sohn zu ent-

Religionsfreiheit eine Freiheitsgarantie zur Selbstbestimmung, die den Eltern jedenfalls im Ergebnis keinen Anspruch gewährt, den eigenen Glauben durch irreversible Eingriffe in den Körper des Kindes zu praktizieren.[1529] Auch der Verweis auf die Religionsfreiheit des Kindes selbst verfängt nicht. Wenige Monate alte Kleinkinder haben schlicht keine eigene religiöse Überzeugung.[1530] Deshalb liegt es näher, die Zustimmung zur Beschneidung als Wahrnehmung des an das Kindeswohl gebundenen Elternrechts zu begreifen.[1531] Die überzeugende Kritik an den Ansätzen, die Beschneidung über Art. 4 Abs. 1 und 2 GG zu legitimieren, hat mittlerweile dazu geführt, die Rechtfertigung auf Art. 6 Abs. 2 GG zu stützen.[1532]

Im Ausgangspunkt herrscht Einigkeit darüber, dass das Elternrecht (Art. 6 Abs. 2 **313** Satz 1 GG) erlaubt, ein Kind religiös zu erziehen sowie über Eingriffe in dessen körperliche Integrität zu entscheiden.[1533] Es ist aber gleichfalls anerkannt, dass die Entscheidungsmacht der Eltern durch das **Kindeswohl** begrenzt wird (für die st. Rspr. BVerfGE **56** 363, 381).[1534] Wie dieser schillernde Rechtsbegriff auszulegen ist, wird im Kontext der Beschneidung schon im Ansatz unterschiedlich beantwortet. Die **Befürworter** des Rituals formulieren einen großzügigen Prüfungsmaßstab: Die Zustimmung zur Beschneidung sei allein dann nicht von Art. 6 Abs. 2 Satz 1 GG gedeckt, wenn das Ritual nach der Abwägung aller Vor- und Nachteile für das Kindeswohl unvertretbar erscheint (Missbrauchskontrolle).[1535] Das sei bei einer *lege artis* durchgeführten Beschneidung nicht der Fall.[1536] Die **Gegenstimmen** tendieren demgegenüber zu einer Kosten-Nutzen-Analyse,

---

scheiden. Ein Aufschieben der Entscheidung greife in das (durch die Eltern ausgeübte) Recht des Kindes zur ungestörten Religionsausübung ein. Ebenso *Yalçin* Betrifft Justiz **2012** 380, 384; ähnlich *Rox* JZ **2012** 806, 807; **abl.** *Herzberg* ZIS **2012** 486, 493 f, *Scheinfeld* HRRS **2013** 268, 271 u. *Jerouschek* FS Rössner, 804, 812.

1529   So auch *Beulke/Dießner* ZIS **2012** 338, 344; *Czerner* ZKJ **2012** 374, 376; *Eschelbach* BeckOK § 223 Rdn. 9.9; *Fischer* § 223 Rdn. 47 f; *Isensee* JZ **2013** 317, 319; *Jerouschek* NStZ **2008** 313, 319; *Manok* Beschneidung S. 102 f; *Scheinfeld* HRRS **2013** 268, 271; *Schneider* Männliche Beschneidung S. 78 ff; *Hörnle/Huster* JZ **2013** 328, 329; *T. Walter* JZ **2012** 1110, 1112; *Herzberg* JZ **2009** 332, 336 ff; *ders.* in Franz S. 267, 283 ff; *ders.* JZ **2016** 350, 352; *Wohlers/Godenzi* Knabenbeschneidung S. 31 f.

1530   Richtig *Fischer* § 223 Rdn. 47; *Hörnle/Huster* JZ **2013** 328, 329; *Isensee* JZ **2013** 317, 321; *Scheinfeld* HRRS **2013** 268, 271; *Wohlers/Godenzi* Knabenbeschneidung S. 30.

1531   Statt vieler *Fischer* § 223 Rdn. 48a. Da die fiduziarische Religionsausübung vom mutmaßlichen Kindesinteresse abhängen soll (*Beulke/Dießner* ZIS **2012** 338, 344), ist aber auch nach dieser Sichtweise die Vereinbarkeit der Beschneidung mit dem Kindeswohl entscheidend (*Scheinfeld* HRRS **2013** 268, 271). *Herzberg* (ZIS **2012** 484, 493) meint, der Ansatz von *Beulke/Dießner* würde das Kind jedem Ritual ausliefern, das nach den Vorschriften einer Religion anstehe. Das ist falsch. Die Autoren fordern, eine Entscheidung nach dem „mutmaßlichen Interesse" des Kindes. Das setzen sie nicht der Existenz der religiösen Vorgabe gleich, sondern konkretisieren das mutmaßliche Kindesinteresse mit Gedanken zum Kindeswohl (*Beulke/Dießner* ZIS **2012** 338, 344 f).

1532   *Hörnle/Huster* JZ **2013** 328, 330 ff (**krit.** *Herzberg* in Franz S. 267, 274 ff); *Rox* JZ **2012** 805, 807 f; *Kerscher* BeckOGK § 1631d BGB Rdn. 10; *Rixen* NJW **2013** 257, 258 f; *Saliger* BLJ **2012** 90, 91; *Wohlers/Godenzi* Knabenbeschneidung S. 55 ff; *Yalçin* Betrifft Justiz **2012** 380, 382 f.

1533   *Hörnle/Huster* JZ **2013** 328, 329; *Uhle* BeckOK Art. 6 GG Rdn. 52; *Stumpf* DVBl **2013** 141, 142; *Paeffgen/Zabel* NK § 228 Rdn. 103a (**anders** *dies.* NK Vor §§ 32 ff Rdn. 156b: Das Bestimmungsrecht der Eltern eröffne per se keine Rechtsmacht, in die körperliche Unversehrtheit des Kindes einzugreifen); *Wiater* NVwZ **2012** 1379, 1380.

1534   *Veit* BeckOK § 1631d BGB Rdn. 15; *Uhle* BeckOK Art. 6 GG Rdn. 56; *Paeffgen/Zabel* NK § 228 Rdn. 103a; *Isensee* JZ **2013** 317, 319 f; *Manok* Beschneidung S. 92 ff; *Wohlers/Godenzi* Knabenbeschneidung S. 55; *Wiater* NVwZ **2012** 1379, 1380.

1535   *Hörnle/Huster* JZ **2013** 328, 331; *Rox* JZ **2012** 805, 808; *Wohlers/Godenzi* Knabenbeschneidung S. 63; *Germann* MedR **2013** 412, 414; *Yalçin* Betrifft Justiz **2012** 380, 382 ff; s. auch *Köhler* FS Kühl, 295, 302 f; **krit.** *Herzberg* in Franz S. 267, 290 f.

1536   *Fateh-Moghadam* RW **2010** 115, 133; *Saliger* BLJ **2012** 90, 91; *Rox* JZ **2012** 805, 808; *Yalçin* Betrifft Justiz **2012** 380, 387. *Hörnle/Huster* (JZ **2013** 328, 339) formulieren zusätzlich die Einschränkung, dass der

weil das Kind „auf einen unparteiischen Hüter seiner Belange angewiesen" sei.[1537] Doch entspricht es der Wertung des Art. 6 Abs. 2 Satz 1 GG, nach dem die Kindeserziehung „zuvörderst" den Eltern anvertraut ist, den Sorgeberechtigten eine Einschätzungsprärogative bei der Bestimmung des Kindeswohls zu geben.[1538] Der Elternvorrang liefert den Sorgeberechtigten die Grundrechte des Kindes aber nicht uneingeschränkt aus. Er bewirkt lediglich, dass der Staat in das Eltern-Kind-Verhältnis nur in Ausnahmefällen eingreifen darf. Vor diesem verfassungsrechtlichen Hintergrund ist die Zustimmung zu einer *lege artis* durchgeführten, religiös motivierten Beschneidung daran zu messen, ob sie mit Blick auf das Kindeswohl **unvertretbar** ist.[1539]

314 Für das Wohl des Kindes sind die bisherige gesellschaftliche Duldung des Rituals in Deutschland und seine Bedeutung für die religiöse Identität der Eltern unerheblich.[1540] Es ist vielmehr die **Frage** zu beantworten, **ob es vertretbar erscheint, einen jungen Menschen einer medizinisch nicht erforderlichen Operation auszusetzen.** Hier gilt es, eine Reihe unterschiedlicher Aspekte auszuwerten. Zum einen hat das Ritual **körperliche Konsequenzen**. Festzuhalten bleibt dabei zunächst, dass eine *lege artis* durchgeführte Beschneidung selten negative gesundheitliche Folgen hat.[1541] Zudem ist der Vorwurf, der Verlust der Vorhaut verursache ein schlechteres sexuelles Empfinden,[1542] bisher nicht überzeugend belegt (*Pekárek* ZIS **2013** 514, 520 f). Es lässt sich aber nicht leugnen, dass der Intimbereich irreversibel verändert wird und es im Zeitpunkt der Entscheidung unklar ist, wie das Kind den Eingriff rückblickend bewertet (Ästhetik, religiöse Symbolik). Als positive gesundheitliche Folgen des Rituals werden hygienische und medizinisch-prophylaktische Vorteile betont (HIV-Prävention; Reduktion von Entzündungsrisiken).[1543] Eine Beschneidung in der Phase der Einwilligungsunfähigkeit rechtfer-

---

Eingriff nicht leichtfertig erfolgen dürfe. Er müsse in ein nachvollziehbares Erziehungskonzept eingebettet und ein unverzichtbarer Bestandteil des Gesamtkonzepts der Eltern vom „guten Leben" sein. Mehrere Autoren zweifeln daran, dass das Legitimationskonzept einen praktischen Anwendungsbereich habe; ausf. *Wolf/Scheinfeld* JRE **24** (2016) 67, 86 f u. *Herzberg* in Franz S. 267, 274 ff.

1537 *Isensee* JZ **2013** 317, 323; *Manok* Beschneidung S. 95 ff; *T. Walter* JZ **2012** 1110, 1114; *Stumpf* DVBl **2013** 141, 143; *Scheinfeld* in Franz S. 358, 363; in der Sache auch *Jerouschek* NStZ **2008** 313, 318 f; *Putzke* FS Herzberg, 669, 687; *Merkel* FAZ.net v. 25.11.2012, abrufbar unter http://bit.ly/2xthPjJ. Mit überzeugender Kritik an diesem Ansatz *Wohlers/Godenzi* Knabenbeschneidung S. 65 ff.

1538 *Hörnle/Huster* JZ **2013** 328, 330 ff; *Rox* JZ **2012** 805, 807; *Uhle* BeckOK Art. 6 GG Rdn. 56; *Paeffgen/Zabel* NK § 228 Rdn. 103a; *Rox* JZ **2012** 805, 808; *Wohlers/Godenzi* Knabenbeschneidung S. 63; *Germann* MedR **2013** 412, 416.

1539 *Scheinfeld* hält der Anwendung des Art. 6 Abs. 2 Satz 1 GG entgegen, dass das Ritual dann unabhängig vom Geschlecht des Kindes erlaubt sein müsse. Eine überzeugende Begründung für eine Differenzierung fehle (HRRS **2013** 268, 271 f m. Verweis auf *Hörnle/Huster* JZ **2013** 328, 335). Der Befund ist richtig. Soweit Art. 6 Abs. 2 Satz 1 GG bestimmte Arten der Beschneidung bei Knaben rechtfertigt, müsste das Elternrecht auch vergleichbare (!) Formen der Beschneidung kleiner Mädchen legitimieren (zu verschiedenen Arten des Eingriffs bei männlichen und bei weiblichen Kindern *T. Walter* JZ **2012** 1110, 1112). Mit dieser Begründung lässt sich die Anwendung des Art. 6 Abs. 2 GG aber nicht *ad absurdum* führen.

1540 *Herzberg* in Franz S. 267, 304.

1541 Zu Nachteilen und Risiken des Rituals *Putzke* FS Herzberg, 669, 688 ff; *ders.* in Franz S. 319, 340 f; *Stehr/Putzke/Dietz* DÄBl. **2008** 34; jeweils m.w.N; *Dettmeyer/Parzeller/Laux/Friedl/Zedler/Bratzke* Archiv für Kriminologie **227** (2011) 85, 86 ff. Mit deutlicher Kritik an den Quellen, die *Putzke* und andere Beschneidungs-Kritiker zitieren, *Pekárek* ZIS **2013** 514 ff, der nach der Auswertung mehrerer Studien zu dem Ergebnis kommt, dass einfache Komplikationen (etwa leicht zu stillende Blutungen) selten und schwere Komplikationen (z.B. Amputation der Eichel, Verletzung der Harnröhre, Notwendigkeit plastischer Korrektur) sehr selten sind. Mit dem Hinweis, dass die gesundheitlichen Vorteile und Risiken des Rituals ungeklärt sind, *Beulke/Dießner* ZIS **2012** 338, 339 u. *Hörnle/Huster* JZ **2013** 328, 337.

1542 *Eschelbach* BeckOK § 223 Rdn. 9.6; *Herzberg* JZ **2016** 350, 354; *ders.* in Franz S. 267, 305; *Scheinfeld* HRRS **2013** 268, 269; *ders.* Männliche Beschneidung S. 23; *Sonnekus* JR **2015** 1, 3.

1543 *Kuntze* ZevKR **58** (2013) 47, 49; *Pekárek* ZIS **2013** 514, 523 ff; *Steiner* Knabenbeschneidung S. 38 ff; *Yalçın* Betrifft Justiz **2012** 380, 383.

tigt der medizinische Nutzen aber nicht. Wenn Teenager beginnen, Sex zu haben, dürften sie in der Regel reif genug sein, um selbst über einen dauerhaften Eingriff zur HIV-Prävention zu entscheiden.[1544] Entzündungen lassen sich in entwickelten Staaten heute durch eine Grundhygiene (gewährleistet durch Wasser und Seife), vorbeugen.[1545] Neben den körperlichen Aspekten der Beschneidung werden mit Blick auf das Kindeswohl vor allem **soziale Vorteile** diskutiert. Für ein elterliches Entscheidungsrecht ließe sich anführen, dass ein junger Mensch daran interessiert sein könne, durch das Ritual in das soziale Umfeld der Eltern integriert zu werden. Doch hat der Verweis auf soziale Vorteile drei Schwächen: Erstens lässt sich im frühen Kindesalter nicht vorhersehen, ob der Junge in einer sozialen Gruppe aufwachsen wird, die großen Wert auf eine Beschneidung legt. Zweitens ist es fraglich, ob ohne Beschneidung eine rigide Ausgrenzung droht.[1546] Und drittens birgt der Hinweis auf einen (möglichen) Außenseiterstatus die Gefahr, die Rechtsgrenzen anhand von internen Regeln einer sozialen Gruppe zu bestimmen.[1547] Im Ergebnis ist es offensichtlich, dass das Beschneidungsritual für das Kindeswohl ein ambivalenter Vorgang ist. Weil das Ritual gesundheitliche Risiken birgt, den Körper irreversibel verändert und der Hinweis auf potentielle soziale Vorteile nicht verfängt, sollten Eltern ihrem Kind die Entscheidung über die Beschneidung überlassen. Auch unter Berücksichtigung des Elternvorrangs **entspricht es daher nicht dem Kindeswohl**, einen unmündigen Jungen beschneiden zu lassen.

Angesichts der gewichtigen Kritik an der verfassungsrechtlichen Legitimation des Rituals sind nicht wenige Diskutanten überzeugt, dass die medizinisch nicht indizierte Knabenbeschneidung nicht mit dem Grundgesetz zu vereinbaren ist.[1548] Demgegenüber sieht der größere Teil der Literatur vor dem Hintergrund des Art. 6 Abs. 2 GG einen Gestaltungsspielraum eröffnet, der es dem Gesetzgeber ermöglicht, das Ritual zu erlauben, wenn (!) er dabei seiner Pflicht, die körperliche Unversehrtheit der Betroffenen ausreichend zu schützen, gerecht wird.[1549] Diese verfassungsrechtliche Einschätzung teilt der Gesetzgeber, der mit § 1631d BGB einen – die Strafbarkeit ausschließenden (vgl. BVerfG FamRZ **2013** 530, 531; zur Einheit der Rechtsordnung Rdn. 20 ff) – zivilrechtlichen Rechtfertigungsgrund für die „Beschneidung des männlichen Kindes" geschaffen hat. Die Vorschrift erlaubt es den Eltern, in eine medizinisch nicht erforderliche Beschneidung 315

1544 Für das Aufschieben des Eingriffs etwa *Isensee* JZ **2013** 317, 320; *Putzke* FS Herzberg, 669, 690; *ders.* MedR **2012** 621, 622; s. auch *Spickhoff* FamRZ **2013** 337, 342. *Putzke* nennt in diesem Kontext die Volljährigkeit als Entscheidungszeitpunkt. Das geht an der Realität junger Menschen vorbei (zu Recht kritisch *Pekárek* ZIS **2013** 514, 525). *Hassemer* (ZRP **2012** 179, 181) betont, dass prozedurale Vorkehrungen – zum Beispiel das Aufschieben der Beschneidung bis zum Eintritt der Einsichts- und Zustimmungsfähigkeit – eine diskutable Lösung sind, um die kollidierenden Grundrechte in Einklang zu bringen.
1545 *T. Walter* JZ **2012** 1110, 1113; *Scheinfeld* HRRS **2013** 268, 271; *Yalçın* Betrifft Justiz **2012** 380, 383.
1546 *T. Walter* JZ **2012** 1110, 1113 f.
1547 Zum Vorstehenden *Fischer* § 223 Rdn. 48b; *Hassemer* ZRP **2012** 179, 180; *Herzberg* in Franz S. 267, 303; *ders.* JZ **2016** 350, 353; *Stehr/Putzke/Dietz* DÄBl. **2008** 34.
1548 Pars pro toto *Putzke* in Franz S. 319, 354; *Paeffgen/Zabel* NK Rdn. 156e m.w.N. u. § 228 Rdn. 103a; *Eschelbach* BeckOK § 223 Rdn. 9.9; *Herzberg* JZ **2016** 350, 354; *Jerouschek* NStZ **2008** 313, 319; *Manok* Beschneidung S. 127 ff.
1549 Für viele *Isensee* JZ **2013** 317, 324; *Rixen* NJW **2013** 257, 262; *T. Walter* JZ **2012** 1110, 1117; *Beulke/Dießner* ZIS **2012** 338, 346; *Hörnle/Huster* JZ **2013** 328, 337; *Valerius* Kultur und Strafrecht S. 158; *ders.* JA **2010** 481, 485; *Köhler* FS Kühl, 295, 313; *Pekárek* ZIS **2013** 514, 528. Zu erinnern ist hier auch an die Stimmen aus der Literatur, die der Einwilligung der Eltern in eine *lege artis* durchgeführte Beschneidung eine rechtfertigende Wirkung beimessen, *Fateh-Moghadam* RW **2010** 115, 139; *Zähle* AöR **134** (2009) 434, 451; *Schramm* Ehe und Familie im Strafrecht S. 229; *Saliger* BLJ **2012** 90, 91; *Wohlers/Godenzi* Knabenbeschneidung S. 65.

ihres unmündigen[1550] männlichen Kindes durch einen Arzt einzuwilligen, wenn der Eingriff nach den Regeln der ärztlichen Kunst[1551] durchgeführt wird und er unter Berücksichtigung seines Zwecks das Kindeswohl nicht gefährdet. In den ersten sechs Monaten nach der Geburt des Kindes dürfen auch von Religionsgemeinschaften vorgesehene Personen eine Beschneidung gemäß Absatz 1 durchführen, wenn sie dafür besonders ausgebildet und dazu – mit einem Arzt vergleichbar – befähigt sind (§ 1631d Abs. 2 BGB). Die Vorschrift soll „klarstellen", dass die Personensorge der Eltern unter den genannten Voraussetzungen das Recht umfasst, in die Beschneidung des Kindes einzuwilligen.[1552] Dabei wollte der Gesetzgeber ausdrücklich „keine Sonderregelung für religiös motivierte Beschneidungen" schaffen, sondern eine Norm, die nicht nach den Motiven der Eltern differenziert.[1553]

316 Die Neuregelung wird in vielen Stellungnahmen – auch von Diskussionsteilnehmern, die eine verfassungsgemäße Regelung für möglich halten – kritisiert:[1554] Das Gesetz knüpfe die Lizenz zur Beschneidung – im Widerspruch zur ausdrücklich erklärten Absicht des Gesetzgebers – in einer nicht näher definierten Weise an die Motive der Eltern.[1555] Denn ausweislich der Regierungsbegründung müsse bei der Kindeswohlprüfung „in den Blick genommen werden", ob die Eltern ein rein ästhetisches Anliegen haben oder dem Jungen die Selbstbefriedigung erschweren wollen;[1556] auch „kann der entgegenstehende Wille des [...] Kindes zu berücksichtigen sein".[1557] Das auf diese Weise vom Gesetzgeber konturierte Prüfprogramm provoziert Kritik: Zunächst sind das Kindeswohl und das Motiv der Eltern für den Eingriff zu unterscheiden. Weiterhin bleibt offen, ob allein ein „schlechtes" Motiv die wirksame Einwilligung in die Beschneidung hindert.[1558] In der Praxis dürfte es aber – und das ist der nächste Mangel – ohnehin schwer sein, die Absichten der Eltern zu ermitteln.[1559] Ferner lassen sich die unterschiedlichen Beschneidungsmotive kaum plausibel bewerten, soweit die Sorgeberechtigten nicht handeln, um ein religiöses Gebot zu erfüllen.[1560] Da es schließlich an effektiven Durchsetzungs- und Kontrollmöglichkeiten für die Einhaltung des Kindeswohlvorbehalts fehlt,

---

1550 Die Materialien schweigen dazu, wann ein Kind einsichts- und urteilsfähig ist und damit allein über den Eingriff entscheiden kann (vage Hinweise in BTDrucks. 17/11295 S. 2f); **krit.** dazu *Isensee* JZ **2013** 317, 325.
1551 Neben der medizinisch-technischen Durchführung der Operation ist damit die Infektionsprophylaxe, die (Risiko-)Aufklärung und die Anästhesie angesprochen, so *Fischer* § 223 Rdn. 50. Ausf. zum notwendigen Inhalt der Aufklärung *Putzke* in Franz S. 319, 340f.
1552 BTDrucks. 17/11295 S. 16.
1553 BTDrucks. 17/11295 S. 16.
1554 Pars pro toto *Isensee* JZ **2013** 317, 327; *T. Walter* JZ **2012** 1110, 1117; *Putzke* in Franz S. 319, 354; *Eschelbach* BeckOK § 223 Rdn. 9; *Paeffgen/Zabel* NK § 228 Rdn. 103d; *Großmann* HRRS **2013** 515, 521; *Scheinfeld* HRRS **2013** 268, 269; *Manok* Beschneidung S. 172; *Herzberg* JZ **2016** 350, 354; *Sonnekus* JR **2015** 1, 12. Nach altem Recht plädierte *Klinkhammer* für eine Lösung im Familienrecht (FamRZ **2012** 1913ff). Er betont, § 1629 BGB regele die Wirksamkeit der Vertretung im Außenverhältnis und verbiete die Knabenbeschneidung nicht.
1555 *T. Walter* JZ **2012** 1110, 1113; *Herzberg* in Franz S. 267, 273.
1556 BTDrucks. 17/11295 S. 18. Zu Recht **krit.** *Scheinfeld* HRRS **2013** 268, 279; *T. Walter* JZ **2012** 1110, 1113; *Isensee* JZ **2013** 317, 325; *Herzberg* ZIS **2012** 486, 487.
1557 BTDrucks. 17/11295 S. 18. Dazu OLG Hamm NJW **2013** 3662ff: In jedem Einzelfall müssen die Sorgeberechtigten und der Arzt prüfen, ob das Kind einsichts- und urteilsfähig ist. Selbst wenn das nicht der Fall ist, bleibt eine geäußerte Ablehnung nicht unbeachtlich. Vielmehr haben die Beteiligten den körperlichen Eingriff mit dem Kind in einer seinem Alter und Entwicklungsstand entsprechenden Weise zu besprechen.
1558 Vgl. *T. Walter* JZ **2012** 1110, 1113.
1559 *T. Walter* JZ **2012** 1110, 1113; *Fischer* § 223 Rdn. 49; *Herzberg* in Franz S. 267, 273.
1560 *Herzberg* in Franz S. 267, 274.

ist zu befürchten, dass die Vorschrift kaum mehr als symbolische Wirkung entfalten wird.[1561]

Auch der zweite Absatz des § 1631d BGB ist nicht gut durchdacht (sog. Mohel-Klausel).[1562] Die Vorschrift erlaubt es den von einer Religionsgesellschaft vorgesehenen Personen, „Beschneidungen gemäß Absatz 1" durchzuführen, wenn sie dafür besonders ausgebildet und einem Arzt „vergleichbar befähigt" sind. Der Gesetzgeber wollte vor allem jüdischen Beschneidern (Mohel; Plural: Mohalim) ermöglichen, weiterhin tätig zu sein. Allerdings hat er dabei nicht auf den Umstand reagiert, dass eine Beschneidung nach den Regeln der ärztlichen Kunst eine Betäubung voraussetzt,[1563] die nur ein Arzt vornehmen kann (Vollnarkose und lokale Betäubung). Die Norm erlaubt den Mohalim mithin die Beschneidung unter Voraussetzungen, die sie – wenn sie nicht zugleich Arzt sind – nicht allein einhalten können.[1564] Besonders bedenklich ist zudem, dass eine wirksame Schmerzbehandlung während der Beschneidung bei Säuglingen hohe gesundheitliche Risiken birgt.[1565]

317

Angesichts der skizzierten handwerklichen Mängel des § 1631d BGB, noch häufiger aber unter Rekurs auf die allgemeinen verfassungsrechtlichen Bedenken an dem Ritual der Knabenbeschneidung bestreiten viele Stimmen zu Recht, dass dem Gesetzgeber per Schnellschuss eine verfassungsgemäße Regelung geglückt ist.[1566] Angesichts der hitzigen Debatte um die Knabenbeschneidung ist es sicher nur eine Frage der Zeit, bis das BVerfG über die Verfassungsmäßigkeit des § 1631d BGB entscheiden muss.[1567]

318

19. Unrechtsausschluss durch Prozeduralisierung

Schrifttum

Adick Organuntreue (§ 266 StGB) und Business Judgement Rule. Die strafrechtliche Bewertung unternehmerischen Handelns unter Berücksichtigung von Verfahrensregeln, Diss. Osnabrück 2009 (2010); *Becker/Walla/Endert* Wer bestimmt das Risiko? Zur Untreuestrafbarkeit durch riskante Wertpapiergeschäfte in der Banken-AG, WM **2010** 875; *Bittman* Risikogeschäft – Untreue – Bankenkrise, NStZ **2011** 361; *Bosch/Lange* Unternehmerischer Handlungsspielraum des Vorstandes zwischen zivilrechtlicher Verantwortung und strafrechtlicher Sanktion, JZ **2009** 225; *Bräunig* Untreue in der Wirtschaft. Eine funktionale Interpretation des Untreuestrafrechts, Diss. Bucerius Law School Hamburg 2009 (2011); *Brammsen* Vorstandsuntreue – Aktienrechtliche Unternehmensführung auf dem Prüfstand des § 266 StGB, wistra **2009** 85; *Eicker* Die Prozeduralisierung des Strafrechts: Zur Entstehung, Bedeutung und Zukunft eines Paradigmenwechsels, Habil. Bern 2009 (2010); *Eser* Schwangerschaftsabbruch zwischen Grundwertorientierung

---

1561 *Isensee* JZ **2013** 317, 326; weiterhin *Fischer* § 223 Rdn. 49.
1562 *Isensee* JZ **2013** 317, 326; *Walter* JZ **2012** 1110, 1114; *Ehrmann* DRiZ **2012** 331: „Laienprivileg".
1563 *Putzke* Die Beschneidung von Jungen S. 319, 343; *Köhler* FS Kühl, 295, 314.
1564 *T. Walter* JZ **2012** 1110, 1114; *Wohlers/Godenzi* Knabenbeschneidung S. 67; *Putzke* Die Beschneidung von Jungen S. 319, 345. Letzterer betont zu Recht, dass die notwendige fachgerechte Aufklärung über Risiken einem Laien selten gelingen wird.
1565 *Putzke* Die Beschneidung von Jungen S. 319, 346 m.w.N.; *ders.* Monatsschrift Kinderheilkunde **2013** 950, 951.
1566 *Schlehofer* MK Rdn. 166 m.w.N.; *Eschelbach* BeckOK § 223 Rdn. 9; *Paeffgen/Zabel* NK § 228 Rdn. 103d; *Isensee* JZ **2013** 317, 327; *Großmann* HRRS **2013** 515, 521; *Scheinfeld* HRRS **2013** 268, 269; *Manok* Beschneidung S. 172; *Herzberg* JZ **2016** 350, 354; *Sonnekus* JR **2015** 1, 12; *Mandla* FPR **2013** 244; zweifelnd *Peschel-Gutzeit* FS Brudermüller, 517, 528. Für verfassungsgemäß halten die Norm dagegen aber *Germann* MedR **2013** 412, 424; *Höfling* GesR **2013** 463; *Hörnle/Huster* JZ **2013** 328, 339; *Rixen* NJW **2013** 257, 262.
1567 Es gab bereits zwei Versuche, das Karlsruher Gericht zu einer verfassungsrechtlichen Prüfung zu veranlassen. In beiden Fällen musste das BVerfG indes nicht in der Sache entscheiden (näher *Manok* Beschneidung S. 194). Zu möglichen Vorlagekonstellationen *Scheinfeld* Die Beschneidung von Jungen S. 358, 389.

und Strafrecht, ZRP **1991** 291; *ders.* Sanktionierung und Rechtfertigung durch Verfahren. Eine Problemskizze, Festschrift Hassemer (2000) 43; *Francuski* Prozeduralisierung im Wirtschaftsstrafrecht, Diss. Bucerius Law School Hamburg 2014; *dies.* Formelle Vorgaben im materiellen Strafrecht, JuS **2017** 217; *Gehrmann/Lammers* Kommunale Zinsswapgeschäfte und strafrechtliches Risiko, KommJur **2011** 41; *Hassemer* Prozedurale Rechtfertigungen, Festschrift Mahrenholz (1994) 731; *ders.* Prozeduralisierung, Wahrheit und Gerechtigkeit in Hassemer (Hrsg.) Erscheinungsformen des modernen Rechts (2007) 153; *ders.* Die Basis des Wirtschaftsstrafrechts, in Kempf/Lüderssen/Volk (Hrsg.) Die Handlungsfreiheit des Unternehmens (2009) 29; *ders.* Die Basis des Wirtschaftsstrafrechts, wistra **2009** 169; *Jansen* Forschung an Einwilligungsunfähigen, Diss. Bonn 2014 (2015); *Kayßer* Abtreibung und die Grenzen des Strafrechts, Diss. Frankfurt 1996 (1997); *Kindhäuser/Goy* Zur Strafbarkeit ungenehmigter Drittmitteleinwerbung, NStZ **2003** 291; *Kiethe* Die zivil- und strafrechtliche Haftung von Aufsichtsräten für Geschäftsrisiken, WM **2005** 2122; *Knauf* Mutmaßliche Einwilligung und Stellvertretung bei ärztlichen Eingriffen an Einwilligungsunfähigen, Diss. Düsseldorf 2005; *Kubiciel* Gesellschaftsrechtliche Pflichtwidrigkeit und Untreuestrafbarkeit, NStZ **2005** 353; *Laufs* Zivilrichter über Leben und Tod? NJW **1998** 3399; *Otto* Untreue der Vertretungsorgane von Kapitalgesellschaften durch Vergabe von Spenden, Festschrift Kohlmann (2003) 187; *Park/Rütters* Untreue und Betrug durch Handel mit problematischen Verbriefungen, StV **2011** 434; *Perron* Die Untreue nach der Grundsatzentscheidung des Bundesverfassungsgerichts, Festschrift Heinz (2012) 796; *Pelz* Sponsoring – zwischen Marketing und Korruption, LMuR **2009** 50; *Popp* Patientenverfügung, mutmaßliche Einwilligung und prozedurale Rechtfertigung, ZStW **118** (2006) 639; *Ransiek* Risiko, Pflichtwidrigkeit und Vermögensnachteil bei der Untreue, ZStW **116** (2004) 634; *ders.* Anerkennungsprämien und Untreue – Das „Mannesmann"-Urteil des BGH, NJW **2006** 814; *Rönnau* Die Zukunft des Untreuetatbestandes, StV **2011** 753; *ders./Hohn* Die Festsetzung (zu) hoher Vorstandsvergütungen durch den Aufsichtsrat – ein Fall für den Staatsanwalt? NStZ **2004** 113; *Saliger* Sterbehilfe durch Verfahren. Betreuungs- und strafrechtliche Überlegungen im Anschluß an BGHSt 40, 257, KritV **1998** 118; *ders.* Grundrechtsschutz durch Verfahren und Sterbehilfe, ARSP Beiheft **75** (2000) 101; *ders.* Prozedurale Rechtfertigung im Strafrecht, Festschrift Hassemer (2010) 599; *ders.* Prozeduralisierung im (Straf-)Recht, in Hassemer/Neumann/Saliger (Hrsg.) Einführung in die Rechtsphilosophie und Rechtstheorie der Gegenwart, 9. Aufl. (2016) S. 434; *Samson* Strafrechtliche Rahmenbedingungen für unternehmerische Entscheidungen, in Schriftenreihe der Gesellschaftsrechtlichen Vereinigung (Hrsg.) Gesellschaftsrecht in der Diskussion 2004 (2005) 109; *Satzger* Bestechungsdelikt und Sponsoring, ZStW **115** (2003) 469; *Schmidt/Güntner* Drittmitteleinwerbung und Korruptionsstrafbarkeit – Rechtliche Prämissen und rechtspolitische Konsequenzen, NJW **2004** 471; *Schlösser/Dörfler* Strafrechtliche Folgen eines Verstoßes gegen den Deutschen Corporate Governance Kodex, wistra **2007** 326; *Sternberg-Lieben* Gesetzliche Anerkennung der Patientenverfügung: offene Fragen im Strafrecht, insbesondere bei Verstoß gegen die prozeduralen Vorschriften der §§ 1901a ff BGB, Festschrift Roxin (2011) 537; *Stratenwerth* Prozedurale Regelungen im Strafrecht, Festschrift Hassemer (2010) 639; *Taschke* „Sichere Häfen" und Sanktionen gegen Unternehmen, in Schriftenreihe der Gesellschaftsrechtlichen Vereinigung (Hrsg.) Gesellschaftsrecht in der Diskussion 2004 (2005) 127; *Tiedemann* Die Verfassung moderner Strafrechtspflege – eine Hinführung, in Tiedemann u.a. (Hrsg.) Die Verfassung moderner Strafrechtspflege (2016) 13; *Trüg* Vorteilsgewährung durch Übersendung von WM-Gutscheinen – Schützt Sponsoring vor Strafe? NJW **2009** 196; *Verrel* Mehr Fragen als Antworten – Besprechung der Entscheidung des XII. Zivilsenats des BGH vom 17.3.2003 über die Einstellung lebenserhaltender Maßnahmen bei einwilligungsunfähigen Patienten, NStZ **2003** 449; *Widmaier* Prozessuales Denken als Innovationsanreiz für das Recht, in Pieth/Seelmann (Hrsg.) Prozessuales Denken als Innovationsanreiz für das materielle Strafrecht. Kolloquium zum 70. Geburtstag von Detlef Krauß (2006) S. 97; *Wirtschaftsstrafrechtliche Vereinigung e.V.* Thesen zur Bankenkrise und zur Untreue (§ 266 StGB), CCZ **2012** 144; *Zschiegner* Die dogmatische Einordnung der beratungsgebundenen Fristenlösung gem. § 218a Abs. 1 StGB, Diss. Leipzig 2010 (2011).

319 Die auch im Strafrecht unter dem Topos der „**Prozeduralisierung**" geführte Diskussion darüber, ob die Einhaltung von Verfahrensregeln in bestimmten Konstellationen rechtfertigend oder gar tatbestandsausschließend wirken kann,[1568] gewinnt zunehmend

---

[1568] Näher zur straftatsystematischen Einordnung von Prozeduralisierung *Saliger* FS Hassemer, 599, 607 ff m.w.N.

an Bedeutung und hat in den vergangenen Jahrzehnten eine „stürmische nationale wie internationale Entwicklung"[1569] erfahren. Dabei entstammt der schillernde Begriff der Proceduralisierung der Rechtsphilosophie und Rechtssoziologie, deren Vertreter sich schon länger mit der Frage befassen, inwieweit durch die Vorgabe und Einhaltung von Verfahrensregeln Gerechtigkeit geschaffen werden kann.[1570] Im Strafrecht wurde der Begriff zunächst im Kontext der Strafbarkeit des Schwangerschaftsabbruchs und hier von *Winfried Hassemer* aufgegriffen.[1571] Im hieran anschließenden strafrechtswissenschaftlichen Diskurs wurden und werden verschiedene Proceduralisierungsbegriffe genutzt und damit unterschiedliche Zwecke verfolgt.[1572] Die debattierten Grundsituationen sind solche, in denen Entscheidungen unter tatsächlicher oder normativer Unsicherheit getroffen werden müssen.[1573] Hier stößt das klassische Strafrecht mit seiner apodiktischen Steuerung über Verhaltensbefehle im binären Code „Unrecht/Recht" an seine Grenzen. Aus diesem Grund sind in Gesetzgebung und Rechtsprechung bereits seit längerer Zeit Tendenzen zu erkennen, bereichsweise durch die Einführung von Verfahren Abhilfe zu schaffen.

Zunächst hielten Verfahrensregeln in denjenigen Bereichen des materiellen Strafrechts Einzug, die sich mit den Grenzen des Lebens – also dessen Anfang und Ende – befassen. Beim Schutz des höchstpersönlichen Rechtsgutes Leben bzw. des werdenden

319a

1569 So für den Bereich der Sterbehilfe *Neumann* NK Vor § 211 Rdn. 142.
1570 Grundsätzlich lassen sich die vertretenen Positionen in solche mit einem engen und solche mit einem weiten Verständnis von Proceduralisierung unterteilen; die Begriffsbildung hängt maßgeblich vom jeweiligen soziologisch-philosophischen Hintergrund ab (*Saliger* FS Hassemer, 599, 601 m. Fn. 22). Diejenigen Autoren, die einen engen (notwendig diskursive Elemente enthaltenden) Begriff der Proceduralisierung zu Grunde legen, lehnen sich an die soziologische Theorie kommunikativen Handelns von *Habermas* oder an *Luhmanns* Systemtheorie an. *Eicker* Proceduralisierung S. 106 formulierte zu den verschiedenen Begriffsverständnissen 2009: „Abgesehen von [...] noch recht vagen gemeinsamen Umrissen präsentieren die aufgezeigten Konzepte reflexiven bzw. proceduralen Rechts unter dem Stichwort ‚Proceduralisierung' des Rechts im Wesentlichen eine Gemengelage von einander überlappenden Modellen, deren Sprachgebrauch das Unterscheidungsvermögen des Lesers arg strapaziert." Zur „Multiperspektivität von Proceduralisierung und Recht" und der vorfindlichen Begriffsvielfalt *Saliger* in Hassemer u.a. S. 434 ff.
1571 *Hassemer* FS Mahrenholz, 731, 747, der das Urteil des BVerfG zum Schwangeren- und Familienhilfegesetz (SFHG) von 1992 (BVerfGE **88** 203) dazu nutzt, um sich systematisierend mit „proceduralen Rechtfertigungen" auseinanderzusetzen. Zur Proceduralisierung und ähnlichen Modellen beim Schwangerschaftsabbruch neben *Hassemer* etwa *Eser* ZRP **1991** 291, 294 mit seinem „notlagenorientierten Diskursmodell": Der Schwangerschaftsabbruch solle innerhalb einer festgelegten Frist gestattet sein, wenn sich die Schwangere zur Feststellung einer Notlage – unter Einbeziehung des Vaters – einer Beratung unterzieht und die sie zum Abbruch bewegenden Umstände dem abbrechenden Arzt darlegt; im Übrigen verbleibe die Entscheidung in ihrem Ermessen. Detaillierte Auseinandersetzungen mit den geltenden Regelungen zum Schwangerschaftsabbruch finden sich z.B. bei *Kayßer* Abtreibung und die Grenzen des Strafrechts, passim; *Zschiegner* Die dogmatische Einordnung der beratungsgebundenen Fristenlösung gem. § 218a Abs. 1 StGB, passim.
1572 *Francuski* Proceduralisierung S. 176 f geht – nach einer ausführlichen und systematisierenden Darstellung der Positionen zum Begriff der Proceduralisierung bzw. der proceduralen Gerechtigkeit in der Philosophie und Strafrechtswissenschaft (S. 120 ff m.w.N.) – ebenfalls von einem weiten Begriffsverständnis aus: „Bei einer Proceduralisierung im materiellen Strafrecht soll[en ...] materielle Vorgaben zur Erreichung der vorgegebenen Ziele durch Verfahren ersetzt werden"; *dies.* JuS **2017** 217 ff. Dieses Begriffsverständnis liegt auch den hiesigen Ausführungen zu Grunde. *Saliger* (in Hassemer u.a. S. 434, 445 f) lehnt einen weiten und auch engen Begriff der Proceduralisierung im Recht ab und sympathisiert mit einen dritten Ansatz, der sich an den bei der Proceduralisierung diskutierten Verfahrenstypen orientiert.
1573 Für *Hassemer* (FS Mahrenholz, 731, 749) stimmen die Entstehungsbedingungen von Proceduralisierung in der Philosophie und im Strafrecht überein. Es gehe jeweils um ein spezifisches Nichtwissen (1) hinsichtlich bestimmter Inhalte (2), deren Kenntnis für ein bestimmtes Vorhaben konstitutiv ist (3); weiterhin *Sch/Schröder/Lenckner/Sternberg-Lieben* Rdn. 7a ff m.w.N.; ausführlich *Francuski* Proceduralisierung S. 106 ff; zusf. *dies.* JuS **2017** 217, 219; aus der jüngeren Rspr. zum Wirtschaftsstrafrecht BGH NJW **2017** 578, 579 – „HSH Nordbank".

Lebens kann bzw. will der Gesetzgeber in gewissen Situationen keine starre Strafbarkeitsgrenze ziehen und installierte deshalb bereits früh einen neuen Schutzmechanismus, eben Verfahrensregeln. Die Durchführung eines bestimmten Procederes soll hier für die notwendige Legitimation der Entscheidung sorgen. So verlagert der Gesetzgeber etwa in den §§ 218 f die Letztentscheidungskompetenz über den **Schwangerschaftsabbruch** auf die betroffene Schwangere und sichert die Autonomie ihrer Entscheidung über Verfahrensregeln (insbes. § 219) ab. Neben diesem gesetzlich niedergelegten fristenbasierten Beratungsmodell[1574] findet derselbe Mechanismus Anwendung bei der Bestimmung des (mutmaßlichen) Willens eines nicht mehr zur eigenen Entscheidung fähigen Patienten nach Maßgabe der **§§ 1901a ff BGB**.[1575] Liegt der wirkliche Wille des Patienten im „Schlagschatten"[1576] des Wissens der Entscheidungsträger, stellt ihnen der Gesetzgeber Verfahrensregeln zur Seite, bei deren Einhaltung sie – unabhängig vom Inhalt ihrer Entscheidung – im Regelfall straffrei bleiben sollen. Das Phänomen des Einsatzes von Verfahren anstelle substanzieller materieller Vorgaben findet sich mittlerweile selbst im **Wirtschaftsstrafrecht**. Auch hier existieren Graubereiche, in denen sich eine abschließende materiell-rechtlich gestützte Verhaltenssteuerung häufig als schwierig erweist. So sehen sich Entscheidungsträger im Wirtschaftsleben oftmals hoch komplexen, insbesondere prognosebasierten unternehmerischen Entscheidungen gegenüber und auch bei der Feststellung der Unlauterkeit eines Geschäftsgebarens (im Korruptionskontext) mangelt es an klaren Grenzen.[1577] Der **BGH**[1578] greift hier seit einigen Jahren auf Verfahrensregeln zurück, deren Einhaltung regelmäßig zur Straffreiheit der Akteure führen soll. So rekurrierte er etwa in Sachen „*SSV Reutlingen*" bei der Prüfung der Verletzung einer Vermögensbetreuungspflicht i.S.v. § 266 durch den Vorstandsvorsitzenden einer AG auf selbstgeschaffene, teils formelle Kriterien, konkret die „fehlende Nähe zum

---

[1574] So sieht § 218 Abs. 1 grds. eine Strafbarkeit bei Abbruch einer Schwangerschaft nach dem Zeitpunkt der Nidation vor. Infolge des Zweiten Schwangerschaftsabbruchurteils des BVerfG aus dem Jahre 1993 schränkt nunmehr § 218a die Strafbarkeit auf verschiedene Weise ein. Gemäß dessen Absatz 1 ist der „Tatbestand des § 218 [...] nicht verwirklicht", wenn die Schwangere den Abbruch der Schwangerschaft verlangt und dieser innerhalb der ersten zwölf Wochen nach der Empfängnis durch einen Arzt vorgenommen wird, dem die Schwangere mittels einer Bescheinigung nachgewiesen hat, dass sie sich mindestens drei Tage vor dem Eingriff von einer anerkannten Stelle i.S.d. § 219 hat beraten lassen.

[1575] Ist der Patient nicht mehr in der Lage, seinen konkreten Willen rechtserheblich zu äußern, verpflichtet die betreuungsrechtliche Vorschrift des § 1901a Abs. 1 BGB den Betreuer oder Bevollmächtigten (vgl. § 1901a Abs. 5 BGB) zur Prüfung, ob die vom Patienten vorab in einer sog. Patientenverfügung getroffenen Festlegungen auf dessen aktuelle Lebens- und Behandlungssituation zutreffen, sowie – bejahendenfalls – zur Durchsetzung dieses Willens. Liegt eine solche Verfügung nicht vor oder treffen die Festlegungen nicht auf die konkrete Behandlungssituation zu, wird der Bereich möglicher prozeduraler Rechtfertigung (bzw. Legalisierung) betreten (dazu nur *Sternberg-Lieben* FS Roxin [2011], 537, 552 ff m.w.N.). Hier stellt § 1901a Abs. 2 BGB Leitlinien für die Ermittlung des mutmaßlichen Willens des Rechtsgutsinhabers auf. Die nachfolgenden Normen bestimmen, auf welche Weise Arzt und Betreuer bei der Ermittlung des Patientenwillens zusammenwirken (müssen). Zum Streit vor dem Inkrafttreten des Patientenverfügungsgesetzes 2009 über die Frage, ob die Patientenverfügung als Anhaltspunkt bei der Ermittlung des Patientenwillens im Rahmen der mutmaßlichen Einwilligung oder als antizipierte Einwilligungserklärung zu sehen ist, vgl. *Paeffgen/Zabel* NK Rdn. 164; *Popp* ZStW **118** (2006) 639, 655; *Verrel* NStZ **2003** 449, 451 und Rdn. 172; auch *Knauf* Mutmaßliche Einwilligung S. 50 f. Ausführlich *Borrmann* Akzessorietät des Strafrechts zu den betreuungsrechtlichen (Verfahrens-)Regelungen die Patientenverfügung betreffend (§§ 1901a ff BGB), Diss. Kiel 2016.

[1576] *Hassemer* Erscheinungsformen S. 153, 157.

[1577] *Hassemer* wistra **2009** 169, 173; *Francuski* Prozeduralisierung S. 109 ff; auch *Saliger* in Hassemer u.a. S. 434, 449.

[1578] Neben den im Weiteren eingestreuten Beispielen etwa auch BGHSt **46** 30; **47** 148 – „Sparkasse Mannheim"; BGH NJW **2006** 453 – „Kinowelt"; StV **2010** 78– „WestLB"; BGHSt **50** 331 – „Mannesmann/Vodafone"; **52** 323 – „Siemens"; **55** 266; **56** 203 – „Kölner Parteispendenaffäre"; **47** 29 – „Drittmittel"; BGH NJW **2017** 578, 579 – „HSH Nordbank".

Unternehmensgegenstand, Unangemessenheit im Hinblick auf die Ertrags- und Vermögenslage, fehlende innerbetriebliche Transparenz sowie Vorliegen sachwidriger Motive (namentlich die Verfolgung rein persönlicher Präferenzen").[1579] Mit gleichem Ziel des Unrechtsausschlusses wird die Business Judgement Rule (vgl. § 93 Abs. 1 Satz 2 AktG)[1580] zur strafrechtlichen Bewertung des Handelns im Wirtschaftsleben eingesetzt.[1581] Daneben verwendet der BGH Verfahrensregeln auch zur Kompensation eines Erkenntnisdefizits auf Seiten des erkennenden Gericht.[1582] So nutzte er in der Rechtssache „*Utz Claassen*"[1583] einen Katalog verschiedener Indizien (darunter prozedurale Vorgaben) bei der Feststellung, ob im Bereich der Amtsträgerkorruption ein Vorteil „als Gegenleistung" für die Dienstausübung gewährt werden sollte (also eine [gelockerte] Unrechtsvereinbarung vorlag).

Soweit die Debatte zur Prozeduralisierung im Strafrecht dabei um Verfahren kreist, deren Einhaltung der **Entlastung** (und nicht der Strafbegründung oder -schärfung) des Entscheidungsträgers dienen soll, gerät ihr Einsatz auch dort nicht in Konflikt mit Art. 103 Abs. 2 GG, wo das Gesetz diese nicht ausdrücklich vorsieht.[1584] Abgesehen vom Bereich des Schwangerschaftsabbruchs werden Verfahrensregeln in den aufgezeigten Situationen stets zur Auslegung von stark normativ aufgeladenen Tatbestandsmerkmalen – man denke an die Pflichtverletzung i.S.d. § 266 oder die Unlauterkeit i.S.d. §§ 331 ff, 299 ff – genutzt; dabei ist die Grenze zur teleologische Reduktion fließend und schwierig zu ziehen. **319b**

Ein durch Verfahren mitgestalteter Rechtsgüterschutz wurde besonders heftig bei der Neuregelung des Schwangerschaftsabbruchs und im Kontext der Sterbehilfe diskutiert. Während viele im Schrifttum die prozedural abgesicherte Verlagerung der Letztentscheidungskompetenz auf die Schwangere gutheißen[1585] und dem Prozeduralisierungsmodell als Ausprägung eines „Grundrechtsschutzes durch Verfahren"[1586] auch im Bereich der Sterbehilfe die Möglichkeit zu einem „effektiveren Rechtsgüterschutz" als unter Einsatz eines „rein materiellrechtlich orientierten Sterbehilferecht[s]"[1587] attestieren, wurde und wird von anderer Seite deutlich Kritik am Einsatz von Verfahrensregeln im materiellen Strafrecht – so wie es derzeit betrieben wird – geäußert. Eine Fristenlösung mit Beratungspflicht, wie sie sich heute in den §§ 218, 218a wiederfindet, sei vom **319c**

[1579] BGHSt **47** 187, 192.
[1580] Eingeführt zum 1. November 2005 durch das *Gesetz zur Unternehmensintegrität und Modernisierung des Anfechtungsrechts* (UMAG), BGBl. I 2802.
[1581] So explizit BGH NJW **2017** 578, 579.
[1582] Vgl. zum Unterschied bei Erkenntnisdefiziten auf Seiten des Entscheidungsträgers oder des Gerichts *Francuski* Prozeduralisierung S. 116.
[1583] BGHSt **53** 6.
[1584] *Stratenwerth* FS Hassemer, 639; zudem *Francuski* Prozeduralisierung S. 226 f m.w.N.
[1585] Letztlich befürwortend u.a. *Merkel* NK Vor §§ 218 ff Rdn. 21, der das Schutzkonzept für „vernünftig, ja möglicherweise erforderlich" hält, jedoch die Fortgeltung des Rechtswidrigkeitsverdikts angreift; mit ähnlichen Äußerungen *Kröger* LK[12] Vor §§ 218 ff Rdn. 41, § 218a Rdn. 23; *Eser* FS Hassemer, 43, 47 f: „rechtliche Schizophrenie" sowie *Sch/Schröder/ders.* § 218a Rdn. 18 m. weiterführenden Nachw. (vertane „Möglichkeit einer Verbindung von materialen Abwägungskriterien mit prozeduralen Rechtfertigungserfordernissen"); in der Substanz beipflichtend auch *Paeffgen/Zabel* NK Rdn. 45.
[1586] Zu dieser Qualifizierung nur *Neumann* NK Vor § 211 Rdn. 144 und *Saliger* FS Hassemer, 599, 603, 614; *ders.* in Hassemer u.a. S. 434, 440 ff.
[1587] *Neumann* NK Vor § 211 Rdn. 144, der die Prozeduralisierung im Sterbehilferecht parallel zu den Entwicklungen etwa im Transplantationsgesetz sowie in den Regelungen zum Schwangerschaftsabbruch einordnet; positiv auch *Saliger* ARSP-Beiheft **75** (2000) 101, 133 ff; *ders.* KritV **1998** 145, 149; *ders.* FS Hassemer, 599, 607 ff; *Verrel* NStZ **2003** 44, 453; *Schneider* MK Vor § 211 Rdn. 129 („sinnvolle Absicherung des Prozesses der Entscheidungsfindung", allerdings sei die Richtigkeit des Entscheidung damit nicht verbürgt).

BVerfG[1588] zwar als verfassungskonform eingestuft worden. Jedoch schütze eine solche Lösung das einzelne menschliche Leben – namentlich den als Grundrechtsträger anerkannten Nasciturus – nicht durchgehend, sondern sei allein auf den Schutz des „menschlichen Lebens *allgemein*" ausgerichtet.[1589] *Merkel* (NK Vor §§ 218 ff Rdn. 22) fordert zumindest „das Eingeständnis, dass auch der nur ‚beratene' Schwangerschaftsabbruch nach § 218a Abs. 1 rechtmäßig ist und dass genau deshalb der (unstreitig gebotene!) rechtliche Schutz des ungeborenen Lebens nach den §§ 218 ff nicht im Modus eines Grundrechts erfolgt, sondern nur in einfachgesetzlicher Form, die eben jene vielfache Abwägungen des § 218a erlaubt, welche gegenüber Grundrechtsträgern eindeutig unzulässig wäre." Damit sei nicht primär der Schutz des pränatalen Lebens, sondern die Sicherung des Rechtsfriedens in einer konflikträchtigen gesellschaftlichen Debatte bezweckt worden.[1590] Auch die Prozeduralisierung der Probleme im Bereich der Sterbehilfe führe zu nicht hinnehmbaren Folgen. So werde die „Grenze zwischen Töten und Sterbenlassen" verwischt, die es vielmehr zu verteidigen gelte.[1591]

319d Hinsichtlich der auch in der Rechtsprechung zum Wirtschaftsstrafrecht festzustellenden Prozeduralisierungstendenz werden vor allem die genutzten Kriterien beanstandet.[1592] Mit diesen gebe der BGH dem Rechtsanwender „Steine statt Brot" und gleite „in die juristische Lyrik" ab, weil „handfeste und in der Praxis umsetzbare Kriterien [...] nicht wirklich existieren".[1593] Verfahrensregeln könnten dem Strafrichter eine materielle Positionierung nicht abnehmen; der Bereich des Strafbaren sei erst „im erkennbaren Bereich des Unvertretbaren" erreicht.[1594] Im Kern wird auch hier kritisiert, dass die gewählten Verfahrensregeln keinen ausreichenden Rechtsgüterschutz garantieren.[1595] Überwiegend sperrt man sich jedoch nicht gegen diese Entwicklung.[1596] Vielmehr findet der in der höchstrichterlichen Rechtsprechung in Wirtschaftsstrafsachen eingeschlagene Weg über eine Prozeduralisierung geeigneter Bereiche grundsätzlich Zuspruch in der Literatur,[1597]

1588 BVerfGE **88** 203, 264 („*2. Fristenregelungsurteil*"); hierin wurden die Grundsätze des *1. Fristenregelungsurteils* des BVerfGE **39** 1 ff bestätigt.
1589 *Fischer* Vor §§ 218–219b Rdn. 10a; ähnlich *Lackner/Kühl/Kühl* Vor §§ 218–219b Rdn. 12 mit Zweifel am wirksamen Lebensschutz.
1590 *Merkel* NK § 218a Rdn. 51.
1591 Pointiert *Laufs* NJW **1998** 3399, 3400.
1592 Vgl. *Kubiciel* NStZ **2005** 353, 356; knapp *Otto* FS Kohlmann, 187, 197 (Bestimmung des Unternehmensinteresses anhand von Prozessen); *Samson* in Schriftenreihe der Gesellschaftsrechtlichen Vereinigung S. 109, 120 f; *Trüg* NJW **2009** 196, 198 (zur „EnBW"-Entscheidung: „Dabei kommt der Frage der Transparenz der Vorteilszuwendung lediglich eine kriminalistische, keine dogmatische Bedeutung zu, weil das geschützte Rechtsgut auch und erst recht verletzt sein kann, wenn die Vorteilszuwendung transparent, also für die Allgemeinheit erkennbar, erfolgt."); *Satzger* ZStW **115** (2003) 469, 498 („Auch die transparente sachwidrige Koppelung bleibt eine sachwidrige Koppelung"); SSW/*Saliger* § 266 Rdn. 49.
1593 *Samson* in Schriftenreihe der Gesellschaftsrechtlichen Vereinigung S. 109, 121 (bezogen auf die „Sponsoring"-Entscheidung des BGH).
1594 *Kubiciel* NStZ **2005** 353, 356.
1595 Selbst *Hassemer* wistra **2009** 169, 173 weist auf Spannungen zwischen der Ausrichtung des Strafrechts auf den Schutz von Rechtsgütern und dessen prozeduraler Ausgestaltung hin.
1596 *Kubiciel* NStZ **2005** 353, 359 hält es etwa für möglich, „die vom BGH berücksichtigte Einhaltung der Entscheidungsprozeduren" zur Bestimmung der „strafrechtlich gravierenden" Pflichtverletzung jedenfalls dann einzusetzen, „wenn der Vermögensbetreuungspflichtige eigene Ziele verfolgt hat, statt die Belange des Vermögensinhabers wahrzunehmen". Insgesamt **ablehnend** hingegen *Perron* FS Heinz, 796, 802 („Eine weitergehende Präzisierung [der Pflichtwidrigkeit, *T.R.*] ist angesichts dieser vielfältigen und dynamischen Materie nicht möglich – auch Fallgruppenbildung hilft hier nicht viel weiter [...].").
1597 *Hassemer* Handlungsfreiheit S. 29, 42; *ders.* Erscheinungsformen S. 153, 168 f; *Ransiek* ZStW **116** (2004) 634, 677; *ders.* NJW **2006** 814; *Schlösser/Dörfler* wistra **2007** 326, 330 (die sich für die „Bedeutung von formellen Pflichten im Rahmen der Untreue" aussprechen); *Bittmann* NStZ **2011** 361, 364; *Bosch/Lange* JZ **2009** 225 ff; *Bräunig* Untreue in der Wirtschaft S. 191 f (an der „prinzipiellen Eignung der Prozeduralisie-

wenn bei der Auslegung einzelner Tatbestandsmerkmale präzise, am jeweiligen Rechtsgut orientierte Verfahrensvorgaben beachtet werden – oder man akzeptiert und übernimmt den eingeschlagenen Pfad ohne nähere Auseinandersetzung.[1598]

Breiten Konsens gibt es dann darüber, dass die Nichteinhaltung prozeduraler Vorgaben nicht ohne weiteres zu einer Strafbarkeit führt, es sei denn, spezielle Normen – wie etwa die §§ 218b Abs. 1, 218c Abs. 1 oder § 7 KastrG[1599] – stellen die Gesetzesverletzung explizit unter Strafe.[1600] So sind formelles und materielles Unrecht nicht gleichzusetzen.[1601] Der Verstoß gegen Verfahrensregeln kann nur ein Indiz für ein materiell pflichtwidriges Verhalten sein.[1602] Handelt etwa der Arzt im Einklang mit dem (mutmaßlichen) Patientenwillen, legitimiert dies sein Handeln. Eine Bestrafung aufgrund der Missachtung vorgegebener Verfahrensregeln würde in dieser Situation zu einer Vertauschung des geschützten Rechtsguts führen.[1603] Prozedurale Regeln können im Strafrecht daher stets nur eine ergänzende Funktion einnehmen; materielle Regelungen ersetzen können sie nicht.[1604] **319e**

Den Kritikern einer Prozeduralisierung im Strafrecht ist zuzugestehen, dass dieser neue Regelungsmechanismus – sei es in den Bereichen existenziellen Lebensschutzes oder im Wirtschaftsstrafrecht – ohne eine inhaltliche Positionierung nicht auskommt. Der Einsatz von Verfahrensregeln etwa in Form von fallgruppenspezifischen Kriterienka- **319f**

---

rung als Regelungsstruktur [bestehen] auch im Strafrecht keine Zweifel"); *Adick* Organuntreue S. 85 f; *Tiedemann* in Tiedemann u.a. S. 13, 18 („individualgerichtete Straftatbestände" werden den [im Bereich des Kapitalmarktrechts insbesondere durch technische Entwicklungen ausgelösten] neuartigen Schutzbedürfnissen nicht mehr gerecht); *G/J/W/Waßmer* § 266 Rdn. 93b; *Rönnau* StV **2011** 753, 757 f (Wünschenswert sei die Erarbeitung eines Katalogs „von abgesicherten, fallgruppenübergreifenden Grundkriterien, der je nach Bereich [Sponsoring, Investition, Kreditvergabe usw.] um weitere, möglichst abschließend zusammengestellte Indizien ergänzt wird."); noch etwas kritischer zuvor *Rönnau/Hohn* NStZ **2004** 113, 115; *Kindhäuser/Goy* NStZ **2003** 291, 294 (bzgl. der „Drittmittel"-Entscheidung des BGH kritisch, aber einer Prozeduralisierung gegenüber grds. offen). Ähnlich, jedoch ohne den Blick auf die Einschränkung von Strafbarkeit durch Verfahrensregeln *Brammsen* wistra **2009** 85, 90 (dem „Verstoß gegen eine formelle Pflicht kommt mithin für das Vorliegen einer dem Untreuetatbestand genügenden aktienrechtlichen Pflichtverletzung nur Indizwirkung zu"). *Becker/Walla/Endert* WM **2010** 875, 880 f schlagen eine Anlehnung an Modelle aus der Betriebswirtschaftslehre auf Basis umfassender Information vor.
1598 Statt vieler nur *Bittmann/Bittmann* § 16 Rdn. 33; *Gehrmann/Lammers* KommJur **2011** 41, 45 f; *Park/Rütters* StV **2011** 434, 438; *Pelz* LMuR **2009** 54, 57 ff; *Schmidt/Güntner* NJW **2004** 471 ff; WisteV CCZ **2012** 144, 145; *Kiethe* WM **2005** 2122, 2129; *Taschke* in Schriftenreihe der Gesellschaftsrechtlichen Vereinigung S. 127, 132 ff (der durch die auf Verfahren und Transparenz rekurrierende Rspr. gerade bei Kreditvergaben und Sponsorings als „gesichertes Terrain" betrachtet, S. 130). *Sch/Schröder/Perron* § 266 Rdn. 19b, 20 geht von einer Indizwirkung der Verletzung von Verfahrensregeln bei § 266 aus und *Sch/Schröder/Heine/Eisele* § 331 Rdn. 42 stimmt der BGH-Rspr. in Drittmittel-Fällen vollumfänglich zu. *Rotsch/Krüger* Criminal Compliance § 20 Rdn. 31 ff sieht die Prozeduralisierung des (Straf-)Rechts als Ansatzpunkt für Criminal Compliance im Allgemeinen und im Gesundheitswesen einen Spezialbereich.
1599 Zu weiteren flankierenden Sanktionsnormen *Sch/Schröder/Eser/Sternberg-Lieben* Vor § 211 ff Rdn. 28g.
1600 *Sch/Schröder/Eser/Sternberg-Lieben* Vor §§ 211 ff Rdn. 28g; *Stratenwerth* FS Hassemer, 639, 640; *Saliger* in Hassemer u.a. S. 434, 450; *Neumann* NK Vor § 211 Rdn. 133 m.w.N.; ausführlich *Francuski* Prozeduralisierung S. 268 ff; auch *Jansen* Forschung an Einwilligungsunfähigen S. 283 ff.
1601 *Saliger* FS Hassemer, 599, 612 f; *ders.* KritV **1998**, 118, 142 f; *Francuski* Prozeduralisierung S. 269.
1602 *Rönnau/Hohn* NStZ **2004** 113, 115; *Bräunig* Untreue in der Wirtschaft S. 170 f; *Francuski* Prozeduralisierung S. 271; *G/J/W/Waßmer* § 266 Rdn. 93b; *Neumann* NK Vor § 211 Rdn. 133 m.w.N.; ähnlich *Kubiciel* NStZ **2005** 353, 356; im Zusammenhang mit kommunalen Zinsswap-Geschäften *Gehrmann/Lammers* KommJur **2011** 41, 46.
1603 *Sch/Schröder/Eser/Sternberg-Lieben* Vor §§ 211 ff Rdn. 28g; auch *Jansen* Forschung an Einwilligungsunfähigen S. 284 m.w.N.
1604 *Stratenwerth* FS Hassemer, 639, 640; *Saliger* FS Hassemer, 599, 612; *Sternberg-Lieben* FS Roxin (2011), 537, 553; *ders.* NJW **2012** 257, 262; *Francuski* Prozeduralisierung S. 270; insgesamt **krit.** gegenüber dem Instrument *Günther* SK[6] Rdn. 78 (zutr. dagegen *Saliger* FS Hassemer, 599, 603); weiterhin *Stratenwerth* FS Hassemer, 639 ff.

talogen ist daher stets an materiellen Schutzinteressen auszurichten und ständig weiterzuentwickeln. Es bedarf fortwährend einer kritischen Überprüfung der gewählten prozeduralen Regeln und ihrer Rückkopplung an das von der jeweiligen Strafnorm geschützte Rechtsgut. Ist das sichergestellt, können Verfahrensregeln materielle Vorgaben ergänzen und den Entscheidungsträgern in ethischen sowie rechtlichen Graubereichen *ex ante* präzisere und leichter handhabbare Leitlinien zur bestmöglichen Vermeidung von Strafbarkeit an die Hand geben. Insgesamt ist die Tendenz zur Schaffung von Rechtssicherheit für Entscheidungsträger durch die Vorgabe zu beachtender formeller Kriterien daher zu begrüßen. Verfahren können dort an die Stelle materieller Regelungen treten – oder diese flankieren – und für die Anerkennung des gefundenen Ergebnisses sorgen, wo bei der Entscheidung schwer auszuräumende Erkenntnisdefizite bestehen oder der Gesetzgeber bei der Normschaffung selbst materiell keine Position beziehen, sondern vielmehr die konkrete Entscheidung im Einzelfall in die Hände der Betroffenen legen will.[1605] Die (vollständige) Einhaltung etablierter und rechtsgutsnah ausgestalteter Verfahrensregeln wirkt dabei als starkes Indiz für einen Wegfall des Unrechts;[1606] deren teilweise Einhaltung ist immerhin noch ein schwacher (entlastender) Hinweis auf ein rechtmäßiges Verhalten. Aufgrund der bloßen Missachtung von Verfahrensvorgaben darf dem Betroffenen hingegen noch kein Strafvorwurf gemacht werden. Will der Gesetzgeber rein formale Verstöße pönalisieren, muss er entsprechende zusätzliche Strafnormen – zumeist im Vorfeld der eigentlichen Rechtsgutsverletzung oder -gefährdung angesiedelte abstrakte Gefährdungsdelikte – schaffen.

C. Schuldausschluss (Entschuldigung)

Schrifttum

Allgemein zur Schuld siehe das Schrifttum bei *T. Walter* LK[12] Vor § 13 Rdn. 159 ff u. *Rogall* SK Vor § 19 Rdn. 1 ff sowie aus neuerer Zeit: *Achenbach* Fahrlässigkeit, Schuld und Unzumutbarkeit normgemäßen Verhaltens – das Leinenfänger-Urteil (RGSt 30, 25), Jura **1997** 631; *Amelung* Zur Kritik des kriminalpolitischen Strafrechtssystems von Roxin, JZ **1982** 617; *Appel* Verfassung und Strafe, Diss. Freiburg i.Br. 1996 (1998); *Arzt* Zum Verbotsirrtum beim Fahrlässigkeitsdelikt, ZStW **91** (1979) 857; *Asada* Schuld, Schuldprinzip und strafwürdige Schuld, Festschrift Roxin (2001) 519; *Bacigalupo* Unrechtsminderung und Tatverantwortung, Gedächtnisschrift Arm. Kaufmann (1989) 459; *Baltzer* Noch einmal: Die Willensfreiheit – eine Schimäre? Festschrift Kargl (2015) 25; *Bieri* Das Handwerk der Freiheit (2006); *Bockelmann* Zur Kritik der Strafrechtskritik, Festschrift R. Lange (1976) 1; *Bröckers* Strafrechtliche Verantwortung ohne Willensfreiheit, Diss. Berlin 2014 (2015); *Burkhardt* Freiheitsbewusstsein und strafrechtliche Schuld, Festschrift Lenckner (1998) 1; *ders.* Gedanken zu einem individual- und sozialpsychologisch fundierten Schuldbegriff, Festschrift Maiwald (2010) 79; *Cerezo Mir* Der materielle Schuldbegriff, ZStW **108** (1996) 9; *Crespo* Schuld und Strafzwecke, Festschrift Roxin (2011) 689; *ders.* „Humanistischer Kompatibilismus", GA **2013** 15; *Detlefsen* Grenzen der Freiheit, Diss. Rostock 2005/2006 (2006); *Donna* Schuldfrage und Prävention (1999); *ders.* Irrtum über Rechtfertigungsgründe, Festschrift Heinitz (1972) 207; *ders.* Schuldfrage und Prävention, Gedächtnisschrift Zipf (1999) 197; *ders.* Die Schuldfrage und die Problematik des menschlichen Genoms –

[1605] *Sch/Schröder/Lenckner/Sternberg-Lieben* Rdn. 7a ff hält prozedurale Wege ebenfalls – wenn auch mit leichter inhaltlicher Abweichung – in eben diesen beiden Fallgruppen für erfolgversprechend; er wählt dafür die Begrifflichkeiten der „Unklärbarkeit der Sachlage" und „Unklärbarkeit des Wertungsvorgangs". *Saliger* begrüsst die Proceduralisierung, zeigt aber auch die Grenzen einer Proceduralisierung im (Straf-) Recht auf (in Hassemer S. 434, 451 f [„Hyperprozeduralismus"]).
[1606] Vgl. nur *Neumann* NK Vor § 211 Rdn. 133 m.w.N. („Einhaltung dieser Regeln zwar ein [in der Regel zuverlässiges] Indiz, nicht aber ein zwingendes Kriterium dafür, dass diese Voraussetzungen objektiv wie subjektiv gegeben sind"); zust. *Jansen* Forschung an Einwilligungsunfähigen S. 280; **anders** *Widmaier* in Pieth/Seelmann S. 97, 98: Wegfall der Strafbarkeit.

Zwischen dem Sein und dem Sein-Müssen, ZStW **123** (2011) 387; *Dreher* Unser indeterministisches Strafrecht, Festschrift Spendel (1992) 13; *Ebert* Charakterschuld, Festschrift Kühl (2014) 137; *Foth* Das Schuldprinzip und der Satz vom zureichenden Grunde – Ein Rückblick auf die Strafrechtsreform, ARSP **62** (1976) 249; *Erb* Der Erlaubnistatbestandsirrtum als Anwendungsfall von § 17 StGB, Festschrift Paeffgen (2015) 205; *Fahl* Determinist mit gutem Gewissen? ZRph **2012** 93; *Frisch* Unrecht und Schuld im Verbrechensbegriff und in der Strafzumessung, Festschrift Müller-Dietz (2001) 237; *ders.* Schuldgrundsatz und Verhältnismäßigkeitsgrundsatz, NStZ **2013** 249; *ders.* Zur Zukunft des Schuldstrafrechts – Schuldstrafrecht und Neurowissenschaften, Festschrift Kühl (2014) 187; *ders.* Strafe, Straftat und Straftatsystem im Wandel, GA **2015** 65; *Frister* Die Struktur des „voluntativen Schuldelements", Habil. Bonn 1992 (1993); *ders.* Der Begriff der Schuldfähigkeit, MSchrKrim **77** (1994) 316; *ders.* Überlegungen zu einem agnostischen Begriff der Schuldfähigkeit, Festschrift Frisch (2013) 533; *ders.* Der strafrechtsdogmatische Begriff der Schuld, JuS **2013** 1057; *Gallas* Pflichtenkollision als Schuldausschließungsgrund, Festschrift Mezger (1954) 311; *Geisler* Zur Vereinbarkeit objektiver Bedingungen der Strafbarkeit mit dem Schuldprinzip, Diss. Berlin 1997 (1998); *Gierhake* Feindbehandlung im Recht? ARSP **94** (2008) 337; *Gimbernat Ordeig* Hat die Strafrechtsdogmatik eine Zukunft? ZStW **82** (1970) 379; *ders.* Zur Strafrechtssystematik auf der Grundlage der Nichtbeweisbarkeit der Willensfreiheit, Festschrift Henkel (1974) 151; *González-Rivero* Strafrechtliche Zurechnung bei Defektzuständen, Diss. Bonn 1999 (2001); *Greco* Wider die jüngere Relativierung der Unterscheidung von Unrecht und Schuld, GA **2009** 636; *ders.* Feindstrafrecht (2010); *ders.* Steht das Schuldprinzip der Einführung einer Strafbarkeit juristischer Personen entgegen? Zugleich Überlegungen zum Verhältnis von Strafe und Schuld, GA **2015** 503; *Griffel* Prävention und Schuldstrafe, ZStW **98** (1986) 28; *ders.* Determination und Strafe, ARSP **80** (1994) 96; *ders.* Strafrecht und Willensfreiheit, GA **1996** 457; *Gropp* Schuldhaftigkeit und Schuld – „allzu leicht verführt die Sprache das Denken", Festschrift Puppe (2011) 483; *Kl. Günther* Individuelle Zurechnung im demokratischen Verfassungsstaat, JRE **2** (1994) 143; *ders.* Schuld und kommunikative Freiheit, Habil. Frankfurt/M. 1997 (2005); *ders.* Hirnforschung und strafrechtlicher Schuldbegriff, KJ **2006** 116; *Haddenbrock* Soziale oder forensische Schuldfähigkeit (Zurechnungsfähigkeit) (1992); *ders.* Die temporalanthropologische Komplementarität der Freiheitsprämisse des Schuldstrafrechts, MSchrKrim **79** (1996) 50; *Heinitz* Buchbesprechung: Maurach Deutsches Strafrecht, Allgemeiner Teil, JR **1957** 78; *ders.* Gesinnungsbestimmtes und naturbestimmtes Handeln, MSchrKrim **84** (2001) 288; *ders.* Das rechtliche Schuldprinzip in wissenschaftlich-anthropologischer (= global akzeptabler) Sicht, GA **2003** 521; *Herzberg* Der Vorsatz als „Schuldform", als „aliud" zur Fahrlässigkeit und als „Wissen und Wollen"? Festgabe 50 Jahre BGH, Festgabe aus der Wissenschaft, Bd. IV: Straf- und Strafprozeßrecht (2000) 51; *ders.* Grundprobleme der deliktischen Fahrlässigkeit im Spiegel des Münchener Kommentars zum Strafgesetzbuch, NStZ **2004** 660; *ders.* Fahrlässigkeit, Unrechtseinsicht und Verbotsirrtum, Festschrift Otto (2007) 265; *ders.* Vorsatzausschließende Rechtsirrtümer, JuS **2008** 385; *ders.* Willensfreiheit und Schuldvorwurf (2010); *ders.* Überlegungen zum ethischen und strafrechtlichen Schuldbegriff, Festschrift Achenbach (2011) 157; *ders.* Setzt strafrechtliche Schuld ein Vermeidenkönnen voraus? ZStW **124** (2012) 12; *ders.* Ist unser Schuldstrafrecht noch zeitgemäß? Festschrift Frisch (2013) 95; *ders.* Kausalgesetz und strafrechtliche Schuld, Festschrift Kühl (2014) 259; *ders.* Freiheit als Deliktsvoraussetzung, Festschrift Schünemann (2014) 391; *ders.* Der strafrechtliche Schuldbegriff im 21. Jahrhundert, GA **2015** 250; *Heun* Die grundgesetzliche Autonomie des Einzelnen im Lichte der Neurowissenschaften, JZ **2005** 853; *Hillenkamp* Strafrecht ohne Willensfreiheit? Eine Antwort auf die Hirnforschung, JZ **2005** 313; *ders.* Hirnforschung, Willensfreiheit und Strafrecht – Versuch einer Zwischenbilanz, ZStW **127** (2015) 10; *Hirsch* Der Streit um Handlungs- und Unrechtslehre insbesondere im Spiegel der Zeitschrift für die gesamte Strafrechtswissenschaft, ZStW **93** (1981) 831; *ders.* Die Entwicklung der Strafrechtsdogmatik nach Welzel, Festschrift der Rechtswissenschaftlichen Fakultät zur 600-Jahr-Feier der Universität zu Köln (1988) 399; *ders.* Die Entwicklung der Strafrechtsdogmatik in der Bundesrepublik Deutschland in grundsätzlicher Sicht, in Hirsch/Weigend Strafrecht und Kriminalpolitik in Japan und Deutschland (1989) S. 65; *ders.* Die Stellung von Rechtfertigung und Entschuldigung im Verbrechenssystem, in Eser/Perron (Hrsg.) Rechtfertigung und Entschuldigung Bd. 3 (1991) S. 27; *ders.* Das Schuldprinzip und seine Funktion im Strafrecht, ZStW **106** (1994) 746; *ders.* Einordnung und Rechtswirkung des Erlaubnissachverhaltsirrtums, Festschrift Schroeder (2006) 223; *ders.* Über Irrungen und Wirrungen in der gegenwärtigen Schuldlehre, Festschrift Otto (2007) 307; *ders.* Zur gegenwärtigen deutschen Diskussion über Willensfreiheit und Strafrecht, ZIS **2010** 62; *Hochhuth* Die Bedeutung der neuen Willensfreiheitsdebatte für das Recht, JZ **2005** 745; *Hohn* Die Zulässigkeit materieller Beweiserleichterungen im Strafrecht, Diss. Kiel (2000); *Hörnle* Tatproportionale Strafzumessung, Diss. München 1998 (1999); *dies.* Das antiquierte Schuldverständnis der traditionellen Strafzumessungsrechtsprechung und Lehre, JZ **1999** 1080; *dies.* Die verfassungsrechtliche Begründung des Schuldprinzips, Festschrift Tiedemann (2008) 325; *dies.* Kriminalstrafe ohne Schuldvorwurf (2013); *dies.* Grenzen der Individualisierung von Schuldurteilen, Festschrift Schünemann (2014) 93; *dies./von Hirsch* Positive Generalprävention und Tadel, GA **1995** 261; *Hoyer* Normative Ansprechbarkeit als Schuldelement, Festschrift Roxin (2011) 723; *Chr. Jäger* Jugend zwischen Schuld und Verantwortung, GA **2003** 469; *ders.* Willensfreiheit, Kausalität und Determination, GA **2013** 3; *H. Jäger* Strafrecht und psychoanalytische Theorie, Festschrift Henkel (1974) 125; *Jakobs* Schuld und Prävention (1976); *ders.* Kriminalisierung im Vorfeld einer Rechtsgutverletzung, ZStW **97** (1985) 751; *ders.* Über die Behandlung von Wollensfehlern und von Wissensfehlern, ZStW **101** (1989) 516; *ders.* Das Schuldprinzip (1993); *ders.* Das Strafrecht zwischen Funktionalismus und alteuropäischem Prinzipiendenken, ZStW **107** (1995) 843; *ders.* Strafrechtliche Zurechnung und die Bedingungen der Normgeltung, in Neumann/Schulz (Hrsg.) Verantwortung in Recht und Moral, ARSP-Beiheft **74** (2000) 57; *ders.* Bürgerstrafrecht und Feindstrafrecht, HRRS **2004** 88; *ders.* Individuum und Person, ZStW **117** (2005) 247; *ders.* Norm, Person, Gesellschaft 3. Aufl. (2008); *ders.* System der strafrechtlichen Zurechnung (2012); *ders.* Drei Bemerkungen zum gesellschaftsfunktionalen Schuldbegriff, Festschrift Kühl (2014) 281; *ders.* „Recht des Willens" – „Schuld des Willens" in Fischer/Hoven (Hrsg.) Schuld (2017) S. 111; *Jerouschek* Straftat und Traumatisierung, JZ **2000** 185; *Karamagiolis* Die Struktur eines folgenorientierten Schuldprinzips, Diss. Frankfurt/M. 1999 (2002); *Keiser* Schuldfähigkeit als Voraussetzung von Strafe, Jura **2001** 376; *Armin Kaufmann* Die Dogmatik im Alternativ-Entwurf, ZStW **80** (1968) 34; *ders.* Schuldfähigkeit und Verbotsirrtum, Festschrift Eb. Schmidt (1971) 319; *Arthur Kaufmann* Schuld und Prävention, Festschrift Wassermann 1985 889; *Kehl* Schuld und Verfassung, in Fischer/Hoven (Hrsg.) Schuld (2017) S. 123; *Kelker* Buchbesprechung: Klaus Günther, Schuld und kommunikative Freiheit (2005), ZStW **118** (2006) 215; *ders.* Zur Legitimität von Gesinnungsmerkmalen im Strafrecht, Habil Tübingen 2005 (2007); *Keil* Willensfreiheit 2. Aufl. (2013); *H.-T. Kim* Grenzen des funktionalen Schuldbegriffs – Zur Rekonstruktion des strafrechtlichen Schuldprinzips und Verwirklichung in der Strafzumessung, Diss. Saarbrücken (1995); *Y.W. Kim* Unzeitgemäße Betrachtungen zum Schuldgrundsatz im Strafrecht? in Neumann/Hassemer/Schroth (Hrsg.) Verantwortetes Recht: die Rechtsphilosophie Arthur Kaufmanns (2005) S. 157; *Kindhäuser* Rechtstreue als Schuldkategorie, ZStW **107** (1995) 701; *ders.* Schuld und Strafe, Festschrift Schroeder (2006) 81; *ders.* Der subjektive Tatbestand im Verbrechensaufbau – Zugleich eine Kritik der Lehre von der objektiven Zurechnung, GA **2007** 447; *ders.* Strafrechtliche Schuld im demokratischen Rechtsstaat, Festschrift Hassemer (2010) 761; *Koch* Kein Abschied von der Willensfreiheit, ARSP **105** (2006) 223; *ders.* Zur Strafbarkeit unbewusster Fahrlässigkeit, ZIS **2010** 175; *Köhler* Der Begriff der Zurechnung, Festschrift Hirsch (1999) 65; *Koller* Freiheit und Schuld in den Theorien der positiven Generalprävention, in Schünemann u.a. (Hrsg.) Positive Generalprävention (1998) S. 153; *Koriath* Zum Streit um den Schuldbegriff. Eine Skizze, GA **2011** 618; *Krauß* Erfolgsunwert und Handlungsunwert im Unrecht, ZStW **76** (1964) 19; *ders.* Schuld im Strafrecht – Zurechnung der Tat oder Abrechnung mit dem Täter? Festschrift Schüler-Springorum (1993) 459; *Kriele* Hirnforschung und Rechtsreform, ZRP **2005** 185; *Kunz* Prävention und gerechte Zurechnung, ZStW **98** (1986) 823; *Kröger* Der Aufbau der Fahrlässigkeitsstraftat, Diss. Marburg 2014 (2016); *Küpper* Grenzen der normativierenden Strafrechtsdogmatik, Habil. Köln 1989 (1990); *Lagodny* Strafrecht vor den Schranken der Grundrechte, Habil. Freiburg i.Br. 1995 (1996); *Lampe* Strafphilosophie (1999); *ders.* Willensfreiheit und strafrechtliche Unrechtslehre, ZStW **118** (2006) 1; *Leite* Der Unrechtszweifel als Verbotsirrtum, GA **2012** 688; *Lesch* Zur Einführung in das Strafrecht: Über den Sinn und Zweck staatlichen Strafens, JA **1994** 510, 590; *ders.* Der Verbrechensbegriff, Habil. Bonn 1997/98 (1999); *ders.* Unrecht und Schuld im Strafrecht, JA **2002** 602; *Loos* Zur Bedeutung des Unrechtsbegriffs im Strafrecht, Festschrift Maiwald (2010) 469; *Luhmann* Rechtssoziologie (2008); *Luzón* Entschuldigung als subjektive Unzumutbarkeit, Festschrift Schünemann (2014) 445; *Maihofer* Der Unrechtsvorwurf. Gedanken zu einer personalen Unrechtslehre, Festschrift Rittler (1957) 141; *Melkos/Clauß* Strafrechtliche Aspekte der Verursachung künstlicher Staus zur Verfolgung flüchtender Straftäter durch die Polizei, DAR **2006** 73; *Mendes* Über die philosophischen Wurzeln der Trennung zwischen Unrecht und Schuld, Festschrift Wolter (2013) 271; *G. Merkel* Hirnforschung, Sprache und Recht, Festschrift Herzberg (2008) 3; *R. Merkel* Handlungsfreiheit, Willensfreiheit und strafrechtliche Schuld, in Schünemann u.a. (Hrsg.) Gerechtigkeitswissenschaft (2005) 411; *ders.* Schuld, Charakter und normative Ansprechbarkeit, Festschrift Roxin (2011) 737; *ders.* Willensfreiheit und rechtliche Schuld (2014); *Momsen* Die Zumutbarkeit als Begrenzung strafrechtlicher Pflichten, Habil. Göttingen 2006; *Morguet* Feindstrafrecht, Diss. Mainz 2007/2008 (2009); *Müller-Dietz* Hirnforschung und Schuld, GA **2006** 338; *Neufelder* Schuldbegriff und Verfassung, GA **1974** 289; *Müssig* Schuldprinzip als positivistische Rekonstruktion des strafrechtlichen Zugriffs? Festschrift Mehle (2009) 451; *Neumann* Buchbesprechung: *Frister,* Die Struktur des „voluntativen Schuldelements" (1993), ZStW **109** (1997) 621; *ders.* Ontologische, funktionale und sozialethische Deutung des Schuldprinzips, in Lüderssen (Hrsg.) Aufgeklärte Kriminalpolitik oder Kampf gegen das Böse? Bd. I (1998) S. 391; *ders.* Buchbesprechung: Hoyer, Strafrechtsdogmatik nach Armin Kaufmann (1997), GA **1999** 443; *ders.* Die Schuldlehre des Bundesgerichtshofs – Grundlagen, Schuldfähigkeit, Verbotsirrtum, Festgabe 50 Jahre BGH, Festgabe aus der Wissenschaft, Bd. IV: Straf- und Strafprozeßrecht (2000) 83; *ders.* Regel und Sachverhalt in der strafrechtlichen Irrtumsdogmatik, FS Puppe (2011) 171; *Otto* Buchbesprechung: Kelker, Zur Legitimität von Gesinnungsmerkmalen im Strafrecht (2007), ZStW **119** (2007) 993; *Paeffgen* Bürgerstrafrecht, Vorbeugungsstrafrecht, Feindstrafrecht? Festschrift Amelung (2009) 81; *Pauen* Illusion Freiheit – mögliche und unmögliche Konsequenzen der Hirnforschung 2. Aufl. (2008); *ders.* Freiheit, Schuld, Verantwortung – Philosophische Überlegungen und empirische Befunde, in Duttge (Hrsg.) Das Ich und sein Gehirn (2009) S. 75; *ders./Roth* Freiheit, Schuld, Verantwortung (2008); *K. Peters* Der Wandel des Gewissensbegriffs, Festschrift Stree/Wessels (1993) 3; *Pawlik* Der wichtigste dogmatische Fortschritt der letzten Menschenalter? Festschrift Otto (2007) 133; *ders.* Strafrechtswissenschaftstheorie, Festschrift Jakobs (2007) 469; *ders.* Der Terrorist und sein Recht (2008); *Pinto de Albuquerque* Ein unausrottbares Missverständnis, ZStW **110** (1998) 640; *Plate* Psyche, Unrecht und Schuld (2002); *Pothast* Probleme bei der Rechtfertigung staatlicher Strafe, JA **1993** 104; *ders.* Das Rechtfertigungselement Freiheit: Bleibende Schwächen, in Lüderssen (Hrsg.) Aufgeklärte Kriminalpolitik oder Kampf gegen das Böse? Bd. I (1998) S. 135; *Radtke* Überlegungen zum Verhältnis von „zivilem Ungehorsam" zur „Gewissenstat", GA **2000** 19; *ders.* Schuldgrundsatz und Sicherungsverwahrung, GA **2011** 636; *Ramírez* Was ist Schuld? Festschrift Tiedemann (2008) 345; *Reinelt* Entscheidungsfreiheit und Recht – Determinismus contra Indeterminismus, NJW **2004** 2792; *Rogall* Kriminalstrafe gegen juristische Personen? GA **2015** 260; *Rittler* Buchbesprechung: Maurach Deutsches Strafrecht Allgemeiner Teil, JBl. **1955** 634; *Roth* Fühlen, Denken, Handeln (2003); *ders.* Willensfreiheit, Verantwortlichkeit und Verhaltensautonomie des Menschen aus Sicht der Hirnforschung, Festschrift Lampe (2003) 43; *ders.* Persönlichkeit, Entscheidung und Verhalten (2016); *Roxin* Rechtfertigungs- und Entschließungsgründe in Abgrenzung von sonstigen Strafausschließungsgründen, JuS **1988** 425; *ders.* Das Schuldprinzip im Wandel, Festschrift Arthur Kaufmann (1993) 519; *ders.* Zur kriminalpolitischen Fundierung des Strafrechtssystems, Festschrift Kaiser (1998) 885; *ders.* Die strafrechtliche Verantwortlichkeit zwischen Können und Zumutbarkeit, Ehrengabe Brauneck (1999) 385; *ders.* Schuld und Schuldausschluss im Strafrecht, Festschrift Mangakis (1999) 237; *ders.* Normativismus, Kriminalpolitik und Empirie in der Strafrechtsdogmatik, Festschrift Lampe (2003) 423; *ders.* Schlussbericht, in Neumann/Prittwitz (Hrsg.) Kritik und Rechtfertigung des Strafrechts (2005) S. 175; *ders.* Rechtsgüterschutz als Aufgabe des Strafrechts? in Hefendehl (Hrsg.) Empirische und dogmatische Fundamente, kriminalpolitischer Impetus, Symposium für Bernd Schünemann zum 60. Geburtstag (2005) S. 135; *ders.* Zur neueren Entwicklung der Strafrechtsdogmatik in Deutschland, GA **2011** 678; *ders.* Normative Ansprechbarkeit als Schuldkriterium, GA **2015** 489; *Ruske* Ohne Schuld und Sühne, Diss. Frankfurt/O. 2010 (2011); *Saliger* Feindstrafrecht: Kritisches oder totalitäres Strafrechtskonzept? JZ **2006** 756; *B.F. Sánchez* Strafrechtliche Schuld im demokratischen Rechtsstaat, Festschrift Frisch (2013) 555; *Sánchez Lázaro* Eine Dekonstruktion der Schuld, GA **2012** 149; *Schiemann* Kann es einen freien Willen geben? – Risiken und Nebenwirkungen der Hirnforschung für das deutsche Strafrecht, NJW **2004** 2056; *Sánchez* Strafrechtliche Schuld im demokratischen Rechtsstaat, Festschrift Frisch (2013) 555; *ders.* Vorüberlegungen zur Lehre vom Verbotsirrtum, GA **2016** 309; *Schmidhäuser* Über den axiologischen Schuldbegriff des Strafrechts: Die unrechtliche Tatgesinnung, Festschrift Jescheck (1985) 485; *Schmitt-Leonardy* Kollektive Schuld? – Zur „Schuld" von Unternehmen, in Fischer/Hoven (Hrsg.) Schuld (2017) S. 313; *H. Schneider* Grund und Grenzen des strafrechtlichen Selbstbegünstigungsprinzips auf der Basis eines generalpräventiv-funktionalen Schuldmodells, Diss. Berlin 1990 (1991); *Hendrik Schneider* Kann die Einübung in Normanerkennung die Strafrechtsdogmatik leiten? Habil. Mainz 2003 (2004); *Schöne* Fahrlässigkeit, Tatbestand und Strafgesetz, Gedächtnisschrift Hilde Kaufmann (1986) 649; *Schöneborn* Schuldprinzip und generalpräventive Aspekte, ZStW **88** (1976) 349; *Schreiber* Schuld und Schuldfähigkeit im Strafrecht, Festschrift Deutsche Richterakademie (1983) 73; *Schröder* Verbotsirrtum, Zurechnungsfähigkeit, actio libera in causa, GA **1957** 297; *Schroth* Strafe ohne nachweisbaren Vorwurf, Festschrift Roxin (2011) 705; *Schulz* Alternativen zum Schuldstrafrecht, JA **1982** 532; *Schünemann* Einführung in das strafrechtliche Systemdenken, in Schünemann (Hrsg.) Grundfragen des modernen Strafrechtssystems (1984) S. 1; *ders.* Die Funktion des Schuldprinzips im Präventionsstrafrecht, in Schünemann (Hrsg.) Grundfragen des modernen Strafrechtssystems (1984) S. 153; *ders.* Die deutschsprachige Strafrechtswissenschaft nach der Strafrechtsreform im Spiegel des Leipziger Kommentars und des Wiener Kommentars, GA **1986** 293;

ders. Kritische Anmerkungen zur geistigen Situation der deutschen Strafrechtswissenschaft, GA **1995** 201; *ders.* Strafrechtsdogmatik als Wissenschaft, Festschrift Roxin (2001) 1; *ders.* Zum gegenwärtigen Stand der Lehre von der Strafrechtsschuld, Festschrift Lampe (2003) 537; *ders.* Das Schuldprinzip und die Sanktionierung von juristischen Personen und Personenverbänden, GA **2015** 274; *Singer* Ein neues Menschenbild? Gespräche über die Hirnforschung (2003); *ders.* Grenzen der Intuition: Determinismus oder Freiheit, Festschrift Simon (2005) 529; *Spilgies* Die Bedeutung des Determinismus-Indeterminismus-Streits für das Strafrecht (2004); *ders.* Die Kritik der Hirnforschung an der Willensfreiheit als Chance für eine Neudiskussion im Strafrecht, HRRS **2004** 217; *ders.* Zwischenruf: Die Debatte über „Hirnforschung und Willensfreiheit" im Strafrecht ist nicht falsch inszeniert! ZIS **2009** 155; *ders.* Über die Aporie der Schuldbegründung bei unbewusster Fahrlässigkeit in einem auf Willensfreiheit gegründeten Schuldstrafrecht, ZIS **2010** 490; *Spendel* Gegen den „Verteidigungswillen" als Notwehrerfordernis, Festschrift Bockelmann (1979) 245; *Stratenwerth* Handlungs- und Erfolgsunwert im Strafrecht, SchwZStr **79** (1963) 233; *ders.* Was leistet die Lehre von den Strafzwecken? (1995); *Streng* Psychowissenschaftler und Strafjuristen, NStZ **1995** 12, 161; *ders.* Die Öffnung der Grenzen und die Grenzen des Strafrechts, JZ **1993** 109; *ders.* Schuldbegriff und Hirnforschung, Festschrift Jakobs (2007) 675; *ders.* Der Erlaubnistatbestandsirrtum und die Teilnahmefrage – Elemente einer Akzessorietätslösung, Festschrift Paeffgen (2015) 231; *Stübinger* Nicht ohne meine „Schuld"! KJ **26** (1993) 33; *ders.* Buchbesprechung: Günther Jakobs, Der strafrechtliche Handlungsbegriff – kleine Studie (1992), KJ **27** (1994) 119; *ders.* Das „idealisierte" Strafrecht, Habil. Frankfurt/M. 2007 (2008); *Tiedemann* Die Bebußung von Unternehmen nach dem 2. Gesetz zur Bekämpfung der Wirtschaftskriminalität, NJW **1988** 1169; *Tiemeyer* Der „relative Indeterminismus" und seine Bedeutung für das Strafrecht, ZStW **105** (1993) 483; *B. Vogel* Rechtsgüterschutz und Normgeltung – Zur Funktion des Rechtsguts im Schuldstrafrecht, ZStW **129** (2017) 629; *M. Walter* Die Bestimmung der Tatschuld und Bemessung der Strafe nach der vom Täter entwickelten „kriminellen Energie", Gedächtnisschrift Hilde Kaufmann (1986) 493; *T. Walter* Der Kern des Strafrechts, Habil. Freiburg i.Br. 2003/2004 (2006); *Weißer* Ist das Konzept strafrechtlicher Schuld nach § 20 StGB durch die Erkenntnisse der Neurowissenschaften widerlegt? GA **2013** 26; *Wolff* Der Grundsatz „nulla poena sine culpa" als Verfassungsrechtssatz, AöR **124** (1999) 55; *ders.* Die Willensfreiheit und die Grundrechte, JZ **2006** 925; *Zabel* Schuldtypisierung als Begriffsanalyse, Diss. Leipzig 2005 (2007); *Zaczyk* Schuld als Rechtsbegriff, in Neumann/Schulz (Hrsg.) Verantwortung in Recht und Moral, ARSP-Beiheft **74** (2000) 103; *ders.* Buchbesprechung: R. Merkel, Willensfreiheit und rechtliche Schuld (2014), GA **2009** 371.

Siehe auch das Schrifttum bei *Streng* MK zu § 20. – Zur **Rechtsvergleichung**: *Buchala* Das Schuldprinzip und seine Funktion im polnischen Strafrecht, ZStW **106** (1994) 766; *Jescheck* Die Schuld im Entwurf eines Strafgesetzbuchs für England und Wales im Vergleich mit dem deutschen Strafrecht, Festschrift Schmitt (1992) 56; *ders.* Die Schuld im Vorentwurf von 1989 eines türkischen Strafgesetzbuchs in rechtsvergleichender Sicht, Festschrift Geerds (1995) 75; *ders.* Das Schuldprinzip als Grundlage und Grenze der Strafbarkeit im deutschen und spanischen Recht, in Vogler (Hrsg.) Beiträge zum Strafrecht 1980–1998 (1998) S. 281; *ders.* Wandlungen des strafrechtlichen Schuldbegriffs in Deutschland und Österreich, JBl **1998** 609; *Moos* Der Schuldbegriff im österreichischen Strafrecht, Festschrift Triffterer (1996) 169; *Perron* Rechtfertigung und Entschuldigung im deutschen und spanischen Recht, Diss Freiburg i.Br. 1987 (1988); *Zugaldía Espinar* Das Schuldprinzip in der neueren Rechtsprechung des Obersten Gerichts Spaniens, ZStW **107** (1995) 222.

Speziell zum voluntativen Schuldelement: siehe unten vor Rdn. 334, 354 und 374.

I. Grundsätzliches

1. Schuld als Deliktsmerkmal

320 **a) Klassischer Schuldbegriff.** Das tatbestandsmäßige Unrecht trifft eine Aussage zum *rechtlichen Sollen.* Dagegen behandelt die Schuld die Frage, ob der Täter für eine tatbestandsmäßige und rechtswidrige Tat verantwortlich ist: **„Dafür-Können"** (*T. Walter* LK[12] Vor § 13 Rdn. 159; *Paeffgen/Zabel* NK Rdn. 208; *Welzel* § 19 I). Die Rechtsordnung vermag nicht schon daran eine Strafsanktion zu knüpfen, dass sich jemand tatbestandsmäßig und rechtswidrig verhalten hat; vielmehr setzt dies weiterhin voraus, dass das Verhalten dem Täter auch persönlich vorzuwerfen ist (BGHSt [GrS] **2** 194, 200; BGHSt

10 259; **47** 369, 375 f; StV **1997** 18, 19; *Lackner/Kühl/Kühl* Vor § 13 Rdn. 23).[1607] Der Grundsatz „keine Strafe ohne Schuld" (**nulla poena sine culpa**) hat Verfassungsrang; er ergibt sich nach der Rspr. des BVerfG aus dem Rechtsstaatsprinzip (Art. 20 Abs. 3 GG) sowie aus der Würde und Eigenverantwortlichkeit des Menschen (Artt. 1 Abs. 1, 2 Abs. 1 GG).[1608] Zusätzlich kommt das Schuldprinzip[1609] durch explizite Erwähnung der „Schuld" im Gesetz zum Ausdruck (§§ 17, 20, 29, 35 Abs. 1 a.E., 46 Abs. 1 Satz 1). Lediglich bei Maßregeln der Besserung und Sicherung (§ 61) ist das Schulderfordernis entbehrlich. Hierbei handelt es sich aber auch nicht um Strafe. Vielmehr knüpfen Maßregeln an die *Sozialgefährlichkeit* des Täters an. Sie sind ausschließlich präventiv ausgerichtet und sollen – unabhängig von der Schuld – einen gefährlichen Täter bessern und die Allgemeinheit vor diesem schützen.[1610] Dagegen beinhaltet Schuld den Vorwurf gegenüber dem Täter, sich tatbestandsmäßig und rechtswidrig verhalten zu haben, obwohl er die Möglichkeit hatte, anders – d.h. rechtmäßig – zu handeln (vgl. BGHSt [GrS] **2** 194, 200). Unabhängig von der Frage, ob Willensfreiheit überhaupt existiert,[1611] ist ein – theoretisch denkbares –

[1607] Ferner *Fischer* Vor § 13 Rdn. 47; weiterhin *Neumann* FG BGH IV, 83, 86. Grundlegend zum Schuldbegriff *Arth. Kaufmann* Das Schuldprinzip, Habil. Saarbrücken 1961. Zur Historie der Trennung von Unrecht und Schuld *Mendes* FS Wolter, 271 ff.

[1608] Zur Herleitung aus dem Rechtsstaatsprinzip s. BVerfGE **20** 323, 331; **23** 127, 132; **41** 121, 125; zu Ansätzen in der früheren Rspr. BVerfGE **6** 389, 439; **7** 305, 319; **9** 167, 169; Einbeziehung von Menschenwürde und Eigenverantwortlichkeit in BVerfGE **25** 269, 285; **45** 187, 259; **50** 125, 133; **57** 250, 275; **80** 244, 255; 367, 378; **86** 288, 313; **90** 145, 173; **91** 1, 27; **95** 96, 120 f, 140; **96** 245, 249; NJW **1990** 3139, 3140; **1994** 2412, 2413; **1995** 383; **1995** 1016, 1017; **1996** 1809, 1810; **1998** 2585, 2586; **2008** 1137, 1142; **2012** 907, 909; **2013** 1058, 1059; **2016** 1149, 1150; NVwZ **2003** 1504; StV **2004** 612, 613. Ausführlich hierzu *Appel* Verfassung und Strafe S. 109 ff; *Hörnle* FS Tiedemann, 325 ff; *Krehl* in Fischer/Hoven Schuld S. 123 ff; *Lagodny* Strafrecht vor den Schranken S. 386 ff; *Stächelin* Strafgesetzgebung im Verfassungsstaat, Diss. Frankfurt/M. 1998 S. 243 f; *Wolff* AöR **124** (1999) 55, insbes. 76 ff. Weiterhin *Sch/Schröder/Eisele* Vor § 13 Rdn. 103/104; *Rogall* SK Vor § 19 Rdn. 6 m.w.N. Auch *Jakobs* 17/29 ff; *ders*. Schuldprinzip passim; *Jescheck/Weigend* § 4 I m.w.N.; *Roxin* FS Arth. Kaufmann, 519 ff; *Fischer* Vor § 13 Rdn. 47. **Kritisch** zur Herleitung aus der Menschenwürde *Schulz* JA **1982** 532.

[1609] Auch wenn sich der Begriff „Schuldprinzip" allgemeiner Anerkennung erfreut, ist der Grundsatz „keine Strafe ohne Schuld" doch kein Prinzip im eigentlichen Sinne, das gegen andere Prinzipien abgewogen werden könnte, sondern eine Regel, die einer Abwägung gegen Grundrechte oder Allgemeininteressen nicht mehr zugänglich ist, vgl. *Lagodny* Strafrecht vor den Schranken S. 400 f; *Hohn* Beweiserleichterungen S. 77 f; ähnlich bereits *Frister* Schuldprinzip, Verbot der Verdachtsstrafe und Unschuldsvermutung als materielle Grundprinzipien des Strafrechts, Diss. Bonn 1988 S. 38; zur Unterscheidung von Prinzipien und Regeln s. *Alexy* Theorie der Grundrechte 3. Aufl. (1996) S. 71 ff; s. auch *Sánchez Lázaro* GA **2012** 149 ff.

[1610] Siehe nur *Fischer* Vor § 61 Rdn. 1; *Sch/Schröder/Stree/Kinzig* Vor § 61 Rdn. 2.

[1611] Dies bezweifeln Anhänger einer **deterministischen Sichtweise** wie etwa *Roth* Fühlen, Denken, Handeln S. 494 ff; *ders*. FS Lampe, 43, 56 f (abgeschwächt jetzt *ders*. Persönlichkeit S. 314 ff; *Pauen/ders*. Freiheit, Schuld und Verantwortung S. 37 ff) u. *Singer* Ein neues Menschenbild? S. 30 ff; *ders*. FS Simon, 529 ff; für weitere Nachw. vgl. *Hillenkamp* ZStW **127** (2015) 10, 26 ff; ebenfalls *Detlefsen* (jetzt *G. Merkel*) Grenzen der Freiheit S. 326 ff, 345 ff; *dies*. FS Herzberg, 3, 30 ff, die das tradierte Schuldstrafrecht aufgeben will; ähnlich auch *Bröckers* Verantwortung S. 145 ff, 256 ff; *Spilgies* Determinismus S. 43 ff; *ders*. HRRS **2005** 43, 47 f; *ders*. ZIS **2007** 155, 158 ff. Zur Deutung der Experimente in der Hirnforschung weiterhin *Keil* Willensfreiheit S. 179 ff sowie – disziplinübergreifend – den Sammelband von *Geyer* (Hrsg.) Hirnforschung und Willensfreiheit (2004); aus philosophischer Sicht weiterhin *Nida-Rümelin* Über menschliche Freiheit (2005); *Pothast* Freies Handeln und Determinismus 2. Aufl. (1988); *ders*. in Lüderssen S. 135 ff; *ders*. JA **1993** 104, 106 ff; *Keil* aaO S. 17 ff. Determiniertheit und personale Freiheit für vereinbar halten Anhänger einer **kompatibilistischen Sichtweise** wie *Bieri* Das Handwerk der Freiheit (2006) u. *Pauen* Illusion Freiheit? S. 229 ff; *ders*. in Duttge S. 75 ff; *ders./Roth* Freiheit, Schuld und Verantwortung S. 39. *Herzberg* geht von einer zumindest „kleinen Willensfreiheit" aus, die sich auf eine „ungehemmte, hindernisüberwindende Willensbildung" gründet (*ders*. Willensfreiheit und Schuldvorwurf S. 37 ff, 42 f; *ders*. ZStW **124** [2012] 12, 19 ff; *ders*. FS Frisch, 95, 101 ff; *ders*. FS Kühl, 259, 267 ff; *ders*. FS Schünemann, 391 ff; *ders*. GA **2015** 250, 258). Ebenfalls für eine Vereinbarkeit *Burkhardt* FS Maiwald, 79, 82 ff, 92, der im allgemeinmenschlichen Freiheitserleben eine Grundlage für den strafrechtlichen Schuldvorwurf sieht (so schon *Hirsch* ZStW **106** [1994] 746, 759 ff; *ders*. ZIS **2010** 62 ff; ferner *Kühl* AT § 10 Rdn. 4); **abl.** gegenüber der Zuschreibung prakti-

„Anders-Handeln-Können" im konkreten Tatzeitpunkt mangels Reproduzierbarkeit des Entscheidungsprozesses nicht beweisbar, so dass es sich bei der Schuld letztlich um eine gesellschaftlich legitimierte Zuschreibung von Verantwortlichkeit handelt.[1612] So soll nach der heute wohl überwiegenden Auffassung für das Schuldurteil maßgeblich sein, ob ein „Normalbürger", d.h. ein Mensch mit durchschnittlichem Können, unter den gegebenen inneren und äußeren Umständen hätte anders handeln können (*sozialvergleichender Maßstab bzw. analogisches Verfahren*).[1613] Dies gilt insbesondere für die Vertreter des **sozialen Schuldbegriffs**. Danach soll sich der Schuldbegriff nicht auf eine individuelle sittliche Verfehlung beziehen, sondern nur einen sozialen Tadel dafür beinhalten, dass der Täter hinter den staatlich gesetzten Verhaltensanforderungen eines maßgerechten Durchschnittsmenschen zurückgeblieben ist.[1614] Das Problem der Willensfreiheit wird hierdurch jedoch nur scheinbar gelöst, da offen bleibt, weshalb ein sozialer Vorwurf im Unterschied zu einem sittlichen Vorwurf auf die Entscheidungsfreiheit des Täters soll verzichten können (vgl. *Otto* AT § 12 Rdn. 26). Zudem kann die Bestrafung gegenüber dem individuellen Täter jenseits von Präventionserwägungen gerade nicht dadurch legitimiert werden, dass man statt auf das individuelle Anders-Handeln-Können des Täters auf das generelle, erfahrungsgemäß gegebene Können eines Normalbürgers abstellt.[1615] Vor diesem Hintergrund definiert *Roxin* Schuld als unrechtes Handeln trotz

---

scher Freiheit durch das subjektive Freiheitserleben *R. Merkel* Willensfreiheit S. 118 ff; auch *Jakobs* (ZStW 117 [2005] 247, 264 f) hält ein „Verantwortungsbewusstsein" als Zurechnungskriterium für ungeeignet; **krit.** weiterhin *Ruske* Ohne Schuld und Sühne S. 215 f. Zwischen Neurowissenschaft und Strafrecht vermittelnd *Crespo* GA **2013** 15, 20 ff. Ein begriffliches Missverständnis bei Hirnforschern, welche die Möglichkeit von Handlungfreiheit und Schuld in Abrede stellen, konstatiert *Müller-Dietz* GA **2006** 338, 341 f (dessen Schuldkonzept befürwortend *Koriath* GA **2011** 618, 627 ff); weiterhin **krit.** zu den Folgerungen aus den Erkenntnissen der Neurowissenschaften *Frisch* FS Kühl, 187 ff, *Hochhuth* JZ **2005** 745, *Kriele* ZRP **2005** 185, *Lampe* ZStW **118** (2006) 1 ff u. *Reinelt* NJW **2004** 2792 sowie zum Freiheitsbegriff *Donna* ZStW **123** (2011) 387 ff; den Diskussionsstand zusammenfassend *Baltzer* FS Kargl, 25 ff. Weitere Nachweise bei *Rogall* SK Vor § 19 Rdn. 5 ff; *Paeffgen/Zabel* NK Rdn. 230b ff; *Jescheck/Weigend* § 37; *Lackner/Kühl/Kühl* Vor § 13 Rdn. 26 ff; *Sch/Schröder/Eisele* Vor § 13 Rdn. 108 ff. Aus der älteren Literatur *pars pro toto Bockelmann* ZStW **75** (1963) 372 ff; *Donna* Schuldfrage und Prävention (1999) III 1; *ders.* GedS Zipf, 197, 211 ff; *Griffel* ZStW **98** (1986) 28, 34 ff; *ders.* GA **1989** 193 ff; *ders.* GA **1996** 457 ff; *Jähnke* LK[11] § 20 Rdn. 7 ff; *Jescheck* LK[11] Vor § 13 Rdn. 73 f; *ders.* JBl **1998** 609, 612 ff; *Sticht* Sachlogik als Naturrecht? Diss. Freiburg i.Br. 2000 Kap. 5.1.2; *Tiemeyer* ZStW **105** (1993) 483 ff; jew. m.w.N. Interdisziplinär zusammenfassend: *Dreher* Die Willensfreiheit (1987); dazu aus theologischer Sicht der Sammelband von *Hermanni/Koslowski* (Hrsg.) Der freie und der unfreie Wille (2004).
1612 Ebenso *Sch/Schröder/Eisele* Vor § 13 Rdn. 110; *Baumann/Weber/Mitsch/Eisele* § 16 Rdn. 24; *Paeffgen/Zabel* NK Rdn. 236; *Rudolphi* SK[7] Vor § 19 Rdn. 1; *Freund* MK Vor § 13 Rdn. 242; *Schlehofer* MK Rdn. 259; jew. m.w.N. Ausführlich *Jakobs* Zurechnung S. 61, 65 f u. passim. Auch das BVerfG spricht im Zusammenhang mit dem Schuldprinzip von einer „vom Grundgesetz vorausgesetzten" Eigenverantwortlichkeit des Menschen (BVerfGE **25** 269, 285), vgl. *Lagodny* Strafrecht vor den Schranken S. 388.
1613 *Mangakis* ZStW **75** (1963) 499, 519. Weiterhin *Jescheck/Weigend* § 39 III; *Jescheck* JBl **1998** 609, 614; *Arth. Kaufmann* FS R. Lange, 27, 29 f; *ders.* FS Wassermann, 889, 893; *ders.* Jura **1986** 225, 227; *Kindhäuser* AT § 10 Rdn. 5; *Krümpelmann* ZStW **88** (1976) 6, 32; *ders.* GA **1983** 337; *Otto* AT § 12 Rdn. 24 m.w.N.; *Rössner* GedS Keller, 213, 221; *Rudolphi* SK[7] Vor § 19 Rdn. 1.
1614 Siehe etwa *Krümpelmann* ZStW **88** (1976) 6, 31 ff; *ders.* GA **1983** 337 ff; *Lackner* FS Kleinknecht, 245, 251 f; *Lackner/Kühl/Kühl* Vor § 13 Rdn. 23; *Neufelder* GA **1974** 289, 306 f; w. Nachw. bei *Schünemann* in Hirsch/Weigend S. 147, 148 m. Fn. 3. Kritisch zur sittlichen Indifferenz des sozialen Schuldbegriffs *Lampe* Strafphilosophie (1999) S. 226 f. Zu den Versuchen, im Rahmen der Begründung einer Unternehmensstrafbarkeit anstelle der persönlichen Vorwerfbarkeit einen an „sozialen und rechtlichen Kategorien ausgerichteten Schuldbegriff im weiteren Sinne" treten zu lassen, vgl. *Tiedemann* NJW **1988** 1169, 1172: Strafhaftung aufgrund „Organisationsverschuldens" – dazu (für viele) auch *Frister* 3/14 ff, *Greco* GA **2015** 503 ff u. *Rogall* GA **2015** 260 ff; *Schmitt-Leonardy* in Fischer/Hoven Schuld S. 321, 313 ff; *Schünemann* GA **2015** 274, 279 ff.
1615 Siehe insofern die **Kritik** bei *Sch/Schröder/Eisele* Vor § 13 Rdn. 109a; *Schünemann* FS Lampe, 537, 544 ff; *ders.* in Hirsch/Weigend S. 147, 148 ff (Festhalten am modifizierten klassischen Schuldbegriff);

grundsätzlicher „**normativer Ansprechbarkeit**", d.h. intakter psychischer Steuerungsfähigkeit (AT I § 19 Rdn. 36ff; ZStW **96** [1984] 641, 652f; GA **2015** 489ff).[1616] Er beobachtet eine solche Zuschreibung von Schuld bei zahlreichen Autoren[1617] und hält sein Schuldkonzept für konsensfähig.[1618] Zu ähnlichen Ergebnissen dürfte die Ansicht von *Frister* führen, wonach Zurechnungsfähigkeit als Fähigkeit zu einer „**hinreichend differenziert strukturierten Willensbildung**" zu verstehen ist bzw. als Fähigkeit, sich in einer Art und Weise zu entscheiden, die nicht signifikant hinter dem allgemein in unserer Gesellschaft erreichten Differenzierungsniveau zurückbleibt („voluntatives Schuldelement" S. 125ff, 253).[1619] Den Maßstab für das Differenzierungsniveau soll dabei der Grad an Rationalität bilden, der bei dem in Frage stehenden Entscheidungsprozess für einen erwachsenen Menschen unserer Gesellschaft im Allgemeinen erreichbar ist (S. 128). Einen anderen Ansatz wählt *Kindhäuser*, indem er Schuld als „**mangelnde Rechtstreue**" erklärt (ZStW **107** [1995] 701, 725ff; *ders.* FS Schroeder, 81, 91f; *ders.* FS Hassemer, 761, 772f u. *ders.* GA **2007** 447, 448f):[1620] Da die Bindungswirkung von Normen in einem demokratischen Rechtsstaat auf der kommunikativen Loyalität aller Beteiligten beruhe, negiere der Täter mit dem Normbruch die kommunikative Autonomie der übrigen.[1621] Denn so wie eine Norm erst durch diskursive Verständigung entstehe, könne sie auch nur im Wege der loyalen Kommunikation geändert werden. Der Straftäter sei somit als „Normadressat und Normautor" zu begreifen, der kritisch zu einer Norm Stellung nehmen und von dem daher auch Befolgung der Norm erwartet werden könne. Den Ansichten von *Roxin* und *Frister* kommt diese Auffassung jedenfalls insofern nahe, als Defekte der kommunikativen Fähigkeiten schuldausschließend wirken sollen (ZStW **107** [1995] 701, 726).[1622] Hierunter fallen wohl die Fälle des § 20, da der Täter hier von vornherein nicht in gleicher Weise an der rechts-

---

Streng MK § 20 Rdn. 20 (vgl. bereits *ders.* ZStW **101** [1989] 273, 279); *Tiemeyer* GA **1986** 203, 214; *Roxin* AT I § 19 Rdn. 22.

1616 Hierzu **kritisch** *Schild* NK¹ § 20 Rdn. 53, da Schuld als normative Zuschreibung nicht mit einer empirischen Feststellung gleichgesetzt werden könne; dies moniert auch *Sánchez Lázaro* GA **2012** 149, 152f; ebenfalls **kritisch** *Griffel* ZStW **98** (1986) 28ff, da *Roxin* die Frage der Willensfreiheit in unzulässiger Weise offen lasse; s. auch *Hoyer* FS Roxin (2011), 723, 724ff.

1617 Sympath. *Frisch* FS Kühl, 187, 211; *Hoyer* FS Roxin (2011), 723, 727; *Schöch* LK¹² § 20 Rdn. 21; *Schroth* FS Roxin (2011) 705ff; auch *R. Merkel* (Willensfreiheit S. 131f; *ders.* FS Roxin [2011] 732ff), obwohl er eine normative Zuschreibung von Verantwortung nicht für befriedigend hält (Willensfreiheit S. 114ff [**krit.** zu *Merkel Zaczyk* GA **2009** 371, 374]); ähnlich *Hillenkamp* JZ **2005** 313, 319 u. *Jäger* GA **2013** 3, 10ff, die aber im Falle des (zukünftigen) Nachweises vollständiger Determiniertheit eine personalisierte Schuldstrafe nicht länger für möglich halten. *Müller-Dietz* (GA **2006** 338ff) verteidigt *Roxin* gegen deterministische Thesen.

1618 *Roxin* GA **2015** 489, 492ff.

1619 Ebenso *Frister* MSchrKrim **77** (1994) 316, 320; *ders.* FS Frisch, 533, 546ff; *ders.* JuS **2013** 1057, 1060f; *ders.* 18/12. Zum Grundansatz *Neumann* ZStW **109** (1997) 621, 627ff; **kritisch** *Roxin* AT I § 19 Rdn. 38, der die von *Frister* verwendeten Abgrenzungskriterien („hinreichend differenziert", „signifikant") für zu vage hält.

1620 **Skeptisch** hierzu *Roxin* AT I § 19 Rdn. 50.

1621 Vgl. zudem das diskurstheoretische Modell von *Kl. Günther* (Kommunikative Freiheit). Hiernach kann der Person *als Rechtsperson* die Verletzung einer strafrechtlichen Pflicht dann vorgehalten werden, wenn sie *als Staatsbürger* die Möglichkeit hatte, ihre ablehnende Haltung gegenüber der Norm in einem demokratischen Verfahren öffentlich zur Geltung zu bringen (aaO S. 255). In diesem Fahrwasser auch *Zabel* (Schuldtypisierung als Begriffsanalyse S. 402), der schuldhaftes Handeln als „eine die gemeinschaftlich erarbeitete und individuell erlebte Freiheit verfehlende Weltinterpretation" begreift, womit auch hier der Mitwirkung des Bürgers für die Legitimation von Normen eine entscheidende Rolle zukommt. Der von einer stark idealisierenden Vorstellung des Menschen als deliberative Person ausgehende Ansatz wirft viele Fragen auf, etwa: Was ist mit der Schuld von Ausländern, die als Nichtstaatsbürger dennoch Adressaten von Strafrechtsnormen sind?; **krit.** auch *Kelker* ZStW **118** (2006) 215, 225f u. *Sánchez* FS Frisch, 564ff.

1622 Ähnlich *Kl. Günther* (Kommunikative Freiheit S. 254f), der Zurechnungsfähigkeit und Vorwerfbarkeit in der Fähigkeit der deliberativen Person begründet sieht, zu eigenen und fremden Handlungen und Äußerungen kritisch Stellung zu nehmen.

förmigen Verständigung teilhaben kann. Ferner soll der Täter entschuldigt sein, wenn er Umständen ausgesetzt ist, unter denen ein loyales Verhalten gegenüber beliebigen anderen Rechtsgenossen nicht gefordert werden kann. So werde etwa unter den Voraussetzungen des § 35 keine allgemeine Rechtstreue erwartet, weil spezifische Loyalitäten grundsätzlich als vorrangig angesehen würden. Zur Schuld als **rechtlich missbilligter Gesinnung** *Gallas* FS Mezger, 311, 323f; *ders.* ZStW **67** (1955) 1, 44ff; *Jescheck/Weigend* § 38 II 5;[1623] die Schuld als **Einstehenmüssen für die eigene Persönlichkeit** interpretieren *Graf zu Dohna* ZStW **66** (1954) 133, 508f; *Heinitz* ZStW **63** (1951) 57, 74.[1624] Zu weiteren, auf dem klassischen Schuldbegriff gründenden Erklärungsansätzen s. die Nachweise bei *Lackner/Kühl/Kühl* Vor § 13 Rdn. 23.

321 Das Deliktsmerkmal „Schuld" betrifft die **dritte Stufe** des Deliktes: Schuld ist gegeben, wenn Tatbestand, Rechtswidrigkeit und die spezifischen Voraussetzungen der Stufe der Schuld vorliegen: Deliktische Schuld ohne Unrecht gibt es nicht.[1625] Weiterhin ist die Schuld – wie schon das Unrecht – graduierbar: So reichen ihre verschiedenen Grade beim *intellektuellen* Schuldelement vom vermeidbaren Verbotsirrtum über aktuelles Unrechtsbewusstsein hinauf zu gesteigerten Formen des Unrechtsbewusstseins (vgl. bereits *Hirsch* LK[11] Rdn. 182). In den Hintergrund getreten ist die tradierte **Kritik**[1626] **am Schuldstrafrecht**, die für dessen Abschaffung plädierte.[1627] Diese Kritik ist angesichts der wichtigen *strafbegrenzenden Funktion*, welche die Schuld im Strafrecht hat, abzulehnen. So

---

1623 Ebenso *Wessels/Beulke/Satzger* Rdn. 636; vgl. auch *Schmidhäuser* FS Jescheck, 485, 490ff. **Kritisch** *Cerezo Mir* ZStW **108** (1996) 9, 22f; *Roxin* AT I § 19 Rdn. 24ff; *Hirsch* FS Otto, 307, 308ff („Lehre von der Gesinnungsschuld ist ein dogmatischer und kriminalpolitischer Irrweg").
1624 Zur **Kritik** *Roxin* AT I § 19 Rdn. 29ff m.w.N.
1625 Ausführlich zur Schuld als Prüfungsstufe im Aufbau der strafbaren Handlung *Gropp* FS Puppe, 483, 386ff, der zwischen Schuld als einem Begriff aus der Strafrechtspflege und Schuldhaftigkeit als einem Begriff aus der Strafrechtslehre differenziert (S. 496); zur Unterscheidung zwischen Unrecht und Schuld mit Blick auf präventive und retributive Gründe der Strafe siehe auch *Pawlik* FS Otto, 133ff, der aber auf eine allgemeine Verbrechenskategorie des schuldunabhängigen Unrechts verzichten will. Zur Notwendigkeit der Unterscheidung *Roxin* GA **2011** 678, 685, 692f.
1626 Siehe etwa *Baumann* Zweckrationalität und Strafrecht (1987), insbes. S. 253ff; *Danner* Tatvergeltung oder Tätererziehung? 2. Aufl. (1972), insbes. S. 45ff u. 90ff; *Foth* ARSP **72** (1976) 249ff; *Gimbernat Ordeig* FS Henkel, 151, 159ff; *ders.* ZStW **82** (1970) 379, 382ff; *Hoyer* Strafrechtsdogmatik nach Arm. Kaufmann, Habil. Kiel 1997 S. 84ff (**krit.** hierzu *Neumann* GA **1999** 443, 444ff); *Kargl* Kritik des Schuldprinzips, Diss. Hannover 1982, insbes. S. 198ff u. 375ff; ferner *Plack* Plädoyer für die Abschaffung des Strafrechts (1974) S. 205ff; *Scheffler* Grundlegung eines kriminologisch orientierten Strafrechtssystems, Diss. Berlin 1987 S. 73ff. Aus jüngerer Zeit auch *Hirsch* ZStW **106** (1994) 746, 748. Aus jüngerer Zeit *Hörnle* Kriminalstrafe ohne Schuldvorwurf S. 49ff u. *dies.* FS Schünemann, 93, 99ff, die für eine Fokussierung auf einen Unrechtsvorwurf (ohne Schuldvorwurf) plädiert. Ein zurechenbares unrechtmäßiges Handeln entfalle u.a. in den Fällen der §§ 17, 33, 35 StGB, da der Täter zum Tatzeitpunkt nicht in der Lage sei, an einer „sinnhaften Kommunikation über Verhaltensansprüche teilzuhaben". Dies beschreibe aber nicht den Inhalt eines Vorwurfs, der sich (bezüglich des persönlichen Werdegangs und der Emotionen der Bürger) einem rechtlichen Urteil entziehe (*Hörnle* FS Schünemann, 93, 105). Für ein alternatives Sanktionsrecht mit Blick auf die jüngeren neurobiologischen Erkenntnisse, welches auf einen Schuldvorwurf verzichtet, plädiert auch *G. Detlefsen* (jetzt *G. Merkel*) Grenzen der Freiheit S. 345ff; *G. Merkel* FS Herzberg, 3, 30ff; *dies.* in Roth/Hubig/Bamberger S. 19ff – siehe zur **Kritik** an diesen Ansätzen *Ruske* Ohne Schuld und Sühne S. 213ff u. *Roxin* GA **2015** 489, 500ff (zu *Hörnle*).
1627 Diesbezüglich weist schon *Bockelmann* FS R. Lange, 1ff darauf hin, dass es sich bei derart fundamentaler Kritik um nur „vermeintlich wissenschaftlich fundierte Lehrgebäude" handelt, die in Wirklichkeit aber ideologisch geprägt ist. Eine „wirkliche Realisierungschance" haben sie nicht (*Lackner* FS Kleinknecht, 245, 254), weil ihnen schon kein brauchbares Alternativkonzept gelingt (*Roxin* AT I § 19 Rdn. 51ff; *Stratenwerth* Zukunft des strafrechtlichen Schuldprinzips [1977] S. 40). Aus jüngerer Zeit *Hörnle* Kriminalstrafe ohne Schuldvorwurf S. 49ff u. *dies.* FS Schünemann, 93ff, die für eine Fokussierung auf einen Unrechtsvorwurf bei Verzicht auf einen Schuldvorwurf plädiert und im „zurechenbaren unrechtmäßigen Handeln" eine „hinreichende Grundlage für die Bestrafung" sieht.

verfolgt der Gesetzgeber mit der Schaffung von Strafnormen nicht den Zweck, sittliches Verschulden zu bestrafen; vielmehr geht es ihm darum, bestimmte Verhaltensweisen zu untersagen, die schutzbedürftige Interessen anderer und der Allgemeinheit verletzen. Dementsprechend stellt Schuld lediglich ein auf das Individuum des Täters bezogenes und eingrenzende Wirkung entfaltendes Kriterium dar (so schon *Hirsch* LK[11] Rdn. 182). Zum einen darf nur derjenige bestraft werden, der zuvor Schuld auf sich geladen hat (Strafbegründungsschuld);[1628] zum anderen darf die Strafe das schuldangemessene Maß im konkreten Einzelfall nicht überschreiten (Strafzumessungsschuld).[1629] Insbesondere kann Schuld auch nicht als bloße Ausprägung des Verhältnismäßigkeitsgrundsatzes angesehen werden.[1630] *De lege lata* folgt dies aus § 62, wonach bereits Maßregeln der Besserung und Sicherung dem Verhältnismäßigkeitsgrundsatz unterliegen. Wenn aber schon diese schuldgelösten Maßnahmen einer Verhältnismäßigkeitsprüfung zu unterziehen sind, muss der Schuld eine darüber hinausgehende Funktion zukommen. Im Übrigen bleibt unklar, woran die Höhe der Strafe bei einem Verzicht auf das Tatschuldprinzip bemessen sein soll, wenn man nicht Präventionsinteressen in den Vordergrund rücken will.[1631]

Zur Einordnung der Schuld als **Einzeltatschuld**: Baumann/Weber/Mitsch/*Eisele* § 16 Rdn. 16; *Maurach/Zipf* § 35 III; Sch/Schröder/*Eisele* Vor § 13 Rdn. 105/106. Zur – mitunter schwierigen – Abgrenzung von der Lebensführungsschuld des Täters *Rogall* SK Vor § 19 Rdn. 42f m.w.N. Näher zu den Lehren von der Charakter- und Lebensführungsschuld *Achenbach* Historische und dogmatische Grundlagen der strafrechtssystematischen Schuldlehre, Diss. München 1974 S. 7, 123 ff; *Ebert* FS Kühl, 137 ff; *Herzberg* FS Achenbach, 157 ff; *ders.* ZStW **124** (2012) 12 ff; *ders.* GA **2015** 250, 257; *Arthur Kaufmann* Das Schuldprinzip, Habil. Saarbrücken 2. Aufl. (1976) S. 189 ff. 321a

b) Schuld und Prävention. Der rechtswissenschaftliche Diskurs über Grundlagen, Inhalt und Reichweite des Schuldprinzips wird maßgeblich durch die Entwicklungen auf dem Gebiet der Strafzwecklehren beeinflusst. Dort hat das Vordringen präventionsorientierter Konzepte zu Vorschlägen geführt, die den herkömmlichen Schuldbegriff ergänzen oder ersetzen wollen. Vor dem Hintergrund eines funktionalen Verständnisses von Schuld soll weniger die individuelle Schuld des Täters als vielmehr die **zweckrationale Funktion** von Strafe – die Verhinderung zukünftiger Straftaten – dessen Bestrafung be- 322

1628 Zu der auf *Achenbach* (Historische und dogmatische Grundlagen der strafrechtssystematischen Schuldlehre, Diss. München 1974 S. 2 ff) zurückgehenden begrifflichen Unterscheidung von Strafbegründungsschuld und Strafzumessungsschuld vgl. auch *Appel* Verfassung und Strafe S. 110 ff, 517 ff; *Lackner/Kühl/Kühl* Vor § 13 Rdn. 22; Sch/Schröder/*Eisele* Vor § 13 Rdn. 111; *Schlehofer* MK Rdn. 255 ff; *Roxin* AT I § 19 Rdn. 55 f. Kritisch zu dieser Differenzierung *Freund* MK Vor § 13 Rdn. 240, da auch die sog. „Strafzumessungsschuld" nichts anderes ist als die quantifizierte Strafbegründungsschuld; ähnlich *Rogall* SK Vor § 19 Rdn. 3 m.w.N. Grundsätzliche Ausführungen zum Schuldbegriff der Strafzumessung bei *Hörnle* Tatproportionale Strafzumessung. S. 151 ff, 324 ff; *dies.* JZ **1999** 1080 ff; ferner *Frisch* FS Müller-Dietz, 237 ff m.w.N.
1629 Ebenso *Arth. Kaufmann* Jura **1986** 225, 229; *Küpper* Strafrechtsdogmatik S. 159 ff; *Lackner* FS Kleinknecht, 245, 266; *Maurach/Zipf* § 30 Rdn. 49; *M. Walter* GedS H. Kaufmann, 493, 508.
1630 So aber *Ellscheid/Hassemer* in Civitas, Jahrbuch für Sozialwissenschaften, Bd. IX (1970) S. 27; *Calliess* Theorie der Strafe, Diss. Bielefeld 1974 S. 187; *Scheffler* Grundlegung eines kriminologisch orientierten Strafrechtssystems, Diss. Berlin 1987 S. 79 ff. Zum Verhältnis von Schuld- und Verhältnismäßigkeitsgrundsatz näher *Frisch* NStZ **2013** 249 ff.
1631 Siehe die Kritik bei *Roxin* AT I § 3 Rdn. 58; ferner *de Figueiredo Dias* ZStW **95** (1983) 220, 226 f; *Arth. Kaufmann* FS R. Lange, 27, 31 ff; *ders.* FS Wassermann, 889, 890 f; *ders.* Jura **1986** 225, 227 f; *Y.W. Kim* in Neumann/Hassemer/Schroth S. 157, 166; *Schulz* JA **1982** 532, 536; *Stratenwerth* Die Zukunft des strafrechtlichen Schuldprinzips (1977) S. 36 ff.

gründen (vgl. *Hirsch* ZStW **106** [1994] 746, 748f).[1632] Die **h.L.**[1633] **lehnt** diese Konzeption **ab**. Den funktionalen Lehren ist allerdings insoweit zuzustimmen, als Strafe in einem auf Rechtsgüterschutz ausgerichteten System nicht völlig zweckfrei verhängt werden kann.[1634] Daher muss das Schuldprinzip derart mit dem Primat des Rechtsgüterschutzes in Einklang gebracht werden, dass es die Präventivkraft der Strafrechtsordnung nicht unangemessen beeinträchtigt und gleichwohl seine limitierende Funktion erfüllt (*Lackner* FS Kleinknecht, 245, 255). Daraus folgt jedoch nicht, dass der Schuldbegriff selbst von präventiven Gesichtspunkten mitbestimmt sein müsste.[1635] Will man das Schuldprinzip nicht mit der Folge verwässern, dass es seine begrenzende Funktion einbüßt, erscheint es vielmehr vorzugswürdig, die Strafzwecke vom Schuldprinzip zu trennen (vgl. *Zipf* ZStW **89** [1977] 706, 711). Erst wenn die Schuld des Täters feststeht, sollten innerhalb der durch das Schuldprinzip vorgegebenen Grenzen präventive Gesichtspunkte zur Bestimmung des Strafmaßes herangezogen werden.[1636]

323 Einen im Bereich der funktionalen Schuldlehren gemäßigten Ansatz vertritt *Roxin*, der für eine Ergänzung der Schuld (verstanden als „unrechtes Handeln trotz normativer Ansprechbarkeit", vgl. Rdn. 320) um das Erfordernis „präventiver Notwendigkeit strafrechtlicher Ahndung" plädiert und beides unter der Kategorie *„strafrechtliche Verantwortlichkeit"* zusammenfasst (AT I § 19 Rdn. 1ff, § 3 Rdn. 37ff; *ders.* GA **2011** 678, 686).[1637]

1632 Dazu auch *Donna* Schuldfrage und Prävention (1999) I und II; *ders.* GedS Zipf, 197, 200ff; *Küpper* Strafrechtsdogmatik S. 152ff; *Pinto de Albuquerque* ZStW **110** (1998) 640ff; *H. Schneider* Selbstbegünstigungsprinzip S. 54ff; *Stratenwerth* Zukunft des strafrechtlichen Schuldprinzips (1977) S. 21ff. Weiterhin *Karamagiolis* Schuldprinzip S. 63ff. Siehe auch *Frister* „Voluntatives Schuldelement" S. 74ff, der die Zurechnungsproblematik im traditionellen und im generalpräventiven Schuldbegriff für identisch hält. Der Unterschied liege lediglich darin, dass sich die traditionelle Schuldkonzeption mit der moralischen Praxis identifiziere, während der generalpräventive Ansatz die moralische Beurteilung von Subjekten nur als notwendig ansehe, um die moralischen Überzeugungen zu erhalten (zust. *Stratenwerth/Kuhlen* AT § 10 Rdn. 7; **krit.** *Neumann* ZStW **109** [1997] 621, 623ff).
1633 *Günther* SK[7] Rdn. 11; *Jähnke* LK[11] § 20 Rdn. 10, 18; *Jescheck* LK[11] Vor § 13 Rdn. 72; *Köhler* AT S. 371f; *ders.* FS Hirsch, 65, 70ff; *Lackner/Kühl/Kühl* Vor § 13 Rdn. 25; *Sch/Schröder/Eisele* Vor § 13 Rdn. 117; *Fischer* Vor § 13 Rdn. 47; *Paeffgen/Zabel* NK Rdn. 212; *Rudolphi* SK[7] Vor § 19 Rdn. 1b; jew. m.w.N.; weiterhin *Bernsmann* Entschuldigung durch Notstand, Habil. Bochum 1989 S. 377ff; *Donna* GedS Zipf, 197, 214ff; *Hirsch* FS Universität zu Köln, 399, 414ff; *ders.* in Hirsch/Weigend (Hrsg.) Strafrecht und Kriminalpolitik in Japan und Deutschland (1989) S. 65, 72ff; *ders.* in Eser/Perron S. 27, 37ff; *Jescheck/Weigend* § 39 II 2; *Küpper* Strafrechtsdogmatik S. 157ff; *Kunz* ZStW **98** (1986) 823, 826ff; *Maurach/Zipf* § 30 Rdn. 49; *Schöneborn* ZStW **92** (1980) 682, 687f; *Stratenwerth* Zukunft des strafrechtlichen Schuldprinzips (1977) S. 23ff, 30ff; *Tiemeyer* ZStW **100** (1988) 527, 551; *Zipf* ZStW **89** (1977) 706, 711.
1634 Ebenso *Lackner/Kühl/Kühl* Vor § 13 Rdn. 24 m.w.N. Weiterhin *Burkhardt* GA **1976** 321, 341; *Arth. Kaufmann* FS Wassermann, 889, 893; *ders.* Jura **1986** 225, 229; *Kindhäuser* AT § 21 Rdn. 1; *ders.* LPK § 45 Rdn. 2ff m.w.N.; *Neumann* in Lüderssen S. 391, 399ff („positive Generalprävention durch gerechte Strafe"); *Rogall* SK Vor § 19 Rdn. 3; *Schreiber* FS Deutsche Richterakademie, 73, 79; *Zipf* ZStW **89** (1977) 706, 711. Zu den verfassungsrechtlichen Implikationen *Lagodny* Strafrecht vor den Schranken S. 310ff. Zu den Strafzwecküberlegungen im Jugendstrafrecht s. *Jäger* GA **2003** 469ff.
1635 So aber *Schreiber* FS Deutsche Richterakademie, 73, 79; ferner *Lackner/Kühl/Kühl* Vor § 13 Rdn. 24 m.w.N. Zur Konzeption von *Jakobs* und zu ähnlichen Erklärungsansätzen s. Rdn. 324f.
1636 Zutreffend *Kindhäuser* AT § 21 Rdn. 1; *ders.* LPK § 46 Rdn. 28, 30; ebenso bereits *Arth. Kaufmann* FS Wassermann, 889, 893; *ders.* Jura **1986** 225, 229; **kritisch** mit Blick auf die praktische Umsetzung *ders.* JZ **1967** 553, 555. Zur Bedeutung präventiver Erwägungen bei den Entschuldigungsgründen s. Rdn. 324.
1637 In Fortentwicklung früherer Arbeiten: Kriminalpolitik und Strafrechtssystem 2. Aufl. (1973) S. 33ff; FS Henkel, 171, 181ff; FS Bockelmann, 279ff; ZStW **96** (1984) 641ff; SchwZStr. **104** (1987) 356ff (dazu *Paeffgen/Zabel* NK Vor § 19 Rdn. 16; jeweils m.w.N.); weiter Ehrengabe Brauneck, 385; FS Kaiser, 885, 889ff. Zur Aufnahme der *Roxin'schen* Thesen über Schuld und Verantwortlichkeit in der internationalen Literatur s. *Pinto de Albuquerque* ZStW **110** (1998) 640ff. Zum Konzept der „normativen Ansprechbarkeit" *Roxins* sowie zu *Herzbergs* deterministischen Lehre von der Charakterschuld vgl. auch *R. Merkel* FS Roxin (2011), 737ff, der sich für eine Neuformulierung des § 20 im Sinne *Roxins* ausspricht.

Danach stellt Schuld zwar die notwendige, aber nicht hinreichende Grundlage strafrechtlicher Verantwortlichkeit dar. Hinzutreten muss das funktionale Erfordernis einer präventiven Bestrafungsnotwendigkeit (ebenso *Schünemann* in Grundfragen S. 153, 169 f; *ders.* FS Lampe, 537, 550).[1638] Folglich ist der Täter trotz gegebener Schuld nicht zu bestrafen, wenn es – wie etwa in Fällen des § 35 – an einer präventiven Bestrafungsnotwendigkeit fehlt. Da diese Konzeption eine vom Präventionszweck losgelöste Schulddefinition vorsieht, behält sie das Schuldprinzip als konstituierende Voraussetzung von Strafe bei. Der Position *Roxins* lässt sich daher nicht entgegenhalten, dass es an einem Anknüpfungspunkt für eine eigenständige Bildung des Schuldbegriffs fehle und das Schuldprinzip somit seine Funktion verliere.[1639] Da Schuld und Präventionserwägungen nach der Konzeption *Roxins* gerade nicht zusammenfließen, sondern voneinander zu trennende Elemente der Verantwortlichkeit darstellen, ist keine Verwässerung des Schuldbegriffs zu befürchten (vgl. *Roxin* AT I § 19 Rdn. 7, 9; *ders.* FS Kaiser, 885, 896).[1640] Auch liegt keine Vertauschung von Grund und Folge vor,[1641] da die präventive Sanktionsnotwendigkeit gerade nicht Voraussetzung von Schuld ist, sondern kumulativ vorliegen muss.[1642] Die Kritik, dem Schuldprinzip werde ohne Rücksicht auf sein strafbegründendes Element nur noch eine strafbegrenzende Funktion zugestanden,[1643] trägt ebenfalls nicht. Die Schuld im Sinne einer persönlichen Vorwerfbarkeit bleibt eine notwendige (wenn auch nicht hinreichende) Bedingung der Strafe und bildet für diese somit eine konstituierende Voraussetzung (*Roxin* AT I § 19 Rdn. 9).[1644] Schließlich darf bezweifelt werden, dass das präventive Element die strafrechtliche Prüfung – über den herkömmlichen Auslegungsspielraum hinaus – mit Unwägbarkeiten belastet oder gar eine Erosion des Deliktsaufbaus bewirkt.[1645] Denn durch die Berücksichtigung des präventiven Elements sollen keine übergesetzlichen Ausnahmetatbestände geschaffen, sondern lediglich die

---

Kritisch *Schild* NK¹ § 20 Rdn. 45 ff sowie (trotz gleichen präventiven Ansatzpunktes) *Streng* ZStW **101** (1989) 273, 305 ff m.w.N. **Kritik** zu den früheren Arbeiten etwa auch bei *Schöneborn* ZStW **88** (1976) 349 ff.

1638 *Rogall* SK Vor § 19 Rdn. 3; zust. *Amelung* in Schünemann (Hrsg.) Grundfragen des modernen Strafrechtssystems (1984) S. 85, 97 ff; *ders.* JZ **1982** 617, 620 ff. Ferner *Achenbach* in Grundfragen S. 135, 140 ff; *Baumann/Weber/Mitsch/Eisele* § 16 Rdn. 15; *Demetrio Crespo* FS Roxin (2011), 689, 702; *Dornseifer* Rechtstheorie und Strafrechtsdogmatik Adolf Merkels, Diss. Bonn 1979 S. 104 ff; *Jäger* FS Henkel, 125, 135; *H. Schneider* Selbstbegünstigungsprinzip S. 56 ff; *Schünemann* GA **1986** 293, 299. Vgl. auch *Streng* ZStW **92** (1980) 636, 664 f; *ders.* ZStW **101** (1989) 273, 283 ff.

1639 Ebenso *Sch/Schröder/Eisele* Vor § 13 Rdn. 117; weiter *Rogall* SK Vor § 19 Rdn. 16; *Zipf* ZStW **89** (1977) 706, 711. **Anders** *Hirsch* LK¹¹ Rdn. 182b; *ders.* ZStW **106** (1994) 746, 757; *Paeffgen/Zabel* NK Rdn. 225; *Stratenwerth* Die Zukunft des strafrechtlichen Schuldbegriffs (1977) S. 23. Siehe ferner die Kritik bei *Schild* NK¹ § 20 Rdn. 50: Bei fehlender Schuld sei Strafe (im Gegensatz zu anderen Maßnahmen) schon aus präventiven Erwägungen nicht angezeigt; daher habe das Schuldprinzip bei Roxin neben der Prävention keine eigenständige Bedeutung. Die umgekehrte Schlussfolgerung ziehen *Stratenwerth/Kuhlen* AT § 10 Rdn. 7, wonach die präventiven Bedürfnisse ohnehin nur aus dem Schuldprinzip abgeleitet werden können.

1640 Entsprechende Kritik aber bei *Arth. Kaufmann* FS Wassermann, 889, 896; ferner *Lackner/Kühl/Kühl* Vor § 13 Rdn. 25. Siehe auch *Radtke* GA **2000** 19, 31, der eine Vermischung von Strafbarkeitsbedingungen mit Aspekten der Strafzumessung befürchtet.

1641 So aber *Hirsch* LK¹¹ Rdn. 182b; *ders.* ZStW **106** (1994) 746, 758; ähnlich *Sch/Schröder/Eisele* Vor § 13 Rdn. 117.

1642 *Roxin* spricht von einer „wechselseitigen Beschränkung beider Elemente" bzw. vom Prinzip der „Doppelrechtfertigung". Danach soll „die Strafe unter dem Maß der Schuld bleiben, wenn dies präventiv sinnvoll ist" (in Neumann/Prittwitz S. 175, 178).

1643 Vgl. insbesondere *Otto* AT § 12 Rdn. 29 ff, der hierin einen Verstoß gegen die Menschenwürde erblickt. Siehe auch *Jescheck* JBl **1998** 609, 617; *Lackner/Kühl/Kühl* Vor § 13 Rdn. 25 m.w.N.

1644 Weiter *Roxin* FS Kaiser, 885, 894: „Was eine Strafe begrenzt, ist selbstverständlich auch deren Voraussetzung."

1645 In diesem Sinne *Hirsch* LK¹¹ Rdn. 182b; *ders.* ZStW **106** (1994) 746, 758; *ders.* FS Otto, 307, 324 ff; *Sch/Schröder/Eisele* Vor § 13 Rdn. 117; *Paeffgen/Zabel* NK Rdn. 225. Im Kontext des „zivilen Ungehorsams" auch *Radtke* GA **2000** 19, 32.

geltenden Normen einer entsprechenden Deutung und Auslegung zugeführt werden (vgl. *Roxin* AT I § 19 Rdn. 6; *ders.* FS Kaiser, 885, 895). Soweit zur Begründung der Lehre von der Verantwortlichkeit auf die Regelung in § 35 verwiesen wird,[1646] spricht hiergegen freilich der Wortlaut des Gesetzes (vgl. § 35: „[...] handelt ohne Schuld.").[1647]

324 Eine stärker vom herkömmlichen Schuldprinzip losgelöste Konzeption vertritt *Jakobs*.[1648] Ausgehend von seinem systemtheoretisch-funktionalen Ansatz[1649] stellt er ausschließlich auf die generalpräventive Funktion des Strafrechts ab und gibt somit ein eigenständiges Schuldprinzip zu Gunsten eines abgeleiteten auf. Schuld werde allein durch generalpräventive Erwägungen begründet und begrenzt. Sie stelle mithin ein **„Derivat der Generalprävention"** (Schuld und Prävention [1976] S. 32) dar, wobei maßgeblicher Strafzweck die „Erhaltung allgemeiner Normanerkennung" (17/22 a.E.) – die „Einübung in Rechtstreue" – sei. Ein Normbruch erschüttere das allgemeine Vertrauen in die Normgeltung. Daher sei die Verlässlichkeit der Normgeltung bzw. die hierdurch vermittelte Sicherheit, die für soziale Kontakte existentielle Bedeutung habe, mittels Normstabilisierung wiederherzustellen. In jüngerer Zeit scheint sich die Position von *Jakobs* allerdings insoweit verschoben zu haben, als er – in Anlehnung an *Hegels* Straftheorie – Generalprävention nunmehr lediglich als latente strafrechtliche Funktion auffasst und die identitätsstiftende Bedeutung von Strafe in den Mittelpunkt rückt (*Jakobs* Norm, Person, Gesellschaft S. 116 ff; *ders.* in Eser/Hassemer/Burkhardt S. 47, 49 f; *ders.* in Fischer/Hoven S. 111 ff).[1650] Demnach beinhalte Strafe die Feststellung, dass der Normbestand und somit die Identität der Gesellschaft unverändert bleibe. Als „Person" werde nur derjenige anerkannt, von dem Normbefolgung gesellschaftlich zu erwarten sei. Mit dem Schuldurteil ergehe die Feststellung, dass der Normbrecher die von ihm geforderte

---

1646 So *Roxin* AT I § 19 Rdn. 3; *ders.* FS Kaiser, 885, 891; *Schünemann* in Grundfragen S. 153, 168 ff; **anders** dagegen *Rudolphi* SK⁷ Vor § 19 Rdn. 1b, 6, der die Entschuldigungsgründe ohne Rückgriff auf präventive Erwägungen erklärt; **krit.** zu dieser Begründung auch *T. Walter* LK¹² Vor 13 Rdn. 175.
1647 Gegen diesen Einwand wiederum *Roxin* AT I § 19 Rdn. 8.
1648 Schuld und Prävention (1976) S. 8 ff u. 31 ff; *ders.* 17/18 ff u. 1/1 ff; *ders.* Das Schuldprinzip (1993) S. 26 ff; *ders.* ZStW **101** (1989) 516 ff (**kritisch** hierzu *Bock* ZStW **103** [1991] 636 ff); *ders.* ZStW **107** (1995) 843, 863 ff; *ders.* Norm, Person, Gesellschaft S. 108 ff; *ders.* in Neumann/Schultz ARSP-Beiheft **74** (2000) S. 57 ff; *ders.* Zurechnung S. 15, 59 ff; *ders.* FS Kühl, 281, 284 ff; *Jakobs*' Schuldlehre verteidigend *Pawlik* FS Jakobs, 469, 480 ff. Ebenso auch andere Autoren, die eine generalpräventive Funktion der Schuld mittels eines tiefenpsychologischen Ansatzes begründen (*Haffke* Tiefenpsychologie und Generalprävention, Habil. München 1976 S. 57; *ders.* GA **1978** 33 ff; weiter *Streng* ZStW **92** [1980] 637 ff; *ders.* ZStW **101** [1989] 273 ff; *ders.* JZ **1993** 109, 111 f; *ders.* NStZ **1995** 161, 162 ff und *ders.* MK § 20 Rdn. 23 ff, wonach die Zuschreibung von Schuld dem legitimen individuellen Bedürfnis nach Normbestätigung in der Bevölkerung Rechnung tragen soll). Dazu und zu *Jakobs* ausführlicher *Paeffgen/Zabel* NK Rdn. 212 ff u. 230 d f; weiterhin *Lackner/Kühl/*Kühl Vor § 13 Rdn. 24 f; *Rogall* SK Vor 19 Rdn. 20 f; jew. m.w.N. Auch *Hoyer* Strafrechtsdogmatik S. 82 ff hält in seinem alethischen Strafrechtssystem die Schuld für verzichtbar und ersetzt sie durch die Kategorie der Strafzweckmäßigkeit. Die gegen *Jakobs* vorgetragenen Einwände treffen daher weitgehend auch sein Modell; **krit.** Besprechung seines Ansatzes durch *Neumann* GA **1999** 443 ff.
1649 Näher zum systemtheoretischen Ansatz, den *Jakobs* auf der Basis von Überlegungen *N. Luhmanns* (u.a. *ders.* Rechtssoziologie S. 53 ff) entwickelt, *ders.* in Schuld und Prävention (1976) S. 8 ff; *ders.* 1/4 ff; *ders.* Schuldprinzip S. 29 ff; vgl. dazu auch *Müssig* FS Mehle, 451 ff.
1650 Ausführlich dazu *Schild* NK¹ § 20 Rdn. 55 ff m.w.N.; ferner *H. Schneider* Einübung in Normanerkennung S. 70 ff; *Paeffgen/Zabel* NK Rdn. 212, 217; *Stübinger* Idealisiertes Strafrecht, S. 175 ff; *Frisch* GA **2015** 65, 67 ff, 75 ff, der – wie *Jakobs* – die geltungsbestätigende Strafe für legitimierbar hält und sich für ein ideelles Straftatverständnis ausspricht. Vgl. dazu auch *Sinn* FS Uni Gießen, 321, 334 ff, der sich bei Betonung des Kommunikationsaspektes gegen eine Trennung von Unrecht und Schuld ausspricht. Eine andere Deutung *Hegels*, wonach dessen Intentionen mit dem funktionalen Ansatz nicht kompatibel seien, nehmen *Zabel* (Schuldtypisierung) und *Stübinger* (Idealisiertes Strafrecht) vor. *Stübinger* will „ohne den Begriff eines legitimen Rechts über Unrecht und Strafe schon im Ansatz gar nicht weiter sprechen" (aaO S. 293). Nach *Zabels* Verständnis von *Hegel* müssten die Menschen die verfassten Handlungsorientierungen „begriffen", d.h. autonom ergriffen" haben, um von sittlichem Handeln zu sprechen (aaO S. 70).

„Personalität" nicht erreicht habe (Norm, Person, Gesellschaft S. 100f). Schuld wird im Ergebnis also stets dann angenommen, wenn der Täter Normen nicht in der Weise befolgt, wie es die Gesellschaft von ihm erwartet. Der Normbruch läuft dann der gesellschaftlichen Identität zuwider und lässt ein Bedürfnis nach der Bestätigung der verletzten Norm entstehen. Ohne Rücksicht auf nachfolgende präventive Effekte liegt der Zweck der Strafe somit bereits in der Strafe selbst, im Sinne von *Hegel* in der schlichten Negation der Tat.

Das von *Jakobs* (ursprünglich) vertretene Konzept mag in sich „eindrucksvoll geschlossen" (*Paeffgen/Zabel* NK Rdn. 217) sein und Einsichten in tatsächliche soziale Abläufe vermitteln. Es widerspricht jedoch dem Menschenbild des Grundgesetzes, indem es Strafe **entindividualisiert** und den Einzelnen für die Gesellschaft funktionalisiert.[1651] Der Wertungsstufe „Schuld", die gerade die *Täterpersönlichkeit* betrifft, wird ein Abstellen allein auf die Generalprävention als Strafzweck nicht gerecht. Ein weiterer entscheidender Kritikpunkt bleibt die **Wertneutralität** dieses Ansatzes (*Hirsch* LK[11] Rdn. 182d; *Schünemann* in Grundfragen S. 153, 170ff; *ders.* FS Schmitt, 117, 133f). Bestimmen ausschließlich Bedürfnisse der Normstabilisierung den Schuldbegriff, folgt daraus letzten Endes dessen völlige Manipulierbarkeit. Er kann keinerlei Beitrag zur Verbesserung des Strafrechts angesichts künftiger Herausforderungen beisteuern, sondern allenfalls bereits existente Vorgänge erklären.[1652] So liefert der systemtheoretische Ansatz aus sich heraus nicht die für das Strafrecht erforderliche Legitimation, sondern vermittelt lediglich eine objektivierende externe Betrachtung.[1653] Und selbst das gelingt nicht immer überzeugend:

325

[1651] Daher lehnen sogar diejenigen, die eine Berücksichtigung präventiver Aspekte grundsätzlich befürworten, die Auffassung von *Jakobs* entschieden ab, vgl. *Roxin* AT I § 19 Rdn. 34 f m.w.N.; *Schünemann* in Grundfragen S. 48ff, 54ff, 168ff, 195; *ders.* GA **1986** 293f; *ders.* in Hirsch/Weigend S. 150; *ders.* GA **1995** 341, 375ff. Zwischen Normgeltungsschutz und Rechtsgüterschutz, welcher die individuelle Täterpersönlichkeit berücksichtigen muss, vermittelnd *B. Vogel* (ZStW **129** [2017] 629, 645ff). Auf die grundsätzlichen Einwände antwortet *Jakobs* Das Schuldprinzip S. 29 f: eine Deskription könne nicht instrumentalisieren, sondern lediglich vorhandene Instrumentalisierungen offen legen. Auch *Lagodny* Strafrecht vor den Schranken S. 375 sieht in der Konzeption von Jakobs keinen Verstoß gegen Art. 1 Abs. 1 GG. Auf totalisierende Tendenzen in *Jakobs* Straftheorie der positiven Generalprävention – gipfelnd in seinem Dualismus von Bürger- und Feindstrafrecht – weisen hin *H. Schneider* Normanerkennung S. 70ff, 80ff u. *Saliger* JZ **2006** 756ff. Näher zum (verfassungsrechtlich) hoch problematischen Konzept des „Feindstrafrechts" von *Jakobs* siehe erstmals *ders.* ZStW **97** (1985) 751ff; deutlicher dann in HRRS **2004** 88ff, wonach einzelne Menschen außerhalb des Rechts gestellt werden, wenn diese die Geltung des Rechts für sich nicht anerkennen und somit durch ihre Taten den Gesellschaftsvertrag (in Anlehnung an *T. Hobbes*) aufkündigen. Dieser prinzipiell Abweichende müsse „bekriegt" werden. Es könne auch nicht mit Repressionen gewartet werden, bis der Täter aus seiner Privatheit heraustritt, da andernfalls für eine freiheitlich verfasste Gesellschaft unverzichtbare Normen ihre Geltungskraft verlören. Nach *Jakobs* finden sich schon im geltenden Recht zahlreiche Beispiele für eine Kriegsführung des Staates gegen den Ausgeschlossenen zum Zweck der Gefahrenabwehr, so u.a. in der Sicherungsverwahrung, der Kontaktsperre sowie der Pönalisierung von terroristischen Vereinigungen (näher zu Schuldgrundsatz und Sicherungsverwahrung auch *Radtke* GA **2011** 636ff). Allerdings ist die Unterscheidung zwischen Bürger- und Feindstrafrecht abzulehnen. *Saliger* (JZ **2006** 756, 761) weist zutreffend darauf hin, dass es sich um eine unzulässige Umdeutung des präventiven Strafrechts in eine der Tätertypenlehre entlehntes Feindstrafrecht handelt. Weiterhin aus der Vielzahl der das Feindstrafrecht **abl.** Stimmen *Gierhake* ARSP **94** (2008) 337ff; *Greco* Feindstrafrecht S. 31ff; *Morguet* Feindstrafrecht (2009); *Paeffgen* FS Amelung, 81, 117ff; *ders./Zabel* NK Rdn. 223f – mit zahlr. weiteren Nachw. *Jakobs* zustimmend aber *Pawlik* Der Terrorist und sein Recht S. 25f.
[1652] Ähnlich *Bock* ZStW **103** (1989) 636, 639ff; *Krümpelmann* GA **1983** 337, 357 m. Fn. 83; *Schünemann* GA **1995** 201, 219; *Stübinger* KJ **26** (1993) 33, 42 f, 47f. Vgl. auch *Pinto de Albuquerque* ZStW **110** (1998) 640, 649 f, wonach der strafrechtlichen Dogmatik von *Jakobs* eine nur beschreibende Funktion beigemessen werde mit der Folge, dass sie keine Kritik des Systems betreiben dürfe; weiterhin *Mir Puig* GA **2003** 863, 866: „Vom Instrument, das durch seinen Zweck legitimiert werden muss, wird die Norm zum an sich selbst legitimierten Zweck." Ferner *Roxin* in Hefendehl S. 135, 148.
[1653] Näher *Stübinger* KJ **26** (1993) 33, 42f.

Strafe erfolgt nicht nur zur Förderung des Vertrauens der Menschen auf die Einhaltung von Normen, sondern letztlich zum (mittelbaren) Schutz der durch diese Normen geschützten Rechtsgüter. Fehlen jedoch inhaltliche Werte, droht diese Konzeption zu einem passe partout zu verkommen, das auch in einem Unrechtsregime gelten könnte und demnach nicht den Anspruch eines spezifisch rechtlichen – d.h. richtigen und gerechten – Ansatzes erfüllen kann.[1654] Selbst wenn man die Legitimität der verletzten Norm zur Voraussetzung von Schuld erklärt (*Jakobs* Das Schuldprinzip S. 28), fehlt gleichwohl ein innerer Zusammenhang zwischen Normverstoß und materieller Schuld des Täters (*Kindhäuser* AT § 21 Rdn. 8; *ders.* ZStW **107** [1995] 701, 708f). Die vollständige Funktionalisierung des Schuldbegriffs hebt den rechtsstaatlich-freiheitlichen Schutz auf, den das Schuldprinzip dem Bürger vor der staatlichen Strafgewalt gewährt.[1655] Aus verfassungsrechtlicher Sicht erscheint es zudem problematisch, Strafe ausschließlich an die präventive *Erforderlichkeit* zu knüpfen, ohne der jeden staatlichen Eingriff begrenzenden Schranke der Verhältnismäßigkeit im engeren Sinne in ausreichendem Maße Rechnung zu tragen (näher *Lagodny* Strafrecht vor den Schranken S. 374f). Kritisch ist weiterhin anzumerken, dass Ursache und Wirkung vertauscht werden: Nicht die fehlende Sanktionsnotwendigkeit führt zum Wegfall der Schuld; vielmehr entsteht bei schuldlosem Handeln kein Sanktionsbedürfnis.[1656] Schließlich belastet die erhebliche Unsicherheit über die tatsächlich erreichbaren Präventionswirkungen die strafrechtliche Prüfung mit Unwägbarkeiten,[1657] die dem gerade im Strafrecht bedeutsamen Gebot größtmöglicher Rechtssicherheit zuwiderlaufen. Das neue, durch die Rückwende zu *Hegel* geprägte Strafrechtssystem *Jakobs* kann nach *Schünemann* (FS Roxin [2001], 1, 20) und *T. Walter* (LK[12] Vor § 13 Rdn. 172) deshalb nicht überzeugen, weil es mit der Eliminierung externer Zwecke außerhalb der Bestätigung der Normgeltung auf einen reinen circulus vitiosus zusammenschrumpft.

326   c) **Normativer Schuldbegriff.** Die heute h.M.[1658] vertritt einen normativen Schuldbegriff. Sie begreift die Schuld als *Wertungsstufe* im Deliktsaufbau, bei der es darum geht, ob dem Täter das straftatbestandsmäßige und rechtswidrige Verhalten im konkreten Einzelfall vorgeworfen werden kann – Schuld als *Vorwerfbarkeit*. Der normative Schuldbegriff ermöglicht es, Unzumutbarkeitsfälle (etwa § 35) aus dem Schuldbegriff heraus zu erklären (Rdn. 334ff). Dies war nach dem **psychologischen Schuldbegriff**

1654 Vgl. *Burkhardt* GA **1976** 321, 338ff; *Donna* GedS Zipf, 197, 214ff; *Arth. Kaufmann* Jura **1986** 225, 230.
1655 Vgl. hierzu *Rudolphi* SK[7] Vor § 19 Rdn. 1b m.w.N.; ebenso *Burkhardt* GA **1976** 321, 340; *Donna* GedS Zipf, 197, 214ff; *Günther* SK[7] Vor § 32 Rdn. 11; *Hirsch* ZStW **106** (1994) 746, 753; *Lagodny* Strafrecht vor den Schranken S. 374; *Roxin* AT I § 19 Rdn. 48; *Schünemann* in Grundfragen S. 153, 175ff; *Stratenwerth/Kuhlen* AT § 10 Rdn. 7.
1656 *Jescheck* LK[11] Vor § 13 Rdn. 72; *ders.* JBl. **1998** 610, 616; *Sch/Schröder/Eisele* Vor § 13 Rdn. 117; *Stratenwerth/Kuhlen* AT § 10 Rdn. 7; weiterhin *Hirsch* in Eser/Perron S. 27, 44. *Pinto de Albuquerque* ZStW **110** (1998) 640, 650 spricht insoweit von einem „naturalistischen Fehlschluss", da *Jakobs* von einem deskriptiven Satz auf ein Werturteil schließe. S. ferner *Schöneborn* ZStW **92** (1980) 682, 696 f, der den Schuldgrundsatz auch in einer generalpräventiven Konzeption für unerlässlich hält, da er die Bewährung der Rechtsordnung an wechselseitig konzedierte Vergewisserungsregeln binde und den einzelnen somit vor einer nicht kalkulierbaren Inanspruchnahme schütze.
1657 Dazu schon *Hirsch* FS Universität zu Köln, 399, 418f; *ders.* in Hirsch/Weigend S. 65, 76; *ders.* FS Otto, 307, 323. Ebenso *Burkhardt* GA **1976** 321, 335f; *Y.W. Kim* in Neumann/Hassemer/Schroth S. 157, 163f; *Paeffgen/Zabel* NK Rdn. 221; jew. m.w.N. Weiterhin *Schünemann* in Grundfragen S. 153, 172f; *Stratenwerth* Strafzwecke S. 15f; *ders./Kuhlen* AT § 1 Rdn. 20, 24, 27, § 10 Rdn. 7.
1658 Für die h.M. etwa BGHSt (GrS) **2** 194, 200; *T. Walter* LK[12] Vor § 13 Rdn. 164ff; *Jescheck/Weigend* § 38 II 3; *Lackner/Kühl/Kühl* Vor § 13 Rdn. 23; *Sch/Schröder/Eisele* Vor § 13 Rdn. 113; *Paeffgen/Zabel* NK Rdn. 208; *Fischer* Vor § 13 Rdn. 47; jew. m.w.N. *Neumann* FG BGH IV, 83, 86 hält allerdings die „Behauptung, in der Rechtsprechung habe sich ein normativer Schuldbegriff durchgesetzt", zumindest für „differenzierungsbedürftig".

nicht möglich. Hiernach wurde die Schuld in der „psychischen Beziehung des Täters zur Tat in ihrer objektiven Bedeutung, im seelischen Spiegelbild von der Wirklichkeit" (*Beling* Lehre vom Verbrechen [1906] S. 10) gesehen. Schuld setze sich demnach aus Vorsatz oder Fahrlässigkeit als den beiden möglichen Formen der psychischen Beziehung des Täters zur Tat zusammen (näher Baumann/Weber/Mitsch/*Eisele* § 16 Rdn. 8 ff; *Jescheck/ Weigend* § 38 II 2; *Roxin* AT I § 19 Rdn. 10; jew. m.w.N.). Besondere Motivationslagen wie die Unzumutbarkeit normgemäßen Verhaltens konnten im Rahmen der Schuld nicht berücksichtigt werden. Der psychologische Schuldbegriff wurde im Laufe der ersten Jahrzehnte des vorigen Jahrhunderts – beginnend mit *Franks* Abhandlung „Über den Aufbau des Schuldbegriffs"[1659] – überwunden.[1660] Zunächst wurde der normative Schuldbegriff in der Weise verstanden, dass man den psychologischen Schuldbegriff um die Fälle der Unzumutbarkeit erweiterte. Erst später setzte sich unter dem Einfluss der personalen Unrechtslehre (Rdn. 327) die Auffassung durch, nach der Vorsatz und objektive Fahrlässigkeit bereits Tatbestandserfordernisse sind. Hierdurch wurde die dritte Deliktsstufe nicht entleert, wie dies zeitweilig befürchtet wurde. Vielmehr weisen die beiden Zentralelemente der Schuld „*Möglichkeit der Unrechtseinsicht*" und „*Möglichkeit, sich der Unrechtseinsicht gemäß zu verhalten*" für sich allein einen ganz erheblichen materiellen Gehalt auf (näher Rdn. 329 f). Auch stellt das Gesetz dort, wo es die Schuldfähigkeit regelt, allein auf diese beiden Gesichtspunkte ab (vgl. § 20 StGB, § 3 Satz 1 JGG). Weiterhin ist zu bedenken, dass die Deliktsmerkmale nicht isoliert betrachtet werden können, sondern jedes nachfolgende das Vorliegen vorhergehender Merkmale voraussetzt. Schlägt man bestimmte Merkmale also nicht erst der Schuld, sondern bereits dem Unrecht zu, so ändert dies nichts an der Gesamtheit der Voraussetzungen, welche für die Bejahung der Schuld vorliegen müssen. Ferner berührt die Notwendigkeit, die Schuld durch die Feststellung, es fehle an Schuldausschließungs- bzw. Entschuldigungsgründen und damit gleichsam negativ bestimmen zu müssen,[1661] nicht deren Charakter als positives Deliktsmerkmal. Die Aufgliederung der Schuldfragen auf verschiedene Titel des Gesetzes (einerseits §§ 17 und 20, andererseits §§ 33 und 35) ist für den sachlichen Inhalt des Schuldbegriffes ohne Einfluss. Dies hat lediglich gesetzestechnische Bedeutung (vgl. Rdn. 334 f).

d) Schuld und personales Unrecht. Nach der heute vorherrschenden personalen **327** Unrechtslehre sind Vorsatz bzw. objektive Fahrlässigkeit bereits Voraussetzungen des Tatbestands (dazu etwa *Lackner/Kühl/Kühl* Vor § 13 Rdn. 20; *Sch/Schröder/Eisele* Vor § 13 Rdn. 52/53 ff).[1662] Das Unrecht liegt nicht lediglich in der von der Täterperson losgelösten Herbeiführung des deliktischen Erfolgs begründet (Erfolgs- oder Sachverhaltsunrecht); vielmehr ist zudem und vor allem ein im normwidrigen Verhalten des Täters hervortretendes **Handlungsunrecht** erforderlich (*Sch/Schröder/Eisele* Vor § 13 Rdn. 52/53; ausführlich *Roxin* AT I § 10 Rdn. 88 ff m.w.N.).[1663] Dadurch wird der steuernde Normadressat

---

[1659] In FS der juristischen Fakultät der Universität Gießen (1907), 521 ff.
[1660] Weiter zur dogmatischen Wende *Achenbach* Strafrechtssystematische Schuldlehre S. 101 ff; *Schünemann* in Grundfragen S. 2, 32; *Luzón* FS Schünemann, 445 ff.
[1661] Zu den hiermit verbundenen beweiserleichternden Elementen des Schuldbegriffs *Hohn* Beweiserleichterungen S. 112 ff.
[1662] *Jescheck/Weigend* § 24 III; *Stratenwerth/Kuhlen* AT § 8 Rdn. 59; jew. m.w.N. **Anders** noch Baumann/Weber/Mitsch[11] § 12 Rdn. 5, 16, § 18 Rdn. 24; *Spendel* FS Bockelmann, 245, 251 f; zur früheren, entgegenstehenden Rechtsprechung *Herzberg* FG BGH IV, 51 ff m.w.N.
[1663] Eingehender zum personalen Unrechtsbegriff *Hirsch* ZStW **93** (1981) 831 ff; ders. ZStW **94** (1982) 239 ff; *Arm. Kaufmann* FS Welzel, 393 ff; *Krauß* ZStW **76** (1964) 19 ff; *Lampe* Das personale Unrecht, Habil. Mainz 1967; *Stratenwerth* SchwZStr **79** (1963) 233 ff; *Welzel* Strafrecht § 11 II. Weitergehend insbesondere

in die strafrechtliche Betrachtung einbezogen. Die personale Unrechtslehre hat sich in der Wissenschaft mittlerweile durchgesetzt und auch in mehreren Regelungen des durch das 2. StrRG 1969 mit Wirkung 1975 grundlegend reformierten Allgemeinen Teils des StGB ihren Niederschlag gefunden (u.a. in §§ 17, 26, 27). Auch die Rechtsprechung hat die praktischen Ergebnisse der personalen Unrechtslehre weitgehend übernommen und ihr damit in der Praxis zum Durchbruch verholfen. Dementsprechend hat sich inzwischen der theoretische Streit um den Unrechtsbegriff von der Frage, *ob* von einem personalen Unrechtsbegriff auszugehen oder am herkömmlichen kausalen (objektiven) Begriff festzuhalten sei, auf Probleme *innerhalb* der neuen Unrechtslehre verlagert. Zum einen geht es darum, wie diese Auffassung theoretisch zu begründen ist (Frage der Ableitung aus dem Handlungsbegriff). Zum anderen wird weitergehend vertreten, dass *nur* das Handlungsunrecht anzuerkennen und der Erfolg lediglich als objektive Bedingung der Strafbarkeit einzustufen sei (monistisch-subjektive Unrechtslehre, so vor allem *Zielinski* Handlungs- und Erfolgsunwert im Unrechtsbegriff, Diss. Bonn 1973 S. 128 ff, 205 ff; weitere Nachweise bei *Sch/Schröder/Eisele* Vor § 13 Rdn. 59).[1664] Auch die **Stellung des Vorsatzes** ist umstritten. So will eine verbreitete Auffassung innerhalb der personalen Unrechtslehre dem Vorsatz eine *Doppelstellung* einräumen: als subjektives Tatbestandselement und als Schuldelement des Vorsatzdelikts (so zuerst *Gallas* ZStW **67** [1955] 1, 46; *ders.* FS Bockelmann, 155, 170 f).[1665] Sie unterscheidet zwischen Vorsatz i.S.d. auf die Verwirklichung der Merkmale des objektiven Tatbestandes gerichteten Wissens bzw. Wollens einerseits und der spezifischen *Vorsatzschuld* i.S.d. spezifischen Schuld des vorsätzlichen Deliktes andererseits (näher *Hirsch* ZStW **94** [1982] 239, 257 ff m.w.N.). Gegen die Lehre von der Vorsatzschuld spricht jedoch schon der Gesetzeswortlaut, der den Begriff des Vorsatzes unabhängig von der Schuld verwendet (vgl. etwa §§ 26, 27).[1666] Darüber hinaus ist zu fragen, welche Bedeutung der spezifischen Vorsatzschuld auf der Schuldebene überhaupt zukommen soll. Der Tatbestandsvorsatz gehört wie alle übrigen – objektiven und subjektiven – Unrechtserfordernisse zu den Voraussetzungen, die gemeinsam mit den auf der Schuldebene hinzutretenden Umständen den Schuldvorwurf ergeben.[1667] Wenn die Lehre von der Doppelfunktion des Vorsatzes vor allem mit Blick auf die Behandlung des Erlaubnistatumstandsirrtums – hier als rechtsfolgeneinschränkende Schuldtheorie auftretend – gerechtfertigt wird, vermag auch das nicht zu über-

---

Jakobs Der strafrechtliche Handlungsbegriff (1992) S. 41 ff, der die Schuld bereits zur Voraussetzung für eine Handlung im strafrechtlichen Sinne erklärt („Handlung als Sich-schuldhaft-zuständig-Machen"; **krit.** hierzu *Stübinger* KJ **27** [1994] 119 ff); ferner *Lesch* Verbrechensbegriff S. 205 ff sowie *ders.* JA **2002** 602, 608 ff, der Schuld und Unrecht konfundiert. Ähnlich *Freund* MK Vor § 13 Rdn. 14, 24 ff, 127 ff, 243 ff und *ders.* AT § 4 Rdn. 1 ff, wonach nur bei schuldhaftem Handeln ein hinreichend gewichtiges Fehlverhalten und somit das für eine Bestrafung erforderliche personale Verhaltensunrecht vorliegen soll. Auch *T. Walter* (Kern des Strafrechts S. 80 ff, S. 123 ff) will die Kategorien von Unrecht und Schuld im Sinne eines postfinalistischen Verbrechensmodells fusionieren. Zu weiteren Bestrebungen dieser Art oben Rdn. 8 m. Fn. 10. Zutreffende Kritik an dieser Nivellierung der Unterscheidung von Unrecht und Schuld *Greco* GA **2009** 636 ff m.w.N.; weiterhin *Roxin* GA **2011** 678, 688 ff; *Loos* FS Maiwald, 469 ff.
1664 Siehe zu diesen Fragen und insbesondere zur Kritik an den „subjektivistischen Lösungen" *Hirsch* ZStW **93** (1981) 844 ff; *ders.* ZStW **94** (1982) 240 ff, 257 ff, 266 ff; *ders.* FS Universität zu Köln, 399, 409 ff; kritisch gegenüber der monistisch-subjektiven Unrechtslehre auch *Jescheck/Weigend* § 24 III 2; *Roxin* AT I § 10 Rdn. 94 ff.
1665 Ebenso *Jescheck* LK[11] Vor § 13 Rdn. 82; *Lackner/Kühl/Kühl* § 15 Rdn. 34; *Sch/Schröder/Eisele* Vor § 13 Rdn. 120/121; *Jescheck/Weigend* § 39 IV 4; jew. m.w.N.; ferner *Dreher* FS Heinitz, 207, 224 f; *Wessels/Beulke/Satzger* Rdn. 208 ff, 677.
1666 *Schroth* FS Arth. Kaufmann, 595, 602 f.
1667 Siehe *Hirsch* Die Lehre von den negativen Tatbestandsmerkmalen, Diss. Bonn 1960 S. 244 f; *Bockelmann/Volk* § 12 III; vgl. auch *Roxin* AT I § 19 Rdn. 16.

zeugen.[1668] Zwar gehören ihre Anhänger zum Kreis derjenigen, die bei der Frage der **irrigen Annahme eines rechtfertigenden Sachverhaltes** zutreffend die *eingeschränkte Schuldtheorie* vertreten (für die h.M. statt vieler *Roxin* AT I § 14 Rdn. 64; *Sch/Schröder/Sternberg-Lieben/Schuster* § 16 Rdn. 16 ff m.w.N.). Richtigerweise entfällt in Situationen der Putativrechtfertigung nicht erst die Vorsatzschuld (zutr. *Erb* FS Paeffgen, 205, 214 f; *Streng* FS Paeffgen, 231, 239 m.w.N.); vielmehr ist in diesen Fällen § 16 Abs. 1 Satz 1 analog anzuwenden mit der Folge, dass bereits kein Vorsatzunrecht vorliegt (vgl. Rdn. 96).[1669]

Zum Verhältnis von personalem Unrecht und Schuld im Bereich des entschuldigenden Notstandes s. Rdn. 337. Zum Erklärungshintergrund der personalen Unrechtslehre für die Notwendigkeit subjektiver Rechtfertigungselemente s. Rdn. 82. 327a

2. Schuld und Tatverantwortung. Mittlerweile in den Hintergrund getreten ist die von *Maurach* entwickelte Lehre von der „Tatverantwortung" (*Maurach* Schuld und Verantwortung im Strafrecht [1948] S. 36 ff; *ders.* Deutsches Strafrecht⁴ § 32 ff).[1670] Diese Lehre schiebt zwischen Rechtswidrigkeit und Schuld eine zusätzliche Wertungsstufe ein: die „Tatverantwortung". Danach sollen neben Rechtfertigungs- und Schuldausschließungsgründen spezielle „Gründe ausgeschlossener Tatverantwortung" existieren, die jedermann für eine bestimmte Situation von Verantwortung freistellen (etwa die Notwehrüberschreitung gem. § 33 und der entschuldigende Notstand gem. § 35). Von der **h.M.**[1671] wird diese Lehre zutreffend **abgelehnt**. Denn die Lehre von der Tatverantwortung weist die Fälle der Unzumutbarkeit bereits der Ebene der Tatverantwortung zu und nicht erst der Schuld; damit wird die (nicht selten unter dem Blickpunkt rechtlicher Nachsicht gedeutete) Unzumutbarkeit zu Unrecht auf einer „leichteren" Wertungsstufe behandelt als die Schuldunfähigkeit und der unvermeidbare Verbotsirrtum.[1672] Im Übrigen entspricht es der Logik, die Möglichkeit der Unrechtseinsicht *vor* und nicht nach der Frage zu erörtern, ob dieser Einsicht gemäß gehandelt werden konnte. Gegen ein der Schuld vorgelagertes Deliktsmerkmal der Tatverantwortung spricht zudem der Wortlaut des § 35 („ohne 328

1668 **Anders** noch *Hirsch* LK[11] Rdn. 184, der als Anhänger der strengen Schuldtheorie die Vorsatzschuldthese präferierte, sofern man auf der Basis der herrschend vertretenen eingeschränkten Schuldtheorie argumentiert; später vertrat *Hirsch* FS Schroeder, 223, 231 ff eine „mittlere Schuldtheorie".
1669 So auch die Rechtsprechung, vgl. etwa BGHSt **45** 219, 225 f („Ein solcher Erlaubnistatbestandsirrtum schließt in Analogie zu § 16 vorsätzliches Handeln aus"); weiterhin BGHSt **45** 378, 384; **49** 34, 44; 166, 176 und die Nachw. in Rdn. 95; h.M., s. etwa *Lackner/Kühl/Kühl* § 17 Rdn. 14; *Puppe* NK § 16 Rdn. 137 ff; *Rudolphi* SK[7] § 16 Rdn. 10, 12; *Sch/Schröder/Eisele* Vor § 13 Rdn. 19; *Sch/Schröder/Sternberg-Lieben/Schuster* § 15 Rdn. 35, § 16 Rdn. 18; ferner Baumann/Weber/*Mitsch*/Eisele § 14 Rdn. 77; *Kühl* AT § 13 Rdn. 71 ff; *Murmann* GK § 25 Rdn. 19 ff; *Roxin* AT I § 14 Rdn. 64 ff; jew. m.w.N. **Anders** *Wessels/Beulke/Satzger* Rdn. 756, wonach der BGH die Lehre der Rechtsfolgenverweisung vertrete. Für eine direkte Anwendung des § 16 *Hoyer* SK Rdn. 48, allerdings ohne sich auf die Lehre von den negativen Tatbestandsmerkmalen zu stützen.
1670 *Maurach/Zipf* § 14 Rdn. 22, § 31 Rdn. 16 ff, §§ 32 ff; *Maurach/Gössel/Zipf*⁷ § 44 Rdn. 40 ff; § 46 Rdn. 130 ff. Zustimmend *Bacigalupo* GedS Arm. Kaufmann, 459 ff; *Deutsch* Fahrlässigkeit und erforderliche Sorgfalt, Habil. München 1963 S. 251 f; *Jagusch* LK[8] § 54 Anm. I; *Rehberg* Zur Lehre vom „Erlaubten Risiko", Diss. Zürich 1962 S. 185; *Rittler* JBl. **1955** 633, 634.
1671 *Jakobs* 17/39 ff; *Sch/Schröder/Eisele* Vor § 13 Rdn. 20; *Roxin* AT I § 19 Rdn. 60 f; *Schmidhäuser* StuB 8/10; weiter *Paeffgen/Zabel* NK Rdn. 237; *Momsen* Zumutbarkeit S. 124 ff, 367; *Stratenwerth/Kuhlen* AT § 10 Rdn. 5. Siehe ebenfalls die Kritik bei *Bockelmann* Strafrechtliche Untersuchungen (1957) S. 85 m. Fn. 123; *Heinitz* JR **1957** 78, 79; *Hirsch* in Eser/Perron S. 27, 42 f; *Arm. Kaufmann* Die Dogmatik der Unterlassungsdelikte, Habil. Göttingen 1959 S. 159 ff (siehe aber auch ZStW **80** [1968] 34, 45); *Maihofer* FS Rittler, 141, 161 f; *Roeder* Die Einhaltung des sozialadäquaten Risikos (1969) S. 98; *Roxin* FS Henkel, 171, 179 f; *ders.* JuS **1988** 425, 429; *Welzel* Strafrecht § 23.
1672 Ebenso *Roxin* AT I § 19 Rdn. 60 und bereits *Hirsch* LK[11] Rdn. 186.

Schuld"). Schließlich können auch die praktischen Ergebnisse dieser Lehre nicht überzeugen (hierzu und zu weiterer Kritik ausführlich *Hirsch* LK[11] Rdn. 186).

3. Elemente des Schuldbegriffs

329 **a)** Die Schuld zerfällt in **zwei Elemente**: die Fähigkeit zur **Unrechtseinsicht** (*intellektuelles* Schuldelement) und die Möglichkeit, **sich dieser Unrechtseinsicht gemäß zu verhalten** (*voluntatives* Schuldelement), vgl. § 20.[1673] Ein tatbestandsmäßiges und rechtswidriges Verhalten ist demzufolge nicht schuldhaft, wenn der Täter in einem unvermeidbaren Verbotsirrtum gehandelt hat oder wenn er nicht fähig war, sich der Unrechtseinsicht gemäß zu motivieren. Im letzteren Fall genügt es unter gewissen Voraussetzungen schon, dass die Möglichkeit zur rechtsgemäßen Motivation stark herabgesetzt ist (Fälle der Unzumutbarkeit, z.B. beim entschuldigenden Notstand gem. § 35, näher Rdn. 334 ff).[1674] Die Grundannahme, Vorsatz bzw. objektive Fahrlässigkeit schon in den Tatbestand einzuordnen (vgl. Rdn. 327), führt die Anhänger der personalen Unrechtslehre dazu, für Vorsatz- und Fahrlässigkeitsdelikte einen einheitlichen Schuldbegriff zu bilden.[1675] Zwar ist beim Fahrlässigkeitsdelikt die individuelle Erkennbarkeit im Rahmen der Schuld stets positiv zu ermitteln (soweit diese Frage nicht bereits auf Unrechtsebene behandelt wird);[1676] doch wird diese Frage vom Element der Möglichkeit der Unrechtseinsicht vollständig umfasst (*Welzel* Strafrecht § 22 III 5 m.w.N.). Beim Fahrlässigkeitsdelikt spielt zudem das voluntative Schuldelement insofern eine erhebliche Rolle, als der Gesichtspunkt der Unzumutbarkeit über den Kreis der beim vorsätzlichen Begehungsdelikt anerkannten Fälle hinaus allgemein Bedeutung hat (siehe Rdn. 348). – Teilweise wird neben dem Tatbestand i.e.S., der als „Unrechtstatbestand" bezeichnet wird, noch ein **„Schuldtatbestand"** angenommen (*Engisch* FS DJT I, 401, 413; *Gallas* ZStW **67** [1955] 1, 31; *Jescheck/Weigend* § 42 I m.w.N.).[1677] Nach wohl überwiegender Ansicht umfasst der Schuldtatbestand diejenigen Merkmale, die den spezifischen Schuldgehalt eines bestimmten Deliktstypus ausmachen und dabei die aktualisierte Rechtsgesinnung des Täters näher kennzeichnen (z.B. „rücksichtslos" in § 315c Abs. 1 Nr. 2, „böswillig" in § 90a Abs. 1 Nr. 1 und § 130 Abs. 1 Nr. 2), nicht aber die allgemeinen (nicht typusgebundenen)

1673 Vgl. nur *Paeffgen/Zabel* NK Rdn. 239; *Sch/Schröder/Eisele* Vor § 13 Rdn. 111 f; Baumann/Weber/Mitsch/*Eisele* § 16 Rdn. 2; zum voluntativen Element ausführlich *Frister* „Voluntatives Schuldelement" mit erheblichen Bedenken gegen die Dichotomie von Einsichts- und Steuerungsfähigkeit (S. 117 ff).
1674 In anderen Bereichen der Rechtsordnung – so im Zivilrecht – soll für „Verschulden" teilweise schon Vorsatz bzw. objektive Fahrlässigkeit und Zurechnungsfähigkeit genügen. Deshalb kann eine Handlung im Zivilrecht als *schuldhaft*, im Strafrecht hingegen als *entschuldigt* bewertet werden. Während die Rechtsordnung im Strafrecht an Schuld i.e.S. (Schuldvorwurf) anknüpft, ist das „Verschulden" u.a. im Zivilrecht nur eine zusammenfassende Bezeichnung bestimmter „subjektiver" Elemente, die nach der Strafrechtsdogmatik überwiegend schon dem Handlungsunrecht zuzuordnen wären. Dies hängt damit zusammen, dass es im Zivilrecht nicht um die Ahndung einer Tat, sondern um die Zuweisung sozialer bzw. wirtschaftlicher Risiken geht.
1675 **Anders** offenbar *Fischer* Vor § 13 Rdn. 49.
1676 So ist die individuelle Sorgfaltswidrigkeit nach Ansicht einiger Autoren bereits im Tatbestand zu prüfen (siehe *Rinck* Zweistufiger Deliktsaufbau S. 68 f u. *Samson* SK[5] Anh. zu § 16 Rdn. 12 ff; jew. m.w.N.).
1677 Ebenso *Jakobs* 17/43 ff m.w.N.; *Jescheck* LK[11] Vor § 13 Rdn. 79; *Kindhäuser* AT § 21 Rdn. 11; *Schmidhäuser* StuB 4/9 f, 7/1 ff; *Tiemeyer* GA **1986** 203, 204; ähnlich *Sch/Schröder/Eisele* Vor § 13 Rdn. 43/44 („Deliktstatbestand"). Zur Kritik siehe *Bockelmann/Volk* § 12 III 3, die die spezifischen Gesinnungsmerkmale dem Unrechtstatbestand zurechnen; ferner *Hirsch* Die Lehre von den negativen Tatbestandsmerkmalen, Diss. Bonn 1960 S. 13 m. Fn. 1; *ders.* LK[11] Rdn. 187 („systematisch missverständlich"), wonach es sich bei spezifischen Schuldmerkmalen nur um Ausprägungen der graduierbaren allgemeinen Schuldelemente handele, und *Welzel* Strafrecht § 10 III. Vgl. auch *Maurach/Zipf* § 24 Rdn. 2.

Schuldmerkmale.[1678] Diese systematische Kategorisierung ist jedoch im Wesentlichen begrifflicher Natur.[1679] Zur Abgrenzungsproblematik von Unrecht und Schuld bei den besonderen Gesinnungsmomenten *Roxin* AT I § 10 Rdn. 78 ff; *Jescheck/Weigend* § 42 II 3; *Stratenwerth* FS v. Weber, 171 ff; *Welzel* Strafrecht § 13 II 2c.[1680]

b) Die **Schuldfähigkeit** wird überwiegend entweder als eigenständige systematische Kategorie (h.M., siehe etwa Baumann/Weber/Mitsch/*Eisele* § 17 Rdn. 1; *Maurach/Zipf* § 35 Rdn. 35; *Frister* 18/1 ff; wohl auch *Wessels/Beulke/Satzger* AT Rdn. 640) oder doch jedenfalls als selbständiges Schuldelement innerhalb des Schuldbegriffes verstanden (*Jescheck* LK[11] Vor § 13 Rdn. 79; *ders./Weigend* § 40 I 1; *Kindhäuser* AT § 21 Rdn. 11 f; *Schöch* LK[12] § 20 Rdn. 3). Dabei handelt es sich um die in § 19 (Schuldunfähigkeit des Kindes), § 20 (Schuldunfähigkeit wegen seelischer Störungen), § 21 (verminderte Schuldfähigkeit) und in § 3 Satz 1 JGG (Verantwortlichkeit Jugendlicher) geregelten Fälle (vgl. im einzelnen *Schöch* LK[12] in seiner Kommentierung zu den §§ 19–21).[1681] Der Sache nach geht es jedoch auch bei der Schuldfähigkeit um die beiden Grundelemente der Schuld „Fähigkeit zur Unrechtseinsicht" und „Möglichkeit, sich dieser Unrechtseinsicht gemäß zu verhalten": Wer aus einem in § 20 bezeichneten Grund nicht in der Lage ist, das Unrecht seiner Tat einzusehen, dessen Tatschuld entfällt, weil hinsichtlich der konkreten Tat ein unvermeidbarer Verbotsirrtum (i.S.v. § 17) vorliegt (BGHSt **40** 341, 349; BGH NStZ **1989** 430; **1986** 264; **1985** 309; MDR bei Holtz **1978** 984; MDR **1968** 854, 855).[1682] Bei demjenigen, der aus einem der in § 20 aufgeführten Gründe unfähig ist, sich der Unrechtseinsicht gemäß zu motivieren, ist das voluntative Schuldelement nicht gegeben. Dass die h.M. dennoch eine der Schuld vorgeschobene systematische Kategorie der „Schuldfähigkeit" annimmt, geht auf den veralteten psychologischen Schuldbegriff zurück und kann in der Sache nicht überzeugen (ausführlich und ablehnend zur h.M. *Hirsch* LK[11] Rdn. 189). Mag die Diskussion um die Kategorisierung der Schuldfähigkeit auch vom jeweiligen Vorverständnis der Schuld geprägt sein, so dürfte sie sich letztlich doch auf einer rein begrifflichen Ebene bewegen.[1683] Dass der Gesetzgeber für die Schuldfähigkeit

330

[1678] Engisch FS DJT I, 401, 413; Gallas ZStW **67** (1955) 1, 31; Jescheck LK[11] Vor § 13 Rdn. 79; ders./Weigend § 42 I. Ähnlich Sch/Schröder/Eisele Vor § 13 Rdn. 43/44, der von einem den spezifischen Unrechts- und Schuldgehalt der betreffenden Deliktstyps umfassenden „Deliktstatbestand" ausgeht. Dagegen verwenden andere Autoren den Begriff in einem weiteren Zusammenhang; so umfasst der Schuldtatbestand nach Kindhäuser AT § 21 Rdn. 11 die allgemeinen Merkmale Schuldfähigkeit, Zumutbarkeit und (potentielles) Unrechtsbewusstsein; nach Jakobs 17/43 beinhaltet er alle Merkmale, die die Rechtsuntreue und somit die rechtlich fehlerhafte Motivation und Zuständigkeit des Täters ausmachen; siehe ferner Schmidhäuser StuB 4/9 f, 7/1 ff. Ramírez (FS Tiedemann, 345, 349 ff) setzt Verantwortung und Zumutbarkeit gleich (bezogen auf ein Verhalten, das der Staat von bestimmten Personen verlangen kann) und will das – seiner Meinung nach überkommene – Konzept der Schuld damit ablösen.
[1679] Zutreffend Paeffgen/Zabel NK Rdn. 239.
[1680] T. Walter LK[12] Vor § 13 Rdn. 179 hält den Begriff „Gesinnungsmerkmal" für entbehrlich; monographisch Kelker Zur Legitimität von Gesinnungsmerkmalen im Strafrecht, Habil. Tübingen 2005 (dazu Bespr. Otto ZStW **119** [2007] 993 ff) mit Übersicht zum Meinungsstand (S. 151 ff).
[1681] Weiterhin Lackner/Kühl/Kühl Vor § 13 Rdn. 27; Sch/Schröder/Lenckner/Sternberg-Lieben Rdn. 108; Rogall SK Vor § 19 Rdn. 45; vgl. auch Fischer Rdn. 14. **Anders** Freund AT § 4 Rdn. 12 ff und ders. MK Vor § 13 Rdn. 237 ff, der in diesen Fällen schon den Verhaltensnormverstoß ablehnt und sie daher bereits im Tatbestand „ausfiltert".
[1682] Ebenso Dreher GA **1957** 97 ff; Arm. Kaufmann FS Eb. Schmidt, 319 ff; Jähnke LK[11] § 20 Rdn. 5 m.w.N.; Lackner/Kühl/Kühl § 20 Rdn. 15; Fischer § 20 Rdn. 4; Sch/Schröder/Perron/Weißer § 20 Rdn. 4, 27 m.w.N.. Nach Jescheck/Weigend § 40 III 3 soll § 20 der Charakter einer Beweisregel zukommen, da die Vorschrift auf seelische Störungen abstelle, bei denen ein Einfluss auf die Einsichtsfähigkeit nahe liege und in schweren Fällen regelmäßig anzunehmen sei; zustimmend Roxin AT I § 20 Rdn. 29. **Gegen** die h.M. Rudolphi SK[7] § 17 Rdn. 16, 26 ff; Schild NK § 20 Rdn. 27 f, 62 ff m.w.N.
[1683] Zutreffend Paeffgen/Zabel NK Rdn. 243.

selbständige Regelungen vorsieht, die beide Schuldelemente umfassen, hat neben historischen Gründen – die allgemeine Verbotsirrtumslehre[1684] und die Unzumutbarkeitslehre haben sich erst später entwickelt – einen gesetzestechnischen Hintergrund: § 20 vereinigt auf gleiche Ursachen zurückgehende und besonders naheliegende Ausschlussgründe, die sowohl hinsichtlich des intellektuellen als auch des voluntativen Schuldelementes zum Schuldausschluß führen können. Dadurch wird zugleich der Kreis der Fälle umgrenzt, der bei fehlender Schuld für das Maßregelrecht bedeutsam sein kann (vgl. § 63). § 19 beruht darauf, dass die absolute Schuldunfähigkeit von Kindern beide Schuldelemente betrifft und eine gesetzliche Differenzierung daher verfehlt wäre. Die dogmatische Einordnung wird von dieser Regelungstechnik nicht berührt.

II. Gründe fehlender Schuld

1. Fehlen der Möglichkeit der Unrechtseinsicht (Frage des intellektuellen Schuldelements)

331 **a)** Nach § 20, 1. Var. entfällt die Schuld, wenn der Täter bei Begehung der tatbestandsmäßigen und rechtswidrigen Tat infolge einer seelischen Störung unfähig ist, das Unrecht der Tat einzusehen.[1685] Ist die Einsichtsfähigkeit vermindert, kann die Strafe gemäß §§ 21, 49 Abs. 1 gemildert werden. Es handelt sich dabei um speziell normierte Fälle des Verbotsirrtums (BGHSt **40** 341, 349; BGH NStZ **1989** 430; **1986** 264; **1985** 309; MDR bei Holtz **1978** 984; MDR **1968** 854, 855),[1686] die aus historischen und gesetzestechnischen Gründen (Rdn. 330) selbständig geregelt sind. Da nach § 17 jeder Mangel an Einsichtsfähigkeit schuldmindernd berücksichtigt werden kann, der zum Fehlen der aktuellen Unrechtseinsicht führt, kommt es für die Frage einer Strafmilderung wegen verminderter Schuldfähigkeit nicht darauf an, ob die Einsichtsfähigkeit „erheblich" (vgl. § 21) herabgesetzt war; ansonsten würde ein Verbotsirrtum, der auf einem seelischen Defekt im Sinne des § 21 beruht, strenger behandelt als ein lediglich von § 17 erfasster Verbotsirrtum. In den Fällen unerheblich verminderter Einsichtsfähigkeit ist daher nicht § 21, sondern die allgemeine, täterfreundlichere Regelung des § 17 anzuwenden (*Dreher* GA **1957** 97 ff; *Sch/Schröder/Perron/Weißer* § 21 Rdn. 6/7 m.w.N.; *Maurach/Zipf* § 36 Rdn. 74; siehe auch *Horstkotte* Prot. V S. 1791).[1687] Ohnehin ist § 21 entsprechend der Regelung des § 17 Satz 2 nur dann anwendbar, wenn dem Täter das Fehlen seiner Einsichtsfähigkeit vorzuwerfen ist (**h.M.**; BGHSt **42** 385, 389; **40** 341, 349; BGH NStZ-RR **2013** 71; **2004** 38; **2003** 325, 326).[1688] Weist der Täter nur deshalb Unrechtseinsicht auf, weil er

---

1684 Instruktiv zur historischen Entwicklung *Sánchez* GA **2016** 309 ff.
1685 **Anders** jetzt *Herzberg* Willensfreiheit und Schuldvorwurf S. 104 ff, der nur auf den Grund des Ausschlusses der Einsichts- und Steuerungsfähigkeit für die Entscheidung über die Schuldfähigkeit abstellt und den Ausschluss selbst dann nicht mehr subsumiert.
1686 Weiterhin *Roxin* AT I § 20 Rdn. 29 und *Sch/Schröder/Perron/Weißer* § 20 Rdn. 4 m.w.N. auch zur Gegenansicht. Letztere u.a. vertreten von *Rogall* SK § 21 Rdn. 12 ff.
1687 Ebenso *Jescheck/Weigend* § 40 IV m. Fn. 50; *Schöch* LK[12] § 21 Rdn. 9; *Neumann* NK § 17 Rdn. 97; *Roxin* AT I § 20 Rdn. 36; *Schröder* GA **1957** 297, 304; *Streng* MK § 21 Rdn. 13. **Anders** *Jähnke* LK[11] § 21 Rdn. 4 („Scheinproblem") u. *Jakobs* 18/31, der das Merkmal der Erheblichkeit auch in § 17 Satz 2 hineininterpretieren möchte; *Rogall* SK § 21 Rdn. 21.
1688 BGH NStZ NStZ-RR **1999** 207; BGHR StGB § 20 Einsichtsfähigkeit 2; § 21 Einsichtsfähigkeit 1–5; **1989** 430; **1986** 264; **1985** 309; MDR bei Holtz **1978** 984; MDR **1968** 854, 855. So auch *Streng* MK § 21 Rdn. 11 f; *Lackner/Kühl/Kühl* § 21 Rdn. 1; jew. m.w.N.; weiterhin *Fischer* § 21 Rdn. 3. **Dagegen** soll das Fehlen der Einsichtsfähigkeit nach *Sch/Schröder/Perron/Weißer* § 21 Rdn. 6/7 bei § 21 im Unterschied zu den Fällen des § 20 stets vermeidbar sein. **Kritisch** gegenüber der h.M. *Schild* NK § 21 Rdn. 12 ff, der § 21 nicht als Un-

infolge eines Irrtums über die Rechtslage davon ausgeht, dass sein Verhalten tatbestandsmäßig und rechtswidrig sei, so liegt ein strafloses Wahndelikt vor.[1689] Zu § 20 näher *Schöch* LK[12].

b) Möglichkeit der Unrechtseinsicht bei Vorsatzdelikten. Über die von § 20, 1. 332 Var. erfassten, besonders naheliegenden Ausschlussgründe hinaus bestimmt § 17, dass das Fehlen der Unrechtseinsicht *allgemein* beachtlich ist.[1690] In § 17 findet die von der Rspr. bereits seit BGHSt (GrS) **2** 194 anerkannte Schuldtheorie ihre gesetzliche Verankerung. Demnach lässt der Verbotsirrtum den Vorsatz unberührt, führt jedoch bei Unvermeidbarkeit zur Verneinung der Schuld.[1691] Konnte der Täter den Irrtum vermeiden, wird er wegen vorsätzlicher Tat bestraft, wobei die Strafe – wegen der normalerweise geminderten Schuld – gemildert werden kann (§§ 17 Satz 2, 49 Abs. 1). Die sog. Vorsatztheorie, wonach die (aktuelle) Unrechtseinsicht ein Element des Vorsatzes sein soll,[1692] steht somit im Widerspruch zum geltenden Recht. Näher zum Verbotsirrtum *Vogel* LK[12] § 17. Zum Verbotsirrtum bei den sozialethisch eher neutralen Normen des Nebenstrafrechts und Ordnungswidrigkeitenrechts *Neumann* NK § 17 Rdn. 90 ff.

c) Die **Möglichkeit der Unrechtseinsicht ist auch Schulderfordernis der Fahr-** 333 **lässigkeitsdelikte** (BGHSt **40** 341, 349 f; auch **51** 18, 21; OLG Düsseldorf VRS **82** [1992] 142, 143; NStZ **1990** 396, 397).[1693] Hat ein *unbewusst* fahrlässig handelnder Täter potentielles Unrechtsbewusstsein, so kommt bei fehlendem aktuellen Unrechtsbewusstsein regelmäßig keine Strafmilderung nach § 17 Satz 2 in Betracht: Zwar fehlt dem unbewusst fahrlässig handelnden Täter stets die Einsicht, Unrecht zu tun, da er die Sorgfaltswidrigkeit und damit das Unrecht seines Tuns nicht erkennt (*Arm. Kaufmann* ZfRV **1964** 41, 52 [„Domäne des Verbotsirrtums schlechthin"]; *Neumann* NK § 17 Rdn. 86; *ders.* FS Puppe 171, 178 f; *Sch/Schröder/Sternberg-Lieben/Schuster* § 15 Rdn. 203).[1694] Da es sich jedoch bei den allermeisten Fahrlässigkeitstaten um Fälle unbewusster Fahrlässigkeit handelt, ist diese Fehlvorstellung bereits im Strafrahmen der fahrlässigen Delikte berücksichtigt.

---

terfall des § 17, sondern als eigenständige Strafzumessungsvorschrift ansieht. Nach *Frister* (18/14) handelt es sich bei den § 20, 21 und § 17 um zwei verschiedene Schuldvoraussetzungen.
1689 Zur Abgrenzung des Wahndelikts vom untauglichen Versuch ausführlich *Paeffgen/Zabel* NK Rdn. 256 ff.
1690 Bestehen hingegen bereits Zweifel an der Unrechtmäßigkeit der Tat, scheidet ein Verbotsirrtum nach überwiegender Ansicht aus, wenn der Täter den Verstoß für möglich hält und billigend in Kauf nimmt (statt vieler *Neumann* NK § 17 Rdn. 34 m.w.N.). **Anders** *Leite* (GA **2012** 688, 696), der eine sichere Vorstellung über das Verbot für das Vorliegen des Unrechtsbewusstseins fordert und die Problematik des Unrechtszweifels in der Vermeidbarkeitsprüfung behandeln will.
1691 Dass die eigene (moralische) Wertung des Täters für die Unrechtseinsicht im Sinne des § 17 unbeachtlich ist, wird in BGH NJW **2011** 2600, 2601 klargestellt.
1692 Vgl. etwa die Nachweise bei *Joecks* MK § 16 Rdn. 124.
1693 Weiterhin OLG Karlsruhe NJW **1967** 2167; OLG Oldenburg VRS **29** (1965) 264; OLG Hamm VRS **20** [1960] 232; *Jescheck/Weigend* § 57 I 2; *Vogel* LK[12] § 17 Rdn. 108 ff; *Burgstaller* Fahrlässigkeitsdelikt S. 196; *Kröger* Fahrlässigkeitsstraftat S. 237 ff; *Sch/Schröder/Sternberg-Lieben/Schuster* § 15 Rdn. 193; *Arm. Kaufmann* ZfRV **1964** 41, 52; *Lackner/Kühl/Kühl* § 15 Rdn. 50; *Paeffgen/Zabel* NK Rdn. 247; *Roxin* AT I § 24 Rdn. 110 ff; *Welzel* Strafrecht § 22 III 5. **Anders** *Arzt* ZStW **91** (1979) 857, 880, 884; hiergegen überzeugend *Schöne* GedS H. Kaufmann, 649, 669 ff; *Roxin* AT I § 24 Rdn. 110 f m. Fn. 125, 127. Ungenau BGHSt **5** 301, 310 f; **7** 17, 22. Zur Begründung des Schuldgehalts unbewusster Fahrlässigkeit durch die herrschende Lehre siehe *Koch* ZIS **2010** 175, 178 ff – mit **krit.** Anm. von *Spilgies* (ZIS **2010** 490 ff), der eine Willensschuld in den Fällen unbewusster Fahrlässigkeit in einem von Willensfreiheit ausgehenden Schuldstrafrecht für nicht begründbar hält.
1694 So auch *Jakobs* 19/34; *Joecks* MK § 17 Rdn. 85; *Paeffgen/Zabel* NK Rdn. 247; *SSW/Momsen* § 17 Rdn. 28; **abl.** *Duttge* MK § 15 Rdn. 207 („im Bereich des Kernstrafrechts unzutreffende Annahme").

Daher scheidet die beim vermeidbaren Verbotsirrtum sonst bestehende Möglichkeit der Strafmilderung in der Regel aus. Bei diesem durch Tatsachenunkenntnis bedingten Verbotsirrtum handelt es sich lediglich um die „Kehrseite der subjektiven Fahrlässigkeit" (*Schünemann* JA **1975** 787, 788).[1695] § 17 ist jedoch dann uneingeschränkt anwendbar, wenn der Verbotsirrtum zudem auf Gründen beruht, die auch beim Vorsatzdelikt zur Anwendung der Verbotsirrtumsregeln führen würden. Dies ist der Fall, wenn der Täter nicht nur die sorgfaltswidrige Gefahrschaffung verkennt, sondern zusätzlich einem Irrtum über die Rechtslage unterliegt. Demnach ist zu fragen, ob der Täter über eine abstrakte Unrechtskenntnis in der Weise verfügte, dass er bei Kenntnis der Tatbestandsverwirklichung das Unrecht seines Handelns erkannt hätte (vgl. OLG Düsseldorf VRS **82** [1992] 142, 143; NStZ **1990** 396).[1696] Dementsprechend liegt bei *bewusster* Fahrlässigkeit ein Verbotsirrtum vor, wenn der Täter davon ausgeht, dass die von ihm erkannte Gefahrschaffung nicht rechtswidrig sei (Irrtum über das erlaubte Risiko oder die Existenz bzw. Reichweite eines Rechtfertigungsgrundes).[1697] Näher zum Verbotsirrtum beim fahrlässigen Delikt *Vogel* LK[12] § 17 Rdn. 108 ff.

2. Fehlen der Möglichkeit, sich der Unrechtseinsicht gemäß zu verhalten (Frage des voluntativen Schuldelements – Unzumutbarkeit insbesondere)

Schrifttum

Achenbach Wiederbelebung der allgemeinen Nichtzumutbarkeitsklausel im Strafrecht? JR **1975** 492; *ders.* Fahrlässigkeit, Schuld und Unzumutbarkeit normgemäßen Verhaltens – Das Leinenfänger-Urteil (RGSt 30, 25), Jura **1997** 631; *Albrecht* Notwehrexzess und Putativnotwehr, GA **2013** 369; *Amelung* Vorteilssicherung und Angehörigenprivileg, JR **1978** 227; *Aschermann* Die Rechtsnatur des § 33 StGB, Diss. Hamburg 1990; *Bernsmann* Entschuldigung durch Notstand, Habil. Bochum 1987; *Bachmann* Irrtum im Bereich der Schuld, JA **2009** 510; *Beck* Notstandslage im Kollektiv – Führt der freiwillige Beitritt zu einer Minderung des Notstandsrechts? ZStW **124** (2012) 660; *Bindokat* Zur Frage der Kuppelei bei Verlobten, GA **1955** 167; *Bloy* Die dogmatische Bedeutung der Strafausschließungs- und Strafaufhebungsgründe, Diss. Hamburg 1974 (1976); *Bockelmann* Blendung und Ermüdung als Fahrlässigkeitsprobleme, in Bockelmann (Hrsg.) Verkehrsstrafrechtliche Aufsätze und Vorträge (1967) S. 194; *Bosch* Grundprobleme des entschuldigenden Notstandes (§ 35 StGB), Jura **2015** 347; *Brauneck* Der strafrechtliche Schuldbegriff, GA **1959** 261; *Burgstaller* Das Fahrlässigkeitsdelikt im Strafrecht (1974); *Dallinger* Unzumutbarkeit der Erfolgsabwendung bei unechten Unterlassungsdelikten, JR **1968** 6; *Diederich* Ratio und Grenzen des straflosen Not-

---

[1695] Ebenso *Jakobs* 19/34; *Joecks* MK § 17 Rdn. 79; *Neumann* NK § 17 Rdn. 86 f (schon kein Verbotsirrtum); *Vogel* LK[12] § 17 Rdn. 109. **Anders** und für die stete Anwendung des § 17 Satz 2 in Fällen unbewusster Fahrlässigkeit offenbar *Schlehofer* MK Rdn. 268, da der in tatsächlicher Hinsicht über die Gefahrschaffung Irrende nicht schlechter gestellt werden dürfe als der in rechtlicher Hinsicht Irrende. **Abl.** auch *Herzberg* FS Otto, 265, 266 m. Fn. 7, der in der herrschend postulierten „Sperrung" des § 17 bei (unbewusst begangenen) Fahrlässigkeitsdelikten eine Missachtung des Gesetzes sieht (zudem *ders.* NStZ **2004** 660, 664 ff; *ders.* JuS **2008** 385, 386); überzeugend **dagegen** *Neumann* FS Puppe, 171, 179 ff.
[1696] Vgl. auch BGHSt **40** 341, 349 f zu einem auf § 20 beruhenden Verbotsirrtum sowie LG Bückeburg NJW **2005** 3014, 3017 m. krit. Bespr. *Melkos/Clauß* DAR **2006** 73, 75 ff; BGH NStZ **2011** 630 zur Frage eines Schuldausschlusses nach § 33 bei der Fahrlässigkeitsstrafbarkeit, nachdem die Vorsatzstrafbarkeit aufgrund eines Erlaubnistatumstandsirrtums (§ 16 Abs. 1 analog) ausgeschlossen war. Weiterhin *Jakobs* 19/34; *Joecks* MK § 17 Rdn. 86; *Neumann* NK § 17 Rdn. 87; *Roxin* AT I § 24 Rdn. 112 f; *Rogall* SK § 17 Rdn. 36 *Vogel* LK[12] § 17 Rdn. 109, jew. m.w.N.; *Paeffgen/Zabel* NK Rdn. 247. **Krit.** *Arzt* ZStW **91** (1979) 857, 880, da ein rechtswidrig-schuldloses Alternativverhalten nicht ohne weiteres berücksichtigt werden könne.
[1697] *Joecks* MK § 17 Rdn. 87; *Neumann* NK § 17 Rdn. 89; *ders.* FS Puppe, 171, 180 f; *Rogall* SK § 17 Rdn. 35 m.w.N. **Anders** *Arzt* ZStW **91** (1979) 857, 867 f, der für bewusste Fahrlässigkeit eine bewusste Überschreitung des erlaubten Risikos fordert; unter dieser Prämisse ist ein Verbotsirrtum bei bewusster Fahrlässigkeit schon begrifflich ausgeschlossen, soweit er sich nicht auf rechtfertigende Rechtssätze erstreckt (Erlaubnisirrtum); ebenso SSW/*Momsen* § 17 Rdn. 28 m.w.N.

wehrexzesses, Diss. Köln 2000 (2001); *Donner* Die Zumutbarkeitsgrenzen der vorsätzlichen unechten Unterlassungsdelikte, Diss. Regensburg 2006 (2007); *Drost* Die Zumutbarkeit bei vorsätzlichen Delikten, GA **77** (1933) 175; *Duttge* Zur Bestimmtheit des Handlungsunwerts von Fahrlässigkeitsdelikten, Habil. Bochum 1999 (2001); *Eich* Unfallflucht nach Vorsatztat – BGH, NJW 1972 1960 = MDR 1972 962 Nr. 74, MDR **1973** 814; *Erdsiek* Umwelt und Recht, NJW **1963** 632; *Eser* Schuld und Entschuldbarkeit von Mauerschützen und ihren Befehlsgebern, Festschrift Odersky (1996) 327; *Eser/Fletscher* (Hrsg.) Rechtfertigung und Entschuldigung I (1987), II (1988); *Eser/Perron* (Hrsg.) Rechtfertigung und Entschuldigung III (1991); *Eser/Nishihara* (Hrsg.) Rechtfertigung und Entschuldigung IV (1995); *Esser/Bettendorf* „Muss der Kapitän als letzter von Bord?" ..., NStZ **2012** 233; *Fahl* Der „Wettermannfall" des Reichsgerichts, JA **2013** 274; *Fahrenhorst* Grenzen strafloser Selbstbegünstigung, JuS **1987** 707; *Freudenthal* Schuld und Vorwurf im geltenden Strafrecht (1922); *Frister* Die Struktur des „voluntativen Schuldelements", Habil. Bonn 1992 (1993); *ders.* Der Begriff der Schuldfähigkeit, MSchrKrim **77** (1994) 316; *ders.* Der strafrechtsdogmatische Begriff der Schuld, JuS **2013** 1057; *Geerds* Über die Erscheinungsformen der Strafvereitelung, Festschrift v. Hentig (1967) 132; *Geilen* Probleme des § 323c StGB, Jura **1983** 138; *Geppert* Zur Frage der Verkehrsunfallflucht (§ 142 StGB) bei vorsätzlich herbeigeführtem Verkehrsunfall, GA **1970** 1; *Gimbernat Ordeig* Der Notstand: Ein Rechtswidrigkeitsproblem, Festschrift Welzel (1974) 485; *Goldschmidt* Der Notstand, ein Schuldproblem, ÖZStr. **4** (1913) 129; *ders.* Normativer Schuldbegriff, Festgabe Frank, Bd. I (1930) 428; *Grünhut* Grenzen des übergesetzlichen Notstands, ZStW **51** (1931) 455; *Haft* Die Unterlassungsdelikte – ein Lernprogramm, JA **1982** 473; *Hardtung* Der Irrtum über die Schuld im Lichte des § 35 StGB, ZStW **108** (1996) 26; *B. Heinrich* Entstehungsgründe und dogmatische Einordnung der Entschuldigungsgründe – dargestellt am Beispiel des entschuldigenden Notstandes, ad Legendum 2/2015 89; *Heitzer* Unrechtsbegriff und Schuldbegriff beim Fahrlässigkeitsdelikt, NJW **1951** 828; *Henkel* Zumutbarkeit und Unzumutbarkeit als regulatives Rechtsprinzip, Festschrift Mezger (1954) 249; *Herzberg* Die Schuld beim Fahrlässigkeitsdelikt, Jura **1984** 402; *Hörnle* Der entschuldigende Notstand (§ 35 StGB), JuS **2009** 873; *C. Jäger* Verantwortung und Schuld als Drittwirkungsproblem in einem personal zurechnenden Strafrecht, Festschrift Beulke (2015) 127; *P. Jäger* Der objektive Tatbestand der Verkehrsunfallflucht (§ 142 Abs. 1 StGB), Diss. Bonn 1972/1973 (1973); *Jakobs* Schuld und Prävention (1976); *ders.* Kaschierte Ausnahme: übergesetzlicher entschuldigender Notstand, Festschrift Krey (2010) 207; *ders.* System der strafrechtlichen Zurechnung (2012); *Kienapfel* Zur Gleichwertigkeit von Tun und Unterlassen, ÖJZ **1976** 197; *Klimsch* Die dogmatische Behandlung des Irrtums über Entschuldigungsgründe unter Berücksichtigung der Strafausschließungs- und Strafaufhebungsgründe, Diss. Freiburg i.Br. 1993; *Lenckner* Das Zusammentreffen von strafbarer und strafloser Begünstigung – BGHSt 11 343 u. BGH NJW 1961 1227, JuS **1962** 302; *ders.* Strafe, Schuld und Schuldfähigkeit, in Göppinger/Witter (Hrsg.) Handbuch der forensischen Psychiatrie Bd. I (1972) S. 68 ff; *Lerman* Zuständigkeitskollision in Fällen des entschuldigenden Notstandes – Über die Grenzen der Anwendbarkeit des § 35 Abs. 1 Satz 2 StGB, ZStW **127** (2015) 284; *Lücke* Der allgemeine Schuldausschließungsgrund der Unzumutbarkeit als methodisches und verfassungsrechtliches Problem, JR **1975** 55; *Luzón* Entschuldigung aus subjektiver strafrechtlicher Unzumutbarkeit, Festschrift Schünemann (2014) 445; *Maihofer* Objektive Schuldelemente, Festschrift H. Mayer (1966) 185; *Maiwald* Die Unzumutbarkeit – Strafbarkeitsbegrenzendes Prinzip bei den Fahrlässigkeitsdelikten? Festschrift Schüler-Springorum (1993) 475; *Mangakis* Über das Verhältnis von Strafrechtsschuld und Willensfreiheit, ZStW **75** (1963) 499; *Marcetus* Der Gedanke der Zumutbarkeit und seine Verwertung in den amtlichen Entwürfen eines Allgemeinen Deutschen Strafgesetzbuches von 1925 und 1927 (1928); *Maurach* Kritik der Notstandslehre (1935); *ders.* Schuld und Verantwortung im Strafrecht (1948); *Momsen* Die Zumutbarkeit als Begrenzung strafrechtlicher Pflichten, Habil. Göttingen 2006; *Moos* Der allgemeine übergesetzliche Entschuldigungsgrund der Unzumutbarkeit in Deutschland und Österreich, ZStW **116** (2004) 890; *Motsch* Der straflose Notwehrexzess, Diss. Regensburg 2002 (2003); *Noll* Tatbestand und Rechtswidrigkeit: Die Wertabwägung als Prinzip der Rechtfertigung, ZStW **77** (1965) 1; *Nowakowski* Zur Theorie der Fahrlässigkeit, JBl. **1953** 506; *Peña-Wasaff* Der entschuldigende Notstand, Diss. Tübigen 1979; *Perron* Die Stellung von Rechtfertigung und Entschuldigung im System der Strafbarkeitsvoraussetzungen, in Eser/Nishihara (Hrsg.) Rechtfertigung und Entschuldigung Bd.4 (1995) S. 67; *Renzikowski* Entschuldigung im Notstand, JRE **11** (2003) 269; *Robles Planas* Zum Strafrechtsunrechtsausschluss, Festschrift Wolter (2013) 439; *Rönnau* Das Verhältnis der besonders schweren Brandstiftung gem. § 306b II Nr. 2 StGB zum (versuchten) Betrug – BGHSt 45 211, JuS **2001** 328; *ders.* Grundwissen – Strafrecht: Entschuldigender Notstand (§ 35 StGB), JuS **2016** 786; *ders.* Grundwissen – Strafrecht: Übergesetzlicher entschuldigender Notstand (analog § 35 StGB), JuS **2017** 113; *Rosenau* Der Notwehrexzess, Festschrift Beulke (2015) 225; *Röwer* Die Zumutbarkeit als spezielles täterschaftliches Merkmal beim Handeln durch Unterlassung, NJW **1958** 1528; *Rogall* Der Notwehrexzess – ein Schuldprivileg, Festschrift Weßlau (2016) 529; *Roxin* Unfallflucht eines verfolgten Diebes, NJW **1969** 2038; *ders.* „Schuld" und „Verantwortlichkeit" als strafrechtliche Systemkategorien, Festschrift Henkel (1974) 171; *ders.* Zur jüngsten Diskussion über Schuld, Prävention und Verantwortlichkeit im Strafrecht, Festschrift Bockelmann (1979) 279; *ders.* Rechtfertigungs- und Entschuldigungsgründe in Abgrenzung von sonstigen Strafausschließungsgründen, JuS **1988** 425; *ders.* Der entschuldigende Notstand nach § 35 StGB (Teil 1), JA **1990** 97; *ders.* Noch einmal: Zur strafrechtlichen Behandlung der Gewissenstat, GA **2011** 1; *Rudolphi* Strafvereitelung durch Verzögerung der Bestrafung und Selbstbegünstigung durch Vortäuschen einer Straftat – BayObLG NJW 1978 2563, JuS **1979** 859; *ders.* Rechtfertigungsgründe im Strafrecht, Gedächtnisschrift Arm. Kaufmann (1989) 371; *Safferling* Vorsatz und Schuld, Habil. Erlangen-Nürnberg 2006 (2008); *Sattler* Schrecksekunde und zivilrechtliche Fahrlässigkeit, NJW **1967** 422; *Satzger* Die persönlichen Strafausschließungsgründe und die Relevanz darauf bezogener Irrtümer, Jura **2017** 649; *Sauerlandt* Zur Wandlung des Zumutbarkeitsbegriffs im Strafrecht, Diss. Leipzig (1936); *Schaffstein* Die Nichtzumutbarkeit als allgemeiner übergesetzlicher Schuldausschließungsgrund (1933); *Schlee* Zumutbarkeit bei Vorsatz-, Fahrlässigkeits- und Unterlassungsdelikten, Diss. Heidelberg 2009; *Eb. Schmidt* Der übergesetzliche Notstand, in MittIKV (Dt. Landesgruppe) 1931 S. 131; *H. Schneider* Grund und Grenzen des strafrechtlichen Selbstbegünstigungsprinzips, Diss. Berlin 1990 (1991); *Schröder* Notwehrüberschreitung und Putativnotwehr, ZAkDR **1944** 123; *Schumacher* Um das Wesen der Strafrechtsschuld, Diss. Hamburg 1926 (1927); *Schünemann* Die Unterlassungsdelikte und die strafrechtliche Verantwortung für Unterlassungen, ZStW **96** (1984) 287; *Seel* Begünstigung und Strafvereitelung durch Vortäter und Vortatteilnehmer, Diss. Heidelberg 1998 (1999); *Theile* Der bewusste Notwehrexzess, JuS **2006** 965; *Timpe* Strafmilderungen des Allgemeinen Teils des StGB und das Doppelverwertungsverbot, Diss. Berlin 1982 (1983); *ders.* Grundfälle zum entschuldigenden Notstand (§ 35 I StGB) und zum Notwehrexzess (§ 33 StGB), JuS **1984** 859; *Spiegel* Die strafrechtliche Verantwortlichkeit des Kraftfahrers für Fehlreaktionen, DAR **1968** 283; *Stree* Zumutbarkeitsprobleme bei Unterlassungstaten, Festschrift Lenckner (1998) 393; *Ulsenheimer* Zumutbarkeit normgemäßen Verhaltens bei Gefahr eigener Strafverfolgung, GA **1972** 1; *Vogler* Der Irrtum über Entschuldigungsgründe im Strafrecht, GA **1969** 103; *T. Walter* Wann ist § 35 Abs. 2 StGB analog anwendbar? – Die Regeln zur Nachsicht mit menschlicher Schwäche, Festschrift Roxin (2011) 763; *W. Weber* Zumutbarkeit und Nichtzumutbarkeit als rechtliche Maßstäbe, JurJahrb. 3 (1962/63) 212; *Weigelin* Das Brett des Karneades, GerS **116** (1942) 88; *Welzel* Zum Notstandsproblem, ZStW **63** (1951) 47; *ders.* Zur Problematik der Unterlassungsdelikte, JZ **1958** 494; *Westendorf* Die Pflicht zur Verhinderung geplanter Straftaten durch Anzeige. Eine kritische Betrachtung der §§ 138, 139 StGB im Kontext der Unterlassungsdelikte, Diss. Göttingen 1998 (1999); *Wittig* Der übergesetzliche Schuldausschließungsgrund der Unzumutbarkeit in verfassungsrechtlicher Sicht, JZ **1969** 546; *Wolter* Strafwürdigkeit und Strafbedürftigkeit in einem neuen Strafrechtssystem, Festschrift 140 Jahre Goltdammer's Archiv für Strafrecht (1993) 269; *ders.* Verfassungsrechtliche Strafrechts-, Unrechts- und Strafausschlußgründe im Strafrechtssystem von Claus Roxin, GA **1996** 207; *Wortmann* Inhalt und Bedeutung der „Unzumutbarkeit normgemäßen Verhaltens" im Strafrecht, Diss. Bochum 2002; *Ziemann* Moral über Bord? Über das Notrecht von Schiffbrüchigen und das Los der Schiffsjungen, ZIS **2014** 479; *Zieschang* Der rechfertigende und entschuldigende Notstand, JA **2007** 679; *T. Zimmermann* Rettungstötungen Diss. Bonn 2007/2008 (2009).

Siehe außerdem das Schrifttum vor Rdn. 354 und 374 sowie *Zieschang* LK § 35 Vor Rdn. 1.

334 **Wesen des voluntativen Schuldelements.** Ohne Schuld handelt auch, wer nicht in der Lage ist, sich der Unrechtseinsicht gemäß zu motivieren (Fehlen des voluntativen Schuldelements). Es liegt insbesondere dann kein schuldhaftes Verhalten vor, wenn der Täter aus einem der in § 20 genannten Gründe unfähig ist, nach seiner Unrechtseinsicht zu handeln. Indes verneint die Rechtsordnung einen Schuldvorwurf nicht nur in den Fällen, in denen es dem Täter überhaupt unmöglich ist, sich rechtmäßig zu verhalten. Vielmehr kann der Täter auch deshalb straffrei bleiben, weil die Möglichkeit zu rechtmäßigem Verhalten in bestimmten außergewöhnlichen Motivationslagen derart stark beeinträchtigt wird, dass die Schuld auf ein Maß herabgesetzt ist, das einen Verzicht auf den Schuldvorwurf ermöglicht (*Fälle der Unzumutbarkeit*).

335 **Terminologisch** unterscheidet die h.L. zwischen **Schuldausschließungsgründen** (Schuldunfähigkeit und unvermeidbarer Verbotsirrtum) und **Entschuldigungsgründen**

(Unzumutbarkeitsfälle) (vgl. *Bockelmann/Volk* § 16 D I; *Jescheck/Weigend* § 43 II; *Welzel* Strafrecht § 23).[1698] Sachlich verbirgt sich hinter beiden Begriffen kein prinzipieller Unterschied (vgl. *Roxin* FS Bockelmann, 279, 288 ff).[1699] Denn einerseits genügt auch in den Fällen von § 17 Satz 1 und § 20 das Fehlen einer rechtlich erheblichen Schuld, so dass die Unrechtseinsicht bzw. ein dieser Einsicht entsprechendes Verhalten für den Täter nicht absolut unmöglich sein muss;[1700] andererseits bedeutet die Bejahung eines Unzumutbarkeitsfalles den Ausschluss eines rechtlich erheblichen Schuldvorwurfs. Die Bedeutung der terminologischen Unterscheidung erschöpft sich mithin darin, dass unter der Bezeichnung „Entschuldigungsgründe" die Unzumutbarkeitsfälle zusammengefasst werden (*Hirsch* LK[11] Rdn. 194; i.E. auch *Paeffgen/Zabel* NK Rdn. 242 u. *Bosch* Jura **2015** 347, 348: Entschuldigungsgründe zeichne die „Nachsicht der Rechtsordnung aus").[1701]

Den wichtigsten Fall der **Unzumutbarkeit** regelt § 35. Das Recht gewährt hier volle **336** Straffreiheit, weil es den durch die Notstandslage hervorgerufenen seelischen Druck berücksichtigt und eine für den rechtlichen Schuldvorwurf genügende Vorwerfbarkeit verneint. Dass eine entsprechende Notstandslage nicht die tatsächliche Unmöglichkeit rechtmäßigen Verhaltens voraussetzt, zeigt sich insbesondere daran, dass das Recht einigen Personengruppen (z.B. Soldaten, Feuerwehrleuten, Seeleuten) zumutet, eine Gefahr für Leben, Leib oder Freiheit hinzunehmen (vgl. die ausdrückliche Einschränkung in § 35 Abs. 1 Satz 2; ausführlich zu dessen Grund und Grenzen *Momsen* Zumutbarkeit S. 256 ff). Für den gewöhnlichen Normadressaten wirkt eine solche Gefahrenlage dagegen im Regelfall entschuldigend. Diese Deutung, wonach bei den Unzumutbarkeitsfällen grundsätzlich – nicht jedoch stets und notwendig – ein Verzicht auf den Schuldvorwurf erfolgt, auch wenn die Möglichkeit rechtmäßigen Handelns nicht völlig ausgeschlossen ist, entspricht der heutigen h.L. (vgl. *Jescheck/Weigend* § 43 II 2, III 2; *Sch/Schröder/Lenckner/Sternberg-Lieben* Rdn. 111; *Rogall* SK § 35 Rdn. 1 ff).[1702] Ein solcher Verzicht auf den Schuldvorwurf gestattet es dem Gesetzgeber, die entschuldigenden Situationen weitgehend durch objektive Merkmale zu vertypen. Der – ohnehin kaum zu erbringende – Nachweis eines bestimmten Grades des individuellen Motivationsdrucks ist daher nicht erforderlich (s. Rdn. 340).[1703]

1698 Weiterhin *Lackner/Kühl/Kühl* Vor § 13 Rdn. 27; *Rogall* SK Vor § 19 Rdn. 46 ff; *Matt/Renzikowski/Engländer* Rdn. 49; SSW/*Rosenau* Rdn. 64; *Kühl* AT § 12 Rdn. 9; *Wessels/Beulke/Satzger* Rdn. 683; *B. Heinrich* ad Legendum **2/2015** 89, 92; *Sch/Schröder/Lenckner/Sternberg-Lieben* Rdn. 108 m.w.N.; vgl. auch *Paeffgen/Zabel* NK Rdn. 242.
1699 Auch Baumann/Weber/Mitsch/*Eisele* § 18 Rdn. 1; *Roxin* JuS **1988** 425, 427; *ders.* AT I § 19 Rdn. 57; *Schlehofer* MK Rdn. 277 ff; *Fischer* Rdn. 14, Vor § 13 Rdn. 49.
1700 Zu den normativen Relativierungen der an die Unmöglichkeit der Unrechtseinsicht bzw. der Steuerungsfähigkeit zu stellenden Anforderungen *Hirsch* LK[11] Rdn. 193 m.w.N.
1701 Weiter *Hörnle* JuS **2009** 873 f (Differenzierung kann systematisch sinnvoll sein). Eine semantische Analyse des Begriffs der „(Un-)Zumutbarkeit" liefern *Momsen* Zumutbarkeit S. 44 ff u. *Schlee* Zumutbarkeit S. 10 ff.
1702 Siehe auch *Perron* in Eser/Nishihara S. 67, 79 ff: In Unzumutbarkeitsfällen liegt ein strafrechtsspezifischer Verzicht auf die Erhebung eines Schuldvorwurfs; weiterhin *Kühl* AT § 12 Rdn. 10; *Rönnau* JuS **2016** 786, 787; *ders.* JuS **2017** 113; *Kindhäuser* AT § 24 Rdn. 1; *Krey/Esser* Rdn. 748. Ebenso bereits *Bockelmann/Volk* § 16 D I; *Noll* ZStW **77** (1965) 1, 17; *Rudolphi* ZStW **78** (1966) 67 ff; *Schmidhäuser* StuB 8/4; *Vogler* GA **1969** 103, 105; *Welzel* Strafrecht § 23; w. Nachw. bei *Zieschang* LK § 35 Rdn. 5 (der selbst den Unzumutbarkeitsgedanken als ratio des § 35 ablehnt). *Momsen* Zumutbarkeit S. 381 sieht den eigentlichen Rechtsgrund des § 35 „allein in der notwendigen Begrenzung der durch allgemeine Gesetze aufgestellten Rechtspflichten gegenüber den Geltungsvoraussetzungen des Vertragstheorems für den Bereich des Strafrechts".
1703 Zur Anwendbarkeit der §§ 34, 35 bei Mitgliedern eines Kollektivs, die dort Zwängen ausgesetzt sind und damit zur Gefahrverursachung beigetragen haben, siehe *Beck* ZStW **124** (2012) 660 ff.

337 Obwohl die Unzumutbarkeit auch das Unrecht beeinflusst, führt sie nicht bereits zu dessen Ausschluss.[1704] So stellt § 35 Abs. 1 im Anschluss an die schon zuvor herrschende Auffassung ausdrücklich klar, dass anders als beim rechtfertigenden Notstand nach § 34 erst der Schuldvorwurf entfällt (sog. **Differenzierungstheorie**). Zwar wirkt sich der Umstand, dass es um die Rettung eines in Gefahr geratenen Rechtsguts geht, **unrechtsmindernd** aus (vgl. *Jescheck/Weigend* § 43 III 2; *Sch/Schröder/Lenckner/Sternberg-Lieben* Rdn. 111).[1705] Ein vollständiger Unrechtsausschluss liegt hierin jedoch nicht. In all diesen Fällen verstößt das tatbestandsmäßige Verhalten gegen die Rechtsordnung, so dass z.B. Notwehr zulässig ist. Die Unrechtsminderung hat lediglich zur Folge, dass der auf die rechtswidrige Tat bezogene Schuldvorwurf wegen der auf Rechtsguterhalt zielenden Aktivitäten derart an Gewicht verliert, dass die rechtliche Entschuldigung greifen kann.[1706] Im Ergebnis ist die Entschuldigung des Täters somit durch die *kumulative Wirkung zweier Schuldminderungsgründe* zu erklären (vgl. *Sch/Schröder/Lenckner/Sternberg-Lieben* Rdn. 111 m.w.N.), von denen der eine bereits aus einer Unrechtsminderung resultiert, während sich der zweite aus dem besonderen Motivationsdruck ergibt, in dem sich der Täter befindet.[1707] Durch dieses Grundverständnis erhält das Prinzip der Unzumutbarkeit, das an sich nur ein allgemeines, auch in anderen Rechtsgebieten zu findendes „regulatives Rechtsprinzip" (*Henkel* FS Mezger, 249, 267) darstellt, einen inhaltlichen Gehalt. Gegen die Theorie der doppelten Schuldminderung lässt sich nicht einwenden, dass

---

1704 So aber *Köhler* AT S. 329 ff, wonach in den Fällen der Unzumutbarkeit das „Strafunrecht" ausgeschlossen sein könne, da die strafrechtliche Verhaltenspflicht durch die Notlage des Individuums in ihrer staatsrechtlichen (u. daher auch strafrechtlichen) Qualität suspendiert werde; *Freund* AT § 4 Rdn. 52 m. Fn. 68. Für rechtfertigende Wirkung auch *Gimbernat Ordeig* FS Welzel, 485, 490 ff; diff. Lösung von *Henkel* FS Mezger, 249, 303 ff; ihm folgend *Roxin* FS Henkel, 171, 184 (im Falle *individueller Unzumutbarkeit* Schuldausschluss, bei *allgemeiner Unzumutbarkeit* Wegfall der Rechtswidrigkeit); Ansatz ausgebaut von *Luzón* FS Schünemann, 445, 448 ff m.w. Belegen. **Krit.** hierzu u.a. *Küper* JZ **1983** 88 ff und *T. Zimmermann* Rettungstötungen S. 212 ff; zu weiteren (abzulehnenden) Deutungsansätzen (Ausschluss der Tatverantwortung [*Maurach/Zipf*], in bestimmten Fällen der Strafe [*Bernsmann*] oder der Verantwortung [*Renzikowski*]) *Rogall* SK § 35 Rdn. 1 m. Fn. 4. *T. Walter* LK[12] Vor § 13 Rdn. 170 f, 194 ff sieht in Entschuldigungsgründen wie § 35 materiellrechtliche Opportunitäts- (bzw. Nachsichts-)Regeln, die jenseits von Unrecht und Schuld zur Entlastung des Täters führen. *Pawlik*, für den Unrecht und Schuld nicht scharf getrennte Stufen sind, bezeichnet den entschuldigenden Notstand als zurechnungsausschließenden Notstand, bei dem die Obliegenheit zur Selbstmotivation zurücktritt (Unrecht des Bürgers S. 345 ff). Im Fahrwasser *Pawliks* auch *Lerman* ZStW **127** (2015) 284, 293.
1705 *Rogall* SK § 35 Rdn. 3; SSW/*Rosenau* § 35 Rdn. 1; *Ludwig* Notstandsrecht S. 173 ff m.w.N.; *Kühl* AT § 12 Rdn. 1 f, 18 f; *Welzel* Strafrecht § 23; *Zieschang* LK § 35 Rdn. 5; i.E. auch *Paeffgen/Zabel* NK Rdn. 242, 252; zur Einordnung des § 35 als Entschuldigungsgrund siehe *Schlee* Zumutbarkeit S. 33 ff. **Krit.** dagegen *Frister* 20/3 ff u. *Neumann* NK § 35 Rdn. 4 ff m.w.N., der eine „Verrechnung" der involvierten Rechtsgüter und damit eine Unrechtsminderung ablehnt und § 35 vielmehr als normative Berücksichtigung gesellschaftlich anerkannter Wertungen deutet; in seinem Fahrwasser *Hörnle* JuS **2009** 873, 875 ff (keine Aufopferungspflicht). Gegen die Theorie der doppelten Schuldminderung auch *Bernsmann* Notstand S. 205 ff; *Jakobs* 20/3; *Timpe* Strafmilderung S. 291 ff, 297 ff; *ders.* JuS **1984** 859, 860, 862 f; *Lugert* Notstand S. 93 ff; *Müssig* MK § 35 Rdn. 8; *Roxin* AT I § 22 Rdn. 9 f sowie jüngere „kontraktualistische" Ansätze, dazu näher *T. Zimmermann* Rettungstötungen S. 227 ff.
1706 *Safferling* (Vorsatz und Schuld, S. 249) bezweifelt, dass die Beantwortung der Schuldfrage über eine Unrechtsminderung erfolgen kann, was eine Frage von Tatbestands- und Rechtswidrigkeit sei. Vielmehr sei „das soziale Urteil, dass in dieser Situation niemand anders gehandelt hätte" ausschlaggebend. Zur Normbekräftigung sei es sogar „unerlässlich, dass in den Fällen eine Bestrafung entfällt" (S. 250), wobei der Ausnahmecharakter nicht angetastet werde, da das Tatunrecht vorhanden bleibe.
1707 Überzeugende Verteidigung der Lehre von der doppelten Schuldminderung durch *Rogall* SK § 35 Rdn. 2 ff m. vielen w.N.; zudem *Zieschang* LK § 35 Rdn. 5; i.E. auch *Paeffgen/Zabel* NK Rdn. 242, 252; *Schlehofer* MK Rdn. 280; *Wolter* GA **1996** 207, 214 f. Näher zu den Begründungsansätzen *Hörnle* JuS **2009** 873, 875 ff, *Roxin* JA **1990** 97 ff u. *T. Zimmermann* Rettungstötungen S. 217 ff.

der Täter auch dann entschuldigt ist, wenn sein Rettungsversuch fehlschlägt;[1708] denn selbst für eine Rechtfertigung nach den anerkannten Rechtfertigungsgründen ist es unerheblich, ob es dem Täter tatsächlich gelingt, die drohende Gefahr abzuwenden. Auch mag es Kollisionslagen geben, die nicht von § 35 erfasst werden, obgleich sie sowohl eine erhebliche Unrechtsminderung als auch eine mit den Fällen des § 35 vergleichbare Zwangslage aufweisen.[1709] Die Exklusion von § 35 ist dann aber dadurch gerechtfertigt, dass eine Entschuldigung wegen Unzumutbarkeit auch unter normativen Gesichtspunkten zu beurteilen ist; § 35 liegt insoweit die typisierende gesetzgeberische Entscheidung zugrunde, nur bei Gefahren für gewichtige höchstpersönliche Rechtsgüter (und z.B. nicht für hohe Vermögenswerte) und nahestehende Sympathiepersonen auf den Schuldvorwurf zu verzichten (vgl. *Sch/Schröder/Perron* § 35 Rdn. 2 und *Rogall* SK § 35 Rdn. 4).[1710]

Zu kurz greift dagegen die *rein psychologische Deutung* der Unzumutbarkeit, die den Grund für die Straflosigkeit des Täters allein in der psychischen Ausnahmesituation des Täters sieht, die es dem Täter unmöglich mache, sich rechtstreu zu verhalten.[1711] Insbesondere können die Vertreter dieser Ansicht nicht erklären, weshalb es gemäß § 35 Abs. 1 Satz 2 bestimmten Personen zugemutet werden kann, die Gefahr hinzunehmen.[1712] *Frister* hält die Berücksichtigung des Motivationsdrucks im Rahmen des voluntativen Schuldelements überhaupt für verfehlt. Stattdessen komme es allein darauf an, ob das fragliche Verhalten aus der Perspektive des Täters negativ zu bewerten sei (voluntatives Schuldelement, S. 162 ff, 255 f).[1713] Wenn das Verhalten zwar aus der Perspektive der Gesellschaft als falsch und somit als rechtswidrig, aus der Perspektive des Täters jedoch nicht negativ zu beurteilen sei, so könne die Rechtsordnung nicht verlangen, dass dieser sich für die Beachtung des Rechts (und gegen die Wahrung gefährdeter existenzieller Interessen) entscheide (S. 157 ff, 255).[1714] Dem ist jedoch entgegenzuhalten, dass die Rechtsordnung ein Verhalten, das sie vom Täter nicht verlangen kann, auch nicht für rechtswidrig erklären darf. Entgegen *Frister* beinhaltet das Rechtswidrigkeitsurteil nämlich nicht nur eine Bewertungsfunktion, sondern zugleich eine Bestimmungsfunktion (*Sch/Schröder/Lenckner/Sternberg-Lieben* Rdn. 110; *Hirsch* LK[11] Rdn. 193 m. Fn. 398; zust. *Paeffgen/Zabel* NK Rdn. 249).[1715] Andere wiederum erklären den entschuldigenden Notstand vor dem Hintergrund zweckrationaler Schuldkonzepte (s. Rdn. 322 ff) durch den Rückgriff auf **Präventionserwägungen**. So begründet *Roxin* die Straflosigkeit des Notstandstäters auf

338

1708 So aber *Roxin* AT I § 22 Rdn. 9; weiterhin *Jakobs* 20/3.
1709 Vgl. insoweit die Kritik von *Bernsmann* Notstand S. 205 ff; *Jakobs* 20/3; *Lugert* Notstand S. 95; *Müssig* MK § 35 Rdn. 8; *Timpe* JuS **1984** 859, 861; *Roxin* AT I § 22 Rdn. 10; *Schlee* Zumutbarkeit S. 66 ff.
1710 Zur Frage, ob eine Ausdehnung des § 35 auf nicht nur nahestehende Sympathiepersonen in Betracht kommt, wenn es um etwa die Opferung eines Menschen zur Rettung vieler geht, s. Rdn. 354 ff.
1711 Vgl. etwa RGSt **61** 242, 249 f; **66** 222, 225 („abnorme Beeinträchtigung der freien Willensbestimmung"); **66** 397, 398; **72** 246, 249. Weiterhin *Brauneck* GA **1959** 261, 269; *Henkel* FS Mezger, 249, 291; wohl auch *Rengier* AT § 26 Rdn. 1 und *Hauck* AnwK § 35 Rdn. 1; w. Nachw. bei *Rogall* SK § 35 Rdn. 5 m. Fn. 15; näher zum individuell-psychologischen Deutungsmuster für den entschuldigenden Notstand *Momsen* Zumutbarkeit S. 113 ff.
1712 Zur weiteren Kritik siehe *Bernsmann* Notstand S. 179 ff; weiterhin *Lugert* Notstand S. 91 f; *Neumann* NK § 35 Rdn. 4; ferner *Jakobs* 20/1; *Müssig* MK § 35 Rdn. 6; *Timpe* JuS **1984** 859, 860; *Stratenwerth/Kuhlen* AT § 10 Rdn. 101; *Roxin* AT I § 22 Rdn. 8.
1713 Zudem *Frister* 20/2; *ders.* JuS **2013** 1057, 1064; ähnlich *Müssig* MK § 35 Rdn. 3; *Neumann* NK § 35 Rdn. 6.
1714 *Frister* 20/5; *ders.* JuS **2013** 1057, 1064; erhellend zu fehlenden Aufopferungspflichten in freiheitlich individualistisch verfassten Staaten *Hörnle* JuS **2009** 873, 876 f.
1715 Weiterhin *Sch/Schröder/Perron* § 35 Rdn. 2; *Rogall* SK § 35 Rdn. 7 m. Fn. 26. Problematisch erscheint insoweit auch der Ansatz von *Müssig* MK § 35 Rdn. 1 ff, wonach sich der Notstandstäter in einer außergewöhnlichen Lage befinde, deren „rechtskonforme Bewältigung nicht generalisiert erwartet" werden könne.

Grundlage seiner Schuld und Prävention miteinander verbindenden „Lehre von der Verantwortlichkeit" (s. Rdn. 323) mit dem Fehlen eines general- oder spezialpräventiven Strafbedürfnisses.[1716] Der Grund der Straflosigkeit liege darin, „dass der Täter der spezialpräventiven Bestrafung nicht bedarf, weil er sozial integriert ist, und der generalpräventiven nicht, weil die Seltenheit der Sachverhaltsgestaltungen es überflüssig erscheinen lässt, die Abweichung vom Normverhalten um der Allgemeinheit willen zu sanktionieren" (FS Henkel, 171, 183). Nach dem generalpräventiv orientierten Ansatz von *Jakobs* (s. Rdn. 324) soll die Entschuldigung bei solchen Konfliktlagen eingreifen, die als Zufall erledigt bzw. einem Dritten zugeschoben werden können und für die der Täter daher nicht zuständig ist (*Jakobs* 20/4; *ders.* Zurechnung S. 63f).[1717] Mag man den am Strafzweck orientierten Schuldtheorien auch im Ausgangspunkt kritisch gegenüber stehen (hierzu Rdn. 322ff), so ist ihnen immerhin zuzugeben, dass die Frage, unter welchen Bedingungen die Rechtsordnung eine Notstandslage für ausnahmsweise zumutbar und die verbleibende „Restschuld" damit für rechtlich erheblich erklärt (vgl. § 35 Abs. 1 Satz 2), in der Tat von präventiven Erwägungen beeinflusst wird.[1718] Allerdings vertauscht dieser Ansatz Ursache und Wirkung, da sich das Fehlen präventiver Strafbedürfnisse aus einer deutlich reduzierten Schuld ergibt und nicht umgekehrt.[1719] Neuere Ansätze leiten ihre Lösungen aus einem **gesellschaftsvertraglichen Grundverständnis** ab.[1720] Zentral ist dabei die Aussage, dass dem Staat letztlich die Strafkompetenz in Bezug auf Handlungen fehle, die der Selbsterhaltung des Einzelnen diene.[1721]Dieser Gedanke mag mit Blick auf das Leben noch plausibel sein, verliert aber stark an Überzeugungskraft bei Leib und Freiheit (als weiteren notstandsfähigen Rechtsgütern des § 35) und gerät auch in große Schwierigkeiten bei der Beurteilung der Gefahrtragungspflichten.[1722]

339 Die Tatsache, dass das Gesetz in einigen Fällen eine Entschuldigung wegen Unzumutbarkeit vorsieht, berechtigt **nicht** zur Annahme eines **allgemeinen übergesetzlichen Entschuldigungsgrundes der Unzumutbarkeit** (h.M., vgl. RGSt **66** 397, 399; OLG Frankfurt/M. VRS **41** [1971] 32, 35; grundlegend *Schaffstein* Nichtzumutbarkeit S. 78ff).[1723]

1716 *Roxin* AT I § 19 Rdn. 3, § 22 Rdn. 6ff m.w.N. zu früheren eigenen Stellungnahmen. Vgl. auch *Schünemann* in Grundfragen S. 153, 169f. **Krit.** *Bernsmann* Notstand S. 216ff; *Frister* 20/4; *Lerman* ZStW **127** (2015) 284, 291 und *T. Zimmermann* Rettungstötungen S. 224ff. Einen besonderen Fokus legt auf die Strafbarkeit der Teilnahme an schuld- und verantwortungsloser Tat *Jäger* FS Beulke, 127, 129ff.
1717 Dem folgend *Timpe* JuS **1984** 859, 862f; auf gleicher Basis argumentierend *Müssig* MK § 35 Rdn. 1ff. Für eine Kombination des Ansatzes von *Jakobs* mit der Theorie des „psychischen Drucks" *Lugert* Notstand S. 102ff. Kritisch etwa *Bernsmann* Notstand S. 227ff.
1718 Ebenfalls *Jescheck/Weigend* § 43 III 2, § 44 IV m.w.N.; *Neumann* NK § 35 Rdn. 33. *Wolter* (GA **1996** 207, 214f) führt für die Entschuldigungswirkung (bzw. den Grund der „Verantwortungsausschließung") drei Gründe an: Unrechtsminderung (Rechtsgutsbewahrung), Schuldminderung (Motivationsdruck) und fehlende präventive Bestrafungsnotwendigkeit (Nichteinsehen-Müssen für die Gefahrsituation).
1719 Deutlich *Stratenwerth/Kuhlen* AT § 10 Rdn. 102; *Frister* 20/4; *Renzikowski* JRE 11 (**2003**) 269, 273; *Rogall* SK § 35 Rdn. 8 m.w.N.
1720 Auf dieser Basis etwa *Bernsmann* Notstand S. 254ff; *Momsen* Zumutbarkeit S. 168ff; *ders.* BeckOK § 35 Rdn. 3f, 6f; *Renzikowski* JRE 11 (**2003**) 269, 276ff; auch *Frister* Voluntatives Schuldelement S. 162ff, 255f; *ders.* 20/2ff; ferner *T. Zimmermann* Rettungstötungen S. 227ff. Für *Neumann* NK § 35 Rdn. 6 ist maßgeblich, dass „die Rettung des Angehörigen oder einer sonst nahestehenden Person (...) ebenso wie die eigene Rettung (relativ) situationsadäquat" ist; ebenso *Hörnle* JuS **2009** 873, 877; *Ziemann* ZIS **2014** 479, 486; *Robles-Planas* FS Wolter, 439, 446.
1721 *T. Zimmermann* Rettungstötungen S. 228.
1722 Überzeugende **Kritik** von *Rogall* SK § 35 Rdn. 9 m.w.N.; zust. *Rönnau* JuS **2016** 786, 788f; vgl. zu besonderen Gefahrtragungspflichten auch *Lerman* ZStW **127** (2015) 284, 296f u. *Schlee* Zumutbarkeit S. 248ff.
1723 Weiterhin *Achenbach* JR **1975** 492ff; *Blei* I § 63 I; *Bloy* Strafausschließungsgründe S. 127; *Donner* Zumutbarkeitsgrenzen S. 224 u. passim; *Henkel* FS Mezger, 249, 295; *Jescheck/Weigend* § 47 II 2; *Klimsch* Irrtum über Entschuldigungsgründe S. 129f; *Lackner/Kühl/Kühl* Rdn. 30; *Matt/Renzikowski/Engländer*

Die Gegenansicht, die sich für die Anerkennung eines allgemeinen Entschuldigungsgrundes der Unzumutbarkeit aussprach (grundlegend *Freudenthal* Schuld und Vorwurf S. 25 ff; weiterhin *Goldschmidt* FS Frank I, 428, 447 ff; *v. Liszt/Schmidt* AT § 42 I 3),[1724] ist **überholt**. Gegen eine Verallgemeinerung spricht, dass in den Unzumutbarkeitsfällen die Möglichkeit rechtmäßigen Verhaltens nicht völlig ausgeschlossen ist. Vielmehr verzichtet die Rechtsordnung darauf, den herabgesetzten Schuldgehalt für einen rechtlichen Schuldvorwurf ausreichen zu lassen (vgl. Rdn. 334 ff). Es handelt sich bei den Unzumutbarkeitsfällen deshalb um gesetzgeberische Wertungen für bestimmte Ausnahmesituationen, deren Kreis nur in engem Rahmen erweitert werden kann. So spricht das Recht bei den vorsätzlichen Begehungsdelikten eine Entschuldigung grundsätzlich nur bei Gefahr für Leben, Leib oder Freiheit aus (vgl. § 35). Ein übergesetzlicher entschuldigender Notstand kann daher ebenfalls nur für die genannten Gefahren in Betracht kommen (s. Rdn. 354 ff). Nur bei einigen wenigen Strafbestimmungen gewinnt die Unzumutbarkeit als regulatives Rechtsprinzip in der Weise Bedeutung, dass für eine Entschuldigung ausnahmsweise eine geringere Gefahr genügen kann.[1725] Diese Möglichkeit ergibt sich aus der Natur des betreffenden Begehungsdelikts und ist im Tatbestand ausdrücklich geregelt (vgl. Rdn. 350 ff). Dagegen würde jede Verallgemeinerung bei den vorsätzlichen Begehungstaten den Umfang der Strafbarkeit generalklauselartig am Gesetz vorbei einschränken und zu völliger Rechtsunsicherheit führen.[1726] Anders verhält es sich jedoch bei Unterlassungs- und Fahrlässigkeitsdelikten. Hier ist der Gesichtspunkt der Unzumutbarkeit stets zu berücksichtigen. Die Notwendigkeit dazu ergibt sich aus den Besonderheiten dieser Deliktsgruppen (vgl. Rdn. 346 ff).

Alle anerkannten Unzumutbarkeitsfälle (Rdn. 343 ff) setzen voraus, dass die **äuße- 340 ren Merkmale der Ausnahmesituation** vorliegen und dass der Täter mit **Gefahrabwendungsabsicht** u. dgl. handelt (ganz h.M., vgl. BGHSt **3** 271, 276; ferner *Roxin* AT I § 22 Rdn. 32; Baumann/Weber/Mitsch/*Eisele* § 18 Rdn. 29 u. *Frister* 20/16; siehe auch die ausdrückliche Erwähnung des Zweckmoments in § 35).[1727] Unerheblich ist dagegen, ob der Motivationsdruck beim individuellen Täter tatsächlich einen Grad erreicht, der für einen rechtlichen Vorwurf keinen Raum mehr lässt. Die Rechtsordnung muss sich vielmehr an einem durchschnittlichen Maßstab orientieren, da andernfalls die praktischen Möglichkeiten der Schuldfeststellung im Strafprozess nicht ausreichen würden.

Rdn. 51; *Maurach/Zipf* § 33 Rdn. 13 ff; *Paeffgen/Zabel* NK Rdn. 285; *Roxin* AT I § 22 Rdn. 143 ff; *Rogall* SK Vor § 19 Rdn. 62; *ders.* GedS Arm. Kaufmann, 371, 377; SSW/*Rosenau* Rdn. 64; *Schlee* Zumutbarkeit S. 215 ff; *Schlehofer* MK Rdn. 303 f; *Sch/Schröder/Lenckner/Sternberg-Lieben* Rdn. 122 ff; *Wessels/Beulke/Satzger* Rdn. 710; *Welzel* Strafrecht § 23 II; *Wolter* FS GA, 269, 302 f; *Wortmann* Unzumutbarkeit S. 110. Offengelassen in BGH NJW **1953** 513.
1724 Ebenso *Mezger* Strafrecht § 49 I; aus neuerer Zeit *Lücke* JR **1975** 55 ff; *Mangakis* ZStW **75** (1963) 499, 529; *Wittig* JZ **1969** 546, 548; **kritisch** hierzu *Achenbach* JR **1975** 492 ff; siehe auch *ders.* Jura **1997** 631, 635; *Blei* JA **1969** StR 211 f (665 f), **1975** StR 66 (238); *Maurach/Zipf* § 33 Rdn. 14 f. Für eine entsprechende Anwendung des § 35 bei Zwangslagen von vergleichbarer Stärke noch Baumann/Weber/Mitsch[11] § 23 Rdn. 64; ähnlich *Stratenwerth/Kuhlen* AT § 10 Rdn. 103; vgl. auch *Sch/Schröder/Lenckner/Sternberg-Lieben* Rdn. 124; *Schlehofer* MK Rdn. 290. S. zum Ganzen *Moos* ZStW **116** (2004) 891 ff.
1725 Vgl. *Sch/Schröder/Lenckner/Sternberg-Lieben* Rdn. 124; *Wessels/Beulke/Satzger* Rdn. 710.
1726 In der Sache handelt es sich um eine durchaus problematische teleologische Reduktion der Strafbarkeit; näher zu diesem methodischen Hilfsmittel *Rönnau* JuS **2001** 328, 331 ff.
1727 Anders *Jakobs* 20/11 (zust. *Timpe* JuS **1984** 859, 860), der das **Erfordernis** eines Gefahrabwendungswillens ablehnt, da es dem Tatprinzip widerspreche, wenn der Täter die Strafbarkeit durch einen internen Motivationstausch bei identischem äußeren Verhalten aufheben könne; **hiergegen** *Roxin* AT I § 22 Rdn. 33 und *Küper* JZ **1989** 617, 625.

341 Die **irrige Annahme des Sachverhalts** eines anerkannten Unzumutbarkeitsfalles führt zur Entschuldigung des Täters, wenn der Irrtum *unvermeidbar* war. In diesen Fällen ist die Motivationslage nämlich die gleiche wie bei Bestehen des betreffenden Entschuldigungsgrundes, und wegen der Unvermeidbarkeit liegt nichts vor, was den rechtlichen Schuldvorwurf stützen könnte (vgl. RGSt **64** 30, 31; BGHSt **5** 371, 374). War der Irrtum jedoch *vermeidbar*, so wird der Täter wegen vorsätzlicher Tat in geminderter Schuld bestraft. Dieser – schon vorher überwiegend vertretenen – **Vorsatzlösung** hat sich der Gesetzgeber in § 35 Abs. 2 ausdrücklich angeschlossen. Damit sind die abweichenden Lösungen, die zum alten Recht vertreten wurden, überholt. Die sachgerechte Regelung des § 35 Abs. 2 ist über den Putativnotstand hinaus auf parallele Irrtumsfälle bei anderen Entschuldigungsgründen entsprechend anzuwenden (*Hardtung* ZStW **108** [1996] 26, 49; *Sch/Schröder/Sternberg-Lieben/Schuster* § 16 Rdn. 31; *Jescheck/Weigend* § 48 II 3; *Matt/Renzikowski/Engländer* Rdn. 52; jew. m.w.N.).[1728] Irrt der Täter dagegen über die **Existenz oder die rechtlichen Grenzen** eines Entschuldigungsgrundes, so kann dies lediglich für die Strafzumessung Bedeutung haben. Allein die Rechtsordnung hat nämlich darüber zu befinden, in welchen Fällen ein Motivationsdruck gegeben ist, der ausreicht, um auf den Schuldvorwurf zu verzichten (*Jescheck/Weigend* § 48 I 1; *Sch/Schröder/Perron* § 35 Rdn. 45; vgl. auch Rdn. 339 f).[1729] Nur wenn der Täter meint, sein Handeln sei schon nicht rechtswidrig, liegt ein nach § 17 zu behandelnder Verbotsirrtum vor.[1730]

III. Fälle fehlenden voluntativen Schuldelements (Entschuldigungsgründe insbesondere)

342 **1. Nach § 20, 2. Var.** entfällt die Schuld, wenn der Täter bei Begehung einer tatbestandsmäßigen und rechtswidrigen Tat infolge einer der dort genannten seelischen Störungen unfähig ist, seiner Unrechtseinsicht entsprechend zu handeln. Ist diese Fähigkeit erheblich vermindert, kann die Strafe nach den §§ 21, 2. Var., 49 Abs. 1 gemildert werden. Es handelt sich hierbei um Fälle eines schuldausschließenden oder schuldmindernden Motivationsdrucks, die aus historischen und gesetzestechnischen Gründen zusammen mit den das intellektuelle Schuldelement betreffenden Fällen der 1. Var. geregelt sind (vgl. Rdn. 330).[1731]

1728 Ebenso Baumann/Weber/Mitsch/*Eisele* § 18 Rdn. 44; *Bachmann* JA **2009** 510, 511; *Klimsch* Entschuldigungsgründe S. 134, 169 f; *Kühl* AT § 13 Rdn. 84; *Wessels/Beulke/Satzger* Rdn. 769. T. *Walter* FS Roxin (2011), 763, 771 ff hält § 35 Abs. 2 für analog anwendbar auf Merkmale, die sich auf Ursachen menschlicher Schwäche beziehen; zurückhaltend *Lackner/Kühl/Kühl* § 35 Rdn. 13.
1729 Weiter Baumann/Weber/Mitsch/*Eisele* § 18 Rdn. 45; *Kühl* AT § 13 Rdn. 85; *Murmann* GK § 26 Rdn. 75; *Neumann* NK § 35 Rdn. 64; *Roxin* AT I § 22 Rdn. 65; *Rogall* SK § 35 Rdn. 48; *Wessels/Beulke/Satzger* Rdn. 775; i.E. auch *Hardtung* ZStW **108** (1996) 26 f. **Abw.** will *Frister* („Voluntatives Schuldelement" S. 234 ff, insbes. S. 240, 260; *ders.* 20/18) von seiner theoretischen Deutung der Unzumutbarkeit ausgehend § 17 auf den Irrtum über die Existenz oder die rechtlichen Grenzen eines Entschuldigungsgrundes entsprechend anwenden. Diese Schlussfolgerung erscheint konsequent, jedoch ist die dogmatische Grundthese aus den genannten Gründen abzulehnen (s.o. Rdn. 338). *Joecks* (§ 17 Rdn. 8), der ebenfalls § 17 anwenden möchte, da der Irrtum das „Verbotensein" der Tat betreffe, verkennt, dass der Täter eben nicht über das Unrecht und damit das Verbotensein seines Handelns irrt, sondern sich lediglich für entschuldigt hält. **Dagegen** spricht sich *Klimsch* Entschuldigungsgründe S. 134 ff, 170 f für eine entsprechende Anwendung des § 35 Abs. 2 aus, da sich der Täter aufgrund seiner fehlerhaften rechtlichen Bewertung in einer ähnlichen seelischen Zwangslage befinde. Ihm ist jedoch entgegenzuhalten, dass sich der einem Rechtsirrtum unterliegende Täter gerade nicht in einer entsprechenden Zwangslage befindet, sondern lediglich einen vom Gesetz nicht berücksichtigten Motivationsdruck für rechtlich erheblich hält.
1730 Zu den praktischen Schwierigkeiten, die diese (notwendige) Unterscheidung mit sich bringt, *Frister* „Voluntatives Schuldelement" S. 240 m. Fn. 265 und w.N.; *ders.* 20/18.
1731 Anders *Frister* „Voluntatives Schuldelement" S. 162 ff, 255 f; vgl. Rdn. 338.

2. Der entschuldigende Notstand nach **§ 35 Abs. 1** lässt ebenfalls den rechtlichen 343
Schuldvorwurf entfallen. Siehe hierzu bereits Rdn. 336 sowie die Erläuterungen von *Zieschang* LK § 35.

3. Auch die in **§ 33** normierte **Überschreitung der Notwehr (Notwehrexzess)** regelt 344
ein *Zumutbarkeitsproblem*. Insbesondere befasst sich § 33 nicht lediglich mit einer Irrtumsfrage, da die Vorschrift auch die *bewusste* Überschreitung der Grenzen erforderlicher Verteidigung erfasst (BGHSt **39** 133, 139; BGH NStZ **2011** 630, 631; **1995** 76, 77; **1989** 474 f; **1987** 20).[1732] Indem die Regelung keine Beschränkung auf den Irrtumsfall vorsieht, trägt sie dem Umstand Rechnung, dass die Fähigkeit zur rechtsgemäßen Motivation in den entsprechenden psychischen Ausnahmesituationen regelmäßig nicht mehr ausreichend gegeben ist. Die Gegenmeinung, die § 33 nur bei *unbewussten* Notwehrüberschreitungen anwenden möchte (vgl. *Sch/Schröder/Perron* § 33 Rdn. 6 m.w.N.; ferner *Aschermann* Rechtsnatur des § 33 StGB S. 132 ff), lässt sich schwerlich mit dem geltenden Recht vereinbaren. Zum einen führt die h.M. zu sachgemäßen Ergebnissen (siehe Niederschriften **2** S. 127 ff; *Zieschang* LK § 33 Rdn. 23 m.w.N.). Zum anderen findet die Gegenansicht auch im Wortlaut des § 33 keine Stütze. Vielmehr bewirkte eine Beschränkung auf den Irrtumsfall eine gesetzlich nicht vorgesehene Ausweitung der Strafbarkeit und verstieße somit gegen Art. 103 Abs. 2 GG.[1733] In der Praxis dürften beide Ansichten allerdings regelmäßig zu identischen Ergebnissen kommen, da der Nachweis einer *bewussten* Notwehrüberschreitung bei Vorliegen asthenischer Affekte nur schwer zu führen ist, so dass nach dem Grundsatz *in dubio pro reo* vielfach von einer unbewussten Überschreitung auszugehen sein wird.[1734]

Da die Notwehrüberschreitung eine Zumutbarkeitsfrage betrifft (s. Rdn. 344), handelt es sich um einen **Entschuldigungsgrund** (BGHSt **39** 133; BGH NJW **1995** 973; NStZ 345
1981 299; **1983** 117; **1991** 528; **2002** 141, 142).[1735] Davon abweichend hat man in der Regelung einen persönlichen Strafausschließungsgrund[1736] oder eine Beweisregel[1737] gese-

---

1732   Ebenso BayObLG JR **1952** 113; RG JW **1935** 431; RGSt **56** 33, 34; **21** 189, 191 f; s. zu dieser h.M. *Zieschang* LK § 33 Rdn. 23 m.w.N.; ferner *Diederich* Notwehrexzess S. 49 f; *Motsch* Der straflose Notwehrexzess S. 35 ff; *Rogall* SK § 33 Rdn. 10; *Murmann* GK § 26 Rdn. 83; SSW/*Rosenau* § 33 Rdn. 7; *ders.* FS Beulke, 225, 234 f; *Theile* JuS **2006** 965 ff.
1733   Im Übrigen erfolgte die Beibehaltung der weiten Fassung in § 38 Abs. 2 E 1962 und § 14 Abs. 3 AE nach eingehender Abwägung des Für und Wider (vgl. Niederschriften 2 S. 127 ff; E 1962 Begr. S. 158; AE AT Begr. S. 53). Wenn in den parlamentarischen Beratungen gleichwohl die Ansicht auftaucht, durch die weite Formulierung werde die Entscheidung des Streits offen gelassen (*Horstkotte* Sonderausschuss V S. 1818), so lässt dies die Grenzen strafrichterlicher Auslegung außer Acht. Zur Erstreckung des Analogieverbots auf eine die Wortlautgrenzen überschreitende Reduktion strafgesetzlich geregelter Entschuldigungsgründe s. Rdn. 63.
1734   Vgl. *Diederich* Notwehrexzess S. 49; *Motsch* Der straflose Notwehrexzess S. 38; *Sch/Schröder/Perron* § 33 Rdn. 6; *Paeffgen/Zabel* NK Rdn. 278.
1735   Missverständlich die Formulierung in BGH NJW **2003** 1955, 1960: „Strafausschließungsgrund" (nicht abgedruckt in BGHSt **48** 207 ff). Ferner *Diederich* Notwehrexzess S. 63 ff; *Zieschang* LK § 33 Rdn. 1 ff m.w.N. zur h.M. ohne Stützung der Norm auf die Unzumutbarkeit. Siehe bereits zu § 53 Abs. 3 a.F.: BGHSt **3** 194, 197 f; BGH NJW **1969** 802; BGH GA **1969** 23, 24; zur Kategorisierung des Notwehrexzesses durch die Rechtsprechung s. auch *Aschermann* Rechtsnatur des § 33 StGB S. 14 f. Ähnlich *Roxin* AT I § 22 Rdn. 68 ff, der – ausgehend von seiner Lehre von der Verantwortlichkeit (s. Rdn. 323) – in den Fällen des § 33 einen Ausschluss der Verantwortlichkeit annimmt, da die Schuld des Täters vermindert sei und es der Bestrafung aus präventiven Gründen nicht bedürfe. In diese Richtung auch *Motsch* Der straflose Notwehrexzess S. 114 f.
1736   v. *Hippel* II S. 213; *Jagusch* LK[8] § 53 Anm. 7b; *J. Fischer* Notwehrüberschreitung, Diss. Frankfurt/M. (1971) S. 80 ff. Kritisch hierzu etwa *Diederich* Notwehrexzess S. 18 f.
1737   *Baldus* LK[9] § 53 Rdn. 48; *Schröder* ZAkDR **1944** 123, 124. Siehe zudem *Frister* („Voluntatives Schuldelement" S. 229 ff; *ders.* 16/40), der § 33 als typisierte Regelung eines Erlaubnistatbestandsirrtums erklärt,

hen.[1738] Die Ansicht, die für einen bloßen Strafausschließungsgrund eintritt, gründet darauf, dass die Möglichkeit, sich rechtmäßig zu verhalten, in den Fällen der Notwehrüberschreitung regelmäßig nicht ausgeschlossen, sondern nur herabgesetzt ist. Jedoch liegt es gerade im Wesen der entschuldigenden Unzumutbarkeitsfälle, dass der Schuldgrad oftmals lediglich stark herabgesetzt ist und wegen der geringen Vorwerfbarkeit Nachsicht geübt wird (Rdn. 334 ff). Die Auffassung, die von einer Beweisregel ausgeht, basiert auf der Annahme, § 33 regele nur einen Irrtum über die Erforderlichkeit und hierbei die Frage der Vermeidbarkeit des Irrtums. Da es sich bei § 33 jedoch nicht um eine Irrtumsregelung handelt (s. Rdn. 344), ist bereits die Prämisse dieser Auffassung abzulehnen. Auch aus der Tatsache, dass das Gesetz zwar bei der Notwehr und den Fällen des Notstands das Fehlen von Rechtswidrigkeit oder Schuld ausdrücklich hervorhebt, während es in § 33 nur die Formulierung „wird nicht bestraft" verwendet, lassen sich für die systematische Einordnung keine Schlüsse ziehen. Vielmehr wollte sich der Gesetzgeber lediglich einer systematischen Festlegung enthalten (vgl. *Horstkotte* Sonderausschuss V S. 1817). – Im Einzelnen zur Notwehrüberschreitung die Erläuterungen von *Zieschang* LK zu § 33 m.w.N.

346   4. Bei den **Unterlassungsdelikten** kommt dem Gesichtspunkt der Unzumutbarkeit generell Bedeutung zu. Eine Strafbarkeit wegen eines Unterlassungsdelikts scheidet aus, wenn dem Täter nicht zugemutet werden kann, ein ihm nahe stehendes geringerwertiges Interesse zu opfern, um die erforderliche Rettungshandlung vorzunehmen (BGHSt [GrS] **2** 194, 204; **4** 20, 23; [GrS] **6** 46, 57; BGH NJW **1964** 731; **1994** 1357; BGH LM § 180 Nr. 3; BGH StV **1998** 126 f).[1739] Die **Gegenansicht** lehnt eine über den Anwendungsbereich bei Begehungsdelikten hinausgehende Bedeutung der Unzumutbarkeit ab (*Jakobs* 29/99; *Jescheck/Weigend* § 59 VIII 2, 3; *Schünemann* ZStW **96** [1984] 287, 316).[1740] Lediglich bei vereinzelten Vorschriften wie insbesondere § 323c spiele sie eine zusätzliche Rolle. Jedoch dürfen aus der begrenzten Bedeutung der Unzumutbarkeit bei vorsätzlichen Begehungsdelikten nicht schematisch Schlüsse für den Bereich der Unterlassungsdelikte gezogen werden. Zwar kann bei den vorsätzlichen Begehungsdelikten generell erwartet werden, dass der Täter außer in Fällen der Lebens-, Leibes- oder Freiheitsnot einen persönlichen Schaden auf sich nimmt, anstatt ein fremdes Rechtsgut zu beeinträchtigen. Dagegen ist es etwas qualitativ anderes und nicht ohne weiteres zu erwarten, dass der Unterlassungstäter sich durch die Vornahme einer gebotenen Handlung selbst schädigt (so bereits *Hirsch* LK[11] Rdn. 205 im Anschluss an *Welzel* Strafrecht § 28 III 2). Der Unrechts- und Schuldgehalt ist bei Unterlassungsdelikten im Vergleich zu den Begehungsdelikten häufig gemindert, was der Gesetzgeber für den Bereich der unechten Unterlassungsdelikte durch die Möglichkeit einer fakultativen Strafmilderung nach § 13 Abs. 2

---

die eine unwiderlegbare Vermutung für die Unbewusstheit des Exzesses beinhalte; i.E. auch *Albrecht* GA **2013** 369, 382 ff; **krit.** hierzu *Diederich* Notwehrexzess S. 51 f u. *Rogall* FS Weßlau, 529, 542 ff.
1738   Dagegen wollen *Maurach/Zipf* § 34 Rdn. 31 eine Einordnung bei der von ihnen vertretenen Wertungsstufe der „Tatverantwortung" vornehmen (zur Kritik siehe bereits Rdn. 328). Vereinzelt wird § 33 auch als *lex specialis* zu § 17 angesehen, da die Norm den Fall eines affektbedingten und somit nicht vorwerfbaren Verbotsirrtums regele (*Köhler* AT S. 424; ebenso noch *Bockelmann* AT[2] [1975] S. 126); **kritisch** dazu *Diederich* Notwehrexzess S. 54 f; ähnlich *Aschermann* Rechtsnatur des § 33 StGB S. 130, der für das Vorliegen eines Schuldausschließungsgrundes plädiert, da dem Täter in den Fällen des § 33 das aktuelle Unrechtsbewusstsein fehle.
1739   Ferner RGSt **58** 97, 226; **72** 19, 20, 23; **73** 52, 57; **77** 125, 127; OLG Köln NJW **1973** 861 f; OLG Karlsruhe MDR **1975** 771; OLG Hamburg StV **1996** 437, 438; *Lackner/Kühl/Kühl* § 13 Rdn. 5 m.w.N.; h.M.
1740   Weiterhin *Blei* I § 89 II; *Jescheck* LK[11] Vor § 13 Rdn. 98; *Maurach/Gössel/Zipf* § 46 Rdn. 133 ff; *Schlehofer* MK Rdn. 306 f, 311; *Wortmann* Unzumutbarkeit S. 165 f.

ausdrücklich anerkannt hat.¹⁷⁴¹ Mithin ist der Gesichtspunkt der Unzumutbarkeit bei Unterlassungsdelikten stets zu beachten. Dabei handelt es sich um einen **allgemeinen Entschuldigungsgrund** für Unterlassungsdelikte (BGHSt [GrS] **2** 194, 204; [GrS] **6** 46, 57; BGH StV **1998** 126f; BGHR § 13 Garantenstellung Nr. 5;¹⁷⁴² zur seltenen tatbestandlichen Bedeutung der Unzumutbarkeit s. Rdn. 350ff). **Abw.** nimmt eine verbreitete Auffassung schon eine Einschränkung der sich aus der Garantenstellung ergebenden Handlungspflicht an (BGH NJW **1994** 1357; **1964** 731, 732; BGH LM § 180 Nr. 3; RGSt **58** 97, 226; **77** 125, 127).¹⁷⁴³ Andere wiederum stufen die Unzumutbarkeit als Rechtfertigungsgrund ein (*Küper* Pflichtenkollision S. 97ff; *Gropp* AT § 11 Rdn. 204ff; *Schmidhäuser* StuB 12/70ff; *Barthel* [Un-]Zumutbarkeit S. 211ff; für analoge Anwendung des § 34 *Köhler* AT S. 297f). Dieser Streit um die rechtliche Einordnung der Unzumutbarkeit ist von besonderer Bedeutung für die Behandlung von Irrtümern sowie für die Frage, ob eine strafbare Teilnahme möglich ist, wenn der Haupttäter wegen fehlender Zumutbarkeit straffrei bleibt.¹⁷⁴⁴ Richtigerweise bildet die Unzumutbarkeit einen Entschuldigungsgrund, da der besondere Motivationsdruck die Rechtspflicht des Täters ebenso wenig wie beim Begehungsdelikt berührt. Vielmehr lässt er – wie in Fällen der gesetzlich normierten Entschuldigungsgründe – erst die rechtlich erhebliche Vorwerfbarkeit entfallen. Dem *Verpflichteten* kann nicht zugemutet werden, ein ihm nahestehendes geringerwertiges Interesse zu opfern, um die Handlungspflicht zu erfüllen. Dies gilt sowohl für die unechten als auch für die echten Unterlassungsdelikte.

In einer weitergehenden Bedeutung wird der Begriff der „Zumutbarkeit" in § 323c **347** gebraucht. Die Zumutbarkeit fungiert hier als limitierende Generalklausel, die bereits das tatbestandsmäßige Verhalten und somit die Reichweite der Handlungspflicht begrenzt (BGHSt **17** 166, 170; OLG Hamburg StV **1996** 437, 438; OLG Düsseldorf NJW-RR **2000** 1623, 1624; h.M.).¹⁷⁴⁵ Daher ist in systematischer Hinsicht zwischen tatbestandsaus-

---

1741 Für einen Vorrang der den Begehungsdelikten zugrunde liegenden Unterlassungspflichten die h.M., statt vieler *Neumann* NK § 34 Rdn. 125f; *Roxin* AT I § 16 Rdn. 117; von einem normativen Gleichrang von Handlungs- und Unterlassungspflichten gehen dagegen aus *Paeffgen/Zabel* NK Rdn. 171; *Jescheck/Weigend* § 33 V; *Otto* AT § 8 Rdn. 206.
1742 Weiterhin Baumann/Weber/*Mitsch*/Eisele § 21 Rdn. 103; *Bockelmann/Volk* § 17 E III; *Dallinger* JR **1968** 6, 8; *Hirsch* LK¹¹ Rdn. 205; *Arm. Kaufmann* Unterlassungsdelikte S. 158 f; *Kienapfel* ÖJZ **1976** 197, 201; *Kindhäuser* AT § 36 Rdn. 37; *Kühl* AT § 18 Rdn. 33, 140; *Lackner/Kühl/Kühl* § 13 Rdn. 5; *Murmann* GK § 29 Rdn. 80 ff; *Peters* JZ **1966** 456, 458; *Roxin* AT II § 31 Rdn. 233 ff; *Rudolphi* SK⁷ Vor § 13 Rdn. 31; *Ulsenheimer* GA **1972** 1, 26; *Welzel* Strafrecht § 23 II 1b, § 27 III 2, § 28 III 2; *ders.* JZ **1958** 494, 495f; *Wessels/Beulke/Satzger* Rdn. 1216; **anders** *Momsen* Zumutbarkeit S. 386ff, 537: „Bei den unechten Unterlassungsdelikten wirken sich Garantenpflichten als unbenannte Zumutbarkeitsfälle i.S.d. § 35 Abs. 1 S. 2 aus"; ebenfalls ablehnend und für eine Strafzumessungslösung *Stein* SK Vor § 13 Rdn. 51; weiterhin *Zieschang* LK § 35 Rdn. 137 (insgesamt abzulehnen, da ohne klare Konturen), *Freund* MK Vor § 13 Rdn. 259 u. *Jescheck/Weigend* § 59 III 3.
1743 Auch OLG Hamburg StV **1996** 437, 438; OLG Karlsruhe MDR **1975** 771; OLG Celle NJW **1961** 1939; *Drost* GA **77** (1933) 175, 177; *Freund* AT § 6 Rdn. 95; *ders.* MK § 13 Rdn. 189; *Grünhut* ZStW **51** (1931) 455, 467; *Haft* JA **1982** 473, 475; *Henkel* FS Mezger, 249, 280f; *Krey/Esser* Rdn. 1173; *Naucke* § 7 Rdn. 270; *Röwer* NJW **1958** 1528, 1529; *Gaede* NK § 13 Rdn. 17; *Matt/Renzikowski/Haas* § 13 Rdn. 30; *Sch/Schröder/Lenckner/Sternberg-Lieben* Rdn. 125; *Sch/Schröder/Stree/Bosch* Vor § 13 Rdn. 155; *Stree* FS Lenckner, 393, 396, 401f; *Stratenwerth/Kuhlen* AT § 13 Rdn. 62; *Fischer* § 13 Rdn. 81; *Schlee* Unzumutbarkeit S. 295 ff; wohl ebenfalls BGH 2 StR 221/55 bei Dallinger MDR **1956** 9; **krit.** etwa *Stein* SK Vor § 13 Rdn. 51 u. *Murmann* GK § 29 Rdn. 81.
1744 Vgl. *Sch/Schröder/Stree/Bosch* Vor § 13 Rdn. 155; *Wessels/Beulke/Satzger* Rdn. 1216.
1745 Ebenso *Geilen* Jura **1983** 138, 145f; *Stree* FS Lenckner, 393, 396; *Wortmann* Unzumutbarkeit S. 136ff, 165; weiterhin *Gaede* NK § 323c Rdn. 11; *Fischer* § 323c Rdn. 15; *Lackner/Kühl/Kühl* § 323c Rdn. 7; *Stein* SK § 323c Rdn. 32; jew. m.w.N. Nach **anderer Ansicht** ist die Unzumutbarkeit auch bei § 323c systematisch als Entschuldigungsgrund einzuordnen, s. etwa *Roxin* GA **2011** 1, 8f, *Westendorf* Verhinderung geplanter Straftaten S. 210 u. *Rudolphi* SK⁷ § 323c Rdn. 24 m.w.N. Das materiale (Un-)Zumutbarkeitskrite-

schließender und schuldausschließender Unzumutbarkeit zu differenzieren. Soweit auch bei der Tatbestandsauslegung von § 138 mit dem Gesichtspunkt der Unzumutbarkeit gearbeitet wird,[1746] ist diese Differenzierung ebenfalls zu beachten (zum Ganzen bereits *Hirsch* LK[11] Rdn. 205). Zu § 142 siehe Rdn. 353.

348 5. Auch bei den **Fahrlässigkeitsdelikten** ist weitgehend anerkannt, dass generell der rechtliche Schuldvorwurf entfallen kann, weil dem Täter aufgrund konkreter besonderer Umstände nicht zuzumuten ist, das sorgfaltswidrige Verhalten zu unterlassen (BGHSt [GrS] **2** 194, 204; **4** 20, 23; OLG Frankfurt/M. VRS **41** [1971] 32, 35; OLG Köln VRS **59** [1980] 438 f).[1747] Es geht hier um die „Nachsicht menschlicher Schwäche" (*Welzel* Strafrecht § 23 II 2), der sich das Strafrecht im Bereich der Fahrlässigkeit weiter öffnet als beim Vorsatzdelikt. Fraglich ist jedoch die dogmatische Einordnung der Unzumutbarkeit innerhalb der Fahrlässigkeitsschuld. Teilweise wird vertreten, es handele sich dabei um eine Begrenzung der persönlichen Sorgfaltspflicht (OLG Frankfurt/M. VRS **41** [1971] 32, 35; *Burgstaller* Fahrlässigkeitsdelikt S. 198f; *Jescheck/Weigend* § 57 IV; *Matt/Renzikowski/Gaede* § 15 Rdn. 60).[1748] Nach anderer Ansicht soll die Unzumutbarkeit einen übergesetzlichen **Entschuldigungsgrund** darstellen (BGHSt [GrS] **2** 194, 204; RGSt **67** 12, 18; ebenso *Hirsch* LK[11] Rdn. 206).[1749] Richtigerweise wird man dem Kriterium der Zumutbarkeit eine **Doppelfunktion** im Bereich der Schuld zuerkennen müssen (vgl. *Sch/Schröder/Lenckner/Sternberg-Lieben* Rdn. 126 m.w.N.): Ist dem Täter nicht zuzumuten, sich die Erkenntnis über die Möglichkeit des strafrechtlich relevanten Erfolgseintritts zu verschaffen, so betrifft die Unzumutbarkeit bereits die subjektive Sorgfaltswidrigkeit bzw. die individuelle Vorhersehbarkeit. Ist es dem Täter dagegen nicht zuzumuten, das sorgfaltswidrige

---

rium auch bei § 323c auf den entschuldigenden Notstand beschränkend *Momsen* Zumutbarkeit S. 404 ff, 537.
1746 Vgl. BGH NJW **1964** 731, 732 (nicht abgedruckt in BGHSt **19** 167); ferner *Fischer* § 138 Rdn. 15, 34 m.w.N.
1747 Weiter RGSt **30** 25, 28; **36** 78; **58** 27, 30; **67** 12, 18 f; **74** 195 sowie Baumann/Weber/Mitsch/*Eisele* § 12 Rdn. 71; *Bockelmann/Volk* § 20 B IV 2c; *Burgstaller* Fahrlässigkeitsdelikt S. 198 f; *Sch/Schröder/Sternberg-Lieben/Schuster* § 15 Rdn. 204; *Heitzer* NJW **1951** 828, 829; *Jescheck/Weigend* § 47 II 3b, § 57 IV; *Kühl* AT § 17 Rdn. 97; *Lackner/Kühl/Kühl* § 15 Rdn. 51; *Roxin* AT I § 24 Rdn. 122 ff; *Schmidhäuser* StuB 8/38 ff; *Sch/Schröder/Lenckner/Sternberg-Lieben* Rdn. 126; *Stratenwerth/Kuhlen* AT § 15 Rdn. 49 f; *Welzel* Strafrecht § 23 II 2; auch *Krey/Esser* Rdn. 1352. **Einschränkend** *Jakobs* 20/36 ff, der Fälle der Risikoabwägung von allgemeinen Zumutbarkeitserwägungen ausnehmen möchte, und *Maiwald* FS Schüler-Springorum, 475, 491, der bei bewusster Fahrlässigkeit die Unzumutbarkeit nur in dem Umfang befürwortet, wie sie bei Vorsatzdelikten gilt. Für „Strafrechtsausschluss" bei den in § 35 genannten oder ähnlichen Rechtsgutsgefahren *Köhler* AT S. 340. **Gegen** eine generelle Berücksichtigung der Unzumutbarkeit bei Fahrlässigkeitsdelikten *Achenbach* Jura **1997** 631, 635; *Frister* 20/25; *Hoyer* SK Anh. zu § 16 Rdn. 103 f; *Maurach/Gössel/Zipf* § 44 Rdn. 45 ff; *Schlehofer* MK Rdn. 308 ff; *Wortmann* Unzumutbarkeit S. 111 ff, 130; *Zieschang* LK § 35 Rdn. 137. Ebenfalls kritisch *Blei* I § 82 II 3b. Zweifelnd auch *Duttge* Handlungsunwert S. 304 und *ders.* MK § 15 Rdn. 209 („Leerformel"), der auf die praktische Bedeutungslosigkeit des Zumutbarkeitskriteriums bei Fahrlässigkeitsdelikten verweist. Zumutbarkeitserwägungen auf den Anwendungsbereich des § 35 beschränkend *Momsen* Zumutbarkeit S. 447 ff, 537.
1748 Überholt dürfte dagegen die Ansicht sein, welche die Unzumutbarkeit sorgfaltsgemäßen Handelns schon als Einschränkung der objektiven Sorgfaltspflicht auffasste (so noch *H. Mayer* AT § 31 III; teilweise auch *Henkel* FS Mezger, 249, 286); siehe **dagegen** aber *Krey/Esser* Rdn. 1352 und offenbar auch *Fischer* § 15 Rdn. 16d. Nach anderer Ansicht können Zumutbarkeitserwägungen in einigen Fällen schon die objektive Sorgfaltspflicht begrenzen, während sie in anderen Fällen zum Schuldausschluss führen, vgl. *Sch/Schröder/Sternberg-Lieben/Schuster* § 15 Rdn. 204 und *Sch/Schröder/Lenckner/Sternberg-Lieben* Rdn. 126 m.w.N. Zu beachten ist freilich, dass nach der Ansicht einiger Autoren bereits im objektiven Tatbestand allein auf die individuelle Sorgfaltswidrigkeit abzustellen ist (s. *Samson* SK[5] Anh. zu § 16 Rdn. 12 ff m.w.N.; *Rinck* Der zweistufige Deliktsaufbau, Diss. München [2000] S. 68 f).
1749 Baumann/Weber/Mitsch/*Eisele* § 12 Rdn. 71 m.w.N.; *Welzel* Strafrecht § 23 II 2; **krit**. *Schlee* Unzumutbarkeit S. 335 ff.

Verhalten zu unterlassen, weil er hierdurch erhebliche Nachteile erleiden würde, so handelt er zwar subjektiv sorgfaltswidrig, kann jedoch wegen der Unzumutbarkeit sorgfaltsgemäßen Verhaltens entschuldigt sein. In dieser Funktion handelt es sich bei der Unzumutbarkeit um einen übergesetzlichen Entschuldigungsgrund, der bei Fahrlässigkeitsdelikten eine Entschuldigung jenseits des Anwendungsbereichs des § 35 ermöglicht.

Die Entschuldigung aufgrund **Unzumutbarkeit** ist auf Fälle **extremer Gemütszustände bzw. außergewöhnlichen Motivationsdrucks beschränkt**. Sie kann zum einen bedeutsam werden, wenn der Täter infolge unverschuldeter Erregungs- oder Ermüdungszustände (Schreck, Bestürzung, Furcht, Benommenheit, Überanstrengung etc.) unbesonnen handelt; dies ist etwa der Fall, wenn ein Kraftfahrer bei einer unverschuldeten, plötzlich aufgetretenen Gefahr, die sofortiges Handeln gebietet, infolge Schocks oder Verwirrung nicht das richtige Mittel zur Gefahrabwehr ergreift (vgl. BGH VRS **5** [1953] 367, 368; **6** [1954] 449; **10** [1956] 213; RGSt **58** 27; OLG Frankfurt/M. VRS **41** [1971] 32, 37).[1750] Problematisch erscheint das in diesem Zusammenhang stets genannte „Schulbeispiel" der Frau, die wegen der Aufregung über den schweren Unfall ihres Ehemannes vergisst, das Bügeleisen auszuschalten, und hierdurch einen Brand verursacht (*Nowakowski* JBl. **1953** 506, 509). Denn dieser Fall betrifft ein *Unterlassen*, bei welchem das Kriterium der Unzumutbarkeit ohnehin zu berücksichtigen ist (s. Rdn. 346; vgl. auch die – ebenfalls fahrlässiges Unterlassen betreffenden – Fälle in BGH NStZ **1989** 21 und RGSt **36** 78). Eine Entschuldigung kommt ferner dann in Betracht, wenn die Rechtsgutsgefährdung eine so entfernte ist und die Nachteile sorgfaltsgemäßen Verhaltens für den Täter so erheblich sind, dass dem Täter nicht zugemutet werden kann, das sorgfaltswidrige Verhalten zu unterlassen. So wurde in RGSt **30** 25 („Leinenfängerfall")[1751] die Unzumutbarkeit in einem Falle bejaht, in dem ein Kutscher auf Geheiß seines Arbeitgebers mit einem zum Durchgehen neigenden Pferde ausfuhr, da er ansonsten seine Stellung verloren hätte. Mit Blick auf den heutigen Arbeitnehmerrechtsschutz und die erhöhte Gefährlichkeit motorisierter Fahrzeuge ist es jedoch einem Kraftfahrer zuzumuten, das Führen eines Kfz zu verweigern, das sich nicht in ordnungsgemäßem Zustand befindet (s. *Bockelmann* in Bockelmann S. 194, 211; *Mühlhaus* Die Fahrlässigkeit in Rechtsprechung und Rechtslehre [1967] S. 43f.).[1752] In RGSt **74** 195 wurde der Schuldvorwurf gegen einen Straßenbahnschaffner abgelehnt, der zur ordnungsgemäßen Beleuchtung seines Anhängers einer (fehlerhaften) Dienstvorschrift hätte zuwiderhandeln müssen. OLG Hamm HESt **2** 283 bejahte die Unzumutbarkeit für den Fall, dass der für einen Bagger verantwortliche Vorarbeiter diesen nachts mit Kenntnis der Stadtverwaltung und der Verkehrspolizei unbeleuchtet auf der Fahrbahn hatte stehen lassen und ihm besondere Sicherungsmaßnahmen nicht zuzumuten waren (vgl. auch den ähnlich gelagerten Fall BGH bei Dallinger MDR **1972** 570f). Dagegen soll einem Kraftfahrer die Einhaltung von Geschwindigkeitsbegrenzungen auch dann zuzumuten sein, wenn es ihm darum geht, seine im Sterben befindliche Mutter noch lebend anzutreffen (OLG Köln VRS **59** [1980] 438, 440).

[1750] Vgl. außerdem *Welzel* Strafrecht § 23 II 2 a; *Sattler* NJW **1967** 422 ff; *Spiegel* DAR **1968** 283 ff. Zum Verschulden beim Einschlafen am Steuer s. OLG Hamm NJW **1953** 1077; zu Blendung und Ermüdung s. *Bockelmann* in Bockelmann S. 194. Weitergehend etwa *Roxin* FS Kaiser, 885, 893; ders. AT I § 24 Rdn. 126 m.w.N., der bereits dann einen Ausschluss der Verantwortung befürwortet, wenn die Fahrlässigkeit derart geringfügig ist, dass die Schwelle zum Unrecht nur wenig überschritten wird; denn unzumutbar sei auch die Pflicht zu lebenslänglicher Präzision.
[1751] Vgl. hierzu ausführlich *Achenbach* Jura **1997** 631 ff m.w.N., der das Kriterium der Unzumutbarkeit wegen seiner Inhaltsleere ablehnt und darauf hinweist, dass im Leinenfängerfall ohnehin das Vorliegen von bedingtem Vorsatz nahe liege.
[1752] Weiterhin *Jescheck/Weigend* § 57 IV; *Stratenwerth/Kuhlen* AT § 15 Rdn. 50 m. Fn. 62; vgl. auch *Duttge* MK § 15 Rdn. 208 f.

Bei der Frage, ob dem Täter sorgfaltsgemäßes Verhalten zumutbar ist, ist der Grad der Gefahr gegen die Erheblichkeit des Nachteils abzuwägen, der jenem aus dem Unterlassen der unsorgfältigen Handlung droht. Grundsätzlich gilt die Faustformel: Je näher und größer die Gefahr und je unerheblicher der dem Täter drohende Nachteil ist, desto weniger kann die erkennbare Sorgfaltsverletzung entschuldigt werden. Dabei ist allein eine objektive Wertung maßgeblich und nicht die individuelle Wertung des Täters selbst (*Hirsch* LK[11] Rdn. 207; *Jescheck/Weigend* § 57 IV; *Welzel* Strafrecht § 23 II 2b).[1753]

350   6. Bei einigen vorsätzlichen **Einzeldelikten** kommen neben den allgemeinen Entschuldigungsgründen (§§ 33, 35 und Unzumutbarkeit bei Unterlassungsdelikten) auch **besondere Entschuldigungsgründe** in Betracht. Diese sind als besondere Fälle der Unzumutbarkeit im jeweiligen Tatbestand ausdrücklich geregelt.

351   Dies gilt insbesondere bei der **Strafvereitelung**. Nach § 258 Abs. 5 wird nicht bestraft, wer durch die Tat zugleich vereiteln will, dass er selbst bestraft oder einer Maßnahme unterworfen wird oder dass eine gegen ihn verhängte Strafe oder Maßnahme vollstreckt wird. Die Straflosigkeit stützt sich auf die Erwägung, dass es dem Täter in der notstandsähnlichen Konfliktlage, in der er sich befindet, nicht zuzumuten ist, das Verbot des § 258 zu beachten. Somit handelt es sich um einen speziellen Entschuldigungsgrund (so auch *Hirsch* LK[11] Rdn. 209; *Jescheck/Weigend* § 47 II 3a; *Roxin* AT I § 22 Rdn. 134).[1754] Dagegen qualifiziert die **h.M.** § 258 Abs. 5 als persönlichen Strafausschließungsgrund (BGHSt **9** 180, 182; **43** 356, 358; BGH NJW **1995** 3264).[1755] Gegen die h.M. spricht jedoch, dass der Motivationsdruck in den von § 258 Abs. 5 typisierten Fällen die Fähigkeit, der Unrechtseinsicht gemäß zu handeln, auf ein Maß herabsenkt, das den rechtlichen Schuldvorwurf entfallen lässt. Im Übrigen betonen auch Vertreter der h.M., dass die Norm jedenfalls ihre Grundlage im Schuldbereich habe.[1756]

352   Beim **Angehörigenprivileg** in **§ 139 Abs. 3 Satz 1** und **§ 258 Abs. 6** handelt es sich ebenfalls um einen besonderen **Entschuldigungsgrund** (*Hirsch* LK[11] Rdn. 210; *Jescheck/Weigend* § 42 II 1; *Roxin* AT I § 22 Rdn. 135, 139).[1757] Denn auch diese Vorschriften sollen dem Motivationsdruck des in einer notstandsähnlichen Situation befindlichen Angehörigen Rechnung tragen. Die **h.M.** nimmt dagegen einen persönlichen Strafausschließungsgrund an (siehe zu § 139 Abs. 3 Satz 1 etwa *Lackner/Kühl/Kühl* § 139 Rdn. 3;

1753 Ebenso *Herzberg* Jura **1984** 402, 413; *Jakobs* 20/37.
1754 Siehe auch *Bindokat* GA **1955** 167, 175; *Goldschmidt* FS Frank, 428, 452; *Lenckner* JuS **1962** 302, 305 m. Fn. 28 i.V.m. 303 m. Fn. 7; *Schmidhäuser* StuB 8/49; *Eb. Schmidt* in MittIKV S. 131, 152f; *Seel* Begünstigung und Strafvereitelung S. 76; s. ferner *Welzel* Strafrecht § 23 II 1a. Auch *Frister* „Voluntatives Schuldelement" S. 216 ff, 259 stuft Selbst- und Angehörigenbegünstigung (§ 258 Abs. 5 und 6) als Entschuldigungsgrund ein, begründet dies jedoch nicht mit der Kombination von Unrechtsminderung und Motivationsdruck. Dem ist jedoch entgegenzuhalten, dass das Selbstbegünstigungsmotiv durchaus das Handlungsunrecht mindern kann, was sich daran zeigt, dass bei unmittelbarer Selbstbegünstigung schon gar kein tatbestandliches Unrecht des § 258 vorliegt.
1755 Weiterhin BayObLG JR **1979** 252f; NStZ **1996** 497f; NStZ-RR **2000** 53, 54; *Fahrenhorst* JuS **1987** 707; *Geerds* FS v. Hentig, 132, 138f; *Hoyer* SK § 258 Rdn. 36; *Lackner/Kühl/Kühl* § 258 Rdn. 16; *Maurach/Schroeder/Maiwald* II § 100 Rdn. 22; *Rudolphi* JuS **1979** 859, 862f; *Satzger* Jura **2017** 649ff; *T.Walter* LK[12] § 258 Rdn. 126; *Sch/Schröder/Stree/Hecker* § 258 Rdn. 37; *Fischer* § 258 Rdn. 34. **Überholt** sind dagegen die zu § 257 a.F. vertretenen Auffassungen, wonach schon Tatbestand oder Rechtswidrigkeit entfallen sollen (vgl. *Hirsch* LK[11] Rdn. 209 m.w.N.).
1756 So ausdrücklich BGHSt **43** 356, 358; vgl. *Roxin* AT I § 22 Rdn. 138 m.w.N.
1757 Ebenso *Bloy* Strafausschließungsgründe S. 121ff, 129, 132; *Hirsch* in Eser/Perron S. 27, 46; *Rudolphi* SK[7] Vor § 19 Rdn. 10, 14, § 139 Rdn. 6. Zu § 139 Abs. 3 Satz 1 auch *Hanack* LK[12] § 139 Rdn. 23; *Sch/Schröder/Sternberg-Lieben* § 139 Rdn. 3/4; *Westendorf* Pflicht zur Verhinderung S. 240f. Zu § 258 Abs. 6 weiterhin *Amelung* JR **1978** 227, 228; *Schmidhäuser* StuB 8/48.

Maurach/Schroeder/Maiwald II § 98 Rdn. 26;[1758] zu § 258 Abs. 6 BGHSt **9** 71, 74; BGH NStZ **2004** 97, 98; RGSt **61** 270; **71** 152, 155; OLG Celle JR **1974** 163f).[1759] Dabei wird auch dieser Strafausschließungsgrund teilweise aus dem Schuldbereich hergeleitet.[1760] Dies erscheint insofern widersprüchlich, als ein Strafausschließungsgrund erst dann in Betracht kommt, wenn bereits feststeht, dass ein strafrechtlicher Schuldvorwurf erhoben werden kann.[1761] – Das **Minderjährigenprivileg** des **§ 173 Abs. 3** stellt ebenfalls einen Entschuldigungsgrund dar (*Hirsch* LK[11] Rdn. 210; *Jescheck/Weigend* § 42 II 1 a.E.; *Roxin* AT I § 22 Rdn. 136;[1762] anders BGHR StGB § 173 Anstifter 1 [Gründe] und die h.L.).[1763] Der Gesetzgeber berücksichtigt hier, dass die Fähigkeit zu normgemäßem Verhalten alters- und situationsbedingt typischerweise noch unausgeprägt ist.

Die Frage der Zumutbarkeit kann sich auch beim **Unerlaubten Entfernen vom Unfallort** (§ 142) stellen. Zu Recht wird teilweise bereits der Tatbestand des § 142 verneint, wenn das Warten von vornherein zwecklos ist, weil feststellungsbereite Personen nicht anwesend sind und auch nicht mit ihrem alsbaldigen Eintreffen gerechnet werden kann (BGHSt **7** 112; **20** 258; BGH VRS **25** [1963] 195).[1764] Soweit dieses Ergebnis auf den Gesichtspunkt der Unzumutbarkeit gestützt wird, dient dieser folglich schon der Markierung der Tatbestandsgrenzen. Um die Frage der Entschuldigung geht es dagegen in Fällen, in denen der Täter den Verkehrsunfall vorsätzlich herbeigeführt hat. Hier wird vertreten, dass dem Täter wegen der zu erwartenden hohen Strafe ein Verbleiben am Unfallort nicht zuzumuten sei (so zuerst LG Duisburg NJW **1969** 1261; zust. *Eich* MDR **1973** 814, 815; *Geppert* GA **1970** 1, 14; *Roxin* NJW **1969** 2038, 2039f,[1765] wobei teilweise auch hier schon die Tatbestandsmäßigkeit verneint wird). Nach h.M. ist dem Täter dagegen auch in diesen Fällen das Verbleiben am Unfallort zumutbar (BGHSt **24** 382; BGH VRS **10** [1956] 220; KG VRS **8** [1955] 266; OLG Koblenz VRS **56** [1979] 342).[1766] Zwar mag das Resultat befremdlich erscheinen, dass der Täter, der einen Schaden vorsätzlich herbeiführt, sich außerdem deshalb strafbar macht, weil er sich nicht sogleich stellt. Folgt man der Gegenansicht, so drohen angesichts des hohen Strafrahmens des § 142 jedoch Wertungswidersprüche dergestalt, dass der Vorsatztäter besser gestellt werden könnte als ein fahrlässig handelnder Unfallverursacher. Zu § 323c und § 138 siehe bereits Rdn. 347.

353

1758   Ferner *Otto* BT § 67 Rdn. 37; *Fischer* § 139 Rdn. 11.
1759   Zu § 258 Abs. 6 auch Baumann/Weber/Mitsch/*Eisele* § 8 Rdn. 23; *Hoyer* SK § 258 Rdn. 36; *Lackner/Kühl*/Kühl § 258 Rdn. 17; *Maurach/Schroeder/Maiwald* II § 100 Rdn. 24; *T. Walter* LK[12] § 258 Rdn. 136; *Rogall* SK Vor § 19 Rdn. 70; *Sch/Schröder/Lenckner/Sternberg-Lieben* Rdn. 124, 129; *Sch/Schröder/Stree/Hecker* § 258 Rdn. 41; *Fischer* § 258 Rdn. 39.
1760   So namentlich *Lackner/Kühl/Kühl* Vor § 13 Rdn. 29; *Paeffgen/Zabel* NK Rdn. 299; *Sch/Schröder/Stree/Hecker* § 258 Rdn. 41.
1761   Ähnlich *Roxin* AT I § 22 Rdn. 139 (auch Rdn. 138).
1762   Ebenso *Bloy* Strafausschließungsgründe S. 146f; *Frank* § 173 Anm. III; vgl. auch *Lackner/Kühl/Kühl* Vor § 13 Rdn. 29.
1763   Siehe *Horn/Wolters* SK[7] § 173 Rdn. 9; *Lackner/Kühl/Kühl* § 173 Rdn. 7; *Sch/Schröder/Lenckner/Bosch* § 173 Rdn. 9 m.w.N.; *Rogall* SK Vor § 19 Rdn. 70; *Fischer* § 173 Rdn. 12.
1764   Ferner OLG Hamm VRS **18** (1960) 428; OLG Karlsruhe VRS **22** (1962) 440; OLG Hamburg VRS **32** (1967) 359; näher *Sch/Schröder/Sternberg-Lieben* § 142 Rdn. 35ff. **Anders** BGHSt **4** 144f; **5** 124, 127; OLG Koblenz VRS **53** (1977) 110, 112; weiterhin *Rudolphi* SK[7] § 142 Rdn. 32; *Lackner/Kühl/Kühl* § 142 Rdn. 19; jew. m.w.N. Restriktiver auch *Fischer* § 142 Rdn. 35.
1765   Vgl. auch *Erdsiek* NJW **1963** 632, 634; *P. Jäger* Verkehrsunfallflucht S. 56 f, 78 ff.
1766   Vgl. auch *Sch/Schröder/Sternberg-Lieben* § 142 Rdn. 37. Siehe ebenfalls *Berz* JuS **1973** 558, 561; *Forster* NJW **1972** 2319, 2320; *Oppe* NJW **1969** 1261ff; *Ulsenheimer* GA **1972** 18, 24.

7. Übergesetzlicher entschuldigender Notstand

Schrifttum

Achenbach Beteiligung am Suizid und Sterbehilfe – Strukturen eines unübersichtlichen Problemfeldes, Jura **2002** 542; *Archangelskij* Das Problem des Lebensnotstandes am Beispiel des Abschusses eines von Terroristen entführten Flugzeugs, Diss. Berlin 2005; *Bernsmann* „Entschuldigung" durch Notstand, Habil. Bochum 1987; *Bockelmann* Zur Schuldlehre des Obersten Gerichtshofs, ZStW **63** (1951) 13; *Bott* In dubio pro Straffreiheit? Untersuchungen zum Lebensnotstand, Diss. Passau 2010 (2011); *Brauneck* Der strafrechtliche Schuldbegriff, GA **1959** 261; *Broglio* Der strafrechtliche Notstand, Diss. Bonn 1928; *Bruckmüller* Verbot des assistierten Suizids in Österreich, ZStW **128** (2016) 89; *Comes* Der rechtsfreie Raum – Zur Frage der normativen Grenzen des Rechts (1976); *Coninx* Das Solidaritätsprinzip im Lebensnotstand, Diss. Bern 2011 (2012); *Cuerda Riezu* Unterlassungstaten und Rechtfertigungsgründe. Insbesondere: Die Pflichtenkollision, in Gimbernat/Schünemann/Wolter (Hrsg.) Spanisch-deutsches Symposium zu Ehren von Claus Roxin (1995) S. 107; *v. Dellinghausen* Sterbehilfe und Grenzen der Lebenserhaltungspflicht des Arztes (1981); *Dingeldey* Pflichtenkollision und rechtsfreier Raum, Jura **1979** 478; *Dölling* Zulässigkeit und Grenzen der Sterbehilfe, MedR **1987** 6; *ders.* Zum Strafrahmen bei Mord aus Habgier und zur Zulässigkeit einer indirekten Sterbehilfe, JR **1998** 160; *Domini* Das Recht auf den Tod als Grenze zum Strafrecht – Die Grundrechte der Kranken und die Regelung der Sterbehilfe, ZStW **128** (2016) 1; *Dreier* Grenzen des Tötungsverbotes, JZ **2007** 261 (Teil 1); *Duttge* Sterbehilfe aus rechtsphilosophischer Sicht, GA **2001** 158; *ders.* Der Alternativ-Entwurf Sterbebegleitung (AE-StB) 2005, GA **2006** 573; *ders.* Erwiderung auf Josef Franz Lindner, JZ **2006** 373 ff: Absoluter Lebensschutz und zugleich verfassungsrechtliche Pflicht zur Freigabe der aktivdirekten Sterbehilfe? JZ **2006** 899; *Eidam* Wider die Bevormundung eines selbstbestimmten Sterbens, GA **2011** 232; *End* Existenzielle Handlungen im Strafrecht. Die Pflichtenkollision im Lichte der Philosophie Karl Jaspers, Diss. München 1958 (1959); *Engländer* Von der passiven Sterbehilfe zum Behandlungsabbruch, JZ **2011** 513; *Frisch* Gewissenstaten und Strafrecht, Festschrift Schroeder (2006) 11; *ders.* Notstandsregelungen als Ausdruck von Rechtsprinzipien, Festschrift Puppe (2011) 425; *Gaede* Durchbruch ohne Dammbruch – Rechtssichere Neuvermessung der Grenzen strafloser Sterbehilfe, NJW **2010** 2925; *Gallas* Pflichtenkollision als Schuldausschließungsgrund, Festschrift Mezger (1954) 311; *Geilen* Das Leben des Menschen in den Grenzen des Rechts, FamRZ **1968** 121; *Goldschmidt* Der Notstand, ein Schuldproblem, ÖZStr **4** (1913) 129; *Gropp* Die „Pflichtenkollision": weder eine Kollision von Pflichten noch Pflichten in Kollision, Festschrift Hirsch (1999) 207; *ders.* Der Radartechniker-Fall – ein durch Menschen ausgelöster Defensivnotstand? Ein Nachruf auf § 14 III Luftsicherheitsgesetz, GA **2006** 284; *Günther* Strafrechtswidrigkeit und Strafunrechtsausschluß, Habil. Trier 1981 (1983); *ders.* Defensivnotstand und Tötungsrecht, Festschrift Amelung (2009) 147; *Hardtung* Der Irrtum über die Schuld im Lichte des § 35 StGB, ZStW **108** (1996) 26; *Hartung* Anm. zu OGHBrZ Köln Urt. v. 23.7.1949 – StS 161/49, NJW **1950** 157; *Henkel* Zumutbarkeit und Unzumutbarkeit als regulatives Rechtsprinzip, Festschrift Mezger (1954) 249; *Herzberg* Der Fall Hackethal – Strafbare Tötung auf Verlangen? NJW **1986** 1635; *ders.* Straffreie Beteiligung am Suizid und gerechtfertigte Tötung auf Verlangen, JZ **1988** 182; *ders.* Die dämonische Macht des „Katzenkönigs" oder: Probleme des Verbotsirrtums und Putativnotstand an den Grenzen strafrechtlicher Begriffe, JZ **1989** 617; *ders.* Sterbehilfe als gerechtfertigte Tötung im Nostand? NJW **1996** 3043; *ders.* Zum Verpflichtungsgehalt des Art. 1 Abs. 1 GG, Festschrift Schnapp (2008) 103; *Hilgendorf* Tragische Fälle. Extremsituationen und strafrechtlicher Notstand, in Blaschke/Förster/Lumpp/Schmidt (Hrsg.) Sicherheit statt Freiheit? (2005) S. 107; *Hirsch* Einwilligung und Selbstbestimmung, Festschrift Welzel (1974) 775; *ders.* Strafrecht und rechtsfreier Raum, Festschrift Bockelmann (1979) 89; *ders.* Behandlungsabbruch und Sterbehilfe, Festschrift Lackner (1987) 597; *ders.* Defensiver Notstand gegenüber ohnehin Verlorenen, Festschrift Küper (2007) 149; *ders.* Anm. zu BGH Urt. vom 25.6.2010 – 2 StR 454/09, JR **2011** 37; *Höfling/Augsberg* Luftsicherheit, Grundrechtsregime und Ausnahmezustand, JZ **2005** 1080; *Hörnle* Töten, um viele Leben zu retten, Festschrift Herzberg (2008) 555; *dies.* Buchbesprechung: Till Zimmermann, Rettungstötungen (2009), GA **2012** 169; *Ingelfinger* Grundlagen und Grenzbereiche des Tötungsverbots, Habil. Heidelberg 2002 (2004); *ders.* Patientenautonomie und Strafrecht bei der Sterbebegleitung, JZ **2006** 821; *Hörr* Passive Sterbehilfe und betreuungsgerichtliche Kontrolle, Diss. Augsburg 2011; *Isensee* Leben gegen Leben, Festschrift Jakobs (2007) 205; *Jäger* Die Abwägbarkeit menschlichen Lebens im Spannungsfeld von Strafrechtsdogmatik und Rechtsphilosophie, ZStW **115** (2003) 765; *ders.* Folter und Flugzeugabschuss – rechtsstaatliche Tabubrüche oder rechtsgüterhaltende Notwendigkeiten? JA **2008** 678; *Jahn* Das Strafrecht des Staatsnotstandes, Habil. Frankfurt/M. 2003 (2004); *ders.*

Gute Folter – schlechte Folter? KritV **2004** 24; *Jakobs* Kaschierte Ausnahme: übergesetzlicher entschuldigender Notstand, Festschrift Krey (2010) 207; *Jerouschek* Nach dem 11. September 2001: Strafrechtliche Überlegungen zum Abschuss eines von Terroristen entführten Flugzeugs, Festschrift Schreiber (2003) 185; *Kahlo* Sterbehilfe und Menschenwürde, Festschrift Frisch (2013) 711; *Arthur Kaufmann* Rechtsfreier Raum und eigenverantwortliche Entscheidung, dargestellt am Problem des Schwangerschaftsabbruchs, Festschrift Maurach (1972) 327; *Kern* Grade der Rechtswidrigkeit, ZStW **64** (1952) 255; *Klefisch* Die nationalsozialistische Euthanasie im Blickpunkt der Rechtsprechung und der Rechtslehre, MDR **1950** 261; *Koch* Tötung Unschuldiger als straflose Rettungshandlung, JA **2005** 745; *Köhler* Die objektive Zurechnung der Gefahr als Voraussetzung der Eingriffsbefugnis im Defensivnotstand, Festschrift Schroeder (2006) 257; *Koriath* Über rechtsfreie Räume in der Strafrechtsdogmatik, JRE **11** (2003) 317; *Krekeler* Darf der Staat im Rahmen der Verbrechensbekämpfung Straftaten begehen? AnwBl. **1987** 443; *Krey* Grundfälle zu den Straftaten gegen das Leben, JuS **1971** 248; *Kubiciel* Gott, Vernunft, Paternalismus – Die Grundlagen des Sterbehilfeverbots, JA **2011** 91; *Kühl* Rechtfertigung vorsätzlicher Tötungen im Allgemeinen und speziell bei Sterbehilfe, Jura **2009** 881; *Künschner* Wirtschaftlicher Behandlungsverzicht und Patientenauswahl – Knappe medizinische Ressourcen als Rechtsproblem, Diss. Freiburg i.Br. 1990 (1992); *Küper* Noch einmal: Rechtfertigender Notstand, Pflichtenkollision und übergesetzliche Entschuldigung, JuS **1971** 474; *ders.* Grund- und Grenzfragen der rechtfertigenden Pflichtenkollision im Strafrecht (1979); *ders.* Tötungsverbot und Lebensnotstand, JuS **1981** 785; *ders.* Das „Wesentliche" am „wesentlichen überwiegenden Interesse" GA **1983** 289; *ders.* Grundfragen der „Differenzierung" zwischen Rechtfertigung und Entschuldigung, JuS **1987** 81; *ders.* Die dämonische Macht des „Katzenkönigs" oder: Probleme des Verbotsirrtums und Putativnotstandes an der Grenze strafrechtlicher Begriffe, JZ **1989** 617; *Kutzer* Strafrechtliche Grenzen der Sterbehilfe, NStZ **1994** 110; ders. Sterbehilfeproblematik in Deutschland – Rechtsprechung und Folgen für die klinische Praxis, MedR **2001** 77; *Ladiges* Die Bekämpfung nicht-staatlicher Angreifer im Luftraum, Diss. Greifswald 2006 (2007); *ders.* Die notstandsbedingte Tötung von Unbeteiligten im Fall des § 14 Abs. 3 LuftSiG – ein Plädoyer für die Rechtfertigungslösung, ZIS **2008** 129; *Langer* Rechtliche Aspekte der Sterbehilfe, in Kruse/Wagner (Hrsg.) Sterbende brauchen Solidarität (1986) S. 101; *Lang-Hinrichsen* Epoche und Schuld – Über den von strafrechtlicher Schuldbeurteilung ausgeschlossenen Raum, Festschrift Bärmann (1975) 583; *Larsen* Kirchenasyl und Verfassungsstaat, ZAR **2017** 121; *Lenckner* Der rechtfertigende Notstand, Habil. Münster 1963 (1964); *von der Linde* Rechtfertigung und Entschuldigung im Strafrecht? Überlegungen zu einer funktionalen Straftatsystematik, Diss. Hamburg 1988; *Lindemann* Zur Rechtswirksamkeit von Euthanasie und ärztlich assistiertem Suizid in den Niederlanden, ZStW **117** (2005) 208; *Lindner* Grundrechtsfragen aktiver Sterbehilfe, JZ **2006** 373; *Lorenz* Aktuelle Verfassungsfragen der Euthanasie, JZ **2009** 57; *Lüderssen* Aktive Sterbehilfe – Rechte und Pflichten, JZ **2006** 689; *Mackor* Sterbehilfe in den Niederlanden, ZStW **128** (2016) 24; *Mangakis* Die Pflichtenkollision als Grenzsituation des Strafrechts, ZStW **84** (1972) 447; *Maurach* Kritik der Notstandslehre (1935); *Meissner* Die Interessenabwägungsformel in der Vorschrift über den rechtfertigenden Notstand (§ 34 StGB), Diss. Hamburg 1988 (1990); *R. Merkel* Ärztliche Entscheidung über Leben und Tod in der Neonatalmedizin, JZ **1996** 1145; *ders.* Früheuthanasie, Habil. Frankfurt/M. 1997 (2000); *ders.* Gründe für den Ausschluss der Strafbarkeit im Völkerstrafrecht, ZStW **114** (2002) 437; *ders.* Aktive Sterbehilfe, Festschrift Schroeder (2006) 297; *ders.* § 14 Abs. 3 Luftsicherheitsgesetz: Wann und warum darf der Staat töten? JZ **2007** 373; *Mitsch* „Nantucket Sleighride" – Der Tod des Matrosen Owen Coffin, Festschrift Weber (2004) 49; *ders.* Flugzeugabschüsse und Weichenstellungen. Unlösbare Strafrechtsprobleme in ausweglosen Notstandssituationen, GA **2006** 11; *Möllering* Schutz des Lebens – Recht auf Sterben. Zur rechtlichen Problematik der Euthanasie (1977); *Momsen* Die Zumutbarkeit als Begrenzung strafrechtlicher Pflichten, Habil. Göttingen 2006; *Moos* Der allgemeine übergesetzliche Entschuldigungsgrund der Unzumutbarkeit in Deutschland und Österreich, ZStW **116** (2004) 891; *Neumann* Moral des Rechts. Deontologische und konsequentialistische Argumentationen in Recht und Moral, JRE **2** (1994) 81; *ders.* Der Rechtfertigungsgrund der Kollision von Rettungsinteressen, Festschrift Roxin (2001) 421; *ders./Saliger* Sterbehilfe zwischen Selbstbestimmung und Fremdbestimmung – Kritische Anmerkungen zur aktuellen Sterbehilfedebatte, HRRS **2006** 1; *Oduncu* Ärztliche Sterbehilfe im Spannungsfeld von Medizin, Ethik und Recht, Teil 1: Medizinische und rechtliche Aspekte, MedR **2005** 437; Teil 2: Palliativmedizinische und medizinethische Aspekte, MedR **2005** 516; *Oebbecke* Die unterfinanzierte Kommunalverwaltung, Verw **29** (1996) 323; *ders.* Übergesetzlicher Notstand bei kommunaler Unterfinanzierung, in Hill/Hof (Hrsg.) Wirkungsforschung zum Recht II (2000) S. 337; *Oehler* Die Achtung vor dem Leben und die Notstandshandlung, JR **1951** 489; *Otto* Pflichtkollision und Rechtswidrigkeitsurteil, Diss. Hamburg 1964 (1965), mit Nachtrag (1978); *ders.* Die strafrechtliche Beurteilung der Kollision rechtlich gleichrangiger Interessen, Jura **2005** 470; *Palm* Der wehrlose Staat? Der Einsatz der Streitkräfte im Innern nach der Entscheidung des Bundesverfassungsgerichts zum Luftsicherheitsgesetz, AöR **2007** 95, *Pawlik* Der rechtfertigende Notstand (2002); *ders.* Der rechtfertigende Defensivnotstand, Jura **2002** 26; *ders.* § 14 Abs. 3 des Luftsicherheitsgesetzes – ein Tabubruch? JZ **2004** 1045; *Pelzl* An der Grenze von Leben und Tod. Euthanasie und Strafrecht, KJ **1994** 179; *Peters* Zur Lehre von den persönlichen Strafausschließungsgründen, JR **1949** 469; *ders.* Die Tötung von Menschen in Notsituationen, JR **1950** 742; *Renzikowski* Notstand und Notwehr, Diss. Tübingen 1993 (1994); *Rixen* Buchbesprechung: Merkel, Früheuthanasie (2001), GA **2002** 293; *Rogall* Ist der Abschuss gekaperter Flugzeuge widerrechtlich? NStZ **2008** 1; *Rosenau* Aktive Sterbehilfe, Festschrift Roxin (2011) 577; *ders.* Die Neuausrichtung der passiven Sterbehilfe – Der Fall Putz im Urteil des BGH vom 25.6.2010 – 2 StR 454/09, Festschrift Rissing-van Saan (2011) 547; *Rönnau* Grundwissen – Strafrecht: Übergesetzlicher entschuldigender Notstand (analog § 35 StGB), JuS **2017** 113; *Roxin* An der Grenze von Begehung und Unterlassung, Festschrift Engisch (1969) 380; *ders.* Die notstandsähnliche Lage – ein Strafunrechtsausschließungsgrund? Festschrift Oehler (1985) 181; *ders.* Rechtfertigungs- und Entschuldigungsgründe in Abgrenzung von sonstigen Strafausschließungsgründen, JuS **1988** 425; *ders.* Die Gewissenstat als Strafbefreiungsgrund, Festschrift Maihofer (1988) 389; *ders.* Die Abgrenzung von strafloser Suizidteilnahme, straflosem Tötungsdelikt und gerechtfertigter Euthanasie, in Wolter (Hrsg.) 140 Jahre GA – Festschrift Pötz (1993) 177; *ders.* Tatbestandslose Tötung auf Verlangen? Festschrift Jakobs (2007) 571; *ders.* Zur strafrechtlichen Behandlung der Sterbehilfe, in Roxin/Schroth (Hrsg.) Medizinstrafrecht 4. Aufl. (2010) S. 75; *ders.* Der Abschuss gekaperter Flugzeuge zur Rettung von Menschenleben, ZIS **2011** 552; *ders.* Tötung auf Verlangen und Suizidteilnahme – Geltendes Recht und Reformdiskussion, GA **2013** 313; *Saliger* Sterbehilfe nach Verfahren. Betreuungs- und strafrechtliche Überlegungen im Anschluß an BGHSt 40, 257, KritV **1998** 118; *ders.* Sterbehilfe ohne Strafrecht? KritV **2001** 382; *ders.* Legitimation durch Verfahren im Medizinrecht, in Bernat/Kröll (Hrsg.) Recht und Ethik der Arzneimittelforschung (2003) S. 124; *ders.* Selbstbestimmung bis zuletzt – Rechtsgutachten zum Verbot organisierter Sterbehilfe (2015); *Sanders* Die Regelung der Sterbehilfe im Vereinigten Königreich, ZStW **128** (2016) 49; *Schaffstein* Der Täter hinter dem Täter bei vermeidbarem Verbotsirrtum und verminderter Schuldfähigkeit des Tatmittlers – Zugleich eine Besprechung von BGH – 4 StR 352/88, NStZ **1989** 153; *Schild* Die strafrechtsdogmatischen Konsequenzen des rechtsfreien Raums (3. Teil), JA **1978** 631; *Eb. Schmidt* Anm. zu OGHSt **1** 321, SJZ **1949** 559; *Schöch/Verrel* Anm. zu BGH Urt. vom 15.11.1996 – 3 StR 79/96, NStZ **1997** 409; *dies.* Alternativ-Entwurf Sterbebegleitung (AE-StB), GA **2005** 553; *Schreiber* Soll die Sterbehilfe nach dem Vorbild der Niederlande und Belgiens neu geregelt werden? Festschrift Rudolphi (2004) 543; *Schroeder* Beihilfe zum Selbstmord und Tötung auf Verlangen, ZStW **106** (1994) 565; *Schrott* Sterbehilfe als strafrechtliches Problem – Selbstbestimmung und Schutzwürdigkeit des tödlich Kranken, GA **2006** 549; *Schünemann* Rechtsfreier Raum und eigenverantwortliche Entscheidung, in Neumann u.a. (Hrsg.) Verantwortetes Recht. Die Rechtsphilosophie Arthur Kaufmanns, ARSP-Beiheft 100 (2005) S. 145; *ders.* Die Funktion der Abgrenzung von Unrecht und Schuld, in Schünemann/de Figueiredo Dias (Hrsg.) Bausteine des europäischen Strafrechts, Coimbra-Symposium für Claus Roxin (1995) S. 149; *Seibert* Rechtliche Würdigung der aktiven indirekten Sterbehilfe; Diss. Konstanz 2003; *Sinn* Tötung Unschuldiger auf Grund § 14 III Luftsicherheitsgesetz – rechtmäßig? NStZ **2004** 585; *Spendel* Der Conditio-sine-qua-non-Gedanke als Strafmilderungsgrund, Festschrift Engisch (1969) 509; *ders.* Der hypothetisch gleiche oder schwerere Deliktserfolg als Strafmaßproblem. Zum Fall der Giftgaslieferungen für die Auschwitzmorde, Festschrift Bruns (1978) 249; *Streng* Gerechtfertigte Aufopferung Unbeteiligter? Festschrift Stöckel (2010) 135; *ders.* Straflose „aktive Sterbehilfe" und die Reichweite des § 216 StGB, Festschrift Frisch (2013) 739; *Stübinger* „Not macht erfinderisch" – Zur Unterscheidungsvielfalt in der Notstandsdogmatik – am Beispiel der Diskussion über den Abschuss einer sog. „Terrormaschine", ZStW **123** (2011) 403; *ders.* Notwehr-Folter und Notstands-Tötung? (2015); *Tak* Das niederländische Gesetz zur Kontrolle der Tötung auf Verlangen und Beihilfe zum Selbstmord, ZStW **113** (2001) 905; *Uhlig/Joerden* Die Systematik der Sterbehilfearten – im Lichte des BGH-Urteils vom 25. Juni 2010 („Fall Putz"), Ad Legendum **5/2011** 369; *Wachinger* Der übergesetzliche Notstand nach der neuesten Rechtsprechung des Reichsgerichts, Festgabe Frank, Bd. I (1930) 469; *v. Weber* Die Pflichtenkollision im Strafrecht, Festschrift Kiesselbach (1947) 233; *Weigend* Über die Begründung der Straflosigkeit bei Einwilligung des Betroffenen, ZStW **98** (1986) 44; *ders.* Notstandsrecht für selbstfahrende Autos, ZIS **2017** 599; *Weißer* Strafrecht am Ende des Lebens – Sterbehilfe und Hilfe zum Suizid im Spiegel der Rechtsvergleichung, ZStW **128** (2016) 106; *Welzel* Anm. zu OGHSt 1 321, MDR **1949** 373; *ders.* Zum Notstandsproblem, ZStW **63** (1951) 47; *Theo Zimmermann* Die Gefahrengemeinschaft als Rechtfertigungsgrund, MDR **1954** 147; *Till Zimmermann* Rettungstötungen, Diss. Bonn 2008 (2009).

S. weiter das Schrifttum LK vor Rdn. 334.

a) Grundsätzliches. Dem entschuldigenden Notstand (§ 35) liegt der Gedanke der *Un-* 354
zumutbarkeit normgemäßen Verhaltens zu Grunde: Bei einer nicht anders abwendbaren
Gefahr für das Leben, den Leib oder die Freiheit des Täters oder einer ihm nahe stehenden
Person bedeutete die Befolgung des Normbefehls – d.h. die Beachtung des gemäß § 34 Zu-
lässigen – für den Täter ein derart großes Opfer, dass ein rechtmäßiges Verhalten mit Blick
auf seinen Selbsterhaltungstrieb oder eine enge persönliche Bindung unzumutbar wäre (s.
Rdn. 336). Darüber hinaus existieren von § 35 nicht erfasste Konstellationen, in denen der
Täter aufgrund einer gegenwärtigen Gefahr für das Leben, den Leib oder die Freiheit *Außen-*
stehender in einen *Entscheidungskonflikt* gerät, weil er sich unausweichlich vor folgende
Alternative gestellt sieht: entweder einem drohenden Unheil seinen Lauf zu lassen oder
durch einen nicht nach § 34 gerechtfertigten Eingriff (etwa in fremdes Leben) die Gefahr abzuwenden. In diesem Zusammenhang werden **zwei Fallgruppen** diskutiert:

Die erste Fallgruppe zeichnet sich durch das Vorliegen einer **„Gefahrengemein-** 355
schaft"[1767] aus. Kennzeichen ist die Zugehörigkeit des oder der Opfer(s) zu einer Gruppe
von gefährdeten Personen, deren Mitglieder ohne die Rettungshandlung ihr Leben verloren hätten. Das bekannteste und zugleich wichtigste Beispiel sind die nach dem 2. Weltkrieg abgeurteilten *„Euthanasie"-Fälle* (OGHSt **1** 321 ff; **2** 117 ff; BGH NJW **1953** 513 f).[1768,1769]
Anstaltsärzte standen aufgrund des sog. „Euthanasie"-Befehls Adolf Hitlers vor der Wahl,
entweder das Leben einer gewissen Anzahl von Patienten preiszugeben[1770] oder sich jeder
Mitwirkung zu verweigern, was ihre Ersetzung durch linientreue (und zur Tötung aller psychisch Kranken bereiten) NS-Mediziner und die anschließende Tötung einer sehr viel größeren Anzahl von Opfern zur Folge gehabt hätte.[1771] In diesem Kontext wird weiterhin der
sog. *„Bergsteiger-Fall"*[1772] erörtert. Darin steht der Bergsteiger A vor der Wahl, entweder den
Tod seines an einem Seil unter ihm über einem Abgrund hängenden Kameraden B herbeizuführen, indem er das Seil kappt, oder mit diesem zusammen in den Tod zu stürzen. Der
Unterschied in den Beispielsfällen besteht in Folgendem: Vor der Auswahl durch die „Euthanasie"-Ärzte hatten alle zur Gruppe gehörenden Patienten Rettungschancen; diese waren also *mehrseitig* verteilt. Dagegen gab es für Kamerad B schlechterdings keinerlei Überlebenschance, da er in jedem Fall abgestürzt wäre (*Küper* JuS **1981** 785, 787 m.w.N.); die
Rettungschancen waren also von vornherein *einseitig* zu Lasten des B verteilt.[1773]

In jüngerer Zeit wird – angestoßen durch die Terroranschläge vom 11. September 2001 356
– unter dem Gesichtspunkt der Gefahrengemeinschaft auch der *Abschuss eines von Terro-*
risten entführten Passagierflugzeuges diskutiert, das diese auf ein Gebäude zusteuern, in-

---

1767 Zum Begriff *Bernsmann* „Entschuldigung" S. 43 ff u. *Lenckner* Notstand S. 17; jew. m.w.N.; **krit.**
Kühl AT § 12 Rdn. 94: „vorweggenommene (gewollte) Begrenzung des Anwendungsbereichs"; auch
Archangelskij Lebensnotstand S. 60 ff; *Coninx* Solidaritätsprinzip S. 94 ff.
1768 Im Schrifttum behandelt z.B. von Baumann/Weber/Mitsch/*Eisele* § 18 Rdn. 47; *Gropp* AT § 6
Rdn. 183 ff; *Jescheck/Weigend* § 47 I 2; *Neumann* FS Roxin (2001), 421, 438; *Wessels/Beulke/Satzger* Rdn. 712.
1769 Weitere Beispiele hierzu: *„Ballon-Fall"* und *„Fährmann-Fall"* (dazu *Erb* MK § 34 Rdn. 119; *Neumann*
NK § 34 Rdn. 78; *Otto* Pflichtenkollision S. 50; *ders.* Jura **2005** 470, 475; *Rönnau* JuS **2017** 113, 114).
1770 So zumindest die unwiderlegbare Einlassung der Ärzte (*Fischer* Rdn. 15).
1771 Ausführlich *Spendel* FS Engisch, 509, 511 ff.
1772 Nach *R. Merkel* Die Kollision rechtmäßiger Interessen und die Schadensersatzpflicht bei rechtmäßigen Handlungen (1895) S. 48. Vgl. ferner den sog. *„Mignonette-Fall"* (hierzu *Erb* MK § 34 Rdn. 127 m.w.N.;
Küper Grund- und Grenzfragen S. 41; *Otto* Jura **2005** 470, 475; *T. Zimmermann* Rettungstötungen S. 302 f).
1773 Zum Begriffspaar einseitig/mehrseitig vgl. *Erb* MK § 34 Rdn. 122; *Sinn* NStZ **2004** 585, 587. *Neumann*
NK § 34 Rdn. 76, 78; *ders.* JRE **2** (1994) 81, 90 f spricht dagegen von „asymmetrisch" bzw. „symmetrisch"
verteilten Rettungschancen (auch *Otto* Jura **2005** 470, 475, 477). Die Formulierung „asymmetrisch" ist
allerdings missverständlich, denn sie kann auch den Fall zwar unterschiedlich hoher, aber dennoch *beid-*
seitig existenter Rettungschancen beschreiben (ebenso *Erb* MK § 34 Rdn. 122 m. Fn. 275 und *Coninx* Solidaritätsprinzip S. 97).

dem sich viele Menschen aufhalten. Verbreitet wird dieser Sachverhalt der Fallgruppe Gefahrengemeinschaft mit einseitig (asymmetrisch) verteilten Rettungschancen zugeordnet (*Neumann* NK § 34 Rdn. 77e; *Erb* MK § 34 Rdn. 122; *Hörnle* FS Herzberg, 555, 566; *Sinn* NStZ **2004** 585, 587):[1774] Während die Lebensgefahr für die Menschen im Hochhaus noch durch den Abschuss des Flugzeuges abgewendet werden kann, sind die Passagiere unrettbar verloren, weil sie entweder durch den Anschlag oder durch einen gezielten Abschuss getötet werden. Diese Einordnung ist nicht zweifelsfrei, wird hier doch ein sehr weites Verständnis des Begriffs der Gefahrengemeinschaft zugrunde gelegt. Dass die Passagiere mit den Menschen am Boden „im selben Boot" sitzen, drängt sich nicht ohne Weiteres auf. Auch lässt sich die Gruppe derjenigen, die in dieser Situation der Gefahr gemeinsam gegenüberstehen, kaum hinreichend konkret bestimmen (vgl. *Jerouschek* FS Schreiber, 185, 189; *Roxin* ZIS **2011** 552, 556; *Archangelskij* Lebensnotstand S. 93f hält das für unerheblich; ebenso *Coninx* Solidaritätsprinzip S. 95f; *T. Zimmermann* Rettungstötungen S. 304f m. Fn. 1183). Dennoch gibt es eine bedeutsame Strukturparallele mit dem *Bergsteiger-Fall* als Prototyp einseitiger Chancenverteilung: Jeweils wird ein – wirklich oder vermeintlich – unausweichlicher Schadensverlauf (Absturz) durch das Täterverhalten (Abschuss oder Seilkappung) nur beschleunigt (*Neumann* NK § 34 Rdn. 76e; vgl. schon *Eb. Schmidt* SJZ **1949** 559, 565).[1775] Wer den *Bergsteiger-Fall* nach den Grundsätzen des Defensivnotstandes behandelt (etwa *Hirsch* LK[11] § 34 Rdn. 74; *Roxin* FS Oehler, 181, 194; *Pawlik* Jura **2002** 26, 31), kann die Ähnlichkeit darin sehen, dass auch im *Flugzeugabschuss-Fall* das Unheil durch Ausschaltung der Gefahrenquelle abgewendet wird.[1776]

357 Die zweite Fallgruppe wird dadurch charakterisiert, dass der Täter das drohende Unheil von einer größeren Gruppe aktuell gefährdeter Personen auf eine **kleinere Gruppe zuvor ungefährdeter Personen umlenkt** („Wahl des kleineren Übels", vgl. *Roxin* AT I § 22 Rdn. 161ff, der dieses Kriterium aber ablehnt).[1777] Schulbeispiel hierfür ist der von *Welzel* ZStW **63** (1951) 47, 51 entwickelte sog. *Weichensteller-Fall*.[1778] Darin stellt ein Bahnwärter eine Weiche um und lenkt einen auf einer abschüssigen Gebirgsstrecke heranrasenden führerlosen Güterwagen auf das einzige Nebengleis, um den Zusammenstoß mit einem vollbesetzten Personenzug zu verhindern; dadurch werden – wie vorausgesehen – einige der Arbeiter getötet, die auf diesem Nebengleis gerade einen Güterwagen entladen, die Zuginsassen aber gerettet.

358 Die **dogmatische Einordnung** der vorgenannten Fallgruppen ist schwierig, wie sich etwa am Beispiel des *Flugzeugabschuss-Falles* aufzeigen lässt:[1779] Notwehr(hilfe)

1774 Zudem *Archangelskij* Lebensnotstand S. 61, der sich allerdings gegen eine Rechtfertigungslösung ausspricht.
1775 Auch das BVerfG spricht in seinem Urteil v. 15.2.2006 (BVerfGE **115** 118, 157) – ohne nähere Stellungnahme – von „vergleichbaren Fallkonstellationen". Wenn *Otto* Jura **2005** 470, 478 die Vergleichbarkeit der Fallkonstellationen verneint, weil die Getöteten im *Flugzeugabschuss-Fall* „einem anderen, neuartigen Schadensverlauf ausgesetzt" seien, übersieht er, dass sich Risiken auf sehr unterschiedlichen Abstraktionsebenen beschreiben und isolieren lassen (etwa Abstellen auf das allgemeine Sterberisiko [dann führt jede Tötungshandlung zu einer Beschleunigung des Todeseintritts] oder die spezifischen Todesumstände), zutr. *Pawlik* JZ **2004** 1045, 1050 m. Fn. 52. Bei ausreichender Blickschärfe lässt sich dann auch im *Bergsteiger-Fall* zwischen Absturz mit und ohne Kappung des Seils differenzieren, ohne dass dadurch die Zuordnung in Frage zu stellen ist.
1776 Ebenso *Ladiges* Bekämpfung S. 435f sowie die Nachw. bei *Kühl* Jura **2009** 881, 882 m. Fn. 19.
1777 **Krit.** gegenüber dieser die Quantität betonenden Begrifflichkeit *Kühl* AT § 12 Rdn. 94 m.w.N.
1778 Zu diesem Beispiel auch *Gropp* FS Hirsch, 207, 213; *Mitsch* GA **2006** 11ff (mit verzwickten Fallkonstellationen bei Mitwirkung Dritter); *Neumann* FS Roxin (2001), 421, 438; *Paeffgen/Zabel* NK Rdn. 294 m.w.N.; *Rogall* SK Vor § 19 Rdn. 58; *Sch/Schröder/Lenckner/Sternberg-Lieben* bzw. *Perron* Rdn. 117a, § 34 Rdn. 24.
1779 Dazu bereits *Pawlik* JZ **2004** 1045, 1048ff, 1050f; *Sinn* NStZ **2004** 585ff; *Hilgendorf* in Blaschke u.a. S. 107, 125ff. Der mit Wirkung v. 15.1.2005 geltende § 14 Abs. 3 LuftSiG (BGBl. I 78), der im äußersten Notfall

scheidet aus, weil von der Besatzung und den Passagieren kein Angriff ausgeht, so dass in deren Rechtsgüter nicht gem. § 32 eingegriffen werden darf (*Pawlik* JZ **2004** 1045; *Otto* Jura **2005** 470, 478). Ein rechtfertigender Notstand (§ 34) kommt nicht in Betracht, weil die vom Täter durch den Abschuss geschützten Leben der Menschen am Boden gegenüber denen der Flugzeugpassagiere *nicht wesentlich überwiegen*[1780] (§ 34 Satz 1); vielmehr gilt das Prinzip des absoluten Lebensschutzes (zur Ansicht, die insbes. in Fällen einseitig verteilter Rettungschancen – nicht überzeugend – Rechtfertigung annimmt, vgl. Rdn. 362).[1781] Auch eine Lösung mittels Rückgriffs auf die rechtfertigende Pflichtenkollision (s. Rdn. 115 ff) scheitert, weil hier nicht zwei gleichwertige Handlungsgebote kollidieren: Den Täter trifft zumindest den Flugzeugpassagieren gegenüber die Pflicht, deren Tötung zu *unterlassen* (Verletzungsverbot), so dass für die Auflösung der Kollision § 34 heranzuziehen ist, dessen Wertung – wie gezeigt – zugunsten der Einhaltung des Verbots ausgeht. Schließlich liegt auch kein entschuldigender Notstand (§ 35) vor, weil zwischen den Menschen am Boden und ihren Rettern *kein besonderes Näheverhältnis* besteht.[1782]

Dennoch ist ein Handeln in derartigen Notlagen nach nahezu einhelliger Auffassung *nicht strafbar*.[1783] Dies folgt nach ganz herrschender Lehre aus der – unterschiedlich begründeten – Annahme eines *Entschuldigungsgrundes*.[1784] Zwar kommt eine direkte Anwendung des § 35 nicht in Betracht (siehe Rdn. 358). Gleichwohl sprechen gewichtige Gründe für die Ablehnung eines individuellen Schuldvorwurfes und für die Annahme eines **übergesetzlichen *entschuldigenden* Notstandes**[1785] (§ 35 analog); es liegt die

359

---

auch den Abschuss eines zur Bombe umfunktionierten vollbesetzten Passagierflugzeuges zuließ, ist vom BVerfG mit Urteil v. 15.2.2006 (BVerfGE **115** 118) für verfassungswidrig erklärt worden; er war auch mit der herkömmlichen Notstandsdogmatik nur schwer vereinbar.
1780 Zum Problem der Gleichwertigkeit der betroffenen Interessen im Fall des übergesetzlichen entschuldigenden Notstandes *Lackner/Kühl/Kühl* Rdn. 31 m.w.N.; *Fischer* Rdn. 15; auch schon *Küper* GA **1983** 289 ff.
1781 *Anders Mitsch* FS Weber, 49, 62: Man komme um eine quantitative Betrachtung „nicht herum". Zur Begründung der Rechtswidrigkeit verbleibe die Angemessenheitsklausel des § 34 Satz 2.
1782 Eine parallele Subsumtion unternimmt *Mitsch* GA **2006** 11, 12 f für den Weichenstellerfall.
1783 AA *Jakobs* FS Krey, 207, 215 f; *Spendel* FS Engisch, 509, 523 ff u. *ders.* FS Bruns, 249, 252 m.w.N., der zu Gunsten der „Euthanasie"-Ärzte einen Strafmilderungsgrund annimmt (*Paeffgen/Zabel* NK Rdn. 292a halten diese Auffassung für nur „vordergründig" abweichend, denn *Spendel* gehe davon aus, dass die Ärzte alle Kranken hätten retten können); *Schünemann* in Neumann u.a. S. 145, 154, der – unter Hinweis auf § 28 Abs. 2 – wegen Beteiligung am Totschlag und sodann aus § 213 bestrafen will; *Jerouschek* FS Schreiber, 185, 196, der das Vorliegen einer Gefahrengemeinschaft, die allein einen übergesetzlichen entschuldigenden Notstand begründen könne, verneint. Gegen eine Entschuldigung auf der Basis des von ihm vertragstheoretisch fundierten Notstandes auch *Momsen* Zumutbarkeit S. 462 ff, 537 f.
1784 Für den Fall der „Euthanasie"-Ärzte statt vieler *Frisch* FS Schroeder, 11, 28; *Jäger* ZStW **115** (2003) 765, 785 ff; *Jakobs* 20/39 ff; *Kühl* AT § 12 Rdn. 96 f, 103; *Neumann* NK § 35 Rdn. 60 ff; *Paeffgen/Zabel* NK Rdn. 292 ff; jew. m.w.N.; weiterhin LG Köln NJW **1952** 358, 359. Für den sog. „*Bergsteiger-Fall*" s. nur *Kühl* AT § 8 Rdn. 153 ff, § 12 Rdn. 92 ff; *Stratenwerth/Kuhlen* AT § 9 Rdn. 111; jew. m.w.N.; *Roxin* AT I § 22 Rdn. 146 ff (hier wie auch im „*Euthanasie*"-*Ärzte*-Fall): „übergesetzlicher Verantwortungsausschluss"; abw. *Jäger* ZStW **115** (2003) 765, 771: Fall rechtmäßigen Unterlassens; *T. Zimmermann* Rettungstötungen S. 306: Rechtfertigung durch Defensivnotstand. Für den „*Flugzeugabschuss-Fall*" *Dreier* JZ **2007** 261, 267; *Stübinger* ZStW **123** (2011) 403, 442 f. Für die Fallgruppe der „*Wahl des kleineren Übels*" pars pro toto *Kühl* AT § 12 Rdn. 104 f; *Paeffgen/Zabel* NK Rdn. 294 f; *Rogall* SK Vor § 19 Rdn. 58; *Sch/Schröder/Lenckner/Sternberg-Lieben* bzw. *Perron* Rdn. 117a, § 34 Rdn. 24; *Stratenwerth/Kuhlen* AT § 9 Rdn. 115, § 10 Rdn. 123 ff; *Welzel* ZStW **63** (1951) 47, 54; *ders.* Strafrecht § 23 III 1 m.w.N.; *T. Zimmermann* Rettungstötungen S. 292 ff; ferner LG Köln NJW **1952** 358, 359; erneut **anders** *Jäger* ZStW **115** (2003) 765, 780: Entschuldigung oder Strafmilderung aufgrund eines Verbotsirrtums.
1785 Weitere gebräuchliche Bezeichnungen: „übergesetzlicher schuldausschließender Notstand" (dazu *Kühl* AT § 12 Rdn. 93 m.w.N.); „strafunrechtsausschließende Pflichtenkollision" (*Günther* Strafrechtswidrigkeit S. 331), „schuldausschließende Pflichtenkollision" (*Fischer* Rdn. 15; ebenso schon *Gallas* FS Mezger,

Konstellation einer *doppelten Schuldminderung*[1786] vor: Zum einen ist der Unrechtsgehalt der Tat – und damit korrespondierend die Schuld – reduziert, weil der Täter zur Rettung von Menschenleben tätig geworden ist. Zum anderen ergibt sich eine unmittelbare Schuldminderung aus der inneren Bedrängnis (Gewissensnot), in der sich der Täter in der Entscheidungssituation befindet: Bei Nichterfüllung der dem Normbefehl widersprechenden, vom Täter aber als moralische Pflicht empfundenen Rettung würde sich dieser ebenfalls in schwere Schuld verstricken; der hier vorliegende Motivationsdruck ist durchaus mit demjenigen im Falle einer Eigen- oder Angehörigengefährdung vergleichbar (vgl. *Sch/Schröder/Lenckner/Sternberg-Lieben* Rdn. 116; *Rudolphi* SK[7] Vor § 19 Rdn. 8; *Kühl* AT § 12 Rdn. 98).[1787] Einer **Anerkennung** des – auf Ausnahmefälle beschränkten – übergesetzlichen entschuldigenden Notstandes **steht nicht entgegen,** dass das geltende Strafrecht in § 35 bereits eine Regelung des entschuldigenden Notstandes vorsieht.[1788] Die Vorschrift lässt vielmehr Raum für die Herausarbeitung weiterer parallel gelagerter Entschuldigungsfälle. Das 2. StrRG 1969 hat bewusst von einer Normierung des in Frage stehenden Problems Abstand genommen, um die dem Gesetzgeber noch nicht hinreichend geklärt erscheinende Problematik einer Lösung durch Rspr. und Lehre zu überlassen (*Horstkotte* Prot. V S. 1849; vgl. auch *Sch/Schröder/Lenckner/Sternberg-Lieben* Rdn. 115; *Schlehofer* MK Rdn. 299; *Archangelskij* Lebensnotstand S. 82).

360 **Beachtliche Literaturstimmen** nehmen die Fallgruppe der Umverteilung des Risikos auf bisher Ungefährdete (wie im *Weichensteller-Fall*) von der in Rdn. 359 skizzierten Lösung aus (*Jakobs* 20/42; *Neumann* NK § 35 Rdn. 61; *ders*. JRE **2** [1994] 81, 90; *Roxin* AT I § 22 Rdn. 157)[1789] – mit der Konsequenz der Strafbarkeit des Täters, auch wenn dessen Strafe „gewiss zu mildern" (*Roxin* aaO) sei.[1790] Im Ergebnis ist diese Auffassung jedoch abzulehnen: Zwar mögen diese Fälle dadurch geprägt sein, dass der Täter „Schicksal spielt", indem er drohendes Übel für eine Vielzahl von Menschen auf zuvor nicht gefährdete Dritte überwälzt; gleichwohl ist sein Motivationsdruck nicht weniger übermächtig als in dem Fall der Gefahrengemeinschaft (*Sch/Schröder/Lenckner/Sternberg-Lieben*

---

311 ff), „übergesetzlicher Schuldausschluss" (*Fischer* § 34 Rdn. 16), „entschuldigende Pflichtenkollision" (dazu *Sch/Schröder/Lenckner/Sternberg-Lieben* Rdn. 115) oder „rechtlich unlösbare Pflichtenkollision" (*Jescheck/Weigend* § 47 I 2).

1786 *Jescheck/Weigend* § 43 III 2b, § 47 I 3, *Rogall* SK Vor § 19 Rdn. 58; *Rönnau* JuS **2017** 113, 115; *Sch/Schröder/Lenckner/Sternberg-Lieben* Rdn. 116; weiterhin *Archangelskij* Lebensnotstand S. 80 ff (bei ausreichendem Näheverhältnis); *Küper* JuS **1971** 474, 477; *v. d. Linde* Rechtfertigung S. 13 f; *Moos* ZStW **116** (2004) 891, 898.

1787 Weiterhin *Hirsch* LK[11] Rdn. 212; *Küper* JuS **1971** 474, 477; *ders*. JZ **1989** 617, 626; *Ebert* AT S. 110; *Haft* AT S. 146; *v.d. Linde* Rechtfertigung S. 13 f; *Moos* ZStW **116** (2004) 891, 898; ähnlich *Jescheck/Weigend* § 43 III 2 b, § 47 I 3, die aber die Unrechtsminderung auf die vom Täter erfüllte Rettungspflicht stützen. Ebenfalls für einen übergesetzlichen entschuldigenden Notstand *Dreier* JZ **2007** 261, 267; *Streng* FS Stöckel, 135, 156. *Roxin* AT I § 22 Rdn. 147 f und ZIS **2011** 552, 562 f führt die Straflosigkeit in bestimmten, von § 35 nicht erfassten Fällen auf das Fehlen präventiver Bestrafungsbedürfnisse zurück. **Krit.** gegenüber der Konstruktion einer doppelten Schuldminderung *Neumann* NK § 35 Rdn. 58. *Schlehofer* MK Rdn. 299 ff greift zur Begründung einer Entschuldigung auf Art. 4 Abs. 1 GG zurück (vgl. dazu AG Heinsberg Urt. v. 4.7.1996, Az. 5 Cs 40 Js 40/96): für eine analoge Anwendung des § 35 fehle es an einer systemwidrigen Regelungslücke; ebenso *Mitsch* GA **2006** 11, 13: Annahme eines übergesetzlichen Strafausschließungsgrundes nur „Gestaltungsvorschlag de lege ferenda". Es sei unverständlich, warum das Rechtsproblem nach Jahrhunderte langer Diskussion „immer noch nicht ,klärungsreif' sein soll".

1788 Ebenso *Stübinger* ZStW **123** (2011) 403, 443.

1789 *Jäger* ZStW **115** (2003) 765, 779; *Koch* JA **2005** 745, 748; *Eb. Schmidt* SJZ **1949** 559, 565; dazu auch *Jerouschek* FS Schreiber, 185, 189, 195 f. Dagegen Baumann/Weber/Mitsch/*Eisele* § 18 Rdn. 49; *Gallas* FS Mezger, 311, 330 f, 333; *Kühl* AT § 12 Rdn. 104 f; *Sch/Schröder/Lenckner/Sternberg-Lieben* Rdn. 117a; *Welzel* ZStW **63** (1951) 47, 51 ff; *ders*. Strafrecht § 23 III 1.

1790 Ähnlich *Stübinger* ZStW **123** (2011) 403, 445 f m. Fn. 117, der hier auch einen persönlichen Strafausschließungsgrund nach dem Vorbild der Rechtsprechung in den Euthanasie-Fällen in Erwägung zieht.

Rdn. 117a; *Archangelskij* Lebensnotstand S. 81 bei ausreichendem Näheverhältnis; zweifelnd *Hörnle* FS Herzberg, 555, 572, die im Ergebnis aber dennoch eine Entschuldigung bejaht). Zudem ist das Unrecht der Rettungshandlung auch in dieser Fallgruppe reduziert; schließlich erscheint es angemessen, den Täter nachsichtig zu beurteilen, der sich gewissenhaft für die Rettung menschlichen Lebens entscheidet (*Kühl* AT § 12 Rdn. 105 m.w.N. auch *Weigend* ZIS **2017** 599, 604 [im Kontext selbstfahrender Autos]). Eine dem Weichensteller-Fall stark ähnelnde Konstellation liegt im Flugzeugabschuss-Beispiel dann vor, wenn durch den Abschuss zwar die sich am von den Terroristen anvisierten Zielort befindenden Personen verschont bleiben, dabei jedoch andere Menschen am Boden getötet werden, über denen das Flugzeug stattdessen abstürzt.[1791]

Als erster hat sich der **Oberste Gerichtshof für die Britische Zone** (OGHSt **1** 321, 335;[1792] **2** 117, 122) mit der dogmatischen Behandlung der Fallgruppe der „Gefahrengemeinschaft" in den Fällen der „Euthanasie"-Ärzte (vgl. Rdn. 355) beschäftigt. Er hat die Schuld der Ärzte bejaht und einen *persönlichen Strafausschließungsgrund* angenommen.[1793] Auch diese Lösung ist im Ergebnis abzulehnen, denn ein derart außergewöhnlicher Entscheidungskonflikt betrifft schon den deliktischen Gehalt der Tat. Zudem liefe eine gesetzlich nicht vorgesehene Strafbefreiung in Fällen, in denen alle Deliktsmerkmale bejaht worden sind, de facto auf einen „Gnadenakt" (*Gallas* FS Mezger, 311, 334 m. Fn. 1) durch richterliches Urteil hinaus. Entscheidend ist vielmehr, dass der Täter aufgrund seiner besonderen Zwangslage einem Motivationsdruck ausgesetzt ist, der die individuelle Vorwerfbarkeit derart stark herabsetzt, dass bereits eine Entschuldigung in Betracht kommt (so schon *Hirsch* LK[11] Rdn. 213). Der **Bundesgerichtshof** (NJW **1953** 513, 514) hat im Fall der „Euthanasie"-Ärzte ebenfalls einen Schuldausschluss verneint und auch keinen Strafausschließungsgrund erwogen, sondern dem Tatsachengericht aufgegeben, das *Unrechtsbewusstsein* der Täter „besonders sorgfältig" zu prüfen. Diese Lösung versagt jedoch in Fällen wie dem der „Euthanasie"-Ärzte, in denen der Täter die Missbilligung seines Verhaltens durch die Rechtsordnung gerade kennt (*Roxin* AT I § 22 Rdn. 160). Später hat der Bundesgerichtshof die Frage, ob ein übergesetzlicher entschuldigender Notstand anzuerkennen sei, in einer viel beachteten Entscheidung (BGHSt **35** 347, 350 – „Katzenkönig" – m. Anm. *Herzberg* Jura **1990** 16 ff; *Küper* JZ **1989** 617 ff; *Sonnen* JA **1989** 212 ff)[1794] offen gelassen: Ein solcher „Entschuldigungs- oder Strafausschlie-

361

[1791] Dazu *Stübinger* ZStW **123** (2011) 403, 444 ff, der in diesen Fällen eine Entschuldigung gänzlich ablehnt.

[1792] Abl. Anm. v. *Eb. Schmidt* SJZ **1949** 559, 569; *Welzel* MDR **1949** 373, 375.

[1793] Zust. *Peters* JR **1949** 496, 498 f; *ders.* JR **1950** 742 ff; ebenso *Blank* Die strafrechtliche Bedeutung des Art. 20 IV GG (Widerstandsrecht), Diss. Köln 1982 S. 161; **anders** *Oehler* JR **1951** 489, 493: *sachlicher* Strafausschließungsgrund; wie die h.L. jedoch OLG Hamm NJW **1976** 721, 722, das grundsätzlich einen übergesetzlichen *schuld*ausschließenden Notstand anerkennt. Zur Rspr. des OGH BrZ und den Reaktionen darauf s. *Bockelmann* ZStW **63** (1951) 13, 44 ff m.w.N.; ebenso *Bott* Lebensnotstand S. 275 ff.

[1794] Zu dieser Entscheidung auch *Paeffgen/Zabel* NK Rdn. 295; *Fischer* Rdn. 15 m.w.N. Weitere Rechtsprechung, in der ein übergesetzlicher Notstand angesprochen worden ist: BGHZ **154** 260, 266; OLG Hamburg NJW **1999** 3343, 3344 und OLG Stuttgart NJW-RR **2004** 619, 621: keine Anwendung des übergesetzlichen Notstandes zur „Rechtfertigung" urheberrechtlicher Eingriffe (**aA** KG NJW **1995** 3392, 3394); BGH StV **1996** 259 (strafschärfende Berücksichtigung des Verteidigungsverhaltens des Angeklagten) m. abl. Anm. *Jahn*, der dem Gericht u.a. vorwirft, keinen übergesetzlichen Notstand erwogen zu haben; BayObLG NStZ-RR **2002** 81, 83 (keine Anwendung im Bußgeldverfahren zu Gunsten einer Kampfhundhalterin); Brandenbg. OLG NStZ **2000** 500, 502 (keine übergesetzliche Eingriffsbefugnis der Vollstreckungsbehörden bei sog. „Organisationshaft"); SG Dortmund Urt. v. 26.1.2004, Az. S 8 (16) KR 13/03 (Revisionszulassung gemäß § 161 Abs. 1 SGG wegen grundsätzlicher Bedeutung der Sache, nachdem sich die Klägerin zur Geltendmachung ihres Anspruches auf Leistungen der Krankenversicherung auf einen übergesetzlichen Notstand berufen hatte).

ßungsgrund" könne allenfalls in Betracht kommen, wenn der Täter eine *„gewissenhafte Prüfung des Vorliegens einer Notstandssituation"* vorgenommen hat.

362 Im Schrifttum wird teilweise auch für eine **Rechtfertigung** plädiert,[1795] vor allem in Fällen der Tötung rettungslos verlorener Personen beim Bestehen einer Gefahrengemeinschaft mit einseitig verteilten Rettungschancen (*Otto* Pflichtenkollision S. 83: hier keine „Anmaßung fremder Rettungschancen"; *ders.* AT § 8 Rdn. 193 m.w.N.; *ders.* Jura **2005** 470, 476; *Ladiges* ZIS **2008** 129 ff; *Neumann* NK § 34 Rdn. 77; *Erb* MK § 34 Rdn. 126; **krit.** dazu *Roxin* ZIS **2011** 552, 557).[1796] Dazu zählen einige den Fall des von Terroristen entführten Passagierflugzeuges und erachten die Tötung der Passagiere mittels Abschusses des Flugzeugs für gerechtfertigt (*Erb* MK § 34 Rdn. 126 f; *Ladiges* Bekämpfung S. 474; *Neumann* NK § 34 Rdn. 77e;[1797] *R. Merkel* ZStW **114** [2002] 437, 452 f; auch *Otto* Jura **2005** 470, 478 f).[1798] Ein Rückgriff auf die §§ 32, 34 zugunsten von Hoheitsträgern kommt nach hier vertretener Auffassung indes bereits von vornherein nicht in Betracht (str.; dazu *Rönnau/Hohn* LK § 32 Rdn. 224 m.w.N.).[1799] Unabhängig davon ist **gegen** eine Rechtfertigung in Fällen dieser Struktur ganz grundsätzlich einzuwenden, dass der Einzelne nicht zur solidarischen Aufopferung seines Lebens gezwungen werden darf (BGHSt **35** 347, 350 m.w.N.; *Günther* SK⁷ § 34 Rdn. 43; *Roxin* ZIS **2011** 552, 553).[1800] Daran vermag eine quantitative Betrachtung nichts zu ändern, d.h. die Auslöschung einiger weniger Leben zur Rettung vieler Menschen bleibt rechtswidrig (BGHSt **35** 347, 350; *Jescheck/Weigend* § 33 IV 3a; *Schlehofer* MK Rdn. 295 f).[1801] Eine solche außerordentliche und ausnahmsweise Aufopferungspflicht kann Passagieren oder Bergsteigern auch nicht mit der Begründung abverlangt werden, ihr Leben sei ohnehin verloren.[1802] An diesem

---

1795 Mit unterschiedlichen Begründungen und teilweise mit Einschränkungen schon *Brauneck* GA **1959** 261, 271; *Kern* ZStW **64** (1952) 255, 290; *Klefisch* MDR **1950** 261 ff; *Mangakis* ZStW **84** (1972) 447, 465; *Zimmermann* MDR **1954** 147 ff. In jüngerer Zeit erwägt *Mitsch* FS Weber, 49, 66 f eine Rechtfertigung für den Fall einer Gefahrengemeinschaft mit mehrseitig verteilten Rettungschancen, in der das Opfer in die Tötung „eingewilligt" hat; für Rechtfertigung der Ärzte im Euthanasie-Fall *Otto* Jura **2005** 470, 477 f und *Cuerda Riezu* in Gimbernat u.a. S. 107, 112; zur Rechtfertigungslösung auch *v. d. Linde* Rechtfertigung S. 12. Moralphilosophische Überlegungen zur Begründung der Tötung Unschuldiger in Extremsituationen bei *Fritze* Die Tötung Unschuldiger (2004).
1796 Für eine Rechtfertigung wegen **Defensivnotstandes** *Hirsch* LK¹¹ § 34 Rdn. 74; *ders.* FS Bockelmann, 89, 108; *Günther* SK⁷ § 34 Rdn. 20; *Pawlik* Notstand S. 326; *ders.* Jura **2002** 26, 31; *ders.* JZ **2004** 1045, 1048 f; jew. m.w.N.; *Renzikowski* Notstand S. 266; *Rogall* NStZ **2008** 1,3 ff; dies erwägt grundsätzlich auch *R. Merkel* JZ **2007** 373, 384 f; zweifelnd *Küper* JuS **1981** 785, 793 m. Fn. 66.
1797 Allerdings mit dem Hinweis darauf, dass eine hinreichend sichere Feststellung, dass die Insassen des Flugzeugs tatsächlich rettungslos verloren sind, häufig nicht möglich ist und eine Rechtfertigung damit letztlich aus diesem Grund ausscheidet.
1798 Nach auch hier vertretener Ansicht lässt sich der Abschuss allenfalls auf übergesetzlichen entschuldigenden Notstand stützen (vgl. *Pawlik* JZ **2004** 1045, 1050 f, 1055; *Sinn* NStZ **2004** 585, 590; *Hilgendorf* in Blaschke u.a. S. 107, 130).
1799 Speziell für den Fall des Abschusses von Flugzeugen wie hier *Isensee* FS Jakobs, 205, 231.
1800 Weiterhin *Bott* Lebensnotstand S. 87 f; *Günther* FS Amelung, 147, 152; *Höfling/Augsberg* JZ **2005** 1080, 1083 ff; *Hörnle* FS Herzberg, 555, 565; *Jakobs* FS Krey, 207, 208 m. Fn. 1; *Kühl* AT § 8 Rdn. 155; jew. m.w.N.; **aA** im Ausnahmefall der Flugzeugentführung *Isensee* FS Jakobs, 205, 230.
1801 Siehe ferner *Lenckner* Notstand S. 31; *Maurach/Zipf* § 27 III 5b; *Renzikowski* Notstand S. 258; jew. m.w.N.; auch *Dreier* JZ **2007** 261, 265; *Roxin* ZIS **2011** 552, 554; *ders.* AT I § 16 Rdn. 34; *Streng* FS Stöckel, 135, 137 ff; *Stübinger* ZStW **123** (2011) 403, 414 f, 418; **aA** im Flugzeugbeispiel *Hörnle* FS Herzberg, 555, 570; *Isensee* FS Jakobs, 205, 231; in diese Richtung auch *Ladiges* ZIS **2008** 129, 139 f.
1802 *Jahn* Staatsnotstand S. 217; *ders.* KritV **2004** 24, 30 kritisiert, dass diese Betrachtungsweise den Grundsatz des absoluten Lebensschutzes für praktische Konkordanzen „geschmeidig" mache – mit unabsehbaren Folgen; ebenso *Roxin* ZIS **2011** 552, 555; *Streng* FS Stöckel, 135, 143 f; *Stübinger* Notwehr-Folter S. 349 f; im Grundsatz auch *T. Zimmermann* Rettungstötungen S. 360 ff. **Anders** aber *Erb* MK § 34 Rdn. 124: Wenn das „Schicksal eines Teils der Betroffenen bereits besiegelt" sei, sollten nicht um der Vermeidung

Argument erscheint schon insbesondere bedenklich, dass lediglich unter Zuhilfenahme einer Tatsachen*prognose* argumentiert wird (vgl. bereits *Küper* Grund- und Grenzfragen S. 62f; *Pawlik* JZ **2004** 1045, 1050; *Sinn* NStZ **2004** 585, 591; zur Prognoseunsicherheit auch noch einmal ausdrücklich BVerfGE **115** 118, 155f).[1803] Weiterhin ist zu berücksichtigen, dass das Leben der Geopferten – unabhängig von seiner voraussichtlichen Dauer – unverändert menschliches Leben darstellt, das am Schutz der Rechtsordnung „ungeschmälert" (*Küper* Grund- und Grenzfragen S. 59; *ders.* JuS **1981** 785, 792;[1804] nachdrücklich BVerfGE **115** 118, 158 [zu § 14 Abs. 3 LuftSiG] unter Hinweis auf den Würdeanspruch jedes Menschen) teilhat. Auch kann das Interesse der Todgeweihten an Verschonung nicht mittels einer Bewertung als „Überstrapazierung der Solidarität der anderen" (*Erb* MK § 34 Rdn. 126; ähnlich *Hirsch* FS Küper, 149, 161; *R. Merkel* ZStW **114** [2002] 437, 452f; *Neumann* NK § 34 Rdn. 77e; **dagegen** *Höfling/Augsberg* JZ **2005** 1080, 1085) überwunden werden. Mit diesem Argument wird allenfalls vom Sinn und Zweck der Rücksichtnahme – dem Gebot der Achtung des Entscheidungsprimats der Betroffenen über ihr Leben – abgelenkt (dazu *Pawlik* JZ **2004** 1045, 1049f m.w.N.). Ein weiterer Rechtfertigungsansatz könnte in der Heranziehung einer Pflichtenkollision bestehen: Der Staat hat einerseits eine Achtungspflicht hinsichtlich des Lebens der Flugzeuginsassen, gleichzeitig jedoch auch eine Schutzpflicht in Bezug auf die Leben der am Boden befindlichen Personen, die durch den Abschuss verschont würden.[1805] Bei einer direkten Konkurrenz zwischen Handlungs- und Unterlassungspflicht genießt letztere jedoch den Vorrang, sofern die zu achtenden und die zu schützenden Rechtsgüter gleichwertig sind.[1806] Das ist hier mit dem Leben der Insassen und der Personen am Boden der Fall – quantitative oder zeitliche Erwägungen können, wie festgestellt, gerade nicht ausschlaggebend sein. Der Staat kann seiner Schutzpflicht nur mit Mitteln nachkommen, deren Einsatz im Einklang mit der Verfassung steht.[1807] Weil er jedoch durch die Tötung Unbeteiligter diese zum bloßen Mittel der Angriffsabwehr degradiert und damit ihre Menschenwürde verletzt,[1808] kann dieser Eingriff grundsätzlich nicht gerechtfertigt und mithin nicht verfassungskonform sein. Damit scheidet auch eine Rechtfertigung auf strafrechtlicher Ebene aus.[1809] Schließlich ist zu bedenken, dass im Beispiel den Flugzeugpassagieren oder geopferten Bergsteigern bzw. hilfsbereiten Dritten durch die Bejahung der Rechtmäßigkeit des Abschus-

---

einer marginalen Beschleunigung des Todeseintritts willen weitere, vermeidbare Opfer gefordert werden; **dagegen** *Dreier* JZ **2007** 261, 265f.
1803 Ebenso *Bott* Lebensnotstand S. 43f; *Fischer* § 34 Rdn. 19; *Palm* AöR **2007** 95, 108; *Streng* FS Stöckel, 135, 149; *Stübinger* ZStW **123** (2011) 403, 423; **krit.** dazu *Isensee* FS Jakobs, 205, 216 f sowie *Coninx* Solidaritätsprinzip S. 244ff, *Hirsch* FS Küper, 149, 162f u. *Ladiges* Bekämpfung S. 388f; *ders.* ZIS **2008** 129, 137.
1804 Weiterhin *Jerouschek* FS Schreiber, 185, 193; *Hilgendorf* in Blaschke u.a. S. 107, 119f; *Meissner* Die Interessenabwägungsformel S. 202; *Archangelskij* Lebensnotstand S. 56. *Roxin* ZIS **2011** 552, 556 weist zutreffend darauf hin, dass die verbleibenden Minuten für wichtige letzte Dispositionen oder den Abschied von Angehörigen genutzt werden könnten; zust. *Rönnau* JuS **2017** 113, 115.
1805 Für eine daraus resultierende Rechtfertigung *Hörnle* FS Herzberg, 555, 562; *Isensee* FS Jakobs, 205, 226f.
1806 *R. Merkel* JZ **2007** 373, 381; *Roxin* ZIS **2011** 552, 554; *Streng* FS Stöckel, 135, 154; **krit.** dazu *Coninx* Solidaritätsprinzip S. 206ff. **Anders** *Ladiges* Bekämpfung S. 383ff sowie S. 418ff, der in Ausnahmesituationen einen generellen Vorrang der Achtungs- vor der Schutzpflicht anzweifelt, jedoch auf strafrechtlicher Ebene eine Garantenstellung für die am Boden befindlichen Personen und damit auch eine Handlungspflicht zum Abschuss des Flugzeuges verneint.
1807 BVerfGE **115** 118, 160.
1808 AA *Ladiges* Bekämpfung S. 355.
1809 Im Ergebnis ebenso *Stübinger* ZStW **123** (2011) 403, 424f; *ders.* Notwehr-Folter S. 352; **aA** *T. Zimmermann* Rettungstötungen S. 377ff, 401, der in Fällen einseitig verteilter Rettungschancen ein Überwiegen des Interesses am zukunftsorientierten Leben gegenüber dem Interesse am todgeweihten Leben i.S.d. § 34 bejaht.

ses ihr Notwehr-/hilferecht genommen wird. Die Rechtsordnung kann den Passagieren auf diesem Weg nicht die Duldungspflicht auferlegen, sich zu Gunsten der bedrohten Menschen am Boden abschießen zu lassen; vielmehr hat sie jedes Individuum als solches zu respektieren (dazu bereits *Hirsch* LK[11] Rdn. 213).

363 Nichts anderes dürfte auch unter Zugrundelegung eines **weiten Verständnisses des Defensivnotstandes** gelten – oder sollten die betroffenen Passagiere allein deshalb sterben müssen, weil sie das Flugzeug bestiegen haben?[1810] Dadurch wurde die Gefahr für die potentiellen Opfer am Boden nicht erhöht, denn die Maschine wäre auch ohne sie gestartet und hätte bei Zweckentfremdung durch die Terroristen die gleiche zerstörerische Kraft entfaltet.[1811] Hinzu kommt, dass sowohl die Übernahme der Kontrolle über das Flugzeug als auch dessen Pervertierung zur Waffe allein dem gewissenlosen, kriminellen Vorgehen der Terroristen zuzurechnen sind (*Pawlik* JZ **2004** 1045, 1048f m.w.N.).[1812] Die übrigen Insassen werden daher nicht Teil der von dem Flugzeug ausgehenden Gefahr,[1813] sie sind vielmehr ebenso Opfer derselben.[1814] Eine mutmaßliche Einwilligung der Passagiere in die eigene Tötung hat das BVerfG (E **115** 118, 157) zutreffend als „lebensfremde Fiktion" bezeichnet.[1815]

364 Ferner wird erwogen, den rechtfertigenden Notstand (§ 34) durch den „echten Strafunrechtsausschließungsgrund" der **„notstandsähnlichen Lage"** zu ergänzen. Danach entfalle zwar nicht die Rechtswidrigkeit einer tatbestandsmäßigen Handlung, aber deren *strafwürdiges Unrecht*. Insoweit sei ein „Verzicht auf strafrechtliche Missbilligung" angezeigt (*Günther* Strafrechtswidrigkeit S. 326, 333ff; zust. *Schünemann* in Coimbra-Symposium S. 149, 180f).[1816] Dieser Vorschlag erscheint durchaus erwägenswert, läuft allerdings der gesetzgeberischen Entscheidung in § 34 Satz 1 zuwider: Die Beeinträchtigung fremder Rechtsgüter soll nur bei „wesentlich überwiegender Schutzwürdigkeit" des geretteten Rechtsgutes in Betracht kommen. Nähme man nunmehr in Einzelfällen zwar keine Rechtfertigung, aber doch einen Strafunrechtsausschluss an, zöge man die klare gesetzgeberische Umgrenzung der Eingriffsbefugnis in Zweifel (ausführlicher zur

---

1810 In diese Richtung aber *Gropp* GA **2006** 284, 287f; **dagegen** *Merkel* JZ **2007** 373, 385. *Jäger* JA **2008** 678, 682 sieht in der Bemühung des Defensivnotstandes eine eindeutige Missachtung der Vorgaben des BVerfG.
1811 Ebenso *R. Merkel* JZ **2007** 373, 383; *Streng* FS Stöckel, 135, 147; weiterhin *Erb* MK § 34 Rdn. 125, der eine Rechtfertigung jedoch sodann mit der unauflöslichen Einbindung der Insassen in die Gefahrenquelle begründet; ähnlich auch *Hirsch* FS Küper, 149, 160, 164: untrennbare Verbindung mit der Gefahrenquelle. Nach *Ladiges* ZIS **2008** 129, 132 nähert sich dieser Ansatz an „in einem gefährlichen Maße der vom BVerfG gerügten ‚Verdinglichung' der Flugzeugpassagiere an".
1812 Auch *Archangelskij* Lebensnotstand S. 68ff, 98; *Bott* Lebensnotstand S. 99ff: keine Zurechnung bei sozialadäquatem Verhalten; *Dreier* JZ **2007** 261, 266: das Handeln des Angreifers kann den übrigen Insassen nicht zugerechnet werden; *Frisch* FS Puppe, 425, 449 m. Fn. 112; *Hilgendorf* in Blaschke u.a. S. 107, 127; *Jakobs* FS Krey, 207 f m. Fn. 1; *Ladiges* Bekämpfung S. 414ff; **krit.** zur Konstruktion einer Zurechnung auch *Stübinger* ZStW **123** (2011) 403, 420ff; aA hingegen *Köhler* FS Schroeder, 257, 267ff.
1813 Ebenso *Fischer* § 34 Rdn. 18; *Günther* FS Amelung, 147, 153; *Jäger* JA **2008** 678, 682; *Ladiges* ZIS **2008** 129, 132; *R. Merkel* JZ **2007** 373, 383 mit differenzierter Begründung; aA *Gropp* GA **2006** 284, 287; *Rogall* NStZ **2008** 1, 3: Zustandsverantwortlichkeit der Insassen; ähnlich *Schünemann* in Neumann u.a. S. 145, 152f: Insassen als Teil der „Angriffskausalität", die der rechtmäßigen Verteidigung seitens der von dem Flugzeug bedrohten Menschen unterliegen; **dagegen** *T. Zimmermann* Rettungstötungen S. 306f m. Fn. 1190.
1814 *Roxin* ZIS **2011** 552, 559; *Streng* FS Stöckel, 135, 154.
1815 Zust. auch *Bott* Lebensnotstand S. 121; *Hirsch* FS Küper, 149, 159; *Hörnle* FS Herzberg, 555, 556f; *Isensee* FS Jakobs, 205, 224; *R. Merkel* JZ **2007** 373, 384; *Streng* FS Stöckel, 135, 137; *Stübinger* ZStW **123** (2011) 403, 409f; *ders.* Notwehr-Folter S. 279ff mit jew. differenzierter Begründung; ebenso *T. Zimmermann* Rettungstötungen S. 367f.
1816 Vgl. weiterhin *Köhler* AT S. 341f.

Kritik *Roxin* AT I § 16 Rdn. 128; *ders.* FS Oehler, 181, 193f u. Rdn. 26; vgl. auch *Lackner/ Kühl/Kühl* Rdn. 4 m.w.N.; *Schlehofer* MK Rdn. 297).

Schließlich wird vertreten, die Notstandshandlung sei weder rechtmäßig noch **365** rechtswidrig, sondern *unverboten*. Die Rechtsordnung enthalte sich insofern einer Bewertung des tatbestandsmäßigen Verhaltens; es existiere ein **„rechtsfreier Raum"**.[1817] Dieser Auffassung ist jedoch entgegenzuhalten, dass die Rechtsordnung gerade bei Eingriffen in die Rechtsgüter Leib oder Leben unbedingt eine Entscheidung treffen muss – nicht zuletzt mit Rücksicht auf die Frage der Abwehrbefugnis des Opfers (so schon *Hirsch* LK[11] Rdn. 213 m.w.N.; überzeugende Kritik auch bei *Lenckner* Notstand S. 15ff; *Hilgendorf* in Blaschke u.a. S. 107, 126; *Roxin* AT I § 14 Rdn. 29f; *ders.* ZIS **2011** 552, 560; *T. Zimmermann* Rettungstötungen S. 339). Anderenfalls führte diese Auffassung *de facto* wiederum zu einem Verzicht auf die Aufrechterhaltung des Tötungsverbots (*Jerouschek* FS Schreiber, 185, 195; *Küper* JuS **1981** 785, 792f; **abl.** auch *Hirsch* FS Bockelmann, 89, 103ff; *ders.* FS Küper, 149, 157f).

b) Voraussetzungen des Entschuldigungsgrundes im Einzelnen

aa) Notstandslage. Es muss eine *gegenwärtige, nicht anders abwendbare Gefahr für* **366** *Leben, Leib oder Freiheit Dritter* vorliegen. Handelt es sich bei den Dritten um dem Täter nahestehende Personen gemäß § 35, liegt schon ein gesetzlich normierter Entschuldigungsgrund vor; zur gegenwärtigen Gefahr und zum Fehlen einer anderweitigen Abwendbarkeit s. *Zieschang* LK § 35 Rdn. 33ff und 57ff m.w.N. Die Einbeziehung auch des Rechtsguts der (Bewegungs-)**Freiheit** ergibt sich aus der entsprechenden Erweiterung, die der gesetzliche entschuldigende Notstand in § 35 Abs. 1 erfahren hat (enger *Kühl* AT § 12 Rdn. 99; *Sch/Schröder/Lenckner/Sternberg-Lieben* Rdn. 117: nur das Leben).[1818] Nicht erfasst sind dagegen das **Eigentum** und das **Vermögen** (*Zieschang* LK § 35 Rdn. 23 m.w.N.; auch *Sch/Schröder/Lenckner/Sternberg-Lieben* aaO; *Kühl* aaO).[1819]

Ein Sonderproblem stellt die Frage dar, ob auch die einverständliche **echte Sterbe-** **367** **hilfe** (Euthanasie)[1820] von der Rechtsfigur des übergesetzlichen entschuldigenden Notstands erfasst werden kann. Hier ist vorab zu berücksichtigen, dass die Straflosigkeit

---

[1817] Diese Auffassung geht zurück auf *Binding* Handbuch des Strafrechts (1885) S. 762, 765f. Weiterhin *Blei* I § 63 II; *Comes* Der rechtsfreie Raum S. 107ff; *Dingeldey* Jura **1979** 478, 482ff; *Fehsenmeier* Das Denkmodell des strafrechtsfreien Raumes unter besonderer Berücksichtigung des Notstandes, Diss. Saarbrücken 1970 S. 135ff; *Arth. Kaufmann* FS Maurach, 327, 336ff; *Koriath* JRE **11** (2003) 317, 333 f m.w.N.; *Schild* JA **1978** 631, 634 f m.w.N.; eine Übersicht zu den verschiedenen Ansätzen des „rechtsfreien Raumes" findet sich bei *Stübinger* ZStW **123** (2011) 403, 428 ff.
[1818] Noch **anders** *Jakobs* 20/42: Interesse von „existentiellem Gewicht".
[1819] Unzutreffend OLG Hamm NJW **1976** 721 f, das diese Rechtsgüter einbezogen hatte; **Kritik** daran etwa von *Eser/Burkhardt* Strafrecht I Fall 18 A 52.
[1820] Näher zum Begriff *Oduncu* MedR **2005** 437, 438f. Die seit langem verwendete Sterbehilfeterminologie, die insbesondere zwischen „aktiver" und „passiver" sowie „direkter" und „indirekter" Sterbehilfe unterscheidet, ist im Fluss, nachdem die Angemessenheit der Kategorienbildung für die Diskussion (und Problemlösung) in die Kritik geraten ist (dazu nur *Neumann* NK Vor § 211 Rdn. 97 ff [der die begriffliche Revision aber für nicht vordringlich hält; ebenso *Schneider* MK Vor § 211 Rdn. 125 m. Fn. 484] und *Fischer* Vor § 211 Rdn. 33 ff; *ders.* FS Roxin [2011], 557, 565ff; jew. m.w.N.) und auch der BGH in seinem Grundsatzurteil in Sachen „Putz" (BGHSt **55** 191 Rdn. 27 ff; fortgeführt durch BGH NJW **2011** 161) jedenfalls teilweise davon Abstand genommen hat, indem er nunmehr von „Behandlungsabbruch" (als „normativ-wertendem Oberbegriff") spricht, der sowohl aktiv als auch durch Unterlassen vorgenommen werden kann. Weil die eingespielte Begrifflichkeit aber die laufende Debatte weiterhin prägt, soll sie – ohne Präjudizierung der Ergebnisse – auch im Folgenden zugrundegelegt werden. Ausdrücklich für die Beibehaltung der herkömmlichen Terminologie aber etwa *Duttge* GA **2006** 573, 576. Zur Systematik der Sterbehilfearten im Lichte des „Putz"-Urteils *Uhlig/Joerden* Ad Legendum **5/2011** 369 ff.

mehrerer Fallgruppen bereits aus anderen Gründen folgt: So wird etwa in Fällen, in denen sich die Sterbehilfe in der *Teilnahme* an einer frei verantwortlichen Selbsttötung erschöpft, schon der Straftatbestand eines Tötungsdeliktes nicht verwirklicht (h.M., vgl. etwa BGHSt **32** 367 – „Fall Wittig"; **46** 279, 284).[1821] Ferner gibt es heute einen breiten Konsens darüber, dass die Verpflichtung des behandelnden Arztes oder sonstigen Garanten zur Lebenserhaltung nicht dazu zwingt, das Leben des Patienten unter allen Umständen bis zur Grenze des Möglichen zu verlängern (*Neumann* NK Vor § 211 Rdn. 105; allg. Meinung). Es gibt keine Pflicht und auch kein Recht zur Verlängerung des Lebens eines Moribunden um jeden Preis (BGHSt **32** 367, 379 – „Fall Wittig"; **37** 376, 378; auch BGHSt **42** 301, 305; *Schneider* MK Vor § 211 Rdn. 95 m.w.N.). Die Nichtaufnahme oder Beendigung intensivmedizinischer Maßnahmen, die das bevorstehende Sterben lediglich hinausschieben (bisher sog. **„passive Sterbehilfe"**),[1822] kann daher trotz der Garantenstellung des Arztes rechtmäßig sein (weiterhin ganz h.M.; vgl. nur BGHSt **40** 257 – „Kemptener-Fall"; BGHZ **154** 205).[1823] Der **BGH** hat dann in seiner Leitentscheidung **„Putz"** aus dem Jahre 2010 unter Berücksichtigung der Neuregelungen durch das Patientenverfügungsgesetz 2009 (dazu Rdn. 172a) sowie mit veränderter Begrifflichkeit und dogmatischer Begründung die Möglichkeiten erlaubter Sterbehilfe moderat erweitert. Straflose „Sterbehilfe durch Behandlungsunterlassung, -begrenzung oder -abbruch setzt (danach) voraus, dass die betroffene Person lebensbedrohlich erkrankt ist und die betreffende Maßnahme medizinisch zur Erhaltung oder Verlängerung des Lebens geeignet ist. (…) Eine durch Einwilligung gerechtfertigte Handlung der Sterbehilfe (muss sich überdies) objektiv und subjektiv unmittelbar auf eine (solche) medizinische Behandlung" beziehen. Nach wie vor strafbar i.S.d. §§ 212, 216 „sind dagegen Fälle eines gezielten Eingriffs, der die Beendigung des Lebens vom Krankheitsprozess abkoppelt" (BGH **55** 191 Rdn. 33 ff; bestätigt durch BGH NJW **2011** 161).[1824] Dass der Sterbevorgang bereits eingesetzt hat und das Verhalten (jedenfalls normativ) einem Unterlassen entspricht, wird als Grundvoraussetzung für einen straffreien Behandlungsabbruch – anders als früher – nicht mehr verlangt. Die exakten Grenzen wie die dogmatische Herleitung der Straflosigkeit sind allerdings nach wie vor umstritten.[1825] Bei der Begründung kommt heute dem verfassungsrechtlich verankerten, aus der Menschenwürde und dem Recht auf freie Persönlichkeitsentfaltung abzuleitenden **Prinzip der Patientenautonomie** – dogmatisch ausgeprägt in Form der (mutmaßlichen) Einwilligung – eine überragende Bedeutung zu

---

1821 Straflose Suizidbeihilfe auch im „Fall Hackethal" (OLG München NJW **1987** 2940 ff; dazu *Herzberg* NJW **1986** 1635, 1639 ff; *ders.* JZ **1988** 182 ff); *Neumann* NK Vor § 211 Rdn. 96 (m. Nachw. zu problematischen „Richtlinien" und „Grundsätzen" der BÄK); für Strafbarkeit gem. § 216 unter dem Aspekt der Tatherrschaft kraft organisatorischer Leitung des Krankenhauses *Kutzer* NStZ **1994** 110, 112; näher *Ingelfinger* Grundlagen S. 218 ff m.w.N.
1822 Um eine unbegründete Zurückhaltung der Ärzte bei der (aktiven) Beendigung oder Begrenzung einer schon eingeleiteten lebenserhaltenden Behandlung zu überwinden, regten die Verfasser des *Alternativ-Entwurfs Sterbebegleitung* einen Verzicht auf die hergebrachte Sterbehilfebegrifflichkeit an (GA **2005** 553, 560 ff). Auch die Grundsätze der Bundesärztekammer (DÄBl. **2004** A 1298 f) sprachen nicht länger von passiver Sterbehilfe, sondern verwendeten die Begriffe „Therapiebegrenzung" und „Änderung des Therapiezieles" und hoben die ärztliche Pflicht zur Basisbetreuung hervor. Zur **Kritik** am Begriff der „passiven Sterbehilfe" *Rosenau* FS Rissing-van Saan, 547, 555 f und *Neumann* NK Vor § 211 Rdn. 104 m.w.N. (der für eine Ersetzung durch „Verzicht auf lebensverlängernde Maßnahmen" plädiert).
1823 Weiter *Lackner/Kühl/Kühl* Vor § 211 Rdn. 8 f; *Schneider* MK Vor § 211 Rdn. 101, 114 ff m. zahlr. Nachw.; näher Rdn. 225.
1824 Dem Grundsatzurteil im Wesentlichen zustimmend *Gaede* NJW **2010** 2925, 2928; *Eidam* GA **2011** 232, 244; *Engländer* JZ **2011** 513, 520; *Hirsch* JR **2011** 37 ff; *Saliger* Selbstbestimmung S. 128; *Neumann* NK Vor § 211 Rdn. 130 (mit Kritik in den Rdn. 131 f); näher zur Bedeutung und Rechtfertigung der Entscheidung *Fischer* Vor § 211 Rdn. 61 ff.
1825 Dazu nur *Schneider* MK Vor § 211 Rdn. 114 ff und *Neumann* NK Vor § 211 Rdn. 104 ff; beide m.w.N.

(instruktiv dazu *Neumann* NK Vor § 211 Rdn. 106 ff; ausführlich zu Basis und Reichweite des Prinzips *Magnus* Patientenautonomie S. 235 ff; jew. m.w.N.). Mithin verbleiben – nach alter Terminologie – Fälle **aktiver Sterbehilfe**, d.h. täterschaftlicher Fremdtötung. Insoweit kommen zunächst Konstellationen *indirekter* aktiver Sterbehilfe[1826] in Betracht, d.h. die Verabreichung von Medikamenten zur Schmerzlinderung – mit unbeabsichtigter, aber in Kauf genommener unvermeidbarer Nebenfolge des früheren Todeseintritts. Erfasst ist hier jedenfalls ein Handeln mit bedingtem Vorsatz.[1827] Nach herrschender und zutreffender Ansicht soll straffrei aber auch derjenige handeln, der die lebensverkürzende Wirkung seines Verhaltens als sicher (i.S.d. *dolos directus zweiten Grades*) voraussieht.[1828] Die Straflosigkeit wurde *vor* den angedeuteten jüngeren Entwicklungen in der Sterbehilfedogmatik zumeist auf den rechtfertigenden Notstand (§ 34) gestützt (BGHSt **42** 301, 305; **46** 279, 284 ff),[1829] der z.T. mit Elementen der allein nicht ausreichenden (mutmaßlichen) Einwilligung kombiniert wurde.[1830] Diese Lösung ist – argumentativ ausgebaut – auch heute noch richtig.[1831]Der 2. BGH-Strafsenat stellt nunmehr hier (und generell im Bereich der Sterbehilfe durch Behandlungsabbruch) auf eine durchaus heikle Einwilligungskonstruktion ab (BGHSt **55** 191 Rdn. 28 ff).[1832]

Das eigentliche Bewertungsproblem liegt daher bei der – nach überkommener Begrifflichkeit – **direkten** aktiven Sterbehilfe. Der Tod ist hier Mittel zum Zweck der Leidensbeendigung. Viel diskutiertes Beispiel: Der nach einem Unfall ausweglos in einem brennenden Auto eingeklemmte Fahrer fleht seinen Beifahrer an, ihn zu töten, um ihm die Qualen eines Feuertodes zu ersparen (*Neumann* JRE **2** [1994] 81, 83; *R. Merkel* Früheu- **368**

1826 Krit. zum Terminus etwa *R. Merkel* Früheuthanasie S. 174 ff.
1827 Für eine Eingrenzung der erlaubten indirekten Sterbehilfe auf das Handeln mit dolos eventualis *Kutzer* NStZ **1994** 110, 115; *Schöch* NStZ **1997** 409, 411; *Duttge* GA **2006** 573, 578 f.
1828 BGHSt **42** 301, 305; **46** 279, 284 f (dazu völlig zutreffend *Fischer* FS Roxin [2011], 557, 564 m. Fn. 42: Todeseintritt als „unbeabsichtigte, aber in Kauf genommene unvermeidbare Nebenfolge" ist nichts anderes als ein *direkter* Tötungsvorsatz); *Roxin/Schroth/Roxin* S. 75, 90 f; *Kubiciel* JA **2011** 86, 91; *Neumann* NK Vor § 211 zu Rdn. 99; *Schneider* MK Vor § 211 Rdn. 104; Letztere m.w.N. Dagegen möchte *R. Merkel* FS Schroeder, 297, 315 ff auch Fälle absichtlicher Tötungen (im Sinne des *dolos directus 1. Grades*) erfasst sehen.
1829 Weiter *Hirsch* FS Welzel, 775, 795; *Lackner/Kühl/Kühl* Vor § 211 Rdn. 7; *Kühl* Jura **2009**, 881, 884; *R. Merkel* FS Schroeder, 297, 308 ff; *Roxin* GA **2013** 313, 314; *Sch/Schröder/Eser/Sternberg-Lieben* Vor § 211 Rdn. 26 m.w.N.
1830 Vgl. *Dölling* JR **1998** 160, 161; *Rosenau* FS Rissing-van Saan, 547, 559 ff; *Neumann* NK Vor § 21 Rdn. 103; zusätzliche Nachw. bei *Schneider* MK Vor § 211 Rdn. 108, der (in den Rdn. 106 ff) auch weitere Tatbestands- und Rechtfertigungslösungen skizziert und bewertet. Monographisch *Seibert* Rechtliche Würdigung der aktiven indirekten Sterbehilfe, Diss. Konstanz 2003 S. 93 ff mit einem Plädoyer für eine einwilligungsgeprägte Notstandslösung (**krit.** dazu *Duttge* GA **2005** 612, 614 f). – Medikationen *ohne* lebensverkürzende Wirkung, die dem Patienten mit dessen Zustimmung verabreicht werden, sind nach allgemeiner Ansicht straflos, vgl. nur *Schneider* MK Vor § 211 Rdn. 99 m.w.N.
1831 Statt vieler *Erb* FS Schünemann, 337, 344 u. *Neumann* NK Vor § 211 Rdn. 103; auch *Rosenau* FS Roxin (2011) 577, 584 f; überzeugend *Schneider* MK Vor § 211 Rdn. 109 ff, der mit sensibler Argumentenanalyse deutlich macht, dass für eine Lösung des (Binnen-)Konflikts „Lebenserhaltung versus Schmerzlinderung" letztlich alles auf eine „Abwägung des Lebens im biologischen Sinne nach qualitativen und quantitativen Aspekten" hinausläuft. Akzeptiere man, „dass Sterbeinteressen in Ausnahmesituationen gegenüber dem Leben unter Normalbedingungen den Vorrang erringen können, etwa weil das strikte Verbot der Lebensverkürzung in concreto in eine inakzeptable Pflicht zum (qualvollen) Weiterleben umschlagen würde, so erscheint mir eine notstandspezifische Rechtfertigung der indirekten Sterbehilfe vorstellbar." Zu koppeln sei der Abwägungsvorgang aber an den (mutmaßlichen) Willen des Patienten (Rdn. 113). Dogmatisch beschreibbar ist dieser Weg – mit *Schneider* – deshalb, weil hier Abwägungen innerhalb der Interessensphäre einer Person anzustellen sind (was der Wortlaut von § 34 hergibt) und es nicht um das Tötungstabu berührende Prozesse der Abwägung fremder Interessen geht.
1832 Zur Kritik s. nur *Kahlo* FS Frisch, 711, 731 f, *Streng* FS Frisch, 739, 744, *Rosenau* FS Roxin (2011), 577, 583 m. Fn. 37 und *Wessels/Hettinger/Engländer* Rdn. 34; alle m.w.N.

thanasie S. 395 m.w.N.). Nach (noch) h.M. ist – jedenfalls *de lege lata* – die gezielte aktive Tötung auch bei ernsthaftem ausdrücklichen Verlangen des Moribunden unter allen Umständen strafbar (vgl. § 216).[1833] Zunehmend gibt es jedoch Stimmen, die in extremen Ausnahmesituationen für eine Straflosigkeit oder zumindest ein Absehen von Strafe[1834] plädieren.[1835] Die fehlende Strafbarkeit wird hier von einigen auf einen Tatbestandsausschluss gestützt;[1836] stärker verbreitet sind Ansichten, die bei Mitleidstötungen extrem leidender todkranker Menschen eine Rechtfertigung gem. § 34[1837] oder einen Schuld- oder Verantwortungsausschluss (zumeist unter Rückgriff auf einen übergesetzlichen entschuldigenden Notstand)[1838] annehmen. Die Argumente der h.M. gegen die Zulässigkeit einer direkten aktiven Sterbehilfe haben Gewicht. Eine Lockerung des Tötungsverbots wird für unannehmbar gehalten, weil dies zu einer Relativierung des Lebensschutzes führe, die Achtung vor dem „Höchstwert Leben" untergrabe, reinen Nützlichkeitserwägungen Raum gebe, Missbrauchsgefahren nicht begegnet werden könne und das Vertrauensverhältnis zwischen Arzt und Patienten erschüttern würde.[1839] Dennoch spricht zumindest in Ext-

---

1833 BGHSt **37** 376; **40**, 257, 379; **46** 279, 285 f; **55** 191 Rdn. 33 ff; vgl. weiterhin BVerfG JZ **1987** 885; VG Karlsruhe JZ **1988** 208; so auch die Grundsätze der BÄK zur ärztlichen Sterbebegleitung (DÄBl. **2004** A 1298), Präambel u. unter I sowie DÄBl. **2011** A 346 f, Präambel; aus der Literatur s. nur *Duttge* GA **2001** 158; *ders.* GA **2006** 573, 576 f; *Ingelfinger* JZ **2006** 821, 822; *Jähnke* LK[11] Vor § 211 Rdn. 14; *Lackner/Kühl/Kühl* Vor § 211 Rdn. 7; zusf. *Achenbach* Jura **2002** 542, 548 und *Kühl* Jura **2009** 881, 884; jew. m.w.N. *Lorenz* (JZ **2009** 57, 64) sieht bei (gesetzlicher) Zulassung der aktiven Euthanasie den „verfassungsgebotenen Schutz des Lebens nicht mehr gewährleistet."
1834 Überblick zu Strafbarkeitseinschränkungen und abweichenden Gesetzesvorschlägen in der Literatur bei *Roxin/Schroth/Roxin* S. 75, 112 ff; auch *Klimpel* Bevormundung oder Freiheitsschutz? Diss. Berlin 2003 S. 98. Vorschlag de lege ferenda in § 216 Abs. 2 AE-Sterbehilfe (1986), der fakultativ als Rechtsfolge das Absehen von Strafe vorsieht. Bedenken gegenüber diesem Regelungskonzept bei *Hirsch* FS Lackner, 597, 618 f; aber auch *Roxin* FS Maihofer, 389, 403; *Dölling* MedR **1987** 6 ff. Der AE-Sterbehilfe (dazu *Schöch/Verrel* GA **2005** 553 ff) spricht sich für eine „uneingeschränkte Beibehaltung" des strafbewehrten Verbots aktiv-direkter Tötung aus; i.d.S. auch der Beschluss auf dem 66. DJT Stuttgart (2006), Bd 2, Abteilung Strafrecht, V. 1; zust. *Duttge* GA **2006** 573, 576 ff und *Schroth* GA **2006** 549, 562 f; **krit.** *Neumann/Saliger* HRRS **2006** 280, 281. Abgelehnt wurde dort auch ein Antrag der Deutschen Gesellschaft für Humanes Sterben (DGHS), gesetzlich eine aktive Sterbehilfe in seltenen Extremfällen zu erlauben (VI. 4.).
1835 Eine Erörterung der aktiven Sterbehilfe unter verfassungsrechtlichen Gesichtspunkten liefern *Antoine* Aktive Sterbehilfe in der Grundrechtsordnung, Diss. Berlin 2004 und *Lindner* JZ **2006** 373, 381, 383, der sogar für ein aus dem Verhältnismäßigkeitsgrundsatz folgendes Gebot der strafrechtlichen Freigabe der aktiven Sterbehilfe in Extremfällen plädiert; Erwiderung von *Duttge* JZ **2006** 899 und Schlusswort von *Lindner* JZ **2006** 902.
1836 *Jakobs* Tötung auf Verlangen, Euthanasie und Strafrechtssystem (1998) S. 25 ff (insbes. S. 29) reduziert den Tatbestand des § 216 auf solches Verlangen, „das nicht als objektiv vernünftig feststeht"; s. auch *Kubiciel* Die Wissenschaft vom Besonderen Teil des Strafrechts (2013) S. 212, 219 (**krit.** dazu *Schneider* MK § 216 Rdn. 7; *Roxin* FS Jakobs, 571, 574); für Tatbestandsausschluss wohl auch *Kutzer* MedR **2001** 77, 78 zur Verhinderung eines entwürdigenden Todeskampfes.
1837 Vgl. insbes. *Chatzikostas* Disponibilität S. 320 ff; *Hörr* Passive Sterbehilfe S. 30; *Herzberg* NJW **1996** 3043, 3047 f; *R. Merkel* JZ **1996** 1145, 1148; *ders.* Frühenthanasie S. 413 ff; *ders.* FS Schroeder, 297, 320 f; *Schneider* MK Vor § 211 Rdn. 100; *Sch/Schröder/Eser/Sternberg-Lieben* § 216 Rdn. 15 ff; *Neumann* NK Vor § 211 Rdn. 139; *Saliger* KritV **2001** 382, 435 f; *Schroeder* ZStW **106** (1994) 573, 580. Für Unrechtsausschluss, „wenn ein Recht auf aktive Sterbehilfe erst dort entsteht, wo auch (als Reflex dieses Rechts) eine zumutbare Pflicht beginnt" (mit Gesetzesvorschlag), *Lüderssen* JZ **2006** 689, 694 f.
1838 Etwa *Hirsch* LK[11] Rdn. 216; *ders.* FS Lackner, 597, 609 f (für Rechtfertigung noch *ders.* FS Welzel, 775, 795 f); *Paeffgen/Zabel* NK Rdn. 296; *Roxin/Schroth/Roxin* S. 75, 118; *ders.* GA **2013** 313, 327; *Langer* in Kruse/Wagner S. 101, 120 ff; *v. Dellinghausen* Sterbehilfe S. 348 f; *Ingelfinger* Grundlagen S. 340; *Sch/Schröder/Lenckner/Sternberg-Lieben* Rdn. 117a (vorrangig allerdings § 34 zu prüfen); *Kühl* AT § 12 Rdn. 108; *Küpper/Börner* BT 1 § 1 Rdn. 27; *Pelzl* KJ **1994** 179, 194.
1839 Zur Argumentation s. nur *Hirsch* FS Lackner, 597, 614; *Roxin/Schroth/Roxin* S. 75, 116 ff; *Wessels/Hettinger/Engländer* Rdn. 29 (referierend); *Pelzl* KJ **1994** 179, 193; *Schöch/Verrel* GA **2005** 553, 558, 582 ff, die allerdings im Fall der Tötung des im brennenden Lkw eingeklemmten Fahrers eine Lösung nach Notstandsregeln erwägen (vgl. aaO S. 583 m. Fn. 161).

remfällen viel dafür, den handelnden Arzt oder Dritten aus der Strafbarkeit zu entlassen. Eine Rechtfertigung lässt sich bei interessen-ethischer Betrachtung auf die Notstandsregelung nach § 34 stützen; das in den einschlägigen Konstellationen (nicht mehr vorhandene) Lebensinteresse des Patienten wäre mit seinem Interesse an der Befreiung von qualvollen Schmerzen abzuwägen.[1840] Die befürchtete Erosion des – durchaus der Abwägung zugänglichen – Tötungstabus („Dammbruch"-Argument) würde bei einer nur bei Beachtung von verfahrensmäßigen Kautelen zulässigen aktiven Sterbehilfe[1841] in Extremfällen schwerlich eintreten (in diesem Sinne *Fischer* Vor § 211 Rdn. 72; *Paeffgen/Zabel* NK Rdn. 296). Auch der BGH (NStZ **2003** 537, 538) hat darauf hingewiesen, dass es aufgrund der bestehenden Rechtslage „einem vollständig bewegungsunfähigen, aber bewusstseinsklaren moribunden Schwerstbehinderten weitgehend verwehrt (ist), ohne strafrechtliche Verstrickung Dritter aus dem Leben zu scheiden, und für ihn das Lebensrecht zur schwer erträglichen Lebenspflicht werden kann". Zweifel an dieser Rechtfertigungslösung ergeben sich aber aus der Vieldeutigkeit des Interessenkriteriums, das – gerade in Zeiten wachsender Rationierungszwänge in der Medizin und steigendem gesellschaftlichen Druck auf schwerkranke Menschen, zur Vermeidung von Kosten um aktive Euthanasie zu bitten – als Einfallstor für bedenkliche Tendenzen dienen könnte (dazu *Pawlik* FS Kargl, 407, 421 m.w.N.). Zudem würde die Möglichkeit einer Rechtfertigung die vom Gesetzgeber in § 216 zum Ausdruck gebrachte Intention, die direkte aktive Sterbehilfe gerade nicht zuzulassen, überspielen (so *Roxin/Schroth/Roxin* S. 75, 117; *ders.* in Wolter S. 177, 187f; *Jähnke* LK[11] Vor § 211 Rdn. 20c; *Ingelfinger* Grundlagen S. 246; *Pelzl* KJ **1994** 179, 193).[1842] Vor einer Gesetzesänderung wird sich die Straflosigkeit daher unter Hinweis auf die besondere psychische Drucksituation nur unter Anwendung der Regeln des übergesetzlichen entschuldigenden Notstands begründen lassen (statt vieler *Hirsch* FS Lackner, 597, 609 f und *Roxin* GA **2013** 313, 327).[1843]

1840 Näher *R. Merkel* Früheuthanasie S. 413 ff u. passim; *Kühl* Jura **2009** 881, 884; *Neumann* NK Vor § 211 Rdn. 139 m.w.N. Kritik am interessen-ethischen Ansatz von *R. Merkel* übt *Rixen* GA **2002** 293, 297 ff; auch *Jähnke* LK[11] Vor § 211 Rdn. 20c. Nachdrücklich gegen die Anwendung der Notstandsregel in diesen Fällen *Ingelfinger* Grundlagen S. 248 ff: Es fehlt bereits am Erhaltungsgut; **dagegen** wiederum *R. Merkel* FS Schroeder, 297, 313.
1841 Ausführlicher zur „Prozeduralisierung" der Sterbehilfe *Saliger* KritV **1998** 118, 145 ff; *ders.* in Bernat/Kröll S. 124, 157 ff; *Neumann* NK Vor § 211 Rdn. 142 ff m.w.N. Zum Prozedualisierungsgedanken allgemein s. Rdn. 319 ff.
1842 *Oduncu* MedR **2005** 516, 523 betont den Rechtfertigungszwang, in den moribunde Patienten oder deren Angehörige bei einer Legalisierung der aktiven Sterbehilfe geraten können („Der Patient, der nicht euthanasiert werden will, ist seines Lebens nicht mehr sicher"); auch *Roxin/Schroth/Roxin* S. 75, 116 f.
1843 *Paeffgen/Zabel* NK Rdn. 296 weisen (als Anhänger dieser Lösung) zutreffend darauf hin, es sei „schlicht *unmenschlich* – und durch kein irgend vorstellbares Gebot zum Lebensschutz legitimierbar, schwerst leidende Patienten ohne Rettungschance, aus Gründen der Normstabilisierung, am Leben – und in ihren Schmerzen – zu halten." – Zur Rechtslage und Diskussion in den Niederlanden und Belgien, die seit 2002 in begrenztem Umfang die aktive Sterbehilfe zugelassen haben, s. etwa *Lindemann* ZStW **117** (2005) 208 ff; *Lorenz* JZ **2009** 57, 65 f; *Reuter* Die gesetzliche Regelung der aktiven Sterbehilfe des Königreichs der Niederlande – ein Modell für Deutschland, Diss. Göttingen 2001; *Saliger* KritV **2001** 382, 383; *H.L. Schreiber* FS Rudolphi, 543, 546 ff; *Tak* ZStW **113** (2001) 905 ff; w. Nachw. bei *Neumann* NK Vor § 211 Rdn. 142. Aus der Praxis der aktiven Sterbehilfe in Holland berichtet *Oduncu* MedR **2005** 437, 443 ff. Die Sterbehilfethematik im Spiegel ausländischer Rechtsordnungen diskutieren in ZStW **128** (2016): *Domini* (Italien) S. 1–23; *Mackor* (Niederlande) S. 24–48; *Sanders* (Vereinigtes Königreich) S. 49–88; *Bruckmüller* (Österreich) S. 89–105; *Weißer* (Deutschland) S. 106–138. Berichte zur Sterbehilfepraxis (in Oregon, den Niederlanden und der Schweiz) finden sich im Sammelband *von Borasio/Jox/Taupitz/Wiesing*, Assistierter Suizid: Der Stand der Wissenschaft (2017).

369 **bb) Notstandshandlung.** Das durch die Rettungshandlung herbeigeführte Übel muss gegenüber dem abgewendeten *nicht* notwendig das kleinere Übel darstellen.[1844] Vielmehr ist die **Gleichwertigkeit der betroffenen Interessen** ausreichend (*Jescheck/Weigend* § 47 I 3; *Kühl* AT § 12 Rdn. 100; *Rudolphi* SK⁷ Vor § 19 Rdn. 8);[1845] denn die Unzulässigkeit einer Verrechnung von Lebensquanten hindert eine numerische Betrachtung nicht bloß auf der Ebene der Rechtfertigung (*Kühl* AT § 12 Rdn. 100 m.w.N.).[1846] Selbst wenn der Täter nicht das kleinere Übel wählt, bedeutet dies keineswegs zwangsläufig, dass er nicht unter einem außergewöhnlichen Motivationsdruck steht. Daher vertritt *Rudolphi* die Auffassung, dass ein übergesetzlicher entschuldigender Notstand selbst dann noch in Betracht komme, wenn das *bewirkte* das verhinderte Übel *überwiegt* (SK⁷ Vor § 19 Rdn. 8).[1847]

370 **Kein übergesetzlicher entschuldigender Notstand** liegt indessen vor, wenn der Täter das Übel nur umlenkt (*Sch/Schröder/Lenckner/Sternberg-Lieben* Rdn. 117a: „bloße Umverteilung"). So beispielsweise, wenn A dem B während eines Schiffsunterganges den letzten noch verfügbaren Rettungsring entreißt, um ihn C zuzuwerfen (dazu *Rogall* SK Vor § 19 Rdn. 59 m.w.N.). In diesem Fall befindet sich A nicht – wie im *Weichensteller-Fall* – in dem Gewissenskonflikt, zwischen zwei Übeln von erheblich unterschiedlichem Ausmaß wählen zu müssen. Vielmehr spielt er Schicksal; ein solches Verhalten verdient nicht in gleichem Maße Nachsicht (*Welzel* Strafrecht § 23 III 2; *Hirsch* LK¹¹ Rdn. 217; *Kühl* AT § 12 Rdn. 106; *Sch/Schröder/Lenckner/Sternberg-Lieben* Rdn. 117a; *Zieschang* JA **2007** 679, 685). Im Ergebnis verbleibt es daher bei einer rechtswidrigen und schuldhaften Straftat des A. Gleiches gilt für die Teilnahme an einer entschuldigten Notstandstat: Wenn etwa A dem B hilft, C einen Rettungsring zu entreißen, ist der prägende, außerordentliche Motivationsdruck beim Gehilfen A nicht gegeben (zur h.M. *Schünemann* LK¹² § 29 Rdn. 3 m.w.N.; *Roxin* AT I § 22 Rdn. 66 f).[1848] Wiederum anders liegt es in Fällen, in denen ohne ein Eingreifen des Gehilfen zwei verunglückte Menschen gleichermaßen verloren wären und sich durch dessen Hilfe zumindest derjenige retten kann, für den sich aufgrund der Intervention des Gehilfen eine Rettungschance ergibt. So z.B. in einer Abwandlung des *Bergsteiger-Falles*: Darin wären beide Kletterer eigentlich verloren; nun wirft jedoch ein Dritter dem A ein Messer zu, damit er das Seil kappen kann, an dem unter A der B hängt. Hier wird die Straflosigkeit des Gehilfen zumeist durch die Annahme eines übergesetzlichen entschuldigenden Notstandes erreicht (vgl. *Welzel* Strafrecht § 23 III 2).[1849] Schließlich kommt auch keine Entschuldigung durch übergesetzlichen Notstand in Betracht, wenn zur Lebensrettung eines Patienten mit größerer Überlebenschance die Behandlung eines anderen mit einer **Herz-Lungen-Maschine** abgebrochen wird (*Bockelmann* Strafrecht des Arztes [1958] S. 115 [m. Fn. 50], 126; *Kühl* AT § 12 Rdn. 106f; *Rogall* SK Vor § 19 Rdn. 59

1844 Anders *Hirsch* LK¹¹ Rdn. 217; zuvor schon *Welzel* Strafrecht § 23 III 1; auch LG Köln NJW **1952** 358, 359; *Paeffgen/Zabel* NK Rdn. 295; *Schmidhäuser* AT 8/43 f; *Stratenwerth/Kuhlen* AT § 10 Rdn. 129; *Frister* 20/28.
1845 Dazu schon *Gallas* FS Mezger, 331, 333; weiterhin *Sch/Schröder/Lenckner/Sternberg-Lieben* Rdn. 116. Für eine übergesetzliche Entschuldigung auch im Falle der zum Tode eines siamesischen Zwillings führende Trennung zweier Kinder, die jedes für sich jeweils gleiche Überlebenschancen hätten, beide zusammen aber nicht weiterleben konnten, *dies.* aaO Rdn. 117 m.w.N. aber auch zu Kritikern.
1846 Ausführlich *Jerouschek* FS Schreiber, 185, 190 ff m.w.N.; auch bereits *Gallas* FS Mezger, 311, 332f.
1847 Nunmehr auch *Neumann* NK § 35 Rdn. 62, der den übergesetzlichen entschuldigenden Notstand *nur* auf (symmetrisch strukturierte) Gefahrengemeinschaften anwendet, s. Rdn. 362.
1848 AA *Rudolphi* SK⁷ § 35 Rdn. 21; auch *Schünemann* LK¹² § 29 Rdn. 3: verringertes Unrecht der Tätertat muss sich wenigstens bei der Strafzumessung erheblich mildernd auswirken. Noch **anders** *Maurach/Zipf* § 33 Rdn. 40: keine „Tatverantwortung".
1849 Anders *Hirsch* FS Bockelmann, 87, 107 f und *ders.* LK¹¹ Rdn. 217 m.w.N., der einen *rechtfertigenden* Defensivnotstand erwägt.

m.w.N.).¹⁸⁵⁰ Eine Quantifizierung nach Überlebenschancen scheidet prinzipiell aus. Der einzige erreichbare Chirurg darf die im Hinblick auf ihren Ausgang kritische Operation eines lebensgefährlich verletzten Patienten nicht abbrechen und ihn dadurch dem sicheren Tod überantworten, um einen zwischenzeitlich eingetroffenen Patienten mit größerer Überlebenschance zu behandeln. Ebenso wenig darf eine solche Preisgabe bei der **Inanspruchnahme moderner medizinischer Rettungsapparate** erfolgen. Allerdings sind davon solche Sachverhalte zu unterscheiden, in denen das Abstellen eines Reanimationsgerätes erfolgt, weil dessen Anwendung keine Rettung mehr verspricht (dazu *Hirsch* FS Lackner, 597, 604 ff m.w.N.). Überdies darf schließlich nicht außer Acht gelassen werden, dass auch in dem vorliegenden Kontext wiederum extreme Ausnahmesituationen denkbar sind (z.B. auf Kriegsverbandsplätzen). Demzufolge sollte die Frage der Entschuldigung nicht schematisch behandelt werden (zum Ganzen schon *Hirsch* LK¹¹ Rdn. 217).

cc) **Zumutbarkeit.** Es darf dem Täter nach den Umständen des Einzelfalles nicht zuzumuten sein, die Gefahr hinzunehmen, weil er die Gefahr *selbst verursacht* hat oder in einem *besonderen Rechtsverhältnis* steht (dazu detailliert *Zieschang* LK § 35 Rdn. 69 ff und 76 ff m.w.N.). Diese Einschränkung gemäß § 35 Abs. 1 Satz 2 Hs. 1 gilt *erst recht* für den übergesetzlichen entschuldigenden Notstand. 371

dd) **Subjektiv** muss der Täter nach überwiegender Ansicht mit *Gefahrabwendungsabsicht* handeln. Die *Kenntnis* der Notstandslage und der gefahrenabwendenden Wirkung des Täterverhaltens reicht nicht aus, da hier die Grundlage zur Annahme eines außergewöhnlichen Motivationsdruckes fehlt (*Kühl* AT § 12 Rdn. 101; *Welzel* Strafrecht § 23 III 1c; vgl. auch *Roxin* AT I § 22 Rdn. 32 ff m.w.N.);¹⁸⁵¹ eingehend *Zieschang* LK § 35 Rdn. 53 ff m.w.N. 372

ee) Bei einem **Irrtum** gilt *§ 35 Abs. 2 analog*, denn in dieser Vorschrift kommt eine allgemeingültige Lösung der einschlägigen Irrtumsproblematik zum Ausdruck (vgl. Rdn. 341).¹⁸⁵² 373

IV. Sonderproblem Gewissenstäter

Schrifttum

A. Arndt Die Zeugen Jehovas als Prüfung unserer Gewissensfreiheit, NJW **1965** 432; *ders.* Anm. zu BVerfG Beschl. v. 4.10.1965 – 1 BvR 112/63, NJW **1965** 2196; *ders.* Umwelt und Recht, NJW **1966** 2204; *ders.* Anm. zu BVerfG Beschl. v. 5.3.1968 – 1 BvR 579/67, NJW **1968** 982; *ders.* Anm. zu BVerfG Beschl. v. 7.3.1968 – 2 BvR 354, 355 u.a., NJW **1968** 984; *Battis* Anm. zu BVerwG Urt. v. 21.6.2005 – 2 WD 12/04, DVBl **2005** 1463; *Bäumlin* Das Grundrecht der Gewissensfreiheit, VVDStRL **28** (1970) 3; *Bayer* Das Grundrecht der Religions- und Gewissensfreiheit, Diss. Konstanz 1997; *Beckstein* Der Gewissenstäter im Strafrecht und Strafprozessrecht, Diss. Erlangen-Nürnberg 1975; *Blei* Gewissen, Religion und rechtliche Handlungspflichten, JA **1972** StR 59, 77; *Bockelmann* Zur Problematik der Sonderbehandlung von Überzeugungstätern, Fest-

---

1850 Weiterhin *Geilen* FamRZ **1968** 121, 122 m. Fn. 1; *Krey* JuS **1971** 248, 249; *Künschner* Wirtschaftlicher Behandlungsverzicht S. 367; *Roxin* AT I § 22 Rdn. 161 ff m.w.N. und FS Engisch, 380, 400 m. Fn. 58, der bei gleichem Ergebnis auf einen „übergesetzlichen Verantwortungsausschluss" abstellt. **AA** *Welzel* Strafrecht § 23 III 1; *Küper* JuS **1971** 474, 477.
1851 **AA** *Jakobs* 20/42: das Verlangen nach mehr als der bloßen Kenntnis widerspreche dem Tatprinzip.
1852 Weiterhin *Roxin* AT I § 22 Rdn. 153; *Sch/Schröder/Lenckner/Sternberg-Lieben* Rdn. 117a; auch schon *Küper* JZ **1989** 617, 626 ff; jew. m.w.N. Vgl. ferner *Schaffstein* NStZ **1989** 153, 154.

schrift Welzel (1974) 543; *Böckenförde* Das Grundrecht der Gewissensfreiheit, VVDStRL **28** (1970) 33; *U. Bopp* Der Gewissenstäter und das Grundrecht der Gewissensfreiheit, Diss. Freiburg 1972 (1974); *Böse* Die Glaubens- und Gewissensfreiheit im Rahmen der Strafgesetze (insbesondere § 34 StGB), ZStW **113** (2001) 40; *Bringewat* Zivildienstverweigerung aus Gewissensgründen und Straf(rest)aussetzung zur Bewährung, MDR **1985** 93; *Buchholz* Machen sich kirchliche Entscheidungsträger nach § 95 Abs. 1 Nr. 2 AufenthG, § 27 StGB strafbar, wenn sie Kirchenasyl gewähren? StraFo **2018** 506; *Budzinski* Der Überzeugungsverbrecher, Diss. Freiburg i.Br. 1931; *U. v. Burski* Die Zeugen Jehovas, die Gewissensfreiheit und das Strafrecht, Diss. Freiburg i.Br. 1970; *Copic* Grundgesetz und politisches Strafrecht neuer Art, Diss. Bonn 1965 (1967); *Dau* Anm. zu BVerwG Urt. v. 21.6.2005 – 2 WD 12/04, NZWehr **2005** 255; *Deubner* Anm. zu BVerfG Beschl. v. 19.10.1971 – 1 BvR 387/65, NJW **1972** 814; *Dreher* Anm. zu BVerfG Beschl. v. 19.10.1971 – 1 BvR 387/65, JR **1972** 342; *Dürig* Art. 103 III GG und die „Zeugen Jehovas", JZ **1967** 426; *Ebert* Der Überzeugungstäter in der neueren Rechtsentwicklung (1975); *ders.* Interkulturelle Rechtskonflikte in Deutschland, in *ders.* u.a. (Hrsg.) Rechtliche Verantwortlichkeit im Konflikt (2015) S. 65; *Engelhardt* Das Lebensrecht des Nasciturus und das Verbot der Schwangerschaftsunterbrechung, FamRZ **1958** 266; *Engisch* Auf der Suche nach Gerechtigkeit (1971); *Evers* Anm. zu BVerfG Beschl. v. 5.3.1968 – 1 BvR 579/67 u. Beschl. v. 7.3.1968 – 2 BvR 354, 355 u.a., JZ **1968** 525; *Fateh-Moghadam* Religiöse Rechtfertigung? Die Beschneidung von Knaben zwischen Strafrecht, Religionsfreiheit und elterlichen Sorgerecht, RW **2010** 115; *Fertig* Anm. zu OLG Saarbrücken Urt. v. 20.2.1969 – Ss 4/69, Köln Urt. v. 20.6.1969 – Ss 181/69 u. Hamm Urt. v. 24.9.1969 – 4 Ss 803/69, NJW **1970** 67; *Faller* Gewissensfreiheit und ziviler Ungehorsam, Festschrift H. Kirchner (1985) 67; *de Figueiredo Dias* Gewissenstat, Gewissensfreiheit und Schuldausschluss, Festschrift Roxin (2001) 531; *Filmer* Das Gewissen als Argument im Recht, Diss. Bonn 1998 (2000); *Friedeck* Anm. zu OLG Düsseldorf Urt. v. 3.6.1985 – 2 Ss 95/85 – 103/85 II, StV **1986** 9; *Frisch* Grundrecht der Gewissensfreiheit und Gewissensdruck im Strafrecht, GA **2006** 273; *ders.* Gewissenstaten und Strafrecht, Festschrift Schroeder (2006) 11; *Gallas* Pflichtenkollision als Schuldausschließungsgrund, Festschrift Mezger (1954) 311; *Geiger* Gewissen, Ideologie, Widerstand, Nonkonformismus: Grundfragen des Rechts (1963); *Geis* Kirchenasyl im demokratischen Rechtsstaat, JZ **1997** 60; *Gödan* Die Rechtsfigur des Überzeugungstäters, Diss. Hamburg 1973 (1975); *Görisch* Kirchenasyl und staatliches Recht, Münster 1999 (2000); *Greffenius* Der Täter aus Überzeugung und der Täter aus Gewissensnot, Diss. Mainz 1969; *Grünwald* Die Aufklärungspflicht des Arztes, ZStW **73** (1961) 5; *Hamann* Grundgesetz und Strafgesetzgebung (1963); *Händel* Anm. zu BVerfG Beschl. v. 19.10.1971 – 1 BvR 387/65, NJW **1972** 327; *Hannover* Ist die Bestrafung der Ersatzdienstverweigerung der Zeugen Jehovas mit dem Grundrecht der Glaubens- und Gewissensfreiheit vereinbar? GA **1964** 33; *Häussling* Der Ideologie-Täter und das Problem des irrenden Gewissens, JZ **1966** 413; *Heinitz* Der Überzeugungstäter im Strafrecht, ZStW **78** (1966) 615; *M. Herdegen* Gewissensfreiheit und Strafrecht, GA **1986** 97; *Hirsch* Strafrecht und Überzeugungstäter (1996); *Reinh. v. Hippel* Anm. zu BayObLG Beschl. v. 23.6.1976 – RReg 4 St 38/76, JR **1977** 119; *Höcker* Das Grundrecht der Gewissensfreiheit und seine Auswirkungen im Strafrecht, Diss. Köln 1999 (2000); *Hofmann/Sax* Der Ideologie-Täter (1967); *Hofmann* „Kirchenasyl" und „ziviler Ungehorsam", Festschrift Hacker (1998) 363; *Hörnle* Kultur, Religion, Strafrecht – Neue Herausforderungen in einer pluralistischen Gesellschaft, Gutachten C 70. DJT Hannover (2014); *Jung* Pluralismus und Strafrecht – ein unauflöslicher Widerspruch? JZ **2012** 926; *Kaspar* Verhältnismäßigkeit und Grundrechtsschutz im Präventionsstrafrecht, Habil. München 2011 (2014); *Arthur Kaufmann* Das Schuldprinzip, Habil. Saarbrücken 1961; *ders.* Die Dogmatik im Alternativentwurf, ZStW **80** (1968) 34; *ders.* Das Gewissen und das Problem der Rechtsgeltung (1990); *Kotzur* Gewissensfreiheit contra Gehorsamspflicht oder: der Irak-Krieg auf verwaltungsgerichtlichem Prüfstand, JZ **2006** 25; *Krölls* Mehrfachbestrafung nichtanerkannter Wehrdienstverweigerer, NJW **1983** 1593; *Ladiges* Das BVerwG und die Gewissensfreiheit der Soldaten, NJW **2006** 956; *Lang-Hinrichsen* Der Überzeugungstäter in der deutschen Strafrechtsreform, JZ **1966** 153; *Larsen* Kirchenasyl und Verfassungsstaat, ZAR **2017** 121; *Listl* Das Grundrecht der Religionsfreiheit in der Rechtsprechung der Gerichte der Bundesrepublik Deutschland, Diss. Bonn 1970 (1971); *Luzón Peña* Die Berufung auf das Gewissen im spanischen Recht, Festschrift Roxin (2011) 757; *ders.* Handeln aus Gewissensgründen als Entschuldigungsgrund im Vergleich zur Strafbarkeit aus Überzeugungstat, Festschrift Wolter (2013) 431; *Mona* Der Gewissenstäter im Strafrecht, in Kurz (Hrsg.) Berner Gedanken zum Recht. Festgabe der Rechtswissenschaftlichen Fakultät der Universität Bern für den Schweizerischen Juristentag (2014) 471; *Morozinis* Der Täter hinter dem Gewissenstäter und das Prinzip der Tatherrschaftsstufen, Festschrift Schünemann (2014) 457; *Muckel* Die Grenzen der Gewissensfreiheit, NJW **2000** 689; *Müller-Dietz* Gewissensfreiheit und Strafrecht, Festschrift Peters (1974) 91; *Nagler* Der Überzeugungsverbrecher, GerS **94** (1927) 48; *Nestler-Tremel* Zivildienstverweigerung aus Gewissensgründen, StV **1985** 343; *ders.* Anm. zu OLG Düsseldorf Urt. v.

3.6.1985 – 2 Ss 95/85 – 103/85 II, NStZ **1986** 80; *Noll* Der Überzeugungstäter im Strafrecht, ZStW **78** (1966) 638; *Otto* Gewissensentscheidung und Rechtsgeltung, Festschrift Schmitt Glaeser (2003) 21; *Peters* Anm. zu OLG Hamm Urt. v. 14.9.1964 – 4 Ss 732/64, JZ **1965** 489; *ders*. Überzeugungstäter und Gewissenstäter, Festschrift H. Mayer (1966) 257; *ders*. Bemerkungen zur Rechtsprechung der Oberlandesgerichte zur Wehrersatzdienstverweigerung aus Gewissensgründen, JZ **1966** 457; *ders*. Abschließende Bemerkungen zu den Zeugen-Jehovas-Prozessen, Festschrift Engisch (1969) 468; *ders*. Anm. zu BVerfG Beschl. v. 19.10.1971 – 1 BvR 387/65, JZ **1972** 85; *ders*. Anm. zu BayObLG Beschl. v. 29.2.1980 – RReg 4 St 275/79, JR **1981** 172; *ders*. Der Wandel des Gewissensbegriffs, Festschrift Stree/Wessels (1993) 3; *Radbruch* Der Überzeugungsverbrecher, ZStW **44** (1924) 34; *Radtke* Überlegungen zum Verhältnis von „zivilem Ungehorsam" zur „Gewissenstat", GA **2000** 19; *Ranft* Hilfspflicht und Glaubensfreiheit in strafrechtlicher Sicht, Festschrift Schwinge (1973) 111; *Rinsche* Zur Strafwürdigkeit sogenannter Hausbesetzungen, ZRP **1984** 38; *Rothkegel* Kirchenasyl – Wesen und rechtlicher Standort, ZAR **1997** 121; *Roxin* „Schuld" und „Verantwortlichkeit" als strafrechtliche Systemkategorien, Festschrift Henkel (1974) 171; *ders*. Die Gewissenstat als Strafbefreiungsgrund, Festschrift Maihofer (1988) 389; *ders*. Strafrechtliche Bemerkungen zum zivilen Ungehorsam, Festschrift Schüler-Springorum (1993) 441; *ders*. Zur kriminalpolitischen Fundierung des Strafrechtssystems, Festschrift Kaiser (1998) 885; *ders*. Noch einmal: Zur strafrechtlichen Behandlung der Gewissenstat, GA **2011** 1; *ders*. 60 Jahre Grundgesetz aus Sicht des Strafrechts, JahrbÖR **59** (2011) 1; *Rudolphi* Die Bedeutung eines Gewissensentscheides für das Strafrecht, Festschrift Welzel (1974) 605; *Schafranek* Die Gewissensfreiheit des Soldaten – Anmerkung zum Urteil des Bundesverwaltungsgerichts vom 21. Juni 2005 (2 WD 12.04), NZWehrr **2005** 234; *Schmidhäuser* Gesinnungsmerkmale im Strafrecht, Habil. Tübingen 1957 (1958); *ders*. Über den axiologischen Schuldbegriff des Strafrechts: Die unrechtliche Tatgesinnung, Festschrift Jescheck (1985) 485; *H.C. Schmidt* Grundrechte als verfassungsunmittelbare Strafbefreiungsgründe, Diss. Hannover 2007 (2008); *H.-L. Schreiber* Der Begriff der Rechtspflicht, Diss. Bonn 1965 (1966); *Schüler-Springorum* Strafrechtliche Aspekte zivilen Ungehorsams, in Glotz (Hrsg.) Ziviler Ungehorsam (1983) S. 76; *Schünemann* Politisch motivierte Kriminalität, in de Boor, Politisch motivierte Kriminalität – echte Kriminalität? (1978) S. 49; *ders*. Die Funktion des Schuldprinzips im Präventionsstrafrecht, in Schünemann (Hrsg.) Grundfragen des modernen Strafrechtssystems (1984) S. 153; *ders*. Die deutschsprachige Strafrechtswissenschaft nach der Strafrechtsreform im Spiegel des Leipziger Kommentars und des Wiener Kommentars, GA **1986** 293; *Schulte/Träger* Gewissen im Strafprozeß, Festschrift BGH 25 (1975) 251; *Schwabe* Glaubensfreiheit und Pflicht zur Hilfeleistung – OLG Stuttgart, MDR 1964, 1024 und BVerfGE 32, 98, JuS **1972** 380; *Sohm* Vom Primat der Politik zum Primat des Gewissens? NZWehrr **2006** 1; *Son* Die Problematik der Bestrafung des Gewissenstäters nach dem geltenden Recht, Diss. Bonn 1989; *Sproß* Die Unrechts- und Strafbegründung bei dem Überzeugungs- und Gewissenstäter, Diss. Hamburg 1990 (1992); *Stree* Deliktsfolgen und Grundgesetz, Habil. Tübingen 1960; *Struensee* Mehrfache Zivildienstverweigerung, JZ **1984** 645; *ders*. Anm. zu OLG Celle Urt. v. 14.5.1985 – 1 Ss 14/85, JZ **1985** 955; *Sünner* Staatsgesetz vor Religionsgebot, Diss. Heidelberg 2009; *Tenckhoff* Strafrecht und abweichende Gewissensentscheidung, Festschrift Rauscher (1993) 437; *Ulsenheimer* Das Personensorgerecht der Eltern im Widerstreit mit dem Gewissen und dem Strafgesetzbuch, FamRZ **1968** 568; *Valerius* Kultur und Strafrecht, Habil. Würzburg 2009 (2011); *H. Weber* Ersatzdienstverweigerung aus Gewissensgründen? NJW **1968** 1610; *Welzel* Gesetz und Gewissen, Festschrift DJT, Bd. I (1960) 383; *ders*. Die Frage nach der Rechtsgeltung (1966); *Werner* Anm. zu BayObLG Urt. v. 14.3.1983 – RReg 4 St 231/82, StV **1983** 371; *Wittig* Der übergesetzliche Schuldausschließungsgrund der Unzumutbarkeit in verfassungsrechtlicher Sicht, JZ **1969** 546; *Erik Wolf* Verbrechen aus Überzeugung (1927); *Wolter* Verfassungsrechtliche Strafrechts-, Unrechts- und Strafaus- schließungsgründe im Strafrechtssystem von Claus Roxin, GA **1996** 207; *Zabel* Schuldtypisierung als Begriffsanalyse, Diss. Leipzig 2005 (2007).

1. Grundsätzliches. Der *Gewissenstäter* kennt die positivrechtlich für ihn geltende 374 Rechtsnorm, hält sie aber nicht für verpflichtend und handelt ihr darum zuwider, weil das von der Norm geforderte Verhalten im Widerspruch zu seiner Gewissensentscheidung steht (vgl. *Jescheck/Weigend* § 47 III; *Peters* FS H. Mayer, 257, 269 f; *Radtke* GA **2000** 19, 21). Im Gegensatz dazu fehlt dem sog. *Überzeugungstäter*[1853] dieser innere Konflikt mit

---

[1853] Grundlegend *Radbruch* ZStW **44** (1924) 34 ff. Verbreitet wird im Anschluss hieran als Überzeugungstäter (i.e.S.) angesehen, wer sich zu der Tat aufgrund seiner persönlichen Überzeugung für *verpflich*-

dem Gewissen; er sieht seine Entscheidung lediglich für „richtig" und die des Gesetzgebers für „falsch" an (*Kühl* AT § 12 Rdn. 118 m.w.N.). Insbesondere die Rechtsprechung hält weder die Gewissens- noch die Überzeugungstat für gerechtfertigt oder entschuldigt, sondern misst ihr ausschließlich im Rahmen der *Strafzumessung* Bedeutung zu (BGHSt [GrS] **2** 194, 208; **4** 1, 3; **8** 162, 163 ff).[1854] Demgegenüber soll nach einer im strafrechtlichen Schrifttum verbreiteten Auffassung der Gewissenstäter straflos sein, wenn die Tat von Art. 4 GG gedeckt ist. In diesem Fall wird entweder ein Unrechtsausschluss (hierfür *Böse* ZStW 113 [2001] 40, 44 ff; *Frisch* GA **2006** 273, 276 ff; *ders.* FS Schroeder, 11, 16 ff m.w.N.; *Hirsch* LK[11] Rdn. 222; *Höcker* Gewissensfreiheit S. 45 ff) oder ein *Entschuldigungsgrund* angenommen (*Kühl* AT § 12 Rdn. 123; weiter Rdn. 383 ff).[1855] Nur vereinzelt wird auch außerhalb des Gewährleistungsbereichs von Art. 4 GG eine Entschuldigung, ein Strafausschluss oder eine Strafaufhebung für möglich gehalten (*Roxin* AT § 22 Rdn. 123 ff; *Höcker* Gewissensfreiheit S. 71 f; *Schwabe* JuS 1972 380, 382; *Son* Gewissenstäter S. 157 ff; *ders.* JahrbÖR **59** [2011] 1, 20 f; *Neumann* NK § 17 Rdn. 46). Zu der insbesondere von *Radbruch* vertretenen Forderung,[1856] für den Gewissenstäter eine besondere Strafart (custodia honesta, Einschließung) einzuführen, vgl. *Hirsch* LK[11] Rdn. 221; für die Einführung eines § 35a mit der Möglichkeit einer Strafmilderung und eines Absehens von Strafe zugunsten von Gewissenstätern *ders.* Überzeugungstäter S. 34 f; ähnlich *Böse* ZStW **113** (2001) 40, 75 (fakultativer Strafausschließungs- und obligatorischer Strafmilderungsgrund).

375 Spätestens seit BVerfGE **32** 93 („Gesundbeter-Fall") kann die Problematik des Gewissenstäter (oder in jüngerer Zeit des religiös motivierten Täters) nicht losgelöst von ihrer grundrechtlichen Dimension betrachtet werden (*Kühl* AT § 12 Rdn. 111 f; *Roxin* AT I § 22 Rdn. 102). Indes werden sich viele der diskutierten Fälle richtigerweise schon dadurch lösen lassen, dass die Eröffnung des sachlichen Schutzbereiches von Art. 4 Abs. 1 GG zu verneinen ist. Definiert man mit dem Bundesverfassungsgericht eine Gewissensentscheidung als „jede ernste sittliche, an den Kategorien von „Gut" und „Böse" orientierte Entscheidung, die der einzelne in einer bestimmten Lage als für sich bindend und unbedingt verpflichtend innerlich erfährt, so dass er gegen sie nicht ohne ernste Gewissensnot handeln könnte" (BVerfGE **12** 45, 55; BVerwG DVBl **2005** 1455, 1456; *Böse* ZStW **113**

---

tet hielt; so *Beckstein* Gewissenstäter S. 124; *Ebert* Überzeugungstäter S. 9; *Greffenius* Täter aus Überzeugung S. 57 ff; *Arth. Kaufmann* Schuldprinzip S. 137 f; *Radtke* GA **2000** 19, 21; *Son* Gewissenstäter S. 32 ff, 183; zwischen Berechtigung zur Tat (Überzeugungstäter) und unbedingter innerer Verpflichtung zur Handlung (Gewissenstäter) unterscheidend *Neumann* NK § 17 Rdn. 42; *Joecks* MK § 17 Rdn. 21. *Jakobs* 20/21 f spricht von „weichen" und „harten" Überzeugungstätern; gegen jede Differenzierung *Gödan* Überzeugungstäter S. 144; *Heinitz* ZStW **78** (1977) 615 ff; *Lang-Hinrichsen* JZ **1966** 153, 157; für das schweizerische Recht vgl. *Mona* in Kurz S. 471, 474 ff.

1854 Weiter BayObLG JR **1981** 171; OLG Stuttgart NJW **1992** 3251; OLG Frankfurt/M. StV **1989** 107, 108; OLG Bremen StV **1989** 395; OLG Oldenburg NJW **1989** 1231; OLG Hamm NStZ **1984** 456; **1984** 457; LG Köln NJW **1989** 1171, 1173; LG Aachen StV **1986** 344; für die Schweiz: BGE **108** IV 165, 170; ebenso *Gallas* FS Mezger, 311, 319 f; *Heinitz* ZStW **78** (1966) 615, 631 f; *Noll* ZStW **78** (1966) 638 ff; *Otto* AT § 14 Rdn. 31; *Welzel* Strafrecht § 22 IV; gegen jede Privilegierung *Bockelmann* FS Welzel, 543, 549. *H.C. Schmidt* (Strafbefreiungsgründe S. 175 m.w.N.) hält eine solche „Radikallösung" für verfassungswidrig. *Zabel* (Schuldtypisierung S. 454 ff) plädiert bei beiden Verhaltenstypen für eine differenzierende Lösung, die auf Tatbestands-, Rechtfertigungs- oder Schuldebene ansetzt.

1855 *Roxin* FS Maihofer, 389 nimmt Entschuldigung (S. 405 ff, 409 ff), z.T. auch schon Tatbestandsausschluss (S. 404 ff) an; *ders.* AT I § 22 Rdn. 122 ff u. 109 f i.V.m. 120; **krit.** dazu *Frisch* GA **2006** 273 ff. Zum spanischen Recht *Luzon Peña* FS Roxin (2001), 757 ff; *ders.* FS Wolter, 431 ff (auf den S. 436 f zum Überzeugungstäter).

1856 Vgl. § 71 Entwurf eines Allgemeinen Deutschen Strafgesetzbuches von 1922.

[2001] 40, 48f; *Radtke* GA **2000** 19, 21),[1857] erhält man einen geeigneten Ausgangspunkt zur Bestimmung des Schutzbereichs.[1858] Abzustellen ist nur auf den durch das Gewissen als erlebbares Phänomen ausgeübten subjektiven Zwang unter Vermeidung jeder Bewertung der getroffenen Entscheidung. Grundvoraussetzung für eine Gewissensausübung ist demnach, dass das in Frage stehende Verhalten gerade die Integrität und Identität der Persönlichkeit betrifft.[1859] Davon ausgehend ist jedoch weiter zu präzisieren. Insbesondere ist eine Akzentuierung des Charakters der Gewissensfreiheit als ein gegen den Staat und nicht gegen Dritte gerichtetes Abwehrrecht angezeigt. Die Gewissensfreiheit kann dem Staat bei Eingriffen entgegengehalten werden und enthält zugleich den Anspruch gegen den Staat, Raum für die aktive Gewissensbetätigung zu belassen.[1860] Geschützt wird nicht nur die Gewissensbildungsfreiheit (das forum internum), sondern nach allgemeiner Meinung auch die Gewissensbetätigungsfreiheit (forum externum).[1861] Trotz dieser für Grundrechte typischen Abwehrfunktion nimmt die Gewissensfreiheit eine Sonderstellung[1862] ein, die deutlich wird, wenn man sich vergegenwärtig, dass mit der Gewissensfreiheit die individuelle Selbstverantwortung und damit ein allen Freiheitsrechten vorausgehender Grundgedanke anerkannt wird.[1863] Die Gewissensfreiheit erscheint damit gewissermaßen als „Ur-Grundrecht" (*Bethge* HdStR VII § 138 Rdn. 1). Kehrseite dieses Gedankens ist, dass die Gewissensfreiheit zur Verwirklichung dieser individuellen Selbstverantwortung nach anderen Freiheitsrechten verlangt, durch sie aber gewissermaßen mitverwirklicht wird, sodass sich die Frage nach der selbständigen Funktion dieses Grundrechts stellt. Richtigerweise kann diese nur darin gesehen werden, dass die Gewissensfreiheit Schutz in den Einzelfällen bietet, in denen ein in Bezug auf die verbürgten Freiheitsrechte verhältnismäßiger staatlicher Zwang für den Einzelnen ausnahmsweise moralisch unzumutbar ist (*v. Münch/Kunig/Mager* Art. 4 Rdn. 53), in denen also der Einzelne zur Erhaltung seiner Identität in der Ausnahmesituation der Gewissensnot von der ihn treffenden Rechtsgehorsamspflicht freigestellt wird (*Bethge* HdStR VII § 158 Rdn. 58; *Böckenförde* VVdStRL **28** [1970] 33, 65 „Gewissensfreiheit als Abschluss und Vollendung der Freiheitsrechte").

Folgt man diesen Erwägungen, kann der Schutzbereich des Art. 4 Abs. 1 GG nur das **376** Tun oder Unterlassen in einer dem Gewissenstäter von staatlicher Seite oder Dritten *aufgezwungenen Konfliktsituation* erfassen. Von vornherein ausgeschlossen ist demgegenüber ein strafbares Tun oder Unterlassen zur Auflösung des Gewissenskonflikt, wenn der Täter den Gewissenskonflikt aus eigener Initiative ausgelöst hat (*Hörnle* 70. DJT C 21, 66) oder der Gewissenskonflikt für ihn vorhersehbar und vermeidbar war (*v. Münch/Kunig/Mager* Art. 4 Rdn. 54; *Bethge* HdStR VII § 158 Rdn. 57). Denn wer sich auf die Gewissensfreiheit beruft, kann nicht die damit einhergehende individuelle Selbstverantwortung von sich weisen. Liegt aber tatsächlich eine solche aufgezwungene Konflikt-

---

[1857] Weiter *Frisch* FS Schroeder, 11, 12f; *Kühl* AT § 12 Rdn. 117; *Otto* FS Schmitt Glaeser, 21, 23; SSW/*Rosenau* Rdn. 68; jew. m.w.N. auch zum verfassungsrechtlichen Schrifttum.
[1858] **Kritisch** *Hörnle* 70. DJT C 20: Idee einer Kommunikation innerhalb des Menschen wenig überzeugend.
[1859] *Sachs/Kokott* Art. 4 Rdn. 99; *Bethge* HdStR VII § 158 Rdn. 20; *v. Münch/Kunig/Mager* Art. 4 Rdn. 51 m.w.N.; *Mona* in Kurz S. 471, 474ff m.w.N.
[1860] *Bethge* HdStR VII § 138 Rdn. 6.
[1861] BVerfGE **24** 236, 245; **32** 98, 107f; **41** 29, 49; **78** 391, 395; BVerwG DVBl **2005** 1455, 1456f; *Böckenförde* VVDStRL **28** (1970) 33, 51; weiterhin *Hirsch* Überzeugungstäter S. 12; *Kühl* AT § 12 Rdn. 122; jew. m.w.N.; vgl. auch Art. 9 Abs. 1 EMRK, der die Freiheit der Gewissensbetätigung ausdrücklich anerkennt (*Roxin* AT I § 22 Rdn. 105; *Otto* FS Schmitt Glaeser, 21, 39).
[1862] *Bäumlin* VVDStRL **28** (1970) 3, 21.
[1863] *V. Münch/Kunig/Mager* Art. 4 Rdn. 53 m.w.N.: „systematisches Primat der Gewissensfreiheit".

situation vor, beschränkt sich der Schutzbereich weiterhin darauf, dass strafbare Handlungen lediglich dann erfasst sind, wenn keine rechtmäßige Handlungsalternative zur Auflösung des Gewissenskonflikt zur Verfügung steht.[1864] Gibt es solche, besteht richtigerweise schon gar kein Gewissenszwang.

377 Eine restriktivere Handhabung des Schutzbereichs scheint sich in jüngerer Zeit auch in der Rechtsprechung abzuzeichnen. So schloss das BVerfG in einem Nichtannahmebeschluss (BeckRS **2005** 25919) jede Relevanz einer religiösen Motivation für die strafrechtliche Bewertung eines kalkulierten Rechtsbruchs aus, der einer Situation unausweichlicher Gewissensnot nicht gleichzustellen sei. Das BVerwG (E **143** 362, 372) hielt einen Vorrang einer religiösen Position allein bei einer besonders gravierende Intensität der Beeinträchtigung der Glaubensfreiheit für möglich, die nur bei Zuwiderhandeln gegen ein religiöses Verhaltensgebot mit – aus Sicht des Betroffenen – imperativem Charakter in Betracht komme. Das bloße Handeln gegen Gebote für eine religiös optimierte Lebensführung könne – wenngleich vom Schutzbereich erfasst – einen Vorrang der religiösen Position nicht begründen.

378 Neben der Beschränkung des Schutzbereichs auf aufgezwungene Konfliktsituationen ohne Handlungsalternativen folgt aus den vorangegangenen Erwägungen weiterhin, dass bestimmte Rechtsgüter der Disposition des Gewissenstäters zwingend entzogen sein müssen und daher ein Verhalten, das derartige Rechtsgüter in Anspruch nimmt, vom Gewährleistungsbereich des Art. 4 Abs. 1 GG nicht mehr gedeckt ist – sei es, weil schon die Eröffnung des Schutzbereichs verneint wird,[1865] sei es, weil die vorbehaltlos gewährleistete Gewissensfreiheit in anderen Rechtsgütern von Verfassungsrang verfassungsimmanente Schranken findet. Das ist zunächst dann der Fall, wenn durch die Gewissenstat in **Individualrechtsgüter** eingriffen wird *(Böse* ZStW **113** [2001] 40, 54, 74; *Otto* FS Schmitt Glaeser, 21, 38; *Radtke* GA **2000** 19, 34; *Dreier I/Morlok* Art. 4 Rdn. 158).[1866] Denn Art. 4 Abs. 1 GG gewährleistet weder die Durchsetzung der eigenen Gewissensentscheidung auf Kosten anderer (BVerfGE **12** 1, 4 f; *Böckenförde* VVDStRL **28** [1970] 33, 60),[1867] noch verstärkt er die allgemeine Solidaritätspflicht Dritter. Alles andere liefe darauf hinaus, die grundgesetzlich garantierten Freiheitsrechte unter den allgemeinen Vorbehalt der Gewissensentscheidung einzelner zu stellen.[1868] Eine solch umfassende Relativierung der Grundrechte wäre aber nicht nur für jede vernünftige Person schlechterdings nicht hinnehmbar *(Frisch* FS Schroeder, 11, 17 f; *Roxin* GA **2011** 1, 6), sondern verfehlte darüber hinaus auch den mit ihr verbundenen Zweck einer Stärkung der Gewissensfreiheit. Denn die Grundrechte dienen gerade der (Mit-)Verwirklichung der Gewissensfreiheit im Sinne einer selbstverantwortlichen Lebensgestaltung. Damit führte

---

1864 *Hörnle* 70. DJT C 21; *Kaspar* Verhältnismäßigkeit S. 560; *Kühl* AT § 12 Rdn. 119.
1865 So etwa *Hörnle* 70. DJT C 17 f für gravierende Delikte; *Muckel* NJW **2000**, 689; *Filmer* Gewissen S. 253. Tatsächlich erscheint die Beschränkung schon auf Schutzbereichsebene vorzugswürdig, weil sie die Illusion vermeidet, dass bei Kollision der Gewissensfreiheit mit anderen Individualrechtsgütern oder tragenden Verfassungsprinzipien abgewogen wird, obgleich das Ergebnis der Abwägung immer zulasten der Gewissensfreiheit ausfällt.
1866 Weiter *Rudolphi* FS Welzel, 605, 613,620 ff (allerdings von vornherein auf Unterlassungen beschränkt); *Schwabe* JuS **1972** 380, 382; mit Ausnahmen in bestimmten Fällen des Unterlassens ebenso *U. v. Burski* Gewissensfreiheit S. 85; *Hirsch* Überzeugungstäter S. 16 f; enger *Geiger* Gewissen S. 73; *Ranft* FS Schwinge, 111, 123 (nur bei gezielten oder erkennbaren Eingriffen); *Mona* in Kurz S. 471, 487.
1867 Die Rspr. hat in BGHZ **163** 195, 200 und BGHSt **55** 191 – „Putz" für den schwierigen Fall des Behandlungsabbruchs entschieden, dass ein Eingriff in die körperliche Integrität des Patienten zur Fortsetzung einer Behandlung gegen dessen Willen nicht mit der Gewissensfreiheit der Pflegekräfte gerechtfertigt werden kann.
1868 *Frisch* FS Schroeder, 11, 17; *ders.* GA **2006** 273, 276; *Roxin* GA **2011** 1, 6.

die allgemeine Relativierung der Grundrechte im Ergebnis zu einer Relativierung der Gewissensfreiheit selbst. Anders gewendet: Der unbedingte Anspruch des Gewissens nach Freiheit und Achtung ist mit einer allgemeinen Relativierung unvereinbar, hat darum aber den Respekt vor den Rechten und Freiheiten der anderen zum notwendigen Korrelat (*Böckenförde* VVDStRL **28** [1970] 33, 59 f). Die Gewissensfreiheit ist daher auf eine Regulierung des eigenen Verhaltens (*v. Münch/Kunig/Mager* Art. 4 Rdn. 62) beschränkt und kann von vorneherein kein Eingriffsrecht in fremde Freiheitssphären einräumen (*Hirsch* Überzeugungstäter S. 17; *Roxin* FS Maihofer, 389, 400).[1869] Die Grundrechte stehen nicht zur Disposition des Gewissenstäters (*Roxin* AT I § 22 Rdn. 115, 117; *Frisch* GA **2006** 273, 276). Dies gilt zunächst für fundamentale Rechtsgüter wie den Lebensschutz (*Bethge* HdStR VII § 158 Rdn. 48: „absolute Schranken"; *Bayer* Gewissensfreiheit S. 241; *Roxin* AT I § 22 Rdn. 116), ist aber auch hinsichtlich sonstiger absoluter Rechte wie Freiheit und Eigentum zu beachten (*Roxin* AT I § 22 Rdn. 117; *ders.* FS Maihofer, 389, 401; *Tenckhoff* FS Rauscher, 437, 451). Soweit im Schrifttum demgegenüber die Erforderlichkeit einer einzelfallbezogenen Abwägung auch bei Individualrechtsgütern einschließlich des Lebensschutzes betont wird,[1870] wird verkannt, dass aus den genannten Gründen diese Abwägung niemals zugunsten der Gewissensfreiheit ausfallen kann. Dies gilt auch dann, wenn der Täter lediglich in Individualrechtsgüter von geringerer Bedeutung eingreift oder die Freiheitssphäre Dritter nicht als solche negiert, sondern diese nur „wohl oder übel" vorübergehend oder geringfügig beeinträchtigt.[1871]

Neben den Individualrechtsgütern sind als zweite Gruppe von Rechtsgütern diejenigen **Kollektivrechtsgüter** zwingend der Disposition des Gewissenstäters entzogen, die für das Funktionieren der grundgesetzlichen Ordnung unbedingte Voraussetzung sind – also solche, die den Bestand des Staates, seine Sicherheit und seine obersten Verfassungsprinzipien betreffen.[1872] Denn schon aus logischen Gründen garantiert das Grundgesetz keine Handlungen, die auf die Zersetzung der rechtsstaatlich-demokratischen Grundordnung gerichtet sind (*Bethge* HdStR VII § 158 Rdn. 48; *Böckenförde* VVDStRL **28** [1970] 33, 53) wie auch die Gewissensfreiheit nicht das Recht enthält, gerade die Ordnung abzuschaffen, von der sie selbst garantiert wird.

379

1869 In den bei *Kühl* AT § 12 Rdn. 125 und *Ebert* Überzeugungstäter S. 68 f genannten Fällen liegt schon kein Eingriff in die Rechtsgüter anderer vor; außerhalb dieser Fälle lehnt auch *Kühl* AT § 12 Rdn. 123 einen Vorrang der Gewissensfreiheit ab.
1870 *Ebert* Überzeugungstäter S. 49, 68 f; *Kühl* AT § 12 Rdn. 124; im Grundsatz zwar auch *Roxin* AT I § 22 Rdn. 115, der jedoch dem Lebensschutz stets und anderen Individualrechtsgütern in der Regel Vorrang einräumt, vgl. *dens.* AT I § 22 Rdn. 116 f; ebenso *Bopp* Gewissenstäter S. 203 ff, 211 ff (für Begehungsdelikte); *Höcker* Gewissensfreiheit S. 86 ff. *Kaspar* Verhältnismäßigkeit S. 559 ff fordert eine Abwägung, in die die Gewissensfreiheit jedoch nur einfließen soll, wenn der „Gewissensvorgang objektiv nachvollziehbar und die Zulässigkeit des darauf begründeten Eingriffs in fremde Rechte verallgemeinerungsfähig erscheint".
1871 So aber *Roxin* FS Maihofer, 389, 401, 403 f; *ders.* AT I § 22 Rdn. 119; *Tenckhoff* FS Rauscher, 437, 451; *Bayer* Gewissensfreiheit S. 241 (Vorrang der Gewissensfreiheit bei nur geringfügigen Eingriff in die allgemeine Handlungsfreiheit); auf die Anerkennung des Rechts in seinen wesentlichen Zügen abstellend auch *Jakobs* 20/24; *Kaspar* Verhältnismäßigkeit S. 560; wie hier *Hörnle* 70. DJT C 66 f; *Fateh-Moghadam* RW **2010** 115, 139; *Bopp* Gewissenstäter S. 215 (für Begehungsdelikte); *Böse* ZStW **113** (2001) 40, 54; *Hirsch* Überzeugungstäter S. 17 m. Fn. 42.
1872 BVerfGE **32** 98, 108; **49** 24, 56 f; *Böckenförde* VVDStRL **28** (1970) 33, 60; *Maunz/Dürig/Herzog* Art. 4 Rdn. 149; *Roxin* GA **2011** 1, 4; *ders.* FS Maihofer, 389, 398 f; *Kühl* AT § 12 Rdn. 123; *Tenckhoff* FS Rauscher, 437, 451; *Otto* FS Schmitt Glaeser, 21, 38; ebenso, allerdings von vornherein auf Unterlassungen beschränkt, *Ranft* FS Schwinge, 111, 123; etwas weiter *U. v. Burski* Gewissensfreiheit S. 70 ff („Erhaltung eines friedlichen, störungsfreien Zusammenlebens"); *Radtke* GA **2000** 19, 34 („ausreichend starke Gründe für die Durchsetzung der betroffenen kollektiven Güter"); *Mona* in Kurz S. 471, 487.

380 **Unterlassungen** sind im Grundsatz nach denselben Maßstäben wie aktives Tun zu beurteilen. Abzulehnen sind daher Pauschalaussagen, wonach niemand zum Handeln gegen sein Gewissen gezwungen werden darf (so aber *Schlehofer* MK Rdn. 286). Der Staat mag zwar um seiner selbst willen einen solchen Zwang nicht ausüben dürfen; er ist aber unter Umständen sogar aus Schutzpflichten gegenüber anderen Bürgern zur Aufstellung von Geboten, die sich gegen die Gewissensfreiheit durchsetzen, verpflichtet. Die im Schrifttum verbreitete Auffassung, dass nur bei Unterlassungen eine Rechtfertigung aus Art. 4 GG in Betracht komme,[1873] erklärt sich wohl daraus, dass die hohen Anforderungen an die Eröffnung des Schutzbereichs – insbesondere eine von Staat oder Dritten aufgezwungene Konfliktlage – in der Regel nur in Unterlassungskonstellationen zu finden sind.[1874] Denn das Gewissen drückt sich regelmäßig in Verboten, selten aber im Gebot einer ganz bestimmten Handlung aus (*Bethge* HdStR VII § 158 Rdn. 66). Schutzbereich ebenso wie die der Gewissensfreiheit gesetzten verfassungsimmanenten Schranken sind jedoch auch in Unterlassungskonstellationen nach Maßgabe der oben angestellten Erwägungen zu bestimmen. Insbesondere überwiegt nicht stets die Gewissensfreiheit, erst recht nicht gegenüber dem Lebensschutz (so aber *Arndt* NJW **1965** 432, 433 u. 2195 f; *Bopp* Gewissenstäter S. 216 ff, 223 f; *Peters* JZ **1972** 85, 86).[1875] Die Gewissensfreiheit genießt selbst dann keinen Vorrang, wenn durch die Unterlassungstat keine höchstpersönlichen Rechtsgüter (so aber *Hirsch* Überzeugungstäter S. 19 f) oder Individualinteressen geringeren Ranges (so *Tenckhoff* FS Rauscher, 437, 451 f; *Sch/Schröder/Lenckner/Sternberg-Lieben* Rdn. 120)[1876] betroffen sind. Vielmehr gilt, dass sich der Gewissenstäter einer ihn zum Schutz von Individualrechtsgütern auferlegten Handlungspflicht (etwa aus § 323c) nicht entziehen darf, da damit ebenso wie durch die Verletzung der Rechtsgüter durch aktives Tun die verfassungsrechtliche Garantie der Individualrechtsgüter relativiert würde.[1877] Dass der Zwang, durch positives Tun den Anforderungen des Gewissens zuwiderzuhandeln, die Persönlichkeit stärker beeinträchtigt als der Zwang, auf eine vom Gewissen geforderte Tat zu verzichten (hierzu *Tenckhoff* FS Rauscher, 437, 452), ist erst für die Strafzumessung von Bedeutung (Rdn. 391 ff).

381 Die Auswirkungen der Gewissensfreiheit auf die Strafbarkeit sind bei Beachtung ihrer verfassungsrechtlich vorgegebenen Grenzen daher gering.[1878] Es bleibt praktisch nur bei der Beeinträchtigung von **Kollektivrechtsgütern geringerer Bedeutung** Raum für einen Vorrang der Gewissensentscheidung des Täters. In diesen Fällen ist die Gewissensfreiheit mit dem betroffenen Kollektivinteresse einzelfallbezogen abzuwägen. Beim sog. *Kirchenasyl*[1879] wird teilweise ein Vorrang der Gewissensfreiheit angenommen (OLG Frankfurt/M. InfAuslR **1988** 15; offenlassend OLG München NJW **2018** 3041 Rdn. 39; *Böse*

[1873] *Arndt* NJW **1966** 2204, 2205 f; *Peters* JZ **1972** 85, 86; *Greffenius* Täter aus Überzeugung S. 79 ff; *Jescheck/Weigend* § 37 II 3, § 47 III 2; *Muckel* NJW **2000** 689 f; *Rudolphi* FS Welzel, 605, 620; *Schmidhäuser* AT 6/97; *Schulte/Träger* FS BGH 25, 251, 263 f; wie hier *Ebert* Überzeugungstäter S. 49; *Jakobs* 20/27.
[1874] So auch der Befund bei *Maunz/Dürig/Herzog* Art. 4 Rdn. 140; *Roxin* AT I § 22 Rdn. 106.
[1875] Weiter *Peters* FS H. Mayer, 257, 274 f; *Ranft* FS Schwinge, 111, 124 f; wie hier *Roxin* AT I § 22 Rdn. 116 m.w.N.
[1876] Für ein Überwiegen, wenn das durch die Unterlassung gewahrte Interesse „nicht wesentlich geringwertiger" ist als das verletzte Interesse, *Son* Gewissenstäter S. 153 f.
[1877] Im Ergebnis ebenso *Hörnle* 70. DJT C 65 m.w.N.
[1878] *Hirsch* Überzeugungstäter S. 21; *ders.* LK[11] Rdn. 222; *Radtke* GA **2000** 19, 34; *Hörnle* 70. DJT C 68 f: „Bagatelldelikte"; *Dreier I/Morlok* Art. 4 Rdn. 158: „kaum noch denkbare Restfälle"; *Mona* in Kurz S. 471, 489 f.
[1879] Eingehend hierzu *Görisch* Kirchenasyl. S. 20 ff, 73 ff; *H.C. Schmidt* Strafbefreiungsgründe S. 201 ff; im Überblick dazu *Larsen* ZAR **2017** 121 ff. Zur Strafbarkeit kirchlicher Entscheidungsträger *Buchholz* StraFo **2018** 506 ff.

ZStW 113 [2001] 40, 46, 56, 58, 63; *Geis* JZ **1997** 60 ff; *Rothkegel* ZAR **1997** 121 ff).[1880] Eine Gewissensentscheidung liegt hier vor, weil der Täter dem Vorwurf einer Beihilfe zum illegalen Aufenthalt (§ 95 Abs. 1 Nr. 2 oder Nr. 4 AufenthG, § 27 StGB) nur dann entgeht, wenn er den Hilfesuchenden abweist. In diesem Fall aber handelt der Täter wider seine religiöse Hilfspflicht (zutreffend *Bayer* Gewissensfreiheit S. 251 f m.w.N.; *Radtke* GA **2000** 19, 22 f; *Buchholz* StraFo **2018** 506, 510 f).[1881] Bei der Nichtbefolgung eines militärischen Befehls aus Gewissensgründen spricht BVerwG (E **127**, 302, 332 ff) von einem „Spannungsverhältnis" zwischen Art. 4 GG und Art. 65a GG (Befehlsgewalt) und verlangt zur Wahrung der Gewissensfreiheit die Eröffnung gewissensschonender Handlungsalternativen für den gehorsamsverweigernden Soldaten. Für die Fälle der *Ersatzdienstverweigerung* in Form der „Totalverweigerung", die aufgrund der Aussetzung durch das *Gesetz zur Änderung wehrrechtlicher Vorschriften* vom 28. April 2011 (BGBl. I 678) der Wehrpflicht nicht mehr praktisch sind, wird auf Rdn. 365 der Vorauflage verwiesen.

Auch **Art. 9 Abs. 1 EMRK** (Gedanken-, Gewissens- und Religionsfreiheit) führt nach **382** aktueller Rechtsprechung des EGMR bei der Anwendung von Strafgesetzen auf Gewissenstäter nicht zu einer stärkeren Berücksichtigung der Gewissens- und Religionsfreiheit. Zwar hat der EGMR in Einzelfällen eine Verletzung von Art. 9 Abs. 1 EMRK durch die Anwendung von Strafgesetzen angenommen. Beispielhaft dafür steht der erste in diesem Sinne entschiedene Fall *Kokkinakis v. Greece* (EGMR Nr. 14307/88), in dem der Gerichtshof eine Strafe gegen ein Mitglied der Zeugen Jehovas wegen eines Verstoßes gegen das in Griechenland geltende Verbot von Proselytismus (Werbung für den Übertritt in eine andere Religionsgemeinschaft) im konkreten Einzelfall für nicht mit Art. 9 Abs. 1 EMRK vereinbar hielt. Die Fälle, in denen die Bestrafung auf Grundlage eines Strafgesetzes gegen Art. 9 Abs. 1 EMRK verstößt, sind jedoch aus zwei Gründen selten: Erstens verneint der Gerichtshof bei solchen staatlichen Maßnahmen, die keinen spezifischen Bezug zu Religionen oder Weltanschauungen haben, schon das Vorliegen eines Eingriffs in den Schutzbereich (EGMR Nr. 7050/75 – *Aerosmith v. UK*).[1882] Das heißt, das Strafgesetz muss sich tatsächlich gegen eine Religions- oder Gewissensausübung richten. Zweitens enthält Art. 9 Abs. 2 EMRK einen zwar abschließenden, aber durch die Verwendung unbestimmter Rechtsbegriffe weitreichenden und vom EGMR großzügig gehandhabten[1883] Katalog von Gründen, auf die die Rechtfertigung von Beschränkungen der Religions- und Gewissensausübungsfreiheit durch Gesetz gestützt werden kann. Dabei wird der Schutz der Rechte und Freiheiten Dritter explizit als einer der Gründe genannt (Art. 9 Abs. 2 a.E. EMRK). Beispielhaft für diese weite Handhabung ist, dass der EGMR das griechische Verbot des Proselytismus als solches durchaus für mit Art. 9 EMRK vereinbar hielt und lediglich die Bestrafung im konkreten Einzelfall als eine Verletzung von Art. 9 EMRK betrachtete, weil das Mitglied der Zeugen Jehovas friedlich und nur gegenüber Erwachsenen für die Gemeinschaft geworben hatte.

2. Unrechtsausschluss. Hält sich die Gewissenstat *innerhalb* der ihr durch die **383** Rechtsordnung gezogenen Grenzen, verwirklicht der Täter strafrechtlich schon kein Unrecht (ebenso *Hirsch* LK[11] Rdn. 222; *Höcker* Gewissensfreiheit S. 58 ff, 66; *Son* Gewissenstä-

---

[1880] Ähnlich BayObLG NStZ **1996** 395, 396; **abw.** *Bethge* HdStR VII § 138 Rdn. 62 m. Fn. 298; *Görisch* Kirchenasyl S. 104 ff; *Hofmann* FS Hacker, 363, 382 ff; *Radtke* GA **2000** 19, 34 f; *Frisch* FS Schroeder, 11, 19 m. Fn. 42: allenfalls Entschuldigung.
[1881] Einen Gewissenskonflikt anzweifelnd dagegen *Hofmann* FS Hacker, 363, 385 f.
[1882] *Sünner* Staatsgesetz S. 190 ff, 226; **kritisch** dazu *C. Walter* in Dörr/Grote/Marauhn (Hrsg.) EMRK/GG Konkordanzkommentar, 2. Aufl. 2013, Kap. 17 Rdn. 56 ff, 119.
[1883] *Sünner* Staatsgesetz S. 228.

ter S. 77).[1884] Ein grundrechtlich (hier: Art. 4 Abs. 1 GG) zulässiges Verhalten kann nach dem Grundsatz der Einheit (besser: Widerspruchsfreiheit) der Rechtsordnung strafrechtlich nicht als rechtswidrig angesehen werden *(U. v. Burski* Gewissensfreiheit S. 88; *Höcker* Gewissensfreiheit S. 67 f, 77; *Son* Gewissenstäter S. 77; *Neumann* NK § 17 Rdn. 43a für den „effektiven Garantiebereich").[1885] **Abw.** wird im strafrechtlichen Schrifttum im Hinblick auf den „inneren Notstand", in dem der Täter handelt *(Roxin* AT I § 22 Rdn. 100; *Kühl* AT § 12 Rdn. 116), die Gewissenstat verbreitet zwar als rechtswidrig, aber entschuldigt angesehen, namentlich wegen *Unzumutbarkeit normgemäßen Verhaltens* (so vor allem *Ebert* Überzeugungstäter S. 62 ff; *Lackner/Kühl/Kühl* Rdn. 32; *Tenckhoff* FS Rauscher, 437, 450; aus dem verfassungsrechtlichen Schrifttum: *Dreier I/Morlok* Art. 4 Rdn. 158; *v. Mangoldt/Klein/Starck* Art. 4 Rdn. 98).[1886] Vereinzelt wird die Schuld des Gewissenstäters bejaht, jedoch wegen Fehlens einer präventiven Bestrafungsnotwendigkeit ein *Verantwortungsausschluss* angenommen (hierfür *Roxin* FS Maihofer, 389, 409 ff; *ders.* AT I § 22 Rdn. 118 f, 122 ff).[1887] Nach Teilen der Lehre soll sogar weder Rechtfertigung noch Entschuldigung in Betracht kommen *(Frister* 20/22; *Otto* FS Schmidt Glaeser, 21 ff), was aber daraus hinausliefe, die Gewissensfreiheit unter einen allgemeinen (Straf-)Gesetzesvorbehalt zu stellen.[1888]

384 Die gegen die These, bei Ausübung eines Grundrechts sei das Verhalten gerechtfertigt, von vielen vorgebrachte Kritik (hierzu *Ebert* Überzeugungstäter S. 48; *Roxin* AT I § 22

1884 Weiter *Beckstein* Gewissenstäter S. 151 ff; *Bopp* Gewissenstäter S. 237 ff; *U. v. Burski* Gewissensfreiheit S. 88 ff; *Engelhardt* FamRZ **1958** 266, 269; *Frisch* GA **2006** 273, 277; *Gödan* Überzeugungstäter S. 285, 290; *Greffenius* Täter aus Überzeugung S. 77 ff; *Hamann* Strafgesetzgebung S. 77; *Sproß* Überzeugungstäter S. 220; *Stratenwerth/Kuhlen* AT § 10 Rdn. 118; *H.C. Schmidt* Strafbefreiungsgründe S. 188 ff; aus dem verfassungsrechtlichen Schrifttum *Maunz/Dürig/Herzog* Art. 4 Rdn. 138; *Böckenförde* VVDStRL **28** (1970) 33, 64; *Geiger* Gewissen S. 60; ebenso auch noch *Peters* FS H. Mayer, 265, 276; zurückhaltender bereits *ders.* JZ **1972** 85, 86; **anders** nunmehr *ders.* FS Stree/Wessels, 3, 9 („Strafaufhebungsgrund"); *Mona* in Kurz S. 471, 484; bei Unterlassungen differenzierend zwischen vertretbaren und unvertretbaren Handlungen *Schwabe* JuS **1972** 380, 382.
1885 *Valerius* Kultur S. 163 ff hält eine rechtfertigende Wirkung aus Art. 4 GG lediglich dann für möglich, wenn das Verhalten des Täters religiös oder weltanschaulich motiviert und und das Religionsgebot, dem der Täter folgt, in der jeweiligen Glaubensgemeinschaft allgemein anerkannt ist. Begründet wird diese Differenzierung damit, dass der Gewissenstäter rein subjektiven Gewissensvorgaben folge, was nur die persönliche Vorwerfbarkeit entfallen lasse, während anerkannten religiösen Geboten jedenfalls für die Mitglieder einer Glaubensgemeinschaft ein objektiver Charakter zukomme. Diese Differenzierung stößt freilich auf Bedenken. Erstens ist kaum abgrenzbar, wann ein Religionsgebot als hinreichend anerkannt gelten kann. Vor allem aber sind die Religions- und noch mehr die Gewissensfreiheit Minderheitenrechte (*Bethge* HdStR VII § 158 Rdn. 60). Damit wäre es aber gänzlich unvereinbar, die Rechtfertigungswirkung davon abhängig zu machen, ob ein Religionsgebot die Unterstützung einer breiten Gruppe erfährt oder gar mehrheitsfähig ist.
1886 Ebenso *Herdegen* GA **1986** 97, 103; *Kühl* AT § 12 Rdn. 123; *Murmann* GK § 26 Rdn. 96 (nur bei „echten" Gewissensentscheidungen); *Maurach/Zipf* § 35 Rdn. 8; *Müller-Dietz* FS Peters, 91, 108; *Schlehofer* MK Rdn. 286 ff („Schuldausschluss"); *Schmidhäuser* AT 12/86; *Ulsenheimer* FamRZ **1968** 568, 573; ferner *Schulte/Träger* FS BGH 25, 251, 263, die allerdings die Möglichkeit eines Rechtfertigungsgrundes nicht diskutieren; unter engen Voraussetzungen zudem Baumann/Weber/Mitsch/*Eisele* § 18 Rdn. 80; wohl auch SSW/*Rosenau* Rdn. 68. *Neumann* NK § 17 Rdn. 45 f nimmt bei „besonders schweren Gewissenskonflikten" (dazu kritisch *Roxin* AT I § 22 Rdn. 126 m. Fn. 192) auch bei Überschreiten der dem Gewährleistungsbereich von Art. 4 gesetzten Schranken eine Entschuldigung an. Für ein Verhalten, das in den Garantiebereich von Art. 4 GG fällt, plädiert er hingegen zutreffend für Rechtfertigung (Rdn. 43a, 45).
1887 Grundlegend *Roxin* FS Henkel, 171 ff; *ders.* FS Kaiser, 885, 890, 892, 894 (**krit.** dazu *Frisch* FS Schroeder, 11, 24 f); *ders.* JahrbÖR **59** (2011) 1, 20 f; ebenso *Schünemann* in Grundfragen S. 153, 168 ff; *Wolter* GA **1996** 207 ff; strafzwecktheoretische Erwägungen finden sich auch bei BVerfGE **32** 98; von einem „Strafbefreiungsgrund" ausgehend OLG Frankfurt/M. StV **1989** 107, 108.
1888 So auch *Sch/Schröder/Lenckner/Sternberg-Lieben* Rdn. 119; *Roxin* GA **2011** 1, 17 f mit weitergehenden kriminalpolitischen Erwägungen.

Rdn. 121; *Kühl* AT § 12 Rdn. 114)[1889] überzeugt nicht. Es bedarf gerade keiner Legalisierung des eigenen Standpunktes, wenn sich die Tat im von der Rechtsordnung gewährleisteten Freiheitsraum bewegt (*Böse* ZStW **113** [2001] 40, 61; zust. *Kaspar* Verhältnismäßigkeit S. 559). Der Staat macht sich die Gewissensentscheidung des Täters hier nicht zu eigen, nur weil er sie toleriert (zutreffend *Hirsch* Überzeugungstäter S. 15 m. Fn. 35; *Höcker* Gewissensfreiheit S. 63 f). Da sich der Täter, der in die Rechtsgüter Dritter eingreift, stets außerhalb des durch verfassungsimmanente Schranken begrenzten Schutzbereichs des Art. 4 GG bewegt, werden auch die Freiheitsrechte des Opfers nicht unzulässig beschnitten (so aber *Ebert* Überzeugungstäter S. 46; *Kühl* AT § 12 Rdn. 114; *Tenckhoff* FS Rauscher, 437, 447 f);[1890] denn dem Opfer steht dann das Notwehr- und Dritten das Nothilferecht zu (*Böse* ZStW **113** [2001] 40, 60 f). Verbleibt die Gewissenstat dagegen im grundrechtlich geschützten Gewährleistungsbereich, würde schon die Feststellung der Rechtswidrigkeit einen Grundrechtsverstoß begründen (zutreffend *Höcker* Gewissensfreiheit S. 66; *Frisch* GA **2006** 273, 277). Die Gewissensfreiheit hindert den Staat also nicht nur an einer Sanktionierung des Verhaltens (so aber *Ebert* Überzeugungstäter S. 49 f; *Müller-Dietz* FS Peters, 91, 106; *Rudolphi* FS Welzel, 605, 629 f).[1891] Erst recht kann dem Täter kein Schuldvorwurf gemacht und lediglich eine präventive Bestrafungsnotwendigkeit verneint werden (zutreffend *Höcker* Gewissensfreiheit S. 66, 67; *Müller-Dietz* FS Peters, 91, 108). Da diese Grundsätze für *jedes* grundrechtlich geschützte Verhalten gelten, werden Gewissenstäter durch die Annahme eines Unrechtsausschlusses auch nicht gegenüber anderen Tätern privilegiert (zur Problematik *Bayer* Gewissensfreiheit S. 244 f, 256; *Bopp* Gewissenstäter S. 228 ff; *Höcker* Gewissensfreiheit S. 60 ff).[1892] Durch die Bindung an die (engen) Grenzen der Gewissensfreiheit wird schließlich dem Bedenken Rechnung getragen, die Rechtsordnung drohe ihre Geltungskraft zu verlieren, wollte man dem Einzelnen zugestehen, seiner internen Werteordnung den Vorrang einzuräumen (so die Kritik von *Roxin* FS Maihofer, 389, 405; *Tenckhoff* FS Rauscher, 437, 447 f; *Welzel* FS DJT I, 383, 397 f, 400).[1893] Nur ein genereller Vorrang der Gewissensfreiheit würde zur Anarchie und Auflösung der Rechtsordnung führen (so deutlich *Ebert* Überzeugungstäter S. 46; *Heinitz* ZStW **78** [1966] 615, 629; *Son* Gewissenstäter S. 76), nicht aber eine von Art. 4 GG gedeckte Gewissensentscheidung im Ausnahmefall. Auch verliert das Unrecht durch das Anlegen eines subjektiven und individualisierenden Maßstabes nicht seinen objektiven Charakter oder seine „normativ fassbare Substanz".[1894] Anknüpfungspunkt für eine Rechtfertigung sind die objektiv zu bestimmenden Schranken des grundrechtlichen Gewährleistungsbereichs, nicht die der Tat zugrunde liegenden Überzeugungen.[1895] Nur soweit über diese Grenzen hinaus ein Ausschluss der Rechtswidrigkeit befürwortet wird

---

1889 Abl. weiterhin *Heinitz* ZStW **78** (1966) 615, 631; *Hofmann* FS Hacker, 363, 382 ff; *Jescheck/Weigend* § 47 III 2 a; *Sch/Schröder/Lenckner/Sternberg-Lieben* Rdn. 118; *Müller-Dietz* FS Peters, 91, 106 f; *Otto* AT § 14 Rdn. 31; *Paeffgen/Zabel* NK Rdn. 297b m. Fn. 1495; *Rudolphi* FS Welzel, 605, 629 f; *Schlehofer* MK Rdn. 287; *Schmidhäuser* AT 6/97; *Tenckhoff* FS Rauscher, 437, 448; h.L. im strafrechtlichen Schrifttum.
1890 Ferner *Herdegen* GA **1986** 97, 103; *Neumann* NK § 17 Rdn. 45.
1891 Dies für möglich haltend auch *Schwabe* JuS **1972** 380, 382.
1892 Weiter *Böckenförde* VVDStRL **28** (1970) 33, 61 f; *U. v. Burski* Gewissensfreiheit S. 81 ff.
1893 Zu der vergleichbaren Diskussion um die Legalisierung des zivilen Ungehorsams *Roxin* FS Schüler-Springorum, 441, 442 f m.w.N.
1894 Zu diesen Bedenken *Müller-Dietz* FS Peters, 91, 106 f; *Ebert* Überzeugungstäter S. 50; eine untragbare Subjektivierung des Unrechts befürchtet auch *Heinitz* ZStW **78** (1966) 615, 631; im Hinblick auf die „Unbestimmtheit" als „problematisch" bezeichnet *Böse* ZStW **113** (2001) 40, 42 die Heranziehung von Grundrechten.
1895 Die Gewissensentscheidung eröffnet lediglich den Schutzbereich, führt jedoch noch nicht zur Rechtfertigung; zutreffend *Radtke* GA **2000** 19, 33, der dann allerdings meint, gerade wegen des Gewissenskonflikts liege eine Rechtfertigung nahe.

(so *Ranft* FS Schwinge, 111, 124f),[1896] ist dem zu widersprechen. Zutreffend als Problem erkannt hat *Schlehofer* (MK Rdn. 287), dass es beim Zusammentreffen zweier Gewissenstäter zu der widersprüchlichen Situation kommen könnte, dass das Handeln des einen Gewissenstäters ebenso gerechtfertigt ist wie die Verhinderung dieses Handelns durch den anderen.[1897] Gegen diesen Einwand spricht jedoch, dass ein Abhalten des ersten Gewissenstäters ein Eingriff in dessen Individualrechtsgüter darstellt und ein solcher von der Gewissensfreiheit nicht gedeckt sein kann.[1898]

385 Der verfassungsrechtlich geforderte Unrechtsausschluss kann auf der Ebene des einfachen Rechts allerdings schon zur *fehlenden Tatbestandsmäßigkeit* führen, insbesondere dort, wo der Gesetzgeber selbst Ausschlusstatbestände geschaffen hat (hierzu *Böse* ZStW **113** [2001] 40, 45). *Beispiele:* Der anerkannte Wehrdienstverweigerer verwirklicht nicht den Tatbestand der Fahnenflucht (§ 16 WStG);[1899] die Absicht, ein freies Arbeitsverhältnis nach § 15a ZDG zu begründen, befreit (vorläufig) von der Pflicht zum Zivildienst und schließt damit eine Verurteilung wegen Dienstflucht (§ 53 ZDG) aus; kein Verstoß gegen die Gehorsamspflicht nach § 11 Abs. 1 SoldatenG bei Verweigerung eines Befehls aus Gewissensgründen (BVerwG DVBl **2005** 1455ff; **krit.** *Ladiges* NJW **2006** 956; *Sohm* NZWehrr **2006** 1).[1900] Auch darf der Staat eine Gewissenstat dann nicht sanktionieren, wenn er seine Zwecke durch eine *gewissensneutrale* Alternative erreichen kann, da dann das mit der Norm verfolgte Ziel nicht in Frage gestellt wird und auch ohne Beeinträchtigung der Gewissensfreiheit erreicht werden kann.[1901] *Beispiel:* Eltern verweigern aus religiösen Motiven ihre Zustimmung zu einer lebensrettenden Bluttransfusion für ihr Kind. Diese kann jedoch durch Bestellung eines Pflegers rechtzeitig ersetzt werden (OLG Hamm NJW **1968** 212; dazu *Son* GewissenstäterS. 40 f, 90ff; *Ulsenheimer* FamRZ **1968** 212). Zudem sind die Straftatbestände stets verfassungskonform auszulegen und anzuwenden. *Beispiel*: Das Tatbestandsmerkmal „beleidigt" in § 185 ist so zu interpretieren, dass bei Vorliegen einer Meinungsäußerung nur die Schmähkritik hierunter fällt, und bei der Anwendung des Beleidigungstatbestands ist die inkriminierte Äußerung bei mehreren möglichen Deutungen im Zweifel so zu verstehen, dass sie einen Beitrag zum öffentlichen Meinungskampf leisten will und keine Schmähkritik darstellt (hierzu BVerfGE **93** 266 [„Soldaten sind Mörder"]).[1902] Bei Unterlassungsdelikten kann es bereits

---

1896 So bei Unterlassungen mit dem Argument, Art. 4 GG verbiete einen Zwang zu „unwahrhaftem" Bekennen.
1897 Im Anschluss daran *Valerius* Kultur S. 164; *Roxin* GA **2011** 1, 7.
1898 Daher überzeugt es auch nicht, wenn *Roxin* GA **2011** 1, 8 darauf hinweist, dass zwei Gewissenstäter auch bei der Verletzung von Kollektivrechtsgütern aufeinandertreffen können. Zuzugeben ist freilich, dass sich mit der hier vertretenen Auffassung im Zweifel der Gewissenstäter durchsetzt, der zuerst aktiv wird, was sich nicht ohne weiteres begründen lässt. Daraus allein aber in einem dogmatisch kaum erklärlichen Akt zu folgern, dass von Verfassungs wegen erlaubtes Verhalten strafrechtliches Unrecht sein soll, das entschuldigt werden kann, erscheint ein zu hoher Preis.
1899 Die Erteilung einer behördlichen Erlaubnis zum religiösen Schächten gem. § 4a Abs. 2 Nr. 2 TierSchG wirkt rechtfertigend, nicht tatbestandsausschließend; hierzu *Böse* ZStW **113** (2001) 40, 45 m.w.N.
1900 Weiter *Battis* DVBl **2005** 1462; *Dau* NZWehrr **2005** 255; *Kotzur* JZ **2006** 25; *Schafranek* NZWehrr **2005** 234.
1901 *Frisch* GA **2006** 273, 275; *Roxin* FS Maihofer, 389, 396f, 404; *ders.* AT I § 22 Rdn. 109 f, 120; *Radtke* GA **2000** 19, 33; *Kühl* AT § 12 Rdn. 120. *H.C. Schmidt* Strafbefreiungsgründe S. 176 ff möchte dagegen eine allgemeine Straffreistellung verneinen und sieht lediglich eine gesetzgeberische Verpflichtung zur Schaffung gewissensneutraler Alternativen.
1902 Weiter BVerfGE **67** 213 („Anachronistischer Zug"); **81** 278 („Bundesflagge"); **81** 298 („Bundeshymne"); **104** 337 („Schächten"). Hierzu auch *Böse* ZStW **113** (2001) 40, 61; *Otto* FS Schmitt Glaeser, 21, 38 f; *Radtke* GA **2000** 19, 27.

an einer Hilfspflicht fehlen (hierzu *Böse* ZStW **113** [2001] 40, 72 ff m.w.N.) oder die Erforderlichkeit der Einschränkung der Gewissensfreiheit durch eine Strafnorm[1903] entfallen (hierzu *Böse* ZStW **113** [2001] 40, 69; *Roxin* FS Maihofer, 389, 396 f; *Son* Gewissenstäter S. 68 ff). In BVerfGE **32** 98 („Gesundbeter-Fall")[1904] handelte der Ehemann nach dem zugrunde liegenden Sachverhalt nicht tatbestandsmäßig, weil er sich dem verbindlichen Wunsch der kranken Ehefrau gemäß verhielt und deshalb für ihn keine Rechtspflicht zum Handeln bestand *(Ebert* Überzeugungstäter S. 48; *Hirsch* Überzeugungstäter S. 18);[1905] weitere Beispiele zum Tatbestandsausschluss bei *Hirsch* LK[11] Rdn. 222; *ders.* Überzeugungstäter S. 18 f. Über die genannten Fälle hinaus wird die Tatbestandsmäßigkeit nicht allein wegen der zugrunde liegenden Gewissensentscheidung in Frage gestellt (zutreffend *Dreher* JR **1972** 342, 343; *Roxin* AT I § 22 Rdn. 120).[1906] Denn die grundrechtliche Gewährleistung des Verhaltens verbietet lediglich, gegenüber dem Täter einen Unrechtsvorwurf zu erheben. Ein solcher ist allein mit der Feststellung der Tatbestandsverwirklichung nach vorzugswürdiger Auffassung (hierzu Rdn. 12 ff) noch nicht verbunden (zutreffend *Höcker* Gewissensfreiheit S. 46 ff). Vielmehr ist hier das Unrecht dadurch ausgeschlossen, dass der Täter sich auf einen Rechtfertigungsgrund berufen kann (AG Balingen NJW **1982** 1006;[1907] *Hirsch* Überzeugungstäter S. 12 ff; *Höcker* Gewissensfreiheit S. 58 ff, 90).[1908] Ob man diesen in § 34 sieht (OLG Frankfurt/M. InfAuslR **1988** 15; *Bopp* Gewissenstäter S. 237 f; *Böse* ZStW **113** [2001] 40, 46 ff) oder aber eine Rechtfertigung unmittelbar aus Art. 4 Abs. 1 GG (OLG Jena NJW **2006** 1892 f; *H.C. Schmidt* Strafbefreiungsgründe S. 188 ff) ableiten möchte, ist jedenfalls im Ergebnis nicht relevant, da in beiden Fällen ein wesentliches im Sinne eines eindeutigen Überwiegens der Gewissensfreiheit zu fordern ist (allgemein zur Frage einer Rechtfertigung unmittelbar durch Grundrechte Rdn. 138 ff).

1903 Beeinträchtigt die durch Art. 4 GG gedeckte Gewissenstat ein anderes verfassungsrechtlich geschütztes Gut, müssen die Schutzbereiche der Verfassungsnormen nach Maßgabe des verfassungsrechtlichen Verhältnismäßigkeitsprinzips aufeinander abgestimmt werden. Danach hat die Gewissensfreiheit Vorrang, wenn es nicht erforderlich ist, sie zum Schutz des anderen Verfassungsgutes zu beschränken, weil sich der Schutz rechtlich auch anders als durch ein strafbewehrtes Verbot erreichen lässt *(Schlehofer* MK Rdn. 289 m.w.N.).
1904 Nichtüberführung der erkrankten Ehefrau in ein Krankenhaus aufgrund der Überzeugung beider Ehepartner, dass das Gebet für die Kranke dringender und wertvoller sei als die ärztliche Behandlung; hierzu *Kühl* AT § 12 Rdn. 112 m.w.N.
1905 Weiter *U. v. Burski* Gewissensfreiheit S. 134, 139 ff; *Dreher* JR **1972** 342; *Frisch* FS Schroeder, 11, 21 f; *Peters* JZ **1972** 85; *Ranft* FS Schwinge, 111, 124 f; *Sch/Schröder/Lenckner/Sternberg-Lieben* Rdn. 120; *Schünemann* GA **1986** 293, 306 m. Fn. 54. **Anders** dagegen *Roxin* FS Maihofer, 389, 402, der meint, dass wenigstens gutes Zureden eine gebotene Hilfeleistung gewesen wäre (so auch *Schwabe* JuS **1972** 380, 381) und für einen Verantwortungsausschluss plädiert, aber offen lässt, aus welchen Gründen sich für den Ehemann eine Pflicht ergeben soll, die Ehefrau wider ihre eigene Überzeugung zu beraten; **abw.** auch OLG Stuttgart MDR **1964** 1024, 1025, wonach die Ehefrau verpflichtet gewesen sein soll, ihr Leben zu erhalten. Die Entscheidung des Bundesverfassungsgerichts wird zu Recht dafür kritisiert, dass sie der Religionsfreiheit zu große Bedeutung zumisst. Eine Hilfspflicht des Ehemanns war nämlich schon deshalb abzulehnen, weil seine Frau die medizinische Behandlung unter Ausübung ihres Selbstbestimmungsrechts ablehnte, vgl. *Freund* MK § 323c Rdn. 107; *Hörnle* 70. DJT C 65; *Vogel* LK[12] § 17 Rdn. 98.
1906 Abw. für einen Tatbestandsausschluss (Sozialadäquanz) bei Unterlassungen *Peters* FS H. Mayer, 257, 276; zur Sozialadäquanz beim sog. Kirchenasyl *Görisch* Kirchenasyl S. 100 ff (in engen Grenzen befürwortend); *Radtke* GA **2000** 19, 28; jeweils m.w.N.
1907 Das AG stellt allerdings fälschlich auf die für Begehungsdelikte nicht passende rechtfertigende Pflichtenkollision ab.
1908 Weiter *Beckstein* Gewissenstäter S. 151 ff; *Böse* ZStW **113** (2001) 40, 46 ff; *U. v. Burski* Gewissensfreiheit S. 88; *Engelhardt* FamRZ **1958** 266, 269; *Grünwald* ZStW **73** (1961) 5, 34, 36 f; *Radtke* GA **2000** 19, 28, 34 f; *Son* Gewissenstäter S. 77.

386 **3. Gewissenstat und Schuld.** Soweit Teile der Lehre in Fällen, die von Art. 4 GG gedeckt sind, lediglich eine Entschuldigung annehmen wollen, trägt dies der Gewissensfreiheit als Grundrecht nicht hinreichend Rechnung. Ein in der Verfassung garantiertes Verhalten darf strafrechtlich nicht als Unrecht angesehen werden (Rdn. 383 ff). Andererseits lässt sich in den *außerhalb* der verfassungsrechtlichen Grenzen liegenden Fällen, d.h. wenn der Täter gegen einen auch ihn bindenden, verfassungsrechtlich nicht eingeschränkten gültigen Rechtsbefehl verstößt (*Hirsch* LK[11] Rdn. 222), aus dem Grundrecht der Gewissensfreiheit keine besondere Behandlung des Gewissenstäters gegenüber anderen Tätern ableiten. Denn der Verfassung lässt sich neben der Garantie der Gewissensfreiheit und deren verfassungsimmanenten Schranken keine Aussage darüber entnehmen, welche rechtlichen Folgen eine Überschreitung dieser Schranken nach sich zieht. Daher verwundert es auch nicht, dass alle auf eine Entschuldigung zielenden Vorschläge entweder an einem Verbotsirrtum oder an dem mit der Gewissensentscheidung definitionsgemäß einhergehenden endogenen psychischen Zwang[1909] und damit an Phänomene anknüpfen, die für den Gewissentäter zwar typisch sein mögen, jedoch mit der Grundrechtswirkung nichts zu tun haben. Denn der Kern dieser Vorschläge liegt in der Berücksichtigung der verminderten Normbefolgungsfähigkeit des gewissensgeleiteten Täters (BVerfGE 23 127, 133). Damit wird aber schlicht auf das allgemeine Schuldprinzip im Sinne der Frage nach dem Nicht-anders-handeln-können zurückgegriffen. Dieser Umstand sollte nicht durch die Behauptung einer angeblichen Ausstrahlungswirkung der Gewissensfreiheit außerhalb ihres Gewährleistungsbereichs verschleiert werden. Vielmehr lässt sich als allgemeine Leitlinie formulieren, dass die Behandlung des Gewissenstäters nach allgemeinen Schuldgrundsätzen sowohl notwendig als auch ausreichend ist (*Morozinis* FS Schünemann, 457, 460)[1910] oder pointiert mit *Frisch* (GA **2006** 273, 279): „Das Grundrecht der Gewissensfreiheit ist zur Begründung der Exkulpation des Gewissenstäters weder genügend noch wirklich erforderlich."

387 Der Gewissenstäter handelt, wenn er die verfassungsrechtlichen Grenzen der Gewissensfreiheit überschreitet, in aller Regel mit dem erforderlichen **Unrechtsbewusstsein** (BGHSt [GrS] **2** 194, 208; **8** 163; *Ebert* Überzeugungstäter S. 9, 54 f; *Hirsch* Überzeugungstäter S. 10).[1911] Seine irrige Annahme, das Recht stelle seine persönliche Gewissensentscheidung vor die der Rechtsordnung, begründet keinen Gültigkeitsirrtum mit der Rechtsfolge des § 17 (*Joecks* MK § 17 Rdn. 21 f; *Neumann* NK § 17 Rdn. 41; *Son* Gewissenstäter S. 127 f).[1912] Denn es entspricht der allg. Meinung (*Ebert* Überzeugungstäter S. 44 f; *Höcker* Gewissensfreiheit S. 60; *Son* Gewissenstäter S. 56 ff),[1913] dass die fehlende persönliche Anerkennung der Norm durch den Täter die Geltungskraft des Rechts nicht ausschließt.[1914]

1909 *Morozinis* FS Schünemann, 457, 459 unter Verweis auf BVerfGE **23**, 127, 133; **32**, 98, 109; *Kühl* AT § 12 Rdn. 116. *Neumann* NK § 17 Rdn. 46 geht dagegen von einem „normativ ausgezeichneten (Art. 4 GG) Zwang" aus.
1910 *H.C. Schmidt* Strafbefreiungsgründe S. 181; *Mona* in Kurz S. 471, 492.
1911 Ferner *Joecks* MK § 17 Rdn. 21 f; *Neumann* NK § 17 Rdn. 12, 40; *Son* Gewissenstäter S. 127 f; zum möglichen Fehlen der Unrechtskenntnis bei sog. Ideologietätern BGHSt **39** 1, 32 f, 35; 168, 189; *Hirsch* Überzeugungstäter S. 28; *Mona* in Kurz S. 471, 474, 491.
1912 So aber *U. v. Burski* Gewissensfreiheit S. 104 ff; *de Figueiredo Dias* FS Roxin (2001), 531, 545 ff; *Arth. Kaufmann* ZStW **80** (1968) 34, 40 f; sympathisierend *Peters* JZ **1966** 457, 459; *ders.* FS H. Mayer, 257, 279.
1913 Ebenso *Gödan* Überzeugungstäter S. 241 ff; *Roxin* FS Henkel, 171, 195 f; *Schmidhäuser* FS Jescheck, 485, 496; *Welzel* FS DJT I, 383, 399 f; SSW/*Momsen* § 17 Rdn. 40; *Vogel* LK[12] § 17 Rdn. 95.
1914 Zu der früher **abw.** sog. *Anerkennungstheorie Ebert* Überzeugungstäter S. 44 ff; einen eingeschränkten Vorrang der Sittlichkeitsvorstellungen des Täters vor dem Recht vertritt *Engisch* Gerechtigkeit S. 99. Bei der Verletzung „partikularen Grundsatzunrechts" (*Köhler* AT S. 428) ist das Gesetz verfassungswidrig oder es greift das Widerstandsrecht.

Das Unrechtsbewusstsein fehlt nur dann, wenn der Täter glaubt, die übertretene Norm sei mit *höherrangigem Recht* unvereinbar (hierzu *Vogel* LK[12] § 17 Rdn. 96 u. *Neumann* NK § 17 Rdn. 40; *Joecks* MK § 17 Rdn. 21 f; jew. m.w.N.; *Son* Gewissenstäter S. 129 ff). Dem Gewissenstäter ist darüber hinaus auch ein **persönlicher Schuldvorwurf** zu machen, weil er seine Überzeugungen vor die abweichende Wertung des Rechts gestellt hat, ohne die Richtigkeit seiner Verhaltensentscheidung zu hinterfragen (BGHSt [GrS] **2** 194, 208; OLG Bremen NJW **1963** 1932; *Hirsch* LK[11] Rdn. 222; *Ranft* FS Schwinge, 111, 125).

Die Gewissensnot führt entgegen einer teilweise auch in der Rechtsprechung (AG Hamburg DuR **1993** 69, 71; AG Lüneburg StV **1985** 343, 350; beiläufig BVerfGE **23** 127, 133)[1915] vertretenen Ansicht in der Regel nicht zu einem Verlust der *Steuerungsfähigkeit* des Täters (*Hirsch* Überzeugungstäter S. 22; *Roxin* FS Maihofer, 389, 406 f; *Son* Gewissenstäter S. 139); jedenfalls lässt sich die Gewissensnot nicht unter § 20 subsumieren (*Böse* ZStW **113** [2001] 40, 63 f; *Bopp* Gewissenstäter S. 113, 242; *Hirsch* Überzeugungstäter S. 22).[1916] Auch ist der *Ausschluss* der Fähigkeit, sich für das Recht zu entscheiden, keine notwendige Voraussetzung für das Vorliegen einer Gewissensentscheidung (zutreffend *Radtke* GA **2000** 19, 35; *Kühl* AT § 12 Rdn. 117).[1917] **388**

Der „Gewissensnotstand" betrifft auch keines der in § 35 genannten Rechtsgüter (*Böse* ZStW **113** [2001] 40, 64; *Kühl* AT § 12 Rdn. 109). Soweit teilweise eine *analoge Anwendung des* § 35 angenommen wird (so etwa LG Frankfurt/M. NStE Nr. 1 zu § 35 StGB; *U. v. Burski* Gewissensfreiheit S. 112 f; *Peters* JZ **1966** 457; *ders.* FS H. Mayer, 257, 278 f; *Stratenwerth* AT[4] § 10 Rdn. 115 f), überzeugt dies nicht (OLG Frankfurt/M. StV **1989** 107, 108):[1918] Der drohende Verlust des „ewigen Lebens" (so *U. v. Burski* Gewissensfreiheit S. 112; *Peters* JZ **1966** 457 ff) kann schon im Hinblick auf das staatliche Neutralitätsgebot der Bedrohung des „diesseitigen Lebens" nicht gleichgestellt werden (zutreffend *Bopp* Gewissenstäter S. 247; *Roxin* AT I § 22 Rdn. 101). Auch eine drohende „Persönlichkeitszerstörung" rechtfertigt die Analogie nicht (so aber *Stratenwerth* AT[4] § 10 Rdn. 115 f; **anders** *Stratenwerth/Kuhlen* AT § 10 Rdn. 118),[1919] weil eine Entschuldigung des Gewissenstäters neben der subjektiven Gewissensnot i.S.e. (psychischen) „Nichtandershandelnkönnens"[1920] auch eine objektive Unrechtsminderung i.S.e. (normativen) „Nichtandershandelnsollens" voraussetzen würde (*Böse* ZStW **113** [2001] 40, 65; *Ebert* Überzeugungstäter S. 66; *Hirsch* Überzeugungstäter S. 23).[1921] Eine solche objektive Unrechtsminderung kann nicht schon in der Gewissensnot selbst gesehen werden (so aber *Böse* ZStW **113** [2001] 40, 65; *Ebert* Überzeugungstäter S. 66; *Rudolphi* FS Welzel, 605, 630; Sch/Schröder/Lenck- **389**

1915 Auch *U. v. Burski* Gewissensfreiheit S. 100 ff; *Nestler-Tremel* StV **1985** 343, 350; von einer Einschränkung der Steuerungsfähigkeit geht *Schlehofer* MK Rdn. 286 aus.
1916 Ebenso *Beckstein* Gewissenstäter S. 192 ff; *Frisch* FS Schroeder, 11, 22 m. Fn. 60; *Roxin* FS Maihofer, 389, 407; *Son* Gewissenstäter S. 117 ff; *Tenckhoff* FS Rauscher, 437, 448.
1917 Ferner *Roxin* FS Maihofer, 389, 408, 409 f; **abw.** *Ebert* Überzeugungstäter S. 60.
1918 Weiter *Bopp* Gewissenstäter S. 247; *Böse* ZStW **113** (2001) 40, 66; *Ebert* Überzeugungstäter S. 64; *Figueiredo Dias* FS Roxin (2001), 531, 544 f; *Frisch* FS Schroeder, 11, 23 f; *Kühl* AT § 12 Rdn. 109; *Neumann* NK § 17 Rdn. 46; *Roxin* AT I § 22 Rdn. 101; *Rudolphi* FS Welzel, 605, 631 f; *Stratenwerth/Kuhlen* AT § 10 Rdn. 118; *H.C. Schmidt* Strafbefreiungsgründe S. 183.
1919 Wie hier *Kühl* AT § 12 Rdn. 109; *Roxin* FS Maihofer, 389, 408 f.
1920 Dies setzt nicht die tatsächliche Unmöglichkeit einer rechtmäßigen Motivation voraus (hierzu Rdn. 336); missverständlich insoweit BGHSt (GrS) **2** 194, 200.
1921 Weiter *Radtke* GA **2000** 19, 35 f; *Rudolphi* FS Welzel, 605, 631; *Son* Gewissenstäter S. 147 f; *Tenckhoff FS* Rauscher, 437, 441; **abw.** *Roxin* AT I § 19 Rdn. 1 ff; *ders.* FS Kaiser, 885, 891, der in den §§ 35, 33 lediglich Fälle geminderter Schuld sieht, die durch einen Wegfall des präventiven Strafbedürfnisses zur Straflosigkeit führen sollen.

ner/*Sternberg-Lieben* Rdn. 119),[1922] weil diese allenfalls eine *schuldmindernde* Motivationserschwerung begründet (zutreffend *Kühl* AT § 12 Rdn. 121; *Roxin* FS Maihofer, 389, 408).

390 Eine zur Entschuldigung führende objektive Unrechtsminderung ließe sich nur mit Hilfe des verfassungsrechtlichen Schutzes der Gewissensentscheidung begründen (*Kühl* AT § 12 Rdn. 116, 121; *Radtke* GA **2000** 19, 36; *Son* Gewissenstäter S. 155ff).[1923] Außerhalb der durch die Rechtsordnung gezogenen Schranken gebietet Art. 4 GG aber weder einen Schuld- oder Strafausschluss, noch ist hier Raum für einen Strafaufhebungsgrund (**anders** *Bopp* Gewissenstäter S. 250f; *Höcker* Gewissensfreiheit S. 71f; *Schwabe* JuS **1972** 380, 382).[1924] Die Verbindlichkeit und Durchsetzung des Rechts kann zum Schutz der Gesellschaft und ihrer Mitglieder, die auf das Recht als überindividuelle Ordnung vertrauen, nicht von der persönlichen Billigung des Einzelnen abhängig gemacht werden (*Hirsch* LK[11] Rdn. 222; *Otto* FS Schmitt Glaeser, 21, 38; *Roxin* GA **2011** 1, 6). Auch um des Rechtsfriedens willen kann die Gesellschaft ein Verhalten nicht tolerieren, wo der Einzelne die dem Schutz der Gesellschaft dienenden Rechtsregeln und die seinem Verhalten gezogenen Grenzen nicht anerkennt (zutreffend *Otto* FS Schmitt Glaeser, 21, 38; ferner BVerfG NJW **2002** 206, 207 [„Gemeinschaftsbindung"]).[1925] Das Handeln in Gewissensnot führt, soweit es nicht von Art. 4 GG gedeckt ist, in aller Regel lediglich zu einer Schuld*minderung*, die ausschließlich bei der Strafzumessung zu berücksichtigen ist (zutreffend *Böse* ZStW 113 [2001] 40, 67; *Hirsch* Überzeugungstäter S. 24, 26; *Radtke* GA **2000** 19, 35; *Mona* in Kurz S. 471, 494).[1926] Für den – freilich kaum denkbaren – Fall eines absoluten Ausschlusses der Fähigkeit zum Anders-Handeln-Können lässt sich aus dem Schuldprinzip (nicht aus Art. 4 GG) ein übergesetzlicher Schuldausschluss erwägen.[1927]

391 **4. Strafzumessung.** Der Gewissenstäter wie der Überzeugungstäter handeln außerhalb der in Rdn. 383ff skizzierten Grenzen zwar volldeliktisch, jedoch können die der Tat zugrunde liegenden Motivationen im Rahmen der *Strafzumessung* von Bedeutung sein (*Son* Gewissenstäter S. 185f; *Streng* NK § 46 Rdn. 52; SSW/*Eschelbach* § 46 Rdn. 101;

1922 In diese Richtung auch *Jakobs* 20/22; wie hier *Hirsch* Überzeugungstäter S. 23; *Radtke* GA **2000** 19, 36; *Roxin* AT I § 22 Rdn. 129; *Son* Gewissenstäter S. 139ff, 148 f,154 f,159 m. Fn. 249; *H.C. Schmidt* Strafbefreiungsgründe S. 185.
1923 Die Gefahr einer über das verfassungsrechtliche Maß hinausgehenden Entschuldigung sieht auch *Roxin* FS Maihofer, 389, 408f; ebenso *Böse* ZStW **113** (2001) 40, 66, der aus diesem Grund eine Analogie zu § 35 ablehnt.
1924 In sehr engen Grenzen auch *Beckstein* Gewissenstäter S. 218 (bei Verstoß gegen die Menschenwürde); *Son* Gewissenstäter S. 156ff, 159, 163ff (Verzicht auf Strafe muss „präventiv tolerabel" sein); wie hier *Radtke* GA **2000** 19, 35.
1925 Den Versuch einer partiellen Entschuldigung ohne Schaden für die Rechtsordnung unternimmt *Jakobs* 20/24 ff, wobei allerdings offen bleibt, wie in den dort genannten Fällen die bereits durch die Regelverletzung bewirkte Erschütterung der Rechtsordnung auch ohne Strafe wieder ausgeglichen werden soll.
1926 Dagegen meint *Roxin* AT I § 22 Rdn. 119 m. Fn. 186, eine Lösung der Gewissenstäter-Problematik im materiellen Recht schaffe mehr „Sicherheit" als eine Strafzumessungslösung. Das überzeugt deshalb nicht, weil die Voraussetzungen, unter denen die Gewissenstat im materiellen Recht zu berücksichtigen ist, genauso unbestimmt und wertungsoffen sind wie die Bindungen, denen der Richter im Rahmen der Strafzumessung unterliegt („Wohlwollensgebot"). **Anders** auch *Frisch* GA **2006** 273, 278f, der losgelöst von Ausstrahlungs-, Fern- oder Folgewirkungen des Grundrechts der Gewissensfreiheit allein wegen der psychischen Zwangslage des Betroffenen bei Beachtung allgemein strafrechtlicher Prinzipien eine Entschuldigung in Betracht zieht; konkretisierend *ders.* FS Schroeder, 11, 25ff.
1927 *Frisch* GA **2006** 273, 278f; *ders.* FS Schroeder, 11, 25ff; *Morozinis* FS Schünemann, 457, 463; Sch/Schröder/Lenckner/Sternberg-Lieben Rdn. 115f, 119.

Sch/Schröder/Stree/Kinzig § 46 Rdn. 15 m.w.N.).[1928] Dabei handelt es sich indes nicht um eine Ausstrahlungswirkung von Art. 4 Abs. 1 GG, da sich die Gewissensentscheidung als solche einer Bewertung entzieht, sondern vielmehr um die schlichte Anwendung von § 46 Abs. 2 Satz 2, der die Berücksichtigung von „Beweggründe[n] und Ziele[n] des Täters" sowie der „Gesinnung, die aus der Tat spricht", ausdrücklich anordnet (zum „Wohlwollensgebot" Rdn. 392f). In Betracht kommt eine Strafschärfung, Strafmilderung oder gar keine Berücksichtigung (*Kühl* AT § 12 Rdn. 118; *Roxin* FS Maihofer, 389, 392; *Schulte/Träger* FS BGH 25, 251, 253).[1929] Die Rspr. stellt im Zusammenhang mit der Bestrafung *politischer Überzeugungstäter* (insbesondere in Fällen der Unterstützung verfassungswidriger Organisationen) darauf ab, ob die Überzeugung des Täters mit dem „Sittengesetz" in Einklang steht und der Täter in der Lage gewesen ist, dies zu erkennen. Ein Verhalten, das die Gemeinschaft als „verächtlich" ansieht, könne niemals schuldmindernd gewertet werden. Bei der Beurteilung, ob einer Überzeugung Achtung entgegengebracht werden könne, sei das Gesamtverhalten des Täters zu berücksichtigen (BGHSt [GrS] **2** 194, 208; **8** 162, 163 u. 254, 261).[1930] Dies bedarf insoweit der Klarstellung, als bei der Frage, was die Gemeinschaft als verachtenswert ansieht, auf die Wertentscheidungen des Grundgesetzes abzustellen ist.[1931] Wer die bestehende Rechtsordnung beseitigen und durch ein anderes politisches oder ein religiöses System ersetzen will (sog. *Ideologietäter*),[1932] handelt außerhalb dieser Grenzen (OLG Köln StV **1991** 464; OLG Koblenz StV **1991** 464; *Roxin* FS Maihofer, 389, 398; *ders.* AT I § 22 Rdn. 112). Ebenfalls jenseits des von der Gemeinschaft Gebilligten bewegt sich das Auschwitz-Leugnen (BVerfGE **90** 241; *Kühl* AT § 12 Rdn. 118 m.w.N.). Hier kommt eine Strafmilderung allenfalls bei aus anderen Gründen gemindertem Handlungsunrecht in Frage, wie etwa bei einem Handeln aus ideologischer Verblendung (vgl. BVerfGE **92** 277). Wer dagegen zur Erhaltung der Umwelt und der natürlichen Lebensgrundlagen gegen die Stationierung atomarer Mittel- und Langstreckenraketen protestiert, dessen Ziele stehen im Einklang mit den grundlegenden Wertungen unserer Rechtsordnung (Art. 20a GG), mag sich auch das so motivierte straftatbestandsmäßige Verhalten selbst außerhalb dieser Grenzen bewegen.

Daneben hat BVerfGE **23** 127, 134 aus der grundrechtlich geschützten Gewissensfreiheit ein allgemeines **„Wohlwollensgebot"** hergeleitet (ferner BVerfGE **32** 98, 108ff; **69** 1, 34),[1933] das zu einer Berücksichtigung der Gewissensentscheidung bei der

392

[1928] Ebenso bereits *Bruns* Strafzumessungsrecht S. 557 ff; *Heinitz* ZStW **78** (1966) 615, 632f; *Stree* Deliktsfolgen und Grundgesetz S. 66; *Schünemann* in de Boor S. 49, 75ff, 96; *ders.* GA **1986** 293, 305, 308. *Theune* LK¹²§ 46 Rdn. 106, der darauf hinweist, dass von Gewissens- und Überzeugungstätern u.U. eine besondere Gefährlichkeit ausgeht, die bei der Strafzumessung zu berücksichtigen ist; **abw**. *Bockelmann* FS Welzel, 543, 550 f.
[1929] In BGHSt **18** 87, 94 f wird dem Täter zugute gehalten, dass er gerade nicht wie ein „bedenkenloser Überzeugungstäter" und „williger Befehlsempfänger", sondern nur innerlich widerstrebend gehandelt hat. Bei sog. *Hausbesetzungen* wird sowohl eine strafmildernde als auch eine strafschärfende Berücksichtigung vertreten; hierzu *Rinsche* ZRP **1984** 38; *Schüler-Springorum* in Glotz S. 76, 93.
[1930] Weiter OLG Hamm JZ **1965** 488, 489; BayObLGSt **1976** 70 m. Anm. *Reinh. v. Hippel* JR **1977** 119; OLG Frankfurt/M. StV **1989** 107, 108; OLG Koblenz StV **1991** 464 f; LG Aachen StV **1986** 344.
[1931] Von der strafmildernden Berücksichtigung „achtbarer" bzw. „ehrenhafter" Motive sprechen BayObLG NJW **1980** 2424; *Baumann/Weber/Mitsch/Eiselе* § 18 Rdn. 80; *Ebert* Überzeugungstäter S. 75f, 78; *Jakobs* 20/21; *Jescheck/Weigend* § 38 I 1, § 83 II 2; *Kühl* AT § 12 Rdn. 118; *Sch/Schröder/Stree/Kinzig* § 46 Rdn. 15; allg. von der in der Rechtsordnung verkörperten ethischen Werte ausgehend *Gallas* FS Mezger, 311, 320; zurückhaltend in Bezug auf die Bewertung einer Gesinnung SSW/*Eschelbach* § 46 Rdn. 101.
[1932] Hierzu *Bopp* Gewissenstäter S. 55; *Gödan* Überzeugungstäter S. 168ff; *Hofmann/Sax* Ideologie-Täter S. 13ff; *Häussling* JZ **1966** 413.
[1933] Einschränkend dagegen LG Darmstadt NJW **1993** 77; *Bockelmann* FS Welzel, 543, 555; **kritisch** auch *Hirsch* Überzeugungstäter S. 26 f („zu undifferenziert").

Strafzumessung zwingt.[1934] Diskutiert wird dabei eine *Strafrahmenverschiebung* gem. § 49 analog (*Hirsch* Überzeugungstäter S. 26); für eine Berücksichtigung lediglich innerhalb der Strafrahmengrenzen dagegen BGHSt **8** 162, 163; BayObLG MDR **1966** 693; JR **1981** 171 m. Anm. *Peters* JR **1981** 172; NJW **1992** 191.[1935] Auch für den Überzeugungstäter, der aus einer inneren Pflichtüberzeugung gehandelt hat („Konflikttäter"),[1936] ist in der Regel von einer Strafrahmenverschiebung zu diskutieren.[1937] Die Skepsis, die der Berücksichtigung vor allem politischer Überzeugungen teilweise entgegengebracht wird (*Hirsch* Überzeugungstäter S. 30 ff, 33, 34), ist unberechtigt, weil das Verhalten auch hier in den Schutzbereich eines Grundrechts fällt (Art. 5, 8 GG); zum zivilen Ungehorsam (Rdn. 140 ff).

393 In wieweit darüber hinaus die Strafe für Gewissenstäter zu mildern oder sogar gem. § 60 von Strafe abzusehen ist[1938] (vgl. Baumann/Weber/Mitsch/*Eisele* § 18 Rdn. 80),[1939] hängt von der Bedeutung der Tat für die Ordnung des Staates und der Autorität des gesetzten Rechts auf der einen Seite und der Stärke des Gewissensdrucks und der dadurch geschaffenen Zwangslage auf der anderen Seite ab (BVerfGE **23** 127, 134; OLG Bremen StV **1996** 378; OLG Stuttgart NJW **1992** 3251).[1940] Auf eine inhaltliche Bewertung der Gewissensentscheidung kann es dagegen nicht ankommen (*Böckenförde* VVDStRL **28** [1970] 33, 69 ff; *Jakobs* 20/22; *Neumann* NK § 17 Rdn. 44).[1941] Weiter strafmildernd, aber auch strafschärfend kann das mit der Tat gesetzte *Erfolgsunrecht* wirken (*Roxin* AT I § 22 Rdn. 133). Ferner ist u.U. die Gefahr der Wiederholung einer Überzeugungs- oder Gewissensbetätigung zu berücksichtigen (BGH NJW **1995** 106; OLG Bremen NJW **1963** 1932, 1934).[1942] Das „Wohlwollensgebot" kommt darüber hinaus bei der Entscheidung über die Aussetzung einer Freiheitsstrafe zur Bewährung zur Anwendung (BGHSt **6** 186, 192; **7** 6; BGH StV **2001** 505, 506; NJW **1995** 340),[1943] ebenso beim Widerruf der Strafaussetzung

---

1934 Vgl. *Höcker* Gewissensfreiheit S. 99; *Son* Gewissenstäter S. 191, 195; *Lackner/Kühl/Kühl* § 46 Rdn. 33 m.w.N.; von einer „in der Regel zu gewährenden Vergünstigung" spricht OLG Koblenz StV **1991** 464.
1935 Weiter OLG Bremen NJW **1963** 1932; OLG Stuttgart GA **1964** 60; OLG Karlsruhe JZ **1964** 761; OLG Hamm NJW **1965** 777 m. Anm. *Peters* JZ **1965** 489; OLG Köln NJW **1966** 1326; **1967** 2168; **1970** 67 m. Anm. *Fertig* NJW **1970** 67; OLG Saarbrücken NJW **1969** 1782 m. Anm. *Fertig* NJW **1970** 67; OLG Stuttgart NJW **1992** 3251; OLG Bremen StV **1996** 378; OLG Düsseldorf NStZ-RR **1996** 90; BayObLG NStZ-RR **1996** 349.
1936 So die Bezeichnung von *Jakobs* 20/22.
1937 Allgemein für eine Gleichbehandlung von Gewissens- und Überzeugungstätern (i.e.S.) *Köhler* AT S. 426; *Schünemann* GA **1986** 293, 308; hiergegen insbesondere *Hirsch* Überzeugungstäter S. 27 f.
1938 Die Gewissensentscheidung ist hier stärker zu berücksichtigen als das Handeln aus reiner Pflichtüberzeugung, weil die Gewissensfreiheit den Kern der Persönlichkeit des Individuums betrifft; hierzu *de Figueiredo Dias* FS Roxin (2001), 531, 534; *Rudolphi* FS Welzel, 605, 630; **dagegen** auf die unterschiedlichen Schranken der betroffenen Grundrechte abstellend *Radtke* GA **2000** 19, 36 f.
1939 Der Anwendung des § 60 steht § 46 Abs. 3 nicht entgegen; vgl. BGHSt **26** 311; **16** 351.
1940 *Beispiele:* Der Täter hat bei Anerkennung des Rechts in seinen wesentlichen Zügen gegen eine einzelne Norm verstoßen, es liegt (auch) ein Verschulden Dritter oder lediglich eine periphere oder vorübergehende Rechtsbeeinträchtigung vor; hierzu *Jakobs* 20/24. *Roxin* AT I § 22 Rdn. 118 f, 133; *ders.* GA **2011** 1, 10 ff nimmt hier eine fehlende präventive Bestrafungsnotwendigkeit an, folgert daraus aber schon eine Exkulpation. An *dieser* Stelle kann auch zu berücksichtigen sein, ob es sich um ein Begehungs- oder um ein Unterlassungsdelikt handelt.
1941 Ebenso *Herdegen* GA **1986** 97, 116; *Roxin* FS Maihofer, 389, 392 f; *Schünemann* GA **1986** 293, 308. Dasselbe gilt allerdings auch für die Bewertung einer von Art. 5 GG gedeckten Meinungsäußerung sowie den Zweck einer von Art. 8 GG geschützten Versammlung (BVerfGE **61** 1, 8; **65** 1, 41; **69** 315, 343); zweifelhaft in dieser Allgemeinheit daher *Faller* FS H. Kirchner, 67, 79.
1942 Ferner Baumann/Weber/Mitsch/*Eisele* § 18 Rdn. 80; *Son* Gewissenstäter S. 190 f. Für einen Ausschluss general- oder spezialpräventiver Aspekte dagegen BayObLG NJW **1980** 2424; *Bopp* Gewissenstäter S. 110 ff, 253 ff, 255.
1943 OLG Bremen StV **1989** 395, 396; OLG Karlsruhe NStZ-RR **1996** 58; OLG Oldenburg NJW **1989** 1231; LG Köln NJW **1989** 1171, 1173; *Höcker* Gewissensfreiheit S. 98. **Abw.** OLG Hamm NStZ **1984** 457 m. **krit.** Anm. *Bringewat*; siehe auch *Bringewat* MDR **1985** 93; *Son* Gewissenstäter S. 196 ff.

(BVerfG NJW **1989** 1211) sowie bei der Aussetzung der Vollstreckung einer Freiheitsstrafe (OLG Hamm NStZ **1984** 456). Zur Berücksichtigung im Strafvollzug (OLG Hamburg ZfStrVo **1983** 187; *Vogel* LK[12] § 17 Rdn. 99).

D. Strafausschließungsgründe

Schrifttum

Ambos Europarechtliche Vorgabe für das (deutsche) Strafverfahren, NStZ **2002** 628; *Beling* Aus dem neusten Bande der Entscheidungen des Bayerischen Obersten Landesgerichts in Strafsachen, ZStW **39** (1918) 657; *Bloy* Die dogmatische Bedeutung der Strafausschließungs- und Strafaufhebungsgründe, Diss. Hamburg 1974 (1976); *ders.* Die Rolle der Strafausschließungs- und Strafaufhebungsgründe in der Dogmatik und im Gutachten, JuS **1993** L 33; *Blum* Strafbefreiungsgründe und ihre kriminalpolitischen Begründungen, Diss. Frankfurt/M. 1996; *Böckenförde* Zur verfassungsrechtlichen Beurteilung der Einführung der Unverjährbarkeit des Mordes, ZStW **91** (1979) 888; *Bottke* Strafrechtswissenschaftliche Methodik und Systematik bei der Lehre vom strafbefreienden und strafmildernden Täterverhalten, Diss. München 1979 (1980); *Bruns* „Widersprüchsvolles" Verhalten des Staates als neuartiges Strafverfolgungsverbot und Verfahrenshindernis, insbesondere beim tatprovozierenden Einsatz polizeilicher Lockspitzel, NStZ **1983** 49; *Bülte* Zur Verhältnismäßigkeit der Notwehr und Art. 103 Abs. 2 GG als Schranken-Schranke, NK **2016** 172; *v. Danwitz* Staatliche Straftatbeteiligung, Habil. Bonn 2001 (2005); *Dencker* Zur Zulässigkeit staatlich gesteuerter Deliktsbeteiligung, Festschrift Dünnebier (1982) 447; *Esser* Anm. zu BGH Urt. v. 7.12.2017 – 1 StR 320/17, NStZ **2018** 355; *Fischer/Maul* Tatprovozierendes Verhalten als polizeiliche Ermittlungsmaßnahme, NStZ **1992** 7; *Franzheim* Der Einsatz von Agents provocateurs zur Ermittlung von Straftätern, NJW **1979** 2014; *Hirsch* Die Stellung von Rechtfertigung und Entschuldigung im Verbrechenssystem aus deutscher Sicht, in Eser/Perron (Hrsg.) Rechtfertigung und Entschuldigung Bd. III (1991) S. 27; *Jäger* Polizeilich initiierter Tatendrang JA **2015** 473; *Arthur Kaufmann* Zur Frage der Beleidigung von Kollektivpersönlichkeiten, ZStW **72** (1960) 418; *Hilde Kaufmann* Strafanspruch, Strafklagerecht, Habil. Bonn 1968; *Kinzig* Bewegung in der Lockspitzelproblematik nach der Entscheidung des EGMR: Muß die Rechtsprechung ihre strikte Strafzumessungslösung verabschieden? STV **1999** 288; *Kohlhaas* Irrtum über das Vorliegen oder Nichtvorliegen von persönlichen Strafausschließungsgründen, ZStW **70** (1958) 217; *Korn* Defizite bei der Umsetzung der EMRK im deutschen Strafverfahren (2005); *Lüderssen* Verbrechensprophylaxe durch Verbrechensprovokation? Festschrift Peters (1974) 349; *Meyer/Wohlers* Tatprovokation quo vadis – zur Verbindlichkeit des EGMR (auch) für das deutsche Strafprozessrecht, JZ **2015** 761; *Peters* Zur Lehre von den persönlichen Strafausschließungsgründen, JR **1949** 496; *Roxin* Rechtfertigungs- und Entschuldigungsgründe in Abgrenzung von sonstigen Strafausschließungsgründen, JuS **1988** 425; *ders.* Anm. zu BGH Urt. v. 18.11.1999 – 1 StR 221/99, JZ **2000** 369; *ders.* Die strafrechtliche Beurteilung der elterlichen Züchtigung, JuS **2004** 177; *Satzger* Die Verjährung im Strafrecht, Jura **2012** 433; *ders.* Die persönlichen Strafausschließungsgründe und die Relevanz darauf bezogener Irrtümer, Jura **2017** 649; *Schroeder* Das Strafgesetzbuch als Straffreistellungsgesetzbuch, Festschrift Eser (2005) 181; *Schünemann* Die deutschsprachige Strafrechtswissenschaft nach der Strafrechtsreform im Spiegel des Leipziger Kommentars und des Wiener Kommentars, GA **1986** 293; *Seelmann* Zur materiell-rechtlichen Problematik des V-Mannes – Die Strafbarkeit des Lockspitzels und des Verlockten, ZStW **95** (1983) 797; *Sinn/Maly* Zu den strafprozessualen Folgen einer rechtsstaatswidrigen Tatprovokation – Zugleich Besprechung von EGMR, Urt. v. 23.10.2014 – 54648/09, NStZ **2015** 379; *Sommer* Anm. zu EGMR Urt. v. 9. Juni 1998 – 44/1997/828/1034, NJW **2009** 3564; *Stackelberg* Verjährung und Verwirkung des Rechts auf Strafverfolgung, Festschrift Bockelmann (1979) 759; *Stree* Der Irrtum über die Angehörigeneigenschaft seines Opfers, FamRZ **1962** 55; *ders.* In dubio pro reo (1962); *Tyszkiewicz* Tatprovokation als Ermittlungsmaßnahme, Diss. Bucerius Law School Hamburg 2011 (2014); *Volk* Entkriminalisierung durch Strafwürdigkeitskriterien jenseits des Deliktsaufbaus, ZStW **97** (1985) 871; *v. Weber* Das Ablehnen von Strafe, MDR **1956** 705; *Westendorf* Die Pflicht zur Verhinderung geplanter Straftaten durch Anzeige. Eine kritische Betrachtung der §§ 138, 139 StGB im Kontext der Unterlassungsdelikte, Diss. Göttingen 1998 (1999); *Wolter* Strafwürdigkeit und Strafbedürftigkeit in einem neuen Strafrechtssystem, Festschrift Pötz (1993) 269; *ders.* Verfassungsrecht im Strafprozeß- und Strafrechtssystem, NStZ **1993** 1; *ders.* Verfassungsrechtliche Strafrechts-, Unrechts- und Strafausschließungsgründe im Strafrechtssystem von Claus Roxin, GA **1996** 207; *ders.* Zur Dogmatik und Rangfolge von materiellen Ausschlußgründen, Verfahrenseinstellung, Absehen und Mildern von Strafe, in Wolter/Freund (Hrsg.) Straftat, Strafzumessung und Strafprozess im gesamten Strafrechtssystem (1996) S. 1.

Siehe auch die Schrifttumsangaben zu den objektiven Strafbarkeitsbedingungen bei *T. Walter* LK[12] Vor § 13 Vor Rdn. 131 ff.

I. Grundsätzliches

394   Obwohl eine Handlung tatbestandsmäßig, rechtswidrig und schuldhaft begangen wurde, kann die Strafbarkeit wegen eines Strafausschließungsgrundes entfallen.[1944] Mit den objektiven Strafbarkeitsbedingungen haben Strafausschließungsgründe gemeinsam, dass sie außerhalb von Unrecht und Schuld auf materiellrechtlicher Ebene zu berücksichtigen sind (zu den objektiven Strafbarkeitsbedingungen näher *T. Walter* LK[12] Vor § 13 Rdn. 181 ff). Sie unterscheiden sich lediglich darin, dass bei objektiven Strafbarkeitsbedingungen das Strafbedürfnis erst durch den Eintritt zusätzlicher äußerer Umstände entsteht, während die Strafbarkeit bei Strafausschließungsgründen nur ausnahmsweise ausscheidet (*Hirsch* LK[11] Rdn. 225; *Stratenwerth/Kuhlen* AT § 7 Rdn. 30; *Welzel* Strafrecht § 10 Vd).[1945] Dabei wird verbreitet zwischen *persönlichen* und *sachlichen* Strafausschließungsgründen unterschieden (vgl. *Sch/Schröder/Lenckner/Sternberg-Lieben* Rdn. 131; *Maurach/Zipf* § 35 Rdn. 32 f; *Roxin* AT I § 23 Rdn. 4).[1946] Persönliche Strafausschließungsgründe knüpfen an bestimmte persönliche Eigenschaften und Verhältnisse an und kommen daher nur demjenigen zugute, der diese Voraussetzungen erfüllt (z.B. § 261 Abs. 9 Satz 2; zu deren ratio *Satzger* Jura **2017** 649). Dagegen sind sachliche Strafausschließungsgründe personenunabhängig und gelten folglich für alle Tatbeteiligten (z.B. § 326 Abs. 6).[1947] Darüber hinaus wird zwischen *Strafausschließungs-* und *Strafaufhebungsgründen* differenziert (vgl. *Jescheck/Weigend* § 52 II; *Baumann/Weber/Mitsch/Eisele* § 19 Rdn. 2, 11; *Sch/Schröder/Lenckner/Sternberg-Lieben* Rdn. 133; *Wessels/Beulke/Satzger* Rdn. 778 ff).[1948] Zu den Strafausschließungsgründen werden Umstände gezählt, die schon zur Zeit der Tat vorliegen müssen. Dagegen soll ein Strafaufhebungsgrund die bereits begründete Strafbarkeit rückwirkend beseitigen (nach h.M. etwa der Rücktritt vom Versuch). Diese Unterscheidung ist insofern wenig ergiebig, als es in beiden Fällen lediglich darauf ankommt, ob im Zeitpunkt der rechtlichen Beurteilung eine Strafbarkeit gegeben ist.[1949] In jedem Fall lässt sich der Begriff „Strafausschließungsgründe" als zusammenfassender Oberbegriff für Strafausschließungsgründe im engeren Sinne und Strafaufhebungsgründe verwenden. Im Gegensatz zu Schuldausschließungs- und Entschuldigungsgründen lassen sich Strafausschließungsgründe nicht aus allgemeinen dogmatischen Prinzipien herleiten. Sie sind allein dem Gesetz zu entnehmen, da die Frage, inwieweit die Strafbarkeit eines tatbestandsmäßigen, rechtswidrigen und schuldhaften Verhaltens ausnahmsweise entfallen soll, eine rein gesetzgeberische Wertentscheidung

---

1944   Einen systematischen Überblick zu den „Straffreistellungsgründen" bietet *Schroeder* FS Eser, 181 ff. Ohne Gefolgschaft geblieben ist bisher der Versuch von *Bülte* NK **2016** 172, 179 ff, im Falle unverhältnismäßiger Verteidigung § 32 als Strafausschließungsgrund zu etablieren.
1945   Ebenso *Paeffgen/Zabel* NK Rdn. 298; *Roxin* AT I § 23 Rdn. 3, 5.
1946   Siehe auch *Schmidhäuser* StuB 9/13 f; vgl. ferner *Paeffgen/Zabel* NK Rdn. 302.
1947   Näher zur Abgrenzung s. Baumann/Weber/*Mitsch*/Eisele § 19 Rdn. 10 f.
1948   Ebenso *Fischer* Rdn. 17; *Lackner/Kühl/Kühl* Vor § 13 Rdn. 29; *Rogall* SK Vor § 19 Rdn. 68 ff; *Satzger* Jura **2017** 649, 652; *Waßmer* AnwK § 28 Rdn. 15; vgl. auch *Roxin* AT I § 23 Rdn. 4.
1949   **Kritisch** hinsichtlich der Terminologie daher *Hirsch* LK[11] Rdn. 225; *Paeffgen/Zabel* NK Rdn. 303; *Volk* ZStW **97** (1985) 871, 882 f.

betrifft (so bereits *Hirsch* LK[11] Rdn. 225).[1950] In der Regel liegt dieser Wertentscheidung jedoch entweder das Fehlen eines Bestrafungsbedürfnisses oder eine außerstrafrechtliche Interessenabwägung zugrunde (vgl. *Sch/Schröder/Lenckner/Sternberg-Lieben* Rdn. 128 m.w.N.). Ebenso wie die objektiven Strafbarkeitsbedingungen unterliegen die Strafausschließungsgründe dem Strengbeweisverfahren nach den §§ 244 ff StPO und der Notwendigkeit einer Zweidrittelmehrheit bei allen dem Angeklagten nachteiligen Entscheidungen des Gerichts (§ 263 StPO). Von den Strafausschließungsgründen sind die Fälle des Absehens von Strafe zu unterscheiden; bei diesen erfolgt kein Freispruch, sondern ein Schuldspruch ohne Strafausspruch.[1951]

II. Positiv- und Negativbeispiele

Um Strafausschließungsgründe handelt es sich insbesondere in **folgenden Fällen:** die **Indemnität** gem. Art. 46 Abs. 1 GG, § 36;[1952] die Fälle des **Rücktritts vom Versuch**;[1953] die Fälle der **tätigen Reue**;[1954] die **Erweislichkeit der Wahrheit** in § 186 (vgl. BGHSt 11 273, 274 [„ist die Nichterweislichkeit Bedingung der Strafbarkeit, die Beweisbarkeit Strafausschließungsgrund"]; RGSt 62 83, 95; 65 422, 425);[1955] die Regelungen der **§§ 218 Abs. 4 Satz 2, 218b Abs. 1 Satz 3, 218c Abs. 2 und 219b Abs. 2** (*Rogall* SK Vor § 19 Rdn. 70); die **Beteiligung an der Vortat** in § 257 Abs. 3 (*Hoyer* SK § 257 Rdn. 31 m.w.N.) und § 261 Abs. 9 Satz 2 (BGHSt **48** 240, 245; BGH NJW **2000** 3725); nach h.M. auch die **offensichtliche Ungefährlichkeit** in § 326 Abs. 6[1956] sowie die **Selbstanzeige** nach § 371 AO (*Bott* NJW **2010** 2146 Rdn. 5: „persönlicher Strafaufhebungsgrund").[1957] Zu den Strafaufhebungsgründen werden weiterhin die **Begnadigung**, die **Amnestie** und der

395

1950 Hierzu **kritisch** *Paeffgen/Zabel* NK Rdn. 298. Siehe zur Problematik auch *Bloy* Strafausschließungsgründe. S. 16 ff, 30 ff; *Roxin* JuS **1988** 425, 432; *ders.* JuS **2004** 177, 180.
1951 Vgl. dazu v. *Weber* MDR **1956** 705, 707; weiterhin Baumann/Weber/Mitsch/Eisele § 19 Rdn. 4 f m.w.N.
1952 Ebenso *Häger* LK[12] § 35 Rdn. 9; *Hoyer* SK § 36 Rdn. 1, 8; *Lackner/Kühl/Kühl* Vor § 13 Rdn. 29, § 36 Rdn. 3; *Sch/Schröder/Lenckner/Sternberg-Lieben* Rdn. 130a f; *Sch/Schröder/Perron* § 36 Rdn. 1; *Matt/Renzikowski/Renzikowski* Vor § 13 Rdn. 48; *Roxin* AT I § 23 Rdn. 26 (objektiver Strafausschließungsgrund); zust. *Neumann* NK § 36 Rdn. 3; *Paeffgen/Zabel* NK Rdn. 300; *Fischer* Rdn. 17, § 36 Rdn. 2; *Wessels/Beulke/Satzger* Rdn. 779. **Abw.** *Jakobs* 10/16 (Tatbestandsausschluss); *Köhler* AT S. 242 (Rechtfertigung); *Schünemann* GA **1986** 293, 304 („Tolerierbarkeitsgrund").
1953 So auch *Sch/Schröder/Eser/Bosch* § 24 Rdn. 4; *Lackner/Kühl/Kühl* Vor § 13 Rdn. 29, § 24 Rdn. 1; *Matt/Renzikowski/Renzikowski* Vor § 13 Rdn. 49 *Sch/Schröder/Lenckner/Sternberg-Lieben* Rdn. 133; *Paeffgen/Zabel* NK Rdn. 303; *Fischer* Rdn. 17, § 24 Rdn. 2; *SSW/Kudlich/Schuhr* § 24 Rdn. 5; *Wessels/Beulke/Satzger* Rdn. 780. **Abw.** etwa *Roxin* AT I § 23 Rdn. 17 („Verantwortungsausschluss"); *Rogall* SK Vor § 19 Rdn. 72, § 24 Rdn. 6 m.w.N. (Entschuldigungsgrund); *Zaczyk* NK § 24 Rdn. 6 m.w.N. (Schuldaufhebungsgrund).
1954 Ebenso *Matt/Renzikowski/Renzikowski* Vor § 13 Rdn. 49; *Lackner/Kühl/Kühl* Vor § 13 Rdn. 29; *Paeffgen/Zabel* NK Rdn. 303; *Fischer* Rdn. 58; *Wessels/Beulke/Satzger* Rdn. 780. **Abw.** etwa *Roxin* AT I § 23 Rdn. 17.
1955 Ferner *Hirsch* LK[11] Rdn. 226; *Hilgendorf* LK[12] § 186 Rdn. 12; Sch/*Schröder/Lenckner/Sternberg-Lieben* Rdn. 130, § 186 Rdn. 1, 10 m.w.N. **Abw.** etwa *Arth. Kaufmann* ZStW **72** (1960) 418, 437; *Maurach/Schroeder/Maiwald* I § 25 Rdn. 20; *Roxin* AT I § 23 Rdn. 18 ff. Näher hierzu auch *Hirsch* Ehre und Beleidigung, Habil. Bonn 1967 S. 170 ff.
1956 *Lackner/Kühl/Heger* § 326 Rdn. 12; *Sch/Schröder/Lenckner/Sternberg-Lieben* Rdn. 130; *Sch/Schröder/Heine/Hecker* Vor § 324 Rdn. 10, § 326 Rdn. 17; *Fischer* § 326 Rdn. 58. **Abw.** *Steindorf* LK[11] § 326 Rdn. 144 („Straffreierklärung eigener Art").
1957 Vgl. *Tipke/Lang/Seer* Steuerrecht 23. Aufl. (2018) § 23 Rdn. 54; Hübschmann/Hepp/Spitaler/*Beckemper* AO/FGO 234. Lfg. August 2015 § 371 AO Rdn. 23; jew. m.w.N.; *Wessels/Beulke/Satzger* Rdn. 779.

396 Zur Rechtswidrigkeit staatlicher Vollzugsakte als Strafausschließungsgrund bei fremdrechts-akzessorischen Strafnormen (etwa bei strafbewährten Verstößen gegen Verwaltungsakte, Auflagen oder öffentlich-rechtliche Verträge, vgl. § 330d Abs. 1 Nr. 4) s. *Sch/Schröder/Lenckner/Sternberg-Lieben* Rdn. 130; *Paeffgen/Zabel* NK Rdn. 301; jew. m.w.N. Zur Strafaufhebung aufgrund der Rückwirkung zivilrechtlicher Erklärungen (insbesondere bei der Anfechtung) s. *Fischer* Rdn. 17b m.w.N.

Tod des Täters gezählt (im Einzelnen umstritten, vgl. die Nachweise bei *Sch/Schröder/Lenckner/Sternberg-Lieben* Rdn. 133; *Paeffgen/Zabel* NK Rdn. 303; *Fischer* Rdn. 17).

397 **Keinen Strafausschließungsgrund**, sondern einen Entschuldigungsgrund stellt dagegen die **Notwehrüberschreitung** nach § 33 dar (h.M., s. Rdn. 344). Gleiches gilt für das **Angehörigenprivileg** in § 139 Abs. 3 Satz 1 und § 258 Abs. 6, da diese Vorschriften dem Motivationsdruck des in einer notstandsähnlichen Situation befindlichen Angehörigen Rechnung tragen (anders die h.M., s. Rdn. 352). Auch der Fall der tatbestandsmäßigen Strafvereitelung bei **persönlicher Selbstbegünstigung** gem. § 258 Abs. 5 stellt einen Entschuldigungsgrund dar (anders die h.M., s. Rdn. 351). Beim **Minderjährigenprivileg** in § 173 Abs. 3 handelt es sich entgegen der h.M. ebenfalls um einen Entschuldigungsgrund, weil es um Fälle nicht hinreichender Fähigkeit zu normgemäßem Verhalten geht (s. Rdn. 352). Dagegen bildet die **Verantwortungsfreiheit für parlamentarische Berichte** (Art. 42 Abs. 3 GG, § 37) bereits einen Rechtfertigungsgrund, weil wahrheitsgetreue parlamentarische Berichterstattung sonst unzulässig und damit etwa der Notwehr ausgesetzt sein könnte (OLG Braunschweig NJW **1953** 516f; *Jakobs* 16/30f; *Roxin* AT I § 23 Rdn. 14).[1958] Auch bei dem in § 139 Abs. 2 und 3 Satz 2 und 3 geregelten **Privileg der Geistlichen, Rechtsanwälte, Verteidiger, Ärzte etc. und ihrer Gehilfen** handelt es sich nicht um einen Strafausschließungsgrund, sondern um einen Rechtfertigungsgrund (s. Rdn. 305). In den Fällen des **§ 139 Abs. 4** liegt nach richtiger Auffassung bereits ein Tatbestandsausschluss vor (*Bloy* Strafausschließungsgründe S. 140, 212; *Ostendorf* NK § 139 Rdn. 9).[1959] Da es nämlich entscheidend nur auf die Verhinderung der Rechtsgutsverletzung ankommt, eröffnet das Gesetz dem Pflichtigen eine Wahlmöglichkeit, ob er Anzeige erstattet oder den Eintritt des Erfolges auf andere Weise verhindert. Keine Strafausschließungsgründe, sondern Verfahrensvoraussetzungen sind außerdem die **Immunität** nach Art. 46 Abs. 2 bis 4 GG und die **Exterritorialität** nach §§ 18ff GVG (s. Rdn. 402). Umstritten ist ferner, ob die Tatsache, dass eine Straftat durch polizeiliche Lockspitzel provoziert wurde, zu einem Strafausschließungsgrund führen kann (**abl.** und [ehemals] für eine bloße Strafmilderung BGHSt **32** 345, 352ff; vgl. *Paeffgen/Zabel* NK Rdn. 300 m.w.N.; zur jüngeren Entwicklung s. Rdn. 401).

[1958] Ferner *Neumann* NK § 37 Rdn. 2; *Joecks* MK § 37 Rdn. 2. Für sachlichen Strafausschließungsgrund dagegen Baumann/Weber/Mitsch/*Eisele* § 5 Rdn. 20; *Fischer* § 37 Rdn. 1; *Jescheck/Weigend* § 19 II 3; *Lackner/Kühl/Kühl* § 37 Rdn. 1; *Sch/Schröder/Lenckner/Sternberg-Lieben* Rdn. 130a f; *Sch/Schröder/Perron* § 37 Rdn. 1; **aA** *Gropp* AT § 7 Rdn. 23 („persönlicher Strafausschließungsgrund mit sachbezogenem Hintergrund").

[1959] Ebenso *Jescheck/Weigend* § 52 II 2; *Sch/Schröder/Sternberg-Lieben* § 139 Rdn. 6; *Westendorf* Pflicht zur Verhinderung S. 263ff. **Abw.** und für die Einordnung als persönlichen Strafaufhebungsgrund *Lackner/Kühl/Kühl* § 139 Rdn. 4; *Maurach/Schroeder/Maiwald* II § 98 Rdn. 27; *Fischer* § 139 Rdn. 11; *Welzel* Strafrecht § 76 I 4b. S. auch *Hirsch* LK[11] Rdn. 227, der danach differenziert, ob eine Anzeige nach § 138 noch rechtzeitig wäre (dann Tatbestandsausschluss) oder ob es für eine entsprechende Anzeige zu spät ist (dann Strafausschließungsgrund). Es erscheint jedoch wenig einsichtig, dass dasselbe Verhalten – nämlich das Unterlassen der Erfolgsabwendung im Sinne des § 139 Abs. 4 – je nach Zeitpunkt rechtlich unterschiedlich zu bewerten sein soll.

III. Irrtum über Strafausschließungsgründe

Wie ein **Irrtum über Strafausschließungsgründe** zu behandeln ist, ist umstritten.[1960] **398** Richtigerweise ist die irrige Annahme eines Strafausschließungsgrundes als bloßer Irrtum über die Strafbarkeit *unbeachtlich* (BGHSt **23** 281; OLG Stuttgart MDR **1970** 162; RGSt **61** 270, 271).[1961] Dagegen hält die wohl **h.L.**[1962] einen Irrtum über solche Strafausschließungsgründe für *beachtlich*, die im Schuldbereich wurzeln und die hier deshalb bereits als Entschuldigungsgründe eingestuft werden (z.B. § 258 Abs. 6; s. Rdn. 397). Eben diese Differenzierung spricht jedoch dafür, dass es sich bei diesen angeblichen Strafausschließungsgründen in Wahrheit um Entschuldigungsgründe handelt (s.o. Rdn. 351f, 397). Daher ist § 35 Abs. 2 analog anzuwenden (vgl. Rdn. 341).[1963] Nimmt der Täter allerdings an, sein Verhalten sei schon gar nicht rechtswidrig, so liegt ein Verbotsirrtum nach § 17 vor.

IV. In dubio pro reo

Der Satz **in dubio pro reo** gilt grundsätzlich auch hinsichtlich der Strafausschlie- **399** ßungsgründe, da diese materiellrechtlicher Natur sind (BayObLG NJW **1961** 1222; *Roxin/ Schünemann* Strafverfahrensrecht § 45 Rdn. 59; Baumann/Weber/Mitsch/*Eisele* § 28 Rdn. 8; *Sch/Schröder/Lenckner/Sternberg-Lieben* Rdn. 134; *Stree* In dubio pro reo S. 59; unzutreffend OGHSt **2** 117, 126). Ausnahmen ergeben sich lediglich dort, wo der Strafausschluss gerade von der positiven Feststellung bestimmter Umstände abhängt. So muss etwa bei § 186 die Wahrheit der behaupteten Tatsache positiv feststehen,[1964] während bei § 326 Abs. 6 die Tathandlung zweifellos ungefährlich sein muss.[1965]

E. Verfahrensvoraussetzungen

Verfahrensvoraussetzungen bzw. Verfahrenshindernisse betreffen nicht die Straf- **400** barkeit der Tat; von ihrem Vorliegen bzw. Nichtvorliegen hängt vielmehr die Zulässigkeit der prozessualen Verfolgung ab. Sie sind dem Prozessrecht zuzurechnen. Der betreffende Umstand muss im jeweiligen Zeitpunkt des Verfahrens gegeben sein (Verfahrensvoraussetzung) bzw. fehlen (Verfahrenshindernis). Zu nennen sind insbesondere der **Strafantrag** (§§ 77ff), die **Ermächtigung** (§§ 194 Abs. 4, 77e) und das **Strafverlangen** (§ 77e). Auch die in den §§ 78ff geregelte **Verfolgungsverjährung** wird teilweise als reines Verfahrenshindernis angesehen (so die st. Rspr. seit RGSt **76** 159; *Sch/Schröder/Sternberg-Lieben/Bosch* Vor § 78 Rdn. 3f m.w.N.). Dagegen vertritt die wohl überwiegende Ansicht im Schrifttum eine gemischte materiellrechtlich-prozessuale Theorie (vgl. etwa Baumann/Weber/Mitsch/*Eisele* § 3 Rdn. 3; *Wolter* SK Vor § 78 Rdn. 13),[1966] die mit Rücksicht

---

[1960] Ausführlich zum Streitstand – und für eine analoge Anwendung des § 16 Abs. 2 bei persönlichen Strafausschließungsgründen – *Sch/Schröder/Sternberg-Lieben/Schuster* § 16 Rdn. 34 m.w.N. Eine nach Norm- und Tatsachenirrtum differenzierende Lösung präferiert *Satzger* Jura **2017** 649, 652 m.w.N.
[1961] Ebenso *Roxin* AT I § 23 Rdn. 30; s. ferner Baumann/Weber/Mitsch/*Eisele* § 11 Rdn. 111 und § 19 Rdn. 12f; *Jescheck/Weigend* § 29 V 7 d; *Fischer* § 16 Rdn. 27 m.w.N.
[1962] S. etwa *Sch/Schröder/Lenckner/Sternberg-Lieben* Rdn. 132; *Schaefer* AnwK § 16 Rdn. 23; *Joecks* MK § 16 Rdn. 146 m.w.N.
[1963] Vgl. auch *Hirsch* in Eser/Perron S. 27, 46.
[1964] Näher *Hirsch* Ehre und Beleidigung, Habil. Bonn 1967 S. 170ff.
[1965] Hierzu *Lackner/Kühl/Heger* § 326 Rdn. 12 m.w.N.
[1966] Ebenso *Böckenförde* ZStW **91** (1979) 888, 890; *Satzger* Jura **2012** 433, 435ff; *Saliger* NK Vor §§ 78ff Rdn. 3; *Lackner/Kühl/Kühl* § 78 Rdn. 1; *Fischer* Vor § 78 Rdn. 3; vgl. aus der früheren Rechtsprechung etwa RGSt **66** 328; **59** 197, 199 m.w.N.

auf den Vorrang der prozessualen Wirkung aber ebenfalls nicht zum Freispruch, sondern zur Einstellung des Verfahrens gelangt (*Fischer* Vor § 78 Rdn. 3).[1967] Gestritten wird darüber, ob und ab welchem Einwirkungsgrad eine Tatprovokation durch einen **staatlich gelenkten Lockspitzel** zu einem **Verfahrenshindernis** führt.[1968] Dahinter steht mit der Frage, ob ein Staat „Böses" (Anstiftung zu einer Straftat) tun darf, um „Gutes" (Verbrechensbekämpfung) zu erreichen, ein altes Problem des Staatsrechts.[1969] Weitgehende Einigkeit besteht mittlerweile insoweit, dass eine erhebliche Einwirkung auf den Täter mit dem Zweck, diesen zu einer Tat zu veranlassen, die er andernfalls nicht begangen hätte, ihn in seinem Recht aus Art. 6 Abs. 1 EMRK verletzt.[1970] Welche Rechtsfolge ein solcher Verstoß nach sich zieht, wird indes unterschiedlich bewertet. In der Lit. reicht das Meinungsspektrum von der Annahme eines Beweisverwertungsverbots[1971] über die Forderung eines materiellrechtlichen Strafausschließungsgrundes[1972] bis hin zur Statuierung eines Verfahrenshindernisses.[1973] Der BGH vertrat demgegenüber in st. Rspr. seit 1984 (BGHSt **32** 345, 350 ff; **45** 321, 324 ff; BGH NStZ **2014** 277, 280; **anders** noch BGH NJW **1981** 1626) eine Strafzumessungslösung. In Abweichung von der Rspr. des BGH geht der EGMR davon aus, dass Beweismaterial, welches durch unzulässige Tatprovokation geschaffen wurde, nicht im Rahmen der Strafverfolgung dieser Tat verwendet werden darf. Sichergestellt werden soll dies dadurch, dass „alle durch polizeiliche Anstiftung gewonnenen Beweismittel ausgeschlossen […] oder […] auf andere Weise vergleichbare Ergebnisse herbeigeführt werden", wobei eine Strafmilderung nach Auffassung des Gerichtshofs kompensationsuntauglich ist (EGMR NJW **2015** 3631, 3635). Ob damit eine rechtsstaats- bzw. konventionswidrige Tatprovokation nunmehr regelmäßig zu einem Verfahrenshindernis führt (so der 2. BGH-Strafsenat in BGHSt **60** 276, 290 ff = NJW **2016** 91 m. Anm. *Eisenberg*), ist danach nicht ausgemacht. Wenn aber ein Verfahrenshindernis bloß in „extremen Ausnahmefällen" (so der 1. BGH-Strafsenat in BGH NStZ **2015** 541; BVerfG NJW **2015** 1083 m. Bespr. *Jäger* JA **2015** 473 ff; unentschieden BGH NStZ **2018** 355, 358) bestehen soll, ist im Sinne einer konventionskonformen Kompensation zumindest ein Beweisverwertungsverbot (zu dessen Umfang s. *Meyer/Wohlers* JZ **2015** 761, 764 f m.w.N.) zu fordern.[1974]

401 Verfahrenshindernisse sind auch die **Exterritorialität** gem. §§ 18 ff GVG (BGHSt **14** 137, 139; **32** 275, 276; **33** 97, 98; RGSt **52** 167; OLG Düsseldorf NJW **1986** 2204 f) und die

---

1967 Ausführliche Übersicht über die verschiedenen Verjährungstheorien bei *Bloy* Strafausschließungsgründe S. 180 ff. Überholt ist die materiellrechtliche Theorie, die die Verfolgungsverjährung als reinen Strafaufhebungsgrund ansah (so noch RGSt **12** 434, **40** 88, 90; ebenso *Beling* ZStW **39** [1918] 657, 663 f; *Bloy* aaO S. 180 ff; *v. Stackelberg* FS Bockelmann, 759, 764 f; vgl. auch *Wolter* SK Vor § 78 Rdn. 11 ff m.w.N.).
1968 *Roxin/Schünemann* Strafverfahrensrecht § 37 Rdn. 7 f; eine Diskussion der neueren Rspr. durch *Meyer/Wohlers* JZ **2015** 761 ff.
1969 Bedenken bestehen vor allem mit Blick auf das – zumindest auf den ersten Blick – widersprüchliche staatliche Verhalten im Umgang mit dem Rechtsstaatsprinzip aus Art. 20 Abs. 3 GG, vgl. nur *Tyszkiewicz* Tatprovokation S. 136 f m.w.N.
1970 Zu den Anforderungen an ein tatprovozierendes Verhalten s. EGMR NStZ **1999** 47 – „Teixeira de Castro/Portugal" m. Anm. *Sommer*; EGMR NJW **2009** 3564 – „Ramanauskas/Litauen"; EGMR NJW **2015** 3631 – „Furcht/Deutschland" m. Anm. *Sinn/Maly* NStZ **2015** 379 ff; BGH NStZ **2014** 277; NStZ **2015** 541; NJW **2016** 91, 92 ff; NStZ **2018** 355, 356 f; *Tyszkiewicz* Tatprovokation S. 102 ff; *Korn* Defizite bei der Umsetzung der EMRK im deutschen Strafverfahren S. 131 ff; *Meyer/Wohlers* JZ **2015** 761, 765 f.
1971 *Franzheim* NJW **1979** 2014, 2015; *Fischer/Maul* NStZ **1992** 7, 13; *Kinzig* StV **1999** 288, 292; *Ambos* NStZ **2002** 628, 623; *Lüderssen* FS Peters, 349, 364.
1972 *Roxin* JZ **2000** 369 f; *Wolter* NStZ **1993** 1 ff; *Seelmann* ZStW **95** (1983) 797, 831; *Paeffgen* SK-StPO Anhang zu § 206a Rdn. 28; **abl.** *v. Danwitz* Staatliche Straftatbeteiligung S. 194 ff.
1973 *Dencker* FS Dünnebier, 447, 453; *Bruns* NStZ **1983** 49 ff; m. Einschränkungen *Korn* Defizite bei der Umsetzung S. 152; *Tyszkiewicz* Tatprovokation S. 223 ff m.w.N.
1974 Dahingehend auch BVerfG NJW **2015** 1083, 1086. Zu der bisher ungeklärten Frage, ob dies auch für eine nur mittelbare Tatprovokation gilt, s. *Esser* NStZ **2018** 355, 361 f m.w.N.

Immunität von Abgeordneten, die sich aus Art. 46 Abs. 2–4 GG und den entsprechenden Vorschriften der Landesverfassungen ergibt.[1975] Fehlt eine Verfahrensvoraussetzung bzw. liegt ein Verfahrenshindernis vor, so führt dies nicht etwa zum Freispruch, sondern zur Einstellung des Verfahrens (§ 260 Abs. 3 StPO).

F. Recht der ehemaligen DDR

Zum **Recht der ehemaligen DDR** siehe *Hirsch* LK[11] Rdn. 231 m.w.N.   402

§ 32
Notwehr

(1) Wer eine Tat begeht, die durch Notwehr geboten ist, handelt nicht rechtswidrig.
(2) Notwehr ist die Verteidigung, die erforderlich ist, um einen gegenwärtigen rechtswidrigen Angriff von sich oder einem anderen abzuwenden.

Fassung des früheren bis zum 1.1.1975 geltenden § 53 in seinen beiden ersten Absätzen:
1. *Eine strafbare Handlung ist nicht vorhanden, wenn die Handlung durch Notwehr geboten war.*
2. *Notwehr ist diejenige Verteidigung, welche erforderlich ist, um einen gegenwärtigen, rechtswidrigen Angriff von sich oder einem anderen abzuwenden.*

Mit § 32 StGB – bis auf den Ausdruck „Handlung" statt „Tat" in Abs. 1 – wörtlich übereinstimmend **§ 15 OWiG**.
Wortlaut des **§ 227 BGB:**
1. Eine durch Notwehr gebotene Handlung ist nicht widerrechtlich.
2. Notwehr ist diejenige Verteidigung, welche erforderlich ist, um einen gegenwärtigen, rechtswidrigen Angriff von sich oder einem anderen abzuwenden.

Schrifttum

Adler Nothilfe zugunsten der Umwelt? Diss. Tübingen 1998; *Adomeit* Wahrnehmung berechtigter Interessen und Notwehrrecht, JZ **1970** 495; *Ahlbrecht* Geschichte der völkerrechtlichen Strafgerichtsbarkeit im 20. Jahrhundert, Diss. Hagen 1999; *Alwart* Der Begriff des Motivbündels im Strafrecht, GA **1983** 433; *ders.* Zum Begriff der Notwehr, JuS **1996** 953; *Ambos* Zur strafbefreienden Wirkung des „Handelns auf Befehl" aus deutscher und völkerstrafrechtlicher Sicht, JR **1998** 221; *ders.* Der Allgemeine Teil des Völkerstrafrechts 2. Aufl. (2004); *Amelung* Nochmals: § 34 StGB als öffentlichrechtliche Eingriffsnorm? NJW **1978** 623; *ders.* Die Einwilligung in die Beeinträchtigung eines Grundrechts (1981); *ders.* Das Problem der heimlichen Notwehr gegen die erpresserische Androhung kompromittierender Enthüllungen, GA **1982** 381; *ders.* Zur Kritik des kriminalpoli-

---

[1975] Ebenso *Werle/Jeßberger* LK[12] Vor §§ 3–9 Rdn. 373 f; *Paeffgen/Zabel* Rdn. 300; *Roxin* AT I § 23 Rdn. 57; *Fischer* Rdn. 19. Zur Immunität weiterhin *Welzel* § 11 Vd. Zur Exterritorialität auch Baumann/Weber/Mitsch/*Eisele* § 5 Rdn. 4; *Hoyer* SK § 3 Rdn. 7 f; *Jakobs* 10/13; *Jescheck/Weigend* § 19 III 2 m.w.N.; *Rogall* SK § 19 Rdn. 71; *Fischer* Rdn. 17a; insofern **abw.** *Sch/Schröder/Lenckner/Sternberg-Lieben* Rdn. 130a; *Welzel* § 10 Vd (beide für Strafausschließungsgrund) sowie noch *Sch/Schröder/Eser*[26] Vor §§ 3–7 Rdn. 44 m.w.N. (materiellrechtliche Exemption mit Wirkung eines persönlichen Strafausschließungsgrundes); **anders** jetzt *Sch/Schröder/Eser* Vor §§ 3–9 Rdn. 63 (m.w.N.): „prozessuale Immunität". Näher zur Immunität *Bockelmann* Die Unverfolgbarkeit der Abgeordneten nach deutschem Immunitätsrecht (1951).

tischen Strafrechtssystems von Roxin, JZ **1982** 619; *ders.* Die Rechtfertigung von Polizeivollzugsbeamten, JuS **1986** 329; *ders.* Noch einmal: Notwehr gegen sog. Chantage, NStZ **1998** 70; *ders.* Sein und Schein bei der Notwehr gegen die Drohung mit einer Scheinwaffe, Jura **2003** 91; *ders./Boch* Hausarbeitsanalyse – Strafrecht: Ein Ehestreit mit dem Hockeyschläger, JuS **2000** 261; *ders./Kilian* Zur Akzeptanz des deutschen Notwehrrechts in der Bevölkerung, Festschrift Schreiber (2003) 3; *ders.* Der strafprozessuale Eingriff in ein Grundrechtsgut als Staatsakt, Festschrift Badura (2004) 3; *Andenaes* Normierung der Rechtswidrigkeit als Strafbarkeitsvoraussetzung im neuen norwegischen Strafgesetzbuch? in: Eser/Fletcher (Hrsg.) Rechtfertigung und Entschuldigung Bd. 1 (1987) S. 437; *Archangelskij* Das Problem des Lebensnotstands am Beispiel des Abschusses eines von Terroristen entführten Flugzeugs, Diss. Berlin 2005; *Arzt* Notwehr gegen Erpressung, MDR **1965** 344; *ders.* Der strafrechtliche Schutz der Intimsphäre, Habil. Tübingen 1969 (1970); *ders.* Notwehr, Selbsthilfe, Bürgerwehr, Festschrift Schaffstein (1975) 77; *ders.* Falschaussage mit bedingtem Vorsatz, Festschrift Jescheck (1985) 391; *ders.* Zur Strafbarkeit des Erpressungsopfers, JZ **2001** 1052; *Ashworth* Principles of Criminal Law (1991); *ders.* Grunderfordernisse des Allgemeinen Teils für ein europäisches Sanktionsrecht – Landesbericht England, ZStW **110** (1998) 461; *Bacigalupo* Bemerkungen zu strafrechtlichen Fragen des Verfassungsentwurfs, ZStW **116** (2004) 326; *Backes/Ransiek* Widerstand gegen Vollstreckungsbeamte, JuS **1989** 624; *Baier* Die verschuldete Notwehrlage in strafrechtlicher Beziehung, Diss. Marburg 1926 (1928); *Bassiouni* Crimes against humanity in international criminal law (1992); *Bauknecht/Lüdicke* (Übers.) Das französische Strafgesetzbuch – Code pénal (1999); *Baumann* Notwehr im Straßenverkehr, NJW **1961** 1745; *ders.* Rechtsmißbrauch bei Notwehr, MDR **1962** 349; *ders.* § 53 StGB als Mittel der Selbstjustiz gegen Erpressung? MDR **1965** 346; *Beaucamp* §§ 32, 34 StGB als Ermächtigungsgrundlagen für polizeiliches Eingreifen, JA **2003** 402; *Béguelin* Die Subsidiarität der Notwehr als entscheidendes Kriterium für die Frage, ob Polizeibeamte sich auf § 32 berufen dürfen, GA **2013** 473; *Beisel* Straf- und verfassungsrechtliche Problematiken des finalen Rettungsschusses, JA **1998** 721; *Belling* Die Rechtfertigungsproblematik beim Schwangerschaftsabbruch nach dem 2. Fristenlösungsurteil des Bundesverfassungsgerichts, MedR **1995** 184; *Bender* Der nichtige Verwaltungsakt, DVBl. **1953** 33; *ders.* Rechtmäßigkeit der Amtsausübung, Diss. Freiburg/Br. 1953; *Benfer* Zum Begriff „Rechtmäßigkeit der Amtshandlung" in § 113 III StGB, NStZ **1985** 255; *Bernsmann* Überlegungen zur tödlichen Notwehr bei nicht lebensbedrohlichen Angriffen, ZStW **104** (1992) 290; *Berster* Der subjektive Exzess der Notwehr und Putativnotwehr, GA **2016** 36; *Bertel* Notwehr gegen verschuldete Angriffe, ZStW **84** (1972) 1; *Bertuleit* Verwerflichkeit von Sitzblockaden? JA **1989** 16; *Berz* An der Grenze von Notwehr und Notwehrprovokation, JuS **1984** 340; *Beulke* Die fehlgeschlagene Notwehr zur Sachwertverteidigung, Jura **1988** 641; *Bitzilekis* Die neue Tendenz zur Einschränkung des Notwehrrechts, Diss. Köln 1984; *Blanke* Die subjektiven Rechtfertigungselemente, Diss. Bonn 1960; *Bleckmann* Die Überlagerung des nationalen Strafrechts durch das Europäische Gemeinschaftsrecht, Festschrift Stree/Wessels (1993) 107; *Blei* Probleme des polizeilichen Waffengebrauchs, JZ **1955** 625; *Blum* Rechtfertigungsgründe bei Verkehrsstraftaten und Verkehrsordnungswidrigkeiten, NZV **2011** 378; *Bockelmann* Menschenrechtskonvention und Notwehrrecht, Festschrift Engisch (1969) 456; *ders.* Notwehr gegen verschuldete Angriffe, Festschrift Honig (1970) 19; *ders.* Notrechtsbefugnisse der Polizei, Festschrift Dreher (1977) 235; *Böhm* Die Ex-ante-Betrachtung beim Merkmal der Erforderlichkeit, Diss. Münster 1996; *Börgers* Studien zum Gefahrurteil im Strafrecht (2008); *Born* Die Rechtfertigung der Abwehr vorgetäuschter Angriffe, Diss. Bayreuth 1983 (1984); *Braum* Das „Corpus Juris" – Legitimität, Erforderlichkeit und Machbarkeit, JZ **2000** 493; *v. Bressendorf* Notwehr und notwehrähnliche Lage im Straßenverkehr, Diss. Hamburg 1990; *Bringewat* Der rechtswidrige Befehl, NZWehr **1971** 126; *Brückner* Das Angehörigenverhältnis der Eltern im Straf- und Strafprozeßrecht (2000); *Brugger* Vom unbedingten Verbot der Folter zum bedingten Recht auf Folter? JZ **2000** 165; *Buchkremer* Präventive Verteidigung (2008); *Bülte* Der Verhältnismäßigkeitsgrundsatz im deutschen Notwehrrecht aus verfassungsrechtlicher und europäischer Perspektive, GA **2011** 145; *Bumke* Relative Rechtswidrigkeit, Habil. Berlin 2004; *Burchard* „Räuber oder Gendarm?" Notwehr gegen unangekündigte Hausdurchsuchungen im Spiegel deutsch-amerikanischer Rechtsvergleichung, HRRS **2012** 421; *Burgstaller* Das Fahrlässigkeitsdelikt im Strafrecht (1974); *Burr* Notwehr und staatliches Gewaltmonopol, JR **1996** 230; *Byrd* Mißhandelte Frauen Opfer ihrer Männer und Opfer des Strafrechts, in: Bottke Familie als zentraler Grundwert demokratischer Gesellschaften (1994) S. 117; *Card/Cross/Jones* Criminal Law 15. Aufl. (2001); *Cassese* International Criminal Law (2003); *Cerezo Mir* Die Stellung von Rechtfertigung und Entschuldigung im Verbrechenssystem aus spanischer Sicht, in: Eser/Perron (Hrsg.) Rechtfertigung und Entschuldigung Bd. 3 (1991) S. 9; *Chabert/Sur* Droit pénal général 2. Aufl. (1997); *Clarkson/Keating* Criminal Law: Text and Materials 5. Aufl. (2003); *Constadinidis* „Die actio illicita in causa", Diss. Würzburg 1981 (1982); *Cornils/Greve* (Übers.) Das dänische Strafgesetz 2. Aufl. (2001); *Cornils/Jareborg* (Übers.) Das schwedische Kriminalgesetzbuch (2000); *Cortes*

Rosa Die Funktion der Abgrenzung von Unrecht und Schuld im Strafrechtssystem, in: Schünemann/ de Figueiredo Dias (Hrsg.) Bausteine des europäischen Strafrechts: Coimbra-Symposium für Claus Roxin (1995) S. 183; *Courakis* Zur sozialethischen Begründung der Notwehr, Diss. Freiburg/Br. 1977 (1978); *da Conceiçáo s. Valdágua* Notwehr und Putativnotwehr, in: Schünemann/de Figueiredo Dias (Hrsg.) Bausteine des europäischen Strafrechts: Coimbra-Symposium für Claus Roxin (1995) S. 229; *Dahm/Delbrück/ Wolfrum* Völkerrecht, Bd. I/3 2. Aufl. (2002); *Dannecker* Sanktionen und Grundsätze des Allgemeinen Teils im Wettbewerbsrecht der Europäischen Gemeinschaft, in: Schünemann/Suárez González (Hrsg.) Bausteine des europäischen Wirtschaftsstrafrechts: Madrid Symposium für Klaus Tiedemann (1994) S. 331; *ders.* Strafrecht in der Europäischen Gemeinschaft, JZ **1996** 869; *ders.* Strafrechtlicher Schutz der Finanzinteressen der Europäischen Gemeinschaft gegen Täuschung, ZStW **108** (1996) 577; *ders.* Die Entwicklung des Strafrechts unter dem Einfluß des Gemeinschaftsrechts, Jura **1998** 79; *ders.* Der Allgemeine Teil eines europäischen Strafrechts als Herausforderung für die Strafrechtswissenschaft, Festschrift Hirsch (1999) 141; *ders.* Das Europäische Strafrecht in der Rechtsprechung des Bundesgerichtshofs in Strafsachen, Festgabe BGH 50 (2000) 339; *ders.* Rechtfertigungs- und Entschuldigungsgründe in einem europäischen Allgemeinen Teil, in: Tiedemann (Hrsg.) Wirtschaftsstrafrecht in der Europäischen Union (2002) S. 147; *Dencker* Notwehr gegen Unterlassen, Diss. Mainz 1953; *ders.* Besprechung von Bohnert, Fahrlässigkeitsvorwurf und Sondernorm (JR 1982 6), NStZ **1983** 398; *ders.* Über Gegenwärtigkeit, Festschrift Frisch (2013) 477; *Desportes/Gunehec* Droit Pénal Général 9. Aufl. (2002); *M. Dreher* Objektive Erfolgszurechnung bei Rechtfertigungsgründen, Diss. Mannheim 2003; *Drucks* Notwehr- und Notstandsbefugnis von Hoheitsträgern, Kriminalistik **2007** 697; *Dubber* Einführung in das US-amerikanische Strafrecht (2005); *ders./Hörnle* Criminal Law (2014); *Dubs* Notwehr – Bemerkungen zu StGB Art. 33 anhand von sieben Fällen, SchwZStr. **90** (1973) 337; *Echterhölter* Die Europäische Menschenrechtskonvention in der juristischen Praxis, JZ **1956** 142; *Eggert* Chantage – Ein Fall der Beschränkung des Notwehrrechts? NStZ **2001** 225; *Ehlers* Die Lehre von der Teilrechtsfähigkeit juristischer Personen des öffentlichen Rechts und die Ultra-vires-Doktrin des öffentlichen Rechts (2000); *Eisele* Die „unverschuldete" Beteiligung an einer Schlägerei, ZStW **110** (1998) 69; *ders.* Europäisches Strafrecht – Systematik des Rechtsgüterschutzes durch die Mitgliedstaaten, JA **2000** 991; *ders.* Notwehr, JA **2001** 922; *Eisenberg/Müller* Strafrecht: Geldübergabe auf Video, JuS **1990** 120; *D. Engels* Der partielle Ausschluß der Notwehr bei tätlichen Auseinandersetzungen zwischen Ehegatten, GA **1982** 109; *H.-J. Engels* Die Angriffsprovokation bei der Nothilfe, Diss. Würzburg 1992; *Engisch* Tatbestandsirrtum und Verbotsirrtum bei Rechtfertigungsgründen, ZStW **70** (1958) 566; *Engländer* Vorwerfbare Notwehrprovokation: Strafbarkeit wegen fahrlässiger Tötung aufgrund rechtswidrigen Vorverhaltens trotz gerechtfertigten Handelns, Jura **2001** 534; *ders.* Grund und Grenzen der Nothilfe (2008); *ders.* Pflicht zur Notwehrhilfe, Festschrift Roxin (2011) 657; *ders.* Mitgliedschaft in einem Rockerclub begründet Notwehreinschränkung? Festschrift Wolter (2013) 319; *Erb* Die Schutzfunktion von Art. 103 Abs. 2 GG bei Rechtfertigungsgründen, ZStW **108** (1996) 266; *ders.* Notwehr gegen rechtswidriges Verhalten von Amtsträgern, Festschrift Gössel (2002) 217; *ders.* Aus der Rechtsprechung des BGH zur Notwehr seit 1999, NStZ **2004** 369; *ders.* Notwehr als Menschenrecht, NStZ **2005** 593; *ders.* Notwehr bei präsenter staatlicher Hilfe, Festschrift Nehm (2006) 181; *ders.* Gegen die Inflation der „sozialethischen Einschränkungen" des Notwehrrechts, Festschrift Ebert (2011) 329; *ders.* Zur Aushöhlung des Notwehrrechts durch lebensfremde tatrichterliche Unterstellungen, NStZ **2011** 186; *ders.* Ein Freibrief zur Willkür? GA **2012** 72; *ders.* Rezension von Kilian Die Dresdner Notwehrstudie, GA **2012** 747; *ders.* Feindstrafrecht in der Praxis? Festschrift Wolter (2013) 19; *Erdsiek* Umwelt und Recht, NJW **1962** 2240; *Eser* Irritationen um das „Fernziel", Festschrift Jauch (1990) 35; *ders.* „Defences" in Strafverfahren wegen Kriegsverbrechen, Festschrift Triffterer (1996) 755; *ders.* Verhaltensregeln und Behandlungsnormen, Festschrift Lenckner (1998) 25; *ders.* Rechtfertigung und Entschuldigung im japanischen Recht aus deutscher Perspektive, Festschrift Nishihara (1998) 41; *ders.* Das „Internationale Strafrecht" in der Rechtsprechung des Bundesgerichtshofs, Festgabe BGH 50 (2000) 3; *Etzel* Notstand und Pflichtenkollision im amerikanischen Strafrecht, Diss. Freiburg/Br. 1991 (1993); *Fabrizy* Strafgesetzbuch 8. Aufl. (2002); *Fahl* Kann die Aussetzung eines Kopfgeldes durch Notwehr gerechtfertigt werden? JA **2014** 808; *ders.* Zur Beschränkung der Notwehr auf Rechtsgüter des Angreifers, JA **2016** 805; *Fasten* Die Grenzen der Notwehr im Wandel der Zeit (2011); *Fechner* Grenzen polizeilicher Notwehr, Diss. Hamburg 1991; *Felber* Die Rechtswidrigkeit des Angriffs in den Notwehrbestimmungen, Diss. München 1977 (1979); *Felix* Einheit der Rechtsordnung, Habil. Passau 1997 (1998); *Fletcher* Basic Concepts of Criminal Law (1998); *ders.* Rethinking Criminal Law (2000); *Foregger/Kodek* Strafgesetzbuch 6. Aufl. (1997); *Foth* Neuere Kontroversen um den Begriff des Wahnverbrechens, JR **1965** 366; *Franke* Die Grenzen der Notwehr im französischen, schweizerischen und österreichischen Strafrecht im Vergleich mit der neueren deutschen Entwicklung,

Diss. Freiburg/Br. 1976; *Freund* Richtiges Entscheiden – am Beispiel der Verhaltensbewertung aus der Perspektive des Betroffenen, insbesondere im Strafrecht, GA **1991** 387; *ders*. Actio illicita in causa, GA **2006** 267; *Frisch* Vorsatz und Risiko (1983); *ders*. Grund- und Grenzprobleme des sog. subjektiven Rechtfertigungselements, Festschrift Lackner (1987) 113; *ders*. Zur Problematik und zur Notwendigkeit einer Neufundierung der Notwehrdogmatik, Festschrift Yamanaka (2017) 49; *Frister* Zur Einschränkung des Notwehrrechts durch Art. 2 der Europäischen Menschenrechtskonvention, GA **1985** 553; *ders*. Schuldprinzip, Verbot der Verdachtsstrafe und Unschuldsvermutung als materielle Grundprinzipien des Strafrechts, Diss. Bonn 1986 (1988); *ders*. Die Notwehr im System der Notrechte, GA **1988** 291; *ders*. Erlaubnistatbestandszweifel – Zur Abwägung der Fehlentscheidungsrisiken bei ungewissen rechtfertigenden Umständen, Festschrift Rudolphi (2004) 45; *ders./Korte/Kreß* Die strafrechtliche Rechtfertigung militärischer Gewalt in Auslandseinsätzen auf der Grundlage eines Mandats der Vereinten Nationen, JZ **2010** 10; *Frowein/Peukert* Europäische MenschenRechtsKonvention 3. Aufl. (2009); *Fuchs* Grundfragen der Notwehr, Habil. Wien 1983 (1986); *ders*. Österreichisches Strafrecht Allgemeiner Teil I 3. Aufl. (1998); *Gallas* Zum gegenwärtigen Stand der Lehre vom Verbrechen, ZStW **67** (1955) 3; *ders*. Zur Struktur des strafrechtlichen Unrechtsbegriffs, Festschrift Bockelmann (1979) 155; *Geerds* Das Ende des Tyrannen, Jura **1992** 321; *Geilen* Eingeschränkte Notwehr unter Ehegatten? JR **1976** 314; *ders*. Notwehr und Notwehrexzeß (1. Teil), Jura **1981** 200; *ders*. Notwehr und Notwehrexzeß (2. Teil), Jura **1981** 256; *ders*. Notwehr und Notwehrexzeß (3. Teil), Jura **1981** 308; *ders*. Notwehr und Notwehrexzeß (Schluß), Jura **1981** 370; *Genoni* Die Notwehr im Völkerrecht, Diss. Zürich 1986 (1987); *Geppert* Rechtfertigende „Einwilligung" des verletzten Mitfahrers bei Fahrlässigkeitsstraftaten im Straßenverkehr, ZStW **83** (1971) 947; *ders*. Die subjektiven Rechtfertigungselemente, Jura **1995** 103; *ders*. Notwehr und Irrtum, Jura **2007** 33; *Gillmeister* Bericht über das Kolloquium „Zum Stand der deutschen Verbrechenslehre aus der Sicht einer gemeinrechtlichen Tradition in Europa", ZStW **93** (1981) 1044; *Gimbernat Ordeig* Rechtfertigung und Entschuldigung bei Befreiung aus besonderen Notlagen (Notwehr, Notstand, Pflichtenkollision) im spanischen Strafrecht, in: Eser/Perron (Hrsg.) Rechtfertigung und Entschuldigung Bd. 3 (1991) S. 71; *Göbel* Die Einwilligung im Strafrecht als Ausprägung des Selbstbestimmungsrechts, Diss. Bonn 1990 (1992); *Gössel* Über die Vollendung des Diebstahls, ZStW **85** (1973) 591; *ders*. Über Rechtmäßigkeit befugnisloser strafprozessualer rechtsgutsbeeinträchtigender Maßnahmen, JuS **1979** 162; *ders*. Überlegungen zum Verhältnis von Norm, Tatbestand und dem Irrtum über das Vorliegen eines rechtfertigenden Sachverhalts, Festschrift Trifferer (1996) 93; *Graul* Notwehr oder Putativnotwehr – Wo ist der Unterschied? JuS **1995** 1049; *dies*. Unrechtsbegründung und Unrechtsausschluß, JuS **1995** L 41; *Greve* Criminal Justice in Denmark 4. Aufl. (1991); *ders*. Legal Harmonization in the Field of European Criminal Law, in: Sieber (Hrsg.) Europäische Einigung und Europäisches Strafrecht (1993) S. 107; *Gropengießer* Die Rechtswidrigkeit bei der Sachbeschädigung (§ 303 StGB), JR **1998** 89; *ders*. Das Konkurrenzverhältnis von Notwehr (§ 32 StGB) und rechtfertigendem Notstand (§ 34 StGB), Jura **2000** 262; *Gropp* Das zweite Urteil des Bundesverfassungsgerichts zur Reform der §§ 218 ff – ein Schritt zurück? GA **1994** 149; *ders*. Der Radartechnikerfall – ein durch Menschen ausgelöster Defensivnotstand? GA **2006** 284; *ders*. An der Grenze der Lehre vom personalen Unrecht – Eine Skizze zum Fehlen des subjektiven Rechtfertigungselements, Festschrift Kühl (2014) 247; *Grosse-Wilde* Handlungsgründe und Rechtfertigungsgründe, ZIS **2011** 83; *Grünewald* Notwehreinschränkungen – insbesondere bei provoziertem Angriff, ZStW **122** (2010) 51; *Grünhagen* Antizipierte Notwehr (2005); *Günther* Strafrechtswidrigkeit und Strafunrechtsausschluß, Habil. Trier 1981 (1983); *ders*. Mordunrechtsmindernde Rechtfertigungselemente, JR **1985** 268; *ders*. Der „Versuch" des räuberischen Angriffs auf Kraftfahrer, JZ **1987** 16; *ders*. Strafrechtsdogmatik und Kriminalpolitik im vereinten Deutschland, ZStW **103** (1991) 851; *ders*. Verwerflichkeit von Nötigungen trotz Rechtfertigungsnähe? Festschrift Baumann (1992) 213; *ders*. Warum Art. 103 Abs. 2 GG für Erlaubnissätze nicht gelten kann, Festschrift Grünwald (1999) 213; *Gutmann* Die Berufung auf das Notwehrrecht als Rechtsmißbrauch? NJW **1962** 286; *R. Haas* Notwehr und Nothilfe, Diss. Kiel 1977 (1978); *V. Haas* Kausalität und Rechtsverletzung (2002); *Hall* General Principles of Criminal Law 2. Aufl. (1960); *R. Hassemer* Ungewollte, über das erforderliche Maß hinausgehende Auswirkungen einer Notwehrhandlung, JuS **1980** 412; *W. Hassemer* Die provozierte Provokation oder Über die Zukunft des Notwehrrechts, Festschrift Bockelmann (1979) 225; *ders*. Einführung in die Grundlagen des Strafrechts (1981); *ders*. Rechtfertigung und Entschuldigung. Thesen und Kommentare, in: Eser/Fletcher (Hrsg.) Rechtfertigung und Entschuldigung, Bd. 1 (1987) S. 175; *ders*. Freistellung des Täters aufgrund von Drittverhalten, Festschrift Lenckner (1998) 97; *Haug* Notwehr gegen Erpressung, MDR **1964** 548; *Haverkamp* Zur Tötung von Haustyrannen im Schlaf aus strafrechtlicher Sicht, GA **2006** 586; *Heinrich* Notwehr bei Vorhaltungen im Straßenverkehr, JuS **1994** 17; *ders*. Die Verwendung von Selbstschussanlagen im Lichte des Strafrechts, ZIS **2010** 183; *Hellmann* Die Anwendbarkeit zivilrechtlicher Rechtfertigungsgründe im Strafrecht, Diss. Osnabrück 1986 (1987); *Helmrich* Die Berufung gewerblicher Sicherheitskräfte auf Notwehr und Nothilfe (2008); *Henkel* Zumutbarkeit und Unzumutbarkeit als regulatives Rechtsprinzip, Festschrift Mezger (1954) 249; *Henrichs* Buchbesprechung: „Das Rechtsschutzsystem der Europäischen Menschenrechtskonvention", NJW **1959** 1529; *Hermes/Walther* Schwangerschaftsabbruch zwischen Recht und Unrecht, NJW **1993** 2337; *Herrmann* Die Notwehr im amerikanischen Strafrecht, ZStW **93** (1981) 615; *Herzberg* Garantenpflichten aufgrund gerechtfertigten Vorverhaltens, JuS **1971** 74; *ders.* Die Unterlassung im Strafrecht und das Garantenprinzip, Habil. Köln 1971 (1972); *ders.* Handeln in Unkenntnis einer Rechtfertigungslage, JA **1986** 190; *ders.* Die Sorgfaltswidrigkeit im Aufbau der fahrlässigen und der vorsätzlichen Straftat, JZ **1987** 536; *ders.* Erlaubnistatbestandsirrtum und Deliktsaufbau (Teil 1), JA **1989** 243; *ders./Schlehofer* Der abgebrochene Bankraub – Ein Bericht über eine strafrechtliche Examensklausur, JuS **1990** 559; *ders.* Unrechtsausschluß und Erlaubnistatbestandsirrtum bei versuchter und bei vollendeter Tatbestandserfüllung, Festschrift Stree/Wessels (1993) 203; *ders.* Folter und Menschenwürde, JZ **2005** 321; *Herzog* Feuerspeiende Luxuslimousinen, Gedächtnisschrift Schlüchter (2002) 209; *ders.* Nothilfe für Tiere? JZ **2016** 190; *ders.* Auf der Lauer liegen – „Nothilfe" als Provokation des Rechtsstaats, Festschrift Neumann (2017) 853; *Heuchemer* Der Erlaubnistatbestandsirrtum, Diss. Regensburg 2003 (2005); *Hillenkamp* Vorsatztat und Opferverhalten, Habil. Göttingen 1980 (1981); *ders.* In tyrannos – viktimodogmatische Bemerkungen zur Tötung des Familientyrannen, Festschrift Miyazawa (1995) 141; *ders.* Zum Heimtückemord in Rechtfertigungslagen, Festschrift Rudolphi (2004) 463; *ders.* Zum Notwehrrecht des Arztes gegen „Abtreibungsgegner", Festschrift Herzberg (2008) 483; *Himmelreich* Erforderlichkeit der Abwehrhandlung, Gebotensein der Notwehrhandlung; Provokation und Rechtsmißbrauch; Notwehrexzeß, GA **1966** 129; *ders.* Nothilfe und Notwehr: insbesondere zur sog. Interessenabwägung, MDR **1967** 361; *ders.* Notwehr und unbewußte Fahrlässigkeit, Diss. Köln 1969 (1971); *J. Hinz* Nothilfeverbot durch Befehl? NZWehrr **2011** 144; *W. Hinz* Die fahrlässig provozierte Notwehrlage unter besonderer Berücksichtigung der Rechtsprechung des Bundesgerichtshofes, JR **1993** 353; *Hirsch* Die Notwehrvoraussetzung der Rechtswidrigkeit des Angriffs, Festschrift Dreher (1977) 211; *ders.* Rechtfertigungsfragen und Judikatur des Bundesgerichtshofs, Festgabe BGH 50 (2000) 199; *ders.* Einordnung und Rechtswirkung des Erlaubnissachverhaltsirrtums, Festschrift Schroeder (2006) 223; *Hoffmann/Meliá* (Übers.) Das spanische Strafgesetzbuch – Código Penal (2002); *Hoffmann-Riem* Übergang der Polizeigewalt auf Private? ZRP **1977** 277; *Höpfel/Ratz* (Hrsg.) Wiener Kommentar zum Strafgesetzbuch, 43. Lfg. (§ 3) 2. Aufl. (2003); *Horn* Konkrete Gefährdungsdelikte, Habil. Bonn 1973; *Hoyer* Das Rechtsinstitut der Notwehr, JuS **1988** 89; *ders.* Die strafrechtliche Verantwortlichkeit innerhalb von Weisungsverhältnissen (1998); *ders.* Der Verhältnismäßigkeitsgrundsatz als Strukturelement der Rechtfertigungsgründe, in: Alexy (Hrsg.) Juristische Grundlagenforschung ARSP-Beiheft **104** (2005) 99; *Hruschka* Extrasystematische Rechtfertigungsgründe, Festschrift Dreher (1977) 189; *ders.* Rettungspflichten in Notstandssituationen, JuS **1979** 385; *ders.* Der Gegenstand des Rechtswidrigkeitsurteils nach heutigem Strafrecht, GA **1980** 1; *ders.* Rechtfertigung oder Entschuldigung im Defensivnotstand? NJW **1980** 21; *ders.* Bestrafung des Täters trotz Rechtfertigung der Tat? ZStW **113** (2001) 870; *ders.* Die Notwehr im Zusammenhang von Kants Rechtslehre ZStW **115** (2003) 201; *Huber* Das Zusammentreffen der Europäischen Konvention zum Schutze der Menschenrechte und Grundfreiheiten mit den Grundrechten der Verfassungen, Gedächtnisschrift H. Peters (1967) 375; *ders.* (Hrsg.) Das Corpus Juris als Grundlage eines Europäischen Strafrechts (2000); *Hund* Beteiligung an einer Schlägerei – Ein entbehrlicher Straftatbestand? Diss. Mainz 1988; *Huth* Der sogenannte „gefährliche Befehl" im geltenden Wehrrecht, NZWehr **1988** 252; *Hwang* Die Provokation bei Notwehr, Diss. Mainz 2002 (2003); *Jäger* Zurechnung und Rechtfertigung als Kategorialprinzipien im Strafrecht (2006); *Jahn* Das Strafrecht des Staatsnotstandes, Habil. Frankfurt/M. 2003 (2004); *Jakobs* Nötigung durch Drohung als Freiheitsdelikt, Festschrift Peters (1974) 69; *ders.* Kommentar: Rechtfertigung und Entschuldigung bei Befreiung aus besonderen Notlagen (Notwehr, Notstand, Pflichtenkollision), in: Eser/Nishihara (Hrsg.) Rechtfertigung und Entschuldigung Bd. 4 (1995) S. 143; *ders.* System der strafrechtlichen Zurechnung (2012); *Jareborg* Rechtfertigung und Entschuldigung im schwedischen Strafrecht, in: Eser/Fletcher (Hrsg.) Rechtfertigung und Entschuldigung Bd. 1 (1987) S. 411; *Jescheck* Die europäische Konvention zum Schutze der Menschenrechte und Grundfreiheiten, NJW **1954** 783; *Joecks* Erfolglose Notwehr, Festschrift Grünwald (1999) 251; *Joerden* Der Streit um die Gänsebrust: Selbsthilfe im Strafrecht, JuS **1992** 23; *ders.* Erlaubniskollisionen, insbesondere im Strafrecht, Festschrift Otto (2007) 331; *Jung* Konturen und Perspektiven des europäischen Strafrechts, JuS **2000** 415; *ders./Schroth* Das Strafrecht als Gegenstand der Rechtsangleichung in Europa, GA **1983** 241; *Jungclaussen* Die subjektiven Rechtfertigungselemente beim Fahrlässigkeitsdelikt, Diss. Göttingen 1985 (1987); *Kapp* Bericht über das Kolloquium „Rechtfertigung und Entschuldigung in rechtsvergleichender Sicht – unter besonderer Berücksichtigung des spanischen Strafrechts", ZStW **99** (1987) 924; *Kargl* Die intersubjektive Begründung und Begrenzung der Notwehr, ZStW **110** (1998) 38; *Karl* (Hrsg.) Internationaler Kommentar zur Europäischen Menschenrechtskonvention – Kommentar Ordner 1, 5. Lfg. (2002); *Kasiske* Begründung und Grenzen der Nothilfe, Jura **2004** 832; *Kaspar* Gewaltsame Verteidigung gegen den Erpresser? GA **2007** 36; *ders.* „Rechtsbewährung" als Grundprinzip der Notwehr? RW **2013** 40; *ders.* Strafbarkeit der aufgedrängten Nothilfe, JuS **2014** 769; *Kästner* Unmittelbare Maßnahmen der Gefahrenabwehr, JuS **1994** 361; *Armin Kaufmann* Die Dogmatik der Unterlassungsdelikte, Habil. Bonn 1957 (1959); *ders.* Lebendiges und Totes in Bindings Normentheorie Diss. Göttingen 1954; *ders.* Tatbestandseinschränkung und Rechtfertigung, JZ **1955** 37; *ders.* Zum Stande der Lehre vom personalen Unrecht, Festschrift Welzel (1974) 393; *Arthur Kaufmann* Die Irrtumslehre im Strafgesetz-Entwurf 1962, ZStW **76** (1964) 543; *Kerll* Das englische Notwehrrecht, Diss. Freiburg/Br. 1977; *Kienapfel* Grundriß des österreichischen Strafrechts Allgemeiner Teil 6. Aufl. (1996); *Kilian* Die Dresdner Notwehrstudie (2011); *Kindhäuser* Gefährdung als Straftat, Habil. Freiburg/Br. 1987 (1989); *ders.* Zur Genese der Formel „Das Recht braucht dem Unrecht nicht zu weichen" Festschrift Frisch (2013) 493; *Kinnen* Notwehr und Nothilfe als Grundlagen hoheitlicher Gewaltanwendung, MDR **1974** 631; *Kinzig* Not kennt kein Gebot? ZStW **115** (2003) 791; *Kioupis* Notwehr und Einwilligung, Diss. Saarbrücken 1991 (1992); *Kirchhof* Polizeiliche Eingriffsbefugnisse und private Nothilfe, NJW **1978** 969; *ders.* Unterschiedliche Rechtswidrigkeiten in einer einheitlichen Rechtsordnung (1978); *Kleinherne* Garantenstellung und Notwehrrecht (2014); *Klesczewski* Ein zweischneidiges Recht – Zu Grund und Grenzen der Notwehr in einem vorpositiven System der Erlaubnissätze, Festschrift Wolff (1998) 225; *Klingbeil* Die Not- und Selbsthilferechte (2017); *Klip* Harmonisierung des Strafrechts – eine fixe Idee, NStZ **2000** 626; *Klose* Notrecht des Staates aus staatlicher Rechtsnot, ZStW **89** (1977) 61; *Klug* Konfliktlösungsvorschläge bei heimlichen Tonbandaufnahmen zur Abwehr krimineller Telefonanrufe, Festschrift Sarstedt (1981) 101; *Knoops* Defenses in contemporary international criminal law (2001); *B. Koch* Prinzipientheorie der Notwehreinschränkungen, ZStW **104** (1992) 785; *ders.* Überlegungen zur Rechtmäßigkeit der Verteidigung in Notwehr bei unvermeidbarem Eingriff in Rechte Dritter, ZStW **122** (2010) 804; *M. Koch* Die aufgedrängte Nothilfe im Strafrecht, Diss. Regensburg 2003; *Kölbel* Das Rechtsmissbrauchs-Argument im Strafrecht, GA **2005** 36; *Koriath* Das Brett des Karneades, JA **1998** 250; *ders.* Einige Gedanken zur Notwehr, Festschrift Müller-Dietz (2001) 361; *ders.* Einschränkung des deutschen Notwehrrechts (§ 32 StGB) durch Art. 2 IIa EMRK? in: Ranieri (Hrsg.) Die Europäisierung der Rechtswissenschaft (2002) S. 47; *Marcus Korte* Das Handeln auf Befehl als Strafausschließungsgrund, Diss. Düsseldorf 2003 (2004); *Matthias Korte* Der Einsatz des Strafrechts zur Bekämpfung der internationalen Korruption, wistra **1999** 81; *Krack* Zum Inhalt der subjektiven Rechtfertigungselemente, Festschrift Loos (2010) 145; *Kratzsch* Grenzen der Strafbarkeit im Notwehrrecht, Diss. Köln 1967 (1968); *ders.* § 53 StGB und der Grundsatz nullum crimen sine lege, GA **1971** 65; *ders.* Das (Rechts-)Gebot zu sozialer Rücksichtnahme als Grenze des strafrechtlichen Notwehrrechts, JuS **1975** 435; *ders.* Der „Angriff" – ein Schlüsselbegriff des Notwehrrechts, StV **1987** 224; *Krause* Zur Problematik der Notwehr, Festschrift Bruns (1978) 71; *ders.* Zur Einschränkung der Notwehrbefugnis, GA **1979** 329; *ders.* Notwehr bei Angriffen Schuldloser und bei Bagatellangriffen, Gedächtnisschrift H. Kaufmann (1986) 673; *ders.* Gedanken zur Nötigung und Erpressung durch Rufgefährdung (Chantage), Festschrift Spendel (1992) 547; *Krauß* Das Recht braucht dem Unrecht nicht zu weichen, Festschrift Puppe (2011) 635; *Kress* War crimes committed in non-international armed conflict and the emerging system of international criminal justice, Israel Yearbook on Human Rights **30** (2000) 103; *B. Kretschmer* Notwehr im Showdown, Jura **2012** 189; *J. Kretschmer* Die nichteheliche Lebensgemeinschaft in ihren strafrechtlichen und strafprozessualen Problemen, JR **2008** 51; *ders.* Die Rechtfertigungsgründe als Topos der objektiven Zurechnung, NStZ **2012** 177; *Kreuzer* Aktuelle Fragen der Briefkontrolle bei Untersuchungsgefangenen, NJW **1973** 1261; *Krey* Studien zum Gesetzesvorbehalt im Strafrecht (1977); *ders.* Literaturbericht: Strafrecht – Allgemeiner Teil (Rechtswidrigkeit), ZStW **90** (1978) 173; *ders.* Zur Einschränkung des Notwehrrechts bei der Verteidigung von Sachgütern, JZ **1979** 702; *ders./W. Meyer* Zum Verhalten von Staatsanwaltschaft und Polizei bei Delikten mit Geiselnahme, ZRP **1973** 1; *Kroß* Notwehr bei Schweigegelderpressung, Diss. Potsdam 2003 (2004); *Krümpelmann* Stufen der Schuld beim Verbotsirrtum, GA **1968** 129; *Kruse* Strafbefreiungsgründe im dänischen Strafrecht, insbesondere Einwilligung, in: Eser/Fletcher (Hrsg.) Rechtfertigung und Entschuldigung Bd. 1 (1987) S. 645; *Kühl* Die Beendigung des vorsätzlichen Begehungsdelikts, Diss. Heidelberg 1972 (1974); *ders.* Sitzblockaden vor dem Bundesverfassungsgericht, StV **1987** 122; *ders.* Der Einfluß der Europäischen Menschenrechtskonvention auf das Strafrecht und Strafverfahrensrecht der Bundesrepublik Deutschland (Teil I), ZStW **100** (1988) 406; *ders.* Der Einfluß der Europäischen Menschenrechtskonvention auf das Strafrecht und Strafverfahrensrecht der Bundesrepublik Deutschland (Teil II), ZStW **100** (1988)

601; *ders.* „Sozialethische" Einschränkungen der Notwehr, Jura **1990** 244; *ders.* Die „Notwehrprovokation", Jura **1991** 57; *ders.* Die „Notwehrprovokation" (Schluß), Jura **1991** 175; *ders.* Angriff und Verteidigung bei der Notwehr (I), Jura **1993** 57; *ders.* Angriff und Verteidigung bei der Notwehr (II), Jura **1993** 118; *ders.* Angriff und Verteidigung bei der Notwehr (Schluß), Jura **1993** 233; *ders.* Notwehr und Nothilfe, JuS **1993** 177; *ders.* Die Notwehr: Ein Kampf ums Recht oder Streit, der missfällt? Festschrift Triffterer (1996) 149; *ders.* Europäisierung der Strafrechtswissenschaft, ZStW **109** (1997) 777; *ders.* Die gebotene Verteidigung gegen provozierte Angriffe, Festschrift Bemmann (1997) 193; *ders.* Freiheit und Solidarität bei den Notrechten, Festschrift Hirsch (1999) 259; *ders.* „Sozialethische" Argumente im Strafrecht, JRE Bd. **11** (2003) 219; *ders.* Strafrecht in Anlehnung an Ethik/Moral, Festschrift Otto (2007) 63; *ders.* Anmerkungen zum Bestimmtheitsgrundsatz, Festschrift Seebode (2008) 61; *Kuhlen* Ausschluß der objektiven Zurechnung bei Mängeln der wirklichen und der mutmaßlichen Einwilligung, Festschrift Müller-Dietz (2001) 431; *ders.* Objektive Zurechnung bei Rechtfertigungsgründen, Festschrift Roxin (2001) 331; *ders.* Einschränkungen der Verteidigungsbefugnis bei der Nothilfe, GA **2008** 282; *ders.* Kongruenz zwischen Erfüllung des objektiven du des subjektiven Tatbestands bei Rechtfertigungsgründen, Festschrift Beulke (2015) 153; *Kühne* Zum Einfluß des Gemeinschaftsrechts auf das nationale Strafrecht, JZ **1998** 1070; *Kunz* Die organisierte Nothilfe, ZStW **95** (1983) 973; *ders.* Die automatisierte Gegenwehr, GA **1984** 539; *Küper* Der „verschuldete" rechtfertigende Notstand (1983); *ders.* Noch einmal: Rechtfertigender Notstand, Pflichtenkollision und übergesetzliche Entschuldigung, JuS **1971** 474; *ders.* Tötungsverbot und Lebensnotstand, JuS **1981** 785; *ders.* Der entschuldigende Notstand – ein Rechtfertigungsgrund? JZ **1983** 88; *ders.* Grundsatzfragen der „Differenzierung" zwischen Rechtfertigung und Entschuldigung, JuS **1987** 81; *ders.* Immanuel Kants Kritik des Notrechts, Festschrift Wolff (1998) 285; *Küpper* Die „Abwehrprovokation", JA **2001** 438; *Ladiges* Nochmals: Notwehr gegen Schwangere Echo zu Mitsch, JR 2006, S. 450 ff JR **2007** 104; *ders.* Erlaubte Tötungen, JuS **2011** 879; *LaFave* Substantive Criminal Law, Bd. 2 2. Aufl. (2003); *ders./Scott* Criminal Law 3. Aufl. (2000); *Lagodny* Notwehr gegen Unterlassen, GA **1991** 300; *ders.* Strafrecht vor den Schranken der Grundrechte, Habil. Freiburg/Br. 1995 (1996); *ders.* Legitimation und Bedeutung des Ständigen Internationalen Strafgerichtshofes, ZStW **113** (2001) 800; *A. Lange* Zum Bewertungsirrtum über die Rechtswidrigkeit des Angriffs, Diss. Würzburg 1993 (1994); *R. Lange* Der „gezielte Todesschuß", JZ **1976** 546; *W. Lange* Probleme des polizeilichen Waffengebrauchsrechts, MDR **1974** 357; *Langsted/Garde/Greve* Criminal Law in Denmark 1. Aufl. (1998); *Lauth* Antizipierte Notwehr, Diss. Köln 2004; *Lehleiter* Der rechtswidrige verbindliche Befehl, Diss. München 1994 (1995); *Lenckner* Notwehr bei provoziertem und verschuldetem Angriff, GA **1961** 299; *ders.* Die Rechtfertigungsgründe und das Erfordernis pflichtgemäßer Prüfung. Festschrift H. Mayer (1966) 165; *ders.* Der rechtfertigende Notstand, Habil. Tübingen 1964 (1965); *ders.* „Gebotensein" und „Erforderlichkeit" der Notwehr, GA **1968** 1; *ders.* Der „rechtswidrige verbindliche Befehl" im Strafrecht – nur noch ein Relikt? Festschrift Stree/Wessels (1993) 223; *Lenz* Die Diensthandlung und ihre Rechtmäßigkeit in § 113 StGB, Diss. Bonn 1987; *Lerche* Der gezielt tödlich wirkende Schuss nach künftigem einheitlichen Polizeirecht – Zum Verhältnis hoheitlicher Eingriffsbefugnisse zu den allgemeinen Notrechten, Festschrift vd Heydte Bd. II (1977) 1033; *Lesch* Notwehr, JA **1996** 833; *ders.* Notwehrrecht und Beratungsschutz (2000); *ders.* Die Notwehr, Festschrift Dahs (2005) 81; *Levasseur u.a.* Droit pénal général et procédure pénal 13. Aufl. (1999); *Lewisch* Recht auf Leben (Art. 2 EMRK) und Strafgesetz, Festschrift Platzgummer (1995) 381; *Lilie* Zur Erforderlichkeit der Verteidigungshandlung, Festschrift Hirsch (1999) 277; *Lindemann/Reichling* Die Behandlung der so genannten Abwehrprovokation nach den Grundsätzen der actio illicita in causa, JuS **2009** 496; *Loos* Zum Inhalt der subjektiven Rechtfertigungselemente, Festschrift Oehler (1985) 227; *ders.* Zur Einschränkung der Notwehr in Garantenbeziehungen, JuS **1985** 859; *ders.* Zur Einschränkung des Notwehrrechts wegen Provokation, Festschrift Deutsch (1999) 233; *Lüderssen* Erfolgszurechnung und „Kriminalisierung", Festschrift Bockelmann (1979) 181; *ders.* Notwehrelemente in der Strafe – Strafelemente in der Notwehr, in: Institut für Kriminalwissenschaften Frankfurt/M. (Hrsg.) Vom unmöglichen Zustand des Strafrechts (1995) S. 159; *ders.* Primäre oder sekundäre Zuständigkeit des Strafrechts? Festschrift Eser (2005) 163; *Ludwig* Die organisierte Nothilfe, ZStW **95** (1983) 973; *ders.* „Gegenwärtiger Angriff", „drohende" und „gegenwärtige Gefahr" im Notwehr- und Notstandsrecht, Diss. Bonn 1990 (1991); *Lührmann* Tötungsrecht zur Eigentumsverteidigung? Diss. Bielefeld 1999; *Lüke* Die Bedeutung vollstreckungsrechtlicher Erkenntnisse für das Strafrecht, Festschrift Arthur Kaufmann (1993) 565; *Luzón* „Actio illicita in causa" und Zurechnung zum Vorverhalten JRE **1994** 353; *Maatz* Zur materiell- und verfahrensrechtlichen Beurteilung verbotenen Waffenbesitzes in Notwehrfällen, MDR **1985** 881; *ders.* Nötigung im Straßenverkehr, NZV **2006** 337; *Majer/Ernst* Tödliche Gewalt zur Abwendung von Eigentums- und Besitzverletzungen als Notwehr? JSE **2016** 58; *Manacorda* Die allgemeine Lehre von der Straftat in Frankreich: Besonderheiten oder Lücken in der französischen Strafrechtswissenschaft? GA **1998** 124; *Marinucci* Rechtfertigung und Entschuldigung im italienischen Strafrecht, in: Eser/Perron (Hrsg.) Rechtfertigung und Entschuldigung Bd. 3 (1991) S. 55; *Marxen* Die „sozialethischen" Grenzen der Notwehr (1979); *Matt* Eigenverantwortlichkeit und Subjektives Recht im Notwehrrecht, NStZ **1993** 271; *Mattil* Zur Anwendung des Abschnittes I der Europäischen Menschenrechts-Konvention, JR **1965** 167; *Mayr* Error in persona vel obiecto und aberratio ictus bei der Notwehr, Diss. Passau 1992; *Merkel* Gründe für den Ausschluss der Strafbarkeit im Völkerstrafrecht, ZStW **114** (2002) 437; *ders.* § 14 Abs. 3 Luftsicherheitsgesetz: Wann und warum darf der Staat töten? JZ **2007** 373; *M.-K. Meyer* Opfer des Angriffs strafbar durch Verteidigung? Zu den subjektiven Voraussetzungen der Verteidigung bei der Notwehr, GA **2003** 807; *T. Meyer/Ulbrich* Das „schneidige Notwehrrecht" oder: tödlicher Schusswaffeneinsatz zur Selbstverteidigung nur in Florida? JA **2006** 775; *W. Meyer* Der Begriff der Rechtmäßigkeit einer Vollstreckungshandlung i.S.d. § 113 Abs. 3 StGB, NJW **1972** 1845; *ders.* Nochmals: Der Begriff der Rechtmäßigkeit einer Vollstreckungshandlung i.S.d. § 113 Abs. 3 StGB, NJW **1973** 1074; *Meyer-Ladewig* Konvention zum Schutz der Menschenrechte und Grundfreiheiten – Handkommentar, 1. Aufl. (2003); *Mezger/Schönke/Jescheck* (Hrsg.) Das ausländische Strafrecht der Gegenwart, Bd. 1 (1955), Bd. 2 (1957), Bd. 3 (1959), Bd. 4 (1962), Bd. 5 (1976), Bd. 6 (1982); *Militello* Entschuldigungsgründe in der Neukodifizierung des Strafrechts, ZStW **107** (1995) 969; *Mir Puig* Wertungen, Normen und Strafrechtswidrigkeit, GA **2003** 863; *Mitsch* Straflose Provokation strafbarer Taten, Diss. Würzburg 1986; *ders.* Nothilfe gegen provozierte Angriffe, GA **1986** 533; *ders.* Tödliche Schüsse auf flüchtende Diebe, JA **1989** 79; *ders.* Rechtfertigung und Opferverhalten, Habil. Tübingen 1991 (erschienen 2004); *ders.* Rechtfertigung einer Ohrfeige, JuS **1992** 289; *ders.* Festnahme mit Todesfolge, JuS **2000** 848; *ders.* Notwehr gegen fahrlässig provozierten Angriff, JuS **2001** 751; *ders.* „Luftsicherheitsgesetz" – die Antwort des Rechts auf den „11. September 2001", JR **2005** 724; *ders.* Flugzeugabschüsse und Weichenstellungen, GA **2006** 11; *ders.* Notwehr gegen Schwangere, JR **2006** 450; *ders.* Gefährlicher Eingriff in den Straßenverkehr und Notwehr, JuS **2014** 593; *ders.* Notwehr gegen juristische Personen, JuS **2015** 884; *ders.* Vorläufige Festnahme und Notwehr, JA **2016** 161; *ders.* Die provozierte Provokation, JuS **2017** 19; *ders.* Tiere und Strafrecht, Jura **2017** 1388; *ders.* Strafverfolgung durch legendierte Verkehrskontrollen, NJW **2017** 3124; *Momsen* Die Zumutbarkeit als Begrenzung strafrechtlicher Pflichten, Habil. Göttingen 2006; *Montenbruck* Thesen zur Notwehr (1983); *Müller* Zur Notwehr bei Schweigegelderpressung (Chantage), NStZ **1993** 366; *ders.* Notwehr gegen Drohungen, Festschrift Schroeder (2006) 323; *Munoz Conde* Die Putativnotwehr. Ein Grenzfall zwischen Rechtfertigung und Entschuldigung, in: Schünemann/de Figueireido Dias (Hrsg.) Bausteine des europäischen Strafrechts: Coimbra-Symposium für Claus Roxin (1995) S. 213; *Müssig* Antizipierte Notwehr, ZStW **115** (2003) 224; *Müther* Möglichkeitsvorstellungen im Bereich der Notrechte des Strafgesetzbuches (§§ 32, 34 StGB), Diss. Münster 1996 (1998); *Naucke* „Mißbrauch" des Strafantrags? Festschrift H. Mayer (1966) 565; *Neuheuser* Die Duldungspflicht gegenüber rechtswidrigem hoheitlichen Handeln im Strafrecht, Diss. Bonn 1996; *Neumann* Zurechnung und „Vorverschulden", Habil. München 1982 (1985); *ders.* Normtheorie und strafrechtliche Zurechnung, GA **1985** 389; *ders.* Individuelle und überindividuelle Begründung des Notwehrrechts, in: Lüderssen (Hrsg.) Modernes Strafrecht und ultima-ratio-Prinzip (1990) S. 215; *ders.* Das sogenannte Prinzip der Nichtdispositivität des Rechtsguts Leben, Festschrift Kühl (2014) 569; *Niggli/Wiprächtiger* (Hrsg.) Basler Kommentar, Strafgesetzbuch I (2003); *Nill-Theobald* „Defences" bei Kriegsverbrechen am Beispiel Deutschlands und der USA, Diss. Freiburg/Br. 1997 (1998); *dies.* Die Straffreistellungsdiskussion im Bereich des materiellen Völkerstrafrechts, ZStW **109** (1997) 950; *Nippert/Tinkl* Erlaubnistatbestandsirrtum im Auswirkungen der ex-ante- bzw. ex-post-Beurteilung der Rechtfertigungslage von § 32 und § 34 StGB, JuS **2002** 964; *Noll* Übergesetzliche Rechtfertigungsgründe (1955); *Novoselec* Notwehr gegen Erpressung i.e.S. und Chantage, NStZ **1997** 218; *Nowakowski* Zur subjektiven Tatseite der Rechtfertigungsgründe, ÖJZ **1977** 573; *Nusser* Notwehr zur Verteidigung von Sachwerten (2012); *Oehler* Handeln auf Befehl, JuS **1963** 301; *Oğlakcıoğlu* Ein Leitfaden für die Notwehrprovokation, HRRS **2010** 106; *Ostendorf* Die strafrechtliche Rechtmäßigkeit rechtswidrigen hoheitlichen Handelns, JZ **1981** 165; *Otte* Der durch Menschen ausgelöste Defensivnotstand, Diss. München 1997 (1998); *Otto* Rechtsverteidigung und Rechtsmissbrauch im Strafrecht, Festschrift Würtenberger (1977) 129; *ders.* Die strafprozessuale Verwertbarkeit von Beweismitteln, die durch Eingriff in Rechte anderer von Privaten erlangt wurden, Festschrift Kleinknecht (1985) 319; *ders.* Die vorgetäuschte Notwehr-/Nothilfelage, Jura **1988** 330; *ders.* Der vorsatzausschließende Irrtum in der höchstrichterlichen Rechtsprechung, Gedächtnisschrift K. Meyer (1990) 583; *ders.* Die strafrechtliche Neuregelung des Schwangerschaftsabbruchs, Jura **1996** 135; *ders.* Gegenwärtiger Angriff (§ 32 StGB) und gegenwärtige Gefahr (§§ 34, 35, 249, 255 StGB), Jura **1999** 552; *ders.* Das Corpus Juris der strafrechtlichen Regelungen zum Schutz der finanziellen Interessen der Europäischen Union, Jura **2000** 98; *ders.* Der Beitrag der Strafrechtswissenschaft zur Europäisierung des Strafrechts, Festschrift Söllner (2000) 613; *Özaydın* Notwehr und Notstand im deutsch-türkischen Rechtsvergleich (2013); *Paeffgen* Der Verrat in irriger Annahme eines illegalen Geheimnisses (§ 97b StGB) und die allgemeine Irrtumslehre, Diss. Mainz 1978 (1979); *ders.* Fotografieren von Demonstranten durch die Polizei und Rechtfertigungsirrtum, JZ **1978** 738; *ders.* Actio libera in causa und § 323a StGB, ZStW **97** (1985) 513; *ders.* Anm. zum Erlaubnistatbestandsirrtum, Gedächtnisschrift Armin Kaufmann (1989) 399; *ders.* Zur Unbilligkeit des vorgeblich „Billigen" – oder: Höllen-Engel und das Gott-sei-bei-uns-Dogma, Festschrift Frisch (2013) 403; *ders.* Polizeilicher Schusswaffengebrauch und Strafrecht, Festschrift Beulke (2015) 213; *Paglotke* Notwehr und Notstand bei Bedrohungen innerhalb von Prozesssituationen (2006); *Paliero* Grunderfordernisse des Allgemeinen Teils für ein europäisches Sanktionsrecht – Landesbericht Italien, ZStW **110** (1998) 417; *Partsch* Die Entstehung der europäischen Menschenrechtskonvention, ZaöRV **15** (1953/54) 631; *ders.* Die europäische Menschenrechtskonvention vor den nationalen Parlamenten, ZaöRV **17** (1956/57) 93; *Pawlik* Unterlassene Hilfeleistung: Zuständigkeitsbegründung und systematische Struktur, GA **1995** 360; *ders.* Die Notwehr nach Kant und Hegel, ZStW **114** (2002) 259; *ders.* Der rechtfertigende Notstand (2002); *ders.* § 14 Abs. 3 des Luftsicherheitsgesetzes – ein Tabubruch? JZ **2004** 1045; *Peglau* Der Schutz des allgemeinen Persönlichkeitsrechts durch das Strafrecht, Diss. Bochum 1996 (1997); *Pelz* Notwehr- und Notstandsrechte und der Vorrang obrigkeitlicher Hilfe, NStZ **1995** 305; *Perron* Rechtfertigung und Entschuldigung in rechtsvergleichender Sicht – unter besonderer Berücksichtigung des spanischen Strafrechts, ZStW **99** (1987) 902; *ders.* Rechtfertigung und Entschuldigung im deutschen und spanischen Recht, Diss. Freiburg/Br. 1986 (1988); *ders.* Auf dem Weg zu einem europäischen Ermittlungsverfahren? ZStW **112** (2000) 202; *ders.* Foltern in Notwehr? Festschrift Weber (2004) 143; *ders.* Rechtsvergleichende Betrachtungen zur Notwehr, Festschrift Eser (2005) 1019; *v. Pestalozza* Die Rechtmäßigkeit der Amtsausübung im Sinne des § 113 StGB, DStR **1939** 34; *Peters* Einführung in die Europäische Menschenrechtskonvention (2003); *Petersen* Die Erforderlichkeit – Gemeinsamkeiten und Unterschiede bei § 32 und § 34 StGB, JA **2017** 502; *Peterson* Der sogenannte „gefährliche" Befehl im geltenden Wehrrecht – Eine Erwiderung auf den Beitrag von Rüdiger Huth, NZWehrr **1989** 239; *Pewestorf* Die Berufung des Amtsträgers auf die Jedermannrechte, JA **2009** 43; *vd Pfordten* Zu den Prinzipien der Notwehr, Festschrift Schreiber (2003) 359; *Pielow* Der sog. finale Todes- oder Rettungsschuß, Jura **1991** 482; *Pieroth/Hartmann* Der Abschuss eines Zivilflugzeugs auf Anordnung des Bundesministers für Verteidigung, Jura **2005** 729; *Pietzner* Unmittelbare Ausführung als fiktiver Verwaltungsakt, VerwArch. **82** (1991) 291; *Pinto de Albuquerque* Ein unausrottbares Mißverständnis, ZStW **110** (1998) 640; *Pitsounis* Die Notwehr als Gegenstand der Rechtsvergleichung, in: Lüderssen (Hrsg.) Modernes Strafrecht und ultima-ratio-Prinzip (1990) S. 227; *Pouleas* Sozialethische Einschränkungen von Rechtfertigungsgründen (2008); *Pradel* Droit Pénal Général 12. Aufl. (1999); *Prittwitz* Zum Verteidigungswillen bei der Notwehr, GA **1980** 381; *ders.* Nachgeholte Prolegomena zu einem künftigen Corpus Juris Criminalis für Europa, ZStW **113** (2001) 774; *ders.* Notwehr und Nothilfe: Zwillinge oder (nur) Geschwister von Strafgesetzgebung und Strafrechtsdogmatik? Festschrift Kargl (2015) 439; *Pünder* Hamburgs neues Polizeirecht, NordÖR **2005** 292; *Puppe* Zur Revision der Lehre vom „konkreten" Vorsatz und der Beachtlichkeit der aberratio ictus, GA **1981** 1; *dies.* Die strafrechtliche Verantwortlichkeit für Irrtümer bei der Ausübung der Notwehr und für deren Folgen, JZ **1989** 728; *dies.* Zur Struktur der Rechtfertigung, Festschrift Stree/Wessels (1993) 183; *dies.* Das sog. gerechtfertigte Werkzeug, Festschrift Küper (2007) 443; *dies.* Die Selbstgefährdung des Verletzten beim Fahrlässigkeitsdelikt, ZIS **2007** 247; *Radtke* Notwehrprovokation im Vollrausch, JuS **1993** 577; *Raspé* Die tierliche Person (2013); *Rath* Zur strafrechtlichen Behandlung der aberratio ictus und des error in objecto des Täters, Diss. Frankfurt/M. 1992 (1993); *ders.* Grundfälle zum Unrecht des Versuchs, JuS **1998** 1106; *ders.* Das subjektive Rechtfertigungselement, Habil. Heidelberg 2000 (2002); *Rehbinder* Die Rechtmäßigkeit der Amtsausübung im § 113 StGB, GA **1963** 33; *Reinhart* Das Bundesverfassungsgericht wechselt die Pferde: Der strafrechtliche Rechtmäßigkeitsbegriff, StV **1995** 101; *ders.* Abschied vom strafrechtlichen Rechtmäßigkeitsbegriff, NJW **1997** 911; *Reip* Täterhandeln bei ungewisser Rechtfertigungslage, Diss. Tübingen 1996; *Rengier* Totschlag oder Mord und Freispruch aussichtslos? – Zur Tötung von (schlafenden) Familientyrannen, NStZ **2004** 233; *Renzikowski* Notstand und Notwehr, Diss. Tübingen 1993 (1994); *Requejo* Die Putativnotwehr als Rechtfertigungsgrund, JA **2005** 114; *Retzko* Die Angriffsverursachung bei der Notwehr, Diss. Hagen 2001; *Riegel* §§ 32, 34 StGB als hoheitliche Befugnisgrundlage? NVwZ **1985** 639; *van Rienen* Die „sozialethischen" Einschränkungen des Notwehrrechts (2009); *Rinck* Der zweistufige Deliktsaufbau, Diss. München 1999 (2002); *Ritz* Das Tier in der Dogmatik der Rechtfertigungsgründe JuS **2018** 333; *Riz* Zum derzeitigen Stand der Verbrechenslehre in Italien, ZStW **93** (1981) 1005; *Robinson* Criminal Law Defenses, Bd. 2 (1984); *Robles Planas* Notwehr, Unternehmen und Vermögen, ZIS **2018** 14; *Roellecke* Der kommunikative Gegendemonstrant, NJW **1995** 3101; *Rogall* Das Notwehrrecht des Polizeibeamten, JuS **1992** 551; *Rohrer* Über die Nichtexistenz subjektiver Rechtfertigungselemente, JA **1986** 363; *Rönnau/Bröckers* Die objektive Strafbarkeitsbedingung im Rahmen des § 227 StGB, GA **1995** 549; *Rönnau* Willensmängel bei der Einwilligung im Strafrecht, Habil. Kiel 1999 (2001); *ders.* Grundwissen Strafrecht: Subjektive Rechtfertigungselemente, JuS **2009** 594; *ders.* Grundwissen: Antizipierte Notwehr, JuS **2015** 880; *Roos* Notwehr und Nothilfe: Eingriffsermächtigung oder Rechtfertigung? Die Polizei **2002** 348; *Roßnagel* Zum Schutz kerntechnischer Anlagen gegen Angriffe von außen, ZRP **1983** 59; *Rötelmann* Die Intimsphäre in öffentlichen Anlagen, MDR **1964** 207; *Röttger* Unrechtsbegründung und Unrechtsausschluß, Diss. Hamburg 1991 (1993); *Roxin* Die provozierte Notwehrlage, ZStW **75** (1963) 541; *ders.* Die Behandlung des Irrtums im Entwurf 1962, ZStW **76** (1964) 582; *ders.* Kriminalpolitik und Strafrechtssystem (1973); *ders.* Die „sozialethischen Einschränkungen" des Notwehrrechts, ZStW **93** (1981) 68; *ders.* Von welchem Zeitpunkt an ist ein Angriff gegenwärtig und löst das Notwehrrecht aus? Gedächtnisschrift Tjong (1985) 137; *ders.* Der durch Menschen ausgelöste Defensivnotstand, Festschrift Jescheck (1985) 457; *ders.* Die notstandsähnliche Lage – ein Strafunrechtsausschließungsgrund? Festschrift Oehler (1985) 181; *ders.* Der strafrechtliche Rechtswidrigkeitsbegriff beim Handeln von Amtsträgern – eine überholte Konstruktion, Festschrift Pfeiffer (1988) 45; *ders.* Notwehr und Rechtsbewährung, Festschrift Kühl (2014) 391; *Rückert* Effektive Selbstverteidigung und Notwehr (2017); *Rudolphi* Notwehrexzeß nach proviziertem Angriff, JuS **1969** 461; *ders.* Inhalt und Funktion des Handlungsunwertes im Rahmen der personalen Unrechtslehre, Festschrift Maurach (1972) 51; *ders.* Die pflichtgemäße Prüfung als Erfordernis der Rechtfertigung, Gedächtnisschrift Schröder (1978) 73; *ders.* Rechtfertigungsgründe im Strafrecht, Gedächtnisschrift Armin Kaufmann (1989) 371; *Ruegenberg* Das Corpus Juris als Grundlage eines Europäischen Strafrechts, ZStW **112** (2000) 269; *Rummel* (Hrsg.) Kommentar zum Allgemeinen bürgerlichen Gesetzbuch, Bd. 1 2. Aufl. (1990); *Runte* Die Veränderung von Rechtfertigungsgründen durch Rechtsprechung und Lehre, Diss. Frankfurt/M. 1990 (1991); *Rupprecht* Die tödliche Abwehr des Angriffs auf menschliches Leben, JZ **1973** 263; *Rüter* Harmonie trotz Dissonanz – Gedanken zur Erhaltung eines funktionsfähigen Strafrechts im grenzenlosen Europa, ZStW **105** (1993) 30; *Saland* International Criminal Law Principles, in: Lee (Hrsg.) The International Criminal Court (2002) S. 189; *Samson* Das Verhältnis von Erfolgsunwert und Handlungsunwert im Strafrecht, Festschrift Grünwald (1999) 585; *Satzger* Der Schutz ungeborenen Lebens durch Rettungshandlungen Dritter, JuS **1997** 800; *ders.* Die Europäisierung des Strafrechts, Habil. Passau 2000 (2001); *ders.* Dreimal „in causa" – actio libera in causa, omissio libera in causa und actio illicita in causa, Jura **2006** 513; *ders.* Der Schwangerschaftsabbruch (§§ 218 ff StGB), Jura **2008** 424; *ders.* Das Jedermann-Festnahmerecht nach § 127 I 1 StPO als Rechtfertigungsgrund, Jura **2009** 107; *ders.* Der Einfluss der EMRK auf das deutsche Straf- und Strafprozessrecht – Grundlagen und wichtige Einzelprobleme, Jura **2009** 759; *ders.* Gesetzlichkeitsprinzip und Rechtfertigungsgründe, Jura **2016** 154; *Scaliotti* Defences before the international criminal court: Substantive grounds for excluding criminal responsibility – Part 1, International Criminal Law Review **1** (2001) 111; *Schabas* An Introduction to the International Criminal Court 2. Aufl. (2004); *Schaffstein* Notwehr und Güterabwägungsprinzip, MDR **1952** 132; *ders.* Tatbestandsirrtum und Verbotsirrtum, Festschrift Celle I (1961) 175; *ders.* Handlungsunwert, Erfolgsunwert und Rechtfertigung bei den Fahrlässigkeitsdelikten, Festschrift Welzel (1974) 557; *ders.* Der Maßstab für das Gefahrurteil beim rechtfertigenden Notstand, Festschrift Bruns (1978) 89; *ders.* Die strafrechtlichen Notrechte des Staates, Gedächtnisschrift Schröder (1978) 97; *Scheffler* Der Erlaubnistatbestandsirrtum und seine Umkehrung, das Fehlen subjektiver Rechtfertigungselemente, Jura **1993** 617; *Schenke* Die öffentlich-rechtliche Aufsichtsarbeit in der Ersten juristischen Staatsprüfung, VBlBW **1988** 194; *von Scherenberg* Die sozialethischen Einschränkungen der Notwehr (2009); *Scheuerl/Glock* Hausfriedensbruch in Ställen wird nicht durch Tierschutzziele gerechtfertigt, NStZ **2018** 448; *Scheuß* Zur Rechtfertigung von Straftaten im nichtinternationalen bewaffneten Konflikt, ZStW **130** (2018) 23; *Schick* Grunderfordernisse des Allgemeinen Teils für ein europäisches Sanktionsrecht – Landesbericht Österreich, ZStW **110** (1998) 473; *Schittenhelm* Zweifelhafter Schutz durch das Strafrecht, NStZ **1997** 169; *Schlehofer* Vorsatz und Tatabweichung, Habil. Bochum 1994; *Schlör* Untersuchungen zur Rechtfertigung ungewollter Auswirkungen einer Notwehrhandlung, Diss. Heidelberg 1984; *Schlothauer* Die Bedeutung des materiellen Strafrechts für die Verteidigung in Untersuchungshaftfällen, StV **1996** 391; *Schlüchter* Antizipierte Notwehr, Festschrift Lenckner (1998) 313; *Schmidhäuser* Über die Wertstruktur der Notwehr, Festschrift Honig (1970) 185; *ders.* Selbstmord und Beteiligung am Selbstmord in strafrechtlicher Sicht, Festschrift Welzel (1974) 801; *ders.* Die Begründung der Notwehr, GA **1991** 97; *Schmidt-Jortzig* Die Verallgemeinerung des Außergewöhnlichen, Festschrift Ress (2005) 1569; *Schmitt* Subjektive Rechtfertigungselemente bei Fahrlässigkeitsdelikten? JuS **1963** 64; *ders.* Tonbänder im Strafprozeß,

JuS **1967** 19; *Schoch* Grundfälle zum Polizei- und Ordnungsrecht, JuS **1995** 215; *Schöne* Unterlassene Erfolgsabwendungen und Strafgesetz, Diss. Bonn 1973 (1974); *Schöneborn* Zum Leitgedanken der Rechtfertigungseinschränkung bei Notwehrprovokation, NStZ **1981** 201; *Schopp* Justification Defenses and Just Convictions (1998); *Schramm* Ehe und Familie im Strafrecht (2011); *ders.* Grundzüge eines Ehe- und Familienstrafrechts, JA **2013** 881; *C. Schröder* Angriff, Scheinangriff und die Erforderlichkeit der Abwehr vermeintlich gefährlicher Angriffe, JuS **2000** 235; *H. Schröder* Notwehr bei schuldhaftem Vorverhalten, JuS **1973** 157; *Schroeder* Die Notwehr als Indikator politischer Grundanschauungen, Festschrift Maurach (1972) 127; *ders.* Polizei und Geiseln (1972); *ders.* Notstandslage bei Dauergefahr, JuS **1980** 336; *Schroth* Notwehr bei Auseinandersetzungen in engen persönlichen Beziehungen, NJW **1984** 2562; *ders.* Die Annahme und das „Für-Möglich-Halten" von Umständen, die einen anerkannten Rechtfertigungsgrund begründen, Festschrift Arthur Kaufmann (1993) 595; *ders.* Vorsatz und Irrtum (1998); *Schüler* Der Zweifel über das Vorliegen einer Rechtfertigungslage, Diss. Gießen 2004; *Schulte* Gefahrenabwehr durch private Sicherheitskräfte im Lichte des staatlichen Gewaltmonopols, DVBl. **1995** 130; *Schumann* Zum Notwehrrecht und seinen Schranken, JuS **1979** 559; *ders.* Notwehr gegen Unterlassen? Festschrift Dencker (2012) 287; *B. Schünemann* Der besondere Beitrag (Forts. aus JA 1972 176), JA **1972** 195; *ders.* Der besondere Beitrag (Forts. aus JA 1972 202), JA **1972** 219; *ders.* Strafrecht: Liebhaber und Teilhaber, JuS **1979** 275; *ders.* Die deutschsprachige Strafrechtswissenschaft nach der Strafrechtsreform im Spiegel des Leipziger Kommentars und des Wiener Kommentars, GA **1985** 341; *ders.* Fortschritte und Fehltritte in der Strafrechtspflege der EU, GA **2004** 193; *W. Schünemann* Selbsthilfe im Rechtssystem, Habil. Tübingen 1985; *Schwabe* Zur Geltung von Rechtfertigungsgründen des StGB für Hoheitshandeln, NJW **1977** 1902; *ders.* Zum Status privater Sicherheitskräfte, ZRP **1978** 165; *ders.* Die Notrechtsvorbehalte des Polizeirechts (1979); *Schwartz* Introduction (Symposium: New York's new Penal Law), Buffalo Law Review **18** (1968/69) 211; *ders.* Drafting a new Penal Law for New York (An Interview with Richard Denzer), Buffalo Law Review **18** (1968/69) 251; *Seeberg* Aufgedrängte Nothilfe, Notwehr und Notwehrexzess, Diss. Göttingen 2004 (2005); *H. Seebode* Die Rechtmäßigkeit der Diensthandlung, Diss. Göttingen 1987 (1988); *M. Seebode* Polizeiliche Notwehr und Einheit der Rechtsordnung, Festschrift Klug Bd. II (1983) 359; *ders.* Gesetzliche Notwehr und staatliches Gewaltmonopol, Festschrift Krause (1990) 375; *ders.* Gezielt tödlicher Schuß de lege lata et ferenda, StV **1991** 80; *Seelmann* Grenzen privater Nothilfe, ZStW **89** (1977) 36; *ders.* Solidaritätspflichten im Strafrecht, in: Jung/Müller-Dietz/Neumann (Hrsg.) Recht und Moral (1991) S. 295; *Seesko* Notwehr gegen Erpressung durch Drohung mit einem erlaubten Verhalten, Diss. Bonn 2004; *Seier* Zur Übung: Strafrecht, JuS **1982** 521; *ders.* Strafrecht: Die unnötige Rettungsfahrt, JuS **1986** 217; *ders.* Umfang und Grenzen der Nothilfe im Strafrecht, NJW **1987** 2476; *Sengbusch* Die Subsidiarität der Notwehr (2008); *Seuring* Die aufgedrängte Nothilfe, Diss. Würzburg 2004; *Siciliano* Das Leben des fliehenden Diebes, Diss. Frankfurt/M. 2002 (2003); *Sickor* Die Notwehrfähigkeit einer Zutrittsverweigerung durch Türsteher, Jura **2008** 14; *Sieber* Europäische Einigung und Europäisches Strafrecht, ZStW **103** (1991) 957; *ders.* Memorandum für ein europäisches Modellstrafgesetzbuch, JZ **1997** 369; *Simon* Einschränkbarkeit des Notwehrrechts bei unvermeidbar irrendem Angreifer – BSG 84, 54, JuS **2001** 639; *Sinn* Notwehr gegen nicht sorgfaltswidriges Verhalten, GA **2003** 96; *ders.* Der Kerngehalt des Gesetzlichkeitsprinzips, Festschrift Wolter (2013) 503; *ders.* Notwehr als Lotteriespiel, Festschrift Beulke (2015) 271; *Smith/Hogan* Criminal Law 10. Aufl. (2003); *Sohm* Rechtsfragen der Nothilfe bei friedensunterstützenden Einsätzen der Bundeswehr, NZWehr **1996** 89; *Sowada* Sind zwei Halbe ein Ganzes? Festschrift Herzberg (2008) 459; *Soyer* Droit pénal et procédure pénal 12. Aufl. (1995); *Späth* Rechtfertigungsgründe im Wirtschaftsstrafrecht (2016); *Spencer/Hoyer* The Danish Criminal Code (1987); *Spendel* Der Gegensatz rechtlicher und sittlicher Wertung am Beispiel der Notwehr, DRiZ **1978** 327; *ders.* Gegen den „Verteidigungswillen" als Notwehrerfordernis, Festschrift Bockelmann (1979) 245; *ders.* Der BGH und das Mordmerkmal „Heimtücke", StV **1984** 45; *ders.* Keine Notwehreinschränkung unter Ehegatten, JZ **1984** 507; *ders.* Notwehr und „Verteidigungswille", objektiver Zweck und subjektive Absicht, Festschrift Oehler (1985) 197; *ders.* Zum Problem der Bedrohung durch einen Gewalttäter, Festschrift Schmitt (1992) 205; *ders.* Der Begriff des Unrechts im Verbrechenssystem, Festschrift Weber (2004) 3; *Stahl* Notwehr gegen Unterlassen (2015); *Stangl* „Verhältnismäßige Notwehr" (2013); *Stauder* Die allgemeinen defenses des New York Penal Law, Diss. München 1998 (1999); *Stefani/Levasseur/Bouloc* Droit pénal général 18. Aufl. (2003); *Steininger* Die Notwehr in der neueren Rechtsprechung des OGH, ÖJZ **1980** 225; *Stemler* Die Notwehr, ZJS **2010** 347; *I. Sternberg-Lieben* Allgemeines zur Notwehr, JA **1996** 129; *dies.* Voraussetzungen der Notwehr, JA **1996** 299; *dies./D. Sternberg-Lieben* Zur Strafbarkeit der aufgedrängten Nothilfe, JuS **1999** 444; *Stiller* Grenzen des Notwehrrechts bei der Verteidigung von Sachwerten, Diss. Gießen 1999; *Stratenwerth* Prinzipien der Rechtfertigung, ZStW **68** (1956) 41; *ders.* Verantwortung und Gehorsam, Habil. Bonn 1958; *ders.*

Schweizerisches Strafrecht Allgemeiner Teil I 3. Aufl. (2005); *Stree* Rechtswidrigkeit und Schuld im neuen Strafgesetzbuch, JuS **1973** 461; *Streng* Das subjektive Rechtfertigungselement und sein Stellenwert, Festschrift Otto (2007) 469; *ders.* Der Erlaubnistatbestandsirrtum und die Teilnahmefrage, Festschrift Paeffgen (2015) 231; *Stuckenberg* Provozierte Notwehrlage und Actio illicita in causa: Der Meinungsstand im Schrifttum JA **2001** 894; *ders.* Provozierte Notwehrlage und Actio illicita in causa: Die Entwicklung der Rechtsprechung bis BGH NJW 2001, 1075, JA **2002** 172; *Suárez-González* Rechtsvergleichende Bemerkungen zum Allgemeinen Teil des neuen spanischen Strafgesetzbuches, GA **1998** 111; *Suppert* Studien zur Notwehr und zur „notwehrähnlichen" Lage, Diss. Bonn 1970/71 (1973); *Thewes* Rettungs- oder Todesschuss? (1988); *Thiel* Die Konkurrenz von Rechtfertigungsgründen, Diss. Göttingen 1999 (2000); *Thiele* Zum Rechtmäßigkeitsbegriff bei § 113 Abs. 3 StGB, JR **1975** 353; *Tiedemann* Europäisches Gemeinschaftsrecht und Strafrecht, NJW **1993** 23; *ders.* Das neue Strafgesetzbuch Spaniens und die europäische Kodifikationsidee, JZ **1996** 647; *ders.* Der Allgemeine Teil des Strafrechts im Lichte der europäischen Rechtsvergleichung, Festschrift Lenckner (1998) 411; *ders.* Grunderfordernisse des Allgemeinen Teils für ein europäisches Sanktionsrecht – Generalbericht, ZStW **110** (1998) 497; *ders.* EG und EU als Rechtsquellen des Strafrechts, Festschrift Roxin (2001) 1401; *Trechsel* Die Bedeutung der Europäischen Menschenrechtskonvention im Strafrecht, ZStW **101** (1989) 819; *ders.* Schweizerisches Strafgesetzbuch (1989); *ders.* Haustyrannen„mord" – ein Akt der Notwehr? KritV Sonderheft **2000** 183; *ders./Noll/Pieth* Schweizerisches Strafrecht Allgemeiner Teil I 7.Aufl. (2017); *Trentmann* Digital antizipierte Notwehr, JuS **2018** 944; *Triffterer* Österreichisches Strafrecht Allgemeiner Teil (1985); *ders.* Ein rechtfertigender (Erlaubnistatbestands-)Irrtum? – Irrtumsmöglichkeiten beim polizeilichen Einsatz und deren dogmatische Einordnung, Festschrift Mallmann (1978) 373; *ders.* Zur subjektiven Seite der Tatbestandsausschließungs- und Rechtfertigungsgründe, Festschrift Oehler (1985) 209; *ders./Ambos* (Hrsg.) Commentary on the Rome Statute of the International Criminal Court 3. Aufl. (2016); *Tröndle* Das Schwangeren- und Familienhilfeänderungsgesetz, NJW **1995** 3009; *Trüg/Wentzell* Grenzen der Rechtfertigung und Erlaubnistatbestandsirrtum, Jura **2001** 30; *Utriainen* Güterabwägung im Bereich der Rechtfertigungsgründe im finnischen Recht, in: Eser/Fletcher (Hrsg.) Rechtfertigung und Entschuldigung Bd. 1 (1987) S. 611; *Valerius* Kultur und Strafrecht (2011); *Vitt* Gedanken zum Begriff der „Rechtmäßigkeit der Diensthandlung" bei § 113 StGB, ZStW **106** (1994) 581; *ders.* Rechtsprobleme des sogenannten „gefährlichen Befehls", NZWehr **1994** 45; *Vogel* Norm und Pflicht bei den unechten Unterlassungsdelikten, Diss. Freiburg/Br. 1992 (1993); *ders.* Wege zu europäisch-einheitlichen Regelungen im allgemeinen Teil des Strafrechts, JZ **1995** 331; *ders.* Elemente der Straftat: Bemerkungen zur französischen Straftatlehre und zur Straftatlehre des common law, GA **1998** 127; *ders.* Harmonisierung des Strafrechts in der Europäischen Union, GA **2003** 314; *Vogler* Die Spruchpraxis der Europäischen Kommission und des Europäischen Gerichtshofs für Menschenrechte und ihre Bedeutung für das deutsche Straf- und Strafverfahrensrecht, ZStW **82** (1970) 743; *Voigt/Hoffmann-Holland* Notwehrprovokation und actio illicita in causa in Fällen der Putativnotwehr, NStZ **2012** 362; *Voß* Die Notwehrsituation innerhalb sozialer Näheverhältnisse (2013); *Waaben* The Danish Criminal Code (1958); *Wagemann* Rechtfertigungs- und Entschuldigungsgründe im Bußgeldrecht der Europäischen Gemeinschaften, Diss. Freiburg/Br. 1991 (1992); *Wagenländer* Zur strafrechtlichen Beurteilung der Rettungsfolter, Diss. Hamburg 2005 (2006); *Wagner* Die Rechtmäßigkeit der Amtsausübung, JuS **1975** 224; *ders.* Individualistische oder überindividualistische Notwehrbegründung (1984); *Walter* Das Handeln auf Befehl und § 3 VStGB, JR **2005** 279; *Walther* Notwehr – und danach? Zur Hilfspflicht des Notwehrberechtigten, Festschrift Herzberg (2008) 503; *Warda* Vorsatz und Schuld bei ungewisser Tätervorstellung über das Vorliegen strafbarkeitsausschließender, insbesondere rechtfertigender Tatumstände, Festschrift Lange (1976) 119; *ders.* Die Eignung der Verteidigung als Rechtfertigungselement bei der Notwehr (§§ 32 StGB, 227 BGB), Jura **1990** 344; *ders.* Die Geeignetheit der Verteidigungshandlung bei der Notwehr, GA **1996** 405; *Wattenberg* Der „Corpus Juris" – Tauglicher Entwurf für ein einheitliches europäisches Straf- und Strafprozeßrecht? StV **2000** 95; *Watzek* Rechtfertigung und Entschuldigung im englischen Strafrecht, Diss. Freiburg/Br. 1996 (1997); *Wechsler* Revision and Codification of Penal Law in the United States, Dalhousie Law Journal **7** (1982/83) 219; *Weigend* Strafrecht durch internationale Vereinbarung – Verlust an nationaler Strafrechtskultur? ZStW **105** (1993) 774; *ders.* Spricht Europa mit zwei Zungen? StV **2001** 63; *ders.* Zur Frage eines „internationalen" Allgemeinen Teils, Festschrift Roxin (2001) 1375; *ders.* Notwehr im Völkerstrafrecht, Festschrift Tiedemann (2008) 1439; *Welke* Der Haustyrannenmord im deutschen Straftatsystem – Diskutiert unter Einbeziehung neuerer Tendenzen im common law, ZRP **2004** 15; *Welzel* Der übergesetzliche Notstand und die Irrtumsproblematik, JZ **1955** 142; *Werle* Strafrecht: Ein turbulenter Gaststättenbesuch, JuS **1986** 902; *ders./Jeßberger* Völkerstrafrecht 4. Aufl. (2016); *ders.* Konturen eines deutschen Völkerstrafrechts, JZ **2001** 885; *Westenberger* Der Einsatz des finalen Rettungsschusses in Hamburg,

DÖV **2003** 627; *Widmaier* Die Teilbarkeit der Unrechtsbewertung, JuS **1970** 611; *ders.* Dogmatik und Rechtsgefühl – Tendenzen zur normativen Einschränkung des Mordtatbestands in der neueren BGH-Rechtsprechung, NJW **2003** 2788; *Williams* Textbook of Criminal Law 2. Aufl. (1983); *Wimmer* Das Anhalten beleidigender Briefe aus der Untersuchungshaft, GA **1983** 145; *Wirth/Harder* Die Anpassung des deutschen Rechts an das Römische Statut des Internationalen Strafgerichtshofs, ZRP **2000** 144; *Wittemann* Grundlinien und Grenzen der Notwehr in Europa, Diss. Heidelberg 1996 (1997); *Witzstrock* Der polizeiliche Todesschuss, Diss. Bremen 2001; *dies.* Einführung des polizeilichen Todesschusses – Pro, ZRP **2004** 31; *Woesner* Die Menschenrechtskonvention in der deutschen Strafrechtspraxis, NJW **1961** 1381; *Wohlers* Einschränkungen des Notwehrrechts innerhalb sozialer Näheverhältnisse, JZ **1999** 434; *Wolter* Objektive und personale Zurechnung von Verhalten, Gefahr und Verletzung in einem funktionalen Straftatsystem, Habil. Bonn 1979 (1981); *ders.* Tatidentität und Tatumgestaltung im Strafprozeß, GA **1986** 143; *Wössner* Die Notwehr und ihre Einschränkungen in Deutschland und in den USA, Diss. Augsburg 2006; *Yamanaka* Zur Entwicklung der Notwehrlehre in der japanischen Judikatur, Festschrift Frisch (2013) 511; *Zachert* Organisierte Kriminalität in einem Europa offener Grenzen, in: Sieber (Hrsg.) Europäische Einigung und Europäisches Strafrecht (1993) S. 61; *Zaczyk* Das Mordmerkmal der Heimtücke und die Notwehr gegen eine Erpressung, JuS **2004** 750; *Zapatero* Grunderfordernisse des Allgemeinen Teils für ein europäisches Sanktionsrecht – Landesbericht Spanien, ZStW **110** (1998) 438; *Ziegler* Das Rechtsinstitut der Notwehr, JuS **1988** 671; *Zielinski* Handlungs- und Erfolgsunwert im Unrechtsbegriff, Diss. Bonn 1971/72 (1973); *Zieschang* Der Allgemeine Teil des neuen französischen Strafgesetzbuchs, ZStW **106** (1994) 647; *ders.* Diskussionsbericht über die Arbeitssitzung der Fachgruppe Strafrechtsvergleichung bei der Tagung der Gesellschaft für Rechtsvergleichung am 25.9.1997 in Graz, ZStW **110** (1998) 515; *ders.* Chancen und Risiken der Europäisierung des Strafrechts, ZStW **113** (2001) 255; *ders.* Einschränkung des Notwehrrechts bei engen persönlichen Beziehungen? Jura **2003** 527; *ders.* Tödliche Notwehr zur Verteidigung von Sachen und Art. 2 IIa EMRK, GA **2006** 415; *ders.* Rechtfertigungsfragen bei Tötungen unter Privaten, Festschrift Knemeyer (2012) 449; *Zuleeg* Der Beitrag des Strafrechts zur europäischen Integration, JZ **1992** 761.

Übersicht

A. Allgemeines —— 1
   I. Der Rechtfertigungsgrund der Notwehr im System der Rechtfertigungsgründe —— 1
   II. Historische Entwicklung der Notwehr —— 4
   III. Notwehr im internationalen Rechtskontext —— 6
      1. Notwehr in anderen Rechtsordnungen —— 6
         a) Österreich und Schweiz —— 6
            aa) Österreich —— 6
            bb) Schweiz —— 10
         b) England und Vereinigte Staaten von Amerika —— 14
            aa) England —— 14
            bb) Vereinigte Staaten von Amerika —— 20
         c) Frankreich —— 27
         d) Spanien und Italien —— 32
            aa) Spanien —— 32
            bb) Italien —— 36
         e) Dänemark und Norwegen —— 39
            aa) Dänemark —— 39
            bb) Norwegen —— 43
      2. Notwehr und europäische Harmonisierung des Strafrechts —— 46
      3. Notwehr und Art. 2 Abs. 2 lit. a EMRK —— 51
      4. Notwehr und Art. 31 Abs. 1 lit. c Römisches IStGH-Statut —— 56
   IV. Begründungsansätze zur Notwehrrechtfertigung —— 62
   V. Das Strukturprinzip der Notwehr und die Systematik des Prüfungsaufbaus —— 75
B. Notwehrlage —— 77
   I. Angriff —— 77
      1. Der Angriff als drohende Verletzung rechtlich geschützter Interessen —— 78
         a) Der Kreis notwehrfähiger Rechtsgüter —— 78
         b) Einzelfälle —— 83
         c) Drohende Verletzung —— 94
      2. Das Angriffsverhalten —— 99
         a) Angriff durch Unterlassen —— 101
         b) Angriff durch Nichterfüllung einer Forderung —— 105

II. Die Rechtswidrigkeit des Angriffs —— 108
1. Die Rechtswidrigkeit als zentrales Merkmal der Notwehr —— 108
   a) Mindestens objektiv unsorgfältiges Verhalten des Angreifers —— 109
   b) Kein Eingreifen eines Erlaubnissatzes —— 111
      aa) Eingriffsrechte und Handlungsbefugnisse —— 113
      bb) Der unvermeidbare Irrtum über Erlaubnistatumstände —— 115
2. Gewaltsame Verteidigung gegen Akte öffentlicher Gewalt —— 116
   a) Gewaltsame Verteidigung gegen die Vollstreckung von Akten, die der Rechts- oder Bestandskraft fähig sind —— 117
   b) Gewaltsame Verteidigung gegen die Ausführung rechtswidriger Anweisungen und Befehle —— 129
   c) Gewaltsame Verteidigung gegen den sog. gefährlichen Befehl —— 136
3. Weitere Sonderfälle der Rechtswidrigkeit —— 138
III. Die Gegenwärtigkeit des Angriffs —— 140
1. Die Gegenwärtigkeit als drohende oder noch andauernde Rechtsgutverletzung —— 140
   a) Die unmittelbar bevorstehende Rechtsgutverletzung —— 143
   b) Die noch andauernde Rechtsgutverletzung —— 147
2. Sonderfälle der Gegenwärtigkeit —— 151
   a) Die Gegenwärtigkeit bei der Drohung —— 151
   b) Die Gegenwärtigkeit bei Angriffen durch Unterlassen —— 152
   c) Die Gegenwärtigkeit bei Verteidigungsautomaten —— 153
3. Ex-post-Perspektive bei der Gegenwärtigkeit —— 154

C. Notwehrhandlung —— 155
I. Verteidigung durch Eingriff in Rechtsgüter des Angreifers —— 155
1. Grundsatz und Formen der Verteidigung —— 155
2. Das Eingriffsrechtsgut —— 159
II. Die Erforderlichkeit der Verteidigung —— 166
1. Allgemeines —— 166
   a) Die Eignung der Verteidigung zur Angriffsbeendigung —— 167
   b) Gleiche Eignung der Abwehrmittel —— 172
   c) Einsatz des mildesten Mittels —— 175
   d) Ex-ante-Perspektive bei der Erforderlichkeit —— 180
2. Alternative Verteidigungsmöglichkeiten —— 181
   a) Flucht und Inanspruchnahme fremder Hilfe —— 181
   b) Alternative Verteidigungsmöglichkeiten im Vorfeld der Notwehrlage —— 189
3. Notwehr und fahrlässig bewirkte Rechtsguteingriffe —— 191
4. Antizipierte Notwehr durch Verteidigungsautomaten —— 197
5. Die Erforderlichkeit bei der Verteidigung gegen Erpressungen —— 203
III. Die Nothilfe —— 204
1. Allgemeines —— 204
2. Aufgedrängte Nothilfe —— 208
IV. Notwehr durch Hoheitsträger —— 216
1. Allgemeines —— 216
2. Notwehr und staatliche Rettungsfolter —— 224

D. Notwehreinschränkungen —— 225
I. Allgemeines —— 225
1. Materialer Grundgedanke —— 226
2. Gesetzlicher Anknüpfungspunkt —— 228
3. Beurteilungsmaßstab bei Notwehreinschränkungen —— 229
II. Die einzelnen Fallgruppen —— 230
1. Das krasse Missverhältnis —— 230
2. Die Notwehreinschränkung aus Art. 2 EMRK —— 235
3. Enge persönliche Beziehungen —— 238

4. Angriffe im Zustand fehlender oder geminderter Schuld —— 242
5. Provokation der Notwehrlage —— 245
   a) Absichtsprovokation —— 249
   b) Sonstige Provokationen —— 254
   c) Provozierte Provokationen —— 258
   d) Nothilfe und Angriffsprovokation —— 259
6. Verteidigung gegen Erpressungen —— 261
E. Das subjektive Rechtfertigungselement bei der Notwehr —— 262
   I. Das subjektive Notwehrelement bei Vorsatzdelikten —— 262
      1. Die Notwendigkeit eines subjektiven Notwehrelements —— 262
      2. Inhalt des subjektiven Notwehrelements —— 263
         a) Kenntnis der Notwehrumstände —— 264
         b) Verteidigungsabsicht —— 266
      3. Versuchsstrafbarkeit bei Fehlen des subjektiven Notwehrelements —— 268
      4. Kongruenz von objektiven Notwehrumständen und Notwehrvorsatz? —— 271
   II. Das subjektive Notwehrelement bei Fahrlässigkeitsdelikten —— 276
   III. Keine Prüfungspflicht des Verteidigers —— 279
   IV. Der Irrtum des Täters über die Voraussetzungen des § 32 —— 280
      1. Die Putativnotwehr —— 280
      2. Besonderheiten bei einzelnen Merkmalen —— 283
F. Rechtsfolgen der Rechtfertigung durch Notwehr —— 285
G. Verfahrensrechtliches —— 289

A. Allgemeines

I. Der Rechtfertigungsgrund der Notwehr im System der Rechtfertigungsgründe

Notwehr ist im deutschen Strafrecht ein Erlaubnissatz, der dem rechtswidrig Angegriffenen zur Verteidigung seiner Individualrechtsgüter[1] gestattet, grundsätzlich ohne Beachtung von Verhältnismäßigkeitsgrenzen und ohne Rücksicht darauf, ob hoheitliche Hilfe erlangbar wäre oder der Gefahr ausgewichen werden könnte, in Individualrechtsgüter des Angreifers einzugreifen. Die Inanspruchnahme dieser Befugnis rechtfertigt die Rechtsgutbeeinträchtigung und gibt dem Verteidiger ein Eingriffsrecht, so dass der Angreifer, wenn er den Angriff nicht abbricht, die Gegenwehr dulden muss (zur abw. Ansicht s. Rdn. 114). 1

Notwehr und **Notstand** ist gemeinsam, dass die Verteidigung bzw. Gefahrenabwehr wie bei (fast) allen Rechtfertigungsgründen durch den Grundsatz der Erforderlichkeit begrenzt wird. Dem Angreifer dürfen danach nur solche Opfer abverlangt werden, die zur Beendigung der Gefahrenlage unumgänglich sind. In der fehlenden Ausweichobliegenheit und der im Grundsatz an keine Proportionalitätsgrenzen gebundenen Befugnis zur Gefahrenabwehr hingegen unterscheidet sich die Notwehr insbesondere von den Rechtfertigungsgründen des aggressiven und des defensiven Notstands, die in § 34 und § 904 BGB einerseits und § 228 BGB andererseits geregelt sind. Dort muss der Gefährdete ausweichen, wenn er so die Gefahr abwenden kann. Zudem stehen die Notstandsbefugnisse unter dem Vorbehalt, dass die Interessen des von der Gefahr Bedrohten die Interessen des anderen wesentlich überwiegen (§ 34, § 904 BGB) bzw. das Gewicht der Interessen des Gefährdeten nicht außer Verhältnis zu dem Eingriff in die Rechtsgüter des 2

---

[1] Nach herrschender Meinung verteidigt der Angegriffene neben seinem Individualrechtsgut auch die Rechtsordnung, s. näher Rdn. 66.

anderen steht (Rechtsgedanke des § 228 BGB). Der Unterschied in der Befugnisreichweite rechtfertigt sich in der Sache aus dem Umstand, dass die Gefahr bei der Notwehr ihren Ursprung in dem rechtswidrigen Verhalten des Menschen hat, dessen Rechtsgüter zur Gefahrenabwehr in Anspruch genommen werden.[2]

3   Der Notwehr verwandte Regelungen finden sich in den Bestimmungen über die **Selbsthilfe des Besitzers** (Besitzwehr und Besitzkehr) und Besitzdieners gem. den §§ 859, 860 BGB sowie in dem **Selbsthilferecht des Gläubigers** aus § 229 BGB. Diese Rechtfertigungsgründe setzen ebenso wie die Notwehr ein rechtswidriges Verhalten des Inhabers des Eingriffsrechtsgutes voraus: den ausweislich des § 858 Abs. 1 BGB verbotenen Zugriff auf den unmittelbaren Besitz[3] und die vertrags- oder sonst schuldrechtswidrige Nichtleistung. Während Besitzwehr und Besitzkehr Sonderfälle der Notwehr sind[4] und daher wie § 32 und § 227 BGB die zur Abwehr vorgenommenen Rechtsguteingriffe nicht von einer Verhältnismäßigkeit abhängig machen,[5] sind die Selbstschutzbefugnisse des Gläubigers bei § 229 BGB auf sichernde Maßnahmen nach Art des zivilprozessualen Arrests gem. den §§ 916 ff ZPO begrenzt und stehen unter dem Vorbehalt der Nichterlangbarkeit hoheitlicher Hilfe, weil die primäre Zuständigkeit für die zwangsweise Durchsetzung von Forderungen bei den Gerichten und den zur Vollstreckung berufenen Hoheitsträgern liegt.

II. Historische Entwicklung der Notwehr

4   Die gegenwärtige Gestalt der Notwehr ist keine Erbschaft, die der heutigen Rechtsordnung vom germanischen Recht hinterlassen worden wäre, wie die archaisch anmutenden weiten Eingriffsbefugnisse nahelegen könnten. Vielmehr ist § 32 das Produkt einer relativ jungen Entwicklung, die mit der Aufklärung ihren Ausgang nahm und in **§ 41 prStGB** von 1851 mündete, dessen nahezu unverändertes Abbild § 32 ist.[6] Die **Constitutio Criminalis Carolina** von 1532 beschränkte die Notwehr noch auf Angriffe auf Leib und Leben und regelte die Verteidigungsbefugnisse daher auch im Rahmen der Tötungsdelikte in den Art. 139 und 140. Die Zeit des Gemeinen Strafrechts sah eine Ausweitung des Kreises der notwehrfähigen Rechtsgüter und das **Preußische Allgemeine Landrecht** von 1794 gestattete in der Folge auch eine durch Angemessenheit und Ausweichobliegenheit begrenzte Verteidigung von Sachwerten durch Notwehr. Auf die Einhaltung der Grenzen verhältnismäßiger Abwehr verzichtete erst das **bayerische StGB** von 1813 und läutete damit eine neue Epoche in der Entwicklung des Notwehrrechts ein. Sie basiert wesentlich auf einem naturrechtlichen und liberalen Rechtsverständnis, das die Freiheitsrechte des Bürgers im Zentrum der Rechtsgemeinschaft und -ordnung sieht und die Notwehr als unveräußerliches Recht des Einzelnen zur Bewahrung seiner Güter begreift (*Günther* SK[8] Rdn. 5 u. 12). Vom Boden dieser Auffassung aus erklärt sich die „neue" Schärfe durch Verzicht auf Proportionalitätsgesichtspunkte. § 41 prStGB liegt die auch für § 32 im Kern weiterhin geltende Auffassung zugrunde, dass der Verteidiger einen rechtswidrigen Angriff auch auf geringe und ersetzbare Güter nötigenfalls mit dem

---

2   Zur Diskussion über die materielle Legitimation des Notwehrrechts s. eingehend Rdn. 62 ff.
3   Anders *Hirsch* FS Jescheck, 213, 230, der in dem Zugriff eines zum Besitz Berechtigten bloßes Erfolgsunrecht sieht und die Befugnisse des Besitzers danach abstufen will, ob dem „Angreifer" ein solches Recht zum Besitz zusteht.
4   *Baur/Stürner* Sachenrecht 17. Aufl. (1999) 9/11; *Zieschang* FS Knemeyer, 449, 452 f.
5   *Joost* MK-BGB § 859 Rdn. 10; *Zieschang* FS Knemeyer, 449, 453.
6   Zur historischen Entwicklung s. näher *Arzt* FS Schaffstein, 77 f; *Bülte* GA **2011** 145, 148 ff; *Courakis* S. 25 ff, 52 ff; *Fasten* S. 5 ff; *Grünewald* ZStW **122** (2010) 51, 53 ff; *Krey* JZ **1979** 702 ff; *Spendel* LK[11] Rdn. 15 ff; *Schroeder* FS Maurach, 127, 128 ff; *Siciliano* S. 117 ff.

äußersten Mittel soll abwehren dürfen,[7] die in dem von *Berner* Archiv des Criminalrechts **1848** 547 geprägten berühmten Ausdruck dahin zusammengefasst wird, dass das „Recht dem Unrecht nicht zu weichen" brauche. **§ 53** des **Reichsstrafgesetzbuches** von 1871 hat diese Regelung unverändert übernommen. Der heutige § 32 ist eine nur sprachlich durch den Gesetzgeber der großen Strafrechtsreform veränderte Fassung des § 53 RStGB, die seit 1975 gilt. In der jüngeren Vergangenheit sind wieder verstärkt Bestrebungen in der Wissenschaft festzustellen, die Weite der Notwehrbefugnisse über die auch von Rechtsprechung und Gesetzgeber anerkannten Korrekturen in Randbereichen (Stichwort: sozialethische Notwehreinschränkungen) hinaus zu begrenzen,[8] indem etwa ein schuldhaftes oder vorsätzliches Verhalten des Angreifers gefordert (s. dazu Rdn. 109 m. Fn. 387) oder Notwehr nur zur Verteidigung gegen Angriffe auf das Leben oder sonstige auf die Person von vergleichbarer Schwere erlaubt wird (so *Bernsmann* ZStW **104** [1992] 290, 308 ff).[9]

Das **BGB** enthält in § 227 und das Ordnungswidrigkeitengesetz in § 15 Abs. 1, 2 eine 5 dem § 32 nachgebildete und bis auf das Wort „Handlung" statt „Tat" mit § 32 identische Regelung. Beide gelten gegenüber § 32 als leges speciales. Die praktische Bedeutung des § 15 OWiG ist jedoch gering, da die meisten Ordnungswidrigkeitentatbestände Allgemeininteressen schützen, § 15 OWiG jedoch genau wie § 32 nur Eingriffe in Individualrechtsgüter des Angreifers erlaubt *(Rengier* KK-OWiG § 15 Rdn. 2; *Göhler/Gürtler* OWiG § 15 Rdn. 1).

III. Notwehr im internationalen Rechtskontext

1. Notwehr in anderen Rechtsordnungen[10]

a) Österreich und Schweiz

Schrifttum

Dubs Notwehr – Bemerkungen zu StrGB Art. 33 anhand von sieben Fällen, SchwZStr. **90** (1973) 337; *Fabrizy* Strafgesetzbuch 8. Aufl. (2002); *Foregger/Kodek* Strafgesetzbuch 6. Aufl. (1997); *Franke* Die Grenzen der Notwehr im französischen, schweizerischen und österreichischen Strafrecht im Vergleich mit der neueren deutschen Entwicklung, Diss. Freiburg/Br. 1976; *Fuchs* Grundfragen der Notwehr, Habil. Wien 1983 (1986); *ders.* Österreichisches Strafrecht Allgemeiner Teil I 3. Aufl. (1998); *Höpfel/Ratz* (Hrsg.) Wiener Kommentar zum Strafgesetzbuch, 43. Lfg. 2. Aufl. (2003); *Kienapfel* Grundriß des österreichischen Strafrechts Allgemeiner Teil 6. Aufl. (1996); *Kühl* Die Notwehr: Ein Kampf ums Recht oder Streit, der mißfällt? Festschrift Triffterer (1996) 149; *Mezger/Schönke/Jescheck* (Hrsg.) Das ausländische Strafrecht der Gegenwart, 2. Bd. (1956) und 3. Bd. (1959); *Niggli/Wiprächtiger* (Hrsg.) Basler Kommentar, Strafgesetzbuch I (2003); *Pitsounis* Die Notwehr als Gegenstand der Rechtsvergleichung, in: Lüderssen (Hrsg.) Modernes Strafrecht und ultima-ratio-Prinzip (1990) S. 227; *Rummel* (Hrsg.) Kommentar zum Allgemeinen bürgerlichen Gesetzbuch, 1. Bd. 2. Aufl. (1990); *Schick* Grunderfordernisse des Allgemeinen Teils für ein europäisches Sanktionsrecht – Landesbericht Österreich, ZStW **110** (1998) 473; *Steininger* Die Notwehr in der neueren Rechtsprechung des OGH, ÖJZ **1980** 225; *Stratenwerth* Schweizerisches Strafrecht Allgemeiner Teil I 3. Aufl. (2005); *Trechsel* Schweizerisches Strafgesetzbuch (1989); *Trechsel/Pieth* Schweizerisches Strafrecht

---

[7] Vgl. *Goltdammer* Die Materialien des StGB für die Preußischen Staaten Teil I (1851) S. 366 ff, 420 f.
[8] So auch die Einschätzung von *Perron* FS Eser, 1019, 1020 ff. Nach *Hirsch* FS Jescheck, 213, 215 geht die Tendenz, dem Notwehrrecht seine Härten zu nehmen, insbesondere von der Rechtspraxis aus.
[9] *Hassemer* FS Bockelmann, 232, 237 beklagt diese Entwicklung als „Auflösung der Notwehrdogmatik".
[10] Zur Notwehr im türkischen Recht *Özaydın*; zur Notwehr im Japanischen Recht *Yamanaka* FS Frisch, 511 ff.

Allgemeiner Teil I 7. Aufl. (2017); *Triffterer* Österreichisches Strafrecht Allgemeiner Teil (1985); *Wittemann* Grundlinien und Grenzen der Notwehr in Europa, Diss. Heidelberg 1996 (1997).

aa) Österreich

6 § 3 Abs. 1 des österreichischen StGB, das am 1. Januar 1975 in Kraft getreten ist,[11] hat folgende aktuelle Fassung:[12]

> *(1) ¹Nicht rechtswidrig handelt, wer sich nur der Verteidigung bedient, die notwendig ist, um einen gegenwärtigen oder unmittelbar drohenden rechtswidrigen Angriff auf Leben, Gesundheit, körperliche Unversehrtheit, sexuelle Integrität und Selbstbestimmung, Freiheit oder Vermögen von sich oder einem anderen abzuwehren. ²Die Handlung ist jedoch nicht gerechtfertigt, wenn es offensichtlich ist, dass dem Angegriffenen bloß ein geringer Nachteil droht und die Verteidigung, insbesondere wegen der Schwere der zur Abwehr nötigen Beeinträchtigung des Angreifers, unangemessen ist.*

In der Sache steht die Fassung, die der österreichische Gesetzgeber der Notwehr gegeben hat, unter den Rechtsordnungen westlicher Industriestaaten dem deutschen Notwehrrecht am nächsten. Soweit es die „Schärfe" der Notwehrbefugnisse betrifft, ist § 3 Abs. 1 öStGB zwischen dem deutschen und dem schweizerischen Notwehrmodell einzuordnen. Während § 32 dStGB im Grundsatz auf die Angemessenheit der Verteidigung verzichtet und Art. 15 des schweiz. StGB eine solche verlangt, hat der österreichische Gesetzgeber einen vermittelnden Standpunkt eingenommen, der jedoch sehr viel näher an der deutschen Regelung liegt. Im Grundsatz beschränkt § 3 Abs. 1 S. 1 öStGB den Verteidiger nicht auf eine Gegenwehr, die die Grenzen einer Proportionalität einhält (*Fuchs* AT I 17. Kap. S. 154; *Höpfel/Ratz/Lewisch* § 3 Rdn. 91, 97 f m.w.N.; *Triffterer* AT Kap. 11 S. 216, 218 f). Demzufolge bleibt eine Notwehrhandlung prinzipiell selbst dann „notwendig" i.S.d. § 3 Abs. 1 S. 1, wenn der Angegriffene fliehen könnte oder angesichts eines Angriffes auf *nicht geringe Vermögenswerte* Leib oder Leben des Angreifers beeinträchtigt (hierzu *Fuchs* AT I 17. Kap. S. 153 f). § 3 Abs. 1 S. 2 öStGB versagt die Rechtfertigungswirkung jedoch in Situationen, in denen *„offensichtlich"* ist, dass dem Angegriffenen lediglich ein *„geringer Nachteil"* droht, und die Verteidigung *„unangemessen"* ist. Die damit vorzunehmende **eingeschränkte Güterabwägung** zeigt, dass dem österreichischen Notwehrrecht der „Abwägungsgedanke" – anders als dem deutschen – nicht fremd ist (*Fabrizy* § 3 Rdn. 7 m.w.N.; *Fuchs* AT I 17. Kap. S. 154; *Kühl* FS Triffterer, 149, 154 f m.w.N.).[13] Die Vorschrift des § 3 Abs. 1 S. 2 öStGB erinnert stark an die – ungeschriebene und erst nachträglich durch Rechtsfortbildung von außen angestückte – Notwehreinschränkung des sog. krassen Missverhältnisses bei § 32 dStGB, geht jedoch darüber hinaus: Der Begriff des krassen Missverhältnisses ist etwas enger als der der Unangemessenheit bei Vorliegen eines geringen Nachteils (vgl. *Wittemann* S. 38 f). **„Offensichtlich geringfügig"** ist ein Angriff immer dann, wenn sich einem verständigen Beobachter bei *objektiver ex-ante*-Betrachtung und angesichts der niedrigen Angriffsintensität der Eindruck aufdrängen muss, dass die Vornahme einer Vertei-

---

11 *Wittemann* S. 28 ff m.w.N. zur historischen Entwicklung. Die Notwehr ist der einzige Rechtfertigungsgrund, den der Allgemeine Teil des österreichischen Strafgesetzbuches enthält; allerdings weist der Allgemeine Teil mit § 8 öStGB noch eine ausdrückliche Regelung des Erlaubnistatbestandsirrtums auf – das dStGB kennt eine solche nicht.
12 Fassung v. 1.9.2017 – der Gesetzgeber hat die bis dahin im Katalog der notwehrfähigen Rechtsgüter noch nicht enthaltene sexuelle Integrität und Selbstbestimmung eingefügt.
13 Siehe auch *Triffterer* AT Kap. 11 S. 218 f; *Franke* S. 111 ff, 257, 260, 262, 266 ff u. 272 m.w.N.

digungshandlung im konkreten Einzelfall eine übermäßige Reaktion wäre (ähnlich Höpfel/Ratz/*Lewisch* § 3 Rdn. 142 m.w.N.; *Triffterer* AT Kap. 11 S. 219). Ferner kommen aufgrund des Wortlautes des § 3 Abs. 1 S. 2 öStGB („Nachteil droht") als *geringe Nachteile* nur solche in Betracht, die sich noch nicht realisiert haben (*Triffterer* AT Kap. 11 S. 218). Hierbei kann zur Bestimmung der objektiven Geringfügigkeit eines Nachteils auf die §§ 141 Abs. 1, 142 Abs. 2 („Sache geringen Wertes") und § 149 öStGB („Entgelt nur gering") als gedankliche Ausgangspunkte abgestellt werden. Dabei ist allerdings zu beachten, dass im konkreten Einzelfall auch bestimmte persönliche Interessen des Angegriffenen in die Beurteilung einzubeziehen sein können (*Fuchs* AT I 17. Kap. S. 155; *Kienapfel* AT Z 11 Rdn. 26; *Triffterer* AT Kap. 11 S. 218). § 3 Abs. 1 S. 2 öStGB bildet auch den Anknüpfungspunkt für weitere **besondere Grenzen der Notwehr**, wie z.B. Fälle schuldlos handelnder Angreifer, Angriffe innerhalb enger familiärer Lebensgemeinschaften sowie der Absichtsprovokation oder sonst vorwerfbare Herbeiführung einer Notwehrlage (*Steininger* ÖJZ **1980** 225, 231 f m.w.N.; Überblick bei *Wittemann* S. 40 ff m.w.N.).

Die **Notwehrlage** setzt, wie bei § 32 Abs. 2 dStGB, einen gegenwärtigen rechtswidri- 7 gen Angriff voraus (*Foregger/Kodek* § 3 III S. 32; *Kienapfel* AT Z 11 Rdn. 5, 9, 10f m.w.N.), wobei § 3 Abs. 1 S. 1 öStGB hinsichtlich der Gegenwärtigkeit eine ausführlichere Regelung trifft als § 32 Abs. 2 dStGB.[14] Auch das Erfordernis der Rechtswidrigkeit des Angriffes folgt aus dessen Wortlaut, wobei der Angriff – wie im deutschen Notwehrrecht (vgl. Rdn. 108 ff) – ebenfalls objektiv im Widerspruch zur Rechtsordnung stehen muss und nicht durch einen Erlaubnissatz gedeckt sein darf. Darüber hinaus ist gleichermaßen umstritten, ob zur Beurteilung der Rechtswidrigkeit eines Angriffes an den hierbei drohenden Erfolgs- oder zusätzlich an einen konkreten Handlungsunwert (so *Fuchs* AT I 17. Kap. S. 148) anzuknüpfen ist (zum Ganzen Höpfel/Ratz/*Lewisch* § 3 Rdn. 21 ff; *Triffterer* AT Kap. 11 S. 214; jew. m.w.N.).

Eine Besonderheit des § 3 Abs. 1 S. 1 öStGB besteht im Hinblick auf den Kreis der 8 **notwehrfähigen Rechtsgüter**. Notwehr ist nur zulässig, um Angriffe gegen die in dieser Norm **ausdrücklich bezeichneten Individualrechtsgüter** Leben, Gesundheit, körperliche Unversehrtheit, sexuelle Integrität und Selbstbestimmung, Freiheit und Vermögen abzuwehren. Die Aufzählung ist abschließend und wird auch durch die Vorschrift des § 19 ABGB,[15] die nach überwiegender Ansicht keine eigenständige zivilrechtliche Notwehrregelung ist, sondern lediglich auf § 3 Abs. 1 öStGB verweist (Höpfel/Ratz/*Lewisch* § 3 Rdn. 8), nicht erweitert (*Wittemann* S. 32 m.w.N.). Die gesetzgeberische Entscheidung zu Gunsten dieses begrenzten Kataloges notwehrfähiger Rechtsgüter, der auf den ersten Blick etwas willkürlich wirkt, findet ihren Grund in dem Bedürfnis, die Notwehr auf Konstellationen zu begrenzen, die „in sich selbst klar überschaubar" sind (*Fuchs* Notwehr S. 106 m.w.N.). Ehre und Privatsphäre sind demnach keine notwehrfähigen Rechtsgüter (*Fabrizy* § 3 Rdn. 3; *Fuchs* AT I 17. Kap. S. 150; *Kienapfel* AT Z 11 Rdn. 6 m.w.N.). Während das Rechtsgut **„Leben"** die physische Existenz im eigentlichen Sinn betrifft, bezeichnen **„Gesundheit"** und **„körperliche Unversehrtheit"** den Schutz vor gesundheitlicher Beschädigung durch die Herbeiführung eines pathologischen Zustandes sowie Verletzungen der physischen Integrität (Höpfel/Ratz/*Lewisch* § 3 Rdn. 37 ff). Nach – umstrittener – Ansicht soll der Begriff der **„Freiheit"** neben der Bewegungsfreiheit auch die Willensfreiheit umfassen (Höpfel/Ratz/*Lewisch* § 3 Rdn. 45, 47 m.w.N.).[16]

---

14 Ähnlich ausführlich ist Art. 15 Abs. 1 schweiz. StGB, s. Rdn. 10.
15 Allgemeines Bürgerliches Gesetzbuch.
16 **AA** *Fuchs* AT I 17. Kap. S. 151.

Das **„Vermögen"** meint sowohl das Eigentum als auch das sonstige Vermögen (Höpfel/Ratz/*Lewisch* § 3 Rdn. 41 ff m.w.N.).

9   Auf subjektiver Ebene muss der Angegriffene nach h.M. in **Kenntnis der Notwehrlage** handeln (*Kienapfel* AT Z 11 Rdn. 23; Höpfel/Ratz/*Lewisch* § 3 Rdn. 146 ff). Gesetzlicher Anknüpfungspunkt sei hierbei der Wortlaut „Verteidigung" (§ 3 Abs. 1 öStGB): Wer sich keines Angriffes bewusst ist, könne sich auch nicht „verteidigen", sondern sich allenfalls wehren (*Triffterer* AT Kap. 11 S. 216).

bb) Schweiz

10   **Art. 15 Schweiz. StGB** lautet in seiner mit der Vorläufervorschrift Art. 33 schweiz. StGB nahezu identischen aktuellen Fassung:[17]

> *Wird jemand ohne Recht angegriffen oder unmittelbar mit einem Angriff bedroht, so ist der Angegriffene und jeder andere berechtigt, den Angriff in einer den Umständen angemessenen Weise abzuwehren.*

Die rechtfertigende Notwehr nach schweiz. Strafrecht ist ein Rechtfertigungsgrund (Niggli/Wiprächtiger/*Seelmann* Art. 33 Rdn. 1 m.w.N.); den Notwehrexzess bezeichnet das schweiz. StGB in Art. 16 als „entschuldbare Notwehr". Anders als im deutschen Recht wird die Notwehr als ein **Sonderfall des rechtfertigenden Notstandes** (Art. 17 schweiz. StGB) angesehen, der durch die Rechtswidrigkeit des Angriffs gekennzeichnet ist (*Dubs* ZStR **90** [1973] 337, 340 m.w.N.; *Stratenwerth* Schw. StrafR AT I § 10 Rdn. 68 m.w.N.).[18]

11   Für die **Notwehrlage** verlangt Art. 15 schweiz. StGB einen gegenwärtigen und rechtswidrigen Angriff. Hinsichtlich der Gegenwärtigkeit ist der Wortlaut weiter als § 32 Abs. 2 dStGB, da ein Angriff schon dann gegenwärtig ist, wenn der Angegriffene unmittelbar mit dem Angriff bedroht wird (zum Wortlaut Niggli/Wiprächtiger/*Seelmann* Art. 33 Rdn. 6 m.w.N.). Ebenfalls aus dem Wortlaut („ohne Recht") folgt das Erfordernis der Rechtswidrigkeit des Angriffes (*Stratenwerth* Schw. StrafR AT I § 10 Rdn. 73), wobei der Angriff objektiv im Widerspruch zur Rechtsordnung stehen muss und nicht durch einen Erlaubnissatz gedeckt sein darf. Zur Beurteilung wird dabei sowohl an den drohenden Erfolgs- als auch den konkreten Handlungsunwert angeknüpft (Niggli/Wiprächtiger/*Seelmann* Art. 33 Rdn. 7 m.w.N.). Notwehrfähig sind alle Individualrechtsgüter (Niggli/Wiprächtiger/*Seelmann* Art. 33 Rdn. 5),[19] während die „öffentliche Ordnung" oder andere Allgemeininteressen wie im deutschen Recht nicht mit Notwehrmitteln verteidigt werden dürfen (*Stratenwerth* Schw. StrafR AT I § 10 Rdn. 71 m.w.N.).

12   Zulässig ist die **Notwehrhandlung** im Sinne einer Berechtigung, „den Angriff [...] abzuwehren", sofern der Angegriffene oder ein Nothelfer („jeder andere") den Angriff in einer den Umständen „angemessenen" Art und Weise abwehrt. Damit ist zum einen gemeint, dass der Verteidiger, wie bei § 32 Abs. 2 dStGB auch, ein zur Angriffsabwehr erforderliches Mittel wählt (vgl. Niggli/Wiprächtiger/*Seelmann* Art. 33 Rdn. 11). Wie im deut-

---

[17] Der Gesetzgeber hat lediglich die nicht mehr gebräuchliche Wendung „mit einem Angriffe bedroht" durch die modernere Fassung ersetzt. Zur historischen Entwicklung s. *Pfenninger* in Mezger u.a. Bd. 2 S. 160 ff m.w.N. und *Wittemann* S. 53 ff m.w.N.

[18] *Trechsel/Pieth* AT I S. 121 und Niggli/Wiprächtiger/*Seelmann* Art. 33 Rdn. 5 sprechen von „Spezialfall".

[19] Siehe auch *Trechsel* Art. 33 Rdn. 4, 8.

schen Strafrecht ist der Angegriffene im Grundsatz nicht verpflichtet, sich dem Angriff durch Flucht zu entziehen (Niggli/Wiprächtiger/*Seelmann* Art. 33 Rdn. 12; *Wittemann* S. 62).

Zum anderen muss sich der Verteidigungseingriff – anders als im deutschen Straf- 13 recht (näher dazu Rdn. 179) – innerhalb der Grenzen einer materiellen **Verhältnismäßigkeit** halten. Dies gilt sowohl im Verhältnis von Angriffs- und Verteidigungsmittel als auch im Verhältnis der durch Angriff und Verteidigung bedrohten Rechtsgüter (BGE **107** IV 12, 15; **136** IV 49, 51 f.).[20] Daher dürfte eine zu schweren Körperverletzungen führende oder gar lebensgefährliche Verteidigung im Fall von Angriffen auf Sachgüter i.d.R. nicht angemessen i.S.v. Art. 15 schweiz. StGB sein.[21] Einschränkungen der Notwehrbefugnisse wie beispielsweise bei Angriffen schuldlos Handelnder, innerhalb enger familiärer Beziehungen sowie Provokationen der Notwehrlage, die auch das deutsche Recht kennt, werden in der Schweiz unter dem Gesichtspunkt der Angemessenheit diskutiert (Niggli/Wiprächtiger/*Seelmann* Art. 33 Rdn. 14 ff; *Wittemann* S. 65 ff). Schließlich muss der Angegriffene mit Verteidigungswillen („Abwehrwillen") handeln (BGE **79** IV 148, 154; **104** IV 1, 2).[22]

b) England und Vereinigte Staaten von Amerika

Schrifttum

Ambos Der Allgemeine Teil des Völkerstrafrechts 2. Aufl. (2004); *Ashworth* Principles of Criminal Law 4. Aufl. (2003); *ders.* Grunderfordernisse des Allgemeinen Teils für ein europäisches Sanktionsrecht – Landesbericht England, ZStW **110** (1998) 461; *Bassiouni* Substantive Criminal Law (1978); *Blackstone's* Criminal Practice Manual (2003); *Burchard* „Räuber oder Gendarm?" Notwehr gegen unangekündigte Hausdurchsuchungen im Spiegel deutsch-amerikanischer Rechtsvergleichung, HRRS **2012** 421; *Card/ Cross/Jones* Criminal Law 15. Aufl. (2001); *Clarkson/Keating* Criminal Law: Text and Materials 5. Aufl. (2003); *Dannecker* Der Allgemeine Teil eines europäischen Strafrechts als Herausforderung für die Strafrechtswissenschaft, Festschrift Hirsch (1999) 141; *ders.* Rechtfertigungs- und Entschuldigungsgründe in einem europäischen Allgemeinen Teil, in: Tiedemann (Hrsg.) Wirtschaftsstrafrecht in der Europäischen Union (2002) S. 147; *Dressler* Understanding Criminal Law 3. Aufl. (2001); *Dubber* Einführung in das US-amerikanische Strafrecht (2005); *ders./Hörnle* Criminal Law (2014); *Etzel* Notstand und Pflichtenkollision im amerikanischen Strafrecht, Diss. Freiburg/Br. 1991 (1993); *Fletcher* Basic Concepts of Criminal Law (1998); *ders.* Rethinking Criminal Law (1978, Neudruck 2000); *Hall* General Principles of Criminal Law 2. Aufl. (1960); *Herrmann* Die Notwehr im amerikanischen Strafrecht, ZStW **93** (1981) 615; *Kerll* Das englische Notwehrrecht, Diss. Freiburg/Br. 1977; *LaFave* Substantive Criminal Law, 2. Bd. 2. Aufl. (2003); *ders./Scott* Criminal Law 3. Aufl. (2000); *Lührmann* Tötungsrecht zur Eigentumsverteidigung? Diss. Bielefeld 1999; *T. Meyer/Ulbrich* Das „schneidige Notwehrrecht" oder: tödlicher Schusswaffeneinsatz zur Selbstverteidigung nur in Florida? JA **2006** 775; *Mezger/Schönke/Jescheck* (Hrsg.) Das ausländische Strafrecht der Gegenwart, 4. Bd. (1962); *Nill-Theobald* „Defences" bei Kriegsverbrechen am Beispiel

---

20 Ebenso Niggli/Wiprächtiger/*Seelmann* Art. 33 Rdn. 13 m.w.N.; *Trechsel* Art. 33 Rdn. 10; *Franke* S. 62 ff, 68 ff, 257, 259, 262, 265 f, 272 m.w.N. *Kühl* FS Triffterer, 149, 156 f sieht in Art. 33 Abs. 1 schweiz. StGB a.F. ein „mögliches Vorbild für eine Reform des deutschen Notwehrrechts". Zur Angemessenheit im Japanischen Notwehrrecht s. *Eser* FS Nishihara, 41, 55.
21 *Wittemann* S. 63 ff m.w.N. bezeichnet es als mittlerweile „einhellige" Auffassung, dass bei Angriffen auf Sachgüter jedenfalls eine lebensgefährliche Notwehr unverhältnismäßig sei. Niggli/Wiprächtiger/ *Seelmann* Art. 33 Rdn. 13 m.w.N. fordert – vorsichtiger – „größte Zurückhaltung". Deutlicher *Stratenwerth* Schw. StrafR AT I § 10 Rdn. 78, der einen solchen prinzipiell einschränkenden Ansatz zumindest bei Angriffen auf „große und unersetzliche Vermögenswerte" für „problematisch" hält. Wiederum anders *Trechsel/Pieth* AT I S. 128, die auch bei „verstümmelnden" Verteidigungshandlungen „regelmäßig" Unverhältnismäßigkeit annehmen, wenn damit lediglich wirtschaftliche Interessen verteidigt werden.
22 Weiter Niggli/Wiprächtiger/*Seelmann* Art. 33 Rdn. 17 m.w.N.; *Trechsel/Pieth* AT I S. 130.

Deutschlands und der USA, Diss Freiburg/Br. 1998; *Perron* Rechtsvergleichende Betrachtungen zur Notwehr, Festschrift Eser (2005) 1019; *Pitsounis* Die Notwehr als Gegenstand der Rechtsvergleichung, in: Lüderssen (Hrsg.) Modernes Strafrecht und ultima-ratio-Prinzip (1990) S. 227; *Robinson* Criminal Law Defenses, 2. Bd. (1984); *Schopp* Justification Defenses and Just Convictions (1998); *Schwartz* Introduction (Symposium: New York's new Penal Law) Buffalo Law Review **18** (1968/69) 211; *ders*. Drafting a new Penal Law for New York (An Interview with Richard Denzer), Buffalo Law Review **18** (1968/69) 251; *Simester/Sullivan* Criminal Law – Theory and Doctrine 2. Aufl. (2003); *Smith/Hogan* Criminal Law 10. Aufl. (2003); *Stauder* Die allgemeinen defenses des New York Penal Law, Diss. München 1998 (1999); *Tiedemann* Der Allgemeine Teil des Strafrechts im Lichte der Rechtsvergleichung, Festschrift Lenckner (1998) 411; *Vogel* Elemente der Straftat: Bemerkungen zur französischen Straftatlehre und zur Straftatlehre des common law, GA **1998** 127; *Watzek* Rechtfertigung und Entschuldigung im englischen Strafrecht, Diss. Freiburg/Br. 1996 (1997); *Wechsler* Revision and Codification of Penal Law in the United States, Dalhousie Law Journal **7** (1982/83) 219; *Williams* Textbook of Criminal Law 2. Aufl. (1983); *Wittemann* Grundlinien und Grenzen der Notwehr in Europa, Diss. Heidelberg 1996 (1997); *Wössner* Die Notwehr und ihre Einschränkungen in Deutschland und in den USA, Diss. Augsburg 2006.

aa) England[23]

14 Das englische Recht ist der Ausgangspunkt der Entwicklung des heutigen anglo-amerikanischen Rechtskreises.[24] Für diesen ist charakteristisch, dass sich die Fortbildung des Rechts vornehmlich durch die Anwendung älteren Gewohnheitsrechts, sog. **„common law"**, vollzieht. Die Rechtsanwendung und -fortentwicklung erfolgte ursprünglich nicht auf der Grundlage von Gesetzen. Vielmehr war und ist primäre Grundlage traditionell das durch die Rechtsprechung entwickelte und aus unzähligen Gerichtsentscheidungen bestehende „case law". Daneben tritt zunehmend das durch Gesetze verkörperte **„statutory law"**. Prinzipiell gilt die sog. *„doctrine of stare decisis"*, wonach Gerichtsentscheidungen für spätere Entscheidungen gleichrangiger sowie untergeordneter Gerichte Bindungswirkung entfalten, bis die betreffende Entscheidung durch dasselbe oder ein übergeordnetes Gericht aufgehoben wird. Diese Bindungswirkung kann auch durch nachfolgendes statutory law aufgehoben werden. Dem statutory law kommt daneben vor allem Unterstützungsfunktion zu, denn es ergänzt oder verändert bestehendes common law und passt es so veränderten sozialen Wirklichkeiten oder auch europarechtlichen Vorgaben an. Im Unterschied zu den in Kontinentaleuropa vorherrschenden civil law systems hielt das Gesetzesrecht ursprünglich weniger umfassende Regelungen vor (zum Ganzen *Kerll* S. 1 f m.w.N.; *Lührmann* S. 86 ff; *Watzek* S. 14 ff m.w.N.).[25]

15 Zunächst existierte die Notwehr – **„self-defence"** – nur im common law. Dies galt sowohl für die Notwehr in Gestalt der *„private defence"*, d.h. der (bürgerlichen) Abwehr eines Angriffes gegen individuelle Rechtsgüter (vgl. *Perron* FS Eser, 1019, 1025), als auch der *„public defence"*, d.h. der gesellschaftlichen Zwecken dienenden[26] Verhinderung von Straftaten durch Private oder den Staat (zu beiden Varianten *Card/Cross/Jones* 19.2; *Smith/Hogan* ch. 10 S. 252 ff; jeweils m.w.N.). Die Notwehr ist im englischen Strafrecht eine „defence", d.h. eine **„Verteidigungseinrede"**.[27] Erhebt der Angeklagte diese Ver-

---

23 Zum englischen Rechtskreis gehört auch Wales. Aus Vereinfachungsgründen ist im Folgenden allein von England die Rede.
24 Zum rechtshistorischen Hintergrund *Kerll* S. 8 ff, *Watzek* S. 10 ff, *Wittemann* S. 120 f, jeweils m.w.N.
25 Weiter *Wittemann* S. 122 f.
26 *Perron* FS Eser, 1019, 1025.
27 Vgl. *Perron* FS Eser, 1019, 1025; *Stauder* S. 41 f m.w.N. *Ambos* § 1 S. 71 f m. Fn. 189 hält diese zwar „wortgetreue" Übersetzung für „wenig aussagekräftig" und spricht mit *Eser* FS Triffterer, 755 von „mate-

teidigungseinrede „im engeren Sinn",[28] muss er in der Hauptverhandlung tatsächliche Umstände vortragen, die ein Eingreifen im konkreten Einzelfall nahe legen (dazu *Ashworth* ch. 4.7 S. 136f; *Watzek* S. 60ff m.w.N.).[29] Dabei sind die Konsequenzen ihres Vorliegens insoweit umstritten, als Verteidigungseinreden einerseits als negative Merkmale des „actus reus",[30] andererseits jedoch auch als selbständige Kategorie neben actus reus und „mens rea"[31] aufgefasst werden.[32] Zudem wurde die Frage, ob im Rahmen der Verteidigungseinreden detaillierter zwischen Rechtfertigungs- und Entschuldigungsgründen unterschieden werden sollte, in der englischen Strafrechtslehre lange Zeit wenig beachtet – mittlerweile wird sie verstärkt diskutiert.[33] Auch die Rechtsprechung hat sich zu den Konsequenzen von Verteidigungseinreden bisher nur vereinzelt geäußert: Speziell für die Notwehr gelte, dass ihr Vorliegen die Rechtswidrigkeit der Verteidigung und somit bereits den – die Rechtswidrigkeit umfassenden – actus reus ausschließe.[34]

Ch. 58 s. 3 Criminal Law Act 1967[35] lautet: 16

„*(1) A person may use such force as is reasonable in the circumstances in the prevention of crime, or in effecting or assisting in the lawful arrest of offenders or suspected offenders or of persons unlawfully at large.*

(2) Subsection (1) above shall replace the rules of the common law on the question when force used for a purpose mentioned in the subsection is justified by that purpose."

Die Norm konkretisiert ersichtlich die Notwehr in Form der **public defence**, wie sie schon das common law kannte. Für die Grundsätze der nicht als statutory law geregelten **private defence** ist weitgehend anerkannt, dass sie auch nach Einführung von ch. 58

---

riellen und prozessualen Strafbarkeitshindernissen". Ähnlich *Nill-Theobald* S. 7, die von „prozessualen Hindernissen" und „materiellen Strafausschließungsgründen" spricht. *Etzel* S. 61 m.w.N. hingegen übersetzt den Begriff mit „Einrede" oder „Einwendung".
28 Demgegenüber sind Verteidigungseinreden „im weiteren Sinn" alle Rechtfertigungs- und Entschuldigungsgründe sowie sämtliche übrigen und für den mutmaßlichen Täter sprechenden Umstände, wie z.B. ein Alibi, s. *Watzek* S. 58; dazu auch *Eser* FS Triffterer, 755.
29 Zur primär strafprozessualen Bedeutung der Verteidigungseinrede weiter *Tiedemann* FS Lenckner, 411, 421.
30 „Actus reus" bezeichnet das äußere Handlungselement einer Straftat (*Vogel* GA **1998** 127, 136, 140 m.w.N.), mithin die Gesamtheit aller objektiven Merkmale (siehe auch *Etzel* S. 57, *Lührmann* S. 105, jeweils m.w.N.).
31 „Mens rea" beschreibt hingegen das innere Handlungselement (*Vogel* GA **1998** 127, 136, 140f m.w.N.), d.h. sämtliche subjektiven Umstände der jeweiligen konkreten Straftat (hierzu auch *Etzel* S. 58ff; *Lührmann* S. 105; beide m.w.N.).
32 Dazu und zur Frage des Aufbaus der Straftat *Clarkson/Keating* S. 83 u. 270 m.w.N.; *Vogel* GA **1998** 127, 142f; *Watzek* S. 67ff m.w.N.
33 Ursprünglich wurde vertreten, dass diese Unterscheidung „no legal consequences" habe (*Stephen* zit. bei *Vogel* GA **1998** 127, 143). Erneut angestoßen hat diese Diskussion vor allem *Fletcher* Rethinking (schon 1978), der zunächst ein Defizit im angloamerikanischen Strafrecht hinsichtlich der Unterscheidung zwischen Unrecht („objective dimension of wrongdoing") und Schuld („subjective dimension of attribution") kritisiert (ch. 6 § 6.8.2. S. 512), um sodann vor dem Hintergrund einer entsprechenden Differenzierung eine Theorie über Rechtfertigung und Entschuldigung („theory of justification and excuse") zu entwickeln (ch. 10 S. 759ff). Vgl. nunmehr z.B. *Clarkson/Keating* S. 280ff m.w.N. Ausführlich zu dieser Entwicklung *Watzek* S. 74ff m.w.N.
34 Siehe *Watzek* S. 70, 128 m.w.N. mit Verweis auf eine Entscheidung des Privy Council (Beckford v. R [1987] 3 All ER 425); *Dannecker* FS Hirsch, 141, 152 m.w.N.; *ders.* in Tiedemann S. 147, 151 m.w.N.
35 Großbritannien besitzt kein einheitliches Rechtssystem (dazu *Lührmann* S. 86). Für Nordirland erging s. 3 gleichlautend (*Wittemann* S. 124 m. Fn. 771 zum englischen Wortlaut; zur Rechtslage in Schottland s. *Wittemann* aaO S. 147ff m.w.N.).

s. 3 Criminal Law Act 1967 als common law fortgelten sollen und lediglich in solchen Fällen zurücktreten, in denen sie im Widerspruch zu den in ch. 58 s. 3 Criminal Law Act 1967 enthaltenen Grundsätzen stehen (*Ashworth* ch. 4.7 S. 139 m.w.N.; *Card/Cross/Jones* 19.2).[36] Die Anwendungsbereiche der public und der private defence überlagern sich weitgehend, da auch die zur Verteidigung von Individualrechtsgütern geübte private defence in der Regel zugleich die Vollendung einer Straftat verhindert (*Perron* FS Eser, 1019, 1025).

17 Die Voraussetzungen der **Notwehrlage** stehen auch heute noch ganz im Zeichen der Entwicklung der private defence im common law als Reaktion auf Situationen, in denen Leib und Leben des Angegriffenen bedroht wurden (*Ashworth* ch. 4.7. S. 139; *Kerll* S. 24 ff m.w.N.; *Smith/Hogan* ch. 10 S. 260). Daher liegt eine Notwehrlage nicht schon dann vor, wenn ein gegenwärtiger und rechtswidriger Angriff auf irgendein Rechtsgut stattfindet. Hinzutreten muss nach wie vor, dass der Angriff *gewaltsam* erfolgt (*Perron* FS Eser, 1019, 1025 f m.w.N.; *Simester/Sullivan* 20.2 S. 623). Unter bestimmten – hier nicht näher darzulegenden – Umständen steht dem Angegriffenen auch ein Recht zum Präventivschlag (*„pre-emptive strike"*) zu, so dass ihm nicht zugemutet wird, den Angriff abzuwarten (vgl. *Ashworth* ch. 4.7 S. 145 m.w.N.).[37] Starken Einfluss haben die common-law-Wurzeln der private defence auch auf die Zusammensetzung des Kreises **notwehrfähiger Rechtsgüter.** Dient die Notwehr nicht der Verhinderung einer Straftat, sind notwehrfähig nur Angriffe auf das Leben, die körperliche Unversehrtheit und die Gesundheit im Rahmen der *defence of the person* (*Kerll* S. 27; *Smith/Hogan* ch. 10 S. 253) oder auf das Eigentum als Fall der *defence of property*.[38]

18 Die Fundierung der Notwehr als private defence im common law hat auch in der Frage der zulässigen **Notwehrhandlung** zu einer einzelfallbezogenen Entwicklung geführt. Über das Kriterium der erforderlichen Verteidigung (*„necessary"*)[39] hinaus wird die private defence – anders als im deutschen Strafrecht – durch den Gesichtspunkt der Proportionalität begrenzt: Ch. 58 s. 3 (1) Criminal Law Act 1967 verlangt für die Anwendung von Gewalt im Rahmen einer public defence über die Erforderlichkeit hinaus, dass die Verteidigung „nach den Umständen [...] angemessen ist" (*„reasonable in the circumstances"*),[40] d.h., dass sie angesichts der Schwere der drohenden Rechtsgutverletzung und unter Berücksichtigung der Intensität der Beeinträchtigung der Rechtsgüter des Angreifers verhältnismäßig erscheint. Die Prüfung der Verhältnismäßigkeit erfolgt danach zweistufig und erstreckt sich nicht nur auf die Verteidigungshandlung, sondern erfolgt auch mit Blick auf den Wert der widerstreitenden Interessen, sog. „balancing of harms" (*Ashworth* ch. 4.7 S. 140).[41] In wesentlicher Abweichung vom deutschen Notwehrrecht war die bürgerliche Notwehr des common law von Anfang an durch eine „Pflicht" zum Rückzug (duty to retreat) eingeschränkt, die allerdings ihrerseits wiederum Grenzen unterliegt.[42] Für das Verständnis der Notwehrbefugnisse (und der späteren Entwicklung der Notwehr in den US-Amerikanischen Staaten, s. Rdn. 20 ff)

---

36 Siehe auch *Perron* FS Eser, 1019, 1025 m.w.N.; *Simester/Sullivan* 20.2 S. 622 f, 628; *Smith/Hogan* ch. 10 S. 257; zu abw. Auffassungen *Wittemann* S. 124 ff m.w.N.
37 Weiter *Card/Cross/Jones* 19.4 m.w.N.; *Kerll* S. 42 f m.w.N.
38 Siehe dazu näher *Card/Cross/Jones* 19.3; *Smith/Hogan* ch. 10 S. 259 f m.w.N.; *Wittemann* S. 127 m.w.N.
39 Dazu *Ashworth* ch. 4.7 S. 139 und 141 ff; *Clarkson/Keating* S. 234 f und 305 f; *Watzek* S. 103.
40 *Card/Cross/Jones* 19.8. *Perron* FS Eser, 1019, 1026 f übersetzt „reasonable" mit „vernünftig" und erblickt darin sowohl das Erforderlichkeitskriterium als auch die Verhältnismäßigkeit.
41 Weiter *Clarkson/Keating* S. 307 f auch zur Rechtsprechung, *Kerll* S. 57 ff, *Watzek* S. 103, 111 ff, *Williams* § 23.2. f S. 503 ff, jeweils m.w.N.
42 Hierzu und zum Folgenden eingehend *Burchard* HRRS **2012** 421, 441 ff m. zahlr. w.N.

ist die Einschränkung der Rückzugspflicht durch die sog. castle doctrine wesentlich:[43] Die Rückzugspflicht beschränkte sich auf den sozialen Bereich, während sich der Einzelne in seinem eigenen Heim als privatem Rückzugsort – sozusagen außerhalb der Zurückhaltung und Subsidiarität gegenüber dem staatlichen Gewaltmonopol einfordernden Rechtsgemeinschaft – unbeschränkt verteidigen durfte. Für die Verhältnismäßigkeit gilt im Kern ein objektiver Prüfungsmaßstab, wobei jedoch auch die individuelle Fähigkeit des Angegriffenen, die Angriffssituation zutreffend einzuschätzen, berücksichtigt werden kann (dazu *Card/Cross/Jones* 19.8; *Kerll* S. 59 f; *Wittemann* S. 131). Daneben muss der Angegriffene schließlich in **Kenntnis der rechtfertigenden Umstände** handeln. Stellt sich der Täter irrig Umstände der Notwehr vor, kann er seit der Entscheidung des Court of Appeal im Fall *Williams*[44] auch dann nicht wegen einer Tat bestraft werden, die im deutschen Recht den vorsätzlichen Delikten zugerechnet werden würde, wenn er seinen Irrtum hätte vermeiden können;[45] die Strafbarkeit wegen eines Delikts, für dessen Begehung *negligence*[46] genügt (was im englischen Strafrecht allerdings erheblich seltener ist als im deutschen),[47] bleibt von dem Irrtum jedoch unberührt.

Im Hinblick auf die zukünftige Entwicklung des englischen Notwehrrechts darf der **19** Tatsache, dass der Entwurf eines englischen Strafgesetzbuches aus dem Jahre 1993 in **cl. 27 (1) draft Criminal Law Bill**[48] – wie schon ch. 58 s. 3 (1) Criminal Law Act 1967 für die public defence – ausdrücklich das Erfordernis einer angemessenen Notwehrhandlung („reasonable in the circumstances") vorsieht, der Wille des englischen Gesetzgebers entnommen werden, am Erfordernis der Verhältnismäßigkeit auch weiterhin festzuhalten (*Wittemann* S. 131 m.w.N.). Daneben enthalten die cll. 27 und 28 des draft Criminal Law Bill auch eine Regelung der Folgen einer Notwehrprovokation; zur Einschränkung

---

43 Neben dieser normativen Einschränkung findet die Rückzugspflicht ihre Grenze auch in der sog. to the wall doctrine, die – anders als der Name nahelegt – nicht lediglich die (tatsächlichen) Grenzen der Möglichkeit beschreibt, die Rückzugspflicht zu erfüllen: Mit dieser doctrine lässt sich die Reichweite der Notwehrbefugnisse feinsteuern, indem über ein normativ aufgeladenes Verständnis der „Wand" das Risiko von Fehlschlägen und Überreaktionen zwischen Angreifer und Verteidiger verteilt wird – ganz wie bei der Ausfüllung des Merkmals der Erforderlichkeit in § 32 dStGB (Rdn. 175ff).
44 R. v. *Williams* (Gladstone) Court of Appeal, Criminal Division [1987] 3 All ER 411; s. dazu auch *Dubber/Hörnle* 13 A 8 (S. 413 ff).
45 Das weist Parallelen zu der im deutschen Strafrecht h.M. auf, die den Erlaubnistatbestandsirrtum nicht nach § 17, sondern nach § 16 dStGB behandelt (s. Rdn. 281) und so ebenfalls eine Bestrafung wegen vorsätzlichen Delikts unabhängig davon ausschließt, wie der Täter zu der Annahme gelangt ist, er werde angegriffen (sorgfältiges oder unsorgfältiges Urteil). Die deutsche Notwehrdogmatik ist, soweit es die (Nicht-)Berücksichtigung von Sorgfaltsverstößen betrifft, die zu dem Irrtum führen, allerdings radikaler als das englische Verständnis: Nach R. v. *Williams* (Gladstone) Court of Appeal, Criminal Division [1987] 3 All ER 411 muss die irrige Vorstellung zwar nicht „reasonable" sein, ist Sorgfältigkeit des Urteils also keine (materielle) Bedingung eines Ausschlusses von Vorsatzstrafbarkeit wegen self-defence, aber ein (starkes) Indiz dafür, dass der Täter überhaupt von einem rechtswidrigen Angriff ausgegangen ist. Englisches und deutsches Notwehrrecht stehen sich bei der Behandlung von Putativnotwehr aber näher als englisches (Putativ-)Notwehrverständnis und jenes zahlreicher US-Staaten: Die Gesetze dieser Staaten machen bereits die (durchaus unterschiedlichen) Wirkungen einer Notwehr durchgängig (d.h. ohne zwischen Notwehr und Putativnotwehr zu unterscheiden) von dem „reasonable belief" des Täters abhängig. Das ist einerseits täterfreundlicher als die herrschende deutsche ex-post-Sicht auf die Notwehrlage (näher Rdn. 94), führt aber andererseits zu einer Bestrafung aus dem Vorsatzdelikt immer dann, wenn die Annahme des Täters auf Unsorgfältigkeit beruht, was nach deutschem Recht einer Anordnung der strengen Schuldtheorie entspricht (anders regelt den Fall unsorgfältiger Putativnotwehr allerdings der Model Penal Code s. 3.09, der dafür nur Fahrlässigkeitsstrafbarkeit anordnet); s. zum Ganzen *Dubber/Hörnle* 13 A 8 (S. 413 ff).
46 Eine Form der Fahrlässigkeit, vgl. dazu *Card/Cross/Jones* 3.63 ff.
47 *Perron* FS Eser, 1019, 1029 m.w.N.
48 Abdruck dieses und anderer Gesetzesentwürfe bei *Wittemann* S. 141 ff m.w.N.

der Notwehrbefugnisse soll nur ein rechtswidriges Vorverhalten führen (*Card/Cross/ Jones* 19.14).

20   **bb) Vereinigte Staaten von Amerika.** Das Strafrecht der US-amerikanischen Staaten wurzelt aufgrund einer eng mit England verknüpften historischen Entwicklung zwar im englischen common law (dazu *Honig* in Mezger u.a. Bd. 4 S. 7, 15, 42f; *Dubber* S. 7). Der Einfluss der Judikative auf die Rechtsschöpfung hat in der überwiegenden Mehrheit der Staaten der USA jedoch früher und in erheblich stärkerem Maße an Einfluss verloren als im englischen Recht. In der überwiegenden Mehrzahl der Staaten ist die **self-defense** Bestandteil des statutory law, nur in einigen wenigen Staaten ist die Notwehr nach wie vor eine (nicht oder nur ganz ausschnittsweise kodifizierte) Angelegenheit des common law.[49] Das statutory law der US-Staaten zur Notwehr ist – von einem deutschen Blickwinkel aus – über die Maßen komplex. Das hat seinen Grund unter anderem darin, dass die Vorschriften unter standardisierten Proportionalitätserwägungen ganz überwiegend sowohl danach differenzieren, ob der Verteidiger schlichte Gewalt anwendet oder tödliche Gewalt als auch danach, ob sich der Angriff gegen die Person oder nur gegen das Eigentum richtet; in Fällen tödlicher Gewalt wird zudem danach unterschieden, wo der Angriff stattfindet bzw. ob durch den Angriff eine Katalogstraftat verwirklicht wird. In den (zahlreichen) Notwehrgesetzen, die ab 2005 i.S.e. „stand your ground rule" reformiert worden sind, finden sich zudem noch detaillierte Regelungen dazu, unter welchen Voraussetzungen der tödliche Gewalt anwendende (oder androhende) Verteidiger von einem lebensgefährlichen Angriff[50] ausgehen durfte.[51]

21   Einen wichtigen Einfluss auf die Notwehrgesetzgebung zahlreicher Staaten der USA hatte der sog. **Model Penal Code**, den das American Law Institute 1962 veröffentlicht hat. Er ist das Ergebnis einer auf den Wurzeln des common law aufbauenden langjährigen Diskussion um die Weiterentwicklung des Strafrechts (ausf. dazu *Dubber* S. 16ff).[52] Die meisten Bundesstaaten haben sich in der Folgezeit strafrechtliche Kodifikationen gegeben, die sich an diesem Musterentwurf für ein „Strafgesetzbuch" orientierten (*Schwartz* BLR **18** [1968/69] 211; *Stauder* S. 47; *Wechsler* DLJ **7** [1982/83] 219, 221ff m.w.N.).[53] Im Zuge dieser Reformentwicklungen entstand u.a. auch ein neues **New York State Penal Law**, das im Jahre 1967 in Kraft trat und seitdem in seinen grundlegenden Aussagen unverändert gilt. Auch wegen der legislativen Vorbildfunktion, die dem Staat New York im Strafrecht traditionell zukam, haben mehrere Bundesstaaten die New Yorker Reformkommission im Zuge ihrer eigenen Bemühungen um Rat ersucht. Das New York State Penal Law war daher eine „repräsentative Kodifikation" (*Stauder* S. 40) auch für die Notwehr,[54] so dass einige sections des **Art. 35 Consolidated Laws of New York**

---

49   So enthalten etwa der Code of Maryland oder der Code of Virginia keine Vorschriften zur Notwehr. Der Penal Code of California kennt mit s. 197 lediglich eine BT-Vorschrift zur self-defense bei Tötungsdelikten, die die Notwehr zudem ganz und gar unvollständig regelt; hier war der Versuch einer Reform gescheitert, vgl. *Dubber* S. 17 m.w.N. in Fn. 58.
50   Bzw. damit rechnen durfte, es bestehe das Risiko schwerer Köperverletzungen.
51   Die Vorschriften der 2018 Florida Statutes etwa, die sich ausschließlich mit allgemeinen Notwehrfragen beschäftigen (s. 776.012, 776.013, 776.031 und 776.032 – es gibt weitere Vorschriften zu speziellen Konstellationen), nähmen anderthalb Seiten ein, fügte man sie dieser Kommentierung hinzu.
52   Abdruck in Auszügen bei *Robinson* Anh. B.
53   Zum Verhältnis des bundesstaatlichen Strafrechts zu dem Strafrecht des Bundes vgl. *Etzel* S. 47 m.w.N.; *Herrmann* ZStW **93** (1981) 615, 616 m.w.N. und *Honig* in Mezger u.a. Bd. 4 S. 7, 40f.
54   Bereits *Schwartz* BLR **18** (1968/69) 211 stellt fest: „Stimulated by the Model Penal Code [...] over half the states have recently undertaken revision of their penal codes. Among them all, New York's revision may well be the most significant. Not only is New York law generally looked to by other states [...]."

Penal Code (NYPC) hier – trotz vieler Detailunterschiede – gleichsam stellvertretend für die Kodifikationen jener Bundesstaaten erläutert werden, die sich der jüngsten, unter der Überschrift „stand your ground" über das Notwehrrecht hereingebrochenen Reformwelle verweigert haben.[55] S. 35.00 NYPC legt fest, dass es sich bei der Notwehr um eine Verteidigungseinrede im Sinne einer Rechtfertigungsregel handelt (**„defense of justification"**).[56] Sowohl für die Notwehrlage als auch für die Notwehrhandlung gilt eine objektive ex-ante-Sicht („reasonably believes", s. etwa s. 35.15 par. 1 NYPC).[57] Sorgfaltsmaßstab ist ein durchschnittlicher und besonnener Mensch in der konkreten Situation.[58] Die Verteidigungseinrede der „self-defense" entspricht danach im Kern der unvermeidbaren Putativnotwehr nach der im deutschen Strafrecht herrschenden Meinung.

Das Notwehrrecht des Staates New York kennt zwar kein allgemeines Prinzip der Einzelfallangemessenheit von verteidigten Interessen und denen des Angreifers; Angreifer- und Verteidigerinteressen sind jedoch vom Gesetzgeber antizipiert abgewogen worden, indem er zwischen nichttödlichen und tödlichen Notwehrhandlungen unterscheidet und letztere an strengere Voraussetzungen bindet als erstere.[59] Nur lebensgefährliche Gewalt, die Begehung einer Katalogstraftat (Entführung, Vergewaltigung und andere gewaltsame Straftaten gegen die sexuelle Selbstbestimmung sowie Raub) und Straftaten gegen das Immobiliareigentum, wenn der Angreifer zugleich eine Brandstiftung oder eine Einbruchstraftat[60] begeht bzw. zu begehen droht, dürfen mit lebensgefährlicher Gewalt abgewehrt werden (s. 35.15 par. 2 u. s. 35.20 NYPC). Drohende einfache körperliche Gewalt gegen die Person darf hingegen nur mit einfacher körperlicher Gewalt beantwortet werden. Dasselbe gilt für Angriffe auf das Immobiliareigentum, die nicht durch eine gleichzeitige Begehung von Brandstiftung oder einer Einbruchstraftat qualifiziert sind (s. 35.20 NYPC) und für Angriffe auf das bewegliche Eigentum in Form von Diebstahl oder Sachbeschädigung (s. 35.25 NYPC). Wie diese Aufzählung ebenfalls zeigt, ist Notwehr – gleich, ob durch tödliche oder nicht tödliche Verteidigung – auf einen abschließenden Kreis notwehrfähiger Rechtsgüter beschränkt; anders als im deutschen Recht ist eine Verteidigung nur gegen gewaltsame Angriffe gegen die Person und die hinter den aufgezählten Straftaten stehenden Rechtsgüter zulässig.

---

55 Dazu gehören neben New York als viertvolkreichstem Staat z.B. auch California als volkreichster Staat und Illinois als fünftvolkreichster Staat, während etwa mit Texas, Florida und Pennsylvania die Nrn. 2, 3 und 6 auf der der nach Bevölkerungsgröße geordneten Liste ihr Notwehrrecht i.S.e. stand your ground rule reformiert haben.
56 Wie im englischen Strafrecht (vgl. schon Rdn. 14) wurden Rechtfertigung und Entschuldigung auch im US-amerikanischen Strafrecht nicht unterschieden. So spricht sich *Bassiouni* S. 462f gegen eine Unterscheidung aus. *Hall* S. 233 hält eine prinzipielle Unterscheidung im materiellen Strafrecht sogar für „trügerisch" („fallacious") und „irreführend" („misleading"). Nachdem insbesondere *Fletcher* Rethinking für eine entsprechende Differenzierung gestritten hat (s. Fn. 33), hält *Schopp* S. 14 diese prinzipielle Unterscheidung für mittlerweile anerkannt („well established"). Zu dieser Entwicklung *Herrmann* ZStW 93 (1981) 615, 620f; *Wössner* Notwehr S. 35ff.
57 Zum Erfordernis des Verteidigungswillens *Stauder* S. 124 f m.w.N. – für die Rechtslage im Staat New York; allgemeiner *Fletcher* Rethinking § 7.4 S. 564f; eher krit. *Robinson* § 122; s. auch *Schopp* S. 5f, 21f, 29ff m.w.N.
58 People v. Hagi Supreme Court Appellate Division First Department 169 A.D.2d 203 (1991): „The basic test for reasonableness is what an ordinary prudent man would have done under the circumstances."
59 Eingehend dazu *Wössner* Notwehr S. 41f; zum „requirement of proportionality" *Fletcher* Basic Concepts S. 135ff; *ders.* Rethinking § 10.5 S. 870ff m.w.N.; *Robinson* § 131 m.w.N.
60 Burglary meint im Strafrecht des Staates New York verkürzt gesprochen die Begehung eines Hausfriedensbruchs mit der Absicht, in dem Gebäude eine weitere Straftat zu begehen (ss. 140.20ff NYPC) – anders als im deutschen Recht ist der Einbruch nicht auf Diebstahl beschränkt.

23 Notwehr setzt, wie auch § 32 Abs. 2 dStGB, einen gegenwärtigen Angriff voraus.[61] Dies folgt für den Fall körperlicher oder lebensgefährlicher Gewalt aus dem Wortlaut „use or imminent use", „using or about to use" (s. 35.15 paras. 1 u. 2 lit. a NYPC) und dort, wo Notwehr gegen die Begehung der in Rdn. 22 aufgezählten Delikte zulässig ist, aus dem Umstand, dass der Angreifer bereits in das Versuchsstadium eingetreten sein muss („committing or attempting to commit", „commission or attempted commission", s. 35.15 par. 2 lit. b u. c, ss. 35.20 f NYPC). Der Angriff muss zudem rechtswidrig sein. Rechtswidrig („unlawful") bezeichnet – ähnlich dem deutschen Notwehrrecht – die schlichte Rechtswidrigkeit; was allerdings nur für die gewaltsamen Angriffe auf die Person gilt. Bei allen anderen notwehrfähigen Angriffen ergibt sich schon daraus, dass der Angreifer einen bestimmten Straftatbestand verwirklichen muss, dass – insoweit im Unterschied zum deutschen Notwehrrecht – erst strafrechtswidriges Verhalten die Notwehrbefugnisse auslöst.

24 Die Notwehrhandlung muss, wie auch im deutschen und englischen Strafrecht, erforderlich sein („**necessary**", ss. 35.15 paras. 1 und 2 lit. a, 35.20 paras. 1 – 3 und 35.25 NYPC). Der Angegriffene hat daher das mildeste Abwehrmittel auszuwählen, falls ihm verschiedene gleichsam effektive Verteidigungsmöglichkeiten zur Verfügung stehen.[62] Im Unterschied zum englischen Recht (Rdn. 18) besteht keine allgemeine „Pflicht" zum Rückzug. Bereits zum Ende des 19. Jahrhunderts haben sich die meisten Staaten der USA in Abkehr vom englischen Vorbild von einer solchen Rückzugsobliegenheit entweder verabschiedet oder diese durch stetige Einschränkungen ausgehöhlt (*Burchard* HRRS **2012** 421, 443 ff; s. auch *Wössner* Notwehr S. 143 ff). Zahlreiche Staaten untersagen – so s. 35.15 par. 2 lit. a NYPC – bzw. untersagten bis zur Einführung der stand your ground rule Anfang des 21. Jahrhunderts die Verteidigung durch tödliche Gewalt im öffentlichen Bereich (d.h. außerhalb des eigenen Grundstücks, der eigenen Wohnung usw.) dann, wenn sich der Verteidiger gefahrlos zurückziehen kann – das ist auch Ausdruck der sog. castle doctrine (s. Rdn. 18).[63] S. 35.15 par. 1 lit. a u. b NYPC schließlich regelt noch den Fall eines Notwehrausschlusses bzw. von Notwehreinschränkungen wegen Notwehrprovokation, während s. 35.15 par. 1 lit. c NYPC Notwehr in Reaktion auf Angriffe im Rahmen eines einvernehmlichen Kampfes („combat by agreement") ausschließt.

25 Für eine Vielzahl von Bundesstaaten ist allerdings weder das Notwehrrecht des Staates New York noch der Model Penal Code Vorbild, sondern die Notwehrkodifikation des Staates **Florida**, der sich Ende 2005 ein neues, deutlich verteidigerfreundlicheres Notwehrrecht gegeben hat. Die Regelungen in ch. 776 der 2006 Florida Statutes[64] haben viele Bundesstaaten zum Anlass genommen, ihr Notwehrrecht entsprechend zu erweitern. Diese „**stand your ground laws**" genannte Gesetzgebung ist auch Folge einer politischen Einflussnahme durch die National Rifle Association, die zu enge Notwehrvorschriften (insbesondere im Zusammenhang mit der Verteidigung durch tödliche Gewalt) als (mittelbare) Einschränkungen des verfassungsmäßigen Rechts „to bear arms" ansieht.[65]

---

61 Prinzipiell zu den Umständen des Angriffes („triggering conditions") *Robinson* § 131 S. 73 ff m.w.N.
62 Vgl. *Herrmann* ZStW **93** (1981) 615, 628 m.w.N. Ausführlicher zum Merkmal der Erforderlichkeit („necessity requirement") *Robinson* § 131 S. 77 ff m.w.N.
63 Weiter zur „duty to retreat" *Robinson* § 131 S. 74 f und 79 ff m.w.N. Zur Rückzugspflicht und zum Widerstand bei Verhaftungen *LaFave* Bd. 2 § 10.4 S. 155 ff und 158 ff m.w.N.; *LaFave/Scott* § 5.7 S. 497 ff m.w.N. Zum Ganzen *Stauder* S. 108 ff, 112 ff und 131 ff m.w.N.
64 Zwischenzeitlich ist ch. 776 weiteren Änderungen unterworfen worden, die in der Sache jedoch wenig ändern und, soweit es die Notwehr betrifft, in erster Linie präzisierenden Charakter haben.
65 Vgl. New York Times „15 States Expand Right to Shoot in Self-Defense" v. 7.8.2006, abrufbar unter https://www.nytimes.com/2006/08/07/us/07shoot.html, zuletzt abgerufen am 22.6.2018. S. auch *Burchard* HRRS **2012** 421, 445 f.

Die ss. 776.12, 776.13, 776.31 u. 776.32 der Florida Statutes[66] (2018 FS) weisen gegenüber dem Notwehrrecht der Staaten, die nach dem Vorbild New Yorks verfahren, vor allem drei Änderungen auf. Die erste betrifft die Pflicht zum Rückzug bei der Anwendung tödlicher Gewalt, beinhaltet (im Vergleich zum älteren Notwehrrecht südwestlicher Bundesstaaten) allerdings in erster Linie eine bloße Klarstellung dessen, was sich bereits unter älterem statutory law durch die Rechtsprechung herausgebildet hatte:[67] Der sich mit tödlicher Gewalt Verteidigende ist auch im öffentlichen Raum nicht zum Rückzug verpflichtet, wenn er an einem Ort angegriffen wird, an dem er sich aufhalten darf und sich seinerseits nicht sonst strafrechtswidrig verhält.[68] Durch den Passus „if the person [...] is in a place where he or she has a right to be" (s. 776.12 [2] 2018 FS) wird der Anwendungsbereich der castle doctrine so weit in den öffentlichen Bereich hinein ausgedehnt, dass die Rückzugspflicht vollständig entwertet wird. Dass dabei nur derjenige nicht vorrangig ausweichen muss, der sich nicht sonst strafrechtswidrig verhält (s. 776.12 [2] 2018 FS),[69] steht in einem deutlichen Kontrast nicht nur zum deutschen, sondern zum europäischen Notwehrverständnis insgesamt und basiert auf einer überaus problematischen und überdies praktisch undurchführbaren Einteilung der Bürger in solche, die das Recht stets achten („true man", „law abiding citizen"), denen daher das uneingeschränkte Notwehrrecht zusteht, und solche, denen das Notwehrrecht nicht im vollen Umfang gewährt werden kann; es ist der untaugliche Versuch einer feindstrafrechtliche Züge tragenden Vorabfestlegung darüber, wer Opfer und wer Aggressor ist.[70] Für die Praxis der Strafrechtspflege größere Bedeutung besitzen allerdings die beiden weiteren Änderungen des Notwehrrechts: Das Gesetz – hier s. 776.13 (2) 2018 FS („Home Protection") – vermutet, der Verteidiger sei vernünftigerweise von einem rechtswidrigen Angriff ausgegangen, der ihm das Recht zu tödlicher Gegenwehr gibt („reasonable fear of imminent peril of death or great bodily harm to himself or herself or another"), wenn (u.a.) der Angreifer rechtswidrig und unter Einsatz von Gewalt in eine Unterkunft, Wohnung oder ein (mit Personen besetztes) Fahrzeug eindringt oder wenn der Verteidiger einen solchen Sachverhalt annehmen musste.[71] Der Bruch mit dem bis dahin geltenden Recht, den diese Vermutungsregel verursacht, besteht darin, dass tödliche Gewalt zur Verteidigung eines bloßen Hausrechtsangriffs zulässig sein *kann*, ohne dass zugleich die Person angegriffen wird. Schließlich wertet s. 776.32 2018 FS in einer dritten Abweichung vom älteren Notwehrrecht die Rechtsfolge der Notwehr auf: Der Verteidiger ist nun nicht mehr nur gerechtfertigt, sondern genießt „immunity" sowohl von strafrechtlicher Verfolgung als auch von zivilrechtlicher Klage[72] – mit der Folge, dass die Entscheidung darüber, ob eine Tötung tatsächlich durch Notwehr gedeckt war, zumindest in einem Teil der Fälle nicht

26

---

66 Hier zitiert in ihrer Fassung von 2018.
67 Vgl. *Burchard* HRRS **2012** 421, 445 f.
68 Dieses „not engaged in a criminal activity" darf nicht mit der Frage nach einer möglichen Rechtfertigung des Angriffs verwechselt werden; die strafrechtswidrige Tätigkeit des Verteidigers, die ihm das Recht zu unbeschränkter Notwehr ohne Rückzugspflicht nimmt, richtet sich nicht gegen den Angreifer.
69 Ähnliches gilt für die (sogleich erläuterte) Vermutungsregel: Sie greift nicht, wenn sich der Verteidiger selbst sonst strafrechtswidrig verhält oder seine Unterkunft usw. für strafrechtswidrige Aktivitäten missbraucht (s. 776.13 [3] [c] 2018 FS).
70 Zutreffende Kritik bereits bei *Burchard* HRRS **2012** 421, 446.
71 Die Vermutungsregel ist den in Art. 122-6 franz. N.C.P. und in Art. 52 Abs. 2 ital. C.P. enthaltenen Vermutungsregeln recht ähnlich (s. Rdn. 28 u. 38).
72 Diesen Schritt haben allerdings nicht alle Staaten mitvollzogen, die sich die Kodifikation des Staates Florida zum Vorbild genommen haben. So nimmt etwa s. 9.06 Texas Penal Code zivilrechtliche Klagen ausdrücklich von der ausschließenden Wirkung aus, die die Erhebung der Einrede der self-defense auf die strafrechtliche Verfolgung hat (s. 9.02 Texas Penal Code).

mehr in einem öffentlichen Verfahren durch eine Jury getroffen wird, sondern vorab und endgültig durch die Staatsanwaltschaft.[73]

c) Frankreich

Schrifttum

Bauknecht/Lüdicke (Übers.) Das französische Strafgesetzbuch – Code pénal (1999); *Chabert/Sur* Droit pénal général 2. Aufl. (1997); *Dannecker* Der Allgemeine Teil eines europäischen Strafrechts als Herausforderung für die Strafrechtswissenschaft, Festschrift Hirsch (1999) 141; *ders.* Rechtfertigungs- und Entschuldigungsgründe in einem europäischen Allgemeinen Teil, in: Tiedemann (Hrsg.) Wirtschaftsstrafrecht in der Europäischen Union (2002) S. 147; *Desportes/Gunehec* Droit Pénal Général 9. Aufl. 2002; *Franke* Die Grenzen der Notwehr im französischen, schweizerischen und österreichischen Strafrecht, Diss. Freiburg/Br. 1976; *Levasseur u.a.* Droit pénal général et procédure pénal 13. Aufl. (1999); *Lührmann* Tötungsrecht zur Eigentumsverteidigung? Diss. Bielefeld 1999; *Manacorda* Die allgemeine Lehre von der Straftat in Frankreich: Besonderheiten oder Lücken in der französischen Strafrechtswissenschaft? GA **1998** 124; *Perron* Rechtsvergleichende Betrachtungen zur Notwehr, Festschrift Eser (2005) 1019; *Pitsounis* Die Notwehr als Gegenstand der Rechtsvergleichung, in: Lüderssen (Hrsg.) Modernes Strafrecht und ultima-ratio-Prinzip (1990) S. 227; *Pradel* Droit Pénal Général 12. Aufl. (1999); *Soyer* Droit pénal et procédure pénal 12. Aufl. (1995); *Stefani/Levasseur/Bouloc* Droit Pénal Général 18. Aufl. (2003); *Wittemann* Grundlinien und Grenzen der Notwehr in Europa, Diss. Heidelberg 1996 (1997); *Vogel* Elemente der Straftat: Bemerkungen zur französischen Straftatlehre und zur Straftatlehre des common law, GA **1998** 127; *Zieschang* Der Allgemeine Teil des neuen französischen Strafgesetzbuchs, ZStW **106** (1994) 647.

27   Das französische Recht kannte bis zur französischen Revolution (1789) überhaupt kein Notwehrrecht – **légitime défense**. Erst der Code Pénal von 1791 gewährte eine – auf die Abwehr von Angriffen auf die Person beschränkte – Verteidigungsbefugnis. Die Art. 328, 329 Code Pénal von 1810[74] (Vorschriften des Besonderen Teils) erweiterten die Notwehrbefugnisse nicht. Nach umfassenden Reformbemühungen, die bereits in den sechziger Jahren des vorigen Jahrhunderts begonnen hatten, trat am 1. März 1994 der Nouveau Code Pénal (frz. N.C.P.) in Kraft, der in den Artikeln 122-5 und 122-6 die Notwehr nunmehr als Regelung des allgemeinen Teils vorsieht und in Anerkennung der ausweitenden Anwendung der Art. 328, 329 Code Pénal durch die Rechtsprechung auch die Verteidigung von Sachwerten erlaubt (*Perron* FS Eser, 1019, 1032 m.w.N.). Das französische Notwehrrecht ist – wie die meisten der in den Rdn. 6ff vorgestellten Regelungen – durch den Grundsatz der Verhältnismäßigkeit gekennzeichnet:[75]

> *Art. 122-5.* Strafrechtlich nicht verantwortlich ist, wer angesichts eines rechtswidrigen Angriffs gegen sich selbst oder einen anderen zum selben Zeitpunkt eine Handlung vornimmt, die durch Notwehr oder Nothilfe geboten ist, außer wenn ein Missverhältnis zwischen den eingesetzten Verteidigungsmitteln und der Schwere des Angriffs besteht.

---

73   Diese knappe Skizze des Notwehrrechts des Staates Florida zeigt, dass die rechtsvergleichende Feststellung von *Meyer/Ullbrich* JA **2006** 775, 778, die Gesetzesänderung (2006) sei auf dem Boden eines dualistischen Notwehrverständnisses, wie es herrschend für § 32 dStGB vertreten wird (vgl. Rdn. 66), „geradezu zwingend", neben der Sache liegt, weil dabei allein auf die (ohnehin bereits im Vorgängerrecht weithin ausgehöhlte) Beseitigung einer Rückzugspflicht abgestellt wird, die das deutsche Notwehrrecht (im Grundsatz) ebenfalls nicht kennt.
74   Zu diesen Vorschriften ausführlicher *Franke* S. 23ff, 29ff m.w.N.
75   Zum französischen Wortlaut und zur deutschen Übersetzung des Nouveau Code Pénal *Bauknecht/Lüdicke* S. 24f.

Strafrechtlich nicht verantwortlich ist, wer, um die (weitere) Ausführung eines Verbrechens oder Vergehens gegen eine Sache abzuwenden, eine Verteidigungshandlung vornimmt, die keine vorsätzliche Tötung ist, soweit diese Handlung für die Erreichung des verfolgten Zwecks unbedingt notwendig ist und die eingesetzten Mittel zur Schwere der Straftat verhältnismäßig sind.
Art. 122-6. *Es wird vermutet, dass derjenige in Notwehr handelt, der eine Tathandlung vornimmt, um*
1. *bei Nacht einen durch Einbruch, Gewalt oder List erwirkten Zugang zu einem bewohnten Ort abzuwehren;*
2. *sich gegen die Täter von gewaltsam durchgeführten Diebstählen oder Plünderungen zu verteidigen.*

Derjenige, der in Notwehr handelt, ist „strafrechtlich nicht verantwortlich"[76] (Art. 122-5 Abs. 1 und 2 frz. N.C.P.). Er handelt **gerechtfertigt**,[77] wobei Art. 122-5 Abs. 1 frz. N.C.P. auch die Nothilfe umfasst. Eine – allerdings nur für das offenen Beweisregeln weitgehend kritisch gegenüberstehende deutsche Rechtsverständnis[78] – Besonderheit ist die in Art. 122-6 frz. N.C.P. enthaltene (widerlegliche) **Vermutungsregel** (dazu *Chabert/Sur* S. 97f Rdn. 245ff; *Levasseur u.a.* S. 79f Nr. 215 m.w.N.; *Soyer* S. 122f Nr. 258ff), die eine deutliche Verwandtschaft mit ähnlichen (jüngeren) Vermutungsregeln im Notwehrrecht zahlreicher US-Bundesstaaten und im italienischen Notwehrrecht aufweist (s. Rdn. 26 u. 38). Die Rechtsprechung hat daraus den umstrittenen Schluss gezogen, überall dort, wo die Voraussetzungen des Art. 122-6 frz. N.C.P. nicht vorliegen, sei der Angeklagte mit dem Beweis der Notwehrvoraussetzungen belastet. Hier gilt also anders als etwa im deutschen Strafrecht, dass im Zweifelsfall gegen den Angeklagten zu entscheiden ist (s. dazu *Perron* FS Eser, 1019, 1033).[79]

28

In materieller Hinsicht unterscheidet sich die französische Ausgestaltung des Notwehrrechts von der deutschen Variante insbesondere in der Geltung des Grundsatzes der **Verhältnismäßigkeit** in Art. 122-5 frz. N.C.P. (*Perron* FS Eser, 1019, 1032; *Zieschang* ZStW **106** [1994] 647, 652),[80] dem Umstand, dass nur strafrechtswidrige Angriffe auf Sachwerte notwehrfähig sind, sowie dem für die Annahme einer Notwehrlage geltenden Beurteilungsmaßstab: Hier gilt eine ex-ante-Betrachtung.[81] Erhebliche Unterschiede macht Art. 122-5 frz. N.C.P. in Abhängigkeit vom angegriffenen Rechtsgut auch bei den Voraussetzungen der Notwehrhandlung. Diese betreffen insbesondere den bei der Verhältnismäßigkeitsprüfung anzulegenden Maßstab:

29

---

76 Zur Kategorie des Ausschlusses der strafrechtlichen Verantwortlichkeit im französischen Strafrecht *Zieschang* ZStW **106** (1994) 647, 651f m.w.N.
77 *Jescheck/Weigend* § 32 VII. Zur Notwehr als Rechtfertigungsgrund bzw. zur Kontroverse in Bezug auf die Einordnung der Rechtfertigungsgründe in das französische Straftatsystem *Dannecker* FS Hirsch, 141, 151; *ders.* in Tiedemann S. 147, 151; *Jung* in Bauknecht/Lüdicke S. 4; *Lührmann* S. 171f; *Manacorda* GA **1998** 124, 126; *Vogel* GA **1998** 127, 134f; jeweils m.w.N.
78 Siehe dazu näher *Hohn* Die Zulässigkeit materieller Beweiserleichterungen im Strafrecht, Diss. Kiel 2000 S. 53f.
79 Darüber hinaus unterliegt die tatrichterliche Entscheidung über das (Nicht-)Vorliegen der Voraussetzungen der Art. 122-5/6 frz. N.C.P. nur eingeschränkter Überprüfung durch das Rechtsmittelgericht, vgl. *Perron* FS Eser, 1019, 1033 m.w.N.
80 Ausführlicher zum Erfordernis der Verhältnismäßigkeit *Chabert/Sur* S. 96 Rdn. 240; *Levasseur u.a.* S. 78 Rdn. 210; *Soyer* S. 121 Nr. 253, 256; *Stefani/Levasseur/Bouloc* S. 334f Rdn. 396 m.w.N. Nach *Zieschang* ZStW **106** (1994) 647, 652 soll sich dieses Erfordernis bereits im Rahmen des strengeren Erforderlichkeitsmaßstabes bei Art. 122-5 Abs. 2 N.C.P. auswirken.
81 *Perron* FS Eser, 1019, 1034; weiter zur Notwehrlage *Chabert/Sur* S. 94f Rdn. 234f; *Levasseur u.a.* S. 77f Rdn. 208f m.w.N.; *Soyer* S. 120 Nr. 251; *Stefani/Levasseur/Bouloc* S. 330ff Rdn. 390ff m.w.N.

30   Wird eine **Person angegriffen**, tritt Rechtfertigung schon dann ein, wenn die Notwehrhandlung in keinem „Missverhältnis" zur Schwere des Angriffs steht (umgekehrte Verhältnismäßigkeitsprüfung, ähnlich wie beim sog. Defensivnotstand des § 228 BGB). Bei **Angriffen auf Sachwerte** gilt ein erheblich strengerer Maßstab (*Soyer* S. 121 Nr. 255; *Wittemann* S. 85 m.w.N.). Hier muss die Verteidigung „unbedingt notwendig" und im Hinblick auf die Schwere der Straftat „verhältnismäßig" sein. Darüber hinaus verbietet Art. 122-5 Abs. 2 frz. N.C.P. die vorsätzliche Tötung des Angreifers zum Zweck der Verteidigung eines Sachwertes ausnahmslos (dazu näher *Chabert/Sur* S. 97 Rdn. 243; *Soyer* S. 121 f Nr. 257) Da Art. 122-5 Abs. 1 frz. N.C.P. diesbezüglich schweigt, wird davon ausgegangen, dass der Verteidiger den Angreifer bei Angriffen auf die Person töten darf, sofern er sich dabei in den Grenzen der (umgekehrten) Verhältnismäßigkeit hält (*Wittemann* S. 84 m.w.N.). Daneben werden die Notwehrbefugnisse nach Art. 122-5 frz. N.C.P. auch durch das sog. Minimierungsprinzip begrenzt: Der mit der Notwehrhandlung vorgenommene Eingriff in die Rechtsgüter des Angreifers muss **erforderlich** sein. Umstritten ist dabei, ob der Angegriffene vorrangig eine sich ihm bietende Möglichkeit zur Flucht nutzen muss.[82]

31   Schließlich werden im französischen Recht auch über den Wortlaut des Art. 122-5 frz. N.C.P. hinausgehende **Grenzen der Notwehr** diskutiert, die den auch im deutschen Strafrecht anerkannten und ebenfalls nicht kodifizierten sog. Notwehreinschränkungen entsprechen; so u.a. bei Angriffen von Kindern, Betrunkenen oder Geisteskranken, bei Angriffen innerhalb enger Lebensgemeinschaften sowie bei provozierten Angriffen (*Wittemann* S. 86 f m.w.N.).

d) Spanien und Italien

Schrifttum

Bacigalupo Einführung, in: Hoffmann/Meliá (Übers.) Das spanische Strafgesetzbuch – Código Penal (2002); *Cerezo Mir* Die Stellung von Rechtfertigung und Entschuldigung im Verbrechenssystem aus spanischer Sicht, in: Eser/Perron (Hrsg.) Rechtfertigung und Entschuldigung Bd. 3 (1991) S. 9; *Genoni* Die Notwehr im Völkerrecht, Diss. Zürich 1987; *Gillmeister* Bericht über das Kolloquium „Zum Stand der deutschen Verbrechenslehre aus der Sicht einer gemeinrechtlichen Tradition in Europa", ZStW **93** (1981) 1044; *Gimbernat Ordeig* Rechtfertigung und Entschuldigung bei Befreiung aus besonderen Notlagen (Notwehr, Notstand, Pflichtenkollision) im spanischen Strafrecht, in: Eser/Perron (Hrsg.) Rechtfertigung und Entschuldigung Bd. 3 (1991) S. 71; *Hoffmann/Meliá* (Übers.) Das spanische Strafgesetzbuch – Código Penal (2002); *Kapp* Bericht über das Kolloquium „Rechtfertigung und Entschuldigung in rechtsvergleichender Sicht – unter besonderer Berücksichtigung des spanischen Strafrechts", ZStW **99** (1987) 924; *Marinucci* Rechtfertigung und Entschuldigung im italienischen Strafrecht, in: Eser/Perron (Hrsg.) Rechtfertigung und Entschuldigung Bd. 3 (1991) S. 55; *Mezger/Schönke/Jescheck* (Hrsg.) Das ausländische Strafrecht der Gegenwart, Bd. 6 (1982); *Militello* Entschuldigungsgründe in der Neukodifizierung des Strafrechts, ZStW **107** (1995) 969; *Paliero* Grunderfordernisse des Allgemeinen Teils für ein europäisches Sanktionsrecht – Landesbericht Italien, ZStW **110** (1998) 417; *Perron* Rechtfertigung und Entschuldigung in rechtsvergleichender Sicht – unter besonderer Berücksichtigung des spanischen Strafrechts, ZStW **99** (1987) 902; *ders.* Rechtfertigung und Entschuldigung im deutschen und spanischen Recht, Diss. Freiburg/Br. 1986 (1988); *Pitsounis* Die Notwehr als Gegenstand der Rechtsvergleichung, in: Lüderssen (Hrsg.) Modernes Strafrecht und ultima-ratio-Prinzip (1990) S. 227; *Requejo* Die Putativnotwehr als Rechtfertigungsgrund, JA **2005** 114; *Riz* Zum derzeitigen Stand der Verbrechenslehre in Italien, ZStW **93** (1981) 1005; *Robles Planas* Notwehr, Unternehmen und Vermögen, ZIS **2018** 14; *Suárez-González* Rechtsvergleichende Bemerkungen zum Allgemeinen Teil des neuen spanischen Strafgesetzbuches, GA **1998** 111; *Tiedemann* Das neue Strafgesetzbuch Spa-

---

[82] Eingehender zu dieser Voraussetzung *Chabert/Sur* S. 95 f Rdn. 238; *Soyer* S. 120 f Nr. 252.

niens und die europäische Kodifikationsidee, JZ **1996** 647; *Wittemann* Grundlinien und Grenzen der Notwehr in Europa, Diss. Heidelberg 1996 (1997); *Zapatero* Grunderfordernisse des Allgemeinen Teils für ein europäisches Sanktionsrecht – Landesbericht Spanien, ZStW 110 (1998) 438.

aa) Spanien. Im Zuge einer weitgehenden Reform des spanischen Strafrechtes gegen Ende des letzten Jahrhunderts wurden sowohl Regelungsinhalt als auch Standort des spanischen Notwehrrechts durch das „Gesetz zur Dringlichkeits- und Teilreform des Strafgesetzbuches" (1983) und eine weitere Strafrechtsreform im Jahre 1995[83] verändert. Die Notwehr (**legitíma defensa**) wird nunmehr in **Art. 20 Nr. 4** Código Penal (span. C.P.) geregelt:[84] **32**

> *Art. 20.* Nicht strafrechtlich verantwortlich ist: [...]
> *4.* Wer in Verteidigung der Person oder eigener oder fremder Rechte handelt, sofern die folgenden Voraussetzungen vorliegen:
> ***Erstens.*** Rechtswidriger Angriff. Im Falle der Verteidigung von Gütern wird der einer Straftat oder Übertretung entsprechende Angriff, der diese Güter in die schwere Gefahr der unmittelbar bevorstehenden Zerstörung oder des unmittelbar bevorstehenden Verlusts versetzt, als rechtswidriger Angriff angesehen. Im Falle der Verteidigung der Wohnung oder ihrer Nebengebäude wird das unerlaubte Eindringen in diese als rechtswidriger Angriff angesehen.
> ***Zweitens.*** Vernunftgemäße Erforderlichkeit des zur Verhinderung oder Abwehr angewandten Mittels.
> ***Drittens.*** Fehlen einer ausreichenden Provokation auf Seiten des Verteidigers.

Notwehr ist auch im spanischen Recht nach herrschender Auffassung ein **Rechtfertigungsgrund** (*Cerezo Mir* in Eser/Perron S. 9, 10; *Gimbernat Ordeig* ebd. S. 71; *Perron* ZStW **99** [1987] 902, 912),[85] der auch den Fall der Nothilfe umfasst.

Umstritten ist angesichts des gegenüber dem § 32 dStGB engeren Wortlauts „Straftat oder Übertretung", ob ein rechtswidriger Angriff gem. Art. 20 Nr. 4 „Erstens" span. C.P. auch dann vorliegt, wenn das **schlicht rechtswidrige** Verhalten keinen Straf- oder Übertretungstatbestand erfüllt (bejahend *Wittemann* S. 186f m.w.N.).[86] Auch wird darüber diskutiert, ob das Merkmal des Angriffs verlangt, dass sich der Angreifer körperlicher Gewalt bedient (dagegen *Gimbernat Ordeig* in Mezger u.a. Bd. 6 S. 301, 333f m.w.N.; *ders.* in Eser/Perron S. 71, 72). Gefahren für andere Rechtsgüter als das Leben und die körperliche Unversehrtheit, wie z.B. die Ehre und Eigentum, könnten bei enger Auslegung erst als Angriff i.S.d. Vorschrift anerkannt werden, wenn der Angreifer körperlich wirkenden Zwang anwendet, um sein Ziel zu erreichen (dazu *Gimbernat Ordeig* in Mezger u.a. Bd. 6 S. 301, 333 m.w.N.; *Robles Planas* ZIS **2018** 14, 19ff; *Wittemann* S. 185f m.w.N.). Gegen dieses Ergebnis wird herrschend der Wortlaut des Art. 20 Nr. 4 span. C.P. ins Feld geführt, der neben der Verteidigung einer Person ausdrücklich auch die Verteidigung eigener oder fremder „*Rechte*" vorsieht (*Gimbernat Ordeig* in Mezger u.a. Bd. 6 S. 301, 333f; *ders.* in Eser/Perron S. 71, 72). Nicht zum Kreis der notwehrfähigen Rechts- **33**

---

[83] Zur historischen Entwicklung *Bacigalupo* in Hoffmann/Meliá S. 1ff; *Suárez-González* GA **1998** 111f; *Tiedemann* JZ **1996** 647ff; *Wittemann* S. 181ff; jeweils m.w.N.
[84] Abdruck mit Gegenüberstellung des spanischen Originalwortlautes nach dem Stand vom 31. Dezember 2001 bei *Hoffmann/Meliá* S. 25ff.
[85] Weiter *Suárez-González* GA **1998** 111, 114 m.w.N.; *Zapatero* ZStW **110** (1998) 438, 443.
[86] Dagegen *Gimbernat Ordeig* in Mezger u.a. Bd. 6 S. 301, 334 m.w.N.; *ders.* in Eser/Perron S. 71, 72f. Hierbei ist umstritten, ob ein solcher „Angriff" auch in einem Unterlassen liegen kann: dafür *Wittemann* S. 186 m.w.N.; dagegen *Perron* Rechtfertigung S. 189 m.w.N.

güter gehören hingegen Interessen der Allgemeinheit (*Perron* Rechtfertigung S. 189; *Wittemann* S. 184 m.w.N.).[87]

34   Art. 20 Nr. 4 „Zweitens" span. C.P. macht die Rechtfertigung im Rahmen der **Notwehrhandlung** nicht nur davon abhängig, dass der Verteidiger eine erforderliche Abwehrmaßnahme wählt, sondern sich darüber hinaus – wie im französischen Recht – innerhalb der von der Verhältnismäßigkeit im engeren Sinne gesteckten Grenzen hält („*vernunftgemäße Erforderlichkeit*"). Nach überwiegender Auffassung darf bei Vergleich der eingesetzten Angriffs- und Verteidigungsmittel der zu Lasten des Angreifers tatsächlich eingetretene Schaden nicht erheblich größer sein als der dem Angegriffenen drohende Schaden (dazu *Gimbernat Ordeig* in Mezger u.a. Bd. 6 S. 301, 336 f; *Perron* Rechtfertigung S. 190; beide m.w.N.).[88] Insofern soll beispielsweise die Tötung des Angreifers nur zur Abwendung eines gewalttätigen Angriffes und im Übrigen – etwa zur Verteidigung des Eigentums – nur in extremen Ausnahmefällen verhältnismäßig sein (siehe *Gimbernat Ordeig* in Mezger u.a. Bd. 6 S. 301, 336 f; *Perron* Rechtfertigung S. 190). Nach h.M. kann dem Verteidiger auch die Wahrnehmung einer Fluchtmöglichkeit zuzumuten sein. Das gilt allerdings nur dann, wenn die Flucht ein sicheres Verteidigungsmittel ist und der Angegriffene dadurch nicht in seiner Ehre verletzt wird (*Gimbernat Ordeig* in Mezger u.a. Bd. 6 S. 301, 335; *Perron* Rechtfertigung S. 190; jeweils m.w.N.). Schließlich muss der Angegriffene nach herrschender Auffassung **Verteidigungswillen** i.S.e. zielgerichteten Wollens aufweisen.[89]

35   Über die in Art. 20 Nr. 4 „Drittens" span. C.P. enthaltene Einschränkung im Falle der Provokation hinaus sind im spanischen Recht weitere **Notwehreinschränkungen** anerkannt, wie sie auch das deutsche Notwehrrecht kennt. Gesetzlicher Anknüpfungspunkt ist dabei nicht die Vorschrift des Art. 20 Nr. 4 „Drittens" span. C.P., sondern das Merkmal der „vernunftgemäßen Erforderlichkeit" aus Art. 20 Nr. 4 „Zweitens" span. C.P.[90]

36   **bb) Italien.** Das sog. zweite Strafgesetzbuch vom 1. Juli 1931[91] regelt in **Art. 52** Codice Penale (ital. C.P.) den Rechtfertigungsgrund (*Genoni* S. 34; *Marinucci* in Eser/Perron S. 55, 56 f; *Romano* ebd. S. 117, 121)[92] der Notwehr (**legittima diffesa**). 2006 hat der Gesetzgeber mit den Absätzen 2 und 3 eine unwiderlegliche Vermutungsregel zur Verhältnismäßigkeit angefügt:

> *Art. 52 (Notwehr). Straflos ist, wer die Tat begangen hat, weil er dazu durch die Notwendigkeit gezwungen war, ein eigenes Recht oder das eines anderen gegen die gegenwärtige Gefahr eines rechtswidrigen Angriffs zu verteidigen, sofern die Verteidigung im Verhältnis zu dem Angriff steht.*

---

87   Nach *Robles Planas* ZIS **2018** 14, 20 f soll Notwehr in Form gewalttätiger Verteidigung des Vermögens insgesamt (d.h. nicht nur, wie das für § 32 dStGB ganz ähnlich vertreten wird, gegenüber der Nichterfüllung schuldrechtlicher Forderungen, s. dazu Rdn. 86 u. 105) gegenüber institutionalisierten Verfahren zur Rückerlangung und zum Erhalt von Schadensersatz subsidiär (und damit ausgeschlossen) sein, wenn das Vermögensstück ersetzbar ist.
88   Hiergegen wird u.a. eingewendet, dass eine Güterabwägung schon im Rahmen des Notstandes (Art. 20 Nr. 5 „Erstens" span. C.P.) vorausgesetzt werde und die Notwehr daher überflüssig wäre (*Gimbernat Ordeig* in Eser/Perron S. 71, 73 f; *ders.* in Mezger u.a. Bd. 6 S. 301, 337 m.w.N.).
89   Siehe *Gimbernat Ordeig* in Eser/Perron S. 71 f, der selbst jedoch die Kenntnis der Notwehrlage ausreichen lassen will; *Perron* Rechtfertigung S. 190 m.w.N. Zur Behandlung der Putativnotwehr und deren Abgrenzung zur Notwehr – deren Voraussetzungen sich anders als im deutschen Recht weitgehend nach einer objektiven ex-ante Betrachtung bestimmen, *Requejo* JA **2005** 114, 115 ff.
90   Dazu *Gimbernat Ordeig* in Eser/Perron S. 71, 74; *Wittemann* S. 189 ff m.w.N.
91   Zur historischen Entwicklung *Wittemann* S. 196 f m.w.N.
92   Zur Unterscheidung zwischen Rechtfertigungs- und Entschuldigungsgründen *Militello* ZStW **107** (1995) 969, 977.

In den Fällen des Art. 614 Abs. 1 und 2 besteht die Verhältnismäßigkeit i.S.v. Absatz 1, wenn eine sich an den dort genannten Orten rechtmäßig aufhaltende Person eine rechtmäßig geführte Waffe oder ein anderes geeignetes Mittel verwendet, um
a) *die eigene Unversehrtheit oder die Unversehrtheit anderer;*
b) *das eigene Eigentum oder das Eigentum anderer, sofern es keinen Rückzug gibt und die Gefahr von Aggressionen besteht,*
zu verteidigen.

Absatz 2 gilt auch, wenn die Handlung an einem anderen Ort stattgefunden hat, an dem eine gewerbliche, berufliche oder unternehmerische Tätigkeit ausgeübt wird.

Hinsichtlich der **Notwehrlage** setzt Art. 52 ital. C.P. – wie auch § 32 Abs. 2 dStGB – einen „rechtswidrigen Angriff" voraus (dazu näher *Marinucci* in Eser/Perron S. 55, 56), der auch in einem Unterlassen liegen kann (*Wittemann* S. 199 m.w.N.). Umstritten ist, ob als **notwehrfähige Rechtsgüter** („Rechte") – insoweit nimmt Art. 52 ital. C.P. keine ausdrückliche Einschränkung vor – nicht nur individuelle, sondern auch Rechtsgüter der Allgemeinheit in Betracht kommen.[93] **37**

Bei Vornahme der **Notwehrhandlung** muss der Verteidiger neben der sich im Merkmal der „*Notwendigkeit*" ausdrückenden Erforderlichkeit (dazu *Genoni* S. 34 f; *Wittemann* S. 201; beide m.w.N.) auch die Grenzen einer verhältnismäßigen Angriffsabwehr einhalten. Nach überwiegender Auffassung obliegt dem Rechtsanwender also eine umfassende Verhältnismäßigkeitsprüfung sowohl hinsichtlich Verteidigungs- und Angriffsmittel als auch zwischen den betroffenen Rechtsgütern (*Marinucci* in Eser/Perron S. 55, 57; *Wittemann* S. 203 f m.w.N.). Dabei ist umstritten, ob und bejahendenfalls unter welchen Voraussetzungen der Angegriffene eine sich ihm bietende Möglichkeit zur Flucht wahrnehmen muss. Hierbei wird teilweise – dem spanischen Notwehrverständnis ganz ähnlich (vgl. Rdn. 34) – darauf abgestellt, ob eine Flucht den Angegriffenen bei verständiger Würdigung der gesamten Umstände als „feige" erscheinen lässt (siehe *Wittemann* S. 201 f m.w.N.).[94] Mit Absatz 2 hat der Gesetzgeber 2006 eine unwiderlegliche Vermutungsregel zugunsten jener Verteidiger eingeführt, die einen Angriff an vom Gesetz besonders geschützten Orten abwehren. Sie weist Ähnlichkeiten mit Regelungen im französischen Recht (Art. 122-6 frz. N.C.P, näher Rdn. 28) und dem einiger US-Bundesstaaten (etwa s. 776.13 [„Home Protection"] 2018 Florida Statutes, näher Rdn. 26) auf. Die Regelung knüpft mit dem Verweis auf Art. 614 ital. C.P. an den Straftatbestand des Hausfriedensbruchs und die dort besonders geschützten Orte an und privilegiert die Verteidigung gegenüber einer Angriffsabwehr an sonstigen (insbesondere öffentlichen) Orten, indem sie den Hausrechtsinhaber und jeden, der sich dort berechtigt aufhält, von den Fesseln einer Verhältnismäßigkeit im Einzelfall befreit: Das Gesetz unterscheidet nur noch grob zwischen der Abwehr von Angriffen auf die Person und solchen auf Sachen, die nur unter zusätzlichen Voraussetzungen maßlos verteidigt werden dürfen, sowie zwischen einer Verteidigung mit Waffen und einer Verteidigung, die sich keiner bzw. nur solcher Abwehrmittel bedient, deren Besitz nicht genehmigungspflichtig ist und bei denen sich daher die Frage nach rechtmäßigem oder rechtswidrigem Besitz nicht stellt. Absatz 3 erweitert die Vermutungsregel auf Orte, die zwar nicht den besonderen Schutz des Art. 614 genießen, aber ebenfalls einem Hausrecht unterliegen. **38**

---

93 Dazu *Wittemann* S. 198 m.w.N.; hiergegen *Marinucci* in Eser/Perron S. 55, 56 f. *Genoni* S. 34 spricht von einem „umfassenden Schutz".
94 Zum Bewusstsein des Täters hinsichtlich der Verhältnismäßigkeit seiner Verteidigung und zum Verteidigungswillen *Riz* ZStW **93** (1981) 1005, 1011 f m.w.N.; sowie *Gillmeister* ZStW **93** (1981) 1044, 1045 f. Zu Notwehreinschränkungen im italienischen Recht näher *Wittemann* S. 204 ff m.w.N.

e) Dänemark und Norwegen

Schrifttum[95]

Andenaes Normierung der Rechtswidrigkeit als Strafbarkeitsvoraussetzung im neuen norwegischen Strafgesetzbuch? In: Eser/Fletcher (Hrsg.) Rechtfertigung und Entschuldigung Bd. 1 (1987) S. 437; *Cornils/ Greve* (Übers.) Das dänische Strafgesetz 2. Aufl. (2001); *Dannecker* Der Allgemeine Teil eines europäischen Strafrechts als Herausforderung für die Strafrechtswissenschaft, Festschrift Hirsch (1999) 141; *ders.* Rechtfertigungs- und Entschuldigungsgründe in einem europäischen Allgemeinen Teil, in: Tiedemann (Hrsg.) Wirtschaftsstrafrecht in der Europäischen Union (2002) S. 147; *Greve* Criminal Justice in Denmark 4. Aufl. (1991); *Kruse* Strafbefreiungsgründe im dänischen Strafrecht, insbesondere Einwilligung, in: Eser/Fletcher (Hrsg.) Rechtfertigung und Entschuldigung Bd. 1 (1987) S. 645; *Langsted/Garde/Greve* Criminal Law in Denmark 1. Aufl. (1998); *Mezger/Schönke/Jeschek* (Hrsg.) Das ausländische Strafrecht der Gegenwart, Bd. 1 (1955), Bd. 2 (1957), Bd. 4 (1962), Bd. 5 (1976); *Pitsounis* Die Notwehr als Gegenstand der Rechtsvergleichung, in: Lüderssen (Hrsg.) Modernes Strafrecht und ultima-ratio-Prinzip (1990) S. 227; *Spencer/Hoyer* The Danish Criminal Code (1987); *Utriainen* Güterabwägung im Bereich der Rechtfertigungsgründe im finnischen Recht, in: Eser/Fletcher (Hrsg.) Rechtfertigung und Entschuldigung Bd. 1 (1987) S. 611; *Waaben* The Danish Criminal Code (1958); *Wittemann* Grundlinien und Grenzen der Notwehr in Europa, Diss. Heidelberg 1997.

39   **aa) Dänemark.** Straffeloven vom 16. August 2017[96] bestimmt in **§ 13 Abs. 1** für die Notwehr (nødværge):[97]

> *(1) In Notwehr begangene Handlungen sind straflos, soweit sie notwendig waren, um einem begonnenen oder unmittelbar drohenden unrechtmäßigen Angriff Widerstand zu leisten oder ihn abzuwehren, und sofern sie nicht offenbar über das Maß hinausgehen, das mit Rücksicht auf die Gefährlichkeit des Angriffs, die Person des Angreifers und die Bedeutung des angegriffenen Rechtsguts vertretbar ist.*
> *[...]*

Dem Wortlaut nach ist eine in Notwehr begangene Handlung „*straflos*" („*straffri*"). Diese Formulierung dürfte auf den Umstand zurückzuführen sein, dass dem dänischen Strafrecht der Begriff der „Rechtfertigung", wie übrigens auch der der „Entschuldigung", fremd ist (dazu *Dannecker* FS Hirsch, 141, 152, *ders.* in Tiedemann S. 147, 152, jeweils m.w.N.). So verwendet § 13 Abs. 2 straffeloven, der den Notwehrexzess regelt, ebenfalls den Begriff der Straflosigkeit. Das dänische Strafrecht unterscheidet im Gegensatz (nicht nur) zum deutschen zwischen objektiven und subjektiven Strafbefreiungs- und Strafbeendigungsgründen (*Kruse* in Eser/Fletcher Bd. 1 S. 645, 646; *Langsted/Garde/Greve* Nr. 112 S. 62).[98]

---

95   Zum schwedischen Strafrecht s. *Cornils/Jareborg*.
96   Lovtidende A 2017 Nr. 977. Bereits das Bürgerliche Strafgesetz vom 1. Januar 1933 enthielt eine identische Vorschrift als § 13. Zur historischen Entwicklung *Cornils/Greve* S. 1ff; *Marcus* in Mezger u.a. Bd. 1 S. 67, 73ff; *Waaben* S. 1ff; knapper *Wittemann* S. 160f.
97   Abdruck der wortlautidentischen Vorgängervorschrift bei *Cornils/Greve* S. 27; Abdruck in englischer Sprache bei *Spencer/Hoyer* S. 6; *Waaben* S. 24f.
98   *Cornils/Greve* S. 7f m.w.N. sprechen von „Straffreiheitsgründen". Auch im schwedischen Strafrecht unterscheidet man nicht zwischen Rechtfertigung und Entschuldigung, sondern erkennt „allgemeine (objektive oder subjektive) Gründe für den Ausschluss der Strafbarkeit" an (*Cornils/Jareborg* S. 13; ausführlicher *Jareborg* in Eser/Fletcher Bd. 1 S. 411, 416ff m.w.N.). Zum finnischen Strafrecht *Honkasalo* in Mezger u.a. Bd. 2 S. 7, 47.

Die **Notwehrlage** setzt gemäß § 13 Abs. 1 straffeloven einen gegenwärtigen und 40
rechtswidrigen („unrechtmäßigen") Angriff voraus, wobei das Merkmal der Gegenwärtigkeit eine genauere Definition erfahren hat („unmittelbar drohend" oder „begonnen") als das etwa in § 32 Abs. 2 dStGB der Fall ist.[99] Ein Angriff kann auch in einem Unterlassen liegen (*Wittemann* S. 162 m.w.N.). Eine Besonderheit der Notwehr nach dänischem Recht besteht in dem Kreis der **notwehrfähigen Rechtsgüter**: Obwohl nicht ausdrücklich bezeichnet, dürfen mit Notwehrmitteln neben individuellen Rechtsgütern auch Interessen der Allgemeinheit verteidigt werden (*Langsted/Garde/Greve* Nr. 116 S. 63f).[100]

Das dänische Notwehrrecht verlangt vom Angegriffenen im Ausgangspunkt nicht, 41
sich ihm bietende Möglichkeiten zur Flucht in jedem Fall zu ergreifen (*Greve* Criminal Justice S. 95; *Langsted/Garde/Greve* Nr. 117 S. 64 m.w.N.). Neben der Erforderlichkeit hat der Verteidiger die widerstreitenden Interessen abzuwägen (*Langsted/Garde/Greve* Nr. 117 S. 64; *Wittemann* S. 164f). Die Notwehrbefugnisse werden demnach nur im Rahmen materieller **Verhältnismäßigkeit** gewährt. Als Maßstab nennt § 13 Abs. 1 straffeloven die „Gefährlichkeit des Angriffs", die „Person des Angreifers" sowie die „Bedeutung des angegriffenen Rechtsguts". Eine Tötung des Angreifers kommt daher nur im Fall eines äußerst gefährlichen Angriffs in Betracht (*Wittemann* S. 164 m.w.N.).

Vor dem Hintergrund der gesetzlich angeordneten Voraussetzung einer maßvollen 42
Ausübung der Notwehrbefugnisse können im Einzelfall **weitere besondere Grenzen der Notwehr** – wie prinzipiell auch im deutschen Strafrecht (dazu unten Rdn. 225ff) – in Betracht kommen. Zu denken ist an Angriffe von Kindern oder Geisteskranken, Angriffe innerhalb enger Lebensgemeinschaften sowie an selbst verschuldete Angriffe, bei denen dem Angegriffenen im Einzelfall die Wahrnehmung einer Fluchtmöglichkeit zugemutet wird (*Greve* Criminal Justice S. 95; *Wittemann* S. 166f m.w.N.).[101] Streitig ist hierbei, ob die Frage nach der Verhältnismäßigkeit der Verteidigungshandlung nach objektiven oder subjektiven Kriterien oder aber danach zu beurteilen ist, ob ein vernünftiger Dritter in der betreffenden Situation sich ebenso verhalten hätte (dazu *Marcus* in Mezger u.a. Bd. 1 S. 67, 92 m.w.N.; ferner *Wittemann* S. 163 m.w.N.).

bb) Norwegen. § 18 straffeloven 2005, das am 1. Oktober 2015 in Kraft und damit an 43
die Stelle des straffelov 1902 getreten ist,[102] legt für die Notwehr (nødverge) fest:

> *Eine Handlung, die anderenfalls strafbar wäre, ist gesetzmäßig, wenn sie*
> a) *vorgenommen wird, um einen rechtswidrigen Angriff abzuwehren,*
> b) *nicht weiter geht als notwendig, und*
> c) *nicht offensichtlich über das hinausgeht, was mit Rücksicht auf die Gefährlichkeit des Angriffs, die Art des durch den Angriff verletzten Interesses und die Schuld des Angreifers verantwortbar ist. [...]*

---

99 Dazu *Langsted/Garde/Greve* Nr. 118 S. 64. Zum finnischen Strafrecht *Honkasalo* in Mezger u.a. Bd. 2 S. 7, 47; *Utriainen* in Eser/Fletcher Bd. 1 S. 611, 638f.
100 Daher kann beispielsweise die Ergreifung des Agenten einer fremden Macht ebenfalls von Notwehr gedeckt sein (*Wittemann* S. 162 m.w.N.). Zu den im Rahmen des finnischen Notwehrrechts geschützten Rechtsgütern und zur „öffentlich-rechtlichen Notwehr" *Honkasalo* in Mezger u.a. Bd. 2 S. 7, 48; *Utriainen* in Eser/Fletcher Bd. 1 S. 611, 638.
101 Solche Grenzen werden auch im finnischen Strafrecht anerkannt (*Honkasalo* in Mezger u.a. Bd. 2 S. 7, 48; *Utriainen* in Eser/Fletcher Bd. 1 S. 611, 639).
102 In Kraft gesetzt durch straffelovens ikraftsettingslov v. 19. Juni 2015, Lovtidende I 2015 Heft 6 S. 864, das zugleich das Almindelig borgerlig straffelov (Allgemeines Bürgerliches Strafgesetz) v. 22. Mai 1902 aufgehoben hat (dort war die Notwehr in § 48 geregelt). Zum historischen Hintergrund *Andenaes* in Mezger u.a. Bd. 4 S. 263, 269ff; knapper *ders.* in Eser/Fletcher Bd. 1 S. 437, 438ff und *Wittemann* S. 170.

§ 18 straffeloven 2005 ist in erster Linie eine sprachlich aufgeräumte und modernisierte Fassung der Vorläufervorschrift in § 48 straffeloven 1902, die in der Sache bereits dieselbe Proportionalitätstrias (lit. c) aufwies. Schon nach dem alten Recht, das erklärte, „niemand könne [für eine in Notwehr begangene Handlung] bestraft werden („*Ingen kann straffes* [...]"), war anerkannt, dass derartige Handlungen wie auch im deutschen Strafrecht schon **nicht rechtswidrig** sind.[103] § 18 straffeloven 2005 macht das durch Verwendung des Begriffs „*lovlig*" (*gesetzmäßig*) nun deutlicher. Anders als das dänische Recht (Rdn. 39) enthält § 18 straffeloven 2005 auch keine Regelung zum Notwehrexzess mehr (anders noch § 48 straffeloven 1902), dieser ist vielmehr (zusammen mit einem dem deutschen Recht unbekannten Notstandsexzess) ebenso wie der entschuldigende Notstand konsequent als bloße (zudem fakultative) Strafzumessungsregel kodifiziert (§§ 80 f straffeloven 2005).

44 Im Rahmen der **Notwehrlage** weist § 18 straffeloven 2005 (wie auch schon § 48 straffelovn 1902) die Besonderheit auf, dass die Vorschrift über die Gleichzeitigkeit von Angriff und Verteidigung schweigt. Daraus wird abgeleitet, der Verteidiger sei unter bestimmten, hier nicht näher darzulegenden Umständen auch zur Leistung von präventiver Notwehr berechtigt.[104] Wie im dänischen Strafrecht (vgl. Rdn. 40) gehören zu den **notwehrfähigen Rechtsgütern** neben Individualrechtsgütern auch Interessen der Allgemeinheit.[105]

45 „*Nicht weiter als notwendig*" geht eine Notwehrhandlung, die die Grenzen des Erforderlichen einhält. Die Fassung orientiert sich sprachlich stärker als der Vorläufer am Objektiven – in § 48 straffeloven 1902 war noch davon die Rede, die Notwehrhandlung müsse sich als erforderlich darstellen („*hvad der fremstillede sig som fornødent*").[106] Das dürfte allerdings kaum mit dem Wechsel von einer ex-ante- auf eine ex-post-Sicht der Erforderlichkeit verbunden sein. Lit. c macht die Rechtfertigung von einer qualifizierten Verhältnismäßigkeitsprüfung abhängig. Während mit der Gefährlichkeit des Angriffs und der Art des Interesses auf Opferseite Proportionalitätsleitlinien angegeben werden, die auch den Notstand nach § 34 dStGB kennzeichnen, ist die Schuld des Angreifers eine Besonderheit norwegischen Notwehrrechts, die den Weg zu einer Begrenzung der Notwehr in zahlreichen Fallgestaltungen ebnet, für die sich die deutsche Notwehrdogmatik unter dem Stichwort „sozialethische Einschränkungen" kunstvoll und am Rand des Art. 103 Abs. 2 GG verrenken muss (näher Rdn. 225 ff).[107]

---

103 Vgl. *Andenaes* in Mezger u.a. Bd. 4 S. 263, 291 zu § 48 straffeloven 1902.
104 *Andenaes* in Mezger u.a. Bd. 4 S. 263, 291 m.w.N.; *Greve* Criminal Justice S. 95; *Wittemann* S. 172 f m.w.N.; alle zu § 48 straffeloven 1902. Im deutschen (dazu unten Rdn. 140 ff), aber auch im dänischen (vgl. oben Rdn. 40), schwedischen (*Cornils/Jareborg* S. 174) und finnischen (*Honkasalo* in Mezger u.a. Bd. 2 S. 7, 47; *Utriainen* in Eser/Fletcher Bd. 1 S. 611, 639) Strafrecht ist eine derart frühzeitige Gefahrenabwehr (nach h.M.) nicht zulässig.
105 *Andenaes* in Mezger u.a. Bd. 4 S. 263, 291 zu § 48 straffeloven 1902.
106 Zur Erforderlichkeit nach § 48 straffeloven 1902 *Andenaes* in Mezger u.a. Bd. 4 S. 263, 292.
107 *Andenaes* in Eser/Fletcher Bd. 1 S. 437, 443; ähnlich schon *ders.* in Mezger u.a. Bd. 4 S. 263, 292 hat bereits für § 48 straffeloven 1902 aus dem Gebot, bei der Abwägung die Schuld des Angreifers zu berücksichtigen, den Schluss gezogen, die angeordnete Verhältnismäßigkeitsprüfung beinhalte eine ethische Würdigung der konkreten Notwehrhandlung. Zu weiteren Fallgruppen einer Notwehreinschränkung *Andenaes* in Mezger u.a. Bd. 4 S. 263, 292 m.w.N.; *Wittemann* S. 177 f m.w.N. (zu § 48 straffeloven 1902).

2. Notwehr und europäische Harmonisierung des Strafrechts

Schrifttum

Ashworth Grunderfordernisse des Allgemeinen Teils für ein europäisches Sanktionsrecht – Landesbericht England, ZStW **110** (1998) 461; *Bacigalupo* Bemerkungen zu strafrechtlichen Fragen des Verfassungsentwurfs, ZStW **116** (2004) 326; *Bleckmann* Die Überlagerung des nationalen Strafrechts durch das Europäische Gemeinschaftsrecht, Festschrift Stree/Wessels (1993) 107; *Braum* Das „Corpus Juris" – Legitimität, Erforderlichkeit und Machbarkeit, JZ **2000** 493; *Dannecker* Strafrechtlicher Schutz der Finanzinteressen der Europäischen Gemeinschaft gegen Täuschung, ZStW **108** (1996) 577; *ders.* Strafrecht in der Europäischen Gemeinschaft, JZ **1996** 869; *ders.* Die Entwicklung des Strafrechts unter dem Einfluß des Gemeinschaftsrechts, Jura **1998** 79; *ders.* Der Allgemeine Teil eines europäischen Strafrechts als Herausforderung für die Strafrechtswissenschaft, Festschrift Hirsch (1999) 141; *ders.* Das Europäische Strafrecht in der Rechtsprechung des Bundesgerichtshofs in Strafsachen, Festgabe BGH 50 (2000) 339; *ders.* Rechtfertigungs- und Entschuldigungsgründe in einem europäischen Allgemeinen Teil, in: Tiedemann (Hrsg.) Wirtschaftsstrafrecht in der Europäischen Union (2002) S. 147; *Eisele* Europäisches Strafrecht – Systematik des Rechtsgüterschutzes durch die Mitgliedstaaten, JA **2000** 991; *Eser* Das „Internationale Strafrecht" in der Rechtsprechung des Bundesgerichtshofs, Festgabe BGH 50 (2000) 3; *Greve* Legal Harmonization in the Field of European Criminal Law, in: Sieber (Hrsg.) Europäische Einigung und Europäisches Strafrecht (1993) S. 107; *W. Hassemer* Strafrecht in einem europäischen Verfassungsvertrag, ZStW **116** (2004) 304; *Huber* (Hrsg.) Das Corpus Juris als Grundlage eines Europäischen Strafrechts (2000); *Jung* Konturen und Perspektiven des europäischen Strafrechts, JuS **2000** 415; *ders./Schroth* Das Strafrecht als Gegenstand der Rechtsangleichung in Europa, GA **1983** 241; *Kargl* Die intersubjektive Begründung und Begrenzung der Notwehr, ZStW **110** (1998) 38; *Klip* Harmonisierung des Strafrechts – eine fixe Idee, NStZ **2000** 626; *Matthias Korte* Der Einsatz des Strafrechts zur Bekämpfung der internationalen Korruption, wistra **1999** 81; *Kühl* Europäisierung der Strafrechtswissenschaft, ZStW **109** (1997) 777; *Kühne* Zum Einfluß des Gemeinschaftsrechts auf das nationale Strafrecht, JZ **1998** 1070; *Otto* Das Corpus Juris der strafrechtlichen Regelungen zum Schutz der finanziellen Interessen der Europäischen Union, Jura **2000** 98; *ders.* Der Beitrag der Strafrechtswissenschaft zur Europäisierung des Strafrechts, Festschrift Söllner (2000) 613; *Paliero* Grunderfordernisse des Allgemeinen Teils für ein europäisches Sanktionsrecht – Landesbericht Italien, ZStW **110** (1998) 417; *Perron* Auf dem Weg zu einem europäischen Ermittlungsverfahren? ZStW **112** (2000) 202; *Prittwitz* Nachgeholte Prolegomena zu einem künftigen Corpus Juris Criminalis für Europa, ZStW **113** (2001) 774; *Ruegenberg* Das Corpus Juris als Grundlage eines Europäischen Strafrechts, ZStW **112** (2000) 269; *Rüter* Harmonie trotz Dissonanz – Gedanken zur Erhaltung eines funktionsfähigen Strafrechts im grenzenlosen Europa, ZStW **105** (1993) 30; *Satzger* Die Europäisierung des Strafrechts, Habil. Passau 2000 (2001); *Schick* Grunderfordernisse des Allgemeinen Teils für ein europäisches Sanktionsrecht – Landesbericht Österreich, ZStW **110** (1998) 473; *W.B. Schünemann* Fortschritte und Fehltritte in der Strafrechtspflege der EU, GA **2004** 193; *Sieber* Europäische Einigung und Europäisches Strafrecht, ZStW **103** (1991) 957; *ders.* Memorandum für ein europäisches Modellstrafgesetzbuch, JZ **1997** 369; *Tiedemann* Europäisches Gemeinschaftsrecht und Strafrecht, NJW **1993** 23; *ders.* Grunderfordernisse des Allgemeinen Teils für ein europäisches Sanktionsrecht – Generalbericht, ZStW **110** (1998) 497; *ders.* Der Allgemeine Teil des Strafrechts im Lichte der europäischen Rechtsvergleichung, Festschrift Lenckner (1998) 411; *ders.* EG und EU als Rechtsquellen des Strafrechts, Festschrift Roxin (2001) 1401; *Vogel* Wege zu europäisch-einheitlichen Regelungen im allgemeinen Teil des Strafrechts, JZ **1995** 331; *ders.* Harmonisierung des Strafrechts in der Europäischen Union, GA **2003** 314; *Wagemann* Rechtfertigungs- und Entschuldigungsgründe im Bußgeldrecht der Europäischen Gemeinschaften, Diss. Freiburg/Br. 1991 (1992); *Wattenberg* Der „Corpus Juris" – Tauglicher Entwurf für ein einheitliches europäisches Straf- und Strafprozeßrecht? StV **2000** 95; *Weigend* Strafrecht durch internationale Vereinbarung – Verlust an nationaler Strafrechtskultur? ZStW **105** (1993) 774; *ders.* Spricht Europa mit zwei Zungen? StV **2001** 63; *ders.* Zur Frage eines „internationalen" Allgemeinen Teils, Festschrift Roxin (2001) 1375; *ders.* Der Entwurf einer Europäischen Verfassung und das Strafrecht, ZStW **116** (2004) 275; *Zachert* Organisierte Kriminalität in einem Europa offener Grenzen, in: Sieber (Hrsg.) Europäische Einigung und Europäisches Strafrecht (1993) S. 61; *Zapatero* Grunderfordernisse des Allgemeinen Teils für ein europäisches Sanktionsrecht – Landesbericht Spanien, ZStW **110** (1998) 438; *Zieschang* Diskussionsbericht über die Arbeitssitzung der Fachgruppe Strafrechtsvergleichung bei der Tagung der Gesellschaft für Rechtsvergleichung am 25.9.1997 in Graz, ZStW **110** (1998) 515; *ders.* Chancen und Risiken der Europäisierung des Strafrechts, ZStW **113** (2001) 255; *Zuleeg* Der Beitrag des Strafrechts zur europäischen Integration, JZ **1992** 761.

46 Am 1. November 1993 trat der **Vertrag über die Europäische Union** („EU-Vertrag") in Kraft,[108] der in der Folge durch die Verträge von Amsterdam (in Kraft seit dem 1.5.1999),[109] Nizza (in Kraft seit dem 1.2.2003)[110] und Lissabon (in Kraft seit dem 1.12.2009)[111] geändert wurde. Die Mitgliedstaaten verfolgten mit ihm das Ziel, dem Prozess der europäischen Integration eine neue Dynamik zu verleihen. Diese bedeutenden politischen Veränderungen offenbarten zugleich die wachsende Bedeutung der europäischen Integrationsbemühungen für das nationale Recht. Hierdurch begünstigt, wird seit einiger Zeit auch in der deutschen Strafrechtslehre verstärkt die Frage diskutiert, wie im Rahmen des europäischen Integrationsprozesses auf dem Gebiet des Strafrechts eine europäische Harmonisierung[112] erreicht werden kann.[113] Dabei wird die **Notwendigkeit eines einheitlichen europäischen Strafrechts** insbesondere mit der zunehmenden Verflechtung wirtschaftlicher und politischer Interessen und Bedürfnisse auf europäischer Ebene begründet bzw. mit der Notwendigkeit, grenzüberschreitende Kriminalität ebenfalls grenzüberschreitend zu bekämpfen (ähnlich schon *Jung/Schroth* GA **1983** 241, 242);[114] teilweise wird die Diskussion auch auf einen sicherheits- sowie einheitsorientierten und auf den Konzepten der Aufklärung sowie der Idee der Menschenrechte basierenden „Zeitgeist" zurückgeführt (*Sieber* ZStW **103** [1991] 957, 963).[115] Zudem existierten in den nationalen Strafrechtsordnungen „identische Kernprobleme" (*Zieschang* ZStW **113** [2001] 255, 263).[116] Einige Autoren stehen den Vereinheitlichungsbestrebungen sehr kritisch gegenüber.[117] Bemängelt wird insbesondere, dass die Harmonisierungsbestrebungen die sich auch in den nationalen Strafrechtsordnungen ausdrückenden **nationalen und kulturellen Besonderheiten** beseitigten.[118] Gleichwohl dürfte sich die Frage nach dem „Ob" einer europäischen Strafrechtsharmonisierung aufgrund der politischen Entwicklung erledigt haben.[119] Zu nennen ist in diesem Zusammenhang z.B. das „**Überein-**

---

108 BGBl. II 1992 S. 1251, 1253; dazu *Dannecker* FS BGH IV, 339.
109 BGBl. II 1998 S. 386.
110 BGBl. II 2001 S. 1666.
111 BGBl. II 2008 S. 1038.
112 Zum Begriff eingehender *Klip* NStZ **2000** 626 ff m.w.N.; *Vogel* GA **2003** 314, 315 ff.
113 Hierzu *Zieschang* ZStW **113** (2001) 255 f; *Sieber* ZStW **103** (1991) 957 ff. S. auch *Weigend* ZStW **105** (1993) 774 ff; *Kühl* ZStW **109** (1997) 777 ff sowie *Prittwitz* ZStW **113** (2001) 774 ff.
114 Außerdem *Eser* FS BGH IV, 3, 21 ff; *Jung* JuS **2000** 417, 418; *Weigend* ZStW **105** (1993) 774, 784 m.w.N.; *ders.* FS Roxin, 1375, 1376 f m.w.N.; *Zachert* in Sieber S. 61 ff. Weiterhin *Zieschang* ZStW **113** (2001) 255, 262 m.w.N., der allerdings darauf hinweist, dass die Bekämpfung internationaler Kriminalität auch durch eine „vertrauensvolle Zusammenarbeit" erreicht werden könne.
115 Ferner *Weigend* ZStW **105** (1993) 774, 783; *Zuleeg* JZ **1992** 761, 763; beide m.w.N.
116 Zu einer umfassenden Bestandsaufnahme der Ziele einer europäischen Harmonisierung des Strafrechts s. *Vogel* GA **2003** 314, 317 ff m.w.N.
117 *Weigend* ZStW **105** (1993) 774, 785 m.w.N. spricht von „gewissen zentralistischen Bestrebungen", *Rüter* ZStW **105** (1993) 30, 44 sogar von „Gleichschaltungsbestrebungen". Gegen eine Harmonisierung speziell des Notwehrrechts dezidiert *Erb* MK Rdn. 30 ff.
118 *Satzger* Europäisierung S. 159 ff; *Vogel* JZ **1995** 331, 333; *Weigend* ZStW **105** (1993) 774, 785, 786 ff; alle m.w.N. Zu weiteren Kritikpunkten s. *Jung* JuS **2000** 417, 424; *Perron* ZStW **112** (2000) 202, 216 f; *Zieschang* ZStW **113** (2001) 255, 267. Krit. im Hinblick auf die Verschiebung des Gleichgewichts zwischen Effektivität und Sicherheit einerseits und der Freiheit andererseits im Entwurf der Europäischen Verfassung und im Corpus Juris *Hassemer* ZStW **116** (2004) 304, 307.
119 Ähnlich auch *Hassemer* ZStW **116** (2004) 304 f; *Hirsch* bei *Zieschang* ZStW **110** (1998) 515 f; *Zieschang* ZStW **113** (2001) 255, 256 ff m.w.N. Zu den Zentralisierungstendenzen auf dem Gebiet des Strafrechts und dem Einfluss der Europäischen Verfassung s. *Weigend* ZStW **116** (2004) 275, 282 ff. Dennoch kann noch

kommen aufgrund von Art. K.3 des Vertrages über die Europäische Union **über den Schutz der finanziellen Interessen der Europäischen Gemeinschaften**".[120] In dessen Rahmen verpflichteten sich die Unterzeichnerstaaten, die in Artikel 1 Abs. 1 als „Betrug zum Nachteil der finanziellen Interessen der Europäischen Gemeinschaften" definierten Handlungen strafrechtlich verfolgbar zu machen.[121] Dieses Übereinkommen wurde durch **zwei Protokolle**[122] ergänzt, wonach Bestechungshandlungen speziell zu Lasten der finanziellen Interessen der Europäischen Gemeinschaften geahndet werden sollen und Regelungen zur Geldwäsche sowie zur Verantwortlichkeit juristischer Personen vorgesehen wurden.

Ferner entwickelte eine Arbeitsgruppe europäischer Strafrechtswissenschaftler im Auftrag des Europäischen Parlaments in der Zeit von November 1995 bis Mai 1996 einen ersten Entwurf des „**Corpus Juris** der strafrechtlichen Regelungen zum Schutz der finanziellen Interessen der Europäischen Union", wovon seit 1998 auch eine deutsche Fassung vorliegt (*Delmas-Marty* Corpus Juris).[123] Das Corpus Juris erregte großes Aufsehen und erschien nach intensiven Diskussionen[124] im Jahr 2000 in einer überarbeiteten Fassung (*Weigend* StV **2001** 63, 65 m. Fn. 32 m.w.N.; *Zieschang* ZStW 113 [2001] 255, 257 f). Als Konsequenz dieser Entwicklung hin zu einem europaweit harmonisierten Strafrecht sind auch die Bemühungen zu sehen, über den Vorschlag des Corpus Juris hinaus einen **Allgemeinen Teil** des Europäischen Strafrechts zu erarbeiten.[125] 47

Dem Versuch einer einheitlichen Kodifikation von **Rechtfertigungsgründen** auf europäischer Ebene steht schon entgegen, dass die Strafrechtsordnungen der einzelnen Mitgliedsstaaten mehrheitlich überhaupt nicht zwischen Rechtfertigungs- und Entschul- 48

---

nicht von einer weitgehenden Europäisierung des Strafrechts gesprochen werden (*Kühl* FS Söllner, 613, 615 f); gegen eine „vereinheitlichte europäische Strafrechtsordnung" *Weigend* ZStW **105** (1993) 774, 790 ff, 793 ff, 802; *ders.* StV **2001** 63, 67 f. Krit. gegenüber der Art und Weise der Bemühungen um eine Harmonisierung *Klip* NStZ **2000** 626, 629 f m.w.N.; befürwortend wiederum *Sieber* ZStW **103** (1991) 957, 977 ff; *ders.* JZ **1997** 369, 379 f.
120   ABl. Nr. C 316 v. 27.11.1995, S. 48, 49 ff. Hierzu *Braum* JZ **2000** 493, 494; *Dannecker* ZStW **108** (1996) 577, 596 ff; *Tiedemann* FS Lenckner, 411, 414; *Zieschang* ZStW **113** (2001) 255, 256 f; jeweils m.w.N. Auch zu früheren Beispielen zu Bemühungen um eine Vereinheitlichung des Strafrechts *Otto* Jura **2000** 98 m.w.N.
121   Diesem Übereinkommen folgte das „Gesetz zu dem Übereinkommen vom 26.7.1995 über den Schutz der finanziellen Interessen der Europäischen Gemeinschaften vom 19.9.1998" (sog. „EG-Finanzschutzgesetz", BGBl. 1998 II S. 2322, 2324). Hierzu detaillierter *Braum* JZ **2000** 493, 494; *Zieschang* ZStW **113** (2001) 255, 257.
122   „Protokoll aufgrund von K.3 des Vertrages über die Europäische Union zum Übereinkommen über den Schutz der finanziellen Interessen der Europäischen Gemeinschaften" (ABl. Nr. C 313 v. 23.10.1996, S. 1, 2 ff). Hierauf folgte das „Gesetz zu dem Protokoll vom 27.9.1996 zum Übereinkommen über den Schutz der finanziellen Interessen der Europäischen Gemeinschaften vom 10.9.1998 (sog. „EU-Bestechungsgesetz", BGBl. 1998 II S. 2340, 2342); dazu *Eisele* JA **2000** 991; *Matthias Korte* wistra **1999** 81, 83 ff; *Zieschang* ZStW **113** (2001) 255, 257; jeweils m.w.N. Danach „Zweites Protokoll aufgrund von Artikel K.3 des Vertrages über die Europäische Union zum Übereinkommen über den Schutz der finanziellen Interessen der Europäischen Gemeinschaften [...]" (ABl. Nr. C 221 v. 19.7.1997, S. 11, 12 ff).
123   Hierzu etwa *Braum* JZ **2000** 493, 494 ff; *Huber* Corpus Juris passim; *Jung* JuS **2000** 417, 423; *Otto* Jura **2000** 98, 99 ff; *Ruegenberg* ZStW **112** (2000) 269 ff; *Satzger* Europäisierung S. 87 ff; *Schünemann* GA **2004** 193, 198 f; *Wattenberg* StV **2000** 95, 96 ff; *Weigend* StV **2001** 63, 65 ff; *ders.* FS Roxin, 1375, 1383 f; *Zieschang* ZStW **113** (2001) 255, 257 f.
124   Vgl. den Tagungsbericht der „europäischen ad-hoc-Arbeitsgruppe" von *Ruegenberg* ZStW **112** (2000) 269 ff.
125   Vgl. zur Notwendigkeit einer Harmonisierung der allgemeinen Regeln auch *Dannecker* FS Hirsch, 141, 143 m.w.N.; *Weigend* FS Roxin, 1375, 1379 ff m.w.N. Zurückhaltend gegenüber der Idee eines europäischen Modellstrafgesetzbuches *Dannecker* Jura **1998** 79, 87; skeptisch gegenüber einer zügigen Harmonisierung *Kühl* ZStW **109** (1997) 778 f; anders *Sieber* JZ **1997** 369, 378 ff.

digungsgründen unterscheiden.[126] Hinzu kommt, dass dem **Aufbau der Straftat**, der in der deutschen Strafrechtslehre eine zentrale Rolle spielt, in den Rechtsordnungen einiger Mitgliedstaaten, z.B. in England und Frankreich, erheblich geringere Bedeutung beigemessen wird.[127] Gleichwohl bietet die *Rechtsprechung des EuGH* zu den wirtschaftsstrafrechtlichen Sanktionsvorschriften des EKGS-Rechtes und EWG-Kartellrechts[128] für den „Kernbereich der Rechtfertigung durch Eingreifen von Notrechten" (*Tiedemann* Wirtschaftsstrafrecht S. 3, 12) eine gewisse Orientierung: Der Gerichtshof hat sich bereits mit ungeschriebenen Rechtfertigungsgründen befasst, die im Rahmen einzelner Verfahren von den jeweils durch Geldbußen betroffenen Unternehmen vorgebracht wurden, und hierzu allgemeine Rechtsgrundsätze entwickelt.[129] Demnach sei **Notwehr** eine *„Handlung, die zur Verteidigung gegen einen rechtswidrigen Angriff unerlässlich ist".*[130] Diese Definition könnte möglicherweise als Grundlage für ein europaweit akzeptiertes Notwehrverständnis dienen (vgl. *Tiedemann* ZStW **110** [1998] 497, 506 m.w.N.; *ders.* Wirtschaftsstrafrecht S. 3, 12).

49 Nicht zu übersehen ist jedoch, dass die jeweiligen Strafrechtsordnungen der **Mitgliedstaaten** (s. auch Rdn. 6 ff) **deutliche Unterschiede** etwa bei den notwehrfähigen Rechtsgütern, insbesondere aber im Hinblick auf das Erfordernis der Güterabwägung machen.[131] In diesem Zusammenhang sind insbesondere Deutschland und Österreich zu nennen, die auf eine Abwägung der widerstreitenden Interessen weitgehend verzichten. Ob sich vor diesem Hintergrund ein kleinster – gleichzeitig den Namen „Notwehr" noch verdienender – gemeinsamer Nenner wird herausschälen lassen, ist ungewiss. Soweit ersichtlich, beschränken sich die Übereinstimmungen auf die Merkmale der Rechtswidrigkeit des Angriffs und der Erforderlichkeit der Abwehr.

50 **Aus deutscher Perspektive** wird der Weg zu einem einheitlichen europäischen Notwehrrecht wohl nur über einen teilweisen Verzicht auf die (mit Ausnahme des österreichischen Rechts) international in einem besonderen Maße herausstechende Schärfe der Notwehrbefugnisse im deutschen Recht durch Aufnahme des Merkmals der *Verhältnismäßigkeit* führen. Dieser Befund wird auch durch den Vorschlag für ein kodifiziertes Notwehrrecht in **Artikel 8** des **Allgemeinen Teils** zu den sog. **„Europa-Delikten"**[132] gestützt: *„Wer eine Tat begeht, die erforderlich ist, um einen gegenwärtigen rechtswidrigen Angriff von sich oder einem anderen abzuwenden, handelt nicht rechtswidrig, wenn dies in*

---

126 So *Dannecker* FS Hirsch, 141, 148; *ders.* in Tiedemann S. 147; jeweils m.w.N. Dagegen *Tiedemann* ZStW **110** (1998) 497, 506; *ders.* Wirtschaftsstrafrecht S. 3, 12.
127 Dazu weiter *Dannecker* FS Hirsch, 141, 147 ff und 150 ff; *ders.* in Tiedemann S. 147 f, 150 ff; *Vogel* GA **1998** 127, 128 ff und 136 ff; jeweils m.w.N.
128 Eingehender *Bleckmann* FS Stree/Wessels, 107, 108 ff m.w.N.
129 Hierbei unterscheidet der EuGH nach *Dannecker* FS Hirsch, 141, 150 zwischen Tatbestand, Rechtswidrigkeit und Schuld nicht aufgrund straftatsystematischer Erwägungen, sondern vielmehr aus Gründen der Beweislastverteilung.
130 *Wagemann* S. 88 f, 94 nach Auswertung u.a. der einschlägigen Entscheidungen „Modena" (Urteil v. 12. Juli 1962, Rs. 16/61, Slg. **1962** S. 581 ff) und „Valsabbia I" (Urteil v. 18. März 1980, verbundene Rs. 154, 205, 206, 226 bis 228, 263 und 264/78 sowie 39, 31, 83 und 85/79, Slg. **1980** S. 907 ff); s. auch *Dannecker* FS Hirsch, 141, 156; *ders.* in Schünemann/Suárez González S. 331, 337 f; *ders.* in Tiedemann S. 147, 155; *Tiedemann* FS Lenckner, 411, 426; jeweils m.w.N.
131 Vgl. *Tiedemann* ZStW **110** (1998) 497, 506; *ders.* in Wirtschaftsstrafrecht S. 3, 12.
132 Bei den „Europa-Delikten" handelt es sich um einen vom „Arbeitskreis Strafrechtsangleichung in Europa" gefertigten Entwurf eines künftigen europäischen Wirtschaftsstrafrechts, der neben einem Besonderen Teil, der für besonders gemeinschaftsrelevante Bereiche Straftatbestände wie u.a. wettbewerbsbeschränkende Absprachen und Umweltdelikte enthält, auch einen Allgemeinen Teil aufweist, vgl. *Satzger* Internationales Strafrecht 7/38.

notwendiger und angemessener Weise erfolgt. Angemessenheit liegt nicht vor, wenn die Handlung in bezug auf die Gefährlichkeit des Angriffs, die Schuld des Angreifers und die Bedeutung des angegriffenen Rechtsguts unverhältnismäßig ist."[133]

3. Notwehr und Art. 2 Abs. 2 lit. a EMRK

Schrifttum

Dannecker Das Europäische Strafrecht in der Rechtsprechung des Bundesgerichtshofs in Strafsachen, Festgabe BGH 50 (2000) 339; *Frister* Zur Einschränkung des Notwehrrechts durch Art. 2 der Europäischen Menschenrechtskonvention, GA **1985** 553; *Frowein/Peukert* Europäische MenschenRechtsKonvention 3. Aufl. (2009); *Henrichs* Buchbesprechung: „Das Rechtsschutzsystem der Europäischen Menschenrechtskonvention", NJW **1959** 1529; *Huber* Das Zusammentreffen der Europäischen Konvention zum Schutze der Menschenrechte und Grundfreiheiten mit den Grundrechten der Verfassungen, Gedächtnisschrift H. Peters (1967) 375; *Jescheck* Die europäische Konvention zum Schutze der Menschenrechte und Grundfreiheiten, NJW **1954** 783; *Karl* (Hrsg.) Internationaler Kommentar zur Europäischen Menschenrechtskonvention – Kommentar Ordner 1, 5. Lfg. (2002); *Koriath* Einschränkung des deutschen Notwehrrechts (§ 32 StGB) durch Art. 2 IIa EMRK? in: Ranieri (Hrsg.) Die Europäisierung der Rechtswissenschaft (2002) S. 47; *Kühl* Der Einfluß der Europäischen Menschenrechtskonvention auf das Strafrecht und Strafverfahrensrecht der Bundesrepublik Deutschland (Teil I), ZStW **100** (1988) 406; *Mattil* Zur Anwendung des Abschnittes I der Europäischen Menschenrechts-Konvention, JR **1965** 167; *Meyer-Ladewig* Konvention zum Schutz der Menschenrechte und Grundfreiheiten – Handkommentar 1. Aufl. (2003); *Partsch* Die Entstehung der europäischen Menschenrechtskonvention, ZaöRV **15** (1953/54) 631; *ders.* Die europäische Menschenrechtskonvention vor den nationalen Parlamenten, ZaöRV **17** (1956/57) 93; *Perron* Rechtsvergleichende Betrachtungen zur Notwehr, Festschrift Eser (2005) 1019; *Peters* Einführung in die Europäische Menschenrechtskonvention (2003); *Trechsel* Die Bedeutung der Europäischen Menschenrechtskonvention im Strafrecht, ZStW **101** (1989) 819; *Vogler* Die Spruchpraxis der Europäischen Kommission und des Europäischen Gerichtshofs für Menschenrechte und ihre Bedeutung für das deutsche Straf- und Strafverfahrensrecht, ZStW **82** (1970) 743; *Zieschang* Tödliche Notwehr zur Verteidigung von Sachen und Art. 2 IIa EMRK, GA **2006** 415.

Die Mitgliedsstaaten der **Vereinten Nationen** werden aufgrund Art. 1 Abs. 3, 55 lit. c, 56 Charta der Vereinten Nationen zur Beförderung und Kräftigung der allgemeinen Achtung der Menschenrechte und Grundfreiheiten im Wege der gemeinsamen Zusammenarbeit verpflichtet. Vor diesem Hintergrund haben die Vereinten Nationen bereits am 10. Dezember 1948 eine **Allgemeine Erklärung der Menschenrechte** beschlossen und verkündet, die als bloßes Programm nach überwiegender Auffassung allerdings keine rechtlich durchsetzbare Verpflichtungen zu begründen vermochte.[134] „Echte Staatenverpflichtungen" (*Vogler* ZStW **82** [1970] 743, 744) wurden erst in der am 4. November 1950 unterzeichneten **„Konvention zum Schutze der Menschenrechte und Grundfreiheiten"**[135] geschaffen. Hierdurch verpflichteten sich zunächst diejenigen westeuropäischen Staaten, die sich nach dem Ende des Zweiten Weltkrieges im Europarat zusammengeschlossen hatten, zur Achtung der bezeichneten Menschenrechte und Grundfreiheiten sowie zur Gewährleistung ihrer effektiven Durchsetzung mittels gemeinsamer

51

---

133 Nach *Dannecker* FS Hirsch, 141, 159.
134 BayVerfGH NJW **1961** 1619; *Jescheck* NJW **1954** 783, 784; *Vogler* ZStW **82** (1970) 743, 744; s. aber auch *Esser* LR EMRK Einf. Rdn. 12 f, der darauf hinweist, dass weite Teile der AEMR heute als Völkergewohnheitsrecht anerkannt sind.
135 Zur ihrer Entstehungsgeschichte *Partsch* ZaöRV **15** (1953/54) 631 ff, *ders.* ZaöRV **17** (1956/57) 93 ff, jeweils m.w.N.

Kontrollorgane. In der Folgezeit sind der Konvention alle derzeitigen Mitgliedsstaaten des Europarates beigetreten.[136]

52 Die **Bundesrepublik Deutschland** hat der EMRK durch Gesetz vom 7. August 1952 „zugestimmt" (Art. I) und diese ratifiziert.[137] Die EMRK ist für die Bundesrepublik Deutschland am 3. September 1953 in Kraft getreten.[138] Die EMRK wie auch die Zusatzprotokolle gelten nach h.M.[139] in Deutschland unmittelbar im Rang **einfachen Bundesrechtes**.[140] Auf die von der EMRK gewährleisteten Rechte kann sich der Einzelne vor den deutschen Behörden und Gerichten berufen, ohne dass es über das Zustimmungsgesetz vom 7. August 1952 hinaus zusätzlich eines weiteren Ausführungsgesetzes bedarf.[141]

53 **Art. 2 EMRK** lautet in seiner geltenden Fassung seit dem 17. Mai 2002 (BGBl. **2002** II S. 1054) wie folgt:

> *(1) Das Recht jedes Menschen auf Leben wird gesetzlich geschützt. Niemand darf absichtlich getötet werden, außer durch Vollstreckung eines Todesurteils, das ein Gericht wegen eines Verbrechens verhängt hat, für das die Todesstrafe gesetzlich vorgesehen ist.*
> *(2) Eine Tötung wird nicht als Verletzung dieses Artikels betrachtet, wenn sie durch eine Gewaltanwendung verursacht wird, die unbedingt erforderlich ist um*
> *a) jemanden gegen rechtswidrige Gewalt zu verteidigen;*
> *b jemanden rechtmäßig festzunehmen oder jemanden, dem die Freiheit rechtmäßig entzogen ist, an der Flucht zu hindern;*
> *c) einen Aufruhr oder Aufstand rechtmäßig niederzuschlagen.*

54 Art. 2 Abs. 1 EMRK beinhaltet eine grundlegende Norm zum **Schutz des menschlichen Lebens** (*Frowein/Peukert* Art. 2 Rdn. 1 m.w.N.; *Meyer-Ladewig/Huber* Art. 2 Rdn. 1), das als „höchstes Achtungsgut des Menschen" (Karl/*Lagodny* Art. 2 Rdn. 2) anerkannt wird.[142] Demgemäß beinhaltet das Recht auf Leben sowohl ein *individuelles Abwehrrecht* gegenüber staatlichen Eingriffen als auch eine *Schutzpflicht des Staates* bei Angriffen Dritter, mit der ein Anspruch des Einzelnen auf staatliches Einschreiten korrespondiert (*Frowein/Peukert* Art. 2 Rdn. 7; *Lagodny* in Karl IK EMRK Art. 2 Rdn. 3, 9 ff; beide m.w.N.).

55 Bedeutung für die **Notwehr/Nothilfe** besitzt insbesondere **Art. 2 Abs. 2 lit. a EMRK** (*Frowein/Peukert* Art. 2 Rdn. 1, 11 m.w.N.; *Lagodny* in Karl IK EMRK Art. 2 Rdn. 83 ff m.w.N.).[143] Die Vorschrift beschränkt das Notwehrrecht zur Tötung des Angreifers ausdrücklich auf die Verteidigung eines *Menschen* („jemanden"). Demzufolge stellt sich die

---

[136] *Meyer-Goßner/Schmitt* Anh 4 EMRK Vorbem. Rdn. 1; zur Änderung des Textes durch sog. Zusatzprotokolle s. *Frowein/Peukert* Einf. Rdn. 3; *Esser* LR EMRK Einf. Rdn. 46 ff m.w.N.
[137] BGBl. **1952** II S. 685 ff und 953.
[138] BGBl. II **1954** S. 14; s. auch *Kühl* ZStW **100** (1988) 406 f m.w.N.
[139] BVerfGE **10** 271, 274; **74** 358, 370; StV **2005** 307; BVerwG NJW **1958** 35; BayVerfGH NJW **1961**, 1619; *Erb* MK Rdn. 19; *Meyer-Goßner/Schmitt* Anh. 4 EMRK Vorbem. Rdn. 3; *Spendel* LK[11] § 32 Rdn. 258; Jescheck/Weigend § 32 V m.w.N.; *Kühl* ZStW **100** (1988) 406, 408 ff.
[140] In anderen Staaten nimmt die EMRK höchst unterschiedliche normhierarchische Stellungen ein: Sie reichen von Verfassungsrang bis zu lediglich „völkerrechtlicher Verbindlichkeit" (eingehender *Frowein/Peukert* Einf. Rdn. 7 m.w.N.).
[141] Allgemein für alle in der EMRK garantierten Rechte *Huber* GedS Peters, 375, 391; *Esser* LR EMRK Einf. Rdn. 85 m.w.N. **aA** *Jescheck* NJW **1954** 783. Ein Ausführungsgesetz hält für erforderlich *Mattil* JR **1965** 179, 170. Skeptisch gegenüber der Effektivität des Individualrechtsschutzes der EMRK *Henrichs* NJW **1959** 1529.
[142] Indes folgt aus Art. 2 EMRK kein „Recht zu sterben", vgl. *Meyer-Ladewig/Huber* Art. 2 Rdn. 1 m.w.N.
[143] Weiter *Meyer-Ladewig/Huber* Art. 2 Rdn. 2; *Peters* § 5 S. 38.

Frage, ob das nationale Notwehrrecht der Konventionsstaaten zur Verteidigung von *Sachgütern* durch Art. 2 Abs. 2 lit. a EMRK beschränkt wird (näher Rdn. 235 ff). In der deutschen Strafrechtslehre ist diese Frage umstritten, überwiegend wird eine Einschränkung abgelehnt (s. dazu umfassend *Koriath* Europäisierung S. 47, 49 ff).

4. Notwehr und Art. 31 Abs. 1 lit. c Römisches IStGH-Statut

Schrifttum

Ahlbrecht Geschichte der völkerrechtlichen Strafgerichtsbarkeit im 20. Jahrhundert, Diss. Hagen 1999; *Ambos* Der Allgemeine Teil des Völkerstrafrechts 2. Aufl. (2004); *Bassiouni* Crimes against humanity in international criminal law (1992); *Cassese* International Criminal Law (2003); *Dahm/Delbrück/Wolfrum* Völkerrecht, Bd. I/3 2. Aufl. (2002); *Eser* „Defences" in Strafverfahren wegen Kriegsverbrechen, Festschrift Triffterer (1996) 755; *ders.* Das „Internationale Strafrecht" in der Rechtsprechung des Bundesgerichtshofs, Festgabe BGH 50 (2000) 3; *Fletcher* Basic Concepts of Criminal Law (1998); *Knoops* Defenses in contemporary international criminal law (2001); *Kress* War crimes committed in non-international armed conflict and the emerging system of international criminal justice, Israel Yearbook on Human Rights **30** (2000) 103; *Lagodny* Legitimation und Bedeutung des Ständigen Internationalen Strafgerichtshofes, ZStW **113** (2001) 800; *Merkel* Gründe für den Ausschluß der Strafbarkeit im Völkerstrafrecht, ZStW **114** (2002) 437; *Nill-Theobald* Die Straffreistellungsdiskussion im Bereich des materiellen Völkerstrafrechts, ZStW **109** (1997) 950; *dies.* „Defences" bei Kriegsverbrechen am Beispiel Deutschlands und der USA, Diss. Freiburg/Br. 1997 (1998); *Saland* International Criminal Law Principles, in: Lee (Hrsg.) The International Criminal Court (2002) S. 189; *Scaliotti* Defences before the international criminal court: Substantive grounds for excluding criminal responsibility – Part 1, International Criminal Law Review **1** (2001) 111; *Schabas* An Introduction to the International Criminal Court 2. Aufl. (2004); *Scheuß* Zur Rechtfertigung von Straftaten im nichtinternationalen bewaffneten Konflikt, ZStW **130** (2018) 23; *Triffterer/Ambos* (Hrsg.) Commentary on the Rome Statute of the International Criminal Court 3. Aufl. (2016); *Weigend* Zur Frage eines „internationalen" Allgemeinen Teils, Festschrift Roxin (2001) 1375; *ders.* Notwehr im Völkerstrafrecht, Festschrift Tiedemann (2008) 1439; *Werle/Jeßberger* Völkerstrafrecht 4. Aufl. (2016); *Wirth/Harder* Die Anpassung des deutschen Rechts an das Römische Statut des Internationalen Strafgerichtshofs, ZRP **2000** 144.

Das **Römische Statut des Internationalen Strafgerichtshofs** vom 17. Juli 1998 **56** („Rome Statute of the International Criminal Court") markiert den vorläufigen Abschluss jahrzehntelanger Bemühungen, sowohl ein kodifiziertes Völkerstrafrecht zu schaffen als auch ein völkerrechtlich legitimiertes ständiges Gericht[144] zur Ahndung internationalen Unrechts einzurichten (*Nill-Theobald* S. 22 ff m.w.N.).[145] Das Statut regelt im **3. Teil** allgemeine Grundsätze des Strafrechts: *„General Principles of Criminal Law"*, darunter in **Artikel 31** die Gründe für den Ausschluss strafrechtlicher Verantwortlichkeit: *„Grounds for excluding criminal responsibility"*.[146] **Art. 31 Abs. 1 lit. c Römisches IStGH-Statut** lautet in seiner geltenden Fassung:[147]

> *(1) Neben anderen in diesem Statut vorgesehenen Gründen für den Ausschluss der strafrechtlichen Verantwortlichkeit ist strafrechtlich nicht verantwortlich, wer zur Zeit des fraglichen Verhaltens [...]*

---

144 Zu Zuständigkeit und Aufbau des Gerichts *Satzger* Internationales Strafrecht 13/6 ff. Zur Rechtfertigung von Handlungen (von Aufständischen) in einem nichtinternationalen Konflikt *Scheuß* ZStW **130** (2018) 23, 44 f.
145 Ausführlich zur geschichtlichen Entwicklung dieser Bemühungen *Ahlbrecht* S. 8 ff, 335 ff. Weiterhin *Scaliotti* ICLR **1** (2001) 111, 114 ff; *Schabas* S. 1 ff; jeweils m.w.N.
146 Zum ergänzenden Rückgriff auf allgemeine Rechtsgrundsätze oder nationales Strafrecht gemäß Art. 31 Abs. 3 *Dahm/Delbrück/Wolfrum* § 197 S. 1125.
147 BT-Drs. 14/2682 S. 27, 31; BGBl. II **2000** S. 1393, 1412, 1416.

> c) in angemessener Weise handelt, um sich oder einen anderen oder, im Fall von Kriegsverbrechen, für sich oder einen anderen lebensnotwendiges oder für die Ausführung eines militärischen Einsatzes unverzichtbares Eigentum, vor einer unmittelbar drohenden und rechtswidrigen Anwendung von Gewalt in einer Weise zu verteidigen, die in einem angemessenen Verhältnis zum Umfang der ihm, dem anderen oder dem geschützten Eigentum drohenden Gefahr steht. Die Teilnahme an einem von Truppen durchgeführten Verteidigungseinsatz stellt für sich genommen keinen Grund für den Ausschluss der strafrechtlichen Verantwortlichkeit nach diesem Buchstaben dar; [...]

57 Die Verhandlungen der **Arbeitsgruppe der Rom-Konferenz**, die für die Ausgestaltung der allgemeinen Grundsätze des Statuts zuständig war, gestalteten sich vor dem Hintergrund der teilweise deutlich voneinander abweichenden nationalen Strafrechtssysteme im Hinblick auf die systematische Einfügung des Art. 31 Römisches IStGH-Statut schwierig.[148] So ist v.a. im angloamerikanischen Strafrecht umstritten, ob überhaupt zwischen Rechtfertigung und Entschuldigung differenziert werden kann.[149] Angesichts dieser komplizierten Ausgangslage entschied man, Art. 31 Römisches IStGH-Statut einen eher unbestimmten Titel zu verleihen: „Grounds for excluding criminal responsibility" (Ausschluss strafrechtlicher Verantwortlichkeit)[150] und anders als etwa im deutschen Strafrecht nicht zwischen Rechtfertigung und Entschuldigung zu unterscheiden.[151] Art. 31 Römisches IStGH-Statut erfasst allein *materielle* Strafausschließungsgründe (*Dahm/Delbrück/Wolfrum* § 197 S. 1125; Triffterer/Ambos/*Eser* Art. 31 Rdn. 27 m.w.N.;), nicht jedoch formelle Strafverfolgungshindernisse.[152]

58 Der Wortlaut des Art. 31 (1) (c) Römisches IStGH-Statut verlangt für die **Notwehrlage** eine unmittelbar drohende und rechtswidrige Anwendung von Gewalt (*„imminent and unlawful use of force"*). Unmittelbar drohend ist die Gewaltanwendung, wenn sie unmittelbar bevorsteht, bereits begonnen hat oder noch fortdauert (*Ambos* § 22 S. 850; Triffterer/Ambos/*Eser* Rome Statute Art. 31 Rdn. 41).[153] Der Begriff „Anwendung von Gewalt" umfasst neben körperlichen Angriffen auch psychische Beeinflussungen, falls diese zu einer gegenwärtigen Zwangssituation führen (Triffterer/Ambos/*Eser* Art. 31 Rdn. 41; *Werle/Jeßberger* Rdn. 654). Insoweit besteht Übereinstimmung mit dem Erfordernis des gegenwärtigen und rechtswidrigen Angriffes im Rahmen von § 32 Abs. 2 dStGB (*Ambos* § 22 S. 830 m.w.N.). Ist das Angriffsverhalten seinerseits nicht „unlawful", d.h. von einem Straffreistellungsgrund gedeckt, scheidet Notwehr dagegen aus (*Werle/Jeßberger* Rdn. 654). Zweifel an einem Notwehrausschluss bestehen allerdings hinsichtlich solcher Straffreistellungsgründe, die im deutschen Strafrecht lediglich auf Schuldebene Wirkung entfalten (*Satzger* Internationales Strafrecht 14/27).

59 Als **notwehrfähige Rechtsgüter** werden von Art. 31 Römisches IStGH-Statut – anders als im Rahmen des § 32 dStGB – nur das Leben, die körperliche Unversehrtheit oder die persönliche Freiheit des Angegriffenen erfasst (Triffterer/Ambos/*Eser* Art. 31 Rdn. 41

---

148 Dazu *Nill-Theobald* ZStW **109** (1997) 950, 953; *Dahm/Delbrück/Wolfrum* § 197 S. 1128 m.w.N.; *Eser* in Triffterer/Ambos Rome Statute Art. 31 Rdn. 40 m.w.N.
149 Vgl. *Bassiouni* Crimes against humanity S. 344 und Rdn. 15.
150 Ähnlich schon *Ambos* § 22 S. 825 m.w.N. *Merkel* ZStW **114** (2002) 437, 441 bezeichnet den Titel als „vage" und „grob".
151 *Eser* in Triffterer/Ambos Rome Statute Art. 31 Rdn. 27 m.w.N. („[...] without further differentiation [...] the Statute leaves open the question [...]). Vgl. auch *Cassese* S. 221.
152 *Merkel* ZStW **114** (2002) 437, 441 m.w.N. Zum Begriff *Eser* FS Triffterer, 755, 757; *Nill-Theobald* S. 7 f m.w.N. Krit. zur begrifflichen Unterscheidung *Dahm/Delbrück/Wolfrum* § 197 S. 1125 m. Fn. 2.
153 Weiter *Fletcher* Basic Concepts S. 133 f.

m.w.N.; *Merkel* ZStW **114** [2002] 437, 444).¹⁵⁴ Im Fall von Kriegsverbrechen wird dieser Kreis auf das Eigentum¹⁵⁵ erweitert, falls die dem Angegriffenen gehörenden Sachen lebensnotwendig („essential for the survival") oder für die Ausführung eines militärischen Einsatzes unverzichtbar („essential for accomplishing a military mission") sind (Triffterer/Ambos/*Eser* Art. 31 Rdn. 42; *Knoops* ch. III S. 86 ff).¹⁵⁶ Art. 31 (1) (c) S. 2 Römisches IStGH-Statut stellt klar, dass die Mitwirkung an einem militärischen Verteidigungseinsatz (als Realisierung des *staatlichen* Verteidigungsrechts) allein noch nicht zu einem Ausschluss der *individuellen* Strafbarkeit führt (dazu näher ICT Yugoslavia, Prosecutor v. Kordic & Cerkez vom 26.2.2001 – IT-95-14/2-T Rdn. 452).¹⁵⁷

Der durch die **Notwehrhandlung** vorgenommene Eingriff in fremde Rechtsgüter muss zunächst „*reasonable*", d.h. erforderlich sein, um den Angriff abzuwehren (Triffterer/Ambos/*Eser* Art. 31 Rdn. 46 f m.w.N.). Darüber hinaus muss die Verteidigungsmaßnahme in einem angemessenen Verhältnis zu dem Grad der Gefahr stehen, die einer Person oder Sache droht („*proportionate* to the degree of danger"). Die Notwehr wird damit durch das Prinzip der Verhältnismäßigkeit beschränkt (dazu ICT Yugoslavia, Prosecutor v. Kordic & Cerkez vom 26.2.2001 Rdn. 451).¹⁵⁸ Auch hier zeigt sich wiederum der internationale Ausnahmecharakter des deutschen Notwehrverständnisses (s. auch schon Rdn. 50), nach dem die Verteidigungsbefugnisse nur in extremen Ausnahmefällen von Proportionalitätserwägungen begrenzt werden.¹⁵⁹ In besonderen Ausnahmefällen darf der Angegriffene auch zu lebensgefährlichen Mitteln greifen, falls ihm eine schwere Körperverletzung oder gar der Tod droht (Triffterer/Ambos/*Eser* Art. 31 Rdn. 47, *Werle/Jeßberger* Rdn. 659, beide m.w.N.). Schließlich wird aus dem Wortlaut des Art. 31 (1) (c) Römisches IStGH-Statut („um [...] zu verteidigen") teilweise geschlossen, der Angegriffene müsse mit **Verteidigungsabsicht** handeln (*Satzger* 13/27; *Werle/Jeßberger* Rdn. 660 m.w.N.¹⁶⁰

Trotz des Strafverfahrens **Prosecutor v. Dario Kordic & Mario Cerkez**¹⁶¹ vor dem Jugoslawien-Strafgerichtshof („International Criminal Tribunal for Former Yugoslavia"), in dem Geltung und Reichweite von Notwehrbefugnissen eine Rolle spielten, ist die praktische Bedeutung der Notwehr im Völkerstrafrecht als eher gering einzustufen (ebenso *Erb* MK Rdn. 26; auch *Ambos* § 22 S. 830; *Werle/Jeßberger* Rdn. 652). Angesichts der exklusiven Zuständigkeit des Internationalen Strafgerichtshofs für Völkermord, Verbrechen gegen die Menschlichkeit, Kriegsverbrechen oder Aggression (Art. 5 (1) Römisches IStGH-Statut) sind Anwendungsfälle, in denen die Begehung einer der vorstehend auf-

---

154 Nach *Ambos* § 22 S. 830 sind nur das Leben und die körperliche Unversehrtheit notwehrfähige Schutzgüter; nach *Werle/Jeßberger* Rdn. 655 m.w.N. das Leben, die körperliche Unversehrtheit und die persönliche Fortbewegungsfreiheit.
155 *Werle/Jeßberger* Rdn. 655 m. Fn. 453 halten die Bezeichnung „Eigentum" als deutsche Übersetzung des Begriffs „property" für „irreführend".
156 Ebenso *Merkel* ZStW **114** (2002) 437, 444; *Werle/Jeßberger* Rdn. 655 ff; *Kress* IYHR **30** (2000) 103, 151 f m.w.N. Krit. *Wirth/Harder* ZRP **2000** 144, 146 m.w.N. Zum Hintergrund dieser Erweiterung *Saland* in Lee S. 189, 207 f; *Scaliotti* ICLR **1** (2001) 111, 166; *Schabas* S. 112 f; *Werle/Jeßberger* Rdn. 656 m.w.N.
157 Vgl. http://www.icty.org/x/cases/kordic_cerkez/tjug/en/kor-tj010226e.pdf. S. auch Triffterer/Ambos/*Eser* Art. 31 Rdn. 48 m.w.N.; *Werle/Jeßberger* Rdn. 658, 662.
158 Siehe Fn. 157. Weiter *Ambos* § 22 S. 830 f; Triffterer/Ambos/*Eser* Art. 31 Rdn. 46 f; *Werle/Jeßberger* Rdn. 659 m. Fn. 459; *Lagodny* ZStW **113** (2001) 800, 818; *Merkel* ZStW **114** (2002) 437, 444 f.
159 Anders *Weigend* FS Tiedemann, 1439, 1449 f, der hier keine herausstehende Sonderrolle des deutschen Notwehrverständnisses sieht, die Begrenzung auf proportionale Gefahrenabwehr vielmehr als eine unter den Staaten inklusive Deutschland weithin akzeptierte Befugnisgrenze der Notwehr mit bloßen Detailunterschieden begreift.
160 AA *Ambos* § 22 S. 831, der Kenntnis genügen lässt.
161 Siehe Fn. 157. Ausführlicher zu diesem Verfahren *Ambos* § 6 S. 314 ff m.w.N.

gezählten Straftaten als erforderliches und verhältnismäßiges Verteidigungsmittel zur Abwehr einer unmittelbar drohenden und rechtswidrigen Gewaltanwendung dient, nur schwer vorstellbar (so bereits *Eser* FS Triffterer, 755, 766), bei Kriegsverbrechen, die auch Sachverhalte mit individueller Auseinandersetzung umfassen können, freilich nicht ausgeschlossen – Beispiel: Kriegsgefangene können nur durch massive körperliche Gewalt daran gehindert werden, für die gegnerische Partei kriegswichtiges Gerät zu zerstören, Verstoß gegen Art. 3 (1) (a) IV. Genfer Konvention, Kriegsverbrechen nach Art. 8 (2) (a) (iii) IStGH-Statut.[162] Allerdings wird bereits die Vereinbarkeit von Art. 31 (1) (c) IStGH-Statut mit (zwingendem) Völkerrecht mit dem Argument bestritten, die Einräumung der Möglichkeit individueller Rechtfertigung stelle das Verhältnis von humanitärem Völkerrecht und Völkerstrafrecht auf den Kopf, indem sie den Interessenausgleich zwischen den „Bedürfnissen" des Krieges und dem Schutz der Menschenrechte, der den zwingenden Verboten des humanitären Konfliktvölkerrechts und damit den Verboten des Völkerstrafrechts zugrunde liegt, wieder in Frage stelle.[163] *Weigend* weist zu Recht darauf hin, dass sich dieser Konflikt – ganz ähnlich wie bei der Rechtfertigung innerstaatlichen Amtsträgerhandelns durch öffentliches Recht und/oder § 32 dStGB – nicht einfach mit dem Hinweis auf die verschiedenen Adressaten von humanitärem Völkerrecht und Strafrecht lösen lässt, indem das Verhalten zugleich als völkerrechtswidrig, aber strafrechtlich erlaubt eingeordnet wird, soweit es den Handelnden als Privaten betrifft.[164]

IV. Begründungsansätze zur Notwehrrechtfertigung

Schrifttum

Amelung/Kilian Zur Akzeptanz des deutschen Notwehrrechts in der Bevölkerung, Festschrift Schreiber (2003) 3; *Bernsmann* Überlegungen zur tödlichen Notwehr bei nicht lebensbedrohlichen Angriffen, ZStW **104** (1992) 290; *Bitzilekis* Die neue Tendenz zur Einschränkung des Notwehrrechts, Diss. Köln 1984; *Engländer* Grund und Grenzen der Nothilfe (2008); *Fasten* Die Grenzen der Notwehr im Wandel der Zeit (2011); *Frisch* Zur Problematik und zur Notwendigkeit einer Neufundierung der Notwehrdogmatik, Festschrift Yamanaka (2017) 49; *Frister* Schuldprinzip, Verbot der Verdachtsstrafe und Unschuldsvermutung als materielle Grundprinzipien des Strafrechts, Diss. Bonn 1986 (1988); *ders.* Die Notwehr im System der Notrechte, GA **1988** 291; *Fuchs* Grundfragen der Notwehr, Habil. Wien 1983 (1986); *R. Haas* Notwehr und Nothilfe, Diss. Kiel 1977 (1978); *V. Haas* Kausalität und Rechtsverletzung (2002); *Hoyer* Das Rechtsinstitut der Notwehr, JuS **1988** 89; *ders.* Der Verhältnismäßigkeitsgrundsatz als Strukturelement der Rechtfertigungsgründe, in: Alexy (Hrsg.) Juristische Grundlagenforschung ARSP-Beiheft **104** (2005) 99; *Hruschka* Extrasystematische Rechtfertigungsgründe, Festschrift Dreher (1977) 189; *ders.* Die Notwehr im Zusammenhang von Kants Rechtslehre ZStW **115** (2003) 201; *Jakobs* Kommentar: Rechtfertigung und Entschuldigung bei Befreiung aus besonderen Notlagen (Notwehr, Notstand, Pflichtenkollision), in: Eser/Nishihara (Hrsg.) Rechtfertigung und Entschuldigung Bd. 4 (1995) S. 143; *Kargl* Die intersubjektive Begründung und Begrenzung der Notwehr, ZStW **110** (1998) 38; *Kaspar* „Rechtsbewährung" als Grundprinzip der Notwehr? RW **2013** 40; *Kilian* Die Dresdner Notwehrstudie (2011); *Kindhäuser* Zur Genese der Formel „Das Recht braucht dem Unrecht nicht zu weichen", Festschrift Frisch (2013) 493; *Kioupis* Notwehr und Einwilligung, Diss. Saarbrücken 1991 (1992); *Klesczewski* Ein zweischneidiges Recht – Zu Grund und Grenzen der Not-

---

[162] *Weigend* FS Tiedemann, 1439, 1442; auch *Erb* MK Rdn. 26 f, der jedoch die Zuständigkeit des IStGH in solchen Fällen bestreitet: Notwehr führe notwendig dazu, dass dem konkreten Kriegsverbrechen der Charakter eines schwersten Verbrechens fehle, das die internationale Gemeinschaft als Ganzes betrifft (vgl. Art. 5 IStGH-Statut), so dass der IStGH dafür nicht zuständig sei.

[163] Zur Diskussion *Weigend* FS Tiedemann, 1439, 1440 ff.

[164] *Weigend* FS Tiedemann, 1439, 1443 ff; er schlägt vor, die Notwehrlage auf Gefahren für Leben und Gesundheit und die Notwehrbefugnisse auf eine umgekehrt proportionale Abwehr zu begrenzen.

wehr in einem vorpositiven System der Erlaubnissätze, Festschrift Wolff (1998) 225; *Klingbeil* Die Not- und Selbsthilferechte (2017); *B. Koch* Prinzipientheorie der Notwehreinschränkungen, ZStW **104** (1992) 785; *Koriath* Einige Gedanken zur Notwehr, Festschrift Müller-Dietz (2001) 361; *Krauß* Das Recht braucht dem Unrecht nicht zu weichen, Festschrift Puppe (2011) 635; *Kroß* Notwehr bei Schweigegelderpressung, Diss. Potsdam 2003 (2004); *Kühl* Die Notwehr: Ein Kampf ums Recht oder Streit, der mißfällt? Festschrift Triffterer (1996) 149; *Lenckner* „Gebotensein" und „Erforderlichkeit" der Notwehr, GA **1968** 1; *Lesch* Die Notwehr, Festschrift Dahs (2005) 81; *Lüderssen* Notwehrelemente in der Strafe – Strafelemente in der Notwehr, in: Institut für Kriminalwissenschaften Frankfurt/M. (Hrsg.) Vom unmöglichen Zustand des Strafrechts (1995) S. 159; *Mitsch* Nothilfe gegen provozierte Angriffe, GA **1986** 533; *ders.* Rechtfertigung und Opferverhalten, Habil. Tübingen 1991 (2004); *Montenbruck* Thesen zur Notwehr (1983); *Neumann* Individuelle und überindividuelle Begründung des Notwehrrechts, in: Lüderssen (Hrsg.) Modernes Strafrecht und ultima-ratio-Prinzip (1990) S. 215; *Pawlik* Die Notwehr nach Kant und Hegel, ZStW **114** (2002) 259; *Perron* Rechtsvergleichende Betrachtungen zur Notwehr, Festschrift Eser (2005) 1019; *vd Pfordten* Zu den Prinzipien der Notwehr, Festschrift Schreiber (2003) 359; *Pitsounis* Die Notwehr als Gegenstand der Rechtsvergleichung, in: Lüderssen (Hrsg.) Modernes Strafrecht und ultima-ratio-Prinzip (1990) S. 227; *Renzikowski* Notstand und Notwehr, Diss. Tübingen 1993 (1994); *Retzko* Die Angriffsverursachung gegenüber der Notwehr, Diss. Hagen 2001; *van Rienen* Die „sozialethischen" Einschränkungen des Notwehrrechts (2009); *Roxin* Notwehr und Rechtsbewährung, Festschrift Kühl (2014) 391; *Rückert* Effektive Selbstverteidigung und Notwehr (2017); *Rudolphi* Rechtfertigungsgründe im Strafrecht, Gedächtnisschrift Armin Kaufmann (1989) 371; *Schmidhäuser* Über die Wertstruktur der Notwehr, Festschrift Honig (1970) 185; *ders.* Die Begründung der Notwehr, GA **1991** 97; *Sengbusch* Die Subsidiarität der Notwehr (2008); *Stiller* Grenzen des Notwehrrechts bei der Verteidigung von Sachwerten, Diss. Gießen 1999; *Suppert* Studien zur Notwehr und zur „notwehrähnlichen" Lage, Diss. Bonn 1970/1971 (1973); *Wagner* Individualistische oder überindividualistische Notwehrbegründung (1984).

Obwohl die Notwehr ein allgemein anerkannter Rechtfertigungsgrund ist, dem nicht **62** selten ein naturrechtlicher Charakter zugesprochen wird (*Kühl* FS Triffterer, 149; *Günther* SK⁸ Rdn. 5 u. 12; *Küper* JZ **1983** 88, 92 m. Fn. 55; *Erb* NStZ **2005** 593, 594f),[165] hat der Streit um ihre Begründung und damit um die Reichweite der durch § 32 gewährleisteten Verteidigungsbefugnisse eine lange Geschichte, in deren Verlauf unzählige Erklärungsversuche unternommen worden sind.[166] Der Grund hierfür liegt in der besonderen Rechtfertigungsbedürftigkeit der Notwehrbefugnisse gegenüber anderen Gefahrenabwehrrechten des Einzelnen, namentlich des defensiven (§ 228 BGB) und des aggressiven Notstands (§ 904 BGB, § 34). Insbesondere zwei Merkmale der Notwehr erfordern einen gesteigerten Legitimationsaufwand: Zum einen muss jeder Begründungsansatz erklären können, warum der Verteidiger **nicht die Grenzen einer Verhältnismäßigkeit** zwischen der Schwere des Eingriffs und dem Gewicht der Erhaltungsinteressen – nicht einmal die „umgekehrte" Verhältnismäßigkeit des § 228 BGB – **einhalten** muss. Zum ande-ren muss angegeben werden können, warum der Angegriffene im Grundsatz **nicht verpflichtet** ist, sich – sofern möglich – dem Angriff durch **Flucht** zu entziehen (*Samson* SK⁵ Rdn. 1). Der Ansatzpunkt für die Rechtfertigung dieser weitreichenden Eingriffsbefugnisse ist mit der *Rechtswidrigkeit des Angriffs* zwar schnell gefunden. Darüber hinaus besteht jedoch wenig Einigkeit in Rechtsprechung und Wissenschaft.

Der Streit um die richtige Einordnung der Notwehr in das System der Rechtferti- **63** gungsgründe und ihre innere Legitimation ist kein bloßes Glasperlenspiel um eine widerspruchsfreie Dogmatik. Er wirkt sich auf die Auslegung fast jedes Merkmals des

---

165 Krit. *Jahn* S. 239 f; *Kargl* ZStW **110** (1998) 38, 47.
166 Nach den Untersuchungen von *Perron* FS Eser, 1019, 1030 u. 1035 finden derart ausgeprägte Grundsatzdiskussionen wie zur Legitimation des § 32 dStGB in der englischen, US-amerikanischen und französischen Rechtswissenschaft nicht statt.

§ 32 aus. So beeinflusst die Wahl des richtigen Begründungsansatzes nicht erst den Zuschnitt der sog. **Notwehreinschränkungen**, sondern bereits die Frage, welche Rechtsgüter **notwehrfähig** sind. Davon hängt auch ab, ob **untaugliche Versuche** Notwehrmaßnahmen auslösen können und ob überhaupt und bejahendenfalls welche Form **fremder Hilfe** der Angegriffene im Rahmen der Erforderlichkeit als Verteidigungsalternative berücksichtigen muss. Das zugrunde gelegte Notwehrverständnis entscheidet ferner über den Umfang, in dem Dritte zur Leistung von **Nothilfe** berechtigt sind.

64 Herkömmlich werden die Erklärungsansätze drei Gruppen zugeordnet (vgl. *Kühl* JuS **1993** 177, 178 ff):[167] Der sog. dualistischen Begründung der h.M. stehen zwei zumindest dem ersten Anschein nach monistisch geprägte Ansichten gegenüber, von denen die (in der Literatur) im Vordringen befindliche Meinung die Notwehr mit individuellen Gesichtspunkten zu rechtfertigen sucht, während ein nur vereinzelt vertretener Ansatz eine Erklärung für richtig hält, die einen überindividuellen Aspekt der Notwehr in den Vordergrund rückt. Durch diese Art der Unterscheidung wird jedoch eine erheblich tieferliegende Differenz verdeckt. Unter den Autoren, die für eine individuell ausgerichtete Begründung der Notwehr plädieren, finden sich einige, die bei ihren Überlegungen nicht von dem herrschend der Notwehr zugrunde gelegten **Prinzip des überwiegenden Interesses** ausgehen, d.h. davon, dass die vom Notwehrleistenden betriebene Erhaltung eines Interesses dem Interesse des Angreifers an der Schonung seiner Rechtsgüter vorgeht (für die h.M. etwa *Lenckner* GA **1968** 1, 2; *ders.* GA **1985** 295, 307; *Schlehofer* MK Vor § 32 Rdn. 59).[168] Nach ihrer im Ausgangspunkt auf die Idee der Notwehr als unveräußerliches Recht bei *Hobbes*[169] zurückgehenden Ansicht suspendiert § 32 vielmehr die Pflicht des Angegriffenen zur Regelbefolgung als Konsequenz der durch die Regelmissachtung des Angreifers bewirkten Störung eines Gegenseitigkeitsverhältnisses. Dabei wird dieses Gegenseitigkeitsverhältnis teils damit begründet, dass die Rechtsordnung dem Angegriffenen gegenüber keinen Normgehorsam einfordern dürfe, wenn sie ihrerseits nicht in der Lage sei, ihr Schutzversprechen ihm gegenüber zu erfüllen (Stichwort: staatliche Hilfe nicht erlangbar),[170] teils damit, dass Angreifer und Angegriffener sich gegenseitig Regelbeachtung zum Schutze ihrer absoluten Rechte schuldeten, so dass die Nichterfüllung des im Synallagma stehenden Regelbefolgungsanspruches durch den einen (Kooperationsverweigerung) zu einer Suspendierung der Pflicht des anderen führt. Danach ist die Notwehr im Kern ein **Normbefolgungsverweigerungsrecht** (*Renzikowski* S. 224 ff, 229 f),[171] und § 32 liegt ein ähnliches Konzept zugrunde wie der Einrede des nichterfüllten Vertrages nach § 320 BGB. In eine ganz ähnliche Richtung geht ein Ansatz, nach dem der Angreifer durch sein rechtswidriges Verhalten die soziale Gemeinschaft mit dem Angegriffenen aufhebt und die Akteure dadurch gleichsam in den vorrechtlichen Naturzu-

---

167 Anders *Kioupis* S. 202 und passim, der in § 32 die „Versöhnung" einer naturrechtlichen Notwehr mit der durch Gesellschaftsvertrag errichteten und Individualrechtsgüter schützenden Rechtsordnung sieht.
168 Ähnlich *Mitsch* Opferverhalten S. 352 und passim: Optimalität der Interessenbefriedigung.
169 Siehe zu dieser Anbindung *Klesczewski* FS Wolff, 225, 231; *Lesch* Beratungsschutz S. 66 f; *Hoyer* in Alexy S. 99, 111 f. Dass auch bei den auf dem Prinzip des überwiegenden Interesses basierenden individualistischen Notwehrlehren der Vertrags- und Naturrechtsgedanke mitschwingt, zeigt anschaulich *Kroß* S. 40 f.
170 *Hoyer* JuS **1988** 89, 92 u. 95 f.
171 Ähnlich schon *Hruschka* FS Dreher, 189, 199 f, *Neumann* in Lüderssen S. 215, 225 und *Kargl* ZStW **110** (1998) 38, 55 ff, der in dem rechtswidrigen Angriff eine Missachtung intersubjektiver Anerkennung sieht; ähnlich *Köhler* AT S. 261 f; auch *Lesch* FS Dahs, 81, 92, der die Schärfe der Notwehr darauf zurückführt, dass der Verteidiger einen Zustand herbeiführe, den der Angreifer ihm als Garant ohnehin schulde. *Seuring* S. 183 ff sieht in dem Verhältnis gegenseitiger Regelbeachtung hingegen das überindividuelle Element im Rahmen eines dualistischen Notwehrverständnisses.

stand „zurückkatapultiert", in dem keine Solidaritätspflichten bestehen sollen, die eine Güterabwägung wie beim Notstand erzwingen könnten (vd *Pfordten* FS Schreiber, 359, 371 f).[172]

Wer wie die herrschende Meinung hingegen auf der Basis des Prinzips des überwiegenden Interesses argumentiert, dem stellt sich folgendes Problem: Da sich ein Überwiegen der Interessen des Angegriffenen nicht für alle denkbaren Fälle feststellen lässt, wenn man allein auf das vom Verteidiger bewahrte Individualrechtsgut des Angegriffenen schaut (*Erb* MK Rdn. 12), muss ein **zusätzlicher Gesichtspunkt** bemüht werden, der neben das Interesse am Erhalt des Rechtsguts tritt und mit dem sich das **Gesamtgewicht der verteidigten Interessen erhöhen** lässt. Die dazu vertretenen Ansätze unterscheiden sich im Wesentlichen in diesem zusätzlichen Gesichtspunkt voneinander, wobei gemeinsamer Ausgangspunkt der Begründungen jeweils die Rechtswidrigkeit des Angriffs (*Renzikowski* S. 221) ist, genauer: der Konflikt zwischen Recht und Unrecht (*Erb* MK Rdn. 2, 18; *Spendel* LK[11] Rdn. 6; *Mir Puig* GA **2003** 863, 871). 65

Die **h.M.** schließt aus dem Merkmal der Rechtswidrigkeit des Angriffs, der Verteidiger bewahre neben dem angegriffenen **Individualrechtsgut** auch die **Rechtsordnung**. Der Notwehrleistende bewahre das Recht, und die Rechtsordnung bewähre sich in seinem Verteidigungsverhalten (BGHSt **24** 356, 359; MDR **1972** 791, 792).[173] Schlagwortartig spricht die h.M. davon, dass das „Recht dem Unrecht nicht zu weichen brauche".[174] Vor dem Hintergrund dieses Ansatzes lässt sich zwanglos erklären, warum § 32 im Grundsatz auf eine Einhaltung von Verhältnismäßigkeitsgrenzen verzichtet[175] und der Angegriffene 66

---

172 Im Ergebnis ähnlich *Klesczewski* FS Wolff, 225, 241 ff, der im Anschluss an die auf *Kant* zurückgehende sog. schützende Gerechtigkeit davon ausgeht, dass das allgemeine Verletzungsverbot zum Zwecke der Wiederherstellung der Freiheit in dem Umfang eingeschränkt sei, wie es durch das rechtswidrige Verhalten des Angreifers in Frage gestellt wird. Daraus folge, dass Notwehr im Kern nur in den Grenzen der Proportionalität zulässig sei (S. 244 f). Züge eines universalistischen Notwehrverständnisses zeigen sich in seinem Ansatz, wenn *Klesczewski* meint, dass mit der Gegenwehr das allgemeine Verletzungsverbot als einzig universell geltende Regel wieder eingesetzt und damit die Geltung der Rechtsordnung bewahrt werde. Zum Verständnis des Notwehrrechts bei *Kant* s. *Küper* FS Wolff, 285, 293 und eingehend *Hruschka* ZStW **115** (2003) 201, 203 ff (Notwehr*befugnis* als Wesenselement des subjektiven Rechts, Notwehr*pflicht* als innere Rechtspflicht des Menschen gegen sich selbst, dem Angreifer als Person gegenüber zu treten).
173 Weiter BGH NJW **2013** 2133, 2135 m. Anm. *Brüning* ZJS **2013** 511, *Engländer* HRRS **2013** 389, *Erb* NStZ **2013** 371 u. *Jäger* JA **2013** 708; BayObLG StV **1999** 147 f; ebenso *Amelung* GA **1982** 381, 392; *Bockelmann* FS Dreher, 235, 243 f; *Gallas* FS Bockelmann, 155, 177; *Geilen* Jura **1981** 200; *Hassemer* FS Bockelmann, 225, 239 f; *Hirsch* FS Dreher, 211, 216 f; *Kasiske* Jura **2004** 832, 835 (Angriff als Störung der gesellschaftsvertraglichen Friedensordnung); *Krey* JZ **1979** 702, 714; *Kühl* FS Trifferer, 149, 150; *Lackner/Kühl* Rdn. 1; *Lagodny* GA **1991** 300, 303; *Sch/Schröder/Perron* Rdn. 1 f; *Roxin* ZStW **93** (1981) 68, 70 ff; *Rudolphi* GedS Armin Kaufmann, 371, 386 u. 394; *Samson* SK[5] Rdn. 3 u. 8; *Schünemann* GA **1985** 341, 368; *I. Sternberg-Lieben/D. Sternberg-Lieben* JuS **1999** 444, 446.
174 Diese auf *Berner* Archiv des Criminalrechts **1848** 547 zurückgehende Wendung lässt sich aber ebenso gut für eine rein individualistische Notwehrbegründung verwenden, indem schlicht formuliert wird, dass individuelles Recht individuellem Unrecht nicht zu weichen brauche, vgl. *Hruschka* FS Dreher, 189, 199 f. Mit der Formel ist daher keine Entscheidung für oder gegen ein bestimmtes Notwehrverständnis verbunden. Eingehende und krit. Auseinandersetzung mit der Verwendung der Formel durch die h.M. *Lesch* FS Dahs, 81, 82 ff und *Kindhäuser* FS Frisch, 493 ff, der zeigt, dass *Berner* mit dieser Formel ein gemessen an ihrer heutigen Verwendung deutlich weniger holzschnittartiges und durchaus modernes Notwehrverständnis zu beschreiben suchte, das den Gegensatz von Recht und Unrecht weder naturrechtlich noch überindividuell versteht, sondern Notwehr als eine rechtsförmig gebundene Negation des Unrechts in Form einer Verteidigung des konkret angegriffenen Rechts begreift und den rechtswidrigen Angriff als vorwerfbares Unrecht.
175 *Bernsmann* ZStW **104** (1992) 290, 308 ff kommt hingegen auf der Grundlage dieser Ansicht zu dem Schluss, dass aus Gründen der in Art. 2 Abs. 2 GG enthaltenen Schutzpflicht für das Leben die Rechtsordnung sich bei Tötungen in Notwehr nur bewähre, wenn damit ein Angriff auf das Leben oder die mit einem sonstigen Angriff einhergehende Gefahr einer dauerhaften Lebensentwertung abgewehrt werde.

keine Flucht ergreifen muss: Da das Interesse an der Erhaltung der Geltung der Rechtsordnung prinzipiell unermesslich hoch ist, überwiegen die Interessen auf Seiten des Verteidigers nach dieser h.M. i.d.R. auch dann, wenn keine besonders bedeutsamen Individualrechtsgüter dadurch vor Schaden bewahrt werden, dass der Angreifer getötet wird.[176] Weil sich in der Person des Verteidigers die Rechtsordnung gerade bewähren soll, muss der Angegriffene auch nicht weichen. In Ausnahmefällen wie z.B. dem Angriff Irrender oder dem von Kindern, der Provokation der Notwehrlage durch den Verteidiger oder bei einem extremen Missverhältnis zwischen bewahrtem und vernichtetem Interesse kann die h.M. darauf verweisen, das Rechtsbewährungsinteresse trete ausnahmsweise soweit zurück, dass dem Verteidiger das Notwehrrecht nicht in seiner vollen Schärfe zur Verfügung steht (näher Rdn. 227 u. 230 ff). Der überindividuelle Aspekt ist beim dualistischen Notwehrverständnis verantwortlich für die „Schneidigkeit" der Notwehr. Die vordergründige Plausibilität dieser Argumentation ist jedoch zugleich Ausdruck ihrer wesentlichen Schwäche: Da niemand den Wert der Rechtsordnung je gemessen hat,[177] lassen sich zwar gut seine Unermesslichkeit und auch das Zurücktreten des Bewährungsinteresses in Einzelfällen behaupten; mehr als eine Behauptung ist es aber nicht (*Samson* SK[5] Rdn. 11).[178] Im Grunde bemüht die h.M. mit dem Verweis auf eine Bewährung der Rechtsordnung nichts anderes als den Strafzweck der positiven Generalprävention (so *Roxin* ZStW **93** [1981] 68, 73 f; *Kühl* Jura **1990** 244, 247; krit. *Lesch* FS Dahs, 81, 86 ff).[179] Ist das vom Angreifer bedrohte Rechtsgut strafrechtlich geschützt, beschreiben

---

176 Nach *Bülte* GA **2011** 145, 156 ff sei es gerade das überindividuelle Element der Rechtsbewährung (in Form des Rechtsstaatsprinzips), das die Notwehrbefugnisse auf eine verhältnismäßige Verteidigung begrenze und in aller Regel keine Tötung zur Abwehr von Sachgefahren erlaube: Nicht die Rechtsordnung sei ein absoluter Höchstwert (oder ein unermesslich hoher), sondern das Leben – einer Rechtsordnung, die den Verhältnismäßigkeitsgrundsatz zu ihren elementaren Rechtssätzen zählt, schade eine unverhältnismäßige Verteidigung mehr als dass sie sie schütze. Einer Berücksichtigung des Verhältnismäßigkeitsgrundsatzes soll nach *Bülte* aaO, 161 ff jedoch der Wortlaut des § 32 entgegenstehen, so dass eine Reform nach dem von *Dannecker* FS Hirsch, 141, 159 vorgeschlagenen Entwurf für eine europäische Notwehrvorschrift erforderlich werde. Ganz ähnlich *Kaspar* RW **2013** 40, 52 ff, der den Rechtsbewährungsgedanken ebenfalls als Begründung für eine Beschränkung auf verhältnismäßige Verteidigung heranzieht, weil sich darin ein empirisch-generalpräventiver Charakter der Notwehr zeige; der Verteidiger erfülle damit (auch) eine dem Staat zurechenbare Aufgabe mit der Folge einer unmittelbaren Grundrechtsbindung samt Übermaßverbot. Die Ansätze *von Bülte* und *Kaspar* leiden indes an einem Mangel: Wer den Verhältnismäßigkeitsgrundsatz auf die Notwehr anwendet, muss das auch dort tun, wo ein lebensgefährlicher Angriff nur durch die Tötung des Angreifers beendet werden kann. *Bülte* und *Kaspar* können hier zu der von jedermann für richtig gehaltenen Rechtfertigung nur gelangen, wenn sie das Leben des Angreifers im Rahmen der von ihnen verlangten Abwägung geringer bewerten als das des Verteidigers – anders als durch die bekanntermaßen höchst problematische Bewertung der auf dem Spiele stehenden Leben lässt sich die Tötung unter der Herrschaft des Verhältnismäßigkeitsgrundsatzes nicht rechtfertigen, wie man am Notstand sieht (neben dem die Notwehr nach diesen Ansätzen i.Ü. dann auch keinen Anwendungsbereich mehr hat).
177 Auf die Spitze getrieben von *van Rienen* S. 140 f, der meint, auf eine Bestimmung des Verhältnisses von Individualschutz und Rechtsbewährung verzichten zu dürfen, da nur feststehen müsse, ob beide Elemente zusammengenommen im Einzelfall die Interessen des Angreifers überwiegen. Das ist offensichtlich nicht richtig, weil die Unkenntnis über den Wert des Elements „Rechtsbewährung" prinzipieller Natur ist, seine Berücksichtigung gerade dazu dient, unabhängig vom Gewicht des betroffenen Individualinteresses stets zu einem Überwiegen über die Interessen des Angreifers zu gelangen und sich zudem nicht ausschließen lässt, dass es in die von *van Rienen* aufgemachte Gleichung mit „null" eingestellt werden muss (zumal, wenn man wie der Autor Rechtsbewährung mit Normgeltungsstabilisierung gleichsetzt).
178 *Neumann* in Lüderssen S. 215, 222 f verweist zutreffend darauf, dass sich der Gesichtspunkt der Übereinstimmung eines Verhaltens mit der Rechtsordnung einer verrechnenden Abwägung entziehe. Krit. auch *Kroß* S. 23.
179 Ebenso SSW/*Rosenau* Rdn. 2. Widersprüchlich *van Rienen*, der einerseits die positive Generalprävention als überindividuelles Notwehrelement ausdrücklich ablehnt (S. 115 ff), andererseits die vom Verteidi-

die Vertreter des dualistischen Ansatzes damit aber lediglich den Umstand, dass das Verhalten des Angreifers verboten ist und auf den Normbruch mit Strafe reagiert werden muss. Handelt der Angreifer hingegen schlicht rechtswidrig, ist kaum nachzuvollziehen, warum Strafzwecke bei der Angriffsabwehr eine Rolle spielen sollten (*Samson* SK[5] Rdn. 11 a.E.).[180] Auch wenn man *Spendel* LK[11] Rdn. 13 vielleicht nicht in seinem indirekten Vorwurf folgen möchte, die h.M. habe den Gesichtspunkt der Rechtsbewährung durch schlichte Lautverschiebung aus dem Begriff der Rechts(gut)bew*a*hrung erhalten (ähnlich *Kroß* S. 24), muss sich das dualistische Notwehrkonzept doch vorhalten lassen, bislang den Nachweis dafür schuldig geblieben zu sein, dass es sich bei der Verteidigung der Rechtsordnung um mehr als einen bloßen Reflex der Verteidigung des – rechtlich geschützten – Individualinteresses handelt (*Erb* MK Rdn. 17; *Günther* SK[8] Rdn. 13; *Koriath* FS Müller-Dietz, 361, 371).[181] Damit ist im Grunde auch fraglich, ob sich die h.M. als echter „dualistischer" Ansatz bezeichnen lässt (kritisch auch *Kargl* ZStW **110** [1998] 38, 44).

Ähnliche Einwände gelten auch für den maßgeblich von *Schmidhäuser* geprägten und auf das Gesellschaftsverständnis *Hegels* zurückgehenden Begründungsansatz **überindividueller** Prägung, nach dem allein die Verteidigung der empirischen (so *Schmidhäuser* FS Honig, 185, 193; *ders.* GA **1991** 97, 116 ff) bzw. normativen (so *Bitzilekis* S. 53 ff) Geltung der Rechtsordnung die Notwehrhandlung legitimieren soll, während der Schutz des Individualrechtsgutes definitorisch keine Rolle spielt. In der Konsequenz wird die Notwehr nicht in dem von der h.M. akzeptierten Maß eingeschränkt (so insbesondere beim krassen Missverhältnis) und auch die Aufdrängung von Nothilfe (s. dazu Rdn. 208 ff) ist zulässig.[182] Allerdings können die Vertreter dieses Deutungsversuches ihre überindividuell-monistische Herangehensweise nicht durchhalten, da sie erklären müssen, warum das Gesetz mit dem Merkmal des Angriffs die Notwehrbefugnisse davon abhängig macht, 67

---

ger geleistete Rechtsbewährung als Stabilisierung der Geltung der vom Angreifer verletzten Norm versteht (S. 141 ff).
180 Gegen dieses Argument hat *Roxin* FS Kühl, 391, 395 f eingewandt, es beruhe auf einer fehlerhaften Deutung seines Hinweises auf die Generalprävention – ihm gehe es nicht um Generalprävention als Strafzweck, generalpräventiv wirke die Verhinderung von Rechtsgutbeeinträchtigungen vielmehr, weil sie die vom Angreifer gestörte Friedensordnung in einer ebensolchen Weise stabilisiere, wie das auch das – in der Notwehrsituation lediglich nicht verfügbare – polizeirechtliche Gefahrenabwehrrecht tue. Durch das Ausweichen auf die Friedensordnung und die präventive Gefahrenabwehr ist jedoch für eine Legitimation scharfer Notwehr nichts gewonnen: Wenn sich der stabilisierende Effekt bereits aus der Verhinderung der Rechtsgutbeeinträchtigung als solcher ergäbe, bräuchte es das Element der Rechtsbewährung nicht, um die besondere Reichweite der Notwehrbefugnisse zu erklären. Der Verweis auf die öffentlich-rechtliche Gefahrenabwehr ist dabei kontraproduktiv, weil diese auf verhältnismäßige Maßnahmen beschränkt ist.
181 Ebenso *Neumann* in Lüderssen S. 215, 222; *Renzikowski* S. 81 f. Nach *Hoyer* SK Rdn. 5, *ders.* JuS **1988** 89, 91 soll der Verteidiger schon deshalb nicht das Recht bewähren können, weil die Rechtmäßigkeit seiner Verteidigung erst Folge von § 32 ist – ohne die von § 32 gewährten Befugnisse, die durch die Rechtsbewährung erst noch legitimiert werden sollen, handelte der Verteidiger ebenso rechtswidrig wie der Angreifer, so dass es an einem Konflikt von Recht und Unrecht gerade fehle. Auch wenn diese Argumentation die Bedeutung der Aussage verfehlt, Recht kollidiere mit Unrecht, weil sie diesen Konflikt mit dem zeitlichen und logischen Nacheinander von Aktion und Reaktion gleichsetzt, weist sie doch den Weg zu einer zutreffenden Kritik an der h.M.: Da „Recht" in dem von der h.M. behaupteten Konflikt ersichtlich nicht die noch zu begründende Rechtmäßigkeit der Verteidigung bezeichnet (dann wäre der Einwand *Hoyers* ohne weiteres berechtigt), muss mit „Recht" den Umstand meinen, dass die Rechtsordnung die Güter des Angriffsopfers vor einem Eingriff schützt. Da dies jedoch nur die Kehrseite der Rechtswidrigkeit des Angriffs ist, fehlt es bereits an dem von der h.M. beschworenen Konflikt – der Gesetzgeber hat ihn bereits unabhängig von § 32 entschieden, so dass er als Legitimationselement ausfällt.
182 Dies hat u.a. dazu geführt, dass *Bernsmann* ZStW **104** (1992) 290, 320 unter Verweis auf *Geyer* in: v. Holtzendorff Handbuch des deutschen Strafrechts Bd. 4 (1877) S. 94 diesem Ansatz eine „Totschlagsmoral" vorgehalten hat.

dass tatsächlich die Gefährdung eines Individualrechtsgutes eintritt. Ginge es bei § 32 allein um die Bewährung der Rechtsordnung, sollten auch nur abstrakt-gefährliche Beeinträchtigungen bzw. Bedrohungen von Universalrechtsgütern eine Notwehrlage auslösen können. Indem *Schmidhäuser* zur Auflösung dieses Widerspruchs erklärt, in diesen Fällen bestehe kein dringlicher Handlungsbedarf des Verteidigers (*Schmidhäuser* GA **1991** 97, 113f), zieht er zusätzlich das Schutzprinzip zur Begründung heran, so dass er sich im Grunde einem dualistischen Ansatz verschreibt, der nun derselben Kritik ausgesetzt ist wie die h.M. *Bitzilezkis* hingegen hält auch Gesellschaftsinteressen für notwehrfähig, will das Verteidigungsrecht für diese Rechtsgüter jedoch auf Hoheitsträger beschränken. Damit hat er den Boden der Notwehr aber bereits verlassen. Zu den überindividuellen Begründungsansätzen gehört auch ein in jüngerer Zeit von *Klingbeil* gemachter Deutungsvorschlag, der nominell zwar als dualistisches Modell der Notwehr antritt, das auch ein individuelles Legitimationselement aufweist[183] und sich stark an zivilrechtlichen Erklärungsmustern orientiert, in der Sache aber etatistischer kaum sein könnte: Notwehr ist danach kein originäres Recht des Einzelnen, sondern ein vom Staat als Inhaber des Gewaltmonopols abgeleitetes Notgeschäftsführungsrecht entsprechend den §§ 677ff BGB, mit dem der Verteidiger eine staatliche Vollstreckungsaufgabe im Namen des Staates ausnahmsweise dann wahrnimmt, wenn Gefahrenabwehrorgane des Staates nicht zur Verfügung stehen und auch eine rechtsgeschäftliche Einschaltung des Verteidigers (durch den Staat) ausscheidet (*Klingbeil* S. 75ff und passim).[184] *Klingbeil* begreift das staatliche Gewaltmonopol als ein subjektives „Monopolrecht des Staates an dem Recht zum physischen Zwang"[185] zur Durchsetzung eines an den Angreifer gerichteten (fiktiven) Verwaltungsakts, den Angriff zu beenden. Durch die §§ 227 BGB, 32 StGB übertrage der Staat dem Einzelnen die Ausübung des aus diesem absoluten Monopolrecht fließenden Nutzungsrechts.[186] Der Ansatz ist weniger eine Legitimation des Notwehrrechts, wie es sich aus dem Gesetz und gewachsener Rechtsüberzeugung ergibt, als ein Versuch, die Notwehr der öffentlich-rechtlichen Gefahrenabwehr gleich zu machen. Denn die Ableitung des Rechts des Einzelnen, Notwehr zu leisten, aus einem subjektiven Recht des Staates führt dazu, dass die Notwehrbefugnisse des Bürgers nicht über die Gefahrenabwehrbefugnisse eines Polizeivollzugsbeamten nach Polizei- und Sicherheitsrecht hinausgehen; Notwehr ist danach nur noch die verhältnismäßige Verteidigung.[187] Auch entscheidet keine ex-post-, sondern eine ex-ante-Sicht auf den Angriff (näher zum Beurteilungsmaßstab Rdn. 94ff), so dass auch bloße Anscheinsgefahren das Notwehrrecht auslösen.[188] Und der nach h.M. erforderliche Verteidigungswille wird, da es auf den präsumierten Willen des Staates als Geschäftsherrn ankommt, durch einen Fremd-

---

183 In individueller Hinsicht soll die Notwehr der Durchsetzung negatorischer Schutzansprüche (§ 1004 sowie § 985 BGB) und damit der Verwirklichung subjektiver Rechte des Individuums dienen, *Klingbeil* S. 58ff. Damit ist aber gegenüber der Position der h.M., (Schutz von Individualrechtsgütern) kein Erkenntnis- oder Legitimationsgewinn verbunden, ist die historisch gewachsene Verselbständigung der subjektiven Rechte gegenüber den actiones doch eine eher begriffliche (dasselbe gilt für das Verhältnis von Rechtsgut und den seinem Schutz dienenden Schädigungsverboten). Darüber hinaus führt das Abstellen auf negatorische Ansprüche zu einem Ausschluss von Unterlassen als Angriffsverhalten – eine Frage, zu der sich *Klingbeil* nicht verhält.
184 Ähnlich *Kindhäuser* NK Rdn. 9 u. 100, der die Notwehr allerdings nicht ausdrücklich als Notgeschäftsführungsrecht einordnet und auch keine weitreichenden Konsequenzen aus dem nur abgeleiteten Charakter zieht.
185 *Klingbeil* S. 10 und passim.
186 *Klingbeil* S. 8ff und 76.
187 *Klingbeil* S. 120ff.
188 *Klingbeil* S. 84f.

geschäftsführungswillen ersetzt.[189] Der Ansatz hat den Vorzug, die Subsidiarität der Notwehr gegenüber präsenter staatlicher Gefahrenabwehr dort zwanglos erklären zu können, wo die h.M. Schwierigkeiten hat, dieses von ihr befürwortete Ergebnis zu begründen (näher Rdn. 183 u. 185ff). Gleichwohl kann er nicht überzeugen – selbst dann nicht, wenn man ihn als Blaupause für ein noch umzusetzendes modernisiertes Notwehrverständnis verstehen wollte. So erklärt der Vorschlag die Beschränkung auf den Schutz individueller Güter nicht – tatsächlich spielt das individuelle Element bei der Begründung der Notwehr keine echte Rolle, weil es nicht zu dem überindividuellen Element der Fremdgeschäftsführung passt. Wenn der Notwehrleistende mit der Verteidigung ein Geschäft des Staates deshalb führt, weil der Staat zum Schutz individueller Rechte verpflichtet ist, will nicht recht einleuchten, warum dann nicht auch Gefahr von Allgemeininteressen wie beim Notstand abgewendet werden darf – der Schutz von Allgemeininteressen ist ebenfalls eine Aufgabe des Staates.[190] Die Irrelevanz des Individualschutzes der Notwehr zeigt sich auch darin, dass das Modell *Klingbeils* jeden Unterschied zwischen der individualschützenden Notwehr und dem sowohl Individual- als auch Universalrechtsgüter umfassenden Notstand einebnet.[191] Es tritt hinzu, dass das Modell trotz Bekundungen zum Gegenteil[192] keinen Platz für eine Putativnotwehr lässt: Überschreitet der Verteidiger in erheblichem Maße die Grenzen der Notwehr, verlässt sein Verhalten den Bereich, in dem es dem Geschäftsherrn noch zugerechnet werden kann;[193] der Verteidiger führt ein Eigengeschäft und handelt als Privatperson – gleichsam ultra vires. Das muss auch gelten, wenn die Notwehrüberschreitung auf einem Irrtum des Verteidigers über die tatsächlichen Umstände der Situation beruht, weil die Wahrnehmung von Hoheitsmacht und Zurechnung zum Staat nicht auf einer bloßen Vorstellung des Handelnden fußen kann. Ein Erlaubnistatbestandsirrtum kann das Handlungsunrecht der (vermeintlichen) Verteidigung nicht beseitigen, wenn die unrechtsausschließende Wirkung der Notwehr darauf beruhen soll, dass der Verteidiger ein Geschäft des Staates führt. Schließlich bestehen auch große Zweifel an der Prämisse des Ansatzes, das Notwehrrecht leite sich wegen des Gewaltmonopols des Staates von diesem ab. Es ist keineswegs ausgemacht, dass der Einzelne dem Staat die Rechtsmacht zur Gefahrenabwehr und Vollstreckung im Rahmen des Gesellschaftsvertrags vollumfänglich übertragen hat mit der Folge, dass die §§ 227 BGB, 32 StGB lediglich Befugnisse an den Einzelnen zurück übertragen. Der historische Entstehungskontext (näher Rdn. 4) und der deutlich liberale Charakter der Notwehr legen vielmehr nahe, dass die Notwehr nach wie vor ein originäres Recht des Einzelnen ist: Sein Gewaltmonopol verdankt der Staat dem gesellschaftsvertraglichen Verzicht des Einzelnen auf dessen Recht zu gewaltsamer Selbstverteidigung zugunsten des Staates. Der Verzicht ist jedoch bedingt durch die im Gegenzug erfolgende Zusage des Staates, den Einzelnen und seine Rechte zu

---

189 *Klingbeil* S. 102ff.
190 Auch der Fremdgeschäftsführungswille, der an die Stelle des Verteidigungswillens treten soll, spricht deutlich gegen eine Relevanz individueller Belange, wie es auch die Vorschrift des § 680 BGB tut, die *Klingbeil* S. 155 dem Verteidiger in manchen Fällen der Notwehrüberschreitung zubilligen will, wenn der Staat (der dem Angreifer aus § 839 Abs. 1 S. 1 i.V.m. Art. 34 S. 1 GG haftet) beim Verteidiger Regress nimmt; nach dem Wortlaut dieser Vorschrift droht die Gefahr allein dem Geschäftsherrn und damit dem Staat. Nebenbei bemerkt fragt sich auch, wie der Wille des Angegriffenen in Fällen der Nothilfe noch relevant werden soll, wenn Geschäftsherr allein der Staat ist und daher ausschließlich dessen Willen maßgeblich ist.
191 Die Erklärung des (Aggressiv-)Notstands bei *Klingbeil* S. 163ff deckt sich exakt mit jener der Notwehr.
192 *Klingbeil* S. 152f.
193 *Klingbeil* S. 154 u. 155f (bei Einsatz eines unzulässigen Zwangsmittels).

schützen. Da der Staat aber keinen lückenlosen Schutz zusagen kann, weil es einen solchen nicht gibt, spricht die Vernunft dafür, dass der Einzelne von vornherein nur soweit auf sein Selbstverteidigungsrecht verzichtet, wie der Staat seine Schutzzusage effektiv erfüllen kann.[194]

68 Zunehmender Beliebtheit in der Literatur erfreuen sich Ansätze, die vom **Schutz des angegriffenen Individualrechtsguts** ausgehen. Wirklich monistisch ist jedoch auch hier keiner der Begründungsversuche.[195] Allenfalls ließe sich von unecht-monistischen Deutungen in dem Sinne sprechen, dass der Schwerpunkt der Begründung auf dem sog. Schutzprinzip ruht, das – je nach Variante – mit ganz unterschiedlichen Zusätzen angereichert wird. Stets dient dabei jedoch die Rechtswidrigkeit des Angriffs als Kondensationskern der Argumentation. Zum Teil wird versucht, die Schneidigkeit der Notwehr und die Irrelevanz von Fluchtmöglichkeiten damit zu begründen, dass dem Angegriffenen neben der Bedrohung seiner Rechtsgüter weitergehende Beschränkungen seiner Handlungsfreiheit aufgenötigt würden, indem er nun gezwungen sei, zwischen Flucht, Hinnahme des Angriffs oder Verteidigung zu wählen (*Wagner* S. 32, dabei sollen zugunsten des Angegriffenen noch die Bedrängungssituation und seine Ungeübtheit in der Abwehr hinzutreten).[196] Andere stellen dem Schutzprinzip ein auf dem Gedanken der eigenverantwortlichen Entscheidung des Angreifers beruhendes Autonomie-, Zuständigkeits- oder Risikoübernahmeprinzip zur Seite, indem sie darauf verweisen, dass es der Angreifer selbst in der Hand habe, den Angriff zu unterlassen oder abzubrechen (*Frister* GA **1988** 291, 301f; zust. *Retzko* S. 139ff; *Puppe* ZIS **2007** 247, 251)[197] bzw. durch Entscheidung für den rechtswidrigen Angriff das Risiko der Gegenwehr übernommen habe (*Montenbruck* S. 33ff).[198] Wieder andere betonen, der Angreifer verletze den Frie-

---

194 *Rückert* S. 54ff, der von einem durch die Effektivität des Schutzes bedingten Verzicht auf gewaltsame Selbstverteidigung ausgeht.
195 Eine Ausnahme mag der auf einer streng zivilrechtsakzessorischen Deutung der strafrechtlichen Erfolgshaftung basierende Erklärungsversuch von *V. Haas* Kausalität S. 101f sein, nach dem die Notwehr nicht öffentlich-rechtliche Verhaltenspflichten durchsetzt, sondern das auf Ausschließung anderer gerichtete, privatrechtlich gesetzte Verbot, in den Zuweisungsgehalt des subjektiven Rechts objektiv einzugreifen. Der (von *Haas* bewusst hingenommene) Preis dieser rein individuellen Notwehrdeutung ist allerdings, dass er das im Verstoß gegen die Verhaltenspflicht liegende Handlungsunrecht nicht als Legitimation für die Notwehrbefugnisse verwenden und damit ebenso nicht die Schärfe der Notwehr erklären kann. Eine Differenzierung zwischen Notwehr und Notstand ist auf Basis dieser Deutung nicht möglich (so schon die Kritik von *Engländer* Nothilfe S. 246f).
196 Ähnlich *Erb* MK Rdn. 18, der noch zusätzliche Anleihen bei anderen Ansätzen macht. Ähnlich auch *Kuhlen* GA **2008** 282, 286f, nach dem Rechtsgut und „die Integrität der Freiheitssphäre" zusammen die Schärfe der Notwehr erklären sollen. Bedenkt man allerdings, dass Rechtsgüter nichts anderes sind als auf Unversehrtheit angelegte Freiheitssphären, läuft die Kombination auf eine Doppelung Desselben hinaus.
197 Ähnlich *Kühl* AT § 7 Rdn. 19; *Kretschmer* NStZ **2012** 177, 178ff. *Mitsch* GA **1986** 533, 545; *ders*. JA **1989** 79, 84; *ders*. Opferverhalten S. 352ff stellt wesentlich auf die vorrangig zu verfolgende Möglichkeit des Angreifers ab, durch Angriffsverzicht oder -abbruch eine kumulative Interessenbefriedigung (Rechtsgüter des Angreifers *und* die des Angegriffenen werden geschont) zu ermöglichen. Er sieht in der Notwehr – vom viktimodogmatischen Standpunkt aus betrachtet – eine Form mittelbarer Selbstgefährdung. Da eine Abwägung folglich nicht erforderlich sei, könnten die Interessen des Angreifers keine ihn vor dem Eingriff des Verteidigers schützende Wirkung entfalten. *Jäger* S. 31f hält auf der Basis des Arguments von der Verantwortungsübernahme eine Einordnung der Notwehr als tatbestandlich wirkender Zurechnungsausschluss für möglich. Inkonsequent *Fasten* S. 243ff, die die Schärfe der Notwehr zwar mit einer Verantwortungsübernahme begründet, bei schuldlos handelnden Angreifern gleichwohl lediglich eine Einschränkung des § 32 entsprechend der Rdn. 243 befürwortet. Dreistufenlehre (s. Rdn. 243) befürwortet, bei einem krassen Missverhältnis den Verteidiger aaO S. 251 hingegen auf Notstandsbefugnisse verweist.
198 *Kindhäuser* FS Frisch, 493, 505ff; *ders*. NK Rdn. 21ff verlangt im Anschluss an die Notwehrtheorie *Berners* Archiv des Criminalrechts **1848** 547ff den Angriff eines (zurechnungsfähigen) Menschen, der in der Lage ist, den Angriff wegen dessen Rechtswidrigkeit zu unterlassen, und damit einen (da Strafrechtswidrigkeit nicht erforderlich ist) quasi-schuldhaften Angriff.

densanspruch des Angegriffenen (*Erb* MK Rdn. 18) oder missachte dessen Persönlichkeitsrecht (eingehend *Kroß* S. 58; ebenso *Neumann* in Lüderssen S. 215, 225)[199] bzw. dessen Anspruch auf gegenseitige Anerkennung (*Herzog* NK³ Rdn. 104),[200] ohne dass sie daraus jedoch den Schluss ziehen, § 32 gewähre ein Normbefolgungsverweigerungsrecht. Manche addieren mehrere der bereits genannten Gesichtspunkte (*Erb* MK Rdn. 18; *M. Koch* S. 134).[201] Einige Autoren verweisen auf den Umstand, dass sich die Eingriffsbefugnisse vom Aggressiv- über den Defensivnotstand bis hin zur Notwehr stufenweise verschärfen (Notwehr als lediglich qualifizierter Fall des Notstands). Sie erklären die Schärfe der von § 32 gestatteten Verteidigung mit der sich aus dem Rechtsverstoß des Angreifers ergebenden besonderen Zuständigkeit für die Gefahrensituation (*Fuchs* Notwehr S. 56 f; *Günther* SK⁸ Rdn. 12). Schließlich wird geltend gemacht, der von § 32 intendierte Schutz könne nur effektiv sein, wenn das Notwehrrecht dem Angreifer Duldungspflichten[202] auferlege, die über das hinausgehen, was die Rechtsgemeinschaft sonst von ihm verlangen dürfte (so *Seelmann* ZStW **89** [1977] 36, 55).

Zuzustimmen ist den Ansätzen insoweit, als sie die Notwehrbefugnisse im Kern mit **69** dem Schutz eines Individualrechtgutes erklären wollen. Hinsichtlich des über diesen Gesichtspunkt hinausgehenden – jeweils unterschiedlichen – Begründungselements stellen die Vertreter in der Mehrheit zwar plausible, aber – ähnlich wie die h.M. – nicht überprüfbare Behauptungen auf. Für die Verwendung des Autonomiearguments bei *Mitsch* und *Frister* gilt, dass Abwehrmaßnahmen gegen Rechtsgüter des Angreifers entgegen einem sonst allgemein akzeptierten Bedürfnis nur noch nach Notstandsregeln zulässig wären, wenn der Angreifer bereits den Zeitpunkt des beendeten Versuchs hinter sich gelassen hat und die den Angegriffenen bedrohende Kausalkette nun selbständig weiterläuft (so schon *Samson* SK⁵ Rdn. 9, 20). Zudem dürfen die Vertreter dieses Ansatzes nur schuldhaftes Verhalten unter das Merkmal des Angriffs subsumieren (so *Frister* GA **1988** 291, 305),[203] was sich mit dem Wortlaut des § 32 nicht vereinbaren lässt.[204]

Dem von *Fuchs* und *Günther* favorisierten Erklärungsansatz, der die Notwehr in der **70** Sache als qualifizierten Fall des Notstands behandelt (so ausdrücklich *Günther* SK⁸ Rdn. 12),[205] liegt folgende Beobachtung zugrunde: Die Notrechte des Aggressiv- und des

---

199 Weiter *Pawlik* ZStW **114** (2002) 259, 265; *Sengbusch* S. 145 ff; *Stratenwerth* ZStW **68** (1956) 41, 64.
200 Ähnlich *Frisch* FS Yamanaka, 49, 62 ff: Durch den Angriff instrumentalisiere der Angreifer das Opfer und missachte so dessen Menschenwürde und Autonomie. Die Schärfe der Abwehrbefugnis und die Abwesenheit einer Ausweichpflicht begründet *Frisch* aaO, 64 ff dann allerdings hauptsächlich mit der Zuständigkeit des Angreifers und dessen Fähigkeit, den Angriff zu unterlassen – Angriff meint nach *Frisch* nur bewusste, mit aktuellem Unrechtsbewusstsein vorgenommene Verhaltensweisen eines voll verantwortlich Handelnden (*Frisch* aaO, 61 f u. 67 f). Allein bei Angriffen auf das Eigentum spielt die Missachtung der Menschenwürde eine Rolle; da diese hier fehle, sei Notwehr auf verhältnismäßige Maßnahmen begrenzt.
201 Ähnlich *Kühl* AT § 7 Rdn. 19, der jedoch im Kern einer dualistischen Sichtweise anhängt.
202 Treffender wäre eigentlich der Begriff der „Duldungslast" (so zutreffend *Mitsch* Opferverhalten S. 116 m. Fn. 3), da § 32 den Angreifer nicht verpflichtet, die Gegenwehr zu dulden; er soll vielmehr den Angriff abbrechen.
203 Anders jedoch *Mitsch* Opferverhalten S. 123 ff, der die Notwehrbefugnisse als eine Folge der Selbstviktimisierung des Angreifers begreift und daher bei der Auslegung der Notwehrmerkmale allein auf die Opferrolle des Angreifers schaut, nicht auf seine Täterrolle, so dass es auf strafbarkeitsbegründende Zurechnungskategorien wie Schuld nicht ankommen könne. Gegen das Erfordernis schuldhaften Verhaltens auch *Lesch* FS Dahs, 81, 95 ff.
204 AA *Retzko* S. 142 f, nach der sich die Verantwortung des Angreifers „aus dem objektiven Unrechtsgehalt seiner Handlung" ergeben soll.
205 Ebenso *Freund* AT § 3 Rdn. 92; *Momsen/Savić* BeckOK Rdn. 8 u. 45. Radikal *Stangl* S. 148 ff, der vorschlägt, zugunsten des Defensivnotstands gleich ganz auf § 32 zu verzichten, weil die Reichweite beider Eingriffsrechte nahezu deckungsgleich sei – Notwehrbefugnisse unterlägen ebenfalls einer (nur in randständigen Sachverhalten deutlich sichtbaren) Proportionalitätsgrenze und der Defensivnotstand erlaube

Defensivnotstands sowie der Notwehr gewähren abgestufte Gefahrenabwehrbefugnisse. Je stärker sich die Bedrohung dem Inhaber des Rechtsgutes zurechnen lässt, in das der Notstands- oder Notwehrleistende zum Zwecke der Gefahrbeseitigung eingreift, desto weniger an Schonung oder Solidarität muss der das Notrecht in Anspruch Nehmende dem Inhaber des Eingriffsrechtsgutes erweisen: Größte Zurückhaltung ist bei Eingriffen in Rechtsgüter solcher Personen geboten, die nicht einmal die Gefahrenlage verursacht haben, sondern lediglich über Möglichkeiten verfügen, diese zu beseitigen. § 34 verlangt hier ein wesentliches Überwiegen der Interessen auf Seiten des Notstandsleistenden; mehr als eine unter Rechtsgenossen geschuldete passive Mindestsolidarität muss der unbeteiligte Dritte nicht üben (zum Gedanken der Mindestsolidarität bei § 34 s. *Jakobs* AT 11/3f u. 28/11; *Seelmann* in Jung/Müller-Dietz/Neumann S. 295f). Weitergehende Eingriffsbefugnisse stehen dem Notstandstäter dann zu, wenn die Gefahr aus der Sphäre des Trägers des Eingriffsrechtsgutes herrührt, ihm die Bedrohung also allein deshalb zuzurechnen ist, weil er sie verursacht hat. Bei diesem Defensivnotstand (Rechtsgedanke des § 228 BGB) steht die Erlaubnis des Eingriffs immerhin noch unter dem Vorbehalt einer umgekehrten Verhältnismäßigkeit. Lediglich ein Mindestmaß an Solidarität hat der Verteidiger zu beobachten, wenn er eine Gefahrenlage abwehrt, die der andere, in dessen Rechtsgut zum Zwecke der Gefahrenabwehr eingegriffen werden soll, unter Verstoß gegen eine Verhaltensvorschrift[206] herbeigeführt hat: Bei der Notwehr gegen rechtswidrige Angriffe bleiben dem Verteidiger im Kern nur solche Gegenmaßnahmen verboten, die zu einer Rechtsgutverletzung führen, die in einem krassen Missverhältnis zu dem Wert des bewahrten Interesses steht. Trotz dieser zutreffenden Beobachtung ist an diesem Ansatz zu kritisieren, dass er über diese Beschreibung hinaus keine wirkliche Legitimation für die fehlende Ausweichpflicht des Verteidigers liefert. Auch entspricht der Ansatz der Gesetzeslage nicht: Wenn das Maß der Eingriffsbefugnisse von dem Grad der Zurechenbarkeit der Gefahrenlage abhängen soll, dann fragt sich, warum das Gesetz innerhalb der Notwehr nicht noch weiter nach diesem Gesichtspunkt abstuft. Zwar ist nach überwiegender Meinung unter dem Stichwort „Notwehreinschränkung" anerkannt, dass die Abwehrbefugnisse gegenüber einem fahrlässig und/oder schuldlos begangenen Angriff eingeschränkt sind (s. näher Rdn. 242). Die Abstufung der Verteidigungsbefugnisse dürfte sich jedoch nicht lediglich auf eine derartige bloße Randkorrektur beschränken. So müsste sich der Verteidiger gegenüber einem bedingt vorsätzlich geführten Angriff größere Zurückhaltung auferlegen als gegenüber einem absichtlich handelnden Angreifer. Ein solches bewegliches System der Notwehrbefugnisse sieht das Gesetz jedoch nicht vor. Darüber hinaus spricht auch folgender entscheidender Unterschied zwischen Notwehr einerseits und Notstand andererseits gegen die Annahme, Notwehr sei (lediglich) ein qualifizierter Fall des Notstands: Bei einem rechtswidrigen Angriff befindet sich der Angegriffene in einer Situation, in der der Schutz durch die

---

auch die Tötung des Gefahrverursachers. Diese Egalisierung der Gefahrabwehrbefugnisse erreicht *Stangl* allerdings nur auf der Basis eines gründlichen Missverständnisses vom Wesen der Abwägung: *Stangl* schert die vom Gesetzgeber für § 32 vorweggenommene und damit nicht mehr hinterfragbare Abwägung (sofern man davon ausgeht, Notwehr beruhe auf dem Prinzip des überwiegenden Interesses) mit der Einzelfallabwägung beim Defensivnotstand im Ergebnis über einen Kamm und überwindet die Bedenken gegen eine Quantifizierung beim Rechtsgut Leben mit dem offensichtlich unzutreffenden Hinweis, die Abwägung beim Defensivnotstand beinhalte keine solche Quantifizierung, weil dort nicht nach einem Überwiegen der Interessen gefragt werde und daher im Fall einer Rechtfertigung der Tötung des Gefahrverursachers zur Abwendung einer Todesgefahr die Feststellung genüge, beiden Beteiligten drohe mit dem Tod derselbe Schaden.
206 Die h.M. verlangt für die Rechtswidrigkeit des Angriffs einen Verhaltensnormverstoß, während sich die ältere Gegenmeinung mit bloßem Erfolgsunrecht begnügt, näher Rdn. 109.

„Rechtsgemeinschaft", die allen ihren Mitgliedern Beschränkungen zum Zwecke eines gedeihlichen Zusammenlebens auferlegt, vollständig versagt hat – weder hat der Normbefehl es vermocht, den Angreifer von seinem verbotenen Verhalten abzubringen, noch haben polizeirechtliche Maßnahmen die Gefahr tatsächlich abwenden können. Der Angegriffene ist also einer Bedrohung ausgesetzt, vor der ihn die Rechtsgemeinschaft gerade hat schützen sollen und nach ihrem eigenen Anspruch i.d.R. auch schützen kann. Während die durch § 34 und § 228 BGB gewährten Notstandsbefugnisse den Bedrohten vor Gefahren schützen helfen sollen, vor denen die Rechtsgemeinschaft nicht schützen kann (z.B. Naturgewalten) oder nicht schützen will (erlaubtes Risiko),[207] dient das von § 32 formulierte „außerordentliche" Verteidigungsrecht dazu, den von der Rechtsgemeinschaft intendierten Schutz auf Situationen auszudehnen, in denen der Angegriffene von den „ordentlichen" Schutzmechanismen der Rechtsordnung abgeschnitten ist. § 32 bezweckt, dem Einzelnen einen wirksamen Schutz seiner Individualinteressen zu gewährleisten, wenn dieser durch die für den Regelfall von der Rechtsgemeinschaft zur Verfügung gestellten Mechanismen nicht gewährleistet ist (*Erb* NStZ **2005** 593, 595; *Hoyer* in Alexy S. 99, 111f). Insoweit besitzt die Notwehr anders als die Notstandsrechte eine kaum zu unterschätzende Ergänzungsfunktion, die die Rechtsgemeinschaft und ihre Einrichtungen entlastet.

Gegen die Verwendung der Beeinträchtigung der Handlungsfreiheit des Angegriffenen als zusätzliches Legitimationsinstrument spricht, dass auch dem Opfer einer Gefahrensituation i.S.d. § 34 oder des § 228 BGB Einschränkungen seiner Handlungsfreiheit aufgenötigt werden, ohne dass dies zu derart weitreichenden Abwehrbefugnissen führte wie bei § 32 (*Samson* SK[5] Rdn. 8; *Schmidhäuser* GA **1991** 97, 104f). Dieser Vorwurf trifft solche Autoren nicht, die die Beeinträchtigung der Handlungsfreiheit durch eine Missachtung des Persönlichkeitsrechts des Angegriffenen ersetzen wollen. Für diesen Ansatz gilt jedoch: So überzeugend die Behauptung eines Angriffs auf das Persönlichkeitsrecht ist, so wenig erklärt er die Notwehrbefugnisse. Legt man ihm – wie diese Autoren – das Prinzip des überwiegenden Interesses zugrunde, müssten das jeweils bedrohte Individualrechtsgut und das Persönlichkeitsrecht einen Eingriff in das Leben des Angreifers überwiegen können.[208] Sieht man einmal davon ab, dass der Wert des Persönlichkeitsrechts – obgleich ausweislich des Art. 2 Abs. 1 i.V.m. Art. 1 Abs. 1 GG mit dem Rang eines Grundrechts ausgestattet – prinzipiell nicht messbar ist, so dass sich auch hier wieder jedes beliebige Ergebnis erzielen lässt, ist Folgendes zu beachten: Das Individualrechtsgut ist in den für § 32 relevanten Situationen stets die Basis des Persönlichkeitsrechts. Ebenso ist umgekehrt ein Individualrechtsgut, das dadurch gekennzeichnet ist, dass der Inhaber darüber im Grundsatz frei verfügen kann und von der Rechtsordnung in dieser Verfügungsmöglichkeit geschützt wird, ohne Persönlichkeitsrecht nicht denkbar. Individualrechtsgut und Persönlichkeitsrecht sind daher keine voneinander unabhängige Größen, die sich in eine Abwägung mit dem Eingriffsrechtsgut einstellen und sodann addieren ließen.[209] Im Konflikt zwischen Angreifer und Angegriffenen stellt die Missachtung des Persönlichkeitsrechts lediglich einen Reflex des verbotenen Eingriffs in das Individualrechtsgut dar, die das rechtliche Verhältnis der am Konflikt Beteiligten be-

71

---

207 Diesen Unterschied übersieht auch *vd Pfordten* FS Schreiber, 359, 370ff.
208 Dafür ausdrücklich *Kroß* S. 59ff.
209 Das wird deutlich bei *Sengbusch* S. 147, der das stets mit angegriffene Persönlichkeitsrecht mit dem „neminem laedere" gleichsetzt. Da es nun aber genau dieser Unverletzlichkeitsanspruch gegenüber jedermann ist, der aus einem bloßen Bestandsinteresse erst ein Rechtsgut macht, kann von einem zweiten Legitimationselement neben der Abwehr des Rechtsguteingriffs keine Rede sein. Ganz ähnlich der Ansatz von *Kuhlen* GA **2008** 282, 286f, der – ohne Umweg über das Persönlichkeitsrecht – dem Rechtsgut „die Integrität der Freiheitssphäre" zur Seite stellt.

schreibt und damit im Grunde nur mit anderen Worten wiederholt, dass der Angriff bei § 32 rechtswidrig sein muss. Eigenständiges Gewicht erlangt der Verweis auf das Persönlichkeitsrecht erst, wenn man in Abkehr vom Prinzip des überwiegenden Interesses von dessen Missachtung auf die Störung des rechtlichen Verhältnisses Angreifer – Angegriffener schließt.

72 Allerdings können die Autoren, die die Notwehr in diesem Sinne als Normbefolgungsverweigerungsrecht aufgrund der Störung des Gegenseitigkeitsverhältnisses begreifen, aus anderen Gründen nicht vollständig überzeugen. Abgesehen davon, dass sich auf ein gefährliches Pflaster begibt, wer die Freistellung von der Pflicht zur Normbefolgung propagiert, weil er damit im Grunde bei dem jeweils anderen eine Verwirkung von Rechten behauptet (krit. auch *Samson* SK[5] Rdn. 9),[210] lässt sich die Konzeption nicht mit dem Gesetzeswortlaut vereinbaren. Eine Suspendierung der Pflicht, Ge- und Verbote zu befolgen, die Rechtsgüter des Angreifers schützen, lässt sich nur dann auf eine Störung des Gegenseitigkeitsverhältnisses stützen, wenn die Störung auf eine bewusste und freiverantwortliche Entscheidung des Angreifers zurückgeht. § 32 fordert jedoch für den rechtswidrigen Angriff – anders als die genannten Autoren – weder ein vorsätzliches noch ein schuldhaftes Verhalten. Auch haben die Autoren Schwierigkeiten zu erklären, warum der Verteidiger trotz der Freistellung von der Normbefolgungspflicht weiterhin an das sog. Minimierungsprinzip gebunden bleibt und die Grenzen erforderlicher Verteidigung nicht überschreiten darf.[211] Darüber hinaus führt diese Betrachtungsweise zu dem zweifelhaften Ergebnis, dass sich der Verteidiger auch bei Vorliegen eines krassen Missverhältnisses zwischen Erhaltungs- und Eingriffsrechtsgut in seiner Abwehr keinerlei Beschränkungen auferlegen muss.[212] Schließlich lässt sich auf Grundlage dieses Ansatzes die Existenz von Nothilfebefugnissen nicht vollständig überzeugend erklären (zutreffend *Kroß* S. 45 f m. Fn. 164; *Schmidhäuser* GA **1991** 97, 115). Der Nothelfer steht dem zwischen Angreifer und Angegriffenen bzw. der Rechtsgemeinschaft bestehenden Verhältnis als Dritter gegenüber bzw. der dem Dritten nicht geltende Angriff suspendiert die soziale Gemeinschaft zwischen ihm und dem Angreifer nicht. Seine Befreiung von der Normbefolgungspflicht oder Solidaritätspflicht lässt sich daher nicht mit der Störung dieses Verhältnisses begründen. Sie folgt auch nicht zwingend aus dem Umstand, dass die Nothilfe ein aus den Befugnissen des Angegriffenen abgeleitetes Recht ist, das der Nothelfer für diesen wahrnimmt.[213] Dieser Schluss setzt voraus, dass die aus § 32 fließende Eingriffsbefugnis ein ohne inhaltliche Veränderungen *übertragbares* Recht ist. Diese Annahme verdient zwar grundsätzliche Zustimmung. Zweifelhaft wird sie aber dann, wenn das Notwehrrecht mit der Störung eines allein zwischen Angreifer und Angegriffenem bestehenden Gegenseitigkeitsverhältnisses begründet wird. Der Hinweis auf ein „allgemeines Interesse" an Nothilfe (so *Renzikowski* S. 296) vermag diese Zweifel jedenfalls nicht auszuräumen. Den Naturzustand völliger Freiheit ziehen auch *Engländer* und *Rückert* für eine Erklärung der Notwehr heran, versuchen aber die hier kritisierten Konsequenzen eines Normbefolgungsverweigerungsrechts dadurch zu vermeiden, dass sie die Notwehr als Gefahrenabwehrbefugnis begreifen, die die Rechtsgemeinschaft dem Einzelnen einräumen muss, damit er die Friedensordnung dem Naturzustand vorzieht und so ein

---

[210] Das zeigt sich besonders deutlich bei der Variante *vd Pfordtens* FS Schreiber, 359, 372, der aus der Aufhebung der sozialen Gemeinschaft durch den Angriff schließt, dass sich Verteidiger und Angreifer in einem vorrechtlichen Zustand befinden müssten.
[211] Vgl. dazu *Jakobs* in Eser/Nishihara S. 143, 149 f; *Klesczewski* FS Wolff, 225, 231; *Wohlers* JZ **1999** 434, 436 f.
[212] Dieses Ergebnis hält jedoch für richtig *Renzikowski* S. 312; undeutlich *vd Pfordten* FS Schreiber, 359, 372.
[213] Zur Akzessorietät der Nothilfe vom Notwehrrecht des Angegriffenen s. auch *Renzikowski* S. 296.

Rückfall in letzteren vermieden wird. Die Möglichkeit, bei gegenwärtiger Gefahr das zur Gefahrenabwehr Erforderliche zu tun, lässt, so die dahinterstehende Überlegung, dem Individuum den gesellschaftsvertraglichen Tausch des Rechts zu unbeschränkt gewaltsamer Selbstverteidigung gegen das Versprechen eines Schutzes subjektiver Rechte überhaupt erst vorteilhaft gegenüber dem Naturzustand erscheinen.[214] Nur dann, wenn der Einzelne die Befugnis behält, in Situationen, in denen die Rechtsgemeinschaft ihr Schutzversprechen nicht einlösen kann, Verletzungen seiner Rechte ohne Rücksicht auf Proportionalitätsgesichtspunkte zu verhindern, wird er einem generellen Gewaltmonopol der Gemeinschaft zustimmen und sein Recht zu in jeder Hinsicht maßloser Verteidigung aufgeben. Beschränkte die Gemeinschaft den Einzelnen auch in Notsituationen auf eine nur proportionale Gefahrenabwehr, wäre er nach *Engländer* gegenüber dem Naturzustand schlechter gestellt – er müsste immer dann, wenn nur unverhältnismäßige Mittel die Rechtsverletzung unterbinden könnten, eine Einbuße an seinen Gütern hinnehmen.[215] Diese Einbuße bedeutete, so ergänzt *Rückert*, dem Einzelnen ein Sonderopfer aufzuerlegen. Sonderopfer ließen sich aber nur mit gegenseitiger Solidarität rechtfertigen, die im Falle eines rechtswidrigen Angriffes jedoch als Legitimation (auch deshalb) ausfalle, weil der Gesellschaftsvertrag punktuell (d.h. soweit es die Angriffsabwehr erfordere) suspendiert sei.[216] Beide Deutungsversuche erklären zwar die Begrenzung auf das Erforderliche, nicht aber die Abwesenheit einer Proportionalitätsgrenze bei der Notwehr. Dass die Beschränkung gewaltsamer Verteidigung auf die Erforderlichkeit (zusammen mit einer eng verstandenen Gegenwärtigkeit) als Zugeständnis des Einzelnen in einem Gesellschaftsvertrag enthalten sein muss, ist wenig überraschend, handelt es sich dabei doch um eine Mindestbedingung jeder Friedensordnung. Ohne diese Beschränkung der Notwehr unterschiede sich die Friedensordnung in Notsituationen offensichtlich nicht von einem Naturzustand des Krieges aller gegen alle[217] – die Erforderlichkeit ist im Kern eben das, was die von § 32 gewährten Notbefugnisse von denen im Naturzustand erlaubten unterscheidet. Es gibt aber keinen vergleichbaren gesellschaftsvertraglichen Zwang zu einem Verzicht auf eine Proportionalitätsgrenze und sie lässt sich auch nicht aus der Behauptung eines unangemessenen Sonderopfers oder aus einer anderenfalls nicht interessengerechten Schlechterstellung des Einzelnen ableiten: *Rückerts* Vorschlag einer nur punktuellen Suspendierung des Gesellschaftsvertrags (um eine Rückkehr nach Ende des Friedensbruchs zu ermöglichen) muss bereits daran scheitern, dass sich eine vertragliche Vereinbarung hinsichtlich synallagmatischer Zusagen nicht suspendieren lässt, soweit es zur Gefahrenabwehr nötig ist, sondern nur ganz oder gar nicht: Wird der Gesellschaftsvertrag suspendiert, weil die Gemeinschaft ihr Schutzversprechen nicht einlösen kann (= Notwehrlage), muss im Gegenzug auch der Verzicht des Einzelnen auf gewaltsame Verteidigung vollständig suspendiert werden, also sowohl die sonst bei der Gefahrenabwehr geltende Beschränkung auf verhältnismäßige Eingriffe (d.h. insbesondere bei § 34) entfallen als auch die Beschränkung auf das Erforderliche. *Rückert* versucht die besondere Schärfe des Notwehrrechts dann letztlich auch durch eine Kontrastierung mit dem Notstand zu legitimieren und damit allein durch einen binnenvertraglichen Vergleich diesseits jeglicher Suspendierung: Da Verteidiger und Angreifer anders als beim Notstand in keiner Situation des Unglücks ständen, die diesmal von dem einen, ein anderes Mal aber möglicherweise von dem anderen Solidarität erheischt, könne von dem Verteidiger ein Sonderopfer durch Preisgabe seiner Güter (im

---

214 Mit deutlichen Unterschieden in den Details *Engländer* Nothilfe S. 86 ff; *Rückert* S. 52 ff.
215 *Engländer* Nothilfe S. 89.
216 *Rückert* S. 56 f u. 60 ff.
217 Diese Charakterisierung des Naturzustands stammt von *Hobbes* Leviathan Kap. 13 Abs. 8.

Fall, dass nur unverhältnismäßige Verteidigung den Angriff beendete) nicht verlangt werden. Vielmehr müsse der Angreifer Einbußen (durch unverhältnismäßige Verteidigung) hinnehmen, weil er sich freiverantwortlich dafür entschieden hat, Normen nicht zu befolgen und so die Bedingung eines Schutzes seiner Güter vor Handlungen des Verteidigers nicht erfüllt.[218] Mit der Freiverantwortlichkeit reiht sich der Vorschlag dann auch bei den Ansätzen ein, die sich nicht mit einem rechtswidrigen Angriffsverhalten begnügen, sondern ein schuldhaftes verlangen. Auch die Erklärung *Engländers* für den Verzicht des § 32 auf eine proportionale Gefahrenabwehr vermag nicht zu überzeugen. Es bestehen ganz erhebliche Zweifel an der Behauptung, der Einzelne stünde bei einer Beschränkung der Notwehr auf proportionale Verteidigung schlechter als im Naturzustand.[219] Wie die Übersicht zur Notwehr in ausländischen Rechtsordnungen in den Rdn. 6 ff zeigt, ist der deutsche Verzicht auf eine Proportionalitätsgrenze ein Sonderweg; die ganz überwiegende Mehrzahl der ebenfalls als demokratische Rechtsstaaten verfassten ausländischen Rechtsordnungen kennt eine solche Grenze. Ganz offensichtlich wird anderenorts eine Friedensordnung auch dann für vorteilhaft gegenüber dem Naturzustand angesehen, wenn sie dem Einzelnen lediglich Notwehrbefugnisse belässt, die nur eine verhältnismäßige Verteidigung gestatten. Möglicherweise wird dies auch im hiesigen Rechtskreis so gesehen: Sollte, was die in Rdn. 73 zitierte Dresdner Notwehrstudie nahelegt, die Schärfe des Notwehrrechts bei der Mehrheit der Bevölkerung keine Billigung finden, wäre das möglicherweise ein Hinweis darauf, dass diese nicht als vorteilhaft angesehen wird. *Engländer* selbst geht ersichtlich ebenfalls davon aus, Maßhalten bei der Verteidigung könne sehr wohl auch im Interesse des Verteidigers liegen: Er rechtfertigt die Notwehreinschränkung im Fall des krassen Missverhältnisses damit, dass der Einzelne die Hinnahme der (ganz geringen) Einbuße an seinen Gütern deshalb für vorteilhaft halte, weil er leicht auch selbst in eine solche Situation – nun als Angreifer – geraten könne, zumal wenn man bedenkt, das schon fahrlässiges Verhalten für einen rechtswidrigen Angriff genügt.[220] Diese von *Engländer* ersichtlich als Ausnahmekorrektur gemeinte Überlegung lässt sich allerdings ohne weiteres verallgemeinern. Wer kann schon ausschließen, dass er irgendwann einmal selbst zum Angreifer wird? Wird er sich für diese Situation nicht stets wünschen, dass man dann mit ihm maßvoll, vor allem: angepasst an die Gefährlichkeit des Angriffs und das Maß des Handlungsunrechts, verfährt? Eine normativ stabilisierte Erwartung wird aus einem solchen Wunsch aber eben erst, wenn man selbst auf maßlose Verteidigung gegenüber anderen verzichtet und diesen Verzicht gesellschaftsvertraglich besiegelt. Den von *Engländer* seinem Ansatz zugrunde gelegten kategorialen Unterschied in der Interessenlage des Einzelnen zwischen Notstand und Notwehr gibt es nach alledem nicht, was nicht überrascht: Der Versuch, die Besonderheiten der Notwehr mit dem (langfristig und am Gesamtsaldo orientierten) Interesse des Einzelnen am Erhalt seiner Güter zu begründen, muss scheitern. Denn dieses Interesse am Gutserhalt weist lediglich Verbindungen zum Erfolgsunrecht des Rechtsguteingriffs auf – die Besonderheit der Notwehrlage gegenüber der Notstandslage, die die Maßlosigkeit der Gefahrabwehrbefugnisse bei § 32 erklären könnte, liegt aber nicht im Erfolgsunrecht, sondern im Handlungsunrecht des Angriffs.

73   Die durch § 32 verliehenen scharfen Verteidigungsrechte lassen sich **in eine moderne Strafrechtsdogmatik nicht völlig bruchlos einfügen**; eine alle Ausformungen

---

218   *Rückert* S. 60 ff.
219   Die Frage nach der Vorteilhaftigkeit einer Regelung ist der Kernbaustein von *Engländers* Notwehrbegründung – schon die gegenseitige Anerkennung subjektiver Rechte als Vorbedingung einer Verteidigungsbefugnis gründet *Engländer* Nothilfe S. 73 ff darauf.
220   *Engländer* Nothilfe S. 357.

des Notwehrrechts widerspruchsfrei erklärende Begründung scheint gegenwärtig unerreichbar – das zeigen nicht zuletzt die seit der 12. Auflage 2006 erschienenen zahlreichen Deutungsversuche. Mag das Rechtsinstitut der Notwehr auch zeitlos und unverzichtbar sein, seine konkrete Ausgestaltung ist es nicht.[221] Vielmehr darf man den Notwehrbefugnissen durchaus fehlende Modernität bescheinigen – nicht zuletzt deshalb, weil die ursprüngliche Idee der Notwehr als eine private Notfallsanktion trotz Beanspruchung des Gewaltmonopols durch den Staat immer noch ihre Reichweite bestimmt. Der in den Rdn. 6 ff skizzierte Vergleich mit dem Notwehrrecht anderer Rechtsstaaten westlicher Prägung zeigt, dass keine der untersuchten Rechtsordnungen dem Verteidiger derart weitgehende Rechte zubilligt wie § 32.[222] Zwar wird auch im Ausland dem Angegriffenen überwiegend nicht zugemutet, sich dem Angriff durch Flucht zu entziehen; doch verlangen die Vorschriften von dem Verteidiger zumindest, die Grenzen einer „umgekehrten" Verhältnismäßigkeit ähnlich § 228 BGB einzuhalten; teilweise sind die Regelungen noch erheblich enger. Eine in Deutschland durchgeführte Befragung zur Einschätzung der Reichweite von Notwehrbefugnissen weckt zumindest Zweifel daran, in der Bevölkerung seien Kenntnis oder Billigung der von § 32 gewährten weitgehenden Verteidigungsrechte weit verbreitet[223] – Ähnliches vermutete bereits *Frank* zu Beginn des letzten Jahrhunderts.[224] Die Befürchtung von *Isensee* Das Grundrecht auf Sicherheit (1983) S. 59, in der gesetzlich geregelten Form der Notwehr lauerten „Missverständnis und Missbrauch, Exzess und Eskalation", mag daher übertrieben sein. Nicht von der Hand zu weisen ist allerdings, dass die Rechtsprechung durchaus auch archaisches Gedankengut für die von ihr sehr weit gezogenen Grenzen der Notwehrbefugnisse heranzieht, wie sich an der Begründung zu den Grenzen zumutbarer Flucht zeigt. Wenn dem Verteidiger eine Flucht nur dann zugemutet wird, sofern er dadurch keinen Ehrverlust erleidet, er sich auf eine sog. „schimpfliche" Flucht bzw. ein demütigendes Ausweichen also nicht einlassen muss (s. aus der Rechtsprechung nur BGH NJW **1980** 2263 f),[225] so kann man sich nicht ganz des Eindrucks erwehren, dass der h.M. trotz des gegenteiligen Hinweises auf die Rechtsbewährung eine Notwehrkonzeption vorschwebt, nach der der Angegriffene neben dem konkret bedrohten Individualrechtsgut immer auch seinen Achtungsanspruch, d.h. seine Ehre, verteidigt:[226] Jedenfalls nach einem die Ehre in den Mittelpunkt rückenden Verständnis verlangen Fremd- und Selbstachtung des Angegriffenen im Regelfall nach Verteidigung, während etwa in dem Fall, in dem der Angriff von einem nicht voll verantwortlich Handelnden (Kind, Betrunkener) oder Irrenden ausgeht, auf eine Verteidigung ohne Ansehensverlust verzichtet werden kann. Mit einem modernen Rechtsverständnis ist diese Art der Legitimation jedoch schwerlich vereinbar, da das Maß eines Eingriffs, den der zum Eingriff Berechtigte nicht vornehmen muss, nicht davon abhängen kann, welche Erwartungshaltung Dritte an ihn haben oder er selbst an sich.

Im Grunde lässt sich auf Basis des gegenwärtigen Stands der Diskussion um die Legitimation der Notwehrbefugnisse bei nüchterner Betrachtung nur feststellen, dass man jeweils einen von zwei gleichermaßen unbefriedigenden Standpunkten einnehmen **74**

---

221 Diese Einschätzung hat zu bis in die Gegenwart anhaltenden Bestrebungen geführt, die Notwehrbefugnisse stärker einzudämmen (von *Hassemer* FS Bockelmann, 225, 237 als Auflösung der Notwehrdogmatik bezeichnet).
222 Vgl. dazu auch *Perron* FS Eser, 1019, 1035 ff.
223 *Kilian* Notwehrstudie passim mit krit. Rezension *Erb* GA **2012** 747 ff; s. auch bereits *Amelung/Kilian* FS Schreiber, 3 ff.
224 *Frank* Reform des Reichsstrafgesetzbuches Bd. I (1910) S. 259.
225 Ebenso *Herzog* NK³ Rdn. 69; *Fischer* Rdn. 32; krit. *Sch/Schröder/Perron* Rdn. 40 m.w.N.
226 Zu der moderneren Variante „Verteidigung des Persönlichkeitsrechts" s. Rdn. 68 u. 71.

kann: Wer sich an den Gesetzeswortlaut hält und sich daher bei der Notwehrlage im Ausgangspunkt mit einem lediglich rechtswidrigen Verhalten des Angreifers begnügt, muss auf eine überzeugende Legitimation der scharfen Notwehrbefugnisse verzichten, da eine solche auf Basis der Notwehr nach geltendem Recht nicht geleistet werden kann. Rechtfertigen lassen sich weitreichende Eingriffsrechte wie bei § 32 eigentlich nur auf zwei – jeweils nicht vollständig zufrieden stellenden – Wegen: Einmal kann man ein **bewegliches System der Verteidigungsbefugnisse** in Abhängigkeit von dem Grad der Zurechenbarkeit der Gefahrenlage zum Träger des Eingriffsrechtsguts (näher Rdn. 68) fordern und für die scharfen Verteidigungsbefugnisse des § 32 im Grundsatz ein schuldhaftes Verhalten verlangen. Wer diesen Weg nicht gehen will, muss das Notwehrrecht auf eine **verhältnismäßige Gefahrenabwehr** begrenzen und die Notwehr damit zu einem Unterfall des Defensivnotstands degradieren. Da beide Einschränkungen der Gesetzeslage widersprechen, handelt es sich jedoch um Lösungsvorschläge, die allenfalls in künftigem Recht relevant werden können. Dass die h.M. in der Sache Sympathien für die auf Grundlage des Zurechnungsgrades gemachte Beschränkung auf schuldhaftes Verhalten hegt,[227] zeigt sich darin, dass die Notwehrbefugnisse nach mittlerweile nahezu einhelliger Rechtsüberzeugung bei schuldlosem Verhalten erheblich – teilweise bis zum Ausweichen – eingeschränkt sind (s. dazu näher Rdn. 242ff). Auch der in den Rdn. 6ff unternommene Blick in andere Rechtsordnungen und auf die europäischen Bestrebungen zur Harmonisierung des Strafrechts beweist, dass das deutsche Notwehrrecht ein Sonderweg ist, der sich kaum als Grundstein für ein vereinheitlichtes Notwehrrecht in der – gegenwärtig allerdings noch recht fernen – Zukunft Europas anbietet.

V. Das Strukturprinzip der Notwehr und Systematik des Prüfungsaufbaus

75 Die Notwehr ist – wie andere Rechtfertigungsgründe auch – durch das sog. **Minimierungsprinzip** geprägt,[228] das sich im Gesetz im Merkmal der Erforderlichkeit ausdrückt. Es begrenzt jeden gefahrabwehrenden Eingriff in fremde Rechtsgüter auf das zur Abwendung der Gefahr unumgängliche Maß (*Armin Kaufmann* Normentheorie S. 254f; *ders.* FS Welzel, 393, 401; *ders.* JZ **1955** 37, 40).[229] Dem Notwehr- oder Notstandsleistenden ist es danach verboten, eine Maßnahme zur Gefahrenabwehr durchzuführen, wenn ihm ebenso effektive, die Rechtsgüter des anderen jedoch schonendere Möglichkeiten zur Verfügung stehen. Dasselbe gilt auch für denjenigen, der einen anderen nach § 127 Abs. 1 StPO vorläufig festnimmt oder etwa den Gläubiger, der zum Mittel der Selbsthilfe gem. den §§ 229, 230 BGB greift. Die Einschränkung der Gefahrabwehrbefugnisse durch die Erforderlichkeit gilt im Grundsatz für jeden Rechtfertigungsgrund. Bei der Notwehr werden dabei nur insoweit Abstriche gemacht, als sich der Angegriffene nach h.M.

---

[227] Teilweise wird weitergehend ganz generell ein schuldhaftes Verhalten für die Notwehrlage verlangt, so *Freund* AT § 3 Rdn. 92 u. 98; *Frister* GA **1988** 291, 305; *R. Haas* Notwehr S. 234ff; *Hoyer* JuS **1988** 89, 94; *ders.* SK Rdn. 12; *Hruschka* FS Dreher, 189, 203f; *Jakobs* AT 12/16; *Renzikowski* S. 283f; ähnlich *Kindhäuser* FS Frisch, 493, 505ff u. *Lesch* Beratungsschutz S. 40: quasi-schuldhaft.

[228] Die h.M. legt der Notwehr darüber hinaus (auch) das Prinzip des überwiegenden Interesses zugrunde (s. näher Rdn. 64f m.w.N.). Anders als dem Minimierungsprinzip, das durch das Merkmal der Erforderlichkeit unmittelbare Bedeutung für die Prüfung der Notwehrvoraussetzungen im Einzelfall besitzt, hat das Prinzip des überwiegenden Interesses keinen unmittelbaren Ausdruck in den Merkmalen des § 32 gefunden; es erklärt vielmehr, warum ein Überwiegen der Interessen im Einzelfall gerade nicht festgestellt werden muss (Ausnahme: Notwehreinschränkung bei krassem Missverhältnis).

[229] Weiter *Rudolphi* GedS Armin Kaufmann, 371, 389; *Günther* SK[7] Vor § 32 Rdn. 75. Nach *Rinck* S. 51ff hat das Minimierungsprinzip eine deutlich über die Konturierung von Rechtfertigungsgründen hinausgehende Bedeutung; es soll das Wesen des Unrechts allgemein beschreiben.

regelmäßig nicht auf das (gegenüber anderen Verteidigungsmaßnahmen typischerweise mildere) Mittel der Flucht verweisen lassen muss. Beim Aggressiv- und Defensivnotstand hingegen muss der Gefährdete ausweichen, wenn er sich so der Gefahr entziehen kann.

Herkömmlich werden die Notwehrmerkmale – insbesondere zu Zwecken der Darstellung und der Prüfung ihres Vorliegens – in drei Gruppen eingeteilt. Man unterscheidet wie bei nahezu allen Rechtfertigungsgründen zwischen der **Rechtfertigungslage** und der **Rechtfertigungshandlung**. Hinzu tritt auf der objektiven Ebene bei der Notwehr das Merkmal der sog. **Gebotenheit**. Die Notwehrlage wird aus den Elementen des gegenwärtigen rechtswidrigen Angriffs gebildet, während die Beschränkung auf Eingriffe in Rechtsgüter des Angreifers und die Erforderlichkeit der Verteidigung die Notwehrhandlung kennzeichnen. Das Merkmal der Gebotenheit fasst die sog. Notwehreinschränkungen zusammen, die Fälle bezeichnen, in denen scharfe Notwehrbefugnisse wegen besonderer Umstände (schuldloser Angriff; krasses Missverhältnis usw.) ausnahmsweise nicht zur Verfügung stehen. Bereits in diesem Prüfungsaufbau zeigt sich recht deutlich, dass es sich bei den Notwehreinschränkungen aus Sicht einer traditionellen und „reinen" Notwehrlehre um nachträglich angestückte Beschränkungen handelt (vgl. *Spendel* LK[11] Rdn. 254 ff), die nach dem herrschend vertretenen Notwehrverständnis jedoch bereits als der Notwehr immanente Schranken betrachtet werden (*Amelung* GA **1982** 381, 391; *Roxin* ZStW **93** [1981] 68, 77ff). Nach der hier zugrunde gelegten personalen Unrechtslehre[230] setzt der Tatbestand der Notwehr neben dem sich aus Notwehrlage, Notwehrhandlung und Gebotenheit zusammensetzenden objektiven Aspekt auch eine subjektive Seite voraus, das sog. **subjektive Notwehrelement**. 76

B. Notwehrlage

I. Angriff

Unter einem Angriff i.S.d. § 32 wird herrschend die **Bedrohung rechtlich geschützter Interessen durch einen Menschen** verstanden.[231] Das setzt zum einen voraus, dass die Beeinträchtigung eines notwehrfähigen Rechtsgutes droht (dazu Rdn. 78 ff), zum anderen muss die Bedrohung von dem Verhalten eines Menschen ausgehen (dazu Rdn. 99 ff). 77

1. Der Angriff als drohende Verletzung rechtlich geschützter Individualinteressen

a) Der Kreis notwehrfähiger Rechtsgüter. Notwehrfähig sind nach h.M. **alle Individualrechtsgüter**, d.h. rechtlich geschützte Interessen, die einer Person zugeordnet sind (*Erb* MK Rdn. 84; *Sch/Schröder/Perron* Rdn. 4).[232] Unbeachtlich ist, ob sie strafrechtlich geschützt sind, so dass im Grundsatz auch das Recht am eingerichteten und ausgeübten Gewerbebetrieb zu den notwehrfähigen Individualinteressen gehört. Der Inhaber 78

---

230 Siehe dazu nur *Jescheck* LK[11] Vor § 13 Rdn. 44 m.w.N.
231 Statt vieler *Sch/Schröder/Perron* Rdn. 3.
232 AA *H. Mayer* AT S. 97: nur gewaltsame Angriffe mittelbar oder unmittelbar gegen Personen; *Montenbruck* S. 11 ff, der zwischen Notwehrkern und Umfeld unterscheidet und so zu einem eingeschränkten Kreis notwehrfähiger Rechtsgüter gelangt; *Matt/Renzikowski/Engländer* Rdn. 11, der nur solche Güter für notwehrfähig hält, die Gegenstand absoluter subjektiver Rechte sind, was u.a. das Rechtsgut Vermögen ausschließt.

des Individualrechtsgutes muss keine natürliche Person sein; auch Rechtsgüter juristischer Personen des Privatrechts sind erfasst.[233]

79 Keine Notwehr darf im Grundsatz geleistet werden, wenn die Verletzung eines Interesses der Allgemeinheit, d.h. eines sog. **Universalrechtsgutes**, droht (BGHSt **5** 245, 247; VRS **40** (1971) 104, 107; NJW **1975** 1161, 1162).[234] Auch die Rechtsordnung als Ganzes oder Allgemeininteressen, die in der Sache den Schutz der Rechtsordnung oder eines Teilausschnitts daraus im Blick haben (etwa den öffentlichen Frieden oder die öffentliche Ordnung, §§ 126, 130, 140), darf nicht mit Notwehrmitteln verteidigt werden (BGHSt **5** 245, 247; *Fischer* Rdn. 10).[235] Der Schutz dieser staatlich verwalteten Interessen, die keinen Rechtsgutinhaber kennen, wird ausschließlich von der Rechtsgemeinschaft selbst, d.h. von Hoheitsträgern, besorgt. Notsituationen, in denen der Rechtsgutinhaber von den ordentlichen Schutzmechanismen der Rechtsgemeinschaft abgeschnitten ist und daher einer Erlaubnis zu scharfer Gegenwehr bedarf, können hier naturgemäß nicht entstehen. Die vereinzelten Gegenstimmen, die Notwehr im Grundsatz auch hier zulassen wollen (*Maurach/Zipf* § 26 Rdn. 12f; *Schmidhäuser* StuB 6/80; *Schroeder* FS Maurach, 127, 141), können zum einen nicht erklären, welche Funktion § 127 Abs. 1 StPO daneben noch haben soll (vgl. *Roxin* AT I § 15 Rdn. 36); zum anderen meinen sie, gerade bei wichtigen Allgemeininteressen (wie z.B. der Sicherheit und Leichtigkeit des Straßenverkehrs) Ausnahmen machen zu müssen, so dass sich die Frage nach dem Sinn einer allgemeinen Anerkennung der Notwehrfähigkeit staatlich verwalteter Interessen stellt. Daher ist davon auszugehen, dass Notwehr gegen eine Trunkenheitsfahrt oder das Fahrzeugführen ohne Fahrerlaubnis nicht geübt werden darf (anders schon dann, wenn dabei andere Verkehrsteilnehmer gefährdet werden).[236] Notwehr ist ebenfalls ausgeschlossen, um die Allgemeinheit vor pornographischen Schriften zu schützen (BGH NJW **1975** 1161, 1162); auch die in den §§ 153ff geschützte Rechtspflege ist kein notwehrfähiges Rechtsgut (*Roxin* AT I § 15 Rdn. 37). Wird hingegen ein Individualinteresse mitbedroht, darf der Angriff mit Notwehrmitteln abgewehrt werden (*Lackner/Kühl* Rdn. 3).[237]

80 Der Ausschluss der Notwehr gilt entgegen einer weit verbreiteten Meinung (RGSt **63** 215, 220; *Herzog* NK³ Rdn. 22; *Kindhäuser* NK Rdn. 46)[238] auch dort, wo es um Konstellationen sog. **Staatsnothilfe i.e.S.** geht (*Erb* MK Rdn. 101; *Günther* SK⁸ Rdn. 54f; *Roxin* ZStW **93** [1981] 68, 75).[239] Unter Staatsnotwehr i.e.S. versteht man die Abwehr unmittelbar bevorstehender Gefahren, die dem Staat in seiner Eigenschaft als Hoheitsträger drohen und höchste Staatsinteressen betreffen, etwa in Form von Staatsgeheimnissen oder existentiellen Gemeinschaftsinteressen wie die freiheitlich demokratische Grundordnung (*Erb* MK Rdn. 101). Die Zulassung von Notwehr in diesen Fällen geht auf eine Entscheidung des Reichsgerichts zurück, in dem die Erschießung eines (allerdings nur vermeintlichen) Spions durch Notwehr für gerechtfertigt erachtet wurde (RGSt **81** 215, 220).[240] Auf der Basis eines individualistischen Notwehrverständnisses verdient diese Auffassung

---

233 Sch/Schröder/Perron Rdn. 6; Robles Planas ZIS **2018** 14, 15.
234 Weiter OLG Düsseldorf NJW **1961** 1783, 1784; OLG Stuttgart NJW **1966** 745, 747 f m. Anm. *Bockelmann* u. *Möhl* JR **1966** 229; OLG Köln BeckRS **2016** 13622 Rdn. 4; *Baumann/Weber/Mitsch/Eisele* § 15 Rdn. 15; *Lackner/Kühl* Rdn. 3; *I. Sternberg-Lieben* JA **1996** 299, 302; *Sch/Schröder/Perron* Rdn. 8.
235 Bedenklich daher BGH Urt. v. 17.10.1978 – 1 StR 408/78, wonach auch die Anstaltsordnung einer JVA notwehrfähig sein soll.
236 *Sch/Schröder/Perron* Rdn. 8.
237 Weitergehend *Adler* S. 143ff bei Delikten gegen die Umwelt.
238 Auch *Sch/Schröder/Perron* Rdn. 6. S. zum Ganzen eingehend *Jahn* S. 471ff.
239 Zust. *Wagner* S. 46. Zur Abgrenzung der Staatsnothilfe vom Staatsnotstand und von der Staatsnotstandshilfe *Jahn* S. 113ff.
240 Offengelassen noch in RGSt **56** 259, 268 und **64** 101, 103.

keine Zustimmung.²⁴¹ Werden existentielle Gemeinschaftsinteressen bedroht, bedeutet das einen Angriff auf die Rechtsgemeinschaft als Ganzes. Die Schärfe der Notwehrbefugnisse erklärt sich u.a. daraus, dass der Einzelne von den schützenden Wirkungen, die ihm seine Mitgliedschaft in dieser Gemeinschaft vermittelt, isoliert ist; Staatsnothilfe betrifft also Konstellationen, die der notwehrtypischen Situation genau entgegengesetzt sind. Darüber hinaus hat sich die Rechtsgemeinschaft mit dem Widerstandsrecht aus Art. 20 Abs. 4 GG ein Instrument gegeben, mit dem Gefahren für die verfassungsmäßige Ordnung für den Fall abgewehrt werden können, dass der Staat sich durch seine Amtsträger nicht selbst zu schützen vermag. Diese Vorschrift regelt den Fall der Staatsnothilfe abschließend (so zutr. *Jahn* S. 502ff).

Notwehr ist hingegen dann zulässig, wenn die „Staatsnotwehr" zugunsten des Staates in seiner Rolle als **Fiskus**, d.h. als Inhaber von Individualrechtsgütern, geleistet werden soll (RGSt **63** 215, 220; *Baumann/Weber/Mitsch/Eisele* § 15 Rdn. 15).²⁴² Hier tritt der Staat nicht als Träger von Gemeinschaftsinteressen, sondern ebenso als Inhaber von Individualrechtsgütern auf wie natürliche und juristische Personen des Privatrechts. Nothilfe des Bürgers zugunsten der Bundesrepublik Deutschland ist daher zulässig, wenn Vandalen die Scheiben abgestellter Bundeswehrfahrzeuge zertrümmern. Keine Nothilfe darf dagegen geleistet werden, wenn es um „Ehre" und „Würde" des Staates geht, so dass etwa das Bespucken der Bundesflagge (strafbar nach § 90a) oder die Verunglimpfung des Bundespräsidenten (strafbar nach § 90) nur mit Notstandsmitteln verhindert werden darf.²⁴³ Es lässt sich schon bezweifeln, ob es hier um Angriffe auf Individualrechtsgüter des Staates geht. In jedem Fall verschwimmen die Grenzen zwischen Gemeinschaftsinteresse und Individualrechtsgut derart, dass eine dem Grundgedanken der Notwehr entsprechende Notsituation nicht vorliegt.

81

Nach der bisher überwiegenden Ansicht, die auf jenem anthropozentrischen Weltbild fußt, das das Verständnis von subjektiven Rechten auch sonst beherrscht, darf die **Tierquälerei** nicht mittels Nothilfe beendet werden, weil Tierschutz lediglich ein Allgemeininteresse sei (*Mitsch* Jura **2017** 1388, 1393f).²⁴⁴ Quält der Eigentümer seinen Hund (strafbar nach § 17 Nr. 2 TierSchG) oder fügt der Inhaber eines Schweinemastbetriebs seinen Tieren durch Verstöße gegen Vorschriften der Tierschutz-Nutztierhaltungsverordnung erhebliche Leiden zu,²⁴⁵ darf nach dieser h.A. dagegen nur mit Maßnahmen des Defensivnotstands nach dem Rechtsgedanken des § 228 BGB vorgegangen werden. Von einem anthropozentrischen Standpunkt aus gesehen können Tiere nicht Inhaber subjektiver Rechte oder Rechtsgüter sein, so dass sie kein „anderer" i.S.d. § 32 Abs. 2 sind. Der bisherige Versuch, von diesem Standpunkt aus gleichwohl Notwehrbefugnisse zum Schutz von Tieren zu gewähren, wirkt gekünstelt und treibt den Anthropozentrismus letztlich auf die Spitze, wenn das verteidigte Individualrechtsgut im „Mitgefühl Dritter", d.h. als ein Rechtsgut des Anthropos gesehen wird (so der Vorschlag von *Sch/Schröder/Perron* Rdn. 8 und *Spendel* LK¹¹ Rdn. 189 m.w.N.).²⁴⁶ In jüngerer Zeit ist die Diskussion um

82

---

241 *Roxin* AT I § 15 Rdn. 41 weist zutreffend auf die Erfahrungen aus der Weimarer Zeit hin, in der der Kampf um den Staat zeitweise in der Hauptsache auf der Straße ausgetragen wurde.
242 Ebenso *Günther* SK⁸ Rdn. 53; *Kindhäuser* NK Rdn. 47; *Sch/Schröder/Perron* Rdn. 6.
243 So auch *Kindhäuser* NK Rdn. 47; **aA** *Herzog* NK³ Rdn. 22f, der Notwehr bei hetzerischen Angriffen dort zulassen will, wo auch das „patriotische Gefühl" des Notwehrleistenden betroffen ist; ähnlich *Spendel* LK¹¹ Rdn. 158.
244 *Erb* MK Rdn. 100; *Günther* SK⁸ Rdn. 49; auch hier 12. Aufl.
245 Vgl. den Sachverhalt, der der Entscheidung des LG Magdeburg StV **2018** 335 zugrundeliegt.
246 Zust. LG Magdeburg StV **2018** 335 Rdn. 20 m. Anm. *Keller/Zetsche* u. *Hecker* JuS **2018** 83; zust. auch *Keller/Zetsche* aaO. Es tritt hinzu, dass der Dritte, wäre sein Mitgefühl ein Individualrechtsgut, darüber auch verfügen, d.h. zu Lasten des Tieres darauf verzichten können müsste, was offensichtlich den Zwe-

subjektive Rechte von Tieren[247] und deren Fähigkeit, Rechtspersonen zu sein,[248] in Bewegung geraten. Auch wenn die rechtsphilosophischen Grundlagen dieser Diskussion hier nicht nachgezeichnet werden können, auch weil die Nothilfefähigkeit des Tierleidens lediglich eine sekundäre Folgefrage betrifft, spricht doch Einiges dafür, die Möglichkeit von Nothilfe zugunsten von Tieren zu bejahen:[249] Die Anerkennung der Tiere als Mitgeschöpfe (§ 1 S. 1 TierSchG) und die Formulierung von Verboten, ihnen Leid zuzufügen (§ 1 S. 2 TierSchG),[250] haben die herkömmliche strenge Unterscheidung von Subjekten, die Inhaber von Rechten sein können, und Objekten, die lediglich Gegenstand solcher Rechte sein können, bereits aufgelöst. Diese Verschiebungen im Blick auf die rechtliche Stellung von Tieren, die insbesondere an ihre Leidensfähigkeit knüpft, legt die Annahme eines Rechts des Tiers auf Freiheit von Quälerei, Verletzung und nicht artgerechter Haltung zumindest nahe.[251] Dieses Individualrechtsgut ist dann auch nothilfefähig und das Tier insoweit ein anderer i.S.d. § 32 Abs. 2.[252]

---

cken des Tierschutzes widerspräche (so zutreffend *Mitsch* Jura **2017** 1388, 1393). Dagegen lässt sich nicht einwenden, dann könnte das Eigentum an Tieren ebenso nicht als Individualrechtsgut begründet werden, weil die Tierquälerei auch dem Eigentümer verboten ist. Denn das Eigentum behält, wenn man die Disposition über Tiere beschränkt, soweit es Quälerei, Verletzungen usw. betrifft, noch einen (weiten) Anwendungs- und Freiheitsbereich (etwa Veräußern, Schlachten), während ein Rechtsgut „Mitgefühl" jenseits einer solchen Dispositionsschranke nicht existierte. Zudem fragt sich, ob jeder Einzelne Inhaber dieses Rechtsguts wäre oder nur alle „Dritte" gemeinsam darüber verfügen könnten. Die Idee eines Individualrechtsguts „Mitgefühl" lässt sich auch nicht durch den Hinweis von *Hotz* NJW **2018** 2066 retten, Mitleid als Rechtsgut sei kein faktisches Gefühl, sondern die normative Tatsache, dass der Einzelne wegen der Leidensfähigkeit des Tiers Mitleid haben soll. Das liefe auf eine Pervertierung der Idee des Individualrechtsguts hinaus, weil es das Wesensmerkmal der Verfügungsautonomie des Einzelnen durch ein von der Rechtsgemeinschaft aufoktroyiertes kontraktisches Sollen ersetzt – das steht einer Interpretation des Mitleids als eigenes Interesse des Einzelnen entgegen.
247 *Raspé* S. 175 ff; *Herzog* JZ **2016** 190 192 f m.w.N.
248 *Raspé* S. 281 ff.
249 So nun auch LG Magdeburg StV **2018** 335 Rdn. 20 m. insoweit zust. Anm. *Keller/Zetsche* u. abl. Anm. *Hecker* JuS **2018** 83; die Kammer stützt den Freispruch aaO Rdn. 21 allerdings sicherheitshalber zusätzlich auf eine Rechtfertigung aus § 34. Das Revisionsurteil des OLG Naumburg NJW **2018** 2064 m. Anm. *Hotz* in derselben Sache versucht die Frage nach einer Zulässigkeit von Nothilfe zugunsten von Tieren zu umgehen, indem es die Nothilfe (erst) mangels Geeignetheit bzw. Gegenwärtigkeit der Gefahr verneint: Angesichts der kurzen Lebenserwartung der gemästeten Schweine und der benötigten erheblichen Zeit für die Aufbereitung des von den Tätern in dem Schweinemastbetrieb gefertigten Videomaterials und dem dann folgenden tierschutzrechtlichen Verwaltungsverfahren hätte die zum Zeitpunkt des Hausfriedensbruchs noch lebende Schweinegeneration wegen zwischenzeitlicher Schlachtung nicht in den Genuss einer behördlichen Verfügung kommen können, während die Gefahr für die spätere, zum Zeitpunkt des Erlasses der erstrebten Verfügung lebende Schweinegeneration zur Zeit des Hausfriedensbruchs noch nicht unmittelbar gefährdet war (OLG Naumburg aaO Rdn. 22). Statt Nothilfe stellt das Revisionsgericht auf Notstand ab und begründet die Gegenwärtigkeit dort mit einer Dauergefahr (OLG Naumburg aaO Rdn. 17). Das ist ungenau: Auch wenn der Begriff der Gegenwärtigkeit bei § 34 weiter ist als bei § 32, stünde der Generationswechsel ebenfalls der Annahme einer Dauergefahr entgegen: Hinsichtlich der späteren Generation fehlt es an einer latenten Gefahrenlage, die zu einem nicht näher bestimmbaren Zeitpunkt in einen Schaden umschlagen kann (zur Definition der Dauergefahr s. nur *Erb* MK § 34 Rdn. 81); vielmehr stand der Zeitpunkt des Einsetzens der Tierquälerei jeweils fest – diese begann mit der Einstellung jeder neuen Generation. Es spricht alles dafür, dass statt einer Dauergefahr eine notwehrähnliche Lage gegeben war, die Notstandsmaßnahmen zu einem frühen (von § 32 nicht erfassten) Zeitpunkt gestattet, weil ein Zuwarten (bis zur Einstellung der Folgegeneration) die Gefahr nicht mehr würde abwenden können.
250 Zu weiteren Quellen rechtlicher Anerkennung s. *Raspé* S. 194 ff sowie *Herzog* JZ **2016** 190 191 ff.
251 So schon *Roxin* AT I § 15 Rdn. 34; ebenso *Herzog* JZ **2016** 190, 195 m.w.N. auch zur Gegenansicht.
252 Nach *Ritz* JuS **2018** 333, 335 f soll schon der Wortlaut Tiere als andere ausschließen (so auch – ohne Begründung – *Scheuerl/Glock* NStZ **2018** 448, 449), weil man § 32 Abs. 2 anderenfalls als „oder einem anderen (Tier)" lesen müsste, was zu einem Verständnis der Vorschrift führe, nach dem sowohl das eine („Wer") als auch das andere ein Tier sein könne. Aber das ist keine Wortlautauslegung, sondern eine ergebnisbezogene Interpretation, die es nicht schafft, sich vom Anthropozentrismus frei zu machen. *Ritz*

b) **Einzelfälle.** Zu den notwehrfähigen Rechtsgütern gehören danach das **Leben** (*Fischer* Rdn. 8) und die körperliche **Unversehrtheit** (*Erb* MK Rdn. 85); bei bloß geringfügigen und noch sozialadäquaten Behelligungen (z.B. Schulterberührungen in einer überfüllten Straßenbahn) soll es regelmäßig bereits an der Angriffsqualität fehlen (BGH MDR **1956** 372; OLG Düsseldorf NJW **1994** 1232).[253] Der Fall des Anpustens mit Tabakrauch[254] zeigt allerdings, dass die Angriffsqualität die falsche Adresse ist, wenn es darum geht, ob Notwehr gegen solche Minimalbeeinträchtigungen geleistet werden darf. Auch wenn *Jäger* JA **2014** 472, 473 („ganz und gar unvertretbar") und *Jahn* JuS **2014** 176, 177 („bemerkenswert fernliegend") eine Gesundheitsschädigung durch das Anpusten verneinen, liegt in dem Verhalten eine drohende Rechtsgutverletzung und damit ein Angriff. Denn Tabakrauch ist wie alle Verbrennungsabgase ein Pathogen, das im Körper nichts verloren hat, dessen Anwesenheit also ein vom Normalzustand der Körperfunktionen nachteilig abweichender und damit pathologischer Zustand[255] unabhängig davon ist, wie man die Gefahren des Passivrauchens bewertet. Dass scharfe Notwehr dagegen gleichwohl in aller Regel nicht in Betracht kommt, liegt daher nicht an einem fehlenden Angriff. In der Regel lässt sich Notwehr gegen eine Belästigung durch Tabakrauch verneinen, ohne zu einem Bagatellprinzip beim Angriff Zuflucht nehmen zu müssen. Wer in einem Biergarten durch Tabakrauch gestört wird, der von einem der Nachbartische herüberweht, darf sich dagegen nicht mit Notwehrmitteln wehren, weil es sich um eine sozialadäquate und mangels Rechtswidrigkeit hinzunehmende Belästigung handelt. Aber auch das Anpusten gibt kein Recht zu massiver Gegenwehr, obwohl es sich vom bloßen Herüberwehen dadurch unterscheidet, dass es wegen seiner Finalität die Grenzen des erlaubten Risikos überschreitet und daher nicht zu dulden ist. Scharfe Mittel wie der Wurf mit einem Glas[256] oder eine Ohrfeige[257] sind auch in diesem Fall selbst dann nicht von § 32 gedeckt, wenn sie erforderlich sein sollten, weil sie in einem krassen Missverhältnis zu der durch das Anpusten verursachten Rechtsgutverletzung stehen.[258] Das **ungeborene Leben** darf im Grundsatz unter Inanspruchnahme von Notwehrbefugnissen „scharf" verteidigt werden. Einschränkungen ergeben sich bei diesem Rechtsgut jedoch immer dann, wenn der Angriff in Form der zwar rechtswidrigen, aber tatbestandslosen Schwangerschaftsunterbrechung nach § 218a Abs. 1 von einem Arzt mit Zustimmung der Mutter nach Beratung und innerhalb der ersten 12 Wochen vorgenommen wird (s. dazu näher Rdn. 138).

83

Durch Notwehr dürfen auch Angriffe auf das sog. **Allgemeine Persönlichkeitsrecht** aus Art. 2 Abs. 1 i.V.m. Art. 1 Abs. 1 GG abgewehrt werden (OLG Karlsruhe StV **1981** 408,

84

übersieht, dass „wer" und „anderer" hier keine Elemente einer Aufzählung sind wie z.B. bei der Waffe und dem anderen gefährlichen Werkzeug in § 244 Abs. 1 Nr. 1a. Geht man allein vom Wortlaut aus, lässt sich der oder das andere in § 32 Abs. 2 zwanglos als Person verstehen, die sowohl menschliche als auch tierliche Personen (oder etwa juristische Personen) umfassen kann, ohne dass die Person, die den Angriff abwehrt, von derselben Art sein muss. Es kommt auch nicht darauf an, ob die Notwehr als „Tierschutzrechtfertigungsgrund" konzipiert ist (so aber *Ritz* aaO, 336, ähnl. *Hecker* JuS **2018** 83, 84) – ob Tiere Personen mit Rechten sind, ist weder eine Notwehr- noch überhaupt eine Rechtfertigungsfrage, sondern eine von erheblich grundlegenderer Natur.
253 Für Einschränkungen bei gewöhnlichen familiären Auseinandersetzungen BGH NJW **1998** 1000 f.
254 Siehe dazu die Sachverhalte in LG Bonn BeckRS **2012** 03545 und AG Erfurt NStZ **2014** 160 m. Anm. *Jäger* JA **2014** 472 u. *Jahn* JuS **2014** 176.
255 Zu dieser Definition der Gesundheitsschädigung nur *Fischer* § 223 Rdn. 8 m.w.N.
256 So der Sachverhalt in AG Erfurt NStZ **2014** 160 m. Anm. *Jäger* JA **2014** 472 u. *Jahn* JuS **2014** 176.
257 Damit hatte sich ein Polizeivollzugsbeamter in dem der Entscheidung LG Bonn BeckRS **2012** 03545 zugrundeliegenden Fall gewehrt.
258 Übersehen von LG Bonn BeckRS **2012** 03545 und AG Erfurt NStZ **2014** 160; zutreffende Kritik von *Jäger* JA **2014** 472, 474 und *Jahn* JuS **2014** 176, 178.

409; OLG Hamm JZ **1988** 308; OLG Düsseldorf NJW **1994** 1971, 1972).[259] Allerdings bedarf dieses umfassende und in den Randbereichen etwas unscharfe Grundrecht der Konkretisierung (*Günther* SK[8] Rdn. 41). Zu den notwehrfähigen Gütern unter dem Oberbegriff „Allgemeines Persönlichkeitsrecht" gehören zunächst die **Intim-** und die **Privatsphäre** des Einzelnen (OLG Düsseldorf NJW **1994** 1971f).[260] Daher ist durch Notwehr gerechtfertigt, wer einen nächtlichen Beobachter von seinem Schlafzimmerfenster mit Gewalt vertreibt (*Erb* MK Rdn. 93; *Günther* SK[8] Rdn. 42). Soweit das zudringliche Beobachten in der Öffentlichkeit erfolgt, muss differenziert werden: Wer sich in die Öffentlichkeit begibt, muss damit rechnen, beobachtet zu werden; er gibt seine Intimsphäre damit ein Stück weit auf. Daher darf ein Voyeur, der ein Liebespaar im Park beobachtet, auch dann nicht mit Notwehrmaßnahmen vertrieben werden, wenn die Liebenden darauf vertraut haben, etwa wegen der Abgeschiedenheit des Platzes „ein Stück Intimsphäre in der Öffentlichkeit" gefunden zu haben (BayObLG NJW **1962** 1782, 1783).[261] Anderes gilt jedoch dann, wenn der Rechtsgutträger über längere Zeit verfolgt und intensiv beobachtet wird, da der einzelne mit dem Gang in die Öffentlichkeit seine Intimsphäre nicht vollständig aufgibt (*Erb* MK Rdn. 93; *Helle* JZ **1988** 308, 319).[262] Eine Ausprägung des Allgemeinen Persönlichkeitsrechts ist auch das **Recht am eigenen Bild** (OLG Hamburg JR **1973** 70 m. Anm. *Schroeder*; OLG Karlsruhe NStZ **1982** 123). Notwehr ist hier nicht erst dann erlaubt, wenn Beeinträchtigungen drohen, die in § 22 KunstUrhG wegen ihres stark eingreifenden Charakters besondere Erwähnung gefunden haben (wie insbesondere das Verbreiten des Bildes),[263] sondern schon gegen das Fotografieren selbst (BGH NJW **1966** 2353, 2354; OLG Karlsruhe NStZ **1982** 123; OLG Hamm JZ **1988** 308);[264] das gilt unabhängig davon, ob damit zugleich – wie von § 201a gefordert – der höchstpersönliche Lebensbereich als Teilausschnitt des Allgemeinen Persönlichkeitsrechts (s. dazu *Eisele* Strafrechtlicher Schutz vor unbefugten Bildaufnahmen, JR **2005** 6, 7f; *Sch/Schröder/Lenckner/Eisele* § 201a Rdn. 2; jew. m.w.N.) angegriffen wird, da die Notwehrfähigkeit eines Rechtsgutes nicht von dessen strafrechtlichen Schutz abhängt. Ob Notwehr gegen das Fotografieren von Demonstranten durch die Polizei möglich ist oder umgekehrt dann, wenn Polizeivollzugsbeamte von Demonstranten fotografiert oder gefilmt werden, ist keine Frage des Angriffs auf ein Individualrechtsgut, sondern eine der Rechtswidrigkeit des Angriffs (*Roxin* AT I § 15 Rdn. 30).[265] Polizeivollzugsbeamten steht ein Notwehrrecht nach der hier vertretenen Auffassung ohnehin nicht zu (näher Rdn. 216ff). Notwehrfähige Ausprägungen des Allgemeinen Persönlichkeitsrechts sind auch das Recht auf **Nachtruhe** (*Herzog* NK[3] Rdn. 15; *Sch/Schröder/Perron* Rdn. 5a)[266] und der **Hausfrieden** (BGH NStZ **1987** 171). Notwehrfähig ist schließlich auch die **Ehre** als Teil des Allgemeinen Persönlichkeitsrechts (BGHSt **3** 217, 218; BGH NStZ-RR **2018** 272, 273; BayObLG NJW **1991** 2031). Dabei ist jedoch zu beach-

---

259 Eingehend zum strafrechtlichen Schutz dieses Rechtsgutes *Peglau* S. 23ff.
260 Ebenso *Fischer* Rdn. 8; *Schünemann* JuS **1979** 275, 276. AA *Adomeit* JZ **1970** 495, 499; *Rötelmann* MDR **1964** 207, 208.
261 *Günther* SK[8] Rdn. 42; *Jakobs* AT 12/3; *Kühl* Jura **1993** 60; einschränkend für verschwiegene Stellen *Roxin* AT I § 15 Rdn. 30; die Notwehrfähigkeit bejahen *Erb* MK Rdn. 93, *Erdsiek* NJW **1962** 2240, 2242 u. *Spendel* LK[11] Rdn. 184.
262 AA *Günther* SK[8] Rdn. 42.
263 So aber *Haberstroh* JR **1983** 314, 316ff; *Herzog* NK[3] Rdn. 18.
264 Ebenso OLG Düsseldorf NJW **1994** 1971; OLG Hamburg StraFo **2012** 278, 279 m. Anm. *Hecker* JuS **2012** 1039; *Baumann/Weber/Mitsch/Eisele* § 15 Rdn. 14; *Erb* MK Rdn. 93; *Sch/Schröder/Perron* Rdn. 5a; *Paeffgen* JZ **1979** 516; s. dazu auch *Warda* GA **1996** 405, 407.
265 Zu diesem Problem auch BGH NJW **1975** 2075 m. Anm. *W. Schmidt* JZ **1976** 32; JZ **1978** 762 m. Anm. *Paeffgen* JZ **1978** 738; OLG Hamburg JR **1973** 69, 70 m. Anm. *Schroeder*; OLG Celle NJW **1979** 57; *Dittmar* NJW **1979** 1311; *Teubner* JR **1979** 424f.
266 Bei massivsten Störungen kommt auch ein Angriff auf die körperliche Unversehrtheit in Betracht.

ten, dass es sich um ein Rechtsgut handelt, das die Rechtsordnung nicht absolut gewährt; hier kann insbesondere eine Abwägung mit der Meinungsfreiheit aus Art. 5 Abs. 1 GG dazu führen, dass eine Notwehrfähigkeit verneint werden muss.[267] Beleidigungen etwa, die von Gefangenen in Briefwechseln mit ihren Angehörigen in Bezug auf Dritte (zumeist Richter, Staatsanwälte und Strafvollzugspersonal) ausgesprochen werden, dürfen nicht mit Notwehrmitteln unterbunden werden.[268] Sieht man einmal davon ab, dass im engsten Familienkreis formulierte Beleidigungen (dazu gehört auch der Schriftverkehr) zum Nachteil Dritter nach allgemeinen Grundsätzen ohnehin hingenommen werden müssen (BVerfGE **35** 35, 39 f; **90** 255, 259 ff m. Anm. *Wasmuth* NStZ **1995** 100; StV **1995** 144, 145),[269] richtet sich die Inhaltskontrolle von Gefangenenpost nicht nach § 32, sondern nach § 29 Abs. 3 Strafvollzugsgesetz bzw. bei Untersuchungshäftlingen (je nach Überwachungszweck) nach § 119 StPO oder den Untersuchungshaftvollzugsgesetzen/ Strafvollzugsgesetzen der Länder. Diese Vorschriften gehen den Notwehrbefugnissen vor (*Erb* MK Rdn. 88; *Kindhäuser* NK Rdn. 45; *Sch/Schröder/Perron* Rdn. 42d; **aA** *Wimmer* GA **1983** 145, 153 ff).

Von § 32 gedeckt sind auch Maßnahmen, die Verletzungen des **Hausrechts** abweh- 85 ren sollen (BGH StV **1982** 219, 220; OLG Düsseldorf NJW **1994** 1971; **1997** 3383, 3384).[270] Hier ergibt sich die Schutzwürdigkeit bereits daraus, dass das Hausrecht von der Verfassung in Art. 13 GG als ein zentrales Grundrecht anerkannt ist (*Erb* MK Rdn. 90).

Zum Kreis der notwehrfähigen Rechtsgüter ist auch das **Vermögen** (RGSt **21** 168, 86 170; **46** 348, 350; *Sch/Schröder/Perron* Rdn. 5a) zu zählen.[271] **Eigentum** (BGH StV **1982** 219, 220; *Erb* MK Rdn. 89), sonstige dingliche Rechte wie das **Pfandrecht** (BayObLG NJW **1954** 1378), das **Urheberrecht** sowie das **Jagdrecht** (RGSt **35** 403, 407; **55** 167) dürfen mit Notwehrmitteln verteidigt werden. Schuldrechtliche Forderungen hingegen lassen sich nicht unter Berufung auf § 32 durchsetzen, auch wenn sie Ausformungen des Individualrechtsguts Vermögen sind. Die Zulassung von Notwehrbefugnissen würde hier zu einer Beseitigung des staatlichen Zwangsvollstreckungsmonopols führen. Die Erfüllung schuldrechtlicher Forderungen darf daher überhaupt nicht außerhalb der dafür in der ZPO vorgesehenen Verfahren erzwungen werden. Dem Gläubiger sind durch § 229 BGB lediglich Maßnahmen gestattet, die die *spätere* Erfüllung sicherstellen und dies auch nur für den Fall, dass staatliche Hilfe nicht rechtzeitig zu erlangen ist (s. Rdn. 105).

---

267 Vgl. *Erb* MK Rdn. 88 m.w.N. zur verfassungsrechtlichen Rechtsprechung. *Valerius* S. 140 ff will die Frage, ob ein Rechtsgut tatsächlich in einer Verteidigungsbefugnisse auslösenden Weise beeinträchtigt wird, (auch) von „kulturellen Umständen des Einzelfalls" abhängig machen (so exemplarisch bei Ehrangriffen), die über die (ex-ante-)Perspektive des objektiven Beobachters Einfluss auf das Vorliegen einer Notwehrsituation nähmen. Aber das ist kein gangbarer Weg zu einem Ausgleich voneinander abweichender kultureller Vorstellungen von Verteidiger und Angreifer, da die Frage nach dem (unbestreitbaren) Einfluss kultureller Wertvorstellungen auf Gefahrenabwehrbefugnisse eine ausschließlich normative Angelegenheit betrifft, während die Aufgabe eines objektiven Beobachters allein in der Beurteilung von Tatsachen bestehen kann.
268 So aber OLG Celle NJW **1968** 1342; OLG Hamburg JR **1974** 119, 120 m. Anm. *Peters*; BayObLG MDR **1976** 1037; *Gössel* JuS **1979** 162, 166; *Kreuzer* NJW **1973** 1261, 1262; *Pawlik* NJW **1967** 167, 168; *Kleinknecht* JZ **1961** 265, 266; auch *Wimmer* GA **1983** 145, 156 ff, der jedoch nur solche Eingriffe zulassen will, die nicht außer Verhältnis zum Zweck der Unterbindung der Beleidigung stehen.
269 Weiter BVerfG NJW **1997** 185, 186; OLG Koblenz MDR **1990** 479; *Erb* MK Rdn. 88.
270 AA OLG Frankfurt NJW **1994** 946, 947 m. Anm. *Löwisch/Rieble* NJW **1994** 2596.
271 Nach *Robles Planas* ZIS **2018** 14, 20 f soll Notwehr in Form gewalttätiger Verteidigung des Vermögens (d.h. nicht nur bei Forderungen) gegenüber institutionalisierten Verfahren zur Rückerlangung und Erhalt von Schadensersatz subsidiär (und damit ausgeschlossen) sein, wenn das Vermögensstück ersetzbar ist.

87 Ein Sonderfall unter den Vermögensgegenständen ist der **Besitz**. Solange er von einem Recht zum Besitz untermauert wird, bestehen an der Notwehrfähigkeit keine Zweifel, da in diesem Fall jedenfalls das Recht als notwehrfähiges Gut verteidigt wird. Umstritten ist jedoch, ob der Täter unrechtmäßigen Besitz an einer Sache mit Notwehrmitteln verteidigen darf. Über die Frage der Wehrfähigkeit des unrechtmäßigen Besitzes schlechthin lässt sich allerdings nicht streiten, da diese bereits vom Gesetzgeber durch die Schaffung der Besitzwehrrechte in den §§ 859, 860 BGB jeder Diskussion entzogen worden ist. Streit besteht daher allein darüber, ob die §§ 859, 860 BGB dem § 32 als spezielle Ausschließlichkeitsregeln vorgehen, was zur Folge hätte, dass Übergriffe nur vom unmittelbaren Besitzer selbst und vom Besitzdiener, nicht aber von zur Leistung von Nothilfe bereiten Dritten abgewehrt werden dürften.[272] Mit der h.M. ist davon auszugehen, dass § 32 neben den Besitzschutzvorschriften Anwendung findet, da für einen Vorrang der §§ 859, 860 BGB der sachliche Grund fehlt (RGSt **60** 273, 278 [für § 227 BGB]).[273] Es ist nicht einzusehen, warum ein Dritter dann soll abseits stehen müssen, wenn er von dem massiv bedrängten Besitzer gebeten wird, ihm zu helfen (*Erb* MK Rdn. 92).

88 Ein notwehrfähiges Rechtsgut ist auch die **allgemeine Handlungsfreiheit**, d.h. die u.a. in § 240 geschützte Freiheit, einen Willensentschluss zu bilden und zu betätigen.[274] Vielfach wird diese Aussage dadurch eingeschränkt, die Notwehrfähigkeit setze erst dann ein, wenn der Angriff auf die allgemeine Handlungsfreiheit zugleich nach § 240 strafbares Nötigungsunrecht verwirkliche. Danach darf sich der Inhaber dieses Rechtsgutes nur gegen eine nach § 240 Abs. 2 verwerfliche Zwangsausübung mit Notwehrmitteln zur Wehr setzen (*Erb* MK Rdn. 94; *Heinrich* JuS **1994** 17, 20f; *Kindhäuser* NK Rdn. 36).[275] Die Rechtsprechung hat in dieser Frage bislang zu keiner einheitlichen Linie finden können.[276] Im Ergebnis folgt der BGH seit einiger Zeit der einschränkenden Ansicht, indem er die Verwerflichkeit in § 240 Abs. 2 sachlich nach den Kriterien allgemeiner Rechtswidrigkeit bestimmt und die Vorschrift wie einen Rechtfertigungsgrund behandelt, der die rechtliche Billigung der Tat ausdrückt (BGHSt **34** 71, 77; **35** 270, 279). Zugestimmt werden kann dieser Ansicht jedoch nur, soweit es darum geht, dass der vom Angreifer ausgeübte Druck das in **§ 240 Abs. 2** vorausgesetzte Maß sozialer Inadäquanz erreicht. Eine Strafbarkeit wegen Nötigung ist für die Rechtswidrigkeit des Angriffs hingegen nicht erforderlich,[277] so dass auch solche Zwänge Angriffe sein können, die nicht in Form von Gewalt oder Drohung erfolgen (*Sch/Schröder/Perron* Rdn. 5a).[278] Nach der Gegenansicht soll es nicht auf die von § 240 Abs. 2 gezogene Grenze ankommen, weil dadurch allein die Strafrechtswidrigkeit der Zwangsausübung definiert werde. Die für die Rechtswidrigkeit des Angriffs auf die allgemeine Handlungsfreiheit allein entschei-

---

272 So *Felber* S. 187f (der schon die Rechtsgutqualität des Besitzes verneint); *Günther* SK[8] Rdn. 46; *Jakobs* AT 12/3; *Suppert* S. 268f.
273 Ebenso *Hellman* Rechtfertigungsgründe S. 136ff; *Hoyer* SK Rdn. 18; *Thiel* S. 257ff; *Roxin* AT I § 15 Rdn. 30.
274 Vgl. dazu und zu abweichenden Meinungen zum Rechtsgut der Nötigung *Sch/Schröder/Eser/Eisele* § 240 Rdn. 1f.
275 So auch *Lackner/Kühl* Rdn. 3; *Möhl* JR **1966** 229; *Sch/Schröder/Perron* Rdn. 5a; *Samson* SK[5] Rdn. 17; *Fischer* Rdn. 9; i.E. auch BGHSt **34** 71, 77; **35** 270, 279 sowie *Baumann* NJW **1961** 1745, 1747f.
276 Die Einschränkung bejahend OLG Düsseldorf NJW **1994** 1232; OLG Stuttgart NJW **1966** 745, 748 m. Anm. *Bockelmann* u. *Möhl* JR **1966** 229; LG Frankfurt/M. NStZ **1983** 25; aA OLG Stuttgart NJW **1991** 994f; BayObLG NJW **1993** 211f; offengelassen von OLG Hamburg NJW **1968** 662f.
277 So aber wohl OLG Stuttgart NJW **1966** 745, 748 m. Anm. *Bockelmann* u. *Möhl* JR **1966** 229; OLG Schleswig NJW **1984** 1470, 1471.
278 Zu nennen wäre hier etwa der Vermieter, der seinem Mieter bei klirrender Kälte die Heizung abdreht, damit jener auszieht.

dende Abgrenzung des noch erlaubten Zwangs von der schlicht rechtswidrigen Nötigung könne und solle das Merkmal der Verwerflichkeit nicht leisten (*Bertuleit* JA **1989** 16, 21; *Dölling* JR **1994** 113f).[279] Die Einteilung von Zwangsausübung in rechtmäßiges, schlicht rechtswidriges und strafrechtswidriges Nötigungsverhalten lässt sich jedoch – wenngleich theoretisch möglich – rechtssicher nicht durchführen. Bislang ist die Gegenansicht ein handhabbares Kriterium schuldig geblieben, mit dem sich einigermaßen sicher feststellen ließe, unter welchen Umständen die (noch) rechtmäßige Verursachung von Zwang in eine rechtswidrige umschlägt. Da von Menschen ausgehender Zwang ein ubiquitäres gesellschaftliches Phänomen ist[280] und der in § 240 Abs. 2 enthaltene Maßstab ohnehin am unteren Ende strafwürdigen Verhaltens ansetzt, bleibt unklar, welche Fälle den äußerst schmalen Bereich schlicht rechtswidrigen Verhaltens ausmachen sollen.[281] Bedenkt man, dass die von § 32 verliehenen Befugnisse sehr weit gehen und schlicht rechtswidrige Zwangsausübungen ein notwendigerweise geringes Ausmaß an Freiheitsbeeinträchtigung aufweisen,[282] scheint es sich dabei regelmäßig um Bagatellangriffe zu handeln. Mit dem Abstellen auf § 240 Abs. 2 hält man dagegen ein von der Rechtsprechung ausgeformtes, Rechtssicherheit vermittelndes Kriterium zur Bestimmung rechtswidriger Angriffe auf die allgemeine Handlungsfreiheit in den Händen, das im Übrigen auch herangezogen wird, um die Wirksamkeit von Einwilligungen unter Zwang zu bestimmen.[283] Diese Lösung hat weiterhin den Vorteil, dass keine Zuflucht zu einer Notwehreinschränkung – über das ohnehin viel zu häufig als Verlegenheitslösung benutzte Merkmal der Gebotenheit – genommen werden muss, um sachgerechte Ergebnisse im Falle massiver Verteidigung gegen minimale Freiheitsbeeinträchtigungen zu erzielen (BayObLGSt **1963** 17, 20; **1992** 86, 88; NJW **1995** 2646).[284] Die vom BVerfG vorgenommene Einschränkung des Gewaltbegriffs (BVerfGE **92** 1, 16ff) kann nicht gegen diesen Ansatz ins Feld geführt werden, da allein der in § 240 Abs. 2 enthaltene Maßstab über die Notwehrfähigkeit entscheidet, nicht aber die Strafbarkeit des Verhaltens als Nötigung.

Praktische Bedeutung hat die Abgrenzung insbesondere für Handlungen im **Straßenverkehr**. Hier begegnet der Einsatz von Notwehrmitteln zwischen Verkehrsteilnehmern zumindest dann erheblichen Bedenken, wenn Gefahren für Individualrechtsgüter unter Zuhilfenahme des eigenen Kfz abgewehrt werden.[285] Notwehr scheidet schon immer dann aus, wenn die Beeinträchtigung der allgemeinen Handlungsfreiheit unterhalb der Schwelle einer i.S.d. § 240 Abs. 2 gesteigerten sozialen Inadäquanz bleibt. Für derartige Fälle stellen die Notstandsbefugnisse angemessene und ausreichende Abwehrbefugnisse zur Verfügung. Notwehr ist danach etwa ausgeschlossen, um einen aufgebrachten Autofahrer abzuwehren, der in einem Verkehrsstau die Tür eines fremden Kfz öffnet und den Fahrzeugführer mit den Worten: „Was soll das?" zur Rede stellt (so OLG Düsseldorf NJW **1994** 1232). Auch darf eine Sitzblockade, die im Lichte der durch die Teilneh-

89

---

[279] Zust. *Günther* FS Baumann, 213, 217f; *ders.* SK[8] Rdn. 39f; *Kühl* StV **1987** 122, 135; *ders.* Jura **1993** 65; *Roxin* AT I § 15 Rdn. 31; ebenso *Eser* FS Jauch, 35, 43ff, der allerdings zugleich dafür plädiert, bei Sitzblockaden eine Rechtswidrigkeit erst nach Auflösung der Versammlung anzunehmen.

[280] Siehe dazu *Günther* FS Baumann, 213, 216; näher *Rönnau* Willensmängel S. 80f, 228ff, 436.

[281] Die Vertreter dieser These sind gezwungen, etwa § 242 BGB heranzuziehen; im Straßenverkehr böte sich auch die Generalklausel des § 1 Abs. 2 StVO an.

[282] Was auch die Vertreter der Gegenmeinung zugeben, vgl. *Günther* SK[8] Rdn. 40.

[283] Siehe nur *Rönnau* Willensmängel S. 438ff m.w.N.

[284] *Jakobs* AT 12/4, *Roxin* AT I § 15 Rdn. 31 u. *Spendel* LK[11] Rdn. 181 wollen Notwehr gegenüber nicht i.S.v. § 240 Abs. 2 sozialwidrigen Angriffen durch Verneinung der Gebotenheit ausschließen.

[285] Zutreffend OLG Saarbrücken VRS **17** (1959) 25, 27; *Günther* SK[8] Rdn. 49; *Herzog* NK[3] Rdn. 17; *Maatz* NZV **2006** 337, 344f – § 32 gewährt kein Recht zur Verkehrserziehung; bedenklich daher BayObLG NJW **1984** 211.

mer in Anspruch genommenen Grundrechte aus den Art. 5 Abs. 1 und 8 GG als nicht verwerflich erscheint – etwa weil bei einer militärischen Anlage nur eine von zwei Ausfahrten blockiert wird –, nicht unter Inanspruchnahme von § 32 beendet werden. Dasselbe gilt auch dann, wenn das Verhalten zugleich eine Ordnungswidrigkeit ist. Für die Mehrheit der Verstöße gegen Ordnungswidrigkeitentatbestände gilt das schon deshalb, weil diese abstrakt gefährliche Verhaltensweisen verbieten oder Universalrechtsgüter schützen (z.B. Geschwindigkeits- und Rotlicht- oder sonstige Vorfahrtsregelverstöße, Trunkenheitsfahrten und regelwidriges Halten oder Parken). Notwehr scheidet aber auch dann aus, wenn die Ordnungswidrigkeit zugleich eine Beeinträchtigung der sog. „Freiheit des einzelnen Verkehrsteilnehmers, sich ohne verkehrsfremde Beeinträchtigungen zu bewegen" (eine Ausprägung der allgemeinen Handlungsfreiheit),[286] bewirkt, die jedoch das Maß des § 240 Abs. 2 nicht erreicht, weil es sich um unerhebliche Belästigungen handelt[287] (wie etwa ein Gesundheit und Sachwerte nicht gefährdendes Abdrängen eines anderen Verkehrsteilnehmers oder das andere stark behindernde Langsamfahren, weil sich der Fahrzeugführer mit einem Passanten unterhält). Werden – was sich im Regelfall nicht wird ausschließen lassen – durch „Verteidigungsmaßnahmen" im Straßenverkehr Rechtsgüter Dritter gefährdet oder in Mitleidenschaft gezogen, ist die Rechtfertigung dieser Folgen durch Notwehr von vornherein ausgeschlossen, und eine Erlaubnis unter Notstandsgesichtspunkten wird regelmäßig nicht in Betracht kommen.

90   Nach denselben Regeln bestimmen sich auch die Rechte eines **Parkplatzsuchenden**, der von einem Passanten am Hineinfahren in die Parklücke gehindert wird, etwa weil dieser den Platz für einen anderen Fahrzeugführer „reserviert". Dabei handelt es sich ebenfalls um eine Beeinträchtigung der allgemeinen Handlungsfreiheit (OLG Stuttgart NJW **1966** 745, 748 m. Anm. *Bockelmann* u. *Möhl* JR **1966** 229)[288] und nicht, wovon herrschend ausgegangen wird, um das **Recht am Gemeingebrauch**[289] dem öffentlichen Verkehr gewidmeter Flächen.[290] Dieses zuletzt genannte Recht richtet sich allein gegen den Träger der Straßenbaulast (*Günther* SK[8] Rdn. 39) und ist lediglich die Basis für die Ausübung der allgemeinen Handlungsfreiheit durch Teilnahme am Verkehr. Da die Beeinträchtigung jedoch den Grad der gesteigerten Sozialinadäquanz nicht erreicht, ist es – entgegen der Rechtsprechung, die diese Fälle überwiegend über die Notwehreinschränkung des krassen Missverhältnisses löst (BayObLGSt **1963** 17, 20; **1992** 86, 88 m. Anm. *Jung* JuS **1993** 427)[291] – dem parkberechtigten Autofahrer grundsätzlich schon mangels Angriffs verboten, den Blockierer mit seinem Kfz umzufahren oder ihn aus der Parklücke herauszudrängen: § 32 kann er für sein Verhalten nicht in Anspruch nehmen und § 228 BGB gestattet diese äußerst gefährlichen Verhaltensweisen ebenfalls nicht.[292]

---

286   OLG Schleswig NJW **1984** 1470, 1471; BayObLG NJW **1993** 211 m. Anm. *Jung* JuS **1993** 427; *Dölling* JR **1994** 113; krit. *Heinrich* JuS **1994** 17, 18 f.
287   OLG Düsseldorf NJW **1961** 1783, 1784; **1994** 1232; *Erb* MK Rdn. 96.
288   Ebenso *Erb* MK Rdn. 95; *Günther* SK[8] Rdn. 39. **AA** *Blum* NZV **2011** 379, der diese Freiheit im Straßenverkehr nicht für notwehrfähig hält, weil sie vom Rücksichtnahmegebot des § 1 Abs. 1 StVO überlagert werde, aber übersieht, dass Rücksichtnahme nur gegenüber Personen geübt werden muss, die sich selbst an die Regeln halten.
289   *Felber* S. 193 will zwischen notwehrfähigem Recht *am* Gemeingebrauch und nicht notwehrfähigem Recht *auf* Gemeingebrauch unterscheiden.
290   BayObLG NJW **1963** 824, 825; **1995** 2646; *Baumann* NJW **1961** 1745, 1747; *Jakobs* AT 12/4; *Jescheck/Weigend* § 32 II 1b; *Heinrich* JuS **1994** 17, 18 f; *Lackner/Kühl* Rdn. 3; *Roxin* AT I § 15 Rdn. 31; *Spendel* LK[11] Rdn. 181; *Stemler* ZJS **2010** 347, 348.
291   BayObLG NJW **1995** 2646; OLG Stuttgart NJW **1966** 745, 748 m. Anm. *Bockelmann* u. *Möhl* JR **1966** 229; OLG Naumburg NZV **1998** 163, 164; zust. *Roxin* AT I § 15 Rdn. 31.
292   Notwehr scheidet auch in dem umgekehrten Fall aus, in dem ein Passant ein verbotswidrig abgestelltes Fahrzeug am Herausfahren aus der Parklücke hindern will: Zwar ist die Blockade hier – anders als

Für den Fall der Beeinträchtigung der allgemeinen Handlungsfreiheit durch **Drohung** wird die Notwehrfähigkeit vereinzelt mit dem Argument bestritten, es gehe dabei um nur kommunikativ vermittelte, nicht handgreifliche Rechtsgutangriffe insbesondere auf die Willensentschließungsfreiheit (*Erb* MK Rdn. 97f). Zudem werde die Freiheitsbeeinträchtigung lediglich mittelbar (über die Opferpsyche) verursacht, so dass das Notwehrrecht auf diese Situationen nicht passe.[293] Dieser Argumentation kann nicht beigepflichtet werden.[294] Es ist schon kaum nachvollziehbar, warum die drohende Beeinträchtigung eines Rechtsguts nur deshalb nicht mit Notwehrmitteln soll abgewehrt werden dürfen, weil sie kommunikativ erfolgt und erst unter Vermittlung durch die Entschlussfassung des Opfers zustande kommt. Ein Blick in das Strafgesetzbuch zeigt, dass der Gesetzgeber es nicht nur für rechtswidrig, sondern gar für strafwürdig erachtet, wenn der Täter das Vermögen durch Täuschung oder Zwang angreift, jedoch das Opfer (oder ein dem Vermögen nahestehender Dritter) selbst den Vermögensschaden unmittelbar verursacht (zutreffend *Eggert* NStZ **2001** 225, 226). Betrug (§ 263) und Erpressung (§ 253) sind Fälle vertypter mittelbarer Täterschaft, bei denen der Täter die Herrschaft über das Opfer durch Kommunikation mit diesem gewinnt. Darüber hinaus beträfe die Forderung nach handgreiflicher Beeinträchtigung eines Rechtsgutes bei konsequenter Umsetzung nicht nur das Rechtsgut der Willensentschließungsfreiheit, sondern würde den Kreis der notwehrfähigen Interessen auf Leben, Gesundheit, Eigentum und Fortbewegungsfreiheit beschränken, während Rechtsgüter, die erst durch soziale oder rechtliche Interaktion entstehen, wie Vermögen und Ehre, für eine Verteidigung nach § 32 nicht mehr in Betracht kämen. Bei genauerer Betrachtung ist auch die Annahme, eine Beeinträchtigung der Willensentschließungsfreiheit trete erst mit dem Entschluss des Opfers ein, sich dem Täterwillen unterzuordnen, nicht haltbar.[295] Willensentschließungsfreiheit bedeutet im Kern, dass der Entschluss frei von Zwängen gefasst werden kann und beinhaltet auch die Freiheit, *keinen* Entschluss zu fassen. Durch die Drohung wird das Opfer jedoch vor eine Wahl gestellt und dazu gezwungen, sich zu entscheiden.[296] Mit dem Ausspruch der Drohung ist dieser Aspekt der Willensentschließungsfreiheit bereits beeinträchtigt. Dass eine Nötigung erst dann vollendet ist, wenn der Täter sein Ziel erreicht, spricht nicht für die Gegenmeinung,[297] wie ein Vergleich mit der Erpressung recht deutlich zeigt: Hier besteht der Nötigungserfolg in der Opferbeteiligung, d.h. etwa in der Geldzahlung. Nähme man das Argument der Gegenansicht ernst, müsste man zu dem wenig überzeugenden Schluss gelangen, dass die auch bei der Erpressung mitangegriffene Willensentschließungsfreiheit erst dann verletzt ist, wenn gezahlt wird; hier dürfte

---

beim Verhindern des Hineinfahrens – ein rechtswidriger Angriff, das Herausdrängen des Blockierers mit dem Fahrzeug ist wegen eines krassen Missverhältnisses aber nicht von § 32 gedeckt. Versucht der Fahrzeugführer es gleichwohl, ist allerdings auch das Notwehrrecht des Blockierers eingeschränkt: Wegen seiner rechtswidrigen Blockade darf er jedenfalls dann keine scharfe Notwehr (etwa durch einen Schlag auf die Motorhaube) üben, wenn ihm durch ein Zufahren nur gedroht wird; das volle Notwehrrecht wächst ihm erst zu, wenn er tatsächlich umgefahren zu werden droht, AG Ludwigshafen NJW **2018** 411 f m. Anm. *Filthaut*.

293   *Müller* NStZ **1993** 366, 368; ähnl. *ders.* FS Schroeder, 323, 335 f: Erzeugen von Furcht sei kein Angriff. I.E. auch *Arzt* JZ **2001** 1052; *Neuheuser* S. 49 ff. Radikal *Börgers* S. 163 ff, die die Willensfreiheit schon nicht für ein Rechtsgut hält, sondern lediglich für die Bezeichnung jener (unselbständigen) Regeln, die die Freiwilligkeit der Verfügung über Rechtsgüter festlegen.

294   So auch *Amelung* GA **1982** 381, 384 f; *Eggert* NStZ **2001** 225, 226; *Haug* MDR **1964** 548, 551; *Klug* FS Sarstedt, 101, 124 f; *Novoselec* NStZ **1998** 218, 219; *SSW/Rosenau* Rdn. 7.

295   Ebenso *Herzog* NK³ Rdn. 33; *Sch/Schröder/Perron* Rdn. 18.

296   Vgl. auch *Suppert* S. 285 f.

297   So aber *Müller* NStZ **1999** 366, 368.

eher das Gegenteil richtig sein: Die Freiheitsbeeinträchtigung endet, wenn das Opfer zahlt.

92   Bedeutung hat die in Rdn. 91 festgestellte Notwehrfähigkeit der Willensentschließungsfreiheit auch für Fälle sog. **Chantage**.[298] Wird der Verteidiger durch die Androhung, kompromittierende wahre Tatsachen über ihn zu veröffentlichen, erpresst, kommen gleich mehrere Rechtsgüter in Betracht, die durch dieses Verhalten beeinträchtigt sein können. Neben der Freiheit des Erpressten zur Willensentschließung wird auch sein Vermögen bedroht. Problematisch ist, ob neben diesen notwehrfähigen Individualinteressen auch das persönliche Ansehen des Erpressten im Grundsatz mit Notwehrmitteln verteidigt werden darf. Der Antwort auf die Frage nach der Notwehrfähigkeit des „Ansehens" kommt trotz der Tatsache, dass es sich dabei um nur eines von mehreren durch die Erpressung tangierten Rechtsgütern handelt, besondere Bedeutung zu. Wird sie verneint, bestehen erhebliche Zweifel an einem Recht des Erpressten zu heimlicher (und gewaltsamer) Notwehr gegen den Erpresser, da der Erpresste den Angriff auf die Rechtsgüter Willensentschließungsfreiheit und Vermögen bereits durch eine Strafanzeige oder andere öffentlichkeitswirksame Mittel abwehren könnte (*Amelung* GA **1982** 381, 382f; *Arzt* MDR **1965** 344; *Baumann* MDR **1965** 346). Dass er damit gezwungen wäre, zugleich sein bislang sorgsam gehütetes Geheimnis preiszugeben,[299] wäre bei Annahme einer Notwehrunfähigkeit des Rechtsgutes „persönliches Ansehen" irrelevant. Dessen Notwehrfähigkeit wird vereinzelt mit dem Argument abgelehnt, dass der Erpresser lediglich die Veröffentlichung wahrer Tatsachen über den Verteidiger androhe und dieser daher nicht in einem schutzwürdigen Interesse berührt werde (*Arzt* MDR **1965** 344, 345; *ders.* JZ **2001** 1052f).[300] Diese Sichtweise ist mit der h.M. abzulehnen. Grundsätzlich ist auch das Ansehen eines Menschen vor Beschädigung durch die Verbreitung wahrer Tatsachen geschützt, wenn die Verbreitung in einer formal verletzenden Weise geschieht, vgl. § 192, oder, wie § 68a StPO zeigt, wenn der Ehrträger dadurch bloßgestellt wird (*Amelung* GA **1982** 381, 388).[301] Damit ist nun allerdings noch nicht gesagt, dass der Erpresste den Angriff auf sein Ansehen im Rahmen der Notwehr durch gewaltsame Handlungen oder gar Tötung des Erpressers abwehren darf. Wie die §§ 185ff zeigen, ist der Schutz, den die Rechtsordnung dem persönlichen Ansehen vor einer Rufschädigung durch die Veröffentlichung wahrer Tatsachen verleiht, stark eingeschränkt. Die Verbreitung der Wahrheit über einen Menschen als solche ist nicht verboten; das Unrecht der Chantage speist sich erst aus der Verquickung von angedrohter Bloßstellung und erstrebtem Vermögensvorteil. Daher kann dem Erpressten nicht das volle Notwehrrecht zur Seite stehen (s. Rdn. 261).[302] Kein notwehrfähiger Angriff auf die allgemeine Handlungs- oder die Willensfreiheit ist die rechtswidrige, weil willkürliche oder gegen § 19 Allgemeines Gleichbehandlungsgesetz verstoßende Zutrittsverweigerung zu einer für Kunden- oder Gäste

---

[298]   Zum Begriff vgl. *Müller* NStZ **1999** 366, 368 und Rdn. 261 m. Fn. 1013. Umfassend zum Problem *Kroß*.
[299]   Zu der nur eingeschränkten Geltung des aus dem nemo-tenetur-Grundsatz folgenden Rechts, sich nicht selbst belasten zu müssen, wenn sich der straffällig gewordene Geheimnisträger hilfesuchend an Strafverfolgungsbehörden wendet, s. eingehend *Kroß* S. 173ff.
[300]   Zust. *Baumann* MDR **1965** 346; ähnlich *Erb* MK Rdn. 98, der die Notwehrunfähigkeit jedoch daraus ableitet, dass kein Friedensbruch vorliege, weil sich der Täter noch auf der „Ebene der Kommunikation" bewege.
[301]   Nach *Haug* MDR **1964** 548, 552ff sollen zusätzlich das Recht eines Straftäters, sich nicht selbst bezichtigen zu müssen, sowie § 154c StPO dafür sprechen. *Arzt* MDR **1965** 344, 345 zieht aus dieser Vorschrift genau den gegenteiligen Schluss; gegen beide zu Recht *Amelung* GA **1982** 381, 388. Differenzierend *Kroß* S. 89ff, die einen Angriff nur annimmt, wenn die Veröffentlichung in beleidigender oder anprangernder Form erfolgt.
[302]   Zur Gegenwärtigkeit des Angriffs bei der Chantage s. Rdn. 151, zur Erforderlichkeit Rdn. 203.

generell zugänglichen Lokalität wie etwa einem Club.[303] Die Zutrittsverweigerung ist keine Nötigung, da der Verweigernde kein für die Annahme von Gewalt erforderliches unüberwindliches Hindernis bildet und auch nicht droht: Er stellt den Abgewiesenen vor keine Wahl; dieser kann nichts dadurch gewinnen, dass er sich dem Willen des Verweigernden beugt und den Versuch hineinzugelangen abbricht. Die Zutrittsverweigerung ist vielmehr ein Angriff durch Unterlassen, der „nur" deshalb rechtswidrig ist, weil der Abgewiesene einen schuldrechtlichen Anspruch auf Zutrittsgewährung hat. Damit gehört der Fall der Zutrittsverweigerung in die Gruppe der Angriffe durch Nichterfüllung einer Forderung, die allein von § 229 BGB, nicht aber von § 32 erfasst werden (dazu Rdn. 105).

Familienrechtliche Verhältnisse sind nur eingeschränkt der Notwehr fähig. Gefahren für das **Verlöbnis** dürfen mit Notwehrmitteln überhaupt nicht abgewehrt werden, da auf Eingehung der Ehe nicht geklagt werden kann (*Roxin* AT I § 15 Rdn. 32).[304] Durch § 32 soll sich der in Not befindliche Partner nichts verschaffen dürfen, was ihm die Rechtsordnung unter gewöhnlichen Umständen nicht auch zubilligt. Auch Angriffen auf die **Ehe** kann nicht in vollem Umfange unter Heranziehung von § 32 begegnet werden. Findet der Angriff in Form des Seitensprunges, d.h. mit Einverständnis des untreuen Ehepartners statt, darf er nicht gewaltsam verhindert werden (OLG Köln NJW **1975** 2344 f; LG Paderborn NJW **1990** 260; *Herzog* NK³ Rdn. 15; *Sch/Schröder/Perron* Rdn. 5a).[305] Uneingeschränkt notwehrfähig ist hingegen das elterliche **Sorgerecht** (§ 1626 BGB), so dass der eine Elternteil die „Entführung" des gemeinsamen Kindes notfalls mit Gewalt verhindern darf (*Sch/Schröder/Perron* Rdn. 5a). 93

c) Drohende Verletzung

Schrifttum

Böhm Die Ex-ante-Betrachtung beim Merkmal der Erforderlichkeit, Diss. Münster 1996; *Born* Die Rechtfertigung der Abwehr vorgetäuschter Angriffe, Diss. Bayreuth 1983 (1984); *Freund* Richtiges Entscheiden – am Beispiel der Verhaltensbewertung aus der Perspektive des Betroffenen, insbesondere im Strafrecht, GA **1991** 387; *Frisch* Vorsatz und Risiko (1983); *Graul* Notwehr oder Putativnotwehr – Wo ist der Unterschied? JuS **1995** 1049; *Herzberg* Die Sorgfaltswidrigkeit im Aufbau der fahrlässigen und der vorsätzlichen Straftat, JZ **1987** 536; *ders.* Erlaubnistatbestandsirrtum und Deliktsaufbau (Teil 1), JA **1989** 243; *Hirsch* Die Notwehrvoraussetzung der Rechtswidrigkeit des Angriffs, Festschrift Dreher (1977) 211; *Armin Kaufmann* Zum Stande der Lehre vom personalen Unrecht, Festschrift Welzel (1974) 393; *Nippert/Tinkl* Erlaubnistatbestandsirrtum? Auswirkungen der ex-ante- bzw. ex-post-Beurteilung der Rechtfertigungslage von § 32 und § 34 StGB JuS **2002** 964; *Otto* Die vorgetäuschte Notwehr-/Nothilfelage, Jura **1988** 330; *Paeff-*

---

303 So aber *Sickor* Jura **2008** 14, 19 ff, der zwar von einem rechtswidrigen Angriff in Form einer verwerflichen Nötigung ausgeht, dem Abgewiesenen i.E. das Notwehrrecht gleichwohl versagt, weil der Abgewiesene durch den Versuch, sich in Abwehr dieses rechtswidrigen Angriffs Zutritt zu verschaffen, das Zutrittsrecht wegen Verstoßes gegen die allgemeinen Zugangsregeln (keine gewalttätigen Gäste) verliere und seine Verteidigung damit nicht geeignet sein könne, ein Zutrittsrecht durchzusetzen. Dasselbe Ergebnis lässt sich aber auch ohne diesen offensichtlichen Widerspruch erzielen, indem bereits die Notwehrfähigkeit verneint wird.
304 *Schramm* S. 93 f; **AA** RGSt **48** 215, 216 f, wenn der untreue Partner des Verteidigers vom Dritten getäuscht oder genötigt wurde.
305 **AA** *Spendel* LK¹¹ Rdn. 183, solange die Ehepartner die Ehe nicht aufgeben wollen; widersprüchlich *Schramm* S. 92 f, der eine Rechtfertigung durch Notwehr zwar dann annimmt, wenn der „räumlich-gegenständliche" Ehebereich verteidigt wird (Rauswurf des Nebenbuhlers bei Seitensprung in der Ehewohnung), zugleich aber davon ausgeht, die Zustimmung des untreuen Ehepartners nehme dem Angriff auf den räumlich-gegenständlichen Ehebereich dessen Rechtswidrigkeit.

gen Anm. zum Erlaubnistatbestandsirrtum, Gedächtnisschrift Armin Kaufmann (1989) 399; *Rudolphi* Inhalt und Funktion des Handlungsunwertes im Rahmen der personalen Unrechtslehre, Festschrift Maurach (1972) 51; *ders.* Rechtfertigungsgründe im Strafrecht, Gedächtnisschrift Armin Kaufmann (1989) 371; *Schaffstein* Handlungsunwert, Erfolgsunwert und Rechtfertigung bei den Fahrlässigkeitsdelikten, Festschrift Welzel (1974) 557; *Scheffler* Der Erlaubnistatbestandsirrtum und seine Umkehrung, das Fehlen subjektiver Rechtfertigungselemente, Jura **1993** 617; *C. Schröder* Angriff, Scheinangriff und die Erforderlichkeit der Abwehr vermeintlich gefährlicher Angriffe, JuS **2000** 235; *Wolter* Objektive und personale Zurechnung von Verhalten, Gefahr und Verletzung in einem funktionalen Straftatsystem, Habil. Bonn 1979 (1981); *Zielinski* Handlungs- und Erfolgsunwert im Unrechtsbegriff, Diss. Bonn 1971/72 (1973).

94 Die Beeinträchtigung eines der in den Rdn. 78 ff aufgezählten Rechtsgüter muss tatsächlich drohen (*Hirsch* FS Dreher, 213, 228). Das Vorliegen eines Angriffs bestimmt sich daher nach einer objektiven **ex-post-Sicht**, wenn man – mit der hier für zutreffend gehaltenen h.M. – Notwehr für ein echtes Eingriffsrecht hält (BGH NJW **1989** 2479, 2481 m. Anm. *Küpper* JuS **1990** 184 u. *Eue* JZ **1990** 765; *Sch/Schröder/Perron* Rdn. 3, 27 f).[306] Nur scheinbar gefährliches Verhalten kann danach eine Notwehrlage nicht begründen.[307] Die **Drohung mit** einer **Scheinwaffe** ist hingegen ein Angriff in diesem Sinne, obwohl der Angreifer die angekündigte Körperverletzung oder Tötung nicht wahrmachen kann. Auch wenn das Verhalten für die Rechtsgüter Gesundheit oder Leben ungefährlich ist, beeinträchtigt es doch tatsächlich die Willensentschließungsfreiheit des Bedrohten. Dieses Rechtsgut erleidet bereits dadurch eine echte Einbuße, dass der Drohende den Nichteintritt eines Übels, auf dessen Eintritt er nur vorgeblich Einfluss hat, von der Willfährigkeit des Opfers abhängig macht. Der Bedrohte wird der aufgezwungenen Entscheidung auch Umstände zugrunde legen, die nur möglicherweise eintreten werden (*Amelung* Jura **2003** 91, 95 f; *Born* S. 151; *Erb* MK Rdn. 64; *Otto* Jura **1988** 330; *Roxin* AT I § 15 Rdn. 9).[308]

95 Kein Angriff ist dagegen der sog. **untaugliche Versuch** (BGH NJW **1989** 2479, 2481; Erb MK Rdn. 64; *Hirsch* FS Dreher, 211, 228). Als untauglicher Versuch werden – anders als ein unbefangenes Allgemeinverständnis des Wortes „untauglich" nahelegt – nur solche Verhaltensweisen verstanden, bei denen bereits im Zeitpunkt des unmittelbaren Ansetzens nach objektiver ex-ante-Sicht eine Vollendung ausgeschlossen ist, was dem Täter selbst jedoch verborgen bleibt. Mit Blick auf die Verteidigungssituation bei der

---

306 Im Ergebnis ebenso *Paeffgen* GedS Armin Kaufmann, 399, 419 f; *ders./Zabel* NK Vor § 32 Rdn. 81 ff, der eine Einteilung der Erlaubnissätze in Eingriffsrechte und Handlungsbefugnisse für „missverständnisträchtig" hält.

307 **AA** *Jakobs* AT 11/9, nach dem nur die Umstände wirklich vorliegen müssen, die die Zurechnung der Notlage zum Träger des Eingriffsrechtsgutes tragen, so dass auch der ex post zurechenbare Scheinangriff notwehrfähig ist.

308 Zust. *Sch/Schröder/Perron* Rdn. 27; **anders** *Graul* JuS **1995** 1049, 1056, die für die Bestimmung des wirklich vorliegenden Angriffs auf die durch Übelzufügung nur scheinbar bedrohten Rechtsgüter abstellt. Tatsächlich handelt es sich um eine Frage der Kongruenz zwischen Angriffsschwere und erforderlicher Verteidigung, die für das Merkmal des rechtswidrigen Angriffs jedoch keine Bedeutung besitzt, so auch *Erb* MK Rdn. 64, s. weiter Rdn. 271 ff. Soweit *Erb* MK Rdn. 64 auch das Zusammentreffen eines – als solcher keine Notwehrbefugnisse auslösenden – untauglichen Versuchs mit der – notwehrfähigen – Bedrohung weiterer Rechtsgüter als bloße Kongruenzfrage mit der Folge behandelt, dass eine ex-ante-Sichtweise gilt, ist dem jedoch zu widersprechen: Der Irrtum beschränkt sich hier nicht auf die Angriffsschwere, vielmehr verwechselt der Täter einen Nichtangriff (untauglicher Versuch) zum vermeintlichen Nachteil eines Rechtsguts mit einem tatsächlichen Angriff auf ein anderes Rechtsgut. Dafür gilt eine ex-post-Sicht. Dass diese Verschiebung in der Sichtweise kein rein akademisches Problem betrifft, zeigt sich in dem der Entscheidung BGH NStZ **2012** 272 zugrundeliegenden Sachverhalt. Dort hatte der Verteidiger einen Angriff auf sein Leben angenommen und durfte dies auch, tatsächlich wurde aber nur sein Hausrecht angegriffen. Der BGH sprach (insoweit) wegen (unvermeidbarer) Putativnotwehr frei, *Erb* JR **2012** 207, 210 (auch *Rotsch* ZJS **2012** 109, 114) nimmt hingegen Notwehr an (s. dazu noch Rdn. 180 m. Fn. 678).

Notwehr lässt sich diese Aussage dahin präzisieren, dass immer dann kein Angriff vorliegt, wenn das scheinbar gefährliche Verhalten nach dem Urteil eines sorgfältig Beobachtenden in der Situation des Verteidigers auch dann nicht zu einer Beeinträchtigung von Rechtsgütern führen kann, wenn eine Verteidigung ausbleibt.

An einem Angriff fehlt es – über die Situation des untauglichen Versuchs hinaus – 96 weiterhin, wenn nach einem sorgfältigen ex-ante-Urteil[309] mit dem Eintritt eines Schadens gerechnet werden musste, dies aus **ex-post-Sicht** jedoch ausgeschlossen war. Dieses Ergebnis ist bei Einordnung der Notwehr als Eingriffsrecht, das den Angreifer zur Duldung der Gegenwehr verpflichtet, zwingend, da es anderenfalls zu einer Pflichtenkonfusion kommen kann: Irrt der Verteidiger über das Vorliegen eines Angriffs, ist er zu seinem Urteil jedoch ohne Sorgfaltsverstoß gelangt, wäre der vermeintliche Angreifer zur Duldung der Verteidigung verpflichtet, wenn man der Notwehr eine ex-ante-Sicht zugrunde legt und es zugleich als Eingriffsrecht interpretiert. Da der vermeintliche Angreifer jedoch tatsächlich angegriffen wird, stände das Notwehrrecht auch ihm zu, und der Kontrahent wäre nun zur Duldung der Verteidigung des vermeintlichen Angreifers verpflichtet. Die dem objektiven ex-ante-Maßstab anhängenden Vertreter der Gegenmeinung sehen denn in § 32 auch kein Eingriffsrecht, sondern eine bloße Handlungsbefugnis (eingehend *Frisch* Vorsatz und Risiko S. 420 ff),[310] da sie die Rechtfertigungsgründe von vornherein nicht mit der Aufgabe belasten wollen, Auskunft darüber zu geben, „was Dritte an Verhaltensweisen zu dulden haben" (*Frisch* Vorsatz und Risiko S. 424 f; *Zielinski* S. 297 ff). Die Wirkung der Notwehr erschöpft sich danach darin, das Verhalten des Verteidigers ausnahmsweise zu erlauben und die rechtliche Missbilligung des Eingriffs zu suspendieren. Offenlassen können die Vertreter der Gegenmeinung die Frage nach gegenseitigen Duldungspflichten allerdings nicht. Sie sind gezwungen, zusätzliche Regeln zu benennen, die diese Frage beantworten.[311]

Trotz unterschiedlicher Perspektiven bei der Bestimmung des Angriffs (ex-post- 97 Maßstab der h.M einerseits, ex-ante-Betrachtung der Gegenansicht andererseits) gibt es im Ergebnis allerdings keine Unterschiede: Immer dann, wenn lediglich aus **ex-ante-Sicht** ein Angriff vorliegt mit der Folge, dass die Gegenansicht dem Verteidiger Notwehrbefugnisse zubilligt, ist nach h.M. ein **unvermeidbarer Erlaubnistatbestandsirrtum** gegeben. Dieser hat dieselben Rechtswirkungen wie § 32, wenn man die Notwehr mit der Gegenmeinung lediglich als eine Handlungsbefugnis einordnet: Nach beiden Ansichten handelt der **Verteidiger** nicht rechtswidrig i.S.d. § 32, wenn man mit der mittlerweile h.M. für die Rechtswidrigkeit des Angriffs Handlungsunrecht verlangt (zu diesem Erfor-

---

[309] Uneinigkeit besteht über den bei der ex-ante-Sicht anzulegenden Maßstab. Gestritten wird vornehmlich darüber, ob der objektive Beobachter in der Situation des Verteidigers lediglich mit einem auf den Verkehrskreis des Handelnden bezogenen Durchschnittswissen (so etwa *Schaffstein* FS Bruns, 89, 101 f), mit sachverständigem Wissen (vgl. nur *Hirsch* LK[11] § 34 Rdn. 31) oder gar mit dem situationsgebundenen Höchstwissen der Zeit (*Sch/Schröder/Perron* aaO) ausgestattet werden muss. Auf das subjektive Urteil des Täters selbst stellt hingegen ab *Zielinski* S. 244 ff.

[310] Siehe auch *Armin Kaufmann* FS Welzel, 393, 401; *Herzberg* JZ **1987** 536, 539 f; *ders.* JA **1989** 243, 247 ff; *Herzog* NK[3] Rdn. 3; *Hoyer* SK Rdn. 19 ff; *Mitsch* JuS **1992** 289, 291; *Walther* JZ **2003** 52, 53; *Rudolphi* GedS Schröder, 74, 81 f; *ders.* GedS Armin Kaufmann, 371, 386 f, der seine Ansicht dahingehend präzisiert, dass das ex-ante-Urteil dazu geführt haben muss, dass ein Angriff mit an Sicherheit grenzender Wahrscheinlichkeit vorliegt; *Wolter* S. 38, 137 ff; *Zielinski* S. 244 ff. Siehe auch *Böhm* S. 76 ff; *C. Schröder* JuS **2000** 235, 237 ff. Tatsächlich können die Autoren die ex-ante-Sichtweise nicht durchhalten, da sie immer dort eine Ausnahme machen müssen, wo die ex-post-Betrachtung ausnahmsweise zu einem für den Täter günstigeren Ergebnis führt. Anderenfalls würden sie durch ein Festhalten an der ex-ante-Betrachtung vom Täter ein Verhalten fordern, das die Situation der Rechtsgüter des Kontrahenten nicht verbessert und daher überflüssig ist.

[311] Vgl. etwa die Überlegungen von *Freund* GA **1991** 387, 407 f.

dernis näher Rdn. 109). Verwirklicht der Verteidiger ein vorsätzliches Delikt, wird das **vorsätzliche Handlungsunrecht** durch den Erlaubnistatbestandsirrtum bzw. durch die Notwehr als Handlungsbefugnis kompensiert. **Fahrlässiges Handlungsunrecht** hingegen entsteht schon gar nicht, denn „objektiv ex ante" bedeutet, dass der Verteidiger dem Irrtum ohne Sorgfaltsverstoß erlegen ist. Erkennt der nur vermeintliche **Angreifer** nun seinerseits den Irrtum des sich Verteidigenden nicht, weil dieser nach objektivem ex-ante-Maßstab nicht zu erkennen war, steht ihm nach der Gegenmeinung – ebenso wie schon dem Verteidiger – das Notwehrrecht zu; nach dieser Ansicht handeln also beide Kontrahenten in Notwehr. Nach der hier favorisierten h.M. kommt der Angreifer in den Genuss der Rechtswirkungen eines unvermeidbaren Erlaubnistatbestandsirrtums; auch er handelt also, wenn er sich gegen den Irrenden wehrt, nicht rechtswidrig. Nach der h.M. ist danach sowohl das Verhalten des Angreifers als auch das des Verteidigers durch einen unvermeidbaren Erlaubnistatbestandsirrtum gedeckt. Für beide Ansichten gilt jedoch Folgendes: Wer aufgrund der Umstände zuerst erkennt oder hätte erkennen müssen, dass der andere irrt, muss auf Notwehrmaßnahmen verzichten.[312]

98   Abzulehnen ist die im Ergebnis **vermittelnde Sichtweise**, nach der das Vorliegen eines Angriffs im Grundsatz ex post beurteilt wird, bei Merkmalen mit prognostischem Charakter jedoch ex ante (*Sch/Schröder/Lenckner/Sternberg-Lieben* Vor § 32 Rdn. 10b).[313] Während danach das Angriffsverhalten tatsächlich gegeben sein muss, soll für die sich aus dem Angriff erst entwickelnde und vom Verteidigerstandpunkt aus noch in der Zukunft liegende Rechtsgutverletzung (insbesondere ihr Ausmaß) eine objektive ex-ante-Betrachtung ausreichen (*Sch/Schröder/Perron* Rdn. 27). Sieht man einmal davon ab, dass es kaum möglich erscheint, zwischen dem Angriffsverhalten und der drohenden Rechtsgutverletzung zu unterscheiden, weil das Verhalten erst dadurch zu einem Angriffsverhalten wird, dass es Individualrechtsgüter bedroht, überzeugt auch die Begründung für diese Differenzierung nicht. Danach soll für Merkmale, die eine Prognose erfordern, nicht mehr als eine ex-ante-Betrachtung gefordert werden dürfen, da niemand die Fähigkeit besitze, in die Zukunft zu schauen (vgl. *Sch/Schröder/Lenckner/Sternberg-Lieben* Vor § 32 Rdn. 10b). Zutreffend ist diese Feststellung nur, soweit es die Unfähigkeit des Menschen betrifft, die Zukunft richtig vorherzusagen. Wer wie die Vertreter der vermittelnden Sichtweise der Notwehr die Qualität eines Eingriffsrechts zuspricht, kommt jedoch nicht umhin, dem Verteidiger das – durch die Möglichkeit des unvermeidbaren Erlaubnistatbestandsirrtums gemilderte[314] – Risiko aufzubürden, dass er sich darüber irrt, angegriffen zu werden. Wenn man dieses Ergebnis für unerträglich hält, muss man auf Eingriffsbefugnisse verzichten und mit der Gegenansicht für sämtliche Voraussetzungen des § 32 auf die – objektivierte – Erkenntnisfähigkeit des Verteidigers und damit auf eine ex-ante-Perspektive abstellen. Für eine vermittelnde Lösung ist bei der Einordnung der Notwehr als Eingriffsrecht kein Raum.[315]

99   **2. Das Angriffsverhalten.** Als Angriff i.S.d. § 32 wird eine drohende Rechtsgutverletzung nur dann gewertet, wenn sie auf das gewillkürte **Verhalten eines Menschen**

---

312 *Scheffler* Jura **1993** 617, 625 hält dieses Ergebnis für kurios; dagegen zu Recht *Graul* JuS **1995** 1049, 1055.
313 Im Ergebnis wie die h.M. *Puppe* AT 1 23/2 ff, die anders als *Lenckner* und *Sternberg-Lieben* danach unterscheiden will, ob sich die Prognose auf determinierte oder nichtdeterminierte Verläufe bezieht. Nur für die zweite Gruppe mache eine Differenzierung zwischen ex-post- und ex-ante-Betrachtung Sinn.
314 Zu den Wirkungen des unvermeidbaren Erlaubnistatbestandsirrtums s. Rdn. 97.
315 Ähnlich – allerdings von einem ex-ante-Standpunkt aus – *Frisch* Vorsatz und Risiko S. 440.

zurückzuführen ist.³¹⁶ Damit scheiden juristische Personen als Angreifer schon deshalb aus, weil sie handlungsunfähig sind.³¹⁷ Angreifen können daher allenfalls die Organe der juristischen Person, so dass sich bei der Verteidigung gegen dieses Verhalten das Problem ergibt, ob ausschließlich in Rechtsgüter der Organe oder auch in solche der juristischen Person eingegriffen werden darf (s. dazu näher Rdn. 164). Auch von Tieren kann kein Angriff ausgehen, so dass sich die Abwehr ihren Eigentümern gegenüber nach den Regeln des Defensivnotstands gem. § 228 BGB richtet (RGSt **34** 295, 296; *Kindhäuser* NK Rdn. 32; *Sch/Schröder/Perron* Rdn. 3). Die allein von *Spendel* in der Vorauflage vertretene Gegenmeinung³¹⁸ überzeugt nicht, da das Verhalten von Tieren nach dem Verständnis der Rechtsordnung auch dann nicht Gegenstand eines Rechtswidrigkeitsurteils sein kann, wenn man sie als Personen einordnet (dazu Rdn. 82). So ist *Spendel* – da er die Rechtswidrigkeit eines „Tierangriffs" nicht mit einem Verhaltensnormverstoß des Tieres begründen kann – auch gezwungen, diese aus Sicht des Gefährdeten zu bestimmen, indem er fragt, ob dieser die drohende Rechtsgutverletzung dulden muss.³¹⁹ Wird das Tier hingegen von einem Menschen auf einen anderen gehetzt, liegt ein Angriff vor. Dieser geht jedoch nicht von dem Tier, sondern von dem dieses steuernden Menschen aus (*Sch/Schröder/Perron* Rdn. 3; *Seier* JuS **1982** 521, 522; *Fischer* Rdn. 6).

Nur **willensgesteuertes Verhalten** eines Menschen lässt sich unter das Merkmal **100** des Angriffs subsumieren (*Erb* MK Rdn. 55). Damit scheiden alle Nichthandlungen aus dem Begriff des Angriffs aus, soweit es sich nicht um ein gewillkürtes Unterlassen handelt (*Sinn* GA **2003** 96, 98 f.).³²⁰ Das gilt nicht nur für den Fall, dass ein Mensch von einem Geländer herunterfällt oder von einem Balkon gestoßen wird, sondern entgegen einer teilweise vertretenen These³²¹ auch für Reflexbewegungen und Bewegungen Schlafender,³²² da die Rechtsordnung diese Konstellationen identisch behandelt. Praktische Auswirkungen hat der Streit um die Angriffsqualität dieser zuletzt genannten Verhaltensweisen also nicht. Der Begriff des Angriffs erfordert hingegen keinen auf eine Rechtsgutverletzung gerichteten Willen (OGHSt **1** 273, 274; *Roxin* ZStW **93** [1981] 68, 82; *Sinn* GA **2003** 96, 100; *Fischer* Rdn. 5).³²³ Diese Einschränkung verträgt sich weder mit dem Wortlaut des § 32 noch mit der Ratio der Notwehr.

---

316 RGSt **34** 295, 296; **36** 233, 236; OGHSt **1** 273, 274; *Günther* SK⁸ Rdn. 23; *F.-W. Krause* FS Bruns, 71, 82 f; *Renzikowski* S. 280.
317 Anders *Späth* S. 66 ff, der die Fähigkeit juristischer Personen, Angreifer zu sein, nicht mangels Handlungsfähigkeit, sondern mit dem Hinweis darauf ablehnt, in einer Verteidigung durch Eingriff in die Rechtsgüter der juristischen Person bewahre sich das Recht, weil das Organ, von dem die Gefahr ausgeht, nicht nur gegenüber dem Verteidiger, sondern auch gegenüber der juristischen Person rechtswidrig handelt. Das überzeugt nicht, weil diese sich aus der Legalitätspflicht von Organen ergebende Rechtswidrigkeit im Innenverhältnis allein Konsequenz der Binnenorganisation auf Angreiferseite ist und daher keine Auswirkungen auf die Reichweite der Eingriffsrechte des Verteidigers haben kann. Entscheidend ist allein, dass das Organhandeln der juristischen Person nicht in einer Weise zugerechnet werden kann, dass es auch notwehrrechtlich als ihr Handeln erscheint (s. Rdn. 164) – der Verstoß gegen die Legalitätspflicht steht der Zurechnung aber nicht entgegen. Die von *Späth* aaO S. 71 angestellten Überlegungen zur „Zurechnung" des Angriffs bestreffen in Wahrheit allein die Frage nach einer Drittwirkung der Notwehr (dazu näher Rdn. 161).
318 *Spendel* LK¹¹ Rdn. 38 ff m.N. zum älteren Schrifttum.
319 *Spendel* LK¹¹ Rdn. 58.
320 Zum Unterlassen s. sogleich Rdn. 101 ff.
321 *Herzog* NK³ Rdn. 6; *Spendel* LK¹¹ Rdn. 27; *Fischer* Rdn. 5.
322 Wie hier *Erb* MK Rdn. 56; *Jakobs* AT 12/16; *Lackner/Kühl* Rdn. 2; enger *Otto* AT § 8 Rdn. 20: bewusster Eingriff.
323 AA *Renzikowski* S. 282 ff; *Schaffstein* MDR **1952** 132, 136; ähnlich *Otto* AT § 8 Rdn. 21: nur bewusste Rechtsgutverletzungen; diff. *Sch/Schröder/Perron* Rdn. 3, der danach unterscheidet, ob eindeutiges oder ambivalentes Verhalten vorliegt.

101 **a) Angriff durch Unterlassen.** Ein Angriff kann nach h.M. auch durch Unterlassen erfolgen.[324] Voraussetzung ist jedoch, dass der Unterlassende zumindest den Versuch der Abwendung der einem Individualrechtsgut drohenden Gefahr schuldet.[325] Der Eingriff in Rechtsgüter des zur Hilfe Verpflichteten soll nach überwiegender Meinung auf zweierlei Weise erfolgen können: Zum einen als abgenötigte Erzwingung der **Erfüllung der Rettungspflicht** durch den Verpflichteten; zum anderen in Form der **Ersatzvornahme** (*Günther* SK[8] Rdn. 30; *Sch/Schröder/Perron* Rdn. 11; *Roxin* AT I § 15 Rdn. 11). Zu der ersten Gruppe gehört etwa der Fall, dass der schmächtige Notwehrleistende eine kräftige Person mit vorgehaltener Schusswaffe dazu zwingt, einen umgefallenen Baumstamm anzuheben, so dass sich der darunter Eingeklemmte befreien kann. Eine Ersatzvornahme liegt z.B. vor, wenn der Verteidiger den Fahrer eines Kraftfahrzeugs nach einem Unfall mit einem Radfahrer gewaltsam aus dessen Kraftfahrzeug zerrt, um den schwer Verletzten in ein Krankenhaus zu bringen, weil der Kraftfahrer sich weigert, dies selbst zu tun oder sein Fahrzeug freiwillig zu diesem Zweck zur Verfügung zu stellen. Nach h.M. kommt es nicht darauf an, ob der sich Verweigernde die Hilfe als Garant schuldet. Es genügt, dass die Pflicht zu aktiver Mindestsolidarität, die § 323c einfordert,[326] nicht erfüllt wird (BayObLG NJW **1963** 824, 825; OLG Hamm GA **1961** 181).[327]

102 Einige Autoren bestreiten allerdings schon, dass ein Angriff überhaupt in einem Unterlassen bestehen kann, da diesem Verhalten der aktiv-finale Charakter eines Angriffs fehle. Sie wollen **§ 32 nur analog** anwenden (*Felber* S. 195f; *Sch/Schröder/Perron* Rdn. 10f).[328] Tatsächlich ist die Subsumtion des Unterlassens unter das Merkmal des Angriffs nach einem allgemeinsprachlichen Verständnis alles andere als eine Selbstverständlichkeit. Danach läge eher das Gegenteil nahe, da der Laie unter „Angriff" ein ausgesprochen aktives Verhalten versteht (so auch *Joerden* JuS **1992** 23, 26; *Schumann* FS Dencker, 287, 289ff). Betrachtet man jedoch die Notwehrvoraussetzungen „Angriff" und „Rechtswidrigkeit" vor dem Hintergrund der Notwehrbegründung als Einheit, spricht alles dafür, mit der h.M. auch ein Unterlassen als Angriffsverhalten zu qualifizieren:[329]

---

[324] *Erb* MK Rdn. 66; *Günther* SK[8] Rdn. 30; *Kindhäuser* NK Rdn. 33; *Jakobs* AT 12/21; *Renzikowski* S. 293f; *Roxin* AT I § 15 Rdn. 11; *Samson* SK[5] Rdn. 16. AA *Sch/Schröder/Perron* Rdn. 10 sowie die h.M. im Zivilrecht, vgl. nur BGH NJW **1967** 46, 47; *Grothe* MK-BGB § 227 Rdn. 5; jeweils m.w.N. Auch *Schumann* FS Dencker, 287, 289ff m. umfassender Darstellung der Diskussion lehnt die Möglichkeit eines Angriffs durch Unterlassen (strikt) ab; allerdings beruht sein Hinweis auf im Verhältnis zur Notwehr gegen aktive Angriffe angeblich überbordende Notwehrbefugnisse auf einer Fehlinterpretation des sich im Merkmal der Erforderlichkeit zeigenden Minimierungsprinzips (*Schumann* aaO, 295 u. 300): Berücksichtigungspflichtig sind mildere Gefahrabwendungsmaßnahmen auch dann, wenn es für die Rechtmäßigkeit ihrer Vornahme keiner Notwehrrechtfertigung bedürfte; auch dürfen solche milderen Maßnahmen nicht automatisch mit nicht berücksichtigungspflichtiger Flucht gleichgesetzt werden – das Merkmal „Verteidigung" in § 32 Abs. 2 bezieht sich allein auf das (tatsächliche) Verhalten, das auf seine Erforderlichkeit hin untersucht wird.
[325] Zu Einschränkungen beim Rechtsgut Vermögen s. näher Rdn. 105ff.
[326] Vgl. zu dieser Einordnung der Pflicht *Jakobs* AT 28/11; *Seelmann* in Jung/Müller-Dietz/Neumann S. 295; krit. *Pawlik* GA **1995** 360, 364ff.
[327] Ebenso *Dencker* S. 52; *Geilen* Jura **1981** 200, 204; *Hellmann* S. 123; *Herzog* NK[3] Rdn. 13; *Jescheck/Weigend* § 32 II 1a; *Lagodny* GA **1991** 300, 304f; *Otto* AT § 8 Rdn. 18; *Renzikowski* S. 293f; *Spendel* LK[11] Rdn. 47; im Grundsatz auch *Jakobs* AT 12/21, der aber verlangt, dass polizeiliche Hilfe nicht erreichbar ist. **AA** *Erb* MK Rdn. 70; *Lesch* FS Dahs, 81, 101f; *Maurach/Zipf* § 26 Rdn. 9; *Roxin* AT I § 15 Rdn. 13.
[328] Krit. *Joerden* JuS **1992** 23, 28, der die analoge Anwendung allenfalls als Notlösung begreift und de lege ferenda ein dem § 229 BGB nachgebildetes Selbsthilferecht fordert; ebenso *Günther* SK[8] Rdn. 33.
[329] Krit. *Schumann* FS Dencker, 287, 292, der (aaO, 303) auf dem Standpunkt steht, beim Unterlassen fielen Gefahrbegründung und Unrecht auseinander, so dass (auch deshalb) ein Angriff nicht durch Unterlassen begangen werden könne, aber übersieht, dass die Rettungspflicht die Gefahrbegründung sehr wohl zu einer Sache des Verpflichteten macht und das Unrecht seines Unterlassen auf diese Weise mit der Gefahrbegründung verknüpft, obwohl dieser sie nicht herbeigeführt hat. Auf § 13 allein lässt sich, wie das

§ 32 gibt dem sich in einer Notlage Befindlichen ein Notfallrecht an die Hand, mit dem er sich – im Gegensatz zum Notstand – vor solchen Gefahren schützen können soll, vor denen ihn die Rechtsgemeinschaft im Regelfall schützen kann und will (s. zur Notwehrbegründung Rdn. 70). Dieser Befund trifft auch dort zu, wo der Angreifer einer Rechtspflicht zum Handeln nicht nachkommt: Dem Angegriffenen droht hier eine Gefahr, vor der ihn die Rechtsgemeinschaft schützen will, indem sie dem Unterlassenden eine Rettungspflicht (zumindest aus § 323c) auferlegt. Wer dem pflichtwidrigen Unterlassen die Angriffsqualität abspricht, behandelt den Hilfsunwilligen zwangsläufig wie einen unbeteiligten „Dritten" i.S.d. Notstandsvorschrift des § 34, der mit dem Gefährdeten nichts gemein hat außer der Tatsache, Mitglied derselben Rechtsgemeinschaft zu sein. Damit wird ignoriert, dass die Rechtsordnung den zur Hilfeleistung Verpflichteten gerade nicht mehr als Unbeteiligten betrachtet.[330] Darüber hinaus ist es wenig konsequent, § 32 auf solche Situationen analog anzuwenden (so die zutreffende Kritik von *Günther* SK[8] Rdn. 30). Die Vertreter eines solchen Analogieschlusses müssten den zur Gefahrabwendung Entschlossenen im Grunde auf Aggressivnotstandsbefugnisse verweisen.[331] Das eigentliche (Folge-)Problem einer Anerkennung des Angriffs durch Unterlassen betrifft die Angriffsabwehr durch Folter, weil die Verteidigung gegen Angriffe durch Unterlassen – neben den wenig problematischen, häufig schon von § 34 erfassten Fällen der Ersatzvornahme – darin besteht, den unwilligen Verpflichteten durch Gewalt zur Vornahme der Rettungshandlung zu zwingen: Wer ein absolutes Folterverbot bejaht und dann auch § 32 insoweit eine rechtfertigende Wirkung versagt, muss erklären, wo ausnahmsweise erlaubter Zwang endet und Folter beginnt; wer hingegen § 32 auch auf Folter anwenden will, muss eine Antwort auf die Frage geben, wann der Angriff durch Unterlassen schwerwiegend genug ist, um Folter zu rechtfertigen.[332]

Als rechtswidriger Angriff durch Unterlassen kommt die Nichterfüllung **jeder beliebigen** individualrechtsgüterschützenden **Hilfs- oder Gefahrabwendungspflicht** in Betracht (s. dazu die Nachw. in Rdn. 101 a.E.). Soweit teilweise verlangt wird, die Verletzung der Hilfspflicht müsse straf- oder bußgeldbewehrt sein (*Geilen* Jura **1981** 200, 204; *Jescheck/Weigend* § 32 II 1a), übersehen die Befürworter dieser Einschränkung, dass „rechtswidrig" in § 32 nicht „strafrechtswidrig" oder „als Ordnungswidrigkeit ahndbar" heißt.[333] Nicht überzeugend ist auch die Differenzierung danach, ob der Träger des Eingriffsrechtsguts dem Träger des Erhaltungsrechtsguts einen Rettungserfolg schuldet (unechtes Erfolgsunterlassungsdelikt) oder lediglich eine Rettungstätigkeit (vgl. §§ 138, 323c).[334] Dasselbe gilt für die Annahme, allein Sicherungsgarantenpflichten seien geeig-

103

überwiegend vorgeschlagen wird, die Gleichstellung allerdings nicht stützen, so aber *Erb* MK Rdn. 66; *Herzog* NK[3] Rdn. 11; *Lagodny* GA **1991** 300, 302ff; *Renzikowski* S. 294; *Roxin* AT I § 15 Rdn. 11; *Spendel* LK[11] Rdn. 47. Denn die von dieser Vorschrift angeordnete Gleichstellung bezieht sich auf die strafrechtliche Haftung für ein Erfolgsverletzungs- oder Gefährdungsdelikt, auf die es im Rahmen des § 32 nicht ankommt, so jetzt auch *Schumann* FS Dencker, 287, 291f.

330 So aber *Hruschka* FS Dreher, 189, 201 m. Fn. 19.
331 Wenig überzeugend ist auch der Versuch, Fälle, in denen der Verteidiger den Verpflichteten zur Vornahme der Rettungshandlung nötigt, über § 240 Abs. 2 zu lösen (so aber *Sch/Schröder/Perron* Rdn. 11; *Schmidhäuser* StuB 6/59). Zur zutreffenden Kritik s. *Renzikowski* S. 292f. Krit. auch *Günther* SK[8] Rdn. 31 auf Grundlage der von ihm entwickelten Lehre von den Strafunrechtsausschlussgründen, zu denen auch § 240 Abs. 2 gehören soll und die einem Verhalten nicht die allgemeine Rechtswidrigkeit nehmen.
332 Richtig erkannt bei *Schumann* FS Dencker, 287, 289ff.
333 Ebenso *Erb* MK Rdn. 71; *Renzikowski* S. 289. Unklar OLG Stuttgart NJW **1966** 745, 748 m. Anm. *Bockelmann* u. *Möhl* JR **1966** 229.
334 So aber *Matt/Renzikowski/Engländer* Rdn. 10; *Felber* S. 196 (für die von ihm befürwortete analoge Anwendung des § 32); *Maurach/Zipf* § 26 Rdn. 9; *Roxin* AT I § 15 Rdn. 13. Wer § 323c den Schutz des Universalrechtsgutes „soziale Stabilisierung" (so *Pawlik* GA **1995** 360, 365f) oder „mitmenschliche Solidarität"

net, Notwehrbefugnisse auszulösen, weil die Gefahr stets aus der Sphäre des Angreifers herrühren müsse (*Maurach/Zipf* § 26 Rdn. 9; *Fuchs* Notwehr S. 79).[335] Bei der Ausklammerung der auch Nichtgaranten treffenden allgemeinen Hilfspflichten handelt es sich im Grunde um ein inkonsequentes Zugeständnis an ein gravierendes Unbehagen: Letzteres entsteht in Bezug auf den eher theoretischen Fall, in dem das einzige zur Gefahrenabwehr taugliche Mittel die Tötung des „nur" zu aktiver Mindestsolidarität aus § 323c Verpflichteten ist, der lediglich das Pech hatte, zufällig Zeuge eines Unglücksfalles zu werden. Indes ist dieses Unbehagen in mehrfacher Hinsicht unbegründet: Wenig überzeugend ist zunächst der Hinweis auf den geringen Strafrahmen von maximal einem Jahr Freiheitsstrafe, den § 323c für das Versagen in einem solchen Fall vorsieht.[336] Relevanz könnte dieser Gesichtspunkt nur entfalten, wenn die Notwehrbefugnisse vom Ergebnis der Abwägung der widerstreitenden Interessen abhingen. Mag die hinter § 323c stehende Pflicht auch von geringerer „Dignität" sein als das an den Garanten gerichtete Rettungsgebot, so kommt es doch im Rahmen der Notwehr darauf im Ausgangspunkt nicht an; denn § 32 behandelt alle Pflichtverstöße durch das Merkmal der Rechtswidrigkeit des Angriffs als formal gleichwertig. Ähnliches gilt für das Argument, Notwehr scheide bei Verletzung des hinter § 323c stehenden Gebots aus, weil der Verpflichtete lediglich einen Rettungsversuch schuldet und anders als der unterlassende Garant gerade nicht für das Ausbleiben des Unrechtserfolgs einstehen muss.[337] Darauf, ob die Nichterfüllung der Hilfspflicht von einem Erfolgsverletzungsdelikt oder nur einem Untätigkeitsdelikt erfasst wird, kann es im Rahmen der zwangsweisen Durchsetzung der Pflichterfüllung bzw. der Duldung ihrer ersatzweisen Vornahme nicht ankommen.[338] Entscheidend ist allein, dass der Angreifer die Vornahme einer zur Gefahrenbeseitigung geeigneten Handlung schul-

---

(*Otto* BT § 67 Rdn. 1) zuweist, muss einen Angriff verneinen. Indes ist diese Deutung der Vorschrift nicht überzeugend; nach dem Wortlaut geht es um den Schutz solcher Rechtsgüter, die durch Unglücksfälle, gemeine Gefahr oder Not bedroht werden können; dass dabei – in höchst verdünnter Form – zugleich die mitmenschliche Solidarität stabilisiert wird, steht dem nicht entgegen. Wie hier BGHSt **14** 213, 215 f; *Sch/Schröder/Sternberg-Lieben/Hecker* § 323c Rdn. 1; *Herzog* NK[3] Rdn. 13; *Stein* SK § 323c Rdn. 2; *Schröder* JR **1958** 186.

335 Ähnlich *Baumann/Weber/Mitsch/Eisele* § 15 Rdn. 10; *Schmidhäuser* StuB 6/59; auch *Hruschka* FS Dreher, 189, 201; *ders*. JuS **1979** 385, 393, der aber davon ausgeht, die Verletzung von Rettungsduldungspflichten (aus den §§ 228, 904 BGB, 34) löse Notwehrbefugnisse aus. Nach *Stahl* S. 107 ff soll allein die Verletzung einer Überwachergarantenpflicht ein (rechtswidriger) Angriff durch Unterlassen sein können, weil die „Pflicht" zur Duldung der maßlosen Verteidigung nur auslöse, wer die Gefahr der Rechtsgutverletzung zurechenbar verursache, was bei Beschützergaranten, die die von dritter Seite drohende Gefahr nicht abwenden, fehle. Er begründet diese Einschränkung damit, dass die Nichtabwendung einer anderweitig entstandenen Gefahr bereits als Fall des Notstands erfasst sei. Aber dieser Vergleich mit dem (Aggressiv-)Notstand hinkt schon deshalb, weil es beim Notstand um Rettungsduldungspflichten geht, Garantenpflichten aber Rettungsleistungspflichten sind: Der Träger des Eingriffsrechtsguts ist dem Träger des Erhaltungsrechtsguts nur deshalb verpflichtet, den Eingriff zu dulden, weil § 34 eine solche Solidarität anordnet, während der Beschützergarant dem Träger des Erhaltungsrechtsguts die Gefahrabwendung bereits deshalb schuldet, weil er den Bestand des Rechtsgutobjekts garantieren muss. § 32 verpflichtet den Garanten zur Duldung des Eingriffs erst als Reaktion auf die Missachtung der Garantenpflicht – die Duldungspflicht des § 34 und die des § 32 stehen ersichtlich nicht auf derselben Stufe. Wer wie *Stahl* für den Angriff eine zurechenbare Verursachung der Gefahr verlangt, müsste erstens belegen, dass die Nichtabwendung der drohenden Rechtsgutverletzung keine Verursachungsqualität aufweist und für den (unwahrscheinlichen) Fall, dass dieser Nachweis gelingt, zweitens entgegen der recht eindeutigen Festlegung in § 13 zeigen, dass die Erfolgsabwendungspflicht den Garanten nicht ebenso zuständig macht für eine Vermeidung der drohenden Rechtsgutverletzung wie den Handelnden die zurechenbare Verursachung.

336 So aber *Erb* MK Rdn. 70; *Roxin* AT I § 15 Rdn. 13.

337 In diesem Sinne *Roxin* AT I § 15 Rdn. 13.

338 Zust. SSW/*Rosenau* Rdn. 6. Zur Unterscheidung zwischen Pflichtinhalt und strafrechtlicher Haftung s. *Schöne* S. 60 ff; *Seelmann* in Jung/Müller-Dietz/Neumann S. 295, 302 einerseits (wie hier) und *Vogel* Norm und Pflicht S. 103 andererseits.

det[339] und dieser Pflicht rechtswidrig nicht nachkommt (so *Armin Kaufmann* Unterlassungsdelikte S. 208; *Renzikowski* S. 291f). Maßgeblich gegen die Minderheitenauffassung spricht aber, dass sie die aus § 323c fließende Rettungshandlungspflicht und die sich aus den §§ 904 BGB, 34 ergebenden Rettungsduldungspflichten unterschiedlich behandelt, obwohl es sich um den aktiven und passiven Aspekt der Mindestsolidarität handelt:[340] Keine Notwehrbefugnisse wollen die Autoren gewähren, wenn der Träger des Eingriffsrechtsguts seiner Pflicht zur Leistung aktiver Mindestsolidarität aus § 323c nicht nachkommt. Weigert sich der Führer eines Fahrzeugs, den schwer Verletzten zum nächsten Krankenhaus zu fahren, soll die Erfüllung dieser zumutbaren Hilfsverpflichtung nicht mit den Mitteln der Notwehr durchgesetzt werden dürfen. Geht es aber um die wegen Vorliegens der Notstandsvoraussetzungen geschuldete Duldung eines Eingriffs in die Rechtsgüter des Verpflichteten, soll der Widerstand dagegen mit Notwehrmitteln gebrochen und zur Ersatzvornahme geschritten werden dürfen (*Hruschka* JuS **1979** 385, 393). Wehrt sich der Fahrzeugführer aus dem obigen Beispiel gegen die Wegnahme der Autoschlüssel durch einen rettungswilligen Dritten, so rechtfertigt § 32 nicht nur die Wegnahme, sondern auch die Gewalt gegen den sich widersetzenden Fahrzeugeigentümer, weil dieser aus § 34 zur Duldung der Wegnahme verpflichtet ist. Es will nicht recht einleuchten, dass die Erzwingung der Erfüllung dieser beiden, auf demselben Prinzip der Mindestsolidarität basierenden Pflichten nur deshalb unterschiedlichen Regeln gehorchen soll, weil die Nichterfüllung einmal in aktivem Widerstand und einmal in Passivität besteht.[341] Hinzu kommt, dass der oben benannte Extremfall mit der Tötung des Verpflichteten nur eintritt, wenn es um die Nichterfüllung einer Rettungsduldungspflicht geht, nicht hingegen bei der Nichterfüllung der Hilfsverpflichtung aus § 323c: Die Tötung des zur Vornahme einer Rettungshandlung Verpflichteten ist schon nicht geeignet, dem in Gefahr Befindlichen Hilfe zuteil werden zu lassen; sie kann nur den im Widerspruch zu einer Rettungsduldungspflicht geleisteten Widerstand beenden.

Auch die Verwirklichung von **Ordnungswidrigkeitentatbeständen** durch Unterlassen kann im Grundsatz Notwehrbefugnisse auslösen.[342] Da es jedoch darauf ankommt, ob der Angreifer einer zum Schutz eines Individualrechtsguts bestehenden Pflicht nicht nachkommt, ist die Frage nach einer Ahndbarkeit der Pflichtverletzung als Ordnungswidrigkeit nicht entscheidend. Vielmehr geht es darum, ob Pflichten aus dem öffentlichen Recht geeignet sind, im Falle ihrer Nichterfüllung Notwehrbefugnisse zu begründen. Das hängt allein davon ab, ob die pflichtbegründende Norm drittschützenden Charakter aufweist, was bei öffentlich-rechtlichen Normen seltener anzutreffen ist als bei solchen des Zivilrechts.[343] **104**

b) Angriff durch Nichterfüllung einer Forderung. Die in den Rdn. 101ff entwickelten Grundsätze gelten nicht, soweit sich der Angriff durch Unterlassen gegen das **105**

---

339 Siehe zur Pflicht, rettungsgeeignete Handlungen zu unternehmen, BGHSt **21** 50, 54; JR **1956** 347, 348 m. Anm. *Maurach*.
340 Zu den Aspekten der Mindestsolidarität s. *Jakobs* AT 11/3f u. 28/11; *Seelmann* in Jung/Müller-Dietz/Neumann S. 295f.
341 Zudem spricht einiges dafür, dass die Rettungsduldungspflicht aus den §§ 904 BGB, 34 mit dem Erfordernis des erheblich überwiegenden Interesses und die Rettungshandlungspflicht aus § 323c mit ihrer Schranke der Zumutbarkeit sehr ähnliche Entstehungsvoraussetzungen haben, vgl. *Pawlik* GA **1995** 360, 371f. **AA** *Stahl* S. 86f, der das Tun und Unterlassen Trennende offensichtlich höher gewichtet als den Rettungsduldungs- und -leistungspflicht verbindenden Grundgedanken und den identischen Maßstab.
342 Siehe dazu *Jescheck/Weigend* § 32 II 1a; *Lagodny* GA **1991** 300, 306.
343 So auch *Lagodny* GA **1991** 300, 306.

Rechtsgut Vermögen richtet, wenn also der Träger des Eingriffsrechtsguts als **Schuldner eine Forderung** des „Angegriffenen" als Gläubiger **nicht erfüllt**, indem er die erforderliche Handlung (z.B. Zahlung, Übergabe, Erklärung usw.) nicht vornimmt.[344] Dürfte der Gläubiger in diesen Fällen seine Forderung zwangsweise mit Notwehrbefugnissen durchsetzen, führte man das staatliche Zwangsvollstreckungsmonopol bei der Durchsetzung von Ansprüchen ad absurdum (so *Lagodny* GA **1991** 300). Für Angriffe auf das Vermögen durch Nichtleistung ist das Selbsthilferecht aus § 229 BGB eine abschließende Sonderregelung (*Arzt* FS Schaffstein, 77, 80; *Baumann/Weber/Mitsch/Eisele* § 15 Rdn. 9; *Kühl* Jura **1993** 57, 59; *I. Sternberg-Lieben* JA **1996** 299, 300), die dem Gläubiger anders als § 32 lediglich das Recht gibt, die Gefahr einer Vereitelung der Verwirklichung seines Anspruches mit Mitteln abzuwenden, die im Wesentlichen denen des Arrests nach den §§ 916 ff ZPO entsprechen. Zur Herstellung des Zustands, auf den der Anspruch zielt, ist der Gläubiger nicht berechtigt.[345] Auch autorisiert § 229 BGB nicht dazu, den Schuldner zur Vornahme der geschuldeten Handlung zu zwingen (*Renzikowski* S. 294).[346] Zudem steht das Selbsthilferecht unter dem Vorbehalt, dass hoheitliche Hilfe nicht rechtzeitig erlangt werden kann. Eine notwehrunfähige Nichterfüllung eines Anspruches liegt auch dann vor, wenn sich der Schuldner durch ein vorgängiges Tun im Rahmen einer vertraglichen Pflichtverletzung die Leistungserbringung selbst unmöglich macht, da hier normativ betrachtet ebenfalls ein Unterlassen vorliegt.[347] Der Schuldner verletzt die aus dem Handlungsgebot fließende Sekundärpflicht, sich nicht leistungsunfähig zu machen (sog. omissio libera in causa).[348] Geht der Schuldner jedoch über ein schlichtes Nichtleisten hinaus und schickt sich an, einen Schaden im sonstigen Vermögen des Gläubigers zu verursachen, darf dieser Angriff mit Notwehrmitteln abgewehrt werden (*Erb* MK Rdn. 68; *Spendel* LK[11] Rdn. 190 ff m. vielen Beispielen).

106 Die Vertreter der Gegenansichten, die umgekehrt in § 32 die speziellere Norm gegenüber **§ 229 BGB** sehen (so *Lagodny* GA **1991** 300, 306 ff; *W.B. Schünemann* Selbsthilfe S. 53) oder das Selbsthilferecht als zivilrechtlichen Rechtfertigungsgrund für im Strafrecht nicht anwendbar erklären (so *Hellmann* S. 121 ff), sind gezwungen, zu gekünstelt wirkenden und wenig überzeugenden Annahmen zu greifen. Um zu verhindern, dass durch die Anwendung des § 32 das staatliche Gewaltmonopol unterlaufen wird, müssen sie etwa auch für § 32 den Vorrang gerichtlichen Rechtsschutzes verlangen.[349] Die Behauptung, zivilrechtliche Rechtfertigungsgründe könnten im Strafrecht keine Anwendung finden, verstößt zudem gegen die logisch zwingende Regel, dass Verhaltensweisen, die außerstrafrechtlich erlaubt sind, (erst recht) nicht bei Strafe verboten sein können.[350]

107 Dieselben Grundsätze gelten auch für **dingliche** oder sonstige absolute **Ansprüche**.[351] Notwehr ist daher auch dann ausgeschlossen, wenn das Eigentum dadurch beein-

---

344 Zur Konkurrenz von Besitzkehr nach § 859 Abs. 2 BGB und Notwehr s. Rdn. 87.
345 Palandt/*Heinrichs*[65] BGB § 230 Rdn. 2.
346 Anders wohl *Joerden* JuS **1992** 23, 28.
347 *Erb* MK Rdn. 68.
348 H.M.; s. dazu *Kühl* AT § 18 Rdn. 22 m.w.N. auch zur Gegenansicht.
349 *Lagodny* GA **1991** 300, 310 f; *W. Schünemann* Selbsthilfe S. 53.
350 Zu dieser Regel s. *Günther* Strafrechtswidrigkeit S. 362 ff; *ders.* SK Vor § 32 Rdn. 60; s. auch *Rönnau* LK Vor § 32 Rdn. 21.
351 AA *Spendel* LK[11] Rdn. 191 ff, der zwischen zukunftssichernden schuldrechtlichen Ansprüchen (notwehrausschließende Rechtsverfolgung) und den status quo erhaltenden absoluten Ansprüchen (notwehrbegründende Rechtsverteidigung) differenziert, die eigenmächtige Entsetzung des unrechtmäßigen Besitzers durch den Eigentümer mit Notwehrbefugnissen jedoch dadurch auszuschließen können meint, dass er dieses Verhalten als verbotene Eigenmacht i.S.d. § 858 Abs. 1 BGB qualifiziert; dagegen *Lagodny* GA **1991**

trächtigt wird, dass der zum Besitz nicht Berechtigte die Sache nicht herausgibt und damit gegen seine Pflicht aus § 985 BGB verstößt.[352]

II. Die Rechtswidrigkeit des Angriffs

1. Die Rechtswidrigkeit als zentrales Merkmal der Notwehr

Schrifttum

Cortes Rosa Die Funktion der Abgrenzung von Unrecht und Schuld im Strafrechtssystem, in: Schünemann/de Figueiredo Dias (Hrsg.) Bausteine des europäischen Strafrechts: Coimbra-Symposium für Claus Roxin (1995) S. 183; *Freund* Richtiges Entscheiden – am Beispiel der Verhaltensbewertung aus der Perspektive des Betroffenen, insbesondere im Strafrecht, GA **1991** 387; *Frisch* Vorsatz und Risiko (1983); *Gallas* Zum gegenwärtigen Stand der Lehre vom Verbrechen, ZStW **67** (1955) 3; *Geilen* Notwehr und Notwehrexzess (2. Teil), Jura **1981** 256; *Graul* Notwehr oder Putativnotwehr – Wo ist der Unterschied? JuS **1995** 1049; *Günther* Strafrechtswidrigkeit und Strafunrechtsausschluss, Habil. Trier 1981 (1983); *Herzberg* Unrechtsausschluss und Erlaubnistatbestandsirrtum bei versuchter und bei vollendeter Tatbestandserfüllung, Festschrift Stree/Wessels (1993) 203; *Hillenkamp* Zum Notwehrrecht des Arztes gegen „Abtreibungsgegner" Festschrift Herzberg (2008) 483; *Hirsch* Die Notwehrvoraussetzung der Rechtswidrigkeit des Angriffs, Festschrift Dreher (1977) 211; *ders.* Einordnung und Rechtswirkung des Erlaubnissachverhaltsirrtums, Festschrift Schroeder (2006) 223; *Joerden* Erlaubniskollisionen, insbesondere im Strafrecht, Festschrift Otto (2007) 331; *Armin Kaufmann* Zum Stande der Lehre vom personalen Unrecht, Festschrift Welzel (1974) 393; *Marcus Korte* Das Handeln auf Befehl als Strafausschließungsgrund Diss. Düsseldorf 2002/03 (2004); *Krümpelmann* Stufen der Schuld beim Verbotsirrtum, GA **1968** 129; *Lenckner* Der rechtfertigende Notstand, Habil. Tübingen 1964 (1965); *Mitsch* Vorläufige Festnahme und Notwehr, JA **2016** 161; *Munoz Conde* Die Putativnotwehr. Ein Grenzfall zwischen Rechtfertigung und Entschuldigung, in: Schünemann/de Figueiredo Dias (Hrsg.) Bausteine des europäischen Strafrechts: Coimbra-Symposium für Claus Roxin (1995) S. 213; *Paeffgen* Anm. zum Erlaubnistatbestandsirrtum, Gedächtnisschrift Armin Kaufmann (1989) 399; *Rudolphi* Inhalt und Funktion des Handlungsunwertes im Rahmen der personalen Unrechtslehre, Festschrift Maurach (1972) 51; *ders.* Rechtfertigungsgründe im Strafrecht, Gedächtnisschrift Armin Kaufmann (1989) 371; *Satzger* Das Jedermann-Festnahmerecht nach § 127 I 1 StPO als Rechtfertigungsgrund, Jura **2009** 107; *Scheffler* Der Erlaubnistatbestandsirrtum und seine Umkehrung, das Fehlen subjektiver Rechtfertigungselemente, Jura **1993** 617; *B. Schünemann* Die deutschsprachige Strafrechtswissenschaft nach der Strafrechtsreform im Spiegel des Leipziger Kommentars und des Wiener Kommentars, GA **1985** 341; *Sinn* Notwehr gegen nicht sorgfaltswidriges Verhalten, GA **2003** 96; *Zielinski* Handlungs- und Erfolgsunwert im Unrechtsbegriff, Diss. Bonn 1972 (1973).
Siehe auch die Nachw. bei *Rönnau* LK Vor § 32 Rdn. 5.

§ 32 verlangt, dass der Angriff rechtswidrig ist. Rechtswidrigkeit bedeutet im Kern, **108** dass das Verhalten des Angreifers gegen eine Verhaltensnorm verstößt (*Sch/Schröder/Perron* Rdn. 20); der Angreifer muss demnach sog. **Handlungsunrecht** bzw. einen sog. Verhaltensunwert verwirklichen (*Baumann/Weber/Mitsch/Eisele* § 15 Rdn. 28; *Hirsch* FS Dreher, 211, 213 ff; *Lackner/Kühl* Rdn. 5).[353] Danach setzt die Rechtswidrigkeit des Angriffs

---

300, 307 f, der zu Recht darauf hinweist, dass verbotene Eigenmacht wiederum nur vorliegt, wenn das Verhalten des anderen nicht von Notwehr gedeckt ist.
352 *Erb* MK Rdn. 69 mit zutr. Hinweis auf die aus den §§ 858 ff BGB folgende Wertung; zust. *Hoyer* SK Rdn. 18; s. zur (entgegengesetzten) Frage der Notwehrfähigkeit des unrechtmäßigen Besitzes Rdn. 87.
353 Weiter *Roxin* ZStW **93** (1981) 68, 84; *ders.* JZ **2000** 99; *Graul* JuS **1995** 1049, 1051; *Kindhäuser* NK Rdn. 61; *Sch/Schröder/Perron* Rdn. 21; *Sinn* GA **2003** 96, 104; *Fischer* Rdn. 21a. Für einen bereichsspezifischen Rechtswidrigkeitsbegriff *Hillenkamp* FS Herzberg 483, 494 ff u. 501, der für die Zwecke der Verteidigung gegen Verbalangriffe im Rahmen politischer Auseinandersetzungen (hier: durch Abtreibungsgegner) nicht den für die strafrechtliche Sanktionierung maßgeblichen meinungsäußerungsfreundlichen engen

in Form eines positiven und eines negativen Elements zweierlei voraus: Erstens muss der Angreifer die von ihm verursachte Gefahr des Rechtsguteingriffs – den der Verteidiger zu verhindern sucht – vorsätzlich oder **mindestens fahrlässig** bewirkt haben (s. dazu sogleich Rdn. 109). Zweitens darf der Rechtsguteingriff **nicht** seinerseits **von einem Erlaubnissatz gedeckt** sein (s. dazu Rdn. 111).

109   a) **Mindestens objektiv unsorgfältiges Verhalten des Angreifers.** Nach hier vertretener Ansicht genügt es für die Bejahung eines rechtswidrigen Angriffs nicht, wenn der Angreifer die Gefahr für die Rechtsgüter des Angegriffenen lediglich willkürlich herbeiführt; er muss dies entweder vorsätzlich tun oder die Gefahr zumindest durch ein objektiv unsorgfältiges Verhalten herbeiführen (*Graul* JuS **1995** 1049, 1052; *Hirsch* FS Jescheck, 213, 223 f).[354] Soweit diese Grenze vereinzelt bei subjektiver Unsorgfältigkeit gezogen wird,[355] hängt dies nicht mit unterschiedlichen Rechtsauffassungen zum Notwehrrecht zusammen, sondern mit Meinungsverschiedenheiten zum generellen Maßstab der Fahrlässigkeit, zu denen hier nicht Stellung genommen werden kann.[356] Die **früher h.M.** stellte für das Rechtswidrigkeitsurteil demgegenüber allein auf sog. **Erfolgsunrecht** ab (RGSt **21** 168, 171; **27** 44, 45 f; BSG JZ **2000** 96, 97).[357] Danach ist der Angriff bereits dann rechtswidrig, wenn ein von der Rechtsordnung negativ bewerteter Zustand einzutreten droht; d.h. mit anderen Worten: wenn die Gefahr der Verletzung eines Rechtsgutes besteht, die nicht von einem Eingriffsrecht gedeckt ist. Dieser Ansatz kann nicht überzeugen, da er das Merkmal der Rechtswidrigkeit, das eine zentrale Voraussetzung der weitreichenden Notwehrbefugnisse verkörpert, vollständig überflüssig macht: Die Gefahr des Eintritts eines Rechtsgutschadens ist – sofern sie sich auf ein gewillkürtes Verhalten zurückführen lässt – nichts anderes als die herrschend akzeptierte Definition des Angriffs. „Angriff" und „rechtswidriger Angriff" werden von den Vertretern dieses

---

Beleidigungsbegriff des BVerfG verwenden will, sondern es ausreichen lässt, dass der Angegriffene einen Unterlassungsanspruch hätte, und umgekehrt bei der rechtswidrigen, aber tatbestandslosen Abtreibung nach § 218a StGB keinen allgemeinen, sondern einen notwehrspezifischen Rechtswidrigkeitsbegriff anwendet, der Notwehr gegen den abtreibenden Arzt und die Mutter ausschließt.

354   Ebenso *Erb* MK Rdn. 41; *Roxin* AT I § 15 Rdn. 14; *Sch/Schröder/Perron* Rdn. 21; s. auch *da Conceiçao S. Valdágua* in Schünemann/de Figueiredo Dias S. 229, 232.

355   Zur Diskussion s. nur *Sch/Schröder/Sternberg-Lieben/Schuster* § 15 Rdn. 133 ff m.w.N.

356   Teilweise werden für die Rechtswidrigkeit noch über das hier für richtig gehaltene Mindestkriterium des objektiven Sorgfaltsverstoßes hinaus weitergehende Einschränkungen bei der Verhaltensbewertung gefordert. Auf der Ebene des Unrechts verlangen einige Autoren, der Angreifer müsse mindestens bewusst fahrlässig handeln, vgl. *Freund* AT § 3 Rdn. 98; *Klesczewski* FS Wolff, 225, 243; *Sinn* GA **2003** 96, 101; andere wollen Rechtswidrigkeit sogar erst dann annehmen, wenn das Verhalten von Vorsatz getragen ist, s. *Eue* JZ **1990** 765, 766; *Frister* GA **1988** 291, 305; *Otto* AT § 8 Rdn. 20; *Schmidhäuser* StuB 6/65. Teilweise wird darüber hinaus bzw. damit kombiniert auch ein schuldhaftes Verhalten gefordert, vgl. *Freund* AT § 3 Rdn. 92 u. 98; *Frister* GA **1988** 291, 305; *R. Haas* Notwehr S. 234 ff; *Hoyer* JuS **1988** 89, 94; *ders.* SK Rdn. 12 u. 73 ff; *Jakobs* AT 12/16; *Koriath* JA **1998** 250, 253; *Otto* AT § 8 Rdn. 20; *Renzikowski* S. 283 f; ähnlich *Kindhäuser* FS Frisch, 493, 505 ff u. *Lesch* Beratungsschutz S. 40: quasi-schuldhaft; etwas großzügiger *Matt/Renzikowski/Engländer* Rdn. 19, der einen (rechtswidrigen) Angriff nur bei systemisch fehlender Einsichts- und Steuerungsfähigkeit verneint, nicht aber bei selbst herbeigeführter. Bei allen diesen Einschränkungen handelt es sich jedoch um Weiterungen, die bereits vom Wortlaut des § 32 nicht gedeckt sind.

357   Weiterhin *Bockelmann/Volk* § 15 B I 1d; *Gallas* ZStW **67** (1955) 1, 39 f; *Jescheck/Weigend* § 32 II 1c; *Geilen* Jura **1981** 256; *Spendel* LK[11] Rdn. 57, 60 ff. Teilweise wird schon – auf der Basis eines extrem finalistischen Unrechtsverständnisses – die Existenzberechtigung des Erfolgsunrechts bestritten, vgl. *Zielinski* S. 262 f; *Armin Kaufmann* FS Welzel, 393, 410 f; *Horn* S. 78 ff; *Lüderssen* FS Bockelmann, 181, 186 ff; vermittelnd *Samson* FS Grünwald, 585, 598 ff, nach dem das Erfolgs„unrecht" keinen selbständigen Unrechtsgehalt aufweisen, sondern über die Art der vom Täter übertretenen Norm entscheiden und damit die Quantität des Handlungsunrechts mitbestimmen soll.

Ansatzes gleichgesetzt. Der Sache nach behandeln sie daher Fälle des Defensivnotstands als Notwehrkonstellationen (so zutr. *Hirsch* FS Dreher, 211, 214; *Paglotke* S. 213f). Der Verteidiger wäre an Verhältnismäßigkeitsgrenzen nur deshalb nicht gebunden und müsste der Gefahr nur aus dem Grund nicht ausweichen, weil die Gefahr für das Rechtsgut Resultat des willkürlichen Verhaltens eines anderen ist. Damit lassen sich die über das Maß der von den Notstandsvorschriften erlaubten Eingriffe weit hinausgehenden Notwehrbefugnisse aber weder auf der Grundlage des individualistischen Notwehrverständnisses legitimieren noch auf Basis der herrschenden dualistischen Notwehrratio.[358] Es ist kaum einzusehen, warum der am Fahrbahnrand wartende Passant einem Fahrzeug ausweichen muss, das auf ihn zufährt, weil der Fahrzeugführer ohnmächtig geworden ist, dem Fahrzeugführer dagegen, der über sein Fahrzeug aufgrund unvorhersehbar auftretender Eisglätte die Kontrolle verloren hat, im Grundsatz mit scharfer Notwehr soll begegnen dürfen, auch wenn er sich durch einen Sprung zur Seite retten könnte. Der Hinweis darauf, dass das Recht dem Unrecht nicht zu weichen brauche, wirkt in diesem Zusammenhang fast schon grotesk. Die früher h.M. begründet ihre Sichtweise hauptsächlich damit, dass der Gefährdete nicht verpflichtet sein könne, den drohenden Eintritt des missbilligten Zustands zu dulden.[359] Damit wird jedoch die gewünschte Rechtsfolge zugleich als Begründung herangezogen: Was der Gefährdete dulden muss, ist erst das Ergebnis des Streits um die richtige Bestimmung des Merkmals der Rechtswidrigkeit (so auch *Erb* MK Rdn. 39). Soweit die Vertreter der ehemals h.M. die hier gemachten Einwände zum Teil anerkennen und das Notwehrrecht auf Fälle beschränken wollen, in denen ein Ausweichen nicht möglich ist (so *Jescheck/Weigend* § 32 II 1c), haben sie den Boden ihrer eigenen Ansicht bereits verlassen. Ähnliches gilt für jene Autoren, die zwar im Grundsatz Erfolgsunrecht ausreichen lassen, beim Eingreifen (zumindest) einer Handlungsbefugnis (s. dazu näher Rdn. 113) jedoch eine Ausnahme machen wollen, da anderenfalls Notwehr gegen ein von einem Rechtfertigungsgrund gedecktes Verhalten zulässig wäre (*Bockelmann/Volk* § 15 B I 1d; *Geilen* Jura **1981** 256; *Welzel* Strafrecht § 14 II 1c). So dürfe sich der nach § 229 BGB zu Recht festgehaltene Schuldner auch dann nicht mit Notwehrmitteln gegen vorläufige Sicherungsmaßnahmen wehren, wenn tatsächlich keine Entwertung des Anspruches des Gläubigers droht, dies aber auch bei sorgfältiger Prüfung nicht erkennbar war. Mit dieser Anleihe bei der hier favorisierten Gegenmeinung konzedieren diese Autoren im Grunde, dass sich ihr auf Erfolgsunrecht basierendes Rechtfertigungskonzept nicht durchhalten lässt. Denn bei einer Handlungsbefugnis handelt es sich um einen Erlaubnissatz, der der Handlung den Verhaltensunwert nimmt, im Gegensatz zu einem Eingriffsrecht aber nichts darüber aussagt, ob der von dem Verhalten Betroffene die Rechtsguteinbuße hinnehmen muss.

Rechtswidrig bedeutet **nicht**, dass der Angriff gegen **strafbewehrte** Normen verstößt; es genügt ein schlichter Rechtsverstoß,[360] so dass z.B. auch die nur zivilrechtswid- **110**

---

358 So *Graul* JuS **1995** 1049, 1052f; *Hirsch* FS Dreher, 211, 223; *Roxin* ZStW **93** (1981) 68, 84; *ders.* FS Jescheck, 457, 473f; *ders.* AT I 15/16.
359 Vgl. *Bockelmann/Volk* § 15 B I 1d.
360 Siehe nur *Kühl* AT § 7 Rdn. 59 m.w.N. **AA** *Hoyer* SK Rdn. 25ff, der für § 32 ein Angriffsverhalten verlangt, das einen Straftatbestand erfüllt; ein schlicht rechtswidriges, d.h. vor allem: nur gegen zivilrechtliche Normen verstoßendes Verhalten rechtfertige kein Verteidigungsverhalten, das seinerseits einen Straftatbestand verwirklicht, sondern lediglich eines, das zivilrechtswidrig (bzw. schlicht rechtswidrig) ist (Rechtfertigung dann über § 227 BGB). Durch diese Trennung will *Hoyer* den Widerspruch zwischen dem in der Strafrechtswissenschaft und -praxis herrschenden personalen Unrechtsverständnis (rechtswidriger Angriff nur bei mindestens fahrlässigem Handlungsunrecht) und dem in der zivilrechtlichen Rechtsprechung und Literatur auf der Basis der Vorsatztheorie für richtig gehaltenen objektiven Unrechtsverständnis (drohendes Erfolgsunrecht ausreichend) vermeiden. Aber das ist kein gangbarer Weg. Zwar ist es theo-

rige Gebrauchsanmaßung von Sachen, die weder unter § 248b noch unter § 290 fällt, Notwehrbefugnisse auslösen kann. Daher verlangt die Gewährung von Notwehrbefugnissen erst Recht keine Abwesenheit von Strafausschlussgründen wie Indemnität oder von Verfolgungshindernissen wie Immunität oder einen fehlenden Strafantrag.[361]

111   **b) Kein Eingreifen eines Erlaubnissatzes.** Ist das Verhalten des Angreifers von einem Erlaubnissatz gedeckt, entfällt nach ganz h.M die Rechtswidrigkeit des Angriffs. Nimmt der Angreifer **Notwehr** (BGHSt **39** 374, 376 m. Anm. *Arzt* JZ **1994** 315 u. *Spendel* NStZ **1994** 279; NStZ **2003** 599, 600), **Notstand** (RGSt **23** 116, 117), **Besitzschutzrechte** (BGH NJW **1998** 1000), **Dienstrechte** (zu § 81a StPO BayObLG MDR **1991** 367 m. Anm. *Schmidhäuser* JZ **1991** 937;[362] s. auch BGH NJW **2000** 3079) oder eine ihm erteilte **öffentlich-rechtliche Genehmigung** (**aA** wohl OLG Karlsruhe NJW **1992** 1329) in Anspruch, d.h. Rechtfertigungsgründe, die in der Literatur vielfach als Eingriffsrechte eingeordnet werden, stehen dem Angegriffenen keine Notwehrbefugnisse zu. Dasselbe gilt aber auch dort, wo das Verhalten des Angreifers von **§ 127 Abs. 1 StPO** (BGHSt **45** 378, 381)[363] oder **§ 229 BGB** (BGH NStZ **2012** 144 f m. Anm. *Grabow* u. *Hecker* JuS **2011** 940)[364] gedeckt ist.[365] Diese beiden Erlaubnissätze werden in der Literatur häufig als sog. Handlungsbe-

---

retisch nicht von vornherein ausgeschlossen, § 32 als einen bloßen Strafunrechtsausschlussgrund einzuordnen (*Günther* Strafrechtswidrigkeit S. 304, der die Lehre vom Strafunrechtsausschluss am gründlichsten durchdacht hat, hält § 32 allerdings für einen allgemeinen Rechtfertigungsgrund), der der Handlung allein das Strafunrecht nimmt, sie aber nicht rechtfertigt. Die von *Hoyer* vorgeschlagene Trennung setzte jedoch zusätzlich voraus, § 227 BGB nicht als allgemeinen Rechtfertigungsgrund, sondern als „Zivilrechtsausschlussgrund" zu begreifen, der einer Handlung allein die Zivilrechtswidrigkeit nimmt, sie aber nicht rechtfertigt. Es wäre danach nicht nur zivilrechtswidriges, aber nicht strafrechtswidriges, sondern auch strafrechtswidriges, aber nicht zivilrechtswidriges Verhalten denkbar – allgemeine Rechtfertigungsgründe hätten in diesem Modell keinen Platz mehr, was in letzter Konsequenz zur Unmöglichkeit gerechtfertigten Verhaltens führen müsste. Darüber hinaus bleibt dunkel, wie eine nur „ziviltatbestandsmäßige" Verteidigung gegen zivilrechtswidriges Verhalten als Gefahrenabwehr wirksam sein soll, wenn sie keinen einzigen Straftatbestand verwirklichen darf.

361   Näher *Spendel* LK[11] Rdn. 62.
362   Krit. dazu *Spendel* JR **1991** 250.
363   Siehe dazu die Anm. von *Kargl/Kirsch* NStZ **2000** 604, *Mitsch* JuS **2000** 848, *H. Baier* JA **2000** 630 u. *Trüg/Wentzell* Jura **2001** 30; weiter OLG Celle StV **2016** 295, 296 m. Anm. *Jahn* JuS **2015** 565. *Satzger* Jura **2009** 101, 113 f nimmt den der Entscheidung BGHSt **45** 378 zugrundeliegenden Sachverhalt zum Anlass, anhand der sog. Notwehrprobe (s. Rdn. 113) nachzuweisen, dass sich stimmige Ergebnisse für § 127 Abs. 1 StPO nur erzielen ließen, wenn man das Festnahmerecht einer von einer wirklich begangenen Straftat abhängig macht (statt nur vom dringenden Verdacht). Dieser Fall einer sog. Festnahmenotwehr zeigt allerdings, dass die Notwehrprobe zu Fehlschlüssen führen kann, weil sie dazu verleitet, die Lösung nicht bei der Auslegung des eigentlich untersuchten Rechtfertigungsgrundes zu suchen: Lässt man bereits den dringenden Verdacht einer Straftat für das Festnahmerecht genügen, steht dem Festnehmenden gegen den sich der Festnahme Widersetzenden keineswegs das Notwehrrecht zu, weil § 127 Abs. 1 StPO damit zu einer bloßen Handlungsbefugnis degradiert wird, so dass der Widerstand des Festgenommenen von § 34 gedeckt und damit nicht rechtswidrig ist (**aA** *Mitsch* JA **2016** 161, 162 mit dem neben der Sache liegenden Hinweis auf eine angeblich fehlende Schutzwürdigkeit des Festgenommenen, der i.Ü. auch nicht dazu passt, dass *Mitsch* dem Festnehmenden, der sich sodann gegen den in Putativnotwehr Widerstand leistenden Festgenommenen wehrt, § 34 zubilligt). Der Festnehmende handelt daher allenfalls in Putativnotwehr. Notwehr kann der Festnehmende nur in Anspruch nehmen, wenn der andere die Straftat wirklich begangen hat, denn nur dann gibt § 127 Abs. 1 StPO ein Eingriffsrecht, das die Duldungspflicht auslöst. Vom Standpunkt des § 32 aus ist in Fällen der Festnahmenotwehr also weder eine Beschränkung des § 32 auf bloße Schutzwehr erforderlich, noch muss man sich überhaupt zwischen einer materiell-rechtlichen und einer prozessualen Auslegung des § 127 Abs. 1 StPO entscheiden (so aber *Satzger* aaO).
364   Weiter BayObLG NJW **1991** 934, 935 m. Anm. *Duttge* Jura **1993** 416, *Joerden* JuS **1992** 23, *Laubenthal* JR **1991** 518 u. *Schroeder* JZ **1991** 682.
365   Siehe auch RGSt **54** 196, 197; **57** 79, 80; OLG Düsseldorf NJW **1991** 2716.

fugnisse bezeichnet, um sie von den Eingriffsrechten abzugrenzen.[366] Nicht rechtswidrig ist ein Angriff auch dann, wenn er in Form einer **arbeitsrechtlich erlaubten Kontrollmaßnahme** stattfindet (OLG Hamm NJW **1977** 590, 592 m.w.N. u. Anm. *Schumann* JuS **1979** 559). Dasselbe gilt dort, wo zwar objektiv kein Erlaubnissatz eingreift, das Handlungsunrecht jedoch durch einem **unvermeidbaren Erlaubnistatbestandsirrtum** vollständig kompensiert wird.[367] Schließlich fehlt dem Angriff die Rechtswidrigkeit auch dann, wenn der Rechtsgutinhaber in die mit dem Angriff einhergehende Rechtsguteinbuße **eingewilligt** hat (s. nur *Erb* MK Rdn. 50). Bei wechselseitigen, zeitlich eng aufeinander folgenden Angriffen verlangt die Rechtsprechung eine Gesamtbeurteilung des Geschehens (BGHSt **39** 374, 376 f m. Anm. *Arzt* JZ **1994** 315 u. *Spendel* NStZ **1994** 279).[368]

Notwehr scheidet über die in Rdn. 111 aufgezählten Fälle hinaus auch dann aus, **112** wenn zugunsten des Angreifers nur die objektiven Voraussetzungen eines Erlaubnissatzes vorliegen, der Angreifer davon aber nicht weiß. In einer solchen Konstellation fehlt es an der drohenden Verwirklichung des als Mindestvoraussetzung stets erforderlichen Erfolgsunrechts (*Erb* MK Rdn. 62; *Roxin* AT I § 14 Rdn. 96).

aa) Eingriffsrechte und Handlungsbefugnisse. Notwehr darf nach der herrschen- **113** den Auffassung nicht gegen Notwehr geleistet werden (RGSt **54** 196, 198 f; BGHSt **39** 374, 376 m. Anm. *Arzt* JZ **1994** 315 u. *Spendel* NStZ **1994** 279).[369] Das gibt die Dinge nur unvollständig wieder. Die Besonderheit der Notwehrbefugnisse liegt nicht darin, dass sie immer dann nicht zur Verfügung stehen, wenn der Gegner in Notwehr handelt, sondern darin, dass **Notwehr gegen keinen Rechtfertigungsgrund** geleistet werden darf (*Roxin* AT I § 15 Rdn. 14).[370] Wird der vermeintliche Autodieb, der sein eigenes Auto aufbricht, vorläufig festgenommen, darf er sich gegen die Festnahme nicht mit Notwehrmitteln wehren, da der Festnehmende davon ausgehen durfte, es werde ein Diebstahl versucht und sein Verhalten sei nach h.M. vom Festnahmerecht aus § 127 Abs. 1 StPO gedeckt (*Sch/Schröder/Perron* Rdn. 21).[371] Der Festgenommene kann sich bei seiner – maßvollen – Gegenwehr jedoch auf Notstand stützen. Dasselbe gilt für den Ehrträger, über den ein unwahrer, gleichwohl sorg-

---

366   Zur Unterscheidung Eingriffsrecht – Handlungsbefugnis s. Rdn. 113 m.N.
367   OLG Köln BeckRS **2015** 20963 Rdn. 7; übersehen von OLG Celle StV **2016** 295, 296 m. insoweit krit. Anm. *Jahn* JuS **2015** 565, das die Vorstellung der Festnehmenden über den für eine Rechtfertigung gem. § 127 Abs. 1 StPO nach h.M. ausreichenden dringenden Tatverdacht für irrelevant erklärt.
368   Siehe auch BGH NStZ **2001** 143, 144 m. Anm. *Eisele* NStZ **2001** 416, *Engländer* Jura **2001** 534, *Mitsch* JuS **2001** 751 u. *Roxin* JZ **2001** 667; **2003** 420, 421; **2003** 599, 600.
369   Weiter RGSt **66** 288, 289; BGH NStZ **2003** 599, 600; OLG Düsseldorf NJW **1997** 3383, 3384; *Herzog* NK[3] Rdn. 35; *Günther* FS Spendel, 189, 194; *Fischer* Rdn. 22. Vgl. zum Folgenden die eingehende und instruktive Darstellung bei *Graul* JuS **1995** 1049 ff.
370   Zu eng hingegen *Kühl* AT § 7 Rdn. 60, der darauf abstellt, ob der Erlaubnissatz den Angreifer zur Duldung verpflichtet. Nach der von *Günther* begründeten Lehre von den Strafunrechtsausschließungsgründen (zustimmend etwa *Küper* JZ **1983** 88, 95; *Schlehofer* MK Vor § 32 Rdn. 57 ff) zerfallen die Rechtfertigungsgründe in echte Erlaubnissätze, zu denen auch die §§ 32, 34 gehören, und sog. Strafunrechtsausschließungsgründe wie Einwilligung und mutmaßliche Einwilligung, die §§ 193, 218a Abs. 1, 240 Abs. 2 u. 253 Abs. 2, das sog. Erzieherprivileg, der rechtswidrige verbindliche Befehl sowie die rechtswidrige Genehmigung durch Verwaltungsakt. Nach *Schlehofer* MK Vor § 32 Rdn. 22 u. 65 soll auch die Nothilfe dazu zählen. Strafunrechtsausschließungsgründe nehmen einem Verhalten lediglich das erhöhte Strafunrecht, so dass der Täter zwar straflos ist, das Verhalten jedoch rechtswidrig bleibt und dagegen Notwehr geleistet werden darf, vgl. *Günther* Strafrechtswidrigkeit S. 383 f; *ders*. SK[8] Rdn. 59. Krit. zu dieser Lehre etwa *Roxin* FS Oehler, 181, 187 u. 192; *Rudolphi* GedS Armin Kaufmann, 371, 375.
371   AA *Paeffgen/Zabel* NK Vor § 32 Rdn. 83, die dem Festgenommenen Notstandsbefugnisse versagen. Den bloßen Verdacht einer Straftat lassen für § 127 Abs. 1 StPO genügen: BGH (Z) NJW **1981** 745; PflzOLG Zweibrücken NJW **1981** 2016; BayObLG MDR **1986** 956, 957; OLG Hamm NStZ **1998** 370; *Hilger* LR § 127 Rdn. 9 ff; zur Gegenansicht, die § 127 Abs. 1 StPO für ein Eingriffsrecht hält, s. nur *Meyer-Goßner/Schmitt* § 127 Rdn. 4 m.w.N.

fältig recherchierter Bericht im Fernsehen gesendet werden soll, so dass die Berichterstatter berechtigte Interessen i.S.d. §193 wahrnehmen. Notstandsbefugnisse stehen auch demjenigen zu, der sich gegen einen vermeintlichen Verteidiger wehrt, der im unvermeidbaren Erlaubnistatbestandsirrtum handelt. Notwehrbefugnisse sind hingegen in allen diesen Fällen ausgeschlossen. Handlungsbefugnisse[372] wie § 127 Abs. 1 StPO und § 193 (dazu *Sch/Schröder/Lenckner/Sternberg-Lieben* Vor § 32 Rdn. 11)[373] schützen anders als echte **Eingriffsrechte**, die beim Gegner Duldungspflichten auslösen, nicht vor Gegenwehr (so auch *Graul* JuS **1995** 1049, 1052). Sie bewahren aber vor „scharfer" Verteidigung mit Notwehrmitteln.[374] Aus dieser Rechtsüberzeugung ist die sog. Notwehrprobe entwickelt worden: Die Stimmigkeit eines Ergebnisses auf Rechtfertigungsebene wird häufig dadurch überprüft, dass gefragt wird, ob der daraus folgende Ausschluss von Notwehrbefugnissen auf der Gegenseite angemessen erscheint (dazu *Cortes Rosa* in: Schünemann/de Figueiredo Dias S. 183, 185 ff). Die Notwehrprobe kann jedoch offensichtlich keine Antwort auf die Frage nach der Rechtfertigung eines Verhaltens liefern, setzt der Notwehrausschluss beim Kontrahenten die Rechtmäßigkeit des eben darauf hin untersuchten Verhaltens doch voraus – § 32 weiß nichts davon, wie die Rechtsordnung ein Verhalten bewertet.[375] Es spricht viel dafür, dass das mit der Notwehrprobe erhaltene – in aller Regel negative – Ergebnis mehr mit dem Unbehagen zu tun hat, dass die Rechtsordnung überhaupt maßlose Verteidigung gegenüber jeglichem rechtswidrigen Verhalten zulässt.[376]

114   Manche Autoren stehen hingegen auf dem Standpunkt, dass Notwehr auch gegen Notwehr und alle sonstigen Rechtfertigungsgründe geleistet werden dürfe, indem sie sämtliche Rechtfertigungsgründe – d.h. auch § 32 – als bloße **Handlungsbefugnisse** interpretieren (*Frisch* Vorsatz und Risiko S. 424 f; *Armin Kaufmann* FS Welzel, 393, 400 ff; *Rudolphi* GedS Armin Kaufmann, 371, 381 ff; *Zielinski* S. 245 ff).[377] Die §§ 32, 34, 193 StGB, 228, 229 BGB usw. haben danach lediglich die Aufgabe, über die Strafbarkeit eines Verhaltens zu entscheiden, geben jedoch keine Antwort auf die Frage, ob der jeweils andere das Verhalten dulden muss.[378] Da eine Handlungsbefugnis schon immer dann eingreift, wenn ein sorgfältiger Beobachter in der Position des Handelnden („ex ante") zu dem Schluss gelangt, die Voraussetzungen des Erlaubnissatzes lägen vor, bedeutet „rechtswidrig" i.S.d. § 32 nach dieser Auffassung, „nach sorgfältiger Betrachtung als rechtswidrig

---

372 Eine Handlungsbefugnis ist ein Erlaubnissatz, der die Vornahme rechtsgutgefährdender bzw. -verletzender Handlungen auch dann gestattet, wenn Rechtsgüter in Wirklichkeit nicht gefährdet sind. Die Befugnis hängt allein davon ab, dass der Täter aufgrund sorgfältiger Beobachtung zu diesem Schluss gelangt. Der Gesetzgeber bewertet den mit der Inanspruchnahme des Erlaubnissatzes verfolgten Zweck so hoch, dass er das Risiko, die Voraussetzungen könnten trotz sorgfältigen ex-ante-Urteils tatsächlich einmal nicht vorliegen, als ein erlaubtes betrachtet, vgl. *Sch/Schröder/Lenckner/Sternberg-Lieben* Vor § 32 Rdn. 11.
373 Aus einem unvermeidbaren Erlaubnistatbestandsirrtum folgt hingegen keine Handlungsbefugnis (vgl. *Sch/Schröder/Lenckner/Sternberg-Lieben* Vor § 32 Rdn. 11); er hat aber im Ergebnis dieselben Wirkungen.
374 Krit. zu dieser Unterscheidung *Günther* Strafrechtswidrigkeit S. 269 f; *ders.* SK[7] Vor § 32 Rdn. 57; *Jungclaussen* S. 125 ff; *Paeffgen/Zabel* NK Vor § 32 Rdn. 83; *Röttger* S. 54 m. Fn. 107.
375 Das belegt eindrucksvoll auch *Jorden* FS Otto 331, 336 ff mit seiner Analyse eines Zweikampfs: Die Notwehrprobe gibt über das Rechtmäßigkeitsurteil nicht einmal dann Auskunft, wenn es auf beiden Seiten um eine Notwehrrechtfertigung geht – hier ist eine Kollisions(meta)regel vonnöten (*Joerden* plädiert für eine Versagung des Notwehrrechts für beide Kontrahenten).
376 Siehe dazu auch noch Rdn. 111 m. Fn. 395.
377 Ebenso *Freund* GA **1991** 387, 407; *Herzberg* JA **1989** 243, 247 ff; *ders.* FS Stree/Wessels, 203, 211 ff; *Mitsch* JuS **1992** 289, 291; *Munoz Conde* in Schünemann/de Figueiredo Dias S. 213, 219; *Rudolphi* GedS Schröder, 73, 81 f.
378 Der Vorwurf, diese Ansicht widerstreite dem Grundsatz, dass Notwehr gegen Notwehr nicht geleistet werden dürfe (vgl. *Roxin* AT I § 15 Rdn. 15), geht daher etwas an der Sache vorbei.

eingeschätzt"; in der Sache heißt das nichts anderes, als dass Rechtswidrigkeit schon dann vorliegt, wenn der Verteidiger von einem rechtswidrigen Angriff ausgehen *durfte* (*Frisch* Vorsatz und Risiko S. 424f; *Freund* GA **1991** 387, 407). Auf der Basis dieser Annahme können Konstellationen auftreten, in denen beide an einer Auseinandersetzung Beteiligten durch Notwehr gerechtfertigt sind.[379] Wähnt sich ein Täter angegriffen und ist er zu dieser irrigen Annahme ohne Sorgfaltsverstoß gelangt, deckt Notwehr nach dieser Auffassung seine Verteidigung gegen den nur vermeintlichen Angriff. Sein Gegner wiederum darf ebenfalls annehmen, er werde durch die Verteidigung rechtswidrig angegriffen, da er tatsächlich keine Gefahr für den anderen darstellt und von der irrigen Annahme des anderen nichts weiß und auch nicht notwendig wissen muss. Damit ist auch er durch Notwehr gerechtfertigt, wenn er sich nun seinerseits gegen das Vorgehen des anderen wehrt. Unterschiede im Ergebnis zu der hier für zutreffend gehaltenen Auffassung ergeben sich hingegen nicht (*Graul* JuS **1995** 1049, 1053f).[380] Situationen, in denen die Gegenansicht beiden Kontrahenten Notwehrbefugnisse zubilligt, können auch nach der hier zugrunde gelegten Meinung auftreten: In dem obigen Beispiel stehen den Kontrahenten zwar keine Notwehrbefugnisse zur Verfügung, ihr Verhalten ist jedoch aufgrund der unvermeidbaren Irrtümer auf beiden Seiten wegen „sorgfältiger" Putativnotwehr jeweils nicht rechtswidrig. Da die Gegenansicht § 32 lediglich als Handlungsbefugnis einstuft, erzielt sie mit der Gewährung von Notwehrbefugnissen exakt dieselben Wirkungen wie die hier für richtig gehaltene Meinung mit der Annahme unvermeidbarer Putativnotwehr. In beiden Fällen muss der jeweilige Gegner die Verteidigung nicht dulden, trotzdem ist das Verhalten des anderen nicht rechtswidrig. Die Ansichten unterscheiden sich daher im Wesentlichen nur in der Benennung: Was dort Notwehr heißt, trägt nach der hier für zutreffend erachteten Ansicht den Namen „unvermeidbare Putativnotwehr".

bb) Der unvermeidbare Irrtum über Erlaubnistatumstände. Entgegen der hier vertretenen Ansicht gehen einige Autoren – obgleich sie im Grundsatz für die Rechtswidrigkeit des Angriffs Handlungsunrecht fordern – davon aus, der unvermeidbare Erlaubnistatbestandsirrtum beseitige die Rechtswidrigkeit des Angriffs nicht (so *Paeffgen* GedS Armin Kaufmann, 399, 409f; *ders./Zabel* NK Vor § 32 Rdn. 116ff).[381] Sie behandeln den Erlaubnistatbestandsirrtum demnach anders als den Tatbestandsirrtum. Konsequent ist das jedoch nur, wenn man die **strenge**[382] oder rechtsfolgenverweisende[383] **Schuldtheorie** vertritt.[384] Nach diesen Ansätzen schließt ein (unvermeidbarer) Irrtum über das Verbotensein der Tat das Unrecht überhaupt nur dann aus, wenn er die Tatumstände betrifft. Die irrige Annahme rechtfertigender Umstände hingegen soll auf die Rechtswidrigkeit eines Angriffs keinen Einfluss haben.[385]

115

---

379   Zum Streit um die richtige Betrachtungsweise bei der Notwehrlage – objektiv ex ante oder ex post – s. ausführlich Rdn. 96ff.
380   Siehe auch *Nippert/Tinkl* JuS **2002** 964ff.
381   Ebenso *Erb* MK Rdn. 42ff; *Scheffler* Jura **1992** 352, 354; *Schroth* S. 123.
382   So *Hirsch* LK[11] Vor § 32 Rdn. 8 (etwas anderes aber [„mittlere Schuldtheorie"] *ders.* FS Schroeder, 223, 229ff), *Paeffgen/Zabel* NK Vor § 32 Rdn. 118, *Schroeder* LK[11] § 16 Rdn. 52, jew. m.w.N.
383   Grundlegend *Krümpelmann* GA **1968** 129, 139ff; s. auch *Jescheck/Weigend* § 41 IV 1d; *Fischer* Rdn. 51; *Wessels/Beulke* Rdn. 479. Krit. dazu *Geppert* Jura **1997** 299, 303; *Graul* JuS **1995** 1049, 1050; *Schünemann* GA **1985** 341, 350.
384   Das erkennt nun auch *Erb* MK Rdn. 246, der zwar (noch) kein uneingeschränktes Bekenntnis zu einer strengen oder rechtsfolgenverweisenden eingeschränkten Schuldtheorie abgeben will, aber zugesteht, dass sein Standpunkt, dem unvermeidbaren Erlaubnistatbestandsirrtum unrechtsausschließende Wirkung zu versagen (*Erb* aaO Rdn. 42ff), in der Sache auf eine dieser beiden Schuldtheorien hinausläuft.
385   Nach *Paeffgen* Verrat S. 125, 131 u. 153; *ders./Zabel* NK Vor § 32 Rdn. 116 soll beim Handeln im unvermeidbaren Erlaubnistatbestandsirrtum ein Rest von Erfolgsunrecht verbleiben, der in der Objektivie-

2. Gewaltsame Verteidigung gegen Akte öffentlicher Gewalt

Schrifttum

Ambos Zur strafbefreienden Wirkung des „Handelns auf Befehl" aus deutscher und völkerstrafrechtlicher Sicht, JR **1998** 221; *Amelung* Die Rechtfertigung von Polizeivollzugsbeamten, JuS **1986** 329; *ders.* Der strafprozessuale Eingriff in ein Grundrechtsgut als Staatsakt, Festschrift Badura (2004) 3; *Backes/Ransiek* Widerstand gegen Vollstreckungsbeamte, JuS **1989** 624; *Bender* Rechtmäßigkeit der Amtsausübung, Diss. Freiburg/Br. 1953; *ders.* Der nichtige Verwaltungsakt, DVBl. **1953** 33; *Benfer* Zum Begriff „Rechtmäßigkeit der Amtshandlung" in § 113 III StGB, NStZ **1985** 255; *Bringewat* Der rechtswidrige Befehl, NZWehrr **1971** 126; *Burchard* „Räuber oder Gendarm?" Notwehr gegen unangekündigte Hausdurchsuchungen im Spiegel deutsch-amerikanischer Rechtsvergleichung, HRRS **2012** 421; *Erb* Notwehr gegen rechtswidriges Verhalten von Amtsträgern, Festschrift Gössel (2002) 217; *Hoyer* Die strafrechtliche Verantwortlichkeit innerhalb von Weisungsverhältnissen (1998); *Huth* Der sogenannte „gefährliche Befehl" im geltenden Wehrrecht, NZWehrr **1988** 252; *Marcus Korte* Das Handeln auf Befehl als Strafausschließungsgrund Diss. Düsseldorf 2002/03 (2004); *Küper* Grundsatzfragen der „Differenzierung" zwischen Rechtfertigung und Entschuldigung, JuS **1987** 81; *Lehleiter* Der rechtswidrige verbindliche Befehl, Diss. München 1994 (1995); *Lenckner* Der „rechtswidrige verbindliche Befehl" im Strafrecht – nur noch ein Relikt? Festschrift Stree/Wessels (1993) 223; *Lenz* Die Diensthandlung und ihre Rechtmäßigkeit in § 113 StGB, Diss. Bonn 1987; *Lüke* Die Bedeutung vollstreckungsrechtlicher Erkenntnisse für das Strafrecht, Festschrift Arthur Kaufmann (1993) 565; *W. Meyer* Der Begriff der Rechtmäßigkeit einer Vollstreckungshandlung i.S.d. § 113 Abs. 3 StGB, NJW **1972** 1845; *ders.* Nochmals: Der Begriff der Rechtmäßigkeit einer Vollstreckungshandlung i.S.d. § 113 Abs. 3 StGB, NJW **1973** 1074; *Neuheuser* Die Duldungspflicht gegenüber rechtswidrigem hoheitlichen Handeln im Strafrecht, Diss. Bonn 1996; *Oehler* Handeln auf Befehl JuS **1963** 301; *Ostendorf* Die strafrechtliche Rechtmäßigkeit rechtswidrigen hoheitlichen Handelns, JZ **1981** 165; *Paglotke* Notwehr und Notstand bei Bedrohungen innerhalb von Prozesssituationen (2006); *v. Pestalozza* Die Rechtmäßigkeit der Amtsausübung im Sinne des § 113 StGB, DStR **1939** 34; *Peterson* Der sogenannte „gefährliche" Befehl im geltenden Wehrrecht – Eine Erwiderung auf den Beitrag von Rüdiger Huth, NZWehrr **1989** 239; *Rehbinder* Die Rechtmäßigkeit der Amtsausübung im § 113 StGB, GA **1963** 33; *Reinhart* Das Bundesverfassungsgericht wechselt die Pferde: Der strafrechtliche Rechtmäßigkeitsbegriff, StV **1995** 101; *ders.* Abschied vom strafrechtlichen Rechtmäßigkeitsbegriff, NJW **1997** 911; *Roellecke* Der kommunikative Gegendemonstrant, NJW **1995** 3101; *Roxin* Der strafrechtliche Rechtswidrigkeitsbegriff beim Handeln von Amtsträgern – eine überholte Konstruktion, Festschrift Pfeiffer (1988) 45; *Schoch* Grundfälle zum Polizei- und Ordnungsrecht, JuS **1995** 215; *H. Seebode* Die Rechtmäßigkeit der Diensthandlung, Habil. Göttingen 1987 (1988); *Stratenwerth* Verantwortung und Gehorsam, Habil. Bonn 1956 (1958); *Thiele* Zum Rechtmäßigkeitsbegriff bei § 113 Abs. 3 StGB, JR **1975** 353; *Triffterer* Ein rechtfertigender (Erlaubnistatbestands-) Irrtum? – Irrtumsmöglichkeiten beim polizeilichen Einsatz und deren dogmatische Einordnung, Festschrift Mallmann (1978) 373; *Vitt* Gedanken zum Begriff der „Rechtmäßigkeit der Diensthandlung" bei § 113 StGB, ZStW **106** (1994) 581; *Wagner* Die Rechtmäßigkeit der Amtsausübung, JuS **1975** 224; *Walter* Das Handeln auf Befehl und § 3 VStGB, JR **2005** 279; *Werle* Konturen eines deutschen Völkerstrafrechts, JZ **2001** 885; *ders./Jeßberger* Völkerstrafrecht (2016).

---

rung des Intentionsunwertes bestehe. Dieser wiederum könne – vom untauglichen Versuch bis zur Vollendung – in unterschiedlichen Intensitätsstufen auftreten (ähnlich differenziert *Jakobs* AT 6/76). Im Falle des unvermeidbaren Erlaubnistatbestandsirrtums werde zwar der Intentionsunwert der geplanten Rechtsgutverletzung durch den Intentionswert der Bewahrung des höherwertigen Rechtsgutes kompensiert. Die sich notwendigerweise im bloßen Handlungsvollzug erschöpfende Objektivierung der werthaften Finalität (eine rechtfertigende Lage liegt ja tatsächlich nicht vor) bleibe jedoch hinter der Objektivierung der unwerthaften Finalität zurück, die durch Eintritt des rechtsgutverletzenden Erfolgs gekennzeichnet sei. Diese feinsinnige Unterscheidung erklärt jedoch noch nicht, warum einem solchermaßen Bedrohten das schneidige Notwehrrecht zustehen soll: Der von *Paeffgen* behauptete Objektivierungsüberhang – durch Kompensation auf der Intentionalitätsebene jeglicher Finalität beraubt – ist tatsächlich nichts anderes als der drohende Schaden am Erhaltungsrechtsgut. Dieser allein führt aber nur zu Notstandsrechten nach § 34 oder § 228 BGB.

Droht die Rechtsgutverletzung nicht durch das Verhalten eines Mitbürgers, sondern **116** durch einen Akt hoheitlicher Gewalt, gelten für die Rechtswidrigkeit des Angriffs besondere Regeln.

a) Gewaltsame Verteidigung gegen die Vollstreckung von Akten, die der **117** **Rechts- oder Bestandskraft fähig sind.** Droht dem Bürger durch die **Vollstreckung** eines inhaltlich nicht mit der Rechtsordnung übereinstimmenden **Verwaltungsakts** oder **Urteils** die Verletzung seiner Rechtsgüter, sind seine Abwehrmöglichkeiten nach ständiger Rechtsprechung (RGSt **38** 373, 375; BGHSt **4** 161, 164 f; **21** 334, 363)[386] erheblich eingeschränkt: Unter dem Stichwort „**strafrechtlicher Rechtmäßigkeitsbegriff**", der neben § 32 insbesondere für § 113 Abs. 3 Bedeutung hat, wird das staatliche Vollzugsorgan weitgehend vom Risiko eines Irrtums über das Vorliegen tatsächlicher Umstände der Eingriffsermächtigung befreit. Danach handelt der Amtsträger i.S.d. Strafrechts schon dann rechtmäßig, wenn er sachlich und örtlich zuständig ist, die wesentlichen Förmlichkeiten einhält[387] und seinem Tätigwerden eine eigene pflichtgemäße Ermessensbetätigung oder die Weisung eines Vorgesetzten zugrunde liegt (RGSt **61** 297, 299; BGHSt **4** 161, 164 f; **21** 334, 363; **24** 125, 132)[388] – für Notwehr ist in diesem Fall kein Raum.[389] Begründet wird dieses sog. Irrtumsprivileg des Staates im Wesentlichen mit der Erhaltung der für eine effektive Verwaltung wesentlichen Entschlusskraft des Amtswalters, der häufig in Situationen mit unklarer Sachlage entscheiden muss und dabei nicht in eigener Sache tätig wird, sondern für die Belange der Allgemeinheit.[390] Dem BVerfG wurde hingegen – jedenfalls für das Ordnungswidrigkeitenrecht – lange ein dem strafrechtli-

---

386 Weiter RGSt **61** 297, 299; **67** 337, 340; BGHSt **24** 125, 132; OLG Hamm VRS **26** (1964) 435, 436; KG NJW **1975** 887, 888; OLG Bremen NJW **1977** 158, 159; OLG Celle NJW **1979** 57, 58; BayObLG JZ **1980** 109; OLG Hamm NStZ **1996** 281; KG StV **2001** 260 f; zust. *Fischer* § 113 Rdn. 11 f m.w.N. zur Diskussion bei § 113; *Hirsch* LK[11] Vor § 32 Rdn. 146 f; *Jescheck/Weigend* 35 I 3; *H. Seebode* S. 195; *Vitt* ZStW **106** (1994) 581, 591 f, der dieser Meinung allerdings nur noch formal anhängt; einschränkend auch *Triffterer* FS Mallmann, 373, 395 ff. Nach *Lackner/Kühl/Heger* § 113 Rdn. 7 soll die Fassung des § 113 Abs. 3 S. 1 diesen Rechtmäßigkeitsbegriff verbindlich vorschreiben, dagegen zu Recht *Paeffgen* NK § 113 Rdn. 41.
387 Zu den wesentlichen Förmlichkeiten gehört etwa, dass der Beschuldigte vor der gegen ihn gerichteten strafverfahrensrechtlichen Maßnahme belehrt wird, OLG Celle StV **2013** 2526 f m. Anm. *Jahn* JuS **2013** 268: Belehrung nach § 163a Abs. 4 StPO vor Maßnahme zur Identitätsfeststellung nach § 163b StPO wegen des Verdachts der Trunkenheit im Verkehr.
388 Weiter BGHSt **60** 253, 259 ff m. Anm. *Engländer* NStZ **2015** 577, *Erb* JR **2016** 29, *Fikenscher* NJW **2015** 3113, *Kindhäuser* HRRS **2016** 439, *Rönnau/Hohn* StV **2016** 313 u. *Rückert* JA **2017** 33 (s. dazu aber noch Rdn. 119); BayObLGSt **1954** 59, 61 (insoweit in NJW **1954** 1377 nicht mit abgedruckt); KG NJW **1975** 887, 888; OLG Bremen NJW **1977** 158, 159; OLG Celle NJW **1979** 57, 58; BayObLG JR **1981** 28 m. Anm. *Thiele* u. *Küper* JZ **1980** 633; JZ **1980** 109; JR **1989** 24; OLG Hamm NStZ **1996** 281; KG StV **2001** 260 f; AG Schwandorf NStZ **1987** 280, 281; LG Nürnberg-Fürth BeckRS **2017** 141430 Rdn. 155 ff. Vereinzelt wird diese Privilegierung auch auf Irrtümer über die Reichweite der Ermächtigungsnorm erweitert, so *v. Bubnoff* LK[11] § 113 Rdn. 34; *Stratenwerth* Gehorsam S. 190 f; **dagegen** BGHSt **24** 125, 132; *Jescheck/Weigend* § 35 I 3. Umstritten ist dabei, ob eine objektiv sorgfältige Prüfung erforderlich ist, die den Amtsträger zu der objektiv vertretbaren Annahme veranlasst hat, die Eingriffsvoraussetzungen lägen vor, oder ob erst individuelles oder gar grobes Verschulden schadet (i.d.S. wohl LG Köln (Z) BeckRS **2008** 13404). Zum Handeln aufgrund Anweisung/Befehls, bei dem diese Prüfung nach herrschender Ansicht soll fehlen dürfen, siehe Rdn. 130 ff.
389 Nicht (einmal) mit der amtsträgerfreundlichen Rspr. des BGH vereinbar ist die Entscheidung OLG Hamm JR **2010** 361, 362 f m. Anm. *Zimmermann*, die die gewaltsame Verteidigung gegen Vollstreckungsmaßnahmen (hier: nicht von § 163b Abs. 1 StPO gedeckte Wegnahme eines Ausweises) nicht nur durch Anwendung des strafrechtlichen Rechtmäßigkeitsbegriffs einschränkt, sondern für den Fall eines nach diesem Begriff rechtswidrigen Amtswalterhandelns die Gebotenheit der Verteidigung davon abhängig macht, dass der Bürger die Grenzen der Verhältnismäßigkeit einhält.
390 BGHSt **4** 161, 164; **60** 253, 259 ff m. Anm. *Engländer* NStZ **2015** 577, *Erb* JR **2016** 29, *Fikenscher* NJW **2015** 3113, *Kindhäuser* HRRS **2016** 439, *Rönnau/Hohn* StV **2016** 313 u. *Rückert* JA **2017** 33; s. auch *Erb* FS Gössel, 217, 221.

chen entgegengesetzter **materiell-rechtlicher Rechtmäßigkeitsbegriff** zugeschrieben (BVerfGE **87** 399, 408 ff; **92** 191, 199 ff; NJW **1991** 3032).[391] Der aus den Entscheidungen des Gerichts – auch hier 12. Aufl. – gezogene Schluss, das Gericht vertrete einen solchen materiell-rechtlichen Rechtswidrigkeitsbegriff, geht jedoch zu weit, weil er sich nicht mit der (beschränkten) Aufgabe des BVerfG vereinbaren lässt. Das BVerfG überprüft Normen und deren Auslegung lediglich auf eine Vereinbarkeit insbesondere mit grundrechtlichen Festlegungen, entwickelt aber keine umfassenden Lehren dazu, wie eine Norm des einfachen Rechts auszulegen sei; dies ist den Fachgerichten vorbehalten.[392] Die Position, die das BVerfG im Zusammenhang mit der Ahndung von Ungehorsam gegenüber hoheitlichen Verfügungen als Ordnungswidrigkeiten eingenommen hat, lässt sich daher treffend nur als eine verfassungsrechtlich begründete bereichsspezifische Teilablehnung des strafrechtlichen Rechtmäßigkeitsbegriffs beschreiben, nicht als Bekenntnis zu einem materiell-rechtlichen Rechtmäßigkeitsbegriff (i.d.S. BVerfG NVwZ **2007** 1180, 1181 m. Anm. *Niehaus/Achelpöhler* StV **2008** 71). Dementsprechend hat das BVerfG auch ein eingeschränktes Rechtmäßigkeitsverständnis für verfassungsrechtlich unbedenklich erklärt, bei dem nicht verlangt wird, „dass alle in dem jeweiligen in Bezug genommenen Rechtsgebiet normierten Anforderungen an die Rechtmäßigkeit der Diensthandlung erfüllt sein müssen".[393] Diese Formulierung meint den strafrechtlichen Rechtmäßigkeitsbegriff und das BVerfG hat dessen Ausfüllung durch die fachgerichtliche Rechtsprechung (sachliche und örtliche Zuständigkeit, wesentliche Förmlichkeiten und pflichtgemäßes Ermessen) gebilligt.[394] Gleichwohl beinhaltet diese Billigung wiederum weder ein Bekenntnis zum strafrechtlichen Rechtmäßigkeitsbegriff noch eine generelle verfassungsrechtliche Unbedenklichkeitsbescheinigung[395] für diesen. Vielmehr entscheiden die jeweils berührten Grundrechte und die für die Rechtfertigung des Eingriffs in diese Grundrechte bemühten Gemeinschaftszwecke darüber, ob und in welchem Maß Gesetzgeber und Rechtsprechung von den „normierten Anforderungen an die Rechtmäßigkeit der Diensthandlung" abweichen dürfen, wenn es um die Pflicht des Bürgers zur Duldung der Diensthandlung und die Sanktionierung bei Nichterfüllung geht.[396] So hat das BVerfG seine Billigung des strafrechtlichen Rechtmäßigkeitsbegriffs ausdrücklich auf eine Strafbarkeit wegen Widerstands gegen Vollstreckungsbeamte nach § 113 beschränkt.[397] Im Ausgangspunkt macht das BVerfG die verfassungsrechtliche Zulässigkeit

---

391 Teilweise auch *Gesetzmäßigkeitstheorie* genannt; dem BVerfG zust. *Krey/Hellmann/Heinrich* BT I Rdn. 676 ff; *Reinhart* StV **1995** 101, 105 ff; *ders.* NJW **1997** 911, 913 f; *Rostek* NJW **1972** 1335; *Roxin* FS Pfeiffer, 45, 49; im Ergebnis bei Vollziehung rechtswidriger Verwaltungsakte ebenso *Herzog* NK³ Rdn. 44. Zum älteren Schrifttum s. die Nachw. bei *H. Seebode* S. 132 f.
392 BVerfG NJW **2007** 409, 504 Rdn. 75.
393 BVerfG NVwZ **2007** 1180, 1181 m. Anm. *Niehaus/Achelpöhler* StV **2008** 71.
394 BVerfG NVwZ **2007** 1180, 1182 m. Anm. *Niehaus/Achelpöhler* StV **2008** 71; die Kammer hat die konkrete Anwendung des strafrechtlichen Rechtmäßigkeitsbegriffs auf den Sachverhalt allerdings als Grundrechtsverstoß gewertet (aaO, 1182 f): Zu den wesentlichen (zum Schutz des Bürgers vorgeschriebenen) Förmlichkeiten gehöre bei Zwangsmaßnahmen gegen einen Versammlungsteilnehmer, dass die Versammlung vor der Maßnahme aufgelöst oder der Teilnehmer von der Versammlung ausgeschlossen wird. Da dies nicht geschehen war, ein verständiger Amtsträger dieses rechtliche Erfordernis jedoch beachtet hätte, war das Versammlungsrecht des Teilnehmers aus Art. 8 GG verletzt und eine Verurteilung wegen § 113 unzulässig.
395 So aber die Überinterpretation durch BGHSt **60** 253, 258 f m. Anm. *Engländer* NStZ **2015** 577, *Erb* JR **2016** 29, *Fikenscher* NJW **2015** 3113, *Kindhäuser* HRRS **2016** 439, *Rönnau/Hohn* StV **2016** 313 u. *Rückert* JA **2017** 33.
396 BVerfG NVwZ **2007** 1180, 1181 m. Anm. *Niehaus/Achelpöhler* StV **2008** 71.
397 BVerfG NVwZ **2007** 1180, 1181, 1182 u. 1183 m. Anm. *Niehaus/Achelpöhler* StV **2008** 71. Zu dieser Feststellung will allerdings so gar nicht passen, dass sich das vergleichsweise hohe Gewicht des hinter

einer Pflicht des Bürgers zur Duldung rechtswidriger hoheitlicher Maßnahmen davon abhängig, ob es um eine Beurteilung der verwaltungsrechtlichen Durchsetzung der Verfügung in der konkreten Handlungssituation geht oder um die spätere Ahndung widersetzlichen Verhaltens des Bürgers. Die Akzessorietät der Duldungspflichten des Bürgers zur Rechtmäßigkeit hoheitlichen Handelns[398] wird i.d.R. nur dort durchbrochen, wo es um die wegen der Notwendigkeit umgehenden behördlichen Einschreitens in unübersichtlicher oder spannungsreicher Lage typischerweise fehleranfällige Beurteilung der Eingriffsvoraussetzungen in der konkreten Handlungssituation[399] geht. Hier bedarf der Amtswalter eines durch die erhöhte Duldungspflicht abgesicherten Irrtumsprivilegs. Für die erst im Nachhinein ohne Handlungsdruck zu beurteilende Ahnd- oder Strafbarkeit des Verhaltens des sich wehrenden Bürgers soll es i.d.R. bei dem Gleichlauf von Duldungspflicht und Rechtmäßigkeit bleiben. Eine Ausnahme von der Unterscheidung zwischen Situations- und Sanktionsebene[400] macht das BVerfG aber bei der nachträglichen Beurteilung widersetzlichen Verhaltens als Widerstand gegen Vollstreckungsbeamte gem. § 113. Hier soll selbst ein Grundrecht vom Rang der Versammlungsfreiheit einer von der Rechtmäßigkeit gelösten Duldungspflicht des Grundrechtsträgers nicht entgegenstehen, weil der von § 113 verfolgte Zweck, dem handelnden Amtsträger in Vollstreckungssituationen „präventiven [...] Schutz" vor „eigenständigen Rechtsgutverletzungen von erheblichem Gewicht" zu gewähren, ein hohes Gewicht zukomme.[401] Die situationsbedingte Schutzbedürftigkeit des Vollstreckungsbeamten, so wird man den Gedanken des Gerichts zu Ende führen dürfen, ist ebenfalls Motiv jenes Straftatbestands, der auf solche Situationen zugeschnitten ist, so dass ein einheitlicher Maßstab gerechtfertigt sei, obwohl das Strafbarkeitsurteil erst ex post gefällt wird.

Richtigerweise gilt für die Rechtswidrigkeit vollstreckenden hoheitlichen Verhaltens **118** Folgendes: Irrt der Amtsträger über tatsächliche Voraussetzungen der Eingriffsnorm, so handelt er bereits nach allgemeinen Regeln nicht rechtswidrig, wenn dieser **Erlaubnistatbestandsirrtum** nicht auf einem Sorgfaltsverstoß beruht (RGSt **33** 348, 349f; *Roxin* FS Pfeiffer, 45, 49; *Sch/Schröder/Lenckner/Sternberg-Lieben* Vor § 32 Rdn. 86)[402] und Notwehr des Bürgers scheidet aus.[403] Jenseits des unvermeidbaren Erlaubnistatbestandsirrtums sind Privilegierungen nur anzuerkennen, soweit sie auf einer Entscheidung des Gesetzgebers beruhen. Denn es handelt sich dabei um Eingriffe in Grundrechte der Adressaten des Verwaltungsaktes und damit um von Verfassungs wegen wesentliche Entscheidungen, die allein der parlamentarische Gesetzgeber treffen darf (BVerfGE **47** 46, 48; **49** 89, 126; **84** 212, 226). Dies gilt umso mehr, wenn der Amtsträger bereits aufgrund einer bloßen Verdachtslage eingreifen können soll. So enthalten die polizeirechtlichen Sicherheitsvorschriften des Bundes und der Länder mit dem prognostischen Merk-

---

§ 113 stehenden Schutzzwecks auch durch die den Widerstand typischerweise begleitenden „eigenständigen Rechtsgutverletzungen von erheblichem Gewicht" erklären soll (BVerfG aaO, 1181).
398 *Paglotke* S. 58 ff u. 215 f geht offenbar von einer umgekehrten Abhängigkeit aus, wenn er Notwehr gegen die Vollstreckung materiell-rechtlich fehlerhafter Urteile kategorisch mit dem Hinweis darauf ablehnt, die Vollstreckung sei wegen der aus der Rechtskraft der Entscheidung folgenden Duldungspflicht nicht missbilligt und ihr fehle daher der für die Rechtswidrigkeit des Angriffs erforderliche Erfolgsunwert. Aber das stellt die Dinge ersichtlich auf den Kopf und nimmt der Duldungspflicht jede Begründung.
399 BVerfG NVwZ **2007** 1180, 1181 f m. Anm. *Niehaus/Achelpöhler* StV **2008** 71.
400 Formulierung von *Paeffgen* NK § 113 Rdn. 47.
401 BVerfG NVwZ **2007** 1180, 1181 m. Anm. *Niehaus/Achelpöhler* StV **2008** 71.
402 **AA** wohl *Herzog* NK³ Rdn. 43, 44 a.E.: objektive Rechtswidrigkeit.
403 *Amelung* JuS **1986** 329, 335f; *Sch/Schröder/Lenckner/Sternberg-Lieben* Vor § 32 Rdn. 86; *Roxin* FS Pfeiffer, 45, 51. **AA** *Spendel* LK¹¹ Rdn. 68; *Herzog* NK³ Rdn. 43. Bezieht sich der unvermeidbare Irrtum auf ein aus objektiver ex-ante-Sicht zu bestimmendes Merkmal wie z.B. die „Gefahr für die öffentliche Sicherheit", fehlt es sogar an einem rechtserheblichen Irrtum des Beamten überhaupt.

mal der „Gefahr" bereits Privilegierungen, die dem Amtsträger in Konfliktsituationen, die ein schnelles Handeln erfordern, nach Ansicht des Gesetzgebers offensichtlich ausreichend Sicherheit für ein entschlossenes Eingreifen geben.[404] Darüber hinaus befreien die Vorschriften bzw. Rechtsgrundsätze über die Rechts- oder Bestandskraft eines Rechtsaktes den vollstreckenden Amtswalter von der Prüfung, ob der Rechtsakt rechtmäßig ergangen ist, da für eine rechtmäßige Vollstreckung neben der Beachtung spezifischer Vollstreckungsvorschriften nur die Wirksamkeit des Titels verlangt wird.[405] Allerdings ist dem Bürger selbst dann, wenn nicht alle Vollstreckungsvoraussetzungen vorliegen, sofortige scharfe Notwehr in aller Regel untersagt. Denn der rechtswidrig handelnde Beamte befindet sich typischerweise im Irrtum über das Fehlen einer Vollstreckungsvoraussetzung und handelt daher im Erlaubnisirrtum, so dass Notwehr nur unter Einschränkungen zulässig ist (zur Notwehreinschränkung bei irrenden Angreifern s. näher Rdn. 242 ff). Hier muss der Angegriffene zunächst versuchen, den Beamten über seinen Irrtum aufzuklären und darf zu eingreifender Abwehr erst übergehen, wenn Schutzwehrhandlungen den Beamten zur Aufgabe seines Vollstreckungsvorhabens nicht haben bewegen können.

119 Sowohl der strafrechtliche als auch die zwischen Situations- und Sanktionsebene differenzierende Sicht lassen sich nicht mit den Vorgaben des Gesetzes vereinbaren.[406] Der **strafrechtliche Rechtmäßigkeitsbegriff** ist das Ergebnis einer strafrechtsautonomen Begriffsbildung jenseits der Vorgaben des Vollstreckungsrechts. Mit Blick auf ein als akzeptabel empfundenes Maß gegenseitiger Hinnahmepflichten im Fall hoheitlicher Eingriffsverwaltung sind beim strafrechtlichen Rechtmäßigkeitsbegriff aus dem Kreis gesetzlicher Anforderungen an die Rechtmäßigkeit hoheitlicher Maßnahmen einzelne Merkmale ausgewählt worden, ohne darauf zu achten, ob es sich um Anforderungen an den Erlass der zu vollstreckenden hoheitlichen Entscheidung handelt oder um spezifische Vollstreckungsregeln. Da erstere für die Vollstreckung/Vollziehung – wie sich aus § 80 Abs. 1, 2 VwGO i.V.m. den landesrechtlichen Vorschriften über die Zulässigkeit des Vollzugs von Verwaltungsakten und den §§ 708 ff ZPO ergibt[407] – nur beachtlich sind, wenn sie den zu vollstreckenden Rechtsakt ausnahmsweise seiner Wirksamkeit berauben, letztere hingegen über das Einhalten der wesentlichen Förmlichkeiten und die pflichtgemäße Ermessensbetätigung hinausgehen, wird je nach Situation einmal vom Vollzugsbeamten, ein anderes Mal vom Betroffenen zu viel der Duldung verlangt. Der BGH hat in jüngerer Zeit versucht, diesen Mangel dadurch – teilweise – zu beheben, dass er zumindest die Duldungspflichten des Bürgers mittels einer Anleihe beim verwaltungsrechtlichen Rechtmäßigkeitsbegriff (näher Rdn. 122 f) auf ein akzeptables Maß zurückschneidet: Rechtswidrig soll hoheitliches Verhalten dann sein, wenn sich „der Hoheitsträger in einem schuldhaften Irrtum über die Erforderlichkeit der Amtsausübung

---

[404] Ähnlich *Paeffgen* NK § 113 Rdn. 43; *Niehaus/Achelpöhler* StV **2008** 71, 73; aA *Erb* FS Gössel, 217, 221 ff.
[405] Diese Rechtsauffassung ist für die Vollstreckung von Verwaltungsakten, die nicht unanfechtbar, sondern „nur" sofort vollziehbar sind, allerdings nicht unumstritten, vgl. nur *Schoch* JuS **1995** 307, 309 m.w.N.
[406] Ebenso *Lüderssen* FS Eser, 163, 172; *Erb* MK Rdn. 76 f; *ders.* JR **2016** 29, 30; auch *Sch/Schröder/Lenckner/Sternberg-Lieben* Vor § 32 Rdn. 86, die allerdings offenlassen, ob die nach ihrem Verständnis eigentlich als bloße Handlungsbefugnisse zu interpretierenden Eingriffsnormen (insbesondere die polizeiliche Generalklausel), die sich mit einer ex-ante-Beurteilung des Sachverhalts begnügen, nicht wegen des Vorrangs öffentlicher Interessen ausnahmsweise Duldungspflichten nach sich ziehen mit der Folge, dass weder Notwehr noch Notstand dagegen eröffnet wäre.
[407] Siehe zur Bedeutung der §§ 708 ff ZPO für die Rechtmäßigkeit der Amtshandlung *Schünemann* JA **1972** 195, 202.

[befindet], [...] er willkürlich oder unter Missbrauch seines Amtes [handelt]."[408] Diese Trias war zwar bereits in der Vergangenheit Bestandteil des strafrechtlichen Rechtmäßigkeitsbegriffs, musste sich jedoch mit der unselbständigen Rolle bescheiden, Sachverhalte zu identifizieren, in denen der Amtsträger das ihm eingeräumte Ermessen nicht pflichtgemäß ausübt.[409] Der 1. Strafsenat des BGH hat die Trias in seiner Entscheidung aus dem Jahr 2015 nun zur selbständigen Voraussetzung der Rechtmäßigkeit bei § 32 und § 113 aufgewertet. Zu diesem Schritt war er gezwungen, weil er dem strafrechtlichen Rechtmäßigkeitsbegriff eine erweiterte Legitimationsgrundlage verschaffen wollte: Im Anschluss an *Erb* FS Gössel 217, 228; *ders.* MK Rdn. 79, begründet der BGH die Duldungspflicht (auch) mit dem Ausschluss der aufschiebenden Wirkung von Rechtsbehelfen in den Verwaltungsvollstreckungsgesetzen der Länder, mit dem die Einräumung eines Notwehrrechts des Bürgers gegen Maßnahmen der Verwaltungsvollstreckung wertungsmäßig nicht zu vereinbaren sei.[410] Diese Begründung hat nichts Strafrechtsautonomes mehr an sich, sondern enthält in der Sache ein Bekenntnis zum verwaltungsrechtlichen Rechtmäßigkeitsbegriff, der Notwehr gegen hoheitliche Maßnahmen deshalb und soweit ausschließt, wie die Maßnahme einen wirksamen und vollziehbaren Verwaltungsakt vollstreckt.[411] Liegt der Grund der Duldungspflicht aber in der Wirksamkeit und Vollziehbarkeit des zu vollstreckenden Verwaltungsakts, ist der Bürger zur Duldung selbst schwerster Verstöße gegen das die Vollstreckung einhegende Recht verpflichtet.[412] Da das ein inakzeptables Ergebnis wäre, musste der BGH eine weitere Anleihe beim verwaltungsrechtlichen Rechtmäßigkeitsbegriff aufnehmen und – wiederum im Anschluss an *Erb* –[413] die Duldungspflicht dort enden lassen, wo die Vollstreckung von einem Rechtsfehler befallen ist, der so schwer ist, dass er einem Verwaltungsakt dessen Nichtigkeit nähme.[414] Auf diese Weise erklären sich insbesondere die Einschränkungen Willkür und Amtsmissbrauch. Dies alles kann den strafrechtlichen Rechtmäßigkeitsbegriff nicht retten, selbst wenn man ignorierte, dass die nachgelieferte Begründung und die Einschränkung der Duldungspflicht zu einem strafrechtsautonomen Verständnis der Rechtmäßigkeit nicht passen. Sowohl der Verweis auf den Ausschluss der aufschiebenden Wirkung als auch die entsprechende Anwendung von Nichtigkeitsgründen bei Verwaltungsakten gehen am Vollstreckungsrecht vorbei (näher Rdn. 123). Unfreiwillig macht der 1. BGH-Strafsenat noch auf eine weitere Ungereimtheit im Zusammenhang mit der Verteidigung gegen rechtswidrige hoheitliche Vollstreckungsakte aufmerksam, wenn er die gesteigerte Duldungspflicht des Bürgers auch damit begründet, der Beamte sei anders als der Bürger bei § 32 auf verhältnismäßigen Zwang beschränkt.[415] Das Argument stimmt in zweifacher Hinsicht nicht. Zum einen führt das dem Beamten durch den strafrechtlichen Rechtmäßigkeitsbegriff gewährte Irrtumsprivileg dazu, dass auch Fehleinschätzungen der Verhältnismäßigkeit – und damit unverhältnismäßige Vollstreckungsmaßnahmen – die Duldungspflicht jedenfalls dann nicht hindern, wenn der Irr-

---

408 BGHSt **60** 253, 258 m. Anm. *Engländer* NStZ **2015** 577, *Erb* JR **2016** 29, *Fikenscher* NJW **2015** 3113, *Kindhäuser* HRRS **2016** 439, *Rönnau/Hohn* StV **2016** 313 u. *Rückert* JA **2017** 33.
409 RGSt **61** 297, 298 f; **72** 305, 311 f; BGHSt **4** 161, 164 f; **21** 334, 363.
410 BGHSt **60** 253, 260 m. Anm. *Engländer* NStZ **2015** 577, *Erb* JR **2016** 29, *Fikenscher* NJW **2015** 3113, *Kindhäuser* HRRS **2016** 439, *Rönnau/Hohn* StV **2016** 313 u. *Rückert* JA **2017** 33.
411 *Engländer* NStZ **2015** 577, 578; *Rönnau/Hohn* StV **2016** 313, 315.
412 *Rönnau/Hohn* StV **2016** 313, 315.
413 *Erb* FS Gössel, 217, 231.
414 BGHSt **60** 253, 263 m. Anm. *Engländer* NStZ **2015** 577, *Erb* JR **2016** 29, *Fikenscher* NJW **2015** 3113, *Kindhäuser* HRRS **2016** 439, *Rönnau/Hohn* StV **2016** 313 u. *Rückert* JA **2017** 33.
415 BGHSt **60** 253, 261 f m. Anm. *Engländer* NStZ **2015** 577, *Erb* JR **2016** 29, *Fikenscher* NJW **2015** 3113, *Kindhäuser* HRRS **2016** 439, *Rönnau/Hohn* StV **2016** 313 u. *Rückert* JA **2017** 33.

tum unvermeidbar war.⁴¹⁶ Zum anderen steht dem Beamten das volle Notwehrrecht zu, wenn sich der Bürger gegen die Vollstreckung wehrt.⁴¹⁷ Von einem Ungleichgewicht der rechtlich zur Verfügung stehenden Mittel zuungunsten des Beamten kann also keine Rede sein. Im Gegenteil erweist die Rechtsprechung den Amtsträgern ersichtlich zu viel der Privilegierung, wenn sie ihnen durch den strafrechtlichen Rechtmäßigkeitsbegriff sowohl ein Irrtumsprivileg geben als sie auch durch Gewährung des Notwehrrechts von den Fesseln der Verhältnismäßigkeit der Mittel befreien will.⁴¹⁸

120 Der zwischen Situations- und Sanktionsebene unterscheidende **Ansatz des BVerfG** erscheint auf den ersten Blick zwar plausibel. Aber die Differenzierung ist undurchführbar, weil § 32 nach ganz h.M. nicht nur ein Rechtfertigungsgrund (Sanktionsebene), sondern auch ein Eingriffsrecht ist, das den Angreifer – hier den Amtsträger – seinerseits zur Duldung der Verteidigung gegen den rechtswidrigen Angriff verpflichtet (Situationsebene). Es ist zwar denkbar, Rechtfertigungswirkung und Duldungsverpflichtung voneinander zu trennen, indem das Eingriffsrecht in Fällen hoheitlicher Angriffe zu einer bloßen Handlungsbefugnis degradiert wird (näher Rdn. 113f), um auf diese Weise eine Konfusion gegenseitiger Duldungspflichten zu vermeiden. Aber diese gedankliche Operation erklärt noch nicht, wie es zu den unterschiedlichen Rechtmäßigkeitsmaßstäben kommt⁴¹⁹ – in der Handlungssituation genügt es nicht, dem Bürger ein Eingriffsrecht abzusprechen, seine Gegenwehr muss rechtswidrig sein, wenn er verpflichtet sein soll, das Eingriffsverhalten des Amtsträgers zu dulden. Die Einordnung der Gegenwehr als rechtswidrig führt dann aber dazu, dass der Bürger dem Risiko maßloser Verteidigung durch den Amtsträger ausgesetzt ist, da diesem nach h.M. nun das Notwehrrecht zuwächst (näher Rdn. 216ff) und er nicht mehr an das die öffentlich-rechtlichen Eingriffsbefugnisse begrenzende Übermaßverbot gebunden ist (deren Voraussetzungen er i.Ü. nicht beachtet hat). Angesichts dieses Risikos stimmt der hinter der Differenzierung des BVerfG offensichtlich stehende Gedanke einer nur vorläufig zu Ungunsten des Bürgers wirkenden einstweiligen Duldungspflicht nicht; der Bürger mag später von einem strafrechtlichen Vorwurf freigesprochen werden – die ihm im Zuge der Notwehrhandlung durch den Amtsträger zugefügten Grundrechts- und Rechtsguteingriffe bleiben. Schließlich ließe sich die Herabstufung des Eingriffsrechts zur Handlungsbefugnis nur für eine Handlung insgesamt vornehmen, nicht aber für einzelne Tatbestände – der Bürger (und damit auch der Amtsträger) kann für ein und dieselbe Handlung nicht unter einem rechtlichen Gesichtspunkt zur Duldung des Zwangs verpflichtet, unter einem anderen aber zur Verteidigung dagegen berechtigt sein. Genau dies ist aber die unabweisbare Konsequenz des Standpunkts des BVerfG. Denn die Durchbrechung der Akzessorietät der Duldungspflicht von der Rechtmäßigkeit soll nach Ansicht des Gerichts durch ein Überwiegen der auf Seiten des Amtsträgers stehenden Schutzzwecke über die Grundrechte des Bürgers gerechtfertigt sein, und über sie muss, da unterschiedliche Tatbestände verschiedenen Schutzzwecken dienen, für jeden Tatbestand neu und eigenständig mit der Möglichkeit voneinander abweichender Ergebnisse entschieden werden. Da die Antwort bei mehreren durch dieselbe Handlung verwirklichten Straftatbeständen jedoch wie gezeigt letztlich nicht unterschiedlich ausfallen darf, ist die vom BVerfG vor-

---

416 BVerfG NVwZ **2007** 1180, 1182 m. Anm. *Niehaus/Achelpöhler* StV **2008** 71; nach BGHSt **60** 253, 258 m. Anm. *Engländer* NStZ **2015** 577, *Erb* JR **2016** 29, *Fikenscher* NJW **2015** 3113, *Kindhäuser* HRRS **2016** 439, *Rönnau/Hohn* StV **2016** 313 u. *Rückert* JA **2017** 33 durchbricht nur ein schuldhafter = vermeidbarer Irrtum die Duldungspflicht.
417 Näher Rdn. 216 ff.
418 *Rönnau/Hohn* StV **2016** 313, 317.
419 Für eine trennbare Beurteilung der Rechtswidrigkeit hingegen *Paeffgen* NK § 113 Rdn. 47.

genommene Abwägung sinnlos und der Ansatz undurchführbar. Der Kammerbeschluss des BVerfG von 2007 zeigt, zu welchen Ungereimtheiten der aufgezeigte Widerspruch führt. Zwar soll der Bürger zur Duldung des rechtswidrigen Handelns des Amtsträgers verpflichtet sein und sich auch wegen Widerstands gegen Vollstreckungsbeamte strafbar machen können. Soweit es die mit derselben Widerstandshandlung durch den Bürger tatbestandlich ebenfalls verwirklichte Körperverletzung betrifft, soll das Verhalten des Amtsträgers jedoch ein rechtswidriger Angriff sein.[420] Diesen offensichtlichen Widerspruch versucht das BVerfG durch einen Hinweis auf (fehlende) Erforderlichkeit und/oder (fehlende) Gebotenheit der Verteidigung zu überbrücken, aber das ist bloße Flickschusterei: Die Erforderlichkeit wird nicht immer zu verneinen sein, da dies von der jeweiligen „konkreten Kampflage"[421] abhängt, und mit der Flucht in die Gebotenheit gesteht das Gericht im Grunde zu, dass sich das Problem der Duldung rechtswidrigen Eingriffsverhaltens mit dem Instrumentarium der Notwehr- oder Rechtfertigungslehre nicht lösen lässt.[422] Nach *Kindhäuser* HRRS **2016** 439, 441ff; *ders.* NK Rdn. 69 soll sich die Pflicht zur Duldung von Vollstreckungshandlungen in der Tat nicht als Frage nach der Rechtmäßigkeit der Vollstreckungshandlung stellen, sondern allein die Gebotenheit der Verteidigung betreffen: Da § 113 Widerstandshandlungen unabhängig von der Rechtswidrigkeit der Vollstreckungshandlung verbiete (lediglich nicht in jedem Fall bestrafe), folge aus der Rechtswidrigkeit allein noch kein Recht zur Notwehr des Betroffenen. § 32 passe als Ausnahmerecht, das für Fälle gedacht sei, in denen der Staat als Inhaber des Gewaltmonopols sein Hilfsversprechen in einer Notsituation nicht einlösen könne, nicht auf Situationen, in denen die Rechtgutverletzung nicht von einem Privaten, sondern vom Staat selbst drohe. Es liegt in der Konsequenz dieses Notwehrverständnisses, dass das Notwehrrecht immer dann wieder aufleben muss, wenn das Handeln des Amtsträgers nicht Ausdruck der Vollstreckung eines staatlichen Willens ist – die Duldungspflicht ist hier eine Angelegenheit der Zurechnung: Notwehr sei nur dann geboten i.S.v. § 32, wenn das Amtswalterhandeln dem Staat nicht zuzurechnen ist. Da die Zurechnung eine strafrechtsautonome Frage betreffe, entnimmt *Kindhäuser* die Zurechnungsregeln dem ebenfalls strafrechtsautonom ausgestalteten sog. strafrechtlichen Rechtmäßigkeitsbegriff, der – anders als sein Name nahelegt – keine Auskunft über die Rechtmäßigkeit gebe, sondern allein über die Bedingungen, unter denen das Verhalten des Amtswalters ein solches des Staates ist. Es ist aber bereits fraglich, ob die (hier i.Ü. geteilte, s. Rdn. 70) gesellschaftsvertragliche Herleitung des Notwehrrechts durch *Kindhäuser* einen Ausschluss der Notwehr gegenüber staatlichem Handeln zur Folge haben muss. Wenn Notwehr ein originäres Freiheitsrecht des Einzelnen ist, bedeutet die gesellschaftsvertragliche Übertragung des Gewaltmonopols auf den Staat im Übrigen nicht zwingend auch einen Totalverzicht auf gewaltsame Verteidigung gegenüber dem Staat. Denn der Einzelne hat auf sein Recht zu gewaltsamer Verteidigung nur um den Preis verzichtet, dass der Staat ihm Schutz vor Verletzungen seiner Rechte verspricht und damit vor rechtswidrigen Eingriffen in seine Güter. Müsste das Notwehrrecht, das gewaltsame Verteidigung gegen rechtswidrige Angriffe dort erlaubt, wo der Einzelne auf sich gestellt ist, nicht erst Recht Anwendung finden, wenn es der Staat selbst ist, der sich nicht an die

---

420 BVerfG NVwZ **2007** 1180, 1183. *Niehaus/Achelpöhler* StV **2008** 71, 75 interpretieren den Beschluss in ihrer Anmerkung dazu ebenso wie hier.
421 Näher Rdn. 172ff.
422 Nebenbei bemerkt fragt sich auch, wie ein Überwiegen der Allgemeinwohlbelange über die Grundrechte des betroffenen Bürgers eine Duldungspflicht trotz rechtswidrigen hoheitlichen Handelns legitimieren können soll, wenn der handelnde Amtsträger eben diese Verhältnismäßigkeit i.e.S. nicht nachvollziehen muss, weil sein Irrtum darüber die Annahme der Duldungspflicht nach BVerfG NVwZ **2007** 1180, 1182 m. Anm. *Niehaus/Achelpöhler* StV **2008** 71 nicht hindern soll.

vereinbarten Regeln hält und damit den Einzelnen vollständig isoliert? Wenig überzeugend ist auch die Gleichsetzung der Grenzen der Duldungspflicht mit jenen einer Zurechnung des Amtswalterhandelns zum Staat im Rahmen der Gebotenheit. Zum einen wird damit in der Sache eine Teilrechts- bzw. ultra-vires-Lehre bemüht, die sich deutlich von dem Konsens im öffentlichen Recht über die Bedingungen entfernt, unter denen von Hoheitsmacht Gebrauch gemacht wird: In einer Rechtsordnung, in der selbst schwerwiegende und offensichtliche Rechtsfehler lediglich zur Nichtigkeit führen (§ 44 Abs. 1 VwVfG), der Maßnahme/Entscheidung aber nicht den hoheitlichen Charakter nehmen, sind Nichtakte, in denen sich keine Hoheitsmacht manifestiert, die absolute Ausnahme (s. Rdn. 223), was selbst eine strafrechtsautonome Begriffsbildung nicht ohne weiteres ignorieren darf. Auch willkürliches oder amtsmissbräuchliches Handeln ist hoheitliches Handeln. Zum anderen ist der strafrechtliche Rechtmäßigkeitsbegriff als Rechtsquelle für die Bedingungen einer Zurechnung von Amtswalterhandeln zum Staat denkbar ungeeignet, weil das mit diesem Begriff untrennbar verknüpfte Irrtumsprivileg des Amtsträgers die Zurechnung auch bejaht, wenn der Amtswalter über genau jene Voraussetzungen des Eingriffs (unvermeidbar) irrt, die eigentlich Bedingung der Zurechnung sind.

121 Geht es um die Vollstreckung von Rechtsakten wie Urteilen und Verwaltungsakten, darf sich das Vollzugsorgan auf die Richtigkeit der Entscheidung verlassen; Rechtsverstöße beim Erlass eines solchen Rechtsaktes, die ihm nicht seine Wirksamkeit nehmen, erlauben dem Vollstreckungsbetroffenen keine Gegenwehr mit Notwehrmitteln. Rechtswidrig i.S. dieser Vorschrift sind Vollzugsakte aber – jedenfalls – dann, wenn der zugrundeliegende Titel nach allgemeinen Rechtsgrundsätzen oder Vorschriften wie § 44 VwVfG als Vollstreckungsgrundlage wegen **Nichtigkeit** ausfällt (*Jakobs* AT 16/4; *Paeffgen* NK § 113 Rdn. 40).[423] Nichtigkeit ist neben dem wenig praktischen Fall menschenverachtender, nur der Form nach legaler Rechtsakte eines Unrechtsregimes bei Verwaltungsakten insbesondere dann gegeben, wenn dem Bürger die Begehung einer Straftat oder Ordnungswidrigkeit aufgegeben wird (§ 44 Abs. 2 Nr. 5 VwVfG) oder das mit dem Verwaltungsakt verlangte Verhalten die Menschenwürde verletzt (§ 44 Abs. 2 Nr. 6 VwVfG),[424] bei Urteilen dann, wenn sie offensichtlich an einem so schwerwiegenden Rechtsfehler leiden, dass auch unter Beachtung von Rechtssicherheit und Rechtsfrieden eine Aufrechterhaltung aus Gründen der Gerechtigkeit schlechterdings untragbar erscheint, d.h. bei evident willkürlichen Entscheidungsinhalten.[425]

122 Jenseits dieses gemeinsamen Ausgangspunktes, auf den sich der **verwaltungsrechtliche Rechtmäßigkeitsbegriff** (auch Wirksamkeitstheorie genannt) und der **vollstreckungsrechtliche Rechtmäßigkeitsbegriff** haben verständigen können, wird jedoch wiederum gestritten. Die wohl auf *von Pestalozza* DStR **1939** 34, 35f zurückgehende verwaltungsrechtliche Betrachtungsweise geht im Kern davon aus, die Duldungspflicht des Betroffenen werde bereits durch den wirksamen Verwaltungsakt bzw. das wirksame Urteil ausgelöst (*Bender* S. 55; *Wagner* JuS **1975** 224, 226f).[426] Nicht wenige Autoren sprechen in diesem Zusammenhang davon, dass es (auch) auf die Wirksamkeit bzw. Verbindlichkeit des Vollzugsaktes ankomme (*Bender* S. 55; *ders.* DVBl. **1953** 33, 37; *Erb*

---

[423] Zu weiteren Auswirkungen vollstreckungsrechtlicher Vorgaben im Strafrecht s. *Lüke* FS Arthur Kaufmann II, 565, 567 ff.
[424] Menschenwürdeverachtende (Erlaubnis-) Verwaltungsakte werden nach BVerwGE **84** 314, 315 u. 317 von § 44 Abs. 2 Nr. 6 VwVfG erfasst.
[425] BVerfGE **29** 45, 49; NJW **1985** 125 f; BGHSt **29** 216, 219; **29** 351, 353; **33** 126, 127; NStZ **1984** 279.
[426] Im Ergebnis, jedoch mit vollständig anderer Begründung ebenso *Lenz* S. 205 ff.

FS Gössel, 217, 229).[427] Teilweise wird diese Lehre noch durch den Zusatz angereichert, bei der Vollstreckung von Verwaltungsakten entscheide zusätzlich ihre Vollziehbarkeit i.S.d. § 80 VwGO i.V.m. der jeweiligen landesrechtlichen Vorschrift über die Duldungspflicht des Betroffenen (modifizierter verwaltungsrechtlicher Rechtmäßigkeitsbegriff).[428] Dieser Zusatz ist im Grunde ein erstes Zugeständnis an den vollstreckungsrechtlichen Rechtmäßigkeitsbegriff, der über die bloße Wirksamkeit der zugrundeliegenden Anordnung hinaus für eine Rechtmäßigkeit (auch) i.S.d. § 32 fordert, dass sämtliche Vorgaben des Vollstreckungs- bzw. Vollziehungsrechts eingehalten werden (für diesen Begriff *Amelung* JuS **1986** 329, 336; *ders.* FS Badura 3, 7 ff; *Backes/Ransiek* JuS **1989** 624, 628 f).[429]

Die **verwaltungsrechtliche Betrachtungsweise** ist – anders als ihr Name nahelegt – weder mit verwaltungsrechtlichen Grundsätzen noch mit dem Gesetz vereinbar. Wenn ihre Befürworter davon ausgehen, für den Adressaten eines Verwaltungsaktes oder den aus einem Urteil Verpflichteten sei die Vollstreckung bereits dann verbindlich bzw. wirksam und müsse damit vom Adressaten geduldet werden, wenn der Titel wirksam ist, beruht dies auf einer erheblichen Verkürzung gesetzlicher Vorgaben. Zunächst kann eine Duldungspflicht des Bürgers nicht aus einer Wirksamkeit des Vollzugsaktes folgen. Der Unterscheidung wirksam/unwirksam sind allein Rechtsakte wie Urteil, Verwaltungsakt oder Vertrag zugänglich. Zwar können einzelne Vollstreckungsteile bzw. ihre Rechtsfolgen wirksam sein. So bewirkt etwa die Pfändung einer beweglichen Sache durch den Gerichtsvollzieher neben dem Pfändungspfandrecht die öffentlich-rechtliche Verstrickung der Sache, deren Bestand von Rechtsmängeln grundsätzlich nicht berührt wird.[430] Ebenso können die Androhung eines Zwangsmittels und die Festsetzung eines Zwangsgeldes im Verwaltungsvollstreckungsverfahren wirksam sein, weil der Ausspruch wiederum durch Verwaltungsakt erfolgt.[431] Die Vollstreckung insgesamt jedoch ist als Realakt nur rechtmäßig oder rechtswidrig (s. nur *Amelung* JuS **1986** 329, 336 m.w.N. in Fn. 110).[432] *Erb* hat dieser Kritik entgegengehalten, die Verbindlichkeit (auch rechtswidrigen) hoheitlichen Handelns sei ein allgemeiner Rechtsgrundsatz, der sich nicht auf Verwaltungsakte beschränke, sondern für die Ausübung staatlichen Zwangs in

123

---

427 Siehe auch *Krey/Heinrich* BT I[14] Rdn. 507 u. 519 (anders nun *Krey/Hellmann/Heinrich* BT I Rdn. 676 ff, die einen materiell-rechtlichen Rechtmäßigkeitsbegriff für richtig halten); *W. Meyer* NJW **1972** 1845, 1846 f.
428 *Krey/Heinrich* BT I[14] Rdn. 507a, 512 u. 519 (anders nun *Krey/Hellmann/Heinrich* BT I Rdn. 676 ff: materiell-rechtlicher Rechtmäßigkeitsbegriff); *Erb* FS Gössel, 217, 227 f; **anders** jetzt aber *ders.* JR **2016** 29, 32: Es sei weder Vollziehbarkeit des Grund(verwaltungs)akts erforderlich, noch, dass dieser wirksam ist oder überhaupt existiert, es komme allein auf die Evidenz des Rechts- oder Wirksamkeitsmangels an. Bei genauer Betrachtung ist dies keine bloße Variante des verwaltungsrechtlichen Rechtmäßigkeitsbegriffs mehr, vielmehr wird man hierin wohl die Geburt eines neuen, fünften Rechtmäßigkeitsbegriffs sehen müssen, der sich am treffendsten als radikale Evidenztheorie bezeichnen ließe, da er die Lösung der Duldungspflicht des Bürgers von den Vorgaben des Gesetzes am weitesten treibt.
429 Weiter *Benfer* NStZ **1985** 255 f; *Bosch* MK § 113 Rdn. 34 f; *Bottke* JR **1989** 25 f; *Jakobs* AT 16/4; *Niehaus/Achelpöhler* StV **2008** 71, 73 f; *Ostendorf* JZ **1981** 165, 172; *Paeffgen* NK § 113 Rdn. 41 f; *Rehbinder* GA **1963** 33, 38; *Roxin* FS Pfeiffer, 45, 50; *Schünemann* JA **1972** 195, 202 u. 219; *Schwabe* GedS Martens, 419, 425 f; *Thiele* JR **1975** 353, 355 f.
430 Vgl. *Gruber* MK-ZPO § 803 Rdn. 34 ff.
431 *Schenke* Polizei- und Ordnungsrecht 10. Aufl. (2018) Rdn. 546 u. 557.
432 Gegenteiliges folgt auch nicht aus BVerfG NJW **1991** 3023 (so aber *Erb* JR **2016** 29, 31 m. Fn. 7); dort wird zwar „der Einsatz des Diensthundes" als Hilfsmittel unmittelbaren Zwangs (wegen offensichtlichen Verstoßes gegen den Verhältnismäßigkeitsgrundsatz) als „nichtig" bezeichnet, aber aus dieser nicht näher ausgeführten Bemerkung des Gerichts lässt sich für die Position von *Erb* nichts herleiten, da mit „Einsatz" sowohl der Realakt gemeint sein kann als auch dessen Androhung, die durch Verwaltungsakt erfolgt.

jeder Form überall dort gelte, wo die Situation sofortiges Handeln verlange. Es sei nicht einzusehen, warum der Bürger die Maßnahme nur dulden müsse, wenn der Fehler den vollzogenen Verwaltungsakt betreffe, nicht aber, wenn es sich um einen Vollstreckungsfehler handele.[433] Das überzeugt nicht. Den von *Erb* beschworenen Rechtsgrundsatz gibt es in dieser Allgemeinheit nicht. Die Verbindlichkeit einer Rechtshandlung setzt immer ihre Wirksamkeit voraus. Daher lässt sich die Regelung des § 44 Abs. 1 VwVfG auch nicht entsprechend auf (schwerwiegende und offensichtliche) Vollstreckungsfehler anwenden, um inakzeptable Konsequenzen des verwaltungsrechtlichen Rechtmäßigkeitsbegriffs einzufangen: Notwehr bliebe dem Betroffenen etwa auch dann versagt, wenn ihm von einem Polizeivollzugsbeamten aufgegeben würde, sein Kfz aus der Halteverbotszone zu entfernen und der Beamte nun wegen der Weigerung des Betroffenen damit beginnt, diesen zu ohrfeigen, um eine Entfernung des Kfz zu erzwingen. Der Verstoß des Beamten gegen Vorschriften über die Anwendung des unmittelbaren Zwangs und das Verbot unverhältnismäßiger Eingriffe mag massiv sein – dem verwaltungsrechtlichen Rechtmäßigkeitsbegriff fehlt das Instrumentarium, die von ihm gerufenen Geister wieder loszuwerden. Bei realen Vollstreckungsakten lässt sich entgegen *Erb*[434] mangels Wirksamkeit (und deren Durchbrechung) nicht zwischen schlichten Rechtsfehlern, die die Duldungspflicht nicht berühren, und qualifizierten Rechtsfehlern (nach Art und Schwere des § 44 Abs. 1 VwVfG), die die Duldungspflicht entfallen lassen könnten, unterscheiden.[435] Es ist zudem weder ein Zufall, dass das VwVfG nur die Nichtigkeit von Verwaltungsakten regelt, noch, dass allein Rechtsfehler vor bzw. bei Erlass des Verwaltungsakts die Duldungspflicht des Bürgers nicht beseitigen. Die Beschränkung von Grundrechten durch eine Duldungspflicht und damit über das hinaus, was bereits durch jene Gesetze vorgenommen wird, die über die Rechtmäßigkeit hoheitlichen Handelns entscheiden, bedürfte offensichtlich ebenfalls einer Festlegung durch den parlamentarischen Gesetzgeber. Wo eine solche fehlt, müsste eine von der Rechtmäßigkeit gelöste Verbindlichkeit also selbst dann ausscheiden, wenn es eine Verbindlichkeit ohne Wirksamkeit gäbe. Auch die Vorschriften über den Ausschluss der aufschiebenden Wirkung von Rechtsbehelfen in den Verwaltungs(vollstreckungs)gesetzen der Länder scheiden als gesetzliche Grundlage aus, weil sie keine allgemeine Duldungspflicht des Bürgers gegen Vollstreckungsmaßnahmen normieren,[436] sondern nur eine verwaltungsaktspezifische. Diese landesrechtlichen Vorschriften machen von den in § 80 Abs. 2 S. 1 Nr. 3 und S. 2 VwGO enthaltenen Ermächtigungen Gebrauch, die sich allein auf Verwaltungsakte und die dagegen statthaften Rechtsbehelfe des Widerspruchs und der Anfechtungsklage beziehen.[437] *Erb* hat selbst richtig erkannt, dass seine Gleichbehandlung von Rechtsfehlern dies- und jenseits des Erlasses des Grund(verwaltungs)aktes in letzter Konsequenz auch die Vollziehbarkeit und sogar die Existenz jenes Grund(verwaltungs)akts als Voraussetzung einer Duldungspflicht überflüssig macht, solange der Mangel nicht schwerwiegend und evident i.S.d § 44 Abs. 1 VwVfG ist.[438] Eine solche Sichtweise opfert ersichtlich jede Bindung der Verwaltung an Recht und Gesetz auf dem Altar der Funktionsfähigkeit einer unter Handlungsdruck stehenden Eingriffsverwaltung und unterbietet insoweit sogar

---

433 *Erb* JR **2016** 29, 31.
434 *Erb* FS Ebert, 329, 342; *ders.* JR **2016** 29, 31.
435 Zust. *Paeffgen* NK § 113 Rdn. 37 m. Fn. 269.
436 So aber BGHSt **60** 253, 261 f m. Anm. *Engländer* NStZ **2015** 577, *Erb* JR **2016** 29, *Fikenscher* NJW **2015** 3113, *Kindhäuser* HRRS **2016** 439, *Rönnau/Hohn* StV **2016** 313 u. *Rückert* JA **2017** 33 im Anschluss an *Erb* FS Gössel, 217, 227; s. auch *ders.* FS Ebert, 329, 340 f.
437 *Rönnau/Hohn* StV **2016** 313, 316 m.w.N.
438 *Erb* JR **2016** 29, 32.

den sehr amtsträgerfreundlichen strafrechtlichen Rechtmäßigkeitsbegriff der Rechtsprechung. Richtigerweise genügt danach weder ein wirksamer und vollziehbarer Grundakt noch eine mangelnde Evidenz des begangenen Rechtfehlers für die Annahme einer Duldungspflicht gegenüber hoheitlichen Vollstreckungsmaßnahmen. Dulden muss der Betroffene nur jene Handlungen, die dem Vollzugsbeamten von den das Vollstreckungsverfahren regelnden Vorschriften erlaubt werden, d.h. den §§ 704 ff ZPO und den Normen des VwVfG oder UZwG bzw. entsprechenden Landesvorschriften (so schon *Thiele* JR **1975** 353, 355).

124 Der **vollstreckungsrechtliche Rechtmäßigkeitsbegriff**[439] überzeugt auch von seinen Ergebnissen her. Befürchtungen, der Betroffene dürfte jedem noch so geringfügigen Verstoß gegen Vollstreckungsvoraussetzungen mit scharfer Notwehr begegnen, sind unbegründet. Aus dem Umstand, dass ein rechtswidriger Vollstreckungsakt ein rechtswidriger Angriff ist, folgt nicht automatisch das Recht zur Notwehr. Zwar lässt sich eine Versagung des Notwehrrechts in Fällen geringfügiger Rechtsverstöße nicht mit dem Hinweis auf einen Ausschluss der Notwehr bei sog. Bagatellangriffen begründen,[440] da aus dem Bagatellcharakter des Rechtsverstoßes nur dann eine Geringfügigkeit des Angriffs als drohende Rechts(gut)verletzung folgt, wenn man entgegen dem hier für richtig gehaltenen Ansatz die Notwehr dualistisch begründet (s. dazu näher Rdn. 66): Gewicht und Bedeutung der dem Angegriffenen drohenden Einbuße am Individualrechtsgut sind nicht zwangsläufig gleichbedeutend mit dem Maß des Unrechts (Verstoß gegen die Rechtsordnung), das ganz wesentlich von der Intention des Angreifers abhängt. Bei gestreckten Vollstreckungsverfahren wird es jedoch häufig an der Erforderlichkeit akuter körperlicher Gegenwehr fehlen, weil hier prozessuale Mittel wie Vollstreckungserinnerung gem. § 766 ZPO oder ein Antrag nach § 80 Abs. 5 VwGO ebenso effektiv sind, aber die Rechtsgüter des Vollzugsbeamten schonen. Eine Nichtbeachtung von Sollvorschriften wie etwa § 812 ZPO macht den Angriff von vornherein nicht zu einem rechtswidrigen.[441] Allgemein steht das Notwehrrecht auch aus dem Grund nicht in seiner vollen Schärfe zur Verfügung, weil sich der Vollzugsbeamte regelmäßig in einem Irrtum befinden wird.[442]

125 Gegen den vollstreckungsrechtlichen Rechtmäßigkeitsbegriff ist eingewandt worden, er versage gerade in den praktisch kritischen Fällen, den **Eilmaßnahmen zur Gefahrenabwehr**, in denen der Beamte unverzüglich handeln muss (so *Hirsch* LK[11] Vor § 32 Rdn. 147b; *Erb* FS Gössel, 217, 229 f; *Vitt* ZStW **106** [1994] 581, 558). Die Kritiker begründen ihren Einwand damit, dass diese verwaltungsrechtlichen Eilmaßnahmen etwa nach § 6 Abs. 2 VwVG ohne vorhergehenden Grundverwaltungsakt ergehen, so dass hier entgegen der Grundidee des vollstreckungsrechtlichen Begriffs allein die Eingriffsvoraussetzungen und damit doch wieder materielle Vorgaben über die Rechtmäßigkeit entschieden.[443] Tatsächlich erzielt man in der Situation des Sofortvollzugs bzw. der unmittelbaren Ausführung,[444] denen nach § 6 Abs. 2 VwVG und den entsprechenden Landesvorschriften wegen

---

439 Siehe dazu die Nachweise in Rdn. 122 a.E. u. in Fn. 467.
440 So aber *Amelung* JuS **1986** 329, 336.
441 *Schünemann* JA **1972** 219.
442 Siehe zu den Notwehreinschränkungen Rdn. 225 ff.
443 *Vitt* ZStW **106** (1994) 581, 588 f.
444 Diese Unterscheidung ist nur in einigen Ländern wie Bayern und Berlin erforderlich. Die meisten Vollstreckungsgesetze erfassen die Eilvollstreckung gegen den anwesenden, aber unwilligen Störer (Sofortvollzug) und die Vollziehung anstelle des nicht anwesenden oder zur Störungsbeseitigung nicht fähigen Störers (unmittelbare Ausführung) einheitlich unter eine Vorschrift.

besonderer Eilbedürftigkeit kein Verwaltungsakt vorausgeht,[445] Ergebnisse, die denen eines materiell-rechtlichen Rechtmäßigkeitsbegriffs entsprechen (so auch *Thiele* JR **1975** 353, 356f; *Schünemann* JA **1972** 195). Dieses Ergebnis ist jedoch der Gesetzeslage geschuldet, wenn die den Sofortvollzug erlaubenden Vorschriften die Maßnahme davon abhängig machen, dass die Behörde dabei „im Rahmen ihrer gesetzlichen Befugnisse" handelt.[446] Mit dieser Formulierung werden nach ganz h.M. auch die Voraussetzungen der fehlenden Grundverfügung bezeichnet (Engelhardt/App/Schlathmann/*Mosbacher* VwVG, VwZG 11. Aufl. [2017], § 6 Rdn. 29), so dass die Maßnahme in jeder Hinsicht materiell rechtmäßig sein muss. Daraus folgt, dass anders als im gestreckten Verwaltungsverfahren ein rechtswidriger Angriff des Vollzugsbeamten i.S.d. § 32 schon dann gegeben sein kann, wenn ein Verwaltungsakt zur Gefahrenabwehr nicht hätte erlassen werden dürfen. Wären die Kritiker allerdings konsequent, müssten sie dem vollstreckungsrechtlichen Ansatz auch vorhalten, er greife auf eine materielle Betrachtungsweise beim sog. schlichten, d.h. dem nicht in Form des Verwaltungsaktes erfolgenden Verwaltungshandeln zurück (zur Notwehr gegenüber schlichtem Verwaltungshandeln s. Rdn. 129).

126   Wer das Ergebnis eines allein bei Vorliegen eines wirksamen Grundverwaltungsaktes oder Urteils und Beachtung aller Vollstreckungsvoraussetzungen eintretenden Notwehrausschlusses für eine unerträgliche Belastung des Beamten hält (so *Erb* FS Gössel, 217, 228), muss sich Folgendes vor Augen führen: Notwehr gegen rechtswidriges Staatshandeln ist auch in den Fällen des Sofortvollzugs ausgeschlossen, wenn sich der **Beamte** über die tatsächlichen Voraussetzungen der Befugnisnorm **irrt**, ohne dabei unsorgfältig zu handeln – insoweit gelten die in Rdn. 118 dargelegten allgemeinen Maßstäbe. Notwehr kommt daher überhaupt – und wegen des Irrtums auch in lediglich eingeschränktem Maße (zur Notwehreinschränkung bei irrendem Angreifer s. Rdn. 242ff) – nur in Betracht, wenn der Vollzugsbeamte fahrlässig über tatsächliche Umstände irrt oder sich in einem Irrtum über die Reichweite der von ihm angewendeten Norm befindet. Würde man in diesen verbleibenden Fällen das Merkmal des rechtswidrigen Angriffs verneinen, wiese man dem Bürger das sich aus dem Irrtum des erheblich besser ausgebildeten Amtswalters ergebende Risiko entgegen der gesetzlichen Wertung zu. Die rechtliche Situation des Sofortvollzugs lässt sich nicht mit dem Fall vergleichen, in dem zuvor ein Duldungspflichten auslösender Verwaltungsakt hat erlassen werden können. Denn bei dem Umstand, dass rechtswidriges hoheitliches Handeln zunächst hinzunehmen ist, handelt es sich in einem Rechtsstaat nicht um die Regel, sondern um die aus Gründen der Rechtssicherheit geschaffene Ausnahme. Fehlt ein vorgängiger Rechtsakt, ist der Betroffene demnach nicht auf nachträglichen Rechtsschutz im Wege einer Fortsetzungsfeststellungsklage nach § 113 Abs. 1 S. 4 VwGO oder die Geltendmachung eines Schadensersatzanspruches gem. § 717 Abs. 2 ZPO beschränkt, sondern darf sich gegen das rechtswidrige Verwaltungshandeln wehren. Das gilt insbesondere dann, wenn das Gesetz wie in § 6 Abs. 2 VwVG die Zulässigkeit der vollziehenden Maßnahme[447] ausdrück-

---

445   Teilweise wird für den Fall des Sofortvollzugs ein Verwaltungsakt fingiert, s. nur OVG Münster DVBl. **1973** 924, 925; nach h.M. ist diese Fiktion überflüssig, da die VwGO auch bei schlichtem Verwaltungshandeln ausreichende Rechtsschutzmöglichkeiten gewährt, *Drews/Wacke/Vogel/Martens* Gefahrenabwehr: Allgemeines Polizeirecht (Ordnungsrecht) des Bundes und der Länder 9. Aufl. (1986) 25/7b; *Kästner* JuS **1994** 361, 363; *Pietzner* VerwArch. **82** (1991) 291ff; *Schoch* JuS **1995** 215, 218.
446   So auch *Amelung* FS Badura 3, 11 (für Eilmaßnahmen von Staatsanwaltschaft und Polizei ohne vorherigen Beschluss des Ermittlungsrichters).
447   Anders *Erb* FS Gössel, 217, 229, nach dem mit dieser Formulierung „nur das nachträgliche Rechtsschutzverfahren gemeint" sein könne.

lich davon abhängig macht, dass die Behörde innerhalb ihrer Befugnisse handelt. Auch aus § 80 Abs. 2 Nr. 2 VwGO folgt nicht, dass ein besonderes Interesse an unverzüglichem rechtswidrigen Handeln besteht.[448] Die Vorschrift des § 80 Abs. 2 Nr. 2 VwGO bezieht sich ausschließlich auf die Vollziehung von Verwaltungsakten, also nicht auf den Fall des Sofortvollzugs, da bei einem Realakt Rechtsmittel ohnehin keine aufschiebende Wirkung haben, die überwunden werden könnte (*Schmidt* in Eyermann VwGO 14. Aufl. [2014] § 80 Rdn. 7 u. 25; *Schoch* in Schoch/Schneider/Bier VwGO 22. Lfg. [2011] § 80 Rdn. 38, 53, 147 u. 182).[449] Die Eilbedürftigkeit einer Maßnahme allein führt nicht zu einer Duldungspflicht beim Betroffenen.[450]

Besteht die Ausübung hoheitlicher Gewalt im **Erlass des rechtswidrigen Rechtsaktes** selbst, darf der Bürger auch dann nicht zu Notwehrmitteln greifen, wenn der Rechtsakt unmittelbar in Rechtsgüter des Bürgers eingreift.[451] Dieses Ergebnis lässt sich zwar nicht mit dem Fehlen einer akut zugespitzten Bedrohungslage begründen (so auch *Neuheuser* S. 53 f, 82 f), da es geradezu zynisch wäre, dem Bürger die Verteidigung gegen die Vollstreckung einer fehlerhaften Entscheidung mit dem Hinweis darauf zu versagen, dass er sich gegen die Entscheidung selbst wehren müsse, andererseits aber die Notwehr gegen die Entscheidung mit Blick auf die erst bei der Vollstreckung erfolgende Zuspitzung der Bedrohungssituation zu verbieten. Auch passt dieses Argument nur auf Rechtsakte, die zu einer Leistung verpflichten – Gestaltungsurteile etwa, die der Vollstreckung nicht bedürfen, werden davon nicht erfasst. Dass das Ergebnis einer Notwehrversagung gegen den Erlass unrichtiger Rechtsakte gleichwohl überzeugt, liegt daran, dass die jeweiligen Verfahrensordnungen spezielle Angriffs- und Verteidigungsmittel zur Vermeidung materiell unrichtiger Entscheidungen zur Verfügung stellen. Diese gehen dem Notwehrrecht als berücksichtigungspflichtige Alternativverteidigungsmittel im Rahmen der Erforderlichkeit vor – am Vorliegen eines rechtswidrigen Angriffs ändert dies jedoch nichts (*Neuheuser* S. 81). Insoweit besteht ein Unterschied zu der Situation des rechtswidrigen Sofortvollzugs, in der jeder Rechtsschutz zwangsläufig zu spät kommen müsste. In der Konsequenz führt diese Rechtsansicht i.V.m. dem vollstreckungsrechtlichen Rechtmäßigkeitsbegriff zu einer völligen Versagung des Notwehrrechts, wenn materiell unrichtige Rechtsakte erlassen oder ohne weiteren Rechtsverstoß vollzogen werden. Der dadurch bedrohte Bürger ist daher auf Notstandshandlungen beschränkt[452] und darf sich selbst in diesem – gegenüber der Notwehr stark eingeschränkten – Rahmen auch nur gegen Vollstreckungshandlungen wehren, da § 34 nicht zu einer Erweiterung der von den Prozessordnungen vorgesehenen Angriffs- und Verteidigungsmöglichkeiten führt (*Roxin* AT I § 16 Rdn. 51).

Ähnliches gilt für **Gesetze**, auf deren Erlass der Bürger nach dem Willen des Grundgesetzes allein über eine Mitwirkung am Prozess der politischen Willensbildung Einfluss nehmen kann.[453]

---

448 So jedoch *Erb* FS Gössel, 217, 229 f.
449 § 80 Abs. 2 VwGO ist auch nicht über § 18 Abs. 2 VwVG anwendbar, der den Sofortvollzug allein für die Zwecke nachträglichen Rechtsschutzes einem Verwaltungsakt gleichstellt.
450 So aber *Erb* FS Gössel, 217, 229.
451 AA *Spendel* LK[11] Rdn. 106; anders auch *Paglotke* S. 232 ff, der Notwehr gegenüber dem Gericht auf Fälle vorsätzlich falscher Entscheidungen beschränken will.
452 Dabei fehlt die Erforderlichkeit in aller Regel dort, wo dem Betroffenen kein schwerer, nicht wiedergutzumachender Schaden droht, und er sich nicht darauf beschränkt, Rechtsbehelfe einzulegen, *Sch/Schröder/Lenckner/Sternberg-Lieben* Vor § 32 Rdn. 86.
453 I.E. ebenso *Kindhäuser* NK Rdn. 77; zum überpositiven Widerstandsrecht *Herzog* NK[3] Rdn. 48.

129   **b) Gewaltsame Verteidigung gegen die Ausführung rechtswidriger Anweisungen und Befehle.** Droht ein Eingriff in Individualrechtsgüter durch **schlichthoheitliches Handeln**, so gelten die vorstehend skizzierten Privilegierungen jedenfalls dann nicht, wenn der Eingriff auf einer eigenen Entschließung des Amtswalters beruht (*Ostendorf* JZ **1981** 165, 172). So greift der mit dem Einsatzfahrzeug heranrasende Polizeivollzugsbeamte rechtswidrig an, wenn er dadurch Rechtsgüter anderer gefährdet und keine Sonderrechte nach § 35 StVO wahrnimmt. Das gilt unabhängig davon, ob er dabei rücksichtslos handelt und den Straftatbestand des § 315c verwirklicht, sich lediglich ordnungswidrig verhält oder gar nur schlicht rechtswidrig.

130   Beruht der drohende Eingriff jedoch nicht auf eigener Entschließung, sondern auf dem Befehl oder der Anweisung eines Vorgesetzten, stellt sich das Problem des sog. **rechtswidrigen verbindlichen Befehls**. Da eine hierarchisch aufgebaute Verwaltung und in noch viel stärkerem Maße Streitkräfte für eine effektive Arbeit darauf angewiesen sind, dass Weisungen vor ihrer Ausführung nicht erneut auf ihre Vereinbarkeit mit der Rechtsordnung überprüft werden, hat der Gesetzgeber an verschiedenen Stellen die Verbindlichkeit auch solcher Befehle und Anweisungen angeordnet, deren Inhalt gegen die Rechtsordnung verstößt (§ 63 Abs. 2 u. 3 BBG, § 36 Abs. 2 u. 3 BeamtStG, § 11 SoldG, § 7 UZwG, § 97 StVollzG). Soldaten machen sich nach § 20 Abs. 1 Nr. 2 WStG sogar strafbar, wenn sie den wiederholten verbindlichen rechtswidrigen Befehl nicht ausführen. Die Verbindlichkeit gründet auf der Vermutung, der Vorgesetzte könne die Rechtslage besser beurteilen als der Ausführende und dieser soll daher auf das Urteil seines Vorgesetzten vertrauen (*Hoyer* Verantwortlichkeit S. 12f). Diese Rechtslage führt hinsichtlich der Frage der Rechtfertigung zu einem Problem, auf dessen Lösung sich die Strafrechtswissenschaft bislang nicht hat einigen können, da bei allen Variationen in den Details im Grunde nur zwei – jeweils unbefriedigende – Lösungsmöglichkeiten denkbar sind: Erklärt man, die Verbindlichkeit im Innenverhältnis führe zur Rechtmäßigkeit im Außenverhältnis (sog. **Derogation**), löst man den Widerspruch zwischen handlungsfähiger Verwaltung und ihrer Bindung an Gesetz und Recht zum Nachteil des Bürgers. Dieser darf sich gegen die Ausführung des Befehls jedenfalls nicht mit den Mitteln der Notwehr wehren, während eine erlaubte Verteidigung gegen den – als mittelbarer Täter – rechtswidrig handelnden Vorgesetzten[454] zumeist aus rein tatsächlichen Gründen nicht in Betracht kommt, da der Vorgesetzte bei der Ausführung regelmäßig nicht anwesend sein wird. Nimmt man hingegen an, die Verbindlichkeit beschränke sich auf das Innenverhältnis zwischen Vorgesetztem und Untergebenem,[455] so dass der Ausführende nur entschuldigt handelt, verpflichtet man ihn, sich dem Risiko „schneidiger" Gegenwehr auszusetzen; dieser darf er seinerseits nicht mit Notwehrmitteln begegnen. Eine Flucht ist als Nichtausführung der Anweisung gleichwohl mindestens ein Dienstvergehen. Wie auch immer sich der Untergebene verhält, er verstößt gegen das Recht. Der in der 11. Auf-

---

454   Siehe zur mittelbaren Täterschaft des Anweisenden *Stratenwerth* Gehorsam S. 10; *Lenckner* FS Stree/Wessels, 223, 224 f; *Roxin* AT I § 17 Rdn. 20.
455   *Kindhäuser* NK Rdn. 70 f will sowohl dem Bürger gegen den Ausführenden als auch dem Ausführenden gegen den Vorgesetzten ein Notwehrrecht dann geben, wenn die Anweisung nach den Regeln des strafrechtlichen Rechtmäßigkeitsbegriffs (Rdn. 117) „rechtswidrig" ist (die nach *Kindhäuser* allerdings erst die Zurechnung zum Staat und die Ebene der Gebotenheit betreffen, näher Rdn. 120). Allerdings hat der Gesetzgeber für das Innenverhältnis zwischen Vorgesetztem und Ausführendem bereits (detaillierte) Regeln für die Verbindlichkeit festgelegt – allein das Problem, wie im Außenverhältnis zwischen Ausführendem und Bürger zu verfahren sei, hat der Gesetzgeber durch sein Schweigen bei Rechtsprechung und Literatur mit der Folge der hier skizzierten Diskussion abgeladen.

lage von *Spendel* Rdn. 90, 101 ff beschrittene dritte Lösungsweg, rechtswidrige Anweisungen auch dann für unverbindlich zu halten, wenn sie nur ordnungs- oder gar nur zivilrechtswidrig sind,[456] hat den Charme, dass er die beschriebenen Belastungen für den Untergebenen und den Betroffenen beseitigt und den Konflikt zu Lasten des unbestritten rechtswidrig handelnden Anweisenden auflöst; denn der Untergebene dürfte nun Notwehr gegenüber dem Anweisenden leisten. Bedauerlicherweise ist dieser Vorschlag jedoch nicht mit der insoweit eindeutigen Gesetzeslage vereinbar, die solche Befehle ausdrücklich für verbindlich erklärt (so auch *Hirsch* LK[11] Vor § 32 Rdn. 177; *Neuheuser* S. 164).[457] Das Gesetz differenziert zwischen zwei Gruppen von Beamten, für die voneinander abweichende Regeln gelten:

Für **Soldaten, Vollzugsbeamte des Bundes und Justizvollzugsbeamte** gelten zur Frage der Ausführung von rechtswidrigen Befehlen und Anweisungen im Kern übereinstimmende Regelungen in den §§ 11 SoldG, 7 UZwG und 97 StVollzG. Neben dem Fall der Unverbindlichkeit der Anordnung wegen Verstoßes gegen die Menschenwürde oder Fehlens eines dienstlichen Zwecks ordnen diese Vorschriften ein Ausführungsverbot für solche Anordnungen an, deren Vollzug strafbar wäre. Führt der Untergebene die Anordnung gleichwohl aus, handelt er rechtswidrig. Allein die Schuld entfällt, wenn die Strafrechtswidrigkeit nach objektiven Maßstäben nicht offensichtlich erkennbar war und der Untergebene sie nicht kannte.[458] Die Anordnung von Ordnungswidrigkeiten ist hingegen verbindlich.[459] **131**

Für alle **sonstigen Bundes- und Landesbeamten** gelten die §§ 63 Abs. 2 u. 3 BBG, 36 Abs. 2 u. 3 BeamtStG. Hier führt im Grundsatz nicht nur die Qualifizierung des angeordneten Verhaltens als Straftat zur Unverbindlichkeit, sondern auch die Einordnung als bloße Ordnungswidrigkeit. Verbindlich bleibt eine strafbares oder ordnungswidriges Verhalten anweisende Anordnung allerdings dann, wenn der Beamte die Straf- oder Ahndbarkeit als Ordnungswidrigkeit nach seinen individuellen Fähigkeiten nicht erkennen konnte. Hat der Beamte Bedenken hinsichtlich der Rechtmäßigkeit, setzt die Verbindlichkeit zusätzlich voraus, dass der nächsthöhere Vorgesetzte die Anordnung bestätigt hat. **132**

Die Frage, ob ein verbindlicher Befehl rechtfertigende oder lediglich entschuldigende Wirkung hat, lässt sich nicht bereits durch einen Hinweis darauf beantworten, dass es sich bei der in Rdn. 130 erläuterten „Zwickmühle" des Untergebenen um eine **Pflichtenkollision** handele und der Untergebene folglich das Recht habe, zwischen der Erfüllung der Gehorsamspflicht und der Pflicht zum rechtmäßigen Handeln zu wählen (grundlegend dazu *Stratenwerth* Gehorsam S. 165 ff; s. auch *Jakobs* AT 16/14). Denn es geht nicht um eine Pflichtenkollision in dem engeren Sinne, dass zwei Handlungspflichten miteinander kollidieren, zwischen denen der Täter schon dann wählen darf, wenn sie lediglich gleichwertig sind. Vielmehr treffen Gehorsamspflicht und Verbot des Eingriffs in fremde **133**

---

[456] Dem Ansatz *Spendels* zustimmend *Baumann/Weber/Mitsch*[11] § 23 Rdn. 50 ff (anders jetzt *Baumann/Weber/Mitsch/Eisele* § 18 Rdn. 74); *Herzog* NK[3] Rdn. 44.
[457] Die Friktion mit der Gesetzeslage konzedierten auch *Baumann/Weber/Mitsch*[11] § 23 Rdn. 53.
[458] Abweichend von § 11 SoldG stellt die Vorschrift des § 5 Abs. 1 WStG nicht auf die *Straf*rechtswidrigkeit, sondern auf die schlichte Rechtswidrigkeit der Tat ab. Noch anders § 3 VStGB, der hinsichtlich der Erkennbarkeit durch den Ausführenden statt der Rechtswidrigkeit der Tat die Rechtswidrigkeit *des Befehls* nennt; zu den sich daraus ergebenden Konsequenzen *Walter* JR **2005** 279, 282 ff; den Unterschied halten für bedeutungslos *Marcus Korte* S. 133 u. *Werle* JZ **2001** 885, 891. Zur Behandlung des rechtswidrigen Befehls im Völkerrecht s. *Ambos* JR **1998** 221, 223 ff.
[459] AA *Spendel* LK[11] Rdn. 100 f wegen der mit der Begehung von Ordnungswidrigkeiten stets verbundenen abstrakten Gefahren. Zum sog. gefährlichen Befehl s. Rdn. 136 f.

Rechtsgüter und damit Handlungs- und Unterlassungspflicht aufeinander[460] mit der Folge, dass die Vorrangfrage nach Notstandsgesichtspunkten zu lösen ist, weil bei Wahrnehmung der Handlungspflicht dem betroffenen Bürger ein Sonderopfer abverlangt wird. Die Handlungspflicht darf demnach nur befolgt werden, wenn mit ihr erheblich höherwertige Interessen verfolgt werden als mit der Beachtung der Unterlassungspflicht. Damit ist aber lediglich das Ausgangsproblem beschrieben. Das Gleiche gilt für den Hinweis darauf, rechtmäßig sei stets, was Rechtsnormen anordnen (hier: die vom Untergebenen Gehorsam erheischenden Normen), so dass der Untergebene stets gerechtfertigt sei.[461] Kollidieren wie hier Ver- und Gebot miteinander (*Lehleiter* S. 188), impliziert die Feststellung, dass nicht rechtswidrig sein kann, was von Rechts wegen verlangt wird, die Anwendung einer Vorrangregel. Ob nun die beamtenrechtlichen Vorschriften eine solche Vorrangregel beinhalten, ist gerade Gegenstand der Kontroverse.[462]

134   Der **Gesetzgeber** hat mit den vorgenannten Normen (Rdn. 131 u. 132) versucht, einen „**Mittelweg**" dadurch zu gehen, dass er Befehle oder Anweisungen, die auf die Begehung gesteigerten (da straf- oder ordnungswidrigkeitenrechtlich relevanten) Unrechts zielen, für unverbindlich erklärt, während Befehle, die ein schlicht rechtswidriges Verhalten anordnen, verbindlich sind. Diese Differenzierung spricht möglicherweise dafür, dass er für den Fall des schlicht rechtswidrigen verbindlichen Befehls davon ausgegangen ist, der Ausführende handele auch im Außenrechtsverhältnis rechtmäßig, selbst wenn der Wortlaut der Normen nicht auf eine solche Derogation deutet (ähnlich *Neuheuser* S. 172f). Anderenfalls wäre eine Abgrenzung der verbindlichen von den unverbindlichen Befehlen gerade in Abhängigkeit von der Schwere des *Außenrechtsverstoßes* nicht sinnvoll. Während die **herrschende Ansicht** daraus den Schluss zieht, der **Bürger** dürfe sich gegen den Ausführungsakt des einer verbindlichen Anweisung Folge Leistenden **überhaupt nicht wehren** (*Bringewat* NZWehr **1971** 126, 133; *Hirsch* LK[11] Vor § 32 Rdn. 177; *Neuheuser* S. 176),[463] beschränken andere die erlaubte Gegenwehr auf **Notstandsmaßnahmen** nach § 34, indem sie der Befugnis des Befehlsausführenden keine Duldungspflicht des Bürgers zur Seite stellen (so *Jakobs* AT 16/14 m. Fn. 22; *Sch/Schröder/Lenckner/Sternberg-Lieben* Vor § 32 Rdn. 89).[464] Gleichwohl ist diesen Ansichten nicht zu folgen. Rechtswidrige verbindliche Befehle führen daher nur zur **Entschuldigung** des ausführenden Beamten (so auch *Amelung* JuS **1986** 329, 337; *Küper* JuS **1987** 81, 92; *Maurach/Zipf* § 29 Rdn. 7ff).[465] Der davon Betroffene darf dagegen Notwehr üben, muss jedoch auch hier beachten, dass die Verteidigung gegen den über die Rechtswidrigkeit irrenden Amtswalter nur unter Einschränkungen zulässig ist (*Roxin* FS Pfeiffer, 45, 51).[466]

135   Zur Legitimation der mit dieser Entschuldigungslösung verbundenen Risikoverschiebung zu Lasten des handelnden Beamten wird teilweise darauf verwiesen, dass sich der Beamte für seinen Beruf und damit auch für die Eingehung des Notwehrrisikos im

---

460   *Roxin* AT I § 17 Rdn. 19 m. Fn. 26.
461   So *Vitt* ZStW **106** (1994) 581, 598.
462   *Stratenwerth* Gehorsam S. 166 entnimmt die Vorrangregel denn auch nicht den einschlägigen Vorschriften, sondern löst die Kollision nach den im Einzelfall zu berücksichtigenden Interessen auf; zust. *Jakobs* AT 16/12; *Hoyer* Verantwortlichkeit S. 17 f; krit. dazu *Neuheuser* S. 170.
463   Ebenso *Jescheck/Weigend* § 35 II 3; *Roxin* AT I § 17 Rdn. 19; *Schmidhäuser* AT 9/57; *Stratenwerth* Gehorsam S. 161, 181 ff; wohl auch *Fischer* Vor § 32 Rdn. 16.
464   *Walter* JR **2005** 279, 280; wohl auch *Bumke* S. 134.
465   Weiter *Oehler* JuS **1963** 301, 306; *Ostendorf* JZ **1981** 165, 173; *Paeffgen/Zabel* NK Vor § 32 Rdn. 192; *Samson* SK[5] Vor § 32 Rdn. 88.
466   Zur Notwehreinschränkung bei irrendem Angreifer siehe Rdn. 242ff.

Falle der Ausführung eines rechtswidrigen verbindlichen Befehls frei entschieden habe (so *Amelung* JuS **1986** 329, 337; zwischen Wehrpflichtigen und sonstigen „Befehlsempfängern" diff. *Oehler* JuS **1963** 301, 304). Ob man aus der freiwilligen Berufswahl jedoch auf eine freiverantwortliche Übernahme des Notwehrrisikos schließen darf, ist zweifelhaft. Dieser Schluss würde zumindest die Erkennbarkeit des Risikos durch den Berufseinsteiger voraussetzen. Davon wird man nur schwerlich ausgehen dürfen, wenn nicht einmal der Gesetzgeber der hier relevanten Normen das Rechtsproblem vollständig überblickt hat und aus diesem Grund eine eindeutige Regelung fehlt. Entscheidend für die Entschuldigungsvariante spricht aber folgendes Argument: Das Gesetz erlaubt die Ausführung einer rechtswidrigen Anweisung als Ausnahme nur dort, wo es um die Vollstreckung eines Titels geht, der der Rechts- oder Bestandskraft fähig ist. Urteile und Verwaltungsakte erheischen im Gegensatz zu allen anderen hoheitlichen Handlungsformen vom Rechtsunterworfenen auch dann Gehorsam, wenn sie materiell unrichtig sind. Sie bestätigen als Ausnahmeformen die mit dem Rechtsstaatsprinzip aus Art. 20 Abs. 3 GG einhergehende Regel, nach der die Verbindlichkeit staatlichen Handelns von seiner Rechtmäßigkeit abhängt. Die Ausführung trotz Vorliegens eines rechtlichen Mangels rechtfertigt sich hier hauptsächlich durch das rechtsstaatliche Verfahren, in dem die zu vollstreckende Entscheidung getroffen worden ist. Die der privilegierten Sonderstellung von Urteil und Verwaltungsakt zugrundeliegenden Normen sind daher nicht verallgemeinerungsfähig (eingehend Rdn. 121 ff). Die Gegenmeinung behandelt nun den rechtswidrigen verbindlichen Befehl wie einen solchen Titel, obwohl der Wortlaut der Vorschriften über die Verbindlichkeit keinen Hinweis auf eine solche privilegierte Behandlung der Anweisung enthält und eine Legitimation durch Verfahren in diesen Fällen fehlt (so zutreffend *Amelung* JuS **1986** 329, 337):[467] Es dürfte unmittelbar einleuchten, dass ein Amtsrat durch die bloße Tatsache, dass er seine Entscheidung nicht selbst ausführt, sondern sich dazu eines Amtsinspektors bedient, damit nicht zugleich über Recht und Unrecht und die Duldungspflichten des betroffenen Bürgers entscheiden kann. Bloße Arbeitsteilung rechtfertigt eine Beschränkung des Rechtsstaatsprinzips nicht.[468]

c) Gewaltsame Verteidigung gegen den sog. gefährlichen Befehl. Unter dem 136 Stichwort des sog. gefährlichen Befehls wird die Verbindlichkeit einer Anweisung diskutiert, deren Befolgung nicht lediglich zivilrechts- bzw. bei Soldaten und Vollzugsbeamten ordnungswidrig ist, sondern darüber hinaus die **konkrete Gefahr von Verletzungen** fremder Rechtsgüter mit sich bringt, deren Realisierung die Ausführung zum Fahrlässigkeitsdelikt machte. Während einige Autoren diese Fälle wie den Befehl zur Begehung einer Straftat behandeln wollen mit der Folge der Unverbindlichkeit und Rechtswidrigkeit im Falle der Ausführung (*Küper* JuS **1987** 81, 92; *Roxin* AT I § 17 Rdn. 21;

---

467 Die Unterscheidung zwischen schlichtem Verwaltungshandeln und solchem aufgrund eines Vollstreckungstitels trifft auch *Bumke* S. 132, der jedoch anders als hier § 34 anwenden will, wenn kein Vollstreckungstitel vorliegt. Zum Vollstreckungstitel siehe auch Rdn. 117 ff.
468 Weitgehende Unklarheit besteht in der Frage, in welchem Verhältnis die in den zitierten Vorschriften enthaltenen Irrtumsregelungen zur allgemeinen Irrtumsdogmatik der §§ 16 u. 17 stehen. Während eine verbreitete Ansicht davon ausgeht, die Vorschriften über die Ausführung eines rechtswidrigen verbindlichen Befehls seien lediglich Sonderregeln gegenüber § 17 (so etwa *Jakobs* AT 19/53; *Roxin* AT I § 21 Rdn. 74; *Neumann* NK § 17 Rdn. 98; *Werle/Jeßberger* Rdn. 690), spricht viel dafür, mit *Sch/Schröder/Lenckner/Sternberg-Lieben* Vor § 32 Rdn. 89 und *Walter* JR **2005** 279, 281 f davon auszugehen, dass die Vorschriften auch den Erlaubnistatbestandsirrtum mit der Folge erfassen, dass für Beamte und Soldaten nach der damit problematischen Gesetzesfassung die Schuldtheorie nicht gilt (ähnlich *Maurach/Zipf* § 38 Rdn. 29), wenn man – anders als hier – zugleich die Auffassung vertritt, die Verbindlichkeit führe zur Rechtmäßigkeit im Außenverhältnis.

Vitt NZWehr **1994** 45, 53),[469] plädieren andere jedenfalls für den Fall, dass auch die Anweisung zur Begehung einer Ordnungswidrigkeit verbindlich ist (§§ 11 SoldG, 97 StrafVollzG und 7 UZwG), für eine Verbindlichkeit bis zur Grenze des groben Sorgfaltsverstoßes (so *Sch/Schröder/Lenckner/Sternberg-Lieben* Vor § 32 Rdn. 90).[470] Begründet werden diese zuletzt genannten Thesen vor allem mit dem Hinweis darauf, die Begehung von Ordnungswidrigkeiten verursache regelmäßig konkrete Gefahren, so dass die Gegenansicht die Verbindlichkeitsanordnung des Gesetzes bei Ordnungswidrigkeiten entwerte (*Sch/Schröder/Lenckner/Sternberg-Lieben* Vor § 32 Rdn. 90). Einig ist man sich darin, dass es nicht darauf ankommen kann, ob sich die konkrete Gefahr tatsächlich realisiert (*Jakobs* AT 16/14; *Roxin* AT I § 17 Rdn. 21).[471] Da die Verbindlichkeit bereits im Zeitpunkt des unmittelbaren Ansetzens zur gefährlichen Handlung feststehen muss, führt schon die Verwirklichung des – isoliert nicht strafbaren – fahrlässigen Handlungsunrechts zur Unverbindlichkeit der Anweisung.

137 Hinsichtlich der Frage der **Rechtswidrigkeit der Ausführung eines gefährlichen Befehls** ist zu unterscheiden: Irrt der Ausführende über die Rechtswidrigkeit seines Verhaltens, weil er die tatsächlichen Voraussetzungen der Eingriffsnorm ohne Sorgfaltsverstoß für gegeben hält, ist sein Verhalten bereits nach allgemeinen Grundsätzen rechtmäßig. Ist die Verursachung der konkreten Gefahr schon als solche strafbar (z.B. nach § 315c), ist die Anweisung unverbindlich und ihre Ausführung rechtswidrig.[472] Dasselbe gilt bei Beamten nach den §§ 63 Abs. 2 u. 3 BBG, 36 Abs. 2 u. 3 BeamtStG für den Fall der Ordnungswidrigkeit. Für alle übrigen Fälle gilt: Wer verbindliche Befehle im Außenrechtsverhältnis für rechtmäßig hält, darf nicht danach differenzieren, ob das Gesetz neben schlicht rechtswidrigen Verhaltensweisen auch die Ausführung von Ordnungswidrigkeiten vorschreibt, mögen noch so überzeugende teleologische Überlegungen dafür sprechen. Das Gesetz unterscheidet allein danach, ob die Ausführung eine Straftat ist, so dass Unverbindlichkeit und Rechtswidrigkeit nur dann nicht vorliegen, wenn ein entsprechendes Fahrlässigkeitsdelikt fehlt (*Hirsch* LK[11] Vor § 32 Rdn. 177; *Vitt* NZWehr **1994** 45, 53). Nach der hier für richtig gehaltenen Ansicht kommt es hingegen nicht einmal auf diese Differenzierung an, da aus der Verbindlichkeit keine Rechtmäßigkeit folgt und bereits die Zivilrechtswidrigkeit dazu führt, dass sich der Bürger gegen den Angriff verteidigen darf.

138 **3. Weitere Sonderfälle der Rechtswidrigkeit.** Ein Sonderfall des rechtswidrigen Angriffs ist die zwar tatbestandslose aber rechtswidrige Unterbrechung einer Schwangerschaft nach § 218a Abs. 1, die nach Beratung und innerhalb der ersten 12 Wochen von einem Arzt vorgenommen wird. Sie liegt zwischen der strafrechtswidrigen – notwehr- und insbesondere nothilfefähigen – **Schwangerschaftsunterbrechung** nach § 218 auf der einen und dem nicht notwehr- und nothilfefähigen, da nach § 218a Abs. 2, 3 gerechtfertigten Abbruch auf der anderen Seite. In Literatur und Rechtsprechung besteht weitestgehend Einigkeit darüber, dass **Nothilfe** im Fall der Schwangerschaftsunterbrechung nach § 218 a Abs. 1 **unzulässig** ist (BVerfGE **88** 203, 279; *Günther* SK[8] Rdn. 37).[473] Der Ge-

---

469 Ähnlich *Jakobs* AT 16/14; offengelassen in BGHSt **19** 231, 232.
470 Zum Sorgfaltsmaßstab eingehend *Peterson* NZWehr **1989** 239, 242 ff; *Huth* NZWehr **1988** 252, 253 ff.
471 BGHSt **19** 231, 232 lässt diese Frage offen.
472 Einschränkend *Vitt* NZWehr **1994** 45, 51.
473 Ebenso *Sch/Schröder/Perron* Rdn. 19/20; *Kindhäuser* NK Rdn. 43; *Schittenhelm* NStZ **1997** 168, 171. Allein *Lesch* Beratungsschutz S. 72 will eine Ausnahme für den Vater der Leibesfrucht wegen dessen Garantenstellung gegenüber dem ungeborenen Leben machen. Demgegenüber spricht alles dafür, mit *Satzger* JuS **1997** 800, 803 davon auszugehen, dass das Beratungsschutzkonzept der Rechtsgutbewahrung durch Nothilfe generell vorgeht mit der Folge einer Entpflichtung des Vaters, dessen Verhalten jedenfalls

setzgeber hat viel Kritik für seine gesetzestechnische Lösung der mit der Schwangerschaftsunterbrechung verbundenen legislativen „Zwickmühle" geerntet,[474] die in Folgendem besteht (s. dazu näher *Merkel* NK § 218a Rdn. 50ff): Mit dem hinter § 218a Abs. 1 stehenden Beratungskonzept wollte der Gesetzgeber sicherstellen, dass die im Konflikt zwischen Schutz des werdenden Lebens und Selbstbestimmungsrecht stehende Mutter aus der mit einer Kriminalisierung einhergehenden Isolation befreit wird. Gleichzeitig musste er jedoch den Vorgaben des BVerfG (E **88** 203, 253ff) Rechnung tragen: Danach endet das Gestaltungsermessen des Gesetzgebers bei der Umsetzung seiner verfassungsrechtlichen Pflicht, das werdende Leben zu schützen, dort, wo die Rechtfertigung der Tötung der Leibesfrucht in Frage steht. Geht es – anders als bei § 218a Abs. 2, 3 – allein um den Konflikt zwischen dem einer Fortsetzung der Schwangerschaft entgegenstehenden Willen der Mutter und dem Lebensgrundrecht des Kindes, ist dem Gesetzgeber die Auflösung über eine Rechtfertigung des Abbruchs verwehrt.[475] Der vom Gesetzgeber gewählte Kompromiss des zwar rechtswidrigen aber tatbestandslosen Verhaltens ist eine recht ungewöhnliche Konstruktion, die sich sonst im StGB nirgends findet, wenn man nicht der Lehre von den Strafunrechtsausschließungsgründen folgt[476] und zugleich vertritt, dass die in § 240 Abs. 2 geregelte Verwerflichkeit eine Frage des Tatbestands der Nötigung betrifft. Führte nun die Rechtswidrigkeit des Abbruchs dazu, dass ein jeder der Schwangerschaftsunterbrechung mit Nothilfemitteln begegnen dürfte, würde der gesetzgeberische Zweck gefährdet: Die Mutter würde zurück in die Heimlichkeit und Kriminalität gedrängt, da sich kaum ein Arzt fände, der die Unterbrechung vorzunehmen bereit wäre (*Sch/Schröder/Perron* Rdn. 19/20). Da eine Lösung des Problems über die Regeln der aufgedrängten Nothilfe verwehrt ist, weil die dem Eingriff zustimmende Mutter weder Inhaberin des vom Arzt angegriffenen Rechtsguts der Leibesfrucht noch sonst zur Disposition über den Fötus befugt ist (zur Nothilfe bei Schwangerschaftsabbrüchen s. auch Rdn. 215), bleibt allein der Weg über das notwehreinschränkende Merkmal der Gebotenheit (so auch *Satzger* JuS **1997** 800, 803).[477] Dem Dritten ist danach die Abwehr des Angriffs auf die Leibesfrucht trotz Rechtswidrigkeit und Gegenwärtigkeit nicht nach § 32 erlaubt, weil die Verteidigung wegen Kollision mit vorrangigen gesetzgeberischen Wertentscheidungen ausnahmsweise nicht als geboten erscheint.

Notwehr unterliegt auch dort Einschränkungen, wo Angegriffener und Angreifer an **139** einer **einverständlichen Prügelei** teilnehmen. Teilweise wird hier schon das Vorliegen eines Angriffs (*Jescheck/Weigend* § 32 II 1a)[478] oder einer Verteidigung (RGSt **73** 341, 342; OLG Stuttgart NJW **1992** 850, 851)[479] verneint. Nach anderer Ansicht soll es an einem Ver-

---

nicht nach § 32 gerechtfertigt ist – immerhin verpflichtet BVerfGE **88** 203, 279 den Gesetzgeber dazu sicherzustellen, dass Nothilfe gegen Mutter und Arzt hier ausgeschlossen ist – i.E. ebenso *Hillenkamp* FS Herzberg 483, 501 auf der Basis eines notwehrspezifischen Rechtswidrigkeitsbegriffs. *Satzger* (aaO 804f) ist – wiederum gegen *Lesch* (aaO S. 73 m. Fn. 32) – auch darin zuzustimmen, dass eine Rechtfertigung nach § 34 ebenfalls ausscheidet, der Vater also allenfalls nach § 35 entschuldigt sein kann, ebenso *Hillenkamp* FS Herzberg 483, 501; *Ladiges* JR **2007** 104, 105f; *Mitsch* JR **2006** 450, 452.

474 Vgl. *Eser* FS Lenckner, 25, 26f; *Gropp* GA **1994** 147, 157ff; *Otto* Jura **1996** 135, 138.
475 Anders *Hassemer* FS Lenckner, 97, 104 u. *Wolter* GA **1986** 207, 227f, die eine prozedurale Rechtfertigung durch die ordnungsgemäße Beratung annehmen. *Hermes/Walther* NJW **1993** 2337, 2341 befürworten eine Rechtfertigung sui generis.
476 *Günther* ZStW **103** (1991) 851, 874 geht in Anwendung der von ihm entwickelten Lehre konsequent davon aus, dass es sich bei § 218a Abs. 1 um einen echten Strafunrechtsausschließungsgrund handelt.
477 Siehe auch *Satzger* Jura **2008** 424, 432; zust. *Herzog* NK³ Rdn. 19; *Fischer* § 218a Rdn. 4. **AA** *Belling* MedR **1995** 184, 188; *Tröndle* NJW **1995** 3009, 3011.
478 Ähnlich BGH GA **1960** 213f; *Günther* SK⁸ Rdn. 60.
479 Nach BGH NStZ-RR **2006** 376 soll das Notwehrrecht ausgeschlossen sein, weil die Kontrahenten sowohl Angreifer als auch Verteidiger seien.

teidigungswillen fehlen; entscheidend dafür ist, ob der Täter zu verstehen gegeben hat, den einverständlichen Kampf nicht fortsetzen zu wollen oder ob seine Handlung lediglich als (i.d.R. eskalierende) Antwort darauf interpretiert werden muss, dass er in dem Kampf „den Kürzeren zu ziehen" droht – nur im ersten Fall sei von einem Verteidigungswillen auszugehen (BGH NStZ **1990** 435 m. Anm. *Hassemer* JuS **1991** 80).[480] Indes sind die Merkmale Angriff, Verteidigung und Verteidigungswillen ungeeignet, in solchen Fällen den Weg zur richtigen Lösung zu weisen. Mit dem Verweis auf „Angriff" und „Verteidigung" ist nichts gewonnen, lässt sich doch auch die Beteiligung an einer Schlägerei sprachlich als Angriff und Verteidigung begreifen. Das – ohnehin in seiner Berechtigung umstrittene –[481] Merkmal des Verteidigungswillens (als Motiv) kann die notwendige Differenzierung nicht leisten, weil sich erstens auch für den Täter, der verhindern will, den Kürzeren zu ziehen, niemals ausschließen lässt, dass er nicht ebenfalls zur Verteidigung der eigenen Gesundheit handelt, und zweitens der Verteidigungswille der falsche Ort ist, um nach einer Antwort auf die Frage nach der Reichweite rechtfertigender Notwehr zu suchen: Der Verweis der Rechtsprechung auf den Willen des Täters, den einverständlichen Kampf nicht fortsetzen zu wollen, zeigt, dass es nicht (erst) um die Feststellung eines Verteidigungswillens geht, sondern (schon) um die Rechtswidrigkeit des Gegnerhandelns. Grundsätzlich fehlt es an der Rechtswidrigkeit des Angriffs, weil die Kontrahenten in die jeweils gegenseitig verursachten Verletzungsrisiken auch für den Fall eingewilligt haben, den „Kürzeren zu ziehen", bzw. dem jeweils anderen diese Gefahren unter dem Gesichtspunkt einer einverständlichen Fremdgefährdung nicht zuzurechnen sind (BGH bei Dallinger MDR **1975** 541; bei Holtz MDR **1978** 109; NJW **1990** 2263 f).[482] Gegen einen Angriff, der trotz erteilter Zustimmung rechtswidrig ist, weil die Tat i.S.d. § 228 gegen die guten Sitten verstößt, darf scharfe Notwehr nur in Ausnahmefällen geübt werden, da es typischerweise an der Erforderlichkeit rechtsgutverletzenden Verhaltens fehlt. Regelmäßig wird es genügen, wenn die – unwirksame – Einwilligung widerrufen wird (zur aufgedrängten Nothilfe in einem solchen Fall eingehend Rdn. 211). Überschreitet einer der Beteiligten jedoch den vereinbarten Rahmen und beginnt etwa, den anderen in das Gesicht zu schlagen, obwohl eine Beschränkung auf den Bereich unterhalb des Halses ausgemacht war, oder beendet einer die Tätlichkeiten nicht, obwohl der andere darum bittet, erwächst dem derart Angegriffenen wieder das Notwehrrecht (RGSt **73** 341, 342).[483]

III. Die Gegenwärtigkeit des Angriffs

140   **1. Die Gegenwärtigkeit als drohende oder noch andauernde Rechtsgutverletzung.** Gegen einen rechtswidrigen Angriff darf erst dann Notwehr geleistet werden, wenn dieser **gegenwärtig** ist. Auch die Notrechte des aggressiven und des defensiven Notstands machen die von ihnen gewährte Erlaubnis zum Rechtsguteingriff davon abhängig, dass die Gefahr gegenwärtig ist. Gleichwohl unterscheidet sich die Notwehr auch in diesem Merkmal von § 228 BGB und § 34, da letztere die Gefahrenabwehr im Grundsatz zu einem erheblich früheren Zeitpunkt gestatten als § 32. Im Kern besteht Einigkeit darüber, dass die Zeitspanne, innerhalb der der Verteidiger mit den massiven Notwehrmitteln nahezu ohne

---

[480] BGH NStZ **2014** 147, 148 m. Anm. *Engländer* NStZ **2014** 214 u. *Jahn* JuS **2014** 660; OLG Hamm JMBlNW **1964** 128; OLG Saarbrücken VRS **42** (1972) 419, 420 f; *Geilen* Jura **1981** 308, 310.
[481] Näher Rdn. 263 u. 266 f.
[482] Ebenso BGHR § 32 II Verhältnismäßigkeit 2; LG Köln MDR **1990** 1033; *Kindhäuser* NK Rdn. 62; *Kühl* AT § 7 Rdn. 76; *Sch/Schröder/Perron* Rdn. 23; *Roxin* AT I § 15 Rdn. 14; näher *Rönnau* LK Vor § 32 Rdn. 165 f. S. aber auch BGHSt **58** 140 Rdn. 8 ff.
[483] Zur Strafbarkeit wegen § 231 trotz Rechtfertigung der Tötung näher Rdn. 287.

Beachtung von Verhältnismäßigkeitsgrenzen in die Rechtsgüter des Angreifers eingreifen darf, kurz und auf die akute Bedrohungssituation beschränkt sein muss und daher ein strenger Maßstab anzulegen ist (so auch *Günther* SK[8] Rdn. 65 f; *Hillenkamp* FS Miyazawa, 141, 152 f; *Kühl* Jura **1993** 57, 61). Ein Dauerangriff in dem Sinne, dass eine latente Gefahr der Rechtsgutverletzung besteht, deren plötzliches Umschlagen in einen Schaden irgendwann in der Zukunft zu erwarten ist, lässt sich damit dem Merkmal der Gegenwärtigkeit bei § 32 nicht subsumieren (BGHSt **48** 255, 257 m. Anm. *Hillenkamp* JZ **2004** 48 u. *Otto* NStZ **2004** 142).[484] Es hat sich daher bei der Notwehr eine allgemein akzeptierte Definition herausgebildet, nach der der Angriff gegenwärtig ist, wenn er **unmittelbar bevorsteht, gerade stattfindet oder noch andauert** (BGHSt **27** 336, 339; StV **1995** 463, 464; *Jescheck/Weigend* § 32 II 1d; *Roxin* AT I § 15 Rdn. 21; *Samson* SK[5] Rdn. 19). Mit dieser Eingrenzung ist allerdings noch wenig Klarheit gewonnen, da sich aus ihr nicht ergibt, ob mit „Angriff" die Angriffs*handlung* gemeint ist oder die drohende, aber vom Verteidiger abgewendete Rechtsgut*verletzung* (s. dazu Rdn. 141). Zudem muss die Frage beantwortet werden, *wann* der Angriff gegenwärtig sein muss – auch hier lässt sich zwischen der Verteidigungshandlung und dem vom Verteidiger bewirkten Eingriff in Rechtsgüter des Angreifers unterscheiden (s. Rdn. 142; zu beiden Gesichtspunkten *Samson* SK[5] Rdn. 20, 23 u. 29).

Teilweise wird davon ausgegangen, das Prädikat „gegenwärtig" beziehe sich auf die **Angriffshandlung** (so *Frister* GA **1988** 291, 302, 306 f; *Sch/Schröder/Perron* Rdn. 13; *Renzikowski* S. 291).[485] Danach dürfte Notwehr immer dann nicht mehr geleistet werden, wenn der Angreifer seine gefährliche Handlung beendet hat, der Eintritt des rechtsgutverletzenden Erfolges aber noch droht; der Verteidiger wäre auf Defensivnotstandsbefugnisse beschränkt. Diese Auffassung überzeugt nicht, da sie sich nur mit einem Notwehrverständnis verträgt, das die Schärfe der von § 32 gewährten Verteidigungsbefugnisse auf den Gedanken der bewussten und schuldhaften Selbstgefährdung des Angreifers zurückführt, der es in der Hand hat, den Angriff zu beenden.[486] Nach der zutreffenden Ansicht der Rechtsprechung ist ein Angriff demgegenüber gegenwärtig, wenn ein unmittelbares Umschlagen des Geschehens in die Rechtsgut*verletzung* droht (BGH NJW **1973** 255; NStZ **2000** 365).[487] Dass auch die h.L. – häufig nicht explizit ausgesprochen[488] – in der Sache den Standpunkt der Rechtsprechung teilt, zeigt sich insbesondere darin, dass sie nach der vorgenannten Definition unter einem „noch andauernden" Angriff eine Intensivierung der Rechtsgut*verletzung* versteht (*Günther* SK[8] Rdn. 80; *Sch/Schröder/Perron* Rdn. 15; *Samson* SK[5] Rdn. 20 f; *Fischer* Rdn. 18)[489] bzw. es bei sog. Dauerdelikten

141

---

[484] So auch BGH NJW **1979** 2053 m. Anm. *Hirsch* JR **1980** 115; *Günther* SK[8] Rdn. 66; *Haverkamp* GA **2006** 586, 593; *Lackner/Kühl* Rdn. 4; *Fischer* Rdn. 18; aA *Otto* Jura **1999** 552; *Trechsel* KritV Sonderheft **2000** 183, 186 ff, der diese Erweiterung der Gegenwärtigkeit mit Zugeständnissen bei Erforderlichkeit und Proportionalität erkauft; s. auch *Byrd* in Bottke S. 17, 121 ff.
[485] Ebenso *Kühl* AT § 7 Rdn. 40; auch *Günther* JZ **1987** 16, 27, der davon ausgeht, der Angriff sei als Unternehmen (im Gegensatz zur Erfolgsverletzung) strukturiert.
[486] Zur Notwehrbegründung s. Rdn. 62 ff. Die h.L. nimmt eine Gegenwärtigkeit bei zeitlich gestreckten Angriffen (etwa mit einer codegesicherten Zeitbombe) auch dann noch an, wenn der Angreifer längst aufgehört hat, zu handeln, vgl. *Erb* MK Rdn. 110; *Kühl* Jura **1993** 57, 62; *Kunz* GA **1984** 539, 541; *Müssig* ZStW **115** (2003) 224, 240 f; *Sch/Schröder/Perron* Rdn. 18a; *Schlüchter* FS Lenckner, 313, 315; *Spendel* LK[11] Rdn. 114; aA *Frister* GA **1988** 291, 306 f; *Renzikowski* S. 291; näher Rdn. 149.
[487] BGHR § 32 II Angriff 5; NStE Nr. 5 zu § 32; BayObLG NJW **1985** 2600, 2601 m. Anm. *Bottke* JR **1986** 292 u. *Kratzsch* StV **1987** 244; zust. *Kroß* S. 120.
[488] Ausdrücklich auf die Rechtsgutverletzung stellen jedoch ebenfalls ab *Matt/Renzikowski/Engländer* Rdn. 15; *Jakobs* AT 12/23; *Kroß* S. 120; *Samson* SK[5] Rdn. 20 f.
[489] Siehe auch BGHSt **27** 336, 339; NStZ **1987** 20; bei Altvater NStZ **2003** 29; NStZ-RR **2004** 10 f; *Geilen* Jura **1981** 200, 205; *Kühl* JuS **2002** 729, 735: Der Angriff bleibt solange gegenwärtig, wie die Angriffs*wirkungen* fortdauern; vgl. auch Rdn. 147.

genügen lässt, wenn der vom Täter zuvor geschaffene und das Rechtsgut *verletzende Zustand* (etwa bei einer Freiheitsberaubung) fortdauert (*Jakobs* AT 12/25; *Sch/Schröder/ Perron* Rdn. 15; *Roxin* AT I § 15 Rdn. 28).[490] Danach bestimmt sich die Gegenwärtigkeit in Abhängigkeit von dem **drohenden Eintritt der Rechtsgutverletzung oder deren Intensivierung.**

142 Gegenwärtig muss der Angriff zu einer Zeit sein, in der die **Verteidigungswirkung** beim Angreifer eintritt. Es kommt demnach nicht darauf an, dass der Angriff schon bei Vornahme der Verteidigungshandlung gegenwärtig ist. So stellt sich der Einsatz sog. Verteidigungsautomaten für die h.L. nicht als Problem der Gegenwärtigkeit dar, sondern allein als eines der Erforderlichkeit und der Gebotenheit der Verteidigung (*Kunz* GA **1984** 539, 541; *Müssig* ZStW **115** [2003] 224, 240f; *Schlüchter* FS Lenckner, 313, 315).[491] Bei Verteidigungsautomaten, deren Wirkmechanismus erst durch das Angreiferverhalten ausgelöst wird, während die sich auf die Installation beschränkende Handlung des Verteidigers bereits in der Vergangenheit liegt, stehen allein die Verteidigungswirkung auf die Rechtsgüter des Angreifers und der gegenwärtige Angriff in einem engen zeitlichen Verhältnis.[492]

143 **a) Die unmittelbar bevorstehende Rechtsgutverletzung.** Wann der Zeitpunkt des unmittelbaren Bevorstehens des Angriffs eintritt, lässt sich nicht für jeden Fall allgemeingültig und zugleich exakt vorherbestimmen. Die Rechtsprechung trägt dem mit einer recht weiten Formulierung Rechnung, indem sie auf den Zeitpunkt abstellt, in dem das Verhalten des Angreifers unmittelbar in eine Rechtsgutverletzung umschlagen kann (BGHR § 32 II Angriff 5; NStE Nr. 5 zu § 32; NJW **1973** 255; NStZ **2000** 365). So ist der Angriff gegenwärtig, wenn der Angreifer in seine Tasche greift, um die dort befindliche Waffe zu ziehen (BGH NJW **1973** 255),[493] oder auf das Opfer in bedrohlicher Haltung zugeht (BGHSt **25** 229, 230; NStZ **2000** 365), während ein lediglich verbaler Streit solange kein gegenwärtiger Angriff auf die körperliche Integrität ist, wie der Rahmen des bloßen Wortgefechts nicht überschritten wird (BayObLG NJW **1985** 2600, 2601 m. Anm. *Bottke* JR **1986** 292 u. *Kratzsch* StV **1987** 224). Befindet sich ein zukünftig zu erwartender Angriff noch in der Vorbereitungsphase, etwa weil der Täter auf Verstärkung wartet, ist das Merkmal der Gegenwärtigkeit ebenfalls nicht erfüllt (BGHSt **39** 133, 136 m. Anm. *Drescher* JR **1994** 423, *Lesch* StV **1993** 578 u. *Roxin* JR **1993** 335). Der Angriff auf das Allgemeine Persönlichkeitsrecht (Recht am eigenen Bild) ist hingegen schon im Zeitpunkt der unbefugten Bildaufnahme gegenwärtig und nicht erst bei Verbreitung des unbefugt aufgenommenen Bildes (BGH NJW **1966** 2353, 2354; OLG Hamburg JR **1973** 69, 70 m. Anm. *Schroeder*; OLG Karlsruhe NStZ **1982** 123; OLG Düsseldorf NJW **1994** 1971).[494] In der Literatur wird zur Bestimmung der Gegenwärtigkeit verbreitet die Dogmatik zum unmittelbaren Ansetzen beim **Versuch gem. § 22** herangezogen (*Günther* SK[8] Rdn. 70; *Lackner/*

---

490 Weiter *Jescheck/Weigend* AT § 32 II 1d; *Spendel* LK[11] Rdn. 115.
491 Siehe auch *Erb* MK Rdn. 115; *Kühl* Jura **1993** 57, 62; *Sch/Schröder/Perron* Rdn. 18a; *Spendel* LK[11] Rdn. 114; näher zur Gegenwärtigkeit bei Verteidigungsautomaten Rdn. 153.
492 Vgl. auch *Samson* SK[5] Rdn. 29. *Mitsch* JA **1989** 79, 84 u. *Baumann/Weber/Mitsch/Eisele* § 15 Rdn. 23f stellen hingegen auf die Verteidigungshandlung ab und müssen daher in diesen Fällen die Gegenwärtigkeit verneinen.
493 Weiter LG Bonn BeckRS **2011** 19826: Gegenwärtiger Angriff (hier in Form der Putativnotwehr), wenn der Angreifer hinter seinen Rücken nach dem Waffenholster greift; krit. zur Annahme des LG *Paeffgen* FS Beulke, 213, 216ff, der jedoch die Anforderungen an die Gegenwärtigkeit überspannt, wenn er verlangt, der Verteidiger hätte warten müssen, bis der Angreifer die Waffe ergriffen und aus dem Holster gezogen hat.
494 AA *Haberstroh* JR **1983** 314; s. auch Rdn. 84.

Kühl/Kühl Rdn. 4; *Ludwig* S. 102, 182f);[495] andere wollen auch das späte Vorbereitungsstadium mit einbeziehen (*Geilen* Jura **1981** 200, 206; *Roxin* GedS Tjong, 137, 142ff).[496] Nach der sog. **Effizienzlösung** darf der Verteidiger bereits handeln, wenn die optimale Abwehrchance zu verstreichen droht (*Schmidhäuser* StuB 6/61; *Samson* SK[5] Rdn. 28ff).[497] Um die Bedeutung dieser zeitlichen Grenze für die Gefahrenabwehr durch Notwehr zu ermessen, muss man sich vergegenwärtigen, dass der Verteidiger vor Erreichen des Stadiums des unmittelbaren Bevorstehens des Angriffs zwar nicht schutzlos gestellt ist, jedoch im Rahmen der ihm nun zur Verfügung stehenden Defensivnotstandsbefugnisse nach dem Rechtsgedanken des § 228 BGB erhebliche Abstriche bei den Abwehrmöglichkeiten hinnehmen muss; ein Eingriff in die Rechtsgüter des „noch nicht Angreifenden" ist ihm trotz fehlender Ausweichmöglichkeit dann verboten, wenn die Beeinträchtigung der fremden Rechtsgüter außer Verhältnis zum drohenden Schaden steht. Das sich darin zeigende „Befugnisgefälle" zwischen Notwehr und Defensivnotstand versucht namentlich *Support* S. 377ff durch Schaffung der gegenüber Notwehr und Notstand subsidiären **„notwehrähnlichen Lage"** (teilweise auch als **Präventivnotwehr** bezeichnet) zu schließen. Die notwehrähnliche Lage wird aus der analogen Anwendung des § 32 gewonnen[498] und beruht im Kern auf der Annahme, die Gegenwärtigkeit sei eine „temporal" und missglückt „formulierte Ausprägung der Erforderlichkeit".[499] Der materiale Unterschied zur Effizienzlösung, die solche Fälle innerhalb von § 32 lösen will, besteht darin, dass die Vorverlegung der Gegenwärtigkeit bei der notwehrähnlichen Lage durch Einschränkungen bei der Erforderlichkeit und Verhältnismäßigkeit erkauft wird: Dem Täter werden Ausweichmöglichkeiten in größerem Umfang zugemutet und er muss die Grenzen proportionaler Gefahrenabwehr einhalten. Beim Streit um die Bestimmung des frühestmöglichen Zeitpunktes, in dem der Verteidiger von Notwehrbefugnissen Gebrauch machen darf, geht es zum einen um Fälle, in denen der noch nicht Angreifende zunächst flieht, um sich dadurch eine bessere Position zu verschaffen, aus der er sogleich oder später angreift: Der vom Jagdpächter gestellte Wilderer entfernt sich, um aus der Deckung heraus auf den Pächter zu schießen (Notwehrbefugnisse bejaht RGSt **53** 132, 133). Der des Nachts in das Haus des Verteidigers eingedrungene Voyeur flieht, um in einer der nächsten Nächte zurückzukehren,[500] und die misshandelte Ehefrau ersticht

---

495 Weiter *Matt/Renzikowski/Engländer* Rdn. 14; *Hoyer* SK Rdn. 42f. Im Ergebnis auch *Kratzsch* StV **1987** 224, 228; ebenso für den Regelfall *Jakobs* AT 12/23.
496 Ebenso *Roxin* AT I § 15 Rdn. 24; zust. *Kühl* AT § 7 Rdn. 41; *Sch/Schröder/Perron* Rdn. 14; krit *Ludwig* S. 190.
497 Zust. – jedoch begrenzt auf den Fall des schlafenden Haustyrannen – *Herzog* NK[3] Rdn. 29f; s. dazu auch *Rengier* NStZ **2004** 233, 234ff. Zunehmend verfährt auch die Rechtsprechung zumindest sprachlich nach diesem Muster, vgl. RGSt **53** 132, 133; **67** 337, 340; BGH NJW **1973** 255; NStE Nr. 5 zu § 32; NJW **2013** 2133, 2134 m. Anm. *Brüning* ZJS **2013** 511, *Engländer* HRRS **2013** 389, *Erb* NStZ **2013** 371 u. *Jäger* JA **2013** 708; NStZ-RR **2017** 270; NStZ **2018** 84 m. Anm. *Rückert* u. *Kudlich* JA **2018** 149, ohne dass darin ein echtes Bekenntnis zu einer Effizienzlösung erblickt werden kann. S. zur Gestattung frühzeitiger heimlicher Tonbandaufnahmen, um einen späteren Prozessbetrug zu verhindern; für das Zivilrecht BGHZ **27** 284, 289f; s. dazu auch OLG Celle NJW **1965** 1677, 1678f; OLG Düsseldorf NJW **1966** 214; OLG Frankfurt NJW **1967** 1047, 1048. Nach *v. Bressendorf* S. 171ff soll es bei vorbeugender Notwehr nicht auf zeitliche Gesichtspunkte, sondern auf die Wahrscheinlichkeit des Schadenseintritts ankommen.
498 *Support* S. 371ff. Zust. *Krey* ZStW **90** (1978) 173, 187 u. 189; ablehnend *Otto* FS Kleinknecht, 319, 335f; *Roxin* FS Jescheck, 457, 480; *Spendel* FS R. Schmitt, 205, 210f.
499 *Support* S. 377ff, der zudem verlangt, dass der Angriff bereits (zumindest konkludent) angekündigt worden ist; nur i.E. ähnlich *Jakobs* AT 12/27. Von der h.M. werden diese Fälle – obgleich mitunter ebenfalls als Präventivnotwehr bezeichnet – unter § 34 bzw. § 228 BGB subsumiert, vgl. BGHSt **39** 133, 136f; *Sch/Schröder/Perron* Rdn. 14; *Renzikowski* S. 289.
500 Die Gegenwärtigkeit verneint zutreffend BGH NJW **1979** 2053 m. insoweit zust. Anm. *Hirsch* JR **1980** 115; ebenso *Hruschka* NJW **1980** 21; *Schroeder* JuS **1980** 336f.

ihren Gatten im Schlaf, weil ihr das bei der am nächsten Tag mit Sicherheit zu erwartenden tätlichen Auseinandersetzung nicht gelingen würde (Notwehr versagt BGHSt **48** 255, 257 m. Anm. *Hillenkamp* JZ **2004** 48, *Otto* NStZ **2004** 142 und *Rotsch* JuS **2005** 12; offengelassen von BGH NStZ **1984** 20, 21 m. Anm. *Rengier*).[501] Zum anderen stellt sich das Problem dort, wo der Verteidiger eine effektive Möglichkeit der Gegenwehr nur solange hat, wie der Angreifer den Angriff noch vorbereitet: Der Gastwirt schüttet seinen Gästen ein Schlafmittel in die Getränke, nachdem er mitbekommen hat, dass diese planen, nach Genuss der letzten Runde die Einrichtung der Wirtsstube zu zerstören;[502] der Bordellbetreiber bedroht eine zur Zerstörung des Bordells entschlossene Gruppe Bewaffneter, die noch auf das Eintreffen von Verstärkung warten.[503] Schließlich werden auch Nötigung und Erpressung hierzugezählt, bei denen der Eintritt des angekündigten Übels (insbesondere in Form der Enthüllung das Opfer kompromittierender Informationen)[504] erst erheblich später eintreten soll.[505]

144 Eine vollständig überzeugende Bestimmung des unmittelbaren Bevorstehens des Angriffs fehlt bislang; es steht – ähnlich wie bei der Bestimmung des unmittelbaren Ansetzens beim unbeendeten Versuch nach § 22 – auch nicht zu erwarten, dass in absehbarer Zeit eine allseits zufriedenstellende Definition gefunden werden wird. Abzulehnen ist jedenfalls die verbreitet vorgenommene **Anlehnung an den Versuchsbeginn** nach § 22.[506] § 32 und § 22 regeln vollständig unterschiedliche Rechtsmaterien. Die Vorschrift des § 22 definiert die Grenze zwischen strafloser Vorbereitungshandlung und strafbarem Verstoß gegen ein Ver- oder Gebot. § 32 setzt hingegen einen lediglich rechtswidrigen Angriff voraus; ein strafrechtswidriges Verhalten wird nicht verlangt. Entscheidend ist, dass es bei der Notwehr im Gegensatz zu § 22 um die Festlegung von Abwehrbefugnissen in einer akut zugespitzten Bedrohungssituation geht. Das unmittelbare Bevorstehen muss daher so definiert sein, dass der Verteidiger tatsächlich die Möglichkeit hat, den Angriff zu beenden. Nach den Ausführungen in Rdn. 141 wird dieser Zeitpunkt typischerweise bereits dann verstrichen sein, wenn der Angreifer die Schwelle zum Versuch überschreitet, weil der Verteidiger für eine erfolgreiche Abwehr dem Angreifer notwendig zuvorkommen muss.[507] Unbrauchbar – weil zirkulär – wird die Bestimmung des unmittelbaren Bevorstehens unter Zuhilfenahme der Versuchsdogmatik, wenn das Überschreiten der Schwelle des § 22 seinerseits dadurch festgelegt wird, dass auf Seiten des Betroffenen eine Verteidigung i.S.d. § 32 erforderlich wird.[508]

---

501 Weiter *Haverkamp* GA **2006** 586, 593; *Hillenkamp* FS Miyazawa, 141, 152; *Lackner/Kühl* Rdn. 4. Zur lediglich (erheblichen) Unrechtsminderung durch diese „Präventivnotwehr" *Günther* JR **1985** 268, 271; generell, d.h. auch im Zusammenhang mit § 34, krit. zu einem solchen Verständnis der Gegenwärtigkeit *Dencker* FS Frisch 477, 480 ff – es mache das Merkmal überflüssig, weil damit in der Sache ein Aspekt der Erforderlichkeit beschrieben werde. Den Flucht- und Wiederkehrkonstellationen vergleichbar ist auch der Fall des AG Hadamar (Z) NJW **1995** 968, in dem der Angreifer über einen Zeitraum von 7 Monaten sein Fahrzeug regelmäßig auf das Grundstück des Verteidigers wendete und davonfuhr, nur um in naher Zukunft zurückzukehren; die Bejahung von Gegenwärtigkeit i.S.v. § 32 durch das AG Hadamar aaO 969 im Hinblick auf die zukünftigen Wendemanöver ist daher fehlerhaft.
502 Beispiel nach *Lenckner* Notstand S. 102.
503 So der Sachverhalt in BGH StV **1993** 576, wo die Gegenwärtigkeit verneint wird; s. dazu auch die zust. Anm. von *Roxin* NStZ **1993** 335.
504 Sind die Informationen wahr und hat das Opfer folglich keinen Anspruch auf Geheimhaltung, kommt – nach freilich nicht h.M. – statt Erpressung Wucher in Betracht, wenn der Täter einen wirtschaftlichen Vorteil fordert, vgl. grundlegend *Jakobs* FS Peters, 69, 81 ff.
505 Sie zu diesem Sonderfall näher Rdn. 151.
506 Krit. auch *Amelung* NStZ **1998** 70 u. *Herzog* NK³ Rdn. 27.
507 I.E. ebenso *Kühl* AT § 7 Rdn. 41.
508 So aber *Rath* JuS **1998** 1106, 1109.

Auch der sog. **Effizienzlösung** gelingt es nicht, den Beginn der Gegenwärtigkeits- **145** phase zufrieden stellend anzugeben. Ihre Verfechter versuchen, dem Vorwurf, der Ansatz gestatte die Verhinderung einer Angriffsplanung mit Notwehrmitteln,[509] dadurch zu begegnen, dass die Verteidigung nach § 32 bei drohendem Verstreichen der optimalen Abwehrmöglichkeit nur dann erlaubt sei, wenn zusätzlich eine Angriffshandlung vorliege (*Samson* SK[5] Rdn. 28) bzw. der Wille, ein Rechtsgut zu verletzen, bereits nach außen betätigt worden ist (BayObLG NJW **1985** 2600, 2601 m. Anm. *Bottke* JR **1986** 292 u. *Kratzsch* StV **1987** 224). Indes liegt genau in diesem Zusatz die Schwäche der Effizienzlösung, da nicht deutlich wird, was genau unter dem Begriff der Angriffshandlung verstanden werden soll. Legt man ein weites Verständnis zugrunde, entstehen Abgrenzungsprobleme, da das Merkmal der „Angriffshandlung" im Grunde schon immer dann erfüllt ist, wenn eine die drohende Rechtsgutverletzung verursachende Handlung vorliegt, unabhängig davon, wann mit dem Eintritt des Rechtsgutschadens zu rechnen wäre. Auch Vorbereitung und Planung eines Angriffs sind Angriffshandlungen in diesem weiten Sinne. Eine begrenzende Wirkung hätte das Erfordernis der Angriffshandlung nur, wenn zugleich angegeben würde, welchen Abschnitt auf dem zur Verletzung des Rechtsguts hinführenden Kausalstrang das Element der „Angriffshandlung" bezeichnet. Geht es um ein Erfolgsverletzungsdelikt, wird darunter für gewöhnlich die Phase zwischen dem unmittelbaren Ansetzen und dem Abschluss der Tathandlung verstanden. Damit ist man jedoch bei dem von den Vertretern der Effizienzlösung kritisierten Ausgangspunkt der h.M. angelangt. Denselben Bedenken ist danach auch die Konstruktion der **notwehrähnlichen Lage** ausgesetzt.[510] Hier kommt noch hinzu, dass sich ihre Vertreter, auch wenn damit keine Analogie zu Lasten des Täters einhergeht, durch die Anerkennung eines gesetzlich nicht vorgesehenen Rechtfertigungsgrundes jenseits der Notwehr Befugnisse anmaßen, die nach Art. 20 Abs. 3 GG allein dem Gesetzgeber zustehen. Darüber hinaus ist angesichts der Regelung des § 228 BGB mit seiner „umgekehrten" Verhältnismäßigkeit auch nicht ausgemacht, dass eine systemwidrige Lücke vorliegt, die geschlossen werden dürfte.[511] Als Konsequenz der Ablehnung einer frühzeitigen Abwehrbefugnis können sich unter Umständen Situationen ergeben, in denen das von der h.M. verlangte Zuwarten mit der Gegenwehr bis zum buchstäblich letzten Moment dazu führt, dass eine effektive Abwehr nur noch durch massive, im Einzelfall gar tödlich wirkende Verteidigungsmittel möglich ist. Diese Gefahr rechtfertigt es jedoch nicht, den Zeitpunkt des Angriffsbeginns nach vorne zu verlegen. Denn dies bedeutete nichts anderes, als das Merkmal der Gegenwärtigkeit zu streichen und seine Funktion durch die Erforderlichkeit zu ersetzen. Damit wären der Rechtsunsicherheit Tür und Tor geöffnet, weil völlig offenbleibt und ohne eine zeitliche Eingrenzung auch offenbleiben muss, wie weit der Verteidiger im Dienste einer Schonung des Angreifers in das Vorfeld eines Angriffs zurückgehen darf oder gar muss. Die Argumentation der Vertreter der Effizienzlösung gerät hier in eine gefährliche Nähe zu einer Festlegung des Verteidigers auf eine möglichst frühzeitige und schonende Leistung der Angriffsabwehr nach Art einer Obliegenheit. Eine derartige Interpretation der Gegenwärtigkeit macht die Notwehr zu einem Unterfall des Notstands.

---

509 So die Kritik von *Bottke* JR **1986** 292, 293, *Geerds* Jura **1992** 321, 322, *Kratzsch* StV **1987** 224, 228, *Roxin* AT I § 15 Rdn. 27 u. *Spendel* StV **1984** 45, 47; wohl auch *Jakobs* AT 12/22; krit. auch *Buchkremer* S. 58.
510 Abl. auch *Lackner/Kühl* Rdn. 4; *Roxin* AT I § 15 Rdn. 27.
511 Krit. auch *Buchkremer* S. 58 f; *Otte* S. 138 ff, der darüber hinaus zutreffend darauf hinweist, dass es auch an einer normativen Vergleichbarkeit von § 32 und notwehrähnlicher Lage wegen der von *Suppert* für letztere geforderten Ausweichpflicht fehlt.

146 Vorzugswürdig ist – in Ermangelung einer allseits befriedigenden Erklärung – daher die maßgeblich von *Roxin* GedS Tjong, 137, 142; *ders.* AT I 15/24 angestoßene Lösung, nach der der Angriff bereits im schmalen **Endstadium der Vorbereitung** beginnt.[512] Allein dieser Ansatz, an dem sich in der Sache auch die Rechtsprechung weitgehend orientiert (vgl. BGHSt **25** 229, 231; NJW **1973** 255; NStZ **2018** 84 m. Anm. *Rückert* u. *Kudlich* JA **2018** 149), ermöglicht dem Verteidiger, dem Angreifer zuvorzukommen, da dieser Moment typischerweise mit dem unmittelbaren Ansetzen des Angreifers verstreicht. Danach ist der Schuss auf den Wilddieb, der mit dem schussbereiten Gewehr davonläuft, um aus der nächsten erreichbaren Deckung heraus auf den Täter zu schießen, von § 32 gedeckt. Gleiches gilt für den Schuss in das Bein des sich mit erhobenem Messer dem Verteidiger nähernden Angreifers,[513] auch wenn ein strafbarer Tötungsversuch erst im Moment des Anlegens der Waffe oder zu einem Zeitpunkt begonnen hätte, in dem der Angreifer dem Verteidiger mit seinem Messer so nahe gekommen wäre, dass er sofort hätte zustechen können. Keine Gegenwärtigkeit liegt hingegen vor, wenn der Voyeur flieht, um erst an einem der nächsten Tage zurückzukehren, im Falle der Tötung des schlafenden Haustyrannen (BGHSt **48** 255, 257 m. Anm. *Hillenkamp* JZ **2004** 48, *Otto* NStZ **2004** 142 u. *Rotsch* JuS **2005** 12)[514] oder in der Situation, in der der spätere Angreifer verkündet, er werde nun einen Revolver aus seiner Wohnung holen, um zu töten. Man darf sich allerdings nicht der Illusion hingeben, das Abstellen auf die späte Vorbereitungsphase sei mit geringeren Abgrenzungsschwierigkeiten behaftet als die Gegenansichten.[515] Wer die mitunter lange Vorbereitungszeit in Stadien unterteilt, muss an sich auch in der Lage sein, den Beginn des Endstadiums zu benennen. Mehr als ein Anhalt kann der Hinweis auf das schmale Endstadium der Vorbereitung nicht sein. Entscheidend ist stets der sich aus den konkreten Umständen der „Kampflage" ergebende, vom Angriff angestoßene hypothetische Kausalverlauf, der sich fortentwickelt hätte, wenn Gegenwehr ausgeblieben wäre. Der Hinweis darauf, dass ein Zuwarten mit der Verteidigung bis zu diesem kritischen Zeitpunkt sowohl den Verteidiger wegen der kürzeren Reaktionszeit mit erheblichen Fehleinschätzungsrisiken hinsichtlich der Erforderlichkeit und den Angreifer mit einem schärferen Eingriff in seine Rechtsgüter belaste,[516] der bei frühzeitiger Abwehr hätte vermieden werden können,[517] geht am Kern der Diskussion um das Merkmal der Gegenwärtigkeit vorbei. Dass der Verteidiger das Risiko trägt, sich hinsichtlich der Notwehrlage zu irren, folgt aus der hier allgemein zugrunde gelegten ex-post-Betrachtung (näher zum Beurteilungsmaßstab Rdn. 96) und entsteht bei der Versuchsbeginn- und der Effizienzlösung in exakt demselben Maße wie bei dem hier vertretenen Ansatz.[518] Für den Einwand, dass der Verteidiger später zu einem erheblich schärferen Abwehrmittel greifen muss, gilt darüber hinaus, dass es sich dabei nicht um eine

---

512 Weiter *Erb* MK Rdn. 108; wohl auch *Spendel* LK[11] Rdn. 118 f.
513 So der Sachverhalt in BGHSt **25** 229 f.
514 Anders *Welke* ZRP **2004** 15, 18 f, der in diesem herrschenden, auf Konfrontationen „Mann-gegen-Mann" mit nennenswerten Möglichkeiten der Verteidigung zugeschnittenen Verständnis der Gegenwärtigkeit einen Frauen diskriminierenden Zuschnitt der Notwehr erblickt und unter Rückgriff auf das (insbesondere) im Zusammenhalt mit dem sog. „battered woman syndrom" entwickelte Konzept eines andauernden Gewaltkreislaufs vorschlägt, die Schlafphase des Tyrannen lediglich als kurzzeitiges, die Gegenwärtigkeit nicht beseitigendes „Abflauen des Angriffs" zu interpretieren.
515 Daraus folgt allerdings nicht die Vorzugswürdigkeit der auf den Versuchsbeginn abstellenden Gegenansicht. Der von *Günther* SK[8] Rdn. 70 erhobene Vorwurf, die Bestimmung bleibe diffus, trifft in gleichem Maße die von ihm favorisierte strenge Versuchslösung.
516 Dazu auch *Roxin* GedS Tjong, 137, 145 f.
517 Vgl. *Suppert* S. 381 ff.
518 Dasselbe gilt für den in die Gegenrichtung zielenden Einwand, der Angriff liege noch zu sehr im „Ungewissen", vgl. *Spendel* LK[11] Rdn. 120.

Frage der Gegenwärtigkeit handelt, sondern um eine der Erforderlichkeit, genauer: um das Problem, ob der Verteidiger sich mit weniger gut geeigneten Verteidigungsmitteln begnügen muss, wenn er im Vorfeld auf ebenso effektive Abwendungsmöglichkeiten wie Herbeiholen fremder Hilfe usw. verzichtet hat (s. zu dieser sog. Abwehrprovokation näher Rdn. 189f).

b) Die noch andauernde Rechtsgutverletzung. Der Zeitraum, innerhalb dessen der Verteidiger den Angriff mit Notwehrmitteln abwenden darf, endet erst, wenn auch die **Wirkungen des Angriffs beendet** sind (BGHSt 27 336, 339; NStZ **1987** 20; bei Altvater NStZ **2003** 29).[519] Solange die Verletzung des Rechtsguts des Angegriffenen nicht abgeschlossen ist, bleibt das Zeitfenster für scharfe Gegenwehr eröffnet. Wie bei der Festlegung des Angriffsbeginns entscheidet auch in der Endphase eines Angriffs nicht die Angriffshandlung, sondern die durch das Angriffsverhalten bewirkte Rechtsgutverletzung über das Vorliegen der Voraussetzungen des Merkmals der Gegenwärtigkeit (*Günther* SK[8] Rdn. 80; *Samson* SK[5] Rdn. 20f; *Fischer* Rdn. 18).[520]

147

Die **Vollendung** einer vom Angreifer verwirklichten Straftat – für den von § 32 nicht verlangten Fall, dass der Angriff eine rechtswidrige Tat i.S.d. § 11 Abs. 1 Nr. 5 ist – beendet den Angriff im oben genannten Sinne nur dann, wenn sie mit der **materiellen Beendigung** der Tat zusammenfällt.[521] Bei Delikten, die über eine sog. Beendigungsphase verfügen (z.B. § 242), ist der Angriff auch noch nach Erreichen des Vollendungsstadiums gegenwärtig i.S.d. § 32 Abs. 2 (BGHSt **48** 207, 212 [für § 253] m. Anm. *Roxin* JZ **2003** 966 u. *Schneider* NStZ **2003** 428; bei Altvater NStZ **2004** 29 [für § 249]; bei Holtz MDR **1979** 985 [für § 242]). Eine Sitzblockade etwa, die nicht durch die Inanspruchnahme der Grundrechte aus den Art. 5 Abs. 1 und 8 GG gedeckt ist,[522] darf von dem in der Ausübung seiner Fortbewegungsfreiheit Gehinderten mit Notwehrmitteln beseitigt werden (*Erb* MK Rdn. 112). Notwehr darf sogar gegen einen Flüchtenden geübt werden, wenn und solange die Rechtsgutverletzung durch die Flucht fortgesetzt oder intensiviert wird. Nach h.M. nimmt also zulässigerweise Notwehrbefugnisse in Anspruch, wer dem flüchtenden Dieb oder Räuber in das Bein schießt, soweit dieser die weggenommene Sache nicht bereits in Sicherheit gebracht oder sich ihrer sonst entledigt hat (BGH MDR **1979** 985; bei Altvater NStZ **2004** 29).[523] Indes ist diese Einschätzung nicht vollständig bedenkenfrei, was sich insbesondere in dem Bestreben vieler Autoren manifestiert, trotz Annahme eines rechtswidrigen und gegenwärtigen Angriffs die Notwehrbefugnisse beim Merkmal der Gebotenheit wieder erheblich einzuschränken mit der Folge, dass etwa die Tötung des fliehenden Diebes i.d.R. verboten bleibt (s. dazu Rdn. 234). Tatsächlich wird man das

148

---

519   Ebenso BGH NStZ-RR **2004** 10f; *Geilen* Jura **1981** 200, 205; *Kühl* JuS **2002** 729, 735; *Fischer* Rdn. 18.
520   Zweifelnd *Jakobs* AT 12/26. **AA** *Frister* GA **1988** 291, 306f auf der Grundlage seiner Erklärung der Schärfe der Notwehrbefugnisse mit der Möglichkeit des Angreifers, den Angriff zu unterlassen, was nach Erreichen des beendeten Angriffsversuchs ausgeschlossen ist, sowie *Kühl* Beendigung S. 157f; *ders.* AT § 7 Rdn. 52; *Renzikowski* S. 288; *Tenckhoff* JR **1981** 255, 256.
521   Typischer Vertreter dieser Konstellation ist die Beleidigung, deren Wirkungen mit Kundgabe der Ehrverletzung in aller Regel abgeschlossen sind. Das nimmt dem Ehrangriff die Gegenwärtigkeit (BGH NStZ-RR **2015** 303, 304) und führt nicht selten dazu, dass der Beleidigte seinerseits in die Rolle des Angreifers wechselt, wenn er auf die Beleidigung tätlich reagiert. Wehrt sich der Beleidiger gegen die Tätlichkeit, wechselt auch die Beleidigung ihre Rolle vom Angriff zur Provokation; näher m.w.N. Rdn. 255f u. 258.
522   Siehe dazu BVerfGE **92** 1, 16ff.
523   Ebenso OLG Celle BeckRS **2013** 07170 m. Anm. *Jahn* JuS **2013** 1042; *Kühl* AT § 7 Rdn. 46; *Roxin* AT I § 15 Rdn. 28; krit. *Siciliano* S. 277ff und passim, der darauf hinweist, dass es sich dabei um eine relativ „moderne" Ausweitung der Notwehrbefugnisse handelt. Zu weitgehend OLG Schleswig NStZ **1987** 75 m. Anm. *Hellmann* NStZ **1987** 455f für die insoweit vergleichbare Besitzkehr nach § 859 Abs. 2 BGB. Zur Konkurrenz von § 859 BGB und § 32 s. Rdn. 87.

Problem innerhalb der Notwehrdogmatik nicht lösen können, da es sich in der Hauptsache um eine Frage der Anerkennung einer Beendigungsphase bei § 242 handelt, die hier nicht beantwortet werden kann. Solange in der Entfernung des Diebesgutes vom Berechtigten oder seinem Gewahrsamshüter eine Intensivierung des Eingriffs in das vom Diebstahlstatbestand geschützte Eigentum gesehen wird, lässt sich im Rahmen des § 32 nicht gut behaupten, der Angriff sei nicht mehr gegenwärtig, ohne einen erheblichen Bruch in der Notwehrdogmatik zu verursachen. Wo eine derartige Beendigungsphase nicht anerkannt wird, ist auch der Angriff mit Vollendung des Delikts beendet (zur Notwehr in der Beendigungsphase von Diebstahl bzw. Raub vgl. BGH NJW **1979** 2053). Wer einen bereits am Boden liegenden Angreifer weiter verletzt, obwohl von diesem keinerlei Gefahr mehr ausgeht, kann sich auf Notwehr nicht berufen; er übt Rache und macht sich daher wegen Körperverletzung strafbar.

149   Gegenwärtig ist der Angriff auch noch dann, wenn der Angreifer nicht mehr handelt, jedoch die mit seiner Handlung verfolgte Verletzung des Individualrechtsgutes i.S.e. **beendeten Angriffsversuchs** noch aussteht oder bei **Dauerdelikten** andauert (h.M., vgl. *Fischer* Rdn. 18; *Spendel* LK[11] Rdn. 115).[524] Hat der Angreifer einen durch Eingabe einer nur ihm bekannten Zahlenkombination wieder zu entschärfenden Sprengsatz bereits in Gang gesetzt, ist der zur Abwehr der Leben, Gesundheit und Eigentum drohenden Gefahren Bereite nicht auf Defensivnotstandsmaßnahmen nach dem Rechtsgedanken des § 228 BGB beschränkt. Er darf den Angreifer daher auch mit der Zufügung körperlicher Misshandlung bedrohen, um an die benötigte Information zu gelangen. Ähnliches gilt im Falle des sich der Aufforderung zum Verlassen der Wohnung verweigernden Partygastes (§ 123) oder für das seiner Fortbewegungsfreiheit beraubte Opfer (§ 239).[525] Teilweise wird die Gegenwärtigkeit des Angriffs in diesen Situationen verneint und das Notwehrrecht nur zugestanden, wenn in dem Verhalten des ursprünglich aktiv Angreifenden ein neuer Angriff durch Unterlassen liegt mit der Folge, dass nur ein Defensivnotstand in Betracht kommt, wenn der Gefahrverursacher die Verletzung durch eine eigene Handlung nicht mehr abwenden kann (*Frister* GA **1988** 291, 307; *Kühl* AT § 7 Rdn. 52; *Renzikowski* S. 288 f). Diese Sichtweise ist abzulehnen.[526] Nach zutreffender Ansicht beruht die Schärfe des Notwehrrechts und die im Grundsatz fehlende Ausweichpflicht nicht darauf, dass der Angreifer die Bewirkung der Rechtsgutverletzung unterlassen könnte, d.h. den Angriffsverzicht oder -abbruch in Händen hält. Entscheidend ist vielmehr, dass er zurechenbar eine Gefahr bewirkt, indem er ein Ver- oder Gebot verletzt, das dem Schutz eines Individualrechtsgutes dient. Das in jeder gestreckten Herbeiführung eines Unrechtserfolgs liegende und sich an die Handlung anschließende Unterlassen der Abwendung des Erfolgseintritts ist gegenüber der aktiven Verursachung subsidiär. Befürchtungen, der Angreifer könne auf dieser Grundlage in einer Art „ewigem Regress" für die Beseitigung sämtlicher Folgen nicht nur in Form von Schadensersatz, sondern über § 32 „haften", können mit *Jakobs* AT 12/26 dadurch begegnet werden, dass man bei einer bloßen Folgenverhütung (im Gegensatz zur Verhinderung der nach Abschluss der Angriffshandlung noch ausstehenden Rechtsgutverletzung) verlangt, die aktuelle Gestaltung des Organisationskreises des Angreifers müsse noch Bedingung für den Folgenverlauf sein. Darüber hinaus wird der Kreis möglicher Folgen sowohl durch das Kriterium normativer Zurechenbarkeit als auch über den Schutzzweck der vom An-

---

[524] Weiter *Sch/Schröder/Perron* Rdn. 15 (direkte Anwendung des § 32 hinsichtlich aktiven Tuns) und Rdn. 11. (analoge Anwendung, soweit es um die Nichtbeendigung des Eingriffs geht). **AA** *Frister* GA **1988** 291, 302, 306 f; *Kühl* AT § 7 Rdn. 52; *Renzikowski* S. 288; *Tenckhoff* JR **1981** 255, 256.
[525] *Roxin* AT I § 15 Rdn. 28.
[526] So auch *Sch/Schröder/Perron* Rdn. 15; *Samson* SK[5] Rdn. 20 f.

greifer übertretenen Norm eingeschränkt. So darf der Angreifer ebenso wenig unter Rückgriff auf § 32 zur Beseitigung einer wirtschaftlich schwierigen Lage des Betrugsopfers herangezogen werden, die sich erst aus dem von ihm angerichteten Vermögensschaden entwickelt hat wie zur Behebung eines Traumas, das als Folge einer Freiheitsentziehung entstanden ist.

Nicht abgeschlossen ist ein Angriff auch dann, wenn eine **Wiederholung** einer zuvor beendeten Rechtsgutbeeinträchtigung droht (BGH NStE Nr. 15 zu § 32; bei Dallinger MDR **1974** 722; NJW **1979** 2053; BayObLG JZ **1991** 936, 937 m. Anm. *Schmidhäuser, Rogall* JuS **1992** 551 u. *Spendel* JR **1991** 248; NStZ **2006** 152, 153).[527] Das gilt selbst dann, wenn dem Angreifer zwischenzeitlich seine Waffe entglitten ist und er sich nun anschickt, diese aufzuheben.[528] Genau genommen handelt es sich jedoch nicht um eine Frage der Bestimmung des Endstadiums der Gegenwärtigkeit. Vielmehr ist die Wiederholung ein neuer Angriff auf dasselbe Rechtsgut, so dass der Angriff nicht andauert, sondern unmittelbar bevorsteht.[529] Daraus folgt, dass sich auch das Vorliegen der übrigen Notwehrvoraussetzungen, namentlich der Erforderlichkeit, allein nach den Umständen der zu erwartenden Rechtsgutverletzung richtet.[530] Der in der Vergangenheit liegende Angriff kann hier lediglich Indizwirkung hinsichtlich der für die Bestimmung der erforderlichen Notwehrhandlung maßgeblichen objektiven ex-ante-Sicht haben.[531]

150

2. Sonderfälle der Gegenwärtigkeit

a) Die Gegenwärtigkeit bei der Drohung

Schrifttum

Amelung Das Problem der heimlichen Notwehr gegen die erpresserische Androhung kompromittierender Enthüllungen, GA **1982** 381; *Arzt* Notwehr gegen Erpressung, MDR **1965** 344; *ders.* Der strafrechtliche Schutz der Intimsphäre, Habil. Tübingen 1969 (1970); *ders.* Zur Strafbarkeit des Erpressungsopfers, JZ **2001** 1052; *Baumann* § 53 StGB als Mittel der Selbstjustiz gegen Erpressung? MDR **1965** 346; *Eisenberg/Müller* Strafrecht: Geldübergabe auf Video, JuS **1990** 120; *Haug* Notwehr gegen Erpressung, MDR **1964** 548; *Klug* Konfliktlösungsvorschläge bei heimlichen Tonbandaufnahmen zur Abwehr krimineller Telefonanrufe, Festschrift Sarstedt (1981) 101; *Kratzsch* Der „Angriff" – ein Schlüsselbegriff des Notwehrrechts, StV **1987** 224; *Kroß* Notwehr bei Schweigegelderpressung, Diss. Potsdam 2003 (2004); *Müller* Notwehr gegen Drohungen, Festschrift Schroeder (2006) 323; *Novoselec* Notwehr gegen Erpressung i.e.S. und Chantage, NStZ **1997** 218; *Schmitt* Tonbänder im Strafprozess, JuS **1967** 19; *Seesko* Notwehr gegen Erpres-

---

527 Weiter OLG Koblenz StV **2011** 622, 623 m. Anm. *Jahn* JuS **2011** 655; OLG Hamm BeckRS **2013** 13245 m. Anm. *Jahn* JuS **2014** 80 (dort falsch als OLG Celle bez.); zust. *Erb* MK Rdn. 111.
528 BGH NStZ **2006** 152, 153; ähnl. BGH BeckRS **2005** 10591 u. BGH NStZ-RR **2017** 38, 39: Gegenwärtigkeit auch dann noch, wenn dem Angreifer die Angriffswaffe zwar bereits abgenommen worden ist, dieser aber versucht, sie gewaltsam wiederzuerlangen, um den Angriff fortzusetzen. Bedenklich daher OLG Rostock BeckRS **2002** 17701, das in dem Versuch des Angreifers, dem Verteidiger das zur Warnung herausgeholte Messer abzunehmen, keine hinreichende Begründung für einen gegenwärtigen Angriff sieht.
529 Zust. *SSW/Rosenau* Rdn. 16.
530 So in der Sache BGH BeckRS **2017**, 108089 Rdn. 28 m. Anm. *Jäger* JA **2017** 629, wo zwar formal von einem noch andauernden Angriff ausgegangen wird, es aber auf „die Absichten des Angreifers und die von ihm ausgehende Gefahr einer (neuerlichen oder unverändert fortdauernden) Rechtsgutverletzung" ankomme.
531 Siehe dazu OLG Koblenz StV **2011** 622, 623 m. Anm. *Jahn* JuS **2011** 655. Die Indizwirkung muss allerdings durch Tatsachen gestützt werden, die pauschale Behauptung, eine Wiederholung drohe, genügt nicht; daher sind die Entscheidungen LG Bonn BeckRS **2012** 03545 und AG Erfurt NStZ **2014** 160, 161 m. Anm. *Jäger* JA **2014** 472 u. *Jahn* JuS **2014** 176 abzulehnen, weil sie die Gefahr, der Angreifer könne den Verteidiger ein weiteres Mal mit Tabakrauch anpusten, lediglich unterstellen.

sung durch Drohung mit erlaubtem Verhalten, Diss. Bonn 2003 (2004); *I. Sternberg-Lieben* Voraussetzungen der Notwehr, JA **1996** 299; *Suppert* Studien zur Notwehr und zur „notwehrähnlichen" Lage, Diss. Bonn 1970/71 (1973).

151 Vielfach wird der **Angriff auf die Willensentschließungs- oder -betätigungsfreiheit** durch die Drohung mit einem empfindlichen Übel als Sonderfall der Gegenwärtigkeit behandelt.[532] Nach dieser Ansicht soll Gegenwärtigkeit nur bis zum Ausspruch der Drohung gegeben sein, so dass ein gegenwärtiger Angriff erst wieder vorliege, wenn der Eintritt des angekündigten Übels und damit die Gefahr für ein von der Willensfreiheit verschiedenes Rechtsgut unmittelbar bevorsteht.[533] Zur Begründung verweisen die Autoren im Wesentlichen darauf, dass die Beeinträchtigung der Rechtsgüter dem Bedrohten durch die Drohung zwar angekündigt sei, aber erst künftig erfolge, weil zwischen Ausspruch der Drohung und Eintritt des empfindlichen Übels typischerweise noch geraume Zeit verstreiche (so *Erb* FS Ebert, 329, 335 f; *Jakobs* AT 12/27 m. Fn. 49 a.E.; *Kratzsch* StV **1987** 224, 229),[534] bzw. der Angriff auf die Willensfreiheit nach dem Ausspruch nicht mehr verhindert werden könne (so KG JR **1981** 254 m. Anm. *Tenckhoff*).[535] Teilweise wird auch in diesem Zusammenhang die in Rdn. 149 bereits widerlegte Behauptung aufgestellt, es komme für die Bestimmung der Gegenwärtigkeit allein auf die Angriffshandlung an (so *Tenckhoff* JR **1981** 255, 256).[536] Diese Sichtweise ist abzulehnen, da ihre Vertreter die u.a. in § 240 geschützte Willensentschließungs- bzw. -betätigungsfreiheit im Ergebnis als gegenüber anderen Rechtsgütern minderwertiges Interesse behandeln. Stellt man mit der zutreffenden Ansicht darauf ab, dass über das Ende des Angriffs die Beeinträchtigung des Rechtsguts(-objekts) entscheidet, erweist sich auch das Argument der fehlenden Abwendbarkeit des Angriffs als irreführend. Solange die Drohung nicht zurückgenommen wurde oder die Herbeiführbarkeit des angekündigten Übels nicht sicher ausgeschlossen ist, dauert die Verletzung der Willensentschließungsfreiheit an (*Amelung* GA **1982** 381, 384 ff; *Eisenberg/Müller* JuS **1990** 120, 122; *Haug* MDR **1964** 548, 550 f).[537] Nötigung und Erpressung werden nicht schon mit Ausspruch der Drohung vollendet, sondern erst mit Eintritt des vom Nötigenden erstrebten Erfolgs, so dass der Verweis auf die fehlende Eigenschaft eines Dauerdelikts (so *Baumann* MDR **1965** 346, 347) nicht überzeugt (so auch *Amelung* GA **1982** 381, 385 f; *Suppert* S. 277 ff). Es lässt sich auch kaum bestreiten, dass etwa die Tötung des Nötigenden den Angriff auf die Willensfreiheit abzuwenden vermag. Darüber hinaus müssten die Vertreter der hier abgelehnten Ansicht die Gegenwärtigkeit auch in Fällen von Sitzblockaden verneinen, da diese – so-

---

[532] Siehe zum Meinungsstand eingehend *Kroß* S. 199 ff m.w.N.
[533] Offen gelassen von BGHSt **48** 207, 212. Zumindest ebenso umstritten ist die Zulässigkeit scharfer Verteidigung gegen Nötigungen insbesondere in Form der sog. Chantage unter den Gesichtspunkten der Erforderlichkeit und der Gebotenheit, s. dazu Rdn. 203 u. 261.
[534] *Müller* FS Schroeder, 323, 335 f; *Schmitt* JuS **1967** 19, 24; für Gegenwärtigkeit trotz Abstellens auf den Eintritt des künftigen Übels *Novoselec* NStZ **1997** 218, 219 f. Dass der Angriff auf die Willensfreiheit bereits mit Ausspruch der Drohung gegenwärtig ist, belegen etwa *Erb* FS Ebert, 329, 335 f und *Müller* aaO im Grunde selbst, wenn sie feststellen, der Genötigte handele ausschließlich aus der Angst vor dem, was auf ihn zukommt. Deutlicher lässt sich die schon aktuelle Beeinträchtigung des Opferwillens wohl kaum beschreiben.
[535] Ebenso *Arzt* JR **1978** 170; *ders.* MDR **1965** 344; *Baumann* MDR **1965** 346; *Hoyer* SK Rdn. 120 f; *Schmitt* JuS **1967** 19, 24.
[536] So auch *Seesko* S. 77 ff, der allerdings von einem gegenwärtigen Angriff durch pflichtwidriges Unterlassen (aus Ingerenz) ausgeht.
[537] Ebenso *Kindhäuser* NK Rdn. 59; *Klug* FS Sarstedt, 101, 124 f; *Kroß* S. 122 ff; *Novoselec* NStZ **1998** 218, 219; *Sch/Schröder/Perron* Rdn. 18; *Roxin* AT I § 15 Rdn. 29; *Samson* SK⁵ Rdn. 22; *I. Sternberg-Lieben* JA **1996** 299, 303.

fern nur durch Anwesenheit der Demonstranten verwirklicht – keine Gewalt, sondern lediglich eine Drohung mit dem Unterlassen der Räumung der Straße darstellen.[538] Der von der Rechtsprechung in diesem Zusammenhang vereinzelt bemühten Rechtsfigur der notwehrähnlichen Lage (s. BGHZ 27 284, 290) bedarf es daher nicht.

b) Die Gegenwärtigkeit bei Angriffen durch Unterlassen. Angriffe durch Unterlassen sind dann gegenwärtig, wenn – die Fähigkeit des Täters zur Vornahme einer auf Rettung zielenden Tätigkeit vorausgesetzt – das Umschlagen der Gefahr in eine Rechtsgutverletzung unmittelbar bevorsteht, die Rechtsgutverletzung gerade stattfindet oder noch andauert. Anders als bei einem Angriff durch Tun müssen auch Autoren, die sonst entgegen der hier zugrunde gelegten Sichtweise für die Bestimmung der Gegenwärtigkeit auf die Angriffshandlung abstellen (s. Rdn. 140), hier auf die **drohende Rechtsgutverletzung** ausweichen. Auch beim Angriff durch Unterlassen kommt es ebenso wie beim Angriff durch Tun nicht auf die zum Anfang der Ausführung in § 22 entwickelte Dogmatik an (so auch *Erb* MK Rdn. 113 m. Fn. 308),[539] so dass die für den Versuch des Unterlassungsdelikts gemachten Differenzierungen zwischen dem Verstreichenlassen der ersten, letzten oder optimalen Rettungsmöglichkeit[540] nicht angebracht sind. 152

c) Die Gegenwärtigkeit bei Verteidigungsautomaten. In der Behandlung unproblematisch ist die Gegenwärtigkeit eines Angriffs bei sog. **Verteidigungsautomaten** (auch „antizipierte Notwehr" genannt), wenn man für die Gegenwärtigkeit des Angriffs auf den Zeitpunkt des Eintritts der Verteidigungs*wirkung* abstellt (so *Kunz* GA **1984** 539, 541; *Müssig* ZStW **115** [2003] 224, 240 f).[541] Zu den Verteidigungsautomaten gehören neben den häufiger genannten Beispielen des unter Starkstrom gesetzten Zauns und der Selbstschussanlage (vgl. *Herzog* NK³ Rdn. 73)[542] auch unspektakuläre Fälle wie der abgerichtete Wachhund oder der Stacheldrahtzaun. Sämtliche Beispiele sind dadurch gekennzeichnet, dass die Verteidigung in der akut zugespitzten Bedrohungssituation selbsttätig, d.h. ohne weiteres Zutun des menschlichen Verteidigers, erfolgt. Dessen Verhalten beschränkt sich auf die Installation des Automaten (bzw. das Abrichten oder Anschaffen des Hundes), während die Verteidigungswirkung vom Angreifer selbst ausgelöst wird. Die Verteidigungswirkung tritt demnach erst ein, wenn der Angriff gem. den in den Rdn. 143 ff dargelegten Grundsätzen unmittelbar bevorsteht und der Angreifer sich in den Wirkungsbereich des Automaten begeben hat. Problematisch ist die Behandlung von Verteidigungsautomaten allein unter dem Gesichtspunkt der Erforderlichkeit, der Gefährdung Unbeteiligter sowie der Gebotenheit (s. Rdn. 197 ff). Das Merkmal der Gegenwärtigkeit hingegen ist stets erfüllt, da Verteidigungsautomaten definitionsgemäß nur solche Vorrichtungen sind, bei denen der Angriff zu einem Zeitpunkt unmittelbar 153

---

538 BVerfGE **92** 1, 16 ff.
539 AA *Günther* SK⁸ Rdn. 72; auch *Joerden* JuS **1992** 23, 27, der jedoch wegen der u.a. mit den sich aus der Anwendung der Grundsätze des § 22 ergebenden Abgrenzungsschwierigkeiten für ein strafrechtliches Selbsthilferecht de lege ferenda plädiert.
540 Siehe dazu nur *Freund* MK § 13 Rdn. 246 ff m.w.N.
541 Weiter *Erb* MK Rdn. 115; *Grünhagen* S. 29 f; *Kühl* Jura **1993** 57, 62; *Sch/Schröder/Perron* Rdn. 18a; *Schlüchter* FS Lenckner, 313, 315; *Spendel* LK¹¹ Rdn. 114. Die Gegenwärtigkeit verneint konsequent wegen Abstellens auf die Verteidigungshandlung *Mitsch* JA **1989** 79, 84; *Baumann/Weber/Mitsch/Eisele* § 15 Rdn. 24.
542 Siehe auch das nicht ganz ernst gemeinte Beispiel der „feuerspeienden Luxuslimousine" bei *Herzog* GedS Schlüchter, 209 ff; aus der Praxis vgl. OLG Braunschweig MDR **1947** 205: Dort war ein Pfirsichdieb beim Kontakt mit Drähten getötet worden, die der Eigentümer der Pfirsichbäume zuvor mit dem allgemeinen Stromnetz verbunden hatte.

bevorsteht usw., in dem die Verteidigungshandlung ihre Wirkung beim Angreifer entfaltet. Die Installation der Anlage stellt demgegenüber nur eine Vorbereitung der Verteidigung dar.

154 **3. Ex-post-Perspektive bei der Gegenwärtigkeit.** Der Angriff muss tatsächlich unmittelbar bevorstehen, gerade stattfinden oder noch andauern. Das Merkmal der Gegenwärtigkeit bestimmt sich wie das Vorliegen eines rechtswidrigen Angriffs aus einer ex-post-Perspektive.[543] Vereinzelte Autoren, die das Vorliegen einer Notwehrlage ansonsten „ex post" beurteilen, wollen für das Merkmal der Gegenwärtigkeit eine Ausnahme machen und es ausreichen lassen, dass ein sorgfältig Beobachtender zu dem Schluss gekommen wäre, der Angriff sei gegenwärtig (so *Erb* MK Rdn. 104; *Jescheck/Weigend* § 32 II 1d; *Rückert* S. 68 ff).[544] Auch die Rechtsprechung tendiert bisweilen in diese Richtung, wenn formuliert wird, das Verhalten des Angreifers lasse „befürchten", die Rechtsgutverletzung stehe unmittelbar bevor (BGHR StGB § 32 II Angriff 3).[545] Die Literatur begründet ihren Standpunkt damit, dass allein die ex-ante-Betrachtung sachwidrige Nachteile beim Angegriffenen vermeiden könne.[546] Das überzeugt nicht. Die ex-post-Sichtweise bei der Notwehr ist mit dem Charakter dieses Erlaubnissatzes als Eingriffsrecht untrennbar verknüpft. Das Eingriffsrecht „Notwehr" verpflichtet den Angreifer zu einer **Duldung der Angriffsabwehr**. Wären die Voraussetzungen des rechtswidrigen Angriffs bereits dann erfüllt, wenn nur aus objektiver ex-ante-Sicht eine Rechtsgutverletzung durch rechtswidriges Verhalten droht, könnten Situationen entstehen, in denen sowohl dem Verteidiger als auch dem vermeintlichen Angreifer ein Notwehrrecht mit der widersprüchlichen Folge zustände, dass beide zur Duldung der Angriffsabwehr des jeweils anderen verpflichtet wären (näher Rdn. 96 ff).[547] Anders als die Vertreter der Gegenansicht glauben, lassen sich solche Situationen nur vermeiden, wenn auch das Merkmal der Gegenwärtigkeit von einem ex-post-Standpunkt aus bestimmt wird, da seine tatsächlichen Voraussetzungen mit darüber entscheiden, ob ein rechtswidriger Angriff stattfindet: Um die Kollision

---

543 Sehr deutlich BGH NStZ-RR **2017** 38, 39, wonach es weder auf die Befürchtungen des Verteidigers noch darauf ankommt, wovon der Verteidiger bei lebensnaher Betrachtung ausgehen musste, sondern darauf, ob die Gefahr (hier der Wiederholung der Angriffshandlung als Voraussetzung der Gegenwärtigkeit) tatsächlich bestand; in der Sache ebenso BGH BeckRS **2017**, 108089 Rdn. 28 m. Anm. *Jäger* JA **2017** 629, BeckRS **2017** 103216 (insoweit nicht in NStZ-RR 2017 168 abgedr.) u. StraFo **2017** 115, wonach es allein auf die „objektive Sachlage" ankomme; s. auch *Günther* SK⁸ Rdn. 65; *Schmidhäuser* JZ **1991** 937, 938.
544 Weiter *Hoyer* SK Rdn. 47. Auch *Voß* S. 45 ff für Angriffe innerhalb sozialer Näherverhältnisse.
545 Siehe auch BayObLG JZ **1991** 936, 937 m. Anm. *Schmidhäuser, Rogall* JuS **1992** 551 u. *Spendel* JR **1991** 248; NJW **1991** 2031; LG Bonn BeckRS **2016** 110182.
546 So *Erb* MK Rdn. 104; *Rückert* S. 69 f u. 78 ff, der sowohl auf das (durch den ex post festzustellenden rechtswidrigen Angriff ausgelöste) Veranlasserprinzip abstellt als auch auf die angebliche Belastung des Verteidigers durch das dem (zu früh oder zu spät) angegangenen Angreifer zuwachsende Notwehrrecht. Das Notwehrrecht lässt *Rückert* dem Angreifer allerdings erst dadurch ohne Not zuwachsen, dass er die von ihm selbst abgelehnte (!) rechtsfolgenverweisende Schuldtheorie auf den Erlaubnistatbestandsirrtum des Verteidigers anwendet. Denn erst diese führt dazu, dass der Verteidiger wegen der nicht erkannten Verfrühung oder Verspätung seiner Gegenwehr lediglich ohne Vorsatzschuld, aber rechtswidrig handelt und damit seinerseits i.S.v. § 32 angreift.
547 *Rückert* S. 72 f hält das nicht für problematisch, weil kein Grund ersichtlich sei, dass nicht beide Kontrahenten gerechtfertigt sein könnten. In der Tat ist eine beiderseitige Rechtfertigung widerspruchsfrei erklärbar. *Rückert* übersieht aber erstens, dass das ein gespaltenes Notwehrlagenurteil ausschließt, weil man dafür die Notwehr zu einer Handlungsbefugnis erklären und sich hinsichtlich der Notwehrlage insgesamt (und nicht nur bei der Gegenwärtigkeit) mit einer ex-ante-Sicht begnügen müsste. Zweitens entgeht ihm, dass es mit einem Hinweis auf die rechtfertigende Wirkung der Notwehr nicht getan ist: Nicht die Rechtfertigung von Angreifer und Verteidiger führt zu einer unauflösbaren Konfusion, sondern die nur durch eine ex-post-Sicht vermeidbare allseitige Verteilung von Duldungspflichten (näher Rdn. 114).

entgegengesetzter und gleichzeitig bestehender Duldungspflichten zu vermeiden, genügt die Feststellung nicht, dass irgendwann einmal ein rechtswidriger Angriff vorliegen wird oder in der Vergangenheit vorgelegen hat. Die Gegenwärtigkeit ist ein unselbständiges Element, das sich vom Merkmal des Angriffs nur theoretisch (zu Prüfungszwecken) trennen lässt. Es ist ausgeschlossen, dass im Zeitpunkt der Verteidigung ein Angriff tatsächlich („ex post") vorliegt, aber nur nach objektiver ex-ante-Sicht unmittelbar bevorsteht, gerade stattfindet oder noch andauert. Wer meint, den Angriff und seine Zeit nach unterschiedlichen Maßstäben bestimmen zu müssen, was zur Folge haben muss, dass manchmal das eine, aber nicht das andere vorliegt, behauptet nichts weniger, als dass Ereignisse nicht notwendig eine zeitliche Dimension haben, also außerhalb der Zeit wirklich existieren. Das ist ausgeschlossen und es fragt sich auch, wie der objektive Beobachter zu seinem Urteil „gegenwärtig" gelangen soll, wenn er die Gegenwärtigkeit absolut, d.h. ohne Rücksicht auf das Ereignis bestimmen muss. Die dadurch notwendig entstehende Ratlosigkeit darüber, worauf sich die Gegenwärtigkeit beziehen soll, zeigt sich deutlich in einem von den Vertretern der Gegenansicht selbst gebildeten Beispiel: Hat ein Schütze mehrfach aus einer Deckung auf den Verteidiger geschossen, vor dem Gegenschuss des Verteidigers aber für diesen unerkennbar endgültig auf weitere Schüsse verzichten müssen, weil er keine Munition mehr hat, soll der Gegenschuss aus Notwehr gerechtfertigt sein, weil aus ex-post-Sicht ein Angriff vorliege, der zwar nicht ex post gegenwärtig sei, aber von einem ex-ante-Standpunkt aus.[548] Das – nicht nur dieses Beispiel betreffende, sondern die (hier so genannte) Lehre vom gespaltenen Notwehrlagenurteil allgemein befallende – Problem liegt dabei in Folgendem: Der ex post vorliegende Angriff, der nach dieser Lehre eine ex-ante-Bestimmung der Gegenwärtigkeit legitimieren soll, besteht ersichtlich in den bei Abgabe des Gegenschusses in der Vergangenheit liegenden Schüssen. Der objektive Beobachter gelangt zu seinem Urteil „gegenwärtig" aber ersichtlich durch die Prognose, es würden noch weitere Schüsse fallen, bezieht seine Einschätzung also auf für die Zukunft erwartete Ereignisse. Es ist leicht zu sehen, dass diese Diskrepanz zu absurden Ergebnissen führen muss. Da sich die ex-ante-Sicht auf die Gegenwärtigkeit schon dadurch rechtfertigen soll, dass ein zeitloser rechtswidriger Angriff überhaupt stattfindet, müsste Notwehr in dem obigen Beispiel auch dann bejaht werden, wenn zwischen den Schüssen des Angreifers und dem Gegenschuss des Verteidigers ein ganzes Jahr liegt: Nachdem der Angreifer sein Magazin leergeschossen hat, verschwindet er im Dunkel des Waldes, bevor der Angegriffene reagieren kann. Im nächsten Jahr treffen die beiden wieder aufeinander. Diesmal droht vom Schützen des letzten Jahres keine Gefahr, weil sein Gewehr nicht geladen ist. Der andere muss aber angesichts der im letzten Jahr gemachten Erfahrung davon ausgehen, im nächsten Moment beschossen zu werden, weil er weder den Ladezustand der Waffe noch erkennen kann, dass der vermeintliche Kontrahent nicht wie damals hinter die nächste Deckung springt, sondern aus Angst davonläuft. Er schießt und verletzt den Schützen des Vorjahres. Den Vertretern der Lehre vom gespaltenen Notwehrlagenurteil müsste der im Jahr zuvor wirklich unternommene rechtswidrige Angriff eigentlich Legitimation genug sein für das positive ex-ante-Urteil über die Gegenwärtigkeit und damit eine volle Notwehrrechtfertigung (statt Putativnotwehr), denn die hier vorgenommene Überzeichnung des Beispiels unterscheidet sich von dem Ausgangsfall nur in quantitativer Hinsicht.

---

548 *Erb* MK Rdn. 104; *Rückert* S. 79.

C. Notwehrhandlung

I. Verteidigung durch Eingriff in Rechtsgüter des Angreifers

155 **1. Grundsatz und Formen der Verteidigung.** Die Verteidigung als Reaktion auf einen gegenwärtigen rechtswidrigen Angriff und Ausdruck der Inanspruchnahme von Notwehrbefugnissen wird im Kern von zwei Maximen begrenzt: Zum einen darf der Verteidiger grundsätzlich **nur Rechtsgüter des Angreifers** verletzen, da die weitreichenden Notwehrbefugnisse nur diesem gegenüber zum Tragen kommen.[549] An dem Rechtsverstoß nicht beteiligte Personen müssen Eingriffe in ihre Rechtsgüter nicht in dem von § 32 zugelassenen Maß dulden, sondern lediglich nach Notstandsvorschriften, die unter dem Regime des Verhältnismäßigkeitsprinzips stehen und dem Gefährdeten zumuten, die Gefahr – sofern möglich – durch Ausweichen und Flucht abzuwenden. Zum anderen ist der Verteidiger auf solche Eingriffe in Rechtsgüter des Angreifers beschränkt, die zur Beendigung des Angriffs unumgänglich sind. Der rechtswidrig Angreifende „haftet" unter dem Gesichtspunkt der **Erforderlichkeit** in keinem stärkeren Maße als der an der Schaffung der Gefahrensituation vollständig unbeteiligte Träger eines im Wege des Aggressivnotstands in Anspruch genommenen Rechtsguts. Der Angreifer wird daher trotz seines rechtswidrigen Verhaltens nicht friedlos und steht weiterhin – in freilich eingeschränktem Maße – unter dem Schutz der Rechtsordnung. Die aus dem Erforderlichkeitsprinzip folgende Beschränkung der Verteidigungsbefugnisse ist keine Besonderheit der Notwehr. Sie liegt allen Erlaubnissätzen als allgemeines Strukturprinzip zugrunde (grundlegend *Armin Kaufmann* Normentheorie S. 254).[550]

156 Die Verteidigung erfolgt regelmäßig in der Form aktiven Verhaltens. Sie kann sich aber auch in einem **Unterlassen** ausdrücken (*Baumann/Weber/Mitsch/Eisele* § 15 Rdn. 35; *Erb* MK Rdn. 121; *Herzberg* Unterlassung S. 229 f).[551] Diese Verteidigungsvariante besitzt allerdings kaum praktische Bedeutung, da in der Regel nur aktives Verhalten geeignet ist, einen Angriff abzuwehren. Anders ist dies ausnahmsweise dort, wo dem Angreifer von Dritter Seite oder durch Naturkausalitäten bereits eine Gefahr droht, deren Realisierung den Angriff beendete. Einer Rechtfertigung durch Notwehr bedarf ein solches Verteidigungsverhalten allerdings nur dort, wo der Verteidiger durch das Unterlassen eine Rechtspflicht zum Handeln verletzte, wenn der durch die Handlungspflicht Begünstigte nicht rechtswidrig angriffe. Sieht etwa der vor einem Rotlicht haltende und von einem Motorradfahrer durch das offene Seitenfenster mit einer Schusswaffe bedrohte Autofahrer, dass ein überholender Lkw, dessen Fahrer vom Sonnenlicht geblendet wird, sogleich den auf den Raub konzentrierten Angreifer mit hoher Geschwindigkeit überfahren wird, ist er von der unter anderen Umständen aus § 323c fließenden Pflicht zu einem Hinweis auf die drohende Gefahr befreit.[552]

157 **Ausweichen** oder **Flucht** sind hingegen keine Verteidigung (BGH NJW **2003** 1955, 1957 [insoweit in BGHSt **48** 207 nicht abgedr.]).[553] Wer sich so verhält, entgeht zwar der

---

549 Zu teilweise diskutierten Ausnahmen s. Rdn. 161 ff.
550 Weiter *Armin Kaufmann* FS Welzel, 393, 401; *ders.* JZ **1955** 37, 40; *Rudolphi* GedS Armin Kaufmann, 371, 389; *Günther* SK[7] Vor § 32 Rdn. 75. Es ist unschädlich, dass das Prinzip auf die Einwilligung nicht „passt", vgl. *Günther* SK[7] Vor § 32 Rdn. 75, da es sich bei ihr nach richtiger Sichtweise nicht um einen Rechtfertigungs-, sondern um einen Tatbestandsausschlussgrund handelt, vgl. *Rönnau* LK Vor § 32 Rdn. 156.
551 Ebenso *Kindhäuser* NK Rdn. 33; *Günther* SK[8] Rdn. 85; *Schmidhäuser* AT 16/87. **AA** *Kratzsch* Notwehrrecht S. 33, 50.
552 Zu weiteren Beispielen s. *Spendel* LK[11] Rdn. 200.
553 Ebenso *Erb* MK Rdn. 119; *Günther* SK[8] Rdn. 86; *Herzog* NK[3] Rdn. 69; *Kühl* Jura **1993** 118.

vom Angreifer ausgehenden Gefahr, wehrt aber den Angriff nicht ab. Ausweichen ist vielmehr eine Alternative zur Verteidigung, die dem Angegriffenen im Regelfall jedoch nicht zugemutet wird, weil der in seinen Individualrechtsgütern Bedrohte einem rechtswidrigen Angriff gerade nicht soll weichen müssen.[554] Zwar lässt sich ein Ausweichen in solchen Fällen sprachlich unter den Begriff der Verteidigung fassen, in denen es aus taktischen Gründen erfolgt; etwa, wenn der Verteidiger dem Angreifer zunächst durch eine plötzliche Bewegung ausweicht, um ihn im unmittelbaren Anschluss daran aus einem nun günstigeren Winkel niederzuschlagen (so *Erb* MK Rdn. 119; *Roxin* AT I § 15 Rdn. 49). Bei normativer Betrachtung jedoch ist man zu einer solchen einheitlichen Betrachtung nicht gezwungen. Die Frage, ob ein Verhalten vom Rechtfertigungsgrund der Notwehr gedeckt ist, stellt sich nur für solche Verteidigungsmaßnahmen, die in fremde Rechtsgüter eingreifen, so dass im Beispiel allein das Niederschlagen des Angreifers Anlass für eine Prüfung der Notwehrvoraussetzungen bietet.

Im Zusammenhang mit dem Begriff der Verteidigung werden in Rechtsprechung und Literatur häufig die Begriffe **Androhung**, **Schutz-** und **Trutzwehr** genannt (BGH bei Dallinger MDR **1958** 12, 13; NStZ **1996** 29, 30; **1998** 508, 509 m. Anm. *Martin* JuS **1999** 85).[555] Dabei handelt es sich nicht um drei verschiedene Arten der Verteidigung i.R.d. Notwehr. Eindeutig dem in § 32 verwendeten Begriff der Verteidigung subsumierbar ist allein die Trutzwehr, während die Androhung überhaupt nicht und bei der Schutzwehr nur einzelne Fallgestaltungen in den Anwendungsbereich des § 32 fallen. Unter Trutzwehr wird die aktiv in fremde Rechtsgüter eingreifende Verteidigung verstanden, die allein dann rechtmäßig sein kann, wenn der Täter Notwehrbefugnisse in Anspruch nimmt. Auch wenn damit häufig ein gewaltsames Vorgehen gegen den Angreifer verbunden sein wird, fällt unter den Begriff der Trutzwehr z.B. auch die Wegnahme des dem Angreifer gehörenden Schlagstocks (*Spendel* LK[11] Rdn. 137 m.N. zur älteren Rechtsprechung). Bei der Schutzwehr kommt es zwar im Regelfall ebenfalls zu Beeinträchtigungen der Rechtsgüter des Angreifers. Die Verletzungen sind hier jedoch das Ergebnis eines defensiven, teilweise sogar passiven Abwehrverhaltens. Schutzwehr leistet etwa, wer einen Schlag des Angreifers dadurch abwehrt, dass er schützend seine Arme hochhält oder den Angreifer buchstäblich „ins Messer laufen" lässt (vgl. BGHSt 24 356, 360). Selbst wenn dadurch vorsätzlich der Tod des Angreifers bewirkt wird, bedarf es für eine Straflosigkeit des Verteidigers nicht in jedem Fall des Rückgriffs auf § 32.[556] Konnte der Angreifer die etwa von der aufgestellten Messerklinge ausgehende Gefahr erkennen, kann dem Verteidiger die Realisierung des damit einhergehenden Verletzungs- oder Todesrisikos bereits unter dem Gesichtspunkt der eigenverantwortlichen Selbstgefährdung nicht zuzurechnen sein, so dass sich die Frage nach einem Erlaubnissatz nicht immer stellt (*Erb* MK Rdn. 120).[557] Da die Übergänge zwischen defensiver Schutzwehr und aggressiver Trutzwehr jedoch fließend sind und sich zudem nicht jede noch so eindeutig als Schutzwehr identifizierte Rechtsgüterbeeinträchtigung als eigenverantwortliche Selbstgefährdung einstufen lässt, sollte der Unterscheidung zwischen diesen Formen der Verteidigung keine allzu große dogmatische Bedeutung beigemessen werden. Die Androhung einer demnächst erfolgenden Verteidigung selbst kann ersichtlich keine Vertei-

158

---

554 So auch *Günther* SK[8] Rdn. 86, der davon spricht, individuelles Recht brauche individuellem Unrecht nicht zu weichen; anders die h.M., deren Vertreter die fehlende Ausweichpflicht mit dem Rechtsbewährungsprinzip begründen, s. nur *Sch/Schröder/Perron* Rdn. 40 m.w.N.
555 Weiter BGH NStZ-RR **1999** 40, 41; BGHR § 32 II Erforderlichkeit 13 u. Verhältnismäßigkeit 2; *Kühl* AT § 7 Rdn. 79; *Lackner/Kühl* Rdn. 8; *Fischer* Rdn. 23.
556 So bereits *Frank* § 53 Anm. II S. 162; ebenso *Erb* MK Rdn. 120; **aA** *Spendel* LK[11] Rdn. 137.
557 Zur Selbstgefährdung des Angreifers und Verteidigungsautomaten s. Rdn. 200.

digung sein. Praktisch wichtig werden Androhung und Schutzwehr aber dort, wo es um die Frage geht, ob dem Verteidiger gegenüber der Trutzwehr schonendere – d.h. weniger oder nicht eingreifende, jedoch ebenso effektive – Handlungsmöglichkeiten der Gefahrbeendigung zur Verfügung gestanden haben. Auch hier entscheiden über das Maß erforderlicher Verteidigung jedoch die konkreten Umstände in der Verteidigungssituation, und es verbietet sich ein schematisches Festhalten an den im Wesentlichen nur der groben Orientierung dienenden Begriffen.

159   **2. Das Eingriffsrechtsgut.** § 32 erlaubt zum Zwecke der Angriffsabwehr allein Eingriffe in die Rechtsgüter des Angreifers. Kaum behandelt ist die Frage (siehe aber *Jakobs* AT 12/28), ob der Verteidiger **jedes beliebige Rechtsgut des Angreifers** verletzen darf oder ob er auf den Eingriff in solche Rechtsgutobjekte beschränkt ist, die der Angreifer im Rahmen des Angriffs einsetzt.[558] Die h.M. unterscheidet hier nicht und verfährt daher im Sinne der erstgenannten Variante.[559] Dem ist zuzustimmen. Es wäre eine eigenartige Verkürzung der Abwehrbefugnisse des Verteidigers, beschränkte man seine Gegenwehr auf solche Objekte, die als Mittel des Angriffs eingesetzt werden (so auch *Roxin* AT I § 15 Rdn. 128). Danach dürfte der Verteidiger dem heranstürmenden Angreifer einen Stuhl nur dann entgegenwerfen, wenn er ihm, dem Verteidiger, gehört, müsste hingegen davon absehen, wenn dieser im Eigentum des Angreifers steht. Das hinter der Bezeichnung „Angriffsmittel" stehende Kriterium, nach dem die Gegenthese differenziert, bleibt jedenfalls dunkel.

160   Eine Verletzung sog. **Universalrechtsgüter**, wie insbesondere die Sicherheit und Leichtigkeit des Straßenverkehrs oder die von den §§ 51 ff WaffG geschützten sicherheitsrechtlichen Interessen,[560] erlaubt § 32 entgegen der Auffassung der Rechtsprechung nicht. Wer mit seinem Auto auf eine Gruppe Bewaffneter mit hohem Tempo zufährt, um einen unmittelbar bevorstehenden Angriff abzuwehren, ist zwar im Hinblick auf die dadurch verwirklichte gefährliche Körperverletzung aus § 32 gerechtfertigt, nicht aber hinsichtlich des tateinheitlich begangenen gefährlichen (Innen-)Eingriffs in den Straßenverkehr gem. § 315 b Abs. 1 Nr. 3, Abs. 3. Wer einen Angriff durch Einsatz einer Schusswaffe, für deren Führen er keine Erlaubnis hat, abwehrt, ist zwar wegen des (versuchten) Tötungs- oder Körperverletzungsdelikts aus § 32 gerechtfertigt, das Unrecht des § 51 Abs. 1 WaffG bleibt hingegen unberührt. Und wer einen Schwerverletzen mit seinem Fahrzeug zum Krankenhaus fährt und dabei beständig die innerörtlich geltende Geschwindigkeitsbeschränkung in erheblichem Maße missachtet, kann sich für die Übertretung der bußgeldbewehrten Vorschriften der StVO nicht auf § 32 (bzw. auf § 15 OWiG) berufen.[561] Die Rechtsprechung hingegen erstreckt die Wirkung des § 32 auf die Verletzung von Universalrechtsgütern, wenn die Beeinträchtigung untrennbar mit der erforderlichen Verteidigung zusammenhängt.[562] Diese Einschränkung und der Verweis auf

---

558   So wohl *Stratenwerth* AT³ Rdn. 428.
559   *Erb* MK Rdn. 122 f m.w.N.; *Jakobs* AT 12/28; *Roxin* AT I § 15 Rdn. 128.
560   Siehe dazu *Heinrich* MK Vorbem. zu § 51 WaffG Rdn. 1.
561   Undeutlich für einen Verstoß gegen § 316 OLG Celle NJW **1969** 1775 m. Anm. *Horn* NJW **1969** 2156 u. *Widmaier* JuS **1970** 611.
562   BGH NJW **2013** 2133, 2135 m. Anm. *Brüning* ZJS **2013** 511, *Engländer* HRRS **2013** 389, *Erb* NStZ **2013** 371 u. *Jäger* JA **2013** 708 (gefährlicher Eingriff in den Straßenverkehr); NStZ **2012** 452 u. NStZ-RR **2010** 140 (Einsatz einer Schusswaffe); BGH NStZ **2011** 82, 83 m. Anm. *Hecker* JuS **2011** 272 (verbotenes Messer). S. auch BGH Beschl. v. 26.7.1978 – Az. 3 StR 224/78, S. 5; NStZ **1981** 299; **1985** 515; StV **1991** 63 f; JR **1991** 208, 219; StV **1996** 660; NStZ **1999** 347; zust. *Fahl* JA **2016** 805, 807; eingehend *Neuheuser* S. 97 ff. Für den Fall des gefährlichen Eingriffs in den Straßenverkehr weist *Mitsch* JuS **2014** 593, 596 zutreffend darauf hin, dass § 32 zwar den Eingriff nicht rechtfertigt, aber das Unrecht der Gefährdung des Angreifers kompensiert

eine Widersprüchlichkeit vermeintlich unterschiedlicher Unrechtsurteile für ein und dieselbe Tat überzeugen aber schon deshalb nicht, da dann auch die unvorsätzliche, aber wegen der Zuspitzung der Situation noch erforderliche, weil unvermeidliche Verletzung der Gesundheit Unbeteiligter von § 32 gerechtfertigt sein müsste.[563] Für eine Drittwirkung der Notwehr besteht in solchen Fällen auch kein Bedürfnis. Denn die Inanspruchnahme des Allgemeininteresses wird in aller Regel durch Notstand gem. § 34 gerechtfertigt sein,[564] so dass schon gar kein gespaltenes Rechtswidrigkeitsurteil entsteht.[565]

Eine derartige **Drittwirkung der Notwehr** ist auch bei Eingriffen in Rechtsgüter **161** Dritter abzulehnen. Das gilt nicht nur dann, wenn es um Rechtsgüter vollständig Unbeteiligter geht (so die heute allg. M., vgl. nur BGHSt **5** 245, 248; OLG Celle NJW **1969** 1775 m. Anm. *Horn* NJW **1969** 2156 u. *Widmaier* JuS **1970** 611),[566] wie etwa dann, wenn der Verteidiger dem Angreifer einen Kinnhaken verpasst, der diesen in die große Schaufensterscheibe des nicht beteiligten Ladeninhabers fallen lässt. Auch die Verwendung einer einem Dritten gehörenden Sache durch den Verteidiger als Verteidigungs- oder durch den Angreifer als Angriffswerkzeug ändert an dieser Rechtslage nichts (so auch *Baumann/Weber/Mitsch/Eisele* § 15 Rdn. 34; *Gropengießer* JR **1998** 89, 90; *Kühl* Jura **1993** 118, 119; *Renzikowski* S. 300).[567] Das gilt selbst dann, wenn der Verteidiger so auf die effektivste und an sich erforderliche Verteidigung verzichten muss, wie etwa in dem – allerdings wenig praktischen – Fall, in dem der nur noch durch einen Schuss zu stoppende Angreifer das Hemd eines Freundes trägt.[568] Ebenso lässt sich der Schuss auf eine unbeteiligte, vom Angreifer als Schutzschild missbrauchte Person nicht mit Notwehr rechtfertigen

---

und so Straflosigkeit bewirkt – eine Schlussfolgerung, die der Rechtsprechung verwehrt wäre, weil sie für die §§ 315 ff von einem alternativen Schutz von Universal- und Individualrechtsgut ausgeht, s. BGHSt **6** 232, 234 f; BGH NZV **1992** 370.
563 *Erb* NStZ **2013** 371. Zu denken wäre dabei etwa an einen in höchster Not und Lebensgefahr in Richtung auf den Angreifer abgegebenen Feuerstoß, bei dem nicht alle Geschosse den Angreifer treffen, sondern auch ein Passant verletzt wird.
564 Vgl. *Sch/Schröder/Perron* Rdn. 32 m.w.N.
565 Der Erfolg des gerechtfertigten individualschützenden Tatbestands (z.B. § 212) darf bei dem ebenfalls verwirklichten, seinerseits nicht gerechtfertigten allgemeinschützenden Delikt (z.B. § 30a Abs. 2 BtMG) nicht strafschärfend berücksichtigt werden, BGH NStZ **2002** 313. Nach *Koch* ZStW **122** (2010) 804, 825 ff ist ein gespaltenes Rechtswidrigkeitsurteil stets ausgeschlossen, weil der Ausgleich zwischen den beteiligten Grundrechten der Dreiecksbeziehung zwischen Angreifer, Verteidiger und Drittem nur einheitlich erfolgen könne und daher die Regelung des § 34 der des § 32 vorgehe. Es ist jedoch mehr als zweifelhaft, ob eine solche einheitliche dreiseitige Abwägung überhaupt möglich ist – dass § 32 den Angreifer und § 34 den unbeteiligten Dritten aus ganz verschiedenen Gründen zur Duldung des Eingriffs verpflichten, spricht deutlich dagegen. Zudem ist das einheitliche Rechtswidrigkeitsurteil nur mit dem schwer erträglichen Preis zu haben, dass der Verteidiger auch im Hinblick auf den Eingriff in die Rechtsgüter des Angreifers nicht gerechtfertigt wäre, wenn sein Eingriff in die Rechtsgüter des Dritten von § 34 nicht gedeckt wird.
566 Ebenso OLG München VersR **1961** 454, 455; *Kindhäuser* NK Rdn. 80; *Sch/Schröder/Perron* Rdn. 31. Die noch zum alten Rechtszustand ergangene Rechtsprechung, die die Rechtfertigung in Ermangelung einer gesetzlichen Notstandsregelung einheitlich nach § 32 beurteilt hat, kann als überholt angesehen werden, s. dazu *Spendel* LK[11] Rdn. 204 m.w.N. zur älteren Rspr. u. Lit. Zu den unbeteiligten Rechtsgutsträgern zählt auch das ungeborene Kind in dem seltenen Fall, dass dessen Mutter (einen Dritten) rechtswidrig angreift, *Mitsch* JR **2006** 450; krit. *Fahl* JA **2016** 805, 806.
567 AA noch RGSt **58** 27, 29; *Spendel* LK[11] Rdn. 211 unter Hinweis auf den Gutglaubensschutz im BGB (dessen Berechtigung aber im Dunklen bleibt). **AA** auch AG Hadamar NJW **1995** 968, 969 unter Verweis auf einen nicht belegten, angeblich allseits anerkannten Grundsatz, der Verteidiger müsse sich über die Eigentumsverhältnisse des Angriffsmittels keine Gedanken machen. Der Verteidiger ist bei derlei Irrtümern jedoch bereits durch Putativnotwehr hinreichend geschützt.
568 So *Roxin* AT I § 15 Rdn. 127 für den Fall eines unter Eigentumsvorbehalt gekauften Anzugs.

(BGHSt **39** 374, 380 m. Anm. *Arzt* JZ **1994** 315 u. *Spendel* NStZ **1994** 279).[569] Das Angriffswerkzeug darf vom Verteidiger nur nach den Regeln des Defensivnotstands zerstört, das Verteidigungswerkzeug allein im Rahmen des Aggressivnotstands verwendet bzw. zerstört werden; der Schuss auf das menschliche Schutzschild ist überhaupt nicht gerechtfertigt. Auch wenn nach außen hin Angreifer und Angriffswerkzeug oder Schutzschild als Einheit erscheinen mögen[570] oder ihre Ausklammerung aus dem Anwendungsbereich des § 32 die Chancen des Verteidigers auf Gegenwehr erheblich schmälern, ändert das nichts daran, dass die Inhaber der tangierten Rechtsgüter sich am Angriff nicht durch willkürliches Verhalten beteiligen. Da ihnen der Verhaltensnormverstoß des Angreifers – über einen möglicherweise bestehenden bloßen Verursachungsbeitrag hinaus – nicht zugerechnet werden kann, ist kein Grund ersichtlich, dass sie ihre Rechtsgüter in einem Maße aufopfern sollten, das über die hinter § 34 stehende allgemeine passive Mindestsolidaritätspflicht hinausgeht. Die Erhaltungsinteressen des Verteidigers überwiegen allein die Interessen des Angreifers an Verschonung seiner Rechtsgüter in einem solchen Maße, dass sie ohne Einhaltung von Proportionalitätsgrenzen in Anspruch genommen werden dürfen; von Unbeteiligten hat die Rechtsordnung eine derart weitgehende Duldung bislang nicht verlangt und sie wäre vor der Verfassung auch nicht zu begründen.[571] Die vom Gesetzgeber unter dem Eindruck der Terroranschläge im September 2001 in Kraft gesetzte Regelung des § 14 Abs. 3 Luftsicherheitsgesetz hätte daher „nur" den Fall eines entschuldigenden übergesetzlichen Notstands zum Gegenstand haben können, der dem Abschuss eines Passagierflugzeugs nicht die Rechtswidrigkeit nimmt.[572] Begrüßenswerterweise hat das BVerfG diese Vorschrift wegen Verstoßes gegen das Recht auf Leben aus Art. 2 Abs. 2 GG i.V.m. der Menschenwürdegarantie aus Art. 1 Abs. 1 GG für verfassungswidrig erklärt (BVerfG NJW **2006** 751; s. dazu *Schenke* NJW **2006** 736 ff).

162 Wird der Träger des Eingriffsrechtsgutes von einem Hintermann **zum Angriff genötigt**, entscheidet sich die Zulässigkeit des scharfen, von Notwehrbefugnissen gedeckten Eingriffs in seine Rechtsgüter danach, ob der zugunsten des Trägers des Eingriffsrechtsguts bestehende Nötigungsnotstand rechtfertigende oder nur entschuldigende Kraft entfaltet. Im Kern handelt es sich daher nicht um eine Frage des Eingriffs in Rechtsgüter Dritter, sondern um die nach der Rechtswidrigkeit des Angriffs (so auch *Günther* SK[8] Rdn. 84a).

163 Ist das **Angriffswerkzeug** dem Angreifer **vom Eigentümer überlassen** worden, so ist zu unterscheiden: Hat der Dritte dem Angreifer den Gegenstand vorsätzlich zum Zwecke des Angriffs überlassen, ist der Dritte ebenfalls Angreifer, so dass sich das Schicksal des Gegenstands nach Notwehrregeln bestimmt, wenn dieser als Angriffsmittel eingesetzt wird. Hat der Eigentümer die Sache hingegen dem Angreifer nicht willentlich überlassen oder weiß er nichts von der geplanten späteren Verwendung als Angriffsmittel, kommt ein Eingriff nach Notwehrregeln nicht in Betracht. Die Gegenmeinung, die in die-

---

569 Zust. *Erb* MK Rdn. 125; *Mitsch* JR **2005** 274, 276; *Archangelskij* S. 89; aA *Spendel* LK[11] Rdn. 212; abschwächend aber *ders.* NStZ **1994** 279.
570 So die Begründung für die erweiterte Haftung des als Schutzschild Missbrauchten nach Notwehrregeln bei *Spendel* LK[11] Rdn. 212; dagegen *Herzog* NK[3] Rdn. 55, der dies zutreffend als unzulässige Rechtsgutverschmelzung kritisiert.
571 *Pieroth/Hartmann* Jura **2005** 729 f, 731 ff (Grundrechts- und Kompetenzverteilungsverstöße); vgl. zu den Grenzen der Aufopferung aus dem Gedanken mitmenschlicher Solidarität *Küper* JuS **1981** 785, 787 ff.
572 Siehe dazu näher *Pawlik* JZ **2004** 1045, 1048 ff; *Rönnau* LK Vor § 32 Rdn. 252 ff; dagegen *Gropp* GA **2006** 284, 287 f. Zu den Konsequenzen bei Annahme einer rechtfertigenden Wirkung des § 14 Abs. 3 LuftSiG *Mitsch* GA **2006** 11, 23 f.

sem letzten Fall die Zerstörung oder Beschädigung der Sache als von Notwehr gedeckt ansehen will (*Erb* MK Rdn. 127), übersieht, dass aus der bloßen willentlichen Überlassung, die nicht zu einer Teilnahme an dem Angriff führt, keine gegenüber § 228 BGB und § 34 erhöhte Aufopferungspflicht folgt, da es an einem Zurechnungsgesichtspunkt fehlt.[573] Überdies würde damit der Grundsatz, dass Eingriffe in Rechtsgüter Dritter nicht von Notwehr erlaubt werden, nicht nur in einem Randbereich korrigiert, sondern fast vollständig ausgehöhlt, weil die allermeisten in fremder Hand befindlichen Gegenstände dorthin mit Zustimmung ihres Eigentümers gelangt sind. Das Kriterium des willentlichen Überlassens ermöglicht daher die von den Vertretern der abweichenden Ansicht angestrebte differenzierende Lösung nicht.

Ist eine juristische Person Inhaber des Eingriffsrechtsguts, soll eine Rechtfertigung aus Notwehr nach vereinzelt vertretener Ansicht dann in Betracht kommen, wenn das **Organ der juristischen Person** angreift (*Sch/Schröder/Perron* Rdn. 3; *Erb* MK Rdn. 58).[574] Zurechnungsvorschriften, die zu einer zivilrechtlichen Haftung führen, wie etwa die §§ 31, 278, 831 BGB, können eine derart weitgehende Verpflichtung zur Hinnahme unverhältnismäßiger Rechtsguteingriffe auf Primärebene, wie § 32 sie vorsieht, jedoch nicht begründen.[575] Hinter der von den zitierten Normen des BGB ermöglichten Erweiterung des Kreises der zur Leistung von Schadensersatz Verpflichteten über die Person des rechtswidrig Handelnden hinaus steht die Überlegung, dass derjenige, der vom Einsatz anderer zur Erfüllung seiner Zwecke profitiert, auch das *wirtschaftliche* Risiko des Fehlverhaltens der eingesetzten Personen tragen soll (vgl. nur *Grundmann* MK-BGB Bd. 2 7. Aufl. 2017 § 278 Rdn. 3ff m.w.N.). Dieser Rechtsgedanke lässt sich mit dem Charakter des § 32 als Eingriffsrecht nicht vereinbaren. Darüber hinaus verbietet das hinter dem Notwehrrecht stehende Prinzip des überwiegenden Individualinteresses auch ganz generell eine Überwälzung der aus § 32 fließenden Duldungsverpflichtung. Das Interesse des Angegriffenen überwiegt allein gegenüber dem rechtswidrig Angreifenden. Das zeigt sich auch deutlich an der Akzessorietät der Nothilfe zum Notwehrrecht des Angegriffenen: Der Nothelfer darf in die Rechtsgüter des Angreifers im Kern nur soweit

164

---

573 Wie hier *Robles Planas* ZIS **2018** 14, 17. *Erb* MK Rdn. 127 sieht den Zurechnungsgesichtspunkt hingegen in dem den Vorschriften über den Gutglaubensschutz zugrunde liegenden Prinzip „Hand wahre Hand".
574 Einschränkend *Mitsch* NZWiSt **2015** 259, 261, der zusätzlich eine Mitverantwortlichkeit der juristischen Person verlangt, die gegeben sein soll, wenn der rechtswidrige Angriff durch das Organ zu dessen Aufgabenbereich gehört. Das ist angesichts der unstreitigen Legalitätspflichten solcher Organe (s. dazu nur *Baumbach/Hueck/Zoellner/Noack* GmbHG § 43 Rdn. 17 u. *Spindler* MK-AktG § 93 Rdn. 74, jew. m.w.N.) aber undenkbar. Nach *Robles Planas* ZIS **2018** 14, 17 soll der Eingriff allein in dem Fall zulässig sein, dass der Inhaber eines Einzelunternehmens oder der Gesellschafter einer (Personen- oder) Kapitalgesellschaft angreifen. Die undifferenzierte Gleichbehandlung von Einzelunternehmen und Kapitalgesellschaften zeigt jedoch, dass der Ausnahme keine Zurechnungsregel zugrunde liegt: Der Verteidiger, der zur Abwehr eines Angriffs des Einzelunternehmers Unternehmensgegenstände zerstört o.ä., greift nicht in Rechtsgüter eines Dritten, sondern allein in solche des Angreifers ein. Die Zulässigkeit dieses Eingriffs sagt nichts über die Zulässigkeit eines Eingriffs in Rechtsgüter einer Kapitalgesellschaft aus, die eine gegenüber den Gesellschaftern eigenständige Person und damit Dritte ist.
575 Vergleichbares gilt auch für den Vorschlag von *Hoyer* SK Rdn. 8, der die Güter der juristischen Person über § 14 Abs. 1 Nr. 1 dem angreifenden Organ dann zurechnen will, wenn der Angriff im Geschäftskreis der juristischen Person stattfindet: Sieht man einmal davon ab, dass „Güterzurechnung" zum Angreifer lediglich das gewünschte Ergebnis eines Verteidigungseingriffs in die Güter eines Dritten umschreibt, das erst noch (durch Zurechnung des Angreiferverhaltens zum Dritten) zu begründen wäre, ist § 14 Abs. 1 Nr. 1 keine Zurechnungsnorm, sondern eine Vorschrift, die eine Merkmalsüberwälzung von der juristischen Person auf das Organ anordnet.

eingreifen, wie dies dem Angegriffenen selbst erlaubt und von ihm gewünscht ist (zur Nothilfe s. näher Rdn. 204ff). Eingriffe in Rechtsgüter einer juristischen Person können daher allein durch Notstand nach § 34 oder § 228 BGB gerechtfertigt sein.

165 Nur scheinbare Ausnahmen vom Grundsatz fehlender Drittwirkung der Notwehr bestehen dort, wo ein Nothelfer aus Unachtsamkeit oder unvermeidbar im Zuge der Verteidigung (auch) in **Rechtsgüter des Angegriffenen** eingreift. Die so bewirkten Verletzungen können durch eine vor der Verteidigung – konkludent – erteilte Einwilligung gedeckt sein, wenn der Angegriffene das Risiko, selbst getroffen zu werden, angesichts der vom Angreifer drohenden Gefahr bewusst in Kauf nimmt. Kann der Angegriffene darüber nicht (mehr) befragt werden, weil die Situation ein sofortiges Eingreifen erfordert, kommt eine Rechtfertigung des Eingriffs durch mutmaßliche Einwilligung in Betracht (vgl. OLG Frankfurt MDR **1970** 694, 695). Notwehr bzw. Nothilfe scheidet auch in dem Fall aus, dass das Selbstbestimmungsrecht des gegen seinen Willen am Leben erhaltenen (apallischen, komatösen) Patienten durch dessen Tötung durchgesetzt werden soll.[576]

II. Die Erforderlichkeit der Verteidigung

166 **1. Allgemeines.** In dem Merkmal der zur Abwendung des Angriffs erforderlichen Verteidigung drückt sich das allen Rechtfertigungsgründen innewohnende sog. **Erforderlichkeits-/Minimierungsprinzip** aus (*Armin Kaufmann* Normentheorie S. 254f; *ders.* FS Welzel, 393, 401; *ders.* JZ **1955** 37, 40; *Rudolphi* GedS Armin Kaufmann, 371, 389). Es beschränkt – auf eine kurze Formel gebracht – die Verteidigung auf die Maßnahme, die die Rechtsgüter des Angreifers unter den zur Angriffsabwehr gleichermaßen geeigneten Mitteln am stärksten schont. Ein Überschreiten der Grenzen erforderlicher Verteidigung kann nur noch als Notwehrexzess nach § 33 entschuldigt sein und setzt zudem voraus, dass es auf Affekten beruht, in denen sich die „Kraftlosigkeit" des Verteidigers ausdrückt (Furcht, Verwirrung).

167 **a) Die Eignung der Verteidigung zur Angriffsbeendigung.** Die Prüfung der Erforderlichkeit erfolgt nach h.M. in zwei Schritten. Zunächst muss das vom Täter tatsächlich eingesetzte Verteidigungsmittel zur Angriffsabwehr **geeignet** sein (OLG Düsseldorf NStZ **1994** 343, 344; *Roxin* AT I § 15 Rdn. 42; *Fischer* Rdn. 28). Erst in einem zweiten Schritt wird dann die **Erforderlichkeit** i.e.S. durch einen Vergleich der vom Verteidiger gewählten Vorgehensweise mit solchen Abwehrmöglichkeiten bestimmt, die ihm ebenfalls zur Verfügung gestanden haben. Eignung bedeutet im Ausgangspunkt, dass der Eingriff in die Rechtsgüter des Angreifers den Angriff beenden können muss (BGHSt **27** 336, 337; NStZ **1987** 322; **2000** 365; BayObLG NStZ **1988** 408, 409).

168 Notwehr muss danach immer dann verneint werden, wenn der Täter ein Mittel wählt, das den Angriff nicht beenden kann. Ihm ist daher die Verursachung **nutzloser**

---

[576] BGHSt **55**, 191, 197 Rdn. 19 m. Anm. *Dölling* ZIS **2011**, 345, *Duttge* MedR **2011** 36, *Gaede* NJW **2010** 2925, *Hirsch* JR **2011** 37, *Lanzrath/große Deters* HRRS **2011** 161, *Mandla* NStZ **2012** 698, *Rissing-van Saan* ZIS **2011** 544, *Schumann* JR **2011** 142, *Verrel* NStZ **2010** 671 u. *Walter* ZIS **2011** 76. AA *Duttge* aaO, 38 und *Mandla* aaO, 699, die davon ausgehen, die vom Patienten gewünschte Tötung sei wegen der – vom BGH aaO selbst angenommenen – Suspendierung der Einwilligungssperre des § 216 bei Behandlungsabbrüchen schon kein Eingriff in das Rechtsgut Leben. Das verdient keine Zustimmung, weil die angebliche Suspendierung der Einwilligungssperre ersichtlich irgendwann einmal ein Ende haben muss, anderenfalls jede lebensrettende, vom Patienten abgelehnte Behandlung dem Patienten ein lebenslanges Recht gäbe, sich durch fremde Hand töten zu lassen.

Beeinträchtigungen der Rechtsgüter des Angreifers untersagt.[577] Die materielle Berechtigung dieser Beschränkung der Verteidigungsbefugnisse leuchtet zunächst unmittelbar ein: Tötet das in einem Kellerverlies eingesperrte Opfer seinen Entführer, obwohl es ohne ihn keine Möglichkeit hat, dem Gefängnis zu entkommen, handelt es sich um eine von vornherein zum Wiedergewinn der Fortbewegungsfreiheit nicht geeignete Maßnahme, die dem Opfer mehr schadet als nützt und die Tötung des Angreifers unnötig erscheinen lässt (vgl. *Warda* GA **1996** 406, 414). Erlaubt wäre hingegen die Bedrohung des Entführers, um ihn zur Freilassung des Opfers zu veranlassen (vgl. *Günther* SK[8] Rdn. 93; **aA** *Sch/Schröder/Perron* Rdn. 62a: Art. 3 EMRK verbiete auch Privaten „Folter"). Bereits an mangelnder Eignung scheitert eine Notwehrrechtfertigung auch in Fällen, in denen sich der Verteidiger gegen Angriffe auf das Hausrecht erst wehrt, wenn die Angreifer fliehen, diese sich aber noch auf dem Grundstück des Verteidigers befinden. Die Verteidigung führt in solchen Fällen regelmäßig nicht dazu, dass der Angreifer das Grundstück schneller verlässt, vielmehr besteht die Gefahr, dass die die Hausrechtsverletzung beendende Flucht der Angreifer unterbrochen wird.[578]

169 Die eigentlich problematischen – bis heute keiner allseits befriedigenden Lösung zugeführten – Fälle betreffen jedoch Situationen, in denen dem Angegriffenen überhaupt **keine** zur Angriffsbeendigung geeigneten **Verteidigungsmöglichkeiten zur Verfügung** stehen. Hier hat man Schwierigkeiten, dem Eingriffsverbot eine Legitimität abzugewinnen, wenn man bedenkt, dass es dabei insbesondere um Konstellationen geht, in denen das Opfer dem rechtswidrigen Angriff deshalb ohnmächtig gegenübersteht, weil der Angreifer besonders zielstrebig, brutal und rücksichtslos vorgeht oder einfach übermächtig ist. Zu denken ist an die Frau, die in einer einsamen Gegend von mehreren Männern überfallen und vergewaltigt wird. Es erscheint im höchsten Maße zynisch, ihr in dieser Situation zu verbieten, ihre Peiniger zu beißen, kratzen oder treten, auch wenn sie damit ein aussichtsloses Unterfangen verfolgt.[579] Daran ändert auch der Hinweis auf die Möglichkeit einer Entschuldigung aus § 35 nichts.[580] Wer so argumentiert, muss der Frau bescheinigen, dass sie Unrecht begehe und dem Peiniger darüber hinaus im Grundsatz Notwehrbefugnisse zugestehen, die allerdings nicht im vollen Umfang bestehen, weil der Peiniger den Angriff durch sein eigenes rechtswidriges Verhalten provoziert hat.

170 Vor diesem Hintergrund fordern einige Autoren, auf die gesonderte Prüfung der Eignung des tatsächlich gewählten Verteidigungsmittels zu verzichten (*Alwart* JuS **1996** 953, 955; *Samson* SK[5] Rdn. 43).[581] Sie beschränken das Merkmal der Geeignetheit in der Sache auf seine relative Funktion im Rahmen der Erforderlichkeit: Es dient danach lediglich als Vergleichsmaßstab bei der Prüfung, ob dem Notwehrleistenden (mindestens) *gleich* geeignete Verteidigungsalternativen zur Verfügung standen. Danach wäre die Erforderlichkeitsprüfung nicht nur dann überflüssig, wenn nur *eine* Verteidigungsmöglichkeit besteht, sondern auch dann, wenn der Angegriffene *keine* Abwehrchance hat.

---

577 Vgl. OLG Düsseldorf NStZ **1994** 343, 344: Das Opfer rechtswidriger Bildaufnahmen nimmt dem Angreifer den Fotoapparat weg, um den dort nicht mehr befindlichen Film herauszunehmen und zu vernichten.
578 So in BGH NStZ **2016** 333 f m. Anm. *Rückert, Eisele* JuS **2016** 366 u. *Hinz* JR **2017** 126, wo der Verteidiger einen der Flüchtenden von hinten erschoss, oder in AG Hadamar NJW **1995** 968, wo der Verteidiger einem Fahrzeug, das auf seinem Grundstück gewendet hatte, eine Kartoffel hinterherwarf.
579 Beispiel nach *Samson* SK[5] Rdn. 42.
580 So aber *Jakobs* AT 12/34, der dem Opfer abverlangt, den Angriff zu dulden, andererseits die Eignung jedoch von einer subjektiven ex-ante-Warte aus bestimmen will, vgl. *Jakobs* AT 11/10.
581 Zust. *Erb* MK Rdn. 152 f; *Herzog* NK[3] Rdn. 64; *Spendel* LK[11] Rdn. 237.

Zur Begründung wird teils darauf verwiesen, die Notwehr sei ein **Recht zum Widerstand**, das in Fällen fehlender Abwehrchancen zu symbolischen Verteidigungshandlungen berechtige (*Alwart* JuS **1996** 953, 957; ähnlich *Herzog* NK[3] Rdn. 64; *Samson* SK[5] Rdn. 43; wohl auch *Kindhäuser* NK Rdn. 90). Im Ergebnis ganz ähnlich will *Erb* MK Rdn. 152ff Notwehr zwar nicht auf geeignete Verteidigungsmaßnahmen beschränken, weil auch der auf verlorenem Posten Kämpfende sich dem Unrecht entgegenstelle, leitet aber aus dem Wort „abwenden" in § 32 Abs. 2 ab, das Verhalten müsse darauf gerichtet sein, den Angriff in irgendeiner Weise zu stören.[582] Für diese Ansätze spricht der Umstand, dass § 33 eine Entschuldigung allein in Fällen der Überschreitung der Grenzen der Notwehr vorsieht, nicht aber bei ihrer Unterschreitung. Da kaum einzusehen ist, warum der aus Furcht usw. nur symbolischen Widerstand Leistende schlechter behandelt werden sollte als derjenige, der ein übermäßig stark eingreifendes Mittel wählt, das den Angriff beenden kann (so auch *Alwart* JuS **1995** 953, 955 m. Fn. 12), liegt es jedenfalls nicht ganz fern anzunehmen, der Gesetzgeber gehe davon aus, Notwehrunterschreitungen seien bereits durch § 32 gerechtfertigt. Gleichwohl kann dem im Ergebnis nicht zugestimmt werden.[583] Der Vorschlag von *Erb* scheitert bereits daran, dass sich in den entscheidenden Fällen kaum behaupten lässt, die Maßnahme weise eine (objektive) Störungstendenz auf, wenn der Verteidiger von der Aussichtslosigkeit seiner Situation weiß.[584] Im Übrigen handelt es sich bei der Einordnung der Notwehr als Widerstandsrecht um eine pure Behauptung, die in der Sache einer Aufgabe des Minimierungsprinzips gleichkommt, das (sogar) dem rechtswidrig Angreifenden Rechtsguteingriffe ersparen will, die dem Zweck der Beendigung des Angriffs nicht dienen. Schließlich bleibt der Begriff des „Widerstandleistens" in seinen Randbereichen dunkel.

171 Tatsächlich besteht bei genauerer Betrachtung jedenfalls kein dringendes Bedürfnis für einen Verzicht auf die Prüfungsstufe der Eignung (so auch *Warda* GA **1996** 405, 421). Bestimmt man das Merkmal der Erforderlichkeit zutreffend und mit der h.M. von einem **objektiven ex-ante-Standpunkt** aus (zum Beurteilungsmaßstab s. näher Rdn. 180), dürften die von einigen Autoren beschworenen Fälle ohne jede Verteidigungsmöglichkeit eher theoretischer Natur bleiben.[585] Die Eignung des Abwehrmittels zur Beendigung des Angriffs lässt sich bereits immer dann bejahen, wenn ein sorgfältig beobachtender Verteidiger zu dem Schluss kommt, dass durch den Einsatz der Angriff minimal hinausgezögert, abgemildert oder verlangsamt wird (*Fischer* Rdn. 29; *Kühl* AT § 7 Rdn. 95ff; *Sch/Schröder/Perron* Rdn. 35).[586] Auch von einem derart objektivierten Standpunkt aus lässt sich in den diskutierten Fällen nahezu niemals vollständig ausschließen, dass eine Chance auf Eintritt einer der bezeichneten Wirkungen bestand, wobei irrelevant bleibt, wenn sich nachträglich die Wirkungslosigkeit der Maßnahme herausstellt. Bereits in den zum Beweis des Gegenteils häufig zitierten Fällen, in denen das Opfer einen unbeein-

---

582 Ähnlich *Spendel* LK[11] Rdn. 237; ähnlich auch *Hoyer* SK Rdn. 56f, der eine Eignung annimmt, wenn die Verteidigung den Angreifer zu der Entscheidung zwingt, ob er den Angriff fortsetzen bzw. erneuern solle, weil die Fortsetzung nun mit einem gegenüber dem ursprünglichen Tatplan erheblich gesteigerten Aufwand verbunden ist oder die Verteidigung den Angriff vom Stadium des beendeten Versuchs in den des unbeendeten Versuchs zurückversetzt bzw. vom Versuchs- in das Vorbereitungsstadium.
583 Krit. auch *Matt/Renzikowski/Engländer* Rdn. 26.
584 So auch *Warda* GA **1996** 405, 421.
585 Zust. *SSW/Rosenau* Rdn. 23f.
586 Weiter *Warda* Jura **1990** 344, 350; *ders.* GA **1996** 405, 406; weitergehend *Jakobs* AT 11/10, der sogar eine subjektive ex-ante-Sichtweise genügen lässt; enger *Rudolphi* GedS Armin Kaufmann, 371, 386, der nur die *naheliegende* Möglichkeit erfolgreicher Abwehr genügen lassen will. *Joecks* FS Grünwald, 251, 261ff stellt hingegen auf die Veränderung des konkreten Angriffserfolgs und eine etwaige Risikoverringerung durch das Abwehrmittel ab.

druckten Peiniger beschimpft oder den Lack am Fahrzeug eines Diebes[587] zerkratzt, der gerade im Begriff ist, mit diesem Fahrzeug zu fliehen (*Warda* Jura **1990** 344, 351; *Günther* SK[8] Rdn. 93; *Roxin* AT I § 15 Rdn. 42),[588] lassen sich solche Chancen aus ex-ante-Sicht nicht leugnen: Es ist nicht ausgeschlossen, dass der zunächst von der Schimpfkanonade unbeeindruckt handelnde Angreifer schließlich doch die Nerven verliert und sich daraus eine neue und für den Verteidiger günstigere Situation ergibt. Ebenso besteht eine gewisse Wahrscheinlichkeit dafür, dass der flüchtende Dieb bei seiner Flucht wegen der Beschädigung des Fahrzeugs wenigstens einen Moment zögert, was dem Verteidiger die Möglichkeit geben kann, etwa die Fahrertür aufzureißen usw. Dies gilt auch für den Angriff, der von mehreren Personen oder mit mehreren, alternativ zum Angriffserfolg führenden Angriffsmitteln geführt wird.[589] Greifen fünf Personen gleichzeitig an, hat der Verteidiger jedoch nur einen Schuss übrig, so beendet er einen der fünf Angriffe, indem er einen Angreifer niederschießt. Unter Notwehrgesichtspunkten werden die einzelnen Verhaltensweisen nicht etwa zusammengezogen und einheitlich behandelt (so zutreffend *Warda* GA **1996** 405, 412; *ders.* Jura **1990** 345, 349f). Darüber hinaus bestehen gute Chancen, dass bereits die Tötung nur eines Angreifers die Übrigen dazu bewegt, auf eine Fortsetzung selbst dann zu verzichten, wenn ihnen bekannt ist, dass der Verteidiger seinen letzten Schuss abgefeuert hat.[590] Für alternativ wirkende Angriffsmittel, von denen der Verteidiger nur eines unschädlich machen kann, gilt im Grunde nichts anderes: Zwar lassen sich hier Fälle konstruieren, in denen „ex ante" für jedermann erkennbar ist, dass die Zerstörung nur eines Angriffsmittels keine Besserung der Rechtsgutlage bringt – so etwa in dem von *Warda* GA **1996** 405, 412 gebildeten Beispiel, in dem der ohne Rechtsgrund Eingeschlossene nur eines von zwei stabilen Vorhängeschlössern seines Gefängnisses mit dem letzten ihm zur Verfügung stehenden Schuss zerstören kann. Nach der hier vertretenen Ansicht wäre dem Täter die Zerstörung verboten, sein Verhalten aber i.d.R. nach § 33 wegen Notwehrunterschreitung als „umgekehrter" Notwehrexzess entschuldigt. Dabei handelt es sich jedoch um einen typischen Lehrbuchfall, wie er sich in der Wirklichkeit kaum je ereignen dürfte: Wer sperrt schon sein Opfer ein, belässt ihm aber dessen Waffe?

b) Gleiche Eignung der Abwehrmittel. Verfügt der Verteidiger lediglich über eine einzige Möglichkeit der Abwehr des Angriffs, so ist diese stets die erforderliche Verteidigung (*Sch/Schröder/Perron* Rdn. 36). Stehen dem Verteidiger hingegen – wie regelmäßig – mehrere Möglichkeiten der Gegenwehr zur Verfügung, muss er nicht automatisch das Mittel wählen, das den Angreifer am wenigsten belastet.[591] Die von ihm gewählte Vertei-

172

---

587 In der von *Kühl* AT § 7 Rdn. 97 geschilderten Situation, in der das Fahrzeug selbst die Beute ist, fehlt es bereits an einem Eingriff in Rechtsgüter des Angreifers; daraus lässt sich also nichts Gegenteiliges ableiten.
588 In der Sache verlangen diese Autoren, dass eine Chance auf nennenswerte Behinderung bestehe, so ausdrücklich *Kühl* AT § 7 Rdn. 97.
589 Ausführlich dazu *Warda* GA **1996** 405, 411 ff.
590 Vgl. auch die Sachverhalte in BGH NJW **1980** 2263 und BGH NStZ **2012** 272; die Annahme, es ließen sich möglicherweise alle Personen einer Angreifergruppe bereits durch die Tötung nur eines der ihren vom weiteren Angriff abhalten, verweist *Paeffgen* FS Frisch, 403, 416 f, der der Schussabgabe im Sachverhalt BGH NStZ **2012** 272 die Eignung abspricht, in den Bereich reiner Schutzbehauptungen, obwohl er seine Überzeugung davon nicht unvermittelt aus dem Inbegriff der (tatgerichtlichen) Hauptverhandlung geschöpft haben kann. Aber selbst dann, wenn man diese Sicht auf den Sachverhalt teilen wollte, überzeugt die Ablehnung einer Eignung nicht, weil damit die Angreifer als rechtliche Einheit behandelt würden, obwohl jeder von ihnen rechtswidrig angreift.
591 Zur (Nicht-)Berücksichtigung der sich durch Ausweichen und Inanspruchnahme fremder Hilfe bietenden Gefahrabwendungsmöglichkeiten s. Rdn. 181 ff.

digungsmaßnahme muss sich allein mit solchen anderweitigen Gefahrabwehrmitteln auf ihre Belastung der Rechtsgüter des Angreifers hin vergleichen lassen, die sich mindestens ebenso gut eignen, d.h. mit vergleichbarer Sicherheit zur Beendigung des Angriffs führen wie das vom Verteidiger eingesetzte Mittel. Es ist für das Tatgericht häufig nicht einfach, im Nachhinein mögliche gleich geeignete Verteidigungshandlungen zu ermitteln, zumal es dabei im Wesentlichen um die Bewertung rein hypothetischer Kausalverläufe geht. Da der Verteidiger auf die vom Angreifer ausgehende Bedrohung reagiert, hängt die Eignung maßgeblich von der **Angriffsart und -schwere** ab, die daher auch kein Merkmal der Notwehrlage (als Teil des Angriffs) ist, sondern zur Erforderlichkeit gehört, so dass auch insoweit keine ex-post-, sondern eine ex-ante-Sichtweise gilt.[592] Auf den lebensgefährlichen Angriff eines im Umgang mit Stichwaffen erfahrenen Täters muss anders reagiert werden als auf die Bedrohung durch den mit einem Spazierstock bewaffneten rüstigen älteren Herrn. Entscheidend ist in jedem Fall die von der Rechtsprechung herausgebildete sog. **konkrete Kampflage**,[593] die sich nach der Stärke des Angriffs, dem gewählten Angriffsmittel, der Motivation und Hartnäckigkeit des Angreifers, dem Alter, der Konstitution und der Gesundheit von Angreifer und Verteidiger, ihren persönlichen Fähigkeiten[594] – insbesondere einer etwaigen Kampferfahrung –[595] sowie den dem Verteidiger zur Verfügung stehenden Abwehrmitteln richtet (BGH NStZ **1983** 117; **1987** 322; **1988** 269, 270).[596] Diese Faktoren bestimmen zusammen Art und Ausmaß der unter dem Gesichtspunkt der gleichen Eignung erlaubten Gegenwehr (BGH NStZ **1987** 322; **2002** 140; OLG Hamm Rpfleger **1961** 293, 294). Dem Zierlichen etwa wird man nicht zumuten können, sich des ihm auf den Leib rückenden, körperlich haushoch überlegenen Angreifers statt mit einem Messer mit den Fäusten zu erwehren. Verbalangriffe auf die **Ehre** erfordern nur ausnahmsweise eine tätliche Gegenwehr (BGHSt **3** 217, 218; bei Dallinger MDR **1975** 194f; BayObLG NJW **1991** 2031 m. Anm. *Mitsch* JuS **1992** 289 u. *Vormbaum* JR **1992** 163; OLG Hamm JMBlNW **1961** 141, 142). Mit konkreter Kampflage ist dabei allein der Moment unmittelbar vor der Ausführung der Verteidigungshandlung gemeint; ob dem Verteidiger im Vorfeld mildere oder beschwichtigende Maßnahmen möglich gewesen wären, ist für die Erforderlichkeit ohne Belang. Maßnahmen außerhalb dieses engen Zeitfensters kommen von vornherein nicht als Verteidigungsalternative in

---

592 Siehe Rdn. 180.
593 Krit. dazu *Bernsmann* ZStW **104** (1992) 290, 313.
594 *Sch/Schröder/Perron* Rdn. 36.
595 Dazu eingehend *Erb* NStZ **2011** 186, 188ff; *ders.* GA **2012** 72, 73f, der zutreffend darauf hinweist, dass ein Erfahrungsgefälle zwischen Angreifer und Verteidiger für die Erforderlichkeit eine erheblich größere Rolle spielen kann als eher schematische Daten wie Köpergröße oder -gewicht, und dass die typischerweise auch dem Tatrichter fehlenden eigenen Kampferfahrungen Anlass sein sollten, im Zweifel Sachverständigenrat einzuholen (vorbildlich insoweit etwa LG Bonn BeckRS **2011** 19826 im Hinblick auf die dem Verteidiger für Warnungen oder Warnschüsse verbleibende Zeit, wenn der Angreifer im Begriff ist, seine Schusswaffe zu ziehen – die an der Beweiswürdigung von *Paeffgen* FS Beulke, 213, 216f geäußerte Kritik ersetzt die sachverständigen Feststellungen durch Mutmaßungen). Die von *Erb* an dem Urteil des LG München I v. 9.1.2009 – 1 Ks 121 Js 10459/08 (bei *Erb* NStZ **2011**, 186) an den angegebenen Orten formulierte scharfe Kritik ist allerdings nicht überzeugend, baut sie doch auf der bloßen Vermutung einer Kampferprobung des Angreifers auf – der Annahme, die Aggressivität des Angreifers berechtige den Verteidiger nach der für die Erforderlichkeit geltenden ex-ante-Sicht, auf eine Kampferprobung des Angreifers zu schließen: Die Aggressivität einer Person mag ein Hinweis darauf sein, dass diese sich von bloßen Warnungen nicht aus dem Feld schlagen lassen wird und dass der Angriff gefährlich ist, lässt aber keinen belastbaren Schluss auf deren Kampferfahrung zu.
596 Siehe weiter BGH StV **1990** 543; NJW **1995** 973; StV **1999** 143, 144; NStZ **2005** 85, 86; **2006** 152, 153; NStZ-RR **2017** 271; BayObLGSt **90** 141, 143f m. Anm. *Rogall* JuS **1992** 551, *Spendel* JR **1991** 250 u. *Schmidhäuser* JZ **1991** 937.

Betracht,[597] da anderenfalls dem rechtswidrig Angegriffenen unzulässig eine Deeskalationspflicht auferlegt würde und das Recht dem Unrecht dann eben doch weichen müsste. Dasselbe gilt für die Geringfügigkeit des ursprünglichen Anlasses, der zu der späteren Auseinandersetzung führt: Entscheidend ist wiederum allein die Gefährlichkeit und Zuspitzung im Moment des unmittelbaren Ansetzens zur Verteidigung;[598] die Geringfügigkeit oder Gewichtigkeit des Anlasses kann ausschließlich eine Rolle bei einer eventuellen Einschränkung der Notwehrbefugnisse wegen Provokation der Notwehrlage spielen.

Im Verlauf eines von Aktion und Reaktion bestimmten Geschehens kann sich die Kampflage plötzlich und gravierend ändern; der Angreifer, der eben noch die Oberhand hatte, kann sich kurze Zeit später selbst in einer bedrohlichen Lage befinden.[599] Der Verteidiger muss dann die Intensität der Gegenwehr anpassen, da er die Stärke des Angriffs nicht unnötig überbieten darf. Zur Beurteilung der Einhaltung dieser Grenzen ist das Tatgericht daher gezwungen, sich von dem Gesamtgeschehen ein möglichst genaues Bild zu verschaffen. Obergerichtliche Rechtsprechung kann zwar einige Leitgesichtspunkte zur Entscheidungsfindung beisteuern; ein schablonenartiges Anwenden des in früheren Entscheidungen gefundenen Rechts verbietet sich jedoch.[600] Bedeutung besitzt schließlich auch die **zeitliche Nähe** der zu erwartenden Rechtsgutverletzung und die zur Anwendung der Verteidigungsmaßnahme benötigte Zeit. Eine Verteidigungsalternative, die erst zu einem Zeitpunkt wirksam wird, in dem die Beeinträchtigung der Rechtsgüter des Angegriffenen bereits beginnt, steht hinsichtlich ihrer Eignung verständlicherweise nicht auf einer Stufe mit einer Maßnahme, die dem drohenden Eintritt der Verletzung zuvorkommt.[601] 173

Der Verteidiger muss sich nicht auf das **Risiko** einlassen, das von einem nur möglicherweise zur Angriffsabwehr tauglichen Mittel ausgeht (BGH GA **1968** 182, 183; NJW **1980** 2263; NStZ **1981** 138)[602] und sich daher nicht auf weniger sichere Mittel verweisen lassen. Vielmehr darf er die Verteidigung wählen, die mit Sicherheit den Angriff sofort und dauerhaft beendet (BGHSt **24** 356, 358; **25** 229, 230; **27** 336, 337).[603] Es besteht auch keine Pflicht, vorrangig schonendere Alternativmaßnahmen darauf hin „an den Rechtsgütern des Angreifers auszuprobieren", ob sie den Angriff entgegen der Erwartung doch wirksam beenden können. Dabei muss jedoch folgende Einschränkung gemacht werde: Da es ausgeschlossen ist, dass zwei verschiedene Verteidigungsmaßnahmen exakt das gleiche Maß an Sicherheit gewährleisten, den Angriff zu beenden, kann der Verteidiger nicht für sich in Anspruch nehmen, stets den Weg zu wählen, der ihm maximale Sicherheit unter Ausschluss jedes theoretischen Restrisikos verspricht (so zutreffend *Erb* MK Rdn. 159). Anderenfalls wäre das sofortige Erschießen eines Angreifers stets erforderlich, da andere Maßnahmen nicht vollständig sicher ausschließen, dass der Angriff nach ihrer 174

---

597 BGH NStZ-RR **2013** 139, 140 m. Anm. *Erb* HRRS **2013** 113 u. *von Heintschel-Heinegg* JA **2013** 69.
598 BGH NStZ-RR **2013** 105, 106 m. Anm. *Hecker* JuS **2013** 563; dass die Beschimpfung eines dunkelhäutigen Mitmenschen mit dem N-Wort geringfügig sei, wie das Gericht meint, ist nicht nachvollziehbar.
599 Vgl. nur die Sachverhalte in BGH NStZ **1983** 117; **1998** 508, 509 m. Anm. *Martin* JuS **1999** 85; **2003** 420.
600 Siehe dazu *Erb* MK Rdn. 164 u. 170, der bemängelt, dies werde bei Tatgerichten zu selten beachtet.
601 Zur Bedeutung für den Einsatz lebensgefährlicher Abwehrmittel s. Rdn. 177.
602 Ebenso BGH NStZ **1982** 285; **1983** 500; JR **1991** 208 m. Anm. *Rudolphi*; NStZ **1998** 508, 509 m. Anm. *Martin* JuS **1999** 85; NStZ-RR **1999** 264 m. Anm. *Satzger* JAR **1999** 17; StV **1999** 143, 144; NStZ **2006** 152, 153; **2009** 626, 627 m. Anm. *Hecker* JuS **2010** 172.
603 Weiter BGH NJW **1980** 2263; JR **1990** 378, 379 m. Anm. *Beulke*; NStZ **1998** 508, 509 m. Anm. *Martin* JuS **1999** 85; StV **1999** 143, 144; NStZ **2004** 615, 616; **2006** 152, 153; BayObLG NStZ **1988** 408, 409.

Anwendung fortgesetzt wird: Nur Tote stehen nicht wieder auf. Eine weitere Verteidigungsmöglichkeit scheidet daher erst dann als Alternative aus, wenn vernünftige, sich aus der konkreten Situation ergebende Zweifel an ihrer Sicherheit bestehen; lediglich theoretische Restzweifel müssen unberücksichtigt bleiben.

175 **c) Einsatz des mildesten Mittels.** Stehen dem Verteidiger danach **mehrere gleich geeignete Verteidigungsmöglichkeiten** zur Verfügung, muss er die wählen, die die Rechtsgüter des Angreifers am stärksten schont (BGHSt **3** 217, 218; **42** 97, 100 m. Anm. *Krack* JR **1996** 466, *Lesch* JA **1996** 833 u. *Kühl* StV **1997** 298; NStE Nr. 6 u. 22; GA **1956** 49, 50).[604] Auch wenn diese häufig verwendete Formel auf den Verletzungserfolg der Verteidigungshandlung abzustellen scheint, besteht doch Einigkeit darüber, dass sich das Maß der Belastung des Angreifers nicht nach der tatsächlich eingetretenen Rechtsgutbeeinträchtigung richtet, sondern auf die **Gefährdung** der Rechtsgüter des Angreifers abzustellen ist (BGHSt **27** 313, 314; bei Holtz MDR **1979** 985; StV **1999** 143, 145).[605] Der Verteidiger darf demnach aus dem Kreis der zur Angriffsbeendigung gleich geeigneten Mittel nur die Maßnahme wählen, die die Rechtsgüter des Angreifers der geringsten Gefährdung aussetzt. Durfte er danach den Angreifer dem von ihm bewirkten Risiko aussetzen, wird die Erforderlichkeit nicht nachträglich dadurch in Frage gestellt, dass eine erheblich einschneidendere Rechtsgutbeeinträchtigung eintritt, als vom Verteidiger geplant. Das gilt auch dann, wenn der Eintritt dieser schweren Folge vorhersehbar war.[606]

176 Daraus ergibt sich, dass etwa die Drohung mit einem Verteidigungsmittel seiner Anwendung im Regelfall vorzuziehen ist (BGHSt **26** 256, 258; BGH NStZ **1988** 450, 451 m. Anm. *Sauren*). Dasselbe gilt für das Verhältnis von Wegnahme bzw. Festhalten des Angriffsmittels einerseits und dessen Zerstörung andererseits (LG Bremen StV **1983** 427, 428) oder der Wegnahme des Angriffswerkzeugs auf der einen und der Ausübung der auf den Körper des Angreifers gerichteten Gewalt auf der anderen Seite (BGH NStE Nr. 6 zu § 32 StGB; OLG Düsseldorf NJW **1994** 1971, 1972). Kann der Angriff bereits durch passives Verhalten („Parieren") abgewendet werden, erlaubt die Notwehr kein aktives Eingreifen in Rechtsgüter – **Schutzwehr geht** also der **Trutzwehr vor** (BGHSt **24** 356, 359f; **26** 143, 147). Teilweise finden sich in diesem Zusammenhang auch Hinweise darauf, dass u.U. eine gestufte Gegenwehr erforderlich sein könne (so *Sch/Schröder/Perron* Rdn. 36b). Das ist zumindest missverständlich. Eine Stufung kann sich nur dort ergeben, wo es dem Täter ausnahmsweise obliegt, zunächst ein zur Angriffsbeendigung weniger gut geeignetes Verteidigungsmittel anzuwenden, wie etwa im Fall der Angriffsprovokation (s. dazu Rdn. 253 u. 256). Fehlt jedoch eine solche Ausnahmesituation, ist kein Raum für eine Stufung: Der Verteidiger darf entweder die besser geeignete, aber gefährlichere Maßnahme anwenden oder ist auf die weniger gefährliche, gleichwohl ebenso sichere festgelegt.

177 Diese Grundsätze gelten im Kern auch bei **lebensgefährlichen Verteidigungsakten**, insbesondere beim Gebrauch von Schuss- oder Stichwaffen. Die von der Recht-

---

[604] Siehe auch BGH bei Dallinger MDR **1958** 12, 13; bei Dallinger MDR **1973** 899, 900f; bei Holtz MDR **1977** 281; bei Holtz MDR **1980** 453; NStZ **1987** 172; NJW **1991** 503, 504 m. Anm. *Rudolphi* JR **1991** 210; NStZ **1996** 29f; NStZ-RR **1997** 194; StV **1999** 143, 144; NJW **2003** 1955, 1957 (insoweit in BGHSt **48** 207 nicht abgedr.); OLG Braunschweig NJW **1953** 997; KG VRS **19** (1960) 114, 116.
[605] Ebenso *Kindhäuser* NK Rdn. 92; *Sch/Schröder/Perron* Rdn. 38; *Schlüchter* FS Lenckner, 313, 318. *Jakobs* AT 12/37f möchte hingegen nach allgemeinen Irrtumsregeln entscheiden.
[606] Zur Rechtfertigung fahrlässiger Folgen der Notwehrhandlung s. eingehend Rdn. 193f.

sprechung für den Einsatz von Schusswaffen entwickelte (BGHSt **26** 256, 257; NStZ **1987** 322; StV **1997** 291, 292)[607] und allgemein akzeptierte (*Lilie* FS Hirsch, 277, 283 ff; *Fischer* Rdn. 33a)[608] Steigerung: Androhung, Warnschuss, Beinschuss, Rumpfschuss mit hoher Wahrscheinlichkeit lebensgefährlicher Verletzung ist nur eine scheinbare Ausnahme von dem Grundsatz, dass der Verteidiger weniger geeignete Maßnahmen nicht vorrangig anwenden muss (so auch *Erb* MK Rdn. 166 f; *ders.* JR **2016** 600, 601).[609] Dasselbe gilt für die Forderung, der Gebrauch eines bis dahin noch nicht in Erscheinung getretenen Messers müsse gegenüber einem unbewaffneten Angreifer i.d.R. angedroht werden[610] und, sofern die Drohung keine Wirkung hat, der Verteidiger müsse versuchen, auf weniger sensible Körperpartien einzustechen.[611] Dies sind Zugeständnisse an die auf Erfahrungen beruhende Erkenntnis, wonach sich der Angreifer zumeist bereits dadurch zu einem Verzicht auf die Fortführung des Angriffs motivieren lässt, dass ihm durch Vorhalten einer Schusswaffe oder eines Messers bzw. durch Warnschüsse ernsthaft mit dem Tode oder schwerwiegender Körperverletzung gedroht wird. In der Sache steht hinter dem Erfordernis gestufter Verteidigung eine Vermutungsregel: Wer den Angreifer ohne Umschweife erschießt[612] oder ersticht,[613] hat im Zweifel das Minimierungsgebot verletzt, da ein sorgfältig beobachtender Verteidiger nur dann von einer Wirkungslosigkeit vorgelagerter Stufen des Schuss- oder Stichwaffeneinsatzes ausgeht, wenn besondere Umstände vorliegen, die die Androhung, den Warnschuss und den Beinschuss bzw. -stich als untunlich oder kontraproduktiv erscheinen lassen. Der Einsatz des lebensgefährlichen Abwehrmittels kann danach immer nur ultima ratio der Verteidigung sein (BGHSt **42** 97, 100 m. Anm. *Krack* JR **1996** 466, *Lesch* JA **1996** 833 u. *Kühl* StV **1997** 298; NStZ **1994** 539; **1994** 581, 582).[614] Dass auch die Rechtsprechung ihre Spruchpraxis auf dieser Erkenntnis aufbaut, zeigt sich darin, dass die Stufung jedenfalls von den Obergerichten[615] nicht als eine in Stein gemeißelte Regel angewendet wird (BGH StV **1986** 15; s. auch *Erb* MK Rdn. 167): Wie bei anderen Verteidigungsmitteln gilt beim Einsatz lebensgefährlicher Abwehrmaßnahmen auch, dass der Angegriffene sich nicht auf einen

---

607 Siehe auch BGH NStZ **1996** 29, 30; **1998** 508, 509 m. Anm. *Martin* JuS **1999** 85; NStZ-RR **1999** 40, 41; StV **1999** 143, 144; NStZ **2004** 615, 616; **2006** 152, 153; BGHR § 32 II Erforderlichkeit 13; BGHR § 32 II Verhältnismäßigkeit 2; NStE Nr. 28 zu § 32.
608 Ebenso *Erb* MK Rdn. 165; *Kindhäuser* NK Rdn. 91; *Günther* SK[8] Rdn. 96; *Lackner/Kühl* Rdn. 9; *Sch/Schröder/Perron* Rdn. 37.
609 AA offenbar *Lilie* FS Hirsch, 277, 281 f, der diese Stufung für eine Ausprägung inhaltlicher Proportionalität hält; seine Feststellung beruht jedoch auf einer Fehldeutung der Ausführungen bei *Sch/Schröder/Perron* Rdn. 37, der in der Sache auf der hier verfolgten Linie liegt; undeutlich hingegen *Perron* FS Eser, 1019, 1021 f.
610 BGH NStZ-RR **2013** 139, 140 m. Anm. *Erb* HRRS **2013** 113 u. *von Heintschel-Heinegg* JA **2013** 69; NStZ-RR **2013** 105, 106 m. Anm. *Hecker* JuS **2013** 563; NStZ **2014** 451, 452 m. Anm. *Hecker* JuS **2014** 946; **2015** 151, 152 m. Anm. *Eisele* JuS **2015** 465 u. *Hinz* JR **2015** 546; NStZ-RR **2018** 69, 70 m. Anm. *Hecker* JuS **2018** 589.
611 BGH NStZ-RR **2013** 139, 140 m. Anm. *Erb* HRRS **2013** 113 u. *von Heintschel-Heinegg* JA **2013** 69; NStZ **2014** 451, 452 m. Anm. *Hecker* JuS **2014** 946.
612 Zur Beachtlichkeit einer sich erst ex post herausstellenden hypothetischen Wirkungslosigkeit eines vom Täter nicht abgegebenen Warnschusses s. Rdn. 193.
613 BGH NStZ-RR **2012**, 71 – hier hatte der Täter in einer von harmlosen Angriffen (Beinstellen, Wischen über die Kopfbedeckung) gekennzeichneten Situation dem Angreifer ohne Vorwarnung ein bis dahin verborgen gehaltenes Messer unvermittelt mit tödlicher Folge in die Stirn gerammt.
614 Weiter BGH NJW **1997** 2123, 2124; NStZ **1997** 96; NStZ-RR **1997** 194 f; **1998** 42; NStZ **1998** 508, 509 m. Anm. *Martin* JuS **1999** 85; NStZ-RR **1999** 40, 41; NJW **2001** 3200, 3201 m. Anm. *Eisele* JA **2001** 922 u. *Seelmann* JR **2002** 249; bei Altvater NStZ **2002** 20, 25; NStZ **2002** 140; bei Altvater NStZ **2003** 21, 24; NJW **2003** 1955, 1957 (insoweit in BGHSt **48** 207 nicht abgedr.); NStZ-RR **2004** 10, 11; NStZ **2004** 615, 616; **2018** 84, 85 m. Anm. *Rückert* u. *Kudlich* JA **2018** 149.
615 Sehr kritisch zur Rechtsfindung der angeblich häufig schematisch arbeitenden Tatsachengerichte *Erb* MK Rdn. 167 ff; *ders.* NStZ **2011** 186 ff.

Kampf mit ungewissem Ausgang einlassen muss (BGH NStZ-RR **1999** 40, 41; **1999** 264; NStZ **2000** 365).⁶¹⁶ Lässt der Angreifer erkennen, dass er sich (ausnahmsweise) von Warnungen nicht aus dem Feld schlagen lässt,⁶¹⁷ steht die Beeinträchtigung des Erhaltungsrechtsguts derart nahe bevor, dass dem Verteidiger nur noch die Wahl bleibt zwischen der Abgabe eines gezielten Todesschusses (bzw. einem lebensgefährlichen Messerstich) oder der Hinnahme der Rechtsgutverletzung (BGH NStZ **1994** 581, 582; **1997** 96f; StV **1999** 145, 146),⁶¹⁸ steht in einer akut lebensbedrohlichen Lage nur ein einziger Schuss zur Verfügung (BGH StV **2001** 556, 567; bei Altvater NStZ **2002** 20, 25) oder würde eine Androhung oder ein Warnschuss nur zu einer weiteren Eskalation der Kampflage führen (BGH NStZ-RR **1999** 264),⁶¹⁹ bejaht die Rechtsprechung eine erforderliche Verteidigung auch dann, wenn der Verteidiger ohne Umschweife und Androhung gezielt schießt (oder zusticht).⁶²⁰ Dasselbe gilt auch dann, wenn der dem Verteidiger nach dessen Leben trachtende und mit einer Schusswaffe ausgerüstete Angreifer die Hauseingangstür bereits so weit aufgebrochen hat, dass er im nächsten Moment den Hausflur betreten und dann freies Sicht- und Schussfeld auf den Verteidiger haben wird. In dieser Situation darf der Verteidiger auf eine vorhergehende Warnung verzichten und sofort in lebensgefährlicher Weise das Feuer auf die Angreifer eröffnen, weil jedes Zögern das Risiko einer Verletzung des Verteidigers steigern würde.⁶²¹ Weil sich der Verteidiger nur auf in ihrer

---

616 Siehe auch BGH StV **2001** 566f; bei *Erb* NStZ **2004** 369, 372 m. Anm. *Vahle* Kriminalistik **2001** 804; NStZ **2002** 140; BGHR § 32 II Erforderlichkeit 6.
617 In besonderem Maße illustriert in dem der Entscheidung BGH NStZ **2018** 84 m. Anm. *Rückert* u. *Kudlich* JA **2018** 149 zugrundeliegenden Sachverhalt, in dem der Angreifer erst nach einem Pfeffersprühstoß und anschließenden fünf Schüssen (zwei davon Treffer) verletzungsbedingt aufgab. Weniger drastisch BGH BeckRS **2016**, 00458 Rdn. 7 m. Anm. *Hecker* JuS **2016** 562: Doppelschlag mit einer Eisenstange auf den Kopf des Angreifers möglicherweise noch erforderlich, nachdem ein Schlag mit einer Bierflasche auf den Kopf den Angriff nicht hat beenden können. Ein Gegenbeispiel findet sich in BGH NStZ **2015** 151, 152 m. Anm. *Eisele* JuS **2015** 465 u. *Hinz* JR **2015** 546: Dort hatte der Verteidiger im zeitlich nahen bzw. sogar unmittelbaren Vorfeld der dann zum Messerstich führenden Auseinandersetzung wiederholt die Erfahrung gemacht, dass sich der (zudem massiv alkoholisierte) Angreifer vom Drohen mit gefährlichen Werkzeugen (Hammer) beeindrucken lässt, den motorisch erheblich eingeschränkten Angreifer gleichwohl sofort mit einem vorher verborgenen Küchenmesser in die Brust gestochen.
618 Weiter BGH BeckRS **2004** 00030; bei *Erb* NStZ **2004** 369, 372 m. Anm. *Vahle* Kriminalistik **2001** 804; NStZ **2002** 140f; BeckRS **2015** 20059 m. Anm. *Eidam* HRRS **2016** 380 (in zugespitzter Situation und räumlicher Enge ist ein sofortiger lebensgefährlicher Messerstich erforderlich, weil der Versuch, auf Extremitäten einzustechen, mit einem unkalkulierbaren Risiko verknüpft ist).
619 Siehe auch BGH NStZ **2016** 272, 273 – das Tatgericht hatte dem Verteidiger zugemutet, den Einsatz eines Messer anzudrohen und/oder zunächst in weniger sensible Körperregionen zu stechen, obwohl schon das Rufen der Polizei und Faustschläge die Aggression des Angreifers und die Zuspitzung der Situation nur gesteigert hatten. Bedenklich nach diesen Maßstäben auch OLG Rostock BeckRS **2002** 17701 – das Gericht hält einen gezielten Messerstich in den Arm des Angreifers nicht für erforderlich, obwohl dieser versucht hatte, dem Verteidiger das zur Warnung hervorgeholte Messer abzunehmen.
620 Darüber hinaus soll es auch darauf ankommen, ob der Angreifer die Bewaffnung des Verteidigers kannte, BGH NStZ **1996** 29f; **1998** 508, 509 m. Anm. *Martin* JuS **1999** 85; NStZ-RR **1999** 40, 41.
621 BGH NStZ **2012** 272, 274 (als Putativnotwehr) m. Anm. *Engländer*, *Erb* JR **2012** 207, *Hecker* JuS **2012** 263, *Jäger* JA **2012** 227, *Mandla* StV **2012** 334, *van Rienen* ZIS **2012** 377 u. *Rotsch* ZJS **2012** 109. Der Entscheidung des BGH lag ein gründlich missglückter (und wohl auch rechtswidriger) Versuch einer Durchsuchung zugrunde, den einer der beteiligten Polizeivollzugsbeamten mit dem Leben bezahlen musste, weil der Hausrechtsinhaber annahm, von verfeindeten Rockern angegriffen zu werden und die Polizei sich selbst dann nicht zu erkennen gab, nachdem offensichtlich geworden war, dass ihr Versuch, den Hausrechtsinhaber im Schlaf zu überraschen, fehlgeschlagen war. Der BGH hat die Frage der Rechtmäßigkeit des polizeilichen Vorgehens offengelassen, aber es spricht sehr viel für ein rechtswidriges Vorgehen (instruktiv *Burchard* HRRS **2012** 421, 429ff; *Erb* JR **2012** 207, 208ff, s. dazu auch *Mandla* StV **2012** 334, 335). *Erb* FS Wolter, 19, 28f meint in dem verdeckten und wohl auch unverhältnismäßigen Vorgehen der Polizei sowie der Reaktion der Polizeiführung auf den (teilweisen) Freispruch des Hausrechtsinhabers ein undifferenziertes Freund-Feind-Denken zu erkennen.

Wirkung unzweifelhafte Abwehrmittel einlassen muss,[622] nimmt auch das Maß der Zuspitzung der Situation Einfluss auf die Erforderlichkeit sofortigen lebensgefährlichen Schuss- oder Stichwaffeneinsatzes: Je weniger Zeit dem Verteidiger zur Berechnung der Erfolgsaussichten milderer Mittel bleibt, desto höher wird das Risiko einer vom Verteidiger nicht zu vertretenden Fehlberechnung. Das wiederum zwingt ihn dazu, diese Alternativmittel mit einem erheblichen Sicherheitsabschlag in seinen Vergleich mit sofortiger lebensgefährlicher Abwehr einzustellen und daher als mildere, aber gleichgeeignete Handlungsoptionen i.d.R. auszuschließen.[623]

Dass der Einsatz einer Schuss-, Hieb- oder Stichwaffe unter dem Gesichtspunkt der Erforderlichkeit überhaupt erlaubt ist, sagt noch nichts darüber aus, *wie* der Verteidiger diese einsetzen darf (*Lenckner* JZ **1979** 253 f). Hier gilt ganz allgemein, dass von mehreren in Betracht kommenden und gleichermaßen geeigneten **Einsatzarten** wiederum nur die gewählt werden darf, die den Angreifer am wenigsten belastet (BGHSt **26** 143, 147; **27** 336, 337; NStZ **1987** 172).[624] Ungezielte Schüsse und Stiche sind das allerletzte Mittel, das der Verteidiger anwenden darf, da er die von ihnen ausgehenden Gefahren nicht sicher eingrenzen kann. Zu diesen Maßnahmen darf der Verteidiger erst dann greifen, wenn gezielte Schüsse oder Stiche etwa wegen des zeitlichen Drucks nicht mehr möglich sind (Beispiel: Stich auf den hinterrücks Angreifenden, vgl. BGHSt **27** 336 f).[625] Unerheblich für **178**

---

622 BGH NStZ **2006** 152, 153; **2012** 272, 274 m. Anm. *Engländer*; *Erb* JR **2012** 207; *Hecker* JuS **2012** 263; *Jäger* JA **2012** 227; *Mandla* StV **2012** 334; *van Rienen* ZIS **2012** 377 u. *Rotsch* ZJS **2012** 109; NStZ-RR **2013** 139, 140 m. Anm. *Erb* HRRS **2013** 113 u. *von Heintschel-Heinegg* JA **2013** 69; NStZ **2015** 151, 152 m. Anm. *Eisele* JuS **2015** 465 u. *Hinz* JR **2015** 546; **2017** 276; NStZ-RR **2018** 69, 70 m. Anm. *Hecker* JuS **2018** 589.

623 Vgl. BGH NStZ-RR **2013** 139, 140 m. Anm. *Erb* HRRS **2013** 113 u. *von Heintschel-Heinegg* JA **2013** 69: „Angesichts der schweren Kalkulierbarkeit des Fehlschlagsrisikos dürfen an die regelmäßig in einer zugespitzten Situation zu treffende Entscheidung für oder gegen eine vorherige Androhung [...] oder [einen] weniger gefährlichen [Einsatz] keine überhöhten Anforderungen gestellt werden." Nahezu wortgleich NStZ-RR **2013** 105, 106 m. Anm. *Hecker* JuS **2013** 563; NStZ **2014** 147, 148 m. Anm. *Engländer* NStZ **2014** 214 u. *Jahn* JuS **2014** 660; **2016** 593, 594 m. Anm. *Erb* JR **2016** 600; BeckRS **2017** 118038 Rdn. 17; NStZ **2018** 84, 85 m. Anm. *Rückert* u. *Kudlich* JA **2018** 149; NStZ-RR **2018** 69, 70 m. Anm. *Hecker* JuS **2018** 589; in der Sache ebenso BGH NStZ **2012** 272, 274 m. Anm. *Engländer*; *Erb* JR **2012** 207; *Hecker* JuS **2012** 263; *Jäger* JA **2012** 227; *Mandla* StV **2012** 334, *van Rienen* ZIS **2012** 377 u. *Rotsch* ZJS **2012** 109; StV **2014** 337; BeckRS **2015** 14541 Rdn. 15 (insoweit in StV 2015 758 nicht abgedr.); NStZ **2016** 526, 527 m. Anm. *Engländer* u. *Hecker* JuS **2016** 1036; NStZ-RR **2017** 270; OLG Koblenz StV **2011** 622, 623 m. Anm. *Jahn* JuS **2011** 655; OLG Hamm BeckRS **2013** 13245 m. Anm. *Jahn* JuS **2014** 80 (dort falsch als OLG Celle bez.); OLG Frankfurt NStZ-RR **2013** 107, 108.

624 Ebenso BGH NStZ **1987** 322; **1998** 508, 509 m. Anm. *Martin* JuS **1999** 85; NStZ-RR **1997** 194; NStZ **2014** 451, 452 m. Anm. *Hecker* JuS **2014** 946.

625 Sehr ähnlich BGH NStZ-RR **2013** 139 f m. Anm. *Erb* HRRS **2013** 113 u. *von Heintschel-Heinegg* JA **2013** 69. Zum ungezielten Schusswaffengebrauch s. BGH NJW **1986** 2716, 2717. Auch der der Entscheidung BGH NStZ **2012** 272 (s. Fn. 621) zugrundeliegende Sachverhalt betrifft die Abgabe ungezielter Schüsse i.w.S.: Da Warnung oder Warnschuss dem Angreifer möglicherweise die Position des Verteidigers verraten hätte und ein Zuwarten bis zum Öffnen der Tür zur Abgabe eines gezielten Schusses auf den dann voll sichtbaren Angreifer die Verteidigungschancen erheblich gemindert hätte, durfte der Verteidiger das Risiko eingehen, durch Abgabe von Schüssen auf die hinter der Tür lediglich als Schatten erkennbare Person (die Tür wies Ornamentglasscheiben auf) in einem Maße zu verletzen, das ex post betrachtet unnötig erschiene. In einer solchen Situation, so wird man den Gedankengang des BGH ergänzen dürfen, wäre die Abgabe von Schüssen selbst dann noch erforderlich, wenn der Verteidiger den Angreifer (etwa mangels Glasscheibe) überhaupt nicht sehen kann. Das Risiko, dabei unbeteiligte Dritte zu treffen, wird von § 32 allerdings nicht abgedeckt. Instruktiv zum ungezielten Messereinsatz BGH NStZ **2016** 593, 594 m. Anm. *Erb* JR **2016** 600: Da die erfolgversprechende Wirkung eines Messer typischerweise in dessen Überraschungsmoment liegt, ist der Verteidiger nicht in jedem Fall gehalten, seine Stiche zurückhaltend zu führen und muss insbesondere in Situationen höchster Bedrängnis (Schwitzkasten mit Atemnot) nicht abwarten, um die Wirkung eines Messerstichs zu kontrollieren; vielmehr darf er so lange und so oft in schneller Folge zustechen, bis der Angreifer von ihm ablässt. In der Sache ebenso bereits BGH BeckRS **2004** 00030: Abgabe von sechs Schüssen in schneller Folge auf den Angreifer, der auf den Verteidiger zustürmt, um die Waffe an sich zu

die Bewertung der Erforderlichkeit ist, ob der Verteidiger die Schuss- oder Stichwaffe nach öffentlichem Recht zulässigerweise bei sich führt (BGH NJW **1986** 2716, 2717; NStZ **1987** 172; StV **1990** 543),[626] da diese Verbote den Angreifer nicht vor der Gefahr schützen sollen, infolge eines rechtswidrigen Angriffs verletzt oder getötet zu werden. Die Übertretung der straf- bzw. bußgeldbewehrten Verbote nach den §§ 51 ff WaffG kann nicht durch § 32 gerechtfertigt werden, auch wenn oder soweit das Führen der Waffe mit der Verteidigungshandlung zusammenfällt; in Betracht kommt aber eine Erlaubnis aus § 34 (näher Rdn. 160).[627]

179 Das sich im Merkmal der Erforderlichkeit ausdrückende Minimierungsgebot verlangt **weder Güterproportionalität** zwischen den Interessen des Angegriffenen am Erhalt seiner Rechtsgüter und denen des Angreifers an der Verschonung seiner Rechtsgüter **noch Schadensproportionalität** (ganz h.M., BGH GA **1968** 182, 183; **1969** 23, 24; VRS **30** [1966] 281).[628] Das gilt auch für nur eingeschränkt disponible Güter wie das Leben (vgl. § 216).[629] Soweit demgegenüber vereinzelt verlangt wird, dass der Verteidiger die Grenzen der Verhältnismäßigkeit einhalte,[630] basieren diese Einschätzungen auf einem Notwehrverständnis, das von der hier und auch von der herrschend zugrunde gelegten Legitimation der weitreichenden Verteidigungsbefugnisse stark abweicht.[631] Danach müssen allein die Angriffsintensität und -nähe einerseits und die Schärfe des Abwehrmittels andererseits im Verhältnis zueinander stehen.

180 **d) Ex-ante-Perspektive bei der Erforderlichkeit.** Die Rechtsprechung bestimmt die Erforderlichkeit nach der objektiven Sachlage – d.h. nicht nach der subjektiven Vorstellung des Verteidigers – vom Standpunkt des Angegriffenen aus (BGHSt **3** 194, 196; BGHR § 32 II Erforderlichkeit 14).[632] Die damit angesprochene **objektive ex-ante-Sichtweise** wird auch von der überwiegenden Meinung in der Literatur geteilt (*Fischer*

---

bringen, ist erforderlich; ähnl. BGH NStZ-RR **2007** 199, 200; BeckRS **2011** 06085 Rdn. 8 f; NStZ **2016** 276, 277; LG Bonn BeckRS **2016** 110182. S. andererseits BGH BeckRS **2005** 10591: Auch wenn der Angreifer auf die ihn treffenden Schüsse nicht reagiert hat, hätte der Verteidiger sowohl die Wirkung eines Warnschusses als auch des ersten gezielten Schusses abwarten müssen.
626 Siehe weiter BGH NJW **1991** 503, 505 m. Anm. *Rudolphi* JR **1991** 210; StV **1991** 63 f; **1996** 660; **1999** 143, 144; NStZ **1999** 347; **2012** 452; NStZ-RR **2010** 140; LG München I NJW **1988** 1860, 1861 m. Anm. *Beulke* Jura **1988** 641, *Mitsch* NStZ **1989** 26, *Puppe* JZ **1989** 728 u. *Schroeder* JZ **1988** 567.
627 Vgl. *Maatz* MDR **1985** 881, 882 f. Für den Fall, dass der Verteidiger die Waffe bereits geraume Zeit vor der Tat geführt hat, i.E. ebenso BGH NJW **1991** 503, 505 m. Anm. *Rudolphi* JR **1991** 210.
628 Siehe auch BGH StV **1982** 219, 220; **1991** 63 f; **1996** 660; **1999** 143, 144; *Hoyer* JuS **1988** 89, 92; *Roxin* AT I § 15 Rdn. 47; im Grundsatz zustimmend *Frister* GA **1988** 291, 313 f.
629 BGH JR **1990** 378, 379 m. Anm. *Beulke*; *Kühl* AT § 7 Rdn. 116. **AA** *Frister* GA **1988** 291, 313 f.
630 *Klesczewski* FS Wolff, 225, 243 f will schneidige Notwehr allein bei einem vorsätzlichen Angriff auf Leben, Gesundheit oder Freiheit zulassen; bei bewusst fahrlässigen Angriffen und solchen auf Sachwerte verlangt er hingegen ein dreistufiges Vorgehen ähnlich der herrschend für den Fall der Absichtsprovokation entwickelten Ausnahme. Nach *Bernsmann* ZStW **104** (1992) 290, 308 ff lässt der grundgesetzliche Schutz des Lebens Tötungen auch im Rahmen von § 32 nur zu, wenn das Leben angegriffen wird oder eine dauerhafte Lebensentwertung droht; zust. *Lagodny* Grundrechte S. 265 f; s. auch *Klose* ZStW **89** (1977) 61, 90; *Schroeder* FS Maurach, 127, 138 f; *ders.* NJW **1978** 2577, 2578. Durchgängig auf eine verhältnismäßige Gefahrenabwehr will die Verteidigung begrenzen *Klingbeil* S. 120 ff.
631 Anders *Lilie* FS Hirsch, 277, 286 ff, der seine Annahme auf eine Auswertung von Rechtsprechung und herrschender Literatur stützt. Dabei handelt es sich jedoch um eine interpretatorische Überdehnung des ausgewerteten Materials, vgl. Fn. 609.
632 Weiter BGH NJW **1969** 802; **1989** 3027; StV **1999** 143, 145; NStZ **2009** 626, 627 m. Anm. *Hecker* JuS **2010** 172; NStZ-RR **2013** 139, 140 m. Anm. *Erb* HRRS **2013** 113 u. *von Heintschel-Heinegg* JA **2013** 69; NStZ **2014** 147, 148 m. Anm. *Engländer* NStZ **2014** 214 u. *Jahn* JuS **2014** 660; NStZ-RR **2015** 303, 304; NStZ **2017** 276; BSGE **84** 54, 57 f; OLG Frankfurt VRS **20** [1961] 425; OLG Stuttgart NJW **1992** 850, 851.

Rdn. 30; *Kindhäuser* NK Rdn. 88; *Lackner/Kühl* Rdn. 10).[633] Das Merkmal der Erforderlichkeit bestimmt sich daher nach weniger strengen Maßstäben als die Notwehrlage, die nach h.M. aus einer ex-post-Perspektive beurteilt wird (s. Rdn. 96). Entscheidend ist danach, ob ein sorgfältig beobachtender Verteidiger das eingesetzte Mittel für erforderlich gehalten hätte. Die Sichtweise gilt nicht nur für den prognostischen Teil der Erforderlichkeitsbeurteilung, d.h. die Vorhersage, bis zu welcher Intensität sich der Angriff noch steigern wird, die Wirkung des Verteidigungsmittels auf den Angreifer sowie dessen künftiges Verhalten. Sie ist auch auf die Diagnose der der Prognose zugrundeliegenden Tatsachen anzuwenden (*Frisch* Vorsatz und Risiko S. 447 m. Fn. 124; *Herzog* NK³ Rdn. 60; *Roxin* AT I § 15 Rdn. 46).[634] Damit trägt der Angreifer das Risiko einer sich ex post als fehlerhaft erweisenden Situationsbeurteilung durch den Verteidiger, sofern nur ein sorgfältiger Beobachter zu demselben Ergebnis gelangt wäre. Anders als beim Merkmal des rechtswidrigen Angriffs, bei dem der Verteidiger das – durch die Rechtswirkungen der Putativnotwehr gemilderte – Risiko einer irrtümlichen Situationsbeurteilung trägt, bedarf es bei der Erforderlichkeit keiner ex-post-Betrachtung. Steht fest, dass ein gegenwärtiger rechtswidriger Angriff vorliegt, ist zugleich ausgemacht, dass eine Situation, in der Angreifer und Verteidiger zugleich zur Duldung des jeweiligen Verhaltens verpflichtet sind (eine derartige Pflichtenkonfusion lässt sich nur durch eine ex-post-Betrachtung vermeiden, s. dazu näher Rdn. 96), nicht eintreten kann. Es besteht kein Grund, dem Angegriffenen oder Nothilfeleistenden nun mehr zuzumuten, als ein umsichtiger Rechtsgenosse zu leisten imstande ist (vgl. *Freund* GA **1991** 387, 407; *Armin Kaufmann* FS Welzel, 393, 399f; *Rudolphi* GedS Armin Kaufmann, 371, 378). Dem hinter dem Merkmal der Erforderlichkeit stehenden Minimierungsprinzip ist danach bereits dann genügt, wenn die Verteidigung zwar die Grenzen einer tatsächlich erforderlichen Gegenwehr überschreitet (etwa, weil nicht erkennbar ein weiteres Verteidigungsmittel zur Verfügung stand oder die gewählte Maßnahme erheblich stärkere Auswirkungen beim Angreifer hat als vorhergesehen), dieser Irrtum aber bei Aufbietung der objektiv gebotenen Sorgfalt nicht hätte vermieden werden können. Die ex-ante-Sicht auf die Erforderlichkeit hat keine Auswirkungen auf das (ex post zu bestimmende) Vorliegen einer Notwehrlage. Daher stehen zwar Irrtümer über die Schwere oder Intensivierung des Angriffs einer auch objektiven Notwehrrechtfertigung nicht im Weg, wenn sie dem Verteidiger ohne Sorgfaltsverstoß unterlaufen, wohl aber ein Irrtum darüber, welches Rechtsgut angegriffen wird: Nimmt der Verteidiger an und durfte auch annehmen, die Personen, die in der Morgendämmerung seine Hauseingangstür aufbrechen, trachteten ihm nach dem Leben, obwohl es nur um einen Angriff auf sein Hausrecht geht, ist er nicht etwa deshalb aus § 32 gerechtfertigt, weil Schüsse durch die Tür auf den davor befindlichen Angreifer auf der Grundlage der irrtümlichen Vorstellung als einziges Verteidigungsmittel erscheinen, das den vermuteten Angriff auf das Leben sicher und endgültig beenden kann.[635] Das Ausnahmerecht der Notwehr eröffnet dem Verteidiger die Vorteile einer ex-ante-Betrachtung für die Kalibrierung seiner Gegenwehr nicht für ei-

---

633 Ebenso *Roxin* AT I § 15 Rdn. 46; für eine subjektive ex-ante Beurteilung hingegen *Jakobs* AT 11/10; *Zielinski* S. 244 ff; abw. auch *C. Schröder* JuS **2000** 235, 241.
634 So auch *Rudolphi* GedS Armin Kaufmann, 371, 388; *Schlüchter* FS Lenckner, 313, 316. **AA** OLG Düsseldorf NStZ **1994** 343, 344; *Günther* SK⁸ Rdn. 90; *Kühl* Jura **1993** 118, 123; *Sch/Schröder/Perron* Rdn. 34; *Warda* GA **1996** 406, 410.
635 Eine Rückwirkung der ex-ante-Sicht auf den Angriff setzen jedoch *Erb* JR **2012** 207, 210 und *Rotsch* ZJS **2012** 109, 114 für den der Entscheidung BGH NStZ **2012** 272 zugrundeliegenden Sachverhalt voraus und gelangen anders als der BGH nicht zu einer bloßen Putativnotwehr, sondern zu einer (Voll-)Rechtfertigung wegen Notwehr. Wie hier schon *Engländer* NStZ **2012** 274, 275 m. Fn. 11; gegen Erb und Rotsch auch *Burchard* HRRS **2012** 421, 439f.

nen nur vorgestellten, sondern nur im Hinblick auf den wirklich stattfindenden Angriff. Daher ist der Unrechtsausschluss in einem Fall wie diesem auf Putativnotwehr beschränkt.

2. Alternative Verteidigungsmöglichkeiten

181 **a) Flucht und Inanspruchnahme fremder Hilfe.** Der Kreis der im Rahmen der Erforderlichkeit zu berücksichtigenden Alternativverteidigungsmaßnahmen wird über das Merkmal der gleichen Eignung zur Angriffsbeendigung[636] hinaus weiter eingeschränkt. Der Verteidiger ist nicht i.S.e. Obliegenheit gehalten, jedes vergleichbar geeignete Mittel allein deshalb anzuwenden, weil es die Rechtsgüter des Angreifers weniger belastet. Einschränkungen werden hier in zwei Fällen gemacht: Flucht und Ausweichen einerseits und die Inanspruchnahme fremder Hilfe andererseits.

182 Im Grundsatz besteht Konsens darüber, dass der Verteidiger nicht verpflichtet ist, sich der Gefahr dadurch zu entziehen, dass er **flieht** oder dem Angriff **ausweicht**, selbst wenn er mit diesem Verhalten die Gefahr ebenso sicher abwenden kann wie mit einem in die Rechtsgüter des Angreifers eingreifenden Verhalten (BGH NJW **1980** 2263 m. Anm. *Arzt* JR **1980** 211).[637] Dieser Schluss folgt nicht bereits aus dem Umstand, dass Flucht und Ausweichen keine Verteidigung sind,[638] da der Kreis der zu berücksichtigenden Alternativen zur eingreifenden Verteidigung begrifflich nicht von vornherein auf solche Maßnahmen beschränkt ist, die einen eingreifenden Charakter haben. Der in § 32 verwendete Begriff der *Verteidigung* bezieht sich ersichtlich allein auf die vom Täter tatsächlich angewandte Maßnahme, nicht aber auf zum Vergleich herangezogene hypothetische Möglichkeiten der Gefahrabwendung. Die Ausklammerung von Flucht und Ausweichen folgt vielmehr aus dem der Notwehr zugrundeliegenden Gedanken, wonach das (auf Seiten des Angegriffenen stehende) Recht dem (vom Angreifer verwirklichten) Unrecht nicht zu weichen braucht. Die Rechtsprechung hat insbesondere in der Vergangenheit in diesem Zusammenhang häufig das Stereotyp der sog. „schimpflichen Flucht" bemüht. Danach muss der Angegriffene nur dann **flüchten** oder **zurückweichen**, wenn er sich dadurch „nichts an seiner Ehre vergibt" (RGSt **16** 69, 71f; BGHSt **5** 245, 248).[639] In dieser Unterscheidung zwischen zumutbarer und unzumutbarer Flucht liegt zwar ein zutreffender Kern. Der Verweis auf die Ehre des Angegriffenen weist jedoch in die falsche Richtung, da sich die fehlende Ausweichobliegenheit des Angegriffenen nicht aus der etwa vom Angreifer (mit) verletzten Ehre ergibt (s. dazu ausführlich Rdn. 73). Darüber hinaus handelt es sich bei dem Begriff der „zumutbaren Flucht" um eine Sammelbezeichnung verschiedener Fälle der Notwehreinschränkung (Angriffe von Kindern, Irrenden usw.), deren Erörterung und Prüfung beim Merkmal der Gebotenheit besser aufgehoben sind. Denn diese Einschränkungen der Notwehrbefugnisse führen nur im Extremfall zu einer Verweisung des Angegriffenen auf ein Ausweichen, legen ihn im Regelfall jedoch allein

---

[636] Näher dazu Rdn. 172 ff.
[637] Siehe auch BGH NJW **2003** 1955, 1957 (insoweit in BGHSt **48** 207 nicht abgedr.); NStZ **2016** 526, 527 m. Anm. *Engländer* u. *Hecker* JuS **2016** 1036; *Günther* SK[8] Rdn. 86; *Roxin* AT I § 15 Rdn. 49; *Fischer* Rdn. 32; aA *Walther* JZ **2003** 52, 55, die für eine generelle Ausweichpflicht außerhalb der eigenen Wohnung nach dem Vorbild des Notwehrrechts vieler US-amerikanischer Staaten eintritt, dabei aber übersieht, dass die ganz überwiegende Mehrzahl der Bundesstaaten schon vor der jüngsten Reformwelle („stand your ground law") keine allgemeine Rückzugsobliegenheit kannte (näher Rdn. 24).
[638] So aber BGH NJW **2003** 1955, 1957 (insoweit in BGHSt **48** 207 nicht abgedr.); *Günther* SK[8] Rdn. 86; *Roxin* AT I § 15 Rdn. 49; *I. Sternberg-Lieben* JA **1996** 299, 304.
[639] Siehe auch RGSt **66** 244f; **71** 133, 134; **72** 57, 58; BGH GA **1965** 147f; BayObLG NJW **1963** 824, 825; KG VRS **19** (1960) 114, 117; OLG Düsseldorf NJW **1961** 1783, 1784.

auf die Leistung von Schutzwehr fest und erlauben teilweise sogar Trutzwehr, wenn defensive Maßnahmen keine Wirkung zeigen (näher Rdn. 243 u. 256). Die Zumutbarkeit der Gefahrabwendung durch Flucht ist danach keine Frage der Erforderlichkeit (so auch *Roxin* AT I § 15 Rdn. 49).

Mit der Frage, ob der Angegriffene **hoheitliche Hilfe** bei der Verteidigung in Anspruch nehmen muss, wird hingegen ein Problem der Erforderlichkeit angesprochen. Hier ist zunächst weitestgehend anerkannt, dass von eigenen Verteidigungsbemühungen dann abgesehen werden muss, wenn präsente hoheitliche Hilfe verfügbar ist, die *erstens* den Angriff ebenso effektiv wie der Angegriffene mit den ihm selbst zur Verfügung stehenden Verteidigungsmitteln beenden kann und *zweitens* die Rechtsgüter des Angreifers weniger oder zumindest nicht stärker belastet (BGHSt **39** 133, 140 m. Anm. *Drescher* JR **1994** 423, *Lesch* StV **1993** 578 u. *Roxin* JR **1993** 335 [weniger eng jedoch BGH NJW **1980** 2263]).[640] § 32 gibt dem Angegriffenen kein Recht auf exklusive Selbstbehauptung zum Beweis dafür, dass er sich selbst oder die Rechtsordnung bewähre. Notwehr als „Hilfe zur Selbsthilfe"[641] geht nur soweit, wie der Angegriffene dieses weitgehenden Instruments bedarf. Befindet er sich in einer Situation, in der ihm die Rechtsgemeinschaft durch die Statthalter ihrer durch Rechtsnormen begrenzten Macht auf „gewöhnlichem" Wege Schutz zu leisten bereit und imstande ist, ist die Selbstverteidigung nicht erforderlich. Die h.M. erzielt dasselbe Ergebnis, indem sie die private Selbstverteidigung in solchen Fällen als gegenüber dem staatlichen Gewalteinsatz subsidiär einordnet.[642]

183

Staatliche Hilfe, die der Angegriffene erst **herbeiholen** müsste, ist regelmäßig schon deshalb nicht zu berücksichtigen, weil sie während des äußerst knapp bemessenen Zeitraums, in dem der Angriff gegenwärtig ist, typischerweise weniger effektiv sein muss als die sofort verfügbare Selbstverteidigung. Da keine Pflicht besteht, sich im Vorfeld eines erst in der Zukunft drohenden Angriffs um Verteidigungsalternativen zu bemühen (s. zur Unbeachtlichkeit der sog. Abwehrprovokation Rdn. 189), ist der Verteidiger auch nicht verpflichtet, die Präsenz hoheitlicher Hilfe herzustellen (so auch *Kindhäuser* NK Rdn. 96; *Lesch* StV **1993** 578, 582).[643] Die Notwehrbefugnisse des Angegriffenen im Zeitpunkt des Angriffs erfahren daher auch dann keine Einschränkung, wenn Hoheitsträger allein deshalb nicht zur Stelle sind, weil der Angegriffene derartige Vorfeldbemühungen unterlassen hat (eingehend *Sengbusch* S. 281ff). Es ist indes nicht immer ganz einfach, zwischen präsenter hoheitlicher Hilfe und solcher zu unterscheiden, die erst herbeigeholt werden muss.[644] Wichtiger als die formale Zuordnung der Verteidigungsalternative zum Bereich präsenter oder erst herbeizuholender Hilfe ist jedoch das Maß der Risikoerhöhung, das mit der Inanspruchnahme der fremden Hilfe eingegangen wird. Denn es kann sich ergeben, dass selbst ein in nächster Nähe stehender Polizeivollzugsbeamter wegen der

184

---

640 Zust. *Erb* MK Rdn. 145; *ders.* FS Nehm, 181; *Hoyer* SK Rdn. 67; krit. *M. Seebode* FS Krause, 375, 388 f, der für einen Vorrang staatlicher Gefahrenabwehr bei gleichbelastenden Maßnahmen plädiert. Abweichend *Pelz* NStZ **1995** 305, 307 f, der einen Vorrang staatlicher Gefahrenabwehr verneint und nur für den Fall, dass dem Hoheitsträger das mildere Verteidigungsmittel zur Verfügung steht, eine Ausnahme machen will.
641 *Kioupis* S. 85 f; *Renzikowski* S. 296.
642 So BGHSt **39** 133, 140 m. Anm. *Drescher* JR **1994** 423, *Lesch* StV **1993** 578 u. *Roxin* NStZ **1993** 335; *Amelung* JuS **1986** 329, 332; *Burr* JR **1996** 230, 231f; *Lagodny* GA **1991** 300, 309 ff; *Rudolphi* GedS Armin Kaufmann, 371, 390 ff; einschränkend *Pelz* NStZ **1995** 305, 307 f; *M. Seebode* FS Krause, 375, 384 ff; *ders.* StV **1991** 80, 85. Anders *Jakobs* AT 12/45 m. Fn. 96, der die Regeln der Erforderlichkeit nur bei der Frage anwenden will, ob der Angegriffene für die Präsenz der Hoheitsträger zu sorgen hat.
643 Diff. *Sch/Schröder/Perron* Rdn. 41. Eine solche Pflicht implizieren aber die Äußerungen in BGHSt **39** 133, 140.
644 Vgl. dazu den Sachverhalt in BGH NJW **1980** 2263.

Brisanz der Situation als nicht präsent angesehen werden muss, während der sich einige hundert Meter entfernt befindliche Hilfsbereite als anwesend erscheint.[645] Gefährdet der Angegriffene durch die Zeitverzögerung seine Rechtsgüter mehr als nur minimal, muss er die Hilfe mangels vergleichbarer Eignung zur sofortigen Angriffsbeendigung nicht berücksichtigen (*Baumann/Weber/Mitsch/Eisele* § 15 Rdn. 44; *Geilen* Jura **1981** 308, 316).[646] **Gerichtlicher Eilrechtsschutz** kommt daher bereits aus diesem Grund in Notwehrsituationen nie als vorrangig zu ergreifende Hilfsmaßnahme in Betracht.[647] Soll dagegen das Vermögen des Gläubigers gegen eine Nichtleistung des Schuldners verteidigt werden, richtet sich die Gefahrenabwehr nicht nach § 32, sondern nach § 229 BGB, der unter dem Vorbehalt der Unerreichbarkeit gerichtlichen Eilrechtsschutzes steht (zur zwangsweisen Durchsetzung von Forderungen s. Rdn. 105 ff). Da die Notwehrbefugnisse nicht auf dem Gesichtspunkt einer Verletzung der Ehre des Angegriffenen fußen, darf nicht danach unterschieden werden, ob der Hilferuf „schmählich" wäre.[648] Der auf einem Schulhof von drei Mitschülern bedrängte Täter darf daher einen seiner drei Peiniger nur dann durch einen Stich in die Brust töten, wenn der aufsichtführende Lehrer in kurzer Zeit nicht herbeigerufen werden kann oder es von vornherein ausgeschlossen erscheint, dass sein Erscheinen die Raufbolde beeindrucken wird.[649] Irrelevant ist in diesem Zusammenhang, ob durch das Herbeirufen des Lehrers die Gefahr künftiger Drangsalierungen gesteigert wird oder der Schüler damit sein Ansehen in der Schülerschaft schmälert.

185 Können zur Hilfe in Notsituationen berufene und präsente Hoheitsträger **aus tatsächlichen Gründen** nur Maßnahmen durchführen, die nach den in den Rdn. 172 ff erläuterten Regeln zur Abwendung des Angriffs **weniger gut geeignet** sind als die dem Angegriffenen selbst mögliche Verteidigung, entstehen keine Einschränkungen für den sich selbst Helfenden (so auch *Pelz* NStZ **1995** 305, 307).[650] Denn diese Situation unterscheidet sich nur in quantitativer Hinsicht von der, die durch eine vollständige Abwesenheit hoheitlicher Hilfe gekennzeichnet ist; auch hier kann die Rechtsgemeinschaft ihren Anspruch auf Schutzgewährung nicht vollständig so erfüllen, wie dies von der Rechtsordnung im wahrsten Sinne des Wortes versprochen worden ist. Der Angegriffene trägt daher nicht das Risiko, das sich aus einer mangelhaften Ausrüstung, Ausbildung oder schlichtem Unwillen der Funktionsträger der Ordnungsmacht ergibt. Allzu praktisch sind derartige Fallgestaltungen allerdings nicht,[651] da die z.B. Polizeivollzugsbeam-

---

645 Für ein generell weites Verständnis des Begriffs der Präsenz *Kühl* AT § 7 Rdn. 120; *M. Seebode* FS Krause, 375, 386.
646 *Sengbusch* S. 280 f; **AA** OLG Köln JMBlNW **1966** 258 f.
647 Im Ergebnis ebenso *Günther* SK[8] Rdn. 101.
648 So aber BGH NJW **1980** 2263; *M. Seebode* FS Krause, 375, 385 f, der diese Aussage allerdings einschränkt; im Ergebnis wie hier *Arzt* JR **1980** 211 f; *Roxin* AT I § 15 Rdn. 50.
649 Anders BGH NJW **1980** 2263, wo das Herbeirufen als „unzumutbares Kneifen" und damit als nicht zu berücksichtigen eingestuft wird.
650 **AA** *Amelung* JuS **1986** 329, 332; *R. Haas* Notwehr S. 291 ff; *Jakobs* AT 12/45. Konsequent ist das Verlangen nach Einschränkungen hingegen von der Warte eines überindividuellen Notwehrverständnisses aus, vgl. *Bitzilekis* S. 76 f. Häufig wird anders als hier nicht zwischen tatsächlichen und rechtlichen Gründen unterschieden, vgl. etwa *Erb* MK Rdn. 145 ff, *Günther* SK[8] Rdn. 100, *Kindhäuser* NK Rdn. 96, Sch/Schröder/Perron Rdn. 41, *M. Seebode* FS Krause, 375, 388 ff, die alle eine Einschränkung der Notwehrbefugnisse bei weniger effektiver staatlicher Hilfe generell ablehnen; noch enger *Suppert* S. 283, der überhaupt nur der schonenderen hoheitlichen Hilfe einschränkende Kraft zumisst.
651 Der Fall des unwilligen Hoheitsträgers kommt allerdings wohl nicht so selten vor, wie zu hoffen wäre, vgl. BGH NJW **1979** 2053; OLG Düsseldorf NStZ **1994** 344; s. auch *Arzt* FS Schaffstein, 77, 84; *Schroeder* JuS **1980** 336, 342; *Schlüchter* FS Lenckner, 313, 317 f.

ten zur Verfügung stehenden Möglichkeiten zur Gefahrenabwehr regelmäßig die einer Privatperson bei weitem übersteigen. Anders stellt sich die Lage jedoch dar, wenn anwesende Hoheitsträger **aus rechtlichen Gründen** auf eine Maßnahme generell oder aus Gründen einer Eskalationsvermeidung (vorübergehend) verzichten müssen, die der Angegriffene einsetzen dürfte, wären die Hoheitsträger abwesend.[652] Geht man mit der in den Rdn. 220 ff näher begründeten Ansicht davon aus, dass sich Polizeivollzugsbeamte bei ihrer gefahrabwehrenden Tätigkeit auf § 32 weder als Ermächtigungsgrundlage noch zum Zwecke der Nothilfe stützen dürfen, sind solche Konstellationen zwar selten, aber nicht ausgeschlossen, da polizeiliches Handeln unter dem Regime des Verhältnismäßigkeitsgrundsatzes steht, während den (privat) Notwehrleistenden solche Proportionalitätsgesichtspunkte grundsätzlich nicht binden. Hier führt das Befugnisgefälle zwischen Privatem und Staat dazu, dass der Angegriffene auf die Maßnahme verzichten und dem Angriff ausweichen muss. Anderenfalls würde er sich zu seinem Schutz mittels § 32 Eingriffsbefugnisse anmaßen, die die Rechtsgemeinschaft ausweislich der polizeirechtlichen Ermächtigungsvorschriften im konkreten Fall nicht gewähren will. Im Gegensatz zu dem Fall, in dem der hoheitlichen Gefahrenabwehr tatsächliche Grenzen gesetzt sind, befindet sich der Angegriffene hier gerade nicht in der für § 32 typischen, isolierten Situation, sondern in Gegenwart von Hoheitsträgern, die den von der Rechtsgemeinschaft generell für angemessen gehaltenen rechtlichen Bindungen unterliegen. Fehlt es aber an einer Isolation des Angegriffenen von den ordentlichen Schutzmechanismen der Rechtsordnung, ist für eine Abwehr mit außerordentlichen Mitteln i.S.d. § 32 kein Raum.[653] So darf der durch eine Sitzblockade behinderte Autofahrer nicht selbst gegen die Demonstranten vorgehen, wenn die Polizei die Versammlung aus Gründen der Verhältnismäßigkeit (noch) nicht auflösen darf.[654] Unerträgliche Resultate ergeben sich daraus nicht, da der Angegriffene durch diese Einschränkung keine erheblichen Einbußen an seinen Rechtsgütern hinnehmen muss: Das Befugnisgefälle zwischen § 32 und den polizeirechtlichen Gefahrenabwehrvorschriften ist derart gering, dass erhöhte Risiken für Gesundheit oder gar Leben überhaupt nicht entstehen, und für andere Rechtsgüter nur in geringem Umfang (zu den Unterschieden näher Rdn. 216), so dass Befürchtungen, Polizeivollzugsbeamte müssten etwa zusehen, wie der Angegriffene verprügelt wird, unberechtigt sind.

---

652 **AA** *Matt/Renzikowski/Engländer* Rdn. 34.
653 So i.E. auch *R. Haas* Notwehr S. 297; diff. *Lesch* FS Dahs, 81, 112 f, der nur die Leistung von *Nothilfe* für ausgeschlossen hält. **AA** *Erb* FS Nehm 181, 183 ff, der einen Anknüpfungspunkt im Wortlaut des § 32 für die hier befürworteten Einschränkungen vermisst und daher jeden Einfluss öffentlich-rechtlicher Beschränkungen der Gefahrenabwehr auf das Verhältnis Angreifer – privater Verteidiger/Nothelfer ablehnt. Dazu passt es allerdings nicht, wenn *Erb* aaO, 184 ff der Behörde im Grundsatz die Befugnis gibt, die private Verteidigung (im Vorfeld) als Gefährdung der öffentlichen Sicherheit zu unterbinden, diese Befugnis aber von Erwägungen zu Erforderlichkeit und Gebotenheit und damit notwehrspezifischen Gesichtspunkten abhängig macht. Eine Einschränkung der Notwehr lehnt auch ab *Engländer* Nothilfe S. 167 ff, der damit allerdings die Gefahr heraufbeschwört, dass der private Nothelfer den Entführer selbst dann foltern dürfte, um den Aufenthaltsort des Opfers zu erfahren, wenn Polizeivollzugsbeamte anwesend sind, die dem Treiben tatenlos zusehen müssten (krit. schon *Jäger* RW **2010** 86, 88 u. 90). Denn *Engländer* geht aaO 333 ff u. 349 f davon aus, Privaten sei die Aussageerzwingung nicht verboten, die Zulässigkeit staatlicher Folter hänge hingegen allein vom öffentlichen Gefahrenabwehrrecht ab. Widersprüchlich *Sengbusch* S. 264 u. 274, der (im Rahmen der Gebotenheit) zwar einerseits eine Subsidiarität der Notwehr ablehnt, wenn Beamte aus Gründen des Verhältnismäßigkeitsgrundsatzes auf weniger effektive Gefahrenabwehr beschränkt sind, ein Notwehrverbot jedoch dann annimmt, wenn Beamte ermessensfehlerfrei auf eine effektivere Maßnahme (etwa zugunsten einer Eskalationsvermeidung) zunächst verzichten.
654 Beispiel nach *Kühl* AT § 7 Rdn. 121.

186 Würde die hoheitliche Gefahrabwehrmaßnahme die Rechtsgüter des Angreifers **stärker beeinträchtigen** als jenes Verteidigungsmittel, das der Angegriffene selbst anwendet, scheidet eine Nachrangigkeit der privaten Verteidigung regelmäßig aus (*M. Seebode* FS Krause, 375, 386 ff; ebenso *Erb* MK Rdn. 145; *Sch/Schröder/Perron* Rdn. 41).[655] Die Frage des Verhältnisses von privater Notwehr und staatlicher Gefahrenabwehr stellt sich nach dem in Rdn. 184 f Dargelegten in einer derartigen Situation allerdings nur noch dann, wenn die Abwehrmöglichkeiten der Hoheitsträger aus tatsächlichen Gründen besser zur Angriffsbeendigung geeignet sind als die des Angegriffenen und zugleich rechtliche Befugnisgrenzen wie der von den Hoheitsträgern zu beachtende Verhältnismäßigkeitsgrundsatz diese Möglichkeiten nicht sogleich wieder zunichtemachen – eine Ausnahmesituation, die tatsächlich nicht vorkommen dürfte. In den praktisch wichtigeren Fällen, in denen es an einem Eignungsvorsprung fehlt, ist ein Vorrang hoheitlicher Hilfe vor privater Notwehr nicht begründbar, so dass es nicht darauf ankommt, ob dem Hoheitsträger die Maßnahme bereits wegen der geringeren Eignung aus öffentlichem Recht verboten ist.[656]

187 Teilweise wird bei der Frage nach dem Vorrang staatlicher Gefahrenabwehr danach unterschieden, ob Notwehr oder **Nothilfe** geleistet wird. Nothilfe soll in einem weiteren Umfang subsidiär gegenüber hoheitlicher Gefahrenabwehr sein als Notwehr (so *Lesch* Beratungsschutz S. 66). Diese Ansicht ist abzulehnen. Das Recht zur Leistung von Nothilfe verleiht als ein zur Notwehr des Angegriffenen akzessorisches Notrecht im gleichen Umfang Eingriffsbefugnisse, wie sie dem Angegriffenen selbst zustehen. Die in den Rdn. 184 ff erläuterten Grenzen gelten daher in demselben Maße auch für den Nothelfer (ebenso *Erb* MK Rdn. 148).

188 Einschränkungen erfahren die Notwehrbefugnisse auch dann, wenn Nothilfe von privater Seite zur Verfügung steht.[657] Anders als bei hoheitlicher Gefahrenabwehrbereitschaft lässt sich die das Notwehrrecht des Angegriffenen beschränkende Wirkung **privater Hilfe** nicht aus einem allgemeinen Subsidiaritätsgedanken herleiten, sondern allein aus dem hinter dem Merkmal der Erforderlichkeit stehenden Minimierungsgebot – Angegriffener und Nothelfer bilden hier eine Verteidigungsgemeinschaft.[658] Fremde Hilfe muss der Angegriffene demnach nur dann – in diesem Fall aber auch stets – annehmen, wenn sie präsent und mindestens ebenso zur Angriffsbeendigung geeignet ist wie das dem Angegriffenen zur Verfügung stehende Mittel der Gegenwehr, und sie den Angreifer weniger belastet (RGSt **66** 244 f; BGH JZ **1984** 529 m. Anm. *Spendel* JZ **1984** 507).[659] Da sich das Merkmal der Erforderlichkeit aus einer ex-ante-Perspektive beurteilt, muss die

---

655 AA *Matt/Renzikowski/Engländer* Rdn. 34.
656 So aber *Sch/Schröder/Perron* Rdn. 41. Es ist im Übrigen gar nicht ausgemacht, dass aus dem Eignungsgefälle ein Anwendungsverbot folgt, da der zur Abwehr fähigere Angegriffene als Nichtstörer in Anspruch genommen werden müsste. Dafür verlangen die sicherheitsrechtlichen Vorschriften jedoch, dass der Hoheitsträger zuvor alle ihm zur Verfügung stehenden Mittel der Gefahrenabwehr ausgeschöpft hat.
657 Zur einer etwaigen Pflicht zur Leistung von Nothilfe näher *Engländer* FS Roxin (2011), 657, 658 ff, der aaO, 667 ff zutreffend davon ausgeht, dass die Pflicht – anders als das Recht – zur Nothilfe auf jenes Maß begrenzt ist, das einem (hypothetisch anwesenden) Polizeivollzugsbeamten nach öffentlichem Gefahrenabwehrrecht zustände. Das ist insbesondere von dem hier eingenommenen – von *Engländer* allerdings nicht geteilten (s. Fn. 653) – Standpunkt konsequent, der schon das Recht zur Nothilfe bei tatsächlich anwesendem Amtsträger auf dieses Maß beschränkt.
658 *Sengbusch* S. 184 f u. passim; aus dem Begriff der Verteidigungsgemeinschaft lassen sich allerdings keine Schlussfolgerungen für die Berücksichtigungspflichtigkeit fremder Hilfe ableiten.
659 Zust. *Engländer* Nothilfe S. 289 f; *Erb* MK Rdn. 143 (allerdings nur für bereits zugesagte Hilfe); *Kindhäuser* NK Rdn. 97; *Sch/Schröder/Perron* Rdn. 41; *Petersen* JA **2017** 502, 505; *Sengbusch* S. 184 ff; *Spendel* LK[11] Rdn. 233.

Hilfsbereitschaft zumindest objektiv erkennbar sein.[660] Ein Risiko für seine Rechtsgüter muss der Angegriffene nur dann durch das Herbeiholen fremder Hilfe eingehen, wenn ihm Notwehrbefugnisse unter dem Gesichtspunkt der Gebotenheit lediglich in eingeschränktem Maße zur Verfügung stehen und er durch das Herbeiholen die Rechtsgüter des Angreifers stärker schonen kann (*Sch/Schröder/Perron* Rdn. 41). In keinem Fall ist der Angegriffene gehalten, mehrmals um Beistand zu ersuchen oder erst Überzeugungsarbeit dahingehend zu leisten, dass er Hilfe benötige (so zutreffend *Roxin* AT I § 15 Rdn. 50). Zu weit dürfte es allerdings gehen, den Angegriffenen nur auf eine solche Hilfe zu verweisen, die ihm bereits von dritter Seite *angeboten* worden ist;[661] hier wird man verlangen dürfen, dass der Bedrängte – sofern die Situation es noch zulässt – einmal um Hilfe nachsucht.[662]

b) Alternative Verteidigungsmöglichkeiten im Vorfeld der Notwehrlage. Der 189 Verteidiger unterliegt in der Verteidigungssituation keinen Einschränkungen, wenn er sich zuvor auf einen erwarteten, aber noch nicht gegenwärtigen Angriff vorbereitet, um der Gefahr besonders effektiv begegnen zu können,[663] sog. **Abwehrprovokation**. Das gleiche gilt, wenn der später Angegriffene es im Vorfeld unterlässt, sich mit besonders effektiven, aber schonenderen Verteidigungsmitteln auszurüsten (z.B. das Rufen der Polizei), obwohl er mit einem Angriff rechnen muss oder gar von dessen Bevorstehen weiß,[664] oder in dem Fall, in dem der Angegriffene mit der Gegenwehr solange zuwartet, bis der Angriff nur noch mit einem erheblich schärferen Mittel erfolgversprechend abgewehrt werden kann (im Grundsatz h.M., vgl. nur RGSt **65** 159, 160; BGH NJW **1980** 2263f; **1983** 2267; JR **1984** 205f m. Anm. *Lenckner*).[665] Keinen Einfluss hat es auf den Umfang der Notwehrbefugnisse, wenn die „Aufrüstung" als solche gegen Rechtsvorschriften, etwa

---

660 *Sengbusch* S. 210ff.
661 So aber *Erb* MK Rdn. 143f; *Sch/Schröder/Perron* Rdn. 41.
662 So nun auch *Engländer* Nothilfe S. 291.
663 Bedenklich eng daher OLG Köln JMBlNW **1966** 258f.
664 Daher geht die Kritik von *Jäger* JA **2012** 227, 230 an der Entscheidung BGH NStZ **2012** 272 m. Anm. *Engländer*, *Erb* JR **2012** 207, *Hecker* JuS **2012** 263, *Jäger* aaO, *Mandla* StV **2012** 334, *van Rienen* ZIS **2012** 377 u. *Rotsch* ZJS **2012** 109, das Gericht hätte erörtern müssen, ob Notwehr durch Erschießen des Angreifers wegen Provokation des Angriffs ausgeschlossen sei, wenn es der Verteidiger unterlässt, die Polizei von einem erwarteten Angriff auf sein Leben zu unterrichten, am Problem vorbei: Abgesehen davon, dass die Möglichkeit einer Notwehrprovokation durch Unterlassen höchst zweifelhaft ist, geht es bei der unterlassenen Abwendung einer Gefahr im Vorfeld schon deshalb nicht um einen Fall mangelnder Gebotenheit, weil dieses Unterlassen des Angeklagten nicht die Notwehr*lage* verursacht, sondern nur eine Beschränkung des Kreises der zur Verfügung stehenden Gefahrabwehrmittel auf besonders belastende „provoziert" (gegen *Jäger* auch *Engländer* FS Wolter, 319, 325 und *van Rienen* ZIS **2012** 377, 382f). Auch *Burchard* HRRS **2012** 421, 447ff will § 32 „in kriminellen Kontexten" auf Flucht und Ausweichen durch eine Obliegenheit einschränken, bei konkreten Hinweisen auf bevorstehende Angriffe durch „kriminelle Gegner" die Polizei einzuschalten. Er begründet diesen Rückschnitt von Notwehr und Notstandsbefugnisse mit dem Wegfall des Elements der Rechtsbewährung, da Rechtsbewährung staatliche Friedensordnung meine und damit auch den Schutz des staatlichen Gewaltmonopols umfasse. Sieht man einmal davon ab, dass die Einordnung des Gewaltmonopols bei den Legitimationsgründen eines dieses Gewaltmonopol gerade durchbrechenden Ausnahmerechts die Dinge vollständig auf den Kopf stellt, ist die Sichtweise auch brandgefährlich: Da sich der „kriminelle Kontext" einer randscharfen Definition entzieht und dieser Kontext bei der Begründung für die Einschränkung keine Rolle spielt und ersichtlich auch nicht spielen kann, gibt es keinen Grund, die Obliegenheit nicht flächendeckend anzuwenden – mit der Folge einer vollständigen Entwertung des Notwehrrechts (gegen *Burchard* auch *Engländer* FS Wolter, 319, 326, der zu Recht anmerkt, dass der auf Hilfe im Vorfeld Verzichtende dadurch kein Motiv für den rechtswidrigen Angriff setzt).
665 Weiter BGH bei Holtz MDR **1989** 492; *Kindhäuser* NK Rdn. 125; *Roxin* ZStW **93** (1981) 68, 102; *Fischer* Rdn. 32. **AA** *Kühl* Jura **1991** 175, 182.

solche des Waffenrechts, verstößt (BGH NJW **1986** 2716, 2717; NStZ **1987** 172).[666] Handelt der Notwehrleistende im Hinblick auf den späteren Angriff jedoch absichtlich, d.h. steckt er etwa eine Pistole allein in der Hoffnung ein, in der gefährlichen Situation wegen der Angriffsintensität zu ihrer Verwendung gezwungen zu sein, will eine verbreitete Ansicht das Notwehrrecht ähnlich wie bei der Angriffsprovokation zwar nicht ausschließen, aber doch so einschränken, dass der Verteidiger zunächst ausweichen und Schutzwehr üben muss, auch wenn damit eine Gefährdung seiner Rechtsgüter einhergeht (OLG Stuttgart NJW **1992** 850, 851; *Bernsmann* ZStW **104** [1992] 290, 305f; *Sch/Schröder/Perron* Rdn. 61b).[667] Vereinzelt wird diese Einschränkung erst angenommen, wenn absichtliches Handeln des Angegriffenen mit einem Verstoß gegen ein waffenrechtliches Verbot zusammentrifft (so noch *Erb* MK[1] Rdn. 210,[668] jetzt anders [keine Einschränkung] *ders.* MK Rdn. 236).

190 Die beim **absichtlichen Vorfeldverhalten** gemachten Einschränkungen überzeugen indessen nicht (ebenso *Herzog* NK[3] Rdn. 119; *Günther* SK[8] Rdn. 126). Bei der Abwehrprovokation stellt sich allein die Schärfe der Notwehrhandlung als eine dem Angegriffenen zuzurechnende Folge dar. Anders als bei der Angriffsprovokation führt er demnach die Notwehrsituation nicht herbei. Die Einschränkung der Notwehrbefugnisse bei einer Angriffsprovokation speist sich aus der Überlegung, dass der Angegriffene die Situation, in der er von den gewöhnlichen Schutzmechanismen der Rechtsgemeinschaft isoliert ist, selbst geschaffen hat und damit auch für die Gefährdung seiner Rechtsgüter zum Teil selbst verantwortlich ist (s. näher Rdn. 252 u. 254). Es erscheint damit legitim, das aus dem Angriff resultierende Risiko der Rechtsgüterverletzung zwischen Angreifer und Angegriffenem anders zu verteilen, als § 32 das für nicht provozierte Angriffe vorsieht. Der Abwehrprovokateur hingegen hat zur Entstehung dieser Situation nichts beigetragen, so dass seine Interessen die des rechtswidrig Angreifenden weiterhin erheblich überwiegen. Der Angreifer muss die Notwehrsituation hinsichtlich des Abwehrrisikos daher so annehmen, wie sie sich ihm darbietet; eine Berechtigung hat seine Hoffnung, der Angegriffene werde über keine nennenswerten Verteidigungsmöglichkeiten verfügen, nicht (so auch *Erb* MK Rdn. 236). Wollte man anders entscheiden, würden nicht nur – wie der BGH es formuliert – „die Prinzipien des Notwehrrechts auf den Kopf" gestellt (BGH NJW **1980** 2263). Darüber hinaus würde das von der Rechtsordnung verfolgte Ziel, Vertrauen in die Gültigkeit der Normen zu stärken, konterkariert. Wer ein Vorbereitungs*verbot* ausspricht, muss in letzter Konsequenz auch ein *Gebot* aufstellen, sich mit besonders geeigneten Verteidigungsmitteln auszurüsten. Das hätte zur Folge, dass ein jeder ständig mit Notwehrvorbereitungen beschäftigt sein müsste. Damit würde die von dieser Vor- und Umsicht entlastende Zugehörigkeit zu einer Rechtsgemeinschaft suspendiert und ihre Mitglieder gleichsam in den vorrechtlichen Naturzustand „zurückkatapultiert". Es ist vor diesem Hintergrund nicht einzusehen, warum der Angegriffene das Risiko einer ihm vom Angreifer aufgezwungenen Notwehrsituation (zum Teil) schon deshalb soll tragen müs-

---

666 Ebenso BGH NJW **1991** 503, 505 m. Anm. *Rudolphi* JR **1991** 210; StV **1999** 143, 144; NStZ **1999** 347; **2011** 82, 83 m. Anm. *Hecker* JuS **2011** 272; *Erb* MK Rdn. 138; *Sch/Schröder/Perron* Rdn. 36. Anders *Lindemann/Reichling* JuS **2009** 496, 500f, die den Verteidiger nach den Grundsätzen der actio illicita in causa für den durch die Aufrüstung verursachten späteren Erfolg haften lassen wollen, wenn die Aufrüstung entweder absichtlich geschieht oder als solche gegen Vorschriften – insbesondere des Waffenrechts – verstößt.
667 Im Ergebnis auch *Arzt* JR **1980** 211, 212 und *Schmidhäuser* AT 9/110, 3. Bsp., die den Provokateur jedoch nach Grundsätzen der actio illicita in causa wegen des Vorfeldverhaltens für die Verletzung haften lassen wollen. Weitergehend *Küpper* JA **2001** 438, 440, der Notwehreinschränkungen schon bei bedingt vorsätzlicher Antizipation vorsieht.
668 Ähnlich *Kühl* Jura **1991** 179, 182.

sen, weil er sich auf eine mögliche Verteidigungssituation absichtlich vorbereitet hat.[669] Da er mit der Vorbereitung die Grenzen des erlaubten Risikos nicht überschreitet, bzw. mit einem Unterlassen der Vorbereitung gegen keine Rechtspflicht verstößt, kann sich daran nichts dadurch ändern, dass das erlaubte Verhalten absichtlich vorgenommen wird.[670]

3. Notwehr und fahrlässig bewirkte Rechtsguteingriffe. Auch **fahrlässig verursachte Eingriffe** in fremde Rechtsgüter können durch Notwehr gerechtfertigt sein. Die ganz h.M. begründet das üblicherweise mit dem Hinweis darauf, lediglich vorhersehbare, aber unvorsätzlich bewirkte Folgen einer Verteidigungshandlung müssten dann („erst recht") gerechtfertigt sein, wenn der Täter diese nach dem Maßstab des § 32 auch vorsätzlich hätte herbeiführen dürfen (BGHSt **25** 229, 231 m. Anm. *Schwabe* NJW **1974** 670),[671] oder damit, dass es bei der Erforderlichkeit allein um die Verteidigungs*handlung* und nicht um die Wirkung dieser Handlung gehe (*Günther* SK[8] Rdn. 97; *Sch/Schröder/ Perron* Rdn. 38). 191

Tatsächlich wird man differenzieren müssen. Eine Fahrlässigkeitstat kann im Zusammenhang mit Notwehrsituationen in zwei Formen auftreten: Zum einen stellt sich die Frage der Rechtfertigung durch Notwehr bei unvorhergesehenen Folgen von bewusst als Verteidigung vorgenommenen Handlungen (**fehlgegangener Verteidigungsschlag**); zum anderen können sich Situationen ergeben, in denen ein Sorgfaltsverstoß zufällig mit einer Notwehrlage zusammentrifft, ohne dass der Täter Kenntnis von der Notwehrlage hat (**zufällige Angriffsabwehr**). 192

Soweit es die Fallgruppe des **fehlgegangenen Verteidigungsschlages** betrifft, bedarf der unter Rdn. 191 angedeutete Erst-Recht-Schluss der h.M. zumindest der Präzisierung. Über die Rechtfertigung solcher Fälle entscheidet, ob das vom Täter mit seiner Verteidigungshandlung bewirkte Risiko noch von § 32 gedeckt ist (so auch BGHSt **27** 313, 314; BayObLG NStZ **1988** 408, 409; *R. Hassemer* JuS **1980** 412, 415f).[672] Ist das der Fall und überschreitet lediglich der ungewollte, jedoch vermeidbare Erfolg die Grenzen erforderlicher Notwehr, entfällt das Handlungsunrecht, weil die Handlung die Grenzen des erlaubten Risikos nicht überschreitet (*Kühl* AT § 7 Rdn. 112f; *Sch/Schröder/Perron* Rdn. 38):[673] Das Zwischenstadium der (unbeabsichtigten) **Gefährdung der Rechtsgüter des Angreifers** tritt nach § 32 erlaubterweise ein. Schlägt etwa der Verteidiger dem Angreifer mit der entsicherten Pistole auf den Kopf und löst sich dabei ein Schuss, der den Geschlagenen tötet, ist der ungewollt herbeigeführte Tod durch § 32 genau dann gerechtfertigt, wenn die konkrete Kampflage eine Überprüfung des Sicherungszustands der Pistole bzw. das Umlegen des Sicherungshebels nicht gestattete, etwa weil der Angreifer nicht allein oder dem Verteidiger körperlich weit überlegen ist (vgl. BGHSt **27** 313, 314f). Dasselbe gilt auch in den praktisch noch bedeutsameren Fällen, in denen sich der Ver- 193

---

669 Diff. *Arzt* JR **1980** 211, 212, der allein absichtlichem *Handeln* einschränkende Wirkung zumisst. Bei anderen Autoren bleibt dieser Unterschied zumeist unerwähnt.
670 So aber *Küpper* JA **2001** 438, 440, der von einem sozialadäquaten Verhalten des sich Vorbereitenden nur dann ausgeht, wenn der Angriff lediglich vorhersehbar war.
671 Ebenso BGH NJW **2001** 3200, 3201 m. Anm. *Eisele* JA **2001** 922, 923 u. *Otto* NStZ **2001** 594; *Kretschmer* Jura **2002** 267, 276; *Kühl* AT § 17 Rdn. 78; *Sch/Schröder/Lenckner/Sternberg-Lieben* Vor § 32 Rdn. 95/96; krit. *Seelmann* JR **2002** 249.
672 Ebenso *Burgstaller* S. 152; *Erb* MK Rdn. 133; *Hoyer* SK Anh. zu § 16 Rdn. 92; *Kühl* AT § 7 Rdn. 112f; *Schlör* S. 43; ähnlich *Jakobs* AT 12/38.
673 Weiter *Otto* NStZ **2001** 594, 595; *Roxin* AT I § 24 Rdn. 100; *Schaffstein* FS Welzel, 557, 577; zur Möglichkeit, trotz Rechtfertigung unsorgfältig i.S.d. Überschreitung der Grenzen des noch erlaubten Risikos zu handeln, s. *Jakobs* AT 11/30; dagegen *Otto* NStZ **2001** 594f.

teidiger mit einem Schuss auf die Beine des Angreifers hat begnügen wollen, infolge einer Unachtsamkeit jedoch ein lebenswichtiges Organ trifft, so dass der Angreifer stirbt (BGHSt 25 229 f; NStZ 2005 31 m. Anm. *Petersohn* JA 2005 91). Durfte der Verteidiger den Angreifer wegen der zugespitzten Situation in die Gefahr des Todes bringen, die mit der unter Zeitdruck erfolgenden Abgabe von Schüssen auf eine Person stets einhergeht, scheidet ein Fahrlässigkeitsvorwurf aus. Erforderlich ist die Gefährdung aber auch dann, wenn der Verteidiger den Angreifer zwar nach ex-ante-Maßstäben nicht in die gesetzte Gefahr bringen durfte, aber eine ex-post-Betrachtung zu diesem Schluss gelangt. Schießt der Verteidiger dem Angreifer beim Heben der Waffe aus Unachtsamkeit in dessen Bein, obwohl er einen Warnschuss in die Luft abgeben wollte, ist die damit verbundene Gesundheitsgefährdung genau dann erforderlich, wenn sich nachträglich herausstellt, dass der Warnschuss den Angreifer ohnehin nicht beeindruckt hätte – was sich etwa darin zeigen kann, dass sogar der fahrlässig abgegebene Schuss in das Bein den Angriff nicht hat beenden können.[674] Da die auf einen sorgfältigen Beobachter abstellende ex-ante-Betrachtung von dem Verteidiger keine Maßnahme verlangen darf, die dem Rechtsgut unter dem Gesichtspunkt des Minimierungsprinzips nichts genützt hätte (so zutreffend *Schroeder* JZ 1988 567, 568),[675] entfällt in dieser konkreten Bedrohungssituation die Überschreitung der Grenzen des nach § 32 noch erlaubten Risikos. Zudem schadet dem Verteidiger in diesen Fällen seine Unkenntnis der erst „ex post" festgestellten Umstände, die die Erforderlichkeit der Verteidigung begründen, in der Regel nicht. Bei fahrlässig verursachten Eingriffen in Rechtsgüter kommt es für die Rechtswidrigkeit der Tat auf die Kenntnis des Täters vom Vorliegen der Notwehrumstände nicht an (s. Rdn. 276 ff).

194 Setzt der Verteidiger den Angreifer hingegen einem für die Angriffsabwehr **nicht mehr erforderlichen Risiko** aus, kommt eine Rechtfertigung der Fahrlässigkeitstat durch Notwehr nicht in Betracht. Darauf, ob der Notwehrleistende den eingetretenen Erfolg vorsätzlich hätte herbeiführen dürfen, kommt es (auch hier) nicht an.[676] Der von der Gegenmeinung angestrengte Vergleich mit einer hypothetischen vorsätzlichen Verwirklichung fußt – neben der ohnehin problematischen Unterstellung, die fahrlässige Begehung sei ein wesensgleiches Minus zum vorsätzlichen Verhalten[677] – auf einer wenig überzeugenden Differenzierung: Die Autoren unterscheiden zwischen einem „an sich" sorgfaltswidrigen, aber aufgrund von Erwägungen über den hypothetischen Geschehensverlauf gerechtfertigten Verhalten einerseits und einem wegen Nichtüberschreitung der Grenzen des erlaubten Risikos schon „per se" nicht sorgfaltswidrigen Handeln andererseits. Als Konsequenz soll sich nun ergeben, dass allein in der zuerst genannten Fallgruppe über das Verbotensein entscheidet, ob der *Erfolg* eintreten durfte, mit anderen Worten: ob der Angreifer den Eintritt des Erfolges i.S.d. § 32 dulden musste (*Sch/Schröder/Lenckner/Sternberg-Lieben* Vor § 32 Rdn. 95/96 u. 101). Diese Schlussfolgerung basiert jedoch auf der unzutreffenden Annahme, dass die *Realisierung* eines Risikos unter dem Gesichtspunkt der Erforderlichkeit des Eingriffs erlaubt sein könne, obwohl

---

674 Ähnlich liegt der Sachverhalt bei LG München I JZ 1988 565 f m. krit. Anm. *Schroeder*.
675 **AA** jedoch LG München I JZ 1988 565, 566; *Sch/Schröder/Perron* Rdn. 37. Im Ergebnis wie hier *M. Dreher* S. 57 f, *Kuhlen* FS Roxin, 331, 347, *ders.* FS Müller-Dietz, 431, 433 f, *Puppe* JZ 1989 728, 729, *Roxin* AT I § 14 Rdn. 114 f, die jedoch von der Annahme ausgehen, die Lehre von der objektiven Zurechnung müsse – in ihrer Funktion als haftungseinschränkende Rechtsfigur – auf alle Rechtfertigungsgründe erstreckt werden. Für die Notwehr ist das hier vorgestellte Beispiel jedoch der bislang einzige Fall, in dem Zurechnungsgesichtspunkte eine Rolle spielen könnten.
676 So aber *Kühl* AT § 7 Rdn. 114 f; *Sch/Schröder/Lenckner/Sternberg-Lieben* Vor § 32 Rdn. 95/96; nur vordergründig auch *Erb* MK Rdn. 136, der in der Sache aber – wie hier – allein danach entschiedet, ob der Täter das Maß des Erforderlichen überschreitet.
677 Krit. gegenüber dieser Unterstellung auch *Otto* NStZ 2001 594.

der Angreifer dem Risiko selbst wegen Überschreitung der Grenzen der Erforderlichkeit nicht hat ausgesetzt werden dürfen (so die zutreffende Kritik an der h.M. von *R. Hassemer* JuS **1980** 412, 415f). Dieser Annahme kann nur zustimmen, wer die vom Verteidiger begründete Gefahr nicht zur konkreten Notwehrlage in Beziehung setzt. So kann man zwar in dem in Rdn. 193 dargestellten Beispiel vom Schlag mit der Pistole – von der Fallsituation abstrahierend – feststellen, dass der Schlag mit einer entsicherten Waffe äußerst gefährlich ist und damit das „an sich" nicht mehr erlaubte Risiko der Auslösung eines Schusses birgt, um sodann zu behaupten, der Tod des Angreifers habe jedoch eintreten dürfen, weil die vorsätzliche Verteidigung die Herbeiführung dieses Erfolges als erforderlich gestattet hätte. Die Richtigkeit dieser Behauptung hängt aber davon ab, ob die sofortige Tötung das mildeste der zur Angriffsabwehr geeigneten Mittel war. Wird dies bejaht, muss zwangsläufig auch festgestellt werden, dass der Täter den Kontrahenten in die Gefahr des Todes hat bringen dürfen, weil es sich bei diesem Zustand um ein notwendiges Zwischenstadium auf dem Weg zum Tod handelt. Bezieht man bei der Notwehrprüfung von Anfang an die konkreten Umstände mit ein, muss man bereits die Risikoschaffung entweder als erlaubt oder verboten ansehen, je nachdem, ob der Verteidiger zur Überprüfung des Sicherungszustandes der Waffe noch Zeit gehabt hätte oder nicht. Dasselbe gilt in dem ebenfalls bereits in Rdn. 193 dargestellten Beispiel der Erschießung des Angreifers bei dem Versuch, einen Warnschuss abzugeben. War der Warnschuss auch nach ex-post-Betrachtung geeignet, den Angreifer zur Räson zu bringen, hat der Verteidiger den Bereich des nach § 32 erlaubten Risikos verlassen und sich der fahrlässigen Körperverletzung schuldig gemacht.

Verletzt der Verteidiger ungewollt **Rechtsgüter Dritter**, gelten die in den Rdn. 192ff **195** dargelegten Grundsätze nicht, weil sich die Rechtfertigung dieser Nebenfolgen allein nach dem Vorliegen einer Rechtfertigungslage im Verhältnis zwischen Verteidiger und Drittem bestimmt. Der Verteidiger darf den Dritten nicht schon deshalb in die Gefahr der Beeinträchtigung dessen Rechtsgüter bringen, weil die Voraussetzungen des § 32 im Hinblick auf den anvisierten Angreifer vorliegen. Eine Drittwirkung der Notwehr scheidet nach der hier für richtig gehaltenen Ansicht aus (s. zur Drittwirkung näher Rdn. 161ff). Vielmehr gilt Folgendes: Trifft der Verteidigungsschlag statt des anvisierten Angreifers unvorhergesehen dessen Mitangreifer, ist diese Folge durch Notwehr gerechtfertigt, weil der Verteidiger den Mitangreifer nach den Regeln des § 32 in diese Verletzungsgefahr bringen darf. Keine Rechtfertigung durch Notwehr tritt ein, wenn der ursprüngliche Mitangreifer flieht. Eine Zurechnung der von dem anderen, zur Fortsetzung des Angriffs entschlossenen Mittäter weiterhin ausgehenden Gefahr findet bei § 32 nicht statt. Dasselbe gilt, wenn die Wirkung des Verteidigungsschlages bei einem unbeteiligten Dritten eintritt. Besonderheiten können sich bei der fahrlässigen Verletzung der Rechtsgüter des Angegriffenen selbst ergeben, wenn der Verteidiger Nothilfe leistet. Hier ist vorrangig zu prüfen, ob die Herbeiführung des ungewollten Erfolges durch Einwilligung oder mutmaßliche Einwilligung gedeckt ist (vgl. OLG Frankfurt MDR **1970** 694, 695). Fordert die Geisel den zur Verteidigung mit der Waffe bereiten, doch zögernden Retter zur Nothilfeleistung auf, obwohl sie weiß, dass der Schuss ebenso gut sie selbst treffen könnte, ist ihre Verletzung durch die erteilte Einwilligung gedeckt, sofern der Zustimmung nicht wegen der Zwangssituation oder dem hinter § 216 stehenden Rechtsgedanken die Wirksamkeit abzusprechen ist.

Verletzt der Täter fahrlässig Rechtsgüter eines Angreifers, ohne dass die Handlung **196** zugleich die Verteidigung gegen einen Angriff bezweckt (**zufällige Angriffsabwehr**), ist er straflos, wenn die objektiven Voraussetzungen der Notwehr vorliegen. Erschießt der Täter beispielsweise den von ihm nicht bemerkten Angreifer zufällig beim Reinigen seiner Schusswaffe, deren Ladungszustand er zuvor nicht kontrolliert hat, scheidet eine

Strafbarkeit nach § 222 aus, wenn so der gegenwärtige und rechtswidrige Angriff im Rahmen der Erforderlichkeit abgewehrt wird.[678] Da der Täter durch sein unsorgfältiges Verhalten jedoch die Grenzen des erlaubten Risikos überschritten hat, bleibt das fahrlässige Handlungsunrecht bestehen, das allein keine Strafbarkeit auslöst; denn der Versuch eines Fahrlässigkeitsdelikts steht nicht unter Strafe. Anders als beim fehlgegangenen Verteidigungsschlag lässt sich beim zufälligen Zusammentreffen einer Notwehrlage mit einer sorgfaltswidrigen Handlung nicht gut davon sprechen, dass der Täter gerechtfertigt sei, da sein Verhalten wegen der Verwirklichung von Handlungsunrecht rechtswidrig bleibt (*Sch/Schröder/Lenckner/Sternberg-Lieben* Vor § 32 Rdn. 99; *Rath* Rechtfertigungselement S. 613ff; *Roxin* AT I § 24 Rdn. 103).

4. Antizipierte Notwehr durch Verteidigungsautomaten

Schrifttum

Grünhagen Antizipierte Notwehr (2005); *Heinrich* Die Verwendung von Selbstschussanlagen im Lichte des Strafrechts, ZIS **2010** 183; *Herzog* Feuerspeiende Luxuslimousinen, Gedächtnisschrift Schlüchter (2002) 209; *Kunz* Die automatisierte Gegenwehr, GA **1984** 539; *Lauth* Antizipierte Notwehr, Diss. Köln 2004; *Mitsch* Rechtfertigung und Opferverhalten, Habil. Tübingen 1991 (erschienen 2004); *Müssig* Antizipierte Notwehr, ZStW **115** (2003) 224; *Rönnau* Grundwissen: Antizipierte Notwehr, JuS **2015** 880; *Schlüchter* Antizipierte Notwehr, Festschrift Lenckner (1998) 313.

197   Der Verteidiger kann sich zur Angriffsabwehr im Grundsatz auch der Hilfe eines sog. Verteidigungsautomaten bedienen. Die Rechtsprechung hatte bislang nur sehr vereinzelt Gelegenheit, zu den von **Selbstschutzanlagen** aufgeworfenen Rechtsfragen Stellung zu nehmen.[679] In dem einer Entscheidung des OLG Braunschweig MDR **1947** 205, 206 zugrundeliegenden Sachverhalt war ein Pfirsichdieb beim Kontakt mit Drähten getötet worden, die der Eigentümer der Pfirsichbäume zuvor mit dem allgemeinen Stromnetz verbunden hatte. Das OLG Stuttgart JW **1931** 2651ff m. Anm. *Kern* hatte einen Fall zu entscheiden, in dem ein Straßenbauarbeiter, der vor der Witterung Schutz in einer einsam gelegenen Gartenlaube suchte, durch einen Pistolenschuss tödlich verletzt wurde, den er durch das Betreten der Veranda selbst auslöste. Der BGH musste die Gelegenheit zur Stellungnahme in seinem Urteil BGHSt **43** 177ff m. Anm. *Kudlich* JuS **1998** 596 u. *Otto* NStZ **1998** 243 ungenutzt verstreichen lassen, da es bereits am Versuch einer Straftat fehlte. Dort hatte ein Hauseigentümer für eine von ihm erwartete Gruppe von Dieben eine als Bärwurzschnaps getarnte, vergiftete Flüssigkeit bereitgestellt in der Hoffnung, dass diese daraus trinken würden.[680] Die in der Literatur angeführten Beispiele für Verteidigungsautomaten reichen von Fußangeln über elektrisch geladene Zäune und feuerspeiende Luxuslimousinen[681] bis hin zur Selbstschussanlage und Tretmine.[682] Weniger spektakuläre Fälle eines Verteidigungsautomaten sind der abgerichtete Wachhund oder

---

678   Im Hintergrund dieser Überlegung steht das verbreitet vertretene Kompensationsmodell (näher dazu *Röttger* S. 15ff; *Graul* JuS **1995** L 41, 42ff; *Puppe* FS Stree/Wessels, 183ff), nach dem die objektiven Umstände eines Erlaubnissatzes als Erfolgswert den im Rechtsguteingriff liegenden (tatbestandlichen) Erfolgsunwert kompensieren, während der Handlungs- oder Intentionsunwert des rechtsgutverletzenden Verhaltens durch das sog. subjektive Rechtfertigungselement aufgehoben wird.
679   Zur Rechtfertigung der Verwendung von Selbstschutzanlagen durch Notwehr im englischen und französischen Recht s. *Grünhagen* S. 75ff.
680   Siehe auch OLG München NStZ-RR **1996** 71, 72.
681   So das nicht ganz ernst gemeinte Beispiel von *Herzog* GedS Schlüchter, 209, 210.
682   *Erb* MK Rdn. 175.

der Stacheldrahtzaun. Sämtliche Beispiele sind dadurch gekennzeichnet, dass die Verteidigung in der akut zugespitzten Bedrohungssituation selbsttätig, d.h. ohne weiteren Willensentschluss des menschlichen Verteidigers, bewirkt wird. Das Verhalten des Verteidigers beschränkt sich auf die Installation des Automaten (bzw. das Abrichten oder Anschaffen des Hundes), während die Verteidigungswirkung unmittelbar vom Angreifer selbst ausgelöst wird. Verteidigungshandlung und Verteidigungswirkung fallen also zeitlich auseinander (zur Gegenwärtigkeit s. Rdn. 153).

Die rechtliche Problematik des Einsatzes von Verteidigungsautomaten liegt darin, dass diese den Eingriff in die Rechtsgüter des Angreifers nicht den Besonderheiten der Abwehrsituation anpassen können.[683] Während der anwesende menschliche Verteidiger in der konkreten Auseinandersetzung auch auf unvorhergesehene Verhaltensweisen des Angreifers reagieren und das Maß des Eingriffs den situativen Erfordernissen entsprechend bestimmen könnte, arbeiten selbst die ausgefeiltesten Verteidigungsautomaten nur in der bei ihrer Installation oder Konzeption vorbedachten Weise, so dass stets das **Risiko von Fehl- oder Überreaktionen** besteht (so *Kunz* GA **1984** 539, 546).[684] Die teilweise erhobene Forderung nach dem Einsatz gestufter Gegenwehranlagen zur Risikominimierung (*Erb* MK Rdn. 178f; *Sch/Schröder/Perron* Rdn. 37a) wird daher die rechtlichen Anforderungen an eine noch als zulässig empfundene Verteidigung nicht erfüllen können. Keine Ausnahme davon bildet der abgerichtete Wachhund, auch wenn es sich dabei um keinen Automaten im eigentlichen Sinne handelt. Der scharfe, auf die Bewachung eines Grundstücks abgerichtete Rottweiler wird das Kind, das seinen aus Versehen über die Gartenmauer beförderten Fußball zurückholt, ebenso anfallen wie den zum Wohnungseinbruchsdiebstahl entschlossenen Erwachsenen. Im Kern geht es also um die Frage, wer das Risiko einer der Angriffsschwere nicht angepassten Gegenwehr tragen soll. 198

Sicher ist zunächst, dass **Unbeteiligte**, d.h. Personen, die in den Wirkungsbereich des Verteidigungsautomaten geraten, ohne anzugreifen, dieses Risiko nicht tragen, da ihnen gegenüber keinerlei Notwehrbefugnisse bestehen (*Schlüchter* FS Lenckner, 313, 314; s. zum Ausschluss einer Drittwirkung bei § 32 näher Rdn. 161ff). Der Vorwurf, Verteidigungsautomaten gefährdeten typischerweise auch Rechtsgüter Dritter (so *Herzog* NK³ Rdn. 73; *Kindhäuser* NK Rdn. 138), ist bei näherer Betrachtung demnach kein Problem der Notwehr. Wo Verteidigungsrechte aus § 32 nicht entstehen, kann sich auch nicht die Frage stellen, ob solche Rechte wegen des für Nichtangreifer bestehenden Verletzungsrisikos eingeschränkt werden müssen. Die rechtliche Bewertung der Verletzung von Rechtsgütern Dritter und solcher des Angreifers erfolgt unabhängig voneinander, wobei bei ersteren ausschließlich Regeln des Aggressivnotstands zur Anwendung gelangen. Auch das Fehlen einer ggf. erforderlichen sicherheitsrechtlichen Erlaubnis zum Betrieb eines Verteidigungsautomaten hat keine Auswirkungen auf die strafrechtliche Verantwortlichkeit für den Eingriff in Rechtsgüter des Angreifers (*Jakobs* AT 12/35 m. Fn. 63). 199

In den verbleibenden Fällen müssen hinsichtlich der Frage nach der Verteilung des Risikos angriffsunangepasster Abwehr zwischen Angreifer und Verteidiger zwei Problemkreise auseinandergehalten werden: Erkennt der Angreifer das von dem Verteidigungsautomaten ausgehende Risiko für seine Rechtsgüter oder hätte er es erkennen 200

---

683 Siehe dazu schon *Spendel* LK¹¹ Rdn. 249; *Roxin* AT I § 15 Rdn. 52.
684 Die Möglichkeit, dem Verteidigungsautomaten im Hinblick auf die Erforderlichkeit (und Gebotenheit) selbstlernende Algorithmen (sog. tiefes neuronales Netz) zur Verfügung zu stellen, scheidet wegen der Singularität und Seltenheit von Angriffssituationen ersichtlich aus, übersehen von *Trentmann* JuS **2018** 944, 945 u. 948.

können, stellt sich wiederum nicht die Frage einer Rechtfertigung des später erfolgenden Rechtsguteingriffs aus § 32. Vielmehr trägt der (erwachsene, zurechnungsfähige) Angreifer das Risiko solcher Verletzungen unter dem (zurechnungsausschließenden) Gesichtspunkt **eigenverantwortlicher Selbstgefährdung** allein.[685] Wer sich anschickt, rechtswidrig fremde Rechtsgüter in Anspruch zu nehmen und dabei – etwa wegen eines deutlich sichtbaren Warnschildes – weiß, in welchem Umfang er die eigenen Rechtsgüter aufs Spiel setzt oder es zumindest trotz Vorhersehbarkeit unterlässt, sich diese Kenntnis zu verschaffen, verzichtet auf den von der Rechtsordnung gewährten Schutz. Damit verzichtet er ebenso auf das im Merkmal der Erforderlichkeit verkörperte Minimierungsprinzip, das die Verteidigung zum Schutze der Rechtsgüter des Angreifers auf das für die Angriffsabwehr unumgängliche Maß begrenzt.[686] Der in der Folge eintretende Rechtsgutschaden ist dem Verhalten des den Verteidigungsautomaten installierenden Verteidigers nicht zuzurechnen. Die danach ohne Bemühung eines Erlaubnissatzes erzielbare Straflosigkeit des Verteidigers hängt jedoch von zwei Voraussetzungen ab: Zum einen müssen **erkanntes bzw. erkennbares Risiko und** die später **eingetretene Rechtsgutverletzung kongruent** sein. Eingegangenes und realisiertes Risiko müssen sich daher sowohl hinsichtlich der Art als auch bezüglich des Ausmaßes decken. Wer über einen Stacheldrahtzaun klettert und dabei in Kauf nimmt, sich an den Drahtspitzen erheblich zu verletzen, geht nicht zugleich das Risiko ein, durch einen am Zaun unerkennbar anliegenden elektrischen Stromfluss verletzt zu werden. Zum anderen ist an die **Erkennbarkeit** der von einem Verteidigungsautomaten ausgehenden Gefahren ein **strenger Maßstab** anzulegen (*Erb* MK Rdn. 175; zu großzügig OLG Stuttgart JW **1931** 2651, 2652). Es genügt daher für die Annahme einer zurechnungsunterbrechenden Selbstgefährdung nicht, dass der Angreifer ganz generell mit Abwehrvorrichtungen rechnen muss, wenn er etwa ein fremdes Grundstück betritt. Ist der Abwehrmechanismus nicht völlig offensichtlich wie etwa die Drahtspitzen bei einem Stacheldrahtzaun, der sich auf dem frei einsehbaren Grundstück bewegende Wachhund oder der als Zugang ersichtlich zu enge Kamin,[687] sind konkrete und deutlich sichtbare Hinweise auf derartige Vorkehrungen erforderlich (*Schlüchter* FS Lenckner, 313, 322).[688] Da sich nicht ausschließen lässt, dass der im Zeitpunkt der Installation der Anlage noch unbekannte Angreifer des Lesens oder der deutschen Sprache unkundig ist, müssen Warnhinweise auch durch eindeutige Symbole illustriert werden (*Schlüchter* FS Lenckner, 313, 322). Missverständlichkeiten gehen dabei zu Lasten des Verteidigers. Zu weit geht es jedoch, wenn das Risiko, dass der Angreifer den ausdrücklichen Hinweis – etwa wegen der Ungewöhnlichkeit der installierten Maßnahme – trotz seiner Eindringlichkeit und Ein-

---

685 Grundlegend *Schlüchter* FS Lenckner, 313, 322 ff, jedoch mit der inkonsequenten Einschränkung, der Verteidiger habe unter dem Gesichtspunkt des von § 32 (!) erlaubten Risikos bei Selbstschussanlagen Vorkehrungen für die Einhaltung der drei Vorwarnstufen zu treffen; ähnlich *Müssig* ZStW **115** (2003) 224, 243 ff; konsequent nur auf die Selbstgefährdung abstellend *Mitsch* Opferverhalten S. 312 f; *Matt/Renzikowski/Engländer* Rdn. 32; *Erb* MK Rdn. 174 ff; *Sch/Schröder/Perron* Rdn. 37a; ähnl. *Roxin* AT I § 15 Rdn. 52 f; ebenso bereits *Spendel* LK[11] Rdn. 250, ohne jedoch auf den Gesichtspunkt der zurechnungsunterbrechenden Selbstgefährdung abzustellen. Krit. zur Vermengung von Zurechnungsgesichtspunkten und Notwehrdogmatik *Herzog* GedS Schlüchter, 209, 211 f. Eine Verschiebung des Risikos unter dem Gesichtspunkt der Selbstgefährdung lehnt ab *Fischer* Rdn. 20.
686 Krit. gegenüber dem Selbstgefährdungsgedanken *Lauth* S. 47 ff, der jedoch übersieht, dass die von ihm vermisste Möglichkeit, nach Proportionalitätsgesichtspunkten zu differenzieren, überhaupt nicht zu dem Grundgedanken der eigenverantwortlichen Risikoübernahme passt.
687 Vgl. den ähnlichen Fall bei *Spendel* LK[11] Rdn. 250.
688 Krit. zu diesen strengen Anforderungen *Lauth* S. 48, der darin eine Überstrapazierung der gegenseitigen Solidaritätspflichten vermutet. Eine *Pflicht* des Anlagenverwenders zur Information besteht jedoch nicht.

deutigkeit nicht ernst nimmt, den Verteidiger nur dann nicht treffen soll, wenn er z.B. Warnexplosionen oder -schüsse einplant, die gleichsam als „Kostproben" tödlicher Gegenwehr die Ernsthaftigkeit der Androhung unterstreichen.[689]

Einer Rechtfertigung durch Notwehr bedürfen danach nur solche Eingriffe in **201** Rechtsgüter des Angreifers, deren zugrundeliegende Risiken nach den in Rdn. 200 aufgestellten Grundsätzen nicht erkennbar waren und vom Angreifer auch nicht erkannt worden sind. Dabei kann mitunter bereits die **Eignung** des Mechanismus zur Abwehr des Angriffs fehlen. Das ist etwa dann der Fall, wenn der Verteidiger eine der in seinem Keller befindlichen Weinflaschen mit einem tödlich wirkenden Gift befüllt, so dass der Dieb beim späteren Genuss des Weines vor dem eigenen Kamin stirbt.[690] Dieser Eingriff in das Leben des Angreifers ist von vornherein weder geeignet, die Wegnahme des Weines zu verhindern, noch kann damit der weitere Angriff auf das Eigentum durch den Verzehr abgewendet werden. Die Vergiftung wehrt allerhöchstens künftige Diebstähle oder den Verzehr weiterer Flaschen Wein ab; dabei handelt es sich jedoch nicht um im Zeitpunkt des Wirksamwerdens des Giftes gegenwärtige Angriffe auf das Eigentum. Erheblich problematischer ist das Vorliegen der Voraussetzungen der **Erforderlichkeit**. Die Mehrheit der Autoren will das Risiko eines Missverhältnisses zwischen der im Zeitpunkt der Installation der Anlage im besten Falle zu erratenden Angriffsschwere und der notwendigerweise nach festen Programmvorgaben verlaufenden automatischen Verteidigung dem Verteidiger aufbürden (*Herzog* GedS Schlüchter, 209, 213f; *Jescheck/ Weigend* § 32 II 1d; *Kindhäuser* NK Rdn. 138; *Kunz* GA **1984** 539, 549f).[691] Dazu lehnen sie die Erforderlichkeit bereits dann ab, wenn der Verteidiger im Zeitpunkt der Errichtung der Anlage auf ihm zur Verfügung stehende mildere Verteidigungsmittel verzichtet.[692] Insbesondere bei tödlich wirkenden Anlagen soll der Verteidiger den Automaten durch Programmgestaltung zu einer stufenweisen Abwehr befähigen, wie sie auch für den Regelfall des (menschlichen) Schusswaffengebrauchs anerkannt ist (Androhung, Warnschuss, Beinschuss, lebensgefährlicher Schuss).[693] Vereinzelt wird auch auf einen gedachten menschlichen Verteidiger in der konkret gefährlichen Situation abgestellt und Erforderlichkeit nur bejaht, wenn die fiktive Person zu demselben Verteidigungsmittel hätte greifen dürfen, das vom Automaten eingesetzt worden ist (so wohl *Herzog* GedS Schlüchter, 209, 213f).[694] Danach wäre die Erforderlichkeit in den meisten Fällen zu verneinen, da dem menschlichen Verteidiger regelmäßig mehr und damit schonendere Möglichkeiten zur Angriffsabwehr zur Verfügung stehen als einer technischen Vorrichtung oder einem Hund.

Der Versuch, dem Verteidiger das Notwehrrecht dann abzuschneiden, wenn er **202** selbst durch Handlungen im Vorfeld des Angriffs den Kreis der später verfügbaren Mittel

---

689 So aber *Erb* MK Rdn. 175.
690 Berichtet von *Spendel* LK[11] Rdn. 253.
691 Ebenso *Grünhagen* S. 40ff; *Sch/Schröder/Perron* Rdn. 37a; *Schlüchter* FS Lenckner, 313, 329; wohl auch OLG Braunschweig MDR **1947** 205, 206, obwohl diese Frage eigentlich nicht entscheidungserheblich war, da die Voraussetzungen des § 32 bereits wegen fehlender Gebotenheit nicht erfüllt waren.
692 *Grünhagen* S. 40f; *Kunz* GA **1984** 539, 549f; *Roxin* AT I § 15 Rdn. 51; *Schlüchter* FS Lenckner, 313, 318f, 322f, die diese Einschränkungen jedoch als qualifizierte Erkennbarkeitsmerkmale einordnet. Widersprüchlich *Lauth* S. 103f, der zwar – wie hier – auf den Zeitpunkt des Wirksamwerdens der Anlage abstellen will, gleichzeitig aber die Erforderlichkeitsprüfung gerade nicht auf Verteidigungsmöglichkeiten beschränkt, die der Anlage in diesem Moment zur Verfügung stehen.
693 *Erb* MK Rdn. 178f; *Günther* SK[8] Rdn. 98; *Kühl* Jura **1993** 118, 123; *Sch/Schröder/Perron* Rdn. 37a; *Rönnau* JuS **2015** 880, 883.
694 Auch *Hoyer* SK Rdn. 61. Krit. *Kunz* GA **1984** 539, 547f. Auf hypothetische Verteidigerbefugnisse stellt auch ab die überwiegende Ansicht in den USA (anders der Model Penal Code und einige staatliche Regelungen), vgl. *Wössner* Notwehr S. 185ff.

auf solche mit massiver Wirkung beschränkt hat, ist zwar verständlich. Indes kann die Notwehr nicht unter Hinweis auf das Merkmal fehlender Erforderlichkeit eingeschränkt werden. Die in Rdn. 201 genannten Einschränkungsversuche laufen darauf hinaus, dem Verteidiger ein Verbot aufzuerlegen, sich im Hinblick auf einen erwarteten Angriff aufzurüsten (so zutr. *Jakobs* AT 12/35). Es wäre ihm daher – nicht aus waffenrechtlichen Gründen, sondern zwecks Schutzes der Rechtsgüter des Angreifers – untersagt, eine Pistole einzustecken, wenn er auch ein Messer besitzt. Konsequenterweise müsste dem Verteidiger dann auch *geboten* werden, sich auf gefährliche Situationen durch Ausrüstung mit schonenderen Mitteln vorzubereiten. Das Notwehrrecht verlöre danach etwa, wer es unterlässt, die Polizei von einem nur vermuteten künftigen Angriff auf seine Person zu unterrichten.[695] Damit stellen sich die Autoren in Widerspruch zu der auch von ihnen sonst geteilten Meinung, dass eine solche **„Provokation der Notwehrhandlung"** durch (Nicht-) Vorbereitung das Notwehrrecht nicht einschränkt (s. Rdn. 189f). An der Ansicht, die für die Erforderlichkeit auf die im Zeitpunkt der Errichtung verfügbaren Verteidigungsmittel abstellt, ist zusätzlich zu kritisieren, dass sie nicht angeben kann, wie die Verfügbarkeit alternativer Verteidigungsmittel beschaffen sein muss, d.h., welches Maß an Anstrengungen der Installateur eines Verteidigungsautomaten entwickeln muss, damit ihm das Notwehrrecht erhalten bleibt. Im Grunde verfolgen die hier abgelehnten Sichtweisen das im Kern berechtigte (kriminalpolitische) Anliegen des Verbots tödlich wirkender Gegenwehranlagen. Jedoch kann das in § 32 enthaltene Minimierungsprinzip diese Aufgabe nicht leisten, da es allein auf Situationen zugeschnitten ist, in der alternative Verteidigungsmöglichkeiten zur Verfügung stehen; bei Verteidigungsautomaten fehlen diese stets. Das Merkmal der Erforderlichkeit ist daher der denkbar schlechteste Ort für eine dogmatische Verankerung eines solchen Verbots. Für Schusswaffen und speziell abgerichtete Hunde existieren zudem bereits solche Verbote im WaffG bzw. in den Landeshundegesetzen, teilweise mit Befreiungsvorbehalt. Auch ist zu bedenken, dass das strafrechtliche Risiko, das mit der Errichtung und dem Einsatz solcher Anlagen wegen der davon ausgehenden Gefahren für spielende Kinder und sonstige Dritte einhergeht, derart hoch ist, dass nicht zu befürchten steht, derartige Anlagen würden in der Zukunft wie „Pilze aus dem Boden schießen".[696] Immerhin zeigt die äußerst geringe Zahl veröffentlichter Entscheidungen zu diesem Themenkreis, dass es sich in der Hauptsache um ein eher akademisches Problem handelt. In den beiden aus der Mitte des letzten Jahrhunderts stammenden und einzigen Entscheidungen, die sich mit Notwehr durch automatische Verteidigungsanlagen befasst haben, scheiterte die Rechtfertigung aus § 32 zudem, ohne dass zu den von der h.L. gemachten Einschränkungen Zuflucht hätte genommen werden müssen (OLG Stuttgart JW **1931** 2651, 2652; OLG Braunschweig MDR **1947** 205, 206; in beiden Fällen lag ein krasses Missverhältnis vor). Wer die damit sehr theoretische Möglichkeit der Rechtfertigung von Verletzungen durch Selbstschutzanlagen für rechtlich unerträglich hält, muss das Notwehrrecht beim Merkmal der Geboten-

---

695 So aber in Verkennung der Funktion der Subsidiarität der Notwehr gegenüber staatlicher Gefahrenabwehr *Grünhagen* S. 36f für Fälle, in denen der Verteidiger die Zeitspanne des erwarteten Angriffs konkretisieren kann.

696 Wen das Risiko für Dritte nicht von der Installation eines Verteidigungsautomaten abhält, dem mag eine am 31.5.2011 auf den Seiten von SpiegelOnline veröffentlichte Meldung zur Lehre dienen: Ein Ehepaar war bei dem Versuch, sein Ferienhaus zu betreten, durch Schüsse aus einem Gewehr getötet worden, das der Ehemann zum Schutz vor Einbrechern so installiert hatte, dass es auf jeden schießt, der die vor der Tür liegende Fußmatte betritt – das Ehepaar hatte vergessen, die Anlage vor dem Betreten durch Betätigung eines Schalters zu entschärfen (http://www.spiegel.de/panorama/ferienhaus-eigene-selbstschussanlage-toetet-deutsch-tuerkisches-rentnerpaar-a-765891.html, zuletzt abgerufen am 13.10.2018).

heit einschränken, da die Bedenken gegen die Rechtmäßigkeit standardisierter Gegenwehr die Ebene wertender Proportionalität betreffen.[697]

5. Die Erforderlichkeit bei der Verteidigung gegen Erpressungen. Wird der Verteidiger durch die Androhung der Veröffentlichung wahrer, jedoch kompromittierender Informationen erpresst (sog. **Chantage**),[698] sprechen einige Autoren ihm das Recht schneidiger, d.h. notfalls gewaltsamer Notwehr mit der Begründung ab, dem Erpressten stehe stets die schlichte Nichtzahlung der verlangten Summe als gegenüber einem in Rechtsgüter des Erpressers eingreifenden Verhalten schonenderes Gefahrabwehrmittel zur Verfügung (so *Arzt* MDR **1965** 344 f; *ders.* Intimsphäre S. 92 m. Fn. 248; *Baumann* MDR **1965** 346; *Jakobs* AT 12/27 m. Fn. 49 a.E).[699] Dieser Rechtsansicht liegt eine Verwechselung von Angriffsabwehr und Hinnahme der Rechtsgutverletzung zugrunde (so auch *Amelung* GA **1982** 381, 387; *Seesko* S. 82; *Suppert* S. 285; *Roxin/Schünemann/Haffke* Klausurenlehre S. 69 ff).[700] Durch die Zahlungsverweigerung wird weder der Angriff auf die Willensentschließungsfreiheit abgewendet noch die Gefahr für das persönliche Ansehen des erpressten Geheimnisträgers. Wer sich entschließt, der Drohung standzuhalten, ist dem Erpresser bereits zu Willen, weil er sich infolge des durch die Nötigung aufgebauten Drucks überhaupt dort entschieden hat, wo er sich ohne die Nötigung nicht hätte entscheiden müssen.[701] Dass die Zahlungsverweigerung die Gefahren für das Vermögen und das Ansehen noch erhöht (so zutreffend *Amelung* GA **1982** 381, 387), bedarf kaum einer Erklärung. Besteht danach hinsichtlich der Erforderlichkeit keine Bedenken, bedeutet das nicht, dass dem Erpressten in seiner Gegenwehr keinerlei Beschränkungen aufzuerlegen wären. Insbesondere gewaltsame und gegen die körperliche Unversehrtheit des Erpressers gerichtete Gegenmaßnahmen sind in aller Regel nicht geboten (s. dazu näher Rdn. 261).

203

III. Die Nothilfe

Schrifttum

Bitzilekis Die neue Tendenz zur Einschränkung des Notwehrrechts, Diss. Köln 1984; *Engländer* Grund und Grenzen der Nothilfe (2008); *ders.* Pflicht zur Notwehrhilfe, Festschrift Roxin (2011) 657; *Geilen* Notwehr und Notwehrexzess (3. Teil), Jura **1981** 308; *R. Haas* Notwehr und Nothilfe, Diss. Kiel 1977 (1978); *Helmrich* Die Berufung gewerblicher Sicherheitskräfte auf Notwehr und Nothilfe (2008); *Herzog* Auf der Lauer liegen – „Nothilfe" als Provokation des Rechtsstaats, Festschrift Neumann (2017) 853; *Hoffmann-Riem* Übergang der Polizeigewalt auf Private? ZRP **1977** 277; *Kasiske* Begründung und Grenzen der Nothilfe, Jura **2004** 832; *Kaspar* Strafbarkeit der aufgedrängten Nothilfe, JuS **2014** 769; *M. Koch* Die aufgedrängte Nothilfe im Strafrecht, Diss. Regensburg 2003; *Kuhlen* Einschränkungen der Verteidigungsbefugnis bei der Nothilfe, GA **2008** 282; *Kunz* Die organisierte Nothilfe, ZStW **95** (1983) 973; *Prittwitz* Notwehr und Nothilfe: Zwillinge oder (nur) Geschwister von Strafgesetzgebung und Strafrechtsdogmatik? Festschrift Kargl (2015) 439; *Rönnau* Willensmängel bei der Einwilligung im Strafrecht, Habil. Kiel 2001; *Roßnagel* Zum Schutz

---

697 Exakt wie die hier in den Rdn. 200 – 202 skizzierte Lösung nun auch *Heinrich* ZIS **2010** 183, 193 ff.
698 Siehe dazu auch Rdn. 151 u. 261.
699 Überzeugender begründet *Kroß* S. 166 ff, 196 die Annahme, gewaltsame Verteidigung sei nicht erforderlich: Nach ihrer Ansicht gefährde der Erpresste durch die Einschaltung der Polizei keine (eigenen) rechtlich geschützten Interessen, so dass die der Polizei zur Verfügung stehenden milderen oder gleich belastenden Abwehrmöglichkeiten vorgezogen werden müssten; krit. dazu *Müller* FS Schroeder, 328, 329 f, der zudem einen Angriff auf das Vermögen schlechthin verneint.
700 *Samson* SK⁵ Rdn. 22 bezeichnet diese Ansicht zutreffend als „zynisch".
701 Zust. *Erb* FS Ebert, 329, 334 f.

kerntechnischer Anlagen gegen Angriffe von außen, ZRP **1983** 59; *Schroeder* Die Notwehr als Indikator politischer Grundanschauungen, Festschrift Maurach (1972) 127; *Schulte* Gefahrenabwehr durch private Sicherheitskräfte im Lichte des staatlichen Gewaltmonopols, DVBl. **1995** 130; *Schwabe* Zum Status privater Sicherheitskräfte, ZRP **1978** 165; *Seeberg* Aufgedrängte Nothilfe, Notwehr und Notwehrexzess, Diss. Göttingen 2004 (2005); *Seelmann* Grenzen privater Nothilfe, ZStW **89** (1977) 36; *Seier* Umfang und Grenzen der Nothilfe im Strafrecht, NJW **1987** 2476; *Seuring* Die aufgedrängte Nothilfe, Diss. Würzburg 2004; *I. Sternberg-Lieben/D. Sternberg-Lieben* Zur Strafbarkeit der aufgedrängten Nothilfe, JuS **1999** 444.

204   **1. Allgemeines.** Indem § 32 Abs. 2 als Notwehr auch eine solche Verteidigung ansieht, die den Angriff von „einem anderen" abwendet, gibt das Gesetz dem damit bezeichneten Nothelfer im Grundsatz **dieselben Befugnisse** wie dem sich selbst Verteidigenden.[702] Im Kern gelten für die Nothilfe[703] dieselben Regeln wie für die Notwehr. Die Verteidigung durch den Nothilfeleistenden ist ebenso wenig wie die Abwehr durch den Angegriffenen selbst durch Proportionalitätserwägungen begrenzt. Die gegenteilige Ansicht, die in der von einem Privaten geleisteten Nothilfe Parallelen zur Nothilfe durch Hoheitsträger sieht und die Angriffsabwehr nur in den Grenzen materieller Verhältnismäßigkeit gestatten will (so *Seelmann* ZStW **89** [1977] 36, 57 ff; *Prittwitz* FS Kargl, 439, 446 ff), vermag nicht zu überzeugen.[704] Soweit diese Einschränkung damit begründet wird, dass nur dem sich selbst Verteidigenden eine Einhaltung der Grenzen der Verhältnismäßigkeit nicht zuzumuten sei, weil er in seiner Persönlichkeit betroffen ist, der Nothelfer dieser Beeinträchtigung jedoch als neutraler Dritter gegenüberstehe,[705] wird Folgendes übersehen: Zum einen findet sich für eine derartige Differenzierung im Gesetz keinerlei Stütze. Zum anderen ist das aus § 32 dem Dritten zufließende Recht nach dem vorzugswürdigen individualistischen Notwehrkonzept zwingend streng akzessorisch zu dem Notwehrrecht des Angegriffenen; es besteht überhaupt nur, weil, soweit und solange dem Angegriffenen ein Abwehrrecht zusteht (*Renzikowski* S. 296).[706] Verhältnismäßigkeitsgrenzen, die bei der Notwehr nach allgemeiner Ansicht in nur ganz eingeschränktem Umfang bestehen, könnten vom Helfer also überhaupt nur dann zu beachten sein, wenn die Nothilfe ein originäres Recht des Nothelfers wäre. Das wiederum setzte jedoch voraus, dass der Nothelfer anders als der in eigener Sache tätig werdende Notwehrleistende mit der Angriffsabwehr zugleich die Rechtsordnung verteidigte (zur Kritik s. Rdn. 66). Unverständlich bleibt bei der Gegenansicht auch, warum die gemeinschaft-

---

702 BGH bei Holtz MDR **1979** 985; *Erb* MK Rdn. 181; *Hoyer* SK Rdn. 14; *Roxin* AT I § 15 Rdn. 116; *Sch/Schröder/Perron* Rdn. 42; *Fischer* Rdn. 11.
703 Häufig und sachlich treffender als „Notwehrhilfe" bezeichnet. Für die von einem Dritten gegen einen rechtswidrigen Angriff geleistete Hilfe hat sich jedoch der Begriff der Nothilfe eingebürgert.
704 Eingehend *Seier* NJW **1987** 2476, 2477 f.
705 *Seelmann* ZStW **89** (1977) 36, 57 f; sehr ähnlich *Prittwitz* FS Kargl, 439, 446 ff, der hauptsächlich auf die psychische Betroffenheit abstellt und die Begrenzung der Nothilfe auf proportionale Angriffsabwehr damit begründet, idealtypischerweise leiste nur der Nothelfer die Verteidigung nach einem „Moment des Innehaltens und Abwägens", was sich an der erheblichen Zahl derer zeige, die sich entschließen, nicht zu helfen. Diese Argumentation blendet aber alle jenen (idealtypischen) Nothelfer aus, die dem Angegriffenen nahestehen, und führt bei den Mitgliedern der verbleibenden Gruppe potentieller Nothelfer, die nur zufällig Zeuge eines Angriffs werden, dazu, dass sie bei ihrer Abwägung nun auch noch berücksichtigen müssen, lediglich zu proportionaler Angriffsabwehr berechtigt zu sein – eine nachgerade kontraproduktive Konsequenz.
706 Weiter *Engländer* Nothilfe S. 99; *Erb* MK Rdn. 182; *Geilen* Jura **1981** 308, 312; *Sch/Schröder/Perron* Rdn. 25/26; ähnl. *Lesch* FS Dahs, 81, 90 f, der allerdings aus der allgemeinen Mindestsolidarität, wie sie in § 34 und § 323c zum Ausdruck kommt, auf ein Handlungsrecht zugunsten des Angegriffenen schließt; ein originäres Recht des Nothelfers nehmen an *R. Haas* Notwehr S. 222; *Seuring* S. 144 ff; *Spendel* LK[11] Rdn. 145; ebenso *Bitzilekis* S. 72 f u. *Schmidhäuser* AT 9/107 auf Basis der von ihnen favorisierten überindividuellen Notwehrkonzeption.

lich geleistete und unverhältnismäßige Gegenwehr für den Angegriffenen rechtmäßig, für den Nothelfer aber rechtswidrig sein soll (so auch *Roxin* ZStW **93** [1981] 68, 71 m. Fn. 8; *Wagner* S. 35 f.).

Diese Grundsätze gelten auch, soweit der Nothelfer einem sog. privaten Sicherheits- **205** dienst angehört (*Kunz* ZStW **95** [1983] 973, 988).[707] Mag man auch die Verbreitung **privater Sicherheitsdienste** mit nicht völlig unberechtigter Skepsis betrachten,[708] so ist doch die von ihren Mitarbeitern geleistete professionelle oder organisierte Nothilfe ebenso von § 32 erfasst wie die des zufällig anwesenden und unvorbereitet zu Hilfe eilenden Mitbürgers. Der Versuch einer teleologischen Reduktion der Notwehrbefugnisse wegen angeblich fehlender Hilflosigkeit des auf Gefahrsituationen vorbereiteten professionellen Notwehrleistenden (*Hoffmann-Riem* ZRP **1977** 277, 283) kann nicht gelingen (krit. auch *Schwabe* ZRP **1978** 165, 166), weil sich die Schärfe des Notwehrrechts nicht mit der Hilflosigkeit des Angegriffenen begründen lässt, sondern aus der Rechtswidrigkeit des Angriffs folgt. Zudem handelt es sich beim Nothilferecht um ein vom Notwehrrecht des Angegriffenen abgeleitetes Recht (s. Rdn. 204), so dass Notwehreinschränkungen entgegen der hier abgelehnten Ansicht nicht mit Eigenschaften des Nothelfers, sondern allein mit solchen des Angegriffenen begründet werden könnten.[709] Darüber hinaus bleibt im Dunkeln, welches Merkmal des § 32 hier teleologisch reduziert werden soll, und nach welchen Kriterien zwischen professionellen und nicht professionellen Nothelfern in dem nicht eben schmalen Übergangsbereich scharf voneinander unterschieden werden könnte.[710] Der von Durchbrechungen des staatlichen Gewaltmonopols ausgehenden Gefahren durch ein anwachsendes privates Sicherheits(un)wesen und dem „verfassungsrechtlichen Unbehagen", das sich aus dem Umstand speist, dass private Nothilfe nicht den aus dem Verhältnismäßigkeitsprinzip und den sicherheitsrechtlichen Vorschriften fließenden Grenzen polizeilicher Gefahrenabwehr unterliegt (dazu *Schulte* DVBl. **1995** 130, 134), kann nicht durch Modifikationen des Nothilferechts begegnet werden.[711] Gewerberechtliche Maßnahmen (näher *Kunz* ZStW **95** [1983] 973, 992; *Schulte* DVBl. **1995** 130, 134) und eine bessere personelle und finanzielle Ausstattung der Polizeikräfte würden der skizzierten Gefahr erheblich besser entgegenwirken als eine Einschränkung des Notwehrrechts. Die Beschränkungen, denen Staatsorgane bei der Gefahrenabwehr unterliegen, sind auf private Sicherheitsdienste nicht übertragbar, da diese keine Aufgabe der Rechtsgemeinschaft wahrnehmen: Wer sich eines solchen Unternehmens bedient, tut dies aus der – berechtigten oder unberechtigten – Einschätzung heraus, dass Gefahrenabwehr durch Hoheitsträger gerade nicht stattfinden wird.

---

707   Zust. *Erb* MK Rdn. 181; *Sch/Schröder/Perron* Rdn. 42.
708   So 1977 schon *Hoffmann-Riem* ZRP **1977** 277 ff; s. auch *Kunz* ZStW **95** (1983) 973, 977 ff.
709   *Hoffmann-Riem* ZRP **1977** 277, 283 u. ihm zust. *Roßnagel* ZRP **1983** 59, 62 wollen für die im Zuge der Gefahrenabwehr nötig werdende Selbstverteidigung des professionellen Nothelfers eine inkonsequente Ausnahme machen und ihm das Notwehrrecht hier nicht versagen.
710   Siehe dazu *Kunz* ZStW **95** (1983) 973, 988 f.
711   Das gilt auch für den Vorschlag von *Helmrich* S. 102 ff u. 226 ff, der gebotene Notwehr auf i.e.S. verhältnismäßige Maßnahmen in Anlehnung an § 127 Abs. 1 StPO begrenzen will, wenn der Staat einem Sicherheitsdienstmitarbeiter den Schutz staatlichen Eigentums, Hausfriedens usw. übertragen hat, ohne ihm zugleich die erforderlichen Gefahrenabwehrbefugnisse zu verleihen. Die Gebotenheit ist jedoch nicht der richtige Ort, die Folgen einer Verlagerung staatlicher Aufgaben auf Private aufzufangen: Da die Nothilfe, die der Sicherheitsdienstmitarbeiter dem Staat hier leistet, wegen ihres akzessorischen Charakters nicht weiter gehen kann als die Notwehrbefugnis des angegriffenen Staates, dieser nach richtiger Auffassung selbst aber keine Notwehrbefugnis hat (näher Rdn. 216 ff), spricht Einiges dafür, dass der Sicherheitsdienstmitarbeiter in solchen Fällen schon gar keine Nothilfebefugnis hat, die sich einschränken ließe. Der Staat ist daher gezwungen, ihn mit hoheitlichen Befugnissen auszustatten.

206   Die **Erforderlichkeit** des vom Nothelfer zur Angriffsabwehr eingesetzten Verteidigungsmittels bestimmt sich aus einer Gesamtschau der dem Angegriffenen und dem Nothelfer insgesamt zur Verfügung stehenden Verteidigungsmöglichkeiten (RGSt **55** 82, 86; BGH NStZ **1981** 138; **1983** 117).[712] Die Grenzen erforderlicher Verteidigung überschreitet demnach, wer als Nothelfer den Angriff auf einen anderen durch einen auf den Oberkörper gerichteten Messerstich abwehrt, obwohl der kräftige Angegriffene sich leicht selbst durch einen Boxhieb hätte wehren können. Dieser einheitlichen Betrachtung entspricht die Beschränkung des Notwehrrechts des Angegriffenen, wenn präsente, gleich geeignete und den Angreifer weniger belastende private Hilfe zur Stelle ist, um den Angriff abzuwehren (s. näher Rdn. 188). Die Nothilfebefugnisse des Dritten gehen hier bereits aus Gründen des Minimierungsgebots nicht weiter als die Selbstverteidigungsrechte des Angriffsopfers.

207   Die Nothilfebefugnisse erfahren im Grundsatz keine Modifikationen, soweit Fragen der **Notwehreinschränkungen** betroffen sind. Ausnahmen können sich nur dort ergeben, wo die Einschränkung auf dem besonderen Verhältnis des Angegriffenen zum Angreifer basiert, wie bei Garantieverhältnissen[713] und der Provokation der Notwehrlage (s. dazu näher Rdn. 238 ff u. 245 ff).[714]

208   **2. Aufgedrängte Nothilfe.** Besonderheiten ergeben sich dort, wo die von einem Dritten geleistete Gegenwehr **nicht dem Willen des Angegriffenen entspricht**. Ganz herrschend wird heute auf der Grundlage eines Notwehrverständnisses, das sich zumindest auch auf das Element der Bewahrung eines Individualrechtsguts stützt, davon ausgegangen, dass § 32 dem „Helfer" im Kern kein Recht zur Leistung sog. aufgedrängter Nothilfe gibt (BGHSt **5** 245, 248; StV **1987** 59; *Bockelmann* FS Dreher, 235, 249).[715] Aus dem Umstand, dass dem Angreifer das Angriffsverhalten verboten ist, folgt nicht automatisch das Recht des Dritten, diesen Angriff zu unterbinden. Wer demgegenüber eine – hier jedoch nicht für überzeugend gehaltene – rein überindividuelle Notwehrkonzeption vertritt, kann eine derartige Beschränkung des Nothilferechts naturgemäß nicht akzeptieren (so *Schmidhäuser* AT 9/107; *Bitzilekis* S. 72). Denn nach der diesem Ansatz zugrunde liegenden Idee leistet der Dritte die Nothilfe aus eigenem Recht allein zur Bewahrung der Rechtsordnung, während die Rettung des Individualrechtsgutes nur ein zusätzlicher Rechtsreflex ist. Der nicht zur Disposition über die Rechtsordnung befugte Rechtsgutinhaber dürfte die Nothilfe danach nicht untersagen. Allerdings besteht das Verbot einer

---

712   Ebenso *Kasiske* Jura **2004** 832, 836; *Seier* NJW **1987** 2476; *Fischer* Rdn. 30.
713   Eine Ausnahme von diesem auf der Akzessorietät der Nothilfe zum Notwehrrecht des Angegriffenen beruhenden Grundsatz machen (mit konstruktiven Unterschieden und solchen im Detail) *Jakobs* AT 12/58, *Kasiske* Jura **2004** 832, 837 und *Kuhlen* GA **2008** 282, 296 f für den Fall, dass (allein) zwischen Angreifer und Nothelfer ein Näheverhältnis besteht; dagegen zurecht *Engländer* Nothilfe S. 363 f.
714   Eingehend zur Spezialfrage, in welchem Maße einem Soldaten im Auslandseinsatz die Leistung von Nothilfe durch Befehl (etwa zum Schutz der Mandatsdurchführung oder seiner Kameraden) verboten werden kann, *Hinz* NZWehr **2011** 144 ff – ersichtlich auf dem Boden der h.M., die § 32 als Eingriffsbefugnis auch für Amtsträger ansieht (näher Rdn. 218). Die Frage beantwortet sich nach nothilfeexternen Gesichtspunkten, insbesondere nach den Regeln, die für die (von der Rechtswidrigkeit gelösten) Verbindlichkeit eines Befehls gelten (näher Rdn. 129 ff). Nach dem hier eingenommenen Standpunkt, der § 32 nicht als Eingriffsrecht für Amtsträger begreift (Rdn. 220 ff), richtet sich die Rechtfertigung eingreifenden Verhaltens im Rahmen von Auslandseinsätzen ohnehin nicht nach § 32, sondern nach dem völkerrechtlichen Mandat i.V.m. Art. 24 Abs. 2 GG (s. *Frister/Korte/Kreß* JZ **2010** 10, 11 ff).
715   Ebenso *Engländer* Nothilfe S. 99 f; *Himmelreich* MDR **1967** 361, 365; *Jescheck/Weigend* § 32 IV 1; *Kargl* ZStW **110** (1998) 38, 63 f; *Kühl* Jura **1993** 233, 236; *Sch/Schröder/Perron* Rdn. 25/26; *Roxin* ZStW **93** (1981) 68, 76. AA *Bitzilekis* S. 72 f; *R. Haas* Notwehr S. 126 ff, 177 ff; *Schmidhäuser* AT 9/107; *Spendel* LK[11] Rdn. 145; *Schroeder* FS Maurach, 127, 141 f.

Aufdrängung von Nothilfe auch im Rahmen einer individualistischen Notwehrbegründung nicht uneingeschränkt. Die h.M. benennt mit den §§ 216 und 228 sowie der Einwilligungsfähigkeit Grenzen, die sich aus der Einwilligungsdogmatik ergeben (BGHSt 5 245, 247 f; *Seier* NJW **1987** 2476, 2482; *I. Sternberg-Lieben/D. Sternberg-Lieben* JuS **1999** 444, 448).[716] Dahinter steht der Gedanke, dass die Beachtung des gegenüber dem abwehrbereiten Dritten ausgesprochenen Vetos nur so lange rechtsverbindlich ist, wie der Angegriffene über die bedrohten Rechtsgüter wirksam verfügen kann. Es vermischen sich bei der aufgedrängten Nothilfe demnach die Grundsätze des Notwehrrechts mit den **Einwilligungsregeln**.[717] Im Kern geht es um die Frage, ob der Autonomie des Angegriffenen Grenzen gesetzt werden müssen, weil er mit seiner Entscheidung zugleich über die Strafbarkeit des Nothelfers bestimmt (so auch *I. Sternberg-Lieben/D. Sternberg-Lieben* JuS **1999** 444, 445). Denn wird dem Helfer das Recht zur Nothilfe versagt, folgt daraus nicht nur, dass er sich mit seiner Angriffsabwehr (zumeist) strafbar macht. Darüber hinaus darf nun der Angreifer seinerseits die dem Angegriffenen zugedachte Hilfe mit Notwehrmitteln abwehren. Unter kriminalpolitischem Blickwinkel sind die Gefahren, die sich danach für den Nothelfer aus einer Verfehlung des Willens des Angegriffenen ergeben, durchaus kritisch zu sehen, da sie zu einer Reduzierung der generellen Bereitschaft führen können, Nothilfe zu leisten. Bei näherer Betrachtung bestehen die skizzierten Strafbarkeits- und Gegenwehrrisiken jedoch nur in einem sehr beschränkten Maße: Zum einen ist das Notwehrrecht des Angreifers erheblich beschränkt, weil er die Leistung der aufgedrängten Hilfe durch sein rechtswidriges Vorverhalten provoziert hat.[718] Zum anderen darf sich der Angreifer schon dann nicht mit Notwehrmitteln wehren, wenn der sich aufdrängende Nothelfer über den seinem Verhalten entgegenstehenden Willen des Angegriffenen unvermeidbar irrt; der Nothelfer befindet sich hier in einem sog. unvermeidbaren Erlaubnistatbestandsirrtum, der – mangels rechtswidrigen Angriffs – nicht nur die Notwehrbefugnisse des Angreifers ausschließt, sondern auch zur Straflosigkeit führt.

Unproblematisch ist zunächst der Fall, in dem der Angegriffene mit dem Angriff **209** einverstanden ist und es hinsichtlich der Wirksamkeit der dem Angreifer erteilten **Einwilligung** keine Zweifel gibt. Hier fehlt es bereits an einem rechtswidrigen Angriff auf seine Rechtsgüter[719] und daher an einem Eingriffsrecht des Dritten (*I. Sternberg-Lieben/D. Sternberg-Lieben* JuS **1999** 444, 445). In Fällen dieser Struktur bedarf es keiner aus dem Wesen der Notwehr heraus begründeten Einschränkung der Eingriffsbefugnisse;[720] dem Typus der aufgedrängten Nothilfe lassen sich diese Konstellationen nicht zuordnen. Jenseits dieses unumstrittenen Bereichs herrscht jedoch wenig Klarheit. Das hängt zum einen damit zusammen, dass nicht jeder Verzicht auf Nothilfe stets auch ein Verbot derselben beinhalten muss (vgl. *Jakobs* AT 12/59; *Seier* NJW **1987** 2476, 2478; zust. *Herzberg/Schlehofer* JuS **1990** 559, 563), was von der h.M. nicht immer ausreichend beachtet

---

716 Siehe auch *Erb* MK Rdn. 184; *Geilen* Jura **1981** 308, 313; *Kasiske* Jura **2004** 832, 838; *Sch/Schröder/Perron* Rdn. 25/26; *Roxin* AT I § 15 Rdn. 119; *Seuring* S. 214 ff.
717 Zust. *Kaspar* JuS **2014** 769, 772.
718 Zur Einschränkung der Notwehrbefugnisse wegen Provokation s. Rdn. 245 ff.
719 **Anders** *Günther* SK[8] Rdn. 59, der auf Basis seiner Lehre von den Strafunrechtsausschließungsgründen einen rechtswidrigen Angriff bei Vorliegen einer strafrechtlichen Einwilligung nur verneint, wenn zugleich die Voraussetzungen einer zivilrechtlichen Erlaubnis erfüllt sind. Fehlt diese, kann das Nothilferecht unter dem Gesichtspunkt der Aufdrängung ausgeschlossen sein.
720 So aber BGHSt 5 245, 247 f, der trotz Einwilligung eine Einschränkung der Nothilfe wegen entgegenstehenden Willens des „Angegriffenen" feststellt; dagegen zu Recht *Geilen* Jura **1981** 308, 312; *Seier* NJW **1987** 2476.

wird. Daher liegt kein Fall der Aufdrängung vor, wenn die Auslegung ergibt, dass dem Nothelfer nicht die Angriffsabwehr untersagt werden, sondern dieser lediglich von einer aus § 323 c oder aus einem Garantieverhältnis herrührenden **Hilfs- oder Rettungspflicht befreit** werden soll (*Seier* NJW **1987** 2476, 2480 f).[721] Es lässt sich im Einzelfall nicht immer einfach auseinander halten, ob z.B. die Ehefrau ihrem Ehemann ein Einschreiten gegen die Vergewaltigung nur erlässt oder aber ihm verbietet, weil sie Angst hat, er könne von dem Angreifer getötet werden. Zum anderen resultieren die Schwierigkeiten bei der rechtlichen Einordnung daraus, dass der Wille des Angegriffenen in durchaus unterschiedliche Richtungen gehen kann. Neben Konstellationen, in denen der Angegriffene nur mit der Leistung der Nothilfe nicht einverstanden ist, sind auch Fallgestaltungen denkbar, in denen er weder dem Angriff noch der Hilfe durch einen Dritten zustimmt. Fehlt es an einer ausdrücklichen oder konkludenten[722] Erklärung des Angegriffenen, die ausgelegt werden kann, muss der Nothelfer bei diesem nur dann nachfragen, wenn das die Verteidigungschancen nicht erheblich verschlechtert. Droht eine solche Verschlechterung – etwa wenn der Angegriffene die Intensität des Angriffs unterschätzt oder vom Angriff nichts weiß –,[723] bestimmen die Regeln der mutmaßlichen Einwilligung *in die Angriffsabwehr* über das Vorliegen eines Nothilfeverbots (BGH StV **1987** 59; *Geilen* Jura **1981** 308, 312; *Jakobs* AT 12/62).[724] Die Ermittlung des mutmaßlichen (Verteidigungs-)Willens erfolgt vornehmlich anhand der persönlichen Umstände des Betroffenen, seiner individuellen Interessen, Wünsche und Wertvorstellungen.[725] Hat der zur Nothilfe Bereite z.B. Kenntnis von besonderen Umständen (wie etwa von einer Überzeugung des Opfers, dass ein Konflikt niemals mit Gewalt gelöst werden dürfe), muss er von der Hilfe Abstand nehmen. Gibt es für einen entgegenstehenden Willen des Angegriffenen dagegen keine Anhaltspunkte, ist von dem auszugehen, was gemeinhin als vernünftig gilt.[726] Dagegen hat es keinen Einfluss auf die Rechtfertigung des Helfers aus § 32, wenn sich nachträglich herausstellt, dass der reale Wille des Angegriffenen mit dem gemutmaßten Willen nicht übereinstimmt (*M. Koch* S. 143).

210 Ergibt die Auslegung, dass der Rechtsgutinhaber mit dem Eingriff in seine Güter durch den Angreifer einverstanden ist, leidet die erteilte Einwilligung jedoch an einem Wirksamkeitsmangel, muss nach der Art des **Wirksamkeitsmangels** unterschieden werden. Ist der Rechtsgutinhaber mangels Einsichtsfähigkeit nicht in der Lage, Art, Umfang oder Gefährlichkeit des Eingriffs zu ermessen, spricht viel für eine Bevormundung und damit für die Irrelevanz seines einer Angriffsabwehr entgegenstehenden Willens

---

721 So nun auch *Engländer* Nothilfe S. 102 ff und 148. Näher zur Frage einer Verpflichtung des Dritten zur Leistung von Nothilfe aus § 323 c oder einem Garantenverhältnis und ihren Grenzen insb. wegen der mit der Angriffsabwehr häufig verknüpften Eigengefährdung *Engländer* FS Roxin (2011), 657, 658 ff.
722 Siehe dazu *Sch/Schröder/Perron* Rdn. 25/26; *Otto* AT § 8 Rdn. 55.
723 Dabei handelt es sich bei Fehlvorstellungen über die Dimension der Einwilligung nicht – wovon *Seier* NJW **1987** 2476, 2478 ausgeht – um eine Frage der Wirksamkeit der Einwilligung, sondern darum, ob überhaupt ein Einwilligungssachverhalt gegeben ist, s. dazu *Rönnau* Willensmängel S. 196 m. Fn. 78 und w.N.
724 So auch *Lackner/Kühl* Rdn. 12; *Roxin* AT I § 15 Rdn. 120. In diesem Zusammenhang geht die Rechtsprechung im Ergebnis von der Vermutung aus, der *Staat* als Angegriffener wolle sich im Zweifel selbst verteidigen, BGH bei Dallinger MDR **1973** 900, 901; BGH NJW **1975** 1161, 1163; OLG Düsseldorf NJW **1961** 1783, 1784; OLG Stuttgart NJW **1966** 745, 748 m. Anm. *Bockelmann* u. *Möhl* JR **1966** 229; bei Kollektivrechtsgütern stellt sich die Frage einer ungewollten Verteidigung hingegen nicht, da es schon an einem nothilfefähigen Rechtsgut mangelt, anders *Fischer* Rdn. 11: keine Erforderlichkeit wegen vorrangiger Zuständigkeit des Staates.
725 Näher zur mutmaßlichen Einwilligung *Rönnau* LK Vor § 32 Rdn. 214 ff.
726 BGHSt **35** 246, 249 f, **45** 219, 221, *Geppert* JZ **1988** 1024, 1026 – jeweils im Kontext einer Operationserweiterung.

(*Seuring* S. 215 f; ebenso *Kühl* AT § 7 Rdn. 143). Wurde die Einwilligung in den Angriff durch Zwang abgenötigt oder durch Täuschung erschlichen, liegt also ein aktueller Willensmangel vor, entspricht die Preisgabe des Rechtsguts zwar nicht dem autonomen Willen des Angegriffenen, und die fehlerbehaftete Zustimmung ist gegenüber dem Angreifer unwirksam. Das bedeutet jedoch nicht zwangsläufig, dass dem zur Nothilfe Bereiten das Nothilferecht zuwächst, weil die Unwirksamkeit gegenüber dem Angreifer nicht in jedem Fall auf das Verhältnis zum Nothelfer durchschlägt (ebenso *Seier* NJW **1987** 2476, 2481).[727] Wurde die Zustimmung **abgenötigt**, kann die Auslegung ergeben, dass der Rechtsgutinhaber gleichwohl wünscht, die Situation möge genau so bereinigt werden, wie der Nötigende dies vorgegeben hat. Sein Wille bleibt hier beachtlich, soweit er als Rechtsgutinhaber noch über die Restfreiheit verfügt, gegenüber Dritten zu entscheiden, wie die Zwangslage beseitigt werden soll.[728] Will z.B. das Opfer einer mittels Geiselnahme seiner Tochter durchgeführten Erpressung das Leben der Geisel nicht gefährden und den vom Erpresser verlangten Geldbetrag zahlen (konkludente, aber wegen Zwangs dem Erpresser gegenüber unwirksame Einwilligung in den Vermögensverlust),[729] ist Nothilfe zur Abwendung des Angriffs auf das Vermögen des Opfers i.d.R. unzulässig (*Sch/Schröder/Perron* Rdn. 25/26).[730] Ob sich der Nothelfer aufdrängt, ist bei einer Unwirksamkeit infolge Nötigung daher eine Frage der konkreten Umstände des Einzelfalles. Bei einer **erschlichenen** Zustimmung stellt sich die Frage nach einer Aufdrängung immer dann nicht, wenn der Angriff bereits dadurch abgewehrt werden kann, dass der Dritte den Irrtum aufklärt. Hier fehlt es bereits an einem Eingriff in Rechtsgüter des Angreifers, so dass es einer Rechtfertigung aus § 32 nicht bedarf. Weist der Dritte etwa den zur Unterschriftsleistung schreitenden Vermögensinhaber darauf hin, dass dieser vom Vertragspartner über den Wert der Gegenleistung getäuscht worden ist, versetzt er das Täuschungsopfer in die Lage, den Angriff auf dessen Vermögen selbst zu beenden. Kann der Angriff hingegen durch bloße Aufklärung nicht mehr abgewendet werden, bedeutet dies zugleich, dass auch eine Entscheidung des aufgeklärten Rechtsgutinhabers nicht mehr herbeigeführt werden kann. In diesem Fall gelten wieder die Grundsätze der mutmaßlichen Einwilligung.[731]

Beruht die Unwirksamkeit der Einwilligung darauf, dass der Inhaber des angegriffenen Rechtsgutes selbst nicht (§ 216) oder zumindest nicht vollständig frei (§ 228) über das Gut disponieren kann, soll Nothilfe trotz entgegenstehenden Willens des Rechtgutinhabers nach h.M. (BGHSt **5** 245, 247 f; *Seier* NJW **1987** 2476, 2482; *Seuring* S. 215 f; **211**

---

[727] Im Anschluss an *Amelung* S. 91 ff. In der Sache liegt dem die Annahme zugrunde, dass sich Willensmängel je nach Beziehungsverhältnis durchaus unterschiedlich auswirken können.
[728] Eingehend zur Auswirkung von Willensmängeln in Dreieckskonstellationen bei der Einwilligung *Rönnau* Willensmängel S. 253 ff. Wie hier für den Fall von Zwang in Dreieckskonstellationen nun auch *Engländer* Nothilfe S. 144; *Matt/Renzikowski/Engländer* Rdn. 36; zust. *Kaspar* JuS **2014** 769, 774.
[729] Siehe *Rönnau* JuS **2005** 481, 484.
[730] AA *Jakobs* AT 12/60 mit dem Hinweis, dass dadurch die Lastenverteilung bei der Notwehr nicht berührt werde, einschränkend *Seier* NJW **1987** 2476, 2481, der von einer Unbeachtlichkeit immer dann ausgeht, wenn der Angegriffene zu dem Nothilfeverbot genötigt worden ist. Das dürfte bei erpresserischer Geiselnahme die Regel sein, da der Geiselnehmer typischerweise darauf besteht, dass die Polizei nicht eingeschaltet wird. Anders auch *Seuring* S. 217 ff, die das Nothilfeverbot immer dann für unbeachtlich hält, wenn der Angegriffene es aus Angst vor den vom Angreifer angedrohten Konsequenzen ausspricht.
[731] I.E. ebenso *Engländer* Nothilfe S. 142 f, der jedes willensmängelbehaftete Nothilfeverbot des Angegriffenen für unbeachtlich hält: Nur bei der Einwilligung sei ein Ausgleich zwischen den gegenläufigen Interessen von Rechtsgutinhaber und Einwilligungsempfänger bei Verfehlung des Willens notwendig, so dass nicht jeder Irrtum zur Unwirksamkeit führe, nicht aber bei einem Nothilfeverbot, weil die Interessen von Rechtsgutinhaber und Nothelfer in die gleiche Richtung gingen, wenn das Nothilfeverbot nicht dem mangelfreien Willen des Rechtsgutinhabers entspricht.

I. Sternberg-Lieben/D. Sternberg-Lieben JuS **1999** 444, 448)[732] zulässig sein.[733] Die Verfügungsschranken, die eine Einwilligung in den Angriff unwirksam machten, gelten nach dieser h.M. auch gegenüber dem Dritten und bewirken, dass er seine Hilfe aufdrängen darf. Diese Haltung ist vor dem Hintergrund des herrschenden sog. dualistischen Notwehrverständnisses (dies gilt in noch stärkerem Maße für einen rein überindividuellen Ansatz), nach dem sich die durch § 32 bereitgestellten Befugnisse neben dem Individualgüterschutz auch daraus ableiten, dass die Gegenwehr der Verteidigung der Rechtsordnung diene, verständlich (zur Kritik an der auch überindividuellen Begründung der Notwehr vgl. Rdn. 66f): Da die Rechtsordnung den Gutsträger hier ausweislich der Verbotstatbestände der §§ 216, 228 beim Einsatz seiner Güter bevormundet, indem sie seiner Zustimmung zum Eingriff die unrechtsausschließende Wirkung versagt, erscheint es zumindest nicht inkonsequent, dies auch dort zu tun, wo es um die Frage der Strafbarkeit eines Nothelfers geht, der das verbotene Verhalten verhindern will und damit für sich in Anspruch nehmen darf, die Rechtsordnung zu verteidigen (*Seier* NJW **1987** 2476, 2481; *I. Sternberg-Lieben/D. Sternberg-Lieben* JuS **1999** 444, 447).[734] Auf der Basis eines rein individualistischen Erklärungsmodells des § 32 hingegen ist diese Auffassung nicht bedenkenfrei, da der die Notwehr ablehnende Wille des Rechtsgutinhabers mangelfrei ist und die gleichwohl unter Missachtung dieses Willens erfolgende Nothilfe unter diesen Umständen nur dann dem Schutz des Individualrechtsgutes Leben bzw. Gesundheit dient, wenn man § 216 bzw. § 228 als Ausdruck eines paternalistischen Schutzes des individuellen Interesses interpretiert.[735] Wer den genannten Vorschriften hingegen zumindest auch den Schutz gesellschaftlicher, d.h. überindividueller Interessen zuschreibt,[736] wird einer Zulässigkeit aufgedrängter Nothilfe wenig Überzeugendes abge-

---

732 Weiter *Erb* MK Rdn. 184; *Geilen* Jura **1981** 308, 313; *Kasiske* Jura **2004** 832, 838; *Lackner/Kühl* Rdn. 12; *Sch/Schröder/Perron* Rdn. 25/26; *Roxin* AT I § 15 Rdn. 119. Ebenso *Seeberg* S. 141 mit dem Hinweis darauf, dass eine Versagung der Nothilfebefugnis zu einem Widerspruch zur Hilfspflicht aus § 323c führen müsse. Aus dem Erfordernis einer einheitlichen Behandlung von Hilfspflicht und Nothilfebefugnis folgt jedoch nicht, dass dies allein über eine Zulässigkeit aufgedrängter Nothilfe erreicht werden könnte.
733 **AA** *Hoyer* SK Rdn. 126; **aA** i.E. wohl auch *M. Koch* S. 142ff, der dies aber wenig überzeugend mit dem Hinweis darauf begründet, Nothilfe liege hier nicht „im Interesse" aller Beteiligten.
734 Ebenso *Geilen* Jura **1981** 308, 313; *Kaspar* JuS **2014** 769, 773; *Klose* ZStW **89** (1977) 61, 97. *I. Sternberg-Lieben/D. Sternberg-Lieben* JuS **1999** 444, 447 folgern daraus, die Zulässigkeit der Nothilfe müsse davon abhängen, ob der Helfer die Gesamtsituation befriede. Grundsätzlich anders *Seuring* S. 185ff u. 215f, die zu dem Ergebnis der h.M. dadurch gelangt, dass sie die Erhaltung von nur eingeschränkt disponiblen Rechtsgütern als unverzichtbare Voraussetzung der Maxime gegenseitiger Regelbefolgung einordnet. Da es sich bei dieser Maxime um ein grundlegendes gesellschaftliches Ordnungsprinzip handle, könne der Rechtsgutinhaber darüber auch nicht zu Lasten des Nothelfers disponieren.
735 So für § 216 etwa *Jakobs* FS Arthur Kaufmann (1993), 459, 470: Schutz vor übereilter Lebensbeendigung; zust. *Schneider* MK § 216 Rdn. 8; ähnl. *Roxin* NStZ **1987** 345, 348; für § 228 BGHSt **49** 34, 42; 166, 170f m. Anm. *Stree* NStZ **2005** 40; *Hirsch* LK[11] § 228 Rdn. 9; einschränkend *Engländer* Nothilfe S. 138ff, der § 216 zwar ebenfalls einen Übereilungsschutz entnimmt, den Nothilfe ablehnenden Willen jedoch dann für beachtlich hält, wenn die Nothilfe ausnahmsweise nicht nur Folgen für das Leben des Rechtgutinhabers haben wird, sondern auch für Leben und Gesundheit Dritter (z.B. Angehöriger). Dass die Irreversibilität der Nothilfefolgen hier symmetrisch statt wie im Regelfall asymmetrisch verteilt ist (*Engländer* aaO S. 140), ist aber noch keine Begründung für die Beachtlichkeit des Nothilfeverbots; eine solche wäre vielmehr erst dann ersichtlich, wenn sich zeigen ließe, dass die Gefahr irreversibler Folgen für Dritte den von § 216 aufgezwungenen Schutz vor Übereilung vollständig verdrängte.
736 So für § 216 *Merkel* Früheuthanasie, Habil. Frankfurt/M. 1997 S. 417ff; *Neumann* FS Kühl, 569, 580f; *Rönnau* Willensmängel S. 163; *D. Sternberg-Lieben* Die objektiven Schranken der Einwilligung im Strafrecht, Habil. Tübingen 1995 S. 117f; für § 228 *Roxin* AT I § 13 Rdn. 41ff: auch generalpräventive Gründe; zur Diskussion um den Gehalt des § 228 eingehend *Paeffgen* NK § 228 Rdn. 33ff m. zahlreichen w.N., auch zu der von ihm vertretenen Ansicht, § 228 sei verfassungswidrig.

winnen können.⁷³⁷ Das muss unabhängig davon gelten, ob ein (echter) Fall des § 216 vorliegt, d.h. der Rechtsgutinhaber den Angreifer zur Tötung bestimmt hat: Auch dann, wenn der Rechtsgutinhaber die Nothilfe untersagt, obwohl er mit dem Angriff nicht einverstanden ist (etwa um den mit ihm verwandten Angreifer zu schonen), darf der Hilfsbereite ihn nicht verteidigen.⁷³⁸

Ist der Angegriffene weder mit dem Eingriff in seine Rechtsgüter noch mit der Eingriffsabwehr einverstanden, besteht weitgehend Einigkeit, dass Nothilfe unzulässig ist, wenn der Angegriffene eine Gegenwehr ablehnt, weil es sich bei dem Angreifer um einen **Angehörigen** o.ä. handelt, er **Gewalt** generell **ablehnt** oder ein besonderes Interesse daran hat, den z.B. nicht lebensgefährlichen **Konflikt diplomatisch zu lösen** (*Jakobs* AT 12/59; *Lackner/Kühl* Rdn. 12; *Seuring* S. 224 ff). Nothilfe ist aber auch dann verboten, wenn der Angegriffene den Angriff aus einem fehlerhaften Rollenverständnis heraus selbst zurückschlagen will, solange dies nicht aus dem Grund geschieht, damit auf ein milderes Abwehrmittel zu verzichten (ebenso *Roxin* AT I § 15 Rdn. 118).⁷³⁹ Wer hier den entgegenstehenden Willen für unbeachtlich hält (so *Jakobs* AT 12/60; *I. Sternberg-Lieben/D. Sternberg-Lieben* JuS 1999 444, 448), kontrolliert den Willen auf seine Vernünftigkeit, was zu einer ungerechtfertigten Bevormundung des Angegriffenen führt.⁷⁴⁰ Zudem bleibt der Maßstab der Vernünftigkeit im Dunkeln. Dieselben Regeln gelten (erst Recht) für den Fall, dass der Angegriffene das Nothilfeverbot aus Sorge um die Folgen ausspricht, die eine Angriffsabwehr oder die Reaktion des Angreifers darauf für ihn selbst haben könnte,⁷⁴¹ und sogar dann, wenn der Angegriffene nicht mit der Person des Nothelfers einverstanden ist.⁷⁴² 212

Ist der Angegriffene hingegen mit einer Hilfe nicht einverstanden, weil er ein die Rechtsgüter des Angreifers erheblich **stärker belastendes Verteidigungsmittel** einsetzen will, als dies bei einer Gegenwehr durch den Nothelfer der Fall wäre, bleibt Nothilfe zulässig (*Jakobs* AT 12/60; *Seuring* S. 219; *I. Sternberg-Lieben/D. Sternberg-Lieben* JuS 1999 444, 448). Weist etwa der Hausrechtsinhaber das Angebot eines Gastes zurück, den Eindringling mittels einfacher körperlicher Gewalt „an die Luft" zu setzen, damit er ihn mit seinem Totschläger hinausprügeln kann, muss der Gast dies nicht beachten. Der Unterschied zu den in den Rdn. 209 bis 212 dargestellten Fällen liegt darin, dass der Angegriffene hier selbst kein Notwehrrecht hätte, weil er das hinter dem Merkmal der Erforderlichkeit stehende Minimierungsgebot verletzte. Da es sich bei diesem Grundsatz um einen allgemeingültigen Rechtssatz handelt, der unabhängig von dem Bestehen eines rechtswidrigen Angriffs für alle Rechtfertigungsgründe gilt, lässt sich mit dem Notwehrbegriff nicht argumentieren. Mit dem Nothilfeverbot disponiert der Angegriffene nicht über eigene Rechtsgüter; vielmehr betrifft seine Entscheidung allein die Rechtsgüter des Angreifers. 213

Unzulässig ist Nothilfe jedenfalls zur Verhinderung eines eigenverantwortlich begangenen **Suizids** (*Kindhäuser* NK Rdn. 44),⁷⁴³ bei dem also „Angreifer" und „Angegrif- 214

---

737   AA *Seeberg* S. 143 f mit dem nicht weiterführenden Hinweis, aus der Hochrangigkeit der Rechtsgüter folge ein Bedürfnis für die Verteidigung durch Dritte.
738   *Neumann* FS Kühl, 569, 581.
739   Zust. *Engländer* Nothilfe S. 148 f.
740   Sehr deutlich wird dies bei *M. Koch* S. 138 ff, der nur wohl überlegte Entscheidungen des Angegriffenen für beachtlich hält.
741   Zutreffend *Engländer* Nothilfe S. 146 ff gegen *M. Koch* S. 141 f.
742   Richtig *Engländer* Nothilfe S. 150 gegen *Seeberg* S. 135.
743   AA *Schmidhäuser* FS Welzel, 801, 818 mit der Einschränkung, dass die Nothilfe nicht zu ernsthaften Verletzungen des Suizidenten führen darf. Zum Streit über eine Befugnis zur Selbstmordverhinderung aus § 34 s. *Kindhäuser* NK § 34 Rdn. 35 m.w.N.

fener" personenidentisch sind. Hier fehlt es bereits an einem Angriff, weil das Leben nicht gegen Handlungen des Rechtsgutinhabers selbst geschützt ist. Die gegenteilige Auffassung würde zu einer Pflicht zum Leben führen, die zudem noch mit scharfen Mitteln durchgesetzt werden dürfte.

215   Kein echter Fall aufgedrängter Nothilfe ist die Verhinderung eines nach § 218a Abs. 1 rechtswidrigen, aber tatbestandslosen[744] **Schwangerschaftsabbruchs**, da die Abwehr des Angriffs auf den Fötus nur gegen den Willen der Mutter erfolgt, die jedoch weder Rechtsgutinhaber noch sonst zur Verfügung berechtigt ist. Die Möglichkeit einer Nothilfeleistung zugunsten des werdenden Lebens liefe jedoch dem vom Gesetzgeber mit der Fristenlösung gekoppelten Beratungskonzept[745] und dem vom BVerfG ausdrücklich geforderten Nothilfeverbot (BVerfGE **88** 203, 279) zuwider, weil sie Frauen, die mit der Fortsetzung einer Schwangerschaft ringen, in die Heimlichkeit und damit in die Illegalität drängte (näher dazu Rdn. 138). Nur im Ergebnis wird daher die Unterbindung eines rechtswidrigen Schwangerschaftsabbruchs wie der Fall einer unzulässig aufgedrängten Nothilfe mit der Folge behandelt, dass Nothilfe nicht geleistet werden darf.

IV. Notwehr durch Hoheitsträger

Schrifttum

Amelung Die Rechtfertigung von Polizeivollzugsbeamten, JuS **1986** 329; *Beaucamp* §§ 32, 34 StGB als Ermächtigungsgrundlagen für polizeiliches Eingreifen, JA **2003** 402; *Béguelin* Die Subsidiarität der Notwehr als entscheidendes Kriterium für die Frage, ob Polizeibeamte sich auf § 32 berufen dürfen, GA **2013** 473; *Beisel* Straf- und verfassungsrechtliche Problematiken des finalen Rettungsschusses, JA **1998** 721; *Bockelmann* Notrechtsbefugnisse der Polizei, Festschrift Dreher (1977) 235; *Brugger* Vom unbedingten Verbot der Folter zum bedingten Recht auf Folter? JZ **2000** 165; *Drucks* Notwehr- und Notstandsbefugnis von Hoheitsträgern, Kriminalistik **2007** 697; *Ehlers* Die Lehre von der Teilrechtsfähigkeit juristischer Personen des öffentlichen Rechts und die Ultra-vires-Doktrin des öffentlichen Rechts (2000); *Erb* Notwehr als Menschenrecht, NStZ **2005** 593; *Fechner* Grenzen polizeilicher Notwehr, Diss. Hamburg 1991; *Felix* Einheit der Rechtsordnung, Habil. Passau 1997 (1998); *Frister/Korte/Kreß* Die strafrechtliche Rechtfertigung militärischer Gewalt in Auslandseinsätzen auf der Grundlage eines Mandats der Vereinten Nationen, JZ **2010** 10; *Gössel* Über Rechtmäßigkeit befugnisloser strafprozessualer rechtsgutsbeeinträchtigender Maßnahmen, JuS **1979** 162; *Herzberg* Folter und Menschenwürde, JZ **2005** 321; *J. Hinz* Nothilfeverbot durch Befehl? NZWehr **2011** 144; *Jahn* Das Strafrecht des Staatsnotstandes, Habil. Frankfurt/M. 2003 (2004); *Kinnen* Notwehr und Nothilfe als Grundlagen hoheitlicher Gewaltanwendung, MDR **1974** 631; *Kinzig* Not kennt kein Gebot? ZStW **115** (2003) 791; *Kirchhof* Polizeiliche Eingriffsbefugnisse und private Nothilfe, NJW **1978** 969; *ders.* Unterschiedliche Rechtswidrigkeiten in einer einheitlichen Rechtsordnung (1978); *Klose* Notrecht des Staates aus staatlicher Rechtsnot, ZStW **89** (1977) 61; *Krey/W. Meyer* Zum Verhalten von Staatsanwaltschaft und Polizei bei Delikten mit Geiselnahme, ZRP **1973** 1; *Kunz* Die organisierte Nothilfe, ZStW **95** (1983) 973; *R. Lange* Der „gezielte Todesschuss", JZ **1976** 546; *W. Lange* Probleme des polizeilichen Waffengebrauchsrechts, MDR **1974** 357; *Lerche* Der gezielt tödlich wirkende Schuss nach künftigem einheitlichen Polizeirecht – zum Verhältnis hoheitlicher Eingriffsbefugnisse zu den allgemeinen Notrechten, Festschrift vd Heydte Bd. II (1977) 1033; *Paeffgen* Polizeilicher Schusswaffengebrauch und Strafrecht, Festschrift Beulke (2015) 213; *Pawlik* Der rechtfertigende Notstand (2002); *Perron* Foltern in Notwehr? Festschrift Weber (2004) 143; *Pewestorf* Die Berufung des Amtsträgers auf die Jedermannrechte, JA **2009** 43; *Pielow* Der sog. finale Todes- oder Rettungsschuss, Jura **1991** 482; *Pünder* Hamburgs neues Polizeirecht, NordÖR **2005** 292; *Riegel* §§ 32, 34 StGB als hoheitliche Befugnisgrundlage? NVwZ **1985** 639; *Rogall* Das Notwehrrecht des Polizeibeamten, JuS **1992** 551; *Roos* Notwehr und Nothilfe: Eingriffsermächtigung oder Rechtfertigung? Die Polizei **2002** 348; *Rupprecht* Die tödliche Abwehr des Angriffs auf menschliches Le-

---

744 Vgl. *Satzger* Jura **2008** 424, 430.
745 BT-Drs. 13/1850 S. 25.

ben, JZ **1973** 263; *Schaffstein* Die strafrechtlichen Notrechte des Staates, Gedächtnisschrift Schröder (1978) 97; *Schlehofer* Vorsatz und Tatabweichung, Habil. Bochum 1994; *Schmidt-Jortzig* Die Verallgemeinerung des Außergewöhnlichen, Festschrift Ress (2005) 1569; *Schroeder* Polizei und Geiseln (1972); *Schwabe* Die Notrechtsvorbehalte des Polizeirechts (1979); *M. Seebode* Polizeiliche Notwehr und Einheit der Rechtsordnung, Festschrift Klug Bd. II (1983) 359; *ders*. Gesetzliche Notwehr und staatliches Gewaltmonopol, Festschrift Krause (1990) 375; *Seelmann* Grenzen privater Nothilfe, ZStW **89** (1977) 36; *Sohm* Rechtsfragen der Nothilfe bei friedensunterstützenden Einsätzen der Bundeswehr, NZWehrr **1996** 89; *Thewes* Rettungs- oder Todesschuss? (1988); *Wagenländer* Zur strafrechtlichen Beurteilung der Rettungsfolter, Diss. Hamburg 2005 (2006); *Wimmer* Das Anhalten beleidigender Briefe aus der Untersuchungshaft, GA **1983** 145; *Witzstrock* Der polizeiliche Todesschuss, Diss. Bremen 2000/01 (2001); *dies*. Einführung des polizeilichen Todesschusses – Pro, ZRP **2004** 31.

1. Allgemeines. Ob sich Hoheitsträger, die im Rahmen ihrer Aufgaben Gefahren 216 von sich oder Bürgern abwehren, auf Notwehr berufen können, ist seit geraumer Zeit umstritten. Das Problem besteht darin, dass landesrechtliche Vorschriften zur Gefahrenabwehr höhere Anforderungen an die Rechtmäßigkeit hoheitlichen Verhaltens in Gefahrensituationen stellen als § 32. Ganz allgemein stehen sämtliche hoheitliche Maßnahmen unter dem **Vorbehalt ihrer Verhältnismäßigkeit,** während das Notwehrrecht eine derartige Beschränkung nur in ganz abgeschwächter Form kennt – der Notwehreinschränkung des sog. krassen Missverhältnisses zwischen den Interessen des Angegriffenen an der Verteidigung und denen des Angreifers an Schonung.[746] Das Problem unterschiedlich weit gehender Eingriffsbefugnisse stellt sich hauptsächlich beim **polizeilichen Schusswaffeneinsatz** und in besonderer Schärfe beim gezielten polizeilichen Todesschuss.[747] Hier engen die Vorschriften der Landesgesetze den Handlungsspielraum der Amtsträger noch über das Maß der Verhältnismäßigkeit hinaus dadurch ein, dass neben standardisierten Erforderlichkeits- und Einschränkungsregeln ähnlich der Gebotenheit (etwa eingeschränkter Schusswaffengebrauch gegenüber Kindern) ein abschließender Kreis von Zwecken aufgestellt wird, zu dem Schusswaffen eingesetzt werden dürfen. Grundsätzlich wird der Gebrauch von Schusswaffen erlaubt, um angriffs- oder fluchtunfähig zu machen. Neben der Fluchtverhinderung im Zusammenhang mit polizeilicher Festnahme oder Gewahrsam geht es dabei vor allen Dingen um die Abwendung gegenwärtiger Leibes- oder Lebensgefahren oder die Verhinderung von Verbrechen und solchen Vergehen, deren Ausführung durch den Einsatz oder das Mitführen von Schusswaffen oder Explosivmitteln qualifiziert ist. Soweit der gezielte, d.h. mindestens mit Eventualvorsatz vorgenommene Todesschuss eine spezielle Regelung erfahren hat,[748] machen die zitierten Vorschriften seine Rechtmäßigkeit zusätzlich davon abhängig, dass er das einzige Mittel zur Abwehr einer gegenwärtigen Lebensgefahr oder der Gefahr einer schwerwiegenden Verletzung der körperlichen Unversehrtheit ist; dabei ist mit „schwerwiegend" eine Folge vom Grad der in § 226 Abs. 1 aufgezählten Beispiele gemeint.[749] Nach dieser Rechtslage mag es Situationen geben, in denen § 32 die Tötung des Angreifers erlaubt, die Vorschriften über Standardmaßnahmen zur Gefahrenabwehr den Eingriff jedoch nicht decken. Allerdings ist der Bereich

---

[746] Siehe zu den Befugnisdifferenzen eingehend *Felix* S. 61 ff.
[747] Siehe zur rechtspraktischen Seite die Dokumentenzusammenstellung von *Schroeder* Polizei und Geiseln.
[748] Wie in Art. 83 Abs. 2 S. 2 Bay PAG; § 66 Abs. 2 S. 2 PolG Bbg; § 54 Abs. 2 PolG BW; § 46 Abs. 2 S. 2 u. 3 BremPolG; § 25 Abs. 2 HambSOG; § 60 Abs. 2 S. 2 HSOG; § 76 Abs. 2 S. 2 NdsSOG; § 63 Abs. 2 S. 2 PolG NRW; § 63 Abs. 2 S. 2 POG Rh.-Pf.; § 57 Abs. 1 S. 2 SaarPolG; § 34 Abs. 2 SächsPolG; § 65 Abs. 2 S. 2 SOG LSA; § 64 Abs. 2 S. 2 ThürPAG; s. auch § 41 Abs. 2 S. 2 MEPolG.
[749] *Schütte/Braun/Keller* PolG NRW § 63 Rdn. 10.

inkongruenter Erlaubnisreichweite äußerst schmal (so auch *Jahn* S. 407): Nach den polizeirechtlichen Normen ist zwar auch der nicht mit Tötungsvorsatz geführte Einsatz von Schusswaffen (etwa ein Schuss in das Bein) verboten, wenn der auf frischer Tat betroffene, aber flüchtende Dieb keine Schusswaffen oder Explosivmittel bei sich führt. Einer Privatperson wäre das gleiche Verhalten jedenfalls nach h.M. als Notwehr erlaubt.[750] Aber schon das häufig angeführte Beispiel, in dem eine Straßengang einen Passanten verprügelt (*Sch/Schröder/Perron* Rdn. 42b),[751] taugt nicht, um zu zeigen, dass öffentlich-rechtliche Eingriffsbefugnisse in der Praxis generell und in einem unerträglichen Maße hinter den von § 32 gestatteten Verteidigungsmaßnahmen zurückbleiben. Nach der Mehrzahl der landesrechtlichen Vorschriften und § 15 Abs. 1 Nr. 1c UZwGBw ist der Polizeivollzugsbeamte bzw. der Soldat[752] wegen der gegenwärtigen Leibesgefahr für den Passanten (bei Soldaten: Kameraden oder ziviles Wachpersonal der Bundeswehr) – die auch von § 32 vorausgesetzte Erforderlichkeit der Abwehrhandlung einmal unterstellt – befugt, einem der Angreifer nach Androhung und Warnschuss in das Bein zu schießen. Vollzugsbeamten des Bundes und den Polizeivollzugsbeamten der Länder Baden-Württemberg, Berlin, Hamburg und Sachsen hingegen kann ein Einschreiten durch Schusswaffengebrauch in diesem Beispiel nach dem Recht der Gefahrenabwehr verwehrt sein, weil die für sie anwendbaren Gesetze verlangen, dass mit dem Schusswaffeneinsatz ein Verbrechen oder ein durch das Verwenden bzw. Mitsichführen von Schusswaffen oder Explosivmitteln qualifiziertes Vergehen verhindert wird.

217 Der Streit um die richtige Behandlung der unterschiedlichen Reichweite der Erlaubnis nach öffentlichem Recht einerseits und § 32 andererseits entzündet sich insbesondere an dem Umstand, dass mit Ausnahme des UZwGBw, des BremPolG, des SaarPolG und des HambSOG[753] alle Gesetze zur Gefahrenabwehr unabhängig von der Reichweite des erlaubten polizeilichen Schusswaffeneinsatzes zumindest eine Vorschrift enthalten, nach der das **Recht zum Schusswaffengebrauch aufgrund** anderer gesetzlicher Vorschriften – das heißt auch der **Notwehr – unberührt bleibt**[754] oder zumindest die zivil- und strafrechtlichen Wirkungen der Vorschriften über Notwehr und Notstand unberührt bleiben.[755] Danach scheinen die Gesetze den Vollzugsbeamten einerseits an engere Vorgaben als § 32 zu binden, auf der anderen Seite jedoch diese Bindung zumindest im Hinblick auf die außeröffentlich-rechtlichen Rechtsfolgen wieder zu lösen. Dieser wenig

---

750 Zu Einschränkungsversuchen bei fliehenden Tätern in der Beendigungsphase eines Delikts s. Rdn. 234.
751 Siehe auch *Erb* MK Rdn. 187; *Roxin* AT I § 15 Rdn. 108; *Seebode* FS Klug, 359, 361.
752 Zum Nothilferecht deutscher Soldaten bei friedenssichernden Auslandseinsätzen s. *Sohm* NZWehrr **1996** 89, 93 ff u. *Wentzek* NZWehrr **1997** 29; speziell zur Zulässigkeit von Notwehr gegenüber Nichtkombattanten sowie der deutlich besser passenden (und nach dem hier Rdn. 220 ff zur Notwehr durch Amtsträger und Soldaten eingenommenen Standpunkt auch allein zulässigen) unmittelbaren Rechtfertigung durch das jeweilige UN-Mandat i.V.m. Art. 24 Abs. 2 GG *Frister/Korte/Kreß* JZ **2010** 10, 11 ff u. StA Zweibrücken NZWehrr **2009** 169, 170 ff, deren Ausführungen zur Putativnotwehr indes nicht erkennen lassen, ob diese sich auf Bestimmungen in dem entsprechenden UN-Mandat oder auf § 32 beziehen.
753 § 10 Abs. 3 BremPolG und § 8 Abs. 3 SaarPolG stellen sogar ausdrücklich fest, dass Notwehr und Notstand keine polizeilichen Befugnisse verleihen. Der Hamburgische Gesetzgeber hat § 25 Abs. 3 HambSOG a.F., der einen Notrechtsvorbehalt enthielt, 2005 gestrichen; nach § 17 Abs. 3 HambSOG bleiben lediglich „besondere Bestimmungen über die Art und Weise der Ausübung unmittelbaren Zwangs in anderen Rechtsvorschriften" unberührt – das schließt § 32 nicht mit ein.
754 § 8 Abs. 3 u. § 9 Abs. 4 UZwG Bln; § 60 Abs. 2 PolG Bbg; § 54 Abs. 4 PolG BW; § 250 Abs. 2 LVwG SH; § 101 Abs. 2 SOG M-V; § 57 Abs. 2 PolG NRW; § 34 Abs. 6 SächsPolG; § 10 Abs. 3 UZwG.
755 Art. 77 Abs. 2 BayPAG; § 54 Abs. 2 HSOG; § 71 Abs. 2 NdsSOG; § 57 Abs. 4 POG Rh.-Pf.; § 60 Abs. 2 SOG LSA; § 58 Abs. 2 ThürPAG; s. auch § 35 Abs. 2 MEPolG.

befriedigende Gesetzeszustand hat verschiedene Vorschläge zur Auflösung dieses Widerspruchs hervorgebracht, von denen keiner vollständig bedenkenfrei ist (so auch *Lackner/Kühl* Rdn. 17).

Die Rechtsprechung (BGH NJW **1958** 1405f; NStZ **2005** 31f m. Anm. *Petersohn* JA **2005** 91)[756] – unterstützt durch die Mehrheit strafrechtlicher Autoren (*Bockelmann* FS Dreher, 235, 239ff; *Gössel* JuS **1979** 162, 165; *Herzberg* JZ **2005** 321; *Jescheck/Weigend* AT § 32 II 2c)[757] – will den Widerspruch dadurch beseitigen, dass sie die öffentlich-rechtlichen Gefahrabwendungsbefugnisse durch § 32 erweitert, indem sie die **Notwehr als** originär **allgemeingültiges Eingriffsrecht** einordnet. Teilweise wird auch behauptet, erst die Notrechtsvorbehalte verliehen dem Notwehrrecht diese Qualität (*Lerche* FS vd Heydte Bd. II, 1033, 1047).[758] Für diesen Ansatz spricht, dass er rechtssichere, weil eindeutige Antworten ermöglicht und vermeidet, dass der Amtsträger dort nicht helfen bzw. sich verteidigen dürfte, wo dem Bürger die weitreichenden Notwehr- und Nothilfebefugnisse zustehen. Diese Vorteile lassen sich jedoch – neben ungenügender Bestimmtheit der Eingriffsnorm – nur um den hohen Preis der Missachtung des mit Verfassungsrang ausgestatteten Grundsatzes des Gesetzesvorbehalts erreichen. Denn die der ausführenden Staatsgewalt von den Vorschriften zur Gefahrenabwehr gezogenen Grenzen würden bei einer Erweiterung der Eingriffsbefugnisse durch das Notwehrrecht leerlaufen. Nach modernem Rechtsverständnis verlangt das Rechtsstaatsprinzip aus Art. 20 Abs. 3 GG nicht nur, dass in Grundrechte eingreifendes Staatshandeln überhaupt aufgrund gesetzlicher Grundlage erfolgt, sondern dass es von einer bereichsspezifischen Eingriffsermächtigung gedeckt ist, deren Voraussetzungen und Rechtsfolge auf einen bestimmten Lebensbereich zugeschnitten sind.[759] Dabei zwingt der so verstandene Gesetzesvorbehalt zur vorrangigen Anwendung des bereichsspezifischen Gesetzes, so dass § 32 die Gefahrenabwehrbefugnisse nicht erweitern kann.[760] Darüber hinaus erscheint es kaum erträglich, dass der Ansatz der im Strafrecht bislang h.M. Eingriffsverhalten der Staatsorgane vom Primat des Grundsatzes der Verhältnismäßigkeit befreit. In Bremen und im Saarland ist dieser strafrechtsakzessorischen Lehre der Boden bereits dadurch entzogen, dass § 10 Abs. 3 BremPolG und § 8 Abs. 3 SaarlPolG den Notrechten ausdrücklich die Qualität polizeilicher Eingriffsbefugnisse absprechen.

Vor diesem Hintergrund und gestützt durch den bereits zitierten Teil der landesrechtlichen Vorschriften, nach denen allein die zivil- und strafrechtlichen Wirkungen

---

[756] Weiter BGH Beschl. v. 6.3.2008 – 5 StR 192/07 (insoweit in NStZ **2008** 453 nicht abgedr.), wo eine Anwendung des § 32 auf dienstl. Festnahmehandlungen durch einen Polizeivollzugsbeamten des Landes Hamburg (§ 25 Abs. 3 HambSOG a.F. verwies zum Tatzeitpunkt noch auf § 32) erörterungslos vorausgesetzt wird; BayObLG JZ **1991** 936f m. Anm. *Schmidhäuser, Rogall* JuS **1992** 551 u. *Spendel* JR **1991** 248; OLG Celle NJW-RR **2001** 1033, 1035f; OLG Koblenz (Z) BeckRS **2010** 12231; OLG Karlsruhe BeckRS **2011** 04322 (in Form der Putativnotwehr); OLG Frankfurt NStZ-RR **2013** 107, 108; s. auch bereits RGSt **61** 216, 217; zust. *Wimmer* GA **1983** 145, 156ff, jedoch mit der Beschränkung auf verhältnismäßige Eingriffe.
[757] Ebenso *Lackner/Kühl* Rdn. 17; *R. Lange* JZ **1976** 546, 547; *W. Lange* MDR **1974** 357, 358; *Sch/Schröder/Perron* Rdn. 42c; *Schwabe* Notrechtsvorbehalte S. 42ff, 54ff; ders. NJW **1977** 1902, 1905f; *Spendel* LK[11] Rdn. 275 u. 278; i.E. auch *Roxin* AT I § 15 Rdn. 112f.
[758] Es fragt sich bei dieser Lösung allerdings, warum allein die Wachsoldaten und Polizeivollzugsbeamte aus Bremen, Hamburg und dem Saarland kein Eingriffsrecht nach § 32 haben. Krit. auch *Schwabe* Notrechtsvorbehalte S. 38.
[759] BVerfGE **65** 1, 46 (Volkszählungsurteil); s. auch *Jahn* S. 402; *Riegel* NVwZ **1985** 639, 640; *Schenke* VBlBW **1988** 194, 196; *Schmidt-Jortzig* FS Ress, 1569, 1574.
[760] *Herzog* NK³ Rdn. 80; ebenso für das Anhalten beleidigender Strafgefangenenpost BVerfGE **33** 1, 17; s. auch OLG Celle NJW **1973** 1659.

des Notwehrrechts von den öffentlich-rechtlichen Einschränkungen unberührt bleiben,[761] hat sich eine sog. **Spaltungslösung** herausgebildet (*Beaucamp* JA **2003** 402, 403f; *Fechner* S. 85f, 98; *Felix* S. 402f),[762] die sich mittlerweile als h.L. bezeichnen darf. Danach handelt der Vollzugsbeamte, dessen Verhalten nicht von den polizeirechtlichen Vorschriften gedeckt ist, sich aber unter § 32 subsumieren lässt, sowohl im Einklang mit Rechtsnormen wie auch im Widerspruch zu ihnen: Hoheitlich ist ihm sein Handeln mangels Eingriffsbefugnis verboten, so dass eine Fortsetzungsfeststellungsklage mit dem Ziel, den erledigten Verwaltungsakt für rechtswidrig zu erklären, ebenso Erfolg hätte wie eine Leistungsklage, die darauf gerichtet ist, Entschädigung wegen eines aufopferungsgleichen Eingriffs zu erlangen. Darüber hinaus eröffnet der auf den Bereich des öffentlichen Rechts beschränkte Rechtsverstoß die Möglichkeit einer disziplinarrechtlichen Maßregelung des Vollzugsbeamten. Wie bei jedem anderen Rechtssubjekt dieser Gemeinschaft ist das Verhalten des Beamten jedoch ausnahmsweise nach § 32 gerechtfertigt, so dass weder eine Bestrafung noch Schadensersatz aus Deliktsrecht in Betracht kommen. Ein Amtshaftungsanspruch aus § 839 BGB i.V.m. Art. 34 GG scheidet ebenfalls aus, da er eine deliktische Haftung des Beamten voraussetzt.[763] Auch wenn eine solche gespaltene Lösung den (nach diesem Ansatz nur scheinbaren) Widerspruch zwischen den Notrechtsvorbehalten und den polizeirechtlichen Befugnisnormen erklären kann und dem Gesetzesvorbehalt Rechnung trägt, vermag sie letztlich nicht zu überzeugen. Gegen sie spricht zwar nicht der häufig erhobene Einwand, die Einheit der Rechtsordnung verlange ein einheitliches Rechtswidrigkeitsurteil,[764] da – wie *Günther* Strafrechtswidrigkeit S. 103ff gezeigt hat – in verschiedenen Teilrechtsbereichen durchaus

---

761 Siehe Fn. 755.
762 Ebenso *Drucks* Kriminalistik **2007** 697, 700ff; *Götz* Allgemeines Polizei- und Ordnungsrecht 16. Aufl. (2017) 13/53f; *Gusy* Polizeirecht 10 Aufl. (2017) Rdn. 177f; Erichsen/Ehlers Allgemeines Verwaltungsrecht 12. Aufl. (2002) 15/15; *Ehlers/Pünder/Ruffert* Allgemeines Verwaltungsrecht 15. Aufl. (2016) 22/27 m. Fn. 60; *Hoyer* SK Rdn. 103; *Klose* ZStW **89** (1977) 61, 78 u. 80; *Mitsch* NJW **2017** 3124, 3126; *Pielow* Jura **1991** 482, 487f; *Pieroth/Schlink/Kniesel/Kingreen/Poscher* Polizei- und Ordnungsrecht 9. Aufl. (2016) 12/24f; *Pünder* NordÖR **2005** 292, 297; *Riegel* NVwZ **1985** 639, 640; *Rogall* JuS **1991** 551, 558f; *Roos* Die Polizei **2002** 348, 349f; *Schenke* Polizei- und Ordnungsrecht 10. Aufl. (2018) Rdn. 562; *M. Seebode* FS Klug 359, 367f; *ders.* StV **1991** 80, 81f; *Schmidt-Jortzig* FS Ress, 1569, 1574f; *Wagenländer* S. 101; auch *Witzstrock* S. 117f und ZRP **2004** 31, die aus der mangelnden Qualität des § 32 als Ermächtigungsgrundlage folgert, Vorgesetzte dürften den Beamten nicht anweisen, sich oder Dritte in einem Maße zu verteidigen, das nur von § 32 gedeckt ist; ebenso *Pewestorf* JA **2009** 43, 45 und *Schenke* aaO; **aA** *Schwabe* Notrechtsvorbehalte S. 58. Eine modifizierte Spaltungslösung schlägt *Erb* MK Rdn. 189ff vor, der jedoch in Ausnahmefällen § 32 auch als Eingriffsnorm versteht, wobei die Vorschrift in einem solchen Fall unter dem Regime des Verhältnismäßigkeitsgrundsatzes stehe (*Erb* MK Rdn. 195); ähnlich *Herzog* NK³ Rdn. 86; *Wimmer* GA **1983** 145, 156ff.
Béguelin GA **2013** 473, 481ff verweist zutreffend darauf, dass sich die (erstaunlicherweise von ihm selbst befürwortete) Spaltungslösung durch die Subsidiarität privater Notwehr gegenüber hoheitlicher Hilfe im Grunde selbst überflüssig macht: Nimmt man die Spaltung ernst, dürfte der Beamte im Rahmen des § 32 nicht mehr tun, als ihm das öffentliche Recht gestattet, weil er, soweit es § 32 betrifft, wie ein Bürger handelt, der einen im Rahmen der öffentlich-rechtlichen Gefahrenabwehrbefugnisse hilfsbereiten Beamten (hier sich selbst in der Rolle des Amtsträgers) neben sich hat. Da die Subsidiarität nach richtiger (und von *Béguelin* aaO geteilter) Ansicht auch dort gilt, wo der Beamte aus Gründen öffentlich-rechtlicher Beschränkungen weniger tun darf, als es der auf sich gestellte Bürger tun dürfte (näher Rdn. 185), beseitigt die Spaltungslösung den Befugnisüberschuss, den ihre Vertreter dem Beamten gegenüber öffentlich-rechtlichen Vorschriften im Hinblick auf dessen persönliche Rechtfertigung geben wollen.
763 Übersehen von *Pewestorf* JA **2009** 43, 45. S. zu den Rechtsfolgen der unterschiedlichen Ansichten die tabellarische Übersicht bei *Jahn* S. 272.
764 So aber OLG Celle NJW-RR **2001** 1033, 1035f; *Schaffstein* GedS Schröder, 97, 108f; *Sch/Schröder/Perron* Rdn. 42b; *Schwabe* NJW **1977** 1902, 1905f; recht drastisch *Spendel* LK¹¹ Rdn. 273, der das uneinheitliche Rechtswidrigkeitsurteil für „schizoid" hält.

unterschiedliche Anforderungen an die spezifische Rechtswidrigkeit gestellt werden können (ebenso *Pawlik* Notstand S. 210 f; *Wagenländer* S. 94 ff; ähnlich *Roxin* AT I § 15 Rdn. 112).[765] Die Spaltungslösung leidet jedoch an einem inneren Widerspruch: Wer behauptet, die Wirkungen des Notwehrrechtes beschränkten sich auf den Binnenbereich des Straf- und des Zivilrechts, während sich der Eingriff in die Grundrechte des Trägers des Eingriffsrechtsgutes ausschließlich nach öffentlich-rechtlichen Vorschriften bestimme, hat nur zwei Möglichkeiten, diese Annahme zu begründen. Möglichkeit 1: Er ordnet die Notwehr entgegen der hier für richtig gehaltenen Ansicht (dazu Rdn. 113) als bloße Handlungsbefugnis ein mit allen Konsequenzen, die diese Qualifizierung für die Voraussetzungen und Rechtswirkungen der Notwehr hat (insbesondere, dass der Bürger den Eingriff des Beamten nicht dulden muss und sich dagegen im Rahmen des § 228 BGB wehren darf). Eine auf die Frage der Strafbarkeit und des zivilrechtlichen Schadensersatzes beschränkte Wirkung kann die Notwehr nur im Fall ihrer Qualifizierung als Handlungsbefugnis haben. Anderenfalls gewährt sie ein Eingriffsrecht und verpflichtet den Träger des Eingriffsrechtsgutes zur Duldung. Duldungspflichten können sich aber nicht auf einen Teilrechtsbereich beschränken, da der von der Verteidigung Betroffene nur einheitlich zur Duldung verpflichtet sein kann; ein nur auf das Straf- und Zivilrecht beschränktes Verbot der Gegenwehr ist nicht denkbar. Insoweit gilt die Feststellung von *Günther* SK[7] Vor § 32 Rdn. 30, dass dasselbe Verhalten nicht zugleich verboten und erlaubt sein kann. Die Konsequenz der Einordnung der Notwehr als bloße Handlungsbefugnis ziehen die Vertreter der Spaltungslösung jedoch nicht. Gegen die Spaltungslösung sprechen damit dieselben Gründe, die auch der zwischen Situations- und Sanktionsebene unterscheidenden Rechtsprechung des BVerfG im Zusammenhang mit der Duldung rechtswidriger hoheitlicher Eingriffsmaßnahmen die Überzeugungskraft nehmen (näher dazu Rdn. 120): Gewährt die Notwehr ein Eingriffsrecht, erweitert sie entgegen dem erklärten Ziel der Spaltungslösung zwangsläufig die von den Polizeigesetzen eingeräumten Eingriffsbefugnisse und beschränkt sich gerade nicht darauf, ein Rechtfertigungsgrund zu sein (so auch *Amelung* JuS **1986** 329, 333; *Perron* FS Weber, 143, 145 f). Darüber hinaus verstößt die Lösung damit gegen die vom Grundgesetz in den Art. 74 ff GG vorgegebene Kompetenzverteilung zwischen Bund und Ländern, die dem Bund in Art. 74 Abs. 1 Nr. 1 GG die konkurrierende Gesetzgebungskompetenz für das Strafrecht verleiht, von der er abschließenden Gebrauch gemacht hat. Möglichkeit 2: Die Spaltungslösung wird als Ausdruck der von *Günther* begründeten Lehre von den Strafunrechtsausschließungsgründen verstanden (ausführlicher zu dieser Lehre *Rönnau* LK Vor § 32 Rdn. 24 ff). Nur auf der Grundlage dieses Modells lässt sich die Differenzierung zwischen polizeilichem Eingriffsrecht und strafrechtlicher Rechtfertigung schlüssig begründen, indem das Notwehrrecht bei Vollzugsbeamten als ein Strafunrechtsausschließungsgrund und „Deliktsunrechtsausschließungsgrund" (i.S.d. Zivilrechts) eingeordnet wird, das den Grundrechtseingriff nicht erlaubt, diesem aber das Strafunrecht und Deliktsunrecht nimmt (*Günther* Strafrechtswidrigkeit S. 36; zust. *Schlehofer* S. 75; i.E. auch *Roxin* AT I § 14 Rdn. 34).[766] Damit ließe sich die Spaltungslösung zwar widerspruchsfrei erklären. Die Lehre von den Strafunrechtsausschließungsgründen sollte jedoch nur angewendet werden, wenn sich das mangels – vorrangig – herzustellender einheitlicher Lösung nicht vermeiden lässt.

Eine solche einheitliche und damit vorzugswürdige Lösung besteht darin, die **220** Rechtmäßigkeit des hoheitlichen Verteidigungshandelns allein nach den Vorschriften

---

[765] Weiter *Felix* S. 298; *Kirchhof* S. 10 f.
[766] So nun *Engländer* Nothilfe S. 176 ff; *Matt/Renzikowski/Engländer* Rdn. 41.

über den unmittelbaren Zwang zum Zwecke der Gefahrenabwehr zu beurteilen (**öffentlich-rechtliche Lösung**, vgl. *Jahn* S. 417ff; *Kunz* ZStW **95** [1983] 973, 982)⁷⁶⁷ bzw. § 32 nur nach Maßgabe dieser öffentlich-rechtlichen Vorschriften anzuwenden (*Schaffstein* GedS Schröder, 97, 111f; *Seelmann* ZStW **89** [1977] 36, 48).⁷⁶⁸ Auch wenn damit die Notrechtsvorbehalte in den Landesgesetzen leer laufen⁷⁶⁹ (was in Bremen, im Saarland und in Hamburg durch Streichung der Notrechtsvorbehalte bereits in die legislative Praxis umgesetzt worden ist), spricht entscheidend für diese Lösung, dass nur sie den Grundsatz vom Vorbehalt des bereichsspezifischen Gesetzes und den alle staatliche Gewaltausübung bindenden Verhältnismäßigkeitsgrundsatz ernst nimmt und sich in die Konzeption der Notwehr als ein Ausnahmerecht für den von den ordentlichen Schutzmechanismen der Gemeinschaft abgeschnittenen Bürger nahtlos einfügt. Die polizeirechtlichen Vorschriften erlegen dem Vollzugsbeamten Beschränkungen bei der Anwendung unmittelbaren Zwangs auf, die speziell auf die Gefahrenabwehr durch geschultes Personal zugeschnitten sind.⁷⁷⁰ Bei der „Verteidigung" von Rechtsgütern durch Hoheitsträger geht es gerade nicht um Ausnahmesituationen, sondern um eine staatliche Aufgabe. Zu diesem Zweck hat der jeweilige Gesetzgeber die in Bedrohungssituationen auf dem Spiel stehenden Interessen in einen Ausgleich gebracht, dessen Ergebnis Niederschlag in den polizeilichen Vorschriften über die Anwendung des unmittelbaren Zwangs gefunden hat und durch § 32 nicht unterlaufen werden darf. Der auftragsgemäß mit dem Schutz der Rechtsordnung befasste Beamte kann sich auf den Satz, dass das Recht dem Unrecht nicht zu weichen brauche, nicht in dem Sinne stützen, dass dadurch der Kreis seiner Eingriffsrechte erweitert würde; denn durch diesen Satz wird nur seine Aufgabe, das Recht zu schützen und deren hoheitlicher Charakter beschrieben (so zutreffend *Kunz* ZStW **95** [1983] 973, 983). § 32 ist daher auf das Verhalten von Amtsträgern nicht anwendbar.

221 Gegen diese Lösung ist eingewandt worden, sie benachteilige den Vollzugsbeamten unangemessen, da er untätig bleiben müsse, wo der Bürger handeln dürfe. Dadurch werde die Autorität der Hoheitsträger geschwächt, was die Gefahr einer **Erosion des Vertrauens in das staatliche Gewaltmonopol** mit sich bringe (so BayObLG JZ **1991** 936f m. Anm. *Schmidhäuser*, *Rogall* JuS **1992** 551 u. *Spendel* JR **1991** 248)⁷⁷¹ und die Subsidiarität der privaten Notwehr in Frage stelle (so *Sch/Schröder/Perron* Rdn. 42c). Diese Einwände haben einige Autoren dazu bewogen, für die Notwehr als *Selbst*verteidigung eine Ausnahme vom Vorrang der polizeirechtlichen Normen zu machen (*Amelung* JuS **1986** 329, 333; *Herzog* NK³ Rdn. 82; *Hirsch* LK¹¹ Vor § 32 Rdn. 153).⁷⁷² In der Tat handelt es sich um einen schwerwiegenden Einwand, der – wäre er berechtigt – den Vorrang polizeirechtlicher Vorschriften ausschließen müsste, da der Vollzugsbeamte damit wie ein

---

767   Ebenso *Jakobs* AT 12/44; *Kindhäuser* NK Rdn. 85; *Lerche* FS vd Heydte Bd. I, 1033, 1045; *Samson* SK⁵ Rdn. 61; *Thewes* S. 35ff; *Krey/W. Meyer* ZRP **1973** 1, 4f jedenfalls für den Fall der durch Schusswaffeneinsatz geleisteten *Nothilfe*; ebenso *R. Haas* Notwehr S. 324 f, allerdings auf Basis eines gänzlich eigenständigen Notwehrverständnisses.
768   Auch *Herzog* NK³ Rdn. 86 für den Fall der Nothilfe.
769   So ausdrücklich *Jakobs* AT 12/43; nach *Jahn* S. 347 ff (im Anschluss an Feststellungen von *Blei* JZ **1955** 625, 626 f) sind die Notrechtsvorbehalte wegen Ungeeignetheit zur Erreichung des mit ihnen verfolgten Ziels verfassungswidrig.
770   *Roxin* AT I § 15 Rdn. 113 zieht daraus nicht den Schluss einer Unanwendbarkeit des § 32, sondern ordnet die polizeirechtlichen Vorgaben als Regelkonkretisierungen des Erforderlichen und Gebotenen für geschulte Polizisten ein, von denen (nur) im Extremfall abgewichen werden dürfe. Danach wären diese Vorgaben im Ergebnis ebenfalls unbeachtlich und inhaltlich ohne Bedeutung.
771   Weiter *Spendel* LK¹¹ Rdn. 263 ff; *Roxin* AT I § 15 Rdn. 109.
772   Ebenso *Kirchhof* NJW **1978** 969, 972; *Krey/W. Meyer* ZRP **1973** 1, 4f.

Bürger minderen Rechts behandelt würde (vgl. BayObLG JZ **1991** 936). Der Vorwurf ist jedoch unzutreffend. Das hat seinen Grund weniger darin, dass der Vollzugsbeamte in eine Situation, die Selbstverteidigung erforderlich werden lässt, in der Regel erst über die Hilfe für einen Dritten gerät,[773] so dass schon Schwierigkeiten bestehen, diese Lage mit der für § 32 typischen Ausnahmesituation zu vergleichen. Entscheidend ist vielmehr, dass die von der h.M. beschworenen Gefahrensituationen, denen der Beamte angeblich mit unerträglicher Ohnmacht gegenübersteht, gar nicht auftreten.[774] Wie bereits unter Rdn. 216 gezeigt, ist der Bereich gefährlicher Situationen, in denen nur die Voraussetzungen der Notwehr erfüllt sind, schmaler als gemeinhin behauptet. Besteht eine Gefahr für Leib oder Leben, so erlauben überwiegend auch die landesrechtlichen Bestimmungen die Abwehr der Gefahr von sich selbst oder Dritten. Auch in den Ländern, in denen die Anwendung des Schusswaffeneinsatzes auf die Verhinderung von Verbrechen oder – durch das Beisichführen von Schusswaffen bzw. Explosivmitteln – qualifizierten Vergehen beschränkt ist, muss der Beamte nicht tatenlos zusehen, wenn Tötungen oder Gesundheitsverletzungen drohen (ähnlich *Seelmann* ZStW **89** [1977] 36, 52f). Denn es handelt sich aus der für das Recht der Gefahrenabwehr maßgeblichen ex-ante-Sicht i.d.R. auch dann um die Verwirklichung eines Verbrechens, wenn der Störer „lediglich" zu einer Körperverletzung ansetzt: Im Zweifel wird sich in der kurzen, dem Beamten zur Verfügung stehenden Zeit nicht mit Sicherheit ausschließen lassen, dass sich eine drohende Körperverletzung zu einer schweren i.S.d. § 226 Abs. 1 oder Abs. 2 fortentwickelt. Auch darf man nicht vergessen, dass nur der Schusswaffengebrauch an diese engeren Voraussetzungen geknüpft ist, während das Gesetz etwa den Einsatz eines Schlagstockes oder von Pfefferspray schon dann erlaubt, wenn eine Gefahr für die öffentliche Sicherheit droht und diese Reaktion nicht übermäßig ist im Verhältnis zum erstrebten Zweck des Rechtsguterhalts. Im Übrigen sind die Gesetzgeber in Baden-Württemberg, Berlin, Hamburg und Sachsen sowie im Bund[775] dazu aufgerufen, ihre Vorschriften dem moderneren Standard der anderen Bundesländer anzugleichen: Rechtsprechung und Wissenschaft haben nicht die Aufgabe, um den Preis dogmatisch unstimmiger Lösungsansätze missglückte Legislativleistungen zu reparieren (ebenso *Herzog* NK³ Rdn. 85). Damit bleibt dem Polizeivollzugsbeamten vor allem der Schuss auf den flüchtenden Dieb (anders schon dann, wenn es sich um einen Räuber handelt) verboten – ein Fall, in dem es kaum unerträglich erscheint, dass der Beamte auf eine derart gravierende staatliche Reaktion verzichten und dem Flüchtenden nachsetzen oder motorisierte Verstärkung anfordern muss. Ist der Beamte nicht im Dienst und nimmt also keine Hoheitsrechte wahr, steht ihm das Notwehrrecht wie jedem anderen Bürger in vollem Umfang zu.

---

773 Vgl. auch *Witzstrock* S. 118.
774 Kein Beweis zum Gegenteil ist der der Entscheidung OLG Karlsruhe BeckRS **2011** 04322 zugrundeliegende Sachverhalt, in dem ein Polizeivollzugsbeamter einen flüchtenden Räuber aus vollem Lauf heraus erschoss, – dieser zielte mit einer Schreckschusspistole, die wie eine scharfe Waffe aussah, auf die nacheilenden Beamten. Zwar erörtert das OLG allein einen Unrechtsausschluss durch Putativnotwehr, naheliegender wäre aber eine vollständige Rechtfertigung durch § 54 Abs. 1 Nr. 1a PolG BW gewesen, da der Räuber nach einem öffentlich-rechtlichen Gefahrverständnis im Begriff war, ein vorsätzliches Tötungsverbrechen zu begehen, und der Beamte zwar die Gefahr eines tödlichen Treffers erkannt, aber nicht gezielt auf zentrale Körperbereiche geschossen hatte. Vergleichbares gilt für den Sachverhalt, über den das LG Bonn BeckRS **2011** 19826 zu entscheiden hatte – auch hier hätte eine Rechtfertigung durch die §§ 63 Abs. 1, 2, 64 Abs. 1 Nr. 1 oder Nr. 2 PolG NRW erörtert werden müssen, bevor auf Putativnotwehr abgestellt wird.
775 In den Bestimmungen dieser Länder zur Anwendung des unmittelbaren Zwangs bzw. im UZwG des Bundes fehlt die – in allen anderen Landespolizeigesetzen vorhandene – Ermächtigung, Schusswaffen zur Abwehr einer gegenwärtigen Gefahr für Leib oder Leben einzusetzen.

222 Die hier favorisierte Lösung verstößt auch nicht gegen die in den **Art. 70 ff GG** verankerte **Kompetenzverteilungsordnung**, wie die Verfechter der Spaltungslösung behaupten (so aber *Seebode* FS Klug, 359, 368 f).[776] Zwar ist dem Bund in Art. 74 Abs. 1 Nr. 1 GG die Regelung des Strafrechts als konkurrierende Gesetzgebung zugewiesen. Daraus folgt jedoch nicht, dass die Annahme vom Vorrang des Polizeirechts dem Grundgesetz zuwiderläuft (eingehend dazu *Jahn* S. 362 ff). Wäre dieser Vorwurf berechtigt, bedürfte es einer Spaltungslösung nur dort, wo landesrechtliche Polizeivorschriften weniger erlauben als § 32; bei Eingriffshandlungen aufgrund des UZwG und des UZwGBw hingegen käme man auch ohne Spaltungslösung aus, weil es sich um Bundesgesetze handelt. Polizeivollzugsbeamte der Länder wären demnach trotz Fehlens einer Eingriffsbefugnis durch § 32 gerechtfertigt, während Beamte des Bundesgrenzschutzes und Wachsoldaten nur deshalb nicht in den Genuss dieses Rechtfertigungsgrundes kämen, weil sie Beamte des Bundes sind – eine wenig überzeugende Differenzierung. Zum anderen muss der Vorwurf des Kompetenzverstoßes auch zu Ende gedacht werden: Wäre er zutreffend, dürfte die polizeirechtliche Norm nicht zugleich darüber entscheiden, ob der Angreifer rechtswidrig handelt und die Gefahrenabwehr zu dulden hat. Danach hinge die Rechtfertigung des Amtsträgers auch dann nicht von den Vorgaben des Polizeirechts ab, wenn letzteren Genüge getan wäre. Aus der öffentlich-rechtlichen Rechtmäßigkeit folgte keine Strafrechtmäßigkeit – eine Konsequenz, die auch die Vertreter der Spaltungslösung (zu Recht) nicht ziehen und die auch sonst ganz allgemein abgelehnt wird, weil nicht strafrechtswidrig sein kann, was nach öffentlichem Recht erlaubt ist (so zutr. *Jahn* S. 365). Nimmt der Polizeivollzugsbeamte irrig, aber ohne Sorgfaltsverstoß die Gefahr einer erheblichen Gesundheitsschädigung an, so dass eine nach Polizeirecht genügende Anscheinsgefahr vorliegt, ein Angriff i.S.d. § 32 (der sich nach h.M. aus einer ex-post-Perspektive bestimmt, näher Rdn. 94 ff) jedoch nicht gegeben ist, dürfte sich der Verursacher der Anscheinsgefahr gegen das Einschreiten des Beamten zumindest mit Notstandsmitteln wehren. Dem Beamten hingegen käme, machte man mit dem Vorwurf des Verfassungsverstoßes ernst, lediglich ein Erlaubnistatbestandsirrtum zugute, der seinerseits keine Duldungspflichten beim Gegner auslöst.[777] Auch angesichts dieser Rechtsfolgen, zu der die Gegenansicht gelangen müsste, ist der von ihren Vertretern erhobene Vorwurf des Kompetenzverstoßes nicht überzeugend.

223 Abzulehnen ist schließlich auch ein Ansatz, der das Verhalten des Vollzugsbeamten nur dann als hoheitliches Handeln begreift und damit am Polizeirecht misst, wenn und soweit es von einer öffentlich-rechtlichen Eingriffsbefugnis gedeckt ist. Lässt sich das Verhalten hingegen allein unter § 32 subsumieren, soll der Beamte als privater Bürger handeln und daher – wie andere Bürger auch – in den Genuss der Rechtfertigung gelangen (*Kinnen* MDR **1974** 631, 633 f; *Pewestorf* JA **2009** 43, 45 ff; *Rupprecht* JZ **1973** 263, 265). Dieser Ansatz ist im Grunde nichts anderes als die übersteigerte Form einer Teilrechts- oder **ultra-vires-Lehre**, nach der sich die den Staatsorganen vom Souverän übertragene Hoheitsgewalt auf ihre rechtmäßige Ausübung i.S.e. rechtlichen Könnens beschränkt (eingehend zur Teilrechtslehre *Ehlers* S. 59 ff). Die Überschreitung der (hier: polizeirechtlich gezogenen) Befugnisgrenzen führt nach der Grundidee der ultra-vires-Lehre dazu, dass der Akt des Vollzugsbeamten dem Verband als Träger der Hoheitsgewalt nicht zu-

---

[776] Zust. *Béguelin* GA **2013** 473, 476 sowie *Beisel* JA **1998** 721, 723 und *Drucks* Kriminalistik **2007** 697, 699, die auf die Vorschrift des Art. 31 GG abstellen, nach der Bundesrecht Landesrecht bricht. Diese Vorschrift setzt jedoch eine Kollision von Normen voraus, die nach keiner der hier vorgestellten Ansichten entsteht. Im Ergebnis wie hier *Seelmann* ZStW **89** (1977) 36, 51 f.
[777] Siehe näher dazu Rdn. 113.

gerechnet werden kann, weil der Verband außerhalb der ihm eingeräumten Befugnisse nicht existiert. Bei dem vermeintlichen hoheitlichen Verhalten handelte es sich in diesen Fällen um einen Nichtakt (*Ehlers* S. 12 f). Zwar kennt auch die h.M. Nichtakte, die lediglich ihrem äußeren Schein nach wie Hoheitsakte wirken; etwa, weil der Verband außerhalb des ihm übertragenen Wirkungskreises gehandelt hat[778] oder in dem Fall, dass dem Kölner Dreigestirn[779] an Weiberfastnacht vom Oberbürgermeister der Schlüssel zur Stadt Köln übergeben wird. Jenseits dieser Fälle jedoch führt der Verstoß gegen Befugnisgrenzen zur Rechtswidrigkeit, bei gravierenden Rechtsverstößen allenfalls zur Nichtigkeit. Es kommt für die Einordnung eines Verhaltens als hoheitlich in der Regel darauf an, wie der Amtsträger tatsächlich gehandelt hat, nicht, wie er hätte handeln sollen.[780] Das gilt ausweislich des § 44 VwVfG und den entsprechenden landesrechtlichen Bestimmungen insbesondere für die Vollstreckung von Verwaltungsakten, um die es bei der Gefahrenabwehr mittels unmittelbaren Zwangs geht. Darüber hinaus führt eine Teilrechtsbetrachtung dazu, dass auch Vorschriften wie § 340 leer liefen, sollten auch die Voraussetzungen des § 32 nicht vorliegen.[781] Ein Amtsträger könnte bei Überschreiten der öffentlich-rechtlichen Befugnisgrenzen allein aus § 223 bestraft werden.

2. Notwehr und staatliche Rettungsfolter. Nach der hier vertretenen und in den 224 Rdn. 220 ff näher erläuterten Argumentationslinie findet § 32 auf das in Rechtsgüter der Bürger eingreifende Verhalten von Hoheitsträgern keine Anwendung – weder als Erweiterung öffentlich-rechtlicher Eingriffsbefugnisse noch als persönlicher Rechtfertigungsgrund. Daher steht zugleich fest, dass die euphemistisch so bezeichnete (zutreffende Kritik an der Bezeichnung bei *Herzog* NK³ Rdn. 59 und *Kindhäuser* NK Rdn. 86) **polizeiliche Rettungsfolter** zur Erlangung von Informationen über den Aufenthaltsort eines vom Tode bedrohten Entführungsopfers (vgl. dazu BVerfG NJW **2005** 656, 657; LG Frankfurt/M. NJW **2005** 692 ff; *Kinzig* ZStW 115 [2003] 791 ff) oder zur Verhinderung schwerster Nachteile für das Gemeinwesen (s. dazu beispielhaft *Brugger* JZ **2000** 165 ff) jedenfalls nicht auf § 32 gestützt werden kann (eingehend zur Problematik *Jahn* S. 510 ff). Die unter dem Eindruck des Entführungsfalles Jakob v. Metzler im Jahre 2002 sowie der terroristischen Anschläge vom 11.9.2001 entbrannte und bis in die Gegenwart fortgeführte Diskussion darum, ob Behörden die Preisgabe zur Abwendung akuter Lebensgefahren benötigter Informationen durch Drohung oder willensbeugende Gewalt gegenüber dem Entführer oder Terroristen erzwingen dürfen,[782] betrifft keine Frage des Notwehrrechts, sondern allein die Bindung der staatlichen Macht an Verfassungs- und (bereichsspezifisches) Gefahrenabwehrrecht. Die Diskussion macht (erneut)[783] deutlich, warum das von der h.M. befürwortete Verständnis von § 32 als öffentlich-rechtliche Befugnisnorm für staatliche Eingriffe in Grundrechte falsch ist: Wer eine im Hinblick auf die Reichweite der Gefahrabwehrbefugnisse derart voraussetzungsarme Vorschrift zur Auffangermächtigung für Hoheitsträger überall dort macht, wo einem Bürger durch das Fehlverhalten eines anderen Bürgers Gefahr droht, ermöglicht dem Staat Grundrechtseingriffe, die von den Schranken staatlicher Macht (Menschenwürde, Verhältnis-

---

778 BGHZ **20** 119, 122 ff; s. auch *Ehlers* S. 15 m. zahlreichen w. N. in Fn. 28.
779 Ein fester Bestandteil des Kölner Karneval, bestehend aus den – jedes Jahr von anderen (stets männlichen) Personen verkörperten – Figuren Prinz, Bauer und Jungfrau.
780 Siehe nur *Rogall* JuS **1992** 551, 558 m.w.N. zum verwaltungsrechtlichen Schrifttum in Fn. 111.
781 *Rogall* JuS **1992** 551, 558; aA *Schmidhäuser* GA **1991** 97, 131 m. Fn. 118.
782 Näher *Rönnau* LK Vor § 32 Rdn. 255 ff m.w.N.
783 Eingehend zur Diskussion um die Funktion von § 32 im Zusammenhang mit hoheitlichem Handeln Rdn. 216 ff.

mäßigkeitsgrundsatz, Folterverbot) befreit sind, und beschwört die Gefahr herauf, dass die staatliche Rettungspflicht gegenüber dem Opfer zum alleinigen Maßstab des Eingriffs wird.

D. Notwehreinschränkungen

Schrifttum

Amelung Zur Kritik des kriminalpolitischen Strafrechtssystems von Roxin, JZ **1982** 619; *ders.* Das Problem der heimlichen Notwehr gegen die erpresserische Androhung kompromittierender Enthüllungen, GA **1982** 381; *ders./Boch* Hausarbeitsanalyse – Strafrecht: Ein Ehestreit mit dem Hockeyschläger, JuS **2000** 261; *Arzt* Notwehr, Selbsthilfe, Bürgerwehr, Festschrift Schaffstein (1975) 77; *ders.* Zur Strafbarkeit des Erpressungsopfers, JZ **2001** 1052; *Bernsmann* Überlegungen zur tödlichen Notwehr bei nicht lebensbedrohlichen Angriffen, ZStW **104** (1992) 290; *Bertel* Notwehr gegen verschuldete Angriffe, ZStW **84** (1972) 1; *Bitzilekis* Die neue Tendenz zur Einschränkung des Notwehrrechts, Diss. Köln 1984; *Bockelmann* Menschenrechtskonvention und Notwehrrecht, Festschrift Engisch (1969) 456; *ders.* Notwehr gegen verschuldete Angriffe, Festschrift Honig (1970) 19; *Brückner* Das Angehörigenverhältnis der Eltern im Straf- und Strafprozeßrecht (2000); *Bülte* Der Verhältnismäßigkeitsgrundsatz im deutschen Notwehrrecht aus verfassungsrechtlicher und europäischer Perspektive, GA **2011** 145; *Constadinidis* „Die actio illicita in causa", Diss. Würzburg 1981 (1982); *Courakis* Zur sozialethischen Begründung der Notwehr, Diss. Freiburg/Br. 1977 (1978); *Echterhölter* Die Europäische Menschenrechtskonvention in der juristischen Praxis, JZ **1956** 142; *Eggert* Chantage – Ein Fall der Beschränkung des Notwehrrechts? NStZ **2001** 225; *Eisele* Notwehr, JA **2001** 922; *D. Engels* Der partielle Ausschluß der Notwehr bei tätlichen Auseinandersetzungen zwischen Ehegatten, GA **1982** 109; *H.-J. Engels* Die Angriffsprovokation bei der Nothilfe, Diss. Würzburg 1992; *Engländer* Mitgliedschaft in einem Rockerclub begründet Notwehreinschränkung? Festschrift Wolter (2013) 319; *Erb* Die Schutzfunktion von Art. 103 Abs. 2 GG bei Rechtfertigungsgründen, ZStW **108** (1996) 266; *ders.* Gegen die Inflation der „sozialethischen Einschränkungen" des Notwehrrechts, Festschrift Ebert (2011) 329; *Fasten* Die Grenzen der Notwehr im Wandel der Zeit (2011); *Freund* Actio illicita in causa, GA **2006** 267; *Frister* Zur Einschränkung des Notwehrrechts durch Art. 2 der Europäischen Menschenrechtskonvention, GA **1985** 553; *ders.* Die Notwehr im System der Notrechte, GA **1988** 291; *Geilen* Eingeschränkte Notwehr unter Ehegatten? JR **1976** 314; *ders.* Notwehr und Notwehrexzeß (2. Teil), Jura **1981** 256; *ders.* Notwehr und Notwehrexzeß (Schluß), Jura **1981** 370; *Grünewald* Notwehreinschränkungen – insbesondere bei provoziertem Angriff, ZStW **122** (2010) 51; *Günther* Warum Art. 103 Abs. 2 GG für Erlaubnissätze nicht gelten kann, Festschrift Grünwald (1999) 213; *W. Hassemer* Die provozierte Provokation oder Über die Zukunft des Notwehrrechts, Festschrift Bockelmann (1979) 225; *ders.* Rechtfertigung und Entschuldigung. Thesen und Kommentare, in: Eser/Fletcher (Hrsg.) Rechtfertigung und Entschuldigung, Bd. 1 (1987) S. 175; *Haug* Notwehr gegen Erpressung, MDR **1964** 548; *Henkel* Zumutbarkeit und Unzumutbarkeit als regulatives Rechtsprinzip, Festschrift Mezger (1954) 249; *Himmelreich* Erforderlichkeit der Abwehrhandlung, Gebotensein der Notwehrhandlung; Provokation und Rechtsmißbrauch; Notwehrexzeß, GA **1966** 129; *W. Hinz* Die fahrlässig provozierte Notwehrlage unter besonderer Berücksichtigung der Rechtsprechung des Bundesgerichtshofes, JR **1993** 353; *Hirsch* Rechtfertigungsfragen und Judikatur des Bundesgerichtshofs, Festgabe BGH 50 (2000) 199; *Hruschka* Bestrafung des Täters trotz Rechtfertigung der Tat? ZStW **113** (2001) 870; *Kaspar* Gewaltsame Verteidigung gegen den Erpresser? GA **2007** 36; *Kindhäuser* Gefährdung als Straftat, Habil. Freiburg/Br. 1987 (1989); *Kleinherne* Garantenstellung und Notwehrrecht (2014); *B. Koch* Prinzipientheorie der Notwehreinschränkungen, ZStW **104** (1992) 785; *Koriath* Einige Gedanken zur Notwehr, Festschrift Müller-Dietz (2001) 361; *ders.* Einschränkung des deutschen Notwehrrechts (§ 32 StGB) durch Art. 2 IIa EMRK? in: Ranieri (Hrsg.) Die Europäisierung der Rechtswissenschaft (2002) S. 47; *Kratzsch* Grenzen der Strafbarkeit im Notwehrrecht, Diss. Köln 1967 (1968); *ders.* § 53 StGB und der Grundsatz nullum crimen sine lege, GA **1971** 65; *ders.* Das (Rechts-)Gebot zu sozialer Rücksichtnahme als Grenze des strafrechtlichen Notwehrrechts, JuS **1975** 435; *Krause* Zur Problematik der Notwehr, Festschrift Bruns (1978) 71; *ders.* Zur Einschränkung der Notwehrbefugnis, GA **1979** 329; *ders.* Notwehr bei Angriffen Schuldloser und bei Bagatellangriffen, Gedächtnisschrift H. Kaufmann (1986) 673; *ders.* Gedanken zur Nötigung und Erpressung durch Rufgefährdung (Chantage), Festschrift Spendel (1992) 547; *J. Kretschmer* Die nichteheliche Lebensgemeinschaft in ihren strafrechtlichen und strafprozessualen Problemen, JR **2008** 51; *Krey* Studien zum Gesetzesvorbehalt im Strafrecht (1977); *ders.* Zur Einschränkung des Notwehrrechts bei der Verteidigung von Sachgütern, JZ **1979** 702; *Kroß* Notwehr bei Schweigegelderpressung, Diss. Potsdam 2003 (2004); *Kühl* Der Einfluß der Europäischen Menschenrechtskonvention auf das Strafrecht und Strafverfahrensrecht der Bundesrepublik Deutschland (Teil I), ZStW **100** (1988) 406; *ders.* Der Einfluß der Europäischen Menschenrechtskonvention auf das Strafrecht und Strafverfahrensrecht der Bundesrepublik Deutschland (Teil II), ZStW **100** (1988) 601; *ders.* „Sozialethische" Einschränkungen der Notwehr, Jura **1990** 244; *ders.* Die „Notwehrprovokation", Jura **1991** 57; *ders.* Die „Notwehrprovokation" (Schluß), Jura **1991** 175; *ders.* Die Notwehr: Ein Kampf ums Recht oder Streit, der mißfällt? Festschrift Triffterer (1996) 149; *ders.* Die gebotene Verteidigung gegen provozierte Angriffe, Festschrift Bemmann (1997) 193; *ders.* Freiheit und Solidarität bei den Notrechten, Festschrift Hirsch (1999) 259; *ders.* „Sozialethische" Argumente im Strafrecht, JRE Bd. **11** (2003) 219; *ders.* Anmerkungen zum Bestimmtheitsgrundsatz, Festschrift Seebode (2008) 61; *R. Lange* Der „gezielte Todesschuß", JZ **1976** 546; *Lenckner* Notwehr bei proviziertem und verschuldetem Angriff, GA **1961** 299; *ders.* „Gebotensein" und „Erforderlichkeit" der Notwehr, GA **1968** 1; *Lesch* Die Notwehr, Festschrift Dahs (2003) 81; *Lewisch* Recht auf Leben (Art. 2 EMRK) und Strafgesetz, Festschrift Platzgummer (1995) 381; *Lindemann/Reichling* Die Behandlung der so genannten Abwehrprovokation nach den Grundsätzen der actio illicita in causa, JuS **2009** 496; *Loos* Zur Einschränkung der Notwehr in Garantenbeziehungen, JuS **1985** 859; *ders.* Zur Einschränkung des Notwehrrechts wegen Provokation, Festschrift Deutsch (1999) 233; *Lührmann* Tötungsrecht zur Eigentumsverteidigung? Diss. Bielefeld 1999; *Luzón* „Actio illicita in causa" und Zurechnung zum Vorverhalten JRE **1994** 353; *Majer/Ernst* Tödliche Gewalt zur Abwendung von Eigentums- und Besitzverletzungen als Notwehr? JSE **2016** 58; *Marxen* Die „sozialethischen" Grenzen der Notwehr (1979); *Matt* Eigenverantwortlichkeit und Subjektives Recht im Notwehrrecht, NStZ **1993** 271; *Mitsch* Straflose Provokation strafbarer Taten, Diss. Würzburg 1986; *ders.* Nothilfe gegen provozierte Angriffe, GA **1986** 533; *ders.* Rechtfertigung und Opferverhalten, Habil. Tübingen 1991 (erschienen 2004); *ders.* Die provozierte Provokation, JuS **2017** 19; *Momsen* Die Zumutbarkeit als Begrenzung strafrechtlicher Pflichten, Habil. Göttingen 2006; *Montenbruck* Thesen zur Notwehr (1983); *Müller* Zur Notwehr bei Schweigegelderpressung (Chantage), NStZ **1993** 366; *ders.* Notwehr gegen Drohungen, Festschrift Schroeder (2006) 323; *Neumann* Zurechnung und „Vorverschulden", Habil. München 1982 (1985); *Novoselec* Notwehr gegen Erpressung i.e.S. und Chantage, NStZ **1997** 218; *Nusser* Notwehr zur Verteidigung von Sachwerten (2012); *Oğlakcıoğlu* Ein Leitfaden für die Notwehrprovokation, HRRS **2010** 106; *Otto* Rechtsverteidigung und Rechtsmißbrauch im Strafrecht, Festschrift Würtenberger (1977) 129; *Pitsounis* Die Notwehr als Gegenstand der Rechtsvergleichung, in: Lüderssen (Hrsg.) Modernes Strafrecht und ultima-ratio-Prinzip (1990) S. 227; *Pouleas* Sozialethische Einschränkungen von Rechtfertigungsgründen (2008); *Radtke* Notwehrprovokation im Vollrausch, JuS **1993** 577; *Renzikowski* Notstand und Notwehr, Diss. Tübingen 1993 (1994); *Retzko* Die Angriffsverursachung bei der Notwehr, Diss. Hagen 2001; *van Rienen* Die „sozialethischen" Einschränkungen des Notwehrrechts (2009); *Roxin* Die provozierte Notwehrlage, ZStW **75** (1963) 541; *ders.* Die „sozialethischen Einschränkungen" des Notwehrrechts, ZStW **93** (1981) 68; *Rudolphi* Notwehrexzeß nach proviziertem Angriff, JuS **1969** 461; *ders.* Rechtfertigungsgründe im Strafrecht, Gedächtnisschrift Armin Kaufmann (1989) 371; *Runte* Die Veränderung von Rechtfertigungsgründen durch Rechtsprechung und Lehre, Diss. Frankfurt/M. 1990 (1991); *Satzger* Dreimal „in causa" – actio libera in causa, omissio libera in causa und actio illicita in causa, Jura **2006** 513; *ders.* Der Einfluss der EMRK auf das deutsche Straf- und Strafprozessrecht – Grundlagen und wichtige Einzelprobleme, Jura **2009** 759; *ders.* Gesetzlichkeitsprinzip und Rechtfertigungsgründe, Jura **2016** 154; *Schaffstein* Notwehr und Güterabwägungsprinzip, MDR **1952** 132; *von Scherenberg* Die sozialethischen Einschränkungen der Notwehr (2009); *Schmidhäuser* Über die Wertstruktur der Notwehr, Festschrift Honig (1970) 185; *ders.* Die Begründung der Notwehr, GA **1991** 97; *Schöneborn* Zum Leitgedanken der Rechtfertigungseinschränkung bei Notwehrprovokation, NStZ **1981** 201; *Schramm* Ehe und Familie im Strafrecht (2011); *ders.* Grundzüge eines Ehe- und Familienstrafrechts, JA **2013** 881; *H. Schröder* Notwehr bei schuldhaftem Vorverhalten, JuS **1973** 157; *Schroeder* Die Notwehr als Indikator politischer Grundanschauungen, Festschrift Maurach (1972) 127; *Schroth* Notwehr bei Auseinandersetzungen in engen persönlichen Beziehungen, NJW **1984** 2562; *Schumann* Zum Notwehrrecht und seinen Schranken, JuS **1979** 559; *B. Schünemann* Strafrecht: Liebhaber und Teilhaber, JuS **1979** 275; *ders.* Die deutschsprachige Strafrechtswissenschaft nach der Strafrechtsreform im Spiegel des Leipziger Kommentars und des Wiener Kommentars, GA **1985** 341; *Sinn* Der Kerngehalt des Gesetzlichkeitsprinzips, Festschrift Wolter (2013) 503; *ders.* Notwehr als Lotteriespiel, Festschrift Beulke (2015) 271; *Spendel* Keine Notwehreinschränkung unter Ehegatten, JZ **1984** 507; *Stangl* „Verhältnismäßige Notwehr" (2013); *Stuckenberg* Provozierte Notwehrlage und Actio illicita in causa: Der Meinungsstand im

Schrifttum JA **2001** 894; *ders.* Provozierte Notwehrlage und Actio illicita in causa: Die Entwicklung der Rechtsprechung bis BGH NJW 2001, 1075, JA **2002** 172; *Voigt/Hoffmann-Holland* Notwehrprovokation und actio illicita in causa in Fällen der Putativnotwehr, NStZ **2012** 362; *Voß* Die Notwehrsituation innerhalb sozialer Näheverhältnisse (2013); *Wagner* Individualistische oder überindividualistische Notwehrbegründung (1984); *Werle* Strafrecht: Ein turbulenter Gaststättenbesuch, JuS **1986** 902; *Woesner* Die Menschenrechtskonvention in der deutschen Strafrechtspraxis, NJW **1961** 1381; *Wohlers* Einschränkungen des Notwehrrechts innerhalb sozialer Näheverhältnisse, JZ **1999** 434; *Zieschang* Einschränkung des Notwehrrechts bei engen persönlichen Beziehungen? Jura **2003** 527; *ders.* Tödliche Notwehr zur Verteidigung von Sachen und Art. 2 IIa EMRK, GA **2006** 415; *ders.* Rechtfertigungsfragen bei Tötungen unter Privaten, Festschrift Knemeyer (2012) 449.

I. Allgemeines

225 Im Wesentlichen besteht heute Einigkeit darüber, dass das Notwehrrecht **in Ausnahmefällen Schranken** unterliegt und dem Angegriffenen nicht in seiner vollen Schärfe zur Verfügung steht, obwohl er rechtswidrig und gegenwärtig angegriffen wird (*Fischer* Rdn. 36; *Lackner/Kühl* Rdn. 13; *Roxin* AT I § 15 Rdn. 55).[784] Für den Notwehr oder Nothilfe Leistenden bedeuten diese Schranken, dass er dem Angriff u.U. ausweichen oder vorrangig zu Verteidigungsmaßnahmen Zuflucht nehmen muss, die ihm nicht dieselbe Sicherheit der Angriffsbeendigung vermitteln wie die im Regelfall erlaubte scharfe Trutzwehr. Gleichwohl gibt es keine Übereinstimmung über die diesen Schranken zugrundeliegende materiale Begründung. Im Grunde steht hinter der Anerkennung des Bedürfnisses von Notwehreinschränkungen die unausgesprochene Erkenntnis, dass das Notwehrrecht zu weit geraten ist. Ausländische Rechtsordnungen erzielen ähnliche Ergebnisse bereits dadurch, dass ihre Notwehrbestimmungen die Verteidigung von vornherein auf verhältnismäßige Eingriffe beschränken und zum Teil Ausweichobliegenheiten gesetzlich festschreiben (so auch *Amelung/Kilian* FS Schreiber, 3, 10; s. eingehend dazu Rdn. 6ff). Neben dem Begründungsansatz ist auch die Verankerung der Notwehreinschränkungen im Wortlaut des § 32 umstritten, ein Problem des Gesetzlichkeitsprinzips aus Art. 103 Abs. 2 GG, das bislang einer wirklich überzeugenden Lösung harrt.

226 **1. Materialer Grundgedanke.** In der Diskussion unter dem Stichwort der „sozialethischen Notwehreinschränkungen" haben sich vier Fallgruppen herausgebildet, die als Einschränkungsgründe weitgehend anerkannt sind: das sog. krasse Missverhältnis zwischen Erhaltungs- und Eingriffsrechtsgut, Angriffe im erheblich schuldverminderten Zustand, die Angriffsprovokation und Konstellationen, in denen Angreifer und Angegriffener in einem durch gegenseitige Garantenpflichten geprägten und persönlich engen Verhältnis zueinander stehen. Dagegen werden die bei Schweigegelderpressungen vorgeschlagenen Einschränkungen sowie die aus Art. 2 Abs. 2 EMRK folgende Beschränkung vorsätzlicher Tötungen vielfach nicht als Notwehreinschränkungen akzeptiert. In der Sache handelt es sich bei allen diesen Befugnisbeschneidungen um eine Reduktion des Notwehrrechts (*Herzog* NK³ Rdn. 87), die darauf zurückzuführen ist, dass die Interessen des Angegriffenen ausnahmsweise das Interesse des Angreifers nicht in dem Maße überwiegen, wie der Gesetzgeber das für den Regelfall der Notwehrsituation voraus-

---

[784] **AA** *Spendel* LK¹¹ Rdn. 254ff; *Hassemer* FS Bockelmann, 225, 237f; *Schmidhäuser* GA **1991** 97, 132ff. Einen historischen Überblick zur Entwicklung der Notwehreinschränkungen gibt *Grünewald* ZStW **122** (2010) 51, 58ff.

setzt.⁷⁸⁵ Der Begriff des „Sozialethischen" geht auf eine – nicht Gesetz gewordene – Formulierung des Gesetzgebers zurück, mit der er die Beibehaltung des Wortes „geboten" in § 32 Abs. 1 gegen Kritik zu verteidigen suchte (Bericht des Sonderausschusses für die Große Strafrechtsreform BT-Drs. 5/4095 S. 14).⁷⁸⁶ Es hat verschiedene Versuche gegeben, diesen wenig aussagekräftigen Begriff mit Inhalt zu füllen und das Kriterium oder die Kriterien zu benennen, die den Notwehreinschränkungen zugrunde liegen. Die Rechtsprechung hat sich bislang auf zwei Prinzipien zur Legitimation einer teilweisen Versagung des Notwehrrechts berufen: die **Zumutbarkeit** der Preisgabe eigener Interessen durch verteidigungsloses Ausweichen (RGSt **66** 244, 245)⁷⁸⁷ und den **Missbrauch des Notwehrrechts**, der insbesondere bei einer Angriffsprovokation vorliegen soll (BGHSt **24** 356, 359; NJW **1962** 308, 309; GA **1969** 23, 24).⁷⁸⁸ Die Zumutbarkeit ist jedoch nur eine Umschreibung des Umstands, dass der Angegriffene eigene Interessen preisgeben muss; auf dem Begriff der Zumutbarkeit basierende Begründungen laufen daher Gefahr, in einem Zirkelschluss zu enden.⁷⁸⁹ Die Verwendung des Rechtsmissbrauchsarguments, das sich einer breiten Zustimmung in der Lehre erfreut (*Roxin* ZStW **75** [1963] 541, 556; *Rudolphi* JuS **1969** 461, 464),⁷⁹⁰ darf zwar für sich in Anspruch nehmen, ein in der Rechtsordnung anerkanntes und insbesondere durch die Zivilrechtsprechung und Zivilrechtswissenschaft bereits ausgeformtes Prinzip heranzuziehen. Indes passt der Missbrauchsgedanke für die Inanspruchnahme eines Erlaubnissatzes nicht so recht, weil die eingeräumten Befugnisse anders als ein subjektives Recht nicht im technischen Sinne missbraucht werden können (so zutreffend *Bertel* ZStW **84** [1972] 1, 19; *Mitsch* Provokation S. 112).⁷⁹¹ Wer einen gegenwärtigen rechtswidrigen Angriff mit dem erforderlichen Mittel abwehrt, kann dies *allein* zu dem Zweck tun, einen gegenwärtigen rechtswidrigen Angriff mit dem erforderlichen Mittel abzuwehren. Da die aus einem Erlaubnissatz fließenden Befugnisse festgelegt sind, liegen die Voraussetzungen vor oder nicht vor, so dass kein „Zwischenraum" bleibt, der missbräuchlich ausgenutzt werden könnte. Selbst das vom Angegriffenen allein zu dem Zweck ausgesprochene Nothilfeverbot, den Angriff mit einem den Angreifer belastenderen Verteidigungsmittel abzuwehren, ist kein Missbrauch, weil in diesem Fall die Verteidigung durch den Angegriffenen nicht erforderlich i.S.v. § 32 Abs. 2 ist (vgl. dazu Rdn. 206). In der Literatur wird demgegenüber vereinzelt auf das **verfassungsrechtliche Übermaßverbot** abgestellt (*Bernsmann* ZStW **104** [1992]

---

785 Wer statt des Prinzips des überwiegenden Interesses die Störung eines Achtungs- oder Gleichordnungsverhältnisses als tragenden Grund der Notwehrbefugnisse ansieht (so *Hruschka* FS Dreher, 189, 199 f; *Neumann* in Lüderssen S. 215, 225; *Kargl* ZStW **110** [1998] 38, 55 ff; *Renzikowski* S. 224 ff, 229 f; *vd Pfordten* FS Schreiber, 359, 371 f), kann sich dieser Erklärung natürlich nicht anschließen.
786 Dem Gesetzgeber zust. *Courakis* S. 20 ff. Krit. gegenüber der Verwendung dieses Begriffs *Erb* MK Rdn. 202; *Paeffgen/Zabel* NK Vor § 32 Rdn. 150; *Runte* S. 353 f.
787 Weiter RGSt **71** 133, 134; **72** 57, 58. Zust. *Himmelreich* GA **1966** 129, 137 und passim; *Henkel* FS Mezger, 249, 274; zum Begriff der (Un-)Zumutbarkeit eingehend *Momsen* S. 39 ff.
788 Ebenso BGH GA **1975** 304, 305; BayObLGSt **54** 59, 65; NJW **1965** 163 f; OLG Hamm NJW **1977** 590, 591 m. Anm. *Schumann* JuS **1979** 559; OLG Karlsruhe NJW **1986** 1358, 1360. Zum Rechtsmissbrauchsargument im Strafrecht allgemein vgl. *Kölbel* GA **2005** 36 ff; *Paeffgen* ZStW **97** (1985) 513, 523 f.
789 Krit. auch *Sch/Schröder/Perron* Rdn. 46, der zutreffend feststellt, dass dabei eine Leerformel durch eine andere ersetzt werde.
790 Siehe auch *Schaffstein* MDR **1952** 132, 135; *Schröder* JR **1973** 73, 74; *Fischer* Rdn. 36; die Vagheit dieses Begriffs kritisieren *Hassemer* FS Bockelmann, 225, 231 f; *Herzog* NK³ Rdn. 94; *Hohmann/Matt* JR **1989** 161, 162; *Lenckner* GA **1968** 1, 5; *Sch/Schröder/Perron* Rdn. 46; *Otto* AT § 8 Rdn. 71 f; krit. auch *Krey* JZ **1979** 702, 714.
791 Zust. *Constadinidis* S. 92; *Krause* FS Bruns, 71, 79; *Marxen* S. 56; *Naucke* FS H. Mayer, 565, 571 f; *Otto* FS Würtenberger, 129, 135; *Schmidhäuser* FS Honig, 169, 189.

290, 310; *Lagodny* Grundrechte S. 265 f).⁷⁹² Nach *Marxen* S. 38 ff, 58 f soll ein Teil der aufgezählten Notwehreinschränkungen (Angriffsprovokation und enge persönliche Beziehung) auf dem Gesichtspunkt eines zwischen Angreifer und Angegriffenem bereits zuvor bestehenden **Garantieverhältnisses** beruhen (ähnl. *Lesch* FS Dahs, 81, 102 ff). *Jakobs* AT 12/46 sieht die Grenzen der Notwehr dort, wo die gegenüber jedem Rechtsgenossen, also auch zugunsten des Angreifers, geltende **Mindestsolidarität** zur Rücksichtnahme verpflichtet.⁷⁹³ Auch wenn mit diesen Vorschlägen allgemein akzeptierte Rechtsgrundsätze herangezogen werden, die im Grundsatz auch für die Notwehrbefugnisse gelten, können sie doch nicht vollständig überzeugen.⁷⁹⁴ Das hat seinen Grund darin, dass auch diese Rechtsgrundsätze einer Ausfüllung bedürfen, die sich nach den für die jeweilige Rechtsmaterie geltenden spezifischen Regeln richtet (vgl. *Herzog* NK³ Rdn. 94; *Sch/Schröder/Perron* Rdn. 46; *Roxin* ZStW **75** [1963] 541, 583 ff). Ob das Übermaßverbot im Einzelfall eine maßvolle Verteidigung oder gar ein Ausweichen gebietet, kann nur unter Beachtung notwehrspezifischer Regeln entschieden werden. Eine Verteidigung gegen einen rechtswidrigen Angriff ist unter erheblich engeren Voraussetzungen übermäßig als die Abwendung einer nicht rechtswidrigen Gefahr durch Inanspruchnahme der Rechtsgüter Unbeteiligter nach § 34. Entsprechendes gilt für die durch Mindestsolidarität und Garantenpflichten gezogenen Grenzen.

227 In der Literatur besteht daher im Wesentlichen Einigkeit darüber, dass die Begründung der Notwehreinschränkungen aus dem **Grundgedanken der Notwehr** selbst gewonnen werden muss (*Bitzilekis* S. 106 ff; *Kühl* FS Triffterer, 149, 151; *Roxin* ZStW **93** [1981] 68, 70 ff).⁷⁹⁵ Der Verteidiger hat danach ausnahmsweise Solidarität mit dem Angreifer durch weniger sichere, schonendere Eingriffe zu leisten, hält nur auf diese Weise die ihm vom Übermaßverbot gezogenen Grenzen ein usw., wenn das Interesse an dem Schutz seines Individualrechtsgutes vor einem Verhaltensnormen verletzenden Angriff im Einzelfall hinter dem Interesse des Angreifers an Schonung – partiell – zurücktritt. Wer mit der herrschenden Meinung einen dualistischen Notwehrbegriff für richtig hält, wird darauf verweisen, dass in einem Teil der oben genannten Fallgruppen das Interesse am Schutz des Individualrechtsgutes weichen muss (insbesondere bei einem krassen Missverhältnis),⁷⁹⁶ in anderen Konstellationen das Rechtsbewährungsinteresse in den Hintergrund tritt (so vor allem bei Angriffen Schuldloser).⁷⁹⁷ Der dualistische Notwehrbegriff erlaubt hier also einen sehr flexiblen – um nicht zu sagen: beliebigen – Umgang mit den Grenzen der Notwehr. Wenn teilweise ein kumulatives Zurücktreten von Individualgüterschutz und Bewährung der Rechtsordnung für möglich gehalten

---

792 Ebenso *Eser/Burkhardt* Studienkurs I 10 A 45 ff; *Günther* Strafrechtswidrigkeit S. 199 f; *Krey* JZ **1979** 702, 713; *Schroeder* FS Maurach, 127, 137 ff.
793 Nach *Kühl* JRE Bd. 11 **2003** 219, 240 ff hat der Begriff des Sozialethischen die Funktion eines sozial/institutionell begründeten Korrektivs bei der Festlegung der Ausübungsbedingungen individueller Freiheit, das die Notwehr als Recht zur Verteidigung dieser Freiheit im Ausnahmefall durch soziale Rücksichtnahme und mitmenschliche Mindestsolidarität begrenzt.
794 Krit. auch *Kioupis* S. 74 f.
795 Weiter *Hinz* JR **1993** 353, 355; *Jescheck/Weigend* § 32 III 3; *Kindhäuser* NK Rdn. 103; *Lackner/Kühl* Rdn. 15; *Sch/Schröder/Perron* Rdn. 47; *Otto* FS Würtenberger, 129, 138; *Schünemann* GA **1985** 341, 367 ff; gegen eine notwehrimmanente Beschränkung *Renzikowski* S. 301 ff sowie *Koch* ZStW **104** (1992) 785, 802 ff, der die Notwehreinschränkungen als Ergebnis einer Abwägung des hinter § 32 stehenden Prinzips mit jeweils unterschiedlichen, gegenläufigen Prinzipien begreift; von einer Einschränkung durch notwehrexterne Grundsätze geht auch aus *Pouleas* S. 110 u. 195 ff, der unmittelbar auf den (von ihm ausgefüllten) Begriff der Sozialethik abstellt.
796 *Jescheck/Weigend* § 32 III 2.
797 *Sch/Schröder/Perron* Rdn. 52; krit. dazu *Koch* ZStW **104** (1992) 785, 791 ff.

wird,⁷⁹⁸ ist das ein starkes Indiz dafür, dass individuelles und überindividuelles Element der Notwehrbegründung nicht so selbständig nebeneinander stehen, wie von der h.M. behauptet. Autoren, die einem tendenziell monistisch-individuellen Notwehrverständnis anhängen, bemühen – sofern sie nicht wie die h.M. auf ein zurücktretendes Individualinteresse verweisen – das jeweils für richtig gehaltene zusätzliche Begründungselement, das alle Varianten des „monistisch"-individuellen Notwehrverständnisses in unterschiedlicher Form aufweisen (zu den einzelnen Ansätzen s. eingehend Rdn. 64 ff): So wird teilweise auf eine verminderte Verantwortlichkeit des Angreifers abgehoben (vgl. *Günther* SK⁸ Rdn. 106; *Rudolphi* GedS Armin Kaufmann, 371, 395 f); andere begründen die Beschränkung damit, dass die Beeinträchtigung der Handlungsfreiheit bzw. des allgemeinen Persönlichkeitsrechts (*Wagner* S. 65 u. 71) etwa durch Irrende oder Kinder so in den Hintergrund tritt, dass nur maßvolle Gegenwehr erlaubt ist. Vertreter eines monistisch-überindividuellen Ansatzes können naturgemäß Wertunterschiede bei Individualinteressen nicht heranziehen, so dass die Fallgruppe des krassen Missverhältnisses von ihnen nicht (durchgängig) als Notwehreinschränkung akzeptiert ist.⁷⁹⁹ Alle vorstehend aufgezählten Ansätze stimmen jedoch im Grundsatz überein, dass im Falle einer Notwehreinschränkung die auf Seiten des Angegriffenen stehenden Interessen die des Angreifers nicht so wesentlich überwiegen, wie es der Gesetzgeber für den „Normalfall" eines rechtswidrigen Angriffs ausweislich des Wortlauts des § 32 angenommen hat. Autoren, die dem Notwehrrecht nicht das Prinzip des überwiegenden Interesses zugrunde legen, sondern die Störung eines Kooperations- oder Achtungsverhältnisses durch den Angreifer (*Hruschka* FS Dreher, 189, 199 f; *Neumann* in Lüderssen S. 215, 225; *Kargl* ZStW **110** [1998] 38, 55 ff),⁸⁰⁰ können Einschränkungen der Notwehr nicht begründen und brauchen es nach ihrem Verständnis auch nicht: Häufig liegt nach diesen Ansätzen bereits kein dem § 32 genügender (insbesondere: schuldhafter) Angriff vor oder eine scharfe Verteidigung ist nicht erforderlich; weitergehende Einschränkungen werden teilweise abgelehnt (s. nur *Renzikowski* S. 301 ff).

2. Gesetzlicher Anknüpfungspunkt. Probleme bereitet die Frage nach dem Anknüpfungspunkt der Notwehreinschränkungen im Wortlaut des § 32.⁸⁰¹ Die ganz überwiegende Meinung hat das Merkmal der „**Gebotenheit**" als Sitz der Notwehreinschränkungen ausgemacht (BGHSt **48** 207, 212; *Sch/Schröder/Perron* Rdn. 44 m.w.N.);⁸⁰² nur vereinzelt wird eine vorrangige einschränkende Auslegung der „eigentlichen" Notwehrmerkmale (insbesondere Angriff, Erforderlichkeit) gefordert (*Renzikowski* S. 303 ff). Die

228

---

798 *Herzog* NK³ Rdn. 107 (krasses Missverhältnis); *Hinz* JR **1993** 353, 356 (fahrlässige Provokation); *Ladiges* JuS **2011** 879, 880 (krasses Missverhältnis); *Sch/Schröder/Perron* Rdn. 50 (krasses Missverhältnis); *Schünemann* GA **1985** 341, 369 (Garantieverhältnisse u. krasses Missverhältnis).
799 Keine Einschränkungen macht *Schmidhäuser* GA **1991** 97, 134 ff, während *Bitzilekis* S. 131 f bei krassem Missverhältnis ein verringertes Interesse an der Verteidigung der Rechtsordnung sieht, indem er den Angriff auf die Rechtsordnung mit dem verwirklichten Unrecht (unzulässigerweise) gleichsetzt und so zu einer Quantifizierbarkeit der Beeinträchtigung der Rechtsordnung gelangt.
800 Weiter *Renzikowski* S. 224 ff, 229 f; *vd Pfordten* FS Schreiber, 359, 371 f.
801 Gegen jegliche Notwehreinschränkungen wegen Verstoßes gegen Art. 103 Abs. 2 GG *D. Engels* GA **1982** 109, 119 ff; *Matt/Renzikowski/Engländer* Rdn. 42; *Kratzsch* Notwehrrecht S. 30 ff; ders. GA **1971** 65, 81; ders. JuS **1975** 435, 437; *van Rienen* S. 166 ff; *von Scherenberg* S. 63 ff; krit. auch *Erb* ZStW **108** (1996) 266, 295 ff; *Koch* ZStW **104** (1992) 785, 816 ff; *Marxen* S. 27 ff; *Ebert* AT S. 71; *Otto* AT § 8 Rdn. 67. Keinen Widerspruch zum Erfordernis gesetzlich hinreichend bestimmter Strafbarkeitsvoraussetzungen sieht *Pouleas* S. 313 ff, der darauf hinweist, dass der Analogieschluss bereits im Verständnis von (Rechts-)Sprache wegen deren inexakten Charakters angelegt sei.
802 Siehe auch *Fischer* Rdn. 36; *Lackner/Kühl* Rdn. 13; *SSW/Rosenau* Rdn. 31.

herrschende Ansicht darf für sich in Anspruch nehmen, dass der Gesetzgeber ihre Einschätzung teilt. Der Gesetzgeber des 1975 reformierten Allgemeinen Teils wollte durch Beibehaltung des schon in § 53 a.F. enthaltenen Wortes „geboten", das die Verfasser des E 1962 gestrichen hatten, ausdrücklich sicherstellen, dass die Notwehrbefugnisse sozialethischen Einschränkungen unterliegen (BT-Drs. 5/4095 S. 14).[803] Indes ist es eine Sache, eine Regelungsintention zu haben und eine andere, diese so im Wortlaut der Norm zu verankern, dass der durchschnittliche Normadressat über die Reichweite der ihm zustehenden Befugnisse informiert ist. Wer weder das Ziel des historischen Gesetzgebers noch die wissenschaftliche Diskussion in Rechtsprechung und Lehre um die sozialethischen Grenzen der Notwehr kennt, wird schwerlich aus der Fassung des § 32 auf eine eigenständige Bedeutung des Wortes „geboten" in § 32 Abs. 1 schließen. Nach unbefangenem Sprachverständnis handelt es sich dabei nur um eine Umschreibung dessen, was in § 32 Abs. 2 näher ausgeführt ist: die Erforderlichkeit der Verteidigung (*Schmidhäuser* FS Honig, 185, 199; *Hruschka* Strafrecht S. 372f).[804] Einige Autoren versuchen den damit einhergehenden Bedenken hinsichtlich der Bestimmtheit der Norm und der Festlegung strafbaren Verhaltens durch den Gesetzgeber dadurch zu begegnen, dass sie erklären, das Gesetzlichkeitsprinzip aus **Art. 103 Abs. 2 GG** gelte für (echte) Rechtfertigungsgründe wie § 32 nicht, weil sich in ihnen nicht spezifisch kriminalstrafrechtliche Regelungen ausdrückten, sondern allgemeine Erlaubnisrechtssätze, die aus den unterschiedlichsten Rechtsgebieten stammen (*Amelung* JZ **1982** 617, 620; *Günther* FS Grünwald, 213, 219).[805] Diese Argumentation weist jedoch zwei Schwächen auf: Aus der Feststellung, dass § 32 ein Erlaubnissatz ist, der im Unterschied zu bloßen Strafunrechtsausschließungsgründen über das Vorliegen von Recht oder Unrecht entscheidet und nicht nur über die Strafwürdigkeit eines Verhaltens, folgt nicht, Art. 103 Abs. 2 GG könnte darauf keine Anwendung finden.[806] Es spricht viel dafür, dass der Grundsatz nulla poena sine lege scripta, praevia et certa jedenfalls für solche Erlaubnissätze gilt, denen der Gesetzgeber eine derart zentrale Bedeutung im Strafrecht zumisst, dass er sich veranlasst sah, sie in das StGB zu übernehmen (so auch *Hirsch* LK[11] Vor § 32 Rdn. 38).[807] Mit „poena" wird zwar die Sanktion bezeichnet; Orientierung über die Voraussetzungen der Sanktionsverhängung erlangt der rechtsunterworfene Bürger aber erst durch das „Zusammenlesen" der Ver-/Gebotsnorm mit dem Erlaubnissatz. Aber auch dann, wenn man diesem Gedankengang nicht folgen möchte, bleibt eine teleologische Reduktion[808] – um nichts anderes handelt es sich in der Sache bei den Notwehreinschränkungen – vor dem Hintergrund des Rechtsstaatsgebots aus Art. 20 Abs. 3 GG problematisch. Denn damit werden Entscheidungen über Grundrechtseingriffe ohne Beteiligung des Gesetzgebers getroffen (zutreffend *Marxen* S. 27ff), der für solche wesentlichen Fragen die Alleinentscheidungskompetenz besitzt.[809] Der Verweis auf ähnlich unbestimmte Regelungen im StGB wie etwa den Begriff der Einstandspflichten in § 13 vermag kaum zu beruhigen (so aber *Kühl* Jura **1990** 244, 246), da diese Vorschrift im Hinblick auf ihre Vereinbarkeit mit dem Bestimmtheitsgrundsatz noch größeren Bedenken ausgesetzt ist als § 32.[810] Auch die Feststellung, in Fällen fehlender Gebotenheit würden lediglich der Notwehr imma-

---

803 Siehe auch *Roxin* ZStW **93** (1981) 68, 79.
804 Ebenso *Erb* MK Rdn. 205; *Schmidhäuser* GA **1991** 97, 133f; *Krauß* FS Puppe, 635, 638f; *Sinn* FS Beulke, 271, 274ff; *Spendel* LK[11] Rdn. 256.
805 So auch *Krey* Studien S. 233ff; *ders.* JZ **1979** 711f; *Roxin* AT I § 15 Rdn. 56 u. § 5 Rdn. 42.
806 So aber *Günther* FS Grünwald, 213, 219; ebenso *Amelung* JZ **1982** 617, 620; *Krey* JZ **1979** 702, 711f.
807 Ähnlich *Sinn* FS Wolter 503, 510f u. 514.
808 Näher dazu *Rönnau* JuS **2001** 328, 331ff.
809 Sog. Wesentlichkeitstheorie, vgl. BVerfGE **47** 46, 48; **49** 89, 126; **84** 212, 226.
810 Siehe dazu *Gaede* NK § 13 Rdn. 3 u. 29 m.w.N.

nente Schranken wirksam, so dass sich das Problem mangelnder Vereinbarkeit der Einschränkungen mit dem Gesetzlichkeitsprinzip nicht stelle (so *Jescheck/Weigend* § 32 III 1; *Kindhäuser* NK Rdn. 101; *Lenckner* GA **1968** 1, 9),[811] kann die verfassungsrechtlichen Bedenken nicht vollständig beseitigen, solange die Konkretisierungen der Schranken im Wortlaut des § 32 keinen genügenden Ausdruck finden (zutreffend *Erb* MK Rdn. 204; *Sinn* FS Wolter 503, 514 ff). Damit bleibt die gesetzliche Verankerung der Notwehreinschränkungen problematisch und der Gesetzgeber aufgefordert, die Fallgruppen auf eine legislative Grundlage zu stellen (*Erb* ZStW **108** [1996] 266, 298 f; auch *Matt/Renzikowski/Engländer* Rdn. 42).[812] Bis dahin muss beim Einsatz der Notwehreinschränkungen jedenfalls große Zurückhaltung geübt werden. In keinem Fall sollte der Versuchung nachgegeben werden, sich über die in den Rdn. 230 ff dargestellten Konstellationen hinaus durch „unbenannte" Fälle mangelnder Gebotenheit die Möglichkeit offen zu halten, Notwehrbefugnisse von Fall zu Fall nach Bedürfnis einzuschränken.[813] Zu begrüßen ist daher die Entscheidung BGH NJW **2003** 1955, 1960 (insoweit in BGHSt **48** 207 nicht abgedr.), in der sich das Gericht gegen die Begründung einer neuen Kategorie fehlender Gebotenheit wendet, die auf einer Gesamtschau des Tatgeschehens beruht hätte und innerhalb derer die bereits anerkannten Fallgruppen jeweils nur indizielle Bedeutung für die Annahme einer Einschränkung der Notwehrbefugnisse im Einzelfall gehabt hätten.[814] Kein Fall einer Notwehreinschränkung ist auch die sog. **staatliche Rettungsfolter**. Dem stehen zum einen kategoriale Unterschiede entgegen: Bei der Rettungsfolter geht es nicht um eine Einschränkung der Reichweite grundsätzlich bestehender Verteidigungsbefugnisse, sondern darum, ob diese den Amtsträgern als Nothilfe überhaupt erlaubt ist.[815] Zum anderen stellt sich das Problem schon nicht, weil § 32 weder die Eingriffsbefugnisse von Amtsträgern erweitert noch diese persönlich rechtfertigt, wenn sie hoheitlich tätig werden (näher Rdn. 216 ff). Es ist daher kein Wunder, dass sich aus dem Grundgedanken der Notwehr kein Verbot der Rettungsfolter ableiten lässt.

3. Beurteilungsmaßstab bei Notwehreinschränkungen. Die Voraussetzungen einer Notwehreinschränkung bestimmen sich von einem **ex-post-Standpunkt** aus (*Günther* SK[8] Rdn. 120).[816] Der hier befürwortete Charakter der Notwehr als Eingriffsrecht, das

---

811 Weiter *Sch/Schröder/Perron* Rdn. 43; *Roxin* ZStW **93** [1981] 68, 80.
812 *Satzger* Jura **2016** 154, 160 f weist zudem zutreffend darauf hin, dass dem Bestimmtheitsgebot bei teleologischen Reduktionen insbesondere so weit gefasster Normen wie § 32 nur Genüge getan ist, wenn – neben dem stets erforderlichen Anknüpfungspunkt im Wortlaut – die Rechtsprechung dem von BVerfGE **126** 170, 198 formulierten Präzisierungsgebot entspricht und die Konturen (hier) der teleologischen Reduktion schärft.
813 So aber *Fahl* JA **2014** 808, 812, der § 32 auch wegen eines Verstoßes gegen die guten Sitten i.S.d. § 138 BGB einschränken will, wenn der Erpresste ein Kopfgeld auf den Erpresser auslobt und damit zur Begehung von nicht zwangsläufig gerechtfertigten Straftaten aufruft.
814 Bedenklich demgegenüber zumindest die Wortwahl in BGH JR **2001** 467 m. Anm. *Renzikowski* JR **2001** 468. Dort hatte das Gericht die Tötung eines DDR-Grenzsoldaten durch einen Flüchtling als nicht durch Notwehr geboten angesehen; die Entscheidung kritisiert in dieser Hinsicht zu Recht *Roxin* AT I § 15 Rdn. 60. Eine Notwehreinschränkung durch Teilverwirklichung mehrerer anerkannter Fallgruppen halten für möglich *Zaczyk* JuS **2004** 750, 754, der davon ausgeht, eine Einschränkung müsse aus dem Begriff der Gebotenheit, nicht aber aus bisher anerkannten Fallgruppen hergeleitet werden, und *Sowada* FS Herzberg 459, 462 ff, der den Fallgruppen eine Regelbeispielen vergleichbare Funktion zumisst – die Einschränkung setzt danach (u.a.) voraus, dass die Fallgruppen einer abgestuften Beurteilung zugänglich sind.
815 Insoweit zutr. *Erb* FS Ebert, 329, 331 ff; krit. auch *Kühl* FS Otto, 63, 76 f; ders. FS Seebode, 61, 75 f.
816 Im Ergebnis ebenso *Simon* JuS **2001** 639, 643, der sich jedoch im Anschluss an die von *Sch/Schröder/Lenckner/Sternberg-Lieben* Vor § 32 Rdn. 10b getroffene, hier jedoch abgelehnte (s. Rdn. 98) Unterscheidung zwischen Diagnose vorliegender Tatsachen und Prognose zukünftiger Entwicklungen stützt. Für eine ex-ante-Beurteilung hingegen BSG NJW **1999** 2301, 2302 m. insoweit zust. Anm. *Roxin* JZ **2001** 99; *Erb* MK

den Angreifer verpflichtet, die Verteidigungsmaßnahmen zu dulden, folgt aus der hinter § 32 stehenden gesetzgeberischen Wertung, dass die Individualschutzinteressen des Angegriffenen jene des Angreifers grundsätzlich wesentlich überwiegen (s. dazu Rdn. 64). Wenn Notwehr im Einzelfall einmal nicht geboten ist, fehlt es ausnahmsweise an einem wesentlichen Überwiegen, so dass Notwehrbefugnisse nicht in vollem Umfang zur Verfügung stehen. In dieser Ausnahmesituation bestünde – genau wie bei Irrtümern über Voraussetzungen der Notwehrlage, die nicht vermeidbar waren – bei Zugrundlegung eines ex-ante-Maßstabes die Gefahr, dass sowohl der Verteidiger als auch der Angreifer zur Duldung der jeweiligen Gegenwehr verpflichtet wären. Daher müssen sich die Voraussetzungen der Notwehreinschränkungen aus ex-post-Sicht beurteilen. Bei einer ex-ante-Perspektive wäre folgender Fall denkbar:[817] Der Kunde eines Kaufhauses wird zu Unrecht des Diebstahls verdächtigt und auf dem Weg nach draußen vom Kaufhausdetektiv, dem der Irrtum trotz sorgfältiger Beobachtung unterlaufen ist, gestellt. Der Kunde verkennt, dass er einen Irrenden (also mit verminderter Schuld Handelnden) vor sich hat, durfte zu diesem Schluss aber gelangen, weil der Detektiv sich weder vorgestellt noch sein Anliegen vorgebracht hat. Der nun zur Befreiung erfolgende Fausthieb des Kunden in das Gesicht des Kaufhausdetektivs würde unter Inanspruchnahme des Eingriffsrechts aus § 32 erfolgen, während der Detektiv zur Duldung verpflichtet wäre. Gleichzeitig aber dürfte auch der Detektiv zur – wegen seiner fahrlässig rechtswidrigen Provokation bei der Festnahme allerdings nach h.M. nur eingeschränkten – Gegenwehr schreiten, da er annehmen durfte, ein Dieb leiste Widerstand. Diese Gegenwehr hätte wiederum der Kunde zu dulden – ein offenbar widersinniges Ergebnis.

II. Die einzelnen Fallgruppen

230   **1. Das krasse Missverhältnis.** Das Recht, rechtswidrigen Angriffen mit scharfer, u.U. sogar tödlich wirkender Gegenwehr zu begegnen, erfährt Einschränkungen dort, wo durch den Eingriff nur ganz unbedeutende Einbußen an den Rechtsgütern des Angegriffenen drohen.[818] Obwohl fast einhellig und in Übereinstimmung mit dem Gesetzeswortlaut davon ausgegangen wird, dass die nach § 32 erlaubte Verteidigung nicht unter dem Vorbehalt einer Proportionalität steht,[819] ist doch fast allgemein anerkannt, dass dem Verteidiger solche Maßnahmen verboten sind, die mit Blick auf die von ihnen bewirkten Rechtsgutverletzungen in einem krassen Missverhältnis zu den bewahrten Interessen stehen (RGSt **23** 116, 117 [aA aber RGSt **55** 82, 86 f]; BGH NJW **1956** 920).[820] Unsicherheiten

---

Rdn. 208; *von Scherenberg* S. 135 f, 210 u. passim ohne nähere Begründung für die Fälle schuldlos und schuldgemindert handelnder Angreifer sowie die (nach ganz h.A. jedoch nicht zu Einschränkungen führende) sog. Abwehrprovokation (s. Rdn. 189 f). Undeutlich BGH NStZ **2016** 526, 527 m. Anm. *Engländer* u. *Hecker* JuS **2016** 1036, wo das Gericht eine Notwehreinschränkung wegen (möglicher) Schuldunfähigkeit des Angreifers mit der mangelnden Erkennbarkeit dieses Zustands verneint, sich zum Betrachtungsmaßstab jedoch nicht verhält.

817 Dem Sachverhalt in BayObLG JR **1987** 344 nachgebildet.
818 Zur historischen Entwicklung dieser Fallgruppe näher *Fasten* S. 110 ff.
819 Anders aber *Schroeder* FS Maurach, 127, 139; einschr. *ders.* JZ **1988** 567, 568.
820 Weiter BGH VRS **30** (1966) 281; bei Holtz MDR **1979** 985; NStZ **1981** 22, 23; NJW **2003** 1955, 1957 (insoweit in BGHSt **48** 207 nicht abgedr.); OLG Braunschweig MDR **1947** 205, 206; BayObLGSt **54** 59, 65; OLG Hamm NJW **1977** 590, 592 m. Anm. *Schumann* JuS **1979** 559; OLG Frankfurt VRS **40** (1971) 424, 426; OLG Karlsruhe NJW **1986** 1358, 1360; BayObLG NJW **1995** 2646; *Lackner/Kühl* Rdn. 14; *Sch/Schröder/Perron* Rdn. 50; *Roxin* ZStW **93** (1981) 68, 94; *Fischer* Rdn. 39; selbst *Spendel* LK[11] Rdn. 317 ff, der Notwehreinschränkungen ansonsten entschieden ablehnt, macht hier eine Ausnahme. AA *Baumann/Weber/Mitsch/Eisele* § 15 Rdn. 53; *Lesch* FS Dahs 81, 106 ff; *Mitsch* Opferverhalten S. 395 f; *Renzikowski* S. 312; *van Rienen* S. 191 ff; *Schmidhäuser* FS Honig, 169, 198; *ders.* GA **1991** 97, 135 f; krit. auch *Frister* GA **1988** 291, 313.

bestehen jedoch darüber, nach welchen Kriterien diese unbedeutenden Rechtsguteinbußen näher bestimmt werden sollen. Einer einigermaßen klaren Grenzziehung steht schon im Wege, dass zur Kennzeichnung dieser Fallgruppe nicht selten voneinander abweichende Begriffe gebraucht werden, die zudem nicht immer dasselbe bezeichnen: Neben dem bereits genannten Begriff des „krassen Missverhältnisses" (s. nur *Günther* SK[8] Rdn. 110) finden sich auch Bezeichnungen wie **„unerheblicher Angriff"** (*Roxin* ZStW **93** [1981] 68, 94; *ders.* AT I § 15 Rdn. 73), **„Bagatellangriff"** (*Sch/Schröder/Perron* Rdn. 49)[821] sowie die erst in jüngerer Zeit aus der Taufe gehobene Gruppe der sog. **„Unfugabwehr"** (*Kühl* AT § 7 Rdn. 187 ff m.w.N.).[822] Auf eine – in besonders deutlichem Maße fehlende – Proportionalität der auf Angreifer und Verteidigerseite beteiligten Interessen stellt allein der erste Begriff ab, während den übrigen Formulierungen ganz offensichtlich ein absolutes Verständnis zugrunde liegt, nach dem Notwehrbefugnisse vollständig versagt werden, wenn die dem Angegriffenen drohenden Rechtsguteinbußen eine bestimmte Erheblichkeitsschwelle nicht überschreiten.[823]

Richtigerweise wird man unterscheiden müssen: Soweit Rechtsguteinbußen drohen, **231** die zwar als **Belästigung** aufgefasst werden können, sich jedoch noch im Rahmen des sozial Üblichen bewegen, fehlt es schon an einem rechtswidrigen Angriff i.S.d. § 32.[824] Dazu gehören etwa das Anrempeln in einer Menschenmenge, das Vordrängeln in einer Kassenschlange, Berührungen an der Schulter oder am Arm während eines Gesprächs, Anleuchten mit einer Taschenlampe (KG JW **1935** 553)[825] oder das sehr laute Telefonieren mit einem Mobiltelefon in der U-Bahn. Im Kern handelt es sich also um alltägliche Unannehmlichkeiten, über die der Einzelne sich zwar ärgern mag, die gegen Anstandsregeln verstoßen mögen und die bei gehäuftem Auftreten durchaus zu einer spürbaren Belastung werden können, die jedoch wegen ihres häufig flüchtigen Charakters und der nur geringfügigen Rechtsgutbeeinträchtigung als Minimaleingriff anzusehen sind, so dass sich die Frage nach einer Notwehreinschränkung erst dann stellt, wenn diese Grenze überschritten ist. Der Begriff der Unfugabwehr, der Fälle zusammenfassen soll, die „an (d.h. diesseits und jenseits) der Grenze zu den noch sozialüblichen Belästigungen liegen" (vgl. *Jescheck/Weigend* § 32 III 3b; *Roxin* AT I § 15 Rdn. 85),[826] ist demgegenüber eher geeignet, eine eindeutige Abschichtung der Angriffe, die nicht mit voller Schärfe abgewehrt werden dürfen, von den nicht rechtswidrigen Angriffen zu erschweren, indem er die Notwehrmerkmale „rechtswidriger Angriff" und „Gebotenheit" unnötig miteinander vermischt. Bei der Frage nach der Einschränkung der Notwehrbefugnisse geht es daher allein um Fälle, in denen die drohende Rechtsguteinbuße die Schwelle der Rechtswidrigkeit überschreitet, ihr geringes Gewicht jedoch schwerwiegende Gegenwehrmaßnahmen im Einzelfall als nicht mehr gebotene Verteidigung erscheinen lässt. Diese Fallgruppe wird durch den Begriff des krassen Missverhältnisses zutreffend und

---

[821] Nach *Hoyer* SK Rdn. 80 (der bereits für den rechtswidrigen Angriff ein strafrechtswidriges Verhalten verlangt) ist ein die Notwehrbefugnisse einschränkender Bagatellangriff gegeben, wenn ein Strafverfahren wegen des im Angriff liegenden Verhaltens nach § 153 StPO wegen geringer Schuld eingestellt werden dürfte.
[822] *von Scherenberg* S. 90 ff u. 124 ff unterscheidet zwar zwischen Unfug- und Bagatellangriffen, will die Verteidigung gegen beide jedoch im selben Maße einschränken (s. Fn. 826).
[823] So für den Fall der Unfugabwehr *Arzt* FS Schaffstein, 77, 82. *Jescheck/Weigend* § 32 III 3b hingegen wollen bei solchen Minimalangriffen nur wörtliche Zurückweisungen als Abwehr gestatten.
[824] Noch enger *Günther* SK[8] Rdn. 110; *Sch/Schröder/Perron* Rdn. 49: schon kein Angriff.
[825] Ebenso *Jescheck/Weigend* § 32 III 3b; *Sch/Schröder/Perron* Rdn. 49; *Roxin* AT I § 15 Rdn. 85.
[826] Für eine Einschränkung der Notwehr in diesen Fällen auf Verteidigungshandlungen, die aus objektiver ex-ante-Sicht nicht geeignet sind, Körperverletzungen beim Angreifer zu verursachen, *von Scherenberg* S. 90 ff.

plastisch beschrieben. Im Wesentlichen werden damit Konstellationen bezeichnet, in denen **Angriffe auf Sachwerte, das Hausrecht, die allgemeine Handlungsfreiheit und verbale Ehrangriffe** mit tödlicher oder erheblich gesundheitsverletzender Verteidigung abgewehrt werden (vgl. *Günther* SK[8] Rdn. 110).[827]

232   Die Einschränkung der Notwehrbefugnisse in Fällen krassen Missverhältnisses wird zum Teil mit dem **Solidaritätsprinzip**, der **Pflicht zur Rücksichtnahme** oder mit dem Hinweis auf einen **Rechtsmissbrauch** gerechtfertigt (vgl. die Nachw. in Rdn. 226). Überwiegend wird von den Befürwortern eines dualistischen Notwehrverständnisses aber auch hier auf ein fehlendes bzw. stark **vermindertes Rechtsbewährungsinteresse** hingewiesen; die von § 32 für den Regelfall erlaubte maßlose Verteidigung führe bei geringfügigen Rechtsgutsangriffen nicht dazu, dass sich die Rechtsordnung bewähre, sondern eher zum gegenteiligen Eindruck (*Geilen* Jura **1981** 370, 374; *Krey* JZ **1979** 702, 714; *Schumann* JuS **1979** 559, 565). Einige Autoren verweisen unterstützend auf die Durchbrechung des Legalitätsprinzips in **§ 153 StPO**, die zeige, dass die Rechtsordnung bei geringfügigen Rechtsgutverletzungen auf eine Rechtsbewährung verzichten könne (*F.-W. Krause* GedS H. Kaufmann, 673, 686; *Roxin* ZStW **93** [1981] 68, 95). Es ist jedoch zweifelhaft, ob sich diese Vorschrift derart verallgemeinern und auf Notwehrsituationen übertragen lässt. Dem steht schon entgegen, dass sich die Regelung des § 153 StPO im Gegensatz zu § 32 auf strafbare Rechtsgutverletzungen beschränkt (so *Frister* GA **1988** 291, 311; *Geilen* Jura **1981** 370, 377; *Renzikowski* S. 109) und zudem das Absehen von der Strafverfolgung davon abhängig macht, dass die Schuld des Täters als gering anzusehen ist; ein Gesichtspunkt, der bei der Inanspruchnahme von Notwehrbefugnissen im Grundsatz keine Rolle spielt, da der Angreifer nicht schuldhaft handeln muss. Entscheidend ist aber, dass aus der Annahme eines fehlenden Strafverfolgungsinteresses nach der Tat nicht ohne weiteres darauf geschlossen werden kann, dass der Gesetzgeber dem Angegriffenen zumuten will, auf die Abwehr geringfügiger Interessen zu verzichten. Die Notwehrschranke rechtfertigt sich bei einem krassen Missverhältnis vielmehr aus der Überlegung, dass das Interesse des Angegriffenen am Schutz seines Individualrechtsgutes in diesen Fällen derart gering ist, dass sich die vom Gesetzgeber dem § 32 zugrunde gelegte Annahme, die Interessen des Angegriffen überwögen die des rechtswidrig Angreifenden erheblich, ausnahmsweise als unzutreffend erweist (so auch *Haft* AT S. 87; *Jescheck/Weigend* § 32 III 3b).

233   Ein krasses Missverhältnis liegt vor, wenn nach einer **Gesamtabwägung** der in einer Notwehrsituation beteiligten Interessen (dazu *Koriath* FS Müller-Dietz, 361, 383; *F.-W. Krause* GedS H. Kaufmann, 673, 686)[828] der Eingriff in die Rechtsgüter des Angreifers im extremen Maße außer Verhältnis zu der verhinderten Rechtsguteinbuße beim Angegriffenen steht (*Sch/Schröder/Perron* Rdn. 50).[829] Das ist nicht bereits dann der Fall, wenn das bewahrte Interesse i.S.d. Defensivnotstandsregel des § 228 BGB erheblich außer Verhältnis zu dem durch die Gegenwehr beeinträchtigen Interesse steht; vielmehr muss das Missverhältnis deutlich jenseits dieser Grenze liegen und ein außergewöhnlich

---

[827] Nach *Zieschang* FS Knemeyer, 449, 459 sollen auch leichte Körperverletzungen dazugehören. Da es sich dabei nach dem zur sozialen Adäquanz und zur Rechtswidrigkeit Bemerkten aber um mehr als um bloße Belästigungen handelt, geht ein Notwehrausschluss zu weit.
[828] Siehe auch *Beulke* Jura **1988** 641, 645; *Kühl* AT § 7 Rdn. 183; *Nusser* S. 203 ff; ähnlich *Roxin* AT I § 15 Rdn. 91.
[829] Zu weitgehend daher die Einschränkung des OLG Hamm Rpfleger **1961** 293, 294 u. des LG München I NJW **1988** 1860, 1862 m. Anm. *Beulke* Jura **1988** 641, *Mitsch* NStZ **1989** 26, *Puppe* JZ **1989** 728 u. *Schroeder* JZ **1988** 567. Letzteres hat dem tödlichen Schuss auf den mit einem Autoradio und Fahrzeugpapieren fliehenden Dieb eine Rechtfertigung versagt; krit. zu dieser Verhältnismäßigkeit nur als Randkorrektur *Bernsmann* ZStW **104** (1992) 290, 310.

grobes sein.⁸³⁰ Auch der Umstand, dass der Wert des vom Verteidiger geretteten Interesses die starre Grenze des § 248a unterschreitet, hat für sich genommen nur geringe Bedeutung⁸³¹ und kann, wenn die Rettung um den Preis erheblicher Gesundheitsschäden oder der Tötung des Angreifers erfolgt, nicht mehr als ein Indiz für das Vorliegen eines krassen Missverhältnisses sein.⁸³² § 32 rechtfertigt danach z.B. weder die Tötung noch erhebliche Gesundheitsverletzungen eines Diebes, wenn damit der Diebstahl einer geringen Menge Obstes (OLG Braunschweig MDR **1947** 205, 206)⁸³³ oder Sirups im Wert von 10 Pfennigen (OLG Stuttgart DRZ **1949** 42, 43 m. Anm. *Gallas*) verhindert werden soll.⁸³⁴ Auch ein Spaziergänger, der seinen Weg über das Grundstück des Verteidigers abkürzen will und so dessen Hausrecht zu verletzen droht, darf nicht mit Mitteln zur Umkehr bewegt werden, die lebensgefährlich sind oder das Risiko erheblicher Gesundheitsschäden bergen (BayObLG NJW **1965** 163, 164).⁸³⁵ Ebenso wenig sind Revolverschüsse zum Schutze einiger Biergläser (RGSt **23** 116, 117) geboten. Wer in der Blockade einer Parklücke durch einen Passanten einen rechtswidrigen Angriff auf die allgemeine Handlungsfreiheit sieht (s. zur Diskussion näher Rdn. 88), muss dem Autofahrer unter dem Gesichtspunkt des krassen Missverhältnisses untersagen, den Passanten durch Anfahren in die Gefahr schwerwiegender Körperverletzungen zu bringen (so auch BayObLGSt **1963** 17, 20; **1992** 86, 88; NJW **1995** 2464).⁸³⁶ Auch die Mitnahme einer Person, die sich weigert, von der Motorhaube des Fahrzeugs zu steigen, mit anschließender Beschleunigung des Fahrzeugs auf 130 km/h wird von § 32 nicht erlaubt (BGHSt **26** 51, 52).⁸³⁷ Rein verbal erfolgende Ehrattacken rechtfertigen keine massive körperliche Gegenwehr (BGH NStZ-RR **2018** 272, 273); der Beleidigte muss sich auf verbale Entgegnungen oder Drohungen beschränken; im Einzelfall kann aber auch eine Ohrfeige o.ä. zulässig sein. Ebenfalls nicht geboten ist eine heftige Ohrfeige oder der Wurf mit einem Glas an den Kopf, um ein Angepustetwerden mit Tabakrauch zu verhindern.⁸³⁸ Schwerwiegende Eingriffe in die Rechtsgüter des Angreifers scheiden jedoch nicht schon deshalb aus, weil es überhaupt um die Abwehr von Angriffen auf bloße Sachwerte geht.⁸³⁹ Eine derart weitgehende Be-

---

830   Weitergehend *Jakobs* AT 12/47, der den Abwägungsmaßstab lockern und Notwehrbefugnisse auch bei Sachen mittlerer Preislage einschränken will; das käme jedoch einer regelmäßigen Prüfung der Proportionalitätsgrenzen gleich und ist daher abzulehnen.
831   In diese Richtung tendieren jedoch LG München I NJW **1988** 1860, 1862; *Roxin* AT I § 15 Rdn. 84; wie hier *Günther* SK⁸ Rdn. 114; *Beulke* Jura **1988** 641, 645; *Krey* JZ **1979** 702, 712f; *Schroeder* JZ **1988** 567, 568.
832   Dasselbe gilt für den Vorschlag von *Roxin* AT I § 15 Rdn. 91, den „geringen Schaden" des § 153 StPO als Maßstab heranzuziehen.
833   Anders aber noch RGSt **55** 82, 85f für den Schuss auf fliehende Obstdiebe.
834   Siehe auch BGH bei Holtz MDR **1979** 985.
835   Die vom BayObLG aaO gemachten Einschränkungen mit der Folge, dass dem Hausrechtsinhaber schon die bloße *Drohung* untersagt ist, scharfe Hunde und eine Schusswaffe einzusetzen, rechtfertigen sich demgegenüber nicht aus dem Vorliegen eines krassen Missverhältnisses allein; zutreffend ist die Entscheidung im Ergebnis nur, weil der Angreifer sich außerdem über die Befugnis irrte, sich auf dem fremden Grundstück aufzuhalten.
836   Anders für die ein Wegfahren verhindernde Blockade des Fahrzeugs OLG Schleswig NJW **1984** 1470, 1471; OLG Karlsruhe NJW **1986** 1358, 1359; vgl. zu weiteren, ähnlich geringfügigen Verkehrsverstößen OLG Saarbrücken VRS **17** (1959) 25, 26; BayObLG NJW **1954** 1377, 1378; **1963** 824, 825; OLG Hamm NJW **1972** 1826f; **1977** 590, 591 m. Anm. *Schumann* JuS **1979** 559.
837   Siehe auch BGH VRS **30** (1966) 281, 282; **56** (1979) 189.
838   AA LG Bonn BeckRS **2012** 03545 (Ohrfeige) und AG Erfurt NStZ **2014** 160, 161 (Glaswurf) m. insoweit krit. Anm. *Jäger* JA **2014** 472 u. *Jahn* JuS **2014** 176 – beide Gerichte erwähnen die Fallgruppe des krassen Missverhältnisses nicht.
839   So aber unter Berufung auf Art. 2 Abs. 2 EMRK *Marxen* S. 61f u. *Samson* SK⁵ Rdn. 55; i.E. ebenso *Bernsmann* ZStW **104** (1992) 290, 308ff, der aufgrund grundrechtlicher Erwägungen ganz generell Tötungen nur zulassen will, wenn das Leben angegriffen wird oder eine dauerhafte Lebensentwertung droht. Wie hier hingegen *Günther* SK⁸ Rdn. 115; *Kühl* AT § 7 Rdn. 117f; *Majer/Ernst* JSE **2010** 58, 62.

schränkung der Verteidigungsbefugnisse nähme dem „krassen Missverhältnis" den Charakter einer Ausnahme und stufte die Güter Eigentum und Vermögen als Interessen minderen Rangs ein, wofür im Wortlaut des § 32 jeder Anhalt fehlt.[840] Liegt ein krasses Missverhältnis vor, so führt das stets dazu, dass der Angegriffene auf eine Verteidigung seines Rechtsgutes verzichten muss. Denn die Frage der Notwehreinschränkung wegen vollständiger Disproportionalität stellt sich immer erst dann, wenn Verteidigungsmaßnahmen, die in keinem krassen Missverhältnis zum erstrebten Verteidigungszweck stehen, den Angriff weniger gut oder sogar überhaupt nicht beseitigen können, anderenfalls bereits die Erforderlichkeit fehlte und sich die Frage nach dem krassen Missverhältnis nicht stellte. Keinen Fall eines krassen Missverhältnisses betrifft dementsprechend und entgegen BGH NStZ **2016** 333 f m. Anm. *Rückert*, *Eisele* JuS **2016** 366 u. *Hinz* JR **2017** 126 die Abgabe mehrerer Schüsse in Brusthöhe auf vom Grundstück des „Verteidigers" Flüchtende im Hinblick auf das Rechtsgut Hausrecht; vielmehr fehlt es hier bereits an der Eignung: Ein Warnschuss mag die Flüchtenden zu noch schnellerem Laufen antreiben, lebensgefährliche Schüsse in Brusthöhe hingegen sind geeignet, das Gegenteil zu bewirken.[841] Nicht jeder Angriff auf das Hausrecht ist derart geringfügig, dass er nicht mit massiver Gegenwehr beantwortet werden dürfte. Hier verleitet der geringe Strafrahmen des § 123 mitunter zu dem Schluss, das Hausrecht müsse unter den Rechtsgütern einen vergleichsweise geringen Wert haben. Art. 13 GG und auch § 244 Abs. 1 Nr. 3 zeigen, dass das ein Fehlschluss ist. Das Hausrecht weist vielmehr Sphären unterschiedlicher Empfindlichkeit auf, die sich danach bestimmen, wie stark die Privatsphäre des Hausrechtsinhabers betroffen ist. Geht es nicht wie in dem obigen Beispiel darum, dass ein Spaziergänger eine bloße Abkürzung über ein Grundstück nimmt, sondern etwa um das Eindringen mehrerer Personen des Nachts in ein Schlafzimmer, dürfte auch bei Verteidigung mit Gefahr für Leib oder Leben der Angreifer eine Notwehrrechtfertigung in aller Regel nicht an einem krassen Missverhältnis scheitern.

234 Diese Grundsätze gelten auch dann, wenn sich ein **Dieb** mit den soeben erbeuteten Sachen bereits auf der **Flucht** befindet. Hat die Diebesbeute einen mehr als nur geringfügigen Wert für den Verteidiger, so unterliegt sein Notwehrrecht keinen Einschränkungen (OLG Celle BeckRS **2013** 07170 m. Anm. *Jahn* JuS **2013** 1042; *Günther* SK[8] Rdn. 115; *Krey* JZ **1979** 702, 712f).[842] Er darf daher, wenn es sich nicht vermeiden lässt und er die von der Rechtsprechung für den lebensgefährlichen Einsatz von Schusswaffen aufgestellten Regeln erforderlicher Verteidigung – insbesondere die situationsbedingte Vorrangigkeit von Warn- und Beinschüssen – beachtet (näher Rdn. 177f), den flüchtenden Dieb notfalls erschießen. Wer dieses Ergebnis für unerträglich hält, muss sich Folgendes vor Augen führen: Zwar mag sich das Rechtsgefühl gegen die Rechtfertigung des Eigentümers in einem solchen Falle sträuben. Das hat seinen Grund jedoch nicht darin, dass das Notwehrrecht in diesem Fall zu weit geraten ist, sondern liegt allein daran, dass die h.M. beim Diebstahlstatbestand eine sog. Beendigungsphase anerkennt, in der sich die

---

840 Wenig hilfreich ist die von *Erb* MK Rdn. 216 m. Fn. 615 vorgeschlagene Unterscheidung danach, ob der Angreifer zugleich die Bereitschaft zu erkennen gibt, gegebenenfalls Widerstand zu leisten. Die nur bedingte Bereitschaft zur Gewalt ist eben immer erst dann ein gegenwärtiger Angriff auf Gesundheit und Willensfreiheit, wenn die Bedingung (Gegenwehr o.ä.) eintritt, und ändert daher den Charakter des geringfügigen Angriffs auf Sachwerte nicht; erst mit dem tatsächlichen Ansetzen zur Gewalt beginnt der – nun nicht mehr nur geringfügige – Angriff auf weitere Rechtsgüter des Verteidigers.
841 Ähnlich *Rückert* NStZ **2016** 334, 335, der allerdings unzutreffend die Erforderlichkeit verneint. Die mangelnde Eignung erkennt auch *Hinz* JR **2017** 126, 127.
842 Weiter *Spendel* LK[11] Rdn. 320; für Einschränkungen hingegen *Erb* MK Rdn. 217 f; *R. Lange* JZ **1976** 546, 548; *Lührmann* S. 78; *Roxin* ZStW **93** (1981) 68, 95; auch *Seelmann* ZStW **89** (1977) 36, 57 ff für den Fall der Nothilfe.

Eigentumsverletzung trotz bereits vollendeter Wegnahme noch soll vertiefen können. Die h.M. erreicht das dadurch, dass sie zwischen ungesichertem und gesichertem Gewahrsam unterscheidet und eine materielle Beendigung der Tat erst annimmt, wenn der Dieb die Tatbeute gesichert hat (s. nur *Fischer* § 242 Rdn. 54 m.w.N.). Konsequent wären die Kritiker einer aus § 32 fließenden Befugnis, auf Flüchtende zu schießen, nur dann, wenn sie bereits das Fortdauern einer Rechtsgutverletzung und damit die Gegenwärtigkeit des Angriffs verneinten.[843] Es ist inkonsequent, bei der Prüfung des Merkmals der Gegenwärtigkeit einen weiten Maßstab anzulegen, so dass auch noch angreift, wer bereits neuen Gewahrsam an einer Sache begründet hat, um dann später auf der Stufe der Gebotenheit zu betonen, auf Flüchtende dürfe nicht geschossen werden.

2. Die Notwehreinschränkung aus Art. 2 EMRK. Eng mit dem Gesichtspunkt des 235 krassen Missverhältnisses verbunden ist die in Art. 2 der Europäischen Konvention zum Schutze der Menschenrechte enthaltene Einschränkung der Notwehrbefugnisse bei **Angriffen auf Sachwerte**. Art. 2 EMRK hat als Bestandteil eines völkerrechtlichen Vertrags wegen des Erfordernisses eines Zustimmungsgesetzes (Art. 59 Abs. 2 GG) in Deutschland formal den Rang eines einfachen Gesetzes. Seine materielle Bedeutung für das deutsche Recht geht aber weit über den Einfluss hinaus, der einem solchen Rang entspräche. Wegen der Völkerrechtsfreundlichkeit des Grundgesetzes sind andere einfache Gesetze (und eingeschränkt auch das Grundgesetz) konventionsfreundlich auszulegen;[844] das gilt dann auch für die Interpretation von § 32 durch deutsche Strafgerichte.[845] Art. 2 Abs. 1 EMRK verbietet die (absichtliche) Tötung eines Menschen jenseits der Vollstreckung von Todesurteilen; dessen Abs. 2 lit. a nimmt Tötungen jedoch dann von diesem Verbot aus, wenn sie Folge einer sich auf das unbedingt Erforderliche beschränkenden Verteidigung der (jeder) Person gegen rechtswidrige Gewalt ist. Diese Formulierung wirft die Frage auf, ob es bei einer Verteidigung bloßer Sachwerte insbesondere gegen Entziehung beim Tötungsverbot des Absatz 1 bleibt.[846] Die wohl überwiegende Ansicht geht – mit unterschiedlichsten Begründungen – davon aus, Art. 2 EMRK habe keine Auswirkungen auf das Notwehrrecht des Bürgers (eingehend zu den zahlreichen Versuchen, § 32 gegen den Einfluss des Art. 2 EMRK zu immunisieren *Koriath* in Europäisierung S. 47, 49 ff m. zahlreichen w. N.).

Einige Autoren gehen in einem wenig überzeugenden Begründungsversuch davon 236 aus, die Formulierung „Verteidigung (jeder Person) gegen rechtswidrige Gewalt" umfasse auch die Abwehr von Angriffen auf das **Eigentum** (*Herzog* NK³ Rdn. 97; *Lenckner* GA **1968** 1, 5 f m. Fn. 20; *Satzger* Jura **2009** 759, 762; *Spendel* LK¹¹ Rdn. 260 f m.w.N.). Zwar müssen sich die Vertragsparteien der EMRK entgegenhalten lassen, dass es kaum einleuchtet, eine Tötung zur Durchsetzung der Festnahme eines Diebes zuzulassen (Abs. 2 lit. b 1. Var.), zur Verhinderung des Diebstahls selbst hingegen nicht. Dieser Widerspruch rechtfertigt es aber nicht, die bloße Sachentziehung und damit die Flucht eines Diebes

---

843 Zu Recht krit. gegenüber einer materiellen Beendigungsphase bei § 242 *Gössel* ZStW **1985** (1973) 591, 644 ff; *Kühl* Beendigung S. 152 f; *ders.* JuS **2002** 729, 731. Nach *Herzog* FS Neumann, 853, 856 ff bewahrt allein ein enges Verständnis der Gegenwärtigkeit die Rechtsgemeinschaft vor einer Pervertierung des Notwehrrechts durch den sog. Vigilantismus von Bürgerwehren, die unter dem Eindruck einer vermeintlich ständigen Bedrohung durch Diebesbanden und eines ebenso vermeintlichen Versagens staatlicher Gefahrenabwehr beständig auf der Lauer liegen.
844 BVerfGE **74** 358, 370; **82** 106, 115.
845 Für ein umfassendes Tötungsverbot bei bloßer Sachverteidigung auch durch Private *Sch/Schröder/Perron* Rdn. 62.
846 Umfassend dazu *Koriath* in Europäisierung S. 47, 50 f; s. auch *Echterhölter* JZ **1956** 142, 143 f; *Lührmann* S. 270 ff, 281 f m.w.N.; *Marxen* S. 61 f; *Woesner* NJW **1961** 1381, 1384.

mit seiner Beute als Gewaltanwendung gegen eine Person zu interpretieren (so auch *Koriath* in Europäisierung S. 47, 58 f; *Erb* MK Rdn. 20). Ebenso wenig überzeugt die Einschränkung des Verbots auf **absichtliche Tötungen** (*Roxin* ZStW **93** [1981] 68, 99 f; zust. *Satzger* Jura **2009** 759, 763), bzw. die Herausnahme bedingt vorsätzlicher Tötungen aus dem Anwendungsbereich der Vorschrift (*Bitzilekis* S. 135; *Wagner* S. 67 f).[847] Die Beschränkung des Tötungsverbots in Art. 2 Abs. 1 EMRK auf absichtliche (oder wissentliche) Tötungen macht im Zusammenhang mit der Verteidigung gegen rechtswidrige Angriffe kaum Sinn, da Tötungen, die Ziel oder notwendiges Zwischenziel der Verteidigungshandlung sind oder um deren Eintritt der Verteidiger sicher weiß, nur in absoluten Ausnahmefällen erforderlich sein werden und schon aus diesem Grunde als gerechtfertigte Verteidigung ausscheiden. Art 2 Abs. 2 lit. a EMRK hätte danach einen außerordentlich schmalen, seine Funktion als Rechtfertigung grundlegend in Frage stellenden Anwendungsbereich (zutreffend *Erb* MK Rdn. 21). Die Erwähnung der Absicht in Art. 2 Abs. 1 erhält ihren Sinn im Grunde erst und allein durch die ebenfalls dort normierte Ausnahme der Vollstreckung eines Todesurteils – der Tod des Verurteilten ist das ausschließliche Ziel einer Hinrichtung.

237   Herrschend wird davon ausgegangen, das Tötungsverbot des Art. 2 EMRK bezwecke die Begrenzung staatlicher Machtausübung und richte sich daher allein an **Hoheitsträger** (*Bockelmann* FS Engisch, 456 ff; *Fischer* Rdn. 40; *Herzog* NK³ Rdn. 95).[848] Das ist nur im Ergebnis richtig. Zwar sprechen ein systematischer Vergleich mit den lit. b und c des Absatzes 2, die sich wegen der dort genannten eindeutig hoheitlichen Handlungsformen (Festnahme, Aufstand niederschlagen) ausschließlich auf das Verhalten von Amtsträgern richten, und die Entstehungsgeschichte für diese Deutung.[849] Jedoch können die Grundrechte der EMRK – wie die des Grundgesetzes – neben ihrer Abwehrwirkung gegenüber staatlichem Zugriff auch eine mittelbare Drittwirkung unter Privaten haben. Daher erscheint eine Auslegung des Art. 2 Abs. 2 lit. a EMRK zumindest nicht von vornherein ausgeschlossen, die den Vertragsstaaten eine Gestaltung oder Interpretation ihrer Gefahrabwehrrechte vorschreibt, die die Tötung eines Bürgers durch einen anderen Bürger zur Verteidigung von Sachwerten verbietet.[850] Wenn Art. 2 Abs. 2 EMRK gleichwohl der Tötung eines Diebes durch einen Privaten nicht entgegensteht, sofern diese von § 32 gedeckt ist, liegt das an der gegenüber seiner Abwehrfunktion schwächeren mittelbaren Drittwirkung, die das Grundrecht auf Leben bei einem Konflikt hat, wie er sich im Rah-

---

[847] Ebenso *R. Lange* JZ **1976** 546, 548; *Otto* FS Würtenberger, 129, 137; *Zieschang* GA **2006** 415, 419; ders. FS Knemeyer, 449, 458.
[848] Weiter *Hoyer* SK Rdn. 108; *Meyer-Goßner/Schmitt* Anh 4 MRK Art. 2 Rdn. 3; *SSW/Rosenau* Rdn. 37; auch *Kindhäuser* NK Rdn. 104, der jedoch annimmt, die Beschränkungen des Art. 2 Abs. 2 EMRK müssten auf das Verhältnis von Privaten untereinander durchschlagen, weil er die Notwehr für ein aus dem staatlichen (und damit von Art. 2 EMRK bereits beschränkten) Gewaltmonopol abgeleitetes Recht hält; krit. *Koriath* in Ranieri S. 47, 52 ff (auch zur Frage mittelbarer Drittwirkung des Art. 2), *Erb* MK Rdn. 22 und *Frister* GA **1985** 553, 554 ff; *Roxin* AT I § 15 Rdn. 87. **AA** OLG Köln OLGSt StGB § 32 Nr. 1. Nach *Lewisch* FS Platzgummer, 381, 391 ff verbietet Art. 2 EMRK nur dem Gesetzgeber, die Tötung zur Abwehr von Bagatellangriffen zu erlauben; nach *Gollwitzer* LR²⁵ MRK Art. 2 Rdn. 19 gewährt Art. 2 Abs. 2 EMRK dem Gesetzgeber bei der Ausgestaltung der privaten Notwehrbefugnisse einen weiteren Spielraum als bei Eingriffsrechten von Hoheitsträgern; die Gestattung einer vorsätzlichen Tötung zur Verteidigung bloßer Sachwerte soll ihm jedoch auch bei privater Notwehr verboten sein. *Kühl* ZStW **100** (1998) 601, 626 f geht davon aus, Art. 2 EMRK gebiete eine Neufassung des § 32.
[849] Die Entstehungsgeschichte besitzt bereits nach den für die Auslegung völkerrechtlicher Verträge geltenden Regeln nur nachrangige Bedeutung (Art. 32 Wiener Vertragsrechtskonvention). Bedenkt man, dass der EGMR die EMRK in Abhängigkeit von den sich im Laufe der Zeit wandelnden sozialen, moralischen und ökonomischen Anschauungen auslegt (s. EGMR ECHR 1999 – V, 149 ff Rdn. 101 – *Selmouni*), kommt der Entstehungsgeschichte nur ein geringes Gewicht bei der Bestimmung der Normaussage zu.
[850] Siehe dazu auch *Nusser* S. 65 ff.

men von § 32 stellt. So, wie Gesetzgeber und Rechtsprechung den Konflikt zwischen einem rechtswidrigen Zugriff auf das Eigentum und dem Leben des Angreifers gelöst haben, kann von einer Missachtung des Grundrechts auf Leben keine Rede sein, bedenkt man, dass „rechtswidrig" die Verwirklichung von Handlungsunrecht verlangt und die Verteidigung insbesondere von Sachwerten beim krassen Missverhältnisses ihre Grenze findet.[851]

3. Enge persönliche Beziehungen. Einschränkungen der Notwehrbefugnisse werden von der h.M. auch dort befürwortet, wo Angreifer und Angegriffener in einer sehr engen persönlichen Beziehung zueinander stehen, die gegenseitige Beschützergarantenpflichten entstehen lässt wie z.B. bei Ehegatten und Eltern-Kind-Beziehungen.[852] Typischerweise handelt es sich um die Abwehr tätlicher Angriffe von Ehemännern durch ihre Ehefrauen. Begründet wird die Einschränkung mit der – solche Verhältnisse kennzeichnenden – gegenseitigen Solidarität, die es gebiete, auf eine lebensgefährliche Gegenwehr trotz Erforderlichkeit dann zu verzichten, wenn damit lediglich eine einfache Tätlichkeit verhindert werden soll (*Roxin* ZStW **93** [1981] 68, 100; *R. Lange* JZ **1976** 546, 548; *Seelmann* ZStW **89** [1977] 36, 60),[853] oder mit einem verminderten Rechtsbewährungsinteresse (*Amelung/Boch* JuS **2000** 261, 265; *Sch/Schröder/Perron* Rdn. 53); nach Meinung einiger Autoren soll sie sich daraus ergeben, dass Rechtsbewährungs- *und* Schutzprinzip von den gegenseitigen Schutzpflichten überlagert würden (*Blei* I § 39 III 2 d; *Geilen* JR **1976** 314, 316; *Marxen* S. 38 ff).[854] Vielfach wird die Einschränkung der Verteidigungsbefugnisse auch ganz abgelehnt (*Brückner* S. 72 f; *Dencker* NStZ **1983** 398, 399; *D. Engels* GA **1982** 109, 114 ff).[855] Die Rechtsprechung des BGH bietet kein vollständig einheitliches Bild. Nachdem das Gericht in drei Entscheidungen eine Rechtfertigung aus § 32 dort versagt hatte, wo Frauen ihre Ehemänner zur Beendigung gewalttätiger Angriffe getötet hatten (BGH GA **1969** 117; NJW **1969** 802; **1975** 62 f),[856] sprach es das volle Notwehrrecht in einem Fall zu, in dem die schwangere Frau Fußtritte ihres Mannes gegen

238

---

[851] Sehr ähnlich schon *Satzger* Jura **2009** 759, 763, der zusätzlich noch das für die EMRK geltende Subsidiaritätsprinzip heranzieht. Etwas enger *Nusser* S. 126 ff, nach der eine konventionskonforme Auslegung des § 32 voraussetze, dass der Sachangriff zumindest von vis compulsiva begleitet wird. In der Sache wohl ebenso *Matt/Renzikowski/Engländer* Rdn. 57, der die staatliche Schutzpflicht durch die – bei einem rechtswidrigen Angriff fehlende – Schutzbedürftigkeit begrenzt. AA *von Scherenberg* S. 99 ff, der aus der mittelbaren Drittwirkung ein unbedingtes Gebot an den Gesetzgeber ableitet, § 32 bei Sachangriffen auf schonendere Maßnahmen als die Tötung des Angreifers einzuschränken.
[852] Zur historischen Entwicklung dieser Fallgruppe näher *Fasten* S. 199 ff.
[853] Weiter *Jakobs* AT 12/58; *Wohlers* JZ **1999** 434, 438 ff; in der Sache auch *Erb* MK Rdn. 219; ebenso *Mitsch* Opferverhalten S. 391 f, allerdings auf der Basis des von ihm entwickelten viktimodogmatischen Rechtfertigungsverständnisses. S. zum Meinungsstand auch *Zieschang* Jura **2003** 527 ff.
[854] Ähnlich *Kleinherne* S. 96 ff, der annimmt, in der Kollision von Verteidigungsrecht und (Beschützer-)Garantenpflicht gehe letztere vor, weil das Zurücktreten des Verteidigungsrechts lediglich mit dem Verzicht auf *eine* Handlungsmöglichkeit (die der erforderlichen Verteidigung) verbunden sei, die hinter der Freiheitsbeschränkung durch Auferlegung der Garantenpflicht (Verzicht auf alle Handlungsmöglichkeiten mit Ausnahme der Rettungshandlung) deutlich zurückbleibe und daher erst recht vom Garanten verlangt werden könne (aaO S. 104 ff). Aber das begründet ersichtlich keinen Vorrang der Garantenpflicht: Dass eine Einschränkung des Notwehrrechts die bereits durch die Garantenstellung generell, d.h. auch außerhalb von Notwehrsituationen beschränkte Freiheit des Garanten noch zusätzlich beschränkt, beschreibt nur das Ergebnis, das man erhält, wenn man sich bereits für einen Vorrang der Garantenpflicht vor dem Verteidigungsrecht entschieden hat.
[855] Ebenso *Engländer* NStZ **2016** 527, 528; *Matt/Renzikowski/Engländer* Rdn. 48; *Frister* GA **1988** 291, 307 ff; *Kretschmer* JR **2008** 51, 53; *Hoyer* SK Rdn. 97 ff; *Otto* FS Würtenberger, 129, 148 f; *van Rienen* S. 288 ff; *von Scherenberg* S. 159 ff; *Spendel* LK¹¹ Rdn. 310; *Voß* S. 103 ff; *Zieschang* Jura **2003** 527, 529 ff; *ders.* FS Knemeyer, 449, 460.
[856] Die Urteile BGH GA **1969** 117 und BGH NJW **1969** 802 betreffen allerdings dasselbe Verfahren.

ihren Bauch mit einem tödlichen Messerstich beendete (BGH JZ **1984** 529, 530 m. Anm. *Spendel* JZ **1984** 507); in zwei weiteren Entscheidungen findet die Möglichkeit der Einschränkung des Notwehrrechts wegen eines Garantieverhältnisses zwischen den Beteiligten keine Erwähnung mehr (BGH StV **1994** 651, 652; NStZ **1996** 433, 434).[857]

239 Die Notwehreinschränkung aufgrund persönlicher Verbundenheit ist eine äußerst **heikle Fallgruppe**. Ihre Anerkennung birgt die Gefahr, dass gerade der schwächere Partner in einer Beziehung, der sich manchmal nur dann effektiv wird wehren können, wenn er lebensgefährliche Hilfsmittel körperlicher Gewalt – wie etwa ein Messer – zu Hilfe nimmt, gezwungen ist, Misshandlungen des anderen zu erdulden; hier droht eine Aushöhlung des Notwehrrechts.[858] Andererseits lässt sich nicht von der Hand weisen, dass das Interesse, den rechtswidrigen Angriff des anderen zurückzuschlagen, in einer intakten Beziehung jedenfalls insoweit zu modifizieren ist, dass die Berechtigung, in jedem Fall maßlose Gegenwehr leisten zu dürfen, fragwürdig erscheint. Dass der Angreifer durch sein Verhalten aus diesem **Solidaritätsverhältnis** fließende Pflichten grob missachtet, bedeutet nicht automatisch, dass der andere keinerlei Rücksicht mehr üben müsste (so zutreffend *Roxin* AT I § 15 Rdn. 99).[859] Der Grund für die Einschränkung des Notwehrrechts besteht nicht in der Existenz gegenseitiger Garantenpflichten, sondern in dem Solidaritäts- und Näheverhältnis selbst, aus dem diese Pflichten entstehen.[860] Dieses Verhältnis wird nicht bereits durch jeden beliebigen Angriff in Frage gestellt. Die Linie der h.M. verdient daher im Grundsatz Zustimmung.

240 Die danach äußerst behutsam vorzunehmende Einschränkung der Notwehrbefugnisse innerhalb enger persönlicher Beziehungen setzt Folgendes voraus: Zunächst kommen Einschränkungen überhaupt nur dort in Betracht, wo es sich um derart enge Verhältnisse handelt, dass zugleich auch gegenseitige Beschützergarantenstellungen entstehen. Die Fallgruppe ist damit auf Beziehungen zwischen **Ehegatten**, Partnern **eheähnlicher Gemeinschaften** und zwischen **Eltern und Kindern** beschränkt.[861] Die Zugehörigkeit zu demselben Verein (vgl. BayObLG OLGSt 1 § 53 a.F.) oder Betrieb (vgl. BGH bei Dallinger MDR **1958** 12, 13; OLG Stuttgart NJW **1950** 119) genügt keinesfalls,[862] auch eine bloße Wohnungsgemeinschaft begründet keine Einschränkungen.[863] Entgegen BGH NStZ **2014** 451, 452 m. Anm. *Hecker* JuS **2014** 946 ist auch das familiäre Band zwischen Cousins – zumal, wenn sie nicht einmal demselben Hausstand angehören – kein hinreichender Anlass für eine Notwehreinschränkung. Aus der Notwehrschranke darf kein Freibrief für Misshandlungen folgen (*Erb* MK Rdn. 221; *Roxin* AT I § 15 Rdn. 88). Daher ist von einem **materiellen Beziehungsbegriff** auszugehen, nach dem die Rücksichtnahmepflichten schon dann entfallen, wenn der Angreifer zuvor bereits einmal tätlich geworden ist (*Wohlers* JZ **1999** 434, 441).[864] Dasselbe gilt ebenfalls dort, wo eine

---

857 Siehe aber auch BGH JZ **2003** 50, 51 m. Anm. *Walther*, wo es das Gericht lediglich dahinstehen lässt, ob die Ehefrau verpflichtet gewesen sei, auf Trutzwehr zu verzichten und die Wohnung zu verlassen.
858 *Voß* S. 83 ff nimmt daher an, das Recht bewähre sich bei der Verteidigung innerhalb sozialer Näherverhältnisse in besonders hohem Maße.
859 AA *Spendel* LK[11] Rdn. 310.
860 *Schramm* JA **2013** 881, 886, ders. Ehe und Familie S. 111 ff leitet die Pflicht zur (eingeschränkten) Rücksichtnahme aus § 1353 Abs. 1 S. 2 BGB her.
861 Zust. BGH NStZ **2016** 526, 527 m. Anm. *Engländer* u. *Hecker* JuS **2016** 1036. Zu weit daher BGH NStZ-RR **2016** 272, 273, wo eine Einschränkung zwischen nicht zusammenlebenden Brüdern für möglich gehalten wird.
862 *Kühl* AT § 7 Rdn. 206; *Sch/Schröder/Perron* Rdn. 53; *Roxin* ZStW **93** (1981) 68, 102; ders. AT I § 15 Rdn. 98; abw. *Geilen* Jura **1981** 370, 374.
863 BGH NStZ **2016** 526, 527 m. Anm. *Engländer* u. *Hecker* JuS **2016** 1036.
864 In der Sache wohl ebenso *Fischer* Rdn. 37. Richtig LG Kleve BeckRS **2006** 12585, das eine Einschränkung in einem Fall massiven Stalkings schon deshalb abgelehnt hatte, weil die Verteidigerin mit dem

– auch erstmalige – schwerwiegende oder gar lebensgefährliche Körperverletzung droht. Der Angreifer stellt durch solche Verhaltensweisen das Solidaritätsverhältnis in Frage, so dass vom Verteidiger nicht verlangt werden kann, er müsse die Beziehung vor Durchführung der Notwehrhandlung quasi „aufkündigen" (so aber *Montenbruck* JR **1985** 115, 116 f; *Pitsounis* in Lüderssen/Nestler-Tremel/Weigend S. 255, 257; *Schroth* NJW **1984** 2562, 2563 f für den Fall, dass der Verteidiger frühere Misshandlungen hingenommen hat; dagegen zutreffend *Loos* JuS **1985** 859, 863; *Wohlers* JZ **1999** 434, 438 f).

Unterliegt danach das Notwehrrecht Einschränkungen, muss der Verteidiger im vollen Umfang fremde **Hilfe in Anspruch nehmen** oder dem **Angriff ausweichen**. Wenn dem Angegriffenen jedoch die Hinnahme leichter Körperverletzungen für den Fall zugemutet wird, dass ein Ausweichen nicht möglich ist (*Erb* MK Rdn. 220; *Geilen* JR **1976** 314, 317; *Herzog* NK³ Rdn. 111; *Lackner/Kühl* Rdn. 14; *Roxin* ZStW **93** [1981] 68, 103), ist dem zu widersprechen (so auch *Kindhäuser* NK Rdn. 115; *Sch/Schröder/Perron* Rdn. 53; *Wohlers* JZ **1999** 434, 441). Denn eine derart weitgehende Hinnahmepflicht führte zu einem Freibrief für Misshandlungen, den die h.M. zu Recht nicht ausstellen möchte; zweifellos sind auch leichte Körperverletzungen Misshandlungen. Im Ergebnis greift die Einschränkung der Notwehrbefugnisse innerhalb enger Lebensverhältnisse nach dem hier vertretenen Verständnis nur im Fall des „Ausrutschers", in dem der Angreifer in einer ansonsten intakten Beziehung plötzlich und einmalig die Beherrschung verliert und die Grenze der verbalen Auseinandersetzung überschreitet.

4. Angriffe im Zustand fehlender oder geminderter Schuld. Handelt der Angreifende **ohne Schuld**, ändert das nach h.M. nichts daran, dass ein notwehrfähiger Angriff i.S.d. § 32 vorliegt.[865] Gleichwohl steht ihm das Verteidigungsrecht nach ganz. h.M. in diesen Fällen nicht in seiner vollen Schärfe zur Verfügung (BGHSt **3** 217, 218; bei Dallinger MDR **1975** 194, 195).[866] Dabei geht es vor allem um Angriffe von **Kindern**,[867] **psychisch Kranken** und **sinnlos Betrunkenen** (dazu BGH NJW **2001** 3200, 3202 m. Anm. *Eisele* JA **2001** 922, 924 u. *Kretschmer* Jura **2002** 114, 116)[868] sowie Personen, die im entschuldigenden Notstand (§ 35) oder Notwehrexzess (§ 33) handeln.[869] Teilweise wird in diesem Zusammenhang auch der unvermeidbar Irrende genannt (*Roxin* AT I § 15 Rdn. 61).

Angreifer nur aus dem Grund wieder zusammenlebte, weil sie keine Möglichkeit sah, die Nachstellungen auf andere Weise zu beenden. Darüber hinaus schied eine Einschränkung auch aus, weil durch den Angriff schwerwiegende Körperverletzungen drohten.

865 Siehe Rdn. 109 auch mit Nachweisen zur Gegenmeinung. Nach *Schmidhäuser* StuB 6/65 fehlt es bei Schuldlosigkeit schon an einem Angriff auf die empirische Geltung der Rechtsordnung; ähnlich *Otto* AT § 8 Rdn. 20. Zur historischen Entwicklung dieser Fallgruppe näher *Fasten* S. 64 ff.

866 Weiter BayObLG OLGSt StPO § 127 Nr. 2; OLG Frankfurt VRS **40** (1971) 424, 426; OLG Hamm NJW **1977** 590, 592 m. Anm. *Schumann* JuS **1979** 559; *Erb* MK Rdn. 209; *Roxin* AT I § 15 Rdn. 61. **AA** für Fälle bloßer Schuldminderung *Krause* FS Bruns, 71, 84 ff. Abl. für die Fälle des Geisteskranken und des schuldlos Irrenden *Wagner* S. 80 ff.

867 Siehe dazu BayObLG NJW **1991** 2031 m. Anm. *Mitsch* JuS **1992** 289 u. *Vormbaum* JR **1992** 163. Auf Kinder und solche schuldlos Handelnde, die diesen Zustand nicht selbst schuldhaft herbeigeführt haben, begrenzt diese Fallgruppe *van Rienen* S. 239 ff; zu demselben Ergebnis gelangt *Matt/Renzikowski/Engländer* Rdn. 46, der in diesen Fällen bereits einen rechtswidrigen Angriff verneint und eine Notwehreinschränkung für Angreifer, die den Zustand selbst herbeigeführt haben, ablehnt.

868 Siehe auch BGH NJW **2003** 1955, 1959 f (insoweit in BGHSt **48** 207 nicht abgedr.) m. Anm. *Roxin* JZ **2003** 966, 968. BGH NStZ **2015** 151, 152 m. Anm. *Eisele* JuS **2015** 465 u. *Hinz* JR **2015** 546 hält eine Notwehreinschränkung gegenüber einem Angreifer mit einer BAK von 2,76 ‰ für möglich.

869 Nach *Erb* MK Rdn. 209 soll Notwehr auch gegenüber unbewusst fahrlässig handelnden Angreifern eingeschränkt sein, weil die Vermeidung solchen Verhaltens „um ein Vielfaches schwerer fällt als der Verzicht auf bewusst pflichtwidriges Verhalten". Zu den schuldlos Handelnden besteht allerdings ein kategorialer Unterschied, weil das Recht nur von diesen nicht erwartet, pflichtgemäß zu handeln.

Er gehört hingegen nicht hierher, da er mangels Unsorgfältigkeit schon kein Handlungsunrecht verwirklicht, so dass es nach mittlerweile h.M. bereits an einem rechtswidrigen Angriff fehlt (so auch *Günther* SK[8] Rdn. 118; *Sch/Schröder/Perron* Rdn. 52).[870] Begründet wird die Einschränkung in Fällen fehlender oder erheblich geminderter Schuld im Kern überwiegend damit, dass dort, wo die Rechtsordnung auf Sanktionierung des Verhaltens ganz verzichtet, ein ausgeprägtes Bedürfnis für eine Bewährung der Rechtsordnung nicht bestehe (*Jesckeck/Weigend* § 32 III 3a; *Lenckner* GA **1968** 1, 3; *Hirsch* FS Dreher, 211, 217; *Roxin* AT I § 15 Rdn. 61).[871] Dieses Argument lässt sich jedoch ebenso gut auf ein individualistisches Notwehrverständnis übertragen. Der auf mangelnde persönliche Fähigkeiten des Täters gestützte Verzicht auf Strafe trotz Unrechtsverwirklichung bedeutet zwar nicht, dass die vom Angreifer bedrohten Individualinteressen nicht schutzwürdig oder schutzbedürftig wären. Er zeigt aber, dass die Rechtsordnung die von Personen mit Verantwortungsdefiziten ausgehenden Gefahren anders bewertet als solche, die voll verantwortlichen Mitgliedern der Rechtsgemeinschaft zuzurechnen sind. Darin drückt sich eine Nachsicht gegenüber Rechtsgenossen aus, die aufgrund dauerhaft oder nur situationsbedingt gegebener Umstände nicht in der Lage sind, sich normgemäß zu verhalten. Niemand würde etwa dem erwachsenen Verteidiger, der soeben die andauernde Verbalattacke eines Achtjährigen mit einem Faustschlag in dessen Gesicht beendet hat, bescheinigen, er habe mit Fug und Recht seine Ehre verteidigt, selbst wenn der Faustschlag das einzige zur Angriffsabwehr geeignete Mittel war. Die Rechtsgemeinschaft erwartet hier zu Recht, dass der Verteidiger auf maßlose Gegenwehr verzichtet und sich dem Angriff entzieht (vgl. auch *Vormbaum* JR **1992** 163, 164).[872] Während sie im Regelfall den Angreifer als gefährlich bezeichnen würde, dürfte sich diese Bewertung bei scharfer Verteidigung gegenüber einem Rechtsgüter nur moderat beeinträchtigenden Verhalten schuldlos Handelnder in ihr Gegenteil verkehren: Für das Verhalten sinnlos Betrunkener oder das eines Kindes mag das Attribut „lächerlich" in den Sinn kommen, während die Bezeichnung „gefährlich" in diesen Fällen wohl besser auf den Verteidiger selbst passt.

243 Konkret bedeutet die Einschränkung der Notwehrbefugnisse in dieser Fallgruppe, dass der Verteidiger nach Möglichkeit **ausweichen** und **fremde Hilfe** in Anspruch nehmen muss.[873] Ist dies nicht möglich, müssen **leichte Beeinträchtigungen der Rechtsgüter hingenommen** werden.[874] In keinem Fall gehen die Einschränkungen jedoch soweit, dass erhebliche Einbußen erduldet werden müssten. Der Passant darf sich daher mit lebensgefährlichen Verteidigungsmaßnahmen gegen einen Straßenraub auch dann zur Wehr setzen, wenn er von einem 12-jährigen bedroht wird. Kann der Verteidiger hingegen dem Angriff ohne substantielle Rechtsguteinbuße ausweichen, würde eine gleichwohl in scharfer Form vorgetragene Abwehr eher als eine Verteidigung allein um des Prinzips: „Das Recht braucht dem Unrecht nicht zu weichen" willen erscheinen, nicht aber als die Bewahrung des materiellen Individualinteresses. So kann eine Ohrfeige

---

[870] Weiter *SSW/Rosenau* Rdn. 32. Übersehen von OLG Hamm (Z) NJOZ **2015** 1863, 1864 m. Anm. *Kudlich* JA **2016** 150 in Bezug auf den Irrtum über die begangene Straftat/den dringenden Tatverdacht als Voraussetzung eines Festnahmerechts nach § 127 Abs. 1 StPO.

[871] Krit. dazu *Günther* SK[8] Rdn. 119. Teilweise wird auch auf das Verantwortungsprinzip abgestellt, vgl. *Günther* aaO; *Rudolphi* GedS Armin Kaufmann, 371, 395. Nach *W. Hassemer* in Eser/Fletcher Bd. 1 S. 175, 208 ist die fehlende soziale Kompetenz des Angreifers entscheidend, während *Koch* ZStW **104** (1992) 785, 813 das Schuldprinzip gegen das § 32 zugrundeliegende Schutzprinzip abwägen will.

[872] Nach der Strafmündigkeit des Kindes will unterscheiden *Lesch* FS Dahs, 81, 103f.

[873] Abw. *Hruschka* FS Dreher, 189, 206, der hier Defensivnotstandsbefugnisse für angemessen hält.

[874] Für die Hinnahme leichter Körperverletzungen BSG NJW **1999** 2301, 2302; *Kühl* AT § 7 Rdn. 196; *Roxin* AT I § 15 Rdn. 62 (der einige Schläge für zumutbar hält).

durchaus das noch gebotene Mittel sein, um die Beleidigung durch einen Teenager zu beenden (BayObLG NJW **1991** 2031f), während die Zufügung erheblicher Verletzungen nicht mehr gerechtfertigt ist. Gemessen an diesen Grundsätzen ist die Entscheidung OLG Düsseldorf BeckRS **2016** 14622 Rdn. 15ff m. zust. Anm. *Eisele* JuS **2017** 81 höchst problematisch. Sie verneint eine Einschränkung des Notwehrrechts eines erwachsenen Mannes gegenüber sechsjährigen, ihm zur Aufsicht anbefohlenen Kindern, obwohl dem Verteidiger statt der verteilten Ohrfeige eine Flucht in das Schulgebäude möglich gewesen wäre. Auch wenn die Erstklässler mindestens zu fünft waren, den Verteidiger trotz Ermahnung schlugen und in seine Richtung spuckten und der Verteidiger dieses Verhalten trotz Flucht voraussichtlich noch eine kurze Zeit hätte erleiden müssen, spricht alles dafür, dass er mit der Ohrfeige die Grenzen noch gebotener Notwehr hinter sich gelassen hat: Zum einen hat man bereits Schwierigkeiten, dem aus einem den Verteidiger einschließenden Spiel entstandenen Verhalten der Erstklässler die nötige Erheblichkeit abzugewinnen. Zum anderen ist die in einem Erziehungskontext verabreichte Ohrfeige keineswegs so unerheblich, wie das Gericht aaO Rdn. 19 glauben machen will. Ihre Wirkung beschränkt sich nicht auf die kurzzeitigen Schmerzen im Gesicht, sondern stört das für Erziehung und Ausbildung der Persönlichkeit des Kindes wesentliche Vertrauensverhältnis zu Aufsichts- und Erziehungspersonen empfindlich und kann durchaus langfristige Folgen haben. In diesem Zusammenhang hätte das Gericht auch erörtern müssen, ob nicht das Beschützergarantenverhältnis des Verteidigers zu den Kindern bereits das Notwehrrecht einschränkt (näher zu dieser Fallgruppe Rdn. 238ff). Allgemein wird man gegenüber Kindern und psychisch Kranken eine größere Zurückhaltung verlangen müssen als gegenüber erwachsenen Betrunkenen (*Sch/Schröder/Perron* Rdn. 52).[875] Ob allerdings das volle Notwehrrecht ihnen gegenüber schon aus dem Grund wieder auflebt, weil sie sich schuldhaft in den Rauschzustand versetzt haben (so *Engländer* NStZ **2016** 527, 528; *F.-W. Krause* GedS H. Kaufmann, 673, 679),[876] ist zweifelhaft (vgl. *Erb* MK Rdn. 213). Wie bei der Notwehrprovokation ist die Einschränkung auch hier nur von begrenzter Dauer; geht der Angreifer immer wieder auf den Verteidiger los, muss dieser keine Zurückhaltung mehr üben.[877]

Weniger eindeutig erscheint die Berechtigung von Einschränkungen der Notwehrbefugnisse dort, wo Angriffe lediglich im Zustand (erheblich) **verminderter Schuld** begangen werden (für Einschränkungen *Geilen* Jura **1981** 370, 371f; *Roxin* ZStW **93** [1981] 68, 81).[878] Diese Fallgruppe betrifft neben Personen, die in dem von § 21 beschriebenen Zustand handeln (sehr zurückhaltend im Hinblick auf eine Notwehreinschränkung BayObLG NStZ-RR **1999** 9f),[879] insbesondere die große Gruppe der Fahrlässigkeitstäter.[880]

244

---

875 Gegen jede Einschränkung bei Betrunkenen *Krause* GedS H. Kaufmann, 673, 679.
876 Weiter *Geilen* Jura **1981** 256, 257.
877 BGH NStZ **2016** 526, 527 m. Anm. *Engländer* u. *Hecker* JuS **2016** 1036.
878 Offen gelassen von BGH NStZ **2016** 526, 527 m. Anm. *Engländer* u. *Hecker* JuS **2016** 1036 für den Fall verminderter Schuld aufgrund (selbst herbeigeführter) Alkoholintoxikation. Eine Einschränkung des Notwehrrechts lehnt – unabhängig davon, ob die Intoxikation nur zur Schuldminderung oder zum Schuldausschluss führt – ab *Engländer* aaO; *Matt/Renzikowski/Engländer* Rdn. 46. *Hoyer* SK Rdn. 78 bejaht eine Notwehreinschränkung nur, wenn das Maß des verschuldeten Unrechts gering ist – auf den Grund dafür soll es nicht ankommen.
879 Siehe auch AG Rudolstadt NStZ-RR **2007** 265, das die Gebotenheit von Faustschlägen gegenüber einem erheblich Betrunkenen verneint, wenn auch ein Zurückdrängen den Angriff beenden kann – es spricht allerdings viel dafür, dass es in dem zugrundeliegenden Sachverhalt wegen einer Putativnotwehr des Angreifers bereits an einem rechtswidrigen Angriff fehlte und die Verteidigung durch zwei zu Gesichtsfrakturen führenden Faustschlägen zudem nicht erforderlich war.
880 Zu Irrtumsfällen BGH bei Dallinger MDR **1975** 194f; BSG NJW **1999** 2301 m. Anm. *Roxin* JZ **2000** 99 u. *Simon* JuS **2001** 639; OLG Hamm NJW **1977** 590, 592 m. Anm. *Schumann* JuS **1979** 559; BayObLG JR **1987** 344.

Wer lediglich fahrlässig handelt, verwirklicht gegenüber dem Vorsatztäter stets ein geringeres Maß an Schuld. Würde man hier allerdings eine Notwehreinschränkung schon wegen der zwangsläufig verminderten Schuld anerkennen, beschränkte man die Notwehr auf Fälle, in denen der Angreifer vorsätzlich handelt; der Verteidiger wäre zur Abwehr von Fahrlässigkeitstaten demnach auf Defensivnotstandsbefugnisse beschränkt. Das ist mit dem Wortlaut des § 32 nicht zu vereinbaren. Auch bei Betrunkenen, deren Defektzustand nur zu einer partiellen Schuldminderung geführt hat, spricht wenig für Notwehreinschränkungen.[881]

245   **5. Provokation der Notwehrlage.** Eingeschränkt ist das Notwehrrecht nach ganz h.M. auch dann, wenn der Angegriffene (zur Rechtslage beim Nothelfer s. Rdn. 259f) den Angriff **provoziert** hat (BGHSt 39 374, 379 m. Anm. *Arzt* JZ **1994** 315 u. *Spendel* NStZ **1994** 279; **42** 97, 101 m. Anm. *Krack* JR **1996** 466, *Lesch* JA **1996** 833 u. *Kühl* StV **1997** 298).[882] Bei dem Wort „Provokation" handelt es sich allerdings um keinen Rechtsbegriff, aus dem unmittelbar Folgerungen für die Voraussetzungen der damit bezeichneten Fallgruppe gezogen werden dürften; vielmehr ist es lediglich ein illustrierendes Schlagwort. Abzulehnen sind Versuche, die die Einschränkung bei der Provokation mit einer „honorierungswürdigen Gemütserregung" (so aber *Schöneborn* NStZ **1981** 201, 203) bzw. einer „Gemütswallung" in Analogie zu § 213 (dafür jedoch *Retzko* S. 147 ff)[883] zu erklären versuchen oder danach entscheiden wollen, ob die Provokation eine aggressive Reaktion des Provozierten nahe legt (so *Schünemann* JuS **1979** 275, 279; sehr ähnlich *Engländer* Nothilfe S. 368 f: Angriff als nachvollziehbare emotionale Reaktion). Mit den Gefühlen des Provozierten lassen sich Notwehreinschränkungen nicht gut begründen. Die (unüberwindliche) Schwierigkeit dabei besteht zum einen in der Objektivierung durch Vernunftsgesichtspunkte, die notwendig wird, soll die emotionale Reaktion des Provozierten überhaupt eine begrenzende Wirkung haben. Gefühle entziehen sich nicht nur einer Objektivierung, es ist auch sehr zweifelhaft, ob sich die Gefühlslage, die der Provozierte im Moment der Provokation durchlebt, auch nur annäherungsweise forensisch reproduzieren lässt. In Wahrheit beziehen sich die vorgeschlagenen Objektivierungskriterien (honorierungswürdig, Art und Ausmaß des § 213, naheliegend oder nachvollziehbar) auch nicht auf die Gefühle des Provozierten, sondern auf seine manifeste Reaktion in Form des Angriffs. Insoweit sind die Objektivierungsversuche aber ersichtlich überflüssig, weil bereits die Rechtsordnung unmissverständlich sagt, was von dieser Reaktion zu halten ist. Sicher ist zunächst nur, dass mit Angriffsprovokation nicht die bloße Verursachung des Angriffs gemeint sein kann, da das Verhalten des Angegriffenen stets für den Angriff auf seine Rechtsgüter kausal ist: Der bestohlene Eigentümer eines teuren Luxusautos weckt den Wegnahme- und Zueignungsentschluss des Diebes durch das Abstellen des Fahrzeugs auf der Straße; der Kneipengast die Lust des Gewalttätigen am Zufügen von Verletzungen durch seine bloße Anwesenheit oder sein „zu lautes" Lachen. Zustimmung verdient im Grundsatz die von der Rechtsprechung vorge-

---

881   Einer Notwehreinschränkung bei verminderter Schuld sehr kritisch gegenüberstehend BayObLG NStZ-RR **1999** 9; ebenso *Eisele* JA **2001** 922, 924; *Kühl* AT § 7 Rdn. 197.
882   Weiter BGH NStZ **2002** 425, 426; NStZ-RR **2002** 73; *Kindhäuser* NK Rdn. 121 ff; *Sch/Schröder/Perron* Rdn. 54; *Fischer* Rdn. 42 ff sowie *Lackner/Kühl* Rdn. 14 m.w.N. **AA** *Bockelmann* FS Honig, 19, 31; *D. Engels* GA **1982** 109, 119 ff; *Frister* GA **1988** 291, 310; *Hassemer* FS Bockelmann, 225, 236 u. 243; *Hillenkamp* Vorsatztat S. 130; *Krack* JR **1996** 468, 469; *Loos* FS Deutsch, 233, 241 ff; *Mitsch* Opferverhalten S. 151 f, 401; *Renzikowski* S. 302 ff; *Schmidhäuser* AT 9/110 ff; *ders.* GA **1991** 97, 138; *Spendel* LK[11] Rdn. 290. Zur historischen Entwicklung dieser Fallgruppe näher *Fasten* S. 151 ff.
883   Sehr ähnlich (ohne Hinweis auf *Retzko*) *von Scherenberg* S. 201 f: § 213 als Maßstab des Rechtsbewährungsinteresses.

nommene inhaltliche Ausfüllung des Begriffs der Provokation (s. dazu die Nachw. in den Rdn. 249 ff), die jedoch in Randbereichen der Korrektur bedarf. Danach kommt eine Einschränkung der Notwehrbefugnisse wegen einer Angriffsprovokation grundsätzlich nur in Betracht, wenn der Angegriffene durch ein *rechtswidriges*, d.h. zumindest unsorgfältiges Vorverhalten den Angriff als wenigstens vorhersehbare Folge seines Verhaltens verursacht hat.[884] Typischerweise besteht auch das provozierende Vorverhalten in einem rechtswidrigen Angriff, der jedoch im Zeitpunkt des späteren, das fragliche Notwehrrecht auslösenden Angriffs des Provozierten nicht mehr gegenwärtig ist (vgl. *Roxin* ZStW **93** [1981] 68, 90). Herkömmlich werden die Provokationen in zwei Gruppen aufgeteilt, für die zumindest teilweise unterschiedliche Regeln gelten sollen: die **Absichtsprovokation** einerseits und sonst **vorsätzliche** sowie **fahrlässige Provokationen** andererseits. Absichtsprovokationen kommen allerdings praktisch kaum vor – i.d.R. scheitert § 32 dann bereits aus anderen Gründen; veröffentlichte Entscheidungen von Obergerichten, die ein eindeutiges Bekenntnis zum Vorliegen einer Absichtsprovokation enthalten, existieren jedenfalls nicht.[885] Gleichwohl ist die Konstellation der absichtlichen Herbeiführung einer Notwehrlage Gegenstand intensiverer wissenschaftlicher Diskussionen als die sonstigen, praktisch überaus bedeutenden Fälle.

Die Provokation der Notwehrlage ist eines der dogmatisch am stärksten bearbeiteten **246** Felder nicht nur innerhalb der Notwehreinschränkungen, sondern im Rahmen der Notwehr überhaupt (vgl. *Mitsch* Opferverhalten S. 397).[886] Das Spektrum der dazu vertretenen Meinungen ist denkbar weit und reicht von der Ablehnung jeder Einschränkung der Notwehrbefugnisse ungeachtet der subjektiven Beziehung des Provozierenden zum verursachten Angriff (*Bockelmann* FS Honig, 19, 31; *D. Engels* GA **1982** 109, 119 ff; *Frister* GA **1988** 291, 310; *Hassemer* FS Bockelmann, 225, 236 u. 243)[887] bis zur vollständigen Versagung des Notwehrrechts trotz fehlender Ausweichmöglichkeit bei der Absichtsprovokation (*Roxin* AT I § 15 Rdn. 65; *Wagner* S. 71). Auch die Erklärungsansätze der Autoren, die Einschränkungen der Notwehrbefugnisse befürworten, differieren in einem ähnlichen Maße (s. dazu Rdn. 250 f).[888]

---

884 So nun auch *Oğlakcıoğlu* HRRS **2010** 106, 109 f.
885 Siehe BGHSt **39** 374, 378; NStZ **2006** 332, 333 m. Anm. *Roxin* StV **2006** 235 u. *Bosch* JA **2006** 490: das Verhalten des Angeklagten „grenzte (nahe) an eine Absichtsprovokation". BGH NStZ-RR **2011** 305: Absichtsprovokation lag „nicht fern". Auch in dem der Entscheidung BGH NStZ **2016** 84, 85 m. Anm. *Hecker* JuS **2016** 177 zugrundeliegenden Sachverhalt lag die Provokation des Verteidigers sehr in der Nähe absichtlichen Verhaltens, hatte er den Angreifer doch mit einem dann als Hiebwaffe verwendeten Spaten in der Hand aufgefordert, dieser solle „herüber kommen, er schlage ihn tot". In BGH BeckRS **2007** 03210 Rdn. 10 u. 14 ff hat es das Gericht offengelassen, ob es die Annahme einer Absichtsprovokation durch das Tatgericht teilt, da es bereits an der Gegenwärtigkeit des Angriffs fehlte. In BGH BeckRS **2013** 17287 ist die Aussage, ein Verteidigungswille fehle, wenn es nur darum gehe, als eindeutiger Sieger aus einem Zweikampf hervorzugehen, lediglich hypothetischer Natur.
886 *Kühl* AT § 7 Rdn. 233 spricht – bezogen auf die Absichtsprovokation – zutreffend von einer verwirrenden Vielfalt angebotener Lösungen. *Oğlakcıoğlu* HRRS **2010** 106, 107 f führt den Umfang der Diskussion und die Unübersichtlichkeit in Darstellung und Voraussetzungen bei der Notwehrprovokation darauf zurück, dass hier anders als in den übrigen Fallgruppen die Einschränkung nicht an starre, objektive Merkmale anknüpfe und auch nicht auf Vorschriften zurückgegriffen werden könne, sondern ein dynamisches Geschehen unter einen hoch normativen Begriff (Provokation) subsumiert werden müsse. Eine genauere Gesamtschau zeigt jedoch, dass damit Probleme beschrieben werden, an der alle Fallgruppen der Notwehreinschränkung leiden.
887 Ebenso *Hassemer* FS Bockelmann, 225, 236 u. 243; *Hillenkamp* Vorsatztat S. 130; *Koch* ZStW **104** (1992) 785, 819 f; *Krack* JR **1996** 468, 469; *Mitsch* Opferverhalten S. 401; *ders.* JuS **2017** 19, 22 f; *Paeffgen/Zabel* NK Vor § 32 Rdn. 147 f; *Renzikowski* S. 302 ff; *Spendel* LK[11] Rdn. 290.
888 Siehe zum Meinungsstand in der Literatur *Stuckenberg* JA **2001** 894, 896 ff.

247 Fragen einer Einschränkung von Notwehrbefugnissen stellen sich naturgemäß immer dann nicht, wenn das provozierende Verhalten die Voraussetzungen der Notwehrlage erfüllt, also gegenwärtig und rechtswidrig die Rechtsgüter des Provozierten bedroht: Letzterem steht in diesen Fällen das Notwehrrecht zu, dem Provozierenden folglich nicht, so dass weder ein Bedürfnis noch Anlass zu Notwehreinschränkungen besteht.[889] **Irrelevant** für die sich hier aufdrängenden Fragen nach gebotener Verteidigung ist auch, ob sich der spätere Verteidiger durch das provozierende **Vorverhalten** selbst **strafbar** macht. Der Umstand, dass die Provokation als Beleidigung, Körperverletzung oder Sachbeschädigung strafbar ist, hat auf das mögliche Eingreifen von Notwehrschranken keinen Einfluss. Wird der Angreifer durch einen Anscheinsangriff zur Leistung von Gegenwehr provoziert, müssen ebenfalls keine Überlegungen zur Einschränkung der Notwehrbefugnisse des Provokateurs angestellt werden, da wegen des „sorgfältigen" Erlaubnistatbestandsirrtums des anderen nach der hier vertretenen Ansicht (s. Rdn. 115) kein rechtswidriger Angriff auf den Provokateur vorliegt (so im Ergebnis auch OLG Hamm NJW **1977** 590, 592 m. Anm. *Schumann* JuS **1979** 559; s. auch *Renzikowski* S. 302).

248 Keine Fragen der Einschränkung des Notwehrrechts wirft schließlich die sog. **Abwehrprovokation** auf. Sie unterscheidet sich darin von der Angriffsprovokation, dass sich der Verteidiger auf einen von ihm nicht herbeigeführten, aber erwarteten Angriff besonders vorbereitet oder aber gerade nicht vorbereitet, so dass in der Folge der Kreis der zur Angriffsbeendigung geeigneten Mittel auf solche mit massiver Wirkung beschränkt ist. Abwehrprovokationen sind ein Problem der Bestimmung des für die Erforderlichkeit maßgebenden Zeitpunkts (s. dazu näher Rdn. 189f) und haben auf das Vorliegen der Gebotenheit keinen Einfluss. Keine bloße Abwehrprovokation liegt allerdings dann vor, wenn die Aufrüstung im Vorfeld zugleich zu einer gesteigerten Lust an einem für möglich gehaltenen gewalttätigen Konflikt führt[890] oder die Bewaffnung demonstrativ und als implizite Aufforderung zur Auseinandersetzung zur Schau gestellt wird,[891] da in solchen Fällen zugleich auch das Entstehen einer Notwehrlage gefördert wird.

249 **a) Absichtsprovokation.** Die Einschränkung des Notwehrrechts in Fällen der Absichtsprovokation kommt dem Rechtsgefühl sehr entgegen. Denn es lässt sich den meisten Rechtsgenossen kaum vermitteln, dass jemand, der gezielt eine tätliche Auseinandersetzung sucht, um den anderen zu verletzen, gleiche oder auch nur ähnlich weitreichende Befugnisse haben soll wie der Verteidiger, der den Konflikt nicht gesucht hat (zutreffend *Kühl* Jura **1991** 175, 178; *Neumann* S. 176). Die Begründung für ein Zurückschneiden der Notwehrbefugnisse ist indes so einfach nicht; das zeigen schon Zahl und Vielgestaltigkeit der **unterschiedlichen Lösungsvorschläge**. Darüber hinaus lässt sich nicht ganz von der Hand weisen, dass auch die Gegenmeinung über ein starkes Argu-

---

[889] Wer entgegen dem hier für richtig gehaltenen Ansatz einen rechtswidrigen und schuldhaften Angriff verlangt, muss auch dann eine Notwehrlage verneinen, wenn die Provokation ausnahmsweise derart gravierend ist, dass der Angreifer schuldlos handelt (Bsp.: Die Provokation versetzt den Angreifer in eine derartige Erregung, dass er den Provokateur im Zustand hochgradigen Affekts erschlägt), vgl. *Mitsch* GA **1986** 533, 545; *Renzikowski* S. 302.

[890] BGH NStZ **2014** 147, 149 m. Anm. *Engländer* NStZ **2014** 214 u. *Jahn* JuS **2014** 660. Bedenklich ist hingegen die Begründung für eine Notwehreinschränkung wegen Provokation durch das Urteil des LG Dortmund BeckRS **2016** 125489 Rdn. 63, das denselben Sachverhalt betrifft: Hier wird die „missbilligenswerte" Provokation schon darin gesehen, dass sich der Verteidiger zur Klärung des Streits überhaupt auf die Straße begeben hat, obwohl er wusste, dass dort der äußerst gewaltbereite Angreifer wartete (näher zum Erfordernis der Rechtswidrigkeit oder sozialethischen Missbilligung des Vorverhaltens Rdn. 255).

[891] OLG Düsseldorf BeckRS **2015** 09115 Rdn. 35.

ment für ihre Annahme verfügt, die Notwehrbefugnisse selbst in Fällen der Absichtsprovokation uneingeschränkt zur Verfügung zu stellen (*Bockelmann* FS Honig, 19, 31; *Frister* GA **1988** 291, 310; *Hassemer* FS Bockelmann, 225, 236 u. 243):[892] Immerhin erwartet die Rechtsordnung vom Provozierten – wie von jedem anderen Normadressaten auch –, der durch die Provokation erzeugten und möglicherweise sogar verständlichen Gemütserregung standzuhalten und auf einen rechtswidrigen Angriff zu verzichten. Jedenfalls eine vollständige Versagung des Notwehrrechts gegen eine derartige „Vergeltung" der erlittenen Demütigung würde dieser rechtlich fundierten Erwartung direkt zuwiderlaufen.

Von den Befürwortern einer Einschränkung wird vielfach das Verbot des **Rechts-** 250 **missbrauchs** herangezogen (BGH NJW **1983** 2267 m. Anm. *Berz* JuS **1984** 340 u. *Lenckner* JR **1984** 206).[893] Insbesondere im Zusammenhang mit der Absichtsprovokation wird darauf verwiesen, dass der Verteidiger das Notwehrrecht lediglich als **Vorwand** benutze (so *Bitzilekis* S. 149), die Verletzung des Angreifers unter dem **Deckmantel des Notwehrrechts** begehe (BGH NJW **1983** 2267),[894] die Verteidigung nur vortäusche (BGH bei Dallinger MDR **1954** 335)[895] oder ein unverantwortliches „**Spiel mit dem Recht**" treibe (*Sch/Schröder/Perron* Rdn. 56 im Anschluss an *Baldus* LK[9] § 53 Rdn. 37). Vereinzelt wird der Grund für eine Reduzierung der durch § 32 gewährten Eingriffsbefugnisse oder ihren Ausschluss auch in einem **Vorverschulden** (*Neumann* S. 178 f)[896] oder **ingerenten Vorverhalten** (so *Marxen* S. 58 f)[897] gesehen, das in der Provokation liegen soll. Insbesondere jene Autoren, die dem Provokateur in Absichtsfällen das Notwehrrecht vollständig versagen, stellen den Aspekt der **Selbstgefährdung** des späteren Verteidigers in den Vordergrund (*Roxin* AT I § 15 Rdn. 65; *ders.* ZStW **93** [1981] 68, 85 f; *Rudolphi* GedS Armin Kaufmann, 371, 395; *Wagner* S. 71).[898] Indes ist gerade der Verweis auf eine Selbstgefähr-

---

892 Ebenso *Hillenkamp* Vorsatztat S. 130; *Koch* ZStW **104** (1992) 785, 819 f; *Krack* JR **1996** 468, 469; *Mitsch* Opferverhalten S. 401; *Paeffgen/Zabel* NK Vor § 32 Rdn. 147a; *Renzikowski* S. 302 ff; *Spendel* LK[11] Rdn. 290.
893 Weiter BGH NStZ **2001** 143 m. Anm. *Eisele* NStZ **2001** 416, *Engländer* Jura **2001** 534, *Mitsch* JuS **2001** 751 u. *Roxin* JZ **2001** 667; das Gericht verneint allerdings in diesen beiden Fällen das Vorliegen einer Absichtsprovokation, während es diese Frage in BGH NJW **2003** 1955, 1958 (insoweit in BGHSt **48** 207 nicht abgedr.) u. NStZ-RR **2011** 305 offenlässt. Einen Missbrauch nicht des Notwehrrechts, sondern der Institution der Notwehr nimmt an *Schröder* JR **1962** 187, 188; zust. *Sch/Schröder/Perron* Rdn. 57.
894 Zust. *Ebert* AT S. 73.
895 Siehe auch BGH NStZ **2001** 143 m. Anm. *Eisele* NStZ **2001** 416, *Engländer* Jura **2001** 534, *Mitsch* JuS **2001** 751 u. *Roxin* JZ **2001** 667; *Hirsch* FS BGH IV, 199, 202.
896 Ähnlich *Grünewald* ZStW **122** (2010) 51, 85 (Verantwortlichkeit des Provozierenden für sein Verhalten); ähnlich auch *Erb* MK Rdn. 224 und *Hruschka* Strafrecht S. 375 f: der absichtlich Handelnde erfülle auf der Grundstufe zwar die Voraussetzungen des § 32, dürfe sich auf der Metastufe jedoch ausnahmsweise nicht auf die im Regelfall daraus folgende Rechtfertigung berufen. Krit. dazu *Kindhäuser* S. 118 f m. Fn. 30.
897 Ebenso *Jakobs* AT 12/49; *Hoyer* AT I S. 78.
898 Im Grundsatz ebenso *Montenbruck* S. 42 f, der in Anlehnung an § 216 Einschränkungen jedoch dort ablehnt, wo der Provokateur mit der Risikoübernahme über sein Leben verfügen würde. Nach *Kindhäuser* S. 115 u. 118 handelt es sich um eine Obliegenheitsverletzung ähnlich dem Rechtsgedanken des § 254 Abs. 2 BGB; krit. dazu *Renzikowski* S. 306 f. Auf die Spitze treibt den Selbstgefährdungsgedanken *Merkel* JZ **2007** 373, 376 f, der die von § 32 gedeckten Verteidigungsfolgen allein dem Angreifer zurechnet, weil dieser den Verteidiger als gerechtfertigtes Werkzeug einsetze und dadurch zum mittelbaren Täter der durch die Notwehr erlittenen Einbuße werde (zust. *Jakobs* System S. 45 f) – den Verteidigungsfolgen fehle danach bereits die Qualität einer Rechtsgutverletzung, da der Inhaber sein Gut nicht verletzen könne. Das ist nicht richtig. Die von *Merkel* behauptete vollständige Zurechnung der Verletzungsfolgen zu jemand anderem als demjenigen, der wie der Notwehrleistende den (letzten) unmittelbaren Verursachungsbeitrag setzt, verlangt, dass der andere diesen Vordermann beherrscht – angesichts des Umstands, dass die Verteidigung freiwillig und mit (Notwehr-)Vorsatz ausgeführt wird, käme allenfalls eine rein normative Beherrschung des Verteidigers in Betracht, die aber ihrerseits höchst problematisch ist.

dung oder Risikoübernahme wenig überzeugend, da sich dieser Gedanke auch umdrehen lässt und ebenso gut als Begründung dafür fruchtbar gemacht werden kann, das Notwehrrecht keinen Einschränkungen zu unterwerfen: Auch der der Provokation erlegene Angreifer begibt sich im Regelfall sehenden Auges und freiverantwortlich[899] in den Konflikt, so dass auch aus dieser Perspektive von einer Selbstgefährdung gesprochen werden kann.[900] Die h.L. will Einschränkungen bei § 32 mit dem **Zurücktreten des Rechtsbewährungsinteresses** erklären: Wer den Konflikt planmäßig und gewollt suche, sei ungeeignet, als Bewahrer der Rechtsordnung aufzutreten (*Jescheck/Weigend* § 32 III 2; *Roxin* ZStW **75** [1963] 541, 575 u. 579).[901]

251   Teilweise wird die Lösung der Absichtsprovokationsfälle auch außerhalb des Merkmals der Gebotenheit gesucht. Neben Vorschlägen, nach denen der Verteidiger der eigentliche Angreifer sei[902] oder ihm der Verteidigungswille fehle, weil er Angriffswillen aufweise,[903] wird hier vor allem die Rechtsfigur der sog. **actio illicita in causa** herangezogen. Nach diesem ebenso wie die actio libera in causa oder die omissio libera in causa auf ein Vorverhalten abstellenden Erklärungsansatz zur Begründung strafrechtlicher Haftung ändert die Provokation nichts an den Notwehrbefugnissen selbst. Die dem Angreifer im Zuge der Verteidigung beigebrachten Rechtsgutverletzungen werden jedoch als seiner Provokationshandlung zurechenbare Folgen interpretiert. Der Provokateur wird wegen seiner „im Ursprung unerlaubten Handlung"[904] bestraft (*Arzt* FS Schaffstein, 77, 83; *Baumann* MDR **1962** 349f; *Baier* S. 24ff).[905] Gegen diese Lösung wird neben den Gründen, die ohnehin gegen ein Ausweichen auf Vorfeldhandlungen streiten (eingehend *Küper* S. 59ff; *Hruschka* Strafrecht S. 40ff)[906] eingewandt, sie behaupte einen Zurechnungszusammenhang dort, wo keiner gegeben ist.[907] Auch wenn diese Argumentation nicht zwingend ist, muss den Kritikern dieser Lösung zugegeben werden, dass die bei der Verteidigung entstehenden Rechtsgutverletzungen im Regelfall nicht das Werk des Provokateurs sind, weil der Zurechnungszusammenhang vom freien Willensentschluss des Angreifers unterbrochen wird (*Bertel* ZStW **84** [1972] 1, 16; *Mitsch* GA **1986** 533, 543f; *Roxin* ZStW **93** [1981] 68, 92).[908] Zudem dient die Provokation der Vorberei-

---

899   Fehlt es an der Freiverantwortlichkeit, kommt bereits eine Einschränkung der Notwehrbefugnisse wegen erheblich verminderter oder fehlender Schuld in Betracht, s. Rdn. 242ff.
900   So die Begründung von *Mitsch* GA **1986** 533, 545; *ders.* Opferverhalten S. 405.
901   Weiter *Roxin* ZStW **93** (1981) 68, 86; *ders.* AT I § 15 Rdn. 61; *Sch/Schröder/Perron* Rdn. 47; *Samson* SK⁵ Rdn. 53.
902   *Hirsch* FS BGH IV, 199, 202 („vorgetäuschte Verteidigung"); *Maurach/Zipf* § 26 Rdn. 43 (unter Heranziehung des Selbstgefährdungsgedankens); *Otto* AT § 8 Rdn. 98, der das Vorverhalten im Rahmen einer Gesamtbewertung nach § 34 berücksichtigen will; ähnlich *Roxin* AT I § 15 Rdn. 66, der daraus jedoch nicht die Konsequenz einer Verneinung der Notwehrlage zieht.
903   *Blei* I S. 144; *Geilen* Jura **1981** 308, 310; *Hirsch* LK¹¹ Vor § 32 Rdn. 62; *Fischer* Rdn. 42.
904   Übersetzungsvorschlag von *Schmidhäuser* StuB 6/82; krit. dazu *Kindhäuser* S. 116.
905   Ebenso *Lindemann/Reichling* JuS **2009** 496, 499f; *Noll* S. 49; *Schmidhäuser* StuB 6/82; *Schröder* JR **1962** 187f. Nach *Sch/Schröder/Perron* Rdn. 61 soll Strafbarkeit nur eintreten, wenn der Verteidiger dem Angriff nicht ausweichen kann *und* der Angreifer unfrei handelt.
906   Siehe auch *Luzón* JRE **1994** 353, 360ff; *Kühl* AT § 7 Rdn. 243 m.w.N.
907   Diff. *Freund* GA **2006** 267, 272. *Kindhäuser* S. 116 bezweifelt angesichts der freien Willensentschlüsse von Angreifer und Verteidiger schon die Kausalität des Vorverhaltens.
908   *Puppe* FS Küper, 443, 451f weist darauf hin, dass dies nicht stets gelte, da der Provokateur den Angreifer (zusätzlich) auch noch durch Täuschung (etwa über seine Verteidigungsbereitschaft) beherrschen könne. Grund der Zurechnung des Erfolgs zur actio praecedens ist nach *Puppe* aaO, 449f nicht die Beherrschung des gerechtfertigten Werkzeugs, sondern die Manipulation der Rechtsordnung, die der Täter durch Schaffung der Notlage zur Rechtfertigung zwinge. Dieser Befund soll auf die Notwehr dann allerdings gerade nicht zutreffen (sondern u.a. auf Notstand), weil hier erst der Angreifer der Rechtsordnung den Konflikt aufzwinge (*Puppe* aaO, 451). Diese Differenzierung ist nicht überzeugend, weil sie lediglich wieder

tung einer nach § 32 *rechtmäßigen* Verteidigung, so dass nicht einzusehen ist, warum sich die Rechtswidrigkeit des Verhaltens gerade aus diesem Umstand speisen soll (zutreffend *Bockelmann* FS Honig, 19, 26f; *Roxin* ZStW **75** [1963] 541, 546f).[909] Auch ist nicht ganz einfach nachzuvollziehen, wie eine in Form der Beleidigung erfolgte Provokation, die in der gerechtfertigten Tötung des Provozierten endet, als Tötungsdelikt strafbar sein soll (so auch *Bitzilekis* S. 155; *Neumann* S. 151). Letztlich läuft die Bestrafung nach den Grundsätzen der actio illicita in causa auf eine faktische Versagung des Notwehrrechts hinaus (*Mitsch* Provokation S. 119; *Neumann* S. 150; *Roxin* ZStW **93** [1981] 68, 92).[910]

Eine Lösung des Problems der Notwehrprovokation hat Folgendes zu berücksichtigen: Das scharfe Notwehrrecht wird für den Ausnahmefall gewährt, in dem die regulären Schutzmechanismen des Rechts (Rechtsgüterschutz durch präventive Gefahrenabwehr oder repressive Strafsanktionen) versagen, der Angegriffene – häufig auf sich allein gestellt – also die Verteidigung selbst zu organisieren hat. Erzeugt nun der Bürger durch eine vorangegangene Provokation absichtlich eine Notwehrlage, manipuliert er dieses Regel-Ausnahme-Verhältnis. In diesem Fall muss er erhebliche Abstriche an seinen Verteidigungsbefugnissen hinnehmen. Zwar liegt auch in den Provokationsfällen eine Situation vor, in der der Provokateur nur durch Selbsthilfe den Angriff auf seine Rechtsgüter abwehren kann. Da er sich jedoch sehenden Auges in die Bedrängnis gebracht hat, muss die Manipulation des Regel-Ausnahme-Verhältnisses zu seinen Lasten gehen. Allerdings wird man auch hier dem Angegriffenen das Notwehrrecht nicht völlig nehmen können – mit der Folge, dass ihm nunmehr Defensivnotstandsbefugnisse verbleiben (BGHSt **39** 374, 379 m. Anm. *Arzt* JZ **1994** 315 u. *Spendel* NStZ **1994** 279; **42** 97, 100).[911] Denn bei einer rechtlichen Gesamtwürdigung lässt sich nicht ausblenden, dass der notwehrrechtlich relevante Angriff vom Provozierten ausgeht, dieser also dazu ansetzt, Ver- oder Gebote zu missachten. **252**

Indes kann der Umstand, dass der Eintritt einer Notwehrlage beabsichtigt wird, eine Einschränkung des Notwehrrechts allein nicht tragen. Denn damit führte entgegen allgemeinen Grundsätzen bereits der „böse" Gedanke zum teilweisen Rechtsverlust. Daher muss zur Absicht auch die **Rechtswidrigkeit des provozierenden Verhaltens** treten (BGHSt **27** 336, 338; NStZ **1989** 474; **1993** 332, 333)[912] und die Notwehrlage muss objektiv adäquate Folge der Provokation sein (zu diesem Kriterium BGH StV **1996** 87f).[913] Nur **253**

---

zur Ausgangsfrage der actio illicita in causa zurückführt: Führt der Provokateur den Konflikt in einem für die Erfolgshaftung hinreichendem Maße herbei?
909 Ebenso *Beulke* JR **1990** 380, 381; *Luzón* JRE **1994** 353, 361f; *Marxen* S. 57f; *Roxin* ZStW **93** (1981) 68, 92; *Samson* SK[5] Rdn. 52; *Werle* JuS **1986** 902, 904. Krit. gegenüber diesem Argument *Mitsch* JuS **2001** 751, 755. Nach *Satzger* Jura **2006** 513, 519 steht es der Bewertung der Gesamttat als rechtswidrig nicht entgegen, wenn ein Einzelschritt rechtmäßig ist, i.Ü. speise sich die Rechtswidrigkeit nicht aus der Herbeiführung der gerechtfertigten Lage, sondern daraus, dass das Provokationsverhalten aus sich heraus – auch bei Absicht – rechtswidrig sein müsse. Diese Rechtswidrigkeit allein erklärt aber noch nicht, warum der Provokateur strafrechtlich für die in der Notwehrsituation verursachten Verletzungen haften soll.
910 *Hirsch* LK[11] Vor § 32 Rdn. 62, der dem Provokateur das Notwehrrecht wegen fehlenden Verteidigungswillens versagt, hält die actio illicita in causa daher konsequenterweise auch für überflüssig. Noch enger *Hoyer* SK Rdn. 90, der bereits für den rechtswidrigen Angriff ein strafrechtswidriges Verhalten verlangt und daher dasselbe auch für das provozierende Verhalten fordert.
911 Zust. *Erb* MK Rdn. 227; *Günther* SK[8] Rdn. 125; *Jakobs* AT 12/50; *Lenckner* JR **1984** 206, 208.
912 Ebenso *Engländer* Nothilfe S. 328ff; *Günther* SK[8] Rdn. 124; *Roxin* AT I § 15 Rdn. 65; abw. *Erb* MK Rdn. 235, der das Notwehrrecht bereits bei einer Kombination von Absicht und sozialethisch wertwidrigem Verhalten einschränken will; ähnlich *Bertel* ZStW **84** (1972) 1, 28; *Sch/Schröder/Perron* Rdn. 55. *Kindhäuser* NK Rdn. 122 verlangt ein „betont provozierendes Verhalten".
913 Siehe auch BGH NStZ **2009** 626, 627 m. Anm. *Hecker* JuS **2010** 172; NStZ **2016** 84, 85f m. Anm. *Hecker* JuS **2016** 177; *Kühl* FS Bemmann, 193, 200; *Schröder* JuS **1973** 157, 160. S. zur Adäquanz noch *Hwang* S. 80ff.

diese Kombination lässt es gerechtfertigt erscheinen, dem Verteidiger ein erhöhtes Risiko dadurch aufzuerlegen, dass er dem Angriff – soweit möglich – ausweicht. Ist dieser Weg versperrt, darf vom Verteidiger verlangt werden, dass er Schutzwehr übt oder fremde Hilfe herbeiholt, auch wenn er damit das maßvolle Risiko der Verletzung eigener Rechtsgüter eingehen muss (BGHSt **26** 143, 145; **42** 97, 100; NStZ **1996** 380, 381; StV **1996** 87, 88).[914] Dabei hängt die Dimension der einzugehenden Risiken nach dem hier vertretenen Erklärungsmodell nicht vom Gewicht des in der Provokation liegenden Unrechts ab.[915] Das Maß des von ihm verwirklichten Unrechts ist nicht der tragende Grund der Einschränkung seiner Notwehrbefugnisse. Vielmehr rechtfertigt sich die Einschränkung aus der Überlegung, dass der Verteidiger die Situation im Hinblick auf die Herbeiführung einer Notsituation absichtlich manipuliert hat. Massiv eingreifende Verteidigungsmaßnahmen sind erst dann erlaubt, wenn nur so eine drohende Tötung oder erhebliche Körperverletzung abgewehrt werden kann (vgl. BGHSt **26** 256f). Unter diesen Voraussetzungen ist dann auch eine erforderliche Tötung des Angreifers nach § 32 gerechtfertigt (BGH NStZ **1988** 450 m. Anm. *Sauren*; **1989** 113, 114).[916] Geht der Angriff erheblich über das vom Provokateur geplante Maß hinaus oder liegt zwischen der Provokation und dem Angriff eine deutliche zeitliche Zäsur (s. BGHSt **39** 374, 379 m. Anm. *Arzt* JZ **1994** 315 u. *Spendel* NStZ **1994** 279; **42** 97, 100),[917] gelten die Einschränkungen nicht und die Verteidigungsbefugnisse stehen dem Provokateur ungeschmälert zu.

254   **b) Sonstige Provokationen.** Die h.M. schränkt die Notwehrbefugnisse im Grundsatz auch dort ein, wo der Verteidiger die Notwehrlage nicht absichtlich herbeigeführt, sondern lediglich vorausgesehen hat (s. dazu BGHSt **39** 374, 378f m. Anm. *Arzt* JZ **1994** 314 u. *Spendel* NStZ **1994** 279)[918] oder ihren Eintritt hätte voraussehen müssen (vgl. BGHSt **26** 143, 145; NStZ **1992** 327).[919] Dem ist im Grundsatz zuzustimmen, wobei allerdings auch hier ein rechtswidriges Vorverhalten zu fordern ist. Anders als bei der – praktisch bedeutungslosen – Absichtsprovokation führt der Verteidiger die Notwehrlage bei den sonstigen Provokationen nicht gezielt herbei, um den anderen zu verletzen. Gleichwohl manipuliert der Verteidiger die Situation auch hier, indem er die Notsituation als Voraussetzung der von der Rechtsordnung als Ausnahme gedachten Notwehrbefugnisse „**sehenden Auges**" herbeiführt (s. dazu näher Rdn. 252). Wer positiv weiß, dass der andere leicht reizbar ist und vorhersieht, dass dieser sich (etwa bei Sticheleien) nicht wird beherrschen können, akzeptiert die Herbeiführung der Notwehrlage, auch wenn er sie

---

[914] Weiter *Lenckner* JR **1984** 206, 209. Für eine derartige „Schrankentrias" bei Absicht auch *Herzog* NK³ Rdn. 117; *Kindhäuser* NK Rdn. 123; *Sch/Schröder/Perron* Rdn. 57 u. 60. Strenger *Hoyer* SK Rdn. 85 f: Beschränkung auf eine verhältnismäßige Verteidigung, die zwar kein wesentliches Überwiegen der Erhaltungsinteressen verlange, aber mindestens Gleichwertigkeit; er gewährt damit in der Sache Verteidigungsbefugnisse, die zwischen Aggressiv- und Defensivnotstand liegen.
[915] So aber die ständige Rspr., vgl. BGHSt **39** 373, 379 m. Anm. *Arzt* JZ **1994** 315 u. *Spendel* NStZ **1994** 279; JZ **2001** 664, 665; NStZ **2006** 332, 333 m. Anm. *Roxin* StV **2006** 235 u. *Bosch* JA **2006** 490 für Fälle sonstiger Provokationen; zust. *Herzog* NK³ Rdn. 124; *Kühl* AT § 7 Rdn. 259a.
[916] Siehe auch BGH bei Holtz MDR **1989** 492; JR **1989** 160 m. Anm. *Hohmann/Matt*; NStZ **2001** 143, 144 m. Anm. *Eisele* NStZ **2001** 416, *Engländer* Jura **2001** 534, *Mitsch* JuS **2001** 751 u. *Roxin* JZ **2001** 667; BGHR § 32 Abs. 2 Verteidigung 10.
[917] Siehe weiter BGH NStZ **1991** 32, 33 m. Anm. *Rudolphi* JR **1991** 210; **1998** 508, 509 m. Anm. *Martin* JuS **1999** 85; **2006** 332, 333 m. Anm. *Roxin* StV **2006** 235 u. *Bosch* JA **2006** 490; OLG Düsseldorf NStZ-RR **1998** 273, 274; *Sch/Schröder/Perron* Rdn. 60.
[918] Siehe auch *Roxin* AT I § 15 Rdn. 69; *ders.* ZStW **93** (1981) 68, 87.
[919] Weiter BGH NStZ **1989** 113, 114; **1988** 450 m. Anm. *Sauren*; BGHR § 32 Abs. 2 Verteidigung 4; OLG Hamm NJW **1965** 1928 f; *Geilen* Jura **1981** 370, 373; *Jakobs* AT 12/49 u. 54; *Hinz* JR **1993** 353, 355 ff; *Kühl* AT § 7 Rdn. 250.

nicht i.S.d. dolus directus 1. Grades herbeiführen will. Dies gilt in etwas geringerem Maße auch für die nur bedingt vorsätzliche Verursachung eines rechtswidrigen Angriffs und – wenn auch nur in ganz abgeschwächter Intensität – sogar für den bewusst fahrlässig Handelnden.[920] Lediglich auf den Provokateur, der unbewusst fahrlässig handelt und nicht einmal das Risiko des späteren Angriffs vorhersieht, trifft das Manipulationsargument nicht zu. Bei ihm kommt hinzu, dass es eine unerträgliche Einschränkung seiner Handlungsfreiheit bedeutete, würde man auch hier die Verteidigungsbefugnisse begrenzen. Daher ist mit der h.M. davon auszugehen, dass auch in Situationen, in denen unabsichtlich provoziert wird, das Notwehrrecht nicht in seiner vollen Schärfe zur Verfügung steht. Ausgenommen sind jedoch Fälle **unbewusster Fahrlässigkeit**.[921]

Vermag schon bei der Absichtsprovokation nur **rechtswidriges Vorverhalten** zu einer Einschränkung von Notwehrbefugnissen führen, gilt das für die Fälle lediglich vorsätzlicher oder gar bewusst fahrlässiger Provokation erst recht.[922] Daher ist der h.M. darin beizupflichten, dass auch hier rechtmäßiges (Vor-)Verhalten zu keinerlei Einschränkungen führt (BGHSt **24** 356, 359 m. Anm. *Lenckner* JZ **1973** 253, *Roxin* NJW **1972** 1821 u. *Schröder* JuS **1971** 157).[923] Die allgemeine Handlungsfreiheit würde in einem nicht mehr hinnehmbaren Maß beeinträchtigt, wenn rechtmäßiges Verhalten allein wegen seines Provokationspotentials zum Anlass für Notwehreinschränkungen genommen würde. Da nie vollständig ausgeschlossen werden kann, dass sich ein Mitbürger durch das Verhalten eines anderen – verständlicherweise oder auch nicht nachvollziehbar – gestört fühlen wird, würde die Gewährung von Freiheitsrechten in Frage gestellt, weil niemand sie mehr sorglos ausüben könnte. Wenig überzeugend ist daher eine – glücklicherweise vereinzelt gebliebene – Entscheidung des BGH aus den sechziger Jahren des letzten Jahrhunderts, in der das Gericht einem Wohnungsinhaber das volle Notwehrrecht versagt hatte, weil dieser versuchte, seine eigene Wohnung zu betreten, obwohl er damit rechnete, an der Tür angegriffen zu werden (BGH NJW **1962** 308, 309 m. Anm. *Gutmann* NJW **1962** 286 u. *Schröder* JR **1962** 187; i.E. zust. *Baumann* MDR **1962** 349f).[924] Anders hat nunmehr der BGH für den Fall des Verlassens der eigenen Wohnung geurteilt (BGH NStZ-RR **2011** 238f m. Anm. *Hecker* JuS **2011** 369): Das Notwehrrecht ist auch dann nicht eingeschränkt, wenn der Verteidiger vor der Wahl steht, in der Wohnung auszuharren oder dem übermächtigen Gegner mit einem Messer bewaffnet entgegenzutreten. Entgegen BGHSt **42** 97, 101[925] kommt es allein darauf an, ob der Verteidiger das Risiko einer

255

---

920 BGH NStZ-RR **2013** 139, 141 m. Anm. *Erb* HRRS **2013** 113 u. *von Heintschel-Heinegg* JA **2013** 69 verlangt mindestens Leichtfertigkeit – allerdings ohne dafür eine Begründung zu geben. Dieser Standpunkt ist sowohl strenger als auch weniger streng als der hier eingenommene, da Leichtfertigkeit zwar einerseits eine gesteigerte Form der Fahrlässigkeit ist, andererseits aber sowohl eine bewusste als auch eine unbewusste Variante umfasst.
921 Ähnlich *Jakobs* AT 12/54; *Loos* FS Deutsch, 233, 241; ähnlich *Kühl* AT § 7 Rdn. 251 – jeweils für Fälle leichter Fahrlässigkeit.
922 Richtigerweise bezieht sich das Erfordernis der Rechtswidrigkeit der Provokation allein auf das Vorverhalten (Beleidigung, Körperverletzung usw.); die Herbeiführung der Notwehrlage ist kein Unrecht; vgl. dazu *Loos* FS Deutsch, 233, 238 f.
923 Weiter BGHSt **27** 336, 338; NStZ **1989** 474; **1993** 332, 333; StV **1996** 87 f; NStZ-RR **2011** 74, 75 m. Anm. *Kudlich* JA **2011** 233; *Kratzsch* Notwehrrecht S. 206 f; *Sch/Schröder/Perron* Rdn. 59; *Roxin* AT I § 15 Rdn. 73 (**aA** noch *ders.* ZStW **75** [1963] 541, 574). Bedenklich undeutlich dagegen BGH NStZ-RR **2002** 203, 204. Noch weitergehend will *Radtke* JuS **1993** 577, 579 auch die Schuldfähigkeit des Provokateurs als „Gegeneinschränkung" zur Notwehreinschränkung berücksichtigen.
924 *Bockelmann* FS Honig, 19, 21 nennt diese Entscheidung „peinlich".
925 Siehe auch BGH NJW **2003** 1955, 1958 (insoweit in BGHSt **48** 207 nicht abgedr.) m. Anm. *Roxin* JZ **2003** 966; der Entscheidung zust. *Trüg* JA **2004** 272, 273; BGH NStZ **2005** 85, 87; **2006** 332, 333 m. Anm. *Roxin* StV **2006** 235 u. *Bosch* JA **2006** 490; **2011** 82, 83 m. Anm. *Hecker* JuS **2011** 272; HRRS **2016** Nr. 56 Rdn. 10 f m. Anm. *Eidam* HRRS **2016** 380.

Notwehrsituation durch rechtswidriges Provokationsverhalten geschaffen hat; die Einstufung eines erlaubten Verhaltens als **sozialethisch wertwidrig** kann nicht zu einer Einschränkung des Notwehrrechts führen (ebenso *Grünewald* ZStW **122** (2010) 51, 80 ff; *Hirsch* FS BGH IV, 199, 205; *Sch/Schröder/Perron* Rdn. 59).[926] In dem der Entscheidung BGHSt **42** 97, 101 zugrundeliegenden und nie völlig aufgeklärten Sachverhalt hatte ein Zugreisender, der sich durch die Anwesenheit eines weiteren Fahrgastes gestört fühlte, versucht, den anderen durch wiederholtes Öffnen des Abteilfensters „hinauszuekeln", obwohl das Fahrtziel nur noch wenige Minuten entfernt war, und ihn im Verlauf des daraufhin entbrannten Streits erstochen. Der BGH hat die Notwehreinschränkung auf eine in dem wiederholten Öffnen des Fensters liegende „Missachtung, die ihrem Gewicht nach einer schweren Beleidigung gleichkommt", gestützt. Das Bestreben des Gerichts, das Notwehrrecht in dem konkreten Fall einzuschränken, mag nachvollziehbar erscheinen, ist aber gleichwohl abzulehnen. Die Kategorie des zwar erlaubten, gleichzeitig aber sozialethisch nicht völlig einwandfreien Verhaltens ist konturenlos, so dass der Rechtsunterworfene sein Verhalten daran nicht auszurichten vermag (zutreffend *Roxin* AT I § 15 Rdn. 73). Auch teilt der BGH damit die erlaubten Verhaltensweisen der Sache nach in Wahrnehmung „guten" und Ausübung „schlechten" Rechts ein; eine Unterscheidung, die der Rechtsordnung angesichts des § 226 BGB zwar nicht völlig fremd ist, die sich als Vorfrage für eine Strafbarkeit angesichts der prinzipiellen Schwierigkeiten bei einer Antwort darauf aber verbietet. Zudem birgt die Mischkategorie des zwar rechtmäßigen, aber sozialethisch wertwidrigen und deshalb wie rechtswidriges zu behandelnden Verhaltens die Gefahr einer Auflösung der Konturen dessen, was ein Verhalten rechtswidrig macht.[927] Denn das Tatgericht muss sich in unübersichtlichen Fällen (insbesondere bei gegenseitigen Provokationen) nicht mehr die Mühe machen, über Rechtmäßigkeit oder Rechtswidrigkeit provozierenden Vorverhaltens zu entscheiden, wenn es zu dem beide Welten verbindenden Urteil „sozialethisch wertwidrig" Zuflucht nehmen kann.[928] Nur

---

926 Zust. *Eidam* HRRS **2016** 380, 383; *Roxin* AT I § 15 Rdn. 73 (anders noch *ders.* ZStW **75** [1963] 541, 572 ff); *Schumann* JuS **1979** 565; im Grundsatz zust. *Erb* MK Rdn. 233 ff, der für absichtliche Provokationen aber eine Ausnahme macht; für eine Einbeziehung sozialethisch wertwidrigen Verhaltens hingegen *Schünemann* JuS **1979** 275, 279. *Kühl* JRE Bd. 11 **2003** 219, 235 bezweifelt bereits, ob das Urteil „sozialethisch missbilligt" überhaupt auf das Vorverhalten des Verteidigers passt.
927 In dieser Hinsicht besonders problematisch ist die Entscheidung BGH NStZ-RR **2016** 272, 273, in der das Gericht eine Notwehrprovokation durch sozialethisch zu beanstandendes Verhalten für möglich hält, weil der Verteidiger vor dem Angriff den Anschein eines von ihm ausgehenden (rechtswidrigen) Angriffs erweckte. Wenn aber der Anschein der Rechtswidrigkeit für die Frage von Notwehreinschränkungen – vermittelt über die sozialethische Missbilligung – dasselbe bedeutet wie ein rechtswidriges Verhalten, verliert die Aussage, durch rechtmäßiges Vorverhalten werde das Notwehrrecht nicht eingeschränkt, jede Bedeutung.
928 Dieser Versuchung sind bereits der 1., der 2. und der 5. Strafsenat des BGH erlegen. In BGH NStZ **2014** 451, 452 m. Anm. *Hecker* JuS **2014** 946 stellt der 1. Strafsenat ohne Erörterung ein sozialethisch wertwidriges Verhalten fest, obwohl ein genauer Blick auf das Vorverhalten von Angreifer und Verteidiger zeigt, dass der Verteidiger sein späteres Opfer rechtswidrig provoziert hatte, indem er den durch gegenseitige (und jeweils abgeschlossene) Beleidigungen gesteckten Rahmen der Auseinandersetzung dadurch verließ, dass er das Opfer mehrfach schlug. Ähnlich auch BGH HRRS **2016** Nr. 56 Rdn. 11 f m. Anm. *Eidam* HRRS **2016** 380, wo der 2. Strafsenat ein sozialethisch wertwidriges Vorverhalten durch Rückkehr an den Ort des Streits (Wohnung) für möglich hielt; jedoch hatte die (unbeteiligte) Wohnungsinhaberin den Verteidiger zuvor gebeten, die Wohnung zu verlassen, um eine tätliche Auseinandersetzung mit dem (späteren) Angreifer zu verhindern – das macht die Rückkehr auch im Verhältnis zum Angreifer rechtswidrig (der allerdings seinerseits rechtswidrig durch Drohungen provoziert hatte, was das Gericht jedoch unberücksichtigt lässt). In BGH NStZ **2015** 151, 152 m. Anm. *Eisele* JuS **2015** 465 u. *Hinz* JR **2015** 546 erwähnt der 5. Strafsenat überhaupt nur noch die sozialethische Wertwidrigkeit als Voraussetzung einer Einschränkungen führenden Notwehrprovokation und in BGH NStZ **2016** 84, 85 f m. Anm. *Hecker* JuS **2016** 177 werden gar pflichtwidrig (= rechtswidrig) und sozialethisch wertwidrig implizit gleichgesetzt. Auch in dieser

scheinbar macht der BGH dort, wo er (noch) zwischen rechtswidrig und sozialethisch wertwidrig unterscheidet, die Notwehreinschränkung bei sozialethisch vorwerfbarem Verhalten von engeren Voraussetzungen abhängig. Dass bei sozialethisch wertwidrigem Vorverhalten zwischen Vornahme der Provokation und Angriff ein **enger zeitlicher und räumlicher Zusammenhang** bestehen (BGHSt **27** 336, 338; NStZ **1998** 508, 509 m. Anm. *Martin* JuS **1999** 85)[929] und das Vorverhalten nach Kenntnis des Verteidigers zur Angriffsprovokation geeignet sein muss (BGHSt **42** 97, 100 m. Anm. *Krack* JR **1996** 466, *Lesch* JA **1996** 833 u. *Kühl* StV **1997** 298; BGH NStZ-RR **2015** 303, 304), ist keineswegs strenger als das Erfordernis der Vorhersehbarkeit und Adäquanz des Angriffs, das das Gericht bei rechtswidrigem Vorverhalten aufstellt.[930] Denn nur solche Angriffe, die in einem engen zeitlichen und räumlichen Zusammenhang mit der Provokation stehen, können adäquate Folge der Provokation sein. Desgleichen sind Angriffe nur dann vorhersehbar, wenn das provozierende Vorverhalten geeignet ist, sie herbeizuführen und der Provozierende Kenntnis von den Umständen hat, die seiner Provokation diese Eignung verleihen.

Ist danach ein rechtswidriges Vorverhalten gegeben, sind die Notwehrbefugnisse **256** des Verteidigers im Grundsatz nach der vom BGH entwickelten **Dreistufenlehre** beschränkt (BGHSt **24** 356, 358f; **26** 143, 145f m. Anm. *Kratzsch* NJW **1975** 1933; **26** 256, 257).[931] Kann der Angegriffene der Gefahr ausweichen, ist ihm ein Eingriff in die Rechtsgüter des Angreifers verboten.[932] Zu „scharfer" Trutzwehr darf er – insbesondere in der Form lebensgefährlicher Verteidigung – erst Zuflucht nehmen, wenn passive Schutzwehr keinen Erfolg verspricht,[933] der Provokateur muss also ein gegenüber Fällen nicht

---

Entscheidung dient die Einordnung als sozialethisch wertwidrig im Grunde als beweiserleichternder Platzhalter für den Verzicht auf eine präzise Untersuchung von Rechtswidrigkeit oder Rechtfertigung der gegenseitigen Provokationen, mit denen sich die Kontrahenten im Vorfeld über den Gartenzaun hinweg getriezt hatten.

929 Siehe auch BGH NStZ-RR **2011** 74, 75 m. Anm. *Kudlich* JA **2011** 233. *Voigt/Hoffmann-Holland* NStZ **2012** 362, 364f wollen darüber hinaus § 32 auch in Fällen einer Dauerprovokation (ein im Anschluss an die Dauergefahr bei § 34 gebildeter Begriff) in beiden Seiten unterhaltenen Konflikt einschränken, wenn jederzeit mit einem Umschlagen des Konflikts zu rechnen ist (dagegen *Engländer* FS Wolter, 319, 327). Die Autoren übersehen aber, dass für solche Lagen § 34 das richtige Gefahrenabwehrrecht ist. Hält sich der durch die Dauergefahr Provozierte an den von § 34 gesteckten Rahmen, fehlt es schon an einem rechtswidrigen Angriff. Übersteigt die Gefahrenabwehr diesen Rahmen und ist deshalb rechtswidrig, bleibt für eine Einschränkung des § 32 in aller Regel schon deshalb kein Raum, weil der Verteidiger es mit einem massiven Angriff auf seine Gesundheit oder sein Leben zu tun haben muss.
930 BGH StV **1996** 87f; NStZ **2009** 626, 627 m. Anm. *Hecker* JuS **2010** 172; NStZ-RR **2015** 303, 304; NStZ **2016** 84, 85f m. Anm. *Hecker* JuS **2016** 177.
931 Weiter BGHSt **39** 374, 377 m. Anm. *Arzt* JZ **1994** 315 u. *Spendel* NStZ **1994** 279; **42** 97, 100 m. Anm. *Krack* JR **1996** 466, *Lesch* JA **1996** 833 u. *Kühl* StV **1997** 298; NStE Nr. 21 zu § 32; JR **1989** 160 m. Anm. *Hohmann/Matt*; NStZ **1989** 113, 114; **1993** 133; StV **1996** 87, 88; NStZ-RR **1997** 194; NStZ **2002** 425, 427 m. Anm. *Heger* JA **2003** 8; **2003** 420, 421; OLG Hamm NJW **2006** 466; *Jakobs* AT 12/53 m. Fn. 109; *Kindhäuser* NK Rdn. 129; *Kühl* AT § 7 Rdn. 258; *Sch/Schröder/Perron* Rdn. 60; *Roxin* ZStW **93** (1981) 68, 88; *Rudolphi* JR **1991** 210, 211; *Schünemann* GA **1985** 341, 368; abw. *Otto* AT § 8 Rdn. 81, der das Fundament dieser gestuften Einschränkung in § 34 sieht.
932 BGHSt **24** 356, 358; **26** 143, 145; **39** 374, 377; BGHR § 32 Abs. 2 Verteidigung 8 u. 10; NStE Nr. 9, 10 u. 14 zu § 32; GA **1975** 304, 305; NStZ **1988** 450 m. Anm. *Sauren*; **1989** 113, 114; **1992** 327; **1993** 133; StV **1996** 87, 88; NStZ-RR **1997** 65; **1997** 194f; OLG Braunschweig NdsRpfl. **1953** 166; OLG Neustadt/W. NJW **1961** 2076.
933 BGHSt **24** 356, 358; **26** 143, 145; **39** 374, 379 m. Anm. *Arzt* JZ **1994** 315 u. *Spendel* NStZ **1994** 279; BGH JR **1989** 160 m. Anm. *Hohmann/Matt*; NStZ **1992** 327; **2001** 143, 144 m. Anm. *Eisele* NStZ **2001** 416, *Engländer* Jura **2001** 534, *Mitsch* JuS **2001** 751 u. *Roxin* JZ **2001** 667; NStZ-RR **2011** 74, 75 m. Anm. *Kudlich* JA **2011** 233; **2013** 139, 141 m. Anm. *Erb* HRRS **2013** 113 u. *von Heintschel-Heinegg* JA **2013** 69; **2016** 272, 273; krit. zu dieser Einschränkung *Matt* NStZ **1993** 271, 272f.

provozierter Notwehr erhöhtes Risiko tragen.⁹³⁴ Auch ist dem Verteidiger das Herbeiholen fremder Hilfe zuzumuten, wenn sich dadurch der Eingriff in die Rechtsgüter des Angreifers schonender gestalten lässt. Zusätzlich muss danach unterschieden werden, ob der Provokateur direkt vorsätzlich, bedingt dolos⁹³⁵ oder bewusst fahrlässig im Hinblick auf das Herbeiführen der späteren Notwehrlage gehandelt hat.⁹³⁶ Wer die Gefahr eines Angriffs zwar erkannt, aber darauf vertraut hat, der andere werde sich schon zu beherrschen wissen, muss bei der Abwehr ein geringeres Risiko für seine eigenen Rechtsgüter in Kauf nehmen als derjenige, der den Angriff vorhergesehen hat. Das Maß der Einschränkungen wird auch von Art und Schwere der durch den Angriff drohenden Rechtsgutverletzung beeinflusst; die Beschränkungen sind umso geringer, je größer der Schaden ist, der durch den Angriff droht (BGHSt **42** 97, 101 m. Anm. *Krack* JR **1996** 466, *Lesch* JA **1996** 833 u. *Kühl* StV **1997** 298).⁹³⁷ Leichte Verletzungen hat danach zumindest der vorsätzlich handelnde Provokateur hinzunehmen.⁹³⁸ Schwerwiegende Rechtsguteinbußen muss selbst der Verteidiger nicht erdulden, der den Angriff vorsätzlich provoziert hat; hier darf auch er den Angreifer schließlich töten, wenn Ausweichen und Schutzwehr unter Hinnahme einfacher Verletzungen die Gefahr nicht haben abwenden können (BGH NStZ **1988** 450 m. Anm. *Sauren*; **1989** 113, 114).⁹³⁹ Allgemein gilt, dass umso weniger hinzunehmen ist, je länger die Provokation zurückliegt, bis Einschränkungen des Notwehrrechts schließlich ganz entfallen (BGHSt **26** 256, 257; NJW **1976** 634; NStZ **1991** 32, 33 m. Anm. *Rudolphi* JR **1991** 210).⁹⁴⁰ Auch hier wird die Zeitspanne kürzer ausfallen müssen, wenn die Provokation lediglich bewusst fahrlässig begangen wurde.

257 Abzulehnen ist die Auffassung des BGH NStZ **2001** 143, 145 m. Anm. *Eisele* NStZ **2001** 416, *Engländer* Jura **2001** 534, *Mitsch* JuS **2001** 751 u. *Roxin* JZ **2001** 667,⁹⁴¹ nach der eine Haftung für den Eintritt des späteren Verletzungserfolgs nach **Fahrlässigkeitsgrundsätzen** möglich sein soll, obwohl das Gericht die Rechtsfigur der actio illicita in causa in dieser Entscheidung und auch sonst ablehnt (vgl. BGH NJW **1983** 2267; NStZ **1988** 450, 451 m. Anm. *Sauren*). Hier hatte der spätere Verteidiger den Angreifer unter einem Vorwand an eine einsame Stelle gelockt, um ihn zu verletzen. Nachdem dieser Plan jedoch an der Gegenwehr des Angreifers gescheitert war, konnte der Verteidiger den nun folgenden Angriff auf sein Leben nur noch mit einem Schuss aus der mitgebrachten Schrotflinte abwehren, so dass für Ausweichen und Schutzwehr buchstäblich kein Raum war. Der BGH sieht darin die zulässige Wahrnehmung von Notwehrbefugnis-

---

934 BGHSt **26** 143, 145 m. Anm. *Kratzsch* NJW **1975** 1933; **42** 97, 100 m. Anm. *Krack* JR **1996** 466, *Lesch* JA **1996** 833 u. *Kühl* StV **1997** 298; NStZ **2001** 143, 144 m. Anm. *Eisele* NStZ **2001** 416, *Engländer* Jura **2001** 534, *Mitsch* JuS **2001** 751 u. *Roxin* JZ **2001** 667; **2002** 425, 426; **2003** 420, 421; OLG Stuttgart NJW **1992** 850, 851.
935 Siehe dazu BGHSt **39** 374, 379 m. Anm. *Arzt* JZ **1994** 314 u. *Spendel* NStZ **1994** 279.
936 Vgl. BGHSt **39** 374, 379; **42** 97, 101 m. Anm. *Krack* JR **1996** 466, *Lesch* JA **1996** 833 u. *Kühl* StV **1997** 298; NStZ **2002** 425, 426 f; **2006** 332, 333 m. Anm. *Roxin* StV **2006** 235 u. *Bosch* JA **2006** 490; *Roxin* AT I § 15 Rdn. 70.
937 Siehe auch BGH NStZ **2003** 420, 421.
938 Vgl. BGHSt **24** 356, 359; **26** 143, 145 f, jedoch ohne die hier vorgenommene Beschränkung auf vorsätzliches Verhalten.
939 Siehe auch BGH bei Holtz MDR **1989** 492; JR **1989** 160 m. Anm. *Hohmann/Matt*; BGHR § 32 Abs. 2 Verteidigung 10; NStE Nr. 14 zu § 32.
940 Siehe auch BGH (Z) NJW **2008** 571, 572 f; BGH NStZ-RR **2008** 183 (Zäsur durch zwischenzeitliche Flucht); BGH HRRS **2009** Nr. 584 Rdn. 3 (Zäsur durch zwischenzeitliches Entfernen).
941 In der Entscheidung BGH NStZ **2011** 82, 83 m. Anm. *Hecker* JuS **2011** 272 sah sich der 2. Strafsenat jedenfalls dadurch an der Annahme einer Fahrlässigkeitsstrafbarkeit gehindert, dass der Angeklagte – anders als in der Entscheidung BGH NStZ **2001** 143 – die Notwehrlage weder rechtswidrig noch sozialethisch vorwerfbar provoziert hatte (nur i.E. zust. *Kretschmer* Jura **2012** 189, 193 f: kein Zurechnungszusammenhang). Dass darin eine Billigung der früheren Entscheidung liege, wie *Hecker* aaO 274 meint, ist jedoch zweifelhaft.

sen, hat den Verteidiger jedoch wegen fahrlässiger Tötung mit der Begründung verurteilt, dass er durch den rechtswidrigen Versuch, den Angreifer zu verletzen, vorhersehbar die Gefahr der späteren Tötung begründet habe; der Ursachenzusammenhang zwischen dem Vorverhalten und dem Todeseintritt werde durch die Notwehrlage nicht unterbrochen (BGH NStZ **2001** 143, 144). Indes kommt es bekanntlich für die strafrechtliche Verantwortlichkeit nicht allein darauf an, ob zwischen Handlung und Erfolg ein Ursachenzusammenhang besteht. Dem Fahrlässigkeitstäter ist der Erfolgseintritt nicht zuzurechnen, wenn zwischen seiner Handlung und dem Erfolg ein erlaubtes Zwischenstadium eintritt, etwa, weil die Voraussetzungen des § 32 vorliegen. In dem vom BGH entschiedenen Fall fehlte es daher am sog. Rechtswidrigkeitszusammenhang.[942]

c) Provozierte Provokationen. Häufig geht der Provokation des späteren Verteidigers eine Provokation des späteren Angreifers voraus.[943] Hier wird verbreitet danach unterschieden, ob die Folgeprovokation eine angemessene oder adäquate Reaktion auf die erste Provokation ist (so *Krack* JR **1996** 468, 469; *Sch/Schröder/Perron* Rdn. 59). Notwehreinschränkungen sollen aus der provozierten Provokation nur dann folgen, wenn die Folgeprovokation eine **Überreaktion** des späteren Verteidigers ist. Indes wird sich nur selten mit der nötigen Sicherheit feststellen lassen, wer von zwei Streithähnen das noch akzeptable Maß gegenseitiger Provokationen überschritten hat.[944] Zudem wird es sich bei wechselseitigen Provokationen häufig um einen Interaktionsprozess handeln, dessen Teilnehmer sich in einer unheilvollen Spirale zunehmender Aggression dem Punkt nähern, an dem einer von beiden buchstäblich die Nerven verliert und den anderen angreift. Auch bleibt dunkel, wie weit solche Provokationsketten in die Vergangenheit zurückverfolgt werden dürfen oder müssen.[945] Der einzige Zeitpunkt, von dem sich mit Sicherheit sagen lässt, dass das Geschehen damit in eine andere rechtliche Dimension eintritt, ist der des rechtswidrigen Angriffs (so auch *Hassemer* FS Bockelmann, 225, 236; *Mitsch* Provokation S. 115). Gleichwohl darf, wer die Notwehrbefugnisse des Verteidigers aufgrund vorheriger Provokation einschränken will, den Umstand, dass der Provokation bereits eine Provokation des späteren Angreifers vorausgegangen ist, nicht unbeachtet lassen, da auch der Angreifer rechtswidrig zur Entstehung der Gefahr einer Notwehrlage beigetragen hat.[946] Dabei wird man davon ausgehen dürfen, dass die Pro-

258

---

942 Die Entscheidung abl. auch *Eisele* NStZ **2001** 416, 417; *Engländer* Jura **2001** 534, 537; *Herzog* NK³ Rdn. 126; *Jäger* JR **2001** 512, 514; *Kühl* AT § 7 Rdn. 255a; *Roxin* JZ **2001** 667, 668; *Stuckenberg* JA **2002** 172, 176. Nach *Hruschka* ZStW 113 (2001) 870, 876 f soll es schon an einem Verursachungszusammenhang fehlen.
943 Tatsächlich wird es sich wohl um den Regelfall handeln (vgl. *Hassemer* FS Bockelmann, 225, 234; *Mitsch* Provokation S. 115), s. dazu die Sachverhalte in BGH NStZ **2014** 147 m. Anm. *Engländer* NStZ **2014** 214 u. *Jahn* JuS **2014** 660; **2014** 451 m. Anm. *Hecker* JuS **2014** 946; **2016** 84 m. Anm. *Hecker* JuS **2016** 177; BeckRS **2017**, 108089 m. Anm. *Jäger* JA **2017** 629.
944 Vgl. dazu etwa BGHSt 42 97, 101 f m. Anm. *Krack* JR **1996** 466, *Lesch* JA **1996** 833 u. *Kühl* StV **1997** 298 und die unterschiedliche Beurteilung der Adäquanz bei *Krack* aaO 469 und *Kühl* aaO 298 f.
945 *Hassemer* FS Bockelmann, 225, 236 f und *Mitsch* Provokation S. 115; *ders.* JuS **2017** 19, 23 weist zutreffend auf die Gefahr eines endlosen Regresses hin; zust. *Grünewald* ZStW 122 (2010) 51, 65; *Matt* NStZ **1993** 271, 273. *Hassemer* aaO und *Mitsch* JuS **2017** 19, 23 nehmen (u.a.) diese Gefahr zum Anlass, Einschränkungen wegen Notwehrprovokationen ganz abzulehnen; dagegen zutreffend *Grünewald* ZStW 122 (2010) 51, 67 u. 83 f unter Verweis auf die von der Rspr. entwickelten einschränkenden Kriterien zur Berücksichtigungsfähigkeit der Provokation (Adäquanz- sowie zeitlicher und örtlicher Zusammenhang).
946 Problematisch daher BGH HRRS **2016** Nr. 56 Rdn. 11 f m. Anm. *Eidam* HRRS **2016** 380 – das Gericht berücksichtigt allein das Vorverhalten des späteren Verteidigers, während es die Drohungen des späteren Angreifers lediglich zu Lasten (!) des späteren Verteidigers wertet – dieser habe wegen der Drohung mit

vokation der Provokation unter denselben Voraussetzungen zu einem Wiederaufleben der vollen Notwehrbefugnisse führt, die bei der (einfachen) Provokation zu einer Einschränkung derselben führen. Auf die Frage, ob die spätere Provokation die frühere Provokation angemessen beantwortet, kann es nur in zweiter Linie ankommen.

259   **d) Nothilfe und Angriffsprovokation.** Geht die Provokation einer Verteidigung in Form der Nothilfe voraus, muss unterschieden werden: Hat der **Angegriffene** die Notwehrlage rechtswidrig mit der Folge **provoziert**, dass sein eigenes Notwehrrecht Einschränkungen erfährt, so stehen auch dem Nothelfer nicht die vollen Nothilfebefugnisse zu (*Matt/Renzikowski/Engländer* Rdn. 53; *Jakobs* AT 12/49; *Lenckner* GA **1961** 299, 306).[947] Der Nothelfer wehrt den Angriff nach zutreffender Ansicht nicht aus eigenem Recht ab, sondern nimmt mit der Nothilfe eine zu den Befugnissen des Angegriffenen akzessorische Erlaubnis wahr, wenn er den Angegriffenen verteidigt (s. dazu eingehend Rdn. 204). Dem Angegriffenen gezogene Grenzen gelten daher stets auch für die Nothilfe. *Mitsch* GA **1986** 533, 534 hat dagegen eingewandt, damit werde auch Polizeivollzugsbeamten das Recht zur Gefahrenabwehr versagt. Dieser Hinweis trägt nach der hier vertretenen Meinung jedoch nicht, weil sich der von Hoheitsträgern geleistete Individualrechtsgüterschutz nicht auf § 32, sondern ausschließlich auf öffentliches Gefahrenabwehrrecht stützt (s. Rdn. 220 ff). Wird die Nothilfe lediglich als **Beihilfe** zu der die Rechtsgüter des Angreifers verletzenden Verteidigung des Angegriffenen geleistet, folgt die Rechtswidrigkeit des Verhaltens bereits aus Teilnahmegrundsätzen, wenn der Angegriffene das infolge seiner Provokation reduzierte Maß an Verteidigungsbefugnissen überschreitet (*Sch/Schröder/Perron* Rdn. 61a). Haben Nothelfer und Angegriffener die Provokation gemeinsam als **Mittäter** begangen, muss sich der Angegriffene die Provokationshandlung des Nothelfers über § 25 Abs. 2 zurechnen lassen, so dass auch hier sein Notwehr- und daher in eben einem solchen Maße das Nothilferecht eingeschränkt sind. Kennt der Nothelfer hingegen die Provokation durch den Angegriffenen nicht, handelt er lediglich nicht rechtswidrig, weil er sich in einem unvermeidbaren Erlaubnistatbestandsirrtum befindet (zutreffend *Roxin* ZStW **75** [1963] 541, 552f); die objektiven Voraussetzungen der Nothilfe liegen auch in diesem Fall nicht vor.

260   Hat hingegen der **Nothelfer** selbst den Angriff **provoziert**, steht ihm das volle Nothilferecht aus § 32 zu (*Mitsch* GA **1986** 533, 542).[948] Da er mit der Nothilfe kein eigenes, sondern lediglich ein vom Angegriffenen abgeleitetes Recht wahrnimmt, kann die eigene Provokation seine Nothilfebefugnisse nicht schmälern: Aus Sicht des von ihm unabhängig handelnden Angegriffenen erscheint die Provokation des Nothelfers wie jeder sonstige (beliebige) Kausalbeitrag, der ihm nicht zugerechnet werden und daher auch keinen Einfluss auf seine Notwehrbefugnisse haben kann. Dass nun dieselbe Person, die den Angegriffenen in die gefährliche Lage gebracht hat, das Notwehrrecht für diesen ausübt, ändert an dieser Einschätzung nichts. Daher stellt sich hier nicht die Frage, welche Wirkung es auf die Rechtswidrigkeit der durch die Verteidigung bewirkten Rechtsgutverletzung hat, dass der Nothelfer mit der Verteidigung eine gegenüber dem Angegriffenen bestehende Garantenpflicht aus Ingerenz erfüllt (vgl. *Mitsch* GA **1986** 533, 535). Erfolgte die Provokation absichtlich, ist der Nothelfer zugleich ein

---

einer tätlichen Auseinandersetzung gerechnet, so dass seine Rückkehr an den Ort des Streits sozialethisch wertwidrig sei.
947   Ebenso *Kuhlen* GA **2008** 482, 492 f (auf der Basis eines individualistischen Notwehrverständnisses); *Sch/Schröder/Perron* Rdn. 61a. AA *H.-J. Engels* S. 146.
948   AA *Engels* S. 33 ff; *Kuhlen* GA **2008** 482, 494 f; *Retzko* S. 163, die die Frage der Notwehreinschränkung jedoch allein mit Blick auf die Person des Angreifers entscheiden will.

sog. agent provocateur, der die Vollendung der von ihm provozierten Rechtsgutverletzung nicht will, da er den Angriff allein mit dem Ziel provoziert, ihn abwehren zu können.[949]

6. Verteidigung gegen Erpressungen. Eine Einschränkung erfahren die Notwehrbefugnisse nach h.M. auch dort, wo sich das Opfer einer **Chantage** gegen seinen Erpresser wehrt. Unter einer Chantage versteht man die mit der Androhung begangene Erpressung, kompromittierende (gleichwohl wahre) Informationen über den Erpressten zu veröffentlichen (vgl. *F.W. Krause* FS Spendel, 547; *H.E. Müller* NStZ **1999** 366).[950] Der solchermaßen Angegriffene hat ein starkes Interesse daran, die Erpressung heimlich abzuwehren.[951] Das sicherste Mittel zur Beseitigung aller Gefahren für die auf Seiten des Erpressten beteiligten Rechtsgüter Vermögen, Willensentschließungsfreiheit und persönliches Ansehen ist die Tötung des Erpressers, der das für den Erpressten schädliche Geheimnis nur in diesem Fall buchstäblich „mit ins Grab nimmt". Herrschend wird dem Erpressten ein so weitgehendes Recht nicht zugestanden (BGHSt **48** 207, 212; NStZ **1995** 231).[952] Notwehr soll der Erpresste nur durch sog. kommunikative Gegenwehr und heimliches Fixieren des Erpresserverhaltens leisten dürfen. Danach ist er auf ihm sonst verbotene Gegendrohungen und Täuschungen (§§ 240, 241, 253, 263) sowie das den Tatbestand des § 201 erfüllende und zur Beweismittelgewinnung dienende Aufzeichnen der Gespräche mit dem Erpresser beschränkt (so *Amelung* GA **1982** 381, 398 ff).[953] Andere wollen ihm zusätzlich Hausfriedensbruch, Diebstahl und Sachbeschädigung zur Beschaffung von Material gestatten, das wiederum den Erpresser im Hinblick auf ein Strafverfahren usw. belastet (so *Roxin/Schünemann/Haffke* S. 74 f; *Roxin* AT I § 15 Rdn. 102). Befürworter des herrschenden dualistischen Notwehrverständnisses sowie solche Autoren, die eine monistisch-überindividuelle Deutung des § 32 vertreten (s. dazu die Nachw. in den Rdn. 66 f), haben verständlicherweise Schwierigkeiten mit der Zulässigkeit einer heimlichen Tötung des Erpressers. Denn sie gehen davon aus, dass dem Notwehrleistenden ein derartig weitgehender Eingriff in die Rechtsgüter des Angreifers nur gestattet ist, weil er neben seinem rechtlich geschützten Interesse auch bzw. ausschließlich die Geltung der Rechtsordnung verteidige.[954] Von diesem Standpunkt aus betrachtet ergeben sich Zweifel daran, dass die Rechtsordnung durch eine heimliche Tötung des Erpressers

261

---

949 *Mitsch* GA **1986** 533, 536. Die in diesem Verhalten liegende Anstiftung zum Versuch des Angreifers, Rechtsgüter des Angegriffenen zu verletzen, ist wegen des fehlenden Vollendungswillens nach h.M. straflos, vgl. *Mitsch* Provokation S. 39 ff m.w.N.
950 Dieses Verständnis entspricht weitgehend dem des Art. 312-10 französischer Code pénal, der jedoch sowohl wahre kompromittierende als auch dem Opfer nur zugeschriebene (unwahre) Informationen erfasst. Durch Gewalt, Drohung mit Gewalt oder sonstige Formen des Zwangs begangene Erpressung heißt das französische Recht Extorsion, die in einem Grundtatbestand (Art. 312-1) geregelt ist – Chantage ist damit ein Spezialtatbestand der Extorsion.
951 Nach *Kroß* S. 166 ff, 196 ist dieses Interesse jedoch weder unter dem Gesichtspunkt des nemo-tenetur-Grundsatzes noch auf der Grundlage des allgemeinen Persönlichkeitsrechts absolut geschützt. Damit stehe dem Erpressten für den Regelfall, dass der Polizei mildere oder gleich belastende Abwehrmöglichkeiten zur Verfügung stehen, schon mangels Erforderlichkeit kein Notwehrrecht zu.
952 Bereits einen Angriff lehnt ab *Müller* FS Schroeder 323, 333 ff; einen gegenwärtigen Angriff verneint *Hoyer* SK Rdn. 120 f. Zu den Fragen des gegenwärtigen rechtswidrigen Angriffs und der Erforderlichkeit der Tötung in Chantagefällen s. näher Rdn. 151, 203 u. 261.
953 Siehe auch *ders.* NStZ **1998** 70, 71; zust. *Kindhäuser* NK Rdn. 60; krit. *Sch/Schröder/Perron* Rdn. 18. *Eisenberg/Müller* JuS **1990** 120, 122 bezweifeln hingegen schon die Eignung heimlicher Aufzeichnungen, wenn der Erpresser dem Opfer bereits bekannt ist; eine derart allgemeingültige Aussage lässt sich aber für die Behandlung dieser Fälle nicht aufstellen.
954 Da der Angreifer die sein Verhalten verbietenden Normen rechtlich nicht in Frage stellen kann, kommt nur eine Verteidigung der *faktischen* Geltung in Betracht, vgl. *Amelung* GA **1982** 381, 392 f.

verteidigt werden kann, weil zur faktischen Geltung der Rechtsordnung auch das Vertrauen der Gemeinschaft in die Gültigkeit ihrer Normen gehört. Eine Tötung, bei der nicht offenbar werden darf, dass sie in Notwehr vorgenommen worden ist, trägt nicht zur Stabilisierung des Normvertrauens bei, sondern bewirkt eher das Gegenteil (so *Amelung* GA **1982** 381, 392ff; *I. Sternberg-Lieben* JA **1996** 299, 303).[955] Es mag dahinstehen, ob der herrschend § 32 beigelegte Zweck der Rechtsbewährung tatsächlich verlangt, dass die Inanspruchnahme der Notwehrbefugnisse in einem späteren Verfahren öffentlich bewiesen wird.[956] Immerhin handelt der Erpresser rechtswidrig und verteidigt der Erpresste die hinter § 253 stehende Verhaltensnorm objektiv. Wer eine individualistische Notwehrdeutung für richtig hält, kann sich mit einer solchen Begründung naturgemäß ohnehin nicht einverstanden erklären (so auch *Seesko* S. 111). Einige ihrer Befürworter haben daraus den Schluss gezogen, dass dem Erpressten keine besonderen Einschränkungen bei der Verteidigung aufzuerlegen seien (so *Eggert* NStZ **2001** 225, 228ff; *Günther* SK[8] Rdn. 77; *Herzog* NK[3] Rdn. 33; *Seesko* S. 112).[957] Indes ist diese Sichtweise nicht zwingend. Auch auf Basis einer auf den Schutz des Individualrechtsguts abstellenden Betrachtung des Notwehrrechts lässt sich eine Einschränkung der Verteidigungsbefugnisse überzeugend begründen. Der Erpresste wehrt mit einer heimlichen Tötung oder vergleichbaren gewalttätigen Handlung im Verborgenen in der Hauptsache Gefahren ab, die seinem persönlichen Ansehen drohen. Denn der Angriff auf sein Vermögen und die Entschlussfreiheit kann leicht mit weniger einschneidenden Mitteln wie einer Strafanzeige beendet werden; dies freilich nur um den Preis einer erheblichen Beschädigung seines Ansehens. Die Rechtsordnung schützt das Interesse am bloßen Schein einer makellosen Lebensführung, den der Ansehensträger in Wahrheit jedoch nicht verdient hat, ausweislich der §§ 185ff, § 192 sowie § 68a StPO nur sehr unvollkommen.[958] Das Notwehrrecht gibt dem Angegriffenen aber nur ein Mittel an die Hand, mit dem er sich in Notsituationen vor Gefahren schützen können soll, vor denen ihn die Rechtsordnung im Regelfall nach ih-

---

[955] Diff. *Novoselec* NStZ **1997** 218, 220f, der Einschränkungen aus dem Rechtsbewährungsprinzip nur gelten lassen will, wenn es um die Offenbarung einer Straftat geht. Anders *Erb* FS Ebert, 329, 334, dessen Hinweis auf ein Verheimlichen der Verteidigung in anderen Fällen – insbesondere, wenn der Verteidiger Beweisschwierigkeiten befürchtet – nicht überzeugt: Der Ausschluss einer tödlichen Verteidigung gegen Chantage beruht darauf, dass sich der Verteidiger nicht zur Notwehr als Grund für die Tötung bekennen will – bei Beweisschwierigkeiten hingegen verheimlicht der Verteidiger seine Täterschaft, weil er fürchtet, seinem Notwehrbekenntnis würde kein Glauben geschenkt werden.
[956] Krit. *Haug* MDR **1964** 548, 552f; *Novoselec* NStZ **1997** 218, 220; *Günther* SK[8] Rdn. 77, der zu Recht darauf hinweist, dass sich seit der frühen Zeit des deutschen Rechts die Anschauungen darüber gewandelt haben, ob ein Konflikt öffentlich ausgetragen werden müsse. Zur Pflicht zur sog. *Verklarung*, mit der unmittelbar nach der Tat kundgegeben wurde, dass das Opfer in Notwehr getötet worden war, vgl. *Amelung* GA **1982** 381, 403; ähnlich auch schon die Pflicht des Verteidigers nach dem Zwölftafelgesetz aus dem 5. Jahrhundert v. Chr., durch Geschrei auf die Tötung eines Diebes aufmerksam zu machen, s. *Krey* JZ **1979** 702f.
[957] Ähnlich *Haug* MDR **1964** 548, 551ff, der jedoch die Tötung unter Hinweis auf Art. 2 Abs. 2 EMRK ausschließen will.
[958] *Kaspar* GA **2007** 36, 44ff (zust. *von Scherenberg* S. 226ff) lehnt unter Hinweis auf diesen nur beschränkten Schutz bereits die Erforderlichkeit gewaltsamer Verteidigung ab; das Bekanntwerden der ehrenrührigen Information dürfe bei der Bestimmung der gleichen Eignung des milderen Mittels „kommunikative Gegenwehr" nicht berücksichtigt werden, weil die Veröffentlichung/Strafanzeige für sich betrachtet rechtmäßig wäre. Diese gedankliche Zerlegung des Angriffs in rechtswidrige und rechtmäßige Bestandteile ist nicht überzeugend, da sich das Unrecht einer Nötigung mit einem erlaubten Verhalten nach h.M. gerade aus der (inkonnexen) Verknüpfung mit dem Nötigungsziel ergibt. Angriff oder Erforderlichkeit lassen sich bei einer Chantage also nur ausschließen, wenn man entgegen der h.M. davon ausgeht, die §§ 240, 253 schützten nur die rechtlich garantierte Willensfreiheit (s. zu dieser Diskussion nur *Toepel* NK § 240 Rdn. 21ff m.w.N.).

rem eigenen Anspruch ebenfalls schützen will. Zwar ist dem Erpresser die Verknüpfung von Zahlungsforderung und Unterlassen der Ansehensbeschädigung nach § 253 verboten. Die Rechtsgemeinschaft gewährt jedoch Schutz vor solchen Gefahren stets nur um den Preis, dass das Geheimnis mindestens[959] den mit der Strafverfolgung befassten Amtsträgern bekannt wird. Dem Erpressten soll demnach allein erspart werden, dass er seinen (in Wahrheit nicht so) guten Ruf mittels vermögensmindernder Maßnahmen verteidigen muss. Das Versagen dieses regelmäßigen Schutzes als Voraussetzung des Notwehrrechts kann nicht dazu führen, dass der Erpresste sich nun eine Position verschafft, die ihm die Rechtsgemeinschaft unter gewöhnlichen Umständen nicht zubilligt. Im Ergebnis kann daher der Ansicht zugestimmt werden, die dem Angegriffenen nur das Recht zu kommunikativer Gegenwehr und Beeinträchtigungen der Rechtsgüter des Angreifers erlaubt, die für die Gewinnung von Gegenbeweismitteln oder der Zerstörung des kompromittierenden Materials unerlässlich sind. Gewalt gegen den Erpresser bleibt dem Erpressten verboten. In der Sache sind damit die Notwehrbefugnisse auf das Maß der im Rahmen eines Defensivnotstands erlaubten Rechtsgutbeeinträchtigungen begrenzt (vgl. *Erb* MK Rdn. 98 f, der freilich bereits einen rechtswidrigen Angriff verneint).

E. Das subjektive Rechtfertigungselement bei der Notwehr

Schrifttum

Alwart Der Begriff des Motivbündels im Strafrecht, GA **1983** 433; *Amelung* Sein und Schein bei der Notwehr gegen die Drohung mit einer Scheinwaffe, Jura **2003** 91; *Arzt* Falschaussage mit bedingtem Vorsatz, Festschrift Jescheck (1985) 391; *Blanke* Die subjektiven Rechtfertigungselemente, Diss. Bonn 1960; *Berster* Der subjektive Exzess der Notwehr und Putativnotwehr, GA **2016** 36; *Born* Die Rechtfertigung der Abwehr vorgetäuschter Angriffe, Diss. Bayreuth 1983 (1984); *Burgstaller* Das Fahrlässigkeitsdelikt im Strafrecht (1974); *Eisele* Notwehr, JA **2001** 922; *Engisch* Tatbestandsirrtum und Verbotsirrtum bei Rechtfertigungsgründen, ZStW **70** (1958) 566; *Foth* Neuere Kontroversen um den Begriff des Wahnverbrechens, JR **1965** 366; *Frisch* Vorsatz und Risiko (1983); *ders.* Grund- und Grenzprobleme des sog. subjektiven Rechtfertigungselements, Festschrift Lackner (1987) 113; *Frister* Erlaubnistatbestandszweifel – Zur Abwägung der Fehlentscheidungsrisiken bei ungewissen rechtfertigenden Umständen, Festschrift Rudolphi (2004) 45; *Gallas* Zur Struktur des strafrechtlichen Unrechtsbegriffs, Festschrift Bockelmann (1979) 155; *Geilen* Notwehr und Notwehrexzess (3. Teil), Jura **1981** 308; *Geppert* Rechtfertigende „Einwilligung" des verletzten Mitfahrers bei Fahrlässigkeitsstraftaten im Straßenverkehr, ZStW **83** (1971) 947; *ders.* Die subjektiven Rechtfertigungselemente, Jura **1995** 103; *ders.* Notwehr und Irrtum, Jura **2007** 33; *Gössel* Überlegungen zum Verhältnis von Norm, Tatbestand und dem Irrtum über das Vorliegen eines rechtfertigenden Sachverhalts, Festschrift Triffterer (1996) 93; *Gropp* An der Grenze der Lehre vom personalen Unrecht – Eine Skizze zum Fehlen des subjektiven Rechtfertigungselements, Festschrift Kühl (2014) 247; *Grosse-Wilde* Handlungsgründe und Rechtfertigungsgründe, ZIS **2011** 83; *R. Hassemer* Ungewollte, über das erforderliche Maß hinausgehende Auswirkungen einer Notwehrhandlung, JuS **1980** 412; *Herzberg* Handeln in Unkenntnis einer Rechtfertigungslage, JA **1986** 190; *Heucamper* Der Erlaubnistatbestandsirrtum, Diss. Regensburg 2003 (2005); *Himmelreich* Notwehr und unbewusste Fahrlässigkeit, Diss. Köln 1969 (1971); *Hirsch* Rechtfertigungsfragen und Judikatur des Bundesgerichtshofs, Festgabe BGH 50 (2000) 199; *Hruschka* Der Gegenstand des Rechtswidrigkeitsurteils nach heutigem Strafrecht, GA **1980** 1; *Jungclaussen* Die subjektiven Rechtfertigungselemente beim Fahrlässigkeitsdelikt, Diss. Göttingen 1985 (1987); *Arthur Kaufmann* Die Irrtumslehre im Strafgesetz-Entwurf 1962, ZStW **76** (1964) 543; *Krack* Zum Inhalt der subjektiven Rechtfertigungselemente Festschrift, Loos (2010) 145; *Kuhlen* Kongruenz zwischen Erfüllung des objektiven du des

---

[959] Darüber hinaus hat der Erpresste nach § 172 Abs. 2 GVG keinen Anspruch auf einen Ausschluss der Öffentlichkeit, so dass die ehrenrührige Tatsache in der Regel auch einem weiteren Kreis bekannt wird, vgl. *Amelung* GA **1982** 381, 387.

subjektiven Tatbestands bei Rechtfertigungsgründen, Festschrift Beulke (2015) 153; *Andreas Lange* Zum Bewertungsirrtum über die Rechtswidrigkeit des Angriffs, Diss. Würzburg 1993 (1994); *Lenckner* Die Rechtfertigungsgründe und das Erfordernis pflichtgemäßer Prüfung, Festschrift H. Meyer (1966) 165; *Loos* Zum Inhalt der subjektiven Rechtfertigungselemente, Festschrift Oehler (1985) 227; *Mayr* Error in persona vel obiecto und aberratio ictus bei der Notwehr, Diss. Passau 1992; *M.-K. Meyer* Opfer des Angriffs strafbar durch Verteidigung? Zu den subjektiven Voraussetzungen der Verteidigung bei der Notwehr, GA **2003** 807; *Müther* Möglichkeitsvorstellungen im Bereich der Notrechte des Strafgesetzbuches (§§ 32, 34 StGB), Diss. Münster 1996 (1998); *Nowakowski* Zur subjektiven Tatseite der Rechtfertigungsgründe, ÖJZ **1977** 573; *Otto* Der vorsatzausschließende Irrtum in der höchstrichterlichen Rechtsprechung, Gedächtnisschrift K. Meyer (1990) 583; *Paeffgen* Fotografieren von Demonstranten durch die Polizei und Rechtfertigungsirrtum, JZ **1978** 738; *ders.* Der Verrat in irriger Annahme eines illegalen Geheimnisses (§ 97b StGB) und die allgemeine Irrtumslehre, Diss. Mainz 1978 (1979); *ders.* Anm. zum Erlaubnistatbestandsirrtum, Gedächtnisschrift Armin Kaufmann (1989) 399; *Prittwitz* Zum Verteidigungswillen bei der Notwehr, GA **1980** 381; *Puppe* Zur Revision der Lehre vom „konkreten" Vorsatz und der Beachtlichkeit der aberratio ictus, GA **1981** 1; *dies.* Die strafrechtliche Verantwortlichkeit für Irrtümer bei der Ausübung der Notwehr und für deren Folgen, JZ **1989** 728; *dies.* Zur Struktur der Rechtfertigung, Festschrift Stree/Wessels (1993) 183; *Rath* Zur strafrechtlichen Behandlung der aberratio ictus und des error in objecto des Täters, Diss. Frankfurt/M. 1992 (1993); *ders.* Das subjektive Rechtfertigungselement, Habil. Heidelberg 2000 (2002); *Reip* Täterhandeln bei ungewisser Rechtfertigungslage, Diss. Tübingen 1996; *Requejo* Die Putativnotwehr als Rechtfertigungsgrund, JA **2005** 114; *Rinck* Der zweistufige Deliktsaufbau, Diss. München 1999 (2000); *Rohrer* Über die Nichtexistenz subjektiver Rechtfertigungselemente, JA **1986** 363; *Röttger* Unrechtsbegründung und Unrechtsausschluss, Diss. Hamburg 1991 (1993); *Rönnau* Grundwissen Strafrecht: Subjektive Rechtfertigungselemente, JuS **2009** 594; *Roxin* Die Behandlung des Irrtums im Entwurf 1962, ZStW **76** (1964) 582; *Rudolphi* Inhalt und Funktion des Handlungsunwertes im Rahmen der personalen Unrechtslehre, Festschrift Maurach (1972) 51; *ders.* Die pflichtgemäße Prüfung als Erfordernis der Rechtfertigung, Gedächtnisschrift Schröder (1978) 73; *Runte* Die Veränderung von Rechtfertigungsgründen durch Rechtsprechung und Lehre, Diss. Frankfurt/M. 1990 (1991); *Schaffstein* Tatbestandsirrtum und Verbotsirrtum, Festschrift Celle I (1961) 175; *Scheffler* Der Erlaubnistatbestandsirrtum und seine Umkehrung, das Fehlen subjektiver Rechtfertigungselemente, Jura **1993** 617; *Schmitt* Subjektive Rechtfertigungselemente bei Fahrlässigkeitsdelikten? JuS **1963** 64; *C. Schröder* Angriff, Scheinangriff und die Erforderlichkeit der Abwehr vermeintlich gefährlicher Angriffe, JuS **2000** 235; *Schroth* Die Annahme und das „Für-Möglich-Halten" von Umständen, die einen anerkannten Rechtfertigungsgrund begründen, Festschrift Arthur Kaufmann (1993) 595; *ders.* Vorsatz und Irrtum (1998); *B. Schünemann* Die deutschsprachige Strafrechtswissenschaft nach der Strafrechtsreform im Spiegel des Leipziger Kommentars und des Wiener Kommentars, GA **1985** 341; *Seier* Strafrecht: Die unnötige Rettungsfahrt, JuS **1986** 217; *Spendel* Der Gegensatz rechtlicher und sittlicher Wertung am Beispiel der Notwehr, DRiZ **1978** 327; *ders.* Gegen den „Verteidigungswillen" als Notwehrerfordernis, Festschrift Bockelmann (1979); *ders.* Notwehr und „Verteidigungswille", objektiver Zweck und subjektive Absicht, Festschrift Oehler (1985) 197; *ders.* Der Begriff des Unrechts im Verbrechenssystem, Festschrift Weber (2004) 3; *Streng* Das subjektive Rechtfertigungselement und sein Stellenwert, Festschrift Otto (2007) 469; *ders.* Der Erlaubnistatbestandsirrtum und die Teilnahmefrage, Festschrift Paeffgen (2015) 231; *Trifftterer* Zur subjektiven Seite der Tatbestandsausschließungs- und Rechtfertigungsgründe, Festschrift Oehler (1985) 209; *Warda* Vorsatz und Schuld bei ungewisser Tätervorstellung über das Vorliegen strafbarkeitsausschließender, insbesondere rechtfertigender Tatumstände, Festschrift Lange (1976) 119; *Welzel* Der übergesetzliche Notstand und die Irrtumsproblematik, JZ **1955** 142; *Zielinski* Handlungs- und Erfolgsunwert im Unrechtsbegriff, Diss. Bonn 1972 (1973).

I. Das subjektive Notwehrelement bei Vorsatzdelikten

262 **1. Die Notwendigkeit eines subjektiven Notwehrelements.** Nach heute h.M. ist ein Verhalten aus § 32 nicht schon dann gerechtfertigt, wenn sämtliche objektiven Voraussetzungen der Notwehr erfüllt sind, d.h. wenn eine Notwehrvorlage vorliegt und sich der Täter auf die erforderliche und gebotene Verteidigung beschränkt hat. Hinzutreten muss ein sog. subjektives Notwehrelement (RGSt **54** 196, 199; BGHSt **2** 111, 114; **3** 194,

198).⁹⁶⁰ Diese Annahme ist zwingend, wenn man ein **personales Unrechtsverständnis** zugrunde legt, das – neben einem Erfolgsunwert – ganz wesentlich von der Existenz sog. Handlungsunrechts geprägt ist.⁹⁶¹ Hat der Täter keine Vorstellung davon, dass durch sein rechtsgutverletzendes Verhalten ein rechtswidriger Angriff abgewehrt wird, entfällt zwar das Erfolgsunrecht. Da der Täter jedoch meint, ohne Erlaubnis zu handeln, verwirklicht er Handlungsunrecht (*Geppert* Jura **1995** 103, 104): In seinem Verhalten drückt sich trotz der Tatsache, dass objektiv ein rechtswidriger Angriff verhindert worden ist, eine rechtsfeindliche Einstellung aus. Die ältere Gegenmeinung hält ein subjektives Notwehrelement auf der Grundlage eines rein objektiven Unrechtsverständnisses, das Vorsatz und Fahrlässigkeit allein als Elemente der Schuld ansieht, für verzichtbar (*Runte* S. 307 f; *Spendel* LK¹¹ Rdn. 138 ff mit zahlreichen Nachw. zur älteren Auffassung).⁹⁶² Ihren Vertretern ist zwar zuzugeben, dass der Wortlaut des § 32 ein subjektives Notwehrelement nicht erzwingt (*Spendel* FS Bockelmann, 245, 249; *Runte* S. 307 f); auch folgt dies nicht aus einem angeblichen finalen Charakter des Begriffs der Verteidigung.⁹⁶³ Entscheidend für ein subjektives Rechtfertigungselement spricht aber, dass ein objektiv tatbestandsmäßiges Geschehen, das nur die objektiven Voraussetzungen der Notwehr erfüllt, wegen des nicht aufgewogenen Handlungsunrechts in der Struktur dem untauglichen Versuch entspricht (zutreffend *Frisch* FS Lackner, 113, 127 ff; *Geppert* Jura **1995** 103, 104):⁹⁶⁴ Handelt der Täter ohne Rechtfertigungsvorsatz, bleibt es beim auf Tatbestandsebene begründeten Handlungsunrecht (*Roxin* AT I § 14 Rdn. 96). Dieser lehnt sich daher ebenso gegen das Verbot auf wie der Täter, dem es verborgen bleibt, dass er das Rechtsgut auf dem von ihm gewählten Weg gar nicht verletzen kann. Der von *Spendel* LK¹¹ Rdn. 140 erhobene Vorwurf der Gesinnungsstrafe ist daher unzutreffend.⁹⁶⁵

2. Inhalt des subjektiven Notwehrelements. Das subjektive Notwehrelement setzt 263 sich nach h.M. aus zwei Elementen zusammen:⁹⁶⁶ Zum einen muss es der Verteidiger i.S.d. Eventualvorsatzes zumindest konkret für möglich halten, dass die objektiven Vor-

---

960   Weiter BGHSt **5** 245, 247; GA **1980** 67, 68; NStZ **1983** 117; **1990** 435 m. Anm. *Hassemer* JuS **1991** 80; **1996** 29, 30; **2000** 365, 366; BGHR § 32 Abs. 2 Verteidigung 7; NStE Nr. 6 zu § 32; BayObLG JZ **1991** 936, 937 m. Anm. *Schmidhäuser*, *Rogall* JuS **1992**, 551 u. Spendel JR **1991** 248; OLG Stuttgart NJW **1992** 850, 851; *Baumann/Weber/Mitsch/Eisele* § 15 Rdn. 46; *Erb* MK Rdn. 239; *Geppert* Jura **1995** 103; *Herzog* NK³ Rdn. 127; *Jescheck/Weigend* AT § 31 IV 1; *Lackner/Kühl* Rdn. 7; *Sch/Schröder/Perron* Rdn. 63; *Fischer* Rdn. 25. I.E. auch *Frisch* Vorsatz und Risiko S. 461 f, der das subjektive Rechtfertigungselement jedoch als negatives Merkmal des Vorsatzes einordnet und ihm damit die selbständige Bedeutung als Element der Rechtfertigung abspricht.
961   AA *Triffterer* FS Oehler, 209, 222, der von einem freien Gestaltungsrecht des Gesetzgebers ausgeht.
962   Siehe auch *Spendel* DRiZ **1978** 327, 331 ff; *ders.* FS Bockelmann, 245, 250 ff; *ders.* FS Oehler, 197, 203 ff; zuletzt auch *ders.* FS Weber, 3, 11 ff; zust. – aber widersprüchlich – *Rohrer* JA **1986** 363, 366 ff, der sich zugleich zu einem radikalen Finalismus bekennt.
963   So aber *Alwart* GA **1983** 433, 446 ff; dagegen *Frisch* FS Lackner, 113, 117. Nach *Gallas* FS Bockelmann, 155, 177 soll der Verteidigungswille daraus folgen, dass der Notwehrleistende auch die Rechtsordnung verteidige, was ausgeschlossen sei, wenn er von dem Angriff keine Kenntnis hat.
964   Die in § 23 Abs. 3 zum Ausdruck kommende gesetzgeberische Entscheidung, den untauglichen Versuch unter Strafe zu stellen, übersieht *Runte* S. 307 f.
965   *Lagodny* Grundrechte S. 474 f erblickt in der Bestrafung des Täters, der von den objektiven Notwehrumständen nichts weiß, einen Verfassungsverstoß: Da der Angreifer die Angriffsabwehr objektiv ohnehin dulden müsse, nütze das sich in der Bestrafung des Verteidigers wegen Versuchs ausdrückende Verbot des Eingriffs seinen Rechtsgütern nichts. Verbote, die über das zum Rechtsgüterschutz Erforderliche hinausgehen, verstießen gegen den Verhältnismäßigkeitsgrundsatz.
966   Verbreitet ist auch der Begriff „Verteidigungswille". Er wird hier nicht verwendet, weil er irreführend ist: Obwohl der Ausdruck einen finalen Gehalt nahelegt (vgl. *Baumann/Weber/Mitsch/Eisele* § 15 Rdn. 46), wird er auch von Autoren verwandt, die schon das Für-Möglich-Halten genügen lassen und gerade keine Verteidigungsabsicht verlangen.

aussetzungen der Notwehr vorliegen (BGH NJW **1951** 412 [zum übergesetzlichen Notstand];).[967] Zum anderen muss er mit Verteidigungsabsicht handeln (RGSt **54** 196, 199; BGHSt **2** 111, 114; **5** 245, 247).[968] Dieses Verständnis vom Inhalt des subjektiven Notwehrelements ist problematisch. Erforderlich, aber auch ausreichend ist, dass der Täter **positive Kenntnis** vom Vorliegen der Notwehrumstände hat; einer **Verteidigungsabsicht** bedarf es hingegen nicht.

264   **a) Kenntnis der Notwehrumstände.** Wer mit der h.M. die Notwehr als ein den Angreifer zur Duldung der Verteidigung verpflichtendes Eingriffsrecht qualifiziert und damit verlangt, dass die Notwehrlage „ex post" gegeben ist, kann **bloße Möglichkeitsvorstellungen** nicht genügen lassen.[969] Hält der Täter es lediglich konkret für möglich, dass ein rechtswidriger gegenwärtiger Angriff stattfindet, hält er es eben auch für möglich, dass dieser nicht vorliegt (so *Roxin* AT I § 14 Rdn. 90).[970] Legt man die Sicht der h.M. zugrunde, wäre Handlungsunrecht demnach bereits dann ausgeschlossen, wenn der Täter meint, das Risiko, Notwehrumstände lägen nicht vor, sei lediglich signifikant vermindert. Der Täter steckt in diesen Fällen gewissermaßen in einer Zwickmühle, in der er zwischen zwei Fehlentscheidungsrisiken wählen muss. Verteidigt er sich, geht er das Risiko ein, dass keine Notwehrlage vorliegt und das Rechtsgut des nur vermeintlichen Angreifers ohne Not verletzt wird. Verzichtet er wegen der Unsicherheit hingegen auf die Gegenwehr, besteht die Gefahr, dass der andere gegenwärtig und rechtswidrig angreift und der sich nicht Verteidigende Einbußen an seinen Rechtsgütern erleidet, deren Eintritt er hätte verhindern können und dürfen. Die Lösung der h.M. zugunsten des Verteidigers kann gleichwohl nicht überzeugen. Es will nicht recht einleuchten, warum die h.M. dem Verteidiger in objektiver Hinsicht durch Festhalten an dem ex-post-Maßstab das Risiko des Fehlens einer Notwehrlage aufbürdet, wenn sie ihm dieses Risiko beim

---

[967] Missverständlich BGH BeckRS **2017**, 108089 Rdn. 31 m. insoweit krit. Anm. *Jäger* JA **2017** 629, wo davon die Rede ist, ein bloßes Fürmöglichhalten des Angriffs sei unschädlich, wenn der Verteidiger mit Verteidigungswillen (dort als Absicht gemeint) handele. Ein Fürmöglichhalten lassen ebenfalls ausreichen *Arzt* FS Jescheck, 391, 399; *M.-K. Meyer* GA **2003** 807, 820; *Schlehofer* MK Vor § 32 Rdn. 95; *Sch/Schröder/Lenckner/Sternberg-Lieben* Vor § 32 Rdn. 14; *Schroth* FS Arthur Kaufmann II, 595, 608. Nach *Frisch* FS Lackner, 113, 134, *ders.* Vorsatz und Risiko S. 460 ff genügt Eventualvorsatz bei der Notwehr nur deshalb, weil das subjektive Rechtfertigungselement durch das Wissen um die objektiv ex-ante zu bestimmende Wahrscheinlichkeit gekennzeichnet sei, dass die Voraussetzungen der Notwehr vorliegen. Nach *Hirsch* LK[11] Vor § 32 Rdn. 55 geht die Kenntnis hingegen als unselbständiges Element in der Verteidigungsabsicht auf.
[968] Siehe weiter RGSt **56** 259, 268; BGH bei Holtz MDR **1979** 634; GA **1980** 67, 68; NStZ **1983** 117; NJW **1990** 2263; NStZ **1996** 29, 30; **2000** 365, 366; NJW **2013** 2133, 2135 f m. Anm. *Brüning* ZJS **2013** 511, *Engländer* HRRS **2013** 389, *Erb* NStZ **2013** 371 u. *Jäger* JA **2013** 708 (Das Gericht übersieht allerdings, dass es dort in Wahrheit nicht um möglicherweise fehlende Verteidigungsabsicht, sondern um die Frage geht, ob eine absichtliche Provokation durch rechtmäßiges Verhalten die Notwehrbefugnisse i.S. fehlender Gebotenheit einschränken kann.); OLG Frankfurt NJW **1950** 119, 120 m. Anm. *Cüppers*; BayObLG JZ **1991** 936, 937 m. Anm. *Schmidhäuser*, *Rogall* JuS **1992** 551 u. *Spendel* JR **1991** 248; offengelassen in OLG Stuttgart NJW **1992** 850, 851; *Baumann/Weber/Mitsch/Eisele* § 15 Rdn. 47; *Geppert* Jura **1995** 103, 104 f; *Hirsch* LK[11] Vor § 32 Rdn. 53; *Fischer* Rdn. 25 sowie *Jescheck/Weigend* § 31 IV 1 m.w.N.; einschränkend *Herzog* NK[3] Rdn. 128; auch *Rath* Rechtfertigungselement S. 596 ff, der statt einer Motivation durch die Rechtfertigungslage oder Verteidigungsabsicht eine innere Affirmationshaltung des Täters verlangt.
[969] Ebenso *Streng* FS Otto 469, 471; ähnlich *Reip* S. 137 f, der jedoch auf dem Boden einer dualistischen Notwehrkonzeption argumentiert, die Rechtsordnung dürfe nicht auf Verdacht verteidigt werden und vom Angegriffenen bei erheblichen Zweifeln ein Ausweichen verlangt. Konsequent *Frisch* Vorsatz und Risiko S. 460, der Eventualvorsatz genügen lässt, weil er auch für die Notwehrlage eine objektive ex-ante-Sicht für maßgeblich hält.
[970] AA *Schroth* FS Arthur Kaufmann II, 595, 608, der zwischen Für-Möglich-Halten und Unschlüssigkeit des Täters unterscheidet.

Notwehrvorsatz wieder abnimmt, indem sie Eventualvorsatz genügen lässt (ähnlich schon *Warda* FS Lange, 119, 131f). Eine mit bloßer Möglichkeitsvorstellung vorgenommene Rechtsgutverletzung verkörpert genau das Maß an Handlungsunrecht, das den mit bedingtem Vorsatz begangenen Versuch eines Delikts kennzeichnet. Diese Feststellung gilt auch dann, wenn für Eventualvorsatz in intellektueller Hinsicht mehr verlangt wird als ein konkretes Für-Möglich-Halten (z.B. überwiegendes Für-Wahrscheinlich-Halten) oder zusätzlich ein voluntatives Element wie eine Billigung gefordert wird.[971] Auch ein überwiegendes Für-Wahrscheinlich-Halten oder ein Vertrauen darauf, dass eine Notwehrlage vorliege, ändert nichts daran, dass in der Vorstellung des Täters das Risiko des Nichtvorliegens zu einem (geringeren) Teil dem Träger des Eingriffsrechtsgutes aufgeladen wird. Der Verteidiger stellt sich keine Umstände vor, die ihm bei ihrem tatsächlichen Vorliegen ein Eingriffsrecht vermittelten. Nach *Jäger* JA **2017** 629, 631 soll ein zusätzliches Vertrauen in Fällen einer Putativnotwehr nur verlangt werden, wenn es objektiv an einem Angriff fehlt; liegt hingegen ex post ein Angriff vor, soll die bloße Möglichkeitsvorstellung für die Annahme einer Putativnotwehr genügen. Diese Differenzierung stellt die Dinge bei der personalen Unrechtslehre jedoch auf den Kopf. Denn sie führt nicht nur – wie wohl beabsichtigt und der hier (sogleich) befürworteten Privilegierung der Erforderlichkeit nicht vollständig unähnlich – zu einer unterschiedlichen Behandlung von Irrtümern über Notwehrlage und Notwehrhandlung, sondern auch zu verschiedenen Maßstäben für das subjektive Notwehrelement insgesamt bei Notwehr einerseits und Putativnotwehr andererseits: Liegen alle Notwehrvoraussetzungen und damit auch ein Angriff objektiv vor, muss nach *Jäger* eine bloße Möglichkeitsvorstellung genügen, allein bei einer Putativnotwehr (wenn sich der Irrtum auf die Notwehrlage bezieht) würde zusätzlich ein Vertrauen erforderlich. Vom Standpunkt der personalen Unrechtslehre und des Kompensationsgedankens ist indes nicht einzusehen, warum die Anforderungen an das subjektive Rechtfertigungselement von der objektiven Lage abhängen sollen. Wer den in Putativnotwehr Handelnden schlechter stellen will als den in Notwehr Handelnden, kommt nicht umhin, bei der rechtsfolgenverweisenden oder strengen Schuldtheorie Zuflucht zu nehmen. Daher ist davon auszugehen, dass Handlungsunrecht nur dann kompensiert wird, wenn der Täter i.S.v. dolus directus 2. Grades sicher ist, dass eine Notwehrlage vorliegt (so auch BGH JZ **1978** 762 m. Anm. *Paeffgen* 738; *Jakobs* AT 11/29; *Paeffgen/Zabel* NK Vor § 32 Rdn. 101; *Rudolphi* SK[6] § 16 Rdn. 13a).[972] Eine Ausnahme gilt jedoch für das Merkmal der Erforderlichkeit, das sich nach einer ex-ante-Sicht bestimmt (zur maßgeblichen Sichtweise bei der Erforderlichkeit s. Rdn. 180). Hier trägt der Vertei-

---

[971] So für das voluntative Element aber *Günther* SK[8] Rdn. 135; *Hoyer* SK Rdn. 134; *Paeffgen* JZ **1978** 738, 744 (anders aber nun *ders./Zabel* NK Vor § 32 Rdn. 101); *Sch/Schröder/Perron* Rdn. 65; *Roxin* AT I § 14 Rdn. 90; *Rückert* S. 77f; *Schroth* FS Arthur Kaufmann II, 595, 608; *Sch/Schröder/Sternberg-Lieben/Schuster* § 16 Rdn. 22; *Stratenwerth/Kuhlen* AT § 9 Rdn. 151, nach denen die Möglichkeitsvorstellung immer dann genügen soll, wenn der Täter auf das Vorliegen der rechtfertigenden Umstände vertraut, im Übrigen aber sicheres Wissen verlangen. Krit. dazu *Seier* JuS **1986** 217, 220.
[972] Weniger streng *Erb* MK Rdn. 241, der neben sicherem Wissen auch ein berechtigtes Vertrauen genügen lässt. S. auch *Warda* FS Lange, 119, 126ff, der bei bloßem Für-Möglich-Halten eine übergesetzliche Entschuldigung erwägt. Im Grundsatz der hier vertretenen Linie folgend auch *Roxin* AT I § 14 Rdn. 90. Für eine Rechtfertigung in Fällen der Unschlüssigkeit des Täters über das Vorliegen der Rechtfertigungslage, wenn der Eingriff aus Tätersicht notwendig war und die Interessen auf Seiten des Trägers des Erhaltungsrechtsgutes überwiegen, *Schroth* FS Arthur Kaufmann II, 595, 609f. Grundlegend anders *Rath* Rechtfertigungselement S. 159f, 586f, der – stark verkürzt gesagt – im Rahmen eines variablen Systems in Abhängigkeit vom Wert der beteiligten Rechtsgüter, dem Grad der drohenden Gefahren und den Rettungschancen jeweils andere subjektive Anforderungen in dem Sinne verlangt, dass der Grad der subjektiven Gewissheit umso höher ausfallen müsse, je weniger unter Güteroptimierungsgesichtspunkten für den Erhalt des verteidigten Rechtsguts spreche.

diger das Risiko einer Fehleinschätzung der Angriffsschwere und der zur Verfügung stehenden Verteidigungsalternativen nicht allein, so dass es genügt, wenn er es konkret für möglich hält, dass die Umstände der Erforderlichkeit vorliegen (*Frisch* Vorsatz und Risiko S. 450; ähnlich *Warda* FS Lange, 119, 130 f).[973] Eine weitere Ausnahme vom Erfordernis sicherer Kenntnis muss auch beim Merkmal der Gebotenheit gemacht werden. Da es bei der Gebotenheit der Verteidigung in der Sache um Einschränkungen der Notwehr geht, handelt es sich um ein negatives Erlaubnistatbestandsmerkmal (d.h., ein Merkmal, das fehlen muss). Hier liegt das subjektive Notwehrelement schon dann vor, wenn der Täter sich überhaupt nichts vorstellt.[974] Umgekehrt fehlt das subjektive Notwehrelement aber schon dann, wenn der Verteidiger das Vorliegen der Umstände einer Notwehreinschränkung für möglich hält. Wer also sofort scharfe Gegenwehr übt, obwohl er es für möglich hält, dass der Angreifer sinnlos betrunken ist, kommt nicht in den Genuss einer Rechtfertigung seines Verhaltens aus § 32.

265   Wenig überzeugend ist ein Vorschlag von *Frister* FS Rudolphi, 45, 52 ff, die rechtfertigende Wirkung bei Zweifeln über die Rechtfertigungslage von einer **erlaubnissatzspezifischen Abwägung** zwischen den beiden in Rdn. 264 skizzierten Fehlentscheidungsrisiken abhängig zu machen.[975] Rechtfertigung soll danach bei nur möglicherweise vorliegender Rechtfertigungslage eintreten, wenn trotz der Unsicherheit ein Interessenüberschuss zugunsten des Täters verbleibt. Dabei soll sich der Interessenüberschuss nach dem jeweils für den konkreten Erlaubnissatz geltenden Abwägungsmaßstab richten. Für die Notwehr, die unter Proportionalitätsgesichtspunkten allein durch das krasse Missverhältnis begrenzt wird, bedeute dies, dass eine Verteidigung trotz Unsicherheit über die Notwehrlage schon dann nach § 32 erlaubt sei, wenn das Verteidigungsinteresse das Interesse am Erhalt des Eingriffsrechtsguts mehr als völlig unerheblich überwiegt. Da jedoch der Täter, der schon einen Angriff nur für möglich hält, zugleich häufig nicht sicher sein kann, dass dieser Angriff rechtswidrig ist, bestehen regelmäßig auch Zweifel über die tatsächlichen Voraussetzungen des anzuwendenden Abwägungsmaßstabes (zutreffend bereits *Samson* SK[5] Vor § 32 Rdn. 46a), an dem die Fehlentscheidungsrisiken gemessen werden sollen. Dieser kann damit der Entscheidung, wozu der unsichere Täter berechtigt sein soll, nicht zugrunde gelegt werden. Ähnliches gilt schließlich für den Vorschlag von *Otto* AT § 18 Rdn. 55 f (ähnlich *Schroth* FS Arthur Kaufmann II, 595, 609 f), stets den Abwägungsmaßstab des § 34 in solchen Fällen entscheiden zu lassen. Der Maßstab des § 34 wird bekanntlich zur Entscheidung herangezogen, wenn eine sog. unechte Pflichtenkollision vorliegt; d.h. wenn eine Handlungs- und eine Unterlassungspflicht aufeinandertreffen.[976] Die Situation einer unsicheren Rechtfertigungslage unterscheidet sich jedoch von dieser unechten Pflichtenkollision dadurch, dass der Täter nicht verpflichtet ist, die Gefahr abzuwehren usw. § 34 allein kann das Risiko, dass der Eingriff trotz fehlender Rechtfertigung vorgenommen wird, nicht abdecken.

266   **b) Verteidigungsabsicht.** Entgegen der h.M. (s. die Nachw. Rdn. 263) ist eine über das kognitive Element der Kenntnis von den Notwehrumständen hinausgehende Vertei-

---

[973] Dazu gehört auch, dass sich der Verteidiger Gedanken über alternative Verteidigungsmöglichkeiten und deren relative Effektivität und Gefährlichkeit macht, s. *Berster* GA **2016** 36, 37. Dass sich die vom Verteidiger allein bedachte (und angewandte) Maßnahme als ex ante erforderliche Verteidigung erweist (oder gar erst ex post), ersetzt das subjektive Notwehrelement nicht.
[974] Zu eng daher *Berster* GA **2016** 36, 41, der in jedem Fall „Kenntnis" des Verteidigers verlangt, d.h. auch davon, dass keine Umstände vorliegen, die die Verteidigung einschränken.
[975] Ähnlich bereits *Müther* S. 82 f, der jedoch die Schwelle der überwiegenden Wahrscheinlichkeit als Richtwert bei der Notwehrlage zugrunde legt.
[976] Statt vieler *Küper* JuS **1971** 474, 475 f; *Rönnau* LK Vor § 32 Rdn. 120.

digungsabsicht als Bestandteil des subjektiven Notwehrelements nicht zu fordern (*Loos* FS Oehler, 227, 235; *Prittwitz* GA **1980** 381, 383f; *Schlehofer* MK Vor § 32 Rdn. 101; *Sch/Schröder/Perron* Rdn. 63).[977] Wenn die Rechtsprechung und ein Teil der Lehre vollständige Rechtfertigung trotz Kenntnis von den rechtfertigenden Umständen nur eintreten lassen wollen, wenn der Täter handelt, *um* das angegriffene Rechtsgut zu retten, behaupten sie in der Sache, dass Handlungsunrecht auch dann vorliege, wenn die rein innerlich gebliebene **Gesinnung des Täters** eine rechtsfeindliche ist.[978] Wer weiß, dass er einen gegenwärtigen rechtswidrigen Angriff mit dem erforderlichen Mittel abwehrt, betätigt aber selbst dann keine rechtsfeindliche Einstellung, wenn er – was nur in der Theorie vorkommen dürfte – dabei ausspricht, er handele nicht zum Zwecke des Erhalts seiner Rechtsgüter, sondern allein, um den Angreifer zu schädigen (*Frisch* FS Lackner, 113, 136f). Da der Täter den durch die tatsächliche und bewusste Inanspruchnahme der Notwehrbefugnisse entstandenen Eindruck, er verhalte sich in Übereinstimmung mit dem Recht, durch entgegenstehende Erklärungen nicht beseitigen kann, ist eine derartige Bekundung ebenso irrelevant wie die Äußerung des Telefondienstkunden, der eine Rufnummer wählt und auf ein Freizeichen wartet, er beabsichtige nicht zu telefonieren. Es spricht einiges dafür, dass die Befürworter einer Verteidigungsabsicht die Versagung des Notwehrrechts ausschließlich auf die „böse" innere Einstellung des Täters oder die vage Vermutung stützen, dieser Täter hätte auch dann gehandelt, wenn eine rechtfertigende Situation nicht vorgelegen hätte. Beide Umstände genügen nicht, um (strafwürdiges) Unrecht zu begründen.[979]

Die wenig überzeugende Forderung nach einer überschießenden Verteidigungsabsicht wirkt sich allerdings in der Praxis nur selten aus, weil es die h.M. ausreichen lässt, wenn der Zweck des Eingriffs, bedrohte Rechtsgüter vor Schaden zu bewahren, lediglich ein Motiv unter anderen ist (**Motivbündel**), sofern nur die Rettungsabsicht nicht vollständig überlagert wird oder lediglich als Randmotiv auftritt (BGHSt **3** 194, 198; BGHR § 32 I Putativnotwehr [zum Zusammentreffen von Festnahme- und Verteidigungswillen]);[980] Begleitmotive wie Rache, Wut oder Hass sollen danach dem Täter nicht schaden 267

---

[977] Ebenso *Erb* MK Rdn. 241; *ders.* NStZ-RR **2013** 371; *Lackner/Kühl* Rdn. 7; *M.-K. Meyer* GA **2003** 807, 816f u. 821f auch zur Frage des gleichzeitigen Vorliegens niedriger Beweggründe i.S.d. § 211 und einer Verteidigungsmotivation; *SSW/Rosenau* Rdn. 49; *Roxin* AT I § 14 Rdn. 99ff; *Rudolphi* FS Maurach, 51, 57; *Schünemann* GA **1985** 341, 373. Nach *Röttger* S. 207f soll es hingegen überhaupt nicht auf Kenntnis ankommen, sondern allein auf eine reaktiv verstandene Verteidigungsabsicht, da nur so der Verteidigungshandlung etwas Werthaftes verliehen werden könne. Sehr ähnlich bereits *Alwart* GA **1983** 433, 453f. Zur Frage, ob die Verwirklichung eines Teils der Voraussetzungen des § 32 der Tat den Charakter der Heimtücke nehmen kann, s. BGH NStZ **2003** 425 m. Anm. *H. Schneider* u. *Roxin* JZ **2003** 966, *Widmaier* NJW **2003** 2788, 2791 sowie *Hillenkamp* FS Rudolphi, 463, 466 ff.

[978] Näher zur Frage, ob die Forderung nach einem Verteidigungsmotiv rechtlich oder nur moralisch zu begründen ist *Grosse-Wilde* ZIS **2011** 83, 85ff.

[979] Zur Irrelevanz des Gesichtspunkts der Verteidigung der Rechtsordnung s. schon Rdn. 66. Darüber hinaus hat bereits *Alwart* GA **1983** 433, 449f (ähnlich *Röttger* S. 208ff; kritisch hingegen *Rath* Rechtfertigungselement S. 216f) darauf hingewiesen, dass die h.M. mit der Forderung, der Verteidiger müsse handeln, um sich oder einen Dritten zu verteidigen, das Motiv der Tat fehlerhaft beschreibt. Ein sinnvolles Verlangen nach einem Motiv könnte nur darin bestehen, dem Verteidiger aufzugeben, er müsse *aufgrund* der Notwehrlage handeln wollen (rückschauendes sog. „Weil-Motiv"). Wäre es der h.M. mit ihrer Forderung nach einem sog. „Um-zu-Motiv" ernst, dürfte sie Rechtfertigung aus Notwehr nur dort annehmen, wo es dem Täter i.S.d. dolus directus 1. Grades darauf ankommt, dass die Rettung gelingt. Damit müsste er zugleich die Verletzung des Eingriffsrechtsguts beabsichtigen, da diese ein notwendiges Durchgangsstadium für die erforderliche Abwehr ist.

[980] Siehe auch BGH NStE Nr. 23 zu § 32; bei Dallinger MDR **1969** 15, 16; bei Dallinger MDR **1972** 16; NStZ **1983** 117; **1983** 500; StV **1983** 456; NStZ **1996** 29, 30; **2000** 365, 366; bei Altvater NStZ **2002** 20, 25; NJW **2003** 1955, 1959 (insoweit in BGHSt **48** 207 nicht abgedr.); NStZ **2003** 599, 600; NJW **2013** 2133, 2135f m. Anm. *Brüning* ZJS **2013** 511, *Engländer* HRRS **2013** 389, *Erb* NStZ **2013** 371 u. *Jäger* JA **2013** 708; BayObLG JZ

(BGH GA **1980** 67, 68; NStZ **1983** 117; **1996** 29, 30).[981] Dieses Zugeständnis an die Vielschichtigkeit menschlicher Beweggründe zeigt im Grunde, dass sich die Forderung nach einem Angriffsabwehrmotiv nicht durchhalten lässt. Es ist niemals ganz auszuschließen, dass sich der Täter bei Kenntnis der rechtfertigenden Umstände nicht auch durch ihr Vorliegen und damit vom Zweck der Rechtsgutbewahrung hat motivieren lassen.[982] Von einem Merkmal, dessen Fehlen sich prinzipiell nicht nachweisen lässt, sollte man aber schon aus diesem Grund Abstand nehmen.

268   **3. Versuchsstrafbarkeit bei Fehlen des subjektiven Notwehrelements.** Kennt der Täter die Umstände der Notwehr nicht,[983] macht er sich nicht wegen Vollendung,[984] sondern wegen Versuchs des entsprechenden Delikts strafbar (BGHSt **38** 144, 155f [zu § 218a] m. Anm. *Otto* JR **1992** 210; KG GA **1975** 213, 215).[985] Hat der Gesetzgeber eine Strafbarkeit wegen Versuchs nicht vorgesehen, bleibt der Täter straflos, da eine eventuelle Fahrlässigkeitsstrafbarkeit daran scheitert, dass die Voraussetzungen des § 32 objektiv vorliegen und daher das Erfolgsunrecht kompensieren.[986] Strukturell entspricht der in Unkenntnis der Notwehrsituation vorgenommene Rechtsguteingriff dem Unrecht des

---

1991 936, 937 m. Anm. *Schmidhäuser, Rogall* JuS **1992** 551 u. *Spendel* JR **1991** 248; OLG Stuttgart NJW **1992** 850, 851; BayObLG NStZ-RR **1999** 9; OLG Koblenz StV **2011** 622, 623 m. Anm. *Jahn* JuS **2011** 655; *Alwart* GA **1983** 433, 446 ff; *Fischer* Rdn. 26. S. aber auch BGH NStZ **2005** 332, 334, wo der Verteidigungswille mit dem Hinweis verneint wird, der Verteidigungszweck (Verhinderung des drohenden Verlusts von Bargeld) habe gegenüber dem Wunsch, sich den Erpresser (durch dessen Tötung) vom Hals zu schaffen und eine Anzeige wegen illegaler Geschäfte zu vermeiden, so sehr im Hintergrund gestanden, dass er den Tatentschluss nicht kennzeichnete. Diese Argumentation ist angesichts des Umstands, dass eine Erpressung ein rechtswidriger Angriff auf das Vermögen ist und das (angeblich nur am Rande) mitverteidigte Bargeld die (noch nicht gesicherte) Tatbeute aus dieser Erpressung, nur bedingt nachvollziehbar. Richtigerweise fehlte es in diesem Fall bereits objektiv an der Gebotenheit, da Notwehr gegen die Erpressung durch Drohung mit einer der Wahrheit entsprechenden Anzeige (Chantage) nur eingeschränkt zulässig ist und jedenfalls keine gewaltsamen Handlungen gegen den Erpresser deckt (näher Rdn. 261). Wenig überzeugend, weil überflüssigerweise, nimmt auch BGH NStZ **2007** 325, 326 Zuflucht zur Verneinung eines Verteidigungswillens, obwohl der Angriff offensichtlich nicht mehr gegenwärtig war und der Täter dies auch erkannt hatte; in ähnlicher Weise verneint LG Potsdam BeckRS **2009** 29366 eine Verteidigungsabsicht in einem Fall, in dem Notwehr bereits aus objektiven Gründen fernlag.
981   Weiter BGH NStZ **2000** 365, 366; BGHR § 212 Abs. 1 Vorsatz, bedingter 32; § 32 II Verteidigung 14; OLG Stuttgart NJW **1992** 850, 851; BayObLG NStZ-RR **1999** 9.
982   *Geilen* Jura **1981** 308, 310; grundsätzlich auch *Erb* NStZ-RR **2013** 371, der die Feststellung eines Verteidigungswillens aber in Fällen der Nothilfe und bei Notwehr gegen Angriffe auf Sachgüter zumindest für denkbar hält.
983   Vgl. den Sachverhalt der Entscheidung BGH NStZ **2016** 333 m. Anm. *Rückert, Eisele* JuS **2016** 366 u. *Hinz* JR **2017** 126 – dort hatte der Eigentümer einen flüchtenden Dieb erschossen, ohne von dem Diebstahl zu wissen.
984   Für eine Vollendungsstrafbarkeit aber *Alwart* GA **1983** 433, 454f; *Gallas* FS Bockelmann, 155, 177; *Gössel* FS Triffterer, 93, 99; *Paeffgen* GedS Armin Kaufmann, 399, 432; *ders./Zabel* NK Vor § 32 Rdn. 128; *Schmidhäuser* StuB 9/106; *Triffterer* FS Oehler, 209, 224f; auch *Hirsch* LK[11] Vor § 32 Rdn. 59, der jedoch wegen der durch die objektiven Notwehrumstände bewirkten Unrechtsminderung eine Strafmilderung nach § 49 Abs. 1 befürwortet.
985   So auch OLG Celle BeckRS **2013** 07170 m. Anm. *Jahn* JuS **2013** 1042; *Baumann/Weber/Mitsch/Eisele* § 14 Rdn. 55; *Frisch* FS Lackner, 113, 138 ff; *Geilen* Jura **1981** 308, 309; *Günther* SK[7] Vor § 32 Rdn. 91; *Herzberg* JA **1986** 190, 192 f; *Kindhäuser* NK Rdn. 149; *Sch/Schröder/Perron* Rdn. 63; *Sch/Schröder/Lenckner/Sternberg-Lieben* Vor § 32 Rdn. 15; *Puppe* GA **2003** 764, 770 f; *Rönnau* JuS **2009** 594, 596; *Rudolphi* FS Maurach, 51, 58; *Schünemann* GA **1985** 341, 373; *Streng* FS Otto, 469, 472 f; *Fischer* Rdn. 27. **Offenlassend** BGH NStZ **2016** 333 m. Anm. *Rückert, Eisele* JuS **2016** 366 u. *Hinz* JR **2017** 126. Nach *Rath* Rechtfertigungselement S. 638 ff soll weder eine vollendete Tat noch ein untauglicher Versuch vorliegen, da es am Kriminalunrecht fehle; ihm zust. *Gropp* FS Kühl, 247, 257. Krit. zur Versuchslösung auf der Basis eines dreistufigen Deliktsaufbaus *Rinck* S. 246 ff.
986   Zur „Rechtfertigung" fahrlässig herbeigeführter Rechtsgutverletzungen s. näher Rdn. 191 ff.

untauglichen Versuchs (*Frisch* FS Lackner, 113, 127 ff; *Geppert* Jura **1995** 103, 104). Geht man davon aus, dass sich das Unrecht des vollendeten vorsätzlichen Erfolgsdelikts aus vorsätzlichem Handlungsunrecht und Erfolgsunrecht zusammensetzt,[987] spricht alles dafür, dass bei Unkenntnis des Täters von den rechtfertigenden Umständen allein das Handlungsunrecht bestehen bleibt, da der von ihm mit Eingriff in die Rechtsgüter des Angreifers bewirkte Unrechtserfolg durch das tatsächliche Vorliegen der objektiven Notwehrumstände kompensiert wird (vgl. *Günther* SK[7] Vor § 32 Rdn. 91). Demgegenüber erscheint das zentrale Argument der Gegenmeinung für das Festhalten an einer Vollendungsstrafbarkeit doch eher formal: Danach soll sich die Annahme einer Vollendung des jeweiligen Tatbestands zum einen aus der Überlegung rechtfertigen, dass nicht alle Merkmale der Notwehr vorliegen und der Rechtfertigungsgrund damit nicht gegeben sei (so BGHSt **2** 111, 114 f [jedoch zum übergesetzlichen Notstand]; *Hirsch* LK[11] Vor § 32 Rdn. 59; *Paeffgen/Zabel* NK Vor § 32 Rdn. 128).[988] Zum anderen wird darauf verwiesen, dass mit Annahme einer Versuchsstrafbarkeit der Boden der Realität verlassen werde, da der Täter tatsächlich eine Rechtsgutverletzung bewirkt habe und der die Vollendung der Tat kennzeichnende Erfolg eingetreten sei (so *Hirsch* LK[11] Vor § 32 Rdn. 61; *Spendel* LK[11] Rdn. 141).[989] Beide Argumente überzeugen nicht. Der Hinweis auf das Fehlen von Rechtfertigungsvoraussetzungen ist zwar zutreffend, geht an der Aussage der hier vertretenen Ansicht jedoch vorbei, da ihre Autoren überhaupt nicht geltend machen, der Täter sei gerechtfertigt. Nach dieser Lösung fehlt bei Vorliegen der objektiven Notwehrvoraussetzungen allein das Erfolgsunrecht und die Tat bleibt wegen der Verwirklichung von Handlungsunrecht rechtswidrig, so dass von Rechtfertigung keine Rede sein kann. Der Vorwurf der Realitätsferne hingegen beruht auf der fehlerhaften Prämisse, der Versuch eines Delikts sei durch das Ausbleiben des Erfolgs gekennzeichnet. Schon ein Blick auf die herrschend befürwortete Versuchsbestrafung in Fällen fehlender Kongruenz zwischen objektivem Tatgeschehen und Vorstellung des Täters oder bei Umständen, die die objektive Zurechnung des Erfolgs zur Handlung ausschließen,[990] zeigt, dass die Grundannahme der Vertreter der Gegenmeinung nicht zutrifft. Der Versuch ist in negativer Hinsicht dadurch gekennzeichnet, dass *irgendein* objektives Tatbestandsmerkmal (mit Ausnahme des unmittelbaren Ansetzens) fehlt, d.h. ein für das Erfolgsunrecht unverzichtbares Element (s. dazu *Samson* FS Grünwald, 585, 590 f). Voraussetzung der Vollendungsstrafbarkeit ist daher auch, dass es an der Kompensation des Erfolgsunrechts durch Vorliegen der objektiven Notwehrvoraussetzungen fehlt. Überzeugend ist die Annahme einer Vollendungsstrafbarkeit im Kern nur für solche Autoren, die die Existenz von Erfolgsunrecht negieren (so etwa *Armin Kaufmann* FS Welzel, 393, 410 f; *Horn* S. 78 ff; *Lüderssen* FS Bockelmann, 181, 186 ff; *Zielinski* S. 262 f)[991] – eine Ansicht, die sich trotz ihrer plausiblen normtheoretischen Fundierung aber nicht mit den Vorgaben des StGB (insbesondere mit § 23 Abs. 2) verträgt.

Streiten lässt sich auf der Basis der Versuchslösung lediglich darüber, ob die Vorschrift des **§ 22** direkt (so *Herzberg* JA **1986** 190, 192 f; *Roxin* AT I § 14 Rdn. 104; *Rudolphi* **269**

---

[987] Siehe dazu näher *Jescheck* LK[11] Vor § 13 Rdn. 44 m.w.N.
[988] Nach *Gallas* FS Bockelmann, 155, 177 f soll hingegen das Erfolgsunrecht nicht entfallen, weil der unwissende Täter nicht rechtswahrend tätig werde. Der Gedanke der Rechts(be)wahrung ist auf dem Boden der individualistischen Notwehrkonzeption jedoch unbeachtlich.
[989] Ebenso *Rohrer* JA **1986** 363, 365.
[990] Siehe dazu nur *Matt/Renzikowski/Engländer* Vor § 13 Rdn. 98 ff. m.w.N.
[991] Konsequent ist diese Annahme allerdings auch für solche Autoren, die eine Parallelisierung von unrechtsbegründendem Handlungsunwert und subjektivem Rechtfertigungselement ablehnen, vgl. *Alwart* GA **1983** 433, 454; *Röttger* S. 198.

FS Maurach, 51, 58; *Schünemann* GA **1985** 341, 373) oder analog (dafür *Jakobs* AT 11/23; *Kühl* AT § 6 Rdn. 16)[992] angewandt werden muss. Dabei ist die direkte Anwendung vorzuziehen. Unabhängig davon, dass eine Analogie zu den Versuchsvorschriften stets – d.h. auch dann, wenn es sich nicht um eine den Täter belastende Analogie[993] handelt – wegen Verstoßes gegen den sog. Wesentlichkeitsgrundsatz mit verfassungsrechtlichen Prinzipien aus Art. 20 Abs. 3 oder Art. 103 Abs. 2 GG in Konflikt gerät,[994] muss sie vorliegend als Lösungsweg ausscheiden, weil für eine entsprechende Anwendung nur dort Raum ist, wo die in Rede stehende Fallkonstellation nicht bereits vom Wortlaut der Vorschrift erfasst wird. Dass § 22 die hier in Rede stehenden Fälle nicht erfasse (so *Hirsch* LK[11] Vor § 32 Rdn. 61; *Jakobs* AT 11/23; *Rohrer* JA **1986** 363, 365), kann nur behaupten, wer dieser Vorschrift wiederum (s. schon Rdn. 268) unausgesprochen die Vorstellung zugrunde legt, ein Versuch liege nur vor, wenn der tatbestandliche Erfolg ausbleibe,[995] das Rechtsgutobjekt also nicht tangiert worden ist.[996] Dass diese Annahme unzutreffend ist (so auch *Frisch* FS Lackner, 113, 139f), wurde bereits dargelegt. Straflosigkeit muss demgegenüber überall dort eintreten, wo der Versuch des Vergehens nicht mit Strafe bedroht ist.[997] Wegen Versuchs macht sich der vom Vorliegen der objektiven Notwehrvoraussetzungen nicht wissende Täter aber auch dann strafbar, wenn seine Tat bereits aus anderen Gründen (z.B. Ausbleiben des Erfolgs, Untauglichkeit des Tatobjekts) lediglich ein Versuch ist. Dass die objektiven Notwehrumstände vorliegen, berührt das Handlungsunrecht nicht, daher ändert sich an der Strafbarkeit wegen versuchter Tat nichts.[998]

270 **Notwehr darf** gegen ein rechtsgutverletzendes Verhalten, das allein deshalb als (untauglicher) Versuch strafbar ist, weil der Täter nicht weiß, dass seine Handlung objektiv von Notwehr gedeckt ist, **nicht geleistet** werden (so auch *Günther* SK[8] Rdn. 132; *Roxin* AT I § 14 Rdn. 96; *Schroeder* JZ **1991** 682, 683). Da der Täter wegen der tatsächlich vorliegenden Notwehrumstände kein Erfolgsunrecht verwirklicht, droht dem Angreifer durch das Verhalten nur eine Verletzung seiner Rechtsgüter, die er hinnehmen muss, wenn er nicht bereit ist, seinen Angriff abzubrechen. Für diesen Fall gelten keine anderen Regeln als für jeden sonstigen untauglichen Versuch, dem nicht mit Notwehrmitteln begegnet werden darf (s. zum Fehlen eines Angriffs beim untauglichen Versuch allgemein Rdn. 95).

271 **4. Kongruenz von objektiven Notwehrumständen und Notwehrvorsatz?**
Schließlich stellt sich bei der Rechtfertigung von Vorsatzdelikten durch Notwehr die Frage, ob zwischen objektiven Notwehrumständen und subjektivem Notwehrelement ähnlich wie auf der Stufe des Tatbestands **Kongruenz** bestehen muss. Vereinzelt wird das bejaht (LG München I NJW **1988** 1860; *Mitsch* JA **1989** 79, 86; *ders.* NStZ **1989** 26f; *Mayr* S. 101ff); die h.L. hingegen hält diese Prüfung für überflüssig (*Puppe* JZ **1989** 728, 729; *Rath* aberratio ictus S. 328f; *Beulke* Jura **1988** 641, 643; *Schroeder* JZ **1988** 567).[999] Mit feh-

---

[992] Aus pragmatischen Gründen zustimmend *Scheffler* Jura **1993** 617, 623f.
[993] Kritisch gegenüber einer Analogie vor diesem Hintergrund *Hirsch* LK[11] Vor § 32 Rdn. 52; *Paeffgen/Zabel* NK Vor § 32 Rdn. 126.
[994] Zu diesem Grundsatz s. BVerfGE **47** 46, 48; **49** 89, 126; **84** 212, 226.
[995] So recht deutlich aber *Hirsch* LK[11] Vor § 32 Rdn. 61 u. *Rohrer* JA **1986** 363, 365.
[996] Ähnlich *Nowakowski* ÖJZ **1977** 573, 578f.
[997] Eine sachlich ungerechtfertigte, aber hinzunehmende Besserstellung sieht darin *Jakobs* AT 11/23; ähnlich *Paeffgen* GedS Armin Kaufmann, 399, 425.
[998] Anders *Hirsch* LK[11] Vor § 32 Rdn. 61, der – als Vertreter der Vollendungslösung – dem hier für richtig gehaltenen Ansatz vorhält, dieser müsste in Fällen der vorstehend skizzierten Struktur eigentlich zur Straflosigkeit gelangen.
[999] Zust. *Erb* MK Rdn. 242; *Sch/Schröder/Perron* Rdn. 63.

lender Kongruenz auf Rechtfertigungsebene ist Folgendes gemeint: Manche Irrtümer des Verteidigers über die Umstände der Notwehr berühren das Vorliegen des subjektiven Notwehrelements (nach hier vertretener Lesart: den „Notwehrvorsatz", s. Rdn. 264 ff) nicht, weil sie sich allein auf den konkreten Verlauf der von ihm zu Verteidigungszwecken angestoßenen Kausalkette oder auf Eigenschaften des Angreifers – bzw. bei der Nothilfe auch auf solche des Angegriffenen – beziehen. Es liegen sowohl alle objektiven Umstände des § 32 vor als auch das subjektive Notwehrelement, nur sind objektive Notwehrsituation und die Vorstellung davon nicht deckungsgleich, weil sie sich auf verschiedene Sachverhalte beziehen – einen realen und einen irrealen.

Unproblematisch sind daher zunächst Fälle, in denen sich der Irrtum auch und schon **272** auf Tatbestandsebene auswirkt. Trifft der Täter, weil er in einer Verteidigungssituation daneben schlägt, schießt usw. statt des anvisierten Angreifers einen Unbeteiligten oder gar den Angegriffenen (**aberratio ictus**) oder trifft sein Verteidigungsschlag den Angreifer erst aufgrund eines abenteuerlichen Kausalverlaufs (**Abweichung des tatsächlichen vom vorgestellten Kausalverlauf i.e.S.**), scheidet eine Vollendungsstrafbarkeit schon mangels Zurechnung des tatsächlich verursachten Erfolgs auf der Stufe der Unrechtsbegründung aus. Das Unrecht des Versuchs am anvisierten Objekt wird bereits durch den Notwehrvorsatz kompensiert, so dass sich auf Rechtfertigungsebene die Frage nach Kongruenz nicht mehr stellt. Der fahrlässige Eingriff in die Rechtsgüter des Unbeteiligten hingegen könnte überhaupt nur unter dem Gesichtspunkt eines Aggressivnotstands nach § 34 gerechtfertigt sein, während für den versehentlichen Eingriff beim Angegriffenen mitunter auch Einwilligung oder mutmaßliche Einwilligung als Unrechtsausschlussgründe in Betracht kommen. Allein in dem Sonderfall, in dem der abirrende Schlag einen Mitangreifer trifft, ist auch diese Tatfolge durch § 32 gedeckt – es handelt sich um die fahrlässig herbeigeführte Folge einer i.S.d. § 32 erforderlichen Gefährdung des Mitangreifers durch eine von Notwehr gedeckte Handlung (s. dazu näher Rdn. 195).[1000]

Umstritten ist hingegen die Behandlung von Situationen, in denen der Verteidiger ei- **273** nem Irrtum über Eigenschaften oder Identitäten der Beteiligten (ähnlich einem **error in persona vel obiecto**) unterliegt. Zwar ist man sich hier noch einig, dass auf der Stufe des Tatbestands ein solcher Irrtum keine Auswirkungen hat (s. dazu nur *Roxin* AT I § 12

1000 Ebenfalls nicht zum Problemkreis „fehlende Kongruenz" gehören entgegen *Krack* FS Loos, 145, 151, 154 u. 157 in aller Regel auch Fälle, in der Verteidiger darüber irrt, welches Rechtsgut angegriffen wird: Meint der Nothelfer – wie in den von *Krack* gebildeten Beispielen – einen Angriff auf das Leben eines anderen abzuwehren, obwohl es in Wahrheit nur um einen auf das Eigentum oder die Privatsphäre geht, wird sich die Verteidigung objektiv in aller Regel nicht auf das Erforderliche beschränken, da die gleiche Eignung schonenderer Maßnahmen ganz maßgeblich auch davon abhängt, welches Rechtsgut betroffen ist und der Verteidiger seine tatsächlich ergriffene Maßnahme immer an der vorgestellten (hier: Lebens-)Gefahr ausrichten wird (s. dazu den Sachverhalt in BGH NStZ 2012 272 – dort ging der Verteidiger von einem Angriff auf sein Leben aus, tatsächlich hatte er es aber nur mit einem auf sein Hausrecht zu tun; die Tötung des Angreifers erfüllte die Voraussetzungen daher nur in seiner Vorstellung mit der Folge bloßer Putativnotwehr). Weiter OLG Celle BeckRS 2013 07170, das einen Nichteröffnungsbeschluss des LG Stade (auch) aus Gründen (hinreichend wahrscheinlich) fehlender Erforderlichkeit der Verteidigung aufgehoben hat: Der Verteidiger, der von mehreren Personen in seinem Haus überfallen worden war, erschoss, als die Gruppe bereits floh, einen der Gruppe von hinten. Er machte geltend, davon ausgegangen zu sein, beschossen zu werden, tatsächlich hatte keiner der Gruppe eine Schusswaffe. Allerdings fand sich bei just der erschossenen Person die Brieftasche des Verteidigers mit 2.000 €. Davon wusste der Verteidiger bei der Schussabgabe jedoch nichts. Das LG war zu Unrecht von einem vollständigen Unrechtsausschluss ausgegangen: Der objektive, aber nicht erkannte Angriff auf das Eigentum hätte allenfalls Schüsse auf die Beinregion zugelassen, nicht aber, wie es zu der vom Verteidiger angenommenen Lebensgefahr gepasst hätte, Schüsse in Rumpfhöhe – auch in diesem Fall wäre allenfalls eine Putativnotwehr möglich gewesen und nicht, wie das LG angenommen hatte, ein vollständiger Unrechtsausschluss durch eine Kombination von objektiver Rechtfertigung und einem Erlaubnistatbestandsirrtum.

Rdn. 194). Auf der Ebene der Rechtfertigung jedoch gehen die Ansichten auseinander. Dabei geht es im Wesentlichen um Fälle folgender Struktur: Der Notwehrleistende schlägt einen Dieb nieder, weil er meint, dieser sei im Begriff, sein – des Notwehrleistenden – Fahrzeug zu entwenden; in Wirklichkeit jedoch handelt es sich um das Automobil des Nachbarn (Verwechselung einer Notwehr- mit einer Nothilfelage).[1001] Ebenfalls in diesem Zusammenhang werden Situationen folgender Art diskutiert: Der Nothelfer eilt in der Dunkelheit einer sexuell bedrängten Frau zu und wehrt den Angriff durch einen Messerstich ab. Hätte er bemerkt, dass es sich bei dem Angreifer um seinen Freund handelt, oder festgestellt, dass es sich bei der in Not Befindlichen um die Frau handelt, die ihn tags zuvor zurückgewiesen hat, hätte er den Angriff nicht oder zumindest nicht in dieser Schärfe zurückgeschlagen. In den letzten beiden Fällen ist das Verteidigungsmotiv von einem Irrtum über den Anlass für die Inanspruchnahme der Notwehrbefugnisse abhängig, so dass man von einem Verteidigungsmotivirrtum sprechen könnte. Der Verteidigungsmotivirrtum und die Verwechselung einer Notwehr- mit einer Nothilfelage lassen sich auch miteinander kombinieren; so etwa in dem Fall, dass der Täter den Angriff nicht abgewehrt hätte, wenn er gewusst hätte, dass „nur" das Eigentum eines Dritten angegriffen wird.[1002]

274 Der hier sog. **Verteidigungsmotivirrtum** ist – entgegen der Ansicht des LG München I NJW **1988** 1860, 1861 – für die Frage der Rechtfertigung des Täters aus § 32 unbeachtlich.[1003] Das folgt zum einen daraus, dass die objektive Verteidigungslage und der Notwehrvorsatz überhaupt nur dort nicht übereinstimmen können, wo grundsätzlich Kongruenz möglich ist. Bei der Verteidigungsabsicht als – im Übrigen hier nicht anerkanntem (s. dazu Rdn. 266) – Rechtfertigungselement überschießender Innentendenz ist dies offensichtlich nicht der Fall, weil es keine objektive Entsprechung gibt, mit der Kongruenz hergestellt werden könnte. Zum anderen bleibt unklar, warum der Umstand, dass der Täter in einer anderen Situation möglicherweise anders gehandelt hätte, Einfluss auf die Strafbarkeit seines wirklichen Verhaltens haben soll: Sein Irrtum betrifft allein Umstände, die für die rechtliche Bewertung der tatsächlichen Situation irrelevant sind, weil sie einen lediglich gedachten Sachverhalt betreffen. Im Grunde steckt hinter der Ansicht des LG München I der unausgesprochene Vorwurf, der Täter mache seine Verteidigungsbemühungen von der Person abhängig, deren Rechtsgüter jeweils angegriffen werden. Damit stellt sich das Landgericht jedoch gegen die ständige Rechtsprechung, nach der von Verteidigungsabsicht auch dann auszugehen ist, wenn sich der Täter zusätzlich von anderen Handlungsmotiven als dem Verteidigungszweck leiten lässt (s. näher Rdn. 267).

275 Auch die Verwechselung einer Notwehr- mit einer Nothilfelage[1004] kann nicht dazu führen, dem Verteidiger eine vollständige Rechtfertigungswirkung aus § 32 zu versa-

---

[1001] Ähnlich der Sachverhalt in LG München I NJW **1988** 1860, 1861 m. Anm. *Beulke* Jura **1988** 641, *Mitsch* NStZ **1989** 26, *Puppe* JZ **1989** 728 u. *Schroeder* JZ **1988** 567. Dort hatte der Täter gemeint, mit Schüssen auf zwei jugendliche Autodiebe das Eigentum seines Sohnes zu verteidigen. Tatsächlich jedoch beendete er einen Angriff auf das Eigentum einer ihm unbekannten Person.
[1002] So sah es das LG München I NJW **1988** 1860, 1861 (s. schon Fn. 1001), das dem Verteidiger unterstellte, er hätte den Angriff nicht mit derselben Schärfe abgewehrt, wenn er gewusst hätte, dass die Beute nicht seinem Sohn gehörte.
[1003] *Beulke* Jura **1988** 641, 643; *Geppert* Jura **2007**, 33, 34; *Kühl* Jura **1993** 233, 234 f; *Puppe* JZ **1989** 728, 729; *Schroeder* JZ **1988** 567.
[1004] Besonders deutlich zeigt sich die Frage nach dem hier abgelehnten Erfordernis von Kongruenz dort, wo sich der Rechtfertigungsvorsatz auf einen Rechtfertigungsgrund bezieht, die objektive Rechtfertigung sich aber aus einem anderen Rechtfertigungsgrund speist. *Kuhlen* FS Beulke, 153, 157 u. 165, der zutreffend auch in einem solchen Fall (Kombination von § 127 Abs. 1 StPO und § 229 BGB) von einer vollständigen Rechtfertigung ausgeht. Für § 32 dürfte dieser Fall – trotz unbestreitbarer theoretischer Relevanz – allerdings zu vernachlässigen sein; wegen der Schärfe der Notwehrbefugnisse ist eine Kombination mit

gen.[1005] Eine Minderheitenansicht in der Literatur meint, in diesen Fällen sei die objektive Angriffsabwehr nicht mehr vom Rechtfertigungsvorsatz umfasst. Sie folgert daraus, statt Notwehr könne lediglich **Putativnotwehr** vorliegen. Begründet wird dieses Ergebnis damit, dass die zeitliche Koinzidenz von Handlungs- und Erfolgswert auf bloßem Zufall beruhe und das Unrecht des vollendeten Vorsatzdelikts daher nicht vollständig kompensiert werde (*Mitsch* JA **1989** 79, 85 f; *ders.* NStZ **1989** 26 f).[1006] Es ist jedoch überhaupt nicht ausgemacht, dass objektiver und subjektiver Rechtfertigungstatbestand kongruent sein müssen.[1007] Auch verbessert sich durch diese Forderung die Rechtsgutsituation des Angreifers nicht, weil dem Verteidiger auch nach Ansicht der Gegenmeinung sein Verhalten nicht verboten ist.[1008] Das Handlungsunrecht wird durch das Vorliegen des (unvermeidbaren) Erlaubnistatbestandsirrtums kompensiert, während der Erfolgsunwert dadurch aufgehoben wird, dass der Verteidiger objektiv einen rechtswidrigen Angriff abwehrt. Sowohl nach der h.L. als auch nach der Gegenansicht ist die Strafbarkeit wegen vorsätzlichen und wegen fahrlässigen Delikts ausgeschlossen. Auch ein von *Mitsch* JA **1989** 79, 85 f; *ders.* NStZ **1989** 26 f zusätzlich bemühtes Argument überzeugt nicht: Nach seiner Auffassung beruht die Schärfe der Notwehrbefugnisse auf dem Umstand, dass der Angreifer es in der Hand habe, die Gefahr für seine eigenen Rechtsgüter dadurch abzuwenden, dass er den Angriff abbricht und damit die Notwehrlage beseitigt, so dass eine Verteidigung nicht mehr erforderlich und damit verboten ist. Meint der Notwehrleistende jedoch irrtümlich, sich gegen einen anderen Angriff zu wehren als den vom Angreifer tatsächlich geführten, soll dem Angreifer ein Angriffsabbruch nichts nützen: Wegen der fehlenden Kongruenz von wirklichem und vorgestelltem Angriff werde der Verteidiger die Angriffsbeendigung nicht als eine solche wahrnehmen. Aber zum einen ist die Freiheit, einen Angriff zu beenden, nach zutreffender Ansicht kein tragender Grundgedanke der Notwehrlegitimation (s. näher Rdn. 69). Zum anderen überzeugt auch der Hinweis auf die Folgenlosigkeit des Angriffsabbruchs nicht: Trotz seines Irrtums wird der Notwehrleistende in diesen Fällen den Angriffsabbruch immer erkennen, weil er hinsichtlich der Umstände, die für § 32 relevant sind (Notwehrlage und erforderliche Verteidigung), gerade nicht irrt. Lässt etwa der Dieb auf der Flucht den soeben einem Dritten gestohlenen Gegenstand fallen, ist damit der Angriff auch dann beendet, wenn man die fehlerhafte Vorstellung des Verteidigers zugrunde legt, der Gegenstand gehöre ihm selbst.

II. Das subjektive Notwehrelement bei Fahrlässigkeitsdelikten

Für die Rechtfertigung eines Fahrlässigkeitsdelikts aus Notwehr reicht es aus, wenn die objektiven Voraussetzungen der Notwehr vorliegen. Dagegen muss der Täter die Um-

276

---

anderen Rechtfertigungsgründen in aller Regel aus denselben Gründen ausgeschlossen wie beim Irrtum über das tatsächlich angegriffene Rechtsgut (s. Fn. 1000)
1005 Zust. *Krack* FS Loos, 145, 155 f; in der Sache auch *Kuhlen* FS Beulke, 153, 164 f: Die Forderung nach Kongruenz von objektivem und subjektivem Rechtfertigungstatbestand stelle lediglich sicher, dass der Täter die tatsächlich in Anspruch genommene Handlungsbefugnis auch vorsätzlich ausübe, das sei zwar eine typische Erscheinung, aber keine notwendige Bedingung des Unrechtsausschlusses durch Rechtfertigung.
1006 Im Grundsatz zustimmend *Mayr* S. 102 f.
1007 So wohl auch *Kühl* Jura **1993** 233, 235 m. Fn. 325.
1008 Eine Besserstellung behauptet *Mitsch* JA **1989** 79, 86; zustimmend *Mayr* S. 101 ff, der die Beachtlichkeit fehlerhafter Konkretisierungen jedoch in der Hauptsache mit dem Verweis auf das – hier abgelehnte – Rechtsbewährungsprinzip stützt.

stände, die § 32 ausfüllen, nicht kennen (so *Frisch* FS Lackner, 113, 130f; *Eisele* JA **2001** 922, 925).[1009] Ein subjektives Notwehrelement ist für die Rechtfertigung aus § 32 also verzichtbar. Unsorgfältiges Verhalten kann mit einer Notwehrsituation in zweierlei Weise zusammentreffen (s. dazu eingehend Rdn. 192 ff): Zum einen stellt sich die Frage der Rechtfertigung durch Notwehr bei unvorhergesehenen Folgen bewusst als Verteidigungsakt vorgenommener Handlungen (**fehlgegangener Verteidigungsschlag**). Hier ist z.B. der Fall zu nennen, dass der Verteidiger dem Angreifer lediglich einen Beinschuss beibringen will, er unglücklicherweise jedoch die Bauchaorta oder ein sonst lebenswichtiges Organ trifft, so dass der Angreifer stirbt.[1010] Hält sich das mit dem intendierten Beinschuss zusammenhängende Risiko der Tötung noch im Rahmen der Erforderlichkeit, ist die Herbeiführung des Todes nicht rechtswidrig (näher Rdn. 193 f). Zum anderen können sich Situationen ergeben, in denen ein Sorgfaltsverstoß mit einer Notwehrlage zufällig (blind) zusammentrifft, ohne dass der Täter Kenntnis von der Notwehrlage erlangt (**zufällige Angriffsabwehr**). Setzt etwa der Täter mit seinem Fahrzeug zurück, ohne sich dabei umzusehen, und überfährt einen Angreifer, der gerade zum Raub des Fahrzeugs ansetzt, fehlt wegen des Vorliegens der den Voraussetzungen der Notwehr entsprechenden objektiven Umstände das Erfolgsunrecht. Da der fahrlässige Versuch straflos ist, kommt eine Bestrafung aus § 222 oder § 229 wegen des sich im sorgfaltswidrigen Fahren ausdrückenden fahrlässigen Handlungsunrechts nicht in Betracht.

277   In der Fallgruppe der zufälligen Angriffsabwehr ergibt sich die **Unbeachtlichkeit eines subjektiven Notwehrelements** bereits aus dem Umstand, dass der Täter überhaupt keine Notwehrbefugnisse in Anspruch nimmt. Sein Verhalten ist hier lediglich nicht als Fahrlässigkeitsdelikt strafbar, weil das Erfolgsunrecht durch die objektiven Notwehrumstände aufgewogen wird und das Gesetz einen fahrlässigen Versuch nicht kennt. Das Verhalten bleibt jedoch wegen des nicht kompensierten fahrlässigen Handlungsunrechts rechtswidrig (*Blanke* S. 164 ff; *Rath* Rechtfertigungselement S. 613 ff; *Roxin* AT I § 24 Rdn. 103; *Sch/Schröder/Lenckner/Sternberg-Lieben* Vor § 32 Rdn. 99 m.w.N.).[1011]

278   Liegt ein fehlgegangener Verteidigungsschlag vor, scheint sich das Problem der Notwendigkeit eines subjektiven Notwehrelements auf den ersten Blick nicht zu stellen, da der Täter in diesen Fällen stets mit Notwehrvorsatz handelt (vgl. *Roxin* AT I § 24 Rdn. 102). Da sich dieser Verteidigungsvorsatz jedoch gerade nicht auf die unvorhergesehene Verteidigungsfolge erstreckt, ergibt sich auch hier die Frage, ob ein subjektives Notwehrelement erforderlich ist. Rechtfertigung durch Notwehr tritt in den Fällen des fehlgegangenen Verteidigungsschlages in objektiver Hinsicht nur ein, wenn der Täter den Angreifer dem Risiko der eingetretenen Folge genau deshalb aussetzen durfte, weil

---

1009   Auch *Himmelreich* Notwehr S. 68 f, 97 für die unbewusste Fahrlässigkeit; *Hoyer* SK Anh. zu § 16 Rdn. 91; *Hruschka* GA **1980** 1, 18; *Jakobs* AT 11/30 ff; *Schmitt* JuS **1963** 64, 67 f; *Stratenwerth/Kuhlen* AT § 15 Rdn. 42; *Streng* FS Otto, 469, 485 f. AA *Jungclaussen* S. 174 ff; *Baumann/Weber/Mitsch/Eisele* § 14 Rdn. 57 f, die bei unbewusster Fahrlässigkeit Erkennbarkeit, bei bewusster Fahrlässigkeit das Für-Möglich-Halten der objektiven Umstände der Notwehr fordern. Ähnlich *Burgstaller* S. 180; *Geppert* ZStW **83** (1971) 947, 979 f; *Haft* AT S. 93 und *R. Hassemer* JuS **1980** 412, 414, die stets Kenntnis verlangen. Einen (*generellen*) Verteidigungswillen fordern BGHSt **25** 229, 232; OLG Hamm NJW **1962** 1169; OLG Karlsruhe NJW **1986** 1358, 1360 (keine Überschreitung der Grenzen des erlaubten Risikos bei nur objektiver Notwehrlage); *Geppert* Jura **1995** 103, 107. Noch weiter gehen BGH [Z] NJW **1985** 490, 491, *Alwart* GA **1983** 433, 455 f u. *Hirsch* LK[11] Vor § 32 Rdn. 58, die auch hier ein Handeln *zur* Verteidigung verlangen. Umfassend zum Streit *Rath* Rechtfertigungselement S. 325 ff.
1010   So der Sachverhalt in BGHSt **25** 229 f und NStZ **2005** 31.
1011   AA OLG Frankfurt NJW **1950** 119 f, *Alwart* GA **1983** 433, 455 f, *Foth* JR **1965** 366, 369, *Paeffgen* GedS Armin Kaufmann, 399, 421 ff und *ders./Zabel* NK Vor § 32 Rdn. 144, die davon ausgehen, der Täter habe Straflosigkeit nicht verdient.

dieses Maß der Gefährdung noch erforderlich i.S.d. § 32 war (eingehend Rdn. 193f). Auch hier muss der Verteidiger diesen Umstand jedoch nicht kennen, da es sich wie bei der Fallgruppe der zufälligen Angriffsabwehr um eine lediglich fahrlässig herbeigeführte Folge seines Verteidigungsverhaltens handelt.[1012]

III. Keine Prüfungspflicht des Verteidigers

Vereinzelte Stimmen in der Literatur verlangen für eine vollständige Rechtfertigungswirkung zusätzlich zu dem subjektiven Notwehrelement, dass der Täter das Vorliegen der Voraussetzungen der Notwehr gewissenhaft geprüft hat (*Gössel* FS Triffterer, 93, 99; *Paeffgen* Verrat S. 138 u. 153ff; *ders./Zabel* NK Vor § 32 Rdn. 136f).[1013] Begründet wird das vor allem damit, dass der Verteidiger, der einen Erlaubnissatz in Anspruch nimmt, stets das Risiko eingehe, dass dessen Voraussetzungen nicht vorliegen. Dieses Risiko müsse bei einem Erlaubnissatz wie § 32, der – im Gegensatz zu einem durch das erlaubte Risiko gekennzeichneten Rechtfertigungsgrund wie z.B. § 127 Abs. 1 StPO – auf dem Prinzip des überwiegenden Interesses beruht, der Verteidiger tragen, so dass die Erlaubnis entfalle, wenn er der Prüfungspflicht nicht nachkommt. Das überzeugt nicht (krit. auch *Hirsch* FS BGH IV, 199, 211; *Puppe* FS Stree/Wessels, 183, 193ff; *Rath* Rechtfertigungselement S. 587ff; *Sch/Schröder/Lenckner/Sternberg-Lieben* Vor § 32 Rdn. 18 m.w.N.). Liegen alle Voraussetzungen der Notwehr vor, so geht die Erfüllung der Prüfungspflicht ins Leere, da der Täter das Eingriffsrechtsgut vernichten bzw. schädigen darf und die Prüfung kein anderes Ergebnis hervorbringen kann. Die Prüfungspflicht besitzt daher überhaupt nur eine Bedeutung für Fälle der Putativnotwehr (s. dazu *Welzel* JZ **1955** 142, 143; *Rudolphi* GedS Schröder, 73, 85; *Zielinski* S. 276), und dort auch nur dann, wenn der Erlaubnistatbestandsirrtum des Täters vermeidbar ist: Ist er unvermeidbar, führt die sorgfältige Prüfung zu keinem von der fehlerhaften Vorstellung des Täters abweichenden Ergebnis. Danach erschöpft sich die Funktion der Prüfungspflicht darin, dem Täter die Berufung auf einen Erlaubnistatbestandsirrtum abzuschneiden. In der Sache läuft dies auf eine Anwendung der – hier und herrschend jedoch abgelehnten – strengen Schuldtheorie hinaus.[1014] Zum Schutz der Rechtsgüter des von der Verteidigung Betroffenen trägt das Merkmal der Prüfungspflicht daher nichts bei (s. dazu eingehend *Zielinski* S. 273ff).[1015]

279

[1012] *Jakobs* AT 11/31ff; dagegen *Hirsch* LK[11] Vor § 32 Rdn. 58; *Roxin* AT I § 24 Rdn. 102. AA *Rath* Rechtfertigungselement S. 603ff. Bei Tätigkeitsdelikten wird ein subjektives Rechtfertigungselement teilweise auch von solchen Autoren gefordert, die bei Erfolgsverletzungsdelikten darauf verzichten, so *Jescheck/Weigend* § 56 I 3; *Samson* SK[5] Anhang zu § 16 Rdn. 32; krit. zu dieser Differenzierung *Hirsch* LK[11] Vor § 32 Rdn. 58; *Sch/Schröder/Lenckner/Sternberg-Lieben* Vor § 32 Rdn. 99; *Rath* Rechtfertigungselement S. 333f.
[1013] Ebenso *Schlehofer* MK Vor § 32 Rdn. 97; zur Prüfungspflicht beim übergesetzlichen Notstand vgl. RGSt **61** 242, 255; BGHSt **2** 111, 114; **3** 8, 10; **14** 1, 2.
[1014] So auch *Puppe* FS Stree/Wessels, 183, 193; *Roxin* AT I § 14 Rdn. 63 u. 83; ähnlich *Jakobs* AT 11/25. Es ist daher im Hinblick auf das Ziel, dem im Erlaubnistatbestandsirrtum Handelnden einen Ausschluss des Vorsatzunrechts zu versagen, „overkill", wenn *Paeffgen* als ein Vertreter der strengen Schuldtheorie (vgl. *ders./Zabel* NK Vor § 32 Rdn. 123; *ders.* FS Frisch, 403, 405ff) zugleich am Erfordernis einer Prüfungspflicht festhält. Nach *Zielinski* S. 276 ist die Prüfungspflicht kein objektives Merkmal des Rechtfertigungstatbestands, sie konkretisiert vielmehr die Anforderungen an einen unvermeidbaren Erlaubnistatbestandsirrtum; wer nicht sorgfältig prüft, macht sich nach seiner Lösung wegen eines etwaigen Fahrlässigkeitsdelikts strafbar.
[1015] Weiter *Sch/Schröder/Lenckner/Sternberg-Lieben* Vor § 32 Rdn. 18; *ders.* FS H. Mayer, 165, 173ff; *Rudolphi* GedS Schröder, 73, 80ff; *Samson* SK[5] Rdn. 46.

IV. Der Irrtum des Täters über die Voraussetzungen des § 32

280   **1. Die Putativnotwehr.** Putativnotwehr liegt vor, wenn sich der Täter **sämtliche Umstände der Notwehr vorstellt**, objektiv jedoch zumindest ein Notwehrmerkmal nicht erfüllt ist. Er muss daher glauben, ihm drohe durch das willkürliche Verhalten eines Menschen ein Schaden an einem seiner Rechtsgüter (bei der Nothilfe: einem Dritten drohe eine Rechtsgutverletzung), den er mit einer den Angreifer schonenderen Verteidigungshandlung nicht ebenso effektiv hätte abwehren können. Gleichzeitig darf er sich keine Umstände vorstellen, die, lägen sie vor, den Angriff rechtfertigten oder seine Verteidigung als nicht geboten erscheinen ließen (bei der Nothilfe zusätzlich: Umstände, die einen der Hilfe entgegenstehenden und beachtlichen Willen des Angegriffenen begründen);[1016] denn die Putativnotwehr gibt dem Täter keine weitergehenden Befugnisse als das der Fall wäre, wenn seine fehlerhaften Vorstellungen zuträfen (BGH GA **1975** 305; NStZ **1983** 500; **1988** 269, 270; NJW **1989** 3027).[1017] Nach den Ausführungen zum Inhalt des subjektiven Notwehrelements in den Rdn. 264 ff gilt auch für den Fall der Putativnotwehr das Erfordernis sicherer Kenntnis.[1018] Der Täter, der das Vorliegen der Umstände der Notwehr nur für möglich hält, handelt danach nicht in Putativnotwehr.

281   Die Putativnotwehr ist ein Fall des sog. **Erlaubnistatbestandsirrtums** (BGHSt **45** 378, 384 m. Anm. *H. Baier* JA **2000** 630, *Kargl/Kirsch* NStZ **2000** 604, *Mitsch* JuS **2000** 848 u. *Trüg/Wentzell* Jura **2001** 30).[1019] Er ist nach mittlerweile ständiger Rechtsprechung wie ein Tatumstandsirrtum zu behandeln und schließt, sofern nicht zugleich ein Notwehrexzess i.S.d. § 33 vorliegt,[1020] analog § 16 das vorsätzliche Handlungsunrecht aus (BGH bei Holtz MDR **1980** 453; JR **1988** 160 m. Anm. *Hohmann/Matt*).[1021] Die Strafbarkeit

---

1016   Zum Irrtum über das Vorliegen eines Angriffs: BGH NStZ **1988** 269, 270; NStZ-RR **2002** 203, 204; NStZ **2003** 599, 600; OLG Hamburg JR **1964** 265, 266; OLG Stuttgart NJW **1992** 850, 851; OLG Düsseldorf NJW **1994** 1232; über die Person des Angreifers: BGH NStZ **2001** 590, 591; über die Rechtswidrigkeit des Angriffs: OLG Karlsruhe NJW **1973** 378, 380; über die Eignung der Verteidigung: OLG Düsseldorf NStZ **1994** 343, 344; über die Erforderlichkeit bzw. Gebotenheit: BGHSt **3** 194, 196; NJW **1968** 1885; bei Holtz MDR **1980** 453; NStZ **1983** 500; **1987** 172; JR **1989** 160 m. Anm. *Hohmann/Matt*; StV **1990** 543; **1999** 143, 145; NStZ **2001** 530; NJW **2003** 1955, 1960 (insoweit in BGHSt **48** 207 nicht abgedr.) m. Anm. *Roxin* JZ **2003** 966; OLG Neustadt/W. NJW **1961** 2076; s. aber auch OLG Celle NJW **1969** 1775 m. Anm. *Horn* NJW **1969** 2156 u. *Widmaier* JuS **1970** 611.
1017   Weiter BGH NStZ **1987** 322; **1988** 269, 270.
1018   Siehe die Nachw. dort. AA *Herzog* NK³ Rdn. 132; *Sch/Schröder/Perron* Rdn. 65.
1019   Siehe auch BGH NStZ 1983 453; **1987** 20; NJW **1995** 973; NStZ **1996** 29, 30; NStZ-RR **2002** 73.
1020   Zu diesem sog. Putativnotwehrexzess, der zudem den Schuldausschluss aus § 33 sperrt, wenn sich der Irrtum auf die Notwehrlage bezieht, s. BGH NStZ **1987** 20; **2002** 141, 142; NStZ-RR **2002** 203, 205; NStZ **2003** 599, 600. Missverständlich BGH NStZ **2011** 630 f m. Anm. *Hecker* JuS **2012** 465 u. *Sinn* ZJS **2012** 124, wo eine Anwendung des § 33 auf einen (intensiven) Notwehrexzess bei vom Täter nur angenommener Notwehrlage für möglich gehalten wird.
1021   Weiter BGH Urt. v. 6.12.2007 – 5 StR 392/07 Rdn. 15; NStZ-RR **2011** 238 f m. Anm. *Hecker* JuS **2011** 369; NStZ **2011** 630 m. Anm. *Hecker* JuS **2012** 465 u. *Sinn* ZJS **2012** 124; NStZ-RR **2013** 139, 141 m. Anm. *Erb* HRRS **2013** 113 u. *von Heintschel-Heinegg* JA **2013** 69; NJW **2014** 1121, 1122 m. Anm. *Kudlich* JA **2014** 153; BeckRS **2015** 14541 Rdn. 16 (insoweit in StV 2015 758 nicht abgedr.); NStZ **2016** 333 m. Anm. *Rückert*, *Eisele* JuS **2016** 366 u. *Hinz* JR **2017** 126; OLG Köln BeckRS **2015** 20963 Rdn. 7. Nach BGH NStZ **2012** 272 m. Anm. *Engländer*, *Erb* JR **2012** 207, *Hecker* JuS **2012** 263, *Jäger* JA **2012** 227, *Mandla* StV **2012** 334, *van Rienen* ZIS **2012** 377 u. *Rotsch* ZJS **2012** 109 soll stattdessen erst die Vorsatzschuld entfallen. Da der 2. Strafsenat diese lediglich mit der Kommentierung seines damaligen Vorsitzenden (*Fischer* Rdn. 51), nicht aber mit der Rechtsprechung der anderen Senate übereinstimmende Behandlung des Erlaubnistatbestandsirrtums weder als Abweichung kenntlich macht noch begründet, ist nicht von einem ernstzunehmenden Versuch auszugehen, eine grundsätzliche Rechtsprechungsänderung einzuleiten (krit. zur dieser Bem. des Senats auch *Streng* FS Paeffgen, 231, 239). Die Entscheidung des 2. Strafsenats zeitlich nachfolgenden Urteile und Beschlüsse des BGH (s.o.) haben die veränderte Sichtweise des 2. Strafsenats denn auch nicht aufgenommen. Ebenfalls nicht im Einklang mit der Rspr. des BGH steht OLG Hamm BeckRS **2006** 04859 m.

nach Fahrlässigkeitsgrundsätzen hingegen bleibt davon unberührt (BGHSt **3** 194, 196; NJW **1968** 1885; NStZ **1983** 453)[1022] und richtet sich – die Existenz eines Fahrlässigkeitstatbestands vorausgesetzt – im Wesentlichen danach, ob der Täter zu dem Schluss, dass die Umstände der Notwehr vorlägen, aufgrund einer unsorgfältigen Einschätzung der Situation gelangt ist (OLG Koblenz NStZ-RR **1998** 273).[1023]

Vom Erlaubnistatbestandsirrtum ist der **Erlaubnisirrtum** abzuschichten, bei dem **282** der Täter die rechtlichen Grenzen der Notwehr überdehnt (s. dazu BGH GA **1975** 305 f; bei Dallinger MDR **1975** 365, 366; bei Holtz MDR **1978** 985).[1024] Dieser nach § 17 zu beurteilende (BGH GA **1969** 23, 24; JZ **1978** 762 f; NStZ **1987** 172)[1025] und nur im Fall der Unvermeidbarkeit zur Straflosigkeit (auch) wegen vorsätzlichen Delikts führende Verbotsirrtum ist etwa dann gegeben, wenn der Täter meint, er dürfe Notwehr auch dann noch leisten, wenn der Angriff bereits beendet ist, oder er die Ansicht vertritt, ein Kind dürfe durch einen gezielten Schuss daran gehindert werden, einen Riegel Schokolade zu entwenden. Irrt der Täter zugleich über das Vorliegen tatsächlicher Voraussetzungen der Notwehr, wie etwa dann, wenn er in dem zuletzt genannten Beispiel zusätzlich von der fehlerhaften Annahme ausgeht, der Riegel Schokolade gehöre ihm, obwohl er im Eigentum des Kindes steht, handelt es sich um einen sog. **Doppelirrtum**, der sich ebenfalls allein nach der für den Verbotsirrtum geltenden Regel des § 17 beurteilt (BGH GA **1975** 305 f; NStZ **1988** 269, 270).[1026]

2. Besonderheiten bei einzelnen Merkmalen. Bei einigen Merkmalen der Notwehr **283** ergeben sich Besonderheiten für einen Irrtum des Täters. Zum einen betrifft dies das Merkmal der sog. **Gebotenheit**, das die Fallkonstellationen der Notwehreinschränkungen zusammenfasst. Da der Erlaubnissatz objektiv bereits dann vorliegt, wenn alle sonstigen Notwehrumstände vorliegen, die tatsächlichen Voraussetzungen der Notwehreinschränkungen aber fehlen, handelt es sich bei der Gebotenheit um ein negatives Erlaubnissatzmerkmal. Putativnotwehr ist daher immer schon dann gegeben, wenn der Täter alle übrigen Notwehrumstände kennt und sich keine Umstände vorstellt, die bei ihrem tatsächlichen Vorliegen die von ihm gewählte Abwehrmaßnahme ausnahmsweise als nicht gebotene Verteidigung erscheinen lassen (so auch *Erb* MK Rdn. 245). Anderes gilt jedoch für das Merkmal der **Rechtswidrigkeit** des Angriffs, das kein negatives, sondern ein positives Erlaubnissatzmerkmal ist. Das wird leicht übersehen, wenn die Rechtswidrigkeit – in Analogie zur Rechtswidrigkeit als allgemeines Verbrechensmerkmal und zweite Prüfungsstufe nach der Tatbestandsmäßigkeit – verkürzt lediglich durch die Abwesenheit einer Rechtfertigung des Angriffsverhaltens definiert wird. Hier schadet dem Verteidiger nicht erst die positive Vorstellung von Umständen, die den Angriff rechtfertigen; Putativnotwehr liegt vielmehr nur dann vor, wenn der Verteidiger sich erstens mindestens einen fahrlässigen Angriff vorstellt und sich zweitens hinsichtlich des eventuellen Eingreifens eines Erlaubnissatzes zugunsten des Angreifers nichts vor-

---

Anm. *Jahn* JuS **2006** 466, das die Putativnotwehr lediglich als schuldausschließenden Irrtum und Fall der Notwehreinschränkung beim Gegner behandelt. Zur Diskussion um die Wirkungen eines Erlaubnistatbestandsirrtums näher *Rönnau* LK Vor § 32 Rdn. 95 f sowie *Heuchemer* S. 149 ff.

1022 Weiter BGH StV **1987** 99; NStZ **1987** 172; JR **1988** 160 m. Anm. *Hohmann/Matt*; NStZ **2001** 530 f; OLG Neustadt/W. NJW **1961** 2076 f; *Arthur Kaufmann* ZStW **76** (1964) 543, 562 ff; *Roxin* ZStW **76** (1964) 582, 598 f.
1023 Ebenso *Erb* MK Rdn. 246; *Hoyer* SK Anh. zu § 16 Rdn. 90; *Fischer* Rdn. 51a.
1024 Weiter BGH NStZ **1987** 172; **1987** 322; **1988** 269, 270.
1025 Ebenso BGH JR **1989** 160 m. Anm. *Hohmann/Matt*; StV **1999** 143, 145; *Sch/Schröder/Perron* Rdn. 65.
1026 Weiter BGH NJW **1989** 3027; *Sch/Schröder/Perron* Rdn. 65; undeutlich noch BGHSt **3** 105, 108.

stellt. Besonderheiten ergeben sich wiederum beim Merkmal der **Erforderlichkeit**. Da sich diese nach einer objektiven ex-ante-Sichtweise bestimmt (näher Rdn. 180), die Verteidigung also bereits dann erforderlich ist, wenn sich aufgrund sorgfältiger Beobachtung ergibt, dass keine ebenso zur Angriffsabwehr geeigneten schonenderen Mittel zur Verfügung stehen, liegt trotz einer Fehleinschätzung des Verteidigers kein Erlaubnistatbestandsirrtum vor. Es ist daher Notwehr und nicht Putativnotwehr gegeben, wenn der Notwehrleistende eine nicht erforderliche Verteidigungsmöglichkeit wählt, von der in der Situation ein jeder gesagt hätte, sie sei erforderlich (*Amelung* Jura **2003** 91, 92 f; *Born* S. 151).[1027]

284 Schwierigkeiten, zwischen einem Erlaubnistatbestandsirrtum und einem Erlaubnisirrtum abzugrenzen, ergeben sich bei Irrtümern, die mit dem Merkmal der **Rechtswidrigkeit des Angriffs** zusammenhängen (s. dazu eingehend *A. Lange* S. 48 ff, 131 ff). Sicher ist zunächst nur, dass die Unkenntnis der für die Rechtswidrigkeit maßgeblichen *Tatsachen* zu einem Erlaubnistatbestandsirrtum führt (BGH StV **1993** 241, 242; OLG Karlsruhe NStZ **1982** 123).[1028] Das ist etwa dann der Fall, wenn der Täter den Besitz an einer Sache gegenüber dem tatsächlichen Eigentümer verteidigt, weil er irrtümlich meint, dieser habe ihm die Sache soeben geschenkt (und übereignet), obwohl er sie in Wirklichkeit nur zur Betrachtung überreicht hat. Irrt der Täter jedoch aufgrund fehlerhafter rechtlicher Bewertung eines zutreffend erkannten tatsächlichen Sachverhalts, besteht über die Behandlung Streit. Da die Rechtswidrigkeit das Angriffsverhalten als Ganzes kennzeichnet und dessen rechtliche Bewertung ausdrückt, könnte man sich auf den Standpunkt stellen, der Irrtum darüber sei stets ein Erlaubnisirrtum (so BayObLG NJW **1965** 1924, 1926; *Otto* GedS K. Meyer, 583, 591 ff; *Rink* Deliktsaufbau S. 405 f; *Schaffstein* FS OLG Celle I, 175, 193): Wer in diesem Punkt irrt, so ließe sich argumentieren, werte anders, als es die Rechtsordnung vorgibt. Ebenso gut lässt sich aber auch das genaue Gegenteil vertreten und behaupten, eine Fehlvorstellung sei hier immer als Erlaubnistatbestandsirrtum zu qualifizieren (so *Engisch* ZStW **70** [1958] 566, 584 f),[1029] weil nicht die Bewertung des eigenen Verhaltens betroffen sei, sondern das des Angreifers als bloße Vorfrage der normativen Einordnung des eigenen Handelns. Schließlich wird auch vertreten, dass ein Erlaubnistatbestandsirrtum immer dann vorliege, wenn der Täter die Rechtswidrigkeit des Angriffs irrtümlich bejaht, weil er das Verhalten des Angreifers aufgrund einer fehlerhaften Parallelwertung in der Laiensphäre als rechtswidrig ansieht (*Lackner/Kühl* Rdn. 19). Zustimmung verdient hingegen ein Ansatz, der danach differenziert, ob der Irrtum des Täters die Gesamtbewertung des Angreiferverhaltens oder eine einzelne Vorfrage dieser Bewertung betrifft.[1030] Bei der Rechtswidrigkeit des Angriffs handelt es sich um ein zerlegbares gesamttatbewertendes Merkmal, so dass zwischen Umständen, die dem Rechtswidrigkeitsurteil zugrunde liegen, und dem Urteil selbst unterschieden werden kann (*Roxin* AT I § 12 Rdn. 106). Einem Erlaubnistatbestandsirrtum ist der mit der Ratenzahlung in Verzug gekommene Verteidiger erlegen, wenn er z.B. meint, das von ihm unter Eigentumsvorbehalt gekaufte Fahrzeug gehöre wegen der Anzahlung ihm und der Veräußerer und wahre Eigentümer dürfe es daher bei Zahlungsverzug und unmittelbar bevorstehender Autoreise in das Ausland zum Zwecke der Selbsthilfe (§ 229 BGB) nicht wegnehmen. Ein Erlaubnisirrtum wäre hingegen gegeben, wenn

---

1027 Ebenso *Lackner/Kühl* Rdn. 19; *C. Schröder* JuS **2000** 235, 240. AA *Schmidhäuser* GA **1991** 97, 132; *Sch/Schröder/Perron* Rdn. 34; *Otto* Jura **1988** 330, 331.
1028 Weiterhin *Erb* MK Rdn. 249; *Sch/Schröder/Perron* Rdn. 65; *Paeffgen* JZ **1978** 738, 742.
1029 Ebenso *Herzog* NK³ Rdn. 132; *Sch/Schröder/Perron* Rdn. 65; *Fischer* Rdn. 50a; auch *Hoyer* SK Rdn. 135 f, der die Rechtswidrigkeit für ein Blankettmerkmal hält.
1030 *Erb* MK Rdn. 250 f; *A. Lange* S. 48 ff, 114 ff, 131 ff; *Roxin* AT I § 14 Rdn. 81.

derselbe Täter zwar weiß, dass ihm die Sache nicht gehört, er aber glaubt, Privatpersonen seien zur Selbsthilfe generell nicht befugt.

F. Rechtsfolgen der Rechtfertigung durch Notwehr

Liegen sämtliche Voraussetzungen des § 32 vor und hat der Notwehrübende in Kenntnis dieser Umstände gehandelt, ist sein Verhalten **nicht rechtswidrig**.[1031] Da es sich bei der Notwehr um einen allgemeingültigen Erlaubnissatz handelt, beschränkt sich diese Rechtsfolge nicht auf das Strafrecht,[1032] sondern erstreckt sich auf alle Rechtsbereiche. Neben der Straflosigkeit ergibt sich aus der Rechtfertigung wegen Notwehr z.B. auch, dass der Täter zivilrechtlich nicht zum Schadensersatz wegen der durch die Verteidigung bewirkten Rechtsgutverletzungen verpflichtet ist. Darüber hinaus vermittelt die Inanspruchnahme von Notwehrbefugnissen ein **Eingriffsrecht**, das anders als eine bloße Handlungsbefugnis, wie sie nach Auffassung vieler (s. nur *Sch/Schröder/Lenckner/Sternberg-Lieben* Vor § 32 Rdn. 11) etwa der Rechtfertigungsgrund des § 127 Abs. 1 StPO gewährt, den Angreifer verpflichtet, die Verteidigung zu dulden. Ihm – wie auch den zu seinem Schutz bereiten Dritten – ist eine Abwehr der Verteidigung verboten (eingehend *Graul* JuS **1995** 1049 ff, s. auch Rdn. 96). Liegen hingegen lediglich die Voraussetzungen der Putativnotwehr vor, fehlt der Tat zwar das vorsätzliche Unrecht. Sie kann aber noch als Fahrlässigkeitsdelikt eingestuft werden, wenn das Gesetz fahrlässiges Verhalten unter Strafe stellt. Duldungspflichten löst die Putativnotwehr beim nur vermeintlichen Angreifer nicht aus; dieser darf sich daher gegen die nur vermeintliche Verteidigung des Irrenden mit den aus dem Defensivnotstand fließenden Befugnissen zur Wehr setzen. Ein notwehrfähiger Angriff ist die in Putativnotwehr vorgenommene Rechtsgutverletzung nach der hier präferierten Lösung nur dann, wenn der zugrundeliegende Irrtum über das Geschehen auf Unsorgfältigkeit beruht (s. dazu näher Rdn. 115).

285

Verletzt der Notwehrleistende im Zuge seiner Verteidigungshandlung **verschiedene Rechtsgüter**, ist zu beachten, dass die Voraussetzungen der Notwehr nicht automatisch für jeden der durch dieselbe Handlung bewirkten Rechtsguteingriffe erfüllt sind, sondern im Hinblick auf jedes Delikt einzeln geprüft werden müssen. Unterschiedliche Rechtswidrigkeitsurteile können sich insbesondere dann ergeben, wenn Rechtsgüter des Angreifers und solche Dritter oder Rechtsgüter der Allgemeinheit verletzt werden. In diesen Fällen kommt es zu einem geteilten Rechtswidrigkeitsurteil (statt vieler *Widmaier* JuS **1970** 611, 612 f). Benutzt der Täter zur Verteidigung z.B. eine nach dem Waffengesetz verbotene Schusswaffe, um sich im erforderlichen Maß zu wehren, ist sein Verhalten unter dem Gesichtspunkt der Körperverletzung und Tötung rechtmäßig, hinsichtlich des Waffenrechtsverstoßes jedoch rechtswidrig (str., s. näher Rdn. 178 m. Nachw.).

286

Eine Besonderheit ergibt sich z.B. dort, wo der Verteidiger zunächst an einer einvernehmlichen Schlägerei teilgenommen hat. Solange sich die Beteiligten an einer solchen Prügelei innerhalb des konkludent vereinbarten Verletzungsrahmens halten, fehlt es an einem rechtswidrigen Angriff. Verlässt jedoch einer der Kontrahenten den konsentierten Bereich oder wünscht der andere ein Ende der gegenseitigen Misshandlungen (Widerruf der Einwilligung), ohne Gehör zu finden, liegt ein rechtswidriger Angriff vor, der mit Notwehrmitteln abgewehrt werden darf (s. dazu Rdn. 139). Kann der Verteidiger den Angriff nicht anders abwehren als durch die Tötung des Angreifers, ist zwar die Herbeifüh-

287

1031 Die durch Notwehr gerechtfertigte Tat darf auch nicht bei der Verurteilung wegen eines anderen Delikts strafschärfend berücksichtigt werden, s. BGHR § 32 II Erforderlichkeit 8; StV **2003** 245.
1032 Eine Rechtfertigung aus § 32 schließt auch eine Unterbringung nach § 63 aus, BGH NStZ **1996** 433, 434.

rung des Todes als Unrechtserfolg gerechtfertigt, so dass er weder wegen eines Tötungsdelikts (§§ 212, 222) noch wegen des erfolgsqualifizierten Delikts der Körperverletzung mit Todesfolge § 227 bestraft werden kann. Keinen Einfluss hat die Inanspruchnahme der Notwehrbefugnisse nach h.M. jedoch auf eine Strafbarkeit wegen **Beteiligung an einer Schlägerei** nach § 231 (BGHSt **33** 100; **39** 305, 307 ff m. Anm. *Seitz* NStZ **1994** 185, *Stree* JR **1994** 370 u. *Wagner* JuS **1995** 296).[1033] Da der Eintritt der schweren Folge (Tod oder schwere Körperverletzung) herrschend lediglich als unrechtsgelöste objektive Bedingung der Strafbarkeit eingestuft wird, erstreckt sich die rechtfertigende Wirkung des § 32 nicht auf die Verwirklichung des Tatbestands des § 231: Zwischen der Beteiligung und der schweren Folge muss kein Unrechtszusammenhang bestehen; daher kann der Umstand, dass die schwere Folge vom Verteidiger erlaubterweise herbeigeführt worden ist, keinen Einfluss auf die Strafbarkeit nach § 231 haben.[1034]

288 Hat der Verteidiger den Angriff nach § 32 erlaubt und erfolgreich, aber mit erheblichen und lebensgefährlichen Verletzungsfolgen für den Angreifer abgewehrt, stellt sich die Frage, ob er verpflichtet ist, dem nunmehr ungefährlichen Angreifer beizustehen und dessen drohenden Tod abzuwenden. Die Annahme einer Beistandspflicht aus § 323c oder gar einer Garantenpflicht mit der Folge, dass der Notwehrübende bei Eintritt des späteren im Unterlassungszeitpunkt noch vermeidbaren Todes als Totschläger aus den §§ 212, 13 oder zumindest aus § 221 Abs. 1 Nr. 2 zu bestrafen wäre, erscheint auf den ersten Blick nicht ganz unproblematisch; durfte der Verteidiger doch den Angreifer nach § 32 zunächst in die Gefahr des Todes bringen, da anderenfalls die Herbeiführung des lebensbedrohlichen Zustands nicht durch Notwehr gerechtfertigt sein könnte (krit. gegenüber jeglicher Hilfspflicht *Spendel* LK[11] Rdn. 331 u. 333 m.N. zum älteren Schrifttum). Richtigerweise wird man von Folgendem ausgehen müssen: Hat der Verteidiger den Angriff sicher beendet, entfällt für ihn die Notwehrlage und damit die Gefahrensituation; stattdessen rücken die Risiken für den ehemaligen Angreifer in den Vordergrund: Dieser wird durch seinen vorhergehenden Angriff nicht friedlos (*Jakobs* in Eser/Nishihara S. 143, 150; *Wohlers* JZ **1999** 434, 436 f).[1035] Vielmehr schuldet der Verteidiger dem Angreifer jetzt genau das in § 323c ausgedrückte Maß an aktiver Mindestsolidarität, das er auch jedem anderen in Not geratenen Mitglied der Rechtsgemeinschaft zu leisten verpflichtet ist (so auch BGHSt **23** 327, 328; NStZ **1985** 501; NStZ **2018** 84, 85 m. Anm. *Rückert* u. *Kudlich* JA **2018** 149). Würde man es für unzumutbar halten, dem Verteidiger aufzugeben, sich um eine Rettung des Angreifers zu bemühen, führte das in der Sache zur Anerkennung einer Fortwirkung der Notwehr und zur Behandlung des früheren Angreifers als einen Bürger minderen Rechts. Schwierigkeiten, eine **Hilfspflicht aus § 323c** zu begründen, haben nur solche Autoren, die die weitreichenden Verteidigungsbefugnisse damit erklären, dass die soziale Gemeinschaft zwischen Angreifer und Verteidiger durch den Angriff suspendiert sei (so vd *Pfordten* FS Schreiber, 359, 371 f)[1036] bzw. der Angreifer infolge seiner Störung des Gegenseitigkeitsverhältnisses den Anspruch gegen den Verteidiger auf Normbefolgung verliere (mit Unterschieden im Einzelnen: *Hoyer* JuS **1988** 89, 95 f; *Hruschka* FS Dreher, 189, 199 f; *Kargl* ZStW **110** [1998] 38, 55 ff; *Neumann* in Lüderssen

---

1033 Weiter *Jung* JuS **1994** 263; *Kühl* AT § 7 Rdn. 76 m. Fn. 147a; abw. *Eisele* ZStW **110** (1998) 69, 86 f, der § 32 schon deshalb verneint, weil § 231 ein überindividuelles Rechtsgut schütze.
1034 Der von der h.M. als abstraktes Gefährdungsdelikt qualifizierte Straftatbestand soll allein den von (Massen-)Schlägereien ausgehenden Gefahren begegnen, vgl. *Eisele* ZStW **100** (1998) 69, 86. Krit. zur Deliktscharakterisierung *Frister* S. 60; *Günther* JZ **1985** 585, 586 f; *Hund* S. 96 ff; *Rönnau/Bröckers* GA **1995** 549 ff m.w.N.
1035 Ähnlich *Walther* FS Herzberg, 503, 505 ff, die den Staat in der – durch das Grundrecht auf Leben begründeten – Pflicht sieht, auch das Leben des früheren Angreifers zu schützen.
1036 Ähnlich *Rückert* S. 56 f u. 60 ff.

S. 215, 225; *Renzikowski* S. 224 ff, 229 f). Nach diesen Erklärungsansätzen bleibt unklar, aus welchen Umständen sich ein Wiederaufleben der sozialen Gemeinschaft oder der Normbefolgungsansprüche ergeben soll. Zu weit ginge es jedoch, den Verteidiger als Garanten für das Leben des Angreifers anzusehen mit der Folge, dass er für das Ausbleiben des Rettungserfolgs als Täter eines Erfolgsverletzungsdelikts einstehen müsste (eine Garantenpflicht daher zu Recht ablehnend BGH NStZ **1987** 171, 172; NStZ **2018** 84, 85 m. Anm. *Rückert* u. *Kudlich* JA **2018** 149).[1037] Eine solche Folgenbeseitigungshaftung aus Ingerenz ist nur anzuerkennen, wenn das gefährliche Vorverhalten rechtswidrig erfolgt ist (BGHSt **23** 327 f m. Anm. *Herzberg* JuS **1971** 74; NJW **1987** 850; *Gaede* NK § 13 Rdn. 43 m.w.N.) und gerade nicht von Notwehr gedeckt war.[1038]

G. Verfahrensrechtliches

Anders als in Ländern des anglo-amerikanischen Rechtskreises ist die Notwehr keine bloße Verteidigungseinrede (s. näher Rdn. 15). Der Angeklagte muss sich auf Notwehr also nicht berufen, vielmehr ist das Gericht im **Strafverfahren** verpflichtet, **von Amts wegen** zu prüfen, ob die Voraussetzungen der Notwehr gegeben sind (BGH NStZ **1984** 20, 21 m. Anm. *Rengier*).[1039] Im **Zivilprozess** hingegen kann eine Notwehrlage nur dann anspruchausschließende Wirkung haben, wenn der beklagte und auf Leistung von Schadensersatz in Anspruch genommene Verteidiger das Vorliegen der Notwehrumstände behauptet und im Falle des Bestreitens beweist. Der Nachweis des Einwands, der Verteidiger habe die Grenzen erforderlicher Angriffsabwehr überschritten, obliegt jedoch wiederum dem Geschädigten, wenn das Bestehen einer Notwehrlage feststeht (BGH NJW **1976** 41, 42; OLG Düsseldorf NStZ-RR **1998** 273, 274). Im strafrechtlichen Ermittlungsverfahren erstreckt sich die Pflicht der Staatsanwaltschaft, den Sachverhalt vollständig aufzuklären, auch darauf, Hinweisen nachzugehen, dass die ermittelte Tat nach § 32 gerechtfertigt ist. Hinreichender Tatverdacht i.S.d. §§ 170 Abs. 2, 203 StPO bedeutet eben auch die Abwesenheit von Umständen, die den hinreichenden Verdacht begründen, dass das Verhalten von einem Erlaubnissatz gedeckt ist (*Meyer-Goßner/Schmitt* § 203 Rdn. 2). Hier können die Umstände so liegen, dass die Staatsanwaltschaft das Verfahren nach § 170 Abs. 2 StPO einstellen muss,[1040] und das Gericht nicht eröffnen darf, § 203 StPO.[1041] Solange Anhaltspunkte dafür gegeben sind, dass die Tat durch Notwehr gerechtfertigt ist, fehlt auch der dringende Tatverdacht i.S.d. § 112 Abs. 1 StPO als Voraussetzung für einen Haftbefehl (s. nur *Schlothauer* StV **1996** 391, 393 f m.w.N.).

289

Auch für die tatsächlichen Umstände der Notwehr gilt der Grundsatz **in dubio pro reo** in vollem Umfange (BGHSt **10** 373, 374; NJW **1991** 503, 504 m. Anm. *Rudolphi*

290

[1037] AA *Heinitz* JR **1954** 270; *Herzberg* JuS **1971** 74, 76; *Maurach/Gössel/Zipf* § 46 Rdn. 99.
[1038] Anders *Walther* FS Herzberg, 503, 508 f, die ein Garantenrettungsgebot wegen der besonderen emotionalen Situation des Verteidigers nach Abschluss der Verteidigung für unzumutbar hält; das implizierte aber – selbst wenn man die Unzumutbarkeit für ein negatives Element des Unrechts hielte – dass der Verteidiger immerhin in die Stellung eines Garanten für das Leben des Angreifers rückt und müsste im Fall des besonnenen Verteidigers auch zu einer entsprechenden Erfolgsabwendungspflicht führen.
[1039] Im englischen Strafrecht besteht eine derartige Amtsprüfungspflicht nicht; das Gericht muss jedoch der Jury die Beantwortung der Frage nach einer Rechtfertigung des Angeklagten schon dann erlauben, wenn die Beweislage das Vorliegen der Notwehrvoraussetzungen nahelegt – das gilt auch dann, wenn der Angeklagte selbst die Einrede nicht erhoben hat, vgl. *Card/Cross/Jones* 19.6.
[1040] Defizite in der konsequenten Anwendung des Grundsatzes in dubio pro reo durch die Staatsanwaltschaften im Ermittlungsverfahren sehen *Beulke* JR **1990** 380, 381 f; *Erb* MK Rdn. 253; *Lilie* FS Hirsch, 277; *Schlothauer* StV **1996** 391, 393 f.
[1041] Vgl. *Erb* MK Rdn. 253.

JR **1991** 210).[1042] Ergeben sich im Zuge der Beweisaufnahme Hinweise darauf, dass die Tat unter Inanspruchnahme der Befugnisse aus § 32 begangen worden sein könnte, die nicht nur theoretischer Natur sind (s. zur Beschaffenheit der Hinweise BGH NStZ **2003** 596, 597), muss das Gericht freisprechen, wenn sich die aus diesen Hinweisen ergebenden Zweifel an der Strafbarkeit des Täters nicht ausräumen lassen. Dasselbe gilt auch für die Putativnotwehr, d.h. also dann, wenn dem Täter seine Einlassung nicht widerlegt werden kann, er habe das Vorliegen einer Notwehrlage und die Voraussetzungen erforderlicher Verteidigung irrtümlich angenommen (BGH StV **1986** 6; NStZ **1983** 453).[1043]

§ 33
Überschreitung der Notwehr

Überschreitet der Täter die Grenzen der Notwehr aus Verwirrung, Furcht oder Schrecken, so wird er nicht bestraft.

Schrifttum

A.H. Albrecht Notwehrexzess und Putativnotwehr, GA **2013** 369; *Aschermann* Die Rechtsnatur des § 33 StGB (1990); *Bernsmann* Überlegungen zur tödlichen Notwehr bei nicht lebensbedrohlichen Angriffen, ZStW **104** (1992) 290; *Berster* Der subjektive Exzess der Notwehr und Putativnotwehr, GA **2016** 36; *Diederich* Ratio und Grenzen des straflosen Notwehrexzesses, Studien zu § 33 StGB (2001); *Drescher* Anmerkung zum Urteil des BGH vom 3.2.1993 – 3 StR 356/92 – BGHSt 39, 133, JR **1994** 423; *Eisele* Anmerkung zum Beschluss des BGH vom 21.3.2001 – 1 StR 48/01 – NJW 2001, 3200, JA **2001** 922; *Engländer* Die Entschuldigung nach § 33 StGB bei Putativnotwehr und Putativnotwehrexzess, JuS **2012** 408; *ders.* Der Verteidigungswille bei Notwehr und Notwehrexzess, HRRS **2013** 389; *Erb* Zur Aushöhlung des Notwehrrechts durch lebensfremde tatrichterliche Unterstellungen, NStZ **2011** 186; *Eser* Das Überschreiten der Grenzen von Rechtfertigungsgründen – Notwehrexzess aus Erregung, Furcht oder Schrecken, in: Gropp/Öztürk/Sözüer/Wörner (Hrsg.) Beiträge zum deutschen und türkischen Strafrecht und Strafprozessrecht (2010) 247; *Fahl* Unter Brüdern, Jura **2003** 60; *J. Fischer* Die straflose Notwehrüberschreitung (1971); *Frister* Die Struktur des „voluntativen Schuldelements" (1993); *Geilen* Notwehr und Notwehrexzeß, Jura **1981** 370; *Geppert* Notwehr und Irrtum, Jura **2007** 33; *Haft/Eisele* „Sauberes Stuttgart 2000": Der Gaststättenüberfall, Jura **2000** 313; *Hardtung* Der Irrtum über die Schuld im Lichte des § 35 StGB, ZStW **108** (1996) 26; *Hecker* Putativnotwehr(exzess), JuS **2012** 465; *Heghmanns* Schuldausschließungs- und Entschuldigungsgründe, AD LEGENDUM **2015** 96; *Heuchemer* Die Behandlung von Motivbündeln beim Notwehrexzeß (§ 33 StGB) in der Rechtsprechung – Nachlese zu BGH StV 1999, 145, JA **2000** 382; *ders./Hartmann* Grundprobleme des Notwehrexzesses – § 33 StGB: eine Vorschrift im Schnittfeld von Schuld- und Notwehrlehre, JA **1999** 165; *C. Jäger* Zeckenalarm, JA **2013** 708; *Klimsch* Die dogmatische Behandlung des Irrtums über die Entschuldigungsgründe unter Berücksichtigung der Strafausschließungs- und Strafaufhebungsgründe (1993); *J. Kretschmer* Notwehr bei Fahrlässigkeitsdelikten, Jura **2002** 114; *Kuchinke* Verantwortlichkeit und Haftung eines Täters bei Notwehrüberschreitung und Putativnotwehr, Festschrift Krause (1990) 327; *Kudlich* Das Herz eines Boxers ... – Erforderlichkeit der Notwehr und Notwehrüberschreitung, JA **2009** 306; *Lesch* Anmerkung zum Urteil des BGH vom 3.2.1993 – 3 StR 356/92 – BGHSt 39, 133, StV **1993** 578; *Lube* Der Notwehrexzeß, mit besonderer Berücksichtigung der neuesten Strafgesetzentwürfe (1913); *Mitsch* Die provozierte Provokation, JuS **2017** 19; *Momsen/Sydow* Überraschungen im Parkhaus, JuS **2001** 1194; *Motsch* Der straflose Not-

---

[1042] Weiter BGH NJW **1995** 973; NStZ **2005** 85, 86; BGHR § 32 II Erforderlichkeit 10; NStZ-RR **2009** 70, 71 m. Anm. *Kudlich* JA **2009** 306; *Erb* MK Rdn. 252; *Sander* LR § 261 Rdn. 118. Bedenklich daher OGHSt **2** 117, 126 u. BGH NStZ **1989** 474, wo der Zweifelssatz nicht angewendet wird.
[1043] Ebenso BGH NJW **1991** 503, 504 m. Anm. *Rudolphi* JR **1991** 210; BGHR § 32 II Angriff 3; *Spendel* LK[11] Rdn. 351.

wehrexzess (2003); *Müller-Christmann* Der Notwehrexzeß, JuS **1989** 717; *ders.* Überschreiten der Notwehr, JuS **1994** 649; *Nestler* „Wintersport", JA **2014** 262; *dies.* „Bedrohliche Lage" als Angriff i.S.d. § 32 Abs. 2 StGB, JK **2018** 101, § 32 Abs. 2 StGB; *Oppenhoff* Das Strafgesetzbuch für den Norddeutschen Bund (1871); *Oetker* Notwehr und Notstand, VDA II (1908), 255; *Otto* Grenzen der straflosen Überschreitung der Notwehr, § 33 StGB – BGH NStZ 1987, 20, Jura **1987** 604; *ders.* „Notwehrähnliche Lage" und Notwehr; Selbsthilfe und Verwerflichkeit, JK **1994** StGB § 32/19; *ders.* Angstgefühl und Furcht, JK **1995** StGB § 32/2; *ders.* Anmerkung zum Beschluss des BGH vom 21.3.2001 – 1 StR 48/01 – NJW 2001, 3200, NStZ **2001** 594; *Özaydin* Notwehr und Notstand im deutsch-türkischen Rechtsvergleich (2013); *Renzikowski* Der „verschuldete" Notwehrexzeß, Festschrift Lenckner (1998) 249; *Ritz* Schönheits-OP mit Folgen, JuS **2018** 254; *Rogall* Der Notwehrexzess – ein Schuldprivileg, Gedächtnisschrift Weßlau (2016) 529; *Rosenau* Der Notwehrexzess, Festschrift Beulke (2015) 225; *Roxin* Über den Notwehrexzeß, Festschrift Schaffstein (1975) 105; *ders.* Anmerkung zum Urteil des BGH vom 3.2.1993 – 3 StR 356/92 – BGHSt 39, 133, NStZ **1993** 335; *ders.* Anmerkung zum Urteil des BGH vom 12.2.2003 – 1 StR 403/02 – BGHSt 48, 207, JZ **2003** 966; *Rudolphi* Notwehrexzeß nach provoziertem Angriff – OLG Hamm, NJW 1965, 1928, JuS **1969** 461; *Satzger* Zu den Voraussetzungen eines Erlaubnistatbestandsirrtums und dessen Auswirkungen auf die Anwendbarkeit des § 33 StGB, JK **2012** StGB § 16/5; *Sauren* Zur Überschreitung des Notwehrrechts, Jura **1988** 567; *H. Schröder* Notwehrüberschreitung und Putativnotwehr, ZAkDR **1944** 123; *Seeberg* Aufgedrängte Nothilfe, Notwehr und Notwehrexzess (2005); *Seelmann* Anmerkung zum Beschluss des BGH vom 21.3.2001 – 1 StR 48/01 – NJW 2001, 3200, JR **2002** 249; *Seuring* Die aufgedrängte Nothilfe (2004); *Stree* Rechtswidrigkeit und Schuld im neuen Strafgesetzbuch, JuS **1973** 461; *Theile* Der bewusste Notwehrexzess, JuS **2006** 965; *Timpe* Grundfälle zum entschuldigenden Notstand (§ 35 I StGB) und zum Notwehrexzeß (§ 33 StGB), JuS **1985** 117; *Trüg/Wentzell* Grenzen der Rechtfertigung und Erlaubnistatbestandsirrtum, Jura **2001** 30; *Vogt* Der tödliche Irrtum, Jura **1981** 380; *Walther* Anmerkung zum Urteil des BGH vom 18.4.2002 – 3 StR 503/01 – JZ 2003, 50, JZ **2003** 52; *Wolter* Verfassungsrechtliche Strafrechts-, Unrechts- und Strafausschlußgründe im Strafrechtssystem von Claus Roxin, GA **1996** 207; *Zabel* Der Affekt als Schuldminderungs-, Strafausschließungs- bzw. Strafzumessungsgrund und seine Typisierung im Rahmen des Allgemeinen Teils – zur Klarstellung der Begründungsstruktur sowie der verbrechenssystematischen Einordnung, in: Klesczewski (Hrsg.) Affekt und Strafrecht (2004) 23; *ders.* Schuldtypisierung als Begriffsanalyse. Tiefenstrukturen moderner Praxisformen und deren strafrechtliche Transformation (2007); *Zieschang* Polizeiliche Tatprovokation, Festschrift Paeffgen (2015) 423.

Entstehungsgeschichte

Eine Regelung zum Notwehrexzess kannte bereits das RStGB von 1871. Dort war der Notwehrexzess im engen Zusammenhang mit der Notwehr normiert. So bestimmte § 53 a.F. RStGB in seinem ersten Absatz, dass eine strafbare Handlung nicht vorhanden ist, wenn sie durch Notwehr geboten ist. § 53 Abs. 2 a.F. RStGB definierte die Notwehr als diejenige Verteidigung, welche erforderlich ist, um einen gegenwärtigen rechtswidrigen Angriff von sich oder einem anderen abzuwenden. § 53 Abs. 3 a.F. RStGB lautete dann:

„Die Ueberschreitung der Nothwehr ist nicht strafbar, wenn der Thäter in Bestürzung, Furcht oder Schrecken über die Grenzen der Vertheidigung hinausgegangen ist."

Damit beinhaltete schon das RStGB eine der heutigen Bestimmung des § 33 StGB sehr ähnliche Vorschrift zum Notwehrexzess. Auch in dem RStGB vorhergehenden Strafgesetzbüchern hatte man im Übrigen bereits eine Regelung zum Notwehrexzess aufgenommen (vgl. insbesondere Art. 130 bayStGB von 1813 sowie § 41 Satz 3 prStGB von 1851).

Im Vergleich zur Vorgängerregelung des § 53 Abs. 3 a.F. StGB lassen sich zu dem am 1.1.1975 in Kraft getretenen und seitdem unverändert gebliebenen § 33 StGB[1] abgesehen vom unterschiedlichen Satzbau insbesondere folgende Aspekte hervorheben:

---

1 § 33 StGB ist durch das 2. StrRG vom 4.7.1969 (BGBl. I, 717) geschaffen worden. Für das Ordnungswidrigkeitenrecht ist auf § 15 Abs. 3 OWiG hinzuweisen, der in den Voraussetzungen, nicht aber in der

§ 33 StGB lässt ebenso wie § 53 Abs. 3 a.F. StGB die Frage der Rechtsnatur des Notwehrexzesses offen. So ist die neutrale Formulierung „so wird er nicht bestraft" gewählt worden. Dass die Rechtsnatur im Gesetz unbeantwortet bleibt, war eine bewusste Entscheidung des Gesetzgebers.[2]

Anders als in § 53 a.F. StGB wird der Notwehrexzess nicht mehr als dritter Absatz bei der Notwehrvorschrift geregelt, sondern als eigenständige Bestimmung zwischen der Notwehr (§ 32 StGB) und dem rechtfertigenden Notstand (§ 34 StGB).

In § 33 StGB ist von der Überschreitung der „Grenzen der Notwehr" die Rede, in § 53 Abs. 3 a.F. StGB hingegen von der Überschreitung „der Notwehr" sowie von dem Hinausgehen „über die Grenzen der Verteidigung". Inhaltlich ist mit dieser geänderten Formulierung jedoch keine Modifikation verbunden.

§ 33 StGB wählt die Formulierung „aus" Verwirrung, Furcht oder Schrecken und nicht wie § 53 Abs. 3 a.F. StGB „in" Bestürzung, Furcht oder Schrecken. Bezweckt mit dieser Änderung war, dass der innere Zusammenhang zwischen den aufgeführten Affektmerkmalen einerseits und dem Verhalten des Täters andererseits verdeutlicht wird.[3] Danach darf also der Affekt nicht bloß eine zeitliche Begleiterscheinung der Tat gewesen sein. Dass Ursächlichkeit zwischen Affekt und dem Exzess vorliegen muss, entsprach aber auch schon der überwiegenden Ansicht zu § 53 Abs. 3 a.F. StGB,[4] sodass sich mit der jetzigen Formulierung zwar eine Klarstellung, jedoch keine maßgebliche Abweichung ergibt.[5] Man verwendet letztlich die Präposition, welche bereits in § 41 Satz 3 prStGB von 1851 zu finden war.

Schließlich ist im Gegensatz zu § 53 Abs. 3 a.F. StGB bezogen auf die Affekte nicht mehr von „Bestürzung" die Rede, sondern von „Verwirrung", wobei es sich hierbei um eine sprachliche Abweichung handelt, ohne dass sich damit in der Sache etwas ändert.[6] Das Merkmal „Verwirrung" beschreibe den in Unordnung geratenen seelischen oder geistigen Zustand des Angegriffenen treffender als der Begriff „Bestürzung".[7]

Insgesamt betrachtet sind die Modifikationen damit nur als marginal zu erachten, sodass die Rechtslage bis 1975 durch § 33 StGB keine grundsätzliche Änderung im Bereich des Notwehrexzesses erfahren hat.[8]

Übersicht

I. Die Rechtsnatur des Notwehrexzesses —— 1
II. Die objektiven Voraussetzungen des Notwehrexzesses —— 4
  1. Der intensive Notwehrexzess —— 5
2. Der nachzeitig-extensive Notwehrexzess —— 9
3. Der vorzeitig-extensive Notwehrexzess —— 13

Rechtsfolge mit § 33 StGB übereinstimmt: „Überschreitet der Täter die Grenzen der Notwehr aus Verwirrung, Furcht oder Schrecken, so wird die Handlung nicht geahndet".
2 BTDrucks. V/4095 S. 15; *Horstkotte* Prot. V S. 1817; siehe zur Rechtsnatur im Einzelnen unten Rdn. 1 ff.
3 BTDrucks. V/4095 S. 15; vgl. auch *Horstkotte* Prot. V S. 1817.
4 Siehe etwa BGHSt **3** 194, 197 f; BGH NJW **1962** 308, 309; BGH NJW **1969** 802; *Lube* S. 22; *Oetker* VDA II (1908) S. 255, 287 f Anm. 2; *Oppenhoff* Das Strafgesetzbuch für den Norddeutschen Bund (1871), S. 122; *H. Schröder* ZAkDR **1944** 123 Anm. 2; **abweichend** zur alten Rechtslage allerdings etwa *Jescheck* AT, 2. Aufl. 1972, S. 369; *Maurach* AT, 3. Aufl. 1965, S. 344: Nicht erforderlich sei, dass die Notwehrüberschreitung durch die Gemütslage bedingt sei, es genüge das tatsächliche Vorhandensein der Affektlage. Der Affekt müsse nicht ursächlich für den Exzess sein; vgl. auch *Mezger/Blei* AT, 15. Aufl. 1973, S. 237 f.
5 Dass die Feststellung des Zusammenhangs zwischen Affekt und Verhalten im Einzelfall schwierig sein mag, steht auf einem anderen Blatt; siehe dazu auch *Roxin* FS Schaffstein 105 f.
6 *Horstkotte* Prot. V S. 1815; *Roxin* FS Schaffstein 105.
7 Begründung zum E 1962, BTDrucks. IV/650 S. 158; *Özaydin* S. 218 f; *Stree* JuS **1973** 461, 463.
8 So auch *Müller-Christmann* JuS **1989** 717; *Özaydin* S. 219. Siehe auch *Roxin* FS Schaffstein 105: Die minimalen Abweichungen seien nur mit der „interpretatorischen Lupe" zu erkennen.

4. Der räumlich-extensive Notwehrexzess —— 15
5. Der Putativnotwehr-
exzess —— 18
III. Die subjektiven Voraussetzungen
der Notwehrüberschreitung —— 22
1. Der Verteidigungs-
wille —— 22

2. Die unbewusste und bewusste Überschreitung der Notwehr —— 23
3. Die asthenischen
Affekte —— 24
IV. Entsprechende Anwendung
des § 33 StGB auf andere Rechtfertigungsgründe? —— 31
V. Verfahrensrecht —— 33

Alphabetische Übersicht

Absichtsprovokation 7, 22
Affekte
– asthenische 1, 4 ff, 12 f, 15 ff, 21, 23 f,
27, 29 ff
– sthenische 24
Analogie 14, 20 f, 31 f
Angst 13 f, 27
Bestürzung 26
Defensivnotstand 31 f
Entschuldigungsgrund 1 f, 15 ff, 21, 32 f
Furcht 23, 27, 30
In dubio pro reo 33
Missverhältnis 6
Nothilfe 8
Notwehrexzess
– bewusster 3, 23
– intensiver 5 ff
– nachzeitig-extensiver 9 ff

– objektive Voraussetzungen 4 ff
– räumlich-extensiver 15 ff
– Rechtsnatur 1 ff
– subjektive Voraussetzungen 22 ff
– unbewusster 23
– vorzeitig-extensiver 13 f
Provokation 7, 22
Putativnotwehr 18
Putativnotwehrexzess 4, 18 ff
Rechtsnatur 1 ff
Schrecken 28, 30
Schuldminderung 1 ff, 6 ff, 15, 21, 23, 32
Unabsichtlich herbeigeführte Notwehr-
lage 7
Unrechtsminderung 1 ff, 7 ff, 11 ff, 20 ff, 32
Verfahrensrecht 33
Verteidigungswille 7, 22
Verwirrung 6, 23, 26 f, 30

I. Die Rechtsnatur des Notwehrexzesses

Schon im Rahmen der alten Rechtslage bis 1975 war die Klassifizierung des § 53 **1** Abs. 3 a.F. StGB umstritten. Vor dem Hintergrund, dass der Gesetzgeber die **Rechtsnatur** der Notwehrüberschreitung auch in der Neufassung bewusst **offengelassen** hat,[9] werden auch heute noch unterschiedliche Auffassungen zur dogmatischen Einordung des § 33 StGB vertreten. Der **BGH** geht in ständiger Rechtsprechung davon aus, § 33 StGB sei ein **Entschuldigungsgrund**.[10] Dies hatte der BGH bereits im Hinblick auf die Vorgängerregelung in § 53 Abs. 3 a.F. StGB angenommen.[11] Auch die ganz überwiegende Ansicht im **Schrifttum** ordnet § 33 StGB als Entschuldigungsgrund ein.[12] Erklärt wird dieser mit

---

[9] BTDrucks. V/4095 S. 15; *Kindhäuser* NK Rdn. 1; *Sch/Schröder/Perron* Rdn. 2.
[10] So etwa BGH NStZ **1981** 299; BGH NStZ **1983** 117; BGH NStZ **1991** 32, 33; BGH NStZ **1991** 528; BGH NStZ-RR **1997** 65 f; BGHSt 39 133, 139; BGH StraFo **2010** 37; BGH NStZ **2011** 630, 631; BGH NJW **2013** 2133, 2134.
[11] BGHSt 3 194, 197 f; BGH NJW **1962** 308, 309; BGH GA **1969** 23, 24. Das RG hatte ursprünglich die Regelung des § 53 Abs. 3 a.F. StGB als Strafausschließungsgrund angesehen; etwa RG JW **1889** 333 Nr. 5, teilweise dann aber auch davon gesprochen, dass die Überschreitung der Notwehr „nicht strafbar" und der Täter strafrechtlich „nicht verantwortlich" sei; RGSt **56** 33, 34. Schließlich hat das RG offengelassen, ob es sich bei der Vorschrift um einen Schuldausschließungsgrund oder einen persönlichen Strafausschließungsgrund handelt; RGSt **66** 288, 289.
[12] Etwa *Bernsmann* ZStW **104** (1992) 290, 325; *Berster* GA **2016** 36, 42; *Diederich* S. 68; *Duttge* HK-GS Rdn. 1; *Erb* MK Rdn. 1; *Eser* in: Gropp u.a., S. 247, 253 f; *Geilen* Jura **1981** 370, 378; *Geppert* Jura **2007** 33, 38; *Hardtung* ZStW **108** (1996) 26, 49; *Hauck* AnwK Rdn. 1; *Heghmanns* AD LEGENDUM **2015** 96, 100; *Heinrich* Rdn. 582; *Heuchemer* BeckOK Rdn. 1; *Hoyer* SK Rdn. 2; *Joecks/Jäger* Rdn. 1; *Kindhäuser* NK Rdn. 4; *ders.* AT

einer **doppelten Schuldminderung**, die sich einmal aus dem bereits verminderten Unrecht der Notwehrüberschreitung ergebe, zum anderen aus dem psychischen Ausnahmezustand der Schwäche des Täters.[13] Demgegenüber findet sich vereinzelt die Auffassung, § 33 StGB sei **persönlicher Strafausschließungsgrund**.[14] Mitunter wurde der Notwehrexzess im Schrifttum aber auch als eine „**unwiderlegliche Präsumtion** fehlender Fahrlässigkeit", also als eine Beweisregel für den Fahrlässigkeitsausschluss, angesehen.[15] Es findet sich zudem die Einstufung als „typisierte Erlaubnistatbestandsirrtumsregelung".[16] Darüber hinaus wird die Vorschrift unter Heranziehung von **Strafzweckerwägungen** als Ausschluss der von einigen Autoren gebildeten Kategorie der Tatverantwortung aufgefasst.[17] Schließlich findet auch unabhängig von dieser letzteren Einordnung eine strafzweckorientierte Deutung des § 33 StGB statt;[18] eine auf den gesetzlich genannten asthenischen Affekten beruhende Exzesstat gefährde den Rechtsfrieden nicht.[19] Bei Nachsichtigkeit gegenüber asthenischen Affekten drohe kein Nachahmungseffekt.[20] Zudem liege die Verantwortung für die Eskalation primär beim Opfer, da dieses als Angreifer den Affektzustand selbst verschuldet habe.[21] Der Angreifer trage die vorrangige Verantwortung an dem Konflikt, sodass es an einer generalpräventiv begründeten Notwendigkeit der Bestrafung des Exzedenten fehle.[22]

2   Der **Wortlaut** der Norm selbst hilft bei der Einordnung des § 33 StGB nicht sehr viel weiter. Wenn der Gesetzgeber die Formulierung „wird nicht bestraft" wählt, ist es möglich, dass eine Bestrafung bereits auf einer der drei Verbrechensebenen scheitern kann oder aber eben auch ein Strafausschließungsgrund vorliegen mag. Da jedoch in der Norm die Formulierung gewählt ist „Überschreitet der Täter die Grenzen der Notwehr", spricht das immerhin eher dafür, dass es sich bei § 33 StGB nicht um einen Rechtfertigungsgrund handelt. Dies wird durch einen Vergleich mit dem Wortlaut des § 32 StGB untermauert, wo im Gegensatz zu § 33 StGB ausdrücklich davon die Rede ist, dass der Täter „nicht rechtswidrig" handelt. Die **historische Auslegung** gibt keinen Aufschluss, da bereits die Rechtsnatur der Vorgängerregelung in § 53 Abs. 3 a.F. StGB umstritten war und der Gesetzgeber mit der Neufassung wie bereits erwähnt bewusst eine Einordnung unterlassen hat.[23] In **systematischer Sicht** steht die Vorschrift zwischen zwei Rechtfertigungsgründen, nämlich der Notwehr und dem rechtfertigenden Notstand, was mögli-

---

§ 25 Rdn. 1; *Kühl* AT § 12 Rdn. 128; Lackner/*Kühl* Rdn. 1; *Otto* Jura **1987** 604, 607; *Sch/Schröder/Perron* Rdn. 2; *Rengier* AT § 27 Rdn. 1; *Rogall* GS Weßlau 529, 543ff; SSW/*Rosenau* Rdn. 1; *ders.* FS Beulke 225, 237; *Satzger* JK **2012** StGB § 16/5; *Sauren* Jura **1988** 567, 569; *Wessels/Beulke/Satzger* Rdn. 666; *Zieschang* AT Rdn. 362.

13   Siehe *Erb* MK Rdn. 2; *Geppert* Jura **2007** 33, 38; *Hauck* AnwK Rdn. 1; *Hoyer* SK Rdn. 2; *Kuchinke* FS F.-W. Krause 327, 333; *Özaydin* S. 220 f; *Otto* Jura **1987** 604, 607; *Sch/Schröder/Perron* Rdn. 2; *Rengier* AT § 27 Rdn. 1; *Rogall* SK[8] Rdn. 1 f; *Rudolphi* JuS **1969** 461, 462 f; *Wessels/Beulke/Satzger* Rdn. 666; *Zieschang* AT Rdn. 362.

14   *J. Fischer* S. 80 ff; *Jagusch* LK[8] § 53 Anm. 7b; *M.E. Mayer* AT S. 283; *Zabel* in: Klesczewski, S. 23, 53.

15   *H. Schröder* ZAkDR **1944** 123, 124.

16   *Frister* Schuldelement S. 229 ff; siehe auch das Erklärungsmodell von *Aschermann* S. 85 ff.

17   *Roxin* FS Schaffstein 105, 116 f, 126 f; *ders.* AT I § 22 Rdn. 69; siehe auch *Wolter* GA **1996** 207, 214 f: „Mangelnde Strafbedürftigkeit", „Verantwortungsausschlussgrund".

18   *Matt/Renzikowski/Engländer* Rdn. 3; *ders.* HRRS **2013** 389, 392; *Heuchemer* BeckOK Rdn. 1.1, 5 ff; *ders.* JA **2000** 382, 385; vgl. auch *Jakobs* AT 20 Rdn. 28.

19   Siehe zur strafzweckorientierten Deutung etwa auch *Motsch* S. 60 ff; *Seeberg* S. 190 ff, 204 ff, 211 ff sowie als Ergänzung zur Schuldminderung *Erb* MK Rdn. 3; *Kindhäuser* NK Rdn. 6.

20   *Matt/Renzikowski/Engländer* Rdn. 3.

21   *Matt/Renzikowski/Engländer* Rdn. 3.

22   *Heuchemer* BeckOK Rdn. 1.1.

23   Siehe aber auch *Rogall* GS Weßlau 529, 539 ff, der darlegt, im Sonderausschuss für die Strafrechtsreform sei zu keiner Zeit in Zweifel gezogen worden, dass der Notwehrexzess ein Schuldphänomen ist.

cherweise dafür sprechen könnte, dass es sich ebenfalls um einen Rechtfertigungsgrund handelt. Aber auch dieses Argument verfängt nicht. Schon der Wortlaut des § 33 StGB spricht dagegen, zudem ist § 35 StGB auch im unmittelbaren Anschluss an den Rechtfertigungsgrund des § 34 StGB normiert; bei § 35 StGB handelt es sich aber schon allein aufgrund des eindeutigen Wortlauts um einen Entschuldigungsgrund.[24] Auch die systematische Auslegung führt daher nicht zu einem eindeutigen Ergebnis. Abzustellen ist daher auf die hinter dem Notwehrexzess stehenden Gedanken, also auf **Sinn und Zweck der Vorschrift**. Hier lässt sich nun feststellen, dass die Tat des Notwehrüberschreitenden nicht grundlos erfolgt. Vielmehr geht mit seiner Tat grundsätzlich eine Notwehrsituation einher. Im Vergleich zu demjenigen, welcher ohne Notwehr eine andere Person beeinträchtigt, ist das Unrecht der Tat desjenigen, der im Rahmen der ihm grundsätzlich zugutekommenden Notwehr nunmehr deren Grenzen überschreitet, gemindert. Es trifft daher den Kern, wenn im Schrifttum darauf hingewiesen wird, dass mit der Tat, welche von einer Notwehrüberschreitung geprägt ist, bereits eine **Unrechtsminderung** verbunden ist.[25] Das Unrecht ist um den Teil zu reduzieren, der gerechtfertigt gewesen wäre, falls der Täter nicht die Notwehr überschritten hätte.[26] Ohne die Überschreitung wäre die Tat gerechtfertigt. Schon dieses geringere Unrecht hat Einfluss auf die Schuld, die dadurch bereits gemindert ist. Hinzu kommt jedoch ein weiterer Aspekt: Der Täter befindet sich im Fall des § 33 StGB in einem **psychischen Ausnahmezustand**.[27] Er ist in seiner Tathandlung durch einen der genannten Affekte, die Ausdruck von Schwäche sind, beeinflusst. Die durch den rechtswidrigen Angriff ausgelösten Affekte erschweren eine normgemäße Willensbildung.[28] Die Fähigkeit zum Andershandelnkönnen wird beeinträchtigt. Diese **weitere Minderung** führt gemeinsam mit der vorhandenen Unrechtsminderung dazu, dass der Gesetzgeber über § 33 StGB die Tat verzeiht, mit anderen Worten also die Tat **entschuldigt**. § 33 StGB ist daher richtigerweise in Einklang mit Rechtsprechung und überwiegender Ansicht im strafrechtswissenschaftlichen Schrifttum als **Entschuldigungsgrund** einzustufen.

Gegen die Einordnung als persönlicher Strafausschließungsgrund spricht, dass bei **3** diesem vor allem aus staats- und kriminalpolitischen Aspekten der Strafverzicht resultiert.[29] Es geht um eine Strafbefreiung aus nicht strafrechtsspezifischen Gründen allgemeiner Art.[30] Unabhängig von Unrecht und Schuld wird ausnahmsweise auf Strafe verzichtet.[31] Es hat sich jedoch gezeigt, dass mit dem Notwehrexzess gerade eine Minderung von Unrecht und Schuld einhergeht. Dann aber passt folglich die Einordnung als Strafausschließungsgrund nicht. Gegen die Einstufung als Beweisregel für den Fahrlässigkeitsausschluss ist einzuwenden, dass der Notwehrexzess nach zutreffender Ansicht auch die bewusste Überschreitung der Grenzen der Notwehr erfasst.[32] Soweit eine Einordnung als „typisierte Erlaubnistatbestandsirrtumsregelung" erfolgt, findet zudem nicht hinreichend Beachtung, dass § 33 StGB keinen Fall des Irrtums regeln soll.[33] Er-

---

24 *Kühl* AT § 12 Rdn. 127 weist auf die beiden „Pärchen" §§ 34, 35 StGB einerseits und §§ 32, 33 StGB andererseits hin, was für eine Einordnung des § 33 StGB als Entschuldigungsgrund spricht, wenn auch § 33 StGB im Gegensatz zu § 35 StGB insofern vom Wortlaut nicht eindeutig ist.
25 *Ebert* AT S. 108; *Erb* MK Rdn. 2; *Rudolphi* JuS **1969** 461, 462f.
26 *Kindhäuser* NK Rdn. 5.
27 *Sch/Schröder/Perron* Rdn. 2.
28 *Spendel* LK[11] Rdn. 40.
29 *Kühl* AT § 12 Rdn. 8.
30 *Horstkotte* Prot. V S. 1817; *Kindhäuser* NK Rdn. 2.
31 *Zieschang* FS Paeffgen 423, 429.
32 Siehe dazu im Einzelnen unten Rdn. 23.
33 *Kindhäuser* NK Rdn. 3; *Rogall* GS Weßlau 529, 542f; *Rönnau* LK Vor § 32 Rdn. 344.

laubnistatbestandsirrtum einerseits und Notwehrüberschreitung andererseits sind voneinander zu unterscheiden.[34] Schließlich ist auch die Auffassung, welche § 33 StGB maßgeblich strafzweckorientiert auslegt und erklärt, Bedenken ausgesetzt. Wenn unter Zugrundelegung einer solchen Sicht davon die Rede ist, der ursprüngliche Angreifer sei für die Notwehrüberschreitung letztlich „zuständig",[35] dann werden Begriffe benutzt, die offen und vage sind und Raum für beliebige Interpretationen eröffnen. Die Frage, wer „zuständig" ist, kann nach Belieben leicht in die eine oder andere Richtung beantwortet werden, je nachdem, welches Ergebnis man erzielen möchte. Mit hinreichender strafrechtlicher Bestimmtheit hat dies nichts mehr zu tun. Zudem werden die maßgeblichen Aspekte nur verschleiert, da es nämlich wie ausgeführt um eine aus der ursprünglichen Notwehrsituation resultierende Unrechtsminderung geht, nicht aber um wie auch immer geartete „Zuständigkeiten". Soweit darauf abgestellt wird, ob „die vorrangige Verantwortlichkeit für die Exzesstat auf das Opfer ‚abgeladen' werden kann",[36] geht es nur noch um die (scheinbare) Legitimation intuitiv als vermeintlich richtig empfundener Entscheidungen. Mit derart vagen Kriterien lässt sich jedes Ergebnis begründen.

II. Die objektiven Voraussetzungen des Notwehrexzesses

4   Kontrovers wird die Frage beurteilt, welche **Arten von Notwehrüberschreitungen** über § 33 StGB erfasst werden. Vom theoretischen Ausgangspunkt kann die Überschreitung der „Grenzen der Notwehr" auf sehr unterschiedliche Art und Weise erfolgen. Einmal kann sich der Täter bei vorhandener Notwehrlage, also bei Vorliegen eines gegenwärtigen rechtswidrigen Angriffs, gegen den Angreifer **stärker** verteidigen als dies **erforderlich** ist. Insofern wird das Maß der Verteidigung überschritten. In diesem Sinne ist es auch möglich, dass der Täter eine Verteidigung wählt, die im konkreten Fall als **nicht geboten** anzusehen ist. In Betracht kommt weiterhin, dass die Grenzen der Notwehr in **zeitlicher** Hinsicht missachtet sind: So ist es möglich, dass der Täter bei **nicht mehr bestehender Notwehrlage** weiter agiert oder aber schon **zeitlich vor der Notwehrlage** Verteidigungsmaßnahmen ergreift. Auch kann eine Überdehnung in **räumlicher Hinsicht** vorliegen, indem sich der Angegriffene aus den in § 33 StGB genannten Affekten gegen Unbeteiligte wendet. Schließlich ist zu fragen, was zu gelten hat, wenn die Notwehrlage **nur in der Vorstellung des Täters** gegeben ist und er nun aus den in § 33 StGB genannten asthenischen Affekten zusätzlich die Grenzen der vermeintlichen Notwehrlage überschreitet, also ein Putativnotwehrexzess vorliegt. Möglich ist zudem, dass **mehrere Exzesse gleichzeitig** vorliegen, indem sich der Täter etwa nicht nur zu intensiv verteidigt, sondern auch noch nach Beendigung der Notwehrlage. Im Folgenden ist auf die jeweiligen Konstellationen einzugehen.

5   **1. Der intensive Notwehrexzess. Unstreitig** wird der sogenannte **intensive Notwehrexzess** vom § 33 StGB erfasst.[37] Dabei geht es um die Konstellation, dass der Täter bei tatsächlich bestehender Notwehrlage, die nach zutreffender Auffassung aus der Be-

---

34   Zum Verhältnis von Erlaubnistatbestandsirrtum und Notwehrexzess siehe Rdn. 18 ff.
35   Siehe etwa *Heuchemer* JA **2000** 382, 385; *Kindhäuser* NK Rdn. 6.
36   *Motsch* S. 60 ff; vgl. auch *Heuchemer* BeckOK Rdn. 1.1, 6, 7.1; *Seeberg* S. 190 ff, 204 ff, 211 ff.
37   Siehe etwa nur BGH NStE § 32 Nr. 15; BGH NStZ **1987** 20; BGH NStZ-RR **2009** 70, 71; BGH NStZ-RR **2018** 272, 273; *Duttge* HK-GS Rdn. 3; Baumann/Weber/Mitsch/*Eisele* § 18 Rdn. 52; *Engländer* JuS **2012** 408; *Erb* MK Rdn. 10; *Fahl* Jura **2003** 60, 65; *Heinrich* Rdn. 583; *Hoyer* SK Rdn. 11; *Joecks/Jäger* Rdn. 2; *Kindhäuser* NK Rdn. 7, 9; *Kühl* AT § 12 Rdn. 135 ff; Lackner/*Kühl* Rdn. 2; *Müller-Christmann* JuS **1989** 717 f; Sch/Schröder/*Perron* Rdn. 7; *Rengier* AT § 27 Rdn. 6; *Rogall* GS Weßlau 529, 532; SSW/*Rosenau* Rdn. 5; *ders.* FS Beulke 225, 227; *Zieschang* AT Rdn. 364.

trachtung ex post zu beurteilen ist,[38] aus den genannten Affekten heraus die Erforderlichkeit der Verteidigungshandlung überdehnt, sich also **intensiver verteidigt als erforderlich**. In diesem Fall besteht objektiv eine Notwehrlage, mag der Angriff möglicherweise auch bereits etwas nachlassen.[39] Als Beispiel für einen intensiven Notwehrexzess ist etwa der Fall zu nennen, in dem der Täter dem Angreifer zur Abwehr einen Messerstich versetzt, obwohl zur Verteidigung vom Standpunkt eines vernünftigen Dritten in der Situation des Täters aus der Sicht ex ante im Zeitpunkt der Verteidigung[40] ein Faustschlag genügt hätte.[41] Unter den intensiven Notwehrexzess fällt zum Beispiel auch die Konstellation, in der dem angetrunkenen Angreifer, der dem Angegriffenen seine Hand kräftig auf die Schulter legt, von einem aus asthenischen Affekten handelnden Boxer „eine linke Gerade" gezielt ins Gesicht versetzt wird, obwohl es zunächst erforderlich gewesen wäre, den Angreifer aufzufordern, die Hand wegzunehmen.[42] Im Einzelfall bedarf es natürlich stets der Prüfung, ob sich die Verteidigung nicht doch noch im Rahmen des Erforderlichen gehalten hat und damit über § 32 StGB gerechtfertigt ist oder ob sie darüber hinausgegangen ist.[43] Ist die Verteidigung nicht mehr erforderlich, darf sich der ursprüngliche Angreifer dagegen wehren, jedoch nur, soweit die Verteidigung das Maß der Erforderlichkeit übersteigt.

Ebenfalls dem **intensiven Notwehrexzess** sind Fälle zuzuordnen, bei denen die 6
Verteidigungshandlung des Täters die **Gebotenheit überschreitet**.[44] Das ist etwa anzunehmen, wenn bei einem angreifenden Kind Schutzwehr angezeigt war, der Täter aber aus Verwirrung unmittelbar Trutzwehr ausübt. Ein weiteres Beispiel ist der Fall, dass der Angegriffene aus asthenischen Affekten heraus in Richtung von Kirschdieben schießt.[45] Hier entfällt die Rechtfertigung der Notwehr vor dem Hintergrund mangelnder Gebotenheit aufgrund eines bloßen Bagatellangriffs.[46] Insoweit ist jedoch zu betonen, dass es im Schrifttum umstritten ist, ob § 33 StGB überhaupt den Fall erfasst, dass ein **„krasses Missverhältnis"** zwischen dem verteidigten und bei dem Angreifer verletzten Gut besteht. Hier wird teilweise angenommen, in Parallele zur Notwehr sei auch § 33 StGB nicht einschlägig.[47] Gegen diese Sicht spricht aber, dass es sich auch dann um einen Fall der Überschreitung der Notwehr handelt. Liegt aufgrund der grundsätzlichen Notwehrsituation und des Affekts eine doppelte Schuldminderung vor, verzeiht der Gesetzgeber auch bei einer erheblichen Überschreitung die Tat. Es widerspräche

---

38 Siehe *Zieschang* AT Rdn. 201.
39 BGH NStZ **1987** 20; BGH NStZ-RR **2004** 10, 11; *Hoyer* SK Rdn. 11; *Kindhäuser* NK Rdn. 7; *Kühl* AT § 12 Rdn. 138; *Sch/Schröder/Perron* Rdn. 1.
40 Die Erforderlichkeit der Verteidigungshandlung ist im Wege einer nachträglichen ex ante-Sicht zu beurteilen.
41 Siehe insofern BGH bei Holtz MDR **1980** 453.
42 Siehe den Sachverhalt von BGH MDR **1956** 372.
43 Siehe dazu etwa den Sachverhalt von BGH NJW **1980** 2263 (der körperlich überlegene Mitschüler versetzt dem Angegriffenen kräftige Faustschläge, wogegen dieser sich mit einem tödlichen Messerstich wehrt; richtig hat hier der BGH die Erforderlichkeit der Verteidigung bejaht).
44 So auch BGH NStZ-RR **2018** 272, 273; *Duttge* HK-GS Rdn. 3; *Matt/Renzikowski/Engländer* Rdn. 4; *Erb* MK Rdn. 11f; *Fischer* Rdn. 2; *Hauck* AnwK Rdn. 2; Lackner/*Kühl* Rdn. 2; *Sch/Schröder/Perron* Rdn. 7; *Rengier* AT § 27 Rdn. 6, 10; SSW/*Rosenau* Rdn. 5; *Wessels/Beulke/Satzger* Rdn. 668.
45 Siehe RGSt 56 33 f.
46 Das RG führt aus, nach den Feststellungen des Landgerichts wäre es möglich und genügend gewesen, senkrecht in die Luft oder in eine andere Richtung zu schießen; RGSt 56 33. Insofern könnte man diesen Fall auch als einen solchen ansehen, in dem es bereits an der Erforderlichkeit der Verteidigungshandlung (Schussabgabe in Richtung der Diebe) fehlt.
47 Etwa *Diederich* S. 86; *Hoyer* SK Rdn. 24; *Jakobs* AT 20 Rdn. 29; *Kindhäuser* NK Rdn. 14; *Kühl* AT § 12 Rdn. 150; *Sch/Schröder/Perron* Rdn. 7; *Rogall* SK[8] Rdn. 13; *Roxin* AT I § 22 Rdn. 79; *Wessels/Beulke/Satzger* Rdn. 668; offengelassen von BGH NStZ **2016** 333, 334.

dem Wortlaut des § 33 StGB, die Vorschrift dann nicht zur Anwendung gelangen zu lassen.[48]

7   Dagegen kommt § 33 StGB im Fall der **Absichtsprovokation nicht** in Betracht, was sich daraus ergibt, dass dem Angegriffenen in dieser Konstellation der **Verteidigungswille fehlt**,[49] der jedoch zur Anwendung des § 33 StGB vorausgesetzt ist (Rdn. 22).[50] Bei der **unabsichtlich**, aber **vorwerfbar herbeigeführten Notwehrlage**[51] kann der Täter hingegen bei einer Überschreitung der Notwehr § 33 StGB zugutekommen.[52] In diesem Fall liegt der Verteidigungswille vor. Die Rechtsprechung bietet indes zu dieser Frage ein uneinheitliches Bild. Ursprünglich hat der BGH in solchen Fällen der Notwehrprovokation die Anwendung „der Rechtswohltat" des § 33 StGB verneint.[53] Das ist jedoch schon mit dem Wortlaut des § 33 StGB nicht zu vereinbaren, denn ein Überschreiten der Grenzen der Notwehr liegt auch dann vor, wenn die Abwehr des Täters im Sinne des § 32 StGB nicht geboten ist. In seinem Urteil vom 3.2.1993[54] hat der BGH dann ausgeführt, da bei der schuldhaft mitverursachten Notwehrlage noch ein (wenn auch eingeschränktes) Notwehrrecht verbleibe, sei grundsätzlich auch Raum für die Anwendung des § 33 StGB.[55] Dies gelte aber dann nicht, wenn sich der rechtswidrig Angegriffene planmäßig in eine tätliche Auseinandersetzung mit seinem Gegner eingelassen hat, um unter Ausschaltung der für die Konfliktlösung zuständigen und erreichbaren Polizei den ihm angekündigten Angriff mit eigenen Mitteln abzuwehren und die Oberhand über seinen Gegner zu gewinnen.[56] Denn in einem solchen Fall liege die eigentliche Ursache für die Notwehrüberschreitung nicht in einer durch den rechtswidrigen Angriff ausgelösten, auf asthenischen Affekten beruhenden Schwäche des Angegriffenen, sondern in dem vor Eintritt der Notwehrlage gefassten, auf sthenischen Affekten beruhenden Entschluss, den "Krieg" mit dem Gegner selbst auszutragen. Aber auch diese vom BGH favorisierte Einschränkung ist abzulehnen.[57] Sie ist ebenfalls mit dem Wortlaut des § 33 StGB nicht zu vereinbaren. Zudem verkennt der BGH, dass auch in diesem Fall ein Notwehrrecht verbleibt und somit nicht nur aufgrund des Affekts eine Schuldminderung, sondern eben-

---

48   Siehe auch *Duttge* HK-GS Rdn. 4; *Matt/Renzikowski/Engländer* Rdn. 13; *Erb* MK Rdn. 13, 24; *Fischer* Rdn. 8.
49   Siehe dazu *Zieschang* AT Rdn. 221.
50   Gegen die Anwendung des § 33 StGB auf die Absichtsprovokation etwa auch *Duttge* HK-GS Rdn. 3; *Geppert* Jura **2007** 33, 39; *Hoyer* SK Rdn. 22; *Kudlich* JA **2009** 306, 307 mit Fn. 5; *Rengier* AT § 27 Rdn. 14; *Rogall* SK[8] Rdn. 11; SSW/*Rosenau* Rdn. 5; *ders.* FS Beulke 225, 236; *Wessels/Beulke/Satzger* Rdn. 668; siehe ferner *Erb* MK Rdn. 11; **anders** *Mitsch* JuS **2017** 19, 23, der bei § 33 StGB jegliche Provokation für unbeachtlich hält. Hierbei wird aber nicht hinreichend beachtet, dass bei der Absichtsprovokation der Verteidigungswille fehlt.
51   Siehe zur schuldhaft provozierten Notwehrlage *Zieschang* AT Rdn. 222 f m.w.N.
52   So etwa auch *Ebert* AT S. 109; *Erb* MK Rdn. 11; *Geppert* Jura **2007** 33, 39; *Jäger* AT Rdn. 199; *Kühl* AT § 12 Rdn. 152; *Müller-Christmann* JuS **1989** 717, 719 f; *Rengier* AT § 27 Rdn. 13; *Roxin* AT I § 22 Rdn. 93.
53   BGH NJW **1962** 308, 309; ebenso OLG Hamm NJW **1965** 1928 f; *Heuchemer* BeckOK Rdn. 16; *Jakobs* AT 20 Rdn. 34.
54   BGHSt **39** 133 m. Anm. *Drescher* JR **1994** 423; *Lesch* StV **1993** 578; *Müller-Christmann* JuS **1994** 649; *Otto* JK **1994** StGB § 32/19; *Roxin* NStZ **1993** 335.
55   So auch BGH NStZ **2016** 84, 86.
56   BGHSt **39** 133, 139 f. Diese Grenze wird in BGH NStZ **2016** 84, 86 aber nicht erwähnt. Einschränkend auch schon BGH NJW **1995** 973: § 33 StGB scheide nicht aus, weil der Angegriffene hätte fliehen oder die Polizei vorsorglich hätte einschalten können; dem zustimmend *Sch/Schröder/Perron* Rdn. 3; *Rengier* AT § 27 Rdn. 12, 15.
57   Ebenso etwa *Beulke* Klausurenkurs I Rdn. 400; *Duttge* HK-GS Rdn. 3; *Matt/Renzikowski/Engländer* Rdn. 14; *Erb* MK Rdn. 11; *Haft/Eisele* Jura **2000** 313, 316; *Lackner/Kühl* Rdn. 4; *ders.* AT § 12 Rdn. 153; *Rengier* AT § 27 Rdn. 15; *Roxin* AT I § 22 Rdn. 93; *ders.* NStZ **1993** 335 f; *Wessels/Beulke/Satzger* Rdn. 668; **anders** *Diederich* S. 131 ff; *Drescher* JR **1994** 423, 425 f; *Gropp* AT § 6 Rdn. 172; *Hauck* AnwK Rdn. 3; *Heuchemer* BeckOK Rdn. 19 f; *Jescheck/Weigend* § 45 II 5.

falls die Unrechtsminderung vorliegt. Dann aber ist § 33 StGB von Sinn und Zweck her anwendbar.[58]

Die Vorschrift des § 33 StGB greift auch im Fall der **Nothilfe**,[59] wenn der Nothelfer aus asthenischen Affekten die Verteidigung intensiver als erforderlich oder geboten gestaltet. Natürlich ist dann besonderes Augenmerk darauf zu legen, ob die Überschreitung tatsächlich durch einen der in § 33 StGB genannten Affekte mitverursacht wurde. Problematischer ist der Fall der **aufgedrängten Nothilfe**. Wenn der Nothelfer entgegen dem Willen des Angegriffenen einschreitet, kann man zwar durchaus auch von einer Überschreitung der Grenzen der Nothilfe sprechen. Fraglich ist aber, ob dann noch § 33 StGB greift. So könnte man argumentieren, dass in diesem Fall gar kein Nothilferecht besteht und daher auch § 33 StGB nicht in Betracht kommt.[60] Eine solche Sicht ist indes bereits deswegen zu pauschal, da der entgegenstehende Wille des Angegriffenen nach zutreffender Ansicht bei der aufgedrängten Nothilfe nicht stets beachtlich ist, man denke nur an den Fall, dass der Angegriffene allein deswegen die Hilfe verweigert, um den Nothelfer zu schützen. Daher ist der entgegenstehende Wille des Angegriffenen überhaupt nur dann als beachtlich zu erachten, wenn in ihm bei vorhandener Dispositionsbefugnis die freiverantwortliche Entscheidung zur Duldung des Angriffs zum Ausdruck kommt.[61] In Bezug auf § 33 StGB ist dann zu bedenken, dass auch im Fall der Nothilfe aufgrund des rechtswidrigen Angriffs eine Unrechtsminderung vorliegt, die zur Schuldminderung führt, und im Hinblick auf den asthenischen Affekt eine weitere Schuldminderung gegeben ist. Diese doppelte Schuldminderung führt dann aber zur Anwendung des § 33 StGB auch in dem Fall, dass die Überschreitung der Notwehr in der Nichtberücksichtigung des beachtlichen Willens des Angegriffenen liegt.[62]

2. Der nachzeitig-extensive Notwehrexzess. Möglich ist auch, dass der Täter aus asthenischen Affekten heraus selbst **nach Beendigung der ursprünglich vorhandenen Notwehrlage** weiter agiert. Er überdehnt damit die Grenzen der Notwehr in zeitlich Hinsicht. Insofern lässt sich das Beispiel anführen, in dem der Täter auf den bereits bewusstlosen und kampfunfähigen Angreifer aus asthenischen Affekten heraus weiter einschlägt.[63] Handelt der Täter, obwohl der Angriff bereits beendet, also nicht mehr gegenwärtig ist, spricht man vom **nachzeitig-extensiven Notwehrexzess**. Hierbei ist umstritten, ob dieser ebenfalls von § 33 StGB erfasst wird. Die ständige **Rechtsprechung**, welche allein den intensiven Notwehrexzess anerkennt, **verneint** dies.[64] Auch ein erheblicher Teil der Lehre ist der Auffassung, dass der nachzeitig-extensive Notwehrexzess nicht unter § 33 StGB fällt.[65] Die Norm setze eine wirkliche Notwehrlage voraus, die beim

---

58 Vgl. auch *Sch/Schröder/Perron* Rdn. 9; *Rogall* SK[8] Rdn. 12.
59 *Duttge* HK-GS Rdn. 6; *Matt/Renzikowski/Engländer* Rdn. 6; *Erb* MK Rdn. 16; *Hoyer* SK Rdn. 16.
60 Siehe *Sch/Schröder/Perron* Rdn. 10, der jedoch § 33 StGB analog anwenden will.
61 *Seuring* S. 247; *Zieschang* AT Rdn. 236.
62 Vgl. auch *Matt/Renzikowski/Engländer* Rdn. 6; *Erb* MK Rdn. 16; *Seeberg* S. 184 ff, 219 ff.
63 Vgl. auch den Sachverhalt von RGSt **54** 36 f sowie BGH(Z) VersR **1967** 661.
64 Etwa BGH NStZ **1987** 20; BGH NStE § 33 Rdn. 3; BGH NStZ **2002** 141 f; BGH NStZ **2011** 630. Bereits das RG stand der Anerkennung des nachzeitig-extensiven Notwehrexzesses ablehnend gegenüber, siehe RGSt **21** 189, 190; RGSt **54** 36 f; RGSt **61** 216 f. Zu berücksichtigen ist aber, dass der BGH die Gegenwärtigkeit des Angriffs weit versteht, wonach § 33 StGB noch anwendbar ist, wenn die Intensität des Angriffs bereits nachgelassen hat oder die unmittelbare Wiederholung des Angriffs zu befürchten ist; BGH NStZ **1987** 20; BGH NStZ-RR **2004** 10 f; BGH NStZ-RR **2009** 70, 71.
65 So etwa *Duttge* HK-GS Rdn. 8; *Geilen* Jura **1981** 370, 379; *Gropp* AT § 6 Rdn. 159 ff; *Hardtung* ZStW **108** (1996) 26, 50; *Hauck* AnwK Rdn. 4; *Heghmanns* AD LEGENDUM **2015** 96, 100; *Hoffmann-Holland* AT Rdn. 411; *Hoyer* SK Rdn. 12; *Jäger* AT Rdn. 196; *Jescheck/Weigend* § 45 II 4; *Klimsch* S. 75; *Rogall* GS Weßlau

nachtzeitig-extensiven Notwehrexzess nicht mehr besteht.[66] Der zweite tragende Grund des § 33 StGB, die Unrechtsminderung, liege nicht vor.[67] Dazu im Gegensatz finden sich aber auch in der Lehre viele Stimmen, die ebenfalls diese Form des Exzesses vom Anwendungsbereich des § 33 StGB als erfasst ansehen.[68] Dies sei angebracht angesichts der „fortbestehenden Dramatik der Situation".[69] Eine nicht rechtzeitig beendete Reaktion auf eine existenziell empfundene Bedrohung sei in psychologischer Sicht nicht weniger einfühlbar als eine in ihrer Stärke überzogene Gegenwehr.[70] Zudem gleiche das Unrecht dem des intensiven Exzesstäters.[71] Es mache wertungsmäßig keinen Unterschied, ob man bei der Notwehr einmal zu gefährlich zusticht oder kurz danach ein zweites Mal.[72]

10 Stellt man auf den **Wortlaut** des § 33 StGB ab, ist dort davon die Rede, dass der Täter die Grenzen der Notwehr „überschreitet". Ein „Überschreiten" ist aber nicht nur in der Form möglich, dass der Täter sich intensiver verteidigt als erforderlich und geboten, sondern durchaus **auch in zeitlicher Hinsicht**.[73] So kommt es etwa im IT-Bereich bei der Übertragung von Daten zu der Meldung „Netzwerk-Zeitüberschreitung", wenn ein Datenpaket nicht innerhalb einer festgelegten Zeitspanne eintrifft, also ein bestimmtes Zeitlimit nicht eingehalten ist. Auch spricht man davon, dass zum Beispiel im Assessorexamen ein Vortrag wegen „Zeitüberschreitung" abgebrochen wird oder jemand etwa bei der Buchausleihe eine Leihfrist überschreitet. Ebenso kann dementsprechend auch die Notwehr „in der Zeit" überschritten werden, indem sich der Verteidiger auch noch nach einem bereits beendeten Angriff verteidigt. Der Wortlaut des § 33 StGB steht daher der Einbeziehung des nachzeitig-extensiven Notwehrexzesses nicht entgegen. Es ist zwar richtig, dass bei diesem Exzess im Gegensatz zur intensiven Notwehrüberschreitung keine Notwehrlage mehr im Zeitpunkt des Täterverhaltens besteht, jedoch handelt es sich beim exzessiven Notwehrexzess ebenso um eine Überschreitung der Grenzen der Notwehr wie beim intensiven, nur eben nicht im Maß, sondern in der Zeit.

11 Da sich in den Gesetzesmaterialien zu § 33 StGB keine endgültige Aussage zu dieser umstrittenen Frage findet[74] und auch in systematischer Hinsicht dazu keine Erkenntnisse gewonnen werden können, bleibt zu untersuchen, ob auch im Fall des nachzeitigextensiven Notwehrexzesses der der Notwehrüberschreitung zugrunde liegende Gesichtspunkt der Unrechts- und Schuldminderung (Rdn. 2) eingreift. Wie bereits erläutert,

---

529, 533f; SSW/*Rosenau* Rdn. 6; *ders.* FS Beulke 225, 233f; *Sauren* Jura **1988** 567, 571; *Stratenwerth/Kuhlen* AT § 9 Rdn. 99.
66 *Jäger* AT Rdn. 196; *Rogall* SK[8] Rdn. 4; ebenso *J. Fischer* S. 19ff, der jedoch § 33 StGB analog anwendet (S. 103).
67 SSW/*Rosenau* Rdn. 6.
68 Baumann/Weber/Mitsch/*Eisele* § 18 Rdn. 56; *Diederich* S. 97; *Erb* MK Rdn. 14; *Geppert* Jura **2007** 33, 38; *Heinrich* Rdn. 587; *Heuchemer* BeckOK Rdn. 8; *Jakobs* AT 20 Rdn. 31; *Joecks/Jäger* Rdn. 5; *Kindhäuser* AT § 25 Rdn. 14; *ders.* NK Rdn. 11; *Kühl* AT § 12 Rdn. 143f; *Motsch* S. 93, 101; *Özaydın* S. 225ff; *Otto* AT § 14 Rdn. 23; *Sch/Schröder/Perron* Rdn. 7; *Ritz* JuS **2018** 254, 259; *Roxin* FS Schaffstein 105, 111ff; *Timpe* JuS **1985** 117, 120f; *Trüg/Wentzell* Jura **2001** 30, 33f; *Walther* JZ **2003** 52, 56; *Wessels/Beulke/Satzger* Rdn. 669; *Zabel* S. 446f; *Zieschang* AT Rdn. 365. Einzelne dieser Autoren erachten ebenfalls den vorzeitig-extensiven Notwehrexzess als von § 33 StGB erfasst an; siehe dazu Rdn. 13.
69 *Kindhäuser* NK Rdn. 11; Lackner/*Kühl* Rdn. 2; *ders.* § 12 Rdn. 143; *Rengier* AT § 27 Rdn. 19; *Roxin* AT I § 22 Rdn. 89.
70 *Erb* MK Rdn. 14.
71 *Kindhäuser* NK Rdn. 11.
72 *Rengier* AT § 27 Rdn. 19; ebenso *Heinrich* Rdn. 587.
73 Ebenso etwa *Sch/Schröder/Perron* Rdn. 7.
74 Zwar weist *Horstkotte* Prot. V S. 1815 darauf hin, dass die Regelungen auf den intensiven Exzess abstellen und nach vorherrschender Lehre der extensive Notwehrexzess nicht erfasst ist. Ausgeschlossen wird aber dadurch die Anwendung der Notwehrüberschreitung auf den extensiven Exzess nicht.

ergibt sich bei § 33 StGB die Unrechtsminderung gegenüber anderen Taten aus dem Umstand, dass die vorhandene Notwehrsituation einen Teil des Unrechts beseitigt. Das könnte zu dem Schluss verleiten, dass bei einer zeitlichen Überschreitung dieser Aspekt nicht greift, da die Notwehrlage nicht mehr vorliegt. Andererseits bliebe dann jedoch unberücksichtigt, dass im Gegensatz zu sonstigen Taten immerhin ursprünglich eine Notwehrlage durchaus gegeben war. Sieht man dementsprechend das Geschehen als einen **einheitlichen Vorgang**, steht durchaus auch eine Unrechtsminderung im Raum. Voraussetzung dafür ist aber, dass die Überschreitung im **engen zeitlichen Zusammenhang**[75] mit der vormals bestehenden Notwehrlage erfolgt. Dann kann man durchaus davon ausgehen, dass das Unrecht dieses Verhaltens aufgrund der erst unmittelbar vorher beendeten Notwehrsituation gemindert ist. Die Notwehrüberschreitung ist bei einem entsprechenden Zusammenhang noch als Ausfluss des Angriffs zu erachten, sodass auch bei dem nachzeitig-extensiven Notwehrexzess die Unrechtsminderung zu bejahen ist. Der enge zeitliche Zusammenhang besteht jedoch dann nicht mehr, wenn die Abwehr des gegenwärtigen Angriffs und das Verhalten nach beendetem Angriff in Realkonkurrenz stehen. Dann handelt es sich nicht mehr um eine bloße zeitliche Überschreitung einer vormals bestehenden Notwehrlage, also um ein einheitliches Geschehen, sondern um einen davon unabhängigen neuen Angriff. Der Exzess ist dann nicht mehr Ausfluss der vormaligen Notwehrlage.

Liegt wegen des engen Zusammenhangs die Unrechtsminderung vor, bleibt es zudem dabei, dass aufgrund des asthenischen Affekts die Normbefolgung erschwert wird. Auch der zweite Aspekt der Schuldminderung, die besondere psychische Situation, ist also gegeben. Dann erscheint es jedoch als richtig, **auch den nachzeitig-extensiven Notwehrexzess**, sofern ein enger zeitlicher Zusammenhang mit der vorherigen Notwehrlage gegeben ist, **unter § 33 StGB zu subsumieren**. Dafür spricht im Übrigen, dass die Übergänge von intensivem und nachzeitig-extensivem Notwehrexzess fließend sein können.[76] Tritt etwa der Exzesstäter mit seinen schweren Stiefeln unter Überschreitung der Erforderlichkeit der Notwehr auf das bereits am Boden liegende Opfer aus asthenischen Affekten heraus heftig ein, ist das noch ein intensiver Notwehrexzess, der jedoch in der nächsten Sekunde zum nachzeitig-extensiven werden kann, wenn der Angriff als beendet anzusehen ist. In der Konsequenz ist ebenfalls die Konstellation unter § 33 StGB zu subsumieren, dass der Täter sich nicht nur zu heftig, sondern auch zu lange gegen den Angreifer wehrt, also intensiver und nachzeitig-extensiver Notwehrexzess zusammenkommen. Für dieses Verständnis spricht im Übrigen auch der Wortlaut des § 33 StGB, wenn dort im Plural von der Überschreitung der „Grenzen" der Notwehr die Rede ist.[77] **12**

---

75 Einen engen zeitlichen Zusammenhang fordern etwa auch Baumann/Weber/Mitsch/*Eisele* § 18 Rdn. 56; *J. Fischer* S. 101 f; *Heinrich* Rdn. 587; *Kindhäuser* NK Rdn. 11; Lackner/*Kühl* Rdn. 2; *ders.* AT § 12 Rdn. 144; *Otto* Jura **1987** 604, 606; *Sch/Schröder/Perron* Rdn. 7; *Rengier* AT § 27 Rdn. 19; *Roxin* FS Schaffstein 105, 118.
76 Siehe insofern auch BGH NStZ **1987** 20, wo zwar betont wird, nur der intensive Notwehrexzess sei erfasst, andererseits hervorgehoben ist, § 33 StGB komme dem Täter noch so lange zugute, bis die Notwehrlage und die Angriffsgefahr *endgültig* beseitigt sind (Hervorhebung im Original). Strafbefreiung nach § 33 StGB sei auch noch möglich, wenn die Intensität des Angriffs bereits nachgelassen hat oder die unmittelbare Wiederholung des Angriffs zu befürchten ist; ebenso BGH NStZ-RR **2004** 10 f; BGH NStZ-RR **2009** 70, 71 – Insofern hätte der BGH besser daran getan, unmittelbar den nachzeitig-extensiven Notwehrexzess anzuerkennen. Diesen Schritt geht der BGH jedoch bislang nicht.
77 *Spendel* LK[11] Rdn. 9.

13 3. Der vorzeitig-extensive Notwehrexzess. Problematisch ist weiterhin, ob § 33 StGB auch den Fall erfasst, in dem der Täter aus asthenischen Affekten heraus handelt, **bevor überhaupt ein gegenwärtiger Angriff vorliegt**, er sich also zeitlich zu früh „verteidigt". Man spricht dann vom **vorzeitig-extensiven Notwehrexzess**. Hier geht es etwa um den Fall, dass jemand einem noch nicht unmittelbar bevorstehenden und damit nicht gegenwärtigen Angriff aus Angst zuvorkommt und deswegen den potentiellen Angreifer tötet oder verletzt.[78] Die **Rechtsprechung** steht der Einbeziehung ebenso wie beim nachzeitig-extensiven Notwehrexzess **ablehnend** gegenüber.[79] Dem folgen viele Stimmen im Schrifttum,[80] selbst einige, die den nachzeitig-intensiven Notwehrexzess unter § 33 StGB subsumieren wollen.[81] Derjenige, der sich zu früh wehrt, sei zu keiner Zeit einem Angriff tatsächlich ausgesetzt; um Notwehr überschreiten zu können, müsse der Täter jedoch zu irgendeinem Zeitpunkt ein Notwehrrecht besitzen.[82] Dem Opfer könne die Verantwortung für den Affekt nur zugeschrieben werden, wenn es tatsächlich jemanden angegriffen und damit rechtswidrig gehandelt hat.[83] Eine Unrechtsminderung liege nicht vor.[84] Es gibt aber auch Autoren, die nicht nur den nachzeitig-extensiven, sondern auch den vorzeitig-extensiven Notwehrexzess von § 33 StGB als erfasst ansehen.[85] Das Unrecht könne auch gemindert sein, wenn der Täter bei einem tatsächlich bevorstehenden Angriff einen Augenblick zu früh losschlägt.[86]

14 Gegen die Einbeziehung des vorzeitig-extensiven Notwehrexzesses spricht der **Wortlaut** des § 33 StGB. Dort ist davon die Rede, dass der Täter die Grenzen der Notwehr „überschreitet", bei einer zu frühen Verteidigung werden aber die Grenzen nicht überschritten, sondern man müsste eher von einer „Unterschreitung" sprechen. Da eine Notwehrlage noch gar nicht vorliegt, geht es logischerweise nicht um einen Fall, in dem deren Grenzen überschritten werden. Direkt anwendbar ist § 33 StGB auf den vorzeitig-extensiven Notwehrexzess wegen des Wortlauts der Norm daher nicht. Jedoch ist zu bedenken, dass nicht selten die Grenze zwischen einerseits noch nicht eröffnetem und andererseits bereits begonnenem und damit gegenwärtigem Angriff fließend sind. Wenn sich etwa mehrere Personen in ca. 150 Meter Entfernung vor einem Bordell sammeln, um alsbald den Betreiber des Lokals anzugreifen, dann wird man das allein noch nicht als gegenwärtigen Angriff im Sinne des § 32 StGB auffassen können.[87] Schicken die Personen sich jedoch an, in Richtung des Ladenlokals zu schreiten, beginnt der Angriff und ist gegenwärtig. Hier macht es nun aber unter Entschuldigungsaspekten letztlich keinen

---

78 Vgl. dazu BGHSt **39** 133; BGH NStZ-RR **2002** 203. Zwar spricht der BGH in manchen Entscheidungen davon, dass für die Gegenwärtigkeit des Angriffs bei der Notwehr eine „bedrohliche Lage" ausreicht (etwa BGH BeckRS **1991** 31097174; BGH NStZ-RR **2017** 271); dies ist jedoch nicht im Sinne einer Ausweitung der Gegenwärtigkeit zu verstehen, sondern soll nur zum Ausdruck bringen, dass die Gegenwärtigkeit nicht erst bei der Vornahme der Verletzungshandlung selbst vorliegt; vgl. auch *Nestler* JK **2018** 101, § 32 Abs. 2 StGB.
79 Siehe BGH NStZ **1987** 20.
80 *Duttge* HK-GS Rdn. 7; *Heghmanns* AD LEGENDUM **2015** 96, 100; *Hoyer* SK Rdn. 12; *Rogall* GS Weßlau 529, 533 f; SSW/*Rosenau* Rdn. 6.
81 So u.a. *Matt*/*Renzikowski*/*Engländer* Rdn. 5; *Geppert* Jura **2007** 33, 38 f; *Heinrich* Rdn. 587; *Joecks*/*Jäger* Rdn. 5; *Kindhäuser* AT § 25 Rdn. 14; *ders.* NK Rdn. 12; *Kühl* AT § 12 Rdn. 141 f; *Nestler* JA **2014** 262, 266; *Özaydin* S. 225 ff; *Otto* AT § 14 Rdn. 22; *Rengier* § 27 Rdn. 18 f; *Wessels*/*Beulke*/*Satzger* Rdn. 669.
82 *Heinrich* Rdn. 587.
83 *Matt*/*Renzikowski*/*Engländer* Rdn. 5.
84 *Hoyer* SK Rdn. 12; *Kindhäuser* NK Rdn. 12.
85 So etwa *Erb* MK Rdn. 14; *Heuchemer* BeckOK Rdn. 8; *Jakobs* AT 20 Rdn. 31; *Sch*/*Schröder*/*Perron* Rdn. 7; *Roxin* AT I § 22 Rdn. 88 ff.
86 *Sch*/*Schröder*/*Perron* Rdn. 7.
87 Siehe BGHSt **39** 133 (dazu auch Rdn. 7); vgl. auch BGH NJW **1995** 973. Zu denken ist aber in diesem Fall an eine Rechtfertigung über § 34 StGB.

Unterschied, ob der Betreiber (aus Angst) zur Verteidigung schreitet, bevor die Gruppe losgeht, oder erst, nachdem die Gruppe sich in Richtung des Bordells aufmacht. Geht es um einen einheitlichen Vorgang, mit anderen Worten um einen **engen zeitlichen Zusammenhang** mit einem bevorstehenden Angriff,[88] wird man daher durchaus eine Unrechtsminderung annehmen können, sofern die Situation durch das **Opfer des Exzesses zu verantworten** ist. Letzteres ist jedoch angesichts der Tatsache des unmittelbar bevorstehenden Angriffs regelmäßig der Fall. Zudem ist wiederum aufgrund des Affekts die Schuld gemindert. Dann aber erscheint es angebracht, § 33 StGB auf den **vorzeitig-extensiven Notwehrexzess analog** anzuwenden.[89] Normzweck und Interessenlage beim intensiven Notwehrexzess sind vergleichbar, sofern bei vorhandenem Affekt ein enger zeitlicher Zusammenhang zwischen dem Verhalten und dem bevorstehenden Angriff besteht und das Opfer des Exzesses die Situation zu verantworten hat. Der Gesetzgeber hat diesen Fall auch nicht bewusst ungeregelt gelassen, sodass die Voraussetzungen der Analogie als gegeben zu erachten sind.

4. Der räumlich-extensive Notwehrexzess. Denkbar ist weiterhin die Konstellation, dass sich jemand aus asthenischen Affekten heraus gegen einen anderen als den Angreifer wendet, also gegen einen **unbeteiligten Dritten**. Insofern handelt es sich um eine „räumliche" Überschreitung der Notwehr. Das strafrechtswissenschaftliche Schrifttum geht davon aus, dass dieser Fall nicht von § 33 StGB erfasst ist.[90] Die Notwendigkeit der Bestrafung der Exzesstat entfalle nur deshalb, weil der Schaden den rechtswidrig handelnden Angreifer treffe, der dafür die Mitverantwortung trage; davon könne aber bei einem unbeteiligten Dritten keine Rede sein.[91] Aus hiesiger Sicht ist anzumerken, dass der Wortlaut des § 33 StGB der Einbeziehung einer solchen Art des Exzesses nicht entgegenstehen würde. Wird bei einem Angriff ein unbeteiligter Dritter aus asthenischen Affekten heraus beeinträchtigt, kann man durchaus davon sprechen, dass der Täter die Grenzen der Notwehr überschritten hat, nämlich die Grenze, die darin besteht, dass die Notwehr nur Beeinträchtigungen des Angreifers selbst legitimiert, nicht jedoch von Unbeteiligten. Zu beachten ist aber vor allem auch Sinn und Zweck des § 33 StGB. Insofern ist bereits erläutert worden, dass mit der Vorschrift sowohl eine Unrechts- als auch eine Schuldminderung verbunden ist, die gemeinsam zu einer Entschuldigung der Tat führen. Zwar ist nun aufgrund des vorhandenen asthenischen Affekts durchaus eine Schuldminderung gegeben. Andererseits kann eine Unrechtsminderung nicht angenommen werden, wenn ein unbeteiligter Dritter Opfer der Abwehr wird. Von ihm geht nämlich der Angriff gar nicht aus, was zur Konsequenz hat, dass das Unrecht der Tat eben nicht um einen Wert gemindert ist, der ohne eine Überschreitung als Notwehr gerechtfertigt wäre. Da das Opfer der Tat unbeteiligt ist, kann daher **keine Entschuldigung über § 33 StGB** eingreifen.

In derartigen Fällen ist jedoch zu erörtern, ob die Tat nicht möglicherweise bereits über den Notstand (§§ 904 BGB, 34 StGB) gerechtfertigt ist oder aber über § 35 StGB ent-

---

88 Siehe dazu auch *Roxin* AT I § 22 Rdn. 90.
89 Siehe bereits *Zieschang* AT Rdn. 366; zweifelnd *Kühl* AT § 12 Rdn. 142; gegen Analogie *Duttge* HK-GS Rdn. 7; *Kindhäuser* NK Rdn. 12.
90 Etwa *Duttge* HK-GS Rdn. 9; Baumann/Weber/Mitsch/*Eisele* § 18 Rdn. 58; Matt/Renzikowski/*Engländer* Rdn. 4; *Erb* MK Rdn. 25; *Geppert* Jura **2007** 33, 37; *Heuchemer* BeckOK Rdn. 21; *Jakobs* AT 20 Rdn. 33; *Kindhäuser* NK Rdn. 13; *Klimsch* S. 75f; *Kühl* AT § 12 Rdn. 145; *Motsch* S. 104f; *Müller-Christmann* JuS **1989** 717, 718; *Özaydin* S. 228; Sch/Schröder/*Perron* Rdn. 10; *Rogall* SK[8] Rdn. 7; *Roxin* AT I § 22 Rdn. 91; *Rosenau* FS Beulke 225, 232; *Sauren* Jura **1988** 567, 573.
91 So *Roxin* AT I § 22 Rdn. 91.

schuldigt sein kann.[92] Unabhängig davon ist natürlich immer zu prüfen, ob es sich tatsächlich um eine unbeteiligte Person handelt. Wenn etwa die Ehefrau ihren Mann aufhetzt, einen anderen anzugreifen, ist nicht nur der Mann, sondern auch die Ehefrau Angreiferin, sodass bei einer Überschreitung der Notwehr aus asthenischen Affekten heraus auch ihr gegenüber § 33 StGB Platz greift.

17 Der BGH ist der Auffassung, falls ein mit einem Pistolenschuss ausgeführter Totschlag durch Notwehrüberschreitung entschuldigt ist, könne der Täter auch nicht wegen eines Vergehens nach dem Waffengesetz bestraft werden; die Notwehrüberschreitung entschuldige auch das Führen der Schusswaffe, soweit dies mit dem Totschlag zusammenfällt.[93] Dagegen wird im Schrifttum kritisch angemerkt, der asthenische Affekt könne an der Strafbarkeit nach dem Waffengesetz nichts ändern; der Schusswaffengebrauch könne nur nach § 34 StGB gerechtfertigt sein.[94] Die Lösung des BGH hängt bereits mit der Beurteilung der Rechtfertigung zusammen. So meint der BGH, derjenige, welcher einen anderen mit einer Waffe in Notwehr tötet, sei auch im Hinblick auf das Vergehen nach dem WaffenG gerechtfertigt.[95] In der Konsequenz wendet dann der BGH bei einer Notwehrüberschreitung § 33 StGB auch auf das Delikt nach dem WaffenG an. Dagegen ist jedoch einzuwenden, dass bereits § 32 StGB die Tat nach dem WaffenG nicht rechtfertigt. In diesem Fall geht es zwar nicht um einen einzelnen Dritten, demgegenüber Notwehr nicht rechtfertigt, aber dennoch um Unbeteiligte, nämlich den Schutz der Allgemeinheit. Hier entfällt entgegen der Rechtsprechung bereits § 32 StGB.[96] In der Konsequenz greift dann im Fall einer Notwehrüberschreitung im Hinblick auf den Verstoß gegen das WaffenG auch nicht § 33 StGB, da es um ein unbeteiligtes Gut geht.[97]

18 **5. Der Putativnotwehrexzess.** Im Fall der **Putativnotwehr** (Erlaubnistatbestandsirrtum) geht der Täter irrtümlich vom tatsächlichen Vorliegen der Voraussetzungen der Notwehr aus. Putativnotwehr und Notwehrexzess können einhergehen, müssen das aber nicht. Beide Begriffe dürfen **nicht miteinander vermengt** werden.[98] Wenn der Täter etwa aus asthenischen Affekten irrtümlich Umstände annimmt, wonach eine Schussabgabe zur Abwehr erforderlich wäre, obwohl tatsächlich ein Faustschlag zur Abwehr des wirklich geführten Angriffs genügt hätte, liegt sowohl ein intensiver Notwehrexzess als auch ein Fall der Putativnotwehr (Irrtum über die Erforderlichkeit) vor.[99] Erkennt der Täter dagegen die Umstände richtig, wonach ein Schlag ausreicht, benutzt aber dennoch eine Waffe, liegt allein ein intensiver Notwehrexzess vor.[100] Ebenso kann beim extensiven Notwehrexzess beides einhergehen, muss es aber nicht. Nimmt der Täter etwa aus asthenischen Affekten irrtümlich Umstände an, wonach die Notwehrlage fortbesteht, obwohl sie tatsächlich abgeschlossen ist, liegt sowohl Putativnotwehr als auch ein nachzeitig-extensiver Notwehrexzess vor. Allein letzterer ist insbesondere gegeben, falls der

---

92 Siehe *Heuchemer* BeckOK Rdn. 21; *Spendel* LK[11] Rdn. 18.
93 BGH NStZ **1981** 299; ebenso *Heuchemer* BeckOK Rdn. 28.
94 *Roxin* AT I § 22 Rdn. 92.
95 BGH NStZ **1999** 347; BGH NJW **2001** 3200, 3203; BGH NStZ-RR **2010** 140; BGH NStZ **2012** 452.
96 Ebenso etwa *Engländer* HRRS **2013** 389, 393; *Erb* MK § 32 Rdn. 122f; *Kindhäuser* NK § 32 Rdn. 80f; *Roxin* AT I § 15 Rdn. 126. Es kommt allenfalls eine Rechtfertigung über § 34 StGB in Betracht.
97 Kritisch zur Entscheidung des BGH auch *Duttge* HK-GS Rdn. 9; *Erb* MK Rdn. 25; *Jakobs* AT 20 Rdn. 33; *Rogall* SK[8] Rdn. 7.
98 Dagegen ungenau BTDrucks. V/4095 S. 14; *Maurach/Zipf* § 34 Rdn. 27; *Momsen/Sydow* JuS **2001** 1194, 1197f; *Trüg/Wentzell* Jura **2001** 30, 33f.
99 Siehe BGH NStZ **2011** 630 mit Anm. *Hecker* JuS **2012** 465; *Satzger* JK **2012** StGB § 16/5; vgl. auch *Engländer* JuS **2012** 408.
100 Der Notwehrexzess umfasst nach zutreffender Ansicht auch die bewusste Notwehrüberschreitung; dazu Rdn. 23.

Täter richtig erkennt, dass der Angriff nicht mehr gegenwärtig ist, sich aber dennoch weiter verteidigt. Dagegen ist nur ein Fall der Putativnotwehr anzunehmen, wenn der Täter irrtümlich meint, angegriffen zu werden, und sich seine Verteidigung im Rahmen des Erforderlichen hielte, würde seine Vorstellung der Wirklichkeit entsprechen. Liegt sowohl ein Fall der Putativnotwehr als auch ein solcher des § 33 StGB vor, so ist **zunächst ein Strafausschluss über die Putativnotwehr** zu untersuchen. Entfällt darüber die Strafbarkeit nicht,[101] ist insofern § 33 StGB heranzuziehen.[102]

Beim **Putativnotwehrexzess** geht es nun um die spezifische Konstellation, bei der jemand irrtümlich das Vorliegen der tatsächlichen Voraussetzungen der Notwehr annimmt, obwohl **keinerlei Notwehrlage** im engen zeitlichen Zusammenhang bevorsteht, gegeben ist oder gerade bestand, und nun der Betreffende die Grenzen der angeblichen Notwehr aus asthenischen Affekten **überschreitet**. Einmal kommt in Betracht, dass der Täter, der irrtümlich die tatsächlichen Umstände einer Notwehrlage annimmt, sich intensiver verteidigt als dies unter Zugrundelegung seiner Vorstellung erforderlich ist; insofern kann man von einem „intensiven Putativnotwehrexzess" sprechen. Auch ist denkbar, dass der Täter sich gegen den vermeintlichen Angreifer auch noch dann wehrt, nachdem der angebliche Angriff bereits abgeschlossen ist, was man als „nachzeitig-extensiven Putativnotwehrexzess" bezeichnen kann.

Die Rechtsprechung[103] und viele Stimmen im Schrifttum[104] lehnen die Anwendung des § 33 StGB auf den Putativnotwehrexzess ab. Eine nicht unerhebliche Anzahl an Autoren befürwortet indes eine (analoge) Anwendung des § 33 StGB insbesondere dann, wenn das Opfer den Irrtum selbst verschuldet hat[105] oder falls es sich um einen unvermeidbaren Putativnotwehrexzess handelt.[106] Dann sei das Handlungsunrecht in gleicher Weise gemindert wie beim tatsächlichen Vorliegen eines Angriffs.[107]

Richtig ist zwar, dass aufgrund der beim sich vermeintlich Wehrenden vorhandenen asthenischen Affekte auch beim Putativnotwehrexzess durchaus von einer Schuldminderung auszugehen ist. Andererseits ist zu beachten, dass tatsächlich keine Notwehrlage besteht und auch nicht im unmittelbaren Zusammenhang bestanden hat. Dann fehlt es jedoch an der durch die Notwehrlage gegebenen Unrechtsminderung, sodass eine unmittelbare Anwendung des § 33 StGB auf den Putativnotwehrexzess nicht möglich ist. Ausnahmsweise wird man jedoch eine **analoge Anwendung des § 33 StGB** auf den **Putativnotwehrexzess** in Betracht zu ziehen haben und zwar dann, wenn der Dritte den Putativnotwehrexzess **selbst verschuldet** hat. In dieser Konstellation wird letztlich der-

---

101 Nach der eingeschränkten Schuldtheorie kann eine Fahrlässigkeitsstrafbarkeit verbleiben, nach der strengen Schuldtheorie mag der Irrtum im Sinne des § 17 StGB vermeidbar sein.
102 Siehe BGH NStZ **2011** 630; *Engländer* JuS **2012** 408, 409; *Spendel* LK[11] Rdn. 27; *Wessels/Beulke/Satzger* Rdn. 673; hingegen von einem Vorrang des § 33 StGB ausgehend *A.H. Albrecht* GA **2013** 369. Dagegen spricht bereits, dass § 33 StGB keine Irrtumsregelung normiert. Zudem sind zunächst Schuldausschlussgründe anzusprechen und erst dann Entschuldigungsgründe.
103 Siehe BGH NStZ **1983** 453; BGH NStZ **1987** 20; BGH NStZ **2002** 141, 142; BGH NStZ-RR **2002** 203, 204; BGH NStZ **2003** 599, 600; BGH NStZ **2016** 333, 334.
104 *Duttge* HK-GS Rdn. 10; *Matt/Renzikowski/Engländer* Rdn. 8; *ders.* JuS **2012** 408, 409 ff; *Geppert* Jura **2007** 33, 40; *Heinrich* Rdn. 592 f; *Heuchemer* BeckOK Rdn. 13; *Jescheck/Weigend* § 45 II 4; SSW/*Rosenau* Rdn. 2; *Spendel* LK[11] Rdn. 32 f; *Vogt* Jura **1981** 380, 384; *Wessels/Beulke/Satzger* Rdn. 671a.
105 Siehe *Berster* GA **2016** 36, 50 f; *Diederich* S. 151; *Erb* MK Rdn. 18; *Kindhäuser* NK Rdn. 16; *Kühl* AT § 12 Rdn. 158; *Otto* AT § 16 Rdn. 8; *Rogall* SK[8] Rdn. 14; *Roxin* AT I § 22 Rdn. 96; *ders.* FS Schaffstein 105, 120; für eine Analogie auch *Joecks/Jäger* Rdn. 8.
106 Vgl. Baumann/Weber/Mitsch/*Eisele* § 18 Rdn. 69; *Hardtung* ZStW **108** (1996) 26, 60; *Rudolphi* JuS **1969** 461, 464; Sch/Schröder/*Perron* Rdn. 8; für die analoge Anwendung des § 35 Abs. 2 StGB etwa *Rengier* AT § 27 Rdn. 30; *Sauren* Jura **1988** 567, 572 f; Stratenwerth/Kuhlen AT § 10 Rdn. 123.
107 Sch/Schröder/*Perron* Rdn. 8.

jenige beeinträchtigt, der die vermeintliche Notwehrsituation hervorgerufen hat, womit eine Vergleichbarkeit zum Fall besteht, dass tatsächlich eine Notwehrlage gegeben ist. Ob jemand tatsächlich einen Banküberfall begeht oder nur aus Scherz einen solchen vortäuscht, ist unter Entschuldigungsgesichtspunkten für denjenigen, der sich wehrt, vergleichbar. Zusätzlich ist jedoch zu verlangen, dass der Irrtum für den Exzesstäter **unvermeidbar** ist, denn anderenfalls wäre er bessergestellt als derjenige, welcher sich im Fall der vermeintlichen Notwehr in einem Affekt befindet, jedoch die Grenzen der vermeintlichen Notwehr nicht überschreitet.[108]

III. Die subjektiven Voraussetzungen der Notwehrüberschreitung

22   **1. Der Verteidigungswille.** In subjektiver Hinsicht ist zunächst erforderlich, dass der Täter mit **Verteidigungswillen** agiert.[109] Handelt es sich daher um eine Absichtsprovokation, scheidet folglich § 33 StGB aus.[110] Dass der Verteidigungswille vorliegen muss, folgt aus Sinn und Zweck des § 33 StGB: Die mit dieser Vorschrift verbundene Unrechtsminderung ergibt sich zwar vornehmlich, jedoch nicht nur aus dem gegenwärtigen rechtswidrigen Angriff; vielmehr trägt der Verteidigungswille ebenfalls zu ihr bei. Daher muss der Täter, damit ihm § 33 StGB zugutekommt, einen entsprechenden Willen aufweisen.

23   **2. Die unbewusste und bewusste Überschreitung der Notwehr.** Die Notwehrüberschreitung umfasst nicht nur den Fall, dass der Täter **unbewusst** die Grenzen der Notwehr überdehnt, sondern nach der **Rechtsprechung**[111] und ganz **h.M. im Schrifttum**[112] richtigerweise **auch die bewusste Notwehrüberschreitung**. Die Gegenauffassung will hingegen § 33 StGB allein auf die unbewusste Notwehrüberschreitung anwenden.[113] Dagegen spricht jedoch bereits der Wortlaut des § 33 StGB, denn dieser begrenzt die Vorschrift nicht auf die fahrlässige Überschreitung.[114] Hinzu kommt die Gesetzgebungshistorie: Dort ist für den bewussten Notwehrexzess ausdrücklich eine bloße Straf-

---

108   *Zieschang* AT Rdn. 367.
109   So auch BGHSt **3** 194, 198; BGH NJW **2013** 2133, 2134; BGH NStZ **2016** 333, 334; OLG Celle BeckRS **2013** 07170; *Engländer* HRRS **2013** 389, 392; *Erb* MK Rdn. 22; *Heinrich* Rdn. 590; *Kühl* AT § 12 Rdn. 149a; *Rengier* AT § 27 Rdn. 28; *Zieschang* AT Rdn. 368; **ablehnend** *Jäger* JA **2013** 708, 710; *Jakobs* AT 17 Rdn. 78 mit Fn. 134.
110   Siehe bereits Rdn. 7 sowie *Haft/Eisele* Jura **2000** 313, 315 f; *Jäger* AT Rdn. 199; *Wessels/Beulke/Satzger* Rdn. 668; *Zieschang* AT Rdn. 368; **anders** *Spendel* LK[11] Rdn. 74. Zur unabsichtlich provozierten Notwehrlage siehe Rdn. 7.
111   BGH NStZ **1987** 20; BGH NStZ **1989** 474 f; BGHSt **39** 133, 139; BGH NStZ **1995** 76, 77; BGH NStZ **2011** 630, 631; RGSt **56** 33, 34.
112   *Beulke* Klausurenkurs I Rdn. 398; *Duttge* HK-GS Rdn. 5; *Baumann/Weber/Mitsch/Eisele* § 18 Rdn. 64; *Matt/Renzikowski/Engländer* Rdn. 12; *Ebert* AT S. 109; *Erb* MK Rdn. 15; *Geppert* Jura **2007** 33, 39; *Hauck* AnwK Rdn. 9; *Heinrich* Rdn. 590; *Heuchemer* BeckOK Rdn. 7; *ders./Hartmann* JA **1999** 165, 166; *Hoyer* SK Rdn. 19 ff; *Jakobs* AT 20 Rdn. 30; *Jescheck/Weigend* § 45 II 3; *Joecks/Jäger* Rdn. 3; *Kindhäuser* NK Rdn. 26 f; *Kühl* AT § 12 Rdn. 148; *Lackner/Kühl* Rdn. 3; *Müller-Christmann* JuS **1989** 717, 719; *Özaydin* S. 231 ff; *Rengier* AT § 27 Rdn. 26; *Rogall* SK[8] Rdn. 10; *SSW/Rosenau* Rdn. 7; *ders.* FS Beulke 225, 234 f; *Roxin* FS Schaffstein 105, 108 ff; *Sauren* Jura **1988** 567, 570; *Seeberg* S. 184 ff; *Theile* JuS **2006** 965 ff; *Wessels/Beulke/Satzger* Rdn. 670; *Zieschang* AT Rdn. 369.
113   *Baldus* LK[9] § 53 Rdn. 43; *Paeffgen/Zabel* NK Vor § 32 Rdn. 278; *H. Schröder* ZAkDR **1944** 123 ff; *Welzel*, Strafrecht § 14 II 5; siehe auch *Frister* Schuldelement S. 231; *Gropp* AT § 6 Rdn. 168; *Sch/Schröder/Perron* Rdn. 6.
114   *J. Fischer* S. 42; *Kühl* AT § 12 Rdn. 148; abweichend *Sch/Schröder/Perron* Rdn. 6: Die Gesetzesfassung lasse die Frage offen.

minderung abgelehnt worden;[115] im Umkehrschluss ist danach auch die bewusste Überschreitung von § 33 StGB erfasst und straflos. Schließlich geht es bei § 33 StGB wie bereits ausgeführt um eine Konstellation der Unrechts- und Schuldminderung: Wegen des Angriffs ist das Unrecht gemindert, aufgrund des asthenischen Affekts ist die Normbefolgung erschwert. Beides ist nun aber auch der Fall, wenn der Täter sich trotz des Affekts darüber im Klaren ist, dass er die Notwehrgrenzen überschreitet. Affekt und bewusste Überschreitung schließen sich nicht gegenseitig aus.[116] Damit liegen Unrechts- und Schuldminderung auch bei der bewussten Notwehrüberschreitung vor, sodass es richtig ist, § 33 StGB ebenfalls auf die bewusste Notwehrüberschreitung anzuwenden. Natürlich bedarf es im Einzelfall stets der besonderen Prüfung, ob bei bewusster Überschreitung tatsächlich ein asthenischer Affekt vorlag. Das ist zwar nicht von vornherein ausgeschlossen,[117] jedoch mögen im konkreten Fall insbesondere bei der bewussten Überschreitung etwa alleine Wut und Feindseligkeit zu der Überschreitung führen, nicht aber Verwirrung oder Furcht, sodass § 33 StGB dann nicht anwendbar ist.[118]

3. Die asthenischen Affekte. Die in § 33 StGB aufgelisteten Gemütsbewegungen bezeichnet man als „**asthenische Affekte**", also als solche, die auf **Schwäche** beruhen.[119] Ihnen stehen die „sthenischen Affekte" wie etwa Hass, Wut und Zorn (vgl. § 213 StGB) gegenüber; auf letztere ist § 33 StGB angesichts des klaren Wortlauts nicht anwendbar.[120] Möglich ist aber, dass aufgrund eines solchen sthenischen Affekts beim Täter ein asthenischer Affekt entsteht, der dann zur Anwendung des § 33 StGB führt.[121] Dieses Ergebnis resultiert schon aus dem Wortlaut des § 33 StGB. Dann beruht die Notwehrüberschreitung nämlich letztlich „auf Schwäche". 24

Aufgrund des in § 33 StGB genannten Affekts ist die Fähigkeit zum Andershandelnkönnen beeinträchtigt. Rechtsprechung[122] und überwiegende Ansicht im Schrifttum[123] verlangen jedoch zusätzlich, dass die Fähigkeit des Täters, das Geschehen wahrzunehmen, „erheblich" reduziert ist. Das ist jedoch abzulehnen, denn eine derartige Einschränkung verlangt der Gesetzestext nicht.[124] Es muss also weder ein „hochgradiger Erregungszustand"[125] noch ein „gewisser Schweregrad"[126] des Affekts vorliegen. 25

---

115 Siehe Prot. V S. 1815 ff, 1821.
116 *Kühl* AT § 12 Rdn. 148.
117 Anders *Schmidhäuser* StuB 8/31.
118 Siehe RG JW **1932** 2432, 2433.
119 *Gropp* AT § 6 Rdn. 168; *Hauck* AnwK Rdn. 7; *Kindhäuser* NK Rdn. 21; *Klimsch* S. 72; *Kühl* AT § 12 Rdn. 146; *Paeffgen/Zabel* NK Vor § 32 Rdn. 274; *Rengier* AT § 27 Rdn. 22; *Renzikowski* FS Lenckner 249, 253.
120 BGH GA **1969** 23 f; BGH NStZ **1993** 133; *Duttge* HK-GS Rdn. 11; *Matt/Renzikowski/Engländer* Rdn. 10; *Erb* MK Rdn. 21; *Fischer* Rdn. 4; *Hauck* AnwK Rdn. 7; *Kindhäuser* NK Rdn. 21; *Sch/Schröder/Perron* Rdn. 4; *Roxin* JZ **2003** 966, 968; SSW/*Rosenau* Rdn. 8; *ders.* FS Beulke 225, 231; kritisch zu dieser Begrenzung auf asthenische Affekte *Bernsmann* ZStW **104** (1992) 290, 325 f.
121 **Anders** etwa *Matt/Renzikowski/Engländer* Rdn. 10; *Heuchemer* BeckOK Rdn. 23; *Kindhäuser* NK Rdn. 22; *Sch/Schröder/Perron* Rdn. 4; *Roxin* AT I § 22 Rdn. 76.
122 Etwa BGH NStZ **1991** 32, 33; BGH NStZ **1995** 76, 77; BGH NStZ-RR **1997** 65 f; BGH NJW **2001** 3200, 3202; BGH NJW **2013** 2133, 2136; BGH HRRS **2014** Nr. 393; BGH NStZ **2016** 84, 86.
123 So *Duttge* HK-GS Rdn. 12; *Matt/Renzikowski/Engländer* Rdn. 10; *Fischer* Rdn. 3; *Geppert* Jura **2007** 33, 38; *Heuchemer* BeckOK Rdn. 22; *Hoyer* SK Rdn. 18; *Kindhäuser* NK Rdn. 20; *Kretschmer* Jura **2002** 114, 117; Lackner/*Kühl* Rdn. 3; *Sch/Schröder/Perron* Rdn. 3; *Rengier* AT § 27 Rdn. 24; *Rogall* SK[8] Rdn. 9; SSW/*Rosenau* Rdn. 7.
124 Siehe auch *Erb* MK Rdn. 23.
125 So aber *Sch/Schröder/Perron* Rdn. 6.
126 So *Matt/Renzikowski/Engländer* Rdn. 10.

26　**Verwirrung** steht für **Verworrenheit**.[127] Verworrenheit wiederum bedeutet das Vorliegen von Bewusstseinsstörungen mit Verlust der Orientierung oder einem Durcheinander der Denkvorstellungen; kennzeichnend ist inkohärentes Denken bei getrübter Bewusstseinslage.[128] Es geht um einen Aufruhr der Gefühle, also um eine Unordnung in der seelischen Verfassung.[129] Der Begriff der Verwirrung ersetzt den in § 53 Abs. 3 a.F. StGB genannten Begriff der „Bestürzung"; durch diese Ersetzung sollte der in Unordnung geratene seelische oder geistige Zustand des Angegriffenen treffender beschrieben werden.[130] Der Zustand der Verwirrung braucht nicht unbedingt durch ein unvorhergesehenes Ereignis hervorgerufen werden,[131] es genügt, wenn ein lange geahntes, gefürchtetes Ereignis plötzlich eintritt und den Verteidiger seelisch überwältigt.[132]

27　Unter **Furcht** versteht man das Gefühl einer **konkret fassbaren Bedrohung**.[133] Sie kann sich in körperlichen Symptomen wie etwa Zittern, Schwitzen oder körperlicher Unruhe manifestieren, muss dies aber nicht.[134] Sie grenzt sich von der eher abstrakten, diffusen Angst dadurch ab, dass sich die Furcht auf einen konkreten realen oder zumindest real empfundenen Umstand bezieht.[135] Der BGH hat ausgeführt, nicht schon jedes Angstgefühl sei als Furcht im Sinne des § 33 StGB zu beurteilen; vielmehr müsse durch das Gefühl des Bedrohtseins die Fähigkeit, das Geschehen zu verarbeiten und ihm angemessen zu begegnen, erheblich reduziert sein.[136] Insoweit bedarf es jedoch zumindest der Präzisierung: Kennzeichnend für die Furcht ist nicht unbedingt, dass die Fähigkeit, das Geschehen richtig zu verarbeiten, reduziert ist; hierbei geht es vielmehr um einen Aspekt des asthenischen Affekts der Verwirrung.[137] Nach dem BGH erfüllt Todesangst zwar die Voraussetzungen des § 33 StGB, ist aber nicht mit dem Begriff der Furcht gleichzustellen, sodass auch ein darunter liegendes Angstgefühl zur Anwendung der Vorschrift führen könne.[138] Auch bei einem Berufsboxer kann dieser asthenische Affekt vorliegen.[139]

28　**Schrecken** bedeutet eine plötzliche emotionale Regung,[140] eine Gesamtreaktion des Organismus auf eine überraschende Bedrohung.[141] Kennzeichnend ist also für den Schreck die Plötzlichkeit der Bedrohung. Auch er kann dazu führen, dass sich der Angegriffene etwa intensiver als erforderlich verteidigt.

29　**Gegen die Annahme** eines asthenischen Affekts sprechen etwa die gedankliche Vorwegnahme möglicher Angriffe und die Wahrscheinlichkeit gewaltsamer Gegenaktionen sowie ein Verhaltensalternativen in den Blick nehmendes Entscheiden als möglicher Ausdruck einer Verarbeitung des Geschehens.[142]

127　Siehe de.wikipedia.org zum Stichwort „Verwirrung".
128　So de.wikipedia.org zum Stichwort „Verworrenheit".
129　*Spendel* LK[11] Rdn. 66.
130　Begründung zum E 1962, BTDrucks. IV/650 S. 158.
131　So aber RGSt **69** 265, 270.
132　BGHSt **3** 194, 198.
133　Siehe de.wikipedia.org zum Stichwort „Furcht".
134　*Erb* NStZ **2011** 186, 190.
135　Vgl. de.wikipedia.org zum Stichwort „Furcht".
136　BGH NJW **2001** 3200, 3202 m. Anm. *Eisele* JA **2001** 922; *Otto* NStZ **2001** 594; *Seelmann* JR **2002** 249; BGH StV **2006** 688 f; siehe auch BGH NStZ **1991** 32, 33; BGH NStZ **1995** 76, 77; BGH NStZ-RR **1997** 65 f; BGH NStZ-RR **1997** 194, 195; BGH NStZ-RR **1999** 264; BGH NStZ **2016** 84, 86.
137　Ebenso *Otto* JK **1995** StGB § 33/2. Zu dem Umstand, dass entgegen der Rechtsprechung und Teilen der Literatur keine „erhebliche" Reduzierung vorliegen muss, siehe bereits Rdn. 25.
138　BGH StV **2006** 688.
139　BGH NStZ-RR **2009** 70, 71.
140　Siehe de.wikipedia.org zum Stichwort „Schrecken".
141　*Spendel* LK[11] Rdn. 63.
142　BGH NJW **2013** 2133, 2136.

Die Wortwahl in § 33 StGB „aus" Verwirrung, Furcht oder Schrecken macht hinrei- 30
chend deutlich, dass der asthenische Affekt für die Notwehrüberschreitung **ursächlich**
sein muss. Es genügt nicht, wenn er bloße zeitliche Begleiterscheinung ist. Andererseits
muss der Täter bei § 33 StGB **nicht ausschließlich** aus einem der genannten Affekte
handeln, es können also gleichzeitig etwa Wut und Zorn oder andere gefühlsmäßige Regungen vorliegen.[143] Aufgrund des Wortlauts des § 33 StGB muss der asthenische Affekt
bei einem Motivbündel nach zutreffender Ansicht noch **nicht einmal dominieren**;[144]
vielmehr ist erforderlich, jedoch auch ausreichend, dass der asthenische Affekt für die
Notwehrüberschreitung **mitursächlich** ist.[145] Es spielt im Übrigen keine Rolle, ob die
asthenischen Affekte verschuldet sind oder nicht.[146] Es schadet dem Täter also etwa
nicht, wenn er eine besonders furchtsame Natur ist,[147] was schon aus Opferschutzgesichtspunkten richtig ist. Zudem können die Affekte auch dann auftreten, wenn der Angriff nicht unerwartet kam.[148]

IV. Entsprechende Anwendung des § 33 StGB auf andere Rechtfertigungsgründe?

Problematisch ist, ob die Regelung des § 33 StGB, die sich ausweislich ihres Wort- 31
lauts nur auf die Überschreitung der Notwehr bezieht, auf andere Rechtfertigungsgründe
entsprechend anwendbar ist, falls beim Täter asthenische Affekte vorliegen. So findet
sich etwa beim rechtfertigenden Notstand gemäß § 34 StGB ausdrücklich keine mit
§ 33 StGB vergleichbare Regelung. Erst recht fehlt eine vergleichbare Bestimmung bei
Rechtfertigungsgründen des Zivilrechts (siehe z.B. §§ 228, 229, 859, 904 BGB) sowie solchen des Strafprozessrechts (etwa § 127 StPO). Teilweise wird im Schrifttum eine analoge
Anwendung der Vorschrift insgesamt abgelehnt.[149] Demgegenüber befürworten manche
Autoren insbesondere eine analoge Anwendung auf den Defensivnotstand[150] oder auf
§§ 127 StPO, 229 BGB.[151]

Zur Beantwortung der Frage muss daran erinnert werden, worauf die Entschuldi- 32
gung gemäß § 33 StGB beruht: Neben der Schuldminderung durch den asthenischen Af-

---

143 BGHSt **3** 194, 198; BGH GA **1969** 23 f; BGH NStZ **1987** 20; BGH NJW **2001** 3200, 3202; BGH NJW **2013** 2133, 2136; *Fischer* Rdn. 4; SSW/*Rosenau* Rdn. 8.
144 So jedoch *Duttge* HK-GS Rdn. 13; *Erb* MK Rdn. 22; *Jescheck/Weigend* § 45 II 2; *Müller-Christmann* JuS **1989** 717, 719 mit Fn. 30; *Paeffgen/Zabel* NK Vor § 32 Rdn. 276; *Sch/Schröder/Perron* Rdn. 5; *Roxin* AT I § 22 Rdn. 80; *Sauren* Jura **1988** 567, 568.
145 Siehe BGH NStZ **1987** 20; BGH NStZ-RR **1999** 264, 265; BGH NJW **2001** 3200, 3202; BGH NStZ **2016** 333, 334; BGH NStZ-RR **2018** 272, 273; *Diederich* S. 190 f; *Matt/Renzikowski/Engländer* Rdn. 11; *ders.* HRRS **2013** 389, 392; *Fischer* Rdn. 4; *Geilen* Jura **1981** 370, 378 f; *Geppert* Jura **2007** 33, 38; *Heinrich* Rdn. 589; *Hoyer* SK Rdn. 18; *Kindhäuser* NK Rdn. 25; *Kühl* AT § 12 Rdn. 147; Lackner/*Kühl* Rdn. 3; *Otto* Jura **1987** 604, 606 f; *Rengier* AT § 27 Rdn. 23; *Rogall* SK[8] Rdn. 9; SSW/*Rosenau* Rdn. 7; *Wessels/Beulke/Satzger* Rdn. 667; *Zieschang* AT Rdn. 370.
146 *Heuchemer* BeckOK Rdn. 22; *Hoyer* SK Rdn. 18; *Kindhäuser* NK Rdn. 20; *Kühl* AT § 12 Rdn. 147; *Sch/Schröder/Perron* Rdn. 3; *Rogall* SK[8] Rdn. 9.
147 *Spendel* LK[11] Rdn. 73.
148 BGHSt **3** 194, 197 f; *Matt/Renzikowski/Engländer* Rdn. 10; *Roxin* AT I § 22 Rdn. 78.
149 *Fischer* Rdn. 8; *Hoyer* SK Rdn. 10; *Rogall* SK[8] Rdn. 3; *Spendel* LK[11] Rdn. 76.
150 *Duttge* HK-GS Rdn. 2; *Matt/Renzikowski/Engländer* Rdn. 9; *Hauck* AnwK Rdn. 1 („für manche Konstellation" der §§ 228 BGB, 34 StGB); *Hardtung* ZStW **108** (1996) 26, 53 Fn. 106; *Heuchemer* BeckOK Rdn. 15; SSW/*Rosenau* Rdn. 2; *ders.* FS Beulke 225, 235 f; *Roxin* AT I § 22 Rdn. 97 ff; *Sch/Schröder/Perron* Rdn. 2; § 34 Rdn. 52.
151 *Heuchemer* BeckOK Rdn. 14; *Jakobs* AT 20 Rdn. 32; *Kindhäuser* NK Rdn. 17; *Otto* Jura **1987** 604, 607; **anders** *Erb* MK Rdn. 17.

fekt geht es um einen rechtswidrigen Angriff, dem der Exzesstäter ausgesetzt ist und der zu einer Unrechtsminderung führt. Folglich wird man § 33 StGB nur dann analog auf andere Rechtfertigungsgründe anwenden können, wenn eine **vergleichbare Situation** gegeben und entsprechend der von der Überschreitung Betroffene nicht nur Unbeteiligter ist. Das hat zur Konsequenz, dass § 33 StGB insbesondere beim Defensivnotstand, bei dem dasjenige Gut beeinträchtigt wird, von dem die Gefahr ausgeht, analog heranziehbar ist. In Betracht kommen kann zudem eine entsprechende Anwendung, falls sich der Täter verbotener Eigenmacht aus asthenischen Affekten heraus über Gebühr erwehrt (siehe § 859 BGB). Auch in diesem Fall geht der Täter gegen keinen Unbeteiligten vor. Ebenso kann durchaus im Einzelfall eine Analogie im Fall des § 229 BGB sowie des § 127 StPO in Betracht kommen, sofern die Überschreitung jeweils von dem Opfer des Exzesses zu verantworten ist.

V. Verfahrensrecht

33   Im Strafprozess ist § 33 StGB **von Amts wegen** zu beachten.[152] Bleiben Zweifel, ob die Voraussetzungen des Entschuldigungsgrundes vorliegen, ist der Angeklagte in Anwendung des Grundsatzes „in dubio pro reo" freizusprechen.[153] Wenn nicht sicher, aber auch nicht auszuschließen ist, dass ein asthenischer Affekt für die Überschreitung mitursächlich war, ist ebenfalls der „in dubio pro reo"-Grundsatz heranzuziehen.[154] Die Frage, ob ein asthenischer Affekt im Sinne des § 33 StGB vorgelegen hat, ist eine Tatsachenfrage.[155] In der Praxis ist leider die Neigung zu beobachten, dass Strafgerichte jedenfalls § 33 StGB bejahen, wenn Zweifel bestehen, ob die Notwehrhandlung noch erforderlich war.[156] Die Behandlung des § 33 StGB als „Auffangnorm"[157] missachtet jedoch in bedenklicher Weise die dogmatisch notwendige Unterscheidung zwischen Rechtfertigung und Entschuldigung.[158] Schon allein im Hinblick auf die Frage der Strafbarkeit der Teilnahme bedarf es der exakten Unterscheidung beider Ebenen.

§ 34
Rechtfertigender Notstand

¹**Wer in einer gegenwärtigen, nicht anders abwendbaren Gefahr für Leben, Leib, Freiheit, Ehre, Eigentum oder ein anderes Rechtsgut eine Tat begeht, um die Gefahr von sich oder einem anderen abzuwenden, handelt nicht rechtswidrig, wenn bei Abwägung der widerstreitenden Interessen, namentlich der betroffenen Rechtsgüter und des Grades der ihnen drohenden Gefahren, das geschützte Interesse das beeinträchtigte wesentlich überwiegt.** ²**Dies gilt jedoch nur, soweit die Tat ein angemessenes Mittel ist, die Gefahr abzuwenden.**

---

152 *Duttge* HK-GS Rdn. 16; *Erb* MK Rdn. 28; *Spendel* LK¹¹ Rdn. 83.
153 *Erb* NStZ **2011** 186, 190 mit Fn. 17.
154 *Sch/Schröder/Perron* Rdn. 5.
155 BGH NStZ **2016** 84, 86.
156 *Erb* MK Rdn. Rdn. 4 ff; auch *Duttge* HK-GS Rdn. 15; *Hauck* AnwK Rdn. 11. Beispiele aus der Rechtsprechung sind etwa: BGH NStZ-RR **1999** 264; BGH NStZ **1989** 474.
157 *Erb* MK Rdn. 4; *Fischer* Rdn. 2; *Heuchemer* BeckOK Rdn. 25.
158 Zur Bedeutung dieser Unterscheidung siehe auch *Eser* in: Gropp u.a., S. 247, 251 ff.

Schrifttum

Abramenko Unerlaubter Aufenthalt und rechtfertigender Notstand, NStZ **2001** 71; *Alwart* Der Begriff des Motivbündels im Strafrecht, GA **1983** 433; *Ambos* Rettungsfolter und (Völker-) Strafrecht, in: Koriath/Krack/Radtke/Jehle (Hrsg.) Grundfragen des Strafrechts, Rechtsphilosophie und die Reform der Juristenausbildung (2010) 5; *Amelung* Erweitern allgemeine Rechtfertigungsgründe, insbesondere § 34 StGB, hoheitliche Eingriffsbefugnisse des Staates? NJW **1977** 833; *ders.* Die Rechtfertigung von Polizeivollzugsbeamten, JuS **1986** 329; *ders.* „Rettungsfolter" und Menschenwürde, JR **2012** 18; *Archangelskij* Das Problem des Lebensnotstandes am Beispiel des Abschusses eines von Terroristen entführten Flugzeuges (2005); *Aselmann/Krack* Der Notstand im Notstand, Jura **1999** 254; *Beaucamp* §§ 32, 34 StGB als Ermächtigungsgrundlage für polizeiliches Eingreifen, JA **2003** 402; *Beck* Notstandslage im Kollektiv – Führt der freiwillige Beitritt zu einer Minderung des Notstandsrechts? ZStW **124** (2012) 660; *Beckemper* Tötung des „Familientyrannen", JA **2004** 99; *Beisel* Straf- und verfassungsrechtliche Problematiken des finalen Rettungsschusses, JA **1998** 721; *A. Bergmann* Zur strafrechtlichen Beurteilung von Straßenblockaden als Nötigung (§ 240 StGB) unter Berücksichtigung der jüngsten Rechtsprechung, Jura **1985** 457; *ders.* Die Grundstruktur des rechtfertigenden Notstandes (§ 34 StGB), JuS **1989** 109; *M. Bergmann/Kroke* Tod in den Wolken, Jura **2010** 946; *Berner* Lehrbuch des deutschen Strafrechts, 18. Auflage (1898); *Bernsmann* Zum Handeln von Hoheitsträgern aus der Sicht des „entschuldigenden Notstandes" (§ 35 StGB), Festschrift Blau (1985) 23; *ders.* „Entschuldigung" durch Notstand (1989); *Berster* Putativnötigungsnotstand – Lude, Luder und Geleimter, JuS **2018** 350; *Beutler* Strafbarkeit der Folter zu Vernehmungszwecken (2006); *Biewald* Regelgemäßes Verhalten und Verantwortlichkeit (2003); *Binding* Die Normen und ihre Übertretung, 4. Band (1919); *ders.* Die Normen und ihre Übertretung, 1. Band, 4. Auflage (1922); *Blei* Probleme des polizeilichen Waffengebrauchs, JZ **1955** 627; *Bockelmann* Anmerkung zum Urteil des BGH vom 13.11.1958 – 4 StR199/58 – BGHSt 12, 299, JZ **1959** 495; *ders.,* Menschenrechtskonvention und Notwehrrecht, Festschrift Engisch (1969) 456; *Böse* Die Glaubens- und Gewissensfreiheit im Rahmen der Strafgesetze (insbesondere § 34 StGB), ZStW **113** (2001) 40; *Bohnert* Die Eltern und ihr Sohn, Jura **1999** 533; *ders.* Der beschuldigte Amtsträger zwischen Aussagefreiheit und Verschwiegenheitspflicht, NStZ **2004** 301; *Bosch* Rechtfertigung einer Betäubungsmittelverschaffung zur Eigentherapie, JK **2017** 114, § 34 StGB; *Bott* In dubio pro Straffreiheit? (2011); *Bottke* Suizid und Strafrecht (1982); *ders.* Das Recht auf Suizid und Suizidverhütung, GA **1982** 346; *Brand/Lenk* Probleme des Nötigungsnotstands, JuS **2013** 883; *Brauneck* Der strafrechtliche Schuldbegriff, GA **1959** 261; *Brugger* Examensklausur im öffentlichen Recht – Übungsklausur, VBlBW **1995** 414; *ders.* Darf der Staat ausnahmsweise foltern? Der Staat **35** (1996) 67; *ders.* Vom unbedingten Verbot der Folter zum bedingten Recht auf Folter? JZ **2000** 165; *Bruns* Aids, Alltag und Recht, MDR **1987** 353; *Buchkremer* Präventive Verteidigung (2008); *Bünemann/Hömpler* Nötigungsnotstand bei Gefahr für nichthöchstpersönliche Rechtsgüter, Jura **2010** 184; *Bürger* Heimtückisch und doch kein Mord? – zugleich eine Besprechung von BGH 1 StR 403/02 und 1 StR 483/02, JA **2004** 298; *Coninx* Das Solidaritätsprinzip im Lebensnotstand (2012); *Dann* Korruption im Notstand – Zur Rechtfertigung von Schmiergeld- und Bestechungszahlungen, wistra **2011** 130; *Deger* Waffeneinsatz gegen Selbstmörder? NVwZ **2001** 1229; *Delonge* Die Interessenabwägung nach § 34 StGB und ihr Verhältnis zu den übrigen strafrechtlichen Rechtfertigungsgründen (1988); *Dencker* Der verschuldete rechtfertigende Notstand – BayObLG, NJW 1978, 2046, JuS **1979** 779; *ders.* Zur Zulässigkeit staatlich gesteuerter Deliktsbeteiligung, Festschrift Dünnebier (1982) 447; *Deutsch* Off-Label-Use von Medikamenten als rechtliches Problem, VersR **2014** 1038; *Dimitratos* Das Begriffsmerkmal der Gefahr in den strafrechtlichen Notstandsbestimmungen (1989); *Dingeldey* Pflichtenkollision und rechtsfreier Raum, Jura **1979** 478; *Dölling* Gerechtfertigter Behandlungsabbruch und Abgrenzung von Tun und Unterlassen, ZIS **2011** 345; *Dörr* Dogmatische Aspekte der Rechtfertigung bei Binnenkollision von Rechtsgütern (2016); *Dornseifer* Der in Not geratene Giftmischer, JuS **1982** 761; *Dreier* Grenzen des Tötungsverbotes – Teil 1, JZ **2007** 261; *ders.* Grenzen des Tötungsverbotes – Teil 2, JZ **2007** 317; *Eberbach* Juristische Probleme der HTLV-III-Infektion (AIDS), JR **1986** 233; *ders.* Heimliche Aids-Tests, NJW **1987** 1470; *Eidam* Wider die Bevormundung eines selbstbestimmten Sterbens, GA **2011** 232; *El-Ghazi/Fischer-Lescano* Rechtfertigung bei Einreisedelikten, StV **2015** 386; *Engisch* Ärztlicher Eingriff zu Heilzwecken und Einwilligung, ZStW **58** (1939) 1; *Engländer* Die Anwendbarkeit von § 34 StGB auf intrapersonale Interessenkollisionen, GA **2010** 15; *ders.* Von der passiven Sterbehilfe zum Behandlungsabbruch, JZ **2011** 513; *ders.* Das selbstfahrende Kraftfahrzeug und die Bewältigung dilemmatischer Situationen, ZIS **2016** 608; *ders.* Die Rechtfertigung des rechtfertigenden Aggressivnotstands, GA **2017** 242; *Erb* Notwehr als Menschenrecht, NStZ **2005** 593; *ders.* Nothilfe durch Folter, Jura **2005** 24; *ders.* Zur strafrechtlichen Behandlung von „Folter" in der Notwehrlage, Festschrift Seebode (2008) 99; *ders.* Der rechtfertigende Notstand, JuS **2010** 17; *ders.* Der rechtfertigende Notstand, JuS **2010** 108; *ders.* Das Verhältnis zwischen mutmaßlicher Einwilligung und rechtfertigendem Notstand, Festschrift Schünemann (2014) 337; *ders.* Der Erlaubnistatbestandsirrtum als Anwendungsfall von § 17 StGB, Festschrift Paeffgen (2015) 205; *ders.* Rechtfertigung und Entschuldigung von Taten zur Ermöglichung der Flucht deutscher Staatsbürger aus Krisengebieten, GA **2018** 399; *Eser* Zwangsandrohung zur Rettung aus konkreter Lebensgefahr, Festschrift Hassemer (2010) 713; *Esser* EGMR in Sachen Gäfgen v. Deutschland (22978/05), Urt. v. 30.6.2008, NStZ **2008** 657; *Fahl* Angewandte Rechtsphilosophie – Darf der Staat foltern? JR **2004** 182; *ders.* Herbeiführen einer Überschwemmung, JuS **2005** 808; *ders.* „All doors locked", Jura **2013** 967; *ders.* Zum Verhältnis von § 34 StGB zu §§ 228, 904 BGB, JA **2017** 674; *Fehn/Koyuncu/Meyer* Die strafrechtliche Rechtfertigung individueller Heilversuche und das Verhältnis von § 34 StGB zu § 21 Abs. 2 Nr. 6 AMG, PharmR **2014** 91; *Felber* Die Rechtswidrigkeit des Angriffs in den Notwehrbestimmungen (1979); *M.G. Fischer* Terrorismusbekämpfung durch die Bundeswehr im Inneren Deutschlands, JZ **2004** 376; *Th. Fischer* Direkte Sterbehilfe – Anmerkung zur Privatisierung des Lebensschutzes, Festschrift Roxin (2011) 557; *Franzheim* Der Einsatz von Agents provocateurs zur Ermittlung von Straftätern, NJW **1979** 2014; *Frisch* Notstandsregelungen als Ausdruck von Rechtsprinzipien, Festschrift Puppe (2011) 425; *ders.* Strafrecht und Solidarität, GA **2016** 121; *Frister* Die Notwehr im System der Notrechte, GA **1988** 291; *Gallas* Pflichtenkollision als Schuldausschließungsgrund, Festschrift Mezger (1954) 311; *ders.* Der dogmatische Teil des Alternativ-Entwurfs, ZStW **80** (1968) 1; *ders.* Abstrakte und konkrete Gefährdung, Festschrift Heinitz (1972) 171; *ders.* Zur Struktur des strafrechtlichen Unrechtsbegriffs, Festschrift Bockelmann (1979) 155; *Gehl* (Hrsg.) Folter – Zulässiges Instrument im Strafrecht? (2005); *Geilen* Probleme der Organtransplantation, JZ **1971** 41; *ders.* Blutentnahme zur Feststellung des Blutalkoholgehalts von einem Toten, JZ **1975** 380; *Geppert* Wahrnehmung berechtigter Interessen (§ 193 StGB), Jura **1985** 25; *ders.* Anmerkung zum Urteil des BGH vom 25.10.1984 – 4 StR 567/84 – NJW 1985, 1036, NStZ **1985** 264; *ders.* Anmerkung zum Beschluss des BGH vom 25.3.1988 – 2 StR 93/88 – NJW 1988, 2310, JZ **1988** 1024; *ders.* Zur „Gegenwärtigkeit" der angedrohten Gefahr bei räuberischer Erpressung; zum Begriff der Dauergefahr, JK **1997** StGB § 255/8; *Gimbernat Ordeig* Der Notstand: Ein Rechtswidrigkeitsproblem, Festschrift Welzel (1974) 485; *Gössel* Über die Rechtmäßigkeit befugnisloser strafprozessualer rechtsgutbeeinträchtigender Maßnahmen, JuS **1979** 162; *ders.* Überlegungen zum Verhältnis von Norm, Tatbestand und dem Irrtum über das Vorliegen eines rechtfertigenden Sachverhalts, Festschrift Triffterer (1996) 93; *ders.* Enthält das deutsche Recht ausnahmslos geltende, „absolute" Folterverbote? Festschrift Otto (2007) 41; *Goldschmidt* Der Notstand, Ein Schuldproblem, Österr. Zeitschrift für Strafrecht **1913** 129; *Grabenwarter* Androhung von Folter und faires Strafverfahren – Das (vorläufig) letzte Wort aus Straßburg, NJW **2010** 3128; *Grebing* Die Grenzen des rechtfertigenden Notstandes im Strafrecht, GA **1979** 81; *Gropengießer* Das Konkurrenzverhältnis von Notwehr (§ 32 StGB) und rechtfertigendem Notstand (§ 34 StGB), Jura **2000** 262; *Gropp* Der straflose Schwangerschaftsabbruch (1981); *ders.* Der Radartechniker-Fall – ein durch Menschen ausgelöster Defensivnotstand? GA **2006** 284; *H.-L. Günther* Strafrechtswidrigkeit und Strafunrechtsausschluss (1983); *ders.* Defensivnotstand und Tötungsrecht, Festschrift Amelung (2009) 147; *K. Günther* Extreme Notstandssituationen und die Selbstaufhebung des Rechts, Festschrift Neumann (2017) 825; *Haensle/Reichold* Heiligt der Zweck die Mittel? Zur rechtlichen Zulässigkeit des Ankaufs von Steuerdaten, DVBl. **2010** 1277; *Hanack* Euthanasie in strafrechtlicher Sicht, in: Hiersche (Hrsg.) Euthanasie, Probleme der Sterbehilfe (1975) 121; *Hartleb* Der neue § 14 III LuftSiG und das Grundrecht auf Leben, NJW **2005** 1397; *Hassemer* Freistellung des Täters aufgrund von Drittverhalten, Festschrift Lenckner (1998) 97; *Haverkamp* Zur Tötung von Haustyrannen im Schlaf aus strafrechtlicher Sicht, GA **2006** 586; *B. Hecker* Nothilfe und Notstand, JuS **2018** 83; *W. Hecker* Relativierung des Folterverbots in der BRD? KJ **2003** 210; *Heinitz* Das Problem der materiellen Rechtswidrigkeit (1926); *B. Heinrich* Entstehungsgründe und dogmatische Einordnung der Entschuldigungsgründe – dargestellt am Beispiel des entschuldigenden Notstandes, § 35 StGB, AD LEGENDUM **2015** 89; *M. Heinrich* Elterliche Züchtigung und Strafrecht, ZIS **2011** 431; *Hellmann* Die Anwendbarkeit der zivilrechtlichen Rechtfertigungsgründe im Strafrecht (1987); *Helmers* Möglichkeit und Inhalt eines Notstandsrechts (2016); *Henking* Besprechung von Jörg L. Schmitz, Rechtfertigender Notstand bei internen Interessenkollisionen, GA **2015** 181; *Herbst* Die lebensrettende Aussageerzwingung (2011); *Herzberg* Die Kausalität beim unechten Unterlassungsdelikt, MDR **1971** 881; *ders.* Abergläubische Gefahrabwendung und mittelbare Täterschaft durch Ausnutzung eines Verbotsirrtums, Jura **1990** 16; *ders.* Sterbehilfe als gerechtfertigte Tötung im Notstand? NJW **1996** 3043; *ders.* Folter und Menschenwürde, JZ **2005** 321; *F. Herzog* Hände weg von der ärztlichen Schweigepflicht! ZRP **2015** 121; *ders.* Leidensmindernde Therapie am Lebensende und „indirekte Sterbehilfe", Festschrift Kargl (2015) 201; *H. Herzog* Die rechtliche Problematik von AIDS in der Praxis des niedergelassenen Arztes, MedR **1988** 289; *Hilgendorf* Forum: Zwischen Humanexperiment und Rettung ungeborenen Lebens – Der Erlanger Schwangerschaftsfall, JuS **1993** 97; *ders.* Folter im Rechtsstaat? JZ **2004** 331; *ders.* Tragische Fälle, Extremsituationen und strafrechtlicher Notstand, in: Blaschke/Förster/Lumpp/Schmidt (Hrsg.) Sicherheit statt Freiheit? (2005) 107; *ders.* Die Autonomie von Notfallpatienten: Überblick und Forschungsdesiderata, Festschrift Kühl (2014) 509; *Hillenkamp* In tyrannos – viktimodogmatische Bemerkungen zur Tötung des Familientyrannen, Festschrift Miyazawa (1995) 141; *ders.* Zur Problematik der Strafmilderung in Fällen der Haustyrannentötung, JZ **2004** 48; *ders.* Zum Heimtückemord in Rechtfertigungslagen, Festschrift Rudolphi (2004) 463; *R. v. Hippel* Deutsches Strafrecht, Band 2 (1930); *B. Hirsch* Schutz des Luftverkehrs durch ein Luftsicherheitsgesetz? ZRP **2004** 273; *H. J. Hirsch* Einwilligung und Selbstbestimmung, Festschrift Welzel (1974) 775; *ders.* Die Notwehrvoraussetzung der Rechtswidrigkeit des Angriffs, Festschrift Dreher (1977) 211; *ders.* Strafrecht und rechtsfreier Raum, Festschrift Bockelmann (1979) 89; *ders.* Anmerkung zum Urteil des BGH vom 15.5.1979 – 1 StR 74/79 – NJW 1979, 2053, JR **1980** 115; *ders.* Behandlungsabbruch und Sterbehilfe, Festschrift Lackner (1987) 597; *ders.* Gefahr und Gefährlichkeit, Festschrift Arthur Kaufmann (1993) 545; *ders.* Rechtfertigungsfragen und Judikatur des Bundesgerichtshofs, Festgabe BGH 50 (2000) 199; *ders.* Defensiver Notstand gegenüber ohnehin Verlorenen, Festschrift Küper (2007) 149; *ders.* Anmerkung zum Urteil des BGH vom 25.6.2010 – 2 StR 454/09 – BGHSt 55, 191, JR **2011** 37; *M. Hochhuth* Militärische Bundesintervention bei inländischem Terrorakt, NZWehr **2002** 154; *Höfling/Augsberg* Luftsicherheit, Grundrechtsregime und Ausnahmezustand, JZ **2005** 1080; *Hörnle* Töten, um viele Leben zu retten, Festschrift Herzberg (2008) 555; *dies.* Besprechung von Till Zimmermann, Rettungstötungen, GA **2012** 169; *dies.* Kultur, Religion, Strafrecht – Neue Herausforderungen in einer pluralistischen Gesellschaft, Verhandlungen des 70. Deutschen Juristentages Band I (2014) Gutachten C; *dies./Wohlers* The Trolley Problem Reloaded, GA **2018** 12; *Hoyer* Wie wesentlich muss das „wesentlich überwiegende Interesse" bei § 34 StGB überwiegen? Festschrift Küper (2007) 173; *Hruschka* Extrasystematische Rechtfertigungsgründe, Festschrift Dreher (1977) 189; *ders.* Rettungspflichten in Notstandssituationen, JuS **1979** 385; *ders.* Anmerkung zum Beschluss des BayObLG vom 26.5.1978 – 3 Ob OWI 38/78 – BayObLGSt. 1978, 82, JR **1979** 125; *ders.* Rechtfertigung oder Entschuldigung im Defensivnotstand? NJW **1980** 21; *ders.* Der Gegenstand des Rechtswidrigkeitsurteils nach heutigem Strafrecht, GA **1980** 1; *ders.* Strafrecht nach logisch-analytischer Methode, 2. Auflage (1988); *Ignor/Jahn* Der Staat kann auch anders – Die Schweizer Daten-CDs und das deutsche Strafrecht, JuS **2010** 390; *Ingelfinger* Grundlagen und Grenzbereiche des Tötungsverbots (2004); *ders.* Tötungsverbot und Sterbehilfe, ZfL **2005** 38; *Isensee* Leben gegen Leben – Das grundrechtliche Dilemma des Terrorangriffs mit gekapertem Passagierflugzeug, Festschrift Jakobs (2007) 205; *C. Jäger* Folter und Flugzeugabsturz – rechtsstaatliche Tabubrüche oder rechtsguterhaltende Notwendigkeiten? JA **2008** 678; *ders.* Das Verbot der Folter als Ausdruck der Würde des Staates, Festschrift Herzberg (2008) 539; *ders.* Anmerkung zum Urteil des BGH vom 21.3.2017 – 1 StR 486/16 – BeckRS 2017, 108089, JA **2017** 629; *ders.* Tatbestandsmäßigkeit, Rechtswidrigkeit und Schuld – Drei Standorte im juristischen Dilemma „Leben gegen Leben", Festschrift Rogall (2018) 171; *Jahn* Das Strafrecht des Staatsnotstandes (2004); *ders.* Rechtfertigender Notstand, JuS **2013** 1139; *Janker* Strafrechtliche Aspekte heimlicher AIDS-Tests (1988); *Jerouschek* Nach dem 11. September 2001: Strafrechtliche Überlegungen zum Abschuss eines von Terroristen entführten Flugzeugs, Festschrift Schreiber (2003) 185; *ders.* Gefahrenabwendungsfolter – Rechtsstaatliches Tabu oder polizeilich legitimierter Zwangseinsatz? JuS **2005** 296; *ders./Kölbel* Folter von Staats wegen? JZ **2003** 613; *Jeßberger* „Wenn Du nicht redest, füge ich Dir große Schmerzen zu", Jura **2003** 711; *Joerden* § 34 Satz 2 StGB und das Prinzip der Verallgemeinerung, GA **1991** 411; *ders.* Interessenabwägung im rechtfertigenden Notstand bei mehr als einem Eingriffsopfer, GA **1993** 245; *Kargl* Heimtücke und Putativnotstand bei Tötung eines schlafenden Familientyrannen, Jura **2004** 189; *ders.* Aussageerpressung und Rettungsfolter, Festschrift Puppe (2011) 1163; *Arth. Kaufmann* Rechtsfreier Raum und eigenverantwortliche Entscheidung dargestellt am Problem des Schwangerschaftsabbruchs, Festschrift Maurach (1972) 327; *ders.* Strafrechtspraxis und sittliche Normen, JuS **1978** 361; *Kelker* Der Nötigungsnotstand (1993); *E. Kern* Grade der Rechtswidrigkeit, ZStW **64** (1952) 255; *Kienapfel* Anmerkung zum Urteil des BGH vom 27.1.1976 – 1 StR 739/75 – NJW 1976, 680, JR **1977** 27; *Kinzig* Not kennt kein Gebot? ZStW **115** (2003) 791; *Klefisch* Die nat.-soz. Euthanasie im Blickfeld der Rechtsprechung und Rechtslehre, MDR **1950** 258; *Klinkhardt* Die Selbsthilferechte des Amtsträgers, VerwArch. **55** (1964) 264; *A. Koch* Tötung Unschuldiger als straflose Rettungshandlung? JA **2005** 745; *ders.* Strafbarkeit der Trennung siamesischer Zwillinge, GA **2011** 129; *B. Koch* Überlegungen zur Rechtmäßigkeit der Verteidigung in Notwehr bei unvermeidbarem Eingriff in Rechte Dritter, ZStW **122** (2010) 804; *M. Koch* Die aufgedrängte Nothilfe im Strafrecht (2003); *Köhler* Die objektive Zurechnung der Gefahr als Voraussetzung der Eingriffsbefugnis im Defensivnotstand, Festschrift Schroeder (2006) 257; *Kölbel* Zur Verwertbarkeit privat-deliktisch beschaffter Bankdaten, NStZ **2008** 241; *M. Kohlhaas* Rechtfertigungsgründe im Straßenverkehr, DAR **1968** 231; *Koriath* Das Brett des Karneades, JA **1998** 250; *Kratzsch* Verfassungsbeschwerde wegen fehlerhafter Anwendung des § 53 StGB? NJW **1974** 1546; *B. Kretschmer* Folter in Deutschland – Rückkehr einer Ungeheuerlichkeit? RuP **2003** 102; *J. Kretschmer* Der Begriff der Gefahr in § 34 StGB, Jura **2005** 662; *A. Kreuzer* Aids und Strafrecht, ZStW **100** (1988) 786; *Krey* Fall zu Problemen des rechtfertigenden und entschuldigenden Notstands, Jura **1979** 316; *Kröpil* Ziviler Ungehorsam und strafrechtliches Unrecht, JR **2011** 283; *Kubiciel* Tötung auf Verlangen – Ein Verbot und seine Ausnahmen, AD LEGENDUM **2011** 361; *Kudlich* Das Zeug ist nur zur Schmerztherapie ... mhmm, na klar! JA **2017** 71; *Kühl* Sitzblockaden vor dem Bundesverfassungsgericht, StV **1987** 122; *ders.* Zur rechtsphilosophischen Begründung des rechtfertigenden Notstands, Festschrift Lenckner (1998) 143; *ders.* Freiheit und Solidarität bei den Notrechten, Festschrift Hirsch (1999) 259; *ders.* Rechtfertigung vorsätzlicher Tötungen im Allgemeinen und speziell bei Sterbehilfe, Jura **2009** 881; *Kühnbach* Solidaritätspflichten Unbeteiligter (2007); *Küper* Zum rechtfertigenden Notstand bei Kollision von Vermögenswerten, JZ **1976** 515; *ders.* Grund- und Grenzfragen der rechtfertigenden Pflichtenkollision im Strafrecht (1979); *ders.* Die sog. „Gefahrtragungspflichten" im Gefüge des rechtfertigenden Notstandes, JZ **1980** 755; *ders.* Tötungsverbot und Lebensnotstand, JuS **1981** 785; *ders.* Der „verschuldete" rechtfertigende Notstand (1983); *ders.* Darf sich der Staat erpressen lassen? (1986); *ders.* Das „Wesentliche" am „wesentlich überwiegenden Interesse", GA **1983** 289; *ders.* Notstand und Zeit – Die „Dauergefahr" beim rechtfertigenden und entschuldigenden Notstand, Festschrift Rudolphi (2004) 151; *ders.* Probleme der „defizitären" rechtfertigenden Pflichtenkollision, JuS **2016** 1070; *Küpper* Zum Verhältnis von dolus eventualis, Gefährdungsvorsatz und bewußter Fahrlässigkeit, ZStW **100** (1988) 758; *ders.* Fahrlässige Brandstiftung mit tödlichem Ausgang, JuS **1990** 184; *Kunz* Die organisierte Nothilfe, ZStW **95** (1983) 973; *Lackner* Die Neuregelung des Schwangerschaftsabbruchs, NJW **1976** 1233; *Ladiges* Die Bekämpfung nichtstaatlicher Angreifer im Luftraum (2007); *ders.* Die notstandsbedingte Tötung von Unbeteiligten im Fall des § 14 Abs. 3 LuftSiG – ein Plädoyer für die Rechtfertigungslösung, ZIS **2008** 129; *ders.* Erlaubte Tötungen, JuS **2011** 879; *Lange* Irrtumsfragen bei der ärztlichen Schwangerschaftsunterbrechung, JZ **1953** 9; *ders.* Terrorismus kein Notstandsfall? NJW **1978** 784; *Laufhütte/Wilkitzki* Zur Reform der Strafvorschriften über den Schwangerschaftsabbruch, JZ **1976** 329; *Laufs/Laufs* Aids und Arztrecht, NJW **1987** 2257; *Lenckner* Der rechtfertigende Notstand (1965); Der Grundsatz der Güterabwägung als Grundlage der Rechtfertigung, GA **1985** 295; *ders.* Das Merkmal der „Nicht-anders-Abwendbarkeit" der Gefahr in den §§ 34, 35 StGB, Festschrift Lackner (1987) 95; *ders.* Strafrecht und ziviler Ungehorsam – OLG Stuttgart, NStZ 1987, 121, JuS **1988** 349; *Lubig/Sprenger* Beweisverwertungsverbote aus dem Fairnessgebot des Art. 6 EMRK in der Rechtsprechung des EGMR, ZIS **2008** 433; *Ludwig* „Gegenwärtiger Angriff", „drohende" und „gegenwärtige Gefahr" im Notwehr- und Notstandsrecht (1991); *Lüderssen* Die V-Leute-Problematik – oder – Zynismus, Borniertheit oder „Sachzwang"? Jura **1985** 113; *ders.* Die Folter bleibt tabu – kein Paradigmenwechsel ist geboten, Festschrift Rudolphi (2004) 691; *Lüthge/Klein* Die materielle Genehmigungsfähigkeit im Umweltstrafrecht: Bekanntes Problem, neue Ansätze, ZStW **129** (2017) 48; *Lugert* Zu den erhöht Gefahrtragungspflichtigen im differenzierten Notstand (1991); *Martens* Anmerkung zum Beschluss des OLG Frankfurt vom 29.11.1974 – 2 Ws 239/74 – NJW 1975, 271, NJW **1975** 1668; *M.E. Mayer* Der Allgemeine Teil des deutschen Strafrechts, 2. Auflage (1923); *Meißner* Die Interessenabwägungsformel in der Vorschrift über den rechtfertigenden Notstand (§ 34 StGB) (1990); *Reinhard Merkel* Zaungäste? Über die Vernachlässigung philosophischer Argumente in der Strafrechtswissenschaft (und einige verbreitete Missverständnisse zu § 34 S. 1 StGB), in: Institut für Kriminalwissenschaften Frankfurt a.M. (Hrsg.) Vom unmöglichen Zustand des Rechts (1995) 171; *ders.* § 14 Abs. 3 Luftsicherheitsgesetz: Wann und warum darf der Staat töten? JZ **2007** 373; *Rudolf Merkel* Die Kollision rechtmäßiger Interessen und die Schadensersatzpflicht bei rechtmäßigen Handlungen (1895); *A. Meyer* Wirksamer Schutz des Luftverkehrs durch ein Luftsicherheitsgesetz? ZRP **2004** 203; *F. Meyer* Die Problematik des Nötigungsnotstands auf der Grundlage eines Solidaritätsprinzips, GA **2004** 356; *Mezger* Deutsches Strafrecht, Ein Grundriß, 2. Auflage (1941); *Miehe* Nochmals – Die Debatte über die Ausnahmen vom Folterverbot, NJW **2003** 1219; *Mitsch* Trunkenheitsfahrt und Notstand – OLG Koblenz, NJW 1988, 2316, JuS **1989** 964; *ders.* Rechtfertigung und Opferverhalten (2004); *ders.* „Nantucket Sleighride" – Der Tod des Matrosen Owen Coffin, Festschrift Weber (2004) 49; *ders.* Luftsicherheitsgesetz – Die Antwort des Rechts auf den 11. September 2001, JR **2005** 274; *ders.* Flugzeugabschüsse und Weichenstellungen, GA **2006** 11; *ders.* Verhinderung lebensrettender Folter, Festschrift Roxin (2011) 639; *ders.* Strafbarer Arbeitnehmerwiderstand gegen Arbeitsplatzabbau – Dargestellt am Beispiel des „Bossnapping", JR **2013** 351; *ders.* Volksfestgeplänkel, JuS **2018** 51; *Müller-Dietz* Mutmaßliche Einwilligung und Operationserweiterung – BGH, NJW 1988, 2310, JuS **1989** 280; *Nagler* Der Begriff der Rechtswidrigkeit, Festgabe Frank, Band 1 (1930) 339; *Nestler* Der Wissenshorizont des Täters beim (Erlaubnistatumstands-)Irrtum: Wer zweifelt verliert? Jura **2018** 135; *Neu-*

haus Die Aussageerpressung zur Rettung des Entführten – strafbar! GA **2004** 521; *Neumann* Der strafrechtliche Nötigungsnotstand – Rechtfertigungs- oder Entschuldigungsgrund? JA **1988** 329; *ders.* Die Moral des Rechts, JRE **2** (1994) 81; *ders.* Besprechung von Michael Pawlik, Der rechtfertigende Notstand, ZStW **116** (2004) 751; *ders.* Sterbehilfe im rechtfertigenden Notstand (§ 34 StGB), Festschrift Herzberg (2008) 575; *ders.* Die rechtsethische Begründung des „rechtfertigenden Notstands" auf der Basis von Utilitarismus, Solidaritätsprinzip und Loyalitätsprinzip, in: von Hirsch/Neumann/Seelmann (Hrsg.) Solidarität im Strafrecht (2013) 155; *Niese* Der Irrtum über Rechtfertigungsgründe, DRiZ **1953** 20; *Nippert/Tinkl* Erlaubnistatbestandsirrtum? Auswirkungen der ex-ante- bzw. ex-post-Beurteilung der Rechtfertigungslage von § 32 und § 34 StGB, JuS **2002** 964; *Oehler* Die Achtung vor dem Leben und die Notstandshandlung, JR **1951** 489; *Oetker* Notwehr und Notstand, VDA **2** (1908) 255; *Onagi* Die Notstandsregelung im japanischen und deutschen Strafrecht im Vergleich (1993); *Ostendorf* Die strafrechtliche Rechtmäßigkeit rechtswidrigen hoheitlichen Handelns, JZ **1981** 165; *ders./Meyer-Seitz* Die strafrechtlichen Grenzen des polizeilichen Lockspitzel-Einsatzes, StV **1985** 73; *Otte* Der durch Menschen ausgelöste Defensivnotstand (1998); *ders.* Pflichtenkollision und Rechtswidrigkeitsurteil, 3. Auflage (1978); *ders.* Gegenwärtiger Angriff (§ 32 StGB) und gegenwärtige Gefahr (§§ 34, 35, 249, 255 StGB), Jura **1999** 552; *ders.* Anmerkung zum Urteil des BGH vom 25.3.2003 – 1 StR 483/02 – BGHSt 48, 255, NStZ **2004** 142; *ders.* Die strafrechtliche Beurteilung der Kollision rechtlicher gleichrangiger Interessen, Jura **2005** 470; *ders.* Diskurs über Gerechtigkeit, Menschenwürde und Menschenrechte, JZ **2005** 473; *ders.* Solidarität als Rechtsbegriff, Festschrift Kühl (2014) 341; *Paglotke* Notstand und Notwehr bei Bedrohungen innerhalb von Prozesssituationen (2006); *Pawlik* Der rechtfertigende Notstand (2002); *ders.* Der rechtfertigende Defensivnotstand, Jura **2002** 26; *ders.* Der rechtfertigende Defensivnotstand im System der Notrechte, GA **2003** 12; *ders.* § 14 Abs. 3 des Luftsicherheitsgesetzes – ein Tabubruch? JZ **2004** 1045; *ders.* Zur strafprozessualen Verwertbarkeit rechtswidrig erlangter ausländischer Bankdaten, JZ **2010** 693; *Pelz* Notwehr- und Notstandsrechte und der Vorrang obrigkeitlicher Hilfe, NStZ **1995** 305; *Perdomo-Torres* Die Duldungspflicht im rechtfertigenden Notstand (2011); *Perron* Folter in Notwehr? Festschrift Weber (2004) 143; *Peters* Die Tötung von Menschen in Notsituationen, JR **1950** 742; *Petersen* Die Erforderlichkeit – Gemeinsamkeiten und Unterschiede bei § 32 und § 34 StGB, JA **2017** 502; *Pewestorf* Die Berufung des Amtsträgers auf die Jedermannsrechte, JA **2009** 43; *Pfeffer* Durchführung von HIV-Tests ohne den Willen des Betroffenen (1989); *Pong* Der rechtfertigende Notstand (§ 34 StGB) unter besonderer Berücksichtigung Drittbeteiligter (2002); *Prittwitz* Leben gegen Leben? Festschrift Neumann (2017) 999; *Puppe* Zur Struktur der Rechtfertigung, Festschrift Stree/Wessels (1993) 183; *Rath* Das subjektive Rechtfertigungselement (2002); *Reemtsma* Folter im Rechtsstaat? (2005); *Reichert-Hammer* Politische Fernziele und Unrecht (1991); *Rengier* Anmerkung zum Beschluss des BGH vom 2.8.1983 – 5 StR 503/83 – NJW 1983, 2456, NStZ **1984** 21; *ders.* Totschlag oder Mord und Freispruch aussichtslos? – Zur Tötung von (schlafenden) Familientyrannen, NStZ **2004** 233; *Renzikowski* Notstand und Notwehr (1994); *Rissing-van Saan* Strafrechtliche Aspekte der aktiven Sterbehilfe, ZIS **2011** 544; *Rogall* Ist der Abschuss gekaperter Flugzeuge widerrechtlich? NStZ **2008** 1; *Rohrer* Menschenwürde am Lebensanfang und am Lebensende und strafrechtlicher Lebensschutz (2012); *Rosenau* Die Neuausrichtung der passiven Sterbehilfe, Festschrift Rissing-van Saan (2011) 547; *ders.* Aktive Sterbehilfe, Festschrift Roxin (2011) 577; *Rotsch* Die Tötung des Familientyrannen: heimtückischer Mord? – Eine Systematisierung aus aktuellem Anlass, JuS **2005** 12; *ders.* Achtung: Gefahr! Festschrift Neumann (2017) 1009; *Roxin* Über die mutmaßliche Einwilligung, Festschrift Welzel (1974) 447; *ders.* Zur Tatbestandsmäßigkeit und Rechtswidrigkeit der Entfernung von Leichenteilen (§ 168 StGB), insbesondere zum rechtfertigenden strafrechtlichen Notstand (§ 34 StGB) – OLG Frankfurt, NJW 1975, 271, JuS **1976** 505; *ders.* Die notstandsähnliche Lage – ein Strafunrechtsausschließungsgrund? Festschrift Oehler (1985) 181; *ders.* Der durch Menschen ausgelöste Defensivnotstand, Festschrift Jescheck (1985) 457; *ders.* Strafrechtliche Bemerkungen zum zivilen Ungehorsam, Festschrift Schüler-Springorum (1993) 441; *ders.* Kann staatliche Folter in Ausnahmefällen zulässig oder wenigstens straflos sein? Festschrift Eser (2005) 461; *ders.* Rettungsfolter? Festschrift Nehm (2006) 205; *ders.* Noch einmal – Zur strafrechtlichen Behandlung der Gewissenstat, GA **2011** 1; *ders.* Der Abschuss gekaperter Flugzeuge zur Rettung von Menschenleben, ZIS **2011** 552; *ders.* 60 Jahre Grundgesetz aus der Sicht des Strafrechts, JöR **59** (2011) 1; *Rudolphi* Die pflichtgemäße Prüfung als Erfordernis der Rechtfertigung, Gedächtnisschrift Schröder (1978) 73; *ders.* Rechtfertigungsgründe im Strafrecht, Gedächtnisschrift Armin Kaufmann (1989) 371; *Rupprecht* Die tödliche Abwehr des Angriffs auf menschliches Leben, JZ **1973** 263; *Saliger* Absolutes im Strafprozeß? Über das Folterverbot, seine Verletzung und die Folgen seiner Verletzung, ZStW **116** (2004) 35; *Samson* Legislatorische Erwägungen zur Rechtfertigung der Explantation von Leichenteilen, NJW **1974** 2030; *Satzger* Der Schutz des ungeborenen Lebens durch Rettungshandlungen Dritter, JuS **1997** 800; *ders.* Gesetzlichkeitsprinzip und Rechtfertigungsgründe,

Jura **2016** 154; *Sauer* Völkerrechtliche Folgenbeseitigung im Strafverfahren, JZ **2011** 23; *Schaffstein* Der Maßstab für das Gefahrurteil beim rechtfertigenden Notstand, Festschrift Bruns (1978) 89; *Scheuß* Zur Rechtfertigung von Straftaten im nichtinternationalen bewaffneten Konflikt, ZStW **130** (2018) 23; *Schild* Die strafrechtsdogmatischen Konsequenzen des rechtsfreien Raumes, JA **1978** 449; *Schmidhäuser* Zum Notwehrrecht eines Polizeibeamten im Dienst, JZ **1991** 937; *Schmidt* Das Reichsgericht und der „übergesetzliche Notstand", ZStW **49** (1929) 350; *ders.* Anmerkung zum Urteil des OGH vom 5.3.1949 – StS 19/49 – OGHSt 1, 321, SJZ **1949** 559; *Schmitz* Rechtfertigender Notstand bei internen Interessenkollisionen (2013); *H.-L. Schreiber* Vorüberlegungen für ein künftiges Transplantationsgesetz, Festschrift Klug, Band II (1983) 341; *ders.* Das Recht auf den eigenen Tod – zur gesetzlichen Neuregelung der Sterbehilfe, NStZ **1986** 337; *K. Schreiber* Die Rechtfertigungsgründe des BGB, Jura **1997** 29; *Schroeder* Notstandslage bei Dauergefahr – BGH, NJW 1979, 2053, JuS **1980** 336; *Schröder* Der Irrtum über Rechtfertigungsgründe nach dem BGH, MDR **1953** 70; *ders.* Die Notstandsregelung des Entwurfs 1959 II, Festschrift Eberhard Schmidt (1961) 290; *Schroth* Die Annahme und das „Für-Möglich-Halten" von Umständen, die einen anerkannten Rechtfertigungsgrund begründen, Festschrift Arthur Kaufmann (1993) 595; *Schumacher* Freiheitsberaubung und „Fürsorglicher Zwang" in Einrichtungen der stationären Altenhilfe, Festschrift Stree/Wessels (1993) 431; *H. Schumann* Zum abergläubischen Tatbestandsirrtum und zum vermeidbaren Verbotsirrtum wegen einer Wahngefahr, NStZ **1990** 32; *K.H. Schumann* Telefonische Sterbehilfe? Zu der Beteiligungsfrage im „Sterbehilfe-Urteil" des BGH, JR **2011** 142; *Seeberg* Aufgedrängte Nothilfe, Notwehr und Notwehrexzess (2005); *Seelmann* Das Verhältnis von § 34 StGB zu anderen Rechtfertigungsgründen (1978); *Seier* Strafrecht – Die unnötige Rettungsfahrt, JuS **1986** 217; *ders./Hembach* Notstand und Erlaubnistatbestandsirrtum – Der tödliche Schlangenbiss, JuS **2014** 35; *Seuring* Die aufgedrängte Nothilfe (2004); *Sieber* Ermittlungen in Sachen Liechtenstein – Fragen und erste Antworten, NJW **2008** 881; *Sinn* Tötung Unschuldiger auf Grund § 14 III Luftsicherheitsgesetz – rechtmäßig? NStZ **2004** 585; *Spendel* Schillers „Wilhelm Tell" und das Recht, SchwZStr. **107** (1990) 154; *ders.* Zum Umfang des Notwehrrechts eines Polizeibeamten, JR **1991** 250; *ders.* Luftsicherheitsgesetz und Bundesverfassungsgericht, RuP **2006** 131; *Spernath* Strafbarkeit und zivilrechtliche Nichtigkeit des Ankaufs von Bankdaten, NStZ **2010** 307; *Stree* Rechtswidrigkeit und Schuld im neuen Strafgesetzbuch, JuS **1973** 461; *Streng* Gerechtfertigte Aufopferung Unbeteiligter? Festschrift Stöckel (2010) 135; *Struensee* Verursachungsvorsatz und Wahnkausalität, ZStW **102** (1990) 21; *Stübinger* „Not macht erfinderisch" – Zur Unterscheidungsvielfalt in der Notstandsdogmatik – am Beispiel der Diskussion über den Abschuss einer sog. „Terrormaschine", ZStW **123** (2011) 403; *ders.* Notwehr-Folter und Notstands-Tötung? (2015); *Sydow* Forum: § 34 StGB – kein neues Ermächtigungsgesetz! JuS **1978** 222; *Tenckhoff* Grundfälle zum Beleidigungsrecht, JuS **1989** 198; *Thiel* Die Konkurrenz von Rechtfertigungsgründen (2000); *Tiedemann* Bemerkungen zur Rechtsprechung in den sog. Demonstrationsprozessen, JZ **1969** 717; *Trüg/Habetha* Die Liechtensteiner Steueraffäre – Strafverfolgung durch Begehung von Straftaten? NJW **2008** 887; *Uhlig/Joerden* Die Systematik der Sterbehilfearten – im Lichte des BGH-Urteils vom 25. Juni 2010 („Fall Putz", AD LEGENDUM **2011** 369; *Ulsenheimer* Strafbarkeit des Garanten bei Nichtvornahme der einzig möglichen, aber riskanten Rettungshandlung – BGH bei Dallinger, MDR 1979, 361, JuS **1972** 252; *Valerius* Kultur und Strafrecht (2011); *Verrel* Selbstbestimmungsrecht contra Lebensschutz, JZ **1996** 224; *ders.* Ein Grundsatzurteil? – Jedenfalls bitter nötig! NStZ **2010** 671; *T. Walter* Sterbehilfe: Teleologische Reduktion des § 216 StGB statt Einwilligung! Oder: Vom Nutzen der Dogmatik, ZIS **2011** 76; *ders./Schwabenbauer* „Eine folgenreiche Schwangerschaft", JA **2012** 504; *Wang* Die strafrechtliche Rechtfertigung von Rettungsfolter (2014); *Warda* Zur Konkurrenz von Rechtfertigungsgründen, Festschrift Maurach (1972) 143; *ders.* Vorsatz und Schuld bei ungewisser Tätervorstellung über das Vorliegen strafbarkeitsausschließender Umstände, Festschrift Lange (1976) 119; *U. Weber* Konzeption und Grundsätze des Wirtschaftsstrafrechts (einschließlich Verbraucherschutz), ZStW **96** (1984) 376; *Weigend* Folterverbot im Strafverfahren, StV **2011** 325; *Welke* Der Haustyrannenmord im deutschen Straftatsystem, ZRP **2004** 15; *Welzel* Anmerkung zum Urteil des OGH vom 5.3.1949 – StS 19/49 – OGHSt 1, 321, MDR **1949** 373; *ders.* Zum Notstandsproblem, ZStW **63** (1951) 47; *ders.* Der übergesetzliche Notstand und die Irrtumsproblematik, JZ **1955** 142; *Widmaier* Dogmatik und Rechtsgefühl – Tendenzen zur normativen Einschränkung des Mordtatbestands in der neueren BGH-Rechtsprechung, NJW **2003** 2788; *Wiefelspütz* Einsatz der Streitkräfte im Innern – Bundeswehr und Polizei, Die Polizei **2003** 301; *Wilenmann* Freiheitsdistribution und Verantwortungsbegriff (2014); *ders.* Die Unabwägbarkeit des Lebens beim rechtfertigenden Notstand, ZStW **127** (2015) 888; *Wilkesmann* Terroristische Angriffe auf die Sicherheit des Luftverkehrs, NVwZ **2002** 1316; *Wittreck* Menschenwürde und Folterverbot, DÖV **2003** 873; *Wolfslast* Anmerkung zum Beschluss des OLG Frankfurt vom 8.7.1999 – 8 U 67/99 – NJW 2000, 875, NStZ **2001** 151; *Zielinski* Handlungs- und Erfolgsunwert im Unrechtsbegriff (1973); *Ziemann* Moral über Bord? Über das Notrecht von Schiffbrüchigen und das Los der Schiffsjungen, ZIS **2014** 479; *Zieschang* Die Gefährdungsdelikte (1998); *ders.* Der Gefahrbegriff im Recht: Einheitlichkeit oder Vielgestaltigkeit? GA **2006** 1; *ders.* Die deutsche Strafrechtsentwicklung zwischen 1945 und 1975 am Beispiel der Vorschriften über den Notstand, in: Hilgendorf/Weitzel (Hrsg.) Der Strafgedanke in seiner historischen Entwicklung (2007) 173; *ders.* Der rechtfertigende und der entschuldigende Notstand, JA **2007** 679; *ders.* Die Liechtensteiner Steueraffäre, Festschrift Scheuing (2011) 794; *ders.* Rechtfertigungsfragen bei Tötungen unter Privaten, Festgabe Knemeyer (2012) 449; *Zimmermann* Rettungstötungen (2009).

Entstehungsgeschichte

Das Reichsstrafgesetzbuch von 1871 kannte zwar mit **§§ 52, 54 a.F. StGB**[1] bereits Regelungen zum Notstand, jedoch waren diese beiden Vorschriften Vorgängerregelungen zum heutigen **entschuldigen Notstand** in § 35 StGB,[2] nicht hingegen zum aktuellen rechtfertigenden Notstand gemäß § 34 StGB.[3] Eine **allgemeine Regelung** zum **rechtfertigenden Notstand** war daher ursprünglich im RStGB **nicht normiert**. Andererseits regelt das Bürgerliche Recht im BGB bereits seit dessen Inkrafttreten am 1.1.1900 in **§ 228 BGB** den **Defensivnotstand** und in **§ 904 BGB** den **Aggressivnotstand**.[4] Auch gab es etwa in § 17 RPostG von 1871 eine Spezialregelung des rechtfertigenden Notstands.[5] Zudem fand sich schon im RStGB von 1871 im Bereich der Beleidigungsdelikte der Rechtfertigungsgrund des **§ 193 StGB**, den die überwiegende Ansicht als Fall der Güter- und Interessenabwägung ansieht,[6] wobei die Norm im Hinblick auf die durchzuführende Abwägung Nähe zum rechtfertigenden Notstand aufweist.[7]

Trotz des Fehlens einer allgemeinen Regelung im RStGB von 1871 diskutierte man schon damals diesen Rechtfertigungsgrund im **strafrechtswissenschaftlichen Schrifttum**. Hierbei rankten sich die Erörterungen vor allem auch um die Rechtfertigung eines Schwangerschaftsabbruchs zur Rettung der Mutter.[8] Im Hinblick auf die Frage der Rechtfertigung über den Notstand stellte dabei das Schrifttum auf unterschiedliche Kriterien ab.[9] So war nach der **Zwecktheorie** die Rechtswidrigkeit zu verneinen, falls das Handeln als angemessenes Mittel zur Erreichung eines rechtlich anerkannten Zwecks zu erachten war.[10] Für die **Güterabwägungstheorie** war maßgeblich, ob die Tat dem Erhalt eines

---

1 Siehe zu §§ 52, 54 a.F. StGB die Erläuterungen zur Entstehungsgeschichte bei § 35 StGB.
2 Begründung zum E 1962, BTDrucks. IV/650 S. 158; *Günther* SK[8] Rdn. 4; *Zieschang* in: Hilgendorf/Weitzel, S. 173, 178.
3 Siehe zur historischen Entwicklung auch *Buchkremer* S. 25 ff; *Kühl* FS Lenckner 143, 146 ff; *Meißner* S. 72 ff; *Pawlik* S. 9 ff, 34 ff; *Zieschang* in: Hilgendorf/Weitzel, S. 173, 178 ff.
4 Vgl. ferner die Regelungen zur Haverei in §§ 700 ff HGB.
5 Gesetz über das Postwesen des Deutschen Reichs vom 28.10.1871, RGBl. S. 347: Die Vorschrift erlaubte Postbediensteten, Neben- und Feldwege sowie ungehegte Wiesen und Äcker zu benutzen, wenn die gewöhnlichen Postwege gar nicht oder schwer zu benutzen waren. Vgl. auch § 46 Abs. 3 a.F. EGBGB von 1896 sowie § 67 a.F. PStG: Dort ging es darum, dass die grundsätzlich verbotene religiöse Eheschließung durch einen Geistlichen zeitlich vor der standesamtlichen Trauung ausnahmsweise zulässig war, falls einer der Verlobten lebensgefährlich erkrankt und ein Aufschub nicht möglich war.
6 Siehe etwa BVerfGE **12** 113, 125; BGHSt **18** 182, 184 f; *Geppert* Jura **1985** 25, 26; *Hilgendorf* LK[12] § 193 Rdn. 2; *Sch/Schröder/Lenckner/Eisele* § 193 Rdn. 1, 8; *Schneider* HK-GS § 193 Rdn. 2; **anders** etwa *Fischer* § 193 Rdn. 1; *Jescheck/Weigend* 36 II; *Zaczyk* NK § 193 Rdn. 3: Fall des erlaubten Risikos.
7 Vgl. RGSt **62** 83, 92 f; RGSt **64** 10, 13; RGSt **65** 333, 335; BGH bei Dallinger MDR **1953** 401; siehe auch Begründung zum E 1962, BTDrucks. IV/650 S. 156; *Rönnau* LK Vor § 32 Rdn. 114; zu 193 StGB im Verhältnis zu § 34 StGB siehe Rdn. 11.
8 Zwar kam der Mutter § 54 a.F. StGB als Entschuldigungsgrund zugute, nicht aber dem den Abbruch durchführenden Arzt; *Erb* MK Rdn. 10.
9 Siehe dazu auch *Eb. Schmidt* ZStW **49** (1929) 350, 370 ff.
10 Siehe *v. Liszt/Schmidt* AT S. 187 f, 206; *Eb. Schmidt* ZStW **49** (1929) 350, 375 ff.

höherwertigen Guts auf Kosten eines geringerwertigen Guts diente.[11] Weiterhin stützte man sich insbesondere auch auf eine **Abwägung der widerstreitenden Interessen**, also das Prinzip des überwiegenden Interesses,[12] welches heute maßgeblich in § 34 StGB niedergelegt ist.

In der Rechtsprechung bildet das bedeutsame **Urteil des Reichsgerichts vom 11.3.1927**[13] die Grundlage für die Anerkennung eines **übergesetzlichen rechtfertigenden Notstands**. Das RG führt in dieser Entscheidung zum **medizinisch indizierten Schwangerschaftsabbruch** aus, dass dann, wenn eine tatbestandsmäßige Handlung das einzige Mittel ist, um ein Rechtsgut zu schützen, die Frage der Rechtfertigung anhand des dem geltenden Recht zu entnehmenden Wertverhältnisses der in Widerstreit stehenden Rechtsgüter zu entscheiden sei.[14] Damit befürwortete das RG im Bereich des rechtfertigenden Notstands das Prinzip der **Güterabwägung**. Bereits in vorangegangenen Entscheidungen des RG war dieses Prinzip zumindest angeklungen.[15] Wenn im Widerstreit von Rechtsgütern ein Ausgleich nicht anders möglich ist als durch Vernichtung oder Schädigung eines der beiden Rechtsgüter, müsse das geringerwertige Gut dem höherwertigen weichen, womit der Eingriff in das geringerwertige Gut nicht rechtswidrig sei.[16] Speziell der Schwangerschaftsabbruch sei nicht rechtswidrig, falls dieser das einzige Mittel ist, um die Schwangere aus einer gegenwärtigen Gefahr des Todes oder einer schweren Gesundheitsschädigung zu befreien.[17]

Voraussetzung für diesen Gutsnotstand ist nach Ansicht des RG eine gegenwärtige, auf andere Weise nicht zu beseitigende Gefahr.[18] Damit werden bereits in dem Urteil von 1927 Formulierungen benutzt, die heute identisch (gegenwärtige Gefahr) oder in zumindest sehr ähnlicher Weise (auf andere Weise nicht zu beseitigen) in § 34 StGB enthalten sind.

Das RG bemerkte aber in seiner bahnbrechenden Entscheidung von 1927 auch, dass im Einzelfall ein von der Güterabwägung abweichendes Ergebnis geboten sein könne,[19] ohne freilich auf diesen Aspekt näher einzugehen. Dennoch zeigt dieser Hinweis, dass sich bereits das RG darüber im Klaren war, dass eine **reine Güterabwägung nicht ausnahmslos** gilt.

In nachfolgenden Entscheidungen des RG wurde dann zur Umschreibung dieses Rechtfertigungsgrundes der Begriff „übergesetzlicher Notstand" benutzt.[20] Nicht nur das RG,[21] sondern auch der BGH[22] zog diesen Rechtfertigungsgrund heran, der schließlich zu **Gewohnheitsrecht** erstarkte.[23]

Im Anschluss an die Entscheidung des RG wurde schließlich auch der Gesetzgeber tätig. So regelte das Gesetz zur Verhütung erbkranken Nachwuchses vom 14.7.1933[24]

---

11 Vgl. z.B. *Mezger* Strafrecht, 2. Aufl. 1941, S. 75.
12 Siehe etwa *Engisch* ZStW **58** (1939) 1, 6 ff.
13 RGSt **61** 242.
14 RGSt **61** 242, 254.
15 RGSt **23** 116; RGSt **37** 150, 151.
16 RGSt **61** 242, 254.
17 RGSt **61** 242, 256. Zuvor hatte das RG bei einer medizinischen Indikation einen entschuldigenden Notstand angenommen; RGSt **36** 334, 337 f; RGSt **57** 268; RGSt **60** 88, 89.
18 RGSt **61** 242, 255.
19 RGSt **61** 242, 255.
20 RGSt **62** 35, 46.
21 Siehe etwa RGSt **62** 137; RGSt **65** 422, 427; RGSt **77** 113, 115 f.
22 So u.a. BGHSt **1** 329, 330; BGHSt **2** 242, 243; BGHSt **12** 299, 304.
23 Begründung zum E 1962, BTDrucks. IV/650 S. 158; BGH NJW **1976** 680, 681; *Matt/Renzikowski/Engländer* Rdn. 1; *Günther* SK[8] Rdn. 6; *Heinrich* Rdn. 403; *Sch/Schröder/Perron* Rdn. 2; *Zieschang* in: Hilgendorf/Weitzel, S. 173, 179.
24 RGBl I, S. 529.

durch Änderungsgesetz vom 26.6.1935[25] speziell den medizinisch indizierten Schwangerschaftsabbruch in seinem § 14 Abs. 1.[26] Heute findet sich dazu ein spezieller Rechtfertigungsgrund in **§ 218a Abs. 2 StGB**.

Die allgemeine Regelung zum rechtfertigenden Notstand in § 34 StGB trat zum **1.1. 1975** in Kraft.[27] Sie wurde durch das 2. StrRG vom 4.7.1969[28] in das StGB eingeführt. Dabei stammt die heutige Vorschrift erkennbar aus dem **Entwurf 1962**,[29] denn schon in § 39 Abs. 1 E 1962 findet sich eine fast wortidentische Regelung.[30] Ziel der gesetzlichen Normierung war es, den von der Rechtsprechung entwickelten übergesetzlichen rechtfertigenden Notstand **gesetzlich festzulegen** und damit eine Regelung zu schaffen, welche der **Rechtsprechung eine feste Grundlage** gewährt. Hierfür bestehe – so die Begründung zum E 1962 – „trotz gewisser theoretischer Schwierigkeiten und Bedenken ein unabweisbares Bedürfnis der Praxis".[31] Es sei überaus häufig, dass jemand Lagen ausgesetzt ist, in denen er ein Rechtsgut nur dadurch schützen kann, dass er ein anderes verletzt. Der Gesetzgeber könne daher über die Grundsätze rechten Handelns, wenn strafrechtlich geschützte Interessen und Rechtsgüter im Widerstreit stehen, nicht schweigen.[32] Die Regelung zum rechtfertigenden Notstand umschreibe dessen begriffliche Merkmale in Anlehnung an die gesicherten Ergebnisse der Rechtsprechung und unter Berücksichtigung der in der Wissenschaft entwickelten Grundsätze.[33] Andererseits wird angemerkt, die Vorschrift könne als allgemeine Regelung angesichts der Vielzahl der möglichen Anwendungsfälle keine deutlich umrissenen Abgrenzungsmerkmale für die Voraussetzungen des rechtfertigenden Notstands bieten, sondern müsse sich darauf beschränken, für die Wertentscheidung des Richters die maßgeblichen Richtlinien anzugeben.[34]

In der **Wissenschaft** waren in der Tat **gegen eine gesetzliche Normierung** durchaus **Bedenken** erhoben worden. So hatte etwa *Gallas* die Auffassung vertreten, eine Formulierung, die allen in Betracht kommenden Gesichtspunkten gerecht werden wollte, müsse sich in einer vagen Allgemeinheit erschöpfen.[35] Mit einer Normierung entstehe die nicht zu unterschätzende Versuchung für den Richter, beim Notstand vermeintlich sozial gebotene Entscheidungen auf Kosten der Freiheit des Verletzten und der Autorität der Rechtsordnung zu treffen. Falls von der Regelung jedoch in legitimer Weise Gebrauch gemacht würde, wäre ihre praktische Bedeutung nicht besonders groß, sodass der Gesetzgeber auch auf sie **verzichten** könne.[36]

Diese Bedenken vermögen indes **nicht zu überzeugen**.[37] So führt die Regelung zu Rechtsicherheit in Bezug auf mehrere zuvor durchaus kontrovers diskutierte Fragen

---

25 RGBl I, S. 773.
26 *Rogall* SK Vor § 218 Rdn. 7 f, auch zur Fortgeltung als Landesrecht nach Kriegsende.
27 Bereits 1968 wurde der rechtfertigende Notstand in das OWiG aufgenommen (§ 12 a.F. OWiG). Er ist heute in § 16 OWiG geregelt und bis auf die Verwendung des Begriffs „Handlung" anstelle von „Tat" mit § 34 StGB wortidentisch.
28 BGBl I, 717.
29 Der E 1962 findet sich abgedruckt in BTDrucks. IV/650. *Stree* JuS **1973** 461, 463; *Zieschang* in: Hilgendorf/Weitzel, S. 173, 179; siehe auch BTDrucks. V/4095 S. 15.
30 Abgedruckt in BTDrucks. IV/650 S. 16. Darauf hinzuweisen ist, dass sich auch bereits in den StGB-Entwürfen von 1913 (§ 28), 1919 (§ 22), 1922 (§ 22), 1925 (§ 22) und 1927 (§ 25) allgemeine Regelungen zum Notstand fanden, die jedoch nicht in geltendes Recht umgesetzt wurden.
31 Begründung zum E 1962, BTDrucks. IV/650 S. 158.
32 Begründung zum E 1962, BTDrucks. IV/650 S. 158.
33 Begründung zum E 1962, BTDrucks. IV/650 S. 159.
34 Begründung zum E 1962, BTDrucks. IV/650 S. 159.
35 *Gallas* ZStW **80** (1968) 1, 23; vgl. auch *Helmers* S. 313.
36 Siehe auch die Bedenken von *Lenckner* S. 204 ff.
37 Siehe dazu im Einzelnen *Zieschang* in: Hilgendorf/Weitzel, S. 173, 181 ff.

(Rdn. 1ff). Darüber hinaus wird dem Richter mit den in § 34 StGB normierten Voraussetzungen ein gewisser Maßstab an die Hand gegeben, indem sich aus der Vorschrift etwa ergibt, dass grundsätzlich sämtliche Rechtsgüter notstandsfähig sind, eine umfassende Interessenabwägung stattzufinden hat und der Täter in der Konsequenz gerechtfertigt und nicht bloß entschuldigt sein kann. Zwar sind manche Voraussetzungen des § 34 StGB unscharf; Konsequenz daraus ist aber nicht, dass gar keine Regelung erfolgen sollte, denn das kann die Freiheitsrechte des Einzelnen viel stärker in Gefahr bringen. Vielmehr gebietet die Weite mancher Voraussetzungen eine besondere Vorsicht bei der Subsumtion. Es ist **originäre Aufgabe des Gesetzgebers**, die Entscheidung zu treffen, welches Verhalten **verboten** und welches **erlaubt** ist. Dieser Aufgabe darf er nicht dem Richter überlassen. Es war daher richtig, den rechtfertigenden Notstand einer gesetzlichen Regelung zuzuführen.[38]

Soweit eingewandt wird, es bestehe die Gefahr, dass bei der Beurteilung von Notstandsfällen vermeintlich sozial gebotene Entscheidungen **auf Kosten des Freiheitsspielraums** des Verletzten und der Autorität der Rechtsordnung getroffen werden,[39] ist es in der Tat so, dass die Verbindlichkeit der im Strafrecht aufgestellten Verbote durch § 34 StGB in Ausnahmefällen durchbrochen wird. Jedoch ist es bereits ein **Charakterzug einer jeden Rechtfertigung**, dass ein tatbestandliches Verhalten ausnahmsweise gerechtfertigt, also erlaubt ist. Zudem wird zutreffend darauf hingewiesen, dass die Rechtsordnung kein „Geßlerhut" ist, die starr und ausnahmslos zu beachten ist.[40] Rechtsnormen werden nicht um jeden Preis durchgesetzt. Es gibt bestimmte Konstellationen von Not und Gefahren, bei denen zum Schutz eines überwiegenden Interesses von einem anderen eine Tat zu erdulden ist. Gerade das stärkt sogar das Vertrauen der Bevölkerung in die Rechtsordnung, die nicht blind jedes tatbestandliche Verhalten verbietet, sondern auf Ausnahmefälle flexibel reagieren kann. Die Bereitschaft zur Normbefolgung wird also eher erhöht als untergraben.[41]

Nicht gesetzlich verankert hat dagegen der Gesetzgeber die **rechtfertigende Pflichtenkollision**. Das wäre aber ebenfalls durchaus sinnvoll gewesen, denn bereits vor der Normierung des Notstands in § 34 StGB fand nicht selten keine saubere Unterscheidung zwischen dem rechtfertigenden Notstand einerseits und der Pflichtenkollision andererseits statt. So verbindet das RG in seiner Entscheidung von 1927 den rechtfertigenden Notstand und die Pflichtenkollision und spricht vom „Grundsatz der Güter- und Pflichtenabwägung".[42] Der Gesetzgeber unterließ eine Normierung, da insoweit der Rechtsprechung nicht vorgegriffen werden solle; einer gesetzlichen Regelung stünden unüberwindliche Hindernisse entgegen.[43]

Nach zutreffendem Verständnis handelt es sich bei der Pflichtenkollision um einen von § 34 StGB **zu unterscheidenden spezifischen Rechtfertigungsgrund beim Unterlassungsdelikt**.[44] Bei ihr kann selbst im Fall, dass gleichwertige Pflichten im Konflikt miteinander stehen, eine Rechtfertigung greifen. Folglich geht es bei ihr anders als bei § 34 StGB **nicht um das Prinzip des überwiegenden Interesses**. Bedauerlicherweise hat der Gesetzgeber keine eigenständige Normierung vorgenommen, was indes im Hinblick auf die Anwendungsklarheit im Zusammenhang mit diesem Rechtfertigungsgrund

---

38 *Zieschang* in: Hilgendorf/Weitzel, S. 173, 184 f; vgl. auch *Erb* MK Rdn. 10.
39 *Gallas* ZStW **80** (1968) 1, 24.
40 *Neumann* NK Rdn. 6.
41 Siehe *Erb* MK Rdn. 5.
42 RGSt **61** 242, 254.
43 Begründung zum E 1962, BTDrucks. IV/650 S. 159.
44 *Sch/Schröder/Perron* Rdn. 4; *Zieschang* in: Hilgendorf/Weitzel, S. 173, 187; siehe auch Rdn. 33.

durchaus zu befürworten gewesen wäre.[45] Immerhin ist es zu begrüßen, dass in § 34 StGB nicht beide Rechtfertigungsgründe miteinander vermengt werden, was dogmatisch verfehlt wäre, sondern dort ausschließlich der rechtfertigende Notstand gemeint ist.

Übersicht

I. Allgemeine Bemerkungen — 1
1. Differenzierungstheorie versus Einheitstheorie — 2
2. Interessenabwägungstheorie, Güterabwägungstheorie, Zwecktheorie — 4
3. Grundgedanke der Vorschrift — 7
4. Spezialregelungen zum Notstand — 10
    a) § 193 StGB — 11
    b) § 218a Abs. 2 StGB — 12
    c) § 228 BGB — 13
    d) § 904 BGB — 18
    e) Sonstige Spezialregelungen — 21
5. Art. 20 Abs. 4 GG, Art. 31 Abs. 1 d) IStGH-Statut und § 16 OWiG — 25
6. Abgrenzung des rechtfertigenden Notstands von anderen Rechtfertigungsgründen — 28
    a) Abgrenzung zu § 32 StGB — 28
    b) Abgrenzung zur rechtfertigenden Einwilligung — 31
    c) Abgrenzung zur mutmaßlichen Einwilligung — 32
    d) Abgrenzung zur rechtfertigenden Pflichtenkollision — 33
    e) Abgrenzung zu öffentlich-rechtlichen Eingriffsbefugnissen — 34

II. Die Voraussetzungen des rechtfertigenden Notstands — 46
1. Allgemeines — 46
2. Die Notstandslage: Gegenwärtige Gefahr für ein Rechtsgut — 48
    a) Die notstandsfähigen Rechtsgüter — 48
    b) Die Gefahr — 57
    c) Die Gegenwärtigkeit — 69
    d) Notstandshilfe — 74
3. Begehung einer Tat, um die Gefahr von sich oder einem anderen abzuwenden — 77
    a) Die Tatbegehung — 77
    b) Das subjektive Rechtfertigungselement — 80
4. Die Nicht-anders-Abwendbarkeit — 88
    a) Allgemeines — 88
    b) Die Geeignetheit — 91
    c) Das relativ mildeste Mittel — 94
5. Bei Abwägung der widerstreitenden Interessen muss das geschützte Interesse das beeinträchtigte wesentlich überwiegen — 99
    a) Allgemeines — 99
    b) Die betroffenen Rechtsgüter — 103
    c) Der Grad der den betroffenen Rechtsgütern drohenden Gefahren — 113
    d) Sonstige im Einzelfall relevante Gesichtspunkte der Interessenabwägung — 115
        aa) Der Umfang des drohenden Schadens — 116
        bb) Die Größe der Rettungschance — 118
        cc) Besondere individuelle Interessen — 119
        dd) Besondere Gefahrtragungspflichten — 120
        ee) Pflichtwidriges Vorverhalten — 122
        ff) Besondere Duldungspflichten — 127
        gg) Der Autonomiegesichtspunkt — 128
        hh) Der Nötigungsnotstand — 129
        ii) Der Defensivnotstand — 133
        jj) Interessenabwägung beim Unterlassungsdelikt — 148
    e) Wesentlich überwiegendes Interesse — 149
6. Die Angemessenheitsklausel in § 34 Satz 2 StGB — 151

III. Die Rechtsfolgen des rechtfertigenden Notstands — 165
IV. Der Putativnotstand — 167
V. Der Notstandsexzess — 170
VI. Verfahrensrecht — 171

---

[45] Siehe bereits *Zieschang* in: Hilgendorf/Weitzel, S. 173, 188.

Alphabetische Übersicht

Absicht 47, 75, 80 ff, 87, 122
Abwägungsfestigkeit des Lebens 5, 100, 110, 117, 142 ff, 158, 166
Actio illicita in causa 122, 125
Affektionsinteresse 15
Aids 92, 104
Angemessenheit 4, 19, 47, 62, 91, 102, 151 f, 155, 158 ff, 164
Angemessenheitsklausel 19, 47, 102, 151 f, 164
Aggressivnotstand 7 f, 15, 17 f, 170
Angriff 3, 7, 28, 46, 65, 69, 72, 88, 136 ff, 142, 165
Autonomes Fahren siehe vollautomatisiertes Fahren
Autonomie 5, 8 f, 31, 100, 111, 128, 139 f, 155 f
Behandlungsabbruch 147
Bestimmtheitsgebot 152
Bergsteiger-Fall 143
Betäubungsmittel 24, 53, 79, 161
Beurteilungsspielraum 45
Blutspende-Fall 128, 155
Dauergefahr 28, 70 ff, 137 f
Defensivnotstand 7 f, 13 f, 16 f, 29, 88, 110, 133 ff, 141 ff, 146, 170
Differenzierungstheorie 2
Duldungspflichten 3, 7 f, 18, 29, 55, 67, 76, 97, 99, 118, 127 f, 130 f, 134, 142 f, 150, 153, 155, 159, 162, 165
Einheit der Rechtsordnung 14, 42
Einheitstheorie 2
Einwilligung
– mutmaßliche 32, 96, 128
– rechtfertigende 31 f, 96, 128, 139, 147
Entführung 39 f, 45, 145, 157 f
Erforderlichkeit 28, 37, 46 f, 73, 88, 95, 104, 112
Erlaubnisirrtum 168
Erlaubnistatbestandsirrtum 66 f, 85 f, 167 ff
Euthanasieärzte-Fall 117
Fäkalien-Fall 125
Familientyrann siehe Haustyrannen-Fall
Feuerwehrmann-Fall 9, 112
Folter 39, 157
Freiheitsberaubung 46, 48, 55, 78, 104, 132, 138, 162
Garantenstellung 121, 124, 128, 148
Gastwirt-Fall 72, 138
Geeignetheit 56, 62, 88, 90 ff, 98, 125, 159
Gefährdungsdelikt, konkretes 58
Gefahr 3 f, 7 ff, 12, 14 ff, 21 ff, 28 f, 46 ff, 52 ff, 56 ff, 60 ff, 80 ff, 85 ff, 91 ff, 96 ff, 99 f, 102, 104, 111 ff, 116 f, 120 ff, 128, 131 ff, 142 ff, 146, 148, 151 f, 159 ff, 167 f, 170
– Grad 19, 60, 100, 102, 113 f
– konkrete 58
– Ursprung 63

Gefahrabwendungsabsicht 47, 75, 80 ff, 87, 122
Gefahrengemeinschaft 117, 143
Gefahrtragungspflicht 75, 120 f, 159
Gegenwärtigkeit 3, 28 f, 46, 48, 63, 69, 71 ff, 75, 91, 104, 137 f, 168
Geisel 157
Gewissenhafte Prüfung der Notstandslage 85, 169
Glaubens- und Gewissensfreiheit 51
Grundgedanke des rechtfertigenden Notstands 7, 17, 38
Güterabwägung 5 f, 109, 112, 142, 155
Güterabwägungstheorie 4 ff, 99
Haustyrannen-Fall 71, 94, 146
Hoheitsträger 34 f, 37 ff, 43 f, 157, 164
Individualistische Betrachtung 8 f
In dubio pro reo 171
Ingerenz 124
Interessenabwägung 3 ff, 11, 16, 28 f, 31 f, 47, 52 f, 55 f, 60 f, 63, 75 f, 80 f, 96 f, 99 ff, 109, 113, 115, 117 ff, 127 ff, 134, 137 ff, 143, 146, 148 ff, 152, 155 f, 159 ff
Interessenabwägungstheorie 4, 6
Jedermannsgefahr 61, 127
Kollisionsverhältnis, spezifisches 56
Lockspitzel, polizeilicher 41
Maßstabperson 68
Mildestes Mittel 56, 88, 90, 92, 94, 96 ff
Nicht-anders-Abwendbarkeit 15, 28, 46 f, 53, 61, 69, 72, 76, 80, 85, 88 ff, 94, 104, 113, 131, 135, 138, 142, 146, 161 ff
Nötigungsnotstand 129 ff
Notstand, entschuldigender 2 f, 26, 124, 146, 171
Notstand, rechtfertigender
– Voraussetzungen 9, 15, 29, 40, 46 ff, 55, 62, 75, 85, 103, 151 f, 154, 162, 165, 167, 169, 171
– Rechtsfolgen 165 f
Notstandsexzess 170
Notstandshilfe 49, 54, 74 f, 87, 111
Notstandslage 19, 46, 48, 55, 62 f, 75, 80, 82, 85 f, 91, 101, 122 f
Notstandsregelungen des BGB 3, 13 ff, 23, 57, 63, 66, 116, 133 f, 149
Notwehr 3, 28 ff, 34, 37, 43 f, 46, 65, 69 f, 72, 75 f, 88, 94, 96, 136 ff, 142, 153, 165 f, 170 f
Notwehrexzess 170
Ordnungswidrigkeitenrecht 27, 108, 113, 125
Organentnahme 156
Perforation 142
Pflichtenkollision, rechtfertigende 33
Pflichtwidriges Vorverhalten 75, 122, 125 f, 159
Polizeigesetze 43 f
Prognoseentscheidung 64, 68, 90

Putativnotstand 167
Putativnotwehr 169
Rechtsgut
– der Allgemeinheit 45, 49, 53 f, 107
– ein und dasselbe 9, 99, 111, 114, 128
– Individualrechtsgut 49, 53, 131
– notstandsfähiges 46, 48, 50 f, 53 ff
– Rangverhältnis 5, 33, 60, 102 ff, 106 ff, 112 f, 116, 118, 128
Rechtsstaat 39 f
Sachverständiger Beobachter 68, 90 f
Schadensumfang 116 f
Schuldtheorie
– eingeschränkte 169
– strenge 169
Selbstverteidigung 34, 43
Solidarität 8 f, 17, 19, 31, 33, 38, 52, 59, 68, 82, 91, 94, 101, 103, 118, 123, 131, 134, 143, 148 ff
Schwangerschaftsabbruch 12, 107, 142
Sonderwissen 66
Spanner-Fall 71, 137
Spezialregelungen zum Notstand 10 ff, 18, 21, 24, 63, 77, 105
Staatliche Hilfe 53 f, 94 f, 131
Staatsnotstand 25, 163
Sterbehilfe 147
Steuerdaten-CD 41
Strafandrohung 107

Subjektives Rechtfertigungselement 47, 63, 80 ff, 169
Suizid 31, 139
Terroranschläge (World Trade Center) 40, 145, 158
Unterlassene Hilfeleistung 8
Unterlassungsdelikt 33, 63, 77, 148
Utilitaristisches Modell 7 f
Verfahrensrecht 171
Verfassung 25, 39 f, 51, 152
Verhältnismäßigkeit 15, 18, 20, 37, 73, 116, 118, 149
Verkehrskreis 65, 68
Verkehrssicherheit 53 f, 129, 131
Verschuldetheit 19, 63, 101, 122
Völkerstrafrecht 26
Volksgesundheit 53 f
Vollautomatisiertes Fahren 110
Wahrnehmung berechtigter Interessen 11, 52, 77
Wahrscheinlichkeit 57, 59 f, 64 f, 68, 71, 91 f, 113
Weichensteller-Fall 110, 117, 166
Wesentlich überwiegendes Interesse 3 f, 8, 18 f, 27, 33, 47, 53, 61, 69, 85, 97, 99, 102 f, 115, 130 f, 137, 143, 146, 149, 158, 160, 167 f, 170 f
Widerstand 25
Zwecktheorie 4, 151 f
Zweistufigkeit der Interessenabwägung 150

I. Allgemeine Bemerkungen

Mit § 34 StGB hat der Gesetzgeber eine Regelung in das StGB aufgenommen, die in **1** Bezug auf eine **ganze Reihe zuvor kontrovers diskutierter Fragen Klarheit** schafft. Insofern sind die nachfolgenden Gesichtspunkte hervorzuheben.

1. Differenzierungstheorie versus Einheitstheorie. Indem zwischen dem rechtfer- **2** tigenden Notstand gemäß § 34 StGB einerseits und dem entschuldigenden Notstand in § 35 StGB andererseits klar unterschieden wird, hat sich der Gesetzgeber für die **Differenzierungstheorie** entschieden.[46] Sie war zwar bereits vorher herrschend,[47] keineswegs jedoch unbestritten. Ihr gegenüber stand die **Einheitstheorie**, die alle relevanten Notstandsfälle einheitlich unter demselben rechtlichen Gesichtspunkt bewertet sehen wollte: Hierbei war jedoch innerhalb dieser Theorie umstritten, ob es sich beim Notstand rein um einen Rechtfertigungsgrund[48] oder allein um einen Entschuldigungsgrund[49]

---

[46] *Matt/Renzikowski/Engländer* Rdn. 1; *Hoyer* SK Rdn. 1; *Neumann* NK Rdn. 4; *Zieschang* in: Hilgendorf/Weitzel, S. 173, 181. Begründer der später so genannten Differenzierungstheorie ist *Berner* Lehrbuch des deutschen Strafrechts, 18. Aufl. 1898, S. 103 f; siehe dazu *Pawlik* S. 34 f.
[47] Maßgeblich beeinflusst durch *J. Goldschmidt* Österr. Zeitschrift für Strafrecht **1913** 129 ff, 173 ff.
[48] So etwa *R. v. Hippel* Deutsches Strafrecht Bd. 2, 1930, S. 215 ff, 231 ff; so auch wieder *Gimbernat Ordeig* FS Welzel 485, 490.
[49] So *M.E. Mayer* Der Allgemeine Teil des deutschen Strafrechts, 2. Aufl. 1923, S. 304 ff.

handelt. Eine solche einheitliche Betrachtung ist angesichts des klaren Wortlauts und der Systematik der §§ 34, 35 StGB mit der geltenden Gesetzeslage unvereinbar.[50]

3 Dass der Gesetzgeber einer einheitlichen Betrachtung nicht gefolgt ist, erscheint überzeugend.[51] Es gibt Konstellationen, in denen die Abwendung einer Gefahr mittels eines tatbestandsmäßigen Verhaltens in Einklang mit der Rechtsordnung steht und zu einer Duldungspflicht für einen anderen führt. Das zeigt sich allein schon an den Notstandsregelungen des BGB (§§ 228, 904 BGB), wonach der Eigentümer einer Sache unter bestimmten Voraussetzungen die Einwirkung auf diese zur Abwendung einer Gefahr dulden muss. Der Täter begeht kein Unrecht, wenn er etwa zur Abwendung einer Lebensgefahr eine fremde Sache beschädigt, von der diese Gefahr ausgeht (§ 228 BGB). Das geschützte Interesse überwiegt dann das beeinträchtigte Interesse wesentlich, weswegen der Betroffene den Eingriff zu dulden hat. Der Täter ist gerechtfertigt. Der Gedanke des Interessenübergewichts führt dazu, dass die Tat in Einklang mit der Rechtsordnung steht. Da der Täter nicht rechtswidrig handelt, kann sich sein Gegenüber folglich mangels gegenwärtigen rechtswidrigen Angriffs nicht auf Notwehr berufen und muss den Eingriff dulden. Hingegen fehlt es an einem Interessenübergewicht, falls jemand, der sich in Lebensgefahr befindet, zur Abwendung der Gefahr eine andere Person tötet. Letztere braucht das Verhalten mangels Interessenübergewichts nicht zu dulden, der Täter verhält sich rechtswidrig. Jedoch kann der Gesetzgeber die Tat verzeihen, mit anderen Worten also entschuldigen, was durch § 35 StGB zum Ausdruck gebracht wird. Bei dieser Vorschrift ist nicht ein Interessenübergewicht der maßgebliche Anknüpfungspunkt, sondern entscheidend, dass die Möglichkeit, sich normgemäß zu verhalten, so stark eingeschränkt ist, dass der Gesetzgeber die Tat verzeiht und keinen Schuldvorwurf mehr erhebt.[52] Von daher muss zwischen dem **rechtfertigenden Notstand einerseits** und dem **entschuldigenden Notstand andererseits** hinreichend **unterschieden** werden. Die klare Stellungnahme des Gesetzgebers führt auch dazu, dass Auffassungen, wonach der Notstand weder gerechtfertigt noch entschuldigt, sondern unverboten sein soll (Unrechtsausschließungsgrund),[53] mit der geltenden Rechtslage nicht zu vereinbaren sind.

4 **2. Interessenabwägungstheorie, Güterabwägungstheorie, Zwecktheorie.** Weiterhin hat der Gesetzgeber mit der Formulierung des § 34 Satz 1 StGB klargestellt, dass er der **Interessenabwägungstheorie** folgt, wonach maßgeblich ist, ob bei Abwägung der widerstreitenden **Interessen** das geschützte Interesse das beeinträchtigte **wesentlich überwiegt**. Insoweit konnten sich insbesondere die früher auch vertretene Zwecktheorie sowie die Güterabwägungstheorie nicht durchsetzen. Nach der **Zwecktheorie** war wie bereits erwähnt die Rechtswidrigkeit zu verneinen, falls das Handeln als angemessenes Mittel zur Erreichung eines rechtlich anerkannten Zwecks zu erachten war.[54] Gegen diese Theorie spricht jedoch entscheidend, dass sie mit dem Abstellen auf den **rechtlich anerkannten Zweck** ein Kriterium wählt, mit dem erhebliche **Unwägbarkeiten** und Unsicherheiten verbunden sind. Es handelt sich um eine sehr **unbestimmte Formel**. Über

---

50 *Günther* SK[8] Rdn. 2.
51 Siehe auch RGSt **61** 242, 252: Der entschuldigende Notstand schließe es nicht aus, dass bei gewissen Notstandshandlungen die Rechtswidrigkeit zu verneinen ist.
52 Zu den maßgeblichen Gesichtspunkten bei § 35 StGB siehe *Zieschang* LK § 35 Rdn. 2ff.
53 Siehe zur „Neutralitätstheorie" etwa *Binding* Normen I, 4. Aufl. 1922, S. 105; IV S. 346 f; *Nagler* FG Frank I 339, 341; *Oetker* VDA **2** 328, 334. Siehe auch die Lehre vom rechtsfreien Raum; *Dingeldey* Jura **1979** 478, 482ff; *Arth. Kaufmann* FS Maurach 327; *ders.* JuS **1978** 361, 366; *Schild* JA **1978** 449, 570, 631.
54 Siehe etwa *Heinitz* StrAbh. **211** S. 117; *v. Liszt/Schmidt* AT S. 187 f, 206; *Eb. Schmidt* ZStW **49** (1929) 350, 375 ff.

die Frage, was rechtlich anerkannter Zweck ist, lässt sich nämlich trefflich streiten. Aus einer solchen Allgemeinformel kann im konkreten Fall kaum ein Nutzen gezogen werden. Schon das RG hatte zu Recht darauf hingewiesen, dass die Anwendung dieser Theorie in der Praxis aufgrund ihrer Weite zu bedenklichen Folgen führen könnte, „die nicht als dem Recht gemäß erachtet werden könnten".[55] Zwar enthält § 34 StGB in seinem zweiten Satz Anklänge an die Zwecktheorie, indem dort zusätzlich normiert ist, dass der Täter nur dann nicht rechtswidrig handelt, soweit die Tat ein angemessenes Mittel ist, die Gefahr abzuwenden.[56] Die Notstandshandlung müsse bei sozialethischer Gesamtwertung als die Anwendung des rechten Mittels zum rechten Zweck erscheinen (Zwecktheorie).[57] Andererseits ist diese Formel bei genauerer Betrachtung tatsächlich überflüssig, muss doch schon nach § 34 Satz 1 StGB bei richtigem Verständnis eine umfassende Abwägung unter Hinzuziehung sämtlicher Umstände des Einzelfalls erfolgen (Rdn. 151 ff).

Nach der reinen **Güterabwägungstheorie** war maßgeblich, ob die Tat dem Erhalt eines höherwertigen Guts auf Kosten eines geringerwertigen Guts diente.[58] Es kam also allein auf das abstrakte Rangverhältnis der Rechtsgüter an. Zwar kommt die Güterabwägung in § 34 StGB durchaus zum Ausdruck, wenn bei der Interessenabwägung ausweislich des Wortlauts der Norm insbesondere auch die betroffenen Rechtsgüter in die Abwägung einzubeziehen sind. Auch ist es richtig, dass das Rechtsgut Leben, sofern mehrere Menschen im Konflikt stehen, abwägungsfest ist (Rdn. 110, 141 ff). Andererseits verhindert eine reine Güterabwägung, dass andere Aspekte, die neben den in Rede stehenden Rechtsgütern von Bedeutung sein mögen (z.B. das Autonomieprinzip),[59] überhaupt hinreichend Beachtung finden können. Auch das RG, das sich in seiner Entscheidung von 1927 zur Güterabwägung bekennt, weist bereits darauf hin, dass im Einzelfall ein von der Güterabwägung abweichendes Ergebnis geboten sein könne,[60] ohne freilich auf diesen Aspekt näher eingehen zu müssen. Dennoch zeigt dieser Hinweis, dass sich bereits das RG darüber im Klaren war, dass eine reine Güterabwägung **nicht ausnahmslos zu sachgerechten Ergebnissen** führt. So hat denn auch die Rechtsprechung in nachfolgenden Entscheidungen nicht nur die Rechtsgüter betrachtet, sondern die Gesamtsituation einbezogen[61] und auf die in Rede stehenden Interessen abgestellt.[62]

Hinzu kommt, dass es Konstellationen gibt, bei denen es gerechtfertigt sein kann, zur Rettung bedeutsamer Sachwerte die körperliche Unversehrtheit eines anderen zu beeinträchtigen. Dies ist z.B. der Fall, wenn eine Aufsicht im Museum weggeschubst und verletzt wird, um den von der Aufsicht gesicherten Feuerlöscher zur Bekämpfung eines bislang unbemerkt gebliebenen Brandes zu erlangen. Solche Fälle wären über eine ausschließliche Güterabwägung schwer lösbar. Trotz dieser Schwächen der reinen Güterabwägung bleibt dennoch zu beachten, dass auch bei der in § 34 StGB verankerten Interessenabwägung die in Rede stehenden Rechtsgüter eine wichtige Rolle spielen und hieran zunächst anzuknüpfen ist. In der Gesamtschau war es aber eine richtige Entscheidung des Gesetzgebers, der Interessenabwägungstheorie zu folgen. Sie entsprach im Übrigen schon zuvor der herrschenden Meinung im Schrifttum.

---

55 RGSt **61** 242, 253.
56 Siehe BGH NJW **1976** 680, 681; *Erb* MK Rdn. 10; *Günther* SK[8] Rdn. 7, 9; *Hoyer* SK Rdn. 2.
57 So Begründung zum E 1962, BTDrucks. IV/650 S. 159.
58 Siehe z.B. *Mezger* Strafrecht, 2. Aufl. 1941, S. 75.
59 *Horstkotte* Prot. V S. 1792, 1794. Siehe zum Autonomieprinzip Rdn. 128.
60 RGSt **61** 242, 255.
61 Siehe BGHSt **12** 299, 304 f; vgl. auch RGSt **62** 137, 138 ff; RGSt **77** 113, 116.
62 Vgl. dazu BGH(Z) NJW **1968** 2288, 2290; BGH NJW **1976** 680, 681.

7   **3. Grundgedanke der Vorschrift.** Der hinter § 34 StGB stehende Grundgedanke wird im Schrifttum unterschiedlich gesehen.[63] Das kollektivistische, überindividuelle, **utilitaristische Modell** erklärt § 34 StGB damit, dass derjenige sich sozialnützlich verhalte, welcher einen geringeren Schaden herbeiführt, um einen größeren Schaden zu vermeiden. Die Rechtsordnung billige das Verhalten, da es im sozialen Gesamtinteresse und -nutzen liege.[64] Das Verhalten habe **größeren Nutzen als Schaden**, es liege im Gemeinschaftsinteresse.[65] Gegen eine solche Sicht spricht jedoch bereits, dass in konsequenter Weiterführung dieses Ansatzes die Tötung Einzelner, um viele Menschen zu retten, gerechtfertigt sein müsste. Damit würde man den Betroffenen mangels rechtswidrigen Angriffs eine Duldungspflicht auferlegen, ihren eigenen Tod hinzunehmen. Auch die Tötung eines älteren Menschen, um das Leben eines jungen Menschen zu retten, müsste gerechtfertigt sein. In Wirklichkeit geht es in § 34 StGB nicht allein um einen Vergleich des angerichteten mit dem abgewendeten Schaden, um einen wie auch immer gearteten Gesamtnutzen, sondern es hat ausweislich des klaren Wortlauts eine umfassende Interessenabwägung stattzufinden. Bei dieser spielt dann u.a. eben auch eine Rolle, von wem die Gefahr ausgeht, ob also etwa ein Defensiv- oder Aggressivnotstand vorliegt.[66] Derartige Aspekte kann indes das kollektivistische Deutungsmodell in einer folgerichtigen Anwendung nicht hinreichend erklären.

8   Die herrschende **individualistische Betrachtung** erklärt den rechtfertigenden Notstand damit, dass die im Ausgangspunkt für jeden Beteiligten gleich bestehende Autonomie (Freiheit, Eigenverantwortlichkeit) im Fall des § 34 StGB für das Notstandsopfer durch seine Pflicht zur **Solidarität** mit dem Notstandstäter eingeschränkt und umgekehrt für den Notstandstäter ausgeweitet wird.[67] In Parallele zur strafbaren Unterlassenen Hilfeleistung gemäß § 323c StGB, die sogar eine aktive Hilfeleistung fordert, wird vom Notstandsopfer also Solidarität[68] verlangt.[69] Mit diesem Erklärungsansatz ist es zu vereinbaren, dass im Fall des **Defensivnotstandes** die Interessenabwägung zugunsten des Notstandstäters modifiziert und dem Notstandsopfer eine weiterreichende Duldungspflicht auferlegt wird als im Fall des Aggressivnotstandes. Wenn derjenige beein-

---

63   Siehe hierzu auch etwa *Günther* SK[8] Rdn. 10 f; *Neumann* NK Rdn. 1, 5 ff; *Schmitz* S. 137 ff.
64   Vgl. *Hruschka* S. 112 ff, 356 ff; *ders.* JuS **1979** 385, 388 ff; *Joerden* GA **1993** 245, 247 f; *ders.* GA **1991** 411, 414; *Meißner* S. 131 ff.
65   *Rudolf Merkel* S. 40 ff.
66   Zu dem Gesichtspunkt, dass nach zutreffender Auffassung § 34 StGB auch den Defensivnotstand umfasst, siehe Rdn. 16 f.
67   Siehe *Duttge* HK-GS Rdn. 1; *Erb* JuS **2010** 17, 18; *Fischer* Rdn. 2; *Frister* GA **1988** 291, 292 f; *Günther* SK[8] Rdn. 11; *ders.* FS Amelung 147, 149 f; *Hilgendorf* FS Kühl 509, 515; *Hilgendorf/Valerius* AT § 5 Rdn. 70; *Joecks/Jäger* Rdn. 1; *Kühl* AT § 8 Rdn. 9; *B. Koch* ZStW **122** (2010) 804, 819 f; Lackner/*Kühl* Rdn. 1; *Kühnbach* S. 145; *Momsen/Savic* BeckOK Rdn. 8; *Neumann* NK Rdn. 9 ff; *ders.* JA **1988** 329, 333; *Otto* FS Kühl 341, 358 f; *Renzikowski* S. 188 ff, 196 ff. Matt/*Renzikowski/Engländer* Rdn. 3 sowie *ders.* GA **2017** 242 versteht dabei die Verpflichtung zur Solidarität als Bestandteil einer „versicherungsgleichen Regelung auf Gegenseitigkeit"; vgl. insofern auch *Reinhard Merkel*, Vom unmöglichen Zustand S. 171, 182 ff; gegen ihn *Pawlik* S. 69 ff. Gegen die Interpretation *Engländers* spricht, dass etwa im Fall besonderer Gefahrtragungspflichten von dem Einzelnen mehr abverlangt wird als von anderen Personen. Insoweit geht es daher nicht um „Gegenseitigkeit", denn die jeweiligen Eingriffsbefugnisse können im konkreten Fall ganz unterschiedlich ausfallen. *Momsen/Savic* BeckOK Rdn. 1, 5.1, 8, 13, 14.1, 20.1 ziehen sowohl den Gesichtspunkt der Solidarität als auch utilitaristische Gedanken heran. Vgl. schließlich *Frisch* FS Puppe 425, 428 ff, 436 ff; siehe ferner *Perdomo-Torres* S. 38 ff, der auf den Garantengedanken abstellt. Dagegen spricht, dass der Duldungspflichtige kein Garant im Sinne der Unterlassungsdogmatik ist, sondern insbesondere beim Aggressivnotstand Unbeteiligter.
68   Zur Solidarität siehe u.a. *Coninx* S. 13 ff, 101 ff; *Frisch* GA **2016** 121; *Kühl* FS Hirsch 259; *Kühnbach* S. 52 ff; *Otto* FS Kühl 341; *Wilenmann* S. 33 ff, 122 ff sowie die Beiträge in dem Sammelband *von Hirsch/Neumann/Seelmann* Solidarität im Strafrecht.
69   *Erb* MK Rdn. 8; *Neumann* NK Rdn. 9; kritisch *Pawlik* S. 57 ff.

trächtigt wird, von dem die Gefahr ausgeht, wirkt sich das in der Abwägung zugunsten des Notstandstäters aus. Die unterschiedliche Abwägung in beiden Fällen geht konform mit § 34 StGB, denn er verlangt eine umfassende Abwägung der Interessen, und dazu gehört auch, ob das Notstandsopfer ein gänzlich Unbeteiligter ist oder aber von ihm die Gefahr ausgeht. Auch kann mit dem Abstellen auf das Prinzip der Solidarität erklärt werden, warum einer Person, die dem Notstandstäter nahesteht, mehr abverlangt wird als einem gänzlich Unbeteiligten. Mit dem individualistischen Modell ist es zudem vereinbar, dass § 34 StGB ein **wesentlich** überwiegendes Interesse verlangt.[70] Nur, wenn die Interessen des Notstandstäters erheblich überwiegen, ist es möglich, die Freiheit des Opfers einzuschränken und von ihm Solidarität zu verlangen, ihm also eine Duldungspflicht aufzuerlegen. Eine utilitaristische Deutung orientiert am Gesamtnutzen hingegen müsste konsequenterweise bereits ein minimales Überwiegen ausreichen lassen, was jedoch nach dem Wortlaut des § 34 StGB gerade nicht genügt.[71]

Zuzugeben ist zwar, dass der Gedanke der Solidarität nicht recht passt, wenn sich **9** die Konfliktlage auf ein und denselben Rechtsgutträger bezieht, also das bedrohte Rechtsgut identisch ist mit demjenigen, wogegen sich die Tat richtet.[72] Klassisches Beispiel ist der Feuerwehrmann-Fall: Er kann ein Kind nur vor dem sicheren Flammentod bewahren, indem er es in ein Sprungtuch wirft, womit jedoch die Gefahr verbunden ist, dass das Kind unglücklich aufprallt und verstirbt. Das Kind kann sich selbst keine Solidarität schulden. Das bedeutet jedoch in der Konsequenz weder, dass § 34 StGB auf diesen Fall nicht anwendbar ist, noch, dass die individualistische Betrachtung verfehlt ist. Schon der Wortlaut gebietet eine Anwendung des § 34 StGB auf diese Konstellation, denn es geht um eine Abwägung der widerstreitenden Interessen, unabhängig davon, um welche es sich handelt und wessen Interessen es sind. Aber auch nach dem Gesetzeszweck ist § 34 StGB anwendbar. Wenn § 34 StGB es erlaubt, unter den dortigen Voraussetzungen sogar in Rechtsgüter unbeteiligter Dritter einzugreifen, dann ist es erst recht über die Norm erlaubt, bloß denjenigen zu beeinträchtigen, der sich in Gefahr befindet, um ihn zu retten.[73] In dieser Sonderkonstellation bedarf es nicht der Bemühung des Solidaritätsgedankens. Es geht hier letztlich ganz im Sinne von § 34 StGB allein um eine Besserstellung des gefahrbedrohten Rechtsguts. Natürlich ist bei der Interessenabwägung dann die Autonomie des Betroffenen und damit dessen (mutmaßlicher) Wille zu berücksichtigen, der über § 34 StGB nicht umgangen werden darf (Rdn. 31, 139).

4. Spezialregelungen zum Notstand. Der Gesetzgeber hat in einer Reihe von Fällen **10** spezifische Vorschriften geschaffen, die in bestimmten Notstandssituationen zur Rechtfertigung führen.

a) § 193 StGB. Bei dem Rechtfertigungsgrund der **Wahrnehmung berechtigter In- 11 teressen**, den das StGB bereits seit 1871 kennt, geht es letztlich unter Heranziehung der Umstände des Einzelfalls um eine Abwägung des Interesses, die in Rede stehende Äußerung zu tätigen, mit dem Interesse an der Ehre.[74] Insofern handelt es sich um eine **Spezi-**

---

70 Siehe zur umstrittenen Auslegung dieses Erfordernisses im Einzelnen unten Rdn. 149 f.
71 Vgl. auch *Matt/Renzikowski/Engländer* Rdn. 2; *Neumann* NK Rdn. 10, 21b; *ders.* in: von Hirsch/Neumann/Seelmann, S. 155, 158.
72 Zu dem Aspekt, dass § 34 StGB nach zutreffender Ansicht auch diese Konstellation erfasst, siehe Rdn. 111.
73 Siehe bereits *Hirsch* LK[11] Rdn. 59.
74 Siehe BayObLG NJW **1995** 2501, 2503; OLG Frankfurt NJW **1991** 2032, 2035; OLG Hamm NJW **1987** 1034, 1035; *Sch/Schröder/Lenckner/Eisele* § 193 Rdn. 12. Hierbei ist umstritten, ob das Interesse an der Äu-

alregelung zum rechtfertigenden Notstand in Bezug auf § 185 StGB und § 186 StGB.[75] Liegen die Voraussetzungen des § 193 StGB nicht vor, kann folglich nicht mehr auf § 34 StGB zurückgegriffen werden.[76] Umstritten ist, ob § 193 StGB auch auf § 187 StGB oder auf bestimmte andere Vorschriften außerhalb der Beleidigungsdelikte wie vor allem §§ 201, 203 StGB anwendbar ist.[77]

12 **b) § 218a Abs. 2 StGB.** Bereits im Rahmen der Erläuterungen zur Entstehungsgeschichte des § 34 StGB ist dargelegt worden, dass das RG den übergesetzlichen rechtfertigenden Notstand anhand des medizinisch indizierten Schwangerschaftsabbruchs entwickelt hat, der seit 1935 spezialgesetzlich geregelt ist. Heute findet sich dieser Rechtfertigungsgrund in **§ 218a Abs. 2 StGB.**[78] Im Grundsatz handelt es sich bei § 218a Abs. 2 StGB um eine **Spezialregelung**, die dem § 34 StGB vorgeht. Dabei ist u.a. die Einwilligung der Schwangeren vorausgesetzt, zudem muss der Abbruch von einem Arzt vorgenommen werden. Liegen diese Voraussetzungen nicht vor, darf nicht auf § 34 StGB zurückgegriffen werden.[79] **Ausnahmsweise** kann aber der rechtfertigende Notstand nach § 34 StGB dennoch eingreifen: Hier geht es um die Konstellation einer akuten Lebensgefahr für die Schwangere, ohne dass rechtzeitig ein Arzt herbeigerufen werden kann, der den Abbruch vornimmt. In einem solchen Fall darf etwa die anwesende Hebamme den Abbruch gestützt auf § 34 StGB vornehmen.[80] § 218a Abs. 2 StGB entfaltet dann keine Sperrwirkung, da er solche Fälle der akuten Gefahr gar nicht erfassen will.[81]

13 **c) § 228 BGB.** Bei dem in § 228 BGB normierten **Defensivnotstand** handelt es sich um eine **Spezialregelung**, die § 34 StGB vorgeht, welcher dann nicht mehr herangezogen werden darf.[82] Zwar gibt es keine gesetzliche Regelung, in der dies ausdrücklich angeordnet ist,[83] jedoch kommt dieser Vorrang in den Gesetzesberatungen zu § 34 StGB zum Ausdruck.[84] Darüber hinaus war bereits vor Inkrafttreten des § 34 StGB der übergesetzliche rechtfertigende Notstand, der durch § 34 StGB eine gesetzliche Regelung erfah-

---

ßerung überwiegen muss (so etwa BayObLG NJW **1995** 2501, 2503; Sch/*Schröder/Lenckner/Eisele* § 193 Rdn. 12) oder Gleichwertigkeit genügt (so z.B. BGHSt **18** 182, 184 f; OLG Frankfurt NJW **1991** 2032, 2035; *Tenckhoff* JuS **1989** 198, 201).
75   Vgl. Begründung zum E 1962, BTDrucks. IV/650 S. 156; BGHZ **3** 270, 281; RGSt **62** 83, 93; RGSt **65** 333, 335; SSW/*Rosenau* Rdn. 40; *Zieschang* JA **2007** 679, 680; ablehnend *Zaczyk* NK § 193 Rdn. 2: Es könne auch im weitesten Sinn nicht von einem Notstand eines berechtigten Interesses gesprochen werden. Dabei wird jedoch zu wenig berücksichtigt, dass es wie in § 34 StGB auch in § 193 StGB um die Abwägung widerstreitender Interessen geht.
76   *Hilgendorf* LK[12] § 185 Rdn. 42 prüft dagegen rechtfertigenden Notstand vor § 193 StGB.
77   Dies befürwortend etwa *Geppert* Jura **1985** 25, 28 f; *Tiedemann* JZ **1969** 717, 721; ablehnend hingegen u.a. *Bohnert* NStZ **2004** 301, 305; Sch/*Schröder/Lenckner/Eisele* § 193 Rdn. 2 f; *Tenckhoff* JuS **1989** 198 f.
78   Bei § 218a Abs. 1 StGB geht es nicht um eine Notstandssituation.
79   Umgekehrt kann man sich bei Vorliegen der Voraussetzungen des § 218a StGB nicht zum Schutz des Nasciturus auf § 34 StGB berufen; vgl. *Walter/Schwabenhauer* JA **2012** 504, 508.
80   Ebenso etwa *Erb* MK Rdn. 22; *Günther* SK[8] Rdn. 58; *Hilgendorf* JuS **1993** 97, 100; *Laufhütte/Wilkitzki* JZ **1976** 329, 333; *Lenckner* S. 292 ff; *Neumann* NK Rdn. 123; Sch/*Schröder/Perron* Rdn. 6.
81   Die im TPG geregelte Organentnahme von Spendern ist grundsätzlich abschließend geregelt. In Ausnahmesituationen (Krieg, Umweltkatastrophe) dürfte aber auch hier § 34 StGB in Betracht kommen; siehe *Erb* MK Rdn. 204; *Kühl* AT § 8 Rdn. 72, 93, 110; *Neumann* NK Rdn. 118b.
82   *Duttge* HK-GS Rdn. 2; *Erb* MK Rdn. 14, 153; *ders.* JuS **2010** 17, 19; *Fischer* Rdn. 33; *Günther* SK[8] Rdn. 57; *Heinrich* Rdn. 482; *Rengier* AT § 19 Rdn. 3, § 20 Rdn. 1, 3; SSW/*Rosenau* Rdn. 41; *Zieschang* JA **2007** 679, 680; *ders.* AT Rdn. 237.
83   § 15 Abs. 2 AE regelt: Sonstige Vorschriften über rechtmäßige Notstandshandlungen bleiben unberührt. Eine gesetzliche Klarstellung forderte auch *Gallas* ZStW **80** (1968) 1, 27.
84   Siehe Begründung zum E 1962, BTDrucks. V/650 S. 158; *Horstkotte* Prot. V S. 1792, 1797.

ren hat, anerkannt, ohne dass dieser § 228 BGB (und ebenso wenig § 904 BGB) verdrängt hatte.

Bei § 228 BGB handelt es sich um einen im Zivilrecht geregelten Rechtfertigungsgrund ("handelt nicht widerrechtlich"), der aufgrund des auf der Ebene der Rechtswidrigkeit bestehenden Grundsatzes der **Einheit der Rechtsordnung** auch im Strafrecht anwendbar ist. Insbesondere kann er etwa eine Sachbeschädigung gemäß § 303 StGB rechtfertigen. Kennzeichnend für § 228 BGB ist, dass eine fremde Sache zerstört oder beschädigt wird, um eine **durch sie drohende Gefahr** abzuwenden. Da die Gefahr von demjenigen Gut ausgeht, das beeinträchtigt wird, und nicht von einem unbeteiligten Gut, spricht man von einem **Defensivnotstand**. Beispiel dafür ist etwa die Attacke eines entlaufenen Hundes, der getötet wird. In Betracht kommt zum Beispiel auch das Rammen eines nicht ordnungsgemäß an einem Hang abgestellten Fahrzeugs, das losrollt und Menschen zu verletzen droht. 14

Dass die Gefahr von dem Gut ausgeht, welches beeinträchtigt wird, wirkt sich auf die Prüfung der Verhältnismäßigkeit aus: Es genügt bereits, dass der **Schaden nicht außer Verhältnis zu der Gefahr** steht. Damit stellt § 228 BGB weitaus geringere Anforderungen als § 904 BGB auf, der den Aggressivnotstand regelt, also die Beeinträchtigung eines unbeteiligten Guts, und voraussetzt, dass der drohende Schaden gegenüber dem entstandenen Schaden unverhältnismäßig groß ist. Von § 228 BGB ist es daher gedeckt, wenn zur Rettung eines Schafs oder Mischlingshundes ein weitaus wertvollerer Rassehund getötet wird, dessen Attacke anders nicht abwendbar ist.[85] Bei der Beurteilung der Schadensgröße soll dabei bei Tieren das Affektionsinteresse ebenfalls Berücksichtigung finden.[86] Dem ist vor dem Hintergrund zuzustimmen, dass die Frage, ob ein unverhältnismäßig hoher Schaden droht, wie bei § 34 StGB unter Einbeziehung sämtlicher Umstände des Einzelfalls zu beurteilen ist. In der Konsequenz wird man ein eventuelles Affektionsinteresse nicht nur bei Tieren, sondern auch bei anderen Sachen zu berücksichtigen haben. 15

Geht die Gefahr **von einem Menschen** aus, ist § 228 BGB von vornherein nicht anwendbar, doch greift dann **§ 34 StGB unmittelbar**. Nach zutreffender Ansicht erfasst **§ 34 StGB auch die Fälle des Defensivnotstands**, welche nicht dem § 228 BGB unterfallen.[87] Dass dann die Gefahr vom Notstandsopfer ausgeht, hat entsprechende Auswirkungen auf die Interessenabwägung. So kann etwa eine Körperverletzung gerechtfertigt sein, um eine Gefahr für die Intimsphäre oder das Hausrecht abzuwenden. 16

Mitunter wird jedoch die Auffassung vertreten, § 34 StGB erfasse lediglich den Aggressivnotstand,[88] bei einem nicht von Sachen ausgehenden Defensivnotstand sei daher § 228 BGB analog anzuwenden. Zuzugeben ist insofern, dass im Strafrecht anders als im 17

---

85 OLG Hamm NJW-RR **1995** 279; OLG Koblenz NJW-RR **1989** 541.
86 OLG Koblenz NJW-RR **1989** 541; *Duttge* HK-GS Rdn. 25 (zu § 904 BGB); *Erb* JuS **2010** 17, 21; *ders.* MK Rdn. 13, 138; *Jäger* AT Rdn. 148; *Rengier* AT § 20 Rdn. 10; zu § 904 BGB ebenso *Lemke* PWW § 904 BGB Rdn. 12. In der Tendenz das eventuelle Affektionsinteresse bei sämtlichen Sachen berücksichtigend etwa Palandt/*Ellenberger* § 228 BGB Rdn. 8; *Grothe* MK § 228 BGB Rdn. 10; Staudinger/*Repgen* § 228 BGB Rdn. 31; *Schreiber* Jura **1997** 29, 31; Erman/*Wagner* § 228 BGB Rdn. 7; vgl. auch *Deppenkemper* PWW § 228 BGB Rdn. 5.
87 *Felber* S. 174; *Fischer* Rdn. 2; *Günther* FS Amelung 147, 151f; *Hirsch* FS Dreher 211, 225ff (§ 34 StGB, § 228 BGB analog); *Jakobs* AT 13 Rdn. 46; *Kühl* AT § 8 Rdn. 57, 134; Lackner/*Kühl* Rdn. 9; *Momsen/Savic* BeckOK Rdn. 14; *Sch/Schröder/Perron* Rdn. 30; *Rengier* AT § 19 Rdn. 39; SSW/*Rosenau* Rdn. 2, 24; *Roxin* FS Jescheck 457, 466 ff; *Wessels/Beulke/Satzger* Rdn. 461; *Zieschang* AT Rdn. 258.
88 Etwa *Matt/Renzikowski/Engländer* Rdn. 5, 47 ff; *ders.* GA **2017** 242, 252f; *Frister* 17. Kap. Rdn. 21; *Hruschka* FS Dreher 189, 203ff; *ders.* JuS **1979** 385, 391; *ders.* NJW **1980** 21, 22; *Köhler* FS Schroeder 257; *Koriath* JA **1998** 250, 256; *Ludwig* S. 155ff; *Lugert* S. 35; *Meißner* S. 250ff; *Neumann* NK Rdn. 86; *ders.* in: von Hirsch/Neumann/Seelmann, 155, 167; *Pawlik* Jura **2002** 26 ff; *Renzikowski* S. 243ff; *Zimmermann* S. 171ff.

Zivilrecht nicht ausdrücklich zwischen dem aggressiven und dem defensiven Notstand differenziert wird. Richtig ist auch, dass § 34 StGB vom Ausgangspunkt auf den Aggressivnotstand ausgerichtet ist. Andererseits verbietet es der **Wortlaut** nicht, die Vorschrift auch auf den Fall des Defensivnotstands anzuwenden. Derjenige, von dem die Gefahr ausgeht, muss in einem weitaus größeren Maße **Solidarität** üben, sodass die Einbeziehung des Defensivnotstands auch mit dem Grundgedanken des § 34 StGB vereinbar ist.[89] Es steht ohne Weiteres mit dem Wortlaut der Norm in Einklang, sie auch dann heranzuziehen, wenn von dem Notstandsopfer die Gefahr ausgeht. Eine für eine analoge Anwendung des § 228 BGB erforderliche **Regelungslücke besteht folglich schon gar nicht.**

18 **d) § 904 BGB.** Auch **§ 904 BGB** stellt eine die Anwendung des § 34 StGB ausschließende **Spezialregelung** dar.[90] Es handelt sich um einen Rechtfertigungsgrund, was zwar im Vergleich zu § 228 BGB nicht so deutlich zum Ausdruck gebracht wird, sich jedoch daraus ergibt, dass das Notstandsopfer eine Duldungspflicht trifft („nicht berechtigt, die Einwirkung ... zu verbieten"). Das Vorliegen einer Duldungspflicht bedeutet, dass das Verhalten des Notstandstäters **gerechtfertigt** ist.[91] Da § 904 BGB in Abgrenzung zu § 228 BGB die Einwirkung auf eine Sache betrifft, von der die Gefahr nicht ausgeht, spricht man vom **Aggressivnotstand**.[92] Hier ist die Verhältnismäßigkeitsprüfung weitaus strenger als bei § 228 BGB: Der drohende Schaden muss gegenüber dem aus der Einwirkung entstehenden Schaden unverhältnismäßig groß sein. Es muss also ein wesentliches Übergewicht bestehen.

19 Bei § 904 BGB zeigt sich wiederum deutlich der dem rechtfertigenden Notstand insgesamt zugrundeliegende Gedanke der **Solidarität**. Das Notstandsopfer muss den Eingriff aus Gründen der Solidarität hinnehmen, jedoch nur dann, wenn ein entsprechendes erhebliches Übergewicht des geschützten Guts besteht. Der Abwägungsmaßstab in § 904 StGB ist mit demjenigen des § 34 StGB identisch. Damit laufen § 34 StGB und § 904 BGB parallel, was zur Konsequenz hat, dass § 904 BGB Hinweise gibt, wann im Fall des § 34 StGB das geschützte Interesse das beeinträchtigte wesentlich überwiegt. Umgekehrt ist bei § 904 BGB über den Wortlaut hinaus nicht nur der Schaden in die Abwägung einzubeziehen, sondern etwa auch wie in § 34 StGB der Grad der Gefahren oder die Frage, ob der Notstandstäter die Notstandslage verschuldet hat. Da nach richtigem Verständnis der Angemessenheitsklausel bei § 34 StGB keine eigenständige Bedeutung zukommt, ist sie auch bei § 904 BGB ohne Relevanz.[93]

20 Ein Beispiel für die Anwendung des § 904 BGB ist die Abwehr einer Attacke eines Tieres mit einem fremden Regenschirm, der dabei zerbricht. Die Sachbeschädigung an dem Schirm ist dann über § 904 BGB gerechtfertigt. Der drohende Schaden an der körperlichen Unversehrtheit oder gar am Leben ist dann gegenüber dem aus der Einwirkung entstehenden Schaden an dem Schirm unverhältnismäßig groß.

21 **e) Sonstige Spezialregelungen.** Zu erwähnen sind als Spezialregelungen des Notstands insbesondere noch folgende Vorschriften: § 588 HGB betrifft die große Haverei

---

89 **Anders** *Matt/Renzikowski/Engländer* Rdn. 5, 47.
90 *Duttge* HK-GS Rdn. 25; *Matt/Renzikowski/Engländer* Rdn. 6; *Erb* MK Rdn. 14; *Fischer* Rdn. 33; *Heinrich* Rdn. 489; *Zieschang* AT Rdn. 237; **anders** *Hellmann* S. 164: § 34 StGB verdränge § 904 BGB im Strafrecht; vgl. auch *Fahl* JA **2017** 674, 676. Hierbei wird aber nicht hinreichend beachtet, dass § 34 StGB den schon vorher anerkannten kraft Gewohnheitsrechts geltenden Notstand regeln wollte, ohne § 228 BGB oder § 904 BGB zu tangieren oder zu verdrängen.
91 *Zieschang* JA **2007** 679, 680.
92 *Zieschang* AT Rdn. 241.
93 **Anders** etwa *Erb* MK Rdn. 17.

(Beschädigung oder Aufopferung des Schiffs, des Treibstoffs oder der Ladung zur Errettung aus einer gemeinsamen Gefahr).[94] § 125 Abs. 3 Satz 3 SeeArbG erlaubt die Vernichtung gefährlicher Gegenstände an Bord durch den Kapitän. § 25 Abs. 2 Nr. 3 LuftVG betrifft die Landung außerhalb von Flugplätzen aus Gründen der Sicherheit oder zur Hilfeleistung bei einer Gefahr für Leib oder Leben einer Person. Hierbei handelt es sich um Vorschriften, die § 34 StGB vorgehen. Auch § 4 Abs. 3 KKG, der es u.a. Ärzten erlaubt, bei Gefährdung des Kindeswohls das Jugendamt zu informieren, ist in seinem Anwendungsbereich eine dem § 34 StGB vorgehende Spezialregelung.[95]

§ 39 Abs. 4 Nr. 4 PostG rechtfertigt die Verletzung des Postgeheimnisses (§ 206 StGB), um körperliche Gefahren abzuwenden, die von einer Postsendung für Personen oder Sachen ausgehen.[96] Dabei bestimmt § 39 Abs. 3 Satz 3 PostG ausdrücklich, dass die Verwendung von Kenntnissen über Tatsachen, die dem Postgeheimnis unterliegen, insbesondere die Weitergabe an andere, nur zulässig ist, „soweit dieses Gesetz oder eine andere gesetzliche Vorschrift dies vorsieht und sich dabei ausdrücklich auf Postsendungen oder Postverkehr bezieht".[97] Das hat zur Konsequenz, dass ein Rückgriff auf § 34 StGB ausgeschlossen ist.[98]

Hinzuweisen ist zudem auf § 23 BJagdG i.V.m. den Ländervorschriften, die den Jagdschutz betreffen,[99] sowie auf § 26 BJagdG, der das Fernhalten des Wildes von einem Grundstück zur Vermeidung von Wildschäden erlaubt. Hierbei handelt es sich um abschließende Sonderregelungen zu § 228 BGB.[100] Falls jedoch keine Wildschäden, sondern etwa eine Gefahr für Leib oder Leben eines Menschen abgewendet wird, bleiben § 228 BGB oder eventuell § 34 StGB anwendbar.[101]

22

23

Keine abschließende Sonderregelung stellt § 21 Abs. 2 Nr. 6 AMG dar, bei dem es um den Einsatz nicht zugelassener Arzneimittel bei schweren Erkrankungen geht,[102] denn die Überlassung im individuellen, nicht von § 21 Abs. 2 Nr. 6 AMG erfassten Fall bleibt über § 34 StGB möglich.[103] Eine Spezialregelung ist hingegen in § 13 Abs. 1a BtMG zu sehen, bei dem es um die Deckung des nicht aufschiebbaren Betäubungsmittelbedarfs bei ambulant versorgten Palliativpatienten geht.[104]

24

5. Art. 20 Abs. 4 GG, Art. 31 Abs. 1 d) IStGH-Statut und § 16 OWiG. Gemäß Art. 20 Abs. 4 GG haben alle Deutschen gegen jeden, der es unternimmt, die in Art. 20 Abs. 1 bis 3 umschriebene Ordnung der Bundesrepublik Deutschland zu beseitigen, das Recht zum Widerstand, wenn andere Abhilfe nicht möglich ist. Bei diesem **Widerstandsrecht** han-

25

---

94 Ebenso § 78 BinSchG.
95 Ebenso *Duttge* HK-GS Rdn. 2.
96 Siehe auch § 88 Abs. 3 TKG: Zum Schutz seiner technischen Systeme darf der Diensteanbieter sich im erforderlichen Maß Kenntnis von der Telekommunikation verschaffen.
97 Nach § 39 Abs. 3 Satz 4 PostG hat aber die Anzeigepflicht nach § 138 StGB Vorrang. Siehe auch § 88 Abs. 3 Satz 3, 4 TKG.
98 So etwa auch *Altenhain* MK § 206 Rdn. 71; *Hoyer* SK § 206 Rdn. 35; *Kargl* NK § 206 Rdn. 47; *Sch/Schröder/Lenckner/Eisele* § 206 Rdn. 14; **anders** OLG Karlsruhe MMR **2005** 178, 180 f.; *Altvater* LK § 206 Rdn. 80.
99 Siehe z.B. §§ 40, 42 BayJagdG.
100 RGZ **155** 338, 339 (zu § 40 RJagdG); Palandt/*Ellenberger* § 228 BGB Rdn. 2b; *Erb* MK Rdn. 23; *Grothe* MK § 228 BGB Rdn. 5; Staudinger/*Repgen* § 228 BGB Rdn. 8; *Roxin* AT I § 14 Rdn. 46; Erman/*Wagner* § 228 BGB Rdn. 1.
101 *Grothe* MK § 228 BGB Rdn. 5; Staudinger/*Repgen* § 228 BGB Rdn. 8; *Warda* FS Maurach 143, 164 f.
102 Dies bezeichnet man als "compassionate use".
103 Siehe auch *Deutsch* VersR **2014** 1038, 1039 sowie *Fehn/Koyuncu/Meyer* PharmR **2014** 91, 96.
104 *Duttge* HK-GS Rdn. 2. § 34 StGB kann insofern nur in atypischen Fallgestaltungen in Betracht kommen, die in der gesetzlichen Regelung nicht berücksichtigt wurden; siehe auch Rdn. 161.

delt es sich um einen speziellen Ausschnitt aus dem Bereich des **Staatsnotstands**; soweit es nicht um Angriffe auf die freie demokratische Grundordnung geht, bleibt daneben § 34 StGB anwendbar.[105]

26   Im **Völkerstrafrecht** findet sich eine spezielle Notstandsvorschrift in Art. 31 Abs. 1 d) IStGH-Statut, die sowohl Elemente des rechtfertigenden als auch des entschuldigenden Notstands enthält,[106] ohne dass zwischen beiden Notstandsfällen klar differenziert wird. Aspekte des rechtfertigenden Notstands kommen im Wortlaut der Norm insbesondere dadurch zum Ausdruck, dass der Täter nicht größeren Schaden zuzufügen beabsichtigen darf als den, den er abzuwenden trachtet. Wenn auch subjektiviert, zeigt sich hieran das für den rechtfertigenden Notstand typische Abwägungserfordernis.

27   Speziell für den Bereich des **Ordnungswidrigkeitenrechts** regelt **§ 16 OWiG** den rechtfertigenden Notstand.[107] Diese Vorschrift ist bis auf den Umstand, dass von „eine Handlung begeht" gesprochen wird und nicht von „eine Tat begeht", mit § 34 StGB sprachlich identisch. Dabei hat der Notstand im Ordnungswidrigkeitenrecht eine größere Bedeutung als § 34 StGB im Strafrecht, denn im Hinblick auf das Erfordernis des wesentlich überwiegenden Interesses haben die Schutzgüter der Bußgeldtatbestände oft ein geringeres Gewicht als die geschützten Rechtsgüter im Strafrecht, zudem ist die Eingriffsintensität im Ordnungswidrigkeitenrecht regelmäßig geringer.[108] Ein wesentlich überwiegendes Gefahrabwendungsinteresse in Relation zum ordnungswidrigkeitenrechtlichen Erhaltungsinteresse ist damit eher gegeben.[109] In der Praxis spielt § 16 OWiG insbesondere bei Verstößen gegen straßenverkehrsrechtliche Bestimmungen eine Rolle,[110] so zum Beispiel beim Überschreiten der zulässigen Höchstgeschwindigkeit[111] oder beim Unterschreiten des gebotenen Sicherheitsabstands.[112]

6. Abgrenzung des rechtfertigenden Notstands von anderen Rechtfertigungsgründen

28   **a) Abgrenzung zu § 32 StGB.** Die Notwehr unterscheidet sich vom rechtfertigenden Notstand in mehrfacher Hinsicht. So versteht man unter einem **Angriff** im Sinne des § 32 StGB die Bedrohung rechtlich geschützter Interessen durch ein menschliches Verhalten, hingegen kann die **Gefahr** gemäß § 34 StGB auf einem menschlichen Verhalten beruhen, muss dies aber keineswegs. Erfasst sind etwa auch Gefahren durch Naturgewalten oder tierische Verhaltensweisen sowie von Menschen ausgehende Gefahren, bei denen es an einem menschlichen Verhalten im Sinne des Strafrechts fehlt (z.B. bei vis absoluta, Schlaf). Während § 32 StGB auf solche Konstellationen mangels Angriffs nicht anwendbar ist, liegt dann eine Gefahr nach § 34 StGB durchaus vor. Weiterhin unterscheiden sich die Begriffe der „**Gegenwärtigkeit**" bei § 32 StGB einerseits und § 34 StGB andererer-

---

[105] *Roxin* AT I § 16 Rdn. 130; **anders** *Neumann* NK Rdn. 22; siehe zum übergesetzlichen Widerstandsrecht *Scheuß* ZStW **130** (2018) 23, 45 ff.
[106] Siehe dazu nur die Übersicht bei *Ambos* § 7 Rdn. 92 ff; *Satzger* Internationales und Europäisches Strafrecht § 15 Rdn. 34 ff; vgl. auch *Müssig* MK § 35 Rdn. 89 ff.
[107] Vorgängerregelung war seit 1968 § 12 a.F. OWiG. Er begann wie auch die Notwehr (§ 11 a.F. OWiG) mit den Worten „Ordnungswidrig handelt nicht, wer ...", war aber schon als „rechtfertigender Notstand" überschrieben.
[108] *Mitsch* OWiG § 9 Rdn. 16.
[109] *Mitsch* OWiG § 9 Rdn. 16; siehe auch *U. Weber* ZStW **96** (1984) 376, 396.
[110] Siehe dazu die Auflistung bei *Hirsch* LK[11] Rdn. 88.
[111] OLG Düsseldorf NJW **1970** 674; OLG Düsseldorf NStZ **1990** 396; OLG Karlsruhe NStZ **2005** 414; OLG Köln NStZ **2006** 526, 527; KG VRS **132** 299, 300; KG BeckRS **2018** 11220.
[112] Siehe OLG Bamberg NJW **2015** 1320.

seits. Insbesondere ist hervorzuheben, dass der rechtfertigende Notstand anders als § 32 StGB auch die **Dauergefahr** umfasst. Schließlich bestehen Unterschiede zwischen der Prüfung der **Erforderlichkeit** bei der Notwehr und der Nicht-anders-Abwendbarkeit beim Notstand. So ist die Erforderlichkeit bei § 32 StGB auch immer vor dem Hintergrund des Grundsatzes „Recht braucht Unrecht nicht zu weichen" zu sehen, zu einer „schimpflichen Flucht" ist der Angegriffene nicht verpflichtet. Das mag aber anders bei § 34 StGB zu beurteilen sein, denn dort bedeutet ein **Ausweichen** die Möglichkeit, die Gefahr anders abzuwenden. Im Gegensatz zur Notwehr gilt das Rechtsbewährungsprinzip bei § 34 StGB nicht. Beim rechtfertigenden Notstand findet schließlich eine Interessenabwägung statt, hingegen spielt eine Abwägung bei der Notwehr grundsätzlich keine Rolle. Notwehr und rechtfertigendem Notstand liegen also **unterschiedliche Prinzipien** zugrunde.

Unabhängig von diesen Unterschieden können **Notwehr** und **rechtfertigender** 29 **Notstand** nach zutreffendem Verständnis gleichzeitig und **nebeneinander** vorliegen.[113] Dies insbesondere deswegen, weil § 34 StGB auch den Defensivnotstand erfasst, also die Konstellation, dass die Gefahr von der durch die Notstandshandlung beeinträchtigten Person ausgeht (Rdn. 16 f, 133 ff). Notwehr und Notstand schließen sich nicht gegenseitig aus, sondern stehen nebeneinander, falls die Voraussetzungen beider erfüllt sind. Da es um unterschiedliche Rechtfertigungsgründe geht, kann umgekehrt bei menschlichen Verhaltensweisen § 34 StGB auch angewendet werden, wenn § 32 StGB etwa mangels Gegenwärtigkeit nicht greift.[114] Andererseits mag durchaus im Einzelfall der Umstand, dass der Täter bereits über die Notwehr gerechtfertigt ist, bei der Interessenabwägung im Sinne des Notstands Bedeutung gewinnen. So kann § 34 StGB keine Handlung rechtfertigen, die sich gegen ein Verhalten wendet, das durch Notwehr gerechtfertigt ist, denn aus dem Vorliegen der Notwehr resultiert eine **Duldungspflicht**.[115] Unabhängig von diesem Umstand gilt jedoch: Die Notwehr ist angesichts ihrer zum Notstand unterschiedlichen Grundlagen und Voraussetzungen nicht spezieller.[116]

§ 34 StGB kann neben § 32 StGB insbesondere relevant werden und eigene Bedeu- 30 tung erhalten, wenn die Abwehr in einer Weise erfolgt, dass auch unbeteiligte Rechtsgüter in Mitleidenschaft gezogen werden.[117] § 32 StGB greift insoweit nicht, jedoch mag § 34 StGB dann rechtfertigend wirken.

b) Abgrenzung zur rechtfertigenden Einwilligung. Auch neben der **Einwilligung** 31 kommt § 34 StGB in Betracht.[118] Die Gegenansicht will indes im Fall der Einwilligung einen Rückgriff auf § 34 StGB **nicht zulassen**:[119] Die Rechtsordnung könne dem Einzelnen

---

113 *Zieschang* JA **2007** 679, 680. **Anders** *Matt/Renzikowski/Engländer* Rdn. 48; *Heinrich* Rdn. 402; *Kühl* AT § 8 Rdn. 57; *Sch/Schröder/Perron* Rdn. 6: § 32 StGB sei eine vorgehende Spezialregelung für den Fall, dass die Gefahr in einem gegenwärtigen rechtswidrigen Angriff besteht; so auch *Günther* SK[8] Rdn. 59; *Hauck* AK Rdn. 3; *Roxin* AT I § 16 Rdn. 19; noch enger (kein § 34 StGB neben § 32 StGB, wenn die Gefahr von einem Menschen ausgeht) *Bohnert* Jura **1999** 533; *Seelmann* S. 32 ff, 46 ff, 60 ff. § 32 StGB beruht jedoch anders als § 34 StGB nicht auf dem Gedanken der Solidarität, § 32 StGB enthält zudem andere Voraussetzungen als § 34 StGB. Bei § 34 StGB geht es nicht um das Rechtsbewährungsprinzip. Von Spezialität kann daher keine Rede sein.
114 *Erb* MK Rdn. 28; anders *Seelmann* S. 64.
115 *Erb* MK Rdn. 29; *Gropengießer* Jura **2000** 262, 265; *Neumann* NK Rdn. 13; *Sch/Schröder/Perron* Rdn. 31.
116 *Erb* MK Rdn. 26; *Neumann* NK Rdn. 12 f.
117 Vgl. *Erb* MK Rdn. 76; *Kühl* AT § 8 Rdn. 59.
118 So etwa auch *Rengier* AT § 23 Rdn. 5; *Stratenwerth/Kuhlen* AT § 9 Rdn. 106.
119 *Dörr* S. 148 ff; *Engländer* GA **2010** 15, 21 ff; *Erb* MK Rdn. 30; *Neumann* NK Rdn. 14; *Renzikowski* S. 64 f.

nicht vorschreiben, welches Gewicht er seinen jeweiligen Interessen beizulegen hat. Hier seien die subjektiven Präferenzen des autonomen Individuums maßgeblich, nicht eine objektivierende Abwägung der Interessen.[120] Niemand schulde sich selbst Solidarität.[121] Insoweit wird jedoch nicht hinreichend beachtet, dass die Heranziehung des § 34 StGB keineswegs bedeutet, die Entscheidung des Rechtsgutsträgers zu missachten oder auszuhebeln. Vielmehr ist der Umstand, dass der Einzelne seine Einwilligung gegeben hat, im Rahmen des § 34 StGB ein Aspekt, der die Interessenabwägung zugunsten des Handelnden maßgeblich bestimmt. Es geht also nicht darum, die aufgrund der Einwilligung vorliegende Rechtfertigung wieder aufzuheben, sondern darum, dass der Täter im Einzelfall ebenfalls über § 34 StGB gerechtfertigt sein mag. So wie es bei § 34 StGB im Rahmen der Interessenabwägung eine Rolle spielt, dass eine Person eine Einwilligung verweigert, ist es ebenso relevant, falls eine Einwilligung erteilt ist. Die Einwilligung hat daher **Auswirkungen auf § 34 StGB**, sperrt aber nicht von vornherein die Anwendbarkeit der Vorschrift. Andererseits zeigt sich hieran, dass die Prüfung der Einwilligung vor der Erörterung des § 34 StGB zu erfolgen hat.[122] Der Wille des Betreffenden darf also über § 34 StGB **nicht umgangen** werden. Das resultiert aus dem Gesichtspunkt der Selbstbestimmung und Respektierung des Einzelnen (Autonomieprinzip, Rdn. 128). Damit laufen Einwilligung und rechtfertigender Notstand regelmäßig im Gleichklang.[123] Das ist nur dann ausnahmsweise anders, wenn einem freiverantwortlich handelnden Suizidenten das Leben gerettet wird.[124] In diesem Fall ist im Einklang mit der Wertung des § 216 StGB die Einwilligung in die Tötung unwirksam und der Wille des Suizidenten nicht verbindlich, sodass die Verhinderung der Selbsttötung, die etwa § 240 StGB tatbestandlich verwirklicht, über § 34 StGB gerechtfertigt ist.[125]

32 c) **Abgrenzung zur mutmaßlichen Einwilligung.** Bei der **mutmaßlichen Einwilligung** geht es um die Ermittlung des mutmaßlichen Willens des Betreffenden. Auch neben diesem Rechtfertigungsgrund ist **§ 34 StGB anwendbar**. Er schließt die Heranziehung des § 34 StGB nach zutreffender Ansicht nicht aus.[126] Es mag also sein, dass das Verhalten sowohl über die mutmaßliche Einwilligung als auch über den rechtfertigenden Notstand gerechtfertigt ist, man denke etwa an eine lebensnotwendige Operation an einem bewusstlosen Patienten.[127] Andererseits ist wie bei der rechtfertigenden Einwilli-

---

120 So *Neumann* NK Rdn. 14; siehe auch *Sch/Schröder/Perron* Rdn. 8a.
121 *Duttge* HK-GS Rdn. 9; *Erb* MK Rdn. 30; *Schmitz* S. 176.
122 *Rengier* AT § 23 Rdn. 5.
123 Die Kontroverse, ob § 34 StGB neben der Einwilligung greift, hat daher normalerweise im Ergebnis keine große Bedeutung.
124 *Erb* MK Rdn. 35; *Sch/Schröder/Eser/Eisele* § 240 Rdn. 32; *Rengier* AT § 23 Rdn. 6; *Roxin* AT § 16 Rdn. 102; **anders** *Duttge* HK-GS Rdn. 9, 13; *Matt/Renzikowski/Engländer* Rdn. 8, 42; *ders.* GA **2010** 15, 25f; *Neumann* NK Rdn. 35.
125 Für eine Rechtfertigung über § 34 StGB auch *Hilgendorf* AWHH BT § 3 Rdn. 49; *Sch/Schröder/Eser/Eisele* § 240 Rdn. 32. Im Einzelfall bleibt aber zu prüfen, ob ein wesentlich überwiegendes Interesse gegeben ist, das etwa fehlen kann, wenn der Freitod zur Vermeidung zukünftiger qualvoller Leiden oder dauernden Siechtums gewählt wird; siehe *Bottke* GA **1982** 346, 358; *Erb* FS Schünemann 337, 348f; *ders.* MK Rdn. 35; *Sch/Schröder/Perron* Rdn. 33. Siehe auch unten Rdn. 139.
126 So auch etwa OLG Frankfurt NJW **1975** 271, 272; *Kühl* AT § 8 Rdn. 34; *Rengier* AT § 23 Rdn. 5; *Stratenwerth/Kuhlen* AT § 9 Rdn. 106; **anders** etwa *Engländer* GA **2010** 15, 25; *Erb* MK Rdn. 37; *ders.* FS Schünemann 337, 342f; *Jakobs* AT 13 Rdn. 34; *Renzikowski* S. 64f, wonach ausschließlich die mutmaßliche Einwilligung anwendbar ist.
127 Das bedeutet aber nicht, dass die mutmaßliche Einwilligung ein Unterfall des § 34 StGB ist (so jedoch etwa *Otto* AT § 8 Rdn. 131; *Welzel* Strafrecht § 14 V), denn bei ihr geht es um die Erforschung des individuellen Willens; siehe zur grundsätzlichen Selbstständigkeit beider Rechtfertigungsgründe auch BGHSt **35** 246, 249; *Geppert* JZ **1988** 1024, 1025; *Müller-Dietz* JuS **1989** 280, 281; *Roxin* FS Welzel 447, 450ff.

gung auch in Bezug auf die mutmaßliche zu beachten, dass der mutmaßliche Wille nicht über § 34 StGB umgangen werden darf. Auch hier wirkt sich daher das zur mutmaßlichen Einwilligung ermittelte Ergebnis auf die Interessenabwägung im Rahmen des § 34 StGB aus.

d) Abgrenzung zur rechtfertigenden Pflichtenkollision. Es handelt sich bei der **rechtfertigenden Pflichtenkollision** (vor Rdn. 1) nicht um einen Unterfall des § 34 StGB,[128] sondern um einen **eigenständigen Rechtfertigungsgrund beim Unterlassungsdelikt** im Fall der Kollision **zweier Handlungspflichten**. Er ist strikt von § 34 StGB zu unterscheiden und dort vom Gesetzgeber nicht aufgenommen worden. Zwar ist bei der Kollision von Pflichten unterschiedlichen Ranges der Täter nach der rechtfertigenden Pflichtenkollision nur gerechtfertigt, wenn er der höherrangigen nachkommt, was Parallelen zu § 34 StGB zeigt, wenn es dort um das überwiegende Interesse geht. Andererseits bestehen bereits in diesem Fall Unterschiede, indem § 34 StGB verlangt, dass das Interesse wesentlich überwiegen muss, hingegen bei der Pflichtenkollision bereits ein **geringfügiges Überwiegen** ausreicht. Darüber hinaus rechtfertigt die Pflichtenkollision selbst die Konstellation, bei der zwei **gleichrangige Pflichten** kollidieren.[129] Hier geht es nun aber gerade nicht um das in § 34 StGB verankerte Prinzip des überwiegenden Interesses und um den Gedanken der Solidarität, sondern um einen ganz anderen Aspekt: Die Rechtsordnung kann von dem Rechtsunterworfenen nichts Unmögliches verlangen. Folglich bewegt sich der Handlungspflichtige im Einklang mit dem Recht, wenn er bei der Kollision von zwei gleichwertigen Handlungspflichten einer nachkommt. Immerhin ist anzumerken, dass § 34 StGB neben der rechtfertigenden Pflichtenkollision in Betracht kommen kann, sofern ein wesentlich überwiegendes Interesse gegeben ist.[130]

e) Abgrenzung zu öffentlich-rechtlichen Eingriffsbefugnissen. Sehr kontrovers wird die Frage diskutiert, ob und inwieweit sich **Hoheitsträger** auf die **allgemeinen Rechtfertigungsgründe des Strafrechts** berufen können, also auf § 32 StGB, aber auch auf § 34 StGB.[131] Manche Autoren meinen, Amtsträgern sei dies verwehrt.[132] Jeder hoheitliche Eingriff bedürfe einer besonderen gesetzlichen Ermächtigung und müsse kanalisiert werden, sodass man sich nicht auf die allgemeinen Rechtfertigungsgründe des Strafrechts stützen könne. Andere Autoren lehnen ebenfalls grundsätzlich die Heranziehung der allgemeinen Rechtfertigungsgründe ab, machen aber eine Ausnahme zugunsten des Beamten im Fall der Selbstverteidigung.[133] Im letzteren Fall gehe es um das natürliche Recht des Hoheitsträgers, seine eigene Person unabhängig von seinem Amt zu schützen. Dann handele der Hoheitsträger gedeckt durch die allgemeinen Rechtfertigungsgründe des Strafrechts insgesamt rechtmäßig. Vereinzelt findet man auch die Ansicht, dass die Befugnisse des Staates nicht durch die allgemeinen Rechtfertigungsgründe erweitert werden, jedoch der Hoheitsträger von diesen Gebrauch machen dürfe; dann

33

34

---

128   So aber *Jescheck/Weigend* § 33 V 1.
129   Etwa *Erb* JuS **2010** 17, 20; *Heinrich* Rdn. 513 ff; *Kühl* AT § 18 Rdn. 134 ff; dagegen in diesem Fall nur Entschuldigung annehmend *Jescheck/Weigend* § 33 V 1c, 2; *Momsen/Savic* BeckOK Rdn. 24; *Paeffgen/Zabel* NK Vor § 32 Rdn. 174.
130   Siehe dazu auch Lackner/*Kühl* Rdn. 15; *Küper* JuS **2016** 1070, 1074 f. Vgl. zur Interessenabwägung beim Unterlassungsdelikt auch Rdn. 148.
131   Siehe dazu auch *Erb* MK Rdn. 43 ff; *Hillenkamp/Cornelius* Probleme aus dem AT, Problem Nr. 5; *Hirsch* LK[11] Rdn. 6 ff; *Rönnau/Hohn* LK § 32 Rdn. 216 ff, jeweils m.w.N. zum Meinungsstand.
132   So etwa *Jahn* S. 416 ff; *Jakobs* AT 12 Rdn. 41 ff, 13 Rdn. 42; *Kunz* ZStW **95** (1983) 973, 981 ff; *Rönnau/Hohn* LK § 32 Rdn. 220 ff.
133   So u.a. *Amelung* NJW **1977** 833, 839 f; *Blei* JZ **1955** 627, 630; *Heinrich* Rdn. 398.

handele er aber nicht als Amtsträger, sondern als Privatperson, also nicht hoheitlich,[134] womit disziplinarrechtliche Konsequenzen ausscheiden.

35 Vielfach wird vertreten, die allgemeinen strafrechtlichen Rechtfertigungsgründe seien keine hoheitlichen Eingriffsbefugnisse, jedoch mache der Amtsträger sich nicht strafbar.[135] Bei den öffentlich-rechtlichen Eingriffsbefugnissen handele es sich um eine vom Strafrecht zu unterscheidende Materie. Das öffentliche Recht treffe keine Aussage über die Strafbarkeit des Hoheitsträgers. Es sei daher möglich, dass ein Verhalten öffentlich-rechtlich rechtswidrig ist, dennoch der Hoheitsträger strafrechtlich gerechtfertigt ist. Konsequenz ist, dass er zwar nicht strafrechtlich, jedoch haftungs- und disziplinarmäßig belangt werden kann.

36 Die **Rechtsprechung** ist schließlich in Einklang mit vielen Stimmen im Schrifttum der Auffassung, ein Amtsträger könne sich auch auf die Rechtfertigungsgründe des Strafrechts stützen, sofern keine abschließende öffentlich-rechtliche Sonderregelung existiere, sodass sein Verhalten dann sowohl öffentlich-rechtlich rechtmäßig als auch strafrechtlich gerechtfertigt sei.[136]

37 Aus hiesiger Sicht ist in Bezug auf das Problem, ob sich Hoheitsträger auf die allgemeinen strafrechtlichen Rechtfertigungsgründe berufen können, vor allem zu betonen, dass die **speziellen Eingriffsvoraussetzungen des öffentlichen Rechts nicht** durch die allgemeinen Rechtfertigungsgründe **unterlaufen** werden dürfen. Öffentlich-rechtliche Ermächtigungsgrundlagen, die spezifische Anforderungen an einen Eingriff in Rechte anderer aufstellen, würden anderenfalls unter Berufung auf die allgemeinen Rechtfertigungsgründe in ihrem Sinngehalt entleert, umgangen und oftmals überflüssig, da ja die Heranziehung der §§ 32, 34 StGB möglich wäre. Welche Gefahren damit verbunden sind, zeigt sich bereits daran, dass im öffentlichen Recht der Verhältnismäßigkeitsgrundsatz gilt, der insbesondere bei der Notwehr im Rahmen des Erforderlichkeitsmerkmals keine Rolle spielt. Auch könnte § 34 StGB letztlich von einem Amtsträger losgelöst von den eigentlichen Zuständigkeitsvorschriften herangezogen werden.

38 Etwaige gesetzliche Lücken bei den Eingriffsbefugnissen muss der Gesetzgeber **bereichsspezifisch regeln**, sie können nicht über §§ 32, 34 StGB gefüllt werden. Der Grundgedanke des § 34 StGB, wonach die Freiheitsrechte des Notstandstäters erweitert werden auf Kosten des Notstandsopfers, von dem Solidarität verlangt wird, würde von vornherein nicht passen, wenn Hoheitsträger § 34 StGB als Ermächtigungsgrundlage für Eingriffe in die Rechte des Bürgers nutzen könnten.

39 Dass die Gefahr der Umgehung und Aufweichung rechtlicher Vorgaben besteht, zeigt sich etwa an der Diskussion um die Frage, ob **Folter durch Polizeibeamte** ausnahmsweise zulässig sein kann, um von dem Täter eines Erpresserischen Menschenraubes das Versteck des Entführungsopfers zu erfahren.[137] Obwohl Folter ausdrücklich **ver-**

---

[134] *Pewestorf* JA **2009** 43, 45 ff; *Rupprecht* JZ **1973** 263, 264 f.
[135] Etwa *Beaucamp* JA **2003** 402, 403 f; *Beisel* JA **1998** 721 f; *Duttge* HK-GS Vor § 32 Rdn. 10; *Ebert* AT S. 68 f; *Frister* 16. Kap. Rdn. 35 f; *Günther* S. 366 ff; *Jeßberger* Jura **2003** 711, 713; *Joecks/Jäger* § 32 Rdn. 60; *Kratzsch* NJW **1974** 1546 f; *Murmann* GK § 25 Rdn. 5; *SSW/Rosenau* Vor § 32 Rdn. 27; *Schmidhäuser* JZ **1991** 937, 938; *Sydow* JuS **1978** 222, 224.
[136] BGH NJW **1958** 1405; BGHSt **27** 260, 262 ff; BGHSt **31** 304, 307; BGHSt **34** 39, 51 f; BGH NStZ **2005** 31; BayObLG JZ **1991** 936 f; OLG Frankfurt NJW **1975** 271, 272; OLG Hamburg JR **1973** 69; OLG Saarbrücken NStZ **1991** 386; *Bockelmann* FS Engisch 456, 467; *Fischer* Rdn. 34 f; *Gössel* JuS **1979** 162, 164 f; *Hauck* AK Vor § 32 Rdn. 6; *Herzberg* JZ **2005** 321 f; *Kindhäuser* AT § 17 Rdn. 11; *Kühl* AT § 7 Rdn. 153, § 8 Rdn. 179 f; *Momsen/Savic* BeckOK § 32 Rdn. 15; *Ostendorf* JZ **1981** 165, 169 ff; *Sch/Schröder/Perron* § 32 Rdn. 42a ff, § 34 Rdn. 7; *Roxin* AT § 15 Rdn. 112 f, § 16 Rdn. 103 f; *Spendel* JR **1991** 250; *Stratenwerth/Kuhlen* AT § 9 Rdn. 93 *Wessels/Beulke/Satzger* Rdn. 422.
[137] „Fall *Daschner*"; siehe dazu u.a. EGMR NStZ **2008** 699; EGMR NJW **2010** 3145; BVerfG NJW **2005** 656; LG Frankfurt/M. NJW **2005** 692; LG Frankfurt/M. JR **2012** 36; *Ambos* Grundfragen S. 5; *Amelung* JR

boten ist (§ 136a StPO, Art. 1 GG, Art. 104 Abs. 1 Satz 2 GG), wird teilweise im Schrifttum vertreten, über die allgemeinen Rechtfertigungsgründe könne ein solches hoheitliches Verhalten **ausnahmsweise gerechtfertigt** sein.[138] Das veranschaulicht sehr nachdrücklich, wie **Eingriffsvoraussetzungen und Verbote**, die sich aus dem Polizeirecht, der StPO sowie der Verfassung ergeben, unter Zuhilfenahme der strafrechtlichen Rechtfertigungsgründe **umgangen und missachtet** werden. Folter ist verboten, gerade dadurch zeichnet sich der Rechtsstaat aus. Man muss sich darüber im Klaren sein, dass ein Rechtsstaat nie so effektiv Straftäter bekämpfen kann wie ein totalitäres Regime, da sich der Rechtsstaat an der Würde des Menschen orientiert und folglich nicht jedes Mittel der Verbrechensbekämpfung zulässt. Gerade dadurch hebt er sich vom totalitären Regime entscheidend ab, indem er die Rechte des Einzelnen zu wahren sucht.[139] Es wäre daher dem Rechtsstaat zuwiderlaufend, nunmehr Folter auf die allgemeinen Rechtfertigungsgründe zu stützen. Es ist unzulässig und rechtsstaatswidrig, die allgemeinen Rechtfertigungsgründe heranzuziehen, um nicht geregelte oder gar verbotene Verhaltensweisen zu legitimieren.

Das zeigt sich etwa auch bei der Diskussion in Anlehnung an die Terroranschläge **40** auf das **World Trade Center am 11. September 2001**, ob bezogen auf Deutschland ein von Terroristen entführtes Flugzeug durch die Bundeswehr **abgeschossen** werden darf. § 14 Abs. 3 a.F. LuftSiG, der den Abschuss durch die Bundeswehr legitimierte, ist zutreffend vom BVerfG für verfassungswidrig erklärt worden.[140] Denn er erlaubte die Tötung von Unschuldigen zur Rettung anderer, was mit der Menschenwürde unvereinbar ist.[141] Wenn nun der Abschuss des Flugzeugs auf der Grundlage des § 34 StGB diskutiert und bejaht wird,[142] verdeutlicht auch dies, dass hoheitliche Maßnahmen unter Zuhilfenahme

---

2012 18; *Beutler* S. 216 ff; *Brugger* JZ **2000** 165; *Erb* Jura **2005** 24; *ders.* NStZ **2005** 593; *Eser* FS Hassemer 713; *Esser* NStZ **2008** 657; *Fahl* JR **2004** 182; *Gehl* (Hrsg.) Folter – Zulässiges Instrument im Strafrecht? (2005); *Grabenwarter* NJW **2010** 3128; *Günther* FS Neumann 825, 830 ff; *W. Hecker* KJ **2003** 210; *Herbst* S. 267 ff, 308 ff; *Herzberg* JZ **2005** 321; *Hilgendorf* JZ **2004** 331; *Jäger* FS Herzberg 539; *ders.* JA **2008** 678; *Jahn* S. 510 ff; *Jerouschek* JuS **2005** 296; *ders./Kölbel* JZ **2003** 613; *Jeßberger* Jura **2003** 711; *Kargl* FS Puppe 1163; *Kinzig* ZStW **115** (2003) 791; *Kretschmer* RuP **2003** 102; *Lubig/Sprenger* ZIS **2008** 433; *Lüderssen* FS Rudolphi 691; *Miehe* NJW **2003** 1219; *Mitsch* FS Roxin (2011) 639; *Neuhaus* GA **2004** 521; *Otto* JZ **2005** 473, 480 f; *Perron* FS Weber 143; *Reemtsma* S. 7 ff; *Roxin* FS Eser 461; *ders.* FS Nehm 205; *ders.* JöR **2011** 1, 17 f; *Saliger* ZStW **116** (2004) 35; *Sauer* JZ **2011** 23; *Stübinger* Notwehr-Folter S. 37 ff; *Wang* S. 91 ff, 174 ff; *Weigend* StV **2011** 325.
138 Für eine ausnahmsweise gerechtfertigte Folter etwa *Amelung* JR **2012** 18, 19 f; *Brugger* JZ **2000** 165, 167; *ders.* Der Staat **1996** 67; *ders.* VBlBW **1995** 414; *Erb* Jura **2005** 24; *ders.* FS Seebode 99; *ders.* NStZ **2005** 593, 598 f; *Gössel* FS Otto 41, 60; *Herbst* S. 280 ff; *Jerouschek* JuS **2005** 296, 301; *Jerouschek/Kölbel* JZ **2003** 613, 619 f; *Otto* JZ **2005** 473, 480 f; *Wittreck* DÖV **2003** 873, 882; siehe auch *Eser* FS Hassemer 713.
139 Nur ergänzend sei angemerkt, dass die Voraussetzungen des § 34 StGB bei Folter ohnehin nicht erfüllt wären; siehe Rdn. 157.
140 BVerfGE 115, 118; siehe zu dieser Vorschrift *Archangelskij* S. 89 ff; *Gropp* GA **2006** 284; *Hartleb* NJW **2005** 1397; *Hilgendorf* in: Blaschke/Förster/Lumpp/Schmidt, S. 107, 124 ff; *B. Hirsch* ZRP **2004** 273 f; *Höfling/Augsberg* JZ **2005** 1080; *Reinhard Merkel* JZ **2007** 373; *A. Meyer* ZRP **2004** 203; *Mitsch* JR **2005** 274; *ders.* GA **2006** 11; *Otto* Jura **2005** 470, 478 f; *Pawlik* JZ **2004** 1045, 1054 f; *Roxin* JöR **2011** 1, 18 f; *Sinn* NStZ **2004** 585; *Stübinger* ZStW **123** (2011) 403, 407 f; *Zimmermann* S. 341 ff.
141 (Teilweise) kritisch aber zur Entscheidung des BVerfG etwa *Erb* MK Rdn. 123; *Hirsch* FS Küper 149, 169 ff; *Hörnle* FS Herzberg 555, 567 f; *Reinhard Merkel* JZ **2007** 373; *Isensee* FS Jakobs 205, 226 ff; *Rogall* NStZ **2008** 1, 4 f; *Spendel* RuP **2006** 131.
142 **Eine Rechtfertigung bejahend** etwa *Erb* JuS **2010** 108, 111; *Gropp* GA **2006** 284, 288; *Hirsch* FS Küper 149, 153 ff; *Hörnle* FS Herzberg 555, 570; *dies.* GA **2012** 169, 172; *Hochhuth* NZWehr **2002** 154, 164 f; *Hoyer* SK Rdn. 53; *Köhler* FS Schroeder 257, 259 ff; *Lackner/Kühl* Rdn. 8; *Ladiges* S. 454 f; *ders.* ZIS **2008** 129 ff; *ders.* JuS **2011** 879, 882; *Neumann* NK Rdn. 77e; *Rogall* NStZ **2008** 1, 2 ff; *Spendel* RuP **2006** 131, 134; *Wilkesmann* NVwZ **2002** 1316, 1322; *Zimmermann* S. 347 ff, 391 ff, 401; vgl. auch *Prittwitz* FS Neumann 999, 1004; **dagegen eine Rechtfertigung ablehnend** etwa *Bergmann/Kroke* Jura **2010** 946, 952 f; *Dreier* JZ **2007** 261, 265 f; *Duttge* HK-GS Rdn. 20; *M.G. Fischer* JZ **2004** 376, 383; *Fischer* Rdn. 17 ff; *Frister* 17. Kap.

der strafrechtlichen Rechtfertigungsgründe legitimiert werden sollen, obwohl ein derartiges Vorgehen sogar rechtsstaatswidrig ist und gegen die Menschenwürde verstößt. Unabhängig davon liegen die Voraussetzungen des § 34 StGB schon gar nicht vor, denn diese Vorschrift erlaubt nach zutreffender Ansicht nicht die Tötung von Menschen, um andere Menschen zu retten (Rdn. 110).

41 Die vorstehenden Erwägungen führen dazu, dass § 34 StGB ebenfalls nicht das Verhalten eines **polizeilichen Lockspitzels**, der andere zur Begehung einer Straftat veranlasst, zu rechtfertigen vermag.[143] Ebenso kommt § 34 StGB nicht in Betracht, wenn Hoheitsträger **Steuerdaten-CDs** ankaufen.[144]

42 Abzulehnen ist ebenfalls die Auffassung, die das Rechtswidrigkeitsurteil aufspaltet, indem das Verhalten zwar öffentlich-rechtlich rechtswidrig sein soll, strafrechtlich aber nicht. Eine solche Aufspaltung des Rechtswidrigkeitsurteils widerspricht bereits dem Grundsatz der Einheit der Rechtsordnung, der im Bereich der Rechtfertigung gilt.[145] Der Amtsträger könnte nämlich disziplinarrechtlichen Sanktionen unterworfen werden, wäre aber strafrechtlich gerechtfertigt.

43 Festzuhalten ist damit, dass sich Hoheitsträger zur Legitimation ihres Verhaltens nicht auf die allgemeinen Rechtfertigungsgründe berufen dürfen. Davon sind nur eng gezogene Ausnahmen zu machen. So ist dem Amtsträger zuzubilligen, sich in der Konstellation der **Selbstverteidigung und des persönlichen Notstands** auf §§ 32, 34 StGB zu berufen. Der einer Notwehr- oder Notstandssituation für seine Person ausgesetzte Hoheitsträger darf persönlich nämlich nicht schlechter stehen als jede andere Privatperson. Dann handelt der Hoheitsträger nämlich zur Selbstrettung. Dieses Ergebnis lässt sich auch mit den Regelungen in den **Polizeigesetzen der Länder** in Einklang bringen. Sehr deutlich wird dies durch die Formulierungen in § 101 Abs. 2 SOG M-V und in § 250 Abs. 2 LVwG SH zum Ausdruck gebracht, wonach das Recht „zur Verteidigung in den Fällen der Notwehr und des Notstandes" unberührt bleibt. Seine Selbstverteidigungsrechte sollen dem betreffenden Amtsträger danach eben nicht genommen werden, umgekehrt kann er sein Verhalten außerhalb dieser Selbstverteidigungskonstellation aber nicht auf §§ 32, 34 StGB stützen. Vereinbar ist dieses Ergebnis auch mit der Regelung in § 8 Abs. 3 SaarPolG, der ausdrücklich normiert, dass die zivil- und strafrechtlichen Vorschriften über Notwehr und Notstand keine polizeilichen Befugnisse begründen. Danach ist es im Saarland im Bereich des Polizeirechts mit der Gesetzeslage unvereinbar, dass hoheitliche Maßnahmen auf §§ 32, 34 StGB gestützt werden. Andererseits verbietet § 8 SaarPolG lediglich, dass §§ 32, 34 StGB als polizeiliche Ermächtigungsgrundlage herangezogen werden, verwehrt dadurch aber nicht die Selbstverteidigung unter Berufung auf §§ 32, 34 StGB.

Rdn. 14; *Günther* FS Amelung 147, 153; *Hauck* AnwK Rdn. 12; *Hilgendorf/Valerius* AT § 5 Rdn. 84; *Jäger* JA **2008** 678, 681 f; *ders.* FS Rogall 171, 185 ff; *Jerouschek* FS Schreiber 185, 188 ff; *Reinhard Merkel* JZ **2007** 373, 384 f; *Pawlik* JZ **2004** 1045, 1048 ff; *Sch/Schröder/Perron* Rdn. 24; *Rengier* AT § 19 Rdn. 33; SSW/*Rosenau* Rdn. 6, 26; *Roxin* ZIS **2011** 552, 558 f; *ders.* JöR **2011** 1, 18 f; *Sinn* NStZ **2004** 585, 586; *Streng* FS Stöckel 135, 144 ff; *Stübinger* ZStW **123** (2011) 403, 420 ff; *ders.* Notwehr-Folter S. 334 ff; *Wessels/Beulke/Satzger* Rdn. 467; *Wiefelspütz* Die Polizei **2003** 301, 306; *Zieschang* FG Knemeyer 449, 464; vgl. auch *Frisch* FS Puppe 425, 449 f.

143 Siehe dazu *Erb* MK Rdn. 52; *Hirsch* LK[11] Rdn. 17a; vgl. auch *Amelung* JuS **1986** 329, 332; *Dencker* FS Dünnebier 447, 457 f; *Franzheim* NJW **1979** 2014, 2017 f; *Lüderssen* Jura **1985** 113, 119 f; *Ostendorf/Meyer-Seitz* StV **1985** 73, 79.

144 *Ignor/Jahn* JuS **2010** 390, 393; siehe auch *Sieber* NJW **2008** 881, 885; *Trüg/Habetha* NJW **2008** 887, 890. Der Ankauf kann vielmehr auf § 161 StPO gestützt werden; siehe dazu LG Düsseldorf wistra **2011** 37, 38; *Kölbel* NStZ **2008** 241, 243; *Pawlik* JZ **2010** 693, 697; *Zieschang* FS Scheuing 794, 814 f; **anders** etwa *Haensle/Reichold* DVBl **2010** 1277, 1280 ff; *Spernath* NStZ **2010** 307, 311.

145 Vgl. dazu auch *Klinkhardt* VerwArch. **55** (1964) 264, 306 ff; *Ostendorf* JZ **1981** 165, 170.

Aber auch die Klauseln in den sonstigen Polizeigesetzen der Länder, wonach das Recht 44
zur Ausübung unmittelbaren Zwangs oder das Recht zum Schusswaffengebrauch aufgrund
anderer gesetzlicher Vorschriften unberührt bleibt[146] oder die (zivil- und strafrechtlichen
Wirkungen nach den) Vorschriften über Notwehr und Notstand unberührt bleiben,[147] stehen mit dieser Sichtweise in Einklang. §§ 32, 34 StGB greifen dann ein, wenn eine persönliche Notwehr oder ein persönlicher Notstand des Hoheitsträgers in Rede steht,[148] ohne
dass dies durch die Polizeigesetze verboten wird.

Weiterhin wird man eine Rechtfertigung über §§ 32, 34 StGB allenfalls noch dort in 45
Betracht kommen lassen, wo keine Gefahr besteht, dass Individualrechte verletzt werden. Das bedeutet, dass eine **Rechtfertigung** über die allgemeinen Rechtfertigungsgründe dann möglich ist, wenn es lediglich um **Eingriffe in Rechtsgüter der Allgemeinheit** geht.[149] Hier besteht nämlich nicht die Gefahr, dass individuelle Freiheitsrechte beeinträchtigt werden. Dementsprechend kann etwa die durch staatliche Stellen erfolgende Freilassung eines Strafgefangenen (§§ 120, 258a StGB) zur Rettung eines Entführungsopfers über § 34 StGB bei Vorliegen seiner einzelnen Voraussetzungen gerechtfertigt sein.[150] Dabei billigt das BVerfG den staatlichen Organen einen weiten Beurteilungsspielraum zu.[151]

II. Die Voraussetzungen des rechtfertigenden Notstands

1. Allgemeines. Die Vorschrift des § 34 StGB gliedert sich in fünf Voraussetzungen. 46
Erstes Erfordernis ist das Vorliegen einer **Notstandslage**. Diese ist gekennzeichnet durch eine **gegenwärtige Gefahr** für Leben, Leib, Freiheit, Ehre, Eigentum oder ein anderes **Rechtsgut**.[152] Es geht also erstens um ein **notstandsfähiges Rechtsgut**, zweitens um eine **Gefahr für dieses Rechtsgut** und drittens um das Merkmal der **Gegenwärtigkeit der Gefahr**. Die Nicht-anders-Abwendbarkeit der Gefahr ist hingegen, anders als oftmals im Schrifttum angenommen,[153] kein Element der Notstandslage. Zwar mag die gewählte Formulierung des § 34 StGB darauf hindeuten (gegenwärtige, nicht anders abwendbare Gefahr), jedoch verhält es sich wie bei der Notwehr. Dort besteht die Notwehrlage in einem gegenwärtigen rechtswidrigen Angriff, und im Anschluss ist die Erforderlichkeit der Verteidigungshandlung zu prüfen. Parallel dazu ist § 34 StGB zu verstehen: Zunächst geht es um die Feststellung einer gegenwärtigen Gefahr für ein Rechtsgut. Wird diese bejaht, ist nachfolgend zu erörtern, ob der Täter diese Gefahr hätte anders abwenden können, ob also mit anderen Worten die Notstandshandlung erforderlich war. Auch wenn sich der Betroffene der Gefahrensituation durch Flucht entzieht, lag eine Notstandslage vor.

---

146 § 54 Abs. 4 PolG BW; § 8 Abs. 3 UZwG Bln.; § 34 Abs. 6 SächsPolG; § 10 Abs. 3 UZwG.
147 § 77 Abs. 2 BayPAG; § 60 Abs. 2 PolG Bbg; § 40 Abs. 4 BremPolG; § 54 Abs. 2 HessSOG; § 71 Abs. 2 NdsSOG; § 57 Abs. 2 PolG NW; § 57 Abs. 4 POG Rh.-Pf.; § 60 Abs. 2 SOG LSA; § 58 Abs. 2 ThürPAG; so auch § 35 Abs. 2 MEPolG. Das HambSOG enthält dazu seit 2005 keine Regelung mehr.
148 *Amelung* NJW **1977** 833, 839 f; *Deger* NVwZ **2001** 1229, 1231; *Hirsch* LK[11] Rdn. 18 f.
149 So bereits *Hirsch* LK[11] Rdn. 6, 20; ebenso *Amelung* NJW **1977** 833, 839; *Küper* Darf sich der Staat erpressen lassen? S. 89 ff.
150 *Amelung* NJW **1977** 833, 839; *Erb* MK Rdn. 44, 148; *Hirsch* LK[11] Rdn. 20; *Neumann* NK Rdn. 115; **ablehnend** *Lange* NJW **1978** 784, 785; *Pawlik* S. 207 f.
151 BVerfGE **46** 160, 165. Weitere Beispiele bei *Erb* MK Rdn. 44.
152 *Duttge* HK-GS Rdn. 4 ff; *Matt/Renzikowski/Engländer* Rdn. 10; *Ebert* AT S. 81; *Günther* SK[8] Rdn. 17; *Heinrich* Rdn. 405 ff; *Hoyer* SK Rdn. 3; *Joecks/Jäger* Rdn. 12; *Köhler* AT S. 288; *Rengier* AT § 19 Rdn. 6 f; *Stree* JuS **1973** 461, 463; *Zieschang* AT Rdn. 247; *ders.* JA **2007** 679, 681.
153 Siehe etwa *Erb* MK Rdn. 53; *Jescheck/Weigend* § 33 IV 3a; *Kühl* AT § 8 Rdn. 16, 20; *Lenckner* FS Lackner 95; *Sch/Schröder/Perron* Rdn. 8.

47   Zweite Voraussetzung ist die **Begehung einer Tat, um die Gefahr von sich oder einem anderen abzuwenden**. Der Täter verwirklicht also den **Tatbestand** einer Strafbestimmung, wobei er in subjektiver Hinsicht mit **Gefahrabwendungsabsicht**[154] zu seinen oder zugunsten eines Dritten handelt. Das **dritte Element** ist dann die **Nicht-anders-Abwendbarkeit** der Gefahr. Hier geht es darum, ob die Handlung des Notstandstäters erforderlich war. Die **vierte Voraussetzung** bildet die **Interessenabwägung**. Hier muss zum einen ein **Interessenübergewicht** zugunsten des geschützten Interesses bestehen, zum anderen ist erforderlich, dass das geschützte Interesse **wesentlich** überwiegt. **Schließlich** ist in § 34 Satz 2 StGB die **Angemessenheitsklausel** normiert, deren Bedeutungsgehalt umstritten ist.

2. Die Notstandslage: Gegenwärtige Gefahr für ein Rechtsgut

48   **a) Die notstandsfähigen Rechtsgüter.** § 34 StGB listet zwar fünf Rechtsgüter ausdrücklich auf (Leben, Leib, Freiheit, Ehre, Eigentum), ist jedoch darauf nicht beschränkt, sondern ergänzt, dass auch eine Gefahr für „ein anderes Rechtsgut" genügt. Die Auflistung hat daher keine weitere Bedeutung, als dass **besonders wichtige Rechtsgüter** beispielhaft genannt sind, führt aber zu keinem Ausschluss anderer Rechtsgüter. Die Nennung soll der „besseren Anschauung" dienen.[155] Immerhin zeigt die Auflistung, dass es in § 34 StGB zwar nicht nur, aber **primär um den Schutz von Individualinteressen** geht.[156]

49   Es spielt **keine Rolle**, ob die Gefahr für ein Rechtsgut des **Notstandstäters selbst** oder für ein solches eines **Dritten** besteht. Das ergibt sich bereits daraus, dass § 34 StGB ebenfalls die **Notstandshilfe** einschließt, also den Fall, dass der Notstandstäter die Gefahr von einem anderen abwendet. Erfasst ist jedes beliebige Rechtsgut, das unter dem Schutz der Rechtsordnung steht.[157] Es muss dabei nicht unbedingt strafrechtlich geschützt sein.[158] Es kann sich entweder um ein **Individualrechtsgut** oder – so die zutreffende h.M. – um ein **Rechtsgut der Allgemeinheit** handeln.[159]

50   Als **Beispiele** aus der Rechtsprechung lassen sich anführen: Geschützt ist das Interesse an der Erhaltung seines persönlichen **Arbeitsplatzes**, die Aufrechterhaltung der Produktion und die Sicherung der in einem Betrieb vorhandenen Arbeitsplätze.[160] Nach

---

154 Ob Absicht erforderlich ist oder Kenntnis, wird kontrovers beurteilt; siehe dazu Rdn. 80 ff.
155 Begründung zum E 1962, BTDrucks. IV/650 S. 159.
156 Vgl. *Horstkotte* Prot. V S. 1792, 1795; *Neumann* NK Rdn. 22.
157 *Duttge* HK-GS Rdn. 4; *Erb* MK Rdn. 55; *Joecks/Jäger* Rdn. 13; *Kühl* AT § 8 Rdn. 21.
158 Etwa *Joecks/Jäger* Rdn. 13; *Kühl* AT § 8 Rdn. 22; *Lenckner* S. 74; *Neumann* NK Rdn. 23; *Sch/Schröder/Perron* Rdn. 9; *SSW/Rosenau* Rdn. 7; *Roxin* AT I § 16 Rdn. 12.
159 Siehe RGSt **62** 35, 46; RGSt **77** 113, 115 f; BGH NStZ **1988** 558, 559; *Duttge* HK-GS Rdn. 4; *Erb* MK Rdn. 59; *Fischer* Rdn. 5; *Hecker* JuS **2018** 83, 84; *Heinrich* Rdn. 410; *Hilgendorf/Valerius* AT § 5 Rdn. 73; *Jäger* AT Rdn. 151; *Kühl* AT § 8 Rdn. 21 ff; Lackner/*Kühl* Rdn. 4; *Sch/Schröder/Perron* Rdn. 10; *Rengier* AT § 19 Rdn. 8; SSW/*Rosenau* Rdn. 7; *Wessels/Beulke/Satzger* Rdn. 447; *Zieschang* AT Rdn. 248; *ders.* JA **2007** 679, 681; **anders** *Matt/Renzikowski/Engländer* Rdn. 17; *Frister* 17. Kap. Rdn. 2; *Günther* SK[8] Rdn. 23; *Hoyer* SK Rdn. 9 f: nur Individualrechtsgüter; siehe zu deren Ansicht Rdn. 54. Zurückhaltend in Bezug auf kollektive Rechtsgüter auch *Neumann* NK Rdn. 22 ff: Die kollektiven Rechtsgüter müssten sich auf individuelle Rechtsgüter zurückführen lassen.
160 RGSt **30** 25, 28; BGH bei Dallinger MDR **1975** 723; BayObLGSt **1953** 124, 126 f; OLG Hamm NJW **1952** 838; OLG Köln NJW **1953** 1844; OLG Oldenburg NJW **1978** 1869; *Duttge* HK-GS Rdn. 4; **anders** *Neumann* NK Rdn. 26. Zu der Auffassung von *Neumann* siehe Rdn. 52. Soweit es um die Sicherheit von Arbeitsplätzen und nicht nur um die Sicherung des persönlichen Arbeitsplatzes geht, handelt es sich (ebenfalls) um den Schutz von Allgemeininteressen (Sozialstaatsprinzip); vgl. dazu auch *Kühl* AT § 8 Rdn. 28.

dem OLG Frankfurt[161] ist das Interesse der Beiträge zahlenden Versicherten, nicht solche Hinterbliebenenrenten mitzufinanzieren, die den Empfängern versicherungsrechtlich nicht zustehen, notstandsfähig. Auch das Recht auf ein den Gesetzen entsprechendes Strafverfahren im Sinne des **Art. 6 EMRK** ist ein Rechtsgut des § 34 StGB; insofern ist ein Verstoß eines Anwalts gegen § 201 Abs. 1 Nr. 2 StGB, um die Befangenheit eines Richters zu belegen, über § 34 StGB als gerechtfertigt erachtet worden.[162] Umgekehrt darf ein Anwalt über § 34 StGB seine Schweigepflicht verletzen (§ 203 StGB), um seine Honorarforderung durchzusetzen.[163] Auch das Recht, seine Mutter am Sterbebett noch lebend zu sehen, ist ein unter dem Schutz der Rechtsordnung stehendes notstandsfähiges Rechtsgut, wie an den diesbezüglichen Sonderurlaubsbestimmungen deutlich wird.[164] Ebenfalls das **Vermögen** ist notstandsfähiges Rechtsgut.[165] Schließlich sind das **allgemeine Persönlichkeitsrecht** und die **Intimsphäre** zu nennen.[166]

51 Umstritten ist, ob auch die durch Art. 4 GG geschützte **Glaubens- und Gewissensfreiheit** notstandsfähiges Rechtsgut ist.[167] Dagegen spricht bereits, dass damit das Strafrecht zur unverbindlichen Empfehlung degradiert wird, da der Einzelne dann die Befolgung der Strafnormen von seiner persönlichen Einstellung abhängig machen könnte, ohne dass ein Einschreiten gegen ihn zulässig wäre. Zudem käme es zu einem unauflösbaren Konflikt, wenn Gewissensentscheidungen miteinander kollidieren.[168] Weiterhin kann § 34 StGB selbst leichte körperliche Züchtigungen in einer „erzieherischen Notstandssituation" entgegen mancher Stimmen im Schrifttum[169] nicht rechtfertigen; § 1631 Abs. 2 BGB schiebt dem einen Riegel vor.

52 *Neumann* ist der Auffassung, die in Rechtsprechung und Schrifttum erfolgende weite Auslegung des Begriffs „Rechtsgut" führe tendenziell zu einer Umstrukturierung des § 34 StGB zu einem allgemeinen Rechtfertigungsgrund der Wahrnehmung berechtigter Interessen.[170] Solidarität könne nur eingefordert werden, falls die Rechtssphäre des Einzelnen von der Gefahr betroffen werde. Dagegen greife § 34 StGB nicht, wenn es lediglich um eine nur im Rahmen der bestehenden Gesetze zulässige Interessenverfolgung gehe. Gegen diese einschränkende Betrachtung spricht jedoch bereits der Wortlaut des § 34 StGB, der eine solche Differenzierung nicht vorsieht. Zudem wird dadurch § 34 StGB unzulässig zu Lasten des Täters eingeschränkt. Unabhängig davon sind mit einer solchen Unterscheidung Unwägbarkeiten verbunden. In der Praxis wäre eine solche Einschränkung schwer handhabbar.[171]

53 Im Hinblick auf **Rechtsgüter der Allgemeinheit** sind aus der Rechtsprechung insbesondere folgende Fälle anzuführen:[172] Bereits das RG hatte entschieden, die Einfuhr unverzollter Waren könne zur **Erhaltung der Wirtschaft** im damals besetzten Ruhrge-

---

161 OLG Frankfurt NJW **1975** 271, 272; siehe dazu auch *Geilen* JZ **1975** 380; *Martens* NJW **1975** 1668; *Roxin* JuS **1976** 505.
162 OLG Frankfurt NJW **1979** 1172; *Duttge* HK-GS Rdn. 4.
163 BGHSt **1** 366, 368.
164 So u.a. auch *Erb* Rdn. 55; *Kühl* AT § 8 Rdn. 22; *Sch/Schröder/Perron* Rdn. 9; **anders** OLG Köln VRS **59** 438.
165 BGH NJW **1976** 680, 681; *Kühl* AT § 8 Rdn. 23.
166 Vgl. BGH NJW **1979** 2053 f; *Duttge* HK-GS Rdn. 4; *Hirsch* JR **1980** 115, 116; *Joecks/Jäger* Rdn. 13; *Krey/Esser* Rdn. 588; *Kühl* § 8 Rdn. 24; *Neumann* NK Rdn. 23; *Schroeder* JuS **1980** 336, 337.
167 Befürwortend *Böse* ZStW **113** (2001) 40, 46 ff; *Duttge* HK-GS Rdn. 4; *Kühl* AT § 8 Rdn. 25; **ablehnend** etwa *Erb* MK Rdn. 55; *Fischer* Rdn. 6; *Roxin* GA **2011** 1, 4 ff; siehe dazu auch *Hörnle* 70. DJT **2014** C 65 ff.
168 *Schlehofer* MK Vor § 32 Rdn. 258; *Valerius* S. 164.
169 *Erb* MK Rdn. 55; *M. Heinrich* ZIS **2011** 431, 441 ff; *Sch/Schröder/Perron* Rdn. 8a.
170 *Neumann* NK Rdn. 24 f.
171 Kritisch zu *Neumann* auch *Erb* MK Rdn. 56.
172 Siehe im Übrigen auch die weiteren Beispiele bei *Kühl* AT § 8 Rdn. 30.

biet gerechtfertigt sein.[173] Auch die Aufrechterhaltung der Versorgung mit Lebensmitteln,[174] der **Tierschutz**,[175] die **Verkehrssicherheit**[176] oder die **Sicherheit des Lufttransports**[177] werden als notstandsfähig erachtet. Nach dem BGH ist grundsätzlich im Bereich der Betäubungsmittelkriminalität die **Volksgesundheit** als Rechtsgut der Allgemeinheit notstandsfähig, wenn auch im konkreten Fall die Gefahr als anders abwendbar angesehen wurde, da der Betroffene die Polizei hätte kontaktieren können.[178] Hier zeigt sich bereits, dass im Bereich der Rechtsgüter der Allgemeinheit nicht selten eine Rechtfertigung im Ergebnis ausscheidet, da grundsätzlich **staatliche Organe** für die Abwehr der Gefahr zuständig sind und damit die Gefahr **anders abwendbar** ist, falls diese Organe rechtzeitig eingeschaltet werden können.[179] § 34 StGB ist daher in solchen Fällen nur anzunehmen, wenn ein staatliches Eingreifen zu spät käme und sich im Rahmen der Interessenabwägung ein wesentlich überwiegendes Interesse ergibt.[180] Nicht selten werden im Übrigen **gleichzeitig auch Individualrechtsgüter** (etwa Leib und Leben Einzelner bei der Verkehrssicherheit) betroffen sein.[181]

54   **Vereinzelt** wird im **Schrifttum** die Anwendung des § 34 StGB auf Rechtsgüter der Allgemeinheit von vornherein **abgelehnt**.[182] Wenn die Vorschrift verlange, dass die Gefahr von sich oder einem anderen abgewendet wird, seien begrifflich nur Gefahren erfasst, die ein individualisierbares Subjekt bedrohen. Die Entscheidung, jemandem zum Schutz der Allgemeinheit ein Sonderopfer aufzuerlegen, sei allein Sache des Staates.[183] Eine solche Sicht interpretiert jedoch auf der einen Seite zu viel in den Wortlaut hinein, beachtet aber auch gleichzeitig auf der anderen Seite den Wortlaut des § 34 StGB nicht hinreichend. So dient die Formulierung „von sich oder einem anderen" lediglich der Klarstellung, dass auch die Notstandshilfe von der Vorschrift erfasst wird.[184] Sie hat damit nicht zur Konsequenz, dass Rechtsgüter der Allgemeinheit nicht notstandsfähig sind. Im Gegenteil widerspricht eine solche Sicht dem Wortlaut des § 34 StGB zu Lasten des Täters, denn die Vorschrift benutzt die Formulierung „oder ein anderes Rechtsgut". Dar-

---

173   RGSt **62** 35, 46 f.
174   RGSt **77** 113, 116 f; OLG Stuttgart DRZ **1949** 93 f.
175   OLG Naumburg NJW **2018** 2064, 2065; LG Magdeburg BeckRS **2017** 130506.
176   OLG Düsseldorf NJW **1970** 674 (Überschreiten der zulässigen Geschwindigkeit, um einen für andere gefährlichen Lkw zu stoppen); OLG Frankfurt NStZ-RR **1996** 136 und OLG Koblenz NJW **1963** 1991 (Wegnahme des Schlüssels, um die Fahrt eines fahruntüchtigen Fahrers zu verhindern); ferner OLG München MDR **1956** 565 (Mitteilung des Arztes, dass sein am Straßenverkehr teilnehmender Patient an epileptischen Anfällen mit Bewusstlosigkeit leidet).
177   OLG Düsseldorf NJW **2006** 630 (Mitnahme eines Messers durch einen Journalisten, um Sicherheitslücken im Flugbetrieb aufzudecken).
178   BGH NStZ **1988** 558, 559; OLG Düsseldorf NJW **1972** 2275 f. In der Entscheidung des OLG Düsseldorf ging es um die Frage der Rechtfertigung eines Hausfriedensbruchs durch Polizeibeamte, um Rauschgifthändler zu überführen. Insofern ist jedoch zu berücksichtigen, dass nach hiesiger Ansicht der Eingriff in Individualrechte durch Hoheitsträger nicht über § 34 StGB gerechtfertigt werden kann; siehe dazu Rdn. 37 ff.
179   Vgl. *Kühl* AT § 8 Rdn. 27; einen Fall annehmend, bei dem keine effektive staatliche Hilfe möglich war: OLG Naumburg NJW **2018** 2064, 2065; LG Magdeburg BeckRS **2017** 130506 (Missstände in einer Tierzuchtanlage); siehe dazu auch *Hecker* JuS **2018** 83, 84; *Hotz* NJW **2018** 2066; *Keller/Zitsche* StV **2018** 337; *Scheuerl/Glock* NStZ **2018** 448.
180   Siehe dazu auch *Erb* MK Rdn. 59; *Sch/Schröder/Perron* Rdn. 10.
181   *Kühl* AT § 8 Rdn. 29.
182   *Matt/Renzikowski/Engländer* Rdn. 17; *Frister* 17. Kap. Rdn. 2; *Günther* SK[8] Rdn. 23 f; siehe auch *Schmitz* S. 40 f: Nur solche Rechtsgüter der Allgemeinheit seien notstandsfähig, die den mittelbaren Schutz von Individualrechtsgütern bezwecken; ähnlich *Helmers* S. 302.
183   *Matt/Renzikowski/Engländer* Rdn. 17; *Günther* SK[8] Rdn. 23.
184   Siehe Begründung zum E 1962, BTDrucks. IV/650 S. 159; ebenso *Kühl* § 8 Rdn. 21; *Sch/Schröder/Perron* Rdn. 10.

unter fallen aber nun auch Rechtsgüter der Allgemeinheit wie zum Beispiel die Rechtspflege, die Verkehrssicherheit oder die Volksgesundheit. Eine Privatperson darf daher, um eine Gefahr für die Sicherheit des Staates abzuwenden, über § 34 StGB gerechtfertigt einen Spion festhalten, der im Begriff ist, das Land mit Unterlagen von hoher Bedeutung zu verlassen, sofern staatliche Stellen nicht mehr rechtzeitig zu verständigen sind.[185]

Bei der Frage, ob ein notstandsfähiges Rechtsgut vorliegt, spielt es **keine Rolle**, ob das Gut auch im konkreten Fall **schutzwürdig und schutzbedürftig** ist; diese Gesichtspunkte sind erst bei den weiteren Erfordernissen, insbesondere der Interessenabwägung, von Bedeutung.[186] Eine andere Sicht würde die einzelnen Voraussetzungen des § 34 StGB verschleifen. Daher kann es nicht überzeugen, wenn teilweise im Schrifttum die Auffassung vertreten wird, beim Verlust der Fortbewegungsfreiheit im Strafvollzug fehle es an der Schutzwürdigkeit und damit an einem notstandsfähigen Rechtsgut, da die Werteinbuße von Rechts wegen hinzunehmen sei.[187] Damit wird nämlich ein Aspekt, der erst bei der Interessenabwägung von Bedeutung ist, zur Bestimmung des geschützten Rechtsguts herangezogen. Duldungspflichten aufgrund gesetzlicher Regelungen schließen das Vorliegen einer Notstandslage nicht aus. 55

Es ist auch **nicht erforderlich**, wie es vereinzelt gefordert worden ist,[188] dass das in Gefahr stehende Rechtsgut mit dem zur Rettung beeinträchtigten Rechtsgut in einem **spezifischen Kollisionsverhältnis** steht.[189] Danach muss also etwa der Notstandstäter nicht zwingend das ihm am nächsten stehende Fahrzeug nehmen, um das Unfallopfer in die Klinik zu bringen. Schon der Wortlaut des § 34 StGB gibt für eine solche einschränkende Auslegung nichts her; dann, wenn das benutzte Mittel zur Gefahrenabwehr geeignet ist und das mildeste Mittel darstellt, darf es herangezogen werden. Freilich mag der Aspekt der Kollisionsbeziehung bei der Interessenabwägung eine Rolle spielen.[190] 56

b) Die Gefahr. Der Begriff der **Gefahr** findet sich nicht nur in verschiedenen Zusammenhängen im Strafrecht (etwa neben §§ 34, 35 StGB ebenfalls z.B. in §§ 64, 69a, 315, 315b StGB), sondern auch im Staats- und Verwaltungsrecht (etwa Art. 13 GG, 91 GG, § 14 BPolG, § 11 BayPAG) sowie im Zivilrecht (z.B. §§ 228, 229, 270, 446, 618, 680 BGB). Hierbei ist zu betonen, dass der jeweils in den einzelnen Vorschriften verwendete Gefahrbegriff **ganz unterschiedlicher Natur** sein kann; es gibt entgegen mancher Stimmen im Schrifttum[191] **keinen einheitlichen Gefahrbegriff**, sondern dieser ist vielgestaltig. Der jeweilige Inhalt hängt entscheidend davon ab, in welchem Zusammenhang der Gefahrbegriff in der einzelnen Vorschrift verwendet wird.[192] In § 34 StGB geht es vom Ausgangspunkt bei der Gefahr um einen Sachverhalt, bei dem die **Wahrscheinlichkeit eines** 57

---

185 Siehe RGSt **63** 215, 220; *Erb* MK Rdn. 59; *Kühl* AT § 8 Rdn. 26; *Roxin* AT I § 16 Rdn. 13.
186 *Matt/Renzikowski/Engländer* Rdn. 16; *Hirsch* LK[11] Rdn. 24; **anders** *Lenckner* S. 76; *Wessels/Beulke/Satzger* Rdn. 447; offengelassen von *Sch/Schröder/Perron* Rdn. 9.
187 So *Wessels/Beulke/Satzger* Rdn. 450.
188 *Bockelmann* JZ **1959** 495, 498; siehe auch *Kelker* S. 156 f; *F. Meyer* GA **2004** 356, 367 f ("innerer Rettungszusammenhang").
189 *Erb* MK Rdn. 104; *Grebing* GA **1979** 81, 86 ff; *Jescheck/Weigend* § 33 IV 3b; *Kühl* AT § 8 Rdn. 37; *Küper* JZ **1976** 515, 516; *Momsen/Savic* BeckOK Rdn. 7.2; *Neumann* NK Rdn. 64; *Pawlik* S. 156 f; *Sch/Schröder/Perron* Rdn. 21; *Roxin* AT I § 16 Rdn. 25.
190 *Kühl* AT § 8 Rdn. 37; *Sch/Schröder/Perron* Rdn. 21; *Roxin* AT I § 16 Rdn. 25.
191 *Lackner/Kühl* Rdn. 2; *Kretschmer* Jura **2005** 662, 665; *Maurach/Zipf* § 27 Rdn. 15; vgl. auch *Hirsch* FS Arth. Kaufmann 545 ff.
192 Siehe dazu im Einzelnen *Zieschang* GA **2006** 1 ff; für das Strafrecht ebenso *Sch/Schröder/Perron* Rdn. 12; *Rotsch* FS Neumann 1009, 1011; *Roxin* AT I § 16 Rdn. 14.

Schadenseintritts besteht.[193] Zugegebenermaßen handelt es sich hierbei jedoch um eine doch sehr allgemein gehaltene Formulierung, die der Präzisierung und Konkretisierung bedarf. Die Rechtsprechung hat insofern ausgeführt, die Möglichkeit eines Schadenseintritts müsse nicht überwiegend wahrscheinlich sein, jedoch nahe liegen; eine entsprechende Besorgnis müsse als begründet erscheinen.[194]

58 Zur näheren Präzisierung bietet es sich vor allem an, den in § 34 StGB verwendeten Gefahrbegriff von der **„konkreten Gefahr"** beim **konkreten Gefährdungsdelikt** abzugrenzen. So ist die Gefahr im Sinne der Notstandsvorschrift derjenigen des konkreten Gefährdungsdelikts vorgelagert, was sich aus Folgendem ergibt: **Konkrete Gefahr** bedeutet, dass es nur noch vom **Zufall** abhängt, ob es zu einem Schadenseintritt bei dem betroffenen Rechtsgutsobjekt kommt oder nicht. Das wird richtig in der **Rechtsprechung** betont,[195] welche die zutreffende Tendenz zur Einschränkung des Begriffs der konkreten Gefahr erkennen lässt. Auch sämtliche Umschreibungen im **Schrifttum** laufen letztlich – abgesehen von einzelnen Nuancen – auf diesen Zufallsaspekt hinaus.[196] **„Zufall"** bedeutet nun aber nichts anderes als die **Nichtbeherrschbarkeit der Situation**. Es geht um eine Fallgestaltung, bei der berechenbare Abwehr- und Vorsorgemaßnahmen nicht mehr eingesetzt werden können; Zufall sind schadensverhindernde Faktoren, auf deren Eintritt nicht mehr vertraut werden kann.[197] Das zeigt aber hinreichend den Unterschied zu § 34 StGB: Hier darf sich die Sachlage gerade **noch nicht so zugespitzt** haben, dass der Eintritt des Schadens nur noch vom Zufall abhängt, denn dann wären Abwehrmaßnahmen, um die es ja gerade in § 34 StGB geht, nicht mehr gezielt und beherrschbar einsetzbar.[198] Beim **rechtfertigenden Notstand** kann der Täter die Situation noch im Sinne einer Abwehr der Gefahr **beherrschen**. Es geht also nicht darum, dass es vom Zufall abhängt, ob der Schaden eintritt. Zur Vermeidung von Missverständnissen sollte man daher besser auch nicht davon sprechen, dass das Gut in „eine Krise" geraten sein müsse.[199] Bei einem solchen Verständnis des Gefahrbegriffs in § 34 StGB wäre die Vorschrift sinnentleert, denn dann kommen Abwehrmaßnahmen gerade nicht mehr in Betracht. Damit ist festzuhalten: Eine **Gefahr im Sinne des § 34 StGB** liegt vor, wenn ein Sachverhalt gegeben ist, bei dem – im Gegensatz zum Zufall – noch ein **gezieltes, berechenbares Eingreifen in den Geschehensablauf möglich** ist, ohne dieses Eingreifen jedoch – also bei einem **weiteren ungestörten Ablauf** – ein **Schaden eintreten** wird.[200]

---

193 Vgl. RGSt **10** 173, 176; RGSt **29** 244, 246; RGSt **30** 178, 179; RGSt **61** 362, 363 f; BGHSt **18** 271, 272; BGHSt **26** 176, 179; BGH NStZ **1988** 554; BGHSt **48** 255, 258; BGH **61** 202 f; *Bergmann* JuS **1989** 109, 110; *Duttge* HK-GS Rdn. 7; *Erb* MK Rdn. 4; *Fahl* Jura **2013** 967, 972; *Fischer* Rdn. 4; *Günther* SK[8] Rdn. 18; *Hauck* AnwK Rdn. 3; *Heinrich* Rdn. 405; *Hoyer* SK Rdn. 13; *Joecks/Jäger* Rdn. 14; *Kühl* § 8 Rdn. 38; *Momsen/Savic* BeckOK Rdn. 4; *Neumann* NK Rdn. 39; *Nippert/Tinkl* JuS **2002** 964, 966; *Sch/Schröder/Perron* Rdn. 12; *Rengier* AT § 19 Rdn. 9; SSW/*Rosenau* Rdn. 8; *Zieschang* AT Rdn. 249.
194 BGHSt **18** 271, 272.
195 Etwa BGH NJW **1995** 3131 f; BGH NJW **1996** 329, 330; BGH NStZ-RR **1997** 18; BGH NStZ-RR **2010** 120 f; BGH NStZ-RR **2012** 123, 124.
196 Im Einzelnen *Zieschang* Gefährdungsdelikte S. 36 ff; *ders* GA **2006** 1, 8; ebenso *Geppert* NStZ **1985** 264, 266 f; *Küpper* ZStW **100** (1988) 758, 772.
197 *Küper/Zopfs* BT Rdn. 252.
198 *Zieschang* GA **2006** 1, 7; ebenso SSW/*Rosenau* Rdn. 8; *Rotsch* FS Neumann 1009, 1011.
199 Diesen Begriff benutzt *Kühl* AT § 8 Rdn. 38, wobei er sich insofern auf *Gallas* FS Heinitz 171, 176 bezieht, der damit bei konkreten Gefährdungsdelikt den Erfolg beim konkreten Gefährdungsdelikt umschreibt.
200 *Zieschang* GA **2006** 1, 7; *ders.* AT Rdn. 249. Siehe auch schon RGSt **61** 242, 255: Gegenwärtige Gefahr sei ein Zustand, der erfahrungsgemäß bei natürlicher Weiterentwicklung den Eintritt einer Schädigung als sicher bevorstehend erscheinen lässt, wenn nicht dagegen eingeschritten wird.

Dabei finden sich in Rechtsprechung und Schrifttum unterschiedliche Formulierungen zum **Grad der Wahrscheinlichkeit** des Schadenseintritts. Teilweise verlangt man, dass der Schadenseintritt sicher oder höchstwahrscheinlich ist,[201] andere sprechen lediglich davon, dass er nicht (ganz) unwahrscheinlich sein darf,[202] oder davon, dass der Eintritt wahrscheinlicher sein müsse als dessen Ausbleiben,[203] oder lehnen einen bestimmten Wahrscheinlichkeitsgrad ganz ab.[204] Richtigerweise wird man einen Wahrscheinlichkeitsgrad nicht in Prozentzahlen angeben können.[205] Zudem genügt eine bloß theoretische, ganz entfernt liegende Möglichkeit des Schadenseintritts nicht.[206] Daher reicht die rein abstrakte Möglichkeit eines Atomkriegs nicht, sofern sich die Lage nicht ernsthaft aktualisiert und konkretisiert.[207] Im Ergebnis wird man im Hinblick auf den Grad der Wahrscheinlichkeit zu verlangen haben, dass der Eintritt eines Schadens **naheliegt**.[208] Nur bei einem solchen Grad kann nämlich von dem Notstandsopfer verlangt werden, dass es zugunsten des Notstandstäters Solidarität übt. Nur dann dürfen zugunsten des Notstandstäters die Freiheitsrechte des Notstandsopfers eingeschränkt werden. 59

Andererseits handelt es sich um eine **gegen den Wortlaut** des § 34 StGB verstoßende Auslegung zu Lasten des Täters, wenn man die Gefahr eines „**erheblichen" Rechtsgutsverlustes** verlangt,[209] sodass diese einschränkende Sicht abzulehnen ist.[210] Auf den Grad der Gefahr kommt es erst bei der Interessenabwägung an. Auch kann es nicht überzeugen, wenn zum Teil die Auffassung vertreten wird,[211] bei einem höherrangigen Gut (etwa dem Leben) reiche ein geringerer Wahrscheinlichkeitsgrad, dagegen müsse bei einer Gefahr für ein niederrangiges Gut (zum Beispiel das Eigentum) ein höherer Wahrscheinlichkeitsgrad gegeben sein. Geht man so vor, zieht man bei der Beurteilung der Gefahr Aspekte heran, die erst bei der Interessenabwägung eine Rolle spielen.[212] Beide Erfordernisse sind aber differenziert und gesondert zu betrachten, sodass eine Verschleifung zu unterbleiben hat. 60

Auch wenn es sich um eine von **jedermann zu tragende Gefahr** handelt, etwa die Sozialnot, **liegt eine Gefahr vor**.[213] In diesen Fällen scheidet also eine Gefahr nicht aus, jedoch scheitert dann die Rechtfertigung über § 34 StGB regelmäßig an der Nicht-anders- 61

---

201 RGSt **61** 242, 255; RGSt **66** 222, 225; BGH NJW **1951** 769; *Lenckner* S. 82.
202 Vgl. *Bergmann* JuS **1989** 109, 110; *Dimitratos* S. 187; *Jakobs* AT 13 Rdn. 12; *Roxin* AT I § 16 Rdn. 14; siehe auch RGSt **62** 55, 57.
203 BGHSt **8** 28, 31; BGHSt **11** 162, 164; BGHSt **13** 66, 69 f.
204 *Erb* MK Rdn. 69.
205 BGHSt **18** 271, 272; *Erb* MK 69; *Sch/Schröder/Perron* Rdn. 15; *Schaffstein* FS Bruns 89, 104.
206 *Matt/Renzikowski/Engländer* Rdn. 11; *Kühl* AT § 8 Rdn. 40; *Sch/Schröder/Perron* Rdn. 15.
207 Siehe dazu auch BVerfGE **66** 39, 59; BVerfG NStE § 34 Nr. 3; OLG Köln NStZ **1985** 550, 551; *Bergmann* Jura **1985** 457, 462; *Kühl* AT § 8 Rdn. 40; *Lenckner* JuS **1988** 349, 353 f; *Roxin* FS Schüler-Springorum 441, 445.
208 Siehe RGSt **10** 173, 176; RGSt **30** 178, 179; BGHSt **18** 271, 272; BGHSt **19** 371, 373; BGHSt **26** 176, 181; *Duttge* HK-GS Rdn. 7; *Fischer* Rdn. 4; *Paglotke* S. 46.
209 Dies fordert jedoch *Pawlik* S. 150, 160 ff.
210 Ablehnend auch *Duttge* HK-GS Rdn. 7; *Matt/Renzikowski/Engländer* Rdn. 10; *Erb* MK Rdn. 60; *Kühl* § 8 Rdn. 40; vgl. auch *Horstkotte* Prot. V S. 1792, 1796.
211 *Duttge* HK-GS Rdn. 7; *Erb* MK Rdn. 71; *Grebing* GA **1979** 81, 102 f mit Fn. 126; *Neumann* NK Rdn. 39; *Kühl* AT § 8 Rdn. 41; *Sch/Schröder/Perron* Rdn. 15; *Rudolphi* GS Arm. Kaufmann 371, 385; *Schaffstein* FS Bruns 89, 105.
212 Siehe auch *Bergmann* Jura **1985** 457, 462 mit Fn. 65; *Matt/Renzikowski/Engländer* Rdn. 11; *Jakobs* AT 13 Rdn. 12; *Maurach/Zipf* § 27 Rdn. 16; *Rotsch* FS Neumann 1009, 1019.
213 *Erb* MK Rdn. 74; *Kühl* AT § 8 Rdn. 40; *Meißner* S. 226 ff; *Sch/Schröder/Perron* Rdn. 8; **anders** die Vorauflage sowie OLG Celle HESt **1** 139, 140; *Hirsch* LK[11] Rdn. 38; *Maurach/Zipf* § 27 Rdn. 40; *Neumann* NK Rdn. 40.

Abwendbarkeit oder insbesondere an der Interessenabwägung. Ohnehin ist es offen, was „eine von jedermann zu tragende Gefahr" oder eine „generell zu tragende Gefahr" ist. So kann man letztlich nicht sagen, meteorologische Gegebenheiten blieben als von jedermann selbst zu tragende Gefahr außer Betracht,[214] denn im Einzelfall kann doch immer eine Gefahr bestehen, etwa dann, wenn jemandem der Erfrierungstod droht. Ebenfalls in dem häufig zitierten Beispielsfall,[215] in dem jemand zum Schutz seiner wertvollen Kleidung vor einem plötzlichen Platzregen einem anderen, der weniger wertvolle Kleidung trägt, den Schirm entreißt, liegt eine Gefahr für das Eigentum (wertvolle Kleidung) vor.[216] § 34 StGB scheitert aber in diesem Fall daran, dass nicht selten die Gefahr anders abwendbar ist oder jedenfalls kein wesentlich überwiegendes Interesse vorliegt.[217]

62 Auch die Gefahr des Verlustes von Arbeitsplätzen, allgemeine Risiken des Straßenverkehrs und Konstellationen der Vermögensnot können eine notstandsrelevante Gefahr und damit eine Notstandslage begründen.[218] Nur bedarf es stets der Prüfung, ob die Voraussetzungen des § 34 StGB im Übrigen vorliegen. So hat der BGH in einem Fall, in dem eine Konzertreise aus finanziellen Gründen zu scheitern drohte und dies mit fremdem Geld verhindert wurde, eine Rechtfertigung über den Notstand durchaus in Betracht gezogen.[219] Ebenfalls in der Konstellation, in der ein Anwalt zur Rettung seiner Kanzlei vor dem finanziellen Zusammenbruch auf Mandantengelder zugriff, hat der BGH den Notstand grundsätzlich herangezogen, also eine notstandsrelevante Gefahr bejaht, und im konkreten Fall erst die Angemessenheit verneint,[220] wobei es zutreffender gewesen wäre, den Notstand wegen der fehlenden Geeignetheit des Mittels abzulehnen.[221] Eine Gefahr aber besteht.

63 Der **Ursprung der Gefahr** spielt **keine Rolle**.[222] Es kann sich hierbei etwa um ein tierisches Verhalten handeln (ausgebrochene Wildkatze), um Naturkatastrophen (Sturm) und Unglücksfälle oder um ein menschliches Verhalten.[223] Zu beachten ist jedoch, dass bei von Sachen[224] ausgehenden Gefahren § 228 BGB eine Spezialregelung darstellt.[225] Auch ist es für das Vorliegen einer Gefahr **unerheblich**, ob der Notstandstäter die Situation **selbst verschuldet** hat.[226] Wer mit weit überhöhter Geschwindigkeit fährt, kaum

---

214 So aber *Hirsch* LK[11] Rdn. 38 sowie die Vorauflage.
215 *Bockelmann* Niederschriften **12** S. 162; *Horstkotte* Prot. V S. 1792, 1797.
216 Eine Notstandslage hingegen ablehnend *Hirsch* LK[11] Rdn. 38 sowie die Vorauflage.
217 Siehe auch *Lenckner* S. 136 mit Fn. 159. Andere Autoren wollen in diesem Fall § 34 Satz 2 StGB heranziehen und an der fehlenden Angemessenheit die Rechtfertigung scheitern lassen; *Bockelmann* AT 3. Aufl. § 15 B II 5c; *Jescheck/Weigend* § 33 III 3. Insofern wird jedoch übersehen, dass § 34 Satz 2 StGB keine eigenständige Wertungsstufe bildet (siehe im Einzelnen Rdn. 151 ff), da die maßgeblichen Gesichtspunkte sämtlich schon bei der Abwägung der Interessen Berücksichtigung finden.
218 Anders *Duttge* HK-GS Rdn. 7; *Hirsch* LK[11] Rdn. 38; *Neumann* NK Rdn. 40 sowie die Vorauflage.
219 BGHSt **12** 299, 304 ff.
220 BGH NJW **1976** 680, 681.
221 *Kienapfel* JR **1977** 27 f; *Küper* JZ **1976** 515, 517; *Sch/Schröder/Perron* Rdn. 19; bereits eine Gefahr ablehnend *Hirsch* LK[11] Rdn. 38 sowie die Vorauflage. Siehe dazu auch Rdn. 91.
222 *Matt/Renzikowski/Engländer* Rdn. 13; *Erb* MK Rdn. 75; *Günther* SK[8] Rdn. 19; *Lackner/Kühl* Rdn. 2; *Momsen/Savic* BeckOK Rdn. 5.1; *Neumann* NK Rdn. 52; *Kindhäuser* § 17 Rdn. 16; *Köhler* AT S. 288; *Sch/Schröder/Perron* Rdn. 16; *SSW/Rosenau* Rdn. 10; *Zieschang* AT Rdn. 251.
223 *Duttge* HK-GS Rdn. 9.
224 Dazu zählen auch Tiere.
225 Siehe bereits Rdn. 13 sowie *Kühl* AT § 8 Rdn. 56; *Neumann* NK Rdn. 52; *Roxin* AT I § 16 Rdn. 19; anders *Hellmann* S. 164 ff.
226 RGSt **61** 242, 255; BayObLG NJW **1978** 2046, 2047; *Matt/Renzikowski/Engländer* Rdn. 14; *Erb* JuS **2010** 108; *Fischer* Rdn. 11; *Kühl* AT § 8 Rdn. 61; *Lackner/Kühl* Rdn. 2; *Sch/Schröder/Perron* Rdn. 42; *Neumann* NK Rdn. 93 ff.

noch die Kontrolle über sein Fahrzeug besitzt und eine Klippe herunterzustürzen droht, befindet sich in einer Notstandslage, also in einer gegenwärtigen Gefahr für Leib oder Leben, auch wenn er diese Situation selbst verschuldet hat. Im Einzelfall kann der Aspekt, dass die Situation selbst verschuldet wurde, natürlich Einfluss auf die Interessenabwägung haben, auch mag das subjektive Rechtfertigungselement fehlen, an dem Vorliegen einer Gefahr ändert dies aber nichts. Beim Unterlassungsdelikt braucht für das Erhaltungsgut noch keine Gefahr vorliegen; vielmehr geht es darum, dass es in Gefahr geraten würde, wenn die gebotene Handlung vorgenommen wird,[227] so etwa, wenn der Vater selbst in Lebensgefahr geraten würde, falls er seinen Sohn vor dem Ertrinken rettet (Rdn. 148). Ausreichend ist, wenn die **Intensivierung** eines bereits eingetretenen Schadens oder bei einer bereits vorhandenen Einwirkung deren Fortdauer droht.[228]

Unterschiedlich wird beurteilt, welcher **Maßstab** an das Gefahrenurteil anzulegen ist. Bei dem Gefahrenurteil geht es um eine **Prognoseentscheidung** über die naheliegende Wahrscheinlichkeit des Schadenseintritts. Abzustellen ist hierbei auf den Zeitpunkt der Notstandshandlung. Es ist aus der **nachträglichen Sicht ex ante**[229] die Frage zu beantworten, ob im Zeitpunkt der Notstandshandlung objektiv die Wahrscheinlichkeit eines Schadenseintritts für ein Rechtsgut bestand. Es geht also um ein nachträgliches objektives ex ante-Urteil.[230] Ob der Schaden dann aus der reinen ex post-Betrachtung tatsächlich eingetreten oder ausgeblieben ist, spielt dagegen keine Rolle.[231] 64

Da es sich bei der Gefahr im Sinne des § 34 StGB um einen Erfolgssachverhalt handelt, der mit einem „**Maximum an Wahrheitsgarantie**"[232] zu versehen ist, bilden alle in der betreffenden räumlich-zeitlichen Situation **objektiv feststehenden Umstände** die Grundlage (Tatsachenbasis) für das Wahrscheinlichkeitsurteil, selbst wenn diese zu diesem Zeitpunkt noch nicht feststellbar, erkennbar oder bekannt waren.[233] Um eine möglichst starke **Objektivierung** zu erreichen, ist es als nicht ausreichend zu erachten, lediglich auf die in der Situation feststellbaren Umstände abzustellen.[234] Umso weniger überzeugt es, lediglich auf das Urteil eines verständigen Beobachters aus dem Verkehrskreis des Handelnden zu rekurrieren.[235] Das würde nämlich zu wenig beachten, dass nicht die Gefährlichkeit einer Handlung zu beurteilen ist, sondern ein Erfolgssachverhalt, der möglichst weitgehend zu objektivieren ist. Auch die Frage nach dem Vorliegen eines Angriffs im Sinne der Notwehr wird nach zutreffender überwiegender Ansicht nicht aus der Sicht eines Dritten in der Situation des Angegriffenen beurteilt. Das muss bei § 34 StGB umso mehr gelten, zumal oftmals ein Unbeteiligter in Mitleidenschaft gezogen wird. Nur 65

---

[227] Matt/Renzikowski/Engländer Rdn. 54.
[228] Heinrich Rdn. 407; Kühl AT § 8 Rdn. 42.
[229] BGHSt **48** 255, 259; Kühl AT § 8 Rdn. 43.
[230] BayObLG NJW **2000** 888; Jakobs AT 13 Rdn. 13; Kretschmer Jura **2005** 662, 663; Kühl AT § 8 Rdn. 45; Pawlik S. 173; Roxin AT I § 16 Rdn. 16.
[231] Erb MK Rdn. 63; Neumann NK Rdn. 46f.
[232] So Gallas FS Heinitz 171, 178, für die konkrete Gefahr beim konkreten Gefährdungsdelikt. Auch bei dieser konkreten Gefahr handelt es sich um einen Erfolgssachverhalt.
[233] Siehe im Einzelnen Zieschang Gefährdungsdelikte S. 90ff; vgl. auch Berster JuS **2018** 350, 351; Erb MK Rdn. 64ff; Günther SK[8] Rdn. 21f; Helmers S. 304f; Neumann NK Rdn. 39f; Sch/Schröder/Perron Rdn. 13.
[234] So aber Hirsch LK[11] Rdn. 27; ders. FS Arth. Kaufmann 545, 551ff; Kretschmer Jura **2005** 662, 664f.
[235] Siehe etwa Dornseifer JuS **1982** 761, 763f; Maurach/Zipf § 27 Rdn. 15; Schaffstein FS Bruns 89, 101ff; sogar allein auf die Tätervorstellung abstellend Zielinski S. 245f; zusammenfassend Seier JuS **1986** 217, 218ff.

durch eine weitgehende Objektivierung wird damit der Gleichlauf mit der Notwehr hergestellt.[236]

66 Feststehender Umstand ist dabei etwa auch ein **Sonderwissen des Täters** über eine in Gefahr geratene Person. Ist der Täter unsicher, ob eine Gefahr vorliegt, weiß also z.B. der Täter nicht, ob der Gekenterte schwimmen kann, gilt Folgendes: Die Frage, ob der Betreffende schwimmen kann oder nicht, ist ein zu diesem Zeitpunkt feststehender Umstand; kann er es, liegt keine Gefahr vor, ist er Nichtschwimmer, ist eine Gefahr gegeben. Beschädigt folglich der Täter eine Bootshaustür, um den Gekenterten zu retten, kann er über § 904 BGB gerechtfertigt sein, falls der Gekenterte Nichtschwimmer ist.[237] Wenn er aber Schwimmer ist, ist sein Verhalten mangels Gefahr rechtswidrig, jedoch kommt ein Erlaubnistatbestandsirrtum in Betracht.[238]

67 Bei einem **vorgetäuschten Hilferuf** besteht **keine Gefahr** im Sinne des § 34 StGB, handelt es sich doch bei der Täuschung um eine schon in diesem Zeitpunkt feststehende Tatsache, welche die Gefahr ausschließt.[239] Ebenso fehlt es an einer Lebensgefahr, wenn ein Laie oder selbst ein Arzt meint, jemand sei lebensgefährlich verletzt, obwohl die Verletzungen tatsächlich harmlos sind, was im Zeitpunkt der Entscheidung schon feststeht, aber nicht erkennbar oder feststellbar war. Zugunsten des Handelnden kommt dann aber ein Erlaubnistatbestandsirrtum in Betracht. Nur eine derartige weitgehende Objektivierung legitimiert im Übrigen einen Eingriff in die Sphäre des Notstandsopfers und dessen Duldungspflicht.[240]

68 Ausgehend von den im Zeitpunkt der Notstandshandlung feststehenden Umständen als **Prognosebasis** (Tatsachengrundlage, Basissachverhalt) ist dann weiter zu erörtern, welche **Anforderungen an die Person** zu stellen sind, die die Prognose erstellt.[241] Auch in Bezug auf die Maßstabperson wird ein breites Spektrum von Lösungsmöglichkeiten angeboten. So findet sich wiederum die Auffassung,[242] es gehe um einen verständigen Dritten aus dem Verkehrskreis des Handelnden.[243] Andere stellen auf den sachkundigen Beobachter ab.[244] Zum Teil zieht man auch das gesamte menschliche Erfahrungswissen

---

236 Vgl. auch Begründung zum E 1962, BTDrucks. IV/650 S. 159: Die gesetzlich beschriebene Gefahrenlage müsse tatsächlich bestehen; es genüge nicht, dass der Täter zur Abwehr einer vermeintlichen Gefahr tätig wird.
237 Beim subjektiven Rechtfertigungselement ist danach zu fragen, ob es vorliegt, wenn der Täter eine rechtfertigende Situation nur für möglich hält; siehe dazu Rdn. 86.
238 Insofern stellt sich dann das Problem, ob ein Erlaubnistatbestandsirrtum gegeben sein kann, wenn der Handelnde das Vorliegen einer rechtfertigenden Situation nur für möglich hält und nicht auf das Vorliegen eines Rechtfertigungsgrundes vertraut; ablehnend *Kühl* AT § 13 Rdn. 68; siehe dazu auch *Nestler* Jura **2018** 135, 140 ff; *Roxin* AT I § 14 Rdn. 90 f; *Vogel* LK[12] § 16 Rdn. 120 f m.w.N.
239 Ebenfalls eine Gefahr ablehnend *Kühl* AT § 8 Rdn. 46; *Neumann* NK Rdn. 45, 50; *Sch/Schröder/Perron* Rdn. 13; **anders** *Jakobs* AT 13 Rdn. 14.
240 Vgl. *Kühl* AT § 8 Rdn. 51.
241 Für eine Differenzierung von Tatsachenbasis und Prognose auch etwa *Matt/Renzikowski/Engländer* Rdn. 12; *Erb* MK Rdn. 65; *Günther* SK[8] Rdn. 21; *Neumann* NK Rdn. 47 ff; *Sch/Schröder/Perron* Rdn. 13.
242 *Schaffstein* FS Bruns 89, 101 ff; siehe auch *Dornseifer* JuS **1982** 761, 763 f; *Duttge* HK-GS Rdn. 8; *Freund* AT § 3 Rdn. 55; *Günther* SK[8] Rdn. 21; *Maurach/Zipf* § 27 Rdn. 15; *Momsen/Savic* BeckOK Rdn. 4; *Rudolphi* GS Arm. Kaufmann 371, 388.
243 *Schaffstein* FS Bruns 89, 95 ff meint, die Unterscheidung zwischen Basissachverhalt und Prognose sei nicht möglich; dagegen *Erb* MK Rdn. 65; *Günther* SK[8] Rdn. 21; *Zieschang* Gefährdungsdelikte S. 97 mit Fn. 158.; kritisch zur Unterscheidung von Tatsachengrundlage und Prognose u.a. auch *Dimitratos* S. 147 ff; *Hirsch* FS Arth. Kaufmann 545, 551; *Jakobs* AT 13 Rdn. 13; SSW/*Rosenau* Rdn. 9; *Roxin* AT I § 16 Rdn. 18; vgl. ferner *Kühl* AT § 8 Rdn. 52.
244 Siehe BayObLG JR **1996** 476, 477; *Hilgendorf/Valerius* AT § 5 Rdn. 74 (sachverständiger Beobachter); *Jakobs* AT 13 Rdn. 13 (verständiger Beobachter sei der zuständige Fachmann); Lackner/*Kühl* Rdn. 2; *Kretschmer* Jura **2005** 662, 664; *Paglotke* S. 53; *Rengier* AT § 19 Rdn. 9 (sachverständiger Beurteiler) *Wessels/Beulke/Satzger* Rdn. 452; *Zieschang* Gefährdungsdelikte S. 98 f (sachverständiger Beobachter); vgl.

im Zeitpunkt der Handlung heran.[245] Aus hiesiger Sicht ist zunächst wiederum zu betonen, dass auch im Hinblick auf die Maßstabperson eine **möglichst starke Objektivierung** zu erfolgen hat. Stellt man allein auf einen verständigen Beobachter aus dem Verkehrskreis des Handelnden ab, findet ohne sachlichen Grund eine gewisse Subjektivierung statt, obwohl der Erfolgssachverhalt der Gefahr möglichst objektiv zu beurteilen ist. Es geht eben nicht bloß um die Gefährlichkeit einer Handlung. Hinzu kommt, dass eine solche Sicht zu Lasten des Opfers der Notstandstat geht, obwohl sehr oft ein Unbeteiligter in Anspruch genommen wird, dessen Freiheitsrechte eingeschränkt werden. Solidarität sollte aber nur dann ausgeübt werden müssen, wenn aus objektiver Sicht die Wahrscheinlichkeit eines Schadens droht und nicht nur aus der Sicht eines sich in der Situation des Täters befindenden Dritten. Angesichts dieser Überlegungen erscheint es sinnvoll, auf den bestmöglichen Beurteiler abzustellen, der sich auf das gesamte menschliche Erfahrungswissen stützt. Insofern ist jedoch zu bedenken, dass ein derartiges Maximalwissen nur theoretisch denkbar ist.[246] Der Richter kann sich zur Beurteilung nicht des gesamten menschlichen Erfahrungswissens bedienen, sondern nur sachverständiger Hilfe.[247] Das bedeutet dann aber im Ergebnis nichts anderes, als dass auf einen **sachverständigen Beobachter** zu rekurrieren ist. Er hat ausgehend von den in der Situation vorliegenden feststehenden Umständen das Wahrscheinlichkeitsurteil zu fällen.

c) Die Gegenwärtigkeit. Ebenso wie § 32 Abs. 2 StGB von einem gegenwärtigen Angriff spricht, verlangt § 34 StGB eine **gegenwärtige Gefahr**. Trotz des identischen Begriffs unterscheidet sich die Gegenwärtigkeit bei der Notwehr von der beim Notstand. Während der Angriff bei der Notwehr dann gegenwärtig ist, wenn er unmittelbar bevorsteht, gerade stattfindet oder noch andauert,[248] also eine „zugespitzte, akute" Situation vorliegen muss,[249] ist das beim Notstand nicht erforderlich. Hier genügt, dass die Situation alsbald in einen Schaden umschlagen kann,[250] auch „längerfristig angelegte Risikosachverhalte" unterfallen § 34 StGB.[251] Die Gegenwärtigkeit beim Notstand ist also weiter als diejenige bei der Notwehr. Das erscheint auch sachgerecht, bestehen doch insbesondere mit den Erfordernissen der „Nicht-anders-Abwendbarkeit" sowie des wesentlich überwiegenden Interesses Korrektive, um eine zu starke Ausdehnung des § 34 StGB zu vermeiden. 69

In sehr vielen Fällen geht es natürlich um **akute Gefahrensituation** („Augenblicksgefahren"),[252] bei denen im unmittelbar folgenden Ablauf der Schadenseintritt bevorsteht, etwa dann, wenn jemand zu ertrinken oder zu verbluten droht. Zwingend ist dies aber nicht: Im Gegensatz zur Notwehr reicht nämlich auch eine **Dauergefahr** beim Notstand aus.[253] Hier geht es **einmal** um den Fall, dass mit dem Schadenseintritt nicht un- 70

---

auch *Roxin* AT I § 16 Rdn. 18: der sachkundige Beobachter, soweit Fachkunde erforderlich sei, ansonsten der verständige Beobachter.
245   *Matt/Renzikowski/Engländer* Rdn. 12; *Erb* MK Rdn. 68; *Sch/Schröder/Perron* Rdn. 14.
246   *Hirsch* FS Arth. Kaufmann 545, 553; *ders.* LK[11] Rdn. 30; *Schaffstein* FS Bruns 89, 98, 101; *Zieschang* Gefährdungsdelikte S. 98.
247   *Hirsch* FS Arth. Kaufmann 545, 554.
248   *Kindhäuser* NK § 32 Rdn. 51; *Zieschang* AT Rdn. 205.
249   *Kühl* AT § 8 Rdn. 62.
250   Siehe BGHSt **5** 371, 373; BGH NJW **1979** 2053, 2054; BGH NJW **1989** 176; BGHSt **61** 202, 203; *Freund* AT § 3 Rdn. 52; *Kühl* AT § 8 Rdn. 62; *Otto* Jura **1999** 552; *Sch/Schröder/Perron* Rdn. 17; *Satzger* JuS **1997** 800, 803; *Zieschang* JA **2007** 679, 682.
251   *Erb* MK Rdn. 78.
252   *Erb* MK Rdn. 80; *Hirsch* LK[11] Rdn. 36; *Krey* Jura **1979** 316, 318; *Kühl* AT § 8 Rdn. 63; *Momsen/Savic* BeckOK Rdn. 6; *Neumann* NK Rdn. 56; *Sch/Schröder/Perron* Rdn. 17.
253   Siehe *Hoyer* SK Rdn. 22; *Küper* FS Rudolphi 151; *Momsen/Savic* BeckOK Rdn. 6; *Otto* Jura **1999** 552f.

bedingt sofort zu rechnen ist, der Eintritt des Schadens möglicherweise noch eine Zeit lang auf sich warten lässt, der **Schaden aber jederzeit eintreten** kann.[254] Klassisches Beispiel ist das baufällige Haus, das jederzeit einstürzen kann.[255] In diesem Fall muss der Einsturz nicht sofort erfolgen, kann sich aber jederzeit ereignen. Die Gefahr besteht dann permanent.[256] Ein weiteres Beispiel ist der unberechenbare Geisteskranke, der jederzeit gefährlich werden kann und vorübergehend von Familienangehörigen eingeschlossen wird.[257]

71 Eine **Dauergefahr liegt aber auch dann** vor, wenn der Schadenseintritt erst nach einem gewissen Zeitablauf zu erwarten ist, aber **sofortiges Handeln angezeigt** ist, um den drohenden Schaden **wirksam abwenden zu können**. Der BGH hat im „Haustyrannen"-Fall formuliert, eine Gefahr sei dann **gegenwärtig**, wenn sich die Wahrscheinlichkeit des Schadenseintritts nach einem objektiven Urteil aus der ex ante-Sicht so verdichtet hat, dass die zum Schutz des bedrohten Rechtsguts notwendigen Maßnahmen sofort eingeleitet werden müssen, um den Eintritt des Schadens sicher zu verhindern.[258] Der Haustyrannen-Fall betrifft zwar § 35 StGB, da jedoch die gegenwärtige Gefahr in beiden Vorschriften identisch zu verstehen ist, beansprucht dies auch Gültigkeit für § 34 StGB.[259] Auch im „Spanner"-Fall geht es um eine Konstellation der Dauergefahr, wonach sofortiges Einschreiten notwendig ist, um der Gefahr wirksam zu begegnen. Dort hatte ein Ehemann auf einen flüchtenden Eindringling, der wiederholt nachts die Wohnung betreten und das Ehepaar belästigt hatte, mit einer Waffe geschossen, um ihn dingfest zu machen.[260] Da mit einem weiteren Besuch in der folgenden Nacht nicht zu rechnen war, wohl aber mit solchen in der weiteren Zukunft, liegt nicht die Konstellation vor, dass mit einem Schaden jederzeit zu rechnen war,[261] jedoch eine solche, dass ein sofortiges Einschreiten zur wirksamen Gefahrenabwehr notwendig war.[262]

72 Hat der Gastwirt eines einsam gelegenen Wirtshauses mitbekommen, dass Gäste ihn später überfallen wollen, und schüttet er nun Schlafmittel in das Getränk der Gäste,[263] dann ist er mangels gegenwärtigen Angriffs nicht gemäß § 32 StGB gerechtfertigt, ihm kommt aber § 34 StGB unter den Gesichtspunkt der Dauergefahr zugute.[264] Hier lässt der Schadenseintritt noch auf sich warten, jedoch ist sofortiges Handeln angezeigt und notwendig, um ihm wirksam begegnen zu können. Natürlich ist stets ein besonderes Au-

---

254 Siehe BGHSt **5** 371, 373; BGH NJW **1979** 2053, 2054; BGH NStZ **1988** 554; BGH NJW **1989** 176; BGH NJW **1989** 1289; BGH NJW **1997** 265, 266; BGHSt **48** 255, 259; *Duttge* HK-GS Rdn. 10; *Matt/Renzikowski/Engländer* Rdn. 15; *Fischer* Rdn. 7; *Heinrich* Rdn. 412f; *Jäger* AT Rdn. 153; *Kühl* AT § 8 Rdn. 64; *Pawlik* S. 178; *Sch/Schröder/Perron* Rdn. 17; *Rengier* AT § 19 Rdn. 12.
255 RGSt **59** 69, 70; BGH LM § 904 BGB Nr. 3; OLG Karlsruhe Die Justiz **1983** 346 f; *Duttge* HK-GS Rdn. 10; *Matt/Renzikowski/Engländer* Rdn. 15; *Erb* JuS **2010** 108, 109; *Heinrich* Rdn. 413; *Neumann* NK Rdn. 56; SSW/*Rosenau* Rdn. 12; *Zieschang* JA **2007** 679, 682.
256 *Erb* MK Rdn. 81; *Geppert* JK **1997** StGB § 255/8; *Kühl* AT § 8 Rdn. 64 f; vgl. auch *Ludwig* S. 122 f.
257 BGHSt **13** 197, 201; *Neumann* NK Rdn. 56; SSW/*Rosenau* Rdn. 12.
258 BGHSt **48** 255, 259; ebenso BGH NStZ-RR **2006** 200, 201; siehe zu BGHSt **48** 255 u.a. auch *Beckemper* JA **2004** 99; *Bürger* JA **2004** 298; *Haverkamp* GA **2006** 586; *Hillenkamp* JZ **2004** 48; *Kargl* Jura **2004** 189; *Neumann* NK Rdn. 57; *Otto* NStZ **2004** 142; *Rengier* NStZ **2004** 233; SSW/*Rosenau* Rdn. 12; *Welke* ZRP **2004** 15; *Widmaier* NJW **2003** 2788.
259 Vgl. *Hirsch* JR **1980** 115, 116.
260 BGH NJW **1979** 2053, wobei der BGH zu Unrecht § 35 StGB heranzieht, obwohl § 34 StGB vorliegt; *Hirsch* JR **1980** 115, 117; *Hruschka* NJW **1980** 21, 22; *Neumann* NK Rdn. 89; *Sch/Schröder/Perron* Rdn. 31; *Roxin* AT I § 16 Rdn. 21, 86.
261 So jedoch zu Unrecht BGH NJW **1979** 2053, 2054; *Erb* MK Rdn. 82 hingegen zieht in Erwägung, die psychische Belastung des Opfers als ständig wirkende Dauergefahr anzusehen.
262 Wie hier etwa *Kühl* AT § 8 Rdn. 69; *Sch/Schröder/Perron* Rdn. 17.
263 Beispiel bei *Erb* JuS **2010** 108, 109; *Kühl* AT § 8 Rdn. 67, 137; *Lenckner* S. 102; *Roxin* AT I § 16 Rdn. 84.
264 *Erb* JuS **2010** 108, 109; *Kühl* AT § 8 Rdn. 67; *Otto* AT § 8 Rdn. 170.

genmerk insbesondere darauf zu legen, ob der drohende Schaden nicht möglicherweise anders abwendbar ist.

Der Anwendungsbereich der Dauergefahr lässt sich über den Fall, in dem sofortiges Handeln erforderlich ist, um der Gefahr überhaupt wirksam begegnen zu können, noch um die Konstellation **erweitern**, dass bei nicht erfolgendem sofortigen Einschreiten das **Ausmaß der Abwehrhandlung sich unverhältnismäßig gesteigert** haben würde; parallel dazu wird der Fall erfasst, dass sofortiges Einschreiten notwendig ist, weil sich der **Umfang der Gefahr ständig vergrößert**.[265] Man erkennt, dass insgesamt für die Frage nach der Gegenwärtigkeit der Gefahr maßgeblich ist, ob die Notwendigkeit besteht, **unverzüglich Gegenmaßnahmen** zu ergreifen.[266] Der drohende Schadenseintritt gebietet es, sofort Abwehrmaßnahmen einzuleiten.[267] 73

d) Notstandshilfe. Indem § 34 StGB davon spricht, dass der Täter handelt, um die Gefahr von sich oder einem anderen abzuwenden, wird zum Ausdruck gebracht, dass § 34 StGB ebenfalls den Fall der **Notstandshilfe** abdeckt. Der Täter muss also nicht Träger des in Gefahr geratenen Rechtsguts sein.[268] Hier geht es etwa um Fälle, in denen ein Helfer trotz Fahruntüchtigkeit aufgrund Alkoholkonsums (§ 316 StGB) einen Schwerverletzten zu einem Arzt fährt.[269] Anders als bei § 35 StGB ist der Kreis der Dritten nicht eingeschränkt. Der Täter muss also zu demjenigen, den er von der Gefahr befreit, nicht etwa in einer besonderen Beziehung stehen, vielmehr kann es ein **beliebiger Dritter** sein. Der Handelnde braucht zur Gefahrenbeseitigung auch rechtlich nicht verpflichtet zu sein.[270] 74

Im Grundsatz unterscheiden sich die Voraussetzungen der Notstandshilfe nicht von denjenigen des klassischen Notstands. So muss eine gegenwärtige Gefahr für ein Rechtsgut vorliegen, also eine Notstandslage, nur eben nicht in Bezug auf den Helfer, sondern für einen Dritten. Problematisch ist aber wie auch parallel bei der Notwehr, was zu gelten hat, wenn der **Dritte** etwa bestimmte **Gefahrtragungspflichten** hat oder ein pflichtwidriges Vorverhalten gegeben ist, was sich bei der Interessenabwägung zu seinen Lasten auswirkt. Da derjenige, welcher Notstandshilfe leistet, zugunsten des Dritten handelt, wird man derartige Einschränkungen auch bei seiner Gefahrenabwehr gelten lassen müssen. Der Dritte kann seine Befugnisse nicht dadurch erweitern, dass an seiner Stelle ein anderer die Gefahr abwendet. In der Konsequenz bedeutet dies auch, dass Notstandshilfe nicht möglich ist, sofern der Dritte die Notstandslage erkennt, jedoch gar keine Gefahrabwendung bezweckt, sondern andere Ziele verfolgt. Andererseits ist Notstandshilfe möglich, wenn der Dritte gar nicht erkennt, dass er sich in Gefahr befindet oder welches Ausmaß an Gefahr ihm droht, der Notstandshelfer aber die Situation richtig erfasst. Stets muss der Notstandshelfer selbst Gefahrabwendungsabsicht aufweisen. Hat der **Notstandshelfer** die Gefahr pflichtwidrig verursacht oder treffen ihn bestimmte Gefahrtragungspflichten, wird dadurch die Interessenabwägung in Bezug auf den in Gefahr Geratenen **nicht zu dessen Lasten** reduziert, denn es geht bei der Abwägung dann nicht um die Interessen des Handelnden, sondern um die der in Gefahr geratenen 75

---

265 Siehe dazu BGH LM § 904 BGB Nr. 3 sowie *Hirsch* LK[11] Rdn. 37.
266 *Duttge* HK-GS Rdn. 10; *Erb* MK Rdn. 83; *ders.* GA **2018** 399, 402; *Heinrich* Rdn. 412; *Joecks/Jäger* Rdn. 18; *Momsen/Savic* BeckOK Rdn. 6; *Neumann* NK Rdn. 56; *Sch/Schröder/Perron* Rdn. 17; *Rengier* AT § 19 Rdn. 16; *Zieschang* AT Rdn. 250.
267 *Hauck* AnwK Rdn. 4; *Zieschang* JA **2007** 679, 682.
268 *Kühl* AT § 8 Rdn. 33, mit dem Hinweis, dass die Notstandshilfe in der Praxis einen Großteil aller Notstandsfälle ausmacht.
269 Siehe das Beispiel bei *Zieschang* AT Rdn. 243; weitere Beispiele bei *Kühl* AT § 8 Rdn. 33.
270 OLG Düsseldorf NJW **1970** 674.

Person und um diejenigen des beeinträchtigten Guts.[271] In Bezug auf das pflichtwidrige Vorverhalten des Notstandshelfers ist dies nur anders zu beurteilen, wenn die in Gefahr geratene Person den Notstandshelfer zuvor konkret zu diesem Vorverhalten angewiesen hatte.[272] Das wirkt sich dann auf die Interessenabwägung aus.

76 Fraglich ist weiterhin, was zu gelten hat, falls der sich in Gefahr Befindliche **Hilfe verweigert**. Insofern geht es um das auch bei der Notwehr bekannte Problem der **aufgedrängten Notstandshilfe**. Hier von vornherein eine Rechtfertigung des Helfers insgesamt zu verneinen,[273] wäre zu pauschal, man denke nur an den Fall, dass der Dritte allein deswegen Hilfe verweigert, weil er verhindern will, dass möglicherweise der Notstandshelfer verletzt wird. Letzteren dann zu bestrafen, falls er dennoch die Gefahr abwendet, erscheint widersinnig. Auf der anderen Seite überzeugt es ebenso wenig, den Willen des Dritten stets für unbeachtlich zu halten. Dies widerspricht nämlich bereits dem Erfordernis, dass bei der Interessenabwägung sämtliche Umstände des Einzelfalls in die Betrachtung einzubeziehen sind. Auch kann bei einer Verweigerung bereits die Gefahr anders abwendbar sein. Darüber hinaus ist es denkbar, dass der in Gefahr Geratene auf Hilfe verzichtet, weil er die Schonung der Gefahrenquelle wünscht und bereit ist, die Gefahr zu erdulden. So mag der von einem Hund bedrohte Tierfreund lieber die Attacke des Tieres erdulden, als dass es von einem Notstandshelfer getötet wird. Von daher erscheint es sachgerecht, den **entgegenstehenden Willen** des sich in Gefahr Befindlichen (nur) **dann für beachtlich** zu halten, wenn in ihm bei vorhandener Dispositionsbefugnis die freiverantwortliche Entscheidung zur Duldung der Gefahr zum Ausdruck kommt.[274]

3. Begehung einer Tat, um die Gefahr von sich oder einem anderen abzuwenden

77 **a) Die Tatbegehung.** § 34 StGB spricht lediglich von der Begehung einer Tat, ohne dies weiter zu präzisieren oder auf bestimmte Bereiche einzuschränken. Gemeint ist, dass der Täter den **Tatbestand einer Strafvorschrift** des StGB oder des Nebenstrafrechts[275] verwirklicht. Erfasst werden sowohl **Vorsatz- als auch Fahrlässigkeitsdelikte**. Nicht nur bei **Begehungsdelikten** ist der rechtfertigende Notstand heranziehbar, sondern auch bei echten oder unechten **Unterlassungsdelikten**.[276] Der Anwendungsbereich des § 34 StGB ist nicht beschränkt, sodass dieser Rechtfertigungsgrund theoretisch bei jedem Delikt eingreifen kann. Das gilt jedoch natürlich nicht, wenn Spezialregelungen existieren, welche vorgehen, wie etwa § 193 StGB für die Beleidigungsdelikte nach §§ 185, 186 StGB (Rdn. 11).

78 Entsprechend seiner Anwendungsweite ist das **Spektrum der Straftatbestände**, bei denen § 34 StGB bereits eine Rolle gespielt hat, **breit gefächert**. Beispielhaft sind insbesondere aus den letzten Jahrzehnten folgende Strafbestimmungen zu erwähnen:[277] Öf-

---

271 Wie hier im Ergebnis auch *Matt/Renzikowski/Engländer* Rdn. 38; *Erb* MK Rdn. 140; *Neumann* NK Rdn. 97; *Pawlik* S. 295 ff.
272 Das gilt auch, wenn ihm vom in Gefahr Geratenen entsprechende Aufgaben übertragen waren.
273 So aber *Duttge* HK-GS Rdn. 13; *Joecks/Jäger* Rdn. 38.
274 Ebenso zur Notwehr *Seuring* S. 247; *Zieschang* AT Rdn. 236; vgl. ferner *M. Koch* S. 5 ff; *Seeberg* S. 131 f.
275 Siehe Art. 1 EGStGB, wonach die Regelungen des Allgemeinen Teils des StGB auch für Strafvorschriften des Nebenstrafrechts gelten.
276 *Matt/Renzikowski/Engländer* Rdn. 53.
277 Siehe auch die Auflistung bei *Hirsch* LK[11] Rdn. 42; *Sch/Schröder/Perron* Rdn. 53 ff.

fentliche Aufforderung zu Straftaten gemäß § 111 StGB,[278] Hausfriedensbruch gemäß § 123 StGB,[279] Bildung krimineller Vereinigungen gemäß § 129 StGB,[280] Unerlaubtes Entfernen vom Unfallort gemäß § 142 StGB,[281] Störung der Totenruhe gemäß § 168 StGB,[282] Verletzung der Vertraulichkeit des Wortes gemäß § 201 StGB,[283] Verletzung von Privatgeheimnissen gemäß § 203 StGB,[284] Verletzung des Post- und Fernmeldegeheimnisses gemäß § 206 StGB,[285] Totschlag gemäß § 212 StGB,[286] fahrlässige Tötung gemäß § 222 StGB,[287] Körperverletzung gemäß §§ 223 ff StGB,[288] Freiheitsberaubung gemäß § 239 StGB,[289] Nötigung gemäß § 240 StGB,[290] Unterschlagung gemäß § 246 StGB,[291] Hehlerei gemäß § 259 StGB,[292] Untreue gemäß § 266 StGB,[293] Urkundenfälschung gemäß § 267 StGB,[294] Sachbeschädigung gemäß § 303 StGB,[295] Herbeiführen einer Überschwemmung gemäß § 313 StGB,[296] Gefährdung des Straßenverkehrs gemäß § 315c StGB,[297] Trunkenheit im Verkehr gemäß § 316 StGB[298] sowie Gewässerverunreinigung gemäß § 324 StGB.[299]

Im Nebenstrafrecht spielt § 34 StGB vor allem eine Rolle bei Verstößen gegen das Aufenthaltsgesetz[300] und im Bereich der Betäubungsmittelkriminalität.[301] In der unmittelbaren Nachkriegszeit war der rechtfertigende Notstand relevant bei Verstößen gegen Wirtschaftsstrafbestimmungen.[302] **79**

b) Das subjektive Rechtfertigungselement. Wie bei jedem Rechtfertigungsgrund bedarf es auch bei § 34 StGB eines **subjektiven Rechtfertigungselements**. Es wird beim **80**

---

278 LG Dortmund NStZ-RR **1998** 139, 140.
279 OLG Düsseldorf NJW **1982** 2678, 2680; OLG Köln NJW **1982** 2740, 2741; OLG München NJW **1972** 2275 f; OLG Naumburg NJW **2018** 2064; LG Magdeburg BeckRS **2017** 130506.
280 BGH NJW **1966** 310, 312 f.
281 BGH VRS **36** 23, 24 f.
282 OLG Frankfurt JZ **1975** 379, 380; LG Bonn JZ **1971** 56, 59.
283 BGHSt **31** 296, 301; BGHSt **31** 304, 307; BGH NStZ **1982** 254, 255; OLG Frankfurt NJW **1979** 1172; OLG Köln NJW **1987** 262, 263.
284 BGHSt **1** 366, 368; BGH NJW **1968** 2288, 2290; BGH NStZ **1983** 313, 314; BayObLG JR **1996** 476, 477.
285 OLG Karlsruhe MMR **2005** 178, 180 f.
286 BGHSt **42** 301, 305; BGHSt **46** 279, 285; BGHSt **48** 255, 257; OLG Hamm JZ **1976** 610, 612; OLG München NJW **1987** 2940, 2944.
287 BGH NStZ **1989** 431, 432; OLG Karlsruhe VRS **46** 275, 276.
288 BGH bei Dallinger MDR **1975** 723; BGH NJW **1979** 2053 f; OLG Frankfurt NStZ-RR **1996** 136; OLG Hamm StV **2002** 128 f.
289 OLG Köln NStZ **1985** 550, 551.
290 BGH NJW **1951** 769 ff; OLG Koblenz NJW **1963** 1991.
291 BGHSt **12** 299, 304.
292 BGH NJW **1979** 2621 f.
293 BGHSt **12** 299, 304; BGH NJW **1976** 680, 681.
294 OLG Frankfurt StV **1997** 78.
295 OLG Naumburg NStZ **2013** 718 ff. Hier wäre es aber zutreffend gewesen, auf § 228 BGB abzustellen. Siehe zu dieser Entscheidung auch *Jahn* JuS **2013** 1139.
296 AG Zerbst NJ **2004** 181, 182.
297 BayObLG JR **1960** 70, 71.
298 OLG Celle VRS **63** 449, 450 ff; OLG Hamm VRS **20** 232, 233; OLG Hamm VRS **36** 27; OLG Koblenz MDR **1972** 885; OLG Koblenz NJW **1988** 2316, 2317; LG Zweibrücken DAR **1996** 325.
299 LG Bremen NStZ **1982** 164, 165; GenStA Celle NJW **1988** 2394 f.
300 BayObLG NStZ **1996** 395, 396; OLG Frankfurt GA **1987** 549, 552; OLG Frankfurt NStZ-RR **2001** 57, 59; siehe ferner OLG Bamberg NStZ **2015** 404, 405 mit kritischer Anmerkung *El-Ghazi/Fischer-Lescano* StV **2015** 386.
301 Etwa BGH NStZ **1988** 558, 559; BGHSt **46** 279, 285 f; OLG Karlsruhe NJW **2004** 3645, 3646 f; OLG Köln StraFo **1999** 314 f.
302 Siehe etwa nur BGH GA **1956** 382 f; vgl. während des Krieges RGSt **77** 113, 115; weitere Nachweise bei *Hirsch* LK[11] Rdn. 44.

rechtfertigenden Notstand sogar mit der Formulierung „um die Gefahr von sich oder einem anderen abzuwenden" ausdrücklich erwähnt.[303] Diese Formulierung spricht bereits dafür, inhaltlich **Rettungsabsicht** zu verlangen. Der Täter muss mit anderen Worten mit seiner Notstandshandlung die Gefahrabwendung „**erstreben**", er „**bezweckt**" die Gefahrabwendung.[304] Demgegenüber wird zum Teil die Ansicht vertreten, der Täter müsse **bloß Kenntnis** der nach § 34 StGB rechtfertigenden Umstände (Notstandslage, Nicht-anders-Abwendbarkeit, Wahrnehmung des überwiegenden Interesses) haben.[305] Zusätzliche Anforderungen werden abgelehnt, da dies zu einem Gesinnungsstrafrecht führen würde.[306] Diese Sicht missachtet jedoch den Wortlaut der Vorschrift. Wenn dort eine „um zu"-Formulierung gewählt wird, spricht das dagegen, bloße Kenntnis genügen zu lassen. Zudem berücksichtigt diese Auffassung nicht hinreichend, dass nach dem Wortlaut der Vorschrift alleine die Gefahrenabwehr bezweckt sein und der Täter nicht auch Kenntnis von der Nicht-anders-Abwendbarkeit oder vom Interessenübergewicht haben muss.

81   Die hier vertretene Ansicht steht in Einklang mit den Gesetzesmaterialien.[307] In der Begründung zum E 1962 wird dargelegt, das Interessenübergewicht müsse lediglich objektiv gegeben sein, es bedürfe nicht des Nachweises, dass der Notstandstäter selbst die Interessenlage abgewogen hat; subjektiv sei lediglich erforderlich, dass die Tat von einem Rettungswillen getragen ist.[308] Zudem wurde in den Gesetzesberatungen ausgeführt, dem von der Rettungshandlung Betroffenen könne die Hinnahme des Eingriffs in seine Rechte dann nicht angesonnen werden, wenn hinter dem Eingriff kein Rettungswille stehe.[309] Das Erfordernis der **Gefahrabwendungsabsicht** stimmt damit nicht nur mit dem Gesetzeswortlaut, sondern auch mit dem Willen des Gesetzgebers überein.

82   Die Gefahrabwendungsabsicht fehlt, wenn der Täter **absichtlich oder wissentlich** die Notstandslage herbeiführt. Dann will er nämlich keine Gefahr abwenden, sondern umgekehrt diese erzeugen.[310] Solidarität kann er dann nicht einfordern.

83   Die Gefahrabwendungsabsicht ist auch dann gegeben, wenn sie nicht das einzige Motiv ist;[311] bei einem Motivbündel braucht sie nicht dominieren. Schließlich muss sie nicht Endziel sein, es genügt, wenn sie **Zwischenziel** auf dem Weg zur Erreichung eines Hauptziels ist.[312] Es kann daher nicht überzeugen, wenn der BGH meint, professionellen Fluchthelfern fehle die Gefahrabwendungsabsicht, da es ihnen um den Gewinn geht.[313]

---

303   BGHSt **35** 270, 279.
304   Ebenso *Duttge* HK-GS Rdn. 24; *Hauck* AnwK Rdn. 23; *Ignor/Jahn* JuS **2010** 392; *Jescheck/Weigend* § 33 IV 4; *Maurach/Zipf* § 27 Rdn. 45; Baumann/Weber/*Mitsch* § 15 Rdn. 109; *Rengier* AT § 19 Rdn. 63; *Wessels/Beulke/Satzger* Rdn. 477.
305   OLG Karlsruhe JZ **1984** 240, 241; OLG Naumburg NStZ **2013** 718, 719; Matt/Renzikowski/*Engländer* Rdn. 44; *Erb* MK Rdn. 206 f; *ders.* JuS **2010** 108, 113; *Fischer* Rdn. 27; *Frister* 14. Kap. Rdn. 23 ff; *Hruschka* GA **1980** 1, 15; *Kindhäuser* AT § 17 Rdn. 41; *Kühl* AT § 8 Rdn. 183; Lackner/*Kühl* Rdn. 5; *Lenckner* S. 198; *Momsen/Savic* BeckOK Rdn. 20; *Neumann* NK Rdn. 106; *Puppe* AT § 13 Rdn. 5; *Roxin* AT I § 16 Rdn. 105.
306   *Erb* JuS **2010** 108, 113; *Kühl* AT § 8 Rdn. 184; *Neumann* NK Rdn. 107; *Rath* S. 213; *Roxin* AT I § 14 Rdn. 99.
307   Begründung zum E 1962, BTDrucks. IV/650 S. 160.
308   Begründung zum E 1962, BTDrucks. IV/650 S. 160; siehe auch BTDrucks. V/4095 S. 15.
309   *Horstkotte* Prot. V S. 1792, 1795.
310   Siehe Matt/Renzikowski/*Engländer* Rdn. 37; *Erb* MK Rdn. 141. *Jakobs* AT 13 Rdn. 27 und *Roxin* AT I § 16 Rdn. 62 dagegen lehnen hier erst das wesentlich überwiegende Interesse ab; zurückhaltender *Neumann* NK Rdn. 96.
311   *Wessels/Beulke/Satzger* Rdn. 477.
312   *Hirsch* LK[11] Rdn. 47.
313   BGH MDR **1979** 1039 f.

Hierbei wird verkannt, dass der Rettungswille auch dann gegeben ist, wenn gleichzeitig ebenfalls andere Motive (als Endziel) verfolgt werden.

Fehlt das subjektive Rechtfertigungselement, ist der Täter nicht über § 34 StGB gerechtfertigt. Es stellt sich dann die umstrittene Frage, welche Konsequenzen das Nichtvorhandensein hat. Während teilweise vertreten wird, es sei bloß wegen **Versuchs** zu bestrafen,[314] da das Erfolgsunrecht fehle und nur Handlungsunrecht gegeben sei, gehen andere von der Bestrafung wegen **vollendeten Delikts** aus.[315] Für letzteres spricht, dass objektiv tatsächlich der tatbestandliche Erfolg eingetreten ist, sodass die Versuchslösung die objektiven Gegebenheiten zu wenig berücksichtigt.[316] 84

Kein Erfordernis des rechtfertigenden Notstands ist die **gewissenhafte, sorgfältige Prüfung der Notstandslage**.[317] Schon der Wortlaut enthält dafür keine Anhaltspunkte. In den Gesetzesberatungen ist zudem ausdrücklich angeführt worden, eine solche Voraussetzung sei mit der Vorschrift des rechtfertigenden Notstands nicht verbunden.[318] Würde man eine sorgfältige Abwägung verlangen, äußerte man Zweifel, ob das nicht zumindest eine Interpretation zum Nachteil des Angeklagten sei.[319] In der Tat stellt ein solches Erfordernis eine Auslegung contra legem zum Nachteil des Angeklagten dar. Zwar hat die Rechtsprechung zum früheren gewohnheitsrechtlich anerkannten übergesetzlichen Notstand die Auffassung vertreten, eine sorgfältige Prüfung der Notstandsvoraussetzungen sei erforderlich.[320] Schon damals aber wurde diese Voraussetzung von der überwiegenden Ansicht im Schrifttum abgelehnt.[321] Zur Einschränkung der Freiheitsrechte des von der Notstandstat Betroffenen reicht es bereits aus, wenn objektiv bei einer nicht anders abwendbaren Gefahr ein wesentlich überwiegendes Interesse gegeben ist, ohne dass zu verlangen ist, dass der Täter dies noch sorgfältig prüft. Dieses Erfordernis war von der Rechtsprechung letztlich nur deshalb aufgestellt worden, um Strafbarkeitslücken im Fall der irrtümlichen Annahme der Voraussetzungen des rechtfertigenden Notstands, also beim **Erlaubnistatbestandsirrtum**, zu vermeiden (Rdn. 169), die sich daraus ergeben, dass die Rechtsprechung beim Erlaubnistatbestandsirrtum eine vorsätzliche Tat verneint und nur wegen Fahrlässigkeit bestraft, welche aber nicht selten bei den Delikten, bei denen der Notstand relevant wird, nicht unter Strafe steht. Hatte nämlich der Täter dann die Notstandslage nicht gewissenhaft geprüft, lag schon bei der hypothetischen Prüfung der Voraussetzungen des übergesetzlichen Notstands dieses Erfordernis nicht vor, sodass man auch keinen Erlaubnistatbestandsirrtum anzunehmen brauchte. Eine solche Interpretation ist aber nicht nur inhaltlich unzutreffend, sondern auch heute angesichts des klaren Wortlauts des § 34 StGB nicht mehr möglich. 85

---

314   So BGHSt **38** 144, 155f für § 218a StGB; OLG Naumburg NStZ **2013** 718, 719; *Matt/Renzikowski/Engländer* Rdn. 44; *Fischer* Rdn. 28; *Günther* SK⁸ Rdn. 54; *Kühl* AT § 8 Rdn. 185; *Neumann* NK Rdn. 109; *Sch/Schröder/Perron* Rdn. 48; *Roxin* AT I § 16 Rdn. 105; offengelassen von BGH NStZ **2016** 333; siehe die Übersicht zum Streitstand bei *Hillenkamp/Cornelius* Probleme aus dem AT, Problem Nr. 4.
315   BGHSt **2** 111, 115; *Alwart* GA **1983** 433, 454f; *Gallas* FS Bockelmann 155, 178; *Gössel* FS Trifterer 93, 99; *Heinrich* Rdn. 326, 433; *Zaczyk* NK § 22 Rdn. 57.
316   *Zieschang* AT Rdn. 232.
317   *Duttge* HK-GS Rdn. 24; *Matt/Renzikowski/Engländer* Rdn. 44; *Erb* MK Rdn. 208; *Fischer* Rdn. 29 (siehe aber auch Rdn. 9); *Gropp* AT § 5 Rdn. 272; *Günther* SK⁸ Rdn. 53; *Hirsch* Festgabe BGH 50, IV, 199, 211f; *Hoyer* SK Rdn. 115; *Kühl* AT § 8 Rdn. 186; *Lackner/Kühl* Rdn. 13; *Neumann* NK Rdn. 110; *Sch/Schröder/Perron* Rdn. 49; *Rudolphi* GS Schröder 73, 85; *Stratenwerth/Kuhlen* AT § 9 Rdn. 127; *Wessels/Beulke/Satzger* Rdn. 477; *Zieschang* AT Rdn. 253; **anders** *Blei* I § 44 V; *Gössel* FS Trifterer 93, 99; *Baumann/Weber/Mitsch* § 15 Rdn. 109.
318   *Horstkotte* Prot. V S. 1792, 1795.
319   *Horstkotte* Prot. V S. 1792, 1795.
320   RGSt **62** 137, 138ff; RG HRR **1940** 255; BGHSt **2** 111, 114; BGHSt **3** 7, 12.
321   *Lange* JZ **1953** 9, 12; *Niese* DRiZ **1953** 20ff; *Schröder* MDR **1953** 70, 72; *Welzel* JZ **1955** 142, 143.

86 Der Täter ist auch dann nach § 34 StGB **gerechtfertigt**, wenn er sich nicht sicher ist, ob überhaupt eine Notstandslage vorhanden ist, es aber für **möglich hält** und die Gefahrenabwehr bezweckt, sofern objektiv tatsächlich eine Notstandslage vorlag.[322] Dies erscheint auch nur konsequent: Würde man in einem solchen Fall die Rechtfertigung ablehnen, käme es möglicherweise zur Strafbarkeit, falls er zur Gefahrenabwehr tätig wird. Bliebe er hingegen untätig, könnte das wiederum eine Strafbarkeit nach § 323c StGB nach sich ziehen. Widerspruchsfrei hingegen ist es, wenn bei nur möglich gehaltener Notstandslage die Notstandshandlung gerechtfertigt ist, falls zum Zwecke der Gefahrenabwehr gehandelt wird. Lag tatsächlich keine Notstandslage vor, kommt ein Erlaubnistatbestandsirrtum in Betracht.[323]

87 § 34 StGB stellt ausdrücklich klar, dass die Gefahrabwendungsabsicht nicht nur den Fall umfasst, dass der Täter die Gefahr von sich abwenden will, sondern auch die Konstellation, dass er die Gefahr von einem anderen abwenden will. Daraus ergibt sich die Zulässigkeit der Notstandshilfe (Rdn. 74 ff).

4. Die Nicht-anders-Abwendbarkeit

88 **a) Allgemeines.** Nicht selten wird das Merkmal „**nicht anders abwendbar**" in Beziehung gesetzt zu der Erforderlichkeit bei der Notwehr.[324] Daran ist richtig, dass der Täter wie bei der Notwehr von mehreren gleich geeigneten das mildeste Mittel auswählen muss. Dennoch ist die **Nicht-anders-Abwendbarkeit** des § 34 StGB **nicht deckungsgleich** mit der **Erforderlichkeit bei der Notwehr** gemäß § 32 StGB.[325] So gilt bei der Notwehr das Rechtsbewährungsprinzip, woraus die Konsequenz zu ziehen ist, dass Recht Unrecht nicht zu weichen braucht. Da bei der Notwehr kein Eingriff in unbeteiligte Güter erfolgt, sondern derjenige beeinträchtigt wird, von dem der Angriff ausgeht, ist eine „schimpfliche Flucht" von dem Angegriffenen nicht zu verlangen. Anders sieht die Lage beim Notstand gemäß § 34 StGB aus. Hier erfolgt regelmäßig ein Eingriff in Güter eines Unbeteiligten. Das Rechtsbewährungsprinzip gilt nicht.[326] Kann der in Gefahr Geratene der Gefahr ohne Eingriffe in Rechtsgüter Unbeteiligter ausweichen und sich so der Gefahr entziehen, ist die Gefahr anders abwendbar.[327] Selbst im Defensivnotstand muss er ausweichen, falls er die Möglichkeit dazu hat. Von daher sollten Erforderlichkeit bei der Notwehr und Nicht-anders-Abwendbarkeit beim Notstand differenziert betrachtet werden, zumal die Rechtsprechung der Auffassung ist, an das Merkmal der Nicht-anders-Abwendbarkeit sei ein strenger Maßstab anzulegen.[328]

---

322 Vgl. dazu etwa auch *Jakobs* AT 11 Rdn. 29; *Roxin* AT I § 14 Rdn. 92; *Schroth* FS Arth. Kaufmann 595, 608 ff; *Warda* FS Lange 119. Siehe auch BGH HRRS **2017** Nr. 450 mit Anm. *Jäger* JA **2017** 629, 631 zur Notwehr: Handelt der Betreffende mit Verteidigungswillen, komme es nicht darauf an, dass er einen weiteren Angriff nur für möglich hält. Zur Frage des Vorliegens einer Gefahr siehe bereits oben Rdn. 66.
323 *Kühl* AT § 13 Rdn. 68 lehnt einen Erlaubnistatbestandsirrtum ab, wenn der Handelnde das Vorliegen einer rechtfertigenden Situation nur für möglich hält und nicht auf das Vorliegen eines Rechtfertigungsgrundes vertraut. Siehe zu diesem Problem auch *Nestler* Jura **2018** 135, 140 ff; *Roxin* AT I § 14 Rdn. 90 ff; *Vogel* LK[12] § 16 Rdn. 120 f m.w.N.
324 *Kühl* AT § 8 Rdn. 75, 78; *Lackner/Kühl* Rdn. 3; *Lenckner* FS Lackner 95, 97; *Momsen/Savic* BeckOK Rdn. 7; *Neumann* NK Rdn. 58; *Pelz* NStZ **1995** 305, 309; SSW/*Rosenau* Rdn. 13; *Schumacher* FS Stree/Wessels 431, 447 f; *Seier/Hembach* JuS **2014** 35, 36; *Stree* JuS **1973** 461, 463.
325 Siehe dazu *Petersen* JA **2017** 502, 504 ff.
326 *Petersen* JA **2017** 502, 506; *Roxin* AT I § 16 Rdn. 23.
327 *Günther* SK[8] Rdn. 34; *Kühl* AT § 8 Rdn. 77; *Mitsch* JuS **2018** 51, 54; *Neumann* NK Rdn. 58.
328 Siehe BGHSt **3** 7, 9 ff; BayObLSt **1956** 62; OLG Celle NJW **1957** 34; OLG Hamm NJW **1976** 721, 722; ebenso *Hauck* AnwK Rdn. 21.

Die vom Gesetzgeber gewählte Formulierung ist etwas unglücklich,[329] denn bei **89** strenger Anwendung wäre die Gefahr auch dann anders abwendbar, wenn sie durch eine gleichwertige Tat abgewendet werden könnte. Beispielhaft wäre der Fall zu nennen, dass der Notstandshelfer den Schwerverletzten sowohl mit dem Auto des A als auch mit dem Auto des B (in beiden Fällen § 248b StGB) ins Krankenhaus bringen könnte.[330] Damit käme man aber in einen unauflösbaren Zirkel, da der Täter immer wieder auf die jeweils andere Möglichkeit verwiesen wäre. Folglich ist die Tat auch dann nicht anders abwendbar, wenn eine gleichwertige andere tatbestandsmäßige Handlung in Betracht kommt.[331] In diesem Fall hat vielmehr der Täter die **freie Wahl**, für welche Handlung er sich entscheidet.[332]

Mit der Nicht-anders-Abwendbarkeit sind **zwei Erfordernisse** verbunden: Zum einen muss das Mittel überhaupt **geeignet** sein, zum anderen muss es das **relativ mildeste Mittel** darstellen.[333] Beides sind Prognoseentscheidungen. Zur Beurteilung dieser Frage ist wiederum ausgehend von den in der Situation feststehenden Umständen auf das Urteil eines sachverständigen Beobachters abzustellen.[334] **90**

b) Die Geeignetheit. Der Täter darf nur ein Mittel wählen, das überhaupt zur Abwendung der Gefahr **geeignet** ist. Es muss folglich die Gewähr dafür bieten, die Notstandslage zu beenden, also die gegenwärtige Gefahr aufzuheben. Nutzlose Eingriffe in fremde Rechtsgüter können durch das Prinzip der Mindestsolidarität nicht legitimiert werden.[335] Damit fallen von vornherein offensichtlich untaugliche, sinnlose oder gar schadensvertiefende Mittel heraus, so etwa, wenn der Täter zum Löschen eines Brandes einen Kanister Benzin entwendet. Geeignet ist das Mittel dann, wenn es nach dem Urteil eines sachverständigen Beobachters eine **Rettungschance** bietet,[336] die Abwendung des drohenden Schadens also nicht ganz unwahrscheinlich ist.[337] Es ist also keine an Sicherheit grenzende Wahrscheinlichkeit zu verlangen, jedoch muss es sich um eine noch messbare Chancenerhöhung handeln,[338] sodass ganz entfernte, vage Rettungschancen[339] oder solche, welche die Rettungsaussicht nur ganz unwesentlich erhöhen, ausscheiden.[340] Nicht über § 34 StGB gerechtfertigt ist es daher, wenn jemand im betrunkenen Zustand oder unter Verletzung straßenverkehrsrechtlicher Vorschriften einen Verletzten **91**

---

329 *Günther* SK[8] Rdn. 27; *Stree* JuS **1973** 461, 463.
330 Dass eine spezifische Kollisionsbeziehung zwischen den Gütern nicht erforderlich ist, wurde bereits erläutert, siehe Rdn. 56.
331 *Hirsch* LK[11] Rdn. 50; *Jakobs* AT 13 Rdn. 18; *Kühl* § 8 Rdn. 89; *Küper* JZ **1976** 515, 516. Entsprechendes gilt für die von der Rechtsprechung (RGSt **61** 242, 254; RGSt **77** 113, 115; BGHSt **3** 7, 9) zum damaligen übergesetzlichen rechtfertigenden Notstand gewählte Formulierung „einziges Mittel"; *Erb* MK Rdn. 87; *Schönke/Schröder/Perron* Rdn. 93.
332 *Erb* MK Rdn. 87; *Küper* JZ **1976** 515, 516; *Momsen/Savic* BeckOK Rdn. 7.1.
333 BGH NStZ **1992** 487 (zu § 35 StGB); BGH **61** 202, 203; OLG Karlsruhe NJW **2004** 3645, 3646; *Bergmann* JuS **1989** 109, 110; *Matt/Renzikowski/Engländer* Rdn. 19; *Erb* MK Rdn. 87; *Günther* SK[8] Rdn. 28; *Hilgendorf/Valerius* AT § 5 Rdn. 78; *Hoyer* SK Rdn. 24; *Kühl* AT § 8 Rdn. 78; *Momsen/Savic* BeckOK Rdn. 7; *Neumann* NK Rdn. 60; *Sch/Schröder/Perron* Rdn. 18; *Rengier* AT § 19 Rdn. 20; *Seier/Hembach* JuS **2014** 35, 36.
334 Siehe dazu bereits Rdn. 64ff; ebenso etwa *Kühl* AT § 8 Rdn. 79.
335 *Erb* MK Rdn. 89.
336 Siehe *Kühl* AT § 8 Rdn. 80.
337 OLG Karlsruhe NJW **2004** 3645, 3646; OLG Naumburg NStZ **2013** 718, 720; *Fischer* Rdn. 10; *Heinrich* Rdn. 416.
338 *Roxin* AT I § 16 Rdn. 23.
339 *Lenckner* FS Lackner 95, 99. *Günther* SK[8] Rdn. 30 sowie *Petersen* JA **2017** 502, 503 lassen beim Defensivnotstand die „kleinste Chance" genügen.
340 OLG Hamm NJW **1976** 721; *Matt/Renzikowski/Engländer* Rdn. 20; *Erb* MK Rdn. 91; *Fischer* Rdn. 10; *Hoyer* SK Rdn. 28; *Neumann* NK Rdn. 60; *Sch/Schröder/Perron* Rdn. 19; kritisch *Duttge* HK-GS Rdn. 11.

ins Krankenhaus bringt, wobei der Zeitgewinn gegenüber dem Einsatz des Rettungsdienstes nur minimal ist.[341] Auch Blockadeaktionen als Mittel zur Abwendung der Gefahr eines Atomkriegs[342] sind als ungeeignet anzusehen.[343] Ungeeignetheit liegt ebenfalls vor, wenn ein betrunkener Arzt zum Patienten fährt (§ 316 StGB), den er aufgrund seiner Trunkenheit gar nicht mehr fachmännisch behandeln kann.[344] Fehlende Geeignetheit ist weiter in dem vom BGH entschiedenen Mandantengeld-Fall[345] anzunehmen, in dem ein Rechtsanwalt Mandantengelder veruntreute, um seine Kanzlei vor dem Ruin zu retten und damit das Ansehen des Berufsstands zu wahren.[346] Der BGH verneinte dagegen erst die Angemessenheit.

92   Im Hinblick auf eine Blutabnahme zum Zwecke eines HIV-Antikörpertests bei bestimmten Patienten im Krankenhaus etwa vor einer Operation, um Krankenhauspersonal ausreichend vor einer Infizierung zu schützen, ist Folgendes anzumerken: Da sich die Frage, ob eine Gefahr vorliegt, nach den im Zeitpunkt der Handlung feststehenden Umständen richtet, ist schon objektiv gar **keine Gefahr** gegeben, falls der Patient keine Viren aufweist. Ist der Patient mit Aids infiziert, kann eine Gefahr vorliegen, wobei zu beachten ist, dass die bloße theoretische Möglichkeit der Ansteckung keine Gefahr begründet. Dies ist deswegen relevant, da die Ansteckungswahrscheinlichkeit mit HIV im Krankenhaus eher gering ist.[347] Sollte im Einzelfall einmal eine Gefahr bestehen, ist der HIV-Antikörpertest dann aber **ungeeignet**, dieser Gefahr zu begegnen.[348] Vielmehr ist die Einhaltung von Schutz- und Hygienestandards dann geeignete Gefahrenabwehr und noch dazu das mildeste Mittel.[349]

93   Falls schon von anderer Seite Gefahrenabwehr betrieben wird, bedeutet das nicht unmittelbar, dass die Geeignetheit zu verneinen ist. Vielmehr ist Geeignetheit gegeben, wenn durch die Tat die Rettungschance erhöht wird.[350] Existiert nur ein einziges Rettungsmittel, ist dies automatisch auch geeignet. Stehen dem Täter mehrere geeignete Möglichkeiten der Rettung zur Verfügung, die aber unterschiedlich erfolgversprechend sind, muss der Täter diejenige wählen, welche am ehesten die Rettung gewährleistet.[351]

94   c) **Das relativ mildeste Mittel.** Anders als bei der Notwehr, wo „Recht Unrecht nicht zu weichen braucht", findet beim Notstand sehr oft ein Eingriff in ein unbeteiligtes Gut statt. Solidarität kann jedoch nur dann verlangt werden, wenn der Täter von mehreren Möglichkeiten der Gefahrenabwehr das **schonendste Mittel** wählt. Aus dem Aspekt des relativ mildesten Mittels folgt also, dass der Täter nicht gerechtfertigt ist, wenn ein

---

341   Vgl. OLG Köln NStZ **2006** 526, 527; OLG Karlsruhe VRS **46** 275, 276; OLG Koblenz NJW **1988** 2316, 2317; *Matt/Renzikowski/Engländer* Rdn. 20; *Grebing* GA **1979** 81, 85; *Kühl* § 8 Rdn. 83; *Sch/Schröder/Perron* Rdn. 19; siehe aber auch OLG Schleswig VRS **30** 462, 463; ferner OLG Düsseldorf VRS **30** 444, 445 f.
342   Zu beachten ist dabei, dass die bloß theoretische Möglichkeit eines Atomkriegs schon gar keine Gefahr darstellt; siehe Rdn. 59.
343   So auch *Erb* MK Rdn. 91; *Sch/Schröder/Perron* Rdn. 19; vgl. dazu ebenfalls OLG Köln NStZ **1985** 550, 551; LG Dortmund NStZ-RR **1998** 139, 140; *Kröpil* JR **2011** 283, 285; *Lenckner* JuS **1988** 349, 354; *Roxin* FS Schüler-Springorum 441, 446. Von Geeignetheit ausgehend aber *Reichert-Hammer* S. 187 f.
344   Siehe OLG Koblenz MDR **1972** 885; vgl. zu diesem Beispiel auch *Erb* MK Rdn. 91; *Jakobs* AT 13 Rdn. 17; *Kühl* AT § 8 Rdn. 82; *Neumann* NK Rdn. 61; *Roxin* AT I § 16 Rdn. 23.
345   BGH NJW **1976** 680.
346   So auch *Kienapfel* JR **1977** 27; *Kühl* § 8 Rdn. 82; *Küper* JZ **1976** 515, 517; *Sch/Schröder/Perron* Rdn. 19. Zu dem Umstand, dass in diesem Fall eine Notstandslage vorliegt, siehe bereits oben Rdn. 62. Nach *Duttge* HK-GS Rdn. 11 sowie *Erb* MK Rdn. 91 scheitert die Rechtfertigung an der Interessenabwägung.
347   Siehe insofern auch *Bruns* MDR **1987** 353, 355; *Eberbach* NJW **1987** 1470, 1472.
348   **Anders** *Janker* S. 135 ff; *Pfeffer* S. 120 f.
349   **Anders** *Janker* S. 145 ff; *Kühl* AT § 8 Rdn. 94.
350   *Sch/Schröder/Perron* Rdn. 19.
351   Siehe BGHSt **2** 242, 244 f; *Erb* MK Rdn. 92; *Kühl* AT § 8 Rdn. 85.

schonenderes Mittel zur Verfügung steht, mit dem die Gefahr ebenso aussichtsreich abgewendet werden kann.[352] Hat folglich derjenige, dem eine Gefahr droht, die Möglichkeit, sich durch **Ausweichen oder Flucht** der Gefahr zu entziehen, kann er also ganz auf den Eingriff in das Rechtsgut eines anderen verzichten, muss er diesen Weg wählen und darf nicht auf das Rechtsgut eines anderen zur Gefahrenabwehr zugreifen, also eine tatbestandsmäßige Handlung vornehmen.[353] Das gilt nicht nur für den Aggressivnotstand, sondern auch beim Defensivnotstand. Ebenso muss er **staatliche Hilfe** oder die **Hilfe von Rettungsdiensten** in Anspruch nehmen, falls dazu die Möglichkeit besteht und darüber rechtzeitig Abhilfe möglich ist.[354] Richtig hat daher der BGH entschieden, dass die von einem „Haustyrannen" ausgehende Gefahr regelmäßig für die Ehefrau anders als durch Tötung des Mannes abwendbar ist,[355] indem die Frau staatliche Hilfe in Anspruch nimmt.[356] Rechtzeitige Abhilfe durch staatliche Stellen ist dann nicht mehr möglich, wenn sich die Gefahr zwischenzeitlich realisieren oder wesentlich erhöhen würde oder der Staat keine Hilfe leistet, etwa bei einem vom Staat nicht dauerhaft erbringbaren Polizeischutz.

Besteht keine Ausweichmöglichkeit oder keine Möglichkeit der Inanspruchnahme 95 anderweitiger (staatlicher) Hilfe, ist regelmäßig das Mittel milder, mit dem auf ein **geringerwertiges Rechtsgut** zugegriffen wird.[357] Stiehlt ein Kranker Geld für eine Heilbehandlung, fehlt es angesichts der umfassenden staatlichen Krankenversorgung regelmäßig an der Erforderlichkeit.[358] Geht es um **gleichwertige Rechtsgüter,** muss der Täter die Beeinträchtigung mit einem geringeren Ausmaß wählen. Zur Bekämpfung eines Brandes in einem Haus darf also nicht die wertvolle Haustür zerstört werden, wenn es ebenso möglich ist, leichten Zugang über das Einschlagen eines Fensters zu erhalten.

Besteht für den Notstandstäter die Möglichkeit der Notwehr, heißt das nicht automa- 96 tisch, dass er stets diesen Weg gehen muss. Es kommt auf den Einzelfall an. So mag die Verteidigung gegenüber dem Angreifer das mildere Mittel gegenüber der Benutzung des Fahrrads eines anderen (§ 248b StGB) zur Flucht sein. Das gilt aber bereits dann nicht mehr, wenn die Verteidigungschance unsicher ist oder der Angreifer schwer verletzt werden müsste.[359] Bei der Frage des mildesten Mittels spielt parallel dazu ebenfalls eine Rolle, ob eine von mehreren Personen die Gefahr verursacht hat. Aber auch hier verbieten sich pauschale Urteile. So kommt es jeweils u.a. auch auf das Gewicht des Verursa-

---

352 BGHSt 3 7,9; BGH NStZ **1988** 558, 559.
353 *Duttge* HK-GS Rdn. 12; *Erb* MK Rdn. 94 f; *Heinrich* Rdn. 420; *Sch/Schröder/Perron* Rdn. 20. Ausnahmsweise wird man aber ein tatbestandsmäßiges Verhalten als milderes Mittel anzusehen haben, obwohl auch ein strafloses Verhalten die Gefahr hätte verhindern können; so zum Beispiel bei einer geringfügigen Sachbeschädigung gegenüber einer straflosen Gebrauchsanmaßung, welche für den Betroffenen mit erheblichen Nachteilen verbunden ist; Beispiel nach *Sch/Schröder/Perron* Rdn. 20.
354 Siehe BGHSt **61** 202, 204; *Dann* wistra **2011** 130; *Matt/Renzikowski/Engländer* Rdn. 21; *Erb* MK Rdn. 94; *Fischer* Rdn. 9a; *Kühl* AT § 8 Rdn. 86; SSW/*Rosenau* Rdn. 13; *Wessels/Beulke/Satzger* Rdn. 457.
355 Dass § 34 StGB ohnehin nicht die Tötung rechtfertigen kann, steht auf einem anderen Blatt; siehe dazu Rdn. 110.
356 BGHSt **48** 255, 260; siehe zu dieser Entscheidung *Beckemper* JA **2004** 99; *Haverkamp* GA **2006** 586; *Hillenkamp* JZ **2004** 48; *Kargl* Jura **2004** 189; *Otto* NStZ **2004** 142; *Rengier* NStZ **2004** 233, 235 ff. Es gibt aber auch ausnahmsweise Situationen, in denen keine Ausweichmöglichkeiten in Betracht kommen; siehe ebenfalls *Zieschang* LK § 35 Rdn. 59.
357 *Kühl* AT § 8 Rdn. 90.
358 Das BVerfG befürwortet zudem einen verfassungsunmittelbaren Anspruch auf Krankenversorgung in einer durch nahe Lebensgefahr geprägten notstandsähnlichen Lage; BVerfGE **115** 25, 49 ff; BVerfG NJW **2017** 2096, 2097.
359 Siehe dazu auch *Erb* MK Rdn. 99; *Kühl* AT § 8 Rdn. 91; *Lenckner* FS Lackner 95, 104 f; *Pawlik* S. 241 f.

chungsbeitrags an.[360] Kann der Notstandstäter in Rechtsgüter verschiedener Rechtsgutsträger eingreifen und willigt einer von diesen ein, so handelt es sich hierbei regelmäßig um das mildeste Mittel.[361] Kein generelles Erfordernis des relativ mildesten Mittels ist es aber, dass der von der Notstandshandlung Betroffene zuvor um die Abgabe einer Einwilligung zu fragen ist.[362] Der Gesichtspunkt einer (mutmaßlichen) Einwilligung wird vielmehr erst bei der Interessenabwägung relevant.

97 Keine Frage des mildesten Mittels ist, ob der Täter die ihm drohende Gefahr nicht durch Aufopferung eigener Güter erdulden muss, bevor er in Rechtsgüter Dritter eingreift. Insofern handelt es sich um Aspekte, die erst bei der Interessenabwägung und hierbei insbesondere bei der Prüfung des wesentlich überwiegenden Interesses eine Rolle spielen.

98 Problematisch ist die Fallgestaltung, bei der ein milderes Mittel zur Verfügung steht, das jedoch in der Anwendung unsicher oder weniger erfolgversprechend erscheint als ein anderes Mittel, das schwerer wiegt, jedoch eine höhere Rettungschance aufweist.[363] In diesem Fall kollidiert das Erfordernis der Geeignetheit mit dem des mildesten Mittels. Hier ist dann danach zu fragen, wie unsicher die Rettungschance bei dem milderen Mittel im Vergleich zu der des schwerwiegenderen Mittels ist. Je weiter diese auseinanderklaffen, umso eher darf das effektivere Mittel gewählt werden.

5. Bei Abwägung der widerstreitenden Interessen muss das geschützte Interesse das beeinträchtigte wesentlich überwiegen

99 **a) Allgemeines.** Der Gesetzgeber ist mit § 34 StGB nicht der Güterabwägungstheorie gefolgt, sondern hat eine **umfassende Interessenabwägung** bevorzugt.[364] Das erlaubt, neben den in Rede stehenden Gütern, die selbstverständlich eine gewichtige Rolle bei der Abwägung spielen, was sich schon daraus ergibt, dass die Vorschrift sie ausdrücklich anspricht, auch andere Aspekte in die Abwägung einfließen zu lassen.[365] Das kann dann unter Umständen sogar dazu führen, dass die Abwägung zu Lasten eines höherwertigen Guts ausgeht. So mag durchaus jemand eine körperliche Beeinträchtigung zur Abwehr einer Gefahr von einer Sache erdulden müssen. Beispiel: Die Museumsaufsicht schubst einen Besucher zur Seite, der fällt und sich verletzt, um einen Anschlag durch einen anderen auf ein wertvolles Gemälde noch rechtzeitig verhindern zu können. Auch kann bei Gleichwertigkeit der Rechtsgüter ein Interessenübergewicht gegeben sein. Zudem erfasst § 34 StGB nach zutreffender Ansicht auch den Fall, dass sich die Kollision auf ein und dasselbe Rechtsgutsobjekt bezieht.

100 Es sind also alle im Einzelfall relevanten und schutzwürdigen Interessen in die Waagschale zu werfen. Neben den Rechtsgütern spielen damit etwa auch der **Grad** der

---

[360] *Erb* MK Rdn. 100; siehe auch *Matt/Renzikowski/Engländer* Rdn. 21; *Mitsch* S. 250 ff; *Neumann* NK Rdn. 63.
[361] *Matt/Renzikowski/Engländer* Rdn. 21; *Hoyer* SK Rdn. 35; *Sch/Schröder/Perron* Rdn. 20.
[362] OLG Frankfurt NJW **1975** 271, 272; *Matt/Renzikowski/Engländer* Rdn. 21; *Erb* MK Rdn. 97; *Geilen* JZ **1971** 41, 47 f; *Jakobs* AT 13 Rdn. 19; *Sch/Schröder/Perron* Rdn. 20; SSW/*Rosenau* Rdn. 15; *Roxin* AT I § 16 Rdn. 24; *Samson* NJW **1974** 2030, 2031; *Schreiber* FS Klug II 341, 350 f; **anders** LG Bonn JZ 1971 56, 59 f; *Jescheck/Weigend* § 33 IV 3 d.
[363] Siehe dazu auch *Erb* MK Rdn. 103; *Kühl* AT § 8 Rdn. 95; *Lenckner* FS Lackner 95, 109 ff; *Sch/Schröder/Perron* Rdn. 20a.
[364] *Erb* MK Rdn. 105 spricht vom „Kernstück der Notstandsregelung". Kritisch zu der sich bereits aus dem Wortlaut des § 34 StGB ergebenden Gesamtabwägung *Pawlik* S. 131 ff, dessen Vorschlag sich aber über den Gesetzeswortlaut hinwegsetzt (vgl. *Pawlik* S. 147) und Begriffe heranzieht, die eine taugliche Anwendung in der Praxis nicht unerheblich erschweren.
[365] *Günther* SK[8] Rdn. 38; *Hoyer* SK Rdn. 42.

Gefahr eine Rolle (vgl. den Wortlaut des § 34 StGB) sowie die **Größe** der Gefahr. Auch ist etwa relevant, ob die Gefahr von dem **Gut ausgeht**, das beeinträchtigt wird. Übergeordnete Prinzipien wie etwa das **Autonomieprinzip** können relevant werden.[366] **Abwägungsfest** ist aber ein Rechtsgut: Das menschliche Leben.

Da es in § 34 StGB nicht um den Gedanken des Gesamtnutzens geht, sondern um Solidarität, wäre es **verfehlt**, bei der Interessenabwägung eine bloße Verrechnung der Rechtsgüter vorzunehmen.[367] So darf etwa jemand, der die Notstandslage verschuldet hat, weniger Solidarität einfordern als ein anderer, sodass infolgedessen das Ergebnis der Interessenabwägung durchaus anders ausfallen kann als bei einem reinen Gütervergleich. **101**

Die Abwägung sollte in folgender Reihenfolge durchgeführt werden:[368] Zunächst ist das abstrakte Rangverhältnis der betroffenen Rechtsgüter zu ermitteln, dann der Grad der den Rechtsgütern drohenden Gefahren; beides wird in § 34 StGB ausdrücklich erwähnt. Das Wort „namentlich" macht aber hinreichend deutlich, dass sich darin die Interessenabwägung nicht erschöpft. Es handelt sich vielmehr nur um zwei wichtige Aspekte der Interessenabwägung, nicht aber um die einzigen. Vielmehr sind in einem dritten Schritt sämtliche sonstige im Einzelfall relevanten Gesichtspunkte zu betrachten, um zu prüfen, ob das geschützte Interesse das beeinträchtigte überwiegt. Schließlich ist in einem letzten Schritt zu erörtern, ob nun auch ein wesentlich überwiegendes Interesse gegeben ist. Es geht um eine **umfassende Betrachtung der Umstände des Einzelfalls**, also um eine konkrete Betrachtungsweise.[369] Da sämtliche Umstände des Einzelfalls bereits in die Interessenabwägung einfließen, hat logischerweise die Angemessenheitsklausel in § 34 Satz 2 StGB – entgegen der h.M. – keine eigenständige Bedeutung mehr (Rdn. 152f). Im Folgenden ist auf die maßgeblichen Abwägungsfaktoren einzugehen: **102**

b) Die betroffenen Rechtsgüter. Der Gesetzestext gibt bereits vor, dass bei der Abwägung das **Rangverhältnis der betroffenen Rechtsgüter** eine wesentliche Rolle spielt („namentlich der betroffenen Rechtsgüter"). Nimmt das zu schützende Gut einen höheren Rang ein als das beeinträchtigte, spricht das für ein Interessenübergewicht. Dabei sind sämtliche unmittelbar und auch mittelbar betroffene Rechtsgüter auf beiden Seiten (Erhaltungs- und Eingriffsseite) in die Betrachtung einzubeziehen.[370] Dagegen wird zum Teil vertreten, da nur die Rechtfertigung einer jeweils tatbestandsmäßigen Handlung in Rede steht, sei auf Eingriffsseite zunächst allein auf die durch den betreffenden Tatbestand unmittelbar oder mittelbar geschützten Rechtsgüter abzustellen.[371] So habe bei **103**

---

366 Es überzeugt nicht, wenn teilweise „allgemeine Rechtsprinzipien und -werte als solche" wie etwa das Autonomieprinzip nicht bei der Interessenabwägung Berücksichtigung finden sollen; so etwa *Matt/Renzikowski/Engländer* Rdn. 24; *Erb* MK Rdn. 109; *Grebing* GA **1979** 81, 93; *Momsen/Savic* BeckOK Rdn. 8.1; *Neumann* NK Rdn. 66. Zum einen bleibt es relativ unklar, wann man es denn nun überhaupt mit „allgemeinen Rechtsprinzipien" zu tun hat und wann nicht, zum anderen wird insoweit nicht hinreichend beachtet, dass es sich bei der Interessenabwägung um eine umfassende Abwägung unter Berücksichtigung sämtlicher Umstände handelt; wie hier *Sch/Schröder/Perron* Rdn. 22, 40 ff.
367 *Küper* „verschuldeter" Notstand S. 28; *Neumann* NK Rdn. 65.
368 Siehe dazu auch *Hirsch* LK[11] Rdn. 53.
369 BGH NJW **1976** 680, 681; OLG Frankfurt NJW **1979** 1172, 1173; *Hilgendorf* JuS **1993** 97, 101; *Stree* JuS **1973** 461, 463f.
370 Vgl. *Erb* MK Rdn. 110; *Fischer* Rdn. 13; *Jakobs* AT 13 Rdn. 32; *Lenckner* S. 100; *Momsen/Savic* BeckOK Rdn. 12.2; *Neumann* NK Rdn. 69; *Küper* JZ **1976** 515, 518. Kritisch *Helmers* S. 299: Eine Abwägung von Rechtsgütern könne es genau genommen nicht geben. – Insoweit ist indes anzumerken, dass es möglich ist, verschiedene Rechtsgüter gegenüberzustellen und deren unterschiedlichen Rang festzustellen, sodass eine Abwägung durchaus in Betracht kommt.
371 *Dencker* JuS **1979** 779 f; *Günther* SK[8] Rdn. 41; *Sch/Schröder/Perron* Rdn. 23.

einer notstandsbedingten Gewässerverunreinigung außer Betracht zu bleiben, dass damit fremdes Eigentum verletzt werde.[372] Eine solche Betrachtung missachtet jedoch den Wortlaut des § 34 StGB, der auf die „betroffenen" Rechtsgüter abstellt; darunter fallen sowohl auf Eingriffs- als auch auf Erhaltungsseite **alle unmittelbar und mittelbar von der Maßnahme berührten Rechtsgüter**. Es ist zudem widersprüchlich, auf der Erhaltungsseite eine umfassende Betrachtung durchzuführen, auf der Eingriffsseite aber eine begrenzte. Damit wird im Übrigen die Interessenabwägung sachlich nicht gerechtfertigt einseitig zugunsten des Notstandstäters verschoben, was dem Gedanken der Solidarität widerspricht. Eine Nichteinbeziehung kann dazu führen, dass eine Rechtfertigung über § 34 StGB Platz greift, obwohl in Wahrheit gar kein Interessenübergewicht vorhanden ist. Das stellt aber dann nichts anderes als eine Umgehung der Voraussetzungen des § 34 StGB dar. Der Gedanke der Solidarität würde damit inhaltsleer. Ebenfalls kann der Ansicht[373] nicht gefolgt werden, die im Fall, dass Rechtsgüter mehrerer betroffen sind, die Abwägung jeweils zwischen dem einzelnen Eingriffsgut und dem Erhaltungsgut vornimmt und nicht in ihrer Gesamtheit. Dagegen spricht schon das Gebot einer umfassenden Interessenabwägung. Bei einer solchen Betrachtung wäre es theoretisch möglich, dass trotz eines weitaus höheren Gesamtschadens ein Interessenübergewicht zugunsten des Erhaltungsguts angenommen wird, was der Regelung in § 34 StGB, wonach sämtliche Gesichtspunkte in die Interessenabwägung einzubeziehen sind, widerspricht.[374]

104 Vom Ausgangspunkt ist zur Bestimmung des Rangs der betroffenen Rechtsgüter auf das **positive Recht** abzustellen.[375] Erste Hinweise für das abstrakte Rangverhältnis von Rechtsgütern gibt dabei § 34 StGB durch die **Reihenfolge der aufgezählten Rechtsgüter** selbst („Leben, Leib, Freiheit, Ehre, Eigentum oder ein anderes Rechtsgut").[376] So stehen das Leben und die körperliche Unversehrtheit im Rang über Persönlichkeitsrechten, sodass ein Arzt über § 34 StGB gerechtfertigt sein kann, wenn er entgegen § 203 StGB die Ehefrau eines Patienten über dessen Infizierung mit Aids oder mit Syphilis informiert.[377] Voraussetzung ist natürlich, dass der Patient andere dem Risiko der Ansteckung aussetzt, also eine gegenwärtige, nicht anders abwendbare Gefahr. Nicht erforderlich ist die Mitteilung, wenn der infizierte Patient selbst seine Sexualpartner informiert.[378] Gedeckt von § 34 StGB wäre auch die Mitteilung des Hausarztes an die behandelnden Krankenhausärzte, wenn der infizierte Patient dorthin überwiesen wird.[379]

105 Im Hinblick auf eine Gefährdung des Kindeswohls erlaubt die Spezialregelung des § 4 Abs. 3 KKG ausdrücklich, das Jugendamt zu informieren. Gedeckt von § 34 StGB wäre auch die Mitteilung eines Arztes von Bedenken gegen die Flugtauglichkeit eines Piloten.[380]

106 Im Einzelfall ist stets zu beachten, dass im Rahmen einer nachfolgenden konkreten Betrachtung das Eigentum einen höheren Rang einnehmen kann als etwa die Ehre oder

---

372 *Sch/Schröder/Perron* Rdn. 23.
373 *Dencker* JuS **1979** 779; *Neumann* ZStW **116** (2004) 751, 760; *ders.* NK Rdn. 70; *Otto* AT § 8 Rdn. 177.
374 Ablehnend auch *Duttge* HK-GS Rdn. 17; *Matt/Renzikowski/Engländer* Rdn. 26; *Erb* MK Rdn. 110.
375 RGSt **61** 242, 255; *Erb* MK Rdn. 111; *Hirsch* LK[11] Rdn. 56.
376 *Günther* SK[8] Rdn. 42; *Kühl* AT § 8 Rdn. 108; *Rengier* AT § 19 Rdn. 28.
377 Siehe RGSt **38** 62, 63f; OLG Frankfurt NStZ **2001** 149, 150; *Bruns* MDR **1987** 353, 356; *Eberbach* JR **1986** 230, 233; *Erb* MK Rdn. 113; *Lackner/Kühl/Heger* § 203 Rdn. 25; *H. Herzog* MedR **1988** 289, 291; *Kreuzer* ZStW **100** (1988) 786, 803; *Kühl* AT § 8 Rdn. 115; *Laufs/Laufs* NJW **1987** 2257, 2265; *Wessels/Beulke/Satzger* Rdn. 463; *Wolfslast* NStZ **2001** 151; vgl. auch *Stratenwerth/Kuhlen* AT § 9 Rdn. 114.
378 *H. Herzog* MedR **1988** 289, 291; *Wolfslast* NStZ **2001** 151.
379 Da regelmäßig der Patient bei einer Überweisung in die Weitergabe seiner Gesundheitsdaten (konkludent) einwilligt, ist das aber eher ein theoretisches Problem.
380 Vgl. auch *F. Herzog* ZRP **2015** 121, 122f. Eine Mitteilungs*pflicht* besteht aber nur, sofern ein Fall des § 138 StGB einschlägig ist oder eine Garantenstellung besteht.

die körperliche Unversehrtheit, man denke an den Fall, dass jemand verletzt wird, um einen sehr wertvollen Gegenstand vor dem Untergang zu retten. Das spielt dann aber erst bei der weiteren Abwägung eine Rolle, noch nicht jedoch bei der Beurteilung des abstrakten Rangverhältnisses.

Auch die **Strafandrohungen im StGB** können grundsätzlich Aufschluss geben über das Rangverhältnis der verschiedenen Rechtsgüter.[381] Dabei ist jedoch stets zu berücksichtigen, dass sich die Höhe der Strafandrohung nicht nur an dem betroffenen Rechtsgut orientiert, sondern u.a. auch an der Art der Begehung der Tat oder an präventiven Gesichtspunkten.[382] Insofern ist bei der Anlehnung an die Strafandrohungen also Vorsicht geboten.[383] Andererseits lässt sich etwa aus den Strafandrohungen schlussfolgern, dass in einer akuten Notsituation der Schwangerschaftsabbruch durch einen Nichtarzt (§ 218 Abs. 1 StGB: Freiheitsstrafe bis zu drei Jahren oder Geldstrafe) zum Schutz des Lebens der Schwangeren (§ 212 StGB: Freiheitsstrafe nicht unter fünf Jahren) über § 34 StGB gerechtfertigt sein kann.[384] Nicht immer lassen sich dadurch jedoch Ergebnisse erzielen. Wenn man etwa den Strafrahmen des Diebstahls mit dem der Körperverletzung vergleicht, stellt man fest, dass beide identisch sind (Freiheitsstrafe bis zu fünf Jahren oder Geldstrafe). Im Einzelfall nicht einfach ist ebenfalls die Ermittlung des Rangs von Rechtsgütern der Allgemeinheit. Sie nehmen im Fall der Gewährleistung bloßer Ordnungsfunktionen einen eher niedrigeren Rang ein, einen sehr hohen jedoch, falls es um den Bestand des Staates geht. 107

Auch im Übrigen kann die Rechtsordnung zur Ermittlung des Rangverhältnisses herangezogen werden. So sind regelmäßig strafrechtlich geschützte Rechtsgüter im Rang höher einzustufen als solche, die lediglich über das Ordnungswidrigkeitenrecht geschützt sind. Zudem ergibt sich aus Art. 1 GG, dass Personenwerte vor Sachgüterinteressen stehen.[385] Gibt das positive Recht einmal keine genügenden Hinweise, ist auf die in der Allgemeinheit anerkannten Wertvorstellungen zu rekurrieren.[386] 108

Ergibt sich aus der Abwägung, dass das geschützte Rechtsgut abstrakt das beeinträchtigte überwiegt, bedeutet das nicht automatisch Rechtfertigung über § 34 StGB. Es kommt jeweils auf die Gesamtumstände an. So kann (ausnahmsweise) eine Rechtfertigung auch dann greifen, wenn das geschützte Rechtsgut einen gleichen oder gar niedrigeren Rang aufweist als das beeinträchtigte. § 34 StGB ist ja gerade dadurch gekennzeichnet, dass es nicht ausschließlich um eine Güterabwägung geht. Diese ist zwar ein wichtiger Aspekt, jedoch keineswegs der einzige. Die Interessenabwägung im Übrigen kann daher schlussendlich zu einem anderen Ergebnis führen, als die ausschließliche Betrachtung des Rangverhältnisses der Rechtsgüter zunächst vermuten lässt. 109

Abwägungsfest ist das Leben. Dies gilt sowohl in **quantitativer** als auch in **qualitativer** Hinsicht.[387] Ein Täter darf also nicht auf Kosten eines Menschenlebens eine andere Person retten, unabhängig davon, ob der zu Rettende etwa jünger oder gesünder als 110

---

381 RGSt 61 242, 255; *Matt/Renzikowski/Engländer* Rdn. 27; *Heinrich* Rdn. 424; *Horstkotte* Prot. V S. 1792, 1794; *Rengier* AT § 19 Rdn. 28; *Roxin* AT I § 16 Rdn. 27.
382 Siehe *Erb* MK Rdn. 111; *Günther* SK[8] Rdn. 42; *Sch/Schröder/Perron* Rdn. 43; *Roxin* JuS **1976** 505, 510 f.
383 Siehe insofern auch *Roxin* AT I § 16 Rdn. 28.
384 Vgl. *Kühl* AT § 8 Rdn. 109; *Lackner* NJW **1976** 1233, 1237; *Neumann* NK Rdn. 71; **anders** *Gropp* S. 102 f; *Günther* SK[8] Rdn. 42; *Renzikowski* S. 263 mit Fn. 100; siehe auch schon Rdn. 12.
385 *Lenckner* S. 157 f; *Maurach/Zipf* § 27 Rdn. 29; *Neumann* NK Rdn. 72; *Roxin* AT I § 16 Rdn. 29; anders *Jakobs* AT 13 Rdn. 25.
386 Vgl. *Gallas* Niederschriften **12** S. 178; *Hirsch* LK[11] Rdn. 57.
387 *Dreier* JZ **2007** 261, 263; *Hauck* AnwK Rdn. 9; *Jäger* AT Rdn. 157; *Lackner/Kühl* Rdn. 7; *Rengier* AT § 19 Rdn. 32; siehe auch *Ziemann* ZIS **2014** 479, 482; vgl. allgemein zur Unabwägbarkeit des Lebens *Wilenmann* ZStW **127** (2015) 888, 891 ff.

der andere ist. Ebenso wenig ist es über § 34 StGB gerechtfertigt, wenige Personen zu opfern, um viele zu retten.[388] Lenkt der Weichensteller[389] einen führerlosen Güterzug auf ein Gleis, auf dem sich wenige Gleisarbeiter befinden, die daraufhin sterben, um eine Kollision des Güterzugs mit einem Personenzug zu vermeiden, dann ist dieses Verhalten jedenfalls nicht über § 34 StGB gerechtfertigt, denn Leben ist nicht quantifizierbar.[390] Das gilt auch dann, wenn es um die Frage der Programmierung eines selbstfahrenden Fahrzeugs geht, sollte es um die Rettung der Fahrzeuginsassen auf Kosten eines anderen gehen.[391] Demzufolge scheidet bei vollautomatisierten, autonomen Fahrzeugen von vornherein eine Rechtfertigung über § 34 StGB aus, selbst wenn zur Rettung vieler einzelne Verkehrsteilnehmer getötet werden.[392] Daran ändert sich in der Beurteilung richtigerweise auch nichts, wenn Personen „unrettbar verloren" scheinen oder ein Fall des Defensivnotstands vorliegt (Rdn. 141 ff). Es gibt nur sehr wenige Fälle, in denen die Tötung eines Menschen über § 34 StGB überhaupt gerechtfertigt sein kann.[393]

111 Durchaus möglich ist, dass es sich bei dem in Gefahr geratenen Gut und dem zu rettenden um **ein und dasselbe Rechtsgut** handelt. Auch dann kommt Notstand in Betracht.[394] § 34 StGB setzt nach zutreffender Meinung keine Personenverschiedenheit voraus.[395] Wenn § 34 StGB es erlaubt, zum Schutz anderer in Rechte Unbeteiligter einzugreifen (Notstandshilfe), dann ist es erst recht zulässig, den von der Gefahr Betroffenen selbst einem Risiko auszusetzen, um ihn zu retten.[396] Jedoch dürfen dabei die Autonomie des Betroffenen und dessen (mutmaßlicher) Wille nicht unbeachtet bleiben (Rdn. 31). Daher scheidet etwa eine Operation gegen einen zu beachtenden Willen des Betroffenen aus.

112 Problematischer ist der Fall, dass eine Operation zur Lebensrettung erforderlich ist, diese sich aber als sehr riskant darstellt und der Betroffene sich selbst nicht äußern kann. Hier ist fraglich, was in Bezug auf das Rangverhältnis des Rechtsguts gilt. Insofern ist festzustellen, dass dann an die Stelle der Güterabwägung eine Chancen- und Risikoabwägung für das betroffene Rechtsgut tritt.[397] Wenn die Gefahr, welche dem Rechtsgut droht, höher ist als die mit der Rettungshandlung verbundenen Risiken, kommt eine

---

388 BGHSt **35** 347, 350; *Engländer* ZIS **2016** 608, 609, 612; *Erb* MK Rdn. 118 (unter Einbeziehung schwerwiegender Körperverletzungen); *Fischer* Rdn. 15; *Günther* SK[8] Rdn. 43; *Momsen/Savic* BeckOK Rdn. 5.1; *Neumann* NK Rdn. 74; *Küper* JuS **1981** 785, 792; *Sch/Schröder/Perron* Rdn. 23 f; *Rengier* AT § 19 Rdn. 32; SSW/*Rosenau* Rdn. 20; *Welzel* ZStW **63** (1951) 47, 51 f; *Zieschang* JA **2007** 679, 682 f; *ders.* AT Rdn. 259; **anders** *Delonge* S. 118 ff.
389 Der Weichensteller-Fall stammt von *Welzel* ZStW **63** (1951) 47, 51; siehe dazu u.a. auch *Hirsch* FS Bockelmann 89, 110; *Lenckner* GA **1985** 295, 309; *Mitsch* GA **2006** 11; *Renzikowski* S. 258 f; *Zieschang* AT Rdn. 385.
390 *Gropp* AT § 5 Rdn. 307; *Kühl* AT § 8 Rdn. 114; *Welzel* ZStW **63** (1951) 47, 51 f; *Zieschang* FG Knemeyer 449, 463; *ders.* JA **2007** 679, 682 f; **anders** *Brauneck* GA **1959** 261, 271.
391 Siehe dazu auch *Zieschang* LK § 35 Rdn. 49.
392 Im Einzelfall stellt sich natürlich schon die Frage, ob überhaupt von einem menschlichen Verhalten auszugehen war und eine gegenwärtige Gefahr vorlag, die nicht anders abwendbar war.
393 Dazu Rdn. 111 f sowie Rdn. 147.
394 *Herzberg* MDR **1971** 881, 882; *Jakobs* AT 13 Rdn. 34; Lackner/*Kühl* Rdn. 4; *Reinhard Merkel* S. 528; *Neumann* FS Herzberg 575, 583; *Sch/Schröder/Perron* Rdn. 8a; *Rengier* AT § 19 Rdn. 44; *Roxin* AT I § 16 Rdn. 101 f; *Wessels/Beulke/Satzger* Rdn. 476; vgl. auch *Ulsenheimer* JuS **1972** 252, 255; siehe bereits Rdn. 9.
395 *Bottke* S. 88 ff; *Fischer* Rdn. 12; *Kühl* AT § 8 Rdn. 34; **anders** etwa *Duttge* HK-GS Rdn. 9; *Engländer* GA **2010** 15; *ders.* GA **2017** 242, 252; *Erb* JuS **2010** 17, 19 f; *Henking* GA **2015** 181, 184; *Pawlik* S. 103 mit Fn. 140; *Renzikowski* S. 64 f; *Schmitz* S. 181 f, 196.
396 *Rosenau* FS Roxin (2011) 577, 584.
397 *Hirsch* LK[11] Rdn. 59; *Spendel* SchwZStr **107** (1990) 154, 161; *Ulsenheimer* JuS **1972** 252, 255; *Zieschang* FG Knemeyer 449, 465.

Rechtfertigung in Betracht. Insbesondere greift § 34 StGB in dem Fall ein, dass allein eine Rettungshandlung das Rechtsgut vor dem ansonsten sicheren Untergang bewahren kann. Wenn nun die Rettungshandlung scheitert und der Betroffene verstirbt, ist der Notstandshelfer dennoch über § 34 StGB gerechtfertigt, da es allein um die Besserstellung des Betroffenen ging. Scheitert also etwa im Feuerwehrmannbeispiel (Rdn. 9) der Wurf in das Sprungtuch, da das Kind unglücklich aufkommt und verstirbt, ist der Feuerwehrmann dennoch gerechtfertigt über § 34 StGB.[398] Das ist also ausnahmsweise einmal ein Fall, in dem eine vorsätzliche Tötung[399] über § 34 StGB gerechtfertigt sein kann.

c) Der Grad der den betroffenen Rechtsgütern drohenden Gefahren. Als weiteren Aspekt der Interessenabwägung nennt § 34 StGB den **Grad der den betroffenen Rechtsgütern drohenden Gefahren**. Der Gefahrengrad spielt schon eine Rolle für die Frage, ob eine Gefahr überhaupt vorliegt, was etwa bei einer bloß theoretischen Möglichkeit des Schadenseintritts nicht der Fall ist (Rdn. 59). Im Rahmen der Interessenabwägung taucht dann aber der Grad der Gefahr als ein Abwägungsfaktor noch einmal auf. Das ist richtig, denn ein Gut benötigt umso mehr Schutz, je stärker sich das Geschehen hin zu einem Schadenseintritt verdichtet.[400] Die unterschiedliche Wahrscheinlichkeit kann unter Umständen sogar dazu führen, dass eine Rettungshandlung zugunsten eines im Rang niedrigeren Rechtsguts erlaubt ist.[401] In der Praxis geht es hierbei vor allem um Trunkenheitsfahrten oder Verkehrsverstöße, die typischerweise für die Allgemeinheit gefährlich sind, jedoch niemanden konkret gefährden. Werden derartige bloß typischerweise gefährliche Handlungen begangen, um eine sich verdichtende Gefahr abzuwenden, bei welcher der Schadenseintritt sehr nahe ist, kann dieses Verhalten gerechtfertigt sein, obwohl normalerweise die Allgemeininteressen gegenüber den Individualinteressen Vorrang haben.[402] Überschreitet also ein Arzt die zulässige Höchstgeschwindigkeit, um schneller zu einem akut Erkrankten zu kommen,[403] oder fährt ein Taxifahrer wegen der dringend notwendigen ärztlichen Versorgung zu schnell,[404] kann dies – dann über § 16 OWiG – gerechtfertigt sein. Entsprechendes gilt bei einer Trunkenheitsfahrt (§ 316 StGB) eines Arztes zu einem sofortige Hilfe benötigenden Patienten[405] oder bei einer Trunkenheitsfahrt, um einen verletzten Freund ins Krankenhaus zu bringen.[406] In der Praxis scheitert jedoch die Rechtfertigung nicht selten schon daran, dass die Gefahr anders abwendbar war, etwa durch Herbeirufen eines anderen Arztes oder durch Alarmierung des Rettungsdienstes.[407] Im Einzelfall kann aber durchaus einmal rechtfertigender Notstand in Betracht kommen: So ist nach dem OLG Celle die Einsatzfahrt eines unter Alkoholeinfluss (2,06 Promille) stehenden Fahrers eines Löschfahrzeugs der frei-

---

398 *Kühl* AT § 8 Rdn. 34, 119; *Zieschang* FG Knemeyer 449, 465 f.
399 Falls man überhaupt bei dem Feuerwehrmann Vorsatz im Sinne des dolus eventualis bejahen kann. Regelmäßig wird er auf das Ausbleiben des Erfolgs vertrauen. Beim Fahrlässigkeitsdelikt (§ 222 StGB) bedarf zuvörderst das Erfordernis der Sorgfaltswidrigkeit einer eingehenden Prüfung.
400 *Sch/Schröder/Perron* Rdn. 27; *Roxin* AT I § 16 Rdn. 43 ff.
401 Siehe *Aselmann/Krack* Jura **1999** 254, 256; *Matt/Renzikowski/Engländer* Rdn. 28; *Kühl* AT § 8 Rdn. 116 ff; *Baumann/Weber/Mitsch* § 15 Rdn. 97; *Sch/Schröder/Perron* Rdn. 28.
402 Siehe Begründung zum E 1962, BTDrucks. IV/650 S. 159.
403 OLG Düsseldorf VRS **30** (1966) 444, 445; OLG Köln NStZ **2006** 526, 527; KG BeckRS **2018** 11220; *Horstkotte* Prot. V S. 1792, 1793.
404 OLG Hamm NStZ **1996** 344; siehe auch OLG Schleswig VRS **30** 462.
405 Siehe OLG Hamm NJW **1958** 271; vgl. ferner OLG Hamm VRS **20** 232; OLG Hamm VRS **36** 27.
406 Vgl. OLG Koblenz NJW **1988** 2316.
407 Siehe insofern OLG Koblenz MDR **1972** 885; KG VRS **132** 299, 300; vgl. aber auch OLG Köln NStZ **2006** 526, 527.

willigen Feuerwehr durch Notstand gerechtfertigt, wenn ein eiliger, nicht vorhersehbarer Einsatz notwendig wurde, ein fester Dienstplan nicht bestand und der Betreffende der einzige war, der den Einsatzwagen fahren konnte.[408] Auch kommt Notstand in Betracht, wenn jemand die zulässige Höchstgeschwindigkeit überschreitet, um einen Fahrer zu warnen, dessen Fahrzeug akute Gefahren für andere birgt.[409] Ebenfalls kann ein Fahrer, der einen Rotlichtverstoß begeht, gerechtfertigt sein, wenn hierbei die Gefährdung Dritter fast ausgeschlossen ist und er sich auf einer Eilfahrt mit einer äußerst dringend benötigten Blutkonserve befindet.[410] Rechtfertigung scheidet aber aus, wenn eine Rettungsfahrt für andere Verkehrsteilnehmer **akut gefährlich** wird.[411] Im Einzelfall ist im Hinblick auf eine Rechtfertigung insbesondere darauf zu achten, ob durch die Trunkenheitsfahrt oder die Verkehrsverstöße keine anderen Verkehrsteilnehmer in Gefahr gerieten und wie dringlich die Rettungshandlung war. Es kommt dabei konkret u.a. auch auf die Entfernung an, welche gefahren wurde, die Verkehrsdichte, die Fähigkeiten des Fahrers sowie auf die Straßen- und Wetterverhältnisse.[412]

114 Der Gefahrengrad spielt ebenfalls eine Rolle, wenn ein und dasselbe Rechtsgut in Rede steht. Insofern ist bereits darauf hingewiesen worden, dass eine riskante Rettungshandlung, die misslingt und tödlich endet, gerechtfertigt sein kann, wenn die Alternative der sichere Tod gewesen wäre (Rdn. 112).

115 **d) Sonstige im Einzelfall relevante Gesichtspunkte der Interessenabwägung.** Die in § 34 StGB genannten beiden Abwägungsfaktoren sind als sehr gewichtig einzustufen, es sind jedoch nur **Beispiele** für zu berücksichtigende Gesichtspunkte, wie hinreichend durch die Verwendung des Begriffs „namentlich" deutlich wird. Darüber hinaus sind **sämtliche sonstigen Umstände des Einzelfalls** in die Abwägung einzubeziehen, um dann schließlich im Rahmen einer Gesamtbetrachtung die Frage lösen zu können, ob das geschützte Interesse das beeinträchtige wesentlich überwiegt. Es hat also eine umfassende Würdigung sämtlicher Umstände des Einzelfalls zu erfolgen. Das bedeutet im Einzelnen:

116 **aa) Der Umfang des drohenden Schadens.** Dem **Umfang des Schadens**, der einem Gut droht, kommt bei der Abwägung eine wichtige Bedeutung zu. Das gilt sowohl im Hinblick auf das Gut, das in Gefahr geraten ist, als auch in Bezug auf dasjenige, welches zur Gefahrenabwehr beeinträchtigt werden soll.[413] So kann insbesondere bei **Vermögenswerten** der Schadensumfang trotz grundsätzlicher Gleichrangigkeit der Rechtsgüter den Ausschlag geben, nämlich dann, wenn im Sinne des § 904 BGB der drohende Schaden gegenüber dem aus der Einwirkung entstehenden Schaden unverhältnismäßig groß ist.[414] Auch bei gleichrangigen Personenwerten kann der drohende Schadensumfang Bedeutung erlangen, so, wenn jemand zur Seite geschubst wird und eine leichte Körperverletzung erleidet, um zu verhindern, dass einem anderen von einem herannahenden Zug der Arm eingequetscht wird. Die Berücksichtigung des Schadensumfangs

---

[408] OLG Celle VRS **63** 449, 450 ff.
[409] OLG Düsseldorf VRS **30** 39 f; OLG Düsseldorf NJW **1970** 674.
[410] OLG Hamm NJW **1977** 1892.
[411] Vgl. insofern BayObLG NJW **2000** 888; OLG Düsseldorf VRS **88** 454, 455; OLG Karlsruhe VRS **46** 275 f; *Erb* MK Rdn. 135; *Helmers* S. 317; *Kohlhaas* DAR **1968** 231, 233; *Mitsch* JuS **1989** 964, 966 f; *Sch/Schröder/Perron* Rdn. 28; *Rengier* AT § 19 Rdn. 30.
[412] Siehe OLG Hamm NStZ **1996** 344; *Erb* MK Rdn. 133; *Mitsch* JuS **1989** 964, 967; *Sch/Schröder/Perron* Rdn. 28.
[413] Begründung zum E 1962, BTDrucks. IV/650 S. 159; *Roxin* AT I § 16 Rdn. 32.
[414] Siehe dazu auch *Sch/Schröder/Perron* Rdn. 26.

kann sogar dazu führen, dass ein Gut von niedrigerem Rang auf Kosten eines höherrangigen Guts gerettet werden darf, weil dem ersteren ein weitaus größerer Schaden droht.[415] Klassisches Beispiel ist insoweit das Löschen eines Hausbrandes, wodurch ein Passant durchnässt wird.[416] Auch wäre der Fall zu nennen, dass in einem stark frequentierten Bahnhof eine in einem Koffer befindliche hohe Geldsumme vor einem Diebstahl dadurch gerettet wird, dass ein Fahrgast zur Seite geschubst wird. Zu beachten ist beim Umfang des drohenden Schadens auch dessen Dauer, man denke etwa an einen langwierigen Heilungsprozess.

Auch beim Umfang des drohenden Schadens gilt es aber stets zu beachten, dass das **Leben** wiederum **abwägungsfest** ist, sodass es nicht über § 34 StGB gerechtfertigt sein kann, viele Menschen auf Kosten weniger zu retten. Der Wert menschlichen Lebens ist nicht quantifizierbar.[417] Es ist also nicht möglich, zu einem Interessenübergewicht zu gelangen, weil mehr Menschen gerettet als geopfert wurden. Eine Abwägung Leben gegen Leben findet nicht statt.[418] Das gilt sowohl für Unbeteiligte (so die Gleisarbeiter im Weichensteller-Fall)[419] als auch für Personen in einer Schicksals- oder Gefahrengemeinschaft: Dabei spielt es keine Rolle, ob innerhalb der Gefahrengemeinschaft eine Auswahl möglich ist (so etwa im Euthanasieärzte-Fall: Ärzte wirkten an der von Hitler befohlenen Tötung einiger von ihnen ausgewählter Geisteskranker mit, um die Tötung aller Anstaltsinsassen durch andere Ärzte zu verhindern, die sie im Fall der verweigerten Mitwirkung ersetzt hätten)[420] oder ob bei diesen Gefahrengemeinschaften das Leben bestimmter Personen von vornherein verloren erscheint (ein Kapitän lässt die Schotten zum Maschinenraum eines Schiffs schließen, um ein Schiff vor dem Untergang zu retten, wodurch vier ohnehin „unrettbare" Besatzungsmitglieder sterben, jedoch dreihundert andere auf dem Schiff befindliche Personen gerettet werden).[421] 117

bb) Die Größe der Rettungschance. Ist die **Chance, ein Gut zu retten**, eher gering, ist das bei der Abwägung zu berücksichtigen, denn dies spricht gegen ein Interessenübergewicht auf Seiten des Erhaltungsgutes. Je geringer die Rettungschance, desto 118

---

415   *Joecks/Jäger* Rdn. 27; *Sch/Schröder/Perron* Rdn. 26; *SSW/Rosenau* Rdn. 19.
416   Siehe *Ebert* AT S. 83; *Erb* MK Rdn. 114; *Jakobs* AT 13 Rdn. 26; *Kühl* AT § 8 Rdn. 121; *Stratenwerth/Kuhlen* AT § 9 Rdn. 107.
417   *Hirsch* LK[11] Rdn. 65; *Zieschang* AT Rdn. 259.
418   *Zieschang* AT Rdn. 259.
419   Siehe dazu bereits Rdn. 110 sowie *Prittwitz* FS Neumann 999, 1003: Im Weichensteller-Fall „verbietet sich die Rede von einer Gefahrengemeinschaft".
420   Man spricht dann von einer symmetrischen Verteilung der Rettungschancen. Eine **Rechtfertigung** ebenfalls **ablehnend** etwa *Bott* S. 27 ff, 74 ff; *Matt/Renzikowski/Engländer* Rdn. 32; *Gallas* FS Mezger 311, 327; *Jescheck/Weigend* § 33 IV 3a; *A. Koch* JA **2005** 745, 747; *Kühl* AT § 8 Rdn. 154 ff, § 12 Rdn. 95 f; *Küper* Pflichtenkollision S. 52 ff, 61; *ders.* JuS **1981** 785, 793; *Neumann* NK Rdn. 78; *Oehler* JR **1951** 489, 492; *Sch/Schröder/Perron* Rdn. 24; *Peters* JR **1950** 742, 745; *Roxin* FS Oehler 181, 193 f; *Eb. Schmidt* SJZ **1949** 559, 563; *Welzel* MDR **1949** 373, 375; **anders** und **für Rechtfertigung** aber *Brauneck* GA **1959** 260, 271; *E. Kern* ZStW **64** (1952) 255, 290; *Klefisch* MDR **1950** 258, 260; *Otto* AT § 8 Rdn. 195; *ders.* S. 109; *Zimmermann* S. 405 ff, 410 ff. Für eine Rechtfertigung, falls jemand aus der Gefahrengemeinschaft freiwillig in seine Tötung einwilligt, *Erb* MK Rdn. 121; *Gropp* AT § 5 Rdn. 253; *Mitsch* FS Weber 49, 66 f. – Das missachtet jedoch die Unbeachtlichkeit einer solchen Einwilligung in den eigenen Tod.
421   Hier geht es um die asymmetrische Verteilung der Rettungschancen. Ebenso eine **Rechtfertigung ablehnend** etwa *Matt/Renzikowski/Engländer* Rdn. 33; *Duttge* HK-GS Rdn. 20; *Küper* JuS **1981** 785, 792 ff; *Jerouschek* FS Schreiber 185, 193 f; *SSW/Rosenau* Rdn. 23; *Roxin* ZIS **2011** 552, 555 f; *Stübinger* ZStW **123** (2011) 403, 438; *Wessels/Beulke/Satzger* Rdn. 466; **anders** und eine **Rechtfertigung** bei „unrettbar verlorenem Leben" **bejahend** etwa *Erb* MK Rdn. 126 f; *Hirsch* FS Bockelmann 89, 108; *ders.* FS Küper 149, 160 ff; *Hörnle/Wohlers* GA **2018** 12, 18 f; *Neumann* NK Rdn. 77; *Otto* Jura **2005** 470, 476 f; *Zimmermann* S. 347 ff, 391 ff, 401; siehe zu dieser Konstellation auch unten Rdn. 143.

weniger muss ein Unbeteiligter Solidarität üben und einen Eingriff in seine Güter dulden. Diese Aussage ist jedoch wiederum dahingehend zu relativieren, dass bei einem **hochrangigen Rechtsgut** – wie beim Leben – auch Rettungshandlungen mit einer eher geringen Chance wahrgenommen werden dürfen, sofern das Eingriffsgut nicht ähnlich hoch ist.[422] Auch kann eine eher geringe Rettungschance wahrgenommen werden, wenn das Ausmaß des drohenden Schadens unverhältnismäßig groß im Vergleich zu dem aus der Einwirkung entstehenden Schaden ist.

119   cc) **Besondere individuelle Interessen.** Da bei § 34 StGB eine umfassende Abwägung der Umstände des Einzelfalls zu erfolgen hat, muss auch eine **besondere individuelle Wertschätzung** bei der Interessenabwägung Berücksichtigung finden.[423] So hat der kleine Finger bei einem Konzertpianisten oder Gitarristen für den Betreffenden eine größere Bedeutung als für andere. Stets müssen diese Interessen aber im Einklang mit der Rechtsordnung stehen, also schützenswert sein, sodass etwa das besondere Interesse des Betrügers an seinem Falschgeldbestand keine Berücksichtigung findet.

120   dd) **Besondere Gefahrtragungspflichten.** Hat jemand eine **besondere Gefahrtragungspflicht**, beeinflusst das die Interessenabwägung. Auch wenn § 34 StGB anders als § 35 StGB[424] nicht ausdrücklich diesen Aspekt erwähnt, findet er bei der Interessenabwägung Berücksichtigung.[425] So müssen etwa **Feuerwehrleute, Polizeibeamte oder Soldaten** größere berufsspezifische Gefahren und Risiken auf sich nehmen als andere Personen. Die Grenze der Gefahrtragungspflicht ist aber erreicht, wenn den in einer besonderen Pflichtenstellung stehenden Personen der sichere Tod oder ein besonders schwerer Gesundheitsschaden droht.[426]

121   Parallel dazu ist auch eine **Garantenstellung** ein Faktor, welcher bei der Interessenabwägung eine Rolle spielt.[427] Die Gegenauffassung meint zwar, beim Garanten sei anders als bei den Trägern beruflicher Sonderpflichten der Eintritt einer Gefahr eine atypische Ausnahmelage.[428] Dagegen ist jedoch einzuwenden, dass bei den Gefahrtragungspflichten nicht die Atypizität der maßgebliche Anknüpfungspunkt ist, sondern die besondere Rechtsstellung gegenüber den betroffenen Gütern.[429] Hinzu kommt, dass auch für Polizeibeamte oder Feuerwehrleute regelmäßig die Notstandssituation eine singuläre ist und jeweils von den Besonderheiten des Einzelfalls bestimmt wird.

122   ee) **Pflichtwidriges Vorverhalten.** Bereits erläutert worden ist, dass es für das Vorliegen der Gefahr keine Rolle spielt, wenn der Notstandstäter die Gefahr **selbst ver-**

---

422   *Erb* MK Rdn. 130; *Kühl* AT § 8 Rdn. 124.
423   *Duttge* HK-GS Rdn. 17; *Erb* MK Rdn. 138; *Hauck* AnwK Rdn. 7; **anders** *Neumann* NK Rdn. 82; differenzierend *Hoyer* SK Rdn. 66 ff.
424   Siehe dort § 35 Abs. 1 Satz 2 Halbsatz 1 StGB: „Dies gilt nicht, soweit dem Täter nach den Umständen, namentlich … weil er in einem besonderen Rechtsverhältnis stand, zugemutet werden konnte, die Gefahr hinzunehmen."
425   *Günther* SK[8] Rdn. 46; *Hoyer* SK Rdn. 71; *Sch/Schröder/Perron* Rdn. 34; *Rengier* AT § 19 Rdn. 37; *Wessels/Beulke/Satzger* Rdn. 459. *Matt/Renzikowski/Engländer* Rdn. 39 will diesen Aspekt erst bei der Angemessenheit berücksichtigen.
426   *Erb* MK Rdn. 150; *Krey* Jura 1979 316, 320; *Kühl* AT § 8 Rdn. 148; *Küper* JZ 1980 755, 756.
427   Siehe *Bernsmann* FS Blau 23, 37 f; *Duttge* HK-GS Rdn. 17; *Hruschka* S. 145 ff, der diesen Gesichtspunkt bei der Angemessenheit berücksichtigt; *Jakobs* AT 13 Rdn. 28; *Lugert* S. 17 f, 42 ff; *Lenckner* S. 101 f; *Momsen/Savic* BeckOK Rdn. 16; *Pawlik* S. 281 ff; *Sch/Schröder/Perron* Rdn. 34; SSW/*Rosenau* Rdn. 29; *Roxin* AT I § 16 Rdn. 65 f; **anders** etwa *Erb* MK Rdn. 151; *Hoyer* SK Rdn. 76 f; *Küper* Pflichtenkollision S. 107 ff; *Neumann* NK Rdn. 102.
428   *Küper* Pflichtenkollision S. 107.
429   *Hirsch* LK[11] Rdn. 67.

schuldet hat. Umstritten ist jedoch, ob dieser Aspekt bei der Interessenabwägung von Bedeutung ist. Teilweise wird vertreten, dieser Umstand habe keinerlei Einfluss auf die Interessenabwägung.[430] Andere ziehen in diesen Fällen die Rechtsfigur der actio illicita in causa heran und knüpfen den Vorwurf an das vorangegangene Verhalten.[431] Überzeugender ist es hingegen, mit der überwiegenden Ansicht die schuldhafte Herbeiführung der Notstandslage als einen **Abwägungsfaktor zu Lasten des Notstandstäters im Rahmen der Interessenabwägung** zu berücksichtigen.[432] Im Einzelnen ist zu unterscheiden: Führt der Täter absichtlich oder wissentlich die Notstandslage herbei, fehlt ihm bereits der Gefahrabwendungswille, denn er will keine Gefahr abwenden, sondern gerade erzeugen (Rdn. 82). Erfolgt dagegen die Herbeiführung der Notstandslage pflichtwidrig mit dolus eventualis oder fahrlässig, liegt zwar eine Gefahr und auch der Gefahrabwendungswille vor, jedoch wirkt sich dieser Umstand zu seinen Lasten auf die Interessenabwägung aus.[433] Er hat eigene Schäden in einem erheblicheren Umfang hinzunehmen.[434]

Nicht gefolgt werden kann der Auffassung, wonach die pflichtwidrige Herbeiführung der Notstandslage bei der Interessenabwägung gänzlich unberücksichtigt bleibt, denn das widerspricht dem in § 34 StGB niedergelegten Solidaritätsgedanken: Sollen Unbeteiligte zur Abwehr der Gefahr herangezogen werden, dann müssen diese umso weniger Solidarität üben, wenn der Notstandstäter die Situation selbst herbeigeführt hat. Der Anspruch auf Solidarität wird also reduziert,[435] was dadurch zum Ausdruck kommt, dass das pflichtwidrige Herbeiführen der Lage ein Abwägungsfaktor bei der Interessenabwägung ist. 123

Zwar kann man zur Stützung dieser These nicht auf § 35 Abs. 1 Satz 2 StGB verweisen, da es sich bei § 35 StGB um einen Entschuldigungsgrund handelt, bei dem andere Grundsätze maßgeblich sind.[436] Die Nichtbeachtung stünde jedoch auch im Widerspruch zu der Maßgabe, dass bei der Interessenabwägung sämtliche Umstände des Einzelfalls in die Betrachtung einzubeziehen sind. So wie Garantenstellungen die Interessenabwägung beeinflussen (Rdn. 121), ergibt sich hier letztlich aus dem Gedanken der Ingerenz, dass auch die pflichtwidrige Herbeiführung der Situation Bedeutung für die Abwägung hat. 124

Es bedarf also auch gar nicht der Heranziehung der Figur der actio illicita in causa zur Lösung dieser Fälle. Im Einzelfall kann es natürlich sein, dass das pflichtwidrige 125

---

430   *Hruschka* JR **1979** 125, 126; ebenso *Delonge* S. 138; *Renzikowski* S. 54. Nach *Matt/Renzikowski/Engländer* Rdn. 37 bleibt das Notstandsrecht bei Lebensgefahr sowie einer gravierenden Gesundheits- oder Freiheitsbeeinträchtigung unberührt.
431   BayObLG NJW **1978** 2046, 2047; OLG Celle VRS **63** 449, 451; aus dem Schrifttum siehe *Erb* MK Rdn. 143; *Frister* 17. Kap. Rdn. 33; *Sch/Schröder/Perron* Rdn. 42. *Meißner* S. 253 lässt die pflichtwidrige Herbeiführung bei der Interessenabwägung ganz unberücksichtigt und löst die Fälle allein über die actio illicita in causa. *Dencker* JuS **1979** 779, 782f und *Kühl* AT § 8 Rdn. 144 beachten die Figur bei reinen Erfolgsdelikten, ziehen die Pflichtwidrigkeit aber auch bei der Interessenabwägung heran. *Küper* „verschuldeter" Notstand S. 39 ff berücksichtigt die Pflichtwidrigkeit ebenfalls bei der Interessenabwägung und zieht die Figur der actio illicita in causa bei fahrlässigen Erfolgsdelikten heran. Gegen die Heranziehung der Figur der actio illicita in causa etwa *Roxin* AT I § 16 Rdn. 64.
432   BGH NJW **1989** 2479, 2481; *Beck* ZStW **124** (2012) 660, 669; *Erb* JuS **2010** 108, 109 f; *Gropp* AT § 5 Rdn. 260; *Günther* SK[8] Rdn. 46; *Kindhäuser* AT § 17 Rdn. 40; Baumann/Weber/Mitsch § 15 Rdn. 103; *Neumann* NK Rdn. 95; *Otto* AT § 8 Rdn. 174; Wessels/Beulke/Satzger Rdn. 460.
433   Vgl. *Bernsmann* S. 395; *Dencker* JuS **1979** 779, 780; *Erb* MK Rdn. 142; *Gropp* AT § 5 Rdn. 260; *Küper* JZ **1976** 515, 518 f; *Küpper* JuS **1990** 184, 188; **abweichend** *Matt/Renzikowski/Engländer* Rdn. 36 f, der erst die Angemessenheit verneint.
434   *Kindhäuser* AT § 17 Rdn. 40.
435   *Kühl* AT § 8 Rdn. 143.
436   Siehe insofern *Zieschang* LK § 35 Rdn. 4.

Vorverhalten schon für sich genommen einen Straftatbestand erfüllt. Setzt ein Landarbeiter versehentlich eine Scheune in Brand und verletzt er bei der Flucht vor dem Feuertod seinen Kollegen, der in der Türe steht und zur Seite geschubst wird, dann ist diese Körperverletzung über § 34 StGB trotz des pflichtwidrigen Vorverhaltens gerechtfertigt, da hier der Lebensschutz die Interessen des Kollegen überwiegt. Erleidet nun der Kollege darüber hinaus selbst eine Brandverletzung, ist der Landarbeiter jedoch im Hinblick darauf angesichts des Inbrandsetzens gemäß § 229 StGB zu bestrafen, ohne dass § 34 StGB greift. Dagegen kann er im Hinblick auf die Körperverletzung durch das Schubsen nicht wegen § 229 StGB bestraft werden, denn das wäre widersprüchlich, da er in Bezug auf gerade diesen Erfolg gerechtfertigt ist. Im Fäkalien-Fall[437] fuhr der Fahrer mit einem Lkw, der Fäkalien geladen hatte, auf einem unbefestigten Feldweg, der zum Befahren mit dem Lkw nicht geeignet war. Als das Fahrzeug umzukippen drohte, entleerte der Fahrer den Lkw. Hier hat das BayObLG angenommen, das Entleeren sei über den Notstand (§ 16 OWiG) gerechtfertigt. Das schuldhafte Verhalten sei aber das vorangegangene Befahren des für den Lkw ungeeigneten Weges, sodass eine fahrlässige Tat gemäß §§ 4 Abs. 1, 18 Abs. 1 Nr. 1 AbfG a.F. vorliege. Insofern ist aber einzuwenden, dass das bloße Befahren noch kein „Ablagern von Abfällen" im Sinne der genannten Normen ist,[438] sodass die Entscheidung nicht zu überzeugen vermag.

126 Ein pflichtwidriges Vorverhalten wirkt sich zu Lasten des Notstandstäters aus, muss aber wie gesehen nicht unbedingt bedeuten, dass ihm dann stets die Rechtfertigung verwehrt bleibt. Begibt sich ein Wanderer trotz eines sich anbahnenden Unwetters in die Berge, darf er sich trotz dieses pflichtwidrigen Vorverhaltens zur Rettung in eine verschlossene Hütte flüchten, um sein Leben zu retten, falls ihm keine anderen milderen Maßnahmen zur Verfügung stehen.[439] Eine Rechtfertigung würde aber aufgrund des pflichtwidrigen Vorverhaltens ausscheiden, wenn es nur darum ginge, eine Erkrankung zu vermeiden.

127 **ff) Besondere Duldungspflichten.** Aus gesetzlichen Vorgaben für den Einzelnen können sich **besondere Duldungspflichten** ergeben. Wenn etwa ein Unternehmen Regelungen zum Arbeits- oder Umweltschutz einhalten muss, dürfen diese Vorgaben nicht aus dem Grund missachtet werden, dass dies einen erheblichen finanziellen Aufwand für das Unternehmen darstellt. Die **Entscheidung des Gesetzgebers ist zu dulden**,[440] sie zeigt, dass etwa dann dem Arbeits- oder Umweltschutz ein höheres Gewicht beigemessen wird als den finanziellen Interessen des Unternehmens. Es bleibt gegebenenfalls nur die Möglichkeit, sich auf dem Rechtsweg gegen solche Vorgaben zu wehren, womit dann im Übrigen bereits ein milderes Mittel zur Verfügung steht. Ebenso darf jemand, der an einer schweren Krankheit leidet und eine Spezialbehandlung benötigt, die nicht von den Krankenkassen getragen wird, das dafür benötigte Geld nicht stehlen, denn das jeweilige System der staatlichen Krankenversorgung ist von jedermann so zu dulden und zu akzeptieren.[441]

128 **gg) Der Autonomiegesichtspunkt.** Bei der Interessenabwägung ist ebenfalls das **Autonomieprinzip** zu beachten, also der Anspruch des Einzelnen auf Selbstbestim-

---

437 BayObLG NJW **1978** 2046.
438 *Roxin* AT I § 16 Rdn. 64.
439 Siehe das Beispiel von *Lenckner* S. 104.
440 Siehe auch *Lüthge/Klein* ZStW **129** (2017) 48, 79.
441 *Hirsch* LK[11] Rdn. 69.

mung und Respektierung seiner Person.⁴⁴² Über diesen Aspekt kann daher eine Rechtfertigung ausscheiden, selbst wenn das bedrohte Rechtsgut im Rang über dem beeinträchtigten steht. Hier geht es insbesondere um den klassischen **Blutspende-Fall**. In diesem von *Gallas* gebildeten Beispiel⁴⁴³ wird ein Dritter, der eine seltene Blutgruppe aufweist, genötigt, eine Blutentnahme zu dulden, die dringend für einen Schwerkranken benötigt wird, wobei dies die einzige Möglichkeit ist, dessen Leben zu retten. Obwohl es bei Betrachtung der in Rede stehenden Rechtsgüter in Bezug auf das Erhaltungsgut um das Leben geht und dem „lediglich" ein Eingriff in die körperliche Unversehrtheit und Willensfreiheit gegenübersteht, scheidet eine Rechtfertigung nach § 34 StGB aus.⁴⁴⁴ Anderenfalls würde man die Freiheit des Einzelnen missachten, der **selbstbestimmt** über sich entscheiden darf, wobei andere seine frei getroffene Entscheidung **zu respektieren** haben. Natürlich ist auch hier eine umfassende Abwägung durchzuführen; so mögen etwa bestehende Garantenpflichten das Ergebnis der Abwägung verändern. Geht es etwa bei dem Eingriffsopfer um den Vater eines schwerverletzten Kindes, wird man aufgrund seiner Schutzpflicht für das Kind davon auszugehen haben, dass der Autonomiegesichtspunkt hinter seine Schutzpflicht zurücktritt.⁴⁴⁵ Der Autonomiegesichtspunkt führt im Übrigen dazu, dass eine erteilte oder aber verweigerte Einwilligung sowie die mutmaßliche Einwilligung Auswirkungen auf die Interessenabwägung haben, soweit Gefahr und Eingriff ein und dieselbe Person betreffen (Rdn. 31 f).

hh) Der Nötigungsnotstand. Beim **Nötigungsnotstand** geht es um die Konstellation, dass ein Dritter den Notstandstäter zu einer bestimmten Tat zwingt, um ein ansonsten angedrohtes Übel zu vermeiden. Ein Beispiel wäre die Konstellation, dass jemand einen anderen mit vorgehaltener Pistole zu einer Autofahrt nötigt, obwohl dieser nicht mehr fahrtüchtig ist und damit § 316 StGB verwirklicht.⁴⁴⁶ Im Rahmen der Interessenabwägung könnte man hier durchaus zu dem Ergebnis gelangen, dass insbesondere bei Betrachtung der Rechtsgüter das Interesse am Überleben des Fahrers gegenüber der allgemeinen Verkehrssicherheit überwiegt. Indes ist es sehr umstritten, ob bei einem Nötigungsnotstand überhaupt eine Rechtfertigung gemäß § 34 StGB eintreten kann. 129

So wird vertreten, der Täter handele in diesen Fällen **auf Seiten des Unrechts**.⁴⁴⁷ Wäre er gerechtfertigt, hätte der von der Notstandstat Betroffene eine Duldungspflicht. Er müsste die Folgen der Notstandshandlung tragen, mit welcher der nötigende Hintermann seine rechtswidrigen Ziele durchsetzt.⁴⁴⁸ Daher fehle es beim Nötigungsnotstand 130

---

442   *Hirsch* LK¹¹ Rdn. 68.
443   *Gallas* FS Mezger 311, 325 f.
444   Begründung zum E 1962, BTDrucks. IV/650 S. 160; *Gallas* FS Mezger 311, 325 f; *Günther* SK⁸ Rdn. 51; *Hruschka* S. 145; *Jescheck/Weigend* § 33 IV 3d; *Köhler* AT S. 291; *Sch/Schröder/Perron* Rdn. 41e; *Zieschang* AT Rdn. 266. Dabei ist umstritten, ob der Fall über die Interessenabwägung zu lösen ist oder eine Konstellation des § 34 Satz 2 StGB darstellt; dazu Rdn. 155. Eine Rechtfertigung **dagegen bejahend** *Matt/Renzikowski/Engländer* Rdn. 34; *Horstkotte* Prot. V S. 1792, 1799; *Kühl* AT § 8 Rdn. 169 ff; *Roxin* AT I § 16 Rdn. 49.
445   Siehe *Erb* MK Rdn. 201; *Hruschka* S. 145 ff; *Rengier* AT § 19 Rdn. 61; *Renzikowski* S. 269; SSW/*Rosenau* Rdn. 34; *Wessels/Beulke/Satzger* Rdn. 474; **anders** *Neumann* NK Rdn. 118a.
446   Siehe zu einem ähnlichen Beispiel bereits *Zieschang* AT Vor Rdn. 269; vgl. auch OLG Düsseldorf VRS 91 296.
447   Siehe *Günther* SK⁸ Rdn. 49; *Hassemer* FS Lenckner 97, 115; *Heinrich* Rdn. 437, 580; *ders.* AD LEGENDUM **2015** 89, 95; *Jäger* AT Rdn. 161; *Jahn* S. 262; *Köhler* FS Schroeder 257, 267; *Lenckner* S. 117; *F. Meyer* GA **2004** 356, 368; *Sch/Schröder/Perron* Rdn. 41b; *Wessels/Beulke/Satzger* Rdn. 462.
448   *Kühl* AT § 8 Rdn. 128 ff (Rechtfertigung nur in „Bagatellfällen"); siehe auch *Berster* JuS **2018** 350, 353 f sowie *Hoffmann-Holland* AT Rdn. 425, die beim Nötigungsnotstand die Angemessenheit (§ 34 Satz 2 StGB) verneinen; eine Lösung über § 34 Satz 2 StGB ebenfalls annehmend etwa *Bünemann/Hömpler* Jura **2010** 184, 187; *Brand/Lenk* JuS **2013** 883.

an einem wesentlichen Interessenübergewicht. Das „Handeln auf der Seite des Unrechts" wird also als ein Abwägungsfaktor in die Interessenabwägung eingestellt.

131 Die Gegenauffassung erachtet beim Nötigungsnotstand hingegen eine **Rechtfertigung im Einzelfall durchaus für möglich.**[449] Dafür spricht, dass sich die Interessenabwägung vom Ausgangspunkt her nicht von anderen Fällen des rechtfertigenden Notstands unterscheidet, indem nämlich sämtliche Umstände des Einzelfalls in die Betrachtung einzubeziehen sind. Zudem ist § 34 StGB unabhängig davon anwendbar, ob die Gefahr von einer Sache oder von einem Menschen ausgeht. In beiden Fällen kann der Gesichtspunkt der Solidarität greifen. Bei der Interessenabwägung spielt dann natürlich eine Rolle, dass der Täter zu der Tat gezwungen wird. Zudem ist zu beachten, dass bei Annahme einer Rechtfertigung dem möglicherweise betroffenen Opfer der Notstandstat eine Duldungspflicht auferlegt wird. Andererseits müssen auch die in Rede stehenden Rechtsgüter in die Betrachtung einfließen. In dem erwähnten Beispielsfall der erzwungenen Trunkenheitsfahrt stehen sich nun das Leben des Fahrers auf der einen Seite und die allgemeine Verkehrssicherheit auf der anderen Seite gegenüber, ohne dass konkret Individualrechtsgüter in Mitleidenschaft gezogen werden. Daraus ergibt sich ein wesentlich überwiegendes Interesse auf Seiten des Fahrers. Falls die Gefahr nicht schon anders abwendbar ist, etwa durch Einschaltung der Polizei oder sonstiger staatlicher Hilfe, ist daher von einer Rechtfertigung gemäß § 34 StGB auszugehen.

132 Ebenso wird man zum Schutz des Lebens oder bei erheblichen Gefahren für Leib und Freiheit Taten zu Lasten des Vermögens im Einzelfall rechtfertigen können.[450] Bedroht der Täter einen Bankmitarbeiter mit der Waffe und gibt dieser dann Geld der Bank heraus, da er keine anderweitige Möglichkeit hat, ist er folglich über § 34 StGB gerechtfertigt, sofern nicht ohnehin die Bank für derartige Fälle ihre Zustimmung zur Herausgabe erteilt hat. Natürlich können erzwungene Tötungen nicht über § 34 StGB gerechtfertigt sein. In diesen Konstellationen ist dann zu prüfen, ob § 35 StGB eingreift.

133 **ii) Der Defensivnotstand.** Der **Defensivnotstand** ist dadurch gekennzeichnet, dass durch die Notstandshandlung **dasjenige Gut beeinträchtigt wird, von dem die Gefahr ausgeht**, nicht aber ein unbeteiligtes Gut. Eine ausdrückliche Regelung des Defensivnotstandes findet sich in § 228 BGB. Diese Vorschrift geht als lex specialis dem § 34 StGB vor, ist jedoch auf den Fall beschränkt, dass die Gefahr von einer Sache ausgeht. Die übrigen Fälle des Defensivnotstandes sind über § 34 StGB zu lösen. Insofern geht es also um Konstellationen, in denen die Gefahr von einem Menschen ausgeht. Im Einzelnen gilt:

134 Es ist bereits erläutert worden, dass **§ 34 StGB** nach zutreffender Ansicht auch den **Defensivnotstand erfasst und auf ihn anwendbar** ist (Rdn. 16 f). Das von dem Notstand betroffene Eingriffsopfer muss umso mehr Solidarität üben, wenn es selbst die Gefahr setzt. Folglich wirkt sich dieser Umstand zugunsten des Notstandstäters bei der Interessenabwägung aus. Setzt jemand die Gefahr, muss er also schärfere Eingriffe erdulden als ein unbeteiligter Dritter.[451] Hierbei kann man sich durchaus am Maßstab des § 228 BGB orientieren: Es genügt danach, dass der durch den Eingriff angerichtete Scha-

---

449 *Biewald* S. 259 ff, 262; *Brand/Lenk* JuS **2013** 883, 884 f; *Dann* wistra **2011** 130, 132; *Delonge* S. 133 ff; *Matt/Renzikowski/Engländer* Rdn. 41; *Erb* MK Rdn. 147; *Frister* 17. Kap. Rdn. 20; *Hauck* AnwK Rdn. 18; *Jakobs* AT 13 Rdn. 14; *Joecks/Jäger* Rdn. 48; *Kindhäuser* AT § 17 Rdn. 36; *Küper* Darf sich der Staat erpressen lassen? S. 67 ff; Baumann/Weber/*Mitsch* § 15 Rdn. 106; *Momsen/Savic* BeckOK Rdn. 17; *Neumann* JA **1988**, 329, 334 f; *ders.* NK Rdn. 53 ff; *Pawlik* S. 303; *Rengier* AT § 19 Rdn. 54; SSW/*Rosenau* Rdn. 30; *Roxin* FS Oehler 181, 187 ff; *Seelmann* S. 50; *Zieschang* AT Rdn. 272; *ders.* JA **2007** 679, 683.
450 Siehe auch *Neumann* JA **1988** 329, 335; SSW/*Rosenau* Rdn. 30.
451 *Kühl* AT § 8 Rdn. 134; *Otte* S. 164 f; *Sch/Schröder/Perron* Rdn. 30; *Zieschang* JA **2007** 679, 683; vgl. auch *Wilenmann* S. 109 ff.

den nicht außer Verhältnis zu der drohenden Gefahr steht.[452] Wird etwa eine Person in einer stark frequentierten Fußgängerzone in Richtung eines Kindes gestoßen, darf ein anderer diese Person über § 34 StGB gerechtfertigt zur Seite schubsen, selbst wenn sie dadurch einen Armbruch erleidet. Der Armbruch steht dann im Vergleich zu der drohenden Beeinträchtigung des Kindes nicht außer Verhältnis. Natürlich kann sich durch sonstige Umstände des Einzelfalls das Ergebnis wieder verschieben. Der Aspekt des Defensivnotstands ist bei der Interessenabwägung nur ein Abwägungsfaktor unter mehreren und nicht der einzige.

Auch wenn damit der Defensivnotstand größere Eingriffsbefugnisse eröffnet als im Fall der Beeinträchtigung eines unbeteiligten Dritten, ist zunächst immer vor allem auch die Nicht-anders-Abwendbarkeit zu beachten: Wenn die Möglichkeit besteht, der Gefahr auszuweichen, ist dieser Weg **auch beim Defensivnotstand** zu beschreiten.[453] 135

Der Defensivnotstand hat gegenüber der Notwehr insbesondere in folgenden Fällen eine eigenständige Bedeutung:[454] § 34 StGB ist von selbständiger Relevanz, wenn die Gefahr von einem Menschen ausgeht, jedoch nicht die für ein menschliches Verhalten im Sinne des Strafrechts erforderlichen Voraussetzungen gegeben sind. So setzt die Notwehr einen Angriff voraus, also die Bedrohung rechtlich geschützter Interessen durch ein menschliches Verhalten. Letzteres fehlt aber insbesondere dann, wenn die Verhaltensweisen der Person **nicht vom Willen beherrscht** sind, so wie dies etwa bei instinktiven Abwehrreaktionen, Schlaf, Bewusstlosigkeit, epileptischen Anfällen oder vis absoluta der Fall ist. Notwehr scheidet dann aus, jedoch kann § 34 StGB greifen. 136

§ 34 StGB hat zudem eine eigenständige Bedeutung gegenüber der Notwehr, wenn es um eine Dauergefahr geht und die Notwehr **mangels Gegenwärtigkeit** des Angriffs ausscheidet.[455] Klassisches Beispiel dafür ist der vom BGH entschiedene Spanner-Fall.[456] Dort hatte ein Ehemann auf einen flüchtenden Mann, der wiederholt nachts in die Wohnung eingedrungen war und das Ehepaar belästigt hatte, mit einer Waffe geschossen, um ihn dingfest zu machen. Ein gegenwärtiger Angriff lag nicht vor, sodass § 32 StGB den Ehemann nicht rechtfertigen konnte. Wohl aber war eine gegenwärtige Gefahr im Sinne des § 34 StGB gegeben (Rdn. 71). Der BGH hat diesen Fall über § 35 StGB gelöst, tatsächlich handelt es sich jedoch um eine Konstellation, bei der § 34 StGB eingreift: Zwar überwiegen die in Rede stehenden Rechtsgüter auf Seiten des Ehepaares (insbesondere die Intim- und Privatsphäre und das Hausrecht) nicht wesentlich das beeinträchtigte Rechtsgut (körperliche Unversehrtheit des Eindringlings), jedoch modifiziert sich die Interessenabwägung dadurch, dass ein Defensivnotstand vorliegt, also die Gefahr gerade von der verletzten Person ausgeht. Insofern steht aber die körperliche Beeinträchtigung nicht außer Verhältnis zu der drohenden Gefahr. Richtigerweise ist daher der Ehemann über § 34 StGB gerechtfertigt.[457] 137

---

452 Siehe *Erb* MK Rdn. 159; *Günther* FS Amelung 147, 151; *Hirsch* FS Dreher 211, 225 f; *Kühl* AT § 8 Rdn. 134; *Zieschang* AT Rdn. 258.
453 *Kühl* AT § 8 Rdn. 135; *Sch/Schröder/Perron* Rdn. 1; *Roxin* AT I § 16 Rdn. 78.
454 Zum Verhältnis von Notwehr und Notstand siehe bereits Rdn. 28 ff.
455 Möglich ist auch, dass § 34 StGB eigenständige Bedeutung gewinnt, da es im Sinne des § 32 StGB an einem rechtswidrigen Angriff fehlt. Insoweit ist dann zu berücksichtigen: Fehlt die Rechtswidrigkeit aufgrund Eingreifens eines Rechtfertigungsgrundes, hat dies entsprechende Auswirkungen auf die Interessenabwägung, da diese dann bereits von Gesetzes wegen zu Lasten des angegriffenen Gutes ausgeht; *Erb* MK Rdn. 154; *Hirsch* LK[11] Rdn. 73.
456 BGH NJW **1979** 2053; dazu *Hirsch* JR **1980** 115; *Hruschka* NJW **1980** 21; *Neumann* NK Rdn. 89; *Sch/Schröder/Perron* Rdn. 31; *Roxin* AT I § 16 Rdn. 21, 86; *Schroeder* JuS **1980** 336.
457 *Günther* FS Amelung 147, 154; *Hruschka* NJW **1980** 21, 22; *Pawlik* GA **2003** 12, 17 f; *Sch/Schröder/Perron* Rdn. 31; siehe dazu auch *Roxin* AT I § 16 Rdn. 86, für den der Gedanke des Defensivnotstands allein die Rechtfertigung nicht trägt.

138 Ebenso ist § 34 StGB von selbständiger Bedeutung, wenn der Täter einem **noch nicht gegenwärtigen Angriff** zuvorkommt. In dem bereits erwähnten Gastwirt-Fall (Rdn. 72) scheidet eine Rechtfertigung über § 32 StGB mangels noch nicht gegenwärtigen Angriffs aus. Jedoch greift § 34 StGB über den Gesichtspunkt der Dauergefahr (Rdn. 72). Ist nun der drohende Schaden nicht anders abwendbar, spielt bei der Interessenabwägung eine maßgebliche Rolle, dass es sich um eine Konstellation des Defensivnotstands handelt: Hier nun steht aber die körperliche Beeinträchtigung durch das Schlafmittel nicht außer Verhältnis zu der drohenden Gefahr des Überfalls (Freiheit, Eigentum, eventuell körperliche Unversehrtheit).[458] Dagegen wäre der Gastwirt nicht über § 34 StGB gerechtfertigt, wenn er die Gäste tötet, nachdem er mitbekommen hat, dass diese ihn töten wollen.[459] Eine solche Tötung ist auch im Defensivnotstand nicht über § 34 StGB zu rechtfertigen. Dann kann jedoch § 35 StGB greifen.

139 Weitere Bedeutung, ohne dass § 32 StGB einschlägig ist, gewinnt § 34 StGB dann, wenn einem freiverantwortlich handelnden **Suizidenten** das Leben gerettet wird (Rdn. 31). Die Gefahr geht in diesem Fall von dem Suizidenten selbst aus. Im Einklang mit der Wertung des § 216 StGB ist die Einwilligung in die Tötung unwirksam und der Wille des Suizidenten nicht verbindlich, sodass der Autonomiegesichtspunkt nicht entgegensteht und die gewaltsame Verhinderung der Selbsttötung, die etwa §§ 223, 239, 240 StGB tatbestandlich verwirklicht, über § 34 StGB gerechtfertigt ist. In besonderen Ausnahmefällen mag jedoch ein Interessenübergewicht fehlen, wenn etwa der Freitod zur Vermeidung zukünftiger qualvoller Leiden oder dauernden Siechtums gewählt wird.[460]

140 Fehlt es an der Freiverantwortlichkeit, etwa in Fällen, dass bei einem geistig Verwirrten die Gefahr besteht, dass er sich selbst schädigt,[461] kommt umso mehr eine Rechtfertigung von Gegenmaßnahmen und ein Interessenübergewicht in Betracht, da dann der Autonomiegesichtspunkt von vornherein keine Rolle spielt.

141 Wie bereits angeklungen ist, kann entgegen vieler Stimmen im Schrifttum[462] auch im **Defensivnotstand die Tötung eines Menschen nicht über § 34 StGB gerechtfertigt** sein.[463] Im Einzelnen werden hier insbesondere folgende Fallgestaltungen diskutiert:

142 Rechtfertigender Notstand wird von einem Großteil des Schrifttums im Fall der **Perforation** angenommen.[464] In diesem Fall wird ein in der Geburt befindliches Kind vorsätzlich getötet, um das Leben der Mutter zu retten, die sich in einer nicht anders abwendbaren Gefahr des Todes befindet. In Bezug auf einen solchen aufgrund des medizinischen Fortschritts heute nicht mehr vorgenommenen Eingriff argumentiert man, dass die Gefahr von dem Kind ausgehe und die im Strafrecht erfolgte Vorverlegung des Anfangs des Menschseins eine Lücke zwischen zulässiger Schwangerschaftsunterbrechung einerseits und Notwehr andererseits entstehen lasse, die durch den rechtfertigenden Notstand zu schließen sei.[465] Insoweit ist aber zu bedenken, dass die Entschei-

---

458 Ebenso *Erb* MK Rdn. 170; *Kühl* AT § 8 Rdn. 137.
459 **Anders** *Erb* JuS **2010** 108, 111 f. Zur nicht möglichen Rechtfertigung einer Tötung in Fällen des Defensivnotstands siehe insbesondere auch Rdn. 141 ff.
460 Siehe *Bottke* GA **1982** 346, 358; *Erb* FS Schünemann 337, 348 f; *ders.* MK Rdn. 35.
461 Siehe BGHSt **13** 197, 201.
462 Etwa nur *Matt/Renzikowski/Engländer* Rdn. 51; *Erb* MK Rdn. 176; *Gropp* AT § 5 Rdn. 251; *Günther* SK[8] Rdn. 43; *Hirsch* FS Bockelmann 89, 108 m. Fn. 60; *Jakobs* AT 13 Rdn. 46; *Koriath* JA **1998** 250, 256; *Küper* Pflichtenkollision S. 73 ff; *Neumann* NK Rdn. 90.
463 *Maurach/Zipf* § 27 Rdn. 25 f; *Sch/Schröder/Perron* Rdn. 30; *Scheuß* ZStW **130** (2018) 23, 45.
464 *Erb* MK Rdn. 161; *Günther* SK[8] Rdn. 43; *ders.* FS Amelung 147, 154; *Haft* AT S. 101; *Hirsch* LK[11] Rdn. 74; *Jäger* FS Rogall 171, 180 f; *Kühl* AT § 8 Rdn. 139; *Lackner/Kühl* Rdn. 9; *Neumann* NK Rdn. 91; *Otte* S. 153 ff, 189; *Sch/Schröder/Perron* Rdn. 30; *Renzikowski* S. 267 f; *Rogall* SK Vor § 218 Rdn. 65; *SSW/Rosenau* Rdn. 25; *Roxin* AT I § 16 Rdn. 79; ebenso BTDrucks. 7/198 S. 13.
465 *Hirsch* LK[11] Rdn. 74.

dung darüber, wann das Menschsein beginnt, zu respektieren ist und nicht zu Lasten des Kindes relativiert werden darf, was gegen eine Rechtfertigung spricht. Es geht hier eben nicht mehr um einen medizinisch indizierten Schwangerschaftsabbruch im Sinne des § 218a Abs. 2 StGB, sondern um einen Totschlag gemäß § 212 StGB. Auch der Einwand, bei Ablehnung einer Rechtfertigung werde die Abwägung in § 34 StGB wieder auf eine reine Güterabwägung reduziert, geht fehl, denn es gibt bestimmte Fallgestaltungen, die über eine Abwägung nicht relativierbar sind. Ebenso wenig wie der Wert menschlichen Lebens quantifizierbar ist, ist es zulässig, den Wert menschlichen Lebens in qualitativer Hinsicht unterschiedlich zu gewichten, auch wenn es sich um einen Defensivnotstand handelt, zumal die mit der Rechtfertigung nach § 34 StGB einhergehende Duldungspflicht zu beachten ist.[466] Daher rechtfertigt die Tatsache, dass die Gefahr von dem Kind ausgeht, dessen Tötung nicht, was im Übrigen mit der gebotenen restriktiven Auslegung der Vorschrift in Einklang steht. Über den Aspekt der „notwehrähnlichen Lage" eine Rechtfertigung über § 34 StGB anzunehmen, missachtet und umgeht den Umstand, dass § 32 StGB hier ausscheidet, denn es fehlt an einem „Angriff".[467]

Sehr kontrovers wird der bekannte **„Bergsteiger-Fall"** beurteilt.[468] Dort geht es darum, dass zwei mit einem Seil verbundene Bergsteiger eine Bergtour unternehmen. Einer von ihnen rutscht nun ab und droht abzustürzen. Dessen Leben kann nicht mehr gerettet werden. Der andere Bergsteiger wird ebenfalls abstürzen, falls er das Verbindungsseil nicht durchtrennt. Er kappt jedoch das Seil, sodass er überlebt und der andere abstürzt. Hier wird zum Teil angenommen, das Kappen des Seils sei über § 34 StGB gerechtfertigt.[469] Das vermag jedoch nicht zu überzeugen. Eine Rechtfertigung kommt im Gegensatz zu dieser Auffassung nicht in Betracht.[470] Eine Solidaritätspflicht zur Aufopferung des eigenen Lebens gibt es – selbst im Fall des Defensivnotstands und selbst bei Konstellationen der Gefahrengemeinschaft – nicht. Allein der Umstand der Gefahrverursachung rechtfertigt eine Tötungshandlung und die mit ihr verbundene Duldungspflicht nicht, denn damit wird dem „jedenfalls verlorenen" Bergsteiger im Ergebnis – noch dazu inakzeptabel vorweggenommen – der **Lebenswert abgesprochen**. Hier wird mit Argumenten, die normalerweise – man denke bei der Kausalität an die Unbeachtlichkeit eines hypothetischen Kausalverlaufs – zu Recht nicht anerkannt sind (das Leben des Bergsteigers sei jedenfalls verloren), eine Rechtfertigung und damit einhergehende Duldungspflicht befürwortet. Unabhängig davon ist im Übrigen zu beachten, dass aufgrund glück-

143

---

466 Entsprechend kann auch die Trennung siamesischer Zwillinge, die zum Tod eines Kindes führt, nicht über § 34 StGB gerechtfertigt werden; *Fischer* Rdn. 16; *Sch/Schröder/Perron* Rdn. 24. Das gilt selbst dann, wenn von vornherein eines der Kinder „unrettbar verloren" ist; **anders** *Erb* MK Rdn. 162ff; *A. Koch* GA **2011** 129, 138ff; *Neumann* NK Rdn. 78a; *Zimmermann* S. 473f; zum Aspekt des „unrettbar verlorenen Lebens" siehe Rdn. 143.
467 Gegen eine Rechtfertigung der Perforation über § 34 StGB etwa auch *Bott* S. 105ff; *Gössel/Dölling* BT 1 § 2 Rdn. 66; *Ingelfinger* S. 120f; *Rohrer* S. 294; siehe auch *Pawlik* Jura **2002** 26, 31.
468 Beispiel von *Rudolf Merkel* S. 48.
469 *Erb* MK Rdn. 122ff; *ders.* JuS **2010** 108, 111; *Günther* FS Amelung 147, 154f; *Hirsch* FS Bockelmann 89, 108 m. Fn. 60; *ders* LK[11] Rdn. 74; *Jäger* FS Rogall 171, 180f; *Neumann* NK Rdn. 76ff; *ders.* JRE **2** (1994) 81, 90f; *Onagi* S. 114f; *Otte* S. 164f; *Otto* S. 82f; *ders.* Jura **2005** 470, 476f; *Pawlik* Jura **2002** 26, 30f; *Renzikowski* S. 266f; *Roxin* FS Oehler 181, 194; *Eb. Schmidt* SJZ **1949** 559, 565. *Mitsch* FS Weber 49, 66f will bei einer Einwilligung des Opfers in die Tötung § 34 StGB zum Zuge kommen lassen. Hierbei wird jedoch nicht hinreichend berücksichtigt, dass die Einwilligung eine Tötung nicht rechtfertigt, was nicht über § 34 StGB umgangen werden darf.
470 Ebenso etwa *Gallas* FS Mezger 311, 327; *Hilgendorf* in: Blaschke/Förster/Lumpp/Schmidt, S. 107, 119; *Krey/Esser* Rdn. 617; *Kühl* AT § 8 Rdn. 154; *Küper* Pflichtenkollision S. 47ff, 57f; *ders.* JuS **1981** 785, 792f; *Lenckner* S. 27ff; *ders.* GA **1985** 295, 309f; *Maurach/Zipf* § 27 Rdn. 25f; *Sch/Schröder/Perron* Rdn. 24; *Roxin* AT I § 16 Rdn. 35ff; *Stratenwerth/Kuhlen* AT § 9 Rdn. 111; *Wessels/Beulke/Satzger* Rdn. 466; *Zieschang* AT Rdn. 262; *ders.* JA **2007** 679, 683.

licher Umstände eine Rettung in allerletzter Sekunde durchaus möglich sein kann. Indem die Gegenansicht über ein wesentlich überwiegendes Interesse die Opferung des menschlichen Lebens für gerechtfertigt erachtet, **relativiert sie den Wert des menschlichen Lebens** in unzulässiger Weise. **Jeder Mensch** hat unabhängig davon, wie lange er noch zu leben hat und wie sicher sein Tod ist, den **gleichen Lebenswert**, so dass die Interessenabwägung hier nicht zur Legitimation der Opferung des abgestürzten Bergsteigers über den rechtfertigenden Notstand kommt.

144 Ebenso scheidet eine Rechtfertigung aus, wenn der Kapitän eines Schiffs, das zu sinken droht, die Schotten zum Maschinenraum schließen lässt, wodurch mehrere Besatzungsmitglieder sterben, jedoch das Schiff nicht sinkt und hunderte auf dem Schiff befindliche Personen gerettet werden. Hier geht die Gefahr zudem noch nicht einmal von den abgeschotteten Personen selbst aus. Wenn insofern argumentiert wird, die Opfer wären bei Unterbleiben des Schließens der Schotten ebenfalls verloren gewesen, dann bedeuten diese Darlegungen wiederum nichts anderes, als dass über hypothetische Erwägungen der Wert menschlichen Lebens unzulässig relativiert wird.

145 Auch wäre – in Anlehnung an die **Terroranschläge auf das World Trade Center am 11. September 2001** – ein vorheriger Abschuss der entführten Flugzeuge nicht über § 34 StGB zu rechtfertigen (Rdn. 40 m.w.N.). Über den Gesichtspunkt, dass die Insassen der Flugzeuge „unwiederbringlich verloren" seien, lässt sich wie dargelegt § 34 StGB nicht legitimieren, zumal zu beachten ist, dass die Passagiere zumindest eines der vier entführten Flugzeuge es geschafft hatten, einen der Terroristen zu überwältigen, wodurch das Flugzeug augenscheinlich nicht mehr das anvisierte Anschlagsziel erreichte, was den Aspekt des „unter allen Umständen zu Tode kommenden Menschen" weiter relativiert. Die Tötung von Menschen, um andere Menschen zu retten, kann – will man nicht menschliches Leben einer Quantifizierung zugänglich machen oder den menschlichen Lebenswert qualitativ unterschiedlich gewichten – nicht über § 34 StGB gerechtfertigt sein.

146 Im Fall der Tötung eines schlafenden **„Haus- oder Familientyrannen"**[471] kommt daher, selbst in zugespitzten Gefahrensituationen mit akuter Lebensgefahr, rechtfertigender Notstand nicht in Betracht.[472] Insoweit kann, da jeweils das Leben in Rede steht, trotz Defensivnotstands nicht von einem Interessenübergewicht im Sinne des § 34 StGB ausgegangen werden.[473] Hier ist lediglich Entschuldigung über § 35 StGB zu ventilieren, wobei vor allem der Nicht-anders-Abwendbarkeit erhöhte Aufmerksamkeit zu widmen ist.[474] Selbst wenn sich das Opfer vor der eigenen Tötung nur durch Tötung des zukünftigen Angreifers schützen kann, wäre eine solche Tat mangels wesentlichen Interessenübergewichts nicht über § 34 StGB gerechtfertigt;[475] vielmehr kommt nur § 35 StGB in Betracht.

---

471 BGHSt **48** 255; hierzu *Beckemper* JA **2004** 100; *Bürger* JA **2004** 298; *Günther* FS Amelung 147, 156; *Hillenkamp* JZ **2004** 48; *ders.* FS Rudolphi 463, 464; *ders.* FS Miyazawa 141; *Kargl* Jura **2004** 189; *Kühl* Jura **2009** 881, 882; *Otto* NStZ **2004** 142; *Rengier* NStZ **2004** 233; *Rotsch* JuS **2005** 12; *Welke* ZRP **2004** 15; *Widmaier* NJW **2003** 2788; siehe auch BGH NStZ **1984** 20; LG Offenburg StV **2003** 672.
472 BGHSt **48** 255, 257; LG Offenburg StV **2003** 672, 674; *Hillenkamp* JZ **2004** 48, 50; *ders.* FS Rudolphi 463, 471; *Rengier* AT § 19 Rdn. 41; *Rotsch* JuS **2005** 12, 16; *Welke* ZRP **2004** 15, 17; *Wessels/Beulke/Satzger* Rdn. 465; *Zieschang* AT Rdn. 264; **anders** etwa *Buchkremer* S. 90ff; *Matt/Renzikowski/Engländer* Rdn. 51; *Erb* MK Rdn. 176; *Frister* 17. Kap Rdn. 29; *Gropp* AT § 5 Rdn. 251; *Günther* SK[8] Rdn. 43; *Krey/Esser* Rdn. 629; *Baumann/Weber/Mitsch* § 15 Rdn. 100; *Müssig* MK § 35 Rdn. 21; *Neumann* NK Rdn. 90; *Otto* NStZ **2004** 142, 143f; *Renzikowski* S. 268f.
473 *Haverkamp* GA **2006** 586, 594f; *Rengier* NStZ **1984** 21, 22.
474 BGHSt **48** 255; siehe auch bereits Rdn. 94 sowie *Zieschang* LK § 35 Rdn. 59.
475 Anders *Kühl* AT § 8 Rdn. 138; *Pawlik* S. 316.

Rechtfertigung ist jedoch **möglich**, wenn ein darin zustimmender Patient schmerzlindernde Medikamente erhält, die als indirekte unbeabsichtigte Nebenfolge das Risiko der Lebensverkürzung in sich tragen. In diesem Fall wiegt das Interesse des Sterbenden, der mit der Medikamentierung einverstanden ist, seine Schmerzen zu lindern und in Würde zu sterben, höher als die Vermeidung der eventuellen Nebenwirkung der Beschleunigung des nahen Todes.[476] Zwar sind in diesem Fall der objektive und der subjektive Tatbestand des § 212 StGB verwirklicht, denn der Arzt wird durch die Medikamentenverabreichung kausal für den Erfolg in seiner konkreten Gestalt, zudem findet er sich mit der möglicherweise eintretenden Lebensverkürzung im Sinne des dolus eventualis ab oder sieht diese als sicher voraus;[477] jedoch greift zu seinen Gunsten die **Rechtfertigung über § 34 StGB**: Sie ist möglich, da es hier nicht um den Eingriff in Rechtsgüter Dritter geht, sondern allein um die Besserstellung des Betroffenen selbst.[478] Die hier beschriebene Konstellation umschreibt man klassischerweise als **indirekte aktive Sterbehilfe**. Ursprünglich hat auch der BGH in diesen Fällen eine Rechtfertigung über § 34 StGB angenommen.[479] In der Entscheidung des 2. Strafsenats vom 25.6.2010[480] wird jedoch ausgeführt, dass auch die indirekte Sterbehilfe unter die vom 2. Strafsenat gebildete Rubrik des „Behandlungsabbruchs" fällt, wobei sie durch Einwilligung gerechtfertigt sei.[481] Es ist indessen bereits erläutert worden, dass Einwilligung und § 34 StGB nebeneinander anzuwenden sind, wenn auch das bei der Einwilligung ermittelte Ergebnis nicht ohne Einfluss auf § 34 StGB ist (Rdn. 31f). Vor diesem Hintergrund kann auch § 34 StGB zur Rechtfertigung der schmerzlindernden Medikamentenverabreichung herangezogen werden, bei der sich der Arzt mit dem Risiko einer damit verbundenen Lebensverkürzung abfindet.[482]

147

jj) Interessenabwägung beim Unterlassungsdelikt. Es fragt sich, ob gewisse Besonderheiten bei der Interessenabwägung gelten, falls es um die **Rechtfertigung eines Unterlassens** geht. Nimmt der Vater die ihm mögliche Rettung seines Sohnes vor dem Ertrinkungstod nicht vor, weil er sich damit selbst in Lebensgefahr begeben würde, ist zu prüfen, ob das Unterlassen des Vaters über § 34 StGB gerechtfertigt ist. Vor dem Hintergrund, dass den Vater aufgrund seiner Beschützergarantenstellung eine Beistandspflicht trifft, wobei seine Interessen gerade nicht diejenigen seines Sohnes überwiegen, könnte man ausgehend vom Wortlaut des § 34 StGB die Untätigkeit des Vaters nicht rechtfertigen und lediglich eine Entschuldigung in Betracht ziehen. Andererseits ist zu berück-

148

---

476 *Hirsch* LK[11] Rdn. 75; *ders.* FS Welzel 775, 795 m. Fn. 66; siehe auch SSW/*Rosenau* Rdn. 21.
477 Dagegen nicht überzeugend den Tatbestand verneinend *F. Herzog* FS Kargl 201, 207f; *Jähnke* LK[11] Vor § 211 Rdn. 15f; *Krey/Heinrich* BT 1, Rdn. 14; *Rengier* BT 2 § 7 Rdn. 4; siehe insofern auch *Herzberg* NJW **1996** 3043, 3045 ff; *Ingelfinger* ZfL **2005** 38, 40. Wie hier von der Tatbestandsmäßigkeit ausgehend etwa auch *Kühl* AT § 8 Rdn. 163.
478 *Hirsch* LK[11] Rdn. 75; *ders.* FS Lackner 597, 608 f; für eine Rechtfertigung auch *Hanack*, in: Hiersche (Hrsg.) S. 121, 132; *Kühl* Jura **2009** 881, 884; *ders.* AT § 8 Rdn. 164; *Neumann* FS Herzberg 575, 578 ff, 590; *ders.* NK Rdn. 37; *Schreiber* NStZ **1986** 337, 340 f; *Wessels/Beulke/Satzger* Rdn. 470. Kritisch zur Rechtfertigung über § 34 StGB: *Hilgendorf* AWHH BT § 3 Rdn. 7 m. Fn. 17; *Krey/Heinrich* BT 1, Rdn. 14 m. Fn. 31; *Verrel* JZ **1996** 224, 226.
479 BGHSt **42** 301, 305; BGHSt **46** 279, 284 f.
480 BGHSt **55** 191; siehe dazu u.a. *Dölling* ZIS **2011** 345; *Eidam* GA **2011** 232; *Engländer* JZ **2011** 513; *Fischer* FS Roxin (2011) 557; *Hirsch* JR **2011** 37; *Rissing-van Saan* ZIS **2011** 544; *Rosenau* FS Rissing-van Saan 547; *Schumann* JR **2011** 142; *Uhlig/Joerden* AD LEGENDUM **2011** 369; *Verrel* NStZ **2010** 671; *Walter* ZIS **2011** 76; *Zieschang* FG Knemeyer 449, 467 ff; vgl. ergänzend BGH NJW **2011** 161.
481 BGHSt **55** 191, 203 ff.
482 Vgl. auch *Dreier* JZ **2007** 317, 322; *Erb* FS Schünemann 337, 346; *Rohrer* S. 306 f; *Rosenau* FS Roxin (2011) 577, 584 f; *Zieschang* FG Knemeyer 449, 470; *Wessels/Beulke/Satzger* Rdn. 470; **anders** etwa *Kubiciel* AD LEGENDUM **2011** 361, 366.

sichtigen, dass der Sohn über § 34 StGB mangels Interessenübergewichts nicht berechtigt wäre, den Vater zu seiner eigenen Rettung in Lebensgefahr zu bringen. So weit reicht die Solidaritätspflicht des Vaters nicht. Umgekehrt spricht das dann aber dafür, das Unterlassen des Vaters zu rechtfertigen. So wird denn auch im Schrifttum vertreten, der Beschützergarant sei bei zumindest gleichwertigen oder nicht aufopferungspflichtigen Interessen über § 34 StGB gerechtfertigt.[483] So wie der Vater sich dagegen wehren könnte, wenn der Sohn sich auf Kosten des Lebens des Vaters retten möchte, ist das Unterlassen der Rettung seitens des Vaters spiegelbildlich gerechtfertigt. Ein Dritter etwa könnte daher den Vater folgerichtig nicht mit Gewalt zwingen, den Sohn zu retten.

149   e) **Wesentlich überwiegendes Interesse.** § 34 StGB begnügt sich bei der Interessenabwägung nicht mit einem bloßen Interessenübergewicht, vielmehr verlangt er, dass bei Abwägung sämtlicher Einzelfallumstände das geschützte Interesse das beeinträchtigte **wesentlich** überwiegt. Das ist auch sachlich gerechtfertigt, denn nur bei einem entsprechend deutlichen Übergewicht kann die Rechtsordnung von einem anderen Solidarität einfordern.[484] Richtigerweise ist daher zu verlangen, dass ein **qualifiziertes Übergewicht** besteht.[485] Das geschützte Interesse muss das beeinträchtigte erheblich überwiegen,[486] was im Anschluss an die Interessenabwägung eigenständig zu ermitteln ist. Insofern wird auch die Entsprechung zu § 904 BGB hergestellt, der verlangt, dass der drohende Schaden gegenüber dem aus der Einwirkung dem Eigentümer entstehenden Schaden unverhältnismäßig groß ist. So erlaubt die Vorschrift eben nicht, eine Sache im Wert von 9.500 € zu schädigen, um eine solche, die einen Wert von 10.000 € hat, zu erhalten.

150   **Abweichend** hiervon wird vertreten, ein qualitatives Übergewicht sei nicht notwendig, es genüge, dass das Übergewicht eindeutig feststehe, wobei ein **einfaches Übergewicht** ausreiche.[487] Mitunter findet sich sogar die Aussage, die Rechtfertigung scheitere nicht an einem nur geringen Interessenübergewicht, wenn dieses nur ein eindeutiges ist.[488] Dabei wird zum Teil der Formulierung nur deklaratorischer Charakter beigemessen, da dieser Aspekt des Überwiegens bereits bei der Interessenabwägung zu berücksichtigen sei.[489] Solche Sichtweisen **missachten aber nicht nur den Wortlaut** des § 34 StGB, sie sind auch mit dem hinter § 34 StGB stehenden Gedanken der **Solidarität schwer vereinbar**. Das zeigt sich besonders an dem bei § 34 StGB im Vordergrund stehenden Fall des Eingriffs in Rechtsgüter von Unbeteiligten. Wird ihnen über § 34 StGB eine Duldungspflicht auferlegt, indem sie Solidarität üben müssen, dann reicht dafür nicht bloß, dass das geschützte Interesse überwiegt, sondern es muss ein qualitatives, erhebliches Übergewicht sein. Es hat also eine zweistufige Prüfung zu erfolgen, indem zunächst festgestellt wird, dass überhaupt ein Interessenübergewicht besteht, woran dann die Frage anknüpft, ob es erheblich ist. Nur so wird man dem Wortlaut und auch dem Ausnahmecharakter der Vorschrift gerecht.

---

483 Siehe dazu *Matt/Renzikowski/Engländer* Rdn. 55; **anders** *Sch/Schröder/Perron* Rdn. 5.
484 Siehe *Kühl* AT § 8 Rdn. 97; *Lenckner* GA **1985** 295, 312; *Neumann* NK Rdn. 67.
485 Ebenso *Bergmann* JuS **1989** 109, 111; *Hoyer* FS Küper 173; *ders.* SK Rdn. 40; *Jakobs* AT 13 Rdn. 33; *Maurach/Zipf* § 27 Rdn. 37; *Momsen/Savic* BeckOK Rdn. 18; *Neumann* NK Rdn. 21b, 67; *ders.* JRE **2** (1994) 81, 87; *Pawlik* S. 274; *Rengier* AT § 19 Rdn. 43; SSW/*Rosenau* Rdn. 31.
486 Begründung zum E 1962, BTDrucks. IV/650 S. 159.
487 Etwa *Gropp* AT § 5 Rdn. 250; *Hauck* AnwK Rdn. 7; *Jescheck/Weigend* § 33 IV 3c; *Küper* GA **1983** 289, 296 f; Baumann/Weber/*Mitsch* § 15 Rdn. 107; *Sch/Schröder/Perron* Rdn. 45; *Roxin* AT I § 16 Rdn. 90. *Delonge* S. 167 ff will sogar bei Gleichwertigkeit rechtfertigen, was dem Gesetzeswortlaut widerspricht.
488 *Kühl* AT § 8 Rdn. 101; Lackner/*Kühl* Rdn. 6; *Küper* GA **1983** 289, 295.
489 Vgl. *Küper* GA **1983** 289, 296.

6. Die Angemessenheitsklausel in § 34 Satz 2 StGB. Die Notstandsvorschrift begnügt sich nicht mit der Auflistung der bislang erläuterten Voraussetzungen, sondern enthält in **§ 34 Satz 2 StGB** noch einen weiteren Zusatz: Danach ist, wenn die Voraussetzungen des § 34 Satz 1 StGB im Einzelfall vorliegen, das Verhalten des Täters nur dann gerechtfertigt, „soweit die Tat ein angemessenes Mittel ist, die Gefahr abzuwenden". Nach der Begründung zum E 1962 müsse das Verhalten des Notstandstäters nach den **anerkannten Wertvorstellungen der Allgemeinheit** als eine sachgemäße und dem Recht entsprechende Lösung der Konfliktlage erscheinen.[490] Diese Klausel stellt eine Reminiszenz an die Zwecktheorie dar, nach der die Rechtswidrigkeit zu verneinen ist, falls das Handeln als angemessenes Mittel zur Erreichung eines rechtlich anerkannten Zwecks zu erachten ist (Rdn. 4). Entscheidender Nachteil dieser Theorie ist jedoch ihre **Vagheit und Offenheit**, indem es an brauchbaren Kriterien mangelt, wann es um einen rechtlich anerkannten Zweck geht. Mit einer solchen **Allgemeinformel** können im konkreten Fall keine brauchbaren Ergebnisse erzielt werden.[491] Da nun § 34 StGB in seinem zweiten Satz die Angemessenheitsformel enthält, besteht die Gefahr, dass diese Unsicherheiten in die Prüfung des § 34 StGB hineingetragen werden, indem verlangt wird, dass die Notstandshandlung bei sozialethischer Gesamtwertung als die Anwendung des rechten Mittels zum rechten Zweck zu erscheinen habe.[492]

Dementsprechend herrscht **Streit** über den Gehalt des § 34 Satz 2 StGB. **Rechtsprechung**[493] und **h.M.**[494] gehen davon aus, dass der Klausel eine **eigenständige Bedeutung** zukommt, sie also eine **selbständige zweite Wertungsstufe** darstellt. Die **Gegenposition** weist hingegen darauf hin, dass bereits bei der Interessenabwägung eine umfassende Berücksichtigung sämtlicher Umstände des Einzelfalls stattfindet, sodass die Angemessenheitsklausel **überflüssig** erscheint und nicht mehr darstellt als eine **bloße Kontrollklausel**, indem man sich zum Abschluss der Prüfung noch einmal vergewissert, ob das ermittelte Ergebnis richtig und gerecht ist.[495] In der Tat muss man sich eingestehen, dass schon in die Interessenabwägung sämtliche Gesichtspunkte des Falls eingeflossen sind, sodass man sich fragt, welchen Inhalt diese Klausel überhaupt noch hat. Hinzu kommt die bereits erwähnte Unbestimmtheit, was Probleme im Hinblick auf Art. 103 Abs. 2 GG aufwirft.[496] Einer der Hauptkritikpunkte gegenüber der Zwecktheorie besteht darin, dass sich mit ihr letztlich jedes erwünschte Ergebnis legitimieren lässt. Entsprechendes gilt für § 34 Satz 2 StGB. Darüber hinaus erscheint es widersinnig, im Detail die jeweiligen in § 34 Satz 1 StGB genannten Voraussetzungen zu erörtern, wenn dann doch letztlich alles von einer bloßen vagen Wertung abhängt. Das würde die detaillierte Prüfung der Erfordernisse im ersten Satz fast schon überflüssig machen. Die Entscheidung, ob ein Verhalten rechtswidrig oder rechtmäßig ist, bedarf indes eines Höchst-

---

490 Begründung zum E 1962, BTDrucks. IV/650 S. 159.
491 Siehe zur Kritik schon Rdn. 4; siehe auch *Helmers* S. 300: Die Norm selbst nenne keine Kriterien zur Bestimmung der Angemessenheit.
492 So Begründung zum E 1962, BTDrucks. IV/650 S. 159.
493 BGH NJW **1976** 680f; OLG Stuttgart DVBl. **1976** 798, 800; auch Begründung zum E 1962, BTDrucks. IV/650 S. 159f sowie *Dreher* Prot. V S. 1792, 1798f, 1802; *Horstkotte* Prot. V S. 1792, 1796f, 1798, 1800f.
494 *Duttge* HK-GS Rdn. 21; *Erb* JuS **2010** 108, 112 mit Fn. 28; *ders.* MK Rdn. 183f; *Fahl* JuS **2005** 808; *Gallas* ZStW **80** (1968) 1, 26f; *Heinrich* Rdn. 427; *Hoyer* SK Rdn 94; *Jakobs* AT 13 Rdn. 36ff; *Jescheck/Weigend* § 33 IV 3d; *B. Koch* ZStW **122** (2010) 804, 823f; *Kühl* AT § 8 Rdn. 167ff; Lackner/*Kühl* Rdn. 6; *Neumann* NK Rdn. 117ff; *Rengier* AT § 19 Rdn. 49; siehe auch *Matt/Renzikowski/Engländer* Rdn. 23, 31.
495 *Köhler* AT S. 293; *Lenckner* S. 123ff, 146ff; *Pong* S. 52ff; *Sch/Schröder/Perron* Rdn. 46f; *Roxin* AT I § 16 Rdn. 94; *Schröder* FS Eb. Schmidt 290, 293; *Stree* JuS **1973** 461, 464; *Zieschang* AT Rdn. 274; *ders.* JA **2007** 679, 684; kritisch zur Angemessenheitsklausel auch *Günther* SK[8] Rdn. 50.
496 Vgl. auch *Satzger* Jura **2016** 154, 156, 160.

maßes an Objektivierung.⁴⁹⁷ Es ist also der Gefahr entgegenzuwirken, die einzelnen Voraussetzungen des ersten Satzes der Notstandsvorschrift nur oberflächlich zu prüfen, um dann letzten Endes über die Angemessenheitsklausel eine nach dem jeweiligen Rechtsgefühl anscheinend angezeigte Entscheidung zu treffen.

153 Angesichts dieser Aspekte ist es **zu befürworten**, den **Bedeutungsgehalt des § 34 Satz 2 StGB auf ein Minimum zu reduzieren**. Er beschränkt sich darauf zu prüfen, ob es richtig erscheint, dem von der Notstandshandlung Betroffenen eine Pflicht zur Duldung des Eingriffs aufzuerlegen. Es geht also um nichts anderes als um die **Notwehrprobe**, indem zum Abschluss zu fragen ist, ob es sachgemäß erscheint, den von der Notstandshandlung Betroffenen zur Duldung des Eingriffs zu verpflichten und ihm das Notwehrrecht zu nehmen. § 34 Satz 2 StGB ist damit nichts anderes als eine **bloße Kontrollklausel**. Hierbei geht es dann aber trotz der Formulierung um ein Gesamturteil über die Tat, nicht nur um die Eignung des Mittels.⁴⁹⁸

154 § 34 Satz 2 StGB enthält damit sachlich nichts, was nicht auch schon im Rahmen von Satz 1 zu berücksichtigen ist; er stellt damit keine zusätzliche Notstandsvoraussetzung auf.⁴⁹⁹ Dies gilt umso mehr, als die Konstellationen, die nach der h.M. von § 34 Satz 2 StGB erfasst sein sollen, durchaus auch ohne diesen zweiten Satz sachgerecht gelöst werden können. Im Einzelnen ist insbesondere auf folgende Fallgestaltungen hinzuweisen:

155 Einmal soll § 34 Satz 2 StGB Bedeutung gewinnen in dem bereits erwähnten Fall der **zwangsweisen Blutspende** (Rdn. 128), also in der Konstellation, dass ein Dritter, der eine seltene Blutgruppe aufweist, genötigt wird, eine Blutentnahme zu dulden, die dringend für einen Schwerstkranken gebraucht wird. Hier überwiege zwar das Lebensinteresse des Schwerstkranken die Willensfreiheit und das Interesse an körperlicher Unversehrtheit. Die Annahme der Rechtfertigung scheitere aber am Freiheitsprinzip.⁵⁰⁰ Daher soll es an der Angemessenheit im Sinne von § 34 Satz 2 StGB fehlen.⁵⁰¹ Dem ist zu entgegnen, dass der Gesichtspunkt der Freiheit, der Selbstbestimmung und der Respektierung des Einzelnen, also das Autonomieprinzip, bereits bei der Interessenabwägung im Sinne von Satz 1 des § 34 StGB zu berücksichtigen ist,⁵⁰² so dass es zur Ablehnung einer Rechtfertigung nicht der Heranziehung des § 34 Satz 2 StGB bedarf. Berücksichtigt man das Prinzip der Autonomie erst bei der Angemessenheit, würde man contra legem die Interessenabwägung in § 34 Satz 1 StGB auf eine Güterabwägung reduzieren.

156 Sofern es um eine zwangsweise **Organentnahme** geht, bedarf es ebenfalls nicht des Rückgriffs auf § 34 Satz 2 StGB,⁵⁰³ enthält doch das TPG diesbezüglich eine grundsätzlich abschließende Regelung. Sollte ausnahmsweise in besonders gelagerten Fällen wie unter Umständen in Kriegszeiten § 34 StGB anwendbar sein, können das Autonomieprinzip sowie die Menschenwürde schon hinreichend im Rahmen der Interessenabwägung Berücksichtigung finden.

157 Geht es um die **Folterung eines Straftäters**, um das Versteck einer von diesem entführten Geisel zu erfahren, ist ebenso wenig die Heranziehung des § 34 Satz 2 StGB erfor-

---

497 *Hirsch* LK¹¹ Rdn. 81.
498 Vgl. Begründung zum E 1962, BTDrucks. IV/650 S. 159 f.
499 *Hirsch* LK¹¹ Rdn. 79.
500 *Gallas* FS Mezger 311, 325 f; *Rengier* AT § 19 Rdn. 60.
501 Begründung zum E 1962, BTDrucks. IV/650 S. 160; BTDrucks. V/4095 S. 15; *Erb* MK Rdn. 200; *ders.* JuS **2010** 108, 112 f; *Horstkotte* Prot. V S. 1792, 1797, 1798; *Hoyer* SK Rdn. 109; SSW/*Rosenau* Rdn. 34; *Wessels/Beulke/Satzger* Rdn. 473 f; siehe auch *Frisch* GA **2016** 121, 131 ff, 137.
502 Ebenso *Sch/Schröder/Perron* Rdn. 38.
503 Auf § 34 Satz 2 StGB abstellend *Erb* MK Rdn. 202 ff; *Kühl* AT § 8 Rdn. 174.

derlich.[504] Soweit Hoheitsträger agieren, dürfen diese sich nämlich von vornherein schon gar nicht auf § 34 StGB berufen (Rdn. 37 ff). Unabhängig davon ist das Folterverbot absolut, sodass § 34 StGB bereits an der Interessenabwägung scheitern würde: Das u.a. in Art. 3 EMRK und in dem UN-Übereinkommen geregelte Folterverbot[505] ist Ausprägung der unantastbaren Menschenwürde und nicht relativierbar. Handelt es sich um Privatpersonen, ist zunächst zu beachten, dass der Begriff der Folter bei ihnen nicht recht passt, geht es doch hierbei um von staatlicher Seite ausgehende Handlungen. Weiterhin ist stets zu prüfen, ob dem Privaten nicht gleich wirksame mildere Maßnahmen zur Verfügung stehen. Ist das nicht der Fall, ist die Interessenabwägung der richtige Ort zur Lösung solcher Konstellationen. Vor dem Hintergrund der Autonomie des Einzelnen wird man dabei zu dem Ergebnis gelangen müssen, dass auch bei Privatpersonen mit der Folter vergleichbare Maßnahmen nicht über § 34 StGB gerechtfertigt sind.

Auch beim **Abschuss** eines von Terroristen entführten **Flugzeugs**, das in ein Hochhaus gesteuert werden soll, scheitert § 34 StGB in Bezug auf Besatzungsmitglieder und Passagiere nicht erst an der fehlenden Angemessenheit.[506] Vielmehr ist § 34 StGB bereits deswegen zu verneinen, weil das Leben abwägungsfest ist und damit ein wesentlich überwiegendes Interesse fehlt (Rdn. 145). **158**

Weiterhin soll im Fall eines **pflichtwidrigen Vorverhaltens** die Angemessenheit entfallen sowie in Konstellationen einer besonderen Duldungspflicht oder **Gefahrtragungspflicht** wie bei Soldaten oder Feuerwehrmännern.[507] Aber auch diese Konstellationen finden ihre sachentsprechende Lösung bereits bei der Interessenabwägung des ersten Satzes von § 34 StGB. Ebenfalls spielen Folgewirkungen nicht erst bei der Angemessenheit eine Rolle,[508] sondern sind schon im Rahmen dessen zu berücksichtigen, welche Interessen in die Abwägung einzustellen sind. Auch im Mandantengeld-Fall hat der BGH erst die Angemessenheit verneint.[509] Bereits erläutert worden ist, dass tatsächlich die Veruntreuung der Mandantengelder schon kein geeignetes Mittel war, um das Ansehen des Berufsstandes zu wahren (Rdn. 91). **159**

Die Angemessenheit soll auch fehlen, wenn **gesetzliche Vorgaben oder Vorwegentscheidungen** existieren.[510] Falls die Entstehung einer Gefahr eine vom Gesetzgeber einkalkulierte Folge einer gesetzlichen Regelung ist, muss dies hingenommen werden. Wenn also der Gesetzgeber etwa gegenüber Anlagebetreibern bestimmte Vorgaben des Brandschutzes macht oder Umweltschutzvorschriften erlässt, die für die Betreiber zur Gefahr von finanziellen Einbußen führen, welche nur durch einen Verstoß gegen die Regelung zu verhindern sind, können sich die betreffenden Betreiber nicht auf § 34 StGB berufen. Die Vorschrift scheitert aber nicht erst an der fehlenden Angemessenheit, sondern schon bei der Interessenabwägung daran, dass der Gesetzgeber die gesamtgesellschaftlichen Interessen offensichtlich als schutzwürdiger angesehen hat.[511] Es fehlt also in Bezug auf die Betreiber dann an einem wesentlich überwiegenden Interesse. Nur in **160**

---

504 *Anders* etwa *Beutler* S. 220; *Duttge* HK-GS Rdn. 22; *Momsen/Savic* BeckOK Rdn. 19; SSW/*Rosenau* Rdn. 34; *Wessels/Beulke/Satzger* Rdn. 471.
505 Weitere Bestimmungen zum Folterverbot auf internationaler Ebene etwa bei *Kinzig* ZStW **115** (2003) 791, 798 f; *Lüderssen* FS Rudolphi 691, 692.
506 So jedoch *Jäger* AT Rdn. 208. Auch *Hruschka* JuS **1979** 385, 390, will das Verbot der Verrechnung von Menschenleben bei § 34 Satz 2 StGB ansiedeln.
507 So Begründung zum E 1962, BTDrucks. IV/650 S. 159 f; BTDrucks. V/4095 S. 15; *Horstkotte* Prot. V S. 1792, 1796 f; *Maurach/Zipf* § 27 Rdn. 39; *Neumann* NK Rdn. 100.
508 So aber *Jescheck/Weigend* § 33 IV 3d.
509 BGH NJW **1976** 680, 681.
510 *Kühl* AT § 8 Rdn. 175 ff; *Momsen/Savic* BeckOK Rdn. 19; *Neumann* NK Rdn. 120.
511 *Sch/Schröder/Perron* Rdn. 35.

nicht vom Gesetzgeber einkalkulierten Ausnahmefällen, etwa in Katastrophenszenarien, bleibt für § 34 StGB Raum.[512]

161 Ebenso verhält es sich etwa mit der Verpflichtung zur Errichtung von **Steuern**. Auch dürfen die Regelungen zum Beispiel des **Betäubungsmittelstrafrechts** nicht über § 34 StGB umgangen werden, sofern es sich um gesetzlich einkalkulierte Folgen handelt, die hinzunehmen sind.[513] Zutreffend hat daher der BGH entschieden, dass der unerlaubte Umgang mit Betäubungsmitteln zum Zwecke der Eigenbehandlung eines Schmerzpatienten regelmäßig nicht über § 34 StGB gerechtfertigt sein kann.[514] Das ist aber nicht erst eine Frage der Angemessenheit.[515] Vielmehr wird es regelmäßig schon am Erfordernis der Nicht-anders-Abwendbarkeit fehlen:[516] So ist nämlich stets zu prüfen, ob nicht andere Medikamente in Betracht kommen[517] oder über ein Verfahren nach dem betäubungsmittelrechtlichen Vorschriften eine Erlaubnis zu erhalten gewesen wäre.[518] Falls dies nicht der Fall sein sollte, scheitert die Rechtfertigung regelmäßig an der Interessenabwägung, weil der Gesetzgeber durch die Regelungen in den betäubungsmittelrechtlichen Vorschriften zum Ausdruck gebracht hat, dass die Erlangung von Betäubungsmitteln an bestimmte gesetzliche Vorgaben geknüpft ist, die der Einzelne zu beachten hat. Das kann nur in atypischen Fallgestaltungen, die in den Bestimmungen nicht berücksichtigt wurden, anders zu beurteilen sein.[519] Im konkreten Fall lehnt der BGH[520] eine solche atypische Konstellation deswegen ab, da der nach den Vorgaben des Betäubungsmittelstrafrechts ausnahmsweise erlaubte Umgang mit Betäubungsmitteln gar nicht in Betracht gezogen worden war.[521]

162 Auch wird vertreten, die Angemessenheit entfalle, wenn die Rechtsordnung **Verfahren** zur Verfügung stellt, um gegen Entscheidungen vorzugehen.[522] Der zu Unrecht Inhaftierte darf daher keinen Ausbruch durchführen, bei dem andere eventuell verletzt werden, sondern muss die von der Rechtsordnung vorgesehenen Verfahren einhalten, um aus der Haft zu kommen, wie etwa Haftprüfung, Beschwerde, Berufung, Revision und Wiederaufnahme.[523] Löst man diese Fälle aber erst über die Angemessenheit, werden die Voraussetzungen des § 34 StGB verwässert. Mit den zur Verfügung gestellten Verfahren ist die Gefahr regelmäßig nämlich schon anders abwendbar, da sie ein milderes Mittel darstellen. Im Übrigen haben der Gesichtspunkt des Rechtsfriedens und die Pflicht,

---

512 *Jakobs* AT 13 Rdn. 43; *Neumann* NK Rdn. 31; *Rengier* AT § 19 Rdn. 56.
513 Siehe dazu auch BGHSt **61** 202, 207; vgl. ferner OLG Karlsruhe NJW **2004** 3645; OLG Köln StraFo **1999** 314, 315; KG StV **2003** 167; KG NJW **2007** 2425.
514 BGHSt **61** 202; ebenso BGH NStZ **2018** 226, 227. Siehe insofern auch die Spezialregelung in § 13 Abs. 1a BtMG; vgl. ferner BVerwG NJW **2017** 2215.
515 So aber *Bosch* JK **2017** 114, § 34 StGB; *Erb* MK Rdn. 198.
516 So richtig BGHSt **61** 202, 203 ff; ebenso BGH NStZ **2018** 226, 227.
517 In der BGH-Entscheidung hatte die Angeklagte ein Jahr lang keine legalen Möglichkeiten zur effektiven Schmerzbehandlung ergriffen.
518 BGHSt **61** 202, 204 ff; *Bosch* JK **2017** 114, § 34 StGB; *Kudlich* JA **2017** 71, 73; **anders** *Fischer* Rdn. 9a. In BGH NStZ **2018** 226, 227 weist der BGH zudem darauf hin, dass der Besitz nach § 34 StGB mengenmäßig überhaupt nur in einem Umfang gerechtfertigt sein kann, der für den Konsum zur Linderung der Gesundheitsbeeinträchtigungen erforderlich ist.
519 *Erb* MK Rdn. 198.
520 BGHSt **61** 202, 207 f.
521 Insofern ist zu beachten, dass dieser Aspekt tatsächlich schon ein solcher der Nicht-anders-Abwendbarkeit ist.
522 *Matt/Renzikowski/Engländer* Rdn. 35; *Erb* JuS **2010** 108, 112; *Günther* SK[8] Rdn. 52; *Joecks/Jäger* Rdn. 31; *Kühl* AT § 8 Rdn. 177 f; *Neumann* NK Rdn. 119; *Pawlik* S. 232 f; *Rengier* AT § 19 Rdn. 57; *Wessels/Beulke/Satzger* Rdn. 472.
523 *Erb* MK Rdn. 191; *Günther* SK[8] Rdn. 52; *Thiel* S. 214; siehe auch *Mitsch* JR **2013** 351, 355 f mit dem parallelen Hinweis auf arbeitsgerichtliche Verfahren.

rechtlich vorgesehene Verfahren einzuhalten, damit rechtliche Regelungen nicht nur noch unverbindliche Empfehlungen sind, ein solches Gewicht bei der Interessenabwägung, dass eine Straftat, um in Freiheit zu gelangen, bereits aufgrund des fehlenden Interessenübergewichts nicht nach § 34 StGB gerechtfertigt ist. Die Rechtfertigung scheitert also bereits an § 34 Satz 1 StGB.[524] Der rechtskräftig zu einer Freiheitsstrafe Verurteilte hat diese zu erdulden, selbst wenn er zu Unrecht verurteilt worden sein sollte. Das ist aber nicht erst ein aus § 34 Satz 2 StGB resultierendes Ergebnis, sondern bereits ein Aspekt der Interessenabwägung. Um die Einhaltung von Verfahren geht es auch dann, wenn strafbare Protestaktionen (§§ 123, 240 StGB) erfolgen.[525] Hier sind die betreffenden Verfahrenswege etwa der verwaltungsgerichtlichen Klage einzuhalten. Im Übrigen ist in Erinnerung zu rufen, dass die bloß theoretische Möglichkeit eines Atomkriegs oder einer Umweltkatastrophe noch keine Gefahr im Sinne des § 34 StGB begründet. Schließlich ist der Schutz vor Verfolgung im Ausland über die entsprechenden asyl- und ausländerrechtlichen Verfahren zu suchen, die man nicht über § 34 StGB umgehen kann.[526] Nichts anderes gilt etwa im Hinblick auf die Einhaltung der Zivilverfahrensordnung.

Wenn ausgeführt wird, Eingriffe, die nicht den **schonendsten Weg** darstellen, fielen unter § 34 Satz 2 StGB,[527] wird nicht hinreichend erkannt, dass es hierbei um eine Frage der Nicht-anders-Abwendbarkeit geht.[528] Soweit vertreten wird, die Begrenzung des **Staatsnotstands** sei nur mit Hilfe des § 34 Satz 2 StGB möglich,[529] ist dem zu entgegnen, dass es sich auch hier um Fragen der Nicht-anders-Abwendbarkeit sowie des grundsätzlichen Anwendungsbereichs des § 34 StGB handelt. 163

Dass **Hoheitsträgern** grundsätzlich die Berufung auf § 34 StGB verwehrt ist, hat etwas mit der allgemeinen Grundsatz- sowie Konkurrenzfrage zu tun, ob sich Hoheitsträger überhaupt auf allgemeine Rechtfertigungsgründe berufen dürfen, nichts jedoch mit der Angemessenheitsklausel in § 34 Satz 2 StGB.[530] Hier geht es vielmehr darum, ob § 34 StGB auf solche Fallgestaltungen überhaupt anwendbar ist (Rdn. 34 ff). Damit ist insgesamt festzuhalten, dass die Konstellationen, in denen § 34 Satz 2 StGB relevant werden soll, ohne diesen zweiten Satz zu lösen sind. Folglich geht es bei der Angemessenheitsklausel nicht um eine selbständige zweite Wertungsstufe. 164

III. Die Rechtsfolgen des rechtfertigenden Notstands

Liegen die Voraussetzungen des rechtfertigenden Notstands im Einzelfall vor, ist der Täter **gerechtfertigt** und macht sich folglich trotz der Verwirklichung des Tatbestands nicht strafbar. Das Notstandsopfer muss den Eingriff **dulden**, es kann selbst dagegen 165

---

524 Siehe auch *Sch/Schröder/Perron* Rdn. 22, 41. *Gallas* ZStW **80** (1968) 1, 26 f sowie *Grebing* GA **1979** 81, 93 hingegen stellen auf die Angemessenheitsklausel ab.
525 Siehe auch *Kühl* StV **1987** 122, 133 f; *Sch/Schröder/Perron* Rdn. 41a.
526 *Abramenko* NStZ **2001** 71, 72 f; *Erb* MK Rdn. 191. Das ist aber ebenfalls schon ein Aspekt der Nicht-anders-Abwendbarkeit sowie der Interessenabwägung, nicht erst ein solcher der Angemessenheit. Eine Rechtfertigung hingegen für möglich erachtend BayObLG NStZ **1996** 395, 396; OLG Frankfurt StV **1988** 301, 302; OLG Frankfurt StV **1997** 78; *Sch/Schröder/Perron* Rdn. 23.
527 Begründung zum E 1962, BTDrucks. IV/650 S. 160.
528 Das gilt auch im Hinblick auf Konstellationen, in denen mehrere Unbeteiligte herangezogen werden können und einer von diesen seine Einwilligung erteilt. Ebenfalls im Beispiel des Entreißens des Schirms (Rdn. 61) ist die Gefahr nicht selten anders abwendbar; zumindest liegt dann kein überwiegendes Interesse vor. Der Angemessenheitsklausel bedarf es dafür nicht.
529 BTDrucks. V/4095 S. 15; *Horstkotte* Prot. V S. 1792, 1796; *Maurach/Zipf* § 27 Rdn. 42.
530 Dagegen auf die Angemessenheitsklausel abstellend etwa *Grebing* GA **1979** 81, 104; *Jakobs* AT 13 Rdn. 42.

keine Notwehr üben, da es an einem rechtswidrigen Angriff mangelt. Wehrt es sich dennoch, kann sich der Notstandstäter auf Notwehr berufen.[531]

166 Falls das Verhalten des Notstandstäters nicht von § 34 StGB gedeckt ist und auch im Übrigen Rechtfertigungsgründe ausscheiden, handelt er **rechtswidrig**. Dem Notstandsopfer etwa oder einem Nothelfer steht dann das Verteidigungsrecht der Notwehr zu. Problematisch sind in diesem Zusammenhang Konstellationen, in denen der Notstandstäter bereits agiert hat, indem etwa ein Weichensteller eine Weiche bereits umgestellt hat, damit ein nahender Güterzug, der mit einem Personenzug zu kollidieren droht, auf ein anderes Gleis gelenkt wird, auf dem sich jedoch Gleisarbeiter aufhalten. Hier ist das Umstellen der Weiche durch den Weichensteller **nicht von § 34 StGB** gedeckt, da das Leben abwägungsfest ist und dasjenige der Zuginsassen nicht dasjenige der Gleisarbeiter überwiegt.[532] Dabei spielt es auch keine Rolle, dass viele Menschen auf Kosten von wenigen gerettet würden; Menschenleben sind nicht quantifizierbar.[533] Fraglich ist, ob nunmehr ein Nothelfer die Weiche erneut umstellen kann, sodass der Güterzug auf seiner ursprünglichen Strecke bleibt und mit dem anderen Zug kollidiert. Insofern ist Folgendes zu bedenken: Ist der Weichensteller gerade im Begriff oder kurz davor, die Weiche umzustellen,[534] und nimmt er damit das Schicksal in die Hand,[535] kann gegen dieses Verhalten Notwehr oder Nothilfe zugunsten der Gleisarbeiter geübt werden. Ist indes die Weiche von ihm bereits umgestellt worden, und nimmt das Schicksal nun in diese Richtung seinen Lauf,[536] würde sich ein erneutes Umstellen der Weiche als abermals rechtswidriges Eingreifen darstellen und zwar in diesem Fall im Hinblick auf die Zuginsassen. Der Betreffende selbst würde dann wieder Schicksal spielen. Ein erneutes Umstellen ist daher **nicht gerechtfertigt**.[537]

IV. Der Putativnotstand

167 **Irrt der Täter** über das tatsächliche Vorliegen der Voraussetzungen des rechtfertigenden Notstands, befindet er sich in einem **Erlaubnistatbestandsirrtum**, den man bei § 34 StGB auch als Putativnotstand bezeichnen kann. So mag der Täter etwa irrtümlich eine Gefahr annehmen, obwohl tatsächlich gar keine vorliegt, oder irrtümlich in tatsächlicher Hinsicht von einer Situation ausgehen, wonach das geschützte Interesse das beeinträchtigte Interesse wesentlich überwiegt.

168 Dagegen liegt kein Erlaubnistatbestandsirrtum, sondern ein nach **§ 17 StGB** zu behandelnder **Erlaubnisirrtum** vor, wenn der Täter die Sachlage richtig einschätzt, die Grenzen der Rechtfertigung aber überdehnt.[538] Der Täter irrt dann über die rechtlichen Grenzen des Rechtfertigungsgrundes. Das kann insbesondere aus einer Fehleinschätzung des wesentlich überwiegenden Interesses resultieren. Hier bedarf es dann der Prüfung, ob der Irrtum im Sinne des § 17 StGB **vermeidbar** war. Insofern wird man dann zu

---

531 *Erb* MK Rdn. 1.
532 Siehe bereits Rdn. 110 sowie etwa *Günther* SK⁸ Rdn. 43; *Jescheck/Weigend* § 33 IV 3a; *Kindhäuser* AT § 17 Rdn. 30; *Küper* JuS **1981** 785, 792; *Mitsch* GA **2006** 11, 13; *Sch/Schröder/Perron* Rdn. 23f; *Schlehofer* MK Vor § 32 Rdn. 294; *Zieschang* AT Rdn. 385.
533 *Mitsch* GA **2006** 11, 13.
534 Siehe dazu auch *Mitsch* GA **2006** 11, 15ff.
535 Siehe zu diesem Aspekt bereits *Zieschang* AT Rdn. 389.
536 Siehe dazu ebenfalls *Mitsch* GA **2006** 11, 19ff.
537 In diese Richtung auch *Erb* MK Rdn. 2; *Mitsch* GA **2006** 11, 19ff; **anders** *Zimmermann* S. 178ff.
538 Das war gegeben im Katzenkönig-Fall (BGHSt **35** 347). Dennoch hat der BGH aaO 350 einen Putativnotstand erörtert; kritisch insofern auch *Herzberg* Jura **1990** 16ff; *Schumann* NStZ **1990** 32ff; *Struensee* ZStW **102** (1990) 21, 31.

berücksichtigen haben, dass der Täter sich angesichts der gegenwärtigen Gefahr nicht selten schnell entscheiden und zügig handeln muss, sodass ihm nicht viel Zeit zur Reflexion verbleibt, was für die Unvermeidbarkeit des Irrtums spricht.[539]

Bekanntlich ist die Behandlung des **Erlaubnistatbestandsirrtums umstritten**. Während die Rechtsprechung und auch überwiegende Ansicht im Schrifttum der **eingeschränkten Schuldtheorie** folgen, wonach gemäß § 16 StGB analog der Vorsatz entfällt[540] oder zumindest der Irrtum in den Rechtsfolgen dem fahrlässigen Delikt gleichgestellt und eine spezifische Vorsatzschuld verneint wird,[541] befürworten die Anhänger der **strengen Schuldtheorie** die Anwendung des § 17 StGB.[542] Da die eingeschränkte Schuldtheorie den sich irrenden Täter nur wegen Fahrlässigkeit bestrafen kann, hat dies im Bereich des § 34 StGB besondere Brisanz, denn diese Vorschrift betrifft anders als die Putativnotwehr nicht selten Delikte, bei denen die Fahrlässigkeit gar nicht pönalisiert ist. Das wird bei „rücksichtslos-leichtfertiger Annahme der vermeintlichen Rechtfertigungslage" vor dem Hintergrund als problematisch angesehen, dass dies dann „empfindliche Strafbarkeitslücken" hinterlasse.[543] Die Rechtsprechung behalf sich beim früheren übergesetzlichen rechtfertigenden Notstand damit, dass sie subjektiv eine gewissenhafte Prüfung der Sachlage durch den Täter verlangte;[544] hatte folglich der Täter fahrlässig verkannt, dass tatsächlich gar kein Notstand vorlag, lagen schon in der hypothetischen Prüfung die Voraussetzungen des Notstands nicht vor und damit auch kein Erlaubnistatbestandsirrtum.[545] Es ist jedoch bereits ausgeführt worden, dass dieses Erfordernis mit § 34 StGB nicht verbunden und abzulehnen ist (Rdn. 85). Der Wortlaut des § 34 StGB ist insoweit unmissverständlich. Das Problem etwaiger Strafbarkeitslücken bei Heranziehung der eingeschränkten Schuldtheorie bleibt damit weiter bestehen.

V. Der Notstandsexzess

Im Zusammenhang mit § 33 StGB ist erläutert worden, dass für die Entschuldigung des Exzesses zwei Aspekte wesentlich sind:[546] Zum einen ist aufgrund der mit dem Exzess verbundenen Notwehrsituation das Unrecht der Tat gemindert, zum anderen liegt wegen der asthenischen Affekte eine Schuldminderung vor. Beides führt dazu, dass der Gesetzgeber Nachsicht übt und die Tat verzeiht. § 33 StGB betrifft ausweislich seines Wortlauts nur die **Überschreitung der Notwehr**. Eine entsprechende Vorschrift existiert beim Notstand nicht. Das ist auch verständlich: Zwar mögen auch beim Notstandstäter asthenische Affekte vorliegen, anders als bei der Notwehr geht der Täter aber jedenfalls beim **aggressiven Notstand**, auf den § 34 StGB zunächst einmal abzielt, gegen ein unbeteiligtes Gut vor. Folglich fehlt beim Aggressivnotstand die für § 33 StGB typische Unrechtsminderung. Daraus ergibt sich aber gleichzeitig, dass die Situation beim **Defen-**

---

539 Siehe dazu auch *Erb* MK Rdn. 210; *Sch/Schröder/Perron* Rdn. 51.
540 BGHSt **3** 105, 106; BGHSt **3** 357, 364; BGHSt **31** 264, 287; BGHSt **35** 347, 350; BGH NStZ **2014** 30 f; *Freund* AT § 7 Rdn. 107; *Jäger* AT Rdn. 218; *Kühl* AT § 13 Rdn. 72 f; *Puppe* FS Stree/Wessels 183, 192 f; *Roxin* AT I § 14 Rdn. 64 ff.
541 Etwa BGH NStZ **2012** 272, 273 f; *Fischer* § 16 Rdn. 22d; *Heinrich* Rdn. 1133 ff; *Hoffmann-Holland* AT Rdn. 454 f; *Jescheck/Weigend* § 41 IV 1d; *Krey/Esser* Rdn. 743; *Wessels/Beulke/Satzger* Rdn. 704 f.
542 So u.a. *Erb* FS Paeffgen 205 ff; *Gössel* FS Trifterer 93, 98; *Paeffgen/Zabel* NK Vor § 32 Rdn. 108 ff; *Zieschang* AT Rdn. 359.
543 So *Erb* MK Rdn. 209.
544 RGSt **62** 137, 138 ff; RG HRR **1940** 255; BGHSt **2** 111, 114; BGHSt **3** 7, 12.
545 Siehe dazu auch *Lenckner* S. 201 ff; *Welzel* JZ **1955** 142, 143.
546 Siehe *Zieschang* LK § 33 Rdn. 2.

sivnotstand anders zu beurteilen ist; hier wird nämlich das Gut beeinträchtigt, von dem die Gefahr ausgeht. Damit liegt in diesem Fall jedoch eine zum Notwehrexzess vergleichbare Situation vor, was sich anschaulich daran zeigt, dass beim Defensivnotstand die Gefahr auch von einem Menschen ausgehen kann. Folglich ist § 33 StGB analog auf den Defensivnotstand anzuwenden, falls asthenische Affekte beim Täter vorliegen, die zu einer Überschreitung der Grenzen des Notstands führen.

VI. Verfahrensrecht

171 § 34 StGB ist im Strafprozess **von Amts wegen** zu beachten. Steht in tatsächlicher Hinsicht im Einzelfall nicht sicher fest, ob die Voraussetzungen des rechtfertigenden Notstands gegeben sind, ist der Grundsatz **in dubio pro reo** anzuwenden.[547] In Bezug auf Rechtsfragen, so etwa auch für den Aspekt, ob ein wesentlich überwiegendes Interesse gegeben ist, gilt der Zweifelsgrundsatz hingegen nicht.[548] Auch ist es dogmatisch verfehlt, die Frage, ob § 34 StGB vorliegt, mit der Erwägung offenzulassen, dass jedenfalls die Voraussetzungen des entschuldigenden Notstands nach § 35 StGB gegeben sind.[549] Insoweit verhält es sich ebenso wie bei § 32 StGB zu § 33 StGB.[550] Rechtfertigungs- und Schuldebene unterscheiden sich wesentlich. § 35 StGB setzt eine rechtswidrige Tat voraus, was entsprechend festzustellen ist und nicht offenbleiben darf.

§ 35
Entschuldigender Notstand

(1) ¹Wer in einer gegenwärtigen, nicht anders abwendbaren Gefahr für Leben, Leib oder Freiheit eine rechtswidrige Tat begeht, um die Gefahr von sich, einem Angehörigen oder einer anderen ihm nahestehenden Person abzuwenden, handelt ohne Schuld. ²Dies gilt nicht, soweit dem Täter nach den Umständen, namentlich weil er die Gefahr selbst verursacht hat oder weil er in einem besonderen Rechtsverhältnis stand, zugemutet werden konnte, die Gefahr hinzunehmen; jedoch kann die Strafe nach § 49 Abs. 1 gemildert werden, wenn der Täter nicht mit Rücksicht auf ein besonderes Rechtsverhältnis die Gefahr hinzunehmen hatte.

(2) ¹Nimmt der Täter bei Begehung der Tat irrig Umstände an, welche ihn nach Absatz 1 entschuldigen würden, so wird er nur dann bestraft, wenn er den Irrtum vermeiden konnte. ²Die Strafe ist nach § 49 Abs. 1 zu mildern.

Schrifttum

Achenbach Wiederbelebung der allgemeinen Nichtzumutbarkeitsklausel im Strafrecht, JR **1975** 492; *Arzt* Der unter Druck gesetzte Zeuge, JuS **1982** 449; *Bachmann* Irrtümer im Bereich der Schuld, JA **2009** 510; *Beck* Notstandslage im Kollektiv – Führt der freiwillige Beitritt zu einer Minderung des Notstandsrechts? ZStW **124** (2012) 660; *dies.* Selbstfahrende Kraftfahrzeuge – aktuelle Probleme der (strafrechtlichen) Fahrlässigkeitshaftung, in: Oppermann/Stender-Vorwachs (Hrsg.) Autonomes Fahren (2017) 33; *Beckemper* Tötung des Familientyrannen, JA **2004** 99; *A. Bergmann* Der Verbotsirrtum und der Irrtum im Bereich der Schuld,

---

547 *Matt/Renzikowski/Engländer* Rdn. 46; *Erb* MK Rdn. 211; SSW/*Rosenau* Rdn. 43.
548 Natürlich ist der Zweifelssatz anzuwenden, wenn in tatsächlicher Hinsicht für die Abwägung relevante Fragen nicht zu klären sind.
549 *Erb* MK Rdn. 211; *Hirsch* JR **1980** 115, 117 f; SSW/*Rosenau* Rdn. 43; so jedoch etwa BGH NJW **1979** 2053 f.
550 Siehe dazu *Zieschang* LK § 33 Rdn. 33.

JuS **1990** L 17; *M. Bergmann/Kroke* Tod in den Wolken, Jura **2010** 946; *Bernsmann* Zum Handeln von Hoheitsträgern aus der Sicht des „entschuldigenden Notstandes" (§ 35 StGB), Festschrift Blau (1985) 23; *ders.* „Entschuldigung" durch Notstand (1989); *ders./Zieschang* Zur strafrechtlichen Haftung des Verursachers einer Gefahrenlage für Schäden eines Retters – BGHSt 39, 322, JuS **1995** 775; *Beutler* Strafbarkeit der Folter zu Vernehmungszwecken (2006); *Bloy* Die Rolle der Strafausschließungs- und Strafaufhebungsgründe in der Dogmatik und im Gutachten, JuS **1993** L 33; *Bosch* Grundprobleme des entschuldigenden Notstands (§ 35 StGB), Jura **2015** 347; *Bott* In dubio pro Straffreiheit? (2011); *Brauneck* Der strafrechtliche Schuldbegriff, GA **1959** 261; *Bürger* Heimtückisch und doch kein Mord? – zugleich eine Besprechung von BGH 1 StR 403/02 und 1 StR 483/02, JA **2004** 298; *Dreier* Grenzen des Tötungsverbotes – Teil 1, JZ **2007** 261; *Eisele* Die Regelbeispielsmethode im Strafrecht (2004); *Engländer* Das selbstfahrende Kraftfahrzeug und die Bewältigung dilemmatischer Situationen, ZIS **2016** 608; *Erb* Automatisierte Notstandshandlungen, Festschrift Neumann (2017) 785; *ders.* Rechtfertigung und Entschuldigung von Taten zur Ermöglichung der Flucht deutscher Staatsbürger aus Krisengebieten, GA **2018** 399; *Esser/Bettendorf* „Muss der Kapitän als Letzter von Bord?" – Zur Strafbarkeit von Schiffsführern im Notfall zwischen Rettungspflicht und entschuldigendem Notstand –, NStZ **2012** 233; *Fahl* „Alles klar auf der Concordia?" JA **2012** 161; *ders.* Der „Wettermannfall" des Reichsgerichts, JA **2013** 274; *Fahrenhorst* Grenzen strafloser Selbstbegünstigung, JuS **1987** 707; *Frister* Die Struktur des „voluntativen Schuldelements" (1993); *ders.* Der strafrechtsdogmatische Begriff der Schuld, JuS **2013** 1057; *Gallas* Pflichtenkollision als Schuldausschließungsgrund, Festschrift Mezger (1954) 311; *ders.* Beiträge zur Verbrechenslehre (1968); *Gimbernat Ordeig* Der Notstand: Ein Rechtswidrigkeitsproblem, Festschrift Welzel (1974) 485; *Gleß/Janal* Hochautomatisiertes und autonomes Autofahren – Risiko und rechtliche Verantwortung, JR **2016** 561; *Gülzow* Die Pokerrunde, Jura **1983** 102; *Hanack* Zur Problematik der gerechten Bestrafung nationalsozialistischer Gewaltverbrecher (1967); *Hardtung* Der Irrtum über die Schuld im Lichte des § 35 StGB, ZStW **108** (1996) 26; *Haverkamp* Zur Tötung von Haustyrannen im Schlaf aus strafrechtlicher Sicht, GA **2006** 586; *H. Hefermehl* Der verursachte entschuldigende Notstand (1980); *Heghmanns* Schuldausschließungs- und Entschuldigungsgründe, AD LEGENDUM **2015** 96; *B. Heinrich* Entstehungsgründe und dogmatische Einordnung der Entschuldigungsgründe – dargestellt am Beispiel des entschuldigenden Notstandes, § 35 StGB, AD LEGENDUM **2015** 89; *Hilgendorf* Tragische Fälle, Extremsituationen und strafrechtlicher Notstand, in: Blaschke/Förster/Lumpp/Schmidt (Hrsg.) Sicherheit und Freiheit? (2005) 107; *ders.* Autonomes Fahren im Dilemma, in: Hilgendorf (Hrsg.) Autonome Systeme und neue Mobilität (2017) 143; *Hillenkamp* Zur Problematik der Strafmilderung in Fällen der Haustyrannentötung, JZ **2004** 48; *Hirsch* Anmerkung zum Urteil des BGH vom 15.5.1979 – 1 StR 74/79 – NJW 1979, 2053, JR **1980** 115; *ders.* Das Schuldprinzip und seine Funktion im Strafrecht, ZStW **106** (1994) 746; *Hörnle* Töten, um viele Leben zu retten, Festschrift Herzberg (2008) 555; *dies.* Der entschuldigende Notstand (§ 35 StGB), JuS **2009** 873; *dies./Wohlers* The Trolley Problem Reloaded, GA **2018** 12; *Hruschka* Rechtfertigung oder Entschuldigung im Defensivnotstand? NJW **1980** 21; *C. Jäger* Die Abwägbarkeit menschlichen Lebens im Spannungsfeld von Strafrechtsdogmatik und Rechtsphilosophie, ZStW **115** (2003) 765; *ders.* Das Verbot der Folter als Ausdruck der Würde des Staates, Festschrift Herzberg (2008) 539; *ders.* Folter und Flugzeugabschuss – rechtsstaatliche Tabubrüche oder rechtsguterhaltende Notwendigkeiten? JA **2008** 678; *H. Jäger* Verbrechen unter totalitärer Herrschaft (1967); *Jakobs* Schuld und Prävention (1976); *Jeßberger* „Wenn Du nicht redest, füge ich Dir große Schmerzen zu." Jura **2003** 711; *Joerden* Zum Einsatz von Algorithmen in Notstandslagen, in: Hilgendorf (Hrsg.) Autonome Systeme und neue Mobilität (2017) 73; *Kargl* Heimtücke und Putativnotstand bei Tötung eines schlafenden Familientyrannen, Jura **2004** 189; *Kaspar* Von Niederlagen und Niederschlägen, Jura **2007** 69; *Arm. Kaufmann* Die Dogmatik im Alternativ-Entwurf, ZStW **80** (1968) 34; *Arth. Kaufmann* Rechtsfreier Raum und eigenverantwortliche Entscheidung, Festschrift Maurach (1972) 327; *Klimsch* Die dogmatische Behandlung des Irrtums über Entschuldigungsgründe unter Berücksichtigung der Strafausschließungs- und Strafaufhebungsgründe (1993); *Knobloch* Examensrelevante Irrtümer im Strafrecht – Eine systematische Darstellung, JuS **2010** 864; *A. Koch* Tötung Unschuldiger als straflose Rettungshandlung? JA **2005** 745; *ders.* Strafbarkeit der Trennung siamesischer Zwillinge? GA **2011** 129; *Krey* Fall zu Problemen des rechtfertigenden und entschuldigenden Notstandes, Jura **1979** 316; *Küper* Noch einmal: Rechtfertigender Notstand, Pflichtenkollision und übergesetzliche Entschuldigung, JuS **1971** 474; *ders.* Die dämonische Macht des „Katzenkönigs" oder: Probleme des Verbotsirrtums und Putativnotstandes an den Grenzen strafrechtlicher Begriffe – Zum Urteil des BGH vom 15.9.1988 –, JZ **1989** 617; *ders.* § 16 II StGB: eine Irrtumsregelung im Schatten der allgemeinen Strafrechtslehre, Jura **2007** 260; *Lenckner* Das Merkmal der „Nicht-anders-Abwendbarkeit" der Gefahr in den §§ 34, 35 StGB, Festschrift Lackner (1987) 95; *Lermann* Zuständigkeitskollision in Fällen des entschuldigenden Notstandes – Über die Grenzen der Anwendbarkeit des § 35 Abs. 1 Satz 2 StGB, ZStW **127** (2015) 284; *Lugert* Zu den erhöht Gefahrtragungspflichtigen im differenzierten Notstand (1991); *Mitsch* „Die Weichensteller", JA **2006** 509; *ders.* Flugzeugabschüsse und Weichenstellungen, GA **2006** 11; *ders.* Strafbarer Arbeitnehmerwiderstand gegen Arbeitsplatzabbau – Dargestellt am Beispiel des „Bossnapping", JR **2013** 351; *ders.* Die Probleme der Kollisionsfälle beim autonomen Fahren, KriPoZ **2018** 70; *Momsen* Die Zumutbarkeit als Begrenzung strafrechtlicher Pflichten (2006); *Müller-Christmann* Der entschuldigende Notstand, JuS **1995** L 65; *Nehm* Autonomes Fahren – Bremsen Ethik und Recht den Fortschritt aus? JZ **2018** 398; *Neumann* Zurechnung und „Vorverschulden" (1985); *Oehmichen* Anmerkung zum Urteil des AG Nienburg vom 16.5.2013 – 4 Cs 519 Js 24060/12 (319/12) – BeckRS 2013, 15697, FD-StrafR **2013** 352023; *Otto* Anmerkung zum Urteil des BGH vom 25.3.2003 – 1 StR 483/02 – BGHSt 48, 255, NStZ **2004** 142; *ders.* Die strafrechtliche Beurteilung der Kollision rechtlicher gleichrangiger Interessen, Jura **2005** 470; *Pawlik* Eine Theorie des entschuldigenden Notstandes: Rechtsphilosophische Grundlagen und dogmatische Ausgestaltung, JRE 11 (2003) 287; *Peters* Zur Lehre von den persönlichen Strafausschließungsgründen, JR **1949** 496; *Radbruch* Zur Systematik der Verbrechenslehre, Festgabe Frank Band 1 (1930) 158; *Rengier* Totschlag oder Mord und Freispruch aussichtslos? – Zur Tötung von (schlafenden) Familientyrannen, NStZ **2004** 233; *Renzikowski* Restriktiver Täterbegriff und fahrlässige Beteiligung (1997); *ders.* Anmerkung zum Urteil des BGH vom 5.7.2000 – 5 StR 629/99 – BGH NJW 2000, 3079, JR **2001** 468; *ders.* Entschuldigung im Notstand, JRE 11 (2003) 269; *Rönnau* Der Irrtum und seine Rechtsfolgen, JuS **2004** 667; *ders.* Entschuldigender Notstand (§ 35 StGB), JuS **2016** 786; *ders.* Übergesetzlicher entschuldigender Notstand (analog § 35 StGB), JuS **2017** 113; *Roesen* Rechtsfragen der Einsatzgruppen-Prozesse, NJW **1964** 133; *Rotsch* Die Tötung des Familientyrannen: heimtückischer Mord? – Eine Systematisierung aus aktuellem Anlass, JuS **2005** 12; *Roxin* „Schuld" und „Verantwortlichkeit" als strafrechtliche Systemkategorien, Festschrift Henkel (1974) 171; *ders.* Der entschuldigende Notstand nach § 35 StGB (Teil 1), JA **1990** 97; *ders.* Der entschuldigende Notstand nach § 35 StGB (Teil 2), JA **1990** 137; *ders.* Schuld und Schuldausschluß im Strafrecht, Festschrift Mangakis (1999) 237; *ders.* Kann staatliche Folter in Ausnahmefällen zulässig oder wenigstens straflos sein? Festschrift Eser (2005) 461; *ders.* Rettungsfolter? Festschrift Nehm (2006) 205; *ders.* Der Abschuss gekaperter Flugzeuge zur Rettung von Menschenleben, ZIS **2011** 552; *Rudolphi* Ist die Teilnahme an einer Notstandstat i.S. der §§ 52, 53 Abs. 3 und 54 StGB strafbar? ZStW **78** (1966) 67; *ders.* Strafvereitelung durch Verzögerung der Bestrafung und Selbstbegünstigung durch Vortäuschen einer Straftat – BayObLG, NJW 1978, 2563, JuS **1979** 859; *Satzger* Der Schutz ungeborenen Lebens durch Rettungshandlungen Dritter, JuS **1997** 800; *Schünemann* Die deutschsprachige Strafrechtswissenschaft nach der Strafrechtsreform im Spiegel des Leipziger Kommentars und des Wiener Kommentars, 2. Teil Schuld und Kriminalpolitik, GA **1986** 293; *Schuster* Das Dilemma Problem aus der Sicht der Automobilhersteller, in: Hilgendorf (Hrsg.) Autonome Systeme und neue Mobilität (2017) 99; *Sinn* Wahnbedingter Putativnotstand, Entscheidungsanmerkung zum Beschluss des BGH vom 27.10.2010 – 2 StR 505/10 – NStZ 2011, 336, ZJS **2011** 402; *Skwirblies* Nichteheliche Lebensgemeinschaft und Angehörigenbegriff in Straf- und Strafprozeßrecht (1990); *Stree* Rechtswidrigkeit und Schuld im neuen Strafgesetzbuch, JuS **1973** 461; *Stübinger* „Not macht erfinderisch" – Zur Unterscheidungsvielfalt in der Notstandsdogmatik – am Beispiel der Diskussion über den Abschuss einer sog. „Terrormaschine", ZStW **123** (2011) 403; *Tausch* Anmerkung zum Urteil des OGHBrZ Köln (StS) vom 23.7.1949 – StS 161/49 – NJW 1950, 151, NJW **2017** 3099; *Timpe* Strafmilderungen des Allgemeinen Teils des StGB und das Doppelverwertungsverbot (1983); *ders.* Grundfälle zum entschuldigenden Notstand (§ 35 I StGB) und zum Notwehrexzeß (§ 33 StGB), JuS **1984** 859; *ders.* Grundfälle zum entschuldigenden Notstand (§ 35 I StGB) und zum Notwehrexzeß (§ 33 StGB), JuS **1985** 35; *T. Walter* Der Kern des Strafrechts (2006); *ders.* Wann ist § 35 Abs. 2 StGB analog anwendbar? Festschrift Roxin (2011) 763; *ders./Schwabenbauer* Eine folgenreiche Schwangerschaft, JA **2012** 504; *Warda* Vorsatz und Schuld bei ungewisser Tätervorstellung über das Vorliegen strafbarkeitsausschließender, insbesondere rechtfertigender Tatumstände, Festschrift Lange (1976) 119; *P. Weber* Dilemmasituationen beim autonomen Fahren, NZV **2016** 249; *U. Weber* Das Urteil, Jura **1984** 367; *ders.* Konzeption und Grundsätze des Wirtschaftsstrafrechts (einschließlich Verbraucherschutz), ZStW **96** (1984) 376; *H. v. Weber* Vom Diebstahl in rechter Hungersnot, MDR **1947** 78; *Weigend* Notstandsrecht für selbstfahrende Autos? ZIS **2017** 599; *Welke* Der Haustyrannenmord im deutschen Straftatsystem, ZPR **2004** 15; *Welzel* Zum Notstandsproblem, ZStW **63** (1951) 47; *Widmaier* Dogmatik und Rechtsgefühl – Tendenzen zur normativen Einschränkung des Mordtatbestands in der neueren BGH-Rechtsprechung, NJW **2003** 2788; *Wolter* Verfassungsrechtliche Strafrechts-, Unrechts- und Strafausschlußgründe im Strafrechtssystem von Claus Roxin, GA **1996** 207; *Ziemann* Moral über Bord? Über das Notrecht von Schiffbrüchigen und das Los der Schiffsjungen, ZIS **2014** 479; *Zieschang* Das Sanktionssystem in der Reform des französischen Strafrechts im Vergleich mit dem deutschen Strafrecht (1992); *ders.* Der Gefahrbegriff im Recht: Einheitlichkeit oder Vielgestaltigkeit? GA **2006** 1; *ders.* Der rechtfertigende und der entschuldigende Notstand, JA **2007** 679; *ders.* Die deutsche Strafrechtsentwicklung zwischen 1945 und 1975 am Beispiel der Vorschriften über den Notstand, in: Hilgendorf/Weitzel (Hrsg.) Der Strafgedanke in seiner historischen Entwicklung (2007) 173; *ders.* Gibt es den Täter hinter dem Täter? Festschrift Otto (2007) 505; *Zimmermann* Rettungstötungen (2009).

Entstehungsgeschichte

Bereits das RStGB von 1871 kannte mit §§ 52, 54 a.F. StGB zwei **Vorgängerregelungen** zum heutigen entschuldigenden Notstand gemäß § 35 StGB.[1] Die beiden Normen hatten damals folgenden Wortlaut:

§ 52 a.F. StGB: „Eine strafbare Handlung ist nicht vorhanden, wenn der Thäter durch unwiderstehliche Gewalt oder durch eine Drohung, welche mit einer gegenwärtigen, auf andere Weise nicht abwendbaren Gefahr für Leib oder Leben seiner selbst oder eines Angehörigen verbunden war, zu der Handlung genöthigt worden ist."

„Als Angehörige im Sinne dieses Strafgesetzes sind anzusehen Verwandte und Verschwägerte auf- und absteigender Linie, Adoptiv- und Pflegeeltern und Kinder, Ehegatten, Geschwister und deren Ehegatten, und Verlobte."

§ 54 a.F. StGB: „Eine strafbare Handlung ist nicht vorhanden, wenn die Handlung außer dem Fall der Nothwehr in einem unverschuldeten, auf andere Weise nicht zu beseitigenden Nothstande zur Rettung aus einer gegenwärtigen Gefahr für Leib oder Leben des Thäters oder eines Angehörigen begangen worden ist."

In Bezug auf § 54 a.F. StGB hatte das RG zunächst geurteilt, dass es sich jedenfalls nicht nur um einen persönlichen Strafausschließungsgrund handele.[2] Dann machte es aber deutlich, dass der Notstand im Sinne des § 54 a.F. StGB als **Entschuldigungsgrund** zu erachten ist.[3] Die in § 54 a.F. StGB enthaltene Regelung, wonach selbst die Tötung eines anderen zur Rettung aus einer Leibesgefahr nicht strafbar ist, sei nur verständlich vor dem Hintergrund, dass in diesem Fall die Willensfreiheit des Handelnden durch die Macht des Selbsterhaltungstriebs zwar nicht ausgeschlossen, jedoch stark beeinflusst sei, was die Handlung als entschuldbar erscheinen lasse.[4] Nur bei diesem Verständnis sei zudem zu erklären, dass die Notstandshilfe bei § 54 a.F. StGB anders als bei der Notwehr und anders als bei §§ 228, 904 BGB auf Angehörige eingegrenzt ist.[5] Wenn der Notstand in § 54 a.F. StGB ein Rechtfertigungsgrund wäre, hätte für eine solche Beschränkung keine Veranlassung bestanden.[6] Auch im Schrifttum wurde § 54 a.F. StGB überwiegend als ein **die Schuld ausschließender Grund** angesehen.[7]

Die Einordnung des § 54 a.F. StGB als Entschuldigungsgrund ist zutreffend. So erfolgte nicht nur eine Beschränkung dahingehend, dass der Täter zum Schutz seiner selbst oder allenfalls eines Angehörigen vorgehen musste, vielmehr galt der Schutz allein im Hinblick auf Leib oder Leben als notstandsfähige Rechtsgüter. Diese beiden Eingrenzungen führen dazu, dass der Gesetzgeber die Tat verzeiht und damit entschuldigt, selbst wenn ein höherrangiges Gut auf Kosten eines niederrangigen Gutes geopfert wird.

---

1 *Rönnau* JuS **2016** 786, 787.
2 RGSt **57** 268, 269.
3 RGSt **61** 242, 249; vgl. auch schon RGSt **28** 164, 167.
4 RGSt **61** 242, 249 f.
5 RGSt **61** 242, 250.
6 RGSt **61** 242, 250.
7 Siehe etwa *Baumann* AT, 3. Aufl. 1964, S. 414; *Dreher* StGB, 27. Aufl. 1965, § 54 Anm. 4; *Frank* 18. Aufl. 1931, S. 167; *Welzel* Strafrecht, 9. Aufl. 1965, § 23 I 1 c; anders etwa und für den Ausschluss der „Tatverantwortung" *Maurach* Strafrecht, 3. Aufl. 1965, S. 323.

Auch bei § 52 a.F. StGB ging es um Gefahren ausschließlich für Leib oder Leben und nur hinsichtlich des Täters oder eines Angehörigen. Der Unterschied zu § 54 a.F. StGB bestand allein darin, dass der Täter von einem Dritten zur Tat genötigt wird. Damit war aber § 52 a.F. StGB nichts anderes als ein **Spezialfall** des § 54 a.F. StGB und folglich ebenfalls ein **Entschuldigungsgrund**.[8] Er regelte bezogen auf die Ebene der Schuld den sogenannten **Nötigungsnotstand**. Bei den §§ 52, 54 a.F. StGB handelte es sich folglich um Fälle des entschuldigenden Notstands.[9]

Diese Vorschriften blieben bis zur Ersetzung durch § 35 StGB nahezu[10] unverändert. **§ 35 StGB**, der durch das 2. StrRG vom 4.7.1969[11] in das StGB eingeführt wurde, trat dann mit Wirkung vom **1.1.1975 in Kraft**. Dieses Reformgesetz bildet das Herzstück der Strafrechtsreformbemühungen seit den 1950er Jahren und hat einen ganz neuen Allgemeinen Teil geschaffen.[12]

§ 35 StGB rührt ebenso wie § 34 StGB deutlich aus dem Entwurf 1962.[13] Die Vorschrift des § 35 StGB lehnt sich nämlich ganz überwiegend an die Normierung des entschuldigenden Notstands in § 40 E 1962 an.[14] So ist § 35 Abs. 1 Satz 1 StGB wortgleich in § 40 Abs. 1 E 1962 zu finden. Anders als in § 23 AE muss die Gefahr hier objektiv vorliegen und nicht nur in der Vorstellung des Täters, was sich im Übrigen auch aus § 35 Abs. 2 StGB ergibt. Etwas umfassender als § 40 E 1962 ist § 35 Abs. 1 Satz 2 StGB geregelt, formuliert doch der E 1962 lediglich, dass der Täter ohne Schuld handelt, „wenn ihm nicht zugemutet werden kann, die Gefahr für das bedrohte Rechtsgut hinzunehmen". Inhaltlich ist diese Regelung also in § 35 StGB durch zwei Beispiele der Zumutbarkeit ergänzt. Die in § 35 Abs. 1 Satz 2 Halbsatz 2 StGB vorgesehene Strafmilderungsmöglichkeit kannte hingegen § 40 E 1962 nicht, sie knüpft an die Regelung des entschuldigenden Notstands in § 23 Satz 2 AE an, eingeschränkt aber dadurch, dass das besondere Rechtsverhältnis von der Milderung ausgenommen wird. Die Irrtumsregelung in § 35 Abs. 2 StGB wiederum findet sich sehr ähnlich in § 40 Abs. 2 E 1962 an, der davon spricht, dass der Täter nur dann bestraft wird, „wenn ihm der Irrtum vorzuwerfen ist".

Mit § 35 StGB sind eine ganze Reihe von Neuerungen, Klarstellungen und Ergänzungen im Vergleich zur vorherigen Rechtslage verbunden.[15] Im Einzelnen:

Zunächst ist hervorzuheben, dass der Gesetzgeber nunmehr ausdrücklich und eindeutig die **Rechtsfolge** bestimmt, die bei Vorliegen der Voraussetzungen des entschuldigenden Notstands eintritt: Der Täter handelt **ohne Schuld**. Auch enthält die gesetzliche Überschrift eine entsprechende eindeutige Aussage: Es geht um den „entschuldigenden" Notstand. Vorher war in §§ 52, 54 a.F. StGB dagegen lediglich davon die Rede, dass „eine strafbare Handlung" „nicht vorhanden" ist. Zwar wurden diese Vorschriften wie ausgeführt auch schließlich vom RG als Entschuldigungsgründe erachtet, die jetzige Klarstellung im Gesetzestext lässt aber jedenfalls keinen Zweifel mehr aufkommen. Im Übrigen macht der Gesetzgeber durch die Unterscheidung von rechtfertigendem Notstand gemäß § 34 StGB einerseits und entschuldigendem Notstand gemäß § 35 StGB andererseits hin-

---

8 *Zieschang* in: Hilgendorf/Weitzel, S. 173, 178.
9 So auch Begründung zum E 1962, BTDrucks. IV/650 S. 161.
10 Lediglich das 3. StÄG vom 4.8.1953 (BGBl I, 735) erweiterte die Angehörigendefinition in § 52 Abs. 2 a.F. StGB, indem die Worte „Ehegatten, Geschwister und deren Ehegatten" ersetzt wurden durch „Ehegatten und deren Geschwister, Geschwister und deren Ehegatten".
11 BGBl I, 717.
12 *Zieschang* in: Hilgendorf/Weitzel, S. 173, 174, 177.
13 Der E 1962 findet sich abgedruckt in BTDrucks. IV/650.
14 *Zieschang* in: Hilgendorf/Weitzel, S. 173, 179.
15 Siehe auch *Zieschang* in: Hilgendorf/Weitzel, S. 173, 185 f.

reichend deutlich, dass er der **Differenzierungstheorie**[16] folgt und die Einheitstheorie verwirft, was auch sachlich als zutreffend zu erachten ist. Es gibt Notstandskonstellationen, mit denen ein solches wesentliches Interessenübergewicht auf Seiten des Erhaltungsguts verbunden ist, dass die Tat als gerechtfertigt anzusehen ist und der Inhaber des Eingriffsguts das Verhalten entsprechend zu dulden hat, jedoch auch Fallgestaltungen einer Notstandslage, bei denen ein solches Übergewicht fehlt und damit Rechtfertigung ausscheidet, der Gesetzgeber jedoch aufgrund der für den Täter vorhandenen Konfliktlage und der dadurch stark herabgesetzten Schuld die Tat verzeiht und damit entschuldigt. In diesen Fällen steht jedoch dem Opfer der Notstandstat ein Abwehrrecht zu, also insbesondere § 32 StGB, denn der Notstandstäter handelt rechtswidrig.

Ausweislich der Begründung zum E 1962 wurde eine **besondere Regelung** zum **Nötigungsnotstand** wie in § 52 a.F. StGB für **entbehrlich** erachtet.[17] Bei vis absoluta fehle es schon an einer Handlung im Sinne des Strafrechts; im Übrigen sei der Nötigungsnotstand in der allgemeinen Notstandsregelung enthalten.[18] Dieser Wegfall der ausdrücklichen Regelung zum Nötigungsnotstand ist als richtige Entscheidung zu erachten und zu begrüßen. Zum einen hat eine solche Bestimmung neben § 35 StGB keine eigenständige Bedeutung, kann die zuletzt genannte Vorschrift doch diesen Spezialfall ohne Weiteres erfassen, wenn es nicht bereits – so bei vis absoluta – schon an einer Handlung im strafrechtlichen Sinne fehlt. Zum anderen ist zu beachten, dass es – nach zutreffender Sicht der Dinge[19] – im Einzelfall möglich ist, einen im Nötigungsnotstand agierenden Täter bereits über § 34 StGB zu rechtfertigen, sofern ein wesentlich überwiegendes Interesse gegeben ist. Dann erscheint es aber als überflüssig und zumindest missverständlich, ausdrücklich den Nötigungsnotstand in einer eigenen Vorschrift zum entschuldigenden Notstand zu regeln.

Im Gegensatz zu § 54 a.F. StGB sind als notstandsfähige Rechtsgüter in § 35 StGB nicht nur **Leib** oder **Leben** aufgelistet, sondern ebenfalls die **Freiheit**. Dies geschah mit der Erwägung, dass das Rechtsgut der Freiheit einen ähnlich hohen Rang genieße wie Leib oder Leben.[20] Dagegen lehnte man eine Ausdehnung auf weitere Rechtsgüter wie etwa Ehre oder Eigentum ab; anderenfalls würde die Nichtzumutbarkeit normgemäßen Verhaltens, die für die Entschuldigung des Notstands vorausgesetzt sei, in weiten Bereichen als Schuldausschließungsgrund anerkannt, „was geeignet wäre, den Ernst der Strafdrohungen in Frage zu stellen".[21]

Gegenüber § 54 a.F. StGB erfährt § 35 StGB auch dadurch eine nochmalige Ausweitung, dass nicht nur die Gefahrenabwehr zugunsten des **Täters** oder eines **Angehörigen** entschuldigend wirkt, sondern auch die Abwehr einer Gefahr, die einer dem Täter **nahestehenden Person** droht. Weiter wurde aber der Personenkreis bewusst nicht ausgedehnt. In den Gesetzesmaterialien ist dazu ausgeführt, die seelische Drucklage des Täters, die für den Notstand bezeichnend sei und den inneren Grund für die Entschuldigung abgebe, entstehe meist nur bei Personen, die Angehörige sind oder ihm sonst na-

---

16 Siehe dazu im Einzelnen *Zieschang* LK § 34 Rdn. 2.
17 Begründung zum E 1962, BTDrucks. IV/650 S. 161; ebenso AE S. 61 zu § 23 AE; *Horstkotte* Prot. V S. 1839, 1842.
18 Begründung zum E 1962, BTDrucks. IV/650 S. 161; AE S. 61 zu § 23 AE; siehe dazu auch *Stree* JuS **1973** 461, 468 f.
19 Siehe dazu *Zieschang* LK § 34 Rdn. 129 ff m.w.N. zum Streitstand.
20 Begründung zum E 1962, BTDrucks. IV/650 S. 161.
21 Begründung zum E 1962, BTDrucks. IV/650 S. 161. Siehe auch *Horstkotte* Prot. V S. 1839, 1843: Im Hinblick auf das Opfer der Notstandstat bestehe ein „Bedürfnis für eine gewisse Strenge bei der gesetzlichen Umschreibung der Notstandslage".

hestehen.²² Nahestehende Personen sollen dabei nur solche sein, die etwa mit dem Notstandstäter in Hausgemeinschaft leben oder die in ähnlicher Weise wie Angehörige mit ihm persönlich verbunden sind.²³

Anders als § 54 a.F. StGB setzt § 35 StGB **nicht** voraus, dass die Notstandslage **unverschuldet** ist. Auch das stellt eine (vorsichtige) Erweiterung dar. Das Gesetz könne nicht darüber hinwegsehen, dass in Fällen der äußersten Not, selbst wenn diese verschuldet ist, die Wirkung von Strafdrohungen versagen müsse.²⁴ Andererseits stellt nunmehr § 35 Abs. 1 Satz 2 StGB ausdrücklich darauf ab, ob dem Täter **zugemutet** werden kann, die Gefahr hinzunehmen, was jedoch auch schon früher von der Rechtsprechung verlangt worden war.²⁵ Dabei gibt das Gesetz zwei Beispiele an: Einmal mag Zumutbarkeit vorliegen, da der Täter die Gefahr selbst verursacht hat, zum anderen kann sich die Zumutbarkeit der Hinnahme der Gefahr daraus ergeben, dass der Täter in einem besonderen Rechtsverhältnis steht. Gegenüber der vorherigen Rechtslage neu ist zudem § 35 Abs. 1 Satz 2 Halbsatz 2 StGB, der grundsätzlich die Möglichkeit der Strafmilderung eröffnet.

Eine Neuerung im Vergleich zur vorherigen Rechtslage ist schließlich § 35 Abs. 2 StGB, der die **irrtümliche Annahme** von Umständen regelt, die den Täter nach Absatz 1 entschuldigen würden. Es handelt sich um eine spezifische Regelung bezogen auf den Irrtum über einen Entschuldigungsgrund.

Der Gesetzgeber hat also mit § 35 StGB ebenso wie mit § 34 StGB eine ganze Reihe von **Klarstellungen und Neuerungen** im Vergleich zur vorherigen Rechtslage vorgenommen.²⁶ Schon daraus ergibt sich, dass es sinnvoll und richtig war, nicht nur § 34 StGB zu schaffen, sondern auch die Regelung zum entschuldigenden Notstand zu reformieren. Im Grundsatz ist dabei die Vorschrift des § 35 StGB als **gelungen** zu erachten.²⁷

Übersicht

I. Allgemeine Bemerkungen —— 1
  1. Einordnung der Regelung als Entschuldigungsgrund —— 1
  2. Grundgedanke der Vorschrift —— 2
  3. Die Unterscheidung zwischen Schuldausschließungs- und Entschuldigungsgründen —— 7
  4. Objektive versus subjektive Notstandstheorie —— 8
  5. Spezifische Notstandsvorschriften —— 10
  6. Verhältnis zu anderen Entschuldigungsgründen sowie zu Schuldausschließungsgründen —— 18
  7. Entschuldigender Notstand und Ordnungswidrigkeitenrecht —— 20
II. Die Voraussetzungen des entschuldigenden Notstands —— 21
  1. Allgemeines —— 21
  2. Die Notstandslage: Gegenwärtige Gefahr für Leben, Leib oder Freiheit des Täters, eines Angehörigen oder einer anderen dem Täter nahestehenden Person —— 22
    a) Die notstandsfähigen Rechtsgüter —— 22
    b) Die Gefahr —— 33

---

22 Begründung zum E 1962, BTDrucks. IV/650 S. 161.
23 Begründung zum E 1962, BTDrucks. IV/650 S. 161.
24 Begründung zum E 1962, BTDrucks. IV/650 S. 161.
25 Siehe etwa RGSt **72** 246, 249 f.
26 Die in § 52 Abs. 2 a.F. StGB normierte Definition des Angehörigen findet sich nun, freilich modifiziert, in § 11 Abs. 1 Nr. 1 StGB. Der in § 54 a.F. StGB erfolgte Hinweis „außer dem Fall der Notwehr" ist richtigerweise – da überflüssig und verwirrend – in den § 35 StGB nicht aufgenommen worden, zumal eine Rechtfertigung sich auch aus anderen Gründen als der Notwehr ergeben kann und durch diesen Zusatz der Unterschied zwischen Rechtfertigungs- und Schuldebene ein wenig verschwimmt.
27 Siehe auch *Zieschang* in: Hilgendorf/Weitzel, S. 173, 186 f. Zu einzelnen Kritikpunkten vgl. insbesondere Rdn. 102.

c) Die Gegenwärtigkeit —— 42
d) Gefahr für den Täter, einen Angehörigen oder eine dem Täter nahestehende Person —— 43
3. Begehung einer rechtswidrigen Tat, um die Gefahr von sich, einem Angehörigen oder einer anderen dem Täter nahestehenden Person abzuwenden —— 49
   a) Die Tatbegehung —— 49
   b) Das subjektive Entschuldigungselement —— 53
4. Die Nicht-anders-Abwendbarkeit —— 57
5. Die Zumutbarkeitsklausel gemäß § 35 Abs. 1 Satz 2 StGB —— 65
   a) Allgemeines —— 65
   b) Die Gefahrverursachung —— 69
   c) Das besondere Rechtsverhältnis —— 76
   d) Sonstige Fälle, in denen dem Täter die Hinnahme der Gefahr zumutbar ist (Generalklausel) —— 84

aa) Gefahrtragungspflichten aus Beschützerpflichten —— 85
bb) Gesetzliche Duldungspflichten —— 88
cc) Disproportionalität —— 91
dd) Gefahrtragungspflichtige Angehörige oder dem Täter nahestehende Personen, welche gefahrtragungspflichtig sind —— 95
III. Die Rechtsfolgen des entschuldigenden Notstands —— 99
IV. Der Putativnotstand gemäß § 35 Abs. 2 StGB —— 108
V. Der übergesetzliche entschuldigende Notstand —— 119
   1. Allgemeines —— 119
   2. Die Voraussetzungen des übergesetzlichen entschuldigenden Notstands —— 125
VI. Die Unzumutbarkeit normgemäßen Verhaltens —— 134
VII. Verfahrensrecht —— 138

Alphabetische Übersicht

Absicht 5, 8, 53 ff, 63, 90, 109, 120, 124, 127, 133
Akzessorietät, limitierte 38, 106
Analogie 13, 23, 50, 105, 117 f, 125
Angehöriger 10 ff, 15, 18, 21 f, 39, 43 ff, 73, 83, 89, 95 ff, 116, 119 f, 125, 133, siehe auch Sympathieperson
Angriff 61, 99, 124
Auslegung 22, 26, 44, 70
Autonomes Fahren siehe vollautomatisiertes Fahren
Bergsteiger-Fall 120
Bestimmtheitsgebot 3 ff, 66, 69, 135, 137
Besonderes Rechtsverhältnis 21, 66, 68, 75 ff, 85, 88, 95, 97, 100 ff, 112, 116
Beschützerpflichten 85 ff
Betäubungsmittel 39, 54
Blutprobe 88, 98
Dauergefahr 42, 59, 61, siehe auch Gefahr
Disproportionalität 91 f, siehe auch Verhältnismäßigkeit
Entführung 120, 133
Erforderlichkeit 18, 21, 57, 59, 63 ff, 91, 105, 115, 133, siehe auch Geeignetheit, mildestes Mittel, Nicht-anders-Abwendbarkeit
Erheblichkeit 7, 30 ff, 62, 64, 75, 92, 120
Euthanasieärzte-Fall 120, 122, 132
Fahrlässigkeitsdelikt 51, 136 f
Familientyrann siehe Haustyrannen-Fall

Folter 133
Fluchthelfer-Fall 71, 92
Freiheit 5 f, 11, 20 ff, 27 ff, 36, 52, 60, 88 f, 92, 98, 126
Freiheitsstrafe 28, 88 f, 92, 98
Garantenstellung 71, 85 ff
Geeignetheit 57, 59, 63, 127, siehe auch Erforderlichkeit, Nicht-anders-Abwendbarkeit
Gefahr 6, 8 f, 11, 15 ff, 21 f, 26 ff, 35 ff, 40 ff, 49, 53, 57, 59 ff, 66 ff, 79 ff, 83 ff, 89 ff, 100, 104 f, 108 f, 112, 114 ff, 119 f, 124 ff, 131 f, 134
– Grad 31, 33
– Ursprung 35
Gefahrabwendungsabsicht 5, 8, 53 ff, 63, 90, 109, 120, 124, 127, 133
Gefahrengemeinschaft 47, 77, 87, 131 f
Gefahrtragungspflicht 3 f, 9, 36, 76, 79 ff, 83 ff, 87, 91, 95 ff, 116
Gefahrverursachung 11, 15, 21, 63, 66, 69 ff, 90, 95 ff, 104, 108, 116
Gegenwärtigkeit 21 f, 42, 92, 115, 125
Gesetzliche Duldpflichten 88 ff, 104
Gesinnung 2, 4
Gewissenhafte Prüfung der Notstandslage 56, 122, 127
Grundgedanke des entschuldigenden Notstands 2 ff, 67
Handeln auf Befehl 17, 40, 120

Handlungsfreiheit 27
Haustyrannen-Fall 35, 42, 59, 110
Hoheitsträger 28, 41, 133
In dubio pro reo 138
Ingerenz 71
Irrtum 4, 7, 34, 56, 97, 108 ff, 117 f, 122
Jedermannsgefahr 36, 94
Kleineres Übel 129 f
Körperliche Unversehrtheit 26 f, 29 f, 64, 92 f, siehe auch Leib
Körperverletzung 18, 20, 30, 52, 62, 64
Kontraktualistische Begründung 2 f
Leben 5 f, 20 ff, 25, 30, 36, 48 f, 60 f, 63, 69, 81, 92 f, 120, 124 ff, 129 ff
Leib 5 f, 18, 20 ff, 25 ff, 29 f, 36, 52, 60, 62, 64, 92 f, 126, siehe auch körperliche Unversehrtheit
Maßstabperson 33 f
Mildestes Mittel 57 ff, 63, siehe auch Erforderlichkeit, Nicht-anders-Abwendbarkeit
Mittelbare Täterschaft 38, 107
Motivationsdruck 6, 9, 11, 14, 22, 31, 33, 42 ff, 101 f, 111, 119 f, 124, 126, 133 siehe auch psychische Ausnahmesituation, seelischer Druck
Nahestehende Person 18, 21, 25, 43 ff, 73, 83, 95 ff, 116, 119 f, 125, 133, siehe auch Sympathieperson
Nicht-anders-Abwendbarkeit 15, 21, 28, 57 ff, 63, 65, 90, 105, 127, siehe auch Erforderlichkeit, Geeignetheit
Nichteheliche Lebensgemeinschaft 47, 87
Nötigungsnotstand 37, 39, 107
Notstand, entschuldigender
– Verhältnis zu anderen Entschuldigungsgründen 18 ff
– Voraussetzungen 5, 9, 13, 18, 21 ff, 34, 44, 49, 51, 55 ff, 66 f, 99, 105 f, 108, 111, 117, 123, 125 ff, 134, 137
– Rechtsfolgen 99 ff
– Rechtsnatur 1 ff, 7
– Übergesetzlicher 18, 43, 117, 119 ff, 125 ff
Notstand, rechtfertigender 1, 20 ff, 24, 27, 33 ff, 37, 42 ff, 49, 53 f, 56 ff, 61, 63 f, 120, 133, 138
Notstandshandlung 21, 57, 63, 65, 91, 105, 115, 133
Notstandshilfe 11, 74, 82 f, 95 ff, 104, 120
Notstandslage 8, 21 ff, 30, 32, 36, 54 ff, 64, 67, 70, 105, 115
Notstandstheorie
– kontraktualistische 2 f
– objektive 8 f, 34
– strafzweckorientierte 2, 4
– subjektive 8 f, 16
Notwehr 3, 61, 90, 99, 124, 133

Objektive Notstandstheorie 8 f, 34
Ordnungswidrigkeitenrecht 20, 50
Prognose 33 f, 63
Psychische Ausnahmesituation 2, 4, 8 f, 43 f, 53 f, 83, 96, 120, siehe auch Motivationsdruck, seelischer Druck
Putativnotstand 8, 108 ff
Rechtfertigung 1, 3, 20 ff, 27, 37 f, 42 f, 49, 60 f, 90, 120, 123 f, 133
Regelbeispiel 66, 69, 73, 75, 81 f, 95 ff
Rechtsgut
– der Allgemeinheit 50
– Individualrechtsgut 50
– notstandsfähiges 2, 6, 22 ff, 36 f, 60 f, 64, 67, 120, 126, 132
Rechtswidrige Tat 1, 6, 20 f, 38, 49, 53, 59, 61 f, 99, 106, 138
Sachverständiger Beobachter 33 f, 58, 63
Schuldausschließungsgrund 7, 18 f
Schuldminderung 2, 5 f, 7, 12, 14, 18, 67, 120, 124, 128
Schwangerschaftsabbruch 60
Seelischer Druck 2, 4 f, 16, 24, 53 f, 67, 74, 77, 79, 92, 120, 130 ff, siehe auch Motivationsdruck, psychische Ausnahmesituation
Selbstbegünstigungsprivileg 14
Sexueller Missbrauch 26, 29
Sonderwissen 33
Spanner-Fall 27
Spezifische Notstandsvorschriften 10 ff
Staatliche Hilfe 59
Strafausschließungsgrund 1, 11 f, 14, 122 ff
Strafmilderung 4, 9, 15, 17, 68, 71, 79, 88, 100 ff, 112 f
Strafvereitelung 14
Strafzweckorientierte Notstandstheorie 2, 4
Subjektive Notstandstheorie 8 f, 16
Subjektives Entschuldigungselement 2, 53 f
Sympathieperson 30, 35, 43, 48, 60, 74, 82 f, 96 ff, 104, 119 f, 126, siehe auch Angehöriger, nahestehende Person
Tatbestandsirrtum 108, 117
Tatverantwortung 1
Terroranschläge (World Trade Center) 120, 132
Übergesetzlicher entschuldigender Notstand 18, 43, 117, 119 ff, 125 ff
Unbeteiligte 61, 131 f
Unrechtsminderung 2, 4 ff, 11 f, 14, 18, 22, 24, 36, 66 f, 71, 74, 77, 79, 83, 92, 94, 96 f, 120, 124, 127 f, 131 ff, 136
Unwiderlegliche Vermutung 44, 54
Unzumutbarkeit 5, 34, 134 ff
Unterlassungsdelikt 51, 136 f
Verbotsirrtum 7, 108, 122
Verfahrensrecht 138

Verhältnismäßigkeit 64, 93,
  siehe auch Disproportionalität
Vermeidbarkeit 4, 7, 9, 56, 113 ff
Vollautomatisiertes Fahren 49, 120
Wahrscheinlichkeit 31, 33, 36, 42, 58

Weichensteller-Fall 120, 131 f
Werdendes Leben 25, 48
Willensbetätigungsfreiheit 27
Zumutbarkeitsklausel 11, 21, 63 ff, 73, 75 f, 81 f, 84, 88 f, 93 ff, 104 f, 108, 128, 134 f

I. Allgemeine Bemerkungen

1. Einordnung der Regelung als Entschuldigungsgrund. Der entschuldigende 1 Notstand wird erst dann relevant, nachdem – im Einklang mit der Verbrechenssystematik – festgestellt worden ist, dass das Verhalten des Täters rechtswidrig, insbesondere also nicht über §§ 34 StGB, 228, 904 BGB gerechtfertigt ist.[28] Erst dann darf man folglich zur Schuldebene übergehen. § 35 StGB ist aufgrund seiner eindeutigen Formulierung in Einklang mit der Rechtsprechung[29] und der ganz h.M. im Schrifttum[30] ein **Entschuldigungsgrund**. Zwar wird vertreten, nur in einem kurzen Intervall sei von Entschuldigung auszugehen, in den sonstigen Fällen von einem persönlichen Strafausschließungsgrund, denn eine die Motivation wesentlich beeinträchtigende Bedrängnis sei in der Regel höchst zweifelhaft.[31] Auch findet sich sogar vereinzelt die Ansicht, § 35 StGB sei ein Rechtfertigungsgrund.[32] Derartige Deutungen stehen jedoch bereits in einem klaren **Widerspruch zum Wortlaut** der Norm, sodass sie nicht zu überzeugen vermögen und abzulehnen sind. Der entgegenstehende Wortlaut spricht auch gegen eine Einordnung in eine Kategorie fehlender „Tatverantwortung".[33]

2. Grundgedanke der Vorschrift. Umstritten ist, auf welchem **Grundgedanken** 2 § 35 StGB beruht.[34] Das Reichsgericht hatte im Zusammenhang mit dem entschuldigenden Notstand auf den ungewöhnlichen seelischen Druck, der auf dem Täter laste, hingewiesen,[35] also auf die **psychische Ausnahmesituation**, in der sich der Täter befindet.[36] Die freie Willensbestimmung des Täters sei beeinträchtigt.[37] **Überwiegend** wird heute im Schrifttum die **Lehre von der doppelten Schuldminderung** vertreten,[38] in-

---

28 *Kühl* AT § 12 Rdn. 15; *Sch/Schröder/Perron* Rdn. 1; *Zieschang* AT Rdn. 371.
29 Etwa BGH NStZ **1992** 487, 488; BGHSt **48** 255, 258; BGH NStZ **2011** 336, 337; BGHSt **61** 202, 208.
30 So etwa *Dreier* JZ **2007** 261, 264; *Duttge* HK-GS Rdn. 1; *Matt/Renzikowski/Engländer* Rdn. 1; *Esser/Bettendorf* NStZ **2012** 233, 236; *Joecks/Jäger* Rdn. 1; *Kindhäuser* LPK Rdn. 1; *Kühl* AT § 12 Rdn. 18; Lackner/*Kühl* Rdn. 1; *Momsen/Savic* BeckOK Rdn. 1; *Neumann* NK Rdn. 1; *Sch/Schröder/Perron* Rdn. 2; *Rengier* AT § 26 Rdn. 1; *Rogall* SK Rdn. 1; SSW/*Rosenau* Rdn. 1; *Zieschang* AT Rdn. 371; *ders.* JA **2007** 679, 684.
31 *Bernsmann* S. 376 ff. *Köhler* AT S. 123, 331, 334, nimmt einen Strafunrechtsausschließungsgrund an.
32 *Gimbernat Ordeig* FS Welzel 485, 490.
33 Die „Tatverantwortung" fehlen lassend dagegen *Maurach/Zipf* § 33 Rdn. 9 f; so auch *Gössel* Strafrecht S. 36.
34 Siehe dazu auch *Fahl* JA **2013** 274 f; *B. Heinrich* AD LEGENDUM **2015** 89, 92; *Hörnle* JuS **2009** 873, 875 ff; *Pawlik* JRE **11** (2003) 287 ff; *Renzikowski* JRE **11** (2003) 269, 271 ff; *Rönnau* JuS **2016** 786, 787 f; *Roxin* JA **1990** 97 ff; *Timpe* JuS **1984** 859, 860 ff. Nach *Kühl* AT § 12 Rdn. 22 ergänzen und begrenzen sich die verschiedenen Ansätze zur Erklärung des § 35 StGB, die Vorschrift könne nicht bloß durch einen Gesichtspunkt vollständig erklärt werden.
35 RGSt **66** 222, 224 f.
36 Auf den gesteigerten Motivationsdruck ebenfalls abstellend Begründung zum E 1962, BTDrucks. V/4095 S. 16; in diese Richtung auch *Brauneck* GA **1959** 261, 269; *Hauck* AnwK Rdn. 1.
37 RGSt **61** 242, 249 f; RGSt **66** 222, 224 f; RGSt **72** 246, 249; siehe auch *Feuerbach* Lehrbuch § 91.
38 Etwa *Gropp* AT § 6 Rdn. 123, 131, 148; *Jescheck/Weigend* § 43 III 2b; *Kühl* AT § 12 Rdn. 18 f; *Küper* JuS **1971** 474, 477; *Murmann* GK § 26 Rdn. 55; *Sch/Schröder/Perron* Rdn. 2; *Rönnau* JuS **2016** 786, 788;

dem man nicht nur auf die seelische Zwangslage abstellt, die zur Schuldminderung führt, sondern zusätzlich auf eine vorhandene Unrechtsminderung: Letztere ergebe sich daraus, dass der Täter objektiv ein hochrangiges Rechtsgut bewahre und subjektiv einen Rettungszweck verfolge.[39] Damit seien sowohl Erfolgs- als auch Handlungsunwert gemindert und somit mittelbar auch die Schuld. Ebenfalls findet sich die Meinung, es fehle beim Täter an einer **rechtsfeindlichen oder rechtsgleichgültigen Gesinnung**.[40] Die **strafzweckorientierte Notstandstheorie** sieht § 35 StGB als einen Fall an, bei dem keine präventive Bestrafungsnotwendigkeit bestehe;[41] es fehle an einem präventiven Strafbedürfnis.[42] Weiterhin ist auf die Ansicht hinzuweisen, welche eine **kontraktualistische Begründung** wählt: § 35 StGB wird danach vertragstheoretisch eingebunden; grundsätzlich entäußere sich der Bürger seiner Selbstschutzmöglichkeiten, weil er umfassenden Schutz durch die Gemeinschaft erwarten darf. Sei nun aber der an sich von der Gemeinschaft zu leistende Schutz in einer konkreten Situation nicht möglich, lebe ein Selbstschutzrecht wieder auf.[43] Zum Teil wird auch vertreten, der entschuldigende Notstand kennzeichne Grenzsituationen, in denen die „normative Deutung des Geschehens, die Handlung sei eine strafrechtlich relevante Rechtsverletzung, zurückgenommen wird, weil der **Tatkontext dem Täter nicht vollständig verfügbar,** und insoweit nicht umfassend zu verantworten war".[44] Das Geschehen könne als durch die besondere Konfliktsituation determiniert behandelt werden und nicht als Sache des Täters.[45]

3   Aus hiesiger Sicht ist unmittelbar im Hinblick auf die zuletzt genannte Ansicht anzumerken, dass die dort gewählte Beschreibung die Gefahr in sich birgt, § 35 StGB in eine bloße Zurechnungsnorm umzuwandeln, mit der dann wiederum ein hohes Maß an Unbestimmtheit verbunden ist. Was „Sache des Täters" ist, darüber lässt sich trefflich streiten. Eine exakte Bestimmung der Eigenheiten des § 35 StGB unterbleibt, indem vage Formulierungen verwendet werden. Wenn ausgeführt wird, Entschuldigung bedeute „eine individualisierte Distanzierung von der tatbestandlich indizierten sozialen Bedeutung des Verhaltens, die eine generalisierte (strafrechtliche) Garantie für die Gestalt sozialer Interaktionen, die Integrität der jeweiligen Rechtssphäre, unberührt lassen soll",[46] dann handelt es sich um vage und wenig aussagekräftige Umschreibungen, die jedes erwünschte Ergebnis sachlich zu legitimieren vermögen. Ähnlich vermag der kontraktualistische Ansatz nicht zu überzeugen. In der Konsequenz nivelliert er nämlich den Unterschied zwischen Rechtfertigung einerseits und Entschuldigung andererseits. Auch etwa im Fall der Notwehr lebt das Selbstschutzrecht wieder auf, da die Gesellschaft in der konkreten Situation keinen ausreichenden Schutz bieten kann. Im Übrigen sind die besonderen Gefahrtragungspflichten in § 35 Abs. 1 Satz 2 StGB mit diesem Ansatz schwer

---

Rogall SK Rdn. 2 ff; SSW/*Rosenau* Rdn. 1; *Rudolphi* ZStW **78** (1966) 67, 84 f; *Wessels/Beulke/Satzger* Rdn. 652 f.
39 *Kühl* AT § 12 Rdn. 18 f.
40 *Gallas* Beiträge zur Verbrechenslehre, S. 59, 68 f; *ders.* FS Mezger 311, 323.
41 *Jäger* AT Rdn. 191; *Jakobs* AT 20 Rdn. 4 f; *Roxin* AT I § 22 Rdn. 4, 11 f; *ders.* FS Mangakis 237, 247 ff; *ders.* JA **1990** 97 ff; *Wolter* GA **1996** 207, 212 f, wobei unterschiedlich gesehen wird, ob es nur um das Fehlen eines generalpräventiven Strafbedürfnisses geht (so etwa *Jakobs* aaO) oder **auch** um den Mangel eines spezialpräventiven Strafbedürfnisses (etwa *Roxin* JA **1990** 97, 99; kritisch dazu *Timpe* S. 294 ff).
42 *Roxin* JA **1990** 97, 99.
43 *Momsen* S. 168, 537; *Momsen/Savic* BeckOK Rdn. 6; *Zimmermann* S. 227 ff; vgl. auch *Bernsmann* S. 254 ff, 284 ff; *Matt/Renzikowski/Engländer* Rdn. 3; *Hörnle* JuS **2009** 873, 876 f; *Renzikowski* JRE **11** (2003) 269, 276 ff.
44 *Müssig* MK Rdn. 1 (Hervorhebung im Original).
45 *Müssig* MK Rdn. 3, 4: Entschuldigung sei Konsequenz einer Entlastung vom Tatkontext „nach allgemeinen Zurechnungsmustern".
46 *Müssig* MK Rdn. 3.

vereinbar. Auch im Hinblick auf diese Personen müsste ja schließlich der Selbstschutzgedanke gelten.

§ 35 Abs. 1 Satz 2 StGB ist im Übrigen ebenfalls nicht zu erklären, wenn man ausschließlich auf die seelische Zwangslage abstellt.[47] Denn in den dort genannten beiden Beispielsfällen besteht auch eine seelische Zwangslage, dennoch wird die Tat nicht entschuldigt; es geht in § 35 Abs. 1 Satz 2 StGB insbesondere darum, dass das durch die Rettungshandlung geminderte Unrecht wieder durch die Gefahrtragungspflicht erhöht und kompensiert wird, sodass eine Entschuldigung ausscheidet.[48] Zudem ist ein alleiniges Abstellen auf die seelische Zwangslage nicht damit vereinbar, dass § 35 Abs. 2 StGB beim vermeidbaren Irrtum nur eine Strafmilderung vorsieht, obwohl sich auch der vermeidbar Irrende in einer psychischen Ausnahmesituation befindet.[49] Soweit die fehlende rechtsfeindliche Gesinnung für maßgeblich erachtet wird, handelt es sich um ein sehr unbestimmtes Kriterium, das im übrigen moralisiert und subjektiv geprägt ist, obwohl § 35 StGB objektiv gefasst ist. Der strafzweckorientierte Ansatz verfängt nicht, denn er vertauscht Ursache und Wirkung. Das Fehlen präventiver Strafbedürfnisse erklärt sich aus der fehlenden Schuld und nicht umgekehrt.[50]

Zutreffend lässt sich § 35 StGB aus dem Gesichtspunkt der **doppelten Schuldminderung** heraus erklären: Einmal ist das Unrecht der Tat deswegen vermindert, weil der Täter eben nicht nur Rechtsgüter verletzt, sondern zugleich einen hochrangigen Wert schützt und schützen will. Das Vorliegen der objektiven Notstandsvoraussetzungen und die gegebene Gefahrabwendungsabsicht führen zu einer Verringerung des Unrechts und damit auch der Schuld. Zugleich befindet sich der Täter in einer außergewöhnlichen Motivationslage, da er oder eine ihm eng verbundene Person um Leib, Leben oder Freiheit fürchten muss, was die Schuld weiter mindert. Es liegt also sowohl eine seelische Zwangslage vor als auch eine Unrechtsminderung. Dies macht den entscheidenden Gesichtspunkt aus, der zur Entschuldigung führt. Der verbleibende Unrechts- und Schuldgehalt liegt unter der Strafwürdigkeitsgrenze.[51] Der Gesetzgeber verzeiht die Tat. Es verschleiert daher im Übrigen die maßgeblichen Aspekte, wenn teilweise bei der Entschuldigung allgemein auf den Gesichtspunkt der Unzumutbarkeit normgemäßen Verhaltens abgestellt wird;[52] hinzu kommt, dass es sich hierbei um einen ganz unbestimmten, vagen Begriff handelt, aus dem keine exakten Schlussfolgerungen gezogen werden können.[53]

Zuzugeben ist zwar, dass ebenfalls bei dem drohenden Verlust hoher Vermögenswerte ein vergleichbarer Motivationsdruck vorliegen mag,[54] jedoch ist insofern die Entscheidung des Gesetzgebers zu akzeptieren, der die Entschuldigung auf die höchstper-

---

47 *Frister* JuS **2013** 1057, 1062; *Kühl* AT § 12 Rdn. 19; *Renzikowski* JRE **11** (2003) 269, 272; *Rönnau* JuS **2016** 786, 788; *Roxin* JA **1990** 97, 98.
48 *Kühl* AT § 12 Rdn. 19; *Rogall* SK Rdn. 2f; *Wessels/Beulke/Satzger* Rdn. 653.
49 *Roxin* JA **1990** 97, 98.
50 *Frister* 20. Kap. Rdn. 4; *Hirsch* LK[11] Vor § 32 Rdn. 195; *Rönnau* JuS **2016** 786, 788; *Rogall* SK Rdn. 8; *Stratenwerth/Kuhlen* AT § 10 Rdn. 102.
51 *Jescheck/Weigend* § 43 II 2; *Kühl* AT § 12 Rdn. 3.
52 Siehe etwa *Fahl* JA **2013** 274, 275; ferner *Baumann/Weber/Mitsch/Eisele* § 18 Rdn. 11; *Gropp* AT § 6 Rdn. 197; *Kindhäuser* LPK Rdn. 1; *Neumann* NK Rdn. 2f; *Rönnau* JuS **2016** 786, 787; *ders.* JuS **2017** 113; vgl. auch das Modell von *Frister* JuS **2013** 1057, 1064, der ausführt, die Entschuldigung sei bereits Einschränkung der Verhaltensnorm selbst entsprechend dem Wortsinn des Begriffs der Unzumutbarkeit normgemäßen Verhaltens. Damit stellt auch er letztlich auf den Aspekt der Unzumutbarkeit ab.
53 Siehe auch *Sch/Schröder/Lenckner/Sternberg-Lieben* Vor § 32 Rdn. 110. *Horstkotte* Prot. V S. 1839, 1845, spricht im Zusammenhang mit der Zumutbarkeit davon, dass der Ausdruck „schillert". Vgl. dazu auch Rdn. 135 ff.
54 Siehe insofern etwa die Kritik von *Joecks/Jäger* Rdn. 1; *Müssig* MK Rdn. 6, 8; *Roxin* JA **1990** 97, 98.

sönlichen und gewichtigen Rechtsgüter Leben, Leib und Freiheit beschränkt.[55] Wenn gegenüber der hier befürworteten Ansicht der Einwand erhoben wird, die Rettung des gefährdeten Gutes werde mit der rechtswidrigen Tat saldiert,[56] ist dem entgegenzuhalten, dass gar keine Verrechnung stattfindet, sondern die Unrechtsminderung unabhängig vom Eingriffsgut grundsätzlich daraus resultiert, dass bestimmte Güter (Leben, Leib, Freiheit) gerettet werden und auch gerettet werden sollen. Sicherlich sind in diesem Fall Unrecht und Schuld gemindert gegenüber dem normalerweise agierenden Täter, der nicht zur Rettung in Gefahr geratener Güter vorgeht. Dass dabei die Entschuldigung wiederum auf bestimmte hochrangige Güter eingegrenzt bleibt, ist abermals eine hinzunehmende Entscheidung des Gesetzgebers.

7   **3. Die Unterscheidung zwischen Schuldausschließungs- und Entschuldigungsgründen.** Unterscheidet man auf der Ebene der Schuld zwischen **Schuldausschließungs- und Entschuldigungsgründen**,[57] gehört § 35 StGB in die letztere Kategorie.[58] Schuldausschließungsgründe sind dadurch gekennzeichnet, dass von vornherein ein konstitutives Merkmal der Schuld fehlt.[59] Hierunter fallen die Schuldunfähigkeit gemäß §§ 19, 20 StGB sowie der unvermeidbare Verbotsirrtum gemäß § 17 StGB. So fehlt bei § 20 StGB entweder die Einsicht, Unrecht zu tun (intellektuelles Schuldelement), oder das Unrechtsbewusstsein liegt zwar vor, der Täter kann sich aber dieser Einsicht gemäß nicht motivieren (voluntatives Schuldelement). Dagegen fehlt bei den Entschuldigungsgründen kein konstitutives Merkmal der Schuld, jedoch ist der Unrechts- und Schuldgehalt der Tat so erheblich gemindert, dass der Gesetzgeber die Tat verzeiht.[60] Das gerade ist bei § 35 StGB wie gesehen der Fall. Die Überschrift des § 35 StGB („entschuldigender Notstand") ist also auch sachlich zutreffend.

8   **4. Objektive versus subjektive Notstandstheorie.** Die bisherigen Überlegungen machen im Übrigen hinreichend deutlich, dass dem § 35 StGB die **objektive Notstandstheorie** zugrunde liegt.[61] Es muss nämlich tatsächlich, also objektiv, eine Notstandslage vorliegen, welche zur Erfolgsunrechtsminderung führt.[62] Nach der **subjektiven Notstandstheorie**[63] genügt es hingegen, wenn die Gefahr nur in der Vorstellung des Täters gegeben ist. Auf ihr basiert § 23 AE, wenn dort für maßgeblich erachtet wurde, dass der Täter in der Absicht handelt, eine Gefahr abzuwenden. Zur Begründung hierfür gab der AE an, für die Frage der Entschuldigung des Täters komme es immer nur auf die psychische Zwangssituation an, in der er sich befindet, und diese sei unabhängig davon gegeben, ob er die Gefahrenlage zu Recht oder irrtümlich annimmt; der „Putativ-Entschuldigungs-Notstand" sei ein echter Notstand.[64]

---

55   Vgl. auch *Rogall* SK Rdn. 4; *Rönnau* JuS **2016** 786, 788.
56   Siehe *Matt/Renzikowski/Engländer* Rdn. 2; *Neumann* NK Rdn. 4a; *Renzikowski* JRE **11** (2003) 269, 275; vgl. zur Kritik an der Lehre von der doppelten Schuldminderung etwa auch *Bernsmann* S. 205 ff; *Bosch* Jura **2015** 347 f; *Frister* JuS **2013** 1057, 1063; *Hörnle* JuS **2009** 873, 875 f; *Jakobs* AT 20 Rdn. 3; *Lerman* ZStW **127** (2015) 284, 290; *Lugert* S. 93 ff; *Müssig* MK Rdn. 8; *Ziemann* ZIS **2014** 479, 485.
57   So etwa *Hörnle* JuS **2009** 873 f; *Jescheck/Weigend* § 43 II; *Rogall* SK Vor § 19 Rdn. 49; *Rönnau* JuS **2016** 786, 787.
58   *Ebert* AT S. 107; *Jescheck/Weigend* § 44; *Joecks/Jäger* Rdn. 1; *Neumann* NK Rdn. 1.
59   *B. Heinrich* AD LEGENDUM **2015** 89, 92.
60   *Zieschang* AT Rdn. 327.
61   Sie war im Übrigen schon in Bezug auf §§ 52, 54 a.F. StGB herrschend; siehe RGSt **59** 69, 70 f; BGHSt **5** 371, 373 ff; *Jescheck*, 1. Aufl. 1969, § 48 II 2; *Welzel* Strafrecht § 23 I 3.
62   *Neumann* NK Rdn. 8.
63   Siehe dazu *Radbruch* FG Frank I 158, 166; *Schmidhäuser* StuB 8. Kap. Rdn. 5, 27.
64   AE S. 61.

Für die Entschuldigung nach § 35 StGB ist aber nun eben anders als nach der subjektiven Notstandstheorie wie erläutert nicht allein die psychische Zwangssituation entscheidend. Das zeigt sich im Übrigen auch hinreichend an **§ 35 Abs. 2 StGB**, der allein mit der objektiven Notstandstheorie zu erklären ist: So findet bei der vermeidbaren irrtümlichen Annahme von Umständen, die den Täter entschuldigen würden, lediglich eine Strafmilderung statt. Würde man allein auf die Vorstellung des Täters abstellen (subjektive Notstandstheorie), müsste jedoch konsequenterweise auch in diesem Fall die Entschuldigung greifen. Dass dies nicht so ist, zeigt hinreichend die Verankerung der objektiven Notstandstheorie in § 35 StGB.[65] Die Regelung des § 35 Abs. 2 StGB stellt sich dabei auch als sachlich richtig dar, denn nur bei Unvermeidbarkeit kann die bei der irrtümlichen Annahme der Voraussetzungen nur verringerte Unrechtsminderung[66] auf der Schuldebene noch ausgeglichen und der Täter entschuldigt werden. Auch § 35 Abs. 1 Satz 2 StGB ist nur sinnvoll zu erklären über die objektive Notstandstheorie: So müssen bestimmte Personen trotz Motivationsdrucks die Gefahr hinnehmen; insoweit wird nämlich das durch die Gefahrensituation geminderte Unrecht dadurch wieder erhöht, dass die besondere Gefahrtragungspflicht besteht. 9

5. Spezifische Notstandsvorschriften. Das StGB kennt im **Besonderen Teil** bestimmte Vorschriften, in denen sich **Gedanken** des entschuldigenden Notstands wiederfinden. Zu erwähnen ist hier zunächst **§ 139 Abs. 3 Satz 1 StGB**. Danach ist derjenige, welcher eine nach § 138 StGB gebotene Anzeige unterlässt, straffrei, wenn er sie gegen einen Angehörigen erstatten müsste und sich ernsthaft bemüht hat, ihn von der Tat abzuhalten oder den Erfolg abzuwenden, es sei denn, es handelt sich um eine der in § 139 Abs. 3 Satz 1 Nr. 1 bis 3 StGB aufgelisteten Straftaten. 10

§ 139 Abs. 3 Satz 1 StGB normiert damit das **Angehörigenprivileg**. Das Unrecht der Tat ist gemindert – jedenfalls, wenn es sich nicht um gravierende Taten im Sinne von § 139 Abs. 3 Satz 1 Nr. 1 bis 3 StGB handelt –, da der Betroffene einem Angehörigen hilft und helfen will. Auch besteht ein entsprechender Motivationsdruck, die Bestrafung des Angehörigen zu verhindern. Entgegen mancher Stimmen im Schrifttum ist daher § 139 Abs. 3 StGB nicht erst ein persönlicher Strafausschließungsgrund,[67] sondern ein **spezieller Entschuldigungsgrund**.[68] § 35 StGB erfasst hingegen diesen Fall nicht. Zwar mag dann eine Gefahr für die Freiheit des Angehörigen bestehen, dem die Verhaftung droht, jedoch ist die Gefahr in der Regel anders abwendbar. Sollte dies einmal nicht der Fall sein, verursacht der Angehörige zumindest die Gefahr im Sinne des § 35 Abs. 1 Satz 2 StGB selbst, sodass ihm die Hinnahme der Gefahr zumutbar ist, was dann auch für den Notstandshelfer gilt (Rdn. 96). 11

Identische Überlegungen können in Bezug auf **§ 258 Abs. 6 StGB** angestellt werden. Auch bei diesem Angehörigenprivileg geht es sowohl um eine Unrechts- als auch Schuldminderung und damit entgegen der Rechtsprechung und vieler Stimmen im Schrifttum[69] nicht um einen persönlichen Strafausschließungsgrund, sondern um einen 12

---

65 Vgl. etwa auch *Müssig* MK Rdn. 77.
66 Das Unrecht ist immerhin dadurch vermindert, dass der Täter mit Gefahrabwendungsabsicht handelt. Da aber objektiv kein Notstand vorliegt, fehlt bezüglich dieses Gesichtspunkts die Unrechtsminderung, die folglich insoweit verringert ist.
67 So aber etwa *Fischer* § 139 Rdn. 5; *Heuchemer* BeckOK § 139 Rdn. 7; *Lackner/Kühl* § 139 Rdn. 3.
68 Ebenso *Matt/Renzikowski/Dietmeier* § 139 Rdn. 4; *Hanack* LK[12] § 139 Rdn. 23; *Hörnle* JuS **2009** 873, 874; *Hohmann* MK § 139 Rdn. 10; SSW/*Jeßberger* § 139 Rdn. 5; *C. Koch* HK-GS § 139 Rdn. 4; *Ostendorf* NK § 139 Rdn. 22; *Rönnau* JuS **2016** 786, 787; *Rudolphi/Stein* SK § 139 Rdn. 10; Sch/Schröder/*Sternberg-Lieben* § 139 Rdn. 3, 4.
69 BGHSt **9** 71, 74; *Altenhain* NK § 258 Rdn. 73; *Cramer/Pascal* MK § 258 Rdn. 55; *Fischer* § 258 Rdn. 39; *Heinrich* Rdn. 618, 620; *Hoyer* SK § 258 Rdn. 36; SSW/*Jahn* § 258 Rdn. 45; *Kindhäuser* LPK Vor § 13 Rdn. 234,

speziellen **Entschuldigungsgrund**.[70] Dies ist im Übrigen auch im Hinblick auf **§ 217 Abs. 2 StGB** anzunehmen.

13 Vor dem Hintergrund, dass es sich um spezielle Ausprägungen des entschuldigenden Notstands handelt, kann § 35 Abs. 2 StGB analog herangezogen werden, falls jemand die Voraussetzungen dieser besonderen Entschuldigungsgründe irrtümlich annimmt.[71]

14 Nach **§ 258 Abs. 5 StGB** wird derjenige nicht wegen Strafvereitelung bestraft, wer durch die Tat zugleich ganz oder zum Teil vereiteln will, dass er selbst bestraft oder einer Maßnahme unterworfen wird oder dass eine gegen ihn verhängte Strafe oder Maßnahme vollstreckt wird. Die Rechtsprechung[72] und das überwiegende Schrifttum[73] ordnen dieses **Selbstbegünstigungsprivileg** als persönlichen Strafausschließungsgrund ein. Die Gegenauffassung sieht darin hingegen einen speziellen Entschuldigungsgrund.[74] Letzteres überzeugt, denn der Umstand, dass der Täter sich selbst begünstigt, mindert das Unrecht der Tat. Nicht zuletzt wird das auch daran deutlich, dass die ausschließliche Selbstbegünstigung schon gar nicht vom Tatbestand erfasst wird. Gleichzeitig befindet sich der Täter in einem Motivationsdruck, der die Schuld mindert. Unrechts- und Schuldminderung führen dazu, dass kein Schuldvorwurf mehr erhoben wird. Damit liegt eine gesetzliche Sonderregelung zum entschuldigenden Notstand vor.[75]

15 Keine Entschuldigung, jedoch **Strafmilderung** oder **Absehen von Strafe** sieht **§ 157 StGB** vor. Auch hier geht es letztlich um Notstandsfälle, wobei der Gesetzgeber die Entscheidung getroffen hat, die Tat nicht bereits zu verzeihen, sondern lediglich bei vorhandener Schuld von Strafe abzusehen oder gar die Strafe nur zu mildern. Unberührt bleibt die Möglichkeit, dass bereits eine Entschuldigung nach § 35 StGB greift, wobei ein besonderes Augenmerk auf die Nicht-anders-Abwendbarkeit sowie auf § 35 Abs. 1 Satz 2 StGB zu legen ist,[76] insbesondere auch darauf, ob der Täter oder der Angehörige die Gefahr selbst verursacht hat.[77]

---

§ 258 Rdn. 23; *Krey/Esser* Rdn. 779; *Sch/Schröder/Lenckner/Sternberg-Lieben* Vor § 32 Rdn. 129; *Murmann* GK § 17 Rdn. 2; *Sch/Schröder/Stree/Hecker* § 258 Rdn. 41; *Ruhmannseder* BeckOK § 258 Rdn. 44; *Wessels/Beulke/Satzger* Rdn. 726; *Walter* LK[12] § 258 Rdn. 136; vgl. auch *Paeffgen/Zabel* NK Vor § 32 Rdn. 299: „entschuldigungsnahe Strafausschließungsgründe".

70 Ebenso etwa *Bloy* JuS **1993** L 33, L 35; *Frister* 21. Kap. Rdn. 13; *Hirsch* LK[11] Vor § 32 Rdn. 210; *Hörnle* JuS **2009** 873, 874; *Jescheck/Weigend* § 42 II 1, § 47 II 3a; *Rönnau* LK Vor § 32 Rdn. 352; *ders.* JuS **2016** 786, 787; *Roxin* AT I § 22 Rdn. 139 mit Fn. 205; *Schlehofer* MK Vor § 32 Rdn. 283; *Stratenwerth/Kuhlen* AT § 10 Rdn. 119.

71 Siehe *Roxin* AT I § 22 Rdn. 140 m.w.N.; **anders** *Frister* 21. Kap. Rdn. 13. Vgl. auch Rdn. 117.

72 BGHSt **9** 180, 182; BGHSt **43** 356, 358, wobei der BGH dort auch ausführt, dass die Norm ihre Grundlage im Schuldbereich habe.

73 So etwa *Altenhain* NK § 258 Rdn. 69; *Cramer/Pascal* MK § 258 Rdn. 53; *Matt/Renzikowski/Dietmeier* § 258 Rdn. 36; *Fahrenhorst* JuS **1987** 707; *Fischer* § 258 Rdn. 34; *Hoyer* SK § 258 Rdn. 36; SSW/*Jahn* § 258 Rdn. 43; *Kindhäuser* LPK § 258 Rdn. 234, § 258 Rdn. 20; *Krey/Esser* Rdn. 779; *Pflieger* HK-GS § 258 Rdn. 20; *Rudolphi* JuS **1979** 859, 862 f.

74 So etwa *Frister* 21. Kap. Rdn. 13; *Hirsch* LK[11] Vor § 32 Rdn. 209; *Jescheck/Weigend* § 47 II 3a; *Rönnau* LK Vor § 32 Rdn. 351; *Roxin* AT I § 22 Rdn. 138; *Schlehofer* MK Vor § 32 Rdn. 254.

75 § 35 StGB selbst wiederum würde daran scheitern, dass der Täter im Sinne von § 35 Abs. 1 Satz 2 StGB die Gefahr selbst verursacht hat.

76 Die Hinnahme eines Verfahrens mit der Gefahr einer freiheitsentziehenden Sanktion ist auch einem Unschuldigen zuzumuten, wenn es sich um ein rechtsstaatlichen Anforderungen genügendes Verfahren handelt; vgl. *Fischer* Rdn. 13; *Jescheck/Weigend* § 44 III 3; *Rogall* SK Rdn. 37; *Vormbaum* NK § 157 Rdn. 6. Das gilt dann auch für die nahestehende Aussageperson; *Vormbaum* NK § 157 Rdn. 6. Siehe dazu ebenfalls Rdn. 88 f.

77 Ob die (schuldhafte) Herbeiführung des Aussagenotstands den § 157 StGB ausschließt, ist umstritten. Nach BGHSt **7** 332 f; BGHSt **8** 301, 318 f; BGH NStZ **2005** 33, 34 sowie der überwiegenden Ansicht im Schrifttum (etwa Lackner/Kühl/*Heger* § 157 Rdn. 1; *Ruß* LK[12] § 157 Rdn. 5; *Vormbaum* NK § 157 Rdn. 27; **anders**

Bei der besonderen Zwangslage[78] nach § 157 StGB ist zu beachten, dass anders als bei § 35 StGB die **subjektive Notstandstheorie** zugrunde gelegt ist („um ... die Gefahr abzuwenden"). Es kommt also ausschließlich auf die Vorstellung des Täters an, nicht auf die objektive Sachlage; damit ist § 157 StGB auch unmittelbar anwendbar, wenn der Täter eine solche Situation irrtümlich annimmt.[79] 16

Hinzuweisen ist schließlich auf **§ 5 Abs. 2 WStG**, der im Zusammenhang mit dem **Handeln auf Befehl** eine fakultative Strafmilderung sowie zusätzlich bei Vergehen ein mögliches Absehen von Strafe vorsieht, wenn die Schuld des Täters mit Rücksicht auf die besondere Lage, in der er sich bei der Ausführung des Befehls befand,[80] gering ist. Auch hier ist zunächst zu erörtern, ob nicht bereits eine Entschuldigung über § 35 StGB in Betracht kommt. Dabei ist jedoch immer zu beachten, dass der über § 3 WStG auf das Wehrstrafgesetz grundsätzlich anwendbare § 35 StGB eingeschränkt ist: Nach **§ 6 WStG** entschuldigt Furcht vor persönlicher Gefahr eine Tat nicht, wenn die soldatische Pflicht verlangt, die Gefahr zu bestehen.[81] 17

6. Verhältnis zu anderen Entschuldigungsgründen sowie zu Schuldausschließungsgründen. Es ist theoretisch durchaus möglich, dass § 35 StGB gleichzeitig neben einem anderen Entschuldigungsgrund vorliegen kann. Entschuldigungsgründe sind unabhängig voneinander und stehen nicht in einem Ausschlussverhältnis. Eine Unrechts- und Schuldminderung kann durchaus im Einzelfall aus unterschiedlichen Gründen resultieren. Natürlich muss stets geprüft werden, ob überhaupt die Voraussetzungen des jeweiligen Entschuldigungsgrundes vorliegen. So greift § 35 StGB etwa in Konstellationen, bei denen der übergesetzliche entschuldigende Notstand in Betracht kommt (Rdn. 119 ff), schon gar nicht ein, da es dann gerade nicht um den Schutz des Täters, eines Angehörigen oder einer nahestehenden Person geht. Ebenso scheidet § 35 StGB aus, wenn ein Täter im Sinne des § 33 StGB etwa aus Angst die Grenzen der erforderlichen Verteidigung überschreitet und den Angreifer tötet, obwohl eine Körperverletzung zur Abwehr ausgereicht hätte, denn dann war die Gefahr anders abwendbar. 18

Der Entschuldigungsgrund nach § 35 StGB kann neben einem Schuldausschließungsgrund vorliegen. So ist es etwa möglich, dass der Täter im Sinne des § 20 StGB schuldunfähig ist und ihm gleichzeitig § 35 StGB zugutekommt.[82] 19

7. Entschuldigender Notstand und Ordnungswidrigkeitenrecht. Im Bereich des **Ordnungswidrigkeitenrechts** existiert keine mit § 35 StGB vergleichbare Regelung. Hier findet sich mit § 16 OWiG nur eine Vorschrift zum rechtfertigenden Notstand. § 35 StGB ist auf Ordnungswidrigkeiten nicht unmittelbar anwendbar, denn er setzt eine „rechtswidrige Tat" voraus, und das ist gemäß § 11 Abs. 1 Nr. 5 StGB nur eine solche, die den 20

---

etwa *Sch/Schröder/Lenckner/Bosch* § 157 Rdn. 11) wird dadurch die Berufung auf § 157 StGB nicht ausgeschlossen.

78 So zu § 157 StGB *Sch/Schröder/Lenckner/Bosch* § 157 Rdn. 1.
79 BGHSt **8** 301, 317; BGH NStZ **2008** 91 f; *Sch/Schröder/Lenckner/Bosch* § 157 Rdn. 6; *Ruß* LK[12] § 157 Rdn. 10; *Vormbaum* NK § 157 Rdn. 13. Eine mit § 35 Abs. 2 StGB vergleichbare Regelung ist somit nicht notwendig.
80 Diese besondere Lage kann auf äußeren Umständen beruhen – wie etwa Zeitdruck – oder aber auch auf persönlichen Gegebenheiten wie zum Beispiel Erschöpfung; *Dau* MK WStG § 5 Anm. II 5.
81 Zu der Notstandsregelung in Art. 31 Abs. 1 d) IStGH-Statut siehe *Zieschang* LK § 34 Rdn. 26.
82 **Anders** hingegen *Momsen/Savic* BeckOK Rdn. 5, die der Auffassung sind, nach § 35 StGB müsse erst „gefragt" werden, wenn feststehe, dass §§ 17, 20, 21, 33 StGB ausgeschlossen sind. – Die Frage, ob etwa neben § 20 StGB auch § 35 StGB einschlägig ist, kann indes nicht unbeantwortet bleiben. Sie ist allein schon von Relevanz im Hinblick auf den Gesichtspunkt, ob Maßregeln in Betracht kommen, der Täter also insbesondere im Sinne des § 63 StGB für die Allgemeinheit gefährlich ist.

Tatbestand eines Strafgesetzes verwirklicht. Aus dem Fehlen einer Regelung im OWiG wird teilweise der Schluss gezogen, das Ordnungswidrigkeitenrecht kenne keinen entschuldigenden Notstand.[83] Insofern ist zunächst zu bedenken, dass bei der Verwirklichung eines Bußgeldtatbestands zum Schutz von Leben, Leib oder Freiheit in der Regel schon der rechtfertigende Notstand gemäß § 16 OWiG greifen wird.[84] Es kann jedoch – etwa im Straßenverkehr – möglich sein, dass einmal kein wesentliches Überwiegen im Sinne des rechtfertigenden Notstands vorliegt.[85] In derartigen Fällen sollte dann aber § 35 StGB zugunsten des Betroffenen entsprechend angewendet werden.[86] Anderenfalls wäre etwa eine Nötigung oder eventuelle Körperverletzung über § 35 StGB entschuldigt, nicht aber die bloß bußgeldbewehrte Geschwindigkeitsüberschreitung.

II. Die Voraussetzungen des entschuldigenden Notstands

21 **1. Allgemeines.** Im Aufbau ist § 35 StGB dem rechtfertigenden Notstand gemäß § 34 StGB zumindest im Ausgangspunkt nachgebildet, indem er ebenfalls eine gegenwärtige Gefahr verlangt, die nicht anders abwendbar sein darf. Konkret beinhaltet § 35 StGB vier Voraussetzungen: Zunächst muss eine **Notstandslage** bestehen, also eine gegenwärtige Gefahr für Leben, Leib oder Freiheit des Notstandstäters, eines Angehörigen oder einer dem Täter nahestehenden Person. Ebenso wie bei § 34 StGB gehört die Nicht-anders-Abwendbarkeit nach zutreffender Auffassung nicht zur Notstandslage.[87] Vielmehr geht es insoweit um die von der Notstandslage zu unterscheidende Erforderlichkeit der Notstandshandlung. Die eigentliche **Notstandshandlung**, das zweite Erfordernis, besteht in der Begehung einer rechtswidrigen Tat, um die Gefahr von sich, einem Angehörigen oder einer dem Täter nahestehenden Person abzuwenden. Sodann ist die Erforderlichkeit, also die **Nicht-anders-Abwendbarkeit**, als dritte Voraussetzung zu untersuchen. Schließlich ist viertens gemäß **§ 35 Abs. 1 Satz 2 StGB** (Zumutbarkeitsklausel) zu prüfen, ob dem Täter nach den Umständen zugemutet werden konnte, die Gefahr hinzunehmen, wobei der Gesetzgeber insoweit zwei wichtige Beispielsfälle selbst benennt (Gefahrverursachung, besonderes Rechtsverhältnis). Dabei ist § 35 Abs. 1 Satz 2 StGB eine Ausnahme zum Regelfall des § 35 Abs. 1 Satz 1 StGB.[88]

2. Die Notstandslage: Gegenwärtige Gefahr für Leben, Leib oder Freiheit des Täters, eines Angehörigen oder einer anderen dem Täter nahestehenden Person

22 **a) Die notstandsfähigen Rechtsgüter.** Anders als § 34 StGB, der die notstandsfähigen Rechtsgüter nicht begrenzt, ist der entschuldigende Notstand auf **drei Rechtsgüter reduziert**. Es muss um eine Gefahr für Leben, Leib oder Freiheit gehen. Nur dann, wenn

---

83 BayObLGSt **1984** 110, 115 f; *Göhler*-Gürtler OWiG § 16 Rdn. 16; *Lemke* OWiG § 16 Rdn. 17.
84 *Mitsch* OWiG § 10 Rdn. 22.
85 So auch *Mitsch* OWiG § 10 Rdn. 22; *Rengier* KK-OWiG Vor §§ 15, 16 Rdn. 58.
86 So etwa auch *Bohnert/Krenberger/Krumm* § 15 Rdn. 49; *Mitsch* OWiG § 10 Rdn. 22; *Rengier* KK-OWiG Vor §§ 15, 16 Rdn. 58; vgl. auch *U. Weber* ZStW **96** (1984) 376 (397).
87 Siehe dazu *Zieschang* LK § 34 Rdn. 46. Wie hier etwa auch *Bosch* Jura **2015** 347, 348 f; *Matt/Renzikowski/Engländer* Rdn. 4; *Hauck* AnwK Rdn. 2; *Heinrich* Rdn. 564; *Joecks/Jäger* Rdn. 3; *Kaspar* Jura **2007** 69, 72; *Kindhäuser* AT § 24 Rdn. 4; *ders.* LPK Rdn. 2; *Müssig* MK Rdn. 11; *Murmann* GK § 26 Rdn. 56; *Rengier* AT § 26 Rdn. 5 ff; *Rönnau* JuS **2016** 786, 788; SSW/*Rosenau* Rdn. 4 ff; *Wessels/Beulke/Satzger* Rdn. 665; **anders** u.a. Baumann/Weber/Mitsch/Eisele § 18 Rdn. 12; Jescheck/Weigend § 44 I 2; *Lenckner* FS Lackner 95, 96; Sch/Schröder/*Perron* Rdn. 3.
88 BTDrucks. V/4095 S. 16; *Kühl* AT § 12 Rdn. 23; *Müller-Christmann* JuS **1995** L 65, L 67; *Neumann* S. 207.

die Beeinträchtigung eines dieser drei hochrangigen Rechtsgüter droht und der Täter dies abzuwehren trachtet, ist das Unrecht der Tat gemindert und der Motivationsdruck so hoch, dass der Gesetzgeber die Tat entschuldigt. Allein bei solchen besonders bedeutsamen Rechtsgütern kann dem Täter nicht zugemutet werden, die Gefahr zu erdulden. Das bedeutet gleichzeitig, dass im Zusammenhang mit diesen Rechtsgütern eine restriktive Interpretation zu erfolgen hat, um den Anwendungsbereich der Regelung des § 35 StGB nicht ausufern zu lassen;[89] dies ist insbesondere bei der Auslegung der Merkmale „Leib" und „Freiheit" zu beachten.

Die **Eingrenzung** auf diese drei Rechtsgüter ist eine **bewusste Entscheidung des Gesetzgebers**. So wird die Aufnahme des Rechtsguts „Freiheit", welches wie erläutert in § 54 a.F. StGB nicht enthalten war, damit begründet, dass das Rechtsgut der Freiheit einen ähnlich hohen Rang genieße wie Leib oder Leben.[90] Dagegen lehnte man ausdrücklich eine Ausdehnung auf weitere Rechtsgüter wie etwa Ehre oder Eigentum ab; eine weitere Ausweitung sei geeignet, „den Ernst der Strafdrohungen in Frage zu stellen".[91] Es besteht also ein Numerus clausus der notstandsfähigen Rechtsgüter.[92] Angesichts dieser bewussten Entscheidung des Gesetzgebers ist es folglich im Einklang mit der Rechtsprechung[93] und der ganz herrschenden Meinung im Schrifttum[94] von vornherein **unmöglich**, § 35 StGB zugunsten des Täters auf andere Rechtsgüter wie zum Beispiel Ehre, Eigentum oder Vermögen analog anzuwenden. Es fehlt nämlich bereits an der ersten Voraussetzung der Analogie, der unbewussten Unvollständigkeit des Gesetzes, also an einer planwidrigen Regelungslücke. Wenn demgegenüber *Neumann* meint, im Hinblick auf die überragende Bedeutung des Grundsatzes der Menschenwürde sei eine Analogie dort zulässig, „wo es um den Schutz von Persönlichkeitsrechten geht, deren Verletzung die Identität der Persönlichkeit berühren würde",[95] wird nicht hinreichend beachtet, dass schon die Voraussetzungen für eine Analogie gar nicht gegeben sind. Es ist folglich auch abzulehnen, ein „gewissenkonformes Leben" als notstandsfähiges Rechtsgut anzuerkennen.[96]

Die Eingriffsgüter werden in § 35 StGB nicht erwähnt oder eingegrenzt. Das ist verständlich, ist doch Kennzeichen für den entschuldigenden Notstand nicht die Kollision von Interessen wie in § 34 StGB, sondern die Unrechtsminderung und seelische Zwangs-

---

89 Ebenso etwa Baumann/Weber/Mitsch/*Eisele* § 18 Rdn. 14; *Kühl* AT § 12 Rdn. 27; *Murmann* GK § 26 Rdn. 57.
90 Begründung zum E 1962, BTDrucks. IV/650 S. 161.
91 Begründung zum E 1962, BTDrucks. IV/650 S. 161.
92 *Neumann* NK Rdn. 13; siehe auch *Fischer* Rdn. 2.
93 RGSt **60** 117, 120; OLG Frankfurt StV **1989** 107, 108.
94 *Heinrich* Rdn. 566; *ders.* AD LEGENDUM **2015** 89, 93; *Hilgendorf/Valerius* AT § 6 Rdn. 48; *Joecks/Jäger* Rdn. 4; *Kindhäuser* AT § 24 Rdn. 6; *Kühl* AT § 12 Rdn. 26; *Müller-Christmann* JuS **1995** L 65, L 66; *Sch/Schröder/Perron* Rdn. 4; *Rogall* SK Rdn. 15; *SSW/Rosenau* Rdn. 4; *Roxin* JA **1990** 97, 100f; *ders.* AT I § 22 Rdn. 22; *Zieschang* JA **2007** 679, 684; *ders.* AT Rdn. 374.
95 *Neumann* NK Rdn. 13; für eine Analogie bei „persönlichkeitsnahen" Rechtsgütern *Stratenwerth* AT, 4. Aufl. 2000, § 10 Rdn. 104 (anders *Stratenwerth/Kuhlen* AT § 10 Rdn. 106); für eine Analogie bei anderen Rechtsgütern auch *Köhler* AT S. 334f; *Timpe* JuS **1984** 859, 863f. Siehe auch *Jakobs* AT 20 Rdn. 9, der für eine Strafmilderung analog § 35 Abs. 1 Satz 2 Halbsatz 2 StGB befürwortet, falls das „gefährdete Gut für den Gefährdeten im Gewicht den genannten Gütern angenähert ist" (insbesondere sei dies der Fall bei unersetzbaren Sachgütern, die das Lebenswerk ihres Inhabers sind); ebenso *Pawlik* JRE **11** (2003) 287, 310 mit Fn. 87. Kritisch zu der Eingrenzung der Rechtsgüter in § 35 StGB auch *Stree* JuS **1973** 461, 469.
96 So aber LG Frankfurt NStE § 35 Nr. 1; *Köhler* AT S. 334; *Neumann* NK Rdn. 13. Ablehnend auch OLG Frankfurt StV **1989** 107, 108; AG Dannenberg NStZ-RR **2006** 385, 386; *Fischer* Rdn. 5; Lackner/*Kühl* Rdn. 3; *Sch/Schröder/Perron* Rdn. 4; *SSW/Rosenau* Rdn. 7.

lage des Täters.[97] Entschuldigt kann der Täter daher selbst dann sein, wenn er einen anderen Menschen tötet.[98]

25 Das **Leben** beginnt mit dem Einsetzen der Eröffnungswehen[99] und endet mit dem Hirntod.[100] § 3 Abs. 2 Nr. 2 TPG spricht vom endgültigen, nicht behebbaren Ausfall „der Gesamtfunktion des Großhirns, des Kleinhirns und des Hirnstamms". Es handelt sich um das Rechtsgut der §§ 211 ff StGB, also um das real existierende, tatsächliche Leben im Sinne eines **geborenen Menschen**.[101] Abweichend hiervon wird zum Teil im Schrifttum vertreten, auch das werdende Leben sei von § 35 StGB erfasst.[102] Das gerät jedoch bereits in Konflikt mit dem Grundsatz der restriktiven Interpretation der aufgelisteten Rechtsgüter: Das „werdende" Leben ist eben noch kein „Leben" im Sinne des § 35 StGB, sondern befindet sich erst in der Entwicklung hin zu diesem Rechtsgut. Zudem spricht § 35 StGB von einer nahestehenden „Person". Schließlich passt die Interpretation, auch das werdende Leben sei erfasst, nicht zu der Aufzählung „Leben, Leib oder Freiheit".

26 Beim **Leib** geht es um die **körperliche Unversehrtheit**, also um das Rechtsgut im Sinne der §§ 223 ff StGB.[103] Rein seelische Beeinträchtigungen, ohne dass damit die Gefahr körperlicher Auswirkungen verbunden ist, genügen folglich nicht.[104] Die geistig-seelische Unversehrtheit ist kein notstandsfähiges Rechtsgut.[105] Auch hier gibt es jedoch Stimmen, welche den Begriff extensiver interpretieren: So soll etwa auch ein drohender sexueller Missbrauch erfasst sein.[106] Dagegen spricht jedoch schon das Verständnis des Begriffs „Leib". Eine solche Sicht umgeht zudem die engen Voraussetzungen des § 35 StGB, indem sie die Rechtsgüter ausufernd auslegt und damit die Notstandsvorschrift aufweicht. Tatsächlich werden damit contra legem andere, nicht in § 35 StGB aufgezählte Rechtsgüter – etwa die sexuelle Selbstbestimmung – in den Schutz der Vorschrift aufgenommen. Nur dann, wenn körperliche Auswirkungen im Sinne der §§ 223 ff StGB drohen, darf § 35 StGB angewendet werden. Anderenfalls werden die unterschiedlichen Rechtsgüter unzulässig vermengt.

27 Unter der **Freiheit** ist die **persönliche Fortbewegungsfreiheit** im Sinne des § 239 StGB zu verstehen.[107] Es geht also um die bestehende Unmöglichkeit, einen Ort zu verlassen. Auch hier bedarf es zur Vermeidung der Ausuferung der Vorschrift einer engen Interpretation, zumal die Freiheit in §§ 52, 54 a.F. StGB gar nicht aufgelistet war. Der Begriff ist in Relation zu den beiden anderen genannten Rechtsgütern zu sehen, muss also körperbezogen interpretiert werden, sodass er nicht die allgemeine Willensbetätigungs-

---

97 Siehe *Neumann* NK § 34 Rdn. 2.
98 *Kühl* AT § 12 Rdn. 25.
99 BGHSt **32** 194, 196.
100 *Wessels/Hettinger/Engländer* Rdn. 21.
101 *Bernsmann* S. 42 f; Baumann/Weber/Mitsch/*Eisele* § 18 Rdn. 15; *Fischer* Rdn. 3; *Kühl* AT § 12 Rdn. 28; Lackner/*Kühl* Rdn. 3; *Müssig* MK Rdn. 13; *Neumann* NK Rdn. 14; SSW/*Rosenau* Rdn. 5; *Roxin* AT I § 22 Rdn. 24; *Walter/Schwabenbauer* JA **2012** 504, 509; *Zieschang* AT Rdn. 374.
102 So etwa *Bosch* Jura **2015** 347, 349; *Duttge* HK-GS Rdn. 4; *Hauck* AnwK Rdn. 2; *Jakobs* AT 20 Rdn. 8; *Otto* AT § 14 Rdn. 6; *Sch/Schröder/Perron* Rdn. 5; *Rogall* SK Rdn. 15; *Satzger* JuS **1997** 800, 804; Wessels/Beulke/Satzger Rdn. 655.
103 *Bosch* Jura **2015** 347, 349 f; *Kühl* AT § 12 Rdn. 29; Lackner/*Kühl* Rdn. 3; *Maurach/Zipf* § 34 Rdn. 13; *Momsen/Savic* BeckOK Rdn. 12; SSW/*Rosenau* Rdn. 6; *Zieschang* JA **2007** 679, 684.
104 *Momsen/Savic* BeckOK Rdn. 12.
105 *Kühl* AT § 12 Rdn. 29.
106 *Jakobs* AT 20 Rdn. 8; *Jescheck/Weigend* § 44 I 1; *Müssig* MK Rdn. 14; *Neumann* NK Rdn. 16; *Stratenwerth/Kuhlen* AT Rdn. 105.
107 *Duttge* HK-GS Rdn. 5; *Ebert* AT S. 107; *Fischer* Rdn. 5; *Freund* AT § 4 Rdn. 48; *Gropp* AT § 7 Rdn. 133; *Hoyer* AT S. 109; *Jescheck/Weigend* § 44 I 1; *Joecks/Jäger* Rdn. 4; *Kühl* AT § 12 Rdn. 30; *Mitsch* JR **2013** 351, 356; *Momsen/Savic* BeckOK Rdn. 12; *Sch/Schröder/Perron* Rdn. 8; *Rogall* SK Rdn. 15; *Rönnau* JuS **2016** 786, 788; SSW/*Rosenau* Rdn. 7; *Zieschang* AT Rdn. 374.

und Handlungsfreiheit erfasst.[108] Eine andere Betrachtung würde die Eingrenzung der Rechtsgüter in § 35 StGB sinnentleeren und letztlich aufheben, denn von einer Gefahr für die allgemeine Handlungsfreiheit des Individuums (Art. 2 Abs. 1 GG) kann nahezu ausnahmslos ausgegangen werden.[109] Es vermag daher auch nicht zu überzeugen, dass der BGH im „Spanner"-Fall[110] die Tat „jedenfalls" entschuldigt und eine Gefahr für die häusliche Bewegungsfreiheit annimmt. Das betroffene Ehepaar konnte sich fortbewegen, sodass keine Gefahr für die Freiheit im Sinne des § 35 StGB vorlag.[111] Unabhängig davon war das Verhalten des Ehemanns bereits über § 34 StGB gerechtfertigt.[112]

Im Hinblick auf die Notstandslage spielt es keine Rolle, ob die Freiheit durch eine Privatperson oder etwa aufgrund eines hoheitlichen, staatlichen Verfahrens – man denke etwa an Unterbringungen, den Vollzug einer Freiheitsstrafe oder an Untersuchungshaft – bedroht ist.[113] Eine andere Frage ist natürlich, ob die Gefahr nicht anders abwendbar ist oder dem Betreffenden im Sinne von § 35 Abs. 1 Satz 2 StGB zugemutet werden kann, die Gefahr hinzunehmen. **28**

Bereits erläutert worden ist, dass drohender sexueller Missbrauch ohne körperliche Gefahren im Sinne der §§ 223ff StGB nicht von der Leibesgefahr erfasst ist. Ebenso wenig ist es möglich, die sexuelle Selbstbestimmung über den Freiheitsbegriff in § 35 StGB einzubeziehen.[114] Dagegen spricht bereits die schon mehrfach betonte enge Interpretation der Merkmale. Die sexuelle Freiheit hat nichts mit der Fortbewegungsfreiheit zu tun, auf die § 35 StGB ebenso wie § 239 StGB abzielt. Der beim entschuldigenden Notstand eng gesteckte Umfang an geschützten Rechtsgütern würde umgangen und aufgeweicht. Natürlich ist auch hier zu beachten, dass bei einer Gefahr für die sexuelle Selbstbestimmung gleichzeitig und nicht selten eine Gefahr für die körperliche Unversehrtheit oder die Fortbewegungsfreiheit gegeben sein kann; dann ist § 35 StGB selbstverständlich anwendbar.[115] **29**

Rechtsprechung und überwiegende Ansicht im Schrifttum sind der Auffassung, insbesondere „Leib und Freiheit" seien im Hinblick auf die erforderliche Vergleichbarkeit mit dem Leben weiter einzuschränken: So fielen unerhebliche Gefährdungen von vornherein nicht in den Anwendungsbereich des § 35 StGB.[116] Bei Gefährdungen unterhalb **30**

---

108 *Bosch* Jura **2015** 347, 350; *Duttge* HK-GS Rdn. 5; Baumann/Weber/Mitsch/*Eisele* § 18 Rdn. 17; Matt/Renzikowski/*Engländer* Rdn. 5; *Fischer* Rdn. 5; *Hauck* AnwK Rdn. 2; *Kindhäuser* LPK Rdn. 3; *Kühl* AT § 12 Rdn. 30; *Müssig* MK Rdn. 15; *Murmann* GK § 26 Rdn. 57; *Neumann* NK Rdn. 17; Sch/Schröder/*Perron* Rdn. 8; *Rogall* SK Rdn. 15; SSW/*Rosenau* Rdn. 7; *Zieschang* JA **2007** 679, 684; **anders** *Schmidhäuser* StuB 8. Kap. Rdn. 15, wobei er eine sehr schwere Beeinträchtigung verlangt.
109 Siehe in diesem Sinne auch *Bernsmann* S. 75ff; *Hirsch* LK[11] Rdn. 14.
110 BGH NJW **1979** 2053.
111 Siehe auch *Fischer* Rdn. 5; *Hirsch* JR **1980** 115; *Hruschka* NJW **1980** 21, 23; *Kühl* AT § 12 Rdn. 31; *Neumann* NK Rdn. 17; Sch/Schröder/*Perron* Rdn. 8; *Rengier* AT § 26 Rdn. 6; *Rogall* SK Rdn. 15. Tatfrage ist, ob die körperliche Integrität beeinträchtigt ist.
112 Siehe zum „Spanner"-Fall bereits *Zieschang* LK § 34 Rdn. 71, 137.
113 Sch/Schröder/*Perron* Rdn. 9.
114 *Bernsmann* S. 78; *Fischer* Rdn. 5; *Kühl* AT § 12 Rdn. 30; SSW/*Rosenau* Rdn. 7; **anders** Matt/Renzikowski/*Engländer* Rdn. 5; *Hauck* AnwK Rdn. 2; *Roxin* JA **1990** 97, 101; *ders.* AT I § 22 Rdn. 28, welche die sexuelle Selbstbestimmungsfreiheit einbeziehen wollen.
115 *Neumann* NK Rdn. 16.
116 Siehe RGSt **66** 397, 399f; BGH DAR **1981** 226; BGH NStZ **1994** 555, 556. Aus dem Schrifttum etwa *Duttge* HK-GS Rdn. 5; Baumann/Weber/Mitsch/*Eisele* § 18 Rdn. 16; Matt/Renzikowski/*Engländer* Rdn. 4; *Gülzow* Jura **1983** 102, 103; *Hörnle* JuS **2009** 873, 878; Jescheck/Weigend § 44 I 1; Joecks/*Jäger* Rdn. 6; *Köhler* AT S. 334; *Kühl* AT § 12 Rdn. 32; Lackner/*Kühl* Rdn. 3; Maurach/Zipf § 34 Rdn. 13; Sch/Schröder/*Perron* Rdn. 6, 7, 8; *Rengier* AT § 26 Rdn. 5; *Rogall* SK Rdn. 15; SSW/*Rosenau* Rdn. 6; *Roxin* AT I § 22 Rdn. 15, 25; *Welzel* Strafrecht § 23 I 1a; vgl. auch *Horstkotte* Prot. V S. 1839, 1843.

der Erheblichkeitsschwelle sei der Zugriff auf fremde Rechtsgüter nicht verständlich.[117] Insoweit bedarf es jedoch einer differenzierten oder zumindest klarstellenden Betrachtung:[118] Geht es um eine Konstellation, bei der lediglich die Gefahr einer unerheblichen Beeinträchtigung des Rechtsguts besteht, fehlt es an einer Notstandslage im Sinne des § 35 Abs. 1 Satz 1 StGB.[119] Bekanntlich ist eine Körperverletzung gemäß § 223 StGB erst gegeben, wenn die Erheblichkeitsschwelle überschritten ist. Unerhebliche Beeinträchtigungen wie etwa leichtere blaue Flecken sind schon gar nicht tatbestandsmäßig. Ebenso muss bei der Beeinträchtigung der Freiheit im Sinne des § 239 StGB die Erheblichkeitsschwelle überschritten sein, sodass kurzzeitige Freiheitsentziehungen nicht erfasst werden. Handelt es sich nun um drohende lediglich unerhebliche Beeinträchtigungen, wird folglich das Rechtsgut der körperlichen Unversehrtheit oder der persönlichen Fortbewegungsfreiheit gar nicht tangiert, so dass § 35 StGB schon aus diesem Grund überhaupt nicht in Betracht kommt. Ein Eingriff in ein Rechtsgut ist also dann nicht über § 35 StGB entschuldigt, wenn dem Täter oder der Sympathieperson lediglich unerhebliche Beeinträchtigungen drohen.[120]

31 Davon zu unterscheiden ist der Grad der Wahrscheinlichkeit der Gefahr:[121] Hier genügt nicht die bloß theoretische Möglichkeit des Schadenseintritts; sie ist „unerheblich". Vielmehr ist erst von einer Gefahr auszugehen, wenn der Eintritt eines Schadens naheliegt. Erst dann ist der Motivationsdruck des Täters im Sinne des § 35 StGB als beachtenswert anzusehen.

32 Soweit die naheliegende Gefahr einer erheblichen Beeinträchtigung besteht, ist die Notstandslage zu bejahen. Im Rahmen des § 35 Abs. 1 Satz 2 StGB ist dann aber das Ausmaß der Gefahr zu betrachten sowie dessen Verhältnis zu den mit dem Eingriff verbundenen Schädigungen, was im Einzelfall dazu führen kann, dass dem Betroffenen zugemutet wird, die Gefahr hinzunehmen.

33 **b) Die Gefahr.** Der Begriff der **Gefahr** in § 35 StGB ist mit dem Gefahrbegriff des § 34 StGB identisch. Auf die diesbezüglichen Ausführungen kann daher verwiesen werden.[122] Es geht also auch in § 35 StGB vom Ausgangspunkt her um einen Sachverhalt, bei dem die **Wahrscheinlichkeit eines Schadenseintritts** besteht. In der näheren Eingrenzung bedeutet dies, dass eine Gefahr im Sinne des § 35 StGB anzunehmen ist, wenn es bei einem **weiteren ungestörten Ablauf des Geschehens zum Eintritt eines Schadens kommen wird**.[123] Im Hinblick auf den Grad der Gefahr wird man wie erläutert auch bei § 35 StGB zu verlangen haben, dass der Schadenseintritt **naheliegt** (Rdn. 31). Erst ab diesem Zeitpunkt erscheint es richtig, den Motivationsdruck des Täters zu berücksichtigen und ihn bei Vornahme der Rettungshandlung zu entschuldigen. Um der auch in § 35 StGB verwirklichten Objektivierung[124] hinreichend Rechnung zu tragen, bilden dabei alle im Tatzeitpunkt **objektiv feststehenden Umstände** die Tatsachengrundlage für das Wahrscheinlichkeitsurteil, auch wenn diese zu diesem Zeitpunkt nicht bekannt oder erkennbar waren. Ebenfalls in Bezug auf die für die Prognoseentscheidung heranzuzie-

---

117 *Kühl* AT § 12 Rdn. 32, der meint, zumindest sei die Gefahr im Sinne von § 35 Abs. 1 Satz 2 StGB hinzunehmen. Bei Unerheblichkeit auf § 35 Abs. 1 Satz 2 StGB rekurrierend auch: *Bernsmann* S. 69 ff; *Lugert* S. 108.
118 Siehe zum Folgenden auch schon *Hirsch* LK[11] Rdn. 16.
119 Ebenso *Hauck* AnwK Rdn. 2.
120 Siehe auch *Neumann* NK Rdn. 9.
121 Siehe dazu auch schon *Zieschang* LK § 34 Rdn. 59.
122 Zum Gefahrbegriff siehe *Zieschang* LK § 34 Rdn. 57 ff.
123 *Zieschang* GA **2006** 1, 7.
124 Siehe zur objektiven Notstandstheorie Rdn. 8 f.

hende Maßstabperson bedarf es parallel dazu einer Objektivierung: Es ist auf einen **sachverständigen Beobachter** abzustellen, der auch über ein etwaiges **Sonderwissen** des Täters verfügt.

Teilweise findet sich im Schrifttum die Auffassung, bei § 35 StGB könne man hinsichtlich der Maßstabperson „großzügiger" als bei § 34 StGB sein: Der „durchschnittlich sachkundige Beobachter" könne den bei § 34 StGB geforderten sachverständigen Beobachter ersetzen. Für diese Großzügigkeit spreche die fehlende Duldungspflicht des § 35-Notstandsopfers.[125] Dagegen ist jedoch bereits einzuwenden, dass der Gesetzgeber in § 35 StGB die objektive Notstandstheorie verwirklicht hat, sodass man versuchen sollte, ein „Maximum an Wahrheit" zu erreichen, was für den sachverständigen Beobachter spricht. Es ist zwar richtig, dass das Opfer bei § 35 StGB keine Duldungspflicht hat; andererseits ist bei § 35 StGB, um die Norm nicht in eine allgemeine Unzumutbarkeitsklausel zu verformen, in der Tendenz eine restriktive Interpretation der Voraussetzungen vorzunehmen. Auch das spricht dafür, eher strengere Anforderungen mit der Maßstabperson zu verknüpfen. Umso mehr ist zu beachten, dass über § 35 StGB sogar die Tötung eines Menschen entschuldigt sein kann. Dann darf man aber beim Prognoseurteil keine unnötig geringen Anforderungen ausreichen lassen. Der Gesetzgeber hat mit § 35 Abs. 2 StGB gerade eine spezielle Irrtumsregelung geschaffen; folgerichtig muss im Gegensatz dazu bei § 35 Abs. 1 StGB so weit wie möglich objektiviert werden. 34

Wie bei § 34 StGB spielt der **Ursprung der Gefahr keine Rolle**.[126] Gefahrenquellen können also **Naturereignisse, Sachen** einschließlich Tiere und auch **Menschen** sein. Als Beispiel für Naturereignisse sind etwa Erdbeben oder Überschwemmungen zu nennen.[127] Das einsturzgefährdete Haus wäre ein typischer Fall, in dem die Gefahr vom Zustand einer Sache ausgeht.[128] Eine Konstellation, bei der die Gefahr von einem Menschen herrührt, ist etwa der „Haustyrannen"-Fall.[129] Auch politisch motivierte Gewaltakte gehören hierzu.[130] Möglich ist sogar, dass die Gefahr durch den Gefährdeten begründet wird.[131] So ist die Suizidgefahr bei einer Sympathieperson für die Gefahr nach § 35 StGB ausreichend.[132] In diesem Fall ist jedoch dann besonderes Augenmerk auf § 35 Abs. 1 Satz 2 StGB zu legen.[133] 35

Nicht überzeugend ist es, wenn eine Gefahr bei „Jedermannsgefahren" wie zum Beispiel bei einer Hungersnot oder Sozialnot abgelehnt wird.[134] Auch dann geht es um ein notstandsfähiges Rechtsgut (Leben, Leib, Freiheit) sowie um die Wahrscheinlichkeit eines Schadenseintritts, sodass eine Notstandslage bejaht werden kann. Dass der Einzelne diese Gefahr hinzunehmen hat, da sie einen Großteil der Bevölkerung vergleichbar 36

---

125 So *Kühl* AT § 12 Rdn. 43; *Sch/Schröder/Perron* Rdn. 10, 11.
126 *Bernsmann* S. 141; *Duttge* HK-GS Rdn. 7; *B. Heinrich* AD LEGENDUM **2015** 89, 93; *Joecks/Jäger* Rdn. 5; *Kühl* AT § 12 Rdn. 44; *Müssig* MK Rdn. 21; *Neumann* NK Rdn. 11; *Sch/Schröder/Perron* Rdn. 10, 11; *Rogall* SK Rdn. 16; *Wessels/Beulke/Satzger* Rdn. 656.
127 Siehe RG JW **1933** 700, 701 (Überschwemmung); vgl. auch RGSt **72** 246 (Schlagwetterexplosion).
128 Vgl. RGSt **59** 69, 70.
129 BGHSt **48** 255. Siehe ebenfalls RGSt **43** 342, 343; BGHSt **5** 371, 373; BGH NJW **1966** 1823, 1824 f; BGH NStZ **1984** 20, 21; ferner BGH NJW **1979** 2053, 2054; siehe zu BGHSt **48** 255 u.a. auch *Beckemper* JA **2004** 99; *Bürger* JA **2004** 298; *Haverkamp* GA **2006** 586; *Hillenkamp* JZ **2004** 48; *Kargl* Jura **2004** 189; *Otto* NStZ **2004** 142; *Rengier* NStZ **2004** 233; *Rotsch* JuS **2005** 12; *Welke* ZRP **2004** 15; *Widmaier* NJW **2003** 2788.
130 Siehe RGSt **66** 222, 226.
131 *Kühl* AT § 12 Rdn. 44.
132 *Jakobs* AT 20 Rdn. 5; *Neumann* NK Rdn. 11; *Sch/Schröder/Perron* Rdn. 10,11; *Rogall* SK Rdn. 16. Im Hinblick auf § 52 a.F. StGB: RGSt **38** 123, 127; RG HRR **1937** Nr. 133.
133 *Jakobs* AT 20 Rdn. 5 mit Fn. 8; *Kühl* AT § 12 Rdn. 44.
134 Siehe etwa *Müssig* MK Rdn. 24; *Neumann* NK Rdn. 11; *Roxin* JA **1990** 97, 101; *ders.* AT I § 22 Rdn. 26 sowie die Vorauflage Rdn. 18 f. Die Auffassung aus der Vorauflage wird aufgegeben.

betrifft, ist vielmehr ein Umstand, der bei § 35 Abs. 1 Satz 2 StGB Beachtung zu finden hat, indem eine Gefahrtragungspflicht besteht:[135] Eine ausreichende Unrechtsminderung ist dann nicht vorhanden. Anderenfalls wäre jeder entschuldigt und damit das Strafrecht zur unverbindlichen Empfehlung degradiert.[136] Es würde zu einem Kampf jeder gegen jeden kommen.[137] Die Folge wäre gesellschaftliche Unordnung, Gesetzlosigkeit und damit Anarchie. § 35 Abs. 1 Satz 2 StGB steht einer Entschuldigung in diesen Fällen nur dann nicht entgegen, wenn von dem Einzelnen im Vergleich zu den anderen ein **Sonderopfer** abverlangt wird.[138]

37 Um eine von einem **Menschen** ausgehende Gefahr handelt es sich auch beim **Nötigungsnotstand**, der früher in § 52 a.F. StGB eigenständig geregelt war. Richtigerweise hat der Gesetzgeber des 2. StrRG wie bereits erläutert keine selbständige Regelung des Nötigungsnotstands mehr vorgenommen.[139] Vielmehr sind die allgemeinen Notstandsvorschriften maßgeblich. Beim Nötigungsnotstand ist dabei zu beachten, dass es seitens des Genötigten – so im Fall von vis absoluta – bereits an einer Handlung im strafrechtlichen Sinne fehlen kann.[140] Dann agiert der Genötigte schon nicht tatbestandlich. Zudem ist zu berücksichtigen, dass beim Nötigungsnotstand nach zutreffender Ansicht bereits eine Rechtfertigung über § 34 StGB greifen kann.[141] Sollte dies nicht der Fall sein, kommt § 35 StGB in Betracht, der jedoch natürlich in Bezug auf die notstandsfähigen Rechtsgüter sowie den geschützten Personenkreis enger als § 34 StGB ist und besondere Erfordernisse in § 35 Abs. 1 Satz 2 StGB aufstellt.

38 Im Hinblick auf den Hintermann, also den Nötigenden, liegt regelmäßig im Fall der Entschuldigung des unmittelbar Handelnden **mittelbare Täterschaft** unter Ausnutzen eines entschuldigt handelnden Werkzeugs vor.[142] Ist das Werkzeug bereits gerechtfertigt, geht es um mittelbare Täterschaft unter Heranziehung eines gerechtfertigt handelnden Werkzeugs. Mittelbare Täterschaft scheidet aber aus, sofern ein eigenhändiges Delikt in Rede steht wie etwa bei den Aussagedelikten.[143] Dann kommt für den Hintermann Anstiftung in Betracht, die ja kraft ihrer limitierten Akzessorietät lediglich eine vorsätzliche rechtswidrige Haupttat verlangt, ohne dass der Vordermann schuldhaft handeln muss. Wendet der Täter vis absoluta an – der Hintermann wirft zum Beispiel sein Opfer in eine Schaufensterscheibe, die zerbricht – ist er unmittelbarer Täter, denn er benutzt dann ein bloß mechanisch wirkendes Werkzeug.[144]

39 In der **Rechtsprechung** hat der Nötigungsnotstand insbesondere in folgenden Fällen eine Rolle gespielt:[145] Bei § 154 StGB, wobei dem Aussagenden oder dessen Angehörigen Schläge oder der Tod angedroht wurden.[146] Weiterhin war der Nötigungsnotstand in Bezug auf § 173 StGB relevant, indem der Ehemann seine Frau unter Androhung von Schlägen zwang, mit dem Sohn den Beischlaf zu vollziehen.[147] Auch hat er bei §§ 211, 212

---

135 Ebenso *Bernsmann* S. 356; *Jakobs* AT 20 Rdn. 14; Lackner/*Kühl* Rdn. 11; *Sch/Schröder/Perron* Rdn. 35.
136 Siehe *Sch/Schröder/Perron* Rdn. 35.
137 *Neumann* NK Rdn. 11; *Rogall* SK Rdn. 16; *v. Weber* MDR **1947** 78, 80.
138 Siehe OLG Neustadt NJW **1951** 852; *Maurach/Zipf* § 34 Rdn. 8; *Sch/Schröder/Perron* Rdn. 35; eher enger OLG Celle HESt **1** 139, 140; anders und weiter OLG Kiel HESt **1** 140, 141.
139 Siehe dazu Entstehungsgeschichte.
140 *Maurach/Zipf* § 34 Rdn. 7; *Sch/Schröder/Perron* Rdn. 10, 11.
141 Siehe zu diesem Streit *Zieschang* LK § 34 Rdn. 131.
142 RGSt **64** 30, 33.
143 Speziell hier ist dann § 160 StGB zu beachten.
144 *Renzikowski* S. 84; *Stratenwerth/Kuhlen* AT § 12 Rdn. 32; *Zieschang* FS Otto 505, 513.
145 Siehe bereits die Auflistung bei *Hirsch* LK[11] Rdn. 27.
146 RGSt **66** 98 ff; RGSt **66** 397, 398; BGHSt **5** 371, 372; siehe auch *Kühl* AT § 12 Rdn. 45; *Roxin* JA **1990** 97, 100; *Timpe* JuS **1984** 859, 864.
147 BGH GA **1967** 113 f.

StGB Bedeutung gehabt, wobei der unmittelbar Handelnde unter der Drohung stand, sonst selbst getötet zu werden.[148] Im Nebenstrafrecht wurde der Nötigungsnotstand im Bereich des Betäubungsmittelhandels akut, indem der Vordermann Drogen unter der Drohung einführte, dass anderenfalls Familienangehörige geschädigt werden.[149]

Auch im Bereich rechtswidriger Befehle insbesondere während des NS-Regimes ist Notstand in Betracht gezogen worden.[150] Heute gilt im militärischen Bereich in Bezug auf rechtswidrige Befehle § 5 WStG, wobei diese Vorschrift nicht ausschließt, zunächst eine Entschuldigung über § 35 StGB zu prüfen. Insoweit ist aber zu beachten, dass § 6 WStG den entschuldigenden Notstand einschränkt: Nach § 6 WStG entschuldigt Furcht vor persönlicher Gefahr eine Tat nicht, wenn die soldatische Pflicht verlangt, die Gefahr zu bestehen (Rdn. 17). 40

Möglich ist also auch, dass die Gefahr durch eine **hoheitliche Maßnahme** hervorgerufen wird; dazu zählt etwa ebenfalls eine bevorstehende Ingewahrsamnahme.[151] Hier besteht aber nicht selten die Möglichkeit, die Gefahr anders abzuwenden, indem der Betroffene den Rechtsweg beschreiten kann; zudem ist wiederum § 35 Abs. 1 Satz 2 StGB zu beachten. 41

c) Die Gegenwärtigkeit. Ebenso wie bei § 34 StGB muss es sich um eine **gegenwärtige** Gefahr handeln. Dieses Merkmal bestimmt sich **inhaltsgleich** mit der Gegenwärtigkeit der Gefahr beim rechtfertigenden Notstand gemäß § 34 StGB.[152] Es geht also zum einen um **akute Gefahrensituationen**, bei denen im unmittelbar folgenden Ablauf der Schadenseintritt bevorsteht. Zum anderen reicht aber auch eine **Dauergefahr** aus, denn der Motivationsdruck ist hier ebenso intensiv wie beim unmittelbar bevorstehenden Schadenseintritt:[153] Das sind einmal Fallgestaltungen, in denen mit dem Schadenseintritt **nicht unbedingt sofort** zu rechnen ist, der **Schaden aber jederzeit eintreten** kann. Eine **Dauergefahr liegt zudem dann** vor, wenn der Schadenseintritt erst nach einem gewissen Zeitablauf zu erwarten ist, aber **sofortiges Handeln angezeigt** ist, um den drohenden Schaden **wirksam abwenden zu können**. Der BGH hat im Zusammenhang mit § 35 StGB im „Haustyrannen"-Fall formuliert, eine Gefahr sei dann **gegenwärtig**, wenn sich die Wahrscheinlichkeit des Schadenseintritts nach einem objektiven Urteil aus der ex ante-Sicht so verdichtet hat, dass die zum Schutz des bedrohten Rechtsguts notwendigen Maßnahmen sofort eingeleitet werden müssen, um den Eintritt des Schadens sicher zu verhindern.[154] Letztlich ist im Hinblick auf die Gegenwärtigkeit der Gefahr 42

---

[148] RGSt **64** 30, 31.
[149] Siehe BGHR StGB § 35 Abs. 1 Gefahr, gegenwärtige 1, 2; BGHR StGB § 35 Abs. 1 Gefahr, abwendbare 1; BGH NStE § 35 Nr. 5.
[150] Siehe OGHSt **1** 310, 313; OGHSt **2** 393, 394; BGHSt **2** 251, 256 f; BGHSt **3** 271, 274 f; BGHSt **18** 311 f; BGH NJW **1964** 730 f; BGH NJW **1972** 832, 834; vgl. dazu auch *H. Jäger* S. 81 ff; *Hanack* S. 46 f; *Jescheck/Weigend* § 44 II 2; *Roesen* NJW **1964** 133, 135 f; *Roxin* AT I § 22 Rdn. 19. Zu Spitzeldiensten gegen und zugunsten totalitärer Regime siehe OGHSt **3** 121, 128 ff; siehe dazu auch BGH bei Dallinger MDR **1956** 395; BGH ROW **1958** 81.
[151] *Fischer* Rdn. 6; *Maurach/Zipf* § 34 Rdn. 7; *Neumann* NK Rdn. 11; *Sch/Schröder/Perron* Rdn. 10, 11; *Rogall* SK Rdn. 16. Beispiele aus der Rechtsprechung, in denen behördliche Maßnahmen die Gefahr hervorgerufen haben: RGSt **41** 214, 215 (Unterbringung zur Fürsorgeerziehung); BayObLG GA **1973** 208, 209 (rechtswidriger Befehl, Uniform zu tragen, die zu Hautausschlag führt); OLG Neustadt NJW **1951** 852 (Maßnahmen der Wohnungsbehörde).
[152] Siehe insofern *Zieschang* LK § 34 Rdn. 69 ff.
[153] *Kühl* AT § 12 Rdn. 45; *Momsen/Savic* BeckOK Rdn. 10; *Müssig* MK Rdn. 22; *Neumann* NK Rdn. 12; *Rogall* SK Rdn. 17.
[154] BGHSt **48** 255, 259; ebenso BGH NStZ-RR **2006** 200, 201; vgl. auch bereits RGSt **60** 318, 320 f; RGSt **66** 98, 101; BGHSt **5** 371, 373; siehe zu BGHSt **48** 255 u.a. auch *Beckemper* JA **2004** 99; *Bürger* JA **2004** 298;

maßgeblich, ob die Notwendigkeit besteht, **unverzüglich Gegenmaßnahmen** einzuleiten.[155]

43   **d) Gefahr für den Täter, einen Angehörigen oder eine dem Täter nahestehende Person.** Anders als bei § 34 StGB ist der Kreis der Personen, zu deren Gunsten die Tat über § 35 StGB entschuldigt werden kann, **stark eingeschränkt,** was zu einer erheblichen Reduzierung des Anwendungsbereichs des § 35 StGB führt. Während der rechtfertigende Notstand bei einer Gefahr für den Täter oder für eine beliebig andere Person in Betracht kommt, greift § 35 StGB nur, sofern es um eine Gefahr für den **Täter, einen Angehörigen oder eine dem Täter nahestehende Person** geht. Das ist zunächst einmal verständlich, kann doch von einem entsprechenden Motivationsdruck beim Täter regelmäßig bei diesem Personenkreis ausgegangen werden. Bei solchen **Sympathiepersonen** (Angehöriger, nahestehende Person) wird also angenommen, dass der psychische Druck des Täters ebenso hoch ist, wie wenn der Täter persönlich in Gefahr geraten wäre.[156] Andererseits muss man berücksichtigen, dass auch in Bezug auf „fremde" Menschen, also andere als die in der Vorschrift aufgelisteten Sympathiepersonen, durchaus für den Täter ein entsprechender Druck bestehen kann; der Wortlaut ist jedoch eindeutig und lässt eine Berücksichtigung solcher Konstellationen im Rahmen des § 35 StGB nicht zu; insofern können jedoch dann die Grundsätze des übergesetzlichen entschuldigenden Notstands einschlägig sein.[157]

44   Der Begriff des **Angehörigen** wird in **§ 11 Abs. 1 Nr. 1 StGB legaldefiniert.** Nur die dort genannten Personen sind gemeint, eine erweiternde Auslegung würde gegen Wortlaut und Systematik des Gesetzes verstoßen.[158] Andererseits spielt es **keine Rolle,** ob der Täter zu dem Angehörigen in Kontakt steht, mit ihm gar in häuslicher Gemeinschaft lebt oder ob die Beziehung zu dem Angehörigen tatsächlich intakt ist oder möglicherweise zerrüttet.[159] Eine andere Betrachtung würde gegen den Wortlaut der Norm verstoßen und § 35 StGB zum Nachteil des Täters einengen. Die „nahestehende Person" ist eben auch nicht der Oberbegriff mit dem „Angehörigen" als Unterfall; schon der Wortlaut spricht gegen eine solche Sicht, zumal der Gesetzgeber den entschuldigenden Notstand mit der Aufnahme der nahestehenden Person vorsichtig erweitern, jedoch nicht einengen wollte.[160] Zwar mag bei einer möglicherweise sogar feindschaftlichen Beziehung zu einem Angehörigen gar kein besonderer psychischer Druck des Täters vorliegen. Der Gesetzgeber differenziert indes insoweit nicht und geht allgemein davon aus, dass der Täter, welcher zur Rettung eines Angehörigen vorgeht, entschuldigt ist, sofern die Voraussetzungen des § 35 StGB im Übrigen gegeben sind. Die **enge Beziehung** wird also beim Angehörigenprivileg vom Gesetzgeber **unwiderleglich vermutet.**[161]

45   Problematischer ist, wer unter die „**nahestehende Person**" fällt. Dieser Begriff wird vom Gesetzgeber nicht legaldefiniert. Angesichts der gebotenen zurückhaltenden An-

---

Haverkamp GA **2006** 586; *Hillenkamp* JZ **2004** 48; *Kargl* Jura **2004** 189; *Otto* NStZ **2004** 142; *Rengier* NStZ **2004** 233; *Welke* ZRP **2004** 15; *Widmaier* NJW **2003** 2788.

155   Siehe dazu bereits *Zieschang* LK § 34 Rdn. 73.
156   *Kühl* AT § 12 Rdn. 34; vgl. auch *Bernsmann/Zieschang* JuS **1995** 775, 779 mit Fn. 44.
157   Siehe zum übergesetzlichen entschuldigenden Notstand Rdn. 119 ff.
158   Siehe auch *Jescheck/Weigend* § 44 I 3; *Rogall* SK Rdn. 20.
159   *Zieschang* JA **2007** 679, 684; siehe auch *Joecks/Jäger* Rdn. 7; *Neumann* NK Rdn. 18; SSW/*Rosenau* Rdn. 10.
160   Siehe Begründung zum E 1962, BTDrucks. IV/650 S. 161.
161   *Bernsmann* S. 82 f; Baumann/Weber/Mitsch/*Eisele* § 18 Rdn. 22; *Heinrich* Rdn. 567; *Jakobs* AT 20 Rdn. 7; *Kühl* AT § 12 Rdn. 35; *Müssig* MK Rdn. 18; *Murmann* GK § 26 Rdn. 61; Sch/Schröder/*Perron* Rdn. 15; *Rogall* SK Rdn. 20; *Zieschang* AT Rdn. 376; **anders** *Bott* S. 154 ff; *Köhler* AT S. 335; *Zimmermann* S. 240 mit Fn. 895.

wendung des § 35 StGB wird man jedoch den Begriff nicht zu ausdehnend interpretieren dürfen. Im Grundsatz sollte man sich an den Angehörigen anlehnen. So führen bereits die Gesetzesmaterialien aus, nahestehende Personen sollen dabei nur solche sein, die etwa mit dem Notstandstäter in Hausgemeinschaft leben oder die in ähnlicher Weise wie Angehörige mit ihm persönlich verbunden sind.[162] Unter nahestehende Personen fallen also vom Ausgangspunkt her solche, zu denen der Täter von der **Intensität des Zusammengehörigkeitsgefühls** eine **vergleichbare Beziehung wie zu Angehörigen** hat.[163] Diese Beziehung muss tatsächlich und nicht nur in der Vorstellung des Täters gegeben sein. Zudem muss sie im Zeitpunkt der Tat vorliegen und nicht nur vorher oder erst nachher.[164] Andererseits reicht es aus, dass es sich um eine nahestehende Person handelt, es ist also nicht erforderlich, dass der Täter in der konkreten Situation einem besonderen Motivationsdruck ausgesetzt war.[165]

Als **Kriterien**, die dafür sprechen, dass es sich um eine nahestehende Person handelt, können folgende Gesichtspunkte herangezogen werden:[166] Einmal muss es sich im Hinblick auf die Anlehnung an den Angehörigenbegriff um eine **persönliche Beziehung** handeln. Rein berufliche, politische oder ausschließlich sportkameradschaftliche sowie Ausbildungskontakte (etwa über die Schule) reichen für sich genommen nicht aus, um bereits von einer nahestehenden Person zu sprechen.[167] Sportkollegen, Parteikollegen oder auch Nachbarn sind also regelmäßig keine nahestehenden Personen.[168] Lockere Bekanntschaften reichen eben nicht.[169] Weiterhin muss es sich um eine **dauerhafte Beziehung** handeln, sodass etwa ein einmaliges kurzzeitiges lockeres Kennenlernen bei einem Ausflug, im Rahmen einer Reisegruppe, bei einer Party oder in der Diskothek nicht genügt. Zudem ist zur notwendigen engen Interpretation des Begriffs zu fordern, dass die **Beziehung auf Gegenseitigkeit** beruht.[170] Dagegen muss die Beziehung nicht in rechtliche Bahnen gelenkt worden sein, denn der Begriff der nahestehenden Person will ja gerade Konstellationen erfassen, bei denen eine rechtliche Regelung nicht besteht.[171]

Typischer Anwendungsfall der nahestehenden Person ist demzufolge unter Zugrundelegung der vorgenannten Kriterien die **nichteheliche Lebensgemeinschaft**.[172] Zwischen beiden Partnern liegt dann zwar kein Angehörigenverhältnis im Sinne des § 11 Abs. 1 Nr. 1 StGB vor, die Beziehung ist jedoch persönlicher Natur, währt eine gewisse Dauer und ist von Gegenseitigkeit geprägt. Weiterhin kann von einer nahestehenden Person ausgegangen werden bei **Verwandten, die nicht Angehörige sind**,[173] wie etwa

---

162 Begründung zum E 1962, BTDrucks. IV/650 S. 161.
163 OLG Koblenz NJW **1988** 2316, 2317; Baumann/Weber/Mitsch/*Eisele* § 18 Rdn. 23; *B. Heinrich* AD LEGENDUM **2015** 89, 93; *Hirsch* LK[11] Rdn. 33; *Jescheck/Weigend* § 44 I 3; *Lackner/Kühl* Rdn. 4; SSW/*Rosenau* Rdn. 11; *Zieschang* AT Rdn. 376; siehe ferner BVerfG NJW **1995** 2776, 2777.
164 *Kühl* AT § 12 Rdn. 36.
165 *Horstkotte* Prot. V S. 1839, 1844; *Kühl* AT § 12 Rdn. 36; *Neumann* NK Rdn. 18; *Roxin* AT I § 22 Rdn. 31.
166 Siehe etwa auch *Bernsmann* S. 89; *Bott* S. 161 ff; *Hirsch* LK[11] Rdn. 33 ff; *Kühl* AT § 12 Rdn. 38; *Rogall* SK Rdn. 20.
167 Siehe Sch/Schröder/*Perron* Rdn. 15; *Roxin* AT I § 22 Rdn. 31.
168 *Duttge* HK-GS Rdn. 9; *Müssig* MK Rdn. 19; anders für „gute" Nachbarn und langjährige Arbeitskollegen *Hauck* AnwK Rdn. 3.
169 OLG Koblenz NJW **1988** 2316, 2317.
170 *Duttge* HK-GS Rdn. 9; *Matt/Renzikowski/Engländer* Rdn. 6; *Hauck* AnwK Rdn. 3; *Müssig* MK Rdn. 19; *Neumann* NK Rdn. 18; Sch/Schröder/*Perron* Rdn. 15; *Rogall* SK Rdn. 20 mit Fn. 127; *Roxin* JA **1990** 97, 102; **anders** *Jakobs* AT 20 Rdn. 7.
171 Vgl. *Horstkotte* Prot. V S. 1839, 1843 f; *Kühl* AT § 12 Rdn. 38.
172 Sch/Schröder/*Perron* Rdn. 15; *Roxin* AT I § 22 Rdn. 31; *Zieschang* AT Rdn. 376; siehe auch *Skwirblies* S. 44 ff.
173 *Fischer* Rdn. 7; *Jescheck/Weigend* § 44 I 3; *Zieschang* JA **2007** 679, 684.

bei dem Onkel oder der (Groß)tante. Ebenfalls der Pate, der in einer gewissen verwandtschaftsähnlichen Beziehung steht, fällt darunter. Auch enge Liebesbeziehungen sowie andere **enge Freundschaften** sind erfasst.[174] Zu nennen sind etwa auch die Mitglieder von auf gewisse Dauer angelegten Wohngemeinschaften oder Personen, die in Hausgemeinschaft mit dem Täter leben wie etwa eine Pflegekraft.[175] Stets muss aber **im Einzelfall** geprüft werden, ob die oben aufgelisteten Kriterien erfüllt sind. Ebenfalls wird man von einer nahestehenden Person ausgehen können bei Gefahrengemeinschaften wie etwa bei den Mitgliedern einer gefährlichen Berg- oder Bootstour, sofern es sich nicht nur um eine rein berufliche oder sportliche Beziehung handelt, sondern diese persönlicher Natur ist. Die Beziehung ist dann vor dem Hintergrund des aufeinander Vertrauens von Gegenseitigkeit geprägt und währt für die Dauer der Unternehmung.

48   Keine Sympathiepersonen sind hingegen ohne Hinzutreten besonderer Umstände Schüler für den Lehrer,[176] Patienten für Ärzte oder Vereinssportler für den Trainer. Auch keine Sympathieperson ist der Staat.[177] Da es sich um eine nahestehende „Person" handeln muss, scheidet schließlich das werdende Leben aus (Rdn. 25).

3. Begehung einer rechtswidrigen Tat, um die Gefahr von sich, einem Angehörigen oder einer anderen dem Täter nahestehenden Person abzuwenden

49   **a) Die Tatbegehung.** Voraussetzung für eine Entschuldigung ist, dass der Täter eine **rechtswidrige Tat** begeht. Die Notstandsregelung in § 35 StGB gewinnt daher nur Bedeutung, wenn das Verhalten des Täters nicht schon nach § 34 StGB oder aufgrund anderer Rechtfertigungsgründe gerechtfertigt ist.[178] **§ 11 Abs. 1 Nr. 5 StGB** definiert den Begriff „rechtswidrige Tat": Es ist eine solche, die den Tatbestand eines Strafgesetzes verwirklicht. Liegen daher Merkmale des Tatbestandes nicht vor oder greift eine Rechtfertigung, gelangt § 35 StGB nicht zur Anwendung. Kommt es durch ein autonom fahrendes, vollautomatisiertes Fahrzeug zum Tod eines Menschen, um das Leben des Fahrers zu retten, ohne dass dieser überhaupt noch in den Verlauf eingreifen konnte, fehlt es bezüglich des Fahrers in diesem Moment schon an einem vom Menschen beherrschten strafrechtlich relevanten Verhalten, sodass sich gar nicht erst die Frage nach § 35 StGB stellt. Um § 35 StGB geht es aber, wenn der Hersteller oder auch der Fahrer zu einem früheren Zeitpunkt das Fahrzeug dahin programmieren konnten, dass der Fahrer in einer solchen Situation gerettet wird.[179]

50   § 35 StGB kommt sowohl bei den Strafvorschriften des **StGB** als auch bei denen des **Nebenstrafrechts** in Betracht.[180] Dabei spielt es vom Ausgangspunkt her keine Rolle, welches Rechtsgut die Vorschrift schützt. Es kann sowohl ein solches der Allgemeinheit

---

174 *Fischer* Rdn. 7; *Jakobs* AT 20 Rdn. 7.
175 Siehe auch SSW/*Rosenau* Rdn. 11.
176 *Duttge* HK-GS Rdn. 9; *Sch/Schröder/Perron* Rdn. 15; *Roxin* AT I § 22 Rdn. 31; **anders** *Horstkotte* Prot. V S. 1839, 1843.
177 *Kühl* AT § 12 Rdn. 40.
178 Siehe Begründung zum E 1962, BTDrucks. IV/650 S. 161. Das beachtet BGH NJW **1979** 2053f nicht.
179 Siehe zu dem umfassenden Problemkreis des autonomen Fahrens etwa nur BMVI, Ethik-Kommission, Automatisiertes und Vernetztes Fahren, 2017; *Beck* in: Oppermann/Stender-Vorwachs, S. 33, 52ff; *Engländer* ZIS **2016** 608; *Erb* FS Neumann 785; *Gleß/Janal* JR **2016** 561; *Hilgendorf* in: Hilgendorf Autonome Systeme, S. 143; *Hörnle/Wohlers* GA **2018** 12; *Joerden* in: Hilgendorf Autonome Systeme, S. 73; *Mitsch* KriPoZ **2018** 70; *Nehm* JZ **2018** 398; *Schuster* in: Hilgendorf Autonome Systeme, S. 99; *P. Weber* NZV **2016** 249; *Weigend* ZIS **2017** 599; siehe auch Rdn. 120.
180 Siehe insoweit auch Art. 1 EGStGB.

als auch ein Individualrechtsgut sein. Dagegen ist § 35 StGB nicht unmittelbar anwendbar auf Ordnungswidrigkeiten, jedoch ist bereits erläutert worden, dass insoweit eine analoge Anwendung in Erwägung zu ziehen ist (Rdn. 20).

§ 35 StGB kann nicht nur bei einer Vorsatztat, sondern auch bei einer Fahrlässigkeitstat in Betracht kommen, bei einem Begehungs- oder Unterlassungsdelikt, bei einem Erfolgs- oder reinen Tätigkeitsdelikt sowie sowohl bei einer vollendeten als auch versuchten Tat. § 35 StGB kann nicht nur dem Täter, sondern auch einem Teilnehmer zugutekommen, wobei stets zu beachten ist, dass die Frage der Schuld höchstpersönlicher Natur ist (§ 29 StGB) und damit eine Zurechnung von vornherein ausscheidet. Die Voraussetzungen des § 35 StGB müssen daher bei jedem Beteiligten in seiner Person vorliegen. 51

Insbesondere bei den folgenden Strafbestimmungen hat § 35 StGB eine Rolle gespielt:[181] Gefangenenmeuterei gemäß § 121 StGB,[182] Meineid gemäß § 154 StGB,[183] Mord gemäß § 211 StGB,[184] Totschlag gemäß § 212 StGB,[185] Gefährliche Körperverletzung gemäß § 224 StGB,[186] Körperverletzung mit Todesfolge gemäß § 227 StGB,[187] Freiheitsberaubung gemäß § 239 StGB,[188] Nötigung gemäß § 240 StGB,[189] Hehlerei gemäß § 259 StGB,[190] Brandstiftung gemäß § 306 StGB,[191] Trunkenheit im Verkehr gemäß § 316 StGB[192] sowie Körperverletzung im Amt gemäß § 340 StGB.[193] Im Nebenstrafrecht spielt § 35 StGB vor allem im Bereich der Betäubungsmittelkriminalität eine Rolle.[194] 52

b) Das subjektive Entschuldigungselement. Nach § 35 StGB muss der Täter eine rechtswidrige Tat begehen, **um die Gefahr abzuwenden**. Letzterer Passus drückt das Erfordernis eines **subjektiven Entschuldigungselements** aus. Eine entsprechende Formulierung findet sich auch in § 34 StGB. Dort ist ausgeführt worden, dass nach umstrittener, jedoch vorzugswürdiger Ansicht darunter „Rettungsabsicht" zu verstehen ist.[195] Dafür spricht hier wie dort bereits der Wortlaut der Notstandsvorschriften, denn er benutzt eine „um zu"-Formulierung. Folglich verlangt § 35 StGB ebenfalls **Gefahrabwendungsabsicht**.[196] Der Täter muss die Abwendung der Gefahr erstreben. Interessant 53

---

181 Siehe bereits die Auflistung bei *Hirsch* LK[11] Rdn. 37 sowie bei *Sch/Schröder/Perron* Rdn. 1a.
182 BGH ROW **1958** 33.
183 RGSt **66** 98; RGSt **66** 222; RGSt **66** 397; RG JW **1925** 961; BGHSt **5** 371; BGH LM § 52 Nr. 8.
184 OGHSt **1** 369; BGHSt **2** 251; BGHSt **18** 311; BGH NJW **1964** 730; BGH NJW **1966** 1823; BGH NJW **1972** 832; BGHSt **48** 255; siehe auch BayObLG NJW **1998** 392.
185 RGSt **60** 318; RG JW **1934** 422; BGHSt **3** 271.
186 OGHSt **1** 310.
187 BGH ROW **1958** 33.
188 RG JW **1934** 422; OGHSt **1** 310; BGH ROW **1958** 81.
189 BGH NStZ **2011** 336, 337.
190 RGSt **54** 338.
191 RG JW **1925** 964; OGHSt **1** 310.
192 OLG Koblenz NJW **1988** 2316.
193 BGHSt **3** 271.
194 BGHR StGB § 35 Abs. 1 Gefahr, gegenwärtige 1, 2; BGH NStE § 35 Nr. 5; BGHR StGB § 35 Abs. 1 Gefahr, abwendbare 1; BGHSt **46** 279.
195 *Zieschang* LK § 34 Rdn. 80 f; siehe auch *Horstkotte* Prot. V S. 1839, 1847.
196 Das Erfordernis der Gefahrabwendungsabsicht bei § 35 StGB entspricht der h.M.; siehe etwa nur *Bernsmann* S. 106; *Duttge* HK-GS Rdn. 11; Baumann/Weber/Mitsch/*Eisele* § 18 Rdn. 29; Matt/Renzikowski/*Engländer* Rdn. 16; *Fischer* Rdn. 8; *Heinrich* Rdn. 579; *ders.* AD LEGENDUM **2015** 89, 95; Hilgendorf/*Valerius* AT § 6 Rdn. 55; *Kindhäuser* AT § 24 Rdn. 11; *ders.* LPK Rdn. 6; *Küper* JZ **1989** 617, 625; *Müssig* MK Rdn. 37; *Murmann* GK § 26 Rdn. 65; *Neumann* NK Rdn. 19; *Otto* AT § 14 Rdn. 10; Sch/Schröder/*Perron* Rdn. 16; *Rönnau* JuS **2016** 786, 789; *Rogall* SK Rdn. 25; *P. Weber* NZV **2016** 249, 252; Wessels/Beulke/*Satzger* Rdn. 662; *Zieschang* JA **2007** 679, 684.

ist, dass viele Autoren, welche bei § 34 StGB schon die bloße Kenntnis genügen lassen, in Bezug auf § 35 StGB Gefahrabwendungsabsicht verlangen.[197] Da es um Entschuldigung gehe und man gegenüber dem Täter wegen des psychischen Drucks Nachsicht übe, könne letztere davon abhängig gemacht werden, dass der Täter Gefahrabwendungsabsicht aufweist.[198] Tatsächlich werden damit jedoch trotz des identischen Wortlauts in §§ 34, 35 StGB beide Vorschriften in subjektiver Hinsicht unterschiedlich interpretiert. Richtig ist vielmehr, nicht nur in Bezug auf § 35 StGB, sondern auch hinsichtlich § 34 StGB Gefahrabwendungsabsicht zu verlangen.

54 Wie bei § 34 StGB gilt für § 35 StGB: Die Gefahrabwendungsabsicht ist auch dann gegeben, wenn sie **nicht das einzige Motiv** ist.[199] So kann etwa neben der Gefahrabwendungsabsicht ebenfalls der Zweck verfolgt werden, wegen der Rettungstat ausgezeichnet oder prämiert zu werden. Bei einem **Motivbündel** braucht sie zudem **nicht dominieren**.[200] Schließlich muss sie nicht Endziel sein, es genügt, wenn sie **Zwischenziel** auf dem Weg zur Erreichung eines Hauptziels ist. Liegt die Gefahrabwendungsabsicht vor, genügt dies, es bedarf also **keiner Prüfung**, ob bei dem Täter **tatsächlich** aufgrund der Notstandslage ein **psychischer Druck** bestand.[201] Davon wird vielmehr vom Gesetz unwiderleglich ausgegangen.[202]

55 Hat der Täter allein die Absicht, andere zu schädigen, fehlt das subjektive Entschuldigungselement.[203] Ebenso verhält es sich, wenn der Täter die Notstandslage erkennt, ihm jedoch die Gefahrabwendung egal ist. Fehlt die Rettungsabsicht, ist eine zwingende Voraussetzung für eine Entschuldigung nicht gegeben und § 35 StGB nicht erfüllt. Ist die Tat vollendet, macht sich der Täter wegen **vollendeter Tat** strafbar.[204]

56 Die **Rechtsprechung**[205] und einzelne Stimmen in der Literatur[206] verlangen darüber hinaus auch bei § 35 StGB eine **gewissenhafte Prüfung der Notstandsvoraussetzungen**. An die Prüfungspflicht seien dabei umso strengere Maßstäbe anzulegen, je schwerer die Rechtsgutsverletzung durch die im Notstand begangene Tat wiegt.[207] Ein **derartiges Erfordernis** ist aber ebenso wie bei § 34 StGB **abzulehnen**.[208] Das resultiert bereits daraus, dass der Wortlaut diese Voraussetzung nicht aufstellt und es sich damit um eine

---

197 So etwa *Kühl* AT § 12 Rdn. 55 ff; Lackner/*Kühl* Rdn. 5; SSW/*Rosenau* Rdn. 19; *Roxin* JA **1990** 97, 102; **dagegen** bei § 35 StGB **Kenntnis** ausreichen lassend *Gropp* AT § 6 Rdn. 144; *Jakobs* AT 20 Rdn. 10 f; *Köhler* AT S. 338; *Timpe* JuS **1984** 859, 860. *Momsen/Savic* BeckOK Rdn. 25 ff verlangen „Bedeutungskenntnis vergleichbar einem direkten Vorsatz".
198 *Kühl* AT § 12 Rdn. 56; siehe auch *Matt/Renzikowski/Engländer* Rdn. 16.
199 *Baumann/Weber/Mitsch/Eisele* § 18 Rdn. 29; *Jescheck/Weigend* § 44 II 2; *Neumann* NK Rdn. 20; *Roxin* JA **1990** 97, 103.
200 **Anders** *Blei* I § 61 I 2b; *Maurach/Zipf* § 34 Rdn. 15.
201 *Fischer* Rdn. 8; Lackner/*Kühl* Rdn. 5; **anders** *Sch/Schröder/Perron* Rdn. 16.
202 *Hirsch* LK[11] Rdn. 39.
203 Vgl. BGHSt **3** 271, 275 f; OGHSt **1** 310, 313; OGH NJW **1950** 234, 236; *Bernsmann* S. 104 f; *Roxin* AT I § 22 Rdn. 32.
204 *Baumann/Weber/Mitsch/Eisele* § 18 Rdn. 28; *Matt/Renzikowski/Engländer* Rdn. 16; *Fischer* Rdn. 8; *Neumann* NK Rdn. 20; *Rengier* AT § 26 Rdn. 11; SSW/*Rosenau* Rdn. 19; **anders** etwa *Jakobs* AT 20 Rdn. 11, der ja bereits Kenntnis zur Entschuldigung genügen lässt. Zu dem Streit im Zusammenhang mit § 34 StGB siehe *Zieschang* LK § 34 Rdn. 84.
205 RGSt **66** 222, 228; BGH NJW **1952** 111, 113; BGHSt **18** 311 f; BGH NJW **1972** 832, 834; BGH NStZ **1992** 487 (Prüfung „nach besten Kräften"); BGHR StGB § 35 Abs. 2 Gefahr, abwendbare 1; BGHR StGB § 35 Abs. 1 Satz 1 Gefahr, abwendbare 1; siehe auch BGHSt **35** 347, 350 f.
206 *Blei* I § 61 I 2b; *Bosch* Jura **2015** 347, 351; *Jescheck/Weigend* § 44 I 2.
207 BGH NStZ **1992** 487: Intensive Prüfung, wenn zum Schutz eigener Rechtsgüter ein Angriff auf das Leben stattfindet.
208 So etwa auch *Matt/Renzikowski/Engländer* Rdn. 16; *Gropp* AT § 6 Rdn. 146; *Hardtung* ZStW **108** (1996) 26, 42 f; *B. Heinrich* AD LEGENDUM **2015** 89, 95; *Joecks/Jäger* Rdn. 10; *Kühl* AT § 12 Rdn. 58; *Müssig* MK Rdn. 38; *Neumann* NK Rdn. 20; SSW/*Rosenau* Rdn. 20.

unzulässige Interpretation contra legem zum Nachteil des Angeklagten handelt. Die Frage, ob der Täter die Notstandsvoraussetzungen intensiv geprüft hat, spielt nur eine Rolle, wenn der Täter im Sinne des **§ 35 Abs. 2 StGB** irrtümlich eine Notstandslage annimmt und zu klären ist, ob dieser Irrtum **vermeidbar** war.[209]

4. Die Nicht-anders-Abwendbarkeit. Ebenso wie § 34 StGB verlangt § 35 StGB, dass 57 die Gefahr **nicht anders abwendbar** sein darf. Hier geht es also um die objektive **Erforderlichkeit der Notstandshandlung**. Sie ist so zu bestimmen wie bei § 34 StGB. Folglich sind damit zwei Voraussetzungen verbunden: Zum einen muss die Rettungshandlung zur Gefahrenabwehr **geeignet** sein, zum anderen muss der Täter bei mehreren zur Verfügung stehenden Abwendungsmöglichkeiten das **mildeste Mittel** wählen.[210] Der Täter hat also bei mehreren in Frage kommenden Mitteln das mildeste zu wählen, das geeignet ist, der Gefahr wirksam zu begegnen.[211] Verfügt hingegen der Täter nur über eine einzige Rettungsmöglichkeit, entfällt die Prüfung des Erfordernisses des mildesten Mittels, da dann die Rettungshandlung mit ihrer Eignung automatisch erforderlich ist.[212]

Bei der Frage nach der Eignung und dem Erfordernis des relativ mildesten Mittels 58 muss ein **Wahrscheinlichkeitsurteil** gefällt werden. Um eine **größtmögliche Objektivität** zu erreichen, ist hierbei ausgehend von den in der Situation feststehenden Umständen auf das Urteil eines sachverständigen Beobachters abzustellen. Insoweit ist auf die Ausführungen zu § 34 StGB zu verweisen, die hier ebenfalls Gültigkeit besitzen.[213] Die Rettung darf dabei **nicht ganz unwahrscheinlich** sein,[214] sodass nur ganz vage Chancen ausscheiden.

Untauglichen Mitteln fehlt die Eignung zur Gefahrenabwehr. Bei der Erforderlichkeit 59 im Sinne des relativ mildesten Mittels gilt wiederum, dass der Täter, falls es ihm möglich ist, der Gefahr ausweichen muss, bevor er eine rechtswidrige Tat begeht. Eine Entschuldigung greift also nicht, wenn dem Täter gleich geeignete, jedoch gar nicht oder zumindest weniger beeinträchtigende Mittel zur Gefahrenabwehr zur Verfügung stehen. Nach dem BGH ist die von einem „Familientyrannen" aufgrund seiner immer wiederkehrenden erheblichen Gewalttätigkeiten ausgehende Dauergefahr für die übrigen Familienmitglieder regelmäßig anders abwendbar als durch die Tötung des Tyrannen, indem Hilfe Dritter, insbesondere staatlicher Stellen, in Anspruch genommen wird.[215] Das trifft grundsätzlich zu, andererseits ist zu beachten, dass es durchaus Konstellationen gibt, in denen diese Ausweichmöglichkeiten nicht in Betracht kommen.[216]

Ein milderes Mittel ist gegeben, wenn der medizinisch indizierte Schwangerschafts- 60 abbruch gerechtfertigt durch einen Arzt und nicht durch einen Laien vorgenommen werden kann.[217] Soweit ausgeführt wird, die Aufopferung eigener Güter oder solcher der

---

209 Richtig gesehen in BGHSt **48** 255, 262; ebenso *Sch/Schröder/Perron* Rdn. 17, 43; *Rogall* SK Rdn. 25, 50.
210 Baumann/Weber/Mitsch/*Eisele* § 18 Rdn. 24; *Matt/Renzikowski/Engländer* Rdn. 7; Hilgendorf/*Valerius* AT § 6 Rdn. 52; *Kindhäuser* LPK Rdn. 5; *Müssig* MK Rdn. 27 f; *Murmann* GK § 26 Rdn. 62; *Sch/Schröder/Perron* Rdn. 13; *Rogall* SK Rdn. 22.
211 BGH NStZ **1992** 487.
212 *Kühl* AT § 12 Rdn. 47; *Neumann* NK Rdn. 23; *Sch/Schröder/Perron* Rdn. 13; *Rogall* SK Rdn. 22.
213 Siehe *Zieschang* LK § 34 Rdn. 90.
214 *B. Heinrich* AD LEGENDUM **2015** 89, 93 f; *ders.* Rdn. 569; *Joecks/Jäger* Rdn. 9; *Kühl* AT § 12 Rdn. 47; *Neumann* NK Rdn. 22; *Sch/Schröder/Perron* Rdn. 13; *Rogall* SK Rdn. 22.
215 BGHSt **48** 255; vgl. zur Inanspruchnahme staatlicher Hilfe auch BGH NStZ-RR **2002** 214, 215; BGHR StGB § 35 Abs. 1 Gefahr, abwendbare 1; LG Offenburg StV **2003** 672, 674.
216 Siehe insoweit auch *Hillenkamp* JZ **2004** 48, 51; *Otto* NStZ **2004** 142, 144; *Rengier* NStZ **2004** 233, 237 f; *Rotsch* JuS **2005** 12, 16.
217 BGHSt **2** 242, 246; *Rogall* SK Rdn. 23.

Sympathiepersonen sei gegenüber dem Zugriff auf fremde Rechtsgüter das mildere Mittel,[218] ist dies grundsätzlich zutreffend; das gilt jedoch nicht, sofern gerade die notstandsfähigen Rechtsgüter „Leben, Leib, Freiheit" in Rede stehen. So kann ein Täter, der bei ihm drohender Lebensgefahr einen anderen Menschen tötet, um zu überleben, durchaus entschuldigt sein; es geht ja dann gerade um die Abwendung der Gefahr vom Täter, die nicht anders möglich ist als durch Tötung eines anderen.[219]

61 Dass eine Dauergefahr lediglich hinausgeschoben werden kann, stellt kein milderes Mittel dar.[220] Eine tatbestandslose oder etwa über §§ 32, 34 StGB gerechtfertigte Tat ist grundsätzlich milder als eine rechtswidrige Tat. Im Einzelfall kann es jedoch davon Ausnahmen geben, so etwa, wenn der Täter einen Angriff auf sein Leben durch eine geringfügige Beeinträchtigung eines anderen abwehren kann und dadurch die durch Notwehr gerechtfertigte Tötung des Angreifers unterbleibt. Ein Beispiel wäre, dass der Angegriffene einen Unbeteiligten in Richtung des Täters stößt, um fliehen zu können, wobei der Unbeteiligte dadurch leicht verletzt wird. Vor dem Hintergrund der in Rede stehenden Rechtsgüter ist dann das Stoßen als milderes Mittel anzusehen.[221]

62 Kann die Gefahrenabwehr nur durch eine tatbestandliche und rechtswidrige Tat erfolgen, ist im Prinzip der Rang der Rechtsgüter zu beachten. So ist eine Eigentumsbeeinträchtigung regelmäßig einer Körperverletzung vorzuziehen, wenn dadurch ebenso die Gefahr abwendbar ist. Im Einzelfall kann aber durchaus auch einmal etwa eine leichte Körperverletzung milderes Mittel sein als eine unter Umständen erhebliche Sachbeschädigung.[222]

63 Rechtsprechung[223] und Teile des Schrifttums[224] ziehen bei der Frage, auf welche anderen Mittel der Täter sich verweisen lassen muss, auch **Zumutbarkeitserwägungen** heran. So sei etwa ein Ausweichen zumutbar, wenn der Täter die Gefahrensituation selbst vorsätzlich herbeigeführt hat. Im Einzelfall soll sogar ein Ausweichen zumutbar sein, bei dem das eigene Leben aufs Spiel gesetzt wird.[225] Die Heranziehung von Zumutbarkeitserwägungen im Rahmen der Prüfung der Erforderlichkeit der Notstandshandlung vermag indes **nicht zu überzeugen**.[226] Die Prognoseentscheidung, ob die Notstandshandlung geeignet und das relativ mildeste Mittel ist, hat nichts zu tun mit Zumutbarkeitserwägungen. Dagegen spricht schon, dass in Bezug auf die Erforderlichkeit eine möglichst starke Objektivierung stattfinden muss und nicht auf die Sicht des Täters, sondern auf das Urteil eines sachverständigen Beobachters abzustellen ist. Bei deckungsgleicher Sachlage ist eine Notstandshandlung entweder erforderlich oder sie ist

---

218 Vgl. dazu RGSt **66** 222, 227; BayObLGSt **1971** 168, 171; *Jakobs* AT 20 Rdn. 6; *Jescheck/Weigend* § 44 I 2; *Kühl* AT § 12 Rdn. 48; *Lenckner* FS Lackner 95, 106 f; *Murmann* GK § 26 Rdn. 63; *Neumann* NK Rdn. 27a.
219 Vgl. auch *Rogall* SK Rdn. 23.
220 BGHSt **5** 371, 375; BGH NJW **1979** 2053 f; Lackner/*Kühl* Rdn. 2; *Rogall* SK Rdn. 22.
221 Anders *Neumann* NK Rdn. 25; *Sch/Schröder/Perron* Rdn. 13; *Rogall* SK Rdn. 23.
222 Siehe auch *Momsen/Savic* BeckOK Rdn. 11.2; *Müssig* MK Rdn. 33.
223 Vgl. etwa RGSt **59** 69, 71 f; RGSt **66** 397, 398 ff; BGH bei Dallinger MDR **1956** 395; BGH GA **1967** 113 (jeweils zu der Vorgängerregelung); zu § 35 StGB: BGH NStZ **1992** 487; BGHSt **39** 374, 380. Diese Auffassung wurde von der Rechtsprechung zu §§ 52, 54 a.F. StGB entwickelt, da § 52 a.F. StGB gar keinen und § 54 a.F. StGB nur teilweise („in einem unverschuldeten ... Notstand") einen gesetzlichen Anknüpfungspunkt für Zumutbarkeitserwägungen enthielt; *Hirsch* LK[11] Rdn. 46. Heute existiert dagegen § 35 Abs. 1 Satz 2 StGB.
224 *Bosch* Jura **2015** 347, 351; Baumann/Weber/Mitsch/*Eisele* § 18 Rdn. 24; *B. Heinrich* AD LEGENDUM **2015** 89, 94; *Jescheck/Weigend* § 44 I 2; *Kühl* AT § 12 Rdn. 50 ff; *Lenckner* FS Lackner 95, 111; *Momsen* S. 357; *Sch/Schröder/Perron* Rdn. 13a; *Roxin* AT I § 22 Rdn. 19 f; *Wessels/Beulke/Satzger* Rdn. 659.
225 BGH NStZ **1992** 487, 488 mit Verweis auf BGH Urt. v. 30.4.1952 – 5 StR 21/52; ebenso *Sch/Schröder/Perron* Rdn. 14; dagegen aber BGH NJW **1964** 730, 731.
226 Kritisch etwa auch *Bernsmann* S. 73, 107 ff; *Matt/Renzikowski/Engländer* Rdn. 7; *Neumann* NK Rdn. 21; siehe zudem BTDrucks. V/4095 S. 16.

es nicht, das hängt aber nicht im Einzelfall davon ab, was dem einzelnen Täter zumutbar ist hinzunehmen. Anderenfalls würde das objektive Merkmal der Erforderlichkeit unzulässig zu einem täterindividuellen modifiziert. Hat der Täter die Gefahrensituation selbst vorsätzlich herbeigeführt, hat das keine Auswirkungen auf die Erforderlichkeit, sondern wird an anderer Stelle relevant: So kann in einem solchen Fall nämlich bereits die Gefahrabwendungsabsicht fehlen; wer vorsätzlich eine Gefahr herbeiführt, will schädigen, nicht aber Gefahren abwenden. Zudem spielen Zumutbarkeitserwägungen vor allem (erst) im Rahmen der Prüfung von § 35 Abs. 1 Satz 2 StGB eine Rolle. Die Sicht, welche die Frage der Zumutbarkeit schon bei der Erforderlichkeit der Notstandshandlung anspricht, verkennt in grundlegender Weise den Aufbau des § 35 StGB, wonach Zumutbarkeitserwägungen im Rahmen von § 35 Abs. 1 Satz 2 StGB von Bedeutung sind. § 35 Abs. 1 Satz 2 StGB nennt gerade den Fall, dass der Täter die Gefahr selbst verursacht hat. § 35 Abs. 1 Satz 2 StGB spricht ausdrücklich davon, dass dem Täter „zugemutet" werden kann, die Gefahr hinzunehmen. Damit macht der Gesetzgeber ausdrücklich klar, an welcher Stelle die Zumutbarkeit von Relevanz ist, nämlich bei § 35 Abs. 1 Satz 2 StGB und nicht bei der Frage der Anders-Abwendbarkeit. Anderenfalls wäre auch gar keine sinnvolle Unterscheidung zwischen dem Erfordernis der „Nicht-anders-Abwendbarkeit" einerseits und § 35 Abs. 1 Satz 2 StGB andererseits mehr möglich. Wie verfehlt die Auffassung der Rechtsprechung ist, entlarvt sich dadurch, dass der BGH[227] meint, die Erforderlichkeit der Notstandshandlung entfalle, wenn der Täter die Gefahr selbst vorsätzlich herbeigeführt hat, und dann § 35 Abs. 1 Satz 2 StGB nicht mehr erörtert wird, obwohl dieser Fall ausdrücklich dort erwähnt ist. Ebenso verfehlt ist es daher, die Frage der Nicht-anders-Abwendbarkeit mit § 35 Abs. 1 Satz 2 StGB zu vermengen, wie der BGH in anderen Entscheidungen vorgeht.[228] Im Gleichklang mit § 34 StGB spielen also bei der Frage nach der Nicht-anders-Abwendbarkeit in § 35 StGB Zumutbarkeitserwägungen keine Rolle.

Ebenso verknüpfen die Rechtsprechung und teilweise auch das Schrifttum die Erforderlichkeit der Rettungshandlung mit **Verhältnismäßigkeitserwägungen**.[229] Es müsse eine gewisse Proportionalität zwischen dem zu schützenden und dem verletzten Rechtsgut bestehen, sodass ein Eingriff in fremde Güter etwa nicht entschuldigt ist, wenn nur unerhebliche körperliche Schäden drohen.[230] Aber auch diese Verknüpfung der Erforderlichkeit mit Verhältnismäßigkeitsgesichtspunkten ist **abzulehnen**. Hierbei besteht nämlich einmal die Gefahr, Gesichtspunkte, die bei § 34 StGB in der Interessenabwägung eine Rolle spielen, nun bei § 35 StGB über die Erforderlichkeit in die Prüfung der Frage der Entschuldigung einzubauen. Auch schwerwiegendere Körperverletzungen zur Abwehr von eher geringfügigen, jedoch tatbestandlichen körperlichen Beeinträchtigungen können im Einzelfall durchaus über § 35 StGB entschuldigt sein. Zum anderen ist zu bedenken, dass – wie bereits erläutert wurde (Rdn. 30) – nur bei einer naheliegenden Gefahr von erheblichen Schäden überhaupt eine Notstandslage gegeben ist, sodass bei „unerheblichen" körperlichen Beeinträchtigungen das Rechtsgut der körperlichen Unversehrtheit schon gar nicht tangiert ist und sich die Frage der Verhältnismäßigkeit erst gar nicht stellt. Schließlich ist zu beachten, dass Verhältnismäßigkeitserwägungen richtigerweise bei § 35 Abs. 1 Satz 2 StGB zu verorten sind (Rdn. 91f): Stünde der angerichtete

---

[227] BGHSt **39** 374, 380 f.
[228] Siehe BGH NStZ **1992** 487.
[229] Siehe etwa RGSt **66** 397, 399 f; *Bosch* Jura **2015** 347, 351; *B. Heinrich* AD LEGENDUM **2015** 89, 94; *Kindhäuser* AT § 24 Rdn. 10; *Lenckner* FS Lackner 95, 106 f, 111 f; *Müssig* MK Rdn. 34; *Wessels/Beulke/Satzger* Rdn. 659.
[230] *Kindhäuser* AT § 24 Rdn. 10.

Schaden deutlich außer Verhältnis zu dem drohenden Schaden, mag im Einzelfall durchaus die Hinnahme der Gefahr zumutbar sein, dies hat aber nichts zu tun mit der Erforderlichkeit der Rettungshandlung. Auch in den Gesetzesmaterialien wird richtig dargelegt, bei der Frage, ob dem Täter zugemutet werden kann, die Gefahr hinzunehmen (§ 35 Abs. 1 Satz 2 StGB), habe der Richter u.a. das Verhältnis der in Betracht kommenden Rechtsgüter und Interessen zu prüfen sowie das Ausmaß der Gefahr für das bedrohte Rechtsgut und das der Verletzung des angegriffenen Rechtsguts.[231] Damit sind Proportionalitätserwägungen nicht mit der Erforderlichkeitsprüfung zu verbinden, sondern mit § 35 Abs. 1 Satz 2 StGB.[232]

5. Die Zumutbarkeitsklausel gemäß § 35 Abs. 1 Satz 2 StGB

65   **a) Allgemeines.** Die in § 35 Abs. 1 Satz 2 StGB enthaltene **Zumutbarkeitsregelung** ist im Vergleich zur vorhergehenden Rechtslage neu. Sie war weder in § 52 a.F. StGB noch in § 54 a.F. StGB enthalten, wenn auch die letztere Vorschrift davon sprach, dass der Notstand „unverschuldet" sein musste. Zu beachten ist aber, dass die Rechtsprechung bereits im Zusammenhang mit der früheren Notstandsregelung Zumutbarkeitserwägungen anstellte.[233] Als gesetzlicher Anknüpfungspunkt wurde dabei die Nicht-anders-Abwendbarkeit gewählt; dass dies jedoch sachlich unzutreffend ist und die Zumutbarkeit nichts mit der Erforderlichkeit der Notstandshandlung zu tun hat, ist bereits erläutert worden (Rdn. 63). Es ist daher auch abzulehnen, dass Rechtsprechung und Teile der Literatur bis heute Zumutbarkeitserwägungen mit der Nicht-anders-Abwendbarkeit verbinden.

66   § 35 Abs. 1 Satz 1 StGB und die Zumutbarkeitsklausel in § 35 Abs. 1 Satz 2 StGB stehen zueinander in einem **Regel-Ausnahme-Verhältnis**:[234] Bei Vorliegen der Voraussetzungen des ersten Satzes ist der Täter regelmäßig entschuldigt, es sei denn, ausnahmsweise verhindert § 35 Abs. 1 Satz 2 StGB die Entschuldigung.[235] Freilich ist zu berücksichtigen, dass dieses Regel-Ausnahme-Verhältnis dadurch eine gewisse Relativierung erfährt, dass § 35 Abs. 1 Satz 2 StGB doch insgesamt recht vage bleibt und damit vom Ausgangspunkt in einer nicht unerheblichen Anzahl von Fällen daran die Entschuldigung scheitern kann. Nicht ganz zu Unrecht wird insofern die Unbestimmtheit der Regelung des zweiten Satzes kritisiert.[236] Immerhin nennt § 35 Abs. 1 Satz 2 StGB zwei Fälle, in denen es dem Täter zugemutet werden kann, die Gefahr hinzunehmen. Beide Gestaltungen sind **Beispiele** für die Zumutbarkeit der Hinnahme der Gefahr, was durch das Wort „namentlich" hinreichend zum Ausdruck gebracht wird. Einmal geht es darum, dass der Täter die Gefahr **selbst verursacht** hat, zum anderen um den Fall, dass der Täter in einem **besonderen Rechtsverhältnis** steht und ihm deswegen zuzumuten ist, die Gefahr hinzunehmen. In diesen beiden Fällen wird die normalerweise gegebene Unrechtsminderung

---

231   Begründung zum E 1962, BTDrucks. IV/650 S. 161.
232   Ebenso etwa *Ebert* AT S. 108; Baumann/Weber/Mitsch/*Eisele* § 18 Rdn. 26; *Neumann* NK Rdn. 21, 47 f; *Rogall* SK Rdn. 18 f; *Roxin* AT I § 22 Rdn. 55.
233   Siehe etwa RGSt **59** 69, 71 f; RGSt **66** 222, 227; RGSt **66** 397, 398 ff; RGSt **72** 246, 249 f; BGH bei Dallinger MDR **1956** 395; BGH GA **1967** 113.
234   BTDrucks. V/4095 S. 16; *Duttge* HK-GS Rdn. 12; *Horstkotte* Prot. V S. 1839, 1846; *Kühl* AT § 12 Rdn. 59; Lackner/*Kühl* Rdn. 6; *Neumann* NK Rdn. 7; *Rönnau* JuS **2016** 786, 788; *Rogall* SK Rdn. 26 f; *Stree* JuS **1973** 461, 470.
235   Da § 35 Abs. 1 Satz 1 StGB eine rechtswidrige Tat bei Vorliegen seiner Voraussetzungen ausnahmsweise entschuldigt, wird § 35 Abs. 1 Satz 2 StGB zuweilen auch als „Gegenausnahme" bezeichnet; so etwa *Müller-Christmann* JuS **1995** L 65, L 67 Fn. 25; *Roxin* JA **1990** 137.
236   Etwa *Bernsmann* S. 110, 391; vgl. auch *Armin Kaufmann* ZStW **80** (1968) 34, 45 ff.

aufgrund besonderer Umstände wieder kompensiert und entfällt.[237] In diesen Konstellationen ist dem Täter also regelmäßig die Hinnahme der Gefahr zumutbar, es sei denn, Besonderheiten des Einzelfalls lassen die Zumutbarkeit der Hinnahme wiederum entfallen.[238] Die beiden genannten Regelbeispiele sind also **weder zwingend noch abschließend**.[239]

Daneben gibt es **ungeschriebene Fallgruppen**, in denen es dem Täter zugemutet 67 wird, die Gefahr hinzunehmen; es existieren also zusätzlich zu den beiden genannten Konstellationen noch weitere Sachverhalte, bei denen dem Täter die Hinnahme der Gefahr zumutbar ist. Dabei machen die beiden ausdrücklich genannten Fallkonstellationen deutlich, dass nur Gesichtspunkte von **vergleichbarem Gewicht** die Entschuldigung trotz Vorliegens der Voraussetzungen des § 35 Abs. 1 Satz 1 StGB wieder entfallen lassen können.[240] Die beiden Beispiele geben dem Richter also eine **Richtlinie** an die Hand, wonach nur wegen ähnlich bedeutsamer Umstände dem Betroffenen die Hinnahme der Gefahr zugemutet werden kann.[241] Zudem ist ausgeführt worden, dass Grundgedanke für die Entschuldigung eine doppelte Schuldminderung ist; einmal befindet sich der Täter in einer seelischen Zwangslage, zum anderen ist das Unrecht gemindert, indem der Täter ein hochrangiges Gut bewahrt und einen Rettungszweck verfolgt (Rdn. 5). Dann kommen aber als Ausschlussgründe der Entschuldigung nur solche in Betracht, die in der Lage sind, wiederum einen dieser Aspekte zu kompensieren.[242] In den Gesetzesmaterialien ist im Hinblick auf den Gesichtspunkt, ob dem Täter zugemutet werden konnte, die Gefahr hinzunehmen, ausgeführt, der Richter habe das Verhältnis der in Betracht kommenden Rechtsgüter und Interessen zu prüfen, das Ausmaß der Gefahr für das bedrohte Rechtsgut und das der Verletzung des angegriffenen Rechtsguts, die Beziehung der beteiligten Personen zueinander und die Frage, ob der Täter oder der Bedrohte die Notstandslage verschuldet hat.[243]

Agiert der Täter dennoch, obwohl er die Gefahr zu ertragen hat, sieht § 35 Abs. 1 Satz 68 2 Halbsatz 2 StGB eine fakultative Strafmilderung vor, wobei der Gesetzgeber davon den Fall ausnimmt, dass der Täter mit Rücksicht auf ein besonderes Rechtsverhältnis die Gefahr hinzunehmen hatte. Im Folgenden sind zunächst die beiden genannten Beispiele näher zu untersuchen, im Anschluss daran soll auf unbenannte Ausschlussgründe eingegangen werden.

---

237 Siehe *Duttge* HK-GS Rdn. 12; *Hirsch* LK[11] Rdn. 47; *Rogall* SK Rdn. 26; *Wessels/Beulke/Satzger* Rdn. 653. Teilweise abweichend *Sch/Schröder/Perron* Rdn. 19 f, der die Auffassung vertritt, die Konstellation der Gefahrverursachung betreffe jedenfalls nicht primär das Unrecht, sondern die psychische Zwangslage und damit die Schuldminderung des Täters, die nach dem Prinzip, das auch der actio libera in causa zugrunde liegt, wieder soweit aufgehoben werde, dass der Täter nicht mehr die volle Nachsicht des Rechts verdiene. Dagegen spricht jedoch bereits, dass die Gefahrverursachung nach richtiger Ansicht pflichtwidrig erfolgen muss (siehe Rdn. 71), also durchaus auch bei der Konstellation der Gefahrverursachung das Unrecht betroffen ist; siehe zur Kritik auch *Frister* Schuldelement S. 213 mit Fn. 156; *Neumann* NK Rdn. 31; *ders.* S. 225 f; *Rogall* SK Rdn. 26; *Roxin* AT I § 22 Rdn. 37.
238 *Eisele* S. 16 f; *Kühl* AT § 12 Rdn. 60.
239 *Matt/Renzikowski/Engländer* Rdn. 8; *Fischer* Rdn. 10; *Hirsch* LK[11] Rdn. 48; *Horstkotte* Prot. V S. 1839, 1846; *Jescheck/Weigend* § 44 III 2; Lackner/*Kühl* Rdn. 7; *Neumann* NK Rdn. 30; *Sch/Schröder/Perron* Rdn. 18; *Rönnau* JuS **2016** 786, 789; *Rogall* SK Rdn. 27.
240 *Sch/Schröder/Perron* Rdn. 18.
241 BTDrucks. V/4095 S. 16.
242 Vgl. *Jescheck/Weigend* § 44 III; *Sch/Schröder/Perron* Rdn. 18. Auf generalpräventive Gesichtspunkte stellen bei § 35 Abs. 1 Satz 2 StGB ab: *Roxin* AT I § 22 Rdn. 38; *ders.* FS Henkel 171, 183 f; *Wolter* GA **1996** 207, 213. Auf Zurechnung und Zuständigkeiten rekurrierend *Müssig* MK Rdn. 40. Siehe zur Kritik an diesen Erklärungsansätzen bereits Rdn. 3 ff.
243 Begründung zum E 1962, BTDrucks. IV/650 S. 161.

69 **b) Die Gefahrverursachung.** Das erste Regelbeispiel, welches in § 35 Abs. 1 Satz 2 StGB erwähnt ist, betrifft den Fall, dass der Täter die **Gefahr selbst verursacht** hat. Hierbei stellt sich die Frage, was unter dem Begriff der „Verursachung" zu verstehen ist. Der Meinungsstand dazu ist sehr **kontrovers**.[244] Vom Wortlaut her könnte man der Ansicht sein, dass die bloße Kausalität genügt, wozu vereinzelte Auffassungen im Schrifttum dann auch tendieren.[245] Bedenkt man jedoch die Weite der conditio sine qua non-Formel, hätte dies zur Konsequenz, dass in einer sehr großen Anzahl von Fällen, bei denen der Täter irgendwie zur Gefahrverursachung beigetragen hat, eine Entschuldigung ausgeschlossen wäre. So könnte man ja bereits argumentieren, dass etwa beim Untergang eines Schiffs und der damit verbundenen Lebensgefahr für Passagiere eine Entschuldigung eines Passagiers, der einen anderen vom Rettungsboot zerrt, um selbst zu überleben, ausgeschlossen ist, da er schon durch das bloße Betreten des Schiffs eine Bedingung dafür gesetzt hat, dass er nun in Gefahr ist. Eine Entschuldigung über § 35 StGB würde weitgehend leerlaufen.[246] Eine rein kausale Betrachtung ist daher abzulehnen.[247] Auch sollte man nicht darauf abstellen, ob dem Täter die Gefahrenverursachung objektiv zurechenbar ist,[248] denn ein solches Kriterium ist unbestimmt und lässt es angesichts seiner Vagheit zu, jedes erwünschte Ergebnis zu erzielen.[249]

70 Auf der anderen Seite wird nicht selten eine schuldhafte Verursachung verlangt.[250] Dagegen spricht jedoch, dass der Gesetzgeber im Gegensatz zur Vorgängerregelung in § 54 a.F. StGB gerade nicht von Verschulden spricht. Der Gesetzgeber wollte mit dem Begriff „Verursachen" vielmehr zum Ausdruck bringen, dass eine schuldhafte Herbeiführung der Notstandslage eben nicht erforderlich ist.[251] Daher überzeugt es ebenfalls nicht, wenn manche Autoren allein oder zusätzlich darauf abstellen, ob sich der Täter ohne zureichenden Grund in die Gefahrenlage begeben habe, die voraussehbar zu einer Notstandslage führt.[252] Letztlich werden nämlich insoweit wieder Verschuldenserfordernisse aufgestellt. Zudem bleibt vage, was unter dem Begriff „ohne zureichenden Grund" zu verstehen sein soll, der aufgrund seiner Unschärfe mannigfaltigen Auslegungen zugänglich ist, was zu mangelnder Rechtssicherheit führt.

---

244 Siehe dazu auch *Rogall* SK Rdn. 30 ff.
245 Siehe *Bernsmann* S. 398; *Fischer* Rdn. 11; vgl. auch OLG Oldenburg NJW **1988** 3217.
246 *H. Hefermehl* S. 104 ff führt die Regelung auf das Verbot widersprüchlichen Verhaltens zurück, denn der Täter habe durch sein Vorverhalten gezeigt, dass er bereit ist, eine Gefährdung seiner eigenen Rechtsgüter in Kauf zu nehmen. Aber auch das führt zu einer zu starken Einschränkung der Entschuldigung über § 35 StGB, denn im erwähnten Schiffsunglücksfall könnte dies allein schon in dem Unternehmen der (potentiell riskanten) Schiffsreise gesehen werden. Im Übrigen setzt widersprüchliches Verhalten dolus directus 1. oder 2. Grades voraus; vgl. auch *Zieschang* AT Rdn. 223.
247 Ablehnend auch *Hörnle* JuS **2009** 873, 879; *Kühl* AT § 12 Rdn. 62; *Rogall* SK Rdn. 29; SSW/*Rosenau* Rdn. 14.
248 So aber *Hoyer* AT S. 111; „Zurechnungsmuster" zieht auch *Müssig* MK Rdn. 47 ff heran; vgl. auch *Rengier* AT § 26 Rdn. 19 f, der ebenfalls den Gedanken der objektiven Zurechnung bemüht.
249 Zur Kritik an der Lehre von der objektiven Zurechnung siehe nur *Zieschang* AT Rdn. 86.
250 OLG Hamm JZ **1976** 610, 612; *Ebert* AT S. 108; *Klimsch* S. 49; *Köhler* AT S. 338; *Krey/Esser* Rdn. 755; *Murmann* GK § 26 Rdn. 67; *Sch/Schröder/Perron* Rdn. 20.
251 BTDrucks. V/4095 S. 16; SSW/*Rosenau* Rdn. 14.
252 Siehe – mit Unterschieden im Detail – etwa *Beck* ZStW **124** (2012) 660, 682 ff; Baumann/Weber/Mitsch/*Eisele* § 18 Rdn. 31; *Hörnle* JuS **2009** 873, 879 f; *Kindhäuser* LPK Rdn. 11; *Kühl* AT § 12 Rdn. 63; *Lackner/Kühl* Rdn. 8; *Neumann* NK Rdn. 35; *Otto* AT § 14 Rdn. 12; SSW/*Rosenau* Rdn. 14; *Roxin* AT I § 22 Rdn. 46; *ders.* JA **1990** 137, 139; vgl. auch *Matt/Renzikowski/Engländer* Rdn. 9 und *Rogall* SK Rdn. 32 ff.

Aus dieser Negativabgrenzung folgt, dass nach zutreffender Sicht eine **pflichtwid-** 71
rige Herbeiführung der Gefahr Mindestbedingung ist, jedoch auch genügt.[253] In diesem Fall wird die mit § 35 Abs. 1 Satz 1 StGB verbundene Unrechtsminderung jedenfalls wieder so stark kompensiert, dass das Gesetz keine vollumfängliche Nachsicht im Sinne einer Entschuldigung mehr üben muss. Möglich bleibt jedoch die Strafmilderung über § 35 Abs. 1 Satz 2 Halbsatz 2 StGB. Es verhält sich vergleichbar mit der Garantenstellung aus Ingerenz, wo nach zutreffender Auffassung[254] nur ein pflichtwidriges Vorverhalten eine erhöhte Pflichtenstellung im Sinne einer Garantenstellung begründen kann. Es überzeugt daher im Hinblick auf die Gefahrenverursachung nicht, wenn der BGH in einem Fall, bei dem ein Fluchthelfer einen DDR-Grenzsoldaten an der Berliner Mauer tötete, ausführt, die Hinnahme der Gefahr sei zumutbar gewesen, nachdem sich der Täter mit schussbereiter Waffe in Kenntnis aller Risiken in die Konfliktsituation mit einem bewaffneten Grenzposten begeben hatte.[255] Die Fluchthilfe stellt schon kein pflichtwidriges Vorverhalten dar.[256] Hinzu kommt, dass nach den Sachverhaltsangaben der Grenzposten auf die Fluchtwilligen zutrat und der Fluchthelfer zunächst vergeblich versuchte, ihn mit einem Vorwand – Geburtstagsbesuch – von der Kontrolle abzuhalten. Angesichts dieser Umstände geht es fehl, wenn der BGH meint, der Fluchthelfer habe sich in den Konflikt begeben.

Im Hinblick auf die Verursachung der **Gefahr** ist klarstellend darauf hinzuweisen, 72
dass es nicht allein um die Gefahr im Sinne von § 35 Abs. 1 Satz 1 StGB geht, sondern der Täter muss auch den Ausschluss aller anderen Rettungsmöglichkeiten herbeiführen.[257] Der Täter muss also eine Lage schaffen, die ihm nur noch die Möglichkeit lässt, in fremde Rechte einzugreifen.[258]

§ 35 Abs. 1 Satz 2 StGB betrifft von seinem Wortlaut her nur den Fall, dass der Täter 73
selbst die Gefahr verursacht. Konstellationen, in denen nicht der Täter, sondern ein in Gefahr geratener **Angehöriger** oder eine dem Täter **nahestehende Person** die Notstandssituation herbeigeführt hat, werden von dem Regelbeispiel nicht erfasst. Strittig ist dann, ob der Täter entschuldigt sein kann oder ein ungeschriebener Fall gegeben ist, bei dem die Hinnahme der Gefahr für den Täter zumutbar ist. Richtigerweise wird man in diesem Fall eine Entschuldigung des Täters zu verneinen haben; auf diese Konstellation wird zurückzukommen sein (Rdn. 96).

Problematisch ist auch der Fall, dass ein **Notstandshelfer** hinsichtlich der Sympa- 74
thieperson, der geholfen wird, die **Gefahr verursacht** hat. Ausgehend vom Wortlaut des § 35 Abs. 1 Satz 2 StGB würde dieser Fall erfasst und keine Entschuldigung greifen können, was zum Teil auch so im Schrifttum vertreten wird.[259] Dagegen spricht jedoch, dass die Verursachung durch den Notstandhelfer in diesem speziellen Fall die mit § 35 Abs. 1

---

[253] Auf die Pflichtwidrigkeit abstellend etwa *Hauck* AnwK Rdn. 7; *Jäger* AT Rdn. 194; *Maurach/Zipf* § 34 Rdn. 5; *Wessels/Beulke/Satzger* Rdn. 661. *Duttge* HK-GS Rdn. 13 spricht von einem individualisierenden fahrlässigkeitsäquivalenten Verständnis von Pflichtwidrigkeit. Vgl. schließlich auch *Momsen/Savic* BeckOK Rdn. 17 f, wonach es um eine fahrlässige unzureichende Abschirmung gehe.
[254] Etwa nur BGHSt **23** 327; BGHSt **25** 218, 221 f; BGH NStZ **2000** 414; *Gaede* NK § 13 Rdn. 43; *Jescheck/Weigend* § 59 IV 4a; *Sch/Schröder/Stree/Bosch* § 13 Rdn. 35; *Zieschang* AT Rdn. 617.
[255] BGH NJW **2000** 3079; siehe dazu auch BVerfG NStZ **2001** 187.
[256] Siehe auch *Hörnle* JuS **2009** 873, 880; *Renzikowski* JR **2001** 468, 471. Dem BGH zustimmend dagegen *Duttge* HK-GS Rdn. 13. Beachte auch Rdn. 92.
[257] *Rogall* SK Rdn. 29; *Roxin* AT I § 22 Rdn. 48; *Welzel* Strafrecht § 23 I 1a.
[258] Bereits RGSt **36** 334, 340; RGSt **72** 246, 249. Im obigen Beispiel des gekenterten Schiffs (Rdn. 69) würde daher auch aus diesem Grund § 35 Abs. 1 Satz 2 StGB nicht greifen.
[259] *Bernsmann* S. 436 f; *Matt/Renzikowski/Engländer* Rdn. 10; *Jakobs* AT 17 Rdn. 75; *Klimsch* S. 50 f; *Müssig* MK Rdn. 57; *Pawlik* JRE **11** (2003) 287, 314; *Sch/Schröder/Perron* Rdn. 20a; *Rogall* SK Rdn. 35; siehe auch BTDrucks. V/4095 S. 16: Allein das Verhalten des Notstandstäters sei zu berücksichtigen.

Satz 1 StGB verbundene Unrechtsminderung nicht kompensiert, da der Helfer gerade für andere tätig wird, die nun eben nicht die Notstandssituation hervorgerufen haben. Der Notstandshelfer handelt nicht zur eigenen Rettung, sondern zum Schutz anderer, welche die Situation nicht herbeigeführt haben, sodass sowohl die Unrechtsminderung bestehen bleibt als auch eine seelische Drucksituation vorliegt. Letztere mag durchaus noch besonders erhöht sein, da es gerade der Täter ist, der die Gefahrsituation für die Sympathiepersonen verursacht hat.[260] Nach Sinn und Zweck des § 35 StGB ist es daher vorzugswürdiger, § 35 Abs. 1 Satz 2 StGB in dieser Konstellation **nicht zur Anwendung** kommen zu lassen,[261] was möglich ist, da die dort genannten Fälle nicht zwingender Natur sind. Der Notstandshelfer ist also in diesem Fall **entschuldig**t.

75   Wie bereits angesprochen, handelt es sich bei den beiden in § 35 Abs. 1 Satz 2 StGB genannten Fallgruppen lediglich um Regelbeispiele, von denen wegen der Besonderheiten im Einzelfall auch einmal abgewichen werden kann. Ist etwa die pflichtwidrige Gefahrenverursachung lediglich von geringem Gewicht, droht jedoch eine erhebliche Beeinträchtigung notstandsfähiger Rechtgüter, kann dem Täter trotz des in § 35 Abs. 1 Satz 2 StGB aufgelisteten Beispiels die Hinnahme der Gefahr nicht zuzumuten sein. Insgesamt ist ohnehin in Bezug auf § 35 Abs. 1 Satz 2 StGB davon auszugehen, dass **niemandem die Hinnahme des eigenen sicheren Todes zumutbar** ist, selbst wenn er die Gefahr verursacht hat oder in einem besonderen Rechtsverhältnis steht. Haben sich etwa zwei Personen zu einer Segelpartie aufgemacht, wobei einer seine Schwimmweste pflichtwidrig nicht mitgenommen hat, ist dieser dennoch entschuldigt, wenn er dem anderen im Fall des Kenterns die Schwimmweste zur Verhinderung seines ansonsten sicheren Ertrinkens entreißt.[262]

76   **c) Das besondere Rechtsverhältnis.** Neben der Gefahrverursachung durch den Täter nennt § 35 Abs. 1 Satz 2 StGB als weiteren Fall, in dem die Hinnahme der Gefahr zumutbar ist, also eine erhöhte Gefahrtragungspflicht besteht, dass der Täter in einem **besonderen Rechtsverhältnis** stand. Was man im Einzelnen unter diesem Begriff des besonderen Rechtsverhältnisses zu verstehen hat, ist angesichts der bestehenden relativen Vagheit der Formulierung[263] nicht einfach zu ermitteln. Nach den Gesetzesmaterialien soll bestimmten Personen nach Amt, Beruf oder übernommener Verpflichtung zuzumuten sein, in gewissem Umfang Gefahren hinzunehmen, die mit ihrer Tätigkeit verbunden sind.[264] Das gelte z.B. für Soldaten, Seeleute, Polizeibeamte, Feuerwehrleute oder Bergführer.[265] Da es um ein Rechtsverhältnis geht, reiche aber eine moralische Pflicht dafür nicht aus.[266]

77   Zur näheren Ausfüllung und Konkretisierung des Begriffs des besonderen Rechtsverhältnisses wird man fordern müssen, dass es sich um eine **berufliche oder berufs-**

---

260   Vgl. *Joecks/Jäger* Rdn. 16; SSW/*Rosenau* Rdn. 15; *Roxin* AT I § 22 Rdn. 50; *Wessels/Beulke/Satzger* Rdn. 661.
261   So auch *Bosch* Jura **2015** 347, 354; *Fischer* Rdn. 11; *Jäger* AT Rdn. 194; *Jescheck/Weigend* § 44 III 2a; *Kaspar* Jura **2007** 69, 73; *Kühl* AT § 12 Rdn. 67; *Lackner/Kühl* Rdn. 10; *Müller-Christmann* JuS **1995** L 65, L 67; *Murmann* GK § 26 Rdn. 68; *Neumann* NK Rdn. 38; *Rengier* AT § 26 Rdn. 35; SSW/*Rosenau* Rdn. 15; *Roxin* AT I § 22 Rdn. 50; *ders.* JA **1990** 137, 140; *Wessels/Beulke/Satzger* Rdn. 661.
262   *Hörnle* JuS **2009** 873, 880; **anders** etwa *Heinrich* Rdn. 573; *Roxin* AT I § 22 Rdn. 48; siehe auch *Kühl* AT § 12 Rdn. 63 einerseits, Rdn. 65, 74 andererseits.
263   Siehe insofern die Kritik von *Bernsmann* S. 116 ff, 398 f; *ders.* FS Blau 23, 39 ff.
264   Begründung zum E 1962, BTDrucks. IV/650, S. 161.
265   Begründung zum E 1962, BTDrucks. IV/650, S. 161; siehe auch BTDrucks. V/4095 S. 16 sowie *Dreher* Prot. V S. 2128.
266   BTDrucks. V/4095 S. 16; so auch *Matt/Renzikowski/Engländer* Rdn. 11; *Fischer* Rdn. 12; *Kühl* AT § 12 Rdn. 69; *Neumann* NK Rdn. 41.

ähnliche Pflichtenstellung handelt.[267] Auf privater Basis beruhende Verbindungen wie Eltern gegenüber ihren Kindern oder aufgrund von Freundschaften (bloße Gefahrengemeinschaften) genügen nicht.[268] Außerdem muss der Betreffende gerade mit einer auf seine **beruflichen Aufgaben bezogenen Gefahr** konfrontiert sein.[269] Das sind etwa beim Bergführer die mit Bergtouren verbundenen Naturgefahren, nicht aber etwa das Risiko einer Ansteckung wie dies bei Ärzten der Fall ist.[270] Die Gefahr muss also einen **beruflichen Zusammenhang** aufweisen. Zwar ist jede Gefahrensituation eine singuläre, jedoch stellt sie sich für den beruflich damit Befassten anders dar als für den „Normalbürger": Der seelische Druck wird nämlich regelmäßig geringer sein als bei jemandem, der nicht in einem besonderen Rechtsverhältnis steht und folglich nicht schon von Berufs wegen mit derartigen Notsituationen befasst ist.[271] Zudem wird die vorliegende Unrechtsminderung durch die besondere Pflichtenstellung ausgeglichen.[272]

Es spielt keine Rolle, ob das Rechtsverhältnis öffentlich-rechtlicher oder privatrechtlicher Natur ist, auch ist unerheblich, auf welche Weise – etwa durch Gesetz, Verwaltungsakt oder Vertrag – es begründet wird. Die h.M. im Schrifttum geht jedoch davon aus, dass es sich weiterhin um eine Pflichtenstellung gegenüber der **Allgemeinheit** handeln müsse.[273] Insofern beruft man sich auf die Gesetzesmaterialien, in denen die Rede davon ist, die betreffenden Personen hätten eine „besondere Schutzpflicht gegenüber der Allgemeinheit übernommen".[274] Damit seien Schutzpflichten, welche nur Einzelnen gegenüber bestehen, ausgeschlossen.[275] Andererseits sei auch ein Arzt gegenüber der Allgemeinheit besonders verpflichtet.[276] **78**

Es fragt sich jedoch, ob das Erfordernis einer Schutzpflicht gegenüber der Allgemeinheit sachlich richtig ist. Insofern ist zunächst anzumerken, dass zwar in dem Zweiten Schriftlichen Bericht des Sonderausschusses für die Strafrechtsreform tatsächlich von „Schutzpflichten gegenüber der Allgemeinheit" die Rede ist.[277] Ob man aber tatsächlich insofern eine Einschränkung des Anwendungsbereichs durchführen wollte, erscheint zweifelhaft. So erwähnt die Begründung zum E 1962 u.a. auch **Seeleute** und **Bergführer** als Beispiele für Personen, die in einem besonderen Rechtsverhältnis ste- **79**

---

267 B. *Heinrich* AD LEGENDUM **2015** 89, 94; *Hirsch* LK[11] Rdn. 53; *Kühl* AT § 12 Rdn. 69, 71; *Momsen/Savic* BeckOK Rdn. 18; *Roxin* JA **1990** 137, 138; kritisch *Bernsmann* FS Blau 23, 40 f.
268 *Dreher* Prot. V S. 2128; *Neumann* NK Rdn. 42. Insofern greift vielmehr die Generalklausel des § 35 Abs. 1 Satz 2 StGB; **anders** *Jescheck/Weigend* § 44 III 2b.
269 BGH NJW **1964** 730, 731; *Duttge* HK-GS Rdn. 15; *Fischer* Rdn. 12; *Heinrich* Rdn. 575; *Hörnle* JuS **2009** 873, 878 f.; *Jakobs* AT 20 Rdn. 13; *Joecks/Jäger* Rdn. 12; *Müssig* MK Rdn. 68; *Roxin* JA **1990** 137, 138; *Timpe* JuS **1985** 35.
270 Siehe auch *Rogall* SK Rdn. 38: Der Arzt hat die Ansteckungsgefahr hinzunehmen, nicht aber die Lebensgefahr bei einem Schiffsunglück.
271 Vgl. *Timpe* JuS **1985** 35.
272 *Kühl* AT § 12 Rdn. 73; *Sch/Schröder/Perron* Rdn. 19; *Rogall* SK Rdn. 26; vgl. auch *Hirsch* ZStW **106** (1994) 746, 756 f. Dagegen wiederum auf generalpräventive Erwägungen abstellend *Roxin* FS Henkel 171, 183 f; *Wolter* GA **1996** 207, 213; vgl. auch *Neumann* S. 226 ff; *Schünemann* GA **1986** 293, 300 f.
273 So etwa *Bockelmann/Volk* § 16 D I 3 b bb; *Duttge* HK-GS Rdn. 14; *Matt/Renzikowski/Engländer* Rdn. 11; *Hauck* AnwK Rdn. 7; *Heinrich* Rdn. 576; *ders.* AD LEGENDUM **2015** 89, 95; *Joecks/Jäger* Rdn. 12; *Kühl* AT § 12 Rdn. 69; *Lackner/Kühl* Rdn. 9; *Lugert* S. 44 ff; *Momsen* S. 339 f; *ders./Savic* BeckOK Rdn. 18; *Murmann* GK § 26 Rdn. 69; *Sch/Schröder/Perron* Rdn. 23; *Rengier* AT § 26 Rdn. 23; *Rönnau* JuS **2016** 786, 790; *Rogall* SK Rdn. 37; SSW/*Rosenau* Rdn. 16; *Roxin* AT I § 22 Rdn. 39.
274 BTDrucks. V/4095 S. 16; *Sch/Schröder/Perron* Rdn. 22.
275 *Kindhäuser* AT § 24 Rdn. 14; *Kühl* AT § 12 Rdn. 70.
276 *Kühl* AT § 12 Rdn. 70; *Roxin* JA **1990** 137, 138; etwas einschränkend aber *Jakobs* AT 20 Rdn. 13: Arzt an für jedermann zugänglichen Krankenhäusern.
277 Siehe BTDrucks. V/4095 S. 16.

hen.²⁷⁸ Ebenfalls in den Gesetzesberatungen wurde das Beispiel des Bergführers genannt.²⁷⁹ Seeleute und Bergführer haben nun aber nicht unbedingt gegenüber der Allgemeinheit Schutzpflichten. Der Seemann mag eine besondere Rechtsstellung einnehmen bezogen auf seine Tätigkeit auf dem speziellen Schiff, auf dem er arbeitet,²⁸⁰ im Übrigen aber nicht.²⁸¹ Der Bergführer ist ebenso wenig gegenüber der Allgemeinheit schutzpflichtig, sondern jeweils nur bezogen auf die einzelne Gruppe, für die er Verantwortung übernimmt; dort muss er mehr Gefahren hinnehmen als die anderen Gruppenteilnehmer, Schutzpflichten gegenüber der Allgemeinheit besitzt er aber nicht. Vor diesem Hintergrund sind die Gesetzesmaterialen also gar nicht so eindeutig. Sachlich erscheint es richtig, auch berufliche **Schutzpflichten gegenüber Einzelnen** in § 35 Abs. 1 Satz 2 StGB einzubeziehen. Dafür spricht schon, dass es im Einzelfall relativ schwer zu sagen ist, ob jemand überhaupt eine Schutzpflicht gegenüber der „Allgemeinheit" hat. Hat ein Arzt tatsächlich nicht nur gegenüber seinen konkreten Patienten eine besondere Gefahrtragungspflicht? Insofern führt das Kriterium der Schutzpflicht gegenüber der Allgemeinheit eher zu Rechtsunsicherheit als -klarheit. Weiterhin ist noch einmal der Grund in Erinnerung zu rufen, warum Personen in einem besonderen Rechtsverhältnis die Hinnahme der Gefahr zugemutet wird: Zum einen fehlt es regelmäßig aufgrund des berufsmäßigen Befasstseins mit Notlagen an einer entsprechend starken seelischen Zwangslage, zum anderen wird die Unrechtsminderung aufgrund der beruflichen Stellung kompensiert. Dann spielt es aber keine Rolle, ob der Betreffende die berufliche Stellung zum Schutz der Allgemeinheit oder zum Schutz Einzelner innehat. Richtigerweise ist daher **nicht** erforderlich, dass es sich um eine Pflichtenstellung gegenüber der Allgemeinheit handelt.²⁸² Letztlich gestehen das auch die Befürworter der Gegenansicht ein, wenn sie zum Beispiel neben Soldaten, Polizeibeamten und Feuerwehrleuten eben auch Seeleute und Bergführer unter § 35 Abs. 1 Satz 2 StGB fallen lassen,²⁸³ obwohl dieser Personenkreis tatsächlich gar keine Pflichtenstellung gegenüber der Allgemeinheit hat.

80   Neben den bereits erwähnten Personen (**Ärzte, Bergführer, Feuerwehrleute, Polizeibeamte, Seeleute, Soldaten**) können insbesondere auch noch folgende Personen in einem besonderen Rechtsverhältnis stehen:²⁸⁴ Diplomaten, Fachangestellte für Bäderbetriebe, die Flugzeugbesatzung, Krankenpflegekräfte, Mitglieder von Schutzorganisationen wie Technisches Hilfswerk, Deutsches Rotes Kreuz, Johanniter Unfallhilfe, Richter und Staatsanwälte sowie der Wettermann in Bergwerken.²⁸⁵ Dabei gilt die Gefahrtragungspflicht auch dann, wenn ebenfalls dem Opfer der Notstandstat eine besondere Ge-

---

278 Begründung zum E 1962, BTDrucks. IV/650 S. 161.
279 *Dreher* Prot. V S. 2128; siehe auch *Sturm* Prot. V S. 1854: Steiger in einem Bergwerk.
280 Hierbei muss es sich noch einmal unbedingt um ein Passagierschiff handeln.
281 Siehe auch § 36 Abs. 3, Abs. 4 SeeArbG.
282 *Bernsmann* S. 117; *Hörnle* JuS **2009** 873, 879; *Zieschang* AT Rdn. 381; *ders.* JA **2007** 679, 684; siehe auch *Müssig* MK Rdn. 58 ff; *Neumann* NK Rdn. 42.
283 Siehe *Bockelmann/Volk* § 16 D I 3 b bb; *Joecks/Jäger* Rdn. 12; *Lackner/Kühl* Rdn. 9; *Rogall* SK Rdn. 37.
284 Siehe bereits *Hirsch* LK¹¹ Rdn. 54.
285 Zu letzterem RGSt **72** 246, 249 f. *Hörnle* JuS **2009** 873, 879 spricht sich dafür aus, eine Beschränkung auf Berufe vorzunehmen, die primär auf Gefahrenabwehr ausgerichtet sind, sodass „Fürsorgeberufe" nicht erfasst seien. Da es jedoch primär um das berufsmäßige Befasstsein mit Notlagen geht, was auch gerade bei Ärzten der Fall ist, vermag diese Einschränkung nicht zu überzeugen. *Momsen/Savic* BeckOK Rdn. 19.1 wollen im Hinblick auf Soldaten Berufssoldaten als erfasst ansehen, bezweifeln dies jedoch in Bezug auf Wehrpflichtige. Dagegen spricht, dass es keine Rolle spielt, auf welche Weise das besondere Rechtsverhältnis begründet wird. Maßgeblich ist, dass der Betreffende tatsächlich eine bestimmte soziale Rolle einnimmt; siehe auch *Neumann* NK Rdn. 41.

fahrtragungspflicht obliegt.[286] Der Feuerwehrmann darf sich also nicht auf Kosten eines anderen Feuerwehrmanns retten.

Wie beim ersten Regelbeispiel sowie insgesamt in Bezug auf § 35 Abs. 1 Satz 2 StGB **81** gilt auch hinsichtlich des zweiten Regelbeispiels, dass es Grenzen der Gefahrtragungspflicht gibt: So kann **niemandem der eigene sichere Tod** zugemutet werden.[287] Einem Soldaten oder auch einem Polizeibeamten eines Sondereinsatzkommandos obliegen zwar erhöhte Gefahrtragungspflichten, selbst wenn eine Gefahr für das Leben besteht, jedoch ist auch ihnen die Hinnahme des sicheren Todes nicht zumutbar.[288]

Näher zu untersuchen sind auch beim besonderen Rechtsverhältnis die Fälle der **82** **Notstandshilfe**. Hier geht es einmal darum, dass nicht der Notstandshelfer, sondern die Sympathieperson in einem besonderen Rechtsverhältnis steht: Diese umstrittene Konstellation wird vom Wortlaut des zweiten Regelbeispiels nicht erfasst, geht es doch dort allein um den Fall, dass der Täter selbst in einem besonderen Rechtsverhältnis steht. Es handelt sich vielmehr um einen Sachverhalt, der unter die generelle Zumutbarkeitsklausel fällt, wobei nach zutreffender Ansicht der Notstandshelfer dann nicht entschuldigt ist (Rdn. 97).

Vom Wortlaut erfasst wird hingegen der Fall, dass der Notstandstäter einem Ange- **83** hörigen oder einer nahestehenden Person hilft, wobei nicht die Sympathieperson, jedoch der **Notstandshelfer in einem besonderen Rechtsverhältnis** steht: So etwa, wenn das Kind eines Polizeibeamten in Gefahr schwebt und der Polizist Dritte verletzt, um die Gefahr für das Kind abzuwenden. Teilweise wird im Schrifttum in solchen Konstellationen davon ausgegangen, der Notstandshelfer sei wegen § 35 Abs. 1 Satz 2 StGB nicht entschuldigt.[289] Für diese Ansicht spricht zwar der Wortlaut, inhaltlich überzeugt sie indes nicht. Vielmehr ist von **Entschuldigung** auszugehen,[290] was möglich ist, da die Beispiele in § 35 Abs. 1 Satz 2 StGB nicht zwingend sind. Dass der Polizist persönlich größere Gefahren aushalten muss als andere, bedeutet nicht, dass dies auch gilt, wenn die Gefahr Sympathiepersonen trifft. Dann agiert er wie jeder andere auch, sodass die Unrechtsminderung durch seine Stellung nicht kompensiert ist. Auch die psychische Zwangslage ist eine andere, als wenn er in Gefahr gerät, denn das berufliche Befasstsein betrifft Konstellationen, in denen ihm persönlich erhöhte Gefahrtragungspflichten obliegen, nicht aber Fallgestaltungen, in denen nun Angehörige oder nahestehende Personen in Gefahr geraten.

d) Sonstige Fälle, in denen dem Täter die Hinnahme der Gefahr zumutbar ist **84** **(Generalklausel).** Durch die Verwendung des Worts „namentlich" macht der Gesetzgeber deutlich, dass es neben den beiden ausdrücklich erwähnten Konstellationen noch **andere Fälle** gibt, in denen dem Täter nach den Umständen zugemutet werden kann,

---

286 Ebenso *Rogall* SK Rdn. 39; abweichend *Lermann* ZStW **127** (2015) 284, 296 ff.
287 *Esser/Bettendorf* NStZ **2012** 233, 237; *Fahl* JA **2012** 161, 163; *ders.* JA **2013** 274, 277 f; *Gropp* AT § 6 Rdn. 151; *Hauck* AnwK Rdn. 7; *Hoyer* AT S. 110; *Kühl* AT § 12 Rdn. 74; *Sch/Schröder/Perron* Rdn. 25; *Renzikowski* JRE **11** (2003) 269, 283; *Ziemann* ZIS **2014** 479, 487; *Zieschang* AT Rdn. 381. Siehe zu Einschränkungen der Zumutbarkeit auch SSW/*Rosenau* Rdn. 17.
288 *Dreher* Prot. V S. 1856; *Duttge* HK-GS Rdn. 15; *Ebert* AT S. 108; *Matt/Renzikowski/Engländer* Rdn. 11; *Fischer* Rdn. 12; *Joecks/Jäger* Rdn. 12; *Maurach/Zipf* § 34 Rdn. 10; *Müssig* MK Rdn. 68; *Neumann* NK Rdn. 44; *Sch/Schröder/Perron* Rdn. 25; *Rogall* SK Rdn. 38.
289 *Duttge* HK-GS Rdn. 16; *Matt/Renzikowski/Engländer* Rdn. 12; *Hirsch* LK[11] Rdn. 55; Lackner/*Kühl* Rdn. 10; *Murmann* GK § 26 Rdn. 70; *Neumann* NK Rdn. 45; *Sch/Schröder/Perron* Rdn. 28; *Rengier* AT § 26 Rdn. 37; *Rogall* SK Rdn. 40; *Roxin* JA **1990** 137, 138 f.
290 Ebenso *Arzt* JuS **1982** 449, 452; Baumann/Weber/Mitsch/*Eisele* § 18 Rdn. 36; *Hörnle* JuS **2009** 873, 879; *Joecks/Jäger* Rdn. 13; *U. Weber* Jura **1984** 367, 375.

die Gefahr hinzunehmen, und damit die Entschuldigung ausscheidet. Dabei geben die beiden ausdrücklich genannten Fälle eine **Richtlinie** vor, wonach nur wegen ähnlich bedeutsamer Umstände dem Betroffenen die Hinnahme der Gefahr zumutbar ist.[291] Auch in den nachfolgend genannten Fällen ist aber zu beachten, dass wegen der besonderen Gegebenheiten des Einzelfalls immer in Betracht kommt, dass dem Täter dennoch die Hinnahme der Gefahr nicht zumutbar ist. Stets ist auf die Gesamtumstände des Einzelfalls abzustellen, sodass die nachfolgend dargestellten Gefahrtragungspflichten nicht isoliert betrachtet werden dürfen. So mag etwa das Vorliegen eines offensichtlichen Missverhältnisses zwischen drohender Gefahr und Rettungshandlung (Rdn. 91) an Bedeutung verlieren, wenn das Notstandsopfer zu der Gefahrentstehung beigetragen hat.

85 **aa) Gefahrtragungspflichten aus Beschützerpflichten.** Es ist bereits erläutert worden, dass das besondere Rechtsverhältnis eine berufliche oder berufsähnliche Pflichtenstellung voraussetzt, sodass insoweit auf rein privater Basis beruhende besondere Verbindungen nicht genügen. Diese unterfallen jedoch der Generalklausel. Hierbei kann nun sinnvoll zur weiteren Konkretisierung auf die **Beschützergarantenstellungen** gemäß § 13 StGB im Sinne einer **erhöhten Pflichtenstellung** Bezug genommen werden.[292]

86 In diesem Sinne ergibt sich insbesondere im Verhältnis der **Eltern zu ihren Kindern** eine Garantenstellung aus Gesetz gemäß § 1626 BGB: Die Eltern stehen in einer besonderen Obhutsbeziehung zu ihren Kindern (Beschützergarantenstellung), die zur Konsequenz hat, dass sich etwa der Vater nicht auf Kosten seines minderjährigen Kindes retten darf.[293] Entsprechendes gilt gemäß § 1353 BGB für Ehegatten untereinander. Freilich ist auch hier stets zu beachten: Die Hinnahme des sicheren Todes ist niemandem zuzumuten.[294]

87 Weiterhin sind ergänzend dazu die Garantenstellungen aus **familiärer Verbundenheit** (etwa Geschwister untereinander) zu nennen sowie aus **engen Vertrauensverhältnissen**: Dazu zählt etwa die nichteheliche Lebensgemeinschaft, aber auch die bewusst und freiwillig eingegangene Gefahrengemeinschaft wie bei einer Bergsteigergruppe. Auch aus einer politischen Tätigkeit einer Widerstandsgruppe in einem totalitären Regime kann sich eine besondere Gefahrtragungspflicht der Mitglieder untereinander aus dem Gesichtspunkt der Gefahrengemeinschaft ergeben.[295] Auch **Obhutspflichten aus tatsächlicher Übernahme** sind hier zu nennen, wozu etwa die freiwillige Übernahme der Aufgabe als Tagesmutter gehört.

88 **bb) Gesetzliche Duldungspflichten.** Entgegen vieler Stimmen im Schrifttum[296] geht es bei gesetzlichen Duldungspflichten, wie bei Blutprobeentnahmen (§ 81a StPO),

---

[291] BTDrucks. V/4095 S. 16. Siehe bereits Rdn. 67.
[292] Schon bei der Gefahrverursachung kam der Gedanke der Ingerenz zum Tragen; vgl. Rdn. 71. Siehe zu den Garantenstellungen etwa die Übersicht bei *Zieschang* AT Rdn. 605 ff.
[293] *Joecks/Jäger* Rdn. 17; *Kühl* AT § 12 Rdn. 83; *Sch/Schröder/Perron* Rdn. 31; *Rogall* SK Rdn. 44; *Roxin* AT I § 22 Rdn. 53.
[294] *Baumann/Weber/Mitsch/Eisele* § 18 Rdn. 40; *Heghmanns* AD LEGENDUM **2015** 96, 101; *Joecks/Jäger* Rdn. 17; *Neumann* NK Rdn. 51; *Rogall* SK Rdn. 44.
[295] OLG Freiburg HESt **2** 200, 202; siehe auch OGHSt **3** 121, 130; *Sch/Schröder/Perron* Rdn. 31; *Roxin* AT I § 22 Rdn. 53.
[296] *Baumann/Weber/Mitsch/Eisele* § 18 Rdn. 37; *Jakobs* AT 20 Rdn. 14; *Lackner/Kühl* Rdn. 9; *Müssig* MK Rdn. 66; *Pawlik* JRE **11** (2003) 287, 306 mit Fn. 76; *Sch/Schröder/Perron* Rdn. 24; *Rengier* AT § 26 Rdn. 25; *Stratenwerth/Kuhlen* AT § 10 Rdn. 113.

einer Durchsuchung (§ 102 StPO) oder bei der Untersuchungshaft (§ 112 StPO) oder der Duldung einer ausgeurteilten Freiheitsstrafe, nicht um die Rubrik „besonderes Rechtsverhältnis", will man nicht diesen Begriff aufweichen und ganz konturenlos werden lassen. Diese **gesetzlichen Duldungspflichten** haben mit beruflichen oder berufsähnlichen Pflichten, die für das besondere Rechtsverhältnis kennzeichnend sind, nichts zu tun und fallen folglich unter die allgemeine Zumutbarkeitsklausel, also die **Generalklausel**.[297] Dementsprechend kommt bei ihnen die Milderungsmöglichkeit nach § 35 Abs. 1 Satz 2 Halbsatz 2 StGB in Betracht, welche beim besonderen Rechtsverhältnis gerade ausgeschlossen ist.[298]

Die Duldung der Maßnahme ist hier deshalb zumutbar, weil das Recht dem Betreffenden **Rechtsbehelfe** zur Verfügung stellt, wie etwa Beschwerde, Berufung, Revision oder die Wiederaufnahme,[299] wenn man nicht bereits davon ausgeht, dass die Gefahr durch diese Rechtsbehelfe als milderes Mittel anders abwendbar ist.[300] Der Inhaftierte ist daher nicht entschuldigt, wenn er einen Vollzugsbeamten zur Freiheitserlangung niederschlägt.[301] Selbst der rechtskräftig, jedoch **zu Unrecht** zu einer langjährigen Freiheitsstrafe Verurteilte,[302] der einen Vollzugsbeamten niederschlägt oder nötigt, um fliehen zu können, ist **nicht entschuldigt**, da ihn eine **Duldungspflicht** im Sinne des § 35 Abs. 1 Satz 2 StGB trifft, denn er hat den in einem rechtsstaatlich durchgeführten Strafverfahren erzielten Urteilsspruch zu erdulden.[303] Ihm bleibt lediglich die vom Gesetz vorgesehene Möglichkeit der Wiederaufnahme des Verfahrens (§ 359 StPO). War diese erfolglos, muss er den Urteilsspruch dulden.[304] Folglich sind in derartigen Konstellationen

89

---

[297] Ebenso *Bernsmann* S. 126 ff, 428 f; *Duttge* HK-GS Rdn. 17; *Matt/Renzikowski/Engländer* Rdn. 14; *Fischer* Rdn. 13; *Jescheck/Weigend* § 44 III 3.
[298] Die fehlende Möglichkeit der Milderung erachtet *Sch/Schröder/Perron* Rdn. 24 gerade als Argument, gesetzliche Duldungspflichten unter das besondere Rechtsverhältnis zu subsumieren. Es ist jedoch methodisch nicht überzeugend, ergebnisorientiert mit der Rechtsfolge zu argumentieren. Gerade umgekehrt muss unabhängig von der Rechtsfolge erst einmal geklärt werden, was unter das besondere Rechtsverhältnis fällt und was nicht. Gesetzliche Duldungspflichten sind nun aber wesensverschieden und werden nicht erfasst.
[299] *Duttge* HK-GS Rdn. 17; *Kühl* AT § 12 Rdn. 78.
[300] *Bernsmann* S. 433. Erforderlichkeit könnte man bejahen für den Freiheitsentzug bis zur Entscheidung über den Rechtsbehelf. Bei einer Verschlechterung des Gesundheitszustands in der Haft (siehe dazu auch BGH LM § 52 a.F. Nr. 8; RGSt **41** 214, 216; RGSt **54** 338, 341) ist wegen der vorhandenen Behandlungsmöglichkeiten und Rechtsbehelfe die Gefahr regelmäßig anders abwendbar; *Hirsch* LK[11] Rdn. 60; *Sch/Schröder/Perron* Rdn. 7.
[301] *Bernsmann* S. 429; *Hirsch* LK[11] Rdn. 60; *Kühl* AT § 12 Rdn. 78.
[302] Geht es um jemanden, der tatsächlich eine Straftat begangen hat, ist die Hinnahme der Gefahr (ebenfalls) aus dem Gesichtspunkt der pflichtwidrigen Gefahrverursachung zuzumuten; siehe insoweit auch BGH ROW **1958** 33, 34.
[303] Siehe RGSt **54** 338, 341; *Bockelmann/Volk* § 16 D I 3 b cc; *Jescheck/Weigend* § 44 III 3; *Maurach/Zipf* § 34 Rdn. 10; *Pawlik* JRE **11** (2003) 287, 305; *Rogall* SK Rdn. 37; *Roxin* AT I § 22 Rdn. 42; *Timpe* JuS **1985** 35, 36; **anders** *Bernsmann* S. 434, 440; *Baumann/Weber/Mitsch/Eisele* § 18 Rdn. 38; *Frister* 20. Kap. Rdn. 15; *Hörnle* JuS **2009** 873, 880; *Kühl* AT § 12 Rdn. 79; *Lugert* S. 20; *Müssig* MK Rdn. 67; *Neumann* NK Rdn. 52; *Sch/Schröder/Perron* Rdn. 26.
[304] Das wäre nur anders, wenn ihm die Todesstrafe droht, denn niemand muss den eigenen sicheren Tod hinnehmen. Da aber abgesehen von Art. 102 GG („Die Todesstrafe ist abgeschafft") die Todesstrafe mit der Menschenwürde unvereinbar ist, sodass ihrer Wiedereinführung die Unveränderlichkeitsgarantie des Art. 79 Abs. 3 GG entgegensteht (*Zieschang* Sanktionensystem S. 337), stellt sich dieses Problem für das deutsche Recht grundsätzlich nicht mehr. Siehe aber auch AG Nienburg FD-StrafR **2013** 352023: Ein afghanischer Flüchtling, der sich in unmittelbarer Lebensgefahr befindet und über Drittstaaten mit falschen Papieren einreist, könne über § 35 StGB entschuldigt sein. Insofern ist indes fraglich, ob die Gefahr bei der Einreise nach Deutschland noch immer bestand und ob sie nicht schon anders abwendbar war; vgl. auch *Oehmichen* FD-StrafR **2013** 352023 siehe zudem *Erb* GA **2018** 399.

auch Angehörige, die eine Gefangenenbefreiung begehen, nicht entschuldigt.[305] Das ist aber anders zu beurteilen bei „Willkürakten einer Terrorjustiz",[306] also in Fällen, die jedwede rechtsstaatliche Grundlage vermissen lassen.[307]

90 Zu den gesetzlichen Duldungspflichten sind auch die Konstellationen zu zählen, in denen das Notstandsopfer **gerechtfertigt** handelt. Kann es sich zum Beispiel schon auf Notwehr berufen, muss der Angreifer, sofern § 35 StGB nicht bereits an der Nicht-anders-Abwendbarkeit scheitert, gar keine Gefahrabwendungsabsicht vorliegt oder schon ein Fall der Gefahrverursachung gegeben ist, im Sinne des § 35 Abs. 1 Satz 2 StGB die Notwehrhandlung dulden und kann sich dagegen nicht entschuldigt wehren.[308] Bestehen rechtmäßige Verfahren zur Verteilung begrenzter Ressourcen (zum Beispiel in Bezug auf Medikamente), ist dem Einzelnen die Einhaltung dieser Verfahren ebenfalls zuzumuten.

91 cc) **Disproportionalität.** Bereits dargelegt worden ist, dass Proportionalitätserwägungen richtigerweise nichts mit der Erforderlichkeit der Notstandshandlung zu tun haben, sondern bei § 35 Abs. 1 Satz 2 StGB von Bedeutung sind (Rdn. 64). Hier nun sind die dem Notstandstäter drohenden Schäden mit den aus der Notstandshandlung resultierenden Schäden in Beziehung zu setzen. In Fällen der **Disproportionalität** greift dann § 35 Abs. 1 Satz 2 StGB, das heißt, dem Täter ist die Hinnahme der Gefahr zuzumuten, wenn die durch die Notstandshandlung eintretenden Schäden offensichtlich außer Verhältnis zu den dem Täter drohenden Schäden stehen.[309] Die Gefahrtragungspflicht ist auf Fälle **offensichtlicher Disproportionalität** zu beschränken, um dem Regel-Ausnahme-Verhältnis von § 35 Abs. 1 Satz 1 StGB einerseits und § 35 Abs. 1 Satz 2 StGB andererseits zu entsprechen. Das bloße Überwiegen der durch die Notstandshandlung drohenden Schäden genügt noch nicht, um dem Notstandstäter die Hinnahme der Gefahr zuzumuten.[310]

92 Drohen dem Betroffenen daher lediglich leichte bis mittelschwere Leibesschäden oder Freiheitsbeeinträchtigungen, ist die Hinnahme der Gefahr zuzumuten, wenn die einzige Möglichkeit der Abwehr die Tötung eines anderen ist.[311] In diesem Fall ist die Unrechtsminderung nicht von dem Gewicht und Ausmaß, dass sie entschuldigend wirken kann.[312] Auch die seelische Zwangslage ist dann als nicht von einem solchen Ge-

---

305 **Anders** wiederum bei einem zu einer langjährigen Freiheitsstrafe zu Unrecht Verurteilten *Bernsmann* S. 440; *Kühl* AT § 12 Rdn. 79; *Neumann* NK Rdn. 52; *Sch/Schröder/Perron* Rdn. 26.
306 *Kühl* AT § 12 Rdn. 79; *Rogall* SK Rdn. 37.
307 Vgl. OLG Kiel SJZ **1947** 323, 330; *Bernsmann* S. 430 f; *Dreher* Prot. V S. 1850; *Jescheck/Weigend* § 44 III 3; *Kühl* AT § 12 Rdn. 79.
308 Ebenso etwa *Hörnle* JuS **2009** 873, 880; *Jakobs* AT 20 Rdn. 14; *Müssig* MK Rdn. 49; *Neumann* NK Rdn. 52; *Sch/Schröder/Perron* Rdn. 32. Vor dem Hintergrund, dass regelmäßig schon nicht die Voraussetzungen des § 35 Abs. 1 Satz 1 StGB vorliegen werden, ist die Frage, ob dem ursprünglichen Angreifer auch der sichere Tod – sollte dieser überhaupt gerechtfertigt sein – zuzumuten ist, eher theoretischer Natur. In konsequenter Anwendung der dargelegten Grundsätze wird man das aber verneinen müssen; siehe dazu *Bernsmann* S. 420 f (kritisch zu ihm *Jakobs* AT 20 Rdn. 3 mit Fn. 4c); *Momsen* S. 351 f; vgl. auch *Matt/Renzikowski/Engländer* Rdn. 14.
309 Siehe – mit Unterschieden im Detail – u.a. RGSt **66** 397, 399 f; *Matt/Renzikowski/Engländer* Rdn. 13; *Fischer* Rdn. 14; *Frister* 20. Kap. Rdn. 10; *Jescheck/Weigend* § 44 III 1; *Krey/Esser* Rdn. 751, 760; *Rönnau* JuS **2016** 786, 790; *Rogall* SK Rdn. 18 f, 45; *Roxin* AT I § 22 Rdn. 54 f; *Welzel* Strafrecht § 23 I 1c; auch *Hörnle* JuS **2009** 873, 878; dagegen den Aspekt der Disproportionalität als Ausschluss der Entschuldigung ablehnend *Duttge* HK-GS Rdn. 17. Gegen Proportionalitätserwägungen bei § 35 Abs. 1 Satz 2 StGB auch *Momsen/Savic* BeckOK Rdn. 23 ff.
310 Siehe RGSt **61** 242, 249; RGSt **66** 397, 399; BGH NJW **1964** 730, 731.
311 Siehe *Hörnle* JuS **2009** 873, 878; *Kühl* AT § 12 Rdn. 88; *Roxin* JA **1990** 137, 141.
312 Siehe *Jescheck/Weigend* § 44 III 1; *Kühl* AT § 12 Rdn. 88; *Sch/Schröder/Perron* Rdn. 33; *Rogall* Rdn. 18.

wicht zu erachten, dass die Tat verziehen wird.³¹³ Ebenfalls ist von Disproportionalität auszugehen, wenn bei drohenden leichten bis mittelschweren körperlichen Beeinträchtigungen ganz schwerwiegende körperliche Schädigungen eines anderen erfolgen. Ein offensichtliches Missverhältnis kann auch vorliegen, wenn bei leichten körperlichen Beeinträchtigungen auf erhebliche Sachwerte zugegriffen wird.³¹⁴ Andererseits kann auch zur Abwehr eines drohenden langjährigen Freiheitsentzugs die Tötung in Betracht kommen, so etwa, wenn ein Fluchthelfer einen DDR-Grenzposten zwecks Vermeidung einer Verhaftung tötet. Der BGH hingegen hat im Fall der Tötung eines DDR-Grenzpostens an der Berliner Mauer durch einen Fluchthelfer ausgeführt, trotz gegenwärtiger Gefahr für die Freiheit des Fluchthelfers und die seiner Familie sei es ihm im Hinblick auf die Bedeutung des Lebensrechts des betroffenen Grenzpostens zuzumuten gewesen, die Gefahr insoweit hinzunehmen, als er sie nicht durch die vorsätzliche Tötung des Postens abwenden durfte.³¹⁵ Sollte der BGH hierin einen Fall der Disproportionalität sehen,³¹⁶ kann dem nicht ohne Weiteres gefolgt werden, denn die dem Fluchthelfer und seiner Familie drohende langjährige Freiheitsstrafe in der DDR war durchaus als schwer wiegend zu erachten, sodass man nicht von einem krassen Missverhältnis ausgehen kann.³¹⁷

Dagegen ist bei Lebensgefahren die Hinnahme der Gefahr nicht zumutbar, sodass **93** dann § 35 Abs. 1 Satz 2 StGB der entschuldigten Tötung einer oder gar mehrerer Personen nicht entgegensteht.³¹⁸ Davon wird man auch bei dem Notstandstäter drohenden schweren körperlichen Beeinträchtigungen auszugehen haben.³¹⁹ In Fällen, in denen ein Zeuge genötigt wird, vor Gericht falsch auszusagen, bedarf es der Betrachtung des Ausmaßes der drohenden Gefahr: Insoweit wird der Zeuge drohende schwere Misshandlungen nicht hinzunehmen haben.³²⁰ Zusammenfassend ist festzustellen: In Fällen krasser, also offensichtlicher Unverhältnismäßigkeit greift § 35 Abs. 1 Satz 2 StGB ein.³²¹

Eine ausreichende Unrechtsminderung fehlt schließlich in Konstellationen der Je- **94** dermannsgefahren wie Sozialnot und Hungersnöte, sodass die Hinnahme der Gefahr zumutbar ist. Es ist bereits dargelegt worden, dass in diesen Fällen zwar eine Gefahr vorliegt, die Betroffenen müssen diese jedoch wie jeder andere auch hinnehmen (Rdn. 36).

dd) Gefahrtragungspflichtige Angehörige oder dem Täter nahestehende Per- 95 sonen, welche gefahrtragungspflichtig sind. Besonderheiten sind zu beachten, wenn nicht dem Täter selbst, sondern Angehörigen oder dem Täter nahestehenden Personen, denen die Gefahr droht, die Hinnahme der Gefahr zuzumuten ist, weil diese die Gefahr pflichtwidrig verursacht haben, in einem besonderen Rechtsverhältnis stehen oder ihnen aus anderen Gründen die Hinnahme der Gefahr zumutbar ist. Hier stellt sich die

---

313 Siehe dazu auch *Hirsch* LK¹¹ Rdn. 62; *Jescheck/Weigend* § 44 III 1.
314 *Hirsch* LK¹¹ Rdn. 63.
315 BGH NJW **2000** 3079; siehe dazu auch BVerfG NStZ **2001** 187; *Renzikowski* JR **2001** 468.
316 Mehr spricht dafür, dass der BGH von einer Situation ausgeht, in der die Gefahr durch den Täter selbst verursacht worden ist; dazu Rdn. 71.
317 Auf einem anderen Blatt steht, ob die Gefahr nicht möglicherweise anders abwendbar war.
318 Siehe BGH NJW **1964** 730; *Matt/Renzikowski/Engländer* Rdn. 13; *Jakobs* AT 20 Rdn. 8; *Kühl* AT § 12 Rdn. 89; *Neumann* NK Rdn. 50; *Sch/Schröder/Perron* Rdn. 33; *Roxin* AT I § 22 Rdn. 54; zweifelnd *Heghmanns* AD LEGENDUM **2015** 96, 101; **anders** *Rogall* SK Rdn. 45.
319 Vgl. RGSt **61** 242, 249 f; RGSt **66** 397, 399.
320 *Kühl* AT § 12 Rdn. 88; *Sch/Schröder/Perron* Rdn. 33; siehe dazu auch RGSt **66** 98, 102; RGSt **66** 397, 400.
321 Siehe auch *Bernsmann* S. 416; *Kühl* AT § 12 Rdn. 90; *Lugert* S. 114 f: Gefahrtragungspflicht, wenn die Notstandshandlung zur Verletzung wesentlich überwiegender Interessen beim Opfer führt.

Frage, ob sich dieser Umstand auf den Notstandshelfer auswirkt. Der Wortlaut der zwei Regelbeispiele umfasst diesen Fall nicht, geht es dort doch nur um den **Notstandstäter selbst**, der die Gefahr verursacht hat oder in einem besonderen Rechtsverhältnis steht.

96 Hat nicht der Notstandstäter, sondern die in Gefahr geratene **Sympathieperson** (Angehöriger, nahestehende Person) die **Gefahr verursacht**, wird vielfach im Schrifttum davon ausgegangen, dass die Gefahrtragungspflicht durch die Sympathieperson keine Auswirkungen auf den Notstandshelfer habe, letzterer also entschuldigt sei.[322] Die Gegenmeinung steht auf dem Standpunkt, die Gefahrverursachung durch die Sympathieperson **wirke sich auch auf den Notstandshelfer** aus, dem dann ebenfalls die **Hinnahme der Gefahr zumutbar** sei.[323] Für diese Auffassung spricht, dass die Unrechtsminderung durch die Gefahrverursachung seitens der Sympathieperson wieder ausgeglichen wird. Auch mag der psychische Zwang für den Notstandstäter geringer sein, da die Sympathieperson durch ein pflichtwidriges Verhalten die Gefahr verursacht hat. Wenn schon der Täter selbst bei eigener Verursachung die Gefahr hinzunehmen hat, dann muss das erst recht gelten, wenn es bloß um Notstandshilfe geht und die Sympathieperson der Gefahrenverursacher ist. Der Notstandshelfer hat dann diese Situation zu akzeptieren. Dass altruistisches Handeln im Allgemeinen in der Rechtsgemeinschaft höher angesehen wird als egoistisches,[324] ändert nichts daran, dass die Sympathieperson die Gefahr verursacht hat, und berücksichtigt zudem nicht hinreichend die Opferseite der Notstandstat.[325] Zwar findet sich in den Gesetzesmaterialien die Formulierung, beim Regelbeispiel der Gefahrenverursachung sei „allein das Verhalten des Notstandstäters selbst zu berücksichtigen",[326] jedoch steht diese Aussage der hier befürworteten Interpretation nicht entgegen: Natürlich geht es ausweislich des Wortlauts des ersten Regelbeispiels ausschließlich um die Gefahrverursachung durch den Täter selbst; auf den Fall der Gefahrenverursachung durch die Sympathieperson ist folglich das erste Regelbeispiel nicht anwendbar. Aber darum handelt es sich hier auch gar nicht, sondern die Gefahrverursachung durch die Sympathieperson ist eine Konstellation, die unter die Generalklausel fällt. In den Gesetzesmaterialien ist ausdrücklich aufgeführt, durch die beiden genannten Beispiele werde dem Richter eine Richtlinie an die Hand gegeben, die ihm zeige, dass „nur wegen ähnlich bedeutsamer Umstände dem Betroffenen die Hinnahme der Gefahr zugemutet werden kann".[327] Ein dem ersten Regelbeispiel sehr ähnlicher Fall ist es nun aber gerade, dass bei der Notstandshilfe die Sympathieperson die Gefahr pflichtwidrig verursacht hat. Dann ist die Gefahr ebenfalls hinzunehmen. Das ist wiederum nur anders, wenn der Sympathieperson der sichere Tod droht.

97 In Parallele zu der Gefahrverursachung durch die Sympathieperson befindet sich die Konstellation, dass der **Angehörige oder die nahestehende Person**, der geholfen wird, in einem **besonderen Rechtsverhältnis** steht. Hat dann wiederum der Notstandshelfer auch die Gefahr hinzunehmen? In Anbetracht der bisherigen Überlegungen ist es richtig,

---

322 *Duttge* HK-GS Rdn. 13; Baumann/Weber/Mitsch/*Eisele* § 18 Rdn. 32 f; *Fischer* Rdn. 11; *Hoyer* AT S. 112; *Jäger* AT Rdn. 194; Jescheck/Weigend § 44 III 2 a; *Kindhäuser* AT § 24 Rdn. 15; *ders.* LPK Rdn. 10; *Klimsch* S. 52; *Murmann* GK § 26 Rdn. 68; *Neumann* NK Rdn. 39; Sch/Schröder/*Perron* Rdn. 20a; SSW/*Rosenau* Rdn. 15; *Roxin* AT I § 22 Rdn. 51; Wessels/Beulke/*Satzger* Rdn. 661.
323 *Bernsmann* S. 435 ff; *Blei* I § 61 II 1 d; *Jakobs* AT 17 Rdn. 75; Momsen/*Savic* BeckOK Rdn. 33.3; *Müssig* MK Rdn. 57; *Otto* AT § 14 Rdn. 14; *Pawlik* JRE **11** (2003) 287, 313; *Rogall* SK Rdn. 36; *Timpe* JuS **1985** 35, 38; *Zieschang* AT Rdn. 382.
324 Siehe *Roxin* AT I § 22 Rdn. 51.
325 Siehe bereits *Hirsch* LK[11] Rdn. 65.
326 BTDrucks. V/4095 S. 16; siehe auch *Horstkotte* Prot. V S. 1839, 1846.
327 BTDrucks. V/4095 S. 16.

in diesem Fall **keine Entschuldigung** anzunehmen.[328] Der Notstandshelfer hat zu akzeptieren, dass bei der Sympathieperson besondere Gefahrtragungspflichten bestehen, welche die Unrechtsminderung ausgleichen. Die Ehefrau ist also etwa nicht entschuldigt, wenn sie den sich in Gefahr befindlichen Polizeibeamten, der ihr Ehemann ist, auf Kosten eines Passanten rettet.[329] Es verhält sich vergleichbar mit der Gefahrverursachung: Zwar betrifft das zweite Regelbeispiel nur den Fall, dass der Täter in einem besonderen Rechtsverhältnis steht, ein „ähnlich bedeutsamer Umstand"[330] ist nun aber die Konstellation, dass sich die Sympathieperson, der geholfen werden soll, in einem solchen besonderen Rechtsverhältnis befindet. Dann liegt ebenfalls keine Unrechtsminderung mehr vor, sodass eine Entschuldigung nicht eingreifen kann. Wenn schon die in Gefahr geratene Sympathieperson die Gefahr hinzunehmen hat und nicht entschuldigt ist, dann muss das ebenso für den bloßen Notstandshelfer gelten. Wusste der Notstandshelfer nicht, dass die Sympathieperson in einem besonderen Rechtsverhältnis steht, ist das keine Frage des § 35 Abs. 1 Satz 2 StGB, sondern eine Irrtumsproblematik im Sinne von § 35 Abs. 2 StGB.

Soweit es um Fälle der Hinnahme der Gefahr geht, die nicht von den beiden Regelbeispielen erfasst sind, sondern unter die **Generalklausel** fallen, gelten die vorstehenden Erwägungen entsprechend: Hat also etwa die Sympathieperson eine Blutprobenentnahme zu erdulden, dann wirkt sich das auf den Notstandshelfer aus, der folglich nicht entschuldigt ist, sollte er die Maßnahme gewaltsam (§ 240 StGB) verhindern. Hat die Sympathieperson eine Freiheitsstrafe zu erdulden, ist entsprechend eine gewaltsame Befreiung durch den Notstandshelfer nicht entschuldigt. Darf sich – um ein letztes Beispiel zu nennen – der Vater nicht auf Kosten seines Sohnes retten, muss dies auch ein Notstandshelfer hinnehmen. 98

III. Die Rechtsfolgen des entschuldigenden Notstands

Liegen die Voraussetzungen des § 35 Abs. 1 Satz 1 StGB vor und greift der Ausschluss nach § 35 Abs. 1 Satz 2 StGB nicht ein, handelt der Täter – so der Wortlaut des Gesetzes – „ohne Schuld". Das bedeutet noch pointierter ausgedrückt, dass der Täter **entschuldigt** ist.[331] Damit ist zwar eine tatbestandsmäßige, rechtswidrige Tat gegeben, jedoch kann der Täter nicht bestraft werden, da es an der dritten Voraussetzung im dreistufigen Verbrechensaufbau – der Schuld – fehlt. Das Notstandsopfer selbst muss aber die Tat nicht dulden. Vielmehr liegt ein rechtswidriger Angriff vor, gegen den es sich mit der **Notwehr** wehren darf.[332] 99

Konnte dem Täter im Sinne des § 35 Abs. 1 Satz 2 StGB nach den Umständen zugemutet werden, die Gefahr hinzunehmen, ist er nicht entschuldigt. § 35 Abs. 1 Satz 2 Halbsatz 2 StGB sieht jedoch dann eine fakultative Strafmilderung gemäß § 49 Abs. 1 StGB 100

---

[328] So auch *Bernsmann* S. 435 ff; *Duttge* HK-GS Rdn. 16; Baumann/Weber/Mitsch/*Eisele* § 18 Rdn. 36; Matt/Renzikowski/*Engländer* Rdn. 12; *Hoyer* AT S. 112; *Jakobs* AT 17 Rdn. 75; *Krey* Jura **1979** 316, 324; *Neumann* NK Rdn. 46; Sch/Schröder/*Perron* Rdn. 29; *Rogall* SK Rdn. 41; *Roxin* JA **1990** 137, 139; *ders.* AT I § 22 Rdn. 43; *Timpe* JuS **1985** 35, 39; *Zieschang* AT Rdn. 382.
[329] Siehe auch die Beispiele bei *Kühl* AT § 12 Rdn. 76 mit Fn. 120. Soweit für den Angehörigen eine sonst beim besonderen Rechtsverhältnis nicht mögliche fakultative Strafmilderung gemäß § 35 Abs. 1 Satz 2 Halbsatz 2 StGB erwogen wird (so etwa *Bernsmann* S. 439; *Krey* Jura **1979** 316, 324; *Kühl* AT § 12 Rdn. 76; *Roxin* JA **1990** 137, 139), ist das richtig, denn es handelt sich ja um eine Sachlage, die unter die Generalklausel fällt.
[330] BTDrucks. V/4095 S. 16.
[331] Siehe insofern auch *Horstkotte* Prot. V S. 1839, 1841 f sowie Rdn. 1, 7.
[332] *Rogall* SK Rdn. 1.

vor, wobei davon jedoch ausdrücklich der Fall ausgenommen wird, dass der Täter mit Rücksicht auf ein besonderes Rechtsverhältnis die Gefahr hinzunehmen hatte.

101 Nach den Gesetzesmaterialien liegt der Milderung in § 35 Abs. 1 Satz 2 Halbsatz 2 StGB die Erwägung zugrunde, dass auch hier der Überdruck, der auf die Motivation einwirkt, ähnlich groß sein könne wie in den eigentlichen Notstandsfällen.[333] Als Begründung dafür, dass die Möglichkeit der Milderung beim besonderen Rechtsverhältnis nicht vorgesehen ist, wird dabei angeführt, die betroffenen Personen hätten eine besondere Schutzpflicht gegenüber der Allgemeinheit übernommen,[334] aufgrund derer sie verpflichtet seien, eine Gefährdung ihrer Person hinzunehmen.[335] Der Richter werde jedoch nicht gehindert, einem gesteigerten Motivationsdruck im Rahmen der Strafzumessung Rechnung zu tragen.[336]

102 **Zu Recht** wird der kategorische **Ausschluss der Strafmilderung** beim **besonderen Rechtsverhältnis** von Teilen des Schrifttums **kritisiert**.[337] Auch beim besonderen Rechtsverhältnis kann nämlich der Motivationsdruck so stark sein, dass die Möglichkeit der Milderung eingeräumt werden sollte. Der in den Gesetzesmaterialien erfolgende Hinweis auf die Strafzumessung ist nicht ausreichend, denn hierbei besteht die Gefahr, dass Umstände, die zugunsten des Täters sprechen, nicht angemessen berücksichtigt werden können. So ist der Weg allein über die Strafzumessung weit engmaschiger als § 49 StGB, der es erlaubt, vorgesehene Strafrahmenuntergrenzen erheblich zu unterschreiten. Zudem hilft dieser Gedanke nicht weiter bei einer absoluten Strafandrohung.[338] Gerade, wenn es um § 211 StGB geht – man denke etwa an die Tötung des schlafenden, sadistischen Vorgesetzten durch einen Soldaten –, kommt dann über § 35 StGB keine Milderung in Betracht, sodass nur noch die Rechtsfolgenlösung des BGH[339] als letzter Ausweg verbleibt, was insgesamt unbefriedigend erscheint. De lege ferenda sollte daher der Milderungsausschluss gestrichen werden. In § 23 Satz 2 AE, aus dem die Möglichkeit der Milderung stammt, war er im Übrigen auch nicht vorgesehen. De lege lata ist jedoch der Ausschluss der Milderung zu beachten; es verstößt gegen den Wortlaut des Gesetzes, trotzdem eine Milderung vorzunehmen.[340] Die Anwendung von Milderungen aus sonstigen Gründen[341] bleibt natürlich hiervon unberührt.

103 Da die Strafe bei § 35 Abs. 1 Satz 2 Halbsatz 2 StGB nicht gemildert werden muss, sondern nur gemildert werden kann, steht die Strafmilderung im **Ermessen des Gerichts**.[342] Dabei müssen die Gründe für die Strafmilderung notstandsbezogen sein, es geht also nicht um allgemeine Strafzumessungserwägungen.[343] Mit anderen Worten spielt etwa das Vorleben des Täters als allgemeiner Strafzumessungsgesichtspunkt keine Rolle, jedoch zum Beispiel der Umstand, dass sich die Notstandssituation als sehr un-

---

333 BTDrucks. V/4095 S. 16.
334 Zu dem Aspekt, dass es nach zutreffender Sicht nicht nur um Schutzpflichten gegenüber der Allgemeinheit geht, siehe Rdn. 79.
335 BTDrucks. V/4095 S. 16; siehe auch *Müller-Emmert* Prot. V S. 2113; *Sturm* Prot. V S. 1854.
336 BTDrucks. V/4095 S. 16.
337 *Hauck* AnwK Rdn. 7; *Jakobs* AT 20 Rdn. 19; *Jescheck/Weigend* § 44 IV 2; *Müssig* MK Rdn. 70; *Sch/Schröder/Perron* Rdn. 37; *Stree* JuS **1973** 461, 470f.
338 Das wurde in den Gesetzesberatungen gesehen; siehe *Dreher* Prot. V S. 1853f, 2113; vgl. auch *Horstkotte* Prot. V S. 1839, 1847.
339 BGHSt **30** 105, 117ff.
340 So aber *Jakobs* AT 20 Rdn. 19; *Müssig* MK Rdn. 74; vgl. auch *Roxin* AT I § 22 Rdn. 56 sowie *Hirsch* LK[11] Rdn. 68.
341 Siehe etwa § 23 Abs. 2 StGB (fakultativ) oder § 27 Abs. 2 Satz 2 StGB (zwingend). Auch die Rechtsfolgenlösung des BGH beim Mord zählt hierzu.
342 *Sch/Schröder/Perron* Rdn. 37.
343 *Müssig* MK Rdn. 71; *Sch/Schröder/Perron* Rdn. 36.

übersichtlich gestaltete und kaum Zeit zum Überlegen zur Verfügung stand. Die Milderung ist durchzuführen nach Maßgabe des § 49 StGB. Eine Milderung der Strafe auf Null ist nicht zulässig.

Bei der Gefahrenverursachung kommt Milderung insbesondere dann in Betracht, **104** wenn das Maß der Pflichtwidrigkeit nicht besonders groß war. Eine Strafmilderung ist ebenfalls etwa möglich, falls der Notstandshelfer zugunsten einer Sympathieperson handelt, die ihrerseits die Gefahr verursacht hat, in einem besonderen Rechtsverhältnis steht oder der sonst die Hinnahme der Gefahr zuzumuten ist.[344] Hier ergibt sich nämlich die Hinnahmepflicht nur mittelbar über die in Gefahr geratene Sympathieperson.[345] Dagegen kommt eine Milderung umso weniger in Betracht, je höher die Zumutbarkeitsschwelle anzusiedeln ist. So kann die Milderung insbesondere bei gesetzlichen Duldungspflichten entfallen oder dann, wenn ein offensichtliches Missverhältnis zwischen dem in Gefahr befindlichen und dem geschädigten Gut besteht.

Teilweise findet sich im Schrifttum die Auffassung, § 35 Abs. 1 Satz 2 Halbsatz 2 StGB **105** sei analog auf den Fall anzuwenden, in dem der Notstand ausscheidet, weil die Gefahr anders abwendbar war. Wer nur deswegen nicht straffrei werde, weil ihm die Anwendung eines mildern Mittels zuzumuten war, könne in analoger Anwendung der Vorschrift eine mildere Strafe erhalten.[346] Aber diese Ansicht überzeugt nicht. Hier zeigt sich nämlich, dass es nicht richtig ist, Erwägungen der Zumutbarkeit mit der Nicht-anders-Abwendbarkeit zu vermischen. Wie bereits erläutert worden ist, hat die Erforderlichkeit der Notstandshandlung nichts zu tun mit Zumutbarkeitserwägungen (Rdn. 63). Letztere sind allein in § 35 Abs. 1 Satz 2 StGB zu verorten, für den die Milderung unmittelbar gilt. Ebenso wenig wie auf die sonstigen Voraussetzungen des § 35 Abs. 1 Satz 1 StGB ist daher eine analoge Anwendung des § 35 Abs. 1 Satz 2 Halbsatz 2 StGB auf die fehlende Erforderlichkeit zulässig.[347]

Sind mehrere Personen an der Tat beteiligt, gilt die Entschuldigung nach § 35 StGB **106** **nur für den Täter oder Teilnehmer**, bei dem **persönlich** diese Voraussetzungen vorliegen (§ 29 StGB).[348] Die Schuld ist höchstpersönlicher Natur, sodass eine Zurechnung von vornherein ausscheidet. Ein Mittäter kann daher nach § 35 StGB entschuldigt sein, der andere aber nicht. Auch wenn der Täter entschuldigt ist, kommt Teilnahme (§§ 26, 27 StGB) weiterhin aufgrund ihrer limitierten Akzessorietät in Betracht: Vorausgesetzt ist lediglich eine objektiv und subjektiv tatbestandsmäßige rechtswidrige Haupttat, ohne dass es auf die Schuld des Haupttäters ankommt. Liegen beim Teilnehmer selbst nicht die Voraussetzungen für eine Entschuldigung vor, macht er sich wegen Teilnahme strafbar.[349] Umgekehrt kann auch allein der Teilnehmer über § 35 StGB entschuldigt sein, nicht aber der Täter, wenn nur in der Person des Teilnehmers die Voraussetzungen des § 35 StGB vorliegen.

---

344 *Bernsmann* S. 439; *Roxin* AT I § 22 Rdn. 43; **anders** *Sch/Schröder/Perron* Rdn. 37, der meint, dass dann die Milderung meist auszuschließen sei.
345 *Hirsch* LK[11] Rdn. 69.
346 *Duttge* HK-GS Rdn. 19; *Roxin* AT I § 22 Rdn. 57; ebenso etwa *Jescheck/Weigend* § 44 I 2 Fn. 9, IV 3; *Sch/Schröder/Perron* Rdn. 13a, 36.
347 Eine Analogie ebenfalls ablehnend *Rogall* SK Rdn. 47.
348 *Matt/Renzikowski/Engländer* Rdn. 18; *Lackner/Kühl* Rdn. 15; *Müssig* MK Rdn. 86; *Neumann* NK Rdn. 68; *Sch/Schröder/Perron* Rdn. 46; *Rogall* SK Rdn. 52; *Roxin* JA **1990** 137, 143; **anders** *Rudolphi* ZStW **78** (1966) 67, 97 f. Die Auffassung von *Rudolphi* ist weder mit dem Wortlaut des § 29 StGB noch mit dem Prinzip der limitierten Akzessorietät vereinbar.
349 *Fischer* Rdn. 9. Die mit der Notstandstat verbundene Unrechtsminderung ist dann bei der Strafzumessung zu berücksichtigen; *Sch/Schröder/Perron* Rdn. 46; *Rogall* SK Rdn. 52; *Roxin* AT I § 22 Rdn. 67.

107 Handelt der Haupttäter entschuldigt, ist insbesondere die Anstiftung abzugrenzen von der mittelbaren Täterschaft, indem der Täter ein entschuldigt handelndes Werkzeug benutzt. Maßgeblich ist insoweit, ob der betreffende Hintermann die Tatherrschaft innehat. Das ist etwa regelmäßig der Fall in der Konstellation des Nötigungsnotstands (Rdn. 38).

IV. Der Putativnotstand gemäß § 35 Abs. 2 StGB

108 Eine **spezielle Irrtumsregelung** im Bereich der Entschuldigung enthält **§ 35 Abs. 2 StGB**.[350] Es geht hier um die **irrtümliche Annahme des Vorliegens der tatsächlichen Voraussetzungen** des entschuldigenden Notstands. Man kann insofern von einen „Entschuldigungstatbestandsirrtum" sprechen[351] oder einem putativen entschuldigenden Notstand.[352] Es handelt sich hierbei weder um einen Tatbestandsirrtum im Sinne des § 16 StGB noch um einen Verbotsirrtum gemäß § 17 StGB, sondern um einen **Irrtum eigener Art**.[353] Dieser Irrtum liegt nicht nur dann vor, wenn irrtümlich die Voraussetzungen des § 35 Abs. 1 Satz 1 StGB für gegeben erachtet werden,[354] sondern auch dann, wenn der Täter irrtümlich tatsächliche Umstände annimmt, wonach die Hinnahme der Gefahr im Sinne von § 35 Abs. 1 Satz 2 StGB nicht zumutbar ist, indem er zum Beispiel irrtümlich in tatsächlicher Hinsicht davon ausgeht, dass er die Gefahr nicht verursacht hat.[355]

109 Stets gegeben sein muss beim Täter die Gefahrabwendungsabsicht, denn in § 35 Abs. 2 StGB geht es um Konstellationen, bei denen – würde die irrtümliche Annahme des Täters tatsächlich zutreffen – er wegen entschuldigenden Notstands entschuldigt wäre. Fehlt nun aber die Gefahrabwendungsabsicht, ist er das nicht.

110 Ein Beispiel für einen Irrtum nach § 35 Abs. 2 StGB ist etwa der Fall, dass ein Täter seiner Freundin bei einer gemeinsamen Bootstour zur Abwendung des Todes durch Ertrinken die Rettungsweste in der irrtümlichen Annahme entreißt, es sei nur diese eine Rettungsweste an Bord. Auch im Haustyrannen-Fall hat der BGH einen Irrtum im Sinne des § 35 Abs. 2 StGB erwogen, da die Angeklagte von der Vorstellung beseelt war, dass ihre Situation ausweglos sei und sie sich und ihre Kinder vor weiteren Übergriffen nur durch die Tötung des Mannes als einzige Lösungsmöglichkeit schützen könne.[356] Nach dem BGH kann dabei selbst im Fall einer wahnbedingten Vorstellung ein Irrtum nach § 35 Abs. 2 StGB in Betracht kommen.[357]

---

[350] Zu dem Gesichtspunkt, dass u.a. damit der Gesetzgeber der objektiven Notstandstheorie gefolgt ist, siehe bereits Rdn. 9.
[351] Entschuldigungstatumstandsirrtum; *Bachmann* JA **2009** 510; *Matt/Renzikowski/Engländer* Rdn. 17; *Ebert* AT S. 159; *Hardtung* ZStW **108** (1996) 26, 27 mit Fn. 5; *Kühl* AT § 13 Rdn. 83; *Momsen/Savic* BeckOK Rdn. 28; *Neumann* NK Rdn. 64; *Rönnau* JuS **2004** 667, 669.
[352] *Hirsch* LK[11] Rdn. 72, 74; SSW/*Rosenau* Rdn. 23.
[353] *Fischer* Rdn. 16; *Jescheck/Weigend* § 48 I 2; *Lackner/Kühl* Rdn. 13; *Momsen* S. 373; Sch/Schröder/*Perron* Rdn. 39; SSW/*Rosenau* Rdn. 23; *Roxin* AT I § 22 Rdn. 61; *Zieschang* JA **2007** 679, 685; *ders.* AT Rdn. 383. Zu der Möglichkeit, dass sowohl § 17 StGB als auch § 35 Abs. 2 StGB gegeben sind, siehe *Hirsch* LK[11] Rdn. 72, 74.
[354] So etwa, wenn der Täter fälschlich meint, es liege tatsächlich eine Gefahr vor (siehe etwa OLG Hamm VRS **35** [1968] 342), ebenso, wenn der Täter irrtümlich von der Gegenwärtigkeit der Gefahr ausgeht (BGHSt **5** 371, 374) oder von der Erforderlichkeit einer Notstandshandlung (vgl. BGHSt **5** 371, 375; BGHSt **48** 255, 261; LG Offenburg StV **2003** 672, 674) oder irrtümlich meint, eine Sympathieperson sei in Gefahr.
[355] Siehe *Duttge* HK-GS Rdn. 20; *Hardtung* ZStW **108** (1996) 26, 30; *Lackner/Kühl* Rdn. 13; *Müssig* MK Rdn. 80; Sch/Schröder/*Perron* Rdn. 42; *Rogall* SK Rdn. 48; SSW/*Rosenau* Rdn. 23; **anders** *Jakobs* AT 17 Rdn. 78.
[356] BGHSt **48** 255, 261f.
[357] BGH NStZ **2011** 336, 337; kritisch zu dieser Entscheidung *Sinn* ZJS **2011** 402.

Richtigerweise ist § 35 Abs. 2 StGB auch dann anzuwenden, wenn der Täter nicht sicher ist, ob die Voraussetzungen des § 35 StGB vorliegen, dies aber für **möglich** hält, obwohl es tatsächlich nicht so ist.[358] Auch dann liegt nämlich ein entsprechender Motivationsdruck beim Täter vor, den es zu beachten gilt. 111

Da die Irrtumsregelung in § 35 Abs. 2 StGB nur greift, sofern der Täter irrtümlich tatsächliche Umstände annimmt, bei deren Vorliegen er entschuldigt wäre, liegt kein Fall des § 35 Abs. 2 StGB vor, wenn der Täter in tatsächlicher Hinsicht irrtümlich die Umstände von § 35 Abs. 1 Satz 1 StGB annimmt, er aber zutreffend erkennt, dass die Gefahr im Sinne von § 35 Abs. 1 Satz 2 StGB hinzunehmen wäre. Handelt er trotzdem, wird in diesem Fall – außer beim besonderen Rechtsverhältnis – die Anwendbarkeit der fakultativen Strafmilderung nach § 35 Abs. 1 Satz 2 Halbsatz 2 StGB vorgeschlagen.[359] 112

Liegt ein Irrtum in tatsächlicher Hinsicht vor, regelt § 35 Abs. 2 StGB, dass der Täter nur bestraft wird, wenn er den Irrtum **vermeiden** konnte, wobei in diesem Fall § 35 Abs. 2 Satz 2 StGB eine **obligatorische Strafmilderung** nach § 49 Abs. 1 StGB anordnet.[360] Diese obligatorische gesetzliche Strafmilderung geht der von der Rechtsprechung[361] beim Mord über die Rechtsfolgenlösung entwickelten Milderung vor.[362] War der Irrtum **unvermeidbar**, wird der Täter hingegen **nicht bestraft**.[363] 113

Die Rechtsprechung verbindet mit der Frage der Vermeidbarkeit eine Pflicht des Täters zur **gewissenhaften Prüfung** möglicher Auswege.[364] Dabei seien die Anforderungen an diese Prüfungspflicht nach den konkreten Umständen zu bestimmen.[365] Herangezogen werden hierbei insbesondere die Schwere der Tat und die für die Prüfung zur Verfügung stehende Zeitspanne. Bei schwerwiegenden Straftaten seien an die Prüfungspflicht strenge Anforderungen zu stellen.[366] Stehe dem Täter eine lange Überlegungsfrist zur Verfügung, habe er Erkundigungen über die anderweitige Abwendbarkeit der Gefahr einzuholen.[367] Zu bedenken ist jedoch auch, dass der Täter, dessen physische Existenz bedroht ist, mit dem Erfordernis einer umsichtigen Abwägung leicht überfordert sein kann.[368] 114

Hinzuweisen ist darauf, dass es bei der Vermeidbarkeit nicht immer nur allein um die Prüfung der Erforderlichkeit der Notstandshandlung geht. Relevant ist auch, falls tatsächlich gar keine gegenwärtige Gefahr gegeben war, ob die irrtümliche Annahme der 115

---

358 *Anders* die Vorauflage sowie etwa *Fischer* Rdn. 16; *Hauck* AnwK Rdn. 10; *Rogall* SK Rdn. 49; SSW/*Rosenau* Rdn. 23; *Warda* FS Lange 119, 138; siehe aber auch *Jakobs* AT 17 Rdn. 81 mit Fn. 136a; *Neumann* NK Rdn. 65.
359 Siehe Sch/Schröder/*Perron* Rdn. 44; nur bei Unvermeidbarkeit des Irrtums *Hirsch* LK[11] Rdn. 77; *Roxin* AT I § 22 Rdn. 64.
360 Ein Absehen von Strafe ist nach der Regelung des § 35 Abs. 2 StGB nicht möglich.
361 BGHSt **30** 105, 117 ff.
362 BGHSt **48** 255, 262 f; BGH NStZ-RR **2006** 200 f.
363 Im Zusammenhang mit §§ 52, 54 a.F. StGB hatte die Rechtsprechung dagegen bei der irrtümlichen Annahme der Voraussetzungen der Entschuldigung die Vorsatztat verneint, sodass nur eine Fahrlässigkeitstat, sofern unter Strafe gestellt, in Betracht kam. Dabei lag ein Putativnotstand nach der Rechtsprechung überhaupt nur dann vor, wenn eine gewissenhafte Prüfung der Auswegmöglichkeiten stattgefunden hatte; siehe etwa RGSt **66** 222, 227 f; BGHSt **18** 311, 312. Mit der heutigen gesetzlichen Regelung in § 35 Abs. 2 StGB, wonach bei einem solchen Irrtum der Vorsatz unberührt bleibt, ist das nicht mehr vereinbar. Es geht bei § 35 Abs. 2 StGB ausschließlich um die Schuld.
364 BGHSt **48** 255, 262; siehe auch schon etwa RGSt **66** 222, 227 f; BGHSt **18** 311, 312; BGH NJW **1972** 832, 834.
365 BGH NStZ **1992** 487; BGHSt **48** 255, 262.
366 BGHSt **48** 255, 262.
367 BGHSt **48** 255, 262.
368 *Hirsch* LK[11] Rdn. 78; Sch/Schröder/*Perron* Rdn. 43; vgl. auch *Küper* JZ **1989** 617, 627 f.

Notstandslage vermeidbar war, sowie gegebenenfalls, ob die irrtümliche Annahme in tatsächlicher Hinsicht, die Hinnahme der Gefahr sei nicht zumutbar, vermeidbar war.

116 § 35 Abs. 2 StGB betrifft **nicht den Fall**, dass der Täter die **Grenzen des entschuldigenden Notstands überdehnt**, indem er beispielsweise meint, auch zum Schutz der Ehre oder des Vermögens entschuldigend agieren zu können oder trotz erkannter Anders-Abwendbarkeit nicht ausweichen zu müssen.[369] Ebenfalls nicht erfasst wäre die Konstellation, dass der Täter seine pflichtwidrige Gefahrverursachung oder das besondere Rechtsverhältnis tatsächlich erkennt, jedoch fehlerhaft meint, daraus ergebe sich keine erhöhte Gefahrtragungspflicht. Ebenso wenig ist etwa erfasst, dass der Täter trotz zutreffender Tatsachenkenntnis unzutreffende Schlussfolgerungen bezüglich des Angehörigenbegriffs oder des Begriffs der nahestehenden Person zieht.[370] Weiterhin betrifft § 35 Abs. 2 StGB **nicht den Fall**, dass der Täter einen **gar nicht existierenden Entschuldigungsgrund annimmt**. Hierbei handelt es sich um Entschuldigungsirrtümer, die gesetzlich nicht geregelt sind und an der Schuldfrage nichts ändern.[371] Es ist eine zu akzeptierende Entscheidung des Gesetzgebers, in welchen Konstellationen er die Tat verzeiht und wann nicht.[372]

117 Richtigerweise wird man den Entschuldigungstatbestandsirrtum des § 35 Abs. 2 StGB auf andere Entschuldigungsgründe analog anzuwenden haben.[373] So kann die Vorschrift etwa bei der irrtümlichen Annahme der tatsächlichen Voraussetzungen eines übergesetzlichen entschuldigenden Notstands entsprechend herangezogen werden.[374]

118 Überschreitet der Täter aus Verwirrung, Furcht oder Schrecken die Grenzen des entschuldigenden Notstands, greift § 35 Abs. 2 StGB nur, wenn ein Irrtum in tatsächlicher Hinsicht vorliegt, also ein Sachverhalt angenommen wird, bei dem diese Abwehrhandlung entschuldigt wäre. § 33 StGB ist auf den Fall der Überschreitung des entschuldigenden Notstands nicht analog anwendbar. Ausweislich der Gesetzesmaterialien hat man ausdrücklich auf eine dem § 33 StGB entsprechende Regelung verzichtet, da die Irrtumsregelung in § 35 Abs. 2 StGB ausreiche.[375]

V. Der übergesetzliche entschuldigende Notstand

119 **1. Allgemeines.** Die Vorschrift des § 35 StGB ist in ihrem **Anwendungsbereich** vor allem dadurch stark **eingeschränkt**, dass sie **nur dann** in Betracht kommt, wenn eine Gefahr für den **Täter** selbst, einen **Angehörigen** oder für eine dem **Täter nahestehende Person** droht. In Bezug auf sonstige Dritte kann § 35 StGB ausweislich des klaren Wort-

---

369 Siehe zu der letzteren Konstellation BGHSt **39** 374, 381.
370 Vgl. OLG Koblenz NJW **1988** 2316, 2317.
371 *Kindhäuser* LPK Rdn. 15; *ders.* AT § 28 Rdn. 19; *Knobloch* JuS **2010** 864, 868; *Kühl* AT § 13 Rdn. 85; *Müssig* MK Rdn. 85; *Rogall* SK Rdn. 48. Auswirkungen kann dies nur bei der Strafzumessung haben. Dagegen für Heranziehung des § 17 StGB *Frister* Schuldelement S. 240; *Joecks/Jäger* § 17 Rdn. 12. Dagegen spricht, dass § 17 StGB eine andere Sachlage betrifft, nämlich die fehlende Einsicht, Unrecht zu tun. Nur dann greift die Vorschrift.
372 *Bachmann* JA **2009** 510, 512; *Bergmann* JuS **1990** L 17, L 19; *Duttge* HK-GS Rdn. 21; Baumann/Weber/Mitsch/*Eisele* § 18 Rdn. 45; *Kühl* AT § 13 Rdn. 85; *Sch/Schröder/Perron* Rdn. 45; *Roxin* AT I § 22 Rdn. 65. Zum übergesetzlichen entschuldigenden Notstand siehe Rdn. 119 ff.
373 So etwa auch *Kindhäuser* LPK Rdn. 14; *Kühl* AT § 13 Rdn. 84; *Rogall* SK Rdn. 51; siehe zur Frage einer analogen Anwendung des § 35 Abs. 2 StGB auch *Küper* Jura **2007** 260, 266 sowie *Walter* FS Roxin (2011) 763. Vgl. bereits Rdn. 13.
374 *Duttge* HK-GS Rdn. 21; *Kühl* AT § 13 Rdn. 84; Lackner/*Kühl* Rdn. 13; *Küper* JZ **1989** 617, 626 f; *Neumann* NK Rdn. 62c; SSW/*Rosenau* Rdn. 24; **anders** *Walter* S. 352. Dagegen ist beim Putativnotwehrexzess eine analoge Anwendung des § 33 StGB in Betracht zu ziehen; siehe dazu *Zieschang* LK § 33 Rdn. 21.
375 *Horstkotte* Prot. V S. 1839, 1847.

lauts der Norm nicht herangezogen werden (Rdn. 43). Vom Ausgangspunkt erscheint diese Einschränkung des Anwendungsbereichs sinnvoll und nachvollziehbar, ist doch regelmäßig bei diesen Sympathiepersonen von einem vergleichbaren Motivationsdruck auszugehen, wie wenn dem Täter die Gefahr selbst droht (Rdn. 43).

Andererseits ist zu berücksichtigen, dass für den Täter auch bei „Fremden", die keine Sympathiepersonen sind, ein **vergleichbarer psychischer Druck** entstehen und er in einen **Entscheidungskonflikt** geraten kann. Zu denken ist etwa daran, dass ein Helfer bei einem Hochhausbrand vor der Frage steht, ob er eine feuerfeste Tür verschließt, wodurch wenige hinter der Tür befindliche Personen sterben, oder ob er untätig bleibt, was dazu führt, dass viele andere sich in dem Haus befindliche Personen ebenfalls sterben werden.[376] Eine solche Konstellation liegt auch im Bergsteiger-Fall vor, wenn zwei Bergsteiger vom Absturz bedroht sind, wobei der unten am Seil Hängende nicht mehr zu retten ist, und nun ein vorbeikommender Dritter das Seil durchtrennt.[377] Zu erwähnen ist insbesondere auch der Euthanasieärzte-Fall,[378] in dem während des Nazi-Regimes Ärzte am Tod einzelner psychisch kranker Anstaltsinsassen mitgewirkt haben, um den Tod aller in der Anstalt befindlichen psychisch Kranken zu verhindern, der erfolgt wäre, falls die Ärzte sich dem Befehl vollständig verweigert hätten und sie durch andere Ärzte ersetzt worden wären, die den Befehl vollumfänglich umgesetzt hätten.[379] Zu denken ist auch – in Anlehnung an die Anschläge auf das World Trade Center vom 11.9.2001 – an den Fall, dass der Täter ein mit Passagieren besetztes entführtes Flugzeug, das in Richtung eines Hochhauses gesteuert wird, zum Absturz bringt, um das Leben der Hausbewohner zu retten.[380] In Zukunft wird es auch beim vollautomatisierten Fahren um solche Konfliktlagen gehen, wenn sich für den Hersteller (Programmierer) der Fahrzeuge die Frage stellt, wie ein Fahrzeug für den Fall zu programmieren ist, in dem nur die Möglichkeit besteht, entweder eine auf der Straße liegende Person zu überfahren oder auszuweichen und damit zwingend einen Fußgänger zu töten.[381] Schließlich ist der Weichensteller-Fall[382] zu erwähnen, bei dem ein Güterwagen auf einen vollbesetzten Personenzug zurollt und nun der Weichensteller den Güterwagen auf ein anderes Gleis ableitet, auf dem jedoch drei Gleisarbeiter arbeiten, die vom Güterwagen erfasst werden und sterben, was der Weichensteller vorausgesehen hatte.[383] In all diesen Fällen ist der Täter nach richtiger Auffassung nicht nach § 34 StGB gerechtfertigt, denn eine Abwägung Leben gegen Leben scheidet von vornherein aus.[384] Auch kann der Täter nicht über

120

---

[376] Das ist ein Beispiel für eine asymmetrische Gefahrengemeinschaft, indem die Rettungschance einseitig verteilt ist, da die sich hinter der Tür befindlichen Personen in jedem Fall verloren sind.
[377] *Rönnau* JuS **2017** 113, 114.
[378] Dazu *Gallas* FS Mezger 311, 326ff; *Gropp* AT § 6 Rdn. 183ff; *Koch* JA **2005** 745; *Kühl* AT § 12 Rdn. 95; *Roxin* AT I § 22 Rdn. 147f; *Tausch* NJW **2017** 3099.
[379] Hier geht es um eine symmetrisch verteilte Rettungschance. Alle Anstaltsinsassen haben theoretisch die Möglichkeit des Überlebens. Parallelbeispiel: Tötung von Ballonfahrgästen, um den Absturz des überlasteten Heißluftballons zu vermeiden. Bei der Trennung siamesischer Zwillinge – siehe dazu auch *Koch* GA **2011** 129 – kann sowohl eine asymmetrische Gefahrengemeinschaft vorliegen (eines der beiden Kinder ist nicht mehr zu retten) als auch eine symmetrische Gefahrengemeinschaft (beide Kinder haben eine Überlebenschance) gegeben sein.
[380] In diesem Fall übergesetzlichen Notstand annehmen etwa *Dreier* JZ **2007** 261, 267; *Frister* 17. Kap. Rdn. 14; *Hilgendorf* in: Blaschke/Förster/Lumpp/Schmidt, S. 107, 130; *Jäger* JA **2008** 678, 684; *Rönnau* JuS **2017** 113, 115; *Wessels/Beulke/Satzger* Rdn. 679b; für den Ausschluss strafrechtlicher Verantwortlichkeit *Roxin* ZIS **2011** 552, 562f.
[381] Siehe zum vollautomatisierten Fahren bereits Rdn. 49.
[382] Gebildet von *Welzel* ZStW **63** (1951) 47, 51.
[383] Zu dem Umstand, dass speziell im Weichensteller-Fall die Gefahr auf Unbeteiligte abgewälzt wird, also keine „Gefahrengemeinschaft" vorliegt, siehe Rdn. 131f.
[384] Siehe bereits *Zieschang* LK § 34 Rdn. 100, 110, 117, 142ff, 158, 166.

§ 35 StGB entschuldigt werden, sofern die von der Gefahr Bedrohten weder Angehörige noch nahestehende Personen sind. Andererseits ist zu berücksichtigen: Das **Unrecht dieser Tat ist gemindert**, da der Täter hochrangige Rechtsgüter bewahrt und mit einer entsprechenden Rettungsabsicht handelt. Die mit Rettungsabsicht erfolgende Abwendung der Gefahr für andere mindert das Unrecht im Vergleich zu Taten, bei denen dies nicht der Fall ist. Auch steht der Betreffende durchaus in einer **Konfliktlage**, da er Menschen retten kann, die anderenfalls den sicheren Tod finden. Aus dieser Gefahr für erhebliche Rechtsgüter resultiert also ein **Motivationsdruck** für den Täter.[385] Von daher erscheint es richtig, hier eine Entschuldigung in Betracht zu ziehen. Angesichts der vorhandenen Unrechts- und Schuldminderung kann man die Tat verzeihen und den Täter entschuldigen.[386] Insofern geht es dann um den so genannten „übergesetzlichen entschuldigenden Notstand".[387] „Übergesetzlich" meint dabei nicht anderes, als dass dieser Entschuldigungsgrund gesetzlich nicht normiert ist.[388]

121   Es stellt sich aber zunächst die Frage, ob ein solcher Entschuldigungsgrund **überhaupt anzuerkennen** ist. Dies ist vor allem vor dem Hintergrund zweifelhaft, dass es im Prinzip eine Entscheidung des Gesetzgebers ist, wann und unter welchen Voraussetzungen er eine Tat verzeiht und wann nicht. Dieser Grundsatz könnte der Anerkennung eines solchen „übergesetzlichen" Entschuldigungsgrundes entgegenstehen. Betrachtet man jedoch die Gesetzesmaterialen, so ergibt sich daraus, dass der Gesetzgeber ganz bewusst keine Regelung zur Lösung derartiger Fälle getroffen hat, da die Problematik nach Auffassung des Gesetzgebers noch nicht hinreichend geklärt war und die Lösung Rechtsprechung und Schrifttum überlassen bleiben sollte.[389] Folglich ist die Regelung des § 35 StGB insofern **nicht als abschließend** zu verstehen, vielmehr ist es möglich, neben diesem Entschuldigungsgrund in bestimmten Extremfällen einen übergesetzlichen entschuldigenden Notstand anzuerkennen.[390]

122   Der **BGH** hat sich bezüglich der Anerkennung des übergesetzlichen entschuldigenden Notstands bislang weder klar dagegen noch dafür ausgesprochen. Im Euthanasieärzte-Fall hat der BGH einen Verbotsirrtum in Erwägung gezogen,[391] was vor dem Hinter-

---

385   Vgl. *Ebert* AT S. 110; *Heghmanns* AD LEGENDUM **2015** 96, 101; *Kühl* AT § 12 Rdn. 98; *Sch/Schröder/Lenckner/Sternberg-Lieben* Vor § 32 Rdn. 116; *Rönnau* JuS **2017** 113, 115; *Rogall* SK Vor § 19 Rdn. 58.
386   Siehe dazu auch *Ebert* AT S. 110; *Frister* 20. Kap. Rdn. 26 ff; *Jescheck/Weigend* § 47 I 3; *Kühl* AT § 12 Rdn. 98 f; *Küper* JuS **1971** 474, 477; *Murmann* § 26 Rdn. 94. Wiederum auch hier auf präventive Strafbedürfnisse abstellend etwa *Jäger* ZStW **115** (2003) 765, 786; *Roxin* AT I § 22 Rdn. 148; zusätzlich neben der Unrechts- und Schuldminderung auf das fehlende präventive Strafbedürfnis rekurrierend *Kühl* AT § 12 Rdn. 98; zu weiteren Erklärungsansätzen siehe *Neumann* NK Rdn. 56 ff.
387   Siehe zu diesem Entschuldigungsgrund ausführlich auch *Rönnau* LK Vor § 32 Rdn. 354 ff. Die Bezeichnungen differieren, so insofern damit inhaltliche Abweichungen verbunden sind; siehe dazu *Kühl* AT § 12 Rdn. 93 f; *Zimmermann* S. 264 f. Dennoch erscheinen manche Umschreibungen zumindest missverständlich. So wird etwa teilweise vom „quantitativen Lebensnotstand" gesprochen – so etwa *Ebert* AT S. 110; *Hilgendorf/Valerius* AT § 6 Rdn. 58; *Rengier* AT § 26 Rdn. 40 –, wobei sich diese Umschreibung nicht hinreichend von § 35 StGB abhebt. Darüber hinaus ist das Leben gerade nicht quantifizierbar. Abzulehnen ist auch die Umschreibung als „Pflichtenkollision" (so jedoch *Achenbach* JR **1975** 492, 495; *Fischer* Vor § 32 Rdn. 15), denn dieser Begriff sollte dem Bereich des Unterlassens vorbehalten werden.
388   *Zieschang* AT Rdn. 384.
389   *Horstkotte* Prot. V S. 1839, 1849 f; *Rönnau* JuS **2017** 113; *Stree* JuS **1973** 461, 468; kritisch zu einer fehlenden Normierung des übergesetzlichen entschuldigenden Notstands *Zieschang* in: Hilgendorf/Weitzel, S. 173, 189.
390   Siehe *Kühl* AT § 12 Rdn. 92; *Stübinger* ZStW **123** (2011) 403, 443; *Zimmermann* S. 268 ff; kritisch hingegen *Duttge* HK-GS Rdn. 23; *Matt/Renzikowski/Engländer* Rdn. 20; *Mitsch* GA **2006** 11, 13 f; *ders.* JA **2006** 509, 515; *Schlehofer* MK Vor § 32 Rdn. 298 ff.
391   BGH NJW **1953** 513, 514; für einen persönlichen Strafausschließungsgrund OGHSt **1** 321, 335.

grund zweifelhaft erscheint, dass sich die Ärzte regelmäßig durchaus des Unrechts ihrer Tat bewusst waren. Ausdrücklich erwähnt hat der BGH den übergesetzlichen entschuldigenden Notstand im Katzenkönig-Fall:[392] Hier hat der BGH ausgeführt, „ein solcher Entschuldigungs- oder Strafausschließungsgrund" könne, „wenn er überhaupt besteht, dem Täter allenfalls unter der Voraussetzung zugebilligt werden, dass eine gewissenhafte Prüfung des Vorliegens einer Notstandssituation stattgefunden hat."[393]

Die überwiegende Ansicht im **Schrifttum** erkennt den übergesetzlichen entschuldigenden Notstand als Entschuldigungsgrund an,[394] wenn auch im Detail damit durchaus unterschiedliche Voraussetzungen verbunden werden. Manche Stimmen befürworten jedoch bereits eine Rechtfertigung[395] oder nehmen erst einen Strafausschließungsgrund an.[396] Teilweise wird auch von einem „rechtsfreien Raum" ausgegangen.[397] Schließlich lehnen manche Autoren den übergesetzlichen entschuldigenden Notstand insgesamt ab.[398] **123**

Gegen die Einordnung als Rechtfertigungsgrund spricht, dass es in Konstellationen des übergesetzlichen entschuldigenden Notstands vor allem darum geht, dass Menschen auf Kosten anderer Menschen gerettet werden, ohne dass von den geopferten Menschen ein Angriff ausgeht. Sie besitzen gerade keine Duldungspflicht, vielmehr könnten sie Notwehr ausüben, sodass die Rechtfertigungslösung ausscheidet. Anderenfalls würde der Wert menschlichen Lebens unzulässig relativiert. Umgekehrt kann aber hier auch nicht von einem rechtsfreien Raum ausgegangen werden. Ansonsten würde das Recht gerade in solchen brisanten Fällen kapitulieren, obwohl es seine Aufgabe ist, auch in derart problematischen Konstellationen anzugeben, wie bestimmte Verhaltensweisen rechtlich einzuordnen sind. Der Einzelne könnte anderenfalls sein Verhalten nicht mehr an der Rechtsordnung ausrichten. Die Klassifizierung als Strafausschließungsgrund überzeugt ebenfalls nicht, denn ein solcher kommt nur in Betracht, wenn es um in der Person oder den Verhältnissen des Täters liegende Gründe geht, was hier gerade nicht der Fall ist.[399] Im Übrigen muss der Gesetzgeber entscheiden, ob er einen Strafausschließungsgrund aufstellt. Wenn schließlich dieser Entschuldigungsgrund insgesamt abgelehnt wird, würden die beim Täter vorhandene Unrechtsminderung – er wehrt mit Rettungsabsicht Gefahren ab – und Schuldminderung – der Täter befindet sich in einem Motivationsdruck zur Rettung von Menschen – nicht berücksichtigt. Insgesamt ist daher der **übergesetzliche entschuldigende Notstand als Entschuldigungsgrund anzuerkennen**. **124**

2. Die Voraussetzungen des übergesetzlichen entschuldigenden Notstands. Es ist bereits angeklungen, dass der übergesetzliche entschuldigende Notstand vor allem dann in Betracht kommt, wenn § 35 StGB insbesondere deswegen ausscheidet, weil sich kein Angehöriger und keine dem Täter nahestehende Person in Gefahr befindet. Das bedeutet aber auf der anderen Seite auch, dass die Voraussetzungen des überge- **125**

---

392 BGHSt **35** 347, 350.
393 BGHSt **35** 347, 350 f.
394 So etwa *Gropp* AT § 6 Rdn. 196; *Krey/Esser* Rdn. 774; *Kühl* AT § 12 Rdn. 92 ff; *Rengier* AT § 26 Rdn. 42 f; SSW/*Rosenau* Vor § 32 Rdn. 67; *Stratenwerth/Kuhlen* AT § 10 Rdn. 129; *Wessels/Beulke/Satzger* Rdn. 677.
395 Siehe *Brauneck* GA **1959** 261, 271; *Otto* Jura **2005** 470, 478; *ders.* AT § 8 Rdn. 195.
396 So im Euthanasieärzte-Fall OGHSt **1** 321, 335; OGHSt **2** 117, 126; zustimmend *Gropp* AT § 6 Rdn. 195 f; *Peters* JR **1949** 496, 498 f.
397 *Arth. Kaufmann* FS Maurach 327, 330 ff.
398 Siehe etwa *Bott* S. 191 ff, 331; *Momsen* S. 462 ff, 537 f; *Schlehofer* MK Vor § 32 Rdn. 298 ff.
399 *Kühl* AT § 12 Rdn. 96.

setzlichen entschuldigenden Notstands **eng an § 35 StGB angelehnt** sind.[400] Erforderlich ist daher, dass eine **gegenwärtige Gefahr für das Leben** eines anderen Menschen vorliegt. Diese Gefahr muss wie bei § 35 StGB objektiv vorliegen. Nimmt der Täter nur irrtümlich die tatsächlichen Voraussetzungen an, ist § 35 Abs. 2 StGB analog heranzuziehen.[401]

126 Problematisch ist, ob der übergesetzliche Notstand auch bei Gefahren für andere Rechtsgüter heranzuziehen ist. Manche Stimmen im Schrifttum befürworten eine Anwendung wie bei § 35 StGB auch auf Leib und Freiheit.[402] Andere wollen ihn ausdehnen auf Rechtsgüter von existentiellem Gewicht.[403] Das OLG Hamm hat sogar ausgeführt, dass der übergesetzliche entschuldigende Notstand selbst zur Abwendung wirtschaftlicher Gefahren in Betracht komme.[404] Zu berücksichtigen ist hingegen, dass dem übergesetzlichen entschuldigenden Notstand **Ausnahmecharakter** zukommt.[405] Folglich ist bei der Anwendung dieses Entschuldigungsgrundes **Zurückhaltung** geboten.[406] Das spricht dann aber für eine Beschränkung auf das Rechtsgut „Leben". Soweit man auf Rechtsgüter von existentiellem Gewicht abstellt, bleibt dieser Begriff recht vage, wenn man nicht ohnehin nur das Leben darunter zu subsumieren hat. Da beim übergesetzlichen Notstand die Gefahr gerade keiner Sympathieperson droht, bedarf es einer besonderen Begründung, warum bei dem Täter von einem besonderen Motivationsdruck auszugehen ist; die liegt nun aber gerade darin, dass sich ein besonders gewichtiges Gut, nämlich das Leben anderer Menschen, in Gefahr befindet. Vor diesem Hintergrund sollte der Anwendungsbereich auch nur diesem Rechtsgut vorbehalten sein.

127 Weitere Voraussetzung ist parallel zu § 35 StGB, dass die Gefahr **nicht anders abwendbar** ist.[407] Es darf also kein milderes geeignetes Mittel zur Abwendung der Gefahr zur Verfügung stehen. Darüber hinaus ist wie bei § 35 StGB zu verlangen, dass der Täter mit **Gefahrabwendungsabsicht** handelt,[408] denn hieraus resultiert gerade auch die Unrechtsminderung. Ebenso wenig wie bei § 35 StGB wird man aber – anders als die Rechtsprechung[409] – eine gewissenhafte Prüfung des Vorliegens einer Notstandssituation zu verlangen haben.

128 Ausgeführt worden ist, dass im Fall des **§ 35 Abs. 1 Satz 2 StGB** die vorhandene Unrechts- und Schuldminderung wieder kompensiert wird. Entsprechendes gilt auch hier, wobei zu beachten ist, dass die Entschuldigung nicht entfällt, wenn zwar dem Täter die Hinnahme der Gefahr zuzumuten ist, nicht aber den in Gefahr befindlichen Personen. Umgekehrt hat der Täter es zu akzeptieren, wenn den in Gefahr Geratenen die Hinnahme der Gefahr zuzumuten ist, nicht aber dem Täter. Auch hier gilt aber im Übrigen: Niemandem ist die Hinnahme des sicheren Todes zumutbar.

129 Kontrovers wird beurteilt, ob der Täter in der Konfliktsituation „**das kleinere Übel**" gewählt haben muss, um entschuldigt zu werden, also insbesondere mehr Menschen

---

400 Siehe auch *Kühl* AT § 12 Rdn. 93.
401 *Kühl* AT § 12 Rdn. 99, § 13 Rdn. 84; *Neumann* NK Rdn. 62c; *Roxin* AT I § 22 Rdn. 153.
402 *Bergmann/Kroke* Jura **2010** 946, 953; *Rönnau* LK Vor § 32 Rdn. 366.
403 *Jakobs* AT 20 Rdn. 42; *Kindhäuser* AT § 21 Rdn. 14.
404 OLG Hamm NJW **1976** 721, 722.
405 *Mitsch* JR **2013** 351, 356; *Rengier* AT § 26 Rdn. 42; *Rönnau* JuS **2017** 113, 116.
406 *Kühl* AT § 12 Rdn. 99.
407 So etwa auch *Jakobs* AT 20 Rdn. 42; *Kühl* AT § 12 Rdn. 99.
408 *Bergmann/Kroke* Jura **2010** 946, 953; *Rönnau* LK Vor § 32 Rdn. 372; *Zieschang* JA **2007** 679, 685; dagegen lässt *Jakobs* AT 20 Rdn. 42 Kenntnis ausreichen.
409 BGHSt **35** 347, 350 f, wobei offenbleibt, ob der übergesetzliche Notstand überhaupt anzuerkennen ist.

gerettet werden müssen als sterben. Vielfach wird diese Voraussetzung aufgestellt.[410] Andere Autoren argumentieren, dass die Nichtquantifizierbarkeit des Lebens einem solchen Erfordernis entgegensteht.[411]

130 Dass das Kriterium des „kleineren Übels" **verfehlt** ist und geeignet, Missverständnisse zu erzeugen, zeigt sich bereits an Konstellationen, in denen der Täter viele Menschen tötet, um Einzelne zu retten, ansonsten aber alle verstorben wären. Schließt etwa der Täter bei einem Brand die Brandschutztür, wodurch fünf Menschen überleben, jedoch 200 Menschen sterben, ist er entschuldigt, wenn die Alternative allein darin besteht, dass anderenfalls alle Hausbewohner sterben. Aber selbst in Fällen, in denen der Täter die Wahl hat, viele oder weniger Menschen zu retten, ist Entschuldigung anzunehmen, selbst wenn er nur die wenigen rettet auf Kosten der vielen anderen Personen. Das resultiert schon daraus, dass der Wert menschlichen Lebens nicht quantifizierbar und eben keiner Addition zugänglich ist. Insofern kann auch nicht von einem „kleineren" oder „größeren" Übel gesprochen werden. Im Übrigen ist auch dann der seelische Druck vorhanden, wenn die kleinere Anzahl von Personen gerettet wird. Das Erfordernis des „kleineren Übels" ist daher abzulehnen.

131 Sehr problematisch sind jedoch Konstellationen, in denen die **Gefahr auf Unbeteiligte** abgewälzt wird. Während etwa im Euthanasieärzte-Fall die betroffenen Anstaltsinsassen eine Gefahrengemeinschaft bilden, wird die Gefahr im Weichensteller-Fall auf bislang Unbeteiligte abgewälzt, die von keiner Gefahr betroffen sind.[412] Zuginsassen und Gleisarbeiter bilden gerade keine Schicksalsgemeinschaft. Teilweise wird im Schrifttum in solchen Konstellationen eine Entschuldigung über den übergesetzlichen entschuldigenden Notstand verneint.[413] Das Setzen einer völlig neuen Gefahr sei ein vorwerfbares „Schicksal-Spielen", das die Gemeinschaft nicht straflos lassen sollte.[414] Entscheiden zu wollen, wer leben darf und sterben muss, sei eine schuldtypische Anmaßung von Willkür.[415] Eine ganze Reihe von Autoren will aber auch in diesem Fall, in dem Unbeteiligte zur Rettung anderer aufgeopfert werden, eine Entschuldigung über den übergesetzlichen entschuldigenden Notstand bejahen.[416] Auch in derartigen Konstellation sei das Unrecht gemindert, zudem befinde sich der Täter ebenfalls in einer seelischen Zwangslage.[417]

---

410   Etwa *Beutler* S. 243; Baumann/Weber/Mitsch/*Eisele* § 18 Rdn. 49; *Neumann* NK Rdn. 60 ff; *Paeffgen/Zabel* Vor § 32 Rdn. 295; *Stratenwerth/Kuhlen* AT § 10 Rdn. 129; *Welzel* Strafrecht § 23 III 1; *Zimmermann* S. 293.
411   *Kühl* AT § 12 Rdn. 100, der jedoch Gleichwertigkeit des geschützten Interesses verlangt; ebenso Lackner/*Kühl* Vor § 32 Rdn. 31; *Rönnau* LK Vor § 32 Rdn. 369. Gegen das Erfordernis des kleineren Übels etwa *Rogall* SK Vor § 19 Rdn. 58.
412   *Jäger* AT Rdn. 208 (für Anwendung von § 17 StGB); *Stübinger* ZStW **123** (2011) 403, 446; Wessels/Beulke/Satzger Rdn. 679d. Ob es in Konfliktlagen beim vollautomatisierten Fahren um eine Gefahrengemeinschaft geht, hängt von den jeweiligen Fallgestaltungen im Einzelfall ab. Weicht ein auf der Straße fahrendes Fahrzeug einer Person auf der Fahrbahn aus und werden nun Menschen auf dem Bürgersteig getötet, läge wie im Weichensteller-Fall keine Gefahrengemeinschaft vor. Anders ist das wiederum zu beurteilen, wenn die Getöteten sich ebenfalls auf der vom Fahrzeug befahrenen Straße aufhielten.
413   *Heinrich* Rdn. 596; *Jäger* AT Rdn. 208; ders. JA **2008** 678, 683; *Jakobs* AT 20 Rdn. 42; *Neumann* NK Rdn. 61 f; *Roxin* AT I § 22 Rdn. 161 ff; *Stübinger* ZStW **123** (2011) 403, 445 f; *Walter* S. 144 ff; Wessels/Beulke/Satzger Rdn. 679d; *Zieschang* JA **2007** 679, 685.
414   Wessels/Beulke/*Satzger* Rdn. 679d.
415   *Stübinger* ZStW **123** (2011) 403, 446.
416   Baumann/Weber/Mitsch/*Eisele* § 18 Rdn. 49; *Frister* 20. Kap. Rdn. 28; *Gallas* FS Mezger 311, 332 ff; *Hörnle* FS Herzberg 555, 573; *Kühl* AT § 12 Rdn. 104 f; *Murmann* GK § 26 Rdn. 95; *Paeffgen/Zabel* NK Vor § 32 Rdn. 294 f; *Rönnau* LK Vor § 32 Rdn. 360; ders. JuS **2017** 113, 115; *Rogall* SK Vor § 19 Rdn. 58; SSW/*Rosenau* Vor § 32 Rdn. 67; *Welzel* ZStW **63** (1951) 47, 51.
417   *Kühl* AT § 12 Rdn. 105; *Murmann* GK § 26 Rdn. 95; SSW/*Rosenau* Vor § 32 Rdn. 67; Sch/Schröder/Lenckner/Sternberg-Lieben Vor § 32 Rdn. 117a.

132 Es ist nicht zu leugnen, dass auch im Weichensteller-Fall das Unrecht der Tat gemindert ist, da der Täter zur Rettung von Rechtsgütern vorgeht, und ebenfalls eine seelische Zwangslage vorliegen mag. Andererseits erscheint der Entscheidungskonflikt nicht so extrem, wenn bislang gänzlich Unbeteiligte geopfert werden, was gegen eine Entschuldigung spricht, denn die Überwälzung auf Unbeteiligte ist Willkür. Es ist daher ausreichend, die besondere Situation bei der Strafzumessung zu berücksichtigen. Anderenfalls würde der ohnehin auf Ausnahmefälle zu reduzierende übergesetzliche entschuldigende Notstand eine unzulässige Ausweitung erfahren.[418] Letztlich müsste auch in der Konsequenz die Wegnahme eines lebensnotwendigen Medikaments bei einem Patienten zur Rettung eines anderen Patienten entschuldigt sein. Wenn nun aber die Befürworter einer Entschuldigung im Weichensteller-Fall diesen Weg nicht gehen wollen,[419] zeigt das, dass ein ganz anderer Aspekt hinter der Forderung nach Entschuldigung steht, nämlich die Rettung vieler unter Aufopferung Einzelner. Es ist jedoch schon betont worden, dass menschliches Leben weder einer qualitativen noch quantitativen Abwägung zugänglich ist. Festzuhalten ist damit, dass der übergesetzliche entschuldigende Notstand nur in Fällen der Gefahrengemeinschaft (Schicksalsgemeinschaft) in Betracht kommen kann, wie dies im Euthanasieärzte-Fall, im Flugzeug-Fall und im Hausbrand-Fall gegeben ist, nicht aber etwa im Weichensteller-Fall.

133 Aus Anlass vor allem des Entführungsfalls *Jakob von Metzler*, in dem dem Entführer von einem Polizeibeamten Schmerzen angedroht wurden, falls er das Versteck des Kindes nicht preisgebe, wird diskutiert, ob das Verhalten des Polizeibeamten möglicherweise über den übergesetzlichen entschuldigenden Notstand entschuldigt sein kann. Unabhängig davon, dass sich Hoheitsträger in diesem Fall schon grundsätzlich nicht auf §§ 32, 34 StGB berufen können, scheitert eine Rechtfertigung von vornherein am absoluten Folterverbot.[420] Sollte überhaupt im Einzelfall die Erforderlichkeit der Notstandshandlung einmal gegeben sein, entfällt § 35 StGB dennoch, denn das Entführungsopfer ist weder Angehöriger noch nahestehende Person. Im Hinblick auf den übergesetzlichen entschuldigenden Notstand ist zu konzedieren, dass durchaus eine Unrechtsminderung vorliegt, handelt doch der Polizeibeamte in der Absicht der Rettung des Entführten. Eine Entschuldigung scheitert indessen daran, dass ein entsprechender Motivationsdruck fehlt, denn Polizeibeamte wissen, dass ein absolutes Folterverbot besteht. Ein Gewissenskonflikt ist daher von vornherein nicht gegeben. Daher ist eine Entschuldigung zu verneinen.[421]

VI. Die Unzumutbarkeit normgemäßen Verhaltens

134 Die bisherigen Darlegungen haben verdeutlicht, dass insbesondere bei der Entschuldigung nach § 35 StGB Zumutbarkeitserwägungen eine Rolle spielen. So bestimmt § 35 Abs. 1 Satz 2 StGB, dass trotz Vorliegens der Voraussetzungen von § 35 Abs. 1 Satz 1 StGB eine Entschuldigung ausscheidet, soweit dem Täter nach den Umständen „zugemutet

---

418 *Zieschang* AT Rdn. 389.
419 *Kühl* AT § 12 Rdn. 106; *Sch/Schröder/Lenckner/Sternberg-Lieben* Vor § 32 Rdn. 117a; *Rönnau* LK Vor § 32 Rdn. 370; *ders.* JuS **2017** 113, 116; *Rogall* SK Vor § 19 Rdn. 59; siehe auch *Hörnle* FS Herzberg 555, 573.
420 Siehe dazu bereits m.w.N. zum Streitstand *Zieschang* LK § 34 Rdn. 39, 157.
421 Ebenfalls eine Entschuldigung verneinend etwa LG Frankfurt/M. NJW **2005** 692, 695; *Beutler* S. 223 ff, 303 ff, 323 f; *Bott* S. 292 ff; *Jäger* FS Herzberg 539, 551; *ders.* JA **2008** 678, 683; *Jeßberger* Jura **2003** 711, 715. Dagegen möchte *Roxin* FS Eser 461, 468 f, *ders.* FS Nehm 205, 216 zwar nicht im obigen Entführungsfall, jedoch in Extremsituationen, bei denen viele Menschen sterben werden, wenn der Attentäter nicht das Versteck einer Bombe preisgibt, den übergesetzlichen entschuldigenden Notstand (Verantwortungsausschluss) heranziehen.

werden konnte, die Gefahr hinzunehmen". Von daher fragt sich, ob ein allgemeiner Entschuldigungsgrund der Unzumutbarkeit normgemäßen Verhaltens anzuerkennen ist.

Die heute ganz herrschende Meinung im Schrifttum steht auf dem Standpunkt, dass 135 die Unzumutbarkeit normgerechten Verhaltens **kein Entschuldigungsgrund** beim **vorsätzlichen vollendeten Begehungsdelikt** ist.[422] Dabei wird vor allem mit der Unbestimmtheit des Begriffs argumentiert. Die Anerkennung eines solchen Entschuldigungsgrundes hätte zur Konsequenz, dass der Rechtsanwender die Verpflichtung zur Normbefolgung nach seinen eigenen Wertvorstellungen nahezu unbegrenzt relativieren könnte.[423] Der Rechtsunsicherheit wäre Tür und Tor geöffnet.[424] Es handele sich um eine Leerformel.[425] Dem ist uneingeschränkt zuzustimmen. Die Formel bleibt vage und lässt die notwendige Rechtssicherheit vermissen. Aus rechtsstaatlichen Erwägungen ist daher die Unzumutbarkeit normgemäßen Verhaltens als allgemeiner Entschuldigungsgrund **abzulehnen**.[426]

Rechtsprechung und weite Teile des Schrifttums wollen hingegen diesen Entschul- 136 digungsgrund beim **Fahrlässigkeitsdelikt**[427] und beim **Unterlassungsdelikt**[428] heranziehen. Dies sei im Hinblick auf den geringeren Unrechtsgehalt dieser Taten im Vergleich zur Vorsatztat möglich.[429] Es gibt aber auch eine nicht unerhebliche Anzahl von Autoren, welche diesen Entschuldigungsgrund **insgesamt ablehnen** und ihn weder beim Fahrlässigkeitsdelikt noch beim Unterlassungsdelikt anerkennen.[430]

Die Rechtsprechung und h.M. im Schrifttum verhalten sich widersprüchlich. Wenn 137 dieser Entschuldigungsgrund beim vorsätzlichen vollendeten Begehungsdelikt deswegen abgelehnt wird, weil er zu unbestimmt ist und eine Leerformel darstellt, dann gilt dies gleichermaßen für das Fahrlässigkeits- und Unterlassungsdelikt. Hinreichend klare Konturen sind damit nicht verbunden. Das offenbart auch der BGH, wenn er ausführt, bei der Frage, ob ein bestimmtes Verhalten zumutbar sei, handele es sich um eine vornehmlich dem Tatrichter vorbehaltene Wertung des Einzelfalls.[431] Damit wird aber die Wertung dem jeweiligen Rechtsgefühl des Rechtsanwenders überlassen, was mit dem Erfordernis der Rechtssicherheit schwer zu vereinbaren ist. Daher ist dieser Entschuldigungsgrund insgesamt abzulehnen. Nur so wird auch gewährleistet, dass die Voraussetzungen des § 35 StGB nicht umgangen oder aufgeweicht werden.

VII. Verfahrensrecht

§ 35 StGB ist als Entschuldigungsgrund von Amts wegen zu beachten. Bestehen 138 Zweifel in tatsächlicher Hinsicht, greift der Grundsatz in dubio pro reo. § 35 StGB ist nur

---

422 Siehe etwa *Hauck* AnwK Vor § 32 Rdn. 35; *Jescheck/Weigend* § 47 II 2; *Kindhäuser* AT § 21 Rdn. 13; *Murmann* GK § 26 Rdn. 92; *Rengier* AT § 28 Rdn. 1; *Roxin* AT I § 22 Rdn. 142 ff.
423 *Frister* 20. Kap. Rdn. 23.
424 *Wessels/Beulke/Satzger* Rdn. 676.
425 *Roxin* AT I § 22 Rdn. 145.
426 BGH NJW **1953** 513, 514.
427 Etwa RGSt **30** 25, 28; BGHSt **4** 20, 23; *Heinrich* Rdn. 1025; *Hilgendorf/Valerius* AT § 12 Rdn. 43; *Kindhäuser* AT § 33 Rdn. 63; *Roxin* AT I § 24 Rdn. 128.
428 BGHSt **3** 203, 206; BGH NStZ **1994** 29; *Kühl* AT § 18 Rdn. 140; *Murmann* GK § 29 Rdn. 80; *Rengier* AT § 49 Rdn. 47 ff. Manche Autoren schließen bei Unzumutbarkeit bereits den Tatbestand aus; so etwa *Matt/Renzikowski/Haas* § 13 Rdn. 30; *Krey/Esser* Rdn. 1172 f.
429 Siehe *Stratenwerth/Kuhlen* AT § 15 Rdn. 50 (zum Fahrlässigkeitsdelikt), § 13 Rdn. 83 (zum Unterlassungsdelikt).
430 Etwa *Frister* 20. Kap. Rdn. 25, 22. Kap. Rdn. 64; *Maurach/Gössel/Zipf* § 44 Rdn. 59, § 46 Rdn. 177; *Momsen* S. 386 ff, 447 ff; *Schlehofer* MK Vor § 32 Rdn. 305 ff.
431 BGHSt **6** 46, 57; BGH NStZ **1984** 164; BGH NJW **1998** 1568, 1574.

anwendbar, wenn zuvor festgestellt worden ist, dass eine rechtswidrige Tat verwirklicht wurde, was nicht offenbleiben darf.[432] Liegen folglich insbesondere die Voraussetzungen des § 34 StGB vor, kommt § 35 StGB nicht in Betracht.[433]

FÜNFTER TITEL
Straflosigkeit parlamentarischer Äußerungen und Berichte

Vorbemerkungen zu den §§ 36 und 37

Schrifttum

A. Zur Indemnität und zur Verantwortlichkeitsfreiheit parlamentarischer Berichte

Achterberg Grundzüge des Parlamentsrechts (1971); *ders*. Die parlamentarische Verhandlung (1979); *ders*. Die Grundsätze der parlamentarischen Verhandlung, DVBl. **1980** 512; *ders*. Die Rechtsstellung des Abgeordneten, JA **1983** 303; *ders*. Parlamentsrecht (1984); *Arndt* Parlamentarische Geschäftsordnungsautonomie und autonomes Parlamentsrecht (1966); *Basakoglu* Die Beobachtung von Abgeordneten durch den Verfassungsschutz, Diss. (2017); *Bloy* Die dogmatische Bedeutung der Strafausschließungs- und Strafaufhebungsgründe (1976) S. 58 ff; *Breuling* Immunität und Republik (1927); *Bücker* Aktuelle Fragen der Immunität und Indemnität in Plenarsitzungen des Deutschen Bundestages, Festgabe Blischke (1982) 45; *Graf zu Dohna* Redefreiheit, Immunität und Zeugnisverweigerungsrecht, in: Anschütz, Handbuch des Deutschen Strafrechts Bd. I (1930) S. 439; *Erbguth/Stollmann* Der praktische Fall, Verwaltungsrundschau **1992** 401; *dies*. Der praktische Fall, JuS **1993** 488; *Friesenhahn* Zur Indemnität der Abgeordneten in Bund und Ländern, DÖV **1981** 512; *Frotscher* Ehrenschutz im öffentlichen Recht, JuS **1978** 505, 510; *Graul* Indemnitätsschutz für Regierungsmitglieder? NJW **1991** 1717; *Haager* Ueber die Verantwortlichkeit der Mitglieder eines Landtags oder einer Kammer wegen der daselbst gethanen Aeußerungen und wegen der Berichterstattung hierüber, GS **1873** 267; *Haftendorn* Die politische Funktion der Parlamentsberichterstattung, Publizistik **1961** 3; *Härth* Die Rede- und Abstimmungsfreiheit der Parlamentsabgeordneten in der Bundesrepublik Deutschland (1983) (zitiert: *Härth* Rede- und Abstimmungsfreiheit); Bespr. hierzu: *Erdmann* DVBl. **1984** 736; *Linck* DÖV **1985** 82; *Partsch* Der Staat **1986** 445; *Roll* ZRP **1983** 287; *Helle* Die Rechtswidrigkeit der ehrenrührigen Behauptung, NJW **1961** 1896; *Hemeyer* Zensur durch den Zivilrichter? ZRP **1971** 174; *Hermesmeier* Grenzen der Indemnität, Festschrift Kirchberg (2017) (zitiert: *Hermesmeier* Grenzen); *Hubrich* Die Immunität der parlamentarischen Berichterstattung, in: Hirth/Seydel (Hrsg.) Annalen des Deutschen Reichs **1897** 1; *ders*. Die parlamentarische Redefreiheit und Disciplin (1899); *Ibert* Die berufliche Immunität der Abgeordneten, Diss. Kiel 1933; *Jung* Indemnität gegenüber zivilrechtlichen Ansprüchen, JuS **1983** 431; *Kewenig/Magiera* Umfang und Regelung der Indemnität von Abgeordneten insbesondere bei schriftlichen Fragen an die Regierung, Zeitschrift für Parlamentsfragen **1981** 223; *Kilian* Der praktische Fall: Die Koalitionsvereinbarung, Verwaltungsrundschau **1987** 350; *H.H. Klein* Status des Abgeordneten, in: Isensee/Kirchhof (Hrsg.) Handbuch des Staatsrechts der Bundesrepublik Deutschland, Bd. II 3. Aufl. 2005, § 511 (zitiert: *ders*. Handbuch des Staatsrechts der Bundesrepublik Deutschland); *ders*. Indemnität und Immunität, in: Schneider/Zeh (Hrsg.) Parlamentsrecht und Parlamentspraxis in der Bundesrepublik Deutschland, 1989, § 17, S. 555 (zitiert: *ders*. Parlamentsrecht und Parlamentspraxis); *Kreicker* Die strafrechtliche Indemnität und Immunität der Mitglieder des Europäischen Parlaments, GA **2004**, 643 (zitiert: *ders*. Indemnität); *Kuhn* Indemnität für ehrenamtliche Gemeinderatsmitglieder? BayVBl. **1989** 169; *Lange* Das parlamentarische Immunitätsprivileg als Wettbewerbsvorschrift 2009; *Linden* Historische, rechtstheoretische und pragmatisch-politische Rechtfertigung der Indemnität in der parlamentarischen Demokratie der Bundesrepublik Deutschland und im Rechtsvergleich mit anderen Verfassungen, Diss. Köln 1978; *Mang* Die Indemnität der Abgeordneten des Bayerischen Landtags, BayVBl. **1980** 550; *Menzenbach* Die Parlamentarischen (2015); *Meyer-Hesemann* Indemnitätsprivileg und Kleine Anfragen von Abgeordneten,

---

432 Siehe zu diesem Aspekt bereits *Zieschang* LK § 34 Rdn. 171.
433 *Sch/Schröder/Perron* Rdn. 1; SSW/*Rosenau* Rdn. 2.

DÖV **1981** 288; *Münzel* Anm. zu LG Koblenz, NJW **1961** 125; *Nettesheim* Können sich Gemeinderäte der „Untreue" schuldig machen? BayVBl. **1989** 161; *Rinck* Die Indemnität des Abgeordneten im Bundesstaat des Bonner Grundgesetzes, JZ **1961** 248; *Ritzel/Bücker/Schreiner* Handbuch für die Parlamentarische Praxis mit Kommentar zur Geschäftsordnung des Deutschen Bundestages (Stand: Dezember 2016); *Roll* Indemnität gegenüber zivilrechtlichen Ansprüchen, NJW **1980** 1439; *Roßmann* Die Parlamentsberichterstattung, Festschrift Hanauer (1978) 208; *Roxin* Rechtfertigungs- und Entschuldigungsgründe in Abgrenzung von sonstigen Strafausschließungsgründen, JuS **1988** 425; *Röper* Anm. zu BGHZ 75 384, DVBl. **1980** 563; *Ruland* Indemnität und Amtshaftung für Abgeordnete, Der Staat **1975** 457; *Sachs* Anm. zu BVerwGE 83 1, JuS **1987** 904; *Sänger* Parlament und Parlamentsberichterstattung, in: E. Hübner u.a. (Hrsg.) Der Bundestag von innen gesehen (1969) S. 261; *Schröder* Indemnitätsschutz für Abgeordnete, Zeitschrift für Parlamentsfragen **1981** 442; *ders.* Rechtsfragen des Indemnitätsschutzes, Der Staat **1982** 25; *Steffen* Anm. zu BGHZ 75 384, LM § 823 BGB Nr. 10; *Stock* Untersuchungsrecht des Bundestages gegen „unwürdige" Abgeordnete? ZRP **1995** 286; *Troßmann* Parlamentsrecht des Deutschen Bundestages (1977); *Troßmann/Roll* Ergänzungsband hierzu (1981); Bespr. dazu *Jekewitz* GA **1983** 375; *Versteyl* Zur Reichweite der Indemnität für Äußerungen von Parlamentariern, Zeitschrift für Parlamentsfragen **1975** 290; *Vetter* Abgeordneten-Überprüfung durch Untersuchungsausschüsse? Ein Beitrag zur Stasi-Diskussion in deutschen Parlamenten, ZParl **1993** 211; *Walter* Indemnität für Landtagsabgeordnete – zum Regelungsgehalt des § 36 StGB, JZ **1999** 981; *Warnecke* Keine Indemnität eines Landtagsabgeordneten bei der Publizierung einer schriftlichen Anfrage, Zeitschrift für Parlamentsfragen **1980** 540; *Weber* Anm. zu BGH NJW 1981 2117, JuS **1982** 297; *Wild* Der Elefant im Porzellanladen: Parlamentarische Redebeiträge vor den Zivilgerichten, Zeitschrift für Parlamentsfragen **1998** 317; *Wiefelspütz* Indemnität und Immunität, in: Morlok/Schliesky/Wiefelspütz, Parlamentsrecht (2016) § 13; *Witte-Wegmann* Parlamentarische Redefreiheit auch für Regierungsmitglieder? DVBl. **1974** 866; *Wolfrum* Indemnität im Kompetenzkonflikt zwischen Bund und Ländern, DÖV **1982** 674; *Wurbs* Regelungsprobleme der Immunität und der Indemnität in der parlamentarischen Praxis (1988); *Zagler* Die eingeschränkte Verantwortlichkeit und Verfolgbarkeit öffentlicher Mandatare, unveröffentlichte Habilitationsschrift, Salzburg (1977).

B. Zur Immunität

Ahrens Immunität von Abgeordneten (1970); *Beyer* Immunität als Privileg (1966); Bespr. hierzu: *Bockelmann* Archiv für öffentliches Recht **1967** 553; *Bockelmann* Die Unverfolgbarkeit der Abgeordneten nach deutschem Immunitätsrecht (1951); *Bornemann* Die Immunität der Abgeordneten im Disziplinarverfahren, DÖV **1986** 93; *Brocker* Umfang und Grenzen der Immunität des Abgeordneten im Strafverfahren, GA **2002** 44; *Butzer* Immunität im demokratischen Rechtsstaat (1991); Bespr. dazu *Jekewitz* GA **1993** 93; *ders.* Die Grundsätze in Immunitätsangelegenheiten im Rechtsquellenkanon des Parlamentsrechts, Zeitschrift für Parlamentsfragen **1993** 384; *Bücker* Immunität und Durchsuchung, ZRP **1975** 23; *Elf* Der Vollzug von Durchsuchungen bei Abgeordneten, NStZ **1994** 375; *Giesing* Grundsätze in Immunitätsangelegenheiten der Abgeordneten der Landesparlamente, DRiZ **1964** 161; *Glauben* Immunität – auch für die Abgeordneten mehr „Plage als Wohltat", DRiZ **2003** 51; *Härth* Berührt ein ausländisches Strafverfahren die Immunität eines deutschen Parlamentsabgeordneten? NStZ **1987** 109; *Herlan* Immunitätsfragen, MDR **1950** 517; *ders.* Anm. zu OLG Schleswig, MDR **1951** 56; *ders.* Neues zum Immunitätsrecht, MDR **1951** 82; *ders.* Die Immunität der Abgeordneten, JR **1951** 325; *Koch* Zur Frage der Aufhebung der Immunität von Abgeordneten des Deutschen Bundestages, DÖV **1951** 425; *Lieber/Rautenberg* Wider das herrschende Immunitätsrecht, DRiZ **2003** 56; *Merten/Pfennig* Immunität und Bußgeldverfahren, MDR **1970** 806; *H. Meyer* Die Immunität der Abgeordneten, GA **1953** 109; *ders.* Bundestag und Immunität (1953); *ders.* Fortgesetzte Strafverfahren und Immunität, JR **1955** 1; *Moller* Immunität und Verfassungsgerichtsbarkeit, DVBl. **1966** 881; *Münzel* Anm. zu LG Koblenz, NJW **1961** 125; *Nau* Beschlagnahme des Führerscheins und Blutentnahme bei Abgeordneten, NJW **1958** 1668; *Ranft* Staatsanwaltschaftliche Ermittlungstätigkeit und Immunität der parlamentarischen Abgeordneten, ZRP **1981** 271; *Reh* Zur Anwendung des Art. 46 Abs. 2 GG, NJW **1959** 86; *Sandhaus* Die Behandlung „mitgebrachter Verfahren" nach den Immunitätsvorschriften des Grundgesetzes, Diss. Münster 1956; *R. Schneider* Immunität und „mitgebrachtes" Verfahren, DVBl. **1955** 350; *ders.* Immunität und Verfahrenseinstellung, DVBl. **1956** 363; *Schorn* Abgeordneter und Immunität, NJW **1966** 234; *A. Schulz* Neue Variationen über ein Thema: Abgeordnetenimmunität und Zwangsmaßnahmen im strafrechtlichen Ermittlungsverfahren, DÖV **1991** 448; *Uhlitz* Die Strafverfolgung von Abgeordneten ohne Genehmigung des

Parlaments, DVBl. **1962** 123; *Wolfslast* Immunität und Hauptverhandlung im Strafverfahren, NStZ **1987** 433.

C. Zu Indemnität (und Immunität) der Mitglieder des Europäischen Parlaments

Beutler: Bieber/Haag, Europaabgeordnetengesetz, 2. Aufl. 2016; *Bieber* Der Abgeordnetenstatus im Europäischen Parlament, Europarecht **1981** 124; *Kreicker* Die strafrechtliche Indemnität und Immunität der Mitglieder des Europäischen Parlaments, GA **2004** 643; *T. Harms* Die Rechtsstellung der Abgeordneten in der Beratenden Versammlung des Europarates und im Europäischen Parlament (1969); *Sieglerschmidt* Das Immunitätsrecht der Europäischen Gemeinschaft, EuGRZ **1986** 445; *Schultz-Bleis* Die parlamentarische Immunität der Mitglieder des Europäischen Parlaments (1995).

D. Zur Rechtsgeschichte

Siehe Vor § 36 Fn. 1 ff.

Zur Geschichte der Vorschriften über die Straflosigkeit parlamentarischer Äußerungen und Berichte

1   Der Fünfte Titel regelt die **Indemnität** der Abgeordneten (§ 36) und die **Verantwortlichkeitsfreiheit wahrheitsgetreuer Parlamentsberichterstattung** (§ 37). Beide Institute stehen historisch in engem Zusammenhang mit der **Immunität** der Abgeordneten, die – als Verfahrenshindernis – im StGB keinen Niederschlag gefunden hat. Trotz ihrer weitgehend gemeinsamen Ideen- und Entwicklungsgeschichte haben die drei genannten Rechtsinstitute heute eine höchst unterschiedliche Rechtsnatur und Wirkungsbreite.

2   Indemnität und Immunität, Sonderrechte der ersten Gewalt gegenüber der dritten Gewalt, sind Kerngedanken des die Gewaltentrennung vollziehenden Parlamentarismus und so alt wie dieser. Sie fanden ihre erste Ausformung in Art. 9 der Bill of Rights von 1689.[1] Auch der flankierende Schutz der Parlamentsberichterstattung entstammt dem frühen englischen Recht, hat jedoch eine Wurzel mit besonderer ratio: Seit Beginn des 17. Jahrhunderts bestanden in England ein Recht und eine Pflicht zur Geheimhaltung der parlamentarischen Verhandlungen gegenüber dem König und der Öffentlichkeit.[2] Hieraus entstand – geradezu in Verkehrung dieser ratio – mit der zunehmenden Bedeutung des Öffentlichkeitsprinzips und dem Aufblühen der Presse die Verantwortlichkeitsfreiheit für jedermann wegen wahrheitsgetreuer Parlamentsberichterstattung.[3] In Deutschland entwickelten sich Indemnität und Immunität – orientiert an weiteren ausländischen Vorbildern – seitengleich zur Durchsetzung des Konstitutionalismus.[4]

---

1   Wiedergegeben in RGSt. **4** 14, 17.
2   *Hatschek/Kurtzig* Deutsches und Preußisches Staatsrecht 2. Aufl. Bd. I (1930) S. 570.
3   *Hatschek/Kurtzig* aaO (Fn. 2) S. 575 ff; zur Entstehungsgeschichte des § 12 a.F. (Vorläufer des § 37) vgl. RGSt **18** 207; vgl. auch die Nachweise in Fn. 4.
4   Zur Verfassungsgeschichte ausführlich *Härth* Rede- und Abstimmungsfreiheit S. 15 ff; *Hans Hugo Klein* Parlamentsrecht und Parlamentspraxis § 17 Rdn. 9 ff; *Magiera* BK Art. 46 Rdn. 51 ff; aus dem Schrifttum des 19. Jahrhunderts *Hubrich* Die Immunität der parlamentarischen Berichterstattung, Annalen des Deutschen Reichs, 1897, S. 1 ff; *Hubrich* Die parlamentarische Redefreiheit und Disciplin, 1899; *Haager* GS **1873** 267 ff; s. auch RGSt. **4** 14, 16 ff; ergänzend *Ibert* Die berufliche Immunität der Abgeordneten, Diss. Kiel 1933; *Klaus Friedrich Arndt* Parlamentarische Geschäftsautonomie und autonomes Parlamentsrecht (1966) S. 18 ff unter dem Gesichtspunkt der Autonomie des Parlaments; rechtsvergleichend *Linden* S. 5 ff, 115 ff; zur Rechtsentwicklung in Österreich *Zagler*.

Bereits die ursprüngliche Fassung des StGB für das Deutsche Reich von 1871 enthielt 3
in §§ 11, 12 im wesentlichen inhaltsgleiche Bestimmungen wie heute §§ 36, 37 – beschränkt auf die Parlamente der Einzelstaaten, da für den Reichstag die entsprechenden Vorschriften in Art. 22 Abs. 2, Art. 30 Reichsverfassung von 1871 enthalten waren. Art. 30, 36 Weimarer Verfassung schützten in entsprechender Weise den Reichstag und die Landtage. Die Regelungen betreffend die Landtage wurden mit der Aufhebung der Länderparlamente durch G vom 30.Januar 1934 (RGBl. I S. 75) gegenstandslos. Die §§ 11, 12 wurden durch das 3. StRÄndG vom 4. August 1953 (BGBl. I S. 735) neu gefasst. Die geltenden §§ 36, 37 traten mit dem 2. StrRG an die Stelle der §§ 11, 12 und sind seit dem 1. Januar 1975 in Kraft. Bis dahin waren für die Indemnität der Bundestagsabgeordneten lediglich Art. 46 Abs. 1 GG[5] und für die Straflosigkeit von Parlamentsberichten allein Art. 46 Abs. 3 GG[6] maßgebend, ferner für die Mitglieder der Bundesversammlung § 7 des G über die Wahl des Bundespräsidenten vom 25. April 1959,[7] der auf Art. 46 GG verweist. Der Fünfte Titel dehnt die Vorschriften über die Straflosigkeit parlamentarischer Äußerungen und Berichte nach dem Vorschlag der §§ 41, 42 E 1962 und §§ 34, 35 AE, die sachlich mit §§ 36, 37 übereinstimmen, auf die Abgeordneten des Bundestages und der Bundesversammlung aus. Der Gesetzgeber strebte hiermit eine einheitliche und abgeschlossene Regelung der Indemnitätsfragen für alle Parlamentarier der Bundesrepublik an.[8] Es ist jedoch umstritten, ob er dies auch hinsichtlich der Landesparlamente erreicht hat (dazu § 36 Rdn. 13 bis 19).

Gesetzesmaterialien

BTDrucks. I/3713 S. 2, 20; E 1962 (BTDrucks. IV/650) §§ 41, 42 Begr. S. 162; Niederschriften über die Sitzungen der Großen Strafrechtskommission Bd. IV S. 265, 366, 532; Bd. XII S. 576; AE §§ 34, 35 S. 68; Zweiter Schriftl. Bericht des Sonderausschusses für die Strafrechtsreform BTDrucks. V/4095 S. 17.

§ 36
Parlamentarische Äußerungen

[1]Mitglieder des Bundestages, der Bundesversammlung oder eines Gesetzgebungsorgans eines Landes dürfen zu keiner Zeit wegen ihrer Abstimmung oder wegen einer Äußerung, die sie in der Körperschaft oder in einem ihrer Ausschüsse getan haben, außerhalb der Körperschaft zur Verantwortung gezogen werden. [2]Dies gilt nicht für verleumderische Beleidigungen.

Schrifttum, Entstehungsgeschichte und Gesetzesmaterialien

Siehe Vor § 36.

---

5 Gesetzesmaterialien hierzu bei *Füsslein* JahrbÖR neue Folge Bd. 1 (1951) S. 371 ff.
6 Gesetzesmaterialien hierzu bei *Füsslein* aaO S. 263 ff.
7 BGBl. I S. 230, geänd. durch Art. 2 G vom 24. Juni 1975, BGBl. I S. 1593 (BGBl. III 1100-1).
8 Vgl. Amtl. Begr. zum 3. StRÄndG BTDrucks. Nr. 3713 S. 20; Abg. *Dr. Arndt* BT-Sitzung vom 12. Mai 1953 Prot. S. 1300; vgl. ferner Stellungnahme des BRs zum § 41 E 1962 BTDrucks. IV/650 S. 692, hiergegen BReg. aaO S. 703, weitere Einzelheiten bei *Rinck* JZ **1961** 249 und schließlich 2. Bericht BTDrucks. V/4095 S. 17.

Übersicht

I. Allgemeines
  1. Indemnität als Institut mehrerer Rechtsgebiete —— 1
  2. Zur Terminologie —— 2
  3. Zweck und Legitimierung der Indemnität —— 3
  4. Privilegierung der Abgeordneten —— 5
  5. Maßnahmen im Rahmen der autonomen Ordnungsgewalt des Parlaments, insbes. „Stasi-Überprüfungen" —— 6
  6. Objektives Verfassungsrecht —— 7
II. Die strafrechtliche Wirkung der Indemnität —— 8
  1. Bundesverfassungsrecht und Strafrecht —— 8
  2. Die strafrechtliche Natur der Indemnität: Persönlicher Strafausschließungsgrund —— 9
  3. Dauer, Unaufhebbarkeit und Unverzichtbarkeit —— 11
  4. Die praktische Bedeutung der Indemnität im Strafverfahren —— 12
  5. Die „Abgeordnetenbestechung" nach § 108e wird nicht berührt —— 13
III. Strafrecht und Landesverfassungsrecht —— 14
  1. Die Vorschriften des Landesverfassungsrechts —— 14
  2. Die Differenzen zwischen § 36 und dem Landesverfassungsrecht —— 15
  3. Die aus diesen Divergenzen zu ziehenden Konsequenzen —— 17
IV. Die Wirkung des § 36 in anderen Rechtsgebieten —— 21
  1. Privatrecht —— 21
  2. Staats- und Verwaltungsrecht —— 25
V. Die Voraussetzungen des § 36 —— 26
  1. Der personale Schutzbereich —— 26
     a) Die geschützten Personen —— 26
        aa) Mitglieder des Bundestages und der Bundesversammlung —— 26
        bb) Mitglieder der Gesetzgebungsorgane der Länder —— 27
        cc) Mitglieder des Europäischen Parlaments —— 28
     b) Mitgliedschaft in einem Parlament —— 29
        aa) Mitglieder —— 29
        bb) Beginn und Ende der Mitgliedschaft —— 30
     c) Die nicht geschützten Personen —— 31
  2. Der institutionelle oder funktionale Schutzbereich (die geschützten Tätigkeitsbereiche) —— 32
     a) Körperschaft und Ausschüsse —— 32
        aa) Körperschaft —— 32
        bb) Ausschüsse —— 33
     b) Tätigkeit als Parlamentsmitglied —— 37
        aa) Zugehörigkeit zum nämlichen Parlament —— 37
        bb) Regierungsmitglieder —— 38
        cc) Abgeordnete als Zeugen oder Sachverständige —— 39
     c) Parlamentarische und extrane Tätigkeit —— 40
  3. Der sachliche Schutzbereich (die geschützten Handlungen) —— 41
     a) Abstimmung —— 41
     b) Äußerung —— 42
        aa) Tatsachenbehauptungen, Bewertungen, Willensbekundungen und Aufforderungen; nicht reine Tätlichkeiten —— 43
        bb) Verleumderische Beleidigungen (Satz 2) —— 44
        cc) Die verfassungsrechtlich gebotenen Grenzen des sachlichen Schutzbereichs: Beschränkung auf Verletzungen des Rechtsgutes Ehre —— 46
VI. Die Privilegierung der an Verfahren vor der Europäischen Kommission oder dem Europäischen Gerichtshof für Menschenrechte teilnehmenden Personen —— 49
VII. Die Immunität (in Abgrenzung zur Indemnität) —— 52
  1. Allgemeines —— 52
  2. Wirkung und Rechtsnatur der Immunität: Verfahrenshindernis —— 53
  3. Die Regelungen der Immunität —— 55
VIII. Recht des Einigungsvertrages —— 61

I. Allgemeines

1. Indemnität als Institut mehrerer Rechtsgebiete. Die Indemnität ist zunächst 1
ein Institut des Verfassungsrechts. Es besagt, dass ein Abgeordneter für eine im Parlament abgegebene Äußerung nicht zur Verantwortung gezogen werden darf. Diese Regel wirkt in zahlreiche Rechtsbereiche hinein. Dabei liegt die wichtigste Bedeutung der Indemnität in ihrer strafrechtlichen Wirkung. Diese ist in § 36 geregelt.

2. Zur Terminologie. Das Wort Indemnität (von lat. damnare = verurteilen) bedeu- 2
tet wörtlich Unverurteilbarkeit, im weiteren Sinn Nichtverfolgbarkeit. Die Einführung des Begriffs Indemnität in das deutsche Recht wird *Carlo Schmidt* zugeschrieben.[9] Die Terminologie ist außerhalb des Strafrechts uneinheitlich. So wird die Indemnität gelegentlich auch als Rede- und Abstimmungsfreiheit, Wortprivileg, Verantwortungsfreiheit oder Verantwortungs-Immunität, als materielle, berufliche oder parlamentarische Immunität bezeichnet.[10] Dabei erwecken die vier zuletzt genannten Begriffe zu Unrecht den Eindruck, die Indemnität stelle einen Sonderfall der Immunität dar (vgl. dazu Rdn. 46 bis 48).

3. Zweck und Legitimierung der Indemnität. Ursprung der Indemnität ist, dass im 3
Frühkonstitutionalismus die Funktionsfähigkeit der Parlamente gegen willkürliche Übergriffe der Landesherren und der von ihnen abhängigen Justiz zu schützen war.[11] Im Rechtsstaat mit gesicherter Gewaltenteilung ist diese Legitimation der Indemnität – ebenso wie die der Immunität – Zweifeln ausgesetzt.[12] Gleichwohl ist die Indemnität seit dem Bestehen der Bundesrepublik Deutschland im nichtstrafrechtlichen Bereich von Rspr. und Schrifttum ständig ausgebaut worden.[13]

Primäres Ziel der Indemnität ist die **Sicherstellung der Funktionsfähigkeit des** 4
Parlaments.[14] Diesem Ziel dient – als Zwischengröße – die parlamentarische Rede- und Abstimmungsfreiheit,[15] die für die Abgeordneten des Bundestages eine Ausformung in Art. 38 Abs. 1 Satz 2 GG gefunden hat.[16] Schließlich soll eine besondere Lebendigkeit der parlamentarischen Auseinandersetzung ermöglicht werden. Einzig zwecks Erreichung dieser Ziele sind die Abgeordneten von jeder Verantwortung für ihre parlamentarischen Äußerungen freigestellt. Diese Rangfolge der Gesichtspunkte gerät gelegentlich aus dem

---

9 *Magiera* BK Art. 46 Rdn. 81.
10 *v. Mangoldt/Klein/Starck/Achterberg/Schulte* Art. 46 Rdn. 2; *Magiera* BK Art. 46 Rdn. 82; *Maunz/Dürig/Klein* Art. 46 Rdn. 3, 5; die Verfassung des Saarlandes bezeichnet die Indemnität ausdrücklich als „berufliche Immunität" (Art. 81 Abs. 1 Satz 1), die Immunität im hier verstandenen Sinn (Rdn. 45 bis 47) als „außerberufliche Immunität" (Art. 82 Abs. 1); zur Terminologie in Österreich *Zagler* S. 18 ff, 73 ff.
11 Vgl. die Nachweise vor § 36 Fn. 2.
12 Dazu *Härth* Rede- und Abstimmungsfreiheit S. 140 ff, 146 ff; *Hans Hugo Klein* Handbuch des Staatsrechts der Bundesrepublik Deutschland Bd. II § 51 Rdn. 40; ferner (teilweise Indemnität und Immunität gleichermaßen behandelnd) *Magiera* BK Art. 46 Rdn. 86 ff; *H.P. Schneider* AK-GG Art. 46 Rdn. 1; *Stern* Das Staatsrecht der Bundesrepublik Deutschland 2. Aufl. (1984) Bd. I S. 1061; ferner (speziell zur Immunität) *Wilhelm Beyer* Immunität als Privileg (1966); *Bockelmann* Die Unverfolgbarkeit der Abgeordneten S. 11, 19 f.
13 *Härth* Rede- und Abstimmungsfreiheit S. 134 f.
14 BVerfGE 104, 310, 332; *Magiera* BK Art. 46 Rdn. 90; *Wiefelspütz* Indemnität und Immunität § 13 Rdn. 8.
15 Häufig wird die parlamentarische Rede- und Abstimmungsfreiheit – isoliert – als ratio der Indemnität angesehen: BGHZ 75 384, 387; *Maunz/Dürig/Klein* Art. 46 Rdn. 6; *v. Münch* Grundbegriffe des Staatsrechts 4. Aufl. (1987) Bd. II Rdn. 400; *H. P. Schneider* AK-GG Art. 46 Rdn. 2; *Stein/Frank* Staatsrecht 21. Aufl. (2010) § 9 IV 2.
16 Zum Charakter des Art. 46 GG als Ausgestaltung des Art. 38 Abs. 1 Satz 2 GG *Magiera* BK Art. 46 Rdn. 89 m.N.; *v. Münch/Kunig/Trute* Art. 46 Rdn. 2.

Blickfeld. Nicht gefolgt werden kann der Ansicht von *Achterberg* und *Schulte*,[17] die Indemnität diene auch der Gewissensfreiheit des Abgeordneten, in deren Nähe sie dogmatisch stehe. Mit Gewissensfreiheit ist die Straffreiheit der Abgeordneten für ihre im Parlament begangenen Straftaten nicht zu erklären. *Roxin*[18] nennt zudem ein plausibles Argument, das zwar nicht historisch, aber aktuell pragmatisch ist: Redefreiheit und Parlamentsfunktionsfähigkeit sollen „nicht durch die Flut von Beleidigungsprozessen beeinträchtigt werden, die sonst aus politischen Gründen angestrengt würden."

5   4. Die in der Indemnität liegende **Privilegierung der Abgeordneten** ist aus dem Strafrecht nicht erklärbar. Sie konterkariert vielmehr wesentliche Strafzwecke,[19] namentlich den der positiven Generalprävention, und führt zu einer zumindest unerwünschten Ungleichbehandlung.[20] Deshalb wird unter dem Aspekt des Art. 3 Abs. 3 GG die Verfassungsgemäßheit der Indemnität nicht ohne Grund in Zweifel gezogen.[21] Jedoch kann die Privilegierung der Abgeordneten aus den vorstehend genannten, vorrangigen verfassungspolitischen Gesichtspunkten, sehr wohl legitimiert werden, soweit eine bestimmte sachliche Wirkungsgrenze, nämlich der Schutz des Rechtsgutes Ehre, nicht überschritten wird (Rdn. 44).

6   5. Die Indemnität schützt den Abgeordneten nur davor, dass er „außerhalb" des Parlaments zur Verantwortung gezogen wird, nicht aber vor solchen **Maßnahmen**, die **im Rahmen der autonomen Ordnungsgewalt des Parlaments** selbst ergehen.[22] Zu den letzteren gehören insbesondere Ordnungsmaßnahmen des Präsidenten bzw. des Vorsitzenden des Parlaments bzw. von dessen Gliederungen wie Ausschüssen und Fraktionen.[23] Auch die von den Parlamenten vorgenommenen Überprüfungen der Abgeordneten auf ihre etwaige frühere Tätigkeit für das Ministerium für Staatssicherheit/Amt für Nationale Sicherheit der DDR („**Stasi-Überprüfungen**")[24] erfolgen in diesem Rahmen. Deshalb steht diesen Überprüfungen die Indemnität nicht entgegen.[25] Im Zusammenhang mit der Legitimierung der Indemnität wird verschiedentlich der Ordnungsgewalt (Disziplinargewalt) des Parlamentspräsidenten bzw. des Vorsitzenden eines parlamentarischen Ausschusses die Rolle eines „Gegengewichtes" zur (persönlich ausgeschlossenen) Strafbarkeit zugeschrieben.[26] Indes darf bezweifelt werden, dass dieser Gewalt – ausgestattet mit den förmlichen Ordnungsmaßnahmen (Disziplinarmaßnahmen), Sachruf, Ordnungsruf, Wortentzug, Ausschließung (vgl. §§ 36 bis 39 Geschäftsordnung des Bundesta-

---

17 *Achterberg* JA **1983** 303, 306 und *v. Mangoldt/Klein/Starck/Achterberg/Schulte* Art. 46 Rdn. 3.
18 JuS **1988** 425, 432.
19 Nach *Roxin* AT 1 § 23 Rdn. 24 würde ein Abgeordneter „unter präventiven Gesichtspunkten verglichen mit dem Normalfall eher eine höhere Strafe verdienen, weil ein solcher Abgeordneter breiten Bevölkerungskreisen ein besonders schlechtes Beispiel gibt." *Kantorowicz* Tat und Schuld (1933) S. 283 sieht in der Indemnität „höchstens eine traurige Notwendigkeit".
20 *Roxin* JuS **1988** 425, 432.
21 *Härth* Rede- und Abstimmungsfreiheit S. 91 ff m.N.; *Magiera* BK Art. 46 Rdn. 88 m.N.
22 *Maunz/Dürig/Klein* Art. 46 Rdn. 21; *Dreier/Schulze-Fielitz* Art. 46 Rdn. 19; *v. Münch/Kunig/Trute* Art. 46 Rdn. 4, 15.
23 *Maunz/Dürig/Klein* Art. 46 Rdn. 21;
24 BGBl. I **1992** 76; Amtliche Mitteilung über die Absprache des Ausschusses für Wahlprüfung, Immunität und Geschäftsordnung des Bundestages zur Durchführung der Richtlinien gem. § 44b AbgG, BTDrucks. 12/4613 S. 7ff. *Drier/Schulze-Fielitz* Art. 46 Rdn. 19; *v. Münch/Kunig/Trute* Art. 46 Rdn. 4, 15.
25 *Dreier/Schulze-Fielitz* Art. 46 Rdn. 19; *v. Münch/Kunig/Trute* Art. 46 Rdn. 15; *Vetter* ZParl **1993** 211, 215; kritisch *Stock* ZRP **1995** 286.
26 BGH Urteil vom 2. Dezember 1954 – 3 StR 922/52 – S. 25; *Dittrich* Recht im Amt **1989** 57, 60; *Wurbs* Regelungsprobleme der Immunität und der Indemnität S. 116; vgl. auch *Schmidt-Bleibtreu/Klein/Kluth* Art. 46 Rdn. 14.

ges)²⁷ und der unterhalb dieser Schwelle der förmlichen Disziplinarmittel liegenden „Rüge" oder „Mahnung"²⁸ – bei Orientierung an den Strafzwecken eine Äquivalenz zur Strafbarkeit zukommt.

6. Die verfassungsrechtliche Qualität der Indemnität besteht allein in **objektivem Verfassungsrecht**. Der Blick darauf, dass die Indemnität – im Gegensatz zur Immunität (Rdn. 47) – der Verfügung des Parlaments entzogen und für den Abgeordneten unverzichtbar ist (Rdn. 11), macht deutlich, dass es sich bei diesem Institut weder um ein eigentliches Privileg des Parlaments noch um ein solches des Abgeordneten handelt. Deshalb birgt die Indemnität kein subjektives Recht des Abgeordneten und schon gar nicht ein Grundrecht.²⁹

II. Die strafrechtliche Wirkung der Indemnität

1. Bundesverfassungsrecht und Strafrecht. Die historisch auslösende, fortan entwicklungsbestimmende, mithin in jeder Hinsicht klassische und praktisch bei weitem bedeutsamste Dimension der im Verfassungsrecht verankerten Indemnität liegt in ihrer strafrechtlichen Wirkung (s.a. Rdn. 19). Diese ist in § 36 verfassungskonform und abschließend geregelt. Soweit Bundesverfassungsrecht etwa eine über § 36 hinausgehende Regelung enthält, ergänzt diese – mit Vorrang – die strafrechtliche Vorschrift. Ein solches Problem tritt betreffend die Abgeordneten des Bundestages angesichts der sachlichen Kongruenz von Art. 46 Abs. 1 GG und § 36 nicht auf. Es besteht jedoch hinsichtlich der Bundesratsmitglieder im Gemeinsamen Ausschuss nach Art. 53a, 115e GG, dem „Notstandsparlament" (dazu Rdn. 33).

2. Die strafrechtliche Natur der Indemnität ist die eines **persönlichen Strafausschließungsgrundes**. Dies ist von der Rspr. anerkannt³⁰ und h.M. im strafrechtlichen Schrifttum,³¹ dem die überwiegende Ansicht in der verfassungsrechtlichen Literatur³² entspricht. Allerdings eröffnet der Wortlaut des § 36 („dürfen zu keiner Zeit ... zur Verantwortung gezogen werden") Raum für Spekulationen über andere Interpretationen der Rechtsnatur der Indemnität. Indes entspricht die h.M. der eindeutig erklärten Ansicht des Gesetzgebers.³³ Vor allem aber leistet allein die Annahme eines persönlichen Straf-

---

27 Dazu BVerfGE **60** 374, 381; *Achterberg* Die parlamentarische Verhandlung S. 120 ff; *Härth* Rede- und Abstimmungsfreiheit S. 135 ff; *Ritzel/Bücker/Schreiner* Handbuch für die Parlamentarische Praxis Vorbem. zu §§ 36 bis 41 GeschO-BT und Kommentierung der §§ 36 bis 39 GeschO-BT; *Versteyl* NJW **1983** 379.
28 Dazu BVerfGE **60** 374, 381 f m.N.
29 Zu alledem *Magiera* BK Art. 46 Rdn. 135 m.N.; vgl. auch *Maunz/Dürig/Klein* Art. 46 Rdn. 33.
30 StaatsGH Bremen MDR **1968** 24; OLG Karlsruhe NJW **1956** 1840; OVG Hamburg JVBl. Hamburg **1978** 6, 7.
31 *Baumann/Weber/Mitsch/Eisele* § 5 Rdn. 16; *Blei* I § 12 III 2e; *Bockelmann* Die Unverfolgbarkeit der Abgeordneten S. 40, 58; *Fischer* Rdn. 2; *Frister* Kap. 21 Rdn. 2; *Heinrich* Rdn. 619; *Herlan* MDR **1950** 517; *Jescheck/Weigend* § 19 II 2; *Joecks* MK Rdn. 2; *Kindhäuser* § 6 Rdn. 15; *Lackner/Kühl/Kühl* Rdn. 3; *Maurach/Zipf* § 11 Rdn. 40; *Samson* SK Rdn. 5; *Schmidhäuser* 9/13; *Sch/Schröder/Perron* Rdn. 1; aA *Jakobs* AT 10/16; *Neumann* NK Rdn. 3 und *Roxin* AT I 23/24, 26 („sachlicher Strafausschließungsgrund"); *Schünemann* GA **1986** 293, 304 und in *Hirsch/Weigend* (Hrsg.) Strafrecht und Kriminalpolitik in Japan und Deutschland (1989) S. 147, 163 f („Tolerierbarkeitsgrund").
32 *v. Mangoldt/Klein/Starck/Achterberg/Schulte* Art. 46 Rdn. 4; *Magiera* BK Art. 46 Rdn. 134; *Maunz/Dürig/Klein* Art. 46 Rdn. 32; *Dreier/Schulze-Fielitz* Art. 46 Rdn. 10; *Stern* Das Staatsrecht der Bundesrepublik Deutschland 2. Aufl. (1984) Bd. I S. 1060; aA *H. P. Schneider* AK-GG Art. 46 Rdn. 3 („persönliches Verfolgungshindernis") und *v. Münch/Kunig/Trute* Art. 46 Rdn. 18 („Verfahrenshindernis").
33 BTDrucks. V/4095 S. 17.

ausschließungsgrundes einen akzeptablen Ausgleich zwischen dem verfassungspolitischen Zweck der Indemnität einerseits (Rdn. 4) und den Aufgaben des Strafrechts, dem Gleichheitsgrundsatz (vgl. Rdn. 5 und 44) sowie den Interessen des durch die Straftat des Abgeordneten Verletzten andererseits: Rechtswidrigkeit und Schuld der Tat des Abgeordneten bleiben unberührt. Notwehr gegen diese Tat ist möglich, ebenso strafbare Teilnahme eines Nichtabgeordneten.[34] Demjenigen, der durch eine ehrverletzende Äußerung eines Abgeordneten angegriffen ist, steht grundsätzlich der Schutz des § 193 zu; ferner ist beim Abtausch von Beleidigungen eine Kompensation nach § 199 möglich.[35] Bei irriger Annahme der Voraussetzungen des § 36 liegt kein Tatumstandsirrtum (§ 16 Abs. 1) vor.[36] Die Straftat des Abgeordneten kann in einem nicht gegen den Abgeordneten gerichteten Strafverfahren festgestellt werden.[37] Dem bürgerlichen Recht bleibt es überlassen, Konsequenzen aus dem Vorliegen einer rechtswidrigen und schuldhaften Handlung zu ziehen (vgl. Rdn. 20 bis 23).

10 Alledem können **andere Beurteilungen der Rechtsnatur der Indemnität** nicht gerecht werden. Das gilt zunächst für die dogmengeschichtlich überholten Figuren aus dem vorletzten Jahrhundert, wonach das StGB auf das Verhalten der Abgeordneten überhaupt nicht anwendbar sei,[38] ferner für die Annahme eines Prozesshindernisses,[39] eines Rechtfertigungsgrundes[40] oder eines Schuldausschließungsgrundes.[41] Gleiches gilt für die Ansicht von *Jakobs* (10/16), der einen „Ausschluss der Behandlung der Tat als straftatbestandlich" annimmt. Schon ist diese Rechtsfigur, die an die Konstruktionen des vorletzten Jahrhunderts[42] erinnert, dem geltenden Recht fremd. Zudem besteht kein verfassungspolitisches und schon gar kein strafrechtliches Bedürfnis, der von *Jakobs* gegebenen Begründung Rechnung zu tragen, nämlich den „Ghostwriter des Abgeordneten" von der Teilnehmerhaftung freizustellen.

11 **3. Dauer, Unaufhebbarkeit und Unverzichtbarkeit.** Korrespondierend zu der vorstehend beschriebenen Rechtsnatur der Indemnität ist die Wirkung des § 36 nicht auf die Zeit des Abgeordnetenmandates beschränkt, sondern von unbegrenzter Dauer (Art. 46 Abs. 1 Satz 1 GG und § 36 Satz 1: „zu keiner Zeit").[43] Dies ist durch die Rspr. für die verwaltungsrechtliche Seite der Indemnität anerkannt.[44] Zudem steht die Indemnität – anders als die Immunität (Rdn. 47) – nicht unter dem Vorbehalt der Aufhebung durch das

---

34 *Fischer* Rdn. 2; *Lackner/Kühl/Kühl* Rdn. 3; *Maurach/Zipf* § 11 Rdn. 40; **aA** betr. die Teilnahme *Jakobs*, *Neumann*, *Roxin* und *Schünemann*, jeweils oben Fn. 20.
35 *Fischer* Rdn. 2; *Maurach/Zipf* § 11 Rdn. 40; RGSt **4** 14, 18, 19 schließt zwar die Kompensation nach § 199 aus, erachtet jedoch § 193 für anwendbar.
36 *Joecks* MK Rdn. 26; *Lackner/Kühl/Kühl* Rdn. 3; *Warda* Jura **1979** 286, 291; *Roxin* in *Eser/Fletcher* (Hrsg.) Rechtfertigung und Entschuldigung Bd. I (1987) S. 229, 261; **aA** *Schünemann* in *Hirsch/Weigend* (oben Fn. 20) S. 164.
37 Vgl. *Maunz/Dürig/Klein* Art. 46 Rdn. 32; zur Strafvereitelung *Maurach/Schroeder/Maiwald* 2 § 100 Rdn. 10.
38 Im einzelnen hierzu *Bloy* Die dogmatische Bedeutung der Strafausschließungs- und Strafaufhebungsgründe S. 64 f m.N.; vgl. auch RGSt **4** 14, 18; RG Rspr. **4** 183, 184.
39 So *Mezger* S. 74; *Kantorowicz* Tat und Schuld (1933) S. 283.
40 So *Helle* NJW **1961** 1896, 1900 mit der jedenfalls interessanten Parallele zu beleidigenden Äußerungen im engsten Familienkreis.
41 So *Sauer* S. 196.
42 Siehe Fn. 27.
43 *Härth* Rede- und Abstimmungsfreiheit S. 121: „Schutz auf Lebenszeit"; *v. Mangoldt/Klein/Starck/Achterberg/Schulte* Art. 46 Rdn. 7; *Magiera* BK Art. 46 Rdn. 129.
44 BVerwGE **83** 1, 15 f.

Parlament.⁴⁵ Auch kann der (ggf. ehemalige) Abgeordnete auf die Indemnität nicht verzichten.⁴⁶

4. Bei alledem unterliegt die **praktische Bedeutung** der Indemnität **im Strafverfahren** der Auswirkung zweier vorrangiger Prinzipien: Zum einen greift die Immunität der Abgeordneten auch bei im Parlament getanen Äußerungen ein, und zwar als Verfahrenshindernis, dies jedoch nur während des Bestehens des Abgeordnetenmandates (Rdn. 46). Zum anderen kann das tatbestandsmäßige Verhalten des Abgeordneten wegen Wahrnehmung berechtigter Interessen nach § 193 gerechtfertigt sein.⁴⁷ Letzteres verschärft den Blick auf die „Äußerungen", die danach für die Anwendung des § 36 verbleiben (vgl. Rdn. 44).

5. Durch die Indemnität wird die Vorschrift des **§ 108e nicht berührt**, weil mit ihr nicht etwa das Abstimmungsverhalten des Abgeordneten, sondern allein das vorausgehende, die Abstimmung korrumpierende „Kauf/Verkaufs-Geschäft" erfasst wird.⁴⁸,⁴⁹

III. Strafrecht und Landesverfassungsrecht

1. **Die Vorschriften des Landesverfassungsrechts** über die Indemnität der Abgeordneten der Landesparlamente sind – im Gegensatz zur Kongruenz von Bundesverfassungsrecht und § 36 betreffend die Abgeordneten des Bundestages (Rdn. 8) – in vielerlei Hinsicht nicht deckungsgleich mit der Regelung des § 36. Die Indemnität der Abgeordneten der Landesparlamente (Landtag, Abgeordnetenhaus oder Bürgerschaft) ist in folgenden Vorschriften der jeweiligen Landesverfassungen geregelt:

Art. 37   Verfassung des Landes Baden-Württemberg,
Art. 27   Verfassung des Freistaates Bayern,
Art. 35   Abs. 1 Verfassung von Berlin,
Art. 57   Verfassung des Landes Brandenburg,
Art. 94   Landesverfassung der Freien Hansestadt Bremen,
Art. 14   Verfassung der Freien und Hansestadt Hamburg,
Art. 95   Verfassung des Landes Hessen,
Art. 24   Abs. 1 Verfassung des Landes Mecklenburg-Vorpommern,
Art. 14   Niedersächsische Verfassung,
Art. 47   Verfassung des Landes Nordrhein-Westfalen,
Art. 93   Verfassung für Rheinland-Pfalz,
Art. 81   Verfassung des Saarlandes,
Art. 55   Abs. 1 Verfassung des Freistaates Sachsen,

---

45 *Härth* Rede- und Abstimmungsfreiheit S. 121; *v. Mangoldt/Klein/Starck/Achterberg/Schulte* Art. 46 Rdn. 7; *Magiera* BK Art. 46 Rdn. 135.
46 *v. Mangoldt/Klein/Starck/Achterberg/Schulte* Art. 46 Rdn. 7; *Magiera* BK Art. 46 Rdn. 135; *Rinck* JZ **1961** 248, 251; *Stern* Das Staatsrecht der Bundesrepublik Deutschland 2. Aufl. (1984) Bd. I S. 1062.
47 Vgl. Rdn. 9; näher dazu *Bloy* Die dogmatische Bedeutung der Strafausschließungs- und Strafaufhebungsgründe S. 61 ff.
48 *Sch/Schröder/Eser* § 108e Rdn. 1; *Fischer* § 108e Rdn. 8; *Dreier/Schulze-Fielitz* Art. 46 Rdn. 19; im Erg. ebenso *v. Münch/Kunig/Trute* Art. 46 Rdn. 16 mit Zweifeln; *Schlüchter* FS Geerds S. 713, 723; BTDrucks. 12/5927 S. 4.
49 *Sch/Schröder/Eser* § 108e Rdn. 1; *Fischer* § 108e Rdn. 8; *Dreier/Schulze-Fielitz* Art. 46 Rdn. 19; im Erg. ebenso *v. Münch/Kunig/Trute* Art. 46 Rdn. 16 mit Zweifeln; *Schlüchter* FS Geerds S. 713, 723; BTDrucks. 12/5927 S. 4.

Art. 57 Verfassung des Landes Sachsen-Anhalt,
Art. 24 Abs. 1 Verfassung des Landes Schleswig-Holstein,
Art. 55 Abs. 1 Verfassung des Freistaats Thüringen.

15 **2. Die Differenzen zwischen § 36 und dem Landesverfassungsrecht** bestehen ganz überwiegend darin, dass das Landesverfassungsrecht einen **weiteren Anwendungsbereich der Indemnität** vorsieht als § 36: Viele Landesverfassungen erstrecken den Anwendungsbereich der Indemnität auf Äußerungen, die der Abgeordnete „in Ausübung seines Mandats" oder „in Ausübung seiner Abgeordnetentätigkeit" abgegeben hat (so die Verfassungen von Baden-Württemberg, Berlin, Bremen, Hessen, Nordrhein-Westfalen, Rheinland-Pfalz, Saarland, Sachsen und Thüringen). Diese Regelungen verlassen den durch § 36 Satz 1 gesteckten Rahmen insofern, als dort Mitglieder eines Landesgesetzgebungsorgans nur „wegen einer Äußerung, die sie in der Körperschaft oder in einem ihrer Ausschüsse getan haben," geschützt sind (zu den außerparlamentarischen Aktivitäten der Abgeordneten Rdn. 38). Mehrere Landesverfassungen enthalten nicht die Ausschlussklausel des § 36 Satz 2, wonach die Indemnität nicht für verleumderische Beleidigungen gilt (so die Verfassungen von Baden-Württemberg, Bayern, Berlin, Bremen, Hessen und Rheinland-Pfalz). Art. 14 Abs. 2 Verfassung der Freien und Hansestadt Hamburg enthält eine besondere Lösung, wonach verleumderische Beleidigungen nur mit Genehmigung der Bürgerschaft verfolgt werden können. Soweit die Verfassungen von Baden-Württemberg, Brandenburg, Niedersachsen und des Saarlands auch Äußerungen in den Fraktionen ausdrücklich privilegieren, erlangt dies Bedeutung nur dann, wenn man – entgegen der hier vertretenen Ansicht (Rdn. 34) – die Tätigkeit der Abgeordneten in den Fraktionen vom Schutz des § 36 ausnimmt. Die Verfassung des Saarlandes nennt in Art. 81 Abs. 1 auch den Schutz vor zivilrechtlicher Inanspruchnahme und bezeichnet in Art. 81 Abs. 2 als „Äußerungen in Ausübung des Mandats ... insbesondere die von Abgeordneten ... für die Landesregierung, als Mitglied einer Abordnung des Landtages sowie die in schriftlichen Anträgen an den Landtag abgegebenen Erklärungen". Schließlich sieht Art. 95 Verfassung des Landes Hessen vor, dass Indemnität auch für Mitglieder „eines anderen deutschen Landtags" gelte.

16 Eine gegenüber § 36 **engere Bestimmung des Anwendungsbereichs der Indemnität** findet sich einzig in Art. 27 Verfassung des Freistaates Bayern, wonach nur die „Abstimmung", nicht aber eine sonstige Äußerung des Abgeordneten erfasst ist (dazu Rdn. 19 mit Fn. 43).

17 **3. Die aus diesen Divergenzen zu ziehenden Konsequenzen sind heftig umstritten.** Eine besonders weit gehende Ansicht erachtet § 36 für verfassungswidrig. So geht *Meinhard Schröder*[50] davon aus, dass die Indemnität ein Sonderrecht des Parlaments sei, und knüpft hieran die Folgerung, dass die Indemnität zum Verfassungsorganisationsrecht gehöre, weshalb betreffend die Abgeordneten der Landesparlamente allein die Länder Regelungskompetenz besäßen.[51] Zudem wird das bundesstaatliche Homogenitätsprinzip des Art. 28 Abs. 1 GG herangezogen, das mit Rücksicht auf die politische Eigenständigkeit der Länder eine Ausweitung der Homogenität zur Konformität verbiete. Hieraus sei abzuleiten, dass dem einfachen Bundesgesetzgeber eine Kompetenz nicht zustehen könne, die das Grundgesetz dem Bund schon auf Verfassungsebene versagt

---

50 Der Staat **1982** 25, 42 ff und Zeitschrift für Parlamentsfragen **1981** 442 f.
51 Zustimmend *Härth* Die Rede- und Abstimmungsfreiheit S. 98 ff, 107.

habe.[52] Im Ergebnis nehmen die genannten Autoren an, dass dem Bund keine Gesetzgebungskompetenz für die in § 36 enthaltene Regelung betreffend die Mitglieder der Landesparlamente zustehe. § 36 könne allenfalls Mindeststandards der Indemnität definieren.

Tröndle[53] betont bei Anerkennung der „starken strafrechtlichen Komponente" die komplexe Wirkung der Indemnität (Verbot auch disziplinarrechtlicher, ehrengerichtlicher, polizeilicher und zivilrechtlicher hoheitlicher Zugriffe). Die daher „einheitlich zu begreifende" Regelungsmaterie der Indemnität stelle „Verfassungsrecht dar, zu dessen Änderung dem Bund die Kompetenz fehlt". Begehe der Abgeordnete die Tat innerhalb seines Landes, so gelte auch bei Strafverfolgung außerhalb des Landes – nach den Regeln des interlokalen Strafrechts – die etwa weiter gehende Verfassungsnorm seines Landes; begehe er jedoch die Tat außerhalb des Landes und werde sie auch dort verfolgt, so greife allein § 36 ein.[54] Dies läuft auf eine besondere Form der Subsidiarität des § 36 hinaus.[55] Diese Konzeption hat den Vorteil, im Einzelfall die in den verschiedenen sachlichen Rechtsgebieten anfallenden Probleme in Harmonie zueinander zu lösen. Sie hat den Nachteil, dass für die Abgeordneten der sechzehn Landesparlamente unterschiedliches Strafrecht gilt, was der Intention des Gesetzgebers widerspricht. **18**

Friesenhahn[56] findet eine Möglichkeit der Harmonisierung in folgendem: Angesichts des Art. 28 Abs. 1 GG bedürften die Indemnitätsbestimmungen der Landesverfassungen ggf. der Ergänzung nach Maßgabe der Regelung des Art. 46 Abs. 1 GG. Auf solche Weise lasse sich ein „ungeschriebener Obersatz gemeindeutschen Verfassungskonsenses" gewinnen, dessen „Reflex" für die strafrechtliche Verantwortungsfreiheit der Abgeordneten die Vorschrift des § 36 darstellen würde, die dann darüber hinaus auch die Verantwortungsfreiheit für die anderen Rechtsbereiche gemeindeutsch im Sinne von Art. 46 Abs. 1 GG ordnen und „unvollständige" Landesverfassungen ergänzen würde. **19**

Die Lösung ist vielmehr auf folgendem Weg zu suchen: Immer wieder erklärtes Ziel des Bundesgesetzgebers bei der Neufassung des früheren § 11 und bei der Schaffung des § 36 – eingedenk der Rechtsgeschichte und in Kenntnis der Vorschriften der Verfassungen der damaligen Bundesländer – war es, die strafrechtlichen Wirkungen der Indemnität für alle Abgeordnete in Bund und Ländern einheitlich zu regeln.[57] Diese Absicht hat in § 36 ihren unzweideutigen Niederschlag gefunden. Zu dieser Regelung der strafrechtlichen Materie hat der Bundesgesetzgeber die Kompetenz (Art. 74 Abs. 1 Nr. 1 GG). Die Vorschrift des § 36 enthält – trotz ihrer verfassungsrechtlichen Einbindung und unbeschadet ihrer weitergehenden Fassung, die auf Geltung in anderen Rechtsgebieten hindeutet – eine Vorschrift des Strafrechts. Die strafrechtliche Wirkung der Indemnität ist zumindest isolierbar im weiten Feld der möglichen Wirkungen der Indemnität. Dabei kommt dieser strafrechtlichen Wirkung – angesichts der Rechtsgeschichte und des Gefälles der möglichen Rechtsfolgen nach Gewicht und praktischer Bedeutung – die eindeutig bestimmende Funktion zu (s. Rdn. 8). Dies ist der Scheidepunkt zur Ansicht *Tröndles* und *Fischers*, die auf die „komplexe Wirkung" der Indemnitätsvorschriften abstellen (Rdn. 17), und gegenüber der Lehre von der Verfassungswidrigkeit des § 36 **20**

---

52 *Wolfrum* DÖV **1982** 674, 679; *Joecks* MK Rdn. 32; *v. Münch/Kunig/Trute* Art. 46 Rdn. 5; *Valerius* Beck-OK Rdn. 6.
53 LK[10] Rdn. 3 vor § 36.
54 *Fischer* Rdn. 3.
55 Vgl. *Härth* Rede- und Abstimmungsfreiheit S. 107.
56 DÖV **1981** 512, 517.
57 Siehe vor § 36 Rdn. 3 a.E. m. Fn. 8.

(Rdn. 16). Zur letztgenannten Meinung ist zu bemerken, dass aus dem Charakter der Indemnität als Sonderrecht des Parlamentes keineswegs eine Beantwortung der Kompetenzfrage hergeleitet werden kann[58] und dass das Homogenitätsgebot des Art. 28 Abs. 1 GG überspannt wird, wenn aus ihm – geradezu gegenläufig – eine Einschränkung der Gesetzgebungskompetenz des Bundes hergeleitet wird.[59] Von seiner Kompetenz aus Art. 74 Abs. 1 Nr. 1 GG hat der Bundesgesetzgeber abschließend Gebrauch gemacht. Für eine Anwendung von Art. 2 Nr. 2 EGStGB bleibt kein Raum, da diese Vorschrift nur landesrechtliche Straftatbestände betrifft. Alles Weitere richtet sich nach Art. 31 GG: Bundesrecht bricht Landesrecht. Jenseits dieser Argumente aus dem Sitz der Materie, der Regelungskompetenz und der Normenhierarchie ist anzumerken, dass es kein verfassungspolitisches und schon gar kein strafrechtspolitisches Bedürfnis für eine Ausdehnung der strafrechtlichen Folgen der Indemnität gegenüber dem von § 36 gesteckten Rahmen, etwa auf Freiheit für Äußerungen außerhalb des Parlaments oder auf verleumderische Beleidigungen, gibt.[60] Nach alledem vermögen die Normen des Landesverfassungsrechts die Regelungen des § 36 weder einzuengen noch auszudehnen, soweit es um die strafrechtlichen Folgen der Indemnität geht. Dieses Ergebnis liegt auch der Entscheidung BGHZ **75** 384[61] und weiterer Rspr.[62] zugrunde und wird vielfach im Schrifttum[63] vertreten. Es ist einzuräumen, dass die hiesige Lösung – insbesondere gegenüber der Ansicht *Tröndles* und *Fischers* (Rdn. 17) – den Nachteil hat, im Einzelfall zu unterschiedlichen Beurteilungen in den verschiedenen relevanten sachlichen Rechtsbereichen zu führen. Die Frage kann nur sein, an welcher Linie man – angesichts der kreuzweise durch die Rechtsmaterien bestehenden Rechtsuneinheit – die Vereinheitlichung vornimmt. Bei Gleichwertigkeit aller übrigen Argumente sprechen historische und teleologische Gesichtspunkte für ein gemeindeutsches Strafrecht.

Zu von der Regelung des § 36 abweichendem Kommunalrecht s. Rdn. 30.

IV. Die Wirkung des § 36 in anderen Rechtsgebieten

21   **1.** Eine etwaige Wirkung des § 36 im **Privatrecht** ist heftig umstritten. Fraglich ist beispielsweise, ob § 36 Ansprüche auf Unterlassung, Schadensersatz oder Widerruf ausschließt und Boykottaufrufe, vereins- oder parteiinterne Sanktionen und arbeitsrechtliche oder mietrechtliche Kündigungen verbietet; verneinendenfalls wirft die Durchsetzung des sachlichen Rechts mit den Mitteln des Zivil- oder Arbeitsgerichtsprozesses ein zusätzliches Problem auf.

22   Die Entscheidung BGHZ **75** 384, 386 hat die Frage offen gelassen, ob § 36 den Abgeordneten auch vor „zivilrechtlicher Verfolgung" schützt, und damit eine Vielzahl litera-

---

58 So aber *Meinhard Schröder* Der Staat **1982** 25, 44 f.
59 Darauf läuft die Ansicht von *Wolfrum* DÖV **1982** 674 ff hinaus.
60 Zur gebotenen Restriktion der Indemnität s. Rdn. 5 und 44.
61 In dieser Entscheidung geht es um die einzige (vgl. Rdn. 14) Konstellation in Deutschland, in der das Landesverfassungsrecht (Art. 27 Verfassung des Freistaates Bayern mit der Beschränkung auf die „Abstimmung") der Indemnität engere Grenzen setzt als § 36. Nach BGHZ **75** 384, 386 „erweitert" § 36 den durch das Landesverfassungsrecht beschränkten Indemnitätsschutz auf Äußerungen der Abgeordneten im Parlament und in dessen Ausschüssen. Weiteres zu dieser Entscheidung Rdn. 21.
62 StaatsGH Bremen MDR **1968** 24, 25; OLG München BayVBl. **1975** 54; OLG Celle NdsRpfl **2014**, 280.
63 *Hermesmeier* Grenzen 90; *Kewenig/Magiera* Zeitschrift für Parlamentsfragen **1981** 223, 230 ff; *Lackner/Kühl/Kühl* Rdn. 1; *Rinck* JZ **1961** 248, 249; *Steffen* Anm. zu LM § 823 BGB Nr. 10; *Maurach/Zipf* § 11 Rdn. 42; vgl. auch *Herlan* JR **1951** 325; *Sch/Schröder/Perron* vor § 36 Rdn. 3; *Löffler/Sedelmeier* Presserecht 6. Aufl. (2015) § 9 LPG Rdn. 96; *Walter* JZ **1999** 981.

rischer Stellungnahmen⁶⁴ ausgelöst. In der Rspr. anderer Gerichte ist die Frage überwiegend verneint,⁶⁵ selten bejaht⁶⁶ worden. Die Strafrechtskommentatoren⁶⁷ begrenzen die Wirkung des § 36 auf das Strafrecht. Dagegen wird insbesondere in den Erläuterungen zu Art. 46 GG⁶⁸ die Geltung dieser Vorschrift auch für das Privatrecht vertreten.

Die **Lösung** wird an folgendem zu orientieren sein: Ebenso wie zur Regelung der 23 strafrechtlichen Seite der Indemnität hat der Bund die Kompetenz zur gesetzlichen Regelung der privatrechtlichen Seite dieses Institutes (Art. 74 Abs. 1 Nr. 1, 3, 11, 12 GG). Dafür, dass der Bund von dieser Kompetenz etwa durch die Schaffung des § 36 Gebrauch gemacht habe, sprechen möglicherweise der weitreichende Wortlaut der Vorschrift⁶⁹ und das teleologische Argument, dass eine gemeindeutsche privatrechtliche Regelung nicht minder wünschenswert erscheint als eine gemeindeutsche strafrechtliche Regelung der Materie (s. Rdn. 19). Dabei ist hinzuweisen auf Art. 81 Abs. 1 Satz 1 Verfassung des Saarlandes, wonach die zivilrechtliche Inanspruchnahme des Abgeordneten ausdrücklich ausgeschlossen ist.⁷⁰ Den Ausschlag dürften jedoch folgende Gesichtspunkte geben: Die Stellung der Vorschrift im StGB und die Überschrift des Fünften Titels des Zweiten Abschnitts sprechen gegen eine privatrechtliche Wirkung. Die Geschichte der Indemnität und die Intentionen des Gesetzgebers bei Schaffung des § 36 (s. vor §§ 36/37 Entstehungsgeschichte) lassen den Schutz des Abgeordneten vor privatrechtlicher Inanspruchnahme gegenüber dem zentralen Schutz vor strafrechtlicher Verfolgung bis an die Grenze der Bedeutungslosigkeit zurücktreten. Zwar ist nicht zu verkennen, dass im Einzelfall die zivilrechtliche Inanspruchnahme einen Abgeordneten weit mehr belasten kann als die strafrechtliche Verfolgung wegen der nämlichen Tat.⁷¹ Demgegenüber ist jedoch folgendes vorrangig: Soweit der Staat aus höherrangigem verfassungspolitischen Interesse – gleichsam mit einer noblen Geste – seinen Strafanspruch gegenüber dem pexierenden Abgeordneten zurückstellt, gibt er – vorbehaltlich des Gleichheitsgrundsatzes (s. Rdn. 5 und 44) – allein eigene Rechte auf. Mit der Ausdehnung der Indemnitätswirkung auf das Privatrecht würde er darüber hinaus Rechte der Tatopfer beschneiden. Ist dies dem Gesetzgeber zwar grundsätzlich nicht benommen, so wird man doch bei entsprechendem gesetzgeberischen Vorgehen deutlichere Regelungen im Gesetz (wie etwa in Art. 81 Abs. 1 Satz 1 Verfassung des Saarlandes; dazu OLG Saarbrücken Zeitschrift für Urheber- und Medienrecht **1994** 45) oder zumindest gewisse Hinweise im Gesetzgebungsverfahren erwarten dürfen. Dem am Opferschutz orientierten „Zeitgeist" der Strafrechtsentwicklung ist allenfalls Gegenläufiges zu entnehmen. Schließlich fruchtet der Gedanke nicht, dass Privatrecht gegebenenfalls gerichtlicher Durchsetzung bedarf. Durch den Zivilrichter und die Vollstreckung seiner Erkenntnisse wird niemand „zur Verantwortung gezogen" oder – in der Terminologie des Art. 46 Abs. 1 Satz 1 GG gespro-

---

64   *Doris Jung* JuS **1983** 431; *Kewenig/Magiera* ZParl **1981** 223; *Mang* BayVBl. **1980** 550; *Meyer-Hesemann* DÖV **1981** 288; *Roll* NJW **1980** 1439; *Röper* DVBl. **1980** 563; *Steffen* Anm. zu LM § 823 BGB Nr. 10; *Warnecke* ZParl **1980** 541.
65   StaatsGH Bremen MDR **1968** 24; OLG München BayVBl. **1975** 54; vgl. auch OLG Karlsruhe NJW **1956** 1840; LG Koblenz NJW **1961** 125; OLG Stuttgart NJW-RR **2004** 619.
66   LG Hamburg NJW **1989** 231; vgl. OLG Saarbrücken Zeitschrift für Urheber- und Medienrecht **1994** 45 in Anwendung von Art. 81 Abs. 1 Satz 1 Verfassung des Saarlandes, wonach der Abgeordnete auch vor zivilrechtlicher Inanspruchnahme geschützt ist.
67   *Fischer* Rdn. 3; *Lackner/Kühl/Kühl* Rdn. 1; *Joecks* MK Rdn. 33; *Sch/Schröder/Perron* Rdn. 2 vor § 36.
68   *v. Mangoldt/Klein/Starck/Achterberg/Schulte* Art. 46 Rdn. 24; *Magiera* BK Art. 46 Rdn. 126; *Maunz/Dürig/Klein* Art. 46 Rdn. 48; *H. P. Schneider* AK-GG Art. 46 Rdn. 8; *Walter* JZ **1999** 981, 984 ff; *Wiefelspütz*, Indemnität und Immunität § 13 Rdn. 7.
69   Dazu *Magiera* BK Art. 46 Rdn. 30 m.w.N.
70   Dazu *Ruland* Der Staat **1975** 457, 479.
71   *Kilian* Verwaltungsrundschau **1987** 350, 353.

chen – „gerichtlich verfolgt";[72] hierin liegt allein die Befriedung eines Streites unter Privaten. Nach alledem werden privatrechtliche Ansprüche des durch die Tat eines Abgeordneten beeinträchtigten Dritten durch § 36 nicht tangiert. Dabei ist unerheblich, ob der verletzte Dritte ein Parlamentskollege des Täters oder ein Außenstehender ist. Gleiches wird für Amtshaftungsansprüche zu gelten haben.[73]

24 Ob die jeweils in Betracht kommenden verfassungsrechtlichen Vorschriften etwas anderes ergeben, ist – ungeachtet des Vorstehenden – allein diesen zu entnehmen. Betreffend Art. 46 Abs. 1 Satz 1 GG spricht hierfür nichts. Zu Art. 81 Abs. 1 Satz 1 Verfassung des Saarlandes s. Rdn. 22.

25 **2. Wirkungen der Indemnität im Staats- und Verwaltungsrecht** bestimmen sich ausschließlich nach den jeweiligen verfassungsrechtlichen Vorschriften des Bundes oder der Länder. Dies betrifft insbesondere beamtenrechtliche, disziplinarrechtliche (dazu BVerwGE **83** 1, 15f), standesrechtliche und ehrenrechtliche Folgen der Straftat des Abgeordneten, ferner Maßnahmen der Polizei und der Verfassungsschutzbehörden.[74] Allein der weitgreifende Wortlaut des § 36 begründet dessen Wirkung in den genannten Materien nicht.

V. Die Voraussetzungen des § 36

1. Der personale Schutzbereich

a) Die geschützten Personen

26 aa) Nach § 36 genießen Indemnität die **Mitglieder des Bundestages**, wie durch Art. 46 Abs. 1 GG verfassungsrechtlich vorgegeben, und die **Mitglieder der Bundesversammlung**, was durch Verfassungsrecht nicht bestimmt ist (vgl. Art. 54 Abs. 3 GG), jedoch mit der Regelung in § 7 Satz 1 G über die Wahl des Bundespräsidenten durch die Bundesversammlung,[75] einer Verweisung auf Art. 46 GG, insgesamt also einfachem Bundesrecht, korrespondiert.

27 bb) Ferner kommt die Indemnität nach § 36 den **Mitgliedern der Gesetzgebungsorgane der Länder** zugute. Die damit gemeinten Organe sind die Landesparlamente, also in den Flächenstaaten die Landtage, in Bremen und Hamburg die Bürgerschaft, in Berlin das Abgeordnetenhaus. Dessen Abgeordnete waren von der Regelung auch schon vor der Einigung Deutschlands erfasst, was der Gesetzgeber ausdrücklich dadurch sichergestellt hatte, dass er entgegen der Fassung des E 1962 nicht vom „Gesetzgebungsorgan eines zur Bundesrepublik Deutschland gehörenden Landes", sondern vom „Gesetzgebungsorgan eines Landes" sprach.[76] Zu den Gesetzgebungsorganen gehörte auch der – abgeschaffte – Bayerische Senat (Art. 34 bis 42 Verfassung des Freistaates Bayern a.F.).[77] Die Indemnität der Mitglieder der Gesetzgebungsorgane der Länder ist sämtlich

---

72 *Bockelmann* Die Unverfolgbarkeit der Abgeordneten S. 48; *Ruland* Der Staat **1975** 457, 481; vgl. auch *Stern* Das Staatsrecht der Bundesrepublik Deutschland 2. Aufl. (1984) Bd. I S. 1060.
73 Hierzu *Ruland* Der Staat **1975** 457 ff.
74 Zu alledem *Magiera* BK Art. 46 Rdn. 122 ff; *Achterberg/Schulte* in *v. Mangoldt/Klein/Starck* Art. 46 Rdn. 22, 23 m.N.
75 Vom 25. April 1959 (BGBl. I S. 230), zuletzt geändert durch Art. 1G vom 12. Juli 2007 (BGBl. I S. 1326) – (BGBl. III 1100-1).
76 Zweiter Bericht des Sonderausschusses für die Strafrechtsreform, BTDrucks. V/4095 S. 17.
77 *Fischer* Rdn. 3.

auch in den Landesverfassungen geregelt (zu den Einzelheiten und den Regelungskonflikten s. Rdn. 13 bis 19).

cc) Zudem genießen die **Mitglieder des Europäischen Parlaments** Indemnität, 28 obwohl sie in § 36 nicht genannt sind. Ihre Rechtsstellung – nunmehr europarechtlich in Art. 8 des Protokolls über die Vorrechte und Befreiungen der Europäischen Union festgeschrieben[78] – richtete sich zunächst nach Art. 4 Abs. 2 Beschluss und Akt des Rates der Europäischen Gemeinschaften vom 20.September 1976 zur Einführung allgemeiner unmittelbarer Wahlen der Abgeordneten der Versammlung (ZustimmungsG vom 4. August 1977 und Text BGBl. II 733, 734) i.V. mit dem dort in Bezug genommenen Art. 9 – zur Immunität Art. 10 – des Protokolls über die Vorrechte und Befreiungen der Europäischen Gemeinschaften im Anhang zum Vertrag zur Einsetzung eines gemeinsamen Rates und einer gemeinsamen Kommission der Europäischen Gemeinschaften vom 8. April 1965 (VertragsG vom 20. Oktober 1965 und Text BGBl. II 1453, 1482).[79] Ergänzend und sachlich ändernd trat § 5 G über die Rechtsverhältnisse der Mitglieder des Europäischen Parlaments aus der Bundesrepublik Deutschland – EuropaabgeordnetenG –[80] hinzu. Sachlicher Kern der alten Regelung war Art. 9 des genannten Protokolls vom 8. April 1965, der lautet: „Wegen einer in Ausübung ihres Amtes erfolgten Äußerung oder Abstimmung dürfen Mitglieder der Versammlung weder in ein Ermittlungsverfahren verwickelt noch festgenommen oder verfolgt werden." Nach der neueren Regelung des § 5 Abs. 1 Satz 1 EuropaabgeordnetenG bestimmt sich die Indemnität der Mitglieder des Europäischen Parlaments zwar grundsätzlich nach Art. 9 – ihre Immunität nach Art. 10[81] – des genannten Protokolls, also der alten Regelung. Jedoch enthält § 5 Abs. 1 Satz 2 EuropaabgeordnetenG eine gewichtige Variation: „Dabei richtet sich der Umfang der Indemnität nach den Bestimmungen des Grundgesetzes." Damit sind die für die Abgeordneten des Bundestages geltenden Vorschriften des Art. 46 Abs. 1 GG gemeint. Die alten Regelungen griffen weiter, umfassten insbesondere alle in Ausübung des Amtes, also auch außerhalb des Parlaments getanen Äußerungen;[82] die durch Art. 46 Abs. 1 Satz 2 GG und § 36 Satz 2 vom Schutz ausgeschlossene Verleumdung war mitumfasst. Bei Taten vor der Rechtsänderung durch das EuropaabgeordnetenG[83] greift § 2 Abs. 3 StGB ein. Das EuropaabgeordnetenG gilt nach seinem § 1 nur für Mandatsbewerber und Mitglieder des Europäischen Parlaments aus der Bundesrepublik Deutschland; es wird jedoch angenommen, dass die Indemnitätsregelungen des § 5 Abs. 1 EuropaabgeordnetenG auf die Abgeordneten aus anderen Staaten entsprechend anzuwenden sind; der räumliche Anwendungsbereich

---

78 ABl. 2016 C 202, S. 268: „Wegen einer in Ausübung ihres Amtes erfolgten Äußerung oder Abstimmung dürfen Mitglieder des Europäischen Parlaments weder in ein Ermittlungsverfahren verwickelt noch festgenommen oder verfolgt werden." Näher dazu *Magiera* BK Art. 46 Rdn. 23 ff. Vgl. auch *Kreicker* Indemnität, 643 ff.
79 Zu diesen Vorschriften *Bieber* Europarecht **1981** 124, 129 ff; *Sieglerschmidt* EuGRZ **1986** 445 unter dem Gesichtspunkt der Immunität.
80 Vom 6. April 1979 (BGBl. I S. 413), zuletzt geändert durch G vom 11. Juli 2014 (BGBl. I S. 906) – (BGBl. III 111-6); zu § 5 EuropaabgeordnetenG BVerwGE **83** 1, 3 unter dem Gesichtspunkt der Immunität; Kommentierung: *Beutler* in Das Deutsche Bundesrecht Erläuterungen Einführung und zu § 5; das Gesetz geht zurück auf einen Regierungsentwurf vom 6. Mai 1977 (BTDrucks. 8/362); vgl. ferner BTDrucks. 8/2707; vgl. auch Rundschreiben des BMJ vom 10. Januar 1983, GMBl. **1983** 37 sub B.
81 Dazu *Schultz-Bleis* Die parlamentarische Immunität der Mitglieder des Europäischen Parlaments, 1995.
82 *Bieber* Europarecht **1981** 124, 129 f.
83 Übergangsregelung in § 15 Abs. 1 EuropaabgeordnetenG, das am 10. April 1979 in Kraft trat; vgl. *Beutler* aaO (Fn. 61) Erläuterungen zu § 15.

des Gesetzes erstreckt sich nicht auf das Hoheitsgebiet anderer Staaten.[84] Zum sachlichen Wirkungsbereich der Indemnitätsvorschrift wird eine Geltung „auch für zivilrechtliche Verfahren" vertreten.[85]

Zur eigentümlichen Privilegierung der an Verfahren vor der Europäischen Kommission oder dem Europäischen Gerichtshof für Menschenrechte teilnehmenden Personen s. Rdn. 45.

b) Mitgliedschaft in einem Parlament

29   aa) Die Vorschrift des § 36 schützt nur die **Mitglieder** der genannten Organe, nicht etwa Beamte und Angestellte, die bei dem Organ beschäftigt sind.[86]

30   bb) Die **Mitgliedschaft** in einem Parlament **beginnt** regelmäßig nicht erst mit Beginn der Wahlperiode oder dem Zusammentritt des Parlaments, sondern schon mit der Annahme der Wahl. Die Einzelheiten richten sich nach dem jeweiligen Verfassungsrecht. Jedoch ist zu beachten, dass nur Äußerungen „in der Körperschaft oder in einem ihrer Ausschüsse" geschützt sind (s. Rdn. 31 bis 34, 38). Der geschützte Äußerungszeitraum **endet** mit dem Ende des Mandates, also dem Eintritt eines jeden der vielerlei möglichen Mandatsbeendigungsgründe. Auch dies richtet sich nach dem jeweiligen Verfassungsrecht.[87] Hiervon zu trennen ist, dass die Wirkung der Indemnität, wenn deren Voraussetzungen bei Tatbegehung vorgelegen haben, ohne jede zeitliche Begrenzung – also auch nach Beendigung des Abgeordnetenmandates – fortdauern (s. Rdn. 11).

31   c) **Die nicht geschützten Personen.** Indemnität gilt nicht für den Bundespräsidenten, die Mitglieder des Bundesrates, ferner nicht qua Mitgliedschaft (s. aber Rdn. 33) für die Mitglieder des Vermittlungsausschusses, des Richterwahlausschusses und des Gemeinsamen Ausschusses,[88] zudem nicht qua Amt für die Mitglieder der Bundesregierung oder einer Landesregierung[89] (s. aber Rdn. 36), ferner nicht für den Wehrbeauftragten des Deutschen Bundestages oder den Beauftragten für den Datenschutz[90] und schließlich nicht für Zeugen oder Sachverständige, die vor einem Parlament oder einem Parlamentsausschuss gehört werden (BGH NJW **1981** 2117).[91] Nicht zu den Gesetzgebungsorganen im Sinne des § 36 gehören Versammlungen, die nur einen Teil des Landes vertreten und keine formelle Gesetzgebungsbefugnis haben, wie Provinziallandtage, Landschaftsversammlungen, Kreistage, Stadt- oder Gemeinderäte.[92] Soweit das Kommunalrecht Bayerns den Bezirks- und Kreisräten sowie den Mitgliedern der Gemeinderäte Indemnität

---

84   Zu alledem *Beutler* aaO (Fn. 61) Erläuterungen zu §§ 1 und 5, auch zu den entsprechenden Immunitätsproblemen.
85   *Beutler* aaO (Fn. 61) Erläuterungen zu § 5; vgl. auch *Bieber* Europarecht **1981** 124, 130.
86   *Fischer* Rdn. 4; *Sch/Schröder/Perron* Rdn. 3.
87   Zu alledem, insbesondere zu den Sonderfällen der Wiederholungswahl, der Neukonstituierung des Parlaments und vorherigen Fraktionssitzungen, der ungültigen Wahl und der nachträglichen Erklärung einer Partei als verfassungswidrig: *v. Mangoldt/Klein/Starck/Achterberg/Schulte* Art. 46 Rdn. 6; *Magiera* BK Art. 46 Rdn. 130; *Maunz/Dürig/Klein* Art. 46 Rdn. 37.
88   Zu alledem *Magiera* BK Art. 46 Rdn. 108.
89   *Magiera* BK Art. 46 Rdn. 106.
90   Zu beiden *v. Mangoldt/Klein/Starck/Achterberg/Schulte* Rdn. 9.
91   Ebenso betreffend Zeugen *Maunz/Dürig/Klein* Art. 46 Rdn. 44 und betreffend Sachverständige *Sch/Schröder/Perron* Rdn. 3; *v. Mangoldt/Klein/Starck/Achterberg/Schulte* Art. 46 Rdn. 9.
92   BGHSt 51, 44; *Fischer* Rdn. 3; *Sch/Schröder/Perron* Rdn. 3.

zuspricht,⁹³ vermögen diese (einfachrechtlichen) landesrechtlichen Regelungen keinerlei Wirkung auf das Strafrecht zu entfalten. Straftaten der Kommunalparlamentarier Bayerns in den genannten Gremien sind also – trotz der landesrechtlichen Regelungen – strafbar (Art. 31 GG).

2. Der institutionelle oder funktionale Schutzbereich (die geschützten Tätigkeitsbereiche)

a) Körperschaft und Ausschüsse

aa) Der Begriff „**Körperschaft**" findet in § 36 Satz 1 zweimal Verwendung, zum einen im Voraussetzungsteil, zum anderen im Rechtsfolgenteil der Vorschrift. Für die vorbildhafte und kongruente Regelung des Art. 46 Abs. 1 Satz 1 GG wird angenommen, dass unter dem dort gleichermaßen zweimal verwendeten Wort „Bundestag" das Plenum, also die Vollversammlung der Abgeordneten, zu verstehen sei.⁹⁴ Dies dürfte sowohl hinsichtlich des Art. 46 Abs. 1 Satz 1 GG als auch – analog – betreffend § 36 Satz 1 nur für die Voraussetzungsseite der jeweiligen Vorschrift zutreffen, wo der Bundestag bzw. die Körperschaft als Alternative neben den Ausschüssen genannt sind. Dagegen erweist sich eine solche auf das Plenum beschränkte Definition auf der Rechtsfolgenseite als zu eng, da auch Sanktionen in den Ausschüssen, beispielsweise Ordnungsmaßnahmen der Ausschussvorsitzenden, durch die Indemnität nicht ausgeschlossen werden⁹⁵ (s. Rdn. 6). Danach kann als die auf der Rechtsfolgenseite des § 36 Satz 1 genannte Körperschaft nur das Parlament in seinem Ganzen, also einschließlich des Plenums und der Ausschüsse, verstanden werden. Es liegt der seltene Fall vor, dass ein Terminus innerhalb einer Vorschrift zweimal mit unterschiedlicher Bedeutung verwendet wird.

32

bb) Ausschüsse sind nicht etwa nur die technisch derart bezeichneten Gremien. Vielmehr sind hierunter – bei weiter Auslegung angesichts des Zwecks der Indemnität – alle „selbständig organisierten Ausbildungen des Parlamentsorganismus"⁹⁶ zu verstehen. Dies sind zunächst die durch die jeweilige Verfassung oder durch Gesetz vorgesehenen Ausschüsse, etwa im Bundestag die Untersuchungsausschüsse nach Art. 44 GG, die Ausschüsse für die Angelegenheiten der Europäischen Union, für auswärtige Angelegenheiten und für Verteidigung nach Art. 45, 45a GG, der Petitionsausschuss nach Art. 45c GG, der Wahlprüfungsausschuss nach § 3 WahlprüfungsG,⁹⁷ das Wahlgremium nach § 6 Abs. 2 BVerfGG,⁹⁸ die Parlamentarische Kontrollkommission nach Art. 45d GG und Kontrollgremiumgesetz⁹⁹ und das durch ein Haushaltsgesetz eingesetzte Gremium aus Mitgliedern des Haushaltsausschusses.¹⁰⁰ Ferner sind erfasst alle Gremien, die das

33

---

93 Art. 42 Abs. 2 Bezirksordnung Bayern (GVBl. **1978** 396); Art. 45 Abs. 2 Landkreisordnung Bayern (GVBl. **1978** 377); Art. 51 Abs. 2 Gemeindeordnung Bayern (GVBl. **1978** 353).
94 *v. Mangoldt/Klein/Starck/Achterberg/Schulte* Art. 46 Rdn. 13; *Magiera* BK Art. 46 Rdn. 99.
95 Vgl. *Magiera* BK Art. 46 Rdn. 113.
96 *Maunz/Dürig/Klein* Art. 46 Rdn. 42; vgl. auch *v. Münch/Kunig/Trute* Art. 46 Rdn. 12.
97 Vom 12. März 1951 (BGBl. I S. 166), zuletzt geändert durch G vom 12. Juli 2012 (BGBl. I S. 1501) – (BGBl. III 111-2).
98 So auch *Härth* Rede- und Abstimmungsfreiheit S. 112 f und *Hans Hugo Klein* Parlamentsrecht und Parlamentspraxis § 17 Rdn. 32 im Gegensatz dazu, dass sie den Richterwahlausschuss nach Art. 95 Abs. 2 GG vom Schutzbereich ausnehmen.
99 Vom 29. Juli 2009 (BGBl. I S. 2346), zuletzt geändert durch G vom 5. Januar 2017 (BGBl. I S. 17) – (BGBl. III 12-3).
100 Vgl. dazu BVerfGE **70** 324, 326.

Parlament im Rahmen seiner Parlamentsautonomie zur Vorbereitung seiner Verhandlungen oder für einzelne Angelegenheiten errichtet, beispielsweise im Bundestag die ständigen Ausschüsse, Sonderausschüsse und Unterausschüsse, zudem die vom Parlament zur Verbesserung der internen Organisation geschaffenen selbständig organisierten Gremien, wie im Bundestag das Präsidium, der Ältestenrat und der Sitzungsvorstand nach §§ 5, 6, 8 Geschäftsordnung des Bundestages.[101]

34 **Sog. gemischte Ausschüsse.** Zweifelhaft ist, ob zu den Ausschüssen auch diejenigen Gremien zu zählen sind, die teils mit Abgeordneten, teils mit Nichtabgeordneten besetzt sind. Auf Bundesebene sind dies beispielsweise der Vermittlungsausschuss nach Art. 77 Abs. 2 GG, der Richterwahlausschuss nach Art. 95 Abs. 2 GG, § 5 RichterwahlG und die Enquete-Kommission nach § 56 Geschäftsordnung des Bundestages. Die restriktive Ansicht kann darauf verweisen, dass diese sog. gemischten Ausschüsse nicht formal organisatorisch in das Parlament eingefügt sind und dass die nichtparlamentarischen Mitglieder dieser Gremien keine Indemnität besitzen, während es merkwürdig und verfassungspolitisch nicht wünschenswert ist, dass die Rechtsstellung eines Teils der Ausschussmitglieder gegenüber der des anderen Teils differiert. Deshalb wird von einigen Autoren auch den parlamentarischen Mitgliedern der sog. gemischten Ausschüsse die Indemnität versagt.[102] Vorrang gebührt jedoch dem Gedanken, dass die Abgeordneten im Rahmen der parlamentarischen Organisation in die sog. gemischten Ausschüsse entsandt werden, dort als Mitglieder des Parlaments tätig werden und dabei parlamentsspezifische Aufgaben wahrnehmen. Deshalb wird ihnen Indemnität auch in diesen Gremien zuzubilligen sein.[103] Die seltsam erscheinende Ungleichbehandlung von Abgeordneten und Nichtparlamentariern muss demgegenüber hingenommen werden.

35 Für den **Gemeinsamen Ausschuss** nach Art. 53a, 115e GG („Notstandsparlament") gilt eine Besonderheit: Nach einer von *Herzog* begründeten, zunehmend vertretenen Lehre[104] kommen Indemnität und Immunität nicht nur den Bundestagsabgeordneten im Gemeinsamen Ausschuss, sondern auch den Bundesratsmitgliedern in diesem Gremium zu. Folgt man dem angesichts dessen, dass der Gemeinsame Ausschuss „ein einheitliches, nach dem Modell des Einkammersystems aufgebautes Verfassungsorgan mit eindeutig parlamentarischen Aufgaben" (*Herzog*) ist und die „Notstandsverfassung" hinsichtlich Indemnität und Immunität lückenhaft ist, so entsteht übrigens die einzige Diskrepanz zwischen Art. 46 Abs. 1 GG und § 36. Diese wird indes ohne weiteres durch den Vorrang des Verfassungsrechts aufgelöst.

---

101 Zum Ganzen ebenso *Magiera* BK Art. 46 Rdn. 116; *Achterberg/Schulte* in *v. Mangoldt/Klein/Starck* Art. 46 Rdn. 14.
102 *Joecks* MK Rdn. 11; *Lackner/Kühl/Kühl* Rdn. 5; *Sch/Schröder/Perron* Rdn. 4 für den Vermittlungsausschuss; zweifelnd *Fischer* Rdn. 4; unentschieden *v. Mangoldt/Klein/Starck/Achterberg/Schulte* Art. 46 Rdn. 15 m.N. Der Sonderausschuss für die Strafrechtsreform (BTDrucks. V/4095 S. 17) hielt es für „sehr zweifelhaft", ob Bundestagsabgeordnete als Mitglieder des Vermittlungs- und des Richterwahlausschusses sowie des Gemeinsamen Ausschusses nach Art. 53a GG Indemnität genießen, erklärte es jedoch als „verfassungspolitisch erwünscht", den Mitgliedern dieser Gremien, und zwar selbst soweit es sich bei ihnen nicht um Bundestagsabgeordnete handelt, Indemnität zu gewähren.
103 *Härth* Die Rede- und Abstimmungsfreiheit S. 111 f und *Hans Hugo Klein* Parlamentsrecht und Parlamentspraxis § 17 Rdn. 30 bis 32, beide den Richterwahlausschuss nach Art. 95 Abs. 2 GG ausnehmend; *Magiera* BK Art. 46 Rdn. 119 und *Sachs/Magiera* Art. 46 Rdn. 4; AK-GG/
H.P. Schneider Art. 46 Rdn. 7; *Jarass/Pieroth* Art. 46 Rdn. 2; *v. Münch/Kunig/Trute* Art. 46 Rdn. 13; *Stern* Das Staatsrecht der Bundesrepublik Deutschland 2. Aufl. (1984) Bd. I S. 1061).
104 *Maunz/Dürig/Herzog/Klein* Art. 53a Rdn. 24; vorsichtig zustimmend *Härth* Rede- und Abstimmungsfreiheit S. 111 Fn. 153 und *Hans Hugo Klein* Parlamentsrecht und Parlamentspraxis § 17 Rdn. 31; vgl. auch die in Fn. 78 wiedergegebene Meinung des Sonderausschusses für die Strafrechtsreform; dagegen für Indemnität allein der Bundestagsmitglieder im Gemeinsamen Ausschuss *Magiera* BK Art. 46 Rdn. 40 und wohl auch *Sch/Schröder/Perron* Rdn. 4.

Fraktionen. „Politisches Gliederungsprinzip für die Arbeit des Bundestages sind **36** heute die Fraktionen. Im Zeichen der Entwicklung zur Parteiendemokratie sind sie notwendige Einrichtungen des Verfassungslebens und maßgebliche Faktoren der politischen Willensbildung" (BVerfGE **80** 188, 219; **84** 304, 322; s.a. BVerfGE **70** 324, 350). Dem korrespondiert die enge organisatorische Einfügung der Fraktionen in die Tätigkeit des Parlaments. Das Fraktionsgesetz vom 11. März 1994 (BGBl. I S. 526) stärkt diese Bewertung (vgl. auch *Jekewitz* ZRP **1993** 344). Entsprechend werden die Fraktionen von Rspr. und h.L.[105] zu Recht den Ausschüssen zugerechnet. Dies wird gar auf die Arbeitskreise der Fraktionen zu erstrecken sein.[106] Hierbei hat der Gesichtspunkt zurückzutreten, dass in der Fraktion nicht das ganze Spektrum der im Parlament repräsentierten Kräfte vertreten ist. Auch die Auseinandersetzung innerhalb des Teilspektrums, das die Fraktion darstellt, ist ein Teil der parlamentarischen Diskussion und Willensbildung.[107] Ebenso ist hinten anzustellen, dass die besondere Ordnungsgewalt des Parlaments- bzw. Ausschussvorsitzenden fehlt. Zu den vier Landesverfassungen, die die Fraktionen ausdrücklich in den Schutzbereich der Indemnität einbeziehen, s. Rdn. 14.

b) Tätigkeit als Parlamentsmitglied

aa) Zugehörigkeit zum nämlichen Parlament. Geschützt ist die Tat des Abgeord- **37** neten durch § 36 nach der hier vertretenen Ansicht nur, soweit der Abgeordnete in dem Parlament, dem er angehört, tätig wird. Auftritte in anderen Parlamenten – in welcher Funktion auch immer – werden nicht erfasst. Zur besonderen Regelung in der Verfassung Hessens und zur gegenteiligen Ansicht *Tröndles* und *Fischers* s. Rdn. 14 a.E., 17 und 19.

bb) Regierungsmitglieder, die zugleich Abgeordnete des Parlaments ihres Staates **38** sind, genießen den Schutz des § 36 nur dann, wenn sie als Abgeordnete – und nicht in ihrer Eigenschaft als Regierungsmitglieder – im Parlament sprechen;[108] denn nur insoweit unterliegen sie der autonomen Ordnungsgewalt der Körperschaft.[109] Es ist auch durchaus im Einzelfall bestimmbar, in welcher Eigenschaft die Person spricht.[110] Bei der Beantwortung einer parlamentarischen Anfrage handelt das Regierungsmitglied stets als Angehöriger der Exekutive.[111] Jedoch kann § 193 eingreifen.[112]

---

105 StaatsGH Bremen MDR **1968** 24; KG ZParl **1975** 290 m. Anm. *Versteyl*; *Jescheck/Weigend* § 19 II 2; *Lackner/Kühl/Kühl* Rdn. 5; *Fischer* Rdn 5; *v. Mangoldt/Klein/Starck/Achterberg/Schulte* Art. 46 Rdn. 16; *Schmidt-Bleibtreu/Klein/Kretschmer* Art. 46 Rdn. 5; *Magiera* BK Art. 46 Rdn. 120 und *Sachs/Magiera* Art. 46 Rdn. 4; *Maunz/Dürig/Klein* Art. 46 Rdn. 38; *v. Münch/Kunig/Trute* Art. 46 Rdn. 9; Zweiter Bericht des Sonderausschusses für die Strafrechtsreform BTDrucks. V/4095 S. 17; **aA** *Joecks* MK Rdn. 13; *Sch/Schröder/Perron* Rdn. 4; *Samson* SK Rdn. 4.
106 *Lackner/Kühl/Kühl* Rdn. 5; *Fischer* Rdn. 5; Zweiter Bericht des Sonderausschusses für die Strafrechtsreform BTDrucks. V/4095 S. 17.
107 **AA** *Sch/Schröder/Perron* Rdn. 4 mit dem Argument, dass es sich bei der Arbeit innerhalb der Fraktionen nicht um „unmittelbare politische Willensbildung" handele.
108 OVG Münster DVBl. **1967** 51; *Lackner/Kühl/Kühl* Rdn. 2; *Sch/Schröder/Perron* Rdn. 3; *Fischer* Rdn. 4; *v. Mangoldt/Klein/Starck/Achterberg/Schulte* Art. 46 Rdn. 8; *Magiera* BK Art. 46 Rdn. 31 m.w.N.; *Maunz/Dürig/Klein* Art. 46 Rdn. 36; *Frotscher* JuS **1978** 505, 510; **aA** VG Köln DVBl. **1965** 882 m. abl. Anm. *Bettermann*; *A. Arndt* DVBl. **1965** 954; vgl. auch *H. P. Schneider* AK-GG Art. 46 Rdn. 5; *Helle* NJW **1961** 1896, 1900.
109 Vgl. dazu *Maunz/Dürig/Klein* Art. 46 Rdn. 35.
110 **AA** *Binding* Handbuch Bd. I S. 674; *Graul* NJW **1991** 1717 ff; *Witte-Wegmann* DVBl. **1974** 866, 869.
111 OVG Münster DVBl. **1967** 51, 53; *Magiera* BK Art. 46 Rdn. 106; *v. Münch* Grundbegriffe des Staatsrechts II 4. Aufl. (1987) Rdn. 400; vgl. auch BVerfGE **13** 123, 125; BVerfG Urteil vom 14. Juli 1959 – 2 BvE 2, 3/58 –.
112 Vgl. BVerfGE **13** 123, 125.

39 **cc) Abgeordnete als Zeugen oder Sachverständige.** Agiert ein Abgeordneter vor einem Parlament in einer anderen als seiner parlamentarischen Funktion, so greift § 36 nicht. Dies ist insbesondere dann der Fall, wenn der Abgeordnete in Erfüllung allgemeiner Bürgerpflichten als Zeuge vor einem Parlament, insbesondere einem parlamentarischen Untersuchungsausschuss, aussagt oder als Sachverständiger in Erfüllung eines ihm vom Parlament erteilten Auftrags Angaben macht (BGH NJW **1981** 2117).[113]

40 **c) Parlamentarische und extrane Tätigkeit.** Bei der Abgrenzung der „in" den geschützten Gremien getanen Äußerungen von extranen Äußerungen ist – ausgehend vom Zweck der Indemnität (s. Rdn. 4) – die *parlamentsorganisatorische Einbindung* des Abgeordneten das ausschlaggebende Kriterium, so dass der Abgeordnete nur dann durch § 36 geschützt ist, wenn er als Mitglied des Parlaments tätig wird.[114] Das bedeutet zunächst, dass die im Gesetzestext verwendete Präposition „in" den Schutzbereich nicht etwa räumlich auf Äußerungen innerhalb des Parlamentsgebäudes oder des Sitzungssaales einengt. Erfasst werden vielmehr auch Äußerungen beispielsweise bei auswärtigen Tagungen des Parlaments oder eines seiner Ausschüsse, bei Besichtigungen, etwa Ortsterminen von Untersuchungsausschüssen, entsprechenden Fahrten von Parlamentsdelegationen, sofern ein innerer Zusammenhang mit der *parlamentarischen Tätigkeit* des Abgeordneten besteht.[115] Dagegen genügt nicht ein Zusammenhang allein mit der *Mandatsausübung*. Deshalb sind nicht geschützt Äußerungen auf Wahlversammlungen oder Parteiveranstaltungen,[116] ebenso wenig Erklärungen gegenüber Presse, Rundfunk und Fernsehen,[117] selbst dann, wenn der Abgeordnete dabei eine eigene parlamentarische Anfrage referiert (BGHZ **75** 384, 386).[118] Auch dann, wenn der Abgeordnete im Auftrag seiner Fraktion vor die Presse tritt, greift Indemnität nicht ein (StaatsGH Bremen MDR **1968** 24). Indemnitätsschutz wird auch nicht dadurch begründet, dass sich die Äußerungen des Abgeordneten auf Vorgänge beziehen, die Gegenstand einer parlamentarischen Untersuchung unter Beteiligung des Abgeordneten gewesen sind. Vielmehr muss die Äußerung selbst der Parlamentsarbeit des Abgeordneten zuzuordnen sein. Dieser innere Bezug fehlt, wenn der Abgeordnete eine Informationsschrift nicht in Wahrnehmung von Aufgaben als Parlamentarier, sondern als Bürger und Repräsentant seiner Partei veröffentlicht (BGH NJW **1982** 2246). Ebenso wenig werden von § 36 Gespräche erfasst, die der Abgeordnete als Repräsentant seiner Fraktion (vgl. StaatsGH Bremen MDR **1968** 24) mit der Regierung oder mit der Presse führt. Repräsentationsveranstaltungen, zu denen der Abgeordnete als Mandatsträger eingeladen ist, fallen nicht unter den Schutz des § 36; das dürfte selbst dann gelten, wenn es sich um einen Empfang des Parlamentspräsiden-

---

113 Ebenso *Maunz/Dürig/Klein* Art. 46 Rdn. 35; *Hermann Weber* JuS **1982** 297.
114 H.M.: *v. Mangoldt/Klein/Starck/Achterberg/Schulte* Art. 46 Rdn. 17; *Magiera* BK Art. 46 Rdn. 121 m.w.N.; **aA** *Hemeyer* ZRP **1971** 174, 177. Aus der Entstehungsgeschichte des Art. 46 Abs. 1 GG ist hervorzuheben, dass der im Parlamentarischen Rat gestellte Antrag des KPD-Abgeordneten Renner, die Indemnität auch für Äußerungen „außerhalb" des Bundestages zu gewähren, im Hauptausschuss bei einer Gegenstimme abgelehnt wurde; näher *Füsslein* JahrböR neue Folge Bd. 1 S. 373; *Magiera* BK Art. 46 Rdn. 63.
115 *Maunz/Dürig/Klein* Art. 46 Rdn. 44.
116 BGH Urteil vom 2. Dezember 1954 – 3 StR 922/52 – S. 25; LG Koblenz NJW **1961** 125 m. Anm. *Münzel*; *v. Mangoldt/Klein/Starck/Achterberg/Schulte* Art. 46 Rdn. 17; *Magiera* BK Art. 46 Rdn. 42; *Maunz/Dürig/Klein* Art. 46 Rdn. 44; *v. Münch/Kunig/Trute* Art. 46 Rdn. 14.
117 OLG Saarbrücken NJW **1953** 1150; KG ZParl **1975** 290 m. Anm. *Versteyl*; *Magiera* BK Art. 46 Rdn. 121; OLG Dresden NJW-RR **2017**, 1254.
118 Dazu *Mang* BayVBl. **1980** 550; *Roll* NJW **1980** 1439; *Röper* DVBl. **1980** 563; *Steffen* Anm. zu LM § 823 BGB Nr. 10; vgl. schon *Haager* GS **25** (1873) S. 267, 271; **aA** OLG Saarbrücken Zeitschrift für Urheber- und Medienrecht **1994** 45, ausgehend von der in Rdn. 14 genannten weiten Fassung von Art. 81 Abs. 1 Satz 1 Verfassung des Saarlandes.

ten – gar im Parlamentsgebäude – handelt;[119] denn der Schutzbereich ist jedenfalls nicht lokal zu verstehen. Bei der Kommunikation zwischen einzelnen Abgeordneten ist die im jeweiligen Fall oft schwierige Abgrenzung zwischen noch geschützten Randerscheinungen der parlamentarischen Debatte einerseits und Privatgesprächen andererseits vorzunehmen.[120]

3. Der sachliche Schutzbereich (die geschützten Handlungen)

a) Abstimmung. Geschützt ist zunächst die Abstimmung des Abgeordneten. Diese umfasst die Stimmabgabe zu jeder vom Gremium getroffenen Sach- oder Personalfrage. Wenn in diesem Zusammenhang auf das Vorlegungsverfahren abgestellt wird,[121] so ist dies zu eng. Auch dann, wenn das Gremium kompetenzlos, unangerufen oder sonst verfahrensrechtswidrig eine Abstimmung durchführt, greift § 36, beispielsweise bei einer Entschließung eines Landesparlaments zu einer außen- oder verteidigungspolitischen Frage oder bei einer nach der betreffenden Geschäftsordnung nicht zulässigen oder ungültigen Abstimmung. An dieser Stelle ist angesichts des Zwecks der Indemnität weiterzige Auslegung geboten. Sonst würde die Abstimmungsfreiheit des Abgeordneten durch die Notwendigkeit der Prüfung der formellen Voraussetzungen der Abstimmung überlagert und eingeengt. Jede Form der Abstimmung (namentlich, offen, geheim, Umlaufverfahren, auch eine „Probeabstimmung") ist erfasst.[122] Als Abstimmung ist die Stimmabgabe des einzelnen Abgeordneten, nicht der gesamte parlamentarische Abstimmungsvorgang, zu verstehen.[123] Die praktische Bedeutung dessen wird jedoch dadurch relativiert, dass die Abstimmung (nur) ein Sonderfall der Äußerung im Sinne des § 36 ist,[124] so dass Äußerungen des Abgeordneten, die er im Rahmen des Abstimmungsverfahrens jenseits seiner Stimmabgabe macht, als (sonstige) Äußerung geschützt sind. Zudem sollen auch Äußerungen des Gesamtparlaments oder seiner Ausschüsse dem Schutz des § 36 unterfallen (so OVG Hamburg HambJVBl. **1978** 6, 7 f; aA OLG Saarbrücken NJW **1953** 1150 f). Ein solches Verständnis von der Indemnität widerspricht dem Gesetzeswortlaut, dem Normzweck und der Geschichte des Institutes.[125]

41

b) Äußerung. Auch der die Abstimmung als herausgehobenen Sonderfall umfassende Begriff der Äußerung ist zunächst weit auszulegen. Er unterliegt jedoch einer gesetzlichen Einschränkung (Satz 2) und unter verfassungsrechtlichen Gesichtspunkten der Notwendigkeit einer zusätzlichen Einschränkung (Rdn. 44).

42

aa) Der Begriff der Äußerung umfasst grundsätzlich **Tatsachenbehauptungen, Bewertungen, Willensbekundungen und Aufforderungen**. Er schließt mündliche und

43

---

119 Dies ist in der Entscheidung BVerwGE **83** 1, die einen solchen Fall betrifft, nicht problematisiert worden; kritisch dazu *Sachs* JuS **1987** 904, 906 mit Fn. 17.
120 Vgl. *Maunz/Dürig/Klein* Art. 46 Rdn. 43.
121 *v. Mangoldt/Klein/Starck/Achterberg/Schulte* Art. 46 Rdn. 12; *Magiera* BK Art. 46 Rdn. 109; *Maunz/Dürig/Klein* Art. 46 Rdn. 41.
122 *v. Mangoldt/Klein/Starck/Achterberg/Schulte* Art. 46 Rdn. 12; vgl. zu den einzelnen Abstimmungsarten *Achterberg* Die parlamentarische Verhandlung (1979) S. 109 ff und *Achterberg* Parlamentsrecht (1984) S. 641 ff.
123 *Härth* Rede- und Abstimmungsfreiheit S. 113, 122 Fn. 214; *Maunz/Dürig/Klein* Art. 46 Rdn. 38.
124 *Magiera* BK Art. 46 Rdn. 109.
125 Im Erg. ebenso *Härth* Rede- und Abstimmungsfreiheit S. 113.

schriftliche[126] Äußerungen, Gebärden und konkludentes Handeln ein, „in dem eine bestimmte Meinungs- oder Willenskundgabe zum Ausdruck kommt" (BVerwGE **83** 1). Bei schriftlichen Äußerungen des Abgeordneten im parlamentarischen Bereich wie Anfragen und Anträgen beginnt der Schutz grundsätzlich, sobald der Abgeordnete die Äußerung in den dafür vorgesehenen Geschäftsgang gibt.[127] Im Fall einer etwa gleichzeitigen Übergabe einer schriftlichen parlamentarischen Anfrage an die Presse gelten indes besondere Gesichtspunkte, die eine Restriktion gebieten (BGHZ **75** 384, 388 f). **Nicht** geschützt ist nach allgemeiner Ansicht die **reine Tätlichkeit** (BVerwG aaO;[128] vgl. schon RGSt **47** 270, 276); sie liegt außerhalb des schützenswerten Bereichs der geistigen Auseinandersetzung.

44   **bb) Verleumderische Beleidigungen** stellen die einzige ausdrücklich im Gesetz **(Satz 2)** genannte Ausnahme vom Schutzbereich dar. Hierzu gehören nicht nur Taten nach § 187, sondern auch die in § 188 Abs. 2, § 90 Abs. 3, § 103 (der zum 31.12.2017 außer Kraft getreten ist) und § 109d genannten Fälle,[129] ferner verleumderische Taten nach § 189[130] (zu § 90 und § 103 s. auch Rdn. 44).

45   Wegen der in diesen Fällen regelmäßig eingreifenden Immunität (s. Rdn. 46) kann sich ein Problem der **Kompetenzverteilung zwischen Justiz und Parlament** (i.d.R. dem Immunitätsausschuss) ergeben. Im Schrifttum findet sich hierzu vielfach die Formel, dass allein das zuständige Gericht zu entscheiden habe, ob eine Verleumdung gegeben ist.[131] Dies ist zwar zutreffend, verkürzt aber die Problematik: Die Entscheidung über die Aufhebung der Immunität liegt allein beim Parlament, ist aber auf Gesichtspunkte der Immunität beschränkt. Versagt ein Parlament (Immunitätsausschuss) unter Missachtung dieser Beschränkung gleichwohl die Aufhebung der Immunität des Abgeordneten deshalb, weil es einen Fall der Verleumdung ausschließt und Indemnität annimmt, so wendet es zwar einen ihm nicht zustehenden Maßstab an. Gleichwohl hat die dritte Gewalt das Ergebnis der Parlamentsentscheidung zu respektieren. Die sachgerechte Lösung des Falles durch die Justiz kann dann erst nach Ende der Immunität, also nach Mandatsende, erfolgen (s. Rdn. 47).[132]

46   **cc) Die verfassungsrechtlich gebotenen Grenzen des sachlichen Schutzbereichs.** Es bleibt die Frage, ob § 36 für alle Äußerungen der Abgeordneten gilt – ungeachtet dessen, welche Folgen die Tat hat und welche Straftatbestände durch die Äußerung erfüllt werden. In den meisten Stellungnahmen im neueren strafrechtlichen und verfassungsrechtlichen Schrifttum und auch in den Diskussionsbeiträgen im Rahmen des Gesetzgebungsverfahrens wird diese Frage gar nicht behandelt, vielmehr werden

---

126   *Hans Hugo Klein* Parlamentsrecht und Parlamentspraxis § 17 Rdn. 27 m.w.N.; *Magiera* BK Art. 46 Rdn. 110; *Warnecke* ZParl **1980** 540, 541 f betont die Bedeutung der schriftlichen Äußerung angesichts des Wandels vom „Redeparlament" zum „Arbeitsparlament".
127   *v. Mangoldt/Klein/Starck/Achterberg/Schulte* Art. 46 Rdn. 20; *Sachs/Magiera* Art. 46 Rdn. 5; *Kewenig/Magiera* ZParl 1981 223, 228, *Dreier/Schulze-Fielitz* Art. 46 Rdn. 17; *Erbguth/Stollmann* JuS **1993** 488, 490 f; *Friesenhahn* DÖV **1981** 512, 518; **aA** *Jarass/Pieroth* Art. 46 Rdn. 2a.
128   Ebenso die einhellige Lehre: *Härth* Rede- und Abstimmungsfreiheit S. 124 m.w.N.; zweifelnd *Joecks* MK Rdn. 19.
129   *Dreher* JZ **1953** 421, 423; *Fischer* Rdn. 5; *Lackner/Kühl/Kühl* Rdn. 6; *Sch/Schröder/Perron* Rdn. 4; *Samson* SK Rdn. 4.
130   *Jakobs* 10/16; *Jescheck/Weigend* § 19 II 2; *Joecks* MK Rdn. 20.
131   *Fischer* Rdn. 5; *v. Mangoldt/Klein/Starck/Achterberg/Schulte* Art. 46 Rdn. 11; *Magiera* BK Art. 46 Rdn. 131; *Maunz/Dürig/Klein* Art. 46 Rdn. 40; *H. P. Schneider* AK-GG Art. 46 Rdn. 6; *Löffler/Sedelmeier* Presserecht 4. Aufl. (1997) § 9 LPG Rdn. 96; *Schwarz* NJW **1950** 124, 126.
132   Vgl. *Joecks* MK Rdn. 22.

entweder alle Äußerungen unterschiedslos als erfasst angesehen oder es wird nur von „Ehrverletzungen" gesprochen, was einen bloßen Ausschnitt des Phänomens an dessen Stelle setzt. Dabei wird vernachlässigt, dass durch eine Äußerung in einem Parlament auch eine Straftat allerschwersten Gewichts begangen werden kann, theoretisch gar eine mit lebenslanger Freiheitsstrafe bedrohte Anstiftung zum Mord oder Völkermord. Zudem kommen beispielsweise in Betracht die Anstiftung und die öffentliche Aufforderung (§ 111) zu Straftaten, die Billigung solcher (§ 140), die Ausübung von Zwang als allgemeine Nötigung (§ 240) oder als Nötigung von Verfassungsorganen (§§ 105, 106), zudem die Verletzung von Geheimhaltungspflichten als Verletzung von Staats- oder Dienstgeheimnissen (§§ 94, 95, 353b) oder von privaten Geheimnissen (§ 203). Die Autoren im Schrifttum, die das Problem aufgreifen, lösen es im Sinne umfassenden Schutzes.[133] Dem kann aus nachstehenden Gründen nicht gefolgt werden.

Es muss für verfassungswidrig erachtet werden, einen Abgeordneten von der Strafbarkeit für eine Tat freizustellen, wegen derer jeder andere Bürger zu lebenslanger Freiheitsstrafe verurteilt werden kann. Der Zweck der Indemnität (s. Rdn. 4, vgl. auch Rdn. 5) vermag eine solche exorbitante Ungleichbehandlung angesichts des Art. 3 GG unter keinem Gesichtspunkt zu legitimieren. Für die weiteren vorstehend genannten Straftaten wird bei linearer Abstufung Entsprechendes zu gelten haben. Es ist deshalb nach einer verfassungskonformen Auslegung des § 36 zu suchen. **47**

Schon früher wurden Lösungen vertreten, die darauf hinauslaufen, nach dem Wirkungsbereich der Äußerung des Abgeordneten zu unterscheiden: Wirkungen außerhalb des Parlaments sollen danach vom Schutzbereich ausgenommen sein, so dass insbesondere Anstiftungen zu außerhalb des Parlaments zu begehenden Handlungen strafbar bleiben.[134] Diese Lösungen müssen wohl deshalb versagen,[135] weil auch die einfache Beleidigung einer außerhalb des Parlaments stehenden Person nach Rechtsgeschichte, Gesetzgeberwillen und Wortlaut der Vorschrift von deren Wirkungsbereich nicht ausgenommen werden kann. Zudem blieben von einer solchen Restriktion diejenigen Fälle unberührt, in denen die Außenwirkung nicht eintritt. Auch der verschiedentlich unternommene Versuch, den Schutzbereich auf Meinungs- und Gedankenäußerungen zu beschränken, dagegen Willensäußerungen vom Schutz auszunehmen,[136] muss scheitern,[137] weil derartige Differenzierungen im Subjektiven mit Unsicherheiten belastet sind, die angesichts der massiven Diskrepanz auf der Rechtsfolgenseite unerträglich erscheinen. Es bleibt – auf der Suche nach einer verfassungskonformen Auslegung des § 36 – nur die Anknüpfung an § 36 Satz 2, nämlich ein argumentum a minore ad maius: Wenn innerhalb des relativ geringgewichtige Straftaten erfassenden Vierzehnten Abschnitts des Besonderen Teils die übelsten Taten, nämlich die Verleumdungen, ungeschützt bleiben, kann dem ein Hinweis darauf entnommen werden, dass Taten von wesentlich größerem Unrechtsgehalt, der alle Delikte des Vierzehnten Abschnitts des **48**

---

133 So *Tröndle* LK[10] Rdn. 7; *Härth* Rede- und Abstimmungsfreiheit S. 70, 125; *Hans Hugo Klein* Parlamentsrecht und Parlamentspraxis § 17 Rdn. 25; *Magiera* BK Art. 46 Rdn. 35; *Maunz/Dürig/Klein* Art. 46 Rdn. 40; vgl. auch *Schmidhäuser* AT 13/6; aus dem älteren Schrifttum im Erg. ebenso *Anschütz* Die Verfassung des Deutschen Reiches, 14. Aufl. (1933) Art. 36 Anm. 2; *Graf zu Dohna* in *Anschütz* Handbuch des deutschen Staatsrechts Bd. I (1930) S. 441.
134 So *Binding* Handbuch S. 675; *Olshausen* 6. Aufl. (1900) § 11 Anm. 3b.
135 Gegen diese Lösungen schon *Graf zu Dohna* in *Anschütz* Handbuch des deutschen Staatsrechts Bd. I (1930) S. 441; ferner *Härth* Rede- und Abstimmungsfreiheit S. 125.
136 So *v. Bar* Bd. I S. 252; *Finger* Lehrbuch des Deutschen Strafrechts Bd. I (1904) S. 437; *Hubrich* Die parlamentarische Redefreiheit und Disciplin S. 360; *Giese/Schunck* Art. 46 Anm. II 2.
137 Im Erg. ebenso *Anschütz* Die Verfassung des Deutschen Reiches 14. Aufl. (1933) Art. 36 Anm. 2; *Magiera* BK Art. 46 Rdn. 35, *Maunz/Dürig/Klein* Art. 46 Rdn. 38.

Besonderen Teils deutlich hinter sich lässt, gar nicht vom Schutzbereich erfasst sein sollen. Danach ist die Wirkung des § 36 auf **Verletzungen des Rechtsgutes Ehre** (einschließlich des Andenkens Verstorbener) zu beschränken.[138] Dem Normzweck genügt dies völlig. Einzuräumen ist, dass die Rechtsgeschichte für diese Lösung wenig hergibt und dass die Wirkung der Indemnität im Einzelfall davon abhängig gemacht wird, welche Tatbestände die Straftat des Abgeordneten erfüllt. Abgrenzungsfragen stellen sich allein bei Delikten, die neben der Ehre auch andere Rechtsgüter schützen, so bei § 90, der auch das Amt des Bundespräsidenten schützt.[139] Bei Delikten mit doppelter Schutzwirkung mag der Ehrenschutz Vorrang haben, § 36 also eingreifen. Liegt jenseits dessen Tateinheit zwischen einem Ehrenschutzdelikt und einem Delikt mit anderer Schutzrichtung vor, so ist die Wirkung des § 36 zu versagen. Dies erscheint als die allein mögliche Lösung der Aufgabe, die Regelung des § 36 verfassungskonform zu interpretieren. Der Rahmen der Auslegung wird bei alledem nicht verlassen. Übrigens korrespondiert diese Lösung mit manchen Vorschlägen, die Indemnität de lege ferenda einzuschränken.[140] Schließlich bleibt anzumerken, dass die hier vertretene Auslegung des § 36 betreffend den Bundestag nur dann wirksam ist, wenn man – gemäß dem Gebot der vorrangigen Verfassungsnorm des Art. 3 GG – Art. 46 Abs. 1 GG in gleicher Weise interpretiert.

VI. Die Privilegierung der an Verfahren vor der Europäischen Kommission oder dem Europäischen Gerichtshof für Menschenrechte teilnehmenden Personen

49 Die Europäischen Übereinkommen über die an Verfahren vor der Europäischen Kommission und dem Europäischen Gerichtshof für Menschenrechte teilnehmenden Personen[141] bergen einen eigentümlichen Sonderfall einer womöglich „auflösend bedingten" Indemnität: Nach Art. 2 Abs. 1 der Übereinkommen genießen verfahrensbeteiligte Personen, deren Prozessbevollmächtigte, Beistände usw., Zeugen und Sachverständige (näher Art. 1 Abs. 1 der Übereinkommen) „Befreiung von der Gerichtsbarkeit in Bezug auf mündliche oder schriftliche Erklärungen, die sie gegenüber der Kommission oder dem Gerichtshof abgeben, sowie in Bezug auf Urkunden oder andere Beweismittel, die sie der Kommission oder dem Gerichtshof übermitteln". Nach Art. 2 Abs. 2 der Übereinkommen gilt diese Befreiung nicht, wenn die betreffende Person „außerhalb der Kommission oder des Gerichtshofs von Erklärungen, Urkunden oder Beweismitteln, die sie der Kommission oder dem Gerichtshof übermittelt hat, ganz oder teilweise Kenntnis gibt oder Kenntnis geben lässt."

50 **Inhaltlich** birgt die Regelung ein **Novum im deutschen Verfassungs- und Strafrecht**: Die hoch gegriffene Umschreibung der Rechtsfolge („Befreiung von der Gerichtsbarkeit") erinnert gar an den Problemkreis der Gerichtsunterworfenheit/Exemtion (vgl. dazu *Löwe/Rosenberg/Kühne* 26. Aufl. Einl. Kap. K Rdn. 120). Eine Einstellung der Regelung dort läge in der falschen Oktave. Man wird der Regelung wohl am ehesten gerecht,

---

138 Zustimmend *Joecks* MK Rdn. 23.
139 BGHSt **16** 338; *Laufhütte* LK[11] § 90 Rdn. 1.
140 Vgl. *Graf zu Dohna* in *Anschütz* Handbuch des deutschen Staatsrechts Bd. I (1930) S. 441; *Zippelius/Würtenberger* Deutsches Staatsrecht 31. Aufl. (2005) § 38 IV 3; vgl. auch *Breuling* Immunität und Republik (1927) S. 25 f.
141 Vom 6. Mai 1969 mit ZustimmungsG vom 22. Dezember 1977 (BGBl. II S. 1445, 1446) und Bekanntmachung über das Inkrafttreten vom 27. April 1978 (BGBl. II S. 790) mit Vorbehalten der Bundesrepublik Deutschland sowie vom 5. März 1996 (BGBl. II S. 358) und Bekanntmachung und Inkrafttreten vom 27. April 2001 (BGBl. II S. 358).

wenn man ihre Wirkung der des § 36 gleichstellt, also einen persönlichen Strafausschließungsgrund annimmt. Geschütztes Forum, geschützter Personenkreis und geschützte Handlungen liegen dabei allerdings jenseits des bisherigen deutschen Verständnisses von Indemnität. Zweifelhaft ist, ob die Regelung in Art. 2 Abs. 2 des Übereinkommens nur extrane Kenntnisgaben vom Schutzbereich ausnimmt oder ob die spätere Publikation des Verhaltens vor dem Gremium die damit ursprünglich gewonnene Indemnität „auflöst". Die Parallele der Indemnität nach dem Verständnis des § 36 (vgl. Rdn. 38) spricht für die erstgenannte Auffassung.

Der **Rang der Vorschriften** in der Normenhierarchie ist folgender: Ebenso wie die MRK 51 (dazu *Meyer-Goßner/Schmitt* EMRK vor Art. 1 Rdn. 3 f je m.w.N.) sind die Vorschriften keine allgemeinen Regeln des Völkerrechts im Sinne des Art. 25 GG, sondern unmittelbar geltendes innerstaatliches Recht der Bundesrepublik Deutschland im Rang eines einfachen Bundesgesetzes.[142] In dieser Qualität ergänzen die Vorschriften die Regelung des § 36.

VII. Die Immunität (in Abgrenzung zur Indemnität)

1. Allgemeines. Von der Indemnität zu unterscheiden ist die Immunität.[143] Diese 52 geht einerseits sachlich weiter als jene, ist jedoch andererseits im Gegensatz zur Indemnität in ihrer Wirkung verschiedentlich bedingt. Beide Institute haben eine gemeinsame Entwicklungsgeschichte und eine teilweise deckungsgleiche, historisch begründete ratio: Im Interesse der Funktionstüchtigkeit der Parlamente sollen deren Abgeordnete davor geschützt sein, durch – insbesondere missbräuchliche – Strafverfolgung an der Ausübung ihres Mandates gehindert zu werden. Es liegt auf der Hand, dass dieser gemeinsame Legitimationsgrund beider Institute im Rechtsstaat noch stärkerem Schwund ausgesetzt ist als die zusätzliche und spezielle ratio der Indemnität, der parlamentarischen Tätigkeit durch Errichtung eines von strafrechtlichen Sanktionen freien Raumes eine besondere Lebendigkeit zu ermöglichen (s. Rdn. 3f). Wenn gelegentlich die Indemnität als die „berufliche Immunität" bezeichnet wird,[144] so kann dies nur als ein stark vereinfachendes Bild gelten. Immunität ist nicht etwa der die Indemnität umfassende Oberbegriff (zum gegenteiligen Verständnis in der DDR s. Rdn. 50). Deshalb können aus dem Immunitätsrecht keinerlei Schlüsse auf die rechtliche Ausgestaltung der Indemnität gezogen werden. Insbesondere haben Indemnität und Immunität eine grundlegend unterschiedliche Wirkung und Rechtsnatur.

2. Wirkung und Rechtsnatur der Immunität. Die Immunität verbietet, einen Ab- 53 geordneten wegen jedweder mit Strafe bedrohten Handlung zur Verantwortung zu ziehen oder zu verhaften. Das bedeutet Freiheit von Strafverfolgung und jeder anderen staatlichen Beeinträchtigung der persönlichen Freiheit auch wegen Straftaten, die mit der Abgeordnetentätigkeit in keinerlei Zusammenhang stehen, geht also über die Indemnität weit hinaus. Anderseits ist die Immunität – jeweils im Gegensatz zur Indemnität – durch Entschließung des Parlaments aufhebbar[145] und in ihrer zeitlichen Wirkung

---

142 Vgl. zur entsprechenden Rechtslage in der Schweiz *Trechsel* Zeitschrift für Schweizerisches Recht neue Folge **94** (1975) S. 407, 414.
143 Schrifttumsverzeichnis sub B. vor § 36; statistische Angaben zu Immunitätsverfahren im Bundestag bei *v. Münch/Kunig/Trute* Erl. zu Art. 46 a.E.
144 So – gar im Sinne einer Legaldefinition – Art. 81 Abs. 1 Satz 1 Verfassung des Saarlandes; *Stern* Das Staatsrecht der Bundesrepublik Deutschland Bd. I, 2. Aufl. (1984) S. 1061.
145 *v. Mangoldt/Klein/Starck/Achterberg/Schulte* Art. 46 Rdn. 42 bis 51 m.w.N; zum gerichtlichen Verfahren bei Zweifeln über die Tragweite einer Immunitätsaufhebung OLG Schleswig MDR **1951** 56 m. Anm. *Herlan*.

akzessorisch zum Bestehen des Abgeordnetenmandates.[146] Sie erfasst auch Verfahren wegen Taten aus der Zeit vor dem Mandatsbeginn, sog. „mitgebrachte Verfahren" (BGH Beschl. v. 16. Juli 1985 – 5 StR 674/84 –).[147] Die Immunität endet mit dem Erlöschen des Abgeordnetenmandates (BGH NStZ **1992** 94).[148] Dies läuft praktisch auf einen „zeitlichen Aufschub von strafprozessualen Maßnahmen" (BGH aaO; vgl. auch BGHSt **36** 363, 372: „Stillstand des Verfahrens") hinaus, soweit die Tat nicht zusätzlich der Indemnität unterfällt und damit auf Dauer von Strafbarkeit ausgeschlossen ist (s. Rdn. 43). Dies alles macht die Immunität nach einhelliger und zutreffender Ansicht zu einem **(bedingten und vorübergehenden) Verfahrenshindernis**.[149] Sachlich-rechtliche Wirkungen kommen der Immunität also (mit der nachstehenden Ausnahme) nicht zu.

54 Der Stillstand des Strafverfahrens während der unaufgehobenen Immunität des Abgeordneten hat unter dem Gesichtspunkt der Verfahrensverzögerung folgende Bedeutung für die Strafzumessung: Während des vorübergehend bestehenden Verfahrenshindernisses können die Strafverfolgungsbehörden nicht gegen das aus Art. 6 Abs. 1 Satz 1 MRK folgende Gebot der unverzüglichen Sachbearbeitung (vulgo und unrichtigerweise „Beschleunigungsgebot" genannt) verstoßen, so dass eine aus solchem Verstoß sonst resultierende Strafmilderung ausgeschlossen ist;[150] allein das lange zeitliche Zurückliegen der Tat kommt als Strafmilderungsgrund in Betracht (BGHSt **36** 363, 372).

55 **3. Die Regelungen der Immunität.** Die Immunität ist für die **Abgeordneten des Bundestages** in Art. 46 Abs. 2 bis 4 GG und für die **Abgeordneten der Parlamente der Bundesländer** (dazu *Giesing* DRiZ **1964** 161) – in verschiedener Hinsicht unterschiedlich – in den jeweiligen Landesverfassungen geregelt:

Art. 38 Verfassung des Landes Baden-Württemberg,
Art. 28 Verfassung des Freistaates Bayern,
Art. 35 Abs. 3 und 4 Verfassung von Berlin,
Art. 58 Verfassung des Landes Brandenburg,
Art. 95 Landesverfassung der Freien Hansestadt Bremen,
Art. 15 Verfassung der Freien und Hansestadt Hamburg,
Art. 96 Verfassung des Landes Hessen,
Art. 24 Abs. 2 Verfassung des Landes Mecklenburg-Vorpommern,
Art. 15 Niedersächsische Verfassung,
Art. 48 Verfassung des Landes Nordrhein-Westfalen,
Art. 94 Verfassung des Landes Rheinland-Pfalz,
Art. 82 Verfassung des Saarlandes,
Art. 55 Abs. 2 und 3 Verfassung des Freistaates Sachsen,
Art. 58 Verfassung des Landes Sachsen-Anhalt,
Art. 24 Abs. 2 Verfassung des Landes Schleswig-Holstein,
Art. 55 Abs. 2 bis 4 Verfassung des Freistaats Thüringen.

---

146 *Maunz/Dürig/Klein* Art. 46 Rdn. 51 m.w.N.
147 Dazu auch *Heinrich Meyer* JR **1955** 1; *Sandhaus* Die Behandlung „mitgebrachter Verfahren" nach den Immunitätsvorschriften des Grundgesetzes, Diss. Münster 1956; *Rolf Schneider* DVBl. **1955** 350.
148 *Magiera* BK Art. 46 Rdn. 169.
149 BayVerfGHE n.F. **11** 146, 154; OLG Karlsruhe NJW **1956** 1840; *Magiera* BK Art. 46 Rdn. 172 m.w.N.; *Maunz/Dürig/Klein* Art. 46 Rdn. 28 m.w.N.; *Meyer-Goßner* § 152a Rdn. 2; *Löwe/Rosenberg/Beulke* § 152a Rdn. 49 m.w.N.; soweit in BGHSt **36** 363, 372 ausgesprochen ist, dass die Immunität (der Mitglieder des Europäischen Parlaments) kein Verfahrenshindernis begründe, ist ersichtlich gemeint, dass ein unbedingtes und unbefristetes Verfahrenshindernis nicht begründet wird; vgl. auch BVerwGE **83** 1, 3.
150 *Fischer* § 46 Rdn. 61.

Da das Strafrecht und das Strafverfahrensrecht keine die Immunität allgemein gestaltende Regelung enthalten, ergeben sich – im Gegensatz zur Indemnität – keine Konflikte der zu Rdn. 14 bis 19 genannten Art. **56**

Die Immunität der **Mitglieder der Bundesversammlung** ist in § 7 Satz 1 des Gesetzes über die Wahl des Bundespräsidenten durch die Bundesversammlung in Form einer Bezugnahme auf Art. 46 GG, also allein durch einfaches Bundesrecht geregelt (s. Rdn. 25).[151] **57**

Für die **Abgeordneten des Europäischen Parlamentes** gelten die bei Rdn. 27 genannten Vorschriften (vgl. dazu BVerwGE 83 1, 3; BGHSt 36 363, 372 und Fn. 126). Fälle der Doppelmitgliedschaft im Europäischen Parlament und im Deutschen Bundestag sind in § 5 EuropaabgeordnetenG[152] geregelt. **58**

Zu beachten sind ferner § 152a StPO (dazu *Löwe/Rosenberg/Beulke* 26. Aufl. zu § 152a) und § 6 Abs. 2 Nr. 1 EGStPO (dazu *Löwe/Rosenberg/Hilger* 26. Aufl. § 6 EGStPO Rdn. 4). **59**

Auf der Ebene unterhalb des Gesetzes bestehen folgende Regelungen zur Immunität: § 107 Geschäftsordnung des Bundestages;[153] „Grundsätze in Immunitätsangelegenheiten ...", vom Ausschuss für Wahlprüfung, Immunität und Geschäftsordnung des Bundestages jeweils zu Beginn einer Wahlperiode gemäß § 107 Abs. 2 Geschäftsordnung des Bundestages beschlossen;[154] RiStBV Nr. 191 bis 192b, Nr. 298; Rundschreiben des BMJ vom 10. Januar 1983, GMBl. **1983** 37.

Wegen der Einzelheiten des Immunitätsrechts ist in erster Linie auf die Kommentare zu Art. 46 Abs. 2 bis 4 GG (vgl. Schrifttum vor §§ 36/37 sub E.) zu verweisen. **60**

VIII. Recht des Einigungsvertrages

Zu den Vorschriften der DDR und zum Recht des Einigungsvertrages s. Voraufl. Rdn. 49 bis 51. **61**

§ 37
Parlamentarische Berichte

Wahrheitsgetreue Berichte über die öffentlichen Sitzungen der in § 36 bezeichneten Körperschaften oder ihrer Ausschüsse bleiben von jeder Verantwortlichkeit frei.

Schrifttum, Entstehungsgeschichte und Gesetzesmaterialien

Siehe Vor § 36.

---

[151] Im bislang einzigen Fall einer Entscheidung über die Aufhebung der Immunität eines Mitglieds der Bundesversammlung hat sich der Bundestag für kompetent erachtet, über die Aufhebung der Immunität eines Mitglieds der Bundesversammlung zu entscheiden, das von einem Landesparlament gewählt worden war („Der Tagesspiegel" vom 2. und 3. April 2004).
[152] Dazu *Beutler* in das Deutsche Bundesrecht Erläuterungen zu § 5 EuropaabgeordnetenG; vgl. auch BTDrucks. 8/362 S. 10 f.
[153] I.d.F. der Bek. vom 2. Juli 1980 (BGBl. I S. 1237), zuletzt geändert durch G vom 11. Juli 2014 (BGBl. I S. 906) Kommentierungen: *Ritzel/Bücker/Schreiner*, Handbuch für die Parlamentarische Praxis (2016).
[154] Aktuelle Fassung in Sartorius I Anlage 6 zu Nr. 35 (Geschäftsordnung des Deutschen Bundestages); ältere Fassungen in den in Fn. 128 genannten Kommentaren; dazu *Butzer* ZParl **1993** 384.

Übersicht

I. Allgemeines —— 1
  1. Die Terminologie —— 1
  2. Der Rechtsgedanke der Verantwortlichkeitsfreiheit —— 2
II. Das Verhältnis des § 37 zu den verfassungsrechtlichen Regelungen —— 4
  1. Die Regelungen —— 4
  2. Die Differenzen zwischen Vorschriften des Landesverfassungsrechts und § 37 —— 7
III. Die Rechtsnatur der Verantwortlichkeitsfreiheit —— 9
IV. Die Voraussetzungen des § 37 —— 12
  1. Körperschaften —— 12
  2. Ausschüsse —— 13
  3. Öffentliche Sitzungen —— 14
  4. Berichte —— 16
  5. Wahrheitstreue —— 19
  6. Bericht „über" die Sitzung selbst —— 21
  7. Vergleich zu § 36 —— 23
V. Die Wirkungen der Verantwortlichkeitsfreiheit —— 26
  1. Die Wirkungen im Strafrecht —— 26
    a) Die vorrangige Frage der Tatbestandsmäßigkeit des Berichtes —— 26
    b) Rechtfertigung —— 27
    c) Zeitlich unbegrenzte Wirkung —— 28
    d) Die strafrechtliche Haftung desjenigen, über dessen parlamentsinternes Verhalten berichtet wird —— 29
  2. Die Wirkungen im Zivil- und Verwaltungsrecht —— 30
  3. Die Wirkungen im Presserecht —— 31
    a) Recht auf Gegendarstellung —— 31
    b) Verbreitungsverbot für beschlagnahmte Druckwerke —— 32
    c) Verstoß der Herausgabe der Zeitung gegen presserechtliche Normen —— 33
    d) Informationsbeschaffung —— 34
VI. Recht des Einigungsvertrages —— 35

I. Allgemeines

Die Vorschrift regelt die **Verantwortlichkeitsfreiheit für wahrheitsgetreue Berichte über öffentliche Parlamentssitzungen.**

1. Die Terminologie ist uneinheitlich. Wenn verschiedentlich auch diese Verantwortlichkeitsfreiheit als Indemnität bezeichnet,[1] gar begrifflich mit der Immunität in Zusammenhang gebracht wird,[2] so ist dies angesichts der unterschiedlichen Rechtsnatur von Indemnität nach § 36 (§ 36 Rdn. 9 bis 11), Immunität (§ 36 Rdn. 47) und Verantwortlichkeitsfreiheit nach § 37 (Rdn. 9 bis 11) wenig hilfreich, eher verwirrend. Es empfiehlt sich, in Anlehnung an den Wortlaut des § 37 von Verantwortlichkeitsfreiheit zu sprechen.

2. Der Rechtsgedanke der Verantwortlichkeitsfreiheit hat – im Vergleich zu Indemnität und Immunität – den gewichtigsten Wandel gegenüber seinen Wurzeln durchgemacht; liegen diese doch gerade im Prinzip der *Geheimhaltung* der parlamentarischen Erörterungen.[3] Demgegenüber ist heute die ratio der Verantwortlichkeitsfreiheit im *Öffentlichkeitsprinzip* weitesten Sinnes zu finden, nämlich in dem Zweck, die Publizität und

---

[1] So *Jakobs* 16/30; *Lackner/Kühl/Kühl* Rdn. 1; vgl. auch *v. Münch/Kunig/Versteyl* Art. 42 Rdn. 1, 27.
[2] Vgl. aus dem älteren Schrifttum z.B. *Hatschek* Deutsches und Preußisches Staatsrecht 2. Aufl. (1930) Bd. I S. 581 und *Löffler* Presserecht 2. Aufl. Bd. I (1969) § 12 StGB a.F. Rdn. 1: „sog. sachliche Berichtsimmunität, richtiger: Berichtsindemnität"; anders – ohne eine solche Bezeichnung – nunmehr *Löffler/Kühl* Presserecht 6. Aufl. (2015) § 20 LPG Rdn. 106; im jüngeren Schrifttum: *Ricker/Weberling* Handbuch des Presserechts 6. Aufl. (2012) Kap. 49 Rdn. 20.
[3] Siehe Vor § 36 Rdn. 2.

Kontrolle der Parlamentsarbeit zu stärken und damit zugleich die öffentliche Meinungsbildung zu fördern.[4] Darin zeigt sich die Eingebundenheit der Regelung in zweierlei Materien: In erster Linie und klassisch wird in der Verantwortlichkeitsfreiheit der Berichterstattung eine Ausformung des Grundsatzes der Öffentlichkeit parlamentarischer Verhandlungen gesehen.[5] Das korrespondiert mit dem Standort der entsprechenden verfassungsrechtlichen Regelung für die Berichterstattung aus dem Bundestag, Art. 42 Abs. 3 GG, in dem Gesamtzusammenhang des Art. 42 GG. Diese Verhandlungsöffentlichkeit besteht in Sitzungsöffentlichkeit und Berichtsöffentlichkeit. Letztere wird zum einen durch die amtliche Berichterstattung (seitens der Stenographischen Dienste der Parlamente), zum zweiten – mit besonders großer praktischer Bedeutung – durch die Berichterstattung der Massenmedien und schließlich – mit weniger praktischer Tragweite – durch persönliche Berichte einzelner Personen wahrgenommen.[6] Damit scheint die Eingebundenheit der Verantwortlichkeitsfreiheit der Berichterstattung in den „durch Art. 5 GG geschützten Kommunikationsvorgang"[7] auf.[8] Es sind sogar beide Seiten der in Art. 5 Abs. 1 GG gewährleisteten Rechte betroffen, nämlich sowohl die Meinungsäußerungsfreiheit des Berichterstatters, zu der nach richtiger Ansicht auch die Freiheit gehört, („meinungsfreie") Nachrichten und Berichte zu verbreiten,[9] als auch die Informationsfreiheit[10] aller potentiellen Berichtsnutzer.

Die Verantwortlichkeitsfreiheit der Berichterstattung über Parlamentssitzungen ist **3** danach in erster Linie ein **Privileg des Parlaments,** obwohl das Privileg nicht zur Verfügung des Parlaments gestellt ist (Rdn. 28). Es handelt sich nicht um ein Privileg des einzelnen Abgeordneten, zumal da nicht nur die Berichterstattung über das Verhalten von Abgeordneten, sondern auch die Referierung des Verhaltens von Nichtparlamentariern geschützt ist (Rdn. 23). Auch liegt kein Privileg der Presse vor, da § 37 bei Vorliegen seiner Voraussetzungen jeden Berichterstatter schützt (Rdn. 16). Die Regelung enthält i.V. mit Art. 42 Abs. 3 GG ein Grundrecht, das auch die Garantiewirkungen des Art. 19 GG und entsprechenden verfahrensrechtlichen Schutz in der Form der Verfassungsbeschwerde (Art. 93 Abs. 1 Nr. 4a GG; § 13 Nr. 8a, § 90 BVerfGG) genießt.[11]

II. Das Verhältnis des § 37 zu den verfassungsrechtlichen Regelungen

1. Es bestehen neben § 37 folgende **Regelungen** der Materie: **4**
Für Berichte über öffentliche Sitzungen des **Bundestages** und seiner Ausschüsse gilt Art. 42 Abs. 3 GG, der mit § 37 i.V. mit § 36 Satz 1 in voller Kongruenz steht.

---

4 So *v. Mangoldt/Klein/Starck/Achterberg/Schulte* Art. 42 Rdn. 56; *Maunz/Dürig/Klein* Art. 42 Rdn. 57; ähnlich BGH NJW **1981** 2117, 2118; enger BGHZ **75** 384, 388.
5 *Hatschek* aaO (Fn. 2) S. 570, 582; so auch die Akzentsetzung durch BGHZ **75** 384, 388; grundsätzlich zur Bedeutung der Öffentlichkeit parlamentarischer Auseinandersetzung BVerfGE **70** 325, 355; grundsätzlich zur Bedeutung der Parlamentsberichterstattung *Hafendorn* Publizistik **1961** 3; *Rossmann* FS Hanauer (1978) S. 208; *Sänger* in *Emil Hübner* u.a. (Hrsg.) Der Bundestag von innen gesehen (1969) S. 261.
6 Zu alledem *Achterberg* DVBl. **1980** 512, 514 und Parlamentsrecht S. 561 ff; *v. Mangoldt/Klein/Starck/Achterberg/Schulte* Art. 42 Rdn. 1 ff.
7 *Kißler* Die Öffentlichkeitsfunktion des Deutschen Bundestages (1976) S. 317.
8 Zur Eingebundenheit von Art. 42 Abs. 3 GG in das Grundrecht aus Art. 5 Abs. 1 Satz 2 GG s. *v. Mangoldt/Klein/Starck/Achterberg/Schulte* Art. 42 Rdn. 56; *Maunz/Dürig/Klein* Art. 42 Rdn. 68; *Dreier/Morlok* Art. 42 Rdn. 40; *H. P. Schneider* AK-GG Art. 42 Rdn. 16; *Jarass/Pieroth* Art. 42 Rdn. 6; *Sachs/Magiera* Art. 42 Rdn. 16.
9 *Herzog* in *Maunz/Dürig* Art. 5 Abs. I, II Rdn. 49 ff, m. N.
10 Dazu *Herzog* in *Maunz/Dürig* Art. 5 Abs. I, II Rdn. 81 ff.
11 Im gleichen Sinn *Maunz/Dürig/Klein* Art. 42 Rdn. 66; *H. P. Schneider* AK-GG Art. 42 Rdn. 16; vgl. auch *v. Mangoldt/Klein/Starck/Achterberg/Schulte* Art. 42 Rdn. 55 f.

5 Die Vorschriften über die **Bundesversammlung** (Art. 54 GG, G über die Wahl des Bundespräsidenten durch die[12] enthalten keine Regelung der Berichterstattung, so dass insoweit § 37 i.V. mit § 36 Satz 1 konkurrenzlos gilt.

6 Die nachstehend aufgelisteten Vorschriften der **Landesverfassungen** betr. die Verantwortlichkeitsfreiheit wahrheitsgetreuer Berichte über die öffentlichen Sitzungen der Landesparlamente sind weitestgehend deckungsgleich mit der Regelung des § 37 i.V. mit § 36 Satz 1:

Art. 33 Abs. 3	Verfassung des Landes Baden-Württemberg,
Art. 22 Abs. 2	Verfassung des Freistaates Bayern,
Art. 36	Verfassung von Berlin,
Art. 64 Abs. 3	Verfassung des Landes Brandenburg,
Art. 93	Landesverfassung der Freien Hansestadt Bremen,
Art. 16	Verfassung der Freien und Hansestadt Hamburg,
Art. 90	Verfassung des Landes Hessen,
Art. 31 Abs. 2	Verfassung des Landes Mecklenburg-Vorpommern,
Art. 9 Abs. 3	Niedersächsische Verfassung,
Art. 43	Verfassung des Landes Nordrhein-Westfalen,
Art. 87	Verfassung für Rheinland-Pfalz,
Art. 73	Verfassung des Saarlandes,
Art. 48 Abs. 4	Verfassung des Freistaates Sachsen,
Art. 50 Abs. 4	Verfassung des Landes Sachsen-Anhalt,
Art. 15 Abs. 2	Verfassung des Landes Schleswig-Holstein,
Art. 60 Abs. 3	Verfassung des Freistaats Thüringen.

7 **2. Differenzen zwischen Vorschriften des Landesverfassungsrechts und § 37** bestehen lediglich in folgenden Punkten:

a) Nach **Art. 22 Abs. 2 Verfassung des Freistaates Bayern** gilt die Verantwortlichkeitsfreiheit dann nicht, wenn „es sich um die Wiedergabe von Ehrverletzungen handelt". Zwar ist mit *Nawiasky* (Die Grundgedanken des Grundgesetzes, 1950, S. 89) zu bedauern, dass diese Restriktion keinen Eingang in das Bundesrecht gefunden hat; jedoch geht, soweit diese landesverfassungsrechtliche Regelung hinter der des § 37 zurückbleibt, nach der hier vertretenen Ansicht § 37 vor. Es gilt das zu § 36 Rdn. 15 bis 19 Gesagte entsprechend. Auf § 36 Satz 2 kommt es insoweit nicht an (Rdn. 24).

8 **b)** Soweit **Art. 16 Verfassung der Freien und Hansestadt Hamburg** und **Art. 90 Verfassung des Landes Hessen** Verantwortlichkeitsfreiheit auch für Berichte über Verhandlungen „eines anderen deutschen Landtags" vorsehen, sind diese Regelungen zumindest obsolet, da Bundesrecht (§ 37) und die Verfassungen aller Länder Verantwortlichkeitsfreiheit vorsehen.

III. Die Rechtsnatur der Verantwortlichkeitsfreiheit

9 Die **Rechtsnatur** der Verantwortlichkeitsfreiheit nach § 37 und den entsprechenden verfassungsrechtlichen Vorschriften (Rdn. 4, 6) ist **umstritten.** Im strafrechtlichen Schrifttum wird vielfach (nur) ein Strafausschließungsgrund angenommen. Um die

---

[12] V. 25. April 1959 (BGBl. I S. 230), zuletzt geänd. durch Art. 11 Nr. 1 G vom 30. Juli 2004 (BGBl. I S. 1950) – (BGBl. III 1100-1).

Strafbarkeit einer – bei Tatbegehung im Bereich der Medien meist naheliegenden – Teilnahme auszuschließen, definiert diese Lehre die Strafausschließung nicht als eine persönliche (wie etwa bei der Indemnität nach § 36), sondern als eine sachlich wirkende.[13] Die danach unberührt bleibende Rechtswidrigkeit der Tat eröffnet die Möglichkeit der Notwehr gegen den Bericht und hat auch für den Wirkungsumfang in anderen Rechtsgebieten, namentlich im Zivilrecht, Bedeutung. Dagegen nehmen die Rechtsprechung,[14] der wohl überwiegende Teil des strafrechtlichen Schrifttums[15] und die meisten Kommentatoren des GG[16] einen Rechtfertigungsgrund an.

Die **Lösung** ist auf folgendem Wege zu suchen: Allerdings findet der – für sich genommen indifferente – Wortlaut der Rechtsfolge des § 37 („bleiben von jeder Verantwortlichkeit frei") innerhalb des StGB eine Entsprechung nur in § 36 Satz 1 („dürfen zu keiner Zeit ... zur Verantwortung gezogen werden"), einer heute fast allgemein als persönlicher Strafausschließungsgrund verstandenen Regelung (s. § 36 Rdn. 9f). Es liegt nahe, dies als Argument dafür zu benutzen, dass auch § 37 (nur) einen Strafausschließungsgrund enthalte, gar mit der zusätzlichen Erwägung, dass die Freistellung parlamentarischer Berichte strafrechtlich nicht höher einzustufen sei als die Indemnität der Abgeordneten selbst.[17] Die systematische Stellung im Gesetz ergibt nichts[18] angesichts dessen, dass der Fünfte Titel des Zweiten Abschnitts des Allgemeinen Teils nicht isoliert betrachtet werden kann, vielmehr zu beachten ist, dass der Zweite Abschnitt vielerlei Umstände behandelt, die im Ergebnis zur Straflosigkeit führen – von Rechtfertigungsgründen bis zur persönlichen Strafausschließung. Eine Inkonsequenz der Argumentation, die Wirkung des § 37 aus § 36 Satz 1 herleiten zu wollen, zeigt sich auch darin, dass für § 37 insofern ein weiterer Wirkungsbereich angenommen wird denn für § 36 Satz 1, als in der letztgenannten Regelung nur ein persönlicher Strafausschließungsgrund gesehen wird, während § 37 einen sachlichen Strafausschließungsgrund darstellen soll. Die Rechtsgeschichte erbringt für die dogmatische Einordnung nichts. Es bleiben nur Zweckgesichtspunkte. Dabei gelten für die Tat des Abgeordneten und die Tat des Berichterstatters unterschiedliche Gesichtspunkte: Die Tat des Abgeordneten findet keine Billigung durch die Rechtsordnung, lediglich wird der Abgeordnete aus höherrangigen verfassungspolitischen Gesichtspunkten persönlich von Strafbarkeit freigestellt. Der Berichterstatter dagegen befriedigt mit seinem – scil. einen Straftatbestand erfüllenden (s. Rdn. 26) – Bericht über die Straftat des Abgeordneten das öffentliche Informationsinteresse[19] und handelt damit jedenfalls in einem der Vorschrift des § 193 nahestehenden Bezugsrahmen. Berichte Privater wie der Medien über politische Vorgänge können nämlich – in einem hier nicht zu bestimmenden Umfang – schon durch § 193 gerechtfertigt

---

13 *Baumann/Weber/Mitsch* § 6 I 2b; *Jescheck/Weigend* § 19 II 3; *Lackner/Kühl/Kühl* Rdn. 1; *Sch/Schröder/Perron* Rdn. 1; ähnlich *Frank* § 12 Anm. II; *Jagusch* LK 8. Aufl. (1957) § 12 Anm. 3; **aA** *Gropp* § 8 Rdn. 15: persönlicher Strafausschließungsgrund.
14 OLG Braunschweig NJW **1953** 516, 517; offen gelassen in BGHZ **75** 384 und BGH NJW **1981** 2117.
15 *Fischer* Rdn. 1; *Jakobs* 16/30; *Kohlrausch/Lange* § 12 Anm. III; *Maurach/Zipf* 25/14 und 29/20; *Ruhrmann* NJW **1954** 1512, 1513; *Roxin* AT 1 23/14; *Samson* SK Rdn. 2; *Schmidhäuser* 6/129 und AT 9/46; *Schwalm* Niederschriften IV. Bd. (1958) S. 265; ebenso *Ricker/Weberling* Handbuch des Presserechts 6. Aufl. (2012) Kap. 49 Rdn. 20.
16 *v. Mangoldt/Klein/Starck/Achterberg/Schulte* Art. 42 Rdn. 54; *Schmidt-Bleibtreu/Klein/Kretschmer* Art. 42 Rdn. 21; *Maunz/Dürig/Klein* Art. 42 Rdn. 36. Das Problem der strafrechtlichen Wirkungsnatur der Regelung wird indes nicht mit der vollen Schärfe gesehen bei *Dreier/Morlok* Art. 42 Rdn. 40, 44 und *v. Münch/Kunig/Versteyl* Art. 42 Rdn. 32 und *H. P. Schneider* AK-GG Art. 42 Rdn. 19.
17 So *Jescheck/Weigend* § 19 II 3 und *Sch/Schröder/Perron* Rdn. 1.
18 **AA** *Baumann/Weber/Mitsch* § 6 I 2b.
19 *Jakobs* 16/30 und *Roxin* AT 1 23/14 unterscheiden ähnlich zwischen der „unerwünschten Tat" des Abgeordneten und dem „erwünschten Bericht von der Tat".

sein.[20] Man wird daher sagen können, dass § 37 und § 193 zwei einander teilweise überschneidende Kreise darstellen (s. auch Rdn. 26). Das Verhalten des Berichterstatters muss daher von der Rechtsordnung gebilligt werden, so dass in § 37 ein Rechtfertigungsgrund zu finden ist.

11 Die **Konsequenzen** sind keineswegs unbillig, vielmehr sinnvoll: Notwehr gegen den Bericht ist ausgeschlossen, Teilnahme am Verhalten des Berichterstatters unmöglich. Ein Irrtum über das Vorliegen der Merkmale des § 37 ist ein Irrtum über das Vorliegen rechtfertigender Umstände, mithin entsprechend § 16 zu behandeln.[21] Das gilt auch für einen Irrtum über die Wahrheit des Berichts.[22] Schriften und gleichgestellte Informationsträger (§ 11 Abs. 3) unterliegen nicht der Einziehung und Unbrauchbarmachung nach §§ 74d, 76a, soweit sie § 37 unterfallen.[23] Auch soweit andere Teile der Rechtsordnung, insbesondere das Zivilrecht, an die Rechtswidrigkeit eines Verhaltens anknüpfen, greift die rechtfertigende Wirkung des § 37 (Rdn. 30).

IV. Die Voraussetzungen des § 37

Geschützt sind nur wahrheitsgetreue Berichte über die öffentlichen Sitzungen der in § 36 Satz 1 genannten Körperschaften oder ihrer Ausschüsse.

12 **1.** Diese **Körperschaften** sind der Bundestag, die Bundesversammlung (vgl. dazu § 36 Rdn. 25) und die Parlamente der 16 Bundesländer (vgl. dazu § 36 Rdn. 26). Eine entsprechende Anwendung auf andere Körperschaften ist wegen des hohen Spezialitätsgrades der Regelung ausgeschlossen. Dies gilt insbesondere für die Berichterstattung aus dem Bundesrat und aus Kommunalorganen (vgl. aber zu den teilweise weiter gehenden presserechtlichen Folgen Rdn. 31) sowie ferner für Berichte über öffentliche Gerichtsverhandlungen (RGSt **62** 145; vgl. auch insoweit Rdn. 31).

13 **2.** Der Begriff der **Ausschüsse** ist zwar ebenso zu verstehen wie in § 36 Satz 1 (dazu § 36 Rdn. 32f). Das entscheidend einschränkende Kriterium liegt jedoch in dem nachstehend erörterten Merkmal.

14 **3.** Geschützt sind nur Berichte über **öffentliche Sitzungen**. Der Bundestag und seine Untersuchungsausschüsse verhandeln regelmäßig öffentlich (Art. 42 Abs. 1, Art. 44 Abs. 1 GG). Die Beratungen der übrigen Ausschüsse sind dagegen grundsätzlich nicht öffentlich (§§ 69, 70 Geschäftsordnung des Bundestages mit Regelung der Ausnahmen). Der Gemeinsame Ausschuss nach Art. 53a, 115e GG (dazu § 36 Rdn. 33 a.E.) berät nicht öffentlich (§ 10 Geschäftsordnung für den Gemeinsamen Ausschuss).[24] Gleiches gilt für die Fraktionen des Bundestages (dazu § 36 Rdn. 34). Für die Landesparlamente und ihre Ausschüsse sieht das jeweilige Landesverfassungsrecht meist ähnliche Regelungen vor, wie sie für den Bundestag und seine Ausschüsse gelten.

15 Im Einzelfall kommt es darauf an, ob die Sitzung **nach Gesetz bzw. Geschäftsordnung oder Gremiumsbeschluss öffentlich** war. Faktische Verletzungen des Öffentlichkeitsprinzips, etwa durch unzulässige Saalräumungen oder versehentlich verschlos-

---

20 Dazu ausführlich *Herdegen* LK[10] § 193 Rdn. 18 bis 20; *Löffler/Kühl* Presserecht, 6. Aufl. (2015), Rdn. 1 vor §§ 20ff LPG, § 20 LPG Rdn. 106; vgl. auch *Baumann/Weber/Mitsch* § 6 I 2b; *Lackner/Kühl/Kühl* Rdn. 1.
21 OLG Braunschweig NJW **1953** 516, 517; *Fischer* Rdn. 1.
22 *Maunz/Dürig/Klein* Art. 42 Rdn. 71.
23 *Fischer* Rdn. 1.
24 V. 23. Juli 1969 (BGBl. I S. 1102, zuletzt geänd. durch Bek. v. 20. Juli 1993, BGBl. I S. 1500).

sene Türen, haben außer Betracht zu bleiben. Bei partieller Öffentlichkeitsausschließung gilt die Sitzung für die nicht ausgeschlossenen Zuhörer (z.B. Diplomaten, Journalisten) als öffentlich, so dass – allein – für diese Personen § 37 gilt.[25] Alle Irrtümer über diese Umstände sind entsprechend § 16 zu behandeln (s. Rdn. 11). Berichte über ein Verfahren der schriftlichen parlamentarischen Anfrage sind nicht geschützt (BGHZ **75** 384, 390).

4. Berichte sind nach der klassischen Begriffsbestimmung durch das Reichsgericht **16** (RGSt **18** 207, 210) „erzählende Darstellungen eines historischen Vorganges in seinem wesentlichen Verlaufe". Einhelligkeit besteht darüber, dass jeder Berichterstatter, ob Abgeordneter, Journalist oder Privatperson (zur beschränkten Öffentlichkeit s. Rdn. 15) und jede äußere Form der Berichterstattung, ob schriftlich, mündlich, durch Fernsehen, Hörfunk oder ein neues Kommunikationsmedium, gleich in welcher Sprache, geschützt sind.[26] Auch darüber, dass Werturteile, Meinungsäußerungen, Schlussfolgerungen, „Raisonnements über das Verhandelte" (RGSt **18** 207, 210) nicht geschützt sind, es sei denn, dass die eigene Wertung des Berichterstatters völlig am Rande liegt und hierdurch der Berichtscharakter der Darstellung keine wesentliche Einschränkung erfährt, besteht Einigkeit.[27]

Streitig ist, in welchem Umfang referiert werden muss, um die Qualität eines „Be- **17** richtes" zu erreichen. Die strengere Ansicht fordert eine „Schilderung des gesamten Verlaufs der Sitzung über einen bestimmten Verhandlungsgegenstand" und schließt die bloße Wiedergabe einzelner Reden oder Äußerungen hierzu vom Schutz aus, weil es sich hierbei nicht um einen Bericht über eine öffentliche Sitzung, sondern allenfalls um einen Bericht aus einer solchen handele (so *Tröndle* LK[10] Rdn. 5).[28] Andererseits wird angenommen, dass ein kompletter Bericht über einen Tagesordnungspunkt nicht erforderlich sei.[29]

Der strengeren Ansicht ist einzuräumen, dass sie die historische Entwicklung des **18** Rechtsinstitutes auf ihrer Seite hat. Andererseits können wohl nur die Stenographischen Berichte der Parlamentssitzungen[30] und besonders sorgfältige Presseberichte den Anforderungen dieser Auffassung genügen. Insbesondere der Schutz privater mündlicher Äußerungen kommt nach dieser Lehre zu kurz.[31] In die Betrachtung einzubeziehen ist auch der Fall, dass der mündliche oder in den Funkmedien auftretende Berichterstatter zwar zu einem umfassenden Referat über einen Vorgang anhebt, aber nach seiner partiellen Schilderung unterbrochen wird; auch dieser Berichterstatter verdient den Schutz des § 37. Es kommt hinzu, dass die verfassungsrechtliche Einordnung der Regelung des § 37 sich verlagert hat: Es handelt sich nach heute herrschender Betrachtung nicht allein um eine Ausformung der Parlamentsöffentlichkeit, vielmehr wird zunehmend die Einbindung in den Bezugsrahmen des Art. 5 GG betont (s. Rdn. 2f). Danach ist der weiteren

---

[25] *H. P. Schneider* AK-GG Art. 42 Rdn. 18.
[26] *Fischer* Rdn. 3; *Sch/Schröder/Perron* Rdn. 3; *v. Mangoldt/Klein/Starck/Achterberg/Schulte* Art. 42 Rdn. 51; *Maunz/Dürig/Klein* Art. 42 Rdn. 61; *H. P. Schneider* AK-GG Art. 42 Rdn. 17.
[27] *Sch/Schröder/Perron* Rdn. 3; *Maunz/Dürig/Klein* Art. 42 Rdn. 59; *Groß* Presserecht 3. Aufl. (1999) Rdn. 521; im Erg. kaum anders *Joecks* MK Rdn. 8.
[28] Ebenso *Fischer* Rdn. 3; im Ergebnis ähnlich *Dreher* JZ **1953** 421, 423; *Lackner/Kühl/Kühl* Rdn. 2; *Sch/Schröder/Perron* Rdn. 4; *Groß* Presserecht 3. Aufl. (1999) Rdn. 521; vgl. auch *Maunz/Dürig/Klein* Art. 42 Rdn. 59; *v. Mangoldt/Klein/Starck/Achterberg/Schulte* Art. 42 Rdn. 52; *Sachs/Magiera* Art. 42 Rdn. 18.
[29] *Jakobs* 16/31; *Samson* SK Rdn. 2; *Steffen* Anm. zu LM § 823 BGB Nr. 10; *Ricker/Weberling* Handbuch des Presserechts 6. Aufl. (2012) Kap. 49 Rdn. 21; *Soehring/Hoene* Presserecht 5. Aufl. (2013) § 29 Rdn 15; vgl. auch *v. Mangoldt/Klein/Starck/Achterberg/Schulte* Art. 42 Rdn. 51f; BGH NJW **1981** 2117, 2118 hat diese Frage ausdrücklich unbeantwortet gelassen.
[30] So *R. Schneider* BK Art. 42 Anm. II 5; vgl. auch *Maunz/Dürig/Klein* Art. 42 Rdn. 59.
[31] *Jakobs* 16/31.

Auslegung der Vorschrift der Vorzug zu geben: Das Referat braucht weder die gesamte Sitzung noch komplett einen Tagesordnungspunkt oder eine Rede zu umfassen, um ein Bericht im Sinne des § 37 zu sein. Allerdings wird damit die Bedeutung des Merkmals „Bericht" auf die Ausschließung von Bewertungen und anderen Meinungsäußerungen (s. Rdn. 16) beschränkt. Indes wächst hiermit dem nachstehend erörterten Merkmal der Wahrheitstreue erhöhte Bedeutung zu.

19 5. Die Berichte müssen **wahrheitsgetreu** sein. Dieses Merkmal ist der Brennpunkt der Vorschrift. Wie immer man das Gewicht auf ihre beiden tragenden Säulen – Parlamentsöffentlichkeit einerseits und Informationsfreiheit andererseits (s. Rdn. 2f) – verteilt, ist die Wahrheitstreue zentraler Bestandteil des Regelungssinns. Dieser Gesichtspunkt wird zudem dadurch verstärkt, dass andere Merkmale, insbesondere das des Berichtes (Rdn. 18), weit ausgelegt werden. Nach alledem sind – zuletzt auch im Interesse der Kultur der Presseberichterstattung über Parlamentssitzungen – im vorliegenden Zusammenhang strenge Anforderungen zu stellen.

20 Allerdings bedeutet „wahrheitsgetreu" nicht „wortgetreu" (RGSt **18** 207, 209f).[32] Es genügt, wenn der Bericht das Teilgeschehen[33] richtig und vollständig wiedergibt.[34] Entscheidend ist, dass die Wahrheit der Darstellung weder unter dem Ausschnittcharakter des Referates noch unter den Besonderheiten der Zusammenfassung leidet. Die Bruchstelle ist dort, wo Kürzungen, Auslassungen oder die Art der Zusammenstellung zu einem unrichtigen Gesamtbild führen.[35] Erst recht liegen – nach einhelliger Auffassung – Entstellungen, Irreführungen oder Fälschungen außerhalb des Schutzbereiches.[36] Bei alledem geht es um objektive, nicht etwa um „subjektive" Wahrheit.[37]

21 6. Die Vorschrift legitimiert nur den **wahrheitsgetreuen Bericht „über" die öffentliche Sitzung selbst**. Der Bericht muss sich unmittelbar auf die betreffende Plenar- oder Ausschusssitzung beziehen. Nur die Berichterstattung „aus dem Parlament" ist geschützt (BGH NJW **1981** 2117, 2118). Berichte etwa über Pressekonferenzen, bei denen der Ablauf von Parlamentssitzungen referiert wird, sind nicht privilegiert.[38]

22 Wiederholt derjenige, der im Parlament gesprochen hat, seine dortigen Äußerungen außerhalb desselben, so ist differenzieren. Nach der hier vertretenen, indes nicht h.M. (s. Rdn. 17f) kann in der Wiederholung einer parlamentarischen Äußerung bei Erfüllung aller übrigen Merkmale des § 37 ein geschützter Bericht liegen. In der durch BGHZ **75** 384[39] entschiedenen Sache waren diese Voraussetzungen schon deshalb nicht gegeben, weil der Abgeordnete seine schriftliche, also nicht in öffentlicher Sitzung gestellte Anfrage an die Presse weitergegeben hatte. Auch ein Sachverständiger kann nach der hier vertretenen Ansicht durch ein Referat über sein im Parlament erstattetes Gutachten einen geschützten Bericht abgeben. In der Entscheidung BGH NJW **1981** 2117, 2118 wurde jedoch ausgeschlossen, dass es bei der Klage gegen den im Parlament angehörten Sachverständigen auf Unterlassung der Wiederholung seiner Äußerungen um einen „Bericht"

---

32 Ebenso *Sch/Schröder/Perron* Rdn. 5; *Maunz/Dürig/Klein* Art. 42 Rdn. 63.
33 Vgl. aber den in Rdn. 17f dargestellten Streit über die notwendige Weite des Gegenstands eines „Berichtes".
34 *v. Mangoldt/Klein/Starck/Achterberg/Schulte* Art. 42 Rdn. 51f; *Jakobs* 16/31; *Samson* SK Rdn. 2.
35 Ähnlich – jedoch strengere Anforderungen an den Berichtsumfang stellend – *Maunz/Dürig/Klein* Art. 42 Rdn. 59 bis 62; *Sch/Schröder/Perron* Rdn. 3, 5.
36 *v. Mangoldt/Klein/Starck/Achterberg/Schulte* Art. 42 Rdn. 52.
37 Vgl. dazu aus der Entstehungsgeschichte von Art. 42 Abs. 3 GG *R. Schneider* BK Art. 42 Anm. I.
38 *Maunz/Dürig/Klein* Art. 42 Rdn. 60.
39 Nachweis der zahlreichen literarischen Stellungnahmen zu dieser Entscheidung bei § 36 Fn. 46.

des Sachverständigen ging. Für entsprechende Presseberichte gilt folgendes: Berichte Dritter über Selbstwiederholungen der im Parlament getanen Äußerungen sind ebenso wenig geschützt wie sonst „Berichte über Berichte". Vgl. auch OLG Saarbrücken Zeitschrift für Urheber- und Medienrecht **1994** 45 in Anwendung besonderer Vorschriften der Verfassung des Saarlandes, dazu § 36 Rdn. 14 ff. Zur Haftung desjenigen, über dessen parlamentsinternes Verhalten berichtet wird, s. Rdn. 29.

7. Im **Vergleich zu § 36** ist der Schutzumfang des § 37 in dreierlei Hinsicht weiter:

a) Nicht etwa werden nur Berichte über Abstimmungen oder Äußerungen von Abgeordneten geschützt, vielmehr Berichte „über die öffentlichen Sitzungen", also Berichte über alle Geschehnisse in der jeweiligen Sitzung einschließlich jedweden Verhaltens von Abgeordneten wie Nichtmitgliedern der betreffenden Körperschaft.[40] Danach sind beispielsweise auch erfasst Berichte über Tätlichkeiten von Abgeordneten (vgl. § 36 Rdn. 41), über das Verhalten von Regierungsmitgliedern (vgl. § 36 Rdn. 30, 36), Sachverständigen und Zeugen (vgl. § 36 Rdn. 30), Zuhörern und störenden Eindringlingen. **23**

b) Zudem ergreift der Schutz des § 37 – insofern über § 36 Satz 2 (dazu § 36 Rdn. 42) hinausgehend – auch den wahrheitsgetreuen Bericht über eine verleumderische Beleidigung, mag sie von einem Abgeordneten oder einer anderen Person ausgehen.[41] Zur abweichenden Regelung in Art. 22 Abs. 2 BayVerf. s. Rdn. 7. **24**

c) Schließlich bedarf die hier vertretene verfassungskonforme Interpretation des § 36 dahin, dass diese Vorschrift nur Straftaten gegen die Ehre betrifft (§ 36 Rdn. 44), nicht etwa einer Ausdehnung auf den Wirkungsbereich des § 37: Wenn ein Abgeordneter durch seine parlamentarische Äußerung eine schwerere Straftat als eine solche nach dem Vierzehnten Abschnitt des Besonderen Teils begeht, ist eine Berichterstattung hierüber dringend erwünscht, eine Haftungsfreistellung für den Berichterstatter durch eine rechtfertigende Norm also durchaus sinnvoll. **25**

V. Die Wirkungen der Verantwortlichkeitsfreiheit

1. Die Wirkungen im Strafrecht

a) Die gesetzliche Wirkung der Verantwortlichkeitsfreiheit darf nicht dazu führen, dass im Einzelfall die **vorrangige Frage der Tatbestandsmäßigkeit des Berichtes** übersehen wird.[42] In diesem Zusammenhang ist insbesondere an folgendes zu erinnern: Die bloße Mitteilung einer durch einen Dritten begangenen Beleidigung erfüllt nicht den Tatbestand des § 185, da dieser die Kundgabe eigener Missachtung erfordert.[43] Anderes gilt nur dann, wenn der Referent etwa unter dem Mantel des Berichtes seine eigene Missachtung zum Ausdruck bringt.[44] Dieser Gesichtspunkt begrenzt den praktischen Wirkungsbereich der Verantwortlichkeitsfreiheit. **26**

---

[40] *v. Mangoldt/Klein/Starck/Achterberg/Schulte* Art. 42 Rdn. 51; *Maunz/Dürig/Klein* Art. 42 Rdn. 62.
[41] *Maunz/Dürig/Klein* Art. 42 Rdn. 62; kritisch hierzu *Nawiasky* Die Grundgedanken des Grundgesetzes (1950) S. 89.
[42] So wird namentlich im verfassungsrechtlichen Schrifttum zu Art. 42 Abs. 3 GG vernachlässigt, dass die strafrechtliche Betrachtung der Verantwortlichkeitsfreiheit differenziert ist; vgl. z.B. *v. Münch/Kunig/Versteyl* Art. 42 Rdn. 32 und *H. P. Schneider* AK-GG Art. 42 Rdn. 19.
[43] *Sch/Schröder/Perron* § 37 Rdn. 1 und § 185 Rdn. 1.
[44] Dazu ausführlich *Herdegen* LK[10] § 185 Rdn. 16 f.

27 b) Aus der hier mit der h.M. angenommenen Rechtsnatur der Verantwortlichkeitsfreiheit als einer **Rechtfertigung** ergeben sich die (in Rdn. 9 ff, 11) beschriebenen Konsequenzen für Notwehr, Teilnahme, Irrtum und Einziehung. Der Gesichtspunkt, dass § 37 und § 193 einander teilweise überschneidende Kreise darstellen (Rdn. 10 a.E.), erfährt zusätzliche Bedeutung, wenn man etwa mit der hier abgelehnten Ansicht (Rdn. 9) in der Verantwortlichkeitsfreiheit nur einen sachlich wirkenden Strafausschließungsgrund sieht. Dann nämlich ist in jedem Einzelfall vorrangig zu prüfen, ob sich schon aus § 193 eine Rechtfertigung der Tat ergibt.

28 c) Dass die **Wirkung** der Verantwortlichkeitsfreiheit **zeitlich unbegrenzt**[45] ist, steht in Übereinstimmung mit jeder zur Rechtsnatur dieser Regelung vertretenen Ansicht (s. Rdn. 9 bis 11). Es bleibt anzumerken, dass die Verantwortlichkeitsfreiheit – im Unterschied zur Immunität (§ 36 Rdn. 46 f) – nach keiner deutschen Verfassung der Aufhebbarkeit durch ein Parlament unterliegt. Dies ist auch für die dogmatische Einordnung des Institutes von Interesse (s. Rdn. 3).

29 d) **Die strafrechtliche Haftung desjenigen, über dessen parlamentsinternes Verhalten berichtet wird,** bleibt durch § 37 unberührt. Das gilt insbesondere für den Abgeordneten. Seine Verantwortlichkeit bestimmt sich allein nach § 36 und hängt nicht davon ab, wie die Presse sein parlamentarisches Verhalten der Öffentlichkeit zur Kenntnis bringt (BGHZ **75** 384, 389). Die vom BGH aaO vorgenommene Einschränkung, anderes könne „nur in Betracht kommen, wenn der Abgeordnete nicht nur die Berichterstattung als solche, sondern gerade die Überschreitung der Grenzen wahrheitsgemäßer Parlamentsberichterstattung selbst veranlasst hat", kann sich nur auf außerparlamentarisches, also von § 36 nicht geschütztes Verhalten beziehen (s. auch Rdn. 22). Vgl. auch OLG Saarbrücken Zeitschrift für Urheber- und Medienrecht **1994** 45 zur zivilrechtlichen Inanspruchnahme des Abgeordneten.

30 2. **Die Wirkungen im Zivil- und Verwaltungsrecht.** Die hier (Rdn. 11, 27) mit der h.M. angenommene Rechtsnatur der Verantwortlichkeitsfreiheit als einer Rechtfertigung hat unmittelbare Konsequenzen für andere Teile der Rechtsordnung, soweit es dort auf die Rechtswidrigkeit des betreffenden Verhaltens ankommt. Das gilt insbesondere für das Zivilrecht.[46] Darüber hinaus können sich vornehmlich im Verwaltungsrecht Rechtsfolgen aus den jeweils in Betracht kommenden Vorschriften des Verfassungsrechts (Rdn. 4, 6) ergeben. So wird insbesondere eine Wirkung im Dienstrecht angenommen.[47]

3. Die Wirkungen im Presserecht

31 a) Die Pressegesetze der Länder enthalten mit vielerlei Differenzen im Einzelnen fast sämtlich eine Regelung, wonach das **Recht auf Gegendarstellung** nicht für wahrheitsgetreue Berichte über öffentliche Sitzungen der gesetzgebenden oder beschließenden Körperschaften des Bundes, der Länder, ferner gar der Vertretungen der Gebietskörperschaften und der übernationalen parlamentarischen Organe sowie der Gerichte

---

45 v. Mangoldt/Klein/Starck/Achterberg/Schulte Art. 42 Rdn. 53; Maunz/Dürig/Klein Art. 42 Rdn. 64.
46 v. Mangoldt/Klein/Starck/Achterberg/Schulte Art. 42 Rdn. 53; Maunz/Dürig/Klein Art. 42 Rdn. 71; vgl. auch BGHZ **75** 384 und BGH NJW **1981** 2117, wo allerdings Rechtsnatur und Wirkungsweise der Verantwortlichkeitsfreiheit dahingestellt bleiben.
47 v. Mangoldt/Klein/Starck/Achterberg/Schulte Art. 42 Rdn. 53; Maunz/Dürig/Klein Art. 42 Rdn. 71.

gilt.[48] Alles dies geht in verschiedenen Dimensionen (geschütztes Verhalten, geschützte Institutionen) über den Schutzbereich des § 37 hinaus, ist Presserecht, nicht Strafrecht und wird durch § 37 nicht eingeschränkt.[49]

b) Dem **Verbreitungsverbot für beschlagnahmte Druckwerke** nach den Pressegesetzen der meisten Länder[50] geht die Verantwortlichkeitsfreiheit vor: Wird der Inhalt beschlagnahmter Druckwerke zum Gegenstand parlamentarischer Erörterung gemacht, so gilt für wahrheitsgetreue Berichte hierüber das Verbreitungsverbot nicht. 32

c) Verstößt bereits die **Herausgabe der Zeitung** als solche **gegen presserechtliche Normen**, so bleibt der verantwortliche Redakteur nicht etwa deshalb von jeder Sanktion frei, weil die betreffende Ausgabe (auch) einen wahrheitsgetreuen Bericht im Sinne des § 37 enthält (RGSt **28** 45, 49); denn die Vorschrift privilegiert mit dem „Bericht" nur die inhaltliche Geschehenswiedergabe als solche. 33

d) Auf die **Informationsbeschaffung** durch Presseangehörige oder Private aus öffentlichen Parlamentssitzungen ist § 37 ohne Einfluss. Aus der Vorschrift kann nicht etwa ein Recht hergeleitet werden, als Zuhörer in der öffentlichen Sitzung zugelassen zu werden oder dort Bild- bzw. Tonaufnahmen zu machen.[51] 34

VI. Recht des Einigungsvertrages

Siehe Voraufl. Rdn. 35. 35

---

48 Zu alledem *Löffler/Sedelmeier* Presserecht 6. Aufl. (2015) § 11 LPG mit Wiedergabe der einzelnen Regelungen und Kommentierung Rdn. 229 bis 242.
49 Dazu *Groß* Presserecht 3. Aufl. (1999) Rdn. 520 bis 522; *Löffler/Sedelmeier* Presserecht 4. Aufl. (1997) § 11 LPG Rdn. 72 bis 76; *Soehring/Hoene* Presserecht 5. Aufl. (2013) § 29 Rdn. 15 f.
50 *Löffler/Achenbach* Presserecht 4. Aufl. (1997) sub § 15 LPG mit Wiedergabe der einzelnen Regelungen und Kommentierung.
51 Zu den für diese Informationsbeschaffung geltenden Grundsätzen vgl. BVerwGE **85** 283 = JZ **1991** 304 m. Anm. *Bethge* betr. die Untersagung von Tonbandaufzeichnungen in einer Gemeinderatssitzung, also einem von § 37 nicht geschützten Gremium.

Sachregister

A

aberratio ictus 32 272
Abgeordnete vor 36 1ff, 37 1ff, s.a. Indemnität
 Immunität 36 46ff, s.a. dort
Absichtsprovokation 32 249ff
 actio illicita in causa 32 251
 Deckmantel des Notwehrrechts 32 250
 Notwehreinschränkungen 32 245
 Notwehrexzess 33 7
 Rechtsbewährungsinteresse, zürücktretendes 32 250
 Rechtsmissbrauch 32 250
 Rechtswidrigkeit 32 253
 Selbstgefährdung 32 250
 Spiel mit dem Recht 32 250
 Vorverhalten, ingerentes 32 250
 Vorverschulden 32 250
 Vorwand 32 250
Abstimmung 36 39
Abwehrprovokation
 Notwehreinschränkungen 32 248
 Verteidigung 32 189
Abzugsmethode vor 32 ff 47
actio illicita in causa
 Absichtsprovokation 32 251
 Interessenabwägung 34 125
 Vorverhalten vor 32 ff 101, vor 32 ff 104
Aggressivnotstand
 Notstandsexzess 34 170
 rechtfertigender Notstand 34 18ff
allgemeine Handlungsfreiheit 32 88ff
allgemeines Festnahmerecht vor 32 ff 264ff
 Fortbewegungsfreiheit vor 32 ff 269
 Gefährdung des Lebens vor 32 ff 269
 körperliche Misshandlungen vor 32 ff 269
 Tatlösung vor 32 ff 266
 Tatverdacht vor 32 ff 267
 Verdachtslösung vor 32 ff 267
 vermutete Straftat vor 32 ff 266
 vorläufige Festnahme vor 32 ff 265
Allgemeines Persönlichkeitsrecht 32 84
Amnestie vor 32 ff 395
Amtsrechte vor 32 ff 233ff
 allgemeines Festnahmerecht vor 32 ff 264ff, s.a. dort
 besondere Eingriffsrechte vor 32 ff 244ff
 Eingriffsnorm vor 32 ff 234
 Eingriffsvoraussetzungen vor 32 ff 234
 Folter vor 32 ff 255ff, s.a. dort
 InsO vor 32 ff 245
 Irrtumsprivileg vor 32 ff 237
 Irrtum über Rechtmäßigkeit vor 32 ff 234ff
 Luftfahrzeugkommandant vor 32 ff 272

 materiell-rechtliche Theorie vor 32 ff 239
 Ordnungswidrigkeitenrecht vor 32 ff 240
 Rechtmäßigkeitsbegriff, vollstreckungs-
  rechtlicher vor 32 ff 242
 Schiffskapitän vor 32 ff 272
 Selbsthilfe vor 32 ff 270
 Spezialgesetz vor 32 ff 234
 StPO vor 32 ff 245
 Voraussetzungen vor 32 ff 233ff
 Waffengebrauchsrecht vor 32 ff 247ff, s.a. dort
 Wirksamkeitstheorie vor 32 ff 241
 ZVG vor 32 ff 245
 Zwang vor 32 ff 246
Analogieverbot vor 32 ff 66
Androhung 32 158
Angehörige
 entschuldigender Notstand 35 11f
 Entschuldigungsgründe vor 32 ff 397
 Gefahrverursachung 35 73
 Notstandslage 35 43f
 Unzumutbarkeit vor 32 ff 352
 Zumutbarkeitsklausel 35 95
Angemessenheit
 Betäubungsmittelstrafrecht 34 161
 Blutspende-Fall 34 155
 Flugzeugabschuss 34 158
 Folterung eines Straftäters 34 157
 Gefahrtragungspflichten 34 159
 gesetzliche Vorgaben 34 160
 Hoheitsträger 34 164
 Kontrollklausel 34 152
 Notwehrprobe 34 153
 Organentnahme 34 156
 rechtfertigender Notstand 34 47, 34 151ff
 schonendster Weg 34 163
 Staatsnotstand 34 164
 Steuern 34 161
 Verfahren, ordentliche 34 162
 Vorverhalten, pflichtwidriges 34 159
 Waffengebrauchsrecht vor 32 ff 249
 zweite Wertungsstufe 34 152
Angriff
 Akte öffentlicher Gewalt 32 116ff
 Angriffsverhalten 32 99ff
 Ausführung rechtswidriger Anweisun-
  gen/Befehle 32 129ff
 Bundes-/Landesbeamte 32 132
 Derogation 32 130
 drohende Verletzung 32 94ff
 Eilmaßnahmen zur Gefahrenabwehr 32 125
 Eingreifen eines Erlaubnissatzes 32 111
 Eingriffsrechte 32 113

Sachregister

Erlass eines rechtswidrigen Rechtsaktes **32** 127
Erlaubnistatumstandsirrtum **32** 111, **32** 115
Ersatzvornahme **32** 101
Gefahrabwendungspflicht **32** 103
Gefahrenabwehr **32** 125
gefährlicher Befehl **32** 136
Gegenwärtigkeit **32** 140 ff, s.a. dort
Handlungsbefugnisse **32** 114
Handlungsunrecht **32** 108
Justizvollzugsbeamte **32** 131
militärischer Befehl **32** 130
Nichterfüllung einer Forderung **32** 105 ff
notwehrfähige Rechtsgüter **32** 78 ff, s.a. dort
objektiv unsorgfältiges Verhalten **32** 109
Rechtmäßigkeitsbegriff **32** 117 ff
rechtswidriger Rechtsakt **32** 127
rechtswidriger verbindlicher Befehl **32** 130
Rechtswidrigkeit **32** 108 ff, **32** 138 f
Rettungspflicht **32** 101
schlicht-hoheitliches Handeln **32** 129
Soldaten **32** 131
Unterlassen **32** 101 ff
Vollstreckung **32** 117
willensgesteuertes Verhalten **32** 100
Angriffsprovokation
Nothilfe **32** 259
Notwehreinschränkungen **32** 259
Arbeitsplatz 34 50
Arzneimittel, nicht zugelassene 34 24
Ärzte 35 80
ärztlicher Heileingriff vor 32 ff 221
asthenische Affekte 33 24 ff
asymmetrische Konfliktlagen vor 32 ff 302d
Aufforderungen 36 41
Augenblicksgefahren 34 70
Auslandseinsatz vor 32 ff 301
Aussagenotstand 35 15 f
Ausschüsse
Indemnität **36** 32
parlamentarische Berichte **37** 13
Äußerung
Aufforderungen **36** 41
Bewertungen **36** 41
Indemnität **36** 40 ff
Tätlichkeit **36** 41
Tatsachenbehauptungen **36** 41
verleumderische Beleidigungen **36** 42
Willensbekundungen **36** 41
Ausweichen
Notwehreinschränkungen **32** 241, **32** 243
rechtfertigender Notstand **34** 28, **34** 94
Verteidigung **32** 157
Autonomieprinzip 34 100, **34** 128

B

Basismodell vor 32 ff 156
bayerisches StGB 32 4
Bedingungen vor 32 ff 205
Begehungsdelikt
rechtfertigender Notstand **34** 77
Unzumutbarkeit normgemäßen Verhaltens **35** 135
Begnadigung vor 32 ff 395
Behandlungsabbruch vor 32 ff 225
Behandlungswünsche vor 32 ff 225a
behördliche Genehmigung vor 32 ff 273 ff
Aufhebung **vor 32 ff** 287
differenzierende Lösung **vor 32 ff** 274
dogmatische Einordnung **vor 32 ff** 273 ff
Duldung **vor 32 ff** 292
fehlerhafte **vor 32 ff** 278 ff
Genehmigungsfähigkeit **vor 32 ff** 290 ff
hypothetische **vor 32 ff** 291a
Individualrechtsgüter **vor 32 ff** 289
Lehre vom materiellrechtlichen Durchgriff **vor 32 ff** 284
Lehre von den negativen Tatbestandsmerkmalen **vor 32 ff** 275
Nebenbestimmungen **vor 32 ff** 288
objektive Straflosigkeitsbedingung **vor 32 ff** 277
rechtfertigende **vor 32 ff** 282
Rechtfertigungslösung **vor 32 ff** 275
rechtswidrige wirksame **vor 32 ff** 280 ff
Reichweite **vor 32 ff** 289
tatbestandsausschließende **vor 32 ff** 281
Tatbestandslösung **vor 32 ff** 275
unwirksame **vor 32 ff** 279
Verwaltungsaktakzessorietät, eingeschränkte **vor 32 ff** 285
Verwaltungsaktakzessorietät, extreme **vor 32 ff** 283
Verwaltungsaktakzessorietät, strenge **vor 32 ff** 286
Beleidigungsdelikte 34 11
Bergführer 35 79
Bergsteiger-Fall
entschuldigender Notstand **35** 120
Interessenabwägung **34** 143
Berichte 37 16
berufliches Vertrauensverhältnis vor 32 ff 305
Beschädigung öffentlicher Sachen vor 32 ff 177
Beschneidung s. Knabenbeschneidung
Beschützerpflichten 35 85 ff
Besitz 32 87
Bestechlichkeit vor 32 ff 177
Bestimmtheitsgebot vor 32 ff 69

Betäubungsmittelstrafrecht 34 161
Betäubungsmittelstraftaten vor 32 ff 177
Beurteilungsmaßstab 32 229
Bewertungen 36 41
BGB 32 5
Blut-/Knochenmarkspenden vor 32 ff 181
Blutspende-Fall
    Angemessenheit 34 155
    Interessenabwägung 34 128
Brandstiftung vor 32 ff 177
Bundes-/Landesbeamte 32 132
Bundespräsident 36 30
Bundesrat 36 30
Bundesregierung 36 30
Bundesversammlung
    Immunität 36 48
    Indemnität 36 25

C
Chantage
    Notwehreinschränkungen 32 261
    notwehrfähige Rechtsgüter 32 92
    Notwehrhandlung 32 203
Constitutio Criminalis Carolina 32 4
Corpus Juris 32 47

D
Dänemark
    Notwehr 32 39 ff
    notwehrfähige Rechtsgüter 32 40
    Notwehrlage 32 40
    Verhältnismäßigkeit 32 41
Dauerdelikte 32 149
Dauergefahr
    entschuldigender Notstand 35 61
    Interessenabwägung 34 137
    Notstandslage 34 70 ff, 35 42
    rechtfertigender Notstand 34 28
defense of justification 32 21
Defensivnotstand
    entschuldigender Notstand vor 32 ff 363
    Interessenabwägung 34 133 ff
    Notstandsexzess 34 170
    rechtfertigender Notstand 34 8, 34 13 ff
Derogation 32 130
Diebstahl vor 32 ff 177
Diensthandlung
    objektive Bedingung der Strafbarkeit vor 32 ff 44
    Rechtfertigungsgrund eigener Art vor 32 ff 45
    Rechtspflichtmerkmale vor 32 ff 43 ff
    Rechtswidrigkeit vor 32 ff 43 ff
    Tatbestand vor 32 ff 46
    Vorsatz-Fahrlässigkeits-Kombination vor 32 ff 46

dienstliche Anordnung vor 32 ff 295 ff
    Auslandseinsatz vor 32 ff 301
    Bedenken vor 32 ff 300
    gefährliche Weisung vor 32 ff 299
    Innenverhältnis vor 32 ff 298
    Irrtum vor 32 ff 300
    Justizvollzugsbeamte vor 32 ff 295
    Menschenwürde vor 32 ff 297
    Rechtmäßigkeit vor 32 ff 296 ff
    Soldaten vor 32 ff 295
    Völkerrecht vor 32 ff 302 ff, s.a. dort
    Vollstreckung vor 32 ff 295
Differenzierungstheorie
    rechtfertigender Notstand 34 2
    Unzumutbarkeit vor 32 ff 337
Dispositionsbefugnis vor 32 ff 178
Disproportionalität 35 91 ff
Doppelehe vor 32 ff 177
Doppeleinwilligung vor 32 ff 184
Doppelirrtum
    Erlaubnistatumstandsirrtum vor 32 ff 95
    Putativnotwehr 32 283
doppelte Schuldminderung
    entschuldigender Notstand 35 2, 35 5
    Notwehrexzess 33 1
Dreiecksbeziehungen vor 32 ff 209
Dreistufenlehre 32 256
drohende Verletzung 32 94 ff
    Angriff 32 94 ff
    Erlaubnistatumstandsirrtum 32 97
    ex-post-Sicht 32 94
    Handlungsunrecht 32 97
    Scheinwaffe 32 94
    untauglicher Versuch 32 95
Drohen vor 32 ff 302d
Drohung 32 151
Duldung
    behördliche Genehmigung vor 32 ff 292
    Interessenabwägung 34 127
    rechtfertigende Pflichtenkollision vor 32 ff 119
    rechtfertigender Notstand 34 165
    Rechtfertigungsgründe vor 32 ff 107

E
Effizienzlösung 32 143, 32 145
Ehe
    Notwehreinschränkungen 32 240
    notwehrfähige Rechtsgüter 32 93
Ehre 32 84
Eidesdelikte vor 32 ff 177
Eigentum 32 86
Eilmaßnahmen zur Gefahrenabwehr 32 125

Sachregister

Eingriffsrechte
    Angriff **32** 113
    Notwehr **32** 285
    Rechtfertigungsgründe **vor 32 ff** 107
Einheit der Rechtsordnung
    hypothetische Einwilligung **vor 32 ff** 231h
    rechtfertigender Notstand **34** 14
    Unrecht **vor 32 ff** 28
Einheitslösung vor 32 ff 148
Einheitstheorie 34 2
Einigungsvertrag
    Immunität **36** 49
    Verantwortlichkeitsfreiheit **37** 35
Einsichtsfähigkeit vor 32 ff 184
einverständliche Fremdgefährdung vor 32 ff 165
einverständliche Prügelei 32 139
Einverständnis vor 32 ff 147, **vor 32 ff** 158 ff
Einwilligung vor 32 ff 146 ff
    Basismodell **vor 32 ff** 156
    Bedingungen **vor 32 ff** 205
    Beginn der Tat **vor 32 ff** 171
    Beschädigung öffentlicher Sachen **vor 32 ff** 177
    Bestechlichkeit **vor 32 ff** 177
    bestimmtes Tun/Unterlassen **vor 32 ff** 170
    Betäubungsmittelstraftaten **vor 32 ff** 177
    Beteiligung an fremder Selbstgefährdung **vor 32 ff** 167
    Bindungswirkung **vor 32 ff** 172
    Blut-/Knochenmarkspenden **vor 32 ff** 181
    Brandstiftung **vor 32 ff** 177
    Diebstahl **vor 32 ff** 177
    Dispositionsbefugnis **vor 32 ff** 178
    Doppelehe **vor 32 ff** 177
    Doppeleinwilligung **vor 32 ff** 184
    Dreiecksbeziehungen **vor 32 ff** 209
    Eidesdelikte **vor 32 ff** 177
    eigenerzeugter Irrtum **vor 32 ff** 203
    Eingriffshandlung **vor 32 ff** 164
    Einheitslösung **vor 32 ff** 148
    Einsichtsfähigkeit **vor 32 ff** 184
    einverständliche Fremdgefährdung **vor 32 ff** 165
    Einverständnis **vor 32 ff** 147, **vor 32 ff** 158 ff
    Einverständnis aller Gesellschafter **vor 32 ff** 178
    Einwilligungsbefugnis Dritter **vor 32 ff** 179 ff
    Einwilligungsfreiheit **vor 32 ff** 146
    Einwilligungsregeln **vor 32 ff** 165
    Einwilligungssachverhalt **vor 32 ff** 161
    Einwilligungssperre, absolute **vor 32 ff** 188
    Einwilligungsunfähigkeit **vor 32 ff** 191 ff, *s.a. dort*
    Erfolg **vor 32 ff** 164

Erlaubnistatumstandsirrtum **vor 32 ff** 211
erpresserischer Menschenraub **vor 32 ff** 177
Eskalationsgefahr **vor 32 ff** 190
Fahrlässigkeitsdelikte **vor 32 ff** 165
falsche Verdächtigung **vor 32 ff** 177
Gefährdung des Straßenverkehrs **vor 32 ff** 177
Gefahrengrad für Leib und Leben **vor 32 ff** 190
Gegenstand **vor 32 ff** 164
Geiselnahme **vor 32 ff** 177
Geld-/Wertzeichenfälschung **vor 32 ff** 177
Gesellschaftsvermögen **vor 32 ff** 178
GmbH-Untreue **vor 32 ff** 178
hypothetische Einwilligung **vor 32 ff** 230 ff, *s.a. dort*
Integrationsmodell **vor 32 ff** 154
Kenntnis des Täters **vor 32 ff** 211
Kollisionsmodell **vor 32 ff** 150 ff
konkrete Todesgefahr **vor 32 ff** 190
Körperverletzung **vor 32 ff** 177
Körperverletzung im Amt **vor 32 ff** 177
lebensgefährdende Handlung **vor 32 ff** 177
Lebensgefährdungen **vor 32 ff** 166
mutmaßliche Einwilligung **vor 32 ff** 214 ff, *s.a. dort*
Nothilfe **32** 208
notwendige Teilnahme **vor 32 ff** 213
objektive Wirksamkeitsvoraussetzungen **vor 32 ff** 176 ff
objektive Zwangslagen **vor 32 ff** 208
Organentnahme **vor 32 ff** 180
Patientenverfügungen **vor 32 ff** 172
    Rechtsverbindlichkeit **vor 32 ff** 172a
Personenstandsfälschung **vor 32 ff** 177
Prinzip **vor 32 ff** 146
Prinzip der Selbst-/Eigenverantwortung **vor 32 ff** 169
rechtfertigender Notstand **34** 31 f
Rechtsgüter, höchstpersönliche **vor 32 ff** 180
Rechtsgutsinhaber **vor 32 ff** 176
Rechtsgutsinhaber, mehrere **vor 32 ff** 178
Rechtsschutzverzichtstheorie **vor 32 ff** 153
Risiko-Einwilligung **vor 32 ff** 165 ff
Sachbeschädigung **vor 32 ff** 177
Schranken **vor 32 ff** 146
Schranken, objektive **vor 32 ff** 187 ff
Schranken, subjektive **vor 32 ff** 191
Schwangerschaftsabbruch **vor 32 ff** 177
sexuelle Selbstbestimmung **vor 32 ff** 177
Sittenwidrigkeit **vor 32 ff** 189
Sport **vor 32 ff** 169
staatliche Organe **vor 32 ff** 177

Stellvertreter in Gesundheitsangelegenheiten **vor 32 ff** 186
Stellvertretung **vor 32 ff** 179 ff
Stellvertretung, gewillkürte **vor 32 ff** 186
Sterbehilfe **vor 32 ff** 183
Sterilisationen **vor 32 ff** 182
subjektives Erfordernis **vor 32 ff** 211
subjektive Wirksamkeitsvoraussetzungen **vor 32 ff** 191 ff
Täuschung **vor 32 ff** 206
These vom Interessenwegfall **vor 32 ff** 153
Tierquälerei **vor 32 ff** 177
Unterlassen **vor 32 ff** 177
unterlassene Hilfeleistung **vor 32 ff** 177
Unterschlagung **vor 32 ff** 177
Unwirksamkeit **vor 32 ff** 210
Urkundenfälschung **vor 32 ff** 177
Verbotsirrtum **vor 32 ff** 212
Verzicht auf Rechtsschutz **vor 32 ff** 151
Voraussetzungen **vor 32 ff** 157 ff
vorsätzliche Tötung **vor 32 ff** 177
Widerruf **vor 32 ff** 173 ff
Widerruf, mutmaßlicher **vor 32 ff** 175
Willenserklärungstheorie, eingeschränkte **vor 32 ff** 161 ff
Willenskundgabetheorie **vor 32 ff** 161 ff
Willensmängel **vor 32 ff** 198 ff, **vor 32 ff** 203 ff
Willensrichtungstheorie **vor 32 ff** 161
Wirkgrund **vor 32 ff** 149 ff
Zeitpunkt **vor 32 ff** 171
Zurechnung des tatbestandsmäßigen Erfolgs **vor 32 ff** 169
Zurechnungslösung **vor 32 ff** 169
Zwang **vor 32 ff** 207
Einwilligungsfreiheit **vor 32 ff** 146
Einwilligungsregeln **vor 32 ff** 165
Einwilligungssachverhalt **vor 32 ff** 161
Einwilligungssperre
absolute **vor 32 ff** 188
relative **vor 32 ff** 190
Einwilligungssurrogat **vor 32 ff** 220
Einwilligungsunfähigkeit **vor 32 ff** 191 ff
Altersgrenzen **vor 32 ff** 197
Begriff **vor 32 ff** 191
Beurteilung **vor 32 ff** 194
Einwilligungsfähigkeit **vor 32 ff** 193
Erwachsene **vor 32 ff** 194
Kompetenzkonflikte **vor 32 ff** 195
Minderjährige **vor 32 ff** 195
Einzeltatschuld **vor 32 ff** 321
Eltern **32** 240
EMRK
Gewissenstäter **vor 32 ff** 382
Notwehr **32** 51 ff
Notwehreinschränkungen **32** 235

England
Notwehr **32** 14 ff
notwehrfähige Rechtsgüter **32** 17
Notwehrhandlung **32** 18
Notwehrlage **32** 17
Verteidigungseinrede **32** 15
entführte Flugzeuge
entschuldigender Notstand **vor 32 ff** 356
Waffengebrauchsrecht **vor 32 ff** 252 ff
Entscheidungskonflikt **35** 120
entschuldigender Notstand **vor 32 ff** 354 ff, **35** 1 ff
Angehörigenprivileg **35** 11 f
Aussagenotstand **35** 15 f
Ausschluss der Strafmilderung **35** 102
Begehung der Tat **35** 49 ff
Begriff **vor 32 ff** 354
Bergsteiger-Fall **35** 120
Dauergefahr **35** 61
Defensivnotstand **vor 32 ff** 363
doppelte Schuldminderung **35** 2, **35** 5
entführte Flugzeuge **vor 32 ff** 356
Entscheidungskonflikt **35** 120
Entschuldigungsgründe **35** 1, **35** 7, **35** 18
Entschuldigungsirrtümer **35** 114
Erforderlichkeit **35** 57
Euthanasie **vor 32 ff** 367
Fallgruppen **vor 32 ff** 354 ff
Folter **35** 133
Geeignetheit **35** 57
Gefahrabwendungsabsicht **vor 32 ff** 372, **35** 53, **35** 127
Gefahrengemeinschaft **vor 32 ff** 355
Gesinnung **35** 2
Grundgedanke **35** 2
Handeln auf Befehl **35** 17
Haustyrannen-Fall **35** 110
in dubio pro reo **35** 138
Irrtum **vor 32 ff** 373
kleineres Übel **35** 129
Lehre von der doppelten Schuldminderung **35** 2
mildestes Mittel **35** 57
Motivbündel **35** 54
Nebenstrafrecht **35** 50
Nicht-anders-Abwendbarkeit **35** 21, **35** 57 ff
Nichtanzeige geplanter Straftaten **35** 10 f
notstandsähnliche Lage **vor 32 ff** 364
Notstandshandlung **vor 32 ff** 369, **35** 21
Notstandslage **vor 32 ff** 366, **35** 21, **35** 22 ff, s.a. dort
Notstandstheorie **35** 2, **35** 8 f
Ordnungswidrigkeitenrecht **35** 20
Patientenautonomie **vor 32 ff** 367
Prüfung der Notstandsvoraussetzungen **35** 56

Prüfung möglicher Auswege 35 114
psychische Ausnahmesituation 35 2
Putativnotstand 35 108 ff
Rang der Rechtsgüter 35 62
rechtfertigender Notstand 34 2 f
Rechtsfolgen 35 99 ff
rechtsfreier Raum vor 32 ff 365
rechtswidrige Tat 35 49 ff
Schuld vor 32 ff 343
Schuldausschließungsgründe 35 7, 35 18
seelische Zwangslage 35 4
Selbstbegünstigungsprivileg 35 14
Spezialregelungen 35 10 ff
Sterbehilfe vor 32 ff 367 f
Strafmilderung 35 103 ff
Strafmilderung, obligatorische 35 113
Strafvereitelung 35 12, 35 14
subjektives Entschuldigungselement 35 53 ff
übergesetzlicher – 35 119 ff, 35 122 ff, 35 125 ff
übergesetzlicher vor 32 ff 359
Unzumutbarkeit normgemäßen Verhaltens 35 134 ff
Verhältnismäßigkeit 35 64
vollautomatisiertes Fahren 35 120
Voraussetzungen vor 32 ff 366 ff, 35 21 ff
Wahl des kleineren Übels vor 32 ff 357
Wahrscheinlichkeitsurteil 35 58
Weichensteller-Fall 35 131
Zumutbarkeit vor 32 ff 371
Zumutbarkeitserwägungen 35 63
Zumutbarkeitsklausel 35 65 ff, s.a. dort
Zurechnung 35 106
Entschuldigungsgründe vor 32 ff 1 ff, vor 32 ff 320 ff, vor 32 ff 342 ff
Angehörigenprivileg vor 32 ff 352, vor 32 ff 397
entschuldigender Notstand vor 32 ff 354 ff, 35 1 ff, 35 7, 35 18, s.a. dort
Gewissenstäter vor 32 ff 374 ff, s.a. dort
Minderjährigenprivileg vor 32 ff 352, vor 32 ff 397
negative Rechtssätze vor 32 ff 3
Notwehrexzess vor 32 ff 345, vor 32 ff 397, 33 1
persönliche Selbstbegünstigung vor 32 ff 397
rechtfertigende Pflichtenkollision vor 32 ff 117
Schuld vor 32 ff 320 ff, s.a. dort
Erforderlichkeit
entschuldigender Notstand 35 57
Nothilfe 32 206
Notwehr 32 2
Putativnotwehr 32 283
rechtfertigender Notstand 34 28, 34 88
Verteidigung 32 166 ff
Waffengebrauchsrecht vor 32 ff 248
Erhaltungsinteressen vor 32 ff 119
Erlaubnisirrtum
Putativnotwehr 32 282
rechtfertigender Notstand 34 168
Erlaubnistatbestandsirrtum
Notwehrexzess 33 18
Putativnotwehr 32 281
rechtfertigender Notstand 34 85, 34 167, 34 169
Erlaubnistatumstandsirrtum
Angriff 32 111, 32 115
Doppelirrtum vor 32 ff 95
drohende Verletzung 32 97
Einwilligung vor 32 ff 211
Schuldtheorie, eingeschränkte vor 32 ff 95
Schuldtheorie, strenge vor 32 ff 96
subjektive Rechtfertigungselemente vor 32 ff 90, vor 32 ff 95 f
umgekehrter vor 32 ff 90
Unrechtsvorsatz vor 32 ff 96
Widerstandsrecht vor 32 ff 137
erlaubtes Risiko
dogmatische Einordnung vor 32 ff 54
Fahrlässigkeitsdelikte vor 32 ff 57
Feststellung der Sorgfaltswidrigkeit vor 32 ff 57
Globalabwägung vor 32 ff 54
Rechtswidrigkeit vor 32 ff 53
Sorgfaltsnormverletzung vor 32 ff 56
Tatbestandsbegrenzung vor 32 ff 58
unerlaubte Verhaltensweisen vor 32 ff 55
Unrechtsausschließungsgründe vor 32 ff 54
Vorsatzdelikte vor 32 ff 57
Zurechnungskriterium vor 32 ff 57
erpresserischer Menschenraub vor 32 ff 177
Erpressung
Notwehreinschränkungen 32 261
Notwehrhandlung 32 203
error in persona vel obiecto 32 273
Ersatzvornahme 32 101
Erweislichkeit der Wahrheit vor 32 ff 395
Erzwingungshandlung vor 32 ff 261
Europa-Delikte 32 50
Europäische Kommission 36 45
Europäischer Gerichtshof für Menschenrechte 36 45
europäisches Strafrecht
Europa-Delikte 32 50
Notwehr 32 46 ff
Rechtfertigungsgründe 32 48
Euthanasie vor 32 ff 367

Sachregister

ex-post-Sicht
 drohende Verletzung **32** 94
 Gegenwärtigkeit **32** 154
 subjektive Rechtfertigungselemente **vor 32 ff** 86
Exterritorialität vor 32 ff 397
 Verfahrenshindernisse **vor 32 ff** 402

F
Fahrlässigkeit
 Notwehrhandlung **32** 191 ff
 subjektives Notwehrelement **32** 276 ff
Fahrlässigkeitsdelikt
 Einwilligung **vor 32 ff** 165
 erlaubtes Risiko **vor 32 ff** 57
 hypothetische Einwilligung **vor 32 ff** 230
 rechtfertigender Notstand **34** 77
 subjektive Rechtfertigungselemente **vor 32 ff** 92
 Unrechtseinsicht **vor 32 ff** 333
 Unzumutbarkeit **vor 32 ff** 348
 Unzumutbarkeit normgemäßen Verhaltens **35** 136
falsche Verdächtigung vor 32 ff 177
Fehlentscheidungsrisiko vor 32 ff 84
Feuerwehrleute
 Interessenabwägung **34** 120
 Zumutbarkeitsklausel **35** 80
Fiskus 32 81
Flucht
 Notwehrhandlung **32** 181 f
 rechtfertigender Notstand **34** 94
 Verteidigung **32** 157, **32** 181 f
Flugzeugabschuss
 Angemessenheit **34** 158
 entschuldigender Notstand **vor 32 ff** 356
 Interessenabwägung **34** 145
 rechtfertigender Notstand **34** 40
 Waffengebrauchsrecht **vor 32 ff** 252 ff
Folter vor 32 ff 255 ff
 Begriff **vor 32 ff** 255
 Erzwingungshandlung **vor 32 ff** 261
 Extremfälle **vor 32 ff** 261
 Gebotenheit **vor 32 ff** 259
 Menschenwürde **vor 32 ff** 262
 Misshandlungsverbot **vor 32 ff** 259
 Nothilfe **vor 32 ff** 257
 Nothilfehandlung **vor 32 ff** 258
 Notstand **vor 32 ff** 263
 Rettungsfolter **vor 32 ff** 255
 strafrechtliche Notrechte **vor 32 ff** 256
 ticking bomb-Konstellation **vor 32 ff** 261
Fortbewegungsfreiheit
 allgemeines Festnahmerecht **vor 32 ff** 269
 Notstandslage **35** 27

Frankreich
 Notwehr **32** 27 ff
 Verhältnismäßigkeit **32** 29
Freiheit 35 27
freiheitliche demokratische Grundordnung vor 32 ff 131
Freiverantwortlichkeit 32 72
Funktionseinheit vor 32 ff 5 ff
Furcht 33 27

G
Garantenstellung
 Interessenabwägung **34** 121
 rechtfertigende Pflichtenkollision **vor 32 ff** 125
 Zumutbarkeitsklausel **35** 85 ff
Garantieverhältnis 32 226
Gebotenheit
 Folter **vor 32 ff** 259
 Notwehr **32** 76
 Notwehreinschränkungen **32** 228
 Notwehrexzess **33** 6
 Putativnotwehr **32** 283
Geeignetheit
 entschuldigender Notstand **35** 57
 rechtfertigender Notstand **34** 91 ff
Gefahr
 Interessenabwägung **34** 113
 Notstandslage **34** 57 ff
Gefahrabwendungsabsicht
 entschuldigender Notstand **vor 32 ff** 372, **35** 53, **35** 127
 rechtfertigender Notstand **34** 47, **34** 81 ff
 Unzumutbarkeit **vor 32 ff** 340
Gefährdung des Straßenverkehrs vor 32 ff 177
Gefahrenabwehr
 Angriff **32** 125
 Notwehr **32** 74
Gefahrengemeinschaft vor 32 ff 355
gefährlicher Befehl 32 136
Gefahrtragungspflichten
 Angemessenheit **34** 159
 Interessenabwägung **34** 120 f
 Notstandslage **34** 75
 Zumutbarkeitsklausel **35** 85 ff
Gefahrverursachung 35 69 ff
 Angehörige **35** 73
 Hinnahme des eigenen Todes **35** 75
 nahestehende Person **35** 73
 Notstandshelfer **35** 74
 pflichtwidrige Herbeiführung der Gefahr **35** 71
Gegenwärtigkeit 32 140 ff
 Beendigung des Angriffs **32** 147
 Beendigungsphase **32** 148

Dauerdelikte **32** 149
Drohung **32** 151
Effizienzlösung **32** 143, **32** 145
Endstadium der Vorbereitung **32** 146
ex-post-Sicht **32** 154
Notstandslage **34** 69 ff, **35** 42
notwehrähnliche Lage **32** 143, **32** 145
Präventivnotwehr **32** 143
rechtfertigender Notstand **34** 28, **34** 46
Rechtsgutverletzung **32** 140
Rechtsgutverletzung, noch andauernde **32** 147 ff
Rechtsgutverletzung, unmittelbar bevorstehende **32** 143
Rechtsgutverletzung, Wiederholung der **32** 150
Sonderfälle **32** 151 ff
Unterlassen **32** 152
Verteidigungsautomaten **32** 153
Verteidigungswirkung **32** 142
Vollendung der Straftat **32** 148
Geiselnahme vor 32 ff 177
Geld-/Wertzeichenfälschung vor 32 ff 177
Gemeinsamer Ausschuss 36 33
Genehmigungsfähigkeit vor 32 ff 290 ff
Genitalverstümmelung vor 32 ff 308
gesamttatbewertende Merkmale vor 32 ff 40
Gesetzlichkeitsprinzip
    Einzelausprägungen **vor 32 ff** 66 ff
    Notwehreinschränkungen **32** 228
    Radbruchsche Formel **vor 32 ff** 73
    Rechtfertigungsgründe **vor 32 ff** 62 ff
Gesinnung
    entschuldigender Notstand **35** 2
    subjektives Notwehrelement **32** 266
Gewaltentrennung 37 2, **Vor 36**
Gewaltmonopol 32 221
Gewissensfreiheit 34 51
Gewissensfreiheit vor 32 ff 375
Gewissensnot vor 32 ff 388 ff
Gewissenstäter vor 32 ff 374 ff
    EMRK **vor 32 ff** 382
    Gewissensausübung **vor 32 ff** 375
    Gewissensfreiheit **vor 32 ff** 375
    Gewissenskonflikt **vor 32 ff** 376
    Gewissensnot **vor 32 ff** 388 ff
    Grundrechte **vor 32 ff** 375, **vor 32 ff** 378
    Individualrechtsgüter **vor 32 ff** 378
    Kollektivrechtsgüter **vor 32 ff** 379
    Kollektivrechtsgüter geringerer Bedeutung **vor 32 ff** 381
    religiöse Motivation **vor 32 ff** 377
    Schuld **vor 32 ff** 386
    Strafzumessung **vor 32 ff** 391 ff
    Überzeugungstäter **vor 32 ff** 374

    Unrechtsausschluss **vor 32 ff** 383 ff
    Unrechtsbewusstsein **vor 32 ff** 387
    Unterlassungen **vor 32 ff** 380
    Wohlwollensgebot **vor 32 ff** 392
Glaubensfreiheit 34 51
Gleichwertigkeit vor 32 ff 116
GmbH-Untreue vor 32 ff 178
große Haverei 34 21
Grundrechte
    Gewissenstäter **vor 32 ff** 375, **vor 32 ff** 378
    Knabenbeschneidung **vor 32 ff** 310
    Rechtfertigungsgründe **vor 32 ff** 60, **vor 32 ff** 138 f
    Völkerrecht **vor 32 ff** 302
    ziviler Ungehorsam **vor 32 ff** 142
Güterabwägungstheorie 34 4, **34** 99
Güterproportionalität 32 179

H
Handeln auf Befehl 35 17
Handlungsbefugnisse
    Angriff **32** 114
    Rechtfertigungsgründe **vor 32 ff** 108
Handlungsunrecht
    Angriff **32** 108
    drohende Verletzung **32** 97
    Schuld **vor 32 ff** 327
Hausfrieden 32 84
Hausrecht
    Notwehreinschränkungen **32** 231
    notwehrfähige Rechtsgüter **32** 85
Haustyrannen-Fall
    Interessenabwägung **34** 146
    Notstandslage **35** 42
    Putativnotstand **35** 110
Hilfeleistungspflicht vor 32 ff 125
Hilfspflicht 32 288
Hoheitsträger s.a. Amtsrechte
    Angemessenheit **34** 164
    Notwehr durch Hoheitsträger **32** 216 ff, s.a. dort
    Notwehreinschränkungen **32** 237
Hungersnot
    Notstandslage **35** 36
    Zumutbarkeitsklausel **35** 94
hypothetische Einwilligung vor 32 ff 230 ff
    Autonomieverständnis **vor 32 ff** 231 f
    Einheit der Rechtsordnung **vor 32 ff** 231 h
    Erfolgsunrechtsausschluss **vor 32 ff** 231 c
    Fahrlässigkeitsdelikte **vor 32 ff** 230
    Fall fehlender Erfolgszurechnung **vor 32 ff** 231 e
    Folgen des Eingriffs **vor 32 ff** 231 b
    Kritik **vor 32 ff** 231 ff

Lehre von der objektiven Zurechnung **vor 32 ff** 230a
mutmaßliche Einwilligung **vor 32 ff** 230b
Pflichtwidrigkeitszusammenhang **vor 32 ff** 231d
Radfahrerfall **vor 32 ff** 231d
rechtmäßiges Alternativverhalten **vor 32 ff** 230a
Untreue **vor 32 ff** 231i
Willensmängellehre **vor 32 ff** 231g
zivilrechtliche Beweislastregel **vor 32 ff** 231h

I
Immunität **vor 32 ff** 397, **vor 36** 1 ff, **36** 46 ff, **37** 1
   Bundesversammlung **36** 48
   Dauer **36** 47
   Einigungsvertrag **36** 49
   Landesparlamentarier **36** 48
   MdB **36** 48
   MdEP **36** 48
   Rechtsnatur **36** 47
   Regelungen **36** 48
   Verfahrenshindernis **36** 47
   Wirkung **36** 47
Indemnität **36** 1 ff, **37** 1, **vor 36**
   Abgeordnete als Zeugen/Sachverständige **36** 37
   Abstimmung **36** 39
   Aufhebung **36** 11
   auflösend bedingte – **36** 45
   Ausschüsse **36** 32
   Ausschüsse, gemischte **36** 33
   Äußerung **36** 40 ff, *s.a. dort*
   Bundespräsident **36** 30
   Bundesrat **36** 30
   Bundesregierung **36** 30
   Bundesverfassungsrecht **36** 8 ff
   Bundesversammlung **36** 25
   Dauer **36** 11
   Europäische Kommission **36** 45
   Europäischer Gerichtshof für Menschenrechte **36** 45
   Funktionsfähigkeit des Parlaments **36** 4
   Gemeinsamer Ausschuss **36** 33
   geschützte Handlungen **36** 39 ff
   geschützte Personen **36** 25 ff
   geschützte Tätigkeitsbereiche **36** 31 ff
   Grenzen des Schutzbereichs **36** 44
   Immunität **36** 46 ff, *s.a. dort*
   Körperschaft **36** 31
   Landesparlamente **36** 26
   Landesregierung **36** 30
   Landesverfassungsrecht **36** 13 ff
   MdB **36** 25
   MdEP **36** 27

   Mitgliedschaft in einem Parlament **36** 28 f
   nicht geschützte Personen **36** 30
   Notstandsparlament **36** 8, **36** 33
   Ordnungsgewalt des Parlaments **36** 6
   parlamentarische Tätigkeit **36** 35 ff, **36** 38
   Privatrecht **36** 20 ff
   Privilegierung der Abgeordneten **36** 5
   Regierungsmitglieder **36** 36
   Stasi-Überprufungen **36** 6
   Strafausschließungsgründe **36** 9, **vor 32 ff** 395
   strafrechtliche Wirkung **36** 8 ff
   Tätigkeit als Parlamentsmitglied **36** 35 ff
   Unverzichtbarkeit **36** 11
   Verwaltungsrecht **36** 24
   Voraussetzungen **36** 25 ff
   Zweck **36** 3
Individualrechtsgüter
   behördliche Genehmigung **vor 32 ff** 289
   Gewissenstäter **vor 32 ff** 378
   Notstandslage **34** 49
   Notwehr **32** 68
   notwehrfähige Rechtsgüter **32** 78
in dubio pro reo
   entschuldigender Notstand in **35** 138
   Notwehr **32** 290
   Notwehrexzess **33** 33
   rechtfertigender Notstand **34** 171
   Strafausschließungsgründe **vor 32 ff** 399
Inkongruenz vor 32 ff 91
InsO vor 32 ff 245
Integrationsmodell vor 32 ff 154
Intensivmedizin vor 32 ff 123
Interessenabwägung 34 99 ff
   actio illicita in causa **34** 125
   Autonomieprinzip **34** 100, **34** 128
   Bergsteiger-Fall **34** 143
   betroffene Rechtsgüter **34** 103 ff
   Blutspende-Fall **34** 128
   Dauergefahr **34** 137
   Defensivnotstand **34** 133 ff
   Duldungspflichten **34** 127
   Feuerwehrleute **34** 120
   Flugzeugabschuss **34** 145
   Garantenstellung **34** 121
   Gefahr **34** 113
   Gefahrtragungspflichten **34** 120 f
   Grad der drohenden Gefahren **34** 113
   Haustyrannen-Fall **34** 146
   individuelle Interessen **34** 119
   Menschenleben **34** 110, **34** 143
   noch nicht gegenwärtiger Angriff **34** 138
   Nötigungsnotstand **34** 129 ff
   Operation **34** 112
   Perforation **34** 142

Sachregister

Personenverschiedenheit **34** 111
Polizeibeamte **34** 120
qualifiziertes Übergewicht **34** 149
Rangverhältnis **34** 103, **34** 103 ff
rechtfertigender Notstand **34** 47, **34** 99 ff
Rettungschance **34** 118
Schadensumfang **34** 116
Soldaten **34** 120
Solidarität **34** 150
Sterbehilfe **34** 147
Suizid **34** 139
Umstände des Einzelfalls **34** 102
Unterlassungsdelikt **34** 148
Vermögenswerte **34** 116
Vorverhalten, pflichtwidriges **34** 122 ff
wesentlich überwiegendes Interesse **34** 149 f
Interessenabwägungstheorie 34 4
Intimsphäre 34 50
Irrtum
    Amtsrechte **vor 32 ff** 234 ff
    dienstliche Anordnung **vor 32 ff** 300
    entschuldigender Notstand **vor 32 ff** 373
    Strafausschließungsgründe **vor 32 ff** 398
    Unzumutbarkeit **vor 32 ff** 341
Irrtumsprivileg vor 32 ff 237
IStGH-Statut
    Notwehr **32** 56 ff
    notwehrfähige Rechtsgüter **32** 59
    Notwehrhandlung **32** 60
Italien
    Notwehr **32** 36 ff
    Notwehrhandlung **32** 38
    Notwehrlage **32** 37
ius in bello vor 32 ff 302b

J
Jagdrecht 32 86
Jedermannsgefahren
    Notstandslage **35** 36
    Zumutbarkeitsklausel **35** 94
Justizvollzugsbeamte
    dienstliche Anordnung **vor 32 ff** 295
    Notwehr **32** 131

K
Kinder
    Notwehreinschränkungen **32** 242
    Waffengebrauchsrecht **vor 32 ff** 249
Kindeswohl vor 32 ff 313
Knabenbeschneidung vor 32 ff 308 ff
    Genitalverstümmelung **vor 32 ff** 308
    Grundrechte **vor 32 ff** 310
    Kindeswohl **vor 32 ff** 313
    körperliche Konsequenzen **vor 32 ff** 314

    mehrpoliges Grundrechtsverhältnis **vor 32 ff** 310
    Menschenwürde **vor 32 ff** 311
    Mohel-Klausel **vor 32 ff** 317
    Motive der Eltern **vor 32 ff** 315 f
    Religionsausübung **vor 32 ff** 312
    religiös motivierte **vor 32 ff** 309
    sexuelle Selbstbestimmung **vor 32 ff** 311
    Sozialadäquanz **vor 32 ff** 309
    soziale Vorteile **vor 32 ff** 314
    Tatbestandslosigkeit **vor 32 ff** 309
    verfassungsrechtliche Rechtfertigungsansätze **vor 32 ff** 312
    zivilrechtlicher Rechtfertigungsgrund **vor 32 ff** 315
    Zustimmung der Eltern **vor 32 ff** 308
Kollateralschäden vor 32 ff 302b
Kollektivrechtsgüter vor 32 ff 379, **vor 32 ff** 381
Kollisionsmodell vor 32 ff 150 ff
Kongruenz 32 271
Konkurrenz vor 32 ff 78
Konkurrenzlösung vor 32 ff 302c
körperliche Misshandlungen vor 32 ff 269
körperliche Unversehrtheit 35 26
Körperschaft
    Indemnität **36** 31
    parlamentarische Berichte **37** 12
Körperverletzung
    Einwilligung **vor 32 ff** 177
    Notstandslage **35** 30
Körperverletzung im Amt vor 32 ff 177
Kriegsvölkerrecht vor 32 ff 302

L
Landesparlamentarier
    Immunität **36** 48
    Indemnität **36** 26
Landesregierung 36 30
Leben
    Notstandslage **35** 25
    notwehrfähige Rechtsgüter **32** 83
lebensgefährdende Handlung vor 32 ff 177
Lebensgefährdungen vor 32 ff 166
legítima defensa 32 32
légitime défense 32 27 ff
legittima diffesa 32 36
Lehre vom Leitbildtatbestand vor 32 ff 10
Lehre vom materiellrechtlichen Durchgriff vor 32 ff 284
Lehre vom rechtsfreien Raum vor 32 ff 32 ff
Lehre von den negativen Tatbestandsmerkmalen
    behördliche Genehmigung **vor 32 ff** 275
    Verbrechensaufbau **vor 32 ff** 11

Lehre von den offenen Tatbeständen vor 32 ff 36
Lehre von der doppelten Schuldminderung 35 2
Lehre von der Sozialadäquanz vor 32 ff 48 ff
Lehre von der Tatverantwortung vor 32 ff 328
Leib 35 26
Lockspitzel vor 32 ff 401
Lockspitzel, polizeilicher 34 41
Luftfahrzeugkommandant vor 32 ff 272

M
Mauerschützen-Fälle vor 32 ff 72, vor 32 ff 74
MdB
    Immunität 36 48
    Indemnität 36 25
MdEP
    Immunität 36 48
    Indemnität 36 27
Menschenleben 34 143
Menschenrechte vor 32 ff 302
Menschenwürde
    dienstliche Anordnung vor 32 ff 297
    Folter vor 32 ff 262
    Knabenbeschneidung vor 32 ff 311
militärischer Befehl s.a. dienstliche Anordnung
    Angriff 32 130
Minderjährigenprivileg vor 32 ff 352, vor 32 ff 397
Mindestsolidarität 32 226
Minimierungsprinzip
    Notwehr 32 75
    Verteidigung 32 166
Misshandlungsverbot vor 32 ff 259
Model Penal Code 32 21
Möglichkeitsvorstellung vor 32 ff 83
Mohel-Klausel vor 32 ff 317
Motivbündel
    entschuldigender Notstand 35 54
    subjektives Notwehrelement 32 267
mutmaßliche Einwilligung vor 32 ff 214 ff
    Anwendungsbereich vor 32 ff 218
    ärztlicher Heileingriff vor 32 ff 221
    Begriff vor 32 ff 214
    Behandlungsabbruch vor 32 ff 225
    Behandlungswünsche vor 32 ff 225a
    Einwilligungssurrogat vor 32 ff 220
    Geschäftsführung ohne Auftrag vor 32 ff 215
    Handeln iS des Einwilligungsberechtigten vor 32 ff 223
    höchstpersönliche Entscheidungen vor 32 ff 224
    hypothetische Einwilligung vor 32 ff 230b
    konkludent erteilte Zustimmung vor 32 ff 219
    Möglichkeit der rechtzeitigen Einwilligung vor 32 ff 222
    mutmaßlicher Wille vor 32 ff 225a
    Patientenautonomie vor 32 ff 225a
    Patientenverfügungsgesetz vor 32 ff 225a
    rechtfertigende Kraft vor 32 ff 217
    rechtfertigender Notstand 34 32
    Rechtfertigung vor 32 ff 216
    Sterbehilfe vor 32 ff 225
    subjektive Rechtfertigungselemente vor 32 ff 229
    Untreue vor 32 ff 226
    Voraussetzungen vor 32 ff 220 ff
    Zueignungsdelikte vor 32 ff 227
    Zusammentreffen Entscheidungszwang-Unmöglichkeit vor 32 ff 221

N
Nachtruhe 32 84
nahestehende Person
    Gefahrverursachung 35 73
    Notstandslage 35 43, 35 45 ff
    Zumutbarkeitsklausel 35 95
Nebenbestimmungen vor 32 ff 288
negative Rechtssätze vor 32 ff 3
negative Tatbestandsmerkmale vor 32 ff 11
Neutralitätslehre vor 32 ff 32 ff
Nicht-anders-Abwendbarkeit
    entschuldigender Notstand 35 21, 35 57 ff
    rechtfertigender Notstand 34 47, 34 88 ff
nichteheliche Lebensgemeinschaft 35 47
Normbefolgungsverweigerungsrecht 32 72
Norwegen
    Notwehr 32 43 ff
    notwehrfähige Rechtsgüter 32 44
    Notwehrlage 32 44
Nothilfe 32 204 ff
    Angriffsprovokation 32 259
    aufgedrängte – 33 8
    aufgedrängte Nothilfe 32 208
    Befugnisse 32 204
    Einwilligung 32 208
    Erforderlichkeit 32 206
    erschlichene Zustimmung 32 210
    Notwehreinschränkungen 32 207
    Notwehrexzess 33 8
    private Sicherheitsdienste 32 205
    Rettungspflicht 32 209
    Schwangerschaftsabbruch 32 215
    stärker belastendes Verteidigungsmittel 32 213
    Suizid 32 214
    Verteidigung 32 187
    Wille des Angegriffenen 32 208

Sachregister

Nötigungsnotstand
    Interessenabwägung 34 129 ff
    Notstandslage 35 37
Notrechtsvorbehalte vor 32 ff 250
Notstand
    entschuldigender – s. dort
    Folter **vor 32 ff** 263
    Notwehr 32 2
    rechtfertigender – s. dort
notstandsähnliche Lage vor 32 ff 364
Notstandsexzess 34 170
Notstandshandlung vor 32 ff 369, 35 21
Notstandshelfer
    Gefahrverursachung 35 74
    Zumutbarkeitsklausel 35 83, 35 96
Notstandshilfe 34 74 ff
Notstandslage
    Angehörige 35 43 f
    Arbeitsplatz 34 50
    aufgedrängte Notstandshilfe 34 76
    Augenblicksgefahren 34 70
    Dauergefahr 34 70 ff, 35 42
    Dritter 34 74 f
    enge Freundschaften 35 47
    entschuldigender Notstand **vor 32 ff** 366, 35 21, 35 22 ff
    Erhaltung der Wirtschaft 34 53
    erheblicher Rechtsgutsverlust 34 60
    ex ante-Sicht 34 64
    Fortbewegungsfreiheit 35 27
    Freiheit 35 27
    geborener Mensch 35 25
    Gefahr 34 57 ff, 35 33 ff
    Gefahr, konkrete 34 58
    Gefahrenquellen 35 35
    Gefahrenursprung 34 63, 35 35
    Gefahrtragungspflichten 34 75
    Gegenwärtigkeit 34 69 ff, 35 42
    Gewissensfreiheit 34 51
    Glaubensfreiheit 34 51
    Grad der Wahrscheinlichkeit 34 59
    Haustyrannen-Fall 35 42
    Hilferuf, vorgetäuschter 34 67
    hoheitliche Maßnahme 35 41
    Hungersnot 35 36
    Individualrechtsgüter 34 49
    Intimsphäre 34 50
    Jedermannsgefahren 35 36
    körperliche Unversehrtheit 35 26
    Körperverletzung 35 30
    Leben 35 25
    Leib 35 26
    Maximum an Wahrheitsgarantie 34 65
    mittelbare Täterschaft 35 38
    naheliegende Gefahr 35 32

    nahestehende Person 35 43, 35 45 ff
    Naturereignisse 35 35
    nichteheliche Lebensgemeinschaft 35 47
    Nötigungsnotstand 35 37
    notstandsfähige Rechtsgüter 34 48 ff, 35 22 ff
    Notstandshilfe 34 74 ff
    objektiv feststehende Umstände 34 65
    Objektivierung 34 65, 34 68
    Persönlichkeitsrecht 34 50
    Prognosebasis 34 68
    Prüfung 34 85
    rechtfertigender Notstand 34 46, 34 48 ff
    Rechtsgut der Allgemeinheit 34 49, 34 53
    sachkundiger Beobachter 35 34
    sexuelle Selbstbestimmung 35 29
    Sicherheit des Lufttransports 34 53
    Sonderwissen des Täters 34 66
    Sozialnot 34 61, 35 36
    Sympathiepersonen 35 43
    Tierschutz 34 53
    Verkehrssicherheit 34 53
    Vermögen 34 50
    Volksgesundheit 34 53
    Wahrscheinlichkeit eines Schadenseintritts 34 57
    Zufall 34 58
Notstandsparlament 36 8, 36 33
Notstandstheorie 35 2, 35 8 f
Notwehr 32 1 ff
    Ableitung des Rechts 32 67
    antizipierte 32 197
    bayerisches StGB 32 4
    Begriff 32 1
    Begründung 32 73
    Beteiligung an einer Schlägerei 32 287
    BGB 32 5
    Bundes-/Landesbeamte 32 132
    Constitutio Criminalis Carolina 32 4
    Corpus Juris 32 47
    Dänemark 32 39 ff
    Drittwirkung 32 161
    dualistische Begründung 32 64
    Eingriffsrecht 32 285
    Einrede 32 289
    einverständliche Prügelei 32 139
    EMRK 32 51 ff
    England 32 14 ff
    Erforderlichkeit 32 2
    Europa-Delikte 32 50
    europäisches Strafrecht 32 46 ff
    Fiskus 32 81
    Frankreich 32 27 ff
    Freiverantwortlichkeit 32 72
    Gebotenheit 32 76
    Gefahrenabwehr 32 74

gegen Notwehr **32** 113
Hilfspflicht **32** 288
historische Entwicklung **32** 4 f
Individualrechtsgüter **32** 68
in dubio pro reo **32** 290
IStGH-Statut **32** 56 ff
Italien **32** 36 ff
Justizvollzugsbeamte **32** 131
legitíma defensa **32** 32
Legitimation **32** 74
légitime défense **32** 27 ff
legittima diffesa **32** 36
Minimierungsprinzip **32** 75
Normbefolgungsverweigerungsrecht **32** 72
Norwegen **32** 43 ff
Nothilfe **32** 204 ff, *s.a. dort*
Notstand **32** 2
Notstandsmaßnahmen **32** 134
Notwehr durch Hoheitsträger **32** 216 ff,
  s.a. dort
Notwehreinschränkungen **32** 63, **32** 225 ff,
  s.a. dort
Notwehrexzess **33** 1 ff, *s.a. dort*
notwehrfähige Rechtsgüter **32** 78 ff,
  s.a. dort
Notwehrhandlung **32** 155 ff, *s.a. dort*
Notwehrlage **32** 77 ff, *s.a. dort*
Notwehrrechtfertigung **32** 62 ff
Österreich **32** 6 ff
OWiG **32** 5
Pflichtenkollision **32** 133
Preußisches Allgemeines Landrecht **32** 4
Prinzip des überwiegenden Interesses **32** 64
prStGB **32** 4
Prüfungspflicht des Verteidigers **32** 279
public defence **32** 16
Putativnotwehr **32** 280 ff, *s.a. dort*
qualifizierter Fall des Notstands **32** 70
rechtfertigender Notstand **34** 28 ff
Rechtfertigungsgründe **vor 32 ff** 112
Rechtfertigungshandlung **32** 76
Rechtfertigungslage **32** 76
Rechtsfolgen **32** 285 ff
Rechtsordnung **32** 66 f
Reichsstrafgesetzbuch **32** 4
Schranken **32** 225 ff, *s.a.* Notwehr-
  einschränkungen
Schweiz **32** 10 ff
Selbsthilfe des Besitzers **32** 3
Selbsthilfe des Gläubigers **32** 3
self-defence **32** 15
self-defense **32** 20
Soldaten **32** 131
Spanien **32** 32 ff
Staatsnotwehr **32** 80

Strukturprinzip **32** 75 ff
subjektives Notwehrelement **32** 262 ff,
  s.a. dort
Tierquälerei **32** 82
übertragbares Recht **32** 72
Vereinigte Staaten **32** 20 ff
verschiedene Rechtsgüter **32** 286
Zivilprozess **32** 289
Notwehr durch Hoheitsträger 32 216 ff
  allgemeingültiges Eingriffsrecht **32** 218
  Beamte als Privater **32** 223
  Gewaltmonopol **32** 221
  Kompetenzverteilungsordnung **32** 222
  öffentlich-rechtliche Lösung **32** 220
  rechtfertigender Notstand **34** 34 ff
  Recht zum Schusswaffengebrauch **32** 217
  Rettungsfolter, staatliche **32** 224
  Schusswaffeneinsatz, polizeilicher **32** 216
  Spaltungslösung **32** 219
  Verhältnismäßigkeit **32** 216
Notwehreinschränkungen 32 225 ff
  absichtliche Tötungen **32** 236
  Absichtsprovokation **32** 245, **32** 249 ff,
    s.a. dort
  Abwehrprovokation **32** 248
  allgemeine Handlungsfreiheit **32** 231
  Angriffe auf Sachwerte **32** 231, **32** 235
  Angriffe bei fehlender/geminderter Schuld
    32 242
  Angriffen auf das Eigentum **32** 236
  Angriffsprovokation **32** 259
  Ausweichen **32** 241, **32** 243
  Betrunkene, sinnlos **32** 242
  Beurteilungsmaßstab **32** 229
  Beziehungsbegriff, materieller **32** 240
  Chantage **32** 261
  Dreistufenlehre **32** 256
  eheähnliche Gemeinschaft **32** 240
  Ehegatten **32** 240
  Eltern **32** 240
  EMRK **32** 235
  enge persönliche Beziehungen **32** 238 ff
  Erpressung **32** 261
  ex-post-Standpunkt **32** 229
  Fahrlässigkeit, unbewusste **32** 254
  Fallgruppen **32** 230 ff
  fremde Hilfe **32** 241, **32** 243
  Garantieverhältnis **32** 226
  Gebotenheit **32** 228
  geminderte Schuld **32** 242, **32** 244
  Gesamtabwägung **32** 233
  gesetzlicher Anknüpfungspunkt **32** 228
  Gesetzlichkeitsprinzip **32** 228
  Hausrecht **32** 231
  Hoheitsträger **32** 237

Kinder 32 242
krasses Missverhältnis 32 230 ff
leichte Beeinträchtigungen 32 243
Mindestsolidarität 32 226
Missbrauch des Notwehrrechts 32 226
Nothilfe 32 207
Provokation, fahrlässige 32 245
Provokation, provozierte 32 258
Provokation der Notwehrlage 32 245 ff
Provokationen, sonstige 32 254
Prüfungspflicht des Verteidigers 32 279
psychisch Kranke 32 242
Rechtsbewährungsinteresse, vermindertes 32 232
Rechtsmissbrauch 32 232
Rücksichtnahmepflicht 32 232
Solidaritätsprinzip 32 232
Solidaritätsverhältnis 32 239
sozial-ethische 32 226
subjektives Notwehrelement 32 262 ff, s.a. dort
Übermaßverbot 32 226
verbale Ehrangriffe 32 231
Verhalten, sozialethisch wertwidriges 32 255
Vorverhalten, rechtswidriges 32 255
Vorverhalten, strafbares 32 247
Zumutbarkeit der Preisgabe eigener Interessen 32 226
Zusammenhang, zeitlicher/räumlicher 32 255

Notwehrexzess 33 1 ff
Absichtsprovokation 33 7
asthenische Affekte 33 24 ff
aufgedrängte Nothilfe 33 8
Auslegung 33 2
bewusster – 33 23
doppelte Schuldminderung 33 1
einheitlicher Vorgang 33 11
Entschuldigungsgründe **vor 32 ff** 345, **vor 32 ff** 397, 33 1
Erlaubnistatbestandsirrtum 33 18
Furcht 33 27
Gebotenheit 33 6
in dubio pro reo 33 33
intensiver – 33 5 ff
krasses Missverhältnis 33 6
nachzeitig-extensiver – 33 9 ff
Nothilfe 33 8
Notwehrlage 33 4, 33 7
psychischer Ausnahmezustand 33 2
Putativnotwehr 33 18 ff
Putativnotwehrexzess 33 18 ff
räumlich-extensiver – 33 15 ff
Rechtfertigungsgründe 33 31 f

Rechtsnatur 33 1
Schrecken 33 28
Schuld **vor 32 ff** 344
sthenische Affekte 33 24
Strafausschließungsgrund 33 1
Strafzweck 33 1
subjektive Voraussetzungen 33 22 ff
unbeteiligter Dritter 33 15 ff
unbewusster – 33 23
Unrechtsminderung 33 2
Unzumutbarkeit **vor 32 ff** 344
Verteidigungswille 33 7, 33 22
Verwirrung 33 26
Verworrenheit 33 26
Voraussetzungen 33 4 ff
vorzeitig-extensiver – 33 13 f

notwehrfähige Rechtsgüter
allgemeine Handlungsfreiheit 32 88 ff
Allgemeines Persönlichkeitsrecht 32 84
Besitz 32 87
Chantage 32 92
Dänemark 32 40
Ehe 32 93
Ehre 32 84
Eigentum 32 86
Einzelfälle 32 83 ff
England 32 17
familienrechtliche Verhältnisse 32 93
Hausfrieden 32 84
Hausrecht 32 85
Individualrechtsgüter 32 78
IStGH-Statut 32 59
Jagdrecht 32 86
Leben 32 83
Nachtruhe 32 84
Norwegen 32 44
Notwehrlage 32 78 ff
Österreich 32 8
Pfandrecht 32 86
Sorgerecht 32 93
Straßenverkehr 32 89
ungeborenes Leben 32 83
Universalrechtsgut 32 79
Unversehrtheit 32 83
Urheberrecht 32 86
Verlöbnis 32 93
Vermögen 32 86

Notwehrhandlung 32 155 ff
alternative Verteidigungsmöglichkeiten 32 181 ff
Androhung 32 158
antizipierte Notwehr 32 197
Chantage 32 203
England 32 18
Erpressung 32 203

fahrlässige Rechtsguteingriffe 32 191 ff
Flucht 32 181 f
IStGH-Statut 32 60
Italien 32 38
Provokation 32 202
Rechtsgüter des Angreifers 32 155 ff
Schutzwehr 32 158
Schweiz 32 12
Spanien 32 34
Trutzwehr 32 158
Vereinigte Staaten 32 24
Verteidigung 32 155 ff, s.a. dort
Notwehrlage 32 77 ff
Angriff 32 77 ff
Dänemark 32 40
drohende Verletzung 32 94 ff, s.a. dort
England 32 17
Italien 32 37
Norwegen 32 44
Notwehrexzess 33 4, 33 7
notwehrfähige Rechtsgüter 32 78 ff, s.a. dort
Österreich 32 7
Putativnotwehrexzess 33 19
Schweiz 32 11
Spanien 32 33
Staatsnothilfe 32 77 ff
zweifelhafte **vor 32 ff** 87
Notwehrprobe 34 153
NS-Verbrechen vor 32 ff 72
nulla poena sine culpa vor 32 ff 320
nullum-crimen-Grundsatz vor 32 ff 68

O
objektive Straflosigkeitsbedingung vor 32 ff 277
objektive Zwangslagen vor 32 ff 208
öffentliche Sitzungen 37 14
Ordnungswidrigkeitenrecht
entschuldigender Notstand 35 20
Notwehr 32 5
rechtfertigender Notstand 34 27
Organentnahme
Angemessenheit 34 156
Einwilligung **vor 32 ff** 180
Österreich
Notwehr 32 6 ff
notwehrfähige Rechtsgüter 32 8
Notwehrlage 32 7

P
parlamentarische Äußerungen 36 1 ff, s.a. Indemnität
parlamentarische Berichte vor 36 1 ff, 37 1 ff
Ausschüsse 37 13
Berichte 37 16
Körperschaft 37 12

öffentliche Sitzungen 37 14
Privileg des Parlaments 37 3
Rechtfertigungsgründe **vor 32 ff** 397
Umfang 37 17
Verantwortlichkeitsfreiheit 37 2, s.a. dort
verfassungsrechtliche Regelungen 37 4 ff
wahrheitsgetreue – 37 19
Parlamentsberichterstattung vor 36 1 ff, **37** 1
passive Solidarität vor 32 ff 119
Patientenautonomie
entschuldigender Notstand **vor 32 ff** 367
mutmaßliche Einwilligung **vor 32 ff** 225a
Patientenverfügungen
Einwilligung **vor 32 ff** 172
Rechtsverbindlichkeit **vor 32 ff** 172a
Patientenverfügungsgesetz vor 32 ff 225a
Perforation 34 142
personale Unrechtslehre vor 32 ff 327
Personenstandsfälschung vor 32 ff 177
persönliche Selbstbegünstigung vor 32 ff 397
Persönlichkeitsrecht 34 50
Pfandrecht 32 86
Pflichtenkollision vor 32 ff 115
Notwehr 32 133
Pflichtwidrigkeitszusammenhang vor 32 ff 231d
Polizeibeamte
Interessenabwägung 34 120
Zumutbarkeitsklausel 35 80
positive Kenntnis vor 32 ff 84
Postgeheimnis 34 22
Prävention
Schuld **vor 32 ff** 322
Unzumutbarkeit **vor 32 ff** 338
Präventivnotwehr 32 143
Presserecht 37 31 ff
Preußisches Allgemeines Landrecht 32 4
Prinzip der Selbst-/Eigenverantwortung vor 32 ff 169
Prinzip des überwiegenden Interesses 32 64
private Sicherheitsdienste 32 205
Prognosebasis 34 68
Prognoseelemente vor 32 ff 85
Provokation
fahrlässige 32 245
Notwehreinschränkungen 32 245 ff
Verteidigung 32 202
Provokationszusammenhang vor 32 ff 99
Prozeduralisierung vor 32 ff 319 ff
Schwangerschaftsabbruch **vor 32 ff** 319b
Sterbehilfe **vor 32 ff** 319c
Wirtschaftsstrafrecht **vor 32 ff** 319d ff
prStGB 32 4
public defence 32 16

Putativnotstand
    entschuldigender Notstand **35** 108 ff
    rechtfertigender Notstand **34** 167 ff
Putativnotwehr 32 280 ff
    Doppelirrtum **32** 283
    Erforderlichkeit **32** 283
    Erlaubnisirrtum **32** 282
    Erlaubnistatbestandsirrtum **32** 281
    Gebotenheit **32** 283
    Notwehrexzess **33** 18 ff
    Putativnotwehrexzess **33** 18 ff
    Rechtswidrigkeit **32** 283
    Rechtswidrigkeit des Angriffs **32** 284
    subjektives Notwehrelement **32** 275

R
Radbruchsche Formel
    Gesetzlichkeitsprinzip **vor 32 ff** 73
    Rechtfertigungsgründe **vor 32 ff** 72
Radfahrerfall vor 32 ff 231d
Recht auf Gegendarstellung 37 31
rechtfertigende Pflichtenkollision
    Duldungspflicht **vor 32 ff** 119
    Entschuldigungsgründe **vor 32 ff** 117
    Erhaltungsinteressen **vor 32 ff** 119
    Garantenpflicht **vor 32 ff** 125
    gleichwertige Handlungsgebote **vor 32 ff** 124
    Gleichwertigkeit **vor 32 ff** 116
    Hilfeleistungspflicht **vor 32 ff** 125
    Intensivmedizin **vor 32 ff** 123
    keine Pflichterfüllung **vor 32 ff** 126
    Kollision zweier Handlungsgebote **vor 32 ff** 120 f
    passive Solidarität **vor 32 ff** 119
    Pflichtenkollision **vor 32 ff** 115
    Pflichten unterschiedlicher Intensität **vor 32 ff** 125
    rechtfertigender Notstand **34** 33
    Rechtfertigungsgründe **vor 32 ff** 115 ff
    subjektive Rechtfertigungselemente **vor 32 ff** 127
    übergesetzlicher Rechtfertigungsgrund **vor 32 ff** 118
    ultra posse nemo obligatur **vor 32 ff** 117
    verschiedenwertige Handlungsgebote **vor 32 ff** 122 f
    Verschiedenwertigkeit **vor 32 ff** 115
    Wahlmöglichkeit **vor 32 ff** 119
rechtfertigender Notstand 34 1 ff
    Aggressivnotstand **34** 18 ff
    Angemessenheit **34** 47, **34** 151 ff
    Arzneimittel, nicht zugelassene **34** 24
    Ausweichen **34** 28, **34** 94
    Begehung einer Tat **34** 47, **34** 77 ff
    Begehungsdelikt **34** 77

    Beleidigungsdelikte **34** 11
    Dauergefahr **34** 28
    Defensivnotstand **34** 8, **34** 13 ff
    Differenzierungstheorie **34** 2
    Duldungsverpflichtung **34** 165
    Einheit der Rechtsordnung **34** 14
    Einheitstheorie **34** 2
    Einwilligung **34** 31 f
    entschuldigender Notstand **34** 2 f
    Erforderlichkeit **34** 28, **34** 88
    Erlaubnisirrtum **34** 168
    Erlaubnistatbestandsirrtum **34** 85, **34** 167, **34** 169
    Fahrlässigkeitsdelikt **34** 77
    Flucht **34** 94
    Flugzeugabschuß **34** 40
    Folter durch Polizeibeamte **34** 39
    Geeignetheit **34** 91 ff
    Gefahrabwendungsabsicht **34** 47, **34** 81 ff
    Gegenwärtigkeit **34** 28
    Gegenwärtigkeit der Gefahr **34** 46
    geringerwertiges Rechtsgut **34** 95
    gleichwertige Rechtsgüter **34** 95
    große Haverei **34** 21
    Güterabwägungstheorie **34** 4, **34** 99
    individualistische Betrachtung **34** 8
    in dubio pro reo **34** 171
    Interessenabwägung **34** 47, **34** 99 ff, s.a. dort
    Interessenabwägungstheorie **34** 4
    Lockspitzel, polizeilicher **34** 41
    mildestes Mittel **34** 94 ff
    mutmaßliche Einwilligung **34** 32
    Nicht-anders-Abwendbarkeit **34** 47, **34** 88 ff
    Notstandsexzess **34** 170
    notstandsfähiges Rechtsgut **34** 46
    Notstandslage **34** 46, **34** 48 ff, s.a. dort
    Notwehr **34** 28 ff
    Notwehr durch Hoheitsträger **34** 34 ff
    Ordnungswidrigkeitenrecht **34** 27
    Polizeigesetze der Länder **34** 43
    Postgeheimnis **34** 22
    Prüfung der Notstandslage **34** 85
    Putativnotstand **34** 167 ff
    rechtfertigende Pflichtenkollision **34** 33
    Rechtfertigungsgründe **34** 28 ff, **vor 32 ff** 113 f
    Rechtsfolgen **34** 165 f
    Rechtswidrigkeit **34** 166
    Rettungsabsicht **34** 80
    Rettungsdienste **34** 94
    schonendstes Mittel **34** 94
    Schuldtheorie **34** 169
    Schwangerschaftsabbruch **34** 12
    Solidarität **34** 8, **34** 17, **34** 19

Spezialregelungen **34** 10ff, **34** 21ff
staatliche Hilfe **34** 94
Staatsnotstand **34** 25
Steuerdaten-CD **34** 41
Straftat **34** 47, **34** 77ff
subjektives Rechtfertigungselement **34** 80
Unterlassungsdelikt **34** 77
utilitaristisches Modell **34** 7
Völkerstrafrecht **34** 26
Voraussetzungen **34** 46ff
Wahrnehmung berechtigter Interessen **34** 11
Wildschäden **34** 23
Zwecktheorie **34** 4
Rechtfertigung
   mutmaßliche Einwilligung **vor 32ff** 216
   Rechtswidrigkeit **vor 32ff** 32, **vor 32ff** 34
Rechtfertigungsgründe vor 32ff 1ff, **vor 32ff** 59ff
   241a BGB **vor 32ff** 307
   allgemeinen Regeln der juristischen Hermeneutik **vor 32ff** 61
   allgemeines Festnahmerecht *s.a. dort*, **vor 32ff** 264ff
   Amtsrechte *s.a. dort*, **vor 32ff** 233ff
   Analogieverbot **vor 32ff** 66
   außerstrafgesetzlich geregelte **vor 32ff** 64
   behördliche Genehmigung **vor 32ff** 273ff, *s.a. dort*
   berufliches Vertrauensverhältnis **vor 32ff** 305
   Bestimmtheitsgebot **vor 32ff** 69
   dienstliche Anordnung **vor 32ff** 295ff, *s.a. dort*
   Duldungspflicht **vor 32ff** 107
   Eingriffsrechte **vor 32ff** 107
   Einheit der Rechtsordnung **vor 32ff** 63
   Einwilligung **vor 32ff** 146ff, *s.a. dort*
   einzelne **vor 32ff** 112ff
   europäisches Strafrecht **32** 48
   generelle Erfordernisse **vor 32ff** 81ff
   Genitalverstümmelung **vor 32ff** 308
   Gesetzlichkeitsprinzip **vor 32ff** 62ff
   gewohnheitsrechtliche **vor 32ff** 65
   Grundrechte **vor 32ff** 60, **vor 32ff** 138f
   Handlungsbefugnisse **vor 32ff** 108
   hypothetische Einwilligung **vor 32ff** 230ff, *s.a. dort*
   Inkongruenz **vor 32ff** 91
   Knabenbeschneidung **vor 32ff** 308ff, *s.a. dort*
   Konkurrenz **vor 32ff** 78
   Mauerschützen-Fälle **vor 32ff** 72, **vor 32ff** 74
   monistische Theorien **vor 32ff** 79
   mutmaßliche Einwilligung **vor 32ff** 214ff, *s.a. dort*

   negative Rechtssätze **vor 32ff** 3
   Notwehr **vor 32ff** 112, **32** 1ff, *s.a. dort*
   Notwehrexzess **33** 31f
   NS-Verbrechen **vor 32ff** 72
   nullum-crimen-Grundsatz **vor 32ff** 68
   parlamentarische Berichte **vor 32ff** 397
   pluralistische Theorien **vor 32ff** 79
   Prozeduralisierung **vor 32ff** 319ff, *s.a. dort*
   Radbruchsche Formel **vor 32ff** 72
   rechtfertigende Pflichtenkollision **vor 32ff** 115ff, *s.a. dort*
   rechtfertigender Notstand **vor 32ff** 113f, **34** 1ff, **34** 28ff, *s.a. dort*
   Rechtsmissbrauchsgedanke **vor 32ff** 67
   richterrechtliche **vor 32ff** 65
   Rückwirkungsverbot **vor 32ff** 70
   Staatsnothilfe **vor 32ff** 128
   Staatsnotstand **vor 32ff** 128f
   strafgesetzlich geregelte **vor 32ff** 64
   subjektive Rechtfertigungselemente **vor 32ff** 82ff, *s.a. dort*
   System **vor 32ff** 79
   Tatzeit **vor 32ff** 76
   teilweises Vorliegen der Voraussetzungen **vor 32ff** 111
   überpositive Prinzipien **vor 32ff** 61, **vor 32ff** 72
   unbestellte Leistungen **vor 32ff** 307ff
   Unkenntnis der Rechtfertigungslage **vor 32ff** 90
   unvollkommen zweiaktige **vor 32ff** 89
   Verbraucherschutz **vor 32ff** 307
   Verletzung unbeteiligter Dritter **vor 32ff** 110
   Verschiedenartigkeit der Rechtsgüter **vor 32ff** 110
   Verstoß gegen positives Recht **vor 32ff** 71
   Völkerrecht **vor 32ff** 302ff, *s.a. dort*
   Vorverhalten **vor 32ff** 97ff, *s.a. dort*
   Wahrnehmung berechtigter Interessen **vor 32ff** 304
   Widerstandsrecht **vor 32ff** 128ff, *s.a. dort*
   Wirkung **vor 32ff** 105ff
   ziviler Ungehorsam **vor 32ff** 140ff, *s.a. dort*
   Züchtigungsrecht, elterliches **vor 32ff** 306
Rechtfertigungslösung vor 32ff 275
rechtmäßiges Alternativverhalten vor 32ff 230a
Rechtmäßigkeit
   Amtsrechte **vor 32ff** 242
   dienstliche Anordnung **vor 32ff** 296ff
Rechtmäßigkeitsbegriff 32 117ff
Rechtsbewährungsinteresse, vermindertes 32 232
Rechtsgutsinhaber
   Einwilligung **vor 32ff** 176
   mehrere **vor 32ff** 178

Sachregister

Rechtsmissbrauch
    Absichtsprovokation **32** 250
    Notwehreinschränkungen **32** 232
    Rechtfertigungsgründe **vor 32 ff** 67
    Vorverhalten **vor 32 ff** 103
Rechtspflichtmerkmale
    Diensthandlung **vor 32 ff** 43 ff
    objektive Bedingung der Strafbarkeit **vor 32 ff** 44
    Rechtswidrigkeit **vor 32 ff** 35
Rechtsschutzverzichtstheorie vor 32 ff 153
Rechtssicherheit vor 32 ff 21
rechtswidrige Tat 35 49 ff
Rechtswidrigkeit vor 32 ff 2
    Absichtsprovokation **32** 253
    Abzugsmethode **vor 32 ff** 47
    Angriff **32** 108 ff
    Diensthandlung **vor 32 ff** 43 ff
    Einheit der Rechtsordnung **vor 32 ff** 20, **vor 32 ff** 28
    erlaubtes Risiko **vor 32 ff** 53, *s.a. dort*
    formelle **vor 32 ff** 29 ff
    gesetzliche Hervorhebungen **vor 32 ff** 47
    Lehre vom rechtsfreien Raum **vor 32 ff** 32 ff
    Lehre von den offenen Tatbeständen **vor 32 ff** 36
    Lehre von der Sozialadäquanz **vor 32 ff** 48 ff
    materielle **vor 32 ff** 29 ff
    Neutralitätslehre **vor 32 ff** 32 ff
    Putativnotwehr **32** 283
    rechtfertigender Notstand **34** 166
    Rechtfertigung **vor 32 ff** 32, **vor 32 ff** 34
    Rechtfertigungsgründe **vor 32 ff** 59 ff, *s.a. dort*
    Rechtspflichtmerkmale **vor 32 ff** 35, **vor 32 ff** 43 ff
    Rechtssicherheit **vor 32 ff** 21
    Rechtswidrigkeitsregeln **vor 32 ff** 35 ff
    Rechtswidrigkeitsregeln, spezielle **vor 32 ff** 38 ff
    Sozialadäquanz **vor 32 ff** 48 ff
    Strafrechtswidrigkeit **vor 32 ff** 22 ff, **vor 32 ff** 25
    Strafunrechtsausschluß **vor 32 ff** 24
    Tatbestand **vor 32 ff** 5 ff, *s.a. dort*
    ultima ratio **vor 32 ff** 21
    Unrechtsausschließungsgründe **vor 32 ff** 26, **vor 32 ff** 32
    unterschiedliche Rechtswidrigkeitsurteile **vor 32 ff** 24
    Verbrechensaufbau **vor 32 ff** 9 ff, *s.a. dort*
    Wertungsstufe **vor 32 ff** 19
    Züchtigungsrecht, elterliches **vor 32 ff** 26

Rechtswidrigkeitsregeln vor 32 ff 35 ff
    gesamttatbewertende Merkmale **vor 32 ff** 40
    spezielle **vor 32 ff** 38 ff
    Verbrechenslehre **vor 32 ff** 39
Reichsstrafgesetzbuch 32 4
Repressalie vor 32 ff 303
Rettungsabsicht 34 80
Rettungschance 34 118
Rettungsdienste 34 94
Rettungsfolter vor 32 ff 255
    Notwehr durch Hoheitsträger **32** 224
Rettungspflicht
    Angriff **32** 101
    Nothilfe **32** 209
Risiko-Einwilligung vor 32 ff 165 ff
Rücksichtnahmepflicht 32 232
Rücktritt vom Versuch vor 32 ff 395
Rückwirkungsverbot vor 32 ff 70

S
Sachbeschädigung vor 32 ff 177
Schadensersatzpflicht vor 32 ff 270
Schadensproportionalität 32 179
Schadensumfang 34 116
Scheinwaffe 32 94
Schiffskapitän vor 32 ff 272
schlicht-hoheitliches Handeln 32 129
Schrecken 33 28
Schuld vor 32 ff 320 ff
    Begriff **vor 32 ff** 8
    Deliktsstufe **vor 32 ff** 321
    Derivat der Generalprävention **vor 32 ff** 324
    eingeschränkte Schuldtheorie **vor 32 ff** 327
    Einzeltatschuld **vor 32 ff** 321
    Elemente **vor 32 ff** 329
    entschuldigender Notstand **vor 32 ff** 343, **vor 32 ff** 354 ff, *s.a. dort*
    Entschuldigungsgründe **vor 32 ff** 335
    fehlende **vor 32 ff** 331
    Gewissenstäter **vor 32 ff** 374 ff, **vor 32 ff** 386, *s.a. dort*
    Handlungsunrecht **vor 32 ff** 327
    Lehre von der Tatverantwortung **vor 32 ff** 328
    mangelnde Rechtstreue **vor 32 ff** 320
    normative Ansprechbarkeit **vor 32 ff** 320
    Notwehrexzess **vor 32 ff** 344
    nulla poena sine culpa **vor 32 ff** 320
    personale Unrechtslehre **vor 32 ff** 327
    Prävention **vor 32 ff** 322
    Schuldausschließungsgründe **vor 32 ff** 335
    Schuldbegriff, klassischer **vor 32 ff** 320
    Schuldbegriff, normativer **vor 32 ff** 326
    Schuldbegriff, psychologischer **vor 32 ff** 326
    Schuldbegriff, sozialer **vor 32 ff** 320

Schuldfähigkeit **vor 32 ff** 330
Unrechtseinsicht **vor 32 ff** 329 ff
Unzumutbarkeit **vor 32 ff** 329, **vor 32 ff** 336 ff, s.a. dort
Verbrechenslehre **vor 32 ff** 8
voluntatives Schuldelement **vor 32 ff** 334 ff, **vor 32 ff** 342 ff
Wertneutralität **vor 32 ff** 325
ziviler Ungehorsam **vor 32 ff** 144
Schuldausschließungsgründe
entschuldigender Notstand **35** 7, **35** 18
Schuld **vor 32 ff** 335
Schuldfähigkeit vor 32 ff 330
Schuldtheorie
eingeschränkte **vor 32 ff** 95, **vor 32 ff** 327
rechtfertigender Notstand **34** 169
strenge **vor 32 ff** 96
Widerstandsrecht **vor 32 ff** 137
Schutzwehr 32 158, **32** 176
Schwangerschaftsabbruch
Einwilligung **vor 32 ff** 177
Nothilfe **32** 215
Proceduralisierung **vor 32 ff** 319b
rechtfertigender Notstand **34** 12
Schweiz
Notwehr **32** 10 ff
Notwehrhandlung **32** 12
Notwehrlage **32** 11
Verhältnismäßigkeit **32** 13
Seeleute 35 79 f
Selbstanzeige vor 32 ff 395
Selbstbegünstigungsprivileg 35 14
Selbstgefährdung
Absichtsprovokation **32** 250
Einwilligung **vor 32 ff** 167
Verteidigung **32** 200
Selbsthilfe
Amtsrechte **vor 32 ff** 270
Beseitigung von Widerstand **vor 32 ff** 270
Besitzer **32** 3
Gläubiger **32** 3
Schadensersatzpflicht **vor 32 ff** 270
Verhältnismäßigkeit **vor 32 ff** 271
Selbstschutzanlagen 32 197 ff
self-defence 32 15
self-defense 32 20
sexuelle Selbstbestimmung
Einwilligung **vor 32 ff** 177
Knabenbeschneidung **vor 32 ff** 311
Notstandslage **35** 29
Sittenwidrigkeit vor 32 ff 189
Soldaten
dienstliche Anordnung **vor 32 ff** 295
Interessenabwägung **34** 120
Notwehr **32** 131

Zumutbarkeitsklausel **35** 80
Solidarität
Interessenabwägung **34** 150
Notwehreinschränkungen **32** 232
rechtfertigender Notstand **34** 8, **34** 17, **34** 19
Solidaritätsverhältnis 32 239
Sonderwissen des Täters 34 66
Sorgerecht 32 93
Sorgfaltswidrigkeit vor 32 ff 57
Sozialadäquanz
Knabenbeschneidung **vor 32 ff** 309
Rechtswidrigkeit **vor 32 ff** 48 ff
Sozialnot
Notstandslage **34** 61, **35** 36
Zumutbarkeitsklausel **35** 94
Spaltungslösung 32 219
Spanien
Notwehr **32** 32 ff
Notwehreinschränkungen **32** 35
Notwehrhandlung **32** 34
Notwehrlage **32** 33
Sport vor 32 ff 169
staatliche Tötungen vor 32 ff 302a
Staatsnotstand vor 32 ff 128 f, s.a. Widerstandsrecht
Angemessenheit **34** 164
rechtfertigender Notstand **34** 25
Staatsnotwehr 32 80
Staatsstreich vor 32 ff 132
stand your ground laws 32 25
Stasi-Überprüfungen 36 6
Sterbehilfe
Einwilligung **vor 32 ff** 183
entschuldigender Notstand **vor 32 ff** 367 f
Interessenabwägung **34** 147
mutmaßliche Einwilligung **vor 32 ff** 225
Proceduralisierung **vor 32 ff** 319c
Sterilisationen vor 32 ff 182
Steuerdaten-CD 34 41
Steuern 34 161
sthenische Affekte 33 24
StPO vor 32 ff 245
Strafaufhebungsgründe vor 32 ff 394
Strafausschließungsgründe vor 32 ff 394 ff
Amnestie **vor 32 ff** 395
Begnadigung **vor 32 ff** 395
Beteiligung an der Vortat **vor 32 ff** 395
Erweislichkeit der Wahrheit **vor 32 ff** 395
Indemnität **36** 9, **vor 32 ff** 395
in dubio pro reo **vor 32 ff** 399
Irrtum **vor 32 ff** 398
Notwehrexzess **33** 1
objektive Strafbarkeitsbedingungen **vor 32 ff** 394
offensichtliche Ungefährlichkeit **vor 32 ff** 395

Sachregister

rechtswidrige staatliche Vollzugsakte **vor 32 ff** 396
Rücktritt vom Versuch **vor 32 ff** 395
Selbstanzeige **vor 32 ff** 395
Strafaufhebungsgründe **vor 32 ff** 394
tätige Reue **vor 32 ff** 395
Tod des Täters **vor 32 ff** 395
Verantwortlichkeitsfreiheit 37 9
Straflosigkeit parlamentarischer Äußerungen/Berichte vor 36 1 ff, **37** 1 ff
Strafrechtswidrigkeit vor 32 ff 22 ff, **vor 32 ff** 25
Straftat 34 47, **34** 77 ff
Straftatsystem, gestuftes vor 32 ff 6
Strafunrechtsausschluß vor 32 ff 24
Strafvereitelung
    entschuldigender Notstand **35** 12, **35** 14
    Unzumutbarkeit **vor 32 ff** 351
Strafzumessung vor 32 ff 391 ff
Strafzumessungslösung vor 32 ff 145
Straßenverkehr 32 89
subjektive Rechtfertigungselemente vor 32 ff 82 ff
    Erlaubnistatumstandsirrtum **vor 32 ff** 95 f, *s.a. dort*
    Erlaubnistatumstandsirrtum, umgekehrter **vor 32 ff** 90
    ex-post-Sicht **vor 32 ff** 86
    Fahrlässigkeitsdelikt **vor 32 ff** 92
    fehlende **vor 32 ff** 90
    Fehlentscheidungsrisiko **vor 32 ff** 84
    gewissenhafte Prüfung **vor 32 ff** 93
    Inkongruenz **vor 32 ff** 91
    irrtümliche Annahme **vor 32 ff** 94
    Möglichkeitsvorstellung **vor 32 ff** 83
    mutmaßliche Einwilligung **vor 32 ff** 229
    personale Unrechtslehre **vor 32 ff** 82
    positive Kenntnis **vor 32 ff** 84
    Prognoseelemente **vor 32 ff** 85
    rechtfertigende Pflichtenkollision **vor 32 ff** 127
    Rechtfertigungsvorsatz **vor 32 ff** 82
    Tatbestandsverwirklichung **vor 32 ff** 81
    Unkenntnis der Rechtfertigungslage **vor 32 ff** 90
    Versuch **vor 32 ff** 90
    Vertrauen auf das Vorliegen **vor 32 ff** 87
    Vorsatztat **vor 32 ff** 83
    Weil-Motiv **vor 32 ff** 88
    Widerstandsrecht **vor 32 ff** 136
    Zweck der Rechtfertigung **vor 32 ff** 88
    zweifelhafte Notwehrlage **vor 32 ff** 87
subjektives Notwehrelement 32 262 ff
    aberratio ictus **32** 272
    erlaubnissatzspezifische Abwägung **32** 265
    error in persona vel obiecto **32** 273
    Fahrlässigkeit **32** 276 ff
    fehlgegangener Verteidigungsschlag **32** 276
    Gesinnung **32** 266
    Inhalt **32** 263 ff
    Kenntnis der Notwehrumstände **32** 264 f
    Kongruenz **32** 271
    Motivbündel **32** 267
    Notwendigkeit **32** 262
    objektive Notwehrumstände **32** 271 ff
    personales Unrechtsverständnis **32** 262
    Putativnotwehr **32** 275
    Unbeachtlichkeit **32** 277
    untauglicher Versuch **32** 268
    Versuchsstrafbarkeit **32** 268
    Verteidigungsabsicht **32** 266
    Verteidigungsmotivirrtum **32** 274
    zufällige Angriffsabwehr **32** 276
Subsidiarität vor 32 ff 135
Suizid
    Interessenabwägung **34** 139
    Nothilfe **32** 214
Sympathiepersonen
    Notstandslage **35** 43
    Zumutbarkeitsklausel **35** 96

T

Targeted Killing vor 32 ff 302d
Tatbestand
    Diensthandlung **vor 32 ff** 46
    edukative Funktion **vor 32 ff** 16
    Rechtswidrigkeit **vor 32 ff** 5 ff, *s.a. dort*
    subjektive Rechtfertigungselemente **vor 32 ff** 81
    Verbrechensaufbau **32 ff** 9 ff, *s.a. dort*
    wertungsfreie Kategorie **vor 32 ff** 7
    Wertungsstufe **vor 32 ff** 19
Tatbestandslosigkeit vor 32 ff 309
tätige Reue vor 32 ff 395
Tätlichkeit 36 41
Tatlösung vor 32 ff 266
Tatsachenbehauptungen 36 41
Tatverdacht vor 32 ff 267
Tatzeit vor 32 ff 76
Täuschung vor 32 ff 206
Teilhaberecht vor 32 ff 130
These vom Interessenwegfall vor 32 ff 153
These vom sachgedanklichen Mitbewusstsein vor 32 ff 18
ticking bomb-Konstellation vor 32 ff 261
Tierquälerei
    Einwilligung **vor 32 ff** 177
    Notwehr **32** 82
Tierschutz 34 53
Trutzwehr 32 158, **32** 176
tu-quoque-Argument vor 32 ff 303

U
Übermaßverbot 32 226
überpositive Prinzipien vor 32 ff 61, vor 32 ff 72
Überzeugungstäter vor 32 ff 374
ultima ratio
    Rechtswidrigkeit vor 32 ff 21
    Widerstandsrecht vor 32 ff 135
ultra posse nemo obligatur vor 32 ff 117
Umkehrungsthese vor 32 ff 18
unerlaubtes Entfernen vom Unfallort vor 32 ff 353
ungeborenes Leben 32 83
Universalrechtsgüter
    notwehrfähige Rechtsgüter 32 79
    Verteidigung 32 160
Unmöglichkeit vor 32 ff 336
Unrecht
    Begriff vor 32 ff 8
    Einheit der Rechtsordnung vor 32 ff 28
    Erfolgsunrecht vor 32 ff 27
    personale Unrechtslehre vor 32 ff 82
    Rechtswidrigkeit vor 32 ff 2
    Schuld vor 32 ff 8, s.a. dort
    Unzumutbarkeit vor 32 ff 337
    Verbrechenslehre vor 32 ff 8
    Verhaltensunrecht vor 32 ff 27
    ziviler Ungehorsam vor 32 ff 140
Unrechtsausschließungsgründe
    erlaubtes Risiko vor 32 ff 54
    Rechtswidrigkeit vor 32 ff 26, vor 32 ff 32
Unrechtsbewusstsein vor 32 ff 387
Unrechtseinsicht vor 32 ff 329 ff
    Fahrlässigkeitsdelikte vor 32 ff 333
    fehlende vor 32 ff 331 ff
    Vorsatzdelikte vor 32 ff 332
Unrechtsvorsatz vor 32 ff 96
Unterlassen
    Angriff 32 101 ff
    Einwilligung vor 32 ff 177
    Gegenwärtigkeit 32 152
    Gewissenstäter vor 32 ff 380
    Verteidigung 32 156
unterlassene Hilfeleistung vor 32 ff 177
Unterlassungsdelikt
    Interessenabwägung 34 148
    rechtfertigender Notstand 34 77
    Unzumutbarkeit vor 32 ff 346
    Unzumutbarkeit normgemäßen Verhaltens 35 136
Unterschlagung vor 32 ff 177
Untreue
    hypothetische Einwilligung vor 32 ff 231i
    mutmaßliche Einwilligung vor 32 ff 226
Unversehrtheit 32 83
Unzumutbarkeit vor 32 ff 329, vor 32 ff 336 ff
    allgemeiner Entschuldigungsgrund vor 32 ff 339
    Angehörigenprivileg vor 32 ff 352
    äußere Merkmale der Ausnahmesituation vor 32 ff 340
    außergewöhnlicher Motivationsdruck vor 32 ff 349
    Differenzierungstheorie vor 32 ff 337
    Doppelfunktion vor 32 ff 348
    Entschuldigungsgründe vor 32 ff 342 ff
    extreme Gemütszustände vor 32 ff 349
    Fahrlässigkeitsdelikte vor 32 ff 348
    Gefahrabwendungsabsicht vor 32 ff 340
    Irrtum vor 32 ff 341
    Minderjährigenprivileg vor 32 ff 352
    Notwehrexzess vor 32 ff 344
    Prävention vor 32 ff 338
    psychische Ausnahmesituation vor 32 ff 338
    Strafvereitelung vor 32 ff 351
    unerlaubtes Entfernen vom Unfallort vor 32 ff 353
    Unmöglichkeit vor 32 ff 336
    Unrecht vor 32 ff 337
    Unterlassungsdelikte vor 32 ff 346
Urheberrecht 32 86
Urkundenfälschung vor 32 ff 177
utilitaristisches Modell 34 7

V
Verantwortlichkeitsfreiheit 37 9 ff
    beschlagnahmte Druckwerke 37 32
    Dauer 37 28
    Einigungsvertrag 37 35
    Informationsbeschaffung 37 34
    parlamentarische Berichte 37 2
    Presserecht 37 31 ff
    Recht auf Gegendarstellung 37 31
    Rechtfertigung 37 27
    Rechtsnatur 37 9 ff
    Strafausschließungsgründe 37 9
    Strafrecht 37 26 ff
    Tatbestandsmäßigkeit 37 26
    Verbreitungsverbot 37 32
    Verwaltungsrecht 37 30
    Voraussetzungen 37 12 ff
    Wirkungen 37 26 ff
    Zivilrecht 37 30
Verantwortungsausschluss vor 32 ff 144
verbale Ehrangriffe 32 231
Verbotsirrtum vor 32 ff 212
Verbrechensaufbau vor 32 ff 9 ff
    Lehre vom Leitbildtatbestand vor 32 ff 10
    Lehre von den negativen Tatbestandsmerkmalen vor 32 ff 11

Sachregister

soziale Verschiedenartigkeit vor 32 ff 13
Verbrechenslehre vor 32 ff 9
Wertunterschied vor 32 ff 14
zweistufiger vor 32 ff 9, vor 32 ff 11
Verbrechenslehre
Rechtswidrigkeitsregeln vor 32 ff 39
Schuld vor 32 ff 8
Unrecht vor 32 ff 8
Verbrechensaufbau vor 32 ff 9 ff, *s.a. dort*
Wertungskategorien vor 32 ff 8, vor 32 ff 12
Verdachtslösung vor 32 ff 267
Vereinigte Staaten
defense of justification 32 21
Model Penal Code 32 21
Notwehr 32 20 ff
Notwehrhandlung 32 24
stand your ground laws 32 25
Verfahrenshindernisse vor 32 ff 401 f
Exterritorialität vor 32 ff 402
Immunität 36 47
Verfolgungsverjährung vor 32 ff 401
Verfahrensvoraussetzungen vor 32 ff 401 f
Verhaltensunrecht vor 32 ff 27
Verhältnismäßigkeit
Dänemark 32 41
entschuldigender Notstand 35 64
Frankreich 32 29
Notwehr durch Hoheitsträger 32 216
Schweiz 32 13
Selbsthilfe vor 32 ff 271
Waffengebrauchsrecht vor 32 ff 248
Verkehrssicherheit 34 53
verleumderische Beleidigungen 36 42
Verlöbnis 32 93
Vermögen
Notstandslage 34 50
notwehrfähige Rechtsgüter 32 86
Verschiedenwertigkeit vor 32 ff 115
Versuch
subjektive Rechtfertigungselemente vor 32 ff 90
subjektives Notwehrelement 32 268
Widerstandsrecht vor 32 ff 132
Verteidigung 32 155 ff
Abwehrprovokation 32 189
alternative Verteidigungsmöglichkeiten 32 181 ff
Androhung 32 158
Angriffsart/-schwere 32 172
Angriffswerkzeug 32 163
antizipierte Notwehr 32 197
Ausweichen 32 157
Chantage 32 203
Drittwirkung der Notwehr 32 161

eigenverantwortliche Selbstgefährdung 32 200
Eignung zur Angriffsbeendigung 32 167
Eignung zur Angriffsbeendigung, gleiche 32 172
Eingriffsrechtsgut 32 159 ff
Erforderlichkeit 32 155, 32 166 ff, 32 180
Erpressung 32 203
ex-ante-Standpunkt 32 171, 32 180
fahrlässige Rechtsguteingriffe 32 191 ff
fehlgegangener Verteidigungsschlag 32 192 ff
Flucht 32 157, 32 181 f
gerichtlicher Eilrechtsschutz 32 184
Güterproportionalität 32 179
hoheitliche Hilfe 32 183 ff
Inanspruchnahme fremder Hilfe 32 181
konkrete Kampflage 32 172
lebensgefährliche Verteidigungsakte 32 177
mildestes Mittel 32 175
Minimierungsprinzip 32 166
nicht erforderliches Risiko 32 194
Nothilfe 32 187
Organ einer juristischen Person 32 164
präsente Hoheitsträger 32 185
Provokation der Notwehrhandlung 32 202
Rechtsgüter des Angreifers 32 155 ff
Rechtsgüter Dritter 32 160, 32 195
Recht zum Widerstand 32 170
Risiko von Fehl-/Überreaktionen 32 198
Schadensproportionalität 32 179
schonendere Alternativmaßnahmen 32 174
Schutzwehr 32 158, 32 176
Selbstschutzanlagen 32 197 ff
Trutzwehr 32 158, 32 176
Unbeteiligte 32 199
Universalrechtsgüter 32 160
Unterlassen 32 156
Vergleich der Vorgehensweisen 32 167
Verteidigungsautomaten 32 197 ff
Vorfeld der Notwehrlage 32 189
Vorfeldverhalten, absichtliches 32 190
zeitliche Nähe 32 173
zufällige Angriffsabwehr 32 192, 32 196
Verteidigungsabsicht 32 266
Verteidigungsautomaten
Gegenwärtigkeit 32 153
Verteidigung 32 197 ff
Verteidigungsmotivirrtum 32 274
Verteidigungswille 33 7, 33 22
Verwaltungsaktakzessorietät
eingeschränkte vor 32 ff 285
extreme vor 32 ff 283
strenge vor 32 ff 286
Verwirrung 33 26
Verworrenheit 33 26

Völkerrecht vor 32 ff 302 ff
  asymmetrische Konfliktlagen vor 32 ff 302d
  Drohnen vor 32 ff 302d
  Grundrechte vor 32 ff 302
  ius in bello vor 32 ff 302b
  Kollateralschäden vor 32 ff 302b
  Konkurrenzlösung vor 32 ff 302c
  Kriegsvölkerrecht vor 32 ff 302
  Menschenrechte vor 32 ff 302
  Repressalie vor 32 ff 303
  staatliche Tötungen vor 32 ff 302a
  Targeted Killing vor 32 ff 302d
  tu-quoque-Argument vor 32 ff 303
  völkerrechtswidrige militärischer Gewalt vor 32 ff 303
  Völkerstrafgesetzbuch vor 32 ff 302
Völkerstrafgesetzbuch vor 32 ff 302
  rechtfertigender Notstand 34 26
Volksgesundheit 34 53
Vorsatzdelikte vor 32 ff 332
vorsätzliche Tötung vor 32 ff 177
Vorverhalten vor 32 ff 97 ff
  Absichtsprovokation 32 250
  actio illicita in causa vor 32 ff 101, vor 32 ff 104
  Grundproblem vor 32 ff 98
  Notwehreinschränkungen 32 247, 32 255
  Provokationszusammenhang vor 32 ff 99
  Qualität vor 32 ff 99
  Rechtsmissbrauch vor 32 ff 103
  rechtswidriges vor 32 ff 99
  sozialethisch zu missbilligendes vor 32 ff 99
Vorverschulden 32 250

W
Waffengebrauchsrecht vor 32 ff 247 ff
  Angemessenheit vor 32 ff 249
  Erforderlichkeit vor 32 ff 248
  Kinder vor 32 ff 249
  Notrechtsvorbehalte vor 32 ff 250
  Rechtsgrundlagen vor 32 ff 247
  ungewollte Rechtsgutsbeeinträchtigungen vor 32 ff 251
  Verhältnismäßigkeit vor 32 ff 248
  Waffengebrauch gegen entführte Flugzeuge vor 32 ff 252 ff
  Waffengebrauch gegen Menschenmenge vor 32 ff 249
  Waffengebrauch gegen Personen vor 32 ff 248 ff
  Ziel des Schusswaffengebrauches vor 32 ff 250
Wahl des kleineren Übels vor 32 ff 357
Wahrnehmung berechtigter Interessen 34 11, vor 32 ff 304

Weichensteller-Fall 35 131
Weil-Motiv vor 32 ff 88
Widerruf
  Einwilligung vor 32 ff 173 ff
  mutmaßlicher vor 32 ff 175
Widerstand vor 32 ff 134
Widerstandsrecht vor 32 ff 128 ff
  andere Abhilfe vor 32 ff 135
  Beseitigung der Verfassungsordnung vor 32 ff 132
  Deutscher vor 32 ff 130
  Erlaubnistatumstandsirrtum vor 32 ff 137
  freiheitliche demokratische Grundordnung vor 32 ff 131
  gerechtfertigtes Verhalten vor 32 ff 134
  Irrtum vor 32 ff 137
  Offenkundigkeit vor 32 ff 133
  putatives vor 32 ff 137
  Rechtsgüter unbeteiligter Personen vor 32 ff 134
  Schuldtheorie vor 32 ff 137
  Schutz fiskalischer Interessen vor 32 ff 129
  Schutzgut vor 32 ff 131
  Staatsstreich vor 32 ff 132
  subjektive Rechtfertigungselemente vor 32 ff 136
  Subsidiarität vor 32 ff 135
  Teilhaberecht vor 32 ff 130
  Träger vor 32 ff 130
  ultima ratio vor 32 ff 135
  unternehmen vor 32 ff 132
  unvermeidbare Nebenfolge vor 32 ff 134
  Versuch vor 32 ff 132
  Voraussetzungen vor 32 ff 130 ff
  Widerstand vor 32 ff 134
  ziviler Ungehorsam vor 32 ff 142
Wildschäden 34 23
Willensbekundungen 36 41
Willenserklärungstheorie, eingeschränkte vor 32 ff 161 ff
Willenskundgabetheorie vor 32 ff 161 ff
Willensmängel vor 32 ff 198 ff, vor 32 ff 203 ff
Willensmängellehre vor 32 ff 231g
Willensrichtungstheorie vor 32 ff 161
Wirksamkeitstheorie vor 32 ff 241
Wirtschaftsstrafrecht vor 32 ff 319d ff
Wohlwollensgebot vor 32 ff 392

Z
Zirkumzision vor 32 ff 308 ff, s.a. Knabenbeschneidung
ziviler Ungehorsam vor 32 ff 140 ff
  Gewissensentscheidung vor 32 ff 143
  Grundrechte vor 32 ff 142

Sachregister

Schuld **vor 32 ff** 144
Strafnorm **vor 32 ff** 141
Strafzumessungslösung **vor 32 ff** 145
Tatbestand einer Strafnorm **vor 32 ff** 141
Unrecht **vor 32 ff** 140
Verantwortungsausschluss **vor 32 ff** 144
Widerstandsrecht **vor 32 ff** 142
Züchtigungsrecht, elterliches vor 32 ff 26, **vor 32 ff** 306
Zueignungsdelikte vor 32 ff 227
Zufall 34 58
Zumutbarkeitsklausel 35 65 ff
    Angehörige **35** 95
    Ärzte **35** 80
    Bergführer **35** 79
    berufliche Pflichtenstellung **35** 77
    Beschützerpflichten **35** 85 ff
    besonderes Rechtsverhältnis **35** 66, **35** 76 ff, **35** 97
    Disproportionalität **35** 91 ff
    Duldungspflichten **35** 88 ff
    Fallgruppen, ungeschriebene **35** 67
    familiäre Verbundenheit **35** 87
    Feuerwehrleute **35** 80
    Garantenstellung **35** 85 ff
    Gefahrtragungspflichten **35** 85 ff
    Gefahrverursachung **35** 69 ff, *s.a. dort*
    Hinnahme des eigenen Todes **35** 81
    Hungersnot **35** 94
    Jedermannsgefahren **35** 94
    nahestehende Person **35** 95
    Notstandshelfer **35** 83, **35** 96
    Polizeibeamte **35** 80
    Rechtsbehelfe **35** 89
    Regelbeispiele **35** 66
    Schutzpflichten gegenüber Einzelnen **35** 79
    Seeleute **35** 79 f
    Soldaten **35** 80
    Sozialnot **35** 94
    Sympathieperson **35** 96
Zurechnungslösung vor 32 ff 169
ZVG vor 32 ff 245
Zwang
    Amtsrechte **vor 32 ff** 246
    Einwilligung **vor 32 ff** 207
Zwecktheorie 34 4